J. von Staudingers
Kommentar zum Bürgerlichen Gesetzbuch
mit Einführungsgesetz und Nebengesetzen
Buch 4 · Familienrecht
§§ 1773–1895
(Vormundschaftsrecht)

Kommentatorinnen und Kommentatoren

Dr. Karl-Dieter Albrecht
Vorsitzender Richter am Bayerischen Verwaltungsgerichtshof a. D., München

Dr. Christoph Althammer
Professor an der Universität Regensburg

Dr. Georg Annuß, LL.M.
Rechtsanwalt in München, Außerplanmäßiger Professor an der Universität Regensburg

Dr. Christian Armbrüster
Professor an der Freien Universität Berlin, Richter am Kammergericht a. D.

Dr. Arnd Arnold
Professor an der Universität Trier, Dipl.-Volksw.

Dr. Markus Artz
Professor an der Universität Bielefeld

Dr. Marietta Auer, S.J.D.
Professorin an der Universität Gießen

Dr. Martin Avenarius
Professor an der Universität zu Köln

Dr. Ivo Bach
Professor an der Universität Göttingen

Dr. Christian Baldus
Professor an der Universität Heidelberg

Dr. Wolfgang Baumann
Notar in Wuppertal, Professor an der Bergischen Universität Wuppertal

Dr. Winfried Bausback
Professor a. D. an der Bergischen Universität Wuppertal, bayerischer Staatsminister der Justiz a. D., Mitglied des Bayerischen Landtags

Dr. Roland Michael Beckmann
Professor an der Universität des Saarlandes, Saarbrücken

Dr. Dr. h. c. Detlev W. Belling, M.C.L.
Professor an der Universität Potsdam

Dr. Andreas Bergmann
Professor an der Fernuniversität Hagen

Dr. Falk Bernau
Richter am Bundesgerichtshof, Karlsruhe

Dr. Marcus Bieder
Professor an der Universität Osnabrück

Dr. Werner Bienwald
Professor an der Evangelischen Fachhochschule Hannover, Rechtsanwalt in Oldenburg

Dr. Tom Billing
Rechtsanwalt in Berlin

Dr. Eike Bleckwenn
Rechtsanwalt in Hannover

Dr. Reinhard Bork
Professor an der Universität Hamburg

Dr. Wolfgang Breyer
Rechtsanwalt in Stuttgart

Dr. Jan Busche
Professor an der Universität Düsseldorf

Dr. Georg Caspers
Professor an der Universität Erlangen-Nürnberg

Dr. Dr. h. c. Tiziana Chiusi
Professorin an der Universität des Saarlandes, Saarbrücken

Dr. Michael Coester, LL.M.
Professor an der Universität München

Dr. Dr. h. c. Dagmar Coester-Waltjen, LL.M.
Professorin an der Universität Göttingen

Dr. Thomas Diehn
Notar in Hamburg

Dr. Katrin Dobler
Richterin am Oberlandesgericht Stuttgart

Dr. Heinrich Dörner
Professor an der Universität Münster

Dr. Werner Dürbeck
Richter am Oberlandesgericht Frankfurt a. M.

Dr. Anatol Dutta, M. Jur.
Professor an der Universität München

Dr. Christina Eberl-Borges
Professorin an der Universität Mainz

Dr. Dres. h. c. Werner F. Ebke, LL.M.
Professor an der Universität Heidelberg

Dr. Jan Eickelberg, LL.M.
Professor an der Hochschule für Wirtschaft und Recht, Berlin

Jost Emmerich
Richter am AG München

Dr. Volker Emmerich
Professor an der Universität Bayreuth, Richter am Oberlandesgericht Nürnberg a. D.

Dipl.-Kfm. Dr. Norbert Engel
Ministerialdirigent a. D., Rechtsanwalt in Erfurt

Dr. Cornelia Feldmann
Rechtsanwältin in Freiburg i. Br.

Dr. Timo Fest, LL.M.
Professor an der Universität zu Kiel

Dr. Karl-Heinz Fezer
Professor an der Universität Konstanz, Honorarprofessor an der Universität Leipzig, Richter am Oberlandesgericht Stuttgart a. D.

Dr. Philipp S. Fischinger, LL.M.
Professor an der Universität Mannheim

Dr. Holger Fleischer
Professor am Max-Planck-Institut für ausländisches und internationales Privatrecht, Hamburg

Dr. Robert Freitag, Maître en droit
Professor an der Universität Erlangen-Nürnberg

Dr. Jörg Fritzsche
Professor an der Universität Regensburg

Dr. Tobias Fröschle
Professor an der Universität Siegen

Dr. Susanne Lilian Gössl, LL.M.
Akad. Rätin a. Z. an der Universität Bonn

Dr. Beate Gsell, Maître en droit
Professorin an der Universität München, Richterin am Oberlandesgericht München

Dr. Karl-Heinz Gursky
Professor an der Universität Osnabrück

Dr. Thomas Gutmann, M. A.
Professor an der Universität Münster

Dr. Martin Gutzeit
Professor an der Universität Gießen

Dr. Martin Häublein
Professor an der Universität Innsbruck

Dr. Johannes Hager
Professor an der Universität München

Dr. Felix Hartmann, LL.M.
Professor an der Freien Universität Berlin

Dr. Wolfgang Hau
Professor an der Universität München

Dr. Rainer Hausmann
Professor an der Universität Konstanz

Dr. Stefan Heilmann
Vorsitzender Richter am Oberlandesgericht Frankfurt, Honorarprofessor an der Frankfurt University of Applied Sciences

Dr. Jan von Hein
Professor an der Universität Freiburg i. Br.

Dr. Christian Heinze
Professor an der Universität Hannover

Dr. Stefan Heinze
Notar in Köln

Dr. Tobias Helms
Professor an der Universität Marburg

Dr. Dr. h. c. mult. Dieter Henrich
Professor an der Universität Regensburg

Dr. Carsten Herresthal, LL.M.
Professor an der Universität Regensburg

Christian Hertel, LL.M.
Notar in Weilheim i. OB.

Dr. Stephanie Herzog
Rechtsanwältin in Würselen

Joseph Hönle
Notar in München

Dr. Ulrich Hönle
Notar in Waldmünchen

Dr. Clemens Höpfner
Professor an der Universität Münster

Dr. Bernd von Hoffmann †
Professor an der Universität Trier

Dr. Dr. h. c. Heinrich Honsell
Professor an der Universität Zürich, Honorarprofessor an der Universität Salzburg

Dr. Norbert Horn
Professor an der Universität zu Köln, Vorstand des Arbitration Documentation and Information Center e.V., Köln

Dr. Rainer Hüttemann
Professor an der Universität Bonn

Dr. Martin Illmer, MJur
Richter am Landgericht Hamburg, Privatdozent an der Bucerius Law School

Dr. Florian Jacoby
Professor an der Universität Bielefeld

Dr. Rainer Jagmann
Vorsitzender Richter am Oberlandesgericht Karlsruhe a. D.

Dr. Ulrich von Jeinsen
Rechtsanwalt und Notar in Hannover, Honorarprofessor an der Universität Hannover

Dr. Joachim Jickeli
Professor an der Universität zu Kiel

Dr. Dagmar Kaiser
Professorin an der Universität Mainz

Dr. Bernd Kannowski
Professor an der Universität Bayreuth

Dr. Rainer Kanzleiter
Notar a. D. in Ulm, Honorarprofessor an der Universität Augsburg

Dr. Christoph A. Kern, LL.M.
Professor an der Universität Heidelberg

Dr. Sibylle Kessal-Wulf
Richterin des Bundesverfassungsgerichts, Karlsruhe

Dr. Christian Kesseler
Notar in Düren, Honorarprofessor an der Universität Trier

Dr. Fabian Klinck
Professor an der Universität Bochum

Dr. Frank Klinkhammer
Richter am Bundesgerichtshof, Karlsruhe, Honorarprofessor an der Universität Marburg

Dr. Steffen Klumpp
Professor an der Universität Erlangen-Nürnberg

Dr. Jürgen Kohler
Professor an der Universität Greifswald

Dr. Sebastian Kolbe
Professor an der Universität Bremen

Dr. Stefan Koos
Professor an der Universität der Bundeswehr München

Dr. Rüdiger Krause
Professor an der Universität Göttingen

Dr. Heinrich Kreuzer
Notar in München

Dr. Lena Kunz, LL.M.
Akad. Mitarbeiterin an der Universität Heidelberg

Dr. Clemens Latzel
Privatdozent an der Universität München

Dr. Arnold Lehmann-Richter
Professor an der Hochschule für Wirtschaft und Recht Berlin

Dr. Saskia Lettmaier
Professorin an der Universität Kiel

Stefan Leupertz
Richter a. D. am Bundesgerichtshof, Honorarprofessor an der TU Dortmund

Dr. Johannes Liebrecht
Professor an der Universität Zürich

Dr. Martin Löhnig
Professor an der Universität Regensburg

Dr. Dr. h. c. Manfred Löwisch
Professor an der Universität Freiburg i. Br., Rechtsanwalt in Lahr (Schw.), vorm. Richter am Oberlandesgericht Karlsruhe

Dr. Dirk Looschelders
Professor an der Universität Düsseldorf

Dr. Stephan Lorenz
Professor an der Universität München

Dr. Katharina Lugani
Professorin an der Universität Düsseldorf

Dr. Robert Magnus
Professor an der Universität für Wirtschaft und Recht, Wiesbaden

Dr. Ulrich Magnus
Professor an der Universität Hamburg, Affiliate des MPI für ausländisches und internationales Privatrecht, Hamburg, Richter am Hanseatischen Oberlandesgericht zu Hamburg a. D.

Dr. Peter Mankowski
Professor an der Universität Hamburg

Dr. Heinz-Peter Mansel
Professor an der Universität zu Köln

Dr. Peter Marburger †
Professor an der Universität Trier

Dr. Wolfgang Marotzke
Professor an der Universität Tübingen

Dr. Sebastian A. E. Martens
Professor an der Universität Passau

Dr. Dr. Dr. h. c. mult. Michael Martinek, M.C.J.
Professor an der Universität des Saarlandes, Saarbrücken, Honorarprofessor an der Universität Johannesburg, Südafrika

Dr. Annemarie Matusche-Beckmann
Professorin an der Universität des Saarlandes, Saarbrücken

Dr. Gerald Mäsch
Professor an der Universität Münster

Dr. Jörg Mayer †
Honorarprofessor an der Universität Erlangen-Nürnberg, Notar in Simbach am Inn

Dr. Dr. Detlef Merten
Professor an der Deutschen Universität für Verwaltungswissenschaften Speyer

Dr. Tanja Mešina
Staatsanwältin, Stuttgart

Dr. Rudolf Meyer-Pritzl
Professor an der Universität zu Kiel, Richter am Schleswig-Holsteinischen Oberlandesgericht in Schleswig

Dr. Morten Mittelstädt
Notar in Hamburg

Dr. Peter O. Mülbert
Professor an der Universität Mainz

Dr. Dirk Neumann
Vizepräsident des Bundesarbeitsgerichts a. D., Kassel, Präsident des Landesarbeitsgerichts Chemnitz a. D.

Dr. Hans-Heinrich Nöll
Rechtsanwalt in Hamburg

Dr. Jürgen Oechsler
Professor an der Universität Mainz

Dr. Hartmut Oetker
Professor an der Universität zu Kiel, Richter am Thüringer Oberlandesgericht in Jena

Wolfgang Olshausen
Notar a. D. in Rain am Lech

Dr. Dirk Olzen
Professor an der Universität Düsseldorf

Dr. Sebastian Omlor, LL.M., LL.M.
Professor an der Universität Marburg

Dr. Gerhard Otte
Professor an der Universität Bielefeld

Dr. Lore Maria Peschel-Gutzeit
Rechtsanwältin in Berlin, Senatorin für Justiz a. D. in Hamburg und Berlin, Vorsitzende Richterin am Hanseatischen Oberlandesgericht zu Hamburg i. R.

Dr. Frank Peters
Professor an der Universität Hamburg, Richter am Hanseatischen Oberlandesgericht zu Hamburg a. D.

Dr. Christian Picker
Professor an der Universität Konstanz

Dr. Andreas Piekenbrock
Professor an der Universität Heidelberg

Dr. Jörg Pirrung
Richter am Gericht erster Instanz der Europäischen Gemeinschaften i. R., Honorarprofessor an der Universität Trier

Dr. Dr. h. c. Ulrich Preis
Professor an der Universität zu Köln

Dr. Maximilian Freiherr von Proff zu Irnich
Notar in Köln

Dr. Thomas Raff
Notarassessor, Kandel

Dr. Manfred Rapp
Notar a. D., Landsberg am Lech

Dr. Dr. h.c. Thomas Rauscher
Professor an der Universität Leipzig, Professor h.c. an der Eötvös Loránd Universität Budapest, Dipl.Math.

Dr. Peter Rawert, LL.M.
Notar in Hamburg, Honorarprofessor an der Universität Kiel

Eckhard Rehme
Vorsitzender Richter am Oberlandesgericht Oldenburg i. R.

Dr. Wolfgang Reimann
Notar a. D., Honorarprofessor an der Universität Regensburg

Dr. Tilman Repgen
Professor an der Universität Hamburg

Dr. Dieter Reuter †
Professor an der Universität zu Kiel, Richter am Schleswig-Holsteinischen Oberlandesgericht in Schleswig a. D.

Dr. Christoph Reymann, LL.M. Eur.
Notar in Neustadt b. Coburg, Professor an der Privaten Universität Liechtenstein

Dr. Reinhard Richardi
Professor an der Universität Regensburg, Präsident des Kirchlichen Arbeitsgerichtshofs der Deutschen Bischofskonferenz, Bonn

Dr. Volker Rieble
Professor an der Universität München, Direktor des Zentrums für Arbeitsbeziehungen und Arbeitsrecht

Dr. Daniel Rodi
Akad. Rat a. Z. an der Universität Heidelberg

Dr. Anne Röthel
Professorin an der Bucerius Law School, Hamburg

Dr. Christian Rolfs
Professor an der Universität zu Köln

Dr. Dr. h. c. Herbert Roth
Professor an der Universität Regensburg

Dr. Ludwig Salgo
Apl. Professor an der Universität Frankfurt a. M.

Dr. Renate Schaub, LL.M.
Professorin an der Universität Bochum

Dr. Martin Josef Schermaier
Professor an der Universität Bonn

Dr. Gottfried Schiemann
Professor an der Universität Tübingen

Dr. Eberhard Schilken
Professor an der Universität Bonn

Dr. Peter Schlosser
Professor an der Universität München

Dr. Martin Schmidt-Kessel
Professor an der Universität Bayreuth

Dr. Günther Schotten
Notar a. D. in Köln, Honorarprofessor an der Universität Bielefeld

Dr. Robert Schumacher, LL.M.
Notar in Köln

Dr. Roland Schwarze
Professor an der Universität Hannover

Dr. Andreas Schwennicke
Rechtsanwalt und Notar in Berlin

Dr. Maximilian Seibl, LL.M.
Oberregierungsrat im Bayerischen Staatsministerium für Gesundheit und Pflege, München

Dr. Stephan Serr
Notar in Ochsenfurt

Dr. Reinhard Singer
Professor an der Humboldt-Universität Berlin, vorm. Richter am Oberlandesgericht Rostock

Dr. Dr. h. c. Ulrich Spellenberg
Professor an der Universität Bayreuth

Dr. Sebastian Spiegelberger
Notar a. D. in Rosenheim

Dr. Ansgar Staudinger
Professor an der Universität Bielefeld

Dr. Malte Stieper
Professor an der Universität Halle-Wittenberg

Dr. Markus Stoffels
Professor an der Universität Heidelberg

Dr. Michael Stürner
Professor an der Universität Konstanz

Burkhard Thiele
Präsident des Oberlandesgerichts Rostock, Präsident des Landesverfassungsgerichts Mecklenburg-Vorpommern

Dr. Christoph Thole
Professor an der Universität zu Köln

Dr. Karsten Thorn
Professor an der Bucerius Law School, Hamburg

Dr. Gregor Thüsing, LL.M.
Professor an der Universität Bonn

Dr. Judith Ulshöfer
Notarassessorin in Ludwigshafen am Rhein

Dr. Barbara Veit
Professorin an der Universität Göttingen

Dr. Bea Verschraegen, LL.M., M.E.M.
Professorin an der Universität Wien, adjunct professor an der Universität Macao

Dr. Klaus Vieweg
Professor an der Universität Erlangen-Nürnberg

Dr. A. Olrik Vogel
Rechtsanwalt in München

Dr. Markus Voltz
Notar in Offenburg

Dr. Reinhard Voppel
Rechtsanwalt in Köln

Dr. Rolf Wagner
Professor an der Universität Potsdam, Ministerialrat im Bundesjustizministerium

Dr. Christoph Andreas Weber
Privatdozent an der Universität München

Dr. Johannes Weber, LL.M.
Notarassessor, Geschäftsführer des Deutschen Notarinstituts, Würzburg

Gerd Weinreich
Vorsitzender Richter am Oberlandesgericht Oldenburg a. D., Rechtsanwalt in Oldenburg

Dr. Matthias Wendland, LL.M.
Privatdozent an der Universität München

Dr. Domenik H. Wendt, LL.M.
Professor an der Frankfurt University of Applied Sciences

Dr. Olaf Werner
Professor an der Universität Jena, Richter am Thüringer Oberlandesgericht Jena a. D.

Dr. Daniel Wiegand, LL.M.
Rechtsanwalt in München

Dr. Wolfgang Wiegand
Professor an der Universität Bern

Dr. Peter Winkler von Mohrenfels
Professor an der Universität Rostock, Richter am Oberlandesgericht Rostock a. D.

Dr. Felix Wobst
Notarassessor

Dr. Hans Wolfsteiner
Notar a. D., Rechtsanwalt in München

Heinz Wöstmann
Richter am Bundesgerichtshof, Karlsruhe

Redaktorinnen und Redaktoren

Dr. Christian Baldus

Dr. Dr. h. c. mult. Christian von Bar, FBA

Dr. Michael Coester, LL.M.

Dr. Heinrich Dörner

Dr. Hans Christoph Grigoleit

Dr. Johannes Hager

Dr. Dr. h. c. mult. Dieter Henrich

Dr. Carsten Herresthal, LL.M.

Sebastian Herrler

Dr. Dagmar Kaiser

Dr. Dr. h. c. Manfred Löwisch

Dr. Ulrich Magnus

Dr. Peter Mankowski

Dr. Heinz-Peter Mansel

Dr. Peter O. Mülbert

Dr. Gerhard Otte

Dr. Lore Maria Peschel-Gutzeit

Dr. Peter Rawert, LL.M.

Dr. Volker Rieble

Dr. Christian Rolfs

Dr. Dr. h. c. Herbert Roth

Dr. Markus Stoffels

Dr. Wolfgang Wiegand

J. von Staudingers
Kommentar zum Bürgerlichen Gesetzbuch mit Einführungsgesetz und Nebengesetzen

Buch 4
Familienrecht
§§ 1773–1895
(Vormundschaftsrecht)

Neubearbeitung 2020
von
Werner Bienwald
Barbara Veit

Redaktor
Michael Coester

ottoschmidt – De Gruyter · Berlin

Die Kommentatorinnen und Kommentatoren

Neubearbeitung 2020
§§ 1773–1834, 1837–1895: Barbara Veit
§§ 1835–1836e: Werner Bienwald

Neubearbeitung 2014
§§ 1773–1834, 1837–1895: Barbara Veit
§§ 1835–1836e: Werner Bienwald

Neubearbeitung 2004
§§ 1773–1834, 1837–1895; Anh zu §§ 1773–1895 (KJHG): Helmut Engler
§§ 1835–1836e: Werner Bienwald

Dreizehnte Bearbeitung 1996
Helmut Engler

12. Auflage
Helmut Engler (1994)

Sachregister

Dr. Andreas Pichlmeier, Regensburg

Zitierweise

Staudinger/Veit (2020) Vorbem 1 zu §§ 1773 ff
Staudinger/Veit (2020) § 1773 Rn 1

Zitiert wird nach Paragraph bzw Artikel und Randnummer.

Hinweise

Das Abkürzungsverzeichnis befindet sich auf www.staudingerbgb.de.

Der **Stand der Bearbeitung** ist Dezember 2019.

Am Ende eines jeden Bandes befindet sich eine Übersicht über den aktuellen Stand des „Gesamtwerk Staudinger“.

MIX
Papier aus verantwortungsvollen Quellen
FSC www.fsc.org FSC® C016439

Die Deutsche Nationalbibliothek verzeichnet diese Publikation in der Deutschen Nationalbibliografie; detaillierte bibliografische Daten sind im Internet über http://dnb.dnb.de abrufbar.

ISBN 978-3-8059-1277-8

Satz: jürgen ullrich typosatz, Nördlingen.

Druck und Bindearbeiten: Hubert & Co., Göttingen.

Umschlaggestaltung: Bib Wies, München.

♾ Gedruckt auf säurefreiem Papier, das die DIN ISO 9706 über Haltbarkeit erfüllt.

Inhaltsübersicht

* Zitiert wird nicht nach Seiten, sondern nach Paragraph bzw Artikel und Randnummer; siehe dazu auch „Zitierweise".

Vorwort

Die letzte Bearbeitung des Vormundschaftsrechts (§§ 1773–1895 BGB) im STAUDINGER stammt aus dem Jahre 2014. Seitdem ist eine im Vergleich zu früheren Jahren ungewohnte Bewegung in das Recht der Vormundschaft gekommen. Früher wurde dieses Rechtsgebiet nur anlässlich anderer Reformen, vor allem solcher im Bereich der elterlichen Sorge oder des Betreuungsrechts, kleineren Korrekturen unterzogen; seit den tragischen Misshandlungs- und Todesfällen von Kindern, die unter Amtsvormundschaft standen, steht es nun vermehrt im Mittelpunkt kindesschutzrechtlicher Gesetzgebungstätigkeit. Erste Reformen brachte das Gesetz zur Änderung des Vormundschafts- und Betreuungsrechts vom 29. 6. 2011 (BGBl I 1306), weitere Reformen sollen noch folgen (BT-Drucks [Plenarprotokoll] 17/71, 7750 [D]). Inzwischen hat das Bundesjustizministerium in Folge zwei Teilentwürfe zur Reform des Vormundschaftsrechts vorgelegt (https://www.bmjv.de/DE/Themen/FamilieUndPartnerschaft/Vormundschaft/Vormundschaft_node.html), die letztlich in eine Reform des gesamten Fürsorgerechts münden, da sowohl das Betreuungs- wie auch das Kindschaftsrecht von den Reformvorschlägen erfasst werden.

Der vorgelegte Band soll Wissenschaft und Praxis gleichermaßen dienen und auch einen Beitrag zur Diskussion um diese grundlegende Reform des Vormundschaftsrechts leisten, dessen wesentliche Teile seit der Einführung des Bürgerlichen Gesetzbuchs unverändert geblieben sind. Da allerdings die Reformbestrebungen inzwischen konkrete Formen angenommen haben, soll – anders als in der Vorbearbeitung – bei den einzelnen Vorschriften nicht mehr eigens auf bestehenden Reformbedarf eingegangen werden. Ebenso wenig soll aber auch eine Auseinandersetzung mit den Diskussionsteilentwürfen erfolgen, da diese Diskussion noch nicht abgeschlossen und in absehbarer Zeit mit einem vollständigen Referentenentwurf zu rechnen ist.

Nicht zu kurz kommen sollte, was die Leserschaft seit jeher mit einer Institution wie dem STAUDINGER verbindet: die umfassende Präsentation und kritische Reflexion eines Rechtsgebietes im Zusammenhang der Gesamtstruktur wie auch in den Ausprägungen einzelner Detailfragen. Die Autoren hoffen, dass ihnen diese Gratwanderung weithin gelungen ist; für Anregungen und Kritik sind sie stets aufgeschlossen. – Rechtsprechung und Literatur konnten – soweit möglich – bis Dezember 2019 berücksichtigt werden.

Durch die trotz gesetzlicher Neuerungen (2. BtÄndG) beibehaltene grundsätzliche Orientierung des Vergütungs- und Aufwendungsersatzrechts für Betreuer an den im Vormundschaftsrecht enthaltenen Regelungen und die Dominanz betreuungsrechtlicher Rechtsprechung konnte es nicht ausbleiben und nicht vermieden werden, auch auf betreuungsrechtliche Besonderheiten einzugehen.

Ein Dank geht zunächst an Herrn ENGLER, der über Jahrzehnte mit seiner Kommentierung im Recht der Vormundschaft Maßstäbe gesetzt hat. Für die tatkräftige Unterstützung bei der Neubearbeitung (mit Ausnahme der §§ 1835–1836c BGB) dankt Frau VEIT weiter allen Mitarbeitern ihres Lehrstuhls, namentlich Herrn TILL JAGEL.

Göttingen und Oldenburg, im Dezember 2019

BARBARA VEIT und
WERNER BIENWALD

Allgemeines Schrifttum

Das Sonderschrifttum ist zu Beginn der einzelnen Kommentierung bzw in den Fußnoten innerhalb der Kommentierung angeführt.

BAMBERGER/ROTH/HAU/POSECK (Hrsg), Beck'scher Online Kommentar BGB (51. Edition); zit: BeckOK/BEARBEITER

BAUMBACH/HOPT, Handelsgesetzbuch (38. Aufl 2018)

BÄUMEL/BIENWALD ua, Familienrechtsreformkommentar (1. Aufl 1998); zit: FamRefK/BEARBEITER

BEITZKE/LÜDERITZ, Familienrecht: Ein Studienbuch (26. Aufl 1992)

BLAUROCK, Handbuch der stillen Gesellschaft: Gesellschaftsrecht, Steuerrecht (8. Aufl 2016)

BORK, Allgemeiner Teil des Bürgerlichen Gesetzbuchs (4. Aufl 2016)

BORK/JACOBY/SCHWAB, FamFG – Kommentar, Gesetz über das Verfahren in Familiensachen und in den Angelegenheiten der freiwilligen Gerichtsbarkeit (3. Aufl 2018)

BUMILLER/HARDERS/SCHWAMB, FamFG, Gesetz über das Verfahren in Familiensachen und in den Angelegenheiten der freiwilligen Gerichtsbarkeit, Kommentar (12. Aufl 2019)

CANARIS/LARENZ, Methodenlehre der Rechtswissenschaft (3. Aufl 1995)

DAMRAU/ZIMMERMANN, Betreuungsrecht: Kommentar zum materiellen und formellen Recht (4. Aufl 2011)

DERNBURG, Pandekten, Dritter Band: Familien- und Erbrecht (7. Aufl 1903)

DETHLOFF, Familienrecht, Ein Studienbuch (32. Aufl 2018)

DODEGGE/ROTH, Systematischer Praxiskommentar Betreuungsrecht (5. Aufl 2018)

DÖLLE, Familienrecht. Darstellung des deutschen Familienrechts mit rechtsvergleichenden Hinweisen, Bd 2 (1. Aufl 1965)

DREIER, Grundgesetz Kommentar: GG, Bd I: Präambel, Artikel 1–19 (3. Aufl 2013); zit: DREIER-GG/BEARBEITER

ENNECCERUS/KIPP/WOLF, Lehrbuch des bürgerlichen Rechts, Bd 4: Das Familienrecht (1998, Reprint der 7. Bearb v 1931)

ERMAN/WESTERMANN, Bürgerliches Gesetzbuch: Handkommentar, Bd 2 (15. Aufl 2017)

FRÖSCHLE, Studienbuch Vormundschafts- und Pflegschaftsrecht (1. Aufl 2012)

FRÖSCHLE, Sorge und Umgang: Elternverantwortung in der Rechtspraxis (2. Aufl 2018)

GERNHUBER, Handbuch des Schuldrechts, Bd 8: Das Schuldverhältnis (1. Aufl 1989)

GERNHUBER/COESTER-WALTJEN, Lehrbuch des Familienrechts (6. Aufl 2010)

GSELL/KRÜGER/LORENZ/REYMANN (Hrsg), beck-online. GROSSKOMMENTAR zum Zivilrecht (Stand: 2019); zit: BeckOGK/BEARBEITER

HABERSACK/SCHÄFER, Das Recht der OHG. Kommentierung der §§ 105 bis 160 HGB (2. Aufl 2019)

HAMANN/LENZ, Das Grundgesetz für die BRD vom 23. Mai 1949 – Kommentar (3. Aufl 1970)

HEILMANN, Praxiskommentar Kindschaftsrecht (2015)

HOPPENZ, Familiensachen. Kommentar anhand der höchstrichterlichen Rechtsprechung (9. Aufl 2009)

HUECK/NIPPERDEY, Lehrbuch des Arbeitsrechts, Bd 1 (7. Aufl 1963)

JANSEN/KNÖPFEL, Das neue Unehelichengesetz (1. Aufl 1967)

JAUERNIG, Bürgerliches Gesetzbuch (17. Aufl 2018)

JOHANNSEN/HENRICH, Familienrecht: Scheidung, Unterhalt, Verfahren, Kommentar (6. Aufl 2015)

JÜRGENS, Betreuungsrecht: Kommentar (6. Aufl 2019)

KAHL/WALDHOFF/WALTER (Hrsg), Bonner Kommentar zum Grundgesetz (Stand: 198. Aktualisierung Mai 2019); zit: BK/BEARBEITER

KAISER/SCHNITZLER/FRIEDERICI/SCHILLING

(Hrsg), NomosKommentar BGB, Bd 4: Familienrecht, §§ 1297-1921 (3. Aufl 2014); zit: NK-BGB/Bearbeiter

Keidel, FamFG: Kommentar zum Gesetz über das Verfahren in Familiensachen und in den Angelegenheiten der freiwilligen Gerichtsbarkeit (19. Aufl 2017)

Krüger/Breetzke/Nowack, Gleichberechtigungsgesetz, Kommentar (1. Aufl 1958)

Mangoldt/Klein/Starck, Kommentar zum Grundgesetz, Bd 1: Präambel, Art 1 bis 19 (7. Aufl 2018)

vMünch/Kunig, Grundgesetz-Kommentar: GG (6. Aufl 2012)

Münchener Kommentar, BGB, Bd 1: Allgemeiner Teil, §§ 1–240 (8. Aufl 2018); zit: MünchKomm/Bearbeiter

Münchener Kommentar, BGB, Bd 2: Schuldrecht, Allgemeiner Teil, §§ 241–432 (8. Aufl 2019)

Münchener Kommentar, BGB, Bd 6: Schuldrecht, Besonderer Teil II, §§ 705–853, PartGG, ProdHaftG (7. Aufl 2017)

Münchener Kommentar, BGB, Bd 9 (in der 8. Aufl Bd 10): Familienrecht II, §§ 1589–1921, SGB VIII (7. Aufl 2017)

Münchener Kommentar, BGB, Bd 11: Internationales Privatrecht I: Europäisches Kollisionsrecht, Einführungsgesetz zum Bürgerlichen Gesetzbuche (Art 1–26) (7. Aufl 2018)

Münchener Kommentar, FamFG, Bd 1: §§ 1–270 (3. Aufl 2018); zit: MünchKommFamFG/Bearbeiter

Münchener Kommentar, FamFG, Bd 2: §§ 271–439, IVZR, EuZVR (3. Aufl 2019)

Münchener Kommentar, ZPO, Bd 3: §§ 946–1117, EGZPO, GVG, EGGVG, UKlaG, Internationales und Europäisches Zivilprozessrecht (5. Aufl 2017); zit: MünchKommZPO/Bearbeiter

Münder/Meysen/Trenczek (Hrsg), Frankfurter Kommentar SGB VIII (8. Aufl 2019); zit: Frankfurter Kommentar SGB VIII/Bearbeiter

Musielak/Borth, Familiengerichtliches Verfahren, 1. und 2. Buch FamFG, Kommentar (6. Aufl 2018)

Odersky, Nichtehelichen-Gesetz: Gesetz über die rechtliche Stellung der nichtehelichen Kinder (4. Aufl 1978)

Opet/vBlume, Kommentar zum Bürgerlichen Gesetzbuche und seinen Nebengesetzen, Bd 4: Das Familienrecht des Bürgerlichen Gesetzbuchs (1. Aufl 1906)

Palandt, Kurzkommentar zum BGB (79. Aufl 2020)

Prütting/Helms, FamFG Kommentar (4. Aufl 2020)

Prütting/Wegen/Weinreich, BGB Kommentar (14. Aufl 2019); zit: PWW/Bearbeiter

Rauscher, Familienrecht (2. Aufl 2008)

RGRK (Reichsgerichtsrätekommentar), Kommentar zum BGB, Reichsgerichtsräte und Räte am BGH (12. Aufl 1999); zit: BGB-RGRK/Bearbeiter

Schmahl, Kinderrechtskonvention mit Zusatzprotokollen, Handkommentar (2. Aufl 2017)

Schmoeckel/Rückert/Zimmermann (Hrsg), Historisch-kritischer Kommentar zum BGB, Bd IV, Familienrecht, §§ 1297–1921 (1. Aufl 2018); zit: HKK/Bearbeiter

Schulte-Bunert/Weinreich, FamFG Kommentar (5. Aufl 2016)

Schwab, Familienrecht (27. Aufl 2019)

Soergel, BGB Kommentar, Bd 20: Familienrecht 4, §§ 1741–1921 (13. Aufl 2000)

Spanl/Imre, Vermögensverwaltung durch Vormund und Betreuer (3. Aufl 2017)

Spickhoff, Medizinrecht (3. Aufl 2018)

Stein/Jonas, Kommentar zur Zivilprozessordnung, Bd 8: §§ 802a–915h (23. Aufl 2017)

Thomas/Putzo, ZPO mit FamFG (40. Aufl 2019)

Viefhues (Hrsg), Juris Praxiskommentar BGB, Bd 4: Familienrecht (9. Aufl 2020); zit: jurisPK-BGB/Bearbeiter

Wiesner, SGB VIII: Kinder- und Jugendhilfe, Kommentar (5. Aufl 2015)

Windbichler, Gesellschaftsrecht: Ein Studienbuch (24. Aufl 2017)

Windscheid/Kipp, Lehrbuch des Pandektenrechts, Dritter Band (2. Aufl 1906)

Winkler, Beurkundungsgesetz Kommentar (19. Aufl 2019)

Wolf/Neuner, Allgemeiner Teil des Bürgerlichen Rechts (11. Aufl 2016)

Zitelmann, Inobhutnahme und Kindesschutz. Ergebnisse einer bundesweiten Studie (1. Aufl 2010).

Abschnitt 3
Vormundschaft, Rechtliche Betreuung, Pflegschaft
Titel 1
Vormundschaft

Vorbemerkungen zu §§ 1773 ff

Schrifttum

I. Gesamtdarstellungen und Sammelwerke

BERGER, Die Vorschriften über die Verwaltung von Mündelvermögen im Vergleich mit entsprechenden Regelungen außerhalb des Vormundschaftsrechts (1975)

BIENWALD, Vormundschafts-, Pflegschafts- und Betreuungsrecht in der sozialen Arbeit (3. Aufl 1992)

COESTER-WALTJEN/LIPP/SCHUMANN/VEIT (Hrsg), Die große Vormundschaftsreform, 16. Göttinger Workshop zum Familienrecht 2018 (2019)

dies, Neue Perspektiven im Vormundschafts- und Pflegschaftsrecht, 9. Göttinger Workshop zum Familienrecht 2010 (2011)

dies, Alles zum Wohle des Kindes? Aktuelle Probleme des Kindschaftsrechts, 2. Familienrechtliches Forum Göttingen (2012)

DUTTA/SCHWAB/HENRICH/GOTTWALD/LÖHNIG (Hrsg), Vormundschaft in Europa (2015)

FRÖSCHLE, Studienbuch Vormundschafts- und Pflegschaftsrecht (1. Aufl 2012)

GONDOLF, Die Vormundschaft und Pflegschaft für Minderjährige. Ist eine Reform notwendig und wie sollte sie aussehen? (2007)

GRÜN, Vaterschaftsfeststellung und -anfechtung (2010)

HANSBAUER (Hrsg), Neue Wege in der Vormundschaft? Diskurse zu Geschichte, Struktur und Perspektiven der Vormundschaft (2002)

HANSBAUER/MUTKE/OELERICH, Vormundschaft in Deutschland. Trends und Perspektiven (2004)

HELMS/KIENINGER/RITTNER, Abstammungsrecht in der Praxis – Materielles Recht, Verfahrensrecht, Medizinische Abstammungsbegutachtung (2010)

HEIDER, Die Geschichte der Vormundschaft seit der Aufklärung (2011)

HOFFMANN, Personensorge. Rechtliche Erläuterungen für Beratung, Gestaltung und Vertretung (3. Aufl 2018)

JACOBY, Das private Amt (2007)

JOCHUM/POHL, Pflegschaft, Vormundschaft und Nachlaß (1989)

KINDLER/HELMING/MEYSEN/JURCZYK (Hrsg) DFI, Handbuch Pflegekinderhilfe (2010)

LABUHN, Vormundschaftsgerichtliche Genehmigung: umfassende, systematische, nach Sachgebieten geordnete Darstellung des Eltern-, Vormundschafts- und Betreuungsrechts für Praxis und Ausbildung (2. Aufl 1995)

LIPP/SCHUMANN/VEIT (Hrsg), Kindesschutz bei Kindeswohlgefährdung – neue Mittel und Wege?, 6. Göttinger Workshop zum Familienrecht 2007 (2008)

LÖHNIG/SCHWAB/HENRICH/GOTTWALD (Hrsg), Kindesrecht und Elternkonflikt (2013)

MARCHLEWSKI, Das Wechselmodell im Kindschaftsrecht (2018)

MEDER/ERNST, Schuldbuchrecht des Bundes und der Länder (1950)

MÜLLER-FREIENFELS, Die Vertretung beim Rechtsgeschäft (1955)

OBERLOSKAMP (Hrsg), Vormundschaft, Pflegschaft und Beistandschaft für Minderjährige (4. Aufl 2017)

PARDEY, Vormundschaft und Pflegschaft (1988)

RIEDL, Die Vormundschaft zwischen Privatrecht und öffentlicher Fürsorge unter besonderer Berücksichtigung der Berufsvormundschaft (1988)

SALGO, Pflegekindschaft und Staatsintervention (1987)

STEHLE, Die Mündelsicherheit und ihre Reform (1953)

Zitelmann, Inobhutnahme und Kindesschutz. Ergebnisse einer bundesweiten Studie (2010)
Zitelmann/Schweppe/Zenz, Vormundschaft und Kindeswohl. Forschung mit Folgen für Vormünder, Richter und Gesetzgeber (2004)
Zorn, Das Recht der elterlichen Sorge: Voraussetzungen, Inhalt und Schranken (3. Aufl 2016).

II. Gesamtdarstellungen des Vormundschaftsrechts aus der Zeit des Inkrafttretens des BGB

von Blume, Das Vormundschaftsrecht des Bürgerlichen Gesetzbuchs (1904)
Boehm, Das Vormundschaftsrecht des Bürgerlichen Gesetzbuchs (1899)
Dernburg, Das Vormundschaftsrecht in der preußischen Monarchie nach der Vormundschaftsordnung vom 5. Juli 1875 (3. Aufl 1886)
Dernburg, Deutsches Familienrecht (4. Auflage 1908)
Fuchs, Das deutsche Vormundschaftsrecht unter Gegenüberstellung des preußischen Vormundschaftsrechts (1899)
Haidlen, Das Familien- und Vormundschaftsrecht (1907)
Hallbauer/Thieme-Garmann, Das deutsche Vormundschaftsrecht (2. Aufl 1909)
Hesse, Deutsches Vormundschaftsrecht (1900)
Klumker/Petersen, Berufsvormundschaft (Generalvormundschaft), Schriften des deutschen Vereins für Armenpflege und Wohltätigkeit, 81. Heft (1907)
Mayer/Reis, Lehrbuch des Familien- und Erbrechts, 1. Band: Das Familien- und Vormundschaftsrecht (4. Aufl 1907)
Philler, Das Vormundschaftsrecht des Deutschen Bürgerlichen Gesetzbuches (1900)
Richter, Das Vormundschaftsrecht nach dem Bürgerlichen Gesetzbuch für das Deutsche Reich (1897)
vSchilgen, Deutsches Vormundschaftsrecht (1899)
Schröder/Mugdan, Das Deutsche Vormundschaftsrecht (1900)
Schultetus, Handbuch des Vormundschaftsrechts (1899)
Schultheis, Der deutsche Vormundschaftsrichter (1900)
Schultzenstein/Köhne, Das Deutsche Vormundschaftsrecht (2. Aufl 1901)
Spahn, Verwandtschaft und Vormundschaft (1901)
Spann, Die Erweiterung der Sozialpolitik durch die Berufsvormundschaft (1912)
Weissweiler, Handbuch des gesamten Vormundschaftsrechtes (1900).

III. Einzeldarstellungen zum Vormundschaftsrecht

Deutscher Verein für öffentliche und private Fürsorge eV Berlin, Empfehlungen zur Umsetzung der Neuregelungen des Vormundschaftsrechts (2012)
Hübner, Interessenkonflikt und Vertretungsmacht – Eine Untersuchung zur funktionalen Präzisierung des § 181 BGB (1977)
Jansen/Knöpfel, Das neue Unehelichengesetz (1. Aufl 1967)
Klotz, Die rechtstatsächliche und rechtspolitische Bedeutung der Vorschriften über die Anlage von Mündelgeld (1965)
Klumker/Petersen, Berufsvormundschaft (Generalvormundschaft, Erster Band: Berichte. Schriften des deutschen Vereins für Armenpflege und Wohltätigkeit, 81. Heft (2016)
Möhring/Beisswingert/Klingelhöffer, Vermögensverwaltung in Vormundschafts- und Nachlasssachen (1992)
Mottet, Die Vormundschaftsrechnung (1912)
Schrade, Die rechtlichen Grenzen der Entscheidung des Vormundschaftsgerichts im Rahmen des § 1643 BGB (1993)
Sichtermann, Das Recht der Mündelsicherheit (3. Aufl 1980)
Sobotta, Die Mitvormundschaft nach dem bürgerlichen Gesetzbuche und dem Reichsjugendwohlfahrtsgesetze (1929)
Spanl/Imre, Vermögensverwaltung durch Vormund und Betreuer (3. Aufl 2017)
Thümmel, Die Vorschriften zur Anlegung von Mündelgeld (1983).

IV. Schrifttum zu den Vorbemerkungen

Alpay, Ehrenamtliche Vormundschaften für unbegleitete minderjährige Flüchtlinge. Die „Stiefmutter“ unter den Vormundschaftsformen?!, JAmt 2019, 383

ANDRAE, Zur Abgrenzung des räumlichen Anwendungsbereichs von EheVO, MSA, KSÜ und autonomem IZPR/IPR, IPRax 2006, 82

Arbeitskreis 11, Das neue Verfahren in Kindschaftssachen, in: Brühler Schriften zum Familienrecht, Achtzehnter Deutscher Familiengerichtstag 2009, 118

BATHKE, Vormundschaften als Ehrenamt sind ein Gewinn – Chancen und Rahmenbedingungen zur Förderung der Einzelvormundschaft als bürgerschaftliches Engagement, JAmt 2006, 165

BEHLERT/H HOFFMANN, Qualitätssicherung im Bereich bestellter Vormundschaften und Pflegschaften, JAmt 2004, 345

BREUER, Gemeinsame elterliche Sorge – Geltung für ausländische Staatsangehörige in Deutschland, FPR 2005, 74

BRITZ, Kindesgrundrechte und Elterngrundrecht: Fremdunterbringung von Kindern in der verfassungsgerichtlichen Kontrolle, FamRZ 2015, 793

BÜHRING, Bundeskinderschutzgesetz: Nicht ganz ausgereift, Deutsches Ärzteblatt 2010, A-2531

BUSCH/RÖLKE, Europäisches Kinderschutzrecht mit offenen Fragen – Die neue EU-Verordnung Brüssel IIa zur elterlichen Verantwortung aus der Sicht der Jugendhilfe –, FamRZ 2004, 1338

COESTER, Die Bedeutung des Kinder- und Jugendhilfegesetzes (KJHG) für das Familienrecht, FamRZ 1991, 253

COESTER-WALTJEN, Die Berücksichtigung der Kindesinteressen in der neuen EU-Verordnung „Brüssel IIa", FamRZ 2005, 241

DIECKMANN, Strukturreform des Betreuungsrechts, ZRP 2002, 425

DÜRBECK, Aktuelle Rechtsfragen im Zusammenhang mit der Einreise unbegleiteter minderjähriger Flüchtlinge. Zugleich eine Besprechung der Entscheidungen des BGH v. 20. 11. 2013 (XII ZB 569/12 und XII ZB 576/12) zur sachlichen Zuständigkeit des Jugendamts im familiengerichtlichen Verfahren, ZKJ 2014, 266

ders, Neue Personensorge und ihre Herausforderungen für die Familiengerichte, in: COESTER-WALTJEN/LIPP/SCHUMANN/VEIT (Hrsg), 16. Göttinger Workshop zum Familienrecht 2018 (2019) 47

ders, Unbegleitete minderjährige Flüchtlinge im Familienrecht, FamRZ 2018, 553

ETZOLD, Bestellung eines rechtskundigen Mitvormunds für unbegleitete minderjährige Flüchtlinge gem § 1775 S 2 BGB. Zugleich Anmerkung zu OLG Nürnberg, FamRZ 2016, 481 und OLG Bamberg, FamRZ 2016, 152, FamRZ 2016, 609

FEGERT/MEYSEN, Der Runde Tisch „Sexueller Kindesmissbrauch", Versuch einer Zwischenbilanz aus der persönlichen Sicht von zwei Teilnehmern, JAmt 2010, 521

FLEMMING, Es ist an der Zeit, über Vormundschaft neu nachzudenken, ZKJ 2010, 97

FRITSCHE, Ehrenamtliche Vormundschaften für junge Geflüchtete, Befunde aus einem Praxisforschungsprojekt, JAmt 2018, 135

FRITSCHE/KRUEGER/SPATSCHECK/WAGENBLASS/WÜST, Förderung ehrenamtlicher Vormundschaften am Beispiel des Projekts proCuraKids in Bremen, Ausgewählte Ergebnisse einer prozessbegleitenden Evaluierung, ZKJ 2017, 97

FRÖSCHLE, Die Pflicht zur wirtschaftlichen Vermögensverwaltung – alter Wein in neuen Schläuchen oder gelungene Entbürokratisierung?, in: COESTER-WALTJEN/LIPP/SCHUMANN/VEIT (Hrsg), 16. Göttinger Workshop zum Familienrecht 2018 (2019) 77

GOJOWCZYK, Die Aufsicht des Familiengerichts über den Amtsvormund – Rechtslage nach dem Gesetz zur Änderung des Vormundschafts- und Betreuungsrechts, Rpfleger 2013, 1

GUTKE/NEVELING, Der Einzelvormund als Interessenvertreter, JAmt 2003, 278

HANSBAUER, Unbegleitete minderjährige Flüchtlinge – Ehrenamtliche Einzelvormundschaften als Alternative zur Amtsvormundschaft?, JAmt 2016, 290

HANSBAUER/OELERICH/WUNSCH, Perspektiven der Vormundschaft, JAmt 2002, 229

HARM/MIX/OPITZ/PÜTZ/ROTAX/RÜTING, Amtsvormundschaft und Familiengericht im Spannungsfeld der unterschiedlichen Aufgabenwahrnehmung vor dem Hintergrund der Vormundschaftsrechtsreform, FamRZ 2012, 1849

HEIDERHOFF, Schuldrechtliche Ersatzansprüche zwischen Eltern bei Verletzungen des Umgangsrechts?, FamRZ 2004, 324

HEILMANN, Zu den Auswirkungen der aktuellen Rechtsprechung des Bundesverfassungsgerichts auf die Praxis des Kinderschutzes. Zugleich Anmerkung zum Beschluss des BVerfG v 19. 11. 2014 – 1 BvR 1178/14, FamRZ 2015, 112, FamRZ 2015, 92
HEITER, Verfahrensfähigkeit des Kindes in personenbezogenen Verfahren nach dem FamFG, FamRZ 2009, 85
HELMS, Internationales Verfahrensrecht für Familiensachen in der Europäischen Union, FamRZ 2002, 1593
ders, Fortsetzung der Vormundschaft bei Flüchtlingen trotz Vollendung des 18. Lebensjahres. Zugleich Anmerkung zu BGH, Beschluss vom 20. 12. 2017 – XII ZB 333/17, ZKJ 2018, 219
HILDEBRANDT, „... in der Hoffnung, dass Sie nicht das Jugendamt alarmieren!“, ZKJ 2008, 396
HOFFMANN, Der Regierungsentwurf eines Gesetzes zur Änderung des Vormundschafts- und Betreuungsrechts, FamRZ 2011, 249
dies, Kooperation zwischen Vormundin/Pfleger und Familiengericht, JAmt 2011, 299
dies, FamFG und Vormundschaft: Mögliche Auswirkungen auf die Tätigkeit von Vormündern und Pflegern, JAmt 2009, 413
dies, Perspektiven von Vormundschaft und Pflegschaft – Anregungen aus der Betreuung, JAmt 2005, 113
HOLZMANN, Verfahren betreffend die elterliche Verantwortung nach der Brüssel IIa-VO, FPR 2010, 497
ISA (Institut für soziale Arbeit), Reformbedarf bei Amtsvormundschaften, JAmt 2004, 228
JESTAEDT, Staatlicher Kindesschutz unter dem Grundgesetz – Aktuelle Kindesschutzmaßnahmen auf dem Prüfstand der Verfassung, in: LIPP/SCHUMANN/VEIT (Hrsg), 6. Göttinger Workshop zum Familienrecht 2007 (2008) 5
JESTAEDT, Elternpflicht als Kindesrecht? – Jugendhilferecht am verfassungsrechtlichen Scheideweg, ZKJ Sonderheft 2010, 32
JÜRGENS, Der Betreuer zwischen rechtlicher Vertretung und persönlicher Betreuung, BtPrax 1998, 129
KATZENSTEIN, Von der Sorge zur Verantwortung- die Vormundschaft ist in Bewegung, JAmt 2014, 606
KOLODZIEJ, Die Aufgaben des Jugendamtes im Bereich der Amtspflegschaften, Amtsvormundschaften und der bestellten Vormundschaften bei Minderjährigen und Erwachsenen in der Zusammenarbeit mit dem Vormundschaftsgericht, DAVorm 1985, 931
KRÜGER, Übt das Jugendamt als Amtsvormund öffentliche Gewalt aus?, JZ 1955, 634
KULEISA-BINGE, Verfahrensbeistand und Vormund – passt das zusammen?, ZKJ 2011, 109
LINDACHER, Der Minderjährigen-Vormund als Grundrechtsinhaber, FamRZ 1964, 116
LOOSCHELDERS, Die Europäisierung des internationalen Verfahrensrechts für Entscheidungen über die elterliche Verantwortung, JR 2006, 45
MAURER, Das privatrechtliche Unterbringungsrecht und Art. 104 des Grundgesetzes, FamRZ 1960, 468
MEYER, Lösungsvorschläge des Gesetzgebers, in: COESTER-WALTJEN/LIPP/SCHUMANN/VEIT (Hrsg), 9. Göttinger Workshop zum Familienrecht 2010 (2011) 26
MEYSEN, Vormund – Heim/Pflegeperson – ASD: Wer hat hier was zu sagen? Rechte und Pflichten der Beteiligten am Hilfsprozess aus juristischer Sicht, JAmt 2005, 105
OBERLOSKAMP, Das Jugendamt zwischen Hilfe und Kontrolle – neue Herausforderung für die Jugendhilfe?, in: LIPP/SCHUMANN/VEIT (Hrsg), 6. Göttinger Workshop zum Familienrecht 2007 (2008) 45
dies, Mehr Einzelvormünder/Einzelpfleger statt Amtsvormünder/Amtspfleger?, FamRZ 1988, 7
dies, Neue Personensorge und ihre Herausforderungen für die Kinder- und Jugendhilfe, in: COESTER-WALTJEN/LIPP/SCHUMANN/VEIT (Hrsg), 16. Göttinger Workshop zum Familienrecht 2018 (2019) 35
OPITZ, Amtsvormundschaft und Soziale Dienste – miteinander, gegeneinander oder wie?, JAmt 2001, 315
PARDEY, Staatshaftung für Vormünder, Pfleger und Betreuer?, FamRZ 1989, 1030
ROTAX, Einige Gedanken zur geplanten Reform des Vormundschaftsrechts, ZKJ 2019, 214

RÜTING, in 2. FamR Forum, 132
SALGO/ZENZ, (Amts-)Vormundschaft zum Wohle des Mündels – Anmerkungen zu einer überfälligen Reform, FamRZ 2009, 1378
SCHREIBER, Die Haftung des Vormundes im Spannungsfeld von öffentlichem Recht und Privatrecht, AcP 178 (1978) 533
SCHÜRMANN, Stellung der Kinder im familiengerichtlichen Verfahren, FamFR 2009, 153
SCHULTE-BUNERT, Reform des Vormundschaftsrechts, FuR 2018, 621
SCHULZ, Die Verordnung (EG) Nr. 2201/2003 (Brüssel II a) – eine Einführung, Beilage zu Heft 18 2004 NJW, 3 und Heft 6 2004 FPR, 1
dies, Internationale Regelungen zum Sorge- und Umgangsrecht, FPR 2004, 299
SCHWAB, Gemeinsame elterliche Verantwortung – ein Schuldverhältnis?, FamRZ 2002, 1297
ders, Das Betreuungsrecht als Vorbild für das neue Vormundschaftsrecht?, in: COESTER-WALTJEN/LIPP/SCHUMANN/VEIT (Hrsg), 9. Göttinger Workshop zum Familienrecht 2010 (2011) 29
ders, Entwicklung des deutschen Vormundschaftsrechts, in: DUTTA/SCHWAB/HENRICH/GOTTWLAD/LÖHNIG (Hrsg), Vormundschaft in Europa (2015) 15
ders, Die Gesamtverantwortung des Vormunds für den Mündel bei gleichzeitiger Aufgabenspaltung, in: COESTER-WALTJEN/LIPP/SCHUMANN/VEIT (Hrsg), 16. Göttinger Workshop zum Familienrecht 2018 (2019) 17
SEIDENSTÜCKER, Welchen Vormund braucht der Mündel?, in: COESTER-WALTJEN/LIPP/SCHUMANN/VEIT (Hrsg), 9. Göttinger Workshop zum Familienrecht 2010 (2011) 43
SOLOMON, „Brüssel IIa" – Die neuen europäischen Regeln zum internationalen Verfahrensrecht in Fragen der elterlichen Verantwortung, FamRZ 2004, 1409
SOMMER, Ehrenamtliche Einzelvormundschaften – Herausforderungen und Chancen einer vergessenen/vernachlässigten Institution, in: FS Salgo (2016) 437
VEIT, Die Reform des Vormundschaftsrechts, FamRZ 2016, 2049
dies, Die Reform des Vormundschaftsrechts nach dem zweiten Diskussionsteilentwurf, FamRZ 2019, 337
dies, Die Auswahl des geeigneten Vormunds – Wo bleibt der Subsidiaritätsgrundsatz?, in: FS Ludwig Salgo (2016) 188
dies, Terminologie in der Vormundschaft, in: FS Coester-Waltjen (2015) 287
dies, Ausgewählte Fragen an die Reform, JAmt 2019, 350
dies, Pflegeeltern im Blickfeld der Vormundschaftsreform, in: FS Koch (2019) 543
VEIT/MARCHLEWSKI, Die Reform des Vormundschaftsrechts geht in die nächste Runde, FamRZ 2017, 779
WAGENITZ/ENGERS, Betreuung – Rechtliche Betreuung – Sozial(rechtlich)e Betreuung, FamRZ 1998, 1273
WAGNER/JANZEN, Die Anwendung des Haager Kinderschutzübereinkommens in Deutschland, FPR 2011, 110
WOLF, Der Amtsvormund im Jugendamt, DAVorm 2000, 283
ZENZ, „Das Mündel und sein Vormund" – Rechtliche Überlegungen zur Zukunft der Vormundschaft, DAVorm 2000, 365
ZITELMANN, Kindesschutz durch Inobhutnahme, ZKJ 2011, 236
ZORN, Genehmigungspflichten und Genehmigungsverfahren – die §§ 1812, 1813 BGB in neuem Gewand, in: COESTER-WALTJEN/LIPP/SCHUMANN/VEIT (Hrsg), 16. Göttinger Workshop zum Familienrecht 2018 (2019) 95.

Systematische Übersicht

Alphabetische Übersicht

I. Begriff und Aufgaben des Vormundschaftsrechts

1 Unter Vormundschaftsrecht versteht das BGB alle Rechtsnormen, die die **Fürsorge für Schutzbedürftige** (Bevormundete, Mündel) durch natürliche oder juristische Personen betreffen, die von Gesetzes wegen dazu berufen oder aufgrund gerichtlicher Entscheidung dazu bestellt worden sind. In jeder Rechtsordnung muss die rechtliche Situation von Personen geregelt werden, die nicht imstande sind, ihre persönlichen und die das Vermögen betreffenden Angelegenheiten ohne Gefährdung ihrer eigenen Interessen selbst wahrzunehmen. In einem Gemeinwesen, das sich – wie die Bundesrepublik Deutschland – als Rechts- und Sozialstaat versteht (Art 20, 28 Abs 1 S 1 GG) und dessen Verfassung die Menschenwürde und die Grundrechte schützt (Art 1, 2 ff GG), ist dies selbstverständlich.

2 Das BGB geht davon aus, dass **Volljährige** im Regelfall selbst für sich sorgen können und keines besonderen Schutzes bedürfen. § 2 BGB knüpft den Eintritt der Volljährigkeit, mit der die unbeschränkte Geschäftsfähigkeit verbunden ist, an die feste Altersgrenze von 18 Jahren. Auf die Einsichts- und Selbstbestimmungsfähigkeit des jungen Menschen im Einzelfall wird nicht abgestellt, da dies dem Grundsatz der Offenkundigkeit und Sicherheit im Rechtsverkehr entgegenstünde. Zwar beachtet auch die Rechtsordnung, dass das Heranwachsen der Kinder ein Prozess allmählichen Reifens ist (s § 1626 Abs 2 S 1 BGB; § 1 Abs 1 SGB VIII). Rechtsgeschäftlich kann aber ein noch nicht 18 Jahre alter Jugendlicher nur in beschränktem Umfang ohne die Mitwirkung seines gesetzlichen Vertreters tätig werden (s Staudinger/Peschel-Gutzeit [2015] § 1626 Rn 77 ff).

3 **Minderjährige** sind geschäftsunfähig, solange sie nicht das siebente Lebensjahr vollendet haben (§ 104 Nr 1 BGB), und danach nach Maßgabe der §§ 107–113 BGB in der Geschäftsfähigkeit beschränkt (§ 106 BGB). Zur Sorge für ihre Person und ihr Vermögen sind in erster Linie die Eltern verpflichtet und berechtigt (§ 1626 Abs 1 S 1 BGB); diese Sorge umfasst auch die Vertretung des Kindes (§ 1629 BGB). Nach Art 6 Abs 2 S 2 GG wacht über ihre Betätigung die staatliche Gemeinschaft.

Für Minderjährige, die nicht in der Obhut von sorge-/vertretungsberechtigten Eltern stehen, sowie für Volljährige, die ihre Angelegenheiten nicht selbst besorgen können, muss die Rechtsordnung eine Regelung treffen, die solchen Personen, soweit dafür ein Bedürfnis besteht, die Teilnahme am Rechtsverkehr ermöglicht und sie vor Nachteilen schützt. Dies geschah mit Schaffung des BGB durch das Rechtsinstitut der Vormundschaft. Mit Wirkung vom 1. 1. 1992 wurde das Rechtsinstitut der Vormundschaft über Erwachsene abgeschafft und durch das Rechtsinstitut der Betreuung ersetzt (s Rn 8). 4

Das Vormundschaftsrecht, das im Dritten Abschnitt des Vierten Buches des BGB enthalten ist, wurde in großen Zügen der preußischen Vormundschaftsordnung vom 5. 7. 1875 nachgebildet; es hat aber auch einzelne Elemente anderer Partikularrechte übernommen. Die Wurzeln reichen ins römische und germanische Recht zurück (Mot IV 1008 ff; Staudinger/Engler[10/11] Vorbem 1 ff zu §§ 1773 ff; Dernburg, Das Vormundschaftsrecht in der preußischen Monarchie §§ 1 ff; ders, Deutsches Familienrecht §§ 96 ff; Enneccerus/Kipp § 100 II–IV; s auch Dölle § 116 II; MünchKomm/Spickhoff Vor § 1773 Rn 7 ff; Dieckmann ZRP 2002, 425, 427 f). 5

II. Vormundschaft, Betreuung, Pflegschaft

Ursprünglich unterschied der Abschnitt „Vormundschaftsrecht" in seinen drei Titeln die Vormundschaft über Minderjährige (§§ 1773–1895 BGB), die Vormundschaft über Volljährige (§§ 1896–1908 BGB) und die Pflegschaft (§§ 1909–1921 BGB); inzwischen unterscheidet das Gesetz zwischen Vormundschaft (§§ 1773–1895 BGB), rechtlicher Betreuung (§§ 1896–1908k BGB) und Pflegschaft (§§ 1909–1921 BGB). 6

1. Vormundschaft

Eine Vormundschaft über einen Minderjährigen wird eingeleitet, wenn dieser nicht unter elterlicher Sorge steht, die Eltern weder in den die Person noch in den das Vermögen betreffenden Angelegenheiten zu seiner Vertretung berechtigt sind oder sein Familienstand nicht zu ermitteln ist (§ 1773 BGB). Nach der bis Ende 1991 geltenden Regelung des BGB war auch eine Vormundschaft über Volljährige möglich; ein Volljähriger erhielt einen Vormund, wenn er entmündigt war (§ 1896 BGB aF). Er konnte einen Vormund auch schon dann erhalten, wenn seine Entmündigung beantragt war („vorläufige Vormundschaft", § 1906 BGB aF). 7

2. Betreuung

Durch das am 1. 1. 1992 in Kraft getretene Betreuungsgesetz (BtG, BGBl I 1990, 2002) wurden die Entmündigung (§ 6 BGB aF) und die Vormundschaft über Volljährige abgeschafft. An ihre Stelle ist als notwendiges Instrument der Fürsorge für hilfs- und schutzbedürftige Volljährige die Betreuung getreten (§ 1896 BGB). Wenn danach ein Volljähriger aufgrund einer psychischen Krankheit oder einer körperlichen, geistigen oder seelischen Behinderung seine Angelegenheiten ganz oder teilweise nicht besorgen kann, bestellte früher das Vormundschaftsgericht und bestellt seit der Reform des familiengerichtlichen Verfahrens (näher Rn 47) das Betreuungsgericht für ihn einen Betreuer (§ 1896 Abs 1 S 1 BGB). Gegen den freien Willen des Volljährigen darf kein Betreuer bestellt werden (§ 1896 Abs 1a BGB). Eine Bestellung darf 8 nur für Aufgabenkreise erfolgen, in denen die Betreuung erforderlich ist (§ 1896 Abs 2 S 1 BGB); sie ist nicht erforderlich, soweit die Angelegenheiten des Volljährigen durch einen Bevollmächtigten oder durch andere Hilfen, bei denen kein gesetzlicher Vertreter bestellt wird, ebenso gut wie durch einen Betreuer besorgt werden können (§ 1896 Abs 2 S 2 BGB). In seinem Aufgabenkreis vertritt der Betreuer den Betreuten gerichtlich und außergerichtlich (§ 1902 BGB). Die Bestellung eines Betreuers hat noch keinen Einfluss auf die Geschäftsfähigkeit des Betreuten (die freilich nach § 104 Nr 2 BGB fehlen kann). Das Betreuungsgericht hat aber, soweit es zur Abwendung einer erheblichen Gefahr für die Person oder das Vermögen des Betreuten erforderlich ist, anzuordnen, dass der Betreute zu einer Willenserklärung, die den Aufgabenkreis des Betreuers betrifft, dessen Einwilligung bedarf (§ 1903 Abs 1 BGB). In diesem Fall gelten die §§ 108–113, 131 Abs 2 und 210 BGB entsprechend; auch wenn ein Einwilligungsvorbehalt angeordnet ist, bedarf der Betreute dennoch nicht der Einwilligung seines Betreuers, wenn die Willenserklärung dem Betreuten lediglich einen rechtlichen Vorteil bringt.

3. Pflegschaft

9 Eine Pflegschaft wird für einen Minderjährigen angeordnet, dessen Eltern oder dessen Vormund an der Besorgung einzelner Angelegenheiten verhindert sind/ist oder wenn die Voraussetzungen für die Anordnung einer Vormundschaft vorliegen, ein Vormund aber noch nicht bestellt ist (§ 1909 Abs 1 u 3 BGB); außerdem für Abwesende (§ 1911 BGB), für eine Leibesfrucht, deren künftige Rechte eine Fürsorge erforderlich machen (§ 1912 BGB), für unbekannte oder ungewisse Beteiligte, die einer Fürsorge bedürfen (§ 1913 BGB), sowie schließlich für die Verwaltung und Verwendung eines durch eine öffentliche Sammlung für einen vorübergehenden Zweck zusammengebrachten Vermögens (§ 1914 BGB). Die Pflegschaft für Volljährige, die wegen Gebrechlichkeit schutzbedürftig sind (§ 1910 BGB aF), wurde zusammen mit der Vormundschaft über Volljährige durch das BtG abgeschafft (Art 1 Nr 48 BtG). Zur Nachlasspflegschaft s §§ 1960 ff BGB; §§ 340 Nr 1, 271 ff FamFG.

4. Unterschiede

10 Zwischen **Vormundschaft** (im heutigen Sinn) und **Pflegschaft** besteht ein **begrifflicher Gegensatz**. Die Vormundschaft bezweckt grundsätzlich (ebenso wie die elterliche Sorge) eine allgemeine Fürsorge sowohl für die Person als auch für das Vermögen des Mündels (§ 1793 Abs 1 BGB), mögen auch einzelne Angelegenheiten der Fürsorge des Vormunds entzogen sein bzw werden (vgl §§ 1794–1796, 1801 BGB). Eine Pflegschaft ist dagegen anzuordnen, wenn das Bedürfnis vormundschaftlichen Schutzes lediglich für einzelne Angelegenheiten besteht; nur ausnahmsweise (§ 1909 Abs 3 BGB) kann einem Pfleger die Sorge für sämtliche die Person und das Vermögen des Pflegebefohlenen betreffenden Angelegenheiten übertragen sein (Mot IV 1044, 1052).

11 Nach der Einführung des Rechtsinstituts der Betreuung durch das Betreuungsgesetz hatte der in der Überschrift des Dritten Abschnitts des Vierten Buchs des BGB gebrauchte Ausdruck „Vormundschaft" einen weiteren Sinn als der Begriff der Vormundschaft, wie er in der Überschrift des Ersten Titels und in dessen einzelnen Bestimmungen gebraucht wurde. Das **Betreuungsrechtsänderungsgesetz** (BtÄndG) vom 25. 6. 1998 (BGBl I 1580) hat, um der Tatsache Rechnung zu tragen, dass eine

Vormundschaft nur noch Vormundschaft über Minderjährige sein kann und die Betreuung nicht mitumfasst (vgl BT-Drucks 13/7158, 20 f), in der Überschrift des Dritten Abschnitts des Vierten Buchs nach dem Wort „Vormundschaft" die Wörter „Rechtliche Betreuung, Pflegschaft" eingefügt (wie es schon SCHWAB in MünchKomm[3] Vor § 1773 Rn 1 gefordert hatte; s dazu STAUDINGER/ENGLER[12] Vorbem 10 zu §§ 1773 ff) und in der Überschrift des Ersten Titels die Wörter „über Minderjährige" gestrichen (Art 1 Nrn 1 und 2 BtÄndG).

Die Einfügung des Wortes „Rechtliche" vor „Betreuung" geht auf die Beschlussempfehlung und den Bericht des Rechtsausschusses des Deutschen Bundestags zurück, der zur Begründung ausführt, damit werde „der Charakter der Betreuung als ‚Rechtsfürsorge' noch plakativer zum Ausdruck gebracht und damit rein karitative Tätigkeiten deutlich von der eigentlichen (und vergütungspflichtigen) Betreuungstätigkeit abgegrenzt" (BT-Drucks 13/10331, 26; s zum Begriff „Rechtliche Betreuung" auch JÜRGENS BtPrax 1998, 129; WAGENITZ/ENGERS FamRZ 1998, 1273; MünchKomm/SCHWAB Vor § 1896 Rn 24). **12**

Mit dem **zweiten Betreuungsrechtsänderungsgesetz** vom 21. 4. 2005 (2. BtÄndG, BGBl I 1073) wurde ein Gesetz über die Vergütung von Vormündern und Betreuern geschaffen (Art 8). Dort wurden unterschiedliche Stundensätze für Berufsvormünder einerseits (§ 3) und Berufsbetreuer andererseits (§§ 4 ff) vorgesehen, was die Frage aufwirft, ob die Unterschiede in der Rechtsfürsorge für Mündel und Betreute solche Divergenzen rechtfertigen (ablehnend MünchKomm/WAGENITZ[5] Vor § 1773 Rn 16). **13**

III. Arten von Vormundschaft

Das Gesetz unterscheidet zwischen der Einzelvormundschaft, dh der Vormundschaft durch eine natürliche Person, der Vormundschaft eines Vormundschaftsvereins als juristischer Person (§ 1791a BGB) und der bestellten oder gesetzlichen Amtsvormundschaft, die vom Jugendamt wahrgenommen wird (§§ 1791b, 1791c BGB; § 55 Abs 1 SGB VIII). **14**

Bei der Einzelvormundschaft ist wiederum zwischen der ehrenamtlichen, dh grundsätzlich unentgeltlich geführten, Vormundschaft (§ 1836 Abs 1 S 1 BGB) und der entgeltlichen, berufsmäßig geführten Vormundschaft (§ 1836 Abs 1 S 2 BGB) zu differenzieren. Eine Einzelvormundschaft liegt auch dann vor, wenn der Mitarbeiter eines Vereins oder des Jugendamts zum Vormund bestellt wird (HOFFMANN JAmt 2005, 113, 118; näher dazu § 1791a Rn 33); hiervon zu unterscheiden ist bei angeordneter Vormundschaft eines hierfür vom Landesjugendamt für geeignet erklärten Vereins die Beauftragung eines Mitglieds oder Mitarbeiters des Vereins mit der Führung der Vormundschaft (§ 1791a Abs 3 S 1 BGB) oder bei einer Amtsvormundschaft die Beauftragung eines Beamten oder Angestellten des Jugendamts mit derselben Aufgabe (§ 55 Abs 2 S 1 SGB VIII).

Das Gesetz geht vom Grundsatz der Einzelvormundschaft aus, kennt aber in Einzelfällen auch die Möglichkeit, mehrere Vormünder in Form der Mitvormundschaft (§ 1775 BGB) oder als Vormund und Gegenvormund (§ 1792 BGB) zu bestellen (Überblick über die verschiedenen in der Praxis entwickelten Formen der Vormundschaft bei OBERLOSKAMP/OBERLOSKAMP, Vormundschaft § 1 Rn 49).

IV. Vormundschaft zwischen Privatrecht und öffentlicher Fürsorge

15 Im Vormundschaftsrecht des BGB treffen öffentlich-rechtliche und privatrechtliche Elemente zusammen.

1. Die öffentlich-rechtlichen Elemente

a) Das Familiengericht als staatlicher Wächter

16 Der Staat ist – in Ausübung seines „Wächteramtes" gemäß Art 6 Abs 2 S 2 GG – dafür verantwortlich, dass schutzbedürftigen Personen die notwendige Fürsorge zuteilwird. Diese Aufgabe wird im Bereich des Vormundschafts- und Pflegschaftsrechts seit dem 1. 9. 2009 mit Inkrafttreten des FamFG (Art 112 FGG-RG) (BGBl I 2008, 2586) von den Familiengerichten (§ 151 Nrn 4 und 5 FamFG) und in Betreuungs- und Unterbringungssachen (§§ 271 ff, 312 ff FamFG) vom Betreuungsgericht wahrgenommen (§§ 23a Abs 1 Nr 2, Abs 2 Nr 1, 23c Abs 1 GVG); vor der Reform des familiengerichtlichen Verfahrens war in allen genannten Angelegenheiten das Vormundschaftsgericht zuständig (Staudinger/Engler [2004] Vorbem 3 zu §§ 1773 ff).

b) Bestellung eines Vormunds

17 **Anlass und Grundlage** für die Einrichtung einer Vormundschaft ist das **öffentliche Interesse an der Fürsorge** für den schutzbedürftigen Einzelnen (BVerfGE 10, 302, 311 = FamRZ 1960, 186 [LS] m Anm Bosch; BVerfGE 54, 251, 268 f). Das Kind ist ein Wesen mit eigener Menschenwürde und einem eigenen Recht auf Entfaltung seiner Persönlichkeit iSv Art 1 Abs 1, 2 Abs 1 GG. Um sich zu einer eigenverantwortlichen Persönlichkeit innerhalb der sozialen Gemeinschaft entwickeln zu können, bedarf es des Schutzes und der Hilfe (BVerfGE 24, 119, 144; BVerfGE 79, 51 Rn 39). Altersbedingt ist das Kind für die gesamte Zeit der Minderjährigkeit in seiner Selbständigkeit eingeschränkt und bedarf deshalb einer umfassenden Fürsorge (Veit FamRZ 2016, 2045, 2047). Diese Aufgabe obliegt nach dem Grundgesetz zuvörderst den Eltern **(Art 6 Abs 2 S 1 GG)**, da der Verfassungsgeber davon ausgeht, dass diejenigen, die dem Kind das Leben geben, von Natur aus bereit und berufen sind, die Verantwortung für die Pflege und Erziehung ihres Kindes zu übernehmen (BVerfGE 24, 119, 150). Sind die Eltern aber nicht bereit und/oder in der Lage, ihr Erziehungsrecht zum Wohl des Kindes wahrzunehmen, sei es aufgrund von Tod, Todeserklärung, Unauffindbarkeit, rechtlicher oder tatsächlicher Ausübungshindernisse (zB Minderjährigkeit [§ 1673 Abs 2 BGB] oder Unerreichbarkeit der Eltern bei unbegleiteten minderjährigen Flüchtlingen [§ 1674 BGB]) oder einer Kindeswohlgefährdung, und besteht keine Möglichkeit, die Verantwortung einem Elternteil allein zu belassen, ist der Staat aufgrund seines Wächteramtes **(Art 6 Abs 2 S 2 GG)** als „Ausfallbürge" (Jestaedt, 6. Göttinger Workshop 13) gefordert, die Pflege und Erziehung des Minderjährigen einschließlich seiner Vertretung anderweitig sicherzustellen (Veit FamRZ 2016, 2045, 2046).

18 In der Praxis geht es dabei am häufigsten um eine Rechtsfürsorge für Kinder, die in ihrer Herkunftsfamilie belastende Erfahrungen gemacht haben, misshandelt oder vernachlässigt wurden (Wiesner/Walther § 55 SGB VIII Rn 101; weitere Nachw bei Veit FamRZ 2016, 2045, 2046 Fn 23; s auch unten Rn 36). Wird das Kindeswohl gefährdet und sind die Eltern nicht gewillt oder in der Lage, die Gefahr abzuwenden, so ist der Staat verpflichtet, die **Grundrechte des Kindes** zu schützen. Das Kind hat aus Art 2

Abs 2 GG, nach jüngster Rechtsprechung des BVerfG in Fremdunterbringungsfällen aus Art 2 Abs 2 iVm Art 6 Abs 2 S 2 GG, einen Anspruch gegen den Staat, vor nachhaltigen Gefahren, insbes für sein körperliches Wohl, geschützt zu werden, die ihm im elterlichen Haushalt drohen (BVerfG 7. 4. 2014 – 1 BvR 3121/13, juris Rn 22, FamRZ 2014, 907, 909; BVerfG 19. 8. 2015 – 1 BvR 1084/15, juris Rn 20, FamRZ 2015, 2120, 2122; krit Heilmann FamRZ 2015, 92, 95). Der Staat ist dabei verpflichtet, das Kind im Einzelfall auch vor seinen Eltern zu schützen, es ggf von diesen zu trennen (BVerfG 3. 2. 2017 – 1 BvR 2569/16, juris Rn 42, FamRZ 2017, 524, 527; Britz FamRZ 2015, 793, 794 f) und dafür Sorge zu tragen, dass das Kind die Bedingungen erhält, die für seine Entwicklung und sein gesundes Aufwachsen erforderlich sind (BVerfG 30. 4. 2018 – 1 BvR 393/18, juris Rn 7, NZFam 2018, 635 m Anm Riegner; NZFam 2017, 261 Rn 40 m Anm Keuter). Hierzu gehört, für das Kind einen geeigneten Vormund zu bestellen; § 1779 BGB ist mithin Ausfluss des kindlichen Schutzanspruchs gegen den Staat (BVerfG 30. 4. 2018 – 1 BvR 393/18, juris Rn 7, NZFam 2018, 615; s auch § 1779 Rn 10).

c) Rechtsverhältnis zwischen dem Familiengericht und dem Vormund

Auch das Rechtsverhältnis zwischen dem Familiengericht und dem Vormund gehört 19
dem öffentlichen Recht an. Die Maßnahmen, die das Familiengericht dem Vormund gegenüber trifft (zB Bestellung nach § 1789 BGB, Entlassung nach § 1886 BGB, Beratung und Aufsicht bis hin zur Auferlegung eines Zwangsgeldes nach § 1837 BGB, Genehmigungsvorbehalte nach §§ 1819, 1820, 1821 ff BGB, Bewilligung einer Vergütung nach § 1836 BGB), sind keine Rechtsgeschäfte privatrechtlicher Art, sondern (dem öffentlichen Recht zuzuordnende) Akte der freiwilligen Gerichtsbarkeit und **Ausdruck der staatlichen Obervormundschaft** (dazu Mot IV 1011 ff). Öffentlich-rechtlichen Charakter haben weiter die einzelnen Verpflichtungen, die dem Vormund gegenüber dem Familiengericht obliegen (zB Bericht und Auskunft nach § 1839 BGB, Rechnungslegung nach § 1840 BGB), sowie die einstweiligen Maßregeln, die das Familiengericht anstelle des Vormunds trifft (§ 1846 BGB).

2. Die privatrechtlichen Elemente

Das **Rechtsverhältnis zwischen dem Vormund und dem Mündel** gehört dagegen dem 20
Privatrecht an. Die Rechte und Pflichten des Vormunds gegenüber dem Mündel haben zwar ihre Grundlage in dem durch die Bestellung des Vormunds begründeten öffentlich-rechtlichen Rechtsverhältnis, sind aber ebenso privatrechtlicher Natur wie die Rechte und Pflichten, die zwischen Eltern und Kindern bestehen (BGHZ 17, 108, 115 = NJW 1955, 867, 868 = JZ 1955, 422). Die Pflicht des Vormunds zur Sorge für die Person und das Vermögen des Mündels sowie seine Verantwortlichkeit im Falle einer Verletzung dieser Pflicht richten sich nach den Regeln des Privatrechts (s zB §§ 1787 Abs 1, 1793, 1800, 1805 ff, 1833, 1834, 1835, 1890 BGB); deshalb sind streitig gebliebene Ansprüche, die der Vormund gegen den Mündel oder der Mündel gegen den Vormund geltend macht (§ 1787 Rn 10; § 1793 Rn 135; § 1805 Rn 21; § 1806 Rn 31; § 1809 Rn 31; § 1834 Rn 14; § 1890 Rn 17), im Rechtsweg vor dem Streitgericht zu verfolgen (s § 1787 Rn 10; § 1833 Rn 72 ff; § 1890 Rn 40). Die Feststellung des BVerfG, die Eigenart einer Vormundschaft sei „öffentliche Fürsorge durch Wahrnehmung privater Angelegenheiten“ (BVerfGE 10, 302, 311 Rn 33), bedeutet nicht, dass das Verhältnis zwischen dem Vormund und dem Mündel dem öffentlichen Recht zuzuordnen ist; vielmehr handelt der Vormund in Ausübung eines privaten Amtes (ebenso Gernhuber/Coester-Waltjen § 71 Rn 2; MünchKomm/Spickhoff Vor § 1773 Rn 21, 23; Soergel/Zimmermann Vor § 1773 Rn 2;

Erman/Schulte-Bunert Vor §§ 1773 ff Rn 1; BGB-RGRK/Dickescheid Vor § 1773 Rn 2; Lindacher FamRZ 1964, 116, 117 f; Maurer FamRZ 1960, 468, 470 f; Jacoby, Das private Amt 172; **aA** Pardey FamRZ 1989, 1030). Hieran ändert auch der Umstand nichts, dass der öffentlich-rechtliche Schutzgedanke und die privatrechtliche Konstruktion des Rechtsverhältnisses zwischen Vormund und Mündel im Institut der Vormundschaft „untrennbar zusammenfallen" (MünchKomm/Spickhoff Vor § 1773 Rn 25); dahinstehen kann dabei, ob der öffentlich-rechtliche Einschlag den Ton angibt (so MünchKomm/Spickhoff Vor § 1773 Rn 25) oder nur ein „öffentlich-rechtlicher Einschlag" in dem überwiegend privatrechtlichen Rechtsverhältnis auszumachen ist (so Lindacher FamRZ 1964, 116, 117; Maurer FamRZ 1960, 468, 471).

21 Das Verhältnis zwischen Vormund und Mündel ist dem Eltern-Kind-Verhältnis nachgebildet (Mot IV 1044, 1096; BVerfGE 10, 302, 328; OLG Hamm 6. 5. 2016 – II 12 WF 156/15, juris Rn 7, JAmt 2016, 459, 460; Rauscher, Familienrecht Rn 1206; Gernhuber/Coester-Waltjen § 72 Rn 1; jurisPK-BGB/Lafontaine § 1793 Rn 22). Der Vormund fällt zwar nach überwiegender Ansicht **nicht unter den Elternbegriff des Art 6 Abs 2 S 1 GG**, sondern – ebenso wie Stief- und Pflegeeltern – nur unter den Begriff des Erziehungsberechtigten iSv Art 6 Abs 3 GG (BVerfGE 79, 51, 60 [Pflegeeltern]; BK-Jestaedt/Reimer [2018] Art 6 Abs 2 und 3 GG Rn 243, 244, 246; Mangoldt/Klein/Starck/Robbers Art 6 Abs 2 GG Rn 178; vMünch/Kunig/Coester-Waltjen Art 6 Abs 2 GG Rn 74; Erman/Schulte-Bunert Vor §§ 1773 ff Rn 6; BeckOGK/Kerscher [1. 9. 2019] § 1793 Rn 40; jurisPK-BGB/Lafontaine Rn 26; Gernhuber/Coester-Waltjen § 5 Rn 43; krit Lindacher FamRZ 1964, 116, 117; **aA** Hamann/Lenz Art 6 GG Rn 4); etwas anderes wird allenfalls für Großeltern angenommen, die anstelle der Eltern als Vormund die Erziehung und Pflege des Kindes übernommen haben (BVerfGE 34, 165, 200; BVerfG FamRZ 2004, 771, 772; BGH FamRZ 2011, 552, 553; dagegen BK-Jestaedt/Reimer [2018] Art 6 Abs 2 und 3 GG Rn 248; jurisPK-BGB/Lafontaine Rn 26). Dem Vormund wird aber auf jeden Fall eine **elternähnliche Stellung** zugesprochen (Gernhuber/Coester-Waltjen § 71 Rn 6; Erman/Schulte-Bunert Vor §§ 1773 ff Rn 6); er kann sich, soweit eine Familiengemeinschaft mit dem Kind besteht, auch auf Art 6 Abs 1 GG berufen (Heilmann/Salgo, in: Hansbauer, Neue Wege 186; § 1793 Rn 4).

22 Es gilt nicht nur § 1626 Abs 2 BGB entsprechend (§ 1793 Abs 1 S 3 BGB). Vielmehr richtet sich der Umfang der Personensorge nach den §§ 1631 bis 1633 BGB (§ 1800 S 1 BGB). Zudem besteht zwischen Mündel und Vormund – ebenso wie im Eltern-Kind-Verhältnis – eine beiderseitige Beistands- und Rücksichtnahmepflicht (§ 1618a BGB), eine Mitarbeitspflicht des Mündels (§ 1619 BGB) sowie eine Haftungsbeschränkung für den Vormund (§ 1664 BGB), soweit der Mündel auf längere Zeit in den Haushalt des Vormunds aufgenommen worden ist (§ 1793 Abs 1 S 3 BGB). Die Vormundschaft begründet damit entsprechend der elterlichen Sorge ein absolutes subjektives Recht familienrechtlicher Natur (zur elterlichen Sorge BeckOK/Veit [1. 11. 2019] § 1626 Rn 2), das **höchstpersönlich** ist und Dritten (zB Pflegepersonen bei der Amtsvormundschaft) nur zur Ausübung überlassen werden kann. Dieses Recht verflüchtigt sich mit zunehmendem Heranreifen des Kindes und entfällt schließlich ganz mit der Volljährigkeit (Gernhuber/Coester-Waltjen § 71 Rn 7). Für Pflichtwidrigkeiten des Vormunds haftet der Mündel, ebenso wie das Kind für solche seiner Eltern, Dritten gegenüber im Rahmen bestehender Rechtsverhältnisse über § 278 S 1 Alt 1 BGB (Gernhuber/Coester-Waltjen § 71 Rn 7; zum Eltern-Kind-Verhältnis BGHZ 9, 316, 319; BeckOK/Veit [1. 11. 2019] § 1626 Rn 3).

Allerdings kann das Rechtsverhältnis zwischen Mündel und Vormund nicht uneingeschränkt als gesetzliches Schuldverhältnis eingeordnet werden (so aber BGHZ 17, 108, 116; so auch BGH NJW 1955, 867, 868; OLG Saarbrücken FamRZ 2012, 801, 803). Zwar hat der BGH vor einiger Zeit ein gesetzliches Schuldverhältnis zwischen getrenntlebenden Eltern konstruiert, um hierauf gestützt Schadensersatzansprüche des umgangsberechtigten Kindesvaters gegen die Kindesmutter aus dem allgemeinen Schuldrecht zu begründen (BGH FamRZ 2002, 1099, 1100). Diese Sicht ist aber in der Literatur zu Recht auf Kritik gestoßen, weil sie vorschnell persönliche familienrechtliche Pflichten (im konkreten Fall die Loyalitätspflicht von Eltern nach § 1684 Abs 2 BGB) den Regeln des Schuldrechts unterstellt (Heiderhoff FamRZ 2004, 324, 325 ff; krit auch Henrich JZ 2003, 49; Schwab FamRZ 2002, 1297). Eine Anwendung der schuldrechtlichen Regeln ist deshalb nur unter Berücksichtigung der familienrechtlichen Besonderheiten dieses Rechtsverhältnisses möglich (zu diesem Problem auch § 1833 Rn 5). 23

3. Die Amtsvormundschaft im Besonderen

Auch bei der Amtsvormundschaft sind öffentlich-rechtliche und privatrechtliche Elemente miteinander verknüpft. Öffentlich-rechtlichen Charakter hat die Verpflichtung des Jugendamts zur Erfüllung der ihm vom Gesetz übertragenen Aufgaben, zu denen die Mitwirkung in Verfahren vor dem Familiengericht (§§ 2 Abs 3 Nr 6, 50 SGB VIII) sowie die Übernahme und Führung der Amtspflegschaft/-vormundschaft, Beistandschaft bzw Gegenvormundschaft (§§ 2 Abs 3 Nr 11, 55–58 SGB VIII) gehören. Öffentlich-rechtlicher Natur sind – wie beim Einzelvormund und dem Verein als Vormund – auch die Aufsichtsbefugnisse des Familiengerichts gegenüber dem Jugendamt als Amtsvormund. Das Jugendamt hat allerdings, ebenso wie zT auch der Verein als Vormund, eine freiere Stellung als der Einzelvormund (s §§ 1792 Abs 1 S 2, 1805 S 2, 1837 Abs 3 S 2, 1857a BGB; § 56 Abs 2 u 3 SGB VIII). Umgekehrt kann es, anders als der Einzelvormund, für Aufwendungen keinen Vorschuss und Ersatz nur insoweit verlangen, als das einzusetzende Einkommen und Vermögen des Mündels ausreicht (§ 1835 Abs 5 BGB). Eine Aufwandsentschädigung (§ 1835a Abs 5 BGB) oder Vergütung (§ 1836 Abs 3 BGB) steht ihm ebenso wenig zu wie dem Verein als Vormund. 24

Im **Verhältnis zum Mündel** hat das Jugendamt als Amtsvormund aber die gleiche Verpflichtung zur Sorge für die Person und das Vermögen des Mündels wie ein Einzelvormund (s Rauscher, Familienrecht Rn 1206). Dies ergibt sich nicht zuletzt aus den §§ 1793 Abs 1 S 2, 1800 BGB, die nicht nach der Art der Vormundschaft differenzieren. Die jüngsten Reformen zum Vormundschaftsrecht zielen gerade darauf, die persönlich geführte Vormundschaft in den praktischen Regelfällen der Amtsvormundschaft sicherzustellen (BT-Drucks 17/3617, 5 f; näher Rn 53). Der Amtsvormund haftet darüber hinaus, ebenso wie der Einzelvormund, nach § 1833 BGB; hiermit konkurriert die Amtshaftung nach § 839 BGB (§ 1833 Rn 11). Nach § 56 Abs 1 SGB VIII sind auf die Führung der Amtsvormundschaft die Bestimmungen des BGB anzuwenden, soweit nicht das SGB VIII etwas anderes bestimmt. Aus diesem Gesetz ergeben sich aber keine Anhaltspunkte für die Annahme, dass der Charakter des Rechtsverhältnisses zwischen dem Vormund und dem Mündel verschieden zu beurteilen ist, je nachdem, ob es sich um eine Einzel- oder eine Amtsvormundschaft handelt. Die Beziehung zwischen dem Amtsvormund und dem Mündel ist deshalb ebenfalls als **privatrechtliches Rechtsverhältnis** zu charakterisieren (OVG Münster FamRZ 1979, 345 f; 25

MünchKomm/Spickhoff Vor § 1773 Rn 24; Palandt/Götz Einl 3 vor § 1773; Jacoby, Das private Amt 172 f; Krüger JZ 1955, 634 f; **aA** BGHZ 9, 255, 257; Maurer FamRZ 1960, 468, 471; Schreiber AcP 178 [1978] 533, 543 ff; Gernhuber/Coester-Waltjen § 71 Rn 1, 3–5); hieran ändert auch der Umstand nichts, dass die vormundschaftliche Sorge durch eine Behörde Besonderheiten rechtlicher und tatsächlicher Art aufweist, die mit dem Idealbild einer elternähnlichen Sorge, die dem Vormundschaftsrecht zugrunde liegt (oben Rn 21), nicht mehr zusammenpassen (Veit FamRZ 2016, 2045, 2049 f; näher unten Rn 37 ff).

26 Die Bestimmung des Charakters des Rechtsverhältnisses zwischen Amtsvormund und Mündel hat ihre Bedeutung dadurch verloren, dass das SorgeRG (BGBl I 1979, 1061) die Streitfrage, ob der Vormund zu einer mit Freiheitsentziehung verbundenen Unterbringung des Mündels mit Blick auf Art 104 Abs 2 GG der gerichtlichen Genehmigung bedarf (Fallgestaltung in BVerfGE 10, 302), in den §§ 1800, 1631b BGB bejaht hat.

27 Nimmt das Jugendamt als Amtsvormund/Ergänzungspfleger ein Kind aus der Herkunftsfamilie heraus, so handelt es in Ausübung seines Personensorgerechts/Aufenthaltsbestimmungsrechts. Die Herausnahme stellt dagegen keine Inobhutnahme iSv § 42 SGB VIII dar; nur gegen letzteres wäre der Verwaltungsrechtsweg eröffnet (VG Ansbach ZKJ 2013, 379, 381 f; zum Problem der Abgrenzung der Funktionen im Jugendamt zwischen Amtsvormund und sozialem Dienst Harm/Mix/Opitz/Pütz/Rotax/Rüting FamRZ 2012, 1849).

4. Der Grundsatz der Selbständigkeit des Vormunds

28 Aus der elternähnlichen Stellung des Vormunds gegenüber dem Mündel (s Rn 21) lässt sich der Grundsatz der Selbständigkeit des Vormunds ableiten (Mot IV 1022 ff). Das bedeutet, dass der Vormund sein Amt zwar unter der Aufsicht des Familiengerichts (§ 1837 Abs 2 BGB), aber grundsätzlich selbständig und in eigener Verantwortung führt, soweit ihm nicht durch Gesetz oder durch besondere Anordnung Grenzen gezogen sind. Das Familiengericht kann ihm keine Weisungen erteilen, das Ermessen des Vormunds nicht durch sein eigenes ersetzen und nicht seine Meinung an die Stelle derer des Vormunds setzen, soweit es dazu nicht durch eine gesetzliche Vorschrift ermächtigt ist (s dazu näher § 1837 Rn 1, 35; Enneccerus/Kipp § 120 I 1; Dölle § 116 IV 2; MünchKomm/Spickhoff Vor § 1773 Rn 23; BGB-RGRK/Dickescheid Vor § 1773 Rn 4; Soergel/Zimmermann Vor § 1773 Rn 3). Dieser Grundsatz der Selbständigkeit gilt auch für das Jugendamt als Amtsvormund (zur Weisungsabhängigkeit des mit der Führung der Amtsvormundschaft betrauten Mitarbeiters des Jugendamtes gegenüber der Behördenleitung § 1791b Rn 36).

V. Das Leitbild des Gesetzes und die tatsächliche Entwicklung

1. Das Leitbild des Gesetzes

29 Das Leitbild des Gesetzes ist die **ehrenamtliche Einzelvormundschaft**, bei der ein Vormund als natürliche Person für einen oder wenige Mündel bestellt ist, für die er ähnlich sorgt wie Eltern für ihre Kinder (s BVerfGE 54, 251, 266; näher § 1793 Rn 2 ff). Wer als Vormund ausgewählt wird, ist zur Übernahme dieses Amtes verpflichtet (§ 1785 BGB), wenn er sich nicht auf einen der in § 1786 BGB aufgezählten Ablehnungsgründe berufen kann. Als Ehrenamt wird die Vormundschaft grundsätzlich unentgeltlich geführt (§ 1836 Abs 1 S 1 BGB). Dieser Vorstellung entsprechen auch die Vorschriften, die den Eltern das Recht geben, durch letztwillige Verfügung einen Vormund für ihre Kinder zu benennen und auf diese Weise über ihren Tod hinaus auf die Sorge für die Person und das Vermögen der Kinder Einfluss zu nehmen (§§ 1776, 1777 BGB).

Dieses Leitbild prägt auch die **Beteiligung der Familie** an der Verantwortung und Fürsorge für schutzbedürftige Angehörige, die ein Grundgedanke früherer Rechtsordnungen, insbesondere des alten deutschen Rechts, war (Mot IV 1009 ff; Dernburg, Deutsches Familienrecht §§ 96 ff). Inzwischen gebieten Art 6 Abs 1 und 2 GG eine bevorzugte Berücksichtigung der Familienangehörigen bei der Auswahl von Vormündern (BVerfGE 33, 236, 238 f). Nach § 1779 Abs 2 S 3 BGB aF waren Verwandte und Verschwägerte des Mündels bei der Auswahl des Vormunds „zunächst zu berücksichtigen", wenn sie nach ihren gesamten Verhältnissen, ihrer Vermögenslage und den sonstigen Umständen geeignet waren. Diese Bestimmung wurde durch das BtÄndG erheblich abgeschwächt; § 1779 Abs 2 S 2 BGB zählt nunmehr „Verwandtschaft und Schwägerschaft mit dem Mündel" neben dem mutmaßlichen Willen der Eltern, den persönlichen Bindungen und dem religiösen Bekenntnis des Mündels nur noch als einen der Gründe auf, die bei der Auswahl unter mehreren geeigneten Personen zu berücksichtigen sind (s dazu § 1779 Rn 54 ff). Geringe praktische Bedeutung haben die Anhörungsrechte der Verwandten und Verschwägerten bei der Auswahl des Vormunds nach § 1779 Abs 3 BGB sowie bei Entscheidungen des Familiengerichts in wichtigen Angelegenheiten nach § 1847 BGB (Staudinger/Engler [2004] Vorbem 19 zu §§ 1773 ff). 30

Aus dem französischen Recht hatte das BGB zunächst auch die Einrichtung des **Familienrats** übernommen, der unter bestimmten Voraussetzungen als Aufsichtsorgan für die einzelne Vormundschaft eingesetzt werden konnte und an die Stelle des Vormundschaftsgerichts trat (Mot IV 1014 ff). Dieser Familienrat bestand aus dem Vormundschaftsrichter als Vorsitzendem und mindestens zwei, höchstens sechs weiteren Mitgliedern, die im Regelfall mit dem Mündel verwandt oder verschwägert sein sollten, soweit sie nicht von den Eltern des Mündels durch letztwillige Verfügung benannt waren. Die §§ 1858–1881 BGB aF, die die Einrichtung, die Zusammensetzung, die Rechte und Pflichten der Mitglieder, die Befugnisse und schließlich das Verfahren und die Aufhebung des Familienrats geregelt hatten, wurden durch das SorgeRG vom 18. 7. 1979 aufgehoben (Art 1 Nr 55, BGBl I 1061), nachdem der Familienrat seine von Anfang an verhältnismäßig geringe praktische Bedeutung fast gänzlich verloren hatte. 31

Ausfluss des gesetzgeberischen Leitbilds (s Rn 29) ist der **Vorrang der Einzelvormundschaft** vor der Vereins- und Amtsvormundschaft (OLG Karlsruhe 26. 6. 2013 – 18 UF 296/11, juris Rn 36, FamRZ 2013, 1665, 1667; BayObLG FamRZ 1966, 323, 325; FamRZ 1984, 205, 207; FamRZ 1997, 897, 898; OLG Koblenz FPR 2002, 272; AG Schöneberg FamRZ 2002, 268, 269 m zust Anm Hoffmann; Oberloskamp/Elmauer, Vormundschaft § 14 Rn 43; Oberloskamp/Kunkel, Vormundschaft § 16 Rn 14; Palandt/Götz Einl 4 Vor § 1773), wobei dieser Vorrang nur für den **geeigneten Einzelvormund** gilt (BVerfG 30. 4. 2018 – 1 BvR 393/18, juris Rn 9, FamRZ 2018, 1092, 1093). 32

33 Bei der Einzelvormundschaft hat der ehrenamtliche Einzelvormund Vorrang vor dem Berufsvormund (OLG Karlsruhe 26. 6. 2013 – 18 UF 296/11, juris Rn 36, FamRZ 2013, 1665, 1667; HOFFMANN JAmt 2011, 299, 304). Dahinter steckt der Gedanke, dass sich der ehrenamtliche Einzelvormund intensiver um den Mündel kümmern kann/wird und auch nach Beendigung der Vormundschaft häufiger ein verlässlicher und vertrauter Ansprechpartner für den Betroffenen bleibt als ein beruflich Tätiger (FRITSCHE JAmt 2018, 135, 138). Das Gesetz bringt den Grundsatz zwar in den §§ 1779, 1791b und c BGB sowie §§ 1887 und 1889 Abs 2 BGB zum Ausdruck, seit Erlass des 2. BtÄndG allerdings nur noch unvollkommen, da die §§ 1791a und b BGB den Vorrang der Einzelvormundschaft auf den ehrenamtlichen Einzelvormund beschränken, also nicht mehr für den Berufseinzelvormund vorsehen (§ 1791a Abs 1 S 2 BGB u § 1791b Abs 1 S 1 BGB; s auch § 56 Abs 4 SGB VIII) (OLG Celle 18. 1. 2016 – 12 UF 2/16, 12 UFH 2/16, juris Rn 24, FamRZ 2016, 647, 648). Zudem fehlt ein Rangverhältnis zwischen Vereins- und Amtsvormundschaft (anders § 56 Abs 4 SGB VIII). Eine klare Rangfolge enthält demgegenüber das Betreuungsrecht, das zum einen bei der Einzelbetreuung eine Subsidiarität der Berufsbetreuung festlegt (§§ 1897 Abs 6 S 1, 1908b Abs 1 S 3 BGB) und zum anderen eine klare Abstufung nach Einzelbetreuer, Betreuungsverein (§ 1900 Abs 1 BGB) und Behörde (§ 1900 Abs 4 BGB) enthält; zudem kennt das Gesetz im Verhältnis der beiden Letztgenannten zueinander eine doppelt gestufte Subsidiarität (§ 1791b Rn 19). In jüngerer Zeit wird für eine Übernahme dieser Grundsätze des Betreuungsrechts ins Vormundschaftsrecht plädiert (SALGO/ZENZ FamRZ 2009, 1378, 1385; ZENZ DAVorm 2000, 365, 367 f; DÜRBECK FamRZ 2018, 553, 559; SCHWAB, 9. Göttinger Workshop 36; s auch MünchKomm/SPICKHOFF § 1791b Rn 2; näher unter § 1779 Rn 39; § 1791a Rn 33). Der Gesetzgeber hat diese Vorstöße in seinen jüngsten Reformen nicht aufgenommen. Stattdessen setzt er sich für eine persönlich geführte Amtsvormundschaft ein (näher unter Rn 52 f).

2. Die tatsächliche Entwicklung

a) Verschiebung von der Einzel- zur Amtsvormundschaft

34 Die tatsächliche Entwicklung hatte sich schon **vor dem Inkrafttreten des BGB** vom Leitbild der ehrenamtlich geführten Einzelvormundschaft entfernt (KLUMKER, in: KLUMKER/PETERSEN, Berufsvormundschaft 55 ff; PETERSEN, in: KLUMKER/PETERSEN, Berufsvormundschaft 29 ff). Vor allem in größeren Städten, wo – insbesondere für nichteheliche und elternlose Kinder – nicht genug geeignete Einzelvormünder gefunden werden konnten, hatten sich im Zuge der Kinder- und Armenfürsorge verschiedene Formen der Berufsvormundschaft entwickelt (HKK/REPGEN §§ 1773–1895 Rn 275 Fn 867; MEYSEN JAmt 2005, 105, 107). Diese waren zwar nicht im BGB, sondern größtenteils in landesgesetzlichen Vorschriften geregelt, die aber nach Art 136 EGBGB unberührt blieben (näher HKK/REPGEN §§ 1773–1895 Rn 276 Fn 869; s § 1791c Rn 3). Nach dem Ersten Weltkrieg wurde der Ruf nach einer einheitlichen Regelung der Jugendfürsorge immer lauter, und schließlich wurde das Reichsjugendwohlfahrtsgesetz vom 9. 7. 1922 (RGBl I 633) erlassen, das die gesetzliche und die bestellte Amtsvormundschaft sowie die Anstalts- und die Vereinsvormundschaft einführte. Seit Aufhebung der Anstaltsvormundschaft durch das FamRÄndG vom 11. 8. 1961 (BGBl I 1193) bestehen neben der Einzelvormundschaft nur noch die Vereins- und die Amtsvormundschaft.

35 Seit den Siebzigerjahren des 20. Jahrhunderts lässt sich in der Praxis eine kontinuierliche Verschiebung von der Einzel- zur Amtsvormundschaft feststellen (BATHKE JAmt

2006, 165; RÜTING, 2. Familienrechtliches Forum Göttingen 132; KOLODZIEJ DAVorm 1985, 931, 938). Der Anteil der Amtsvormundschaften an der Gesamtzahl der Vormundschaften ist heute wesentlich größer als derjenige der Einzelvormundschaften; der Anteil der Vereinsvormundschaften tritt daneben in den Hintergrund (zu jüngsten Entwicklungen seit der Reform von 2011 § 1791a Rn 33; s auch VEIT FamRZ 2016, 2045, 2046 f). Die Einzelvormundschaften wiederum werden zum großen Teil, vor allem in den Großstädten, in Form von Berufsvormundschaften geführt (s BVerfGE 54, 251, 254; GERNHUBER/COESTER-WALTJEN § 70 Rn 8; zur Situation zu Beginn des 20. Jahrhunderts HKK/REPGEN §§ 1773–1895 Rn 275 ff; MEYSEN JAmt 2005, 105, 107 f). Die **Amtsvormundschaft** stellt heute – nicht zuletzt wegen der beim Jugendamt „gebündelten Fachkompetenz" (BGH 13. 9. 2017 – XII ZB 497/16, juris Rn 14, FamRZ 2017, 1938, 1939) – den statistischen **Regelfall** dar (s FRITSCHE/KRUEGER/SPATSCHECK/WAGENBLASS/WÜST ZKJ 2017, 90, 91; OBERLOSKAMP FamRZ 1988, 7; OBERLOSKAMP, Vormundschaft § 1 Rn 51 ff; OBERLOSKAMP/HOFFMANN, Vormundschaft § 15 Rn 14; GERNHUBER/COESTER-WALTJEN § 70 Rn 18–20; HANSBAUER/MUTKE/OELERICH, Vormundschaft in Deutschland 41; ZENZ, in: ZITELMANN/SCHWEPPE/ZENZ, Vormundschaft und Kindeswohl 13, 15; GOJOWCZYK Rpfleger 2013, 1, 2; HILDEBRANDT ZKJ 2008, 396, 403; HOFFMANN JAmt 2005, 113, 116 f; ISA JAmt 2004, 228; OPITZ JAmt 2001, 315, 317; SOMMER, in: FS Salgo 437, 439; VEIT FamRZ 2016, 2045, 2046; WIESNER/WALTHER § 55 SGB VIII Rn 63; jüngste Zahlen bei FRITSCHE JAmt 2018, 135, 136 f; HKK/REPGEN §§ 1773–1895 Rn 325 ff).

b) Veränderung der Aufgaben des Vormunds infolge veränderter Klientel an Mündeln

Mit dieser Entwicklung geht eine **Verlagerung der Aufgabenbereiche** einher. Standen **36** noch bei Erlass des BGB die bestellte Einzelvormundschaft durch Verwandte über Waisenkinder sowie die gesetzliche Amtsvormundschaft für nichtehelich geborene Kinder im Vordergrund, so spielen diese Fälle heute – nicht zuletzt infolge gesetzlicher Änderungen im Recht der außerehelich geborenen Kinder und einer steigenden Lebenserwartung – keine große Rolle mehr (näher STAUDINGER/ENGLER [2004] Vorbem 23 zu §§ 1773 ff; Überblick über die Gründe für eine Vormundschaft zu Beginn des 20. Jahrhunderts bei SPANN, Berufsvormundschaft 14 f). Vielmehr geht es heute in erster Linie um Rechtsfürsorge für Kinder und Jugendliche, deren Eltern durch das Familiengericht zuvor wegen Kindeswohlgefährdung die elterliche Sorge nach §§ 1666, 1666a BGB entzogen wurde und die überwiegend nicht mehr bei ihren Eltern wohnen, sondern fremduntergebracht worden sind (WIESNER/WIESNER § 55 SGB VIII Rn 101; ZENZ, in: ZITELMANN/SCHWEPPE/ZENZ, Vormundschaft und Kindeswohl 13, 15; ETZOLD FamRZ 2016, 609, 611; VEIT FamRZ 2016, 2045, 2046; GUTKE/NEVELING JAmt 2003, 278, 282; BEHLERT/H HOFFMANN JAmt 2004, 345, 347; SEIDENSTÜCKER, 9. Göttinger Workshop 46; FLEMMING ZKJ 2010, 97). Damit verändern sich die Aufgaben des Vormunds. Diese reichen von Aufenthalts- über Gesundheits- und Ausbildungsfragen bis hin zu Vermögenssorge- und Unterhaltsproblemen und verlangen nicht nur ein hohes Maß an rechtlichen und verwaltungstechnischen, sondern vor allem auch an sozialpädagogischen Kenntnissen (Überblick etwa in BAGLJÄ, Arbeits- und Orientierungshilfe für den Bereich der Amtsvormundschaften und -pflegschaften, Mai 2005 [http://www.bagljae.de/downloads/095_amtsvormundschaft-pflegschaft_2005.pdf]; s auch ZENZ DAVorm 2000, 365, 370; OPITZ JAmt 2001, 315, 319; GUTKE/NEVELING JAmt 2003, 278, 282; SCHUMANN, in: HANSBAUER, Neue Wege 203 f; MEYER, 9. Göttinger Workshop 26; Deutscher Verein, Empfehlungen 30 ff; s auch § 1791b Rn 34), hat doch der Vormund mit zum Teil biographisch hoch belasteten Kindern zu tun, was in besonderem Maß verlangt, dass er die Lebenssituation des Mündels, seine Interessen und Bedürfnisse kennt.

3. Besonderheiten der vormundschaftlichen Sorge von Verein und Jugendamt

a) Strukturelle Besonderheiten

37 Die „elternähnliche Stellung des Vormunds" (s Rn 21) verlangt eine **persönlich geführte Vormundschaft**. Dies gilt für den ehrenamtlichen und Berufseinzelvormund ebenso wie für den Verein als Vormund und den Amtsvormund. Der 59. Deutsche Juristentag (Verhandlungen des 59. DJT [1992] M 95, 263) forderte sogar die Aufnahme eines „subjektiven Rechts des Kindes (im Sinn eines Anspruchs) auf eine persönliche Beziehung zum Vormund".

38 Allerdings übernimmt mit dem rechtsfähigen Verein (§ 1791a Abs 1 S 1 BGB) bzw dem Jugendamt eine **juristische Person bzw eine Behörde** die Verantwortung für das Kind (s Oberloskamp/Kunkel, Vormundschaft § 16 Rn 21), womit sich die Frage aufdrängt, ob das Jugendamt überhaupt ein persönlicher Vormund sein kann, ob also eine persönlich geführte Vormundschaft im Rahmen einer Behördenstruktur denkbar ist (krit Wolf DAVorm 2000, 283, 289; Zenz DAVorm 2000, 365, 370; zu den strukturellen Besonderheiten der vormundschaftlichen Sorge von Verein und Jugendamt Veit FamRZ 2016, 2045, 2049 f; Vorschläge de lege ferenda Salgo/Zenz FamRZ 2009, 1378, 1384; Zenz, in: Zitelmann/Schweppe/Zenz, Vormundschaft und Kindeswohl 188).

b) Umfang der tatsächlich wahrgenommenen Sorgeverantwortung

39 Eine unmittelbare Pflege und Erziehung durch eine Behörde ist schon denklogisch nicht möglich, und auch der mit der Führung der Vormundschaft betraute Mitarbeiter kann dies nicht für 50 Mündel (§ 55 Abs 2 S 4 SGB VIII) leisten. Selbst die Aufnahme auch nur eines dieser Mündel in den eigenen Haushalt würde dazu führen, dass der Mitarbeiter diese Vormundschaft wegen der Gefahr von Interessenkollisionen nicht mehr neben den 49 anderen in Vertretung des Amts führen dürfte (vgl §§ 1791a Abs 3 S 1 HS 2, 1897 Abs 3 BGB); vielmehr müsste das Jugendamt entlassen und dieser Mitarbeiter zum Einzelvormund für das Kind bestellt werden (§ 1887 Abs 1 BGB). Das Gleiche gilt für den Verein (§ 1791a Abs 3 S 1 HS 2 BGB, s Veit FamRZ 2016, 2045, 2050). Das Jugendamt bzw der Verein pflegt und erzieht das Kind nicht, sondern sorgt nur für dessen Pflege und Erziehung durch andere, verwaltet also im Schwerpunkt die Erziehung des Kindes in der Pflegestelle oder im Heim (Schwab, in: Dutta/Schwab/Henrich/Gottwald/Löhnig [Hrsg], Vormundschaft in Europa 26). Die Aufgabenwahrnehmung dieser Vormünder ist also zwingend eine **Sorge aus der Distanz**, verbunden mit der Gefahr einer unpersönlichen Amtsführung nach Aktenlage (Schwab, in: Dutta/Schwab/Henrich/Gottwald/Löhnig [Hrsg], Vormundschaft in Europa 25, 26).

40 Die Praxis wurde jedenfalls bis zur Reform im Jahr 2011 (näher dazu Rn 49 ff) weitgehend von einer **anonymisierten Verwaltung** bestimmt (s KG FamRZ 2002, 267, 268; Gernhuber/Coester-Waltjen § 70 Rn 8, 18–20; Beispiel: BayObLG FamRZ 1997, 897, 898; Flemming ZKJ 2010, 97). Die Entwicklung und das persönliche Wohl des Mündels lagen häufig nicht im Fokus der Amtsführung eines Vormunds; vielmehr lagen die Schwerpunkte seiner Tätigkeit in der Vermögenssorge sowie der rechtlichen Vertretung des Kindes oder des Jugendlichen. Vor allem wenn das Kind in einer Pflegefamilie oder einer Einrichtung untergebracht war, beschränkte sich die Tätigkeit des Amtsvormunds auf eine eher verwaltende als eine fürsorgende Tätigkeit. Dagegen fand ein persönlicher Kontakt zwischen ihm und dem Mündel häufig nicht statt. Vielmehr erfolgte oftmals eine Delegation der sich aus §§ 1800, 1631 BGB ergebenden Pflicht

zur Gewährleistung der tatsächlichen Pflege und Erziehung durch die ausgewählte Pflegeperson/das Heim auf Fachkräfte des Allgemeinen Sozialen Dienstes des jeweiligen Jugendamtes (s auch Hansbauer/Mutke/Oelerich, Vormundschaft in Deutschland 36; hier setzt auch die Reform an, s BT-Drucks 17/3617, 7 f; Hoffmann FamRZ 2011, 249, 252). Darüber hinaus fehlte eine klare personelle Trennung zwischen vormundschaftlichen Aufgaben und Aufgaben der Leistungsgewährung im Jugendamt mit der Folge von Interessenkollisionen für den Amtsvormund (Zenz DAVorm 2000, 365, 374; Hoffmann JAmt 2005, 113, 118; zu einem Modellprojekt mit klarer Aufgabentrennung Behlert/Hoffmann JAmt 2004, 345, 346).

Nicht zuletzt hat die mangelnde Gewinnbarkeit von Einzelvormündern bzw die mangelnde Suche nach ihnen (dazu Oberloskamp FamRZ 1988, 7, 16; Wiesner/Walther § 55 SGB VIII Rn 63a mwNw; zur Gewinnbarkeit von Einzelvormündern Bathke JAmt 2006, 165; Schumann, in: Hansbauer, Neue Wege 201 ff; Fritsche/Krueger/Spatschek/Wagenblass/Wüst ZKJ 2017, 90, 91 ff) zu einer **Überlastung von Jugendämtern** geführt. Wiederholt hatten die Amtsvormünder über 200 Mündel zu betreuen (Bremische Bürgerschaft LT-Drucks 16/1381, 133). Die Gerichte wandten oft vorschnell § 1791b BGB an, ohne irgendwelche Ermittlungen und Anfragen etwa bei Einrichtungen, in denen die späteren Mündel vorläufig untergebracht sind (Zitelmann, Inobhutnahme und Kindesschutz 47 f; dies ZKJ 2011, 236, 242), dahingehend anzustellen, ob geeignete ehrenamtliche Einzelvormünder überhaupt zur Verfügung stehen (OLG Naumburg OLGR 2005, 749, 750); diese Praxis war contra legem (näher § 1791b Rn 15). Wiederholt konnten Personen, die als Betreuer oder Verfahrenspfleger (heute Verfahrensbeistände) qualifiziert waren, für Einzelvormundschaften gewonnen werden (Nachw bei Hansbauer/Mutke/Oelerich, Vormundschaft in Deutschland 56; s auch Kuleisa-Binge ZKJ 2011, 109 f für Ergänzungspflegschaft und Vormundschaft), was unter Beweis stellte, dass die Praxis die Möglichkeiten, Einzelvormünder zu gewinnen, noch nicht ausgeschöpft hatte (Zenz DAVorm 2000, 365, 372; Wiesner/Wiesner § 55 SGB VIII Rn 63a); Rüting sprach gar von einem „Mythos", dass Einzelpersonen für die Übernahme einer Vormundschaft nicht zu finden oder nicht geeignet seien (Rüting, in: Coester-Waltjen/Lipp/Schumann/Veit, 2. Familienrechtliches Forum Göttingen 135). **41**

Zu nachhaltigen Veränderungen sowohl in der Gesetzgebung als auch der Praxis und der Rechtsprechung im Bereich des Vormundschaftsrechts hat der in den Jahren 2013 bis 2017 zu verzeichnende starke Anstieg an Einreisen **unbegleiteter ausländischer Minderjähriger** geführt, ausgelöst von internationalen Konflikten und Bürgerkriegen (jüngste Zahlen BAMF, Pressemitteilung v 31. 10. 2017 [www.destatis.de/DE/PresseService/Presse/Pressemitteilungen/2017/08/PD17_290_225.html]; Fritsche JAmt 2018, 135, 136 f). Es wurde nicht nur das Gesetz zur Verbesserung der Unterbringung, Versorgung und Betreuung ausländischer Kinder und Jugendlicher vom 28. 10. 2015 (BGBl I 1802) geschaffen, das ua Regeln über die vorläufige Inobhutnahme der unbegleitet einreisenden Minderjährigen (§ 42a SGB VIII), ihre Verteilung (§§ 42b, c SGB VIII), ihre Vertretung während dieser Zeit und danach (§§ 42a Abs 3, 42b Abs 3 S 1, 42 Abs 3 S 4 SGB VIII) sowie ein Verfahren zur Altersfeststellung durch das Jugendamt (§ 42 f SGB VIII) gebracht hat (näher Veit FamRZ 2016, 93 ff). Vielmehr lagen auch bei einer Vielzahl dieser Kinder die Voraussetzungen für die Anordnung einer Vormundschaft vor (§ 1773 Rn 18), womit ein erheblicher Bedarf an geeigneten Vormündern entstand. Die Jugendämter waren nicht zuletzt wegen der in § 55 Abs 2 S 4 SGB VIII vorgegebenen Fallzahl 50 (dazu unten Rn 53) in ihren Kapazitäten beschränkt. Dadurch erleb- **42** ten nicht nur die Vormundschaftsvereine Zulauf; vielmehr wurde sowohl für die Jugendämter als auch die Vereine die Suche und Qualifizierung von ehrenamtlichen Vormündern zur Entlastung der eigenen Ressourcen im Laufe der Zeit bedeutsamer (Elmauer/Kauermann-Walter JAmt 2016, 116, 117 f; Alpay JAmt 2019, 382; Dürbeck FamRZ 2018, 553, 559; Sommer, in: FS Salgo 437, 447 f; Hansbauer JAmt 2016, 290; zur lückenhaften Datenlage zur Verteilung der betroffenen Minderjährigen auf die verschiedenen Vormundschaftsformen Fritsche JAmt 2018, 135, 136). Es konnten zahlreiche geeignete natürliche Personen zur Übernahme dieser Aufgabe gefunden werden (zuversichtlich auch OLG Celle 18. 1. 2016 – 12 UF 2/16, 12 UFH 2/16, juris Rn 23, FamRZ 2016, 647, 648; Hansbauer JAmt 2016, 290 f; Fritsche JAmt 2018, 135, 137; Alpay JAmt 2019, 382).

43 Auch in Bezug auf andere Minderjährige wird in verschiedenen Jugendämtern verstärkt an **Konzepten zur Gewinnung, Schulung und Begleitung ehrenamtlicher Einzelvormünder** gearbeitet (Beispielsfälle bei Hansbauer JAmt 2016, 290, 291 Fn 9, dort auch allg zum strategischen und organisatorischen Änderungsbedarf in den Jugendämtern); zum Teil werden dabei auch Vormundschaftsvereine oder freie Träger in diese Aufgabe eingebunden (Nachw bei Sommer, in: FS Salgo 437, 442 ff, dort va zum sog Frankfurter Modell des Deutschen Kinderschutzbundes).

VI. Bisherige Reformen

1. Randkorrekturen im Vormundschaftsrecht

44 Auf die Diskrepanzen zwischen der rechtlichen und der tatsächlichen Lage (oben Rn 29 ff) wurde wiederholt hingewiesen und der Gesetzgeber zu einer grundlegenden Reform des Vormundschaftsrechts aufgefordert (statt vieler nur Bundesrat BT-Drucks 11/4428, 203; Dresdner Erklärung DAVorm 2000, 437 f; Wiesner/Wiesner³ § 55 SGB VIII Rn 77; Zenz DAVorm 2000, 365; Hansbauer/Oelerich/Wunsch JAmt 2002, 229; Salgo/Zenz FamRZ 2009, 1378). Trotzdem blieb es bislang bei bruchstückhaften Veränderungen im BGB; die meisten Veränderungen wurden im SGB VIII vorgenommen.

45 Das **BtÄndG** (vgl Rn 11) wollte mit der Änderung von § 1793 BGB das Verhältnis zwischen Vormund und Mündel stärker dem Eltern-Kind-Verhältnis für den Fall angleichen, dass der Mündel im Haushalt des Vormunds lebt (BT-Drucks 13/7158, 19). Weiter wurde in § 1775 BGB die Möglichkeit erweitert, Ehegatten gemeinsam zu Vormündern zu bestellen, weil eine gemeinsame Vormundschaft von Ehegatten in besonderer Weise geeignet sei, den personalen Bezug zwischen Vormund und Mündel zu verdeutlichen (BT-Drucks 13/7158, 19). Darüber hinaus sollte mit der Flexibilisierung der Kriterien für die Auswahl unter mehreren als Vormund geeigneten Personen durch das Familiengericht in § 1779 BGB der personale Bezug des Vormundsamtes verdeutlicht und die Verwirklichung des Kindeswohls effektiver gestaltet werden (BT-Drucks 13/7158, 21). Weitergehenden Änderungsbedarf wies der Gesetzgeber mit dem Hinweis zurück, dieser dürfe, wie eine von den Landesjustizverwaltungen durchgeführte Befragung der forensischen Praxis gezeigt habe, „nicht überschätzt werden" (BT-Drucks 13/7158, 19). Der grundsätzliche Vorrang des Einzelvormunds sei im geltenden Recht (§§ 1779 Abs 2, 1791a, 1791b BGB) formuliert und werde in der Praxis befolgt. Ein darüber hinausgehender Anspruch des Minderjährigen auf eine persönliche Vormundschaft breche sich an der Schwierigkeit, für alle Fälle Privatpersonen zu finden, die zur Übernahme der Vormundschaft bereit und in der Lage seien, sowie daran, dass ein solcher Anspruch nicht hinreichend auf die Vorzüge Bedacht nehme, welche die Autorität eines zum Vormund bestellten Jugendamtes in schwierigen sozialen Verhältnissen mit sich bringen könne (BT-Drucks 13/7158, 19).

Das **2. BtÄndG** (vgl Rn 13) begrenzte den Vorrang der Einzelvormundschaft vor der Vereins- bzw Amtsvormundschaft auf den ehrenamtlichen Einzelvormund in den §§ 1791a Abs 1 S 2 und 1791b Abs 1 S 1 BGB (Art 1 Nrn 2 und 3) und beschränkte damit das Subsidiaritätsprinzip (s dazu Rn 32 f). **46**

Die Änderungen, die das Vormundschaftsrecht durch das **FGG-Reformgesetz** vom 17. 12. 2008 (BGBl I 2586) mit Wirkung vom 1. 9. 2009 an (Art 112 Abs 1 FGG-RG) erfahren hat, resultieren im Wesentlichen aus der Auflösung des Vormundschaftsgerichts und der Schaffung des großen Familiengerichts (dazu allg BT-Drucks 16/6308, 168) und sind damit verfahrensrechtlicher Natur (näher unter Rn 72 ff). Der Schwerpunkt der Reform liegt in einer vollständigen Neuregelung des familiengerichtlichen Verfahrens im FamFG (Art 1 FGG-RG). Nach § 151 Nr 4 FamFG stellen Verfahren, die die Vormundschaft betreffen, einen Unterfall der Kindschaftssachen dar, für die das Gesetz Sonderregeln in den §§ 152 ff FamFG aufgenommen hat. Allgemeine Vorschriften zu Verfahren in Familiensachen, zu denen die Kindschaftssachen gehören (§ 111 Nr 2 FamFG), finden sich in den §§ 111 ff FamFG; soweit keine Sonderregeln greifen, gilt der allgemeine Teil in den §§ 1 ff FamFG. **47**

Das **Gesetz zur Änderung des Zugewinnausgleichs- und Vormundschaftsrechts** vom 6. 7. 2009 (BGBl I 1696) führte nur zu Änderungen im Bereich der Vermögenssorge (§ 1813 Abs 1 Nr 3 BGB [Art 13 des Gesetzes]) des Vormunds und vermochte damit ebenso wenig die genannten Missstände aufzufangen. **48**

2. Reformen des Kindesschutzes (ohne Vormundschaftsrecht)

a) Gesetz zur Erleichterung familiengerichtlicher Maßnahmen bei Gefährdung des Kindeswohls

Neu ins Bewusstsein gerufen wurde der Reformbedarf erst durch tragische Fälle von Kindesvernachlässigungen und -tötungen, wie etwa den Fall des zweijährigen Kevins aus Bremen (Bremische Bürgerschaft LT-Drucks 16/1381, 114), bei dem es im Rahmen einer angeordneten Amtsvormundschaft zu gravierenden Kindeswohlgefährdungen gekommen war, die letztlich tödlich endeten. Eine von der Bundesregierung im Jahr 2006 eingesetzte Arbeitsgruppe „Familiengerichtliche Maßnahmen bei Gefährdung des Kindeswohls – § 1666 BGB" erarbeitete noch im selben Jahr erste Vorschläge (http://www.lag-autonomefrauenhaeusernrw.de/files/abschlussbericht_kindeswohlgefahrdung.pdf), die in das Gesetz zur Erleichterung familiengerichtlicher Maßnahmen bei Gefährdung des Kindeswohls, sog **KiWoMaG** (s Oberloskamp, 6. Göttinger Workshop 51) vom 4. 7. 2008 (BGBl I 1188), mündeten. Dieses Gesetz enthält Änderungen des materiellen Kindschaftsrechts (§§ 1666, 1631b BGB) sowie des Verfahrensrechts (§§ 50e [Vorrang- und Beschleunigungsgebot], 50 f FGG [Erörterungsgespräch], § 1696 Abs 3 BGB [Überprüfung bei Absehen von Maßnahmen nach den §§ 1666–1667 BGB]); im Verfahrensrecht wurden damit Regelungen vorweggenommen, die sich inzwischen in den §§ 156, 157, 166 Abs 3 FamFG (allg zu diesem Gesetz Rn 47) finden. **49**

b) Bundeskinderschutzgesetz

50 In der Folge wurde nicht zuletzt vor dem Hintergrund der Diskussion um die Heimerziehung der 50er/60er Jahre und neu bekannt gewordener Missbrauchsfälle sowohl im präventiven als auch im intervenierenden Kindesschutz das Gesetz zur Stärkung eines aktiven Schutzes von Kindern und Jugendlichen (Bundeskinderschutzgesetz – BKiSchG) erlassen (BGBl I 2011, 2975). Dieses Gesetz, das am 1. 1. 2012 in Kraft getreten ist, enthält in Artikel 1 das Gesetz zur Kooperation und Information im Kinderschutz **(KKG)** und in Artikel 2 umfangreiche Änderungen des SGB VIII. Ziel des Gesetzes ist es, das Wohl von Kindern und Jugendlichen zu schützen und ihre körperliche, geistige und seelische Entwicklung zu fördern (§ 1 Abs 1 KKG). Zu diesem Zweck umfasst die Unterstützung der Eltern bei Wahrnehmung ihres Erziehungsrechts durch die staatliche Gemeinschaft auch Information, Beratung und Hilfe (§ 1 Abs 4 KKG). § 2 KKG regelt Informationspflichten gegenüber Eltern und werdenden Müttern und Vätern über Leistungsangebote zur Beratung und Hilfe in Fragen der Schwangerschaft, Geburt und Entwicklung des Kindes in den ersten Lebensjahren. § 4 KKG regelt die Pflicht von kinder- und jugendnahen Berufsgeheimnisträgern zur Beratung von Eltern und Kindern bei gewichtigen Anhaltspunkten für eine Kindeswohlgefährdung (§ 4 Abs 1 KKG) sowie zur Weitergabe von Informationen an das Jugendamt, soweit dies erforderlich ist, um eine Gefährdung des Wohls des Kindes oder Jugendlichen abzuwehren (§ 4 Abs 3 KKG).

51 Mit dem Bundeskinderschutzgesetz wurde auch das Kinder- und Jugendhilferecht geändert (Art 2 des Bundeskinderschutzgesetzes). Vor allem wurde der Schutzauftrag des Jugendamts weiter qualifiziert: Das Jugendamt erhält die Möglichkeit, sich einen unmittelbaren Eindruck von dem Kind und seiner persönlichen Umgebung zu verschaffen, soweit dies nach fachlicher Einschätzung zur Gefährdungsabschätzung erforderlich ist (§ 8a Abs 1 S 2 SGB VIII). Weiter wurden die Beratung und Unterstützung von Pflegeeltern (§ 37 Abs 2 SGB VIII) verbessert, § 45 SGB VIII (Erlaubnis für den Betrieb einer Einrichtung, in der Kinder ganztägig oder für einen Teil des Tages betreut werden oder Unterkunft erhalten) und § 72a SGB VIII (Tätigkeitsausschluss einschlägig vorbestrafter Personen) neu gefasst und eine Pflicht zur Vorlage erweiterter Führungszeugnisse für alle in der Jugendhilfe beschäftigten Personen eingeführt (§ 72a SGB VIII). Nicht zuletzt wurde eine fortdauernde Leistungspflicht und die Fallübergabe bei Zuständigkeitswechseln in § 86c SGB VIII festgeschrieben (krit zu dem Gesetz Bühring Deutsches Ärzteblatt 2010, A 2531; Fegert/Meysen JAmt 2010, 521).

3. Reformen im Vormundschaftsrecht

a) Gesetz zur Änderung des Vormundschafts- und Betreuungsrechts

52 Ausgelöst durch die tragischen Fälle von Kindeswohlgefährdung wurde nicht nur § 1666 BGB auf der Basis von Vorarbeiten einer von der Bundesregierung eingesetzten Arbeitsgruppe neu gefasst (dazu oben Rn 49). Vielmehr legte diese Arbeitsgruppe zum 14. 7. 2009 einen zweiten Abschlussbericht vor, in dem konkrete Vorschläge zur Qualitätssicherung in der Vormundschaft und Pflegschaft gemacht wurden (näher dazu Staudinger/Veit [2014] Rn 38).

53 Infolge dieser Vorschläge wurde bereits im Dezember 2009 ein **Referentenentwurf** (http://www.bundesgerichtshof.de/SharedDocs/Downloads/DE/Bibliothek/Gesetzesmaterialien/17_w p/vormundschaft/refe.pdf?_blob=publicationFile) und im November 2010 ein **Gesetzentwurf der Bundesregierung zur Änderung des Vormundschafts- und Betreuungsrechts** (BT-Drucks 17/3617) vorgelegt, der erste Reformen des Vormundschaftsrechts aus Kindesschutzerwägungen heraus durch Änderungen des BGB und des SGB VIII enthielt und im Wesentlichen **Gesetz geworden** ist (zur Genese im Einzelnen Staudinger/Veit [2014] Rn 40 ff). Festgeschrieben wurde die Pflicht des Vormunds zu einem regelmäßigen persönlichen Kontakt zum Mündel (§ 1793 Abs 1a BGB) sowie zur persönlichen Überwachung und Förderung von Pflege und Erziehung des Mündels (§ 1800 S 2 BGB); die jährliche Berichtspflicht des Vormunds wurde ebenso wie die Aufsichtspflicht des Familiengerichts auf die persönlichen Kontakte des Vormunds zum Mündel ausgedehnt (§ 1837 Abs 2 S 2 BGB; § 1840 Abs 1 S 2 BGB). Wichtige Änderungen hat auch das SGB VIII erfahren: So sieht § 55 Abs 2 S 3 SGB VIII eine Fallzahlenbegrenzung in der Amtsvormundschaft auf 50 Vormundschaften pro Mitarbeiter vor; darüber hinaus soll das Kind oder der Jugendliche zur Auswahl des Beamten oder Angestellten gehört werden, soweit dies nach Alter und Entwicklungsstand des Kindes oder Jugendlichen möglich ist (§ 55 Abs 2 S 2 SGB VIII).

b) Weiterer Reformbedarf

Mit diesen Änderungen greift das Gesetz einen Teil der von der Arbeitsgruppe eingeforderten Reformen (oben Rn 52) auf. Diese haben auch in der Rechtspraxis zu Änderungen geführt. So veränderten sich etwa in der Amtsvormundschaft die Fallzahlen, der Zuschnitt der Aufgabenbereiche für die Mitarbeiter, vor allem aber auch die inhaltliche Arbeit der mit der Amtsvormundschaft betrauten Mitarbeiter: Sie haben häufigeren und regelmäßigeren Kontakt zu ihren Mündeln als früher und nehmen inzwischen auch stärker die Interessen des Mündels gegenüber den Mitarbeitern der sozialen Dienste im Jugendamt wahr, etwa bei der Hilfeplanung (Katzenstein JAmt 2014, 606, 608). 54

Diese Änderungen reichen allerdings nicht aus, um das gesetzgeberische Ziel einer persönlich geführten Vormundschaft (BT-Drucks 17/3617, 7) zu erreichen. Soll das Gesetz kein reines „Amtsvormundschaftsverbesserungsgesetz" darstellen, was mit der Gefahr einherginge, den faktischen Regelfall der bestellten Amtsvormundschaft zu zementieren, sind weitergehende Reformen im materiellen Recht und Verfahrensrecht erforderlich (s etwa Antrag der SPD, BT-Drucks 17/2411; Staudinger/Veit [2014] § 1779 Rn 85 ff; § 1791a Rn 29 ff; § 1791b Rn 33 f; § 1793 Rn 101 ff; § 1800 Rn 49 ff; § 1887 Rn 27 ff; § 1889 Rn 24). Dies hat der Gesetzgeber auch gesehen und schon im Gesetzgebungsverfahren 2011 **eine umfassende Reform angekündigt**, um das gesamte Vormundschaftsrecht an die geänderten Rechts- und Lebensverhältnisse anzupassen und zu modernisieren (dazu bereits BT-Plenarprotokoll 17/71, 7750 [D]; BT-Plenarprotokoll 17/105, 12072 der 105. Sitzung des Deutschen Bundestages vom 14. 4. 2011 [zweite und dritte Lesung, in der der Bundestag den Gesetzentwurf der Bundesregierung in der Fassung der Beschlussempfehlung des Rechtsausschusses angenommen hat]). 55

c) Schritte zur großen Reform des Vormundschaftsrechts

aa) Eckpunktepapier

Seit Oktober 2014 liegt ein Eckpunktepapier des Bundesministeriums der Justiz und für Verbraucherschutz (BMJV) vor, das den Rahmen der großen Reform absteckt (Eckpunktepapier ZKJ 2015, 145 ff). Diese soll sich auf folgende fünf Punkte erstrecken: 56

(1) die **Subjektstellung des Mündels** sowie die Inhalte der **Personensorge des Vormunds**, va durch Aufnahme von Rechten des Mündels und Erziehungspflichten des Vormunds sowie Regeln zum Verhältnis zwischen Vormund und Mündel,

(2) die **Stärkung der personellen Ressourcen in der Vormundschaft**, va der Einzelvormundschaft, ohne aber auf die personellen Ressourcen in Jugendamt und Vormundschaftsverein zu verzichten, dh eine Überprüfung, ob anstelle des Jugendamtes bzw des Vereins unmittelbar ein Mitarbeiter des Jugendamtes bzw des Vereins als persönlicher Vormund bestellt wird; weiterhin die Festigung des Vorrangs des ehrenamtlichen Vormunds unter gleichzeitiger Festschreibung eines Gleichrangs aller beruflich tätigen Vormünder, Neuregelung der Vorgaben für die Auswahl des Vormunds sowie der Vergütungsregeln,

(3) **Qualitätsverbesserungen in der Amtsvormundschaft**, va einer Verfestigung der Trennung der Aufgaben von Vormundschaft und Jugendhilfe im Jugendamt, einer Kontinuitätssicherung in der Amtsvormundschaft sowie einer fallübergreifenden Steuerungsverantwortung der Amtsleitung des Jugendamtes (zur Forderung von Qualitätsstandards aus jüngerer Zeit KATZENSTEIN JAmt 2014, 606, 608 ff).

(4) **Modernisierung und Entbürokratisierung der Vermögenssorge**, va eine Modernisierung der Regeln zum Verfügungs- und Anlagegeld, der Genehmigungspflichten zum Schutz des Mündelvermögens vor unberechtigten Zugriffen durch den Vormund oder Dritter sowie zum Schutz des Mündels vor Geschäften mit erheblichen Auswirkungen und eine Modernisierung der Möglichkeiten des Vormunds zur Freistellung von Genehmigungs- und Versperrungspflichten sowie eine

(5) **Vereinfachung des Gesetzesaufbaus** im Vormundschafts-, Betreuungs- und Pflegschaftsrecht, va eine Neugliederung der Komplexe Vormundschaft, Pflegschaft und Betreuung, um die Lesbarkeit des Gesetzes zu verbessern und zu vereinfachen, sowie eine Verlagerung der Vermögenssorgetatbestände ins Kindschafts- und vor allem Betreuungsrecht, da dort der Hauptanwendungsbereich dieser Normen liegt.

bb) Diskussionsteilentwurf zur Reform des Vormundschaftsrechts

57 Auf der Basis dieses Eckpunktepapiers stellte das BMJV Ende 2016 einen **ersten Diskussionsteilentwurf** (Stand: 18. 8. 2016) der Öffentlichkeit zur Verfügung (https://www.bmjv.de/SharedDocs/Downloads/DE/PDF/Themenseiten/FamilieUndPartnerschaft/Vormundschaftsrecht_Eckpunke_2016.pdf?_blob=publicationFile&v=3), der einen Zwischenstand der Arbeiten des Ministeriums zur Reform des Vormundschaftsrechts wiedergibt. Er hat, ausgerichtet an den ersten beiden Punkten des Eckpunktepapiers (oben Rn 56), folgende drei Ziele im Blick (Entwurf S 17 ff):

(1) eine Stärkung der Personensorge des Vormunds,

(2) eine Stärkung der personellen Ressourcen für eine persönlich geführte Vormundschaft sowie

(3) eine Verbesserung der Auswahl des für den Mündel bestgeeigneten Vormunds.

Hinter dem **erstgenannten Ziel** verbirgt sich die Stärkung der Rechtsstellung des Mündels als Subjekt der Vormundschaft durch Festschreibung eines Katalogs an subjektiven Rechten des Mündels und korrespondierenden Pflichten des Vormunds (§§ 1789 ff BGB-E). Weiter wird die Verantwortung des Vormunds für die Personensorge und in diesem Zuge auch das Beziehungsgeflecht zur Pflegeperson ausgestaltet. Der Vormund soll danach die umfassende und persönliche Verantwortung für die Pflege und Erziehung des Mündels auch dann tragen, wenn der Mündel in einer Pflegefamilie oder in einer Einrichtung lebt (§ 1796 Abs 1 S 2 BGB-E). Damit wird die umfassende rechtliche Sorgeverantwortung aller Vormünder, die schon das geltende Recht kennzeichnet (§ 1793 Rn 2, § 1800 Rn 6), fortgeschrieben. Zugleich will der Entwurf die Stellung der Pflegeperson verbessern: Zum einen weist er ihr bei beabsichtigter Dauerpflege des Mündels kraft Gesetzes eine Entscheidungsbefugnis in Angelegenheiten des täglichen Lebens sowie die Kompetenz zur Vertretung des Vormunds zu (§ 1798 BGB-E). Zum anderen wird, angelehnt an § 1630 Abs 3 BGB (Entwurf S 32), die Möglichkeit geschaffen, einzelne Sorgeangelegenheiten oder eine bestimmte Art von Sorgeangelegenheiten durch gerichtliche Entscheidung auf die **Pflegeperson als Pfleger** zu übertragen (§ 1778 BGB-E). Diese erhält damit die Befugnis zur alleinigen Entscheidung und Verantwortung (Entwurf S 20), bleibt aber in verschiedener Hinsicht an die Meinung des Vormunds bei ihrer Entscheidungsfindung gebunden (§ 1793 Abs 2 S 1 und 2 BGB-E), weil letzterer nach dem Konzept des Entwurfs die „strategische Gesamtverantwortung" für das Wohl des Kindes behält (Entwurf S 20, 31 [„Gesamtverantwortung für den Mündel"], 33 [„letztlich die Verantwortung"], 52 [„letztendliche Sorgeverantwortung"]; krit Veit/Marchlewski FamRZ 2017, 779, 781 ff). 58

Entsprechendes soll für die neu geschaffene **Rechtsfigur des zusätzlichen Pflegers** gelten (§ 1777 BGB-E). Dahinter steckt das Ansinnen des Entwurfs, eine natürliche Person nicht deshalb als ungeeignet für die Übernahme der Vormundschaft zu erachten, weil sie einzelne Angelegenheiten oder eine bestimmte Art von Angelegenheiten nicht zum Wohl des Mündels wahrnehmen kann (§ 1777 S 1 BGB-E; Entwurf S 30). Vielmehr soll ihr ein Pfleger an die Seite gestellt werden, dem das Gericht diese Sorgekompetenzen übertragen hat. Obwohl auch dieser im übertragenen Bereich zur alleinigen Entscheidung nach außen berufen ist, bleibt er im Innenverhältnis zum Vormund in gleichem Umfang wie die Pflegeperson als Pfleger vom Vormund abhängig (§ 1793 Abs 2 S 2 BGB-E; krit Veit/Marchlewski FamRZ 2017, 779, 784 f).

Zur Erreichung der **zweit- und drittgenannten Ziele** (oben Rn 57) soll die Bestellung natürlicher Personen neben dem Jugendamt gestärkt, zugleich aber auch die wichtige Rolle der Amtsvormundschaft angemessen berücksichtigt werden. Hierfür werden die unterschiedlichen Vormundschaftstypen in einer Norm zusammengefasst (§ 1775 BGB-E). Neben dem ehrenamtlichen und dem beruflichen Einzelvormund sieht der Entwurf das Jugendamt und den **Vereinsvormund** vor, der an die Stelle des Vereins treten soll (§ 1775 Abs 1 BGB-E); dieser soll nur noch als vorläufiger Vormund bestellt werden können (§ 1775 Abs 2 Nr 2 BGB-E; krit Elmauer/Kallermann-Walter JAmt 2019, 368, 372 ff). 59

Zur **Verbesserung der Auswahl** des bestgeeigneten Vormunds für den Mündel (s § 1779 Abs 1 BGB-E) werden nicht nur die Eignungskriterien des § 1779 Abs 2 BGB erweitert (s § 1780 Abs 1 BGB-E). Vielmehr soll neben den genannten natürlichen Personen künftig auch das Jugendamt in die Auswahlentscheidung des Gerichts einbezogen (Entwurf S 24) und zugleich das Subsidiaritätsprinzip „mit Ausnahme des Vorrangs des Ehrenamtes" beseitigt werden (Entwurf S 22). Anders als das geltende Recht sieht der Entwurf keinen Vorrang des ehrenamtlichen Einzelvormunds mehr gegenüber dem Vormundschaftsverein und dem Jugendamt vor (§§ 1791a Abs 1 S 2, 1791b Abs 1 S 1 BGB). Vielmehr soll der ehrenamtlich tätige Vormund nur noch Vorrang vor den beruflich tätigen natürlichen Personen als Vormund genießen (s § 1780 Abs 2 BGB-E), und hierzu gehört das Jugendamt nicht. Die Subsidiarität der Amtsvormundschaft wird damit abgeschafft (s Entwurf S 22; krit Veit, in: FS Salgo 188, 200 ff). Um der aktuellen Bestellpraxis entgegenzuwirken und zu vermeiden, dass künftig vorschnell das Jugendamt als endgültiger Vormund bestellt wird, obwohl auch eine besser geeignete natürliche Person als Vormund hätte gefunden werden können, führt der Entwurf die Möglichkeit ein, dass dann, wenn zur Zeit der Anordnung der Vormundschaft die erforderlichen Ermittlungen zur Auswahl des geeigneten Vormunds, insbesondere im persönlichen Umfeld des Mündels, noch nicht abgeschlossen sind, das Jugendamt oder der Verein (§ 1775 Abs 2 BGB-E) für längstens drei Monate als **vorläufiger Vormund** bestellt werden können (§ 1782 BGB-E).

cc) Zweiter Diskussionsteilentwurf

60 Im September 2018 legte das BMJV dann einen **zweiten Diskussionsteilentwurf zur Reform des Vormundschaftsrechts** vor (https://www.bmjv.de/SharedDocs/Downloads/DE/PDF/Themenseiten/FamilieUndPartnerschaft/Vormundschaftsrecht_zweiter_Diskussionsentwurf.pdf?_blob=publicationFile&v=1, zu den Stellungnahmen von Verbänden hierzu s https://www.bmjv.de/SharedDocs/Gesetzgebungsverfahren/DE/Reform_Vormundschaftsrecht.html). Dieser Entwurf umfasst nicht nur eine Überarbeitung des ersten Teilentwurfs zur Personensorge des Vormunds, sondern auch eine Reform des Vermögenssorge- und Pflegschaftsrechts sowie des VBVG. Zudem wird das Betreuungsrecht neu geregelt, da das Vermögenssorgerecht dorthin verschoben wird. Nimmt man noch die Folgeänderungen des Abstammungs- und Kindschaftsrechts (§§ 1596 Abs 3, 1629 Abs 2, 1639 Abs 2, 1643–1645, 1667 Abs 2, 1713 Abs 1, 1716 Abs 1 S 2 BGB) hinzu, geht es der Sache nach nicht mehr nur um eine Reform des Vormundschaftsrechts, sondern des gesamten Fürsorgerechts des BGB. Noch gänzlich unberücksichtigt sind noch notwendige Änderungen des SGB VIII sowie des FamFG. Nachfolgend soll nur auf die wichtigsten Änderungen des Entwurfs im Personen- und Vermögenssorgerecht eingegangen werden.

α) Überarbeitung des ersten Teilentwurfs

61 Die Überarbeitung des ersten Teilentwurfs zur Personensorge konzentriert sich auf das Beziehungsgeflecht des Vormunds zur Pflegeperson. Zwar hält der Entwurf an dem Grundsatz der Gesamtverantwortung aller Vormünder fest (§ 1796 Abs 1 S 2 BGB-E) und betont ebenso wie der erste Entwurf, dass die Verantwortung für den Mündel auch dann, wenn die tatsächliche Pflege und Erziehung des Kindes von einer Pflegeperson oder einer Einrichtung vorgenommen wird, grundsätzlich ungeteilt beim Vormund liegen müsse (Entwurf S 78, 109). Auch bleibt es bei der Einbindung der Pflegeperson in die Mitverantwortung für den Mündel, nur bekennt sich der Entwurf jetzt, deutlicher als im ersten Entwurf, zu einer **gespaltenen Sorge zwischen Vormund und Pflegeperson als Pfleger** (Entwurf S 78). Die Pflegeperson soll im Umfang der Sorgerechtsübertragung die Stellung eines Pflegers (§ 1778 Abs 1 S 1 HS 1 BGB-E) und damit einhergehend umfassende Entscheidungs- und Vertretungskompetenzen für das Kind erlangen, die vom Vormund unabhängig sind (arg § 1915 Abs 1

S 1 BGB [§ 1813 Abs 1 BGB-E]). Im Umfang der gerichtlichen Zuweisung an die Pflegeperson reduziert sich also die Sorgeverantwortung des Vormunds. Dass diese Rechtsfolge freilich nicht wirklich gewollt ist, erschließt sich aus dem Zusammenspiel von § 1778 Abs 1 und Abs 2 BGB-E. Während Abs 1 vorsieht, dass die Pflegeperson im übertragenen Sorgebereich die Stellung eines Pflegers erlangen soll, bestimmt Abs 2, dass ihr die Sorgekompetenzen in Angelegenheiten, deren Regelung für den Mündel von erheblicher Bedeutung ist, nur zur gemeinsamen Wahrnehmung mit dem Vormund übertragen werden. In erheblichen Angelegenheiten soll also die Verantwortung des Vormunds erhalten bleiben. Liest man demnach Abs 1 und Abs 2 zusammen, so wird der Pflegeperson die Sorgekompetenz zur gemeinsamen Verantwortung mit dem Vormund, ähnlich wie § 1626a Abs 1 Nr 3 BGB dies für nicht miteinander verheiratete Eltern vorsieht, übertragen, soweit es sich um Angelegenheiten handelt, deren Regelung für den Mündel von erheblicher Bedeutung ist. Es entsteht also im Umfang der gerichtlichen Übertragung von Teilen der Sorge auf die Pflegeperson eine teilweise gemeinsame Sorge von Vormund und Pflegeperson, die – wie bei getrenntlebenden Eltern (§ 1687 Abs 1 S 1 BGB) – auf Angelegenheiten von erheblicher Bedeutung (§ 1778 Abs 2 BGB-E) begrenzt ist. Im Übrigen, also in den Angelegenheiten des täglichen Lebens, steht der Pflegeperson als Pfleger dagegen die Alleinentscheidungs- und Vertretungskompetenz für den Mündel zu. Damit entsteht eine neue Form einer Pflegschaft, die sich von der Ergänzungspflegschaft des geltenden Rechts (§ 1909 BGB) dadurch unterscheidet, dass die Pflegeperson nicht gänzlich allein handeln kann, sondern teilweise an die Mitentscheidung des Vormunds gebunden wird, indem sie mit diesem in Angelegenheiten von erheblicher Bedeutung Einvernehmen erzielen muss (§ 1793 Abs 4 BGB-E); andernfalls entscheidet das Gericht auf Antrag über die Meinungsverschiedenheit (§ 1794 Abs 1 Nr 3 BGB-E; näher Veit JAmt 2019, 350, 353; dies, in: FS Koch 543, 547 ff; krit zu diesem neuen Konzept die Beiträge von Schwab, 16. Göttinger Workshop 17 ff; Dürbeck, 16. Göttinger Workshop 47 ff = ZKJ 2019, 208 ff und Oberloskamp, 16. Göttinger Workshop 35 ff).

Nur geringfügige Änderungen gegenüber dem ersten Entwurf erfährt dagegen die **Rechtsfigur des zusätzlichen Pflegers** (§ 1777 BGB-E; oben Rn 58). Auch dieser erhält im Umfang der Übertragung die Alleinentscheidungs- und Vertretungsmacht für den Mündel wie ein Ergänzungspfleger (§ 1773 Abs 3 S 1 BGB-E). Nur bleibt er im Innenverhältnis zum Vormund an diesen gebunden, da er dessen Auffassung bei seinen Entscheidungen nicht mehr nur, wie im ersten Entwurf, zu „berücksichtigen" (s § 1793 Abs 2 S 2 BGB-E), sondern sie „einzubeziehen" hat (§ 1793 Abs 3 BGB-E; näher zu dieser neuen Wortwahl Veit FamRZ 2019, 337, 342; Schwab, 16. Göttinger Workshop 29 ff; Dürbeck, 16. Göttinger Workshop 60 f = ZKJ 2019, 208, 211 f; Veit, in: FS Koch 543, 554 f). **62**

Im Bereich der **Begründung der Vormundschaft** erweitert der Entwurf vor allem die Fristen für die **vorläufige Vormundschaft**. Zwar bleibt es, wie im ersten Entwurf (oben Rn 59), beim Grundsatz, dass das Familiengericht alsbald, längstens aber binnen einer Frist von drei Monaten ab Bestellung des vorläufigen Vormunds einen Vormund auszuwählen und zu bestellen hat. Allerdings kann diese Frist durch gerichtlichen Beschluss um weitere drei Monate verlängert werden, wenn trotz eingeleiteter Ermittlungen des Familiengerichts der für den Mündel am besten geeignete Vormund noch nicht bestellt werden konnte (§ 1782 Abs 2 S 2 BGB-E). **63**

β) Veränderung des Gesetzesaufbaus

64 Die Vorschriften zur Vermögenssorge (§§ 1802 ff BGB) werden aus dem Vormundschafts- ins Betreuungsrecht verschoben, um dem Umstand Rechnung zu tragen, dass der Hauptanwendungsbereich dieser Vorschriften im Betreuungsrecht liegt, weil nur ein kleiner Teil der Mündel über nennenswertes Vermögen verfügt (Eckpunktepapier ZKJ 2015, 145, 148). An die Stelle bisheriger Verweisungen vom Betreuungs- und Pflegschaftsrecht in das Vormundschaftsrecht (§§ 1915, 1908i BGB) treten Verweisungen vom Vormundschafts- und Pflegschaftsrecht ins Betreuungsrecht, soweit es sich dort nicht um Sonderregelungen handelt (§§ 1799 ff, 1889 BGB-E). Dadurch wird das bisherige Konzept von umfassenden Hin- und Herverweisungen zwischen den Regelungen über die gesetzlichen Obhutsverhältnisse (Eckpunktepapier ZKJ 2015, 145, 149) durch ein neues ersetzt, womit aber die Frage bleibt, ob der Entwurf wirklich damit das Reformziel erreicht, das Gesetz anwenderfreundlicher aufzubauen (Eckpunktepapier ZKJ 2015, 145, 149).

γ) Reform der Vermögenssorge

65 Mit der Eingliederung der Vorschriften zur Vermögenssorge ins Betreuungsrecht (dazu Rn 64) sollen die dortigen Vorschriften nur noch „entsprechend" gelten (s etwa § 1799 Abs 1 S 1 BGB-E), da im Betreuungsrecht andere **allgemeine Grundsätze** maßgebend sind als im Vormundschaftsrecht (Veit FamRZ 2019, 337, 342). Aus dem geltenden Recht übernommen werden die Pflicht des Vormunds zu wirtschaftlicher Vermögensverwaltung sowie zur Sicherung des Mündelvermögens durch Festschreibung eines Gebots zur Trennung der Vermögen von Vormund und Mündel sowie eines Schenkungs- und Verwendungsverbots (§§ 1799 Abs 1 S 1, 1840 BGB-E; 1804 f BGB). Allerdings werden die Ausnahmen von diesen Grundsätzen gegenüber dem geltenden Recht erweitert (näher Veit FamRZ 2019, 337, 343; krit im Einzelnen Fröschle, 16. Göttinger Workshop 82 ff).

66 Ebenso wie im geltenden Recht soll der Vormund das seiner Vermögensverwaltung unterliegende Vermögen des Mündels verzeichnen, dieses Verzeichnis dem Familiengericht einreichen (§§ 1799 Abs 1, 1837 BGB-E; 1802 BGB) und das zum Vermögen des Mündels gehörende Geld anlegen, soweit es nicht zur Bestreitung von Auslagen bereitzuhalten ist (§§ 1799 Abs 1, 1841 ff BGB-E, 1806 f BGB). Während das geltende Recht aber nur Vorschriften zur Anlage des Anlagegelds enthält (§§ 1806 ff BGB), aber nicht regelt, wie das Verfügungsgeld bereitzuhalten ist, werden im Entwurf nicht nur die Begriffe **Verfügungs- und Anlagegeld** definiert (§§ 1841 S 1 HS 1, 1843 Abs 1 BGB-E); vielmehr wird jetzt festgeschrieben, dass der Vormund das Verfügungsgeld grundsätzlich auf einem Girokonto bereitzuhalten hat (§§ 1799 Abs 1 S 1, 1841 S 1 BGB-E). Mit dieser Kontoführungspflicht soll der Gefahr von Verlust und Veruntreuung (s § 935 Abs 2 BGB) vorgebeugt und die Kontrolle der Vermögensverwaltung durch das Gericht erleichtert werden (Entwurf S 190). Barzahlungen soll es nur noch unter engen Voraussetzungen (§ 1842 Abs 2 BGB-E) geben. Das Anlagegeld, also das Geld, das nicht zur Bestreitung von Ausgaben des Mündels benötigt wird, soll der Vormund grundsätzlich verzinslich auf einem Anlagekonto des Mündels bei einem Kreditinstitut anlegen (§ 1843 Abs 2 BGB-E) und dabei mit dem Kreditinstitut eine sog Sperrvereinbarung des Inhalts abschließen, dass er über die Anlage nur mit Genehmigung des Familiengerichts verfügen darf (§§ 1799 Abs 1, 1847 Abs 1 BGB-E). Von den in § 1807 BGB aufgelisteten mündelsicheren Anlageformen beschränkt sich der Entwurf auf die im

geltenden Recht in § 1807 Abs 1 Nr 5 BGB genannte und macht diese zur einzigen vom Gesetz vorgesehenen Anlageform. Zwar bleibt dem Vormund auch künftig die Freiheit, das Anlagegeld anders als auf einem Anlagekonto anzulegen; allerdings benötigt er hierfür die Genehmigung des Familiengerichts (§§ 1800 Abs 1, 1850 Abs 1 BGB-E). Fehlt sie, so ist die vom Gesetz abweichende Anlegung anders als nach geltendem Recht, das die Gestattung als Innengenehmigung ausgestaltet (§ 1811 BGB, s § 1811 Rn 29), künftig nach dem Entwurf endgültig unwirksam (Entwurf S 205).

Wertpapiere, die zum Vermögen des Mündels gehören, sind künftig, soweit es sich um Wertpapiere iSv § 1 Abs 1 und 2 DepotG handelt, im Depot bei einem Kreditinstitut zu verwahren (§§ 1799 Abs 1, 1844 Abs 1 BGB-E), andernfalls bei einem Kreditinstitut zu hinterlegen (§ 1844 Abs 2 BGB-E) und mit diesem eine Sperrvereinbarung zu treffen, wonach eine Verfügung über diese Wertpapiere bzw deren Herausgabe nur mit Genehmigung des Familiengerichts zulässig ist (§ 1847 Abs 2 BGB-E). Die Regelung zur Depotpflicht ist neu und soll an die Stelle der geltenden Regeln zur Hinterlegung, Umschreibung und Umwandlung von Inhaberpapieren nach §§ 1814, 1815, 1818 BGB treten (Entwurf S 89). 67

Die **Genehmigungstatbestände** werden neu gegliedert und zusammengeführt (Entwurf S 212). Die Innengenehmigungen sollen entfallen und durch Anzeigepflichten gegenüber dem Familiengericht ersetzt werden (s §§ 1799 Abs 1 S 1, 1848 BGB-E); hiervon ausgenommen sein soll nur der Fall, dass der Vormund das Anlagegeld anders als auf einem Anlagekonto anlegen will (oben Rn 66). 68

Die Einschränkung der Vertretungsmacht des Vormunds durch die Genehmigungsvorbehalte der **§§ 1812, 1813 und 1821 BGB** wird grundsätzlich beibehalten, aber auf „den notwendigen Kern" begrenzt (Eckpunktepapier ZKJ 2015, 145, 149), neu systematisiert und übersichtlicher als bisher gegliedert. So wird etwa § 1812 Abs 1 S 1 BGB, der Verfügungen des Vormunds „über eine Forderung oder über ein anderes Recht, kraft dessen der Mündel eine Leistung verlangen kann", unter einen Genehmigungsvorbehalt stellt, entsprechend dem Willen des historischen Gesetzgebers auf den Schutz des Mündels vor Veruntreuung von Geld oder Wertpapieren durch den Vormund zurückgeführt (Entwurf S 207) und das dogmatisch und systematisch schwierige Verhältnis von Regeltatbestand (§ 1812 BGB) und Ausnahme (§ 1813 BGB) neu gefasst (näher Veit FamRZ 2019, 337, 344 f; Zorn, 16. Göttinger Workshop 99 ff). Zudem wird die Rechtsfigur des Gegenvormunds mangels praktischer Relevanz abgeschafft (Entwurf S 92). Dies hat Auswirkungen auf die Genehmigungspflicht von Verfügungen des Vormunds über Grundpfandrechte und Rentenschulden, die nach geltendem Recht unter § 1812 BGB fallen (§ 1821 Abs 2 BGB) mit der Folge, dass die Genehmigung des Familiengerichts durch die Genehmigung eines Gegenvormunds ersetzt werden kann (§ 1812 Abs 2 BGB). Mit dem Wegfall der Rechtsfigur des Gegenvormunds entfällt ein Bedürfnis für die Sonderregel des § 1821 Abs 2 BGB (Entwurf S 209). Vielmehr sollen Rechtsgeschäfte im Zusammenhang mit Grundpfandrechten (Bestellung, Inhaltsänderung, Aufhebung) künftig unter den Genehmigungstatbestand des § 1852 BGB-E fallen (Entwurf S 214). Dieser Genehmigungstatbestand entspricht dem geltenden § 1821 BGB, erweitert aber dessen Katalog an genehmigungspflichtigen Rechtsgeschäften über Grundstücke und Schiffe um Rechtsgeschäfte, durch die der Vormund Wohnungs- und Teileigentum erwirbt (§§ 1800 Abs 1, 1852 Nr 6 BGB-E), 69 um den gefährlichen Rechtsfolgen Rechnung zu tragen, die hiermit für den Mündel verbunden sind (ua Haftung nach § 10 Abs 8 WEG; Entwurf S 213).

70 § 1853 BGB-E fasst die verstreut im BGB geregelten Genehmigungstatbestände zu nachlassrechtlichen Rechtsgeschäften in einer Norm zusammen. § 1854 BGB-E regelt die Genehmigungspflicht von handels- und gesellschaftsrechtlichen Rechtsgeschäften, indem er die Genehmigungstatbestände des § 1822 Nrn 3 und 11 BGB übernimmt (Entwurf S 216; krit Schulte-Bunert FuR 2018, 621). Die sonstigen genehmigungspflichtigen Rechtsgeschäfte, die von **§ 1822 BGB** erfasst werden, werden in den Auffangtatbestand des § 1856 BGB-E aufgenommen. Lediglich die Genehmigungspflicht von Lehr-, Dienst- und Arbeitsverträgen, die für länger als ein Jahr abgeschlossen werden (§ 1822 Nrn 6 und 7 BGB), wird wegen mangelnder praktischer Relevanz im Betreuungsrecht künftig speziell im Vormundschaftsrecht geregelt (§ 1796 Abs 2 BGB-E; Entwurf S 217).

71 Um die Vermögensverwaltung des Vormunds nicht übermäßig zu beschränken, sieht der Entwurf – ebenso wie das geltende Recht – gesetzliche und gerichtliche **Befreiungsmöglichkeiten**, etwa von der Genehmigungspflicht von Verfügungen über Geldforderungen, vor (§§ 1802 Abs 1, 1862 Abs 1 BGB-E; 1817 BGB [gerichtliche Befreiung] und §§ 1802 Abs 2, 1861 Abs 1 Alt 1 BGB-E; 1857a BGB [gesetzliche Befreiung]). Von verschiedenen Beschränkungen (Sperrvereinbarung, Genehmigungspflicht, Rechnungslegung) können unter bestimmten Voraussetzungen auch die Eltern den Vormund befreien (§ 1802 Abs 3 S 1 BGB-E).

VII. Verfahren

1. Zuständigkeit des Familiengerichts

72 Die Reform des familiengerichtlichen Verfahrens durch das FGG-RG vom 17. 12. 2008 (BGBl I 2586) hat zur **Abschaffung des Vormundschaftsgerichts** geführt (s Begr RegE BT-Drucks 16/6308, 169). Die bisherigen vormundschaftsgerichtlichen Zuständigkeiten (§§ 35 ff FGG) werden seit dem 1. 9. 2009 vom Betreuungsgericht (§ 23c GVG) wahrgenommen, soweit es um Verfahren in Betreuungssachen (§§ 271 ff FamFG) oder Unterbringungssachen (§§ 312 ff FamFG) geht. Die verbleibenden Aufgaben des Vormundschaftsgerichts, die nicht selten im engen Zusammenhang mit Entscheidungen zur elterlichen Sorge stehen, sind wegen des Sachzusammenhangs dem Familiengericht (§ 23b GVG) zugewiesen worden (BT-Drucks 16/6308, 233, 168 f). So bilden sowohl Verfahren betreffend die Vormundschaft als auch Verfahren betreffend die Pflegschaft oder die gerichtliche Bestellung eines sonstigen Vertreters für einen Minderjährigen oder für die Leibesfrucht nunmehr Kindschaftssachen iSv § 151 Nrn 4 und 5 FamFG und damit Familiensachen iSv § 111 Nr 2 FamFG.

73 **Örtlich** zuständig ist während der Anhängigkeit einer Ehesache das Gericht, bei dem die Ehesache im ersten Rechtszug anhängig ist oder war (§ 152 Abs 1 FamFG). Ansonsten ist nach § 152 Abs 2 FamFG das Amtsgericht zuständig, in dessen Bezirk das Kind seinen gewöhnlichen Aufenthalt hat. Bei der Bestimmung des gewöhnlichen Aufenthalts ist auf das tatsächliche Zustandsverhältnis einer Person zu einem bestimmten Ort abzustellen, wobei ein rein tatsächliches Verweilen von längerer Dauer oder Regelmäßigkeit genügt (s Keidel/Sternal § 3 FamFG Rn 8). Die einmal begründete Zuständigkeit bleibt auch dann bestehen, wenn der gewöhnliche Aufenthalt des Kindes inzwischen verlegt wurde (§ 2 Abs 2 FamFG; BayObLG JW 1925, 2141). Der Geschwistergerichtsstand (§ 36 Abs 1 S 2 FGG) ist mit der Reform des Familienverfahrensrechts aufgehoben worden. Sollte nunmehr eine vormundschaftsrechtliche Entscheidung über Geschwister erforderlich werden, die in den Bezirken verschiedener Familiengerichte ihren gewöhnlichen Aufenthalt haben, so kann die Sache nur bei Vorliegen eines wichtigen Grundes (§ 4 FamFG) an ein anderes Gericht abgegeben werden. Dabei kann allerdings zur Bestimmung des wichtigen Grundes auf die dem § 36 Abs 1 S 2 FGG zugrunde liegende Problematik zurückgegriffen werden (BT-Drucks 16/6308, 234).

Die dem Familiengericht zugewiesenen Geschäfte sind durch § 3 Nr 2 Buchst a RPflG **74**
dem **Rechtspfleger** übertragen; dem Richter vorbehalten sind nach § 14 RPflG eine Reihe von Angelegenheiten, die zum Teil in Vorschriften genannt sind, die sich unmittelbar oder über die Verweisung in § 1800 BGB auch auf die Vormundschaft beziehen. Soweit der Richter aber Geschäfte wahrnimmt, die dem Rechtspfleger zugewiesen sind, berührt dies die Wirksamkeit des Geschäfts nicht (§ 8 Abs 1 RPflG); etwas anderes gilt dagegen im umgekehrten Fall (§ 8 Abs 4 RPflG). Es ist derzeit gängige Praxis, dass der Richter, der sorgerechtliche Maßnahmen nach § 1666 BGB gegenüber den Eltern trifft, auch die Vormundschaft/Pflegschaft anordnet und den Vormund/Pfleger auswählt (Hoffmann JAmt 2009, 413, 414; dies FamRZ 2011, 249, 254; Heilmann/Heilmann § 14 RPflG Rn 22; DIJuF-Rechtsgutachten JAmt 2010, 564, dort auch zu einem Vorschlag de lege ferenda; zum Verhältnis der beiden letztgenannten Geschäfte zueinander § 1774 Rn 11, 14). Dem Familienrichter von vornherein vorbehalten ist die Anordnung der Vormundschaft über einen ausländischen Minderjährigen (§ 14 Abs 1 Nr 10 RPflG). Demgegenüber fällt die Auswahl des bestgeeigneten Vormunds ebenso wie die Entscheidung darüber, ob bei einem unbegleitet eingereisten ausländischen Minderjährigen das Ruhen der elterlichen Sorge nach § 1674 Abs 1 BGB festgestellt werden muss, wieder in die Zuständigkeit des Rechtspflegers (§ 3 Nr 2 Buchst a RPflG). In der Praxis trifft aber auch in diesem Fall der Richter nicht nur die Entscheidung über die Anordnung, sondern aus Gründen des Sachzusammenhangs (§ 6 RPflG) auch die Auswahl des Vormunds (Dürbeck FamRZ 2018, 553, 562; Heilmann/Heilmann § 14 RPflG Rn 22). Er könnte zwar auch das Verfahren nach § 1674 BGB an sich ziehen; in der Praxis trifft diese Entscheidung aber der Rechtspfleger. Die damit verbundenen Probleme der gespaltenen Zuständigkeit können dauerhaft nur durch eine Reform der Zuständigkeitsregeln im RPflG gelöst werden (Dürbeck ZKJ 2014, 266, 268; hierzu Staudinger/Veit [2014] § 1779 Rn 97).

2. Amtsverfahren

Die Vormundschaft wird, außer in den Fällen der §§ 1751 Abs 1 S 2 und 1791c BGB, **75**
durch das Familiengericht von Amts wegen angeordnet (§ 1774 BGB), soweit die Voraussetzungen des § 1773 BGB vorliegen. Im Verfahren gilt der **Amtsermittlungsgrundsatz** (§ 26 FamFG); zur Unterstützung des Familiengerichts bestehen **Anzeigepflichten** anderer Gerichte und von Behörden.

3. Verfahrensbeteiligte

Wer Beteiligter am vormundschaftsrechtlichen Verfahren (zB Anordnung, Aufhe- **76** bung der Vormundschaft, Genehmigung, Aufsicht über die Tätigkeit des Vormunds oder Entscheidungen über die Vergütung seiner Tätigkeit) ist, bestimmt sich nach § 7 Abs 2 (Muss-Beteiligte) und Abs 3 (Kann-Beteiligte) FamFG. Nach Abs 2 Nr 1 sind als Beteiligte diejenigen hinzuzuziehen, deren Recht durch das Verfahren unmittelbar betroffen wird. Rechte iS dieser Norm sind alle eigenen materiellen, nach öffentlichem und privatem Recht geschützten Positionen, nicht aber nur ideelle, soziale oder wirtschaftliche Interessen (BT-Drucks 16/6308, 178). Von der Anordnung einer Vormundschaft unmittelbar betroffen und damit Muss-Beteiligte sind etwa die **Eltern** und der **Mündel** (§ 1774 Rn 15). Letztgenannter ist verfahrensfähig, wenn er das 14. Lebensjahr vollendet hat und er in einem seine Person betreffenden Verfahren ein ihm nach bürgerlichem Recht zustehendes Recht geltend macht (§ 9 Abs 1 Nr 3 FamFG). Zwar hat das Kind nach einfachem Recht kein Recht auf Pflege und Erziehung durch seine Eltern; ob sich aus Art 6 Abs 2 S 1 GG ein solches Recht ableiten lässt (dafür BVerfG FamRZ 2008, 845, 848; ablehnend Jestaedt ZKJ Sonderheft 2010, 32), kann dahinstehen, da ein solches Recht noch keinen Niederschlag im einfachen Recht gefunden hat. Wohl aber gibt etwa § 1778 Abs 1 Nr 5 BGB dem über 14-jährigen Mündel ein Widerspruchsrecht, sodass er verfahrensfähig ist, wenn er dieses Recht geltend macht. Fehlt aber ein solches Recht, wie etwa gegenüber der Anordnung der Vormundschaft, so fehlt diesem Mündel ebenso wie den jüngeren die Verfahrensfähigkeit mit der Folge, dass für ihn die nach bürgerlichem Recht dazu befugten Personen handeln müssen (§ 9 Abs 2 FamFG). Dies sind zwar grundsätzlich die Eltern; die Vertretungsmacht entfällt auch nicht schon deswegen, weil sie selbst Verfahrensbeteiligte sind (Heiter FamRZ 2009, 85, 88; Grün Anm zu OLG Oldenburg FamFR 2010, 45; Arbeitskreis 11, 18. DFGT, 118 f; **aA** OLG Oldenburg FamFR 2010, 45; Schürmann FamFR 2009, 153, 157), wohl aber dann, wenn die Voraussetzungen des § 1796 BGB vorliegen. Das Gericht muss in diesem Fall zur Vertretung des Kindes im Verfahren einen **Ergänzungspfleger** bestellen (§§ 1915, 1909 Abs 1 S 1 BGB).

77 Umstritten ist, ob diese Bestellung durch die Bestellung eines **Verfahrensbeistands** entbehrlich wird. Nach § 158 Abs 1 FamFG hat das Familiengericht dem minderjährigen Kind in Kindschaftssachen, die seine Person betreffen, einen geeigneten Verfahrensbeistand zu bestellen, der durch seine Bestellung Verfahrensbeteiligter wird (§ 158 Abs 3 S 2 FamFG). Voraussetzung ist allerdings, dass diese Bestellung zur Wahrnehmung seiner Interessen erforderlich ist. Soweit keines der Regelbeispiele von § 158 Abs 2 FamFG (etwa § 158 Abs 2 Nr 1 FamFG in einem Verfahren nach § 1796 BGB) greift, kann dieses auch nicht zur Bestimmung der Erforderlichkeit iSv Abs 1 herangezogen werden (BT-Drucks 16/6308, 238). Erforderlichkeit im Sinne dieser Norm liegt dann vor, wenn die Eltern oder andere gesetzliche Vertreter die Interessen des Kindes nicht hinreichend wahrnehmen (Bork/Jacoby/Schwab/Zorn § 158 FamFG Rn 25). Der Verfahrensbeistand ist aber kein gesetzlicher Vertreter des Kindes (§ 158 Abs 4 S 6 FamFG). Deshalb wird vielfach angenommen, dass dessen Bestellung zur Interessenwahrung nicht genügt, vielmehr sei zur ordnungsgemäßen Vertretung des Kindes im Verfahren die Bestellung eines Ergänzungspflegers erforderlich (Bork/Jacoby/Schwab/Zorn § 158 FamFG Rn 21; für den Fall, dass die Voraussetzungen für eine partielle Entziehung der elterlichen Sorge nach §§ 1629 Abs 2, 1796 BGB vorliegen, OLG Oldenburg FamFR 2010, 45; Schürmann FamFR 2009, 153; **aA** Grün Anm zu OLG Oldenburg FamFR 2010, 45; Heilmann Anm zu OLG Oldenburg ZKJ 2011, 101, 103 mwNw; näher § 1796 Rn 26 ff).

Das **Jugendamt** ist auf Antrag zu beteiligen (§§ 162 Abs 2, 7 Abs 3 FamFG). Während es in Verfahren nach §§ 1666, 1666a BGB immer ohne sein Zutun Beteiligter wird (§ 162 Abs 2 S 1 FamFG), ist er in allen anderen Kindschaftssachen, also auch solchen, die die Vormundschaft betreffen (§ 151 Nr 4 FamFG), nur auf seinen Antrag hin zu beteiligen (§§ 7 Abs 2 Nrn 2, 162 Abs 2 S 2 FamFG) (s Prütting/Helms/Hammer § 162 FamFG Rn 22). Macht das Jugendamt im Verfahren von seinem Antragsrecht keinen Gebrauch, bleibt es bei der Pflicht des Gerichts, das Jugendamt anzuhören (§ 162 Abs 1 FamFG), und des Jugendamtes, das Gericht in allen Verfahren, die die Sorge für die Person des Kindes betreffen, mit seiner sozialpädagogischen Fachkompetenz zu unterstützen (§ 50 SGB VIII). Allein die Anhörung macht das Jugendamt aber noch nicht zum Verfahrensbeteiligten (BGH 20. 11. 2013 – XII ZB 569/12, juris Rn 11, FamRZ 2014, 375, 376; BGH 20. 11. 2013 – XII 576/12, juris Rn 11, NZFam 2014, 69 m Anm Lack und Dürbeck ZKJ 2014, 266, 268). **78**

Lebt das Kind seit längerer Zeit in Familienpflege, so können auch die **Pflegeeltern** **79** als Beteiligte hinzugezogen werden (§§ 161 Abs 1 S 1, 7 Abs 3 FamFG). Das Gleiche gilt, wenn das Kind aufgrund einer Entscheidung nach § 1682 BGB bei dem dort genannten **Ehegatten, Lebenspartner oder Umgangsberechtigten** lebt (§ 161 Abs 1 S 2 FamFG).

Kein Verfahrensbeteiligter nach § 7 FamFG ist derjenige, der den „Antrag" stellt, als **80** Vormund für ein Kind bestellt zu werden (OLG Hamburg 6. 5. 2015 – 2 WF 44/15, juris Rn 8, FamRZ 2016, 151 [LS] betr die Vormundschaft für ein in einer Babyklappe abgelegtes Findelkind).

4. Anhörung

Die **Anhörung** von Mündel und Eltern bestimmt sich nach §§ 159 und 160 FamFG. **81** Nach § 160 Abs 1 S 1 FamFG soll das Gericht in Verfahren, die die Person des Kindes betreffen – und hierzu gehören auch die Kindschaftssachen nach § 151 Nr 4 FamFG (MünchKommFamFG/Schumann § 160 Rn 5; enger Musielak/Borth/Grandel § 160 FamFG Rn 1) –, **die Eltern** persönlich anhören; in sonstigen Kindschaftssachen – etwa Verfahren, die nur die Vermögenssorge betreffen – sieht das Gesetz die Pflicht zur Anhörung der Eltern nach § 160 Abs 2 S 1 FamFG vor; diese Anhörung kann auch schriftlich erfolgen (BT-Drucks 16/6308, 240). Dies gilt allerdings nicht für den Elternteil, dem die elterliche Sorge nicht zusteht, sofern von der Anhörung eine Aufklärung nicht erwartet werden kann (§ 160 Abs 2 S 2 FamFG). Da sich die Notwendigkeit für die Anordnung einer Vormundschaft aus der fehlenden Sorgeberechtigung der Eltern ergibt, greift § 160 Abs 2 S 2 FamFG (oder Abs 1 S 1) auch in diesem Fall (BT-Drucks 16/6308, 240 f); damit ist die Notwendigkeit für eine dem bisherigen § 50a Abs 4 FGG entsprechende Regelung entfallen (BT-Drucks 16/6308, 241).

Der **Mündel** ist persönlich anzuhören, wenn er das 14. Lebensjahr vollendet hat (§ 159 **82** Abs 1 S 1 FamFG). Diese persönliche, dh mündliche, Anhörung ist zwingend in Angelegenheiten, die die Person des Mündels betreffen (arg § 159 Abs 1 S 2 FamFG). Hat der Mündel das 14. Lebensjahr noch nicht vollendet, so ist auch er persönlich anzuhören, wenn die Neigungen, Bindungen oder der Wille des Kindes für die Entscheidung von Bedeutung sind oder wenn eine persönliche Anhörung aus sonstigen Gründen angezeigt ist (§ 159 Abs 2 FamFG); die erste Alternative greift dabei vor allem bei Kindern, die aufgrund ihres Alters bereits in der Lage sind, entsprechende Empfindungen zu bilden und zu äußern, die zweite dagegen bei kleineren Kindern (Bork/Jacoby/Schwab/Zorn § 159 FamFG Rn 10 f; MünchKommFamFG/Schumann § 159 Rn 5). Das Gericht darf von dieser persönlichen Anhörung nach Abs 1 oder Abs 2 nur aus schwerwiegenden Gründen absehen (§ 159 Abs 3 FamFG).

83 In Verfahren, die die Person des Kindes betreffen, sind auch das **Jugendamt** (§ 162 Abs 1 S 1 FamFG; dazu auch oben Rn 78) und **Pflegepersonen**, bei denen das Kind lebt, unter den Voraussetzungen von § 161 Abs 1 FamFG anzuhören (§ 161 Abs 2 FamFG).

5. Entscheidung des Gerichts, Rechtsmittel, Vollstreckung, Zwangsmittel

84 Nach §§ 38, 39, 116 FamFG entscheidet das Familiengericht in Vormundschaftssachen (§ 151 Nr 4 FamFG) durch Beschluss, welcher auch eine Rechtsbehelfsbelehrung enthalten muss; der Streit um das Erfordernis eines Beschlusses unter der Geltung des FGG hat sich daher erledigt. Der Beschluss wird mit Bekanntgabe an die Beteiligten (§ 7 FamFG) wirksam (§§ 40 Abs 1, 41 Abs 1 S 1 FamFG).

85 Statthafte **Rechtsmittel** sind die Beschwerde (§§ 58 ff FamFG) und die Rechtsbeschwerde (§§ 70 ff FamFG). Die **Vollstreckung** familiengerichtlicher Entscheidungen (Beschlüsse, § 38 FamFG) richtet sich nach den §§ 86 ff FamFG. Die Zulässigkeit **einstweiliger Maßnahmen** bestimmt sich nach § 1846 BGB, §§ 49 ff FamFG. Androhung und Festsetzung von **Zwangsmitteln** gegen den Vormund richten sich nach § 1837 Abs 3 BGB.

VIII. Das Recht im Beitrittsgebiet, internationales Verfahrens- und Privatrecht

1. Das Recht im Beitrittsgebiet

86 In der früheren DDR waren die Vormundschaft, die für Minderjährige und für Volljährige angeordnet werden konnte, und die Pflegschaft im fünften Teil des Familiengesetzbuchs vom 20. 12. 1965 (BGBl I 1966, 1) mit Einführungsgesetz vom 20. 12. 1965 (BGBl I 1966, 19) geregelt; das System der sehr knapp gefassten Bestimmungen (§§ 88–107 FGB) entsprach im Wesentlichen dem des BGB (s Staudinger/Engler[10/11] Vorbem 46 ff zu §§ 1773 ff).

87 Die durch den Einigungsvertrag vom 31. 8. 1990 (BGBl II 889) eingefügten Bestimmungen des Art 234 § 14 EGBGB sehen vor, dass seit dem 3. 10. 1990 für die im Beitrittsgebiet bestehenden und für die vorläufigen Vormundschaften die Vorschriften des BGB gelten; die Vorschriften über die Anlegung von Mündelgeld waren erst vom 1. 1. 1992 an anzuwenden. Bisherige Bestellungen von Vormündern blieben wirksam. Führte das Jugendamt (über einen Minderjährigen) oder das Staatliche Notariat (über einen Volljährigen) die Vormundschaft selbst, wurde diese als bestellte Amtsvormundschaft (§§ 1791b, 1897 S 1 BGB aF) fortgeführt. Eine entsprechende Regelung für die Pflegschaften, die am Tag des Wirksamwerdens des Beitritts bestanden haben, enthält Art 234 § 15 EGBGB (zu den Einzelheiten s Staudinger/Rauscher [2016] Art 234 §§ 14 u 15 EGBGB).

2. Internationales Verfahrensrecht

a) Die Zuständigkeitsregeln

Die internationale Zuständigkeit der deutschen Gerichte in Kindschaftssachen, wozu auch die Vormundschaft gehört (§ 151 Nr 4 FamFG), richtet sich nach § 99 FamFG. Nach dessen Abs 1 sind die deutschen Gerichte dann zuständig, wenn das Kind Deutscher ist (S 1 Nr 1), seinen gewöhnlichen Aufenthalt im Inland hat (S 1 Nr 2) oder der Fürsorge durch ein deutsches Gericht bedarf (S 2) (zum Begriff des Kindes iS dieser Norm jüngst BGH 20. 12. 2017 – XII ZB 333/17, juris Rn 14, FamRZ 2018, 457, 458 mwNw zum Streitstand). § 99 Abs 2–4 FamFG sieht hierzu Ausnahmen für die Anordnung einer Vormundschaft oder Pflegschaft vor, wenn sowohl die deutschen als auch die Gerichte eines anderen Staates zuständig sind. Vorrang gegenüber diesen Regeln haben nach § 97 FamFG Regelungen in völkerrechtlichen Verträgen, soweit sie unmittelbar anwendbares innerstaatliches Recht geworden sind, sowie Regelungen in Rechtsakten der Europäischen Gemeinschaft. Dazu gehört auf gemeinschaftsrechtlicher Ebene die VO Nr 2201/2003 über die Zuständigkeit und die Anerkennung und Vollstreckung von Entscheidungen in Ehesachen und in Verfahren betreffend die elterliche Verantwortung **(Brüssel IIa-VO)** (ABlEG L 338, 1, in Kraft seit 1. 8. 2004 [Art 72 S 1], mit Ausnahme von Art 67–70: anwendbar seit 1. 3. 2005 [Art 72 S 2]); der Anwendungsbereich dieser VO erstreckt sich nach Art 1 Abs 2 Buchst b auch auf die Vormundschaft (zum Verfahren betr die elterliche Verantwortung Holzmann FPR 2010, 497; Coester-Waltjen FamRZ 2005, 241; Solomon FamRZ 2004, 1409; Schulz FPR 2004, 299; Busch/Rölke FamRZ 2004, 1338; Looschelders JR 2006, 45). Nach Art 8 Abs 1 der VO sind für Entscheidungen, die die elterliche Verantwortung betreffen, die Gerichte des Mitgliedstaates zuständig, in dem das Kind zum Zeitpunkt der Antragstellung seinen gewöhnlichen Aufenthalt hat (Art 13 Abs 2 der VO enthält eine Auffangzuständigkeit ua für Flüchtlinge). Zu den Entscheidungen, die die elterliche Verantwortung betreffen, gehören auch die Vormundschaft bzw Pflegschaft (Art 1 Abs 2 Buchst b Brüssel IIa-VO). Der Europäische Rat hat am 25. 6. 2019 eine Überarbeitung dieser VO angenommen (VO Nr 2019/1111 über die Zuständigkeit, die Anerkennung und Vollstreckung von Entscheidungen in Ehesachen und in Verfahren betreffend die elterliche Verantwortung und über internationale Kindesentführungen, ABlEG L 178, 1, in Kraft ab dem 1. 8. 2022, mit Ausnahme der Art 92, 93 und 103, die seit dem 22. 7. 2019 gelten [Art 105 Abs 2]). Auch die neue VO erfasst die Vormundschaft (Art 1 Abs 2 Buchst b); eine dem Art 8 Abs 1 der alten Brüssel IIa-VO entsprechende Regelung findet sich jetzt in Art 7 Abs 1 der VO. 88

Die VO hat Vorrang gegenüber dem Haager Übereinkommen über die Zuständigkeit der Behörden und das anzuwendende Recht auf dem Gebiet des Schutzes von Minderjährigen **(MSA)** vom 5. 10. 1961 (BGBl II 1971, 217) sowie dem Haager Abkommen zur Regelung der Vormundschaft über Minderjährige **(VormÜ)** vom 12. 6. 1902 (RGBl 1904, 240; näher zu diesen Abkommen § 1773 Rn 6 f). Letztgenanntes Abkommen wird allerdings im Verhältnis der Vertragsstaaten des MSA von diesem verdrängt (Art 18 MSA). Art 1 MSA regelt die internationale Zuständigkeit für Maßnahmen zum Schutz der Person und des Vermögens des Kindes, wozu auch die Anordnung einer Vormundschaft sowie die Bestellung eines Vormunds gehören (BayObLG FamRZ 1993, 463, 464; s weiter LG Hamburg IPRax 1998, 490 f). 89

Das Haager Übereinkommen über die Zuständigkeit, das anzuwendende Recht, die Anerkennung, Vollstreckung und Zusammenarbeit auf dem Gebiet der elterlichen 90

Verantwortung und der Maßnahmen zum Schutz von Kindern **(KSÜ)** vom 19. 10. 1996, dessen Anwendungsbereich auch die Rechte, Befugnisse und Pflichten des Vormunds erfasst (Art 1 Abs 2, Art 3 Buchst c), ist am 1. 4. 2003 von Deutschland und anderen Mitgliedstaaten der Europäischen Gemeinschaft gezeichnet worden. Am 5. 6. 2008 hat der Rat die Mitgliedstaaten ermächtigt, das Übereinkommen im Interesse der Europäischen Gemeinschaft zu ratifizieren (ABlEG L 151, 36). Das Zustimmungsgesetz zum KSÜ trat am 2. 7. 2009 in Kraft (BGBl II 602); das Abkommen ist für Deutschland damit seit dem 1. 1. 2011 direkt anwendbar (BGBl II 2010, 1527). Es ersetzt im Verhältnis zwischen den Vertragsstaaten des KSÜ das MSA (Art 51 KSÜ) (zu den Vertragsstaaten des MSA, die das KSÜ bislang nicht ratifiziert haben, Wagner/Janzen FPR 2011, 110, 111). Allerdings kommt der Brüssel IIa-VO im Verhältnis der Vertragsstaaten auch der Vorrang gegenüber dem KSÜ zu (Art 61 Buchst a Brüssel IIa-VO). Dieses hat deswegen in Bezug auf die internationale Zuständigkeit (anders in Bezug auf die kollisionsrechtliche Frage [dazu Rn 94 ff]) eine größere Bedeutung nur in den Fällen, in denen es um die Anerkennung und Vollstreckung von Entscheidungen aus einem KSÜ-Vertragsstaat geht, für den die Brüssel IIa-VO nicht gilt (etwa für die Schweiz, s dazu OLG Köln 1. 8. 2016 – II-21 WF 82/16, 21 WF 82/16, juris Rn 5, FF 2016, 461; Oberloskamp/Schweppe, Vormundschaft § 5 Rn 13; näher Wagner/Janzen FPR 2011, 110, 111; allg zum Verhältnis der VO zu den genannten multilateralen Übereinkommen Andrae IPRax 2006, 82; Schulz Beilage zu NJW Heft 18/2004 und FPR Heft 6/2004, 1, 15; dies FPR 2004, 299; Helms FamRZ 2002, 1593, 1600 ff; Solomon FamRZ 2004, 1409, 1414 ff; Breuer FPR 2005, 74). Ist der sachliche Anwendungsbereich des KSÜ eröffnet, so bestimmt sich die internationale Zuständigkeit des Familiengerichts zur Anordnung der Vormundschaft nach Art 5, 6 KSÜ (BGH 20. 12. 2017 – XII ZB 333/17, juris Rn 20, FamRZ 2018, 457, 459).

91 Vorrangig gegenüber § 99 FamFG sind weiter die **bilateralen Vormundschaftsabkommen** Deutschlands mit Spanien und Russland (Nachweis bei MünchKommFamFG/Rauscher § 97 Rn 40 Fn 68 f).

b) Der Begriff des Kindes

92 Die Zuständigkeitsregeln knüpfen allesamt an den Begriff des Kindes an. Dieser ist in der Brüssel IIa-VO nicht definiert; eine autonome Auslegung des Begriffs unter Berücksichtigung der allgemeinen Rechtsgrundsätze der Gesamtheit der Rechtsordnungen der Mitgliedstaaten führt zur Beschränkung des Begriffs auf Minderjährige bis zum vollendeten 18. Lebensjahr (Hüsstege Anm zu BGH 20. 12. 2017 – XII ZB 333/17, FamRZ 2018, 457, 461). Hierauf beschränkt sich auch der persönliche Anwendungsbereich des KSÜ. Nach dessen Art 2 ist das Abkommen aber nur auf Kinder bis zum vollendeten 18. Lebensjahr anzuwenden, kommt also nicht zur Anwendung, wenn es um die Aufrechterhaltung oder Beendigung einer Vormundschaft für einen über 18-jährigen Ausländer geht (näher § 1882 Rn 13 ff; dort auch zur Anwendung des ESÜ). Bleibt es mangels Einschlägigkeit vorrangiger völker- oder europarechtlicher Regelungen bei der Anwendung von § 99 FamFG, so hängt alles davon ab, wie der Begriff des Kindes nach dieser Norm zu bestimmen ist. Nach überwiegender Ansicht, welcher sich der BGH angeschlossen hat, ist hierfür nicht § 2 BGB maßgebend (so aber Prütting/Helms/Hau § 99 FamFG Rn 34); vielmehr reicht der Begriff weiter und erfasst auch eine Person, die das 18. Lebensjahr bereits vollendet hat, sofern etwa nach dessen Heimatrecht, das nach Art 7 EGBGB anzuwenden ist, das Ende der Minderjährigkeit zu einem späteren Zeitpunkt eintritt (BGH 20. 12. 2017 – XII ZB 333/17, juris Rn 14, FamRZ 2018, 457, 458 mwNw; zust Helms ZKJ 2018, 219).

Ob der Betroffene noch „Kind" ist, ist aber nicht nur für die Zuständigkeit, sondern auch die materiell-rechtliche Frage bedeutsam, ob eine Vormundschaft begründet werden muss oder noch fortbesteht (näher dazu nachfolgend Rn 94). Es handelt sich also um eine **doppeltrelevante Tatsache**, bei der die Bejahung der zweiten Frage die erste einschließt; deshalb ist zum Zweck der Vereinfachung und Beschleunigung die Minderjährigkeit zu unterstellen, soweit es um die Zuständigkeitsfrage geht (BGH 20. 12. 2017 – XII ZB 333/17, juris Rn 15, FamRZ 2018, 457, 458 mwNw; BGH 27. 10. 2009 – VIII ZB 42/08, juris Rn 14, NJW 2010, 873, 874; OLG Hamm 21. 8. 2018 – 12 UF 224/16, juris Rn 9, FamRZ 2019, 216, 217; OLG Hamm 20. 2. 2018 – 4 UF 243/16, juris Rn 8, FamRZ 2018, 1089; OLG Hamm 12. 7. 2017 – 12 UF 217/16, juris Rn 7, Rpfleger 2018, 22, 23; OLG Bremen 7. 2. 2017 – 5 UF 99/16, juris Rn 3, FamRZ 2017, 1227, 1228). 93

3. Internationales Privatrecht

Die **kollisionsrechtliche Frage**, welches Recht auf Vormundschaften bei Sachverhalten mit einer Verbindung zum Recht eines ausländischen Staates anzuwenden ist, bestimmt sich grds nach **Art 24 EGBGB**. Danach unterliegen die Entstehung, Änderung und das Ende der Vormundschaft sowie der Inhalt der gesetzlichen Vormundschaft dem Recht des Staates, dem der Mündel angehört (Abs 1 S 1); der Inhalt der angeordneten Vormundschaft unterliegt dagegen dem Recht des anordnenden Staates (Abs 3). Die bei der Vormundschaft wichtige **Vorfrage**, ob die von der Fürsorgemaßnahme betroffene Person minderjährig ist oder nicht, bestimmt sich allerdings nicht nach Art 24 EGBGB, sondern anhand des von Art 7 Abs 1 EGBGB berufenen Rechts (BGH 20. 12. 2017 – XII ZB 333/17, juris Rn 21, FamRZ 2018, 457, 459; OLG Hamm 21. 8. 2018 – 12 UF 224/16, juris Rn 13, FamRZ 2019, 216, 217; OLG Hamm 20. 2. 2018 – 4 UF 243/16, juris Rn 14, FamRZ 2018, 1089, 1090; Helms ZKJ 2018, 219, 220; MünchKomm/Spickhoff § 1773 Rn 5, 16; MünchKomm/Lipp Art 24 EGBGB Rn 28 mwNw; näher unter § 1773 Rn 6; § 1882 Rn 13). 94

Vorrang gegenüber Art 24 EGBGB haben nach Art 3 Nr 2 EGBGB Regelungen in völkerrechtlichen Verträgen, soweit sie unmittelbar anwendbares innerstaatliches Recht geworden sind. Dazu gehören das VormÜ, das KSÜ (OLG Karlsruhe ZKJ 2012, 272, 274; Wagner/Janzen FPR 2011, 110, 111 ff) sowie für einen geringen Restanwendungsbereich noch das MSA (BayObLG FamRZ 1993, 463, 464), nicht jedoch die Brüssel IIa-VO, da diese keine Regeln zum anwendbaren Recht enthält (Oberloskamp/Schweppe, Vormundschaft § 5 Rn 14). Da die Anordnung einer Vormundschaft eine Schutzmaßnahme iS des KSÜ (Art 3 Buchst c) sowie des MSA (Art 1) darstellt, entfällt eine Anwendung von Art 24 EGBGB bei Minderjährigen mit einem gewöhnlichen Aufenthalt im Inland (Palandt/Thorn Art 24 EGBGB Rn 2). Nach Art 15 KSÜ bzw Art 2 MSA haben die nach dem KSÜ bzw MSA zuständigen Behörden bei der Ausübung ihrer Zuständigkeit ihr eigenes Sachrecht anzuwenden; dies gilt nach überwiegender Ansicht auch dann, wenn sich die Zuständigkeit der Behörde nicht nach dem KSÜ bzw dem MSA, sondern nach der Brüssel IIa-VO richtet (MünchKomm/Lipp Art 24 EGBGB Rn 10 mwNw zum Streitstand), wie dies im Vormundschaftsrecht der Fall ist (s oben Rn 88). Nach Art 16 KSÜ bestimmt sich die Zuweisung oder das Erlöschen der elterlichen Sorge kraft Gesetzes ohne Einschreiten eines Gerichts oder einer Verwaltungsbehörde nach dem Recht des Staates des gewöhnlichen Aufenthalts des Kindes. Da unter „elterliche[…] Verantwortung" iS dieser Norm sowohl die elterliche Sorge als auch jedes andere entsprechende Sorgeverhältnis, also auch die 95

Vormundschaft, fällt (Art 1 Abs 2 KSÜ), richten sich auch die Entstehung und das Ende der gesetzlichen Vormundschaft nach dem Recht des Staates des gewöhnlichen Aufenthalts des Kindes (DIJuF-Rechtsgutachten JAmt 2016, 380). Mithin unterliegen inzwischen auch gesetzliche Vormundschaften und Pflegschaften dem KSÜ mit der Folge, dass Art 24 EGBGB nur noch einen geringen Anwendungsbereich hat (Palandt/Thorn Art 24 EGBGB Rn 2).

96 Allerdings kommt die Norm dann zur Anwendung, wenn es um die Frage der **Aufrechterhaltung oder Beendigung einer bereits bestehenden Vormundschaft** für einen über 18-jährigen Ausländer geht, der nach seinem Heimatrecht noch minderjährig ist (näher dazu § 1882 Rn 16). Da dieser nicht mehr Kind iS des KSÜ ist (oben Rn 92), ist der Anwendungsbereich von Art 24 EGBGB eröffnet, wonach sich das Ende der Vormundschaft nach dem Heimatrecht des Mündels bestimmt mit der Folge, dass die Vormundschaft aufrechtzuerhalten wäre. Allerdings stellt sich die Frage, ob nicht die Regeln des Haager Übereinkommens über den internationalen Schutz von Erwachsenen **(ESÜ)** vom 13. 1. 2000 (BGBl II 2007, 323) Vorrang gegenüber Art 24 EGBGB genießen (Art 3 Nr 2 ESÜ). Dieses Übereinkommen gilt für Schutzmaßnahmen gegenüber Erwachsenen, die das 18. Lebensjahr vollendet haben (Art 2 Abs 1 ESÜ), und ermöglicht damit den nahtlosen Übergang vom KSÜ in das ESÜ, sodass eine zeitliche Kontinuität des Schutzregimes gewährleistet ist (Palandt/Thorn Anh Art 24 EGBGB Rn 3); als Schutzmaßnahme kommt dabei auch die (Anordnung einer) Vormundschaft in Betracht (Art 3 Buchst c ESÜ). Nach Art 13 Abs 1 ESÜ wenden die zuständigen Behörden ihr eigenes Recht an. Allerdings beschränkt sich der sachliche Anwendungsbereich des ESÜ auf den Schutz von Erwachsenen, die aufgrund einer Beeinträchtigung oder der Unzulänglichkeit ihrer persönlichen Eigenschaften, etwa wegen einer psychischen oder körperlichen Behinderung oder Krankheit, nicht in der Lage sind, ihre Interessen selbst zu schützen, erfasst dagegen aber nicht Schutzmaßnahmen, die wegen der Minderjährigkeit des Betroffenen ergriffen oder aufrechterhalten werden müssen (BGH 20. 12. 2017 – XII ZB 333/17, juris Rn 31, FamRZ 2018, 457, 459 m insoweit zust Anm Hüsstege; OLG Hamm 20. 2. 2018 – 4 UF 243/16, juris Rn 16, FamRZ 2018, 1089, 1090). Fehlt aber eine Anknüpfungsregel für diesen Fall im ESÜ, ist die Regelungslücke durch Art 24 EGBGB zu schließen (Palandt/Thorn Anh Art 24 EGBGB Rn 3) mit der Folge, dass eine bestehende Vormundschaft für einen über 18-Jährigen, der nach seinem Heimatrecht noch minderjährig ist, aufrechterhalten werden muss (näher § 1882 Rn 16).

IX. Rechtsterminologie und Zitierweise

1. Die Verwendung des Wortes „Vormund"

97 Das Gesetz spricht bei der Vormundschaft (über Minderjährige) von Vormund und von Mündel, und es stellt den Vormund und den Gegenvormund, welche ganz verschiedene Funktionen haben, einander gegenüber. Es verwendet, wenn für einen Mündel mehrere Vormünder bestellt sind (gleichviel, ob sie die Vormundschaft gemeinschaftlich oder nach Wirkungskreisen getrennt führen), an geeigneten Stellen das Wort „Mitvormund" (so in §§ 1791 Abs 2, 1791a Abs 4, 1833 Abs 2, 1894 Abs 2 BGB, im Gegensatz zu §§ 1797, 1798, 1810 S 2 BGB, wo jeweils von „mehreren Vormündern" oder „verschiedenen Vormündern" die Rede ist; s auch § 1786 Abs 1 Nr 7 BGB). In den Begriff des Vormunds ist ein Mitvormund immer eingeschlossen, dagegen nicht ein Gegenvormund, für dessen Funktion (Kontrolle des Vormunds) jeweils besondere Bestimmungen gelten, während auf seine Berufung und Bestellung nach § 1792 Abs 4 BGB die für die Begründung der Vormundschaft geltenden Vorschriften anzuwenden sind.

Die Begriffe Einzelvormund, Verein als Vormund und Amtsvormund (s §§ 55 Abs 2 S 1, 56 Abs 2 S 1 SGB VIII) bzw Jugendamt als Vormund (§§ 1791b Abs 1 S 1, 1791c BGB) werden im Gesetz gegenübergestellt, wobei es meist um die Subsidiarität der Amtsvormundschaft und der Vereinsvormundschaft im Verhältnis zur Einzelvormundschaft geht. Das Wort „Einzelvormund" wurde durch das NEhelG vom 19. 8. 1969 (BGBl I 1234) in das BGB eingeführt (§§ 1791a Abs 1 S 2, 1791b Abs 1, 1801 Abs 1, 1886, 1889 Abs 1 BGB). Von Amtsvormundschaft sprechen die §§ 2 Abs 3 Nr 11, 55 Abs 1 (Klammerdefinition) und 56 Abs 1 SGB VIII sowie die amtlichen Überschriften im BGB in den §§ 1791b und c, von Vereinsvormundschaft § 2 Abs 3 Nr 10 SGB VIII, die Überschrift zu § 54 SGB VIII und im BGB die amtliche Überschrift zu § 1791a; ansonsten wird im BGB jeweils „das Jugendamt oder ein Verein als Vormund" genannt (§§ 1801 Abs 2, 1835 Abs 5, 1835a Abs 5, 1837 Abs 3 S 2, 1857a, 1887 Abs 1, 1889 Abs 2 BGB); der Begriff des Vereinsvormunds findet sich weder im BGB noch im SGB VIII; seine Verwendung in jüngerer Zeit resultiert aus Anleihen zum Betreuungsrecht (näher § 1791a Rn 33). Einzelvormund iS der genannten Bestimmungen ist auch der Berufsvormund. **98**

Zu den sprachlichen Korrekturen, die das Vormundschaftsrecht in der Neubekanntmachung des BGB infolge des Gesetzes zur Modernisierung des Schuldrechts vom 26. 11. 2001 (BGBl I 3138) erfahren hat, s Staudinger/Engler (2004) Vorbem 33 ff zu §§ 1773 ff. **99**

2. Das sprachliche Geschlecht des Wortes „Mündel"

In Übereinstimmung mit dem Deutschen Wörterbuch von Jacob und Wilhelm Grimm (Band 12 aus dem Jahr 1885) verwendet das BGB bei dem Wort „Mündel", wenn es im Nominativ oder Akkusativ steht, durchweg den männlichen bestimmten Artikel „der" oder „den" (zB in §§ 1793 Abs 1 S 3, Abs 3, 1795 Abs 1, 1801 Abs 1, 1803 Abs 1, 1816, 1822 Nrn 1, 5 und 7, 1829 Abs 3, 1835 Abs 4, 1835a Abs 3, 1836 Abs 3, 1836a, 1836c, 1836d, 1836e, 1884 Abs 1 und 2, 1887 Abs 2 BGB). **100**

3. Reformbedarf

Zum Bedarf einer Reform der Rechtsterminologie Staudinger/Veit (2014) Vorbem 66; Veit, in: FS Coester-Waltjen 287, 291 ff; Veit JAmt 2019, 350, 356; Rotax ZKJ 2019, 214 f. **101**

4. Die Zitierung des Kinder- und Jugendhilfegesetzes

Das Gesetz zur Neuordnung des Kinder- und Jugendhilferechts vom 26. 6. 1990 (BGBl I 1163; neugefasst durch Bekanntmachung v 11. 9. 2012, BGBl I 2022) ist ein Artikelgesetz. Inhalt des ersten Artikels ist das Kinder- und Jugendhilferecht, das an die Stelle des Jugendwohlfahrtsgesetzes getreten ist. Art 1 trägt die Überschrift „Sozialgesetzbuch (SGB) – Achtes Buch (VIII) – Kinder- und Jugendhilfe". Seine Bestimmungen **102** werden entweder mit „KJHG“ (Coester FamRZ 1991, 253 Fn 1; BGB-RGRK/Dickescheid Vor § 1773 Rn 7 u Soergel/Zimmermann Vor § 1773 Rn 6) oder mit „SGB VIII“ zitiert (Staudinger/Peschel-Gutzeit [2015] Vorbem 55 ff zu §§ 1626 ff; Palandt/Götz zB Einl 3 Vor § 1773; § 1791b Rn 2 ff; Erman/Schulte-Bunert Vor §§ 1773 ff Rn 4 und § 1791b Rn 2, 4, 5). Mag für die erste Zitierweise auch deren Anschaulichkeit sprechen (Staudinger/Engler [2004] Vorbem 36 zu §§ 1773 ff; Coester FamRZ 1991, 253 Fn 1), so ist sie dennoch ungenau; die saubere Zitierweise „KJHG Art 1 §“ ist aber wiederum zu kompliziert, sodass im Nachfolgenden die einfachere und weitgehend gebräuchliche Zitierweise „SGB VIII“ benutzt werden soll. Der Inhalt des Achten Buches Sozialgesetzbuch wird zusammenfassend dargestellt in Staudinger/Peschel-Gutzeit (2015) Vorbem 55 ff zu §§ 1626 ff und RKEG.

Untertitel 1
Begründung der Vormundschaft

§ 1773
Voraussetzungen

(1) Ein Minderjähriger erhält einen Vormund, wenn er nicht unter elterlicher Sorge steht oder wenn die Eltern weder in den die Person noch in den das Vermögen betreffenden Angelegenheiten zur Vertretung des Minderjährigen berechtigt sind.

(2) Ein Minderjähriger erhält einen Vormund auch dann, wenn sein Familienstand nicht zu ermitteln ist.

Materialien: E I § 1633; II § 1655; III § 1749; Mot IV 1044; Prot IV 742. Überschrift des Untertitels neugefasst durch NEhelG v 19. 8. 1969 (BGBl I 1243) Art 1 Nr 50; Abs 1 geändert durch SorgeRG v 18. 7. 1979 (BGBl I 1061) Art 9 § 2; neugefasst durch Bekanntmachung v 2. 1. 2002 (BGBl I 42).

Schrifttum

ACHTERFELD, Alterseinschätzung bei unbegleiteten minderjährigen Geflüchteten. Praktische Hinweise zum Verfahren und aktuelle Problemstellungen, JAmt 2019, 294

AFET – Bundesverband für Erziehungshilfe eV, Unbegleitete minderjährige Flüchtlinge im Kontext von Jugendhilfe, Recht und Politik, JAmt 2012, 370

BERTHOLD/ESPENHORST, Praxis und Politik in der Pflicht – Vormundschaften für unbegleitete minderjährige Flüchtlinge, JAmt 2012, 365

DIEDERICHSEN, Die Reform des Kindschafts- und Beistandschaftsrechts, NJW 1998, 1977

DÜRBECK, Aktuelle Rechtsfragen im Zusammenhang mit der Einreise unbegleiteter minderjähriger Flüchtlinge. Zugleich eine Besprechung der Entscheidungen des BGH v 20. 11. 2013 (XII ZB 569/12 und XII ZB 576/12) zur sachlichen Zuständigkeit des Jugendamts im familiengerichtlichen Verfahren, ZKJ 2014, 266

ERB-KLÜNEMANN/KÖSSLER, Unbegleitete minderjährige Flüchtlinge – eine verstärkte familiengerichtliche Herausforderung, FamRB 2016, 160

FRIE, Drum prüfe, wer sich ewig bindet … – Zum Entwurf eines Gesetzes zur Bekämpfung von Kinderehen, FamRB 2017, 232

HOFFMANN, Sorgerechtsvollmacht als Alternative zur Vormund-/Pflegschaft des Jugendamts, FamRZ 2011, 1544

dies, Sorgerechtsvollmacht bei rechtlicher Betreuung, BtPrax 2014, 151

HÜSSTEGE, Das Verbot der Kinderehe nach neuem Recht aus kollisionsrechtlicher Sicht, FamRZ 2017, 1374

MEYSEN, Neue Herausforderungen an den Ergänzungspfleger, in: COESTER-WALTJEN/LIPP/SCHUMANN/VEIT (Hrsg), 9. Göttinger Workshop zum Familienrecht 2010 (2011) 65

OPRIS, Ausländische Ehen im deutschen Recht im Lichte des Gesetzesentwurfs zur Bekämpfung von Kinderehen, ZErb 2017, 158

VEIT/HINZ, Vertauschte Kinder, FamRZ 2010, 505

WEISSINGER, Ruhen der elterlichen Sorge und Vormundschaft für unbegleitet einreisende Minderjährige, Rpfleger 2017, 8.

Systematische Übersicht

Alphabetische Übersicht

I. Normzweck, Systematik

Pflege und Erziehung der Kinder sind nach Art 6 Abs 2 GG das natürliche Recht der Eltern und die zuvörderst ihnen obliegende Pflicht; über ihre Betätigung wacht die staatliche Gemeinschaft. Mit dem KindRG (BGBl I 1997, 2942) hat der Gesetzgeber die Pflicht an die Spitze der einfachgesetzlichen Regelung gesetzt (krit dazu Diederichsen NJW 1998, 1977, 1983). Seither haben die Eltern nicht mehr das Recht und die Pflicht, sondern die Pflicht und das Recht, für das minderjährige Kind zu sorgen und es auch rechtsgeschäftlich zu vertreten (§§ 1626 Abs 1 S 1, 1629 Abs 1 BGB). Fehlen Eltern ganz oder sind sie nicht in der Lage bzw berechtigt, das Sorgerecht auszuüben, so muss die Sorge für einen Minderjährigen auf andere Weise gewährleistet werden. Ziel ist es, dem umfassenden **Bedürfnis** des Minderjährigen **nach Fürsorge** für Person und Vermögen Rechnung zu tragen; die Pflegschaft bezweckt demgegenüber nur einen besonderen Schutz für bestimmte Angelegenheiten (Mot IV 1046). **1**

§ 1773 BGB nennt drei Fallgruppen, in denen ein Bedürfnis für eine allgemeine Fürsorge für den Minderjährigen besteht: (1) fehlende elterliche Sorge für den Minderjährigen, (2) fehlende Vertretungsmacht der Eltern und (3) fehlende Ermittelbarkeit des Familienstands des Minderjährigen. **2**

In allen genannten Fallgestaltungen muss die Vormundschaft entweder angeordnet werden (§ 1774 BGB), oder sie tritt kraft Gesetzes ein (s §§ 1791c, 1751 Abs 1 S 2 HS 1 BGB). **3**

II. Die Voraussetzungen der Vormundschaft

1. Minderjährigkeit des Mündels

a) Deutsche Staatsangehörige

Vormundschaft kann nur noch für Minderjährige angeordnet werden, nachdem das Betreuungsgesetz mit Wirkung vom 1. 1. 1992 die Vormundschaft über Volljährige (frühere §§ 1896 ff BGB) beseitigt und durch das Rechtsinstitut der Betreuung ersetzt hat (BGBl I 1990, 2002, Vorbem 8 zu §§ 1773 ff). § 1773 BGB stellt ausschließlich auf die Minderjährigkeit ab, ohne zwischen ehelichen, nichtehelichen und adoptierten Kindern zu unterscheiden (zur Situation von Kindern, die zur Adoption freigegeben werden, unten Rn 17). Da die Möglichkeit, einen Minderjährigen für volljährig zu erklären (frühere §§ 3 ff BGB), mit Wirkung vom 1. 1. 1975 aufgehoben wurde (Volljährigkeitsgesetz v 31. 7. 1974, BGBl I 1713), kommt es nur noch darauf an, dass die als Mündel in Betracht kommende Person das 18. Lebensjahr noch nicht vollendet hat (§ 2 BGB). Mit der Volljährigkeit endet die Vormundschaft automatisch (§§ 2, 1882 BGB). Besteht über die Volljährigkeit hinaus ein Fürsorgebedürfnis, so ist unter den Voraussetzungen des § 1896 BGB ein Betreuer zu bestellen, ggf auch schon für einen Minderjährigen, der das 17. Lebensjahr vollendet hat (§ 1908a BGB); allerdings wird diese Maßnahme erst mit Eintritt der Volljährigkeit des Minderjährigen wirksam (§ 1908a S 2 BGB). **4**

b) Ausländische Staatsangehörige

Besteht bei Angehörigen fremder Staaten, va bei ausländischen Flüchtlingen, ein Fürsorgebedürfnis, so kommt, wenn diese minderjährig sind, die Anordnung einer **5**

Vormundschaft bzw bei Volljährigkeit die Anordnung einer Betreuung in Betracht. Ist von der Minderjährigkeit des Betroffenen auszugehen, so ist die Anordnung der Vormundschaft Ausdruck der Verhältnismäßigkeit, um (nach Anordnung des Ruhens der elterlichen Sorge nach § 1674 BGB) eine altersentsprechende und an das Lebensumfeld angepasste Entwicklung der Persönlichkeit entsprechend dem Kindeswohl zu gewährleisten (AG Freising FamRZ 2001, 1317, 1318 m zust Anm Hohloch JuS 2002, 295; AG Lahr FamRZ 2002, 1285 m abl Anm Bienwald; MünchKomm/Spickhoff Rn 5). Diesem Bedürfnis vermag eine (vorsorgliche) Betreuung nicht Rechnung zu tragen, da diese eine Betreuungsbedürftigkeit voraussetzt, die, anders als die Vormundschaft, nicht ausschließlich an das Alter anknüpft (in diese Richtung selbst Bienwald FamRZ 2002, 1285, 1286). Welche Fürsorgemaßnahme zu ergreifen ist, hängt mithin vom Alter des Betroffenen und der Frage ab, ab wann eine Volljährigkeit anzunehmen ist. Eine Antwort hierauf lässt sich nur finden, wenn feststeht, welches Recht auf den Sachverhalt mit Auslandsbezug überhaupt Anwendung findet.

aa) Anwendbares Recht

6 Nach **Art 24 Abs 1 S 1 EGBGB** unterliegen die Entstehung, die Änderung und das Ende von Vormundschaft, Betreuung und Pflegschaft sowie der Inhalt der gesetzlichen Vormundschaft und Pflegschaft dem Recht des Staates, dem der Mündel, Betreute oder Pflegling angehört. Auch der Inhalt der angeordneten Vormundschaft bestimmt sich nach dem Heimatrecht des Betroffenen (Art 24 Abs 3 EGBGB). Die **Vorfrage**, ob die von der Fürsorgemaßnahme betroffene Person minderjährig ist oder nicht, bestimmt sich aber nicht nach Art 24 EGBGB, sondern ist selbständig anzuknüpfen und bestimmt sich nach dem in **Art 7 EGBGB** berufenen Recht (s Vorbem 92 zu §§ 1773 ff; zur Anwendung von ausländischem Recht, wonach Heirat mündig macht, Art 7 Abs 1 S 2 EGBGB, MünchKomm/Spickhoff Rn 5). Hieran ändert auch der Umstand nichts, dass Art 24 EGBGB durch die Kollisionsregeln des KSÜ sowie MSA verdrängt wird und für die Fürsorgemaßnahme der Betreuung das Haager Übereinkommen über den internationalen Schutz von Erwachsenen (ESÜ) gilt. Da weder das KSÜ noch das ESÜ zur Frage der Volljährigkeit Regelungen enthalten, beurteilt sich die Volljährigkeit des Betroffenen entsprechend Art 7 EGBGB nach dessen Heimatrecht (BGH 20. 12. 2017 – XII ZB 333/17, juris Rn 21, FamRZ 2018, 457, 459 m insoweit zust Anm Hüsstege; OLG Karlsruhe 23. 7. 2015 – 5 WF 74/15, juris Rn 13 ff, FamRZ 2015, 1820 betr algerisches Recht; OLG Oldenburg 5. 9. 2017 – 13 WF 76/17, juris Rn 7 ff, NZFam 2017, 1165 sowie OLG Bremen 23. 2. 2016 – 4 UF 186/15, juris Rn 8, FamRZ 2016, 990, jeweils zum Recht der Republik Ghana; OLG Hamm 12. 7. 2017 – 12 UF 217/16, juris Rn 10, Rpfleger 2018, 22 zum Recht des Staates Guinea; OLG Koblenz 14. 2. 2017 – 13 UF 32/17, juris Rn 18, 44 ff, FamRZ 2017, 1229 zum gambischen Recht; Überblick über die verschiedenen Volljährigkeitsalter in ausländischen Rechten BeckOK/Mäsch [1. 11. 2019] Art 7 EGBGB Rn 57.1; s auch § 1882 Rn 12).

7 Es bleibt allerdings die Frage, ob nicht **Art 12 der Genfer Flüchtlingskonvention** (GFK) nach Art 3 Nr 2 EGBGB die Anwendung des Heimatrechts des Betroffenen verdrängt. Danach bestimmt sich das Personalstatut jedes Flüchtlings nach dem Recht des Landes seines Wohnsitzes oder, in Ermangelung eines Wohnsitzes, nach dem Recht des Aufenthaltslandes. Ob allerdings Art 12 GFK diese verdrängende Wirkung gegenüber Art 7 EGBGB zukommt, ist umstritten (dafür OLG Hamm 3. 5. 2017 – II-10 UF 6/17, 10 UF 6/17, juris Rn 12 ff, FamRZ 2017, 1935 [LS]; Palandt/Thorn Anh Art 5 EGBGB Rn 23; s auch MünchKomm/Lipp Art 7 EGBGB Rn 34 [gestützt auf Art 5 Abs 2 EGBGB]; dagegen OLG Karlsruhe 23. 7. 2015 – 5 WF 74/15, juris Rn 15, FamRZ 2015, 1820, 1821 mit abl Anm

Hein FamRZ 2015, 1823; BeckOGK/Hoffmann [1. 12. 2019] § 1773 Rn 33). Der BGH bejaht diese Frage inzwischen mit der überwiegend in Rechtsprechung und Literatur vertretenen Ansicht unter Hinweis darauf, dass sowohl aus deutscher Sicht als auch bei konventionsautonomer Auslegung die Geschäftsfähigkeit und va die Frage der Volljährigkeit zum Kernbereich eines Personalstatuts gehörten (BGH 20. 12. 2017 – XII ZB 333/17, juris Rn 23, FamRZ 2018, 457, 459). Folgt man diesem Ansatz, bestimmt sich die Volljährigkeit eines in Deutschland lebenden ausländischen Staatsangehörigen dann nach deutschem Recht (also nach § 2 BGB), wenn dem Betroffenen die Flüchtlingseigenschaft iSv Art 1 Abschnitt A Abs 2 GFK iVm dem Protokoll über die Rechtsstellung der Flüchtlinge vom 31. 1. 1967 (BGBl II 1969, 1293, 1294) zukommt. Andernfalls bleibt es bei der Anwendung von Art 7 EGBGB (s BGH 20. 12. 2017 – XII ZB 333/17, juris Rn 25 ff, FamRZ 2018, 457, 459; OLG Hamm 3. 5. 2017 – II-10 UF 6/17, juris Rn 16, FamRZ 2017, 1935 [LS]; näher § 1882 Rn 10 f).

bb) Feststellung der Minderjährigkeit

Zur Ermittlung des Alters hat sich das Gericht unter Ausschöpfung aller verfahrensrechtlich möglichen und zulässigen sowie nach den Umständen veranlassten **Aufklärungsmöglichkeiten** weitmöglichst Gewissheit über das Alter des Betroffenen zu verschaffen (s BGH 20. 11. 2013 – XII ZB 569/12, juris Rn 15, FamRZ 2014, 375, 376; OLG Karlsruhe 26. 8. 2015 – 18 UF 92/15, juris Rn 23, FamRZ 2015, 2182, 2183; OLG Köln 21. 6. 2013 – 26 UF 49/13, juris Rn 9, FamRZ 2014, 242, 243; die Zulässigkeit und Verwertbarkeit einer Röntgenuntersuchung zur Altersfeststellung im Rahmen des gerichtlichen Verfahrens ist umstritten, dafür OLG Karlsruhe 26. 8. 2015 – 18 UF 92/15, juris Rn 23, FamRZ 2015, 2182, 2185; OLG Hamm 30. 1. 2015 – II 6 UF 155/13, juris Rn 19, FamRZ 2015, 1635, 1636; OVG Hamburg 9. 2. 2011 – 4 Bs 9/11, juris Rn 11, JAmt 2011, 472, 475 ff; VG Köln 31. 7. 2014 – 26 L 1222/14, juris Rn 25 ff, JAmt 2015, 162, 163 [§ 62 SGB I als Rechtsgrundlage iSv § 25 Abs 1 RöntgenVO]; dagegen OLG Frankfurt 9. 8. 2016 – 5 UF 169/16, juris Rn 13, FamRZ 2017, 244, 245; OLG München 15. 3. 2012 – 26 UF 308/12, juris Rn 9, FamRZ 2012, 1958, 1959; AG Berlin Schöneberg 23. 5. 2014 – 85 F 106/14, juris Rn 21, FamRZ 2015, 1071, 1072; BeckOGK/Hoffmann [1. 12. 2019] Rn 36). Die vom Jugendamt im Rahmen der vorläufigen Inobhutnahme vorgenommene Altersfeststellung (§ 42f SGB VIII) (näher hierzu aus jüngerer Zeit OVG München 16. 8. 2016 – 12 CS 16.1550, juris Rn 17 f, NVwZ-RR 2017, 238, 239; OVG Berlin-Brandenburg 1. 4. 2016 – 6 S 7.16, 6 M 20.16, juris Rn 4 ff, NVwZ-RR 2016, 594; VG Augsburg 25. 4. 2017 – Au 3 K 16.1457, juris Rn 18 ff, ZKJ 2017, 389, 390 f) ist für das Familiengericht zwar nicht bindend (zur Bindung der Ausländerbehörde an diese Feststellung OVG Bremen 2. 3. 2017 – 1 B 331/16, juris Rn 11, JAmt 2017, 262; zur Bindungswirkung der familiengerichtlichen Altersfeststellung für den Haftrichter im ausländer- und sicherungshaftrechtlichen Verfahren BGH 10. 8. 2018 – V ZB 123/18, juris Rn 11, JAmt 2018, 476, 477; zum gesetzgeberischen Nachbesserungsbedarf bei der Frage der Bindungswirkung Achterfeld JAmt 2019, 294, 298), bildet aber einen wichtigen Orientierungsmaßstab im Rahmen der eigenen Verfahrensführung (§§ 26, 29 FamFG) (Erb-Klünemann/Kössler FamRB 2016, 160, 163). Das Gericht muss dabei keine unumstößliche Gewissheit von der Minderjährigkeit erlangen; vielmehr genügt ein für das praktische Leben brauchbarer Grad an Gewissheit, der den Zweifeln Schweigen gebietet, ohne sie völlig auszuschließen; lassen sich danach Zweifel an der Volljährigkeit aber nicht vollständig ausräumen, so ist grundsätzlich zugunsten des Betroffenen von dessen Minderjährigkeit auszugehen (BGH 10. 8. 2018 – V ZB 123/18, juris Rn 10, JAmt 2018, 476; BGH 12. 2. 2015 – V ZB 185/14, juris Rn 7, JAmt 2015, 395; OLG Hamm 23. 10. 2018 – 9 UF 104/18, juris Rn 28 f, NJW-RR 2019, 262, 263; OLG Koblenz 2. 8. 2017 – 13 UF 351/17, juris Rn 14; OLG Koblenz 14. 3. 2017 – 13 UF 44/17, juris Rn 16, FamRZ 2017, 1676, 1677; OLG Karlsruhe 26. 8. 2015 – 18 UF 92/15, juris Rn 23, FamRZ 2015, 2182;

OLG Oldenburg 8. 8. 2012 – 14 UF 65/12, juris Rn 10, StAZ 2013, 144; OLG Köln 21. 6. 2013 – 26 UF 49/13, juris Rn 9, FamRZ 2014, 242; krit zum Fehlen einer gesetzlichen Regelung zu den Folgen der Nichtfeststellbarkeit des Alters im Kontext des Gesetzes zur Bekämpfung von Kinderehen vom 17. 7. 2017 [BGBl I 2429] Hüsstege FamRZ 2017, 1374, 1377 f).

9 Sprechen dagegen gewichtige Anhaltspunkte für die Volljährigkeit des Betroffenen, so kann dies trotz einer geringen Restunsicherheit die Annahme der Volljährigkeit rechtfertigen. Zweifel an der Volljährigkeit werden nicht bereits dadurch begründet, dass der Betroffene erklärt, er sei minderjährig (BGH 10. 8. 2018 – V ZB 123/18, juris Rn 10, JAmt 2018, 476; BGH 12. 2. 2015 – V ZB 185/14, juris Rn 7, JAmt 2015, 395). Ist diese Erklärung offenkundig falsch, was vom Gericht nachvollziehbar darzulegen ist, sind weitere Ermittlungen des Gerichts nicht erforderlich (s BGH 10. 8. 2018 – V ZB 123/18, juris Rn 10, JAmt 2018, 476; BGH 12. 2. 2015 – V ZB 185/14, juris Rn 7, JAmt 2015, 395; OLG Karlsruhe 26. 8. 2015 – 18 UF 92/15, juris Rn 25, FamRZ 2015, 2182; s auch OLG Köln 21. 6. 2013 – 26 UF 49/13, juris Rn 9, FamRZ 2014, 242; OLG Koblenz 14. 3. 2017 – 13 UF 44/17, juris Rn 16 ff, FamRZ 2017, 1676, 1677; s auch OVG Bremen 22. 2. 2016 – 1 B 303/15, juris Rn 15, FamRZ 2016, 1614, 1616; krit zur Entscheidung des OLG Köln MünchKomm/Spickhoff § 1774 Rn 8). Das Gleiche gilt, wenn der Betroffene die Umstände, aus denen sich seine Minderjährigkeit ergibt, nicht plausibel darlegt und damit seiner **Mitwirkungspflicht** nach § 27 FamFG nicht genügt (OLG Karlsruhe 26. 8. 2015 – 18 UF 92/15, juris Rn 25, FamRZ 2015, 2182; OLG Koblenz 14. 3. 2017 – 13 UF 44/17, juris Rn 16, FamRZ 2017, 1676, 1677). Fehlt es an einem substantiierten und widerspruchsfreien Vortrag des Betroffenen, gebietet die Amtsermittlungspflicht keine Ermittlungen des Gerichts ins Blaue hinein (OLG Koblenz 14. 3. 2017 – 13 UF 44/17, juris Rn 16, FamRZ 2017, 1676, 1677; MünchKommFamFG/Ulrici § 26 Rn 12 f, 20, § 37 Rn 17). Liegt die Volljährigkeit dagegen nicht offen zutage, sind weitere Ermittlungen erforderlich, wobei an die Ausfüllung des Amtsermittlungsgrundsatzes hohe Anforderungen zu stellen sind (s BGH 10. 8. 2018 – V ZB 123/18, juris Rn 10, JAmt 2018, 476).

10 Verfügt ein Flüchtling über einen **Reisepass** seines Herkunftslandes, der ihn nach dem eingetragenen Geburtsdatum als Minderjährigen ausweist, ist eine Vormundschaft selbst dann einzurichten, wenn die Richtigkeit der Altersangabe aufgrund anderer Umstände (Untersuchung von Handwurzel und Gebiss) zweifelhaft ist, das Alter sich aber nicht sicher feststellen lässt; für diesen Flüchtling ist die Anerkennung eines Volljährigkeitsstatus im Rechtsverkehr faktisch unmöglich (OLG Oldenburg 8. 8. 2012 – 14 UF 65/12, juris Rn 18, StAZ 2013, 144).

c) Verheiratete Minderjährige

aa) Deutsche Minderjährige

11 Der Umstand, dass der Minderjährige verheiratet ist oder heiratet, steht der Anordnung der Vormundschaft nicht im Weg und macht sie auch nicht überflüssig; Heirat macht nach deutschem Recht nicht mündig. Dementsprechend hat auch die Eheschließung eines Mündels auf den Fortbestand der Vormundschaft keinen Einfluss. Während nach früherer Rechtslage die Minderjährigenehe ausnahmsweise wirksam begründet werden konnte (s § 1303 Abs 2 BGB aF) und dazu führte, dass sich die Sorge des Vormunds ebenso wie die der Eltern auf die Vertretung in persönlichen Angelegenheiten sowie die vollständige Vermögenssorge beschränkte (§§ 1800, 1633 BGB aF), wurde durch das Gesetz zur Bekämpfung von Kinderehen vom 17. 7. 2017 (BGBl I 2429) die Ehemündigkeit mit Wirkung vom 22. 7. 2017 neu geregelt: Danach darf eine Ehe vor Eintritt der Volljährigkeit nicht eingegangen werden **(§ 1303 S 1 BGB)**. Mit

einer Person, die das 16. Lebensjahr nicht vollendet hat, kann eine Ehe nicht wirksam eingegangen werden (§ 1303 S 2 BGB). Ein Verstoß gegen § 1303 S 2 BGB führt zu einer Nichtehe (Palandt/Brudermüller Einf v § 1303 Rn 3; Schwab, Familienrecht Rn 79; BT-Drucks 18/12086, 2429 [zu Art 13 Abs 3 Nr 1 EGBGB]). Wird gegen die Vorgabe von § 1303 S 1 BGB verstoßen und eine Ehe mit einem Minderjährigen geschlossen, der im Zeitpunkt der Eheschließung das 16. Lebensjahr vollendet hat, so ist diese Ehe wirksam, kann aber aufgehoben werden (§ 1314 Abs 1 Nr 1 BGB), es sei denn, der minderjährige Ehegatte hat, nachdem er volljährig geworden ist, zu erkennen gegeben, dass er die Ehe fortsetzen will (§ 1315 Abs 1 S 1 Nr 1 Buchst a BGB) oder die Aufhebung der Ehe würde aufgrund außergewöhnlicher Umstände eine so schwere Härte für den minderjährigen Ehegatten darstellen, dass die Aufrechterhaltung der Ehe ausnahmsweise geboten erscheint (§ 1315 Abs 1 S 1 Nr 1 Buchst b BGB).

Im Zuge dieser Novellierung wurde auch **§ 1633 BGB ersatzlos gestrichen** (Art 1 Nr 26 des Gesetzes zur Bekämpfung von Kinderehen) mit der Folge, dass sich die elterliche Sorge und damit ebenso die Sorge des Vormunds künftig auch auf die tatsächliche Personensorge erstreckt und dieser damit über den Aufenthalt und den Umgang des Mündels mit seinem Ehepartner bestimmen kann (BT-Drucks 18/12086, 17 f; wegen verfassungsrechtlicher Bedenken krit Frie FamRB 2017, 232, 235; Opris ZErb 2017, 158, 164); folgerichtig beschränkt sich die Verweisung in § 1800 S 1 BGB auf die §§ 1631–1632 BGB (Art 1 Nr 20 des Gesetzes zur Bekämpfung von Kinderehen).

Zwar ist § 1303 S 2 BGB in der ab dem 22. 7. 2017 geltenden Fassung für Ehen, die vor diesem Stichtag geschlossen wurden, nicht anwendbar (Art 229 § 44 Abs 2 EGBGB). Eine entsprechende Übergangsregelung fehlt jedoch für § 1633 BGB mit der paradoxen Folge, dass für den noch nicht volljährig gewordenen Ehegatten bis zum 21. 7. 2017 die gemäß § 1633 BGB eingeschränkte elterliche/vormundschaftliche Sorge bestand, wogegen er seit dem 22. 7. 2017 unter voller elterlicher/vormundschaftlicher Sorge steht (krit hierzu Deutscher Familiengerichtstag eV, Stellungnahme zum Gesetzentwurf der Bundesregierung „Entwurf eines Gesetzes zur Bekämpfung von Kinderehen" vom 23. 2. 2017, abrufbar unter http://www.bmjv.de/SharedDocs/Gesetzgebungsverfahren/Stellungnahmen/2017/Downloads/02232017_Stellungnahme_DFGT_RefE_Kinderehe.pdf?_blob=publicationFile&v=3, S 5).

bb) Ausländische Minderjährige

Die Aufhebung von § 1633 BGB (Rn 11) hat für einen **ausländischen verheirateten Minderjährigen**, der nach Deutschland kommt oder hier lebt, zur Folge, dass auch er wie ein unverheirateter Minderjähriger unter elterlicher Sorge steht. Sind die Eltern verstorben oder ruht deren Sorge nach § 1674 BGB, so ist Vormundschaft anzuordnen und ein Vormund zu bestellen, der die volle Sorge innehat und damit den Aufenthalt des Mündels, notfalls auch gegen dessen Willen, bestimmen und ihn zu seinem Schutz gegebenenfalls auch von seinem Ehepartner trennen und den Umgang mit diesem regeln kann (BT-Drucks 18/12086, 17 f). Ob die Ehe dieses Minderjährigen überhaupt wirksam oder aufhebbar ist (näher dazu Art 13 Abs 3 EGBGB: Mit dieser durch das Gesetz zur Bekämpfung von Kinderehen erlassenen Neuregelung werden die Wertungen des § 1303 BGB [dazu oben Rn 11] auch gegenüber im Ausland geschlossenen Ehen ausnahmslos durchgesetzt; krit Palandt/Thorn Art 13 EGBGB Rn 20; MünchKomm/Coester Art 13 EGBGB Rn 38; der BGH hat dem BVerfG inzwischen die Frage zur Entscheidung vorgelegt, ob Art 13 Abs 3 Nr 1 EGBGB mit Art 1, 2 Abs 1, 3 Abs 1 und 6 Abs 1 GG vereinbar ist, soweit eine 12 unter Beteiligung eines nach ausländischem Recht ehemündigen Minderjährigen abgeschlossene Ehe nach deutschem Recht vorbehaltlich der Ausnahme in Art 229 § 44 Abs 4 EGBGB ohne einzelfallbezogene Prüfung als Nichtehe qualifiziert werden kann, wenn der Minderjährige zur Zeit der Eheschließung das 16. Lebensjahr noch nicht vollendet hatte [BGH 14. 11. 2018 – XII ZB 292/16, juris Rn 4 ff, FamRZ 2019, 181 ff m Anm Hettich und Dutta = ZKJ 2019, 107 m Anm Dürbeck]), wirkt sich auf die Sorgeverantwortung des Vormunds nicht aus (anders BGH, der davon ausgeht, dass bei einer wirksamen Minderjährigenehe [für den Fall, dass Art 13 Abs 3 Nr 1 EGBGB verfassungswidrig wäre] der Vormund den Minderjährigen nicht seinem Ehegatten vorenthalten dürfe, dies vielmehr eine Kindeswohlgefährdung nach § 1666 BGB darstellen könne [BGH 14. 11. 2018 – XII ZB 292/16, juris Rn 36, 51 ff, FamRZ 2019, 181, 183, 184]; hiergegen spricht allerdings, dass der Gesetzgeber mit der Streichung von § 1633 BGB gerade keinen absoluten Vorrang der Pflicht aus § 1353 Abs 1 S 2 BGB vor der Sorgeverantwortung des Vormunds wollte und die Frage, ob die Trennung des Minderjährigen von einer Bezugsperson eine Kindeswohlgefährdung darstellt oder nicht, nicht davon abhängt, ob der Minderjährige zu dieser in einer wirksamen Ehe lebt [Dutta FamRZ 2019, 181, 189]). Etwas anderes würde nur dann gelten, wenn der Betroffene infolge der Eheschließung gar nicht mehr als minderjährig einzustufen wäre (näher dazu oben Rn 11; MünchKomm/Spickhoff Rn 5).

2. Keine elterliche Sorge für den Minderjährigen (Abs 1 Alt 1)

a) Überblick über die Fallgestaltungen

13 Vormundschaft ist anzuordnen, wenn der Minderjährige nicht unter elterlicher Sorge steht (Abs 1 S 1 Alt 1). Dies ist dann der Fall, wenn beide Eltern – seien sie bei der Geburt des Kindes miteinander verheiratet gewesen oder nicht – gestorben oder für tot erklärt worden sind oder wenn ihre Todeszeit nach §§ 39 ff VerschG festgestellt ist (§ 1677 BGB). Weiter steht das Kind auch dann nicht unter elterlicher Sorge, wenn sie beiden Eltern nach §§ 1666, 1666a BGB entzogen wurde (zur Frage, ob und inwieweit ein Sorgerechtsentzug durch das Erteilen einer Sorgerechtsvollmacht, etwa an das Jugendamt, vermieden werden kann, OLG Bremen 5. 1. 2018 – 4 UF 134/17, juris Rn 22 ff, JAmt 2018, 42, 44; Meysen, 9. Göttinger Workshop 74 f mwNw; s auch Hoffmann FamRZ 2011, 1544; dies BtPrax 2014, 151, 152 ff) oder die elterliche Sorge beider Eltern ruht (§§ 1673 f BGB) (dazu DIJuF-Rechtsgutachten JAmt 2018, 31). Beide Fallgestaltungen führen allerdings nicht zu einem endgültigen Rechtsverlust (VG Freiburg 16. 4. 2019 – A 5 K 2488/18, juris Rn 21, JAmt 2019, 424, 426). Besteht in der erstgenannten Fallgestaltung eine Gefahr für das Wohl des Kindes nicht mehr oder ist die Erforderlichkeit der Maßnahme entfallen, so ist die nach §§ 1666, 1666a BGB getroffene Maßnahme aufzuheben (§ 1696 Abs 2 BGB). Ruht die elterliche Sorge aufgrund einer gerichtlichen Entscheidung nach § 1674 Abs 1 BGB, so lebt die elterliche Sorge wieder auf, wenn das Familiengericht feststellt, dass der Grund des Ruhens nicht mehr besteht (§ 1674 Abs 2 BGB). Solange auch nur ein Elternteil lebt und rechtlich wie tatsächlich in der Lage ist, die elterliche Sorge auszuüben, besteht für die Anordnung einer Vormundschaft kein Bedürfnis (OLG Karlsruhe FamRZ 2003, 1768). Das hat zur Folge, dass die Hinderungsgründe **für jeden Elternteil getrennt zu prüfen** sind (MünchKomm/Spickhoff Rn 7). Das Gesetz unterscheidet zwischen gemeinsamer Sorge und Alleinsorge der Elternteile und orientiert sich an dieser Unterscheidung auch hinsichtlich der Hinderungsgründe (zB § 1680 BGB).

b) Gemeinsame Sorge der Eltern
aa) Begründungstatbestände

Sind Eltern bei Geburt ihres Kindes miteinander verheiratet, sind sie gemeinsam sorgeberechtigt (arg § 1626a Abs 1 HS 1 BGB) (BeckOK/Veit [1. 11. 2019] § 1626 Rn 38.1). Fehlt es dagegen an einer wirksamen Ehe zu diesem Zeitpunkt, können die Eltern die gemeinsame Sorge durch Abgabe von Sorgeerklärungen (§ 1626a Abs 1 Nr 1 BGB) oder Eheschließung (§ 1626a Abs 1 Nr 2 BGB) erlangen. Zudem besteht seit Erlass des Gesetzes zur Reform der elterlichen Sorge nicht miteinander verheirateter Eltern vom 16. 4. 2013 (BGBl I 795) die Möglichkeit, dass das Familiengericht Eltern, die bei der Geburt ihres Kindes nicht miteinander verheiratet sind, die elterliche Sorge ganz oder teilweise gemeinsam überträgt (§ 1626a Abs 1 Nr 3 BGB). Das Familiengericht überträgt auf Antrag eines Elternteils die elterliche Sorge oder einen Teil derselben beiden Eltern gemeinsam, wenn die Übertragung dem Kindeswohl nicht widerspricht (Abs 2 S 1). Trägt der andere Elternteil keine Gründe vor, die der Übertragung der gemeinsamen elterlichen Sorge entgegenstehen können, und sind solche Gründe auch sonst nicht ersichtlich, so wird vermutet, dass die gemeinsame elterliche Sorge dem Kindeswohl nicht widerspricht (Abs 2 S 2). Im Übrigen hat die Kindesmutter die elterliche Sorge inne (Abs 3) (zur Genese dieser Neuregelung näher Staudinger/Veit [2014] Rn 8 ff). 14

bb) Fortbestehen der gemeinsamen Sorge nach Trennung

Die einmal begründete gemeinsame Sorge besteht nach der nicht nur vorübergehenden Trennung der Eltern fort, es sei denn, ein Elternteil oder beide beantragen, dass das Familiengericht ihm bzw jeweils einem von ihnen die elterliche Sorge oder einen Teil der elterlichen Sorge allein überträgt (§ 1671 Abs 1 BGB). 15

cc) Ausübungshindernisse
(1) Fallgestaltungen

Steht das Kind unter gemeinsamer Sorge, so ist die Vormundschaft erst dann anzuordnen, wenn keinem der Elternteile die elterliche Sorge mehr zusteht. Als Beendigungsgründe kommen der **Tod**, die **Todeserklärung** oder die **Feststellung der Todeszeit** nach dem VerschG (§ 1677 BGB) in Betracht. Als Hinderungsgrund für die Ausübung der elterlichen Sorge kommen darüber hinaus der **Entzug der elterlichen Sorge** durch gerichtliche Entscheidung (§§ 1666, 1666a BGB) sowie das **Ruhen** derselben in Betracht. Solange die elterliche Sorge ruht, ist der Elternteil nicht berechtigt, diese wahrzunehmen (§ 1675 BGB); an der Inhaberschaft des Sorgerechts ändert sich dadurch aber nichts (VG Freiburg 16. 4. 2019 – A 5 K 2488/18, juris Rn 21, JAmt 2019, 424, 426; Staudinger/Coester [2016] § 1675 Rn 2). 16

Einen Ruhensgrund stellt die Geschäftsunfähigkeit dar (§ 1673 Abs 1 BGB); bei beschränkter Geschäftsfähigkeit des sorgeberechtigten Elternteils beschränkt sich die Ruhenswirkung auf die Vermögenssorge und die rechtliche Vertretung (s § 1673 Abs 2 S 2 BGB) mit der Folge, dass § 1773 Abs 1 Alt 2 BGB eingreift (s unten Rn 28 ff); demgegenüber bildet die Bestellung eines Betreuers für einen sorgeberechtigten Elternteil allein noch keinen Ruhensgrund (MünchKomm/Schwab § 1896 Rn 150; DIJuF-Rechtsgutachten JAmt 2016, 480, 481; näher unten Rn 30). Ebenso ruht kraft Gesetzes die elterliche Sorge eines Elternteils, der in die Annahme eines Kindes eingewilligt hat (§ 1751 Abs 1 S 1 BGB) (zu den Besonderheiten dieses Ruhenstatbestands Palandt/Götz § 1751 Rn 1; MünchKomm/Spickhoff Rn 11 ff). Weiter ruht die elterliche Sorge der Kin- 17 desmutter für ein von ihr nach § 25 Abs 1 Schwangerschaftskonfliktgesetz vertraulich geborenes Kind (§ 1674a S 1 BGB); gibt sie an, nicht verheiratet zu sein oder teilt sie mit, dass der Kindesvater bereits verstorben ist, steht das Kind unter der gesetzlichen Amtsvormundschaft des Jugendamtes (§ 1791c BGB) (DIJuF-Rechtsgutachten JAmt 2013, 516, 517; DIJuF-Rechtsgutachten JAmt 2019, 394, 395).

18 Weiter ruht die elterliche Sorge, wenn ein – vom Gericht festzustellendes – **längerfristiges tatsächliches Ausübungshindernis** vorliegt (§ 1674 Abs 1 BGB). Diese Fallkonstellation kommt vor allem bei unbegleitet einreisenden ausländischen Minderjährigen in Betracht (zum Begriff der unbegleiteten Einreise § 42a Abs 1 S 2 SGB VIII). Dabei ist allerdings eine räumliche Trennung allein nicht ausreichend, wenn eine Einflussnahme auf das Kind mit Hilfe moderner Kommunikationsmittel oder Reisemöglichkeiten auch aus der Ferne in verlässlicher Weise möglich ist (BGH NJW 2005, 221; OLG Koblenz FamRZ 2011, 1517, 1518; OLG Hamburg DAVorm 1991, 876 f; OLG Frankfurt FamRZ 1954, 21, 22; BeckOK/Veit [1. 11. 2019] § 1674 Rn 3.4; Dürbeck ZKJ 2014, 266, 267). Etwas anderes gilt dagegen dann, wenn die Kontaktaufnahme ins Heimatland nicht (OLG Frankfurt 24. 4. 2017 – 5 UF 35/17, juris Rn 1, FamRZ 2017, 1942) oder nur unregelmäßig möglich ist (s OLG Koblenz FamRZ 2011, 1517, 1518; AG Fürth JAmt 2008, 498; Dürbeck ZKJ 2014, 266, 267; Weissinger Rpfleger 2017, 8, 9) oder etwa politische, technische oder sprachliche Probleme einer aktiven Ausübung des Sorgerechts vom Heimatland aus im Weg stehen (Erb-Klünemann/Kössler FamRB 2016, 160, 163). Hinzu kommt, dass dieses Ausübungshindernis über längere Zeit bestehen muss (zur Frage, ob das Ruhen trotz Vorliegens einer Vollmacht der Eltern angeordnet werden kann, KG 2. 7. 2012 – 16 WF 111/12, juris Rn 8, ZKJ 2012, 450 [dagegen]; Erb-Klünemann/Kössler FamRB 2016, 160, 163 [dafür]; zum Ausschluss des Familiennachzugs für subsidiär schutzberechtigte unbegleitet einreisende Minderjährige nach § 104 Abs 13 AuslG und seine Vereinbarkeit mit Art 6 Abs 1 und 2 GG BVerfG 11. 10. 2017 – 2 BvR 1758/17, juris Rn 12, FamRZ 2017, 2082, 2083 [Frage im eA-Verfahren offengelassen]; VG Berlin 7. 11. 2017 – 36 K 92. 17 V, juris Rn 28 f, FamRZ 2018, 399, 400 ff [befürwortend]).

(2) Rechtsfolgen

19 Liegt in der Person **beider** sorgeberechtigter **Eltern** einer der vorgenannten Hinderungsgründe (nicht notwendig derselbe) vor, bedarf es der Anordnung einer Vormundschaft. Dies ist etwa der Fall, wenn eine Ehe durch Tod oder Todeserklärung aufgelöst wurde und beim überlebenden Elternteil ein Ruhen eintritt (Palandt/Götz § 1673 Rn 1; s auch LG Hamburg IPRax 1998, 490 f für den Fall eines afghanischen Flüchtlingskindes, das nach dem Tod seiner Eltern nach afghanischem Recht unter der gesetzlichen Vormundschaft seines Onkels stand) oder die Sorge beider Elternteile ruht. Nicht ausreichend ist dagegen, dass sie die Sorge nur vorübergehend tatsächlich nicht ausüben können oder sich die rechtliche oder tatsächliche Verhinderung nur auf einzelne Angelegenheiten bezieht (MünchKomm/Spickhoff Rn 10). In diesen Fällen ist eine Ergänzungspflegschaft anzuordnen.

20 Etwas anderes gilt dagegen, wenn **nur ein Elternteil** an der Ausübung der elterlichen Sorge **verhindert** ist: Stirbt ein mitsorgeberechtigter Elternteil, so steht die elterliche Sorge dem überlebenden Elternteil zu (§ 1680 Abs 1 BGB). Das Gleiche gilt, wenn die elterliche Sorge eines Elternteils endet, weil er für tot erklärt oder seine Todeszeit nach den Vorschriften des VerschG festgestellt worden ist (§ 1681 Abs 1 BGB). Die Rechtsfolge von § 1680 Abs 1 BGB greift auch dann ein, wenn und soweit einem Elternteil die elterliche Sorge entzogen worden ist (§ 1680 Abs 3 BGB). Ist ein El-

ternteil tatsächlich (kurzfristig) verhindert, die elterliche Sorge auszuüben, oder ruht seine elterliche Sorge (zu den Ruhensgründen oben Rn 17 f), so übt der andere Elternteil die elterliche Sorge allein aus (§ 1678 Abs 1 HS 1 BGB). Für die Anordnung einer Vormundschaft ist damit kein Raum.

Vormundschaft ist auch dann anzuordnen, wenn in der Person eines Elternteils die Voraussetzungen von **Abs 1 Alt 1** und in der Person des anderen die von **Abs 1 Alt 2** (dazu näher unten Rn 28 ff) vorliegen. 21

c) Alleinsorge eines Elternteils
aa) Begründungstatbestände

Die Alleinsorge eines Elternteils kann auf gesetzlicher oder gerichtlicher Grundlage beruhen. Sind die Eltern bei der Geburt eines Kindes nicht miteinander verheiratet und wird die gemeinsame Sorge nicht nach § 1626a Abs 1 BGB begründet (Sorgeerklärungen nach Nr 1, Eheschließung nach Nr 2 oder gerichtliche Übertragung nach Nr 3), so steht der Kindesmutter kraft Gesetzes die Alleinsorge zu **(§ 1626a Abs 3 BGB)**. Haben die Eltern dagegen die gemeinsame Sorge inne und leben sie nicht nur vorübergehend getrennt, so kann auf Antrag durch gerichtliche Entscheidung die Alleinsorge des Antragstellers begründet werden **(§ 1671 Abs 1 BGB)**. Dem Antrag ist nach § 1671 Abs 1 S 2 BGB stattzugeben, wenn der andere Elternteil zustimmt und kein Widerspruch des über 14-jährigen Kindes vorliegt (Nr 1) oder zu erwarten ist, dass die Aufhebung der gemeinsamen Sorge und die Übertragung auf den Antragsteller dem Wohl des Kindes am besten entspricht (Nr 2). Hat die Kindesmutter dagegen die elterliche Sorge nach § 1626a Abs 3 BGB allein inne und trennen sich die Eltern nicht nur vorübergehend, so kann der Vater beantragen, dass ihm das Familiengericht die elterliche Sorge allein überträgt **(§ 1671 Abs 2 S 1 BGB)**. Dem Antrag ist stattzugeben, soweit die Mutter zustimmt, es sei denn, die Übertragung widerspricht dem Wohl des Kindes oder das über 14-jährige Kind widerspricht der Übertragung (S 2 Nr 1), oder soweit eine gemeinsame Sorge nicht in Betracht kommt und zu erwarten ist, dass die Übertragung auf den Vater dem Wohl des Kindes am besten entspricht (S 2 Nr 2) (zur Genese dieser Norm, die an die Stelle von § 1672 BGB aF getreten ist, s Staudinger/Veit [2014] Rn 19). Eine weitere Möglichkeit, durch gerichtliche Entscheidung in die Alleinsorge zu gelangen, ergibt sich aus § 1680 BGB (dazu oben Rn 20). 22

bb) Ausübungshindernisse
(1) Fallgestaltungen

Die Hinderungsgründe entsprechen denen bei gemeinsamer Sorge (oben Rn 16 ff) und müssen die gesamte Personen- und Vermögenssorge erfassen; ist nur ein Teil der elterlichen Sorge betroffen, kommt eine Ergänzungspflegschaft in Betracht (BayObLG FamRZ 1997, 1553 f; FamRZ 1999, 316, 318; FamRZ 1999, 179, 181). 23

(2) Rechtsfolgen

Ist der allein sorgeberechtigte Elternteil unter diesen Voraussetzungen **umfassend** verhindert, so führt dies allerdings nur dann zur Anordnung einer Vormundschaft, soweit nicht eine gerichtliche Übertragung auf den anderen Elternteil in Betracht kommt; andernfalls fehlt es an der Voraussetzung des § 1773 Abs 1 BGB, wonach das Kind „nicht unter elterlicher Sorge steht“ (s OLG Dresden Rpfleger 2012, 534; zu einem Sonderfall, bei dem unklar war, ob der soziale Vater, der unstreitig nicht der biologische Vater war, durch Vaterschaftsanerkenntnis oder Gerichtsentscheidung in die elterliche Sorge eines togolesi- 24 schen Kindes gewachsen ist und ob in der Missachtung dieser Position durch Anordnung einer Vormundschaft ein Verstoß gegen Art 6 Abs 2 S 2 GG liegt, BVerfG NJW 2008, 2835 f). Die Möglichkeit der Übertragung der Sorge auf den anderen Elternteil ist mithin immer vor der Anordnung der Vormundschaft zu prüfen (MünchKomm/Spickhoff Rn 9).

25 So hat das Familiengericht bei **Tod** des Elternteils, dem die elterliche Sorge nach § 1671 BGB (dh also entweder nach Abs 1 bei gemeinsamer Sorge oder nach Abs 2 bei zuvor bestehender Alleinsorge) allein zustand, dem überlebenden Elternteil die elterliche Sorge zu übertragen, wenn dies dem Wohl des Kindes nicht widerspricht (§ 1680 Abs 2 S 1 BGB). Das Gleiche gilt, wenn der verstorbene Elternteil nach § 1626a Abs 3 BGB allein sorgeberechtigt war (zur Genese dieser Neuregelung s Staudinger/Veit [2014] Rn 18 f). In diesem Fall scheidet die Anordnung einer Vormundschaft aus.

26 Entsprechendes gilt, wenn die Alleinsorge eines Elternteils endet, weil er **für tot erklärt** oder seine **Todeszeit** nach den Vorschriften des VerschG **festgestellt** worden ist (§ 1681 Abs 1 BGB), aber auch, wenn ihm die **elterliche Sorge entzogen** worden ist (§ 1680 Abs 3 BGB) (zur Genese dieser Norm, die inzwischen sowohl auf die Fälle der Alleinsorge nach § 1626a Abs 3 BGB als auch auf § 1671 Abs 1 oder 2 BGB anwendbar ist [Abs 3 iVm Abs 2], näher Staudinger/Veit [2014] Rn 23) und der andere Elternteil als Sorgeberechtigter nach § 1680 Abs 2 BGB bzw § 1681 BGB in Betracht kommt (s OLG Celle 20. 2. 2015 – 19 UF 266/14, juris Rn 10 ff, FamRZ 2015, 1978 f).

27 **Ruht** die elterliche Sorge des Elternteils, dem sie nach § 1626a Abs 3 BGB oder § 1671 BGB allein zustand, und besteht keine Aussicht, dass der Grund des Ruhens wegfallen werde, so hat das Familiengericht die elterliche Sorge dem anderen Elternteil ebenfalls dann zu übertragen, wenn dies dem Wohl des Kindes nicht widerspricht (§ 1678 Abs 2 BGB). Fällt der Ruhensgrund dennoch unerwartet wieder weg, so führt dies weder zum automatischen Rückfall des Sorgerechts noch zum Wiederaufleben des Sorgerechts neben dem nunmehr Berechtigten. Vielmehr bleibt es grundsätzlich bei dessen Sorgerecht; Änderungen dieser gerichtlichen Entscheidung (in Richtung auf eine Rückübertragung auf den zunächst allein sorgeberechtigten Elternteil) kommen nur unter den Voraussetzungen von § 1696 BGB in Betracht (Staudinger/Coester [2015] § 1678 Rn 28; MünchKomm/Hennemann § 1678 Rn 12). Besteht dagegen von vornherein die Aussicht, dass der Grund des Ruhens wieder wegfallen wird, so ist für eine Entscheidung nach § 1678 Abs 2 BGB kein Raum. Vielmehr ist in diesem Fall entweder eine Ergänzungspflegschaft nach § 1909 BGB oder eine Vormundschaft anzuordnen (BayObLG FamRZ 1962, 32, 33 [zur Altfassung von § 1678 Abs 2 BGB]; MünchKomm/Hennemann § 1678 Rn 12; BeckOK/Veit [1. 11. 2019] § 1678 Rn 7.1).

3. Ausschluss des Vertretungsrechts der Eltern in persönlichen und Vermögensangelegenheiten (Abs 1 Alt 2)

28 Ein Bedürfnis der allgemeinen Fürsorge für die Person und das Vermögen des Minderjährigen ist auch dann gegeben, wenn beide Eltern weder in persönlichen noch in Vermögensangelegenheiten zur Vertretung berechtigt sind. Diese Voraussetzungen liegen jedenfalls dann vor, wenn beide Eltern nicht sorgeberechtigt sind. Da in diesem Fall allerdings schon § 1773 Abs 1 Alt 1 BGB eingreift, kommt § 1773 Abs 1 Alt 2 BGB lediglich dann zum Tragen, wenn beiden Eltern nur das Vertretungsrecht, dieses aber vollständig, fehlt. Soweit ihnen das Vertretungsrecht lediglich für einen

Bereich fehlt (etwa nach § 1638 BGB), kommt nur die Anordnung einer Ergänzungspflegschaft nach § 1909 BGB in Betracht (BayObLG FamRZ 1964, 522, 523).

Die Eltern sind etwa dann vollständig von der Vertretung des Kindes ausgeschlossen, wenn **beide minderjährig** sind: Sind sie miteinander verheiratet, **ruht** ihrer beider Sorge nach § 1673 Abs 2 S 1 BGB; ihnen steht dann zwar die tatsächliche Personensorge zu, zur Vertretung des Kindes sind sie aber nicht berechtigt (§ 1673 Abs 2 S 2 BGB). Das Gleiche gilt, wenn die minderjährigen Eltern nicht miteinander verheiratet sind und der Kindesmutter die Alleinsorge nach § 1626a Abs 3 BGB zusteht. In diesen Fällen muss ein Vormund bestellt werden oder es tritt gesetzliche Amtsvormundschaft (§ 1791c BGB) ein (s § 1791c Rn 14). **29**

Stehen beide Eltern oder der alleinsorgeberechtigte Elternteil **unter Betreuung**, so hat dies zunächst keine Auswirkungen auf die elterliche Sorge (oben Rn 17). Die Krankheit oder Behinderung, die zur Betreuung geführt hat, kann jedoch die Fähigkeit zur Wahrnehmung der elterlichen Sorge einschränken oder ausschließen mit der Folge, dass diese kraft Gesetzes (§ 1673 Abs 1 BGB) oder aufgrund gerichtlicher Entscheidung (§ 1674 Abs 1 BGB) ruht; in Betracht kommt auch ein vollständiger oder teilweiser Entzug der elterlichen Sorge nach § 1666 BGB (OLG Düsseldorf 20. 11. 2018 – 8 UF 187/17, juris Rn 10 f; LG Rostock FamRZ 2003, 1691, 1692; DIJuF-Rechtsgutachten JAmt 2016, 480, 481). In diesen Fällen muss, soweit eine Übertragung auf den bislang nicht sorgeberechtigten Elternteil nach § 1678 Abs 2 BGB bzw § 1680 Abs 3 iVm Abs 2 BGB ausscheidet, ein Vormund oder Ergänzungspfleger bestellt werden (s OLG Brandenburg 27. 3. 2013 – 3 UF 93/12, juris Rn 33 ff, JAmt 2013, 664, 666), allerdings nicht nach Alt 2 von § 1773 Abs 1 BGB, sondern nach Alt 1. Die elterliche Sorge kann dagegen nicht von dem (den) Betreuer(n) des Elternteils (der Eltern) wahrgenommen werden, da die Angelegenheiten der elterlichen Sorge nicht nur solche des Betreuten, sondern auch solche des Kindes sind und diese nicht auf einen Betreuer übertragen werden können (BGH FamRZ 2009, 973 [LS]; BayObLG FamRZ 2005, 236 = BtPrax 2004, 239, 240; LG Rostock FamRZ 2003, 1691, 1692; Hoffmann BtPrax 2014, 151; DIJuF-Rechtsgutachten JAmt 2016, 480, 482; Palandt/Götz § 1773 Rn 3 u § 1896 Rn 25); allerdings können die betreuungsbedürftigen Eltern Dritten Sorgerechtsvollmachten erteilen, soweit sie geschäftsfähig sind (Hoffmann BtPrax 2014, 151, 153) **30**

Dagegen liegt ein Fall von § 1773 Abs 1 Alt 2 BGB vor, wenn den an sich sorgeberechtigten Eltern die **Vertretungsmacht** vollständig **nach § 1666 BGB entzogen** wurde. Wurde sie hingegen nur einem Elternteil entzogen, so bleibt der andere vertretungsberechtigt, da ihm insoweit die elterliche Sorge allein zusteht (§§ 1680 Abs 3, Abs 1, 1629 Abs 1 S 3 BGB). Für die Anordnung einer Vormundschaft ist dann kein Raum (OLG Saarbrücken JAmt 2004, 163 f). Das Gleiche gilt, soweit der nach § 1626a Abs 3 BGB allein sorgeberechtigten Kindesmutter das Vertretungsrecht vollständig entzogen und die Vertretungsmacht auf den Kindesvater nach § 1680 Abs 3, Abs 1 BGB übertragen wurde. Eine Vertretung durch ihn scheidet allerdings insoweit aus, als nach § 1795 BGB ein Vormund von der Vertretung ausgeschlossen ist **(§ 1629 Abs 2 S 1 BGB)** oder das Familiengericht ihm nach § 1796 BGB die Vertretung entzieht **(§ 1629 Abs 2 S 3 BGB)**. Soweit eine Vertretung durch ihn nicht in Betracht kommt, ist ein Ergänzungspfleger zu bestellen (§ 1909 BGB). Für die Anordnung einer Vormundschaft ist dagegen auch in diesem Fall kein Raum. Wird einem Elternteil, der aufgrund gerichtlicher Entscheidung nach § 1671 Abs 1 oder 2 BGB allein sorgebe- **31** rechtigt ist, die Vertretungsmacht entzogen, so kommt die Anordnung einer Vormundschaft nur dann in Betracht, wenn nicht die Sorgeentscheidung insoweit zugunsten des anderen Elternteils nach § 1696 Abs 1 BGB abgeändert werden kann, als es um das Vertretungsrecht für das Kind geht.

4. Fehlende Ermittelbarkeit des Familienstands des Minderjährigen (Abs 2)

32 Vormundschaft ist auch dann anzuordnen, wenn der Familienstand des Minderjährigen nicht zu ermitteln ist (vgl § 25 PStG). Dies gilt beispielsweise für **Findelkinder**, also neugeborene Kinder, die ausgesetzt (nach E I § 1556 sollte in solchen Fällen die elterliche Gewalt ruhen, Mot IV 824; Prot IV 643, 742), in einer Babyklappe aufgefunden oder anonym geboren wurden (s § 24 PStG; LG Hamburg FPR 2003, 143; OLG Hamburg 6. 5. 2015 – 2 WF 44/15, juris Rn 8, FamRZ 2016, 151 [LS]; DIJuF-Rechtsgutachten JAmt 2019, 394), nicht dagegen bei vertraulicher Geburt nach § 25 Abs 1 Schwangerschaftskonfliktgesetz (dazu oben Rn 17). Unter Abs 2 fallen aber auch Minderjährige, die von ihren am Ort ihres Auffindens nicht ermittelbaren Angehörigen getrennt wurden und sich nicht über ihre familienrechtliche Situation äußern können; dies gilt vor allem für unbegleitete minderjährige Flüchtlinge aus Kriegs- und Krisenländern (näher Berthold/Espenhorst JAmt 2012, 365; zu Forderungen des AFET JAmt 2012, 370; zur Anwendung von Abs 1 bei unbegleitet einreisenden Minderjährigen oben Rn 5 ff). Diese Kinder werden vom zuständigen Jugendamt nach §§ 42 Abs 1 S 1 Nr 3, 42a Abs 1 S 1, 42b Abs 3 S 1 SGB VIII (vorläufig) in Obhut genommen; zudem hat das Jugendamt unverzüglich die Bestellung eines Vormunds zu veranlassen (§§ 42 Abs 3 S 4, 42b Abs 3 S 1 SGB VIII).

Nicht unter Abs 2 fällt dagegen der Fall, dass der Personenstand nur bestritten ist, wie etwa dann, wenn behauptet wird, ein neugeborenes Kind sei im Krankenhaus vertauscht worden, da in diesem Fall den (dem) Scheineltern(teil) die elterliche Sorge zusteht (Veit/Hinz FamRZ 2010, 505, 509). In diesen Fällen kommt allenfalls – bis zur Klärung, welcher Familienstand besteht bzw ob der Familienstand tatsächlich nicht zu ermitteln ist – die Bestellung eines Ergänzungspflegers in Betracht (Dölle § 118 III; BGB-RGRK/Dickescheid Rn 7; MünchKomm/Spickhoff Rn 13; Soergel/Zimmermann Rn 11; Erman/Schulte-Bunert Rn 4; Palandt/Götz § 1773 Rn 4).

33 Die **Feststellung**, dass der Familienstand eines Minderjährigen nicht zu ermitteln ist, trifft das **Familiengericht**; es hat die erforderlichen Ermittlungen von Amts wegen zu führen (§ 26 FamFG). Zuständig ist das Gericht, in dessen Bezirk der Minderjährige aufgefunden wurde (§ 152 Abs 3 FamFG).

34 Zur Eintragung von Findelkindern und Personen mit nicht feststellbarem Personenstand ins standesamtliche **Geburtenbuch** s §§ 24–26 PStG; RGZ 79, 357; zum Erwerb der deutschen Staatsangehörigkeit eines Findelkindes und eines nach § 25 Abs 1 Schwangerschaftskonfliktgesetz vertraulich geborenen Kindes s § 4 Abs 2 StAG.

§ 1774
Anordnung von Amts wegen

Das Familiengericht hat die Vormundschaft von Amts wegen anzuordnen. Ist anzunehmen, dass ein Kind mit seiner Geburt eines Vormunds bedarf, so kann schon

vor der Geburt des Kindes ein Vormund bestellt werden; die Bestellung wird mit der Geburt des Kindes wirksam.

Materialien: E I § 1634; II § 1656; III § 1750; Mot IV 1034, 1047; Prot IV 743. S 2 angefügt durch NEhelG v 19. 8. 1969 (BGBl I 1243) Art 1 Nr 51; neugefasst durch Bekanntmachung v 2. 1. 2002 (BGBl I 42); S 1 zuletzt geändert durch Art 50 Nr 34 nach Maßgabe von Art 111 FGG-RG v 17. 12. 2008 (BGBl I 2586) mit Wirkung v 1. 9. 2009.

Schrifttum

Drews, Der Bekanntmachungsadressat bei Anordnung einer Vormundschaft, Rpfleger 1981, 13
Dürbeck, Aktuelle Rechtsfragen im Zusammenhang mit der Einreise unbegleiteter minderjähriger Flüchtlinge. Zugleich eine Besprechung der Entscheidungen des BGH v 20. 11. 2013 (XII ZB 569/12 und XII ZB 576/12) zur sachlichen Zuständigkeit des Jugendamts im familiengerichtlichen Verfahren, ZKJ 2014, 266
Habscheid, Fehlerhafte Entscheidungen im Verfahren der Freiwilligen Gerichtsbarkeit, NJW 1966, 1787
Hoffmann, Der Regierungsentwurf eines Gesetzes zur Änderung des Vormundschafts- und Betreuungsrechts, FamRZ 2011, 249
dies, FamFG und Vormundschaft: Mögliche Auswirkungen auf die Tätigkeit von Vormündern und Pflegern, JAmt 2009, 413
Keuter, Großeltern und Vormundauswahl. Zugleich Anmerkung zum Beschluss des BVerfG v 27. 8. 2014, ZKJ 2015 67, 74 ff.

Systematische Übersicht

Alphabetische Übersicht

I. Die Anordnung der Vormundschaft

1. Abgrenzung zur Bestellung eines Vormunds

1 Gemäß § 1774 S 1 BGB hat das Familiengericht die Vormundschaft von Amts wegen **anzuordnen**; Voraussetzung ist die Feststellung, dass die sachlichen Voraussetzungen nach § 1773 BGB vorliegen. § 1773 BGB nennt mehrere Tatbestände, bei deren Vorliegen ein Minderjähriger „einen Vormund erhält"; darin kommt zum Ausdruck, dass eine Vormundschaft angeordnet werden muss, wenn die Voraussetzungen vorliegen. Das Verfahren ist von Amts wegen einzuleiten. Solange ein Vormund noch nicht bestellt ist, hat das Familiengericht selbst gemäß § 1846 BGB die im Interesse des Mündels erforderlichen Maßregeln zu treffen oder gemäß § 1909 Abs 3 BGB eine Pflegschaft anzuordnen (und einen Pfleger zu bestellen).

2 Von der Anordnung der Vormundschaft ist die **Bestellung** eines Vormunds (§ 1789 BGB) zu unterscheiden (BGH 13. 12. 2017 – XII ZB 436/17, juris Rn 12, FamRZ 2018, 513, 514; BGH NJW 2012, 685 f [für Ergänzungspflegschaft]; KG JFG 1, 48, 49; Enneccerus/Kipp § 103 II); erst ab diesem Zeitpunkt beginnen die Rechte und Pflichten des Vormunds (§§ 1793 ff

BGB). Die Bestellung folgt in der Regel der Anordnung der Vormundschaft nach. So muss im Anschluss an die Feststellung, dass für den Minderjährigen ein Vormund zu bestellen ist (also einer der in § 1773 BGB aufgezählten Fälle vorliegt), ein Vormund nach § 1779 BGB ausgewählt werden. Auch dann, wenn die Eltern eine bestimmte Person als Vormund benannt haben, ist zu prüfen, ob der Bestellung des nach § 1776 BGB Benannten Hindernisse entgegenstehen, wie sie § 1778 Abs 1 BGB aufzählt.

Bei der kraft Gesetzes eintretenden Vormundschaft über Kinder, deren Eltern 3
nicht miteinander verheiratet sind (§ 1791c BGB), und der Adoptionsvormundschaft (§ 1751 Abs 1 S 2 BGB) ist für eine Anordnung der Vormundschaft durch das Gericht kein Raum. Deshalb wurde in der Überschrift des Untertitels 1 vor § 1773 BGB das Wort „Anordnung" durch den Oberbegriff „Begründung" ersetzt.

2. Verfahrenseinleitung

a) Amtsverfahren

Das Familiengericht hat nach § 1774 S 1 BGB die Vormundschaft **von Amts wegen** 4
anzuordnen. Es hat die erforderlichen Ermittlungen über das Vorliegen der Voraussetzungen dieser Anordnung von Amts wegen anzustellen (§ 26 FamFG), sobald es von einem entsprechenden Sachverhalt Kenntnis erhält. Die Anregung (§ 24 FamFG) zur Anordnung einer Vormundschaft kann das Gericht von einer Privatperson oder einer Behörde erhalten.

b) Anzeigepflichten

Um dem Familiengericht die Kenntnis der Tatsachen zu vermitteln, die sein Tätig- 5
werden veranlassen können, ist bestimmten Behörden und Personen die Verpflichtung zur Anzeige an das Familiengericht auferlegt.

Wird einem **Standesbeamten** der Tod einer Person, die ein minderjähriges Kind 6
hinterlassen hat, die Geburt eines Kindes nach dem Tod des Vaters oder das Auffinden eines Minderjährigen, dessen Familienstand nicht zu ermitteln ist, angezeigt, so ist dem Familiengericht hiervon Anzeige zu machen (§§ 168a Abs 1 FamFG, 68 Abs 1 PStG).

Wer ein **neugeborenes Kind** findet, ist verpflichtet, hiervon spätestens am folgenden 7
Tag Anzeige bei der Gemeindebehörde zu machen, die die erforderlichen Ermittlungen anstellt und von dem Ergebnis die zuständige Verwaltungsbehörde benachrichtigt; diese ersucht den Standesbeamten, den von ihr nach Anhörung des Gesundheitsamts bestimmten Vor- und Familiennamen des Kindes sowie den vermutlichen Ort und Tag seiner Geburt in das Geburtenregister einzutragen (§ 24 PStG). Auf diese Weise wird der Standesbeamte in die Lage versetzt, dem Familiengericht die vorgeschriebene Anzeige zu machen. Entsprechendes gilt, wenn eine andere Person angetroffen wird, deren Personenstand nicht festgestellt werden kann (§ 25 PStG).

Das **Jugendamt** hat dem Familiengericht unverzüglich den Eintritt einer gesetzli- 8
chen Vormundschaft mitzuteilen (§ 57 SGB VIII). Weiter hat es eine zum Wohl des Kindes erforderliche Entscheidung des Familiengerichts in der Fallgestaltung herbeizuführen, dass die Personen- oder Erziehungsberechtigten in den Fällen des § 42 Abs 1 S 1 SGB VIII – namentlich bei der Bitte eines Kindes oder Jugendlichen

um Inobhutnahme (Nr 1) bzw wenn eine dringende Gefahr für das Wohl des Kindes oder des Jugendlichen die Inobhutnahme erfordert (Nr 2) – der Inobhutnahme widersprechen, die Gefährdung des Kindeswohls jedoch weiterbesteht und die Personen- oder Erziehungsberechtigten nicht bereit und/oder in der Lage sind, die Gefährdung abzuwenden (s § 42 Abs 3 S 2 Nr 2 SGB VIII). Aufgabe des Familiengerichts ist es dann, aufgrund der Anregung des Jugendamts über sorgerechtliche Maßnahmen zu befinden und ggf nach §§ 1666, 1666a BGB die elterliche Sorge (teilweise oder ganz) zu entziehen und eine Vormundschaft/Pflegschaft anzuordnen (§§ 1773; 1909, 1915 BGB).

Eine weitere Anzeigepflicht des Jugendamts im Vorfeld der Anordnung einer Vormundschaft folgt aus § 8a Abs 2 SGB VIII, wonach das Jugendamt das Familiengericht anzurufen hat, wenn es dessen Tätigwerden zur Abwendung einer Gefährdung des Wohls des Kindes oder des Jugendlichen für erforderlich hält (zum Verhältnis von §§ 8a u 42 SGB VIII Frankfurter Kommentar SGB VIII/Trenczek § 42 Rn 17 f).

Das Jugendamt hat weiter dann, wenn ein ausländischer Minderjähriger unbegleitet nach Deutschland kommt und sich weder Personensorge- noch Erziehungsberechtigte im Inland aufhalten, unverzüglich die Bestellung eines Vormunds oder Pflegers zu veranlassen (§ 42 Abs 3 S 3 SGB VIII). Das angerufene Familiengericht muss auch in diesem Fall über sorgerechtliche Maßnahmen befinden, etwa darüber entscheiden, ob die elterliche Sorge der Herkunftseltern des Minderjährigen ruht (§ 1674 BGB), und gegebenenfalls Vormundschaft anordnen (näher § 1773 Rn 5).

9 Zu einer Mitteilung an das Familiengericht sind ferner die anderen **Gerichte** verpflichtet, wenn infolge eines gerichtlichen Verfahrens eine Tätigkeit des Familiengerichts erforderlich wird (§ 22a FamFG; Fallgestaltungen bei Keidel/Sternal § 22a FamFG Rn 9; MünchKommFamFG/Pabst § 22a Rn 10 ff).

10 Der Tod eines Vormunds muss dem Familiengericht von einem **Mitvormund** oder **Gegenvormund** (§ 1799 Abs 1 BGB) und vom **Erben des Vormunds**, der Tod des Gegenvormunds vom Vormund und vom Erben des Gegenvormunds angezeigt werden (§§ 1894, 1895 BGB).

3. Zuständigkeit des Familiengerichts

a) Entstehungsgeschichte

11 Das Kindschaftsrechtsreformgesetz vom 16. 12. 1997 (BGBl I 2942) hat einen großen Teil der die elterliche Sorge betreffenden Verfahren, für die zuvor die Vormundschaftsgerichte zuständig waren, den Familiengerichten übertragen (BT-Drucks 13/4899, 71). Schon nach § 1671 Abs 5 idF des SorgeRG vom 18. 7. 1979 (BGBl I 1061) konnte das Familiengericht im Fall der Scheidung der Eltern unter bestimmten Voraussetzungen „die Personensorge und die Vermögenssorge einem Vormund oder Pfleger übertragen". Damit war gemeint, dass eine Vormundschaft angeordnet werden musste, wenn die Voraussetzungen (notwendige Abwehr einer Gefahr für das Wohl des Kindes) vorlagen; die Auswahl und die Bestellung des Vormunds waren aber auch in diesem Fall Sache des Vormundschaftsgerichts. Um ein solches Auseinanderfallen der Zuständigkeit zu vermeiden, bestimmte der neu eingefügte § 1697 BGB für den Fall der Entziehung der elterlichen Sorge nach § 1666 BGB, die die Anordnung einer

Vormundschaft oder Pflegschaft notwendig macht, dass das Familiengericht auch diese Anordnung treffen und den Vormund oder Pfleger auswählen konnte. Der Gesetzgeber sah aber davon ab, dem Familiengericht auch die Bestellung des Vormunds oder Pflegers zu übertragen. Durch die in § 1789 BGB geregelte Art der Bestellung sollte ein sinnvoller Kontakt mit dem Vormundschaftsgericht, das die Vormünder und Pfleger beriet und beaufsichtigte, herbeigeführt werden (s dazu BT-Drucks 13/4899, 109 f).

Mit dem Gesetz zur Reform des Verfahrens in Familiensachen und in Angelegenheiten der freiwilligen Gerichtsbarkeit (FGG-Reformgesetz) vom 17. 12. 2008 ist jetzt die Zuständigkeit des Familiengerichts auf Fragen der Vormundschaft ausgedehnt und das Vormundschaftsgericht aufgelöst worden (näher Vorbem 47 zu §§ 1773 ff). Damit einher ging eine Änderung von § 1774 BGB und § 1789 BGB, infolge derer das Familiengericht seit dem 1. 9. 2009 nun auch für die Bestellung des Vormunds oder Pflegers zuständig ist (Art 50 Nr 34 FGG-RG [BGBl I 2008, 2586]). 12

b) Zuständigkeit im Einzelnen

Die örtliche Zuständigkeit des Familiengerichts ergibt sich aus § 152 FamFG (näher Vorbem 73 zu §§ 1773 ff). Über die **internationale Zuständigkeit** s Vorbem 88 zu §§ 1773 ff. Die allgemeinen Regeln über die **örtliche** Zuständigkeit gelten ohne Rücksicht darauf, ob der Mündel Deutscher oder Ausländer ist. Ist der Mündel nicht Deutscher und ist keine Zuständigkeit nach § 152 Abs 2 FamFG (Wohnsitz oder Aufenthalt) begründet, so greift § 152 Abs 3 FamFG. 13

Für die Anordnung der Vormundschaft ist ebenso wie für die Bestellung des Vormunds der Rechtspfleger **funktionell zuständig** (§ 3 Nr 2 Buchst a RPflG; zur Anordnung durch den Richter unten Rn 31); die Anordnung der Vormundschaft über einen Angehörigen eines fremden Staates ist dagegen nach § 14 Abs 1 Nr 10 RPflG dem Richter vorbehalten; zwar obliegt auch in diesem Fall die Auswahl und Bestellung des Vormunds grundsätzlich dem Rechtspfleger; gleichwohl trifft der Richter meist kraft Sachzusammenhangs (§ 6 RPflG) auch diese Entscheidungen (Heilmann/Dürbeck Rn 5; näher Vorbem 74 zu §§ 1773 ff). 14

4. Verfahrensbeteiligte

Beteiligte des Verfahrens sind nach § 7 Abs 2 Nr 1 FamFG die **Eltern** und der **Mündel**, da das Recht und die Pflicht zur Personen- und Vermögenssorge auf den Vormund wechselt (§ 1793 BGB; Hoffmann JAmt 2009, 413, 415), nicht aber der auszuwählende Vormund, weil dieser unmittelbar erst durch die Auswahlentscheidung betroffen ist (§ 1789 BGB); dies gilt auch dann, wenn die Anordnung und Auswahlentscheidung zeitlich und inhaltlich in einem Beschluss zusammenfallen (Heilmann/Dürbeck Rn 10; anders NK-BGB/Fritsche Rn 3). Ebenso wenig ist derjenige Verfahrensbeteiligter, der den „Antrag“ stellt, als Vormund für ein Kind bestellt zu werden (OLG Hamburg 6. 5. 2015 – 2 WF 44/15, juris Rn 8, FamRZ 2016, 151 [LS] betr die Vormundschaft für ein in einer Babyklappe abgelegtes Findelkind). Die Verfahrensfähigkeit des Mündels bestimmt sich nach § 9 Abs 1 Nr 3 FamFG. Da § 1774 BGB kein Recht des Minderjährigen vorsieht, handeln für ihn die nach bürgerlichem Recht dazu befugten Personen (näher Vorbem 76 zu §§ 1773 ff). 15

16 Unter den Voraussetzungen des § 158 FamFG hat das Familiengericht dem minderjährigen Kind in Kindschaftssachen, die seine Person betreffen, einen geeigneten **Verfahrensbeistand** zu bestellen, der durch seine Bestellung Verfahrensbeteiligter wird (§ 158 Abs 3 S 2 FamFG). Soweit das Kind eines Vormunds bedarf, fehlt es an einem Interessengegensatz zwischen den Eltern und dem Minderjährigen. Sind die Eltern gänzlich von der Sorge oder zumindest von der Interessenvertretung des Kindes ausgeschlossen, so kann keines der Regelbeispiele des § 158 Abs 2 FamFG analog herangezogen werden; Maßstab bleibt vielmehr nur § 158 Abs 1 FamFG, der keinen Interessengegensatz verlangt (Bork/Jacoby/Schwab/Zorn § 158 FamFG Rn 5), sondern lediglich darauf abstellt, ob die Bestellung zur Wahrnehmung der Interessen des Minderjährigen erforderlich ist. Diese Voraussetzungen lassen sich hier insoweit bejahen, als die Anordnung der Vormundschaft eine Angelegenheit von erheblicher Bedeutung für das Kind ist und die Eltern die Interessen des Kindes nicht hinreichend wahrnehmen können; erforderlich ist allerdings weiter, dass die Interessen des Kindes auch nicht anderweitig (zB durch persönliche Anhörung, Mitwirkung des Jugendamts oder der Pflegeperson) sichergestellt werden können (allg zum Merkmal der Erforderlichkeit MünchKommFamFG/Schumann § 158 Rn 6; Bork/Jacoby/Schwab/Zorn § 158 FamFG Rn 6). Ob und inwieweit diese Voraussetzung vorliegt, wird im Einzelfall zu entscheiden sein. Da zur Bestimmung des Tatbestandsmerkmals der Erforderlichkeit in diesem Fall auch der Verweis auf Abs 2 nicht weiterhilft, wäre eine Klarstellung durch den Gesetzgeber hilfreich. Gefordert wird etwa die Erweiterung von Abs 2 um eine Ziffer 6 (Anordnung einer Vormundschaft und Auswahl eines Vormunds) (dafür Antrag der SPD, BT-Drucks 17/2411, 4) oder die Aufnahme eines diese Ziffer enthaltenen neuen Abs 3. Für diese Vorstöße de lege ferenda spricht schon die Zweckrichtung der §§ 1773 ff BGB, öffentlich bestellte Fürsorger an die Stelle der Eltern treten zu lassen, was einen konsequenten Blick auf die Mündelinteressen nicht nur bei der Führung der Vormundschaft (vgl § 1793 Abs 1a BGB), sondern auch bei ihrer Begründung verlangt.

17 Die Beteiligung des **Jugendamts** bestimmt sich nach §§ 162 Abs 2, 7 Abs 3 FamFG, die von **Pflegepersonen** nach §§ 161 Abs 1, 7 Abs 3 FamFG.

5. Anhörung

18 Die Anhörung des **Mündels** richtet sich nach § 159 FamFG (näher Vorbem 81 zu §§ 1773 ff), die des **Jugendamts** nach § 162 Abs 1 FamFG und die der **Pflegeperson**, bei der das Kind lebt, nach § 161 Abs 2 FamFG.

Die Anhörung der **Eltern** richtet sich entweder nach § 160 Abs 1 S 1 oder § 160 Abs 2 S 2 FamFG, wobei letzterer dem § 50a Abs 2 FGG entspricht (BT-Drucks 16/6308, 240 f); damit ist die Notwendigkeit einer dem bisherigen § 50a Abs 4 FGG entsprechenden Regelung, nach der Abs 2 für die Eltern des Mündels entsprechend anwendbar war, entfallen (BT-Drucks 16/6308, 241).

6. Entscheidung des Familiengerichts

19 Nach §§ 38, 116 FamFG ergeht die Entscheidung des Familiengerichts über die Anordnung der Vormundschaft durch **Beschluss** (Heilmann/Dürbeck Rn 12; zur Verknüpfung der Anordnung bei einer Vormundschaft für einen Ausländer, der nur mit einem fiktiven

Geburtsdatum beim zuständigen Jugendamt geführt wird, mit einer datumsmäßigen Festsetzung des Endes der Vormundschaft OLG Koblenz 2. 8. 2017 – 13 UF 351/17, juris Rn 16). Der Anordnungsbeschluss wird mit **Bekanntgabe an den Beteiligten**, für den er nach seinem wesentlichen Inhalt bestimmt ist, wirksam (§§ 40 Abs 1, 41 Abs 1 S 1 FamFG). Ist der Beschluss seinem Inhalt nach für mehrere Beteiligte bestimmt, so erlangt er bei teilbarem Inhalt mit der Bekanntmachung an jeden Wirksamkeit; hat er einen unteilbaren Inhalt, wird er erst mit Bekanntgabe an den letzten Adressaten wirksam (OVG Lüneburg NJW 2011, 3112 mwNw). Geht der Anordnung einer Vormundschaft der Entzug der elterlichen Sorge nach § 1666 BGB voraus, so kann die Anordnung der Vormundschaft erst wirksam werden, wenn sie dem bislang Sorgeberechtigten bekannt gegeben wird (OVG Lüneburg NJW 2011, 3112; Keidel/Meyer-Holz § 40 FamFG Rn 22 zum Fall der Anordnung einer Ergänzungspflegschaft).

Umstritten ist, ob und inwieweit die Bekanntgabe an den Mündel als Beteiligten zu erfolgen hat: Während eine Ansicht den Mündel als Adressaten ansieht (Jauernig/Budzikiewicz Rn 1; Drews Rpfleger 1981, 13, 15), wird von anderen differenziert: Bis zum 14. Lebensjahr sei der gesetzliche Vertreter, danach der Mündel Adressat (Gernhuber/Coester-Waltjen § 70 Rn 22; MünchKomm/Spickhoff Rn 3). Eine weitere Ansicht will die Anordnung mit Bekanntgabe an den Vormund wirksam werden lassen (Palandt/Götz Rn 1; Erman/Schulte-Bunert Rn 2). Hiergegen spricht aber, dass im Zeitpunkt der Anordnung noch kein Vormund bestellt ist. Oft fallen zwar die Anordnung und die Auswahl des Vormunds zusammen (Erman/Schulte-Bunert Rn 2), dies ist jedoch nicht zwingend. Hat das Kind das 14. Lebensjahr vollendet und ist es nicht geschäftsunfähig, so ist ihm die Entscheidung in jedem Fall selbst bekannt zu machen (§ 164 S 1 FamFG). 20

7. Beschwerde gegen die Entscheidung des Familiengerichts

Nach § 58 Abs 1 FamFG findet gegen die im ersten Rechtszug ergangene Endentscheidung des Familiengerichts die Beschwerde an das OLG (§ 119 Abs 1 Nr 1a GVG) statt. Diese kann sowohl in der Anordnung einer Vormundschaft als auch in ihrer Ablehnung liegen. Gegen die **Ablehnung** stand nach § 57 Abs 1 FGG jedem ein Beschwerderecht zu, der ein rechtliches Interesse an der Änderung der Verfügung hatte, sowic dem Ehegatten, den Verwandten und Verschwägerten des Mündels. Diese Vorschrift räumte damit auch Personen, die nach § 20 FGG nicht beschwerdeberechtigt waren, ein selbständiges Beschwerderecht im eigenen Namen ein (Keidel/Kuntze/Winkler/Engelhardt[15] § 57 FGG Rn 2). Nach Aufhebung des FGG durch Art 112 Abs 1 FGG-RG (BGBl I 2008, 2586) bestimmt sich die Beschwerdeberechtigung ausschließlich nach § 59 FamFG, der dem bisherigen § 20 FGG nachgebildet ist (BT-Drucks 16/6308, 204). Danach steht jedem das Beschwerderecht zu, der durch den Beschluss in seinen Rechten beeinträchtigt ist. Erforderlich ist ein unmittelbarer Eingriff in ein subjektives Recht des Beschwerdeführers; dieses Recht kann dabei personenrechtlicher, schuldrechtlicher, dinglicher, familienrechtlicher oder erbrechtlicher Natur sein (BGH NJW 1997, 1855; Bork/Jacoby/Schwab/Müther § 59 FamFG Rn 4). Nur wenn diese Voraussetzungen vorliegen, sind auch die Personen, die unter § 57 Abs 1 FGG fielen, beschwerdeberechtigt. 21

Gegen die **Anordnung** der Vormundschaft stehen dem Mündel wie dem Inhaber der elterlichen Sorge die Beschwerde zu (Bork/Jacoby/Schwab/Müther § 59 FamFG Rn 23; 22

Heilmann/Dürbeck Rn 14). Nicht beschwerdeberechtigt ist dagegen der Vormund selbst, da er nicht schon durch die Anordnung der Vormundschaft, sondern erst durch seine Bestellung betroffen ist (BGH NJW 2012, 685, 686 [Ergänzungspflegschaft]; OLG Frankfurt 24. 4. 2017 – 5 UF 35/17, juris Rn 3, FamRZ 2017, 1942, 1943; OLG Brandenburg 4. 1. 2019 – 13 WF 217/18, juris Rn 13; OLG Frankfurt 24. 4. 2017 – 5 UF 35/17, juris Rn 3, FamRZ 2017, 1942; OLG Frankfurt 28. 1. 2014 – 6 UF 289/13, juris Rn 5, JAmt 2014, 166, 167; OLG Frankfurt 2. 12. 2014 – 5 UF 310/13, juris Rn 5, FamRZ 2014, 673; zum alten Recht Staudinger/Engler [2004] Rn 18). Ist der Mündel geschäftsunfähig oder bei Erlass der Entscheidung noch nicht 14 Jahre alt, so kann er nicht selbst, sondern nur der gesetzliche Vertreter für ihn das Beschwerderecht ausüben (arg § 60 S 3 FamFG). Soweit diese Einschränkungen nicht vorliegen, kann der Mündel ohne Mitwirkung seines gesetzlichen Vertreters das Beschwerderecht ausüben. Neben dem Beschwerderecht des Minderjährigen bleibt das des Inhabers der elterlichen Sorge als gesetzlichem Vertreter für diesen bestehen (Bork/Jacoby/Schwab/Müther § 60 FamFG Rn 11). Gesetzlicher Vertreter können aber weder die Eltern sein, da diesen die elterliche Sorge fehlt, noch der Vormund, wenn dieser noch nicht bestellt ist, sodass dann für die Einlegung einer Beschwerde ein Ersatzpfleger nach § 1909 Abs 3 BGB bestellt werden müsste.

Der **Verfahrensbeistand** kann nicht in Vertretung, wohl aber im Interesse des Mündels Beschwerde einlegen (§ 158 Abs 4 S 5 FamFG). Das Jugendamt hat ein selbständiges Beschwerderecht nach § 162 Abs 3 S 2 FamFG, ebenso die Pflegeperson, soweit sie nach § 59 FamFG beschwert ist.

II. Bestellung eines Vormunds vor der Geburt des Kindes (S 2)

23 Der durch das NEhelG vom 19. 8. 1969 eingefügte § 1774 S 2 BGB (vgl § 1708 BGB aF) sieht vor, dass schon vor der Geburt eines Kindes ein Vormund bestellt werden kann, wenn anzunehmen ist, dass das Kind mit seiner Geburt eines Vormunds bedarf. In Betracht kommen vor allem Kinder, die im Zeitpunkt der Geburt keinen sorge(ausübungs)berechtigten Elternteil haben. Dies gilt namentlich in Fällen unverheirateter oder verwitweter alleinsorgeberechtigter Frauen, wenn die Mutter bei der Geburt des Kindes noch minderjährig sein wird oder die unverheiratete alleinsorgeberechtigte Frau geschäftsunfähig ist und ihre Sorge ruht (§ 1673 BGB) (Heilmann/Dürbeck Rn 19; dazu näher DIJuF-Rechtsgutachten JAmt 2014, 319 f). Eines Vormunds bedarf aber auch das Kind, dessen nicht miteinander verheirateten minderjährigen Eltern zwar mit Zustimmung ihrer gesetzlichen Vertreter vorgeburtliche Sorgeerklärungen abgegeben haben (§§ 1626b Abs 2, 1626c Abs 2 S 1 BGB), die Ausübung der Sorge für beide aber an § 1673 BGB scheitert. Durch die vorweggenommene Bestellung eines Vormunds wird in diesen Fällen der Eintritt einer Amtsvormundschaft vermieden (§ 1791c Abs 1 S 1 HS 2 BGB). Im Übrigen wird erreicht, dass das Kind schon im Augenblick seiner Geburt einen gesetzlichen Vertreter hat.

24 § 1774 S 2 BGB spricht nicht von der Anordnung der Vormundschaft (wie man es wegen des Anschlusses an S 1 erwarten könnte), sondern von der **Bestellung** eines Vormunds. Die Bestellung kann schon vor der Geburt des Kindes stattfinden; sie wird aber erst mit der Geburt des Kindes wirksam. Vorausgesetzt ist, dass das Kind im Zeitpunkt der Anordnung der Vormundschaft schon gezeugt ist (BGB-RGRK/Dickescheid Rn 14; MünchKomm/Spickhoff Rn 12). Im Übrigen gelten für die Voraussetzungen der Vormundschaft, die Benennung und die Auswahl des Vormunds und seine Bestellung die allgemeinen Regeln. Die Ausnahme vom Eintritt der Amtsvormundschaft (§ 1791c Abs 1 S 1 HS 2 BGB) gilt nur, wenn der Vormund „vor der Geburt des Kindes bestellt" ist, die Bestellung also gemäß § 1789 BGB wirksam stattgefunden hat. Die Befugnisse des Vormunds, vor allem sein Vertretungsrecht, beginnen allerdings erst mit der Geburt des Kindes (MünchKomm/Spickhoff Rn 12, Heilmann/Dürbeck Rn 15; DIJuF-Rechtsgutachten JAmt 2014, 319 f). Dies hat zur Folge, dass dieser Vormund ebenso wenig wie das Jugendamt als Amtsvormund (nach § 1791c BGB) in Vertretung eines nichtehelichen Kindes bereits vor Geburt wirksam neben der Kindesmutter die Zustimmung zur vorgeburtlichen Vaterschaftsanerkennung nach §§ 1595 Abs 2 und 3, 1594 Abs 4 BGB abgeben kann. Damit kann auch auf diesem Weg nicht erreicht werden, dass die vorgeburtliche Sorgeerklärung des anerkennenden Vaters wirksam wird und das Kind bereits ab seiner Geburt unter der gemeinsamen Sorge seiner nicht miteinander verheirateten Eltern steht. Vielmehr kann dieses Ergebnis nur über die Einrichtung einer vorgeburtlichen Beistandschaft des Jugendamts nach § 1713 BGB erreicht werden (näher dazu DIJuF-Rechtsgutachten JAmt 2014, 319 f).

Der vor der Geburt bestellte Vormund wird Vormund aller geborenen Kinder, wenn 25
zwei oder mehr Kinder geboren werden (MünchKomm/Spickhoff Rn 12 aE; BGB-RGRK/Dickescheid Rn 14 aE).

III. Folgen von Verstößen gegen gesetzliche Vorschriften

Die Motive zum BGB wollten die Frage, ob die Bestellung eines Vormunds nichtig 26
ist, wenn es an den gesetzlichen Voraussetzungen für die Anordnung einer Vormundschaft fehlt, wenn schon ein Vormund für den Mündel bestellt ist oder wenn sie durch ein unzuständiges Gericht erfolgt, der Regelung im Gesetz über das Verfahren überlassen (Mot IV 1081). Das FamFG (ähnlich wie vor dem 1. 9. 2009 bereits die §§ 7, 32 FGG) enthält dazu nur zwei einschlägige Vorschriften: Nach § 2 Abs 3 FamFG sind gerichtliche Handlungen nicht deshalb unwirksam, weil sie von einem örtlich unzuständigen Gericht vorgenommen wurden; nach § 47 FamFG hat die Aufhebung eines Beschlusses, durch den jemand ungerechtfertigt zum Vormund bestellt worden ist, keinen Einfluss auf die Wirksamkeit der inzwischen von ihm oder ihm gegenüber vorgenommenen Rechtsgeschäfte, soweit der Beschluss nicht von Anfang an unwirksam war.

1. Anordnung der Vormundschaft durch ein unzuständiges Gericht

a) Örtliche Unzuständigkeit

Hat ein örtlich unzuständiges Gericht die Vormundschaft angeordnet und den Vor- 27
mund bestellt, so ist dieser Beschluss nicht deswegen unwirksam (§ 2 Abs 3 FamFG). Umstritten ist, ob und inwieweit diese Entscheidung trotzdem angefochten werden kann (dafür Gernhuber/Coester-Waltjen § 70 Rn 24; zur Rechtslage vor Inkrafttreten des FamFG KG JFG 14, 204, 207 ff = DFG 1936, 258 = HRR 1937 Nr 176; BGB-RGRK/Dickescheid Rn 8; Soergel/Zimmermann Rn 12; Keidel/Zimmermann[15] § 7 FGG Rn 34 ff). Gegen eine Beschwerdeberechtigung, die sich allein auf einen Verfahrensverstoß stützt, lässt sich einwenden, dass es grundsätzlich kein subjektives Recht auf ordnungsgemäße Verfahrensführung gibt; vielmehr bedarf es nach diesem Ansatz der Beeinträchtigung einer materiellen Rechtsstellung (Bork/Jacoby/Schwab/Müther § 59 FamFG Rn 6; Keidel/Meyer-Holz § 59 FamFG Rn 7; **aA** Bumiller/Harders/Schwamb § 59 FamFG Rn 6).

Dieser Streit kann allerdings dahinstehen, weil die Beschwerde nach § 65 Abs 4 FamFG nicht darauf gestützt werden kann, dass das Gericht des ersten Rechtszugs seine Zuständigkeit zu Unrecht angenommen hat. Dabei ist wiederum unerheblich, ob und inwieweit diese Regelung die Frage der internationalen Zuständigkeit erfasst; unstrittig ist nämlich jedenfalls, dass die örtliche Zuständigkeit unter § 65 Abs 4 FamFG fällt (Bork/Jacoby/Schwab/Müther § 65 FamFG Rn 6. 2 u Rn 7; Keidel/Sternal § 65 FamFG Rn 18). Eine hierauf gestützte Beschwerde ist also unzulässig (Bumiller/Harders/Schwamb § 65 FamFG Rn 8).

28 Wird die Bestellung des Vormunds durch das Familiengericht nach § 48 Abs 1 FamFG oder im Instanzenzug durch das Beschwerdegericht oder das Rechtsbeschwerdegericht gleichwohl wegen örtlicher Unzuständigkeit des erstinstanzlichen Gerichts aufgehoben, so hat dies nach **§ 47 FamFG** keinen Einfluss auf die Wirksamkeit der Rechtshandlungen, zu deren Vornahme der Vormund formell berechtigt war; seine Vertretungsmacht endet erst mit dem Wirksamwerden der Entscheidung, durch die seine Bestellung aufgehoben wird.

b) Sachliche Unzuständigkeit

29 Hat ein sachlich unzuständiges Gericht die Verfügung erlassen, so ist diese nicht unwirksam, wenn das lediglich im Instanzenzug unzuständige Gericht entschieden hat, also zB das Landgericht statt des Amtsgerichts (BGB-RGRK/Dickescheid Rn 9; Soergel/Zimmermann Rn 11; Keidel/Sternal § 2 FamFG Rn 30a; Habscheid NJW 1966, 1787, 1792); zu berücksichtigen ist auch insoweit § 65 Abs 4 FamFG.

30 Nichtig wären die Anordnung einer Vormundschaft und die Bestellung des Vormunds nur, wenn sie – was praktisch aber kaum vorkommen dürfte – von einem Gericht eines anderen Gerichtszweigs (BGB-RGRK/Dickescheid Rn 9; Soergel/Zimmermann Rn 11; Hoppenz/Rohde Rn 4) ausgesprochen wurden.

c) Funktionelle Unzuständigkeit

31 Hat statt des Rechtspflegers der Richter die Verfügung getroffen, so ist diese nach § 8 Abs 1 RPflG wirksam. Dagegen ist sie unwirksam, wenn statt des Richters der Rechtspfleger entschieden hat (§ 8 Abs 4 RPflG); ein solcher Verstoß kommt aber nur noch im Fall der Anordnung der Vormundschaft über einen Ausländer, für den der Richter zuständig ist (§ 14 Abs 1 Nr 10 RPflG) in Betracht (zum früheren Recht, das die Anordnung der Vormundschaft generell dem Richter zugewiesen hatte, BayObLGZ 1959, 45 = FamRZ 1959, 373 = Rpfleger 1959, 161 = DAVorm 1959/60, 18; BayObLGZ 1961, 228 = FamRZ 1962, 74 = Rpfleger 1962, 178 = DAVorm 1962, 94). Es ist derzeit gängige Praxis, dass der Richter, der sorgerechtliche Maßnahmen nach §§ 1666, 1666a BGB gegenüber den Eltern trifft, nach § 6 RPflG auch die Vormundschaft/Pflegschaft anordnet und den Vormund/Pfleger auswählt und bestellt (s Vorbem 74 zu §§ 1773 ff). Geht man zudem mit dem BVerfG davon aus, dass die Vormundauswahl unter dem Gesichtspunkt der Verhältnismäßigkeit „integraler Bestandteil" der sorgerechtlichen Entscheidung nach §§ 1666, 1666a BGB ist (BVerfG 22. 9. 2014 - 1 BvR 2108/14, juris Rn 23, FamRZ 2015, 208, 209), so folgt auch hieraus eine Pflicht des Richters, mit jeder Sorgerechtsentziehung grundsätzlich auch die Auswahl des Vormunds bzw Ergänzungspflegers zu treffen (Keuter ZKJ 2015, 67, 69; in diese Richtung wohl auch BVerfG 22. 9. 2014 – 1 BvR 2108/14, juris Rn 23, FamRZ 2015, 208, 209; Harm/Mix/Opitz/Pütz/Rotax/Rüting FamRZ 2012, 1849, 1853). De lege ferenda wird deshalb zu Recht gefordert, den **Richtervorbehalt** in § 14

Abs 1 RPflG um diese Angelegenheit zu erweitern (HOFFMANN FamRZ 2011, 249, 254; HEILMANN/DÜRBECK Rn 6; DÜRBECK ZKJ 2014, 266, 268; s auch Vorbem 74 zu §§ 1773 ff).

2. Verstöße gegen materielles Recht

a) Elementare Mängel der Anordnung der Vormundschaft

32 Grundsätzlich führen nur elementare Mängel der Anordnung zu deren Nichtigkeit; ansonsten entfaltet die Anordnung Wirkungen bis zu ihrer Aufhebung (PALANDT/GÖTZ Rn 2; HOPPENZ/ROHDE Rn 5; ERMAN/SAAR Rn 4). Ein elementarer Mangel liegt etwa vor, wenn der Minderjährige zur Zeit der Anordnung schon tot ist; die Bestellung eines Vormunds ist dann wirkungslos, auch § 1893 BGB iVm §§ 1698a, 1698b BGB greift in diesem Fall nicht ein (BayObLGZ 19, 126 = DJZ 1919, 638; ENNECCERUS/KIPP § 102 V 3; BGB-RGRK/DICKESCHEID Rn 10; MünchKomm/SPICKHOFF Rn 8; ERMAN/SCHULTE-BUNTERT Rn 4; **aA** SOERGEL/ZIMMERMANN Rn 8, der annimmt, der Vormund vertrete in einem solchen Fall den Erben des Mündels).

Gleiches gilt bei der Anordnung der Vormundschaft für einen Volljährigen, weil sie der Anordnung einer Betreuung ohne rechtlichen Grund gleichkäme (AG Freising FamRZ 2001, 1317, 1318), bleiben dagegen nach Ausschöpfung aller verfahrensrechtlich möglichen und zulässigen sowie nach den Umständen veranlassten Aufklärungsmöglichkeiten noch Zweifel an der Volljährigkeit etwa von einem unbegleitet einreisenden Ausländer, ist ein Vormund zu bestellen (§ 1773 Rn 12) (MünchKomm/SPICKHOFF Rn 8; OBERLOSKAMP/HOFFMANN, Vormundschaft § 7 Rn 7). Demgegenüber gehen einige im letzten Fall von einer wirksamen, wenn auch fehlerhaften Vormundschaft aus, die allerdings sofort wieder endet, um so durch die Nachwirkungen (§ 1893 BGB) eine sachgerechte Lösung der Interessengegensätze zu finden (GERNHUBER/COESTER-WALTJEN § 70 Rn 23). Wieder andere bevorzugen eine Analogie zu den §§ 1698a, b, 1893 BGB (MünchKomm/SPICKHOFF Rn 8). In jedem Fall wird durch den Beschluss die Geschäftsfähigkeit des zu Unrecht unter Vormundschaft Gestellten nicht berührt (ENNECCERUS/KIPP § 102 V 3; DÖLLE § 117 IV 3 b; HABSCHEID NJW 1966, 1787, 1794; BGB-RGRK/DICKESCHEID Rn 10; **aA** SOERGEL/ZIMMERMANN Rn 8).

Die Bestellung eines Geschäftsunfähigen zum Vormund ist ebenfalls nichtig (vgl § 1780 Rn 6).

b) Fehlerhafte Bewertung des Sachverhalts durch das Familiengericht

33 Abgesehen von den genannten Fällen, in denen die Anordnung der Vormundschaft wegen elementarer Mängel als von vornherein unwirksam zu betrachten ist, gilt der Grundsatz, dass auch eine fehlerhafte Anordnung der Vormundschaft so lange wirksam ist, bis sie von Amts wegen oder auf Beschwerde hin aufgehoben wird (PALANDT/GÖTZ Rn 2; HEILMANN/DÜRBECK Rn 13; GERNHUBER/COESTER-WALTJEN § 70 Rn 24; OBERLOSKAMP/HOFFMANN, Vormundschaft § 7 Rn 6). Die Anordnung der Vormundschaft wirkt also im Grundsatz rechtsbegründend; nur das Familiengericht und die ihm im Rechtsweg übergeordneten Instanzen können über die Voraussetzungen der Anordnung einer Vormundschaft entscheiden, und die Gültigkeit einer solchen Anordnung kann von den Prozessgerichten nicht in Zweifel gezogen werden (RGZ 81, 206, 212; 137, 324, 341; BGHZ 33, 195, 201 f; 41, 303, 309). Soweit die Anordnung auf Bewertungen des Familiengerichts beruht, ist sie nicht deshalb unwirksam, weil diese sachlich angreifbar sind (so MünchKomm/SPICKHOFF Rn 10). Diesem Grundsatz entspricht die Formel, wonach eine

Ausnahme von dem Prinzip, dass die Anordnung rechtsbegründend wirke, dann nicht mehr zu rechtfertigen sei, wenn sich „das Fehlen einer Voraussetzung für die Anordnung einer Vormundschaft regelmäßig nicht leicht und sicher, sondern oftmals erst nach langwieriger Amtsermittlung feststellen lässt" (BGB-RGRK/Dickescheid Rn 10).

Dementsprechend ist die Anordnung einer Vormundschaft als wirksam anzusehen, wenn ein Minderjähriger entgegen der Annahme des Familiengerichts unter elterlicher Sorge steht oder deren Ruhen zu Unrecht angenommen worden ist (BGB-RGRK/Dickescheid Rn 10; Soergel/Zimmermann Rn 8; Oberloskamp/Hoffmann, Vormundschaft § 7 Rn 7; **aA** MünchKomm/Spickhoff Rn 8), oder wenn die Vormundschaft für einen Mündel angeordnet worden ist, für den schon ein Vormund bestellt ist (RG HRR 1933 Nr 1588 = Gruchot 73, 359; BGB-RGRK/Dickescheid Rn 10; Soergel/Zimmermann Rn 8; Gernhuber/Coester-Waltjen § 70 Rn 24; Oberloskamp/Hoffmann, Vormundschaft § 7 Rn 7; **aA** MünchKomm/Spickhoff Rn 8, 9, der in einem solchen Fall sowohl die Anordnung der Vormundschaft als auch die Bestellung des Vormunds für unwirksam hält).

§ 1775
Mehrere Vormünder

Das Familiengericht kann ein Ehepaar gemeinschaftlich zu Vormündern bestellen. Im Übrigen soll das Familiengericht, sofern nicht besondere Gründe für die Bestellung mehrerer Vormünder vorliegen, für den Mündel und, wenn Geschwister zu bevormunden sind, für alle Mündel nur einen Vormund bestellen.

Materialien: E I § 1638 Abs 2; II § 1660 Abs 2; III § 1751; Mot IV 1031, 1062; Prot IV 749. Geändert durch Betreuungsrechtsänderungsgesetz v 25. 6. 1998 (BGBl I 1580) Art 1 Nr 3; neugefasst durch Bekanntmachung v 2. 1. 2002 (BGBl I 42); S 1 u 2 zuletzt geändert durch Art 50 Nr 34 nach Maßgabe von Art 111 FGG-RG v 17. 12. 2008 (BGBl I 2586) mit Wirkung v 1. 9. 2009.

Schrifttum

Achterfeld, Verpflichtung zur Asylantragstellung während der Inobhutnahme – „Neu" Herausforderung für Jugendämter?, JAmt 2017, 349

Campbell, Elternschaft und Abstammung, NZFam 2016, 721

Dürbeck, Unbegleitete minderjährige Flüchtlinge im Familienrecht, FamRZ 2018, 553

ders, Aktuelle Rechtsfragen im Zusammenhang mit der Einreise unbegleiteter minderjähriger Flüchtlinge. Zugleich eine Besprechung der Entscheidungen des BGH v. 20. 11. 2013 (XII ZB 569/12 und XII ZB 576/12) zur sachlichen Zuständigkeit des Jugendamts im familiengerichtlichen Verfahren, ZKJ 2014, 266

Erb-Klünemann/Kossler, Unbegleitete minderjährige Flüchtlinge – eine verstärkte familiengerichtliche Herausforderung, FamRB 2016, 160

Etzold, Bestellung eines rechtskundigen Mitvormunds für unbegleitete minderjährige Flüchtlinge gem § 1775 S 2 BGB. Zugleich Anmerkung zu OLG Nürnberg, FamRZ 2016, 481 und OLG Bamberg, FamRZ 2016, 152, FamRZ 2016, 609

Gundelach, Offene Fragestellungen im Zusammenhang mit der Asylantragstellungspflicht des Jugendamtes gem. § 42 Abs. 2 Satz 5 SGB VIII, ZKJ 2018, 296

Hasel, Mehrere Vormünder für Geschwister?, BWNotZ 1986, 82

KAISER, Statuswechsel: Umwandlung einer Lebenspartnerschaft in eine gleichgeschlechtliche Ehe, § 20a LPartG, FamRZ 2017, 1985
RIEGNER, Sachkunde und schwierige Geschäfte bei der Vormundschaft, NZFam 2015, 193
ders, Die Vertretung unbegleiteter minderjähriger Flüchtlinge in asyl- und ausländerrechtlichen Angelegenheiten, NZFam 2014, 150
SCHWAMB, Unbegleitete minderjährige Flüchtlinge im Familienrecht – Erwiderung auf den Beitrag von Dürbeck, FamRZ 2018, 553 ff, FamRZ 2018, 984
TREICHEL, Migrationsrechtliche Bezüge des Kinder- und Jugendhilferechts, ZKJ 2018, 4
VEIT, Die Auswahl des geeigneten Vormunds – Wo bleibt der Subsidiaritätsgrundsatz?, in: FS Ludwig Salgo (2016) 189
WEISSINGER, Ruhen der elterlichen Sorge und Vormundschaft für unbegleitet einreisende Minderjährige, Rpfleger 2017, 8
ZENZ, „Das Mündel und sein Vormund" – Rechtliche Überlegungen zur Zukunft der Vormundschaft, DAVorm 2000, 365.

Systematische Übersicht

Alphabetische Übersicht

I. Normzweck, Anwendungsbereich

1 In § 1775 S 2 BGB ist – systemwidrig – der grundsätzliche Vorrang der Bestellung eines Einzelvormunds geregelt. Dies gilt auch im Fall der Vormundschaft für mehrere Geschwister. Nur bei Vorliegen besonderer Gründe ist eine Ausnahme und daher die Bestellung mehrerer Vormünder zulässig. Gemäß S 1 sind diese besonderen Gründe für die Bestellung von Ehegatten zu Mitvormündern jedoch nicht erforderlich.

2 § 1775 BGB ist auf die Bestellung eines Gegenvormunds nicht unmittelbar anwendbar (§ 1792 BGB). Jedoch findet die Vorschrift entsprechende Anwendung bei Bestellung mehrerer Gegenvormünder (§ 1792 Abs 4 BGB) oder Pfleger (§ 1915 Abs 1 BGB).

II. Der Grundsatz der Einzelvormundschaft

3 Bei der Auswahl des geeigneten Vormunds hat das Familiengericht die grundsätzliche Frage zu klären, ob ein Vormund oder mehrere Personen als Mitvormünder bestellt werden sollen; letzterenfalls muss es zugleich klären, ob diese die Vormundschaft gemeinschaftlich (§ 1797 Abs 1 S 1 BGB) oder nach Wirkungskreisen getrennt wahrnehmen (§ 1797 Abs 2 S 1 BGB). § 1775 BGB schreibt den Grundsatz der Einzelvormundschaft fest, dh, dass ein Mündel, wenn keine besonderen Gründe vorliegen (S 2 Alt 1), grundsätzlich nur einen Vormund haben soll. Eine Ausnahme sieht nur S 1 vor, wonach das Gericht Eheleute auch ohne Vorliegen eines besonderen Grundes gemeinschaftlich zu Mitvormündern bestellen kann. Dieser Grundsatz der Einzelvormundschaft gilt auch dann, wenn die Vormundschaft über Geschwister angeordnet werden muss (S 2 Alt 2).

Das BGB geht davon aus, dass es für die Mehrzahl der Fälle genügt und zweckmäßig ist, für jede Vormundschaft nur einen verwaltenden Vormund zu bestellen und dabei auch die Vormundschaft über Geschwister nur wie *eine* Vormundschaft zu behandeln (Mot IV 1031). Nach der ursprünglichen Fassung des § 1775 BGB sollte für jeden Mündel und auch, wenn Geschwister zu bevormunden sind, für sämtliche Geschwister nur ein Vormund bestellt werden (vgl § 1786 Abs 1 Nr 8 BGB). Auch bei Geschwistern bedarf es besonderer Gründe, um unterschiedliche Vormünder für die einzelnen Geschwister zu bestellen; wird ein Ehepaar als Mitvormund bestellt, so erstreckt sich deren Vormundschaft auf alle Geschwister.

III. Mitvormundschaft durch Eheleute (S 1)

1. Systematische Stellung der Vorschrift

S 1 enthält nicht nur eine Ausnahme vom Grundsatz der Einzelvormundschaft (Rn 3), weil er die Bestellung von Ehegatten zu Mitvormündern vorsieht. Vielmehr erleichtert er auch gegenüber den Vorgaben von S 2 die Voraussetzungen für die Bestellung von Mitvormündern insoweit, als keine besonderen Gründe für die Bestellung der Ehegatten als Mitvormünder vorliegen müssen. 4

2. Normzweck und Voraussetzungen

S 1 wurde durch das Betreuungsrechtsänderungsgesetz vom 25. 6. 1998 (BGBl I 1580) eingeführt und trägt dem Umstand Rechnung, dass eine gemeinsame Vormundschaft von Ehegatten in besonderem Maße geeignet ist, den personalen Bezug zwischen Vormund und Mündel zu verdeutlichen und damit die Vormundschaft dem Eltern-Kind-Verhältnis anzunähern. Eine solche rechtliche Annäherung werde namentlich in den Fällen ratsam erscheinen, in denen das Kind in den Haushalt der Ehegatten aufgenommen ist. Aber auch dort, wo ein Mündel nicht bei den Ehegatten lebe, könne sich die gemeinsame Verantwortung der Ehegatten als für die Integration des Mündels vorteilhaft erweisen (BT-Drucks 13/7158, 21; s auch Zenz DAVorm 2000, 365, 366 ff; Rauscher, Familienrecht Rn 1196). 5

S 1 erfasst nur **Eheleute**. Da seit der jüngsten Novellierung von § 1353 Abs 1 S 1 BGB (Art 1 Nr 2 des Gesetzes zur Einführung des Rechts auf Eheschließung für Personen gleichen Geschlechts vom 20. 7. 2017 [BGBl I 2787]) nicht nur ein Mann und eine Frau, sondern auch **zwei Personen gleichen Geschlechts** die Ehe schließen können, können diese auch Mitvormünder werden. Leben sie dagegen in einer Lebenspartnerschaft nach § 1 LPartG und machen sie auch von ihrem Recht, den Status zu wechseln (§ 20a LPartG) (näher zu den allg familienrechtlichen Rechtsfolgen einer solchen Umwandlung Kaiser FamRZ 2017, 1985, 1989 f), keinen Gebrauch, so scheidet diese Möglichkeit nach dem klaren Wortlaut von § 1775 S 1 BGB aus; da weder diese Norm noch § 9 Abs 7 LPartG im Zuge der jüngsten Reform geändert wurden, scheidet auch eine analoge Anwendung der Norm auf Lebenspartner aus (anders AG München 18. 5. 2016 – 551 F 7061/12 RE, juris Rn 4, FamRZ 2016, 2017; wohl auch Palandt/Götz Rn 1; Campbell NZFam 2016, 721, 725). Vielmehr kommt in diesem Fall, ebenso wie bei einem Paar, das nicht miteinander verheiratet ist, eine Mitvormundschaft nur unter den engen Voraussetzungen von S 2 in Betracht (dazu unten Rn 10 ff). De lege ferenda wird allerdings die Norm um das Substantiv der Lebenspartner zu erweitern sein (zum Reformbedarf näher Staudinger/Veit [2014] Rn 22). 6

Die Möglichkeit, Ehegatten gemeinsam zu Vormündern zu bestellen, steht im **pflichtgemäßen Ermessen** des Gerichts, ohne dieses Ermessen an besondere Voraussetzungen zu binden. Fälle, in denen der Mündel bei den Ehegatten lebt, werden in erster Linie in Betracht kommen. Die Bestimmung darf allerdings nicht so verstanden werden, dass immer dann, wenn die als Vormund ausgewählte Person verheiratet ist, zugleich auch der Ehepartner als Mitvormund bestellt werden sollte (MünchKomm/Spickhoff Rn 8; Palandt/Götz Rn 1). Vielmehr wird es auf die gesamten Umstände ankommen, so etwa auf die Frage, ob Verwandte der verstorbenen Eltern vorhanden 7 sind, die zwar nicht als Vormund geeignet erscheinen, aber die Kinder tatsächlich betreuen.

8 Ist das Paar, bei dem das Kind aufwächst, **nicht miteinander verheiratet**, so kommt eine Bestellung zu Mitvormündern nicht nach S 1, sondern nur unter den Voraussetzungen von S 2 in Betracht (ERMAN/SCHULTE-BUNERT Rn 2). Bei dieser Entscheidung spielt die Dauerhaftigkeit ihrer Beziehung eine wichtige Rolle.

3. Formen der Mitvormundschaft

9 Die gemeinschaftliche Bestellung eines Ehepaars als Mitvormund führt zu einer Mitvormundschaft nach § 1797 BGB. Unklar ist aber, ob die Führung der Vormundschaft immer gemeinschaftlich iSv § 1797 Abs 1 S 1 BGB erfolgen muss oder ob das Gericht auch eine Mitvormundschaft mit getrennten Wirkungskreisen anordnen kann (§ 1797 Abs 2 BGB; näher zur Rechtsstellung dieser beiden Formen von Mitvormündern Rn 27). Für den ersten Lösungsansatz sprechen der Wortlaut von S 1 („gemeinschaftlich"), die Parallele von § 1797 Abs 1 S 2 BGB mit § 1628 BGB sowie der Normzweck – Annäherung der Vormundschaft an das Eltern-Kind-Verhältnis (Rn 5) – (MünchKomm/SPICKHOFF Rn 8). Dies schließt aber nicht die Möglichkeit aus, ausnahmsweise auch nach § 1797 Abs 2 BGB vorzugehen (ERMAN/SCHULTE-BUNERT Rn 2; **aA** RAUSCHER, Familienrecht Rn 1196). Allerdings müssen in diesem Fall besondere Gründe iSv S 2 vorliegen (MünchKomm/SPICKHOFF Rn 9). Im Zweifel ist von einer gemeinschaftlichen Mitvormundschaft auszugehen (GERNHUBER/COESTER-WALTJEN § 70 Rn 63 mwNw; näher § 1797 Rn 2).

IV. Mitvormundschaft bei Vorliegen besonderer Gründe (S 2 Alt 1)

10 Vom Grundsatz der Einzelvormundschaft ließ das BGB schon in der ursprünglichen Fassung des § 1775 BGB Ausnahmen zu. Mehrere Vormünder können nicht nur für Geschwister (dazu unten Rn 22 ff), sondern auch für einen einzigen Mündel bestellt werden.

1. Allgemeine Anforderungen

11 Bei Vorliegen besonderer Gründe kann das Familiengericht von der Bestellung eines Einzelvormunds absehen und mehrere Vormünder bestellen. Die besonderen Gründe müssen sich aus den Mündelinteressen ergeben. Deshalb darf kein Mitvormund bestellt werden, um den Einzelvormund zu überwachen (MünchKomm/SPICKHOFF Rn 6). Ebenso wenig genügt eine gegenständlich beschränkte und zeitlich vorübergehende tatsächliche Verhinderung für die Bestellung eines Mitvormunds; vielmehr bedarf es in diesem Fall der Bestellung eines Ergänzungspflegers (BayObLG Rpfleger 1976, 399; PALANDT/GÖTZ Rn 1). Nicht zulässig ist auch die Bestellung eines Mitvormunds zur Vorbereitung der Entlassung des bisherigen Vormunds (BayObLG NJW 1970, 1687; MünchKomm/SPICKHOFF Rn 6; SOERGEL/ZIMMERMANN Rn 3 aE; PALANDT/GÖTZ Rn 1). Fehlende Sachkunde eines Vormunds wird nur ausnahmsweise ein besonderer Grund sein können (näher unten Rn 13 ff).

2. Einzelne Fallgestaltungen

12 Besondere Gründe können etwa sein: Schwierigkeiten bei der **Verwaltung von größeren Mündelvermögen**, etwa wegen Belegenheit von Mündelvermögen im Ausland (OLG Düsseldorf 21. 11. 2014 – II-8 UF 149/14, juris Rn 26, FamRZ 2015, 678, 679; MünchKomm/Spickhoff Rn 6; Gernhuber/Coester-Waltjen § 70 Rn 61), oder die **Konfessionsverschiedenheit** von Mündel und Vormund (BayObLG FamRZ 1966, 322, 326; MünchKomm/Spickhoff Rn 6; Palandt/Götz Rn 1).

3. Fehlende Sach- oder Fachkunde

a) Grundsatz

13 Allein der Umstand, dass einem Vormund in einer bestimmten Angelegenheit die Sach- oder Fachkunde fehlt, stellt allerdings noch keinen besonderen Grund dar. Dies folgt bereits daraus, dass ein Vormund, der in die sorgerechtliche Stellung der Eltern eintritt, ebenso wie diese eine fehlende Sach- und Fachkunde in einzelnen oder in einer bestimmten Art von Angelegenheiten (etwa in medizinischen oder schulischen Fragen) durch Einholen von externem Rechtsrat ausgleichen muss (s §§ 1631a S 2, 1800 S 1 BGB). Jedes andere Ergebnis würde dazu führen, dass angesichts der Vielfalt an Aufgaben im Bereich der Personen- und Vermögenssorge die Bestellung mehrerer Vormünder die Regel werden könnte und damit der Grundsatz der Einzelvormundschaft ausgehebelt würde (OLG Hamburg 4. 7. 2017 – 2 UF 50/17, juris Rn 8, FamRZ 2017, 1940, 1941; OLG Düsseldorf 21. 11. 2014 – II-8 UF 149/14, juris Rn 15, FamRZ 2015, 678 zu Erbschaftsangelegenheiten; MünchKomm/Spickhoff Rn 6; Heilmann/Dürbeck Rn 5; Palandt/Götz Rn 1; näher zum Problem, ob in diesem Fall die Voraussetzungen von § 1909 BGB vorliegen, § 1779 Rn 22 ff).

b) Fehlende Sach- und Fachkunde in asyl- und ausländerrechtlichen Fragen

14 Ob die vorgenannten Grundsätze auch dann gelten, wenn einem Vormund für einen **unbegleitet eingereisten minderjährigen Ausländer** die Sach- und Fachkunde im Asyl- und Ausländerrecht und damit in einem Bereich fehlt, der für die Perspektivklärung des Minderjährigen von entscheidender Bedeutung ist, liegt doch meist der primäre Zweck der Einreise in der Gewährung von Asyl (MünchKomm/Spickhoff Rn 6; s auch Erb-Klünemann/Kössler FamRB 2016, 160, 164), ist höchst umstritten: Zum Teil wird in der mangelnden Fachkenntnis des Jugendamts als Amtsvormund in ausländer- und asylrechtlichen Fragen ein besonderer Grund für die Bestellung eines fachkundigen Mitvormunds, etwa eines im Ausländer- und Asylrecht versierten Rechtsanwalts, gesehen (OLG Frankfurt 2. 6. 2016 – 6 UF 121/16, juris Rn 12, 20, FamRZ 2016, 1597; OLG Frankfurt 20. 4. 2016 – 6 UF 77/16, juris Rn 12, 20, Rpfleger 2016, 648, 649; OLG Frankfurt 28. 1. 2014 – 6 UF 289/13, juris Rn 5, JAmt 2014, 166; OLG Frankfurt 19. 2. 2014 – 6 UF 28/14, juris Rn 10 f, FamRZ 2014, 1128; OLG Frankfurt 11. 9. 2014 – 6 UF 239/14, juris Rn 20, FamRZ 2014, 2015 [LS]; OLG Frankfurt 8. 1. 2015 – 6 UF 292/14, juris Rn 14, FamRZ 2015, 1412 [LS]; OLG Bamberg 7. 1. 2015 – 7 UF 261/14, juris Rn 6, FamRZ 2015, 682; AG Kerpen 19. 8. 2015 – 150 F 297/15, juris Rn 6 ff, JAmt 2016, 105; AG Ansbach 24. 9. 2015 – 4 F 1222/15, juris Rn 2; AG Gießen FamRZ 2010, 1027 f; Etzold FamRZ 2016, 609, 612; Riegner NZFam 2014, 150, 153; Riegner NZFam 2015, 193, 197; Heiss NZFam 2014, 806; zust wohl auch Schmahl, Kinderrechtskonvention Art 22 Rn 22; MünchKomm/Spickhoff Rn 7; Treichel ZKJ 2018, 4, 7). Nach der Gegenauffassung ist es Aufgabe des Sorgerechtsinhabers (Eltern oder Vormund), etwaige Eignungsmängel in eigener Verantwortung, etwa durch Einholung sachkundiger Beratung oder durch

Beauftragung eines Rechtsanwalts, auszugleichen (OLG Hamburg 4. 7. 2017 – 2 UF 50/17, juris Rn 8, FamRZ 2017, 1940, 1941; OLG Köln 1. 8. 2016 – II-21 WF 82/16, juris Rn 12 f, FF 2016, 461, 462; OLG Frankfurt 23. 1. 2015 – 3 UF 341/14, juris Rn 17, FamRZ 2015, 1119 [LS]; OLG Frankfurt 2. 12. 2013 – 5 UF 310/13, juris Rn 10, 15, FamRZ 2014, 673, 674; OLG Bamberg 13. 8. 2015 – 2 UF 140/15, juris Rn 13 ff, FamRZ 2016, 152 f; OLG Nürnberg 7. 12. 2015 – 9 UF 1276/15, juris Rn 19 ff, NJW 2016, 720; OLG Karlsruhe 5. 3. 2012 – 18 UF 274/11, juris Rn 41, FamRZ 2012, 1955, 1957). Der BGH hat sich inzwischen der zweitgenannten Ansicht angeschlossen und seine frühere Rechtsprechung zur Frage, ob dem Vormund ein Ergänzungspfleger zum Ausgleich fehlender Sach- und Rechtskunde an die Seite gestellt werden kann, bestätigt (BGH 13. 9. 2017 – XII ZB 497/16, juris Rn 11, FamRZ 2017, 1938, 1939 unter Bezugnahme auf die Entscheidungen BGH 29. 5. 2013 – XII ZB 530/11, juris Rn 16, 18, FamRZ 2013, 1206, 1207 f; BGH 4. 12. 2013 – XII ZB 57/13, juris Rn 15, FamRZ 2014, 472, 473, jeweils zur Ergänzungspflegschaft). Danach stellen die fehlende Sach- und Rechtskunde keinen Verhinderungsgrund iSv § 1909 Abs 1 BGB dar (näher dazu § 1779 Rn 25 f). Da aber mit der Bestellung eines Mitvormunds in der Sache dasselbe Ziel angestrebt wird wie mit einer Pflegerbestellung, wird durch diesen Ansatz auch der Weg in die Mitvormundschaft verstellt (BGH 13. 9. 2017 – XII ZB 497/16, juris Rn 14, FamRZ 2017, 1938; Heilmann/Dürbeck Rn 7; Dürbeck ZKJ 2014, 266, 271; Palandt/Götz Rn 1; zum Problem, ob der Begriff der „Angelegenheit“ iSv § 1909 Abs 1 BGB mit dem des „Wirkungskreises“ iSv § 1797 Abs 2 BGB übereinstimmt, Riegner NZFam 2015, 193, 196). Der Vormund muss also letztlich auch diese fehlende Sachkunde – ebenso wie Eltern – selbst durch Heranziehung fachkundiger Dritter ausgleichen.

15 An diesem Ergebnis ändern auch die Vorgaben des europäischen Rechts nichts. So muss nach Art 6 Abs 2 VO (EU) Nr 604/2013 (Dublin-III-VO) (ABl EG L 180/31) ein minderjähriger ausländischer Flüchtling in asyl- und ausländerrechtlichen Verfahren von einem fachlich qualifizierten Vertreter unterstützt werden. Eine solche sachkundige Vertretung wird aber vom Jugendamt als Vormund gewährleistet (BGH 4. 12. 2013 – XII ZB 57/13, juris Rn 9, FamRZ 2014, 472; BGH 13. 9. 2017 – XII ZB 497/16, juris Rn 11, FamRZ 2017, 1938, 1939; OLG Nürnberg 7. 12. 2015 – 9 UF 1276/15, juris Rn 21 f, NJW 2016, 720; OLG Bamberg 13. 8. 2015 – 2 UF 140/15, juris Rn 18, FamRZ 2016, 152, 153; Dürbeck ZKJ 2014, 266, 271; **aA** OLG Frankfurt 20. 4. 2016 – 6 UF 77/16, juris Rn 14, Rpfleger 2016, 648, 649; OLG Frankfurt 8. 1. 2015 – 6 UF 292/14, juris Rn 18, FamRZ 2015, 1412 [LS]; OLG Frankfurt 28. 1. 2014 – 6 UF 289/13, juris Rn 5 f, JAmt 2014, 166, 167 f; AG Kerpen 19. 8. 2015 – 150 F 297/15, juris Rn 6 ff, JAmt 2016, 105 f; AG Heidelberg 21. 7. 2015 – 31 F 67/15, juris Rn 16 ff, JAmt 2015, 578, 580 m zust Anm Hocks betr die Bestellung eines Ergänzungspflegers; Riegner NZFam 2014, 150, 153; Heiss NZFam 2014, 806). Die VO verlangt nicht, dass der Vormund selbst über die spezifischen ausländer- und asylrechtlichen Kenntnisse verfügt. Nichts anderes lässt sich aus Art 24 Abs 1 RL 2013/33/EU (Aufnahmerichtlinie) ableiten, wonach der Vertreter, der für den unbegleiteten Minderjährigen so bald wie möglich zu bestellen ist (S 1), seine Aufgaben im Einklang mit dem Grundsatz des Kindeswohls nach Art 23 Abs 2 der Richtlinie wahrnehmen und entsprechend versiert sein muss (S 3). Vielmehr reicht es aus, wenn der Amtsvormund durch Beauftragung eines Anwalts für eine fachkundige Unterstützung des Minderjährigen im Verfahren sorgt (OLG Nürnberg 7. 12. 2015 – 9 UF 1276/15, juris Rn 21 f, NJW 2016, 720; OLG Bamberg 13. 8. 2015 – 2 UF 140/15, juris Rn 21, 26, FamRZ 2016, 152, 153; OLG Nürnberg 7. 1. 2015 – 7 UF 261/14, juris Rn 7, FamRZ 2015, 682 f; OLG Frankfurt 23. 1. 2015 – 3 UF 341/14, juris Rn 17, FamRZ 2015, 1119 [LS]; OLG Frankfurt 10. 9. 2014 – 1 UF 211/14, juris Rn 15, FamRZ 2015, 680, 681 f; OLG Frankfurt 17. 6. 2014 – 5 UF 112/14, juris Rn 23, NJW-RR 2014, 1222, 1223; OLG Frankfurt 8. 11. 2013 – 2 UF 320/

13, juris Rn 14, FamRZ 2014, 502 [betr Ergänzungspflegschaft]; KEUTER Anm zu BGH 13. 9. 2017 – XII ZB 497/16, FamRZ 2017, 1938, 1940; DÜRBECK FamRZ 2018, 553, 560 f; **aA** OLG Frankfurt 2. 6. 2016 – 6 UF 121/16, juris Rn 17, FamRZ 2016, 1597, 1598; OLG Frankfurt 20. 4. 2016 – 6 UF 77/16, juris Rn 17, Rpfleger 2016, 648, 649 f; OLG Frankfurt 8. 1. 2015 – 6 UF 292/14, juris Rn 20, FamRZ 2015, 1412 [LS]; OLG Frankfurt 19. 2. 2014 – 6 UF 28/14, juris Rn 12, FamRZ 2014, 1128 f; OLG Frankfurt 11. 9. 2014 – 6 UF 239/14, juris Rn 16, FamRZ 2014, 2015 [LS]; OLG Frankfurt 28. 1. 2014 – 6 UF 289/13, juris Rn 5 f, JAmt 2014, 166; AG Kerpen 19. 8. 2015 – 150 F 297/15, juris Rn 9, JAmt 2016, 105 f; AG Heidelberg 21. 7. 2015 – 31 F 67/15, juris Rn 16 ff, JAmt 2015, 578, 580 m zust Anm HOCKS; ETZOLD FamRZ 2016, 609, 611; RIEGNER NZFam 2014, 150, 153; HEISS NZFam 2014, 806). Hinzu kommt, dass jedes andere Ergebnis dazu führen würde, dass ein unbegleitet eingereister minderjähriger Ausländer besser gestellt würde als ein mit seinen Eltern eingereister Minderjähriger (BGH 13. 9. 2017 – XII ZB 497/16, juris Rn 14, FamRZ 2017, 1938, 1939).

c) Erfordernis einer Differenzierung nach Trägern der Vormundschaft

aa) Allgemeine Sach- und Fachkunde

Es bleibt allerdings die Frage, ob der Ausgangspunkt, wonach ein Vormund – ebenso 16
wie Eltern – die mangelnde Sach- und Fachkunde durch **Heranziehung fachkundiger Dritter** ausgleichen muss, immer passt. Während sich der Minderjährige seine Eltern nicht aussuchen kann und diese, wenn sie ihrer Verantwortung nicht oder nicht in vollem Umfang gerecht werden, diverse Hilfen (etwa nach §§ 18 ff, 27 ff SGB VIII) in Anspruch nehmen können, um die Defizite auszugleichen (BIENWALD FamRZ 2013, 1208, 1209), wird der für den Mündel geeignete Vormund vom Familiengericht ausgewählt (§ 1779 BGB). Die auszuwählende Person muss zur Führung der Vormundschaft geeignet, also fachlich qualifiziert und in der Lage sein, den sachlichen Anforderungen an die konkrete Vormundschaft zu genügen (näher § 1779 Rn 14 ff). Die bei der Auswahlentscheidung maßgebenden Umstände müssen aber auch in die Bestimmung der besonderen Umstände iSv § 1775 S 2 BGB einfließen (so zu Recht OLG Frankfurt 2. 6. 2016 – 6 UF 121/16, juris Rn 12, FamRZ 2016, 1597; OLG Frankfurt 20. 4. 2016 – 6 UF 77/16, juris Rn 14, Rpfleger 2016, 648, 649; OLG Frankfurt 8. 1. 2015 – 6 UF 292/14, juris Rn 16, FamRZ 2015, 1412 [LS]; OLG Frankfurt 28. 1. 2014 – 6 UF 289/13, juris Rn 5, JAmt 2014, 166).

Auf ihre Eignung hin werden aber nur natürliche Personen überprüft (s § 1779 17
BGB). Demgegenüber ist bei einem Verein, der durch das Landesjugendamt auf seine Eignung hin überprüft wird (§ 1791a Abs 1 S 1 BGB), und dem Jugendamt von einer umfassenden Eignung auszugehen; die Behörde ist schon deshalb geeignet, weil sie damit eine Aufgabe der Jugendhilfe wahrnimmt (§ 2 Abs 3 SGB VIII), für deren ordnungsgemäße Erfüllung der Träger der öffentlichen Jugendhilfe die erforderlichen sachlichen und personellen Mittel zur Verfügung stellen muss (s § 1779 Rn 26) (s auch OLG Frankfurt 23. 1. 2015 – 3 UF 341/14, juris Rn 17, FamRZ 2015, 1119 [LS]; OLG Frankfurt 10. 9. 2014 – 1 UF 211/14, juris Rn 8, FamRZ 2015, 680, 681; OLG Frankfurt 17. 6. 2014 – 5 UF 112/14, juris Rn 15, NJW-RR 2014, 1222; OLG Celle 18. 1. 2016 – 12 UF 2/16, 12 UFH 2/16, juris Rn 31, FamRZ 2016, 647, 648).

Es spricht deswegen einiges dafür, zwischen den **verschiedenen Formen der Vormundschaft** zu **unterscheiden** und eine fehlende Sach- und Fachkunde zwar bei der 18
Amtsvormundschaft als besonderen Grund zu verneinen, nicht aber bei einer natürlichen Person, die zwar grundsätzlich am besten geeignet ist, die Interessen des Minderjährigen wahrzunehmen, weil etwa eine enge persönliche Bindung zum Kind

besteht (zu den Eignungskriterien näher § 1779 Rn 17 ff; Veit, in: FS Salgo 189, 192 f), der aber in einzelnen Sorgeangelegenheiten die Sach- und Fachkunde fehlt (für diese Differenzierung auch Schwab FamRZ 2015, 678, 680 betr eine komplizierte Vermögensverwaltung; näher zu dieser Differenzierung auch unter nachfolgendem Punkt; zur Abschaffung der Mitvormundschaft und Schaffung der Rechtsfigur eines „zusätzlichen Pflegers" für einen in bestimmten Sorgeangelegenheiten sach-/fachunkundigen ehrenamtlichen Einzelvormund [§ 1777 BGB-E] Diskussionsteilentwurf des BMJV [https://www.bmjv.de/SharedDocs/Downloads/DE/PDF/Themenseiten/FamilieUndPartnerschaft/Vormundschaftsrecht_Eckpunke_2016.pdf?_blob=publicationFile&v=3] S 3, 28 ff) oder die nicht in der Lage ist, die fehlende Fach- und Sachkunde sinnvoll zu beschaffen bzw die anstehenden Angelegenheiten in angemessener Zeit zu erledigen (s dazu etwa den Fall, der der Entscheidung des OLG Hamburg 4. 7. 2017 – 2 UF 50/17, juris, FamRZ 2017, 1940, 1941 zugrunde lag; im konkreten Fall konnten allerdings die fehlenden sprachlichen oder rechtlichen Kenntnisse des ehrenamtlichen Einzelvormunds für einen minderjährigen Ausländer durch Beratung und Unterstützung seitens des Jugendamts ausgeglichen werden). In diesen Konstellationen kommt im **Ausnahmefall** ein besonderer Grund iSv S 2 in Betracht; Abwägungsmaßstab muss immer das Wohl des betroffenen Kindes, also die Bedeutung der konkreten Angelegenheit für den betroffenen Mündel sein (MünchKomm/Spickhoff Rn 7).

bb) Sach- und Fachkunde in asyl- und ausländerrechtlichen Fragen

19 Diese Differenzierung gilt grundsätzlich auch im Spezialfall fehlender Sach- und Fachkunde in asyl- und ausländerrechtlichen Fragen. Mit der Schaffung von **§ 42 Abs 2 S 5 SGB VIII** durch Art 3 des Gesetzes zur besseren Durchsetzung der Ausreisepflicht v 20. 7. 2017 (BGBl I 2780) hat der Gesetzgeber sogar unterstrichen, dass die Sach- und Fachkompetenz des Jugendamts in diesen Fragen gegeben ist, indem er festschreibt, dass zu den Rechtshandlungen, die das Jugendamt während einer Inobhutnahme eines ausländischen unbegleiteten Minderjährigen zu dessen Wohl vornehmen muss, die unverzügliche Stellung eines Asylantrags in den Fällen gehört, in denen Tatsachen die Annahme rechtfertigen, dass das Kind oder der Jugendliche internationalen Schutz iSv § 1 Abs 1 Nr 2 AsylG benötigt (Dürbeck FamRZ 2018, 553, 561; allg Gundelach ZKJ 2018, 297, 208; krit Schwamb FamRZ 2018, 984, 985; näher zu dieser Vorschrift auch Achterfeld JAmt 2017, 349). Ob das Jugendamt bzw der Verein tatsächlich zur Führung der konkreten Vormundschaft geeignet ist, wird de lege lata nicht überprüft (anders OLG Frankfurt 2. 6. 2016 – 6 UF 121/16, juris Rn 16, FamRZ 2016, 1597, 1598; OLG Frankfurt 20. 4. 2016 – 6 UF 77/16, juris Rn 9 f, Rpfleger 2016, 648, 649; OLG Frankfurt 8. 1. 2015 – 6 UF 292/14, juris Rn 16, FamRZ 2015, 1412 [LS]; OLG Frankfurt 19. 2. 2014 – 6 UF 28/14, juris Rn 11, FamRZ 2014, 1128 f; OLG Bamberg 7. 1. 2015 – 7 UF 261/14, juris Rn 7 aE, FamRZ 2015, 682 f).

20 Folgt man diesem Ansatz, so ist zwar dem Jugendamt, nicht jedoch einer natürlichen Person eine Berufung auf eine mangelnde Eignung generell verwehrt. Dies kann im Einzelfall freilich zu dem Ergebnis führen, dass einem Minderjährigen ein Amtsvormund bestellt wird, der, würde es sich um eine natürliche Person handeln, uU gar nach § 1779 BGB ungeeignet wäre (s MünchKomm/Spickhoff Rn 7). Um dieses Ergebnis, das den europarechtlichen Vorgaben zuwiderliefe, zu vermeiden, böte sich an, in engen Ausnahmefällen, in denen dies im Interesse des Mündels geboten ist, auch für das **Jugendamt** als Amtsvormund einen Mitvormund zu bestellen, wenn dieses nachvollziehbar darlegen kann, wieso ihm die notwendige Sach- und Fachkenntnis fehlt und es sich diese auch angesichts der Komplexität der Materie und der Bedeutung für den Minderjährigen nicht in angemessener Zeit beschaffen kann (ETZOLD FamRZ 2016, 609, 612; MünchKomm/SPICKHOFF Rn 7; WEISSINGER Rpfleger 2017, 8, 12; SCHWAMB FamRZ 2018, 984, 985 f; unzureichende Angaben des Jugendamts in OLG Frankfurt 28. 1. 2014 – 6 UF 289/13, juris Rn 3, 5, JAmt 2014, 166); das allgemeine Interesse des Jugendamts, durch eine Ergänzungspflegschaft bzw Mitvormundschaft etwa eines Rechtsanwalts Zeit und Kosten zu sparen, reicht hierfür jedenfalls nicht aus (zu den fiskalischen Interessen der Jugendämter DÜRBECK ZKJ 2014, 266, 268). Entsprechendes müsste dann für den Verein als Vormund gelten.

21 Freilich bleibt zu berücksichtigen, dass mit diesem Ansatz nur versucht wird, das Defizit des geltenden Rechts zu kompensieren, wonach das Jugendamt weder in die gerichtliche Eignungsprüfung nach § 1779 Abs 1 BGB (näher § 1779 Rn 35 f; VEIT, in: FS Salgo 189, 196) noch in das Auswahlverfahren nach § 1779 Abs 2 BGB einbezogen werden kann (näher § 1779 Rn 13 [Subsidiaritätsgrundsatz]). Die Streitfrage wird sich dann uU erledigen, wenn im Rahmen der Reform des Vormundschaftsrechts das Jugendamt in die gerichtliche Auswahl einbezogen und damit die Möglichkeit geschaffen wird, das Jugendamt wegen mangelnder Eignung nicht zu bestellen (DÜRBECK FamRZ 2018, 553, 561).

V. Vormundschaft bei Geschwistern (S 2 Alt 2)

1. Begriff der Geschwister

22 Unter den Begriff der Geschwister fallen eheliche wie außereheliche, vollbürtige wie halbbürtige Geschwister (KGJ 47, A 10; OLG Nürnberg OLGE 25, 398; OLG Köln OLGE 28, 333). Für mehrere Kinder derselben Mutter gilt – soweit nicht gesetzliche Amtsvormundschaft eintritt (§ 1791c BGB) – auch dann nichts anderes, wenn sie von verschiedenen Vätern abstammen (BayObLGZ 3, 1021 = SeuffA 58 Nr 102; vgl § 1786 Rn 25).

2. Grundsatz der Einzelvormundschaft

23 Auch bei Geschwistern gilt der Grundsatz der Einzelvormundschaft. Wird also für ein Geschwisterteil ein Vormund bestellt, so wird er auch für die anderen Geschwister als Vormund bestellt. Rechtlich liegen dann nicht nur eine, sondern so viele Vormundschaften vor, wie Mündel vorhanden sind (KGJ 44, A 280, 284; MünchKomm/SPICKHOFF Rn 11). Der Grundsatz gilt im Interesse des Familienzusammenhalts auch bei der gesetzlichen Amtsvormundschaft (OLG Hamm DAVorm 1968, 240, 242).

3. Mehrere Vormünder für Geschwister

24 Werden für Geschwister mehrere Vormünder bestellt, so muss unterschieden werden zwischen der Bestellung von Mitvormündern, die gleichermaßen für alle Geschwister Vormünder sind, und der getrennten Bestellung je eines Vormunds für jedes der Geschwisterkinder.

25 Ein besonderer Grund für die Bestellung verschiedener Vormünder für Geschwister kommt vor allem bei einem dauernden Widerstreit der Interessen der Mündel, zB als Mitglieder einer Personengesellschaft, in Betracht (MünchKomm/SPICKHOFF Rn 12; PALANDT/GÖTZ Rn 1; ERMAN/SCHULTE-BUNERT Rn 4), aber in Ausnahmefällen auch bei

Religions- oder Konfessionsverschiedenheit der Geschwister (OLG Darmstadt HRR 1936 Nr 535; KGJ 46, A 69 = OLGE 30, 147 Fn 1 = Recht 1915 Nr 1567; Soergel/Zimmermann Rn 3; MünchKomm/Spickhoff Rn 6). Nicht ausreichend sind nur einzelne und vorübergehende Interessenkollisionen zwischen den Geschwistern, wie etwa bei einer Erbauseinandersetzung; insoweit genügt die Bestellung eines Ergänzungspflegers (MünchKomm/Spickhoff Rn 12).

VI. Träger der Mitvormundschaft und deren Rechtsstellung

1. Träger der Mitvormundschaft

26 Da das Gesetz nicht nach den Trägern des Amtes unterscheidet, kommen als Mitvormünder sowohl natürliche Personen als auch ein Verein oder das Jugendamt in Betracht. Denkbar ist mithin die Bestellung von zwei oder mehreren natürlichen Personen zu Mitvormündern ebenso wie von einer natürlichen Person, die etwa die Vormundschaft ehrenamtlich übernehmen soll, und dem Jugendamt bzw einem Verein zum Mitvormund (OLG Hamburg 4. 7. 2017 – 2 UF 50/17, juris Rn 2, FamRZ 2017, 1940, 1941) oder umgekehrt der juristischen Person bzw der Behörde als Vormund und einer natürlichen Person als Mitvormund (zu dieser Konstellation Rn 20).

2. Rechtsstellung der Mitvormünder

27 Sind mehrere Vormünder für einen Mündel bestellt, so führen sie die Vormundschaft nach § 1797 Abs 1 S 1 BGB gemeinschaftlich. Es gilt der Grundsatz der Gesamtvertretung (s § 1797 Rn 11 ff). Bei einer Meinungsverschiedenheit entscheidet, sofern nicht bei der Bestellung etwas anderes bestimmt wird, das Familiengericht (§ 1797 Abs 1 S 2 BGB). Dieses kann aber auch die Führung der Vormundschaft unter die Vormünder nach bestimmten Wirkungskreisen verteilen; dann führt jeder Vormund die Vormundschaft innerhalb seines Wirkungskreises selbständig (§ 1797 Abs 2 BGB). Bei der Entscheidung über die Verteilung der Geschäfte unter mehreren Vormündern sowie über Meinungsverschiedenheiten zwischen beiden ist das Gericht an letztwillige Anordnungen der Eltern gebunden, sofern nicht ihre Befolgung das Interesse des Mündels gefährden würde (§ 1797 Abs 3 BGB).

28 Über die **Haftung** mehrerer Mitvormünder s § 1833 Abs 1 u 2 BGB, über die Verpflichtung eines Vormunds zur Anzeige des Todes eines Mitvormunds s § 1894 Abs 2 BGB.

29 Das Vorhandensein eines Mitvormunds ist auch von Bedeutung für die Frage, ob ein **Gegenvormund** zu bestellen ist. Das soll nach § 1792 Abs 2 BGB geschehen, wenn mit der Vormundschaft eine Vermögensverwaltung verbunden ist; eine Ausnahme gilt aber (abgesehen von dem Fall, dass die Verwaltung nicht erheblich ist) dann, wenn die Vormundschaft von mehreren Vormündern gemeinschaftlich zu führen ist (s § 1792 Rn 13).

30 Ist die Vormundschaft von mehreren Vormündern nicht gemeinschaftlich zu führen, so kann der eine Vormund zum Gegenvormund des anderen bestellt werden (§ 1792 Abs 3 BGB). Die Bestellung mehrerer Vormünder mit unterschiedlichem Rang ist

nicht möglich (Gernhuber/Coester-Waltjen § 70 Rn 62: kein „Hauptvormund"; Erman/Schulte-Bunert § 1797 Rn 5; MünchKomm/Spickhoff § 1797 Rn 7; **aA** Dölle § 124 III 3).

VII. Verfahren

1. Entscheidung nach pflichtgemäßem Ermessen

Das Familiengericht entscheidet nach pflichtgemäßem Ermessen, ob besondere Gründe vorliegen (OLG Frankfurt 2. 6. 2016 – 6 UF 121/16, juris Rn 13, FamRZ 2016, 1597; OLG Frankfurt 20. 4. 2016 – 6 UF 77/16, juris Rn 13, Rpfleger 2016, 648, 649; OLG Frankfurt 8. 1. 2015 – 6 UF 292/14, juris Rn 14, FamRZ 2015, 1412 [LS]; OLG Frankfurt 28. 1. 2014 – 6 UF 289/13, juris Rn 5, JAmt 2014, 166, 168; MünchKomm/Spickhoff Rn 5; Heilmann/Dürbeck Rn 2; Soergel/Zimmermann Rn 5; weitergehend PWW/Bauer Rn 2: „freies Ermessen"). Sind zB bei Geschwistern besondere Gründe vorhanden, die für die Bestellung mehrerer Vormünder sprechen, so kann trotzdem mit Blick auf die Mündelinteressen von einer entsprechenden Anordnung abgesehen werden, weil etwa die Beziehungen der Geschwister untereinander für eine Einzelvormundschaft sprechen (Hasel BWNotZ 1986, 82). 31

Eltern können zwar mehrere Personen als Vormünder benennen, das Familiengericht ist hieran aber nicht gebunden (BayObLGZ 21, 63; BeckOK/Bettin [1. 11. 2019] Rn 3; Palandt/Götz Rn 1; MünchKomm/Spickhoff Rn 5). Haben die Eltern dagegen nur einen Vormund benannt, so kann ein Mitvormund nur mit Zustimmung des Berufenen bestellt werden (§ 1778 Abs 4 BGB). An die Anordnung der Eltern, es solle nur ein Vormund bestellt werden, ist das Familiengericht allerdings nicht gebunden (MünchKomm/Spickhoff Rn 5; BeckOK/Bettin [1. 11. 2019] Rn 3). 32

2. Inhalt/Zeitpunkt der Entscheidung

Da die Mitvormundschaft vom Gesetz als Ausnahme konzipiert ist, bedarf die Entscheidung einer besonderen **Begründung** (MünchKomm/Spickhoff Rn 6). Die Bestellung von Mitvormündern kann zeitgleich erfolgen. Möglich ist aber auch, zunächst einen Einzelvormund zu bestellen und danach einen Mitvormund (Riegner NZFam 2015, 193; MünchKomm/Wagenitz[6] Rn 6). 33

3. Rechtsmittel

Gegen die Entscheidung des Gerichts, mit der die Bestellung eines Mitvormunds abgelehnt wird, steht dem antragstellenden Jugendamt, das als Amtsvormund für einen unbegleitet eingereisten minderjährigen Ausländer bestellt worden ist, die Möglichkeit der Beschwerde zu. Durch diesen Beschluss wird das Jugendamt als Amtsvormund unmittelbar in seinen Rechten tangiert, da es die alleinige Verantwortung für den Mündel übernehmen muss und keine Entlastung durch den Mitvormund (in ausländer- und asylrechtlichen Fragen) erhält; es ist also nach § 59 FamFG beschwerdeberechtigt (OLG Bamberg 13. 8. 2015 – 2 UF 140/15, juris Rn 8, FamRZ 2016, 152; OLG Frankfurt 8. 1. 2015 – 6 UF 292/14, juris Rn 11, FamRZ 2015, 1412 [LS]; gestützt auf § 1791b BGB und §§ 2 Abs 3 Nr 11, 55 SGB VIII; OLG Frankfurt 28. 1. 2014 – 6 UF 289/13, juris Rn 5, JAmt 2014, 166; OLG Frankfurt 2. 12. 2013 – 5 UF 310/13, juris Rn 5, FamRZ 2014, 673). Beschwerdeberechtigt ist auch das Jugendamt als anzuhörende Fachbehörde (ASD) 34 nach §§ 162 Abs 3 S 2 FamFG, 2 Abs 3 Nr 6, 50 SGB VIII (OLG Frankfurt 28. 1. 2014 – 6 UF 289/13, juris Rn 5, JAmt 2014, 166, 167 f).

§ 1776
Benennungsrecht der Eltern

(1) Als Vormund ist berufen, wer von den Eltern des Mündels als Vormund benannt ist.

(2) Haben der Vater und die Mutter verschiedene Personen benannt, so gilt die Benennung durch den zuletzt verstorbenen Elternteil.

Materialien: E I § 1635; II § 1657; III § 1752; Mot IV 1047; Prot IV 745. Neugefasst durch GleichberG v 18. 6. 1957 (BGBl I 609) Art 1 Nr 30; wiederum neugefasst durch Bekanntmachung v 2. 1. 2002 (BGBl I 42).

Schrifttum

Müller, Benennung eines Vormunds durch die Eltern oder einen Elternteil, ZEV 2012, 289

Ott, Vormundbenennung durch letztwillige Verfügung, BWNotZ 2014, 138

Sarres, „Patchwork“: Elterliche Sorge und Erbrecht, FuR 2012, 124

Scherpe, Reichweite des verfassungsrechtlichen Schutzes der Verwandtenstellung im Vormundschaftsverfahren, FamRZ 2014, 1821

Schramm, Die durch das Gleichberechtigungsgesetz im Kindschaftsrecht eintretenden Änderungen, BWNotZ 1958, 97

Schwab, Betreuungsrecht als Vorbild für das neue Vormundschaftsrecht?, in: Coester-Waltjen/Lipp/Schumann/Veit (Hrsg), 9. Göttinger Workshop zum Familienrecht 2010 (2011) 29.

Systematische Übersicht

Alphabetische Übersicht

I. Normzweck, Historie

1 Wie die meisten früheren Rechte (Mot IV 1048) verlieh auch das BGB bestimmten Personen ein Recht auf Bestellung zum Vormund in dem Sinn, dass sie ohne ihre Zustimmung nur unter bestimmten gesetzlichen Voraussetzungen übergangen werden durften (§ 1778 BGB). Bei der Bestimmung der zur Vormundschaft Berufenen war die Erwägung maßgebend, dass dem Interesse des Mündels voraussichtlich am besten gedient sei, wenn das Amt des Vormunds in erster Linie auf Personen übertragen würde, die durch das Vertrauen der Eltern des Mündels dazu berufen seien, und in zweiter Linie auf Personen, die als die nächsten Angehörigen des Mündels erschienen (Mot IV 1047). Diesen Grundsätzen entsprechend bestimmte **§ 1776 BGB in seiner ursprünglichen Fassung:**

> *„Als Vormünder sind in nachstehender Reihenfolge berufen: 1. wer von dem Vater des Mündels als Vormund benannt ist; 2. wer von der ehelichen Mutter des Mündels als Vormund benannt ist; 3. der Großvater des Mündels von väterlicher Seite; 4. der Großvater des Mündels von mütterlicher Seite.*
>
> *Die Großväter sind nicht berufen, wenn der Mündel von einem Anderen als dem Ehegatten seines Vaters oder seiner Mutter an Kindesstatt angenommen ist. Das Gleiche gilt, wenn derjenige, von welchem der Mündel abstammt, von einem Anderen als dem Ehegatten seines Vaters oder seiner Mutter an Kindesstatt angenommen ist und die Wirkungen der Annahme sich auf den Mündel erstrecken.“*

Über die Einzelheiten dieser Regelung s Staudinger/Engler[10/11] Rn 7 ff.

2 Dass der vom Vater Benannte vor dem von der Mutter Benannten und der Großvater väterlicherseits vor dem Großvater mütterlicherseits berufen war und dass die Großmütter zu einer Berufung überhaupt nicht ausersehen waren, **widersprach dem Art 3 Abs 2 GG**. Diese Bestimmungen traten deshalb nach Art 117 Abs 1 GG am

31. März 1953 außer Kraft; welche Regelung an ihrer Stelle zu gelten hatte, war streitig (s STAUDINGER/ENGLER[10/11] Rn 19 f).

3 Das **GleichberG** vom 18. 6. 1957 beseitigte den Vorrang der Großväter, der als subjektives Recht verstanden worden war (KRÜGER/BREETZKE/NOWACK/KRÜGER Vorbem 1 zu § 1778); seither sind nur noch die Personen zum Vormund berufen, die von den Eltern des Mündels als Vormund benannt sind. Für die Berufung der Großväter kraft Gesetzes wurde kein Bedürfnis mehr gesehen, da das nach damaligem Recht zuständige Vormundschaftsgericht im Falle des Fehlens einer elterlichen Benennung ohnehin zunächst die Verwandten und Verschwägerten des Mündels zu berücksichtigen hatte (BT-Drucks II/224, 66).

II. Die Benennung des Vormunds durch die Eltern des Mündels

1. Das Benennungsrecht

4 Das in § 1776 Abs 1 BGB vorgesehene Recht der Eltern, einen Vormund zu benennen, ist Ausfluss des natürlichen Elternrechts (Art 6 Abs 2 GG); § 1777 BGB verlangt zusätzlich das Innehaben der elterlichen Sorge (Rn 5; s auch § 1777 Rn 6). Die Eltern können durch die Benennung eines Vormunds über ihren Tod hinaus auf die Erziehung ihrer Kinder Einfluss nehmen (näher § 1777 Rn 1); insoweit hat der Elternwille, dessen Durchsetzung freilich durch die vom Kindeswohl bestimmte Kontrolle des Familiengerichts (§ 1778 BGB) eingeschränkt wird, mehr Gewicht als das Prinzip der Berücksichtigung der Familie, das § 1779 Abs 2 S 2 BGB noch in abgeschwächter Form für den Fall vorsieht, dass die Vormundschaft nicht einem nach § 1776 BGB Berufenen zu übertragen ist (§ 1779 Rn 70).

5 Das Benennungsrecht steht **Eltern**, also der Mutter (§ 1591 BGB) und dem Vater (§ 1592 BGB), zu, soweit ihnen das **Sorgerecht** gemeinsam zusteht (zu den Fallgestaltungen § 1773 Rn 4 f); sie können das Benennungsrecht dann gemeinsam oder auch (wie sich aus § 1776 Abs 2 BGB ergibt) jeweils für sich allein ausüben (**aA** SARRES FuR 2012, 124, 126). Steht nur einem Elternteil die elterliche Sorge zu (etwa im Fall des § 1626a Abs 3 BGB oder infolge einer familiengerichtlichen Entscheidung nach § 1671 Abs 1 oder 2 BGB), dann ist nur dieser benennungsberechtigt. Benennungsberechtigt sind auch die Adoptiveltern (§ 1754 Abs 1 u 2 BGB) und die Personen, denen gegenüber ein vor dem 1. Juli 1998 geborenes Kind durch Legitimation (s die durch das KindRG vom 16. 12. 1997 [BGBl I 2942] aufgehobenen §§ 1719, 1723, 1736, 1740a, 1740 f BGB) die rechtliche Stellung eines ehelichen Kindes erlangt hat (Art 224 §§ 1, 2 EGBGB, eingefügt durch Art 12 Nr 4 KindRG).

6 Das Sorgerecht muss den Eltern/dem Elternteil vollständig zustehen; dies ergibt sich aus § 1777 Abs 1 BGB, der das Benennungsrecht an die Sorge **für die Person und das Vermögen des Kindes** knüpft. Erforderlich ist insoweit also die volle rechtliche und tatsächliche elterliche Sorge, nicht nur die tatsächliche, da ansonsten postmortal mehr Rechtsmacht ausgeübt werden könnte als zu Lebzeiten (BayObLG Rpfleger 1993, 17, 18; GERNHUBER/COESTER-WALTJEN § 70 Rn 35; JAUERNIG/BUDZIKIEWICZ Anm 2 zu §§ 1776–1778; s auch § 1777 Rn 7). Weiter muss dem Benennungsberechtigten das Sorgerecht zur **Zeit seines Todes** zustehen (§ 1777 Abs 1 BGB). Nicht benennungsberechtigt iS dieser Norm ist mithin der Elternteil, der nicht sein Sorgerecht, sondern nur seine

Ausübungsberechtigung durch den Tod verliert, weil zuvor ein gesetzlicher Ruhenstatbestand eingegriffen hat (BayObLG Rpfleger 1993, 17, 18), oder der Elternteil, dem zuvor die elterliche Sorge nach §§ 1666, 1666a BGB entzogen worden ist (OLG Koblenz 15. 1. 2018 – 9 WF 12/18, juris Rn 10, FamRZ 2018, 1012, 1013; OLG Hamm 13. 6. 2017 – II-4 UF 31/17, juris Rn 10, FamRZ 2017, 1941, 1942; OLG Brandenburg 19. 3. 2012 – 9 UF 232/11, juris Rn 18, ZKJ 2012, 312, 313; MünchKomm/Spickhoff Rn 8; NK-BGB/Fritsche Rn 2; Jauernig/Budzikiewicz Anm 2 zu §§ 1776–1778; Oberloskamp/Hoffmann, Vormundschaft § 2 Rn 4; DIJuF-Rechtsgutachten JAmt 2013, 266, 267; s auch § 1777 Rn 6). Ruht die elterliche Sorge nach § 1751 Abs 1 S 1 BGB infolge Einwilligung in eine Adoption und haben die Eltern vorher von ihrem Benennungsrecht Gebrauch gemacht, so ändert dies nichts an dem gesetzlichen Eintritt der Amtsvormundschaft des Jugendamts nach § 1751 Abs 1 S 2 BGB (MünchKomm/Spickhoff Rn 4).

§ 1777 Abs 1 BGB beantwortet allerdings nicht die Frage, ob die volle elterliche Sorge auch **zur Zeit der Ausübung des Benennungsrechts** vorgelegen haben muss. Im Umkehrschluss zu dieser Vorschrift lässt sich eine wirksame Ausübung jedoch auch dann bejahen, wenn dem Benennenden zwar zur Zeit der Benennung die Personen- und Vermögenssorge fehlt, sie ihm aber – etwa infolge einer Entscheidung nach §§ 1626a Abs 1 Nr 3 iVm Abs 2, 1671 Abs 2, 1680, 1696, 1674 Abs 2 oder 1678 Abs 2 BGB – zur Zeit des Todes (wieder) zusteht (§ 1777 Rn 14). 7

2. Die in Betracht kommenden Anordnungen

Die Benennung, die durch letztwillige Verfügung erfolgt (§ 1777 Abs 3 BGB) und jederzeit widerruflich ist (Gernhuber/Coester-Waltjen § 70 Rn 34 Fn 42; MünchKomm/Spickhoff Rn 5; Palandt/Götz Rn 1; NK-BGB/Fritsche Rn 4), muss auf eine **bestimmte Person** (oder mehrere bestimmte Personen) gerichtet sein; ausreichend ist allerdings, dass die Eltern nur den Personenkreis bestimmen, aus dem die Person des Vormunds auszuwählen ist (MünchKomm/Spickhoff Rn 9; NK-BGB/Fritsche Rn 3). Die Ermächtigung eines Dritten zur Benennung ist unwirksam. Zulässig ist dagegen die Benennung einer Person für den Fall, dass eine andere, in erster Linie benannte Person nicht Vormund wird oder später wegfällt. 8

Das **Jugendamt** kann nicht als Vormund benannt werden (s § 1791b Abs 1 S 2 BGB; zur Beratungspflicht der Jugendämter gegenüber den Eltern DIJuF-Rechtsgutachten JAmt 2013, 266, 267), wohl aber ein vom Landesjugendamt für geeignet erklärter **Verein** (§ 1791a Rn 12). Je stärker das Rangverhältnis zwischen Einzelvormund, Verein und Jugendamt als Vormund in Zukunft reglementiert wird (hierzu näher § 1791a Rn 13 f, 29; § 1791b Rn 9 ff), desto eher muss auch festgelegt werden, wie sich diese Rangfolge zum Benennungsrecht der Eltern verhält (Schwab, 9. Göttinger Workshop 37). 9

Die Eltern können **mehrere Vormünder** zur gemeinschaftlichen oder zur nach Wirkungskreisen aufgeteilten Führung der Vormundschaft (§ 1797 Abs 1 u 2 BGB) benennen, und sie können für die **Verteilung der Geschäfte** sowie für die **Entscheidung von Meinungsverschiedenheiten** zwischen den von ihnen benannten Vormündern Anordnungen treffen (§ 1797 Abs 3 BGB). Das Familiengericht hat derartige Anordnungen der Eltern zu befolgen, soweit nicht ihre Befolgung das Interesse des Mündels gefährden würde. Dagegen ist das Familiengericht, soweit es darum geht, ob überhaupt mehrere Vormünder zu bestellen sind oder – der Regel des § 1775 10

BGB entsprechend – nur ein einziger Vormund bestellt wird, nicht an eine Anordnung der Eltern gebunden (s § 1775 Rn 32).

11 Die Benennung kann mit einer **Bedingung bzw Zeitbestimmung** versehen werden (BayObLGZ 28, 270; Palandt/Götz Rn 1; Gernhuber/Coester-Waltjen § 70 Rn 34 Fn 41; Oberloskamp/Hoffmann, Vormundschaft § 2 Rn 4); alternativ oder verbunden mit der positiven Benennung ist auch der Ausschluss bestimmter Personen möglich (s § 1782 BGB).

3. Benennung verschiedener Personen durch den Vater und die Mutter (Abs 2)

12 Bei widersprechenden Anordnungen des Vaters und der Mutter ist die Benennung durch den **zuletzt verstorbenen Elternteil** maßgebend. Diese Regelung stellt eine Ausnahme vom Grundsatz des § 1627 S 2 BGB dar, wonach die Eltern bei Meinungsverschiedenheiten zunächst versuchen müssen, sich zu einigen, und andernfalls das Familiengericht nach § 1628 BGB anrufen können (MünchKomm/Spickhoff Rn 6). Der Grund für diese Abweichung in § 1776 Abs 2 BGB liegt nach der Begründung des RegE zum GleichberG darin, dass der überlebende Elternteil am besten beurteilen könne, welcher Vormund für das Kind geeignet ist (vgl Mot IV 1048, wo schon auf die Vorteile der zeitnäheren Benennung hingewiesen wird; BT-Drucks II/224, 66). Die Entscheidung des zuletzt verstorbenen Elternteils ist auch dann aktuell, wenn er sie früher getroffen hat als der andere Elternteil; denn er hat sie auch nach dessen Tod aufrechterhalten.

13 Der überlebende Elternteil ist **nicht** an die Benennung eines Vormunds **gebunden**, für die er sich zu Lebzeiten des anderen Elternteils mit diesem gemeinsam entschieden hatte. Dies gilt auch dann, wenn die übereinstimmende Benennung eines Vormunds in einem Erbvertrag der Ehegatten oder in einem gemeinschaftlichen Testament enthalten ist; zu den vertragsmäßigen (§ 2278 Abs 2 BGB) oder wechselbezüglichen Verfügungen (§ 2270 Abs 3 BGB) gehört die Benennung eines Vormunds nicht (BGB-RGRK/Dickescheid Rn 3 aE; MünchKomm/Spickhoff Rn 5 aE; NK-BGB/Fritsche Rn 4; Jauernig/Budzikiewicz Anm 4 zu §§ 1776–1778; ebenso Soergel/Zimmermann Rn 4; **aA** OLG Hamm Rpfleger 1954, 99).

14 § 1776 Abs 2 BGB enthält keine Regelung für den Fall, dass **beide Eltern gleichzeitig sterben** und die Vermutung des § 11 VerschG eingreift, die Eltern aber widersprechende Anordnungen getroffen haben. Während einige der Ansicht sind, dass das Familiengericht in diesem Fall denjenigen als Vormund zu berücksichtigen habe, der in der dem Tod zeitlich am nächsten liegenden Anordnung genannt ist (Krüger/Breetzke/Nowack/Krüger Rn 2; so auch Gernhuber/Coester-Waltjen § 70 Rn 34 Fn 42), plädieren andere dafür, dass das Familiengericht die Möglichkeit habe, entweder die beiden Benannten zu Mitvormündern, alternativ zu Vormund und Gegenvormund oder aber nur einen von ihnen zum Vormund zu bestellen (Schramm BWNotZ 1958, 97, 121 f; BeckOGK/Hoffmann [1. 12. 2019] Rn 13; ebenso MünchKomm/Spickhoff Rn 7, der aufgrund der Beachtlichkeit des Elternwillens zwar grundsätzlich eine Bindung des Familiengerichts an die Benennungen bejaht, zugleich aber bei der konkreten Ausgestaltung von einer „relative(n) Ungebundenheit" ausgeht). § 1776 Abs 2 BGB gibt aber für keine dieser Annahmen Anhaltspunkte. Insbesondere stellt diese Bestimmung, bei der es vor allem darum ging, die in der ursprünglichen Fassung des § 1776 Abs 1 BGB ent-

haltene Ungleichbehandlung der Geschlechter zu beseitigen, nicht auf den Zeitpunkt ab, in dem die Anordnungen getroffen wurden, sondern ausschließlich auf den Zeitpunkt des Todes der Eltern. Zudem besteht auch die Möglichkeit, dass die Zeit der Anordnung aus dieser selbst nicht zu entnehmen ist (§ 2247 BGB) und sich auch sonst nicht ermitteln lässt. Es dürfte deshalb nichts anderes übrig bleiben, als das Vorhandensein einer wirksamen Anordnung zu verneinen und dem Familiengericht die Befugnis zuzugestehen, einen Vormund nach den Grundsätzen des § 1779 Abs 2 BGB auszuwählen, wobei es nicht auf den Kreis der von den Eltern benannten Personen beschränkt ist (ebenso BGB-RGRK/Dickescheid Rn 3; Palandt/Götz Rn 1; jurisPK-BGB/Hamdan Rn 5; **aA** Soergel/Zimmermann Rn 5, MünchKomm/Spickhoff Rn 7, Erman/Schulte-Bunert Rn 2 u wohl auch NK-BGB/Fritsche Rn 6, die annehmen, das Familiengericht könne nur unter den von den Eltern benannten Personen wählen). Zwar wird bei der Auswahl des Vormunds die Prüfung, ob einer der von den Eltern Benannten in erster Linie geeignet ist, naheliegen; insbesondere dann, wenn unter den Eltern Uneinigkeit über die Eignung der jeweils von ihnen benannten Personen bestanden hatte. Es entspräche aber schwerlich dem Interesse des Mündels, wenn durch die Kombination der einander widersprechenden Vorschläge in Gestalt der Ernennung der Benannten zu Mitvormündern oder zu Vormund und Gegenvormund die Gefahr eines ständigen Konflikts bei der Führung der Vormundschaft heraufbeschworen würde, abgesehen davon, dass auch die Voraussetzungen der §§ 1775 oder 1792 BGB gegeben sein müssten.

4. Die Wirkungen der Benennung

Die formgerechte Benennung wirkt nur **postmortal**, dh sie kann nur für den Fall des Todes, nicht aber für den Fall eines Sorgerechtsentzugs getroffen werden (s Rn 6; s auch § 1777 Rn 5 f). Sie entfaltet keine Wirkung, wenn zur Zeit des Todes das Sorgerecht des/der Benennenden ruht oder nach § 1666 BGB entzogen worden ist (oben Rn 6). Allerdings ist in diesem Fall im Rahmen der Auswahlentscheidung nach § 1779 Abs 2 S 2 BGB dem Willen der Eltern/des Elternteils Rechnung zu tragen (näher § 1779 Rn 59). 15

Die Benennung wird außerdem erst relevant, wenn überhaupt die Anordnung einer Vormundschaft in Betracht kommt. Dies ist bei **Versterben nur eines Elternteils** nicht der Fall, wenn dem verbleibenden Elternteil die elterliche Sorge zusteht (s § 1773 Abs 1 BGB). Grundsätzlich geht die elterliche Sorge mit dem Tod eines sorgeberechtigten Elternteils kraft Gesetzes auf den anderen über (§ 1680 Abs 1 BGB). Bei Versterben des alleinigen Sorgeberechtigten und Benennung eines anderen (gerade nicht des verbleibenden Elternteils), ist zunächst von Amts wegen gem § 1680 Abs 2 BGB die mögliche Übertragung der elterlichen Sorge auf den Überlebenden zu prüfen (OLG Brandenburg 19. 3. 2012 – 9 UF 232/11, juris Rn 16, ZKJ 2012, 312, 313; Oberloskamp/Hoffmann, Vormundschaft § 2 Rn 5; Ott BWNotZ 2014, 138, 141 f; Müller ZEV 2012, 289, 299; DIJuF-Rechtsgutachten JAmt 2013, 266, 267; s auch § 1778 Rn 38; § 1773 Rn 25). Es ist somit nicht möglich, den überlebenden, nicht sorgeberechtigten Elternteil durch Benennung eines Dritten zum Vormund von der Sorgeberechtigung auszuschließen. 16

Wer von den Eltern des Mündels wirksam benannt ist, ist nach § 1776 Abs 1 BGB „als Vormund berufen". Das bedeutet, dass er ein **Recht auf Bestellung** hat, das Familiengericht ihn also ohne seine Zustimmung nur übergehen darf, wenn einer der 17 in § 1778 Abs 1 BGB aufgezählten Gründe oder der Fall des § 1778 Abs 3 BGB vorliegt (so auch PALANDT/GÖTZ Rn 2; MünchKomm/SPICKHOFF Rn 10; offengelassen in BGH 26. 6. 2013 – XII ZB 31/13, juris Rn 21, FamRZ 2013, 1380, 1382; OLG Koblenz 15. 1. 2018 – 9 WF 12/18, juris Rn 10, FamRZ 2018, 1012, 1013; § 1778 Rn 1). Ist der Berufene nur vorübergehend verhindert, so hat ihn das Familiengericht nach dem Wegfall des Hindernisses auf seinen Antrag anstelle des zunächst bestellten Vormunds zum Vormund zu bestellen (§ 1778 Abs 2 BGB). Neben dem Berufenen darf nur mit dessen Zustimmung ein Mitvormund bestellt werden (§ 1778 Abs 4 BGB).

18 Der Berufene ist aber **nicht verpflichtet**, die Vormundschaft zu übernehmen (BGB-RGRK/DICKESCHEID Rn 4; MünchKomm/SPICKHOFF Rn 3; ERMAN/SCHULTE-BUNERT Rn 1; GERNHUBER/COESTER-WALTJEN § 70 Rn 37; OBERLOSKAMP/HOFFMANN, Vormundschaft § 2 Rn 7; s auch § 1778 Rn 7). Dies ergibt sich jedoch nicht aus einer ausdrücklichen gesetzlichen Vorschrift, sondern allenfalls mittelbar aus § 1778 Abs 1 BGB, wonach der Berufene ohne seine Zustimmung unter bestimmten Voraussetzungen übergangen werden darf, sowie aus § 1778 Abs 2 BGB, der bestimmt, dass der wegen vorübergehender Verhinderung zunächst Übergangene nur auf seinen Antrag hin nach Wegfall des Hindernisses zum Vormund zu bestellen ist. Wählt das Familiengericht den von den Eltern des Mündels Benannten, der die Vormundschaft nicht aufgrund der Berufung übernehmen will, dagegen nach § 1779 Abs 1 BGB aus, so ist er wie jeder andere nach § 1785 BGB zur Übernahme der Vormundschaft verpflichtet (MünchKomm/SPICKHOFF Rn 3; BGB-RGRK/DICKESCHEID Rn 4).

19 Wird der Benannte übergangen, ohne dass die Voraussetzungen des § 1778 BGB vorliegen, so ist die Auswahlentscheidung des Familiengerichts dennoch wirksam. Dem Übergangenen steht die Möglichkeit zu, unter den Voraussetzungen der §§ 58 ff FamFG Beschwerde einzulegen. Die wirksame Benennung schafft dabei ein subjektiv-öffentliches Recht des Benannten iS des § 59 FamFG (MünchKomm/SPICKHOFF Rn 10; ERMAN/SCHULTE-BUNERT Rn 1; SCHERPE FamRZ 2014, 1821, 1826; OBERLOSKAMP/DÜRBECK, Vormundschaft § 3 Rn 169; FRÖSCHLE, Vormundschaft- und Pflegschaftsrecht 30; s auch § 1778 Rn 46).

III. Pflegschaftsrecht

20 Die Vorschriften über die Berufung zur Vormundschaft sind auf die nach § 1909 Abs 1 S 1 BGB anzuordnende Pflegschaft nicht anwendbar; insoweit macht § 1916 BGB eine Ausnahme von der Regel des § 1915 Abs 1 BGB, der generell die entsprechende Anwendung der für die Vormundschaft geltenden Vorschriften auf die Pflegschaft vorsieht. Dies leuchtet ein, da die **Ergänzungspflegschaft** häufig dadurch veranlasst ist, dass ein Widerstreit der Interessen des Mündels mit denen der Eltern oder des Vormunds vorliegt. Eine Gegenausnahme sieht § 1917 BGB für die Pflegschaft vor, die nach § 1909 Abs 1 S 2 BGB deswegen erforderlich wird, weil der Mündel Vermögen von Todes wegen erwirbt oder ein Dritter ihm unentgeltlich unter Lebenden Vermögen zugewendet hat und der Erblasser durch letztwillige Verfügung bzw der Dritte bei der Zuwendung bestimmt hat, dass der Vormund dieses Vermögen nicht verwalten soll; in einem solchen Fall kann es naheliegen, dass der Erblasser oder der Dritte auch den Pfleger benennt, der anstelle des Vormunds das Vermögen verwalten soll.

Dass bei der **Pflegschaft für unbekannte Beteiligte** (§ 1913 BGB) und bei der **Pflegschaft für ein Sammelvermögen** (§ 1914 BGB) die Benennung eines Pflegers nicht in Betracht kommt, ergibt sich aus dem Charakter dieser Pflegschaftsfälle (iE ebenso BGB-RGRK/Dickescheid Rn 5 aE; MünchKomm/Spickhoff Rn 11). 21

Im Fall der **Pflegschaft für eine Leibesfrucht** (§ 1912 BGB), bei der es um die vorweggenommene Fürsorge für einen noch nicht Geborenen geht, kommt die Anwendung des § 1776 BGB deshalb nicht in Betracht, weil nach § 1912 Abs 2 BGB eine Pflegschaft nicht anzuordnen ist, wenn die elterliche Sorge den Eltern zustünde, falls das Kind schon geboren wäre; nichts anderes ergibt sich aus der Regelung des § 1777 Abs 2 BGB (Gernhuber/Coester-Waltjen § 70 Rn 36; **aA** noch Staudinger/Engler[10/11] § 1912 Rn 15; Dölle § 143 IV; NK-BGB/Fritsche Rn 3 und MünchKomm/Spickhoff Rn 12 unter Hinweis auf § 1915 Abs 1 BGB). 22

§ 1777
Voraussetzungen des Benennungsrechts

(1) Die Eltern können einen Vormund nur benennen, wenn ihnen zur Zeit ihres Todes die Sorge für die Person und das Vermögen des Kindes zusteht.

(2) Der Vater kann für ein Kind, das erst nach seinem Tode geboren wird, einen Vormund benennen, wenn er dazu berechtigt sein würde, falls das Kind vor seinem Tode geboren wäre.

(3) Der Vormund wird durch letztwillige Verfügung benannt.

Materialien: E I § 1636; II § 1658; III § 1753; Mot IV 1053; Prot IV 747. Neugefasst durch GleichberG v 18. 6. 1957 (BGBl I 609) Art 1 Nr 30; wiederum neugefasst durch Bekanntmachung v 2. 1. 2002 (BGBl I 42).

Schrifttum

Donau, Das neue Kindschaftsrecht (II), MDR 1958, 6

Horn, Testamentsgestaltung für Eltern von minderjährigen Kindern, ZEV 2013, 297

Ott, Vormundbenennung durch letztwillige Verfügung, BWNotZ 2014, 138.

Systematische Übersicht

Alphabetische Übersicht

I. Historie

1. Die ursprüngliche Fassung des § 1777 Abs 1

1 Das nach dem früheren § 1776 BGB dem Vater und der Mutter zustehende Recht, einen Vormund für das Kind zu benennen, wurde als Ausfluss und Nachwirkung der elterlichen Gewalt angesehen (Mot IV 1048, 1053). Die Eltern verfügten damit gewissermaßen über die mit der elterlichen Gewalt verbundene Befugnis zur Sorge für die Person und das Vermögen des Kindes. Mit diesem Grundgedanken wäre es nicht vereinbar gewesen, der Verfügung des Vaters oder der Mutter Wirksamkeit auch dann beizulegen, wenn dem Benennenden zur Zeit seines Todes die elterliche Gewalt, wenn auch nur in Ansehung der Sorge für die Person oder nur in Ansehung der Sorge für das Vermögen des Kindes, entzogen war, da in einem solchen Falle „der Gewalthaber insoweit, als ihm die Sorge für die Person oder das Vermögen entzogen ist, das Vertrauen, auf dem das Benennungsrecht beruht, nicht verdient, die

Stellung des Vormundes aber sich auf die Sorge für die Person und das Vermögen des Mündels zusammen bezieht" (Mot IV 1055). Auf diesen Erwägungen beruht die Bestimmung des § 1777 Abs 1 BGB, die in ihrer ursprünglichen Fassung wie folgt lautete:

„Der Vater kann einen Vormund nur benennen, wenn ihm zur Zeit seines Todes die elterliche Gewalt über das Kind zusteht; er hat dieses Recht nicht, wenn er in den die Person oder in den das Vermögen betreffenden Angelegenheiten nicht zur Vertretung des Kindes berechtigt ist. Das Gleiche gilt für die Mutter."

Das Benennungsrecht bestand also nur dann, wenn dem Vater oder der Mutter zur Zeit seines bzw ihres Todes die elterliche Gewalt über das Kind zustand und seine bzw ihre Vertretungsbefugnis weder in persönlichen noch in Vermögensangelegenheiten ausgeschlossen war (Mot IV 1055 f). Eine Anordnung nach § 1776 BGB war also nicht nur dann unwirksam, wenn die elterliche Gewalt des Vaters oder der Mutter ruhte oder beendigt war (vgl Prot IV 747), sondern auch dann, wenn dem Vater oder der Mutter die Sorge für die Person oder das Vermögen des Kindes einschließlich der Vertretungsbefugnis nicht zustand (vgl §§ 1647, 1666, 1670, 1693, 1760 BGB aF), nicht aber, wenn lediglich die Vertretungsmacht in einzelnen Angelegenheiten ausgeschlossen war (vgl §§ 1630 Abs 2, 1638 BGB aF). Auf dem gleichen Grundgedanken beruhte die Vorschrift des § 1898 BGB aF, nach der die Eltern für volljährige Kinder einen Vormund nicht benennen konnten. Der Mutter stand das Benennungsrecht auch dann zu, wenn der Vater an der Ausübung der elterlichen Gewalt tatsächlich verhindert war (§ 1685 BGB aF). Dadurch, dass die Tochter verheiratet war, wurde das Vertretungsrecht des Gewalthabers weder in persönlichen noch in Vermögensangelegenheiten beseitigt (§ 1633 BGB aF); demgemäß bestand auch das Recht zur Benennung eines Vormunds nach Verheiratung der Tochter fort. 2

2. Änderung durch das Gleichberechtigungsgesetz

Die Bestimmung des § 1777 Abs 1 BGB aF benachteiligte die Mutter. Abgesehen von den Fällen der §§ 1684 Abs 1 Nr 2, 1685 BGB aF standen der Mutter zu Lebzeiten des Vaters nie die elterliche Gewalt und das Recht zur Vertretung des Kindes zu, sodass sie im Ergebnis ein Benennungsrecht nur hatte, wenn der Vater gestorben war. Diese Schlechterstellung wurde zum 1. 4. 1953 (s Art 3 Abs 2, 117 Abs 1 GG) dadurch beseitigt, dass Vater und Mutter gemeinsam die elterliche Gewalt innehatten und gemeinsam zur Vertretung in den die Person und das Vermögen des Kindes betreffenden Angelegenheiten berechtigt waren (§§ 1627, 1629 BGB). 3

Mit der Neufassung des § 1777 Abs 1 BGB durch das GleichberG v 18. 6. 1957 (BGBl I 609) wurde die Benachteiligung der Mutter aufgehoben. Die Mutter kann jetzt unter den gleichen Voraussetzungen wie der Vater einen Vormund benennen. Die Vorschrift stellt außerdem in ihrem Wortlaut nicht mehr auf die gesetzliche Vertretung, sondern darauf ab, dass den Eltern zur Zeit ihres Todes die Sorge für die Person und das Vermögen des Kindes zusteht. Damit sollte eine erneute Schlechterstellung der Mutter im Hinblick auf die – später vom Bundesverfassungsgericht für verfassungswidrig erklärte – Bestimmung des § 1629 Abs 1 BGB idF des GleichberG, die im Grundsatz das Alleinvertretungsrecht des Vaters vorsah, vermieden 4 werden (BT-Drucks II/224, 66; Krüger/Breetzke/Nowack/Krüger Rn 4). Über die Bedeutung der neuen Wortwahl für die Auslegung der Vorschrift s unten Rn 7.

5 Ein aus Art 6 Abs 2 GG abgeleitetes natürliches allgemeines Benennungsrecht der Eltern, das allgemein bestehe und damit eingreife, wann immer ein Vormund bestellt werden muss – also auch zu Lebzeiten der Eltern –, und das als natürliches Recht unabhängig von der Innehabung der vollen elterlichen Gewalt sei, kann nicht angenommen werden (s dazu die ausführliche Begründung Staudinger/Engler[10/11] Rn 5; iE wie hier Soergel/Zimmermann Rn 1; MünchKomm/Spickhoff § 1776 Rn 8). Vielmehr ist das Benennungsrecht Ausfluss des Elternrechts und zugleich Ausdruck der elterlichen Sorge iS des einfachen Rechts, wie sich aus dem klaren Wortlaut von § 1777 Abs 1 BGB ergibt (s BayObLG FamRZ 1992, 1346, 1347; MünchKomm/Spickhoff Rn 2; s auch § 1776 Rn 4).

II. Voraussetzungen der Benennung eines Vormunds

1. Benennungsrecht für den Todesfall

6 Das Benennungsrecht besteht nur für den Todesfall. Ruht die elterliche Sorge oder wird sie nach §§ 1666 ff BGB entzogen, besteht das Benennungsrecht gerade nicht (OLG Hamm 13. 6. 2017 – II-4 UF 31/17, 4 UF 31/17, juris Rn 10, FamRZ 2017, 1941, 1942; OLG Saarbrücken 14. 10. 2013 – 6 UF 160/13, juris Rn 30, ZKJ 2014, 114, 116 f; OLG Brandenburg 19. 3. 2012 – 9 UF 232/11, juris Rn 18, ZKJ 2012, 312, 313; MünchKomm/Spickhoff Rn 8; NK-BGB/Fritsche Rn 2; Jauernig/Budzikiewicz Anm 2 zu §§ 1776–1778; Oberloskamp/Hoffmann, Vormundschaft § 2 Rn 4; DIJuF-Rechtsgutachten JAmt 2013, 266, 267). Benennt der sorgeberechtigte Elternteil in solchen Fällen dennoch eine Person als Vormund, so ist diese Bestimmung mangels Wirksamkeit nicht bindend; gleichwohl ist der geäußerte Wille im Rahmen der Auswahlentscheidung des Gerichts nach § 1779 BGB relevant (näher § 1779 Rn 55 f).

2. Sorgerecht des benennenden Elternteils

a) Volles Sorgerecht einschließlich des Vertretungsrechts

7 Einem Elternteil steht das Benennungsrecht nur zu, wenn ihm im Zeitpunkt seines Todes das volle Sorgerecht einschließlich des Vertretungsrechts zusteht. Es genügt nicht, dass er nur die **tatsächliche Sorge** für die Person und das Vermögen des Kindes innehat, ohne zur Vertretung berechtigt zu sein (**aA** Staudinger/Engler[10/11] Rn 6, übereinstimmend mit Donau MDR 1958, 6, 9). Dass § 1777 Abs 1 BGB idF des GleichberG im Gegensatz zur ursprünglichen Fassung der Vorschrift nicht mehr von der elterlichen Gewalt (Sorge), sondern von der Sorge für die Person und für das Vermögen des Kindes spricht und die Vertretung des Kindes nicht mehr ausdrücklich erwähnt, beruht darauf, dass ohne diese Änderung die Mutter weiterhin benachteiligt worden wäre, weil nach § 1629 Abs 1 BGB idF des GleichberG die Vertretung des Kindes im Regelfall nur dem Vater zustehen sollte (s oben Rn 3). Dieser Grund für die andere Wortwahl in § 1777 Abs 1 BGB ist dadurch hinfällig geworden, dass das Bundesverfassungsgericht durch Urteil vom 27. 9. 1959 (BVerfGE 10, 59 = NJW 1959, 1483 = FamRZ 1959, 416) neben § 1628 BGB auch § 1629 Abs 1 BGB idF des GleichberG für verfassungswidrig erklärt hat. Das Sorgerechtsgesetz vom 18. 7. 1979 hat die elterliche Sorge neu geregelt; nach § 1626 Abs 1 BGB haben der Vater und die Mutter die

elterliche Sorge, die sich aus der Personensorge und der Vermögenssorge zusammensetzt und nach § 1629 Abs 1 BGB die Vertretung des Kindes umfasst. Diese Entwicklung rechtfertigt es, die Erwägungen des Gesetzgebers des GleichberG, die zur Neufassung des § 1777 Abs 1 BGB geführt haben, nicht mehr als maßgebend für die Auslegung der Vorschrift anzusehen, das Benennungsrecht der Eltern vielmehr davon abhängig zu machen, dass ihnen die **Sorge für die Person und das Vermögen des Kindes einschließlich des Vertretungsrechts** (§§ 1626 Abs 1, 1629 Abs 1 BGB) zusteht (ebenso Gernhuber/Coester-Waltjen § 70 Rn 35; MünchKomm/Spickhoff Rn 6; BGB-RGRK/Dickescheid Rn 2; Soergel/Zimmermann Rn 3; Erman/Schulte-Bunert Rn 1; einschränkend NK-BGB/Fritsche Rn 1; s auch OLG Brandenburg 19. 3. 2012 – 9 UF 232/11, juris Rn 18, ZKJ 2012, 312, 313). Diese Auslegung, die sich auf die Definition des Begriffs der elterlichen Sorge gründet, wird unterstützt durch die Erwägung, dass die Eltern auch kein Benennungsrecht haben, wenn zu ihren Lebzeiten die Bestellung eines Vormunds erforderlich wird, weil sie das Kind nicht vertreten können, sodass es inkonsequent und schwerlich mit dem Wohl des Mündels vereinbar wäre, ihnen trotz Fehlens des Vertretungsrechts ein Benennungsrecht zu geben, das dann beim Tod der Eltern in der Weise wirksam würde, dass der bestellte Vormund entlassen und der von den Eltern Benannte als Vormund bestellt werden müsste (BGB-RGRK/Dickescheid Rn 2; MünchKomm/Spickhoff Rn 6 aE; Soergel/Zimmermann Rn 4; Ott BWNotZ 2014, 138).

b) Ruhen oder Entzug der elterlichen Sorge

Ein Elternteil kann nicht wirksam einen Vormund benennen, wenn seine elterliche Sorge im Ganzen ruht (§§ 1673–1675, 1751 Abs 1 BGB; s BayObLG FamRZ 1992, 1346, 1348 zu einem Fall, der letztlich unter § 1779 BGB fiel; NK-BGB/Fritsche Rn 1) oder entzogen wurde, aber auch dann nicht, wenn ihm nur die **gesamte** Personen- oder die gesamte Vermögenssorge oder nur das gesamte Vertretungsrecht für die Person und/oder das Vermögen des Kindes entzogen worden ist; zur Sorgerechtsentscheidung nach § 1671 BGB unten Rn 12. **8**

Dagegen schadet das **Fehlen** oder die **Beschränkung** der Personen- und/oder Vermögenssorge (einschließlich der Vertretungsmacht) **in einzelnen Angelegenheiten** nicht (BGB-RGRK/Dickescheid Rn 3 aE; Palandt/Götz Rn 1; MünchKomm/Spickhoff Rn 4; Soergel/Zimmermann Rn 5 aE; BeckOK/Bettin [1. 11. 2019] Rn 2; NK-BGB/Fritsche Rn 1). Dies ergibt sich zwar nicht zwingend aus dem Wortlaut des § 1777 Abs 1 BGB, der nicht etwa darauf abstellt, dass den Eltern die Personensorge oder die Vermögenssorge nicht (zu ergänzen: als ganze) entzogen ist, sondern voraussetzt, dass diese Teile den Eltern „zustehen". Die einschränkende Auslegung der Vorschrift kann aber auf deren Sinn (s oben Rn 1) gestützt werden. Dies bedeutet aber zugleich, dass nur solche Einschränkungen der elterlichen Sorge unschädlich sind, die den Einfluss auf Erziehung und Vermögensverwaltung nicht grundsätzlich in Frage stellen (Palandt/Götz Rn 1; NK-BGB/Fritsche Rn 1 spricht vom „Kernbereich" der elterlichen Sorge, der dem Benennenden verbleiben muss, damit er sein Bestimmungsrecht behält). Deswegen hängt es vom Einzelfall ab, ob die Beschränkung der elterlichen Sorge durch eine Pflegerbestellung nach § 1630 Abs 1 BGB, die Auflösung der gemeinsamen Sorge und Zuweisung der Alleinsorge in einzelnen Teilen auf einen Elternteil nach § 1671 Abs 1 BGB, die einem Antrag des Vaters nach § 1671 Abs 2 BGB stattgebende Übertragung eines Teils der elterlichen Sorge, die zuvor der Mutter nach § 1626a Abs 3 BGB allein zustand, der teilweise Entzug der elterlichen Sorge nach § 1666 BGB, das Fehlen der gesetzlichen Vertretungsmacht nach § 1629 Abs 2 S 1 BGB oder der **9**

Entzug der Vertretungsmacht nach § 1629 Abs 2 S 3 BGB unschädlich ist oder nicht (weiter MünchKomm/Spickhoff Rn 4: generell unschädlich). Unschädlich wird auf jeden Fall die Übertragung der Entscheidung in einzelnen Angelegenheiten oder einer bestimmten Art von Angelegenheiten nach § 1628 BGB sein (Palandt/Götz Rn 1; NK-BGB/Fritsche Rn 1).

10 Der Sonderfall des Benennungsrechts der Eltern bei einem **verheirateten Minderjährigen** (vgl § 1633 BGB aF, § 1778 Abs 3 BGB aF) ist durch das Gesetz zur Bekämpfung von Kinderehen vom 17. 7. 2017 (BGBl I 2429) weggefallen (s § 1778 Rn 36 ff). Dadurch, dass den Eltern nun trotz Heirat des Kindes das volle Sorgerecht verbleibt, besteht unzweifelhaft auch das Benennungsrecht, welches auch nicht im Hinblick auf den Ehegatten eingeschränkt ist.

11 Kein Benennungsrecht hat **der nicht mit der Mutter verheiratete Vater**, solange nicht er und die Kindesmutter Sorgeerklärungen abgegeben (§ 1626a Abs 1 Nr 1 BGB), sie einander geheiratet haben (§ 1626a Abs 1 Nr 2 BGB) oder das Familiengericht ihnen die elterliche Sorge auf Antrag eines Elternteils gemeinsam übertragen hat (§ 1626a Abs 1 Nr 3 iVm Abs 2 BGB), weil ihm dann keine elterliche Sorge zusteht. In diesem Fall hat die Kindesmutter gem § 1626a Abs 3 BGB das Sorgerecht und damit auch das Benennungsrecht allein inne, es sei denn, sie ist minderjährig, weil ihr dann nur die tatsächliche Personensorge neben dem gesetzlichen Vertreter zusteht und im Übrigen ihre elterliche Sorge ruht (§ 1673 Abs 2 S 2 BGB).

12 Leben Eltern, denen die elterliche Sorge gemeinsam zustand, **nicht nur vorübergehend getrennt**, so bleibt es dennoch beim gemeinsamen Sorgerecht und dabei, dass jeder ein Benennungsrecht hat, solange nicht erfolgreich ein Antrag nach **§ 1671 Abs 1** gestellt worden ist. Wurde dagegen die elterliche Sorge einem Elternteil nach § 1671 Abs 1 allein übertragen, so ist nur die von diesem vorgenommene Benennung wirksam, wenn er noch im Zeitpunkt seines Todes alleinsorgeberechtigt war. Ist dagegen einem Elternteil die gesamte Personensorge, dem anderen die gesamte Vermögenssorge gerichtlich übertragen worden, so kann keiner von ihnen wirksam einen Vormund benennen, es sei denn, es ergeht vor dem Tod noch eine Änderungsentscheidung nach § 1696 Abs 1 BGB (Palandt/Götz Rn 1; MünchKomm/Spickhoff Rn 5; Erman/Schulte-Bunert Rn 1); an diesem Ergebnis ändert auch der Umstand nichts, dass beide Elternteile dieselbe Person benennen (**aA** MünchKomm/Spickhoff Rn 5; Hoppenz/Rohde Rn 1); diese Benennung kann dann nur noch im Rahmen der Auswahlentscheidung nach § 1779 BGB eine Rolle spielen. Wird allerdings einem Elternteil die gesamte Personensorge und ein Teil der Vermögenssorge oder umgekehrt, dem anderen Elternteil dagegen nur der noch fehlende Teil der elterlichen Sorge übertragen, so steht dem erstgenannten Elternteil das Benennungsrecht deshalb zu, weil er die Sorge für die Person und das Vermögen innehat und Beschränkungen nur in einzelnen Teilen, wie dargelegt (oben Rn 9), nicht schaden (insoweit zu Recht MünchKomm/Spickhoff Rn 5; **aA** noch Staudinger/Engler [2004] Rn 10; Soergel/Zimmermann Rn 5).

13 Hat das Familiengericht dem Kindesvater nach Getrenntleben von der bis dahin gemäß § 1626a Abs 3 BGB allein sorgeberechtigten Kindesmutter nach **§ 1671 Abs 2 BGB** die Alleinsorge zugewiesen und bis zu seinem Tod keine Änderungsentscheidung nach § 1696 Abs 1 BGB erlassen, so steht dem Kindesvater allein das Benennungsrecht zu; ergeht bis zu diesem Zeitpunkt eine Entscheidung nach §§ 1626a

Abs 1 Nr 3, Abs 2 BGB, mit der wiederum eine gemeinsame Sorge begründet wird, so erhält die Kindesmutter neben dem Kindesvater wieder ein Benennungsrecht.

3. Bestehen des Sorgerechts zur Zeit des Todes des Benennenden

Maßgebend für die Wirksamkeit der Benennung ist nicht der Zeitpunkt, in dem die Anordnung getroffen worden ist, sondern der **Zeitpunkt des Todes des die Anordnung treffenden Elternteils** (s OLG Hamm ZKJ 2012, 195, 196). Dass diesem Elternteil im Zeitpunkt der Anordnung oder zeitweilig danach die Sorge für Person und Vermögen des Kindes nicht zustand, hat auf die Wirksamkeit der Benennung also keinen Einfluss (KG Recht 1902 Nr 689; Enneccerus/Kipp § 106 I 1; Dölle § 120 I; BGB-RGRK/Dickescheid Rn 5; Soergel/Zimmermann Rn 5; Erman/Schulte-Bunert Rn 1; MünchKomm/Spickhoff Rn 2; NK-BGB/Fritsche Rn 1; s auch § 1776 Rn 6). 14

Ist aber das Bestehen der elterlichen Sorge zur Zeit der Verfügung nicht maßgebend, können die Eltern einen Vormund auch für **künftig zu erwartende** (nicht nur für schon gezeugte) **Kinder** wirksam benennen, wenn die übrigen Voraussetzungen vorliegen (Mot IV 1056; BGB-RGRK/Dickescheid Rn 6; Erman/Holzhauer[11] Rn 2). 15

4. Geburt des Kindes nach dem Tod des Benennenden (Abs 2)

Abs 2 enthält eine Ausnahme vom Grundsatz, dass dem Benennenden zur Zeit seines Todes die elterliche Sorge zugestanden haben muss. Stirbt der Vater vor der Geburt des Kindes, so steht ihm das Benennungsrecht zu, wenn er dazu berechtigt sein würde, wenn das Kind zur Zeit seines Todes geboren wäre; damit stellt die Regelung eine konsequente Fortführung von § 1912 Abs 2 BGB dar (Gernhuber/Coester-Waltjen § 70 Rn 36). Die elterliche Sorge stünde dem Kindesvater für das Kind, wenn es bereits zur Zeit seines Todes geboren wäre, aber nur zu, wenn er zu diesem Zeitpunkt bereits mit der Kindesmutter verheiratet war oder beide pränatale Sorgeerklärungen nach § 1626b Abs 2 BGB abgegeben hatten (so zu Recht MünchKomm/Spickhoff Rn 8; NK-BGB/Fritsche Rn 2). 16

Der Benennende muss im Zeitpunkt seines Todes die **Rechtsstellung des Vaters** des Kindes gehabt haben. Dies ist auch dann anzunehmen, wenn die Annahme eines Kindes, die erst nach dem Tod des Vaters oder des Annehmenden ausgesprochen wird, gemäß § 1753 Abs 3 BGB auf die Zeit vor dem Tod des Annehmenden zurückwirkt (BGB-RGRK/Dickescheid Rn 5; Soergel/Zimmermann Rn 5; MünchKomm/Spickhoff Rn 8 aE). Umgekehrt wird auch der Benennung eines Vormunds der Boden entzogen, wenn aufgrund einer Anfechtung nach dem Tod des Scheinvaters, der einen Vormund benannt hatte, rechtskräftig festgestellt wird, dass er nicht der Vater war (BGB-RGRK/Dickescheid Rn 5; Erman/Schulte-Bunert Rn 2). 17

Stirbt die Mutter, bevor die Geburt des Kindes vollendet ist (vgl § 1), so ist nach allgemeiner Ansicht § 1777 Abs 2 BGB entsprechend anzuwenden (Enneccerus/Kipp § 106 I 2 Fn 4; Gernhuber/Coester-Waltjen § 70 Rn 36; MünchKomm/Spickhoff Rn 8 aE; BGB-RGRK/Dickescheid Rn 8 aE; Soergel/Zimmermann Rn 8; PWW/Bauer § 1778 Rn 2; BeckOK/Bettin [1. 11. 2019] Rn 3; Erman/Schulte-Bunert Rn 2). 18

III. Form und zulässiger Inhalt der Benennung

1. Form (Abs 3)

19 Nach Abs 3 wird der Vormund **durch letztwillige Verfügung** benannt. In Betracht kommt nach der Definition des § 1937 BGB ein Testament, aber auch eine einseitige Verfügung in einem Erbvertrag (§ 2299 BGB). Die Benennung eines Vormunds ist weder als vertragsmäßige Verfügung in einem Erbvertrag (§ 2278 Abs 2 BGB) noch als wechselbezügliche Verfügung in einem gemeinschaftlichen Testament (§ 2270 Abs 3 BGB) möglich; sie ist also stets widerruflich (§§ 2253, 2299 Abs 2 BGB). Im Hinblick darauf, dass eine Vormundbenennung nur Berücksichtigung finden kann, wenn Kenntnis von ihr besteht, scheint die Empfehlung sinnvoll, die Verfügung in Kopie am eigenen Wohnort und im Original bei dem Benannten zu hinterlegen (DIJuF-Rechtsgutachten JAmt 2013, 266, 267 f).

20 Ein **gemeinschaftliches Testament** können nur Ehegatten errichten (§ 2265 BGB; zur Optimierung eines gemeinschaftlichen Testaments durch die Benennung eines Vormunds für den zweiten Erbfall s Horn ZEV 2013, 297, 303). Nicht miteinander verheiratete Eltern, denen das gemeinsame Sorgerecht durch Abgabe von Sorgeerklärungen oder gerichtliche Entscheidung zusteht (§ 1626a Abs 1 Nr 1, Abs 1 Nr 3 iVm Abs 2 BGB, s dazu oben Rn 11), können dagegen einen Vormund nur jeder für sich in einem einseitigen Testament benennen (DIJuF-Stellungnahme JAmt 2001, 483).

21 Für die **Errichtung, Anfechtung und Aufhebung** einer derartigen letztwilligen Verfügung gelten die allgemeinen erbrechtlichen Grundsätze (Mot IV 1053; s §§ 2064 f, 2078 ff BGB, insbesondere §§ 2085, 2229 ff, 2253 ff, 2299 Abs 2 u 3 BGB).

22 Bei einem **Verstoß gegen die Formvorgabe** des § 1777 Abs 3 BGB ist die Benennung unwirksam. Eine solche Willensäußerung kann dann aber im Rahmen von § 1779 Abs 2 S 2 BGB bei der Feststellung des mutmaßlichen Willens der Eltern Beachtung finden (s auch oben Rn 6).

2. Zulässiger Inhalt der Benennung

23 Der Inhalt der letztwilligen Verfügung ist durch Auslegung zu ermitteln. Hierfür können auch außerhalb der Urkunde liegende Umstände herangezogen werden (MünchKomm/Leipold § 2084 Rn 28 ff). Auch wenn der Elternteil das Wort „Vormund" nicht verwendet, kann es genügen, wenn die Auslegung ergibt, dass der Benannte die einem Vormund zukommenden Aufgaben erfüllen soll (OLG Köln ZBlJugR 1961, 61; s auch BayObLG FamRZ 1966, 323, 325; BayObLGZ 1961, 189 = NJW 1961, 1865; BGB-RGRK/Dickescheid Rn 8; MünchKomm/Spickhoff Rn 9; Palandt/Götz § 1776 Rn 1). Der Benannte ist nicht gehindert, bei der Errichtung der letztwilligen Verfügung als Notar oder Urkundsbeamter mitzuwirken (KG RJA 16, 167; **aA** Soergel/Zimmermann Rn 10, der die §§ 7, 27 BeurkG für anwendbar hält, weil der Vormund heute bei vorhandenem Vermögen „praktisch stets eine Vergütung erhält").

24 Über die bei der Benennung in Betracht kommenden Anordnungen s § 1776 Rn 8 ff.

25 Die Benennung eines Vormunds kann auch unter einer **Bedingung oder Zeitbestim-**

mung erfolgen (BayObLGZ 1928, 270 = BayZ 1928, 250). Ist in dem Zeitpunkt, in dem die Anordnung der Vormundschaft erforderlich wird, die Bedingung noch nicht eingetreten oder der Anfangstermin noch nicht erreicht, so wird im Anschluss an Mot IV 1054 angenommen, der Berufene sei verhindert, sodass die Bestimmungen des § 1778 Abs 1 u 2 BGB anzuwenden seien. In einem solchen Fall dürfte es aber schon an einer wirksamen Berufung fehlen. Deshalb bedarf es nicht der Heranziehung des § 1778 Abs 1 Nr 2 BGB, wenn das Familiengericht den von den Eltern Benannten nicht zum Vormund bestellt, weil die Bedingung noch nicht eingetreten ist. Dennoch wird man der Auffassung beitreten können, dass in einem solchen Fall § 1778 Abs 2 BGB eingreift (s § 1778 Rn 17).

Ist die Benennung unter einer **auflösenden Bedingung** oder unter Beifügung eines **Endtermins** erfolgt, so wird durch den Eintritt der Bedingung oder das Erreichen des Endtermins das Amt des einmal bestellten Vormunds nicht von selbst beendet; vielmehr hat das Familiengericht den Vormund zu entlassen. Auch schon bei der Bestellung des Vormunds kann seine Entlassung für den Fall vorbehalten werden, dass ein bestimmtes Ereignis eintritt oder nicht eintritt (§ 1790 BGB; Mot IV 1054); dies kann insbesondere in Betracht kommen, wenn die Eltern die Benennung an eine entsprechende Bedingung geknüpft haben (s § 1790 Rn 6). In der Benennung eines Vormunds unter Beifügung einer Bedingung oder eines Endtermins kann eine Ausschließung (§ 1782 BGB) unter der entgegengesetzten Bedingung oder für die übrige Zeit zu erblicken sein, ebenso wie umgekehrt mit einer bedingten oder befristeten Ausschließung eine Benennung als Vormund beabsichtigt sein kann. 26

Die **Befugnisse des benannten Vormunds** kann der zur Benennung berechtigte Elternteil nur regeln oder einschränken, soweit das Gesetz ausdrückliche Bestimmungen darüber enthält (vgl §§ 1797 Abs 3, 1803 Abs 1, 1852–1857 BGB; BGB-RGRK/Dickescheid Rn 9; Erman/Schulte-Bunert Rn 3). 27

Ein **Verzicht auf das Benennungsrecht** ist unwirksam, weil die sich aus der elterlichen Sorge ergebenden Befugnisse nicht durch Verzicht aufgegeben werden können. Die Benennung kann auch nicht wirksam einem Dritten überlassen werden (BGB-RGRK/Dickescheid Rn 9; MünchKomm/Spickhoff Rn 9; Erman/Schulte-Bunert Rn 3). 28

§ 1778
Übergehen des benannten Vormunds

(1) Wer nach § 1776 als Vormund berufen ist, darf ohne seine Zustimmung nur übergangen werden,

1. **wenn er nach den §§ 1780 bis 1784 nicht zum Vormund bestellt werden kann oder soll,**
2. **wenn er an der Übernahme der Vormundschaft verhindert ist,**
3. **wenn er die Übernahme verzögert,**
4. **wenn seine Bestellung das Wohl des Mündels gefährden würde,**

5. wenn der Mündel, der das 14. Lebensjahr vollendet hat, der Bestellung widerspricht, es sei denn, der Mündel ist geschäftsunfähig.

(2) Ist der Berufene nur vorübergehend verhindert, so hat ihn das Familiengericht nach dem Wegfall des Hindernisses auf seinen Antrag anstelle des bisherigen Vormunds zum Vormund zu bestellen.

(3) Neben dem Berufenen darf nur mit dessen Zustimmung ein Mitvormund bestellt werden.

Materialien: E I § 1637; II § 1659; III § 1754; Mot IV 1056; Prot IV 748. Geändert durch GleichberG v 18. 6. 1957 (BGBl I 609) Art 1 Nr 30, AdoptG v 2. 7. 1976 (BGBl I 1749) Art 1 Nr 2 Buchst i, SorgeRG v 18. 7. 1979 (BGBl I 1061) Art 1 Nr 45; neugefasst durch Bekanntmachung v 2. 1. 2002 (BGBl I 42); Abs 2 geändert durch Art 50 Nr 34 nach Maßgabe von Art 111 FGG-RG v 17. 12. 2008 (BGBl I 2586) mit Wirkung v 1. 9. 2009; Abs 3 durch Gesetz zur Bekämpfung von Kinderehen v 17. 7. 2017 (BGBl I 2429) aufgehoben und durch ehemaligen Abs 4 ersetzt.

Schrifttum

Frie, Drum prüfe, wer sich ewig bindet … – Zum Gesetzesentwurf eines Gesetzes zur Bekämpfung von Kinderehen, FamRB 2017, 232

Opris, Ausländische Ehen im deutschen Recht im Lichte des Gesetzentwurfs zur Bekämpfung von Kinderehen, ZErb 2017, 158

Ott, Vormundbenennung durch letztwillige Verfügung, BWNotZ 2014, 138.

Systematische Übersicht

Alphabetische Übersicht

I. Normzweck

1 Der nach § 1776 BGB Berufene hat gegen den Staat ein **subjektiv-öffentliches Recht** darauf, **als Vormund bestellt zu werden** (Dölle § 120 III; MünchKomm/Spickhoff Rn 1; § 1776 Rn 17). § 1778 Abs 1–3 BGB nennt die Voraussetzungen, unter denen er „übergangen“ werden, das Familiengericht also eine andere Person ohne seine Zustimmung als Vormund bestellen darf. Diese Vorschrift soll gewährleisten, dass sich bei der Bestimmung der Person des Vormunds der Wille der Eltern durchsetzt, wenn dem nicht ein Grund entgegensteht, dem das Gesetz im Interesse des Mündels größeres Gewicht beimisst (vgl § 1776 Rn 4). Aus dem Recht des Berufenen folgt auch das Verbot, ohne seine Zustimmung einen Mitvormund zu bestellen (Abs 3).

II. Historie

2 In der **ursprünglichen Fassung** des § 1778 BGB hatte Abs 1 folgenden Wortlaut:

„Wer nach § 1776 als Vormund berufen ist, darf ohne seine Zustimmung nur übergangen werden, wenn er nach den §§ 1780 bis 1784 nicht zum Vormunde bestellt werden kann oder soll oder wenn er an der Übernahme der Vormundschaft verhindert ist oder die Übernahme verzögert oder wenn seine Bestellung das Interesse des Mündels gefährden würde.“

Abs 3 lautete:

„Für eine Ehefrau darf der Mann vor den nach § 1776 Berufenen, für ein uneheliches Kind darf die Mutter vor dem Großvater zum Vormunde bestellt werden.“

3 Das **GleichberG** vom 18. 6. 1957 (BGBl I 609) strich den zweiten HS von Abs 3; er verlor seinen Sinn mit der gleichzeitigen Beseitigung der subsidiären Berufung der Großväter in § 1776 BGB (s § 1776 Rn 3). Außerdem wurde das Wort „minderjährige“ vor „Ehefrau“ eingefügt, um klarzustellen, dass sich die Vorschrift nicht auf die Vormundschaft über Volljährige bezieht, für die die §§ 1899, 1900 BGB idF des GleichberG besondere Regeln über die Berufung und Auswahl des Vormunds vorsahen. § 1778 Abs 3 BGB aF erhielt damit folgenden Wortlaut:

„Für eine minderjährige Ehefrau darf der Mann vor den nach § 1776 Berufenen zum Vormund bestellt werden.“

4 Das **AdoptG** vom 2. 7. 1976 (BGBl I 1749) gab Abs 3 seine bis zum 21. 7. 2017 geltende Fassung, nachdem das Volljährigkeitsgesetz mit Wirkung vom 1. 1. 1975 (BGBl I 1974, 1713) die Ehemündigkeit für Mann und Frau in gleicher Weise geregelt hatte: Nach § 1 Abs 1 EheG (§ 1303 Abs 1 BGB idF des EheschlRG vom 4. 5. 1998 [BGBl I 833]) sollte die Ehe nicht vor Eintritt der Volljährigkeit eingegangen werden; nach § 1303 Abs 2 BGB aF konnte aber das Familiengericht von dieser Vorschrift Befreiung erteilen, wenn der Antragsteller das 16. Lebensjahr vollendet hatte und sein künftiger Ehegatte volljährig war. Somit kam auch der Fall in Betracht, dass für den Mann – der nach vorigem Recht, solange er minderjährig war, keine Ehe schließen konnte (s BT-Drucks II/225, 66) – als Minderjährigen Vormundschaft angeordnet werden musste und seine Ehefrau zum Vormund bestellt wurde.

Das **SorgeRG** vom 18. 7. 1979 (BGBl I 1061) brachte die Fälle, in denen ein von den Eltern des Mündels als Vormund Benannter übergangen werden darf, in eine Nummernfolge, ohne insoweit etwas am Wortlaut zu ändern, und erweiterte die Aufzählung um den Fall (unter Nr 5), in welchem ein nicht geschäftsunfähiger Mündel, der das 14. Lebensjahr vollendet hat, der Bestellung widerspricht. Diese Ergänzung sollte (wie auch andere Vorschriften des Entwurfs, die dem Willen des Kindes mehr Gewicht beilegten als das zuvor geltende Recht) der Lage des mündig werdenden Heranwachsenden Rechnung tragen (BT-Drucks 7/2060, 40). 5

Das **KiEheBekG** vom 17. 7. 2017 (BGBl I 2429) sollte die „Ächtung von Kinderehen" zum Ausdruck bringen, deren Problematik sich durch den Zustrom minderjähriger verheirateter Flüchtlinge verstärkt hatte (BT-Drucks 18/12086, 1, 14 f). Es hob Abs 3 auf und ersetzte ihn durch den ehemaligen Abs 4, da Sonderregelungen durch die Aufhebung von § 1303 Abs 2 BGB aF für entbehrlich erachtet wurden (BT-Drucks 18/12086, 21; näher unten Rn 36 f). Ehen mit unter 16 Jahre alten Minderjährigen sind nunmehr unwirksam. Diese „Nichtehen" (BT-Drucks 18/12086, 23) entfalten – im Gegensatz zu „nichtigen Ehen" – von Anfang an keine Rechtswirkungen (BT-Drucks 18/12086, 15; Palandt/Brudermüller Einf v § 1303 Rn 3, Einf v § 1313 Rn 2, 4). Ehen mit zwischen 16 und 18 Jahre alten Minderjährigen sind dagegen aufhebbar (§ 1314 Abs 1 Nr 1 BGB) und werden nur ausnahmsweise geduldet (§ 1315 Abs 1 S 1 Nr 1 Buchst b BGB). 6

III. Die Voraussetzungen der Übergehung eines zum Vormund Berufenen (Abs 1 und 2)

1. Die Rechtsstellung des als Vormund Berufenen

Der als Vormund Benannte hat zwar ein subjektiv-öffentliches Recht (oben Rn 1), aber noch keine öffentlich-rechtliche Pflicht zur Übernahme der Vormundschaft, wie sie entsteht, wenn das Familiengericht eine Person als Vormund auswählt (§ 1785 BGB; vgl § 1776 Rn 18; § 1785 Rn 1). Diese Person kann auch der als Vormund Benannte sein, nachdem er zunächst erklärt hat, dass er die Vormundschaft nicht übernehmen will (MünchKomm/Spickhoff Rn 3). 7

Er kann also zunächst selbst darüber befinden, ob er das Amt des Vormunds übernehmen will oder nicht. Er kann sich auch damit einverstanden erklären, dass das Familiengericht von seiner Bestellung absieht und einen anderen als Vormund bestellt. Ob man die im einleitenden Satzteil des § 1778 Abs 1 BGB genannte **Zustimmung** als einen Verzicht des Berufenen auf seine Bestellung als Vormund oder nur als Rechtsmittelverzicht (Soergel/Zimmermann Rn 2) qualifiziert, ist ohne Bedeutung; erklärt er, er verzichte auf die Bestellung, so liegt darin jedenfalls seine Zustimmung zur Bestellung eines anderen als Vormund, durch die der Berufene „übergangen" wird (BeckOGK/Hoffmann [1. 12. 2019] Rn 15). 8

Hat der Berufene der Bestellung eines anderen als Vormund zugestimmt, so hat er damit nicht die Möglichkeit verloren, sein Recht auf Bestellung geltend zu machen, wenn der zunächst bestellte Vormund wegfällt und ein neuer Vormund bestellt werden muss. Selbst wenn er erklärt hätte, dass er ein für allemal auf die Bestellung verzichte, wird man eine solche Erklärung **nicht** als **unwiderruflich** ansehen können; vielmehr muss das Familiengericht auch in einem solchen Fall durch Auslegung der 9

Zustimmungserklärung genau prüfen, ob der Berufene dabei bleibt, dass er nicht Vormund werden will (s auch BGB-RGRK/Dickescheid Rn 1; Erman/Schulte-Bunert Rn 2; Soergel/Zimmermann Rn 2: „Auslegungsfrage"; MünchKomm/Spickhoff Rn 4).

10 Die Zustimmung des Berufenen kann auch noch **nachträglich** mit Rückwirkung (§ 184 Abs 1 BGB analog) erklärt werden (BeckOGK/Hoffmann [1. 12. 2019] Rn 17). Dies hat zur Folge, dass der Berufene die Beschwerde gegen die Übergehung nicht darauf stützen kann, dass die Zustimmung im Zeitpunkt der Bestellung eines anderen zum Vormund nicht vorgelegen hat (MünchKomm/Spickhoff Rn 5).

11 Die Zustimmung des Berufenen zu seiner Übergehung ist nicht an eine bestimmte **Form** gebunden; sie braucht auch nicht unmittelbar gegenüber dem Familiengericht erklärt zu werden (BGB-RGRK/Dickescheid Rn 1; Soergel/Zimmermann Rn 2; Erman/Schulte-Bunert Rn 2; MünchKomm/Spickhoff Rn 4; **aA** NK-BGB/Fritsche Rn 3; BeckOK/Bettin [1. 11. 2019] Rn 3; BeckOGK/Hoffmann [1. 12. 2019] Rn 16; jurisPK-BGB/Hamdan Rn 4 hält die ausdrückliche Erklärung gegenüber dem Familiengericht zumindest für empfehlenswert). Für diese Sichtweise spricht, dass das Familiengericht im Rahmen der Amtsermittlung (§ 26 FamFG) sehr wohl Gewissheit über die Haltung des Berufenen gewinnen kann, auch wenn dieser seine Erklärung einem anderen Empfänger gegenüber abgegeben hat.

2. Das Übergehen eines zum Vormund Berufenen

12 Hat der Benannte der Bestellung eines anderen als Vormund nicht zugestimmt, so liegt ein **Übergehen** iSv § 1778 BGB vor. Das Gleiche gilt, wenn das Gericht den Antrag des Benannten auf Bestellung ablehnt und einen anderen als den Benannten zum Vormund bestellt (KG OLGE 10, 322 = RJA 5, 130 = ZBlFG 6, 55; s auch KGJ 39, A 5, 7; BayObLG OLGE 43, 377; BGB-RGRK/Dickescheid Rn 11; MünchKomm/Spickhoff Rn 2; Erman/Schulte-Bunert Rn 5). Ob dem Gericht die Benennung durch die Eltern bekannt war oder nicht, ist nicht entscheidend (Palandt/Götz Rn 1). In allen Fällen kann der Benannte Rechtsmittel einlegen (s unten Rn 46).

3. Gründe für das Übergehen eines benannten Vormunds (Abs 1)

13 Das Gericht darf den Benannten übergehen, wenn einer der in § 1778 Abs 1 BGB **abschließend** aufgezählten Gründe vorliegt (BeckOGK/Hoffmann [1. 12. 2019] Rn 26). Es hat dann zunächst den von den Eltern ersatzweise Benannten zu bestellen, ansonsten einen geeigneten Einzelvormund nach § 1779 BGB auszuwählen bzw – soweit sich kein geeigneter findet – einen Verein oder das Jugendamt zum Vormund zu bestellen (§§ 1791a, b BGB).

a) Unfähigkeit und Untauglichkeit (Abs 1 Nr 1)

14 Die in §§ 1780–1784 BGB genannten Gründe, aus denen eine Person nicht zum Vormund bestellt werden kann oder soll, gelten für den Fall der Benennung durch die Eltern (§ 1776 BGB) ebenso wie für den Fall der Auswahl durch das Familiengericht (§ 1779 BGB). Die Bestellung eines Geschäftsunfähigen, der nach § 1780 BGB zur Vormundschaft unfähig ist, wäre sogar nichtig (§ 1780 Rn 6). Auch bei Vorliegen eines Untauglichkeitsgrundes (§ 1781 BGB) ist ein von den Eltern Benannter von der Übernahme der Vormundschaft ausgeschlossen. Mithin ist das Ermessen des Fami-

liengerichts, den Benannten zu übergehen, im Rahmen von § 1778 Abs 1 Nr 1 BGB bisweilen auf Null reduziert (BeckOGK/Hoffmann [1. 12. 2019] Rn 30). Ein Anspruch des Berufenen darauf, dass er nach dem Wegfall des Ausschließungsgrundes anstelle des bisherigen Vormunds als Vormund bestellt wird, besteht nicht; nur im Falle der bloß vorübergehenden Verhinderung des Berufenen hat ihn das Familiengericht nach Wegfall des Hindernisses auf seinen Antrag anstelle des bisherigen Vormunds zum Vormund zu bestellen (§ 1778 Abs 2 BGB; BeckOGK/Hoffmann [1. 12. 2019] Rn 32). Die Benennung ist jedoch dann zu beachten, wenn der zunächst gegebene Ausschließungsgrund zu einem Zeitpunkt, in dem ein neuer Vormund zu bestellen ist, nicht mehr besteht (MünchKomm/Spickhoff Rn 8; Soergel/Zimmermann Rn 2).

15 Müßig erscheint der Streit darüber, ob die in § 1778 Abs 1 Nr 1 BGB enthaltene Bezugnahme auf § 1782 BGB noch einen Sinn hat (das bejahen MünchKomm/Spickhoff Rn 9 u BGB-RGRK/Dickescheid Rn 2 aE; **aA** Dölle § 120 II 2 c; Soergel/Zimmermann Rn 2). Die Bestimmungen des § 1776 Abs 2 BGB und des § 1782 Abs 1 S 2 BGB müssen zusammen gelesen werden. Einander widersprechende Anordnungen der Eltern liegen nicht nur dann vor, wenn der eine Elternteil eine bestimmte Person von der Vormundschaft ausschließt und der andere dieser Ausschließung nur schlicht entgegentritt, sondern auch dann, wenn ein Elternteil eine bestimmte Person ausschließt, die der andere nach § 1776 BGB als Vormund benennt (s § 1782 Rn 17). Bei einem solchen Widerspruch zwischen den Anordnungen, die der Vater und die Mutter des Mündels über die Berufung und die Ausschließung einer bestimmten Person abgegeben haben, ist stets nur die Bestimmung zu beachten, die der zuletzt verstorbene Elternteil getroffen hat. War dies der Elternteil, der eine Person nach § 1782 BGB ausgeschlossen hat, so bleibt die Benennung derselben Person durch den zuerst verstorbenen Elternteil von vornherein außer Betracht, sodass es nicht mehr darum geht, ob der Berufene nach § 1778 Abs 1 Nr 1 BGB übergangen werden darf.

b) Verhinderung an der Übernahme der Vormundschaft (Abs 1 Nr 2)

16 Das Gesetz beschränkt den Übergehungsgrund der Nr 2 nicht auf die Fälle der **tatsächlichen Verhinderung** (**aA** BeckOK/Bettin [1. 11. 2019] Rn 5; wohl auch NK-BGB/Fritsche Rn 8); doch sind diese offensichtlich in erster Linie gemeint, weil die Tatbestände, bei deren Vorliegen der von den Eltern Benannte aus Rechtsgründen nicht zum Vormund bestellt werden kann oder soll, schon von Nr 1 erfasst sind. In Betracht kommen als Verhinderungsgründe vor allem länger dauernde Krankheit oder Abwesenheit (Auslandsaufenthalt), auch fortgeschrittenes Alter und Gebrechlichkeit. Das Fehlen besonderer Kenntnisse und Erfahrungen, die zur Führung der Vormundschaft erforderlich sind, stellt keine tatsächliche Verhinderung iS der Nr 2 dar (MünchKomm/Spickhoff Rn 10; **aA** BeckOK/Bettin [1. 11. 2019] Rn 5; Soergel/Zimmermann Rn 2; BGB-RGRK/Dickescheid Rn 3). Dies ergibt sich nicht zuletzt aus § 1837 Abs 1 BGB und § 53 Abs 2 SGB VIII, wonach der Berufene sowohl vom Familiengericht als auch vom Jugendamt Beratung und Unterstützung bei der Wahrnehmung seiner Aufgabe verlangen kann. Wenn anzunehmen ist, dass der Berufene voraussichtlich den Anforderungen des Vormundsamts unter den konkret gegebenen Umständen nicht gewachsen ist, kommt allenfalls seine Übergehung wegen Gefährdung des Mündelwohls (Nr 4) in Betracht.

17 In den Motiven zum BGB wurde auch die **aufschiebend bedingte** oder für einen in der Zukunft liegenden Zeitpunkt ausgesprochene **Benennung** als Fall der Verhinderung angesehen (Mot IV 1054; ebenso BGB-RGRK/Dickescheid Rn 3; jurisPK-BGB/Hamdan Rn 9: § 1781 Abs 1 Nr 2 BGB analog). Dem kann nicht beigetreten werden. Wenn das Familiengericht einen aufschiebend bedingt oder befristet Benannten nicht zum Vormund ernennt, solange die Bedingung nicht eingetreten oder der Zeitpunkt, von dem an die Benennung gelten soll, nicht erreicht ist, beruht die Übergehung nicht darauf, dass ein Fall des § 1778 Abs 1 Nr 2 BGB vorliegt, sondern auf dem Fehlen einer (schon) wirksamen Berufung (ebenso MünchKomm/Spickhoff Rn 11, der darauf hinweist, dass eine Benennung unter einer aufschiebenden Bedingung auch als partieller Ausschluss nach § 1782 verstanden werden kann; s auch § 1777 Rn 25).

Das Gericht kann in diesem Fall einen anderen Vormund unter dem Vorbehalt des späteren Bedingungseintritts ernennen (§ 1790 BGB) mit der Folge, dass bei Bedingungseintritt der zunächst Bestellte zu entlassen und der von den Eltern Benannte zu berufen ist. Es kommt aber auch eine analoge Anwendung von § 1778 Abs 2 BGB in Betracht (so schon Mot IV 1054; BGB-RGRK/Dickescheid Rn 3; Soergel/Zimmermann Rn 3; MünchKomm/Spickhoff Rn 11, 16). Mit Blick darauf, dass jeder Vormundswechsel mit dem Interesse des Mündels an einer Beziehungskontinuität kollidieren und damit das Mündelwohl gefährden kann, spricht einiges für die zweitgenannte Lösung.

18 Erfolgte die Benennung der Eltern unter **auflösender Bedingung** oder Angabe eines **Endtermins**, so kommt eine Berufung des Benannten unter Vorbehalt nach § 1790 BGB oder ohne Vorbehalt in Betracht. Mit Eintritt der Bedingung bzw des Endtermins muss das Gericht dann diesen von Amts wegen entlassen (§ 1777 Rn 26), da die Fortführung seines Amtes nicht mehr von der Benennung getragen ist. Allerdings wird auch hier das Mündelinteresse in der Regel eine Fortsetzung des Amtes durch diesen Vormund verlangen, weshalb das Familiengericht ihn nach § 1779 BGB auswählen wird (MünchKomm/Spickhoff Rn 11).

c) Verzögerung der Übernahme der Vormundschaft (Abs 1 Nr 3)

19 E I hatte diesen Fall noch nicht enthalten: Man nahm an, es brauche nicht besonders ausgesprochen zu werden, dass das Gericht den Berufenen auch dann übergehen darf, wenn er zu der Zeit, in der die Vormundschaft angeordnet werden muss, sie sofort zu übernehmen nicht bereit ist; der Berufene willige in einem solchen Fall in seine Übergehung ein und habe durch die infolge seiner Nichtbereitschaft zur sofortigen Übernahme der Vormundschaft notwendig gewordene Bestellung eines anderen Vormunds sein Recht auf die Vormundschaft dauernd verloren (Mot IV 1058). Die II. Kommission fügte die Verzögerung der Übernahme der Vormundschaft als zusätzlichen Grund ein, um die „Privatwillensbestimmung“ (Verzögerung als Ausdruck der Zustimmung zur Bestellung eines anderen) durch die Entscheidung des Gerichts zu ersetzen (Prot IV 749).

20 Das Familiengericht kann also anstelle des Berufenen einen anderen als Vormund bestellen, wenn es feststellt, dass der Berufene die Übernahme der Vormundschaft verzögert. Die Übernahme verzögert, wer nicht innerhalb angemessener Frist kundtut, dass er zur Übernahme der Vormundschaft bereit ist. Die Annahme einer Verzögerung setzt **kein Verschulden** des Berufenen voraus (Dölle § 120 III 1 d; Gernhuber/Coester-Waltjen § 70 Rn 37; Palandt/Götz Rn 2; MünchKomm/Spickhoff Rn 12; Soergel/Zimmermann Rn 2); dieser muss aber zumindest die Vorstellung haben, dass das Familiengericht von ihm eine Äußerung über seine Bereitschaft zur Übernahme der Vormundschaft erwartet. Ihm ist eine Überlegungsfrist zuzubilligen, die aber im Interesse des Mündels an einer baldigen Klärung nicht zu großzügig bemessen sein darf (Soergel/Zimmermann Rn 2; BGB-RGRK/Dickescheid Rn 4).

21 Eine schuldhafte Verzögerung der Übernahme der Vormundschaft, also ein dem Berufenen vorwerfbares Hinhalten des Familiengerichts und damit des Mündels, löst **nicht** die **Schadensersatzpflicht des § 1787 Abs 1 BGB** aus; diese Vorschrift betrifft nicht den Fall des berufenen, sondern den des vom Familiengericht ausgewählten Vormunds (§ 1779 BGB), der nach § 1785 BGB zur Übernahme des Amtes verpflichtet ist (s MünchKomm/Spickhoff Rn 12; Soergel/Zimmermann Rn 2; **aA** Palandt/Götz Rn 2; NK-BGB/Fritsche Rn 9).

d) Gefährdung des Mündelwohls (Abs 1 Nr 4)

aa) Begriffsbestimmung

22 Der Berufene darf (und muss) auch übergangen werden, wenn seine Bestellung das Wohl des Mündels gefährden würde. In E I war noch eine „erhebliche" Gefährdung vorausgesetzt (s Mot IV 1057 f, wo schon Zweifel hieran dargelegt werden); in der II. Kommission wurde das Wort „erheblich" gestrichen (Prot IV 748). In der Praxis dürfte dieser Unterscheidung geringe Bedeutung zukommen, da auch eine „schlichte" Gefährdung des Mündelwohls immer voraussetzt, dass es sich nicht um eine belanglose Benachteiligung handelt (s dazu MünchKomm/Spickhoff Rn 13).

23 Dem in § 1778 Abs 1 Nr 4 BGB genannten Übergehensgrund steht die Vorschrift des § 1886 BGB gegenüber, die dem Familiengericht gebietet, den Einzelvormund zu entlassen, wenn die Fortführung des Amtes das Interesse des Mündels gefährden würde (s dazu § 1886 Rn 8 ff). Doch ist die **Schwelle des § 1886 BGB höher als die des § 1778 Abs 1 Nr 4 BGB**, weil die Entlassung des sein Amt – uU schon lange Zeit – ausübenden Vormunds als das äußerste Mittel nur in Betracht kommt, wenn sich erwiesen hat, dass andere Aufsichtsmittel nicht ausreichen, um die Gefährdung des Mündelwohls zu beseitigen (§ 1886 Rn 19), während dann, wenn das Familiengericht anstelle des Berufenen einen anderen als Vormund bestellt, noch keine rechtliche und tatsächliche Beziehung zwischen dem Vormund und dem Mündel entstanden ist, deren Aufrechterhaltung auch im Interesse des Mündels erwünscht sein kann. Wenn es um die Frage geht, ob ein von den Eltern Benannter bestellt oder übergangen werden soll, stehen sich die Beachtung des Elternwillens und der Schutz des Mündelinteresses gegenüber (s bereits Mot IV 1058). Der Staat kann in die „postmortale Ausübung der elterlichen Sorge" (Gernhuber/Coester-Waltjen § 70 Rn 35) eher eingreifen als in die elterliche Sorge selbst, da es um die Gestaltung des Sorgerechts nach dem Tod der Eltern geht (Gernhuber/Coester-Waltjen § 70 Rn 38; MünchKomm/Spickhoff Rn 1). Deshalb bietet auch die Rechtsprechung zu den §§ 1666 ff BGB keinen Maßstab für die Auslegung von § 1778 Abs 1 Nr 4 BGB (Gernhuber/Coester-Waltjen § 70 Rn 38; MünchKomm/Spickhoff Rn 1, 13).

24 Die Gefährdung kann sich auf das **körperliche, geistige und/oder sittliche Wohl** des Mündels, aber auch auf seine **Vermögensinteressen** beziehen. Es genügt eine objektive Gefährdung; Verschulden des als Vormund Berufenen (schuldhafte Herbeiführung der Umstände, aus denen auf die Gefährdung zu schließen ist) ist nicht vorausgesetzt (KG OLGE 42, 111 Fn 1c; BayObLGZ 1951, 657, 660; 1997, 93 = FamRZ 1997, 1289,

1290; OLG München 9. 6. 2015 – 26 WF 1758/14, juris Rn 18; Dölle § 120 III 1 e; Gernhuber/Coester-Waltjen § 70 Rn 38; Soergel/Zimmermann Rn 4; MünchKomm/Spickhoff Rn 13; BGB-RGRK/Dickescheid Rn 5; Erman/Schulte-Bunert Rn 3; BeckOK/Bettin [1. 11. 2019] Rn 7). Die bloß abstrakte Möglichkeit einer Beeinträchtigung genügt nicht (OLG Brandenburg 28. 11. 2018 – 15 WF 196/18, juris Rn 8, ZEV 2019, 151), vielmehr muss im Zeitpunkt der gerichtlichen Beurteilung die konkrete Besorgnis bestehen, dass die Berufung des Benannten das Wohl des Mündels jetzt oder zu einem späteren Zeitpunkt – etwa mit zunehmendem Alter des Mündels – beeinträchtigen wird (MünchKomm/Spickhoff Rn 13; NK-BGB/Fritsche Rn 10).

25 Da die Feststellung einer Gefährdung eine Prognose und meist die Bewertung eines Komplexes von ineinandergreifenden Einzelumständen notwendig macht, ist es schwer, **allgemeine Grundsätze** für die Auslegung des Begriffs der Gefährdung des Mündelwohls festzulegen. Leitsätze aus veröffentlichten einschlägigen Entscheidungen lassen sich deshalb schwerlich verallgemeinern; bei älteren Entscheidungen muss auch bedacht werden, dass sie sich zum Teil auf den Rechtszustand vor dem Erlass des GleichberG beziehen, der eine gesetzliche Berufung der Großväter des Mündels vorsah (zB der viel zitierte Beschluss des KG OLGE 18, 289).

26 Unabhängig davon wird heute allgemein angenommen, dass die Gefährdung des Mündelwohls ein **unbestimmter Rechtsbegriff** ist, bei dem zwar die Feststellung der einzelnen Tatumstände dem Tatrichter obliegt, die Frage aber, ob diese Umstände in ihrer Gesamtheit die Merkmale des Rechtsbegriffs erfüllen, eine Rechtsfrage darstellt, deren unrichtige Beantwortung eine – im Verfahren der Rechtsbeschwerde nach § 70 FamFG nachprüfbare – Gesetzesverletzung ist (Gernhuber/Coester-Waltjen § 70 Rn 38 Fn 50; Erman/Schulte-Bunert Rn 3; Soergel/Zimmermann Rn 4; BGB-RGRK/Dickescheid Rn 5; MünchKomm/Spickhoff Rn 13 aE; soweit in KG OLGE 18, 289 u BayObLGZ 19, 166, 169 u 1967, 315, 316 sowie Staudinger/Engler[10/11] Rn 7 von „pflichtgemäßem Ermessen" die Rede ist, dürfte damit nichts anderes gemeint sein als die dem Gericht obliegende Konkretisierung des unbestimmten Rechtsbegriffs „Gefährdung des Kindeswohls", so MünchKomm/Spickhoff Rn 13 Fn 19; s auch Staudinger/Engler [2004] Rn 24).

bb) Einzelfälle

27 Von besonderer praktischer Bedeutung in der Praxis ist die Gefährdung des Mündelwohls durch einen Gegensatz der Interessen des Mündels und derer des Vormunds (BayObLG FamRZ 1992, 1346, 1348; s auch BayObLG FamRZ 1994, 781 [LS]; zu einem Fall einer Ergänzungspflegschaft, auf die § 1778 BGB nach § 1917 Abs 1 BGB entsprechend gilt, OLG Schleswig NJW-RR 2007, 1597, 1598; OLG München 9. 6. 2015 – 26 WF 1758/14, juris Rn 18), es sei denn, dass sich der **Interessengegensatz**, der gegenwärtig nicht besteht, erst später aufgrund einer Änderung der Sachlage ergibt (BayObLG JFG 4, 137). So wurde etwa eine Gefährdung des Mündelwohls in einem Fall angenommen, in dem zwischen der verstorbenen Mutter des 6 Jahre alten Mündels und der Familie des Vaters, zu der der (nach früherem Recht als Großvater) Berufene gehörte, ein Zwiespalt bestand, den auch der Mündel wahrgenommen hatte (KG OLGE 18, 289); daraus wurde abgeleitet, dass eine Gefährdung des Mündelwohls droht, wenn dem Mündel ein von ihm schwer verkraftbarer Milieuwechsel zugemutet wird oder wenn eine Entfremdung zwischen ihm und dem als Vormund Berufenen eingetreten ist (KG OLGE 42, 111 Fn 1c; s auch BayObLGZ 1957, 315; Dölle § 120 III 1 e; Gernhuber/Coester-Waltjen § 70 Rn 38; MünchKomm/Spickhoff Rn 14; BGB-RGRK/Dickescheid Rn 5; Erman/Schulte-Bunert Rn 3;

Soergel/Zimmermann Rn 4). Weiter wurde eine Gefährdung des Mündelwohls wegen des Bestehens eines Interessengegensatzes in einem Fall bejaht, in dem der Benannte den Mündel adoptieren wollte (BayObLG FamRZ 1992, 1346).

Eine Gefährdung der **Vermögensinteressen** des Mündels kann vorliegen, wenn erhebliche Zweifel an der Fähigkeit des Berufenen zur Führung der Vormundschaft bestehen, wenn ihm insbesondere Kenntnisse und Erfahrungen fehlen, die zu einer schwierigen Vermögensverwaltung notwendig sind (MünchKomm/Spickhoff Rn 14; NK-BGB/Fritsche Rn 10), oder wenn der Benannte in der Vergangenheit den Vermögensinteressen des Mündels in konkreten Fällen zuwidergehandelt hat (BayObLGZ 1997, 93 = FamRZ 1997, 1289, 1290), ferner dann, wenn bei dem Geschäft des Berufenen mit einem ungünstigen Geschäftsgang in naher Zukunft zu rechnen ist (KG OLGE 18, 289, 290). Zur Verhinderung einer vollständigen Übergehung kann im Fall mangelnder Sachkenntnis die Bestellung eines Mitvormunds für den Wirkungskreis Vermögenssorge als milderes Mittel in Betracht gezogen werden (BeckOGK/Hoffmann [1. 12. 2019] Rn 49; NK-BGB/Fritsche Rn 10; s auch § 1775 Rn 12). Die Verweigerung der dann nach Abs 3 erforderlichen Zustimmung kann wiederum das Wohl des Mündels gefährden (s Rn 42). 28

Vorgerücktes **Alter** und **Gebrechlichkeit** des Berufenen können die Annahme begründen, dass er an der Übernahme der Vormundschaft iSv Nr 2 verhindert ist (s oben Rn 16); in seiner Bestellung könnte dann auch eine Gefährdung des Mündelwohls gesehen werden. Dies darf das Familiengericht aber nicht als eine allgemeine Erfahrungstatsache unterstellen; es muss vielmehr die Situation im Einzelfall aufklären (BayObLGZ 24, 109; MünchKomm/Spickhoff Rn 14). 29

Das Gleiche gilt bei **Konfessionsverschiedenheit** von Mündel und Benanntem. Aus dieser ist nicht ohne Weiteres eine Gefährdung des Mündelwohls zu folgern. Vielmehr kommt es maßgeblich auf die Haltung des als Vormund Berufenen an. Es muss also eine konkret begründete Besorgnis bestehen, dass er intolerant gegenüber der bisherigen religiösen Erziehung des Mündels ist (BayObLG OLGE 43, 377; Enneccerus/Kipp § 106 III 4 Fn 8; Dölle § 120 III 1 e; BGB-RGRK/Dickescheid Rn 5; MünchKomm/Spickhoff Rn 14; Soergel/Zimmermann Rn 4 aE; Erman/Schulte-Bunert Rn 3; s auch § 1801 BGB). 30

e) Widerspruch des Mündels (Abs 1 Nr 5)

Die durch das SorgeRG vom 18. 7. 1979 eingefügte Nr 5 (vgl oben Rn 5) ermöglicht es dem Familiengericht, einen nach § 1776 BGB als Vormund Berufenen auch dann zu übergehen, wenn der Mündel seiner Bestellung widerspricht; dafür ist aber vorausgesetzt, dass der Mündel mindestens 14 Jahre alt und nicht geschäftsunfähig ist. Nach dieser Bestimmung wird dem Willen des heranwachsenden Jugendlichen größeres Gewicht beigelegt als dem in der letztwilligen Verfügung geäußerten Willen der Eltern. 31

Das auch mit Abs 1 Nr 5 verfolgte Ziel der Sorgerechtsreform, der zunehmenden Selbstverantwortlichkeit des Jugendlichen Rechnung zu tragen (BT-Drucks 7/2060, 13, 15 f, 40; vgl §§ 1626 Abs 2, 1631 Abs 2, 1631a BGB; s auch § 1800 Rn 12, 46 f), gebietet es aber nicht, dass das Familiengericht in jedem Fall, in dem der Mündel mit der Bestellung des von den Eltern benannten Vormunds nicht einverstanden ist, den Berufenen zu 32 übergehen hätte (OLG Hamm 15. 5. 2017 – 7 WF 240/16, juris Rn 31, FamRZ 2017, 1760, 1761). Es kann den **Willen des Mündels** auch **unbeachtet lassen**, wenn der Widerspruch auf einer Augenblicksstimmung oder auf allgemeinem Widerspruchsgeist beruht, so etwa, wenn der Mündel zu erkennen gibt, dass er mit der Bestellung eines Vormunds überhaupt nicht einverstanden ist. Doch kann im Einzelfall auch dann, wenn der Mündel noch nicht 14 Jahre alt oder zwar schon 14 Jahre alt, aber geschäftsunfähig ist, die von ihm geäußerte Ablehnung unter dem Gesichtspunkt der Gefährdung des Mündelwohls (Nr 4) zur Übergehung des als Vormund Berufenen führen (MünchKomm/Spickhoff Rn 15; Palandt/Götz Rn 2; Erman/Schulte-Bunert Rn 3; Hoppenz/Rohde Rn 7; Rauscher, Familienrecht Rn 1201).

33 Eine Übergehung nach Abs 1 Nr 5 hindert das Familiengericht aber nicht daran, den Benannten nach § 1779 BGB auszuwählen, sondern nur, dass eine Bindung des Gerichts an den erklärten Willen des benennenden Elternteils entfällt (OLG Hamm 15. 5. 2017 – 7 WF 240/16, juris Rn 31, FamRZ 2017, 1760, 1761 f; MünchKomm/Spickhoff Rn 15). Allerdings muss dessen Wille auch im Rahmen dieser Auswahlentscheidung als Folge der Regelung in § 1778 Abs 1 Nr 5 BGB aufgrund des Widerspruchs des Mündels zurücktreten, sofern dieser die Folgen seiner Entscheidung zu überblicken und zu beurteilen in der Lage ist (OLG Hamm 15. 5. 2017 – 7 WF 240/16, juris Rn 33; § 1779 Rn 63).

34 Zur Stellung des Mündels im Verfahren s unten Rn 44.

4. Vorübergehende Verhinderung (Abs 2)

35 Nach § 1778 **Abs 2** BGB hat das Familiengericht einen nur **vorübergehend verhinderten** Berufenen nach Wegfall des Hinderungsgrundes auf seinen Antrag anstelle des bisherigen Vormunds zum Vormund zu bestellen. Dies gilt für Fälle tatsächlicher wie rechtlicher Verhinderung – etwa in den Fällen der §§ 1780, 1781 und 1784 BGB – gleichermaßen (s oben Rn 16; MünchKomm/Spickhoff Rn 16; BeckOGK/Hoffmann [1. 12. 2019] Rn 65; BeckOK/Bettin [1. 11. 2019] Rn 9; BGB-RGRK/Dickescheid Rn 3). Eine Unterscheidung zwischen beiden Verhinderungsgründen (so Soergel/Zimmermann Rn 6) lässt sich dem Wortlaut von § 1778 Abs 2 BGB nicht entnehmen. Zudem wäre es widersprüchlich, einerseits im Mündelinteresse für eine restriktive Anwendung dieser Norm zu plädieren (so noch MünchKomm/Wagenitz[6] Rn 16), andererseits aber für eine Analogie in den Fällen einer Benennung unter aufschiebender Bedingung oder Befristung (s oben Rn 17). Haben etwa die Eltern einen jungen Verwandten, der besonders zuverlässig ist, als Vormund benannt und bestimmt, dass seine Benennung erst wirksam sein soll, wenn der Benannte seine Berufsausbildung abgeschlossen hat oder 20 Jahre alt ist, und sterben die Eltern unerwartet, wenn der Benannte erst 19 Jahre alt ist und noch in der Ausbildung steht, so soll § 1778 Abs 2 BGB entsprechend anwendbar sein (MünchKomm/Spickhoff Rn 16). Etwas anderes kann aber auch nicht gelten, wenn die Benennung nicht mit einer Bedingung oder Zeitbestimmung verbunden war und der Benannte bei Anordnung der Vormundschaft erst 17 Jahre alt ist, sodass seiner Bestellung zum Vormund die Minderjährigkeit (§ 1781 Nr 1 BGB) entgegensteht. Allerdings sollte in jedem Fall ein **Wechsel** in der Person des Vormunds im Interesse des Mündels **möglichst vermieden** werden (s oben Rn 17; so auch BGB-RGRK/Dickescheid Rn 3 aE); es sind freilich auch Ausnahmefälle denkbar, in denen die Ersetzung eines Vormunds, der mit dem Mündel nicht zurechtkommt,

erwünscht sein kann. Kommt das Familiengericht zu der Überzeugung, dass die Bestellung eines als Vormund Berufenen, der sich nach Wegfall eines Hindernisses auf § 1778 Abs 2 BGB beruft, das Wohl des Mündels gefährden würde, so muss es ihn erneut, jetzt gestützt auf § 1778 Abs 1 Nr 4 BGB, übergehen (BeckOGK/Hoffmann [1. 12. 2019] Rn 67).

5. Bestellung eines Vormunds für einen verheirateten Minderjährigen

War für einen Ehegatten ein Vormund zu bestellen (was nach der Aufhebung der Vormundschaft über Volljährige nur noch in Betracht kam, wenn der Ehegatte minderjährig war), durfte der Ehegatte des Mündels vor einem nach § 1776 BGB Berufenen zum Vormund bestellt werden. Das eheliche Verhältnis hatte hier Vorrang vor dem fortwirkenden Sorgerecht der Eltern (§ 1633 BGB aF), wenngleich die Vorschrift als unglücklich galt, da der Ehegatte gleichzeitig als Vormund ein (nach altem Recht beschränktes) Sorgerecht auszuüben hatte. Mit dem Gesetz zur Bekämpfung von Kinderehen v 17. 7. 2017 (BGBl I 2429) wurde nicht nur § 1303 BGB neugefasst und festgelegt, dass die Ehemündigkeit erst mit Vollendung des 18. Lebensjahres eintritt. Vielmehr wurde **§ 1778 Abs 3 BGB aF** als eine von vielen für entbehrlich gehaltenen Vorschriften, die sich aus der Ehemündigkeit mit 16 Jahren ergeben hatten (BT-Drucks 18/12086, 21), **aufgehoben** (Art 1 Nr 19 Buchst a). 36

Wird unter Verstoß gegen § 1303 S 2 BGB eine Ehe mit einem mindestens 16-jährigen Minderjährigen geschlossen, so ist diese Ehe wirksam, aber aufhebbar (§ 1314 Abs 1 Nr 1 BGB), es sei denn, der minderjährige Ehegatte hat, nachdem er volljährig geworden ist, zu erkennen gegeben, dass er die Ehe fortsetzen will (Bestätigung) (§ 1315 Abs 1 S 1 Nr 1 Buchst a BGB), oder die Aufhebung der Ehe würde aufgrund außergewöhnlicher Umstände eine so schwere Härte für den minderjährigen Ehegatten darstellen, dass die Aufrechterhaltung der Ehe ausnahmsweise geboten erscheint (§ 1315 Abs 1 S 1 Nr 1 Buchst b BGB; zur Konkretisierung s Palandt/Brudermüller § 1315 Rn 10).

Infolge des Wegfalls von Abs 3 genießt nun der Ehegatte des Mündels keinen Vorrang mehr vor dem von den Eltern Benannten. Mag für dieses Ergebnis auch die Zielrichtung des Gesetzes sprechen, Kinderehen zu ächten (s oben Rn 6), so ist es doch mit Blick auf **Art 6 Abs 1 GG** problematisch, wenn man bedenkt, dass dieser benannte Vormund kraft seines durch den Fortfall des § 1633 BGB aF unbeschränkten Sorgerechts nun den Umgang des Minderjährigen mit seinem Ehegatten regeln bzw seinen Aufenthalt von dem des Ehegatten abweichend bestimmen kann (Frie FamRB 2017, 232, 235; Opris ZErb 2017, 158, 164). Will man diese Folge vermeiden, so bleibt nur die Möglichkeit, dem Mündelwillen bei der Auswahlentscheidung des Gerichts stärkeres Gewicht beizumessen (dazu oben Rn 31 f). Zudem hat der Mündel ein Beschwerderecht. Schließlich wäre auch zu überlegen, ob nicht auch dem anderen Ehegatten aufgrund seines Grundrechts aus Art 6 Abs 1 GG ein eigenes Beschwerderecht zustehen sollte (MünchKomm/Spickhoff Rn 17; **aA** Erman/Schulte-Bunert Rn 5). 37

6. Konkurrenz zwischen § 1778 und § 1680 Abs 2

Es bleibt die Frage, ob nicht § 1680 Abs 2 BGB Vorrang vor dem Benennungsrecht der Eltern nach § 1776 BGB genießt, das nur unter den in § 1778 BGB genannten 38

Gründen übergangen werden kann. Bejahendenfalls würde zu den dort genannten Gründen ein weiterer Grund für ein Übergehen des vom verstorbenen, alleinsorgeberechtigten Elternteil benannten Vormunds bestehen, und zwar zugunsten des überlebenden anderen Elternteils des Kindes. Bei der Beantwortung dieser Frage ist zu berücksichtigen, dass sich in § 1778 BGB kein ausdrücklicher Bezug auf § 1680 Abs 2 BGB findet, was einen Vorrang des Benennungsrechts vermuten lassen könnte. Für eine Entscheidung zugunsten § 1680 Abs 2 BGB sprechen jedoch nicht nur dessen systematische Stellung vor den Regelungen der Vormundschaft und der Wille des Gesetzgebers, lediglich eine negative Kindeswohlprüfung für die Übertragung der Sorge auf den anderen Elternteil genügen zu lassen, sondern auch die Wertungen von Art 6 Abs 2 GG, der zuvörderst den Eltern das Recht zur Pflege und Erziehung der Kinder zuschreibt, mithin also die Ausübung des Sorgerechts durch eine andere Person als die rechtlichen Eltern davon abhängig macht, dass diese hierfür nicht mehr in Betracht kommen (Ott BWNotZ 2014, 138, 142). Allerdings bleibt zu bedenken, dass dann, wenn eine Sorgerechtsübertragung auf den anderen Elternteil nach § 1680 Abs 2 BGB in Betracht kommt, es schon an den Voraussetzungen für die Anordnung einer Vormundschaft nach § 1773 BGB fehlt (s dazu § 1773 Rn 26), weshalb dem Gericht im Rahmen von § 1778 BGB diese Konkurrenz mithin nicht mehr begegnen wird (anschaulich zur Reihenfolge der einzelnen Prüfungsschritte OLG Brandenburg 19. 3. 2012 – 9 UF 232/11, juris Rn 16 f, ZKJ 2012, 312, 313). Gleichwohl können vom verstorbenen Elternteil in der letztwilligen Verfügung Gründe vorgebracht werden, die wiederum gegen eine Übertragung nach § 1680 Abs 2 BGB sprechen und damit die Entscheidung des Gerichts hin zu einer Vormundschaft beeinflussen können (Ott BWNotZ 2014, 138, 142).

IV. Bestellung eines Mitvormunds neben dem Berufenen (Abs 3)

39 Das Recht des nach § 1776 BGB als Vormund Berufenen soll nicht dadurch „verkümmert werden", dass das Familiengericht neben ihm einen Mitvormund bestellt (Mot IV 1060), wie es nach § 1775 BGB aus besonderen Gründen möglich ist. § 1778 Abs 3 BGB macht deshalb die Bestellung eines Mitvormunds davon abhängig, dass der Berufene ihr zustimmt. Dem entspricht das Recht eines vom Familiengericht nach § 1779 BGB als Vormund Ausgewählten, die Übernahme der Vormundschaft abzulehnen, wenn er mit einem anderen zur gemeinschaftlichen Führung der Vormundschaft bestellt werden soll (§ 1786 Abs 1 Nr 7 BGB). Von diesem Ablehnungsrecht unterscheidet sich das Zustimmungserfordernis des § 1778 Abs 3 BGB dadurch, dass es nicht nur eingreift, wenn der Berufene und der Mitvormund zur gemeinschaftlichen Führung der Vormundschaft bestellt werden sollen (§ 1797 Abs 1 BGB), sondern auch dann, wenn das Familiengericht die Vormundschaft unter die Mitvormünder nach Wirkungskreisen aufzuteilen beabsichtigt (§ 1797 Abs 2 BGB). Sind jedoch durch letztwillige Verfügung der Eltern mehrere Mitvormünder – sei es zur gemeinschaftlichen oder zur nach Wirkungskreisen verteilten Vormundschaft – berufen (s § 1776 Rn 10), so ist die Zustimmung des einen zur Bestellung des anderen als Mitvormund nicht erforderlich, weil in diesem Fall die Rechtsstellung der Berufenen von vornherein eingeschränkt ist (BGB-RGRK/Dickescheid Rn 8; MünchKomm/Spickhoff Rn 19; Erman/Schulte-Bunert Rn 6; Soergel/Zimmermann Rn 8 aE; Palandt/Götz Rn 3; Hoppenz/Rohde Rn 10).

40 Bestellt das Familiengericht einen Mitvormund ohne die erforderliche Zustimmung des berufenen und bestellten Vormunds, so soll dieser nach allgemeiner Ansicht das

Recht haben, nach **§ 1889 Abs 1 iVm § 1786 Abs 1 Nr 7 BGB** seine Entlassung zu verlangen (MünchKomm/Spickhoff Rn 19; Soergel/Zimmermann Rn 8; Hoppenz/Rohde Rn 10). Dies ist zumindest für den Fall der nach Wirkungskreisen aufgeteilten Vormundschaft nicht unmittelbar dem Gesetz zu entnehmen, weil sich § 1786 BGB nicht auf den berufenen, sondern auf den ausgewählten, nach § 1785 BGB grundsätzlich zur Übernahme verpflichteten Vormund bezieht und das Ablehnungsrecht nach § 1786 Abs 1 Nr 7 BGB nur besteht, wenn der Ausgewählte mit einem anderen zur gemeinschaftlichen Führung der Vormundschaft bestellt werden soll. Eine **entsprechende Anwendung** erscheint aber deshalb geboten, weil es inkonsequent wäre, die gleichzeitig vorgenommene Bestellung eines Mitvormunds von der Zustimmung des Berufenen abhängig zu machen, ihn aber zum Verbleiben im Amt zu nötigen, wenn das Familiengericht später gegen seinen Willen einen Mitvormund bestellt. Auch in einem solchen Fall ist die unter Verstoß gegen § 1778 Abs 3 BGB erfolgte Bestellung des Mitvormunds nicht unwirksam, sondern nur – weil sie als Einschränkung des durch die Berufung erworbenen Rechts der Übergehung gleichkommt – nach § 58 FamFG mit der Beschwerde anfechtbar (MünchKomm/Spickhoff Rn 19; BGB-RGRK/Dickescheid Rn 8; Soergel/Zimmermann Rn 8).

Hat der Berufene der Bestellung eines Mitvormunds zugestimmt, so hat er nicht das Recht, die Person des Mitvormunds zu bestimmen oder eine bestimmte Person abzulehnen. Er kann aber seine Zustimmung davon abhängig machen, dass eine bestimmte Person zum Mitvormund bestellt wird (BayObLG JW 1922, 36 = JFG 1, 74, 77). **41**

Macht der Berufene durch die **Verweigerung seiner Zustimmung** die Bestellung eines Mitvormunds unmöglich, so kann darin in einem extrem gelagerten Fall (etwa bei einer besonders umfangreichen und schwierigen Vermögensverwaltung, die die Fähigkeiten des als Vormund Berufenen übersteigt) eine das Interesse des Mündels gefährdende **Pflichtwidrigkeit** gesehen werden, die das Familiengericht berechtigt, von der Bestellung des Berufenen abzusehen (§ 1778 Abs 1 Nr 4 BGB) oder ihn, wenn er schon als Vormund bestellt ist, gemäß § 1886 BGB zu entlassen (BayObLG JW 1922, 36 = JFG 1, 74, 77; Dölle § 120 IV 2 aE; BGB-RGRK/Dickescheid Rn 8; Erman/Schulte-Bunert Rn 6; MünchKomm/Spickhoff Rn 19 aE; Palandt/Götz Rn 3). **42**

Die Bestellung eines **Gegenvormunds** (§ 1792 BGB) ist von der Zustimmung des Berufenen nicht abhängig (BayObLGZ 18, 53). **43**

V. Verfahren

Der Minderjährige ist, da er durch die Ernennungsentscheidung unmittelbar in seinen Rechten betroffen ist (s zur Auswahlentscheidung nach § 1779 Rn 94), **Beteiligter** iSv § 7 Abs 2 Nr 1 FamFG. Der Mündel, der das 14. Lebensjahr bereits vollendet hat und im Verfahren ein Widerspruchsrecht nach § 1778 Abs 1 Nr 5 BGB geltend macht, ist auch **verfahrensfähig** (§ 9 Abs 1 Nr 3 FamFG). Darüber hinaus ist er persönlich **anzuhören** (§ 159 FamFG; § 1779 Rn 98). Für ihn ist weiter ein **Verfahrensbeistand** nach § 158 FamFG zu bestellen (näher § 1779 Rn 112). **44**

Widerspricht der Mündel der Bestellung des Benannten und ernennt das Gericht den Benannten gleichwohl, so kann der Mündel **Beschwerde** nach § 58 FamFG einlegen. Dieses Beschwerderecht kann er, soweit er nicht geschäftsunfähig ist und bei Erlass **45** der Entscheidung das 14. Lebensjahr vollendet hat, ohne Mitwirkung seines gesetzlichen Vertreters ausüben (§ 60 FamFG).

46 Da der von den Eltern Benannte ein Recht auf Bestellung hat (s oben Rn 1), ist er am Verfahren nach § 7 Abs 2 Nr 1 FamFG zu **beteiligen**. Ihm ist die Entscheidung des Gerichts auch bekannt zu geben (§ 41 Abs 1 S 1 FamFG). Wird er mit dieser **übergangen** (s dazu oben Rn 12), kann er Beschwerde nach **§ 58 FamFG** binnen einer Frist von einem Monat (§ 63 Abs 1 FamFG) ab schriftlicher Bekanntgabe (§ 63 Abs 3 FamFG) bei dem Gericht einlegen, dessen Beschluss angefochten wird (§ 64 Abs 1 FamFG). Zur Frist bei vergessenen Beteiligten s § 1828 Rn 110 ff.

47 Das Familiengericht kann seine Entscheidung, die mit der Beschwerde angefochten wird, **nicht selbst ändern** (§ 68 Abs 1 S 2 FamFG). Hat die Beschwerde des Übergangenen Erfolg, so muss der bisherige Vormund entlassen und der Berufene als Vormund bestellt werden, ohne dass es darauf ankäme, ob bei der Bestellung des bisherigen Vormunds ein entsprechender Vorbehalt nach § 1790 BGB gemacht wurde oder ein Entlassungsgrund nach § 1886 BGB vorliegt oder nicht (s § 1886 Rn 23 mwNw; BGB-RGRK/Dickescheid Rn 11; MünchKomm/Spickhoff Rn 18; Soergel/Zimmermann Rn 10; Erman/Schulte-Bunert Rn 5).

48 Die nach bisherigem Recht bestehende Möglichkeit des von den Eltern Benannten, die Bestellung eines Dritten nicht im eigenen, sondern **im Mündelinteresse** mit der Beschwerde anzugreifen und die Auswahl des Vormunds zu rügen (so **§ 57 Abs 1 Nr 9 FGG**; MünchKomm/Wagenitz[5] Rn 18), besteht nach dem FamFG nicht mehr (näher § 1779 Rn 122).

§ 1779
Auswahl durch das Familiengericht

(1) Ist die Vormundschaft nicht einem nach § 1776 Berufenen zu übertragen, so hat das Familiengericht nach Anhörung des Jugendamts den Vormund auszuwählen.

(2) Das Familiengericht soll eine Person auswählen, die nach ihren persönlichen Verhältnissen und ihrer Vermögenslage sowie nach den sonstigen Umständen zur Führung der Vormundschaft geeignet ist. Bei der Auswahl unter mehreren geeigneten Personen sind der mutmaßliche Wille der Eltern, die persönlichen Bindungen des Mündels, die Verwandtschaft oder Schwägerschaft mit dem Mündel sowie das religiöse Bekenntnis des Mündels zu berücksichtigen.

(3) Das Familiengericht soll bei der Auswahl des Vormunds Verwandte oder Verschwägerte des Mündels hören, wenn dies ohne erhebliche Verzögerung und ohne unverhältnismäßige Kosten geschehen kann. Die Verwandten und Verschwägerten können von dem Mündel Ersatz ihrer Auslagen verlangen; der Betrag der Auslagen wird von dem Familiengericht festgesetzt.

Materialien: E I § 1638 Abs 1; II § 1660 Abs 1; III § 1755; Mot IV 1061; Prot IV 749. Geändert durch NEhelG v 19. 8. 1969 (BGBl I 1243) Art 1 Nr 52, SorgeRG v 18. 7. 1979 (BGBl I 1061) Art 1 Nr 45, KindRG v 16. 12. 1997 (BGBl I 2942) Art 1 Nr 41 und BtÄndG v 25. 6. 1998 (BGBl I 1580) Art 1 Nr 4; neugefasst durch Bekanntmachung v 2. 1. 2002 (BGBl I 42); Überschrift, Abs 1, Abs 2 S 1, Abs 3 S 1 und 2 geändert durch Art 50 Nr 34 nach Maßgabe von Art 111 FGG-RG v 17. 12. 2008 (BGBl I 2586) mit Wirkung v 1. 9. 2009.

Schrifttum

AFET – Bundesverband für Erziehungshilfe eV, Unbegleitete minderjährige Flüchtlinge im Kontext von Jugendhilfe, Recht und Politik, JAmt 2012, 370

Berthold/Espenhorst, Praxis und Politik in der Pflicht – Vormundschaften für unbegleitete minderjährige Flüchtlinge, JAmt 2012, 365

Bienwald, Feststellungen zur Eignung von Betreuern, Vormündern und Pflegern. Zugleich Besprechung von Fritz Böckh, Recht im Studium der Sozialen Arbeit, Richard Boorberg Verlag 2014, und Ansgar Marx, Familienrecht für soziale Berufe, 2. Aufl. 2014, Bundesanzeiger Verlag, RpflStud 2017, 193

20. Deutscher Familiengerichtstag – Empfehlungen des Vorstands, FamRZ 2013, 1948 (zit: Deutscher Familiengerichtstag)

Deutscher Verein für öffentliche und private Fürsorge eV Berlin, Empfehlungen des Deutschen Vereins zu den Mindeststandards von Babyklappen, JAmt 2013, 569 (zit: Deutscher Verein)

Deutsches Institut für Jugendhilfe und Familienrecht e.V. (DIJuF), Hinweise zu den rechtlichen Mindestanforderungen für den Betrieb einer Babyklappe, JAmt 2013, 564

Diouani-Streek, Negative Effekte oder nachhaltige Effektivität im Kinderschutz? Fragen an Rechtsprechung und Gesetzgebung im Bereich der Pflegekindschaft, ZKJ 2015, 50

Dürbeck, Unbegleitete minderjährige Flüchtlinge im Familienrecht, FamRZ 2018, 553

ders, Aktuelle Rechtsfragen im Zusammenhang mit der Einreise unbegleiteter minderjähriger Flüchtlinge. Zugleich eine Besprechung der Entscheidungen des BGH v. 20. 11. 2013 (XII ZB 569/12 und XII ZB 576/12) zur sachlichen Zuständigkeit des Jugendamts im familiengerichtlichen Verfahren, ZKJ 2014, 266

Erb-Klünemann/Kössler, Unbegleitete minderjährige Flüchtlinge – eine verstärkte familiengerichtliche Herausforderung, FamRB 2016, 160

Etzold, Bestellung eines rechtskundigen Mitvormunds für unbegleitete minderjährige Flüchtlinge nach § 1775 S. 2 BGB. Zugleich Anmerkung zu OLG Nürnberg, FamRZ 2016, 481, und OLG Bamberg, FamRZ 2016, 152, FamRZ 2016, 609

Hansbauer, Unbegleitete minderjährige Flüchtlinge – Ehrenamtliche Einzelvormundschaften als Alternative zur Amtsvormundschaft?, JAmt 2016, 290

Heilmann/Lack, Kinderschutz und Familiengericht – Verfassungsrechtliche Vorgaben für die familiengerichtliche Intervention bei Kindeswohlgefährdung, ZKJ 2014, 308

Helms, Rechtliche, biologische und soziale Elternschaft – Herausforderungen durch neue Familienformen, in: Ständige Deputation des Deutschen Juristentages, Verhandlungen des Einundsiebzigsten Deutschen Juristentages (2016), Band I (Gutachten), Teil F (zit: Helms, 71. DJT)

Hoffmann, Die Auswahl des Vormunds/Pflegers durch das Familiengericht – das Auswahlverfahren, FamRZ 2014, 1167

dies, Die Auswahl eines Vormunds/Pflegers durch das Familiengericht – materiell-rechtliche Vorgaben, FamRZ 2014, 1084

Josef, Feststellung des Bekenntnisses des Mündels und des Vormunds, WürttZ 1923, 33

Justin, Die Vielfalt der Aufgaben in der Amtsvormundschaft – Notizen aus der Praxis, JAmt 2011, 305

Keuter, Großeltern und Vormundauswahl. Zugleich Anmerkung zum Beschl. des BVerfG v. 27. 8. 2014, ZKJ 2015, 74 ff., ZKJ 2015, 67

Kinderrechtekommission des Deutschen Familiengerichtstags e.V., Reformbedarf im Pflege-

kinderwesen, FamRZ 2014, 891 (zit: Kinderrechtekommission)
KLINKHAMMER, Wer gehört zur Familie?, ZfPW 2015, 5
KLOSTER-HARZ, Beteiligung der Großeltern in Kindschaftsverfahren, NZFam 2016, 529
KOHNE, Der Wille des Kindes in sorge- und umgangsrechtlichen Entscheidungen des Familiengerichts: Ein ewig ungelöstes Problem? – Anmerkung zum Beschluss des BVerfG vom 27. 6. 2008 (1 BvR 311/08), JAmt 2009, 167
KOLODZIEJ, Die Aufgaben des Jugendamtes im Bereich der Amtspflegschaften, Amtsvormundschaften und der bestellten Vormundschaften bei Minderjährigen und Erwachsenen in der Zusammenarbeit mit dem Vormundschaftsgericht, DAVorm 1985, 931
KÜFNER, Ist es in Deutschland notwendig, auf Dauer angelegte Pflegeverhältnisse stärker zu schützen?, in: KINDLER/HELMING/MEYSEN/JURCZYK (Hrsg), Handbuch Pflegekinderhilfe (2010) 858
LAUDIEN, Die Kontinuität des Gegenübers. Ethische und sozialtheoretische Aspekte im neuen Vormundschaftsgesetz, JAmt 2012, 300
OBERLOSKAMP, Mehr Einzelvormünder/Einzelpfleger statt Amtsvormünder/Amtspfleger?, FamRZ 1988, 7
OPITZ, Amtsvormundschaft und Soziale Dienste – miteinander, gegeneinander oder wie?, JAmt 2001, 315
RIEGNER, Sachkunde und schwierige Geschäfte bei der Vormundschaft, NZFam 2015, 193
RIEGNER Die Vertretung unbegleiteter minderjähriger Flüchtlinge in asyl- und ausländerrechtlichen Angelegenheiten, NZFam 2014, 150
SALGO/ZENZ, (Amts-)Vormundschaft zum Wohle des Mündels – Anmerkungen zu einer überfälligen Reform, FamRZ 2009, 1378
dies, Kontinuitätssichernde Strukturen und Verfahren im Pflegekinderwesen – Rechts- und sozialpolitische Forderungen, frühe Kindheit 2010, Heft 4, 26
SCHERPE, Reichweite des verfassungsrechtlichen Schutzes der Verwandtenstellung im Vormundschaftsverfahren. Zugleich eine Besprechung von BVerfG, Beschluss v. 24. 6. 2014 – 1 BvR 2926/13, FamRZ 2014, 1435, FamRZ 2014, 1821
SCHNEIDER/FABER, Bestellung von Vormund und Ergänzungspfleger in Kindschaftssachen nach §§ 1666, 1696, FuR 2012, 580
SCHÜRMANN, Stellung der Kinder im familiengerichtlichen Verfahren, FamFR 2009, 153
SCHWAB, Zur zivilrechtlichen Stellung der Pflegeeltern, des Pflegekindes und seiner Eltern – rechtliche Regelungen und rechtspolitische Forderungen, in: Ständige Deputation des Deutschen Juristentages, Verhandlungen des Vierundfünfzigsten Deutschen Juristentages (1982), Band I (Gutachten), Teil A (zit: SCHWAB, 54. DJT)
SCHWAMB, Unbegleitete minderjährige Flüchtlinge im Familienrecht – Erwiderung auf den Beitrag von Dürbeck, FamRZ 2018, 553 ff, FamRZ 2018, 984
SCHWEDLER, Die vertrauliche Geburt – Ein Meilenstein für Schwangere in Not?, NZFam 2014, 193
SCHWEPPE, 15. Kleiner Arnholdshainer Familiengerichtstag, ZKJ 2013, 237
SEIDENSTÜCKER, Welchen Vormund braucht der Mündel?, in: COESTER-WALTJEN/LIPP/SCHUMANN/VEIT (Hrsg), 9. Göttinger Workshop zum Familienrecht 2010 (2011) 43 (zit: SEIDENSTÜCKER, 9. Göttinger Workshop)
SIMON, Vormundschaft für Kinder, die in Pflegefamilien leben. Eine Herausforderung für alle Beteiligten, JAmt 2014, 610
SOMMER, Ehrenamtliche Einzelvormundschaften – Herausforderungen und Chancen einer vergessenen/vernachlässigten Institution, in: FS Ludwig Salgo (2016) 437
STEINBÜCHEL, Rechtsfragen der Jugendhilfe, Jugendhilfereport LVR-Landesjugendamt Rheinland, Ausgabe 1/2014, 30 (zit: Jugendhilfereport)
VEIT/SALGO, Der Regierungsentwurf zur Änderung des Vormundschaftsrechts – Eine Stellungnahme, ZKJ 2011, 82
VEIT, Lücken in der gesetzlichen Vertretung von unbegleiteten minderjährigen Flüchtlingen, in: FS Walter F Lindacher (2017) 431
dies, Die Auswahl des geeigneten Vormunds – Wo bleibt der Subsidiaritätsgrundsatz?, in: FS Ludwig Salgo (2016) 189
dies, Die Reform des Vormundschaftsrechts, FamRZ 2016, 2045
dies, Das Gesetz zur Verbesserung der Unter-

bringung, Versorgung und Betreuung ausländischer Kinder und Jugendlicher, FamRZ 2016, 93
dies, Verbleibensanordnung versus Entziehung der elterlichen Sorge bei Dauerpflege, FF 2008, 358
WEISSINGER, Ruhen der elterlichen Sorge und Vormundschaft für unbegleitet einreisende Minderjährige, Rpfleger 2017, 8
WOLF, Der Amtsvormund im Jugendamt, DAVorm 2000, 283
ZENZ, Reformbedarf im Recht der Vormundschaft/Pflegschaft, in: COESTER-WALTJEN/LIPP/SCHUMANN/VEIT (Hrsg), 9. Göttinger Workshop zum Familienrecht 2010 (2011) 9
dies, Zur Bedeutung der Erkenntnisse von Entwicklungspsychologie und Bindungsforschung für die Arbeit mit Pflegekindern, in: Stiftung zum Wohl des Pflegekindes, 2. Jahrbuch des Pflegekinderwesens (2009) 22
dies, „Das Mündel und sein Vormund" – Rechtliche Überlegungen zur Zukunft der Vormundschaft, DAVorm 2000, 365
ZITELMANN, Das Recht auf eine „Annahme als Pflegekind". Zugleich ein Beitrag zu Kunze – „Geschenkte Wurzeln: Warum ich mit meiner wahren Familie nicht verwandt bin", Pendo Verlag, 2013, ZKJ 2014, 469.

Systematische Übersicht

Alphabetische Übersicht

I. Normzweck

1 Diese Vorschrift gibt dem Familiengericht die Freiheit, selbst einen geeigneten Vormund auszuwählen (Gernhuber/Coester-Waltjen § 70 Rn 41; MünchKomm/Spickhoff Rn 1). Diese Freiheit steht dem Gericht aber nur zu, wenn nicht die Eltern vor ihrem Tod wirksam einen Vormund benannt haben (§ 1776 BGB) oder das Gericht diesen übergehen kann, was nur unter engen Voraussetzungen möglich ist (§ 1778 BGB). Die Auswahl selbst hat unter Beachtung bestimmter Auswahlkriterien (Abs 2) und bestimmter Verfahrensregeln (Abs 3) zu erfolgen. Für den Ausgewählten begründet die Entscheidung die öffentlich-rechtliche Pflicht zur Übernahme des Amtes (§ 1785 BGB), dh eine Pflicht zur Mitwirkung am Bestellungsakt des Familiengerichts (§ 1789 BGB; Gernhuber/Coester-Waltjen § 70 Rn 43), sofern nicht seiner Bestellung einer der in den §§ 1780–1784 BGB bestimmten Gründe entgegensteht.

II. Historie

2 Die Bestimmung des § 1779 BGB bestand **ursprünglich** aus dem jetzigen Abs 1 und einem Abs 2, in dem auf den jetzigen S 1 die Sätze folgten: „Bei der Auswahl ist auf das religiöse Bekenntnis des Mündels Rücksicht zu nehmen. Verwandte und Verschwägerte des Mündels sind zunächst zu berücksichtigen."

3 Das **NEhelG** vom 19. 8. 1969 (BGBl I 1243) ersetzte in Abs 1 – wie auch an allen anderen Stellen, in denen das BGB den Gemeindewaisenrat genannt hatte – die Worte „des Gemeindewaisenraths" durch die Worte „des Jugendamts". Es fügte an Abs 2 S 3 einen zweiten Halbsatz an, der lautete: „ist der Mündel nichtehelich, so steht es im Ermessen des Vormundschaftsgerichts, ob sein Vater, dessen Verwandte und deren Ehegatten berücksichtigt werden sollen". Der gleichfalls durch das NEhelG angefügte Abs 3 enthielt außer dem jetzigen Text einen dritten Satz, der lautete: „Die Anhörung der Eltern des Mündels und die persönliche Fühlungnahme mit dem Mündel bestimmen sich nach den §§ 1695, 1712".

4 Das **SorgeRG** vom 18. 7. 1979 (BGBl I 1061) hob den durch das NEhelG angefügten Abs 3 S 3 auf, weil zugleich die Anhörungsvorschrift des § 1695 BGB in das FGG verlagert und auch § 1712 BGB in das FGG übernommen wurde (BT-Drucks 7/2060, 40). Die Anhörung der Eltern des Mündels war fortan in § 50a FGG, die Anhörung des Mündels selbst in § 50b FGG geregelt (s dazu BT-Drucks 8/2788, 72 ff).

5 Das **KindRG** vom 16. 12. 1997 (BGBl I 2942) fasste in § 1779 Abs 2 S 2 BGB die Kriterien, die das Gericht bei der Auswahl unter mehreren als Vormund geeigneten Personen zu beachten hat (mutmaßlicher Elternwille, Verwandtschaft oder Schwägerschaft mit dem Mündel, religiöses Bekenntnis des Mündels), neu zusammen und strich die im zweiten Halbsatz von Abs 2 S 3 enthaltene Sonderregelung für die Fälle, in denen die Eltern des Mündels nicht miteinander verheiratet sind oder waren. Diese Änderung, die im RegE des KindRG noch nicht enthalten war, hatte der Rechtsausschuss des Bundestags eingefügt (BT-Drucks 13/8511, 76). Das **BtÄndG** vom 25. 6. 1998 (BGBl I 1580) fügte in den Katalog des Abs 2 S 2 als zusätzliches Kriterium noch die persönlichen Bindungen des Mündels ein (s dazu BT-Drucks 13/7158, 43). Auch hier heißt es bei der Änderung des § 1779 Abs 2 BGB noch einmal: „Satz 3 wird gestrichen".

Das **FGG-RG** vom 17. 12. 2008 (BGBl I 2586; näher Vorbem 47 zu §§ 1773 ff) hat zur Beseitigung des Vormundschaftsgerichts und zur Erweiterung der Zuständigkeiten des Familiengerichts geführt (BT-Drucks 16/6308, 168 f). Infolgedessen sieht Art 50 Nr 34 FGG-RG in Abs 1, Abs 2 S 1, Abs 3 S 1 und 2 die Ersetzung des Substantivs „Vormundschaftsgericht" durch „Familiengericht" vor. Die Anhörung der Eltern wird nun von § 160 FamFG, die des Mündels von § 159 FamFG angeordnet (s auch Rn 98). 6

III. Die Auswahl des Vormunds – Allgemeine Grundsätze

1. Ausschluss einer Auswahl nach § 1779

Eine Auswahl nach den in § 1779 BGB verankerten Grundsätzen scheidet aus, wenn eine wirksame Berufung eines Vormunds durch die Eltern nach § 1776 BGB vorliegt (Abs 1 HS 1) und auch kein Grund besteht, den Berufenen nach § 1778 BGB zu übergehen. Der nach § 1776 Abs 1 BGB Berufene hat nämlich ein Recht auf Bestellung und darf vom Gericht nur übergangen werden, wenn einer der in § 1778 Abs 1 BGB genannten Gründe oder ein Fall von § 1778 Abs 3 BGB vorliegt (§ 1776 Rn 19). 7

Eine Vormundsauswahl nach § 1779 BGB scheidet aber auch dann aus, wenn die Voraussetzungen vorliegen, unter denen nach § 1791c BGB die Amtsvormundschaft kraft Gesetzes eintritt (s dazu § 1791c Rn 10 ff). 8

2. Auswahl in zwei Schritten

Ist danach die Anwendung von § 1779 BGB nicht ausgeschlossen, so wählt das Familiengericht den Vormund grundsätzlich in zwei Schritten aus: Zunächst hat das Gericht zu ermitteln, welche Personen für das Amt geeignet sind, und muss im zweiten Schritt unter diesen eine Person nach dem durch Abs 2 S 2 und § 1775 BGB gebundenen Ermessen auswählen (BVerfG FamRZ 2012, 938, 939 m zust Anm Hoffmann JAmt 2012, 344; OLG Brandenburg 22. 10. 2015 – 9 WF 209/15, juris Rn 9, Rpfleger 2016, 228, 229; MünchKomm/Spickhoff Rn 4; Soergel/Zimmermann Rn 4). 9

a) Eignung einer Person für das Amt

Ausgewählt werden darf nur eine Person, die nach ihren persönlichen Verhältnissen, ihrer Vermögenslage und nach den sonstigen Umständen zur Führung der Vormundschaft geeignet ist (Abs 2 S 1). Dahinter steckt der Anspruch des Kindes aus Art 2 Abs 1 und 2 S 1 iVm Art 6 Abs 2 S 2 GG gegen den Staat auf Schutz, wenn die Eltern ihrer Pflege- und Erziehungsverantwortung nicht gerecht werden oder wenn sie ihrem Kind den erforderlichen Schutz sowie die notwendige Hilfe aus anderen Gründen nicht bieten können (BVerfG 30. 4. 2018 – 1 BvR 393/18, juris Rn 6, FamRZ 2018, 1092 = NZFam 2018, 335 m Anm Riegner; BVerfG 3. 2. 2017 – 1 BvR 2569/16, juris Rn 39, FamRZ 2017, 524, 527; s auch Vorbem 18 zu §§ 1773 ff). Ist das Kindeswohl gefährdet, muss der Staat aufgrund seines Wächteramtes die Pflege und Erziehung des Kindes sicherstellen und für den Fall, dass eine Trennung von den Eltern geboten ist, auch die Auswahl des Vormunds an diesem Schutzanspruch des Kindes messen; der Staat wird also seiner Schutzverantwortung gegenüber dem Kind nicht gerecht, wenn ein ungeeigneter Vormund ausgewählt wird (BVerfG 30. 4. 2018 – 1 BvR 393/18, juris Rn 7, FamRZ 2018, 1092, 1093 = NzFam 2018, 635 m Anm Riegner). 10

11 Bei dem Begriff der Eignung handelt es sich um einen **unbestimmten Rechtsbegriff** (KG FGPrax 2008, 238, 239; OLG Hamm FamRZ 1996, 1356, 1357; OLG Hamm FamRZ 1999, 678, 679; Soergel/Zimmermann Rn 5; MünchKomm/Spickhoff Rn 4; Erman/Schulte-Bunert Rn 12; NK-BGB/Fritsche Rn 6), dessen Anwendung im konkreten Fall im Rahmen der Rechtsbeschwerde in vollem Umfang überprüft werden kann (MünchKomm/Spickhoff Rn 4; näher unten Rn 129).

b) Auswahl unter mehreren geeigneten Personen

12 Stellt das Gericht fest, dass eine Person aufgrund aller persönlichen, fachlichen und sonstigen Umstände zur Führung der Vormundschaft für das konkrete Kind geeignet ist, kann diese als Vormund ausgewählt werden. Kommen jedoch mehrere geeignete Personen zur Führung der Vormundschaft in Betracht, so hat das Gericht nach pflichtgemäßem Ermessen (OLG Celle 18. 1. 2016 – 12 UF 2/16, 12 UFH 2/16, juris Rn 11, FamRZ 2016, 647) die Person auszuwählen, die bei der Beurteilung der gesamten Umstände **am besten geeignet** erscheint, **die Mündelinteressen wahrzunehmen** (OLG Celle 18. 1. 2016 – 12 UF 2/16, 12 UFH 2/16, juris Rn 22, FamRZ 2016, 647, 648; OLG Bremen Rpfleger 2013, 145, 146; KG FamRZ 2002, 267, 268; Palandt/Götz Rn 6; BeckOGK/Hoffmann [1. 12. 2019] Rn 53; für eine Klarstellung dieses Eignungsmaßstabs de lege ferenda Deutscher Familiengerichtstag FamRZ 2013, 1948, 1950; Staudinger/Veit [2014] Rn 85; näher zu den einzelnen Faktoren, die die Auswahl aus sozialwissenschaftlicher Sicht bestimmen, Seidenstücker, 9. Göttinger Workshop 47 ff).

13 Das gerichtliche **Ermessen** wird durch die in Abs 2 S 2 genannten Auswahlkriterien **eingeschränkt**; zudem ist das Gericht bei der Bestellung von Mitvormündern an die Vorgaben des § 1775 BGB gebunden (BVerfG FamRZ 2012, 938, 939; MünchKomm/Spickhoff Rn 6, 20). Die Auswahlentscheidung des Gerichts kann vom Rechtsbeschwerdegericht nur auf Ermessensfehler hin überprüft werden. Solche liegen etwa vor, wenn die in Abs 2 S 2 genannten Kriterien in ihrer Bedeutung verkannt oder in ihrem Verhältnis zueinander fehlerhaft gewichtet wurden (MünchKomm/Spickhoff Rn 4; s auch unten Rn 129).

3. Vorrang des ehrenamtlichen Einzelvormunds

14 Ist eine natürliche Person nach Abs 1 geeignet, und ist sie unter mehreren geeigneten Personen nach Abwägung der in Abs 2 genannten Auswahlkriterien die zur Führung der Vormundschaft bestgeeignete, so ist sie als Vormund auszuwählen. Allerdings kann die Suche nach dem bestgeeigneten Vormund zeit- und kostenintensiv sein. Deshalb liegt es nahe, auf einen Vormundschaftsverein oder das Jugendamt zurückzugreifen, für die die vorgenannten Kriterien nicht gelten (näher Rn 38 f). Dieser Weg wird jedoch dadurch verstellt, dass die Konkurrenz zwischen Einzel-, Vereins- und Amtsvormundschaft – von der Ausnahme abgesehen, dass Eltern einen Verein zum Vormund berufen haben (§ 1791a Abs 1 S 2 HS 1 Alt 2 BGB) – zugunsten des Vorrangs der ehrenamtlichen Einzelvormundschaft aufgelöst wird (§§ 1791a Abs 1 S 2, 1791b Abs 1 S 1 BGB). Unter mehreren geeigneten Personen genießt also die Person Vorrang, die als ehrenamtlicher Vormund bestellt werden kann (OLG Celle 18. 1. 2016 – 12 UF 2/16, 12 UFH 2/16, juris Rn 23, FamRZ 2016, 647, 648). Erst wenn keine als ehrenamtlicher Einzelvormund geeignete Person zu finden ist, kann auf beruflich tätige Personen sowie den Verein bzw das Jugendamt zurückgegriffen werden (§§ 1791a Abs 1 S 2, 1791b Abs 1 S 1 BGB) (sog **Grundsatz der Subsidiarität**)

(Gernhuber/Coester-Waltjen § 70 Rn 17; Palandt/Götz Rn 5; näher § 1791a Rn 1, § 1791b Rn 18 f). Als beruflich tätige Personen kommen vor allem solche mit besonderen pädagogischen und rechtlichen Kompetenzen (va Pädagogen, Sozialarbeiter, Rechtsanwälte) in Betracht, die ansonsten als Verfahrensbeistand (§ 158 FamFG) bestellt werden. Einen Vorrang dieser Personen gegenüber dem Vormundschaftsverein und dem Jugendamt sieht das Gesetz nicht mehr vor (OLG Celle 18. 1. 2016 – 12 UF 2/16, 12 UFH 2/16, juris Rn 24, FamRZ 2016, 647, 648; OLG Schleswig 11. 4. 2016 – 14 UF 32/16, juris Rn 9, FamRZ 2016, 1474, 1475; OLG Hamburg 3. 3. 2014 – 7 UF 150/13, juris Rn 8, FamRZ 2014, 954, 955; Dürbeck FamRZ 2018, 553, 559; zum Rangverhältnis zwischen Berufs-, Vereins- und Amtsvormundschaft Vorbem 32 zu §§ 1773 ff).

IV. Die Eignung einer Person für das Amt (Abs 2 S 1)

1. Bezugspunkt der Eignungsprüfung

Die Eignungsprüfung bezieht sich nach Abs 2 S 1 auf die persönlichen Verhältnisse, die Vermögenslage sowie die sonstigen Umstände einer Person (krit zur Unbestimmtheit dieser konkretisierenden Elemente Oberloskamp FamRZ 1988, 7; allg Überblick über die praktisch wichtigsten Eignungskriterien bei Kolodziej DAVorm 1985, 931, 938 f) und hat sich an den konkreten Interessen und Bedürfnissen des Mündels auszurichten (OLG Hamm FamRZ 2012, 798, 799; OLG Hamm FamRZ 2010, 1684). Es kommt also darauf an, dass der Auszuwählende nach seinen charakterlichen und geistigen Eigenschaften, nach seinen persönlichen und wirtschaftlichen Verhältnissen sowie seinen Kenntnissen und Erfahrungen sowohl in der Lage als auch bereit ist, das Amt so zu führen, wie es das **Wohl des Mündels** erfordert (KG DJZ 1903, 224; BayObLGZ 1958, 373, 374 f = FamRZ 1959, 125, 126; BayObLGZ 1965, 50, 51 = FamRZ 1965, 283 = Rpfleger 1965, 371 = MDR 1965, 486; Enneccerus/Kipp § 107 II Fn 3; BGB-RGRK/Dickescheid Rn 1; Jauernig/Berger Rn 3). Unter diesem Gesichtspunkt lässt sich das Erfordernis der Eignung des Auszuwählenden mit der Vorschrift des § 1778 Abs 1 Nr 4 BGB vergleichen, die es gestattet (und gebietet), einen als Vormund Berufenen dann zu übergehen, wenn seine Bestellung das Wohl des Mündels gefährden würde (s dazu § 1778 Rn 22 ff). 15

Bezugspunkt der Eignungsprüfung sind also die Aufgaben des Vormunds, die der Gesetzgeber bewusst analog zu denen der Eltern ausgestaltet hat (Mot IV 1888, 1096: „Analogie zwischen der elterlichen Gewalt […] und […] der Vormundschaft") (s §§ 1793 Abs 1 S 1, 1800 S 2 BGB). Mithin muss der Vormund umfassend geeignet sein, für die Person und das Vermögen des Mündels zu sorgen, insbesondere den Mündel zu vertreten (§ 1793 Abs 1 S 1 BGB). Dabei kann allerdings nicht davon ausgegangen werden, dass jede natürliche Person für diese Aufgabenwahrnehmung geeignet ist, sofern keine Gründe gegen ihre Eignung sprechen. Vielmehr bedarf es einer positiven Eignungsfeststellung mit Blick auf die Bedürfnisse des konkreten Mündels (Bienwald RpflStud 2017, 193, 194). 16

Die Aufgaben muss der Vormund in tatsächlicher Hinsicht allerdings ebenso wenig wie die Eltern selbst wahrnehmen; er kann das Kind also in den eigenen Haushalt aufnehmen und selbst pflegen und erziehen, muss es aber nicht. Lebt das Kind, wie im Regelfall, nicht mit dem Vormund zusammen, sondern in einer Pflegefamilie oder einem Heim, ist dieser verpflichtet, die Pflege und Erziehung des Kindes in der 17

Pflegestelle zu fördern und zu gewährleisten (§ 1800 S 2 BGB) sowie den persönlichen Kontakt zum Kind zu halten (§ 1793 Abs 1a S 1 BGB). Die auszuwählende Person muss also im letzteren Fall geeignet sein, im Schwerpunkt die Erziehung des Kindes in der Pflegestelle zu organisieren, wohingegen sie dann, wenn das Kind in ihrem Haushalt lebt (s § 1793 Abs 1 S 3 BGB), vor allem erziehungsgeeignet sein muss (Veit, in: FS Salgo 189, 192; für Pflegeeltern OLG Karlsruhe 26. 6. 2013 – 18 UF 296/11, juris Rn 35 ff, FamRZ 2013, 1665, 1667; s auch OLG Saarbrücken 17. 7. 2014 – 6 UF 48/14, juris Rn 17 f, FamRZ 2014, 1866, 1867).

2. Die Eignungskriterien im Einzelnen

a) Persönliche Verhältnisse

18 **Krankheit, Gebrechlichkeit**, aber auch **mangelnde Lebenserfahrung oder ein zu hohes Alter** können die Eignung einer Person zur Sorge für einen Mündel generell in Frage stellen (MünchKomm/Spickhoff Rn 5). Einer Auswahl kann weiter eine Unsicherheit der Lebensumstände in persönlicher, familiärer und wirtschaftlicher Hinsicht entgegenstehen (s OLG Hamm FamRZ 1966, 1356; Erman/Schulte-Bunert Rn 2 f). Auch von demjenigen, der wegen **beruflicher Überlastung** oder aus anderen Gründen nicht oder nur mit Mühe imstande ist, seine eigenen Angelegenheiten zu besorgen, kann nicht erwartet werden, dass er die Sorge für die Person und das Vermögen eines Mündels in gehöriger Weise wahrnimmt. Das Gleiche wird man von jemandem annehmen müssen, der sich etwa ausdrücklich **weigert**, die Vormundschaft zu übernehmen (LG Bielefeld DAVorm 1975, 438, 439; MünchKomm/Spickhoff § 1785 Rn 9; s auch § 1785 Rn 12, § 1786 Rn 5). Auf diese Weise kann vermieden werden, dass das Gericht eine Person als Vormund auswählt, die auf eigenen Antrag nach § 1889 BGB sofort wieder zu entlassen wäre (insoweit zu Recht LG Bielefeld NJW-RR 1988, 713, 714).

19 **Gegen** die Eignung einer Person spricht weiter eine erhebliche kriminelle Vergangenheit. Als ungeeignet wurde deshalb zu Recht betrachtet, wer wegen Misshandlung eines eigenen Kindes bestraft worden war (BayObLGZ 20, 358). Auch wurde die Eignung eines ehemaligen Mitarbeiters der Staatssicherheit mit dem Hinweis verneint, ihm könne das zur Wahrnehmung der Aufgaben als Vormund erforderliche Mindestmaß an Vertrauen nicht entgegengebracht werden (OLG Dresden NotBZ 2003, 428, 429).

20 Dagegen wurde einer Großmutter, die bei der Erziehung ihres eigenen Kindes (der Mutter des Mündels) versagt hatte, die Eignung als Vormund nicht abgesprochen, nachdem sich ihre Lebensverhältnisse entscheidend geändert hatten (LG Hanau DAVorm 1977, 768). Auch der Umstand, dass die Kindesmutter mit dem Kindesvater in „wilder Ehe" lebte, wurde schon 1959 nicht mehr als ausreichend angesehen, um ihre Eignung als Vormund des Kindes zu verneinen (BayObLG NJW 1960, 245 f m krit Anm Webler; krit auch Dölle § 120 IV 1 b); die hiergegen geäußerten Bedenken haben mit dem inzwischen eingetretenen Wandel insbesondere hinsichtlich der sozialen und rechtlichen Stellung nichtehelicher Kinder ihr Gewicht verloren (enger wohl MünchKomm/Spickhoff Rn 5).

21 Die **politische Gesinnung** des Vormunds kann im Regelfall nicht maßgebend sein; nur ausnahmsweise kommt die Berücksichtigung parteipolitischer Gegensätze bei der Auswahl des Vormunds in Betracht (BayObLG JW 1925, 2141 = JFG 3, 65, wo es das

Gericht aber auch als „völlig verfehlt" bezeichnet, wenn etwa der Richter bei der Anfrage an das Jugendamt nach der parteipolitischen Stellung des Vorzuschlagenden fragen wollte).

b) Vermögensverhältnisse

Die Vermögensverhältnisse des Auszuwählenden können für seine Eignung zur Verwaltung des Mündelvermögens von Bedeutung sein. So kann etwa Überschuldung oder Mittellosigkeit die Besorgnis begründen, dass der Auszuwählende notwendige, mit Aufwendungen verbundene Maßnahmen unterlässt (Erman/Schulte-Bunert Rn 3; MünchKomm/Spickhoff Rn 5; zur gerichtlichen Pflicht, in die Schuldnerkartei Einblick zu nehmen, LG Freiburg FamRZ 2007, 2104, 2105). Zu berücksichtigen sind auch ungeregelte Erwerbsverhältnisse (MünchKomm/Spickhoff Rn 5). Das bedeutet aber nicht, dass eine Person, die etwa insolvent ist, per se zur Führung einer Vormundschaft ungeeignet ist (Palandt/Götz Rn 5). Vielmehr bedarf es einer umfassenden Prüfung aller Umstände des Einzelfalls; besteht die konkrete Besorgnis einer Gefährdung des Mündelvermögens, kommt auch eine Übergehung dieser Person nach § 1778 Abs 1 Nr 4 BGB in Betracht (§ 1778 Rn 25). 22

Das **wirtschaftliche Interesse einer Person**, die eine Tätigkeit als Berufsbetreuer anstrebt, steht ihrer Bestellung als Vormund zwar nicht entgegen, sollte aber nicht ausschlaggebend sein (vgl DIJuF-Rechtsgutachten JAmt 2001, 336). 23

c) Sonstige Umstände

aa) Fachliche Qualifikation und Sachkunde

Von besonderer Bedeutung ist die fachliche Eignung bzw Qualifikation einer Person (näher dazu Deutscher Verein, Empfehlungen 31 ff; das OLG Karlsruhe 26. 6. 2013 – 18 UF 296/11, juris Rn 37, FamRZ 2013, 1665, 1667 spricht von „Kenntnissen"; zur Forderung, diese Kriterien ausdrücklich in Abs 2 S 1 aufzunehmen, näher Staudinger/Veit [2014] Rn 91); so streitet etwa die Ausbildung zum Sozialpädagogen für die Eignung als Vormund (KG FamRZ 2002, 267, 268; Oberloskamp FamRZ 1988, 7, 21 f; BeckOGK/Hoffmann [1. 12. 2019] Rn 19; Erman/Schulte-Bunert Rn 2; NK-BGB/Fritsche Rn 3). Das schließt jedoch andere Berufsgruppen nicht aus; dafür sind die Aufgabenfelder eines Vormunds viel zu umfassend (näher oben Vorbem 36 zu §§ 1773 ff). Allerdings fehlen derzeit allgemeine fachliche Standards für die verschiedenen Formen der Vormundschaft (Überblick über die Anforderungen an die Qualifikation und Qualifizierung von Vormündern Deutscher Verein, Empfehlungen 31 ff; zur Forderung nach einer Entwicklung fachlicher Standards für die Amtsvormundschaft allg Wiesner/Wiesner § 55 SGB VIII Rn 93; s auch Justin JAmt 2011, 305, 307; krit zum Bedarf an spezifisch pädagogischen Kompetenzen beim Vormund aus sozialisationstheoretischer Sicht Laudien JAmt 2012, 300, 307). 24

Geht es um die **Vormundschaft für einen ausländischen, unbegleitet nach Deutschland eingereisten minderjährigen Flüchtling**, so muss ein Vormund ausgewählt werden, der in der Lage ist, den besonderen Interessen dieses Minderjährigen (va Integration in einem fremden Land, Sprachprobleme, Schulbesuch, Ausbildungsplatz, ausländer- und asylrechtliche Fragen, medizinische Betreuung, Umgang mit Traumata infolge von Kriegserlebnissen, uU dauerhafte Trennung von Herkunftseltern usw) Rechnung zu tragen (jüngst BGH 29. 5. 2013 – XII ZB 124/12, juris Rn 19, JAmt 2013, 426; BGH 29. 5. 2013 – XII ZB 530/11, juris Rn 12 ff, FamRZ 2013, 1206, 1207; OLG Karlsruhe ZKJ 2012, 272 = FamRZ 2012, 1955, 1956; dazu auch Berthold/Espenhorst JAmt 2012, 365, 366 ff; AFET JAmt 2012, 370, 372 f; Deutscher Verein, Empfehlungen 33; Weissinger Rpfleger 2017, 8, 10 f; Etzold 25

FamRZ 2016, 609, 612; Hansbauer JAmt 2016, 290, 293). Diese Person muss ggf über Fremdsprachenkenntnisse, Erfahrungen im Umgang mit traumatisierten Kindern, besondere Kenntnisse im Ausländer- und Asylrecht, dieselbe Religionszugehörigkeit wie der Mündel sowie über Möglichkeiten verfügen, Kontakt zu den Eltern herzustellen, einen Deutschunterricht für den Minderjährigen zu organisieren und ihn auf einen Schulbesuch vorzubereiten (OLG Celle 18. 1. 2016 – 12 UF 2/16, 12 UFH 2/16, juris Rn 30, FamRZ 2016, 647, 648 f). Angesichts dieser umfangreichen Aufgaben dürfte es schwierig sein, einen in allen Bereichen umfassend qualifizierten Vormund zu finden. Es stellt sich deshalb die Frage, ob eine in Teilen fehlende Sachkunde – etwa in asyl- und ausländerrechtlichen Fragen – zu einer mangelnden Eignung in diesen Bereichen führt oder nicht.

26 Zur Beantwortung dieser Frage lassen sich die einschlägigen **europäischen Vorgaben** heranziehen (näher dazu Erb-Klünemann/Kössler FamRB 2016, 160, 164; Dürbeck ZKJ 2014, 266, 270). So ergibt sich etwa aus Art 6 Abs 2 der VO (EU) Nr 604/2013 (Dublin III-VO) (ABl EG L 180/31), dass ein minderjähriger ausländischer Flüchtling in asyl- und ausländerrechtlichen Verfahren von einem fachlich qualifizierten Vertreter unterstützt werden muss. Damit ist im Einzelfall ein im Asyl- und Ausländerrecht versierter Rechtsanwalt besonders zur Übernahme der Vormundschaft für einen ausländischen Minderjährigen geeignet. Das bedeutet aber nicht, dass dann, wenn einer anderen natürlichen Person diese Qualifikation fehlt, diese nicht als Vormund auszuwählen ist und der Rechtsanwalt auch in jedem Fall der Bestellung des Jugendamts vorzuziehen oder zumindest diesem als Ergänzungspfleger oder Mitvormund an die Seite zu stellen ist, um die fehlende Fach- und Sachkunde auszugleichen.

27 Die Lösung des Problems ist umstritten (für eine Ergänzungspflegschaft bei Einzelvormündern OLG Brandenburg ZKJ 2011, 130, 140 mwNw; s auch OLG Karlsruhe ZKJ 2012, 272, 276, allerdings ablehnend für die Amtsvormundschaft; OLG Frankfurt 10. 1. 2013 – 5 WF 215/11, juris Rn 11, FamRZ 2013, 894, 895; AG Heidelberg 21. 7. 2015 – 31 F 67/15, juris Rn 7, JAmt 2015, 578, 579 befürwortend auch für die Amtsvormundschaft). Der BGH hat inzwischen im Fall eines unter Amtsvormundschaft stehenden unbegleiteten minderjährigen Flüchtlings eine Verhinderung des Amtsvormunds iSv § 1909 Abs 1 BGB bei fehlender Sachkunde verneint. Die **Ergänzungspflegschaft** diene nur dazu, Lücken bei der Besorgung solcher Angelegenheiten zu schließen, in denen die Eltern oder der Vormund ihr Vertretungsrecht nicht ausüben könnten oder dürften (BGH 29. 5. 2013 – XII ZB 530/11, juris Rn 17, FamRZ 2013, 1206, 1207 f; BGH 29. 5. 2013 – XII ZB 124/12, juris Rn 19, JAmt 2013, 426), diese also von der Vertretung des Kindes kraft Gesetzes ausgeschlossen (§ 1795 BGB) oder durch eine familiengerichtliche Entscheidung in ihrem Vertretungsrecht beschränkt seien (§§ 1796 Abs 1, 1801, 1837 Abs 4, 1666, 1666a BGB). Entsprechendes gelte für einen Vormund, der sich aus tatsächlichen Gründen für die Besorgung bestimmter Angelegenheiten als ungeeignet erweise oder dem durch gerichtliche Entscheidung nach §§ 1837 Abs 4, 1666, 1666a BGB teilweise die Sorge entzogen wurde. Ohne eine Sorgerechtsbeschränkung durch gerichtliche Entscheidung ist danach also für die Anordnung einer Ergänzungspflegschaft wegen fehlender Sachkunde kein Raum (BGH 29. 5. 2013 – XII ZB 530/11, juris Rn 17, FamRZ 2013, 1206, 1207; BGH 29. 5. 2013 – XII ZB 124/12, juris Rn 19, JAmt 2013, 426; zustimmend OLG Celle 18. 1. 2016 – 12 UF 2/16, 12 UFH 2/16, juris Rn 35, FamRZ 2016, 647, 649; OLG Düsseldorf 21. 4. 2014 – II-8 UF 149/14, juris Rn 15, FamRZ 2015, 678 m zust Anm Schwab; **aA** AG Heidelberg 21. 7. 2015 – 31 F 67/15, juris Rn 18 f, JAmt 2015, 578, 580 m zust Anm Hocks; DIJuF-Rechtsgutachten JAmt 2014, 144, 146,

gestützt auf die Vorgaben in der EU-VO Nr 604/2013 [Dublin III-VO], Art 25 Abs 1a der RL 2013/32/EU [Verfahrensrichtlinie] und Art 24 Abs 1 S 1 der RL 2013/33 EU [Aufnahmerichtlinie], die seit dem 21. 7. 2015 infolge Ablaufs der Umsetzungsfrist unmittelbare Wirkung im nationalen Recht erzeugen).

Verfügt also ein Vormund, dessen generelle Eignung – wie etwa beim Jugendamt – nicht in Frage steht (dazu Rn 38), nicht über die zur sachgerechten Besorgung einzelner Geschäfte notwendige Sachkunde, so ist es danach seine Sache, diesen Mangel an Eignung durch **Schulung** des mit der Führung der Vormundschaft betrauten Mitarbeiters (s § 72 Abs 3 SGB VIII; Riegner NZFam 2015, 193, 196) oder eine **Inanspruchnahme fachspezifischer Hilfen** auszugleichen (BGH 29. 5. 2013 – XII ZB 530/11, juris Rn 18, FamRZ 2013, 1206, 1208; BGH 29. 5. 2013 – XII ZB 124/12, juris Rn 20, JAmt 2013, 426 m abl Anm Hocks; s auch Berthold/Espenhorst JAmt 2012, 365, 368; Riegner NZFam 2015, 193, 196 f; dem BGH in diesem Punkt zust OLG Celle 18. 1. 2016 – 12 UF 2/16, 12 UFH 2/16, juris Rn 35, FamRZ 2016, 647, 648; OLG Nürnberg 7. 12. 2015 – 9 UF 1276/15, juris Rn 15, NJW 2016, 720; OLG Bamberg 13. 8. 2015 – 2 UF 140/15, juris Rn 13 ff, FamRZ 2016, 152 f; OLG Hamburg 4. 7. 2017 – 2 UF 50/17, juris Rn 8, FamRZ 2017, 1940, 1941; OLG Köln 1. 8. 2016 – II-21 WF 82/16, 21 WF 82/16, juris Rn 12 f, FF 2016, 461, 462; OLG Frankfurt 23. 1. 2015 – 3 UF 341/14, juris Rn 17, FamRZ 2015, 1119 [LS]; OLG Frankfurt 8. 1. 2015 – 6 UF 292/14, juris Rn 13, FamRZ 2015, 1412 [LS]; OLG Frankfurt 8. 11. 2013 – 2 UF 320/13, juris Rn 11, FamRZ 2014, 502; OLG Frankfurt 2. 12. 2013 – 5 UF 310/13, juris Rn 10, 15, FamRZ 2014, 673 f; Dürbeck FamRZ 2018, 553, 560; Palandt/Götz § 1909 Rn 7). Bei fehlender juristischer Sachkunde bedeutet letzteres, dass der Vormund sich um eine geeignete Rechtsberatung und im gerichtlichen Verfahren um eine anwaltliche Vertretung für seinen Mündel bemühen (BGH 29. 5. 2013 – XII ZB 530/11, juris Rn 18, FamRZ 2013, 1206, 1208) und einen eventuellen Mangel des Mündels an Mitteln zur Finanzierung des rechtlichen Beistands durch Beantragung von Beratungshilfe und im gerichtlichen Verfahren durch Prozess- und Verfahrenskostenhilfe ausgleichen muss (BGH 29. 5. 2013 – XII ZB 530/11, juris Rn 19, FamRZ 2013, 1206, 1208; OLG Nürnberg 7. 12. 2015 – 9 UF 1276/15, juris Rn 17, NJW 2016, 720 f; OLG Düsseldorf 21. 11. 2014 – II-8 UF 149/14, juris Rn 15, FamRZ 2015, 678 m zust Anm Schwab; OLG Brandenburg 13. 12. 2010 – 13 UF 96/10, juris Rn 13, ZKJ 2011, 139, 140 betr fehlende jur Sachkunde in erbrechtlichen Fragen; Oberloskamp/Dürbeck, Vormundschaft § 3 Rn 137; Dürbeck FamRZ 2018, 553, 561; **aA** Riegner NZFam 2014, 150, 153 ff; Schwamb FamRZ 2018, 984, 985). 28

Aus entsprechenden Gründen ist auch die mangelnde fachliche Kenntnis grundsätzlich kein besonderer Grund iSv § 1775 S 2 BGB, der eine Ausnahme vom Grundsatz der Einzelvormundschaft und die **Bestellung eines Mitvormunds**, etwa eines Rechtsanwalts, rechtfertigen könnte (BGH 13. 9. 2017 – XII ZB 497/16, juris Rn 14, FamRZ 2017, 1938, 1939 m zust Anm Keuter; näher dazu § 1775 Rn 14, dort auch zu möglichen Ausnahmen). 29

bb) Kooperations-, Förder-, Bindungsfähigkeit, Empathie

Unter die sonstigen Umstände fallen weiter die Kriterien, die auch für Sorgerechtsentscheidungen getrenntlebender Eltern, etwa nach § 1671 BGB, ausschlaggebend sind, namentlich die Kooperations-, Förder- und Bindungsfähigkeit (Heilmann/Dürbeck Rn 4; näher BeckOK/Veit [1. 11. 2019] § 1671 Rn 49 ff). Die als Vormund auszuwählende Person muss also kooperationsbereit gegenüber all denen sein, zu denen sie nach Übernahme des Amtes in eine Rechtsbeziehung tritt (Veit, in: FS Salgo 189, 193; Sommer, in: FS Salgo 437, 444). Dies sind: primär die Pflegeperson, die die tatsächliche Pflege und Erziehung des Mündels übernimmt, soweit sich nicht der Vormund dieser Aufgaben 30 selbst annimmt, der Kinderhort, die Schule sowie das Jugendamt als Leistungsbehörde und das Familiengericht (s Kolodziej DAVorm 1985, 932, 938 f; s auch Hoffmann FamRZ 2014, 1084, 1085), aber auch die Herkunftseltern sowie sonstige Personen, die ein Recht auf Umgang mit dem Mündel haben (§§ 1685, 1686a BGB) (OLG Karlsruhe 26. 6. 2013 – 18 UF 296/11, juris Rn 41 ff, FamRZ 2013, 1665, 1667; OLG Karlsruhe 6. 5. 2013 – 5 WF 170/12, juris Rn 58, FamRZ 2014, 404 [LS]). Die Person muss bestehende Bindungen des Kindes erhalten, aber auch eine Kindeswohlgefährdung sicher ausschließen und sich gegen Einflüsse und Wünsche der Eltern abgrenzen können (Veit, in: FS Salgo 189, 193; Schneider/Faber FuR 2012, 580, 582; s weiter unten Rn 40 ff zur Eignung von Verwandten als Vormund). Erforderlich ist zudem die Fähigkeit zur Empathie für die Bedürfnisse des Kindes und seines Umfelds (Oberloskamp FamRZ 1988, 7, 21; Bienwald RpflStud 2017, 193, 194).

cc) Geschlecht

31 Von Bedeutung kann im Einzelfall auch das Geschlecht des Vormunds sein. Dies gilt va dann, wenn der Mündel Gewalt von einer Person eines Geschlechts erfahren hat, weshalb es im Einzelfall angezeigt sein kann, ihm eine Person des anderen Geschlechts als Vormund an die Seite zu geben (BeckOGK/Hoffmann [1. 12. 2019] Rn 23). Relevant werden kann das Kriterium aber auch bei der Auswahl eines Vormunds für ein Kind, das im Haushalt von Personen desselben Geschlechts aufwächst (etwa LebenspartnerInnen) (OLG Karlsruhe 26. 6. 2013 – 18 UF 296/11, juris Rn 3 ff, FamRZ 2013, 1665).

dd) Keine Gefahr von Interessenkonflikten

32 Wegen der Gefahr einer Beeinträchtigung des Mündelwohls wird die Eignung einer Person als Vormund dann zu verneinen sein, wenn ein **dauernder Konflikt zwischen ihren Interessen und denen des Mündels** zu befürchten ist, sodass für eine nicht unerhebliche Zahl von Fällen der Ausschluss der Vertretungsmacht gemäß §§ 181, 1795 Abs 1 BGB oder ihre Entziehung durch das Familiengericht gemäß § 1796 BGB zu erwarten ist (OLG Köln ZKJ 2011, 227, 228 betr Bestellung eines Ergänzungspflegers anlässlich einer Grundstücksübertragung; s dazu auch OLG Bremen Rpfleger 2013, 145, 146; BayObLG FamRZ 1993, 241, 242 = Rpfleger 1993, 22 betr Nachlassgläubiger als Nachlasspfleger; MünchKomm/Spickhoff Rn 5).

33 Ein solcher Interessenkonflikt kann bei einem Bewerber um das Amt des Vormunds, der zeitgleich die Adoption des Kindes beantragt hat, **nicht** generell angenommen werden (MünchKomm/Spickhoff Rn 5; **aA** BayObLG FamRZ 1992, 1346, 1348; Erman/Schulte-Bunert Rn 4). Entsprechendes wird man bei familienfremden Pflegeeltern annehmen müssen (näher zur Eignung solcher Pflegeeltern unter Rn 43 ff).

34 Ein für den Mündel **nachteiliger Interessenkonflikt** kann dagegen bei Bestellung des Liebhabers der Mutter als Vormund vorliegen (KG ZBlJugR 1928, 140; dazu MünchKomm/Spickhoff Rn 5). Die Gefahr, dass der Schutz des Kindes vor Interessenkollisionen unterlaufen wird, besteht auch dann, wenn eine Verwandte des Kindes auf Wunsch der von der Vertretung nach §§ 1795 Abs 1 Nr 1, 1629 Abs 2 S 1 BGB ausgeschlossenen Eltern als Ergänzungspfleger zur Vertretung des Kindes beim Abschluss eines Grundstücksgeschäfts mit seinem Großvater bestellt wird (OLG München 15. 1. 2016 – 2 WF 1778/15, juris Rn 5 f, MittBayNot 2018, 159). Das Gleiche gilt, wenn etwa der Onkel eines Kindes väterlicherseits, das nach der Tötung der Kindesmutter durch den Kindesvater fremduntergebracht worden ist, anstelle des vom Familiengericht ausgewählten Vereins als Vormund die Vormundschaft übernehmen und das Kind in seinen Haushalt aufnehmen will, dem auch die Familie des Vaters angehört, welche sich weder vom Täter noch von der Tat distanziert hat; zudem dient eine Übertragung auf ihn auch nicht dem Mündelwohl, wenn das Kind schon längere Zeit, auch vor dem Tod der Kindesmutter, außerhalb der väterlichen Großfamilie gelebt hat (KG FamRZ 2008, 2306, 2307).

Auch dem Mitarbeiter oder Mitglied eines Vereins, der den Mündel in einem Heim des Vereins als Erzieher betreut, wird man nach dem in **§ 1791a Abs 3 S 1 BGB** verankerten Grundsatz die Eignung für eine Einzelvormundschaft absprechen müssen (Erman/Schulte-Bunert Rn 4). 35

Ein dauernder Interessenkonflikt besteht weiter dann, wenn die als Vormund in Aussicht genommene Person in einem Abhängigkeitsverhältnis oder in einer anderen engeren Beziehung zu der Einrichtung steht, in der der Mündel untergebracht ist oder werden soll; hier schließt eine entsprechende Anwendung von **§ 1897 Abs 3 BGB** die Auswahl dieser Person aus (Gernhuber/Coester-Waltjen § 72 Rn 2). Dies gilt etwa für den Leiter oder sonstigen Mitarbeiter einer Jugendhilfeeinrichtung, in der der Mündel untergebracht ist (BeckOGK/Hoffmann [1. 12. 2019] Rn 29). Entsprechendes gilt, wenn der Mitarbeiter eines Jugendhilfeträgers den Minderjährigen nicht unmittelbar in der Einrichtung des Trägers betreut, aber zu der Einrichtung, in der der Minderjährige untergebracht ist, in einem Abhängigkeitsverhältnis oder einer anderen engen Beziehung steht (DIJuF-Rechtsgutachten JAmt 2017, 595). Ungeeignet zur Übernahme der Vormundschaft für ein in einer Babyklappe abgelegtes Kind ist weiter derjenige, der mit dem Betreiber der Babyklappe als dessen Geschäftsführer in wirtschaftlicher oder persönlicher Weise verbunden ist (OLG Hamburg 3. 3. 2014 – 7 UF 150/13, juris Rn 7, FamRZ 2014, 954, 955; DIJuF JAmt 2013, 564, 565; Deutscher Verein JAmt 2013, 569, 572; **aA** wohl Schwedler NZFam 2014, 193, 194, die sich gar für die Bestellung des Babyklappenbetreibers zum Vormund ausspricht). 36

Ob ein Interessenkonflikt zu befürchten ist, der eine Befangenheit der als Vormund in Aussicht genommenen Person begründen könnte, ist nach den **Umständen des Einzelfalls** zu beurteilen (DIJuF-Rechtsgutachten JAmt 2002, 128). Geht es etwa um die Auswahl eines Ergänzungspflegers für die Durchführung einer Erbauseinandersetzung, so ist dem Ziel, die Gefahr eines Interessenkonflikts unter den Erben zu vermeiden, Vorrang vor persönlichen Bindungen des Mündels und Kostengesichtspunkten zu geben (OLG Schleswig NJW-RR 2002, 1987). 37

3. Die Eignung von natürlichen Personen

a) Keine Eignungsprüfung bei Verein oder Jugendamt

Die Eignungsprüfung beschränkt sich auf natürliche Personen, unabhängig davon, ob sie die Vormundschaft ehrenamtlich oder beruflich führen wollen; davon erfasst wird auch der Mitarbeiter eines Vereins, der als Vormund ausgewählt werden soll (sog Vereinsvormund; dazu § 1791a Rn 33). Nicht erfasst werden dagegen der Verein sowie das Jugendamt als Vormund. Beim Verein als Vormund erfolgt eine allgemeine Eignungsprüfung durch das Landesjugendamt (§ 1791a Abs 1 S 1 BGB); eine weitergehende Eignungsprüfung durch das Gericht sieht das Gesetz nicht vor (anders wohl BeckOGK/Hoffmann [1. 12. 2019] Rn 80; Schwamb FamRZ 2018, 984, 985; s auch § 1791a 38

Rn 8). Das Jugendamt wird nach überwiegender Ansicht grundsätzlich als geeignet angesehen, weil die Führung der Vormundschaft zu den Aufgaben der Jugendhilfe gehört (§ 2 Abs 3 Nr 11 SGB VIII), für deren ordnungsgemäße Erfüllung der Träger der öffentlichen Jugendhilfe die Verantwortung trägt (§ 79 SGB VIII) (s BGH 13. 9. 2017 – XII ZB 497/16, juris Rn 10, FamRZ 2017, 1938, 1939; OLG Brandenburg 22. 10. 2015 – 9 WF 209/15, juris Rn 10, Rpfleger 2016, 228, 229 [betr Ergänzungspflegschaft]; **einschr** OLG Frankfurt 2. 6. 2016 – 6 UF 121/16, juris Rn 16, FamRZ 2016, 1597, 1598; OLG Frankfurt 20. 4. 2016 – 6 UF 77/16, juris Rn 9, Rpfleger 2016, 648 f; OLG Frankfurt 8. 1. 2015 – 6 UF 292/14, juris Rn 16, FamRZ 2015, 1412 [LS]; OLG Frankfurt 19. 2. 2014 – 6 UF 28/14, juris Rn 10, FamRZ 2014, 1128 f [jeweils betr Vormundschaft für unbegleiteten minderjährigen Flüchtling, s dazu auch oben Rn 27]; OLG Hamm 6. 6. 2016 – II-4 UF 186/15, juris Rn 55, FamRZ 2016, 1940, 1943; DIJuF JAmt 2013, 564, 565; Schwamb FamRZ 2018, 984, 985).

39 Im Fall der Bestellung eines Vereins oder des Jugendamts als Vormund wird auch die Eignung des Vereins- bzw Behördenmitarbeiters, der mit der Führung der Vormundschaft betraut wird, nicht vom Familiengericht überprüft; vielmehr fällt diese Aufgabe in die Autonomie des Vereins bzw die Hoheit des Jugendamts (§ 1791a Abs 3 S 1 BGB, § 55 Abs 2 S 1 SGB VIII). Um dieses Defizit zu beseitigen, wäre es denkbar, die Auswahlentscheidung des Gerichts auch auf die diesem vom Verein bzw Jugendamt benannte konkrete Person zu erstrecken (dafür Deutscher Familiengerichtstag FamRZ 2013, 1948, 1950) und die §§ 1791a und b BGB entsprechend zu korrigieren sowie die Rechtsfigur eines Vereins- bzw Behördenvormunds im Gesetz nach dem Vorbild des Betreuungsrechts (§ 1897 Abs 2 BGB) zu verankern (Veit/Salgo ZKJ 2011, 82, 85; § 1791a Rn 33, 35; § 1791b Rn 20).

b) Eignung von Verwandten als Vormund

40 Mit Blick auf die Einbindung eines Kindes in eine Herkunftsfamilie und die Vorgaben des Art 6 Abs 1 GG (dazu näher unten Rn 71 ff) erscheinen seine Verwandten (zum Begriff unten Rn 64) prima facie als besonders geeignet. Dementsprechend fand sich bis 1997 auch ein ausdrücklicher Vorrang von Verwandten im Gesetz (Abs 2 S 2), welcher in abgeschwächter Form bis heute gilt (näher unten Rn 69). Allerdings setzt die vorrangige Berücksichtigung eines Verwandten bei der Auswahl voraus, dass er überhaupt geeignet ist, va die Gefährdung des Kindes, etwa durch Aufnahme in den eigenen Haushalt, abzuwenden (BVerfG 24. 6. 2014 – 1 BvR 2926/13, juris Rn 16, FamRZ 2014, 1435, 1436 m zust Anm Scherpe FamRZ 2014, 1821, 1824; s OLG Saarbrücken 14. 10. 2013 – 6 UF 160/13, juris Rn 34, ZKJ 2014, 114, 117; näher unten Rn 70). Wichtige **Eignungskriterien bei Großeltern** sind im Einzelfall das Alter, besondere Erziehungskompetenzen, die im Umgang mit dem gefährdeten bzw geschädigten Kind erforderlich sind, das emotionale Verhältnis zu den Kindeseltern, der Wille sowie die Fähigkeit und Möglichkeit, das Enkelkind dem negativen Einfluss seiner Eltern zu entziehen, die räumliche Nähe oder Entfernung des eigenen Wohnsitzes zu dem der Kindeseltern, die Art der emotionalen Einbindung in die Probleme der Kindeseltern, die Vorstellungen über den künftigen Lebensmittelpunkt des Kindes sowie die Bereitschaft, Hilfen zur Erziehung in Anspruch zu nehmen und mit dem Jugendamt zusammenzuarbeiten (BVerfG 27. 8. 2014 – 1 BvR 1467/14, juris Rn 22 ff, FamRZ 2014, 1841, 1842 f; BVerfG 22. 9. 2014 – 1 BvR 2108/14, juris Rn 21, FamRZ 2015, 208, 210; s OLG Saarbrücken 14. 10. 2013 – 6 UF 160/13, juris Rn 34, ZKJ 2014, 114, 117; OLG Saarbrücken 17. 7. 2014 – 6 UF 48/14, juris Rn 18 ff, FamRZ 2014, 1866, 1867; Wiesner/Schmid-Obkirchner § 33 SGB VIII Rn 30). Dabei sind vor allem die beiden letztgenannten Aspekte von besonderer Bedeutung, um der Besonderheit der Verwandtenpflege, die sich von anderen Pflegeverhältnissen dadurch unterscheidet, dass die erzieherische Defizitsituation in der eigenen Familie liegt, Rechnung zu tragen (Wiesner/Schmid-Obkirchner § 33 SGB VIII Rn 30a mwNw).

Soweit es um die Vormundschaft für einen **unbegleitet eingereisten ausländischen Minderjährigen** geht, kommen vor allem dessen Verwandte als Vormünder in Betracht. Wichtige Eignungskriterien sind dabei, ob und inwieweit diese bereits über einen sicheren Aufenthalt in Deutschland sowie über Kenntnisse der deutschen Sprache und des deutschen Systems, etwa im Bereich der Kinder- und Jugendhilfe, verfügen, um die Herausforderungen der Pflege und Erziehung des Kindes sicherzustellen. Das Familiengericht wird weiter näher prüfen müssen, ob und inwieweit diese Verwandten vorrangig die Interessen des Kindes oder das Wohlergehen der Familie im Herkunftsland oder auf der Flucht im Blick haben (näher zu diesen Kriterien Oberloskamp/Schwarz, Vormundschaft § 9 Rn 33; Dürbeck FamRZ 2018, 553, 559; DIJuF-Rechtsgutachten JAmt 2016, 195; s auch MünchKomm/Spickhoff Rn 13). 41

Problematisch ist vor allem die Eignung von Personen, die **mit dem Minderjährigen in Fluchtgemeinschaft** nach Deutschland einreisen, und zwar unabhängig davon, ob es sich um Verwandte oder Dritte handelt. Es fehlt diesen Personen in der Regel nicht nur an den erforderlichen Kenntnissen der deutschen Sprache und der hiesigen Verhältnisse. Vielmehr ist auch ihr Aufenthalt häufig nicht gesichert, weshalb sie ebenso wie der Minderjährige selbst in Bezug auf Behördenzugang, Asyl- und Aufenthaltsrecht der Hilfe bedürfen und zum Teil selbst an den physischen oder psychischen Folgen der Flucht leiden. Deshalb kommen sie meist nicht als geeignete Vormünder in Betracht, selbst wenn das Kind und/oder die Eltern sich hierfür ausgesprochen haben (Dürbeck FamRZ 2018, 553, 559; Oberloskamp/Schwarz, Vormundschaft § 9 Rn 33; anders aber im Fall des OLG Hamm 13. 6. 2017 – II-4 UF 31/17, juris Rn 13 ff, FamRZ 2017, 563, 564 [betr 19-jährige Schwester des Kindes]). 42

c) Eignung von familienfremden Pflegeeltern

Auch erfahrene familienfremde **Pflegeeltern, die bereits Pflegekinder betreut haben**, erscheinen wegen ihrer Erfahrungen im Umgang mit der meist besonders vulnerablen Klientel der Mündel (Vorbem 18 zu §§ 1773 ff) besonders geeignet, eine Vormundschaft für Kinder zu übernehmen, die in einer anderen Pflegefamilie leben. 43

Darüber hinaus sind Pflegeeltern aber auch dann besonders qualifiziert, wenn es um die Vormundschaft für das **eigene Pflegekind** geht, das seit längerer Zeit von diesen betreut wird und in dieser Familie seine neue Bezugswelt gefunden hat (OLG Brandenburg 10. 4. 2014 – 9 UF 57/14, juris Rn 10, FamRZ 2014, 1863, 1864; OLG Karlsruhe 26. 6. 2013 – 18 UF 296/11, juris Rn 37 ff, FamRZ 2013, 1665, 1667; OLG Stuttgart FamRZ 2013, 1318; OLG Nürnberg FamRZ 2012, 1959, 1969; OLG Düsseldorf FamRZ 2011, 742, 743 f zur Ergänzungspflegschaft; Salgo, Pflegekindschaft 393; Oberloskamp FamRZ 1988, 7, 20; DIJuF-Rechtsgutachten JAmt 2013, 205, 206; Heilmann/Dürbeck Rn 6; Schweppe ZKJ 2013, 237, 241; s auch das Kriterium „persönliche Bindungen des Mündels" in Abs 2 S 2 unter Rn 60 ff). Die mit der Vormundschaft einhergehende größere rechtliche Verbundenheit zwischen Kind und Pflegeeltern erhöht die Sicherheit dafür, dass diese Verbindung auch erhalten bleibt (OLG Karlsruhe 26. 6. 2013 – 18 UF 296/11, juris Rn 44, FamRZ 2013, 1665, 1667; OLG Nürnberg FamRZ 2012, 1959, 1969; LG Frankfurt FamRZ 2009, 2103 [LS]; LG Wiesbaden FamRZ 2009, 2103 [LS]; LG Hannover FamRZ 2007, 1909, 1910). Dies gilt vor allem dann, wenn eine Adop- 44 tion, die nach § 36 Abs 1 S 2 SGB VIII bei einer längerfristigen Unterbringung des Kindes außerhalb der Herkunftsfamilie vorrangig zu prüfen ist, an der fehlenden Einwilligung der Eltern scheitert und die Ersetzung der Zustimmung nach § 1748 BGB Probleme bereitet (Eisele Anm zu LG Hannover FamRZ 2007, 1909 f).

45 Gegen die Auswahl von Pflegeeltern als Vormünder lässt sich nicht einwenden, dass sich Erziehungs- und (sonstige) Vormundschaftsaufgaben nicht miteinander vereinbaren ließen (so aber Wolf DAVorm 2000, 282, 286; Steinbüchel Jugendhilfereport 1/2014, 30 f); vielmehr genügen gerade sie dem Idealbild eines betreuenden Einzelvormunds (LG Heidelberg FamRZ 2004, 134, 135; s auch Vorbem 29 zu §§ 1773 ff). § 1791a Abs 3 S 1 HS 2 BGB ist nicht analog auf Pflegeeltern anwendbar (zu Recht DIJuF-Rechtsgutachten JAmt 2012, 325). Der Umstand, dass Pflegeeltern, wenn sie Vormund werden, gleichzeitig **Anspruchsberechtigte** für die Inanspruchnahme von Hilfen zur Erziehung und Ausführende dieser Hilfen würden, kann zwar zu Kollisionen zwischen ihren eigenen Interessen und denen des Mündels führen (Wolf DAVorm 2000, 282, 286; DIJuF-Rechtsgutachten JAmt 2013, 205, 206; Steinbüchel Jugendhilfereport 1/2014, 30, 31 f; krit auch Meysen, Öffentliche Anhörung im Rechtsausschuss des Deutschen Bundestages, 17. Wahlperiode, Protokoll Nr 38 v 23. 2. 2011, 10 [http://webarchiv.bundestag.de/cgi/show.php?fileToLoad=5086&id=1223]); diese sind aber zum einen nicht zwingend, und zum anderen gibt es solche Kollisionen auch bei den leiblichen Eltern, wie die Regelung des § 1629 Abs 2 BGB zeigt. Zudem gehen selbst die §§ 27, 36 SGB VIII davon aus, dass die Pflegeeltern in dieser Doppelfunktion am Hilfeplanverfahren teilnehmen können. Hinzu kommt, dass va bei der Amtsvormundschaft Kompetenzkonflikte mit dem Jugendamt als Leistungsbehörde auftreten können (Veit FamRZ 2016, 2045, 2050), und dennoch wurde bislang im Regelfall das Jugendamt zum Vormund bestellt (s Vorbem 35 zu §§ 1773 ff; § 1791b Rn 15). Mögliche Interessenkollisionen stehen deshalb der Tauglichkeit der Pflegeeltern nicht per se entgegen (s DIJuF-Rechtsgutachten JAmt 2012, 325; BeckOGK/Hoffmann [1. 12. 2019] Rn 47).

Dies gilt auch für Meinungsverschiedenheiten mit dem Jugendamt; vielmehr sind in die Eignungsprüfung die Ursache des Konflikts und die beiderseitigen Möglichkeiten zur Deeskalation, va vonseiten des Jugendamts, einzustellen (OLG Brandenburg 24. 6. 2019 – 9 W 264/18, juris Rn 22, JAmt 2019, 525, 526).

46 Eine Unvereinbarkeit von Erziehungs- und (sonstigen) Vormundschaftsaufgaben lässt sich auch nicht aus dem **Kontakt des Pflegekindes mit der Herkunftsfamilie** ableiten (anders wohl Simon JAmt 2014, 610, 611; grundsätzlich krit zum Umgang von traumatisierten Pflegekindern mit ihrer Herkunftsfamilie Kinderrechtekommission, FamRZ 2014, 891, 899 f; Zenz, 2. Jahrbuch des Pflegekinderwesens 22, 30 ff), der bislang vom Jugendamt als Vormund kontrolliert werden konnte (Wolf DAVorm 2000, 282, 286). Diesem Einwand lässt sich in den Fällen, in denen die Eltern am Umgang mit ihrem Kind interessiert sind, durch die zusätzliche Berücksichtigung der Bindungstoleranz der Pflegeeltern (zur Bedeutung dieses Kriteriums in sorgerechtlichen Verfahren nach § 1671 BGB BeckOK/Veit [1. 11. 2019] § 1671 Rn 63) als „sonstiger Umstand" iSv Abs 2 S 1 (OLG Karlsruhe 26. 6. 2013 – 18 UF 296/11, juris Rn 41, FamRZ 2013, 1665, 1667; s auch OLG Karlsruhe 6. 5. 2013 – 5 WF 170/12, juris Rn 58, FamRZ 2014, 404 [LS]; LG Flensburg FamRZ 2001, 445; NK-BGB/Fritsche Rn 5; Heilmann/Dürbeck Rn 6) sowie durch eine Unterstützung der Pflegeeltern als Vormund durch das Jugendamt nach § 53 Abs 2 SGB VIII Rechnung tragen (s LG Hannover FamRZ 2007, 1909, 1910; s auch DIJuF-Rechtsgutachten JAmt 2012, 325, 326; DIJuF-Rechtsgutachten JAmt 2013, 205, 206). Im Übrigen ist zu berücksichtigen, dass der Gesetzgeber in bestimmten Konstellationen das Spannungsverhältnis zwischen Herkunfts- und sozialen Eltern zugunsten der letzteren entschieden hat, und zwar soweit die Voraussetzungen von § 1632 Abs 4 BGB und § 37 Abs 1 S 4 SGB VIII erfüllt sind, also eine Rückkehr zu den Herkunftseltern nicht mehr in Betracht kommt; zumindest in diesen Fällen sind die Pflegeeltern als geeignete Vormünder anzusehen (näher dazu Veit FF 2008, 358 f; in diese Richtung auch Gernhuber/Coester-Waltjen § 70 Rn 41; weitergehend wohl Zenz DAVorm 2000, 366, 373; aufschlussreich ist auch, ob die Voraussetzungen für die Zuständigkeit des Jugendamts am gewöhnlichen Aufenthalt der Pflegeeltern nach § 86 Abs 6 SGB VIII erfüllt sind; dazu DIJuF-Rechtsgutachten JAmt 2012, 263).

Allerdings kann sich ein Interessenkonflikt zwischen den Pflegeeltern als Vormündern und den Herkunftseltern aus deren **fortbestehender Unterhaltspflicht** ergeben; man denke nur an Lohnpfändungen beim Arbeitgeber der Eltern auf Veranlassung der Pflegeeltern als Vormund (Salgo, Pflegekindschaft 395). Dieses Problem relativiert sich aber durch die Regelung des § 39 SGB VIII, wonach dann, wenn Hilfe zur Erziehung gewährt wird, auch der notwendige Unterhalt des Kindes oder Jugendlichen außerhalb des Elternhauses sicherzustellen ist; diese Regelung findet auch bei einer Vormundschaft der Pflegeeltern Anwendung (BVerwG FEVS 47, 13, 15 = FamRZ 1996, 936 f; BVerwG NJW 2012, 2130; BVerwG 9. 12. 2014 – 5 C 32. 13, juris Rn 13 ff, JAmt 2015, 217, 218 ff). Davon abgesehen ist aber der Gesetzgeber aufgerufen, in den Fällen der Dauerpflege, in denen eine Rückkehr des Kindes zu seinen Herkunftseltern nicht mehr in Betracht kommt, eine Verfestigung der sorgerechtlichen Stellung der Pflegeeltern über die Bestellung als Vormund mit einer Unterhaltspflicht zu verknüpfen (Salgo, Pflegekindschaft 395). Als Vorbild könnte hier die Figur der „special guardianship order" (Sect 14 A des Children Act 1989, eingefügt durch Sect 115 (1) des Adoption and Children Act 2002) von England und Wales dienen, wonach Pflegeeltern, die mehr als ein Jahr mit dem Kind zusammenleben, einen dauerhaften Status wie bei der Adoption erlangen können, nur mit dem Unterschied, dass die Verwandtschaftsbeziehungen zu den leiblichen Eltern nicht erlöschen (Küfner, in: Handbuch Pflegekinderhilfe 858, 861, 864; s auch Schweppe, in: Zitelmann/Schweppe/Zenz, Vormundschaft und Kindeswohl 120; Salgo, Pflegekindschaft 393 ff). Dies provoziert allerdings die Frage, ob nicht durch eine solche Vormundschaft eine „Adoption (minderen Ranges)" geschaffen würde (Schwab, 54. DJT, A 120). Ob das gewünscht ist oder nicht, ist eine rechtspolitische Frage, die schon auf dem 54. DJT 1982 erörtert wurde und durch die jüngere Reformdiskussion um die gesetzliche Einführung der Möglichkeit einer Dauerverbleibensanordnung (Helms, 71. DJT, F 75 ff; Wissenschaftlicher Beirat [https://www.bmfsfj.de/blob/76080/882dd907 f94 fd183472d6cac5dbcd0ee/gutachten-pflegefamilien-beirat-data.pdf] 46 ff; Kinderrechtekommission FamRZ 2014, 891, 896 ff; Diouani-Streek ZKJ 2015, 50, 54; Zitelmann ZKJ 2014, 469, 472) neue Nahrung erhalten hat (nach Forderungen der Justizministerinnen und Justizminister der Länder 2013 [http://www.saarland.de/dokumente/res_justiz/TOP_I. 3_Weiterentwicklung_des_Pflegekinderwesens_-_Rechtliche_Situationvon_Pflegekindern_verbessern.pdf] und der Jugend- und Familienminister der Länder im Jahr 2014 [https://www.jfmk.de/pub2014/TOP_5.7_Staerkung_der_Kinderrechte.pdf] brachte die Bundesregierung im Mai 2017 einen Gesetzentwurf zur Stärkung von Kindern und Jugendlichen [Kinder- und Jugendstärkungsgesetz – KJSG] in den Bundestag ein, der wichtige Ergänzungen des BGB zur Absicherung von Dauerpflegeverhältnissen vorsah [BT-Drucks 18/12330, Art 6 des Entwurfs]. Allerdings waren diese Ergänzungen nicht mehr Gegenstand der Beschlussempfehlung des Ausschusses für Familie, Senioren, Frauen und Jugend [BT-Drucks 18/12952], über die der Bundestag im Anschluss an eine zweite und dritte Beratung abstimmte [BT-Plenarprotokoll 18/243, 25055 (D)]; zu einer Entscheidung des Bundesrates zu diesem Gesetzesbeschluss ist es nicht mehr gekommen; vielmehr wurde der TOP wiederholt vertagt, BR-Plenarprotokoll 959, 325 [A]; BR-Plenarprotokoll 960, 389 [D]). 47

48 Zur Sicherung der Kontinuität der Lebensverhältnisse in einer Dauerpflegefamilie ist allerdings nicht nur die Aufenthaltssicherung, sondern auch eine Verstärkung der sorgerechtlichen Position der Pflegeeltern dienlich. Insoweit bietet gerade das Instrument der Vormundschaft eine wichtige Möglichkeit, um die **sorgerechtliche Position der Pflegeeltern** stärker **zu stabilisieren**, als dies derzeit mit dem kleinen Sorgerecht (§ 1688 BGB) und der Verbleibensanordnung (§ 1632 Abs 4 BGB) möglich ist (zu weiteren Möglichkeiten Veit FF 2008, 358, 364 f; Kinderrechtekommission FamRZ 2014, 891, 897 ff; Helms, 71. DJT, F 84 f). Bislang ist die Rechtsprechung uneinheitlich; zum Teil machen die Gerichte von dieser Möglichkeit keinen Gebrauch (OLG Karlsruhe 6. 5. 2013 – 5 WF 170/12, juris Rn 38 ff, FamRZ 2014, 404 [mangelnde Eignung der Pflegeeltern]; OLG Naumburg OLGR 2005, 586; eine solche Praxis befürwortend Wolf DAVorm 2000, 282, 286); wiederholt wurde aber auch entschieden, dass gerade Pflegeeltern, die die tatsächliche Betreuung wahrnehmen und bei denen das Kind eine positive Entwicklung genommen hat, besser als ein beruflich tätiger Vormund (etwa Jugendamt oder Verein) geeignet sind, die Vormundschaft zu übernehmen, weil sie dem gesetzlichen Leitbild (Vorbem Rn 29 ff zu § 1773 ff) am nächsten kommen. Danach erfüllt eine Vormundschaft ihren Sinn dann am besten, wenn das Kind erlebt, dass die Person, die es täglich erzieht, auch rechtlich zur Erziehung befugt ist (OLG Brandenburg 24 6. 2019 – 9 W 264/18, juris Rn 16, JAmt 2019, 525, 526; OLG Rostock 25. 4. 2016 – 11 UF 159/15, juris Rn 22, FamRZ 2017, 218, 219; OLG Nürnberg FamRZ 2012, 1959, 1960; OLG Düsseldorf FamRZ 2011, 742, 743; LG Hannover FamRZ 2007, 1909, 1910 m zust Anm Eisele; KG FamRZ 2002, 267 f; LG Flensburg FamRZ 2001, 445 m Anm P Hoffmann; AG Schöneberg FamRZ 2002, 268, 269 m zust Anm P Hoffmann). Deshalb empfiehlt auch der 20. Deutsche Familiengerichtstag der Rechtspraxis, bei Dauerpflege künftig häufiger als bisher Pflegeeltern zum Vormund zu bestellen (Deutscher Familiengerichtstag FamRZ 2013, 1948), und es wurde wiederholt de lege ferenda gefordert, den Kriterienkatalog von § 1779 Abs 2 S 2 BGB um das Kriterium „Aufenthalt des Kindes in Familienpflege" oder „Lebensmittelpunkt" zu erweitern (Kinderrechtekommission FamRZ 2014, 891, 898; Salgo/Zenz FamRZ 2009, 1378, 1385). Darüber hinaus könnte man daran denken, unter bestimmten Voraussetzungen – etwa soweit die Voraussetzungen von § 1632 Abs 4 BGB einerseits und § 37 Abs 1 S 4 SGB VIII andererseits erfüllt sind, also eine Rückkehr des Kindes zu den Herkunftseltern nicht mehr in Betracht kommt (näher dazu Veit FF 2008, 358) – auch einen gesetzlichen Vorrang dieses Kriteriums gegenüber den anderen in Abs 2 S 2 genannten zu etablieren (dafür wohl Zenz, 9. Göttinger Workshop 13; zu einem Formulierungsvorschlag PFAD, Stellungnahme zum Entwurf eines Gesetzes zur Änderung des Vormundschaftsrechts, Februar 2010, 2 [http://www.pfad-bw.de/files/Vormundschaft_Stellungnahme_PPK.pdf]). Dies verlangt allerdings, dass der Gesetzgeber wieder zu einer Staffelung der Auswahlkriterien zurückkehrt (näher dazu Rn 69) und damit den faktischen Vorrang der Verwandten oder Verschwägerten (dazu Rn 70) relativiert.

49 Zudem ist im Einzelfall denkbar, die **Pflegeeltern durch die Bestellung eines Ergänzungspflegers** für einzelne Bereiche zu entlasten (Salgo/Zenz Frühe Kindheit 2010, 26, 28 zu Pflegeeltern; Salgo, Pflegekindschaft 395; DIJuF-Rechtsgutachten JAmt 2012, 325, 326; DIJuF-Rechtsgutachten JAmt 2013, 205, 206). Dies setzt allerdings voraus, dass der Vormund nach § 1909 BGB an der Besorgung der Angelegenheiten in diesem Bereich/in diesen Bereichen verhindert ist. Eine solche Verhinderung liegt dann vor, wenn er von der Vertretung des Kindes kraft Gesetzes ausgeschlossen (§§ 1795 Abs 1, Abs 2, 181 BGB) oder durch eine familiengerichtliche Entscheidung (§§ 1796 Abs 1, 1801, 1837 Abs 4, 1666, 1666a BGB) in seinem Vertretungsrecht beschränkt ist (BGH 29. 5. 2013 –

XII ZB 530/11, juris Rn 17, FamRZ 2013, 1206, 1207 f; BGH 29. 5. 2013 – XII ZB 124/12, juris Rn 19, JAmt 2013, 426). Haben etwa Pflegeeltern, die die Vormundschaft beantragen, ihr Pflegekind in einer Pflegeeinrichtung untergebracht, nachdem massive Verhaltensauffälligkeiten des Kindes aufgetreten waren, so kann den Bedenken, dass sie das Kind aus der Einrichtung herausnehmen, und den damit verbundenen Gefahren für das Kind dadurch Rechnung getragen werden, dass sie zwar zum Vormund bestellt werden, das Aufenthaltsbestimmungsrecht aber auf einen Ergänzungspfleger übertragen wird (OLG Brandenburg 10. 4. 2014 – 9 UF 57/14, juris Rn 14, FamRZ 2014, 1863, 1864). Dagegen liegt keine Verhinderung iSv § 1909 BGB vor, wenn dem Vormund in einer bestimmten Angelegenheit nur die erforderliche Sachkunde oder Erfahrung fehlt (oben Rn 27).

Kommt eine Entlastung der Pflegeeltern durch die Bestellung eines Ergänzungspflegers nicht in Betracht, bleibt nur die Möglichkeit, einen **Mitvormund** mit getrennten Wirkungskreisen nach § 1797 Abs 2 BGB zu bestellen, wobei eine Abgrenzung der Wirkungskreise nicht nur nach Personen- und Vermögenssorge, sondern auch innerhalb dieser Bereiche möglich ist (näher § 1797 Rn 42 ff; § 1775 Rn 27; zum Sonderproblem der fehlenden Sach- und Fachkunde in asyl- und ausländerrechtlichen Fragen auch oben Rn 25 ff). 50

Darüber hinaus könnten die Pflegeeltern, wenn sie berufene Vormünder iSv § 1776 BGB sind, eine **Beistandschaft** des Jugendamts – allerdings nur in den in § 1712 BGB genannten Fällen – beantragen. Ihre Antragsberechtigung ließe sich aus § 1713 BGB analog ableiten. Künftige Rechtsunsicherheiten ließen sich durch eine Erweiterung des Kreises der in § 1713 BGB genannten Antragsberechtigten (Hoffmann JAmt 2011, 354; BeckOGK/Hoffmann [1. 12. 2019] Rn 15), ggf auch des Aufgabenkreises des Beistands nach § 1712 BGB vermeiden. 51

Im Einzelfall stellt die **Adoption** des Mündels durch seine Pflegeeltern eine Alternative zur Vormundschaft dar (zu dieser Möglichkeit der Kontinuitätssicherung bei Dauerpflegeverhältnissen und zu Vorschlägen zur Reform des Adoptionsrechts näher Helms, 71. DJT, F 84 ff). Voraussetzung dafür ist allerdings – neben dem Antrag der Pflegeperson(en) – die Einwilligung der beiden leiblichen Elternteile; diese kann nur unter den engen Voraussetzungen des § 1748 Abs 1 S 1 BGB ersetzt werden. Eine Ersetzung kommt danach in Betracht, wenn der Elternteil seine Pflichten gegenüber dem Kind anhaltend gröblich verletzt hat oder durch sein Verhalten gezeigt hat, dass ihm das Kind gleichgültig ist, und wenn das Unterbleiben der Annahme dem Kind zu unverhältnismäßigem Nachteil gereichen würde. Ob im Einzelfall ein solcher Nachteil vorliegt, hängt von einer umfassenden Abwägung der Kindes- und Elterninteressen ab (BVerfGE 24, 119, 143 ff; EGMR 30. 11. 2017 – 37283/13 Strand Lobben ua v Norwegen FamRZ 2018, 264 f m Anm Botthof; OLG Hamm 7. 12. 2016 – II-13 UF 131/15, juris Rn 36, FamRZ 2017, 1064 f; Staudinger/Helms [2019] § 1748 Rn 14). Dabei liegt ein unverhältnismäßiger Nachteil erst vor, wenn die Adoption einen so erheblichen Vorteil für das Kind bieten würde, dass ein sich verständig um das Kind sorgender Elternteil nicht auf die Erhaltung des Verwandtschaftsbandes bestehen würde (BVerfG FamRZ 2006, 94, 95; BGH FamRZ 2005, 891, 892; OLG Hamm 7. 12. 2016 – II-13 UF 131/15, juris Rn 36, FamRZ 2017, 1064). Da die Ersetzungsentscheidung zum gravierendsten Eingriff in das Elternrecht führt, ist diese nur unter strikter Anwendung des Verhältnismäßigkeitsgrundsatzes zulässig. Die Lage des Kindes muss sich insgesamt betrachtet so verbessern, dass der Vorteil des Kindes außer Verhältnis steht zum Rechtsverlust des Elternteils; dabei fallen die Elternrechte bei der Abwägung umso weniger ins Gewicht, je schwerer ihre Pflicht- 52 verletzung bzw je nachhaltiger ihre Gleichgültigkeit ist (LG Bochum ZKJ 2012, 150, 153; Staudinger/Helms [2019] § 1748 Rn 40; MünchKomm/Maurer § 1748 Rn 87). So wurde in der Rechtsprechung ein unverhältnismäßiger Nachteil etwa dann bejaht, wenn das Verbleiben des Kindes in der Pflegestelle von den Eltern zwar nicht infrage gestellt wurde, der Status des Kindes in der Pflegefamilie jedoch rechtlich ungesichert blieb, obwohl dieses einen Anspruch auf Klarheit und Sicherheit seiner familiären Beziehungen habe (OLG Hamm 7. 12. 2016 – II-13 UF 131/15, juris Rn 48, FamRZ 2017, 1064, 1065; LG Bochum ZKJ 2012, 150, 153).

4. Maßgebender Beurteilungszeitpunkt

53 Für die Frage, ob sich eine Person zur Bestellung als Vormund eignet, ist der **Zeitpunkt der Bestellung** maßgebend; später eintretende oder bekanntwerdende Tatsachen können zur Entlassung des Vormunds (§ 1886 BGB), nicht aber zur Rückgängigmachung der Bestellung mit rückwirkender Kraft führen (BayObLG Recht 1914 Nr 941 = OLGE 30, 148; OLGE 44, 83, jeweils in Fällen, in denen der Mündel oder der Vormund nachträglich zu einem anderen Glauben übergetreten war; näher dazu auch Rn 89).

V. Die gesetzlichen Auswahlkriterien

1. Keine Rangfolge der Kriterien

54 Als Auswahlkriterien nennt das Gesetz den mutmaßlichen Willen der Eltern, die persönlichen Bindungen des Mündels, die Verwandtschaft oder Schwägerschaft mit dem Mündel sowie das religiöse Bekenntnis des Mündels. Eine bestimmte Rangfolge dieser Kriterien gibt das Gesetz im Unterschied zur früheren Fassung nicht vor (näher dazu Staudinger/Veit [2014] Rn 28); vielmehr obliegt es dem Familiengericht, die maßgebenden Gesichtspunkte, die im Einzelfall gegeben sind, **gegeneinander abzuwägen**, um so die für das Wohl des Mündels beste Entscheidung zu finden, ohne dass dem einen oder anderen Kriterium ein genereller Vorrang zukäme (Palandt/Götz Rn 6; Gernhuber/Coester-Waltjen § 70 Rn 41; **aA** Jauernig/Berger Rn 3; Scherpe FamRZ 2014, 1821, 1823; für eine Erweiterung und Änderung der Reihenfolge der Auswahlkriterien Deutscher Familiengerichtstag FamRZ 2013, 1948, 1949). Ist keine der geeigneten Personen zur Übernahme der Vormundschaft bereit, ist die durch die Übernahme am wenigsten belastete auszuwählen (LG Würzburg FamRZ 1972, 391, 393). Der Ausgewählte ist, soweit nicht die Voraussetzungen der §§ 1780–1784, 1786 BGB vorliegen, zur Übernahme der Vormundschaft verpflichtet (§ 1785 BGB); bei unbegründeter Weigerung besteht eine Schadensersatzpflicht nach § 1787 BGB.

2. Der mutmaßliche Wille der Eltern

a) Benennung eines Vormunds für den Todesfall

55 Der Wille der Eltern des Mündels ist für das Familiengericht bindend, wenn er unter den Voraussetzungen der §§ 1776, 1777 BGB in einer letztwilligen Verfügung erklärt wurde und wenn der von den Eltern Benannte nicht nach § 1778 BGB zu übergehen ist. Das KindRG und das BtÄndG haben in den Katalog der Kriterien, die bei der Auswahl des Vormunds zu berücksichtigen sind, an erster Stelle den **„mutmaßlichen Willen“** der Eltern eingestellt (Begr zum RegE eines BtÄndG, BT-Drucks 13/7158, 21; Beschlussempfehlung Rechtsausschuss, BT-Drucks 13/8511, 76; Stellungnahme BReg zu den Prüfbitten

des BR, BR-Drucks 886/96, Anl I 20 ff). Hierunter wird man nach allgemeinem Sprachgebrauch das verstehen, was die Eltern vermutlich gewollt (aber nicht zum Ausdruck gebracht) haben oder was sie gewollt hätten, wenn sie sich der Frage bewusst gewesen wären, wer Vormund ihrer Kinder werden soll (s auch Palandt/Götz Rn 7: „der wahrscheinliche Wille"). Die Verfasser der Begründung des RegE zum BtÄndG scheinen an etwas derartiges gedacht zu haben bei dem Beispiel, „daß familiennahe Freunde auch dann zum Vormund bestellt werden können, wenn Verwandte oder Verschwägerte, die dem Mündel persönlich ferner stehen, zur Übernahme der Vormundschaft bereit und in der Lage sind" (BT-Drucks 13/7158, 21).

Zumindest gleiches Gewicht wird man auch dem – nicht in der Form einer letztwilligen Verfügung – **erklärten Willen** beimessen müssen (s OLG Hamm 13. 6. 2017 – II-4 UF 31/17, 4 UF 31/17, juris Rn 10, FamRZ 2017, 1941, 1942 [betr ausländischen Minderjährigen]; OLG Karlsruhe 26. 6. 2013 – 18 UF 296/11, juris Rn 45, FamRZ 2013, 1665, 1667). Gerade in einem Fall, wie ihn die Begründung des RegE zum BtÄndG als Beispiel anführt, wird es oft so sein, dass die Eltern oder ein Elternteil die Bitte oder den Wunsch geäußert haben/hat, eine befreundete Person möge sich der Kinder annehmen. In einem solchen Fall ist man nicht auf eine Mutmaßung angewiesen, da bekannt ist, was die Eltern gewollt haben. Dann ist dieser Wille aber auch über den Wortlaut von Abs 2 S 2 hinaus „erst recht" beachtlich (MünchKomm/Spickhoff Rn 7; zu den notwendigen Klarstellungen de lege ferenda Staudinger/Veit [2014] Rn 92). 56

Haben Vater und Mutter **unterschiedliche** mutmaßliche oder ausdrücklich erklärte Willen, so gilt der Wille des zuletzt Verstorbenen (§ 1776 Abs 2 BGB analog; MünchKomm/Spickhoff Rn 7; **aA** BeckOGK/Hoffmann [1. 12. 2019] Rn 58). 57

Der erklärte bzw mutmaßliche **Wille der Eltern** ist allerdings dann **unbeachtlich**, wenn und soweit der Benannte auch bei formwirksamer Benennung nach § 1778 BGB übergangen werden könnte (MünchKomm/Spickhoff Rn 7). Verliert etwa der formgerecht erklärte Wille eines Elternteils infolge eines wirksamen Widerspruchs des Mündels nach § 1778 Nr 5 BGB seine Bindungswirkung für das Gericht (dazu § 1778 Rn 31 ff), so muss dieser Wille auch im Rahmen der Auswahlentscheidung gegenüber dem Kindeswillen zurücktreten (OLG Hamm 15. 5. 2017 – 7 WF 240/16, juris Rn 33, FamRZ 2017, 1760, 1761 f; näher dazu unten Rn 63). 58

b) Benennung eines Vormunds für den Fall des Ruhens der Sorge bzw des Entzugs der Sorge

Das Gesetz sieht ein Benennungsrecht nur für den Todesfall, aber nicht für den Fall des Ruhens der elterlichen Sorge (OLG Hamm 13. 6. 2017 – II-4 UF 31/17, 4 UF 31/17, juris Rn 10, FamRZ 2017, 1941, 1942) oder des Entzugs der Sorge (OLG Brandenburg 19. 3. 2012 – 9 UF 232/11, juris Rn 18, FamRZ 2013, 54 [LS]; OLG Saarbrücken 14. 10. 2013 – 6 UF 160/13, juris Rn 30, ZKJ 2014, 114, 116; OLG Saarbrücken 17. 7. 2014 – 6 UF 48/14, juris Rn 17, FamRZ 2014, 1866, 1867) vor; gleichwohl ist der Wille der Eltern auch in diesen Fällen bei der Auswahl des geeigneten Vormunds nach § 1779 BGB relevant (Palandt/Götz Rn 1). Dabei wird man allerdings mit Blick auf § 1777 Abs 1 BGB bei der Beachtlichkeit des Willens unterscheiden müssen: Eine gewisse Priorität wird man dem mutmaßlichen/wirklich geäußerten Willen nur dann zukommen lassen können, wenn die Eltern bis zu dem Ereignis, das die Anordnung der Vormundschaft ausgelöst hat, sorgeberechtigt waren; dagegen kommt ihm keine Priorität zu, wenn dem Elternteil/ 59 den Eltern bereits zuvor die elterliche Sorge fehlte (MünchKomm/Spickhoff Rn 7; Erman/Schulte-Bunert Rn 5b; anders NK-BGB/Fritsche Rn 7, der eine graduelle Abstufung nach den Gründen der Sorgerechtsentziehung vornehmen will, ohne allerdings Kriterien für die Abstufung angeben zu können). Dies bedeutet, dass der Wille eines Kindesvaters, dem die elterliche Sorge wegen Tötung der Kindesmutter entzogen worden ist, vorrangig zu beachten ist, soweit er den Willen vor dem Entzug geäußert hat. Hat er den Willen dagegen erst danach geäußert, so kann ihm zwar keine Priorität zukommen; er darf aber auch nicht völlig unbeachtet bleiben (OLG Frankfurt FamRZ 2008, 1554, 1555; Erman/Schulte-Bunert Rn 5b; BeckOGK/Hoffmann [1. 12. 2019] Rn 60). Jedes andere Ergebnis wäre ein unverhältnismäßiger Eingriff in sein Elternrecht, das auch nach Entzug der elterlichen Sorge bestehen bleibt (s OLG Frankfurt FamRZ 2008, 1554, 1555). Haben ausländische Eltern für ihr nach Deutschland geflüchtetes Kind in einer Urkunde den Wunsch geäußert, dass die ältere in Deutschland lebende Schwester des Kindes sich um alle Angelegenheiten des jüngeren Bruders kümmern soll, so kommt diesem Willen entscheidendes Gewicht bei der Auswahlentscheidung zu, wenn er sich mit dem Willen des Kindes und seinen persönlichen Bindungen deckt; zudem spricht weiter das Kriterium der Verwandtschaft für die Auswahl der Schwester des minderjährigen Flüchtlings (OLG Hamm 13. 6. 2017 – II-4 UF 31/17, 4 UF 31/17, juris Rn 11 ff, FamRZ 2017, 1941, 1942).

3. Die persönlichen Bindungen des Mündels

60 Das Kriterium der persönlichen Bindungen, das auch im RegE des BtÄndG noch nicht vorgesehen war, wurde auf Vorschlag des Bundesrats (BT-Drucks 13/7158, 43) in Abs 2 S 2 eingefügt. Es liegt auf der Hand, dass gerade eine bestehende emotionale Bindung zwischen dem Mündel und einer als Vormund in Aussicht genommenen Person der Führung der Vormundschaft, zu der auch die Sorge für die Person des Mündels gehört (§§ 1793, 1800 BGB), förderlich ist und damit dem Wohl des Mündels dient (Bienwald RpflStud 2017, 193, 194). Personen, die dem Mündel nahestehen, aber nicht mit ihm verwandt sind, kam nach früherem Recht kein Vorrang zu (BayObLGZ 1958, 373, 375 = FamRZ 1959, 125, 126; MünchKomm/Wagenitz[6] Rn 12; Soergel/Damrau[12] Rn 11; BGB-RGRK/Dickescheid Rn 2). Sie können jetzt unter dem Gesichtspunkt der persönlichen Bindungen des Mündels bevorzugt berücksichtigt werden.

61 Erfasst werden damit vor allem **Pflegeeltern**, bei denen das Kind schon seit längerer Zeit lebt und bei denen es seine Bezugswelt gefunden hat (OLG Nürnberg FamRZ 2012, 1959, 1960; OLG Düsseldorf FamRZ 2011, 742, 743; NK-BGB/Fritsche Rn 8; BeckOGK/Hoffmann [1. 12. 2019] Rn 63; s weiter oben Rn 44). Gleiches gilt für **andere Bezugspersonen**, wie etwa den Stiefelternteil oder den Lebenspartner, wenn das Kind seit längerer Zeit im Haushalt mit ihm und dem ehemals sorgeberechtigten Elternteil zusammengelebt hat (s § 1682 BGB; OLG Thüringen FamRZ 2004, 1389, 1390). Allgemein wird man eine persönliche Bindung des Mündels in der Regel zu all den Personen bejahen können, die ein Umgangsrecht nach § 1685 Abs 2 BGB haben, dh für das Kind tatsächlich Verantwortung tragen, was nach § 1685 Abs 2 S 2 BGB regelmäßig anzunehmen ist, wenn die Person mit dem Kind längere Zeit in häuslicher Gemeinschaft zusammengelebt hat.

62 Die persönlichen Bindungen müssen beidseitig sein. Sie kommen von Seiten des Mündels vor allem in seinen Willensbekundungen zum Ausdruck. Der **Kindeswille**

ist insbesondere bei kleineren Kindern Ausdruck von Zuneigung, Abneigung oder Bindung (BVerfG FamRZ 2009, 1389, 1390; BVerfG FamRZ 2008, 1737, 1738; BVerfG NJW 2007, 1266, 1268). Er ist aber ab einem bestimmten Zeitpunkt darüber hinaus auch ein Akt der Selbstbestimmung (BVerfG FamRZ 2009, 1389 f; BVerfG FamRZ 2008, 1737, 1738 m Anm Kohne JAmt 2009, 167; BVerfG FamRZ 2010, 135, 137; BGH FamRZ 2010, 1060, 1063; OLG Brandenburg FamRZ 2010, 911, 912; OLG Brandenburg FamRZ 2008, 1471 f; OLG Hamm 2009, 1763, 1765; OLG Saarbrücken FamRZ 2010, 385, 387; OLG München FamRZ 2007, 753 f; KG FamRZ 2007, 754, 756; Staudinger/Coester [2016] § 1666 Rn 74 ff), und genau letztgenannter Aspekt tritt mit zunehmendem Alter stärker hervor. Das bedeutet, dass das Kriterium der persönlichen Bindungen nicht identisch ist mit dem des Willens des Mündels; persönliche Bindungen können also auch vorliegen, wenn sich etwa ein pubertierender Jugendlicher gegen die Bezugsperson ausspricht (zu diesem Problem auch Erman/Saar[14] Rn 6). Solange sich im Gesetz nur das Kriterium der persönlichen Bindungen findet, muss allerdings hierunter vor allem auch die Willensäußerung als Akt der Selbstbestimmung subsumiert werden (zum Reformbedarf Staudinger/Veit [2014] Rn 93). Diesem Willen kommt im Einzelfall erhebliche Bedeutung zu (BVerfG 22. 9. 2014 – 1 BvR 2108/14, juris Rn 17, FamRZ 2015, 208, 209; BVerfG 30. 9. 2014 – 1 BvR 1409/14, juris Rn 14 f, FamRZ 2014, 1843, 1844; BVerfG 27. 8. 2014 – 1 BvR 1467/14, juris Rn 27, FamRZ 2014, 1841, 1843; OLG Hamm 15. 5. 2017 – 7 WF 240/16, juris Rn 33, FamRZ 2017, 1760, 1761 f; BayObLG Rpfleger 1987, 149; für eine Beachtlichkeit des Kindeswillens bereits bei der Eignungsprüfung nach Abs 1 BVerfG 30. 4. 2017 – 1 BvR 393/18, juris Rn 9, FamRZ 2018, 1092, 1093 = NZFam 2018, 635 mit in diesem Punkt krit Anm von Riegner) und hat einen ersten Niederschlag darin gefunden, dass das Familiengericht bei einem Widerspruch eines über 14-jährigen nicht geschäftsunfähigen Mündels einen von den Eltern berufenen Vormund übergehen kann (§ 1778 Abs 1 Nr 5 BGB; s § 1778 Rn 31).

Decken sich Kindeswille und Elternwille nicht, so ergibt sich aus dieser Norm auch, **63**
welchem Willen der Vorrang zukommt; der Widerstreit ist analog § 1778 Abs 1 Nr 5 BGB zugunsten des Kindeswillens zu entscheiden (OLG Hamm 15. 5. 2017 – 7 WF 240/16, juris Rn 33, FamRZ 2017, 1760, 1761 f; MünchKomm/Spickhoff Rn 8). Bei einem jüngeren Kind wird man allerdings in der Regel davon ausgehen können, dass der (mutmaßliche) Elternwille im Zweifel das Wohl des Kindes am besten wiedergibt (MünchKomm/Spickhoff Rn 8; Hoppenz/Rohde Rn 6; zur Relativität des Elternwillens, der nach dem Entzug der elterlichen Sorge geäußert wurde, oben Rn 59).

4. Mit dem Mündel verwandte oder verschwägerte sowie diesen gleichgestellte Personen

a) Kreis der Verwandten und Verschwägerten, Gleichgestellte

Die Kriterien der Verwandtschaft und Schwägerschaft sind in §§ 1589, 1590 BGB **64**
definiert. Das Gesetz begrenzt den Kreis der zu berücksichtigenden Verwandten und Verschwägerten nicht nach der Gradesnähe (§§ 1589 S 3, 1590 Abs 1 S 2 BGB), und es macht auch keine Ausnahme von der Regel des § 1590 Abs 2 BGB, die besagt, dass die Schwägerschaft fortdauert, auch wenn die Ehe, durch die sie begründet wurde, aufgelöst ist. Es entspräche jedoch nicht dem Sinn des § 1779 Abs 2 BGB, wenn in die Auswahl des Vormunds auch Verwandte und Verschwägerte einbezogen würden, die mit dem Mündel nur sehr entfernt verwandt und verschwägert sind und keinerlei tatsächliche Verbindung mit ihm und den engeren Verwandten haben.

65 Unter den Verwandten und Verschwägerten legt das Gesetz **keine Rangfolge** fest; dahinter steht der Gedanke, dass durch eine solche Festlegung durchaus nicht immer die vorzugsweise geeigneten Personen getroffen würden (vgl Mot IV 1050 für den insoweit vergleichbaren Fall der gesetzlichen Berufung von Verwandten zur Vormundschaft). Die Verschwägerten sind den Verwandten gleichgestellt, und auf die Nähe des Grades braucht bei beiden Gruppen grundsätzlich keine Rücksicht genommen zu werden (KGJ 46, 69, 70; BayObLGZ 1965, 50, 51 = FamRZ 1965, 283; BayObLG FamRZ 1974, 219, 220; BayObLGZ 1980, 138, 139 = FamRZ 1981, 96, 97; BayObLG FamRZ 1984, 1151, 1153; MünchKomm/Spickhoff Rn 10; Soergel/Zimmermann Rn 9; BeckOGK/Hoffmann [1. 12. 2019] Rn 43; Palandt/Götz Rn 9; **aA** Erman/Schulte-Bunert Rn 7 aE, der die Gradnähe als ein spezielles Vorzugskriterium ansieht). Auch die Verwandten des Kindes väterlicherseits stehen denen mütterlicherseits gleich (Hoffmann FamRZ 2014, 1084, 1088; BeckOGK/Hoffmann [1. 12. 2019] Rn 68; Palandt/Götz Rn 9).

66 Der bislang nicht sorgeberechtigte **Vater eines nichtehelichen Kindes**, der bis zum Inkrafttreten des KindRG am 1. 1. 1999 von dem grundsätzlichen Vorrang der Angehörigen bei der Bestellung zum Vormund ausgenommen war (näher dazu Staudinger/Veit [2014] Rn 49, 50), kann, wenn die alleinerziehende Kindesmutter durch rechtliche oder tatsächliche Gründe an der Wahrnehmung der elterlichen Sorge gehindert ist, bereits unter den Voraussetzungen der §§ **1678 Abs 2, 1680, 1681 BGB** in die Elternverantwortung gelangen. In diesen Fällen bedarf es dann schon keiner Anordnung einer Vormundschaft (näher § 1773 Rn 19 ff; s auch MünchKomm/Spickhoff Rn 15). Soweit es dagegen an deren Voraussetzungen fehlt, wird auch eine Eignung dieses Vaters iSv § 1779 Abs 2 BGB ausscheiden. In die Auswahlentscheidung einzubeziehen sind aber seine Verwandten und deren Ehegatten.

67 Der **Ehegatte** des Mündels ist den Verwandten und Verschwägerten **gleichzustellen** (OLG Celle NJW 1965, 1718 = NdsRpfl 1965, 170 = FamRZ 1965, 580 [LS]), nach einer früher vertretenen weiteren Meinung sogar vorzuziehen, weil er nach § 1778 Abs 3 BGB aF auch einem zur Vormundschaft Berufenen vorgezogen werden konnte (Erman/Saar[14] Rn 5; BGB-RGRK/Dickescheid Rn 2). Nach der Einbeziehung der persönlichen Bindungen des Mündels in den Kreis der Auswahlkriterien und deren „Flexibilisierung" (BT-Drucks 13/7158, 21) wird der Ehegatte des Mündels oft vor anderen Personen als Vormund auszuwählen sein. Hieran kann an sich auch der Umstand nichts ändern, dass die Ehe gegen die mit dem Gesetz zur Bekämpfung von Kinderehen (BGBl I 2017, 2429) geänderte Regelung des § 1303 BGB verstößt und deshalb aufhebbar oder gar unwirksam ist. Ein absoluter Vorrang des Ehegatten vor den Verwandten und Verschwägerten läge aber nicht im Interesse des Mündels und ist auch nicht unter dem verfassungsrechtlichen Aspekt des Schutzes der Familie geboten (so auch MünchKomm/Spickhoff Rn 15).

68 Im Unterschied zum Ehegatten kann der **Lebensgefährte des Mündels** nicht ohne Weiteres mit den Verwandten und Verschwägerten gleichgestellt werden, mag auch das Auswahlkriterium der „Bindung des Mündels" gegeben sein; etwas anderes wird wohl bei Vorliegen einer eheähnlichen Gemeinschaft mit dem Mündel anzunehmen sein (diff auch MünchKomm/Spickhoff Rn 15).

b) Vorrang von Verwandten und Verschwägerten des Mündels

aa) Einfachrechtliche Grundlagen

Die Beteiligung der Familie an der Verantwortung und Fürsorge für hilfs- und schutzbedürftige Angehörige, die seit der Verkündung des BGB gegenüber den vielfältigen Hilfsmaßnahmen der öffentlichen Hand erheblich zurückgetreten ist, hat auch in der Rechtsordnung immer mehr an Boden verloren. Nachdem die Einrichtung des Familienrats als Aufsichtsorgan für die einzelne Vormundschaft durch das SorgeRG vom 18. 7. 1979 aufgehoben wurde (s dazu Vorbem 31 zu §§ 1773 ff), hatte § 1779 Abs 2 S 3 BGB aF noch bestimmt, dass bei der Auswahl des Vormunds, wenn das Vormundschaftsgericht nicht einen von den Eltern Berufenen bestellte, Verwandte und Verschwägerte des Mündels **„zunächst zu berücksichtigen"** waren, wenn sie nach ihren persönlichen Verhältnissen und ihrer Vermögenslage sowie nach den sonstigen Umständen zur Führung der Vormundschaft geeignet waren (Mot IV 1061, 1050; KG FamRZ 1963, 376; BVerfGE 33, 236, 239 = FamRZ 1972, 445). Eine mit dem Mündel weder verwandte noch verschwägerte Person konnte danach also solange nicht als Vormund bestellt werden, wie eine verwandte oder verschwägerte (und auch sonst geeignete) Person zur Verfügung stand, es sei denn, dass besondere Gründe die Bestellung eines anderen Vormunds rechtfertigten (KG OLGE 42, 111 Fn 1b). Bei verwaisten Kindern musste das Vormundschaftsgericht vor der Bestellung eines familienfremden Vormunds von Amts wegen ermitteln, ob nahe Verwandte vorhanden waren, die zur Übernahme der Vormundschaft gewillt und geeignet waren (LG Mannheim MDR 1963, 596). 69

Das KindRG vom 16. 12. 1997 hat diesen **Vorrang der Verwandten und Verschwägerten**, der in dem Wort „zunächst" zum Ausdruck kam, **beseitigt** und das Verwandtschafts- oder Schwägerschaftsverhältnis nur noch als ein gleichrangiges Kriterium in den Katalog des § 1779 Abs 2 S 2 BGB eingestellt. Der RegE des BtÄndG misst insbesondere dem „mutmaßlichen Willen" der Eltern des Mündels „zentrale Bedeutung" bei; damit werde „der Auswahlspielraum des Vormundschaftsgerichts erweitert und beispielsweise ermöglicht, dass familiennahe Freunde auch dann zum Vormund bestellt werden können, wenn Verwandte oder Verschwägerte, die dem Mündel persönlich ferner stehen, zur Übernahme der Vormundschaft bereit und in der Lage sind" (BT-Drucks 13/7158, 21). 70

bb) Verfassungsrechtliche Grundlagen

Infolgedessen muss das Familiengericht seither das Kriterium der Verwandtschaft oder Schwägerschaft gleichrangig mit den anderen Auswahlkriterien in seine Erwägung einbeziehen und die Entscheidung treffen, die dem **Wohl des Mündels** am besten entspricht (s dazu OLG Brandenburg ZKJ 2012, 312, 313; OLG Hamm FamRZ 1999, 678, 679 m Anm Rixe). Dennoch kann sich ein Vorrang von Familienangehörigen, etwa von Großeltern, bei der Auswahl des Vormunds oder Pflegers aus Art 6 GG ergeben, sofern sie geeignet sind (Heilmann/Dürbeck Rn 10; zur Eignung oben Rn 40 ff). 71

(α) Grundrechte der Eltern

So kann deren vorrangige Berücksichtigung im Fall eines Sorgerechtsentzugs und einer anschließenden Trennung des Kindes von den Eltern durch das von **Art 6 Abs 2 S 1 und Abs 3 GG** geschützte Elternrecht geboten sein (BVerfG 24. 6. 2014 – 1 BvR 2926/13, juris Rn 15, FamRZ 2014, 1435, 1436; OLG Brandenburg 7. 10. 2014 – 10 UF 54/14, juris Rn 20, FamRZ 2015, 1042, 1043). Wenn die **Eltern** die Bestellung eines Verwand- 72 ten als Vormund und die Aufnahme des Kindes in dessen Haushalt wünschen, stellt dessen Auswahl aus elterlicher Sicht eine mildere Maßnahme gegenüber der Übertragung der rechtlichen und tatsächlichen Sorgeverantwortung auf familienfremde Dritte dar, da der Verbleib des Kindes im größeren Familienverband regelmäßig günstigere Voraussetzungen für eine fortgesetzte elterliche Hinwendung der Eltern zum Kind und eine spätere Rückkehr desselben zu seinen Eltern schafft (BVerfG 24. 6. 2014 – 1 BvR 2926/13, juris Rn 17, FamRZ 2014, 1435, 1436; BVerfG FamRZ 2012, 938, 939).

73 Diese Auswahlentscheidung ist unter dem Gesichtspunkt der Verhältnismäßigkeit zugleich **„integraler Bestandteil der Sorgerechtsentscheidung" nach §§ 1666, 1666a BGB** (BVerfG 22. 9. 2014 – 1 BvR 2108/14, juris Rn 23, FamRZ 2015, 208, 210; BeckOK/VEIT [1. 11. 2019] § 1666 Rn 118.1). Das bedeutet, dass bereits die Eignung und die Erforderlichkeit eines Sorgerechtsentzugs sowie einer Trennung des Kindes von den Eltern von der Auswahl des Vormunds abhängen (BVerfG 22. 9. 2014 – 1 BvR 2108/14, juris Rn 23, FamRZ 2015, 208, 210). So kann je nach Einzelfall ein Sorgerechtsentzug nur zum Zweck der Übertragung auf einen Verwandten des Mündels, nicht aber zur Übertragung auf einen familienfremden Dritten eine geeignete und erforderliche Maßnahme darstellen, weil nur diese Auswahl die Nachteile der Trennung des Kindes von seinen Eltern kompensieren kann (BVerfG 22. 9. 2014 – 1 BvR 2108/14, juris Rn 23, FamRZ 2015, 208, 210). Allerdings kann eine solche Entscheidung nur ergehen, wenn der Verwandte die Kindswohlgefährdung auch abwenden kann, seine Auswahl also zur Abwehr der Kindeswohlgefährdung geeignet ist (OLG Brandenburg ZKJ 2012, 312, 313; OLG Hamm 9. 3. 2015 – 8 UF 156/14, juris Rn 100, JAmt 2015, 330, 333; HEILMANN/LACK ZKJ 2014, 308, 314; zur Eignung von Verwandten als Vormund näher oben Rn 40 ff).

(β) Grundrechte des Kindes

74 Auch aus dem Grundrecht des **Kindes** auf Gewährleistung elterlicher Pflege und Erziehung (**Art 2 Abs 1, 6 Abs 2 S 1 GG**; dazu näher BeckOK/VEIT [1. 11. 2019] § 1626 Rn 18 ff) lässt sich ein Anspruch des Kindes auf Berücksichtigung von Verwandten bei der Auswahl des Vormunds ableiten, soweit dadurch die Verbindung zu den Eltern begünstigt wird und diese im Interesse des Kindes ist (BVerfG 24. 6. 2014 – 1 BvR 2926/13, juris Rn 15, 18, FamRZ 1435, 1436; OLG Brandenburg 7. 10. 2014 – 10 UF 54/14, juris Rn 20, FamRZ 2015, 1042, 1043).

(γ) Grundrechte der Verwandten

75 Darüber hinaus haben nahe **Verwandte** ein Recht **aus Art 6 Abs 1 GG** darauf, bei der Auswahl berücksichtigt zu werden, sofern tatsächlich eine engere familiäre Bindung zum Kind besteht (BVerfG 24. 6. 2014 – 1 BvR 2926/13, juris Rn 24, FamRZ 2014, 1435, 1437; BVerfG 30. 9. 2014 – 1 BvR 1409/14, juris Rn 11, FamRZ 2014, 1843, 1844; BVerfG 27. 8. 2014 – 1 BvR 1467/14, juris Rn 14, FamRZ 2014, 1841, 1842; OLG Brandenburg 7. 10. 2014 – 10 UF 54/14, juris Rn 20, FamRZ 2015, 1042, 1043). Der Schutz der Familiengemeinschaft umfasst dabei nicht nur die Kleinfamilie, sondern auch nahe Verwandte, wie zB Großeltern oder Geschwister; dies entspricht auch der Auslegung von Art 8 EMRK durch den EGMR (EGMR NJW 1979, 2449, 2452). Die Vormundschaft bzw Pflegschaft ermöglicht es den Verwandten, das Kind in den eigenen Haushalt aufzunehmen und auf diese Weise ihre familiäre Bindung zum Kind fortzuführen und verwandtschaftlicher Verantwortung gerecht zu werden (BVerfG 24. 6. 2014 – 1 BvR 2926/13, juris Rn 24, FamRZ 2014, 1435, 1437; BVerfG FamRZ 2009, 291, 293; LG Köln FamRZ 2001, 446, 447). Deshalb kommt geeigneten nahen Verwandten, die bereits eine engere Bindung zum Kind haben, bei der

Auswahl des Vormunds bzw Pflegers auch der Vorrang vor familienfremden Dritten zu (BVerfG 24. 6. 2014 – 1 BvR 2926/13, juris Rn 24, FamRZ 2014, 1435, 1437; zust KLINKHAMMER ZfPW 2015, 5, 26). **§ 1779 Abs 2 BGB** ist entsprechend **verfassungskonform auszulegen** (MünchKomm/SPICKHOFF Rn 13).

Allerdings gilt dieser Vorrang nicht, wenn **dem Wohl des Kindes** durch die Auswahl einer **familienfremden dritten Person** (etwa einer Pflegeperson) **besser gedient ist** (BVerfG 24. 6. 2014 – 1 BvR 2926/13, juris Rn 24, FamRZ 2014, 1435, 1437 m zust Anm SCHERPE FamRZ 2014, 1821, 1824 f; BVerfG 27. 8. 2014 – 1 BvR 1467/14, juris Rn 16 f, FamRZ 2014, 1841, 1842; BVerfG 30. 9. 2014 – 1 BvR 1409/14, juris Rn 11, FamRZ 2014, 1843, 1844; BVerfG FamRZ 2012, 938, 939; OLG Düsseldorf 20. 11. 2018 – 8 UF 187/17, juris Rn 14 ff, NZFam 2019, 83 = FamRZ 2019, 988 f; OLG Frankfurt 14. 12. 2015 – 5 UF 235/15, juris Rn 9, FamRZ 2016, 1473, 1474; OLG Hamm 9. 3. 2015 – 8 UF 156/14, juris Rn 100, JAmt 2015, 330, 333; OLG Brandenburg 7. 10. 2014 – 10 UF 54/14, juris Rn 20, FamRZ 2015, 1042, 1043). Wiederum kann allein der Umstand, dass ein familienfremder Dritter das Kind **noch besser fördern** könnte als der grundsätzlich geeignete Verwandte, eine Durchbrechung des Verwandtenvorrangs nicht rechtfertigen (OLG Saarbrücken 17. 7. 2014 – 6 UF 48/14, juris Rn 18 ff, FamRZ 2014, 1866, 1867). 76

cc) Anspruch auf Bestellung?

Ein Anspruch auf die Bestellung zum Vormund steht den Verwandten und Verschwägerten des Mündels **nicht** zu, soweit sie nicht (als von den Eltern benannt) gemäß § 1776 BGB berufen sind (OLG Karlsruhe Recht 1906 Nr 3067; KG OLGE 14, 262; KG RJA 16, 192, 193; s auch RGZ 64, 288; ebenso BGB-RGRK/DICKESCHEID Rn 2; SOERGEL/ZIMMERMANN Rn 9; **aA** KRÜGER/BREETZKE/NOWACK/KRÜGER Vorbem 1 zu § 1778; MünchKomm/SPICKHOFF Rn 14 mit Hinweis auf Art 6 Abs 1 GG). Sie können sich auch nicht darauf berufen, dass die Eltern und das Kind im Einzelfall einen grundrechtlich gesicherten Anspruch (Rn 72, 74)darauf haben, dass bei der Auswahl des Vormunds oder Pflegers nahe Verwandte berücksichtigt werden (BVerfG 24. 6. 2014 – 1 BvR 2926/13, juris Rn 15, FamRZ 2014, 1435, 1436; BVerfG 30. 9. 2014 – 1 BvR 1409/14, juris Rn 11, FamRZ 2014, 1843, 1844). 77

c) Die Abwägungsentscheidung im Einzelfall

Im Einzelfall sind bei der Entscheidung, ob ein naher Verwandter oder ein familienfremder Dritter die Mündelinteressen am besten wahrnimmt, folgende Kriterien abzuwägen: Der (mutmaßliche) Wille der Eltern (oben Rn 55 ff), die Tragweite der persönlichen Beziehung zwischen Mündel und dem/den Verwandten, etwa den Großeltern (BVerfG FamRZ 2012, 938, 939; BVerfG FamRZ 2009, 291, 293), der Wille des Kindes (BVerfG 30. 9. 2014 – 1 BvR 1409/14, juris Rn 14 f, FamRZ 2014, 1843, 1844; BVerfG 27. 8. 2014 – 1 BvR 1467/14, juris Rn 27, FamRZ 2014, 1841, 1843; BayObLG FamRZ 2000, 972, 973), die Gefahren für die seelische Entwicklung des Kindes, die mit seiner Herausnahme aus seiner vertrauten Umgebung und mit der Trennung von nahen Verwandten verbunden sind (BVerfG 27. 8. 2014 – 1 BvR 1467/14, juris Rn 27, FamRZ 2014, 1841, 1843), seine besonderen Bedürfnisse, etwa im Hinblick auf eine chronische Erkrankung und einen Entwicklungsrückschritt (OLG Brandenburg 19. 3. 2012 – 9 UF 232/11, juris Rn 21, ZKJ 2012, 312, 313; OLG Düsseldorf FamRZ 2010, 1683), aber auch seine Bindungen, etwa zu den Pflegeeltern oder einem Stiefelternteil, wenn es schon seit längerer Zeit bei ihnen/ihm lebt und dort seine Bezugswelt gefunden hat (OLG Düsseldorf FamRZ 2010, 1683 f; OLG Thüringen FamRZ 2004, 1389, 1390; s auch NK-BGB/FRITSCHE Rn 9; HEILMANN/DÜRBECK Rn 11). 78

79 Lebt ein Kind bereits seit Jahren im Haushalt seiner Großmutter, und ist diese Form der Kindesunterbringung zur Abwehr einer Kindeswohlgefährdung geeignet, so dient es dem Kindeswohl am besten, diese Bezugsperson auch als Vormund auszuwählen und zu bestellen, da die familiäre Gemeinschaft für die leibliche und seelische Entwicklung des schutzwürdigen Kindes von besonderer Bedeutung ist (s BVerfG 24. 6. 2014 – 1 BvR 2926/13, juris Rn 23 f, FamRZ 2014, 1435, 1437; BVerfG 27. 8. 2014 – 1 BvR 1467/14, juris Rn 18 ff, FamRZ 2014, 1841, 1842 f).

79a Dagegen ist die Auswahl eines familienfremden Dritten besser als die eines Verwandten des Mündels geeignet, eine Kindeswohlgefährdung abzuwehren, wenn der Verwandte, etwa ein Großelternteil, bei dem das Kind bis zu seinem Wechsel in eine Mutter-Kind-Einrichtung überwiegend gelebt hat, ua diese Hilfe zur Erziehung ablehnt, obwohl sie von der Mutter gewollt und notwendig ist, um diese an eine eigenständige Erziehung ihres Kindes heranzuführen und weil das Verhältnis von Großeltern- und Elternteil von Konflikten getragen ist; in diesem Fall dient die Bestellung des Jugendamtes zum Pfleger dem Kindeswohl besser als die des Großelternteils (OLG Brandenburg 7. 10. 2014 – 10 UF 54/14, juris Rn 21 ff, FamRZ 2015, 1042, 1044). Ebenso dient eine familienfremde Unterbringung des Kindes und die Auswahl eines familienfremden Dritten als Vormund dann dem Wohl des Kindes besser, wenn zwischen dem Kind und dem Familienangehörigen, etwa der Schwester der Kindesmutter, die die Vormundschaft übernehmen will, keine persönliche Bindung besteht und das Verhältnis beider Geschwister konfliktbelastet ist, sodass bei einer Unterbringung in einer Pflegefamilie, die der Kindesmutter und ihrer Familie neutral gegenübersteht, bessere Grundvoraussetzungen für die künftige Pflege des Mutter-Kind-Verhältnisses gegeben sind als bei einer Unterbringung des Kindes bei der Schwester (OLG Düsseldorf 20. 11. 2018 – 8 UF 187/17, juris Rn 28, NZFam 2019, 83 = FamRZ 2019, 988).

80 Lebt das Kind bereits außerhalb der Herkunftsfamilie, so kommt zwar auch ein naher Verwandter des Kindes, etwa die Großmutter, als geeignete Vormundin in Betracht, aber nur dann, wenn sie (wie im in Rn 79 genannten Fall) tatsächlich eine engere familiäre Bindung zum Kind hat, die von besonderer Nähe und Zuneigung, von Verantwortungsbewusstsein und Beistandsbereitschaft geprägt ist (BVerfGE 57, 170, 180; BVerfG 24. 6. 2014 – 1 BvR 2926/13, juris Rn 24, FamRZ 2014, 1435, 1437; OLG Frankfurt 14. 12. 2015 – 5 UF 235/15, juris Rn 10, FamRZ 2016, 1473, 1474; OLG Saarbrücken 17. 7. 2014 – 6 UF 48/14, juris Rn 23 f, FamRZ 2014, 1866, 1867), wie etwa in dem Fall, dass das Kind vor seiner Fremdunterbringung längere Zeit im Haushalt der Großmutter gelebt hat (BVerfG 24. 6. 2014 – 1 BvR 2926/13, juris Rn 26, FamRZ 2014, 1435, 1437). Der hier durchschimmernde Gedanke der alten Muntschaft greift allerdings dann nicht, wenn dem Kindeswohl durch die Wahl einer dritten Person besser gedient ist. Dies ist etwa der Fall, wenn das Kind in einer Pflegefamilie seine Bezugswelt gefunden und die Großmutter im gerichtlichen Auswahlverfahren den Wunsch geäußert hat, einen Aufenthaltswechsel ihres Enkelkindes herbeizuführen (BVerfG 24. 6. 2014 – 1 BvR 2926/13, juris Rn 23 f, FamRZ 2014, 1435, 1437); etwas anderes dürfte dagegen gelten, wenn die Großmutter nicht mit ihrem Enkel in einem Haushalt leben, sondern das Kind in der Pflegefamilie belassen will (Hoffmann Anm zu BVerfG 24. 6. 2014 – 1 BvR 2926/13, FamRZ 2014, 1439).

81 Es bleibt die Frage, ob schon allein das Interesse an einer **Stabilisierung des Pflegeverhältnisses** ausreicht, um den Vorrang der Verwandten und Verschwägerten zurücktreten zu lassen (s HEILMANN/DÜRBECK Rn 11: „zumindest nicht nachrangig" [gegenüber vorhandenen Angehörigen]). Für diese Sichtweise spricht zumindest der Umstand, dass auch Pflegeeltern, bei denen das Kind seine Bezugswelt gefunden hat, unter den Schutzbereich von Art 6 Abs 1 GG fallen (näher unten Rn 125). Zum Teil wird ein Kompromiss dahingehend versucht, dass die Vormundschaft mit Ausnahme des Aufenthaltsbestimmungsrechts auf die Großeltern übertragen wird, das weiter bei dem bislang als Vormund bestellten und zukünftig als Ergänzungspfleger tätigen Jugendamt verbleibt, um auf diese Weise den Aufenthalt des Mündels in der Pflegefamilie sicherzustellen (so OLG Düsseldorf FamRZ 2010, 1683 in dem Verfahren, das vom BVerfG FamRZ 2009, 291 entschieden worden ist). Mit diesem Lösungsansatz wird den Interessen der Großeltern Rechnung getragen und auch das faktische Eltern-Kind-Verhältnis in der Pflegefamilie (vorübergehend) geschützt. Eine stärkere Stabilisierung der Verhältnisse in der Pflegefamilie ließe sich dadurch erreichen, dass die Pflegeeltern zumindest hinsichtlich des Aufenthaltsbestimmungsrechts zum Ergänzungspfleger oder anstelle der Verwandten zum Vormund des Kindes bestellt würden (dazu näher oben Rn 44 ff).

Eine Auswahl der Großmutter als Vormund entspricht auch dann nicht dem Kindes- 82
wohl, wenn diese einen Wechsel des Kindes aus einer heilpädagogischen Einrichtung in den eigenen Haushalt beabsichtigt und dabei weder die bestehenden Entwicklungsdefizite noch den hieraus resultierenden Betreuungs- und Therapiebedarf erkennt (OLG Brandenburg ZKJ 2012, 312, 313). Dies gilt vor allem dann, wenn bislang keine hinreichenden sozialen Beziehungen zwischen den Großmutter und dem Kind bestehen, die diese in die Lage versetzen würden, die Bedürfnisse des Kindes zu erkennen, zu beurteilen und entsprechend seinem Wohl in Kooperation mit dem Träger der Jugendhilfe und den Betreuern des Kindes umzusetzen (OLG Frankfurt 14. 12. 2015 – 5 UF 235/15, juris Rn 10, FamRZ 2016, 1473, 1474).

5. Das religiöse Bekenntnis des Mündels

Nach § 1779 Abs 2 S 2 BGB aF war bei der Auswahl des Vormunds auf das religiöse 83
Bekenntnis des Mündels Rücksicht zu nehmen. Diese dem § 19 Abs 2 der preuß VormO entsprechende, auf Beschluss des Bundesrats beruhende Vorschrift hatte E I nicht aufgenommen, um eine Verschärfung der konfessionellen Gegensätze zu vermeiden; auch in der II. Kommission war der Antrag auf Beifügung dieser Bestimmung noch mit 8 gegen 6 Stimmen abgelehnt worden (Mot IV 1061; Prot IV 749). Durch Art 136 WRV, der nach Art 140 GG Bestandteil des Grundgesetzes geworden ist, ist diese Vorschrift nicht berührt worden (so mit Recht KG RJA 16, 192; BayObLG OLGE 43, 277; s auch JOSEF WürttZ 1923, 33). Sie widersprach auch nicht Art 3 Abs 3 GG (BayObLGZ 1954, 132 = FamRZ 1954, 258 [LS]; DÖLLE § 120 IV 1 b, bb; BGB-RGRK/DICKESCHEID Rn 4; MünchKomm/SPICKHOFF Rn 16; SOERGEL/ZIMMERMANN Rn 5). Dem religiösen ist das weltanschauliche Bekenntnis, also auch das Bekenntnis zu einer Vereinigung, die sich nicht als religiöse im überlieferten Sinn versteht, gleichzusetzen (Art 4 Abs 1 GG; Art 140 GG iVm Art 137 Abs 7 WRV; MünchKomm/SPICKHOFF Rn 16).

Das KindRG hat das religiöse Bekenntnis des Mündels in die Aufzählung der 84
Kriterien, die bei der Auswahl des Vormunds zu berücksichtigen sind, eingereiht (s oben Rn 5), und zwar formal an letzter Stelle, ohne dass damit gemeint sein sollte, dass dem religiösen Bekenntnis des Mündels die geringste Bedeutung zukommen

sollte (s Beschlussempfehlung und Bericht des Rechtsausschusses zum KindRG, BT-Drucks 13/8511, 76; zu dieser Reihenfolge auch Begr RegE zum BtÄndG, BT-Drucks 13/7158, 21; anders STAUDINGER/ENGLER [2004] Rn 29; zur geringen praktischen Relevanz des formalen Nachrangs des religiösen Bekenntnisses MünchKomm/SPICKHOFF Rn 18). Ausschlaggebend ist stets das Wohl des Mündels. Auch wenn in neuerer Zeit mehr Kinder und Jugendliche ohne ernste religiöse Bindung aufwachsen als früher, sind doch sehr wohl auch heute Fälle denkbar, in denen ein unter Vormundschaft stehender junger Mensch an eine Religionsgemeinschaft stark gebunden ist. In einem solchen Fall könnte die Auswahl eines Vormunds, der dieser Bindung und ihrer Betätigung durch den Mündel ablehnend oder auch nur gleichgültig gegenübersteht, dem Wohl des Mündels abträglich sein. Das Wohl des Mündels kann es dann gebieten, seinem religiösen Bekenntnis bei der Auswahl des Vormunds größeres Gewicht beizumessen als dem Willen der Eltern oder dem Vorhandensein Verwandter oder Verschwägerter, wenn angenommen werden muss, dass die Tätigkeit eines nach diesen Kriterien ausgewählten Vormunds für den Mündel unter dem Aspekt seines religiösen Bekenntnisses nachteilig sein wird. Umgekehrt ist aber mit Blick auf die von Art 4 Abs 1 GG umfasste negative Religionsfreiheit (näher dazu v MANGOLDT/KLEIN/STARCK/STARCK Art 4 GG Rn 22 ff) auch der Minderjährige zu schützen, der bislang ohne Religionszugehörigkeit erzogen worden ist; ihm einen strengen konfessionsgebundenen Vormund an die Seite zu stellen, würde seinem Wohl zuwiderlaufen (insoweit zu Recht NK-BGB/FRITSCHE Rn 10).

85 Eine **Berücksichtigung** des religiösen Bekenntnisses des Mündels bedeutet nicht, dass der Vormund in jedem Falle derselben Religionsgemeinschaft angehören muss wie der Mündel (GERNHUBER/COESTER-WALTJEN § 70 Rn 41; MünchKomm/SPICKHOFF Rn 17). Nach der Auslegung des § 1779 Abs 2 BGB in seiner früheren Fassung sollte aber eine Person, die einem anderen Bekenntnis angehörte, auch wenn sie sich im Übrigen als Vormund eignen würde, nicht als Vormund bestellt werden, wenn eine andere konfessionsgleiche und auch sonst geeignete Person zur Verfügung stand, es sei denn, dass besondere Gründe im Einzelfall die Bestellung des nicht konfessionsgleichen Vormunds gerechtfertigt erscheinen ließen (KG OLGE 26, 106 = RJA 12, 183, 187 = KGJ 43, A 41, 52; KG RJA 16, 192, 194; BayObLGZ 1966, 28, 35 = FamRZ 1966, 323, 325 = MDR 1966, 415 = Rpfleger 1966, 179; vgl auch KG OLGE 33, 373; KG JFG 18, 325).

86 Diese Grundsätze sind auch noch nach der **Neufassung des Abs 2 S 2** beachtlich. Dabei ist einerseits die Zugehörigkeit von Mündel und Vormund zu derselben Religionsgemeinschaft allein nicht ausreichend, wenn zu erwarten ist, dass der Auszuwählende die religiöse Erziehung des Mündels ungünstig beeinflussen wird (BayObLGZ 1966, 28, 35 = FamRZ 1966, 323, 325). Andererseits können besondere Gründe, die die Auswahl eines Vormunds rechtfertigen, der einer anderen Glaubensgemeinschaft angehört als der Mündel, dann gegeben sein, wenn der Auszuwählende, der im Übrigen geeigneter erscheint als andere Personen, bereit und in der Lage ist, behutsam und tolerant die religiöse Entwicklung des Mündels zu fördern (MünchKomm/SPICKHOFF Rn 18).

87 Der Rücksichtnahme auf das religiöse Bekenntnis des Mündels kommt bei der Abwägung aller Kriterien umso größeres Gewicht zu, je größere Bedeutung religiöse Fragen für den Mündel haben.

In welchem Bekenntnis der Mündel zu erziehen ist, bestimmt sich nach dem **Gesetz über religiöse Kindererziehung** vom 15. 7. 1921 (RGBl 939), dessen § 3 Abs 2 vorsieht, dass der Vormund oder Pfleger über die religiöse Erziehung eines Kindes zu bestimmen hat, wenn ihm die Sorge für die Person des Kindes allein zusteht. Steht in dem Zeitpunkt, in dem der Vormund auszuwählen ist, das Bekenntnis des Kindes noch nicht fest (so zB wenn beide Eltern gestorben sind, ohne über das religiöse Bekenntnis des Kindes eine Bestimmung getroffen zu haben), so wird nach § 1779 Abs 2 S 2 BGB ein Vormund auszuwählen sein, der dem Bekenntnis angehört, das der bestimmungsberechtigte Elternteil voraussichtlich für das Kind gewählt hätte; fehlt es an jedem Anhaltspunkt hierfür, so wird ein Vormund auszuwählen sein, der dem gleichen Bekenntnis angehört wie der bestimmungsberechtigte Elternteil. 88

Tritt **nachträglich** (zB infolge eines Religionswechsels des Vormunds oder des Mündels) eine **Religionsverschiedenheit** zwischen Vormund und Mündel ein, so kann die Entlassung des Vormunds (§ 1886 BGB) oder die Entziehung der Sorge für die religiöse Erziehung des Mündels (§ 1801 BGB) in Frage kommen; eine Rückgängigmachung der Bestellung mit rückwirkender Kraft ist nicht zulässig (BayObLG Recht 1914 Nr 941 = OLGE 30, 148; BayObLG OLGE 44, 83). 89

Gehören **Geschwister** verschiedenen religiösen Bekenntnissen an, so ist für die Frage, ob **§ 1775 BGB oder § 1779 Abs 2 S 2 BGB** anzuwenden ist, das Interesse der Mündel entscheidend; keine der beiden Bestimmungen hat generell Vorrang vor der anderen (s § 1775 Rn 23 f mwNw). Es kann also ein Vormund für alle Geschwister bestellt werden, wenn eines (oder mehrere) von ihnen einem anderen Bekenntnis angehört/angehören als der Vormund und die anderen Geschwister, aber gewährleistet ist, dass die religiöse Entwicklung dieses Mündels verständig und tolerant gefördert wird. Ist dagegen zu befürchten, dass die Religionsverschiedenheit zwischen dem Vormund und einem oder mehreren der Mündel dessen oder deren religiöser Entwicklung abträglich wäre, so kann hierin ein besonderer Grund liegen, der die Bestellung mehrerer Vormünder für die Geschwister rechtfertigt; auch die Bestellung eines Pflegers oder Mitvormunds zur Wahrnehmung der religiösen Erziehung gemäß § 1801 BGB (s dazu § 1801 Rn 11) kommt dann in Betracht (MünchKomm/Spickhoff Rn 20; Soergel/Zimmermann Rn 7; BGB-RGRK/Dickescheid Rn 5). 90

Ist nach § 1791b BGB das Jugendamt als **Amtsvormund** zu bestellen, weil eine als Einzelvormund geeignete Person nicht vorhanden ist, so ist für eine Anwendung des § 1779 Abs 2 S 2 BGB kein Raum, weil das Jugendamt keinem religiösen Bekenntnis zuzuordnen ist. Auch bei der durch § 55 Abs 2 S 1 SGB VIII vorgeschriebenen Übertragung der Aufgaben des Vormunds auf einen Beamten oder Angestellten des Jugendamts ist der Leiter der Verwaltung (§§ 55 Abs 3 S 1, 70 Abs 2 SGB VIII) nicht genötigt, einen Bediensteten zu bestimmen, der dem gleichen religiösen Bekenntnis angehört wie der Mündel. Dies kann aber dann naheliegen, wenn religiöse Fragen bei der Erziehung des Mündels eine besondere Rolle spielen und für ihre Erörterung keine andere Bezugsperson vorhanden ist (vgl § 1801 Rn 22). Dies gilt auch bei der gesetzlichen Amtsvormundschaft (§ 1791c BGB). 91

Der Grundsatz des § 1779 Abs 2 S 2 BGB ist dann zu beachten, wenn als Vormund ein **Verein** in Betracht kommt, der einer Religionsgemeinschaft nahesteht (BayObLGZ 1966, 28, 34 ff = FamRZ 1966, 323, 325 = MDR 1966, 415 = Rpfleger 1966, 179; Soergel/Zimmer- 92 mann Rn 8; MünchKomm/Spickhoff Rn 19; Erman/Schulte-Bunert Rn 9). Das Prinzip der Subsidiarität der Vormundschaft eines Vereins gegenüber der Einzelvormundschaft (§ 1791a Abs 1 S 2 HS 1 BGB) ist aber so stark, dass einem bekenntnisfremden Einzelvormund (der selbstverständlich im Übrigen zur Führung der Vormundschaft geeignet sein muss) Vorrang vor einem bekenntnisgleichen Verein als Vormund zu gewähren ist (s § 1791a Rn 13; BayObLG FamRZ 1966, 323, 325). Die religiöse Erziehung kann dann im Einzelfall diesem Vormund nach § 1801 BGB entzogen und auf einen Ergänzungspfleger übertragen (Palandt/Götz Rn 10) oder ein Mitvormund mit dem besonderen Wirkungskreis „religiöse Erziehung" nach § 1797 Abs 2 BGB bestellt werden.

VI. Verfahren

1. Zuständigkeit

93 Für die Auswahl des Vormunds war nach früherem Recht in allen Fällen das Vormundschaftsgericht zuständig; dies galt auch dann, wenn nach § 1671 Abs 5 BGB aF die Anordnung der Vormundschaft durch das Familiengericht erfolgte (näher Staudinger/Engler [2004] Rn 37); durch das KindRG wurde die Zuständigkeit des Familiengerichts erweitert und mit § 1697 BGB die Möglichkeit begründet, eine Vormundschaft oder Pflegschaft anzuordnen und den Vormund oder Pfleger auszuwählen mit der Folge, dass dem Vormundschaftsgericht nur der formale Bestellakt blieb (näher Staudinger/Engler [2004] Rn 38 ff). Mit dem FGG-RG wurde endgültig das große **Familiengericht** geschaffen und das Vormundschaftsgericht abgeschafft (näher Vorbem 47 zu §§ 1773 ff). Damit ist seit dem 1. 9. 2009 einheitlich das Familiengericht für die Anordnung der Vormundschaft sowie die Auswahl und Bestellung des Vormunds zuständig. **Funktionell zuständig** hierfür ist der Rechtspfleger (§§ 3 Nr 2 Buchst a, 14 RPflG); etwas anderes gilt nur für die Anordnung der Vormundschaft für ausländische Minderjährige, die dem Richter vorbehalten ist (§ 14 Abs 1 Nr 10 RPflG). Nach gängiger Praxis trifft der Richter aufgrund Sachzusammenhangs nach § 6 RPflG sowohl die Entscheidung über die Anordnung der Vormundschaft als auch die Auswahl (näher Vorbem 74 zu §§ 1773 ff; § 1774 Rn 31).

2. Verfahrensbeteiligte

94 Muss-Beteiligte iSv § 7 Abs 2 Nr 1 FamFG sind der Minderjährige und die Eltern sowie die Person, die vom Gericht zum Vormund ausgewählt wird. Das Gericht kann weiter die Pflegeeltern beteiligen, wenn und soweit das Kind seit längerer Zeit in Familienpflege lebt (§§ 7 Abs 3, 161 Abs 1 S 1 FamFG); die Pflegeeltern sind sogar Muss-Beteiligte iSv § 7 Abs 2 Nr 1 FamFG, wenn sie Vormund werden sollen. Auf Antrag ebenfalls zu beteiligen ist das Jugendamt (§§ 7 Abs 3, 162 Abs 2 FamFG). Die Verwandten und Verschwägerten, die das Gericht nach § 1779 Abs 3 BGB anhören soll, erlangen durch die Anhörung noch nicht die Stellung eines Beteiligten (§ 7 Abs 6 FamFG), können aber unter den Voraussetzungen von § 7 Abs 2 oder 3 FamFG Verfahrensbeteiligte werden (OLG Bremen 27. 1. 2016 – 4 WF 162/15, juris Rn 9, FamRZ 2016, 1006 f; Klinkhammer ZfPW 2015, 5, 27 f; BeckOGK/Hoffmann [1. 12. 2019] Rn 99; Hoffmann FamRZ 2014, 1167, 1168; Dürbeck FamRZ 2018, 553, 562). Verdichtet sich während des Verfahrens der Heranziehungswille des Gerichts auf eine Person aus dem Kreis der anzuhörenden Personen, so ist diese nach § 7 Abs 2 Nr 1 FamFG zu

beteiligen (OLG Frankfurt 27. 11. 2015 – 4 UF 353/14, juris Rn 13, ZKJ 2016, 189 [LS]; Dürbeck FamRZ 2018, 553, 562; Heilmann/Dürbeck Rn 16; Oberloskamp/Dürbeck, Vormundschaft § 3 Rn 32).

3. Ermittlungen von Amts wegen

Das Familiengericht hat von Amts wegen **(§ 26 FamFG)** die Person zu finden, die den Anforderungen von Abs 2 genügt. Dies setzt eigene Ermittlungen nach einer solchen Person voraus (OLG Hamm FamRZ 2010, 1684; OLG Koblenz FPR 2002, 272). Anregungen können dabei von der Familie des Mündels, vor allem den Eltern, vom Mündel selbst, aber auch von den Pflegeeltern kommen; eine Bindung des Gerichts an diese Anregungen besteht allerdings, von der Ausnahme des § 1776 BGB abgesehen, nicht (Veit, in: FS Salgo 189, 198). Bei der Suche nach geeigneten Personen ist das Familiengericht va auf Vorschläge des Jugendamts angewiesen, aber ebenso wenig verpflichtet, diesen zu entsprechen (näher unter Rn 107 ff). Das Gericht muss im Einzelfall selbst bei Bezugspersonen des Mündels, etwa Verwandten oder der Einrichtung, in der der Mündel untergebracht ist, nachfragen, ob diese geeignete Personen benennen können. Es kann im Einzelfall auch auf besondere Kenntnisse eines freien Trägers zurückgreifen (zum sog Frankfurter Modell näher Sommer, in: FS Salgo 437, 449 f). 95

Erst wenn die eigenen Ermittlungen erfolglos sind, darf das Gericht auf den Verein oder das Jugendamt zurückgreifen. Auf diese Weise wird durch das Auswahlverfahren selbst der Vorrang der Einzelvormundschaft (oben Rn 14) sichergestellt (Veit, in: FS Salgo 189, 198). Da aber dieser Vorrang in der Praxis häufig nicht beachtet wird (Vorbem 41 zu §§ 1773 ff), bedarf es verschiedener Klarstellungen des Gesetzgebers, um diesen Vorrang sicherzustellen (näher Staudinger/Veit [2014] § 1779 Rn 86). 96

Auch die Frage, **wer Verwandter und Verschwägerter** des Mündels iSv Abs 3 **ist**, hat das Gericht von Amts wegen zu klären (s LG Köln FamRZ 2001, 446, 447; Soergel/Zimmermann Rn 14). 97

4. Anhörung von Mündel, Eltern und Pflegeeltern

Die Anhörung der Eltern richtet sich nach § 160 Abs 1 S 1 FamFG (näher Vorbem 81 f zu §§ 1773 ff), die der Pflegeeltern nach § 161 Abs 2 FamFG und die des Mündels nach § 159 FamFG. Da es sich bei der Auswahl des Vormunds um eine die Person des Mündels betreffende Angelegenheit handelt, ist dieser persönlich anzuhören, wenn er das 14. Lebensjahr vollendet hat (§ 159 Abs 1 S 1 FamFG); hiervon kann nur aus schwerwiegenden Gründen abgewichen werden (§ 159 Abs 3 S 1 FamFG; s OLG Celle 18. 1. 2016 – 12 UF 2/16, 12 UFH 2/16, juris Rn 34, FamRZ 2016, 647, 649). Entsprechendes dürfte aber auch für einen Mündel gelten, der das 14. Lebensjahr noch nicht vollendet hat, da seine Bindungen und sein Wille für die Auswahlentscheidung von zentraler Bedeutung (oben Rn 78 ff) sind (arg § 159 Abs 2, Abs 3 S 1 FamFG). 98

Zur Stärkung der Subjektstellung des Mündels bei der Auswahl wird de **lege ferenda** gefordert, seine Mitwirkungsrechte in Anlehnung an die Vorgaben in § 55 Abs 2 S 2 SGB VIII zu stärken; dies könnte durch eine Ergänzung der Auswahlkriterien in § 1779 BGB, aber auch der Vorgaben in § 159 FamFG erfolgen (näher Staudinger/Veit [2014] Rn 87). 99

5. Anhörung von (sonstigen) Verwandten und Verschwägerten des Mündels (Abs 3)

100 Nach Abs 3 soll das Familiengericht bei der Auswahl des Vormunds Verwandte und Verschwägerte des Mündels hören, wenn dies ohne erhebliche Verzögerung und ohne unverhältnismäßige Kosten geschehen kann. Dieser systematisch verunglückten Regelung (näher Staudinger/Veit [2014] Rn 95) entspricht die im Kontext der Fürsorge und Aufsicht des Familiengerichts stehende Vorschrift des § 1847 BGB, wonach das Familiengericht in wichtigen (die Vormundschaft betreffenden) Angelegenheiten Verwandte und Verschwägerte des Mündels hören soll, wenn dies ohne erhebliche Verzögerung und ohne unverhältnismäßige Kosten geschehen kann. Das NEhelG erstreckte die Anhörungspflicht auf die Auswahl des Vormunds und übernahm die Vorschrift des § 1847 Abs 2 BGB aF wörtlich als Abs 3 S 2 in § 1779 BGB, auf den jetzt § 1847 S 2 BGB verweist (s § 1847 Rn 4).

a) Der Kreis der anzuhörenden Personen

101 Das Gesetz schreibt in einer sehr weiten und unbestimmten Formulierung nur vor, dass „Verwandte oder Verschwägerte des Mündels" gehört werden sollen (zum Begriff der Verwandten und der Verschwägerten s oben Rn 64); nicht erfasst werden die Eltern, da deren Anhörung in § 160 FamFG geregelt ist (s MünchKomm/Spickhoff Rn 21). Bei der Parallelvorschrift des § 1847 BGB hielt es der Entwurf des BGB für angemessen, der Familie des Mündels „eine gutachtliche Mitwirkung bei Führung der Vormundschaft zu sichern". Er gab dabei aber einer „freien Form" den Vorzug und erklärte es für richtiger, über Zahl und Gradesnähe der anzuhörenden Verwandten und Verschwägerten nichts zu bestimmen, wie auch keine zwingenden Vorschriften über die Art ihrer Vernehmung aufzunehmen (Mot IV 1150). Die für die Auslegung des § 1847 BGB geltenden Grundsätze (s § 1847 Rn 10 f) können auch bei der Auslegung des § 1779 Abs 3 BGB, der mit § 1847 BGB – abgesehen von der Bezeichnung des Gegenstands der Anhörung – wörtlich übereinstimmt, herangezogen werden. Da weder die Zahl der zu hörenden Angehörigen noch die Nähe der Verwandtschaft oder Schwägerschaft, die eine Anhörung geboten erscheinen lässt, im Gesetz festgelegt sind, bleibt die Abgrenzung des Kreises der anzuhörenden Personen dem pflichtgemäßen **Ermessen des Familiengerichts** überlassen. Mit Blick auf die Zielrichtung der Anhörung, die Person zu finden, die für die Führung der Vormundschaft am besten geeignet ist, wird für die Auswahl der anzuhörenden Personen maßgebend sein, ob sie über die Eignung der vom Jugendamt oder vom Familiengericht vorgesehenen oder über das Vorhandensein einer anderen geeigneten Person sowie über Eigenschaften des Mündels oder andere Tatsachen, die bei der Auswahl des Vormunds eine Rolle spielen können, sachdienliche Erklärungen abgeben können. Im Ergebnis ist also maßgebend, ob von der Anhörung eine Aufklärung erwartet werden kann oder nicht (§ 160 Abs 2 S 2 FamFG analog; MünchKomm/Spickhoff Rn 21; Heilmann/Dürbeck Rn 17).

102 Verwandte und Verschwägerte des Mündels sollen allerdings nur gehört werden, wenn dies **ohne erhebliche Verzögerung und ohne unverhältnismäßige Kosten** möglich ist. Der Grundsatz der Verhältnismäßigkeit gilt hier in dem Sinn, dass eine Verzögerung und auch Anhörungskosten (die der Mündel zu tragen hat, s unten Rn 106) nur dann in Kauf genommen werden können, wenn von der Äußerung des Verwandten oder Verschwägerten wesentliche Erkenntnisse zu erwarten sind, die das

Familiengericht nicht auf andere Weise mit weniger Aufwand an Zeit und Geld erlangen kann.

b) Form der Anhörung, Rechtsstellung der anzuhörenden Personen

Bei der Anhörung handelt es sich um ein Mittel des Freibeweises nach § 29 FamFG. **103**
Eine besondere **Form** ist also, anders als beim förmlichen Zeugenbeweis, nicht vorgeschrieben; sie kann mündlich, schriftlich und auch unter Einschaltung einer anderen Behörde (zB eines auswärtigen Jugendamts) erfolgen. § 1779 Abs 3 S 1 BGB verwirklicht – ähnlich wie § 1847 BGB – auch den Gedanken der Mitwirkung der Familie bei der grundsätzlich dem Familiengericht obliegenden Obervormundschaft (vgl für § 1847 BGB Mot IV 1149 f).

Ein Verwandter oder Verschwägerter des Mündels kann aus § 1779 Abs 3 S 1 BGB **104**
kein Recht ableiten, **vom Familiengericht gehört zu werden** (KG OLGE 34, 245 = RJA 15, 265; BeckOGK/Hoffmann [1. 12. 2019] Rn 110). Dies ergibt sich zum einen daraus, dass die Anhörung nicht im eigenen Interesse erfolgt, sondern ausschließlich dem Wohl des Mündels dient; es geht darum, für den Mündel den am besten geeigneten Vormund zu bestimmen (BayObLG FamRZ 1981, 96, 97 = Rpfleger 1980, 386 = DAVorm 1980, 746, 748). Zum anderen kann das Gericht auch in anderen Fällen von der Anhörung absehen, wenn von dieser eine Aufklärung nicht erwartet werden kann (analog § 160 Abs 2 S 2 FamFG; KG FamRZ 2008, 2306, 2307; MünchKomm/Spickhoff Rn 21) oder ein schwerwiegender Grund vorliegt, aus dem selbst von der Anhörung der Eltern abgesehen werden kann (analog § 160 Abs 3 FamFG; MünchKomm/Spickhoff Rn 21; BeckOGK/Hoffmann [1. 12. 2019] Rn 112). Zudem ist § 1779 Abs 3 BGB ohnehin nur als Sollvorschrift ausgestaltet und der Kreis der zu hörenden Verwandten und Verschwägerten in keiner Weise begrenzt. Ein Verwandter oder Verschwägerter kann deshalb auch keine Beschwerde mit der Begründung einlegen, er sei nicht vom Familiengericht gehört worden.

Umgekehrt sind die Verwandten und Verschwägerten auch **nicht** zur Erteilung der **105**
vom Familiengericht gewünschten Auskünfte **verpflichtet**, sofern sie nicht nach § 30 FamFG im Rahmen einer förmlichen Beweisaufnahme als Zeugen vernommen werden. Wegen der von ihnen erteilten Auskünfte oder wegen der Verweigerung einer Auskunft trifft sie keine besondere Verantwortlichkeit; sie haften nur nach Maßgabe der allgemeinen Vorschriften (etwa § 826 BGB oder § 823 BGB, s auch § 675 Abs 2 BGB; vgl Enneccerus/Kipp § 122 I; Dölle § 132 V); etwas anderes gilt dagegen bei einer Vernehmung als Zeuge nach den Regeln des Strengbeweises (§ 30 FamFG).

c) Anspruch auf Auslagenersatz

Nach § 1779 Abs 3 S 2 BGB können die Verwandten und Verschwägerten des Mün- **106**
dels, die das Familiengericht angehört hat, vom Mündel den Ersatz ihrer Auslagen verlangen. Dieser **Anspruch** ist privatrechtlicher Natur und richtet sich **ausschließlich gegen den Mündel** und nicht gegen den Staat, selbst wenn der Mündel mittellos ist (arg § 1835 Abs 4 BGB). Wegen der Einzelheiten, insbesondere des Begriffs der Auslagen, der Beschränkung auf die erforderlichen Auslagen, des Verfahrens, der Festsetzung der Auslagen und der Durchsetzung des Anspruchs auf Auslagenersatz s § 1847 Rn 24 ff.

6. Anhörung des Jugendamts

107 Nach § 1779 Abs 1 BGB hat das Familiengericht den Vormund „nach Anhörung des Jugendamts" auszuwählen. Dem Jugendamt soll damit Gelegenheit gegeben werden, sich zur Auswahl des Vormunds zu äußern (Mot IV 1062). Häufig wird das Familiengericht auf Vorschläge des Jugendamts angewiesen sein. Insbesondere bei der Auswahl eines Einzelvormunds, der auch die Pflege und Erziehung des Mündels übernimmt (zB Großeltern, familienfremde Pflegeeltern), ist die Beteiligung des Jugendamts schon deshalb bedeutsam, weil normalerweise die Aufnahme eines Kindes in eine Vollzeitpflege nach § 44 Abs 1 S 1 SGB VIII unter einem Erlaubnisvorbehalt steht, mit dem das Jugendamt sicherstellen kann, dass die betroffenen Minderjährigen nur in Pflegestellen betreut werden, in denen ihr Wohl gewährleistet ist (Wiesner/Mörsberger § 44 SGB VIII Rn 1); diese unmittelbare Kontrollmöglichkeit entfällt aber mangels Erlaubnispflicht bei Vormündern und Pflegern, die das Kind oder den Jugendlichen im Rahmen ihres Wirkungskreises über Tag und Nacht aufnehmen (§ 44 Abs 1 S 2 Nr 2 SGB VIII; krit zu dieser Regelung Wiesner/Mörsberger § 44 SGB VIII Rn 14).

108 Die in § 1779 Abs 1 BGB normierte Pflicht des Familiengerichts, das Jugendamt anzuhören, steht im Zusammenhang mit **§ 53 Abs 1 SGB VIII**, der dem Jugendamt aufgibt, dem Familiengericht Personen und Vereine vorzuschlagen, die sich im Einzelfall zum Pfleger oder Vormund eignen, und **§ 50 Abs 1 S 1 SGB VIII**, wonach das Jugendamt das Familiengericht bei allen Maßnahmen unterstützt, die die Sorge für die Person von Kindern und Jugendlichen betreffen (BeckOGK/Hoffmann [1. 12. 2019] Rn 106; DIJuF-Rechtsgutachten JAmt 2018, 141; zu den Qualitätsanforderungen an die Jugendämter, um dieser Aufgabe zu genügen, Sommer, in: FS Salgo 437, 441; zur Zuständigkeit für diese Aufgabenwahrnehmung DIJuF-Rechtsgutachten JAmt 2017, 595 f; JAmt 2018, 141).

109 Eine Pflicht des Familiengerichts, das Jugendamt anzuhören, ergibt sich aber nicht nur aus dem materiellen Recht, sondern auch aus **§ 162 Abs 1 FamFG**.

110 Das **Gericht** ist allerdings **nicht an den Vorschlag des Jugendamts gebunden** (Sommer, in: FS Salgo 437, 449; Soergel/Zimmermann Rn 3; Wiesner/Elmauer § 53 SGB VIII Rn 5; DIJuF-Rechtsgutachten JAmt 2016, 480, 481). Will es von einem Vorschlag des Jugendamtes abweichen oder eine ihm auf andere Weise bekannt gewordene Person als Vormund bestellen, so muss es dem Jugendamt Gelegenheit geben, dazu Stellung zu nehmen. In dringenden Fällen kann die Bestellung eines Vormunds geboten sein, bevor das Jugendamt Gelegenheit hatte, sich zu äußern; dann empfiehlt sich die Bestellung unter Vorbehalt der Entlassung (§ 1790 BGB) für den Fall, dass das Jugendamt, wenn es sich nachträglich äußert, nicht positiv zur Person des Vormunds Stellung nimmt (ebenso Dölle § 120 IV 1 a; MünchKomm/Spickhoff Rn 3; BGB-RGRK/Dickescheid Rn 8; Soergel/Zimmermann Rn 3; Erman/Schulte-Bunert Rn 10a; über die Zuweisung der Zuständigkeit zur Äußerung in der Organisation des Jugendamts s DIJuF-Stellungnahme JAmt 2001, 352; Opitz JAmt 2001, 315).

111 Unterbleibt die Anhörung oder wählt das Gericht eine Person aus, die vom Jugendamt nicht als geeignet angesehen wurde, so ist die Auswahlentscheidung des Gerichts dennoch wirksam (MünchKomm/Spickhoff Rn 3; NK-BGB/Fritsche Rn 11); dem Jugendamt bleibt nur ein **Beschwerderecht** (näher unter Rn 128).

7. Bestellung eines Verfahrensbeistands für den Mündel (§ 158 FamFG)

Nach § 158 Abs 1 FamFG hat das Familiengericht in Kindschaftssachen, die die Person des minderjährigen Kindes betreffen, einen geeigneten Verfahrensbeistand zu bestellen, soweit dies zur Wahrnehmung seiner Interessen erforderlich ist. Das ist immer dann anzunehmen, wenn die Eltern oder andere gesetzliche Vertreter die Interessen des Kindes nicht hinreichend wahrnehmen können (Bork/Jacoby/Schwab/Zorn § 158 FamFG Rn 5). Diese Voraussetzung liegt vor, wenn und solange nach Entzug der elterlichen Sorge erstmals ein Vormund auszuwählen ist (s LG Köln FamRZ 2001, 446). Mit der Bestellung eines Verfahrensbeistands wird dieser nicht gesetzlicher Vertreter des Kindes (§ 158 Abs 4 S 6 FamFG). Um aber eine ordnungsgemäße Vertretung des Kindes im Auswahlverfahren sicherzustellen, bedarf es zusätzlich der Bestellung eines Ergänzungspflegers. Dies unterscheidet das Auswahlverfahren von einem Verfahren, in dem das Kind bereits einen gesetzlichen Vertreter hat, etwa einem solchen nach § 1796 BGB, in dem die Interessen des Vormunds in einem erheblichen Gegensatz zu denen des Kindes stehen (zur Unterscheidung beider Verfahren s auch § 1774 Rn 16). Nur im letztgenannten Fall genügt die Bestellung eines Verfahrensbeistands, um die Interessen des Kindes im Verfahren wahrzunehmen (BGH ZKJ 2011, 465, 467 f = FamRZ 2011, 1788 = NJW 2011, 3454; Grün Anm zu OLG Oldenburg FamFR 2010, 45; Heilmann Anm zu OLG Oldenburg ZKJ 2011, 101, 103 mwNw; BeckOGK/Hoffmann [1. 12. 2019] Rn 96; **aA** Bork/Jacoby/Schwab/Zorn § 158 FamFG Rn 25; OLG Oldenburg FamFR 2010, 45; Schürmann FamFR 2009, 153; näher zum Ganzen § 1796 Rn 26 ff). 112

Um **künftig Rechtsunsicherheiten** bei der Frage zu **vermeiden**, ob für das Auswahlverfahren ein Verfahrensbeistand für den Mündel zu bestellen ist, sollte de lege ferenda § 158 FamFG um die Auswahlentscheidung nach § 1779 BGB ergänzt werden. 113

8. Die Entscheidung des Gerichts

Die Auswahlentscheidung des Gerichts ergeht durch Beschluss (§ 38 FamFG), der mit **Bekanntgabe an** den Beteiligten wirksam wird, für den er seinem wesentlichen Inhalt nach bestimmt ist (§ 40 Abs 1 FamFG), also an die als Vormund ausgewählte Person (BeckOGK/Hoffmann [1. 12. 2019] Rn 119). Darüber hinaus ist die Entscheidung den weiteren **Verfahrensbeteiligten** (§ 41 Abs 1 S 1 FamFG) sowie dem Jugendamt unabhängig von dessen Beteiligung bekannt zu geben (§ 162 Abs 3 S 1 HS 2 FamFG). 114

Darüber hinaus ist das Familiengericht nach Art 37 Buchst b des Wiener Übereinkommens vom 24. 3. 1963 über konsularische Beziehungen (BGBl II 1969, 1585) verpflichtet, bei einem **unbegleitet eingereisten ausländischen Minderjährigen** die zuständige konsularische Vertretung des Herkunftslandes dieses Minderjährigen zu benachrichtigen, wenn die Bestellung eines Vormunds oder Pflegers im Interesse des Minderjährigen angebracht erscheint (DIJuF-Rechtsgutachten JAmt 2016, 140; Dürbeck FamRZ 2018, 553, 562; **aA** im Interesse des Minderjährigenschutzes Oberloskamp/Schwarz, Vormundschaft § 9 Rn 13). 115

9. Anfechtung der Auswahlentscheidung

a) Beschwerdeberechtigung

aa) Allgemeines

116 Die Beschwerde gegen die Auswahlentscheidung des Gerichts steht nach § 59 Abs 1 FamFG jedem zu, der durch den Beschluss in seinen Rechten verletzt ist. Erforderlich ist dafür ein unmittelbarer Eingriff in ein dem Beschwerdeführer zustehendes materielles Recht (BGH DNotZ 1996, 890; Hoppenz/Gottwald § 59 FamFG Rn 2 ff; Keidel/Meyer-Holz § 59 FamFG Rn 6; Bork/Jacoby/Schwab/Müther § 59 FamFG Rn 4). Allein die Verletzung von Verfahrensvorschriften durch das erstinstanzliche Gericht kann noch keine Beschwerdeberechtigung begründen, solange die Entscheidung keine materielle Beschwer enthält; aus dem allgemeinen Justizgewährungsanspruch lässt sich noch kein isoliert durchsetzbares Recht auf Einhaltung eines gesetzeskonformen Verfahrens ableiten (Keidel/Meyer-Holz § 59 FamFG Rn 7; Bork/Jacoby/Schwab/Müther § 59 FamFG Rn 6; **aA** wohl NK-BGB/Fritsche Rn 16). Solange also eine verfahrensfehlerhaft zustande gekommene Entscheidung den Beteiligten nicht in seiner materiellen Rechtsstellung trifft, ist eine Rechtsbeeinträchtigung durch den Verfahrensverstoß ausgeschlossen (Keidel/Meyer-Holz § 59 FamFG Rn 7 mwNw).

bb) Die Eltern

117 Beschwerdeberechtigt sind demnach die Eltern. Sie sind durch die Auswahlentscheidung zwar nicht unmittelbar in ihrem Sorgerecht betroffen, soweit ihnen dieses Recht bereits zuvor durch eine Entscheidung nach § 1666 BGB entzogen worden ist. Wird jedoch ihr (geäußerter) Wille im Rahmen der Auswahlentscheidung entgegen § 1779 Abs 2 S 2 BGB nicht (ausreichend) berücksichtigt (dazu oben Rn 59), so sind sie insoweit in ihrem Elternrecht aus Art 6 Abs 2 S 1 GG berührt und deswegen beschwerdeberechtigt (OLG München 24. 5. 2016 – 16 WF 519/16, juris Rn 4, FamRZ 2016, 1475; OLG Frankfurt 14. 12. 2015 – 5 UF 235/15, juris Rn 5, FamRZ 2016, 1473, 1474; OLG Brandenburg 19. 3. 2012 – 9 UF 232/11, juris Rn 14, ZKJ 2012, 312, 313; nach früherem Recht wurde ihr Beschwerderecht nicht auf § 20 FGG, sondern auf § 57 Abs 1 Nr 9 FGG gestützt, KG FGPrax 2008, 238; **aA** BGH FamRZ 1956, 379, 380; OLG Düsseldorf 19. 8. 2014 – II-6 WF 128/14, juris Rn 2, FamRZ 2015, 1046; OLG Celle JAmt 2012, 674; OLG Oldenburg JAmt 2012, 675; OLG Brandenburg FamRZ 2012, 1578 [betr nicht sorgeberechtigter Elternteil]). Entsprechendes gilt, wenn eine Anhörung der Eltern im Auswahlverfahren unterblieben ist (OLG München 24. 5. 2016 – 16 WF 519/16, juris Rn 4, FamRZ 2016, 1475).

cc) Der Mündel

118 § 60 FamFG gibt dem Mündel in allen seine Person betreffenden Angelegenheiten ein von der Mitwirkung des gesetzlichen Vertreters unabhängiges Beschwerderecht, sofern er das 14. Lebensjahr bereits vollendet hat und nicht geschäftsunfähig ist. Mithin ist der Mündel berechtigt, Beschwerde gegen die Auswahlentscheidung einzulegen (OLG Rostock 25. 4. 2016 – 11 UF 159/15, juris Rn 19, FamRZ 2017, 218; zum alten Recht KG DFG 1938, 86; für eine Klarstellung in § 60 S 1 FamFG de lege ferenda Antrag der SPD, BT-Drucks 17/2411, 4).

dd) Der nach § 1776 Berufene

119 Beschwerdeberechtigt ist auch derjenige, der geltend macht, er sei als gemäß § 1776 BGB Berufener durch die Bestellung einer anderen Person zum Vormund übergangen worden, da er einen Anspruch auf Berufung hat (§ 1776 Rn 17).

ee) Der als Vormund Ausgewählte

Ebenso beschwerdeberechtigt ist der vom Familiengericht als Vormund Ausgewählte, **120**
wenn er mit seiner auf einen der Ablehnungsgründe des § 1786 Abs 1 BGB gestützten Weigerung, die Vormundschaft zu übernehmen, erfolglos geblieben ist. Dagegen kann er, wenn er gegen seinen Willen vom Familiengericht ausgewählt wurde, eine Beschwerde nicht darauf stützen, dass er keine geeignete Person iS des Abs 2 S 1 sei. Wollte man eine Weigerung aufgrund von § 1779 Abs 2 BGB zulassen, so würden die in den §§ 1780–1786 BGB getroffenen Bestimmungen nur eine überflüssige Wiederholung eines jedem Ausgewählten schon generell zustehenden Ablehnungsrechts darstellen (so schon KG RJA 13, 188 = KGJ 45, A 38). Ins Uferlose führt auch die Meinung, der vom Familiengericht gegen seinen Willen zum Vormund Ausgewählte könne seine Beschwerde auf Art 2 GG stützen und geltend machen, die Übernahme des Amtes, das einen Eingriff in seine Freiheitssphäre darstelle, überfordere ihn oder er sei ungeeignet (so Soergel/Zimmermann Rn 15; ähnlich Erman/Schulte-Bunert Rn 13; zustimmend wohl auch BGB-RGRK/Dickescheid Rn 14). Ließe man eine derartige Berufung auf das in Art 2 Abs 1 GG verbriefte, aber – ebenso wie Art 3 GG und Art 1 GG – vielfach überstrapazierte Grundrecht auf Entfaltung der Persönlichkeit zur Rechtfertigung der Beschwerdebefugnis ausreichen, so würde das System der §§ 1785 ff BGB, das die Ablehnung der Übernahme der Vormundschaft nur unter bestimmt umschriebenen Voraussetzungen zulässt, aus den Angeln gehoben (iE auch MünchKomm/Spickhoff Rn 25).

Der als Vormund Ausgewählte kann auch nicht mehr **im Interesse des Mündels** **121**
geltend machen, er sei zur Führung der Vormundschaft nicht geeignet. Diese Möglichkeit, die § 57 Abs 1 Nr 9 FGG jedem eingeräumt hat, der ein berechtigtes Mündelinteresse geltend machte, ist mit Inkrafttreten des FamFG entfallen (näher Staudinger/Engler [2004] Rn 55).

ff) Personen, die ein berechtigtes Interesse des Mündels geltend machen

Nicht unter den Begriff der „Rechte" iSv § 59 Abs 1 FamFG fallen dagegen wirt- **122**
schaftliche, rechtliche oder sonstige berechtigte Interessen (Keidel/Meyer-Holz § 59 FamFG Rn 6). Der Beschwerdeführer kann also – im Unterschied zu § 57 Abs 1 Nr 9 FGG – seine Beschwerdeberechtigung nicht mehr darauf stützen, dass er „ein berechtigtes Interesse hat, diese Angelegenheit wahrzunehmen", dh um das Wohl des Mündels besorgt ist und in dessen Interesse handelt. Damit entfällt nach überwiegender Ansicht die Beschwerdeberechtigung all derer, die nach **altem Recht** im Interesse des Mündels die Auswahl des Vormunds angreifen konnten, und zwar

- des als Vormund Ausgewählten (oben Rn 121),
- der Verwandten oder Verschwägerten sowie des Ehegatten des Mündels (BVerfG 24. 6. 2014 – 1 BvR 2926/13, juris Rn 35, FamRZ 2014, 1435, 1437; BVerfG 30. 8. 2014 – 1 BvR 1409/14, juris Rn 17, FamRZ 2014, 1843, 1845; BGH 26. 6. 2013 – XII ZB 31/13, juris Rn 12 ff, FamRZ 2013, 1380, 1381; BGH FamRZ 2011, 552, 553; OLG Bremen 27. 1. 2016 – 4 WF 162/15, juris Rn 9, FamRZ 2016, 1006, 1007; OLG Brandenburg 7. 10. 2014 – 10 UF 54/14, juris Rn 16, FamRZ 2015, 1042, 1043 [Großeltern]; OLG Hamm 4. 9. 2014 – II-4 UF 160/14, 4 UF 160/14, juris Rn 5 ff, FamRZ 2015, 522 f [Onkel]; OLG Frankfurt 8. 10. 2012 – 4 UF 209/12, juris Rn 10, JAmt 2013, 226, 227 [Tante]),

- der Pflegeeltern (OLG Nürnberg 12. 5. 2014 – 11 WF 1596/13, juris Rn 12, FamRZ 2014, 1864, 1865 f; OLG Nürnberg 14. 3. 2014 – 11 WF 141/14, juris Rn 10, NJW 2014, 2883 f; OLG Karlsruhe DAVorm 1998, 325, 327; OLG Hamm FamRZ 1987, 1196, 1197; BayObLG FamRZ 1984, 205, 206 f [Großmutter als Pflegeperson]),
- einer Religionsgemeinschaft, der der Mündel angehört, wenn ein bekenntnisfremder Vormund bestellt wurde (KG OLGE 26, 106; KGJ 43, A 41), oder
- einer Person, die mit dem Mündel in gegenseitiger Zuneigung verbunden ist, auch wenn keine rechtliche Verbindung besteht, wie zB der Stiefelternteil, der mit der Kindesmutter und dem Mündel in einer eheähnlichen Gemeinschaft lebt (BayObLG Rpfleger 1983, 301; OLG Thüringen FamRZ 2004, 1389; Staudinger/Engler [2004] Rn 52; anders zum alten Recht KG FamRZ 1974, 466).

123 Damit bleibt aber die Frage, ob diese Personen, va die **Verwandten, Verschwägerten oder die (familienfremden) Pflegeeltern**, soweit sie unter Verletzung der Auswahlkriterien nach § 1779 Abs 2 BGB übergangen worden sind, nicht aus eigenem Recht Beschwerde einlegen können. Zwar haben sie keinen Anspruch darauf, als Vormund bestellt zu werden (s oben Rn 77). Deshalb lehnt die hM auch nach neuem Recht eine Beschwerdeberechtigung aus eigenem subjektivem Recht ab. Ein solches Recht lasse sich nicht aus der Anhörungspflicht nach § 1779 Abs 3 BGB ableiten, weil diese Pflicht nur im Interesse des Mündels bestehe (OLG Hamm NJW-RR 2011, 585; s Rn 122 mwNw zur Rspr). Auch eine Verletzung der Rechte aus Art 6 Abs 1 GG und Art 8 Abs 1 EMRK scheide aus. Zwar fielen Lebens- und Erziehungsgemeinschaften zwischen Familienangehörigen und mit familienfremden Pflegeeltern unter den Schutz der Familie iSv dieser Vorschriften; gleichwohl werde der Schutzbereich dieser Normen nicht verletzt, wenn diese Personen nicht zum Vormund ausgewählt würden, weil das Auseinanderfallen von tatsächlicher Entscheidungszuständigkeit und persönlicher Bindung die Erziehung zum Pflegekind nur reflexartig berühre, eine unmittelbare Rechtsverletzung dagegen nicht vorliege (BGH 26. 6. 2013 – XII ZB 31/13, juris Rn 12, FamRZ 2013, 1380, 1381; BGH FamRZ 2011, 552; OLG Nürnberg 12. 5. 2014 – 11 WF 1596/13, juris Rn 12, FamRZ 2014, 1864, 1865 f; OLG Nürnberg 14. 3. 2014 – 11 WF 141/14, juris Rn 10, NJW 2014, 2883 f). Zum Schutz ihrer Grundrechte stehe diesen Personen nur die Möglichkeit offen, die Auswahlentscheidung nach § 11 Abs 2 RPflG im Wege der Erinnerung kontrollieren zu lassen (OLG Nürnberg 12. 5. 2014 – 11 WF 1596/13, juris Rn 18, FamRZ 2014, 1864, 1866).

124 **Gegen diese Sichtweise** spricht allerdings, dass nur schwer verständlich ist, einerseits zwar eine mögliche Verletzung durch die Auswahlentscheidung im Grundrecht aus Art 6 Abs 1 GG zu bejahen und damit auch die Möglichkeit der Verfassungsbeschwerde gegen die amtsgerichtliche Entscheidung zu eröffnen, andererseits aber davon auszugehen, dass eine Rechtsbeeinträchtigung iSv § 59 Abs 1 FamFG nicht vorliegt (Keuter ZKJ 2015, 67, 69; Heilmann/Dürbeck Rn 19). Näher liegt es vielmehr, eine unmittelbare Beschwer aus der Verletzung des Grundrechts aus Art 6 Abs 1 GG abzuleiten (MünchKomm/Spickhoff Rn 25; iE auch Klinkhammer ZfPW 2015, 5, 27 f).

125 Verwandte und Verschwägerte sind bei der Auswahl, wie dargelegt (s oben Rn 69 ff), vorrangig zu berücksichtigen, da sie als Familienangehörige den Schutz von Art 6 Abs 1 GG genießen; diesen Schutz können auch Pflegepersonen für sich in Anspruch nehmen (OLG Nürnberg 14. 3. 2014 – 11 WF 141/14, juris Rn 13, NJW 2014, 2883 f; vMangoldt/Klein/Starck/Robbers Art 6 Rn 77); das Gleiche gilt für Art 8 Abs 1 EMRK (EGMR FamRZ 2012, 429 m Anm Wendenburg; OLG Nürnberg 14. 3. 2014 – 11 WF 141/14, juris Rn 13, NJW 2014, 2883, 2884). Nach Ansicht des EGMR fallen etwa Pflegeeltern in den Schutzbereich des „Familienlebens" iS dieser Norm, wenn zwischen ihnen und dem Pflegekind eine familienähnliche Beziehung besteht (EGMR FamRZ 2012, 429 Rn 37), und folgerichtig bejaht dieses Gericht auch deren Beschwerdebefugnis (EGMR FamRZ 2012, 429, 430 Rn 39). Für Pflegeeltern ist es von zentraler Bedeutung, die tatsächliche Bindung zu ihrem Pflegekind auch mit umfassenden rechtlichen Kompetenzen zu untermauern, wie sie die Vormundschaft vermittelt, da sie dann sorgerechtliche Entscheidungen für das Kind treffen können, ohne vom Willen eines anderen Sorgeberechtigten, etwa des Jugendamts als Vormund oder vormals der Eltern, abhängig zu sein, die ständig in die Familie „hineinregieren" können (Salgo FamRZ 2013, 1668; zum typischen Auseinanderfallen von tatsächlicher und rechtlicher Verantwortung in einer Pflegefamilie OLG Karlsruhe 6. 5. 2013 – 5 WF 170/12, juris Rn 42, FamRZ 2014, 404 [LS]). Eine gerichtliche Ablehnung des Familienangehörigen oder familienfremden Dritten als Vormund berührt also nicht nur reflexartig, sondern unmittelbar ihr Familienleben mit dem Kind (**anders** OLG Nürnberg 12. 5. 2014 – 11 WF 1596/13, juris Rn 17, FamRZ 2014, 1864, 1865; OLG Nürnberg 14. 3. 2014 – 11 WF 141/14, juris Rn 10, NJW 2014, 2883 f). Deswegen wird man diesen Personen auch ein Beschwerderecht gegen die Auswahlentscheidung zubilligen müssen (Keuter ZKJ 2015, 67, 69; Salgo FamRZ 2013, 1668; MünchKomm/Spickhoff Rn 25 betr Familienangehörige und Verwandte; iE auch Gernhuber/Coester-Waltjen § 70 Rn 42; Scherpe FamRZ 2014, 1821, 1826; Klinkhammer ZfPW 2015, 5, 27 f; enger Schneider/Faber FuR 2012, 580, 583; s auch Kloster-Harz NZFam 2016, 529, 533 f).

Zumindest in den Fällen, in denen das Kind als Verfahrensbeteiligter keine Möglichkeit hat, Beschwerde gegen eine Auswahlentscheidung einzulegen – etwa weil der Vormund wegen eines bestehenden (möglichen) Interessengegensatzes zum Kind zur Vertretung der Interessen des Kindes ausscheidet, und ein Ergänzungspfleger oder ein Verfahrensbeistand nicht bestellt wurden, ist es zur Wahrung seines Persönlichkeitsrechts und des Kindeswohls verfassungsrechtlich geboten, diesen Bezugspersonen des Kindes eine Beschwerdemöglichkeit zu gewähren (OLG Karlsruhe 26. 6. 2013 – 18 UF 296/11, juris Rn 33, FamRZ 2013, 1665, 1666 in Analogie zu §§ 303 Abs 2, 335 Abs 1 Nr 1 FamFG m zust Anm Salgo für eine Pflegeperson; Heilmann/Dürbeck Rn 21; BeckOGK/Hoffmann [1. 12. 2019] Rn 147). 126

De **lege ferenda** müsste der Kreis der Beschwerdeberechtigten zur Vermeidung von Rechtsunsicherheiten und Schutzlücken erweitert werden (Salgo FamRZ 2013, 1668, 1669). 127

gg) Das Jugendamt

Die Beschwerdeberechtigung des Jugendamts ergibt sich aus § 162 Abs 3 S 2 FamFG. Danach steht dem Jugendamt gegen alle Entscheidungen des Gerichts die Beschwerde zu, die ihm nach § 162 Abs 3 S 1 FamFG bekannt zu machen sind. Dies sind zugleich die Entscheidungen, zu denen es nach § 162 Abs 1 S 1 FamFG anzuhören ist. Da aber das Jugendamt vor der Auswahlentscheidung nach § 1779 BGB zu hören ist (oben Rn 107 ff), ist es mithin auch immer beschwerdeberechtigt. Ebenso ist es beschwerdeberechtigt, wenn es selbst als Vormund ausgewählt wurde (§ 1791b Rn 50; Dürbeck FamRZ 2018, 553, 562). 128

b) Prüfungsumfang des Gerichts

129 Wird eine Auswahlentscheidung mit der Beschwerde angefochten, wird eine zweite Tatsacheninstanz eröffnet mit der Folge, dass sowohl die Eignungs- als auch die Auswahlprüfung der ersten Instanz in vollem Umfang nachprüfbar sind und eine erneute Eignungs- wie Auswahlentscheidung erfolgen (MünchKomm/Spickhoff Rn 26). Mit der Rechtsbeschwerde kann dagegen nur geltend gemacht werden, dass die angefochtene Entscheidung auf einer Verletzung des Gesetzes beruht (§§ 70, 72 FamFG), weshalb die Rechtsbeschwerdeinstanz nur eine Rechtsanwendungskontrolle durchführt (Keidel/Meyer-Holz § 70 FamFG Rn 6). Eine Verletzung des Gesetzes kann darin liegen, dass das Tatsachengericht den unbestimmten Rechtsbegriff der **Eignung** zur Führung der Vormundschaft (oben Rn 10) verkannt hat (Soergel/Zimmermann Rn 5; MünchKomm/Spickhoff Rn 4). Die Rechtsbeschwerde kann auch darauf gestützt werden, dass das Familiengericht die **Grenzen des** ihm eingeräumten **Auswahlermessens verkannt** hat, so zB, wenn es eine familienfremde Person als Vormund ausgewählt hat, ohne darzulegen, aus welchen Gründen die Verwandten und Verschwägerten übergangen wurden, oder wenn es nicht deutlich gemacht hat, aus welchen Gründen ein Vormund bestellt wurde, der einer anderen Konfession angehört als der Mündel. Im Übrigen ist die Angemessenheit und Zweckmäßigkeit der Entscheidung des Familiengerichts nicht im Verfahren der Rechtsbeschwerde nachprüfbar (Soergel/Zimmermann Rn 6; BGB-RGRK/Dickescheid Rn 18; MünchKomm/Spickhoff Rn 4; s oben Rn 13).

c) Beschwerde nach erfolgter Bestellung des Vormunds

130 Die Beschwerde gegen die Auswahl eines Vormunds kann auch dann noch erhoben werden, wenn dieser schon bestellt ist; sie hat dann seine Entlassung zum Ziel. Wird die Beschwerde für begründet erachtet, so ist zugleich mit der Aufhebung der angefochtenen Verfügung der **bestellte Vormund** – mit Wirkung ex nunc – **zu entlassen**, auch wenn die Voraussetzungen des § 1886 BGB nicht vorliegen (KG JW 1939, 103 = JFG 18, 325; BayObLG in st Rspr: BayObLGZ 1964, 277, 278 = FamRZ 1965, 99 = NJW 1964, 2306 = MDR 1965, 138; BayObLGZ 1966, 28, 33 = FamRZ 1966, 323; BayObLG FamRZ 1974, 219, 220; BayObLG FamRZ 1984, 204, 205; BayObLG FamRZ 1988, 874, 875 = Rpfleger 1988, 259, 260; KG FGPrax 2008, 238, 239; aus jüngerer Zeit OLG Hamm 6. 6. 2016 – II-4 UF 186/15, juris Rn 55, FamRZ 2016, 1940, 1943; ebenso Dölle § 120 IV 3; MünchKomm/Spickhoff Rn 27; Soergel/Zimmermann Rn 19; BGB-RGRK/Dickescheid Rn 17, jeweils mwNw; für eine Auslegung einer Beschwerde als Antrag auf Entlassung nach § 1886 BGB BayObLG FamRZ 2004, 1817; Gernhuber/Coester-Waltjen § 73 Rn 7 aE bejaht mit Blick auf § 166 FamFG nicht nur die Entlassung auf begründete Beschwerde hin, sondern auch von Amts wegen zum Zweck der Korrektur einer fehlerhaften Auswahlentscheidung).

10. Einstweiliger Rechtsschutz

131 Soweit ein **dringendes Bedürfnis für ein Tätigwerden** besteht, kann die Vormundschaft auch durch einstweilige Anordnung angeordnet und ein Vormund vorläufig ausgewählt und bestellt werden (§ 49 Abs 1 FamFG). Dies ist etwa der Fall, wenn die Sorgeausübung für das Kind sichergestellt werden muss, die Ermittlungen für die Auswahl eines geeigneten Vormunds aber noch nicht abgeschlossen sind und hierfür noch Anhörungen durchzuführen sind (KG 3. 2. 2016 – 3 WF 8/16, juris Rn 11, FamRZ 2016, 649, 650).

Fraglich ist allerdings, ob diese Voraussetzungen auch dann vorliegen, wenn ein **ausländischer Minderjähriger unbegleitet nach Deutschland einreist**. Dieser wird nämlich zunächst vom Aufnahmejugendamt vorläufig in Obhut genommen, durchläuft ein sog Erstscreening (§ 42 Abs 2 SGB VIII) und ggf auch ein Verteilungsverfahren (§ 42b SGB VIII), bevor er vom sog Zuweisungsjugendamt (endgültig) in Obhut genommen wird (§ 42b Abs 3 S 1 SGB VIII) und darin bis zur Übergabe an den Personensorge- oder Erziehungsberechtigten (§ 42 Abs 4 Nr 1 SGB VIII), also an den Vormund, verbleibt, soweit nicht seine Zusammenführung mit den Herkunftseltern in Betracht kommt und eine Vormundschaft angeordnet werden muss (zu den Fallgestaltungen näher § 1773 Rn 18; zum Familiennachzug bei unbegleitet eingereisten Minderjährigen EuGH 12. 4. 2018 – C-550/16, JAmt 2018, 222 [betr Art 2 Buchst f RL 2003/86/EG]; s auch BVerfG 11. 10. 2017 – 2 BvR 1758/17, juris Rn 12 ff, FamRZ 2017, 2082, 2083 [betr § 104 Abs 13 AuslG]). Während der Zeit der (vorläufigen) Inobhutnahme ist das jeweils zuständige Jugendamt berechtigt und verpflichtet, alle Rechtshandlungen vorzunehmen, die zum Wohl des Kindes oder Jugendlichen erforderlich (§ 42a Abs 3 S 1 SGB VIII) bzw notwendig sind (§ 42 Abs 2 S 4 SGB VIII). Ist damit aber die Sorgeausübung für das Kind bis zur Bestellung eines Vormunds sichergestellt, so fehlt an sich für die Anordnung einer vorläufigen Vormundschaft während der Zeit der (vorläufigen) Inobhutnahme ein Regelungsbedürfnis (so OLG Celle 18. 1. 2016 – 12 UF 2/16, juris Rn 18, FamRZ 2016, 647, 648; anders wohl KG 3. 2. 2016 – 3 WF 8/16, juris Rn 11, FamRZ 2016, 649, 650). 132

Zu bedenken ist jedoch, dass die dem Jugendamt nach dem SGB VIII zustehende Rechtsmacht eine Notkompetenz darstellt, die Schutzlücken für den Minderjährigen birgt, da im Jugendamt keine Trennung der Aufgaben als Jugendhilfeträger und als Vertreter des Kindes erfolgt, um der Gefahr von Interessenkonflikten zu begegnen (näher Veit, in: FS Lindacher 431, 440; Veit FamRZ 2016, 93, 97). Diese Schutzlücken lassen sich nur dadurch vermeiden, dass ein dringendes Regelungsbedürfnis iSv § 49 Abs 1 FamFG zur Bestellung eines vorläufigen Vormunds für die Zeit der vorläufigen Inobhutnahme bejaht wird (so auch Hammer FamRZ 2016, 649, 650). 133

VII. Pflegschafts- und Betreuungsrecht

Nach § 1915 Abs 1 S 1 BGB finden auf die Pflegschaft die für die Vormundschaft geltenden Vorschriften entsprechende Anwendung, soweit sich nicht aus dem Gesetz ein anderes ergibt. Ein anderes bestimmt **§ 1916 BGB**, wonach für die nach § 1909 BGB anzuordnende Pflegschaft die Vorschriften über die Berufung zur Vormundschaft nicht gelten. Der Ausschluss erfasst auf jeden Fall die §§ 1776–1778 BGB (Palandt/Götz § 1916 Rn 1), nicht jedoch § 1779 Abs 2 BGB (OLG Brandenburg 7. 10. 2014 – 10 UF 54/14, juris Rn 19, FamRZ 2015, 1042, 1043; OLG Düsseldorf 6. 10. 2010 – II-8 UF 139/10, 8 UF 139/10, juris Rn 11, FamRZ 2011, 742, 743 jeweils mwNw). 134

Im Betreuungsrecht findet § 1779 BGB keine Anwendung; vielmehr bestimmt sich die Auswahl des Betreuers nach **§§ 1897, 1901c BGB**. 135

§ 1780
Unfähigkeit zur Vormundschaft

Zum Vormund kann nicht bestellt werden, wer geschäftsunfähig ist.

Materialien: E I §§ 1640 Nr 1, 1646 Abs 1; II § 1661; III § 1756; Mot IV 1065, 1081; Prot IV 751, 753, 828; VI 119. Geändert durch AdoptG v 2. 7. 1976 (BGBl I 1749) Art 1 Nr 2 Buchst k und BtG v 12. 9. 1990 (BGBl I 2002) Art 1 Nr 27; neugefasst durch Bekanntmachung v 2. 1. 2002 (BGBl I 42).

Schrifttum

Habscheid, Fehlerhafte Entscheidungen im Verfahren der Freiwilligen Gerichtsbarkeit, NJW 1966, 1787.

Systematische Übersicht

I. Überblick und Historie

1. Überblick über die §§ 1780–1784

1 Wer Vormund wird, hängt zunächst vom Vorliegen einer wirksamen Benennung durch die Eltern ab (§§ 1776–1778 BGB). Ist die Vormundschaft nicht einem nach § 1776 BGB Berufenen zu übertragen, so soll das Familiengericht nach den Regeln des § 1779 BGB einen Vormund auswählen; es hat hierbei darauf zu achten, dass die auszuwählende Person „nach ihren persönlichen Verhältnissen und ihrer Vermögenslage sowie nach den sonstigen Umständen zur Führung der Vormundschaft geeignet ist". Obwohl schon in dieser Bestimmung das Erfordernis der Eignung besonders betont ist, zählt das Gesetz in den §§ 1780–1784 BGB noch bestimmte Voraussetzungen auf, unter denen eine Person keinesfalls zum Vormund bestellt werden kann (§ 1780 BGB) oder nicht zum Vormund bestellt werden soll (§§ 1781, 1782, 1784 BGB). Im erstgenannten Fall spricht man von Unfähigkeit, in den anderen Fällen von Untauglichkeit zur Vormundschaft (zur Herkunft dieser Begriffe und zur früheren Unterscheidung zwischen absoluter und relativer Unfähigkeit s Mot IV 1065 f). Die §§ 1780–1784 BGB können als Beschränkung der Auswahlmöglichkeit des Familien-

gerichts und zugleich als Mittel zur Korrektur einer Entscheidung der Eltern verstanden werden.

2. Historie

In der **ursprünglichen Fassung** bestimmte § 1780 BGB, dass zum Vormund nicht bestellt werden kann, wer geschäftsunfähig oder wegen Geistesschwäche, Verschwendung oder Trunksucht entmündigt ist. Das **Adoptionsgesetz** vom 2. 7. 1976 (BGBl I 1749) nahm in den § 114 BGB aF, der die Entmündigungsgründe regelte, den Fall der Rauschgiftsucht auf und fügte ihn auch in die Aufzählung des § 1780 BGB ein; wer aus einem dieser Gründe entmündigt war, war nach § 114 wie ein Minderjähriger, der das 7. Lebensjahr vollendet hat, beschränkt geschäftsfähig. 2

Das **Betreuungsgesetz** (BGBl I 1990, 2002) beseitigte mit Wirkung vom 1. 1. 1992 die Möglichkeit der Entmündigung (§ 6 BGB aF), hob § 114 BGB aF auf und strich folgerichtig in § 1780 BGB die Worte „oder wegen Geistesschwäche, Verschwendung, Trunksucht oder Rauschgiftsucht entmündigt", sodass als Grund der Unfähigkeit zur Vormundschaft nur die Geschäftsunfähigkeit übrig blieb. 3

II. Geschäftsunfähigkeit

Nach § 1780 BGB kann nicht zum Vormund bestellt werden, wer nach § 104 BGB **geschäftsunfähig** ist. Geschäftsunfähig sind Kinder unter 7 Jahren (§ 104 Nr 1 BGB) und Personen, die sich in einem die freie Willensbestimmung ausschließenden Zustand krankhafter Störung der Geistestätigkeit befinden, sofern nicht der Zustand seiner Natur nach ein vorübergehender ist (§ 104 Nr 2 BGB). Wer als Minderjähriger lediglich in der Geschäftsfähigkeit beschränkt ist, ist zur Vormundschaft nicht unfähig, aber nach § 1781 Nr 1 BGB untauglich. Es wird vorgeschlagen, auch geschäftsunfähige Minderjährige allein unter § 1781 BGB fallen zu lassen und § 1780 BGB auf Fälle des § 104 Nr 2 BGB zu beschränken (NK-BGB/Fritsche Rn 2). Konsequent wäre es dann aber, auch geschäftsunfähige Betreute allein unter § 1781 Nr 2 BGB zu subsumieren. Für eine derartige Beschränkung des Anwendungsbereichs von § 1780 BGB finden sich allerdings keine Anhaltspunkte. Vorzugswürdig erscheint es daher, § 1780 BGB und § 1781 BGB in einem Stufenverhältnis zu betrachten, das durch die unterschiedlichen Rechtsfolgen erkennbar wird (s dazu Rn 6 ff; § 1781 Rn 6 ff). Die Voraussetzungen von § 1780 BGB und § 1781 BGB können folglich kumulativ vorliegen, doch gebührt § 1780 BGB im Falle der Geschäftsunfähigkeit der Vorrang (vgl § 1781 Rn 3). 4

Für § 1780 BGB nicht relevant sind dagegen Fälle des **§ 105 Abs 2 BGB**. Danach bewirken Bewusstlosigkeit oder die vorübergehende Störung der Geistestätigkeit zwar die Nichtigkeit einer in diesem Zustand abgegebenen Willenserklärung, nicht aber die Geschäftsunfähigkeit der Person insgesamt; der Bestellung beispielsweise eines Nachtwandlers zum Vormund stünde deshalb keiner der benannten Unfähigkeits- und Untauglichkeitsgründe entgegen. Wenn der Vormund zum Zeitpunkt seiner Bestellung § 105 Abs 2 BGB unterfällt, so kommt zwar keine wirksame Bestellung zustande (jurisPK-BGB/Hamdan Rn 2), gleichwohl liegt kein Fall des § 1780 BGB vor, da sich die Rechtsfolge unmittelbar aus § 105 Abs 2 BGB ergibt und eine Bestellung durchaus noch möglich ist, sobald § 105 Abs 2 BGB nicht mehr greift.

5 Außer geschäftsunfähigen natürlichen Personen sind auch juristische Personen unfähig, zum Vormund bestellt zu werden; die einzigen Ausnahmen, die das Gesetz vorsieht, sind ein dazu für geeignet erklärter Verein (§ 1791a BGB) sowie das Jugendamt (§ 1791b BGB) (MünchKomm/Spickhoff Rn 4; NK-BGB/Fritsche Rn 1; im Grundsatz auch BGH FamRZ 1956, 279 = ZBlJugR 1957, 22).

III. Folgen der Bestellung eines Geschäftsunfähigen zum Vormund

1. Nichtigkeit der Bestellung

6 Im Gegensatz zu den Fällen der Untauglichkeit ist die Bestellung einer unfähigen Person zum Vormund unheilbar nichtig (RGSt 45, 309, 311; MünchKomm/Spickhoff Rn 1). Deshalb kommt eine Entlassung nicht in Betracht; doch steht einem Aktenvermerk oder einer Verfügung des Familiengerichts, die die Nichtigkeit feststellt (dies empfehlen Dölle § 119 II 2; jurisPK-BGB/Hamdan Rn 8), nichts im Wege. Wird der Vormund erst nach der Bestellung geschäftsunfähig, so dauert sein Amt fort; er muss aber gemäß § 1886 BGB entlassen werden (§ 1886 Rn 14; Dölle § 119 II 2; BGB-RGRK/Dickescheid Rn 4; MünchKomm/Spickhoff Rn 6; Soergel/Zimmermann Rn 4; NK-BGB/Fritsche Rn 3).

2. Keine persönlichen Rechtswirkungen der Bestellung

7 Da die Bestellung eines Geschäftsunfähigen unheilbar nichtig ist, können sich daraus für den, der trotzdem zum Vormund bestellt wurde, keine vormundschaftsrechtlichen Rechtswirkungen ergeben. Er ist zur Übernahme des Amtes nicht verpflichtet (§ 1785 BGB). Er haftet nicht aus § 1833 BGB; doch kommt eine Haftung nach den allgemeinen Vorschriften (§§ 677 ff, 682, 812 ff, 823 ff BGB) in Betracht (so auch Erman/Schulte-Bunert Rn 2; MünchKomm/Spickhoff Rn 8; Soergel/Zimmermann Rn 3; BGB-RGRK/Dickescheid Rn 3; NK-BGB/Fritsche Rn 4).

3. Im Namen des Mündels vorgenommene Rechtsgeschäfte

8 Hat ein zum Vormund bestellter Geschäftsunfähiger namens des Mündels **Rechtsgeschäfte** vorgenommen, so sind diese **nichtig**, da es dem zum Vormund Bestellten nicht nur an der Fähigkeit fehlt, wirksame Willenserklärungen abzugeben (§ 105 Abs 1 BGB), sondern auch an einer Vertretungsmacht. Dass § 165 BGB nicht anwendbar ist (darauf weisen BGB-RGRK/Dickescheid Rn 3 u Soergel/Zimmermann Rn 3 hin), liegt auf der Hand. Entfällt die Geschäftsunfähigkeit nachträglich, kommt eine Haftung nach § 179 BGB in Betracht (NK-BGB/Fritsche Rn 4; BeckOGK/Hoffmann [1. 12. 2019] Rn 15). Ein Fall des **§ 47 FamFG** ist nicht gegeben, weil es sich bei der Bestellung des Vormunds nicht, wie diese Vorschrift es voraussetzt, um einen „ungerechtfertigt [en]" (und deshalb – wie etwa eine unter Verstoß gegen §§ 1781, 1782, 1784 BGB erfolgte Vormundsbestellung – aufzuhebenden), sondern um einen von Anfang an nichtigen Beschluss des Familiengerichts handelt (ebenso Dölle § 119 II 2; Habscheid NJW 1966, 1787, 1794; Soergel/Zimmermann Rn 3; MünchKomm/Spickhoff Rn 8; Erman/Schulte-Bunert Rn 2; Palandt/Götz Rn 1; BGB-RGRK/Dickescheid Rn 3).

4. Amtshaftung

Bestellt das Gericht schuldhaft eine geschäftsunfähige Person zum Vormund, kommen Amtshaftungsansprüche nach § 839 BGB iVm Art 34 GG in Betracht (BeckOGK/Hoffmann [1. 12. 2019] Rn 10; MünchKomm/Spickhoff Rn 7). 9

IV. Pflegschafts- und Betreuungsrecht

Die Vorschrift ist entsprechend auf den Ergänzungspfleger (s § 1915 Abs 1 BGB), nicht aber auf den Betreuer anwendbar (arg e § 1908i Abs 1 S 1 BGB). Die Unfähigkeit zur Übernahme der Betreuung wegen Geschäftsunfähigkeit beeinträchtigt die Eignung des Betreuers und ist daher im Rahmen der §§ 1897 Abs 1 und 1908b Abs 1 BGB zu berücksichtigen (s dazu Staudinger/Bienwald [2017] § 1908b Rn 25). 10

§ 1781
Untauglichkeit zur Vormundschaft

Zum Vormund soll nicht bestellt werden:

1. wer minderjährig ist,

2. derjenige, für den ein Betreuer bestellt ist.

Materialien: E I § 1640 Nrn 1–3, § 1646 Abs 2; II § 1662; III § 1757; Mot IV 1065, 1081; Prot IV 751. Frühere Nr 4 aufgehoben durch 1. StRG v 25. 6. 1969 (BGBl I 645) Art 49 Nr 2; Nrn 1 u 2 geändert durch BtG v 12. 9. 1990 (BGBl I 2002) Art 1 Nr 28; frühere Nr 3 aufgehoben durch EGInsO v 5. 10. 1994 (BGBl I 2911) Art 33 Nr 30; neugefasst durch Bekanntmachung v 2. 1. 2002 (BGBl I 42).

Systematische Übersicht

I. Historie

In § 1781 BGB sind mehrere Tatbestände zusammengefasst, bei deren Vorliegen das Gesetz unterstellt, dass eine Person, auf die ein solcher Tatbestand zutrifft, nicht als Vormund geeignet ist. 1

Nach der **ursprünglichen Fassung** der Vorschrift sollte nicht zum Vormund bestellt werden,

1. wer minderjährig oder nach § 1906 unter vorläufige Vormundschaft gestellt ist;

2. wer nach § 1910 zur Besorgung seiner Angelegenheiten einen Pfleger erhalten hat;

3. wer in Konkurs geraten ist, während der Dauer des Konkurses;

4. wer der bürgerlichen Ehrenrechte für verlustig erklärt ist, soweit sich nicht aus den Vorschriften des Strafgesetzbuches ein anderes ergibt.

Mit der Abschaffung des Instituts der Aberkennung der bürgerlichen Ehrenrechte durch das 1. Gesetz zur Reform des Strafrechts vom 25. 6. 1969 (BGBl I 699) wurde Nr 4 gestrichen.

2 Durch das **Betreuungsgesetz** vom 12. 9. 1990 (BGBl I 2002), das zugleich mit der Entmündigung und der Vormundschaft über Volljährige auch die vorläufige Vormundschaft (§ 1906 BGB aF) und die Gebrechlichkeitspflegschaft (§ 1910 BGB aF) abschaffte, wurden in Nr 1 die Worte „oder nach § 1906 unter vorläufige Vormundschaft gestellt“ gestrichen, und Nr 2 erhielt die Fassung „derjenige, für den ein Betreuer bestellt ist“.

Das **Einführungsgesetz zur Insolvenzordnung** vom 5. 10. 1994 (BGBl I 2911) hat Nr 3 gestrichen; es ist zusammen mit der Insolvenzordnung am 1. 1. 1999 in Kraft getreten (Art 110 Abs 1 EGInsO).

II. Die einzelnen Untauglichkeitsgründe des § 1781

1. Minderjährigkeit (Nr 1)

3 Ein Minderjähriger ist in jedem Fall nach § 1781 Nr 1 BGB zur Führung der Vormundschaft untauglich; sofern er geschäftsunfähig ist, ist er dazu nach § 1780 BGB unfähig. Der Zustand, den § 105 Abs 2 BGB beschreibt, ist als solcher kein Untauglichkeitsgrund (vgl § 1780 Rn 4 aE).

2. Bestellung eines Betreuers

4 Nach Nr 2 soll auch „derjenige, für den ein Betreuer bestellt ist“, nicht zum Vormund bestellt werden. Auf die Gründe, die zur Bestellung eines Betreuers geführt haben, und auf die Art und den Umfang der Aufgabenkreise des Betreuers kommt es nicht an; nicht ausreichend ist dagegen die Besorgung von Aufgabenkreisen durch einen Bevollmächtigten, da es in diesem Fall an einem „bestellten“ Betreuer fehlt (NK-BGB/Fritsche Rn 2). Ein sog Vollmachtbetreuer iSv § 1896 Abs 2 BGB (zum Begriff NK-BGB/Fritsche Rn 2) begründet also keine Untauglichkeit; etwas anderes gilt dagegen bei Bestellung eines Betreuers zur Kontrolle des Bevollmächtigten nach § 1896 Abs 3 BGB (sog Vollmachtsüberwachungs- oder Kontrollbetreuer [Palandt/Götz § 1896 Rn 23]; MünchKomm/Spickhoff Rn 4 nennt ihn „Vollmachtbetreuer“; dagegen NK-BGB/Fritsche Rn 2).

Der RegE des BtG hatte in Art 1 Nr 28 Buchst b nur denjenigen, für den „zur Besorgung aller seiner Vermögensangelegenheiten“ ein Betreuer bestellt war, von der

Bestellung zum Vormund ausschließen wollen. Entsprechend der Stellungnahme des Bundesrats erhielt die Vorschrift ihre jetzige Fassung. Ihr liegt der Gedanke zugrunde, dass auch der, der nur für einen Teil der Vermögensangelegenheiten oder für einen Teil der persönlichen Angelegenheiten einen Betreuer erhalten hat, in der Regel für das Amt des Vormunds ungeeignet sein dürfte (BT-Drucks 11/4528, 204, 225; s auch BT-Drucks 11/6949, 69; zust MünchKomm/Spickhoff Rn 4; Erman/Schulte-Bunert Rn 3). Bei der Kritik an dieser Regelung (Erman/Saar[14] Rn 3; Palandt/Diederichsen[59] Rn 2; BeckOGK/Hoffmann [1. 12. 2019] Rn 6) mag übersehen worden sein, dass es kaum möglich sein dürfte, zwischen den Extremvorstellungen des Regierungsentwurfs (Ausschluss nur, wenn für alle Vermögensangelegenheiten ein Betreuer bestellt ist) und der geltenden Nr 2 (Ausschluss in jedem Fall, in dem ein Betreuer bestellt ist) einen praktikablen Mittelweg zu finden, auf dem eine mögliche verletzende Beurteilung der Persönlichkeit eines als Vormund Vorgesehenen vermieden wird.

3. Insolvenz

Insolvenz begründet seit Geltung der InsO keine Untauglichkeit mehr (Palandt/Diederichsen[71] Rn 1). Eine Person, die (drohend) zahlungsunfähig ist, wird das Familiengericht im Einzelfall schon nach der Vorschrift des § 1779 Abs 2 S 1 BGB, die auch die Berücksichtigung der Vermögenslage gebietet, nicht als Vormund auswählen (s § 1779 Rn 22). Wenn Zahlungsunfähigkeit (oder Überschuldung) bei einer von den Eltern nach § 1776 Abs 1 BGB als Vormund berufenen Einzelperson (oder einem Verein) vorliegt, müsste das Familiengericht diese wohl nach § 1778 Abs 1 Nr 4 BGB übergehen, weil ihre Bestellung das Wohl des Mündels gefährden würde. § 1781 Nr 3 BGB aF hatte eine Prüfung dieser Voraussetzungen überflüssig gemacht, wenn der als Vormund Ausersehene in Konkurs geraten war. Nach der Neuordnung des Insolvenzrechts ist eine Person, über deren Vermögen das Insolvenzverfahren eröffnet wird, zwar nicht mehr ohne weiteres als Vormund untauglich; ihre Bestellung zum Vormund wird aber gleichwohl aus den genannten Gründen nicht in Betracht kommen. 5

III. Rechtsfolgen eines Verstoßes gegen § 1781

Anders als im Fall des § 1780 BGB ist eine in Widerspruch zu § 1781 BGB erfolgte **Bestellung zum Vormund wirksam**; wer als Vormund ausgewählt wird, obwohl ein Fall der §§ 1781–1784 BGB vorliegt, ist aber nicht zur Übernahme des Amtes verpflichtet (§ 1785 BGB). Der Bestellte hat bis zu seiner Entlassung (dazu unten Rn 8) alle Rechte und Pflichten eines Vormunds, ist gesetzlicher Vertreter des Mündels (§ 164 BGB) und haftet diesem nach §§ 1833, 827, 828 BGB. Der Familienrichter (an seiner Stelle der Staat) haftet für einen dem Mündel aus der Bestellung erwachsenden Schaden nach § 839 BGB, Art 34 GG. Der minderjährige Vormund bedarf zur Vornahme einer Rechtshandlung für den Mündel nicht der Genehmigung seines eigenen gesetzlichen Vertreters (§ 165 BGB). 6

Eine **Haftung des Familienrichters**, der einen Untauglichen zum Vormund bestellt hat, gegenüber einem Dritten, dem daraus ein Schaden entstanden ist, ist zu verneinen, weil § 1781 BGB nur die Interessen des Mündels, nicht die dritter Personen schützt (Erman/Schulte-Bunert Rn 2 aE; Soergel/Zimmermann Rn 1 aE; BGB-RGRK/Dickescheid Rn 2 aE; Dölle § 119 III 7). 7

8 Ist eine Person in Widerspruch zur Bestimmung des § 1781 BGB zum Vormund bestellt worden oder wird nachträglich für sie ein Betreuer bestellt, so hat das Familiengericht sie zu **entlassen**, ohne dass es darauf ankäme, ob die Fortführung des Amtes das Interesse des Mündels gefährden würde (vgl § 1886 Rn 14).

IV. Pflegschafts- und Betreuungsrecht

9 Die Vorschrift findet über § 1915 Abs 1 S 1 BGB zwar unmittelbar auf die Ergänzungspflegschaft, nicht aber auf die Betreuung Anwendung, weil § 1908i Abs 1 S 1 BGB diese Norm nicht in Bezug nimmt (zu den Gründen BT-Drucks 11/4528, 125). Dies schließt aber nicht aus, dass die Norm mittelbar dadurch relevant wird, dass die in § 1781 BGB genannten Kriterien die Eignung iSv § 1897 Abs 1 BGB mitbestimmen (näher Staudinger/Bienwald [2017] § 1897 Rn 35 ff; Erman/Roth § 1897 Rn 14).

§ 1782
Ausschluss durch die Eltern

(1) Zum Vormund soll nicht bestellt werden, wer durch Anordnung der Eltern des Mündels von der Vormundschaft ausgeschlossen ist. Haben die Eltern einander widersprechende Anordnungen getroffen, so gilt die Anordnung des zuletzt verstorbenen Elternteils.

(2) Auf die Ausschließung ist die Vorschrift des § 1777 anzuwenden.

Materialien: E I §§ 1640 Nr 5, 1646 Abs 2; II § 1663; III § 1758; Mot IV 1068, 1081; Prot IV 751. Neugefasst durch GleichberG v 18. 6. 1957 (BGBl I 609) Art 1 Nr 31; wiederum neugefasst durch Bekanntmachung v 2. 1. 2002 (BGBl I 42).

Schrifttum

Ott, Vormundbenennung durch letztwillige Verfügung, BWNotZ 2014, 138.

Systematische Übersicht

I. Historie

1 In Übereinstimmung mit vielen früheren Rechtsordnungen gibt das BGB den Eltern das Recht, nicht nur einen Vormund für das Kind zu benennen, sondern auch bestimmte Personen von der Vormundschaft auszuschließen. Es gab aber bei sich widersprechenden Anordnungen des Vaters und der Mutter der des Vaters den Vorzug (Mot IV 1068 f). In seiner ursprünglichen Fassung bestimmte § 1782 Abs 1 BGB:

> *„Zum Vormunde soll nicht bestellt werden, wer durch Anordnung des Vaters oder der ehelichen Mutter des Mündels von der Vormundschaft ausgeschlossen ist. Die Mutter kann den von dem Vater Benannten nicht ausschließen."*

Als Vater galt nur der eheliche Vater, dem der Vater eines durch nachfolgende Ehe oder Ehelichkeitserklärung legitimierten oder aus einer nichtigen Ehe stammenden Kindes sowie der nach §§ 1741 ff BGB Annehmende gleichstanden. Der ehelichen Mutter stand die Mutter eines durch nachfolgende Ehe legitimierten oder eines aus einer nichtigen Ehe stammenden Kindes sowie eine Frau, die das Kind an Kindes Statt angenommen hatte, oder die Mutter eines Kindes, das vom Vater angenommen worden war, gleich (§ 1589 Abs 2 BGB aF, frühere §§ 1719 u 1736, § 1757 BGB aF, früherer § 25 EheG). Eine derartige Anordnung war, weil § 1782 Abs 2 BGB aF auf den früheren § 1777 BGB verwies, nur wirksam, wenn dem Vater oder der Mutter zur Zeit ihres Todes die elterliche Gewalt über das Kind zustand und ihre Vertretungsbefugnis weder in persönlichen noch in Vermögensangelegenheiten ausgeschlossen war. Hatte der Vater nach § 1776 Abs 1 Nr 1 BGB aF einen Vormund benannt, die Mutter aber diese Person nach § 1782 BGB aF von der Vormundschaft ausgeschlossen, so war diese Ausschließung unwirksam (Mot IV 1069; Prot IV 751). Der Vater konnte auch die Mutter selbst von der Vormundschaft ausschließen; von praktischer Bedeutung war dies für den Fall, dass nach dem Tod des Vaters die elterliche Gewalt der Mutter nicht zustand oder ihre Vertretungsbefugnis in persönlichen und in Vermögensangelegenheiten ausgeschlossen war (Mot IV 1069). Zudem konnte die Mutter, wenn sie vor dem Vater starb, niemanden ausschließen; denn dann stand ihr – abgesehen von Ausnahmefällen – zur Zeit ihres Todes weder die elterliche Gewalt noch das Recht zur Vertretung des Kindes zu (§§ 1782 Abs 2, 1777 Abs 1 BGB aF).

2 Diese Schlechterstellung der Mutter widersprach dem Grundsatz der Gleichberechtigung; sie entfiel am 1. April 1953 (Art 3 Abs 2, 117 Abs 1 GG). Seit diesem Zeitpunkt hatten Vater und Mutter gemeinsam die elterliche Gewalt; sie waren gemeinsam zur Vertretung des Kindes berechtigt (s Staudinger/Peschel-Gutzeit [2015] § 1629 Rn 2 ff). Die Mutter konnte also in gleicher Weise wie der Vater bestimmte Personen von der Vormundschaft ausschließen. Hatte ein Elternteil den vom anderen Elternteil Benannten ausgeschlossen, so hatte das Vormundschaftsgericht den Vormund nach § 1779 BGB auszuwählen; es sollte dabei aber denjenigen, den der Vater oder die Mutter ausgeschlossen hatte, nicht berücksichtigen.

3 Der durch das **GleichberG** (BGBl I 1957, 609) neugefasste § 1782 Abs 1 BGB stellt die Mutter insoweit dem Vater gleich, als jetzt auch sie befugt ist, einen vom Vater als Vormund Benannten auszuschließen. S 2 trifft eine – die Gleichberechtigung der Geschlechter beachtende – Regelung für den Fall einander widersprechender Anordnungen der Eltern; benennt ein Elternteil einen Vormund, schließt diesen aber

der andere Elternteil aus, dann gilt die Anordnung des zuletzt verstorbenen Elternteils (BT-Drucks II/224, 66).

II. Das Ausschließungsrecht

1. Die Berechtigung zur Ausschließung

4 Die Eltern können nicht nur bestimmen, wer als Vormund ihrer minderjährigen Kinder berufen ist (§ 1776 Abs 1 BGB), sondern auch bestimmte Personen von der Vormundschaft ausschließen (§ 1782 Abs 1 S 1 BGB). Vater und Mutter sind einander gleichgestellt. Nach § 1782 Abs 2 iVm § 1777 Abs 1 BGB ist jedoch auch für das Ausschließungsrecht vorausgesetzt, dass dem Elternteil, welcher es ausübt, zur Zeit seines Todes die **Sorge für die Person und das Vermögen des Kindes** zusteht. Dabei ist nicht entscheidend, ob das Sorgerecht dem Elternteil, der die Ausschließung anordnet, allein oder im Zeitpunkt der Anordnung ganz oder zum Teil auch dem anderen Elternteil zustand. Die Anordnung ist auch dann wirksam, wenn der Elternteil in dem Zeitpunkt, in dem er sie getroffen hat, nicht Inhaber des vollen Sorgerechts war (etwa weil es nach Scheidung der Elternehe dem anderen Elternteil übertragen wurde), es aber später bis zu seinem Tod innehatte.

5 Eine Ausschließung ist **nicht wirksam**, wenn dem Elternteil, der sie angeordnet hat, zur Zeit seines Todes nur die Sorge für die Person oder nur die Sorge für das Vermögen des Kindes zustand. Das Ausschließungsrecht besteht auch dann nicht, wenn ein Elternteil lediglich das tatsächliche Sorgerecht, nicht aber auch das Recht zur gesetzlichen Vertretung sowohl in persönlichen wie in Vermögensangelegenheiten hat (anders noch Staudinger/Engler[10/11] Rn 6; s dazu § 1777 Rn 7). Das Ausschließungsrecht steht dem Vater oder der Mutter also dann nicht zu, wenn ihm oder ihr im Zeitpunkt des Todes die Personensorge oder die Vermögenssorge oder die Vertretung in persönlichen oder Vermögensangelegenheiten nach § 1666 BGB entzogen war oder die elterliche Sorge im Zeitpunkt des Todes des Elternteils ruhte (§ 1673 BGB).

6 Leben Eltern, denen die elterliche Sorge gemeinsam zustand, **nicht nur vorübergehend getrennt**, so ändert dies nichts an der gemeinsamen Sorge und daran, dass jeder ein Ausschlussrecht hat, solange nicht im Zeitpunkt des Todes des Ausschließenden eine Entscheidung nach § 1671 Abs 1 BGB vorliegt. Wurde dagegen die elterliche Sorge einem Elternteil nach § 1671 Abs 1 BGB allein übertragen, so ist nur die von diesem ausgesprochene Ausschließung wirksam, wenn er noch im Zeitpunkt seines Todes allein sorgeberechtigt war. Ist dagegen einem Elternteil die gesamte Personensorge, dem anderen die gesamte Vermögenssorge gerichtlich übertragen worden, so kann keiner von ihnen wirksam einen Vormund ausschließen, es sei denn, es ergeht vor dem Tod noch eine Änderungsentscheidung nach § 1696 BGB (s näher § 1777 Rn 12).

7 Die Befugnis zur Ausschließung einer Person als Vormund wird dagegen nicht beeinträchtigt, wenn dem Elternteil die Sorge für die Person oder das Vermögen des Kindes **nur in einzelnen Beziehungen** nicht zustand (s § 1777 Rn 9). Wird also etwa einem Elternteil nach § 1671 Abs 1 BGB die gesamte Personensorge und ein Teil der Vermögenssorge (oder umgekehrt), dem anderen Elternteil dagegen nur der

noch fehlende Teil der elterlichen Sorge übertragen, so steht dem erstgenannten Elternteil das Ausschlussrecht deshalb zu, weil er die Sorge für die Person und das Vermögen innehat und Beschränkungen in nur einzelnen Teilen nicht schaden.

Sind die Kindeseltern **nicht miteinander verheiratet**, so steht ihnen nur unter bestimmten Voraussetzungen die gemeinsame Sorge und damit beiden ein Ausschlussrecht zu (§ 1777 Rn 11). Fehlt es hieran, so hat die Kindesmutter das Sorgerecht (§ 1626a Abs 3 BGB) und damit auch das Ausschlussrecht allein inne, es sei denn, sie ist minderjährig (§ 1673 Abs 2 S 1, 2 BGB). Etwas anderes gilt allerdings, wenn das Familiengericht nach Getrenntleben der Kindeseltern dem Kindesvater nach § 1671 Abs 2 BGB die Alleinsorge zugewiesen hat und bis zu seinem Tod keine Änderungsentscheidung nach § 1696 BGB ergeht; hat das Familiengericht bis zu diesem Zeitpunkt eine Änderungsentscheidung nach §§ 1696 Abs 1, 1626a Abs 1 Nr 3, Abs 2 BGB erlassen, mit der wiederum die gemeinsame Sorge begründet wird, so erhält die Kindesmutter neben dem Kindesvater wieder ein Ausschlussrecht. 8

Der **Vater** kann eine Anordnung gemäß § 1782 Abs 1 S 1 BGB für ein **Kind, das erst nach seinem Tod geboren wird**, unter der Voraussetzung treffen, dass er dazu berechtigt gewesen wäre (also die elterliche Sorge innegehabt hätte), wenn das Kind vor seinem Tod geboren worden wäre (§ 1782 Abs 2 iVm § 1777 Abs 2 BGB). 9

2. Inhalt und Form einer Anordnung über die Ausschließung

a) Inhalt der Anordnung

Eine Anordnung nach § 1782 Abs 1 S 1 BGB muss sich auf eine **bestimmte Person** beziehen; doch braucht diese nicht namentlich bezeichnet zu sein, wenn die Auslegung eindeutig ergibt, wen der Vater oder die Mutter von der Vormundschaft ausschließen wollte (BayObLGZ 1961, 189, 192 = NJW 1961, 1865 = MDR 1961, 943; vgl § 2084 BGB). Es können auch mehrere Personen ausgeschlossen werden; teilweise wird es jedoch als nicht zulässig erachtet, „ganze Personenklassen" auszuschließen (zB sämtliche Verwandte des anderen Elternteils, alle Angehörigen einer bestimmten Religion, bestimmter Berufe usw, so Staudinger/Engler[10/11] Rn 5 im Anschluss an Mot IV 1069; ähnlich Gernhuber/Coester-Waltjen § 70 Rn 32 Fn 35; BGB-RGRK/Dickescheid Rn 3; Soergel/Zimmermann Rn 2). Diese enge Begrenzung ist allerdings nicht ganz einzusehen, da kein Motiv für den Ausschluss angegeben werden muss. Man wird deshalb die Bezeichnung mehrerer ausgeschlossener Personen durch einen Sammelbegriff als wirksam ansehen können, wenn anzunehmen ist, dass der Verfügende eine abgegrenzte Gruppe von Personen meint (ähnlich NK-BGB/Fritsche Rn 4 und BeckOGK/Hoffmann [1. 12. 2019] Rn 13, die zu Recht auf die Bestimmbarkeit abstellen), was etwa der Fall ist, wenn er die eigenen Verwandten oder die Verwandten des anderen Ehegatten nennt (MünchKomm/Spickhoff Rn 3; Palandt/Götz Rn 1; Erman/Schulte-Bunert Rn 2). Keinesfalls zulässig ist dagegen die Ausschließung von Personen, die der Verfügende nur mit einem bestimmten Merkmal von anderen abgrenzt, aber nicht weiter bestimmt. 10

Schließt ein Elternteil in der Anordnung **den anderen Elternteil** aus, so kann diese Anordnung vormundschaftsrechtlich erst eine Rolle spielen, wenn es überhaupt zur Anordnung einer Vormundschaft kommt. Bei gemeinsamer Sorge der Eltern steht aber schon kraft Gesetzes (§ 1680 Abs 1 BGB) dem überlebenden Elternteil das 11

Sorgerecht zu mit der Folge, dass es an den Voraussetzungen für die Vormundschaft (s § 1773 Abs 1 BGB) fehlt. Steht dem anordnenden Elternteil die elterliche Sorge allein zu, so muss das Gericht von Amts wegen vorrangig prüfen, ob eine Übertragung der elterlichen Sorge auf den anderen Ehegatten in Betracht kommt (§ 1680 Abs 2 BGB). Bejahendenfalls kommt auch in diesem Fall keine Vormundschaft in Betracht. Somit ist es nicht möglich, durch Ausschluss gem § 1782 BGB gänzlich zu verhindern, dass der überlebende Ehegatte Sorgeberechtigter werden kann (Ott BWNotZ 2014, 138, 143; s auch § 1776 Rn 16 mwNw).

12 Das **Jugendamt** kann nach der ausdrücklichen Bestimmung des § 1791b Abs 1 S 2 BGB nicht als Vormund ausgeschlossen werden, wohl aber ein **Verein** (MünchKomm/Spickhoff Rn 4; Erman/Schulte-Bunert Rn 2; Soergel/Zimmermann Rn 3); unbeachtlich wäre dagegen die generelle Ausschließung der Vereinsvormundschaft (BGB-RGRK/Dickescheid Rn 6).

b) Form der Anordnung

13 Die Ausschließung kann nur durch **letztwillige Verfügung** wirksam angeordnet werden (§ 1782 Abs 2 iVm § 1777 Abs 3 BGB), also durch Testament (§ 1937 BGB) oder einseitige Verfügung in einem Erbvertrag (§ 2269 BGB).

14 Die **Angabe des Grundes der Ausschließung** ist zur Wirksamkeit der Anordnung nicht erforderlich. Diese kann nicht mit der Begründung in Zweifel gezogen werden, sie sei nur aus Gehässigkeit oder aus einem anderen zu missbilligenden Grund erfolgt. Hat der Verfügende einen Grund genannt, so ist die Anordnung nicht deswegen unwirksam oder unbeachtlich, weil der angeführte Sachverhalt nicht zutrifft (MünchKomm/Spickhoff Rn 3; BGB-RGRK/Dickescheid Rn 4; Soergel/Zimmermann Rn 2; **aA** – für Korrektur der Erklärung im Auslegungsweg – Erman/Holzhauer[11] Rn 4). Der zur Abhilfe vorgeschlagene Weg, den angegebenen Grund als – nicht eingetretene – Bedingung der angeordneten Ausschließung aufzufassen (MünchKomm/Spickhoff Rn 3; BGB-RGRK/Dickescheid Rn 4), wird nur ausnahmsweise gangbar sein.

15 Der Vorschlag, bei Nennung eines unzutreffenden Grundes zu prüfen, ob bei Kenntnis der wahren Sachlage die Ausschließung gleichfalls erfolgt wäre (Palandt/Diederichsen[56] Rn 2), greift unzulässig in die – auch nicht durch ein Willkürverbot beschränkte – Anordnungsbefugnis der Eltern ein. Auch die entsprechende Anwendung der Vorschriften über die Anfechtung einer letztwilligen Verfügung (§§ 2078 ff BGB) ist abzulehnen (Bedenken dagegen hat auch BGB-RGRK/Dickescheid Rn 4 aE).

3. Widersprechende Anordnungen der Eltern (Abs 1 S 2)

16 § 1782 Abs 1 S 2 BGB entspricht der Vorschrift des § 1776 Abs 2 BGB, wonach die **Benennung durch den zuletzt verstorbenen Elternteil** gilt, wenn der Vater und die Mutter verschiedene Personen als Vormund benannt haben. Einander widersprechende Anordnungen, wie sie Abs 1 S 2 fordert, liegen allerdings dann **nicht** vor, wenn die Elternteile unterschiedliche Personen ausschließen. In einem solchen Fall ist § 1782 Abs 1 S 2 BGB nicht anzuwenden; das Familiengericht hat vielmehr dann – wenn beide Eltern die Anordnung in gehöriger Form getroffen haben – beide zu beachten.

Einander widersprechende Anordnungen liegen dagegen vor, wenn ein Elternteil eine bestimmte Person ausschließt, die der andere als Vormund benannt hat, wenn der eine eine bestimmte Person ausschließt und der andere dieser Ausschließung entgegentritt (sodass, wenn diese Erklärung maßgebend ist, die Ausschließung bei der vom Familiengericht nach § 1779 BGB vorzunehmenden Auswahl nicht zu beachten ist) oder wenn der eine Elternteil eine bestimmte Gruppe von Personen ausschließt und der andere eine Person aus dieser Gruppe als Vormund benennt; auch bei der Ausschließung einer Person unter bestimmten Bedingungen kann ein Widerspruch zwischen den von den Eltern getroffenen Anordnungen vorliegen (MünchKomm/Spickhoff Rn 9). In allen Fällen ist die Anordnung des zuletzt verstorbenen Elternteils dann maßgebend, wenn ihm zur Zeit seines Todes die Sorge für die Person und das Vermögen des Kindes zustand (s oben Rn 4). Es kommt nicht darauf an, welche der einander widersprechenden Anordnungen als erste oder letzte getroffen wurde. 17

III. Die Entscheidung des Familiengerichts

1. Bindung an den Willen der Eltern

Die von einem Berechtigten (§ 1782 Abs 2 iVm § 1777 Abs 1, 2 BGB) in gehöriger Form (§ 1782 Abs 2 iVm § 1777 Abs 3 BGB) getroffene, im Falle des Vorliegens widersprechender Anordnungen nach § 1782 Abs 1 S 2 BGB maßgebende Anordnung des Vaters oder der Mutter ist für das Familiengericht grundsätzlich bindend. Eine Ausnahme wird allerdings dann anzunehmen sein, wenn die Nichtbestellung des Ausgeschlossenen das Wohl des Kindes gefährden würde, das Mündelwohl die Bestellung des Ausgeschlossenen also verlangt (BayObLGZ 1961, 189 = NJW 1961, 1865 = MDR 1961, 943; Dölle § 119 III 7; Soergel/Zimmermann Rn 2; BGB-RGRK/Dickescheid Rn 4; Gernhuber/Coester-Waltjen § 70 Rn 34; Erman/Schulte-Bunert Rn 3; **aA** Staudinger/Engler [2004] Rn 15; NK-BGB/Fritsche Rn 7; BeckOGK/Hoffmann [1. 12. 2019] Rn 24). Dies ergibt sich bereits aus § 1778 Abs 1 Nr 4 BGB, der auf das Ausschließungsrecht als Gegenstück zum elterlichen Benennungsrecht entsprechend anwendbar ist (Erman/Schulte-Bunert Rn 3). Nicht nur in der Bestellung eines Benannten, sondern auch in dem Außerachtlassen eines Ausgeschlossenen kann eine **Gefährdung des Mündelinteresses** liegen. Zwar liegt eine solche Gefährdung noch nicht in jedem Fall dann vor, wenn der Ausgeschlossene andere zum Vormund geeignete Personen an Eignung übertrifft (MünchKomm/Spickhoff Rn 8); etwas anderes wird man aber dann annehmen müssen, wenn die Nichtbestellung des Ausgeschlossenen zu einer Kindeswohlgefährdung führen würde (Fall einer sekundären Kindeswohlgefährdung; dazu BeckOK/Veit [1. 11. 2019] § 1666 Rn 28). Dies kann uU dann vorliegen, wenn gerade der Ausgeschlossene eine enge Bindung zum Mündel entwickelt hat (Gernhuber/Coester-Waltjen § 70 Rn 34) und auch der Mündel sich für den Ausgeschlossenen ausgesprochen hat (s auch nachfolgende Rn). Bei der Entscheidung, ob eine Gefährdung des Mündelwohls vorliegt, wird weiter zu berücksichtigen sein, ob außer der ausgeschlossenen Person noch eine andere zum Vormund geeignete Einzelperson vorhanden ist oder ob bei strikter Beachtung des Elternwillens eine Berufsvormundschaft oder gar eine Vereins- bzw Amtsvormundschaft erforderlich würde. Allerdings wird bei jeder kritischen Überprüfung des formulierten Elternwillens am Maßstab des Mündelwohls zu bedenken sein, dass dieser, soweit keine besonderen Anhaltspunkte vorliegen, Ausdruck der Sorge um das Kind ist, weil grundsätzlich die Interessen des Kindes am besten von den leiblichen Eltern wahrgenommen 18 werden (BVerfG FamRZ 1989, 31, 33; BVerfG FamRZ 2006, 1593, 1594; BVerfG FamRZ 2010, 713).

19 Eine weitere Ausnahme von der Bindung des Familiengerichts an den Elternwillen wird man annehmen müssen, **wenn** der schon 14 Jahre alte, nicht geschäftsunfähige **Mündel** der vom Vater oder der Mutter wirksam angeordneten Ausschließung einer bestimmten Person als Vormund **widerspricht**; in einem solchen Fall ist § 1778 Abs 1 Nr 5 BGB analog anzuwenden (BGB-RGRK/Dickescheid Rn 5 aE; Erman/Schulte-Bunert Rn 3 aE; MünchKomm/Spickhoff Rn 8). Die Beachtung des Mündelwillens ist nicht nur hinsichtlich der Benennung, sondern auch des Ausschlusses relevant. Die Bestellung eines Vormunds, den der Mündel ablehnt, wäre sicherlich dem Mündelwohl abträglich und würde eine erfolgreiche Tätigkeit des Vormunds in Frage stellen. Wird umgekehrt eine von den Eltern abgelehnte Person nicht zum Vormund bestellt, obwohl der Mündel es wünscht, so kann allein schon das Übergehen des Mündelwillens der Tätigkeit des dann ausgewählten Vormunds abträglich sein; in dem Übergehen des Mündelwillens liegt jedenfalls bereits eine unmittelbare Beeinträchtigung des Mündelwohls (zum Verhältnis von Kindeswohl und Kindeswille allg BeckOK/Veit [1. 11. 2019] § 1671 Rn 59; § 1684 Rn 37; **aA** Staudinger/Engler [2004] Rn 16). Etwas anderes kann nur gelten, wenn der Kindeswille nicht beachtlich ist, wie etwa in dem Fall, dass sich das Kind für eine Person ausspricht, deren schädlichen Einfluss auf das Kind die Eltern durch Ausschließung von der Vormundschaft gerade verhindern wollten (so zu Recht Staudinger/Engler [2004] Rn 16).

2. Bestellung einer wirksam ausgeschlossenen Person zum Vormund

20 Ist eine vom Vater oder der Mutter wirksam ausgeschlossene Person zum Vormund bestellt worden, so verletzt diese Abweichung von der Vorschrift des § 1782 Abs 1 S 1 BGB das Gesetz; sie macht die Bestellung des Vormunds aber nicht nichtig, sodass der Bestellte alle Rechte und Pflichten eines Vormunds hat (vgl § 1781 Rn 6). Auf die Beschwerde eines nach § 59 FamFG dazu Berechtigten (näher dazu NK-BGB/Fritsche Rn 8) ist der Vormund zu entlassen, ohne dass es der in § 1886 BGB vorgesehenen zusätzlichen Feststellung bedarf, dass die Fortführung des Amtes das Interesse des Mündels gefährden würde (BayObLGZ 1961, 189 = NJW 1961, 1865 = MDR 1961, 943; Dölle § 119 III 7; Gernhuber/Coester-Waltjen § 73 Rn 7; Palandt/Götz Rn 1; Soergel/Zimmermann Rn 4; Erman/Schulte-Bunert Rn 4; MünchKomm/Spickhoff Rn 11; BGB-RGRK/Dickescheid Rn 8).

21 Ob das Familiengericht, wenn es den Fehler nachträglich erkennt, den Vormund auch **von Amts wegen entlassen** kann und muss, war schon unter der Geltung von § 18 FGG streitig (dafür: Gernhuber/Coester-Waltjen[5] § 73 Rn 7; dagegen: Dölle § 119 III 7; Soergel/Zimmermann Rn 4; BGB-RGRK/Dickescheid Rn 7); hieran hat sich auch seit Geltung des FamFG nichts geändert (dafür: Gernhuber/Coester-Waltjen § 73 Rn 7 aE; dagegen: NK-BGB/Fritsche Rn 8; diff MünchKomm/Spickhoff Rn 13). Gegen die Entlassung von Amts wegen wird auf das Interesse des Mündels an der Kontinuität des Sorgerechtsverhältnisses hingewiesen (MünchKomm/Spickhoff Rn 13) und aus dem Wortlaut des § 1886 BGB ein argumentum e contrario hergeleitet (Staudinger/Engler[10/11] Rn 11). Beide Argumente sind aber nicht zwingend. Die Fortführung des Amtes durch den entgegen dem Elternwillen bestellten Vormund kann für den Mündel nachteilig sein, wenn die Eltern gute Gründe gehabt hatten, gerade diese Person als

Vormund auszuschließen, sodass ein Wechsel in der Person des Vormunds eher vorteilhaft als schädlich erscheinen kann. Von den Tatbeständen des § 1781 BGB, bei deren Vorliegen der Vormund nach § 1886 BGB unabhängig von einer Gefährdung des Mündelinteresses zu entlassen ist, unterscheidet sich der Fall des § 1782 BGB schon dadurch, dass es sich hier um einen Grund handelt, der nicht nach der Bestellung des Vormunds eintreten kann, und dass hier eine Gefährdung des Mündelinteresses, wie sie typischerweise vorliegt, wenn für den Vormund ein Betreuer bestellt wird, nicht der Grund für die Ausschließung von der Vormundschaft ist. Deshalb kann aus dem Umstand, dass in § 1886 BGB als Voraussetzung der Entlassung die in § 1781 BGB aufgezählten Gründe genannt sind, nicht aber das Vorliegen einer Anordnung nach § 1782 BGB, **nicht** gefolgert werden, dass die Entlassung **nur bei Gefährdung des Mündelinteresses** zulässig sein sollte, wenn nachträglich erkannt wird, dass der bestellte Vormund durch wirksame Anordnung des Vaters oder der Mutter ausgeschlossen war (vgl § 1886 Rn 23). Eine amtswegige Überprüfung länger dauernder kindesschutzrechtlicher Maßnahmen sieht auch § 166 Abs 2 FamFG vor. Diese Vorschrift hat den verfahrensrechtlichen Gehalt von § 1696 BGB übernommen (BT-Drucks 16/6308, 242), der schon nach früherem Verfahrensrecht lex specialis zu § 18 FGG war (Keidel/Kuntze/Winkler/Schmidt[15] § 18 FGG Rn 44). Sieht man in der Auswahl eines Vormunds eine kindesschutzrechtliche Maßnahme iSv § 1696 Abs 2 BGB, so spricht auch diese Norm für die Entlassung eines gegen den Elternwillen bestellten Vormunds von Amts wegen (so Gernhuber/Coester-Waltjen § 73 Rn 7 aE). Letztlich entscheidend muss allerdings in jedem Einzelfall das Wohl des betroffenen Mündels sein (MünchKomm/Spickhoff Rn 13).

IV. Pflegschafts- und Betreuungsrecht

§ 1782 BGB findet auf die Pflegschaft nach § 1912 BGB Anwendung (§ 1915 Abs 1 BGB), nicht dagegen auf die Pflegschaft nach §§ 1911, 1913 und 1914 BGB, weil dort der Bezug zur elterlichen Sorge fehlt (Erman/Schulte-Bunert Rn 5; MünchKomm/Spickhoff Rn 14; diff Staudinger/Bienwald [2017] § 1916 Rn 6). Umstritten ist, ob und inwieweit die Vorschrift bei der Berufung eines Ergänzungspflegers gilt. Nach § 1916 BGB gelten die Vorschriften über die Berufung zur Vormundschaft nicht für die nach § 1909 BGB anzuordnende Pflegschaft. Da es allerdings bei der Vorschrift des § 1782 BGB nicht um die Berufung eines Ergänzungspflegers, sondern gerade um das Gegenteil geht, ist § 1916 BGB nach seinem Wortlaut nicht anwendbar mit der Folge, dass § 1782 BGB auch für die Ergänzungspflegschaft gilt (MünchKomm/Schwab § 1916 Rn 2; **aA** Erman/Schulte-Bunert Rn 5; BeckOGK/Hoffmann [1. 12. 2019] Rn 32; unklar Staudinger/Bienwald [2017] § 1916 Rn 7). 22

§ 1783
(weggefallen)

Aufgehoben durch das Reichsjugendwohlfahrtsgesetz vom 9. 7. 1922 § 48 Abs 1 S 1 (RGBl I 633).

§ 1784
Beamter oder Religionsdiener als Vormund

(1) Ein Beamter oder Religionsdiener, der nach den Landesgesetzen einer besonderen Erlaubnis zur Übernahme einer Vormundschaft bedarf, soll nicht ohne die vorgeschriebene Erlaubnis zum Vormund bestellt werden.

(2) Diese Erlaubnis darf nur versagt werden, wenn ein wichtiger dienstlicher Grund vorliegt.

Materialien: E I §§ 1642, 1646 Abs 2; II § 1665; III § 1750; Mot IV 1071; Prot IV 751. Abs 2 eingefügt durch RJWG v 9. 7. 1922 (RGBl I 633) § 48 Abs 1 S 2; neugefasst durch Bekanntmachung v 2. 1. 2002 (BGBl I 42).

Systematische Übersicht

I. Normzweck, Historie

1 § 1784 BGB regelt das **Erfordernis der dienstlichen Erlaubnis** zur Übernahme einer Vormundschaft durch einen Beamten oder Religionsdiener. Das BGB verbietet im öffentlichen Interesse die Bestellung eines Beamten oder Religionsdieners als Vormund, wenn die erforderliche Erlaubnis der vorgesetzten Behörde nicht vorliegt; dieser ist sozusagen bedingt untauglich als Vormund (Gernhuber/Coester-Waltjen § 70 Rn 34).

Ein Beamter hat kein Ablehnungsrecht, das er nach seinem Gutdünken ausüben könnte, wie es schon nach dem Reichsmilitärgesetz vom 2. 5. 1874 den Militärpersonen des Landheeres zustand und wie es nach geltendem Recht (§ 21 SG) einem Soldaten zusteht. Dem öffentlichen Interesse an der Erfüllung der dienstlichen Pflichten dient am besten eine Regelung, bei der in jedem Einzelfall geprüft werden kann, ob die speziellen dienstlichen Pflichten eines Bediensteten durch die Übernahme einer Vormundschaft beeinträchtigt werden können. Um zu vermeiden, dass die Freistellung von der Pflicht zur Übernahme der Vormundschaft (§ 1785 BGB) überhandnimmt, bestimmt der durch das Reichsjugendwohlfahrtsgesetz vom 9. 7. 1922 (RGBl I 633) eingefügte Abs 2, dass die Erlaubnis nur versagt werden darf, wenn ein wichtiger dienstlicher Grund vorliegt. Diese Bestimmung hat allerdings nur geringe praktische Bedeutung, da die das Dienstrecht regelnden Gesetze des

Bundes und der Länder meist gleiche oder ähnliche Vorschriften enthalten (näher unten Rn 5 ff).

Schon in den Motiven zum BGB wird darauf hingewiesen, dass die **Übernahme von Vormundschaften eine allgemeine Staatsbürgerpflicht** ist, die möglichst gleich verteilt werden muss, und dass Ausnahmen, die als Privilegien angesehen werden könnten, nur insoweit anzuerkennen sind, als sie durch das öffentliche Interesse geboten sind; dieses könne dagegen sprechen, dass bestimmte Gruppen von Personen durch Heranziehung zum Dienst als Vormund ihrem sonstigen, dem staatlichen Interesse dienenden Beruf entzogen würden (Mot IV 1071). Da der zum traditionellen Alimentationsprinzip gehörende Grundsatz, dass ein Beamter seinem Dienstherrn seine volle Arbeitskraft zu widmen hat, durch Verkürzung der Arbeitszeit und durch die in manchen Bereichen verbreitete Nebentätigkeit an Bedeutung verloren hat, ist es nicht ganz leicht, eine Regelung zu rechtfertigen, bei der die in § 1784 BGB genannten Personen hinsichtlich ihrer Verpflichtung zur Übernahme einer Vormundschaft (§ 1785 BGB) generell anders behandelt werden als andere Berufstätige. Nur eine Praxis, bei der das Gebot des Abs 2 ernst genommen wird, kann vor dem allgemeinen Gleichheitssatz des Art 3 Abs 1 GG bestehen. 2

II. Die Personengruppen des § 1784 Abs 1

1. Beamte

Der in § 1784 BGB verwendete Begriff des Beamten ist im beamten- oder staatsrechtlichen Sinn zu verstehen; er deckt sich nicht mit dem strafrechtlichen Begriff des Amtsträgers (§§ 11 Abs 1 Nr 2, 331 ff StGB) und dem haftungsrechtlichen Beamtenbegriff (§ 839 BGB iVm Art 34 GG). Die Notwendigkeit der Beschränkung des Kreises der von der Pflicht zur Übernahme einer Vormundschaft ausgenommenen Personen (§ 1785 BGB, s dazu oben Rn 1) gebietet einen **engen Beamtenbegriff**, der nur die formell ernannten Beamten umfasst, also nicht auch Angestellte und Arbeiter des öffentlichen Dienstes einschließt (BGB-RGRK/Dickescheid Rn 2; MünchKomm/Spickhoff Rn 2; Erman/Schulte-Bunert Rn 1; BeckOK/Bettin [1. 11. 2019] Rn 2; **aA** BeckOGK/Hoffmann [1. 12. 2019] Rn 7; jurisPK-BGB/Hamdan Rn 4; Soergel/Zimmermann Rn 2). Der Vorschlag, darauf abzustellen, in welchen Fällen im öffentlichen Dienstrecht ein entsprechender Erlaubnisvorbehalt besteht (so noch MünchKomm/Wagenitz[6] Rn 2 mit Fn 2 mwNw), erscheint bedenklich, weil bei einem solchen methodischen Vorgehen, sofern keine Abgrenzung nach formalen Gesichtspunkten stattfindet, die Ungleichbehandlung derartiger öffentlich-rechtlicher Dienstverhältnisse und privater Dienstverhältnisse, die gleichfalls ein Nebentätigkeitsverbot mit Erlaubnisvorbehalt vorsehen, schwerlich gerechtfertigt werden könnte (so auch MünchKomm/Spickhoff Rn 2). 3

Obwohl § 1784 Abs 1 BGB nur von Beamten spricht, die nach den Landesgesetzen einer besonderen Erlaubnis zur Übernahme einer Vormundschaft bedürfen (s dazu Mot IV 1073 über das Schweigen des BGB zu Reichsbeamten und Militärpersonen), besteht heute Einigkeit darüber, dass die Vorschrift **alle Beamten und Richter** des Bundes und der Länder sowie die Beamten der kommunalen Körperschaften und anderer Körperschaften, Stiftungen und Anstalten des öffentlichen Rechts umfasst, die nach Bundes- oder Landesrecht nur mit Erlaubnis ihrer vorgesetzten 4

Dienstbehörde eine Vormundschaft übernehmen dürfen (MünchKomm/Spickhoff Rn 2, 3; BGB-RGRK/Dickescheid Rn 1, 2; Erman/Schulte-Bunert Rn 2; Soergel/Zimmermann Rn 2 f; Gernhuber/Coester-Waltjen § 70 Rn 33).

5 Nach § 99 BBG bedürfen Beamtinnen und Beamte des Bundes zur Ausübung bestimmter entgeltlicher und unentgeltlicher Nebentätigkeiten der vorherigen Genehmigung. Als Nebentätigkeit gilt nach § 97 Abs 4 BBG nicht die Wahrnehmung einer unentgeltlichen Vormundschaft, Betreuung oder Pflegschaft. Diese Regelung, die mit dem Dienstrechtsneuordnungsgesetz (BGBl I 2009, 160) an die Stelle von § 65 Abs 1 S 2 BBG sowie eines Teils von § 66 Abs 1 Nr 1a BBG getreten ist (BT-Drucks 16/7076, 123), lässt die Anzeigepflicht für eine unentgeltliche Vormundschaft, Betreuung oder Pflegschaft eines oder einer Angehörigen, die bis zum 11. 2. 2009 bestand, ebenso entfallen wie die Genehmigungspflicht für die Übernahme einer unentgeltlichen Vormundschaft, Betreuung oder Pflegschaft von Personen außerhalb des Angehörigenkreises. Gleiches gilt für Richter im Bundesdienst (s § 46 DRiG).

6 § 40 BeamtStG (BGBl I 2008, 1010), welcher für Beamtinnen und Beamte der Länder, Gemeinden und Gemeindeverbände sowie die der sonstigen Aufsicht eines Landes unterstehenden Körperschaften, Anstalten und Stiftungen des öffentlichen Rechts gilt (§ 1 BeamtStG), bestimmt, dass eine Nebentätigkeit grundsätzlich anzeigepflichtig ist, sie aber unter Erlaubnis- oder Verbotsvorbehalt zu stellen ist, soweit sie geeignet ist, dienstliche Interessen zu beeinträchtigen. Die Länder haben von diesem Vorbehalt in unterschiedlicher Weise Gebrauch gemacht: So wurde die Vormundschaft, Betreuung oder Pflegschaft für Angehörige zum Teil nicht als Nebentätigkeit eingestuft (zB § 60 Abs 4 S 1 LBG Berlin; § 70 Abs 4 S 1 BremBG); andere Länder halten die Übernahme einer solchen Vormundschaft, Pflegschaft oder Betreuung zumindest für anzeigepflichtig (zB § 60 Abs 2 S 2 LBG BW; Art 81 Abs 2 S 2 BayBG), Nordrhein-Westfalen sogar für genehmigungspflichtig (§ 49 Abs 1 Nr 1 LBG NRW). Die Übernahme der Vormundschaft, Betreuung oder Pflegschaft für eine Person außerhalb des Angehörigenkreises wird als Nebentätigkeit im Sinne der Beamtengesetze angesehen und unterliegt in einzelnen Ländern der Anzeigepflicht (zB § 72 Abs 1 Nr 4 Buchst b HmbBG; § 72 Abs 1 Nr 4 Buchst b NBG; § 86 Abs 1, 3 SBG), in anderen einer Genehmigungspflicht (zB § 79 Abs 1 S 1 Nr 1 HBG; Art 82 Abs 1 S 1 Nr 2 Buchst a BayBG).

7 Nach § 21 S 1 SG bedarf auch ein **Soldat** (§ 1 SG) zur Übernahme des Amtes eines Vormunds der Genehmigung seines Disziplinarvorgesetzten; diese ist ihm zu erteilen, wenn nicht zwingende dienstliche Gründe entgegenstehen (§ 21 S 2 SG); er hat aber, auch wenn ihm die Genehmigung erteilt wird, ein selbständiges Recht, die Übernahme des Amtes abzulehnen (§ 21 S 3 SG; s dazu auch BGB-RGRK/Dickescheid Rn 3). Einer Genehmigung nach § 21 S 1 SG bedarf der Soldat allerdings nicht bei einer unentgeltlichen Vormundschaft eines Angehörigen; die Übernahme dieser Tätigkeit hat er seinem Disziplinarvorgesetzten nur anzuzeigen (§ 21 S 4 SG).

2. Religionsdiener

8 Wer als Religionsdiener anzusehen ist, bestimmt sich nach den Rechtsordnungen der Religionsgemeinschaften (Art 140 GG iVm Art 137 WRV; Überblick über die Regeln der evangelischen und katholischen Kirche zum Erlaubnisvorbehalt zur Übernahme einer Vormund-

schaft Erman/Schulte-Bunert Rn 3). Die Vorschrift gilt für Angehörige aller Religionsgesellschaften, auf die sich Art 137 WRV bezieht; sie beschränkt sich nicht auf Geistliche im engeren Sinn und Ordensleute, sondern erfasst auch andere Personen, die sich im Rahmen der maßgebenden Ordnungen mit Glaubens- und Weltanschauungsfragen befassen, nicht dagegen auch Personen, die als Laien – sei es hauptberuflich oder ehren- oder nebenamtlich – Hilfsdienste leisten, wie zB Mesner, Gemeindehelfer, auch Diakone (s dazu BGB-RGRK/Dickescheid Rn 4; MünchKomm/Spickhoff Rn 4; Erman/Schulte-Bunert Rn 3).

3. Amts- und Vereinsvormundschaft

Auf die Fälle der Amtsvormundschaft und der Vereinsvormundschaft ist § 1784 BGB nicht anzuwenden, weil diese Vormundschaften nicht den Beamten des Jugendamts und den Mitgliedern des Vereins als Personen, sondern dem Jugendamt oder dem Verein übertragen werden. Wohl aber bedarf ein Beamter des Jugendamts, dem eine Einzelvormundschaft übertragen werden soll, der Erlaubnis. 9

III. Versagung der Genehmigung (Abs 2)

Nach Abs 2 darf eine nach Abs 1 erforderliche Erlaubnis nur versagt werden, wenn ein wichtiger dienstlicher Grund vorliegt. Der Begriff des **wichtigen dienstlichen Grundes** wird durch das beamtenrechtliche Nebentätigkeitsrecht bestimmt. Durch die Regelungen über eine gebotene Versagung einer Nebentätigkeitsgenehmigung wird das Interesse des Dienstherrn und der Allgemeinheit an einer vollwertigen, nicht durch anderweitige Verausgabung der Arbeitskraft beeinträchtigte Dienstleistung des Beamten, nicht dagegen das Interesse des einzelnen Beamten geschützt (BVerwG NJW 1996, 139, 140). 10

Die beamtenrechtlichen Vorschriften enthalten eigene Regelungen dazu, aus welchen Gründen eine Genehmigung versagt wird. So ist etwa nach Art 81 Abs 3 S 1 BayBG eine Nebentätigkeitsgenehmigung zu versagen, wenn zu besorgen ist, dass durch die Nebentätigkeit dienstliche Interessen beeinträchtigt werden. Gegenüber diesem Versagungsgrund ist der bundesrechtliche enger; in diesem Fall wird vielfach mit Blick auf Art 31 GG dem § 1784 Abs 2 BGB Vorrang vor dem Landesrecht eingeräumt. Der Dienstherr darf also in diesen Fällen die Erlaubnis für eine Vormundschaft nur aus wichtigem Grund versagen (MünchKomm/Spickhoff Rn 5; Erman/Schulte-Bunert Rn 5; Gernhuber/Coester-Waltjen § 70 Rn 33). Bei abweichenden bundesrechtlichen Vorschriften gehen diese jedoch dem § 1784 Abs 2 BGB aufgrund von Spezialität vor (MünchKomm/Spickhoff Rn 5; BeckOGK/Hoffmann [1. 12. 2019] Rn 11; Erman/Schulte-Bunert Rn 5). 11

IV. Folgen des Fehlens der Erlaubnis

Das Familiengericht kann nur prüfen, ob nach den maßgebenden dienstrechtlichen Vorschriften die Erlaubnis zur Übernahme der Vormundschaft durch einen Beamten oder Religionsdiener erforderlich ist und ob, wenn dies zutrifft, die Erlaubnis vorliegt. Es kann dagegen die auf gesetzlicher Grundlage ergangene Entscheidung der zuständigen Behörde nicht auf ihre sachliche Richtigkeit überprüfen, insbeson- 12 dere nicht selbständig darüber befinden, ob ein wichtiger dienstlicher Grund für die Versagung der Erlaubnis gegeben ist.

13 Ein Beamter oder Religionsdiener, dem die erforderliche besondere Erlaubnis verweigert wird, kann, wenn er zum Vormund berufen ist, auch ohne seine Zustimmung übergangen werden (§ 1778 Abs 1 Nr 1 BGB) und ist, wenn er vom Familiengericht ausgewählt wird, zur Übernahme der Vormundschaft nicht verpflichtet (§ 1785 BGB). Solange noch nicht entschieden ist, ob die Erlaubnis erteilt oder verweigert wird, kann der vom Familiengericht ausgewählte Beamte oder Religionsdiener die Übernahme der Vormundschaft nicht ablehnen (Prot IV 751), er hat sich vielmehr um die Erteilung der Erlaubnis zu bemühen (BGB-RGRK/Dickescheid Rn 5; MünchKomm/Spickhoff Rn 8; **aA** Erman/Schulte-Bunert Rn 4). Bei Verletzung dieser Pflicht kommt eine Ersatzpflicht nach § 1787 BGB in Betracht (Erman/Schulte-Bunert Rn 4).

14 Wird der Beamte oder Religionsdiener entgegen der Sollvorschrift des § 1784 BGB zum Vormund bestellt (sei es, dass das Familiengericht das Erfordernis oder das Fehlen der Erlaubnis übersehen hat oder dass der Beamte in der Erwartung, die Erlaubnis werde erteilt werden, zum Vormund bestellt, die Erlaubnis dann aber versagt wird), so ist die **Bestellung wirksam** (vgl § 1781 Rn 6, § 1782 Rn 20, § 1888 Rn 4). Der Vormund ist aber nach § 1888 BGB **von Amts wegen zu entlassen**. Gleiches gilt, wenn die zunächst erteilte Erlaubnis widerrufen wird (s wegen der einzelnen Fälle, in denen der Beamte oder Religionsdiener wegen Fehlens einer erforderlichen dienstrechtlichen Erlaubnis entlassen werden muss, § 1888 Rn 4).

V. Gegenvormund, Pflegschafts- und Betreuungsrecht

15 Die Vorschrift findet auch Anwendung auf den Gegenvormund (gem § 1792 Abs 4 BGB), die Pflegschaft (gem § 1915 Abs 1 BGB) und die Betreuung (gem § 1908i Abs 1 S 1 BGB).

§ 1785
Übernahmepflicht

Jeder Deutsche hat die Vormundschaft, für die er von dem Familiengericht ausgewählt wird, zu übernehmen, sofern nicht seiner Bestellung zum Vormund einer der in den §§ 1780 bis 1784 bestimmten Gründe entgegensteht.

Materialien: E I § 1639 S 1; II § 1667 Abs 1; III § 1761; Mot IV 1062; Prot IV 750. Neugefasst durch Bekanntmachung v 2. 1. 2002 (BGBl I 42); geändert durch Art 50 Nr 34 nach Maßgabe von Art 111 FGG-RG v 17. 12. 2008 (BGBl I 2586) mit Wirkung v 1. 9. 2009.

Schrifttum

Simonson/Ziegelmann/Vogel/Tesch-Römer, Zentrale Ergebnisse des Deutschen Freiwilligensurveys 2014, in: Simonson/Vogel/Tesch-Römer (Hrsg), Freiwilliges Engagement in Deutschland (2017) 21.

Systematische Übersicht

I. Die Pflicht zur Übernahme einer Vormundschaft

Die Übernahme einer Vormundschaft ist für jeden, der vom Familiengericht dafür ausgewählt wird, eine **öffentlich-rechtliche Verpflichtung** (§ 1785 BGB), zu deren Erfüllung der zum Vormund Ausgewählte notfalls durch Zwangsgeld angehalten werden kann (§ 1788 BGB). Daneben begründet § 1787 BGB einen privatrechtlichen Anspruch des Mündels gegen den die Übernahme der Vormundschaft ohne Grund Ablehnenden auf Ersatz des Schadens, der dadurch entsteht, dass sich die Bestellung des Vormunds verzögert. Die Bestimmung des § 1785 BGB wurde für notwendig gehalten, weil die Erfahrung lehre, dass „auf die Bereitschaft zu einer freiwilligen Uebernahme keineswegs in allen Fällen mit Sicherheit gerechnet werden darf“ (Mot IV 1062 f) (zur Aktualität der Vorschrift unten Rn 12). Die Übernahme der Vormundschaft ist im BGB als eine **allgemeine Staatsbürgerpflicht** ausgestaltet (so auch KG RJA 14, 8, 9; BVerfGE 10, 302, 312; BVerwG NJW 1996, 139) und deshalb an die deutsche Staatsangehörigkeit geknüpft. 1

Zur Übernahme verpflichtet ist **jeder Deutsche iS des Art 116 GG**. Dass der als Vormund Ausgewählte neben der deutschen eine andere Staatsangehörigkeit besitzt, ändert nichts an seiner Pflicht, die Vormundschaft zu übernehmen. Auf die Staatsangehörigkeit des Mündels kommt es nicht an. 2

Die Verpflichtung zur Übernahme entsteht **mit der Bekanntmachung** der die Auswahl aussprechenden Verfügung an den Ausgewählten (§ 40 Abs 1 FamFG). Sie entfällt nicht dadurch, dass der Ausgewählte nachträglich, auch noch in der Zeit bis zu seiner Bestellung nach § 1789 BGB, die Eigenschaft als Deutscher verliert (MünchKomm/Spickhoff Rn 2; Soergel/Zimmermann Rn 2 aE; **aA** BGB-RGRK/Dickescheid Rn 2). 3

Die Pflicht zur Übernahme der Vormundschaft entsteht dadurch, dass das Familiengericht eine bestimmte Person als Vormund auswählt (§ 1779 Abs 1 BGB). Der Ausgewählte kann die Übernahme der Vormundschaft nicht mit der Begründung ablehnen, er sei dazu nicht entsprechend § 1779 Abs 2 S 1 BGB geeignet (KG RJA 13, 188 = KGJ 45, A 38; KG FamRZ 1963, 376; KG MDR 1967, 592; BayObLGZ 1968, 251, 255 = FamRZ 1968, 606, 607; LG Stade FamRZ 1965, 98; MünchKomm/Spickhoff Rn 9; BGB-RGRK/Dickescheid Rn 4; Soergel/Zimmermann § 1786 Rn 3). 4

II. Ausnahmen von der Übernahmepflicht

1. Fehlen der deutschen Staatsangehörigkeit

5 Ausländer und Staatenlose, also alle Personen, die nicht Deutsche iS des Art 116 GG sind, können zwar zum Vormund bestellt werden; sie sind aber nach § 1785 BGB nicht verpflichtet, die Vormundschaft, für die sie ausgewählt werden, zu übernehmen. Ein Ausländer kann auch dann nicht zur Übernahme der Vormundschaft angehalten werden, wenn der Mündel demselben ausländischen Staat wie er angehört. Ein Ausländer, der die Vormundschaft übernommen hat, obwohl er dazu nicht verpflichtet war, soll nach hM wegen seiner Eigenschaft als Ausländer weder seine **Entlassung** fordern noch vom Familiengericht von Amts wegen entlassen werden können (MünchKomm/Spickhoff Rn 2, 4; BGB-RGRK/Dickescheid Rn 3; Soergel/Zimmermann Rn 2 aE; BeckOK/Bettin [1. 11. 2019] Rn 2; diese stützen sich allesamt auf KG RJA 10, 99 = KGJ 37, A 63; des Weiteren so auch: Palandt/Götz Rn 2; BeckOGK/Hoffmann [1. 12. 2019] Rn 6; jurisPK-BGB/Hamdan Rn 4; NK-BGB/Fritsche Rn 2). Hiergegen verweist Engler darauf, dass es sich bei der Pflicht zur Übernahme einer Vormundschaft um eine allgemeine Staatsbürgerpflicht (s oben Rn 1) handele (Staudinger/Engler [2004] Rn 1, 5). Dabei wird allerdings übersehen, dass die deutsche Staatsangehörigkeit zwar eine Übernahmepflicht für die ausgewählte deutsche Person begründet, jedoch kein Auswahlkriterium im Rahmen von § 1779 BGB ist (NK-BGB/Fritsche Rn 2). Sie stellt deshalb auch keinen wichtigen Grund dar, der eine Entlassung auf eigenen Antrag des Ausländers nach § 1889 BGB rechtfertigen könnte. Eine Entlassung von Amts wegen scheidet ebenso aus, da das Gesetz an keiner Stelle die Ausländereigenschaft als Entlassungsgrund konzipiert hat (s MünchKomm/Spickhoff Rn 4).

2. Unfähigkeit oder Untauglichkeit für das Amt des Vormunds

6 Wer nach § 1780 BGB nicht zum Vormund bestellt werden kann oder nach §§ 1781, 1782, 1784 BGB nicht zum Vormund bestellt werden soll, ist nicht nach § 1785 BGB zur Übernahme einer Vormundschaft verpflichtet, falls er dafür trotz des Hinderungsgrundes vorgesehen werden sollte.

3. Wehrdienstverhältnis

7 Ein Soldat bedarf – wie ein Beamter oder Religionsdiener nach § 1784 BGB – zur Übernahme einer Vormundschaft der Erlaubnis seines Disziplinarvorgesetzten (§ 1784 Rn 7). Er darf aber, auch wenn ihm die Erlaubnis erteilt wird, die Übernahme ablehnen (§ 21 S 3 SG). Hat er die Vormundschaft trotz des Ablehnungsrechts übernommen, so kann er sich auf dieses Recht auch nachträglich berufen, um aus dem Amt des Vormunds entlassen zu werden (§ 1889 Rn 8).

4. Vorliegen eines Ablehnungsgrundes

8 § 1786 Abs 1 BGB zählt eine Reihe von Fällen auf, in denen eine Person, die nach § 1785 BGB zur Übernahme der Vormundschaft verpflichtet ist, diese ablehnen kann; nach § 1786 Abs 2 BGB erlischt aber das Ablehnungsrecht, wenn es nicht vor der Bestellung beim Familiengericht geltend gemacht wird.

5. Vereins-/Amtsvormundschaft

Ein rechtsfähiger Verein, der gemäß § 54 SGB VIII vom Landesjugendamt die Erlaubnis zur Übernahme von Pflegschaften, Vormundschaften und Beistandschaften erhalten hat, kann nach § 1791a BGB unter bestimmten Voraussetzungen zum Vormund bestellt werden; die Bestellung bedarf aber nach § 1791a Abs 1 S 2 HS 2 BGB der **Einwilligung des Vereins**. Für die Bestellung des Jugendamts zum Vormund (§ 1791b BGB) ist seine Einwilligung dagegen nicht vorausgesetzt; das **Jugendamt kann** also die Übernahme einer Vormundschaft **nicht ablehnen**. 9

Diese Regelungen haben freilich mit der Übernahmepflicht gemäß § 1785 BGB nichts zu tun (Erman/Schulte-Bunert Rn 1), da sich diese Vorschrift nur auf natürliche Personen bezieht, bei der von einer allgemeinen Staatsbürgerpflicht gesprochen werden kann.

III. Verfahren

Gegen die Auswahlentscheidung des Familiengerichts kommt das Rechtsmittel der Beschwerde (§§ 58 ff FamFG) in Betracht. Beschwerdeberechtigt iSv § 59 FamFG ist der vom Familiengericht als Vormund Ausgewählte, der mit seiner Weigerung, die Vormundschaft zu übernehmen, erfolglos geblieben ist (s § 1779 Rn 120). Trotz Einlegung der Beschwerde kann das Familiengericht die vorläufige Übernahme der Vormundschaft anordnen (§ 1787 Abs 2 BGB). 10

IV. Pflegschafts- und Betreuungsrecht

Im Pflegschaftsrecht gilt die Vorschrift entsprechend (§ 1915 Abs 1 BGB), nicht dagegen im Betreuungsrecht (arg e § 1908i Abs 1 S 1 BGB); vielmehr gilt hier § 1898 BGB. 11

V. Entbehrlichkeit der Norm?

Zum Teil wird infrage gestellt, ob die Regelung noch dem heutigen Bewusstsein entspricht (so Soergel/Zimmermann Rn 1). Eine Alternative wäre die Ersetzung der Vorschrift durch eine dem § 1898 Abs 2 BGB entsprechende Norm, der die Bestellung einer als Betreuer ausgewählten Person davon abhängig macht, dass sie sich zur Übernahme der Betreuung bereit erklärt hat (dagegen Staudinger/Engler [2004] Rn 1). Für diese Lösung ließe sich zwar anführen, dass die Erfüllung der Pflicht des Vormunds zur persönlichen Förderung und Gewährleistung von Pflege und Erziehung des Mündels (§ 1800 S 2 BGB) sowie zur regelmäßigen persönlichen Kontaktpflege (§ 1793 Abs 1a BGB) vor allem dann Erfolg versprechend erscheint, wenn der Vormund auch zur Wahrnehmung der Aufgaben bereit ist. Dagegen spricht jedoch, dass mit der geltenden Regelung am stärksten dem Vorrang der Einzelvormundschaft (s Vorbem 32 zu §§ 1773 ff) Rechnung getragen werden kann (MünchKomm/Spickhoff Rn 1; Gernhuber/Coester-Waltjen § 70 Rn 43) und jede Relativierung dieser Pflicht eine Gefahr für diesen Grundsatz birgt (weitergehend Gernhuber/Coester-Waltjen § 70 Rn 43). Es besteht auch derzeit kein Mangel an Personen, die zur Übernahme dieser Aufgabe bereit sind; vielmehr ist die Bereitschaft in der Bevölkerung, sich ehrenamtlich zu engagieren, nach den Ergebnissen des letzten Freiwilligensurvey 12 in Deutschland nach wie vor hoch (Simonson/Ziegelmann/Vogel/Tesch-Römer, Zentrale Ergebnisse des Deutschen Freiwilligensurveys 21 ff). Zudem ist die Weigerung einer ausgewählten Person im Rahmen der Eignungsprüfung nach § 1779 BGB zu berücksichtigen (§ 1779 Rn 18).

§ 1786
Ablehnungsrecht

(1) Die Übernahme der Vormundschaft kann ablehnen:

1. ein Elternteil, welcher zwei oder mehr noch nicht schulpflichtige Kinder überwiegend betreut oder glaubhaft macht, dass die ihm obliegende Fürsorge für die Familie die Ausübung des Amts dauernd besonders erschwert,

2. wer das 60. Lebensjahr vollendet hat,

3. wem die Sorge für die Person oder das Vermögen von mehr als drei minderjährigen Kindern zusteht,

4. wer durch Krankheit oder durch Gebrechen verhindert ist, die Vormundschaft ordnungsmäßig zu führen,

5. wer wegen Entfernung seines Wohnsitzes von dem Sitz des Familiengerichts die Vormundschaft nicht ohne besondere Belästigung führen kann,

6. *(weggefallen)*

7. wer mit einem anderen zur gemeinschaftlichen Führung der Vormundschaft bestellt werden soll,

8. wer mehr als eine Vormundschaft, Betreuung oder Pflegschaft führt; die Vormundschaft oder Pflegschaft über mehrere Geschwister gilt nur als eine; die Führung von zwei Gegenvormundschaften steht der Führung einer Vormundschaft gleich.

(2) Das Ablehnungsrecht erlischt, wenn es nicht vor der Bestellung bei dem Familiengericht geltend gemacht wird.

Materialien: E I §§ 1643, 1644 Abs 1; II §§ 1666, 1668 Abs 1; III § 1762; Mot IV 1073; Prot IV 751; VI 306. Geändert durch RJWG v 9. 7. 1922 (RGBl I 633) § 48 Abs 2; NEhelG v 19. 8. 1969 (BGBl I 1243) Art 2 Nr 53; BtG v 12. 9. 1990 (BGBl I 2002) Art 1 Nr 29; neugefasst durch Bekanntmachung v 2. 1. 2002 (BGBl I 42); Abs 1 Nr 5 u Abs 2 geändert durch Art 50 Nr 34 nach Maßgabe von Art 111 FGG-RG v 17. 12. 2008 (BGBl I 2586) mit Wirkung v 1. 9. 2009.

Schrifttum

CHRISTIAN, Der Einzelvormund und das Jugendamt – 1. Teil –, DAVorm 1983, 89

KEUTER, Vergütungsanspruch des berufsmäßigen Ergänzungspflegers für Tätigkeiten vor Bestellung, FamRZ 2010, 1955

MEYSEN, Neue Herausforderungen an den Ergänzungspfleger, in: COESTER-WALTJEN/LIPP/SCHUMANN/VEIT (Hrsg), 9. Göttinger Workshop zum Familienrecht 2010 (2011) 65.

Systematische Übersicht

Alphabetische Übersicht

I. Normzweck, Anwendungsbereich

1. Normzweck

1 § 1786 Abs 1 BGB zählt eine Reihe von Gründen auf, die einen vom Familiengericht gemäß § 1779 BGB als Vormund Ausgewählten berechtigen, die Übernahme der Vormundschaft abzulehnen. Sie schützt den Ausgewählten vor unzumutbaren Belastungen und dient damit zugleich dem Interesse des Mündels an einer ordnungsgemäß geführten Vormundschaft (Erman/Schulte-Bunert Rn 1).

2. Anwendungsbereich

2 Für einen nach § 1776 BGB berufenen Vormund hat das Ablehnungsrecht keine Bedeutung, da dieser nicht verpflichtet ist, die Vormundschaft zu übernehmen (§ 1776 Rn 18), es sei denn, dass das Familiengericht ihn, obwohl er die Übernahme der Vormundschaft aufgrund der Berufung ablehnt, nach § 1779 BGB auswählt.

3 Der in § 1786 Abs 1 BGB enthaltene Katalog ist auf (ehrenamtlich tätige) Einzelpersonen zugeschnitten, denen ein Ablehnungsrecht in bestimmten Fällen zugebilligt wird, in denen die Übernahme der Vormundschaft ihnen wegen ihrer persönlichen Situation nicht gegen ihren Willen zugemutet werden kann. Deswegen greifen die Gründe für einen Berufsvormund in der Regel nicht (Keuter FamRZ 2010, 1955, 1956).

4 Die Ablehnungsgründe greifen aus demselben Grund auch nicht beim bestellten Amtsvormund (§ 1791b BGB) und dem kraft Gesetzes eintretenden Amtsvormund (§ 1791c BGB). Die Norm gilt genauso wenig beim Verein als Vormund, wobei hier

das Ablehnungsrecht schon deshalb keine Rolle spielt, weil der Verein nach § 1791a Abs 1 S 2 HS 2 BGB nur mit seiner Einwilligung bestellt werden kann (§ 1785 Rn 9). Dass § 1786 BGB nicht auf die Vereins- und Amtsvormundschaft anzuwenden ist, lässt sich zudem aus § 1889 Abs 1 BGB ableiten, der nur dem Einzelvormund das Recht gibt, seine Entlassung zu verlangen, wenn nachträglich einer der in § 1786 Abs 1 Nrn 2 bis 7 BGB genannten Umstände eintritt (BGB-RGRK/Dickescheid Rn 3 aE; MünchKomm/Spickhoff Rn 1; Soergel/Zimmermann Rn 2; Palandt/Götz Rn 1).

II. Die Ablehnungsgründe (Abs 1)

5 § 1786 Abs 1 BGB enthält eine **abschließende Aufzählung** der Ablehnungsgründe. Der als Vormund Ausgewählte kann die Übernahme der Vormundschaft nur dann ablehnen, wenn ihm einer dieser Gründe zur Seite steht; auf andere Gründe (zB die Behauptung, er sei zur Führung der Vormundschaft nicht geeignet, diese sei wegen seiner beruflichen Beanspruchung nicht möglich, zu beschwerlich usw) kann er die Ablehnung nicht stützen (KG RJA 13, 188 = KGJ 45, A 38; KG FamRZ 1963, 376; LG Paderborn DAVorm 1974, 404, 405 f; Erman/Schulte-Bunert Rn 1; Palandt/Götz Rn 2; **aA** LG Bielefeld NJW-RR 1988, 713 f). Die Bestimmung des § 1779 BGB, die dem Familiengericht aufgibt, eine zur Führung der Vormundschaft geeignete Person auszuwählen, dient dem Interesse des Mündels, schafft aber kein Gegenrecht des Ausgewählten gegenüber der in § 1785 BGB festgelegten öffentlich-rechtlichen Pflicht zur Übernahme der Vormundschaft (KG RJA 13, 188 = KGJ 45, A 38). Allerdings kann eine unberechtigte Ablehnung das Familiengericht veranlassen, von der Bestellung des Ausgewählten abzusehen, weil er nicht als geeignet iSd § 1779 Abs 2 S 1 BGB erscheint (Christian DAVorm 1983, 89, 93; s auch Erman/Schulte-Bunert Rn 1; BGB-RGRK/Dickescheid Rn 1 aE; MünchKomm/Spickhoff § 1785 Rn 9; Palandt/Götz Rn 2; s auch § 1779 Rn 18).

1. Belastung durch Kinder und Familie (Abs 1 Nr 1)

6 Nach der ursprünglichen Fassung des BGB war jede Frau zur Ablehnung der Vormundschaft berechtigt (Mot IV 1075 f). Das Reichsjugendwohlfahrtsgesetz vom 9. 7. 1922 (RGBl I 633) fügte den Worten „eine Frau“ den auch in der jetzigen Fassung enthaltenen Relativsatz an, der das Ablehnungsrecht einer Frau davon abhängig machte, dass sie „zwei oder mehr noch nicht schulpflichtige Kinder besitzt oder glaubhaft macht, daß die ihr obliegende Fürsorge für ihre Familie die Ausübung des Amts dauernd besonders erschwert“. Erst das Betreuungsgesetz vom 12. 9. 1990 ersetzte die Worte „eine Frau“ durch „ein Elternteil“ und trug damit dem Umstand Rechnung, dass die Hausfrauenehe seit dem 1. Eherechtsreformgesetz kein gesetzliches Leitbild mehr ist; die Neufassung (zu der zwei weitere Korrekturen gehören) entspricht einem Vorschlag des Bundesrates, der sich auf MünchKomm/Schwab[2] Rn 3 (ebenso schon Gernhuber[2] § 64 IV 7 u MünchKomm/Zagst[1] Rn 3; anders noch KG NJW 1969, 432 in Übereinstimmung mit der früher hL, s Staudinger/Engler[10/11] Rn 4 aE) stützte (BT-Drucks 11/4528, 204).

7 Das Ablehnungsrecht nach Nr 1 HS 1 setzt voraus, dass ein Elternteil **zwei** oder mehr **noch nicht schulpflichtige Kinder überwiegend betreut**. Neben ehelichen (auch adoptierten) und nichtehelichen Kindern kommen auch Stief- und Pflegekinder in Betracht (MünchKomm/Spickhoff Rn 3; Erman/Schulte-Bunert Rn 2), jedoch nicht familienfremde Kinder, deren Betreuung in einer (üblicherweise jederzeit widerruflichen)

Vereinbarung entgeltlich oder unentgeltlich übernommen wurde (Palandt/Götz Rn 2; NK-BGB/Fritsche Rn 3). Ablehnungsberechtigt ist der Elternteil, der die tatsächliche Sorge für die Kinder überwiegend innehat. Dies kann der alleinsorgeberechtigte Elternteil und bei gemeinsamer Sorge derjenige sein, der tatsächlich überwiegend die Kinder betreut; sind beide sorgeberechtigten Eltern berufstätig und üben sie auch beide die tatsächliche Sorge für die Kinder aus, sind beide zur Ablehnung der Vormundschaft berechtigt (BGB-RGRK/Dickescheid Rn 6 aE; MünchKomm/Spickhoff Rn 3; NK-BGB/Fritsche Rn 3).

Das Gesetz stellt auf die **tatsächliche** Verantwortung und nicht auf die rechtliche Sorge ab (arg e Nr 3). Dennoch kann die rechtliche Verantwortung nicht unberücksichtigt bleiben, da die tatsächliche Kinderbetreuung nicht widerrechtlich sein darf, dh sie darf nur mit Zustimmung des Sorgeberechtigten oder aufgrund einer gerichtlichen Entscheidung erfolgen (MünchKomm/Spickhoff Rn 3).

8 Nr 1 HS 2 setzt voraus, dass die **Fürsorge für die Familie** die Ausübung des Vormundsamts durch „den Elternteil" **dauernd besonders erschwert**. Dabei kommt es nicht auf das Vorhandensein von Kindern einer bestimmten Altersstufe und auf eine bestimmte Zahl fürsorgebedürftiger Personen an. Vielmehr sind die Gesamtumstände des Einzelfalls maßgebend. Eine besondere Erschwernis kann zB vorliegen, wenn ein krankes, behindertes oder schwer erziehbares Kind oder auch behinderte oder kranke ältere Familienmitglieder zu betreuen sind (s MünchKomm/Spickhoff Rn 5; BGB-RGRK/Dickescheid Rn 7); dies kann insbesondere dann zu einer besonderen Belastung führen, wenn der als Vormund Ausgewählte selbst in seiner körperlichen Leistungsfähigkeit eingeschränkt ist.

Das Gesetz beschränkt das Ablehnungsrecht auch in dieser Alternative auf den „Elternteil". Allerdings liegt insoweit wohl ein Redaktionsversehen vor, das darauf beruht, dass der Gesetzgeber nur die Beseitigung des Verstoßes der früheren Regelung gegen Art 3 Abs 2 GG im Auge hatte (s dazu MünchKomm/Schwab[2] Rn 2 u 4). Da es darum ging, das frühere Hausfrauenprivileg nicht einzuengen, sondern es auf einen Mann, bei dem die Merkmale der Nr 1 vorliegen, zu erstrecken, wird man jedenfalls bei dem in HS 2 genannten Fall das Substantiv „Elternteil" iSv „ein Mann oder eine Frau" verstehen müssen (s dazu auch Gernhuber/Coester-Waltjen § 70 Rn 48; MünchKomm/Spickhoff Rn 4; Soergel/Zimmermann Rn 4); dieses Redaktionsversehen sollte im Rahmen der großen Reform beseitigt werden (dazu Staudinger/Veit [2014] Rn 35).

Die besondere Lage ist glaubhaft zu machen (§ 31 FamFG).

2. Vollendung des 60. Lebensjahres (Abs 1 Nr 2)

9 Erst mit der Vollendung des 60. Lebensjahres besteht das Ablehnungsrecht (frühere Partikularrechte hatten es zum Teil erst mit 65 oder 70 Jahren vorgesehen, Mot IV 1074). Dass der als Vormund Ausgewählte demnächst 60 Jahre alt wird, reicht nicht aus (MünchKomm/Spickhoff Rn 6; Soergel/Zimmermann Rn 6; BGB-RGRK/Dickescheid Rn 10; Erman/Schulte-Bunert Rn 2). Dies mag deshalb verwundern, weil der Vormund, sobald er 60 Jahre alt ist, nach § 1889 Abs 1 BGB seine Entlassung verlangen kann. Der Gesetzgeber des BGB, der auch erwogen hatte, den Anspruch auf Entlassung an eine Altersgrenze zu knüpfen, die höher liegt als die für das Ablehnungsrecht maß-

gebende Grenze von 60 Jahren, hat dann bewusst von einer solchen Regelung abgesehen (Prot IV 832). Es wurde vorausgesetzt, dass ein Vormund, insbesondere bei nahen verwandtschaftlichen Beziehungen, eine einmal übernommene Vormundschaft nicht leicht niederlegen wird, wenn ihm nicht „die Altersschwäche wirklich gerechte Ursache giebt, seine Enthebung von der Vormundschaft zu wünschen" (Mot IV 1200).

3. Sorge für mehr als drei Kinder (Abs 1 Nr 3)

Nach Nr 3 in der ursprünglichen Fassung des BGB konnte die Übernahme der Vormundschaft ablehnen, „wer mehr als vier minderjährige eheliche Kinder hat; ein von einem Anderen an Kindes Statt angenommenes Kind wird nicht gerechnet". Das Nichtehelichengesetz vom 19. 8. 1969 (BGBl I 1243) gab der Vorschrift ihre heutige Fassung, wobei erwogen wurde, dass der Umstand der Ehelichkeit der Kinder kein geeignetes Abgrenzungsmerkmal sein dürfte. Vielmehr müsse entscheidend sein, ob den Eltern oder dem Elternteil die Sorge für die Person oder das Vermögen des Kindes zusteht. „Ist etwa die Ehe geschieden und die elterliche Gewalt der Mutter übertragen, so hat der Vater ebenso wenig Grund zur Ablehnung einer Vormundschaft wie der Vater eines unehelichen Kindes. Hat hingegen die Mutter die Sorge für vier eheliche Kinder und ein uneheliches Kind, so muss sie die Übernahme einer Vormundschaft ebenso ablehnen können wie eine Mutter von fünf ehelichen Kindern." Die Anforderungen an den Ablehnungsgrund erschienen im Übrigen zu streng; schon die Sorge für mehr als drei Kinder müsse genügen, um das Ablehnungsrecht zu begründen (BT-Drucks V/2370, 83). 10

Bei Nr 3 kommt es, anders als bei Nr 1, nicht auf eine besondere Belastung, sondern allein darauf an, dass dem als Vormund Ausgewählten das Sorgerecht für die Person oder das Vermögen von mindestens vier (ehelichen oder nichtehelichen) Kindern zusteht. Alle minderjährigen Kinder werden berücksichtigt, auch wenn sie kurz vor der Volljährigkeit stehen und den Sorgeberechtigten eher entlasten als belasten. Nicht maßgebend ist, ob der Ausgewählte das Sorgerecht allein oder zusammen mit dem anderen Elternteil innehat; soweit er sorgeberechtigt ist, wird der Mündel oder Pflegebefohlene bei ihm mitgezählt. Umgekehrt zählen Kinder, für die ihm die elterliche Sorge fehlt oder entzogen worden ist, nicht mit (Palandt/Götz Rn 2). 11

Das Gesetz unterscheidet nicht nach der Grundlage des Sorgerechts (Palandt/Götz Rn 2). Lässt man deshalb auch das kleine Sorgerecht iSv § 1688 BGB bzw § 1687b BGB genügen, so überschneiden sich die Personenkreise, die von Nr 1 und Nr 3 erfasst werden. Zugleich kommt es zu einer Konkurrenz von Nr 3 mit Nr 8, soweit der als Vormund Ausgewählte bereits Vormund oder Ergänzungspfleger ist (s MünchKomm/Spickhoff Rn 7; dieses Konkurrenzverhältnis müsste im Rahmen der großen Reform gelöst werden, näher dazu Staudinger/Veit [2014] Rn 36). 12

Ein nasciturus wird nicht berücksichtigt; doch kann ein Vormund, wenn ihm bisher das Sorgerecht für drei Kinder zustand und ein viertes hinzukommt, nach § 1889 Abs 1 BGB seine Entlassung verlangen. 13

4. Krankheit oder Gebrechen (Abs 1 Nr 4)

14 Wer durch eine Krankheit von voraussichtlich längerer Dauer oder durch ein Gebrechen, also eine mit dauernder Schwächung der geistigen oder körperlichen Kräfte verbundene Störung der Gesundheit (zum Begriff des Gebrechens Staudinger/Engler[10/11] § 1910 Rn 2), an der ordnungsgemäßen Führung der Vormundschaft verhindert ist, sollte nach § 1779 Abs 2 S 1 BGB nicht als Vormund ausgewählt werden. Ist dies dennoch geschehen, etwa weil das Familiengericht die Schwere oder Dauer der Krankheit oder das Ausmaß der Behinderung oder die Auswirkung der Krankheit oder des Gebrechens auf die Fähigkeit zur Führung der Vormundschaft zu günstig beurteilt hat, so kann der Ausgewählte nach § 1786 Abs 1 Nr 4 BGB die Übernahme der Vormundschaft ablehnen.

15 Ein Vormund, den eine Krankheit oder ein Gebrechen hindert, die Vormundschaft ordnungsgemäß weiterzuführen, kann nach § 1889 Abs 1 BGB seine Entlassung verlangen (s § 1889 Rn 10).

5. Entfernung vom Sitz des Familiengerichts (Abs 1 Nr 5)

16 E I sah in § 1643 Nr 5 BGB noch ein Ablehnungsrecht für denjenigen vor, der nicht im Bezirk des Vormundschaftsgerichts seinen Wohnsitz hatte (Mot IV 1075; s dazu Prot IV 751). Nach der Gesetz gewordenen Fassung der Vorschrift kann auch einer im Bezirk des Vormundschaftsgerichts – seit dem 1. 9. 2009 des Familiengerichts – wohnenden Person ein Ablehnungsrecht zustehen, während eine außerhalb dieses Bezirks wohnende Person nicht unter allen Umständen die Übernahme der Vormundschaft ablehnen kann (KG OLGE 42, 111 Fn 1a). Unter den heutigen Verkehrsverhältnissen, insbesondere im Hinblick auf den in den meisten Gegenden gut ausgebauten Personennahverkehr und die Tatsache, dass dem als Vormund Ausgewählten meist ein Kraftfahrzeug zur Verfügung steht, dürfte diesem Ablehnungsgrund nur noch eine verhältnismäßig geringe Bedeutung zukommen. Im konkreten Fall kommt es darauf an, ob ein Bedürfnis zu häufiger Vorsprache beim Familiengericht besteht, ob der Vormund – etwa als Rechtsanwalt – ohnedies regelmäßig das Gericht aufsucht und ob nicht ein großer Teil des notwendigen Verkehrs mit dem Familiengericht schriftlich oder telefonisch abgewickelt werden kann (s auch Dölle § 121 III 1 e; Soergel/Zimmermann Rn 6; BGB-RGRK/Dickescheid Rn 13; MünchKomm/Spickhoff Rn 9; BayObLGZ 6, 168; KG Recht 1916 Nr 1153).

17 Gänzlich unberücksichtigt lässt das Gesetz die Entfernung vom **Wohnsitz** des Vormunds zu dem **des Mündels**, obwohl dies mit Blick auf die Pflicht zum regelmäßigen monatlichen persönlichen Kontakt nach § 1793 Abs 1a BGB (näher dazu § 1793 Rn 24 ff) inzwischen von grundlegender Bedeutung ist (zum diesbezüglichen Reformbedarf Staudinger/Veit [2014] Rn 37).

18 Ob eine **nachträgliche Änderung des Wohnsitzes** des Vormunds oder des Mündels oder die Abgabe der Vormundschaft an ein anderes, vom Wohnsitz des Vormunds entfernt liegendes Familiengericht den Antrag des Vormunds auf Entlassung gemäß § 1889 Abs 1 BGB rechtfertigt, hängt gleichfalls von den im Einzelfall gegebenen Umständen ab (s dazu § 1889 Rn 11).

6. Aufforderung zur Leistung einer Sicherheit (früher Abs 1 Nr 6)

Nach Abs 1 Nr 6 konnte die Übernahme der Vormundschaft ablehnen, wer nach § 1844 BGB zur Sicherheitsleistung aufgefordert wurde. Das Familiengericht konnte den Einzelvormund aus besonderen Gründen anhalten, für das seiner Verwaltung unterliegende Vermögen Sicherheit zu leisten (s dazu Mot IV 1041; STAUDINGER/ENGLER[10/11] § 1844 Rn 2 ff). Beide Normen wurden durch das Betreuungsgesetz vom 12. 9. 1990 (BGBl I 2002) aufgehoben; die individuelle Sicherheitsleistung erschien entbehrlich, weil das Familiengericht dem Vormund nach dem neuen § 1837 Abs 2 S 3 BGB aufgeben kann, eine Haftpflichtversicherung abzuschließen. Obwohl der Vormund in einer solchen Aufforderung gleichfalls einen Ausdruck des Misstrauens sehen könnte, gibt ihm das Gesetz in diesem Fall nicht (mehr) das Recht, die Übernahme der Vormundschaft abzulehnen oder seine Entlassung zu beantragen (§ 1889 Abs 1 BGB; s dazu § 1889 Rn 5). 19

7. Bestellung zu gemeinschaftlicher Führung der Vormundschaft (Abs 1 Nr 7)

Wer zusammen mit einem anderen zu **gemeinschaftlicher Führung** der Vormundschaft bestellt wird (§ 1797 Abs 1 BGB), ist durch die Notwendigkeit, sich mit dem Mitvormund über die zu treffenden Maßnahmen zu einigen, in seiner Handlungsfreiheit und Unabhängigkeit eingeschränkt; ihn trifft zudem eine zusätzliche Verantwortung, weil er auch auf die pflichtgemäße Amtsführung des Mitvormunds zu achten hat und insoweit gemäß § 1833 Abs 2 BGB ein zusätzliches Haftungsrisiko trägt (s § 1797 Rn 3). Deshalb wird einem nach § 1776 BGB Berufenen und einem nach § 1779 BGB Ausgewählten nicht zugemutet, gegen seinen Willen zusammen mit einem anderen, den er nicht aussuchen kann, die Vormundschaft zu führen (s auch Mot IV 1075). Neben einem nach § 1776 BGB Berufenen darf nur mit dessen Zustimmung ein Mitvormund bestellt werden (§ 1778 Abs 3 BGB), und nach § 1786 Abs 1 Nr 7 BGB kann derjenige, der mit einem anderen zur gemeinschaftlichen Führung der Vormundschaft bestellt werden soll, die Übernahme der Vormundschaft ablehnen. 20

Soll die Führung der Vormundschaft auf die beiden Vormünder **nach Wirkungskreisen verteilt** werden, so besteht kein Ablehnungsrecht (MünchKomm/SPICKHOFF Rn 10; ERMAN/SCHULTE-BUNERT Rn 2; PALANDT/GÖTZ Rn 2), weil in diesem Fall jeder Vormund die Vormundschaft innerhalb seines Wirkungskreises selbständig führt (§ 1797 Abs 2 S 2 BGB). 21

Wird nachträglich angeordnet, dass der Vormund die Vormundschaft zusammen mit einem anderen zu führen hat, so ist er nach § 1889 Abs 1 BGB auf seinen Antrag zu entlassen. Dagegen ist es kein absoluter Entlassungsgrund, wenn das Familiengericht nachträglich einen bestimmten Bereich einem anderen als dem zunächst bestellten Vormund zur selbständigen Führung der Vormundschaft (§ 1797 Abs 2 S 1 BGB) zuweist (§ 1889 Rn 10 aE). 22

8. Führung von mehr als einer Vormundschaft, Betreuung oder Pflegschaft (Abs 1 Nr 8)

Die Vorschrift des Abs 1 Nr 8, in die das Betreuungsgesetz das Wort „Betreuung“ eingefügt hat, bezweckt „einen Schutz gegen eine unbillige Heranziehung zum Vor- 23 mundschaftsdienste“ (Mot IV 1075). Nach Nr 8 kann derjenige die Übernahme der Vormundschaft, für die er ausgewählt wurde, ablehnen, der mehr als eine Vormundschaft, Betreuung oder Pflegschaft führt, wobei die Vormundschaft oder Pflegschaft über mehrere Geschwister nur als eine gilt und die Führung von zwei Gegenvormundschaften der Führung einer Vormundschaft gleichsteht. Dieses System wirkt etwas ausgeklügelt, kann aber dennoch ein gerechtes Ergebnis nicht gewährleisten, weil nicht zwischen einfachen und schwierigen Vormundschaften, Betreuungen und Pflegschaften unterschieden wird und weil der Umstand, dass die Last der Geschäfte eines Gegenvormunds nicht immer eine absolut geringere ist als die Last der Geschäfte eines Vormunds, ebenso wenig individuell berücksichtigt werden kann wie die Arbeitsbelastung bei der Führung einer Vormundschaft über Geschwister, wenn es um die Anerkennung eines förmlichen Ablehnungsrechts geht (so dem Sinne nach Mot IV 1076 f).

Die Frage, ob einem als Vormund Ausgewählten die neue Aufgabe zusätzlich zu den ihm schon übertragenen Aufgaben noch zugemutet werden kann, wird das Familiengericht schon bei der Auswahl in Würdigung aller Umstände des Einzelfalls zu beantworten haben, wobei es auch zu bedenken hat, dass sich eine zu große Belastung mit Betreuungsaufgaben nachteilig auf das Wohl des neu hinzutretenden, aber auch der schon vorhandenen Mündel, Betreuten und Pflegebefohlenen auswirken kann.

24 Ein Ablehnungsrecht hat der nach § 1779 BGB Ausgewählte dann, wenn er **mehr als eine** Vormundschaft, Betreuung oder Pflegschaft führt. Eine Streitfrage, der wohl nur geringe praktische Bedeutung zuzumessen ist, richtet sich darauf, ob hierunter mindestens zwei Vormundschaften zu verstehen sind, ob also eine weitere Vormundschaft nur der ablehnen kann, der neben einer Vormundschaft (oder zwei Gegenvormundschaften) eine weitere Vormundschaft (oder Betreuung oder Pflegschaft) oder zwei Gegenvormundschaften führt, oder ob schon der das Ablehnungsrecht hat, der eine Vormundschaft und eine Gegenvormundschaft (oder drei Gegenvormundschaften) führt. Die heute überwiegend vertretene Meinung nimmt an, dass schon die Führung einer Vormundschaft und einer Gegenvormundschaft (oder dreier Gegenvormundschaften) zur Ablehnung der Übernahme einer weiteren Vormundschaft berechtigt (Gernhuber/Coester-Waltjen § 70 Rn 46 Fn 74; Soergel/Zimmermann Rn 7; BGB-RGRK/Dickescheid Rn 15; MünchKomm/Spickhoff Rn 11; ebenso schon Dölle § 121 III 1 h; Enneccerus/Kipp § 108 III 8 Fn 6; **aA** KG RJA 3, 174 = KGJ 25, 185).

25 Die Vormundschaft (oder Gegenvormundschaft) über **mehrere** (voll- oder halbbürtige; KGJ 47, A 10) **Geschwister** gilt immer als nur eine Vormundschaft (vgl § 1775 BGB), und zwar auch dann, wenn jemand Vormund mehrerer Kinder derselben Mutter, aber verschiedener Väter ist (BayObLGZ 3, 1021 = SeuffA 58 Nr 102; MünchKomm/Spickhoff Rn 11; Soergel/Zimmermann Rn 7; BGB-RGRK/Dickescheid Rn 15; Erman/Schulte-Bunert Rn 2; Dölle § 121 III 1 h; vgl § 1775 Rn 3). Die Regelung gerät damit zu einer gänzlich formal gestalteten Norm, die Vormundschaften und Pflegschaften zählt und nicht wertet (Gernhuber/Coester-Waltjen § 70 Rn 46).

26 **Vormundschaft, Pflegschaft und Betreuung** werden in Abs 1 Nr 8 gleich behandelt. Demgegenüber wird zum Teil vertreten, dass eine Ergänzungspflegschaft, die sich nur auf die Besorgung einer einzelnen Angelegenheit bezieht, an der die Eltern oder der

Vormund verhindert sind (§ 1909 Abs 1 BGB), schon mit Blick auf die zeitliche Begrenzung der Aufgabe nicht das gleiche Ablehnungsgewicht haben könne wie eine Vormundschaft oder Betreuung (Erman/Schulte-Bunert Rn 2 aE; Staudinger/Engler [2004] Rn 28). Hiergegen spricht jedoch, dass das Aufgabenspektrum des Ergänzungspflegers ganz unterschiedlich sein kann. Je näher das Aufgabenspektrum an das des Vormunds oder Betreuers heranreicht, desto eher wird eine Gleichbehandlung vonnöten sein (für eine Differenzierung wohl Meysen, 9. Göttinger Workshop 67 ff).

Aus § 1786 Abs 1 Nr 8 BGB kann man entnehmen, dass die Führung einer oder höchstens einiger weniger Vormundschaften einmal das Leitbild war, das dem Gesetzgeber vorschwebte; dem entspricht die Vorstellung, dass der Vormund dem Mündel ein hohes Maß an persönlicher Zuwendung widmet. Die **Zahl** der Vormundschaften, Betreuungen und Pflegschaften, die einer natürlichen Person übertragen werden können, ist aber vom Gesetz **nicht nach oben begrenzt** (s schon KGJ 38, A 34). Dies zeigt auch § 1836 Abs 1 S 2 BGB, wo der Fall geregelt wird, dass jemandem Vormundschaften in einem solchen Umfang übertragen werden, dass er sie nur im Rahmen seiner Berufsausübung führen kann (näher Staudinger/Bienwald § 1836 Rn 63 ff). Allerdings muss in jedem Fall sichergestellt sein, dass das Wohl des Mündels durch die Übernahme mehrerer Vormundschaften keinen Schaden nimmt (zu Recht MünchKomm/Spickhoff Rn 11). 27

Der Ablehnungsgrund in Abs 1 Nr 8 erscheint nicht mehr zeitgemäß; vor allem vermittelt die in HS 2 enthaltene Fiktion den Eindruck, dass es dem Gesetzgeber mehr um eine formale, denn um eine an den Bedürfnissen des Mündels orientierte Regelung ging. Deshalb bedarf er de **lege ferenda** einer stärkeren Ausrichtung an den Bedarfen des einzelnen Mündels (zum Reformbedarf Staudinger/Veit [2014] Rn 38). 28

III. Geltendmachung des Ablehnungsrechts (Abs 2)

Das Familiengericht ist nicht gehindert, eine Person, bei der einer der in § 1786 Abs 1 BGB aufgezählten Gründe vorliegt, als Vormund auszuwählen. Der Ausgewählte kann aber die Übernahme der Vormundschaft **ablehnen**, und er muss dies nach § 1786 Abs 2 BGB **vor seiner Bestellung** tun, wenn er mit seiner Ablehnung berücksichtigt werden will. Deshalb erscheint es nicht verfehlt, das Ablehnungsrecht mit einer Einrede zu vergleichen (Dölle § 121 III pr; Erman/Schulte-Bunert Rn 1; dazu aber kritisch Gernhuber/Coester-Waltjen § 70 Rn 45). Zwar können die Ablehnungsgründe bereits die Eignung des Auszuwählenden in Frage stellen und sind insoweit bei der Auswahlentscheidung zu berücksichtigen (Erman/Schulte-Bunert Rn 1; Gernhuber/Coester-Waltjen § 70 Rn 45; § 1779 Rn 18). Dies ändert aber nichts daran, dass nicht schon das Vorliegen eines Ablehnungsgrundes die Entstehung der Übernahmepflicht hindert, sondern erst die Geltendmachung des Ablehnungsrechts bewirkt, dass der Ausgewählte die ihm nach § 1785 BGB obliegende Pflicht zur Übernahme der Vormundschaft nicht zu erfüllen braucht. 29

Das Ablehnungsrecht muss geltend gemacht werden (s Abs 2); eine besondere **Form** oder **Frist** (Mot IV 1077) ist nicht vorgesehen. 30

Mit der **Bestellung** des Ausgewählten zum Vormund **erlischt sein Ablehnungsrecht.** 31
Der Vormund kann sich nicht nachträglich auf einen Ablehnungsgrund, der schon

im Zeitpunkt seiner Bestellung vorlag, berufen und seine Entlassung fordern. Er ist aber nach § 1889 Abs 1 BGB auf seinen Antrag hin zu entlassen, wenn erst nach der Übernahme des Amtes ein Umstand eingetreten ist, der ihn nach § 1786 Abs 1 Nrn 2–7 BGB berechtigen würde, die Vormundschaft abzulehnen (§ 1889 Rn 9).

Hieraus ergibt sich allerdings zugleich, dass das Ablehnungsrecht ausnahmsweise dann nicht erlischt, wenn der Betroffene im schriftlichen Verfahren bestellt und nicht vor der beabsichtigten Bestellung angehört wurde; vielmehr kann es ihm in diesem Fall nicht verwehrt sein, sein Ablehnungsrecht noch im Beschwerdeverfahren nachträglich geltend zu machen (OLG Nürnberg 7. 12. 2015 – 9 UF 1276/15, juris Rn 12, NJW 2016, 720).

32 Da es sich bei der Übernahme der Vormundschaft um die Erfüllung einer öffentlichrechtlichen Pflicht handelt, kommt es nur auf die **Erklärung** an, die der Ausgewählte **gegenüber dem Familiengericht** abgeben muss (Abs 2); er kann sich in der Frage, ob er die Vormundschaft übernehmen oder die Übernahme ablehnen wird, nicht durch eine privatrechtliche Erklärung gegenüber anderen Personen rechtlich binden. Deshalb kann er sich, solange er nicht zum Vormund bestellt ist, auch dann noch unter Berufung auf einen der in § 1786 Abs 1 BGB aufgezählten Gründe weigern, die Vormundschaft zu übernehmen, wenn er zuvor den Angehörigen des Mündels die Übernahme der Vormundschaft versprochen hatte (Mot IV 1077). Auch ein ausdrücklicher **Verzicht** auf das Ablehnungsrecht ist nicht bindend; er wirkt nicht stärker als das Unterlassen der Ausübung (Gernhuber/Coester-Waltjen § 70 Rn 45; MünchKomm/Spickhoff Rn 12; Soergel/Zimmermann Rn 9).

33 Hatte der Ausgewählte vor der Bestellung in die Übernahme der Vormundschaft eingewilligt, so ist nach der Übernahme eine **Anfechtung** wegen Irrtums (etwa über den Umfang der vormundschaftlichen Geschäfte) nicht möglich (KG RJA 14, 8; Erman/Schulte-Bunert Rn 3; BGB-RGRK/Dickescheid Rn 2 aE; MünchKomm/Spickhoff Rn 12; Soergel/Zimmermann Rn 9).

IV. Verfahren

34 Gegen die Verfügung, durch die das Familiengericht die Weigerung, eine Vormundschaft zu übernehmen, zurückweist, steht dem als Vormund Ausgewählten ein Beschwerderecht zu (§§ 58 f FamFG). Die Einlegung der Beschwerde hat keine aufschiebende Wirkung (Prütting/Helms/Abramenko § 64 FamFG Rn 20), sodass der Bestellte die Vormundschaft vorläufig zu übernehmen hat, wenn das Familiengericht ihn hierzu auffordert (§ 1787 Abs 2 BGB). Eine nicht gerechtfertigte Weigerung, die Vormundschaft zu übernehmen, kann dem Familiengericht Anlass geben, von der Bestellung abzusehen (s oben Rn 5), Zwangsgeld zu verhängen (§ 1788 BGB; § 35 FamFG) oder den schon bestellten Vormund nach § 1886 BGB zu entlassen (KG RJA 16, 189; Dölle § 121 III 2; Soergel/Zimmermann Rn 10 aE; MünchKomm/Spickhoff Rn 13 aE; Gernhuber/Coester-Waltjen § 70 Rn 50).

35 Das Familiengericht entscheidet jeweils **nach pflichtgemäßem Ermessen**, ob die Fürsorge für die Familie die Ausübung des Vormundsamts dauernd besonders erschwert (Nr 1), ob der Ausgewählte durch Krankheit oder Gebrechen verhindert ist, die Vor-

mundschaft ordnungsmäßig zu führen (Nr 4), und ob er wegen der Entfernung seines Wohnsitzes vom Sitz des Familiengerichts die Vormundschaft nicht ohne besondere Belästigung führen kann (Nr 5); das Rechtsbeschwerdegericht kann deshalb die Entscheidungen der Tatsacheninstanzen insoweit nur in beschränktem Umfang nachprüfen. Es geht bei den genannten Fragen in der Regel um eine Vielzahl einzelner Umstände sowie ihre Wertung und Abwägung gegeneinander (für Ermessensentscheidung auch Dölle § 121 III 1 a, d; BGB-RGRK/Dickescheid Rn 8, 12 aE, 13 aE; jurisPK-BGB/Hamdan Rn 8 f; **aA** MünchKomm/Spickhoff Rn 5, 8, 9 aE „auch [bzw nicht zuletzt] eine Rechtsfrage"; NK-BGB/Fritsche Rn 7 Fn 15: „Rechtsfrage"; BeckOGK/Hoffmann [1. 12. 2019] Rn 37; „Rechtsfrage"; Erman/Schulte-Bunert Rn 1: „unbestimmte Rechtsbegriffe").

V. Pflegschafts- und Betreuungsrecht

Die Vorschrift gilt entsprechend im Pflegschaftsrecht (§ 1915 Abs 1 BGB), nicht jedoch im Betreuungsrecht (arg e § 1908i Abs 1 S 1 BGB); hier gilt die Sonderregelung des § 1898 BGB (MünchKomm/Spickhoff Rn 14; Erman/Schulte-Bunert Rn 5). **36**

§ 1787
Folgen der unbegründeten Ablehnung

(1) Wer die Übernahme der Vormundschaft ohne Grund ablehnt, ist, wenn ihm ein Verschulden zur Last fällt, für den Schaden verantwortlich, der dem Mündel dadurch entsteht, dass sich die Bestellung des Vormunds verzögert.

(2) Erklärt das Familiengericht die Ablehnung für unbegründet, so hat der Ablehnende, unbeschadet der ihm zustehenden Rechtsmittel, die Vormundschaft auf Erfordern des Familiengerichts vorläufig zu übernehmen.

Materialien: E I §§ 1639 S 2, 1644 Abs 2; II §§ 1667 Abs 2, 1668 Abs 2; III § 1763; Mot IV 1063, 1077; Prot IV 750; VI 306. Neugefasst durch Bekanntmachung v 2. 1. 2002 (BGBl I 42); Abs 2 geändert durch Art 50 Nr 34 nach Maßgabe von Art 111 FGG-RG v 17. 12. 2008 (BGBl I 2586) mit Wirkung v 1. 9. 2009.

Systematische Übersicht

Alphabetische Übersicht

I. Der Schadensersatzanspruch nach Abs 1

1. Normzweck, Charakter des Anspruchs

1 Die in § 1785 BGB festgelegte öffentlich-rechtliche Pflicht zur Übernahme der Vormundschaft wird ergänzt durch einen **privatrechtlichen Anspruch** des Mündels gegen den, der die Übernahme der Vormundschaft ohne Grund ablehnt. Der Mündel hat zwar keinen im Rechtsweg durchsetzbaren primären Anspruch auf Übernahme der Vormundschaft gegen den vom Familiengericht Ausgewählten, wohl aber einen Anspruch auf Ersatz der durch die Verzögerung der Bestellung eines Vormunds eintretenden Vermögensschäden (MünchKomm/Spickhoff Rn 1; Gernhuber/Coester-Waltjen § 70 Rn 51–53; NK-BGB/Fritsche Rn 1).

2 Systematisch findet der Anspruch seinen Grund in dem durch die Auswahlentscheidung nach § 1779 BGB entstandenen Schuldverhältnis; hierbei handelt es sich um ein **gesetzliches Schuldverhältnis eigener Art** (Mot IV 1063). Dagegen lässt sich der Anspruch nicht dem Deliktsrecht zuordnen (Dölle § 121 IV; Gernhuber/Coester-Waltjen § 70 Rn 51–53; Soergel/Zimmermann Rn 1; MünchKomm/Spickhoff Rn 1; BGB-RGRK/Dickescheid Rn 1). Ob Parallelen zum Anspruch aus §§ 280 Abs 1, 311 Abs 2, 241 Abs 2 BGB (culpa in contrahendo) bestehen (Gernhuber/Coester-Waltjen § 70 Rn 51–53) oder nicht (MünchKomm/Wagenitz[6] Rn 1 Fn 2), ist ohne praktische Bedeutung.

2. Voraussetzungen des Anspruchs

a) Übernahmepflicht

3 Eine grundlose Ablehnung setzt voraus, dass die ausgewählte Person zur Übernahme verpflichtet ist. Eine solche Übernahmepflicht entsteht unter den Voraussetzungen des § 1785 BGB, verlangt also eine Auswahlentscheidung des Familiengerichts nach § 1779 BGB, die dem Ausgewählten bekannt gegeben und damit wirksam wurde (§ 40 Abs 1 FamFG), sowie das Fehlen von Gründen nach §§ 1780–1784 BGB, die der Bestellung entgegenstehen (s Rn 5; § 1785 Rn 1 ff).

b) Grundlose Ablehnung der Übernahme der Vormundschaft

4 Die **Ablehnung** kann, muss aber nicht ausdrücklich erklärt werden; sie kann auch darin liegen, dass der Ausgewählte auf die gerichtliche Aufforderung zur Übernahme der Vormundschaft innerhalb einer angemessenen (oder ihm gesetzten) Frist keine Erklärung abgibt oder einem gerichtlich angeordneten Termin für seine Bestellung unentschuldigt fernbleibt (BGB-RGRK/Dickescheid Rn 2; Soergel/Zimmermann Rn 2; MünchKomm/Spickhoff Rn 4; Palandt/Götz Rn 1). Mit Blick auf den Normzweck, Schäden beim Mündel zu verhindern, die durch schuldhafte Nichterfüllung der Übernahmepflicht entstehen (oben Rn 1), ist eine Ablehnung auch dann zu bejahen, wenn die ausgewählte Person erst nach gerichtlicher Anordnung von Zwangsgeld nach § 1788 BGB zur Übernahme der Vormundschaft bereit ist (MünchKomm/Spickhoff Rn 4; NK-BGB/Fritsche Rn 3).

5 Die Übernahme der Vormundschaft wird ohne Grund abgelehnt, wenn die gesetzlichen Voraussetzungen zur Übernahme der Vormundschaft vorliegen (§ 1785 BGB) und der als Vormund Ausgewählte sich nicht auf einen Ablehnungsgrund nach § 1786 BGB berufen kann. Die Weigerung kann also sowohl auf das Fehlen einer Verpflichtung zur Übernahme der Vormundschaft (zB Fehlen der deutschen Staatsangehörigkeit, Vorliegen eines Hindernisses gemäß §§ 1780–1784 BGB) als auch darauf gestützt werden, dass der Ausgewählte die Vormundschaft nicht zu übernehmen braucht, weil einer der in § 1786 Abs 1 BGB aufgezählten Tatbestände vorliegt.

6 Eine grundlose Ablehnung liegt auch in der Ablehnung der Übernahmepflicht nach § 1787 Abs 2 BGB, wenn also das Familiengericht die Ablehnung für unbegründet erklärt hat und der Ablehnende damit vorläufig zur Übernahme der Vormundschaft verpflichtet ist, dieser Pflicht aber nicht nachkommt (MünchKomm/Spickhoff Rn 5; näher unter Rn 17 ff).

c) Verschulden

7 Durch einen in der II. Kommission beschlossenen Zusatz wurde klargestellt, dass der grundlos Ablehnende nur dann schadensersatzpflichtig ist, wenn ihm ein Verschulden zur Last fällt (Prot IV 750). Es muss also Vorsatz oder Fahrlässigkeit vorliegen (§ 276 BGB). Fahrlässigkeit liegt vor, wenn der Ausgewählte unter Verletzung der erforderlichen Sorgfalt (§ 276 Abs 2 BGB) nicht erkennt, dass er zur Übernahme des Amtes oder zur Erklärung der Bereitschaft zur Übernahme verpflichtet ist, oder in sorgfaltswidriger Weise die Übernahme verzögert (BGB-RGRK/Dickescheid Rn 2; MünchKomm/Spickhoff Rn 6).

3. Inhalt des Anspruchs

8 Inhalt und Umfang des Schadensersatzanspruchs bestimmen sich nach den §§ 249 ff BGB. Der vom Familiengericht Ausgewählte ist für den Schaden (einschließlich etwaiger besonderer Kosten, Mot IV 1065) verantwortlich, der dadurch entsteht, dass sich die **Bestellung des Vormunds verzögert**. Dagegen haftet er nicht für den Schaden, der etwa durch fehlende Eignung oder Fehlhandlungen des an seiner Stelle bestellten Vormunds oder Pflegers (§ 1909 Abs 3 BGB) entstanden ist (Prot IV 750).

9 Die Schadensersatzpflicht wird nicht dadurch ausgeschlossen, dass das Familiengericht es unterlassen hat, zur Vornahme einer notwendigen Handlung gemäß § 1909 Abs 3 BGB einen Pfleger zu bestellen oder eine Maßregel nach § 1846 BGB selbst zu treffen. Da der Mündel auf ein solches Tätigwerden des Familiengerichts keinen Einfluss hat, kann ihm auch kein Mitverschulden vorgeworfen werden (Dölle § 121 IV; BGB-RGRK/Dickescheid Rn 2; Soergel/Zimmermann Rn 3; MünchKomm/Spickhoff Rn 7; Erman/Schulte-Bunert Rn 2; Palandt/Götz Rn 1). Ein auf fahrlässige Amtspflichtverletzung gestützter Anspruch gegen den Familienrichter ist gegenüber dem Anspruch aus § 1787 Abs 1 BGB subsidiär (§ 839 Abs 1 S 2 BGB), ein Anspruch aus vorsätzlicher Amtspflichtverletzung, der eine gesamtschuldnerische Haftung des Familienrichters neben dem grundlos Ablehnenden begründen würde (vgl BGB-RGRK/Dickescheid Rn 2 aE), dürfte praktisch kaum vorkommen.

4. Geltendmachung des Anspruchs

a) Zuständigkeit des Prozessgerichts oder des Familiengerichts

10 Für die gerichtliche Geltendmachung des zivilrechtlichen Ersatzanspruchs ist nach überwiegender Ansicht das Prozessgericht, nicht das Familiengericht zuständig (s Palandt/Götz Rn 1; Erman/Schulte-Bunert Rn 2).

11 Sowohl de lege lata als auch zumindest de lege ferenda könnte über eine Zuständigkeit des Familiengerichts nachgedacht werden. Nach § 151 Nr 4 FamFG gehört zu den Kindschaftssachen, die dem Familiengericht zugewiesen sind, die Verfahren, die die Vormundschaft betreffen. Zwar besteht zwischen dem Mündel und der ausgewählten Person noch kein Vormundschaftsverhältnis. „Betreffen" iS dieser Norm bedeutet jedoch nicht, dass der Schwerpunkt des Begehrens aus diesem Rechtsgebiet stammt (BGH NJW 1978, 1531, 1533; MünchKommFamFG/Heilmann § 151 Rn 6). Es genügt, dass die bekannten Tatsachen diesen Bereich tangieren und in diesem familiengerichtliches Tätigwerden verlangen (MünchKommFamFG/Heilmann § 151 Rn 6). Legt man diesen Maßstab auf den Anspruch nach § 1787 Abs 1 BGB an, so spricht für die Zuständigkeit des Familiengerichts, dass dieses schon im Auswahlverfahren die Voraussetzungen des § 1785 BGB überprüft und durch die Übernahmepflicht zwischen der ausgewählten Person und dem Mündel ein gesetzliches, zumindest familienrechtsähnliches Verhältnis entsteht.

b) Beweislast

12 Der Mündel trägt die **Beweis(führungs)last** für die Tatbestandsvoraussetzungen, also Übernahmepflicht, schuldhafte grundlose Ablehnung, Schadenseintritt sowie Kausalität zwischen grundloser Ablehnung und Schadenseintritt (Erman/Schulte-Bunert Rn 2).

c) Verjährung des Anspruchs

Der Anspruch verjährt gemäß § 195 BGB in drei Jahren. Durch Art 1 Nr 1a), bb) des Gesetzes zur Änderung des Erb- und Verjährungsrechts vom 24. 9. 2009 (BGBl I 3142) wurde § 197 Abs 1 Nr 2 BGB aF aufgehoben, wonach familien- und erbrechtliche Ansprüche einer dreißigjährigen Verjährungsfrist unterlagen. Damit hat sich das Problem, ob der Anspruch aus § 1787 Abs 1 BGB ein familienrechtlicher Anspruch iSv § 197 Abs 1 Nr 2 BGB aF ist oder nicht (näher dazu STAUDINGER/ENGLER [2004] Rn 1), erledigt. 13

Da infolge Ablehnung durch den Ausgewählten (bislang) kein Vormundschaftsverhältnis zustande gekommen ist, ist **§ 207 Abs 1 Nr 3 BGB**, wonach die Verjährung von Ansprüchen zwischen dem Vormund und dem Mündel während der Dauer des Vormundschaftsverhältnisses gehemmt ist, auf den Anspruch aus § 1787 Abs 1 BGB nicht anzuwenden. 14

d) Bindungswirkung von familiengerichtlichen Entscheidungen

Das Prozessgericht ist, soweit man seine Zuständigkeit bejaht (oben Rn 10), bei Prüfung der Anspruchsvoraussetzungen **nicht** an die Entscheidung des Familiengerichts (und der Rechtsmittelgerichte) gebunden (DÖLLE § 121 IV; ERMAN/SCHULTE-BUNERT Rn 2; PALANDT/GÖTZ Rn 1; SOERGEL/ZIMMERMANN Rn 5; MünchKomm/SPICKHOFF Rn 8; **aA** BeckOGK/HOFFMANN [1. 12. 2019] Rn 13). Hat das Familiengericht (oder das Rechtsmittelgericht) aber die Ablehnung für berechtigt erklärt, so wird eine schuldhafte Verletzung der Übernahmepflicht schwerlich in Betracht kommen, wenn nicht der Ausgewählte das Gericht über das Vorliegen eines Ablehnungsgrundes getäuscht hat (vgl auch BGB-RGRK/DICKESCHEID Rn 3 aE). 15

Eine **Ausnahme** gilt aber für den Fall, dass das Familiengericht gemäß **§ 1787 Abs 2 BGB** die Ablehnung für unbegründet erklärt und den Ablehnenden auffordert, die Vormundschaft vorläufig zu übernehmen. Eine solche Verfügung des Familiengerichts begründet eine selbständige Übernahmepflicht, der der Ausgewählte kein Ablehnungsrecht entgegensetzen kann (s unten Rn 23). 16

II. Vorläufige Übernahme der Vormundschaft (Abs 2)

1. Voraussetzungen der Übernahmepflicht

Die Übernahmepflicht nach Abs 2 setzt **zwei familiengerichtliche Entscheidungen** voraus, und zwar eine, wonach die Ablehnung unbegründet ist, und eine, mit der der Ausgewählte zur vorläufigen Führung der Vormundschaft aufgefordert wird. 17

Die **erstgenannte Entscheidung** ergeht nur, wenn das Familiengericht die Ablehnung des Ausgewählten für nicht berechtigt hält. Hiergegen kann der Ausgewählte Beschwerde (§§ 58 ff FamFG) und unter den Voraussetzungen der §§ 70 ff FamFG Rechtsbeschwerde einlegen. Den eingelegten Rechtsmitteln kommt keine aufschiebende Wirkung zu (KEIDEL/MEYER-HOLZ § 58 FamFG Rn 8); das Rechtsmittelgericht kann allerdings durch einstweilige Anordnung den Vollzug aussetzen (§ 64 Abs 3 FamFG). 18

Nach § 1787 Abs 2 BGB ist die familiengerichtliche Entscheidung unbeschadet der dem Ausgewählten zustehenden Rechtsmittel einstweilig bindend mit der Folge, 19 dass das Gericht den Ausgewählten zur vorläufigen Übernahme auffordern und damit die **zweitgenannte Entscheidung** treffen kann; hieraus erwächst dann eine Übernahmepflicht des Ausgewählten. Das Familiengericht kann den Ausgewählten zur vorläufigen Übernahme der Vormundschaft auch dann auffordern, wenn dieser bereits Rechtsmittel eingelegt hat, hierüber aber noch keine Entscheidung vorliegt.

20 Wird die Entscheidung, mit der das Familiengericht die Ablehnung für unbegründet erklärt hat, vom Rechtsmittelgericht aufgehoben, so entfällt die Verpflichtung zur vorläufigen Übernahme der Vormundschaft nicht rückwirkend; der Ablehnende ist aber als Vormund zu entlassen (MünchKomm/Spickhoff Rn 10 aE; BGB-RGRK/Dickescheid Rn 4 aE). Der hierzu erforderliche Antrag des vorläufig bestellten Vormunds nach § 1889 Abs 1 BGB wird meist in dem Vorbringen enthalten sein, mit dem er sich (unter Berufung auf einen Ablehnungsgrund) gegen seine Bestellung wehrt.

21 Das Familiengericht trifft dann keine Anordnung iSv § 1787 Abs 2 BGB, wenn es den Vormund unter dem Vorbehalt späterer Entlassung bei Erfolg seines Rechtsmittels **(§ 1790 BGB)** bestellt. Hieraus ergibt sich keine unbedingte Übernahmepflicht wie im Fall des § 1787 Abs 2 BGB (MünchKomm/Spickhoff Rn 13; NK-BGB/Fritsche Rn 9). Da allerdings bereits in dem eingelegten Rechtsmittel gegen die erstgenannte Entscheidung des Familiengerichts (s Rn 18) ein Entlassungsantrag gesehen werden kann (s Rn 20), kommt einer Anordnung nach § 1790 BGB in der Regel wohl kaum praktische Bedeutung zu.

2. Rechtsfolgen

22 Kommt der Ablehnende der Aufforderung, die Vormundschaft vorläufig zu übernehmen, nicht nach, so kann das Familiengericht ihn nach § 1788 BGB mit **Zwangsgeld** zur Übernahme der Vormundschaft anhalten (Palandt/Diederichsen[70] Rn 2; Erman/Schulte-Bunert Rn 3).

23 Zudem haftet der die Aufforderung nach Abs 2 Ablehnende dem Mündel gemäß § 1787 Abs 1 BGB auf **Schadensersatz**. Dies gilt auch dann, wenn sein Rechtsmittel gegen die Entscheidung des Familiengerichts, mit der seine Ablehnung für unbegründet erachtet wurde, erfolgreich ist (Palandt/Götz Rn 2); gegenüber der Aufforderung des Familiengerichts nach § 1787 Abs 2 BGB gibt es kein Ablehnungsrecht (Dölle § 121 IV; Soergel/Zimmermann Rn 3 aE). Keinen Unterschied macht es für die Schadensersatzpflicht, ob das Rechtsmittel des Ausgewählten erfolgreich war, weil ein Ablehnungsgrund nach § 1786 Abs 1 BGB anerkannt oder eine Übernahmepflicht iSv § 1785 BGB verneint worden ist (ebenso BGB-RGRK/Dickescheid Rn 5; MünchKomm/Spickhoff Rn 14).

24 Wird statt der „vorläufigen Bestellung“ nach § 1787 Abs 2 BGB gemäß § 1790 BGB die Bestellung mit dem Vorbehalt angeordnet, dass mit Feststellung der Ablehnungsbefugnis durch das Beschwerdegericht der Vormund entlassen werde (s oben Rn 21), so entsteht zwar keine unbedingte Übernahmepflicht iSv § 1787 Abs 2 BGB. Dies ändert aber nichts an einer Schadensersatzverpflichtung des Ausgewählten nach § 1787 Abs 1 BGB, soweit dessen Voraussetzungen vorliegen (NK-BGB/Fritsche Rn 9; **aA** Staudinger/Engler [2004] Rn 13).

III. Gegenvormund, Verein und Jugendamt als Vormund

Die Vorschrift gilt entsprechend für den Gegenvormund (§ 1792 Abs 4 BGB; Erman/Schulte-Bunert Rn 4; MünchKomm/Spickhoff Rn 15; BeckOK/Bettin [1. 11. 2019] Rn 6), nicht jedoch für den Verein oder das Jugendamt als jeweils bestellten Vormund, weil § 1785 BGB sich nur auf natürliche Personen bezieht (s § 1785 Rn 9). 25

Beschränkt man allerdings die Übernahmepflicht iSv § 1787 Abs 1 BGB nicht auf diejenige nach § 1785 BGB, sondern erstreckt sie auch auf § 1791b BGB, so ließe sich bereits de lege lata eine Schadensersatzpflicht des bestellten Jugendamts nach § 1787 Abs 1 BGB bejahen, soweit dieses unbegründet die Übernahme ablehnt (MünchKomm/Spickhoff Rn 15). Der Gesetzgeber sollte künftig klarstellen, ob und inwieweit § 1787 Abs 1 BGB auch für den Verein und das Jugendamt als Vormund gelten soll. 26

IV. Pflegschafts- und Betreuungsrecht

Die Vorschrift gilt entsprechend im Pflegschaftsrecht (§ 1915 Abs 1 BGB), im Betreuungsrecht dagegen nur Abs 1 (arg e § 1908i Abs 1 S 1 BGB). 27

§ 1788
Zwangsgeld

(1) Das Familiengericht kann den zum Vormund Ausgewählten durch Festsetzung von Zwangsgeld zur Übernahme der Vormundschaft anhalten.

(2) Die Zwangsgelder dürfen nur in Zwischenräumen von mindestens einer Woche festgesetzt werden. Mehr als drei Zwangsgelder dürfen nicht festgesetzt werden.

Materialien: E I § 1639 S 3, 4; II § 1669; III § 1764; Mot IV 1064; Prot IV 750. Geändert durch Gesetz v 5. 3. 1953 (BGBl I 33) I. Teil Art 4 Nr 1; EGStGB v 2. 3. 1974 (BGBl I 469) Art 121 Nr 5; neugefasst durch Bekanntmachung v 2. 1. 2002 (BGBl I 42); Abs 1 zuletzt geändert durch Art 50 Nr 34 nach Maßgabe von Art 111 FGG-RG v 17. 12. 2008 (BGBl I 2586) mit Wirkung v 1. 9. 2009.

Systematische Übersicht

I. Normzweck, Systematik, Historie

1. Normzweck, Systematik

1 Um den gemäß § 1779 BGB als Vormund Ausgewählten zur Übernahme des Amts zu veranlassen, kann das Familiengericht ihm nach § 1788 BGB Zwangsgeld auferlegen. Das Zwangsgeld ist lediglich ein Beugemittel, mit dem erreicht werden soll, dass der Ausgewählte die Anordnung des Familiengerichts befolgt, kraft derer er zur Übernahme der Vormundschaft verpflichtet ist (§ 1785 BGB); es soll aber keine Strafe, keine Reaktion auf begangenes Unrecht sein (vgl § 1837 Rn 56). Wären keine negativen Folgen bei Ablehnung vorgesehen, so brauchte niemand die Pflicht zur Übernahme der Vormundschaft ernst zu nehmen; das Risiko, gemäß § 1787 Abs 1 BGB für einen Schaden einstehen zu müssen, der dem Mündel deshalb entsteht, weil der Ausgewählte die Übernahme ohne Grund ablehnt, wird in vielen Fällen keine praktische Bedeutung haben, weil nicht zu erwarten ist, dass die Verzögerung der Bestellung eines Vormunds einen Vermögensschaden beim Mündel verursachen wird.

Das BGB wollte deshalb nach dem Vorbild der meisten früheren Gesetze auf einen öffentlichen Zwang nicht ganz verzichten. Es geht aber „davon aus, daß nur ein mäßiger Zwang, nicht ein absoluter Zwang zuzulassen ist, da derjenige, welcher eine bestimmte Vormundschaft mit entschiedenem Widerwillen übernimmt, voraussichtlich kein guter Vormund sein wird" (Mot IV 1064; s auch Enneccerus/Kipp § 108 V; Dölle § 121 V; Gernhuber/Coester-Waltjen § 70 Rn 50). Andere Zwangsmittel, auch Haft bei Unbeitreibbarkeit des Zwangsgeldes, stehen dem Familiengericht nicht zur Verfügung (Mot IV 1064; Soergel/Zimmermann Rn 2; Erman/Schulte-Bunert Rn 1; MünchKomm/Spickhoff Rn 1; BGB-RGRK/Dickescheid Rn 5; Palandt/Götz Rn 1).

2 § 1788 BGB ist lex specialis zu § 35 Abs 1 FamFG (BR-Drucks 309/07, 423), der wegen fehlender anderweitiger gesetzlicher Regelung die Zwangsgeldfestsetzung zur Durchsetzung verfahrensleitender gerichtlicher Anordnung zur Vornahme oder Unterlassung einer Handlung regelt (MünchKommFamFG/Ulrici § 35 Rn 1).

2. Historie

3 Ursprünglich hatte das BGB in § 1788 Abs 1 BGB aF von Ordnungsstrafen gesprochen, durch die das Familiengericht den zum Vormund Ausgewählten zur Übernahme der Vormundschaft anhalten konnte, und in Abs 2 S 1 bestimmt, dass die einzelne Strafe den Betrag von dreihundert Mark nicht übersteigen darf. Diese Begrenzung wurde durch die VO über Vermögensstrafen und Bußen vom 6. 2. 1924 (RGBl I 44) aufgehoben, der ursprüngliche Abs 2 S 1 dann aber durch das Gesetz zur Wiederherstellung der Gesetzeseinheit auf dem Gebiete des bürgerlichen Rechts vom 5. 3. 1953 (BGBl I 33) gestrichen. Das EGStGB vom 2. 3. 1973 (BGBl I 469) ersetzte allgemein den Begriff „Ordnungsstrafe" und in Abs 2 S 1 und 2 den Begriff „Strafe" jeweils durch den Begriff „Zwangsgeld".

4 Vor der Einführung des Euro waren als Mindestbetrag eines Zwangsgeldes in Art 6 Abs 1 EGStGB 5 DM, als Höchstbetrag in § 33 Abs 3 S 2 FGG 50 000 DM festgelegt. Durch Gesetze vom 13. 12. 2001 (BGBl I 3574 u I 3638) wurden diese Sätze

geändert in 5 Euro und 25 000 Euro. Das am 1. 9. 2009 in Kraft getretene FamFG hat an letztgenanntem Betrag nichts geändert (§ 35 Abs 3 FamFG).

II. Die Festsetzung von Zwangsgeld

1. Voraussetzungen

Die Festsetzung von Zwangsgeld setzt voraus, dass der nach § 1779 BGB Ausgewählte zur Übernahme nach § 1785 BGB verpflichtet ist und schuldhaft die Übernahme abgelehnt hat, etwa keinen Ablehnungsgrund nach § 1786 BGB hat (s dazu § 1787 Rn 3 ff). § 1788 BGB findet auch Anwendung auf denjenigen, der einer Pflicht zur vorläufigen Übernahme nach § 1787 Abs 2 BGB nicht nachkommt (KG RJA 16, 189; MünchKomm/Spickhoff Rn 4; Erman/Schulte-Bunert Rn 1; BGB-RGRK/Dickescheid Rn 2). 5

2. Die Festsetzung im Einzelnen

a) Ermessen, Zuständigkeit des Gerichts

Das Familiengericht ist zur Festsetzung eines Zwangsgeldes berechtigt, aber nicht verpflichtet, wenn der von ihm als Vormund Ausgewählte die Übernahme ohne Grund ablehnt; die Anwendung des Zwangsmittels steht im pflichtgemäßen Ermessen des Gerichts (MünchKomm/Spickhoff Rn 7). Das Gericht wird davon insbesondere dann absehen dürfen, wenn sich die Erfolglosigkeit der Zwangsmaßnahme mit Sicherheit voraussehen lässt (Erman/Schulte-Bunert Rn 1; BGB-RGRK/Dickescheid Rn 4). 6

Funktionell zuständig ist der Rechtspfleger nach § 3 Nr 2 Buchst a RPflG (arg § 4 Abs 2 Nr 2 RPflG). 7

b) Hinweis nach § 35 Abs 2 FamFG

Nach § 33 Abs 3 S 1 FGG musste der Festsetzung eines Zwangsgeldes stets dessen Androhung vorausgehen. Mit Inkrafttreten des FamFG am 1. 9. 2009 ist zwecks Beschleunigung des Verfahrens die Notwendigkeit einer Androhung entfallen und an ihre Stelle die Pflicht zum Hinweis auf die Folgen einer Zuwiderhandlung gegen die Entscheidung, die die Verpflichtung zur Vornahme einer Handlung anordnet (§ 35 Abs 2 FamFG), getreten (BR-Drucks 309/07, 423 f). Die gerichtliche Anordnung selbst, also die Auswahlentscheidung nach § 1779 BGB, muss diesen Hinweis enthalten (MünchKommFamFG/Ulrici § 35 Rn 10). Es genügt dabei der Hinweis auf die in Aussicht genommene Höchstsumme (BGH NJW 1973, 2288 f; Erman/Schulte-Bunert Rn 2). 8

c) Höhe des Zwangsgeldes

Die Höhe des Zwangsgeldes, das nach § 1788 BGB festgesetzt werden kann, beträgt mindestens 5 Euro und höchstens 25 000 Euro (Art 6 Abs 1 EGStGB, § 35 Abs 3 FamFG). Die Überschreitung dieses (oder eines in anderer Höhe angedrohten) Höchstbetrags macht die Verfügung, die das Zwangsgeld festsetzt, nicht nichtig, sondern nur anfechtbar (BayObLG FamRZ 1975, 279 [LS]; Keidel/Zimmermann § 35 FamFG Rn 42). Bei wiederholter Festsetzung des Zwangsgeldes (dazu Rn 10 f) ist der Betrag von 25 000 Euro nicht der Höchstbetrag (Keidel/Zimmermann § 35 FamFG Rn 48). Eine 9

Umwandlung des Zwangsgeldes in Freiheitsentzug ist auch bei Uneinbringlichkeit nicht zulässig (anders § 35 Abs 1 S 2 FamFG; insoweit ist § 1788 BGB lex specialis [s Rn 2]).

d) Zeitlicher Abstand und Höchstzahl der Zwangsgelder (Abs 2)

10 Zwangsgelder dürfen gegen dieselbe Person auch mehrmals hintereinander, nach § 1788 Abs 2 S 1 BGB aber nur in Zwischenräumen von **mindestens einer Woche** festgesetzt werden. Mit der Festsetzung eines Zwangsgeldes kann die Androhung eines weiteren Zwangsgeldes für den Fall der Fruchtlosigkeit der Aufforderung zur Übernahme der Vormundschaft verbunden werden. Ob die Voraussetzungen der Festsetzung von Zwangsgeldern vorliegen, ist auch bei einer Wiederholung selbständig zu prüfen, weil nicht auszuschließen ist, dass sich die Verhältnisse geändert haben (KG OLGE 42, 111).

11 Nach Abs 2 S 2 kann gegen eine Person, die die Übernahme der Vormundschaft ohne rechtfertigenden Grund ablehnt, nur **dreimal** ein Zwangsgeld festgesetzt werden. Eine wiederholte Festsetzung verlangt, dass auch der Hinweis (Rn 8) wiederholt und die Vormundschaft erneut schuldhaft nicht übernommen wurde (Erman/Schulte-Bunert Rn 2). Bleibt auch die dritte Festsetzung ohne Erfolg, so muss ein anderer Vormund ausgewählt werden (Erman/Schulte-Bunert Rn 2; Palandt/Götz Rn 1). Insoweit weicht die Sonderregelung des § 1788 BGB von der allgemeinen Regelung des § 1837 Abs 3 BGB ab, die es gestattet, die Festsetzung von Zwangsgeld beliebig oft zu wiederholen, solange der Vormund einer Anordnung des Familiengerichts nicht nachkommt und der Grund der Anordnung nicht weggefallen ist. Freilich wird auch dann, wenn es nicht darum geht, eine Person überhaupt erst zur Übernahme der Vormundschaft zu veranlassen, die häufiger wiederholte Festsetzung von Zwangsgeldern nicht sinnvoll sein; bei hartnäckigem Widerstand des Vormunds gegen eine Anordnung des Familiengerichts wird vielmehr die Entlassung des Vormunds nach § 1886 BGB naheliegen (vgl § 1837 Rn 67 aE).

12 Die dreimalige Festsetzung eines Zwangsgeldes schließt es nicht aus, dass die Person, die sich hartnäckig geweigert hat, eine bestimmte Vormundschaft übernimmt, zur Übernahme einer anderen Vormundschaft herangezogen und bei grundloser Weigerung erneut mit der Festsetzung von Zwangsgeld gegen sie vorgegangen wird (Mot IV 1065; Dölle § 121 V; MünchKomm/Spickhoff Rn 9; BGB-RGRK/Dickescheid Rn 5 aE). Dies wird freilich meist nicht naheliegen, da das Verhalten dieser Person ihre Eignung als Vormund generell infrage stellt.

3. Beschwerde; Änderung der Entscheidung

13 Gegen die Festsetzung eines Zwangsgeldes kann der Betroffene sofortige Beschwerde nach § 35 Abs 5 FamFG, §§ 567 ff ZPO einlegen; die Beschwerde hat aufschiebende Wirkung (§ 570 Abs 1 ZPO).

14 Ist die Festsetzung eines Zwangsgeldes rechtskräftig, so ist das Zwangsgeld einschließlich der dem Beteiligten zugleich mit der Festsetzung aufzuerlegenden Kosten des Verfahrens (§ 35 Abs 3 S 2 FamFG) beizutreiben, und zwar auch dann, wenn der als Vormund Ausgewählte inzwischen die Führung der Vormundschaft übernommen hat. Das Familiengericht kann aber nach § 48 FamFG seine Entscheidung ändern,

etwa dann, wenn der Vormund nachträglich ausreichende Entschuldigungsgründe vorbringt (BGB-RGRK/Dickescheid Rn 4).

4. Amts- und Vereinsvormundschaft

15 Die Vorschrift des § 1837 Abs 3 S 2 BGB, die die Festsetzung eines Zwangsgeldes gegen das Jugendamt oder einen Verein ausschließt (vgl § 1837 Rn 68 ff), steht auch der Festsetzung eines Zwangsgeldes nach § 1788 BGB entgegen (Erman/Schulte-Bunert Rn 1 aE; s auch MünchKomm/Spickhoff Rn 6, jurisPK-BGB/Hamdan Rn 14 u BGB-RGRK/Dickescheid Rn 7, die die Unanwendbarkeit im Falle des Vereins als Vormund auf das Fehlen einer Übernahmepflicht – § 1791a Abs 1 S 2 HS 2 BGB – stützen).

III. Pflegschafts- und Betreuungsrecht

16 Auf die Pflegschaft findet die Vorschrift nach § 1915 Abs 1 BGB entsprechende Anwendung, nicht aber im Betreuungsrecht (arg e § 1908i Abs 1 S 1 BGB). Hier hat sich der Gesetzgeber bewusst gegen die Aufnahme einer dem § 1788 BGB entsprechenden Vorschrift ausgesprochen (näher MünchKomm/Schwab § 1898 Rn 11).

17 Es bestehen aber Zweifel, ob sich Freiwilligkeit und Bereitschaft zur Vormundschaftsübernahme wirklich mit Zwangsgeld erreichen lassen, deshalb stellt sich auch im Rahmen von § 1788 BGB die Frage, ob diese Vorschrift nicht entsprechend dem Vorbild des Betreuungsrechts gestrichen werden sollte (zu den Gründen, warum der Inhalt von § 1788 BGB nicht in die Vorschrift des § 1898 BGB aufgenommen wurde, BT-Drucks 11/4528, 129; krit Staudinger/Bienwald [2017] § 1898 Rn 5).

§ 1789
Bestellung durch das Familiengericht

Der Vormund wird von dem Familiengericht durch Verpflichtung zu treuer und gewissenhafter Führung der Vormundschaft bestellt. Die Verpflichtung soll mittels Handschlags an Eides statt erfolgen.

Materialien: E I § 1645 Abs 1; II § 1670; III § 1765; Mot IV 1078; Prot IV 752. Neugefasst durch Bekanntmachung v 2. 1. 2002 (BGBl I 42); Überschrift u S 1 geändert durch Art 50 Nr 34 nach Maßgabe von Art 111 FGG-RG v 17. 12. 2008 (BGBl I 2586) mit Wirkung v 1. 9. 2009.

Schrifttum

Bestelmeyer, Die rechtlichen Voraussetzungen für die wirksame Bestellung eines Ergänzungspflegers. A. Erwiderung zu Keuter, FamRZ 2010, 1955, FamRZ 2011, 950

Damrau, Nochmals: Die mißverstandene „generelle“ Verpflichtung zur Führung von Vormundschaften und Pflegschaften. Erwiderung auf die Ausführungen von Goerke Rpfleger 1982, 169, Rpfleger 1984, 48

Goerke, Die mißverstandene „generelle“ Verpflichtung zur Führung von Vormundschaften und Pflegschaften, Rpfleger 1982, 169

Keuter, Die rechtlichen Voraussetzungen für die wirksame Bestellung eines Ergänzungspfle-

gers. B. Erwiderung zu Bestelmeyer, FamRZ 2011, 950, FamRZ 2011, 954
ders, Vergütungsanspruch des berufsmäßigen Ergänzungspflegers für Tätigkeiten vor Bestellung, FamRZ 2010, 1955.

Systematische Übersicht

I. Bestellungsprinzip

1 § 1789 BGB verwirklicht das **Bestellungsprinzip**, das das deutsche Vormundschaftsrecht beherrscht: Abgesehen vom Fall des Kindes nicht miteinander verheirateter Eltern, das eines Vormunds bedarf, wenn es keinen handlungsfähigen gesetzlichen Vertreter hat (§ 1791c BGB), tritt die Vormundschaft nicht kraft Gesetzes, sondern stets aufgrund gerichtlicher Anordnung ein (§ 1774 BGB). Die Rechte und Pflichten des Vormunds beginnen erst mit seiner Bestellung und enden regelmäßig mit seiner Entlassung (Mot IV 1034, 1082).

2 Die Bestellung des Vormunds ist ein **öffentlich-rechtlicher Akt der freiwilligen Gerichtsbarkeit**, an dem das Familiengericht und der zu bestellende Vormund mitwirken. Das in S 2 verwendete Wort „Verpflichtung" ist in zweifachem Sinn zu verstehen, nämlich als Gebot, das das Familiengericht an den Vormund richtet, in dem es ihn zu treuer und gewissenhafter Führung der Vormundschaft auffordert, und als Erklärung des Vormunds, durch die er treue und gewissenhafte Führung der Vormundschaft verspricht.

3 Die Bestellung ist also **kein privatrechtliches Rechtsgeschäft**, insbesondere kein Vertrag. Auch auf die Erklärung des Vormunds sind deshalb nicht die Vorschriften der §§ 104 ff BGB über Rechtsgeschäfte, insbesondere über die Anfechtung von Willenserklärungen (§§ 119 ff BGB), anzuwenden (KG RJA 14, 8; Enneccerus/Kipp § 109 I; Dölle § 122 I; BGB-RGRK/Dickescheid Rn 1; MünchKomm/Spickhoff Rn 8). Hat sich der Vormund in einem Irrtum über den Umfang der übernommenen Geschäfte befunden, so kann er allenfalls seine Entlassung beantragen, die aber nur erfolgen kann, wenn ein Entlassungsgrund (§§ 1886 ff BGB) vorliegt. Auch das Familiengericht kann die Bestellung nicht mit der Wirkung zurücknehmen, dass sie als nicht geschehen zu gelten hätte; es kann den Vormund nur mit Wirkung ex nunc entlassen.

4 Über die Nichtigkeit der Bestellung eines Vormunds, der geschäftsunfähig ist, s Prot IV 828 ff.

II. Bestellungsakt

1. Zuständigkeit des Familiengerichts

5 Zuständig zur Bestellung ist das Familiengericht, das die Vormundschaft angeordnet und den Vormund ausgewählt hat (s § 1779 Rn 93). Funktionell zuständig ist der Rechtspfleger (§§ 3 Nr 2 Buchst a, 14 Abs 1 RPflG; Ausnahme: § 14 Abs 1 Nr 10 RPflG; s weiter Vorbem 74 zu §§ 1773 ff). Hat der Richter außer den sorgerechtlichen Maßnahmen nach § 1666 BGB gegenüber den Eltern auch die Vormundschaft angeordnet und darüber hinaus den Vormund bestellt, so ist er zwar für die beiden letztgenannten Rechtsakte unzuständig, was aber unschädlich ist (arg § 8 Abs 1 RPflG). Erfolgt zeitlich später noch ein Beschluss des an sich zuständigen Rechtspflegers, so handelt es sich dabei nicht mehr um eine konstituierende Bestellung, sondern nur noch um einen deklaratorischen Beschluss (DIJuF-Rechtsgutachten JAmt 2010, 564); die Vormundschaft beginnt ab dem Wirksamwerden des richterlichen Rechtsaktes (DIJuF-Rechtsgutachten JAmt 2010, 564). Um zu vermeiden, dass es zu zeitlichen Verzögerungen zwischen der Anordnung der Vormundschaft sowie der Auswahl und Bestellung des Vormunds kommt (so im Fall des LG Münster FamRZ 2010, 473 f), sollte der Vormund bereits im Termin bestellt werden, in dem auch die Vormundschaft angeordnet und der Vormund ausgewählt wird (Zachey Anm zu LG Münster FamRZ 2010, 473, 474).

2. Persönliche Mitwirkung des Vormunds

6 Da die Bestellung ein mitwirkungsbedürftiger Akt der freiwilligen Gerichtsbarkeit ist, kann sie nur wirksam stattfinden, wenn der Vormund persönlich anwesend ist und mitwirkt (Palandt/Götz Rn 1; MünchKomm/Spickhoff Rn 7; OLG Dresden 17. 11. 2016 – 18 WF 1167/16, juris Rn 20, 25, FamRZ 2017, 458, 459; OLG Brandenburg 15. 4. 2015 – 15 WF 84/15, juris Rn 4, FamRZ 2015, 1735; Oberloskamp/Dürbeck, Vormundschaft § 3 Rn 172; **aA** BeckOGK/Hoffmann [1. 12. 2019] Rn 13 f; s auch Keuter FamRZ 2010, 1955 f; ders FamRZ 2011, 954 f). Eine einseitige Bestellung zum Vormund ist nicht möglich; wer das von ihm verlangte Versprechen ablehnt, kann nicht wirksam bestellt werden (BGB-RGRK/Dickescheid Rn 3; Dölle § 122 I). Eine Vertretung bei der Verpflichtung ist ausgeschlossen, und der Vormund kann auch nicht durch Zustellung eines Schriftstücks wirksam bestellt werden. Dies gilt auch für einen Berufsvormund (Sammelvormund), der zahlreiche Vormundschaften führt (KGJ 38, A 41; BayObLG BayZ 1925, 186; anders Keuter FamRZ 2010, 1955 f unter analoger Anwendung der §§ 1791a Abs 2 u 1791b Abs 2 BGB, § 289 Abs 2 S 2 FamFG für den berufsmäßigen Ergänzungspfleger; dagegen Bestelmeyer FamRZ 2011, 950, 951 f; zu den Besonderheiten bei der Vereinsvormundschaft § 1791a Rn 18).

7 Nur beim **Verein als** Vormund (§ 1791a Abs 2 BGB) und beim **bestellten Amtsvormund** (§ 1791b Abs 2 BGB) erfolgt die Bestellung durch schriftliche Verfügung des Familiengerichts; die §§ 1789 und 1791 BGB sind deshalb nicht anzuwenden (zum früheren Recht s Staudinger/Engler[10/11] Rn 16 mwNw).

3. Verpflichtung zu treuer und gewissenhafter Führung der Vormundschaft

8 Eine wirksame Bestellung liegt nur dann vor, wenn die Erklärungen des Familiengerichts und des zu bestellenden Vormunds dessen Verpflichtung zu treuer und gewissenhafter Führung der Vormundschaft zum Gegenstand haben. Dabei ist die Verwendung der im Gesetz gebrauchten Worte nicht unbedingt vorausgesetzt (BayObLGZ 1958, 204 = FamRZ 1958, 384, 395 = DAVorm 1958/59, 283, 286; s auch KG OLGE 21, 284); es genügt, wenn die Erklärung des Vormunds als Gelöbnis, die Vormundschaft treu und gewissenhaft zu führen, zu verstehen ist und der Familienrichter ihn darauf als Vormund bestätigt (zB durch Handschlag, Aushändigung der Bestallung, Vermerk im Protokoll).

9 Ein **schlüssiges Verhalten**, wie es darin gesehen werden könnte, dass das Familiengericht die Betätigung einer Person als Vormund duldet (weil es irrtümlich annimmt, die Bestellung sei schon erfolgt), kann nicht als Bestellung gewertet werden (OGHBrZ OGHZ 1, 198, 203 = NJW 1949, 64, 65 = Rpfleger 1948/49, 273; BGH NJW 1974, 1374; BGB-RGRK/Dickescheid Rn 2; Soergel/Zimmermann Rn 4; MünchKomm/Spickhoff Rn 5).

4. Bestellung für die einzelne Vormundschaft

10 Die Bestellung bezieht sich jeweils auf die einzelne Vormundschaft, für die eine Person als Vormund ausgewählt ist. Das ergibt sich aus dem Wortlaut des § 1789 BGB, der die Bestellung zur Führung „der Vormundschaft" vorschreibt; auf die konkrete Vormundschaft muss sich die Verpflichtung beziehen. Deshalb ist es nicht zulässig, eine Person allgemein für alle Vormundschaften, die ihr künftig übertragen werden sollen, zu bestellen und später in den einzelnen Fällen hierauf Bezug zu nehmen (BayObLG BayZ 1925, 186; Enneccerus/Kipp § 109 I Fn 1; Dölle § 122 I; Gernhuber/Coester-Waltjen § 70 Rn 55; MünchKomm/Spickhoff Rn 11; Palandt/Götz Rn 1; BeckOK/Bettin [1. 11. 2019] Rn 2; BeckOGK/Hoffmann [1. 12. 2019] Rn 8; Erman/Schulte-Bunert Rn 3; BGB-RGRK/Dickescheid Rn 8; Goerke Rpfleger 1982, 169; Bestelmeyer FamRZ 2011, 950, 952 ff; **aA** BayObLGZ 24, 193 = JFG 3, 67 = JR 1925, 2140; RG HRR 1933 Nr 1588 = Gruchot 73, 357; Damrau Rpfleger 1984, 48; Soergel/Zimmermann Rn 5 u Keuter FamRZ 2010, 1955, 1956; ders FamRZ 2011, 954 f für den berufsmäßigen Ergänzungspfleger, weil es einen überflüssigen Aufwand an Zeit und Mühe bedeuten würde, wollte man jemanden, der das Amt in zahlreichen Fällen ausübt, stets wieder erneut mit der Belehrung und Förmlichkeit überziehen).

5. Keine Bedingung oder Zeitbestimmung

11 Die Bestellung des Vormunds unter einer Bedingung oder Zeitbestimmung ist nicht zulässig. Im Interesse der Rechtssicherheit, die der Bestellungsgrundsatz bezweckt, soll weder die Wirksamkeit der Bestellung vom Eintritt oder Nichteintritt eines Ereignisses abhängig gemacht werden können, noch soll die Bestellung ohne Weiteres ihre Wirksamkeit verlieren können, wenn ein bestimmtes Ereignis eintritt oder nicht eintritt (BayObLGZ 28, 270 = BayZ 1928, 250; Gernhuber/Coester-Waltjen § 70 Rn 56; MünchKomm/Spickhoff Rn 6; Soergel/Zimmermann Rn 5; Erman/Schulte-Bunert Rn 1; BGB-RGRK/Dickescheid Rn 5; Dethloff, Familienrecht § 16 Rn 21; **aA** noch Beitzke/Lüderitz § 36 I 3 h, der die Befristung der Bestellung für zulässig hält, ohne dies näher zu begründen).

Dass § 1790 BGB die Bestellung unter dem **Vorbehalt der Entlassung** bei Eintritt oder Nichteintritt eines bestimmten Ereignisses zulässt, bedeutet keine Ausnahme vom Grundsatz der Bedingungsfeindlichkeit der Bestellung, sondern bestätigt ihn. Im Fall des § 1790 BGB wird der Bestellungsgrundsatz nicht eingeschränkt. Der Vormund erlangt mit der Bestellung seine volle Rechtsstellung, aber das Familiengericht kann ihn, wenn die Bedingung eintritt, durch eine neue Verfügung ex nunc entlassen, ohne dass es auf das Vorliegen eines Entlassungsgrundes nach §§ 1886 ff BGB ankäme. 12

6. Verpflichtung mit Handschlag an Eides statt (S 2)

Nach S 2 soll die Verpflichtung mittels Handschlags an Eides statt erfolgen. Diese feierliche Form entspricht dem Ernst und der Wichtigkeit der Aufgaben des Vormunds; sie macht ihm diese bewusst und ist auch geeignet, seine Stellung nach außen zu stärken (Mot IV 1078). Ein in der II. Kommission gestellter Antrag, die Worte „mittelst Handschlags" zu streichen, wurde zurückgezogen (Prot IV 752). Die Wirksamkeit der Bestellung wird aber nicht dadurch infrage gestellt, dass die Verpflichtung nicht in der feierlichen Form stattgefunden hat (KG OLGE 21, 284; BGB-RGRK/Dickescheid Rn 4; MünchKomm/Spickhoff Rn 3, 10: „Ordnungsvorschrift", so auch BeckOK/Bettin [1. 11. 2019] Rn 4 u Erman/Schulte-Bunert Rn 1 aE). 13

Strafrechtliche Folgen (§§ 156, 163 StGB) hat eine Verletzung des bei der Bestellung abgelegten Gelöbnisses nicht (Mot IV 1078), da es sich um eine auf zukünftiges Verhalten gerichtete Erklärung, nicht um die Bekräftigung einer Aussage handelt, deren (auf in der Vergangenheit oder Gegenwart liegende Tatsachen bezogener) Inhalt falsch ist (MünchKomm/Spickhoff Rn 9; s auch BGB-RGRK/Dickescheid Rn 4, der an eine Ausnahme denkt, wenn der Bestellte schon bei Abgabe der Versicherung den Vorsatz hatte, die Pflicht zu gewissenhafter Führung der Vormundschaft zu verletzen). 14

III. Wirkung der Bestellung

Mit dem Wirksamwerden der Bestellung **erlischt ein Ablehnungsrecht**, das der als Vormund Ausgewählte bis zu diesem Zeitpunkt auf einen der in § 1786 Abs 1 BGB aufgezählten Tatbestände stützen konnte (§ 1786 Abs 2 BGB). Zudem erlangt er das Recht und die Pflicht, für die Person und das Vermögen des Mündels zu sorgen, insbesondere ihn zu vertreten (§ 1793 BGB) (BGH 13. 12. 2017 – XII ZB 436/17, juris Rn 12, FamRZ 2018, 513, 514; DIJuF-Rechtsgutachten JAmt 2018, 201). Gleichzeitig entsteht im Verhältnis zum Mündel ein **gesetzliches Schuldverhältnis** (BGHZ 17, 108; Palandt/Götz Rn 2), das als Haftungsgrundlage dient. Darüber hinaus **haftet** der Vormund für den durch eine schuldhafte Pflichtverletzung entstehenden Schaden (§ 1833 BGB). Die Rechte und Pflichten, die mit dem Amt des Vormunds verbunden sind, treffen den Bestellten unabhängig davon, ob er sie im Einzelnen kennt. 15

Nach § 1836 Abs 1 S 2 BGB iVm § 1 Abs 1 S 1 VBVG (Vormünder- und Betreuervergütungsgesetz vom 21. 4. 2005, BGBl I 1073) hat das Familiengericht „bei der Bestellung" des Vormunds **festzustellen**, dass der Vormund die Vormundschaft **berufsmäßig führt**, wenn ihm in einem solchen Umfang Vormundschaften übertragen sind, dass er sie nur im Rahmen seiner Berufsausübung führen kann, oder wenn zu erwarten ist, dass dem Vormund in absehbarer Zeit Vormundschaften in diesem 16

Umfang übertragen sein werden. Trifft das Gericht die Feststellung nach § 1 Abs 1 S 1 VBVG, so hat es dem Vormund oder Gegenvormund eine **Vergütung** zu bewilligen (s dazu Staudinger/Bienwald § 1836 Rn 24, 36 ff; s auch OLG Stuttgart FamRZ 2011, 846 betr Nachlasspflegschaft). Erst mit wirksamer Bestellung entstehen auch die mit einer berufsmäßig geführten Vormundschaft verbundenen Vergütungsansprüche (BGH 13. 12. 2017 – XII ZB 436/17, juris Rn 12, FamRZ 2018, 513, 514; BGH 30. 8. 2017 – XII ZB 562/16, juris Rn 11, FamRZ 2017, 1846).

17 **Fehlt es an einer wirksamen Bestellung**, hat der Vormund keine Rechte und Pflichten aus § 1793 BGB mit der Folge, dass er nach seiner Bestellung auch nicht sein Einverständnis mit einer vor seiner Bestellung gewährten Hilfe zur Erziehung, etwa in Form einer Unterbringung des Kindes in einer Pflegefamilie, erteilen kann (DIJuF-Rechtsgutachten JAmt 2018, 200, 201). Ebenso wenig steht ihm für die Zeit vor der Bestellung ein Vergütungsanspruch zu (BGH 27. 9. 2017 – XII ZB 6/16, juris Rn 10, FamRZ 2018, 40 f; BGH 30. 8. 2017 – XII ZB 562/16, juris Rn 13 ff, FamRZ 2017, 1846 f [m Anm Zorn]; Zachey Anm zu LG Münster FamRZ 2010, 473, 474; Palandt/Götz Rn 2; Oberloskamp/Dürbeck, Vormundschaft § 3 Rn 172). Zwar wird teilweise angenommen, dass sich zumindest in Ausnahmefällen auch für Tätigkeiten, die vor der förmlichen Bestellung geleistet wurden, ein Vergütungsanspruch aus § 242 BGB ergeben könne, insbesondere wenn diese durch das Gericht veranlasst worden sind (OLG Braunschweig 15. 5. 2017 – 1 WF 73/17, juris Rn 9, 14, FamRZ 2017, 1412, 1413; OLG Frankfurt 19. 9. 2016 – 6 WF 125/16, juris Rn 9 f, FamRZ 2017, 461 f; OLG Brandenburg 15. 4. 2015 – 15 WF 84/15, juris Rn 6 f, FamRZ 2015, 1735 f; LG Münster FamRZ 2010, 473 f; kein Vorliegen eines solchen Ausnahmefalls: OLG Dresden 17. 11. 2016 – 18 WF 1167/16, juris Rn 26 f, FamRZ 2017, 458, 459 f; OLG Hamm 26. 9. 2013 – 6 WF 211/13, juris Rn 7, FamRZ 2014, 672). Ein solcher Anspruch kann jedoch de lege lata aus Gründen der Rechtssicherheit nicht bejaht werden (BGH 30. 8. 2017 – XII ZB 562/16, juris Rn 13 ff, FamRZ 2017, 1846 f [m Anm Zorn]).

18 Ohne Einfluss auf die Wirksamkeit der Bestellung ist die in § 1791 BGB vorgesehene **Aushändigung der Bestallung**.

19 Werden für einen Mündel **mehrere Vormünder** bestellt, so beginnt das Amt jedes Mitvormunds mit seiner Bestellung. Wird die Führung der Vormundschaft nach bestimmten Wirkungskreisen verteilt (§ 1797 Abs 2 BGB), so legt das Familiengericht die Wirkungskreise im Regelfall bei der Bestellung fest; es kann auch später eine Verteilung vornehmen (§ 1797 Rn 41). Das Familiengericht kann bei der Bestellung oder später auch eine allgemeine Regelung der Entscheidung von Meinungsverschiedenheiten unter den Mitvormündern treffen (§ 1797 Rn 20 ff).

20 Beim **Verein** als Vormund sowie beim **Jugendamt** als bestelltem Vormund treten die Wirkungen der Bestellung mit dem Zugang der schriftlichen Verfügung des Familiengerichts (§§ 1791a Abs 2, 1791b Abs 2 BGB) ein. Bei der gesetzlichen Amtsvormundschaft (§ 1791c BGB) gilt das Bestellungsprinzip nicht.

IV. Pflegschafts- und Betreuungsrecht

21 Die Vorschrift gilt entsprechend im Pflegschaftsrecht (§ 1915 Abs 1 BGB); für die Betreuung gelten eigenständige Regelungen (§ 289 FamFG; MünchKomm/Spickhoff Rn 16; Erman/Schulte-Bunert Rn 5).

§ 1790
Bestellung unter Vorbehalt

Bei der Bestellung des Vormunds kann die Entlassung für den Fall vorbehalten werden, dass ein bestimmtes Ereignis eintritt oder nicht eintritt.

Materialien: E I § 1638 Abs 3; II § 1660 Abs 3; III § 1766; Mot IV 1062; Prot IV 748. Neugefasst durch Bekanntmachung v 2. 1. 2002 (BGBl I 42).

I. Zulässigkeit der Bestellung mit Entlassungsvorbehalt

Während die Benennung eines Vormunds unter Beifügung einer Bedingung oder Zeitbestimmung erfolgen kann (§ 1777 Rn 27 f, § 1778 Rn 18), ist die Bestellung eines Vormunds unter einer Bedingung oder Zeitbestimmung unzulässig (§ 1789 Rn 11). Jedoch kann nach § 1790 BGB bei der Bestellung eines Vormunds seine Entlassung für den **Fall des Eintritts oder Nichteintritts eines bestimmten Ereignisses** vorbehalten werden. Dagegen kann die Entlassung nach Ablauf einer bestimmten Zeit, unabhängig vom Eintritt oder Nichteintritt eines bestimmten Ereignisses, bei der Bestellung eines Vormunds nicht vorbehalten werden (Mot IV 1062; Dölle § 122 II; MünchKomm/Spickhoff Rn 2; BGB-RGRK/Dickescheid Rn 1). 1

Von einer bedingten Bestellung unterscheidet sich der Entlassungsvorbehalt dadurch, dass bei ihm die Bestellung nicht mit dem Eintritt der Bedingung hinfällig wird; vielmehr kann das Familiengericht dann, wenn die Bedingung eintritt, durch eine besondere Verfügung den Vormund entlassen, auch wenn keiner der in §§ 1886–1889 BGB genannten Entlassungsgründe vorliegt (vgl § 1789 Rn 12). 2

Die Entlassung kann auch bei der **Bestellung eines Vereins oder des Jugendamts als Vormund** vorbehalten werden; die Anwendung des § 1790 BGB ist in den §§ 1791a, 1791b BGB nicht ausgeschlossen (BGB-RGRK/Dickescheid Rn 4; MünchKomm/Spickhoff Rn 4; Soergel/Zimmermann Rn 3; BeckOGK/Hoffmann [1. 12. 2019] Rn 4). Anlass zu einem solchen Vorbehalt wird heute kaum mehr gegeben sein, da der durch das SorgeRG vom 18. 7. 1979 (BGBl I 1061) eingeführte § 1887 BGB vorschreibt, dass das Familiengericht das Jugendamt oder den Verein als Vormund zu entlassen und einen anderen Vormund zu bestellen hat, wenn dies dem Wohl des Mündels dient und eine andere als Vormund geeignete Person vorhanden ist (Grundsatz der Subsidiarität der Vereins- und Amtsvormundschaft, vgl § 1887 Rn 1). Das Jugendamt oder der Verein als Vormund sollen nach § 1887 Abs 2 S 3 BGB ihre Entlassung beantragen, sobald sie erfahren, dass diese Voraussetzungen vorliegen (§ 1887 Rn 26). Das Jugendamt hat nach § 56 Abs 4 SGB VIII in der Regel jährlich zu prüfen, ob im Interesse des Mündels seine Entlassung als Amtsvormund und die Bestellung einer Einzelperson oder eines Vereins angezeigt ist, und dies dem Familiengericht mitzuteilen. 3

Der Vorbehalt der Entlassung kann nur **bei der Bestellung** des Vormunds ausgesprochen werden; wenn der Vormund ohne Vorbehalt bestellt wurde, ist ein später gemachter Vorbehalt wirkungslos (BGB-RGRK/Dickescheid Rn 6). 4

II. Einschränkende Auslegung der Vorschrift

5 Ein Vormund bleibt im Regelfall so lange im Amt, bis er aus einem der in den §§ 1886–1889 BGB genannten Gründe entlassen wird oder der Anlass der Vormundschaft wegfällt. Wenn § 1790 BGB dem Familiengericht die Möglichkeit einräumt, bei der Bestellung des Vormunds dessen Entlassung bei Eintritt eines bestimmten Ereignisses vorzubehalten, heißt das nicht, dass es ins freie Belieben des Gerichts gestellt wäre, ob es den Vorbehalt erklärt und ob es bei Eintritt der Bedingung davon Gebrauch macht, also den Vormund entlässt. Für eine einschränkende Auslegung sprechen die Interessen des zu bestellenden Vormunds (und der Eltern des Mündels, die einen Vormund benannt haben) sowie die Kontinuitätsinteressen des Mündels.

6 Wenn **die Eltern eine Person** ohne Bedingung oder Zeitbestimmung **als Vormund benannt** haben (§ 1776 BGB), ist schon der Entlassungsvorbehalt unzulässig, weil das Benennungsrecht nicht durch eine derartige Anordnung eingeschränkt werden darf (BGB-RGRK/Dickescheid Rn 3; MünchKomm/Spickhoff Rn 3). Haben die Eltern die Benennung des Vormunds durch eine Bedingung oder Zeitbestimmung selbst eingeschränkt, so ist ein Entlassungsvorbehalt, der sich im gleichen Rahmen hält, zulässig und oft sinnvoll, aber für eine nach Eintritt der Bedingung oder nach Ablauf der vorgesehenen Frist erfolgende Entlassung nicht zwingend vorausgesetzt (vgl § 1777 Rn 26; Dölle § 122 II; MünchKomm/Spickhoff Rn 3 aE; BGB-RGRK/Dickescheid Rn 3; Soergel/Zimmermann Rn 2).

7 Ein Vorbehalt der Entlassung nach § 1790 BGB wird beispielsweise dann in Betracht kommen, wenn einem Vormund (insbesondere einem Mitvormund) eine bestimmte Aufgabe obliegt, die seine besonderen Kenntnisse und Erfahrungen voraussetzt, welche aber nach einer gewissen Zeit abgeschlossen sein wird. Weiter sei der Fall genannt, dass eine bestimmte Person, etwa ein Verwandter des Mündels, der noch im Ausland lebt, für den Fall seiner beabsichtigten Rückkehr als Vormund berufen ist, und ein anderer zunächst mit dem Vorbehalt der Entlassung zum Vormund bestellt wird (vgl § 1778 Abs 2 BGB; s auch Dölle § 122 II; BGB-RGRK/Dickescheid Rn 2; MünchKomm/Spickhoff Rn 2).

8 Ist die Voraussetzung eingetreten, an die der Vorbehalt anknüpft, so hat das Familiengericht zu prüfen, ob die Entlassung auszusprechen ist, und dabei die **Interessen des Mündels** zu berücksichtigen (vgl § 1886 Rn 22). Das Interesse des Mündels wird oft gegen einen Wechsel in der Person des Vormunds sprechen; es sind aber auch Fälle denkbar, in denen zwischen Vormund und Mündel Spannungen bestehen, die die Bestellung eines neuen Vormunds wünschenswert erscheinen lassen.

III. Pflegschafts- und Betreuungsrecht

9 Die Vorschrift gilt entsprechend für die Bestellung eines Pflegers (§ 1915 Abs 1 BGB). Im Betreuungsrecht ist hingegen keine Bestellung unter Vorbehalt möglich (§ 1908i Abs 1 S 1 BGB).

§ 1791
Bestallungsurkunde

(1) Der Vormund erhält eine Bestallung.

(2) Die Bestallung soll enthalten den Namen und die Zeit der Geburt des Mündels, die Namen des Vormunds, des Gegenvormunds und der Mitvormünder sowie im Falle der Teilung der Vormundschaft die Art der Teilung.

Materialien: E I § 1645 Abs 2; II § 1671; III § 1765; Mot IV 1079; Prot IV 752. Früherer Abs 2 S 2 aufgehoben durch SorgeRG v 18. 7. 1979 (BGBl I 1061) Art 1 Nr 47; neugefasst durch Bekanntmachung v 2. 1. 2002 (BGBl I 42).

I. Begriff und Inhalt der Bestallung

1 Mit dem heute sonst nicht mehr gebräuchlichen Wort „Bestallung" bezeichnet das Gesetz eine vom Rechtspfleger zu unterzeichnende (§§ 3 Nr 2 Buchst a, 14 RPflG) öffentliche Urkunde, die dem Vormund als Ausweis dient (zur Ausrichtung de lege ferenda an der Terminologie im Betreuungsrecht Staudinger/Veit [2014] Rn 13).

2 Der **notwendige Inhalt** der Bestallungsurkunde ist in § 1791 Abs 2 BGB angegeben. Dass die Namen des Mündels und des Vormunds – als die das Vormundschaftsverhältnis identifizierenden Daten – in der Urkunde enthalten sein müssen, ist selbstverständlich. Das Geburtsdatum des Mündels lässt erkennen, wann die Vormundschaft dadurch endigt, dass der Mündel volljährig wird. Die Angabe des Namens des Gegenvormunds (§ 1791 BGB) ist von Bedeutung bei Rechtsgeschäften, zu deren Vornahme der Vormund der Genehmigung des Gegenvormunds bedarf (§§ 1812, 1813, 1809, 1810 BGB). Aus der Angabe der Namen von Mitvormündern und – im Falle der Teilung der Vormundschaft – der Art der Teilung ist zu ersehen, ob bei einem Rechtsgeschäft für den Mündel mehrere Vormünder, die die Vormundschaft gemeinschaftlich führen (§ 1797 Abs 1 BGB), mitwirken müssen oder ob der durch die Bestallung Ausgewiesene das Rechtsgeschäft allein vornehmen kann, weil es ausschließlich in seinen Wirkungskreis fällt (§ 1797 Abs 2 BGB).

3 Wird für mehrere **Geschwister** nur ein Vormund bestellt, wie es § 1775 BGB als Regelfall vorsieht, so bestehen keine Bedenken dagegen, dass für die in der Sache selbständigen Vormundschaften eine einzige Bestallungsurkunde ausgestellt wird. In anderen Fällen erhält der Vormund, der mehrere Vormundschaften führt, für jede von ihnen eine besondere Bestallung.

4 Es ist nicht ausgeschlossen, dass in die Bestallungsurkunde noch **weitere Tatsachen** aufgenommen werden. Zweckmäßig ist insbesondere die Aufnahme etwaiger Befreiungen des Vormunds und der Außerkraftsetzung solcher Befreiungen (§§ 1852 ff, 1857 BGB, s Vorbem 10 zu §§ 1852 ff; § 1857 Rn 12; Mot IV 1169; KGJ 45, A 66). Das Gleiche gilt für den Vorbehalt der Entlassung des Vormunds nach § 1790 BGB, für etwaige

Anordnungen nach § 1803 BGB, für die Erteilung einer allgemeinen Ermächtigung nach § 1825 BGB, für eine Anordnung nach § 1817 BGB und für die Entziehung der Vertretungsmacht nach § 1796 BGB (Soergel/Zimmermann Rn 2; MünchKomm/Spickhoff Rn 3; BGB-RGRK/Dickescheid Rn 5).

5 In § 1791 Abs 2 S 2 hatte das BGB zunächst für den Fall, dass ein Familienrat eingesetzt war, bestimmt, dass auch dies anzugeben sei. Das SorgeRG vom 18. 7. 1979 (BGBl I 1061) hob zugleich mit den §§ 1858–1881 BGB aF auch diese Bestimmung auf.

6 Tritt nachträglich eine Änderung der in § 1791 Abs 2 BGB erwähnten oder anderer in der Bestallung vermerkter Tatsachen ein, so ist die Urkunde zu berichtigen.

II. Rechtliche Natur der Bestallung

7 Die Bestallungsurkunde hat lediglich die Bedeutung eines gerichtlichen Zeugnisses darüber, dass die darin bezeichnete Person zum Vormund bestellt worden ist; sie ist aber **kein Legitimationspapier nach Art der Vollmachtsurkunde**. Der gutgläubige Dritte, der sich aufgrund der ihm vorgelegten Bestallung mit dem Vormund auf Rechtsgeschäfte einlässt, wird also gegen die nachteiligen Folgen einer inzwischen eingetretenen, aus der Urkunde nicht ersichtlichen Änderung der Vertretungsmacht des in der Bestallung bezeichneten Vormunds nicht geschützt (Mot IV 1079; vgl dagegen §§ 170 f, 2366, 2367, 2368 BGB). Dieser Auffassung, die vor allem darauf gestützt ist, dass der Mündel bei der Wahl des Vormunds und der Aushändigung der Bestallung nicht beteiligt ist und dass im Vormundschaftsrecht in erster Linie das Interesse des Mündels maßgebend sein muss, hat sich – entgegen einer in der II. Kommission geäußerten Erwartung (Prot IV 753) – die Rechtsprechung und auch das Schrifttum einhellig angeschlossen. Die Bestallung verleiht dem Vormund niemals mehr Rechte als die, die ihm bei der Verpflichtung übertragen worden sind; lediglich die Verpflichtungsverhandlung ist für den Umfang des Wirkungskreises des Vormunds maßgebend. Wer mit dem Vormund in rechtsgeschäftliche Beziehung tritt, handelt also auf eigene Gefahr, wenn er es unterlässt, Rechtsbestand und Fortdauer des Amtes des Vormunds zu prüfen (RGZ 74, 263, 265; KGJ 41, A 38, 39; LG Münster 5. 5. 2014 – 14 O 71/14, 014 O 71/14, juris Rn 6; Dölle § 122 III; Erman/Schulte-Bunert Rn 2; Soergel/Zimmermann Rn 1; MünchKomm/Spickhoff Rn 4; BGB-RGRK/Dickescheid Rn 1, 2).

8 Zwischen der Bestallung und einer **Vollmacht** bestehen wesentliche Unterschiede; deshalb können die §§ 172, 174 BGB auf ein vom Vormund vorgenommenes einseitiges Rechtsgeschäft nicht entsprechend angewandt werden (RGZ 74, 263, 267; BGB-RGRK/Dickescheid Rn 3; MünchKomm/Spickhoff Rn 4; Erman/Schulte-Bunert Rn 2; s zum Unterschied zwischen Bestallung und Vollmacht auch Prot IV 834, wo festgestellt wird, dass der Mündel durch einen Missbrauch der Bestallung nicht geschädigt werden kann).

9 Immerhin schreibt aber § 1893 Abs 2 S 1 BGB vor, dass der Vormund nach Beendigung seines Amtes die Bestallung zurückzugeben hat; dies sei „im Interesse der Ordnung und zur Verhütung einer mißbräuchlichen, Dritte gefährdenden Benutzung der Bestallung geboten“ (Mot IV 1203; s dazu § 1893 Rn 21).

Hat der Geschäftspartner des Mündels Zweifel an der Richtigkeit des Inhalts der Bestallung, so kann er, wenn er ein berechtigtes Interesse glaubhaft macht, nach § 13 Abs 2 FamFG **Einsicht in die Akten** des Familiengerichts verlangen. Das Familiengericht wird ihm unter dieser Voraussetzung auch eine (mündliche oder schriftliche) amtliche **Auskunft** über die Legitimation des Vormunds nicht verweigern können (Dölle § 122 III; BGB-RGRK/Dickescheid Rn 3; Erman/Schulte-Bunert Rn 2; MünchKomm/Spickhoff Rn 5; Soergel/Zimmermann Rn 1). 10

Wird ein Dritter durch eine inhaltlich falsche Bestallung getäuscht und erleidet dadurch einen Schaden, so kommt die **Haftung** des Staates unter dem Gesichtspunkt der Amtspflichtverletzung (§ 839 BGB; Art 34 GG) in Betracht. 11

III. Vereinsvormundschaft und Amtsvormundschaft

Auf den Verein als Vormund sowie das Jugendamt als bestellter oder kraft Gesetzes eintretender Vormund ist die Bestimmung des § 1791 BGB nicht anzuwenden (§§ 1791a Abs 2, 1791b Abs 2, 1791c Abs 3 BGB). Einen Ausweis, der der Bestallung entspricht, erhalten der Verein als Vormund und der bestellte Amtsvormund in der schriftlichen Verfügung, der gesetzliche Amtsvormund in der Bescheinigung, die ihnen das Familiengericht nach den genannten Vorschriften zuzuleiten hat. 12

IV. § 1791 BGB als Ordnungsvorschrift

Die Vorschriften des § 1791 Abs 1 und Abs 2 BGB sind nur Ordnungsvorschriften. Rechte und Pflichten des Vormunds, insbesondere seine Befugnis zur Vertretung des Mündels (§ 1793 BGB), sind daher von der Aushändigung der Bestallungsurkunde ebenso wenig abhängig wie die Gültigkeit der Bestellung (s § 1789 Rn 18). Das Amt des Vormunds beginnt mit seiner Bestellung, nicht erst (oder schon) mit der Aushändigung der Bestallungsurkunde. 13

V. Pflegschafts- und Betreuungsrecht

Die Vorschrift findet auch Anwendung auf die Pflegschaft (gem § 1915 Abs 1 BGB). Bei der Betreuung gilt § 290 FamFG. 14

§ 1791a
Vereinsvormundschaft

(1) Ein rechtsfähiger Verein kann zum Vormund bestellt werden, wenn er vom Landesjugendamt hierzu für geeignet erklärt worden ist. Der Verein darf nur zum Vormund bestellt werden, wenn eine als ehrenamtlicher Einzelvormund geeignete Person nicht vorhanden ist oder wenn er nach § 1776 als Vormund berufen ist; die Bestellung bedarf der Einwilligung des Vereins.

(2) Die Bestellung erfolgt durch Beschluss des Familiengerichts; die §§ 1789, 1791 sind nicht anzuwenden.

(3) Der Verein bedient sich bei der Führung der Vormundschaft einzelner seiner Mit-

glieder oder Mitarbeiter; eine Person, die den Mündel in einem Heim des Vereins als Erzieher betreut, darf die Aufgaben des Vormunds nicht ausüben. Für ein Verschulden des Mitglieds oder des Mitarbeiters ist der Verein dem Mündel in gleicher Weise verantwortlich wie für ein Verschulden eines verfassungsmäßig berufenen Vertreters.

(4) Will das Familiengericht neben dem Verein einen Mitvormund oder will es einen Gegenvormund bestellen, so soll es vor der Entscheidung den Verein hören.

Materialien: Eingefügt durch NEhelG v 19. 8. 1969 (BGBl I 1243) Art 1 Nr 54; geändert durch KJHG v 26. 6. 1990 (BGBl I 1163) Art 5 Nr 2; neugefasst durch Bekanntmachung v 2. 1. 2002 (BGBl I 42); Abs 1 S 2 geändert durch 2. BtÄndG v 21. 4. 2005 (BGBl I 1073) Art 1 Nr 2 mit Wirkung v 1. 7. 2005; Abs 2 geändert durch Art 50 Nr 35 Buchst a, Abs 4 geändert durch Art 50 Nr 35 Buchst b nach Maßgabe von Art 111 FGG-RG v 17. 12. 2008 (BGBl I 2586) mit Wirkung v 1. 9. 2009.

Schrifttum

Coen, Die Aufsicht des Betreuungsvereins über Vereinsbetreuer nach § 1908 f I Nr. 1 BGB, NJW 1999, 535

Elmauer/Kauermann-Walter, Vormundschaftsvereine in konfessioneller Trägerschaft. Eine Säule der Vormundschaft und Pflegschaft, JAmt 2019, 368

Gojowczyk, Die Aufsicht des Familiengerichts über den Amtsvormund – Rechtslage nach dem Gesetz zur Änderung des Vormundschafts- und Betreuungsrechts, Rpfleger 2013, 1

Hoffmann, Der persönlich zum Vormund oder Pfleger bestellte Mitarbeiter eines Vereins – Besonderheiten bei Auswahl, Bestellung, Amtsführung und Entlassung eines Vereinsvormunds, JAmt 2013, 554

Jaschinski, Der Vereinsbetreuer – freier Mitarbeiter oder Arbeitnehmer des Betreuungsvereins?, NJW 1996, 1521

Pütz, Strukturprobleme beim Jugendamt, in: Coester-Waltjen/Lipp/Schumann/Veit (Hrsg), 9. Göttinger Workshop zum Familienrecht 2010 (2011) 55

Salgo/Zenz, (Amts-)Vormundschaft zum Wohle des Mündels – Anmerkungen zu einer überfälligen Reform, FamRZ 2009, 1378

Schwab, Das Betreuungsrecht als Vorbild für das neue Vormundschaftsrecht?, in: Coester-Waltjen/Lipp/Schumann/Veit (Hrsg), 9. Göttinger Workshop zum Familienrecht 2010 (2011) 29

ders, Probleme des materiellen Betreuungsrechts, FamRZ 1992, 493

Veit, Die Reform des Vormundschaftsrechts, FamRZ 2016, 2045

Veit/Salgo, Der Regierungsentwurf zur Änderung des Vormundschaftsrechts – Eine Stellungnahme, ZKJ 2011, 82.

Systematische Übersicht

Alphabetische Übersicht

I. Normzweck, Historie

1 Leitbild im Vormundschaftsrecht des BGB war (und ist im Grundsatz immer noch) der Einzelvormund, der im Regelfall allein (§ 1775 BGB) einen oder zwei Mündel betreut (vgl § 1786 Abs 1 Nr 8 BGB) und die Vormundschaft als Ehrenamt unentgeltlich führt (§ 1836 Abs 1 S 1 BGB). Die zunehmende Schwierigkeit, solche Einzelvormünder zu finden, hat dazu geführt, dass sich einerseits der Typ des Berufsvormunds entwickelte, der – meist als Rechtsanwalt – gleichzeitig zahlreiche Vormundschaften, Pflegschaften und Betreuungen führt und dafür eine Vergütung erhält (s dazu Staudinger/Bienwald § 1836 Rn 24 ff), und dass andererseits Vereine, die der Zulassung durch das Landesjugendamt bedürfen, gleichfalls Vormundschaften, Pflegschaften und Betreuungen in großer Zahl übernehmen, die sie durch ihre Mitglieder und Mitarbeiter führen lassen. Die Vormundschaft des Vereins ist subsidiär gegenüber der ehrenamtlichen Einzelvormundschaft (§ 1791a Abs 1 S 2 HS 1 BGB; s unten Rn 13 f).

2 Die **Vereinsvormundschaft** war früher im Gesetz für Jugendwohlfahrt **(JWG)** geregelt, dessen § 53 (idF vom 11. 8. 1961 [BGBl I 1206]) lautete:

„Rechtsfähige Vereine, die vom Landesjugendamt für geeignet erklärt sind, können auf ihren Antrag zu Vormündern, Pflegern oder Beiständen bestellt werden. Ihnen können einzelne Rechte und Pflichten des Vormundes übertragen werden, wenn sie den Antrag darauf beschränken. Das Jugendamt muß in den Fällen, in denen es Vormund des Minderjährigen ist, vorher gehört werden.

Der Verein bedient sich bei der Ausübung der vormundschaftlichen Obliegenheiten einzelner seiner Mitglieder. Dies ist nicht zulässig, wenn das Mitglied den Minderjährigen in einem Heim des Vereins als Erzieher betreut.

Für ein Verschulden eines Mitglieds ist der Verein dem Mündel in gleicher Weise verantwortlich wie für ein Verschulden eines verfassungsmäßig berufenen Vertreters.

Auf die Vereinsvormundschaft finden die §§ 38, 45, 46 und 50 mit der Maßgabe Anwendung, daß ein Gegenvormund bestellt werden kann."

3 Das **NEhelG** vom 19. 8. 1969 (BGBl I 1243) fügte die §§ 1791a bis 1791c BGB in das Vormundschaftsrecht ein, um dieses wieder aus sich heraus verständlich zu machen. Das BGB hatte bis zu diesem Zeitpunkt nur die Einzelvormundschaft behandelt und die Vereins- und Amtsvormundschaft, die bei Schaffung des BGB noch unbekannt waren und 1961 ins JWG (§§ 53 f, 37 ff) aufgenommen wurden, nicht erwähnt. Nur durch die Einbeziehung auch dieser Arten der Vormundschaft, die seit ihrer Einführung große Bedeutung erlangt hatten, in das BGB könne, so der Gesetzgeber, die wirkliche Rechtslage klar zum Ausdruck gebracht werden, die darin bestehe, dass auch für diese Arten der Vormundschaft die im BGB aufgestellten allgemeinen Grundsätze greifen und, falls hiervon eine Ausnahme gelten sollte, dies ausdrücklich bestimmt werden müsse. Dagegen sollten alle Vorschriften, die dazu dienten, die

verwaltungsmäßige Abwicklung der Amtsvormundschaft zu beschreiben, und nicht unbedingt zu einer verständlichen Darstellung des Vormundschaftsrechts erforderlich seien, im JWG belassen werden (BT-Drucks V/2370, 82; zu dem damit entstehenden Webfehler im BGB, der durch die anstehende große Vormundschaftsreform korrigiert werden muss, näher Veit FamRZ 2016, 2045, 2051 ff).

§ 1791a BGB erhielt durch das NEhelG die jetzt geltende Fassung mit Ausnahme des Abs 3, der die Zulässigkeit der Übertragung vormundschaftlicher Aufgaben nur auf Mitglieder des Vereins vorsah. Da somit die materiellen Voraussetzungen, unter denen ein rechtsfähiger Verein zum Vormund bestellt werden kann, und die Führung der Vormundschaft durch einzelne Personen, derer sich der Verein bedient, jetzt im BGB geregelt sind, konnte der Inhalt des § 53 JWG (idF vom 25. 4. 1977 [BGBl I 633]) auf eine Ermächtigung beschränkt werden. Danach konnte die Landesgesetzgebung bestimmen, unter welchen Voraussetzungen ein rechtsfähiger Verein vom Landesjugendamt – widerruflich und, soweit erforderlich, unter Auflagen – für geeignet erklärt werden konnte, Pflegschaften, Vormundschaften oder Beistandschaften zu übernehmen. Die Eignungserklärung sollte nur erteilt werden, wenn der Verein eine ausreichende Zahl fachlich ausgebildeter Mitglieder hatte, und konnte auf den Bereich des Landesjugendamts oder einen Teil dieses Bereichs beschränkt werden. 4

Das Gesetz zur Neuordnung des Kinder- und Jugendhilferechts **(KJHG)** vom 26. 6. 1990 (BGBl I 1163) fügte in § 1791a Abs 3 BGB nach dem Wort „Mitglieder" die Worte „oder Mitarbeiter" ein und ersetzte die Worte „ein Mitglied, das" durch die Worte „eine Person, die"; in S 2 fügte es nach dem Wort „Mitglieds" die Worte „oder des Mitarbeiters" ein. Es setzte mit Wirkung vom 1. 1. 1991 das JWG außer Kraft; anstelle von § 53 JWG regelt jetzt § 54 SGB VIII die für die Übernahme von Vormundschaften, Pflegschaften und Beistandschaften erforderliche Erlaubnis. Da von der in § 53 Abs 1 JWG enthaltenen Ermächtigung kein Gebrauch gemacht worden war, wurde im Interesse der Rechtseinheit einer einheitlichen abschließenden Regelung der Voraussetzungen für die einem Verein zu erteilende Erlaubnis der Vorzug gegeben. 5

Durch Art 1 Nr 2 des **2. BtÄndG** vom 21. 4. 2005 (BGBl I 1073) wurde in Abs 1 S 2 vor dem Wort „Einzelvormund" das Wort „ehrenamtlicher" eingefügt (zu den Auswirkungen vgl unten Rn 14). 6

Die jüngsten Änderungen erfuhr § 1791a BGB mit Wirkung vom 1. 9. 2009 durch Art 50 Nr 35 Buchst a und b des **FGG-RG** vom 17. 12. 2008 (BGBl I 2586), indem in Abs 2 die Worte „schriftliche Verfügung des Vormundschaftsgerichts" durch „Beschluss des Familiengerichts" und in Abs 4 „Vormundschaftsgericht" durch „Familiengericht" ersetzt wurden. 7

II. Voraussetzungen der Bestellung eines Vereins zum Vormund

1. Erlaubnis des Landesjugendamts (Abs 1 S 1)

Für die Bestellung eines rechtsfähigen Vereins (§ 21 BGB) zum Vormund ist zunächst vorausgesetzt, dass das Landesjugendamt ihm die Erlaubnis zur Führung von Pflegschaften, Vormundschaften und Beistandschaften erteilt hat; wenn § 1791a Abs 1 8

BGB verlangt, dass der Verein vom Landesjugendamt „für geeignet erklärt" ist, ist damit die in **§ 54 Abs 1 S 1 SGB VIII** genannte Erlaubnis gemeint. Nach § 54 Abs 2 SGB VIII ist die Erlaubnis zu erteilen, wenn der Verein gewährleistet, dass er

1. eine ausreichende Zahl geeigneter Mitarbeiter hat und diese beaufsichtigen, weiterbilden und gegen Schäden, die diese anderen im Rahmen ihrer Tätigkeit zufügen können, angemessen versichern wird,

2. sich planmäßig um die Gewinnung von Einzelvormündern, Einzelpflegern und Beiständen bemüht und sie in ihre Aufgaben einführt, fortbildet und berät,

3. einen Erfahrungsaustausch zwischen den Mitarbeitern ermöglicht.

9 **Zuständig** für die Erteilung der Erlaubnis zur Übernahme von Vormundschaften, Pflegschaften und Beistandschaften ist das Landesjugendamt. Örtlich zuständig ist das Landesjugendamt, in dessen Bereich der Verein seinen Sitz hat (§ 87d Abs 2 SGB VIII). Die sachliche Zuständigkeit ergibt sich aus § 85 Abs 2 Nr 10 SGB VIII.

10 Erfüllt der Verein die in § 54 Abs 2 SGB VIII aufgezählten Bedingungen, so **muss** ihm die Erlaubnis erteilt werden. Für das Verfahren der Erlaubniserteilung gilt das Verwaltungsverfahrensgesetz; Näheres regelt das Landesrecht (§ 54 Abs 4 S 1 SGB VIII). Das Familiengericht prüft nur, ob die Erlaubnis erteilt ist, nicht jedoch, ob sie zu Recht erteilt wurde. Wird die Erlaubnis nach der Bestellung eines Vereins zum Vormund vom Landesjugendamt widerrufen, so bleibt der Verein zunächst Vormund; er muss aber nach § 1887 Abs 1 BGB entlassen werden (MünchKomm/Spickhoff Rn 6; Erman/Schulte-Bunert Rn 1, 6; BGB-RGRK/Dickescheid Rn 3 aE).

11 Die Erlaubnis gilt für das jeweilige **Bundesland**, in dem der Verein seinen Sitz hat (§ 54 Abs 3 S 1 SGB VIII); sie kann auf den Bereich eines Landesjugendamts beschränkt werden (§ 54 Abs 3 S 2 SGB VIII).

2. Berufung des Vereins nach § 1776 (Abs 1 S 2 HS 1 Alt 2)

12 Ist ein Verein, dem die Erlaubnis erteilt worden ist, von den Eltern als Vormund benannt und damit nach § 1776 BGB als Vormund berufen, so kann er nach § 1791a Abs 1 S 2 BGB zum Vormund bestellt (und darf ohne seine Zustimmung nur in einem der in § 1778 Abs 1 BGB genannten Fälle übergangen) werden, ohne dass es darauf ankommt, ob eine als Einzelvormund geeignete Person vorhanden ist (s Rn 13 f). Das **Benennungsprinzip** hat also Vorrang vor dem Prinzip der Subsidiarität der Vereinsvormundschaft.

3. Fehlen einer als ehrenamtlicher Einzelvormund geeigneten Person (Abs 1 S 2 HS 1 Alt 1)

13 Ist der Verein nicht von den Eltern wirksam als Vormund benannt, so darf er nur dann zum Vormund bestellt werden, wenn eine als ehrenamtlicher Einzelvormund geeignete Person nicht vorhanden ist (§ 1791a Abs 1 S 2 HS 1 Alt 1 BGB). In diesem Fall gilt also der **Vorrang der Einzelvormundschaft**, und zwar auch dann, wenn etwa zwischen einem bekenntnisfremden Einzelvormund und einem bekenntnisgleichen

Verein als Vormund zu entscheiden ist (BayObLG FamRZ 1966, 323, 325; Gernhuber/Coester-Waltjen § 70 Rn 11 Fn 13); dies gilt auch nach der Neufassung des § 1779 Abs 2 BGB (s dazu § 1779 Rn 92). Findet sich später ein geeigneter Einzelvormund, so hat das Familiengericht den Verein auf seinen Antrag hin zu entlassen, soweit das Mündelwohl dieser Maßnahme nicht entgegensteht (§ 1889 Abs 2 S 1 BGB); dient die Maßnahme dem Kindeswohl, so kommt nach § 1887 Abs 1 BGB auch eine Entlassung des Vereins von Amts wegen (daneben auch auf Antrag) in Betracht (§ 1887 Abs 1, Abs 2 S 1 BGB).

Abs 1 S 2 HS 1 Alt 1 beschränkt den Vorrang der Einzelvormundschaft seit Erlass des 2. BtÄndG (Art 1 Nr 2 dieses Gesetzes, BGBl I 2005, 1073; zur Begründung BT-Drucks 15/2494, 27; s auch Vorbem 46 zu §§ 1773 ff) auf den ehrenamtlichen Einzelvormund, dh denjenigen, der die Vormundschaft nicht berufsmäßig iSv § 1836 Abs 1 S 2, 3 BGB iVm § 1 VBVG führt. Entsprechendes gilt gegenüber dem Jugendamt als Amtsvormund (§ 1791b Abs 1 S 1 BGB). Da das geltende Vormundschaftsrecht keinen Vorrang des ehrenamtlichen vor dem beruflichen Einzelvormund kennt, führt diese Regelung zu einer **erheblichen Einschränkung des Subsidiaritätsgrundsatzes**. Die Bestellung des beruflichen Einzelvormunds steht nun im pflichtgemäßen Ermessen des Gerichts; dh dieses hat zwischen einem Berufsvormund einerseits und einem Verein als Vormund oder Amtsvormund andererseits ebenso die Wahl wie zwischen einem Berufsvormund und ehrenamtlichem Vormund (MünchKomm/Spickhoff Rn 2; zum Verhältnis Vereins- und Amtsvormund § 1791b Rn 18 f; für einen Vorrang des Vereins als Vormund vor dem beruflichen Einzelvormund Oberloskamp/Elmauer, Vormundschaft § 14 Rn 44; zum Reformbedarf Staudinger/Veit [2014] Rn 29). 14

4. Einwilligung des Vereins (Abs 1 S 2 HS 2)

In jedem Fall bedarf die Bestellung eines Vereins zum Vormund der Einwilligung des Vereins (§ 1791a Abs 1 S 2 HS 2 BGB), die vom Vorstand oder von einem nach der Satzung bestellten Vertreter (§ 30 BGB) zu erklären ist; eine Pflicht zur Übernahme der Vormundschaft besteht mithin, anders als für den Einzelvormund nach § 1785 BGB, nicht (Gernhuber/Coester-Waltjen § 70 Rn 11; Erman/Schulte-Bunert Rn 1; MünchKomm/Spickhoff Rn 8). Die Einwilligung muss sich auf die konkret in Frage stehende Vormundschaft beziehen; die allgemeine Erklärung der Bereitschaft zur Übernahme von Vormundschaften genügt nicht (MünchKomm/Spickhoff Rn 8 aE; BGB-RGRK/Dickescheid Rn 5). 15

Zum Problem des Wegfalls der Grundlage für die Einwilligung des Vereins infolge einer Änderung der Rechtsprechung zur Vergütung eines Vereins als Vormund und der Notwendigkeit seiner Entlassung nach § 1889 BGB s dort Rn 18. 16

III. Inhalt und Form der gerichtlichen Entscheidung

1. Auswahlentscheidung

Erwägt das Gericht die Auswahl eines Vereins als Vormund, so ist diese Entscheidung nur eine negative und beschränkt sich, ebenso wie in § 1791b BGB, auf die Ermittlung, ob ein ehrenamtlicher Einzelvormund vorhanden ist. Ist kein solcher vorhanden, bestellt das Gericht entweder den vom Landesjugendamt für geeignet 17 erklärten Verein oder das Jugendamt zum Vormund (zur Einführung einer Subsidiarität der Amtsvormundschaft gegenüber der Vereinsvormundschaft s § 1791b Rn 18 f). Dagegen findet keine positive Prüfung der Eignung des Vereins, etwa nach den in § 1779 Abs 2 S 1 BGB genannten Kriterien, statt (§ 1779 Rn 35; anders wohl DIJuF-Rechtsgutachten JAmt 2013, 564, 565 für den Fall, dass der Verein mit dem Betreiber einer Babyklappe in wirtschaftlicher oder ideeller Weise verbunden ist und damit eine unabhängige Interessenwahrnehmung nicht gewährleisten kann; s auch BeckOGK/Hoffmann [1. 12. 2019] Rn 80). Ebenso wenig prüft das Gericht, ob und inwieweit die vom Verein ausgewählte Person für die Wahrnehmung der Aufgaben des Vormunds geeignet ist; vielmehr ist diese Prüfung ausschließlich Gegenstand eines vereinsinternen Organisationsakts (s unten Rn 25). De lege ferenda wird deshalb auch gefordert, die Auswahlentscheidung des Gerichts, ebenso wie bei der Bestellung eines Amtsvormunds, auf die konkret zu beauftragende Person beim Verein (Veit/Salgo ZKJ 2011, 82, 84) auszudehnen, zumindest eine dem § 1900 Abs 2 S 2 BGB entsprechende Regelung einzuführen (Staudinger/Veit [2014] Rn 33).

2. Form der Bestellung (Abs 2)

18 Abweichend von § 1789 BGB wird der Verein als Vormund nicht durch Verpflichtung in einem mitwirkungsbedürftigen Akt der freiwilligen Gerichtsbarkeit (s § 1789 Rn 2, 6), sondern durch Beschluss des Familiengerichts bestellt (§ 1791a Abs 2 BGB). Dieser wird mit Bekanntgabe an den Verein wirksam (§ 40 Abs 1 FamFG). Nach § 41 Abs 1 S 1 FamFG ist ein Beschluss den Beteiligten bekannt zu geben. Die Bekanntgabe erfolgt nach § 15 Abs 2 FamFG durch Zustellung nach den §§ 166 ff ZPO oder dadurch, dass das Schriftstück unter Angabe des Adressaten zur Post gegeben wird. Im Unterschied zu § 15 Abs 2 FamFG kann nach § 41 Abs 2 FamFG die Bekanntgabe gegenüber Anwesenden auch durch Verlesen der Beschlussformel erfolgen, was in den Akten zu vermerken ist (§ 41 Abs 2 S 1, 2 FamFG); der Beschluss ist in diesem Fall auch schriftlich bekannt zu geben (§ 41 Abs 2 S 3 FamFG).

19 Im Unterschied dazu genügte nach dem bis zum 31. 8. 2009 geltenden Familienverfahrensrecht eine mündliche Bekanntgabe der gerichtlichen Verfügung gegenüber dem Verein (BGB-RGRK/Dickescheid Rn 3; MünchKomm/Wagenitz[5] Rn 9; Soergel/Zimmermann Rn 4 im Anschluss an einen Beschluss des BayObLG zum früheren § 41 Abs 2 JWG BayObLGZ 1962, 101, 105 = FamRZ 1962, 205, 206); Regelfall war allerdings auch nach dieser Rechtslage die Erteilung einer schriftlichen Ausfertigung der Bestellungsverfügung (Staudinger/Engler [2004] Rn 12). Auf diese ist der Verein als Vormund nämlich angewiesen, um seine Rechtsstellung als Vormund nachzuweisen, da er keine Bestallungsurkunde (§ 1791 BGB) erhält.

IV. Führung der Vormundschaft (Abs 3)

1. Übertragung der Aufgaben auf ein Mitglied oder einen Mitarbeiter

a) Entscheidung des Vereins

20 Der Verein überträgt nach Abs 3 S 1 die Führung der Vormundschaft einem Mitglied oder einem Mitarbeiter des Vereins; dabei kommen als Mitarbeiter sowohl die fest angestellten als auch freie Mitarbeiter des Vereins in Betracht (ebenso Jaschinski NJW 1996, 1521; **aA** Schwab FamRZ 1992, 493, 498, der als „Mitarbeiter" nur fest angestellte

Bedienstete des Vereins zulassen will; ähnlich MünchKomm/Schwab[3] Rn 3; Soergel/Zimmermann Rn 5; Oberloskamp/Elmauer, Vormundschaft § 14 Rn 55).

Wichtige **Orientierungspunkte** für die Entscheidung des Vereins, welches Mitglied bzw welcher Mitarbeiter des Vereins diese Aufgabe wahrnehmen soll, finden sich sowohl in **§ 1779 BGB** als auch in **§ 55 Abs 2 S 4 SGB VIII**. Zwar richten sich diese Normen nicht unmittelbar an den Verein; gleichwohl sollte dessen Entscheidung an den dort enthaltenen Kriterien ausgerichtet werden (DIJuF-Rechtsgutachten JAmt 2016, 142; zu § 55 SGB VIII auch Heilmann/Dürbeck Rn 9). Die mit der darin genannten Fallobergrenze verbundene Zielrichtung – Entlastung des Vormunds und Gewährleistung eines hinreichenden Kindesschutzes (BT-Drucks 17/3617, 1, 8; s auch § 1791b Rn 39) – verlangt eine Ausdehnung dieser Obergrenze auf den Verein als Vormund (Veit/Salgo ZKJ 2011, 82, 84; zur Fallzahlenbegrenzung bei Vereinsvormundschaften s Oberloskamp/Elmauer, Vormundschaft § 14 Rn 32; Elmauer/Kauermann-Walter JAmt 2019, 368, 371; Pütz, 9. Göttinger Workshop 62; Hoffmann JAmt 2013, 554, 555; Vorschlag der SPD, BT-Drucks 17/5512, 8; Deutscher Verein, Empfehlungen 28). Deshalb wird auch de lege ferenda gefordert, in § 1791a BGB eine dem § 55 Abs 2 S 4 SGB VIII entsprechende Fallobergrenze einzuführen (so auch der Änderungsantrag der SPD-Fraktion im Rechtsausschuss, BT-Drucks 17/5512, 8). 21

Zudem schreibt **Abs 3 S 1 HS 2** dem Verein vor, dass eine Person, die den Mündel in einem Heim des Vereins als Erzieher betreut, nicht mit der Führung der Vormundschaft betraut werden darf. Damit sollen – parallel zu § 1897 Abs 3 BGB – Interessenkollisionen vermieden werden (MünchKomm/Spickhoff Rn 14; NK-BGB/Fritsche Rn 5). Wird entgegen dieser Regelung dennoch ein Mitglied oder Mitarbeiter des Vereins bei der Führung einer Vormundschaft eingesetzt, so muss dieser gesetzwidrige Zustand unverzüglich beendet werden. Rechtsgeschäfte, die diese Person im Rahmen der ihr übertragenen Befugnisse im Namen des Vereins für den Mündel vornimmt, sind aber wirksam; dies kann aus dem Wortlaut der Vorschrift (die nicht – wie die §§ 181, 1795 Abs 1 BGB – von „kann nicht", sondern „darf nicht" spricht) geschlossen werden (ebenso im Ergebnis BGB-RGRK/Dickescheid Rn 6; MünchKomm/Spickhoff Rn 14). 22

Je nach den Bedürfnissen können für die Führung einer Vormundschaft **auch mehrere Personen** entsprechend ihrer Qualifikation eingesetzt werden (so auch MünchKomm/Spickhoff Rn 13 u Oberloskamp/Elmauer, Vormundschaft § 14 Rn 52; **aA** BeckOGK/Hoffmann [1. 12. 2019] Rn 38); doch sollte gewährleistet sein, dass sich der Mündel bestimmten Bezugspersonen zugeordnet weiß. Wenn Abs 3 S 1 HS 2 es verbietet, dass eine Person, die den Mündel in einem Heim des Vereins als Erzieher betreut, die Aufgaben des Vormunds ausübt, wird damit die Bedeutung der Forderung unterstrichen, bei Bestellung des Vormunds eindeutig zu bestimmen, wer die Vormundschaft führt (s oben Rn 17). 23

Der Verein trifft seine Organisationsentscheidung, ohne den **Mündel** an der Auswahl des Mitarbeiters oder Mitglieds des Vereins zu **beteiligen**. Darin unterscheidet sich die Entscheidung des Vereins von der des Jugendamts, das vor einer Übertragung der Aufgaben des Amtsvormunds das Kind oder den Jugendlichen zur Auswahl des Beamten oder Angestellten mündlich anhören soll und eine ausnahmsweise vor der Übertragung unterbliebene Anhörung unverzüglich nachzuholen hat (§ 55 Abs 2 S 2, 3 SGB VIII). Dieses Defizit widerspricht der Subjektstellung des Mündels oder 24

Pfleglings, weshalb zu Recht gefordert wird, den Inhalt dieser Norm in § 1791a Abs 3 BGB aufzunehmen (zu § 55 SGB VIII BT-Drucks 17/3617, 8; für eine Ausweitung VEIT/SALGO ZKJ 2011, 82, 84 im Anschluss an den Vorschlag der SPD, BT-Drucks 17/5512, 8; wohl auch SCHWAB, 9. Göttinger Workshop 40).

b) Wirkung der Entscheidung

25 Die Aufgabenzuweisung stellt einen Organisationsakt des Vereins dar, der nur **interne Wirkung** hat (HEILMANN/DÜRBECK Rn 7; MünchKomm/SPICKHOFF Rn 10). Sie ändert nichts daran, dass Vormund der Verein selbst ist. Dieser ist deshalb etwa dann, wenn für zwei seiner Mündel verschiedene Personen die Vormundschaft führen, nach § 181 BGB gehindert, bei einem Vertrag zwischen diesen Mündeln auf beiden Seiten mitzuwirken (BGB-RGRK/DICKESCHEID Rn 7; MünchKomm/SPICKHOFF Rn 10; NK-BGB/FRITSCHE Rn 5). Nimmt ein Verein zugleich Aufgaben der Hilfe zur Erziehung wahr, so kann es zu weiteren Interessenkollisionen kommen; insoweit gilt hier nichts anderes als für das Jugendamt als Amtsvormund (Deutscher Verein, Empfehlungen 29; näher § 1791b Rn 38).

26 Da die Aufgabenzuweisung rein intern wirkt, kann das Mitglied oder der Mitarbeiter eines zum Vormund bestellten Vereins auch nur von diesem, nicht aber vom Familiengericht entlassen werden; dieses kann nur den Verein dazu anhalten, einem **pflichtwidrigen Verhalten** des Mitglieds oder Mitarbeiters durch vereinsinterne Maßnahmen zu begegnen (BayObLG FamRZ 1994, 991 = Rpfleger 1993, 403; zur familiengerichtlichen Aufsicht unten Rn 30).

c) Haftung des Vereins

27 Nach § 1791a Abs 3 S 2 BGB haftet der Verein für das Verschulden eines bei der Führung der Vormundschaft eingesetzten Mitglieds oder Mitarbeiters ebenso wie für das Verschulden eines verfassungsmäßig berufenen Vertreters (§§ 31, 1833 BGB; s dazu ausführlich COEN NJW 1999, 535). Die §§ 278, 831 BGB sind nicht anwendbar (MünchKomm/SPICKHOFF Rn 15; BGB-RGRK/DICKESCHEID Rn 7; SOERGEL/ZIMMERMANN Rn 7).

d) Aufsicht des Familiengerichts

28 Die Entscheidung des Vereins unterliegt der familiengerichtlichen Aufsicht nach § 1837 BGB (dazu unten Rn 30; DIJuF-Rechtsgutachten JAmt 2016, 142 f; GOJOWCZYK Rpfleger 2013, 1, 5 f).

2. Für den Verein als Vormund geltende Regelungen

29 Für den Verein als Vormund gelten die allgemeinen Vorschriften, soweit nicht im Einzelnen etwas anderes bestimmt ist. Sonderregelungen gelten für die **Bestellung** des Vereins als Vormund (§ 1791a Abs 1, 2 BGB) und für seine **Entlassung** (§§ 1887, 1889 Abs 2 BGB); dabei wirkt sich insbesondere der Grundsatz der Subsidiarität der Vormundschaft des Vereins gegenüber der Einzelvormundschaft aus (s oben Rn 1, 13, § 1887 Rn 1 u § 1889 Rn 15).

30 Der Verein als Vormund hat in verschiedenen Beziehungen eine **freiere Stellung als der Einzelvormund**; dies lässt sich damit rechtfertigen, dass ihm die Erlaubnis, als Vormund tätig zu werden, erst nach der Prüfung seiner Eignung durch das Landesjugendamt erteilt wird. Dem Verein stehen kraft Gesetzes (§ 1857a BGB) die nach den §§ 1852

Abs 2, 1853, 1854 BGB zulässigen Befreiungen zu. Er unterliegt zwar als Vormund oder Gegenvormund der **Aufsicht des Familiengerichts** (Heilmann/Dürbeck Rn 10; zum Ergänzungsbedarf in § 1837 BGB de lege ferenda Staudinger/Veit [2014] Rn 34; § 1791b Rn 34), jedoch kann das Gericht gegen ihn kein Zwangsgeld zur Erzwingung von Aufsichtsmaßregeln festsetzen (§ 1837 Abs 3 S 2 BGB). Zudem ist er von der Überwachung durch das Jugendamt weitgehend befreit (§ 53 Abs 4 S 2 iVm Abs 3 SGB VIII).

Der Verein kann als Vormund oder Gegenvormund für **Aufwendungen** keinen Vorschuss und Ersatz nur insoweit verlangen, als das einzusetzende Einkommen und Vermögen des Mündels ausreicht (§ 1835 Abs 5 BGB; BayObLG JAmt 2003, 46; LG Koblenz JAmt 2003, 324). Eine **Vergütung** kann ihm nicht bewilligt werden (§ 1836 Abs 3 BGB; BGH FamRZ 2011, 1394, 1395 m krit Anm Bienwald und zust Anm Fröschle; OLG Koblenz FamRZ 2011, 61, 62; etwas anderes gilt bei der Bestellung des Vereinsmitarbeiters zum Vormund, näher dazu unten Rn 33), und ihm steht auch kein Anspruch auf pauschale Aufwandsentschädigung zu (§ 1835a Abs 5 BGB). 31

Für einen Verein gelten die Vorschriften über die Bestellung zum **Mitvormund** (§ 1775 BGB) und **Gegenvormund** (§ 1792 BGB). Nach § 1791a Abs 4 BGB soll das Familiengericht, wenn es neben dem Verein einen Mitvormund oder Gegenvormund bestellen will, vor seiner Entscheidung den Verein hören. Die Bestimmung des § 1786 Abs 1 Nr 7 BGB, nach der die Übernahme der Vormundschaft ablehnen kann, wer mit einem anderen zu gemeinschaftlicher Führung der Vormundschaft bestellt werden soll, ist auf den Verein als Vormund nicht anzuwenden (§ 1786 Rn 4). 32

V. Bestellung des Mitarbeiters eines Vereins als Einzelvormund

Fraglich ist, ob der Mitarbeiter eines Vereins auch als Einzelvormund **(sog Vereinsvormund)** bestellt werden kann. De lege lata kommt nur eine **analoge Anwendung von § 1897 Abs 2 S 1 BGB** in Betracht. Danach darf der Mitarbeiter eines nach § 1908 f BGB anerkannten Betreuungsvereins, der dort ausschließlich oder teilweise als Betreuer tätig ist (Vereinsbetreuer), nur mit Einwilligung des Vereins bestellt werden. Der BGH hat sich in zwei jüngeren Entscheidungen für eine analoge Anwendung dieser Vorschrift im Zusammenhang mit der Vergütung eines Vereins ausgesprochen: So hat er zunächst herausgestellt, dass der nach § 1791a BGB bestellte Verein nach § 1836 Abs 3 BGB keine Vergütung und keinen Aufwendungsersatz verlangen könne; etwas anderes gelte aber, wenn der Mitarbeiter eines nach § 1791a BGB iVm § 54 Abs 1 SGB VIII zur Übernahme der Vormundschaft geeigneten Vereins zum Vormund bestellt und er im Verein ausschließlich oder teilweise als solcher tätig werde (§ 1897 Abs 2 S 1 BGB analog); in diesem Fall könne der Verein analog § 7 VBVG eine Vergütung und Aufwendungsersatz von der Staatskasse beantragen (BGH FamRZ 2011, 1394, 1395; bestätigt in BGH 13. 3. 2013 – XII ZB 398/12, juris Rn 11, FamRZ 2013, 946, 947; zust OLG Nürnberg 26. 6. 2017 – 7 WF 493/17, juris Rn 17, FamRZ 2018, 112, 113). Um diese Vergütung beanspruchen zu können, könne der Verein auch erfolgreich einen Antrag auf seine Entlassung als Vormund nach § 1889 Abs 2 S 2 BGB stellen (BGH 13. 3. 2013 – XII ZB 398/12, juris Rn 8, FamRZ 2013, 946, 947; darauf sollten die Jugendämter im Rahmen ihrer Beratungs- und Unterstützungsfunktion die Vereine auch hinweisen, Anm Hoffmann JAmt 2013, 291, 292). Folgt man diesem Ansatz, so kommt de lege lata eine Bestellung eines Vereinsmitarbeiters als sog Vereinsvormund analog § 1897 Abs 2 S 1 BGB in Betracht (OLG Nürnberg 26. 6. 2017 – 7 WF 493/17, 33 juris Rn 18 f, FamRZ 2018, 112, 113; OLG Düsseldorf FamRZ 2013, 477; OLG Düsseldorf FamRZ 2013, 54, 55; Hoffmann JAmt 2013, 554; Gojowczyk Rpfleger 2013, 1, 5). In der Praxis hat die jüngere Rechtsprechung des BGH wohl auch schon zu einer wachsenden Zahl an persönlich zu Vormündern bestellten Mitarbeitern von Vormundschaftsvereinen geführt (Hoffmann JAmt 2013, 554).

34 Zur Lösung der **vergütungsrechtlichen Probleme** bietet sich ebenfalls eine Analogie zum Betreuungsrecht an: Wird ein Verein als Betreuer bestellt, so steht diesem keine Vergütung zu (§§ 1908i Abs 1 S 1, 1836 Abs 3 BGB). Ist aber ein Vereinsmitarbeiter als Betreuer bestellt worden (§§ 1897 Abs 2 S 1, 1900 Abs 1, 2 BGB), so stehen diesem zwar selbst keine Vergütung und kein Aufwendungsersatz zu (missverständlich insoweit Heilmann/Dürbeck Rn 14, der diese Ansprüche als solche des Mitarbeiters darstellt), wohl aber dem Verein (§ 7 Abs 1 S 1 iVm § 1 Abs 2, §§ 4, 5 VBVG). Für den Mitarbeiter eines Vormundschaftsvereins fehlt eine entsprechende Regelung; in dieser Lücke sieht das BVerfG einen Verstoß gegen Art 12 GG (s BVerfG FamRZ 2000, 414; BVerfGE 54, 251, 271). Zur Lückenschließung hat sich der BGH unter der Geltung des FGG in einem Fall, in dem es um einen Vergütungsanspruch eines Vereins für die Tätigkeit eines zum Ergänzungspfleger für einen Minderjährigen bestellten Vereinsmitarbeiters ging, für eine analoge Anwendung von § 67a Abs 4 FGG (betreffend den Vergütungsanspruch von Vereinen für die von ihren Mitarbeitern geführten Verfahrenspflegschaften) ausgesprochen und dabei betont, dass dahinstehen könne, ob der Verein selbst oder ein Mitarbeiter persönlich zur Führung der Vormundschaft bestellt worden sei (BGH FamRZ 2007, 900, 901; dazu Oberloskamp/Elmauer, Vormundschaft § 15 Rn 2). Seit Geltung des FamFG ist in der obergerichtlichen Rechtsprechung umstritten, inwieweit die Nachfolgevorschrift zu § 67a FGG in § 277 Abs 4 FamFG analog angewendet werden kann (so OLG München FamRZ 2011, 998) oder nicht (so OLG Düsseldorf BtPrax 2010, 126; OLG Koblenz FamRZ 2011, 61, 62 f). Der BGH hat sich inzwischen für eine analoge Anwendung der §§ 1897 Abs 2 S 1 BGB, 7 VBVG ausgesprochen mit der Folge, dass dem Verein für die Tätigkeit des Vereinsmitarbeiters, der mit Einwilligung des Vereins zum Vormund bestellt worden ist, eine Vergütung (Höhe: Stundensatz eines Vormunds nach § 3 VBVG) aus der Staatskasse zusteht (BGH FamRZ 2011, 1394, 1396 m krit Anm Bienwald und zust Anm Fröschle). Dem zum Vormund bestellten Verein selbst steht dagegen nach § 1836 Abs 3 BGB kein Vergütungsanspruch zu; er kann auch keinen Aufwendungsersatz verlangen (BGH FamRZ 2011, 1394, 1395).

35 De **lege ferenda** wird vorgeschlagen, den Vorrang der Einzelvormundschaft durch eine natürliche Person nach dem Vorbild des Vereinsbetreuers (§ 1897 Abs 2 S 1 BGB) auf den Verein zu erstrecken und einen Vereinsvormund einzuführen (zum gesetzlichen Regelungsbedarf Oberloskamp/Schindler[3], Vormundschaft § 13 Rn 30 mwNw; s auch Heilmann/Dürbeck § 1791a Rn 15; Hoffmann JAmt 2013, 554, 559; zu den Reformvorschlägen des BMJV Vorbem 59 zu §§ 1773 ff mit Kritik von Elmauer/Kauermann-Walter JAmt 2019, 368, 372 ff). Der Mitarbeiter eines vom Landesjugendamt anerkannten Vereins hätte danach ebenfalls Vorrang vor der Bestellung des Vereins oder Jugendamtes als Vormund (für den Behördenvormund Salgo/Zenz FamRZ 2009, 1378, 1385; **aA** Hoffmann JAmt 2013, 554, 556). Auch die vergütungsrechtlichen Unterschiede zwischen Vereinsbetreuer und Vereinsvormund könnten infolgedessen beseitigt werden (Bienwald FamRZ 2011, 1397; dafür auch Deutscher Verein, Empfehlungen 29). Allerdings müsste bei einer Neukonzeption der geltenden Vorschriften eine dem § 1908b Abs 4 S 1, 3 BGB entsprechende Regelung

vermieden werden. Danach ist der Vereins- bzw der Behördenbetreuer zu entlassen, wenn der Verein bzw die Behörde dies beantragt; das Gericht hat dem Antrag ohne Prüfung weiterer Gründe zu entsprechen (MünchKomm/Schwab § 1908b Rn 27). Die Übernahme einer solchen Regelung würde dem Interesse des Mündels an Bindungen und Kontinuität zuwiderlaufen (so zu Recht Schwab, 9. Göttinger Workshop 37).

VI. Rechtsmittel

Wird der Verein von den Eltern nach § 1776 BGB benannt und dennoch übergangen, steht ihm das Rechtsmittel der Beschwerde nach § 58 FamFG zu (s § 1776 Rn 19). Ein Beschwerderecht hat auch der Mündel nach den §§ 59, 60 FamFG. 36

VII. Pflegschafts- und Betreuungsrecht

Auf das Pflegschaftsrecht findet § 1791a BGB uneingeschränkt Anwendung (§ 1915 Abs 1 S 1 BGB), nicht jedoch auf das Betreuungsrecht; vielmehr gilt dort nur § 1791a Abs 3 S 1 HS 2 und S 2 BGB entsprechend (§ 1908i Abs 1 S 1 BGB; näher Staudinger/Bienwald [2017] § 1908i Rn 17 ff). 37

§ 1791b
Bestellte Amtsvormundschaft des Jugendamts

(1) Ist eine als ehrenamtlicher Einzelvormund geeignete Person nicht vorhanden, so kann auch das Jugendamt zum Vormund bestellt werden. Das Jugendamt kann von den Eltern des Mündels weder benannt noch ausgeschlossen werden.

(2) Die Bestellung erfolgt durch Beschluss des Familiengerichts; die §§ 1789, 1791 sind nicht anzuwenden.

Materialien: Eingefügt durch NEhelG v 19. 8. 1969 (BGBl I 1243) Art 1 Nr 54; neugefasst durch Bekanntmachung v 2. 1. 2002 (BGBl I 42); Abs 1 S 1 geändert durch 2. BtÄndG v 21. 4. 2005 (BGBl I 1073) Art 1 Nr 3 mit Wirkung v 1. 7. 2005; Abs 2 geändert durch Art 50 Nr 36 nach Maßgabe von Art 111 FGG-RG v 17. 12. 2008 (BGBl I 2586) mit Wirkung v 1. 9. 2009.

Schrifttum

Bathke, Vormundschaften als Ehrenamt sind ein Gewinn – Chancen und Rahmenbedingungen zur Förderung der Einzelvormundschaft als bürgerschaftliches Engagement, JAmt 2006, 165

Berthold/Espenhorst, Praxis und Politik in der Pflicht – Vormundschaften für unbegleitete minderjährige Flüchtlinge, JAmt 2012, 365

20. Deutscher Familiengerichtstag – Empfehlungen des Vorstands, FamRZ 2013, 1948 (zit: Deutscher Familiengerichtstag)

Beutler/Knispel/Köllen/Pugell/Smykalla, Vormundschaften: Auswirkungen der rechtlichen Rahmenbedingungen auf die Beziehung zwischen Amtsvormünder/inne/n und ihren Mündeln, JAmt 2019, 374

Dresdner Erklärung, verabschiedet auf der Fachtagung „Die Zukunft der Amtsvormundschaften“ vom 22. bis 24. März 2000 in Dresden, DAVorm 2000, 437

Dürbeck, Unbegleitete minderjährige Flüchtlinge im Familienrecht, FamRZ 2018, 553
Gojowczyk, Die Aufsicht des Familiengerichts über den Amtsvormund – Rechtslage nach dem Gesetz zur Änderung des Vormundschafts- und Betreuungsrechts –, Rpfleger 2013, 1
Hildebrandt, „… in der Hoffnung, dass Sie nicht das Jugendamt alarmieren!." – Anmerkungen zur Balance zwischen Dienstleistungs- und Schutzauftrag des Jugendamts im Kontext des neu gefassten § 1666 BGB, ZKJ 2008, 396
Hoffmann, Sorgerechtsvollmacht als Alternative zur Vormund-/Pflegschaft des Jugendamts, FamRZ 2011, 1544
dies, Der Regierungsentwurf eines Gesetzes zur Änderung des Vormundschafts- und Betreuungsrechts, FamRZ 2011, 249
Jestaedt, Staatlicher Kindesschutz unter dem Grundgesetz – Aktuelle Kindesschutzmaßnahmen auf dem Prüfstand der Verfassung, in: Lipp/Schumann/Veit (Hrsg), 6. Göttinger Workshop zum Familienrecht 2007 (2008) 5
Jugendministerkonferenz, Beschluss zur Förderung der Einzelvormundschaft als bürgerschaftliches Engagement, JAmt 2007, 73
Joos, Umsetzung des Vormundschaftsrechts in die Praxis. Ein Erfahrungsbericht aus dem Landratsamt Lörrach, JAmt 2014, 6
Landesjugendamt Sachsen, Die Vormundschaft über ausländische Mündel im Spannungsfeld von Ausländer- und Jugendhilferecht, JAmt 2001, 64
Kunkel, Das Jugendamt als Amtsvormund. Zugleich Anmerkung zur Entscheidung des BVerfG v. 24. 3. 2014 zum Kindesschutz, FamRZ 2015, 901
Leonhardt, Das neue Vormundschaftsrecht aus Sicht der Praxis, ZKJ 2012, 260
ders, Das Gesetz zur Änderung des Vormundschafts- und Betreuungsrechts, in: Coester-Waltjen/Lipp/Schumann/Veit (Hrsg), 2. Familienrechtliches Forum Göttingen (2012) 122
Meysen, Neue Herausforderungen an den Ergänzungspfleger, in: Coester-Waltjen/Lipp/Schumann/Veit (Hrsg), 9. Göttinger Workshop zum Familienrecht 2010 (2011) 65
Salgo/Zenz, (Amts-)Vormundschaft zum Wohle des Mündels – Anmerkungen zu einer überfälligen Reform, FamRZ 2009, 1378
Sommer, Ehrenamtliche Einzelvormundschaften – Herausforderungen und Chancen einer vergessenen/vernachlässigten Institution, in: FS Ludwig Salgo (2016) 437
Sünderhauf, Aus dem „Fall Kevin" lernen: Aktuelle Änderungen im Recht der Amtsvormundschaft, JAmt 2010, 405
Veit/Salgo, Der Regierungsentwurf zur Änderung des Vormundschaftsrechts – Eine Stellungnahme, ZKJ 2011, 82
Wiesner, Der Kinderschutz auf der Agenda des Bundesgesetzgebers, ZKJ 2011, 377
Willutzki, Vormundschaft in Bewegung, Jugendhilfereport Landschaftsverband Rheinland 1/2012, 6
Zenz/Salgo, (Amts-)Vormundschaft zum Wohle des Mündels – Anmerkungen zu einer überfälligen Reform, frühe Kindheit 2010, Heft 4, 29.

Systematische Übersicht

Alphabetische Übersicht

I. Historie

1 Die Amtsvormundschaft war – wie die Vereinsvormundschaft – zuerst im **JWG** geregelt; dieses enthielt (idF vom 25. 4. 1977 [BGBl I 633]) nach allgemeinen (§§ 37–39b) noch besondere Bestimmungen über die gesetzliche (§§ 40–44) und die bestellte Amtsvormundschaft und Amtspflegschaft (§ 45). § 45 JWG lautete:

„Ist eine als Einzelpfleger oder Einzelvormund geeignete Person nicht vorhanden, so kann auch das Jugendamt zum Pfleger oder Vormund bestellt werden. Das Jugendamt kann von den Eltern des Minderjährigen weder benannt noch ausgeschlossen werden."

2 Im Bemühen, die Regelung der Vormundschaft im BGB geschlossen unterzubringen (vgl § 1791a Rn 3), hatte das **NEhelG** vom 19. 8. 1969 (BGBl I 1243) auch den § 1791b BGB eingefügt, daneben aber die §§ 37 ff JWG, also auch den mit § 1791b Abs 1 BGB nahezu vollständig übereinstimmenden § 45 JWG, bestehen lassen.

3 Durch das **KJHG** vom 26. 6. 1990 (BGBl I 1163) wurde das JWG mit Wirkung vom 1. 1. 1991 aufgehoben. Die Rechtsstellung des Jugendamts als Amtspfleger und Amtsvormund wurde in den §§ 55 und 56 SGB VIII geregelt, die bis auf kleine redaktionelle Änderungen dem früheren § 37 JWG gleichen.

4 Das **Beistandschaftsgesetz** vom 4. 12. 1997 (BGBl I 2846, BGBl I 1998, 1660) hob nicht nur die Bestimmungen über die Beistandschaft alten Rechts (§§ 1685, 1686, 1689 bis 1692) auf, sondern auch die durch das Nichtehelichengesetz vom 19. 8. 1969 einge-

führten Bestimmungen über die Amtspflegschaft für nichteheliche Kinder (§§ 1706 bis 1710 BGB aF). Eingeführt wurde in einem neuen Siebenten Titel (§§ 1712 bis 1717 BGB) – jetzt Titel 6 – ein neues Institut der Beistandschaft. Auf schriftlichen Antrag eines Elternteils wird das Jugendamt Beistand des Kindes für die Aufgaben der Feststellung der Vaterschaft und der Geltendmachung von Unterhaltsansprüchen (s wegen der Einzelheiten die §§ 1712 bis 1717 BGB und die Begründung des RegE, BT-Drucks 13/892, 35 ff). Weiter wurden mit diesem Gesetz die §§ 55 und 56 SGB VIII um die Beistandschaft ergänzt.

Durch Art 1 Nr 3 des **2. Betreuungsrechtsänderungsgesetzes** vom 21. 4. 2005 (BGBl I 1073) wurde in Abs 1 S 1 vor dem Wort „Einzelvormund" das Wort „ehrenamtlicher" eingefügt (zu den Auswirkungen vgl unten Rn 11). 5

Die jüngsten Änderungen erfuhr § 1791b BGB mit Wirkung vom 1. 9. 2009 durch Art 50 Nr 36 des **FGG-RG** vom 17. 12. 2008 (BGBl I 2586), indem in Abs 2 die Worte „schriftliche Verfügung des Vormundschaftsgerichts" durch „Beschluss des Familiengerichts" ersetzt wurden. 6

II. Die Bestellung des Jugendamts zum Amtsvormund

1. Allgemeines

§ 1791b Abs 1 BGB bestimmt, unter welchen Voraussetzungen das Jugendamt zum Vormund bestellt werden kann. Die Bestellung des Jugendamts bleibt immer dann der letzte Ausweg, wenn weder ein geeigneter Einzelvormund zu finden noch ein zur Übernahme der Vormundschaft bereiter Verein vorhanden ist; das Jugendamt kann sich gegen die Bestellung zum Vormund nicht wehren (zur Möglichkeit der Beschwerde gegen die Entscheidung unten Rn 50). Insbesondere bei Kindern und Jugendlichen, die ohne Begleitung vom Ausland nach Deutschland einreisen, wird dieser Fall oft gegeben sein (s die Darstellung des LJA Sachsen JAmt 2001, 64, 66). 7

Die „bestellte Amtsvormundschaft" (dieser gebräuchliche, sprachlich nicht ganz korrekte Ausdruck wurde auch im früheren JWG in der Überschrift vor § 45 verwendet) ist zu unterscheiden von der – jetzt in § 1791c BGB geregelten – „gesetzlichen Amtsvormundschaft", die ohne Weiteres mit der Geburt eines Kindes nicht miteinander verheirateter Eltern eintritt, das nicht unter elterlicher Sorge steht und für das nicht schon vor seiner Geburt gemäß § 1774 S 2 BGB ein Vormund bestellt wurde. 8

2. Fehlen einer als Einzelvormund geeigneten Person

a) Allgemeiner Inhalt und Zweck des Vorrangs der Einzelvormundschaft

In allen Fällen, in denen ein Minderjähriger eines Vormunds bedarf, kann das Jugendamt dann zum Vormund bestellt werden, wenn **eine als Einzelvormund geeignete Person nicht vorhanden** ist (§ 1791b Abs 1 S 1 BGB); zum Teil wird plastisch vom Jugendamt als „Reservevormund" (KG FamRZ 2010, 1998 [„Reservepfleger"]; Oberloskamp/Kunkel, Vormundschaft § 16 Rn 10; NK-BGB/Fritsche Rn 2; zum Potential an Einzelvormündern Bathke JAmt 2006, 165; s auch Jugendministerkonferenz JAmt 2007, 73) oder Ausfallbürge gesprochen (Sommer, in: FS Salgo 437, 439; Jestaedt, 6. Göttinger Workshop 13). 9

Als Personen kommen Verwandte des Minderjährigen (s KG 4. 2. 2016 – 3 WF 8/16, juris Rn 9, FamRZ 2016, 649, 650), aber auch familienfremde Dritte, etwa Pflegeeltern, in Betracht (OLG Stuttgart FamRZ 2013, 1318; LG Dortmund FamRZ 2010, 1170; LG Hannover FamRZ 2007, 1909; LG Flensburg FamRZ 2001, 445), soweit sie zur Führung der Vormundschaft geeignet sind; nur unter diesen Voraussetzungen gebührt ihnen der Vorrang vor der Amtsvormundschaft (BVerfG 30. 4. 2018 – 1 BvR 393/18, juris Rn 9, NZFam 2018, 635 m Anm Riegner; allg zu deren Eignung § 1779 Rn 14 ff).

10 Der **Vorrang der Einzelvormundschaft**, va der ehrenamtlichen Einzelvormundschaft, vor der Amtsvormundschaft basiert auf dem gesetzlichen Leitbild (Vorbem 29 ff zu §§ 1773 ff). Dahinter steckt der Gedanke, dass Einzelpersonen, namentlich ehrenamtlich Tätige, mehr Zeit mitbringen als beruflich Tätige und damit die bessere Gewähr für eine persönliche Betreuung und eine größere persönliche Nähe zwischen Vormund und Mündel bieten (Sommer, in: FS Salgo 437, 441; Oberloskamp/Kunkel, Vormundschaft § 16 Rn 14).

b) Umfang des Vorrangs

aa) Vorrang der ehrenamtlichen Einzelvormundschaft

11 Der Vorrang war in § 1791b Abs 1 S 1 BGB zunächst streng verwirklicht mit der Folge, dass auch der Berufsvormund bei gleicher Eignung Vorrang vor dem Jugendamt hatte; fiskalische Gründe standen dem nicht entgegen (KG Rpfleger 1999, 274; LG Hildesheim JAmt 2003, 47). Seit Erlass des 2. BtÄndG ist der Vorrang auf den ehrenamtlichen Einzelvormund beschränkt (s Vorbem 46 zu §§ 1773 ff). Hieran hat auch das Gesetz zur Änderung des Vormundschafts- und Betreuungsrechts vom 29. 6. 2011 (BGBl I 1306) nichts geändert.

12 Infolgedessen wird heute überwiegend die Auffassung vertreten, dass es **keinen Vorrang** mehr **des Berufsvormunds vor dem Jugendamt** als Amtsvormund gibt; vielmehr stehen Berufsvormundschaft, die Vormundschaft des Vereins und des Jugendamtes ohne Rangverhältnis nebeneinander (OLG Celle 18. 1. 2016 – 12 UF 2/16, 12 UFH 2/16, juris Rn 28, FamRZ 2016, 647, 648; OLG Schleswig 11. 4. 2016 – 14 UF 32/16, juris Rn 9, FamRZ 2016, 1474, 1475; OLG Karlsruhe 26. 6. 2013 – 18 UF 296/11, juris Rn 36, FamRZ 2013, 1665, 1667; OLG Karlsruhe ZKJ 2012, 272, 274 mwNw = FamRZ 2012, 1955, 1956; OLG Hamm FamRZ 2010, 1684; KG Berlin FamRZ 2010, 1998, 1999; MünchKomm/Spickhoff Rn 2; Palandt/Götz Rn 1; DIJuF-Rechtsgutachten JAmt 2013, 269, 272; Dürbeck FamRZ 2018, 553, 559).

13 Allerdings wird in der Rechtsprechung auch nach geltendem Recht trotz des klaren Wortlauts von § 1791b BGB zT noch von einem Vorrang des Berufsvormunds vor dem Jugendamt als Amtsvormund ausgegangen (OLG Frankfurt JAmt 2012, 426, 427 [betr Ergänzungspflegschaft]). Es gibt aber auch Gegenstimmen. So war etwa das OLG Stuttgart in einem Fall, in dem es um die Bestellung eines Ergänzungspflegers in einem Vaterschaftsanfechtungsverfahren ging, in welchem die Mutter das Kind nicht vertreten konnte (§§ 1629 Abs 2 S 1, 1795 Abs 1 Nr 3, 1909 BGB), der Ansicht, dass § 1791b BGB trotz der allgemeinen Verweisung auf das Vormundschaftsrecht in § 1915 Abs 1 BGB nur eingeschränkt in einem Vaterschaftsanfechtungsverfahren Anwendung finden könne. Eine besser geeignete Person als das Jugendamt sei als Ergänzungspfleger für das Kind in einem solchen Verfahren „nur schwer vorstellbar“; die Bestellung eines Rechtsanwalts in einem Verfahren, das keine außerge-

wöhnlichen Schwierigkeiten aufzuweisen scheine, sei weder sachgerecht noch notwendig (OLG Stuttgart FamRZ 2002, 1065). Das OLG Karlsruhe hat wiederum in einem Beschluss aus jüngerer Zeit seine Entscheidung, das Jugendamt als Vormund für einen unbegleitet in Deutschland eingereisten ausländischen Minderjährigen einem Berufsvormund vorzuziehen, damit begründet, dass dem fehlenden Sachverstand eines Amtsvormunds dadurch Rechnung getragen werden könne, dass dieser einen Rechtsanwalt beauftrage (OLG Karlsruhe ZKJ 2012, 272, 275 f; zu diesem Problem näher § 1779 Rn 23 ff; § 1775 Rn 14 ff). Beide Entscheidungen lassen sich zwar auf den Wortlaut und die Genese des geltenden § 1791b BGB stützen, sind jedoch zugleich Ausdruck einer reformbedürftigen Praxis (näher dazu Staudinger/Veit [2014] Rn 33).

bb) Ermessen des Gerichts

Da das geltende Recht von einem Gleichrang der Vormundschaft einer beruflich tätigen natürlichen Person, des Vereins und des Jugendamtes ausgeht, hat das Gericht nach pflichtgemäßem Ermessen zwischen diesen auszuwählen (OLG Schleswig 11. 4. 2016 – 14 UF 32/16, juris Rn 9, FamRZ 2016, 1474, 1475; OLG Schleswig ZKJ 2012, 272, 274 mwNw = FamRZ 2012, 1955, 1956). Dabei ist mit Blick auf die Fallzahl 50 (§ 55 Abs 2 S 4 SGB VIII; näher unter Rn 39 ff) eine schon vorhandene Belastung des Jugendamts zu beachten; dies gilt nicht in gleichem Umfang für die besondere Schwierigkeit einer Angelegenheit, da jeder Vormund, mithin auch der Amtsvormund, eine fehlende Sachkunde durch Inanspruchnahme fachspezifischer Hilfe ebenso wie die Eltern ausgleichen muss (OLG Celle 18. 1. 2016 – 12 UF 2/16, 12 UFH 2/16, juris Rn 35, FamRZ 2016, 647, 648; näher § 1775 Rn 14 ff; § 1779 Rn 26 ff). **14**

c) Folgen für die familiengerichtliche Ermittlungspflicht

Das Jugendamt darf nur dann zum Vormund bestellt werden, wenn eine als Einzelvormund geeignete Person auch nach **intensiven Ermittlungen**, die das Familiengericht **von Amts wegen** vorzunehmen hat (§ 26 FamFG), nicht zu finden ist (KG 4. 2. 2016 – 3 WF 8/16, juris Rn 9, FamRZ 2016, 649, 650; OLG Brandenburg 5. 9. 2013 – 3 WF 46/13, juris Rn 3, NZFam 2014, 476 [betr Auswahl eines Umgangspflegers]; OLG Koblenz FPR 2002, 272; Oberloskamp/Kunkel, Vormundschaft § 16 Rn 13; MünchKomm/Spickhoff Rn 4; Erman/Schulte-Bunert Rn 2). Bei der Suche nach einer geeigneten Einzelperson hat das Familiengericht bei **dem zuständigen Jugendamt anzufragen**, ob dieses geeignete Einzelpersonen vorschlagen kann (OLG Celle 18. 1. 2016 – 12 UF 2/16, 12 UFH 2/16, juris Rn 12, FamRZ 2016, 647 f; OLG Hamm FamRZ 2010, 1684). Dabei ist die Einschaltung des Jugendamts durch das Familiengericht bereits ein Teil der familiengerichtlichen Ermittlungen (OLG Köln FamRZ 2012, 42, 43). Nach § 53 Abs 1 SGB VIII hat das Jugendamt dem Familiengericht Personen und Vereine vorzuschlagen, die sich im Einzelfall als Pfleger oder Vormund eignen. Allerdings ist das Familiengericht nicht auf diese Auskunft beschränkt (Erman/Saar[14] Rn 2). Vielmehr hat es bei Bezugspersonen des Kindes, etwa Verwandten oder der Leitung der Einrichtung, in der das Kind vorläufig untergebracht ist, nachzufragen, ob sie geeignete Einzelpersonen benennen können (Zitelmann, Inobhutnahme und Kindesschutz 47 f). Erst bei Erfolglosigkeit der eigenen Ermittlungen darf das Familiengericht auf das Jugendamt zurückgreifen (OLG Hamm FamRZ 2010, 1684; OLG Naumburg OLGR 2005, 749, 750 = FamRZ 2005, 1861 [LS]). Die aktuelle **Praxis** einer **regelmäßigen Bestellung des Jugendamts** ist damit contra legem (Hildebrandt ZKJ 2008, 396; Gojowczyk Rpfleger 2013, 1, 5; s bereits Vorbem 35 zu §§ 1773 ff). Deswegen ist auch der Entscheidung des OLG Celle zu widersprechen, das AG habe von intensiven Ermittlungen nach einer geeigneten Einzelperson mit Blick „auf die bestehende **15**

Familienproblematik" absehen und das Jugendamt zum Amtsvormund bestellen können (OLG Celle ZKJ 2011, 435, 437 = JAmt 2011, 352, 354 m zust Anm Hoffmann, dort allerdings zu einer eingehenden Begründung für eine vorrangige Berücksichtigung des Jugendamts gegenüber einem Betreuungsverein im konkreten Einzelfall).

16 Um dem Vorrang der Einzelvormundschaft stärker Rechnung zu tragen, wäre denkbar, dass das Gericht vom Jugendamt einen **Nachweis** darüber einfordert, dass es seinen **Pflichten nach §§ 53 Abs 1, 56 Abs 4 SGB VIII** nachgekommen ist, dh seine Rekrutierungsbemühungen bei der Suche nach Einzelvormündern erfolglos waren; de lege lata besteht eine solche Nachweispflicht allerdings nicht (zu Forderungen de lege ferenda in diese Richtung Staudinger/Veit [2014] Rn 11; zu weiteren Forderungen, um den Vorrang der Einzelvormundschaft zu stärken, Staudinger/Veit [2014] Rn 33).

17 Die **Suche nach dem Einzelvormund** darf allerdings auch nicht so **lange** fortgesetzt werden, dass dem Mündel aus dem Fehlen eines Vormunds Nachteile entstehen. Dies ergibt sich nicht zuletzt aus den §§ 1887 und 1889 BGB. Hierüber besteht in Rechtsprechung und Schrifttum Einigkeit (BayObLGZ 1964, 268, 269 = FamRZ 1964, 530, 531; BayObLGZ 1966, 28, 32 = FamRZ 1966, 323, 325; BayObLG FamRZ 1984, 205, 207; BayObLG Rpfleger 1985, 361; OLG Frankfurt OLGZ 1980, 129 = FamRZ 1980, 284; OLG Stuttgart Rpfleger 1982, 183; OLG Zweibrücken Rpfleger 1987, 160 = ZBlJugR 1987, 300; OLG Celle DAVorm 1988, 292; OLG Saarbrücken DAVorm 1989, 1034; LG Oldenburg DAVorm 1972, 455; LG Bremen Rpfleger 1973, 431 = DAVorm 1974, 673; LG Berlin DAVorm 1974, 403; LG Frankenthal DAVorm 1976, 343; LG Heilbronn FamRZ 1984, 822 = DAVorm 1984, 609; LG Karlsruhe DAVorm 1985, 608; LG Flensburg FamRZ 2001, 445; MünchKomm/Spickhoff Rn 2, 4; BGB-RGRK/Dickescheid Rn 2). Findet sich später eine geeignete Person als Einzelvormund, so ist das Jugendamt als **Amtsvormund** auf eigenen Antrag hin zu **entlassen**, sofern das Wohl des Mündels dieser Maßnahme nicht entgegensteht (§ 1889 Abs 2 BGB) oder die Maßnahme dem Wohl des Mündels dient (§ 1887 Abs 1 BGB; s OLG Rostock 25. 4. 2016 – 11 UF 159/15, juris Rn 21, FamRZ 2017, 218; OLG Schleswig JAmt 2003, 47, 48; MünchKomm/Spickhoff Rn 2; Erman/Schulte-Bunert Rn 2; zur Prüf- und Anzeigepflicht des Jugendamts vgl § 56 Abs 4 SGB VIII).

3. Vorrang der Vormundschaft des Vereins vor der Amtsvormundschaft?

18 Ob auch der Verein Vorrang vor dem Jugendamt als Vormund hat, ist streitig. Der RegE zum NEhelG wollte zwar dadurch, dass in § 1791b Abs 1 S 1 BGB an das Fehlen einer „als Vormund" geeigneten Person angeknüpft wurde (im Gegensatz zu dem in § 1791a BGB verwendeten Begriff „Einzelvormund"), deutlich machen, dass die Amtsvormundschaft gegenüber der Vereinsvormundschaft subsidiär ist (Jansen/Knöpfel, Unehelichengesetz 365). Dazu kam es aber nicht; sowohl § 1791a Abs 1 S 2 BGB als auch § 1791b Abs 1 S 1 BGB knüpfen daran an, dass „eine als ehrenamtlicher Einzelvormund geeignete Person nicht vorhanden" ist. Hierunter kann man aber nur eine natürliche Person, dagegen schwerlich einen rechtsfähigen Verein verstehen. Daraus folgt, dass die Bestellung des Jugendamts zum Vormund nicht auch dann ausgeschlossen ist, wenn zwar keine Einzelperson, wohl aber ein Verein, der zum Vormund bestellt werden kann, vorhanden ist. Das Familiengericht kann also nach diesem Ansatz, wenn kein Einzelvormund zur Verfügung steht, ohne allgemeine Vorgabe aufgrund der im Einzelfall gegebenen Umstände nach dem Bedarf des betroffenen Kindes entscheiden, ob das Jugendamt oder ein Verein

Vormund werden soll (OLG Hamm FamRZ 2012, 798, 799; OLG Celle JAmt 2011, 352 f m zust Anm HOFFMANN; so auch OLG Köln JMBlNRW 1963, 16; SOERGEL/ZIMMERMANN Rn 2; BGB-RGRK/DICKESCHEID Rn 2; STAUDINGER/ENGLER [2004] Rn 5; wohl auch LG Aachen FamRZ 1976, 672; Deutscher Verein, Empfehlungen 31; DIJuF-Rechtsgutachten JAmt 2016, 142, 143 mwNw; offengelassen von BayObLG FamRZ 1977, 664; **aA** OLG Frankfurt OLGZ 1980, 129 = FamRZ 1980, 284; OBERLOSKAMP/ELMAUER, Vormundschaft § 14 Rn 44; DIJuF-Rechtsgutachten JAmt 2016, 142, 143).

Für eine Subsidiarität der Amtsvormundschaft gegenüber der Tätigkeit von geeigneten Vereinen lässt sich demgegenüber aber auf **§ 56 Abs 4 SGB VIII** verweisen, der dem Jugendamt die regelmäßige Prüfung auferlegt, ob im Interesse des Mündels seine Entlassung als Amtsvormund „und die Bestellung einer Einzelperson oder eines Vereins" angezeigt ist (MünchKomm/SPICKHOFF Rn 3; ERMAN/SCHULTE-BUNERT Rn 1; NK-BGB/FRITSCHE Rn 2; GERNHUBER/COESTER-WALTJEN § 70 Rn 15 Fn 18; OBERLOSKAMP/ELMAUER, Vormundschaft § 14 Rn 44; zu den Qualitätsanforderungen an ein Jugendamt, um diesen Vorgaben zu genügen, SOMMER, in: FS Salgo 437, 441). Mag diese Folgerung im Hinblick auf den Wortlaut des § 1791a Abs 1 S 2 BGB auch nicht zwingend sein (insoweit zu Recht OLG Celle JAmt 2011, 352, 353; STAUDINGER/ENGLER [2004] Rn 5), so spricht für sie doch das gesetzgeberische Leitbild (dazu Vorbem 29 ff zu §§ 1773 ff). Angesichts dieser Diskrepanzen ist erforderlich, dass der Gesetzgeber in diesem Punkt Klarheit schafft. Die Streichung des Adjektivs **„ehrenamtlich"** wäre eine Möglichkeit, dem gesetzgeberischen Grundanliegen (Vorbem 29 ff zu §§ 1773 ff) wieder näher zu kommen (dafür HOFFMANN FamRZ 2011, 249, 253; Antrag der SPD, BT-Drucks 17/2411, 5; SALGO/ZENZ FamRZ 2009, 1378, 1385; dies frühe Kindheit 2010, Heft 4, 29, 32; krit zur aktuellen Rechtslage auch MünchKomm/SPICKHOFF Rn 2; zu den fiskalischen Folgen einer solchen Änderung MEYER, 2. Familienrechtliches Forum 127); zudem würde damit auch einem Reformanliegen der Arbeitsgruppe „Familiengerichtliche Maßnahmen bei Gefährdung des Kindeswohls – § 1666 BGB" Rechnung getragen (Vorbem 49 zu §§ 1773 ff). 19

4. Keine Prüfung der Eignung des Jugendamts durch das Familiengericht

Sind ein ehrenamtlicher Einzelvormund oder ein geeigneter Verein nicht vorhanden, so wählt das Gericht das Jugendamt zum Vormund aus. Die Auswahlentscheidung des Familiengerichts ist also eine rein negative. Ob und inwieweit das Jugendamt oder die vom Jugendamt für die Wahrnehmung der Aufgaben des Vormunds ausgewählte Person geeignet ist, wird dagegen nicht geprüft. Das Jugendamt, das mit der Führung der Vormundschaft eine Aufgabe der Jugendhilfe erfüllt (§ 2 Abs 3 Nr 11 SGB VIII), gilt als geeignet (zu den Gründen näher § 1779 Rn 35); und die Auswahl des geeigneten Jugendamtsmitarbeiters, der mit der Führung der Vormundschaft betraut wird, ist ausschließlich Gegenstand eines behördeninternen Organisationsakts (MünchKomm/TILLMANNS § 55 SGB VIII Rn 9 mwNw; **anders** wohl OLG Koblenz 22. 4. 2014 – 13 WF 293/14, juris Rn 13, NZFam 2014, 716; krit zur gesetzgeberischen Entscheidung und zu Forderungen de lege ferenda STAUDINGER/VEIT [2014] Rn 34; s auch Deutscher Familiengerichtstag FamRZ 2013, 1948, 1950). Etwas anderes wäre dann anzunehmen, wenn das Gericht den Mitarbeiter des Jugendamtes als Vormund bestellen könnte (sog Behördenvormund); eine solche Möglichkeit kennt das Gesetz jedoch, anders als das Betreuungsrecht (§ 1897 Abs 2 S 2 BGB), nicht (zu Forderungen de lege ferenda STAUDINGER/VEIT [2014] Rn 39). 20

21 Da keine positive Eignungsprüfung stattfindet, prüft das Gericht auch nicht, ob zwischen dem Jugendamt als Amtsvormund und dem Jugendamt als Sozialleistungsträger oder als Ausländerbehörde Interessenkonflikte bestehen, die einer dem Mündelwohl genügenden Interessenvertretung zuwiderlaufen (Hoffmann JAmt 2018, 218; für eine Eignungsprüfung wohl OLG Hamm 26. 6. 2012 – 2 UF 135/10, juris Rn 30 ff; DIJuF-Rechtsgutachten JAmt 2016, 142, 143; BeckOGK/Hoffmann [1. 12. 2019] § 1779 Rn 83 ff). Ebenso wenig wird geprüft, ob das Jugendamt ausreichende Kapazitäten zur Führung der Vormundschaft vorrätig hält; vielmehr ist es verpflichtet, das Vorhandensein entsprechender Kapazitäten zu gewährleisten (s § 79 SGB VIII) (OLG Celle 18. 1. 2016 – 12 UF 2/16, 12 UFH 2/16, juris Rn 30, FamRZ 2016, 647, 649; DIJuF-Rechtsgutachten JAmt 2016, 442). Auch kann es sich grds nicht auf mangelnde fachliche Kompetenz berufen (s näher dazu unter § 1775 Rn 14 f).

5. Bestellung des örtlich zuständigen Jugendamts

a) Grundsatz

22 Das Familiengericht hat das örtlich zuständige Jugendamt zu bestellen. Die örtliche Zuständigkeit des Jugendamts ergibt sich aus **§ 87c Abs 3 SGB VIII** (OLG Frankfurt FamRZ 2011, 1671). Danach ist für die bestellte Amtsvormundschaft das Jugendamt zuständig, in dessen Bereich das Kind oder der Jugendliche seinen gewöhnlichen (S 1) oder tatsächlichen Aufenthalt (S 2) zur Zeit der Bestellung hat.

b) Aufenthaltswechsel des Minderjährigen

23 Wechselt das Kind oder der Jugendliche seinen gewöhnlichen Aufenthalt oder erfordert es bei fehlendem gewöhnlichem Aufenthalt das Wohl des Kindes oder Jugendlichen, so hat das Jugendamt beim Familiengericht einen Antrag auf Entlassung zu stellen (§ 87c Abs 3 S 3 SGB VIII). Das Familiengericht hat dem Antrag stattzugeben – § 87c Abs 3 SGB VIII bildet also einen speziellen Entlassungsgrund (OLG Celle 6. 3. 2018 – 17 UF 16/18, juris Rn 5, JAmt 2018, 216, 217 = FamRZ 2018, 1246; MünchKomm/Spickhoff Rn 11) – und einen neuen Vormund auszuwählen und zu bestellen; dabei ist erneut zu prüfen, ob eine als Einzelvormund geeignete Person vorhanden ist, bevor das örtlich zuständige Jugendamt bestellt wird (OLG Schleswig JAmt 2003, 47, 48).

24 Umstritten ist, ob das Familiengericht bei einem Aufenthaltswechsel des Minderjährigen an die Zuständigkeitsregel des § 87c Abs 3 SGB VIII **gebunden** ist oder nicht. Vielfach wird davon ausgegangen, dass kein Entscheidungsspielraum für das Familiengericht hinsichtlich der Neubestellung bestehe; vielmehr sei es an den neuen gewöhnlichen Aufenthaltsort des Minderjährigen gebunden (LG Saarbrücken DAVorm 1996, 904, 905; Wiesner/Loos § 87c SGB VIII Rn 15; MünchKomm/Spickhoff Rn 9; Staudinger/Engler [2004] § 1887 Rn 11). Zwar ist in der Regel davon auszugehen, dass die Interessen des Mündels am besten von dem für seinen gewöhnlichen Aufenthaltsort zuständigen Jugendamt vertreten werden können. Jedoch kann es das Wohl des Mündels im Einzelfall rechtfertigen, hiervon abzuweichen und ein anderes Jugendamt zum Amtsvormund zu bestellen (OLG Brandenburg 17. 2. 2014 – 10 UF 230/13, juris Rn 5, FamRZ 2014, 1719 [betr Ergänzungspflegschaft]; OLG Naumburg OLGR 2005, 749 [betr Ergänzungspflegschaft]; OLG Zweibrücken FamRZ 2002, 1064; BayObLG FamRZ 1997, 897, 898; MünchKomm/Spickhoff Rn 9; Palandt/Götz Rn 2; Erman/Schulte-Bunert Rn 2; s auch § 1887 Rn 19).

c) Amtsvormundschaft für unbegleitet eingereiste ausländische Minderjährige

Seit dem Inkrafttreten des Gesetzes zur Verbesserung der Unterbringung, Versorgung und Betreuung ausländischer Kinder und Jugendlicher am 1. 11. 2015 (Art 2; BGBl I 1802) bestimmt sich die örtliche Zuständigkeit des Jugendamts für die bestellte Amtsvormundschaft oder -pflegschaft für unbegleitet einreisende ausländische Minderjährige nach **§ 88a Abs 4 SGB VIII**. Danach hängt die örtliche Zuständigkeit für die Vormundschaft oder Pflegschaft davon ab, ob die Vormundschaft während der vorläufigen Inobhutnahme des Minderjährigen (§ 42a SGB VIII) (Nr 1), während dessen Inobhutnahme (§ 42 SGB VIII) (Nr 2) oder einer Leistungsgewährung an den Minderjährigen angeordnet wurde (Nr 3). Die Zuständigkeit für die Vormundschaft bestimmt sich dann nach der Zuständigkeit für diese Maßnahmen. 25

Während zum Teil auch in diesen Fällen von einer grundsätzlichen **Bindung des Gerichts** an die Vorgaben des SGB VIII ausgegangen wird, von denen nur im Ausnahmefall aus Gründen des Kindeswohls abgewichen werden dürfe (so OLG Celle 6. 3. 2018 – 17 UF 16/18, juris Rn 8, 11, 14, JAmt 2018, 216, 217 f = FamRZ 2018, 1246 = FamRB 2018, 357 m Anm Erb-Klünemann; OLG Düsseldorf 30. 1. 2019 – 3 WF 124/18, FF 2019, 460, 462 f; OLG Karlsruhe 22. 12. 2016 – 5 WF 191/16, juris Rn 18 f, FamRZ 2017, 812, 813; OLG Karlsruhe 16. 6. 2016 – 5 WF 48/16, juris Rn 7, JAmt 2016, 633; MünchKomm/Spickhoff Rn 9; wohl auch Dürbeck FamRZ 2018, 553, 560 zumindest für die erstmalige Auswahl des Amtsvormunds; diff zwischen der erstmaligen Auswahl und Bestellung des Jugendamtes bei Eintritt der Vormundschaft und der Auswahl und Bestellung des Jugendamtes wegen eines Wechsels des gewöhnlichen Aufenthalts des Minderjährigen BeckOGK/Hoffmann [1. 12. 2019] § 1779 Rn 89 ff; Hoffmann JAmt 2018, 218), bejahen andere einen grundsätzlichen Ermessensspielraum des Familiengerichts, das aus sachlichen Gründen (zB Ortsnähe, Kontinuität) auch ein anderes Jugendamt als das in § 88a Abs 4 SGB VIII benannte zum Vormund bestellen könne; die Entscheidung sei am Wohl des Mündels zu orientieren (OLG Schleswig 18. 2. 2016 – 14 UF 12/16, juris Rn 11, NJW-RR 2016, 1030, 1031). 26

Für die erstgenannte Ansicht spricht, dass nach dem Willen des Gesetzgebers die Regelung des § 88a SGB VIII geschaffen wurde, um zu erreichen, dass die örtliche Zuständigkeit für vorläufige Schutzmaßnahmen und für die Amtsvormundschaft nicht auseinanderfallen, sondern immer demselben örtlichen Träger zugeordnet werden (BT-Drucks 18/5921, 29). Für die zweitgenannte Meinung lässt sich dagegen anführen, dass die Auswahlentscheidung des Familiengerichts nach §§ 1779, 1791b BGB eine richterliche Ermessensentscheidung ist (OLG Schleswig 18. 2. 2016 – 14 UF 12/16, juris Rn 12, NJW-RR 2016, 1030, 1031). Sprechen keine Gründe des Kindeswohls zwingend für die Auswahl eines bestimmten Jugendamtes, so muss auch nach diesem Ansatz bei der gerichtlichen Ermessensentscheidung die genannte Zweckrichtung von § 88a SGB VIII berücksichtigt werden mit der Folge, dass ein Auseinanderfallen der Zuständigkeit zwischen dem Jugendamt als Kostenträger einerseits und dem Jugendamt als Amtsvormund andererseits möglichst zu vermeiden ist (OLG Schleswig 11. 4. 2016 – 14 UF 32/16, juris Rn 10, FamRZ 2016, 1474, 1475; OLG Schleswig 18. 2. 2016 – 14 UF 12/16, juris Rn 12, NJW-RR 2016, 1030, 1031). Eine Entscheidung des Meinungsstreits dürfte deshalb im Regelfall nicht erforderlich sein (Hoffmann JAmt 2018, 218, 219). 27

6. Form der Bestellung

Ebenso wie ein Verein (§ 1791a Abs 2 BGB) wird – abweichend von § 1789 BGB – 28 auch das Jugendamt nicht durch Verpflichtung in einem mitwirkungsbedürftigen Akt der freiwilligen Gerichtsbarkeit (s § 1789 Rn 7), sondern durch schriftliche Verfügung des Familiengerichts bestellt (§ 1791b Abs 2 BGB); die Wirksamkeit der Bestellung tritt mit der Bekanntgabe des Gerichtsbeschlusses gegenüber dem Jugendamt ein (§§ 40 f FamFG). Diese kann mündlich gegenüber einer insoweit zuständigen und anwesenden Fachkraft (s § 41 Abs 2 FamFG; DIJuF-Rechtsgutachten JAmt 2013, 263; DIJuF-Rechtsgutachten JAmt 2014, 316, 317) oder mit Zugang des Beschlusses beim Jugendamt (arg § 1893 Abs 2 S 2 BGB) erfolgen (DIJuF-Rechtsgutachten JAmt 2014, 569; DIJuF-Rechtsgutachten JAmt 2014, 316, 317).

III. Führung der Vormundschaft

1. Übertragung der Aufgaben auf einen Beamten oder Angestellten

a) Der Übertragungsakt

aa) Rechtliche Einordnung

29 Dem § 1791a Abs 3 BGB entspricht § 55 Abs 2 S 1 SGB VIII. Das Jugendamt überträgt die Ausübung der Vormundschaftsaufgaben auf einzelne seiner Beamten und Angestellten. Die Übertragung der Aufgaben des Vormunds gehört zu den Angelegenheiten der laufenden Verwaltung (§ 55 Abs 3 S 1 SGB VIII); sie ist also vom Leiter der Verwaltung der Gebietskörperschaft oder in seinem Auftrag vom Leiter der Verwaltung des Jugendamts vorzunehmen (§ 70 Abs 2 SGB VIII). Dieser **Übertragungsakt** selbst ist, unabhängig von der übernommenen Aufgabe, als öffentlichrechtlich einzuordnen (s Wiesner/Walther § 55 SGB VIII Rn 78; Vorbem 24 zu §§ 1773 ff); umstritten ist allerdings, ob es sich dabei um einen behördeninternen Organisationsakt (so Wiesner/Walther § 55 SGB VIII Rn 78) oder um einen Verwaltungsakt handelt (dafür OLG Dresden NZFam 2018, 704; Hoffmann FamRZ 2011, 249, 254; jurisPK-SGB VIII/Fröschle § 55 Rn 22; DIJuF-Rechtsgutachten JAmt 2013, 95; DIJuF-Rechtsgutachten JAmt 2013, 263; Gojowczyk Rpfleger 2013, 1, 2). Von dieser Einordnung hängt es aber ab, ob etwa der Mündel Rechtsmittel gegen die Delegationsentscheidung einlegen kann oder nicht (zu Forderungen de lege ferenda, um diesen Streit zu lösen, Staudinger/Veit [2014] Rn 38).

bb) Übertragung auf einen oder mehrere Mitarbeiter

30 In der Regel wird ein Mitarbeiter des Jugendamtes mit der Führung der Vormundschaft für einen Mündel betraut; dies entspricht dem für die Vormundschaft geltenden Prinzip der Einzelvormundschaft (§ 1775 S 2 BGB, § 1775 Rn 3). Im Einzelfall können aber auch mit der Führung der Vormundschaft über einen bestimmten Mündel mehrere Beamte oder Angestellte des Jugendamts, sei es zur gemeinschaftlichen Wahrnehmung der Geschäfte, sei es mit getrennten Wirkungskreisen, betraut werden (sog **„Sorgerechtssplitting"**; Wiesner/Walther § 55 SGB VIII Rn 79 mwNw; BGB-RGRK/Dickescheid Rn 6). Ein solcher Wirkungskreis kann auch in der Vertretung des mit der Führung der Vormundschaft betrauten Mitarbeiters des Jugendamts im Verhinderungsfall liegen (DIJuF-Rechtsgutachten JAmt 2013, 95 f).

31 Von dieser Fallkonstellation, wonach das Jugendamt sofort mehrere Mitarbeiter mit der Ausübung der Vormundschaft betraut, ist diejenige zu unterscheiden, dass der Vormund, etwa im **Verhinderungsfall** des mit der Führung der Vormundschaft nach § 55 Abs 2 S 1 SGB VIII betrauten Mitarbeiters, eine andere Fachkraft im Jugendamt mit der vertretungsweisen Wahrnehmung seiner Aufgaben betraut (Arbeitshilfe

der AGJÄ [Arbeitsgemeinschaft der Jugendämter der Länder Niedersachsen und Bremen] zur Umsetzung des Gesetzes zur Änderung des Vormundschafts- und Betreuungsrechts vom 29. 6. 2011, Stand: Februar 2012, 7 [http://www.agjä.de/pics/medien/1_1331042901/Arbeitshilfe_Vormundschafts-_und_Betreuungsrecht.pdf]; DIJuF-Rechtsgutachten JAmt 2013, 95 f; zum Vertretungsvormund § 1793 Rn 125). Diese Möglichkeit wird grundsätzlich im Interesses der Handlungsfähigkeit des Jugendamtes als Amtsvormund bejaht, soweit amtsintern verbindlich geklärt ist, wer im Verhinderungsfall des mit der Aufgabe der Vormundschaftsführung betrauten Mitarbeiters die Vertretung übernimmt; nicht zulässig ist dagegen, die Vertretung beliebigen, von Fall zu Fall wechselnden Mitarbeitern zu überlassen (OVG Bremen 10. 5. 2019 – 1 B 32/19, juris Rn 22; DIJuF-Rechtsgutachten JAmt 2016, 442, 443).

b) Beteiligung des Mündels an der Auswahl

Vor der Übertragung der Aufgaben soll das Jugendamt das Kind oder den Jugendlichen zur Auswahl des Beamten oder Angestellten mündlich anhören, soweit dies nach Alter und Entwicklungsstand des Kindes oder Jugendlichen möglich ist. Nicht ausreichend ist dabei die Mitteilung an den Mündel, dass eine Vormundschaft eingerichtet und wer zum Vormund bestellt wurde, um danach, wenn der Mündel nachvollziehbare Vorbehalte gegen den Vormund hat, einen Wechsel der Person des Vormunds zu erwägen (so aber Arbeitshilfe der AGJÄ [Nachw Rn 31] 6). Vielmehr muss die Beteiligung des Mündels **vor der Auswahlentscheidung** erfolgen; nur so kann dem Zweck dieser durch das Gesetz zur Änderung des Vormundschafts- und Betreuungsrechts (allg Vorbem 52 ff zu §§ 1773 ff) eingefügten Ergänzung Rechnung getragen werden, die Interessen des Mündels und seinen Einfluss im Verfahren zu stärken (Begründung zum RegE, BT-Drucks 17/3617, 8; zust Hoffmann FamRZ 2011, 249, 253; s auch Sommer, in: FS Salgo 437, 446 zum sog Frankfurter Modell). Aus diesem Zweck folgt aber auch, dass die Anhörung nicht darauf zielt, dass der Mündel die Fachkraft auswählt; vielmehr soll nur sichergestellt werden, dass die Wünsche und Interessen des Mündels im Verfahren angemessen berücksichtigt werden (DIJuF-Rechtsgutachten JAmt 2013, 95; MünchKomm/Spickhoff Rn 10). Die Übertragungsentscheidung kann mithin auch gegen den Willen des Mündels erfolgen und unterliegt zudem, anders als im Fall der Betreuung (§ 291 FamFG), nicht der familiengerichtlichen Überprüfung (Gojowczyk Rpfleger 2013, 1, 5). 32

Die Anhörung des Mündels soll nur unter den in § 55 Abs 2 S 2 HS 2 SGB VIII genannten Gründen (Alter, Entwicklungsstand des Kindes oder Jugendlichen) **entfallen**. Das bedeutet, dass sie auch zu erfolgen hat, wenn Auswahlmöglichkeiten aufgrund der personellen Ressourcen des Jugendamts begrenzt oder gar nicht vorhanden sind (Begründung zum RegE, BT-Drucks 17/3617, 6). Mit dieser strengen Haltung des Gesetzgebers lässt sich sicherlich die Stellung des Kindes oder Jugendlichen als Subjekt des Verfahrens verdeutlichen (Begründung zum RegE, BT-Drucks 17/3617, 6). Sie birgt jedoch die Gefahr, dass die Anhörung zu einer reinen Formalität wird; um dies zu vermeiden, bedarf es entsprechender Kompetenz, Bereitschaft und Zeit in den einzelnen Jugendämtern (insoweit zu Recht Wiesner/Walther § 55 SGB VIII Rn 93). Auf keinen Fall darf für die Anhörung der Mitarbeiter im Jugendamt zuständig sein, wer letztlich mit der Führung der Vormundschaft beauftragt wird (Willutzki Jugendhilfereport 1/2012, 6, 12). 33

Will das Jugendamt die Stellen in der Amtsvormundschaft aufstocken, um die gesetzliche Fallzahl zu erreichen, und verfolgt es dabei das Konzept, den Arbeitsbereich gemischtgeschlechtlich zu besetzen, um den Mündeln die Auswahl iSv § 55 34

Abs 2 S 2 SGB VIII zu geben, so kann es zur Realisierung dieses Konzepts die **Stellenausschreibung** für einen Amtsvormund **auf ein Geschlecht** beschränken. Darin liegt dann eine zulässige Diskriminierung iSv § 8 Abs 1 AGG (LAG Niedersachsen JAmt 2012, 428, 429; ArbG Göttingen JAmt 2012, 217, 219 f).

c) Wirkung der Übertragung

35 In dem durch die Übertragung umschriebenen Rahmen ist der **Beamte oder Angestellte gesetzlicher Vertreter** des Kindes oder Jugendlichen (§ 55 Abs 3 S 2 SGB VIII). Diese Formulierung ist missverständlich (so zu Recht MünchKomm/Spickhoff Rn 10; Wiesner/Walther § 55 SGB VIII Rn 82 und jurisPK/Lafontaine § 1793 Rn 43 sprechen von „Realvertreter"; Oberloskamp/Kunkel, Vormundschaft § 16 Rn 2, näher Rn 130 und Kunkel FamRZ 2015, 901, 902 sprechen von „Realvormund"; so auch VG Schwerin JAmt 2018, 350, Gernhuber/Coester-Waltjen § 74 Rn 10 spricht von „Ermächtigten"). Der Beamte oder Angestellte vertritt zwar unmittelbar das Kind und nicht das Jugendamt im Rechtsverkehr (Wiesner/Walther § 55 SGB VIII Rn 82; Oberloskamp/Kunkel, Vormundschaft § 16 Rn 130). Es wird jedoch nicht die Amtsvormundschaft als solche auf den Mitarbeiter übertragen, sondern lediglich die Ausübung der mit ihr verbundenen vormundschaftlichen Befugnisse (Wiesner/Walther § 55 SGB VIII Rn 78); der Beamte oder Angestellte wird also nicht zum Einzelvormund bestellt. Vielmehr bleibt die Behörde Vormund und alle Handlungen und Erklärungen, die der Beamte oder Angestellte namens des Kindes abgibt, werden dem Jugendamt als dem öffentlich-rechtlichen Träger der Amtsvormundschaft zugerechnet, so als seien diese von dessen Leiter selbst abgegeben (s BGHZ 45, 362 = NJW 1966, 1808, 1810; Oberloskamp/Kunkel, Vormundschaft § 16 Rn 130; DIJuF-Rechtsgutachten JAmt 2018, 251, 252; zum Problem, ob die Klagefrist gegen einen Asylbescheid mit Zugang des Bescheids an die Behörde als Vormund oder den Realvormund beginnt, VG Schwerin 13. 4. 2018 – 15 A 4249/17 As SN, juris Rn 18 f, JAmt 2018, 350 [Zugang beim Realvormund]; VG Magdeburg 9. 7. 2018 – 6 A 138/18, juris Rn 16 [Zugang bei der Behörde]). Damit ist gesetzlicher Vertreter des Kindes nicht der Mitarbeiter, sondern der Vormund, dh das Jugendamt selbst (MünchKomm/Spickhoff Rn 10; jurisPK-BGB/Fröschle § 55 SGB VIII Rn 52).

36 Die beauftragte Fachkraft ist dienstrechtlich als Mitarbeiter des Jugendamtes **weisungsabhängig**, zugleich aber als gesetzlicher Vertreter ausschließlich dem Wohl des Mündels verpflichtet. Deshalb ist die Leitung des Jugendamtes ihr gegenüber auch nur begrenzt weisungsbefugt. Die Fachkraft braucht eine Einmischung in ihre Amtsführung nicht zu dulden, soweit es um die Beurteilung geht, ob eine Maßnahme im Einzelfall zum Wohl des Mündels geeignet und erforderlich ist; insoweit hat der Mitarbeiter einen eigenständigen Beurteilungsspielraum, in dessen Grenzen er Weisungen der Leitung des Jugendamtes nicht entgegenzunehmen braucht (BGH FamRZ 1999, 1342, 1343; OVG Bremen 10. 5. 2019 – 1 B 32/19, juris Rn 20). Nicht zulässig sind etwa Zeitvorgaben für die Aufgabenwahrnehmung gegenüber dem einzelnen Mündel (DIJuF-Rechtsgutachten JAmt 2017, 296, 297). Wohl aber kann die Leitung des Jugendamtes aufgrund ihrer Richtlinienkompetenz allgemeine Qualitätsstandards zum Entscheidungsfindungsprozess für die Fachkräfte vorgeben (näher dazu DIJuF-Rechtsgutachten JAmt 2011, 530, 531; DIJuF-Rechtsgutachten JAmt 2013, 407 f; DIJuF-Rechtsgutachten JAmt 2017, 296, 297; Oberloskamp/Kunkel, Vormundschaft § 16 Rn 70 ff; Kunkel FamRZ 2015, 901, 903). Zulässig ist auch die Dienstanweisung gegenüber Fachkräften, die die Amtsvormundschaft führen, mit dem Diensthandy die Kommunikationsform „WhatsApp" nicht zu nutzen (DIJuF-Rechtsgutachten JAmt 2015, 261, dort auch zu Ausnahmefällen, in denen das Fa-

miliengericht gleichwohl im Rahmen seiner Aufsicht eine entsprechende Anordnung erteilen könnte, wenn die Nichtnutzung eine Pflichtwidrigkeit darstellen würde).

Bei einem **pflichtwidrigen Verhalten** des mit der Führung der Vormundschaft betrauten Mitarbeiters muss das Jugendamt als Amtsvormund im Rahmen seiner Aufsichtspflicht diesem gegenüber geeignete Ge- und Verbote erlassen; keine unmittelbaren Aufsichtsmaßnahmen kann dagegen das Familiengericht gegenüber dem Mitarbeiter erlassen, wohl aber nach § 1837 BGB gegenüber dem Amtsvormund (Kunkel FamRZ 2015, 901, 902 f). 37

2. Der Interessenkonflikt des Amtsvormunds

Besondere Schwierigkeiten bereitet in der Praxis die Abgrenzung der Aufgaben des Amtsvormunds zu denen des Allgemeinen Sozialen Dienstes (ASD) und des Pflegekinderdienstes (PKD) im Jugendamt (dazu näher Deutscher Verein, Empfehlungen 17 ff; Kunkel FamRZ 2015, 901, 903; s auch Vorbem 40 zu §§ 1773 ff). So hat etwa der Vormund zwar allein das Aufenthaltsbestimmungsrecht für den Mündel inne mit der Folge, dass weder die Jugendamtsleitung noch der ASD oder der PKD hierin eingreifen können. Dennoch ist der Aufenthalt des Kindes außerhalb des Elternhauses in der Regel mit einer Hilfe zur Erziehung nach §§ 33 oder 34 SGB VIII verbunden, über deren Inanspruchnahme zwar der Amtsvormund als Personensorgeberechtigter, über deren Gewährung aber das Jugendamt als Leistungsbehörde, also der ASD, zu entscheiden hat (DIJuF-Rechtsgutachten JAmt 2013, 97 f); beide bilden eine Verantwortungsgemeinschaft (Kunkel FamRZ 2015, 901, 903). Mögliche Interessenkonflikte lassen sich nur durch eine strikte Aufgabentrennung vermeiden (Kunkel FamRZ 2015, 901, 903). Immer häufiger wird auch für den Abschluss von Kooperationsvereinbarungen zwischen Amtsvormund, ASD und PKD (DIJuF-Rechtsgutachten JAmt 2013, 97 f; Arbeitshilfe der AGJÄ [Nachw oben Rn 31] 3, 5) oder gar für eine Neustrukturierung der Jugendämter plädiert (näher Staudinger/Veit [2014] Rn 37). 38

3. Fallzahlenbegrenzung

Eine zentrale Änderung, die das Gesetz zur Änderung des Vormundschafts- und Betreuungsrechts gebracht hat, liegt in der Begrenzung der Fallzahlen. Nach § 55 Abs 2 S 4 SGB VIII soll ein vollzeitbeschäftigter Beamter oder Angestellter, der nur mit der Führung von Vormundschaften oder Pflegschaften betraut ist, höchstens 50 und bei gleichzeitiger Wahrnehmung anderer Aufgaben entsprechend weniger Vormundschaften oder Pflegschaften führen. Mit dieser Begrenzung soll ein einheitlicher, in allen Ländern und Kommunen gleich ausgestalteter Kindesschutz erreicht und Raum für die persönlich geführte Vormundschaft nach § 1793 Abs 1a BGB geschaffen werden (Begründung zum RegE, BT-Drucks 17/3617, 13 f; da diese Regelung aber in den Kommunen zu einem erheblichen finanziellen Mehraufwand führt [s dazu RegE, BT-Drucks 17/3617, 2; Stellungnahme Bundesrat, BT-Drucks 17/3617, 11], stieß sie im Gesetzgebungsverfahren auf den Widerstand der kommunalen Spitzenverbände und zunächst auch des Bundesrates, der das Gesetz deshalb für zustimmungsbedürftig nach Art 104a Abs 4 GG hielt [BT-Drucks 17/3617, 11], dann aber letztlich dennoch zustimmte [BR-Drucks 243/11]; zu der Gefahr der „Umschichtung" in den Jugendämtern zulasten anderer Aufgaben infolge der zu erwartenden finanziellen Mehrbelastung der Kommunen/Länder Wiesner/Walther § 55 SGB VIII Rn 99; zur Vorwirkung dieser Fallzahl für die Personalausstattung im Allgemeinen Sozialen Dienst Wiesner/Walther § 55 39

SGB VIII Rn 100). Mit ihr wird die Forderung der Bundesarbeitsgemeinschaft der Landesjugendämter (sog „Dresdner Erklärung"; DAVorm 2000, 437, 439) übernommen, die auch von der vom BMJ eingerichteten Arbeitsgruppe „Familiengerichtliche Maßnahmen bei Gefährdung des Kindeswohls – § 1666 BGB" aufgegriffen wurde (s auch Vorbem 52 zu §§ 1773 ff; Staudinger/Veit [2014] Rn 38).

40 Diese Fallzahl orientierte sich allerdings noch an der bislang praktizierten Aufgabenwahrnehmung iS einer anonymisierten Vormundschaft (Vorbem 40 zu §§ 1773 ff). Sie differenziert nicht nach den Vormundschaften und Ergänzungspflegschaften (dazu näher Meysen, 9. Göttinger Workshop 70 ff) und ist nur schwer mit der neu aufgenommenen Verpflichtung jedes (Amts-)Vormunds vereinbar, den persönlichen Kontakt zum Mündel zu halten (§ 1793 Abs 1a BGB) sowie persönlich die Pflege und Erziehung des Mündels zu fördern und zu gewährleisten (§ 1800 S 2 BGB), da sie die Gefahr weiterer Überforderung des Amtsvormunds birgt, bleibt doch dem einzelnen Mitarbeiter nur ein kleines Zeitfenster für den persönlichen Kontakt mit dem Mündel unter Berücksichtigung seiner sonstigen Aufgaben: Bei zwölf Besuchen pro Mündel sind im Jahr bei 50 Mündeln insgesamt 600 Besuche durchzuführen. Unter Berücksichtigung von zum Teil erheblichen Wegezeiten und sonstigen wichtigen und uU sehr zeitintensiven Angelegenheiten pro Mündel bleiben dem einzelnen Mitarbeiter ca 19 Minuten für den persönlichen Kontakt (Kritik deshalb zu Recht von Sünderhauf-Kravets, Anlage zur öffentlichen Anhörung im Rechtsausschuss des Deutschen Bundestages am 23. 2. 2011 zum Gesetzentwurf der BReg sowie der Fraktion der SPD zur Änderung des Vormundschafts- und Betreuungsrechts [http://webarchiv.bundestag.de/cgi/show.php?fileToLoad=5090&id=1223] Anlage 1 S 2: Forderung nach Reduzierung der Fallzahl auf 30–40 [Anlage 1 S 5]; anders noch Sünderhauf JAmt 2010, 405, 412; s auch Antrag der SPD-Fraktion, BT-Drucks 17/2411, 2, 4, im Bericht des Rechtsausschusses, BT-Drucks 17/5512, 8; s auch Veit/Salgo ZKJ 2011, 82, 83; Hoffmann FamRZ 2011, 249, 253; Bundesvereinigung der kommunalen Spitzenverbände v 12. 3. 2010, Anlage zur öffentlichen Anhörung im Rechtsausschuss des Deutschen Bundestages am 23. 2. 2011 zum Gesetzentwurf der BReg sowie der Fraktion der SPD zur Änderung des Vormundschafts- und Betreuungsrechts zum Referentenentwurf eines Gesetzes zur Änderung des Vormundschaftsrechts [Stellungnahme als Anlage im Dokument http://webarchiv.bundestag.de/cgi/show.php?fileToLoad=5123&id=1223] 2). Damit besteht die Gefahr, dass entweder die Kontaktpflege oder die sonstigen Aufgaben zu kurz kommen oder der einzelne Vormund permanent überfordert ist (Veit/Salgo ZKJ 2011, 82, 83; s auch Beutler/Knispel/Köllen/Pugell/Smykalla JAmt 2019, 374, 376). Dieser Überforderung lässt sich derzeit nur durch eine „faktische Begrenzung" bzw „Relativierung der Fallzahl" begegnen (dafür Wiesner/Walther § 55 SGB VIII Rn 97; Joos JAmt 2014, 6, 7; zur Notwendigkeit von Überlastungsanzeigen bei hohen Fallzahlen Deutscher Verein, Empfehlungen 27). Zwar sieht § 55 Abs 2 S 4 SGB VIII eine Abweichung nach unten vor, dies aber nur, wenn es um eine gleichzeitige Wahrnehmung anderer Aufgaben geht, nicht dagegen, soweit die Interessen und Bedürfnisse des Kindes dies erfordern (krit zu Recht Wiesner/Walther § 55 SGB VIII Rn 97). Hinzu kommt, dass die Regelung zu unbestimmt ist, da sie für die anderen Aufgaben kein Kriterium für die zeitliche Bemessung vorgibt (Wiesner ZKJ 2011, 377, 379). Unabhängig davon fehlt der eingeführten Fallzahl die notwendige Rigidität, da die Sollvorschrift den Kommunen nicht nur Spielraum nach unten, sondern auch nach oben lässt und damit die Gefahr birgt, dass die Kommunen sie nicht als strikte Obergrenze beachten (Veit/Salgo ZKJ 2011, 82, 83, dort auch zu Forderungen de lege ferenda; s auch Staudinger/Veit [2014] Rn 35 f).

Die Umsetzung der Fallzahlen hat für die Kommunen einen „nicht bezifferbaren Mehrbedarf" zur Folge (BT-Drucks 17/3617, 2), da zusätzliches Personal eingestellt werden muss; die Fallzahlen liegen in den meisten Jugendämtern deutlich über der Zielmarke von 50 Mündeln (Wiesner ZKJ 2011, 377, 379). Um den Jugendämtern und deren Trägern genügend Zeit zu geben, sich auf die neuen Anforderungen einzustellen, hat der Gesetzgeber (BT-Drucks 17/3617, 8 f) in Art 3 des Gesetzes zur Änderung des Vormundschafts- und Betreuungsrechts ein zweistufiges Inkrafttreten vorgesehen: Während die aus §§ 1793 Abs 1a, 1800, 1840 BGB folgenden Pflichten am Tag nach der Verkündung des Gesetzes, dh am 6. 7. 2011, in Kraft traten, ist § 55 Abs 2 S 2 bis 4, Abs 3 SGB VIII erst am 5. 7. 2012 in Kraft getreten; das Gleiche gilt für die in § 1837 Abs 2 S 2 BGB neu normierte Pflicht des Familiengerichts, „insbesondere die Einhaltung der erforderlichen persönlichen Kontakte des Vormunds zu dem Mündel zu beaufsichtigen" (BGBl I 2011, 1307). Das bedeutet, dass Verstöße gegen die Pflicht des Vormunds zum persönlichen Kontakt mit Rücksicht auf die Personalsituation in manchen Jugendämtern für die Dauer von einem Jahr sanktionslos blieben (BT-Drucks 17/3617, 8 f). Faktisch können die Jugendämter aber auch dann die vorgeschriebene Kontakthäufigkeit nur und erst einhalten, wenn die hierfür notwendige Personalaufstockung stattgefunden hat (Wiesner ZKJ 2011, 377, 379; krit mit Blick auf den damit verbundenen Eingriff in das kommunale Selbstverwaltungsrecht Stellungnahme der Bundesvereinigung der kommunalen Spitzenverbände v 12. 3. 2010 [Nachw Rn 39] 2). 41

Trotz aller Probleme, die § 55 Abs 2 S 4 SGB VIII birgt, hat die Vorschrift bislang zu einer stärkeren Beachtung des Subsidiaritätsgrundsatzes geführt. Immer häufiger nehmen Jugendämter ihre Verpflichtung nach § 56 Abs 4 SGB VIII wahr und suchen nach geeigneten Einzelvormündern und Vereinen (Leonhardt ZKJ 2012, 260 f; dafür auch Deutscher Verein, Empfehlungen 27; s auch Vorbem 33 zu §§ 1773 ff). 42

4. Sonderregeln für den Amtsvormund

Nach § 56 Abs 1 SGB VIII sind auf die Führung der Amtsvormundschaft die Bestimmungen des BGB anzuwenden, soweit sich nicht aus dem SGB VIII etwas anderes ergibt. Von den allgemein geltenden Normen des Vormundschaftsrechts weichen schon innerhalb des BGB eine Reihe von Vorschriften ab. Das Jugendamt kann von den Eltern des Mündels als Vormund weder benannt noch ausgeschlossen werden (§ 1791b Abs 1 S 2 BGB); allerdings wird dem Jugendamt von den Eltern in jüngerer Zeit wiederholt zur Vermeidung eines Sorgerechtsentzugs sowie der Anordnung einer Vormundschaft eine Sorgerechtsvollmacht erteilt (dazu Meysen, 9. Göttinger Workshop 74 f mwNw; Salgo, Pflegekindschaft 273 f; Hoffmann FamRZ 2011, 1544, 1549; unklar bleibt ua die Vereinbarkeit einer solchen Vollmacht mit § 1791b Abs 1 S 2 BGB). Sonderregelungen gelten für die Bestellung des Jugendamts als Vormund (§ 1791b Abs 2 BGB) und für seine Entlassung, wo sich der Grundsatz der Subsidiarität der Amtsvormundschaft gegenüber der Einzelvormundschaft auswirkt (§§ 1887, 1889 Abs 2 S 1 BGB; s dazu § 1887 Rn 1 u § 1889 Rn 15). 43

Das Jugendamt hat als Amtsvormund eine **freiere Stellung** als der Einzelvormund und der Verein als Vormund (zu dessen Stellung gegenüber dem Einzelvormund § 1791a Rn 30). Das Jugendamt kann Gegenvormund sein; neben ihm als Vormund kann aber kein Gegenvormund bestellt werden (§ 1792 Abs 1 S 2 BGB). Dem Jugendamt 44 stehen zudem kraft Gesetzes (§ 1857a BGB) die nach den §§ 1852 Abs 2, 1853, 1854 BGB zulässigen Befreiungen zu.

45 Gegen das Jugendamt kann das Familiengericht **kein Zwangsgeld** zur Durchsetzung seiner Aufsichtsmaßnahmen festsetzen (§ 1837 Abs 3 S 2 BGB). Hieran hat auch das Gesetz zur Änderung des Vormundschafts- und Betreuungsrechts nichts geändert. Die Privilegierung des Jugendamts erklärt sich aus der Stellung des Jugendamts als staatlicher Stelle (BT-Drucks 17/3617, 8; Wiesner/Walther § 55 SGB VIII Rn 89). Als Instrumente zur Durchsetzung von Ge- oder Verboten nach § 1837 Abs 2 S 1 BGB stehen dem Gericht nur Gegenvorstellungen und Dienstaufsichtsbeschwerden bei der das Jugendamt tragenden Gebietskörperschaft zur Verfügung. Zudem haftet das Jugendamt nach § 1833 BGB, wenn dem Mündel aus einer Pflichtverletzung ein Schaden entsteht. Nicht zuletzt bleibt die Möglichkeit, das Jugendamt als Vormund zu entlassen (BT-Drucks 17/3617, 8).

46 Das Jugendamt kann die in § 1807 BGB vorgeschriebene Anlegung des Mündelgeldes auch bei seiner Trägerkörperschaft vornehmen (§ 1805 S 2 BGB; § 56 Abs 3 S 2 SGB VIII; s auch § 56 Abs 3 S 1 SGB VIII über die Anlegung von Mündelgeld auf Sammelkonten des Jugendamts). Keine Anwendung auf das Jugendamt finden weiter die §§ 1802 Abs 3 und 1818 BGB (§ 56 Abs 2 S 1 SGB VIII). Zudem ist eine Genehmigung des Familiengerichts in den Fällen der §§ 1803 Abs 2, 1811, 1822 Nrn 6 und 7 BGB nicht erforderlich (§ 56 Abs 2 S 2 SGB VIII).

47 Von der in **§ 56 Abs 2 S 3 SGB VIII** enthaltenen Ermächtigung haben einzelne **Länder** in unterschiedlichem Umfang Gebrauch gemacht und **weitergehende Ausnahmen** von der Anwendung der Bestimmungen des BGB über die Aufsicht des Familiengerichts in vermögensrechtlicher Hinsicht vorgesehen (s auch jurisPK-SGB VIII/Fröschle § 56 Rn 41 ff). Die maßgebenden Bestimmungen lauten:

Baden-Württemberg

Kinder- und Jugendhilfegesetz für Baden-Württemberg (LKJHG) in der Fassung der Bekanntmachung vom 14. 4. 2005 (GBl 376), § 24 geändert durch Artikel 7 Viertes RechtsbereinigungsG vom 4. 5. 2009 (GBl 195)

§ 24 Aufsicht des Familiengerichts und des Betreuungsgerichts

(1) Über § 56 Abs 2 SGB VIII hinaus ist das Jugendamt als Amtsvormund oder Amtspfleger auch von der Aufsicht des Familiengerichts oder Betreuungsgerichts nach §§ 1802, 1803 Abs 2, §§ 1811, 1812 und 1818 bis 1821, 1822 Nr 1 bis 11 und 13 sowie nach §§ 1823, 1824 und 1854 Abs 2 des Bürgerlichen Gesetzbuchs (BGB) ausgenommen. Dasselbe gilt bei § 1822 Nr 12 BGB, soweit es sich um die Aufsicht in vermögensrechtlicher Hinsicht handelt. Anstelle der Rechnungslegung bei der Beendigung der Amtspflegschaft oder Amtsvormundschaft nach § 1892 Abs 1 BGB, § 1915 BGB genügt die Einreichung einer zusammenfassenden Darstellung der Einnahmen mit Ausgaben sowie der Vermögensentwicklung, soweit das Familiengericht oder Betreuungsgericht nicht im Einzelfall etwas anderes anordnet; die Verpflichtung aus § 1809 BGB bleibt unberührt.

(2) Die zum Betreuer bestellte Behörde ist in gleicher Weise von der Aufsicht des Betreuungsgerichts befreit.

Bayern

Gesetz zur Ausführung der Sozialgesetze (AGSG) vom 8. 12. 2006 (GVBl 942)

Art 59 Aufsicht des Vormundschaftsgerichts

Über § 56 Abs 2 SGB VIII hinaus ist das Jugendamt als Amtsvormund oder Amtspfleger auch von der Aufsicht des Vormundschaftsgerichts nach § 1802 Abs 1, §§ 1812, 1819 und 1820 des Bürgerlichen Gesetzbuches (BGB) ausgenommen. Die Staatsregierung wird ermächtigt, durch Rechtsverordnung im Rahmen des § 56 Abs 2 Satz 3 SGB VIII weitergehende Ausnahmen von den Bestimmungen des Bürgerlichen Gesetzbuches über die Vormundschaft über Minderjährige zuzulassen. Unter den Voraussetzungen des § 56 Abs 3 Satz 1 SGB VIII ist bei der Bereithaltung und Anlegung von Mündelgeld auf Sammelkonten des Jugendamts eine Genehmigung des Vormundschaftsgerichts nicht erforderlich.

Brandenburg

Erstes Gesetz zur Ausführung des Achten Buches Sozialgesetzbuch – Kinder- und Jugendhilfe (AGKJHG) in der Fassung der Bekanntmachung vom 26. 6. 1997 (GVBl I 87), bisheriger § 23 durch Artikel 1 G zur Änd des AGKJHG und weiterer Rechtsvorschriften vom 12. 7. 2007 (GVBl I 118) nun § 21

§ 21 Führung der Amtspflegschaft und der Amtsvormundschaft

Über § 56 Abs 2 Satz 2 des Achten Buches Sozialgesetzbuch hinaus ist auch im Falle des § 1822 Nr 5 des Bürgerlichen Gesetzbuches eine Genehmigung des Vormundschaftsgerichtes nicht erforderlich, soweit es sich um den Abschluß eines Mietvertrages handelt.

Bremen

Erstes Gesetz zur Ausführung des Achten Buches Sozialgesetzbuch – Gesetz zur Ausführung des Kinder- und Jugendhilfegesetzes im Lande Bremen (BremAGKJHG) vom 17. 9. 1991 (BremGBl 318)

§ 12 Führung der Amtsvormundschaft und Amtspflegschaft

Über § 56 Abs 2 des Achten Buches Sozialgesetzbuch hinaus bleiben die Vorschriften der §§ 1802, 1821 bis 1824 und § 1854 Abs 2 des Bürgerlichen Gesetzbuches gegenüber der Amtsvormundschaft und Amtspflegschaft außer Anwendung, soweit sie die Aufsicht des Vormundschaftsgerichts in vermögensrechtlicher Hinsicht sowie beim Abschluß von Lehr- und Arbeitsverträgen betreffen.

Hamburg

Hamburgisches Gesetz zur Ausführung des Achten Buches Sozialgesetzbuch – Kinder- und Jugendhilfe (AG SGB VIII) vom 25. 6. 1997 (HmbGVBl 273), § 20 geändert durch G vom 21. 8. 2012 (HmbGVBl 407)

§ 20 Aufsicht des Familiengerichts

Über § 56 Absatz 2 Satz 1 SGB VIII hinaus werden die Vorschriften der §§ 1802, 1821 bis 1824, § 1854 Absatz 2 des Bürgerlichen Gesetzbuches, soweit sie die Aufsicht des Familiengerichts in vermögensrechtlicher Hinsicht sowie beim Abschluss von Arbeits- und Berufsausbildungsverträgen betreffen, gegenüber den Bezirksämtern als Vormund, Pfleger, Beistand oder Gegenvormund nicht angewendet.

Hessen

Hessisches Kinder- und Jugendhilfegesetzbuch (HKJGB) vom 18. 12. 2006 (GVBl I 698, GVBl II 34), § 14 zuletzt geändert durch Art 1 ÄndG vom 16. 12. 2011 (GVBl I 820). Die in § 63 S 2 enthaltene Befristung (31. 12. 2018) wurde durch Art 1 Nr 15 des Gesetzes zur Änderung des Hessischen Kinder- und Jugendhilfegesetzbuchs und anderer Rechtsvorschriften vom 30. 4. 2018 (GVBl I 69) durch eine neue (31. 12. 2025) ersetzt.

§ 14 Aufsicht des Familiengerichts

Die Vorschriften des § 1802 Abs 1, der §§ 1819 bis 1821, des § 1822 Nr 1 bis 5, 8 bis 11 und 13 sowie der §§ 1823, 1824 und des § 1854 Abs 2 des Bürgerlichen Gesetzbuches über die Aufsicht des Familiengerichts bleiben gegenüber dem Jugendamt außer Anwendung. Dasselbe gilt bezüglich des § 1822 Nr 12 des Bürgerlichen Gesetzbuches, soweit es sich um die Aufsicht in vermögensrechtlicher Hinsicht handelt.

Nordrhein-Westfalen

Erstes Gesetz zur Ausführung des Kinder- und Jugendhilfegesetzes (AG-KJHG) vom 12. 12. 1990 (GV NW 664), § 26 zuletzt geändert durch Art 41 EuroAnpG vom 25. 9. 2001 (GV NRW 708)

§ 26 Führung der Amtspflegschaft und der Amtsvormundschaft

Über § 56 Abs 2 Satz 2 SGB VIII hinaus ist auch im Falle des § 1822 Nr 5 des Bürgerlichen Gesetzbuches eine Genehmigung des Vormundschaftsgerichts nicht erforderlich. Das Gleiche gilt im Falle des § 1822 Nr 12 BGB, soweit der Vermögenswert 2500 Euro nicht übersteigt.

Saarland

Erstes Gesetz zur Ausführung des Kinder- und Jugendhilfegesetzes (AG KJHG) vom 9. 7. 1993 (Amtsbl 807)

§ 32

Über § 56 Abs 2 Satz 2 SGB VIII hinaus ist auch in den Fällen des § 1822 Nr 5 und 12 des Bürgerlichen Gesetzbuches eine Genehmigung des Vormundschaftsgerichts nicht erforderlich.

Sachsen

Landesjugendhilfegesetz (LJHG) in der Fassung der Bekanntmachung vom 4. 9. 2008 (SächsGVBl 578), § 34 zuletzt geändert durch Art 2 ÄndG vom 11. 6. 2010 (SächsGVBl 182)

§ 34 Befreiung von familiengerichtlicher Aufsicht

(1) Über § 56 Abs 2 SGB VIII hinaus ist das Jugendamt als Amtsvormund oder Amtspfleger auch von der Aufsicht des Familiengerichts nach § 1803 Abs 2, §§ 1811, 1819 sowie nach § 1854 Abs 2 BGB ausgenommen.

(2) Entsprechendes gilt, wenn nach § 1897 Abs 2 BGB eine andere Behörde an die Stelle des Jugendamtes tritt.

Sachsen-Anhalt

Kinder- und Jugendhilfegesetz des Landes Sachsen-Anhalt (KJHG-LSA) vom 5. 5. 2000 (GVBl LSA 236), § 29 zuletzt geändert durch Art 10 G zur Änd des Landesrechts aufgrund des Gesetzes zur Reform des Verfahrens in Familiensachen und in den Angelegenheiten der freiwilligen Gerichtsbarkeit vom 13. 4. 2010 (GVBl LSA 192)

§ 29 Führung der Amtspflegschaft, Amtsvormundschaft und Beistandschaft

Über § 56 Abs 2 Satz 2 SGB VIII hinaus ist auch im Falle des § 1822 Nr 5 des Bürgerlichen Gesetzbuches eine Genehmigung des Betreuungsgerichts nicht erforderlich. Das Gleiche gilt im Falle des § 1822 Nr 12 des Bürgerlichen Gesetzbuches, soweit der Vermögenswert Dreitausend Euro nicht übersteigt.

Schleswig-Holstein

Erstes Gesetz zur Ausführung des Kinder- und Jugendhilfegesetzes (Jugendförderungsgesetz – JuFöG) vom 5. 2. 1992 (GVOBl Schl-H 158, ber 226), § 46 zuletzt geändert durch Art 5 G zur Anpassung des Schl-H LandesR an das G über das Verfahren in Familiensachen und in den Angelegenheiten der freiwilligen Gerichtsbarkeit vom 24. 9. 2009 (GVOBl Schl-H 633)

§ 46 Führung der Amtspflegschaft und der Amtsvormundschaft

Das Jugendamt ist als Amtsvormund oder Amtspfleger außer in den in § 56 Abs 2 Satz 2 SGB VIII genannten Fällen auch von der Genehmigung des Familiengerichts und der Rechnungslegung in den Fällen der §§ 1822 Nr 5, 1840 und 1854 Abs 2 des Bürgerlichen Gesetzbuchs befreit.

Die Ausführungsgesetze der Länder **Berlin, Mecklenburg-Vorpommern, Niedersachsen, Rheinland-Pfalz** und **Thüringen** zum SGB VIII enthalten keine über die Bestimmungen des § 56 Abs 2 S 1 und 2 SGB VIII hinausgehenden Befreiungen des Jugendamts von der Aufsicht des Familiengerichts. 48

Das Jugendamt kann als Vormund oder Gegenvormund für **Aufwendungen** keinen Vorschuss und Ersatz nur insoweit verlangen, als das einzusetzende Einkommen und Vermögen des Mündels ausreicht (§ 1835 Abs 5 BGB); ihm kann keine **Vergütung** bewilligt werden (§ 1836 Abs 3 BGB), und ihm steht auch kein Anspruch auf pauschale **Aufwandsentschädigung** zu (§ 1835a Abs 5 BGB). 49

IV. Rechtsmittel

50 Gegen die Entscheidung nach § 1791b BGB kann das bestellte, aber auch ein übergangenes Jugendamt Beschwerde einlegen; die **Beschwerdeberechtigung** ergibt sich aus § 59 FamFG (OLG Celle 18. 1. 2016 – 12 UF 2/16, 12 UFH 2/16, juris Rn 6, FamRZ 2016, 647 f; BayObLG FamRZ 1997, 897; Dürbeck FamRZ 2018, 553, 562; Oberloskamp/Kunkel, Vormundschaft § 16 Rn 12; Palandt/Götz Rn 2). Der Mündel ist nach §§ 59, 60 FamFG beschwerdeberechtigt.

51 Wird in der Beschwerdeinstanz die Bestellungsentscheidung aufgehoben, bleibt das Jugendamt so lange Vormund, bis es entlassen wird (OLG Hamm ZfJ 1967, 200; Palandt/Götz Rn 2).

§ 1791c
Gesetzliche Amtsvormundschaft des Jugendamts

(1) Mit der Geburt eines Kindes, dessen Eltern nicht miteinander verheiratet sind und das eines Vormunds bedarf, wird das Jugendamt Vormund, wenn das Kind seinen gewöhnlichen Aufenthalt im Geltungsbereich dieses Gesetzes hat; dies gilt nicht, wenn bereits vor der Geburt des Kindes ein Vormund bestellt ist. Wurde die Vaterschaft nach § 1592 Nr. 1 oder 2 durch Anfechtung beseitigt, und bedarf das Kind eines Vormunds, so wird das Jugendamt in dem Zeitpunkt Vormund, in dem die Entscheidung rechtskräftig wird.

(2) War das Jugendamt Pfleger eines Kindes, dessen Eltern nicht miteinander verheiratet sind, endet die Pflegschaft kraft Gesetzes, und bedarf das Kind eines Vormunds, so wird das Jugendamt Vormund, das bisher Pfleger war.

(3) Das Familiengericht hat dem Jugendamt unverzüglich eine Bescheinigung über den Eintritt der Vormundschaft zu erteilen; § 1791 ist nicht anzuwenden.

Materialien: Eingefügt durch NEhelG v 19. 8. 1969 (BGBl I 1243) Art 1 Nr 54; geändert durch KJHG v 26. 6. 1990 (BGBl I 1163) Art 5 Nr 3 u KindRG v 16. 12. 1997 (BGBl I 2942) Art 1 Nr 42; neugefasst durch Bekanntmachung v 2. 1. 2002 (BGBl I 42); berichtigt durch Nr 1 Buchst g des Gesetzes zur Berichtigung der Bekanntmachung der Neufassung des Bürgerlichen Gesetzbuchs v 23. 5. 2003 (BGBl I 738); Abs 3 geändert durch Art 50 Nr 37 nach Maßgabe von Art 111 FGG-RG v 17. 12. 2008 (BGBl I 2586) mit Wirkung v 1. 9. 2009.

Schrifttum

Göppinger, Vormundschaftsrecht und neues JWG v 6. 8. 1970 (BGBl I 1197), FamRZ 1970, 574

ders, Elterliche Gewalt über nichteheliche Kinder. Die neuen Regelungen der §§ 1705–1712 BGB idF. des Gesetzes v 19. 8. 1969 (BGB I 1243), FamRZ 1970, 57

ders, Das Jugendwohlfahrtsgesetz vom 11. 8. 1961, FamRZ 1963, 21

Wiegel, Die gesetzliche Amtsvormundschaft nach § 1791c Abs. II BGB, FamRZ 1970, 456.

Systematische Übersicht

Alphabetische Übersicht

I. Normzweck, Historie

1. Normzweck

1 Die Norm dient dem Schutz von außerhalb der Ehe geborenen Kindern, deren Eltern zur Zeit der Geburt nicht miteinander verheiratet sind und die zur Zeit der Geburt nicht unter elterlicher Sorge stehen. Für diese Kinder sieht das Gesetz eine gesetzliche Amtsvormundschaft vor.

2. Historie

2 Nach der ursprünglichen Fassung des § 1707 BGB hatte die Mutter nicht die elterliche Gewalt über ihr uneheliches Kind, sondern nur die tatsächliche Sorge; zur Vertretung des Kindes war sie nicht berechtigt. Deshalb musste das Kind nach § 1773 BGB aF einen Vormund erhalten.

3 Das Vormundschaftsrecht des BGB verwirklichte zunächst ausschließlich das Bestellungsprinzip; es kannte keine kraft Gesetzes eintretende Vormundschaft. Nach Art 136 Nrn 1 und 2 EGBGB aF blieben aber die landesgesetzlichen Vorschriften über die Amts-, Berufs-, Gemeinde- oder Generalvormundschaft unberührt (Mot IV 1038; s Staudinger/Engler10/11 § 1776 Rn 2). Durch § 48 Abs 1 S 1 des Reichsgesetzes über Jugendwohlfahrt **(RJWG)** vom 9. 7. 1922 (RGBl I 633) und Art 4 des EinfG hierzu (RGBl I 647) wurden Art 136 EGBGB aF und die aufgrund dieser Vorschrift erlassenen Landesgesetze aufgehoben. Das RJWG regelte die öffentliche Jugendhilfe, zu deren Aufgaben es auch gehörte, die freiwillige Tätigkeit zur Förderung der Jugendwohlfahrt, die sich in vielen regionalen Einrichtungen entwickelt hatte (s Staudinger/Engler10/11 Vorbem 18 zu § 1705), zu unterstützen und zur Mitarbeit heranzuziehen, um mit ihr „zum Zwecke eines planvollen Ineinandergreifens aller Organe und Einrichtungen der öffentlichen und privaten Jugendhilfe und der Jugendbewegung zusammenzuwirken" (§ 6 RJWG). Das RJWG unterschied zwischen Amtsvormundschaft und Anstalts- oder Vereinsvormundschaft. Die Amtsvormundschaft war entweder eine gesetzliche Amtsvormundschaft (mit der Geburt eines unehelichen Kindes wurde das Jugendamt des Geburtsorts Vormund, § 35 Abs 1 RJWG) oder eine bestellte Amtsvormundschaft (§ 41 RJWG). Nach § 47 RJWG konnten Vorstände von Anstalten, die unter der Verwaltung des Staates oder einer öffentlichen Körperschaft standen, sowie Vorstände solcher privater Anstalten oder Vereine, die vom Landesjugendamt für geeignet erklärt worden waren, auf ihren Antrag zu Vormündern bestellt werden.

4 Das Gesetz zur Änderung und Ergänzung des Reichsjugendwohlfahrtsgesetzes **(JWG)** vom 11. 8. 1961 (BGBl I 1193) beseitigte die Anstaltsvormundschaft und gestaltete die Vereinsvormundschaft in der Weise um, dass nicht mehr der Vorstand des Vereins, sondern der Verein selbst zum Vormund, Pfleger oder Beistand bestellt werden konnte. Das Institut der Amtsvormundschaft wurde ohne wesentliche sachliche Änderung beibehalten. Das JWG sah in § 40 Abs 1 vor, dass das Jugendamt des Geburtsorts Amtsvormund eines unehelichen Kindes wurde; mit der Amtsvormundschaft, die automatisch mit der Geburt eines unehelichen Kindes eintrat, sollte gewährleistet werden, dass die Interessen von Kindern, die oft in besonderem Maße des Schutzes bedurften, alsbald von einer sachkundigen Behörde wahrgenommen

werden konnten. Im Übrigen enthielten die §§ 37 ff JWG im Wesentlichen Bestimmungen, die auch im heute geltenden Recht enthalten sind (s zur Amtsvormundschaft nach früherem Recht STAUDINGER/GÖPPINGER[10/11] § 1707 Rn 39, 42 ff; zum JWG allgemein GÖPPINGER FamRZ 1963, 21).

Das **NEhelG** vom 19. 8. 1969 (BGBl I 1243) wollte die Rechtsstellung der nichtehelichen Mutter an die der ehelichen (alleinerziehenden) Mutter annähern (BT-Drucks V/2370, 61 f). Dazu gehörte auch, dass die **Mutter** im neuen § 1705 BGB das **Sorgerecht** erhielt, das freilich im gesetzlichen Regelfall dadurch eingeschränkt war, dass das Kind nach § 1706 BGB aF, sofern es nicht eines Vormunds bedurfte, für die Feststellung der Vaterschaft, die Geltendmachung von Unterhaltsansprüchen und die Regelung von Erb- und Pflichtteilsrechten einen **Pfleger** erhielt. Damit bedurfte es nicht mehr der Begründung einer Vormundschaft für ein nichteheliches Kind, dessen Mutter die elterliche Sorge innehatte; es erhielt aber einen Pfleger, sofern nicht das Vormundschaftsgericht gemäß § 1707 BGB aF auf Antrag der Mutter angeordnet hatte, dass die Pflegschaft nicht eintrete. Die kraft Gesetzes eintretende Amtsvormundschaft beschränkte sich damit auf die Fälle, in denen das Kind eines Vormunds bedurfte; nur in diesen Fällen greift heute § 1791c BGB ein (näher dazu unten Rn 10 ff). 5

Die Neufassung des § 1705 machte die **Anpassung des JWG** erforderlich; sie erfolgte durch Gesetz zur Änderung und Ergänzung des Gesetzes für Jugendwohlfahrt vom 27. 6. 1970 (BGBl I 920), das zugleich mit dem NEhelG am 1. 7. 1970 in Kraft trat. Der neue § 40 JWG bestimmte, dass das Jugendamt mit der Geburt eines nichtehelichen Kindes Pfleger nach § 1706 BGB aF wurde, wenn das Kind unter der elterlichen Sorge der Mutter stand, es sei denn, dass das Kind eines Vormunds bedurfte; § 41 JWG besagte – inhaltlich im Wesentlichen mit § 1791c übereinstimmend –, dass mit der Geburt eines nichtehelichen Kindes, das eines Vormunds bedurfte, das Jugendamt Vormund werde (s dazu GÖPPINGER FamRZ 1970, 576). 6

Das Gesetz zur Neuordnung des Kinder- und Jugendhilferechts **(KJHG)** vom 26. 6. 1990 (BGBl I 1163) hob mit Wirkung vom 1. 1. 1991 das JWG auf; die Möglichkeit der Bestellung eines Vereins oder des Jugendamts zum Vormund ist jetzt ausschließlich in §§ 1791a, 1791b BGB, der Eintritt der Amtsvormundschaft kraft Gesetzes in § 1791c BGB geregelt; Bestimmungen über die Rechtsstellung des Jugendamts als Amtspfleger und Amtsvormund enthalten seither die §§ 55, 56 SGB VIII. 7

Das **KindRG** vom 16. 12. 1997 (BGBl I 2942), das sich insbesondere auch den Abbau rechtlicher Unterschiede zwischen ehelichen und nichtehelichen Kindern zum Ziel gesetzt hatte, ersetzte – wie an vielen anderen Stellen – in § 1791c Abs 1 S 1 und Abs 2 BGB aF den Begriff des nichtehelichen Kindes durch „Kind, dessen Eltern nicht miteinander verheiratet sind“ und passte Abs 1 S 2 der im neuen § 1592 BGB enthaltenen Definition der Vaterschaft an. Die sachlichen Voraussetzungen für den Eintritt der Amtsvormundschaft haben sich dadurch nicht geändert; entscheidend kommt es darauf an, dass das Kind eines Vormunds bedarf. Auch der Rechtsausschuss des Deutschen Bundestags, der die im RegE noch nicht enthaltenen Änderungen des § 1791c BGB eingefügt hat, spricht deshalb von „Folgeänderungen, die durch die Neufassung des Zweiten Titels des Zweiten Abschnitts des Vierten Buchs (Abstammung) veranlasst sind“ (BT-Drucks 13/8511, 76). 8

9 Die jüngste Änderung der Norm – Ersetzung des Substantivs „Vormundschaftsgericht" durch „Familiengericht" in Abs 3 – wurde mit dem Wegfall des Vormundschaftsgerichts und der Erweiterung der Aufgaben des Familiengerichts durch das **FGG-RG** (zur Begründung BT-Drucks 16/6308, 168, 347) notwendig (Art 50 Nr 37 FGG-RG, BGBl I 2008, 2586).

II. Fälle der gesetzlichen Amtsvormundschaft

10 Der Kreis der Fälle, in denen das Jugendamt kraft Gesetzes Amtsvormund eines nichtehelichen Kindes wurde, war seit der Neuordnung des Nichtehelichenrechts durch das NEhelG wesentlich kleiner als zuvor. In den meisten Fällen wurde das Jugendamt nach § 55 Abs 1 SGB VIII, § 1709 BGB aF Pfleger; die Amtspflegschaft trat automatisch mit der Geburt des Kindes ein (s Staudinger/Göppinger[12] § 1709 Rn 3 ff). Der Wirkungskreis des Amtspflegers beschränkte sich auf die in § 1706 BGB aF aufgezählten Angelegenheiten (insbesondere Feststellung der Vaterschaft, Geltendmachung von Unterhaltsansprüchen und Regelung von Erb- und Pflichtteilsrechten), und er konnte durch das Vormundschaftsgericht gemäß § 1707 S 1 Nr 3 BGB aF auf Antrag der Mutter weiter eingeschränkt werden (s auch Göppinger FamRZ 1970, 57).

11 Die gesetzliche Amtsvormundschaft ist im geltenden Recht nur vorgesehen für ein Kind nicht miteinander verheirateter Eltern, das eines Vormunds bedarf. Ein solcher Bedarf kann im Zeitpunkt der Geburt des Kindes (§ 1791c Abs 1 S 1 BGB), nach Vaterschaftsanfechtung (§ 1791c Abs 1 S 2 BGB) oder nach Ende einer Pflegschaft eintreten (§ 1791c Abs 2 BGB)

1. Bedarf eines Vormunds bei Geburt des Kindes (Abs 1 S 1)

12 Das Kind bedarf bereits bei Geburt eines Vormunds, wenn seine Eltern zu diesem Zeitpunkt nicht miteinander verheiratet sind, kein Elternteil zur Sorge berechtigt ist und auch vorgeburtlich kein Vormund bestellt wurde.

a) Fehlen einer Ehe zwischen den Eltern

13 Zunächst ist vorausgesetzt, dass die Mutter bei der Geburt des Kindes nicht mit dem Kindesvater verheiratet ist. Im Gegensatz zum früheren Recht (§ 1591 BGB aF) wird nur ein während der Ehe geborenes Kind abstammungsrechtlich dem Ehemann zugeordnet (§ 1592 Nr 1 BGB); die Anhängigkeit eines Scheidungsantrags ändert hieran noch nichts, solange nicht ein Dritter unter den Voraussetzungen des § 1599 Abs 2 BGB die Vaterschaft anerkannt hat. § 1592 Nr 1 BGB gilt entsprechend, wenn die Ehe durch Tod aufgelöst wurde und das Kind innerhalb von 300 Tagen nach dem Tod des Mannes geboren wurde (§ 1593 S 1 BGB; MünchKomm/Spickhoff Rn 5; **aA** BeckOGK/Hoffmann [1. 12. 2019] Rn 8). Der frühere Ehemann ist dagegen nach dem Wortlaut des § 1592 Nr 1 BGB nicht gesetzlicher Vater, wenn das Kind erst nach der Scheidung oder Aufhebung der Ehe geboren wurde (BT-Drucks 13/4899, 83).

b) Fehlende Sorgeberechtigung eines Elternteils

14 Erforderlich ist weiter, dass das Kind bei seiner Geburt **keinen Sorgeberechtigten** hat (arg § 1773 BGB). Deshalb greift die gesetzliche Amtsvormundschaft nicht ein, wenn die Kindeseltern bereits wirksam Sorgeerklärungen abgegeben haben (§ 1626a

Abs 1 Nr 1 BGB), das Familiengericht den Eltern die elterliche Sorge auf Antrag eines Elternteils gemeinsam übertragen hat (§ 1626a Abs 1 Nr 3 iVm Abs 2 BGB) oder die Kindesmutter allein sorgeberechtigt ist (§ 1626a Abs 3 BGB); in diesen Fällen kann dem sorgeberechtigten Elternteil unter den Voraussetzungen des § 1713 BGB die Beistandschaft des Jugendamts (§ 1712 BGB) beantragen.

aa) Tod, Entzug oder Ruhen der Sorge der Kindesmutter

Die Alleinsorgeberechtigung der Kindesmutter fehlt, wenn sie bei der Geburt des **15** Kindes stirbt oder für tot erklärt wird oder ihr die Sorge nach §§ 1666, 1666a BGB entzogen wurde (zu Grundlage und Grenzen solcher Maßnahmen zum Schutz des Nasciturus Staudinger/Coester [2016] § 1666 Rn 22 ff, 107 ff); ruht dagegen ihre elterliche Sorge nach §§ 1673, 1674 BGB (zur minderjährigen Kindesmutter nachfolgende Rn), so entfällt damit zwar nicht die Sorgeberechtigung, wohl aber die Befugnis, sie auszuüben (§ 1675 BGB). Eines Vormunds bedarf das Kind in diesen Fällen nur dann, wenn das Gericht keine Entscheidung zugunsten des anderen Elternteils nach §§ 1678 Abs 2, 1680 Abs 2, Abs 3 BGB getroffen hat.

bb) Minderjährigkeit der Kindesmutter

Ist die Kindesmutter minderjährig, der Kindesvater aber volljährig, so lässt sich der **16** Eintritt der gesetzlichen Amtsvormundschaft vermeiden, wenn die Kindeseltern bereits vor Geburt eine **wirksame Ehe** begründen mit der Folge, dass der Kindesvater dann mit Geburt des Kindes die Sorge allein ausübt (§ 1678 Abs 1 Alt 2 BGB), während die elterliche Sorge der Kindesmutter ruht (§ 1673 Abs 2 BGB), diese also nicht berechtigt ist, sie auszuüben (§ 1675 BGB). Zwar darf seit dem Inkrafttreten des Gesetzes zur Bekämpfung von Kinderehen am 22. 7. 2017 (BGBl I 2429) eine Ehe vor Eintritt der Volljährigkeit einer Person nicht mehr eingegangen werden nach (§ 1303 S 1 BGB). Und auch mit einer Person, die das 16. Lebensjahr bereits vollendet hat, kann eine Ehe nicht mehr wirksam eingegangen werden (§ 1303 S 2 BGB). Jedoch sind gleichwohl geschlossene Ehen nicht uneingeschränkt unwirksam, sondern nur dann, wenn der Minderjährige zur Zeit der Eheschließung das 16. Lebensjahr noch nicht vollendet hat; andernfalls ist die Ehe wirksam, aber aufhebbar (§ 1314 Abs 1 Nr 1 BGB) mit der Folge, dass die Wirkung des § 1678 BGB mit einer solchen Eheschließung erreicht und die gesetzliche Amtsvormundschaft vermieden werden kann.

Es stellt sich die Frage, ob dieses Ziel auch ohne Eheschließung der Eltern allein **17** durch **vorgeburtliche Sorgeerklärungen** der Eltern (§§ 1626a Abs 1 Nr 1, 1626b Abs 2 BGB) erreicht werden kann. Die minderjährige Kindesmutter bedarf zur Abgabe ihrer Erklärung der Zustimmung ihres gesetzlichen Vertreters (§ 1626c Abs 2 S 1 BGB), also ihrer Eltern oder ihres Vormunds. Der Kindesvater kann eine Sorgeerklärung wirksam abgeben, vorausgesetzt, dass seine Vaterschaft gerichtlich festgestellt wurde (§ 1592 Nr 3 BGB) oder er die Vaterschaft des Kindes anerkannt hat (§ 1592 Nr 2 BGB), was auch vorgeburtlich möglich ist (§ 1594 Abs 4 BGB). Diese Anerkennungserklärung bedarf aber der Zustimmung der Kindesmutter (§ 1595 Abs 1 BGB), die diese wiederum nur mit Zustimmung ihres gesetzlichen Vertreters abgeben kann (§ 1596 Abs 1 S 4, S 2 BGB). Ob und inwieweit darüber hinaus die Zustimmung des Kindes erforderlich ist, hängt davon ab, ob der Kindesmutter „insoweit“ die elterliche Sorge nicht zusteht (§ 1595 Abs 2 BGB). Nach § 1673 Abs 2 S 2 BGB steht der minderjährigen Kindesmutter zwar die tatsächliche Personensorge neben dem gesetzlichen Vertreter des Kindes, nicht aber die Vertretung des Kindes zu. Ordnet man also die Zustimmung zur Vaterschaftsanerkennung als Akt der Vertretung ein, bedarf es noch der Zustimmung des Kindes, die vom gesetzlichen Amtsvormund abzugeben wäre (DIJuF-Rechtsgutachten JAmt 2014, 319).

Der Eintritt der gesetzlichen Amtsvormundschaft könnte nicht dadurch vermieden werden, dass bereits vorgeburtlich ein Vormund bestellt wird. Zwar sieht § 1774 S 2 BGB diese Möglichkeit grundsätzlich vor; da diese Bestellung aber erst mit der Geburt des Kindes wirksam wird, könnte auch dieser Vormund keine Zustimmung zu einer vorgeburtlichen Anerkennungserklärung abgeben. Jedoch bestünde die Möglichkeit, einen **Ergänzungspfleger für die Leibesfrucht** zu bestellen (§ 1912 Abs 2 BGB), der dann die pränatale Zustimmung zur Vaterschaftsanerkennung abgibt (MünchKomm/Wellenhofer § 1595 Rn 16; BeckOGK/Balzer [1. 11. 2019] § 1595 Rn 48; abl iE dagegen DIJuF-Rechtsgutachten JAmt 2014, 319, 320 wegen der Möglichkeit einer Beistandschaft des Jugendamtes nach § 1712 BGB). In diesem Fall entfiele der Bedarf für eine gesetzliche Amtsvormundschaft.

c) Gewöhnlicher Aufenthalt des Kindes im Geltungsbereich des Gesetzes

18 Als weitere Voraussetzung für den Eintritt einer gesetzlichen Amtsvormundschaft mit Geburt des Kindes sieht § 1791c BGB vor, dass das Kind seinen gewöhnlichen Aufenthalt im Geltungsbereich des Gesetzes hat. Bejahendenfalls wird das Jugendamt, in dessen Bezirk die Kindesmutter zur Zeit der Geburt ihren gewöhnlichen Aufenthalt hat, mit der Geburt des Kindes dessen Vormund (§ 87c Abs 1 S 1 SGB VIII). Ist ein gewöhnlicher Aufenthalt nicht festzustellen, so bestimmt sich die örtliche Zuständigkeit nach dem tatsächlichen Aufenthalt der Kindesmutter (§ 87c Abs 1 S 3 SGB VIII).

19 Auch für **ein im Ausland geborenes Kind**, das seinen gewöhnlichen Aufenthalt ins Inland verlegt, kommt eine gesetzliche Amtsvormundschaft unter den Voraussetzungen des § 1791c BGB in Betracht. Zwar bestimmen sich nach Art 24 EGBGB Entstehung, Änderung und Ende einer Vormundschaft nach dem Recht des Heimatstaates des Minderjährigen; Vorrang gegenüber dieser Regelung hat jedoch Art 16 KSÜ, wonach sich die Zuweisung oder das Erlöschen der elterlichen Verantwortung kraft Gesetzes nach dem Recht des Staates des gewöhnlichen Aufenthalts bestimmt (Vorbem 95 zu §§ 1773 ff). Zum gleichen Ergebnis gelangen diejenigen, die § 1791c BGB als eine gegenüber Art 24 EGBGB vorrangige Kollisionsnorm einordnen (BeckOGK/Hoffmann [1. 12. 2019] Rn 31; DIJuF-Rechtsgutachten JAmt 2016, 380).

20 Die gesetzliche Amtsvormundschaft für das **Kind einer minderjährigen Ausländerin** tritt, soweit die übrigen Voraussetzungen von § 1791c Abs 1 S 1 BGB vorliegen (näher dazu DIJuF-Rechtsgutachten JAmt 2017, 72 ff), in dem Zeitpunkt ein, in dem das Kind seinen gewöhnlichen Aufenthalt im Inland nimmt (MünchKomm/Spickhoff Rn 7). Dieses Ergebnis entspricht dem früheren Recht. So hatte das KJHG für die frühere Amtspflegschaft ausdrücklich vorgesehen, dass die gesetzliche Pflegschaft zu dem Zeitpunkt eintritt, zu dem das im Ausland geborene Kind seinen gewöhnlichen Aufenthalt im Inland nimmt (§ 1709 Abs 2 BGB aF), aber keine parallele Bestimmung für die Amtsvormundschaft vorgesehen, obwohl das JWG, dessen Regelungen weitgehend vom KJHG beibehalten wurden, die Fälle der Amtsvormundschaft und der Amtspflegschaft insoweit gleichbehandelt hatte (§§ 41 Abs 1 S 3, § 40 Abs 4

JWG). Sachliche Gründe für eine vom früheren Recht abweichende Regelung der Amtsvormundschaft sind nicht zu erkennen mit der Folge, dass sich die örtliche Zuständigkeit des Jugendamts in diesem Fall analog § 87c Abs 1 S 1 und 3 SGB VIII bestimmt.

d) Fehlen eines bestellten Vormunds (Abs 1 S 1 letzter HS)

Die gesetzliche Amtsvormundschaft tritt nach Abs 1 S 1 letzter HS dann nicht ein, wenn schon **vor der Geburt** des Kindes **ein Vormund bestellt wurde** (§ 1774 S 2 BGB). Damit kommt auch in dieser Vorschrift der Vorrang der Einzel- vor der Amtsvormundschaft zum Ausdruck (DIJuF-Rechtsgutachten JAmt 2013, 521, 522). Für die gesetzliche Amtsvormundschaft besteht etwa dann kein Bedürfnis, wenn der Kindesmutter bereits vor der Geburt die elterliche Sorge nach § 1666 BGB entzogen worden ist oder wenn feststeht, dass sie bei der Geburt ihres nichtehelichen Kindes minderjährig (oder geschäftsunfähig) sein wird und deswegen schon vor der Geburt des Kindes ein Vormund – etwa die Eltern der minderjährigen Kindesmutter oder ein anderer Verwandter – bestellt worden ist (MünchKomm/Spickhoff Rn 8; BGB-RGRK/Dickescheid Rn 2; DIJuF-Rechtsgutachten JAmt 2013, 521). 21

2. Bedarf eines Vormunds nach Vaterschaftsanfechtung (Abs 1 S 2)

Eine gesetzliche Amtsvormundschaft tritt auch in Fällen ein, in denen nach der Geburt des Kindes die Vaterschaft – wie das Gesetz es etwas unbeholfen ausdrückt – nach § 1592 Nr 1 oder 2 BGB „durch Anfechtung beseitigt“ wurde (Abs 1 S 2). Mit der Rechtskraft der Entscheidung, durch die das Gericht feststellt, dass der Mann nicht der Vater des Kindes ist, wird das Jugendamt Vormund. 22

Auch in diesem Fall ist allerdings erforderlich, dass das Kind eines Vormunds bedarf, dass also der Mutter das Sorgerecht nicht zusteht (vgl AG Lörrach DAVorm 1982, 293), und nicht schon ein Vormund bestellt ist (BGB-RGRK/Dickescheid Rn 4; MünchKomm/Spickhoff Rn 8 f; s auch Palandt/Götz Rn 5). Steht das Kind zu dem Zeitpunkt, zu dem die Entscheidung, die dem Anfechtungsantrag stattgibt, rechtskräftig wird, bereits unter einer bestellten Vormundschaft, weil zuvor der Kindesmutter die elterliche Sorge entzogen worden war, so bleibt diese Vormundschaft von der Anfechtungsentscheidung unberührt. In diesem Fall bedarf das Kind keines (weiteren) Vormunds mit der Folge, dass keine gesetzliche Amtsvormundschaft nach § 1791c Abs 1 S 2 BGB eintritt (LG Nürnberg-Fürth DAVorm 1976, 592). 23

3. Ende einer Amtspflegschaft (Abs 2)

Nach Abs 2 tritt die Amtsvormundschaft des Jugendamts auch dann ein, wenn das Jugendamt Pfleger des Kindes war, dessen Eltern nicht miteinander verheiratet sind, sodann die Pflegschaft kraft Gesetzes endet und das Kind eines Vormunds bedarf. Die Pflegschaft endet kraft Gesetzes mit Beendigung der elterlichen Sorge (§ 1918 Abs 1 BGB). Der Begriff der **Beendigung der elterlichen Sorge** ist in diesem Zusammenhang weit zu verstehen mit der Folge, dass die Sorge eines Elternteils nicht nur endet, wenn er stirbt oder für tot erklärt wird, sondern auch dann, wenn ihm die Sorge nach § 1666 BGB entzogen wurde oder seine elterliche Sorge ruht (allgM; KG FamRZ 1972, 44 = ZBlJugR 1972, 398; s auch OLG Hamm NJW 1990, 395; OLG Hamm FamRZ 1996, 57 = DAVorm 1996, 208; LG Berlin DAVorm 1979, 764, 767; Wiegel FamRZ 1970, 456; 24

BGB-RGRK/Dickescheid Rn 5; MünchKomm/Spickhoff Rn 10; Erman/Schulte-Bunert Rn 4; Soergel/Zimmermann Rn 4; Palandt/Götz Rn 6).

25 Allerdings tritt auch in diesen Fällen die gesetzliche Amtsvormundschaft nur ein, wenn das Kindes eines Vormunds bedarf. Hat das Familiengericht etwa der alleinsorgeberechtigten Kindesmutter nach § 1666 Abs 3 Nr 6 BGB das Sorgerecht entzogen und gleichzeitig einen Vormund für das Kind bestellt, scheidet eine Amtsvormundschaft nach § 1791c Abs 2 BGB aus (OLG Hamm DAVorm 1985, 502; BGB-RGRK/Dickescheid Rn 5; MünchKomm/Spickhoff Rn 10 aE).

4. Abschließender Katalog

26 § 1791c BGB listet abschließend die Fälle auf, in denen die gesetzliche Amtsvormundschaft eintritt. In anderen Fällen kommt eine entsprechende Anwendung der Norm auch dann nicht in Betracht, wenn das Kindeswohl eine rasche Klärung der Sorgerechtsinhaberschaft verlangt (MünchKomm/Spickhoff Rn 11).

27 Dies ist etwa der Fall, dass ein vor der Geburt des Kindes nach § 1774 S 2 BGB bestellter Einzelvormund nach einer gewissen Amtszeit stirbt oder das zunächst als gesetzlicher Amtsvormund fungierende Jugendamt gemäß §§ 1887, 1889 Abs 2 BGB entlassen wurde und der stattdessen bestellte Vormund dann wegfällt. In allen diesen Fällen kommt keine gesetzliche Amtsvormundschaft in Betracht; vielmehr muss ein neuer Vormund ausgewählt und bestellt werden (BGB-RGRK/Dickescheid Rn 7; MünchKomm/Spickhoff Rn 11; Soergel/Zimmermann Rn 4 aE; Oberloskamp/Kunkel, Vormundschaft § 17 Rn 10).

III. Führung der gesetzlichen Amtsvormundschaft

28 Um dem Jugendamt die alsbaldige Wahrnehmung seiner Vormundsaufgaben zu ermöglichen, schreibt § 52a Abs 4 SGB VIII (eingefügt durch Art 2 Abs 23 Nr 1 des Gesetzes zur Reform des Personenstandsrechts [PStRG v 19. 2. 2007, BGBl I 122], neugefasst durch Bekanntmachung v 11. 9. 2012 [BGBl I 2022]; vormals § 21b PStG [idF des Beistandschaftsgesetzes v 4. 12. 1997, BGBl I 2846, und des KindRG v 16. 12. 1997, BGBl I 2942, aufgehoben durch Art 5 Abs 2 S 2 PStRG]) seit dem 1. 1. 2009 vor, dass der Standesbeamte die Geburt eines Kindes, dessen Eltern nicht miteinander verheiratet sind, unverzüglich dem Jugendamt anzuzeigen hat. Das Jugendamt hat dem Familiengericht gemäß § 57 SGB VIII unverzüglich den Eintritt einer Vormundschaft mitzuteilen.

29 Die **Rechtsstellung** des Jugendamts als gesetzlicher Amtsvormund unterscheidet sich nicht von der des zum Vormund bestellten Jugendamts. Dies gilt für die Übertragung der vormundschaftlichen Aufgaben auf Beamte oder Angestellte im Einzelfall (vgl § 1791b Rn 30, 35) ebenso wie für die Führung der Vormundschaft (vgl § 1791b Rn 43 ff).

30 Eine Bestallung gemäß § 1791 BGB erhält das Jugendamt auch bei der gesetzlichen Amtsvormundschaft nicht (§ 1791c Abs 3 HS 2 BGB). Das Familiengericht hat vielmehr dem Jugendamt unverzüglich eine **Bescheinigung über den Eintritt der Vormundschaft** zu erteilen (§ 1791c Abs 3 HS 1 BGB). Die Amtsvormundschaft tritt jedoch unabhängig von dieser Bescheinigung oder einer anderen Amtshandlung des

Familiengerichts unmittelbar in den in § 1791c Abs 1 S 1, S 2 und Abs 2 BGB beschriebenen Tatbeständen (s oben Rn 12 ff) ein.

Die örtliche **Zuständigkeit** zur Führung einer gesetzlichen Amtsvormundschaft bestimmt sich nach § 87c Abs 1 SGB VIII (oben Rn 18), die **Abgabe** an ein anderes Jugendamt nach § 87c Abs 2 SGB VIII (früher § 43 JWG) geregelt (s dazu BayObLG FamRZ 1977, 664 = DAVorm 1977, 654; MDR 1993, 351; FamRZ 1994, 1187 = DAVorm 1993, 338; KG FamRZ 1988, 321 = DAVorm 1988, 294; BeckOGK/Hoffmann [1. 12. 2019] Rn 53–62; MünchKomm/Spickhoff Rn 14; Soergel/Zimmermann Rn 8; BGB-RGRK/Dickescheid Rn 6; Dölle § 123 II 1). 31

IV. Ende der gesetzlichen Amtsvormundschaft

Die gesetzliche Amtsvormundschaft endet mit dem Wegfall ihrer Voraussetzungen. 32
Dies ist der Fall, wenn die Kindesmutter volljährig wird (§§ 1882, 1773 BGB), da damit die Minderjährigkeit der Mutter und das damit einhergehende Ruhen der elterlichen Sorge entfällt (DIJuF-Rechtsgutachten JAmt 2018, 30, 31). Das Gleiche gilt, wenn eine über 16-jährige Kindesmutter den volljährigen Kindesvater heiratet. Zwar ist diese Ehe aufhebbar (§ 1314 Abs 1 Nr 1 BGB). Aber sie ist bis zu ihrer Aufhebung zunächst wirksam – unter den Voraussetzungen von § 1315 Abs 1 Nr 1 BGB entfällt gar die Aufhebungsmöglichkeit – mit der Folge, dass der Kindesvater die elterliche Sorge allein ausübt (§ 1678 Abs 1 HS 1 BGB); an dem Ruhen der elterlichen Sorge der Kindesmutter ändert sich dagegen durch die Eheschließung nichts (Erman/Schulte-Bunert Rn 3; DIJuF-Rechtsgutachten JAmt 2013, 521, 522). Die gesetzliche Amtsvormundschaft endet weiter dann, wenn dem Kindesvater nach wirksamer Anerkennung oder gerichtlicher Feststellung der Vaterschaft die elterliche Sorge durch gerichtliche Entscheidung, etwa nach § 1671 Abs 2 S 1 BGB übertragen wird. Zudem besteht die Möglichkeit, auch ohne Eheschließung die Wirkung des § 1678 Abs 1 BGB dadurch herbeizuführen, dass beide Eltern Sorgeerklärungen abgeben (§ 1626a Abs 1 Nr 1 BGB), wobei die Kindesmutter bei der Abgabe ihrer Erklärung noch vom Amtsvormund vertreten würde (DIJuF-Rechtsgutachten JAmt 2013, 521, 522).

V. Verhältnis zur Adoptionsvormundschaft (§ 1751 Abs 1)

§ 1751 Abs 1 BGB sieht einen weiteren Fall gesetzlicher Amtsvormundschaft vor, 33
die sog Adoptionsvormundschaft, die eintritt, wenn ein Elternteil in die Annahme seines Kindes eingewilligt hat mit der Folge, dass seine elterliche Sorge ruht. Nach § 1751 Abs 1 S 2 BGB wird dann das Jugendamt Vormund; dies gilt aber nicht, wenn der andere Elternteil die elterliche Sorge allein ausübt „oder wenn bereits ein Vormund bestellt ist". Aus der Verwendung des Wortes „bestellt" darf nicht abgeleitet werden, dass die angeführte Ausnahme nicht eingreift, die in § 1751 Abs 1 S 2 BGB vorgesehene Amtsvormundschaft also auch dann eintritt, wenn schon eine Amtsvormundschaft gemäß § 1791c BGB besteht, die kraft Gesetzes und nicht aufgrund einer Bestellung durch das Familiengericht begründet worden ist (so mit überzeugender Begründung Staudinger/Frank[12] § 1751 Rn 13 ff). Eine gemäß § 1791c BGB bestehende Amtsvormundschaft ist vielmehr einer bestellten Vormundschaft, wie sie § 1751 Abs 1 S 2 BGB nennt, gleichzusetzen und schließt während ihres Bestehens den Eintritt einer Adoptionsvormundschaft aus (OLG Köln FamRZ 1992, 352 = Rpfleger 1992, 59 = DAVorm 1991, 1097; DIJuF-Rechtsgutachten JAmt 2016, 381; **aA** LG Berlin DAVorm 1979,

190; LG Köln DAVorm 1991, 953; zum Übergang von gesetzlicher Amtsvormundschaft in eine Adoptionsvormundschaft bei eintretender Volljährigkeit der Mutter s DIJuF-Rechtsgutachten, JAmt 2016, 381).

§ 1792
Gegenvormund

(1) Neben dem Vormund kann ein Gegenvormund bestellt werden. Ist das Jugendamt Vormund, so kann kein Gegenvormund bestellt werden; das Jugendamt kann Gegenvormund sein.

(2) Ein Gegenvormund soll bestellt werden, wenn mit der Vormundschaft eine Vermögensverwaltung verbunden ist, es sei denn, dass die Verwaltung nicht erheblich oder dass die Vormundschaft von mehreren Vormündern gemeinschaftlich zu führen ist.

(3) Ist die Vormundschaft von mehreren Vormündern nicht gemeinschaftlich zu führen, so kann der eine Vormund zum Gegenvormund des anderen bestellt werden.

(4) Auf die Berufung und Bestellung des Gegenvormunds sind die für die Begründung der Vormundschaft geltenden Vorschriften anzuwenden.

Materialien: E I § 1647; II § 1672; III § 1768; Mot IV 1032, 1082; Prot IV 754; Abs 1 S 2 angefügt und Abs 4 neugefasst durch NEhelG v 19. 8. 1969 (BGBl I 1243) Art 1 Nr 55; neugefasst durch Bekanntmachung v 2. 1. 2002 (BGBl I 42).

Schrifttum

Wilde, Der unter Betreuung stehende Gesellschafter, GmbHR 2010, 123.

Systematische Übersicht

Alphabetische Übersicht

I. Aufgaben, Rechtsstellung

1. Aufgaben des Gegenvormunds

Während der Vormund die Vormundschaft führt, hat der Gegenvormund im Wesentlichen eine **Kontrollfunktion** gegenüber dem Vormund; er überwacht die Tätigkeit des Vormunds und entlastet insoweit das Familiengericht bei dessen Aufsicht nach § 1837 Abs 2 BGB (OLG München BtPrax 2012, 69, 71; OLG Frankfurt FamRZ 2009, 247, 248; BayObLG FamRZ 2004, 1992 [jeweils Betreuung]; Oberloskamp/Hoffmann, Vormundschaft § 2 Rn 30; Rauscher, Familienrecht Rn 1197; MünchKomm/Spickhoff Rn 1; Erman/Schulte-Bunert Rn 1; Palandt/Götz Rn 1). Dies unterscheidet den Gegenvormund auch vom Mitvormund, dem die Aufgabe zukommt, den/die anderen Mitvormund/-vormünder bei der Führung der Vormundschaft zu unterstützen (§§ 1775, 1797 BGB). 1

Die Überwachungsaufgabe des Gegenvormunds kommt in **§ 1799 Abs 1 BGB** zum Ausdruck. Danach hat er darauf zu achten, dass der Vormund sein Amt pflichtgemäß führt; Pflichtwidrigkeiten hat er unverzüglich dem Familiengericht anzuzeigen; dagegen hat er keine rechtlichen Befugnisse, um den Vormund zur Pflichterfüllung anzuhalten (KGJ 27, 11; MünchKomm/Spickhoff Rn 1; Oberloskamp/Hoffmann, Vormundschaft § 2 Rn 30). Dem Gegenvormund hat der Vormund auf Verlangen nach § 1799 2

Abs 2 BGB Auskunft zu erteilen und Einsicht in die sich auf die Vormundschaft beziehenden Papiere zu gewähren.

3 Er wirkt weiter bei der Aufnahme des Vermögensverzeichnisses (§ 1802 Abs 1 S 2 BGB) mit und prüft die vom Vormund zu erstellenden Abrechnungen (§§ 1842, 1891 BGB); bei verschiedenen Handlungen der Vermögenssorge bedarf der Vormund der Genehmigung des Gegenvormunds (§§ 1809, 1810, 1812/1813, 1824 BGB), die aber durch die des Familiengerichts ersetzt werden kann. Das Familiengericht soll den Gegenvormund, soweit ein solcher vorhanden ist und die Anhörung tunlich ist, anhören, bevor es über die zu einer Handlung des Vormunds erforderliche Genehmigung entscheidet (§ 1826 BGB).

4 Die Hauptaufgabe des Gegenvormunds liegt also auf dem Gebiet der Vermögensinteressen des Mündels; doch ist seine Aufsicht nicht auf die **Vermögensverwaltung** beschränkt (Mot IV 1034). So kann auch für die **Personensorge** ein Gegenvormund bestellt werden, soweit die Notwendigkeit einer zusätzlichen Kontrolle des Vormunds und einer Unterstützung der Überwachungstätigkeit des Familiengerichts besteht (OLG Frankfurt FamRZ 2009, 247, 248; Erman/Schulte-Bunert Rn 2).

2. Rechtsstellung gegenüber dem Mündel

5 Zu einem Handeln mit Wirkung gegenüber dem Mündel ist der Gegenvormund nicht befugt; er kann den Mündel nicht vertreten, auch nicht in Notfällen (Gernhuber/Coester-Waltjen § 70 Rn 67; Palandt/Götz Rn 1). Allerdings haftet er dem Mündel ebenso wie der Vormund für schuldhafte Pflichtwidrigkeiten (§ 1833 Abs 1 S 2 BGB).

II. Voraussetzungen für die Bestellung eines Gegenvormunds (Abs 1, 2)

1. Ermessen des Familiengerichts (Abs 1)

6 Während nach § 1775 BGB ein Mitvormund nur bei Vorliegen besonderer Gründe bestellt werden soll, kann ein Gegenvormund nach § 1792 Abs 1 S 1 BGB bestellt werden, ohne dass besondere Voraussetzungen erfüllt sein müssen. Der Gegenvormund kann, muss aber nicht bestellt werden. Seine Bestellung liegt also im **pflichtgemäßen Ermessen** des Familiengerichts (OLG München BtPrax 2012, 69, 71; BayObLG FamRZ 2004, 1992 [für die Betreuung]; MünchKomm/Spickhoff Rn 2; Erman/Schulte-Bunert Rn 4; Palandt/Götz Rn 3). Auch die Eltern können die Bestellung eines Gegenvormunds nicht durch eine Benennung (§ 1776 BGB) erzwingen.

Die Bestellung eines Gegenvormunds kommt – wie sich aus § 1792 Abs 2 BGB und den Aufgaben zur Kontrolle des Vormunds (s oben Rn 1 ff) ableiten lässt – dann in Betracht, wenn sich aus Art, Umfang und Schwierigkeit der von dem Vormund zu erledigenden Aufgaben die Notwendigkeit einer zusätzlichen Kontrolle neben der des Familiengerichts ergibt (OLG Frankfurt FamRZ 2009, 247, 248; s auch Erman/Schulte-Bunert Rn 2, nicht aber zur Kompensation der [möglicherweise in Teilen bestehenden] Ungeeignetheit des Vormunds, so [für die Betreuung] deutlich Bienwald Anm zu LG Saarbrücken 7. 6. 2016 – 5 T 147/16, FamRZ 2016, 1874, 1875). Auch soweit die Vermögenssorge betroffen ist, wird es in der Regel nicht um die Frage gehen, ob überhaupt Vermögen vorhanden ist, sondern ob die Verwaltung dieses Vermögens „erheblich“ ist; allenfalls insoweit kann man von einem unbestimmten Rechtsbegriff sprechen (ERMAN/SCHULTE-BUNERT Rn 4).

Ein in der II. Kommission zur Schaffung des BGB gestellter Antrag, die Bestellung eines Gegenvormunds von vornherein nur für den Fall vorzuschreiben, dass mit der Vormundschaft „eine Vermögensverwaltung von erheblichem Umfange verbunden“ ist, wurde abgelehnt, weil auch der Schein vermieden werden müsse, es solle „reichen Mündeln vom Gesetzgeber ein höherer Schutz als den minder wohlhabenden zu Theil werden“; vom sozialpolitischen Standpunkt erscheine es inopportun, auch nur die entfernte Möglichkeit einer derartigen Deutung des Gesetzes herbeizuführen (Prot IV 755). 7

In der Rechtspraxis wird wohl kaum ein Gegenvormund bestellt (MünchKomm/SPICKHOFF Rn 2 aE; BeckOGK/HOFFMANN [1. 12. 2019] Rn 1; HEILMANN/DÜRBECK Rn 1). Dies wirft die Frage nach dem Bedarf dieser Rechtsfigur auf, da sich seine Aufgaben in der Kontrolle der pflichtgemäßen Aufgabenwahrnehmung durch den Vormund erschöpfen, die ohnehin dem Familiengericht obliegt (§ 1837 BGB). Deswegen erscheint die Rechtsfigur entbehrlich und sollte abgeschafft werden (näher dazu s STAUDINGER/VEIT [2014] Rn 31; anders für das Betreuungsrecht wohl STAUDINGER/BIENWALD [2017] § 1908i Rn 39, 64). 8

2. Ermessensgrenzen (Abs 2)

a) Erhebliche Vermögensverwaltung

Eine Einschränkung der grundsätzlichen Ermessensfreiheit des Familiengerichts (s oben Rn 6) ergibt sich aus der Sollvorschrift des Abs 2. Danach soll ein Gegenvormund bestellt werden, wenn mit der Vormundschaft eine Vermögensverwaltung verbunden ist. Dies gilt nicht, wenn die Verwaltung nicht erheblich oder wenn die Vormundschaft von mehreren Vormündern gemeinschaftlich zu führen ist (Fall des § 1797 Abs 1 BGB). 9

Aus § 1792 Abs 2 BGB – „es sei denn, dass die Verwaltung nicht erheblich ist“ – folgt, dass es nicht notwendigerweise auf den Umfang des Vermögens, sondern auf die Erheblichkeit der Vermögensverwaltung, dh auf Art, Umfang und Schwierigkeit derselben, ankommt (BayObLGZ 14, 210 = OLGE 30, 148 = Recht 1913 Nr 1760; BayObLG FamRZ 1994, 325, 326; BayObLG FamRZ 2004, 1992, 1993; WILDE GmbHR 2010, 123, 124; PALANDT/GÖTZ Rn 3; ERMAN/SCHULTE-BUNERT Rn 2; NK-BGB/FRITSCHE Rn 4). Die Prämisse des BayObLG, ein großes Vermögen bedinge nicht notwendig einen erheblichen Vermögensaufwand (BayObLG OLGE 30, 148), erscheint allerdings angesichts der in heutiger Zeit rasch änderbaren Währungs- und Wertverhältnisse zweifelhaft (zu Recht krit MünchKomm/SPICKHOFF Rn 8). 10

Hat der Mündel laufende Einnahmen und Ausgaben, so wird man annehmen können, dass die Vormundschaft mit einer Vermögensverwaltung verbunden ist (STAUDINGER/ENGLER[10/11] Rn 2; BGB-RGRK/DICKESCHEID Rn 7; MünchKomm/SPICKHOFF Rn 8; ERMAN/SCHULTE-BUNERT Rn 2; NK-BGB/FRITSCHE Rn 4; SOERGEL/ZIMMERMANN Rn 7). Nach dem Sinn des § 1792 Abs 2 BGB kommt es aber auch hierbei nicht auf die Zahl der Geschäfte und Buchungen, sondern in erster Linie darauf an, ob zur Verwaltungstätigkeit des Vormunds Geschäfte gehören, deren unkontrollierte Vornahme Risiken mit sich bringen kann (Rauscher, Familienrecht Rn 1197).

Eine erhebliche Vermögensbetreuung beispielsweise wurde in einem Fall aus dem Betreuungsrecht angenommen, in dem es um die Verwaltung mehrerer Immobilien und kontinuierlich zu treffende Anlagenentscheidungen für das Kapitalvermögen gegenüber drei verschiedenen Banken sowie eine schwierige Rechtsfragen aufwerfende Auseinandersetzung eines in der Schweiz befindlichen Nachlasses ging (BayObLG FamRZ 2004, 1992, 1993).

Umgekehrt wird die Bestellung eines Gegenvormunds nicht geboten sein, wenn das Vermögen des Mündels zB überwiegend aus – wenn auch wertvollen – Möbeln oder Kostbarkeiten besteht, sodass nur eine geringe Verwaltungstätigkeit erforderlich ist, deren Überwachung durch einen Gegenvormund nicht sinnvoll erscheint; aber vernünftigerweise auch dann nicht, wenn nur ein geringes Vermögen vorhanden ist (s Erman/Schulte-Bunert Rn 2). Kein erheblicher Verwaltungsaufwand ist weiter selbst bei großen Vermögen erforderlich, wenn Gelder über längere Zeit fest angelegt worden sind (NK-BGB/Fritsche Rn 4 Fn 6).

Ist der Mündel Gesellschafter einer GmbH oder einer GmbH und Co KG, so erfordert dies allein noch nicht notwendigerweise die Bestellung eines Gegenvormunds, wohl aber, wenn der Vormund etwa durch Veräußerung oder den Erwerb von maßgeblichen Beteiligungen nicht unerheblich in die Gesellschafterstellung des Mündels eingreifen will (Wilde GmbHR 2010, 123, 124 betr einen unter Betreuung stehenden Gesellschafter).

b) Gemeinschaftliche Führung der Vormundschaft nach § 1797

11 Wird die Vormundschaft von **Mitvormündern** geführt, so kann von der Bestellung eines Gegenvormunds abgesehen werden, auch wenn die Vermögensverwaltung erheblich ist (s § 1792 Abs 2 letzter HS BGB; § 1797 Rn 4, näher unten Rn 18).

c) Sonstige Grenzen

12 Der Umstand allein, dass zur Verwaltung Geschäfte gehören, die der **Genehmigung des Gegenvormunds** bedürfen (§§ 1810 S 1, 1812 Abs 1 BGB), macht die Bestellung eines Gegenvormunds nicht erforderlich (§§ 1810 S 2, 1812 Abs 3 BGB).

13 Ist der Vormund wegen der Schwierigkeit der etwa mit der Vermögensverwaltung verbundenen Aufgaben als „verhindert" iSv § 1909 BGB angesehen und vom Familiengericht ein **Ergänzungspfleger** bestellt worden, so ist daneben die Bestellung eines Gegenvormunds nach § 1915 Abs 2 BGB nicht erforderlich, also auch dann nicht, wenn mit der Pflegschaft eine erhebliche Vermögensverwaltung verbunden ist (OLG Braunschweig JFG 4, 132; s auch § 1799 Rn 16).

3. Ausschluss der Bestellung eines Gegenvormunds

a) Jugendamt als Vormund

14 § 1792 Abs 1 S 2 BGB, der durch das NEhelG eingefügt wurde (inhaltlich übereinstimmend mit dem inzwischen aufgehobenen § 38 Abs 2 JWG), verbietet für den Fall, dass das Jugendamt Vormund ist, einen Gegenvormund zu bestellen. Dies gilt sowohl bei bestellter als auch bei gesetzlicher Amtsvormundschaft. Umgekehrt kann das Jugendamt aber zum Gegenvormund bestellt werden (s unten Rn 24 ff).

Eine dennoch erfolgte Bestellung eines Gegenvormunds ist unwirksam (MünchKomm/Spickhoff Rn 4; Erman/Schulte-Bunert Rn 3a; Soergel/Zimmermann Rn 3; BGB-RGRK/Dickescheid Rn 6; NK-BGB/Fritsche Rn 3; Palandt/Götz Rn 2); das ergibt sich aus der Fassung des Verbots („kann nicht"). 15

b) Befreite Vormundschaft

Der Vater und die Mutter können, wenn sie einen Vormund benennen, die Bestellung eines Gegenvormunds ausschließen (§§ 1852 Abs 1, 1855 BGB; vgl § 1852 Rn 1). In diesem Fall unterliegt der benannte Vormund bei der Anlegung von Geld nicht den in den §§ 1809, 1810 BGB angeordneten Beschränkungen, und er bedarf zu den in § 1812 BGB bezeichneten Rechtsgeschäften nicht der Genehmigung des Gegenvormunds oder des Familiengerichts (§§ 1852, 1855, 1856 BGB). Eine derartige Anordnung kann jedoch vom Familiengericht außer Kraft gesetzt werden, wenn ihre Befolgung das Interesse des Mündels gefährden würde (§ 1857 BGB). 16

Hat das Familiengericht einer wirksamen (also auch nicht außer Kraft gesetzten) Anordnung des Vaters oder der Mutter zuwider einen Gegenvormund bestellt, so ist die Bestellung wirksam; der Gegenvormund ist aber von Amts wegen zu entlassen (MünchKomm/Spickhoff Rn 5; Soergel/Zimmermann Rn 4; BGB-RGRK/Dickescheid Rn 6). 17

4. Gegenvormund und Mitvormund (Abs 3)

Während bei gemeinschaftlicher Mitvormundschaft (§ 1797 Abs 1 BGB) kein Gegenvormund bestellt werden muss (so oben Rn 11), steht die Bestellung eines Gegenvormunds bei geteilter Mitvormundschaft (§ 1797 Abs 2 BGB) im Ermessen des Familiengerichts. Dies ergibt sich nicht zuletzt aus § 1792 Abs 3 BGB, wonach dann, wenn eine Vormundschaft von mehreren Vormündern nicht gemeinschaftlich zu führen ist, der eine Vormund zum Gegenvormund des anderen bestellt werden kann. 18

III. Berufung und Bestellung des Gegenvormunds (Abs 4)

1. Auswahl der Person

Hat sich das Gericht unter den Voraussetzungen von Abs 1–3 dafür entschieden, dass ein Gegenvormund bestellt wird (dazu Rn 6 ff), so richten sich dessen Berufung und Bestellung nach den für die Begründung der Vormundschaft geltenden Vorschriften (Abs 4; zur Genese von Abs 4 Staudinger/Engler [2004] Rn 9). Der Begriff der „Begründung" ist dabei missverständlich, wird doch die Gegenvormundschaft nicht angeordnet, dh §§ 1773 und 1774 BGB finden keine Anwendung; dagegen gelten die §§ 1775–1791b BGB (MünchKomm/Spickhoff Rn 12; NK-BGB/Fritsche Rn 6). 19

Die Frage, welche Person zum Gegenvormund ausgewählt wird, bestimmt sich nach § 1779 BGB. Es ist also, soweit nicht die Voraussetzungen des § 1776 BGB eingreifen, die Person auszuwählen, die zur Führung der Vormundschaft geeignet ist (§ 1779 Abs 2 BGB). Mit Blick auf die Kontrollaufgaben des Gegenvormunds von vornherein ungeeignet erscheint dabei ein erziehender Einzelvormund (zum Begriff 20 s § 1793 Rn 131). Nicht zum Gegenvormund bestellt werden darf, wer zur Vormundschaft unfähig oder untauglich (§§ 1780 f BGB) oder durch Anordnung der Eltern von der Vormundschaft ausgeschlossen worden ist (§ 1782 BGB).

21 Der Umstand, dass jemand mit dem Vormund verwandt, verschwägert oder verheiratet ist, steht seiner Bestellung als Gegenvormund rechtlich nicht im Weg; ebenso schließen freundschaftliche Beziehungen zum Vormund die Eignung einer Person als Gegenvormund nicht von vornherein aus. Wenn aber eine **persönliche Beziehung** die unbefangene Wahrnehmung der Aufgaben des Gegenvormunds und damit den Schutz der Interessen des Mündels in Frage stellen könnte, wird das Familiengericht dies bei der Auswahl des Gegenvormunds berücksichtigen müssen (KG DJZ 1913, 236; KG OLGE 43, 380 Fn 1; BGB-RGRK/Dickescheid Rn 9 aE; Soergel/Zimmermann Rn 9; MünchKomm/Spickhoff Rn 12; Erman/Schulte-Bunert Rn 5).

21a Zum Gegenvormund bestellt werden können auch ein Verein sowie das Jugendamt (näher unter Rn 23 ff).

22 Das Familiengericht kann – auch wenn nur ein Vormund bestellt ist – **mehrere Gegenvormünder** bestellen, wenn dafür besondere Gründe vorliegen (§§ 1792 Abs 4, 1775 BGB; MünchKomm/Spickhoff Rn 2 aE; BGB-RGRK/Dickescheid Rn 9), und die Führung der Gegenvormundschaft unter ihnen nach Wirkungskreisen verteilen (§ 1797 Abs 2 BGB). Sollen ausnahmsweise mehrere Gegenvormünder zur gemeinschaftlichen Führung der Gegenvormundschaft bestellt werden, so hat jeder von ihnen das Ablehnungsrecht nach §§ 1792 Abs 4, 1786 Abs 1 Nr 7 BGB.

2. Der Verein oder das Jugendamt als Gegenvormund

23 Der **Verein** kann als Gegenvormund bestellt werden. Ist er allerdings nicht nach §§ 1792 Abs 4, 1776 BGB von den Eltern zum Gegenvormund benannt und deshalb nach § 1779 Abs 1 BGB auszuwählen, so darf er nur dann zum Gegenvormund bestellt werden, wenn eine als ehrenamtlicher Einzelvormund geeignete Person nicht vorhanden ist (§ 1791a Abs 1 S 2 BGB).

24 Das Gleiche gilt für das **Jugendamt**. Soweit das Gesetz in § 1792 Abs 1 S 2 letzter HS BGB davon spricht, das Jugendamt könne „Gegenvormund sein", so ist dieser Wortlaut insoweit missverständlich, als es keine kraft Gesetzes entstehende Gegenvormundschaft gibt. Die Bestellung des Jugendamts zum Gegenvormund erfordert aber, ebenso wie beim Verein, dass eine als ehrenamtlicher Einzelvormund geeignete Person nicht vorhanden ist (§§ 1792 Abs 4, 1791b Abs 1 S 1 BGB); im Unterschied zum Verein kann das Jugendamt auch nicht von den Eltern des Mündels zum Gegenvormund benannt werden (§ 1791b Abs 1 S 2 BGB).

25 Der in diesen Vorschriften (unvollkommen) zum Ausdruck kommende **Grundsatz der Subsidiarität** von Amts- und Vereinsvormundschaft (näher § 1791a Rn 14; § 1791b Rn 9) wird für das Jugendamt als Gegenvormund weiter unterstrichen durch die Regelung des § 58 SGB VIII, wonach für dessen Tätigkeit die §§ 55 und 56 SGB VIII entsprechend gelten. Mithin hat auch das zum Gegenvormund bestellte Jugendamt in der Regel jährlich zu prüfen, ob im Interesse des Mündels seine Entlassung und die Bestellung einer Einzelperson oder eines Vereins angezeigt ist (§ 56 Abs 4 SGB VIII).

26 Der Grundsatz der Subsidiarität von Amts- und Vereinsvormundschaft gilt **auch nach der Bestellung** des Jugendamts oder des Vereins **zum Gegenvormund**. Nach § 1895 BGB finden auf den Gegenvormund ua die §§ 1887 und 1889 BGB entsprechende Anwendung. Das heißt, dass auch das Jugendamt oder der Verein als Gegenvormund von Amts wegen oder auf eigenen Antrag zu entlassen ist, wenn dies dem Wohl des Mündels dient bzw nicht seinem Wohl entgegensteht und eine andere als Gegenvormund geeignete Person vorhanden ist (§§ 1887 Abs 1, 1889 Abs 2 BGB).

27 Der **Vorrang der Einzelvormundschaft** ist Ausdruck des gesetzlichen Leitbilds, wonach der Vormund, der als natürliche Person für einen Mündel bestellt ist, für diesen ähnlich sorgt wie Eltern für ihre Kinder (s Vorbem 29 ff zu §§ 1773 ff). Gerade die Bestellung einer Einzelperson ist also nach der Vorstellung des Gesetzgebers für das Wohl des Mündels förderlich, soweit ein geeigneter Einzelvormund zur Verfügung steht, der den Anforderungen der Vormundschaft gewachsen ist und das Wohl des Mündels in jeder Hinsicht wahrnehmen kann (s zB KG JFG 8, 85, 88; 18, 274, 275; BayObLG NJW 1960, 245 m krit Anm Webler; FamRZ 1966, 323, 325).

Berücksichtigt man aber, dass der Gegenvormund in erster Linie ein Aufsichtsorgan gegenüber dem Vormund ist und keine Rechtsmacht zum Handeln für den Mündel hat, so stellt sich die Frage, ob im Interesse des Mündelwohls der Grundsatz der Subsidiarität in vollem Umfang vonnöten ist (krit zu Recht Rauscher, Familienrecht Rn 1197). Die Pflichten zum Regelkontakt (§ 1793 Abs 1a BGB) und zur persönlichen Gewährleistung von Pflege und Erziehung (§ 1800 S 2 BGB) gelten zwar vom Wortlaut her für jeden Vormund, passen aber in der Regel für den Gegenvormund schon deshalb nicht, weil seine Bestellung regelmäßig nicht für Personensorge-, sondern nur bei Vermögenssorgeangelegenheiten in Betracht kommt (s oben Rn 4). Umgekehrt kann die Kontrolle der Aufgaben des Vormunds im Einzelfall besser von einer Behörde oder einem Verein wahrgenommen werden, von Einrichtungen also, die meist über größere Erfahrungen in der Verwaltung von Vermögen und deren Kontrolle verfügen. Deshalb dürfte in vielen Fällen, in denen ein Einzelvormund bestellt ist, die Tätigkeit des Jugendamts oder eines Vereins als Gegenvormund mindestens ebenso gut, wenn nicht besser geeignet sein, das Interesse des Mündels so, wie es von einem Gegenvormund erwartet wird, wahrzunehmen, sofern nicht eine hohen Ansprüchen genügende Einzelperson als Gegenvormund zur Verfügung steht.

28 Die besonderen Bestimmungen, die dem **Amtsvormund** eine größere Freiheit in der Amtsführung einräumen, ihm aber auch Ansprüche auf Aufwendungsersatz und Vergütung versagen (s § 1791b Rn 44 f, 49), sind auch anzuwenden, wenn das Jugendamt **Gegenvormund** ist. So ist etwa dem Jugendamt als Gegenvormund ebenso wie als Vormund gestattet, Mündelgeld nach § 1807 BGB auch bei der Körperschaft anzulegen, bei der das Jugendamt errichtet ist (§ 1805 S 2 BGB; s auch §§ 58, 56 Abs 3 S 2 SGB VIII).

3. Die Bestallung des Gegenvormunds

29 Das Amt des Gegenvormunds beginnt mit seiner Bestellung (§§ 1792 Abs 4, 1789 BGB). Er erhält eine Bestallung, die er nach Beendigung des Amts dem Familiengericht zurückzugeben hat (§§ 1792 Abs 4, 1791, 1895, 1893 Abs 2 BGB). Keine

Bestallung erhalten der Verein und das Jugendamt, soweit sie als Gegenvormund ausgewählt wurden; vielmehr erfolgt in diesen Fällen die Bestellung durch Beschluss des Familiengerichts (§§ 1791a Abs 2, 1791b Abs 2 BGB).

IV. Staatshaftung bei unterlassener Bestellung

30 Unterlässt der nach §§ 3 Nr 2 Buchst a, 14 RPflG zuständige Rechtspfleger oder der an seiner Stelle nach § 8 RPflG handelnde Familienrichter die Bestellung eines Gegenvormunds, obwohl sie nach § 1792 Abs 2 BGB erforderlich ist, so kommt die **Haftung des Staates** gemäß Art 34 GG, § 839 BGB für einen dem Mündel daraus erwachsenden Schaden in Betracht.

V. Verfahren

31 Gegen die Entscheidung des Familiengerichts, mit der ein Gegenvormund bestellt oder dessen Bestellung abgelehnt wird, ist die **Beschwerde** statthaft (§ 58 FamFG). **Beschwerdeberechtigt** ist in jedem Fall der Mündel (§§ 59 f FamFG), nicht aber der Vormund, da keine Beeinträchtigung in seinen Rechten vorliegt, soweit die Bestellung abgelehnt wird. Dagegen wird er bei Bestellung eines Gegenvormunds infolge der diesem zustehenden Kontrollbefugnisse, va bei der Vermögensverwaltung (oben Rn 3) unmittelbar in seiner Rechtsstellung betroffen, sodass er in diesem Fall beschwerdeberechtigt ist (Keidel/Meyer-Holz[16] § 59 FamFG Rn 31; Soergel/Zimmermann Rn 10; NK-BGB/Fritsche Rn 6; jurisPK-BGB/Hamdan Rn 7; **aA** MünchKomm/Spickhoff Rn 14; Erman/Schulte-Bunert Rn 6; BeckOGK/Hoffmann [1. 12. 2019] Rn 29; Heilmann/Dürbeck Rn 5).

32 Entscheidet sich das Familiengericht gegen die Bestellung eines Gegenvormunds, so ist der von den Eltern als Gegenvormund Berufene (§ 1776 BGB) nicht beschwerdeberechtigt, da er mangels eines Anspruchs auf Bestellung nicht in seinen Rechten verletzt wurde (MünchKomm/Spickhoff Rn 14; NK-BGB/Fritsche Rn 2, 6). Etwas anderes gilt dagegen dann, wenn das Gericht sich für die Bestellung eines Gegenvormunds entscheidet, sich aber über die Auswahl der Eltern hinwegsetzt (s § 1776 Rn 19; MünchKomm/Spickhoff Rn 15).

Wird der von den Eltern als Gegenvormund Ausgeschlossene (§§ 1782, 1792 Abs 4, 1852 Abs 1, 1855 BGB) dennoch als Gegenvormund bestellt, so ist der Mündel beschwerdeberechtigt (NK-BGB/Fritsche Rn 6; zum Beschwerderecht des Vormunds s § 1852 Rn 11).

33 Weigert sich der ausgewählte Gegenvormund, das Amt zu übernehmen, und wird seine Weigerung zurückgewiesen, so steht ihm gegen diese Zurückweisung nach § 59 Abs 1 FamFG ein Beschwerderecht zu (näher § 1785 Rn 10; Erman/Schulte-Bunert Rn 6; MünchKomm/Spickhoff Rn 16; NK-BGB/Fritsche Rn 6).

Untertitel 2
Führung der Vormundschaft

§ 1793
Aufgaben des Vormunds, Haftung des Mündels

(1) Der Vormund hat das Recht und die Pflicht, für die Person und das Vermögen des Mündels zu sorgen, insbesondere den Mündel zu vertreten. § 1626 Abs. 2 gilt entsprechend. Ist der Mündel auf längere Dauer in den Haushalt des Vormunds aufgenommen, so gelten auch die §§ 1618a, 1619, 1664 entsprechend.

(1a) Der Vormund hat mit dem Mündel persönlichen Kontakt zu halten. Er soll den Mündel in der Regel einmal im Monat in dessen üblicher Umgebung aufsuchen, es sei denn, im Einzelfall sind kürzere oder längere Besuchsabstände oder ein anderer Ort geboten.

(2) Für Verbindlichkeiten, die im Rahmen der Vertretungsmacht nach Absatz 1 gegenüber dem Mündel begründet werden, haftet der Mündel entsprechend § 1629a.

Materialien: E I §§ 1648, 1649; II § 1673; III § 1769; Mot IV 1082; Prot IV 755; VI 306. Abs 1 S 2 angefügt durch SorgeRG v 18. 7. 1979 (BGBl I 1061) Art 1 Nr 48; Abs 1 S 3 angefügt durch BtÄndG v 25. 6. 1998 (BGBl I 1580) Art 1 Nr 5; Abs 2 angefügt durch MHbeG v 25. 8. 1998 (BGBl I 2487) Art 1 Nr 3; neugefasst u Abs 2 sprachlich geändert durch Bekanntmachung v 2. 1. 2002 (BGBl I 42); Abs 1a eingefügt durch das Gesetz zur Änderung des Vormundschafts- und Betreuungsrechts v 29. 6. 2011 (BGBl I 1306).

Schrifttum

Ballerstedt, Zur Haftung für culpa in contrahendo bei Geschäftsabschluss durch Stellvertreter, AcP 151 (1950/1951) 501

Beermann, Das Gesetz zur Änderung des Vormundschafts- und Betreuungsrechts, ZFE 2011, 247

Beutler/Knispel/Köllen/Pugell/Smykalla, Vormundschaften: Auswirkungen der rechtlichen Rahmenbedingungen auf die Beziehung zwischen Amtsvormünder/inne/n und ihren Mündeln, JAmt 2019, 374

Bienwald, Feststellungen zur Eignung von Betreuern, Vormündern und Pflegern, RPflStud 2017, 193

Bohnert, Kontakt- und Kontrollpflichten des Vormunds – Rechtliche Probleme ihrer Umsetzung, ZKJ 2012, 471

Borgmann, Der Amtsvormund – Amtspfleger als Wegbegleiter. Im Rückblick auf 25 Berufsjahre: Plädoyer für Verlässlichkeit mit Herz und Verstand, JAmt 2017, 536

Diederichsen, Die Reform des Kindschafts- und Beistandschaftsrechts, NJW 1998, 1977

Elmauer/Kauermann-Walter, Vormundschaftsvereine in konfessioneller Trägerschaft. Eine Säule der Vormundschaft und Pflegschaft, JAmt 2019, 368

dies, Vormundschaften beim Verein nicht nur für unbegleitete ausländische Minderjährige, JAmt 2016, 116

Etzold, Bestellung eines rechtskundigen Mitvormunds für unbegleitete minderjährige Flüchtlinge nach § 1775 S 2 BGB, FamRZ 2016, 609

GERNHUBER, Elterliche Gewalt heute. Eine grundsätzliche Betrachtung, FamRZ 1962, 89
GOJOWCZYK, Die Aufsicht des Familiengerichts über den Amtsvormund – Rechtslage nach dem Gesetz zur Änderung des Vormundschafts- und Betreuungsrechts, Rpfleger 2013, 1
GÖTTE, Information frischgebackener Eltern über Unterstützungsangebote – mit oder ohne Willkommensbesuch (§ 2 KKG), JAmt 2012, 7
GROSS, Die Stellung der Pflegeeltern im Grundgesetz und im Zivilrecht, FPR 2004, 411
HARM, Die erweiterte Aufsicht des Familiengerichts über Vormünder und Pfleger – mit besonderem Blick auf Amtsvormundschaft und -pflegschaft, RpflStud 2013, 57
HOFFMANN, Regierungsentwurf eines Gesetzes zur Änderung des Vormundschafts- und Betreuungsrechts, FamRZ 2011, 249
dies, Kontakt zwischen Kind und Eltern als Voraussetzung der Ausübung der elterlichen Sorge – gesetzliche Fundierung und Konsequenzen fehlender Kontakte, FamRZ 2018, 882
dies, Elterliche Sorge bei Unterbringung eines Kindes außerhalb der Herkunftsfamilie, insbesondere bei Unterbringung in einer Pflegefamilie, NZFam 2019, 1
dies, Sorgerechtsvollmacht bei rechtlicher Betreuung, BtPrax 2014, 151
JOSEF, Der Vormund im Kriege, ZBlFG 15, 453
KATZENSTEIN, Anmerkungen zum Regierungsentwurf der Reform des Vormundschaftsrechts, JAmt 2010, 414
dies, Vormund/in in Kontakt zum Kind zwischen Einzelfallorientierung und „Regelfall", JAmt 2013, 234
Kinderrechtekommission des Deutschen Familiengerichtstags e.V., Das Wechselmodell im deutschen Familienrecht, FamRZ 2014, 1157
KÜFNER/SCHÖNECKER, Rechtliche Grundlagen und Formen derVollzeitpflege, in: KINDLER/HELMING/MEYSEN/JURCZYK (Hrsg) DJI, Handbuch Pflegekinderhilfe, 48
KUNKEL, Das Jugendamt als Amtsvormund, FamRZ 2015, 901
LAUDIEN, Anthropologische Anforderungen an eine Neuregelung der Vormundschaft, ZKJ 2010, 147, 151
ders, Die Kontinuität des Gegenübers. Ethische und sozialisationstheoretische Aspekte im neuen Vormundschaftsgesetz, JAmt 2012, 300
MEYSEN, Vormund – Heim/Pflegeperson – ASD: Wer hat hier was zu sagen?, JAmt 2005, 105
OLLMANN, Meinungsverschiedenheiten zwischen Mutter und Vormund, JAmt 2003, 572
RÜTING, Die Reform des Vormundschaftsrechts aus Sicht der Praxis und Jugendhilfe – Chancen, Perspektiven, Risiken, in: COESTER-WALTJEN/LIPP/SCHUMANN/VEIT (Hrsg), 2. Familienrechtliches Forum Göttingen, 129
SALGO/ZENZ, (Amts-)Vormundschaft zum Wohle des Mündels – Anmerkungen zu einer überfälligen Reform, FamRZ 2009, 1378
SCHWAB, Begrüßung, in: LÖHNIG/SCHWAB/HENRICH/GOTTWALD (Hrsg), Kindesrecht und Elternkonflikt (2013) 1
ders, Die Begriffe der genetischen, biologischen, rechtlichen und sozialen Elternschaft (Kindschaft) im Spiegel der rechtlichen Terminologie, ZfF, Sonderheft 2011, 41
ders, Das Betreuungsrecht als Vorbild für das neue Vormundschaftsrecht, in: COESTER-WALTJEN/LIPP/SCHUMANN/VEIT (Hrsg), 9. Göttinger Workshop zum Familienrecht 2010 (2011) 29
ders, Entwicklung des deutschen Vormundschaftsrechts, in: DUTTA/SCHWAB/HENRICH/GOTTWALD/LÖHNIG (Hrsg), Vormundschaft in Europa (2015) 15
ders, Zur zivilrechtlichen Stellung der Pflegeeltern, des Pflegekindes und seiner Eltern – rechtliche Regelungen und rechtspolitische Forderungen, in: Ständige Deputation des Deutschen Juristentages (Hrsg), Verhandlungen des Vierundfünfzigsten Deutschen Juristentages (1982), Band I (Gutachten), A 63
SIMON, Vormundschaft für Kinder, die in Pflegefamilien leben. Eine Herausforderung für alle Beteiligten, JAmt 2014, 610
SOMMER, Ehrenamtliche Einzelvormundschaften – Herausforderungen und Chancen einer vergessenen/vernachlässigten Institution, in: FS Salgo (2016) 437
SÜNDERHAUF, Aus dem „Fall Kevin" lernen: Aktuelle Änderungen im Recht der Amtsvormundschaft, JAmt 2010, 405
dies, Fallzahlbingo: 30, 40 oder 50? Für wie viele Mündel kann eine Amtsvormundin in persönlicher Verantwortung die Pflege und Er-

ziehung fördern und gewährleisten? – Rechnerische Anmerkung zur Fallzahlobergrenze für Amtsvormundschaften in § 55 Abs 2 S 4 SGB VIII nF, JAmt 2011, 293
Veit, Die Reform des Vormundschaftsrechts nach dem zweiten Diskussionsteilentwurf, FamRZ 2019, 337
dies, Die Reform des Vormundschaftsrechts, FamRZ 2016, 2045
Veit/Salgo, Der Regierungsentwurf zur Änderung des Vormundschaftsrechts – Eine Stellungnahme, ZKJ 2011, 82
Wesche, Betreuungsrechtsänderungsgesetz, Rpfleger 1998, 93
Wiesner, Der Kinderschutz auf der Agenda des Bundesgesetzgebers, ZKJ 2011, 377
Windel, Zur elterlichen Sorge bei Familienpflege, FamRZ 1997, 713
Zenz, „Das Mündel und sein Vormund" – Rechtliche Überlegungen zur Zukunft der Vormundschaft, DAVorm 2000, 365
Zirkel, Klagebefugnis des Vaters in Ansehung des Kindesvermögens, JW 1911, 633.

Systematische Übersicht

Alphabetische Übersicht

I. Grundstrukturen der Sorgeverantwortung des Vormunds

1. Normzweck, Überblick

Die Vorschrift enthält die Grundnorm zur Sorgeverantwortung des Vormunds. Sie wird ergänzt durch die §§ 1800 f BGB in Bezug auf die Personensorge und sehr detaillierte Regelungen zur Vermögenssorge in den §§ 1802 ff BGB. 1

2. Der Vormund als Elternersatz

a) Parallelen und Unterschiede zwischen elterlicher und vormundschaftlicher Sorge

Der Vormund trägt die volle rechtliche und tatsächliche Verantwortung für die Person und das Vermögen des Mündels. Seine Rechtsstellung entspricht in der gesetzlichen Grundstruktur damit der Stellung der Eltern gegenüber ihren minderjährigen Kindern. Seine Verantwortung ist also **der elterlichen Sorge nachgebildet** (Gernhuber/Coester-Waltjen § 71 Rn 6; jurisPK-BGB/Lafontaine Rn 22; näher Veit FamRZ 2016, 2045, 2047 f). In den Motiven ist von einer „Analogie zwischen der elterlichen Gewalt (und) der Vormundschaft" die Rede (Mot IV 1096). Deshalb müssten dem Vormund in Ansehung der Sorge für die Person des Mündels die gleichen Pflichten und Rechte beigelegt werden wie dem Inhaber der elterlichen Gewalt für die Person des Kindes (Mot IV 1096). Auch der Vormund steht zum Mündel in einem Verhältnis, das ihm die Befugnis gibt, Anordnungen auch dann zu treffen, wenn der Mündel damit nicht einverstanden ist (BGH NJW 1967, 2404, 2405 = FamRZ 1967, 620, 623: „Überordnungsverhältnis"; zum Paradigmenwechsel im Recht der elterlichen Sorge Schwab, in: Löhnig/Schwab/Henrich/Gottwald [Hrsg], Kindesrecht und Elternkonflikt 5); auch für diese Beziehung gibt der Gesetzgeber, wie sich aus der Verweisung auf § 1626 Abs 2 BGB ergibt, einen partnerschaftlichen Erziehungsstil vor (näher unter Rn 22). 2

Elterliche Sorge und vormundschaftliche Sorge weisen aber auch **erhebliche Unterschiede** auf, die sowohl den **Entstehensgrund** als auch den Inhalt betreffen. 3

Während die elterliche Sorge auf dem natürlichen Verhältnis der Eltern zu ihren Kindern beruht und in der Regel unmittelbar kraft Gesetzes eintritt (§§ 1626 Abs 1, 1626a Abs 3 BGB, Ausnahme: §§ 1626a Abs 1 und 2, 1671 Abs 2 und 3, 1678, 1680, 1681 BGB), wird der Vormund vom Familiengericht ausgewählt (§ 1779 BGB) und vom Gericht zur Führung der Vormundschaft bestellt (§ 1789 BGB). Er steht dadurch in einem öffentlich-rechtlichen Verhältnis zum Familiengericht (Vorbem 19 zu §§ 1773 ff); diesem gegenüber hat er zB Auskunfts- und Berichtspflichten (§§ 1839, 1840 BGB); das Gericht hat umgekehrt Aufsichts- und Kontrollrechte. Zudem ist das rechtliche Band zwischen Kind und Eltern – abgesehen vom Fall der Adoption (§ 1755 BGB) – unauflöslich, wogegen das durch Bestellung des Vormunds begründete Rechtsverhältnis zum Mündel spätestens mit dessen Volljährigkeit (§ 1882 BGB) und unter bestimmten Voraussetzungen schon vorher durch Entlassung des Vormunds endet (§§ 1886 ff BGB).

Auch **inhaltlich** zeigen sich Unterschiede zwischen der Sorge des Vormunds und der elterlichen Sorge. Vom Vormund wird nicht das gleiche Maß an Uneigennützigkeit erwartet wie von den Eltern; er unterliegt einer strengeren Kontrolle durch das

Familiengericht, und seine Befugnis, mit Außenwirkung für den Mündel zu handeln, ist stärker eingeschränkt als die der Eltern im Verhältnis zum Kind (vgl GERNHUBER/COESTER-WALTJEN § 71 Rn 1; VEIT FamRZ 2016, 2045, 2048; zum unterschiedlichen Verhältnis aus anthropologischer Sicht LAUDIEN ZKJ 2010, 147, 151). Dies gilt vor allem für die Vermögenssorge, die der Staat in der Befürchtung etwaiger Veruntreuungen von Kindesvermögen weitaus stärker „lenkt" als bei den Eltern (GERNHUBER/COESTER-WALTJEN § 72 Rn 28). So hat der Vormund keine Befugnis, Einkünfte des Mündels so zu verwenden, wie § 1649 Abs 2 BGB es den Eltern gestattet; vielmehr trifft ihn ein Trennungs- und Verwendungsverbot (§ 1805 BGB, näher unten Rn 49). Für ihn gelten engere Vorgaben für die Anlage des Mündelvermögens als für Eltern. Während diese (nur) verpflichtet sind, das ihrer Verwaltung unterliegende Geld des Kindes, welches nicht zur Bestreitung von Ausgaben bereit zu halten ist, nach den Grundsätzen einer wirtschaftlichen Vermögensverwaltung anzulegen (§ 1642 BGB), muss der Vormund, der grundsätzlich den gleichen Grundsätzen unterliegt (s § 1811 S 2 BGB), etwa Mündelgeld bei einer Sparkasse nur versperrt, dh mit der Bestimmung anlegen, dass zur Erhebung des Geldes die Genehmigung des Gegenvormunds oder Familiengerichts erforderlich ist. Hinzu kommen zahlreiche weitere Genehmigungserfordernisse (§§ 1812 f, 1821 f BGB). Aber auch im Bereich der Personensorge zeigen sich Besonderheiten, wie allein die Vorgaben in § 1793 Abs 1a BGB und § 1800 S 2 BGB belegen, die dem Umstand Rechnung tragen, dass die Sorgeverantwortung des Vormunds in der Regel aufgespalten ist (näher Rn 5).

b) Keine Elternstellung des Vormunds

4 Der Vormund übernimmt also wichtige Elternfunktionen. Er kann sich auch auf Art 6 Abs 1 GG berufen, wenn er den Mündel auf längere Zeit in seinen Haushalt aufgenommen hat (s Vorbem 21 zu §§ 1773 ff). Aber er erlangt damit keine Elternstellung iSv Art 6 Abs 2 GG. Anders als Adoptiveltern, die neben den leiblichen Eltern den grundrechtlichen Schutz genießen, übernimmt der Vormund nur sorgerechtliche Verantwortung. Demgegenüber tritt er weder in die namens- noch erbrechtliche Stellung der Eltern ein. Er ist auch dem Mündel nicht zu Unterhalt verpflichtet; für Unterhaltsleistungen kann er – soweit er sie nicht innerhalb einer Verwandtschaftsbeziehung oder aus einem anderen Grund „guttatsweise" erbringt – ebenso wie für andere Aufwendungen, die er im Rahmen der Personensorge macht, gemäß § 1835 Abs 1 BGB Ersatz verlangen (zur verfassungsrechtlichen Stellung des Vormunds BK-JESTAEDT/REIMER [2018] Art 6 Abs 2 und 3 GG Rn 246).

3. Die Aufspaltung von rechtlicher und tatsächlicher Sorge

5 Der Vormund hat ebenso wie die Eltern die volle tatsächliche und rechtliche Sorgeverantwortung inne. Gleichwohl nimmt er die tatsächliche Pflege und Erziehung nicht immer in eigener Person wahr (zur Zulässigkeit der Delegation von Sorgeverantwortung unten Rn 86 ff). Nimmt er den Mündel in den eigenen Haushalt auf (s § 1793 Abs 1 S 3 BGB), so kommt darin die Elternähnlichkeit des personenrechtlichen Verhältnisses zwischen dem Vormund und dem Mündel (das LG Berlin 8. 3. 2016 – 2 O 357/15, juris Rn 8, FamRZ 2017, 1257, 1258 spricht von einem familienrechtlichen Verhältnis eigener Art) am stärksten zum Ausdruck (VEIT FamRZ 2016, 2045, 2048). Der Mündel lebt aber nur ausnahmsweise mit dem Vormund in einer häuslichen Gemeinschaft (va dann, wenn Familienangehörige, etwa Großeltern, oder familienfremde Pflegeeltern Vormund sind). Vielmehr lebt er meist von diesem getrennt in einem Heim oder in einer

Pflegefamilie, wo auch die tatsächliche Pflege und Erziehung geleistet wird (Vorbem 36 ff zu §§ 1773 ff). In diesen Fällen pflegt und erzieht der Vormund den Mündel also nicht selbst, sondern richtet nur den äußeren Rahmen im Leben seines Mündels ein, indem er das Kind in der Pflegestelle unterbringt, das Funktionieren der tatsächlichen Pflege und Erziehung überwacht, den Mündel bei Rechtsgeschäften vertritt (Schwab, 9. Göttinger Workshop 33) und den persönlichen Kontakt mit ihm hält. Die Gesamtverantwortung für das Kind ist in diesem Fall also in tatsächlicher Hinsicht dauerhaft zwischen dem Vormund und der Pflegeperson bzw dem Träger der Heimeinrichtung **aufgespalten** (näher unten Rn 97).

4. Das Pflichtrecht und seine Ausrichtung am Mündelwohl

Der Vormund hat das Recht und die Pflicht, für die Person und das Vermögen des Mündels zu sorgen. Das Recht zur Pflege und Erziehung ist – ebenso wie bei Eltern – unauflöslich mit der Pflicht zu dieser Tätigkeit verbunden (zum Sorgerecht der Eltern grundlegend BVerfGE 24, 119, 143 f). Diese Pflichtbindung trägt dem Umstand Rechnung, dass mit der Wahrnehmung dieser Verantwortung den Interessen und Bedürfnissen des Kindes Genüge getan wird (zur Verantwortung der Eltern BVerfGE 59, 360, 382, 387 f). Das Kind bedarf des Schutzes und der Hilfe, um sich zu einer eigenverantwortlichen und gemeinschaftsfähigen Persönlichkeit zu entwickeln. Fallen die Eltern in dieser Verantwortung aus, übernimmt der Vormund diese **treuhänderische Aufgabe**. 6

Die **Formulierung** in § 1793 Abs 1 S 1 BGB unterscheidet sich von der des § 1626 Abs 1 S 1 BGB. Schon der RegE des SorgeRG hatte vorgesehen, in § 1626 BGB aF das Wort Pflicht dem Wort Recht voranzustellen, um „den Pflichtcharakter der Rechtsstellung der Eltern hervorzuheben", und entsprechend auch den Wortlaut des § 1793 BGB anzupassen (BT-Drucks 7/2060, 15, 40). Diesem Vorschlag ist der Rechtsausschuss des Deutschen Bundestags mit der Begründung entgegengetreten, es erscheine nicht notwendig, die in allen Gesetzen sonst übliche Reihenfolge „Recht und Pflicht" gerade beim Eltern-Kind-Verhältnis umzustellen. Durch die bisherige Reihenfolge komme zum Ausdruck, dass die elterliche Sorge das Recht gebe, andere auszuschließen; daraus könne nicht entnommen werden, dass sich die Eltern im Verhältnis zu den Kindern nicht um eine verständnisvolle Beziehung bemühen sollten (BT-Drucks 8/2788, 36, 69). Entsprechend dem Beschlussvorschlag des Rechtsausschusses beschränkte sich das SorgeRG (BGBl I 1979, 1061) darauf, § 1793 S 2 BGB durch die Verweisung auf den neuen § 1626 Abs 2 BGB zu ergänzen. 7

Das KindRG vom 16. 12. 1997 (BGBl I 2942) hat dann in § 1626 Abs 1 S 1 BGB die Reihenfolge „das Recht und die Pflicht" vertauscht in „die Pflicht und das Recht". Der Gesetzgeber verweist zur Begründung auf die „Lebenswirklichkeit, in der mit der elterlichen Sorge wesentlich mehr Pflichten als Rechte verbunden" seien; andererseits werde damit „einer verbreiteten Tendenz entgegengewirkt, den Begriff der ‚elterlichen Sorge' auf ein ‚Sorgerecht' zu verkürzen" (BT-Drucks 13/4899, 93). Wieso der Gesetzgeber allerdings die Regelung des § 1793 BGB unangetastet gelassen hat, bleibt unerfindlich (so auch MünchKomm/Spickhoff Rn 2).

Ausfluss der treuhänderischen Stellung der Sorgeverantwortung des Vormunds ist, dass diese ausschließlich an den Interessen und dem **Wohl des Mündels** ausgerichtet 8 ist (Palandt/Götz Rn 1). Ebenso wie für die Eltern besteht seine Aufgabe darin, die Entwicklung des Mündels zu fördern und ihn zu einer gemeinschaftsfähigen Persönlichkeit zu erziehen (§ 1 SGB VIII). Zwar ist er nicht gehindert, auch das Interesse der Familie des Mündels zu berücksichtigen, aber doch nur in zweiter Linie und nur dann, wenn es mit dem Interesse des Mündels vereinbar ist (RG JW 1912, 67, 68; KG JW 1936, 393 = JFG 13, 183; KG JW 1938, 2352; LG Kiel MDR 1955, 37; BGB-RGRK/Dickescheid Rn 1; MünchKomm/Spickhoff Rn 2 aE).

5. Rechtliche Ausgestaltung des persönlichen Verhältnisses zwischen Vormund und Mündel

9 Das persönliche Verhältnis zwischen Vormund und Mündel tritt erst in jüngerer Zeit stärker in den Blick des Gesetzgebers. Dies zeigt sich zum einen an der durch das Gesetz zur Änderung des Vormundschafts- und Betreuungsrechts vom 29. 6. 2011 (BGBl I 1306) eingefügten Ergänzung des **§ 1793 BGB** um einen **Abs 1a**, wonach der Vormund regelmäßig persönlichen Kontakt mit dem Mündel zu halten hat, um auf diese Weise eine wirksame Gewährleistung von Pflege und Erziehung des Mündels durch den Vormund herbeizuführen (BT-Drucks 17/3617, 6; näher unter Rn 24 ff). Der besonderen Situation, dass der Mündel mit seinem Vormund in einem Haushalt zusammenlebt (oben Rn 5), trägt das Gesetz darüber hinaus seit 1999 in **§ 1793 Abs 1 S 3 BGB** Rechnung.

6. Die Selbständigkeit des Vormunds

10 Ebenso wie die Eltern hat der Vormund grundsätzlich selbständig für die Person und das Vermögen des Mündels zu sorgen (jurisPK-BGB/Lafontaine Rn 31). Er wird zwar vom Staat bestellt, nimmt seine Aufgaben aber nicht in einem staatlichen, sondern privatrechtlichen Verhältnis zum Mündel wahr, in dem er in eigener Verantwortung handelt (näher Vorbem 20 ff zu §§ 1773 ff). Stärker als die Eltern unterliegt er aber der staatlichen Obervormundschaft (zum Gedanken der Obervormundschaft der Gerichte BVerfGE 10, 302, 311; Salgo/Zenz FamRZ 2009, 1378, 1381). Er steht dennoch nicht unter der Leitung des Familiengerichts. Dieses kann ihm daher bei Zweckmäßigkeitsentscheidungen keine Weisungen erteilen und das Ermessen des Vormunds auch nicht durch sein eigenes ersetzen (§ 1837 Rn 1). Vielmehr obliegt dem Gericht nur die Rechtsaufsicht über die Führung der Vormundschaft, sodass es nur gegen Pflichtwidrigkeiten einschreiten kann (§ 1837 Rn 33 ff). Zudem obliegt ihm die Aufgabe, den Vormund in seine Aufgaben einzuführen und zu beraten (§ 1837 Abs 1 BGB). Die gleiche Verpflichtung trifft das Jugendamt (§ 53 Abs 2 SGB VIII).

II. Beginn und Ende der Sorgeverantwortung des Vormunds

11 Das Recht und die Pflicht des Vormunds, für die Person und das Vermögen des Mündels zu sorgen, beginnen erst mit seiner Bestellung; das folgt aus dem das Vormundschaftsrecht beherrschenden Bestellungsprinzip (vgl E I § 1648 S 2; Mot IV 1082; § 1789 Rn 1 ff). In dringenden Fällen hat das Familiengericht selbst die im Interesse des Mündels erforderlichen Maßregeln zu treffen, uU auch namens des Mündels rechtsgeschäftliche Erklärungen abzugeben (§ 1846 BGB; vgl auch § 1909 Abs 3 BGB).

Die Sorge des Vormunds endet bei Entzug (§§ 1837 Abs 4, 1666, 1666a BGB), mit dem Wegfall der Voraussetzungen für die Begründung der Vormundschaft (§ 1882 BGB) sowie bei Verschollenheit, Tod oder Todeserklärung des Mündels (§ 1884 BGB). Die Verantwortung des bestellten Vormunds endet weiter im Fall seiner Entlassung (§§ 1886–1889 BGB). 12

III. Die Sorgeverantwortung in besonderen Fallgestaltungen

1. Aufenthalt des Mündels im Haushalt des Vormunds (§ 1793 Abs 1 S 3)

§ 1793 Abs 1 S 3 BGB schreibt für den Fall, dass der Mündel auf längere Dauer in den Haushalt des Vormunds aufgenommen worden ist, weitere Pflichten fest, indem die §§ 1618a, 1619 und 1664 BGB in Bezug genommen werden. 13

Wann die Vorgabe, dass der **Mündel für längere Zeit im Haushalt des Vormunds aufgenommen** wurde, erfüllt ist, lässt sich nicht abstrakt festlegen, sondern hängt vom Einzelfall ab. Man wird aber schon einen Zeitraum von wenigen Wochen als ausreichend ansehen müssen, wenn sich der Mündel nicht nur „zu Besuch" beim Vormund aufhält (s auch Wesche Rpfleger 1998, 93, 94, der darauf abstellen will, ob der Mündel beim Vormund gemeldet ist). Damit unterscheidet sich diese Formulierung grundlegend von dem Verständnis, das Rechtsprechung und Literatur bei den Tatbestandsmerkmalen in § 1632 Abs 4 BGB („Kind seit längerer Zeit in Familienpflege") sowie in § 1685 Abs 2 S 2 BGB („die Person mit dem Kind längere Zeit in häuslicher Gemeinschaft zusammengelebt hat") haben (Staudinger/Salgo [2015] § 1632 Rn 66 ff; Staudinger/Dürbeck [2019] § 1685 Rn 18). 14

Lebt der Mündel für längere Zeit im Haushalt des Vormunds, so sind dieser und der Mündel nach **§ 1618a BGB** einander Beistand und Rücksicht schuldig. Über die Bedeutung der Begriffe „Beistand" und „Rücksicht" und den Charakter der Norm, mit deren entsprechender Anwendbarkeit das Gesetz vor allem das Verhältnis zwischen Vormund und Mündel dem Eltern-Kind-Verhältnis annähern wollte (s oben Rn 9), s die Erläuterungen zu § 1618a BGB. Der Appell an die Beteiligten, aufeinander Rücksicht zu nehmen, sollte freilich auch gelten, wenn der Mündel nicht beim Vormund lebt (zum Reformbedarf Staudinger/Veit [2014] Rn 120). 15

Solange der Mündel dem Haushalt des Vormunds angehört und von diesem erzogen oder unterhalten wird, ist der Mündel nach **§ 1619 BGB** verpflichtet, in einer seinen Kräften und seiner Lebensstellung entsprechenden Weise dem Vormund in dessen Hauswesen und Geschäft Dienste zu leisten. Über die Bedeutung der Norm und ihre einzelnen Voraussetzungen s die Erläuterungen zu § 1619 BGB. 16

Nach **§ 1664 BGB** haftet der Vormund bei der Ausübung der Sorgeverantwortung dem Mündel gegenüber nur für die Sorgfalt, die er in eigenen Angelegenheiten anzuwenden pflegt (§ 277 BGB). Diese Norm gilt nur, wenn der Mündel für längere Zeit im Haushalt des Vormunds aufgenommen worden ist, nicht aber dann, wenn diese Voraussetzungen nicht vorliegen, wie sich aus § 1833 BGB ergibt, wonach der Vormund ohne Einschränkung für den aus einer Pflichtverletzung entstehenden Schaden verantwortlich ist (näher § 1833 Rn 15). Näheres zur Haftung des Vormunds unten Rn 135 ff. 17

2. Verheiratete Mündel

18 Ist oder war der Mündel verheiratet, so ändert dieser Umstand nichts am Umfang der Sorgeverantwortung des Vormunds. Zwar sah **§ 1633 BGB** aF vor, dass die tatsächliche Sorge des Vormunds für die Person des Mündels mit dessen Eheschließung ein Ende fand, mit der Folge, dass sich die Personensorge in diesem Fall auf die Vertretung in den persönlichen Angelegenheiten beschränkte. § 1633 BGB aF wurde jedoch durch das Gesetz zur Bekämpfung von Kinderehen (BGBl I 2017, 2429) mit Wirkung zum 22. 7. 2018 aufgehoben (Art 1 Nr 26 KindEheBG), sodass der Vormund seither die vollständige tatsächliche und rechtliche Sorgeverantwortung über einen verheirateten Minderjährigen hat. Dabei kommt es nicht darauf an, ob der Minderjährige bei Eheschließung das 16. Lebensjahr noch nicht vollendet hatte und deshalb in einer Nichtehe lebt (§ 1303 S 2 BGB) oder (nur) in einer aufhebbaren Ehe, weil er zur Zeit der Eheschließung zwar schon das 16. Lebensjahr, aber noch nicht das 18. Lebensjahr vollendet hatte (§§ 1303 S 1, 1314 Abs 1 Nr 1 BGB). Näher zur Reichweite der Personensorge des Vormunds in diesen Fällen § 1800 Rn 60 ff.

3. Mündel als Elternteil

19 Nach **§ 1673** Abs 1 und Abs 2 S 1 BGB ruht die elterliche Sorge eines Elternteils nicht nur, wenn er geschäftsunfähig ist, sondern auch, wenn er in der Geschäftsfähigkeit beschränkt ist. Kann die Sorge nicht dem anderen Elternteil übertragen werden, so ist ein Vormund oder Pfleger zu bestellen (s auch § 1773 Rn 16 f). In einem solchen Fall steht dem in der Geschäftsfähigkeit beschränkten Elternteil zwar nicht die Vertretung, wohl aber neben dem Vormund die tatsächliche Personensorge für das Kind zu (§ 1673 Abs 2 S 2 BGB), und bei Meinungsverschiedenheiten zwischen ihm und dem Vormund geht die Meinung des minderjährigen Elternteils vor (§ 1673 Abs 2 S 3 HS 1 BGB; zur Abgrenzung Ollmann JAmt 2003, 572).

IV. Der Inhalt der Personensorge

1. Die Vorgaben der §§ 1800, 1801

20 Der Umfang der Personensorge des Vormunds ergibt sich aus den §§ 1800 und 1801 BGB. Danach bestimmen sich das Recht und die Pflicht des Vormunds, für die Person des Mündels zu sorgen, nach den §§ 1631 bis 1633 BGB (§ 1800 S 1 BGB); § 1801 BGB enthält Bestimmungen über die religiöse Erziehung des Mündels. Das bedeutet im Einzelnen, dass der Vormund berechtigt und verpflichtet ist, den Mündel zu pflegen, zu erziehen, zu beaufsichtigen und seinen Aufenthalt zu bestimmen (§§ 1800, 1631 Abs 1 BGB). In Angelegenheiten der Ausbildung und des Berufs ist auf Eignung und Neigung des Mündels Rücksicht zu nehmen; wenn Zweifel bestehen, soll der Rat eines Lehrers oder einer anderen geeigneten Person eingeholt werden (§§ 1800, 1631a BGB). Eine Unterbringung des Mündels, die mit Freiheitsentziehung verbunden ist, ist nur mit Genehmigung des Familiengerichts zulässig (§§ 1800, 1631b BGB). Die Sterilisation des Mündels ist ausgeschlossen (§§ 1800, 1631c BGB). Auch der Vormund hat grundsätzlich das Recht, die Herausgabe des Mündels von jedem zu verlangen, der ihn ihm widerrechtlich vorenthält, und den Umgang des Mündels zu bestimmen (§§ 1800, 1632 Abs 1, 2 BGB). Wegen der Einzelheiten wird auf die Erläuterungen zu § 1800 BGB verwiesen.

Diese Vorgaben gelten für **alle Vormünder**, unabhängig davon, ob sie mit dem Kind in einem Haushalt leben oder nicht, und auch davon, ob der Vormund ehrenamtlich oder beruflich tätig ist. 21

2. Erziehungsstil und Erziehungsziel (§§ 1793 Abs 1 S 2, 1626 Abs 2)

Das Gleiche gilt für die aus der Verweisung in § 1793 Abs 1 S 2 BGB auf § 1626 Abs 2 BGB folgende Pflicht des Vormunds, bei der Pflege und Erziehung die wachsende Fähigkeit und das wachsende Bedürfnis des Mündels zu selbständigem verantwortungsbewusstem Handeln zu berücksichtigen. Er hat, soweit es nach dem Entwicklungsstand des Mündels angezeigt ist, Fragen der Sorge mit ihm zu besprechen und eine Entscheidung im Einvernehmen anzustreben. Damit wird in dieser Norm für den Vormund – ebenso wie für die Eltern – ein partnerschaftlicher Erziehungsstil sowie das Erziehungsziel umschrieben, den Mündel zu einer selbstverantwortlichen und selbständigen Persönlichkeit zu erziehen (für die elterliche Sorge BeckOK/Veit [1. 11. 2019] § 1626 Rn 73). 22

„Berücksichtigen" iSv § 1626 Abs 2 BGB heißt nicht, dass der Vormund dem Willen des Mündels, soweit dieser zu einer Beurteilung der Angelegenheit von seinem Entwicklungsstand her überhaupt in der Lage ist, folgen muss; vielmehr ist der Mündel an der Suche nach der geeigneten Pflege- und Erziehungsmaßnahme zu beteiligen, dh dass seine Argumente zu berücksichtigen sind und eine Einigung anzustreben ist (BeckOK/Veit [1. 11. 2019] § 1626 Rn 75 f). Dies setzt wiederum einen regelmäßigen Kontakt zwischen Vormund und Mündel voraus (näher dazu nachfolgend). 23

3. Regelmäßiger persönlicher Kontakt zwischen Vormund und Mündel (Abs 1a)

a) Historie

Erstmals ging das BtÄndG vom 25. 6. 1998 (BGBl I 1580) von einem **persönlichen Verhältnis zwischen Vormund und Mündel** aus. Die in § 1775 BGB eingefügte Bestimmung, wonach das Familiengericht ein Ehepaar gemeinschaftlich zu Vormündern bestellen kann (s § 1775 Rn 10 ff), beruhte auf der Vorstellung, dass eine gemeinsame Vormundschaft von Ehegatten „in besonderem Maße geeignet ist, den personalen Bezug zwischen Vormund und Mündel zu verdeutlichen und damit dem Eltern-Kind-Verhältnis anzunähern"; eine solche rechtliche Annäherung erscheine namentlich in den Fällen ratsam, in denen das Kind in den Haushalt der Ehegatten aufgenommen sei (BT-Drucks 13/7158, 21 zu Nummer 3). Weiter sollte mit der durch eine Änderung des § 1779 Abs 2 BGB bewirkten Flexibilisierung der Auswahlkriterien „der personale Bezug des Vormundsamts verdeutlicht" werden (BT-Drucks 13/7158, 21 zu Nummer 4). Schließlich hat das BtÄndG in § 1793 Abs 1 BGB den Satz 3 eingefügt, der bestimmt, dass auch die §§ 1618a, 1619 und 1664 BGB entsprechend gelten, wenn der Mündel auf längere Dauer in den Haushalt des Vormunds aufgenommen ist. Damit sollte „der in diesen Fällen elternähnlichen Stellung des Vormunds Rechnung getragen und auch insoweit der personale Bezug des Vormundsamts stärker verdeutlicht werden" (BT-Drucks 13/7158, 21 zu Nummer 5). Das persönliche Verhältnis zwischen Vormund und Mündel steht weiter im Vordergrund der Neuregelung des Abs 1a, die durch Art 1 Nr 1 des Gesetzes zur Änderung des Vormundschafts- und Betreuungsrechts vom 29. 6. 2011 (BGBl I 1306) aufgenommen wurde. 24

b) Normzweck

25 Die Personensorge des Vormunds entspricht grundsätzlich der der Eltern. Dies gilt nicht nur in dem Fall, dass das Kind im Haushalt des Vormunds aufgenommen worden ist, sondern auch bei dessen Fremdbetreuung in einem Heim oder in einer Pflegefamilie. Überlässt der Vormund die Ausübung der Personensorge Dritten, so rücken Aufenthaltsbestimmung und Erziehungsverantwortung für diese Kinder in den Vordergrund. Damit ist der Vormund verpflichtet, einerseits die Ausführung der Personensorge des Mündels zu überwachen und erforderlichenfalls neu zu strukturieren, andererseits aber auch die Pflege und Erziehung durch den Dritten so zu fördern, dass der Mündel zu einer eigenverantwortlichen und gemeinschaftsfähigen Persönlichkeit heranreift (§ 1 SGB VIII). Die ordnungsgemäße Erfüllung dieser Aufgaben verlangt aber eine persönliche Beziehung zwischen Vormund und Mündel und damit einhergehend einen regelmäßigen Kontakt zwischen beiden (s Stellungnahme der BReg BT-Drucks 17/3617, 6; Sünderhauf JAmt 2010, 405, 409; Bienwald RpflStud 2017, 193, 194; Wiesner/Walther § 55 SGB VIII Rn 90 f; Veit/Salgo ZKJ 2011, 82, 83; DIJuF-Rechtsgutachten JAmt 2012, 326, 328; Simon JAmt 2014, 610, 613; Borgmann JAmt 2017, 536; zur Bedeutung der persönlichen Kontakte zum Kind, auch zur kindeswohlgerechten Wahrnehmung der gemeinsamen Sorge von Eltern nach ihrer Trennung Hoffmann FamRZ 2018, 882). Insoweit **konkretisiert** die Neuregelung also lediglich die seit 1900 bestehenden **Personensorgepflichten** (BT-Drucks 17/3617, 7; Gojowczyk Rpfleger 2013, 1, 2; Beermann ZFE 2011, 247, 249; Harm RpflStud 2013, 57).

26 Die Vorschrift ist weiter **Ausdruck des staatlichen Wächteramts**. Anlass der Neuregelung waren wiederkehrende Fälle von Misshandlungen und Vernachlässigung mit Todesfolge oder mit der Folge erheblicher Körperverletzungen bei Kindern, die unter (Amts-)Vormundschaft standen (BT-Drucks 17/3617, 6). Es ging dem Gesetzgeber also darum, der Gefahr von Kindesmisshandlungen und -vernachlässigungen besser zu begegnen (Gegenäußerung BReg BT-Drucks 17/3617, 13; anders wohl DIJuF-Rechtsgutachten JAmt 2012, 326, 328). Der Vormund soll sich ein genaues Bild von den persönlichen Lebensumständen des Mündels verschaffen können (BT-Drucks 17/3617, 7). Ziel ist es also, die Ausführung der Personensorge durch Dritte (Pflegefamilie oder Heim) zu überwachen und erforderlichenfalls neu zu organisieren, wenn dem Mündel Schaden droht oder ein Schaden gar schon eingetreten ist (BT-Drucks 17/3617, 6).

c) Inhalt der Vorschrift

27 Der Gesetzgeber hält einen persönlichen Kontakt von Vormund und Mündel **einmal im Monat** für erforderlich; im Einzelfall kann es aber auch notwendig sein, den Mündel häufiger oder seltener zu treffen (s unten Rn 30).

28 Der Vormund hat **persönlich** den Kontakt mit dem Mündel zu halten; eine Delegation dieser bei einer Amtsvormundschaft dem mit der Führung der Vormundschaft betrauten Mitarbeiter obliegenden Aufgabe, etwa auf einen Mitarbeiter des Allgemeinen Sozialen Dienstes im Jugendamt, ist nicht möglich (Kunkel FamRZ 2015, 901, 903; MünchKomm/Spickhoff Rn 46; Hoffmann FamRZ 2018, 882, 883). Dieser Gedanke wird in § 1800 S 2 BGB wiederholt. Damit ist aber nicht jede **Vertretung** in der Wahrnehmung des persönlichen Kontakts ausgeschlossen (näher unten Rn 90 f; § 1791b Rn 30; **aA** DIJuF-Rechtsgutachten JAmt 2013, 95; wohl auch Sommer, in: FS Salgo 437, 444). Für die Gegenmeinung spricht zwar, dass die Vertrauensbeziehung zwischen Mündel und Vormund, die durch den Kontakt entsteht, nicht für Vertretungszwecke wei-

tergegeben werden kann (DIJuF-Rechtsgutachten JAmt 2013, 95). Dennoch bleibt unberücksichtigt, dass unvorhergesehene längere Verhinderungen des bestellten Vormunds zu empfindlichen Störungen der mit dem persönlichen Kontakt bezweckten Kontinuität führen können, die durch eine restriktiv zu handhabende Vertretungslösung vermieden werden könnten. Lehnt man dagegen jede Vertretung ab, so bliebe nur die Möglichkeit, dass das Gericht von vornherein immer mehrere Vormünder nach § 1797 Abs 1 BGB bestellt, um diese Kontinuitätsstörungen aufzufangen.

Als **Ort für den Regelkontakt** wählt der Gesetzgeber die „übliche Umgebung" und übernimmt insoweit einen Gedanken aus dem familiengerichtlichen Verfahren in Betreuungs- und Unterbringungssachen gemäß § 278 Abs 1 S 3 FamFG (BT-Drucks 17/3617, 7). Der Vormund soll den Mündel also an seinem Lebensort, seiner gewöhnlichen Umgebung, in der Wohnung der Pflegeeltern oder im Heim treffen (zu § 278 FamFG Bork/Jacoby/Schwab/Heiderhoff Rn 4 u Keidel/Budde Rn 7; zum Datenschutz beim Besuch des Vormunds DIJuF-Rechtsgutachten JAmt 2013, 407, 408; allg zum Besuch des Jugendamtes Götte JAmt 2012, 7, 11 f). Allerdings erkennt der Gesetzgeber auch die Gefahr, dass ein Kontakt in der gewöhnlichen Umgebung kontraproduktiv sein kann, etwa dann, wenn der Mündel in Anwesenheit der Pflegeperson nicht frei reden kann oder will (BT-Drucks 17/3617, 7). Deshalb soll der Vormund den Mündel nur dann in dessen üblicher Umgebung aufsuchen, wenn nicht im Einzelfall ein anderer Ort geboten ist (§ 1793 Abs 1a BGB aE). 29

Das Gesetz sieht **Abweichungen von diesem Regelfall** vor, wenn im Einzelfall andere Besuchsabstände oder ein anderer Ort erforderlich sind (§ 1793 Abs 1a S 2 HS 2 BGB; zur sprachlichen Ungenauigkeit bei der Formulierung „ein anderer Ort" MünchKomm/Spickhoff Rn 47). Als **maßgebende Kriterien**, an denen sich die Abweichung hinsichtlich der Besuchsabstände orientiert, nennt der Gesetzgeber die Verhältnisse, in denen der Mündel untergebracht ist (Herkunftsfamilie, Pflegefamilie, Heim), sowie dessen Alter. Lebt etwa der Mündel in stabilen Verhältnissen und ist er nach seinem Alter und seiner Persönlichkeitsstruktur in der Lage, auf eventuelle Missstände oder Anliegen in geeigneter Weise selbst hinzuweisen, so kann ein seltenerer als der monatliche Regelkontakt angezeigt sein (BT-Drucks 17/3617, 7). Hinsichtlich des Ortes können etwa Konfliktsituationen mit der Pflegefamilie ein Treffen außerhalb der üblichen Umgebung erforderlich machen (BT-Drucks 17/3617, 7). Als weitere Kriterien kommen der besondere individuelle Hilfebedarf des Mündels (zB Behinderung, Traumatisierung) sowie Dauer und Stadium der Vormundschaft in Betracht (DIJuF-Rechtsgutachten JAmt 2017, 296, 297; DJI, Stellungnahme zum Referentenentwurf eines Gesetzes zur Änderung des Vormundschaftsrechts v 15. 3. 2010 S 5 [https://www.dji.de/fileadmin/user_upload/dasdji/stellungnahmen/2010/2010-03_StellungnahmeVormundschaftsrecht.pdf]; s auch DIJuF zur Umsetzung des Gesetzes zur Änderung des Vormundschafts- und Betreuungsrechts – erste Hinweise – v 14. 10. 2011 S 13 ff [https://www.dijuf.de/tl_files/downloads/2011/DIJuF-Hinweise_zur_Umsetzung_des_VormG_vom_14. 10. 2011.pdf]; DIJuF-Rechtsgutachten JAmt 2012, 269, 270; Arbeitshilfe der AGJÄ S 8 f [Nachw s § 1791b Rn 31]). 30

Nicht eigens geregelt ist die **Kontaktgestaltung außerhalb von tatsächlichen Kontakten** zwischen Vormund und Mündel, etwa über Telefon, Facebook, Skype, Twitter, E-Mails oder Briefkontakt. Diese Kontaktformen kommen deshalb nur als kumulative, nicht aber als alternative Kontaktformen in Betracht (DIJuF zur Umsetzung des 31

Gesetzes zur Änderung des Vormundschafts- und Betreuungsrechts – erste Hinweise – v 14. 10. 2011 S 16 [Nachweis s oben Rn 30]; GOJWOCZYK Rpfleger 2013, 1, 2).

d) Kritische Würdigung der Neuregelung

32 Die Festschreibung eines regelmäßigen monatlichen Kontakts hat zwei **Vorteile**: Zum einen erleichtert sie die Aufsicht des Familiengerichts nach § 1837 Abs 2 S 2 BGB sowie bei der Amtsvormundschaft die Dienstaufsicht des Jugendamts gegenüber dem beauftragten Beamten oder Angestellten. Zum anderen enthält sie eine klare Vorgabe für die Vormünder und lässt deshalb, im Unterschied zu der vom Bundesrat empfohlenen Überantwortung der Kontaktpflege in die fachliche Eigenverantwortung des einzelnen Vormunds (BR-Drucks 537/10 [Beschluss] 2), eine tatsächliche Änderung im Verhalten des Vormunds erwarten (insoweit zutr die Stellungnahme der BReg zum Vorschlag des Bundesrates, BT-Drucks 17/3617, 16; VEIT/SALGO ZKJ 2011, 82). Insoweit ist sie mehr als nur eine gut gemeinte, aber unergiebige Regelung (so aber MünchKomm/SPICKHOFF Rn 44).

33 Dennoch wird ein Regelkontakt nur bedingt den **Bedürfnissen des einzelnen Mündels** gerecht; diese lassen sich nicht in ein Regel-Ausnahme-Verhältnis pressen. Aus der Zweckrichtung der Regelung, Gefahren von Kindesmisshandlungen und -vernachlässigungen besser zu begegnen (s oben Rn 25), folgt, dass es in erster Linie um die Verbesserung des Kindesschutzes ging (zur mangelnden Eignung monatlicher Regel-Hausbesuche zur Abwendung und Vermeidung von Kindeswohlgefährdungen KATZENSTEIN JAmt 2010, 414, 416; krit zu dieser Zielrichtung im Regelfall der Fremdunterbringung des Mündels HOFFMANN FamRZ 2018, 882, 883). Ausschlaggebend für Umfang und Inhalt der persönlichen Kontakte sollten aber nicht Überwachungsaufgaben des Vormunds, sondern vorrangig der Bedarf des Mündels nach Kontakten sein (STAUDINGER/VEIT [2014] Rn 24 mwNw); dieser Bedarf hängt wiederum von unterschiedlichsten Kriterien, etwa Alter, Lebenssituation und Hilfebedarf des Mündels, ab (OLG Braunschweig 1. 4. 2019 – 2 WF 11/19, FamRZ 2019, 1713, 1714; VEIT/SALGO ZKJ 2011, 82, 83; SÜNDERHAUF JAmt 2010, 405, 409; DIJuF-Rechtsgutachten JAmt 2017, 296, 297; MünchKomm/SPICKHOFF Rn 46). Ein „Regelfall" ist unter Kindern/Jugendlichen in der Jugendhilfe also nicht auszumachen (KATZENSTEIN JAmt 2013, 234, 236).

34 Der gesetzlichen Festschreibung eines monatlichen Regelkontakts liegt zudem die Vorstellung zugrunde, dass ein Kind sich in der Regel bereits in einem einmaligen monatlichen Kontakt einer fremden Person öffnet, ohne zu berücksichtigen, dass eine Kontaktpflege, will sie nicht eine reine Alibifunktion erfüllen, nur dann dazu führen kann, dass der Vormund die Pflege und Erziehung des Mündels iSv § 1800 S 2 BGB fördern kann, wenn zugleich ein **Vertrauensverhältnis** zwischen Vormund und Mündel entsteht. Nur unter dieser Voraussetzung ist der Vormund in der Lage, die Entwicklung des Kindes positiv zu unterstützen und zu fördern; Entsprechendes gilt für den Ergänzungspfleger (§ 1915 Abs 1 BGB; VEIT/SALGO ZKJ 2011, 82, 83; zu den praktischen Schwierigkeiten BEUTLER/KNISPEL/KÖLLEN/PUGELL/SMYKALLA JAmt 2019, 374, 376 f). Ein solches Vertrauensverhältnis entsteht jedoch nicht durch monatliche Pflichtkontakte.

35 Die Vorschrift unterscheidet auch nicht ausreichend danach, **wo das Kind lebt**. Vielmehr ist sie auf die Sondersituation zugeschnitten, dass eine sorgerechtliche Entscheidung nach § 1666 BGB vorliegt, das Kind aber dennoch, wie im Fall Kevin aus Bremen (s dazu Bremische Bürgerschaft, LT-Drucks 16/1381), **in der Ausgangsfamilie** ver-

bleibt, weil in diesem Fall eine regelmäßige Kontrolle der Lebensverhältnisse vonnöten ist. Die Vorschrift ist also auf einen Ausnahmefall zugeschnitten, ohne dass der Gesetzgeber erkennt, dass gerade in diesem Fall monatliche Regelkontakte zu wenig sind. Ein weiterer Anwendungsfall von Abs 1a dürfte in dem Fall vorliegen, dass das Jugendamt nach § 1791c Abs 1 S 1 BGB gesetzlicher Vormund wird, weil das Kind, das außerhalb der Ehe geboren wurde, eines Vormunds bedarf, etwa weil der Kindesmutter schon vor der Geburt die elterliche Sorge entzogen wurde oder feststeht, dass die Frau bei Geburt des außerehelichen Kindes minderjährig oder geschäftsunfähig ist, ein Vormund vor der Geburt aber noch nicht bestellt worden ist (Hoffmann, Anlage zur öffentlichen Anhörung S 3; näher § 1791c Rn 21).

Lebt der Mündel dagegen **im Haushalt des Vormunds** (Fall von Abs 1 S 3), läuft die 36
Regelung von vornherein leer; die regelmäßige Kontaktpflege bedarf bei einer länger dauernden Hausgemeinschaft zwischen Vormund und Mündel keiner eigenen Festschreibung, weil sie einer Hausgemeinschaft eigen ist (iE auch Schwab, 9. Göttinger Workshop 35; Etzold FamRZ 2016, 609, 612; dieselbe Kritik traf bei Einführung durch das KindRG die Neuregelung in § 1626 Abs 3 BGB, s Diederichsen NJW 1998, 1977, 1984).

Lebt er wiederum **in einer Pflegefamilie, einer Erziehungsstelle, in Adoptionspflege** 37
oder einer Jugendhilfeeinrichtung, so können ganz unterschiedliche Kontaktfrequenzen für das Mündelwohl vonnöten sein: Bei einer Adoptionspflege lebt das Kind in einer intakten Familie (Sünderhauf JAmt 2010, 405, 406), sodass ein Regelkontakt normalerweise kontraproduktiv wäre (s auch DIJuF-Rechtsgutachten JAmt 2012, 269); in einem Heim, in dem die „Bezugserzieher" uU häufig wechseln, kann ein sehr intensiver Kontakt zum Vormund als erstem Ansprechpartner vonnöten sein, der sich nicht auf einen monatlichen Regelkontakt beschränken lässt. Lebt das Kind dagegen in einer Pflegefamilie, sind die Pflegeeltern die primären Kontaktpersonen. Der Mündel braucht zudem eine Zeit der Integration in die Pflegefamilie, die durch regelmäßige Kontakte des Vormunds gestört werden könnte. Lebt das Kind gar in einer Dauerpflege, so kann der regelmäßige Hausbesuch neben den sonstigen Regelbesuchen des Jugendamts zu einer überstarken staatlichen Präsenz in der Familie führen, die kontraproduktiv ist; dies gilt vor allem dann, wenn mehrere Kinder in der Pflegefamilie leben (s Hoffmann FamRZ 2011, 249, 251; Katzenstein JAmt 2013, 234, 235; Simon JAmt 2014, 610, 613; krit auch Beermann ZFE 2011, 247, 248; Harm RpflStud 2013, 57, 58). Um diesen Gefahren zu begegnen, bedarf es also einer differenzierteren Regelung, die zwar auch den Ausnahmefall berücksichtigt, aber primär am Normalfall des (meist dauerhaft untergebrachten) Pflege- oder Heimkinds ansetzt und dem einzelnen Vormund einen Entscheidungsspielraum einräumt (zu einem Formulierungsvorschlag de lege ferenda Staudinger/Veit [2014] Rn 117; für die Aufnahme einer geringeren Zahl von Hausbesuchen pro Jahr [etwa einmal im Quartal] und einer höheren Frequenz nur bei konkreten Anhaltspunkten Stellungnahme der SPD, BT-Plenarprotokoll 17/105, 12069).

Die persönliche Kontaktpflege zwischen Vormund/Ergänzungspfleger und Mündel 38
passt also insgesamt **nicht in ein Regel-Ausnahme-Schema**. Umgekehrt können aber Umfang und Ausgestaltung des persönlichen Kontakts auch nicht vollständig in die fachliche Eigenverantwortung des Vormunds gelegt werden (so jedoch der Vorschlag des Bundesrates, BT-Drucks 17/3617, 12). Vielmehr bedarf es schon deshalb der Festschreibung einer Pflicht zur kontinuierlichen persönlichen Kontaktpflege, um das Entstehen und die Fortdauer einer persönlichen Beziehung zwischen Vormund und

Mündel zu gewährleisten (BReg, BT-Drucks 17/3617, 16; VEIT/SALGO ZKJ 2011, 82, 83; zur Bedeutung der dauerhaften Beziehung zwischen Mündel und Vormund aus sozialisationstheoretischer Sicht LAUDIEN JAmt 2012, 300, 307). Die nähere Ausgestaltung sollte allerdings in die **Verantwortung des einzelnen Vormunds** gelegt werden, der seine Entscheidung wiederum am Wohl des Mündels auszurichten hat (in diese Richtung AGJ, Stellungnahme zum Referentenentwurf v 25./26. 2. 2010 unter II. [http://www.agj.de/fileadmin/files/positionen/2010/Vormundschaftsrecht.pdf]).

39 Die Festschreibung eines monatlichen Regelkontakts birgt auch die Gefahr, dass der Vormund der Quantität den Vorrang vor der Qualität des Besuchs gibt („Abarbeiten von Pflichtaufgaben", RÜTING, in: COESTER-WALTJEN/LIPP/SCHUMANN/VEIT, 2. Familienrechtliches Forum Göttingen 133 f); selbst der Gesetzgeber hat die **Gefahr von Alibibesuchen** gesehen (BT-Drucks 17/3617, 7).

40 Sie birgt zudem die Gefahr einer **neuen Überforderung für den Amtsvormund** (näher § 1791b Rn 40), und zwar nicht nur ab Geltung der neuen Fallzahlenobergrenze (seit 5. 7. 2012 [Art 3 des Gesetzes zur Änderung des Vormundschafts- und Betreuungsrechts, BGBl I 2011, 1306]), sondern erst recht während der Übergangszeit, da in vielen Jugendämtern die Fallzahlen noch weit über 50 Mündel pro Fachkraft lagen (WIESNER ZKJ 2011, 377, 379; zur Fallzahlbegrenzung näher § 1791b Rn 39). Dies hat zur Folge, dass die Regelung des § 1793 Abs 1a BGB in diesen Fällen bis zum Abschluss der Personalaufstockung nicht eingehalten werden kann (ohnehin sanktionslos für die Zeit bis zum 5. 7. 2012, da auch § 1837 Abs 2 S 2 BGB nF erst dann in Kraft getreten ist [Art 3 des genannten Gesetzes]) und faktisch leerläuft (krit auch MünchKomm/SPICKHOFF Rn 48).

V. Inhalt der Vermögenssorge

1. Betroffenes Vermögen

41 Die Vermögenssorge des Vormunds erstreckt sich auf das gesamte Mündelvermögen einschließlich des ausländischen, nicht aber auf das Vermögen, für dessen Verwaltung ein anderer, zB ein Testamentsvollstrecker (§ 2205 BGB), ein Nachlassverwalter (§ 1984 BGB) oder ein Pfleger (§ 1794 BGB), zuständig ist (RGZ 91, 69, 70; 106, 185, 187; DÖLLE § 124 I; MünchKomm/SPICKHOFF Rn 19; BGB-RGRK/DICKESCHEID Rn 4; SOERGEL/ZIMMERMANN Rn 5 aE; PALANDT/GÖTZ Rn 4).

2. Inbesitznahme des Vermögens

42 Der Vormund ist berechtigt, die zum Vermögen des Mündels gehörenden Sachen **in Besitz zu nehmen**. Hat der Vormund Vermögensstücke des Mündels in Besitz genommen, so wird er regelmäßig unmittelbarer, der Mündel mittelbarer Besitzer (nicht Mitbesitzer); der Mündel kann aber – je nach den Umständen des Falles – auch Besitzdiener oder Alleinbesitzer sein (ENNECCERUS/KIPP § 114 I; BGB-RGRK/DICKESCHEID Rn 4; SOERGEL/ZIMMERMANN Rn 5; MünchKomm/SPICKHOFF Rn 19). Verweigert ein Dritter die Herausgabe einer dem Mündel gehörenden Sache an den Vormund, so muss dieser ihn auf Herausgabe verklagen, und zwar im Namen des Mündels, soweit er nicht seinen eigenen vorherigen unmittelbaren Besitz geltend machen kann (BGB-RGRK/DICKESCHEID Rn 7).

43 Dagegen kann der Vormund nicht gegen den Mündel auf **Herausgabe** klagen, wenn dieser die Herausgabe verweigert. Vielmehr kommt in einem solchen Fall, wenn ein Vorgehen im Zwangsweg unausweichlich ist, nur der Weg über die Wegnahme der Sachen durch den Gerichtsvollzieher nach §§ 95 Abs 1 Nr 2 FamFG, 883 Abs 1 ZPO in Betracht (Palandt/Götz Rn 4; MünchKomm/Spickhoff Rn 19 [Vollstreckung nach § 90 FamFG]; zu § 33 Abs 2 FGG OLG Dresden OLGE 26, 118, 119 = SeuffA 67 Nr 136, das überzeugend darauf hinweist, dass sich Mündel und Vormund nicht als Parteien in einer Rechtssache, sondern in einer Angelegenheit gegenüberstehen, die für den Mündel kraft Gesetzes der Vormund zu besorgen hat; dem OLG Dresden folgend BGHZ 12, 380, 389 = NJW 1954, 918, 919; ebenso BGB-RGRK/Dickescheid Rn 4; Erman/Schulte-Bunert Rn 2; **aA** KG NJW 1958, 2071, 2072 = Rpfleger 1959, 189, 190; Soergel/Zimmermann Rn 5 mwNw, die ein Vorgehen des Vormunds im Prozess, für den dem Mündel ein Pfleger zu bestellen ist, für richtig halten).

3. Ziele der Vermögensverwaltung

44 Der Vormund hat das Vermögen des Mündels in dessen Interesse und zu dessen Nutzen zu verwalten. Er hat für die Erhaltung, Verwertung und Vermehrung des Vermögens innerhalb der durch das Gesetz aufgestellten Schranken zu sorgen.

45 An erster Stelle steht in der Regel die **Erhaltung des Vermögensbestandes** (RG JW 1912, 67, 68; RGZ 137, 320, 323). Minderjährigen soll bei Eintritt der Volljährigkeit das vom Vormund verwaltete Vermögen möglichst ungeschmälert zur Verfügung stehen (Palandt/Götz Rn 4). Auch bei einem Minderjährigen ist es aber im Rahmen einer pflichtgemäßen Personen- und Vermögenssorge gerechtfertigt, die Mittel bereitzustellen, die etwa für eine den Fähigkeiten und Neigungen des Mündels entsprechende Ausbildung erforderlich sind, und zu diesem Zweck auch das Vermögen des Mündels anzugreifen (BVerwG FamRZ 1991, 871, 872). Ob eine derartige Ausgabe im Einzelfall im Interesse des Mündels zulässig und geboten ist, hat der Vormund nach pflichtgemäßem Ermessen zu entscheiden. Inwieweit er zu den dafür nötigen Verfügungen der Genehmigung des Gegenvormunds oder des Familiengerichts bedarf, ergibt sich aus §§ 1812 ff, 1821, 1822 BGB (BayObLGZ 22, 144, 146 = JW 1923, 517; BGB-RGRK/Dickescheid Rn 3).

46 Der Vormund ist aber auch zur **Vermehrung des Mündelvermögens** verpflichtet. Erweist sich eine vorgefundene oder vom Vormund selbst gewählte Vermögensanlage als unrentabel, so muss er diese ändern (MünchKomm/Spickhoff Rn 20; Palandt/Götz Rn 4).

4. Grundsätze der Vermögensverwaltung

47 Die Vermögensverwaltung wird sehr detailliert geregelt und der Vormund einer stärkeren familiengerichtlichen Kontrolle unterworfen als im Bereich der Personensorge (§§ 1806 ff BGB). Aus diesen Regelungen lassen sich verschiedene Grundsätze herausarbeiten.

48 So darf der Vormund, um das Vermögen des Mündels zu erhalten, keine **Schenkungen** im Namen des Mündels vornehmen, soweit diese nicht einer sittlichen Pflicht oder einer auf den Anstand zu nehmenden Rücksicht entsprechen (§ 1804 BGB). Insoweit gilt nichts anderes als für Eltern (§ 1641 BGB).

49 Weiter ist ihm untersagt, das zum Vermögen des Mündels gehörende Geld für sich zu verwenden (§ 1805 BGB). Dieses **Verwendungsverbot** impliziert zugleich ein **Trennungsgebot**, also das Gebot, das Vermögen des Mündels von dem eigenen getrennt zu halten, um den Zugriff auf dieses Vermögen von vornherein zu verhindern (näher § 1805 Rn 5 ff). Um dem Trennungsgebot Rechnung zu tragen und Missbrauch zu vermeiden, obliegt dem Vormund weiter, das Vermögen, das bei Anordnung der Vormundschaft vorhanden ist oder später dem Mündel zufällt, zu verzeichnen und das Verzeichnis dem Familiengericht mit einer Versicherung der Vollständigkeit und Richtigkeit einzureichen (§ 1802 BGB). Zudem muss er die Vermögensmassen auch für Dritte erkennbar trennen und etwa Buchgeld auf getrennten Konten halten (§ 1805 Rn 7).

50 Um der Pflicht Rechnung zu tragen, das Vermögen des Mündels, soweit möglich, zu erhalten und zu mehren, hat der Vormund das zum Mündelvermögen gehörende Geld, das nicht zur Bestreitung von Ausgaben bereitgehalten werden muss, verzinslich anzulegen (§ 1806 BGB). Das Gesetz schreibt im Einzelnen die **Anlageformen** fest (§ 1807 BGB), wobei der Katalog erkennen lässt, dass es dem Gesetzgeber dabei in erster Linie auf die Sicherheit der Anlage und damit den Schutz des Mündels vor Vermögensverlusten ankam (§ 1807 Rn 1). Andere Anlageformen sind zwar möglich, aber nur mit familiengerichtlicher Gestattung (§ 1811 BGB).

51 Die Vermögensverwaltung des Vormunds wird weiter durch zahlreiche **Genehmigungsvorbehalte** eingeschränkt (§§ 1812 ff, 1821 f BGB), die auch dem Schutz des Mündelvermögens dienen. So stellt § 1812 BGB Verfügungen des Vormunds über Vermögensgegenstände, die die Gefahr bergen, dass an die Stelle eines wegen seiner Art (Forderung) geschützten Rechtes ein leicht entziehbares und damit leichter veruntreubares Objekt tritt (§ 1812 Rn 2), unter den Vorbehalt der Genehmigung des Gegenvormunds bzw des Familiengerichts. Die §§ 1821 f BGB unterstellen darüber hinaus solche Rechtsgeschäfte einer gerichtlichen Kontrolle, die aufgrund der Wichtigkeit des Vermögensgegenstandes oder einer besonders gefährlichen oder bedenklichen Natur des in Frage stehenden Rechtsgeschäfts typischerweise eine besondere Vermögensrelevanz aufweisen oder eine lange rechtsgeschäftliche Bindung des Mündels nach sich ziehen (Vorbem 1 zu §§ 1821 f).

VI. Die gesetzliche Vertretung des Mündels

1. Struktur der Vertretung

52 Unter den Begriff der Vertretung fasst der Gesetzgeber sowohl das rechtgeschäft(sähn)liche Handeln des Vormunds im Namen des Mündels, als auch das Eigenhandeln des gesetzlichen Vertreters, wie schon die Vorschrift des § 107 BGB zeigt („Zustimmung des gesetzlichen Vertreters"; Palandt/Diederichsen[71] § 1629 Rn 1), soweit er damit „materiell Geschäfte des Mündels besorgt" (Mot IV 1087), also dessen Interessen wahrnimmt (Palandt/Götz § 1626 Rn 17).

53 Die vom Vormund innerhalb seiner Vertretungsmacht im Namen des Mündels abgegebenen Willenserklärungen wirken unmittelbar für und gegen den Mündel, gleichviel, ob die Erklärung ausdrücklich im Namen des Mündels erfolgt oder ob die Umstände ergeben, dass sie in dessen Namen erfolgen soll (§ 164 Abs 1 BGB). Tritt

aber der Wille des Vormunds, im Namen des Mündels zu handeln, nicht erkennbar hervor, so kommt der Mangel des Willens, im eigenen Namen zu handeln, „nicht in Betracht" (nach § 164 Abs 2 BGB); die rechtliche Wirkung tritt dann in der Person des Vormunds ein, und der Mündel erlangt das in Frage stehende Recht erst dadurch, dass der Vormund es auf ihn überträgt. Missbraucht der Vormund seine Vertretungsmacht, so haftet er dem Mündel für einen sich aus der Pflichtverletzung ergebenden Schaden (§ 1833 BGB); hatte der Dritte den Missbrauch erkannt oder erkennen müssen, so kann dieser sich auf die Wirksamkeit des so zustande gekommenen Geschäfts nicht berufen (RGZ 71, 219, 222; 75, 299, 301; Enneccerus/Kipp § 116 II; Dölle § 124 II 2; BGB-RGRK/Dickescheid Rn 7; Erman/Schulte-Bunert Rn 5 aE; Soergel/Zimmermann Rn 6; Palandt/Götz Rn 11).

Ist das Jugendamt Amtsvormund (zB nach §§ 1791b oder c BGB), so überträgt es aufgrund eines behördeninternen Organisationsakts die Ausübung der Aufgaben einem seiner Mitarbeiter; dieser ist in dem durch die Übertragung beschriebenen Rahmen gesetzlicher Vertreter des Kindes (§ 55 Abs 3 S 2 SGB VIII). Damit wird allerdings nicht die Amtsvormundschaft vom Jugendamt auf den Mitarbeiter übertragen, sondern nur die Ausübung der mit ihr verbundenen vormundschaftlichen Befugnisse und damit auch die Vertretungsbefugnis (näher § 1791b Rn 35; Palandt/Götz Rn 5). Das Jugendamt bleibt Amtsvormund; deshalb kann ein für den Mündel bestimmtes Schriftstück auch dem Jugendamt als Behörde wirksam zugestellt werden (HessVGH FamRZ 2001, 1739 = ZblJugR 2001, 389). 54

Nichts anderes kann für den nach § 1791a BGB zum Vormund bestellten **Verein** gelten, der sich ebenfalls bei Führung der Vormundschaft einzelner seiner Mitglieder oder Mitarbeiter bedient, § 1791a Abs 3 S 1 HS 1 BGB (Palandt/Götz Rn 5). 55

Die Vertretungsmacht des Vormunds ist wie die der Eltern **grundsätzlich umfassend** (näher unten Rn 59). Der Vormund kann insbesondere auch solche Rechtsgeschäfte namens des Mündels vornehmen, die der Mündel nach § 107 BGB selbst rechtswirksam ohne die Einwilligung des Vormunds vornehmen könnte, weil er durch sie lediglich einen rechtlichen Vorteil erlangt (Mot IV 1086 f; Dölle § 124 I; MünchKomm/Spickhoff Rn 22; Erman/Schulte-Bunert Rn 5; BeckOGK/Kerscher [1. 9. 2019] Rn 69). 56

Der Vormund ist nicht verpflichtet, die materiell für den Mündel vorzunehmenden Geschäfte auch formell in dessen Namen abzuschließen, soweit nicht das Interesse des Mündels es gebietet (Mot IV 1087; RGZ 146, 231, 232; s auch Zirkel JW 1911, 633). Insbesondere schadet es nicht, wenn der Vormund Verpflichtungen, die sachlich den Mündel treffen, **im eigenen Namen** durch Rechtsgeschäft übernimmt (BGB-RGRK/Dickescheid Rn 7; MünchKomm/Spickhoff Rn 25; BeckOGK/Kerscher [1. 9. 2019] Rn 72). Allerdings darf das Mündelinteresse nicht verletzt werden (RGZ 146, 232; Palandt/Götz Rn 5; Erman/Schulte-Bunert Rn 5; MünchKomm/Spickhoff Rn 25), was etwa dann der Fall ist, wenn der Vormund anstelle des Mündels ein diesem gebührendes Recht erwirbt. Allerdings kommt in diesem Fall im Einzelfall auch ein unmittelbarer Rechtserwerb des Mündels nach den Grundsätzen des „Geschäfts für den, den es angeht" trotz Handelns des Vormunds im eigenen Namen in Betracht (MünchKomm/Spickhoff Rn 25; BeckOGK/Kerscher [1. 9. 2019] Rn 71). 57

58 Eine Bestimmung, wie sie **§ 1646 BGB** für die Eltern vorsieht (Surrogation bei Erwerb beweglicher Sachen mit Mitteln des Kindes), besteht für den Vormund nicht (vgl Prot IV 756).

2. Umfang der Vertretungsmacht

59 Zur Sorge für die Person und das Vermögen des Mündels, die dem Vormund zusteht, gehört die gesetzliche Vertretung des Mündels **in sämtlichen persönlichen und das Vermögen betreffenden Angelegenheiten** (vgl für die Eltern Staudinger/Peschel-Gutzeit [2015] § 1629 Rn 77). Der Vormund ist als gesetzlicher Vertreter des Mündels berechtigt, sowohl in persönlichen Angelegenheiten wie in Vermögensangelegenheiten des Mündels in dessen Namen Rechtsgeschäfte vorzunehmen und Ansprüche (zB auf Unterhalt, Rente) geltend zu machen. Gleichermaßen können und müssen ihm gegenüber als dem gesetzlichen Vertreter Rechtsgeschäfte vorgenommen werden. Soweit zur Wirksamkeit eines Rechtsgeschäfts die Einwilligung oder Genehmigung des gesetzlichen Vertreters erforderlich ist, steht deren Erteilung oder Verweigerung dem Vormund zu (Mot IV 1083).

60 Die Vertretungsmacht umfasst auch die Befugnis, **Rechtsstreitigkeiten zu führen** und im Namen des Mündels **Rechtsmittel** einzulegen. In familiengerichtlichen Streitigkeiten handelt nach § 9 Abs 2 FamFG für einen geschäftsunfähigen oder beschränkt geschäftsfähigen Mündel, soweit dieser nicht verfahrensfähig ist, der Vormund als gesetzlicher Vertreter. Verfahrensfähig sind nach § 9 Abs 1 Nr 3 FamFG die beschränkt Geschäftsfähigen, soweit sie das 14. Lebensjahr vollendet haben und in einem Verfahren, das ihre Person betrifft, ein ihnen nach bürgerlichem Recht zustehendes Recht geltend machen. Verfahrensbeteiligter ist immer der Mündel (§ 7 Abs 1 FamFG).

61 Der Vormund kann auch – soweit der Mündel durch die gerichtliche Endentscheidung in seinen Rechten beeinträchtigt ist (§ 59 Abs 1 FamFG) – im Namen des Mündels **Rechtsmittel** einlegen. Daneben kann der Mündel, der nicht geschäftsunfähig ist und bei Erlass der Entscheidung das 14. Lebensjahr vollendet hat, in allen seine Person betreffenden Angelegenheiten das Beschwerderecht ohne Mitwirkung des Vormunds als gesetzlicher Vertreter ausüben (§ 60 S 1, 3 FamFG). Das Gleiche gilt in sonstigen Angelegenheiten, etwa Vermögenssorgeangelegenheiten, in denen er vor der Entscheidung gehört werden soll (s §§ 60 S 2, 159 FamFG; Bork/Jacoby/Schwab/Müther § 60 FamFG Rn 9).

62 Der Vormund vertritt den Mündel nicht nur in einem familiengerichtlichen Verfahren, sondern auch in einem **zivilprozessualen Rechtsstreit** (s § 51 ZPO), soweit der Mündel nicht selbst prozessfähig ist, also die Voraussetzungen des § 52 ZPO nicht vorliegen, er sich mithin – etwa wegen Nichteingreifens der §§ 112 oder 113 BGB – nicht durch Verträge verpflichten kann (Thomas/Putzo/Hüsstege § 52 ZPO Rn 2). Die Zustellungen erfolgen nach § 170 Abs 1 S 1 ZPO grundsätzlich an den Vormund (Erman/Schulte-Bunert Rn 5; BeckOGK/Kerscher [1. 9. 2019] Rn 73).

63 Die Vertretungsmacht umfasst auch die Stellung eines **Strafantrags** für den Mündel (§ 77 Abs 3 StGB). Erst mit Vollendung des 18. Lebensjahres kann der Mündel diesen Antrag selbst stellen. Nicht gehindert ist er jedoch an der Erstattung einer Strafanzeige (§ 158 Abs 1 StPO; jurisPK-BGB/Lafontaine Rn 83).

Nicht zuletzt vertritt der Vormund den Mündel in **Verwaltungsverfahren**, soweit dieser nicht nach § 12 Abs 1 Nr 2 VwVfG selbst handlungsfähig ist, sowie in verwaltungsgerichtlichen Verfahren, soweit dem Mündel nach § 62 Abs 1 Nr 2 VwGO die Prozessfähigkeit fehlt. **64**

3. Grenzen der Vertretungsmacht des Vormunds

a) Verhältnis von tatsächlicher Sorge und rechtlicher Vertretung

Die Vertretungsmacht des Vormunds reicht grundsätzlich ebenso weit, wie ihm die Sorge für die Person und das Vermögen des Mündels obliegt. Die Bereiche der tatsächlichen Sorge und der Vertretungsmacht stimmen nur im Fall des § 1673 Abs 2 S 2 BGB (Ruhen der elterlichen Sorge; s oben Rn 19) nicht überein. **65**

b) Nichtigkeit bestimmter für den Mündel nachteiliger Geschäfte

Dass der Vormund Rechtsgeschäfte, die nach allgemeinen Vorschriften nichtig sind, nicht wirksam für den Mündel vornehmen kann, etwa weil sie gegen ein gesetzliches Verbot verstoßen oder sittenwidrig sind (§§ 134, 138 BGB), ist selbstverständlich. Hier sind nur zwei Fälle zu nennen, in denen Geschäfte nicht – auch nicht mit Genehmigung des Familiengerichts – mit Wirkung zu Lasten des Mündels zustande kommen können, weil sie gegen Rechtsvorschriften verstoßen, die speziell den Schutz Minderjähriger bezwecken: **66**

Nach § **1804 BGB** kann der Vormund nicht in Vertretung des Mündels **Schenkungen** machen, sofern es sich nicht um Schenkungen handelt, durch die einer sittlichen Pflicht oder einer auf den Anstand zu nehmenden Rücksicht entsprochen wird. Eine dagegen verstoßende Schenkung ist nichtig, gleichviel, ob der Vormund sie als gesetzlicher Vertreter vorgenommen oder ob er einer vom Mündel selbst vorgenommenen Schenkung zugestimmt hat (§ 1804 Rn 14). **67**

Nach §§ 74a Abs 2 S 1, 75d HGB, § 110 S 2 GewO sind **Wettbewerbsverbote**, also Vereinbarungen, die einen Handlungsgehilfen oder gewerblichen Angestellten für die Zeit nach Beendigung seines Dienstverhältnisses in seiner gewerblichen Tätigkeit beschränken, nichtig, wenn der Gehilfe oder Angestellte zur Zeit des Abschlusses der Vereinbarung minderjährig ist. Dabei werden von dieser Rechtsfolge Verträge erfasst, die vom Minderjährigen selbst mit Zustimmung des Vormunds oder vom Vormund als gesetzlichem Vertreter des Mündels abgeschlossen werden. **68**

c) Gegenständliche Schranken der Vertretungsmacht

Nach § 1794 BGB erstreckt sich das Sorgerecht des Vormunds, nicht auf **Angelegenheiten, für die ein Pfleger bestellt ist**. Nach § 1909 Abs 1 S 1 BGB ist für die Angelegenheiten ein Pfleger zu bestellen, an deren Besorgung der Vormund verhindert ist (s insbesondere §§ 181, 1795, 1796, 1801 BGB), ferner zur Verwaltung des Vermögens, das dem Mündel von Todes wegen oder unentgeltlich unter Lebenden mit der Bestimmung zugewendet worden ist, dass der Vormund es nicht verwalten soll (§ 1909 Abs 1 S 2 BGB). Wenn und solange ein Pfleger wirksam bestellt ist, kann der Vormund den Mündel im Geschäftsbereich des Pflegers nicht vertreten; auf die Frage, ob das Familiengericht die Voraussetzungen der Bestellung des Pflegers zu Recht angenommen hat, kommt es dabei nicht an (s § 1794 Rn 6). **69**

70 Hat das Familiengericht nach § 1797 Abs 2 BGB die Vormundschaft unter Mitvormündern **nach bestimmten Wirkungskreisen verteilt**, ist ein Vormund von der Vertretung des Mündels in dem Wirkungskreis ausgeschlossen, der einem anderen Vormund zugewiesen ist (s § 1797 Rn 47).

71 Soweit der Vormund den Mündel nach **§ 112 BGB** mit Genehmigung des Familiengerichts zum selbständigen Betrieb eines Erwerbsgeschäfts oder nach **§ 113 BGB** zum Eintritt in ein Dienst- oder Arbeitsverhältnis ermächtigt hat, ist der Mündel für die in diesen Bestimmungen genannten Geschäfte unbeschränkt geschäftsfähig und der Vormund insoweit von der gesetzlichen Vertretung ausgeschlossen (Staudinger/Knothe [2017] § 112 Rn 20, 22, § 113 Rn 25 mwNw).

72 Gegenständliche Beschränkungen finden sich auch in den §§ 74a Abs 2 S 1, 75d HGB, § 110 S 2 GewO sowie § 1804 BGB (zu den Rechtsfolgen bei Verstoß gegen diese Beschränkungen s oben Rn 67 f).

d) Zeitliche Beschränkungen

73 Eine zeitliche Schranke der Vertretungsmacht des Inhalts, dass der Vormund den Mündel nicht über das Ende der Vormundschaft hinaus verpflichten kann, gibt es nicht (Palandt/Götz Rn 8), wie sich nicht zuletzt aus den §§ 1793 Abs 2 und 1822 Nrn 5–7 BGB ableiten lässt. § 1793 Abs 2 iVm § 1629a BGB sieht die Möglichkeit vor, dass der volljährig gewordene Mündel seine Haftung auf das bei Eintritt der Volljährigkeit vorhandene Vermögen beschränkt (näher unter Rn 149 ff). Nach § 1822 Nr 5 BGB bedarf der Vormund der Genehmigung des Familiengerichts, wenn der Mündel in einem Miet- oder Pachtvertrag oder in einem anderen Vertrag zu wiederkehrenden Leistungen verpflichtet wird und das Vertragsverhältnis länger als ein Jahr nach Eintritt der Volljährigkeit des Mündels fortdauern soll. § 1822 Nrn 6 und 7 BGB sehen entsprechende Genehmigungserfordernisse vor, wenn etwa der 17-jährige Mündel mit Zustimmung seines Vormunds einen Lehrvertrag bzw Dienst- oder Arbeitsvertrag für länger als ein Jahr abschließt.

74 Der Vormund handelt jedoch pflichtwidrig, wenn er ohne zwingenden Grund Verpflichtungen für den Mündel eingeht, die diesen in seiner mit der Volljährigkeit erreichten Handlungsfreiheit einengen (s BGB-RGRK/Dickescheid Rn 21; MünchKomm/Spickhoff Rn 26). Er hat bei der Verwaltung des Mündelvermögens das Recht des Mündels auf Selbstbestimmung zu beachten, das zwar nicht identisch mit der Freiheit von allen Bindungen ist, die kraft des Vertretungsrechts des Vormunds geschaffen wurden, aus dem sich aber ergibt, dass dem volljährig Gewordenen Raum bleiben muss, um sein weiteres Leben selbst und ohne unzumutbare Belastung zu gestalten (s schon Gernhuber FamRZ 1962, 89, 93 f).

e) Höchstpersönliche Geschäfte

aa) Überblick über gesetzlich geregelte Fallgestaltungen

75 Bei einer Reihe von Rechtsgeschäften, die den persönlichen Bereich des Mündels betreffen, wäre ein Handeln des Vormunds anstelle des Mündels (ebenso wie ein Handeln der Eltern anstelle ihres Kindes) mit der Anerkennung der selbständigen Persönlichkeit des Minderjährigen nicht vereinbar. In bestimmten Fällen ist die Vertretungsmacht des Vormunds gänzlich ausgeschlossen, in anderen auf eine Zustimmung beschränkt:

76 Zur erstgenannten Gruppe gehören zB die Errichtung eines Testaments (§§ 2064, 2229 BGB), die Anfechtung der Vaterschaft durch einen beschränkt geschäftsfähigen Anfechtungsberechtigten iSv § 1600 Abs 1 Nrn 1 bis 3 (§ 1600a Abs 2 S 2 BGB), die Entscheidung des mindestens 14 Jahre alten Minderjährigen darüber, zu welchem religiösen Bekenntnis er sich halten will (§ 5 S 1 RKEG), der Antrag eines über 14-jährigen Mündels auf Aufhebung der Adoption (§ 1762 Abs 1 S 2 BGB), der Widerspruch eines Mündels in diesem Alter gegen die Einigung der Eltern über die elterliche Sorge nach ihrer Trennung (§ 1671 Abs 1 S 2 Nr 1, Abs 2 S 2 Nr 1 BGB).

77 Zur Gruppe der höchstpersönlichen Geschäfte, die der Mündel gleichfalls nur persönlich vornehmen kann, zu denen er aber der Zustimmung des Vormunds bedarf, gehören die Anerkennung der Vaterschaft durch einen beschränkt Geschäftsfähigen (§ 1596 Abs 1 S 1 u 2 BGB), die Zustimmung der beschränkt geschäftsfähigen Mutter zur Anerkennung der Vaterschaft (§§ 1595 Abs 1, 1596 Abs 1 S 1, 2 u 4 BGB), die Zustimmung des mindestens 14 Jahre alten beschränkt geschäftsfähigen Mündels zur Anerkennung der Vaterschaft durch seinen Vater (§§ 1595 Abs 2, 1596 Abs 2 S 2 BGB), die Anschließung eines mindestens 14 Jahre alten beschränkt geschäftsfähigen Mündels an die Bestimmung oder Änderung eines Ehenamens durch die Eltern (§ 1617c Abs 1 S 2, Abs 2 Nrn 1 und 2 BGB; anders bei Änderung des Familiennamens eines in Dauerpflege lebenden Kindes § 3 NamÄndG [dazu VG Regensburg 2. 8. 2013 – RN 2 K 13. 698, juris Rn 16 ff, ZKJ 2013, 514, 515 ff]), die Einwilligung eines mindestens 14 Jahre alten beschränkt geschäftsfähigen Mündels in die Einbenennung (§ 1618 iVm § 1617c Abs 1 S 2 BGB) sowie die Einwilligung eines mindestens 14 Jahre alten beschränkt geschäftsfähigen Anzunehmenden in die Annahme als Kind (§ 1746 Abs 1 S 3 BGB).

bb) Einwilligung in eine Heilbehandlung

78 Soweit der **Mündel einwilligungsfähig** ist, dh „nach seiner geistigen und sittlichen Reife die Bedeutung des Eingriffs und seiner Gestattung zu ermessen vermag“, kann er selbst in einen ärztlichen Heileingriff einwilligen (BGHZ 29, 33, 36). Umstritten ist, ob und inwieweit es daneben noch der Zustimmung des Vormunds als gesetzlichen Vertreters bedarf. Insoweit gelten hier die gleichen Regeln wie im Bereich der elterlichen Sorge (MünchKomm/Spickhoff Rn 28; BeckOK/Veit [1. 11. 2019] § 1626 Rn 55 ff; näher dazu Staudinger/Peschel-Gutzeit [2015] § 1626 Rn 88 ff; gegen eine Gleichbehandlung von Vormund und Eltern Erman/Schulte-Bunert Rn 9).

79 Ist der Minderjährige dagegen **einwilligungsunfähig**, so muss der Vormund oder Ergänzungspfleger die Einwilligungserklärung abgeben (§ 630d Abs 1 S 2 BGB).

80 Ist die medizinische Behandlung nicht aufschiebbar und würde der Zweck der Maßnahme gefährdet, wenn die Zustimmung des Vormunds oder Ergänzungspflegers eingeholt würde, so ist, wenn der Mündel für längere Zeit in Familienpflege lebt, die Pflegeperson oder bei Heimunterbringung des Kindes die betreuende Person in jedem Fall zur Abgabe der Einwilligungserklärung aufgrund ihrer **Notkompetenz** (§ 1688 Abs 1 S 3, Abs 2 iVm § 1629 Abs 1 S 4 BGB) befugt (zur Anwendung von § 1688 BGB im Rahmen der Vormundschaft unten Rn 103; zur Frage, ob bei Amtsvormundschaften ein Bereitschaftsdienst im Sachgebiet Vormundschaften vorgehalten werden muss, um bei Gefahr im Verzug die Zustimmungserklärung des Vormunds bzw Ergänzungspflegers zu erhalten DIJuF-Rechtsgutachten JAmt 2017, 545).

81 Von der Einwilligung in die Vornahme tatsächlicher Handlungen (§ 630d BGB) ist der **Abschluss des Behandlungsvertrags** (§ 630a BGB) zu unterscheiden: Diesen kann der Mündel entweder nur mit Zustimmung des Vormunds abschließen, oder er ist begünstigter Dritter aus dem Vertrag, den der Vormund im eigenen Namen mit dem Arzt abschließt (Gernhuber/Coester-Waltjen § 57 Rn 66; jurisPK-BGB/Lafontaine Rn 90).

cc) Einwilligung in sonstige Maßnahmen

82 Die Einwilligungsfähigkeit des Minderjährigen ist auch maßgebend bei der Befreiung des Arztes von der Schweigepflicht, der Einwilligung in eine freiheitsentziehende Unterbringung oder eine freiheitsentziehende Maßnahme (§ 1631b BGB) sowie der Ausübung des Zeugnisverweigerungsrechts (§ 52 StPO). Soweit es um die Einwilligung in die Verarbeitung personenbezogener Daten bei einem Angebot von Diensten der Informationsgesellschaft geht, kommt es nur auf die Einwilligung des Minderjährigen an, soweit dieser das 16. Lebensjahr vollendet hat (Art 8 Abs 1 S 1, 6 Abs 1 DSGVO [EU-VO Nr 679/2016, ABl 2016 L 119]).

f) Interessenkollisionen

83 Die Vertretungsmacht des Vormunds ist in bestimmten Fällen, in denen das Gesetz eine Kollision der Interessen des Vormunds oder einer ihm nahestehenden Person und des Mündels als naheliegend ansieht, weil dem Mündel nahe Angehörige des Vormunds oder dieser selbst als Geschäftsgegner gegenüberstehen, kraft Gesetzes ausgeschlossen **(§§ 1795, 181 BGB)**. In anderen Fällen kann (und muss) das Familiengericht dem Vormund die Vertretung für einzelne Angelegenheiten oder für einen bestimmten Kreis von Angelegenheiten entziehen, wenn das Interesse des Mündels zu den Interessen des Vormunds oder eines von diesem vertretenen Dritten oder einer der in § 1795 Nr 1 BGB bezeichneten Personen in erheblichem Gegensatz steht **(§ 1796 BGB)**. Das Familiengericht kann dem Vormund ferner die Sorge für die religiöse Erziehung des Mündels entziehen, wenn der Vormund nicht dem Bekenntnis angehört, in dem der Mündel zu erziehen ist **(§ 1801 Abs 1 BGB)**.

g) Genehmigung von Gegenvormund oder Familiengericht

84 In einer großen Zahl von Fällen bedarf der Vormund zur wirksamen Vornahme eines Rechtsgeschäfts für den Mündel der Genehmigung des Gegenvormunds (§§ 1812, 1813 BGB, s auch §§ 1809, 1810 BGB) oder des Familiengerichts (s den Katalog der §§ 1821, 1822 BGB und die Aufzählung weiterer genehmigungsbedürftiger Geschäfte in Vorbem 6 ff zu §§ 1821 f).

h) Gerichtliche Ersetzung einer Zustimmung

85 Eine Beschränkung der Vertretungsmacht des Vormunds liegt auch dann vor, wenn eine erforderliche Zustimmung des Vormunds durch das Familiengericht ersetzt wird (§§ 113 Abs 3 S 1, 1666 Abs 3 Nr 5 BGB; Palandt/Götz Rn 11).

VII. Übertragung von Aufgaben auf Dritte

1. Zulässigkeit der Übertragung

a) Unübertragbarkeit des Sorgestatus

86 Dem Vormund obliegt, ebenso wie den Eltern, das Pflichtrecht, die Sorgeverantwortung wahrzunehmen; dieser sorgerechtliche Status wird durch gerichtliche Ent-

scheidung mit Auswahl (§ 1779 BGB) und Bestellung (§ 1789 BGB) begründet und kann auch nur durch gerichtliche Entscheidung wieder verändert werden, etwa durch Entlassung (§§ 1886 ff BGB), einen (teilweisen) Entzug des Vertretungsrechts (§ 1796 BGB) oder einen (teilweisen) Entzug des Sorgerechts (§§ 1837 Abs 4, 1666 Abs 3 Nr 6 BGB), nicht aber durch rechtsgeschäftlichen Akt. Der Vormund kann also seine Verantwortung weder ganz noch zum Teil einem Dritten übertragen und sich so seiner Verantwortung entziehen (KGJ 38, A 34, 36; KGJ 42, A 35, 39; KGJ 46, A 51, 63; KG JFG 1, 313, 314; OLG Braunschweig 1. 4. 2019 – 2 WF 11/19, FamRZ 2019, 1713, 1714; DIJuF-Rechtsgutachten JAmt 2016, 442; DIJuF-Rechtsgutachten JAmt 2017, 491; Palandt/Götz Rn 12; Erman/Schulte-Bunert Rn 13; MünchKomm/Spickhoff Rn 35; jurisPK-BGB/Lafontaine Rn 36; Soergel/Zimmermann Rn 14).

Dieser Grundsatz gilt auch für das die Vormundschaft führende Jugendamt, selbst 87
wenn ihm die personellen Kapazitäten zur Erfüllung dieser Aufgaben fehlen, da es die erforderliche Infrastruktur für alle ihm obliegenden Aufgaben bereithalten muss (DIJuF-Rechtsgutachten JAmt 2016, 442; § 1791b Rn 21). Eine Delegation der vormundschaftlichen Aufgaben auf andere Ämter, etwa den Allgemeinen Sozialen Dienst, ist also nicht zulässig (BeckOGK/Kerscher [1. 9. 2019] Rn 24).

b) Einbindung Dritter in die Ausübung der Sorge

Demgegenüber ist der Vormund grundsätzlich frei in der Ausübung seiner Sorgever- 88
antwortung, wenn auch nicht im selben Umfang wie die Eltern, da er nicht in den Schutzbereich von Art 6 Abs 2 S 1 GG fällt (Rn 4; Vorbem 21 zu §§ 1773 ff). Er kann also Dritte in die Ausübung der Verantwortung einbinden (zur Unterscheidung zwischen Rechtsinhaberschaft und -ausübung im Recht der elterlichen Sorge Staudinger/Coester [2016] § 1671 Rn 51; Kinderrechtekommission FamRZ 2014, 1157, 1161; Marchlewski, Wechselmodell 23 ff). Jedoch muss gewährleistet bleiben, dass er die letzte Verantwortung behält (MünchKomm/Spickhoff Rn 35; BeckOGK/Kerscher [1. 9. 2019] Rn 86), um zu vermeiden, dass der Grundsatz der Unübertragbarkeit des Sorgestatus (oben Rn 86 f) unterlaufen wird.

Dabei kann die Einbindung Dritter alle Bereiche der Sorgeverantwortung erfassen. 89
Zum personensorgerechtlichen Bereich gehören die Erziehung des Mündels im Internat (Palandt/Götz Rn 12; MünchKomm/Spickhoff Rn 36), im Kindergarten, die Fremdunterbringung in einer Pflegefamilie oder einem Heim (oben Rn 5) sowie die Krankenhausbehandlung. Im Bereich der Vermögenssorge kommen etwa die Verwaltung eines Landgutes (RGZ 76, 185) sowie die Vertretung des Mündels in einer Nachlasssache (BayObLGZ 14, 210, 213) in Betracht.

2. Entscheidungskriterien

a) Die gesetzlichen Vorgaben (§§ 1793 Abs 1a und 1800 S 2)

Nicht übertragbar sind die Angelegenheiten, die den **persönlichen Einfluss des Vor-** 90
munds verlangen. Hierzu gehören nach der Reform des Vormundschaftsrechts von 2011 sowohl die persönliche Kontaktpflege als auch die gesamte Personensorge, hat doch der Vormund nach § 1793 Abs 1a BGB mit dem Mündel persönlichen Kontakt zu halten und nach § 1800 S 2 BGB die Pflege und Erziehung des Mündels persönlich zu fördern und zu gewährleisten. Mit der erstgenannten Regelung will der Gesetzgeber erreichen, dass sich der Vormund persönlich mit dem Mündel trifft und über dessen Situation informiert (BT-Drucks 17/3617, 6), mit der zweiten, dass er

selbst die Pflege und Erziehung gewährleistet und diese nicht Mitarbeitern des Sozialen Dienstes beim Jugendamt oder den Pflegeeltern überlässt, die den Mündel in ihren Haushalt aufgenommen haben (BT-Drucks 17/3617, 7 f).

91 Mit beiden Normen wollte der Gesetzgeber nicht jede Form von Delegation verhindern, sofern die persönliche Wahrnehmung der Überwachung und Kontrolle gewährleistet bleibt (dazu unten Rn 97). Gleichwohl lässt sich beiden Normen entnehmen, dass bei der Einbindung in Aufgaben der Personensorge deutlich mehr **Zurückhaltung** geboten ist als bei Aufgaben der Vermögenssorge (Erman/Schulte-Bunert Rn 13; BeckOGK/Kerscher [1. 9. 2019] Rn 90).

b) Die Ausrichtung an den Mündelinteressen

92 Welche Aufgaben nun aber vom Vormund auf Dritte übertragen werden können, kann nicht allgemein, sondern nur **nach den Interessen des Mündels im jeweiligen Einzelfall** entschieden werden (vgl KGJ 38, A 34; Erman/Schulte-Bunert Rn 13; jurisPK-BGB/Lafontaine Rn 36; BeckOGK/Kerscher [1. 9. 2019] Rn 88, 90). Hiervon hängt es etwa ab, ob und inwieweit Dritte in die Wahrnehmung der Kontaktpflicht nach § 1793 Abs 1a BGB, soweit man sie überhaupt für delegierbar hält, eingebunden werden können, weil sich dadurch die Häufigkeit der Regelkontakte des Vormunds selbst beim Mündel verändert (s DIJuF-Rechtsgutachten JAmt 2016, 442, 443; näher oben Rn 28).

93 Eine weitergehende Abgrenzung danach, ob die konkrete Angelegenheit von einem volljährigen und gesunden Vermögensträger gewöhnlich selbst erledigt wird – dann keine Übertragung – oder ob sie nicht selten in fremde Hände gegeben wird – dann Übertragung möglich (so Erman/Schulte-Bunert Rn 13) –, ist im Einzelfall nur schwer möglich und für den Normalfall des Vormunds, der den Mündel nicht selbst pflegt und erzieht, gänzlich unmöglich. Kein brauchbares Abgrenzungskriterium ist auch die Zumutbarkeit der persönlichen Wahrnehmung von zeitintensiven und stark in das Alltagsleben des Vormunds eingreifenden Angelegenheiten (so aber Erman/Schulte-Bunert Rn 13). Hiergegen spricht schon die Zweckrichtung der Neuregelung in §§ 1793 Abs 1a sowie 1800 S 2 BGB.

c) Umfang der Übertragung

94 Übertragen werden kann die Erledigung **einzelner Angelegenheiten** (BayObLGZ 18, 55; Enneccerus/Kipp § 113 I; Dölle § 124 I; BGB-RGRK/Dickescheid Rn 15; MünchKomm/Spickhoff Rn 35; Erman/Schulte-Bunert Rn 13; Palandt/Götz Rn 12). Das gilt für den beruflich tätigen Vormund ebenso wie für den ehrenamtlichen.

Übernimmt etwa ein ehrenamtlicher Vormund die Pflege und Erziehung des Mündels in seinem Haushalt, so kann er etwa für die Aufgaben, für die ihm die Sachkompetenz fehlt (zB Gesundheits-, Rechtsangelegenheiten), einen Dritten einschalten. Dritter kann je nach Sorgeangelegenheit auch das Jugendamt oder eine bestimmte Fachkraft im Jugendamt sein (DIJuF-Rechtsgutachten JAmt 2017, 491). Auch ein beruflich tätiger Vormund kann einzelne Angelegenheiten delegieren (DIJuF-Rechtsgutachten JAmt 2016, 442, 443). Fehlt etwa dem Amtsvormund die Sachkompetenz in asylrechtlichen Angelegenheiten, so muss er diesen Mangel durch Inanspruchnahme fachspezifischer Hilfe aus der eigenen Behörde oder durch Beauftragung von Personen außerhalb dieser Behörde ausgleichen (näher § 1779 Rn 28).

Fraglich ist, ob im Einzelfall auch die **Ausübung der gesamten Sorge** Dritten, etwa Pflegeeltern, überlassen werden kann (näher dazu im Eltern-Kind-Verhältnis BeckOK/Veit [1. 11. 2019] § 1626 Rn 4.2 mwNw; Hoffmann FamRZ 2011, 1544). Für diese Möglichkeit spricht, dass das Gesetz an zahlreichen Stellen weitreichende Dispositionsakte der Sorgeberechtigten anerkennt (zB Einwilligung in eine Adoption) und auch ex lege die Möglichkeit vorsieht, Dritte in die Erziehung einzubinden (zB §§ 1687b, 1688 BGB). Zwar wird zum Teil vorgebracht, eine umfassende „Delegation" von Sorgebefugnissen laufe faktisch auf einen Entzug der Sorgeverantwortung hinaus; ein solcher sei aber nur unter den engen Voraussetzungen des §§ 1837 Abs 4, 1666 BGB zulässig (Meysen JAmt 2005, 105, 111). Hiergegen spricht aber, dass der Primat des Sorgeberechtigten schon deshalb gewahrt bleibt, weil jede Abrede widerruflich ist (unten Rn 106 ff) und jede Klausel, die dieses Recht einschränkt oder ausschließt, nichtig wäre (Gernhuber/Coester-Waltjen § 57 Rn 18). Hinzu kommt, dass der **beruflich tätige Vormund**, va der Amtsvormund, die Aufgaben der tatsächlichen Pflege und Erziehung stets auf Dritte, etwa eine Pflegefamilie oder ein Heim, delegiert (s näher dazu unter Rn 130). Das Gesetz versucht diesem Umstand dadurch Rechnung zu tragen, dass es zwar einerseits von der umfassenden tatsächlichen und rechtlichen Sorgeverantwortung jedes Vormunds ausgeht (s § 1800 S 1 BGB), zugleich aber betont, dass dem Vormund die Gewährleistung der tatsächlichen Pflege und Erziehung obliegt (s § 1800 S 2 BGB). Damit erkennt der Gesetzgeber sozusagen eine Umwandlung des Pflichtrechts zur Pflege und Erziehung in ein solches zur Gewährleistung der Pflege und Erziehung durch Dritte an (näher § 1800 Rn 18). Da der Vormund dieses Pflichtrecht (ebenso wie die Kontaktpflicht nach § 1793 Abs 1a BGB) „persönlich" wahrnehmen muss, wird damit unterstrichen, dass eine vollumfängliche Einbindung Dritter in die Personensorge in der Regel ausscheidet (BeckOGK/Kerscher [1. 9. 2019] Rn 90). 95

Denkbar ist aber, dass im Einzelfall auch der **ehrenamtlich tätige Vormund** eine umfassende Unterstützung durch einen Dritten benötigt, etwa bei einer unvorhersehbaren Verhinderung, etwa einer Erkrankung. Auch in diesem Fall muss es möglich sein, den Dritten weitreichend in die Ausübung der Sorgeverantwortung einzubinden; Dritter kann auch in diesem Fall das Jugendamt oder eine bestimmte Fachkraft im Jugendamt sein (DIJuF-Rechtsgutachten JAmt 2017, 491). Allerdings muss diese Möglichkeit auf Ausnahmefälle beschränkt bleiben. Bei längerfristigen und vorhersehbaren Verhinderungen wird zT für die Bestellung eines (Verhinderungs-) Ergänzungspflegers plädiert (näher dazu unten Rn 125). 96

d) Überwachungs-, Kontroll- und Kooperationspflichten des Vormunds

Aus dem Grundsatz der Gesamtverantwortung des Vormunds (oben Rn 2) folgt, dass dieser bei jeder Delegation von Sorgekompetenzen die Letztverantwortung behalten muss. Mithin obliegen ihm stets Überwachungs- und Kontrollpflichten. Dies zeigt sich deutlich bei der Sorgeverantwortung des beruflich tätigen Vormunds, va des Amtsvormunds, die **zwingend aufgespalten** ist, weil dieser die tatsächliche Verantwortung nicht selbst wahrnehmen kann (oben Rn 5). Wenn §§ 1793 Abs 1a und 1800 S 2 BGB festschreiben, dass der Vormund persönlich die Pflege und Erziehung des Mündels fördern und gewährleisten sowie persönlichen Kontakt mit dem Mündel halten muss, so soll damit zwar nicht jede Delegation verhindert werden. Jedoch sollte mit dem Adverb „persönlich" der entgegenstehenden Praxis in der Amtsvormundschaft entgegengewirkt werden, dass die Überwachungs- und Organisations- 97 aufgabe des Vormunds nicht vom Vormund selbst wahrgenommen, sondern allein den Mitarbeitern des ASD überlassen wurde (BT-Drucks 17/3617, 6; Vorbem 37 ff zu §§ 1773 ff). Der Vormund kann sich also seiner Sorgeverantwortung für den Mündel in keinem Fall entledigen; es bleibt ihm stets die **Kontrolle** über den Dritten.

98 Um eine kindeswohldienliche Gewährleistung der Sorgerechtsausübung durch den Ermächtigten bzw Bevollmächtigten sicherzustellen, bedarf es nicht nur regelmäßiger Kontakte mit dem Mündel (Hoffmann FamRZ 2018, 882, 884 für das Eltern-Kind-Verhältnis), sondern auch mit dem Dritten. Zum Teil wird der Dritte sogar für verpflichtet gehalten, bei Sorgerechtsentscheidungen von erheblicher Bedeutung **Einvernehmen mit dem Vormund** zu erzielen, soweit keine Gefahr im Verzug (s § 1629 Abs 1 S 4 BGB) vorliege (DIJuF-Rechtsgutachten JAmt 2017, 542, 543; DIJuF-Rechtsgutachten JAmt 2017, 491, 492; DIJuF-Rechtsgutachten JAmt 2017, 442, 443). Wurde der Pflegeperson zB eine Vollmacht in Gesundheitsfragen erteilt, so hat sie nach diesem Ansatz vor der Einwilligung in eine Operation ein diesbezügliches Einverständnis des Vormunds zu erreichen, soweit kein Notfall vorliegt (DIJuF-Rechtsgutachten JAmt 2017, 542, 544 f; dort auch zum Problem, ob und inwieweit dieser deshalb ebenso wie der Bevollmächtigte vom Behandelnden nach § 631e BGB aufgeklärt werden muss). Für diese Sichtweise spricht zwar, dass sich schon aus dem der Delegation zugrundeliegenden Rechtsverhältnis (etwa dem Pflegevertrag) und den dem Vormund stets verbleibenden Kontrollpflichten auch eine Kooperationspflicht der Pflegeperson ableiten lässt (s § 241 Abs 2 BGB). Mit Blick auf § 1688 Abs 3 BGB, der dem Vormund die Möglichkeit gibt, der Pflegeperson jederzeit die Entscheidungsbefugnis in Alltagsangelegenheiten zu entziehen, spricht jedoch einiges dafür, von einer umfassenden Kooperationspflicht der Pflegeperson auszugehen und diese nicht auf Angelegenheiten von erheblicher Bedeutung zu beschränken. Eine entsprechende Pflicht trifft den Vormund als Partner des Rechtsverhältnisses.

e) Gerichtliche Kontrolle der Delegation

99 Das Gesetz kennt nur wenige gerichtliche Kontrollmechanismen der Delegation von tatsächlicher Sorgeverantwortung durch den Vormund. Lediglich für die mit Freiheitsentziehung verbundene Unterbringung besteht eine Genehmigungspflicht (§§ 1800 S 1, 1631b BGB), nicht jedoch für andere Pflegeverträge. Stärker ausgeprägt ist die gerichtliche Kontrolle in Bezug auf die Einbindung Dritter in die rechtliche Verantwortung (näher unten Rn 103 ff). Unabhängig davon bleiben der (teilweise) Entzug des Personensorgerechts nach §§ 1837 Abs 4, 1666 BGB bzw die Entlassung des Vormunds nach § 1886 BGB.

3. Formen der Einbindung Dritter in die Sorgeverantwortung

a) Vertrag

100 Mit der freiwilligen Inpflegegabe kommt zwischen der **Pflegeperson** bzw der Einrichtung der stationären Jugendhilfe (zB Heim oder Erziehungsstelle) und den **Eltern bzw dem Vormund** in der Regel ein privatrechtlicher Pflegevertrag zustande, der formlos wirksam ist und die Rechte und Pflichten der Pflegeperson und des Personensorgeberechtigten während des Pflegeverhältnisses regelt (BGH FamRZ 2006, 1264, 1265; Meysen JAmt 2005, 105, 111; Bohnert ZKJ 2012, 471, 472; anders Rauscher, Familienrecht Rn 1216: Vertrag zwischen Mündel und Heim bzw Pflegeeltern; s auch Erman/Schulte-Bunert § 1800 Rn 4 u MünchKomm/Spickhoff § 1800 Rn 9: Vertrag im Namen des Mündels oder des Vormunds; zur Rechtsnatur dieses Vertrags Küfner/Schönecker, in: Kindler/Helming/Meysen/Jurczyk DJI, Handbuch Pflegekinderhilfe 73 f; Muster eines Pflegevertrags in: Kindler/Helming/Meysen/Jurczyk DJI, Handbuch Pflegekinderhilfe 983 ff). Der Akt der Inpflegegabe des Kindes durch die Eltern bzw den Vormund ist damit Ausfluss des Personensorgerechts (Schwab, 54. DJT, A 76, 89 f).

Der Pflegevertrag kommt dabei auch dann zwischen dem Personensorgeberechtigten (Vormund) und der Pflegeperson zustande, wenn das **Jugendamt (als Leistungsträger) als Vertreter des Vormunds** tätig ist. Nichts anderes soll gelten, wenn das Jugendamt nicht selbst die Pflegeeltern aussucht und in Rechtsbeziehungen zu diesen tritt, sondern mit einem anerkannten Träger der freiwilligen Jugendhilfe vertraglich regelt, dass dieser dem Jugendamt Pflegestellen vermittelt und in der Folge dieser Träger dann einen sog Kooperationsvertrag mit den Pflegeeltern abschließt. Auch in dieser Konstellation soll der Pflegevertrag unmittelbar zwischen Pflegeeltern und dem Personensorgeberechtigten (Eltern, Vormund) zustande kommen, letztere vertreten durch den Träger der freien Jugendhilfe (so VG Göttingen JAmt 2012, 105, 106). 101

Dagegen kommt **kein Pflegevertrag** zwischen dem **Jugendamt als Leistungsträger und den Pflegeeltern** zustande, da das Jugendamt insoweit nicht selbst personensorgeberechtigt ist und damit auch keine Sorgebefugnisse delegieren kann. Dies lässt sich auch nicht über die Rechtsfigur einer Ermächtigung konstruieren (so aber Küfner/Schönecker, in: Kindler/Helming/Meysen/Jurczyk DJI, Handbuch Pflegekinderhilfe 74 f). Es kann dahinstehen, ob und inwieweit über eine Einwilligung nach § 185 BGB hinaus ein allgemeines Rechtsinstitut der Einwilligung angenommen werden kann oder nicht (zum Meinungsstand Staudinger/Gursky [2014] § 185 Rn 111). In jedem Fall bleibt die Ermächtigung eine besondere Erscheinungsform der Einwilligung, die den Ermächtigten in die Lage versetzt, im eigenen Namen Rechtshandlungen vorzunehmen, die unmittelbare Rechtswirkungen in der Sphäre des Ermächtigenden auslösen (MünchKomm/Bayreuther § 185 Rn 30). Es ist aber zweifelhaft, ob der personensorgeberechtigte Vormund das Jugendamt (als Leistungsträger) ermächtigen kann, einen Pflegevertrag im eigenen Namen mit der Folge zu schließen, dass er, der Vormund, hieraus unmittelbar berechtigt und verpflichtet wird. Hiergegen spricht, dass dies auf eine systemfremde Verpflichtungsermächtigung hinausliefe (dazu MünchKomm/Bayreuther § 185 Rn 31). Zudem verbleibt die Sorgeverantwortung auch dann dem Personensorgeberechtigten, wenn ein Dritter in die Ausübung eingebunden wird (OLG Bremen 5. 1. 2018 – 4 UF 134/17 juris Rn 24, FamRZ 2018, 689, 691 f; dies übersieht das OLG Frankfurt 27. 2. 2019 – 8 UF 61/18, juris Rn 28 ff, ZKJ 2019, 230, 231, beide Entscheidungen zum Recht der elterlichen Sorge). 102

b) Sorgebefugnisse nach § 1688

Soweit es an einer rechtsgeschäftlichen Vereinbarung über die Sorgebefugnisse der Pflegeperson fehlt, ergeben sich diese aus § 1688 BGB. Zwar wird diese Norm aus dem Recht der elterlichen Sorge, anders als die §§ 1631–1632 BGB, nicht ausdrücklich zur Bestimmung des Umfangs der Personensorge des Vormunds in Bezug genommen (s § 1800 S 2 BGB). Gleichwohl lässt sie sich aufgrund der Parallelen zwischen der Verantwortung der Eltern und des Vormunds (dazu Vorbem 21 zu §§ 1773 ff) **entsprechend anwenden** (s etwa Hoffmann NZFam 2019, 1, 2; MünchKomm/Spickhoff § 1800 Rn 9; s auch § 1800 Rn 19). 103

104 Danach hat die Pflegeperson bzw die ihr gleichgestellte Person (§ 1688 Abs 2 BGB) ua die Befugnis, in **Angelegenheiten des täglichen Lebens** zu entscheiden und den Vormund zu vertreten (§ 1688 Abs 1 S 1 BGB); bei Gefahr im Verzug ist sie darüber hinaus berechtigt, alle Rechtshandlungen für den Mündel vorzunehmen, die zum Wohl des Kindes notwendig sind (§§ 1688 Abs 1 S 3, 1629 Abs 1 S 4 BGB). Allerdings sind diese Befugnisse abhängig vom Willen des Sorgeberechtigten (arg § 1688 Abs 3 S 1 BGB), können also vom Vormund grundsätzlich jederzeit eingeschränkt werden. Nur dann, wenn eine gerichtliche Verbleibensanordnung nach § 1632 Abs 4 BGB vorliegt, können die Befugnisse der Pflegeperson und des sog „Bezugsbetreuers" (also des Erziehers und Betreuers in einem Heim oder einer anderen Einrichtung der Jugendhilfe [DIJuF-Rechtsgutachten JAmt 2017, 542, 543]) nicht mehr vom Vormund, sondern nur noch durch familiengerichtliche Entscheidung eingeschränkt oder ausgeschlossen werden (§ 1688 Abs 4 BGB).

c) Sorgebefugnisse durch gerichtliche Entscheidung (§ 1630 Abs 3)

105 § 1630 Abs 3 BGB sieht eine weitere Verbesserung der Rechtsposition der Pflegeperson vor. Danach kann das Familiengericht dann, wenn die Eltern das Kind auf längere Zeit in Familienpflege geben, auf Antrag der Eltern oder der Pflegeperson Angelegenheiten der elterlichen Sorge übertragen. Vom Wortlaut der Norm erfasst wird dabei sowohl die Übertragung von **Angelegenheiten** des täglichen Lebens (vgl §§ 1687 Abs 1 S 2, 3, 1688 Abs 1 S 1 BGB) als auch solcher, deren Regelung für das Kind **von erheblicher Bedeutung** ist (vgl §§ 1628 S 1, 1687 Abs 1 S 1 BGB). Umstritten ist lediglich, ob und inwieweit die Vorschrift auch die Übertragung der gesamten elterlichen Sorge deckt (dafür KG FamRZ 2006, 1291, 1293; AG Weilburg FamRZ 2002, 118; Eisele FamRZ 2003, 954, 955; Gross FPR 2004, 411, 414; **aA** OLG Thüringen FamRZ 2009, 992, 993; Hoppenz/van Els § 1630 Rn 5; Palandt/Götz § 1630 Rn 11; diff Schwab, 54. DJT, A 102 mwNw). Dieser Streit kann hier aber dahinstehen, weil die letztgenannte Möglichkeit schon mit Blick auf § 1800 S 2 BGB ausscheidet, der den Vormund verpflichtet, persönlich die Pflege und Erziehung zu fördern und zu gewährleisten (s Rn 95). Zudem wird § 1630 BGB von § 1800 BGB nicht in Bezug genommen (zu Reformvorschlägen dazu Staudinger/Veit [2014] § 1800 Rn 52).

4. Widerrufbarkeit der Übertragung

106 Die vertragliche Heranziehung Dritter zur Erfüllung vormundschaftlicher Aufgaben (etwa zur Erziehung und Verpflegung des Kindes oder zur Betreuung eines pflegebedürftigen Mündels) kann der Vormund **jederzeit widerrufen** (Palandt/Götz Rn 12; MünchKomm/Spickhoff Rn 36; Erman/Schulte-Bunert Rn 13b). Dies folgt bereits aus dem Umstand, dass eine rechtliche Bindung für die Zukunft hinsichtlich des personenrechtlichen Kerns der Ermächtigung nicht möglich ist (MünchKomm/Spickhoff Rn 36).

107 Insbesondere dann, wenn der **Vormund das Kind selbst pflegt und erzieht** und das Kind – idR nur vorübergehend – in fremde Hände gibt, etwa durch Unterbringung in einem Kinderhort, einem Internat oder zur ärztlichen Behandlung in einem Krankenhaus, kann er, ebenso wie die Eltern, also die Heranziehung des Dritten jederzeit rückgängig machen (s Palandt/Götz Rn 12). Etwas anderes gilt dagegen dann, wenn diese Entscheidung das Kindeswohl gefährden würde (§§ 1837 Abs 4, 1666 BGB).

108 Auch die Sorgebefugnisse der Pflegeperson aufgrund von **§ 1688 BGB** stehen unter dem Vorbehalt, dass der Inhaber der elterlichen Sorge nichts anderes erklärt (§ 1688 Abs 3 BGB) oder das Gericht die Sorgebefugnisse einschränkt oder ausschließt (§ 1688 Abs 4 BGB; s oben Rn 104).

109 Beruht die Sorgebefugnis der Pflegeperson auf einer **gerichtlichen Entscheidung nach § 1630 Abs 3 BGB**, so kann die Pflegeperson selbst die Aufhebung der Übertragungsentscheidung beantragen (MünchKomm/Huber § 1630 Rn 30; **aA** Windel FamRZ 1997, 713, 722). Ebenso können die Eltern ihren Antrag nach § 1630 Abs 3 S 1 BGB bzw ihre Zustimmung nach Abs 3 S 2 zurücknehmen; eine solche Rücknahmeentscheidung der Eltern liegt im Herausgabeverlangen nach § 1632 Abs 1 BGB (BeckOK/Veit [1. 11. 2019] § 1630 Rn 12, 17.1). Für den Vormund greift diese Möglichkeit freilich nur, soweit der Antrag oder die Zustimmung zur Ausweitung der Sorgebefugnisse der pflegenden Person noch von den Eltern herrührt, nicht dagegen, wenn der Vormund selbst das Kind einer dritten Person zur Pflege und Erziehung überlässt, weil § 1630 BGB insoweit nicht gilt (s oben Rn 105).

110 Von der Frage, ob und inwieweit eine „Ermächtigung" zur Ausübung der tatsächlichen Personen- oder Vermögenssorge (zum Begriff der „Ermächtigung" in diesem Zusammenhang Schwab, 54. DJT, A 76; MünchKomm/Spickhoff Rn 36; s auch Rn 102) widerruflich ist, ist sowohl die Frage zu trennen, ob weiter eine vertragliche Bindung zum Dritten (etwa in einem Pflege-, Kindergarten- oder Arztvertrag) besteht (MünchKomm/Spickhoff Rn 36), als auch die, ob und inwieweit eine einmal erteilte Vollmacht widerruflich ist oder nicht.

5. Bevollmächtigung Dritter

a) Der Dritte als Untervertreter

111 Soweit eine Übertragung von Aufgaben an einen Dritten zulässig ist und es um die Vornahme von Rechtsgeschäften geht, kann der Vormund dem Dritten eine Vollmacht erteilen und dabei im eigenen Namen als auch **im Namen des Mündels** handeln. Letztere Möglichkeit ergibt sich aus dem Fehlen einer entgegenstehenden Bestimmung und per argumentum e contrario aus § 1822 Nr 11 BGB (KG OLGE 5, 410; RGZ 41, 263, 266). Erteilt der Vormund als gesetzlicher Vertreter im Namen des Mündels die Vollmacht, so liegt darin eine Unter- bzw Ersatzvollmacht (Staudinger/Schilken [2019] § 167 Rn 61), die die Befugnis des Bevollmächtigten begründet, Rechtsgeschäfte mit Wirkung für und gegen den Mündel vorzunehmen.

112 Der Vormund kann aber auch **im eigenen Namen** einem Dritten, etwa einem Rechtsanwalt, eine Vollmacht erteilen. In diesem Fall liegt in der Bevollmächtigung an sich keine gesetzliche Vertretung, sondern ein Eigengeschäft, das aber vom Gesetzgeber, soweit das Handeln im Interesse des Kindes mit Außenwirkung erfolgt, auch unter den Begriff der Vertretung gefasst wird (Palandt/Götz § 1626 Rn 17).

113 Im letztgenannten Fall treten die Rechtsfolgen des Handelns des Dritten beim Vormund als Vertretenen ein. Fraglich ist aber, ob sie auch beim Mündel als dem vom Vormund Vertretenen eintreten können (ablehnend Hoffmann BtPrax 2014, 151, 154). Dies würde voraussetzen, dass der **Dritte als Vertreter des Vertreters** handeln kann. Gegen diese Möglichkeit spricht aber bereits der Offenkundigkeitsgrundsatz (§ 164

Abs 2 BGB); hiermit ist nicht vereinbar, dass ein Handeln für einen Hauptvertreter Wirkungen bei dem von diesem Vertretenen zeitigt (Staudinger/Schilken [2019] § 167 Rn 62 mwNw zum Meinungsstand). Gleichwohl wird diese Konstruktion des „Vertreters des Vertreters" im Recht der gesetzlichen Vertretung zT für „notwendig" gehalten (MünchKomm/Spickhoff Rn 38 Fn 39).

b) Der Umfang der Vollmacht

114 Die Vollmacht kann, je nach der Willensrichtung des Vertretenen, zur Vornahme bestimmter Rechtsgeschäfte berechtigen **(Spezialvollmacht)** oder als **Generalvollmacht** ausgestaltet sein und dann zur Vornahme aller Rechtsgeschäfte oder zumindest zur Vornahme aller Rechtsgeschäfte einer bestimmten Art berechtigen. Wie weit die Vollmacht im Einzelfall reicht, ist durch Auslegung nach §§ 133, 157 BGB zu ermitteln (Staudinger/Schilken [2019] § 167 Rn 84 mwNw).

115 Die Erteilung einer **allumfassenden Vollmacht** namens des Mündels wird grundsätzlich für zulässig gehalten (OLG Dresden SeuffA 66 Nr 155; Josef ZBlFG 15, 453; Enneccerus/Kipp § 113 I; Dölle § 124 I; BGB-RGRK/Dickescheid Rn 17; Soergel/Zimmermann Rn 15). **Hiergegen** spricht aber schon die durch die gerichtliche Auswahl (§ 1779 BGB) intendierte persönliche „Zuständigkeit" des Vormunds (MünchKomm/Spickhoff Rn 40). Jedes andere Ergebnis würde auch der Pflicht des Vormunds nach § 1800 S 2 BGB widersprechen, persönlich die Pflege und Erziehung des Mündels zu fördern und zu gewährleisten, was die persönliche Vornahme von Rechtsgeschäften impliziert.

116 Denkbar sind demnach nur Vollmachten, die zu einer **bestimmten Art oder Gattung von Rechtsgeschäften** berechtigen (zu den verschiedenen Arten von Vollmachten Staudinger/Schilken [2019] § 167 Rn 83), etwa eine Vollmacht für einen abgegrenzten Bereich der Vermögensverwaltung, wie zB die Führung eines Betriebs oder die Durchführung einer Hausverwaltung (MünchKomm/Spickhoff Rn 40). Es bleibt nur die Frage, ob die Vollmacht auch den gesamten Bereich der Personen- oder Vermögenssorge erfassen kann. Hiergegen spricht allerdings, dass dadurch die Eignungsprüfung des Gerichts im Rahmen von § 1779 BGB unterlaufen würde. Zudem bleibt zu bedenken, dass selbst bei umfassender Einbindung Dritter in die Ausübung der Pflege und Erziehung der Vormund in die Personensorge über seine Kontrollpflichten eingebunden bleibt (s oben Rn 97 ff). Dies kann im rechtsgeschäftlichen Bereich nicht anders sein.

117 Zum Teil wird danach differenziert, ob sich die Generalvollmacht auf die **Angelegenheiten des Vormunds oder des Mündels** bezieht; im erstgenannten Fall soll die Vollmacht zulässig sein, im letztgenannten dagegen nicht (so Josef ZBlFG 15, 453; Staudinger/Engler [2004] Rn 49 f). Diese Differenzierung ist allerdings ebenfalls den genannten Bedenken ausgesetzt. In dem Fall, dass ein Vormund etwa vor einem langfristigen Einsatz als Soldat in einem Kriegsgebiet oder einem langfristigen sonstigen Auslandsaufenthalt steht, kommt anstelle der „Ermächtigung zur Besorgung aller seiner Angelegenheiten" durch einen Generalbevollmächtigten (so Staudinger/Engler [2004] Rn 49) die Beantragung der eigenen Entlassung nach § 1889 Abs 1 BGB in Betracht; diesem Antrag wäre stattzugeben, weil der langfristige Auslandsaufenthalt einen wichtigen Grund darstellt und der Vormund auch nach § 1786 Abs 1 Nr 5 BGB berechtigt wäre, die Übernahme der Vormundschaft abzulehnen. Das Familienge-

richt muss dann eine neue Auswahlentscheidung treffen und prüfen, inwieweit der vom Vormund benannte „Generalbevollmächtigte" als geeigneter Einzelvormund nach § 1779 BGB in Betracht kommt.

c) Widerrufbarkeit der Vollmacht

Für die Vollmacht, die der Vormund namens des Mündels einem Dritten erteilt, gelten die allgemeinen Grundsätze (§§ 167 ff BGB); dies gilt auch für die Frage, ob eine Vollmacht unwiderruflich erteilt werden kann oder nicht (allg dazu Staudinger/Schilken [2019] § 168 Rn 8 ff). Die Vollmacht ist also grundsätzlich widerruflich (s § 168 S 2 BGB); jedes andere Ergebnis käme einem unzulässigen Verzicht auf die Sorgeverantwortung durch den Vormund gleich (Hoffmann BtPrax 2014, 151, 152; diff danach, ob die Vollmacht vom Vormund im Namen des Mündels oder im eigenen Namen erteilt wird, BeckOGK/Kerscher [1. 9. 2019] Rn 92, 94). 118

d) Erfordernis der Genehmigung durch Gegenvormund oder Familiengericht

Da die Erteilung der Vollmacht (§ 167 BGB) selbst keine Verfügung über das Vermögen des Mündels darstellt und mit ihr auch keine rechtliche Bindung des Mündels in Bezug auf sein Vermögen verbunden ist, bedarf die Bevollmächtigung keiner familiengerichtlichen Genehmigung, und zwar auch dann nicht, wenn sie die Ermächtigung zur Vornahme eines nach §§ 1821, 1822 BGB genehmigungsbedürftigen Rechtsgeschäfts umfasst (Palandt/Götz Rn 12; MünchKomm/Spickhoff Rn 42; näher unter § 1821 Rn 34 ff). Eine Ausnahme gilt nur für die Erteilung einer Prokura (§ 1822 Nr 11 BGB). 119

Ob auch für die **unwiderrufliche Vollmacht** eine Ausnahme anzunehmen ist, wird unterschiedlich gesehen (näher unter § 1821 Rn 34 f, 51, 73). Eine solche Vollmacht kommt in ihrer wirtschaftlichen Bedeutung dem in Frage stehenden Rechtsgeschäft (etwa der Auflassung eines Grundstücks) gleich; dennoch braucht der Fall nicht anders entschieden zu werden als sonstige Fälle der Bevollmächtigung zur Vornahme genehmigungsbedürftiger Geschäfte, weil ein Vollzug des vom Bevollmächtigten vorzunehmenden Geschäfts erst möglich ist, wenn das Familiengericht es genehmigt hat. 120

Da der Vormund auf den von ihm Bevollmächtigten nicht mehr Rechte übertragen kann, als er selbst hat, bedarf der **Bevollmächtigte** zur Vornahme von Rechtsgeschäften für den Mündel in gleichem Umfang wie der Vormund selbst der Genehmigung des Gegenvormunds oder des Familiengerichts (KG OLGE 5, 410, 411; KG JFG 1, 313, 316; OLG Hamm FamRZ 1972, 270, 271; Enneccerus/Kipp § 113 I; Dölle § 124 I; BGB-RGRK/Dickescheid Rn 17; Soergel/Zimmermann Rn 15; MünchKomm/Spickhoff Rn 42; Palandt/Götz Rn 12). 121

e) Erlöschen der Vollmacht

Das Erlöschen der Vollmacht bestimmt sich nach den §§ 168 ff BGB. 122

Durch die **Beendigung des Amts des Vormunds**, der einem Dritten **namens des Mündels** Vollmacht erteilt hat (zB bei einem Wechsel in der Person des Vormunds oder einem Eintritt der Volljährigkeit des Mündels), erlischt die Vollmacht im Zweifel nicht (Mot IV 1080; OLG Dresden OLGE 30, 24; KG JFG 1, 313, 316; RG HRR 1929 Nr 1649; Enneccerus/Kipp § 113 I; Dölle § 124 I; BGB-RGRK/Dickescheid Rn 19; MünchKomm/Spickhoff Rn 43; diff BeckOGK/Kerscher [1. 9. 2019] Rn 96). 123

124 Eine Vollmacht, die der Vormund dagegen im eigenen Namen einem anderen erteilt hat, um ihn, den Vormund, zu vertreten (etwa bei der Einwilligung in ein Rechtsgeschäft des Mündels nach § 107 BGB), erlischt dagegen mit dem Ende seines Amtes, weil die Rechtsmacht des Vormunds hinfällig geworden ist (MünchKomm/Spickhoff Rn 43; BGB-RGRK/Dickescheid Rn 19 aE ausführlich zur Doppelvollmacht im Rahmen der §§ 1828 f BGB DNotI-Report 2017, 121, 122; s dazu auch § 1829 Rn 29 ff).

6. Bestellung eines sog Verhinderungs- bzw Vertretungsvormunds

125 Zum Teil wird analog der Möglichkeit im Betreuungsrecht (§ 1899 Abs 4 BGB) vorgeschlagen, in Fällen nicht nur kurzfristiger tatsächlicher Verhinderung, wie etwa eines mehrmonatigen Auslandsaufenthalts des Vormunds, wenn zugleich die Perspektive der Rückkehr und Wiederaufnahme der Tätigkeit besteht, einen sog Verhinderungs- oder Vertretungsvormund zu bestellen (DIJuF-Rechtsgutachten JAmt 2017, 491, 492; s auch Elmauer/Kauermann-Walter JAmt 2019, 368, 373). Gegen diese Lösung spricht freilich, dass das Vormundschaftsrecht eine solche Möglichkeit nicht vorsieht. Vielmehr kann das Familiengericht in dem Fall, dass der Vormund an der Erfüllung seiner Aufgaben tatsächlich verhindert ist, die im Interesse des Mündels erforderlichen Maßregeln treffen (§ 1846 BGB) oder einen Ergänzungspfleger bestellen (§ 1909 Abs 1 S 1 BGB; zur Möglichkeit des Jugendamtes, im Verhinderungsfall des „Realvormunds" [§ 1791b Rn 35] einen anderen Mitarbeiter mit der Aufgabenwahrnehmung zu betrauen, § 1791b Rn 31).

VIII. Besonderheiten der Vormundschaftsführung durch Jugendamt oder Verein

126 Die Vormundschaftsführung durch das Jugendamt oder einen Verein weist zahlreiche strukturelle und tatsächliche Besonderheiten auf, wobei diese zT auch auf den beruflich tätigen Einzelvormund zutreffen.

127 Mit dem rechtsfähigen Verein (§ 1791a Abs 1 S 1 BGB) bzw dem Jugendamt übernimmt **eine juristische Person bzw eine Behörde** die Verantwortung für das Kind (auch die Behörde wird also teilrechtsfähig [BeckOGK/Kerscher [1. 9. 2019] Rn 20 mwNw]), was diese beiden Verantwortungsträger von jeder natürlichen Person, etwa der Großmutter des Mündels, als Vormund unterscheidet. Hieran ändert auch der Umstand nichts, dass in beiden Fällen natürliche Personen (va Mitarbeiter) mit der Ausübung der Aufgaben betraut werden (§ 1791a Abs 3 S 1 BGB; § 55 Abs 2 S 1 SGB VIII; näher dazu § 1791b Rn 30).

128 Neben diesen strukturellen Besonderheiten weist die Vormundschaftsführung auch tatsächliche Besonderheiten auf. Anders als der Einzelvormund können sowohl der Verein als auch das Jugendamt bei ihrer Aufgabenwahrnehmung auf vielfältige andere Kompetenzen, wie Psychologen, Mediziner, Therapeuten und Juristen des eigenen Trägers, innerhalb der eigenen Organisation zur Unterstützung zurückgreifen (Elmauer/Kauermann-Walter JAmt 2016, 116 für Vereine). Diese umfassende Fachkompetenz macht beide Träger zu besonders geeigneten Vormündern, va für Kinder, die traumatische Erfahrungen im Elternhaus gemacht haben, und erklärt zumindest zum Teil den statistischen Regelfall (dazu Vorbem 35 zu §§ 1773 ff). Diese **Professionalisierung** geht allerdings auf Kosten einer **Entpersönlichung der Sorgeausübung**. Bis 2011 stand bei der Amtsvormundschaft die anonymisierte Verwaltung im Vordergrund (Veit

FamRZ 2016, 2045, 2049). Zwar ist seither der mit der Führung der Vormundschaft betraute Mitarbeiter des Jugendamtes verpflichtet, den persönlichen Kontakt mit dem Mündel zu halten (§ 1793 Abs 1a S 1 und 2 BGB) und persönlich die Pflege und Erziehung des Mündels zu fördern und zu gewährleisten (§ 1800 S 2 BGB). Diese Pflichten obliegen ihm aber als Dienstpflichten; hat er als Vollzeitbeschäftigter 50 Mündel zu betreuen, entfallen Schätzungen zufolge rund $^{3}/_{4}$ der monatlichen Arbeitszeit auf Anreise und persönlichen Kontakt mit dem Mündel, sodass unter Berücksichtigung anderer, nicht mündelbezogener Arbeiten (zB Dienstbesprechungen) zwischen 19 und 30 Minuten für die Vornahme von Maßnahmen zur Gewährleistung der Pflege und Erziehung (zB Teilnahme an Hilfeplangesprächen oder die Regelung von Umgangskontakten) bleiben (Sünderhauf JAmt 2011, 293, 296; zur Möglichkeit, anderen Mitarbeitern im Jugendamt Sorgerechtsvollmachten zu erteilen, DIJuF-Rechtsgutachten JAmt 2017, 545).

Zudem ist der Mitarbeiter des Jugendamtes aufgrund seiner dienst- oder arbeitsrechtlichen Stellung **innerbehördlichen Weisungen** (s § 665 BGB) sowohl der Verwaltungsspitze der Trägerkörperschaft aufgrund deren allgemeiner Dienstaufsicht als auch der Leitung des Jugendamts unterworfen (näher § 1791b Rn 36). Hieran ändert auch der Umstand nichts, dass das Jugendamt bzw der Verein als Vormund grundsätzlich selbständig gegenüber dem Familiengericht auftritt und dessen Obervormundschaft begrenzt ist (s § 1837 Abs 3 S 2 BGB). Hinzu kommen Kompetenzkonflikte (Vorbem 40 zu §§ 1773 ff), die die Aufgabenwahrnehmung erheblich erschweren können (Beutler/Knispel/Köllen/Pugell/Smykalla JAmt 2019, 374, 375 f). 129

Anders als beim Einzelvormund gestaltet sich auch der **Umfang der tatsächlich wahrgenommenen Sorgeverantwortung**. Weder das Jugendamt noch der Verein können die tatsächliche Pflege und Erziehung selbst wahrnehmen, sondern müssen dies zwingend natürlichen Personen überlassen; für den beruflich tätigen Einzelvormund gilt nichts anderes. Das Gleiche gilt für den persönlichen Kontakt mit dem Mündel. Zwar kann der mit der Aufgabe der Vormundschaftsführung betraute Mitarbeiter des Vereins bzw des Jugendamtes diesen Kontakt persönlich pflegen und auch die Personen- bzw Vermögenssorge im Übrigen wahrnehmen; tatsächlich pflegen und erziehen kann er den einzelnen Mündel dagegen, will er nicht in Konflikt geraten mit der Gleichbehandlung der anderen Mündel, die ihm anvertraut sind, nicht. Vielmehr obliegt diese Aufgaben der Pflegeperson bzw der von ihm ausgewählten Einrichtung. 130

Die Aufgabenwahrnehmung dieser Vormünder ist also zwischen dem Vormund und der tatsächlich pflegenden Person aufgespalten (s oben Rn 5). Der Amtsvormund und der Verein als Vormund (aber auch der beruflich tätige Einzelvormund) verwalten bzw organisieren die Erziehung des Mündels durch Dritte (Veit FamRZ 2016, 2045, 2051). Schwab differenziert deshalb auch anschaulich zwischen dem Vormund, der tatsächlich anstelle der Eltern das Kind pflegt und erzieht (sog voller Vormund, **Erziehungsvormund** [Schwab, 9. Göttinger Workshop 33; grundlegend ders ZfF, Sonderheft 2011, 41, 50, 52; Salgo, Pflegekindschaft 395], Sozialisationsvormund [Schwab, 9. Göttinger Workshop 33; Salgo Pflegekindschaft 395] oder persönlicher Vormund [Zenz DAVorm 2000, 366 betont das Recht auf „persönlich geführte Vormundschaft"]), und dem Vormund, der nur den äußeren Rahmen für das Leben seines Mündels einrichtet, das Funktionieren der tatsächlichen Pflege und Erziehung überwacht und ihn im Übrigen bei Rechtsgeschäften vertritt, sog **Organisationsvormund** (Schwab, 9. Göttinger Workshop 33; ders, in: 131

Dutta/Schwab/Henrich/Gottwald/Löhnig, Vormundschaft in Europa 15 ff; Etzold FamRZ 2016, 609, 611).

132 Diese **Unterscheidung ist im Gesetz angelegt**, aber nur unzureichend abgebildet. Es kennt den erziehenden Vormund, der den Mündel in seinen Haushalt aufnimmt (§ 1793 Abs 1 S 3 BGB), und enthält Vorschriften, die nur auf den organisierenden Vormund passen (§§ 1793 Abs 1a, 1800 S 2 BGB). Soweit aber etwa § 1800 S 2 BGB den Vormund verpflichtet, die Pflege und Erziehung des Mündels persönlich zu fördern und zu gewährleisten, bleibt nicht nur unklar, was unter den Verben **„fördern und gewährleisten"** zu verstehen ist, sondern auch, welcher der beiden Vormundstypen Adressat der Regelung ist, sieht doch nach wie vor § 1793 BGB für beide die volle Sorgeverantwortung für jeden Mündel vor.

133 Der **Reformgesetzgeber** steht deshalb vor der Aufgabe, diese Sorgerealitäten stärker als bisher im Gesetz abzubilden. Eine Möglichkeit besteht darin, sich von der Einheitssorge für alle Vormünder zu verabschieden, diese nur noch für den Vormund vorzusehen, der den Mündel in seinen Haushalt aufgenommen hat oder aufnehmen kann, da nur darauf die Vorstellung passt, dass der Vormund die elterliche Sorge surrogiert (Vorbem 21 zu §§ 1773 ff; Gernhuber/Coester-Waltjen § 70 Rn 29), und für die beruflich tätigen Vormünder, deren Sorgewahrnehmung von der dauerhaften Spaltung der Verantwortung zwischen Vormund und tatsächlich pflegender Person gekennzeichnet ist (oben Rn 5), die Spaltung auch im Gesetz sauber abzubilden (Veit FamRZ 2016, 2045, 2052). Hierzu liegen inzwischen zwei Diskussionsteilentwürfe des BMJV vor, die versuchen, diese schwierige Aufgabe zu meistern (dazu Vorbem 57 ff zu §§ 1773 ff).

IX. Unterstützung des Vormunds durch das Jugendamt

134 Der Vormund hat zur Unterstützung seiner Sorgeverantwortung nach **§ 53 Abs 2 SGB VIII** einen Anspruch auf regelmäßige und dem jeweiligen erzieherischen Bedarf des Mündels entsprechende Beratung und Unterstützung durch das Jugendamt. Zudem kann er als Personensorgeberechtigter Hilfe zur Erziehung nach den **§§ 27 ff SGB VIII** beantragen (zum Problem der Identität von Leistungsträger und Antragsteller bei der Amtsvormundschaft s Rn 129). Nicht zuletzt kann der Vormund unter den Voraussetzungen des **§ 1713 Abs 1 S 2 BGB** den Antrag beim Jugendamt stellen, dass dieses Beistand des Mündels für die Aufgabe(n) der Feststellung der Vaterschaft und/oder der Geltendmachung von Unterhaltsansprüchen wird. Mit Zugang des Antrags beim Jugendamt tritt dessen Beistandschaft ein (§ 1714 S 1 BGB).

X. Haftung von Vormund und Mündel

1. Haftung des Vormunds gegenüber dem Mündel

a) Grundsätzlicher Umfang

135 Für schuldhafte Verletzungen seiner Pflicht zur Sorge für die Person und das Vermögen des Mündels haftet der Vormund im Regelfall nach § 1833 BGB. Danach ist er dem Mündel für den aus einer Pflichtverletzung entstehenden Schaden verantwortlich, wenn ihm ein Verschulden zur Last fällt (§ 1833 Abs 1 S 1 BGB). Er haftet also für Vorsatz und jede Fahrlässigkeit (§ 276 BGB).

Die Haftung aus § 1833 BGB kann mit einer solchen aus §§ 823 ff BGB **konkurrieren** (Gernhuber/Coester-Waltjen § 71 Rn 32). 136

b) Haftungsprivilegierung

Ist der Mündel allerdings auf längere Zeit im Haushalt des Vormunds aufgenommen, so haftet er nach §§ **1793 Abs 1 S 3, 1664 BGB** nur für eine Verletzung der Sorgfalt, die er in eigenen Angelegenheiten anzuwenden pflegt (näher Staudinger/Heilmann [2016] § 1664 Rn 8, 30 f). Für eine Differenzierung danach, in welchem Umfang eine dem Eltern-Kind-Verhältnis ähnliche engere persönliche Beziehung zwischen diesem Vormund und dem Mündel besteht (so Staudinger/Engler [2004] Rn 56), gibt das Gesetz nichts her (wie hier iE MünchKomm/Spickhoff Rn 51); vielmehr ist die Verweisung auf das Eltern-Kind-Verhältnis gerade deshalb gerechtfertigt, weil dieser Vormund dadurch, dass er – anders als im Regelfall – selbst die Pflege und Erziehung des Kindes übernimmt, eine elternähnliche Stellung erlangt (insoweit zu Recht die Begründung des BtÄndG v 15. 6. 2008, mit dem die Verweisung in S 3 des § 1793 BGB eingefügt worden ist, BT-Drucks 13/7158, 21). Das Haftungsprivileg soll auch die Übernahme der tatsächlichen Fürsorge fördern und eventuelle Hemmungen beim Aufbau einer persönlichen Beziehung zwischen Vormund und Mündel beseitigen (Gernhuber/Coester-Waltjen § 71 Rn 32; Rauscher Rn 1232). Die Förderung wird zusätzlich dadurch erreicht, dass unabhängig vom Haftungsprivileg bei Bestimmung der Sorgfaltsanforderungen berücksichtigt wird, welche Sorgfalt in den Lebenskreisen, denen der Vormund angehört, geübt wird und dort billigerweise erwartet werden kann (§ 1833 Rn 15). 137

Die Haftungsprivilegierung **greift nicht** ein, wenn der Vormund Aufsichtspflichten verletzt hat, da diese Pflicht keine Relativierung von Sorgfaltsanforderungen verträgt (Staudinger/Engler [2009] § 1664 Rn 33; **aA** Staudinger/Heilmann § 1664 Rn 33). Ebenso wenig gilt sie, wenn der Mündel bei einem vom Vormund verschuldeten Verkehrsunfall zu Schaden gekommen ist; insoweit gilt für § 1664 BGB nichts anderes als für die §§ 1359 und 708 BGB (BeckOK/Veit [1. 11. 2019] § 1664 Rn 3.1). 138

c) Haftung des Vormunds für Fehlverhalten Dritter

Hat der Vormund die Erledigung einzelner Angelegenheiten einem Dritten übertragen, so hängt seine Verantwortlichkeit für einen dem Mündel durch den Dritten zugefügten Schaden davon ab, ob die Übertragung der Angelegenheit zulässig war oder nicht (s § 1833 Rn 55). War die **Übertragung unzulässig**, so haftet der Vormund für jeden Schaden, der ohne die Übertragung nicht eingetreten wäre, wobei es auf ein Verschulden des Dritten nicht ankommt. 139

War die **Übertragung dagegen zulässig**, so haftet der Vormund nur für den Schaden, der dadurch verursacht wurde, dass er vorsätzlich oder fahrlässig die Erledigung der Angelegenheit einer Person übertragen hat, die dafür nicht genügend geeignet war, oder dass er bei der nach Lage des Falles gebotenen Unterweisung oder Überwachung etwas versäumt hat (Soergel/Zimmermann Rn 16; BGB-RGRK/Dickescheid Rn 22; MünchKomm/Spickhoff Rn 49; BeckOGK/Kerscher [1. 9. 2019] Rn 61). Dagegen haftet er nicht für das Fehlverhalten des **Dritten**; § 278 BGB findet keine Anwendung (MünchKomm/Spickhoff Rn 49; BeckOGK/Kerscher [1. 9. 2019] Rn 61; **aA** Dölle § 124 I). Vielmehr hat nur der Mündel Ansprüche gegen den Dritten (etwa den als zuverlässig bekannten Handwerker, der einen Sachschaden verursacht hat, oder gegen den Arzt, dem ein Kunstfehler unterlaufen ist), wie wenn er als unbeschränkt Geschäftsfähiger 140 den Dritten selbst zu der Verrichtung bestellt hätte (ebenso iE BGB-RGRK/Dickescheid Rn 22).

2. Haftung des Vormunds gegenüber Dritten

141 Die Haftung des Vormunds gegenüber Dritten für ein eigenes schuldhaftes Verhalten oder für einen vom Mündel angerichteten Schaden richtet sich nach den allgemeinen Vorschriften des Deliktsrechts (§§ 823, 826, 832, 840 Abs 2 BGB; s § 1833 Rn 66).

3. Haftung des Mündels für das Verhalten des Vormunds

a) Vertragliche Haftung

aa) Grundsatz

142 Der Mündel haftet bei bestehenden Schuldverhältnissen nach **§ 278 BGB** für das Verschulden seines gesetzlichen Vertreters und für das Verschulden der Personen, deren er sich zur Erfüllung seiner Verbindlichkeiten bedient, also auch der Personen, die der Vormund im Rahmen eines Schuldverhältnisses zu deren Erfüllung bestellt.

Umstritten ist, ob darüber hinaus ein Verschulden des Vormunds bei Vertragsschluss nur diesen selbst zum Schadensersatz aus §§ 280 Abs 1, 241 Abs 2, 311 Abs 2, Abs 3 BGB (Vormund als uneingeschränkter Sachwalter des Mündels iSv § 311 Abs 3 BGB [Jauernig/Stadler § 311 Rn 64]) verpflichtet (Ballerstedt AcP 151 [1950/1951] 501, 527), oder ob daneben der Mündel für dieses Fehlverhalten des Vormunds nach § 278 BGB einzustehen hat (MünchKomm/Spickhoff Rn 52; Erman/Schulte-Bunert Rn 15). Für letztere Sicht spricht, dass § 278 BGB ein bestehendes Schuldverhältnis voraussetzt, ein solches mit Pflichten nach § 241 Abs 2 BGB aber auch schon durch die Anbahnung von Vertragsverhandlungen oder die Anbahnung eines Vertrags (§ 311 Abs 2 BGB) begründet werden kann (s Staudinger/Löwisch/Caspers [2019] § 278 Rn 43).

143 Dieser Grundsatz gilt auch dann, wenn der **Vormund arglistig gehandelt** hat (RGZ 83, 241, 244 für einen rechtsgeschäftlichen Vertreter; Palandt/Götz Rn 14), es sei denn, dass der gesetzliche Vertreter den Mündel allein wegen Fehlens einer familiengerichtlichen Genehmigung nicht wirksam vertreten kann (RGZ 61, 209; 132, 76, 78).

bb) Ausnahmen

144 Die Einstandspflicht des Mündels gilt im Übrigen nur für Geschäfte, die zum **Zuständigkeitsbereich des Vormunds** (oder Pflegers) gehören, nicht dagegen dann, wenn das in Aussicht genommene Geschäft außerhalb seiner Vertretungsmacht (oder der des Pflegers) liegt (MünchKomm/Spickhoff Rn 52; Erman/Schulte/Bunert Rn 16).

145 Die Haftung aus §§ 280 Abs 1, 241 Abs 2, 311 Abs 2, 3 BGB scheidet weiter dann aus, wenn dem gesetzlichen Vertreter zwar bei der Kontaktaufnahme zu einem genehmigungsbedürftigen Rechtsgeschäft, das in seinen Zuständigkeitsbereich fällt, eine Pflichtverletzung unterläuft, die Genehmigung aber vom Familiengericht letztlich versagt wird. In diesem Fall würde der Schutzzweck der **familiengerichtlichen Genehmigung** unterlaufen, wenn der Mündel für den Fall, dass die Genehmigung versagt wird, zwar nicht aus Vertrag, wohl aber aus culpa in contrahendo haften würde

(MünchKomm/Spickhoff Rn 52, 54; s auch Palandt/Götz Rn 14; BGB-RGRK/Dickescheid Rn 23 u Soergel/Zimmermann Rn 17).

b) Deliktische Haftung

Für einen Schaden, den der Vormund durch eine bei der Besorgung der vormundschaftlichen Geschäfte begangene unerlaubte Handlung verursacht hat, ist der Mündel nicht verantwortlich, weil natürliche – im Gegensatz zu juristischen – Personen für unerlaubte Handlungen ihrer gesetzlichen Vertreter nicht haften; der Mündel hat den Vormund weder zu einer Verrichtung bestellt, noch liegt ein Abhängigkeitsverhältnis zwischen dem Geschäftsherrn und dem Verrichtungsgehilfen iSv § 831 BGB vor (RGZ 121, 114, 118; 132, 76, 80; Erman/Schulte-Bunert Rn 16). 146

Das Verhalten des Vormunds kann auch insoweit nicht zum Nachteil des Mündels berücksichtigt werden, als es bei der Haftung des Tierhalters nach **§ 833 S 2 BGB** und bei der Haftung des Besitzers eines bebauten Grundstücks nach **§ 836 S 2 BGB** darauf ankommt, ob der Tierhalter oder der Grundstücksbesitzer bei der Beaufsichtigung des Tiers bzw zur Abwendung der vom Gebäude ausgehenden Gefahren die erforderliche Sorgfalt beobachtet hat (RG JW 1915, 580; Palandt/Götz Rn 14; Soergel/Zimmermann Rn 17; BGB-RGRK/Dickescheid Rn 24). 147

c) Mitverschulden des Vormunds

Wird ein Mündel durch einen Dritten geschädigt und hat bei der Entstehung des Schadens ein Verschulden des Vormunds mitgewirkt, so führt dies zu einer Minderung der Ersatzansprüche des Mündels gegen den Dritten (§ 254 Abs 1 BGB); das Gleiche gilt, wenn sich das Verschulden des Vormunds darauf beschränkt, dass er es unterlassen hat, den Dritten auf die Gefahr eines ungewöhnlich hohen Schadens aufmerksam zu machen, die der Dritte weder kannte noch kennen musste, oder dass er unterlassen hat, den Schaden abzuwenden oder zu mindern (§ 254 Abs 2 S 1 BGB; Erman/Schulte-Bunert Rn 16; MünchKomm/Spickhoff Rn 53). § 278 BGB findet auf beide Fälle Anwendung, da § 254 Abs 2 S 2 BGB nach unstrittiger Ansicht nicht auf Abs 2 S 1 beschränkt ist, sondern als Absatz 3 verstanden werden muss (Staudinger/Schiemann [2017] § 254 Rn 95; s auch BGH NJW 1961, 20, 21). 148

4. Beschränkung der Haftung des Mündels (Abs 2)

a) Historie

Das Bundesverfassungsgericht hat mit **Beschluss vom 13. 5. 1986** (BVerfGE 72, 155 = FamRZ 1986, 769 = NJW 1986, 1859) festgestellt, dass § 1629 Abs 1 iVm § 1643 Abs 1 BGB insoweit nicht mit Art 2 Abs 1 iVm Art 1 Abs 1 GG vereinbar ist, als danach Eltern aufgrund ihrer Vertretungsmacht bei Fortführung eines zum Nachlass gehörenden Handelsgeschäfts in ungeteilter Erbengemeinschaft ohne familiengerichtliche Genehmigung Verbindlichkeiten zu Lasten ihrer minderjährigen Kinder begründen können, die über den Umfang des ererbten Vermögens hinausgehen (s dazu § 1822 Rn 47). 149

Mit dem **Gesetz zur Beschränkung der Haftung Minderjähriger** vom 25. 8. 1998 wurde § 1629a BGB eingefügt und § 1793 BGB um einen Abs 2 erweitert. Zum Normtext des § 1793 BGB in der Fassung des MHbeG sowie den nachfolgenden Änderungen s Staudinger/Engler (2004) Rn 60. 150

b) Normzweck

151 Die im Recht der elterlichen Sorge eingefügte Norm bezweckt einen vertretbaren Ausgleich zwischen dem Schutz des Minderjährigen vor Überschuldung im Zeitpunkt seiner „Entlassung“ in die Volljährigkeit (BVerfGE 72, 155, 173) und den Interessen des Rechtsverkehrs, vor allem den Gläubiger- und Verkehrsinteressen (BT-Drucks 13/5624, 7). Der Gesetzgeber hat sich gegen die Lösung entschieden, den Katalog der §§ 1821, 1822 BGB um die Konstellation, die der Entscheidung des BVerfG zugrunde lag (Fortführung eines ererbten Handelsgeschäfts), zu erweitern, weil ein solcher Lösungsansatz zwangsläufig Lücken aufgewiesen hätte; der Katalog kann, so die Gesetzesbegründung, nicht so umfassend ausgestaltet werden, dass er sämtliche Geschäfte erfasst, die unzumutbar hohe Verbindlichkeiten zulasten des Kindes begründen können (BT-Drucks 13/5624, 6). Stattdessen hat sich der Gesetzgeber für eine Beschränkung der Haftung des Kindes oder Mündels für Verbindlichkeiten entschieden, die während der Minderjährigkeit entstanden sind, auf den Bestand des bei Eintritt der Volljährigkeit vorhandenen Vermögens (§ 1629a Abs 1 S 1 BGB). Darüber hinaus gibt er dem volljährig Gewordenen die Möglichkeit, sich vor den zukünftigen Risiken einer während der Minderjährigkeit erlangten Gesellschafterstellung in einer Personengesellschaft zu lösen (Neufassung von § 723 Abs 1 BGB durch Art 1 Nr 1 MHbeG; BeckOK/Veit [1. 11. 2019] § 1629a Rn 1.1). Insgesamt geht das Gesetz erheblich über den Gesetzgebungsauftrag des BVerfG hinaus (Staudinger/Coester [2015] § 1629a Rn 27 mwNw).

c) Umfang der Haftungsbeschränkung

152 § 1629a Abs 1 S 1 iVm § 1793 Abs 2 BGB erfasst sowohl Verbindlichkeiten, die der Vormund im Rahmen seiner Vertretungsmacht durch Rechtsgeschäft oder eine sonstige Handlung mit Wirkung für den Mündel begründet hat, als auch Verbindlichkeiten, die unmittelbar durch einen während der Minderjährigkeit erfolgten Erwerb von Todes wegen begründet wurden. Unter die Haftungsbeschränkung fallen weiter Verbindlichkeiten, die nicht der gesetzliche Vertreter, sondern andere vertretungsberechtigte Personen mit Wirkung für das Kind begründet haben (zB Prokuristen oder Mitgesellschafter einer Handelsgesellschaft), sowie Rechtsgeschäfte, die der Mündel selbst mit Zustimmung des Vormunds vorgenommen hat. Schließlich sind auch Verbindlichkeiten einbezogen, für die der Vormund „die Genehmigung des Familiengerichts erhalten“ hat (BT-Drucks 13/5624, 8).

153 Die Möglichkeit der Haftungsbeschränkung gilt nach § 1793 Abs 2 iVm § 1629a Abs 2 Alt 1 BGB nicht für Verbindlichkeiten aus dem selbständigen Betrieb eines Erwerbsgeschäfts, soweit der Mündel hierzu nach § 112 BGB (vom Vormund mit Genehmigung des Familiengerichts) ermächtigt war, weil der Mündel insoweit unbeschränkt geschäftsfähig war und deshalb auch in der Haftung wie ein Volljähriger zu behandeln ist (BT-Drucks 13/5624, 13). Ausgenommen sind nach § 1629a Abs 2 Alt 2 BGB ferner Verbindlichkeiten aus Rechtsgeschäften, die allein der Befriedigung der persönlichen Bedürfnisse des Mündels dienten. Auch insoweit bedarf der Minderjährige keines Schutzes, weil ihm der Gegenwert des Geschäfts unmittelbar zugutekommt und keine „unzumutbaren“ finanziellen Belastungen (BVerfGE 72, 155, 173) in Rede stehen (BT-Drucks 13/5624, 13).

d) Eintritt der Haftungsbeschränkung

154 Die Haftungsbeschränkung tritt nicht automatisch ein, sondern nur dann, wenn der volljährig Gewordene sich darauf beruft. In diesem Fall sind nach § 1793 Abs 2 iVm

§ 1629a Abs 1 S 2 BGB die für die Haftung des Erben geltenden Vorschriften der §§ 1990, 1991 BGB entsprechend anzuwenden (vgl die entsprechenden Regelungen in §§ 1480, 1489 Abs 2, 1504 S 2, 2145 Abs 2 BGB). Der volljährig Gewordene kann also die Befriedigung eines Altgläubigers insoweit verweigern, als das bei Eintritt der Volljährigkeit vorhandene Vermögen nicht ausreicht; er ist dem Gläubiger aber für die Verwaltung dieses Vermögens gemäß §§ 1991, 1978 BGB wie ein Beauftragter (§§ 662 ff BGB) verantwortlich.

XI. Pflegschafts- und Betreuungsrecht

§ 1793 gilt entsprechend für die Ergänzungspflegschaft (§ 1912 Abs 1 BGB), nicht **155** jedoch im Betreuungsrecht (arg e § 1908i Abs 1 S 1 BGB) mit der Folge, dass der Umfang des „erforderlichen persönlichen Kontakt(s)“, den der Betreuer mit dem Betreuten halten muss (arg § 1908b Abs 1 S 2 BGB), nicht unmittelbar aus § 1793 Abs 1a BGB ermittelt werden kann. Gleichwohl wird überwiegend eine analoge Anwendung befürwortet (AG Siegen 23. 7. 2018 – 33 XVII 917/16 Z, BtPrax 2019, 80, 82; Staudinger/Bienwald [2017] § 1908b Rn 68).

§ 1794
Beschränkung durch Pflegschaft

Das Recht und die Pflicht des Vormunds, für die Person und das Vermögen des Mündels zu sorgen, erstreckt sich nicht auf Angelegenheiten des Mündels, für die ein Pfleger bestellt ist.

Materialien: E I § 1650; II § 1674; III § 1770; Mot IV 1087; Prot IV 755. Neugefasst durch Bekanntmachung v 2. 1. 2002 (BGBl I 42).

Schrifttum

Schwab, Betreuungsrecht als Vorbild für das neue Vormundschaftsrecht?, in: Coester-Waltjen/Lipp/Schumann/Veit (Hrsg), 9. Göttinger Workshop zum Familienrecht 2010 (2011) 29.

Systematische Übersicht

I. Der Grundsatz des § 1794

1 Nach der allgemeinen Aussage des § 1794 BGB sind Angelegenheiten, für die ein Pfleger bestellt ist, der Fürsorge des Vormunds entzogen (Mot IV 1087, wo die Aufnahme der Vorschrift in das Gesetz als angemessen und ratsam bezeichnet wird, obwohl sie „als selbstverständlich erachtet werden" könne). Die Vorschrift entspricht § 1630 Abs 1 BGB und regelt das Verhältnis von Vormund und Ergänzungspfleger. Nach § 1909 Abs 1 S 1 BGB erhält der Mündel für Angelegenheiten, an deren Besorgung der Vormund verhindert ist, einen Pfleger. Die Verhinderung des Vormunds tritt in diesen Fällen aber nicht erst durch die Pflegerbestellung ein, sondern ist ihre Voraussetzung; insoweit hat § 1794 BGB also keine konstitutive Wirkung, sondern allenfalls eine deklaratorische Bedeutung (zu den Fällen im Einzelnen s unten Rn 2 ff u § 1793 Rn 69). Eigenständige Bedeutung erlangt die Regelung dagegen im Fall des § 1909 Abs 1 S 2 BGB, der an die Regelung des § 1638 BGB angelehnt ist, sowie im Fall des § 1630 Abs 3 BGB analog (dazu unten Rn 4), da in beiden Fällen der Ausschluss vom Sorgerecht erst mit der Pflegerbestellung eintritt.

II. Fälle notwendiger Pflegerbestellung

2 Eine Pflegerbestellung wird nach § 1909 Abs 1 S 1 BGB notwendig, wenn der Vormund an der Besorgung einzelner Angelegenheiten der elterlichen Sorge verhindert ist. Dies ist va dann der Fall, wenn die Vertretungsmacht des Vormunds nach § 1795 Abs 1, Abs 2 iVm § 181 BGB ausgeschlossen ist oder diesem nach § 1796 BGB durch gerichtliche Entscheidung entzogen wurde. Das Gleiche gilt im Fall des gerichtlichen Entzugs von Teilen des Sorgerechts nach §§ 1837 Abs 4, 1666 BGB oder nach § 1801 Abs 1 BGB. In diesen Fällen hat § 1794 BGB keine eigenständige Bedeutung (Erman/Schulte-Bunert Rn 1: „entbehrlich"), da das Recht und die Pflicht des Vormunds, für die Person und das Vermögen des Mündels zu sorgen, nicht erst infolge der Pflegerbestellung entfällt, sondern kraft Gesetzes oder infolge gerichtlicher Entscheidung.

3 Der Mündel erhält nach **§ 1909 Abs 1 S 2 BGB** einen Pfleger zur Verwaltung des Vermögens, das er von Todes wegen erwirbt oder das ihm unter Lebenden unentgeltlich zugewendet wird, wenn der Erblasser durch letztwillige Verfügung bzw der Zuwendende bei der Zuwendung bestimmt hat, dass der Vormund das Vermögen nicht verwalten soll. Diese Vorschrift unterscheidet sich insoweit von **§ 1638 BGB**, als hiernach die Sorge der Eltern für Vermögen, das das Kind von Todes wegen erwirbt oder das ihm unter Lebenden unentgeltlich zugewendet wird, von vornherein nicht eintritt, wenn der Erblasser durch letztwillige Verfügung, der Zuwendende bei der Zuwendung bestimmt hat, dass die Eltern das Vermögen nicht verwalten sollen. In das Vormundschaftsrecht wurde eine entsprechende Bestimmung im Hinblick auf die §§ 1909, 1794 BGB nicht aufgenommen, weil es regelmäßig mehr im Interesse des Mündels liege und auch der Intention des zuwendenden Dritten mehr entspreche, wenn die Fürsorgepflicht des Vormunds für die zugewendeten Gegenstände erst mit der Bestellung des Pflegers wegfalle (Mot IV 760, s auch 1252 f). Der Vormund ist also von der Verwaltung des iS des § 1909 Abs 1 S 2 BGB zugewendeten Vermögens nicht schon mit der Anordnung des zuwendenden Dritten, sondern erst dann ausgeschlossen, wenn ein Pfleger bestellt ist (ebenso Erman/Schulte-Bunert Rn 2; Soergel/

Zimmermann Rn 1). Insofern ist also (entgegen MünchKomm/Spickhoff Rn 2) § 1638 BGB nicht „auf die Vormundschaft entsprechend anwendbar".

Nach **§ 1630 Abs 3 S 1 BGB** kann das Familiengericht in den Fällen, in denen Eltern ihr Kind für längere Zeit in Familienpflege gegeben haben, auf Antrag der Eltern oder der Pflegeperson Angelegenheiten der elterlichen Sorge auf die Pflegeperson übertragen. Im Umfang der Übertragung hat die Pflegeperson dann die Rechte und Pflichten eines Pflegers (§ 1630 Abs 3 S 3 BGB). Obwohl diese Norm nicht ausdrücklich im Vormundschaftsrecht in Bezug genommen worden ist, spricht de lege lata einiges für eine analoge Anwendung der Norm, zumal der Mündel in den meisten Fällen nicht im Haushalt des Vormunds, sondern bei Pflegeeltern oder im Heim lebt und häufig vom Vormund selbst dort untergebracht worden ist (näher Vorbem 36 ff zu §§ 1773 ff; für eine analoge Anwendung MünchKomm/Spickhoff Rn 1; NK-BGB/Fritsche Rn 5; anders wohl Schwab, 9. Göttinger Workshop 36; zur Notwendigkeit der Aufnahme einer dem § 1630 Abs 3 BGB entsprechenden Regelung ins Vormundschaftsrecht näher Staudinger/Veit [2014] Rn 16). § 1630 Abs 3 S 3 BGB entspricht damit in seiner Wirkung § 1794 BGB. 4

III. Wirkung der Pflegerbestellung

1. Ausschluss des Vormunds vom Sorgerecht

Soweit der Wirkungskreis des Pflegers reicht, ist der Vormund zur Wahrnehmung der Sorge weder verpflichtet noch berechtigt; vielmehr geht insoweit die dem Vormund ursprünglich zustehende Sorge auf den Pfleger über (s KG OLGE 33, 373, 375 in einem Fall, in dem ein Pfleger zur Wahrnehmung der religiösen Interessen des Mündels bestellt war und dieser für ehelich erklärt oder an Kindes statt angenommen werden sollte). Im Umfang des Sorgeverlustes entfällt auch die Vertretungsmacht des Vormunds. 5

In den Fällen der §§ 1909 Abs 1 S 1, 1837 Abs 4 und 1801 BGB (oben Rn 2) entfallen das Recht und die Pflicht des Vormunds, für die Person und das Vermögen des Mündels zu sorgen, allerdings nicht erst infolge der Pflegerbestellung, sondern kraft Gesetzes oder infolge gerichtlicher Entscheidung. In diesen Fällen hat § 1794 BGB also keine konstitutive, sondern allenfalls eine **deklaratorische Bedeutung** (Heilmann/Dürbeck Rn 1; Erman/Schulte-Bunert Rn 1: „entbehrlich"). Ist aber der Ausschluss des Sorgerechts nicht die Folge, sondern Voraussetzung der Pflegerbestellung, so kann nur eine analoge Anwendung der §§ 1893 Abs 1, 1698a BGB verhindern, dass der Mündel bis zur Pflegerbestellung keinen gesetzlichen Vertreter hat (anders wohl MünchKomm/Spickhoff Rn 1; näher dazu unter Rn 7).

Dagegen entfällt in den Fällen der §§ 1909 Abs 1 S 2 und 1630 Abs 3 BGB das Pflichtrecht des Vormunds erst mit der Pflegerbestellung, weshalb § 1794 BGB hier **konstitutive Bedeutung** hat (Erman/Schulte-Bunert Rn 2; MünchKomm/Spickhoff Rn 4; NK-BGB/Fritsche Rn 3; Heilmann/Dürbeck Rn 2).

Der Vormund hat das Sorgerecht auch dann nicht, wenn die Pflegerbestellung **zu Unrecht** erfolgt ist (Enneccerus/Kipp § 80 I 3; KG NJW 1966, 1320, 1321 = FamRZ 1966, 239, 240; BayObLGZ 6, 553, 558), und der Ausschluss des Sorgerechts dauert fort, solange die Pflegerbestellung nicht aufgehoben ist (BGB-RGRK/Dickescheid Rn 2 aE; Soergel/Zimmermann Rn 2; Erman/Schulte-Bunert Rn 2). Etwas anderes gilt nur dann, wenn die 6

Pflegerbestellung nichtig ist (Gernhuber/Coester-Waltjen § 71 Rn 41; Erman/Schulte-Bunert Rn 2).

7 Der Vormund ist allerdings nach §§ **1893 Abs 1, 1698a BGB** befugt, die **vormundschaftlichen Geschäfte fortzuführen**, bis er von der Beendigung der Vormundschaft Kenntnis erlangt oder sie kennen muss (also infolge von Fahrlässigkeit nicht kennt, § 122 Abs 2 BGB). Dies gilt auch, wenn die Vertretungsmacht des Vormunds in nur einzelnen Beziehungen endet (§ 1893 Rn 7). Die §§ 1893 Abs 1, 1698a BGB sind also auch dann anzuwenden, wenn für bestimmte Angelegenheiten ein Pfleger bestellt ist (MünchKomm/Spickhoff Rn 6; BGB-RGRK/Dickescheid Rn 4 aE); das Gleiche wird man annehmen müssen, wenn die Vertretungsmacht des Vormunds zwar fehlt, jedoch noch kein Pfleger bestellt worden ist (s oben Rn 5; so ausdrücklich auch BeckOGK/Kerscher [1. 9. 2019] Rn 14; **aA** jurisPK-BGB/Lafontaine Rn 16).

7a Für den Fall, dass sich Verfügungen des Vormunds und des Pflegers einander widersprechen, gilt das zum Fall widersprechender Verfügungen zwischen Vormund und volljährig gewordenem Mündel Gesagte (§ 1893 Rn 19) entsprechend.

8 Handelt der Vormund für den Mündel, obwohl er nach § 1794 BGB nicht zur Vertretung befugt ist, und liegen auch die Voraussetzungen der §§ 1893 Abs 1, 1698a Abs 1 S 1 BGB nicht vor, so sind die Vorschriften über die **Vertretung ohne Vertretungsmacht** (§§ 177 ff BGB) anzuwenden (Dölle § 124 II 3; MünchKomm/Spickhoff Rn 6; BGB-RGRK/Dickescheid Rn 4; Soergel/Zimmermann Rn 1; Palandt/Götz Rn 1; Erman/Schulte-Bunert Rn 1). Sollte dem Mündel aus diesem Handeln ein Schaden entstehen, haftet der Vormund hierfür nach § 1833 BGB (BeckOGK/Kerscher [1. 9. 2019] Rn 15; jurisPK-BGB/Lafontaine Rn 14).

2. Nebeneinander von Vormund und Pfleger

9 Bei **Meinungsverschiedenheiten** zwischen dem Vormund und dem Pfleger in Angelegenheiten, die in den Zuständigkeitsbereich des einen wie des anderen fallen, entscheidet in entsprechender Anwendung des § 1798 BGB (s die allgemeine Verweisung in § 1915 Abs 1 BGB) das Familiengericht, und zwar nach § 14 Abs 1 Nr 5 RPflG der Richter (Dölle § 124 II 3; BGB-RGRK/Dickescheid Rn 4; MünchKomm/Spickhoff Rn 7; Erman/Schulte-Bunert Rn 3; Palandt/Götz Rn 1; Gernhuber/Coester-Waltjen § 71 Rn 41).

10 Entsprechend dem Verhältnis der Vormundschaft (als umfassende Fürsorge für die Person und das Vermögen des Mündels) zur Pflegschaft (als Fürsorge für einzelne oder einen bestimmten Kreis von Angelegenheiten) steht die **Vermutung**, allgemeiner Repräsentant des Mündels zu sein, immer dem Vormund, nie dem Pfleger zur Seite; der Umfang der Vertretungsmacht des Pflegers ist der verständigen Auslegung des ihm zugewiesenen Wirkungskreises zu entnehmen (Mot IV 1044).

IV. Anzeigepflichten

11 Tritt das Bedürfnis einer Pflegschaft ein, so hat der Vormund dies dem Familiengericht unverzüglich anzuzeigen (§ 1909 Abs 2 BGB). Erlangt das Jugendamt Kenntnis von einer Gefährdung des Vermögens eines Mündels, so hat es dies dem Fami-

liengericht anzuzeigen (§ 53 Abs 3 S 5 SGB VIII, s auch § 8a Abs 3 SGB VIII). Zur Anzeige entsprechender Tatbestände verpflichtet sind auch das Nachlassgericht (§ 356 Abs 1 FamFG) und ein anderes Gericht, wenn infolge eines bei ihm anhängigen Verfahrens eine Tätigkeit des Familiengerichts erforderlich wird (§ 22a Abs 1 FamFG).

V. Rechtsmittel

1. Beschwerde gegen die Pflegerbestellung

Die Beschwerde gegen die Bestellung eines Pflegers durch das Familiengericht steht 12
nach § 59 Abs 1 FamFG jedem zu, der durch den Beschluss in seinen Rechten verletzt ist. Erforderlich ist dafür ein unmittelbarer Eingriff in ein dem Beschwerdeführer zustehendes materielles Recht (BGH DNotZ 1996, 890; Hoppenz/Gottwald § 59 FamFG Rn 4; Keidel/Meyer-Holz § 59 FamFG Rn 6; Bork/Jacoby/Schwab/Müther § 59 FamFG Rn 4).

a) Beschwerderecht des Vormunds

Beschwerdeberechtigt ist danach der Vormund, soweit er durch die Pflegerbestel- 13
lung in seinem Sorgerecht eingeschränkt wird (zur konstitutiven Wirkung von § 1794 BGB oben Rn 1 aE; s auch MünchKomm/Spickhoff Rn 8; Erman/Schulte-Bunert Rn 2a; KG OLGZ 1965, 237, 238; **aA** NK-BGB/Fritsche Rn 4).

Kein eigenes Beschwerderecht steht dem Vormund gegen die **Auswahl** des Pflegers 14
zu (MünchKomm/Spickhoff Rn 8; BGB-RGRK/Dickescheid Rn 5; Erman/Schulte-Bunert Rn 2a). Das Gleiche gilt, soweit das Gericht die Bestellung eines Ergänzungspflegers **ablehnt**, da es an einer Beeinträchtigung der Rechtsstellung des Vormunds fehlt (MünchKomm/Spickhoff Rn 8; Heilmann/Dürbeck Rn 3; anders OLG Brandenburg ZKJ 2011, 139 u im Anschluss daran auch NK-BGB/Fritsche Rn 4 aE; s aber Rn 16).

In den genannten Fällen kann der Vormund seine Beschwerdeberechtigung nicht 15
darauf stützen, dass er um das Wohl des Mündels besorgt ist und deshalb „ein berechtigtes Interesse hat, diese Angelegenheit wahrzunehmen", dh die gerichtliche Entscheidung anzugreifen (s früherer § 57 Abs 1 Nr 9 FGG). Dies folgt bereits daraus, dass berechtige Interessen nicht unter den Rechtsbegriff iSv § 59 Abs 1 FamFG fallen (Keidel/Meyer-Holz § 59 FamFG Rn 6) und § 57 Abs 1 Nr 9 FGG mit dem Erlass des FGG-RG ersatzlos weggefallen ist (dazu § 1774 Rn 21).

b) Beschwerderecht des Mündels

Dem Mündel steht ein Beschwerderecht nach § 59 Abs 1 FamFG gegen die Bestel- 16
lung und Auswahl eines Pflegers sowie die Ablehnung der Bestellung eines Ergänzungspflegers zu, das vom Vormund als seinem **gesetzlichen Vertreter** ausgeübt werden kann (OLG Düsseldorf 20. 7. 2010 – II-2 UF 62/10, juris Rn 4; MünchKomm/Spickhoff Rn 8). Sofern der Mündel das 14. Lebensjahr bereits vollendet hat und nicht geschäftsunfähig ist, gibt ihm § **60 FamFG** allerdings die Befugnis, sein nach § 59 FamFG bestehendes Beschwerderecht selbständig auszuüben.

c) Beschwerderecht des Pflegers

Beschwerdeberechtigt ist auch der Ergänzungspfleger selbst, soweit er bestellt wor- 17
den ist; nicht ausreichend ist dagegen die Anordnung der Ergänzungspflegschaft, da

sich aus ihr noch keine Rechtswirkungen gegenüber dem Ergänzungspfleger ergeben (BGH Rpfleger 2012, 141 = FamRZ 2012, 292).

2. Beschwerde gegen sonstige familiengerichtliche Entscheidungen

18 Gegen eine Entscheidung des Familiengerichts in einer Angelegenheit, die zum **Wirkungskreis des Pflegers** gehört, hat nur dieser, nicht aber der Vormund ein Beschwerderecht (BayObLGZ 13, 563 = OLGE 25, 402; FamRZ 1992, 104, 105; MünchKomm/Spickhoff Rn 9; Soergel/Zimmermann Rn 2; Erman/Schulte-Bunert Rn 2a; BGB-RGRK/Dickescheid Rn 5 aE).

19 Etwas anderes gilt dagegen, wenn die Entscheidung des Gerichts eine Angelegenheit betrifft, die nicht zum Wirkungskreis des Pflegers gehört. So kann etwa der Vormund Beschwerde gegen die familiengerichtliche Genehmigung eines Geschäfts einlegen, das der Pfleger **außerhalb seines Wirkungskreises** vorgenommen hat (KG JW 1938, 2141; MünchKomm/Spickhoff Rn 9 aE; Soergel/Zimmermann Rn 2 aE; Erman/Schulte-Bunert Rn 2a; BGB-RGRK/Dickescheid Rn 5).

20 Beschwerdeberechtigt ist in beiden Fällen der Mündel, der von seinem Vormund vertreten werden kann (s Heilmann/Dürbeck Rn 4; s auch oben Rn 16).

§ 1795
Ausschluss der Vertretungsmacht

(1) Der Vormund kann den Mündel nicht vertreten:

1. bei einem Rechtsgeschäft zwischen seinem Ehegatten, seinem Lebenspartner oder einem seiner Verwandten in gerader Linie einerseits und dem Mündel andererseits, es sei denn, dass das Rechtsgeschäft ausschließlich in der Erfüllung einer Verbindlichkeit besteht,

2. bei einem Rechtsgeschäft, das die Übertragung oder Belastung einer durch Pfandrecht, Hypothek, Schiffshypothek oder Bürgschaft gesicherten Forderung des Mündels gegen den Vormund oder die Aufhebung oder Minderung dieser Sicherheit zum Gegenstand hat oder die Verpflichtung des Mündels zu einer solchen Übertragung, Belastung, Aufhebung oder Minderung begründet,

3. bei einem Rechtsstreit zwischen den in Nummer 1 bezeichneten Personen sowie bei einem Rechtsstreit über eine Angelegenheit der in Nummer 2 bezeichneten Art.

(2) Die Vorschrift des § 181 bleibt unberührt.

Materialien: E I § 1651 Nrn 1–3; II § 1675; III § 1771; Mot IV 1088; Prot IV 756. Abs 1 Nr 2 neugefasst durch Art 2 Nr 25 der SchiffsReg-DVO v 21. 12. 1940 (RGBl I 1609); Abs 1 Nr 1 geändert durch LPartG v 16. 2. 2001 (BGBl I 266); neugefasst durch Bekanntmachung v 2. 1. 2002 (BGBl I 42); Staudinger/BGB-Synopse

1896–2005 § 1795; Gesetz zur Einführung des Rechts auf Eheschließung für Personen gleichen Geschlechts vom 20. 7. 2017 (BGBl I 2787).

Schrifttum

Althaus/Horndasch, Schenkung an Minderjährige, FuR 2019, 15

Blasche, Praxisfragen aus dem Gesellschaftsrecht zu § 181 BGB, Jura 2011, 359

Böhringer, Neue Entwicklungen im Grundstücksrecht, BWNotZ 2006, 118

Böttcher, Die Entwicklung des Grundbuch- und Grundstücksrechts bis Juni 2015, NJW 2015, 2270

ders, Abschied von der „Gesamtbetrachtung" – Sieg des Abstraktionsprinzips!, Rpfleger 2006, 293

Brachvogel, Wer vertritt das minderjährige Kind bei der Einziehung seines durch Hypothek gesicherten Muttererbes, das der Vater ihm schuldet? Der Vater oder ein zu bestellender Pfleger? BGB § 1795 Nr 2, Gruchot 47 (1903) 544

Brühl, Die Anfechtung der Ehelichkeit ab 1. 1. 1962, FamRZ 1962, 8

Buchholz, Insichgeschäft und Erbausschlagung – Überlegungen zu einem Problem des § 1643 II BGB, NJW 1993, 1161

Buchner, Von der Wiege bis zur Bahre? – Datenschutz im Familienrecht unter der DS-GVO, FamRZ 2019, 665

Bürger, Die Beteiligung Minderjähriger an Gesellschaften mit beschränkter Haftung, RNotZ 2006, 156

Damrau, Entwicklungen in der Rechtsprechung und Minderjährigenschutz – Anmerkungen zu dem Beitrag von Zorn, FamRZ 2018, 1651, FamRZ 2019, 774

Dressler, Zur Notwendigkeit der Bestellung eines Ergänzungspflegers in Abstammungssachen nach dem FamFG, Rpfleger 2010, 297

Engler, Kann bei der Stiefkindadoption der leibliche Elternteil das Kind vertreten?, Rpfleger 1977, 274

ders, Der Familienname des nichtehelichen Kindes, FamRZ 1971, 76

Everts, Zivilrechtliche Wirksamkeit der Überlassung nießbrauchbelasteten, vermieteten Grundbesitzes an minderjährige Familienangehörige, ZEV 2004, 231

Feller, Teleologische Reduktion des § 181 letzter HS BGB bei nicht lediglich rechtlich vorteilhaften Erfüllungsgeschäften, DNotZ 1989, 66

Friedrich-Büttner/Wiese, Keine Erfüllung von Vermächtnissen zu Gunsten Minderjähriger ohne das Familiengericht?, ZEV 2014, 513

Führ/Menzel, Grundstücksschenkung des gesetzlichen Vertreters an Minderjährige. Zugleich Besprechung der Beschlüsse des BGH v 25. 11. 2004 – V ZB 13/04 – und v 3. 2. 2005 – V ZB 44/04, FamRZ 2005, 1729

Führ/Nikoleyczik, Vertretung und Genehmigungspflicht bei schenkweiser Übertragung von Kommanditanteilen auf Minderjährige, BB 2009, 2105

Gärditz, „Ehe für alle": Verfassungswandel oder zeitgebundene Rechtspolitik?, FF 2018, 8

Gitter/Schmitt, Die geschenkte Eigentumswohnung, JuS 1982, 253

Gössl, Abstammung und Geschlecht, ZRP 2018, 174

Häsemeyer, Selbstkontrahieren des gesetzlichen Vertreters bei zusammengesetzten Rechtsgeschäften, FamRZ 1968, 502

Heldrich, Schranken der elterlichen Vertretungsmacht bei der Ausschlagung einer Erbschaft, in: FS Werner Lorenz (1991) 97

Helms/Balzer, Das neue Verfahren in Abstammungssachen, ZKJ 2009, 348

Ivo, Der minderjährige Gesellschafter – Gesellschafterbeschlüsse, Veräußerung von Gesellschaftsgrundbesitz und Ausscheiden aus der Gesellschaft, ZNotP 2007, 210

ders, Die Übertragung von Kommanditanteilen an minderjährige Kinder, ZEV 2005, 193

Jänicke/Braun, Vertretungsausschluss bei rechtlich nachteiligen Verfügungen zu Gunsten Minderjähriger, NJW 2013, 2474

Jauernig, Noch einmal – Die geschenkte Eigentumswohnung – BGHZ 78, 28, JuS 1982, 576

Keuter, Vertretung Minderjähriger in Kindschaftssachen des FamFG, NJW 2010, 1851

Kölmel, Der Minderjährige in der notariellen Praxis – Grundlagen, RNotZ 2010, 1

ders, Der Minderjährige in der notariellen Praxis – unentgeltlicher Erwerb von Grundstücken, RNotZ 2010, 618

Lange/Ländner, Die Photovoltaikanlage an der Schnittstelle zwischen Energie- und Zivilrecht, EnWZ 2017, 160

Löhnig, Probleme des neuen Verfahrens in Abstammungssachen nach §§ 169 FamFG, FamRZ 2009, 1798

Luy, Zum Ausschluss der Vertretungsmacht nach § 1795 BGB in Fällen wirtschaftlicher Identität, BWNotZ 2018, 18

Maetschke, Zur familiengerichtlichen Genehmigung nach § 1822 Nr. 3 Var. 3 BGB, BRJ 2016, 8

Mahlmann, Die Vertretung Minderjähriger in der Erbengemeinschaft bei der Veräußerung von Nachlassgegenständen, ZEV 2009, 320

Maier-Reimer/Marx, Die Vertretung Minderjähriger beim Erwerb von Gesellschaftsbeteiligungen, NJW 2005, 3025

Menzel/Wolf, Der minderjährige Kommanditist – bei Gründung, unentgeltlicher Anteilsübertragung und Erwerb von Todes wegen, MittBayNot 2010, 186

Menzel/Führ, Die Grundstücksschenkung an Minderjährige – Eine Problemdarstellung anhand von Fällen, JA 2005, 859

Münch, Übertragung von Kommanditanteilen an Minderjährige. Zugleich Besprechung von OLG Oldenburg, FamRZ 2019, 1934, FamRZ 2019, 1916

Neuhausen, Rechtsgeschäfte mit Betreuten, RNotZ 2003, 158

Ott, Die Problematik der „versteckten Erbauseinandersetzung" beim Verkauf erbengemeinschaftlicher Grundstücke, DNotZ 2017, 646

Pluskat, Der entgeltliche Erwerb eines GmbH-Gesellschaftsanteils eines beschränkt geschäftsfähigen Minderjährigen, FamRZ 2004, 677

Rastätter, Grundstücksschenkungen an Minderjährige, BWNotZ 2006, 1

Röthel/Krackhardt, Lediglich rechtlicher Vorteil und Grunderwerb, Jura 2006, 161

Rust, Die Beteiligung von Minderjährigen im Gesellschaftsrecht – Vertretung, familien-/vormundschaftsgerichtliche Genehmigung und Haftung des Minderjährigen (Teil I), DStR 2005, 1942

Schael, Minderjährige und ihre formelle Beteiligung in Verfahren über Kindschaftssachen nach dem FamFG, FamRZ 2009, 265

Schmidt, Die Kindesmutter als Vertreterin des Kindes im Ehelichkeitsanfechtungsprozeß, NJW 1964, 2096

Schmitt, Der Begriff des lediglich rechtlichen vorteilhaften Willenserklärung iSd § 107 BGB, NJW 2005, 1090

Scholl, Schenkung und Übereignung einer Photovoltaikanlage an das minderjährige Kind nur nach Bestellung eines Ergänzungspflegers?, Jura 2016, 1045

Schwonberg, Die Beteiligten in Abstammungsverfahren, FuR 2010, 441

Siede, Vertretung des Kindes in Vaterschaftsanfechtungsverfahren, FamRZ 2018, 149

Sonnenfeld, Das Zusammenspiel von „rechtlichem Vorteil" und „Erfüllung einer Verbindlichkeit" als Ausnahmen vom Vertretungsausschluss. Zugleich Besprechung von OLG München Rpfleger 2011, 434, Rpfleger 2011, 475

Splitt, Praxisprobleme bei der Bestellung eines Ergänzungspflegers nach 3 52 Abs. 2 S. 2 StPO, FamRZ 2019, 507

Stürner, Der lediglich rechtliche Vorteil, AcP 173 (1973) 402

Vogel, Die Erforderlichkeit der Bestellung eines Ergänzungspflegers für Kinder in Abstammungssachen?!, FPR 2011, 353

Weber, Auswirkungen der DS-GVO für Berufsbetreuer und Sachverständige in Kindschaftssachen, NZFam 2018, 865

Weinbrenner, Ergänzungspflegschaft und vormundschafts-/familiengerichtliche Genehmigung bei der Schenkung von KG-Gesellschaftsanteilen an Minderjährige, FPR 2009, 265

Wilhelm, Das Merkmal „lediglich rechtlich vorteilhaft" bei Verfügungen über Grundstücksrechte, NJW 2006, 2353

Zeiser, Gedanken zu Ergänzungspflegschaften und familiengerichtlichen Genehmigungen, Rpfleger 2017, 429

Zorn, Entwicklungen in der Rechtsprechung und Minderjährigenschutz – Erwiderung zu den Anmerkungen von Damrau, FamRZ 2019, 774, FamRZ 2019, 775

dies, Entwicklungen in der Rechtsprechung und Minderjährigenschutz. Zugleich Anmerkung zur Entscheidung des KG, FamRZ 2018, 1673, FamRZ 2018, 1651

dies, Erfüllung einer Verbindlichkeit oder lediglich rechtlicher Vorteil – Für und wider die „Gesamtbetrachtung", FamRZ 2011, 776.

Systematische Übersicht

Alphabetische Übersicht

I. Historie, Normzweck, Systematik

1 Der erste Entwurf zum BGB enthielt nur eine dem heutigen § 1795 Abs 1 BGB entsprechende Regelung, kannte aber keinen Abs 2, da die erste Kommission grundsätzlich von der Zulässigkeit des Selbstkontrahierens ausging, also keinen dem § 181 BGB entsprechenden Tatbestand kannte (Staudinger/Schilken [2019] § 181 Rn 3). Dieser fand sich erst im zweiten Entwurf und führte zur Aufnahme des Abs 2 in § 1795 BGB mit der Folge, dass der Vormund außer in den Fällen des § 181 BGB in den von Abs 1 umfassten Fällen von der Vertretung ausgeschlossen sein sollte (Prot IV 756). Zum Verständnis von Abs 1 bedarf es deshalb zunächst eines Blickes auf Abs 2 (nachfolgend unter Rn 6 ff). Neben § 1795 Abs 1 BGB ergänzt auch § 1796 BGB die Bestimmung des § 181 BGB. Der Vormund als gesetzlicher Vertreter des Mündels soll nicht mit sich selbst im eigenen Namen oder im Namen einer von ihm ebenfalls vertretenen anderen Person kontrahieren können. Mündel sollen ebenso wie Kinder, die unter elterlicher Sorge stehen, davor geschützt werden, dass der Vormund oder die Eltern bei der Verwaltung des ihrer Fürsorge anvertrauten Vermögens eigenen Vermögensinteressen oder Vermögensinteressen ihnen nahestehender anderer Personen den Vorrang vor den Interessen der Mündel oder Kinder einräumen. Deshalb ist nach **§ 1795 BGB** in bestimmten Fällen die **Vertretungsmacht des Vormunds kraft Gesetzes ausgeschlossen**, um eine mögliche Gefährdung der Interessen des Mündels durch Missbrauch der Vertretungsmacht zu verhindern (Mot IV 1088).

2 Ob im Einzelfall die Interessen des Mündels tatsächlich gefährdet sind, ist unerheblich (BGHZ 21, 229, 230 f = DNotZ 1956, 559 = NJW 1956, 1433; BGH FamRZ 1961, 473, 475; BGH FamRZ 1968, 245, 246; BeckOGK/Sonnenfeld [1. 11. 2019] Rn 3; zum Eltern-Kind-Verhältnis Staudinger/Peschel-Gutzeit [2015] § 1629 Rn 186; s auch Staudinger/Schilken [2019] § 181 Rn 4 ff). Den in § 1795 BGB aufgezählten gesetzlichen Ausschlusstatbeständen stellt **§ 1796 BGB** die **Entziehung der Vertretungsmacht durch Richterakt** gegenüber, die im einzelnen Fall dann anzuordnen ist, wenn zwar die Voraussetzungen der §§ 1795, 181 BGB nicht vorliegen, aber konkret festzustellen ist, dass die Interessen des Vormunds oder einer der in § 1795 Abs 1 Nr 1 BGB bezeichneten Personen zu den Interessen des Mündels in erheblichem Gegensatz stehen.

3 In allen Fällen, in denen der Vormund nach § 1795 oder § 1796 BGB von der Vertretung des Mündels ausgeschlossen ist, muss gemäß § 1909 Abs 1 S 1 BGB ein **Ergänzungspfleger** bestellt werden, der den Mündel in der fraglichen Angelegenheit gegenüber dem Vormund vertritt.

4 Für die Frage, ob ein Rechtsgeschäft nach §§ 1812 ff, 1821 ff BGB der **Genehmigung** des Gegenvormunds oder des Familiengerichts bedarf, ist es ohne Bedeutung, ob der Vormund bei diesem Rechtsgeschäft zur Vertretung des Mündels befugt ist oder nicht. Eine entsprechende Genehmigung kann deshalb nicht eine nach den §§ 1795, 1796 BGB erforderliche Bestellung eines Ergänzungspflegers ersetzen (MünchKomm/Spickhoff Rn 15; näher unten Rn 113).

5 Die §§ 1795 und 1796 BGB gelten nicht nur für den Vormund, sondern auch für den Ergänzungspfleger (§§ 1915, 1909 BGB) und Betreuer (§ 1908i Abs 1 S 1 BGB). Ihren Hauptanwendungsbereich haben die Vorschriften aber im **Bereich der elterlichen Sorge** (§ 1629 Abs 2 BGB; s dazu Staudinger/Peschel-Gutzeit [2015] § 1629 Rn 185 ff

mit grundsätzlicher Darstellung und ausführlicher Kasuistik; zu den Grundsatzfragen insbesondere auch GERNHUBER/COESTER-WALTJEN § 61 Rn 17 ff).

II. Das Verbot von Insichgeschäften (§§ 1795 Abs 2, 181)

1. Der Grundsatz des § 181

a) Personenidentität

§ 181 BGB, der nach § 1795 Abs 2 BGB unberührt bleibt, verbietet Insichgeschäfte, also Rechtsgeschäfte, bei denen der Vormund im Namen des Mündels und zugleich auf der anderen Seite im eigenen Namen oder als Vertreter eines Dritten auftritt. Deshalb kann beispielsweise der Vormund von Geschwistern (§ 1775 S 2 BGB) nicht Rechtsgeschäfte zwischen den Vertretenen selbst vornehmen (RGZ 67, 61; PALANDT/GÖTZ Rn 7). 6

Die Schranke des § 181 BGB setzt voraus, dass der Vormund auf beiden Seiten des Rechtsgeschäfts steht (zB als Vertreter des Mündels auf der einen Seite und als Vertragspartner oder als Vertreter eines Dritten auf der anderen). Fehlt es an dieser Personenidentität auf beiden Seiten des Rechtsgeschäfts, so findet § 181 BGB grundsätzlich keine Anwendung. Stehen also Vormund und Mündel auf derselben Seite des Rechtsgeschäfts, so fehlt es bereits am Tatbestandsmerkmal „mit sich" iSv § 181 BGB, weshalb die Vertretungsmacht des Vormunds nicht ausgeschlossen ist. Beispielhaft genannt seien Rechtsgeschäfte, bei denen der Vertreter im eigenen Namen und zugleich im Namen des Vertretenen einem Dritten gegenüber **parallele Erklärungen**, etwa Verkaufsangebote von Miterben über ein Nachlassgrundstück, abgibt (OLG Frankfurt NJW-RR 2007, 1308, 1309; OLG Stuttgart Rpfleger 2003, 501; OLG Thüringen FamRZ 1996, 185 = Rpfleger 1995, 26 m Anm WESCHE Rpfleger 1996, 198 f; PALANDT/GÖTZ Rn 10; MünchKomm/SPICKHOFF Rn 7; ERMAN/SCHULTE-BUNERT Rn 7; MAHLMANN ZEV 2009, 320, 321; s auch STAUDINGER/SCHILKEN [2019] § 181 Rn 8; zum Problem der Rechtsgeschäfte bei Erbauseinandersetzungen s näher Rn 11). 7

Das Selbstkontrahierungsverbot gilt nicht nur für den Einzelvormund, sondern auch für das **Jugendamt** als bestellten oder gesetzlichen Vormund (§§ 1791b, c BGB) sowie für den **Verein** als Vormund (§ 1791a BGB). Da der Verein bzw das Jugendamt und nicht der jeweils mit der Führung der Vormundschaft betraute Mitarbeiter Vormund ist, hat das zur Folge, dass zwei Mündel, die etwa unter der Vormundschaft desselben Jugendamtes stehen, nicht miteinander kontrahieren können, auch wenn sie von unterschiedlichen Mitarbeitern vertreten werden (s MünchKomm/SPICKHOFF Rn 22). Das Verbot gilt aber nicht nur für das Jugendamt selbst, sondern darüber hinaus gem § 55 Abs 3 S 2 SGB VIII auch für den jeweiligen Mitarbeiter, der mit der Führung der Vormundschaft nach § 55 Abs 2 S 1 SGB VIII betraut ist (MünchKomm/SPICKHOFF Rn 22). 8

Hiervon zu trennen ist der Interessenkonflikt, der für den Amtsvormund dadurch entstehen kann, dass er in Vertretung des Mündels **Leistungsansprüche** gegen das Jugendamt notfalls geltend machen muss (Vorbem 40 aE zu §§ 1773 ff). Da er diesen Anspruch nicht gegenüber dem Jugendamt als solchem, sondern gegenüber dem Träger der öffentlichen Jugendhilfe, der kommunalen Körperschaft, geltend macht (s §§ 3 Abs 2, 69 SGB VIII), der das Jugendamt als Behörde zugeordnet ist, greift insoweit § 1795 BGB nicht ein (OVG Berlin NJW 1988, 1931; MünchKomm/SPICKHOFF Rn 22). 9

Diese Norm greift auch dann nicht ein, wenn der Amtsvormund bei einer anderen Behörde derselben kommunalen Körperschaft einen Antrag in Vertretung des Mündels stellt (OLG Düsseldorf 20. 7. 2010 – 2 UF 62/10, juris Rn 3; Erman/Schulte-Bunert Rn 7), etwa einen Antrag für einen unbegleitet eingereisten minderjährigen Flüchtling beim Ausländeramt, das ebenso wie das Jugendamt derselben Behördenleitung untersteht (zum Fehlen der Voraussetzungen des § 1796 BGB in diesem Fall § 1796 Rn 22).

b) Rechtsgeschäfte

10 § 181 BGB verlangt weiter das Vorliegen eines Rechtsgeschäfts. Es macht dabei keinen Unterschied, ob es sich um **einseitige oder mehrseitige Rechtsgeschäfte** handelt; deshalb wird zB auch die Zustimmung des einen Teils zu einem vom anderen Teil vorzunehmenden Rechtsgeschäft vom Verbot des Selbstkontrahierens erfasst (BayObLGZ 5, 412, 413 = RJA 4, 194 = KGJ 28, A 296, 297; Erman/Schulte-Bunert Rn 3).

11 Ist der Vormund bei einer **Erbschaftsauseinandersetzung** mit mehreren Beteiligten als Miterbe oder als Vertreter eines Dritten beteiligt, verhindern §§ 1795 Abs 2, 181 BGB die Vertretung (OLG München 17. 7. 2015 – 34 Wx 179/15, juris Rn 9, NJW-RR 2015, 1222, 1223; OLG Koblenz 13. 1. 2016 – 11 WF 985/15, juris Rn 18, FamRZ 2016, 1004, 1005: Ausschluss bereits nach § 1795 Abs 1 Nr 1 BGB, wenn der Dritte mit dem Vormund in gerader Linie verwandt ist; BayObLG FamRZ 2004, 906 = NJW-RR 2004, 1157 = Rpfleger 2004, 42; Mahlmann ZEV 2009, 320; MünchKomm/Spickhoff Rn 9). Eine Ausnahme gilt, wenn die Auseinandersetzung genau nach Maßgabe der gesetzlichen Vorschriften erfolgt (§§ 2042 ff, 752 ff BGB) und sich die Rechtshandlungen des Vormunds ausschließlich in der Erfüllung der gesetzlichen Pflichten erschöpfen; das Gleiche gilt, wenn die Erben sich auf die Erfüllung einer Teilungsanordnung des Erblassers nach § 2048 BGB verständigen (OLG München 17. 7. 2015 – 34 Wx 179/15, juris Rn 13, NJW-RR 2015, 1222, 1223 = FamRZ 2016, 399 [LS]; Mahlmann ZEV 2009, 320, 321). In diesen Fällen droht mangels Handlungsspielraums keine Bevorzugung der eigenen Interessen durch den Vormund (MünchKomm/Spickhoff Rn 9). Dies gilt allerdings nicht, wenn etwa eine Vereinbarung durch die Erben getroffen wird, wonach das Gesamthandseigentum in Bruchteilseigentum umgewandelt werden soll (RGZ 67, 61; 93, 334; BGHZ 21, 229 = NJW 1956, 1433; MünchKomm/Spickhoff Rn 9).

12 Davon zu trennen ist der Fall einer Teilauseinandersetzung in Form eines **Abschichtungsvertrags**. Dieser Weg ermöglicht es einem Miterben, durch einvernehmliches Handeln aller Miterben gegen Zahlung einer vereinbarten Abfindung aus einer Erbengemeinschaft auszuscheiden, indem er auf seine Mitgliedschaftsrechte und seinen Anspruch auf das künftige Auseinandersetzungsguthaben verzichtet; sein Anteil wächst dann infolge seines Ausscheidens kraft Gesetzes den anderen Miterben an (BGH FamRZ 1998, 673; KG 23. 7. 2018 – 13 UF 105/18, juris Rn 11, FamRZ 2018, 1673, 1674). Will nun ein Mündel auf diesem Weg aus einer Erbengemeinschaft ausscheiden, so greift für den Vormund der Vertretungsausschluss nach §§ 1795 Abs 2, 181 BGB dann ein, wenn der Vormund auf beiden Seiten des Rechtsgeschäfts steht, was etwa der Fall ist, wenn auch er Miterbe ist und bleibt (OLG Hamm 2. 8. 2017 – 15 W 263/16, juris Rn 3, FamRZ 2018, 114 betr die Eltern als gesetzliche Vertreter der minderjährigen Miterben). Der Vertretungsausschluss gilt freilich dann nicht, wenn Mündel und Vertreter auf derselben Seite des Rechtsgeschäfts stehen. Letzteres ist dann anzunehmen, wenn der Mündel und sein gesetzlicher Vertreter als Erbeserben für einen nachverstorbenen Miterben in eine bestehende Erbengemeinschaft als Erbeserbengemeinschaft eintreten und alle aus

dieser Gemeinschaft ausscheiden wollen, da in diesem Fall der Vertreter keine gegnerische Stellung zum Vertretenen einnimmt, sondern vielmehr parallele Willenserklärungen abgibt (KG 23. 7. 2018 – 13 UF 105/18, juris Rn 11, FamRZ 2018, 1673, 1674 betr Eltern-Kind-Verhältnis; krit Zorn FamRZ 2018, 1651, 1652). Der Fall läge nur dann anders, wenn im Abschichtungsvertrag auch Vereinbarungen über die Auseinandersetzung der unter den Erbeserben bestehenden Miterbengemeinschaft enthalten wären (KG 23. 7. 2018 – 13 UF 105/18, juris Rn 12, FamRZ 2018, 1673, 1674; vgl auch OLG Hamm 20. 9. 2013 – I-15 W 251/13, juris Rn 10, FamRZ 2014, 492, 493 zur Veräußerung eines erbengemeinschaftlichen Grundstücks ohne unmittelbare Auseinandersetzung, da wegen dinglicher Surrogation [§ 2041 BGB] ein etwaiger Erlös ebenfalls Gesamthandsvermögen wäre; Ott DNotZ 2017, 646, 647 f zur „versteckten Erbauseinandersetzung"; dazu auch Rn 13).

Hiergegen wird zT eingewandt, dass im Fall des Abschichtungsvertrags von vornherein kein Fall einer zulässigen Mehrvertretung vorliege, der mit den Vorgaben der §§ 1795 Abs 2, 181 BGB vereinbar sei. Ein solcher wäre nur dann gegeben, wenn man diesen Vertrag als eine Zusammenfassung mehrerer Verträge der einzelnen Erbeserben mit der Erbengemeinschaft verstehen könne. Während es bei einem Erbschaftskauf unproblematisch möglich sei, dass der gesetzliche Vertreter der Minderjährigen namens der einzelnen Kinder deren Anteile verkauft und im eigenen Namen auch den eigenen, sei eine solche Zerlegung bei einem Abschichtungsvertrag nicht möglich, da bei einem solchen eines einzelnen Erbeserben der gesetzliche Vertreter das Kind nicht zur Abschichtung verpflichten könne, weil er und die anderen Erbeserben auch auf der Gegenseite als Miterben stünden, was mit § 181 BGB nicht vereinbar sei. Folgt man diesem Ansatz, müsste ein Vertretungsverbot aus §§ 1795 Abs 2, 181 BGB bejaht werden (so Damrau FamRZ 2019, 774 auf Grundlage von RGZ 93, 334, 335). Gegen diesen Ansatz ist allerdings einzuwenden, dass er von der zweifelhaften Annahme ausgeht, dass der gesetzliche Vertreter und die minderjährigen Erbeserben auch auf Seiten der nicht ausscheidenden Erben stehen, die mit dem ausscheidenden Erben den Abschichtungsvertrag abschließen (zu Recht Zorn FamRZ 2019, 775). In dem vom KG entschiedenen Fall diente der Abschichtungsvertrag aber dem Ausscheiden der gesamten Erbeserbengemeinschaft aus der Erbengemeinschaft gegen Zahlung eines Entgelts durch die verbleibenden Erben. Mithin stehen alle Erbeserben auf Seiten des Veräußerers, und diese Erbeserbengemeinschaft ist auch Inhaber des Anspruchs auf Abfindung. Der gesetzliche Vertreter und die von ihm vertretenen Minderjährigen stehen also immer auf derselben Seite des Vertrags, und hieran kann sich auch nichts durch Zerlegung des Abschichtungsvertrags in Einzelverträge ändern, da auch in diesem Fall das Ziel des Erhalts der Erbeserbengemeinschaft bei gleichzeitigem Ausscheiden aus der Erbengemeinschaft nur durch ein einheitliches Vorgehen aller Miterben erreicht werden könnte, da nach § 2040 Abs 1 BGB kein Miterbe über einen Nachlassgegenstand (im vom KG entschiedenen Fall über den Erbteil des verstorbenen Elternteils am Nachlass seines Vaters) allein verfügen kann (Zorn FamRZ 2019, 775).

Zwar könnte man einwenden, dass dem Abschluss der Abschichtungsvereinbarung eine wirksame Einigung unter den Erbeserben vorausgehen muss und bei dieser internen Einigung zwischen Kind und seinem gesetzlichen Vertreter letzterer auf beiden Seiten des Rechtsgeschäfts steht und deshalb von der Vertretung des Kindes ausgeschlossen wäre. Dieser Ausschluss könnte die Abfindungsvereinbarung freilich nur erfassen, wenn das Einvernehmen nach § 2040 Abs 1 BGB ausdrücklich Teil des

Abfindungsvertrags geworden ist, was aber nicht per se angenommen werden kann (Zorn FamRZ 2018, 1651, 1652).

Kommt zum Schutz des Minderjährigen, der mit Aufgabe seiner Mitgliedschaftsrechte letztlich auch sein Miteigentum an den zum Nachlass gehörenden Gegenstände (etwa einer Immobilie) verliert, auch kein Genehmigungserfordernis nach § 1821 BGB in Betracht (näher zur Frage, ob das Ausscheiden aus einer Erbengemeinschaft eine Verfügung iSv § 1821 Abs 1 Nr 1 BGB darstellt, § 1821 Rn 52), so ist dieses Ergebnis Folge der gesetzlichen Wertungen, die de lege lata hinzunehmen sind (gegen eine Analogie zu § 1821 BGB selbst Zorn FamRZ 2018, 1651, 1652 f; näher Vorbem 9 zu §§ 1821 f). Ob und inwieweit diese Lücke im Minderjährigenschutz eine Ausweitung der Genehmigungsvorbehalte erfordert, muss der Reformgesetzgeber entscheiden (Zorn FamRZ 2019, 775). Ist der gesetzliche Vertreter des Mündels kein Elternteil, sondern ein Vormund, so stellt sich das Problem nicht in gleichem Maß, da dann zum Schutz des Mündels das Genehmigungserfordernis des § 1822 Nr 2 BGB greift, der im Eltern-Kind-Verhältnis keine Anwendung findet (§ 1643 Abs 2 BGB).

13 Bei der **Veräußerung einzelner Nachlassgegenstände im Vorfeld der Erbschaftsauseinandersetzung** kommt es darauf an, ob diese als zusammengesetzte Rechtsgeschäfte miteinander stehen und fallen sollen (BGHZ 50, 8, 12 f; MünchKomm/Spickhoff Rn 13; krit Häsemeyer FamRZ 1968, 502); wenn ja, dann greift das Verbot des § 181 BGB (näher Mahlmann ZEV 2009, 320). Allein die anschließende Auseinandersetzung als bloßes Motiv des Verkaufs eines Nachlassgrundstücks genügt hierfür aber nicht (OLG Thüringen FamRZ 1996, 185; OLG Frankfurt NJW-RR 2007, 1308, 1309; OLG Stuttgart Rpfleger 2003, 501 BeckOGK/Sonnenfeld [1. 11. 2019] Rn 30 mwNw: Erlösverteilung durch Auseinandersetzung zu einem noch unbestimmten Zeitpunkt); dieses Ergebnis ist Folge der formellen Betrachtung des § 181 BGB (MünchKomm/Spickhoff Rn 9). Dagegen stehen und fallen die Auseinandersetzung und die Veräußerung von Nachlassgegenständen jedenfalls dann miteinander, wenn die Auseinandersetzung unmittelbar im Kaufvertrag vereinbart wird (Ott DNotZ 2017, 646, 647 f).

14 Die Doppelstellung als **Testamentsvollstrecker** und gesetzlicher Vertreter des Erben, in deren Rahmen der Vormund Mündelinteressen als Vorfrage der Geltendmachung von Ansprüchen wahrnimmt, hat noch nicht das Verbot der §§ 1795 Abs 2, 181 BGB zur Folge, da das dem Vormund übertragene Amt des Testamentsvollstreckers für sich genommen weder notwendig noch vorhersehbar Rechtsgeschäfte mit den Erben verlangt, die für den Erben abzuschließen dem Vormund als gesetzlichem Vertreter des Mündels verwehrt wäre (BGH FamRZ 2008, 1156, 1157; OLG Köln 19. 7. 2018 – 10 WF 172/17, juris Rn 18, ZEV 2019, 149). In Betracht kommt lediglich eine Entziehung der Vertretungsmacht nach § 1796 BGB unter den dort in Abs 2 genannten Voraussetzungen (näher unter § 1796 Rn 64 ff).

15 Ebenso nicht erfasst werden rein **verfahrensrechtliche Erklärungen**, wie zB eine Anmeldung zum Handelsregister. Der gesetzliche Vertreter eines minderjährigen Gesellschafters ist deshalb nicht gehindert, im eigenen Namen als Mitgesellschafter und zugleich namens des Minderjährigen eine solche Anmeldung vorzunehmen (BayObLGZ 1970, 133 = Rpfleger 1970, 288; Palandt/Götz Rn 2; MünchKomm/Spickhoff Rn 24). Etwas anderes gilt dagegen etwa für eine Bewilligung nach § 19 GBO, da mit ihr materiell-rechtliche Wirkungen verbunden sind (s BGHZ 77, 7, 9). Davon zu trennen ist der Fall der bloßen Berichtigung des Grundbuchs, etwa die Löschung des Nacherbenvermerks iSv § 51 GBO nach vollentgeltlicher und damit wirksamer Verfügung des befreiten Vorerben; umstritten ist hier bereits, ob die Nacherben vor Löschung des Nacherbenvermerks angehört werden müssen; unzutreffend ist jedenfalls die Ausweitung von § 1795 BGB auf Anhörungen (anders OLG Frankfurt 13. 9. 2018 – 20 W 197/18, juris Rn 27, FamRZ 2019, 324, 326 m zu Recht abl Anm ZORN).

Auch auf **Prozesshandlungen** findet § 181 BGB keine Anwendung (BGHZ 41, 104, 107). 16
Es gibt aber den allgemein anerkannten Rechtsgedanken, dass in einem Prozess niemand auf beiden Seiten Partei oder Parteivertreter sein kann (sog Insichverfahren; BGH NJW 1996, 658; BayObLG FamRZ 1982, 1134, 1135; OLG Koblenz NJW 2006, 3649; MünchKomm/SCHUBERT § 181 Rn 21; STAUDINGER/SCHILKEN [2019] § 181 Rn 27: „allgemeiner Verfahrensgrundsatz"; PALANDT/ELLENBERGER § 181 Rn 5). Zu den Auswirkungen dieses Grundsatzes auf Abstammungssachen s unten Rn 84 ff.

Fraglich ist die Anwendung des § 181 BGB auf die Abgabe einer nach der DS-GVO 17
erforderlichen **Einwilligung**. Man denke etwa an eine bei der Führung einer Vormundschaft oder Betreuung notwendige Verarbeitung von Daten des Mündels oder Betreuten (zB Speicherung und Weitergabe der Daten des Betreuten an Ämter oder Banken). Wäre der gesetzliche Vertreter nicht in der Lage, eine solche Einwilligung sich selbst gegenüber abzugeben, müsste ein Ergänzungspfleger (§ 1909 Abs 1 S 1 BGB) bzw Ersatzbetreuer (§ 1899 Abs 4 BGB) bestellt werden, der dann die Einwilligungserklärung gegenüber dem Vormund bzw Betreuer abgäbe. Zur Abgabe einer wirksamen Einwilligung des Mündels/Betreuten gegenüber diesem Ergänzungspfleger/Ersatzbetreuer bedürfte es aber der Bestellung eines weiteren Ergänzungspflegers/Ersatzbetreuers, und dieses Prozedere müsste ins Unendliche fortgesetzt werden. Um diesen sog „Kurzschluss" (AG Gießen 16. 7. 2018 – 230 XVII 381/17 G, juris Rn 6, FamRZ 2018, 1697 m Anm SCHWAB) zu vermeiden, wird zT dafür plädiert, dass der gesetzliche Vertreter selbst einwilligt, so lange sich die Datenerfassung in den Grenzen seines Auftrags bewegt (AG Gießen 16. 7. 2018 – 230 XVII 381/17 G, juris Rn 6, FamRZ 2018, 1697). Andere sehen die datenschutzrechtliche Einwilligungserklärung erst gar nicht als erforderlich an, weil die Datenverarbeitung zur Erfüllung einer gesetzlichen Verpflichtung iSd Art 6 Abs 1 S 1 Buchst c DS-GVO, dh zur Erfüllung der rechtlichen Verpflichtung als Vormund bzw Betreuer, notwendig sei (AG Altötting 4. 6. 2018 – XVII 266/05, juris Rn 3, FamRZ 2018, 1696, 1697; zust WEBER NZFam 2018, 865, 866). Gegen diesen Ansatz wird jedoch eingewandt, dass die gesetzliche Verpflichtung iS der DS-GVO derart gestaltet sein müsse, dass sie unmittelbar die Datenverarbeitung zum Ziel habe und es also nicht genüge, wenn die Datenverarbeitung als Begleiterscheinung bei der Bewältigung anderer Aufgaben auftrete (BUCHNER FamRZ 2019, 665, 669; SCHWAB FamRZ 2018, 1697 Fn 1 mwNw). Zur Lösung des Problems könnte auf Art 6 Abs 1 S 1 Buchst e DS-GVO verwiesen werden, wonach eine Datenverarbeitung dann rechtmäßig ist, wenn diese für die Wahrnehmung einer Aufgabe erforderlich ist, die im öffentlichen Interesse liegt. Zwar tritt der Vormund mit seiner Bestellung in ein privatrechtliches Rechtsverhältnis zum Kind; jedoch ist die Grundlage für dieses Rechtsverhältnis im öffentlichen Interesse an der Fürsorge für den schutzbedürftigen Minderjährigen, der nicht unter elterlicher Sorge steht, zu sehen (Vorbem 20 zu §§ 1773 ff; zum parallelen Problem im Fall der Betreuung BUCHNER FamRZ 2019, 665, 669). Andere verweisen auf den Umstand, dass die Einwilligung des Mündels bzw des Betreuten in die Datenverarbeitung deshalb nicht notwendig sei, weil dessen gesetzlicher Vertreter eben nur in seiner

Funktion als Vertreter handele und die Verarbeitung der Daten des Vertretenen dabei in dessen Namen geschehe; die Verarbeitung eigener Daten sei aber nicht von der DS-GVO erfasst (AG Altötting 4. 6. 2018 – XVII 266/05, juris Rn 3, FamRZ 2018, 1696 f). Angesichts dieser Probleme stellt sich mithin die Frage, ob die DS-GVO nicht über ihr Ziel hinausschießen würde, wenn sie in Fällen zur Anwendung käme, in denen ein gerichtlich bestellter Vertreter des Betroffenen sein Amt nur durch die Verarbeitung personenbezogener Daten ausüben kann (Schwab FamRZ 2018, 1697, 1698).

2. Einschränkungen des Anwendungsbereichs von § 181

a) Lediglich rechtlich vorteilhafte Rechtsgeschäfte

18 Die Unzulässigkeit des Selbstkontrahierens hängt grundsätzlich nicht davon ab, ob im Einzelfall ein Interessenwiderstreit und damit die Gefahr des Missbrauchs der Vertretungsmacht besteht oder nicht; vielmehr hat der Gesetzgeber im Interesse der Rechtssicherheit den Ausschluss der Vertretungsmacht in § 181 BGB als **„formale Ordnungsvorschrift"** ausgestaltet, bei der ein Interessengegensatz zwar gesetzgeberisches Motiv, für die Anwendung der Vorschrift aber grundsätzlich weder erforderlich noch ausreichend ist (BGHZ 56, 97, 101 f mwNw). Neben den im Wortlaut enthaltenen Ausnahmen besteht aber weitgehend Einigkeit darüber, dass das Verbot des Selbstkontrahierens aufgrund einer teleologischen Reduktion des § 181 BGB auch dann nicht zum Tragen kommt, wenn **trotz der Personenidentität kein Interessenkonflikt** besteht; Kriterium der Reduktion ist der Tatbestand des § 107 BGB (BFH 12. 5. 2016 – IV R 27/13, juris Rn 27, NJW 2016, 3470, 3472; Stürner AcP 173 [1973] 402, 442; Rauscher Rn 1051; Gernhuber/Coester-Waltjen § 61 Rn 22). § 181 BGB greift also nicht, wenn das Rechtsgeschäft für das Kind **lediglich rechtlich vorteilhaft ist** (BGHZ 59, 236, 240; 94, 232, 235; BGH FamRZ 1975, 480, 481; BayObLGZ 1974, 326; BayObLG FamRZ 2004, 1055, 1056; OLG Hamm FamRZ 1978, 439; s auch BFH FamRZ 2008, 690, 692; Rauscher Rn 1051 f; MünchKomm/Spickhoff Rn 20; Erman/Schulte-Bunert Rn 9; Palandt/Götz Rn 13; Gernhuber/Coester-Waltjen § 61 Rn 22; Staudinger/Schilken [2019] § 181 Rn 5 ff, 30 ff mwNw). In diesen Fällen tritt typischerweise keine Interessenkollision auf, sodass der Wortlaut von § 181 BGB über den ihm zugrunde liegenden Schutzzweck hinausgeht. Bei solchen Geschäften ergeben sich auch für den Mündel für gewöhnlich mangels konfligierender Interessen des Vormunds keine Gefahren.

19 Lediglich rechtlich vorteilhaft ist ein Rechtsgeschäft grundsätzlich dann, wenn es keine rechtlichen Nachteile mit sich bringt (Bork, Allgemeiner Teil des Bürgerlichen Gesetzbuchs Rn 997 f). § 107 BGB stellt dabei trotz seines Schutzzwecks, das Vermögen des beschränkt Geschäftsfähigen nicht zu gefährden, auf rechtliche und nicht auf wirtschaftliche Nachteile ab, da sie formal bestimmbar sind und eine Vermögensgefährdung zumindest indizieren (BFH 12. 5. 2016 – IV R 27/13, juris Rn 27, NJW 2016, 3470, 3472).

20 Der Abschluss eines **Schenkungsvertrags** zwischen dem Vormund und seinem Mündel unterfällt danach nicht dem Vertretungsverbot (zu Geschenken von Eltern an ihr minderjähriges Kind BGHZ 59, 236, 240; 94, 232, 235; OLG Saarbrücken FamRZ 2008, 2030, 2031), es sei denn, er ist mit einer Auflage (§ 525 BGB) oder der Übernahme einer Verpflichtung, etwa zur Gewährung eines Darlehens oder zur Erfüllung sämtlicher auf der Immobilie grundpfandrechtlich abgesicherten Verbindlichkeiten, verbunden (BFH NJW 1977, 456; OLG München JFG 23, 231, 234; OLG Brandenburg MittBayNot 2009, 155 m Anm Fembacher; KG FGPrax 2011, 79, 80 = FamRZ 2011, 736; Staudinger/Klumpp [2017]

§ 107 Rn 39) oder er steht unter einem Rücktrittsvorbehalt des Schenkers (BGHZ 161, 170, 173 = NJW 2005, 415, 416; Böttcher NJW 2015, 2770, 2772, der allerdings zu Recht darauf hinweist, dass in diesem Fall wegen mangelnder Bindungswirkung des Mündels auch eine Rückauflassungsvormerkung [noch] nicht eintragungsfähig wäre; ausführlich dazu § 1821 Rn 76, 94). In diesen Fällen kann nur ein Ergänzungspfleger den Vertrag mit dem Mündel abschließen. Ob und inwieweit der Schenkungsvertrag rechtlich vor- oder nachteilig ist, hängt nicht davon ab, ob mit dem Erfüllungsgeschäft rechtliche Nachteile verbunden sind (vgl nur OLG Brandenburg 24. 3. 2014 – 9 WF 48/14, juris Rn 5 f, NJW-RR 2014, 1045, 1046 = FamRZ 2014, 1719 [LS]; anders die sog Gesamtbetrachtungslehre; s Rn 50). Ist das Erfüllungsgeschäft für den Mündel rechtlich nachteilig, bedarf es zu dessen Vornahme wiederum der Bestellung eines Ergänzungspflegers (dazu unten Rn 51).

Die Abgrenzung lediglich rechtlicher Vor- und Nachteile hat die Rechtsprechung und die Literatur bereits vielfach im Rahmen von **Grundstücks- und Wohnungseigentumsschenkungen** beschäftigt, genauer gesagt im Hinblick auf den dinglichen Erwerb des Eigentums (Überblick bei Staudinger/Klumpp [2017] § 107 Rn 45 ff, 57; Staudinger/Peschel-Gutzeit [2015] § 1629 Rn 221 ff; Kölmel RNotZ 2010, 1, 618). So ist die Schenkung eines vermieteten oder verpachteten Grundstücks von Eltern an ihr Kind/ihre Kinder bzw des Vormunds an seinen Mündel wegen der sich aus § 566 BGB ergebenden Verpflichtung rechtlich nachteilig (BGH NJW 2005, 1430; BayObLG Rpfleger 2003, 579; OLG Frankfurt OLGR 2005, 329; Führ/Menzel FamRZ 2005, 1729; s auch OLG München FamRZ 2011, 828, 829 m abl Anm Zorn FamRZ 2011, 776, 777), selbst wenn sich der Veräußerer ein Nießbrauchsrecht vorbehalten hat und damit das Mietverhältnis (vorerst) mit ihm fortgesetzt wird (MünchKomm/Spickhoff Rn 20 mwNw). **Kein rechtlicher Nachteil** ist dagegen die Belastung des Grundstücks mit einem Grundpfandrecht, weil sich die aus § 1147 BGB ergebende Pflicht zur Duldung der Zwangsvollstreckung auf das verhaftete Grundstück beschränkt. Auch die Belastung des Grundstücks mit einem Nießbrauch genügt nicht, soweit der Berechtigte die Kosten außergewöhnlicher Ausbesserungen und Erneuerungen sowie die außergewöhnlichen Grundstückslasten zu tragen hat (BGH FamRZ 2005, 359, 361 m Anm Wojcik DNotZ 2005, 655; OLG Celle 7. 11. 2013 – 4 W 186/13, juris Rn 6, Rpfleger 2014, 201 = FamRZ 2014, 673 [LS]; Sonnenfeld NotBZ 2005, 154; Böttcher Rpfleger 2006, 293; Wilhelm NJW 2006, 2353; Rastätter BWNotZ 2006, 1; Müssig JZ 2006, 150; Schmitt NJW 2005, 1090; Führ/Menzel FamRZ 2005, 1729; Everts ZEV 2004, 231; MünchKomm/Spickhoff Rn 20). Außer Betracht bleiben weiter Nachteile, die nicht unmittelbare Folge des Rechtsgeschäfts sind oder nur ein typischerweise ganz geringes Gefährdungspotential für das Vermögen des Vertretenen aufweisen, wie etwa laufende öffentliche Lasten eines Grundstücks (für eine teleologische Reduktion bei geringfügigen Nachteilen ohne abstraktes Gefährdungspotential BGH FamRZ 2005, 359, 362 mwNw; BFH 12. 5. 2016 – IV R 27/13, juris Rn 27, NJW 2016, 3470, 3472; Böhringer BWNotZ 2006, 118, 119; **aA** Zeiser Rpfleger 2017, 429, 431). Eine mittelbare Folge des Rechtsgeschäfts stellen auch die Verpflichtungen dar, die sich bei Ausübung eines vertraglich vereinbarten Rücktrittsrechts aus dem Rückgewährschuldverhältnis ergeben könnten (OLG Brandenburg 24. 3. 2014 – 9 WF 48/14, juris Rn 9, NJW-RR 2014, 1045, 1046 = FamRZ 2014, 1719 [LS]; Böttcher NJW 2015, 2770, 2771; zur Unwirksamkeit des Verpflichtungsgeschäfts bei Vereinbarung eines Rücktrittsvorbehalts oben Rn 20). 21

Die Verpflichtungen, die sich bei der Schenkung einer Eigentumswohnung aus dem WEG ergeben, beruhen auf dem Eigentum und wurden in der Vergangenheit überwiegend nicht als nachteilig iSv § 107 BGB angesehen (s noch Nachweise bei Staudinger/ 22

Knothe [2012] § 107 Rn 13). Dieser Sichtweise hat sich der BGH nicht angeschlossen und stattdessen festgestellt, dass der mit dem **Erwerb von Wohnungseigentum** einhergehende Beitritt des Beschenkten zur Gemeinschaft der Wohnungseigentümer stets nicht lediglich rechtlich vorteilhaft sei (BGH FamRZ 2010, 2065, 2066, Rn 11 ff m Anm Medicus JZ 2011, 159 f u Schaub ZEV 2011, 42; offengelassen noch in BGHZ 78, 28 = NJW 1981, 109; wie der BGH schon OLG Hamm ZWE 2010, 370; OLG München FGPrax 2008, 99, 101 = ZEV 2008, 246, 247; Palandt/Götz Rn 13; so nun auch Staudinger/Klumpp [2017] § 107 Rn 57). Dabei stellt er maßgeblich auf die nicht unerhebliche persönliche Haftung aus den §§ 16 Abs 2, 10 Abs 8 S 1 HS 1 WEG ab (BGH FamRZ 2010, 2065, 2066 f, Rn 13 f; bis dahin sollten nur nicht unerheblich über die Verpflichtungen nach dem WEG hinausgehende Abreden relevante rechtliche Nachteile begründen, so BGHZ 78, 28, 32 f = NJW 1981, 109, 110; Gitter/Schmitt JuS 1982, 253).

23 Mit dem Eigentumserwerb an einer auf dem Dach beweglich installierten **Photovoltaikanlage** sollen ebenfalls rechtliche Nachteile einhergehen (OLG Dresden 23. 12. 2015 – 22 WF 1052/15, juris Rn 16, NJW 2016, 1027, 1028 m zust Anm Zimmer NJ 2016 292, 294; Lange/Ländner EnWZ 2017, 160, 163; Althaus/Horndasch FuR 2019, 15, 16; **aA** Scholl Jura 2016, 1045, 1046). Der Minderjährige hafte mit seinem gesamten Vermögen für durch die Anlage verursachte Schäden, müsse im Hinblick auf drohende Sanktionen (§ 52 EEG) technische Vorgaben bei der Einspeisung der Elektrizität erfüllen (§ 9 EEG), trete in den Einspeisevertrag mit dem Netzbetreiber ein und müsse als Gewerbetreibender steuerliche Pflichten beachten (OLG Dresden 23. 12. 2015 – 22 WF 1052/15, juris Rn 12 ff, NJW 2016, 1027, 1028).

Dieser vom OLG Dresden vertretenen Ansicht kann insoweit nicht gefolgt werden, als der Schenkungsvertrag als rechtlich nachteilhaft eingestuft wird, obwohl alle aufgezählten Pflichten erst aus dem Eigentumserwerb folgen (Scholl Jura 2016, 1045, 1048). Auch die genannten Haftungsrisiken vermögen noch keinen rechtlichen Nachteil zu begründen, sind sie doch zum Zeitpunkt des Eigentumserwerbs rein hypothetisch und resultieren erst aus einem späteren Fehlverhalten (Lange/Ländner EnWZ 2017, 160, 163). Zudem muss nicht zwangsläufig ein Einspeisevertrag zwischen dem Minderjährigen und dem Netzbetreiber bestehen (§ 7 Abs 1 EEG). Schließlich dürften auch die genannten steuerrechtlichen Pflichten keinen rechtlichen Nachteil begründen, da sie in ihrem Umfang wohl wirtschaftlich unbedeutend sind (Scholl Jura 2016, 1045, 1049). Gleichwohl bleibt zu bedenken, dass in Ermangelung vertraglicher Regelungen aufgrund der energierechtlichen Vorschriften ein gesetzliches Schuldverhältnis zwischen dem Betreiber der Photovoltaikanlage und dem Netzbetreiber entsteht, das rechtliche Nachteile birgt (Lange/Ländner EnWZ 2017, 160, 164). So zieht zwar die Verletzung von § 9 EEG oder § 9 SysStabV nur eine Verringerung der Förderung (§ 52 EEG) oder der Vergütung (§§ 100 iVm 37 EEG) nach sich, nicht aber eine zusätzliche Haftung des Minderjährigen, und gereicht der Übereignung deshalb nicht zum Nachteil (Lange/Ländner EnWZ 2017, 160, 164; Scholl Jura 2016, 1045, 1049). Jedoch kann daneben auch die Verpflichtung zur Entrichtung von Netzentgelten an den Betreiber bestehen, die vom OLG Dresden nicht berücksichtigt wurden und deren Unerheblichkeit durchaus bezweifelt werden kann (Lange/Ländner EnWZ 2017, 160, 164). Mithin scheint es durchaus gerechtfertigt, die Folgen eines solchen Eigentumserwerbs von einem Ergänzungspfleger abwägen zu lassen.

24 Nicht lediglich rechtlich vorteilhaft ist auch der schenkweise **Erwerb eines Erbteils** durch einen Minderjährigen, selbst wenn dieser bereits Miterbe ist, denn der hin-

zugewonnene Erbteil ändert zwar nichts an der bereits bestehenden Haftung für Nachlassverbindlichkeiten gegenüber Dritten, er erhöht jedoch den Haftungsanteil im Innenverhältnis der Erben (OLG Frankfurt 18. 12. 2014 – 20 W 172/14, juris Rn 8, NJW-RR 2015, 842, 843 = FamRZ 2015, 1902 [LS]).

Nicht lediglich rechtlich vorteilhaft ist weiter die **Abtretung** eines Anspruchs des Minderjährigen, etwa nach der Fluggastrechteverordnung ([EG] Nr 261/2004), an seinen gesetzlichen Vertreter. Demgegenüber wird die **Ermächtigung** desselben zur Geltendmachung der Rechte des Minderjährigen in gewillkürter Prozessstandschaft als lediglich rechtlich vorteilhaft angesehen, da der Minderjährige ansonsten selbst klagen müsste (AG Nürnberg 23. 1. 2019 – 19 C 7200/18, juris Rn 22). 25

b) Beteiligung an einer Gesellschaft; Maßnahmen der Geschäftsführung

aa) Beteiligung an einer Gesellschaft

Die unmittelbare Anwendung von § 181 BGB ist zu bejahen, soweit es um die **Gründung etwa einer Familiengesellschaft** geht, bei der sowohl der Vormund als auch der Mündel beteiligt sind, handelt es sich doch beim Abschluss eines Gesellschaftsvertrags um ein mehrseitiges Rechtsgeschäft (MünchKomm/Spickhoff Rn 8; Staudinger/Schilken [2019] § 181 Rn 22; Staudinger/Peschel-Gutzeit [2015] § 1629 Rn 243 mwNw). Das Gleiche gilt bei **Aufnahme eines Minderjährigen in eine bestehende Gesellschaft**, an der auch der gesetzliche Vertreter beteiligt ist, da der Erwerb von Gesellschaftsanteilen ein „Bündel an Rechten und Pflichten" darstellt (so BGHZ 68, 225, 232; BFH NJW-RR 2006, 78, 80; BFH 12. 5. 2016 – IV R 27/13, juris Rn 27, NJW 2016, 3470, 3472 zum Fall eines umfassenden Wettbewerbsverbots [aber betr Gründung einer Gesellschaft]; BayObLG FamRZ 1959, 125, 126; LG Aachen Rpfleger 1994, 104 = NJW-RR 1994, 1319; Staudinger/Schilken [2019] § 181 Rn 22; Erman/Schulte-Bunert Rn 9; Bürger RNotZ 2006, 156, 163; **aA** Pluskat FamRZ 2004, 677, 679). Gleiches gilt für die **Abänderung eines Gesellschaftsvertrags** bzw einer Satzung (BGH NJW 1989, 168, 169). Diese Grundsätze werden dabei sowohl auf die Gründung einer als auch die Aufnahme in eine Personal- oder Kapitalgesellschaft angewendet (näher Staudinger/Schilken [2019] § 181 Rn 22; MünchKomm/Spickhoff Rn 8; Rust DStR 2005, 1942). 26

Eine Ausnahme bildet die **schenkweise Übertragung eines voll eingezahlten Kommanditanteils** etwa durch Eltern/Großeltern, die Gesellschafter sind (OLG Köln 26. 3. 2018 – 4 Wx 2/18, juris Rn 9, NJW-RR 2018, 1310, 1311; OLG Dresden 25. 4. 2018 – 17 W 160/18, NJW-RR 2019, 29; OLG München 28. 12. 2017 – 2 WF 1509/17, juris Rn 12, MittBayNot 2019, 132, 134 m zust Anm Egger; OLG München ZEV 2010, 646; OLG München ZEV 2008, 609; OLG Bremen ZEV 2008, 608; OLG Frankfurt ZEV 2008, 607; Menzel/Wolf MittBayNot 2010, 186; Führ/Nikoleyczik BB 2009, 2105; Werner GmbHR 2008, 1266; Weinbrenner FPR 2009, 265; Ivo ZEV 2005, 193, 194; Maier-Reimer/Marx NJW 2005, 3025; zum Problem der familiengerichtlichen Genehmigung nach § 1822 Nr 3 BGB § 1822 Rn 50 ff). Treuepflichten scheiden von vornherein als rechtliche Nachteile aus, da hierdurch nur die geschenkte Rechtsposition geschmälert wird (Van De Loo/Strnad ZEV 2018, 617, 623; Friedrich-Büttner/Wiese ZEV 2014, 513, 516; ausführlich auch Lüdecke NJOZ 2018, 681, 687; **aA** Maetschke BRJ 2016, 8, 13 f) oder diese zumindest unerheblich sind (OLG Köln 26. 3. 2018 – 4 Wx 2/18, juris Rn 10, NJW-RR 2018, 1310, 1311; **aA** OLG Oldenburg 17. 7. 2019 – 12 W 53/19, juris Rn 11 f, FamRZ 2019, 1934, 1936 = GmbHR 2019, 1119, 1123 m abl Anm Wachter u Münch FamRZ 2019, 1916, 1917). Wichtig ist allerdings, dass der Minderjährige nicht der Gefahr einer Haftung nach §§ 172, 176 Abs 2 HGB ausgesetzt ist. Dies lässt sich dadurch erreichen, dass die Einlage bereits gezahlt ist (s nur OLG München 28. 12. 2017 – 2 WF 1509/17, juris Rn 12, MittBayNot 2019, 132, 134 27 m zust Anm EGGER) und die Übertragung des Anteils auf die Eintragung ins Handelsregister aufschiebend bedingt ist (OLG Köln 26. 3. 2018 – 4 Wx 2/18, juris Rn 9, NJW-RR 2018, 1310, 1311; DNotI-Report 2018, 26, 27; MENZEL/WOLF MittBayNot 2010, 186, 188). Das etwaige Wiederaufleben der Haftung bei Auszahlung der Einlage nach § 172 Abs 4 HGB ist keine unmittelbare Folge des Anteilserwerbs und vermag daher keinen rechtlichen Nachteil zu begründen (OLG Köln 26. 3. 2018 – 4 Wx 2/18, juris Rn 10, NJW-RR 2018, 1310, 1311). Ist der Minderjährige bereits Gesellschafter, muss die Schenkung als bloße Erhöhung des Kapitalanteils durch Gesellschaftsvertragsänderung, sog Einbuchung, erfolgen (DNotI-Report 2018, 26, 28). Sofern die mit dem festen Kapitalanteil verbundene Einlageverpflichtung bereits erfüllt wurde und eine Haftung des Minderjährigen für die Einlage ausgeschlossen ist, ist die Aufstockung lediglich rechtlich vorteilhaft (DNotI-Report 2018, 26, 28).

bb) Maßnahmen der Geschäftsführung

28 Hiervon zu trennen ist die Frage, ob und inwieweit der Vormund, der an der juristischen Person bzw der Personengesellschaft beteiligt ist, den minderjährigen Mitgesellschafter bei der **Beschlussfassung innerhalb einer Gesellschaft** vertreten kann (grundlegend BGHZ 52, 316 [GmbH]; 65, 93 [KG]). Umstritten ist dabei die Reichweite des Anwendungsbereichs von § 181 BGB. Überwiegend wird sowohl bei Kapitalgesellschaften (STAUDINGER/SCHILKEN [2019] § 181 Rn 24 f mwNw; BeckOK/SCHÄFER [1. 11. 2019] § 181 Rn 13) als auch bei Personengesellschaften (BGHZ 65, 93; 112, 339, 341; STAUDINGER/SCHILKEN [2019] § 181 Rn 26; BeckOK/SCHÄFER [1. 11. 2019] § 181 Rn 14) danach differenziert, ob es sich um einen Beschluss handelt, der die Grundlagen der Gesellschaft betrifft, oder um Maßnahmen der laufenden Geschäftsführung bzw sonstige gemeinsame Gesellschaftsangelegenheiten; im letzteren Fall sei § 181 BGB nicht anwendbar, weil es insoweit an dem für § 181 BGB typischen Interessenkonflikt fehle (BGHZ 65, 93, 100 f; OLG Oldenburg 18. 3. 2019 – 12 W 9/19, juris Rn 8 f, NZG 2019, 503, 504 = FamRZ 2019, 1245, 1246; STAUDINGER/SCHILKEN [2019] § 181 Rn 25; IVO ZNotP 2007, 210 f; PLUSKAT FamRZ 2004, 677, 679). Das lässt sich damit begründen, dass im Falle der laufenden Geschäftsführung die Verfolgung des Gesellschaftszwecks ein gemeinsames Interesse aller Gesellschafter bei der Willensbildung darstellt; dieser Bereich findet aber dort seine Grenzen, wo die Rechtspositionen einzelner Gesellschafter infrage oder aber Grundlagen der Gesellschaft und daher persönliche Interessen im Vordergrund stehen (BGHZ 65, 93, 97 f; OLG Oldenburg 18. 3. 2019 – 12 W 9/19, juris Rn 8 f, NZG 2019, 503, 504; OLG Nürnberg 12. 4. 2018 – 12 W 669/18, GmbHR 2018, 1066, 1067). Diese Unterscheidung hat zur Folge, dass der Vormund, der neben dem Mündel an einer Gesellschaft beteiligt ist, diesen weder bei Änderungen des Gesellschaftsvertrags noch bei einem Beschluss, der die Aufhebung der Gesellschaft zum Inhalt hat, wirksam vertreten kann, wohl aber bei einer Maßnahme der laufenden Geschäftsführung (Beispiele bei IVO ZNotP 2007, 210, 211; MünchKomm/SPICKHOFF Rn 8).

Eine Änderung des Gesellschaftsvertrags liegt etwa vor, wenn ein neuer Gesellschafter in die Gesellschaft aufgenommen werden soll, da sich dadurch die Parteien des Vertrags ändern und damit die Grundlagen des Gesellschaftsverhältnisses betroffen sind (OLG Oldenburg 18. 3. 2019 – 12 W 9/19, juris Rn 8 f, NZG 2019, 503, 504). Die Zustimmung zu dieser Vertragsänderung, die von allen Gesellschaftern erklärt werden muss, kann der Vormund, der neben dem Mündel an der Gesellschaft beteiligt ist, danach nicht wirksam in Vertretung des Mündels abgeben, mag auch die Zustimmung eine Angelegenheit aller Gesellschafter sein und mögen insoweit parallele Erklärungen abgegeben werden (so WACHTER BB 2019, 1171), da bei solchen Beschlussgegenständen nicht von vornherein davon ausgegangen werden kann, dass kein Interessenkonflikt zwischen den Gesellschaftern besteht (s OLG Oldenburg 18. 3. 2019 – 12 W 9/19, juris Rn 8 f, NZG 2019, 503, 504 betr Eltern, die nicht selbst Mitgesellschafter waren, wohl aber ihre beiden Kinder, von denen eines minderjährig war; das Gericht hat das Vertretungsverbot in Bezug auf den minderjährigen Mitgesellschafter wegen Verwandtschaftsbeziehung der Eltern zum volljährigen Mitgesellschafter auf §§ 1629 Abs 2, 1795 Abs 1 Nr 1 BGB gestützt).

Auch die **Wahl eines Geschäftsführers**, soweit sie nicht mit dem Abschluss eines 29
Geschäftsführervertrags verknüpft wird (zu dieser Fallgestaltung BGHZ 112, 339) wird als eine Angelegenheit verstanden, die der verbandsinternen Willensbildung zuzurechnen ist, mit der Folge, dass mehrere minderjährige Gesellschafter in ihrer Stimmabgabe wirksam von ihrem alleinsorgeberechtigten Elternteil vertreten werden können (OLG Nürnberg GmbHR 2018, 1066, 1067, juris Rn 21 ff). Demgegenüber soll § 181 BGB zur Anwendung kommen, wenn es sich bei dem zu Bestellenden um den Stimmrechtsvertreter handelt (BGHZ 112, 339; MünchKomm/SCHUBERT § 181 Rn 36) oder um eine dem Stimmrechtsvertreter nahestehende Person iSd § 1795 Abs 1 Nr 1 BGB (in diese Richtung OLG Nürnberg 12. 4. 2018 – 12 W 669/18, juris Rn 23 f, GmbHR 2018, 1066, 1067 aE).

c) Genehmigungspflicht nach § 1822

Bei der Beteiligung von Minderjährigen an Gesellschaften stellt sich nicht nur die 30
Frage, inwieweit wegen eines Verstoßes gegen § 181 BGB ein Ergänzungspfleger zu bestellen ist. Vielmehr bleibt in jedem Einzelfall weiter zu klären, ob das Handeln des gesetzlichen Vertreters (Vormund oder Ergänzungspfleger) der **familiengerichtlichen Genehmigung**, va nach § 1822 Nr 3 bzw Nr 10 BGB (näher § 1822 Rn 50 ff, 175 f, 186 ff), bedarf. Dabei heilt eine erteilte Genehmigung des Familiengerichts **nicht** einen Verstoß gegen § 181 BGB (MünchKomm/SPICKHOFF Rn 15; NEUHAUSEN RNotZ 2003, 158, 171; s oben Rn 4).

3. Erweiterungen des Anwendungsbereichs von § 181

a) Keine Personenidentität, aber Gefahr von Interessenkollision

§ 181 BGB ist zwar eine formale Ordnungsvorschrift. Jedoch gibt es Fälle, in denen 31
zwar keine Personenidentität, wohl aber die Gefahr einer Interessenkollision besteht. Für diese kommt eine am Normzweck des § 181 BGB ausgerichtete teleologische Extension bzw analoge Anwendung dieser Norm in Betracht (MünchKomm/SCHUBERT § 181 Rn 44; STAUDINGER/SCHILKEN [2019] § 181 Rn 34 mwNw).

Eine entsprechende Anwendung von § 181 BGB wird vor allem angenommen, wenn 32
der Vertreter das Verbot des Insichgeschäfts dadurch überwindet, dass er für sich selbst einen Vertreter oder für den Vertretenen einen **Untervertreter** bestellt, sodass sich formal verschiedene Personen bei Abschluss des Rechtsgeschäfts einander gegenüberstehen (BGHZ 64, 72; 91, 334, 337; STAUDINGER/PESCHEL-GUTZEIT [2015] § 1629 Rn 202 mwNw; MünchKomm/SCHUBERT § 181 Rn 47; STAUDINGER/SCHILKEN [2019] § 181 Rn 35 f; PALANDT/ELLENBERGER § 181 Rn 12; MünchKomm/SPICKHOFF Rn 16; BeckOGK/SONNENFELD [1. 11. 2019] Rn 35, die überzeugend darlegt, warum in dieser Fallgestaltung nur eine analoge Anwendung von § 181 BGB, nicht aber von § 1795 Abs 1 Nr 1 BGB [so etwa jurisPK-BGB/LAFONTAINE Rn 29] in Betracht kommt; zur analogen Anwendung beider Normen in Fällen wirtschaftlicher Identität LUY BWNotZ 2018, 18).

b) Amtsempfangsbedürftige Willenserklärung

33 Bei amtsempfangsbedürftigen Willenserklärungen wird danach **unterschieden**, ob der Vertreter die Erklärung wahlweise sich selbst gegenüber oder gegenüber dem Amt/Gericht abgeben kann (zB §§ 875 Abs 1 S 2, 876 S 3, 880 Abs 2 S 3, 1168 Abs 2 S 1 BGB) oder ob die staatliche Stelle nicht nur formell, sondern auch der Sache nach Erklärungsempfänger ist. Im ersten Fall soll § 181 BGB eingreifen, weil der Vertreter, auch wenn die Erklärung gegenüber dem Amt/Gericht abgegeben wird, der eigentlich betroffene Empfänger (Erklärungsgegner) ist (PALANDT/ELLENBERGER § 181 Rn 13; STAUDINGER/SCHILKEN [2019] § 181 Rn 40; MünchKomm/SCHUBERT § 181 Rn 52 ff). Die Abgabe gegenüber der staatlichen Stelle wird in diesem Fall sozusagen als Umgehung von § 181 BGB verstanden (s BGHZ 77, 7, 9 f; MünchKomm/SCHUBERT § 181 Rn 53 mwNw; krit ERMAN/MAIER-REIMER § 181 Rn 14 f). Entsprechendes wird angenommen, wenn die Erklärung zwar gegenüber einer amtlichen Stelle abgegeben werden muss, der Sache nach aber an eine Privatperson gerichtet ist, wie dies zum Beispiel bei der Anfechtung eines Testaments der Fall ist (§§ 2078 f, 2081 BGB). Dagegen soll nach überwiegender Ansicht die entsprechende Anwendung von § 181 BGB ausgeschlossen sein, wenn die staatliche Stelle nicht nur formell, sondern auch materiell Erklärungsgegner ist, wie etwa bei der Ausschlagung einer Erbschaft (§ 1945 BGB; BayObLGZ 1983, 213, 220 f; STAUDINGER/SCHILKEN [2019] § 181 Rn 40; MünchKomm/SCHUBERT § 181 Rn 55; ERMAN/MAIER-REIMER § 181 Rn 14).

34 Hieraus folgt, dass der Vormund als Alleinerbe nicht wirksam im Namen des Mündels die **Anfechtung eines Testaments** erklären kann; zwar ist das Nachlassgericht Empfänger der Erklärung nach § 2081 Abs 1 BGB; „sachlicher Anfechtungsgegner" ist dagegen der durch den Wegfall der letztwilligen Verfügung Betroffene, also der Vormund (RGZ 143, 350, 353; BayObLG Rpfleger 1983, 482, 483; ERMAN/SCHULTE-BUNERT Rn 3).

35 Das Gleiche gilt nach vereinzelter Ansicht auch für die **Ausschlagung der Erbschaft** des Mündels durch den Vormund, wenn dieser dadurch unmittelbarer Erbe wird, also anders als bei der Anfechtung keine Erbenstellung verliert, sondern eine erlangt (BUCHHOLZ NJW 1993, 1161, 1166; HELDRICH, in: FS Lorenz 97, 100; MünchKomm/SPICKHOFF Rn 6, der § 181 BGB wegen „sachlicher" Betroffenheit auf diese Fälle erweitern will). Hiergegen lässt sich vorbringen, dass der Vormund im Unterschied zur Anfechtung nicht Erklärungsgegner der Ausschlagung ist, da mit der Ausschlagung der Anfall der Erbschaft an den Ausschlagenden als nicht erfolgt gilt (§ 1953 Abs 1 BGB) und die Erbschaft dem anfällt, der berufen sein würde, wenn der Ausschlagende zur Zeit des Erbfalls nicht gelebt hätte; den Nächstberufenen hat das Nachlassgericht von Amts wegen zu ermitteln und zu benachrichtigen (§ 1953 Abs 3 BGB; BayObLG Rpfleger 1983, 482, 483). Mangels Erklärungsgegners greift dann konsequenterweise das Selbstkontrahierungsverbot bei der Ausschlagung nicht (OLG Frankfurt FamRZ 1964, 154 f; BayObLG Rpfleger 1983, 482). Hiergegen wird allerdings nicht ganz zu Unrecht eingewandt, dass auch bei der Anfechtung eines Testaments die Anfechtungsfolgen (idR die gesetzliche Erbfolge) kraft Gesetzes eintreten, sodass die unterschiedliche Behandlung der Anfechtung eines Testaments und einer Ausschlagung nicht ganz überzeugt (HELDRICH, in: FS Lorenz 97, 101 f). Folgt man dagegen dem Ansatz der hM, so kommt zur Wahrung der Interessen des Kindes auf jeden Fall noch der Entzug der Vertretungsmacht des Vormunds durch das Familiengericht nach § 1796 BGB in Betracht (näher unter § 1796 Rn 66), der allerdings dann ein stumpfes Schwert darstellt, wenn die Ausschlagung bereits gegenüber dem Nachlassgericht erklärt wurde, bevor das Fami-

liengericht die Vertretungsmacht entzogen hat, da dadurch nur mit Wirkung für die Zukunft die Vertretungsmacht des Vormunds entfällt (MünchKomm/Spickhoff Rn 6; § 1796 Rn 82).

Das Selbstkontrahierungsverbot greift auf jeden Fall nicht bei **familienrechtlichen Erklärungen** des Vormunds. So kann der Vormund im Einbenennungsverfahren sowohl einen Antrag nach § 1618 S 1 BGB auf Einbenennung seines Mündels stellen als auch die Einwilligungserklärung des Mündels nach § 1618 S 3 Var 2 BGB abgeben, weil beide Erklärungen nicht gegeneinander, sondern parallel gegenüber dem Familiengericht abzugeben sind (OLG München 12. 2. 2015 – 31 Wx 7/15, juris Rn 9, FamRZ 2015, 1039; BayObLG FamRZ 1977, 409, 410; **aA** OLG Frankfurt FamRZ 2002, 260, 262; MünchKomm/Spickhoff Rn 11, 24 mwNw; näher unter Rn 38). 36

Auch im **Adoptionsrecht** scheidet seit dem Wechsel vom Vertrags- zum Dekretsystem durch das Adoptionsgesetz vom 2. 7. 1976 (BGBl I 1749) sowohl eine unmittelbare als auch eine analoge Anwendung von § 1795 Abs 1 Nr 1, Abs 2 BGB aus. Vielmehr kommt bei einem Interessenwiderstreit zwischen Vormund und Mündel nur ein Ausschluss der Vertretungsmacht nach § 1796 BGB in Betracht (BGH FamRZ 1980, 675, 676; OLG Zweibrücken FamRZ 2001, 1730, 1731; Brüggemann FamRZ 1977, 656, 659; Staudinger/Helms [2019] § 1746 Rn 13, 15 mwNw; Gernhuber/Coester-Waltjen § 68 Rn 47; **aA** MünchKomm/Spickhoff Rn 11, 24 mwNw; näher unter Rn 35 f). 37

c) Wahl zwischen mehreren privaten Adressaten einer Willenserklärung

Die entsprechende Anwendung von § 181 BGB wird auch in Fällen diskutiert, in denen der Vormund die Willenserklärung wahlweise an mehrere private Adressaten richten kann und die Erklärung gegenüber einem ein Insichgeschäft darstellt. Verfügt etwa ein Vormund, der als Vorerbe eingesetzt wurde und zugleich gesetzlicher Vertreter des Nacherben ist, über ein zum Nachlass gehörendes Grundstück, indem er es etwa an einen Dritten veräußert (§ 2113 Abs 1 BGB), so ist diese Verfügung wirksam, wenn sie mit Zustimmung des Nacherben erfolgt (§ 185 BGB analog; Jauernig/Stürner § 2113 Rn 3; Palandt/Weidlich § 2113 Rn 6). Diese Zustimmung kann grundsätzlich gegenüber dem Vorerben als auch gegenüber dem Vertragspartner erklärt werden (§ 182 Abs 1 BGB). Im ersteren Fall käme schon bei formaler Betrachtung § 181 BGB zur Anwendung, da Erklärender und Erklärungsempfänger identisch sind (Staudinger/Schilken [2019] § 181 Rn 41 mwBsp). Im letzteren Fall besteht zwar keine Personenidentität, gleichwohl besteht an sich auch hier die Gefahr einer Interessenkollision, weil der Nacherbe mit der Zustimmung gegenüber dem Geschäftspartner in seiner Rechtsstellung betroffen ist, da er das Eigentum an dem Grundstück verliert. Zum Schutz des Nacherben spricht deshalb einiges für die analoge Anwendung von § 181 BGB auch in diesem Fall (Staudinger/Schilken [2019] § 181 Rn 41; Jauernig/Stürner § 2113 Rn 3). Zwar ließe sich für das gegenteilige Ergebnis anführen, dass die Zustimmung auch für den Geschäftspartner unmittelbare Rechtsfolgen erzeugt (BGHZ 77, 9; OLG Hamm DNotZ 2003, 635, 636 Rn 6). Hiergegen spricht jedoch, dass die Wahl des Erklärungsempfängers, die oft vom Zufall abhängen kann, darüber entscheiden würde, ob § 181 BGB eingreift; bedenkt man zudem, dass die Zustimmung primär die Rechtsposition des Nacherben trifft, der von § 2113 BGB geschützt werden soll, so verlangt dessen Schutzzweck eine entsprechende Anwendung von § 181 BGB auch auf die Erklärung der Zustimmung gegenüber dem Vertragspartner (MünchKomm/Schubert § 181 Rn 56). 38

39 Der Streit kann allerdings regelmäßig dahinstehen, da dem Mündel durch § 1821 BGB ein vergleichbarer Schutz zukommt, bedarf doch die Zustimmung zu einer Verfügung einer familiengerichtlichen Genehmigung (s § 1821 Rn 37). Für die Anwendung des § 1795 Abs 1 Nr 1 BGB bei derartigen Verfügungen im Kontext nahestehender Personen s unten Rn 55 f.

d) Bestellung einer Sicherheit für eine Schuld

40 § 181 BGB steht vom Wortlaut her auch nicht der Möglichkeit entgegen, dass die Eltern/der Vormund im Namen des Kindes/Mündels eine **Sicherheit (Bürgschaft, dingliche Sicherheit)** für eine Schuld des Kindes übernehmen/übernimmt (BGH NJW 2005, 664, 667; BGHZ 91, 337; Palandt/Ellenberger § 181 Rn 14; MünchKomm/Schubert § 181 Rn 46) oder dass sie/er der Bank einen Zahlungsauftrag iSv § 675f Abs 4 S 2 BGB erteilen/erteilt, mit welchem Geld vom Konto des Kindes auf das der Eltern/des Vormunds übertragen werden soll. Wer Gläubiger der Bank wird, richtet sich nicht nach der Kontobezeichnung, sondern danach, wer unter Berücksichtigung der besonderen Umstände des Einzelfalls nach dem erkennbaren Willen des die Einzahlung Bewirkenden Gläubiger der Bank werden soll (Spieker FamRZ 2004, 1350, 1351; MünchKomm/Spickhoff Rn 10). Ist danach der Mündel Gläubiger der Bank und weist dieser, vertreten durch seine Eltern/seinen Vormund, die Bank an, Geld auf das Konto der Eltern/des Vormunds zu überweisen, so sind die Eltern/ist der Vormund bei formaler Betrachtungsweise nicht durch die §§ 1795, 181 BGB an der Vertretung gehindert, da der Zahlungsauftrag des Kindes/Mündels die Überweisungsbank und nicht den Vormund als Überweisungsempfänger bindet (zu § 676a BGB aF BGH FamRZ 2004, 1349 f m Anm Spieker; **aA** LG Darmstadt EWiR 2002, 891 m Anm Streissle).

41 Aber auch in diesem Fall wird zum Teil der formalen Betrachtungsweise der Normzweck des § 181 BGB entgegengehalten, der den Vertretenen gerade dann schützen soll, wenn seine Interessen mit denen des Vertreters kollidieren. Folgt man diesem Ansatz, können die genannten Rechtsgeschäfte nur unter Mitwirkung eines Ergänzungspflegers auf Seiten des Kindes abgeschlossen werden (Gernhuber/Coester-Waltjen § 61 Rn 23). Hieran würde sich auch nichts dadurch ändern, dass das jeweilige Rechtsgeschäft zur Wirksamkeit auch noch der Genehmigung des Familiengerichts bedarf (Heldrich, in: FS Lorenz 97, 103; Gernhuber/Coester-Waltjen § 61 Rn 23; s auch Rn 4).

4. Ausnahmen vom Verbot des Insichgeschäfts

42 Vom grundsätzlichen Verbot des Selbstkontrahierens sieht § 181 BGB zwei Ausnahmen vor: Der Vertreter kann ein Rechtsgeschäft mit sich selbst vornehmen, wenn ihm dies durch den Vollmachtgeber (bei juristischen Personen durch die Satzung oder durch ein zuständiges Organ) gestattet ist oder das Rechtsgeschäft ausschließlich in der Erfüllung einer Verbindlichkeit besteht.

a) Gestattung

43 Eine Möglichkeit, dem Vormund das Selbstkontrahieren zu gestatten, gibt es nicht. Die **Gestattung** des Insichgeschäfts ist eine Erweiterung der Vertretungsmacht. Bei der Vollmacht erfolgt sie durch Willenserklärung des Vertretenen unter Verzicht auf den Schutz des § 181 BGB (Staudinger/Schilken [2019] § 181 Rn 49; MünchKomm/Schubert § 181 Rn 69). Für die Vertretungsmacht des Vormunds findet sich dagegen in den §§ 1793 ff BGB weder eine unmittelbare gesetzliche Gestattung noch eine Ausnah-

me von den Einschränkungen aus § 1795 BGB. In den §§ 1852–1857a BGB findet sich keine Ermächtigung der Eltern des Mündels zur Erteilung einer Befreiung. Auch ein Dritter, der dem Mündel Vermögen zuwendet, ist dazu nicht in der Lage, weil es sich nicht um eine Verwaltungsanordnung iSv § 1803 BGB handeln würde (Enneccerus/Kipp § 116 III 3).

Ebenso wenig kann das Familiengericht den Vormund vom Verbot des Insichgeschäfts befreien (BGHZ 21, 229, 234 = NJW 1956, 1433; BayObLGZ 1958, 373 = FamRZ 1959, 125, 126 f = NJW 1959, 989; OLG Hamm OLGZ 1975, 173 = Rpfleger 1975, 127 = FamRZ 1975, 510; Gernhuber/Coester-Waltjen § 61 Rn 18; MünchKomm/Spickhoff Rn 19; Soergel/Zimmermann Rn 7; BGB-RGRK/Dickescheid Rn 2; Palandt/Götz Rn 11; Staudinger/Peschel-Gutzeit [2015] § 1629 Rn 191 ff mwNw; Buchholz NJW 1993, 1161, 1165; Erman/Schulte-Bunert Rn 8; **aA** Hübner, Interessenkonflikt 125 ff; für eine Gestattung bei Mehrvertretung Wolf/Neuner § 49 Rn 116). Einer solchen **gerichtlichen Gestattung** fehlt die Rechtsgrundlage, wie sie etwa im umgekehrten Fall einer Beschränkung der Vertretungsmacht in § 1796 BGB ausdrücklich geregelt ist (ähnlich RGZ 71, 162, 167 unter Hinweis auf die historisch begründete „Gewaltentrennung“ zwischen Vormund und Gericht; ausführlich dazu Buchholz NJW 1993, 1161, 1164 f). Auch § 1846 BGB gibt dem Gericht nur in Ausnahmefällen die Befugnis zur Vornahme einstweiliger Maßregeln. Eine gerichtliche Gestattung scheidet zudem wegen dessen Kontroll- und Überwachungsfunktion gegenüber dem Vormund aus (RGZ 71, 162, 167; MünchKomm/Kroll-Ludwigs § 1846 Rn 1; Palandt/Götz Rn 11). 44

b) Erfüllung einer Verbindlichkeit

Die zweite in § 181 BGB vorgesehene Ausnahme vom Verbot der Insichgeschäfte bezieht sich auf Rechtsgeschäfte, die ausschließlich in der Erfüllung einer Verbindlichkeit bestehen. 45

Voraussetzung ist in jedem Fall die **Wirksamkeit des Grundgeschäfts**. Die Auflassung (§§ 925, 873 BGB) kommt also nur dann als Erfüllungsgeschäft in Betracht, wenn ihr ein wirksames Kausalgeschäft, wie zB ein formwirksamer Kaufvertrag (§ 311b Abs 1 S 1 BGB) oder ein formwirksamer Schenkungsvertrag (§ 518 Abs 1 S 1 BGB), zugrunde liegt; nicht genügend ist es, wenn erst durch die Erfüllung eine wirksame Verbindlichkeit begründet wird (BGH FamRZ 1961, 473, 475; Staudinger/Schilken [2019] § 181 Rn 62 mwNw; MünchKomm/Schubert § 181 Rn 94; **aA** Gernhuber/Coester-Waltjen § 61 Rn 33 Fn 57). § 181 letzter HS BGB greift auch dann nicht ein, wenn zB der Schenkungsvertrag zwischen Eltern und Kind etwa wegen eines Rücktrittsvorbehalts nicht lediglich rechtlich vorteilhaft ist; dies ändert aber nichts an der Wirksamkeit der Auflassung (BGHZ 161, 170, 173 = NJW 2005, 415, 416 = FamRZ 2005, 359; s auch oben Rn 20). 46

Erfüllung setzt die Leistung voraus, wie sie geschuldet ist (§ 362 Abs 1 BGB). Erfüllungssurrogate genügen nicht (MünchKomm/Schubert § 181 Rn 96; Gernhuber/Coester-Waltjen § 61 Rn 43 Fn 82; NK-BGB/Fritsche Rn 4; Staudinger/Schilken [2019] § 181 Rn 62; Staudinger/Peschel-Gutzeit [2015] § 1629 Rn 253 ff), es sei denn, mit ihnen gehen keine zusätzlichen Vereinbarungen einher, die wiederum Pflichten oder andere rechtliche Nachteile mit sich bringen (MünchKomm/Schubert § 181 Rn 95: Hinterlegung mit Ausschluss der Rücknahme der Sache [§ 378 BGB]; Staudinger/Schilken [2019] § 181 Rn 62 mwNw zur Aufrechnung [§ 389 BGB]). 47

48 § 181 letzter HS BGB ist einschlägig, wenn das **Kind Schuldner einer Verbindlichkeit** ist und etwa als Erbe, vertreten durch seinen Vormund, einen dem Vormund zustehenden Vermächtnisanspruch erfüllt (BayObLG DNotZ 1983, 176; Zorn FamRZ 2011, 776, 778; Sonnenfeld Rpfleger 2011, 475, 477; Staudinger/Schilken [2019] § 181 Rn 61) oder der Vormund aus dem vorhandenen und verfügbaren Mündelvermögen Geld entnimmt, das ihm der Mündel nach § 1835 BGB als Aufwendungsersatz schuldet (s Staudinger/Bienwald § 1835 Rn 98; BayObLG Rpfleger 1981, 302, 303; Palandt/Götz Rn 12 u § 1835 Rn 16; Soergel/Zimmermann Rn 19; MünchKomm/Spickhoff Rn 18, 30).

49 Ist der **Minderjährige** nicht Schuldner, sondern **Gläubiger**, etwa eines Vermächtnisanspruchs, so schließt dies ebenso wenig die Anwendung von § 181 letzter HS BGB aus. Damit kann der Vormund als Erbe wirksam ohne Einschaltung eines Ergänzungspflegers ein vermietetes Grundstück an den Mündel übertragen (zu dieser Fallkonstellation OLG München FamRZ 2011, 828 f m abl Anm Zorn FamRZ 2011, 776, 778; Sonnenfeld Rpfleger 2011, 475, 477). Zwar ist in diesem Fall das Erfüllungsgeschäft rechtlich nachteilig. Nichtsdestotrotz kann weder über die Gesamtbetrachtungslehre die Wirksamkeit des Vermächtnisanspruchs in Frage gestellt werden (gegen die Gesamtbetrachtungslehre nachfolgend Rn 50), noch kommt hier eine teleologische Reduktion von § 181 letzter HS BGB in Betracht, da diese nur in der Konstellation greift, dass das Kausalgeschäft ein Schenkungsvertrag zwischen dem Minderjährigen und seinem gesetzlichen Vertreter ist, nicht aber dann, wenn die Verbindlichkeit nicht durch ein Geschäft des Vertreters, sondern durch ein einseitiges Rechtsgeschäft eines Dritten begründet wurde, wie dies bei einem Vermächtnis der Großeltern für ihre Enkelkinder der Fall ist (OLG München FamRZ 2013, 494, 495 m Anm Zimmermann; OLG München FamRZ 2012, 740, 741; Zorn FamRZ 2011, 776, 778; s auch Sonnenfeld Rpfleger 2011, 475, 477; **aA** OLG München FamRZ 2011, 828, 829; Jänicke/Braun NJW 2013, 2474, 2476 ff).

c) Lediglich rechtlich vorteilhaftes Erfüllungsgeschäft

50 Die Anwendung von § 181 letzter HS BGB kann allerdings zu Ergebnissen führen, die seinem Schutzzweck zuwiderlaufen und damit deswegen eine teleologische Reduktion verlangen. Dieses Problem wird in der Praxis vor allem bei Grundstücksschenkungen des gesetzlichen Vertreters (Eltern, Vormund) an das minderjährige Kind bedeutsam. Ist der Minderjährige Gläubiger einer wirksamen Verbindlichkeit aus einem Schenkungsvertrag über ein Grundstück, so ist das dingliche Rechtsgeschäft bei strikter Anwendung von § 181 letzter HS BGB auch dann wirksam, wenn mit ihm rechtliche Nachteile verbunden sind. Damit stellt sich bei isolierter Betrachtung von Verpflichtung und Verfügung ein dem Schutzzweck des § 181 BGB widersprechendes Ergebnis ein, das der BGH zunächst mit einer **Gesamtbetrachtung von Verpflichtungs- und Verfügungsgeschäft** vermeiden wollte (BGHZ 78, 28, 35 – allerdings zog er die wenig konsequente Folgerung, § 181 letzter HS BGB sei nicht anzuwenden, anstatt dem schuldrechtlichen Geschäft mangels lediglich rechtlichen Vorteils die Wirksamkeit zu versagen, sodass § 181 letzter HS BGB bereits dem Tatbestand nach ausscheidet; so auch LG Münster FamRZ 1999, 739). Dieser Lösungsansatz ist in der Literatur jedoch auf Kritik gestoßen, weil er mit dem Trennungs- und Abstraktionsprinzip nicht vereinbar ist (Jauernig JuS 1982, 576 f; weitere Nachw in BGHZ 161, 170, 174). Bereits im Jahre 2005 hat der BGH diese Betrachtungsweise faktisch und im Jahre 2010 ausdrücklich aufgegeben (BGHZ 162, 137, 142 f = NJW 2005, 1430, 1431; BGH FamRZ 2010, 2065, 2066; Böttcher Rpfleger 2006, 293, 299; krit Menzel/Führ JA 2005, 859, 863; **anders** noch BFH FamRZ 2008, 690, 692 und aus jüngerer Zeit Blasche Jura 2011, 359, 360; s auch Kölmel RNotZ 2010, 618, 620; nach Ansicht von Emme-

RICH JuS 2005, 457, 459 hat der BGH bereits in der Entscheidung BGHZ 161, 170, 174 f [m zust Anm SCHMITT NJW 2005, 1090, 1093 und RÖTHEL/KRACKHARDT Jura 2006, 161, 164] die Gesamtbetrachtungsweise aufgegeben; in dieser Entscheidung war allerdings im Unterschied zur Entscheidung BGH NJW 2005, 1430 bereits der Schenkungsvertrag mit Rechtsnachteilen verbunden und deshalb gemäß §§ 107, 108 Abs 1 BGB schwebend unwirksam, sodass nach Ansicht des BGH – zu Recht – keine Veranlassung für eine Gesamtbetrachtung bestand; so iE auch KÖLMEL RNotZ 2010, 1, 8).

Sind also mit dem Erwerb des Eigentums an dem Grundstück Rechtsnachteile für den Minderjährigen verbunden (dazu oben Rn 21), so kann der gesetzliche Vertreter die Auflassung nicht wirksam erklären; die nach §§ 107 f BGB erforderliche Genehmigung kann auch nicht von den Eltern/dem Vormund als gesetzlichem Vertreter erteilt werden, da diese/dieser als Veräußerer nach §§ 1629 Abs 2 S 1, 1795 Abs 2, 181 HS 1 BGB (und soweit ein anderes Familienmitglied als Veräußerer auftritt nach § 1795 Abs 1 Nr 1 BGB) von der Vertretung ausgeschlossen sind/ist. Vielmehr bedarf es hierfür der Bestellung eines Ergänzungspflegers (näher unter Rn 114 ff). Etwas anderes ergibt sich auch nicht aus § 181 letzter HS BGB bzw § 1795 Abs 1 Nr 1 letzter HS BGB. Zwar ist der der Eigentumsübertragung zugrunde liegende Schenkungsvertrag für den Minderjährigen lediglich rechtlich vorteilhaft, sodass die Auflassung ausschließlich der Erfüllung einer wirksam begründeten Verbindlichkeit dient (BGHZ 162, 137, 143). Gleichwohl greift die genannte Ausnahme nicht ein, weil diese unter Berücksichtigung des Zwecks der §§ 1629 Abs 2 S 1, 1795 Abs 1 Nr 1 erster HS BGB, Kollisionen zwischen den Interessen von Kind und gesetzlichem Vertreter zu vermeiden, nicht gilt, wenn das in Erfüllung einer Verbindlichkeit bestehende Rechtsgeschäft über den Erfüllungsvorgang hinaus zu rechtlichen Nachteilen für den Vertretenen führt (BGHZ 162, 137, 143). § 1795 Abs 1 Nr 1 erster HS BGB sowie § 181 letzter HS BGB kommen also nur dann zur Anwendung, wenn mit dem dinglichen Vollzugsgeschäft kein rechtlicher Nachteil verbunden ist (**teleologische Reduktion** beider Ausnahmetatbestände, so auch: JAUERNIG/MANSEL § 181 Rn 10; STAUDINGER/SCHILKEN [2019] § 181 Rn 62a mwNw; MünchKomm/SCHUBERT § 181 Rn 98; ERMAN/MAIER-REIMER § 181 Rn 23; FELLER DNotZ 1989, 66, 75 f; GERNHUBER/COESTER-WALTJEN § 61 Rn 33 f). 51

III. Rechtsgeschäfte mit dem Ehegatten, Lebenspartner oder Verwandten des Vormunds (§ 1795 Abs 1 Nr 1)

1. Anwendungsbereich

§ 1795 Abs 1 Nr 1 BGB hindert den Vormund, den Mündel bei bestimmten Rechtsgeschäften zu vertreten, wenn dessen Vertragspartner/Erklärungsempfänger mit ihm, dem Vormund, in einer im Gesetz abschließend aufgelisteten Nähebeziehung steht. Ist bei gemeinschaftlicher Führung einer Vormundschaft (§ 1797 Abs 1 S 1 BGB) nur ein Vormund vom Vertretungsverbot betroffen, so erstreckt sich dieses auch auf die **Mitvormünder**, es sei denn, die Führung der Vormundschaft wurde vom Familiengericht nach bestimmten Wirkungskreisen verteilt (§ 1797 Abs 2 BGB) und es liegt keine Überschneidung der Wirkungskreise vor (ERMAN/SCHULTE-BUNERT Rn 1). Das Vertretungsverbot greift, wenn der Vormund in Vertretung des Mündels das Rechtsgeschäft gegenüber seinem Ehegatten, Lebenspartner oder einer in gerader Linie verwandten Person tätigt. 52

a) Betroffener Personenkreis

53 **Ehegatte** des Vormunds ist nur der gegenwärtige, nicht der geschiedene Ehegatte oder der Ehegatte aus einer für nichtig erklärten, aufgehobenen oder durch Todeserklärung aufgelösten Ehe (OLG Düsseldorf OLGZ 1965, 275 = NJW 1965, 400; OLG Stuttgart NJW 1955, 1721, 1722; AG Hamburg FamRZ 1955, 223; s auch BGH FamRZ 1958, 178, 179; zu den Ausnahmen im Rahmen von Abstammungsverfahren unten Rn 90; jüngst OLG Oldenburg NJW 2013, 397). Die Ehe kann nach § 1353 Abs 1 S 1 BGB seit der Neufassung durch das Gesetz zur Einführung des Rechts auf Eheschließung für Personen gleichen Geschlechts (dazu unten Rn 55) von zwei Personen verschiedenen oder gleichen Geschlechts geschlossen werden, wobei vom Tatbestandsmerkmal „Geschlecht" nicht nur Frauen und Männer, sondern seit der Einführung der Möglichkeit, als sog „drittes Geschlecht" (Auslöser war die Entscheidung des BVerfG 10. 10. 2017 – 1 BvR 2019/16, juris Rn 1 ff, NJW 2017, 3643 m Anm Gössl NJW 2017, 3648; Gössl ZRP 2018, 174, 175) die Angabe „divers" in das Geburtenregister eintragen zu lassen (§ 22 Abs 3 PStG; eingeführt durch Art 1 Nr 2 des Gesetzes zur Änderung der in das Geburtenregister einzutragenden Angaben vom 18. 12. 2018, BGBl I 2635), auch Personen mit Varianten der Geschlechtsentwicklung erfasst werden; um zu vermeiden, dass für Intersexuelle faktisch die Ehe verschlossen bleibt, wird die gleiche Möglichkeit denjenigen Menschen offenstehen, für die im Geburtenregister keine Geschlechtsangabe zu finden ist (dazu Gärditz FF 2018, 8, 19).

54 Der Begriff der **Verwandten in gerader Linie**, bei deren Beteiligung die Vertretungsmacht des Vormunds ausgeschlossen ist, ergibt sich aus § 1589 Abs 1 S 1 BGB; auf Verwandte in der Seitenlinie (§ 1589 Abs 1 S 2 BGB) oder Verschwägerte (§ 1590 BGB) ist § 1795 Abs 1 Nr 1 BGB nicht anzuwenden (OLG Hamm FamRZ 1965, 86, 87).

55 Das Lebenspartnerschaftsgesetz vom 16. 2. 2001 führte in § 1795 Abs 1 Nr 1 BGB aF hinter „Ehegatten" die Worte „seinem Lebenspartner" ein. Die Lebenspartnerschaft wird durch förmliche Erklärung vor der zuständigen Behörde begründet (§ 1 Abs 1 LPartG). Die **Lebenspartner** sind einander zu Fürsorge und Unterstützung sowie zur gemeinsamen Lebensgestaltung verpflichtet; sie tragen füreinander Verantwortung (§ 2 LPartG). Eine solche enge Verbindung rechtfertigt es, die Lebenspartner in den Kreis der Personen einzubeziehen, bei denen das Gesetz die Möglichkeit einer Gefährdung der Interessen des Mündels generell unterstellt, wenn sie rechtsgeschäftlich auf der Gegenseite des vom Vormund vertretenen Mündels auftreten. Auf Verwandte des Lebenspartners erstreckt sich das Vertretungsverbot aber ebenso wenig wie auf Verschwägerte des Vormunds. Mit dem Gesetz zur Einführung des Rechts auf Eheschließung für Personen gleichen Geschlechts vom 20. 7. 2017 (BGBl I 2787) wurde die Eheschließung auch Personen gleichen Geschlechts ermöglicht. Da ab Inkrafttreten dieses Gesetzes am 1. 10. 2017 (Art 3 Abs 1) keine Lebenspartnerschaften mehr begründet werden können (Art 3 Abs 3), beschränkt sich der Anwendungsbereich dieser Alternative des § 1795 Abs 1 S 1 BGB auf zum genannten Stichtag bereits bestehende Lebenspartnerschaften, soweit sie nicht in der Folge in eine Ehe umgewandelt worden sind (§ 20a LPartG); eine Möglichkeit, die dieses Gesetz im Interesse der Gleichbehandlung von hetero-und homosexuellen Paaren (BT-Drucks 18/6665 1) eröffnet hat.

56 Nicht erforderlich ist, dass die in § 1795 Abs 1 Nr 1 BGB genannten Personen unmittelbar Vertragspartei sind. Es genügt vielmehr ein Rechtsgeschäft, das **Rechtswirkungen zwischen dem Mündel und dem Ehegatten, Lebenspartner oder Verwandten**

des Vormunds herbeiführen soll. Beispiele sind ein Vertrag des Mündels mit einem Dritten zugunsten eines Angehörigen des Vormunds (§ 328 BGB), Erklärungen gegenüber dem Grundbuchamt, die eine Rechtsänderung zugunsten eines Angehörigen des Vormunds bewirken sollen (KG JW 1935, 1439; KG JFG 2, 283, 288; KG OLGE 42, 160; Palandt/Götz Rn 4; NK-BGB/Fritsche Rn 2), die Zustimmung des Mündels als Nacherbe zu einer Verfügung eines Angehörigen des Vormunds, der Vorerbe ist (BayObLG RJA 4, 194 = KGJ 28, A 296), oder die Zustimmung nach § 185 BGB zur Verfügung eines Angehörigen des Vormunds an einen Dritten (zu diesen Beispielen Soergel/Zimmermann Rn 2; MünchKomm/Spickhoff Rn 25; Erman/Schulte-Bunert Rn 4; Staudinger/Peschel-Gutzeit [2015] § 1629 Rn 262).

Die in § 1795 Abs 1 Nr 1 BGB enthaltene Aufzählung ist **abschließend** mit der Folge, dass die Norm auf andere Fallkonstellationen, bei denen sich ebenfalls Interessenkollisionen ergeben können, keine Anwendung findet. Sie gilt also nicht für Rechtsgeschäfte des Vormunds in Vertretung des Mündels mit seinen (des Vormunds) Verwandten in Seitenlinie (§ 1589 Abs 1 S 2 BGB), seinem geschiedenen Ehegatten oder Lebenspartner, einem Verschwägerten (§ 1590 BGB) oder seinem Partner, mit dem er in einer nichtehelichen Lebensgemeinschaft lebt (BeckOGK/Sonnenfeld [1. 11. 2019] Rn 20). Besteht hier im Einzelfall ein erheblicher Gegensatz zwischen den Interessen des Vormunds und denen des Mündels, kommt die **Entziehung der gesetzlichen Vertretung** für die in Frage stehende Angelegenheit **nach § 1796 BGB** in Betracht (BGH NJW 1955, 217, 218 = FamRZ 1955, 100 m Anm Schwoerer; OLG Düsseldorf OLGZ 1965, 275 = NJW 1965, 400; BeckOGK/Sonnenfeld [1. 8. 2019] Rn 20; Erman/Schulte-Bunert Rn 2; Staudinger/Peschel-Gutzeit [2015] § 1629 Rn 259; Brühl FamRZ 1962, 8, 12; Schmidt NJW 1964, 2096, 2097; s auch § 1796 Rn 7 f). 57

b) Begriff des Rechtsgeschäfts

Das Vertretungsverbot erfasst Rechtsgeschäfte; dabei entspricht der Begriff dem in § 181 BGB (näher dazu oben Rn 10 ff), sodass sowohl einseitige als auch zweiseitige Rechtsgeschäfte erfasst werden. Nicht unter diesen Begriff fallen dagegen Verfahrenshandlungen, es sei denn, dass diese materiell-rechtliche Wirkungen haben oder mit ihnen eine materiell-rechtlich begründete Rechtsmacht in Anspruch genommen wird, wie dies bei § 19 GBO der Fall ist (OLG Frankfurt FPR 2013, 397, 398; MünchKomm/Spickhoff Rn 24). 58

Ebenso wie im Anwendungsbereich des § 181 BGB (s oben Rn 18 ff) ist anzunehmen, dass der Vormund den Mündel auch bei einem Rechtsgeschäft mit seinem Ehegatten, Lebenspartner oder Verwandten in gerader Linie rechtswirksam vertreten kann, wenn das Geschäft **dem Mündel lediglich einen rechtlichen Vorteil bringt** (OLG Frankfurt FPR 2013, 397, 399; BayObLG FamRZ 1974, 659 im Anschluss an BGHZ 59, 236; Staudinger/Peschel-Gutzeit [2015] § 1629 Rn 260 mwNw). Ausgenommen sind ebenfalls Verfahrenshandlungen sowie Rechtsgeschäfte, die ausschließlich in der **Erfüllung einer Verbindlichkeit** bestehen (s oben Rn 45 ff; Staudinger/Peschel-Gutzeit [2015] § 1629 Rn 253 ff). 59

2. Einzelfälle

a) Stiefkindadoption

Bei der Annahme als Kind ist die nach § 1746 BGB erforderliche Einwilligung des Anzunehmenden gleichfalls – seit der Reform des Adoptionsrechts durch das Gesetz 60 vom 2. 7. 1976 (BGBl I 1749) – nicht mehr ein Rechtsgeschäft, das – wie der frühere Annahmevertrag – „zwischen" dem Annehmenden und dem Kind geschlossen wird (vgl § 1741 BGB aF; Staudinger/Engler[10/11] § 1741 Rn 18 ff), sondern eine mit dem Antrag des Annehmenden und den Einwilligungen weiterer Personen (Eltern, Ehegatte) parallel laufende, auf das gleiche Ziel gerichtete Erklärung (s Staudinger/Helms [2019] § 1746 Rn 13).

61 Deshalb ist nach heute in Rechtsprechung und Lehre wohl überwiegend vertretener Auffassung bei der Annahme eines Kindes durch den Ehegatten/Lebenspartner des Elternteils (§ 1741 Abs 2 S 2 BGB, § 9 Abs 7 S 1 LPartG), der gesetzlicher Vertreter des Kindes ist, § 1629 Abs 2 S 1 iVm § 1795 Abs 1 Nr 1 BGB nicht (auch nicht analog, so noch Engler Rpfleger 1977, 274) anzuwenden; es ist also weder zur Erteilung der Einwilligung für das noch nicht 14 Jahre alte Kind noch für die Zustimmung zu der vom schon 14 Jahre alten und nicht geschäftsunfähigen Kind selbst erteilten Einwilligung (§ 1746 Abs 1 S 2 und 3 BGB) ein Ergänzungspfleger zu bestellen (BGH FamRZ 1980, 675 = NJW 1980, 1746 = MDR 1980, 740 = DAVorm 1980, 474; BayObLG FamRZ 1981, 93 = DAVorm 1980, 859; Staudinger/Helms [2019] § 1746 Rn 13; Staudinger/Peschel-Gutzeit [2015] § 1629 Rn 264, jeweils mwNw; Palandt/Götz Rn 10; BGB-RGRK/Dickescheid Rn 7; **aA** OLG Stuttgart FamRZ 1979, 1077 mwNw; MünchKomm/Spickhoff Rn 24). Die Einwilligung hat zwar eine wesentliche Veränderung der Rechtsstellung des Kindes im Verhältnis zum Annehmenden zur Folge, und es ist nicht zu bestreiten, dass die Interessen des Kindes abstrakt gefährdet sein können, wenn ein Elternteil als gesetzlicher Vertreter ein Rechtsgeschäft vornimmt, bei dem sein Ehegatte/Lebenspartner auf der einen und das Kind auf der anderen Seite steht. Dennoch gibt auch hier der formale Gesichtspunkt den Ausschlag, dass es sich nicht um ein Rechtsgeschäft „zwischen" dem Kind und dem Ehemann der Mutter handelt. Die Interessen des Kindes werden in jedem Fall durch die dem Familiengericht obliegende Prüfung gewahrt, ob die Annahme dem Wohl des Kindes dient (§ 1741 Abs 1 S 1 BGB; Staudinger/Helms [2019] § 1741 Rn 16 ff). Dies muss auch dann gelten, wenn der Vormund selbst oder eine mit ihm in gerader Linie verwandte Person den Mündel als Kind annimmt (Staudinger/Helms [2019] § 1746 Rn 16).

b) Einbenennung

62 Nach § 1618 S 3 BGB bedarf die Einbenennung eines (unverheirateten) Minderjährigen durch den sorgeberechtigten Elternteil und seinen Ehegatten, der nicht Elternteil des Kindes ist, der Einwilligung des anderen Elternteils, wenn diesem die elterliche Sorge gemeinsam mit dem den Namen erteilenden Elternteil zusteht oder das Kind seinen Namen führt; ist das Kind schon fünf Jahre alt, so bedarf es zusätzlich der Einwilligung des Kindes. Diese Regelung findet entsprechende Anwendung auf die Einbenennung durch den sorgeberechtigten Elternteil und seinen Lebenspartner (§ 9 Abs 5 LPartG).

63 Ein in der Geschäftsfähigkeit beschränktes, schon 14 Jahre altes Kind kann seine Einwilligung nur selbst erteilen; es bedarf dazu der Zustimmung seines gesetzlichen Vertreters (§§ 1618 S 6, 1617c Abs 1 S 2 letzter HS BGB). In einem solchen Fall schließen der sorgeberechtigte Elternteil und das Kind kein Rechtsgeschäft miteinander ab; sie geben vielmehr parallele Erklärungen ab, die auf das gleiche Ziel gerichtet sind. Deshalb kann der Elternteil, der das Kind vertritt, zugleich mit seiner eigenen Erklärung die Einwilligung für das Kind erteilen oder der vom Kind selbst

abzugebenden Erklärung zustimmen (oben Rn 36). Ebenso wenig ist der Vormund, wenn er etwa als Verwandter der Mutter oder des Vaters beteiligt ist, gehindert, den Mündel bei der Einwilligung zu vertreten (s AG Hamburg DAVorm 1977, 133; BayObLG FamRZ 1977, 409, 410 m zust Anm Brüggemann FamRZ 1977, 656, 659 f; Engler FamRZ 1971, 76, 79; Palandt/Götz Rn 10; **aA** OLG Frankfurt FamRZ 2002, 260, 262; Dölle § 124 II 6 aE).

c) Namensänderung nach NamÄndG

Die Sorge für die Person eines gemeinschaftlichen Kindes geschiedener Ehegatten 64
umfasst auch die Vertretung in einem Namensänderungsverfahren. Die Vertretung wird durch die §§ 1629, 1795 BGB auch dann nicht ausgeschlossen, wenn das Kind nach der Wiederverheiratung des sorgeberechtigten Elternteils den Namen des Stiefelternteils erhalten soll. Eine Situation, wie sie § 1795 BGB voraussetzt, ist bei der Vertretung im Namensänderungsverfahren nicht gegeben, weil die Namensänderung nicht durch eine Vereinbarung zwischen dem sorgeberechtigten Elternteil/dem Vormund einerseits und dem Kind andererseits, sondern durch Verfügung der zuständigen Verwaltungsbehörde zustande kommt. Die von den nach § 3 Abs 2 NamÄndG anzuhörenden Personen abzugebenden Erklärungen werden unabhängig voneinander und vom Namensänderungsantrag und auch bei Einverständnis aller Beteiligten nicht gegenläufig, sondern parallel ausschließlich gegenüber der Behörde abgegeben (OVG Berlin FamRZ 1981, 87, 88).

IV. Verpflichtungs- und Verfügungsgeschäfte über gesicherte Forderungen des Mündels gegen den Vormund (§ 1795 Abs 1 Nr 2)

1. Grundsatz und Normgenese

§ 1795 Abs 1 Nr 2 BGB erfasst den Fall, dass der Vormund Schuldner des Mündels 65
ist und über diese Forderung in Vertretung des Mündels ein Verpflichtungs- oder Verfügungsgeschäft abschließt. Allerdings erfasst er nicht alle Forderungen, sondern nur solche, die in bestimmter Weise abgesichert sind. Grundsätzlich kann der Vormund ohne Verstoß gegen § 181 BGB seine Schuld gegenüber dem Mündel tilgen oder diese Forderung in Vertretung des Mündels übertragen oder belasten, da das Verfügungsgeschäft zwischen dem Zedenten (Mündel) und dem Zessionar zustande kommt, an dem der Vormund aber als Schuldner nicht beteiligt ist (MünchKomm/Spickhoff Rn 32). Hiervon macht das Gesetz in § 1795 Abs 1 Nr 2 BGB eine Ausnahme, wenn es um die Übertragung oder Belastung von akzessorisch gesicherten Forderungen geht, und statuiert ein Vertretungsverbot für den Vormund.

Bei Schaffung dieser Norm dachte der Gesetzgeber an Fälle, in denen der Vormund 66
infolge einer bei Wiederverheiratung gemäß §§ 1845, 1683 BGB aF erfolgten Vermögensauseinandersetzung Schuldner des Mündels geworden ist (zu § 1845 BGB s § 1845 Rn 1 ff) und wegen dieser Schuld dem Mündel eine Sicherheit bestellt hat; er sah zwar, dass die Anwendung der Vorschrift im Verhältnis zwischen Vormund und Mündel nicht so häufig in Betracht kommen werde wie im Verhältnis zwischen Eltern und Kindern. Doch sei es auch im Vormundschaftsrecht „ein Gewinn, daß in den hier in Rede stehenden Fällen die Bestellung eines Pflegers erforderlich wird [...] und dadurch das VormGericht bz. der Gegenvormund besser in den Stand gesetzt wird, die Angemessenheit des Rechtsgeschäfts auf Grund der Ermittelungen des Pflegers zu prüfen" (Mot IV 1091 f).

2. Erfasste Rechtsgeschäfte

67 § 1795 Abs 1 Nr 2 BGB schränkt die Vertretungsmacht des Vormunds für bestimmte Rechtsgeschäfte ein, die eine durch Pfandrecht, Hypothek, Schiffshypothek oder Bürgschaft gesicherte Forderung des Mündels gegen den Vormund zum Gegenstand haben (näher unten Rn 70 ff). Ausdrücklich von der Norm erfasst werden:

- die **Verfügung**, mit der eine dieserart gesicherte Forderung **übertragen** oder **belastet** wird,
- die **Verfügung**, die die Aufhebung **oder Minderung** der Sicherheit zum Gegenstand hat, sowie
- die **Verpflichtung** des Mündels zu einer dieser Verfügungen.

68 Diesen Rechtsgeschäften wird die Genehmigung einer den Vormund **befreienden Schuldübernahme (§ 415 BGB)** aus Anlass einer Veräußerung des mit einer Hypothek des Mündels belasteten Grundstücks gleichgestellt (RGZ 68, 37, 38 f; Gernhuber/Coester-Waltjen § 61 Rn 46; Staudinger/Peschel-Gutzeit [2015] § 1629 Rn 275; Erman/Schulte-Bunert Rn 10a; Palandt/Götz Rn 5).

69 Nach heute überwiegender Meinung fallen unter Nr 2 auch die **Kündigung** und **Einziehung** einer der dort genannten Forderungen, weil sie mit der Aufhebung der Sicherheit untrennbar zusammenhängen (KG OLGE 2, 140; KG RJA 3, 50; KGJ 24, A 17 = RJA 3, 56; BayObLG Recht 1901 Nr 406; BGB-RGRK/Dickescheid Rn 14; Palandt/Götz Rn 5; Erman/Schulte-Bunert Rn 10; Soergel/Zimmermann Rn 38; MünchKomm/Spickhoff Rn 34; Staudinger/Peschel-Gutzeit [2015] § 1629 Rn 276; **aA** Gernhuber/Coester-Waltjen § 61 Rn 3; Enneccerus/Kipp § 116 III 4 Fn 14; Brachvogel Gruchot 47 [1903] 544, 546).

3. Die gesicherte Forderung

a) Ausdrücklich erfasste Sicherungsmittel

70 Der praktisch häufigste Fall ist die durch eine Hypothek gesicherte Forderung des Mündels gegen den Vormund. Erfasst wird auch eine mit einer Sicherungshypothek gesicherte künftige Forderung des Mündels gegen den Vormund (Palandt/Götz Rn 5; MünchKomm/Spickhoff Rn 33). Ob der Vormund Eigentümer des mit der Hypothek belasteten Grundstücks ist, ist dabei, wie aus dem Wortlaut und der Entstehungsgeschichte der Vorschrift hervorgeht, nicht entscheidend (KGJ 43, A 146, 153; Dölle § 124 II 7; Soergel/Zimmermann Rn 36; Erman/Schulte-Bunert Rn 10; MünchKomm/Spickhoff Rn 33; BGB-RGRK/Dickescheid Rn 15). Entsprechendes gilt für eine durch eine Schiffshypothek gesicherte Forderung.

71 Die Norm erfasst weiter Forderungen, die durch ein Pfandrecht oder eine Bürgschaft gesichert sind. Diese Sicherungsmittel zeichnen sich, ebenso wie die Hypothek, durch ihre Akzessorietät zur Forderung aus, dh die Sicherheit ist in ihrer Entstehung, in ihrem Umfang sowie ihrem Wegfall von dem Bestehen einer Forderung abhängig (vgl §§ 1153, 1163 Abs 1 BGB). Nr 2 gilt gemäß § 98 Abs 2 des Gesetzes über Rechte an Luftfahrzeugen (LuftFzgG) vom 26. 2. 1959 (BGBl I 57) auch für Registerpfandrechte an Luftfahrzeugen.

b) Nicht erfasste Sicherungsmittel

Grundschulden sind in § 1795 Abs 1 Nr 2 BGB nicht erwähnt. Deshalb erscheint es angesichts der klaren Abgrenzung der dem Vormund verbotenen Rechtsgeschäfte nicht zulässig, die Vorschrift auch auf Rechtsgeschäfte anzuwenden, die sich auf Grundschulden beziehen; der Hinweis auf die Funktionsgleichheit von Hypothek und **Sicherungsgrundschuld** überzeugt nicht (ebenso Gernhuber/Coester-Waltjen § 61 Rn 46; **aA** Dölle § 124 II 7; Soergel/Zimmermann Rn 36; Erman/Schulte-Bunert Rn 10; MünchKomm/Spickhoff Rn 33; BGB-RGRK/Dickescheid Rn 15; Staudinger/Peschel-Gutzeit [2015] § 1629 Rn 274; Palandt/Götz Rn 5; BeckOGK/Sonnenfeld [1. 11. 2019] Rn 70; offengelassen in NK-BGB/Fritsche Rn 5). Hinzu kommt, dass der Gesetzgeber 2008 mit dem RisikobegrenzungsG (BGBl I 1666) zwar eine Regelung zur Sicherungsgrundschuld ins BGB aufgenommen hat (§ 1192 Abs 1a BGB), gleichwohl keine Ergänzung von § 1795 Abs 1 Nr 2 BGB vorgesehen hat. Dies spricht dafür, dass er es bei einer abschließenden Auflistung der Sicherheiten belassen wollte. 72

Verschiedentlich wird die Meinung vertreten, die Vorschrift sei auch auf ein Rechtsgeschäft auszudehnen, das eine Forderung betrifft, die durch **Sicherungseigentum** abgesichert worden ist (Dölle § 124 II 7; MünchKomm/Spickhoff Rn 33; Palandt/Götz Rn 5). Dem kann nicht beigetreten werden. Die zur Begründung der Analogie herangezogene Funktionsgleichheit mit dem Pfandrecht reicht nicht aus, um den Kreis der klar abgegrenzten Tatbestände, bei deren Vorliegen der Vormund den Mündel nicht vertreten kann, auszuweiten. 73

4. Ungesicherte Forderungen

Soweit die vorgenannten Voraussetzungen nicht vorliegen, kann der Vormund als gesetzlicher Vertreter grundsätzlich über eine Forderung des Mündels auch dann verfügen, wenn er selbst Schuldner ist; er kann aufgrund der in § 181 BGB aE vorgesehenen Ausnahme auch die von ihm geschuldete Leistung für den Mündel als Erfüllung annehmen. Weiter kann er die **Forderung des Mündels belasten oder abtreten** und namens des Mündels mit einem Dritten eine Schuldübernahme nach § 414 BGB vereinbaren (BGB-RGRK/Dickescheid Rn 14; NK-BGB/Fritsche Rn 5), bedarf zu diesen Geschäften allerdings nach § 1812 BGB der Genehmigung des Gegenvormunds bzw des Familiengerichts. Ein Bedürfnis, auch insoweit die Vertretungsmacht des Vormunds auszuschließen, wurde im Hinblick auf diesen durch § 1812 BGB gewährten, als ausreichend angesehenen Schutz nicht anerkannt (Mot IV 1092). 74

V. Rechtsstreitigkeiten (§ 1795 Abs 1 Nr 3)

1. Allgemeines

Nach Abs 1 Nr 3 kann der Vormund den Mündel bei einem Rechtsstreit nicht vertreten, bei dem auf der einen Seite der Mündel und auf der anderen Seite der Ehegatte des Vormunds, sein Lebenspartner oder eine mit ihm in gerader Linie verwandte Person steht, ferner bei einem Rechtsstreit über eine der in Nr 2 aufgezählten Angelegenheiten. Dass der Vormund von der Vertretung auch in einem **Rechtsstreit zwischen ihm selbst und dem Mündel** und in einem Rechtsstreit zwischen einem gleichfalls von ihm vertretenen Dritten und dem Mündel ausgeschlossen ist, hat der Gesetzgeber offenbar als selbstverständlich vorausgesetzt und nicht ausdrück- 75 lich geregelt (Enneccerus/Kipp § 116 III 4 c; BGB-RGRK/Dickescheid Rn 16; MünchKomm/Spickhoff Rn 38; vgl auch KG OLGE 24, 21, 22; BayObLG FamRZ 1982, 1134, 1135). Zudem lässt sich der Vertretungsausschluss auch auf den aus §§ 1795 Abs 2, 181 BGB ableitbaren Rechtsgedanken des Verbots von Insichprozessen stützen (Erman/Schulte-Bunert Rn 12; näher unter Rn 6 ff).

76 **Rechtsstreit iS des Abs 1 Nr 3** ist jedes ZPO-Verfahren (einschließlich Vollstreckungsverfahren, s OLG Oldenburg FamRZ 2010, 660), ferner die Familienstreitsachen (§ 112 FamFG).

77 Darunter fallen aber auch sonstige Familiensachen, die **bis zum Inkrafttreten des FamFG** am 1. 9. 2009 unter § 1795 Abs 1 Nr 3 BGB fielen (OLG Düsseldorf JAmt 2010, 505 Rn 17; MünchKomm/Spickhoff Rn 35; Erman/Schulte-Bunert Rn 11; Schael FamRZ 2009, 265, 268; Vogel FPR 2011, 353, 354). Dies waren Verfahren, in denen sich zwei Beteiligte mit entgegengesetzten Interessen gegenüberstanden und die Aufgabe des Gerichts darin bestand, über behauptete subjektive Rechte zu entscheiden („echte Streitverfahren nach der freiwilligen Gerichtsbarkeit“, Auflistung bei Keidel/Schmidt[15] § 12 FGG Rn 226), nicht aber Angelegenheiten der freiwilligen Gerichtsbarkeit, die eine „Rechtsfürsorge“ zum Gegenstand haben, zB das Erbscheinsverfahren; auch eine entsprechende Anwendung der Vorschrift sei in diesen Angelegenheiten nicht angebracht, weil es an dem dafür typischerweise vorausgesetzten Interessengegensatz fehle (BGH FamRZ 1980, 675, 676; BayObLG FamRZ 1962, 36; s auch FamRZ 1962, 479; LG Bochum Rpfleger 1994, 418; AG Hameln FamRZ 2010, 1272, 1273; aus jüngerer Zeit OLG Brandenburg 25. 2. 2019 – 9 WF 8/19, juris Rn 16; MünchKomm/Spickhoff Rn 35; Erman/Schulte-Bunert Rn 11). Nach dem früheren Verfahrensrecht war die Anfechtungsklage dagegen als kontradiktorisches Verfahren ausgestaltet und fiel deshalb unter § 1795 Abs 1 Nr 3 BGB mit der Folge, dass der Scheinvater im Anfechtungsprozess stets von der Vertretung des Kindes ausgeschlossen war, und zwar unabhängig davon, ob er oder das Kind klagte (§§ 1795 Abs 2, 181 BGB; BGH NJW 2009, 1496, 1498; BGH NJW 1975, 345, 346; OLG Brandenburg FamRZ 2010, 472 f).

78 Auch **nach Inkrafttreten des FamFG** unterscheidet man zwischen Verfahren der Rechtsfürsorge im klassischen Sinn und Streitverfahren im Rahmen der freiwilligen Gerichtsbarkeit und zieht zur Bestimmung der Streitverfahren die zum alten Recht herangezogenen Kriterien heran (s Keidel/Sternal § 1 FamFG Rn 30 f). Demnach kommt es für die Einordnung eines Verfahrens als Streitverfahren darauf an, ob sich die Beteiligten mit entgegengesetzten Interessen gegenüberstehen, ohne dass die Rechtslage im Einzelfall zwischen den Beteiligten streitig sein muss (Keidel/Sternal § 1 FamFG Rn 33; Dressler Rpfleger 2010, 297, 298). Kontrovers diskutiert wird die Zuordnung von Kindschaftssachen (§§ 151 ff FamFG; näher Rn 79 ff) und Abstammungssachen (§ 169 ff FamFG; näher Rn 84 ff). Dabei kommt es allerdings für Eltern bei Verfahren nach § 1598a BGB von vornherein nicht auf dieses Zuordnungsproblem an, weil sich in diesem Fall der Vertretungsausschluss bereits aus § 1629 Abs 2a BGB ergibt (Dressler Rpfleger 2010, 297).

2. Kindschaftssachen

79 Verfahren in Kindschaftssachen (§§ 111 Nr 2, 151 FamFG) lassen sich nach diesem Ansatz materiell-rechtlich als Rechtsstreit iSv § 1795 Abs 1 Nr 3 BGB definieren mit

der Folge, dass auch insoweit § 1795 Abs 1 Nr 3 oder Abs 2 BGB unmittelbar oder zumindest analog zur Anwendung kommt (für § 1795 Abs 2 BGB Erman/Saar[14] Rn 11; **aA**, aber ohne Begründung, Erman/Schulte-Bunert Rn 11; BeckOGK/Sonnenfeld [1. 11. 2019] Rn 84; OLG Koblenz JAmt 2010, 504; OLG Stuttgart FamRZ 2010, 1166; Keuter NJW 2010, 1851). In einem Verfahren, das die elterliche Sorge zum Gegenstand hat, sind der antragstellende Elternteil nach § 7 Abs 1 FamFG, der andere sowie das Kind nach § 7 Abs 2 Nr 1 FamFG Verfahrensbeteiligte. Die Eltern können auch das nicht verfahrensfähige Kind nicht nach § 9 Abs 2 FamFG, § 1629 BGB wirksam vertreten, da sie beide auch Beteiligte des Verfahrens sind, also insoweit ein Insichverfahren vorliegt. Ihre Vertretungsmacht ist bei diesem Ausgangspunkt also entweder nach § 1795 Abs 1 Nr 3 BGB oder nach §§ 1795 Abs 2, 181 BGB analog ausgeschlossen.

Steht das Kind unter Vormundschaft, kommt ein Vertretungsausschluss des Vormunds wiederum nur in Frage, wenn der Vormund in gerader Linie mit einem der Beteiligten, also den in § 1795 Abs 1 Nr 1 BGB genannten Personen, verwandt, verheiratet oder verpartnert ist. Verneint man dagegen das Vorliegen eines Rechtsstreits, dann scheidet nicht nur die Anwendung von § 1795 Abs 1 Nr 3 BGB, sondern auch von Abs 2 aus. Ein Vertretungsausschluss kommt dann lediglich unter den Voraussetzungen des § 1796 BGB in Betracht (für diesen Ansatz OLG Koblenz JAmt 2010, 504; OLG Stuttgart FamRZ 2010, 1166, 1167; Keuter NJW 2010, 1851; näher unter § 1796 Rn 5 ff). 80

Soweit im Einzelfall die Voraussetzungen von § 1795 oder § 1796 BGB bejaht werden, schließt sich die Folgefrage an, ob der mit dem Vertretungsausschluss verbundene Eingriff in die elterliche Sorge bzw in die Sorgeverantwortung des Vormunds erforderlich ist oder nicht durch die Bestellung eines **Verfahrensbeistands** nach § 158 FamFG verhindert werden kann. Diese Frage stellt sich von vornherein nur bei Kindschaftsverfahren, die die Person des Kindes, nicht aber bei solchen, die sein Vermögen betreffen (OLG Frankfurt 13. 9. 2018 – 20 W 197/18, juris Rn 28, FamRZ 2019, 324, 326 m insoweit zust Anm Zorn; näher § 1796 Rn 30 f). Liegen aber die Voraussetzungen von § 158 FamFG vor, so könnte die Bestellung eines Verfahrensbeistands zur Wahrnehmung der Kindesinteressen genügen. Der BGH hat inzwischen in einem Fall entschieden, in dem es um die Entziehung der Vertretungsmacht der Eltern nach §§ 1629 Abs 2, 1796 BGB wegen eines erheblichen Interessengegensatzes zwischen Eltern und Kind in einem Sorgerechtsverfahren betreffend die Änderung der bisherigen Obhutsverhältnisse des Kindes ging, dass das Vorliegen eines erheblichen Interessengegensatzes nicht notwendigerweise zu einem Entzug der elterlichen Vertretungsmacht führt; da es sich bei dieser Maßnahme um einen Eingriff in das Elternrecht handele, sei der Grundsatz der Verhältnismäßigkeit zu beachten. Die Wahrung der Kindesinteressen in einem Kindschaftsverfahren sei aber originär Aufgabe eines Verfahrensbeistands nach § 158 FamFG. Zwar habe dieser nicht die Stellung eines gesetzlichen Vertreters; die ihm kraft Gesetzes verliehenen Befugnisse seien jedoch zur effizienten Wahrung der Kindesinteressen ausreichend (BGH FamRZ 2011, 1788, 1790; **aA** OLG Oldenburg FamRZ 2010, 660, 662; DIJuF-Rechtsgutachten JAmt 2009, 553, 556; näher unter § 1796 Rn 25 ff). 81

Hieraus lässt sich allerdings **nicht** die Schlussfolgerung ziehen, dass die Bestellung eines Verfahrensbeistands auch in den Fällen des § 1795 Abs 1 Nr 3 BGB die Bestellung eines Ergänzungspflegers entbehrlich macht. In diesen Fällen liegt nämlich schon kein gerichtlicher Eingriff in die elterliche Vertretungsmacht vor, da dem 82 gesetzlichen Vertreter kraft Gesetzes die Vertretungsmacht fehlt. Deshalb kann auch in der Bestellung eines Ergänzungspflegers kein stillschweigender Entzug der Vertretungsmacht gesehen werden (iE wie hier OLG Düsseldorf JAmt 2010, 505, 506).

83 Mithin hängt es letztlich von der Einordnung einer Kindschaftssache als Rechtsstreit ab, ob die Bestellung eines Ergänzungspflegers erforderlich ist oder nicht. Um diese Rechtsunsicherheit zu beseitigen, ist der Gesetzgeber gefordert (näher STAUDINGER/VEIT [2014] Rn 76).

3. Abstammungssachen

a) Einordnung als streitige Verfahren

84 Auch in Bezug auf Abstammungssachen (§§ 111 Nr 3, 169 FamFG; zum FGG oben Rn 77) wird zum Teil die Ansicht vertreten, dass es sich bei diesen Verfahren **nicht um einen Rechtsstreit** iSv § 1795 Abs 1 Nr 3 BGB handelt und auch kein nach dem Grundgedanken der §§ 1795 Abs 2, 181 BGB unzulässiger Insichprozess (näher dazu unter Rn 6 ff) mehr vorliegt, wenn ein Elternteil das Kind in einem Verfahren vertritt, an dem er zwar selbst beteiligt ist, das aber keine Gegner mehr kennt (HELMS, in: HELMS/KIENINGER/RITTNER, Abstammungsrecht Rn 74 ff; HELMS/BALZER ZKJ 2009, 348, 350; s auch DIJuF-Rechtsgutachten JAmt 2009, 595, 596; SCHWONBERG FuR 2010, 441, 445 ff). Nach diesem Ansatz kommt nur die Entziehung der Vertretungsmacht unter den Voraussetzungen des § 1796 BGB in Betracht (konsequent HELMS, in: HELMS/KIENINGER/RITTNER, Abstammungsrecht Rn 77).

85 Andere legen § 1795 BGB erweiternd aus und halten die Eltern sowohl im Feststellungs- als auch Anfechtungsverfahren als Verfahrensbeteiligte für von der Vertretung ausgeschlossen, so etwa die Kindesmutter in einem Verfahren auf Anfechtung der Vaterschaft nach §§ 1629 Abs 2 S 1, 1795 Abs 1 Nr 3 BGB, unabhängig davon, ob sie die Sorge gemeinsam mit dem Scheinvater innehat oder allein sorgeberechtigt ist (MünchKommFamFG/COESTER-WALTJEN/HILBIG-LUGANI § 172 Rn 33; KIENINGER, in: HELMS/KIENINGER/RITTNER, Abstammungsrecht Rn 226 ff), und den Scheinvater nach dem Grundgedanken der §§ 1795 Abs 2, 181 BGB, auch unabhängig davon, ob er Inhaber der elterlichen Sorge ist, und davon, von wem die Verfahrensinitiative ausgegangen ist (MünchKommFamFG/COESTER-WALTJEN/HILBIG-LUGANI § 172 Rn 33; VOGEL FPR 2011, 353, 354). In einem Verfahren auf Feststellung der Vaterschaft kommt als gesetzlicher Vertreter ohnehin nur die Kindesmutter, nicht aber der Mann in Betracht, dessen Vaterschaft erst festgestellt werden soll (MünchKommFamFG/COESTER-WALTJEN/HILBIG-LUGANI § 172 Rn 34). Sie sei analog §§ 1795 Abs 2, 181 BGB von der Vertretung ausgeschlossen (MünchKommFamFG/COESTER-WALTJEN/HILBIG-LUGANI § 172 Rn 34).

86 Sowohl in der obergerichtlichen Rechtsprechung als auch der Literatur überwiegt dagegen die Ansicht, dass die Umgestaltung des Verfahrensrechts nichts daran geändert hat, dass es sich materiellrechtlich um eine streitige Angelegenheit handelt, also ein **Rechtsstreit iSv § 1795 Abs 1 Nr 3 BGB vorliegt** (BGH FamRZ 2012, 859, 860 m Anm STÖSSER = JR 2013, 209 m Anm RAUSCHER; BGH 2. 11. 2016 – XII ZB 583/15, juris Rn 16, FamRZ 2017, 123, 124 m Anm Siede: „Gegnerstellung [...] nach materiellen Grundsätzen"; OLG Oldenburg NJW 2013, 397; OLG Düsseldorf JAmt 2010, 505, 506; OLG Hamburg FamRZ 2010, 1825; KG Rpfleger 2011, 157, 158; MünchKomm/SPICKHOFF Rn 36; STAUDINGER/RAUSCHER [2011] § 1600a Rn 27; MünchKomm/WELLENHOFER § 1600a Rn 11; BeckOGK/SONNENFELD [1. 11. 2019]

Rn 86; s dagegen noch BGH FamRZ 2007, 538: Streitgenossenschaft von rechtlichem Vater und Kind nach formeller Betrachtung auf Grundlage von § 1600e Abs 1 S 1 Nr 3 BGB aF). Für diese Sichtweise spricht, dass es zwar keinen Kläger und Beklagten mehr gibt, das Verfahren gleichwohl nur auf Antrag eingeleitet wird (§ 171 FamFG); der Amtsermittlungsgrundsatz gilt nur mit Einschränkungen; zudem gilt der Strengbeweis (§ 177 FamFG), und die Entscheidung hat inter-omnes-Wirkung (§ 184 Abs 2 FamFG). Formell beteiligt am Verfahren sind sowohl das Kind als auch die Eltern (§ 172 Abs 1 FamFG). Damit liegt der Sache nach eine Konstellation vor, welche der Gesetzgeber mit § 1795 Abs 1 Nrn 1 und 3 BGB auffangen wollte (OLG Hamburg FamRZ 2010, 1825, 1826; iE auch OLG Düsseldorf JAmt 2010, 505, 506; OLG Brandenburg FamRZ 2010, 472 [betr § 640e Abs 1 ZPO aF]; MünchKomm/Wellenhofer § 1600a Rn 11; Erman/Schulte-Bunert Rn 11; für eine Analogie zu § 1795 BGB Löhnig FamRZ 2009, 1798, 1799).

Zu demselben Ergebnis gelangt man mit Blick auf die gesetzgeberische Intention bei der Umgestaltung des Abstammungsverfahrens. Wie sich aus den Materialien zum FamFG entnehmen lässt, hat der Gesetzgeber nur die formale Gegnerschaft zwischen Vater und Kind beseitigen wollen, um dadurch das Verfahren flexibler zu gestalten und zu vermeiden, dass die Beteiligten, va der Vater und das Kind, „ohne Not in die Position von Gegnern gebracht werden" (BT-Drucks 16/6308, 243 f). Etwaige Konsequenzen für die gesetzliche Vertretung des minderjährigen Kindes sollten damit dagegen nicht verbunden sein (BGH FamRZ 2012, 859, 860; Schulte-Bunert/Weinreich/Schwonberg § 172 FamFG Rn 14; Prütting/Helms/Dürbeck § 172 FamFG Rn 4). Dies zeigt sich nicht zuletzt auch an der durch das Gesetz zur Klärung der Vaterschaft vom 26. 3. 2008 (BGBl I 441) unabhängig vom Anfechtungsverfahren eingefügten Regelung des § 1629 Abs 2a BGB, der einen Vertretungsausschluss der Eltern für ein gerichtliches Verfahren nach § 1598a Abs 2 BGB vorsieht; dieses Verfahren wurde unabhängig von der Einordnung von Anfechtungsverfahren den Regeln des FGG unterstellt (s § 621a ZPO aF; BT-Drucks 16/6561, 15). Zwar wurde mit dem FamFG das Verfahrensrecht grundlegend neugestaltet; § 1629 Abs 2a BGB blieb aber unverändert (Kieninger, in: Helms/Kieninger/Rittner, Abstammungsrecht Rn 228; **aA** Helms, in: Helms/Kieninger/Rittner, Abstammungsrecht Rn 7). Hieraus folgt demnach, dass ein Abstammungsverfahren nach §§ 169 ff FamFG materiell-rechtlich nach wie vor als „Rechtsstreit" eingeordnet werden kann. 87

b) Reichweite der Vertretungsbefugnis der rechtlichen Eltern des Kindes

In welchen Fällen letztendlich aber ein abstrakter Interessengegensatz zwischen Kind und Eltern(teil) (BGH FamRZ 2012, 859, 860; OLG Dresden 29. 1. 2016 – 22 WF 1381/15, juris Rn 15, NJW 2016, 1028, 1029) vorliegt, der die Anwendung von § 1795 Abs 1 Nr 3 oder Abs 2 BGB rechtfertigen würde, bedarf einer differenzierten Betrachtung. Abzustellen ist nach Ansicht des BGH darauf, ob zwischen Kind und Elternteil eine Gegnerschaft nach materiellen Grundsätzen vorliegt (BGH 2. 11. 2016 – XII ZB 583/15, juris Rn 16, FamRZ 2017, 123, 124; BGH FamRZ 2012, 859, 860; s auch OLG Koblenz 4. 2. 2015 – 13 WF 56/15, juris Rn 7, FamRZ 2015, 1122). 88

Eine solche besteht, unabhängig davon, wer Antragsteller im Anfechtungsverfahren ist, nur zwischen **rechtlichem Vater** und Kind, da das Verfahren darauf gerichtet ist, dessen Vaterschaft zu beseitigen, während das Interesse des Kindes auf den Bestand der Vaterschaft gerichtet ist (BGH FamRZ 2012, 859, 860). Der rechtliche Vater ist also stets nach §§ 1795 Abs 2, 181 BGB von der Vertretung des Kindes ausgeschlossen 89

(BGH 2. 11. 2016 – XII ZB 583/15, juris Rn 16, FamRZ 2017, 123, 124; BGH FamRZ 2012, 859, 860; OLG Koblenz 4. 2. 2015 – 13 WF 56/15, juris Rn 7, FamRZ 2015, 1122; anders Prütting/Helms/Dürbeck § 172 FamFG Rn 4a: Vertretungsausschluss bereits aus § 1795 Abs 1 Nr 3 BGB).

90 Daraus ergibt sich allerdings für die **Mutter**, dass allein deren Beteiligung am Abstammungsverfahren (§ 172 Abs 1 Nr 2 FamFG) nicht zum Ausschluss der Vertretung führen kann (BGH 2. 11. 2016 – XII ZB 583/15, juris Rn 14, FamRZ 2017, 123, 124). Gleichwohl lässt sich ein Vertretungsausschluss aus ihrer sorgerechtlichen Beziehung zum Vater ableiten (Schulte-Bunert/Weinreich/Schwonberg § 172 FamFG Rn 13). **Gemeinsam sorgeberechtigte Eltern** vertreten ihr Kind gemeinschaftlich (§ 1629 Abs 1 S 2 BGB) mit der Folge, dass mit Wegfall der Vertretungsbefugnis des einen Elternteils nach §§ 1629 Abs 2 S 1, 1795 BGB nicht dem anderen ein Alleinvertretungsrecht zuwächst, sondern dieser auch von der Vertretung ausgeschlossen ist, und zwar unabhängig davon, ob in seiner Person ein Vertretungsausschlussgrund nach § 1795 BGB vorliegt oder nicht (erstmals BGH FamRZ 1972, 498, 499; OLG Celle FamRZ 2012, 230; OLG Celle 8. 5. 2015 – 15 UF 34/15, juris Rn 11, FamRB 2015, 298, 299; OLG Nürnberg 28. 7. 2017 – 7 UF 688/17, juris Rn 27, FamRZ 2018, 356, 357; OLG Dresden 29. 1. 2016 – 22 WF 1381/15, juris Rn 10, 12 f, NJW 2016, 1028, 1029; OLG Oldenburg 27. 11. 2012 – 13 UF 128/12, juris Rn 4, 7, FamRZ 2013, 1671, 1672; s zur personellen Reichweite von Vertretungsausschlüssen bei gemeinsamer Sorge Staudinger/Peschel-Gutzeit [2015] § 1629 Rn 315 ff). Dieses Ergebnis ist deshalb gerechtfertigt, da gerade bei gemeinsamer Sorge das vom Gesetz selbst vorausgesetzte Einvernehmen der Eltern (§ 1627 BGB) zu einer Gefährdung der Kindesinteressen führen kann (BT-Drucks 2/224, 59 aE; Staudinger/Peschel-Gutzeit [2015] § 1629 Rn 316). Dabei kommt es nicht darauf an, ob die Kindesmutter mit dem Vater verheiratet (BGH FamRZ 2012, 859), wieder geschieden ist (OLG Oldenburg 27. 11. 2012 – 13 UF 128/12, juris Rn 4, FamRZ 2013, 1671, 1672) oder nie mit ihm verheiratet, aber gemeinsam mit ihm sorgeberechtigt war (OLG Dresden 29. 1. 2016 – 22 WF 1381/15, juris Rn 10 ff, NJW 2016, 1028). Hiergegen spricht nicht, dass § 1795 Abs 1 Nr 1, 3 BGB ausdrücklich nur Eheleute erfasst, da eine entsprechende Anwendung der Norm auch auf die dort nicht geregelten Konstellationen deswegen geboten ist, weil es bei Schaffung dieser Norm weder ein gemeinsames Sorgerecht nach der Scheidung noch von nicht miteinander verheirateten Eltern gab, die Konfliktlage aber bei allen Konstellationen vergleichbar ist (OLG Dresden 29. 1. 2016 – 22 WF 1381/15, juris Rn 10, 12 f, NJW 2016, 1028, 1029; OLG Oldenburg 27. 11. 2012 – 13 UF 128/12, juris Rn 4, 7, FamRZ 2013, 1671, 1672).

91 Die **alleinsorgeberechtigte** Mutter ist dagegen lediglich nach § 1795 Abs 1 Nr 3 BGB entsprechend ausgeschlossen, wenn sie mit dem Vater verheiratet ist; sonst kann im Einzelfall nur § 1796 BGB greifen (BGH FamRZ 2012, 859, 861 f; BGH 2. 11. 2016 – XII ZB 583/15, juris Rn 14, 17, FamRZ 2017, 123, 124; iE auch OLG Hamburg 17. 4. 2015 – 12 UF 217/13, juris Rn 39 ff, FamRZ 2016, 69, 70 f [Vorinstanz]; OLG Koblenz 19. 7. 2018 – 13 UF 312/18, juris Rn 10, JAmt 2019, 92; OLG Koblenz 4. 2. 2015 – 13 WF 56/15, juris Rn 8, FamRZ 2015, 1122; übersichtlich zu einzelnen Fallkonstellationen Siede FamRZ 2017, 125 f; in einem Fall § 1796 BGB bejahend OLG Stuttgart 25. 4. 2014 – 16 WF 56/14, juris Rn 14, FamRZ 2014, 1868 aE: Konkreter Interessengegensatz, da die Mutter zur Verteidigung ihrer Ehre gegen den Vorwurf der Untreue dem Interesse des Kindes auf Klärung seiner Abstammung zuwider ein darauf gerichtetes Verfahren ablehnt), und zwar wiederum unabhängig von der Person des Antragstellers. Eine gerichtliche Kontrolle des Vertreterhandelns der Kindesmutter wird dadurch verwirklicht, dass das Gesetz in § 1600a Abs 4 BGB bei Anfechtung durch den gesetz-

lichen Vertreter eine Kindeswohlprüfung vorsieht. Selbst wenn sie aus eigenem Recht anficht und § 1600a Abs 4 BGB nicht zur Anwendung kommt, bleiben gleichwohl der Amtsermittlungsgrundsatz aus § 177 Abs 1 FamFG und die Möglichkeit der Bestellung eines Verfahrensbeistands nach § 174 FamFG, um das Interesse des Kindes an einer bestehenden Vaterschaft zu wahren (BGH 2. 11. 2016 – XII ZB 583/15, juris Rn 17, FamRZ 2017, 123, 124). Hinzu kommt, dass nach Ansicht des BGH in Bezug auf die Vertretungsberechtigung der Kindesmutter kein Unterschied zwischen einem Anfechtungs- und Feststellungsverfahren besteht (BGH FamRZ 2012, 859, 861; BGH 2. 11. 2016 – XII ZB 583/15, juris Rn 18, FamRZ 2017, 123, 125); da es in beiden Verfahren von der Mutter abhängen könne, ob das Kind einen Vater erhält, sei die Mutter auch in beiden Verfahren gleichermaßen zur Vertretung des Kindes geeignet oder ungeeignet (BGH 2. 11. 2016 – XII ZB 583/15, juris Rn 18, FamRZ 2017, 123, 125). Gerade § 182 FamFG enthalte sogar die Feststellung der Vaterschaft eines Mannes (BGH FamRZ 2012, 859, 861 aE). Zudem sei kaum verständlich, warum § 173 FamFG grds von einer Vertretung durch den sorgeberechtigten Elternteil ausgehe, auf dessen Antrag nach §§ 1712, 1713 BGB hin erst seine Vertretungsmacht ausgeschlossen ist. Zudem sei § 1629 Abs 2 S 3 HS 2 BGB ohne Regelungsgehalt, wenn § 1795 BGB stets Anwendung fände (krit Stösser FamRZ 2012, 862).

Kritik begegnen ua die Pauschalisierung der Vater-Kind-Beziehung im Verfahren 92
und die damit einhergehende Annahme, die Mutter sei grds zur Vertretung befugt, wenn sie alleinsorgeberechtigt ist. So dürfte auch die Beteiligtenstellung der Mutter bisweilen als Anhaltspunkt dienen, um den Vertretungsausschluss auf den Rechtsgedanken der §§ 1795 Abs 2, 181 BGB (unzulässiges Insichverfahren) zu stützen (Stösser FamRZ 2012, 862). Der dortige Vertretungsausschluss wäre dann allein an der Elternstellung festzumachen, nicht aber an der sorgerechtlichen Beziehung der Mutter zum Vater. Schließlich bestünde auch ein Wertungswiderspruch, wenn die alleinsorgeberechtigte Kindesmutter das Kind zwar in einem Anfechtungsverfahren vertreten könnte, das auf Beseitigung eines Statusverhältnisses zwischen ihrem Kind und dem Vater ziele, nicht aber in einem Verfahren nach § 1598a Abs 2 BGB, das lediglich auf eine Klärung der Abstammung ohne statusrechtliche Folgen gerichtet sei (§ 1629 Abs 2a BGB; Stösser FamRZ 2012, 862). Letzteres kann aber im Kontext von Anfechtungsverfahren nicht fruchtbar gemacht werden, da der Gedanke des § 1629 Abs 2a BGB als Sondervorschrift gerade nicht ohne Weiteres übertragen werden kann (BGH 2. 11. 2016 – XII ZB 583/15, juris Rn 19, FamRZ 2017, 123, 125). Zudem ist dem Willen des Gesetzgebers die Idee immanent, dass Vertretungsausschlüsse angesichts der Möglichkeit, einen Verfahrensbeistand zu bestellen, restriktiv zu handhaben sind (Grün, Vaterschaftsfeststellung und -anfechtung Rn 210 in Bezug auf § 174 FamFG).

c) Sicherung der Interessenvertretung des Kindes

Liegen die Voraussetzungen von § 1795 Abs 1 Nr 3 BGB in Bezug auf beide Eltern 93
vor, so bedarf es zur gesetzlichen Vertretung des Kindes im Abstammungsverfahren der **Bestellung eines Ergänzungspflegers**. Die Notwendigkeit einer Ergänzungspflegschaft erübrigt sich nicht durch die in § 174 FamFG vorgesehene Möglichkeit, einen **Verfahrensbeistand** zu bestellen (anders wohl Helms, in: Helms/Kieninger/Rittner, Abstammungsrecht Rn 7). Zwar hat der BGH in einem Fall, in dem es um die Entziehung der elterlichen Vertretungsbefugnis nach §§ 1629 Abs 2 S 1, 1796 BGB ging, entschieden, dass den Eltern auch im Fall eines erheblichen Interessengegensatzes die

Vertretungsmacht nicht entzogen werden kann, da als milderer Eingriff in die elterliche Sorge die Bestellung eines Verfahrensbeistands nach § 158 FamFG zur Interessenvertretung des Kindes in Betracht kommt (BGH FamRZ 2011, 1788, 1790; s oben Rn 81). Im Unterschied zum Kindschaftsverfahren bedarf das Kind jedoch zur Stellung eines Antrags nach § 1600 Abs 1 Nr 4 BGB immer eines gesetzlichen Vertreters (s § 1600a Abs 3; BGH FamRZ 2012, 859, 861; iE auch OLG Düsseldorf JAmt 2010, 505, 506). Deswegen ist in Abstammungsverfahren immer die Bestellung eines Ergänzungspflegers zur Vertretung des am Verfahren beteiligten Kindes vonnöten (Kieninger, in: Helms/Kieninger/Rittner, Abstammungsrecht Rn 227). Die Bestellung eines Ergänzungspflegers erübrigt sich auch nicht deshalb, weil der Antrag ohnehin keinen Erfolg hat, es sei denn, es entfällt wegen eines offensichtlichen Mangels an Erfolgsaussichten das Rechtsschutzbedürfnis für die Pflegerbestellung (OLG Koblenz 4. 2. 2015 – 13 WF 56/15, juris Rn 9, FamRZ 2015, 1122; anders wohl OLG Celle 8. 5. 2015 – 15 UF 34/15, juris Rn 11, FamRB 2015, 298, 299).

94 Etwas anderes gilt, wenn für das Kind bereits ein **Vormund** bestellt worden ist, da dann ein gesetzlicher Vertreter des Mündels vorhanden ist, es sei denn, dass am Abstammungsverfahren die in § 1795 Abs 1 Nrn 1, 3 BGB genannten Personen, dh neben dem Mündel der Ehegatte, Lebenspartner oder ein Verwandter des Vormunds, beteiligt sind. Wurde also etwa die Großmutter des Kindes mütterlicher- oder väterlicherseits zum Vormund bestellt, so wäre sie unmittelbar gemäß oder analog § 1795 Abs 1 Nr 3 BGB von der Vertretung des Mündels im Abstammungsverfahren, an dem ihre Tochter/ihr Sohn neben dem Kind nach § 172 FamFG beteiligt ist, ausgeschlossen. Auch in diesem Fall müsste ein Ergänzungspfleger bestellt werden.

95 Der Bestellung eines Ergänzungspflegers bedarf es allerdings von vornherein nicht in einem Verfahren auf Feststellung der Vaterschaft, wenn eine Beistandschaft des Jugendamts nach §§ 1712 ff BGB besteht. In diesem Fall wird das Kind durch das Jugendamt als Beistand im Verfahren vertreten; die Vertretung durch den sorgeberechtigten Elternteil ist von vornherein ausgeschlossen (§ 173 FamFG; Prütting/Helms/Dürbeck § 173 FamFG Rn 1).

4. Unterhaltssachen

a) Grundsatz

96 Bei der gerichtlichen Geltendmachung eines Unterhaltsanspruchs des Kindes handelt es sich um eine Familienstreitsache (§§ 112 Nr 1, 231 Abs 1 FamFG) mit der Folge, dass ein Ausschluss der Vertretungsmacht nach § 1795 Abs 1 Nr 3 BGB in Betracht kommt. Dieser gesetzliche Ausschluss der Vertretungsmacht erstreckt sich allerdings nur auf die Geltendmachung des Unterhalts, nicht auch auf die Vorfrage, ob überhaupt ein Unterhaltsanspruch geltend gemacht wird (näher dazu § 1796 Rn 58).

b) Gemeinsame Sorgeberechtigung

97 Ob das Vertretungsverbot greift, hängt davon ab, ob die Eltern gemeinsam sorgeberechtigt sind oder nicht. Sind beide Eltern gemeinsam vertretungsberechtigt (§ 1629 Abs 1 S 2 HS 1 BGB), scheitert eine Vertretung des Kindes durch den in Anspruch genommenen Elternteil an §§ 1795 Abs 2, 181 BGB, und für den anderen greift das Vertretungsverbot des § 1795 Abs 1 Nr 3 BGB mit der Folge, dass ein Ergänzungspfleger zu bestellen ist. Dies gilt insbesondere dann, wenn das Kind in der Obhut keines Elternteils lebt (OLG Stuttgart NJW-RR 2005, 1382, 1383; BeckOGK/Sonnenfeld [1. 11. 2019] Rn 96).

Lebt das Kind aber, wie in der Regel, in der **Obhut eines Elternteils**, so sieht § 1629 Abs 2 S 2 BGB eine Ausnahme vom Grundsatz der Gesamtvertretungsberechtigung vor und gibt dem betreuenden Elternteil die Befugnis, den Unterhaltsanspruch des Kindes gegen den anderen Elternteil geltend zu machen. § 1795 Abs 1 S 3 BGB kommt für den obhutführenden Elternteil also nicht zur Anwendung mit der Folge, dass ein Ausschluss seiner Alleinvertretungsmacht nur noch unter den Voraussetzungen des § 1796 BGB in Frage kommt (näher § 1796 Rn 52 f). **98**

Allerdings gilt diese Ausnahme dann nicht, wenn das Kind im **paritätischen Wechselmodell** betreut wird, da sich das Kind dann nicht in der Obhut nur eines Elternteils befindet. Vielmehr bleibt es in diesem Fall beim Grundsatz der gemeinschaftlichen Vertretung des Kindes durch beide Eltern und deren Vertretungsausschluss nach §§ 1629 Abs 2 S 1, 1795 Abs 1 Nr 3, Abs 2, 181 BGB (näher § 1796 Rn 54 ff). **99**

Wechselt der Aufenthalt des Kindes während des laufenden Unterhaltsverfahrens, ändert sich das Obhutsverhältnis iSv § 1629 Abs 2 S 2 BGB. Die gesetzliche Alleinvertretungsmacht des bislang obhutführenden Elternteils erlischt, und es entsteht die des anderen Elternteils (BeckOGK/Sonnenfeld [1. 11. 2019] Rn 97). **100**

c) Alleinige Sorgeberechtigung eines Elternteils

Ist ein Elternteil alleinsorgeberechtigt, kann er den Unterhaltsanspruch des Kindes nicht gegen sich selbst geltend machen (§§ 1795 Abs 2, 181 BGB analog; s oben Rn 16; BeckOGK/Sonnenfeld [1. 11. 2019] Rn 99). Etwas anderes gilt, wenn er den Anspruch des Kindes gegen den anderen Elternteil geltend macht. Allerdings kann ihm die Vertretungsmacht unter den Voraussetzungen des § 1796 BGB entzogen werden. **101**

5. Adoptionssachen

Kein Rechtsstreit ist ein Verfahren der freiwilligen Gerichtsbarkeit, das auf der Grundlage von Parteierklärungen auf die Durchführung einer Rechtsgestaltung abzielt, sofern von den Rechtswirkungen dieser Gestaltung sowohl der Mündel als auch eine der in § 1795 Abs 1 Nr 1 BGB genannten Personen betroffen werden (BGH FamRZ 1980, 675, 676; **aA** MünchKomm/Wagenitz[5] Rn 34). Mithin ist hinsichtlich der Einwilligungserklärung des Minderjährigen in einem Adoptionsverfahren nach **§ 1746 BGB** kein Vertretungsausschluss für den gesetzlichen Vertreter nach § 1795 Abs 1 Nr 3 BGB anzunehmen (BGH FamRZ 1980, 675, 676; zu Nr 1 oben Rn 61). **102**

Ebenso wenig liegt ein Rechtsstreit iSv § 1795 Abs 1 Nr 3 BGB vor, wenn ein Vormund, der den Antrag auf Adoption seines Mündels nach § 1752 Abs 1 BGB gestellt hat, für den Mündel einen Antrag auf Ersetzung der Einwilligung eines Elternteils in die Adoption nach **§ 1748 Abs 1 BGB** stellt. Dies ergibt sich bereits daraus, dass das Verfahren nach § 1748 BGB ein von dem Verfahren auf Annahme als Kind zu trennendes Zwischenverfahren darstellt, dessen Gegenstand allein die Ersetzung der Einwilligung eines Elternteils in die Adoption ist; der das Kind vertretende Vormund ist daher nicht auf beiden Seiten des Verfahrens nach § 1748 BGB beteiligt, **103** sodass weder § 1795 Abs 1 Nr 1 noch Nr 3 BGB einschlägig ist (OLG Zweibrücken FamRZ 2001, 1730, 1731; Staudinger/Helms § 1748 Rn 66).

6. Verfahren auf Erteilung einer familiengerichtlichen Genehmigung

104 Auch in Verfahren auf Erteilung einer familiengerichtlichen Genehmigung, etwa nach § 1821 BGB, könnte sich uU aus § 41 Abs 3 FamFG heraus die Notwendigkeit der Bestellung eines Ergänzungspflegers ergeben. Danach ist ein Beschluss, der die Genehmigung eines Rechtsgeschäfts zum Gegenstand hat, demjenigen bekannt zu geben, für den das Rechtsgeschäft genehmigt wird, also dem Minderjährigen; diese Bekanntgabe tritt neben die nach **§ 41 Abs 1 FamFG**. Soweit ein Kind nicht verfahrensfähig ist, handeln/handelt nach § 9 Abs 2 FamFG, §§ 1629 Abs 1 S 1, 1793 BGB grundsätzlich seine Eltern/sein Vormund. Eine Bekanntgabe an den gesetzlichen Vertreter, also die Eltern bzw den Vormund, würde aber nach zT vertretener Ansicht sowohl den Vorgaben des BVerfG (FamRZ 2000, 731, 733) als auch der Intention des § 41 Abs 3 FamFG zuwiderlaufen (Sonnenfeld ZKJ 2010, 271, 272), weshalb aus dieser Norm ein Vertretungsverbot für den gesetzlichen Vertreter abgeleitet wird mit der Folge, dass in jedem Fall ein Ergänzungspfleger zu bestellen ist (Sonnenfeld ZKJ 2010, 271, 272; Zorn Rpfleger 2010, 425; **aA** BGH 12. 2. 2014 – XII ZB 592/12, juris Rn 13, FamRZ 2014, 640, 641; Erman/Schulte-Bunert Rn 13b). Gegen diesen Lösungsansatz spricht jedoch bereits, dass er schon die grundsätzliche Trennlinie zwischen § 1795 und § 1796 BGB übersieht (MünchKommFamFG/Ulrici § 41 Rn 15; näher unter § 1796 Rn 33 ff).

7. Außergerichtliche Geltendmachung, Entscheidung über das Ob eines Rechtsstreits

105 Die außergerichtliche Geltendmachung eines Anspruchs (zB eines Unterhaltsanspruchs) ist ebenso wenig wie die Entscheidung, ob das Kind den Rechtsweg beschreiten soll, Teil eines Rechtsstreits (BGH FamRZ 2009, 861, 864 m Anm Wellenhofer FamRZ 2009, 968; OLG Frankfurt 7. 8. 2017 – 5 WF 28/17, juris Rn 13, FamRZ 2018, 357, 358; OLG Celle NJW 2012, 3450, 3451; BayObLG FamRZ 2004, 906, 907; BayObLG FamRZ 1962, 36; MünchKomm/Spickhoff Rn 39; Erman/Schulte-Bunert Rn 11b mwNw; ausführlich zum „Ob" der Vaterschaftsanfechtung Siede FamRZ 2018, 149). Deshalb ist der Vormund nicht durch § 1795 BGB gehindert, von der Erhebung einer Klage bzw Stellung eines verfahrenseinleitenden Antrags namens des Mündels (gegen den Vormund selbst oder einen seiner Angehörigen) abzusehen.

106 Wohl aber kann der in einem solchen Falle vorhandene Interessengegensatz das Familiengericht veranlassen, dem Vormund insoweit nach **§ 1796 BGB** die Vertretungsmacht zu entziehen und einen Ergänzungspfleger zu bestellen, der die Frage, ob Klage zu erheben oder ein verfahrenseinleitender Antrag zu stellen ist, zu prüfen und bei entsprechendem Ergebnis den Rechtsstreit durchzuführen hat (OLG Koblenz 14. 2. 2017 – 11 WF 84/17, juris Rn 4, FamRZ 2017, 969 f; BayObLG FamRZ 2004, 906 m krit Anm Bienwald FamRZ 2004, 1750; BayObLG FamRZ 1982, 1134, 1135; BayObLG FamRZ 1963, 578; BayObLG FamRZ 1962, 36; OLG Hamm Rpfleger 1973, 395; MünchKomm/Spickhoff Rn 39; Soergel/Zimmermann Rn 44; Erman/Schulte-Bunert Rn 11b; BGB-RGRK/Dickescheid Rn 16; s auch BGH FamRZ 2009, 861, 864 zum Problem der Konkurrenz einer Entscheidung nach § 1796 BGB zu einer solchen nach § 1628 BGB bzw § 1666 BGB; s auch Siede FamRZ 2018, 149 ff; näher unter § 1796 Rn 55 ff). Weiter kann das Gericht, wenn der Vormund eine im Mündelinteresse gebotene Rechtsverfolgung unterlässt, nach **§ 1837 BGB** vorgehen (MünchKomm/Spickhoff Rn 39; zur Notwendigkeit eines Eingriffs in die elterliche Sorge nach § 1666 BGB neben der Bestellung eines Ergänzungspflegers OLG Celle JAmt 2010, 397 m zust Anm Knittel; s auch OLG Dresden FamRZ 2010, 1995).

8. Strafverfahren

Nicht erfasst wird die **Nebenklage** des vom Vormund vertretenen Mündels im Strafverfahren gegen eine der in § 1795 Abs 1 Nr 1 BGB genannten Personen (OLG Frankfurt FamRZ 2009, 1227 [betr elterliche Sorge]). Etwas anderes gilt dagegen für die Ausübung des **Zeugnisverweigerungsrechts** des Minderjährigen nach § 52 Abs 1 Nr 3 StPO. Hat dieser etwa wegen mangelnder Verstandesreife keine genügende Vorstellung von der Bedeutung des Zeugnisverweigerungsrechts, so darf er nur vernommen werden, wenn er zur Aussage bereit ist und auch sein gesetzlicher Vertreter der Vernehmung zustimmt (§ 52 Abs 2 S 1 StPO). Ist der gesetzliche Vertreter allerdings selbst Beschuldigter, so ist er kraft Gesetzes von der Vertretung des Kindes hinsichtlich dessen Zeugnisverweigerungsrechts ausgeschlossen (§ 52 Abs 2 S 2 HS 1 StPO); das Gleiche gilt nach dieser Norm auch für den nicht beschuldigten Elternteil, wenn die gesetzliche Vertretung beiden Elternteilen zusteht (§ 52 Abs 2 S 2 HS 2 StPO; OLG Hamburg 26. 3. 2013 – 13 UF 81/12, juris Rn 18, JAmt 2013, 345, 346; OLG Brandenburg 22. 10. 2015 – 9 WF 209/15, juris Rn 2, Rpfleger 2016, 228, 229). **107**

Besitzt das Kind die nötige Verstandesreife, kommt es allein auf seine Entscheidung an, ob es das Zeugnisverweigerungsrecht wahrnehmen will oder nicht; will das Kind nicht aussagen, kommt eine Pflegerbestellung nicht in Betracht (OLG Brandenburg 22. 10. 2015 – 9 WF 209/15, juris Rn 3, Rpfleger 2016, 228, 229; Splitt FamRZ 2019, 507). Einer Pflegerbestellung bedarf es auch dann nicht, wenn das Kind zwar nicht die notwendige Verstandesreife hat, aber nicht aussagewillig ist, da in diesem Fall keine Zustimmung eines gesetzlichen Vertreters vonnöten ist (OLG Bremen 28. 12. 2016 – 4 UF 100/16, juris Rn 12, FamRZ 2017, 971 mwNw; OLG Schleswig FamRZ 2013, 571). Der gesetzliche Vertreter kann also durch seine Zustimmung das Kind nicht zu einer Aussage zwingen, sondern nur durch die Verweigerung der Zustimmung die Aussage des Kindes verhindern. Wenn aber für eine Aussage des Kindes immer dessen **Aussagebereitschaft** vonnöten ist, stellt sich die Frage, ob das Familiengericht bereits vor Bestellung eines Ergänzungspflegers stets prüfen muss, ob das Kind vor den strafrechtlichen Ermittlungsbehörden aussagen will oder nicht (dafür OLG Saarbrücken FPR 2012, 401, 402; OLG Schleswig ZKJ 2013, 129, 130; MünchKomm/Spickhoff Rn 35; Splitt FamRZ 2019, 507, 508; **aA** OLG Hamburg 26. 3. 2013 – 13 UF 81/12, juris Rn 18, JAmt 2013, 345, 346 = FamRZ 2013, 1683). Für diese Sichtweise spricht zwar, dass es nur dann der Zustimmung des Ergänzungspflegers bedarf, wenn das Kind aussagebereit ist. Gleichwohl ist die Aussagebereitschaft des Kindes neben der Zustimmung des gesetzlichen Vertreters nur eine weitere, aber nicht die vorrangige Voraussetzung für die Vernehmung des Kindes. Nach § 52 Abs 2 S 2 StPO sind die Eltern/ist der Vormund aber unabhängig von der Aussagebereitschaft des Kindes in der dort genannten Konstellation von der Vertretung ausgeschlossen, und diese Vertretungslücke muss durch einen Ergänzungspfleger geschlossen werden. Auch wenn das Kind nicht aussagebereit ist, bleiben die Eltern/bleibt der Vormund von der Vertretung des Kindes ausgeschlossen (OLG Hamburg 26. 3. 2013 – 13 UF 81/12, juris Rn 18, JAmt 2013, 345, 346). Der Pfleger wird zwar „auf Vorrat" (Splitt FamRZ 2019, 507, 508), also für den Fall der **108**

Aussagebereitschaft des Kindes, bestellt. Diese Bestellung führt aber nicht zu einem unverhältnismäßigen Eingriff in das Vertretungsrecht der Eltern/des Vormunds, da dieses schon kraft Gesetzes fehlt und nicht, wie im Fall des § 1796 BGB, durch gerichtliche Entscheidung entzogen wird. Mithin kommt es auch für die Bestellung des Ergänzungspflegers nicht darauf an, ob das Kind aussagebereit ist und deshalb ein konkreter Interessengegensatz für die Eltern/den Vormund besteht oder nicht.

109 Das gesetzliche Vertretungsverbot der Eltern greift allerdings nur dann, wenn **beide Eltern sorgeberechtigt sind und einer von ihnen selbst Beschuldigter** ist (§ 52 Abs 2 S 2 HS 1 StPO). Die Norm greift deswegen nicht, wenn der nichtbeschuldigte Elternteil allein sorgeberechtigt ist (OLG Brandenburg FamRZ 2012, 1068, 1069), und auch dann nicht, wenn kein Elternteil beschuldigt ist, sondern sich die minderjährigen Kinder eines Elternpaares in einem Strafverfahren als Beschuldigter und mutmaßliches Opfer gegenüberstehen. In diesem Fall sind die Eltern nicht schon kraft Gesetzes an der Entscheidung über das Zeugnisverweigerungsrecht des mutmaßlichen Opfers gehindert, sondern nur dann, wenn das Gericht jedem Elternteil die Vertretungsmacht nach § 1796 BGB entzieht (OLG Zweibrücken 5. 7. 2018 – 6 WF 159/18, juris Rn 10 ff, FamRZ 2019, 811).

110 Dieselbe Rechtslage ergibt sich im Rahmen des **Weigerungsrechts gegen eine Blutentnahme** zum Zweck einer molekulargenetischen Abstammungsklärung iSd §§ 81c Abs 3 iVm 81e, 81f StPO (OLG Frankfurt 1. 2. 2018 – 5 WF 254/17, juris Rn 17 ff, FamRZ 2018, 1093, 1094).

VI. Rechtsfolgen des Fehlens der Vertretungsmacht

1. Nichtigkeit/schwebende Unwirksamkeit von Rechtsgeschäften

111 Der Wortlaut „kann den Mündel nicht vertreten" bedeutet, dass der Vormund keine Macht zur Vertretung des Mündels hat, also ohne Vertretungsmacht handelt, wenn er dennoch für ihn auftritt. Ein einseitiges Rechtsgeschäft, das der Vormund entgegen den Bestimmungen des § 1795 BGB vorgenommen hat, ist grundsätzlich **nichtig** (s § 180 S 1 BGB; Ausn S 2 und 3). Dagegen sind zweiseitige Rechtsgeschäfte, va Verträge, die der Vormund mit sich selbst im eigenen Namen oder als Vertreter eines Dritten vorgenommen hat (§§ 1795 Abs 2, 181 BGB), sowie Rechtsgeschäfte, die er namens des Mündels vorgenommen hat, obwohl seine Vertretungsmacht gemäß § 1795 Abs 1 Nr 1 oder 2 BGB ausgeschlossen war, **schwebend unwirksam**. Die zur Wirksamkeit erforderliche Genehmigung (§ 177 Abs 1 BGB) kann vom Mündel selbst, falls er inzwischen unbeschränkt geschäftsfähig geworden ist, oder vom bestellten Ergänzungspfleger, nicht dagegen vom Vormund oder vom Familiengericht erteilt werden (BGH FamRZ 1961, 473, 475 mwNw; OLG Frankfurt FPR 2013, 397, 399; MünchKomm/Spickhoff Rn 41; Erman/Schulte-Bunert Rn 14; Palandt/Götz Rn 14). Im Regelfall wirkt die Genehmigung nach § 184 Abs 1 BGB auf den Zeitpunkt des Vertragsabschlusses zurück (RGZ 68, 37, 40; 71, 162, 163; 93, 334, 337; 119, 114, 116; KG RJA 2, 110, 112; OLG Hamburg OLGE 21, 284; BGHZ 65, 123, 126 = NJW 1976, 104; Enneccerus/Kipp § 116 III 6; Dölle § 124 II 5; Palandt/Götz Rn 14; Staudinger/Klumpp [2019] § 184 Rn 78).

112 Wird die Genehmigung verweigert, ist das Rechtsgeschäft, das namens des Mündels abgeschlossen wurde, unwirksam; eine **Umdeutung** (§ 140 BGB) in ein Rechtsge-

schäft des Vormunds im eigenen Namen zugunsten des Mündels (§ 328 BGB) kommt nicht in Betracht (BGH FamRZ 1962, 464, 467; näher MünchKomm/Spickhoff Rn 42).

Eine **familiengerichtliche Genehmigung** des Rechtsgeschäfts heilt nicht den Mangel der Vertretungsmacht. Vielmehr setzt die familiengerichtliche Genehmigung das Bestehen der Vertretungsmacht des Handelnden voraus und muss hinzukommen (BGH FamRZ 1961, 473, 475; OVG Lüneburg 26. 9. 2018 – 4 LA 367/17, juris Rn 7, FamRZ 2019, 405, 406; OLG Frankfurt FPR 2013, 397, 399 mwNw; OLG München 17. 7. 2015 – 34 Wx 179/15, juris Rn 18, NJW-RR 2015, 1222, 1224; Ott DNotZ 2017, 646, 648; § 1828 Rn 59). 113

2. Bestellung eines Pflegers

§ 1795 BGB ist ein Fall (rechtlicher) Verhinderung iSd § 1909 Abs 1 BGB (OLG Brandenburg 9. 1. 2015 – 10 UF 113/14, juris Rn 2, FamRZ 2015, 1044). Ist also gemäß § 1795 BGB die Vertretungsmacht des Vormunds ausgeschlossen, eine Vertretung des Mündels aber erforderlich, so muss zur Vertretung des Mündels nach § 1909 Abs 1 S 1 BGB ein Ergänzungspfleger bestellt werden (s oben Rn 3). Da kein gerichtlicher Eingriff in die elterliche Sorge wie bei § 1796 BGB vorliegt, kommt es im Rahmen von § 1795 BGB auch nicht auf die Frage an, ob es zur Wahrung der Kindesinteressen genügt, anstelle eines Ergänzungspflegers einen Verfahrensbeistand zu bestellen (dazu oben Rn 81). 114

Der Ergänzungspfleger hat innerhalb seines Wirkungskreises die nach dem Gesetz erforderliche Einwilligung oder Genehmigung zu Rechtsgeschäften des Mündels zu erteilen oder zu verweigern bzw den Mündel im Prozess zu vertreten. 115

Ist der Vormund für mehrere an einem Rechtsgeschäft beteiligte Mündel bestellt, so ist im Fall der Verhinderung des Vormunds **für jeden Mündel ein eigener Pfleger** zu bestellen. Dies kommt besonders dann in Betracht, wenn mehrere unter Vormundschaft stehende Geschwister (§ 1775 BGB) an einem Gesellschaftsvertrag oder einem Erbauseinandersetzungsvertrag beteiligt sind. Der Pfleger kann in einem solchen Fall grundsätzlich nur einen der Mündel vertreten (Staudinger/Peschel-Gutzeit [2015] § 1629 Rn 212 ff; BGB-RGRK/Dickescheid Rn 6; MünchKomm/Spickhoff Rn 40, 9; Erman/Schulte-Bunert Rn 13b; s auch Enneccerus/Kipp § 116 III 3 Fn 11; Dölle § 124 II 5 b Fn 37; zum Ausnahmefall der Übertragung von Kommanditanteilen auf mehrere Kinder OLG München RNotZ 2010, 461). 116

VII. Pflegschafts- und Betreuungsrecht

§ 1795 BGB findet über die Generalverweisung in § 1915 Abs 1 S 1 BGB im Pflegschaftsrecht und über die Verweisung in § 1908i Abs 1 S 1 BGB auch im Betreuungsrecht entsprechende Anwendung (näher dazu bereits Rn 5). 117

§ 1796
Entziehung der Vertretungsmacht

(1) Das Familiengericht kann dem Vormund die Vertretung für einzelne Angelegenheiten oder für einen bestimmten Kreis von Angelegenheiten entziehen.

(2) Die Entziehung soll nur erfolgen, wenn das Interesse des Mündels zu dem Interesse des Vormunds oder eines von diesem vertretenen Dritten oder einer der in § 1795 Nr. 1 bezeichneten Personen in erheblichem Gegensatz steht.

Materialien: E I § 1651 Nr 4; II § 1676; III § 1772; Mot IV 1092; Prot IV 756, 877. Neugefasst durch Bekanntmachung v 2. 1. 2002 (BGBl I 42); S 1 zuletzt geändert durch Art 50 Nr 37 nach Maßgabe von Art 111 FGG-RG v 17. 12. 2008 (BGBl I 2586) mit Wirkung v 1. 9. 2009.

Schrifttum

Arbeitskreis 11, Das neue Verfahren in Kindschaftssachen, in: Brühler Schriften zum Familienrecht, Achtzehnter Deutscher Familiengerichtstag 2009, 118

Bestelmeyer, Die Entwicklung des Erbrechts seit 2008 – im Anschluss an den Beitrag in Rpfleger 2008, 552, Rpfleger 2010, 635

Bonefeld, Betreuer oder gesetzlicher Vertreter und Testamentsvollstreckung, ZErb 2007, 2

Brambring, Die gerichtliche Genehmigung von Geschäften nach §§ 1821, 1822 BGB nach dem FamFG – Formulierungsvorschläge zu Grundstückskaufverträgen, NotBZ 2009, 394

Buchholz, Insichgeschäft und Erbschaftsausschlagung – Überlegungen zu einem Problem des § 1643 II BGB, NJW 1993, 1161

Coing, Die gesetzliche Vertretungsmacht der Eltern bei der Ausschlagung einer Erbschaft, NJW 1985, 6

Götz, Wechselmodell und Vertretung im Unterhaltsverfahren – Kritische Überlegungen zu § 1628 BGB, FF 2015, 146

dies, Das neue Familienverfahrensrecht – Erste Praxisprobleme, NJW 2010, 897

Harders, Der „unbekannte Beteiligte" – Ein Beitrag zum Eintritt der Rechtskraft bei Genehmigungsbeschlüssen, DNotZ 2009, 725

Heggen, Ein Jahr FamFG in der Praxis: Einige verbleibende Fragen aus notarieller Sicht, NotBZ 2010, 393

Heinemann, Die Reform der freiwilligen Gerichtsbarkeit durch das FamFG und ihre Auswirkungen auf die notarielle Praxis, DNotZ 2009, 6

Heiter, Verfahrensfähigkeit des Kindes in personenbezogenen Verfahren nach dem FamFG, FamRZ 2009, 85

Hennemann, § 1629 II 2 und III BGB – Probleme der gesetzlichen Vertretung und der Prozessstandschaft beim Wechselmodell, FPR 2006, 295

Keuter, Vertretung Minderjähriger in Kindschaftssachen des FamFG, NJW 2010, 1851

Kölmel, Die Vertretung des minderjährigen Kindes bei der Bekanntgabe des Genehmigungsbeschlusses, MittBayNot 2011, 190

ders, Die familiengerichtliche Genehmigung in der notariellen Praxis nach der Reform durch das FamFG, NotBZ 2010, 2

Litzenburger, Gestaltung von genehmigungspflichtigen Grundstückskaufverträgen nach Inkrafttreten des neuen FamFG, RNotZ 2009, 380

Mahlmann, Vertretung und Genehmigungsbedürftigkeit bei Rechtsgeschäften über den Nachlass im Fall der Beteiligung Minderjähriger, FPR 2011, 271

Mensch, Bestellung eines Ergänzungspflegers für Minderjährige im Genehmigungsverfahren der Erbausschlagung – zugleich Anmerkung zum Beschluss des BGH vom 12. 2. 2014, XII ZB 592/12, MittBayNot 2015, 277

Muscheler, Die Klärung der Vaterschaft, FPR 2008, 257

Salgo, Ergänzungspfleger oder Verfahrensbeistand – zum Stand der Diskussion, FPR 2011, 314

Schael, Minderjährige und ihre formelle Beteiligung in Verfahren über Kindschaftssachen nach dem FamFG, FamRZ 2009, 265

Schmid, Das Beschleunigungs- und Vorranggebot – Erste Erfahrungen in der Praxis, FPR 2011, 5

Schürmann, Stellung der Kinder im familiengerichtlichen Verfahren, FamFR 2009, 153

SEILER, Wechselmodell – unterhaltsrechtliche Fragen, FamRZ 2015, 1845
SONNENFELD, Ausgewählte Fragen zum FamFG, NotBZ 2009, 295
STÖSSER, Vertretung des Kindes in Kindschaftssachen, FamRB 2010, 38
WEBER, Erbscheinserteilungsverfahren – Beispielfall zum FamFG, RpflStud 2009, 129
WEBER DNotZ 2015, 498, 504
WEISSINGER, Der unbequeme Ergänzungspfleger – Die Vertretung des nicht verfahrensfähigen Kindes im familiengerichtlichen Genehmigungsverfahren, FamRB 2015, 188
WOHLGEMUTH, Die Berechnung des Kindesunterhalts beim Wechselmodell bei Barunterhaltspflicht beider Eltern, FPR 2013, 157.

Systematische Übersicht

Alphabetische Übersicht

I. Normzweck, Verhältnis zu § 1795

1 Die Norm bezweckt den Schutz des Mündels vor Nachteilen infolge von Interessenkonflikten, in die der Vormund als gesetzlicher Vertreter geraten kann (BeckOGK/Sonnenfeld [1. 11. 2019] Rn 3). Während nach § 1795 BGB in bestimmten Fällen die Vertretungsmacht des Vormunds kraft Gesetzes ausgeschlossen ist, gibt § 1796 BGB dem Familiengericht darüber hinaus die Möglichkeit, dem Vormund die Vertretungs-

macht zu entziehen, wenn die Interessen des Mündels zu dem Interesse des Vormunds oder eines von diesem vertretenen Dritten oder einer der in § 1795 Abs 1 Nr 1 BGB bezeichneten Personen in einem erheblichen Gegensatz stehen.

2 Der Ausschluss kraft Gesetzes gemäß **§ 1795 BGB** hat dabei **Vorrang** vor der Entziehung durch Richterakt, die nicht in Betracht kommt, wenn der Vormund schon kraft Gesetzes von der Vertretung des Mündels ausgeschlossen ist (BayObLGZ 17, 107 = RJA 15, 178 = OLGE 33, 367; BeckOGK/Sonnenfeld [1. 11. 2019] Rn 15; jurisPK-BGB/Lafontaine Rn 5). Der gesetzliche Ausschluss erfasst bestimmte Sachverhalte, bei denen eine Gefährdung der Interessen des Mündels typischerweise möglich ist; das Gesetz enthält aber nicht den Grundsatz, dass der Vormund immer dann von der Vertretung des Mündels ausgeschlossen ist, wenn seine eigenen Interessen oder die anderer Personen, die er zu wahren hat, mit denen des Mündels im Gegensatz stehen (Gernhuber/Coester-Waltjen § 61 Rn 49). Ist ein solcher Interessenwiderstreit im Einzelfall gegeben, hat das Familiengericht die Möglichkeit (und die Pflicht), dem Vormund in dem gefährdeten Bereich die Vertretung des Mündels zu entziehen.

II. Anwendungsbereich

3 Die Norm erfasst nur die gerichtliche Entziehung der **Vertretungsmacht**, bezieht sich aber nicht auf die tatsächliche Sorge (KGJ 45, A 42, 44). Die Vertretung des Mündels durch den Vormund beschränkt sich allerdings nicht auf rechtsgeschäftliche Handlungen iSv § 164 ff BGB, sondern umfasst auch solche, die der Vormund in Ausübung seiner Verantwortung vornimmt, ohne dass sie im Namen des Mündels und auf seine Rechnung erfolgen (BeckOGK/Amend-Traut [15. 7. 2019] § 1626 Rn 103; s § 1793 Rn 52). Eine Entziehung der gesamten Personensorge oder der gesamten Vermögenssorge kann nicht auf § 1796 BGB, sondern nur auf § 1837 Abs 4 iVm § 1666 BGB gestützt werden (BeckOGK/Sonnenfeld [1. 11. 2019] Rn 34). Freilich wird dann, wenn Anlass zur Entziehung der gesamten Personensorge oder Vermögenssorge besteht, die Entlassung des Vormunds nach § 1886 BGB geboten sein (vgl § 1837 Rn 82 f; s auch BGH NJW 1975, 1518, 1519). Selbständig neben § 1796 BGB steht auch die Möglichkeit für das Familiengericht, dem Einzelvormund die Sorge für die religiöse Erziehung des Kindes nach § 1801 Abs 1 BGB zu entziehen.

4 In **persönlicher Hinsicht** findet die Norm auf alle Vormünder mit Ausnahme des Gegenvormunds (§ 1792 BGB) Anwendung, da diesem keine Vertretungsmacht gegenüber dem Mündel zusteht (§ 1792 Rn 5). Weiter gilt sie im Pflegschafts- und Betreuungsrecht (näher unten Rn 92) sowie im Recht der elterlichen Sorge (§ 1629 Abs 2 S 3 HS 1 BGB); nicht entzogen werden kann aber die Vertretungsmacht für die Vaterschaftsfeststellung (§ 1629 Abs 2 S 3 HS 2 BGB).

III. Voraussetzungen der Entziehung der Vertretungsmacht

1. Verhältnis von Abs 1 und Abs 2

5 Die Entziehung der Vertretung nach § 1796 BGB setzt voraus, dass das Interesse des Mündels zu dem Interesse des Vormunds, eines von diesem vertretenen Dritten, des Ehegatten oder Lebenspartners des Vormunds oder einer mit dem Vormund in gerader Linie verwandten Person **in erheblichem Gegensatz** steht. Die beiden Absätze des

§ 1796 BGB sind so zu lesen, als wäre in Abs 2 der erste Satzteil „Die Entziehung soll nur erfolgen" nicht vorhanden und als schlösse sich der Rest dieses Satzes unmittelbar an Abs 1 an (s auch MünchKomm/Spickhoff Rn 3; BeckOGK/Sonnenfeld [1. 11. 2019] Rn 13).

6 Umstritten ist, ob die Norm dem Gericht einen Entscheidungsspielraum eröffnet oder nicht. Während dies zum Teil angenommen wird (BGH NJW 1975, 345, 347; BayObLGZ 1975, 420, 429 = FamRZ 1976, 539, 543; BayObLGZ 1981, 44, 48 = Rpfleger 1981, 302; OLG Hamm FamRZ 1963, 580), wird überwiegend davon ausgegangen, dass dann, wenn ein erheblicher Interessengegensatz vorliegt und nicht zu erwarten ist, dass der Vormund im Interesse des Kindes handelt, die Vertretungsmacht entzogen werden muss, das Gericht also keinen Ermessensspielraum hat (Palandt/Götz Rn 1; Erman/Schulte-Bunert Rn 2; BeckOGK/Sonnenfeld [1. 11. 2019] Rn 14; diff MünchKomm/Spickhoff Rn 3). Diese Sicht hat zur Folge, dass das Hilfsverb „kann" in Abs 1 iS einer Zuständigkeitszuweisung (Erman/Schulte-Bunert Rn 2) und das Hilfsverb „soll" als „muss" zu verstehen ist (Erman/Schulte-Bunert Rn 2: „richtlinienartige[r] Sinn").

2. Vom Interessenwiderstreit betroffene Personen

7 Der Konflikt muss bestehen zwischen den Interessen des Mündels und denen

- des Vormunds selbst,
- eines vom Vormund vertretenen Dritten,
- des Ehegatten oder Lebenspartners des Vormunds oder
- einer mit dem Vormund in gerader Linie verwandten Person (s zur Abgrenzung dieses Personenkreises § 1795 Rn 54).

8 Besteht der Interessengegensatz zwischen dem Mündel und einer anderen dem Vormund nahestehenden, nicht von ihm vertretenen Person, etwa einem mit ihm in der Seitenlinie Verwandten oder einem Verschwägerten, so kommt die Entziehung der Vertretungsmacht nur dann in Betracht, wenn wegen der Beziehung des Vormunds zu jener Person, deren Interessen mit denen des Mündels in einem erheblichen Gegensatz stehen, ein gleichgelagertes eigenes Interesse des Vormunds anzunehmen ist (OLG Köln FamRZ 2001, 430, 431; MünchKomm/Spickhoff Rn 7; BeckOGK/Sonnenfeld [1. 11. 2019] Rn 17; § 1795 Rn 57).

3. Interessenwiderstreit bei der Vertretung

9 Der Interessenwiderstreit muss bei der „Vertretung" zu Tage treten. Unter diesen Begriff fällt auf jeden Fall das rechtsgeschäftliche Handeln für den Minderjährigen, das sich sowohl auf den vermögensrechtlichen Bereich als auch die Personensorge beziehen kann (zB Abschluss eines Behandlungsvertrags nach § 630a BGB oder eines Heimvertrags). Da die Norm auf einen umfassenden Schutz der Mündelinteressen vor Interessenkollisionen zielt (oben Rn 1), wird auch der Interessenwiderstreit bei Vornahme einer rechtsgeschäftsähnlichen Handlung, etwa der Abgabe einer Einwilligung in eine ärztliche Behandlungsmaßnahme (dazu näher BeckOK/Veit [1. 11. 2019] § 1626 Rn 47 ff), erfasst. Dieses weite Verständnis des Vertretungsbegriffs (dafür auch

BeckOGK/Sonnenfeld [1. 11. 2019] Rn 18.1) liegt auch der Regelung des § 8a TPG zugrunde, der die Voraussetzungen für eine Entnahme von Knochenmark bei minderjährigen Personen regelt und ua festschreibt, dass der gesetzliche Vertreter aufzuklären ist und dieser in die Entnahme und Verwendung des Knochenmarks einzuwilligen hat (§ 8a S 1 Nr 4 TPG) und er außerdem, wenn das Knochenmark des Minderjährigen für Verwandte des ersten Grades verwendet werden soll, dies dem Familiengericht unverzüglich anzeigen muss, um eine Entscheidung nach §§ 1629 Abs 2 S 3, 1796 BGB herbeizuführen (§ 8a S 2 TPG).

Kein Vertretungshandeln liegt vor, wenn der **Vormund untätig** bleibt. Gleichwohl kann auch der Passivität des Vormunds, etwa der Nichtgeltendmachung eines Rechts des Mündels, ein erheblicher Interessengegensatz zugrunde liegen, der den Entzug der Vertretungsmacht in dieser Angelegenheit erfordert. Dies kann etwa der Fall sein, wenn der Vormund es unterlässt, Ansprüche des Mündels geltend zu machen, die gegen ihn oder einen der in § 1795 Abs 1 Nr 1 BGB genannten Personen gerichtet sind (BeckOGK/Sonnenfeld [1. 11. 2019] Rn 20). Deshalb kommt § 1796 BGB generell dann zur Anwendung, wenn der Vormund bei der Entscheidung der Frage, ob er Ansprüche des Mündels gegen sich oder gegen die in § 1795 Abs 1 Nr 1 BGB genannten Personen geltend machen soll, in einen erheblichen Interessenkonflikt gerät (OLG Koblenz 14. 2. 2017 – 11 WF 84/17, juris Rn 4, FamRZ 2017, 969 f [Rückzahlungsanspruch bei eigenmächtiger Verfügung über das Konto des Kindes]; BayObLG FamRZ 2004, 906 [Pflichtteilsansprüche], MünchKomm/Spickhoff Rn 10; weitere Nachweise zur Rspr in § 1795 Rn 106). 10

Nicht vom Vertretungsbegriff umfasst sind **tatsächliche Handlungen** der Vermögens- und Personensorge (oben Rn 3; zB Pflege, Erziehung, Aufenthaltsbestimmung). Gleichwohl wird zum Teil angenommen, dass etwa ein Herausgabeverlangen gegenüber Pflegeeltern, um den Mündel selbst zu betreuen (MünchKomm/Spickhoff Rn 14; s auch jurisPK-BGB/Lafontaine Rn 17), den Entzug der Vertretungsmacht rechtfertigen könne. Hiergegen spricht freilich, dass damit die Trennung zwischen Maßnahmen der tatsächlichen und rechtsgeschäftlichen Sorge eingeebnet wird. Zudem würde der Normwortlaut des § 1796 BGB ignoriert, der sich auf Vertretungsmaßnahmen beschränkt. Etwas Anderes würde nur dann gelten, wenn die tatsächliche Maßnahme zugleich eine konkludente rechtsgeschäft(sähn)liche Handlung enthielte (zB die Kündigung eines Pflegevertrags). In diesem Fall käme § 1796 BGB zur Anwendung. Allerdings kann diese Auslegung des Verhaltens des Vormunds nur ausnahmsweise in Betracht kommen, um zu vermeiden, dass § 1796 BGB ein umfassendes Mittel zur Kontrolle des gesamten Verhaltens des Vormunds/der Eltern wird, obwohl in Bezug auf Maßnahmen der tatsächlichen Sorge gerade Raum für die Anwendung gerichtlicher Maßnahmen nach §§ 1837 Abs 4, 1666 BGB und § 1886 BGB ist (zutreffend BeckOGK/Sonnenfeld [1. 11. 2019] Rn 19). 11

4. Erheblicher Interessengegensatz

a) Unbestimmter Rechtsbegriff

Die Entziehung der Vertretungsmacht durch das Familiengericht setzt einen erheblichen Interessengegensatz voraus. Bei dem Begriff des erheblichen Interessengegensatzes handelt es sich um einen **unbestimmten Rechtsbegriff**, der in vollem Umfang revisibel ist (MünchKomm/Spickhoff Rn 3; Gernhuber/Coester-Waltjen § 61 Rn 49 Fn 98; Erman/Schulte-Bunert Rn 2). 12

b) Definition

13 Wann dessen Voraussetzungen vorliegen, wird unterschiedlich beantwortet. Während zum Teil strikt zwischen den beiden Tatbestandselementen „Interessengegensatz" und „Erheblichkeit" unterschieden wird (BeckOGK/Sonnenfeld [1. 11. 2019] Rn 24 ff), findet überwiegend keine entsprechende Trennung statt. Vielmehr wird ein erheblicher Interessengegensatz dann angenommen, wenn die **Wahrnehmung des einen Interesses nur auf Kosten des anderen** geschehen kann (OLG Köln FPR 2012, 398, 399), der Interessengegensatz also so erheblich ist, dass er eine genügende Berücksichtigung der Mündelinteressen nicht erwarten lässt (BayObLG FamRZ 2004, 906, 907), bzw die Gefahr besteht, dass der Sorgeberechtigte das Kindesinteresse nicht genügend berücksichtigen wird (OLG Brandenburg 25. 2. 2019 – 9 WF 8/19, juris Rn 18, FamRZ 2019, 1246, 1247; OLG Frankfurt 12. 12. 2017 – 7 UF 64/17, juris Rn 16, FamRZ 2018, 827, 828; OLG Düsseldorf 21. 11. 2014 – II-8 UF 149/14, juris Rn 19, FamRZ 2015, 678; OLG Frankfurt 2. 7. 2013 – 6 WF 104/13, juris Rn 11, FamRZ 2014, 678, 679).

14 Fehlt es dagegen an solchen Anhaltspunkten, so erübrigt sich eine gerichtliche Entziehung der Vertretungsmacht des Vormunds. In diesem Fall liegt nach überwiegender Ansicht schon **kein erheblicher Gegensatz** der beiderseitigen Interessen vor (KGJ 29, A 24; 42, A 18; KG JFG 17, 31, 35 = DFG 1938, 13; KG DJ 1938, 427; BayObLG RJA 15, 178; BGH NJW 1955, 217 = FamRZ 1955, 100 m Anm Schwoerer; BGH NJW 2007, 1677, 1679; OLG Düsseldorf 21. 11. 2014 – II-8 UF 149/14, juris Rn 19, FamRZ 2015, 678; OLG Frankfurt 2. 7. 2013 – 6 WF 104/13, juris Rn 11, FamRZ 2014, 678, 679; KG NJW 1966, 1320; OLG Hamm FamRZ 1963, 580; OLG Hamm Rpfleger 1986, 13, 14; BayObLGZ 1981, 44 = Rpfleger 1981, 302; LG Kempten DAVorm 1968, 358; AG Holzminden NJW 1955, 547; Dölle § 124 II 9 a; BGB-RGRK/Dickescheid Rn 3; Soergel/Zimmermann Rn 3; Palandt/Götz Rn 2; Erman/Schulte-Bunert Rn 2b; jurisPK-BGB/Lafontaine Rn 13; s auch Schwoerer NJW 1955, 534; Staudinger/Peschel-Gutzeit [2015] § 1629 Rn 285 ff mwNw; **aA** MünchKomm/Spickhoff Rn 5, der es, von der oben zitierten Formel abweichend, schon genügen lassen will, wenn „auf Grund der Interessenverschränkung die Gefahr besteht, der Vormund werde im Konfliktfall das Mündelwohl nicht mit der gebotenen Zielstrebigkeit verfolgen").

15 Die Frage, ob zu erwarten ist, dass die Eltern/der Vormund im Interesse des Kindes handeln/handelt, wird also in den Begriff des „erheblichen Interessengegensatzes" hineininterpretiert. Demgegenüber prüfen andere diesen Punkt zusätzlich, sozusagen als eine Art **ungeschriebenes Tatbestandsmerkmal** (OLG Brandenburg ZEV 2011, 594, 595 = MittBayNot 2011, 240; OLG Karlsruhe FamRZ 2004, 51; OLG Stuttgart FamRZ 1983, 831; Gernhuber/Coester-Waltjen § 61 Rn 49), oder ausschließlich im Rahmen der (subjektiven) Erheblichkeit (BeckOGK/Sonnenfeld [1. 11. 2019] Rn 24 ff).

c) Folgerungen

16 Ungeachtet dieses Zuordnungsstreits (zu Forderungen de lege ferenda im Interesse der Rechtssicherheit näher Staudinger/Veit [2014] Rn 39) ergeben sich aus dieser Begriffsbestimmung verschiedene (unstreitige) Folgerungen.

17 Erforderlich ist ein **konkreter Interessengegensatz** zwischen Vormund und Mündel (OLG Düsseldorf 21. 11. 2014 – II-8 UF 149/14, juris Rn 19, FamRZ 2015, 678; OLG Köln FPR 2012, 398, 399 = FamRZ 2012, 579; OLG Brandenburg ZEV 2011, 594, 595; OLG Hamburg FamRZ 2010, 745; OLG Oldenburg FamRZ 2010, 660, 662; OLG Frankfurt NJW-RR 2005, 1382; AG Hameln FamRZ 2010, 1272, 1273; MünchKomm/Spickhoff Rn 5, Erman/Schulte-Bunert Rn 1 f; Pa-

LANDT/GÖTZ Rn 2). Nicht ausreichend ist – wie in § 1795 BGB – die abstrakte Gefahr eines Interessengegensatzes. Vielmehr müssen im konkreten Einzelfall Anhaltspunkte dafür vorliegen, dass der Sorgeberechtigte aufgrund des erheblichen Interessengegensatzes nicht in der Lage ist, eine dem Wohl des Mündels entsprechende Entscheidung zu treffen (OLG Frankfurt 2. 7. 2013 – 6 WF 104/13, juris Rn 11, FamRZ 2014, 678, 679).

Erforderlich ist nicht, dass der Interessengegensatz bereits besteht; vielmehr genügt eine **konkrete Gefährdung der Mündelinteressen** (BayObLG RJA 15, 178 = OLGE 33, 367; DÖLLE § 124 II 9 a; MünchKomm/SPICKHOFF Rn 5; STAUDINGER/PESCHEL-GUTZEIT [2015] § 1629 Rn 290 f). 18

Widersprechen sich die Interessen von Mündel und gesetzlichem Vertreter nicht, scheidet ein Entzug der Vertretungsmacht nach § 1796 BGB aus. Dies ist dann der Fall, wenn der gesetzliche Vertreter zwar Eigeninteressen hat, sich aber neutral gegenüber den Interessen des Kindes verhält oder gar die **Interessen von Vertreter und Vertretenem gleichgerichtet** sind (BGH 3. 4. 2019 – XII ZB 359/17, juris Rn 11, FamRZ 2019, 986, 987 m zust Anm MÜNCH = FGPrax 2019, 130 m Anm ULRICI; GERNHUBER/COESTER-WALTJEN § 61 Rn 50). Dies ist allerdings dann nicht mehr anzunehmen, wenn etwa das als Vormund bestellte Jugendamt versucht ist, notwendige Maßnahmen der Jugendhilfe für das betroffene Kind schon wegen der möglichen Heranziehung des Kindeseinkommens für Kostenbeiträge für diese Leistungen (§ 92 Abs 1 Nr 1 SGB VIII) im Zusammenhang mit einem möglichen Anspruch auf Kostenerstattung zu unterlassen (SCHWAB FamRZ 2015, 680; nicht gegeben im Fall des OLG Düsseldorf 21. 11. 2014 – II-8 UF 149/14, juris Rn 20, FamRZ 2015, 678, 679). 19

Für das Vorliegen eines erheblichen Interessengegensatzes kommt es auf die objektive Interessenlage an; ob und inwieweit den Vormund ein **Verschulden** trifft, ist nicht entscheidend (OLG Hamburg OLGE 43, 365, 366; MünchKomm/SPICKHOFF Rn 8; ERMAN/SCHULTE-BUNERT Rn 1; PALANDT/GÖTZ Rn 2 unklar in diesem Punkt SONNENFELD, die einerseits einen subjektiven Interessengegensatz fordert [BeckOGK [1. 11. 2019] Rn 25], andererseits aber ein Verschulden des Vormunds für entbehrlich hält [BeckOGK [1. 11. 2019] Rn 30]). 20

Nicht ausreichend sind **Meinungsverschiedenheiten zwischen Vormund und Familiengericht** über die Nützlichkeit einer bestimmten Maßnahme, an der der Vormund nicht persönlich beteiligt ist; § 1796 BGB hat nicht den Zweck, den Mündel davor zu schützen, dass seine Interessen durch pflichtwidriges oder unzweckmäßiges Verhalten des Vormunds gefährdet werden (BayObLGZ 25, 200, 203 = JFG 4, 146, 149 f = JW 1927, 1217, 1218 in einem Fall, in dem sich das Familiengericht und das Jugendamt als Amtsvormund über die Adoption eines katholischen Mündels durch ein evangelisches Ehepaar uneinig waren; s auch § 1801 Rn 14; MünchKomm/SPICKHOFF Rn 6; BeckOGK/SONNENFELD [1. 11. 2019] Rn 29; STAUDINGER/PESCHEL-GUTZEIT [2015] § 1629 Rn 292). Vielmehr kommen in diesem Fall nur Maßnahmen nach § 1837 BGB oder die Entlassung des Vormunds nach § 1886 BGB in Betracht (MünchKomm/SPICKHOFF Rn 6). 21

Nicht ausreichend sind auch potentielle Interessenkonflikte, die sich für das Jugendamt als Amtsvormund aus seinem Verhältnis zum **Jugendamt als Leistungsbehörde** ergeben können (näher § 1791b Rn 38). Jedes andere Ergebnis würde die Eignung des Jugendamtes als Amtsvormund generell in Frage stellen, was schon mit der Regelung des § 1791b BGB nicht vereinbar wäre. Folglich können bei einer Amtsvormundschaft 22 über einen unbegleitet eingereisten minderjährigen Flüchtling allein aus dem Umstand, dass das Jugendamt und das Ausländeramt derselben Behördenleitung unterstehen, noch kein erheblicher Interessengegensatz und die Notwendigkeit einer Ergänzungspflegschaft in ausländer- und asylrechtlichen Fragen abgeleitet werden (BGH 29. 5. 2013 – XII ZB 530/11, juris Rn 13, FamRZ 2013, 1206, 1207; Staudinger/Bienwald [2017] § 1909 Rn 31; zur Möglichkeit, dem Jugendamt in diesem Fall etwa einen in asyl- und ausländerrechtlichen Fragen versierten Rechtsanwalt als Mitvormund an die Seite zu stellen, näher § 1775 Rn 14).

23 Das Gericht muss diesen **Interessengegensatz selbst feststellen** und kann die Prüfung nicht einem Überlegungspfleger überlassen (MünchKomm/Spickhoff Rn 5; zurückhaltend auch Gernhuber/Coester-Waltjen § 61 Rn 50).

IV. Entzug der Vertretungsmacht oder Bestellung eines Verfahrensbeistands

1. Grundsatz der Verhältnismäßigkeit

24 Liegen die Voraussetzungen des § 1796 Abs 2 BGB vor, so ist das Familiengericht zur Entziehung der Vertretungsmacht in der Angelegenheit oder dem Kreis von Angelegenheiten, in der/dem der Interessenwiderstreit besteht, nicht nur berechtigt, sondern auch **verpflichtet** (Staudinger/Peschel-Gutzeit [2015] § 1629 Rn 300; Palandt/Götz Rn 1; BeckOGK/Sonnenfeld [1. 11. 2019] Rn 14).

25 Allerdings muss der mit der **Entziehung der Vertretungsmacht** verbundene Eingriff in die Sorgeverantwortung **verhältnismäßig**, dh geeignet, erforderlich und verhältnismäßig ieS sein (BGH FamRZ 2011, 1788, 1790 Rn 18). Deswegen hat das Gericht in den Fällen, in denen es um einen konkreten erheblichen Interessenwiderstreit im Rahmen eines gerichtlichen Verfahrens zwischen den in § 1795 Abs 1 Nr 1 BGB genannten Personen geht, zu prüfen, ob dem Interessengegensatz nicht auf andere Weise Rechnung getragen werden kann; wenn also mildere Maßnahmen möglich sind, um dem Interessenkonflikt zu begegnen, ist die Entziehung der Vertretungsbefugnis übermäßig und damit rechtswidrig (BGH FPR 2012, 393, 394 Rn 18).

2. Vorrang der Verfahrensbeistandschaft in Verfahren, die die Person des Kindes betreffen

a) Grundsatz des Vorrangs der Verfahrensbeistandschaft

26 Damit stellt sich die Frage, ob nicht die Entziehung des Vertretungsrechts durch die Bestellung eines Verfahrensbeistands nach § 158 FamFG verhindert werden kann. Diese Frage ist bislang zum Teil verneint (OLG Celle FamRZ 2013, 651, 652; OLG Köln FPR 2012, 398, 399; OLG Köln FamRZ 2012, 42; OLG Köln ZKJ 2010, 454; OLG Oldenburg FamRZ 2010, 660; OLG Oldenburg ZKJ 2011, 101, 103; Schürmann FamFR 2009, 153; Götz NJW 2010, 897, 898; Bork/Jacoby/Schwab/Zorn § 158 FamFG Rn 22; s auch KG FamRZ 2010, 1171, 1172 = RNotZ 2010, 463 m insoweit zust Anm Sonnenfeld ZKJ 2010, 271, 272; Zorn Rpfleger 2010, 425 f; abl Anm Kölmel RNotZ 2010, 466; allerdings bezieht sich diese Entscheidung auf eine Erbausschlagung und die Zustellung der gerichtlichen Genehmigung nach § 1822 BGB, enthält also keine Fallgestaltung, die unter § 158 FamFG fällt, da sie die Vermögenssorge betrifft) und zum Teil bejaht worden (OLG Stuttgart FamRZ 2010, 1166; OLG Koblenz NJW 2011, 236; Schael FamRZ 2009, 265, 269; Keuter NJW 2010, 1851, 1852 f; Schmid FPR 2011, 5, 7; Arbeitskreis 11, 18. DFGT, 118; Salgo FPR 2011, 314; Erman/Schulte-Bunert Rn 2).

Letztgenannter Sicht hat sich der **BGH** in einem Sorgerechtsverfahren angeschlossen (BGH FamRZ 2011, 1788, 1790 Rn 17 ff; bestätigt in BGH FamRZ 2012, 436; zust KG 17. 5. 2019 – 18 UF 32/19, FamRZ 2019, 1702, 1703 m abl Anm KEUTER; BeckOGK/SONNENFELD [1. 11. 2019] Rn 38). Zur Begründung verweist er zum einen auf § 158 Abs 4 S 6 FamFG, dessen Zielrichtung es ist, den Eingriff in das Elternrecht durch Bestellung eines Verfahrensbeistands möglichst gering zu halten (BT-Drucks 16/6308, 240; BGH FamRZ 2011, 1788, 1790 Rn 23); die Regelung beruhe also, so der BGH, auf der Annahme, dass die dem Verfahrensbeistand verliehenen Befugnisse zur effizienten Wahrung der Kindesinteressen ausreichend sind und gleichzeitig in die Befugnisse der Eltern nicht weiter eingegriffen werden soll, als es zur Erreichung dieses Ziels notwendig ist (BGH FamRZ 2011, 1788, 1790 Rn 23; BGH FamRZ 2012, 436 f Rn 7). Zum anderen sollten mit der Schaffung von § 158 Abs 3 S 4 FamFG, wonach die Bestellung eines Verfahrensbeistands nicht selbständig angefochten werden kann, Verfahrensverzögerungen verhindert werden (BT-Drucks 16/6308, 239). Hiermit wäre aber nicht vereinbar, wenn neben oder anstatt der Bestellung eines Verfahrensbeistands die elterliche Sorge zu entziehen wäre und damit ein gesondertes Verfahren erforderlich würde, welches rechtsmittelbewehrt wäre und die gesetzliche Vertretung im Kindschaftsverfahren in der Schwebe ließe (BGH FamRZ 2011, 1788, 1790 Rn 24). 27

b) Wirkung des Vorrangs

Nach diesem Ansatz kann mithin in Kindschaftssachen eine Entziehung der elterlichen bzw der vormundschaftlichen Vertretungsmacht dann **nicht angeordnet** werden, wenn durch die Bestellung eines Verfahrensbeistands bereits auf andere Weise für eine wirksame Interessenvertretung des Kindes gesorgt werden kann (BGH FamRZ 2011, 1788, 1791 Rn 29; BGH FamRZ 2012, 436, 437 Rn 8; KG 17. 5. 2019 – 18 UF 32/19, FamRZ 2019, 1702, 1703 m abl Anm KEUTER). Damit kann auch dem Beschleunigungsgrundsatz nach § 155 FamFG Rechnung getragen und verhindert werden, dass dieser durch ein zusätzliches Verfahren einschließlich folgender Rechtsbehelfsverfahren, wie dies bei Entziehung der Vertretungsmacht und Bestellung eines Ergänzungspflegers der Fall ist (dazu unten Rn 86 ff), nicht wieder zunichte gemacht wird (s auch SCHAEL FamRZ 2009, 265, 269; SCHMID FPR 2011, 5, 7). 28

Da dem gesetzlichen Vertreter die Vertretungsmacht nicht entzogen wird, wird das **Kind im Verfahren weiterhin von seinem gesetzlichen Vertreter**, dh den Eltern bzw dem Elternteil oder dem Vormund, **vertreten** – und zwar, obwohl ein erheblicher Interessengegensatz iSv § 1796 Abs 2 BGB vorliegt – mit der Folge, dass Zustellungen nach § 15 Abs 2 FamFG, § 170 ZPO an diesen erfolgen (SCHAEL FamRZ 2009, 265, 269). Die Rechte des Minderjährigen im Verfahren nimmt dagegen der Verfahrensbeistand wahr; dieser kann auch im Interesse des Kindes, aber nur im eigenen Namen, Rechtsmittel einlegen, da er nicht gesetzlicher Vertreter des Kindes ist (§ 158 Abs 4 S 5 und 6 FamFG). 29

c) Verfahren, die die Person des Kindes betreffen

Unter Verfahren, die die Person des Kindes iSv § 158 Abs 1 FamFG betreffen und in denen ein Verfahrensbeistand zu bestellen ist, fallen auf jeden Fall Verfahren, die die Personensorge betreffen, aber auch alle weiteren Verfahren, die die Person des Kindes betreffen und nicht ausschließlich vermögensrechtlicher Art sind (BGH FamRZ 2011, 1788, 1791 Rn 29; BGH FamRZ 2012, 436, 437 Rn 9; BGH NJW 2012, 685, 686 Rn 10; KEIDEL/ENGELHARDT § 158 FamFG Rn 4; BeckOGK/SONNENFELD [1. 11. 2019] Rn 38), wie dies etwa der 30

Fall ist, wenn es um die Genehmigung einer Erbausschlagung (dazu OLG Zweibrücken NJW-RR 2012, 1287 f = FamRZ 2012, 1961 f; KG FamRZ 2010, 1171; OLG Celle Rpfleger 2011, 436; OLG Köln FamRZ 2011, 231 [LS]; OLG Köln FPR 2012, 398, 399; KEIDEL/ENGELHARDT § 158 FamFG Rn 6; s auch Rn 66) oder die Löschung eines Nacherbenvermerks bei einer voll entgeltlichen Verfügung eines befreiten Vorerben geht (OLG Frankfurt 13. 9. 2018 – 20 W 197/18, juris Rn 28, FamRZ 2019, 324, 326 m insoweit zust Anm ZORN).

31 Im letztgenannten Fall bedarf es bei Vorliegen der Voraussetzungen von § 1796 Abs 2 BGB einer Entziehung der Vertretungsmacht und der Bestellung eines Ergänzungspflegers, dem dann mit Wirkung für das Kind auch der Genehmigungsbeschluss durch Zustellung (§ 15 Abs 2 FamFG) bekannt zu geben ist (s OLG Köln FamRZ 2011, 231 [LS]; OLG Köln FPR 2012, 398, 399; DIJuF-Rechtsgutachten JAmt 2012, 474, 475; KEIDEL/ENGELHARDT § 158 FamFG Rn 39). Etwas anderes würde nur dann gelten, wenn man für eine analoge Anwendung von § 158 FamFG auf vermögensrechtliche Angelegenheiten plädieren würde (dafür va die notarrechtliche Praxis, s BRAMBRING NotBZ 2009, 394, 395; DNotI-Report 2009, 145, 146 f mwNw; KÖLMEL MittBayNot 2011, 190, 195; HARDERS DNotZ 2009, 725, 730; HEINEMANN DNotZ 2009, 6, 17; dagegen KEIDEL/ENGELHARDT § 158 FamFG Rn 6 mwNw in Fn 13; SONNENFELD NotBZ 2009, 295, 299; ZORN Rpfleger 2010, 425; s auch Bund Deutscher Rechtspfleger, Reform- und Änderungsbedarf aus dem Bereich der Freiwilligen Gerichtsbarkeit [www.bdr-online.de/bdr/index.php/events/rechtspflegertag/rechtspflegertag-2012]; WEBER DNotZ 2015, 498, 501; zum Reformbedarf an dieser Stelle näher STAUDINGER/VEIT [2014] Rn 41).

V. Einzelfälle

32 Zur **Kasuistik** s auch STAUDINGER/PESCHEL-GUTZEIT (2015) § 1629 Rn 292 ff; MünchKomm/SPICKHOFF Rn 14 ff; BGB-RGRK/DICKESCHEID Rn 7 ff; ERMAN/SCHULTE-BUNERT Rn 3; SOERGEL/ZIMMERMANN Rn 4 f; jurisPK-BGB/LAFONTAINE Rn 17 ff; HEILMANN/DÜRBECK Rn 4; BeckOGK/SONNENFELD (1. 11. 2019) Rn 40 ff.

1. Genehmigungspflichtige Rechtsgeschäfte nach §§ 1810 ff

a) Problemlage

33 Umstritten ist, inwieweit ein erheblicher Interessengegensatz allein schon deshalb angenommen werden kann, weil es um ein genehmigungsbedürftiges Rechtsgeschäft geht, das der gesetzliche Vertreter für sein Kind abschließen will. Nach § 40 Abs 2 FamFG werden Beschlüsse, die die Genehmigung eines Rechtsgeschäfts zum Gegenstand haben, erst mit Rechtskraft wirksam; das Rechtsmittel der Beschwerde kann in diesen Fällen nur binnen einer Frist von zwei Wochen eingelegt werden (§ 63 Abs 2 Nr 2 FamFG), wobei die Frist jeweils mit der schriftlichen Bekanntgabe des Beschlusses an die Beteiligten beginnt (§ 63 Abs 3 S 1 FamFG). Der Genehmigungsbeschluss ist aber nicht nur dem gesetzlichen Vertreter, etwa den sorgeberechtigten Eltern oder dem Vormund, als Beteiligtem iSv § 7 Abs 2 Nr 1 FamFG (kein Fall von § 7 Abs 1 FamFG; näher § 1828 Rn 84) nach § 41 Abs 1 FamFG bekannt zu geben, sondern nach § 41 Abs 3 FamFG auch demjenigen, für den das Rechtsgeschäft genehmigt wird, also dem Kind/Mündel. Soweit der Minderjährige verfahrensfähig ist (§ 9 Abs 1 Nrn 2, 3 FamFG), genügt die Bekanntgabe an ihn (§§ 9 Abs 1 Nr 2, 15 Abs 2 FamFG, § 170 Abs 1 ZPO), ansonsten ist er dem gesetzlichen Vertreter bekannt zu geben (§ 9 Abs 2 FamFG, näher § 1828 Rn 99 ff).

Die Frist für das Rechtsmittel läuft dann ab Bekanntgabe gegenüber dem gesetzlichen Vertreter, sodass dieser über die Einlegung eines Rechtsmittels gegen eine familiengerichtliche Entscheidung, die auf sein Ersuchen hin ergangen ist, entscheiden muss. Damit liegt eine Konstellation vor, bei der möglicherweise dem Vertretenen der Rechtsweg gegen die Genehmigungsentscheidung versperrt bleibt, wenn nicht zu erwarten ist, dass der Elternteil/Vormund den Beschluss, der auf sein Ersuchen hin ergangen ist, nochmals unter dem Gesichtspunkt des Kindeswohls prüft und gegebenenfalls Rechtsmittel einlegt (so KG FamRZ 2010, 1171, 1172 = Rpfleger 2010, 422 m Anm Zorn = RNotZ 2010, 463 m Anm Kölmel). Das BVerfG hat in einem Fall, in dem es um eine nachlassgerichtliche Genehmigung eines von einem Nachlasspfleger vorgenommenen Grundstücksgeschäfts ging, die vor dem 1. 9. 2009 einschlägigen §§ 55, 62 FGG für mit Art 19 Abs 4 GG unvereinbar und damit verfassungswidrig erklärt, soweit sie den in ihren Rechten Betroffenen jede Möglichkeit verwehrten, Entscheidungen des Rechtspflegers der Prüfung durch den Richter zu unterziehen (BVerfG FamRZ 2000, 731 [LS]). Das rechtliche Gehör könne im Regelfall nicht durch denjenigen vermittelt werden, dessen Handeln im Genehmigungsverfahren überprüft werden solle (BVerfG FamRZ 2000, 731, 733; zum früheren Vorbescheid näher § 1828 Rn 94 ff). 34

Damit stellt sich die Frage, ob nicht deshalb in Genehmigungsverfahren **regelmäßig** von einem erheblichen Interessengegensatz zwischen dem Minderjährigen und seinem gesetzlichen Vertreter auszugehen und ein Ergänzungspfleger zu bestellen ist. 35

b) Meinungsstand

Zum Teil wird diese Frage bejaht. Für die Annahme eines Interessenkonflikts genüge es, wenn nur die Gefahr bestehe, der vertretungsberechtigte Elternteil werde im Verfahren das Kindeswohl nicht mit der gebotenen Konsequenz verfolgen; der Interessengegensatz sei auch so erheblich, dass der Eingriff in die Sorgeverantwortung gerechtfertigt sei (KG FamRZ 2010, 1171, 1172; OLG Celle Rpfleger 2011, 436; OLG Celle ZKJ 2012, 40 [LS] m Anm Gottschalk = ZErb 2012, 295). Nach diesem Ansatz wäre ein Ergänzungspfleger zu bestellen (KG FamRZ 2010, 1171, 1172; OLG Celle Rpfleger 2011, 436; OLG Celle ZErb 2012, 295; OLG Köln FPR 2012, 398, 399; s auch DIJuF-Rechtsgutachten JAmt 2009, 553), allerdings nur für den Mündel, der geschäftsunfähig ist oder bei Erlass der Entscheidung das 14. Lebensjahr noch nicht vollendet hat, da die anderen Minderjährigen selbst beschwerdeführungsbefugt sind (§ 60 FamFG; s dazu auch § 1828 Rn 118). 36

Andere leiten unmittelbar aus § 41 Abs 3 FamFG einen gesetzlichen Vertretungsausschluss und die Notwendigkeit einer Ergänzungspflegerbestellung ab, sehen also in dieser Norm ein verfahrensrechtliches Vertretungsverbot (Sonnenfeld ZKJ 2010, 271, 272; Bestelmeyer Rpfleger 2010, 635, 647 Fn 176; Heggen NotBZ 2010, 393, 397; Bork/Jacoby/Schwab/Zorn § 158 FamFG Rn 25 mwNw; Heinemann DNotZ 2009, 6, 17; Zorn FamRZ 2014, 641, 642; MünchKomm/Spickhoff Rn 12; BeckOGK/Sonnenfeld [1. 11. 2019] Rn 42 f; jurisPK-BGB/Lafontaine Rn 19 aE). 37

Wieder andere bejahen zwar den Interessengegensatz, sind jedoch der Ansicht, dass als geringeres Mittel gegenüber dem Entzug der Vertretungsmacht die Bestellung eines Verfahrensbeistands nach § 158 FamFG in Betracht kommt (MünchKommFamFG/Ulrici § 41 Rn 16; Litzenburger RNotZ 2009, 380, 381; Heinemann DNotZ 2009, 6, 17; Stösser 38

FamRB 2010, 38, 39; Kölmel NotBZ 2010, 2, 5 f; ders MittBayNot 2011, 190, 194 ff; Harders DNotZ 2009, 725, 730; Weber RpflStud 2009, 129, 131 f; Bund Deutscher Rechtspfleger, Reform und Änderungsbedarf aus dem Bereich der Freiwilligen Gerichtsbarkeit [Nachw Rn 31]).

c) Stellungnahme

39 Allen Ansätzen ist gemein, dass auf der Grundlage der Entscheidung des BVerfG ohne Prüfung des konkreten Einzelfalls von einem typischen Interessengegensatz zwischen dem Minderjährigen und dem gesetzlichen Vertreter ausgegangen wird; diese Prämisse ist aber mit der Systematik der §§ 1795 f BGB nur schwer vereinbar (krit zu Recht Mahlmann FPR 2011, 271, 273). Zum einen bleibt unberücksichtigt, dass diese Entscheidung nicht die Vertretungsmacht des gesetzlichen Vertreters eines Minderjährigen im Blick hatte, sondern eine nachlassgerichtliche Genehmigung gegenüber einem Nachlasspfleger, der zur Ermittlung der Erben und Sicherung sowie Verwaltung des Nachlasses bestellt worden war (krit auch im Übrigen zu dieser Entscheidung Mahlmann FPR 2011, 271, 274; anders Kölmel MittBayNot 2011, 190, 192; für eine Berücksichtigung der Fallkonstellation des BVerfG in § 41 FamFG Bund Deutscher Rechtspfleger, Reform- und Änderungsbedarf aus dem Bereich der Freiwilligen Gerichtsbarkeit [Nachw Rn 31]). Zum anderen scheidet ein gesetzlicher Vertretungsausschluss nach § 1795 BGB aus, da keine der dort enthaltenen Fallgestaltungen greift (Verfahrensvertretung ist weder Rechtsgeschäft noch Rechtsstreit [Bork/Jacoby/Schwab/Zorn § 158 FamFG Rn 25]).

40 Auch aus § 41 Abs 3 FamFG lässt sich ein solcher nicht ableiten. Die Vorschrift wurde eingeführt, um den Vorgaben des BVerfG Rechnung zu tragen und Widersprüche zu § 1828 BGB zu vermeiden. Es sollte gewährleistet werden, dass der Rechtsinhaber selbst von der Entscheidung frühzeitig Kenntnis erlangt und selbst fristgerecht Rechtsmittel einlegen sowie einen etwaigen Rechtsmittelverzicht zügig widerrufen kann (BT-Drucks 16/6308, 197). Durch das Wort „auch" in § 41 Abs 3 FamFG sollte klargestellt werden, dass die Bekanntgabe an den erfolgt, für den das Rechtsgeschäft genehmigt wird, dass es also, anders als nach § 1828 BGB, nicht genügt, dass die Genehmigung nur gegenüber dem gesetzlichen Vertreter erklärt wird (BT-Drucks 16/6308, 197). Hieraus ließe sich zwar folgerichtig ableiten, dass diese Zweckrichtung nur dadurch erreicht werden kann, dass der Genehmigungsbeschluss neben dem Vormund/den Eltern, der/die das Familiengericht um Genehmigung des Rechtsgeschäfts ersucht hat/haben, einer dritten Person als Vertreter des Kindes bekannt gegeben wird (s Kölmel MittBayNot 2011, 190, 192 mwNw; BeckOGK/Sonnenfeld [1. 11. 2019] Rn 42); insoweit käme ein Ergänzungspfleger oder ein Verfahrensbeistand in Betracht. Eine solche Lösung läuft aber auf einen gesetzlichen Vertretungsausschluss hinaus, der so weder aus § 1795 BGB ableitbar ist, noch vom Gesetzgeber im Zuge der Schaffung des FamFG intendiert war.

41 § 1796 BGB selbst verlangt nach überwiegender Ansicht (s oben Rn 17) für die Entziehung der Vertretungsmacht einen konkreten Interessengegensatz zwischen dem gesetzlichen Vertreter und dem Kind, der so erheblich ist, dass die Interessen des Kindes sozusagen gegen die des gesetzlichen Vertreters durch Bestellung eines Pflegers verteidigt werden müssen (s OLG Düsseldorf NJW 2000, 1274; Keuter NJW 2010, 1851, 1852; Kölmel MittBayNot 2011, 190, 193); ein typischer Interessengegensatz, wie er für § 1795 BGB im Regelfall genügt, reicht für den Entzug der Vertretungsmacht also gerade nicht (s auch OLG Brandenburg ZEV 2011, 594, 595). Dafür, dass der Gesetzgeber in Abweichung von dieser Rechtsprechung vermehrt Ergänzungspfleger-

bestellungen für erforderlich hält, um eine ordnungsgemäße Vertretung des Kindes in Kindschaftsverfahren zu gewährleisten, lässt sich den Materialien zum FamFG nichts entnehmen (Keuter NJW 2010, 1851, 1852).

Die Hinzuziehung einer eigenständigen „Prüfungsinstanz" (Mahlmann FPR 2011, 271, 274) ist zum Schutz des Minderjährigen auch nicht erforderlich. Soweit die Voraussetzungen der §§ 1795 und 1796 BGB nicht vorliegen, geht das Gesetz davon aus, dass die Eltern bzw der Vormund umfassend imstande sind bzw ist, die Interessen des Kindes wahrzunehmen. Darüber hinaus wird das Verhalten des gesetzlichen Vertreters über die familiengerichtliche Genehmigung kontrolliert; für den Vormund kommt die allgemeine Kontrolle nach §§ 1837, 1840 BGB hinzu. Einen weiteren Schutz des Kindes, und zwar verfahrensrechtlicher Art, hat der Gesetzgeber über die §§ 158 und 159 FamFG vorgesehen. Zusätzlicher Schutzbedarf ist nicht ersichtlich (insoweit zu Recht Mahlmann FPR 2011, 271, 274; in diese Richtung iE auch Bund Deutscher Rechtspfleger, Reform- und Änderungsbedarf aus dem Bereich der Freiwilligen Gerichtsbarkeit 8 [Nachw Rn 31]). 42

Abgesehen davon würde eine Ergänzungspflegerbestellung – zumindest in den Fällen, in denen ein Amtsvormund um eine Genehmigung ersucht – jedenfalls keinen weitergehenden Schutz des Minderjährigen garantieren, wenn das Jugendamt auch zum Ergänzungspfleger bestellt wird (Beispiele aus der Praxis OLG Celle Rpfleger 2011, 436; OLG Brandenburg ZEV 2011, 594, 595; zum Problem der Eignung des Jugendamts als Ergänzungspfleger Keuter NJW 2010, 1851, 1853 Fn 32). Nicht zuletzt würde das Genehmigungsverfahren durch die Ergänzungspflegerbestellung schwerfällig, was mit dem Beschleunigungsgebot des § 155 Abs 1 FamFG nur schwer vereinbar ist (Kölmel MittBayNot 2011, 190, 195; Götz NJW 2010, 897, 898). Die Probleme würden sich verschärfen, wenn etwa im Fall einer Ausschlagung der Erbschaft schon für die Ausschlagungserklärung gegenüber dem Nachlassgericht die Ergänzungspflegschaft für erforderlich gehalten wird (dazu § 1795 Rn 33); in diesem Fall müsste für die Zustellung der familiengerichtlichen Genehmigungsentscheidung nach § 1822 Nr 2 BGB, um die dieser Ergänzungspfleger nachgesucht hat, ein weiterer Ergänzungspfleger bestellt werden (zum Zusammenspiel von gesetzlicher Vertretung nach §§ 1629, 1795 f BGB und familiengerichtlicher Genehmigung Coing NJW 1985, 6; Buchholz NJW 1993, 1161). 43

Die überzeugenderen Gründe sprechen damit dafür, in jedem **Einzelfall** genau zu prüfen, ob ein konkreter erheblicher Widerstreit der Interessen des Kindes und derjenigen des gesetzlichen Vertreters vorliegt. Dieser Ansicht hat sich in einer Entscheidung über die Bestellung eines Ergänzungspflegers im Genehmigungsverfahren der Erbausschlagung nun auch der BGH angeschlossen (BGH 12. 2. 2014 – XII ZB 592/12, juris Rn 13, FamRZ 2014, 640; dem folgend auch Palandt/Götz Rn 2; Erman/Saar Rn 3; Heilmann/Dürbeck Rn 5; Keidel/Meyer-Holz § 41 FamFG Rn 4a; MünchKomm/Kroll-Ludwigs § 1828 Rn 39; Weber DNotZ 2015, 498, 504 f; abl Weissinger FamRB 2015, 188, 190). Zu Recht weist der BGH darauf hin, dass sich aus § 41 Abs 3 FamFG kein gesetzliches Vertretungsverbot ergibt mit der Folge, dass für ein generelles Vertretungsverbot – mangels Einschlägigkeit der §§ 1795 f BGB – die gesetzliche Grundlage fehlt (BGH 12. 2. 2014 – XII ZB 592/12, juris Rn 13 f, FamRZ 2014, 640, 641). Zudem bestehe auch kein praktisches Bedürfnis für die generelle Ergänzungspflegerbestellung, da durch den gerichtlichen Genehmigungsvorbehalt bereits eine ausreichende Kontrolle des Vertreters erreicht werde und das Gericht bei der Ermittlung der Voraussetzungen für die Genehmigung einen möglichen Interessenwiderstreit erkennen und entsprechend § 1796 Abs 2 BGB rea- 44 gieren könne (BGH 12. 2. 2014 – XII ZB 592/12, juris Rn 14 f, 18, FamRZ 2014, 640, 641). Zwar überzeugt die Entscheidungsbegründung insoweit nicht, als offensichtlich zwischen Verfahren unterschieden wird, die auf die Genehmigung eines mehrseitigen Rechtsgeschäfts zielen (zB Erbauseinandersetzungsvertrag, der der Entscheidung des BVerfG [BVerfG FamRZ 2000, 731] zugrunde lag), und solchen, die auf die Genehmigung eines einseitigen Rechtsgeschäfts (zB Erbausschlagung, die der Entscheidung des BGH zugrunde lag [BGH 12. 2. 2014 – XII ZB 592/12, juris Rn 17, FamRZ 2014, 640]) gerichtet sind. Soweit der BGH damit andeutet, dass er ein Vertretungsverbot nur für den zweitgenannten Fall ablehnen will, wird übersehen, dass es in beiden Fällen um ein vom gesetzlichen Vertreter vorgenommenes Rechtsgeschäft geht, das der gerichtlichen Kontrolle unterliegt (krit insoweit zu Recht Zorn FamRZ 2014, 641, 642; Mensch MittBayNot 2015, 277, 280; Becker BWNotZ 2015, 16, 19; Weber DNotZ 2015, 498, 504; BeckOGK/Sonnenfeld [1. 11. 2019] Rn 42 aE; MünchKomm/Kroll-Ludwigs § 1828 Rn 38; inzwischen ebenfalls in diese Richtung weisend BGH 2. 12. 2015 – XII ZB 283/15, juris Rn 19, FamRZ 2016, 296 m Anm Veit FamRZ 2016, 299, 300 [betr betreuungsgerichtliche Genehmigung]). Dennoch betont der BGH zu Recht die Besonderheit der dem BVerfG zugrunde liegenden Fallkonstellation, ging es dort doch um den Sonderfall einer Nachlasspflegschaft, in dem ein verfahrensfähiger und bekannter Erbe weder am Abschluss des Erbauseinandersetzungsvertrags noch am Genehmigungsverfahren beteiligt wurde. Hiermit sind aber nicht die Fälle vergleichbar, in denen der gesetzliche Vertreter (Eltern, Vormund, Betreuer) ein Rechtsgeschäft vornimmt (Becker BWNotZ 2015, 18, 19; Ulrici FGPrax 2019, 131, 132). In einer neueren Entscheidung hat der BGH die vorgenannten Grundsätze auch auf ein Verfahren über die familiengerichtliche Genehmigung eines von einem gesetzlichen Vertreter des minderjährigen Kindes abzuschließenden langjährigen Pachtvertrags erstreckt und klargestellt, dass sich auch in diesem Fall aus § 41 Abs 3 FamFG kein Vertretungsverbot für den gesetzlichen Vertreter jenseits der im konkreten Fall nicht einschlägigen §§ 1795 und 1796 BGB ergibt (BGH 3. 4. 2019 – XII ZB 359/17, juris Rn 7 f, FamRZ 2019, 986 f m zust Anm Münch = FGPrax 2019, 130 m zust Anm Ulrici).

d) Folge der Einzelfallbetrachtung

45 Soweit ein konkreter erheblicher Interessengegensatz **zu verneinen** ist, genügt die Vermittlung des rechtlichen Gehörs des Minderjährigen durch seinen gesetzlichen Vertreter. Hieraus folgt, dass etwa in dem Fall, dass der sorgeberechtigte Elternteil/der Vormund für den Mündel die Erbausschlagung wegen Überschuldung des Nachlasses erklärt und keine Anhaltspunkte dafür ersichtlich sind, dass andere als wohlverstandene wirtschaftliche Interessen des Kindes bei dieser Entscheidung eine Rolle gespielt haben, der sorgeberechtigte Elternteil/der Vormund den Mündel im Genehmigungsverfahren ordnungsgemäß vertreten kann mit der Folge, dass ihm als gesetzlichem Vertreter der familiengerichtliche Genehmigungsbeschluss bekannt zu geben ist und er entscheiden kann, ob er namens des Mündels hiergegen Rechtsmittel einlegt oder nicht (OLG Brandenburg ZEV 2011, 594, 595).

46 Liegen dagegen die **Voraussetzungen von § 1796 Abs 2 BGB vor**, so hat das Familiengericht die Vertretungsmacht zu entziehen und einen Ergänzungspfleger zu bestellen. Als milderes Mittel scheidet die Bestellung eines Verfahrensbeistands nach § 158 FamFG in Genehmigungsverfahren meist schon deswegen aus, weil diese sich in der Regel ausschließlich auf das Vermögen des Mündels beziehen, § 158 Abs 1 FamFG aber auf Kindschaftssachen beschränkt ist, die die Person des minderjährigen Kindes betreffen (insoweit zu Recht KG FamRZ 2010, 1171, 1172; OLG Celle Rpfleger

2011, 436 [jeweils Erbausschlagung]; KEIDEL/MEYER-HOLZ § 41 FamFG Rn 4a aE; s auch oben Rn 30 f); eine Ausnahme ist uU in den Fällen von § 1822 Nrn 3, 6 und 7 BGB denkbar (dazu § 1822 Rn 34 ff, 128 ff).

Zu Forderungen de lege ferenda, das Verhältnis der §§ 1795, 1796 BGB und § 41 FamFG näher aufzuklären, s STAUDINGER/VEIT (2014) Rn 41. 47

2. Übertragung/Entzug der elterlichen Sorge

a) Interessengegensatz infolge Verfahrensbeteiligung

Zum Teil wird bei Rechtsstreitigkeiten im Eltern-Kind-Verhältnis ein erheblicher Interessengegensatz bereits daraus abgeleitet, dass die Eltern ebenso wie ihr Kind unmittelbar am Verfahren beteiligt sind (OLG Oldenburg FamRZ 2010, 660, 662; DIJuF-Rechtsgutachten JAmt 2010, 20, 21). Bei den das Kind betreffenden Konflikten zwischen den Eltern sei zudem die Gefahr eines Interessengegensatzes zu den Kindesbelangen nicht auszuschließen; deshalb werde in der Mehrzahl der Fälle nicht auf die Bestellung eines Ergänzungspflegers verzichtet werden können (OLG Oldenburg FamRZ 2010, 660, 662; DIJuF-Rechtsgutachten JAmt 2010, 20, 21). 48

Gegen diesen Ansatz spricht aber bereits, dass es für die Annahme eines erheblichen Interessengegensatzes nicht ausreicht, dass die Eltern als gesetzliche Vertreter des Kindes Verfahrensgegner sind, solange ihr partnerschaftlicher Streit die Interessen des Kindes nicht derart überlagert, dass diese gegen die Interessen der Eltern verteidigt werden müssen (OLG Koblenz JAmt 2010, 504; OLG Düsseldorf NJW 2000, 1274; KEUTER NJW 2010, 1851, 1852; BeckOGK/SONNENFELD [1. 11. 2019] Rn 36). Solange sich der geäußerte Wille des Kindes zB mit dem Antragsanliegen eines Elternteils deckt, bedarf es keiner Pflegerbestellung (KEUTER NJW 2010, 1851, 1852; s auch OLG Frankfurt 13. 12. 2017 – 7 UF 64/17, juris Rn 16 f, FamRZ 2018, 827, 828). Eine Pflegerbestellung ist umgekehrt dann vonnöten, wenn eine Wahrnehmung der Kindesinteressen durch den gesetzlichen Vertreter im Verfahren nicht sichergestellt ist; genau in diesem Fall liegen aber auch die Voraussetzungen von § 158 Abs 2 Nr 1 FamFG vor (zu § 50 FGG OLG Düsseldorf NJW 2000, 1298). 49

b) Aufenthalt des Kindes

Streiten etwa die Eltern über einen Aufenthaltswechsel ihres Kindes, so kann ein erheblicher Interessengegensatz bestehen, wenn die Wohnorte der Eltern weit voneinander entfernt liegen und sich die für das Kindeswohl bedeutsamen Umstände vom Interesse eines Elternteils, zukünftig gemeinsam mit dem Kind in einem völlig neuen Umfeld einen eigenständigen Lebensmittelpunkt zu begründen, erheblich unterscheiden (BGH FamRZ 2011, 1788, 1789). Dieser Interessengegensatz führt aber mit Blick auf den Verhältnismäßigkeitsgrundsatz trotz Vorliegens der Voraussetzungen von § 1796 Abs 2 BGB nicht zum Entzug der Vertretungsmacht und der Bestellung eines Ergänzungspflegers, sondern zur Bestellung eines Verfahrensbeistands nach § 158 FamFG (näher unter Rn 30 f). 50

c) Verfahren nach § 1666

In Verfahren nach § 1666 BGB besteht in der Regel keine Notwendigkeit zur Entziehung der Vertretungsmacht, da in diesem Verfahren keine subjektiven Rechte des Minderjährigen nach bürgerlichem Recht zur Prüfung anstehen (OLG Stuttgart 51

FamRZ 2010, 1166, 1167; HEITER FamRZ 2009, 85, 87; KEIDEL/ZIMMERMANN § 9 FamFG Rn 12). Etwas anderes gilt dagegen dann, wenn die Entgegennahme von Zustellungen oder die Einlegung von Rechtsmitteln von dem oder den zunächst vertretungsberechtigten Eltern nicht dem Interesse des Kindes gemäß vorgenommen werden können (OLG Stuttgart FamRZ 2010, 1166, 1167).

3. Geltendmachung von Unterhaltsansprüchen des Kindes

a) Alleinvertretungsrecht eines Elternteils

52 Interessenkollisionen zwischen Kind und gesetzlichem Vertreter können auch bei der Geltendmachung von Unterhaltsansprüchen des Kindes auftreten. Ist der Elternteil, der den Unterhalt geltend macht, alleinsorgeberechtigt, so ist er auch alleinvertretungsberechtigt (§ 1629 Abs 1 S 3 BGB). Sind die Eltern des Kindes gemeinsam sorgeberechtigt und befindet sich das Kind in der Obhut eines Elternteils, so kann dieser ebenfalls Unterhaltsansprüche des Kindes gegen den anderen Elternteil geltend machen (§ 1629 Abs 2 S 2 BGB). In beiden Fällen steht die Vertretungskompetenz unter dem Vorbehalt, dass kein erheblicher Interessenkonflikt zwischen dem unterhaltsbegehrenden Elternteil und dem Kind besteht. Ein solcher Konflikt kann dabei aber noch nicht allein daraus abgeleitet werden, dass die Geltendmachung eines Unterhaltsanspruchs des Kindes nicht nur in dessen Interesse, sondern auch dem des vertretenden Elternteils liegt, wenn der andere Elternteil zur Zahlung von Kindesunterhalt verpflichtet wird, weil er dann einen durch Unterhalt nicht gedeckten Barbedarf des Kindes nicht aus eigenen Mitteln aufbringen muss (OLG Frankfurt 13. 12. 2017 – 7 UF 64/17, juris Rn 17, FamRZ 2018, 827, 828).

53 Ebenso wenig genügt das Interesse des Kindes, dass der Streit seiner Eltern über den Unterhalt nicht auf seinem Rücken ausgetragen wird, da der antragstellende Elternteil ansonsten dem Entzug der Vertretungsmacht nur durch Antragsrücknahme im anhängigen Unterhaltsverfahren zuvorkommen könnte, was ihm aber nicht zugemutet werden kann, weil er sich ggf dem Vorwurf aussetzt, die finanziellen Interessen seines Kindes nicht zielstrebig genug zu verfolgen. Selbst wenn man aber einen erheblichen Interessengegensatz bejahen würde, führt dies noch nicht zum Entzug der Vertretungsmacht, wenn die Entlastung des Kindes durch mildere Mittel (etwa umgangsrechtliche Maßnahmen gegen den anderen Elternteil, der den Druck auf das Kind ausgeübt hat) erreicht werden kann (OLG Frankfurt 13. 12. 2017 – 7 UF 64/17, juris Rn 17, FamRZ 2018, 827, 828).

b) Gemeinschaftliches Vertretungsrecht der Eltern

54 Anders liegt der Fall, wenn ein Kind von beiden Eltern im **paritätischen Wechselmodell** betreut wird und sich deshalb ein tatsächlicher Betreuungsschwerpunkt nicht mehr feststellen lässt (BGH 12. 3. 2014 – XII ZB 234/13, juris Rn 17 ff, FamRZ 2014, 917, 918 m abl Anm SCHÜRMANN), was zur Folge hat, dass § 1629 Abs 2 S 2 BGB nicht eingreift und kein Elternteil gegen den anderen die Unterhaltsansprüche des Kindes geltend machen kann. In diesem Fall bleibt es beim Grundsatz der gemeinschaftlichen Vertretung des Kindes (§ 1629 Abs 1 S 2 BGB) mit der Konsequenz, dass das Kind, vertreten durch beide Eltern, gegen einen der vertretenden Elternteile den Unterhaltsanspruch geltend machen müsste. Dieser Weg ist schon aus praktischen Gründen nicht gangbar, weil er regelmäßig am Widerstand des Elternteils scheitern dürfte, der auf Unterhalt in Anspruch genommen wird (OLG Frankfurt 17. 10. 2016 –

6 UF 242/16, juris Rn 3, FamRZ 2017, 289). Er scheitert aber auch aus rechtlichen Gründen, da bei Eltern (ebenso wie beim Vormund) grundsätzlich das Vertretungsverbot nach §§ 1629 Abs 2 S 1, 1795 Abs 1 Nr 3 BGB greift, wonach der gesetzliche Vertreter des Kindes (sprich: die Eltern bzw der Vormund) nicht in Vertretung des Kindes ein gerichtliches Verfahren gegen einen Ehegatten bzw einen Verwandten in gerader Linie führen kann. Hinsichtlich des Elternteils, der auf Unterhalt in Anspruch genommen wird, greift zudem das Verbot der In-Sich-Vertretung (§§ 1629 Abs 2 S 1, 1795 Abs 2, 181 BGB, OLG Frankfurt 17. 10. 2016 – 6 UF 242/16, juris Rn 3, FamRZ 2017, 289). Deshalb muss zur Geltendmachung des Kindesunterhalts im Wechselmodell ein Ergänzungspfleger bestellt werden (so BeckOK/Veit [1. 11. 2019] § 1629 Rn 76; iE auch Götz FF 2015, 146, 148; Seiler FamRZ 2015, 1845, 1850).

Allerdings ist dieser Ansatz weder im Ergebnis noch in der Begründung unstrittig. 55
Zum Teil wird von einer Wahlmöglichkeit zwischen der Bestellung eines Ergänzungspflegers nach § 1796 BGB und einer Entscheidung nach § 1628 BGB ausgegangen (BGH 12. 3. 2014 – XII ZB 234/13, juris Rn 16, FamRZ 2014, 917, 918; BGH FamRZ 2006, 1015, 1016; OLG Celle 20. 8. 2014 – 10 UF 163/14, juris Rn 7, FamRZ 2015, 590, 591; OLG Düsseldorf 18. 5. 2015 – II-7 UF 10/15, 7 UF 10/15, juris Rn 6, FamRZ 2016, 142, 143; OLG Hamburg 27. 10. 2014 – 7 UF 124/14, juris Rn 7, NJW 2015, 416 = ZKJ 2015, 76; MünchKomm/Huber § 1629 Rn 78; Johannsen/Henrich/Jaeger Rn 6). Andere halten den Weg über § 1628 BGB für vorzugswürdig gegenüber der Einsetzung eines Ergänzungspflegers, weil damit auch die Entscheidungsbefugnis darüber, ob überhaupt ein Unterhaltsverfahren eingeleitet wird, geklärt werden könne (OLG Frankfurt 17. 10. 2016 – 6 UF 242/16, juris Rn 4, FamRZ 2017, 289, 290). Wieder andere geben der Bestellung des Ergänzungspflegers den Vorzug (Hennemann FPR 2006, 295, 297 [„praxisnäher"]; Götz FF 2015, 146, 149 [„§ 1628 BGB bietet keine Lösung"]).

Gegen eine **Wahlmöglichkeit** spricht jedoch, dass § 1629 Abs 2 BGB eine abschlie- 56
ßende Sonderregel gegenüber § 1629 Abs 1 BGB enthält und nur in dessen Anwendungsbereich die Möglichkeit besteht, eine Entscheidung nach § 1628 BGB herbeizuführen, da diese Norm voraussetzt, dass es sich um eine Angelegenheit der elterlichen Sorge handelt und grundsätzlich beide Eltern vertretungs- und entscheidungsbefugt sind. Letzteres ist aber gerade nicht der Fall, wenn bei fehlender Obhut ein Elternteil Unterhalt des Kindes gegenüber dem anderen Elternteil geltend machen will, weil das Vertretungsverbot in §§ 1629 Abs 2 S 1, 1795 Abs 1 Nr 3, Abs 2 BGB eingreift (BeckOK/Veit [1. 11. 2019] § 1629 Rn 76).

Würde er dagegen über eine Entscheidung nach **§ 1628 BGB** die Befugnis erhalten, 57
den Unterhaltsanspruch gegen den anderen Elternteil geltend zu machen, würde genau diese Wertung unterlaufen (Wohlgemuth FPR 2013, 157, 159; iE auch AG Westerstede 28. 2. 2017 – 87 F 7097/16 SO, juris Rn 26 ff, FamRZ 2017, 967, 968 f; Götz FF 2015, 146, 148; **aA** OLG Frankfurt 17. 10. 2016 – 6 UF 242/16, juris Rn 4, FamRZ 2017, 289, 290). Es bleibt mithin in diesem Fall nur die Möglichkeit der Bestellung eines Ergänzungspflegers zur Geltendmachung des Kindesunterhaltsanspruchs gegen den anderen Elternteil, und zwar unabhängig von einer Einzelfallprüfung, ob ein erheblicher Interessengegensatz zwischen gesetzlichem Vertreter und Kind besteht; vielmehr fehlt die Vertretungsmacht schon kraft Gesetzes nach §§ 1629 Abs 2 S 1, 1795 BGB (in diese Richtung wohl auch OLG Köln FamRZ 2015, 859, 860; anders OLG Frankfurt 17. 10. 2016 – 6 UF 242/16, juris Rn 4, FamRZ 2017, 289, 290: Weg über § 1628 BGB „vorzugswürdig"; so inzwischen wohl auch BGH 1. 2. 2017 – XII ZB 601/15, juris Rn 19, FamRZ 2017, 532, 534).

58 Allerdings erstreckt sich der gesetzliche Ausschluss der Vertretungsmacht nicht auf die Entscheidung, **ob** überhaupt Unterhaltsansprüche geltend gemacht werden sollten und hierfür ein Ergänzungspfleger bestellt wird (MünchKomm/Spickhoff § 1795 Rn 39; § 1795 Rn 96). Gleichwohl passt auch auf die Entscheidung dieser Vorfrage § 1628 BGB nicht, da er zu Wertungswidersprüchen führen würde. So könnte etwa die Entscheidungsbefugnis darüber, ob der Kindesvater in Anspruch genommen werden soll, nur auf die Kindesmutter, nicht aber auf den in Anspruch zu nehmenden Kindesvater übertragen werden. Ergäbe etwa die nach §§ 1628, 1697a BGB erforderliche Kindeswohlprüfung, dass die Entscheidungsbefugnis über die Durchsetzung eines Unterhaltsanspruchs auf den Kindesvater zu übertragen wäre (etwa weil das Gericht der Ansicht ist, dass ein Rechtsstreit nicht dem Kindeswohl entspräche), so müsste diesem die Vertretungsmacht sofort wieder wegen eines konkreten Interessengegensatzes zum Kind (§ 1796 Abs 2 BGB) entzogen werden, wenn man nicht gar von einem gesetzlichen Vertretungsausschluss nach dem Grundgedanken der §§ 1795 Abs 2, 181 BGB ausgehen müsste. Die Folge wäre nach § 1680 Abs 3, Abs 1 BGB die Alleinentscheidungsbefugnis der Kindesmutter über die Frage, ob der Kindesunterhalt gerichtlich geltend gemacht wird oder nicht (OLG Celle 6. 7. 2018 – 17 UF 64/18, juris Rn 13, FamRZ 2019, 40, 42). Um diese Widersprüche zu vermeiden, bedarf es deshalb auch zur Entscheidung über das „Ob" der Einleitung eines Unterhaltsverfahrens der Bestellung eines Ergänzungspflegers, und zwar nach § 1796 BGB. Der hierfür erforderliche erhebliche Interessengegensatz zwischen dem gesetzlichen Vertreter und dem Kind dürfte bei der Durchsetzung von Forderungen auf Kindesunterhalt in einem paritätischen Wechselmodell idR zu bejahen sein (Götz FF 2015, 146, 149: „drängt sich der Interessenwiderstreit […] geradezu auf").

4. Abstammung

59 In einer Reihe von Entscheidungen ging es um Abstammungssachen (§ 169 FamFG), va um Varianten von Fällen, in denen die **Anfechtung der Ehelichkeit eines Kindes** beabsichtigt war und ein Gegensatz der Interessen des Kindes und (meist) der Mutter als Inhaberin des Sorgerechts in Frage stand (BGH NJW 1972, 1708 = FamRZ 1972, 498; BGH NJW 1975, 345 = DAVorm 1975, 103 = FamRZ 1975, 162 [LS]; OLG Stuttgart FamRZ 1983, 831; OLG Hamm OLGZ 1986, 25 = Rpfleger 1986, 13 = NJW-RR 1986, 79 = DAVorm 1985, 1026; BayObLG DAVorm 1988, 1024 = FamRZ 1989, 314 [LS]; BayObLG DAVorm 1994, 119 = NJW-RR 1994, 841; s auch OLG Hamburg NJW 2011, 235, 236; LG Oldenburg FamRZ 1989, 539). Wie in diesen Fällen den Eltern (der Mutter) darf auch dem Vormund nach § 1796 BGB die Vertretung nur dann teilweise entzogen werden, wenn im konkreten Fall Umstände festgestellt werden, aus denen sich ein erheblicher Interessengegensatz zwischen ihm und dem Mündel ergibt (OLG Hamburg FamRZ 2010, 745, 746).

60 Im Verfahren der Anfechtung der Vaterschaft gilt für den sorgeberechtigten Vater der gesetzliche Vertretungsausschluss nach §§ 1795 Abs 2, 181 BGB (s § 1795 Rn 87 ff; dort auch ausführlich zum Vertretungsausschluss der Mutter). Die vorgelagerte Frage, **ob** überhaupt ein Anfechtungsverfahren eingeleitet werden soll, wird von diesem Vertretungsausschluss jedoch noch nicht erfasst, sondern ist Teil der Personensorge (BGH 18. 2. 2009 – XII ZR 156/07, juris Rn 30, FamRZ 2009, 861, 864; OLG Frankfurt 7. 8. 2017 – 5 WF 28/17, juris Rn 16, FamRZ 2018, 357, 358). Damit stellt sich die Frage, ob ein Entzug der Vertretungsmacht unter den Voraussetzungen des § 1796 Abs 2 BGB, also bei Vorliegen eines erheblichen Interessenkonflikts zwischen Vater und Kind, in

Betracht kommt (dafür OLG Frankfurt 7. 8. 2017 – 5 WF 28/17, juris Rn 22, FamRZ 2018, 357, 359; BeckOGK/Sonnenfeld [1. 11. 2019] Rn 47) oder nur unter den Voraussetzungen des § 1666 BGB (Siede FamRB 2018, 185, 186; Staudinger/Peschel-Gutzeit [2015] § 1629 Rn 109; offengelassen in BGH FamRZ 2009, 861, 864 Rn 34).

Für die letztgenannte Sichtweise spricht, dass § 1629 Abs 2 S 3 HS 2 BGB die 61
Wertung zu entnehmen ist, dass ein staatlicher Eingriff in das Vertretungsrecht eines Elternteils bei Klärung der Abstammung nicht schon wegen eines erheblichen Interessengegensatzes erfolgen kann. Zwar verbietet diese Regelung einen Entzug des Vertretungsrechts nach § 1796 BGB nur für ein Vaterschaftsfeststellungsverfahren. Gleichwohl muss der Rechtsgedanke auch für die Entscheidung über die Anfechtung gelten, wenn man vermeiden will, dass zwar die bisherige Vaterschaftszuordnung gegen den Willen eines sonst sorgeberechtigten Elternteils beseitigt, nicht aber eine Vaterschaftszuordnung über § 1796 BGB gegen den Willen der Mutter herbeigeführt werden kann, sodass das Kind vaterlos würde (OLG Frankfurt 7. 8. 2017 – 5 WF 28/17, juris Rn 22, FamRZ 2018, 357, 359; iE auch Staudinger/Peschel-Gutzeit [2015] § 1629 Rn 109). Für diese Sichtweise wird weiter angeführt, dass die Entscheidung über das „Ob" der Anfechtung keine Entscheidung des Kindes sei, in der es von seinem Vater vertreten werde (anders bei der Anfechtung selbst), sondern eine Entscheidung des Vaters, die dieser aufgrund der ihm obliegenden Sorgeverantwortung zu treffen hat (Siede FamRB 2018, 185, 186). Folgt man diesem Ansatz, so ergibt sich der Maßstab für den Eingriff in die elterliche Sorge nicht aus § 1796 Abs 2 BGB, sondern aus § 1666 BGB (Siede FamRB 2018, 185, 186; Staudinger/Peschel-Gutzeit [2015] § 1629 Rn 109; offengelassen in BGH FamRZ 2009, 861, 864 Rn 34). Allerdings unterscheiden sich diese Eingriffsmaßstäbe dann nicht, wenn der auf § 1796 Abs 2 BGB gestützte Eingriff nur bejaht wird, wenn die Beibehaltung der Vaterschaftszuordnung das Kindeswohl iSv § 1666 BGB gefährden würde, was der Fall wäre, wenn der Vater seine sorgerechtlichen Befugnisse kindeswohlgefährdend ausüben würde (OLG Frankfurt 7. 8. 2017 – 5 WF 28/17, juris Rn 22, FamRZ 2018, 357, 359).

Soweit es um die **Feststellung der Vaterschaft** iSv § 1592 Nr 2 bzw 3 BGB geht, findet 62
§ 1796 BGB im Eltern-Kind-Verhältnis keine Anwendung (§ 1629 Abs 2 S 3 HS 2 BGB). Vielmehr greifen die §§ 1712 ff BGB, die dem sorgeberechtigten Elternteil die Möglichkeit geben, die freiwillige Beistandschaft des Jugendamts zur Wahrnehmung dieser Aufgabe zu beantragen (Gernhuber/Coester-Waltjen § 61 Rn 50). Nach § 1713 Abs 1 S 3 BGB kann der Antrag auch von einem nach § 1776 BGB berufenen Vormund gestellt werden.

Für Verfahren auf Ersetzung der Einwilligung in eine **genetische Abstammungsunter-** 63
suchung nach § 1598a Abs 2 BGB, § 169 Nr 2 FamFG ergibt sich bereits aus **§ 1629 Abs 2a BGB** ein gesetzlicher Vertretungsausschluss für die/den vertretungsberechtigten Eltern/Elternteil. Da sich dieser Ausschlusstatbestand aber auch hier auf das „gerichtliche" Verfahren beschränkt, steht den Eltern/dem Elternteil die Entscheidung noch darüber zu, **ob** ein Verfahren nach § 1598a BGB angestrengt wird oder nicht. Damit bleibt auch hier Raum für eine Entziehung der Vertretungsmacht nach §§ 1629 Abs 2 S 3, 1796 BGB (Muscheler FPR 2008, 257, 261), wenn sich etwa Eltern außerhalb eines gerichtlichen Verfahrens über die Klärung der Abstammung des Kindes einigen, aber zwischen ihnen und dem Kind hinsichtlich der Durchführung einer genetischen Abstammungsuntersuchung ein erheblicher Interessengegensatz

zutage tritt. In diesem Fall ist den Eltern die Vertretungsmacht für die Einwilligung des Kindes in eine genetische Abstammungsuntersuchung zu entziehen und auf einen Ergänzungspfleger zu übertragen (BT-Drucks 16/6561, 15).

5. Erbrecht

64 Ein Interessenwiderstreit wird weiter zB bejaht, wenn der **Mündel Erbe wird und der Vormund zum Testamentsvollstrecker für den Nachlass** bestimmt wurde, an dem der Mündel beteiligt ist (BayObLG Rpfleger 1977, 440; OLG Hamm FamRZ 1993, 1122; OLG Nürnberg FamRZ 2002, 272 m Anm Kirchner MittBayNot 2002, 368; Schlüter ZEV 2002, 158; OLG Zweibrücken BtPrax 2004, 75 = Rpfleger 2004, 162 m Anm Spall ZEV 2004, 162; LG Frankfurt aM Rpfleger 1990, 207; s auch OLG Köln FPR 2012, 398, 400). Dabei kann aber allein die Doppelstellung einer Person als Vormund und Testamentsvollstrecker noch keine Entziehung rechtfertigen, weil § 1796 BGB im Unterschied zu § 1795 BGB einen sich aus dem Einzelfall ergebenden Interessenwiderstreit verlangt. Allerdings darf nicht unberücksichtigt bleiben, dass der gesetzliche Vertreter des minderjährigen Erben gegenüber dem Testamentsvollstrecker kraft Gesetzes Überwachungsaufgaben (§§ 2215–2219 BGB) hat und auch den Entlassungsantrag nach § 2227 BGB stellen können muss (dazu Muscheler ZEV 2008, 332, 333), sodass sich der Interessengegensatz sozusagen schon aus dem Gesetz ergibt, die Anordnung der Ergänzungspflegschaft bei der Doppelstellung von Vormund und Testamentsvollstrecker also im Regelfall nicht eine unzulässige Beobachtungspflegschaft (dazu OLG Hamm FamRZ 1993, 1122, 1123) darstellt, sondern zur Sicherung der Interessen des Mündels erforderlich ist (insoweit zu Recht Zimmermann FamRZ 2008, 1158). Nichtsdestotrotz kann im Einzelfall die Interessenabwägung auch ein gegenteiliges Ergebnis rechtfertigen. Nach Ansicht des BGH liegt ein solcher Fall etwa dann vor, wenn aufgrund des persönlichen Verhältnisses zwischen Vormund und Mündel kein Anlass zu der Annahme besteht, dass der Vertreter, unbeschadet seiner eigenen Interessen, die Belange des Vertretenen im gebotenen Maße wahrt und fördert (für den Bereich der elterlichen Sorge BGH FamRZ 2008, 1156, 1158 m abl Anm Zimmermann u Palandt/Götz Rn 4 sowie Erman/Saar[14] Rn 3; krit, iE aber zust, Muscheler ZEV 2008, 332 f; BeckOGK/Sonnenfeld [1. 11. 2019] Rn 45; s auch Werner GmbHR 2008, 934; Schlüter ZEV 2002, 158; Bonefeld ZErb 2007, 2). Bestehen aber konkrete Anhaltspunkte dafür, dass der gesetzliche Vertreter, der zugleich Miterbe und Testamentsvollstrecker ist, die Belange des Kindes als Erbe nicht in gebotener Weise wahren und fördern kann (etwa bei Vorlage eines Vermögensverzeichnisses nur auf Druck des Gerichts, Überforderung bei Verwaltung des umfangreichen Nachlasses, fehlende deutsche Sprachkenntnisse), so ist die Vertretungsmacht nach § 1796 BGB zur Wahrnehmung der Rechte des Kindes gegenüber ihm als Testamentsvollstrecker wie auch gegenüber dem Nachlassgericht zu entziehen und eine Ergänzungspflegschaft anzuordnen (OLG Köln 19. 7. 2018 – 10 WF 172/17, juris Rn 20 ff, ZEV 2019, 149, 150 = FamRZ 2019, 704).

65 Ein erheblicher Interessengegensatz kann auch dann zutage treten, wenn es darum geht, **ob für den Mündel Ansprüche geltend zu machen** sind, deren Erfüllung nicht gesichert ist, so zB Pflichtteilsansprüche (KG OLGE 14, 273; 34, 262; KG JW 1936, 2748; BayObLGZ 1963, 132 = FamRZ 1963, 578 = Rpfleger 1964, 269 m Anm Haegele; s aber auch LG Braunschweig Rpfleger 2000, 69; näher BeckOGK/Sonnenfeld [1. 11. 2019] Rn 49), Nacherbenrechte und Vermächtnisansprüche (BayObLG FamRZ 1969, 660).

66 Die Entziehung der Vertretung kommt weiter in Betracht, wenn die Eltern/der

Vormund eine ihrem Kind/seinem Mündel angefallene **Erbschaft ausschlagen** wollen/will mit der Folge, dass sie einem Elternteil/dem Vormund anfällt (OLG Köln FPR 2012, 398, 399; OLG Köln FamRZ 2012, 42; OLG Köln ZKJ 2010, 454; BayObLGZ 1983, 213 = Rpfleger 1983, 482 = FamRZ 1984, 200 [LS]; PALANDT/GÖTZ Rn 4; MünchKomm/SPICKHOFF Rn 14; ERMAN/SCHULTE-BUNERT Rn 3; BeckOK/BETTIN [1. 11. 2019] Rn 4; zur Notwendigkeit einer Ergänzungspflegerbestellung zur Wahrnehmung der Verfahrensrechte des Mündels s oben Rn 30 ff). Kein erheblicher Interessenkonflikt liegt dagegen vor, wenn der gesetzliche Vertreter die seinem Mündel angefallene Erbschaft wegen Überschuldung des Nachlasses ausschlägt (OLG Brandenburg MittBayNot 2011, 240, 242).

Ein erheblicher Interessengegensatz kann sich in einem **Erbscheinsverfahren** daraus 67
ergeben, dass der Vater hier die Auffassung vertritt, das Testament des Erblassers sei dahin zu verstehen, dass seine Kinder nicht neben ihm zu Miterben berufen seien (OLG Köln FamRZ 2001, 430), oder die Wirksamkeit des Testaments in Zweifel zieht, mit dem sein Kind von seinem Großvater väterlicherseits als Alleinerbe eingesetzt wurde (OLG Brandenburg 25. 2. 2019 – 9 W 8/19, juris Rn 19, FamRZ 2019, 1246, 1247).

6. Strafrecht

Bei der Ausübung des **Zeugnisverweigerungsrechtes** haben gem § 52 Abs 2 S 1 StPO 68
bei mangelnder Verstandesreife des Minderjährigen die gesetzlichen Vertreter zuzustimmen. Nach § 52 Abs 2 S 2 StPO besteht für diese Zustimmung bereits ein gesetzlicher Vertretungsausschluss, wenn der gesetzliche Vertreter selbst Beschuldigter ist, und auch, wenn zwar nur der andere Elternteil beschuldigt ist, aber die gesetzliche Vertretung beiden Elternteilen gemeinsam zusteht (s auch § 1795 Rn 107).

Ein Entzug der Vertretungsmacht gem § 1796 BGB kommt aber bezüglich anderer 69
Vertretungssituationen im Rahmen des Strafverfahrens in Betracht, etwa in Bezug auf den Anschluss einer **Nebenklage** oder einer **Strafantragstellung** (s dazu OLG Hamburg 26. 3. 2013 – 13 UF 81/12, juris Rn 19 ff, JAmt 2013, 345, 348 f).

VI. Verfahren

1. Amtsverfahren, Zuständigkeit

Das Entziehungsverfahren ist **von Amts** wegen einzuleiten, zB auf eine Anregung hin, 70
etwa des Prozessgerichts oder des Vormunds selbst (NK-BGB/FRITSCHE Rn 3; ERMAN/SCHULTE-BUNERT Rn 6). Nach § 1909 Abs 2 BGB trifft den Vormund eine Pflicht zur Anzeige an das Familiengericht, wenn die Bestellung eines Pflegers erforderlich wird, und dies ist der Fall, wenn die Voraussetzungen des § 1796 BGB vorliegen. Ergeben sich bei einem Prozessgericht Anhaltspunkte für einen Interessengegensatz nach § 1796 BGB, so muss dieses dem Familiengericht nach **§ 22a FamFG** hiervon Mitteilung machen; das Verfahren muss allerdings nicht bis zur Entscheidung des Familiengerichts unterbrochen werden (OLG Celle FamRZ 1976, 97; ERMAN/SCHULTE-BUNERT Rn 6).

Zuständig ist das Familiengericht; über die Entziehung der Vertretungsmacht des 71
Vormundes (sowie der Eltern nach §§ 1626 Abs 2 S 3, 1796 BGB) entscheidet nach §§ 3 Nr 2 Buchst a, 14 RPflG der Rechtspfleger. Wird hingegen der Aufgabenkreis eines Betreuers nachträglich eingeschränkt und dadurch auch dessen Vertretungs-

macht entzogen (§§ 1908d Abs 1 S 2, 1908i Abs 1, 1796 BGB), ist hierfür dagegen nicht der Rechtspfleger, sondern der Richter zuständig, soweit nicht die Entscheidung nur eine Betreuung nach § 1896 Abs 3 BGB betrifft (§ 15 Abs 1 S 1 Nr 3, S 2 RPflG; LG Mainz 18. 5. 2016 – 8 T 83/16, juris Rn 8, FamRZ 2016, 2031, 2032).

2. Beteiligte

72 Beteiligte nach § 7 Abs 2 Nr 1 FamFG sind der Vormund und der Mündel. Das Jugendamt wird auf Antrag Beteiligter (§ 162 Abs 2 S 2 FamFG); unter den Voraussetzungen des § 161 FamFG können auch andere Bezugspersonen des Kindes, vor allem die Pflegeperson, bei der das Kind lebt, in dessen Interesse als Beteiligte vom Gericht hinzugezogen werden.

3. Anhörung

73 Anzuhören ist der Vormund. Die Anhörung hat persönlich zu erfolgen, wenn sie zur Gewährleistung des rechtlichen Gehörs erforderlich ist (§ 34 Abs 1 Nr 1 FamFG). Daneben kann sich eine Pflicht zur persönlichen Anhörung auch aus der Amtsermittlungspflicht des Gerichts (§ 26 FamFG) ergeben (BeckOGK/Sonnenfeld [1. 11. 2019] Rn 72).

74 Die Anhörung des Mündels richtet sich nach § 159 FamFG, die der Eltern nach § 160 FamFG, des Jugendamts nach § 162 Abs 1 S 1 FamFG und die der Bezugsperson des Kindes nach § 161 Abs 2 FamFG. Auch hier dient die Anhörung nicht nur der Gewährung rechtlichen Gehörs des/der Beteiligten, sondern auch der Sachverhaltsaufklärung (OLG Frankfurt 7. 8. 2017 – 5 WF 28/17, juris Rn 10, FamRZ 2018, 357, 358 zur Anhörung der Eltern).

4. Gerichtliche Entscheidung

a) Inhalt

75 In der Entscheidung wird in der Regel die Vertretungsmacht des sorgeberechtigten Elternteils/des Vormunds für eine genau bezeichnete Angelegenheit oder einen Kreis von Angelegenheiten entzogen, eine Ergänzungspflegschaft für diesen Bereich angeordnet (§§ 1915 Abs 1 S 1, 1774 BGB) und ein Ergänzungspfleger ausgewählt (§§ 1915 Abs 1 S 1, 1779 BGB; zur Notwendigkeit, die Beschlussformel an einem im Gesetz ausdrücklich genannten Verhinderungsgrund – etwa § 1796 BGB – auszurichten, OLG Brandenburg 9. 1. 2015 – 10 UF 113/14, juris Rn 2, FamRZ 2015, 1044 mwNw; Tenorierungsvorschlag bei BeckOGK/Sonnenfeld [1. 11. 2019] Rn 83).

76 Der Entzug der Vertretungsmacht kann ausdrücklich, aber auch konkludent durch Bestellung des Ergänzungspflegers für eine bestimmte Angelegenheit oder einen Kreis von Angelegenheiten erfolgen (s unten Rn 78).

77 Die Entziehung kann **zeitlich beschränkt sein oder auf Dauer** erfolgen (MünchKomm/Spickhoff Rn 18).

b) Form

78 Die Entscheidung ergeht durch Beschluss (§ 38 FamFG); dabei handelt es sich um

eine Endentscheidung, auch wenn sie im Rahmen eines anhängigen Vormundschaftsverfahrens ergeht (BeckOGK/Sonnenfeld [1. 11. 2019] Rn 81). Die Entziehung braucht aber **nicht ausdrücklich** ausgesprochen zu werden; sie kann auch in der Weise erfolgen, dass das Familiengericht einen Ergänzungspfleger für einen bestimmten Wirkungskreis bestellt und diese Entscheidung dem Vormund bekannt gibt (KGJ 30, A 34; 31, A 10, 13; KG OLGE 14, 273; BayObLG DAVorm 1967, 229; BayObLG FamRZ 2004, 906, 907; OLG Hamm FamRZ 1963, 580, 581; OLG Hamm OLGZ 1974, 10 = FamRZ 1974, 31, 33; LG Mainz 18. 5. 2016 – 8 T 83/16, juris Rn 8, FamRZ 2016, 2031, 2032; Staudinger/Peschel-Gutzeit [2015] § 1629 Rn 302; Soergel/Zimmermann Rn 7; Gernhuber/Coester-Waltjen § 61 Rn 49 Fn 97; MünchKomm/Spickhoff Rn 18; BGB-RGRK/Dickescheid Rn 6; **aA** BeckOGK/Sonnenfeld [1. 11. 2019] Rn 81).

Erforderlich ist allerdings in jedem Fall, dass der Wirkungskreis genau beschrieben und damit deutlich wird, in welchen Angelegenheiten die Vertretungsmacht entzogen worden ist. Dies kann sich aus der Begründung des Beschlusses ergeben (s BayObLG FamRZ 2004, 906, 907 betr Betreuung). **79**

Die Entscheidung ist grundsätzlich zu **begründen** (§ 38 Abs 3 S 1 FamFG) und mit einer **Rechtsbehelfsbelehrung** zu versehen (§ 39 FamFG). Aus der Begründung muss deutlich werden, auf welche tatsächlichen und rechtlichen Erwägungen das Gericht seine Entscheidung im Wesentlichen gestützt hat (OLG Frankfurt 7. 8. 2017 – 5 WF 28/17, juris Rn 11, FamRZ 2018, 357, 358). Hiervon kann nur unter engen Voraussetzungen abgesehen werden (§ 38 Abs 4 FamFG). **80**

c) Bekanntgabe, Wirksamwerden

Die Entscheidung muss den Beteiligten bekannt gegeben werden (§ 41 Abs 1 S 1 FamFG) und wird mit Bekanntgabe an den betroffenen Vormund wirksam (§ 40 Abs 1 FamFG). **81**

d) Wirkung

Die Entziehungsentscheidung wirkt konstitutiv. Erst mit ihrem Wirksamwerden **entfällt die Vertretungsmacht**, also nicht schon in dem Zeitpunkt, in dem der Gegensatz der Interessen eintritt (BGH NJW 2007, 1677, 1678 = FamRZ 2007, 538; BayObLG OLGE 7, 427, 428; BayObLGZ 1963, 132 = FamRZ 1963, 578 = Rpfleger 1964, 269 m Anm Haegele; KG OLGE 10, 8; KGJ 29, A 24, 26; 30, A 34; OLG Hamm NJW 1965, 1489, 1490), sondern erst **mit Bekanntgabe** der Entscheidung gegenüber dem Vormund (§ 40 Abs 1 FamFG), und zwar mit Wirkung für die Zukunft. Eine rückwirkende Beseitigung der Vertretungsmacht kommt nicht in Betracht mit der Folge, dass die Entziehung immer nur als **vorsorgende Maßnahme** in Betracht kommt (BeckOGK/Sonnenfeld [1. 11. 2019] Rn 60). **82**

Die Wirksamkeit von Willenserklärungen, die der Vormund abgegeben hat, obwohl ihm nach § 1796 BGB die Vertretungsmacht entzogen war, richtet sich nach den Vorschriften über die **Vertretung ohne Vertretungsmacht** (§§ 177 ff BGB). Solche Rechtsgeschäfte sind also nicht nichtig, sondern – ebenso wie Rechtsgeschäfte, die ein Vormund entgegen den Bestimmungen des § 1795 BGB vorgenommen hat – schwebend unwirksam; ihre Wirksamkeit kann dadurch herbeigeführt werden, dass der Pfleger oder der volljährig gewordene Mündel sie genehmigt (vgl § 1795 Rn 111; Enneccerus/Kipp § 117 III 6; Staudinger/Peschel-Gutzeit [2015] § 1629 Rn 312 f mwNw; Erman/Schulte-Bunert Rn 5). **83**

84 Hat das Familiengericht dem Vormund die Vertretung gemäß § 1796 BGB entzogen, so ist dem Mündel, soweit seine Vertretung erforderlich ist, nach § 1909 Abs 1 BGB für die Angelegenheiten, von deren Besorgung der Vormund ausgeschlossen ist, ein **Ergänzungspfleger** zu bestellen (vgl § 1795 Rn 114).

e) Änderung

85 Fallen die Voraussetzungen des § 1796 Abs 2 BGB weg, so hat das Familiengericht die **Entziehung** der Vertretungsmacht wieder **aufzuheben**. Dies folgt aus § 48 Abs 1 S 1 FamFG sowie für die elterliche Vertretungsmacht aus § 1696 BGB. Erst mit dem Wirksamwerden des Aufhebungsbeschlusses (§ 40 Abs 1 FamFG) – also ex nunc – erhält der Vormund wieder die volle Vertretungsmacht. Die Entziehung erledigt sich von selbst, wenn die Angelegenheit, für die dem Vormund die Vertretungsmacht entzogen war, abgewickelt ist (zB wenn eine Erbauseinandersetzung durchgeführt ist, MünchKomm/Spickhoff Rn 20).

5. Beschwerde, Beschwerdeberechtigung

a) Statthaftigkeit

86 Gegen die Entscheidung des Familiengerichts über die Entziehung der Vertretungsmacht ist nach § 58 Abs 1 FamFG die Beschwerde statthaft, da es sich um eine Endentscheidung handelt (KG Rpfleger 2010, 422; MünchKomm/Spickhoff Rn 19; BeckOGK/Sonnenfeld [1. 11. 2019] Rn 87).

b) Beschwerdeberechtigung

87 Beschwerdeberechtigt ist nach § 59 Abs 1 FamFG der **Vormund** (BGH FamRZ 2011, 1788; BGH FamRZ 2012, 436 betr Kindesmutter; MünchKomm/Spickhoff Rn 19; Erman/Schulte-Bunert Rn 6; so bereits unter der Geltung des FGG Staudinger/Engler [2004] Rn 25; KG OLGE 2, 65; KG OLGZ 1965, 237; Dölle § 124 II 9 b; Soergel/Zimmermann Rn 7 aE; BGB-RGRK/Dickescheid Rn 16; anders dagegen Enneccerus/Kipp § 117 III 5 aE, weil der Vormund kein eigenes Recht auf die Vertretung des Mündels habe).

88 Das Gleiche gilt für den **Mündel**, da auch er in eigenen Rechten beeinträchtigt ist. Dies gilt sowohl dann, wenn die Entziehung abgelehnt wird, als auch dann, wenn die Vertretungsmacht entzogen wird (MünchKomm/Spickhoff Rn 19; BeckOGK/Sonnenfeld [1. 11. 2019] Rn 87). Ab Vollendung des 14. Lebensjahres kann der Mündel sein Beschwerderecht selbständig ausüben, soweit es um eine seine Person betreffende Angelegenheit geht (§ 60 FamFG).

89 Beschwerdeberechtigt ist auch das **Jugendamt**, soweit es nach § 162 Abs 1 FamFG anzuhören ist, also in Verfahren, die die Person des Kindes betreffen (§ 162 Abs 3 S 2 FamFG).

90 Nicht beschwerdeberechtigt sind dagegen die **Eltern** des Mündels, da sie nicht in eigenen Rechten beeinträchtigt sind (MünchKomm/Spickhoff Rn 19); die Vertretungsmacht für das Kind fehlt ihnen bereits seit Anordnung der Vormundschaft.

91 Nicht beschwerdeberechtigt ist auch der **Ergänzungspfleger**. Da strikt zwischen der Anordnung der Entziehung der Vertretungsmacht und der Bestellung eines Ergänzungspflegers zu unterscheiden ist, kann der Ergänzungspfleger nur gegen letztgenannten Beschluss Rechtsmittel einlegen (s BGH NJW 2012, 685, 686 Rn 12 zum Verhältnis zwischen der Anordnung der Ergänzungspflegschaft und der Bestellungsentscheidung).

VII. Pflegschafts- und Betreuungsrecht

§ 1796 BGB findet über die Generalverweisung in § 1915 Abs 1 S 1 BGB im Pfleg- 92
schaftsrecht und über die Verweisung in § 1908i Abs 1 S 1 BGB auch im Betreuungsrecht entsprechende Anwendung.

§ 1797
Mehrere Vormünder

(1) Mehrere Vormünder führen die Vormundschaft gemeinschaftlich. Bei einer Meinungsverschiedenheit entscheidet das Familiengericht, sofern nicht bei der Bestellung ein anderes bestimmt wird.

(2) Das Familiengericht kann die Führung der Vormundschaft unter mehrere Vormünder nach bestimmten Wirkungskreisen verteilen. Innerhalb des ihm überwiesenen Wirkungskreises führt jeder Vormund die Vormundschaft selbständig.

(3) Bestimmungen, die der Vater oder die Mutter für die Entscheidung von Meinungsverschiedenheiten zwischen den von ihnen benannten Vormündern und für die Verteilung der Geschäfte unter diese nach Maßgabe des § 1777 getroffen hat, sind von dem Familiengericht zu befolgen, sofern nicht ihre Befolgung das Interesse des Mündels gefährden würde.

Materialien: E I § 1652; II § 1677; III § 1773; Mot IV 1093; Prot IV 756. Abs 1 S 2. Neugefasst durch Bekanntmachung v 2. 1. 2002 (BGBl I 42); Abs 2 S 1 u Abs 3 geändert durch Art 50 Nr 37 nach Maßgabe von Art 111 FGG-RG v 17. 12. 2008 (BGBl I 2586) mit Wirkung v 1. 9. 2009.

Schrifttum

Fuchs, Vertragsabschluß durch Gesamtvertreter, ZBlFG 17, 457.

Systematische Übersicht

Alphabetische Übersicht

I. Normzweck, Allgemeines

1 Das Gesetz unterscheidet zwischen der gemeinschaftlichen Vormundschaft (Abs 1) und der nach Wirkungskreisen unter mehreren Vormündern geteilten Vormundschaft (Abs 2). Eine gemeinschaftliche Mitvormundschaft kann nur unter den Voraussetzungen des § 1775 BGB angeordnet werden. Danach kann das Familiengericht ein Ehepaar gemeinschaftlich zu Mitvormündern bestellen (S 1). Im Übrigen soll, sofern nicht besondere Gründe für die Bestellung mehrerer Vormünder vorliegen, für den Mündel, und, wenn Geschwister zu bevormunden sind, für alle Mündel nur ein Vormund bestellt werden (S 2). Das Gesetz geht also vom **Regelfall der Einzelvormundschaft** aus. Wie die Vormundschaft bei Vorhandensein mehrerer Vormünder geführt wird, ist in § 1797 BGB geregelt, der durch § 1798 BGB ergänzt wird.

2 Aus dem Verhältnis von Abs 1 und 2 ergibt sich, dass die **Regelform der Mitvormundschaft** die gemeinschaftliche ist und die nach Wirkungskreisen aufgeteilte Mitvormundschaft die Ausnahme darstellt. Das Familiengericht legt mit der Bestellung der Mitvormünder die jeweilige Form fest (BeckOGK/Sonnenfeld [1. 11. 2019] Rn 3; MünchKomm/Spickhoff Rn 1; Erman/Schulte-Bunert Rn 1; näher unter Rn 7 ff u Rn 36 ff).

Praktische Relevanz hat in jüngerer Zeit vor allem die letztgenannte Form der Mitvormundschaft bei unbegleiteten minderjährigen Flüchtlingen erlangt, näher dazu § 1775 Rn 14 f; unten Rn 44.

3 Ein Vormund wird durch die Bestellung eines Mitvormunds iSv Abs 1 **in der selbstständigen Führung der Vormundschaft eingeschränkt**, weil er sich mit dem Mitvormund über die zu treffenden Maßnahmen einigen muss; ihn trifft aber auch eine zusätzliche Verantwortung, weil er – auch wenn das Gesetz dies nicht (wie in § 1799 BGB für den Gegenvormund) ausdrücklich anordnet – auf die pflichtgemäße Amtsführung des Mitvormunds zu achten und gegebenenfalls für einen dem Mündel erwachsenden Schaden einzustehen hat (§ 1833 Abs 2 BGB). Deshalb wird einem nach § 1776 BGB Berufenen oder nach § 1779 BGB Ausgewählten nicht zugemutet, gegen seinen Willen zusammen mit einem anderen, den er nicht aussuchen kann, die Vormundschaft auszuüben. Neben einem gemäß § 1776 BGB berufenen Vormund darf nur mit dessen Zustimmung ein Mitvormund bestellt werden (§ 1778 Abs 3 BGB), und nach § 1786 Abs 1 Nr 7 BGB kann die Übernahme der Vormundschaft ablehnen, wer mit einem anderen zur gemeinschaftlichen Führung der Vormundschaft bestellt werden soll.

4 Die **gemeinschaftliche Führung** der Vormundschaft durch mehrere Vormünder, die sich gegenseitig überwachen, macht die sonst vorgesehene Kontrolle bestimmter Rechtsgeschäfte durch einen **Gegenvormund entbehrlich** (§ 1792 Rn 11). So braucht, wenn die Vormundschaft von mehreren Vormündern gemeinschaftlich zu führen ist, ein Gegenvormund auch dann nicht bestellt zu werden, wenn mit der Vormundschaft eine Vermögensverwaltung verbunden ist (§ 1792 Abs 2 BGB). Auch die Genehmigung des Familiengerichts zur Anlegung von Mündelgeld und zur Verfügung des Vormunds über eine Forderung, ein Wertpapier oder ein anderes Recht, kraft dessen der Mündel eine Leistung verlangen kann, ist in diesem Falle nicht erforderlich, selbst wenn ein Gegenvormund nicht vorhanden ist (§§ 1810 S 2, 1812 Abs 3 BGB).

II. Bestimmungen der Eltern (Abs 3 Alt 2)

5 Die Eltern können – unabhängig voneinander – Bestimmungen für die Verteilung der Geschäfte unter den Mitvormündern nach Maßgabe des § 1777 BGB, also unter den dort genannten Voraussetzungen (Abs 1 u 2) sowie in der dort genannten Form (Abs 3), treffen (§ 1797 Abs 3 Alt 2 BGB). Da die Verteilung der Geschäfte unter den Mitvormündern die Festlegung der Art der Mitvormundschaft voraussetzt, können sie beides bestimmen (s Palandt/Götz Rn 2).

6 Allerdings gilt diese Bestimmung nicht unmittelbar gegenüber den bestellten Vormündern. Vielmehr bedarf es einer entsprechenden Ausgestaltung durch das Familiengericht, das grundsätzlich an die Bestimmung der Eltern gebunden ist, sofern nicht ihre Befolgung das Interesse des Mündels gefährden würde (§ 1797 Abs 3 vorletzter u letzter HS BGB).

III. Gemeinschaftliche Führung der Vormundschaft (Abs 1)

1. Allgemeines

7 Hat das Familiengericht keine Bestimmung über die Verteilung der Geschäfte unter den Vormündern getroffen, so führen die Mitvormünder die Vormundschaft gemeinschaftlich (OLG Posen OLGE 33, 368; BeckOGK/Sonnenfeld [1. 11. 2019] Rn 9; MünchKomm/

Spickhoff Rn 1, 3; Erman/Schulte-Bunert Rn 1; jurisPK-BGB/Lafontaine Rn 35). Das bedeutet, dass alle Mitvormünder für alle Angelegenheiten der Personen- und Vermögenssorge zuständig sind, und zwar sowohl im tatsächlichen als auch im rechtsgeschäftlichen Bereich (MünchKomm/Spickhoff Rn 3). Die Mitvormünder können nur in ihrer Gesamtheit handeln (Mot IV 1093 f; vgl RGZ 81, 325; OLG Oldenburg 29. 8. 2018 – 14 WF 73/18, juris Rn 22, ZKJ 2019, 33, 34 m zust Anm Dürbeck), dh dass für jedes Geschäft die Zustimmung aller Mitvormünder notwendig ist. Insoweit entspricht die gemeinschaftliche Mitvormundschaft der gemeinsamen elterlichen Sorge (§§ 1627, 1629 Abs 1 S 2 BGB) (BeckOGK/Sonnenfeld [1. 11. 2019] Rn 9).

Aus dem Grundsatz der gemeinschaftlichen Führung der Vormundschaft ergibt sich weiter die Pflicht der Mitvormünder, sich gegenseitig bei der Amtsführung zu beaufsichtigen. Diese Pflicht unterscheidet sich wesentlich von der Aufsichtspflicht des Gegenvormunds (§ 1799 BGB). Deshalb kann ein Vormund, der mit einem Mitvormund gemeinschaftlich die Vormundschaft zu führen hat, auch nicht zu dessen Gegenvormund bestellt werden (§ 1792 Abs 3 BGB). 8

Eine **Vereinbarung der Vormünder über die Aufteilung der Geschäfte** ist zwar im Innenverhältnis zulässig, hat aber keine Außenwirkung, solange das Familiengericht nicht eine entsprechende Verteilung angeordnet hat (OLG Dresden OLGE 36, 212, 213; BeckOGK/Sonnenfeld [1. 11. 2019] Rn 9). Ob und inwieweit die Vereinbarung zugleich eine Bevollmächtigung in den aufgeteilten Bereichen enthält, ist eine Frage des Einzelfalls (MünchKomm/Spickhoff Rn 5); sie ist nicht generell unzulässig (näher unter Rn 15 ff). 9

Für einen Schaden, der dem Mündel durch die Vornahme oder Unterlassung einer vormundschaftlichen Handlung entsteht, **haftet** jeder Mitvormund, den ein Verschulden trifft (§ 1833 Abs 1 S 1, Abs 2 S 1 BGB). Dies gilt auch dann, wenn die Verantwortlichkeit eines Mitvormunds auf einer Verletzung seiner Pflicht zur Überwachung des anderen Vormunds beruht; über das Verhältnis der Vormünder zueinander s § 1833 Abs 2 S 2 BGB (§ 1833 Rn 61). 10

2. Grundsatz der Gesamtvertretung, Ausnahmen

Die gemeinschaftliche Führung der Vormundschaft bedeutet für das rechtsgeschäftliche Handeln der Mitvormünder, dass der Mündel grundsätzlich nur von allen Mitvormündern gemeinschaftlich vertreten werden kann (Grundsatz der Gesamtvertretung). Dies gilt insbesondere auch für die Erteilung einer Prozessvollmacht. Auch die Vornahme von Prozesshandlungen, wie etwa die Einlegung einer Beschwerde im Namen des Mündels, bedarf der Mitwirkung sämtlicher Mitvormünder (BeckOGK/Sonnenfeld [1. 11. 2019] Rn 9; MünchKomm/Spickhoff Rn 6 aE; Palandt/Götz Rn 3; **aA** unter der Geltung von § 58 FGG Staudinger/Engler [2004] Rn 7). 11

Eine **Alleinvertretungsbefugnis**, wie sie § 1629 Abs 1 S 4 BGB für die Eltern bei Gefahr im Verzug festschreibt, kennt das Gesetz bei der Mitvormundschaft nicht. Ebenso wenig wurde eine dem § 2224 Abs 2 BGB entsprechende Regelung aufgenommen, der für die gemeinsame Amtsführung durch mehrere Testamentsvollstrecker ausnahmsweise ein Handeln jedes Testamentsvollstreckers ohne Zustimmung der jeweils anderen vorsieht. Gleichwohl kommt eine analoge Anwendung der erst- 12 genannten Norm schon deshalb in Betracht, weil nicht einzusehen ist, wieso ein Mündel bei Verhinderung eines Mitvormunds schlechter stehen soll als ein unter elterlicher Sorge stehendes Kind (BeckOGK/Sonnenfeld [1. 11. 2019] Rn 19; jurisPK-BGB/Lafontaine Rn 21; **aA** Palandt/Götz Rn 3; Staudinger/Veit [2014] Rn 12).

13 Zur **Entgegennahme von Willenserklärungen Dritter**, zB von Kündigungen oder Anfechtungserklärungen, und von rechtsgeschäftsähnlichen Erklärungen, zB Ablehnung des Anspruchs auf Versicherungsschutz nach § 12 Abs 2 S 2 VVG, ist allerdings jeder einzelne Mitvormund legitimiert (RGZ 53, 227, 231; Staudinger/Schilken [2019] § 167 Rn 56; BGB-RGRK/Dickescheid Rn 3; Erman/Schulte-Bunert Rn 2; MünchKomm/Spickhoff Rn 6). Insoweit gilt der Grundgedanke des § 1629 Abs 1 S 1 HS 2 BGB auch hier (BeckOGK/Sonnenfeld [1. 11. 2019] Rn 13; MünchKomm/Spickhoff Rn 6).

14 Geht es um die **Zustellung von Schriftstücken**, so genügt – wie auch in anderen Fällen der Gesamtvertretung – nach § 170 Abs 3 ZPO die Zustellung an einen der mehreren Mitvormünder.

3. Handeln eines Vormunds mit Zustimmung oder in Vollmacht eines Mitvormunds

15 Ein gemeinschaftliches Handeln liegt auch dann vor, wenn ein Vormund **mit Zustimmung** der anderen Mitvormünder handelt.

16 Weiter kommt die Bevollmächtigung eines Mitvormunds durch die übrigen in Betracht; es handelt sich dabei um eine Untervollmacht, die auf der Grundlage der gesetzlichen Vertretungsmacht erteilt wird (MünchKomm/Spickhoff Rn 5; NK-BGB/Fritsche Rn 2). Eine solche Bevollmächtigung kommt vor allem in Form einer Spezialvollmacht für ein bestimmtes Geschäft in Betracht (RGZ 80, 180, 182; 106, 268; 112, 215; BGB-RGRK/Dickescheid Rn 2; MünchKomm/Spickhoff Rn 5). Umstritten ist aber, ob es auch möglich ist, auf eine bestimmte Art von Rechtsgeschäften bezogene Vollmachten oder gar Generalvollmachten zu erteilen. Der Umstand, dass die Sorgeverantwortung jedes (Mit-)Vormunds als unverzichtbares Pflichtrecht ausgestaltet ist (§ 1793 Rn 2 f), schließt es jedenfalls aus, unwiderrufliche Generalvollmachten zu erteilen. Nicht ausgeschlossen ist aber, Absprachen über bestimmte Geschäftsaufteilungen zu treffen (dazu oben Rn 9) und sich in diesem Umfang auch gegenseitig **widerrufliche Vollmachten** zu erteilen (BeckOGK/Sonnenfeld [1. 11. 2019] Rn 16; MünchKomm/Spickhoff Rn 5; Erman/Schulte-Bunert Rn 2; NK-BGB/Fritsche Rn 2; jurisPK-BGB/Lafontaine Rn 17; **aA** Staudinger/Engler [2004] Rn 12; so wohl auch Rauscher, Familienrecht Rn 1212). Insoweit kann hier nichts anderes gelten als im Verhältnis der Eltern zueinander (dazu Staudinger/Peschel-Gutzeit [2015] § 1629 Rn 25 ff).

17 Sowohl im Fall des Handelns eines Mitvormunds mit Zustimmung des/der anderen Mitvormunds/Mitvormünder als auch im Fall seiner Bevollmächtigung ist das von ihm getätigte Rechtsgeschäft **wirksam**, obwohl nicht alle Mitvormünder ihren Willen gegenüber dem anderen Teil unmittelbar erklärt haben.

18 Fehlt es dagegen an einer wirksamen Bevollmächtigung oder einer Zustimmung des/der anderen Mitvormunds/Mitvormünder, so handelt der Vormund (abgesehen vom Fall des einseitigen Rechtsgeschäfts, § 180 BGB) als **Vertreter ohne Vertretungsmacht**;

die Wirksamkeit eines Vertrags hängt dann von der Genehmigung der Mitvormünder ab (§ 177 Abs 1 BGB; s RGZ 122, 229, 231), welche nach § 184 Abs 1 BGB auf den Zeitpunkt des Vertragsabschlusses zurückwirkt (vgl § 1795 Rn 111). Dies gilt sowohl dann, wenn der handelnde Vormund als Einzelvertreter auftritt, als auch dann, wenn er wahrheitswidrig behauptet, er handle mit Zustimmung oder Vollmacht der anderen Vormünder; diese können ihre Genehmigung auch dem handelnden Vormund gegenüber erklären (§ 182 Abs 1 BGB; MünchKomm/Spickhoff Rn 4).

Etwas anderes gilt nur, wenn der handelnde Mitvormund zu erkennen gibt, dass es 19
sich um eine Gesamtvertretung handelt, seine Erklärung also nur eine **Teilerklärung** ist (s dazu RGZ 81, 325, 327), und das Rechtsgeschäft erst durch das Hinzutreten der Erklärungen der übrigen Mitvormünder zustande kommt. In einem solchen Fall tritt der handelnde Vormund nicht als Vertreter ohne Vertretungsmacht auf. In diesem Fall sind die Erklärungen der übrigen Mitvormünder dem Geschäftsgegner gegenüber abzugeben und wirken nicht zurück (BeckOGK/Sonnenfeld [1. 11. 2019] Rn 11; MünchKomm/Spickhoff Rn 4; s auch BGB-RGRK/Dickescheid Rn 2; BGH LM Nr 15 zu § 164; aus dem älteren Schrifttum Enneccerus/Kipp § 119 II 1 Fn 1; Fuchs ZBlFG 17, 457, 472).

4. Entscheidung von Meinungsverschiedenheiten (Abs 1 S 2, Abs 3 Alt 1)

a) Allgemeines

Wird die Vormundschaft von zwei oder mehreren Vormündern gemeinschaftlich 20
geführt, so bedarf es einer Regelung für den Fall, dass zwischen ihnen Meinungsverschiedenheiten auftreten; sonst besteht die Gefahr, dass eine im Interesse des Mündels notwendige Maßnahme unterbleibt, weil die Vormünder sich nicht einigen können. In allen Fällen kommt es zunächst darauf an, ob die zur Benennung eines Vormunds berechtigten Eltern eine allgemeine Bestimmung über die Entscheidung von Meinungsverschiedenheiten getroffen haben und ob das Familiengericht entsprechend dieser Bestimmung oder bei Fehlen einer solchen selbst eine allgemeine Anordnung getroffen hat. Nur wenn das nicht der Fall ist, entscheidet das Familiengericht selbst über die Meinungsverschiedenheit der Vormünder.

b) Allgemeine Regelung des Gerichts

aa) Bestimmung des Vaters oder der Mutter

Die nach § 1776 Abs 1 BGB zur Benennung eines Vormunds berechtigten Eltern 21
können Bestimmungen über die Entscheidung von Meinungsverschiedenheiten treffen, die zwischen Mitvormündern über die Führung der Vormundschaft auftreten. Auch eine solche Bestimmung erfolgt durch letztwillige Verfügung; für ihre Wirksamkeit ist vorausgesetzt, dass den Eltern zur Zeit ihres Todes die Sorge für die Person und das Vermögen des Kindes zustand (§ 1777 BGB; vgl oben Rn 5).

Eine auf diese Weise von den Eltern getroffene Bestimmung wirkt aber nicht un- 22
mittelbar; sie muss vielmehr – wenn die Mitvormünder sich nicht ohnedies daran halten – durch eine Anordnung des Familiengerichts umgesetzt werden (BeckOGK/Sonnenfeld [1. 11. 2019] Rn 29). Das Familiengericht hat nach § 1797 Abs 3 BGB die Bestimmungen der Eltern zu befolgen, sofern nicht ihre Befolgung das Interesse des Mündels gefährden würde (oben Rn 6).

bb) Zeitpunkt der gerichtlichen Anordnung

23 Haben die Eltern bestimmt, was bei Meinungsverschiedenheiten der (von ihnen benannten) Vormünder zu geschehen hat, so wird das Familiengericht in der Regel eine entsprechende Anordnung schon bei der Bestellung der Vormünder treffen. Es kann dies aber auch dann tun, wenn eine Bestimmung der Eltern fehlt.

24 Nach dem Wortlaut des Abs 1 S 2 könnte man annehmen, dass eine allgemeine Anordnung über die Entscheidung von Meinungsverschiedenheiten nur **zugleich mit der Bestellung** der Mitvormünder zulässig ist, sodass in Fällen, in denen das nicht geschehen ist, das Familiengericht stets selbst über eine konkret auftretende Meinungsverschiedenheit entscheiden könnte. Für eine solche enge Auslegung ist aber kein sachlicher Anlass zu erkennen. Zwar dient sie der Rechtssicherheit und ein vom Familiengericht ausgewählter Vormund wird die Geltendmachung seines Rechts, die Übernahme der Vormundschaft abzulehnen, wenn er zur gemeinschaftlichen Führung der Vormundschaft bestellt werden soll (§ 1786 Abs 1 Nr 7 BGB), möglicherweise von der Frage abhängig machen, wer im Streitfall zu entscheiden hat (so BeckOGK/Sonnenfeld [1. 11. 2019] Rn 21). Jedoch lässt sich hieraus nicht zwingend ableiten, dass eine allgemeine Anordnung des Gerichts über die Entscheidung in Meinungsverschiedenheiten nicht noch nach Bestellung getroffen wird, da dem Vormund im Einzelfall die Möglichkeit offensteht, seine Entlassung zu begehren (§ 1889 BGB). Auch aus der Bemerkung in den Motiven zum BGB, das Vormundschaftsgericht solle die Möglichkeit haben, über die Ausgleichung von Meinungsverschiedenheiten „im Voraus" ein anderes zu bestimmen (Mot IV 1094), lässt sich nichts anderes ableiten, da sie nicht näher begründet ist (wie hier Soergel/Zimmermann Rn 3; BGB-RGRK/Dickescheid Rn 8; MünchKomm/Spickhoff Rn 7; Erman/Schulte-Bunert Rn 8; Palandt/Götz Rn 4; NK-BGB/Fritsche Rn 4; jurisPK-BGB/Lafontaine Rn 35; **aA** BeckOGK/Sonnenfeld [1. 11. 2019] Rn 21; Dölle § 124 III 1; Staudinger/Engler[10/11] Rn 14).

25 Eine solche **nachträgliche Anordnung** kann sich aber nur auf künftige Meinungsverschiedenheiten, also nicht auf schon zutage getretene beziehen. Dies ergibt sich daraus, dass Abs 1 S 2 für das Auftreten einer Meinungsverschiedenheit eindeutig vorsieht, dass bei Fehlen einer anderweitigen generellen Regelung das Familiengericht „entscheidet", also sagt, was im konkreten Fall zu geschehen hat, und nicht lediglich bestimmt, auf welche Weise zu entscheiden ist (ebenso iE Soergel/Zimmermann Rn 3; BGB-RGRK/Dickescheid Rn 8).

cc) Inhalt der gerichtlichen Anordnung

26 Eine allgemeine Regelung, wie sie nach § 1797 Abs 1 S 2 HS 2, Abs 3 BGB vom Familiengericht – entsprechend einer Bestimmung der Eltern oder von Amts wegen – getroffen werden kann, kann für die gesamte Vormundschaft (MünchKomm/Spickhoff Rn 7), aber auch nur **für bestimmte Bereiche** vorgesehen werden, in denen Meinungsverschiedenheiten zu erwarten sind, etwa bei der Verwaltung bestimmter Vermögensgegenstände. Es kann zweckmäßig sein, dass die Vormünder etwa von vornherein wissen, was beim Auftreten einer Meinungsverschiedenheit bei der Verwaltung eines kaufmännischen Unternehmens zu geschehen hat. In den Fällen, die von der allgemeinen Regelung nicht erfasst werden, hat das Gericht nach der Auffangbestimmung des Abs 1 S 2 eine konkrete Entscheidung zu treffen (s unten Rn 28 ff).

27 Als **Beispiel** für eine allgemeine Regelung wird meist der Fall genannt, dass unter mehr als zwei Mitvormündern die **Mehrheit** entscheiden soll (wie es schon in früheren Rechten vorgesehen war, Mot IV 1094) oder dass ein von den Vormündern zu wählender **Obmann** entscheiden soll; ein solcher Fall wird aber heute kaum mehr vorkommen. Bei Meinungsverschiedenheiten zweier Vormünder kann auch einem außenstehenden **Dritten** die Entscheidung zwischen ihnen übertragen werden (ebenso BGB-RGRK/Dickescheid Rn 8; Soergel/Zimmermann Rn 3; MünchKomm/Spickhoff Rn 7; Palandt/Götz Rn 4; Erman/Schulte-Bunert Rn 8). Für unzulässig hält man dagegen die Anordnung, dass bei Meinungsverschiedenheiten stets die Meinung eines bestimmten Vormunds ausschlaggebend sein soll; eine solche Regelung widerspreche dem Grundsatz, dass die Mitvormünder das Amt gemeinschaftlich und gleichberechtigt führen. Dagegen soll es statthaft sein, einem der Mitvormünder den **Stichentscheid in einem bestimmten Geschäftsbereich** einzuräumen (BeckOGK/Sonnenfeld [1. 11. 2019] Rn 1; MünchKomm/Spickhoff Rn 7; Palandt/Götz Rn 4; Erman/Schulte-Bunert Rn 8; NK-BGB/Fritsche Rn 4 Fn 6; **aA** Soergel/Zimmermann Rn 3, die generell den Stichentscheid eines Mitvormunds ablehnt und – ebenso wie MünchKomm/Spickhoff Rn 7 – darauf hinweisen, dass einer solchen Rangordnung der Vormünder auch der Sinn des § 1833 Abs 2 S 2 BGB entgegenstehe). Allen angeführten Ansichten ist darin beizutreten, dass eine Bestimmung, die einem der Vormünder für jeden denkbaren Fall von Meinungsverschiedenheiten den Stichentscheid einräumte, in die Nähe einer Rangordnung unter den Vormündern geriete, die unstatthaft ist (s Rn 50). Dagegen erscheint es unbedenklich, der Meinung eines Mitvormunds in einem abgegrenzten Bereich, in dem er sachkundig und erfahren ist, den Vorrang zu geben. Auf diese Weise könnte und sollte beispielsweise der Wille der Eltern verwirklicht werden, die zwei Personen zur gemeinschaftlichen Führung der Vormundschaft benannt und bestimmt haben, dass bei Meinungsverschiedenheiten, die sich etwa auf das dem Mündel hinterlassene Geschäftsvermögen beziehen, der Meinung des einen, kaufmännisch besonders erfahrenen Vormunds gefolgt werden soll.

c) Entscheidung des Gerichts im Einzelfall, Verfahren

aa) Die Entscheidung im Einzelfall

28 Tritt unter den Mitvormündern eine konkrete Meinungsverschiedenheit auf, so richtet sich die Entscheidung nach der Regelung, die das Familiengericht nach Abs 1 S 2 HS 2 getroffen hat; fehlt es an einer solchen Regelung, so entscheidet das Familiengericht (Abs 1 S 2 HS 1).

29 Das Familiengericht kann nur der einen oder anderen Meinung beitreten, nicht aber eine, eigene von beiden verschiedene Ansicht durchsetzen, soweit nicht das Aufsichtsrecht (§ 1837 BGB) dazu Anlass gibt (Mot IV 1094). Dies folgt zwar nicht aus dem Wortlaut des Gesetzes, ergibt sich aber aus dem das Vormundschaftsrecht des BGB beherrschenden Grundsatz der Selbständigkeit des Vormunds (BeckOGK/Sonnenfeld [1. 11. 2019] Rn 22; MünchKomm/Spickhoff Rn 8; s Vorbem 28 zu §§ 1773 ff).

30 Das Familiengericht kann auch die Meinungen sämtlicher Vormünder verwerfen, wenn es die Vormünder auch nicht anhalten kann, seiner Meinung zu folgen (Enneccerus/Kipp § 119 II 2 mwNw des älteren Schrifttums in Fn 3; Dölle § 124 III 1; Soergel/Zimmermann Rn 3; BeckOGK/Sonnenfeld [1. 11. 2019] Rn 22; MünchKomm/Spickhoff Rn 8; BGB-RGRK/Dickescheid Rn 9; Erman/Schulte-Bunert Rn 9; Palandt/Götz Rn 4; OLG Dresden ZBlFG 19, 210 = OLGE 40, 95 = JW 1919, 1000; KG OLGE 7, 208 = RJA 3, 221 = KGJ 26, A 18;

vgl auch BGHZ 20, 313, 321 = NJW 1956, 1148, 1149 = FamRZ 1956, 223, 225 = MDR 1956, 538, 539 m Anm Beitzke). In diesem Fall muss die Handlung unterbleiben.

bb) Verfahren

31 Funktionell zuständig für die Entscheidung über die Meinungsverschiedenheiten zwischen Mitvormündern ist der **Richter**, da es sich um die Entscheidung von Meinungsverschiedenheiten zwischen Sorgeberechtigten handelt (§ 14 Abs 1 Nr 5 RPflG; krit zu dieser gesetzgeberischen Entscheidung BeckOGK/Sonnenfeld [1. 11. 2019] Rn 33).

32 Die Entscheidung wird nach **§ 40 Abs 1 FamFG** mit Bekanntgabe an die Beteiligten wirksam, für die sie ihrem wesentlichen Inhalt nach bestimmt ist (so zu § 53 Abs 1 S 1 FGG KG RJA 10, 167, 171 = KGJ 38, A 44, 47). Demgegenüber ersetzt der Beschluss des Gerichts nicht die Zustimmung eines anderen zu einem Rechtsgeschäft (s unten Rn 33 f) – dies wäre nur unter den engen Voraussetzungen der §§ 1837 Abs 4, 1666 Abs 1, Abs 3 Nr 5 BGB möglich – und fällt deshalb weder unmittelbar noch entsprechend unter § 40 Abs 2 S 1 FamFG (so aber MünchKomm/Spickhoff Rn 10) bzw Abs 3 S 1 FamFG (so aber Keidel/Meyer-Holz § 40 FamFG Rn 40; zu § 53 Abs 1 S 1 FGG KG RJA 3, 221 = KGJ 26, A 18 = OLGE 7, 208; BGB-RGRK/Dickescheid Rn 11; Soergel/Zimmermann Rn 3; BeckOGK/Sonnenfeld [1. 11. 2019] Rn 49).

d) Die Wirkung der Entscheidung des Familiengerichts

33 Die Entscheidung des Familiengerichts nach Abs 1 S 2, Abs 3 hat nur **Wirkung im Innenverhältnis** der Vormünder zueinander, nicht aber nach außen derart, dass die Vertretungsmacht für Rechtsgeschäfte, auf die sich die Entscheidung bezieht, dem unterlegenen Vormund entzogen und dem Vormund, dessen Meinung sich durchgesetzt hat, allein übertragen wird; insoweit unterscheidet sich diese gerichtliche Entscheidung von der nach § 1628 BGB bei Meinungsverschiedenheiten der Eltern (s auch BeckOGK/Sonnenfeld [1. 11. 2019] Rn 23; MünchKomm/Spickhoff Rn 9).

34 Diese Wirkung leuchtet ohne Weiteres bei einer Entscheidung ein, die eine allgemeine Regelung iSv § 1797 Abs 1 S 2 HS 2, Abs 3 BGB betrifft. Sie muss aber auch gelten, wenn das Familiengericht im Einzelfall entscheidet. Auch in einem solchen Fall bleibt es bei dem Grundsatz der **Gesamtvertretung** aller Mitvormünder. Der Vormund, dessen Meinung sich nicht durchgesetzt hat, darf seine Mitwirkung bei der Durchführung der Entscheidung nicht verweigern und muss notfalls nach § 1837 BGB zur Erfüllung seiner Pflichten angehalten werden. Der Auffassung, in der Entscheidung des Familiengerichts für die Meinung eines der Vormünder liege dessen Beleihung mit dem Alleinvertretungsrecht (so Enneccerus/Kipp § 119 II 2) oder sie bedeute die Ersetzung der Zustimmung der anderen Vormünder, kann schon deshalb nicht gefolgt werden, weil sie sich nicht in das System der selbständigen Führung der Vormundschaft unter der Aufsicht des Familiengerichts einfügen lässt (MünchKomm/Spickhoff Rn 9). Die von den Vertretern der Gegenmeinung zum Teil betonten Zweckmäßigkeitsgesichtspunkte treten zumindest dann in den Hintergrund, wenn es sich nicht um ein einzelnes Rechtsgeschäft, sondern um eine grundsätzliche Entscheidung handelt, deren Durchführung eine beträchtliche Zahl von Rechtsgeschäften und tatsächlichen Sorgemaßnahmen erfordert. Hätte die Entscheidung der Meinungsverschiedenheit zugunsten eines der Vormünder zur Folge, dass dieser den Mündel in einem solchen Komplex künftig allein zu vertreten hat, so liefe dies aber auf eine Abgrenzung der Wirkungskreise hinaus (iE wie hier Beck-

OGK/Sonnenfeld [1. 11. 2019] Rn 23; MünchKomm/Spickhoff Rn 9; BGB-RGRK/Dickescheid Rn 10).

5. Wegfall eines Mitvormunds

Fällt einer von mehreren zur gemeinschaftlichen Amtsführung bestellten Vormündern weg, so haben die übrigen Vormünder oder der allein verbliebene Vormund die Vormundschaft einstweilen weiterzuführen; ob anstelle des weggefallenen ein neuer Mitvormund zu bestellen ist, hängt vom Inhalt der **Verfügung der Eltern** (§ 1777 BGB, vgl auch § 1797 Abs 3 BGB), sofern eine solche vorhanden ist, und von der Beurteilung der aktuellen Notwendigkeit der Bestellung eines Mitvormunds durch das Familiengericht (§ 1775 BGB) ab. 35

Die Unterscheidung zwischen Fällen, in denen zwei, und solchen, in denen mehr als zwei Mitvormünder bestellt waren (Erman/Schulte-Bunert Rn 10; Soergel/Zimmermann Rn 2 aE; BGB-RGRK/Dickescheid Rn 6 u 7), geht von der Annahme aus, der ursprünglichen Bestellung von zwei Mitvormündern liege die Wertung zugrunde, dass einem Vormund allein die Betreuung der Person und des Vermögens des Mündels nicht überlassen werden könne, dass der eine Vormund vielmehr der Hilfe und Aufsicht des anderen bedürfe; dem verbliebenen Mitvormund könne die auch nur vorübergehende alleinige Weiterführung der Geschäfte nicht ohne gerichtliche Entscheidung überlassen werden. Anders sei es, wenn mehr als zwei Mitvormünder zur gemeinschaftlichen Führung der Vormundschaft bestellt worden sind; hier bestehe nach Wegfall eines Mitvormunds eine kollegiale Amtsführung fort (noch weitergehend BGB-RGRK/Scheffler[10/11] Anm 4: Führung der Vormundschaft durch die übrigen Mitvormünder auch dann nicht mehr zulässig, wenn mehr als zwei Vormünder bestellt waren und einer weggefallen ist). 36

Diese Auffassung misst einem Motiv, das der Bestellung mehrerer Vormünder zugrunde gelegen haben kann, aber nicht (mehr) muss, ein zu großes Gewicht bei und macht einen nicht gerechtfertigten Unterschied zwischen Einzel- und Kollektivvormundschaft. Sie widerspricht auch der gesetzlichen Wertung in § 1680 Abs 1 BGB, wonach bei Wegfall eines mitsorgeberechtigten Elternteils infolge seines Todes der überlebende Elternteil die elterliche Sorge allein ausübt, und § 2224 Abs 1 S 2 BGB, der für den Wegfall eines von mehreren Testamentsvollstreckern die Weiterführung der Geschäfte durch die übrigen Testamentsvollstrecker vorsieht. Richtig erscheint es, dass das Familiengericht (dem der Vormund nach § 1894 Abs 2 BGB den Tod eines Mitvormunds unverzüglich anzuzeigen hat) sich so schnell wie möglich darüber klar wird, ob anstelle des weggefallenen Mitvormunds überhaupt ein neuer zu bestellen ist (was zB dann überflüssig werden kann, wenn sich die Vermögenssituation des Mündels wesentlich verändert hat oder der Mündel kurz vor der Volljährigkeit steht), und bei Bejahung dieser Frage alsbald einen geeigneten neuen Mitvormund bestellt. In der Zwischenzeit kann das Familiengericht besonderen Gefahren, die dem Mündelvermögen drohen, durch Maßnahmen nach § 1846 BGB begegnen. Es liefe dem Interesse des Mündels und häufig auch dem Willen der Eltern, die die Vormünder benannt haben, zuwider, wenn der Wegfall eines der Vormünder auch die übrig gebliebenen hinderte, weiter für den Mündel tätig zu werden. Die Annahme, ein nach dem Wegfall eines Mitvormunds übrig gebliebener Vormund oder gar die mehreren Mitvormünder könnten nicht mehr vormundschaftlich tätig werden, solange nicht ein Nachfolger für den weggefallenen Mitvormund bestellt ist, schießt über das Ziel, das Mündelinteresse zu wahren, hinaus (ähnlich MünchKomm/Spickhoff Rn 12).

IV. Verteilung der Vormundschaft nach Wirkungskreisen (Abs 2)

1. Die Anordnung der geteilten Vormundschaft

37 Eine Anordnung des Familiengerichts, durch die die Führung der Vormundschaft unter mehrere Vormünder nach bestimmten Wirkungskreisen verteilt wird, kann auf einer Bestimmung durch die zur Benennung eines Vormunds berechtigten Eltern (§ 1777 Abs 1 BGB) oder einer eigenen Entschließung des Familiengerichts beruhen. Eine Vereinbarung der mehreren Mitvormünder über die Verteilung der Geschäfte unter sich ist unverbindlich (s oben Rn 8; BeckOGK/Sonnenfeld [1. 11. 2019] Rn 24; MünchKomm/Spickhoff Rn 13; BGB-RGRK/Dickescheid Rn 13; Soergel/Zimmermann Rn 5).

a) Bestimmungsrecht der Eltern

38 Eine Bestimmung der Eltern (s § 1776 Rn 10) über die Verteilung der Geschäfte unter mehrere von ihnen benannte Vormünder kann sowohl gleichzeitig mit der Benennung als auch gesondert erfolgen. Sie ist aber wie die Benennung und die Befreiungsanordnung nur dann wirksam, wenn ihnen zur Zeit ihres Todes die Sorge für die Person und das Vermögen des Kindes zustand.

39 Die Anordnung erfolgt durch letztwillige Verfügung (§§ 1797 Abs 3, 1777 Abs 3 BGB). Aus dem Bestellungsprinzip ergibt sich, dass die letztwillige Verfügung nicht kraft Gesetzes die Teilung nach Wirkungskreisen herbeiführt, sondern lediglich das Familiengericht verpflichtet, die Vormünder zu geteilter Verwaltung zu bestellen (Mot IV 1095).

40 Die Anordnung der Eltern ist für das Gericht grundsätzlich verbindlich, es sei denn, ihre Befolgung würde das Interesse des Mündels gefährden (§ 1797 Abs 3 letzter Satzteil BGB). E I hatte eine „erhebliche" Gefährdung vorausgesetzt (s Prot IV 756).

b) Entscheidung des Familiengerichts

aa) Zeitpunkt und Form

41 Das Familiengericht kann auch dann, wenn keine Bestimmung der Eltern vorliegt, die Führung der Vormundschaft unter mehrere Mitvormünder nach bestimmten Wirkungskreisen verteilen. Die Verteilung kann sowohl bei der Bestellung der Vormünder als auch später erfolgen. Eine bestimmte Form ist für die Verteilung der Vormundschaft nach Wirkungskreisen nicht vorgeschrieben; doch ist eine stillschweigende Verteilung nicht zulässig; vielmehr bedarf es einer ausdrücklichen Erklärung des Gerichts (OLG Posen OLGE 33, 368; MünchKomm/Spickhoff Rn 14). Dies ergibt sich bereits aus § 1791 Abs 2 BGB, der die Aufnahme der Art der Teilung in die Bestallungsurkunde vorschreibt (Erman/Schulte-Bunert Rn 4).

bb) Möglichkeiten der Aufteilung

42 Die **Abgrenzung der Wirkungskreise** der einzelnen Vormünder ist dem **Ermessen des Familiengerichts** überlassen (Mot IV 1094; MünchKomm/Spickhoff Rn 14; Erman/Schulte-Bunert Rn 5; Soergel/Zimmermann Rn 5; BGB-RGRK/Dickescheid Rn 12); es kann insbesondere dem einen Vormund die Sorge für die Person, dem anderen die Sorge

für das Vermögen des Mündels übertragen. Auch innerhalb dieser Bereiche kann eine Aufteilung entsprechend den unterschiedlichen Aufgaben in Betracht kommen; so kann einem Vormund die Leitung eines kaufmännischen Unternehmens, dem anderen die Leitung eines landwirtschaftlichen Betriebs zugewiesen werden (BGB-RGRK/Dickescheid Rn 12).

Die Verteilung der Vormundschaftsführung kann auch in der Weise erfolgen, dass **ein bestimmter Wirkungskreis**, zB die Sorge für die Person des Mündels, einem Vormund 43
als ihm allein zustehender Wirkungskreis zugeteilt wird und es hinsichtlich der Sorge für das Vermögen des Mündels bei der gemeinschaftlichen Führung der Vormundschaft verbleiben soll (MünchKomm/Spickhoff Rn 15; Erman/Schulte-Bunert Rn 5).

Denkbar ist auch eine **Abgrenzung der Wirkungskreise innerhalb der Personen- oder** 44
Vermögenssorge. Für möglich gehalten wird weiter die Zuweisung bestimmter Angelegenheiten der elterlichen Sorge, wie etwa bei unbegleitet eingereisten ausländischen minderjährigen Flüchtlingen die asyl- und ausländerrechtlichen Angelegenheiten an einen Vormund (etwa einen in diesen Fragen kompetenten Rechtsanwalt) und die restlichen Angelegenheiten an einen anderen Vormund, etwa das Jugendamt (so etwa OLG Frankfurt 2. 6. 2016 – 6 UF 121/16, juris Rn 12, FamRZ 2016, 1597, 1598; Bienwald FamRZ 2013, 1208, 1209; weitere Nachw § 1775 Rn 14). Zur Begründung wird darauf verwiesen, dass dem Jugendamt die Sach- und Fachkompetenz in asyl- und ausländerrechtlichen Fragen fehlt. Damit lässt sich allerdings eine Mitvormundschaft mit getrennten Wirkungskreisen nur dann rechtfertigen, wenn das Fehlen fachlicher Kompetenzen auf Seiten eines Vormunds einen besonderen Grund iSv § 1775 S 2 BGB darstellt, der eine Ausnahme vom Grundsatz der Allein- oder Einzelvormundschaft rechtfertigen könnte. Dies dürfte aber in der Regel zu verneinen sein (näher § 1775 Rn 14).

Unproblematisch ist dagegen die Verteilung der Vormundschaftsführung in der 45
Weise, dass für den einem Vormund zur selbständigen Führung der Vormundschaft überwiesene Wirkungskreis der andere Vormund nach § 1792 Abs 3 BGB **als Gegenvormund** bestellt wird (BayObLGZ 5, 118, 121).

cc) Änderung der Aufteilung

Diese Verteilung kann **nicht jederzeit** wieder **aufgehoben oder geändert** werden (so 46
aber Enneccerus/Kipp § 119 III; Dölle § 124 III 3; BGB-RGRK/Dickescheid Rn 12; Soergel/Zimmermann Rn 4 aE; auch Staudinger/Engler[10/11] Rn 6). Ihr steht nicht nur die Regelung des § 166 Abs 1 FamFG entgegen, die eine Änderung einer gerichtlichen Entscheidung an den Maßstab des § 1696 BGB bindet (MünchKomm/Spickhoff Rn 19). Vielmehr kann aufgrund der Selbständigkeit des Vormunds nicht beliebig, sondern grundsätzlich nur unter den Voraussetzungen des § 1837 Abs 2–4 BGB in dessen Kompetenzbereich eingegriffen werden (iE wie hier BeckOGK/Sonnenfeld [1. 11. 2019] Rn 25).

2. Rechtsstellung der Mitvormünder

Ist die Führung der Vormundschaft unter mehrere Vormünder nach bestimmten 47
Wirkungskreisen verteilt, so führt jeder Vormund **innerhalb des ihm überwiesenen Wirkungskreises** die Vormundschaft **selbständig** und haftet auch allein nach § 1833 Abs 1 S 1 BGB (OLG Dresden OLGE 36, 212, 213; MünchKomm/Spickhoff Rn 16; Erman/

Schulte-Bunert Rn 6; Palandt/Götz Rn 5). Auch zur Vertretung des Mündels ist in diesem Fall jeder Vormund nur innerhalb seines Wirkungskreises befugt (§ 1793 Rn 70); handelt er außerhalb dieses Wirkungskreises für den Mündel, so gelten die Bestimmungen der §§ 177 ff BGB (§ 1795 Rn 111). Auch zur **Beschwerde** ist jeder Vormund nur innerhalb seines Wirkungskreises berechtigt (s Erman/Schulte-Bunert Rn 6).

48 Da es sich nicht um einen Fall der Gesamtvertretung handelt, kann – anders als bei gemeinschaftlicher Führung der Vormundschaft durch mehrere Mitvormünder (s oben Rn 7) – eine einseitige Willenserklärung, die gegenüber einem Vormund außerhalb seines Wirkungskreises abgegeben wird, keine rechtliche Wirkung auslösen. Ebenso wenig wirkt eine **Zustellung** an einen nicht zuständigen Mitvormund gegen den Mündel (MünchKomm/Spickhoff Rn 16).

49 Zur **Beaufsichtigung** des anderen Vormunds ist der eine Vormund nach § 1792 Abs 3 BGB verpflichtet, wenn er als dessen Gegenvormund bestellt ist (oben Rn 45); jedoch kann sich im Übrigen aus seiner allgemeinen Verantwortlichkeit für das Wohl des Mündels ergeben, dass er dem Familiengericht einen Sachverhalt, aus dem sich eine Gefährdung der Interessen des Mündels ergibt, anzuzeigen hat (so wohl auch MünchKomm/Spickhoff Rn 16).

50 Die Frage, ob einem von mehreren Mitvormündern (als „Hauptvormund") die Oberleitung oder Aufsicht über die anderen Vormünder übertragen werden kann, wird heute wohl allgemein verneint. Die Motive (IV 1094) gehen offenbar von der Zulässigkeit einer derartigen Anordnung aus, weil sie erklären, dass „nicht notwendig" einer der Vormünder die Stellung eines Hauptvormunds zu erhalten braucht. Obwohl das Gesetz keine gegenteilige Bestimmung enthält, dürfte eine solche **Heraushebung eines der Vormünder nicht zulässig** sein. Es kann dahinstehen, ob eine solche Bestimmung gegen den Grundsatz der Selbständigkeit des Vormunds verstieße; jedenfalls stünde es nicht mit dem System der Vormundschaftsaufsicht in Einklang, wenn einer der Vormünder den anderen Weisungen zu erteilen und sie einseitig zu überwachen hätte (ebenso iE MünchKomm/Spickhoff Rn 15; Erman/Schulte-Bunert Rn 5; Soergel/Zimmermann Rn 5; BGB-RGRK/Dickescheid Rn 13; Gernhuber/Coester-Waltjen § 70 Rn 62; **aA** noch Dölle § 124 III 3 u mit ausführlicher Begründung Sobotta 58 ff).

3. Wegfall eines Mitvormunds

51 Fällt, wenn die Führung der Vormundschaft unter mehrere Vormünder nach bestimmten Wirkungskreisen verteilt ist, einer der Mitvormünder weg, so wird dadurch die Rechtsstellung eines anderen Mitvormunds nicht berührt; ihm wachsen keine Aufgaben und Befugnisse zu. Das Familiengericht hat in einem solchen Fall – wie beim Wegfall eines Einzelvormunds – alsbald einen neuen Vormund für den Wirkungskreis des weggefallenen und, wenn erforderlich, gemäß § 1909 Abs 3 BGB einen Pfleger zu bestellen (MünchKomm/Spickhoff Rn 18; Soergel/Zimmermann Rn 6) oder die erforderlichen Maßnahmen bis zur Bestellung eines neuen Mitvormunds nach § 1846 BGB selbst zu treffen (Palandt/Götz Rn 1).

4. Entscheidung von Meinungsverschiedenheiten

Eine Meinungsverschiedenheit kann auch bestehen, wenn die Vormundschaft unter die Vormünder nach bestimmten Wirkungskreisen verteilt ist, sei es, dass eine Angelegenheit mehrere Wirkungskreise berührt (etwa wenn die Sorge für die Person des Mündels dem einen, die Sorge für das Vermögen dem anderen Vormund zugewiesen ist und es darum geht, ob der Mündel, obwohl flüssige Mittel knapp sind, in einer teuren Internatsschule ausgebildet werden soll), sei es, dass Streit darüber besteht, welchem Wirkungskreis die Angelegenheit zuzuordnen ist. 52

Die Konfliktlösung bestimmt sich in erster Linie nach **der allgemeinen Regelung**, die die Eltern nach §§ 1797 Abs 3, 1777 BGB getroffen haben und die das Familiengericht bei der Bestellung übernommen hat (s oben Rn 22). Fehlt es an einer solchen Bestimmung der Eltern, entscheidet das Familiengericht. Stehen die Sorge für die Person und die Sorge für das Vermögen des Mündels verschiedenen Personen zu und geht es um eine Meinungsverschiedenheit über die Vornahme einer Handlung, die sowohl die Person als auch das Vermögen des Mündels betrifft, so entscheidet das Familiengericht nach **§ 1798 BGB**, nicht aber nach § 1797 Abs 1 S 2 BGB, da diese Norm nur die gemeinschaftliche Führung der Vormundschaft betrifft, wogegen bei einer Vormundschaft, die nach Wirkungskreisen zwischen mehreren Vormündern verteilt ist (§ 1797 Abs 2 S 1 BGB), jeder Mitvormund im Rahmen seines Wirkungskreises selbständig handelt (§ 1797 Abs 2 S 2 BGB). 53

Sind die Wirkungskreise anders aufgeteilt, als das Gesetz dies in § 1798 BGB vorsieht, so ist diese Vorschrift ebenso **entsprechend anwendbar** wie dann, wenn die Meinungsverschiedenheit darüber besteht, welchem Wirkungskreis die Angelegenheit zuzuordnen ist (MünchKomm/Spickhoff Rn 17). 54

Diese Differenzierung zwischen den Konfliktlösungsmechanismen in § 1797 Abs 1 S 2 BGB und § 1798 BGB überzeugt nicht ganz und sollte überdacht werden (zum Reformbedarf Staudinger/Veit [2014] Rn 51; s auch § 1798 Rn 7). 55

V. Pflegschafts- und Betreuungsrecht

Im **Betreuungsrecht** sieht § 1899 BGB für die Führung der Betreuung durch mehrere Betreuer eine Spezialregelung gegenüber § 1797 BGB vor; nicht geregelt ist dort lediglich das Problem, wer bei Meinungsverschiedenheiten zwischen den Betreuern entscheidet. Insoweit findet § 1797 Abs 1 S 2 BGB Anwendung, der von § 1908i Abs 1 S 1 BGB in Bezug genommen wird (näher dazu Staudinger/Bienwald [2017] § 1899 Rn 32). 56

Im **Pflegschaftsrecht** ist § 1797 BGB entsprechend anzuwenden (s § 1915 Abs 1 BGB); allerdings ist hier zu bedenken, dass ein Ergänzungspfleger immer nur für bestimmte Aufgabenkreise bestellt wird, mit der Folge, dass für § 1797 Abs 2 BGB von vorneherein kein Anwendungsbereich besteht. Vielmehr kann das Gericht nur mehrere Pfleger zu gemeinschaftlichen Mitpflegern nach § 1797 Abs 1 BGB bestellen (BeckOGK/Sonnenfeld [1. 11. 2019] Rn 6). 57

§ 1798
Meinungsverschiedenheiten

Steht die Sorge für die Person und die Sorge für das Vermögen des Mündels verschiedenen Vormündern zu, so entscheidet bei einer Meinungsverschiedenheit über die Vornahme einer sowohl die Person als das Vermögen des Mündels betreffenden Handlung das Familiengericht.

Materialien: E I § 1653; II § 1678; III § 1774; Mot IV 1095; Prot IV 757. Neugefasst durch Bekanntmachung v 2. 1. 2002 (BGBl I 42); geändert durch Art 50 Nr 37 nach Maßgabe von Art 111 FGG-RG v 17. 12. 2008 (BGBl I 2586) mit Wirkung v 1. 9. 2009.

Systematische Übersicht

I. Normzweck

1 Nach den Motiven zum BGB sollte der jetzige § 1798 BGB ein Gegenstück zur Regelung des § 1797 Abs 1 BGB sein, welcher sich auf die gemeinschaftliche Führung der Vormundschaft bezieht. Nicht nur bei dieser, sondern auch dann, wenn die Führung der Vormundschaft in der Weise verteilt ist, dass die Sorge für die Person des Mündels dem einen, die Sorge für das Vermögen einem anderen Vormund zusteht, bedarf es einer Regelung für das Auftreten von Meinungsverschiedenheiten, um „zu verhindern, daß eine im Interesse des Mündels wünschenswerthe Maßregel, welche in den Wirkungskreis der verschiedenen Vormünder fällt, in Folge des materiell unbegründeten Widerspruches eines der Vormünder unterbleiben muß" (Mot IV 1095).

2 Diese Begründung trifft aber nicht nur auf die Fälle zu, in denen die Vormundschaft in der Weise aufgeteilt ist, dass die Sorge für die Person und die Sorge für das Vermögen je einem Vormund zusteht; vielmehr kann es auch in anderen Fällen, in denen die Führung der Vormundschaft nach bestimmten Wirkungskreisen verteilt ist, vorkommen, dass eine Angelegenheit in die Wirkungskreise verschiedener Vormünder fällt, sodass eine Regelung für das Auftreten von Meinungsverschiedenheiten notwendig ist. Auf solche Fälle ist die Vorschrift des § 1797 Abs 1 S 2 BGB anzuwenden (s § 1797 Rn 49).

II. Voraussetzung für eine gerichtliche Streitentscheidung

1. Geteilte Mitvormundschaft

Die Vorschrift erfasst unmittelbar nur den Fall, dass die Wirkungskreise der Mitvormünder in der Weise aufgeteilt sind, dass dem einen Vormund (oder mehreren Vormündern) die Sorge für die Person und dem (oder den) anderen die Sorge für das Vermögen des Mündels zusteht und die Meinungsverschiedenheit beide Sorgebereiche betrifft. 3

Sie ist aber – da die Interessenlage gleich ist – auch in Fällen anzuwenden, in denen die Wirkungskreise **auf andere Weise** voneinander abgegrenzt sind (vgl § 1797 Rn 49). 4

Entsprechend anwendbar ist die Vorschrift, wenn eine Meinungsverschiedenheit zwischen dem Vormund und einem Ergänzungspfleger besteht (MünchKomm/Spickhoff Rn 3). 5

2. Meinungsverschiedenheit

Zwischen den Mitvormündern muss eine Meinungsverschiedenheit über die Vornahme einer Handlung bestehen, die die Wirkungskreise beider Vormünder betrifft. Unter den Begriff der Handlung fallen sowohl rechtliche als auch tatsächliche Handlungen im Bereich der Personen- oder Vermögenssorge. Eine Meinungsverschiedenheit über eine Handlung besteht immer dann, wenn beide Vormünder in derselben Angelegenheit unterschiedliche Maßnahmen planen oder beide sich darüber streiten, ob in dieser Angelegenheit überhaupt eine Maßnahme ergriffen wird (MünchKomm/Spickhoff Rn 5; jurisPK-BGB/Lafontaine Rn 9). § 1798 BGB ist entsprechend anwendbar, wenn sich die Meinungsverschiedenheit der Mitvormünder darauf bezieht, ob die konkrete Handlung dem einen oder dem anderen Wirkungskreis zuzuordnen ist (jurisPK-BGB/Lafontaine Rn 9; MünchKomm/Spickhoff Rn 3). 6

3. Fehlen einer allgemeinen Regelung gemäß § 1797 Abs 1 S 2

Aus dem Sinn und dem systematischen Zusammenhang der Vorschrift mit § 1797 BGB (s oben Rn 1) ergibt sich, dass § 1798 BGB nur gilt, soweit nicht das Familiengericht entsprechend einer Bestimmung der Eltern nach § 1797 Abs 3 BGB (oder von Amts wegen, s § 1797 Rn 26) etwas anderes über die Entscheidung von Meinungsverschiedenheiten bestimmt hat (MünchKomm/Spickhoff Rn 3; Erman/Schulte-Bunert Rn 1; Soergel/Zimmermann Rn 1 aE; BGB-RGRK/Dickescheid Rn 5; jurisPK-BGB/Lafontaine Rn 11). Liegt eine solche Anordnung nicht vor, so entscheidet das Familiengericht über die Meinungsverschiedenheit; insoweit deckt sich die Aussage des § 1798 BGB mit der des § 1797 Abs 1 S 2 BGB, sodass sich die Frage stellt, ob es des § 1798 BGB überhaupt bedarf, was nicht zuletzt von seinem Anwendungsbereich abhängt, der nur sehr ungenau im Gesetz zum Ausdruck kommt (oben Rn 2). Insoweit besteht Reformbedarf (näher Staudinger/Veit [2014] Rn 7). 7

4. Inhalt der Entscheidung des Familiengerichts

Das Familiengericht kann, wenn es zur Entscheidung berufen ist, nur der Meinung 8 des einen oder des anderen Vormunds beitreten, aber nicht eine von den Vorschlägen aller Vormünder abweichende eigene Ansicht zur Geltung bringen, soweit nicht das Aufsichtsrecht (§ 1837 BGB) dazu Anlass gibt (Mot IV 1095; vgl § 1797 Rn 29; MünchKomm/Spickhoff Rn 6; BGB-RGRK/Dickescheid Rn 3).

III. Verfahren

9 Hinsichtlich des Verfahrens des Familiengerichts gilt das zu § 1797 BGB Gesagte (§ 1797 Rn 31 f) entsprechend.

10 Ebenso wie in den Fällen, in denen mehrere Vormünder ihr Amt gemeinschaftlich ausüben (§ 1797 Rn 7), kann auch in den Fällen des § 1798 BGB jeder Vormund das **Beschwerderecht** für den **Mündel** selbständig ausüben. Daneben kann der Mündel selbst hinsichtlich der seine Person betreffenden Angelegenheiten sowie in Angelegenheiten, in denen er vor einer Entscheidung des Familiengerichts gehört werden soll (§ 159 FamFG), ohne Mitwirkung seines gesetzlichen Vertreters das Beschwerderecht ausüben, es sei denn, dass er geschäftsunfähig oder noch nicht 14 Jahre alt ist (§ 60 FamFG).

IV. Pflegschafts- und Betreuungsrecht

11 § 1798 BGB gilt entsprechend bei einer Überschneidung der Aufgabenbereiche mehrerer Pfleger (§ 1915 Abs 1 S 1 BGB), von Vormund und Pfleger (vgl § 1794 Rn 9), von Mitbetreuern mit unterschiedlichen Wirkungskreisen (§§ 1899 Abs 1 S 2, 1908i Abs 1 S 1 BGB) sowie von Betreuer und Ergänzungsbetreuer (§ 1899 Abs 4 BGB) (BeckOGK/Sonnenfeld [1. 11. 2019] Rn 4; jurisPK-BGB/Lafontaine Rn 6; Erman/Schulte-Bunert Rn 1).

§ 1799
Pflichten und Rechte des Gegenvormunds

(1) Der Gegenvormund hat darauf zu achten, dass der Vormund die Vormundschaft pflichtmäßig führt. Er hat dem Familiengericht Pflichtwidrigkeiten des Vormunds sowie jeden Fall unverzüglich anzuzeigen, in welchem das Familiengericht zum Einschreiten berufen ist, insbesondere den Tod des Vormunds oder den Eintritt eines anderen Umstands, infolgedessen das Amt des Vormunds endigt oder die Entlassung des Vormunds erforderlich wird.

(2) Der Vormund hat dem Gegenvormund auf Verlangen über die Führung der Vormundschaft Auskunft zu erteilen und die Einsicht der sich auf die Vormundschaft beziehenden Papiere zu gestatten.

Materialien: E I § 1654 Abs 1; II § 1679; III § 1775; Mot IV 1095; Prot IV 757, 760. Neugefasst durch Bekanntmachung v 2. 1. 2002 (BGBl I 42); Abs 1 S 2 geändert durch Art 50 Nr 37 nach Maßgabe von Art 111 FGG-RG v 17. 12. 2008 (BGBl I 2586) mit Wirkung v 1. 9. 2009.

Systematische Übersicht

I. Normzweck

Die Vorschrift umschreibt die Aufgaben des Gegenvormunds; weitere ergeben sich aus vielen weiteren Vorschriften. Die primäre Aufgabe besteht darin, die Amtsführung des Vormunds zu überwachen und zu kontrollieren. Bei einer Pflichtwidrigkeit des Vormunds kann der Gegenvormund grundsätzlich nicht selbst eingreifen; vielmehr muss er diese dem Familiengericht anzeigen (§ 1799 Abs 1 S 2 BGB). Die in § 1799 BGB enthaltenen Rechte und Pflichten des Gegenvormunds betreffen sein Verhältnis zum Vormund und zum Familiengericht; im Verhältnis zum Mündel werden dagegen keine Rechte und Pflichten verankert. Aus dem ihm übertragenen Amt folgt aber bereits die allgemeine Pflicht des Gegenvormunds, die Mündelinteressen zu wahren. 1

II. Rechtsstellung des Gegenvormunds

1. Das Rechtsverhältnis zum Mündel

Im Unterschied zum Vormund ist der Gegenvormund **nicht gesetzlicher Vertreter des Mündels**, auch nicht bei Verhinderung des Vormunds (KG RJA 4, 73, 74 = KGJ 27, A 11, 13; vgl auch RG JW 1901, 269; BGH NJW 1956, 789 = LM Nr 2 zu § 1833; Dölle § 124 IV 6; Gernhuber/Coester-Waltjen § 70 Rn 67; BeckOGK/Kerscher [1. 9. 2019] Rn 6 f; MünchKomm/Spickhoff Rn 5; Palandt/Götz Rn 1), es sei denn, er ist ausnahmsweise zugleich Mitvormund nach § 1792 Abs 3 BGB. Vielmehr obliegen ihm die Kontrolle, Aufsicht und Überwachung des Vormunds (s dazu unten Rn 5 ff; § 1792 Rn 1 ff). Auch soweit bei bestimmten Rechtsgeschäften die Genehmigung des Gegenvormunds vorgesehen ist (s unten Rn 13), begründet dieser Umstand keine Vertretungsmacht gegenüber dem Geschäftspartner des Mündels; vielmehr bildet der Genehmigungsvorbehalt lediglich 2 eine Einschränkung der Vertretungsmacht des Vormunds (näher § 1832 Rn 2; BeckOGK/Kerscher [1. 9. 2019] Rn 7; MünchKomm/Spickhoff Rn 5).

3 Der Gegenvormund haftet **dem Mündel** nach § 1833 Abs 1 S 2 BGB ebenso wie der Vormund für den aus einer Pflichtverletzung entstehenden **Schaden**, wenn ihm ein Verschulden zur Last fällt (BGH NJW 1956, 789 = LM Nr 2 zu § 1833 = FamRZ 1956, 147 [LS]). Ist für den vom Vormund verursachten Schaden der Gegenvormund nur wegen Verletzung seiner Aufsichtspflicht verantwortlich, so ist in ihrem Verhältnis zueinander der Vormund allein verpflichtet (§ 1833 Abs 2 S 2 BGB).

2. Das Rechtsverhältnis zum Familiengericht/zum Vormund

4 Der Gegenvormund unterliegt, ebenso wie der Vormund, der **Aufsicht des Familiengerichts**, das gegen Pflichtwidrigkeiten durch geeignete Gebote und Verbote einzuschreiten hat und ihm auch aufgeben kann, eine Versicherung gegen Schäden einzugehen, die er dem Mündel zufügen kann (§ 1837 Abs 2 BGB). Es kann weiter den Gegenvormund ebenso wie den Vormund zur Befolgung seiner Anordnungen durch Festsetzung von Zwangsgeld anhalten (§ 1837 Abs 3 BGB).

III. Aufgaben des Gegenvormunds

1. Allgemeine Pflicht zur Beachtung der Mündelinteressen

5 Allgemeine „Richtschnur" für das Verhalten des Gegenvormunds ist die sich aus seinem Amt ergebende Verpflichtung, stets auf das Interesse des Mündels bedacht zu sein und alles zu unterlassen, was dieses Interesse beeinträchtigen könnte (BGH NJW 1956, 789, 790 = LM Nr 2 zu § 1833 = FamRZ 1956, 147 [LS]; MünchKomm/Spickhoff Rn 10; BeckOGK/Kerscher [1. 9. 2019] Rn 5).

2. In § 1799 genannte Aufgaben

a) Aufsichtspflicht (Abs 1 S 1)

6 Die primäre Aufgabe des Gegenvormunds liegt in der **Beaufsichtigung des Vormunds** (Abs 1 S 1), und zwar nicht nur hinsichtlich der Vermögensverwaltung, sondern auch hinsichtlich der Sorge für die Person des Mündels (Mot IV 1034). Er hat demgemäß darauf zu achten, dass der Vormund die Vormundschaft pflichtgemäß führt (BGH NJW 1956, 789, 790 = LM Nr 2 zu § 1833). Damit entlastet er das Familiengericht, dem nach § 1837 BGB die Aufsichtspflicht über die gesamte Tätigkeit des Vormunds obliegt (BayObLGZ 1996, 274 = FamRZ 1997, 438, 439).

7 Um seiner Aufsichtspflicht genügen zu können, muss sich der Gegenvormund möglichst bald nach seiner Bestellung um einen **Überblick über das Vermögen** des Mündels sowie den Stand der Verwaltung bemühen (Enneccerus/Kipp § 118 II 1 Fn 1; BGB-RGRK/Dickescheid Rn 4) und sich über die sichere Anlegung der zum Mündelvermögen gehörenden Wertpapiere Kenntnis verschaffen (RGZ 79, 9, 11).

8 Um seiner Aufsichtspflicht zu genügen, kann auch ein **persönlicher Kontakt zum Mündel** erforderlich werden (BeckOGK/Kerscher [1. 9. 2019] Rn 12; jurisPK-BGB/Lafontaine

Rn 15). § 1793 Abs 1a BGB kommt dabei aber nicht zur Anwendung, da die Vormundschaft nicht vom Gegenvormund, sondern vom Vormund geführt wird.

b) Anzeigepflicht (Abs 1 S 2)

Nach § 1799 Abs 1 S 2 BGB ist der Gegenvormund verpflichtet, dem Familiengericht jeden Fall unverzüglich (ohne schuldhaftes Zögern, § 121 Abs 1 S 1 BGB) anzuzeigen, in welchem das Familiengericht zum Einschreiten berufen ist. Anzuzeigen sind vor allem Pflichtwidrigkeiten des Vormunds, die Anlass zu Geboten oder Verboten nach § 1837 Abs 2 BGB sein können (s auch §§ 1818, 1846, 1857 BGB), ferner Umstände, die die Bestellung eines anderen Vormunds oder eines Pflegers erforderlich machen, also insbesondere die Verhinderung oder der Tod des Vormunds oder eines Mitvormunds (§§ 1886–1888, 1795, 1796, 1894 Abs 2 iVm §§ 1895, 1909 BGB). 9

c) Auskunfts- und Einsichtsrecht (Abs 2)

Der Gegenvormund kann nach § 1799 Abs 2 BGB vom Vormund verlangen, dass dieser die erforderliche **Auskunft** erteilt und ihm Einsicht in die Papiere gestattet, die sich auf die Vormundschaft beziehen (s Prot IV 759 f; näher zum Inhalt des Einsichtsrechts jurisPK-BGB/Lafontaine Rn 24 f). Verweigert der Vormund die verlangte Auskunft oder lehnt er die Einsichtnahme ab, so kann er dazu vom Familiengericht durch Androhung und Festsetzung von Zwangsgeld angehalten, im äußersten Fall sogar entlassen werden (§§ 1837, 1886 BGB); auch haftet er dem Mündel für den daraus erwachsenden Schaden nach § 1833 BGB. Dagegen ist eine **Klage** des Gegenvormunds gegen den Vormund auf Auskunftserteilung oder Gestattung der Einsichtnahme im Hinblick auf den öffentlich-rechtlichen Charakter dieser Verpflichtungen ausgeschlossen (ebenso Dölle § 124 IV 1 u 2 a; Soergel/Zimmermann Rn 4; Palandt/Götz Rn 2; iE auch Gernhuber/Coester-Waltjen § 70 Rn 70 Fn 95; Rauscher, Familienrecht Rn 1214; BeckOGK/Kerscher [1. 9. 2019] Rn 14; MünchKomm/Spickhoff Rn 7; Erman/Schulte-Bunert Rn 3 unter Hinweis auf das „Gebot der Homogenität des vormundschaftlichen Kontrollsystems"; jurisPK-BGB/Lafontaine Rn 27 hält den Streit für „müßig"; so auch NK-BGB/Fritsche Rn 3 Fn 6). Gerade deshalb ist aber auch § 260 BGB nicht anwendbar (Palandt/Götz Rn 2; s auch Dölle § 124 IV 1). 10

3. Weitere aus Verweisungen folgende Aufgaben des Gegenvormunds

a) Auskunftspflicht

Dem Familiengericht hat der Gegenvormund darüber hinaus auf Verlangen jederzeit über die Führung der von ihm geführten Vormundschaft und über die persönlichen Verhältnisse des Mündels **Auskunft** zu erteilen (§ 1839 BGB; s auch § 1891 Abs 2 BGB). 11

b) Prüfpflicht

Weiter hat der Gegenvormund die regelmäßige Jahresrechnung des Vormunds (§ 1840 Abs 2, 3 BGB) und die von diesem bei Beendigung seines Amtes zu legende Schlussrechnung (§ 1890 BGB) zu prüfen und mit den erforderlichen Bemerkungen zu versehen (§§ 1842, 1854 Abs 3, 1891 Abs 1 BGB). 12

c) Mitwirkung bei der Vermögenssorge

Der Gegenvormund hat außerdem in beschränktem Umfang bei der Führung der Vormundschaft mitzuwirken. So sieht das Gesetz bei bestimmten Geschäften der 13

Vermögenssorge des Vormunds die Genehmigung des Familiengerichts oder alternativ die des Gegenvormunds vor (§§ 1809–1813, 1824, 1825, 1832 BGB).

14 Sofern das Familiengericht über die zu einer Handlung des Vormunds erforderliche Genehmigung entscheidet, soll es den Gegenvormund hören, sofern ein solcher vorhanden und seine Anhörung tunlich ist (§ 1826 BGB, s auch BGH NJW 1956, 789, 790 = LM Nr 2 zu § 1833).

15 Weiter ist er bei der Aufnahme des vom Vormund zu errichtenden Vermögensverzeichnisses ebenso hinzuzuziehen wie bei der Abnahme der Schlussrechnung des Vormunds durch das Familiengericht (§§ 1802 Abs 1 S 2, 1892 Abs 2 S 1 BGB).

IV. Gegenvormund und Ergänzungspfleger

16 Wird neben dem Vormund aufgrund des § 1909 BGB ein Ergänzungspfleger bestellt, treffen den Gegenvormund diesem gegenüber weder Rechte noch Pflichten (§ 1794 BGB), es sei denn, dass sie ihm besonders übertragen worden sind (Mot IV 1095, 1270; BeckOGK/Kerscher [1. 9. 2019] Rn 8; MünchKomm/Spickhoff Rn 3; BGB-RGRK/Dickescheid Rn 8; Erman/Schulte-Bunert Rn 6; Palandt/Götz Rn 1). Dies lässt sich § 1915 Abs 1 und 2 BGB entnehmen (BeckOGK/Kerscher [1. 9. 2019] Rn 8; MünchKomm/Spickhoff Rn 3, Erman/Schulte-Bunert Rn 6); den Begriff „Gegenpfleger" (Dölle § 124 IV 6 aE) hat das Gesetz bewusst vermieden (Mot IV 1270). Für den neben einem Gegenvormund bestellten Pfleger gelten die allgemeinen Vorschriften (§ 1915 Abs 1 BGB).

V. Aufwendungsersatz, Vergütung

17 Das Amt des Gegenvormunds ist ebenso wie das des Vormunds ein unentgeltlich zu führendes Ehrenamt. Aus besonderen Gründen kann jedoch dem Gegenvormund eine angemessene Vergütung bewilligt werden, soweit der Umfang oder die Schwierigkeit der vormundschaftlichen Geschäfte es rechtfertigen; dies gilt nicht, wenn der Mündel mittellos ist (§ 1836 Abs 2 BGB; die Voraussetzungen für eine entgeltliche Führung der Vormundschaft iSv § 1836 Abs 1 S 2 BGB werden bei einem Gegenvormund in der Regel nicht vorliegen). Macht der Gegenvormund bei der Führung seines Amtes Aufwendungen, wozu auch die in Ausübung seines Gewerbes oder Berufs geleisteten Dienste gerechnet werden, kann er nach den §§ 669, 670 BGB Vorschuss oder Ersatz verlangen (§ 1835 Abs 1 S 2 BGB).

VI. Beendigung des Amtes

18 Hinsichtlich der Beendigung des Amtes finden auf den Gegenvormund nach § 1895 BGB die §§ 1886–1889, 1893, 1894 BGB entsprechende Anwendung. Endet die Vormundschaft, dann endet zwingend auch die Gegenvormundschaft, aber nicht umgekehrt. Zur Beendigung der Gegenvormundschaft selbst s § 1895 Rn 2.

VII. Verfahren

19 Wird ein Antrag des Gegenvormunds an das Familiengericht, gegen den Vormund wegen pflichtwidrigen Verhaltens einzuschreiten oder ihn gemäß § 1886 BGB zu entlassen, vom Gericht zurückgewiesen, so steht dem Gegenvormund hiergegen **kein Beschwerderecht** zu. Das Gleiche gilt, wenn das Gericht trotz Bedenken des Gegenvormunds dem Vormund eine Genehmigung für eine beabsichtigte Verfügung erteilt (KG RJA 4, 73 = KGJ 27, A 11; KG RJA 10, 167 = KGJ 38, A 44; BGH NJW 1956, 789 = LM Nr 2 zu § 1833).

Das Rechtsmittel der Beschwerde steht ihm in diesen Fällen deswegen nicht zu, weil er durch den Beschluss nicht in eigenen Rechten beeinträchtigt wird und mithin nicht nach § 59 Abs 1 FamFG beschwerdeberechtigt ist (BeckOGK/Kerscher [1. 9. 2019] Rn 22, 22.1; MünchKomm/Spickhoff Rn 11; Palandt/Götz Rn 3; differenzierend Erman/Schulte-Bunert Rn 8; **aA** Jürgens/vCrailsheim Rn 4). Das in § 57 Abs 1 Nr 6 FGG enthaltene Beschwerderecht des Gegenvormunds gegen eine gerichtliche Verfügung, mit der sein Antrag zurückgewiesen wurde, gegen den gesetzlichen Vertreter wegen pflichtwidrigen Verhaltens einzuschreiten oder den Vormund aus einem der in § 1886 BGB bezeichneten Gründe zu entlassen, wurde nicht in das FamFG übernommen (s BR-Drucks 309/07, 449; BeckOGK/Kerscher [1. 9. 2019] Rn 22.1; jurisPK-BGB/Lafontaine Rn 32). § 1799 BGB beschränkt die Aufgabe des Gegenvormunds auf eine Anzeige gegenüber dem Gericht; in der Ausübung dieses Rechts wird der Gegenvormund aber nicht beschränkt, wenn das Gericht untätig bleibt. Insoweit kann hier nichts anderes gelten, als für eine Anregung auf Einleitung eines Verfahrens, wenn die amtswegige Maßnahme dann nicht vorgenommen wird. Da allein die Einhaltung der Verfahrensvorschriften durch das erstinstanzliche Gericht kein subjektives Recht begründet, kann hierauf keine Beschwerde gestützt werden (Bork/Jacoby/Schwab/Müther § 59 FamFG Rn 6 mwNw zur Gegenansicht).

Demgegenüber ist der Gegenvormund **beschwerdeberechtigt**, wenn er in seinen Mit- 20
wirkungsbefugnissen beeinträchtigt ist, er zB nach **§ 1826 BGB** nicht gehört wurde (BeckOGK/Kerscher [1. 9. 2019] Rn 23; MünchKomm/Spickhoff Rn 11) oder sein Vergütungsantrag zurückgewiesen worden ist (BeckOGK/Kerscher [1. 9. 2019] Rn 23).

VIII. Pflegschafts- und Betreuungsrecht

§ 1799 BGB findet nach § 1915 Abs 1 S 1 BGB entsprechende Anwendung im Pfleg- 21
schaftsrecht und nach § 1908i Abs 1 S 1 BGB im Betreuungsrecht.

§ 1800
Umfang der Personensorge

Das Recht und die Pflicht des Vormunds, für die Person des Mündels zu sorgen, bestimmen sich nach §§ 1631 bis 1632. Der Vormund hat die Pflege und Erziehung des Mündels persönlich zu fördern und zu gewährleisten.

Materialien: E I § 1655; II § 1680; III § 1776; Mot IV 1096; Prot IV 757, 877. Neugefasst durch SorgeRG v 18. 7. 1979 (BGBl I 1061) Art 1 Nr 49; wiederum neugefasst durch Bekanntmachung v 2. 1. 2002 (BGBl I 42); S 2 eingefügt durch Gesetz zur Änderung des Vormundschafts- und Betreuungsrechts v 29. 6. 2011 (BGBl I 1306); S 1 geändert durch Gesetz zur Bekämpfung von Kinderehen v 17. 7. 2017 (BGBl I 2429).

Schrifttum

ANTOMO, Der Gesetzesentwurf der Bundesregierung über den Umfang der Personensorge bei einer Beschneidung des männlichen Kindes, Jura 2013, 425

BÜSCHER, Der Gesetzentwurf zur Beschneidung – überfällig oder kindeswohlgefährdend? „Die geplante Neuregelung fügt sich in das bisherige System ein", DRiZ 2012, 330

EHRMANN, Der Gesetzentwurf zur Beschneidung – überfällig oder kindeswohlgefährdend? „Nachhaltige Schwächung der Kinderrechte", DRiZ 2012, 331

FRIE, Drum prüfe, wer sich ewig bindet … – Zum Entwurf eines Gesetzes zur Bekämpfung von Kinderehen, FamRB 2017, 232

FROHN, Ergänzungspflegschaft zur Regelung des Umgangs?, FF 2016, 240

HARM, Die erweiterte Aufsicht des Familiengerichts über Vormünder und Pfleger mit besonderem Blick auf Amtsvormundschaft und -pflegschaft, RpflStud 2013, 57

HEILMANN, Der Umgang des Pflegekindes mit seinen leiblichen Eltern, ZKJ 2014, 48

ders, Die Ergänzungspflegschaft mit dem Aufgabenkreis „Regelung des Umgangs", FamRZ 2014, 1753

HOFFMANN, Dauerpflege im SGB VIII und Verbleibensanordnung nach § 1632 IV BGB – Friktionen zwischen Familienrecht und Kinder- und Jugendhilferecht, FPR 2011, 578

HÖRNLE/HUSTER, Wie weit reicht das Erziehungsrecht der Eltern? Am Beispiel der Beschneidung von Jungen, JZ 2013, 328

KATZENSTEIN, Von der Sorge zur Verantwortung – die Vormundschaft ist in Bewegung, JAmt 2014, 606

KÜFNER/SCHÖNECKER, Rechtliche Grundlagen und Formen der Vollzeitpflege, in: KINDLER/HELMING/MEYSEN/JURCZYK (Hrsg), DJI, Handbuch Pflegekinderhilfe (2010) 48

LANG, Entwurf eines Gesetzes zur Stärkung der Rechte des leiblichen, nicht rechtlichen Vaters, FPR 2013, 233

MEYSEN, Vormund – Heim/Pflegeperson – ASD: Wer hat hier was zu sagen? Rechte und Pflichten der Beteiligten am Hilfsprozess aus juristischer Sicht, JAmt 2005, 105

OPRIS, Ausländische Ehen im deutschen Recht im Lichte des Gesetzesentwurfs zur Bekämpfung von Kinderehen, ZErb 2017, 158

RIXEN, Das Gesetz über den Umfang der Personensorge bei einer Beschneidung des männlichen Kindes, NJW 2013, 257

SCHWAB, Betreuungsrecht als Vorbild für das neue Vormundschaftsrecht?, in: COESTER-WALTJEN/LIPP/SCHUMANN/VEIT (Hrsg), 9. Göttinger Workshop zum Familienrecht 2010 (2011) 29

SCHWARZHAUPT, Das Familienrechtsänderungsgesetz von 1961, Teil II: Änderungen zu Nebengesetzen und verfahrensrechtlichen Bestimmungen, FamRZ 1962, 49

SPICKHOFF, Grund, Voraussetzungen und Grenzen des Sorgerechts bei Beschneidung männlicher Kinder, FamRZ 2013, 337

VEIT, Die Reform des Vormundschaftsrechts, FamRZ 2016, 2045

WALTER, Der Gesetzentwurf zur Beschneidung – Kritik und strafrechtliche Alternativen, JZ 2012, 1110

WOLF, Vormundschaft: Was die Praxis jetzt braucht, Jugendhilfereport Landschaftsverband Rheinland 1/2012, 15

ZENZ, Kontakt, Kontinuität, Kompetenz und Interessenvertretung ohne Interessenkonflikt – Anforderungen an die Vormundschaft aus Sicht der betroffenen Kinder und Jugendlichen, JAmt 2002, 222.

Systematische Übersicht

Alphabetische Übersicht

I. Historie

Ursprünglich lautete § 1800 BGB: „Das Recht und die Pflicht des Vormundes, für die Person des Mündels zu sorgen, bestimmt sich nach den für die elterliche Gewalt geltenden Vorschriften der §§ 1631 bis 1633“. 1

Das **Familienrechtsänderungsgesetz vom 11. 8. 1961** (BGBl I 1221) hat in § 1800 BGB einen Abs 2 mit folgendem Wortlaut eingefügt:

> „Eine Unterbringung des Mündels, die mit Freiheitsentziehung verbunden ist, ist nur mit Genehmigung des Vormundschaftsgerichts zulässig; das Vormundschaftsgericht soll den Mündel vor der Entscheidung hören. Ohne die Genehmigung ist die Unterbringung nur zulässig, wenn mit dem Aufschub Gefahr verbunden ist; die Genehmigung ist unverzüglich nachzuholen. Das Gericht hat die Genehmigung zurückzunehmen, wenn das Wohl des Mündels die Unterbringung nicht mehr erfordert.“

Das FamRÄndG sah also die Genehmigungsbedürftigkeit für die mit einer Freiheitsentziehung verbundene Unterbringung sowohl volljähriger als auch minderjähriger Mündel vor; es erstreckte sie aber nicht auf Fälle, in denen Eltern die Unterbringung minderjähriger Kinder in einer geschlossenen Anstalt herbeiführen (vgl Schwarzhaupt FamRZ 1962, 49, 50). Mit dieser Änderung kam der Gesetzgeber einer Forderung des BVerfG nach (BVerfGE 10, 302 = NJW 1960, 811; näher Staudinger/Engler [2004] Rn 2 ff mwNw).

Mit dem **SorgeRG** 1979 (BGBl I 1061) wurde dann auch die Unterbringung eines Kindes, die mit Freiheitsentziehung verbunden ist und von den/dem sorgeberechtigten Eltern/Elternteil vorgenommen wurde, unter den Genehmigungsvorbehalt des Vormundschaftsgerichts gestellt und im Recht der elterlichen Sorge § 1631b BGB aufgenommen. Da diese Regelung an den § 1800 Abs 2 BGB aF angelehnt war, wurde die bis dahin in dieser Norm enthaltene Regelung für entbehrlich gehalten, zumal die im sprachlich neugefassten § 1800 BGB vorgesehene Verweisung auf die §§ 1631 bis 1633 BGB die Vorschrift des § 1631b BGB einschließt (zur Genese näher Staudinger/Engler [2004] Rn 6 f). 2

Das **KindRG** (BGBl I 1997, 2942) hat dann in § 1631b BGB das Wort „Vormundschaftsgerichts“ durch das Wort „Familiengerichts“ ersetzt. 3

Mit dem **Gesetz zur Änderung des Vormundschafts- und Betreuungsrechts** vom 29. 6. 2011 (BGBl I 1306) wurde die Vorschrift um einen Satz 2 ergänzt. 4

Durch das **Gesetz zur Bekämpfung von Kinderehen** vom 17. 7. 2017 (BGBl I 2429) wurde § 1633 BGB ersatzlos gestrichen und die Verweisung in S 1 auf die Personensorge der Eltern entsprechend verändert. 5

II. Das Pflichtrecht zur Personensorge

Nach § 1793 S 1 BGB obliegt dem Vormund die Sorge für die Person des Mündels einschließlich der gesetzlichen Vertretung in persönlichen Angelegenheiten. Den Inhalt dieses Personensorgerechts umschreibt § 1800 S 1 BGB durch einen Verweis 6 auf die Vorschriften, die für die Personensorge im Eltern-Kind-Verhältnis gelten, und bringt damit den Gedanken zum Ausdruck, dass die Vormundschaft der elterlichen Sorge nachgebildet ist (Vorbem 21 ff zu §§ 1773 ff; § 1793 Rn 2).

7 Zwar bestehen zwischen der vormundschaftlichen und der elterlichen Sorge wichtige Unterschiede. Diese resultieren aus dem Entstehensgrund der jeweiligen Verantwortung und betreffen auch den Inhalt der Sorge, wie allein die Regelungen der §§ 1793 Abs 1a und 1800 S 2 BGB zeigen, die keine Parallelen im Recht der elterlichen Sorge haben (§ 1793 Rn 3).

8 **Kein Unterschied** besteht allerdings bei der Einordnung der vormundschaftlichen und der elterlichen Sorge in das System der subjektiven Rechte. In beiden Fällen wird für den Sorgeberechtigten ein absolutes subjektives Recht familienrechtlicher Natur (s Vorbem 22 zu §§ 1773 ff) begründet, das höchstpersönlich ist und Dritten (zB Pflegepersonen bei der Amtsvormundschaft) nur zur Ausübung überlassen werden kann. Beide Rechte verflüchtigen sich mit zunehmendem Heranreifen des Kindes und entfallen mit Volljährigkeit (Gernhuber/Coester-Waltjen § 71 Rn 7). Sowohl den Eltern als auch dem Vormund kann die Sorge ganz oder teilweise entzogen werden (§§ 1666, 1837 Abs 4 BGB). In beiden Fällen ist bei Interessenkollisionen die Vertretungsmacht beschränkt oder beschränkbar (§§ 1629 Abs 2 S 1, S 3, 1795, 1796 BGB) und die Haftung des Kindes für Verbindlichkeiten, die während seiner Minderjährigkeit begründet wurden, ab Eintritt der Volljährigkeit beschränkbar (§§ 1629a, 1793 Abs 2 BGB).

9 Allerdings ist dieses Recht des Vormunds, wie auch das der Eltern, kein Herrschaftsrecht über das Kind, sondern ein Pflichtrecht; oberste Richtschnur für die Ausübung dieser Verantwortung ist das Wohl des Mündels (§ 1793 Rn 6).

III. Pflege und Erziehung, Beaufsichtigung und Bestimmung des Aufenthalts des Mündels (§§ 1800 S 1, 1631)

1. Pflege und Erziehung

a) Allgemeines

10 Nach § 1800 S 1 iVm **§ 1631 Abs 1 BGB** ist der Vormund berechtigt und verpflichtet, den Mündel zu pflegen und zu erziehen. Unter **Pflege** fällt die Sorge für das leibliche Wohl, seine Unterbringung, Verpflegung, Bekleidung und Sorge für seine Gesundheit (BeckOK/Veit [1. 11. 2019] § 1631 Rn 3).

Der Vormund ist nicht verpflichtet, aber berechtigt, den Mündel bei sich aufzunehmen und persönlich zu betreuen; § 1793 Abs 1a BGB setzt diese Möglichkeit voraus. Nach § 44 Abs 1 S 2 Nr 2 SGB VIII bedarf der Vormund dazu nicht der Erlaubnis des Jugendamts, die nach § 44 Abs 1 S 1 SGB VIII vorausgesetzt ist, wenn jemand ein Kind oder einen Jugendlichen außerhalb des Elternhauses in seiner Familie regelmäßig betreuen oder ihm Unterkunft gewähren will.

11 **Erziehung** umfasst die Einwirkung auf die geistige, seelische und sittliche Entwicklung des Kindes in einer seinen Fähigkeiten, Anlagen und sonstigen Verhältnissen entsprechenden Weise (BeckOK/Veit [1. 11. 2019] § 1631 Rn 3) sowie die religiöse Erzie-

hung bzw die Erziehung in einer nicht bekenntnismäßigen Weltanschauung. Insoweit ist das Bestimmungsrecht des Vormunds allerdings wesentlich eingeschränkter als das der Eltern (arg § 3 Abs 2, § 6 RKEG). So kann er keinen Bekenntniswechsel vornehmen (§ 3 Abs 2 S 6 RKEG); ebenso wenig kann er verhindern, dass ein neben ihm personensorgeberechtigter Elternteil, dem die Sorge für das religiöse Bekenntnis nicht nach § 1666 BGB entzogen worden ist, das religiöse Bekenntnis anders bestimmt als er (§ 3 Abs 1 RKEG). Soweit der Vormund das Bekenntnis bestimmen kann, unterliegt diese Entscheidung der familiengerichtlichen Genehmigung (§ 3 Abs 2 S 2–5 RKEG). Weitere Grenzen bei der religiösen Erziehung stellt § 1801 BGB auf.

b) Erziehungsziel, Erziehungsmittel

§ 1 Abs 1 SGB VIII benennt als Erziehungsziel die eigenverantwortliche und gemeinschaftsfähige Persönlichkeit. Das BGB formuliert zur Erreichung dieses Ziels im Kindschaftsrecht verschiedene Erziehungsvorgaben, die auch für den Vormund gelten: So muss er nach §§ 1793 Abs 1 S 2, 1626 Abs 2 BGB bei der Pflege und Erziehung die wachsende Fähigkeit und das wachsende Bedürfnis des Mündels zu selbständigem verantwortungsbewusstem Verhalten berücksichtigen (§ 1626 Abs 2 S 1 BGB) und mit dem Mündel, soweit es nach dessen Entwicklungsstand angezeigt ist, Fragen der elterlichen Sorge besprechen. § 1631a BGB verlangt, dass der Vormund in Angelegenheiten der Ausbildung und des Berufs auf Eignung und Neigung des Mündels Rücksicht nimmt (S 1) und bei Zweifeln den Rat eines Lehrers oder einer anderen geeigneten Person einholt (S 2). Nach § 1631 Abs 2 BGB hat der Mündel ein Recht auf gewaltfreie Erziehung (S 1); dem Vormund sind körperliche Bestrafungen, seelische Verletzungen und andere entwürdigende Maßnahmen gegenüber dem Mündel verboten (S 2); diese Vorschrift passt in erster Linie auf den erziehenden Vormund (s Erman/Schulte-Bunert Rn 3). Aus §§ 1793 Abs 1 S 3, 1619 BGB folgt weiter die Pflicht desselben, bei Dienstleistungen des Mündels im Haushalt bzw Geschäft des Vormunds nur solche Anforderungen an ihn zu stellen, denen er auch gewachsen ist. 12

c) Unterstützung durch Hilfen zur Erziehung nach §§ 27 ff SGB VIII, Hilfe des Gerichts (§ 1631 Abs 3)

Der Vormund kann auch **Hilfen zur Erziehung nach §§ 27 ff SGB VIII** beantragen und ist neben dem Mündel in die Entscheidung über Art und Umfang der Hilfe nach § 36 SGB VIII, va in die Aufstellung des Hilfeplans, einzubeziehen (Wolf Jugendhilfereport 1/2012, 15, 18; Gondolf, Vormundschaft und Pflegschaft 75 f; zur verstärkten persönlichen Wahrnehmung dieser Aufgabe durch den Amtsvormund seit der Reform von 2011 Katzenstein JAmt 2014, 606, 607 f). Bei der Gewährung von Hilfen nach den §§ 32–35 oder 35a Abs 2 Nrn 2–4 SGB VIII hat er die Einrichtung bzw die Pflegestelle auszuwählen, in der der Mündel untergebracht wird. Wird eine solche Hilfe gewährt, so gehört dazu auch, dass der notwendige Unterhalt des Mündels außerhalb des Elternhauses einschließlich der Kosten für den Sachaufwand sowie für die Pflege und Erziehung des Mündels außerhalb des Elternhauses (Pflegegeld) durch die öffentliche Jugendhilfe sichergestellt wird (§ 39 SGB VIII). Im Pflegevertrag tritt der zuständige Träger der öffentlichen Jugendhilfe in der Regel den Pflegegeldanspruch an die betreuende Person ab (Küfner/Schönecker, in: DJI Handbuch Pflegekinderhilfe 48, 73 [B 1.4]; mit dem Muster eines Pflegevertrags Küfner, in: DJI Handbuch Pflegekinderhilfe 982, 986 [Anhang 1]). 13

14 Sobald der Vormund selbst das Kind pflegt und erzieht, stellt sich die Frage, ob damit die Voraussetzungen des § 33 SGB VIII und somit auch die laufenden Leistungen zum Unterhalt sowie das Pflegegeld nach § 39 SGB VIII wegfallen; übernimmt nämlich der Vormund selbst die tatsächliche Betreuung des Kindes, so könnte man argumentieren, bedarf es nicht mehr einer öffentlichen Hilfe zur Erziehung. Dem Vormund steht aber ein Anspruch auf Hilfe zur Erziehung nicht nur dann zu, wenn er die Pflege und Erziehung nicht selbst durchführt, sondern auch dann, wenn er das Kind selbst in seiner Familie aufnimmt und erzieht, und zwar sowohl in der Fallgestaltung, dass eine Rückkehr in die Herkunftsfamilie noch in Betracht kommt, als auch dann, wenn eine Rückkehroption, etwa wegen Todes der Herkunftseltern oder deswegen ausscheidet, weil nicht innerhalb eines im Hinblick auf die Entwicklung des Mündels vertretbaren Zeitraums eine Verbesserung der Erziehungsbedingungen in der Herkunftsfamilie erreicht werden kann und § 1696 Abs 2 BGB für diesen Fall möglicherweise ausscheidet (BVerwG FEVS 47, 13, 15 = FamRZ 1996, 936 f [Vormundschaft bei Tod beider Eltern]; OVG Lüneburg FEVS 43, 157, 159). Die Funktion der Vollzeitpflege als „Hilfe […] entsprechend […] den Möglichkeiten der Verbesserung der Erziehungsbedingungen in der Herkunftsfamilie" (§ 33 S 1 SGB VIII) soll also alle die Fälle erfassen, in denen eine solche Möglichkeit – aus welchen Gründen auch immer – nicht gegeben ist (Wiesner/Schmid-Obkirchner § 33 SGB VIII Rn 41).

15 Darüber hinaus macht das BVerwG den Bedarf an einer Hilfe zur Erziehung davon abhängig, ob die Hilfe notwendig ist, was nicht der Fall sei, wenn etwa ein Verwandter im Einvernehmen mit dem Personensorgeberechtigten den erzieherischen Bedarf des Kindes bzw Jugendlichen unentgeltlich decke; etwas anderes würde nur gelten, wenn der Verwandte die Betreuung nicht in Erfüllung einer Unterhaltspflicht leiste und zur unentgeltlichen Pflege nicht bereit sei (BVerwG FamRZ 1998, 551, 552; BVerwG FamRZ 1997, 814, 816). Der Vormund, der den Mündel selbst erzieht, hätte danach einen Anspruch auf Hilfe zur Erziehung ausschließlich dann, wenn er zur Betreuung des Mündels nur unter Inanspruchnahme von Hilfe zur Erziehung bereit ist, nicht aber, wenn er die Betreuung im Rahmen seiner Personensorge erbringen würde. Diese Lösung ist aber schon deshalb wenig überzeugend, weil der Anspruch auf Hilfe zur Erziehung von einer Erklärung des Vormunds abhinge, nämlich seiner Weigerung, die tatsächliche Betreuung im Rahmen der Personensorge als Vormund zu erbringen (Wiesner/Schmid-Obkirchner § 33 SGB VIII Rn 43 mit weiteren Gründen).

16 Im Übrigen hat der Vormund nach **§ 53 Abs 2 SGB VIII** einen Anspruch auf regelmäßige und dem jeweiligen erzieherischen Bedarf des Mündels entsprechende Beratung und Unterstützung durch das Jugendamt. Dieser Anspruch ist angesichts der heute von der Vormundschaft betroffenen Mündel und der für die Führung der Vormundschaft notwendigen erzieherischen Fähigkeiten sowie Rechtskenntnisse und nicht zuletzt angesichts eines notwendigen sicheren Umgangs mit Behörden (Vorbem 36 zu §§ 1773 ff) von ganz besonderer Bedeutung.

17 Eine weitere Unterstützung bei der Ausübung der Personensorge kann der Vormund vom Gericht nach **§ 1631 Abs 3 BGB** verlangen.

d) Pflege und Erziehung durch Pflegeeltern oder im Heim

18 Im Regelfall – va bei der Vereins- und Amtsvormundschaft – erzieht der ausgewählte und bestellte Vormund nicht selbst den Mündel, sondern delegiert diese Aufgabe

an eine Pflegeperson bzw ein Heim durch Abschluss eines Pflegevertrags (s § 1793 Rn 100 f, dort auch zum Umfang der Delegation an Dritte). An die Stelle der tatsächlichen Pflege und Erziehung tritt die Gewährleistung derselben durch die ausgewählte Pflegeperson/das Heim (näher § 1793 Rn 5). Diese Substitution wird auch in § 1800 S 2 BGB vorausgesetzt, der die Pflicht des Vormunds festschreibt, persönlich die Pflege und Erziehung des Mündels zu fördern und zu gewährleisten, dh diese Aufgabe nicht auf andere Stellen zu delegieren (näher unten Rn 70 ff).

Soweit der Mündel vom Vormund fremduntergebracht wird, hat die betreuende Person unter den Voraussetzungen des § 1688 BGB das Recht, in Angelegenheiten des täglichen Lebens zu entscheiden sowie den Vormund als Inhaber der elterlichen Sorge in solchen Angelegenheiten zu vertreten (näher § 1793 Rn 104). **19**

2. Beaufsichtigung des Mündels

Die in §§ 1800 S 1, 1631 Abs 1 BGB normierte Aufsichtspflicht des Vormunds zielt darauf, den Mündel vor Gefahren und Schäden zu bewahren, die ihm durch sein eigenes Verhalten oder von Dritten drohen. Sie bezweckt aber auch, Dritte vor Schäden zu bewahren, die der Mündel ihnen zufügen könnte; bei einer Verletzung dieser Pflicht hat der Vormund dem geschädigten Dritten nach Maßgabe des § 832 BGB den Schaden zu ersetzen (vgl Staudinger/Bernau [2018] § 832 Rn 11, 18; zur Haftung von Mitvormündern NK-BGB/Fritsche Rn 6; hinsichtlich des Abschlusses einer Haftpflichtversicherung für den Mündel s § 1833 Rn 44; zum Umfang der Aufsichtspflicht näher Staudinger/Salgo [2015] § 1631 Rn 43 ff; jüngst DIJuF-Rechtsgutachten JAmt 2018, 251, 252 betr Handy-Nutzung; zum Dilemma eines aufsichtspflichtigen Vormunds bei Abschiebung eines ausländischen Mündels, dessen Eltern im Heimatland leben, DIJuF-Rechtsgutachten JAmt 2019, 264, 266). Diese Pflicht trifft in erster Linie ebenfalls den erziehenden und weniger den nur organisierenden Vormund (zu dieser Unterscheidung § 1793 Rn 131). **20**

3. Aufenthaltsbestimmung

Das Aufenthaltsbestimmungsrecht des Vormunds **umfasst** die Festlegung von Wohnort und Wohnung des Mündels (BayObLG FamRZ 1981, 400; BeckOK/Veit [1. 11. 2019] § 1631 Rn 11). Der Vormund kann den Mündel in seinen eigenen Haushalt aufnehmen, in einem Heim oder bei Pflegeeltern unterbringen; unter das Aufenthaltsbestimmungsrecht fällt weiter die Unterbringung des Kindes in einem Krankenhaus, einem Internat oder einem Ferienlager (Oberloskamp/Burschel, Vormundschaft § 8 Rn 18). Den Aufenthaltsort des Mündels kann der Vormund vor den Verwandten geheim halten, soweit dies im Interesse des Mündels geboten ist (KG OLGE 40, 99, 100; Erman/Schulte-Bunert Rn 6; MünchKomm/Spickhoff Rn 16). **21**

Ist die Unterbringung des Mündels mit Freiheitsentziehung verbunden, bedarf es einer familiengerichtlichen Genehmigung (**§ 1631b BGB**; näher unter Rn 49 ff). **22**

Der Herausgabeanspruch nach **§ 1632 BGB** (näher unter Rn 26 ff) ist Ausfluss des Aufenthaltsbestimmungsrechts (MünchKomm/Spickhoff Rn 15). Das Aufenthaltsbestimmungsrecht kann durch gerichtliche Entscheidung nach §§ 1800 S 1, 1632 Abs 4 BGB, §§ 1837 Abs 4, 1666 BGB beschränkt (MünchKomm/Spickhoff Rn 9) oder nach §§ 1837 Abs 4, 1666 BGB entzogen werden. **23**

24 Die Aufenthaltsbestimmung kann der Vormund gegenüber dem Mündel selbst im Rahmen der zulässigen Erziehungsmittel (arg § 1631 Abs 2 BGB) **durchsetzen**. Gegenüber Dritten kann er die Unterstützung des Familiengerichts beantragen (§ 1631 Abs 3 BGB). Als Unterstützungsmaßnahme kommt etwa bei Entlaufen des Mündels die Hilfe zur Ermittlung des Kindesaufenthalts (KGJ 47, 35) in Betracht. Unmittelbarer Zwang darf gegenüber dem Mündel nur unter den Voraussetzungen des § 90 FamFG angeordnet und angewendet werden. Das Familiengericht kann dabei weitere Unterstützung vom Jugendamt verlangen (s § 50 SGB VIII).

4. Weitere Angelegenheiten

25 Der Gesetzgeber hat in § 1631 Abs 1 BGB nur Regelbeispiele aufgelistet („insbesondere"). Die Personensorge umfasst neben Pflege und Erziehung sowie Beaufsichtigung und Aufenthaltsbestimmung auch etwa die Wahrnehmung von Statusinteressen des Mündels (zB Ermittlung des Vaters eines außerehelichen Kindes, KG OLGE 4, 414; MünchKomm/Spickhoff Rn 4) oder die Festlegung des Wohnsitzes (§ 11 BGB; weitere Beispiele bei BeckOK/Veit [1. 11. 2019] § 1631 Rn 14). Weiter gehört hierher die Beantragung von Sozialleistungen (etwa nach dem SGB V, IX oder XI, dazu DIJuF-Rechtsgutachten JAmt 2018, 325, 325 m abw Ansicht zu Leistungen nach dem SGB IX, soweit es um die Zuordnung zum Aufgabenbereich der Gesundheitssorge eines Ergänzungspflegers geht).

IV. Herausgabe des Mündels, Bestimmung seines Umgangs (§§ 1800 S 1, 1632)

1. Herausgabe des Mündels nach § 1632 Abs 1, Abs 3

26 Aus der Verweisung auf § 1632 Abs 1 BGB ergibt sich, dass auch der Vormund kraft der ihm obliegenden Sorge für die Person des Mündels dessen Herausgabe von jedem verlangen kann, der ihm den Mündel widerrechtlich vorenthält. Über das Herausgabeverlangen entscheidet das Familiengericht auf Antrag des Vormunds (oder des Pflegers) nach § 1632 Abs 3 BGB, und zwar sowohl bei einem solchen gegenüber einem Dritten als auch gegenüber den Eltern oder einem Elternteil (MünchKomm/Spickhoff Rn 19; der frühere Streit, ob das Vormundschaftsgericht die Herausgabeentscheidung auch dann treffen kann, wenn die Vormundschaft vom Familiengericht angeordnet wurde [dazu näher Staudinger/Engler (2004) Rn 20], hat sich mit dem Wegfall des Vormundschaftsgerichts durch das FamFG erledigt). Da das Familiengericht inzwischen auch für den Erlass von Maßnahmen nach § 1666 BGB gegenüber dem Vormund zuständig ist (§ 1837 Abs 4 BGB), ist es ihm auch möglich, im Rahmen eines Herausgabestreits die Voraussetzungen des § 1666 BGB zu berücksichtigen und somit jeweils zu prüfen, ob das Herausgabeverlangen zu einer Gefährdung des Mündelwohls führen kann (BT-Drucks 8/2788, 51 f; MünchKomm/Spickhoff Rn 19; Erman/Schulte-Bunert Rn 7; vgl auch Staudinger/Salgo [2015] § 1632 Rn 15).

2. Erlass einer Verbleibens- oder Rückführungsanordnung nach § 1632 Abs 4

a) Verbleibensanordnung

27 Befindet sich der Mündel schon **seit längerer Zeit in Familienpflege** und will der Vormund ihn in seine eigene Obhut nehmen – was selten vorkommen wird – oder anderweitig unterbringen (Erman/Schulte-Bunert Rn 7; OLG Frankfurt 25. 3. 2019 – 5 UF 15/19, JAmt 2019, 528, 529; OLG Brandenburg 19. 5. 2015 – 10 UF 11/15, juris Rn 5, FamRZ 2016,

314), so kann das Familiengericht gemäß §§ 1800 S 1, 1632 Abs 4 BGB von Amts wegen oder auf Antrag der Pflegeperson anordnen, dass der Mündel bei der Pflegeperson verbleibt, wenn und solange das Wohl des Mündels durch die Wegnahme gefährdet würde (OLG Brandenburg 19. 5. 2015 – 10 UF 11/15, juris Rn 5, FamRZ 2016, 314; s auch Staudinger/Coester [2016] § 1666 Rn 49 f). Um diese Entscheidung zu treffen, gilt es eine Abwägung der Interessen des Vormunds an der Herausgabe mit dem Kindeswohl vorzunehmen.

Soweit es um ein **Herausgabeverlangen eines Großelternteils als Vormund** geht, ist bei der Abwägung dem Elternrecht aus Art 6 Abs 2 S 1 GG, auf das sich der Großelternteil berufen kann (Vorbem 21 zu §§ 1773 ff), und der Grundrechtsposition des Kindes nach Art 2 Abs 1 iVm Art 1 Abs 1 GG Rechnung zu tragen; letztlich bestimmend muss das Kindeswohl sein (BVerfG FamRZ 2004, 771). Dabei finden auch die Grundsätze, die in der Rechtsprechung zum Herausgabeverlangen der Eltern entwickelt wurden, Beachtung. Nach Ansicht des BVerfG genügt der Umstand, dass die Trennung von seinen unmittelbaren Bezugspersonen für das Kind regelmäßig eine erhebliche psychische Belastung bedeutet, nicht, um die Herausgabe des Kindes zu verweigern, weil andernfalls die Zusammenführung von Kind und Eltern immer dann ausgeschlossen wäre, wenn das Kind seine sozialen Eltern gefunden hat (BVerfG FamRZ 2004, 771, 772). Vielmehr müsse danach differenziert werden, ob das Kind aus der Pflegefamilie in den Haushalt seiner Herkunftseltern oder in eine andere Pflegestelle wechseln soll. Im ersteren Fall wird die Risikogrenze weiter als im letzteren gezogen, dh ein größeres Maß an Unsicherheit über mögliche Beeinträchtigungen des Kindes hingenommen als bei einem lediglich beabsichtigten Wechsel der Pflegefamilie (BVerfG FamRZ 1985, 39; BVerfG FamRZ 2006, 1593, 1594; BVerfG FamRZ 2010, 865, 866; **aA** [für eine einheitliche Risikogrenze] Hoffmann FPR 2011, 578, 582). Ziele das Herausgabeverlangen der Eltern also auf einen Wechsel der Pflegefamilie, so sei dem dann stattzugeben, wenn mit hinreichender Sicherheit eine Gefährdung des Kindeswohls ausgeschlossen ist (BVerfG FamRZ 2004, 771, 772; BVerfG FamRZ 2010, 865, 866; OLG Köln FamRZ 2017, 290, 291; OLG Frankfurt FamRZ 2016, 1801, 1802). Solle das Kind dagegen in den Haushalt der Herkunftsfamilie zurückgeführt werden, sei dem Begehren bereits dann stattzugeben, wenn die körperlichen, geistigen oder seelischen Beeinträchtigungen des Kindes als Folge der Trennung von den Pflegeeltern unter Berücksichtigung der Grundrechtsposition des Kindes noch hinnehmbar seien (BVerfG FamRZ 2017, 524 Rn 45 mwNw; BVerfG FamRZ 2014, 1266 Rn 31; OLG Frankfurt FamRZ 2016, 1801, 1802; zur Frage, wie lange der Staat verpflichtet ist, die Eltern durch öffentliche Hilfen zu unterstützen, um die Rückkehroption offen zu halten, BGH FamRZ 2014, 543, 546 m abl Anm Heilmann/Salgo FamRZ 2014, 705, 709; Staudinger/Coester [2016] § 1666 Rn 227 f; Staudinger/Salgo [2015] § 1632 Rn 55 ff, 86; BeckOK/Veit [1. 11. 2019] § 1632 Rn 73). 28

Geht es um ein Herausgabeverlangen des **Vormunds, der das Kind nicht selbst erzieht**, so kann zu seinen Gunsten Art 6 Abs 2 S 1 GG aber nicht berücksichtigt werden (allg zur Geltung von Art 6 Abs 2 GG für den Vormund s Vorbem 21 zu §§ 1773 ff). Zudem erzieht er in der Regel den Mündel nicht selbst, sodass das Herausgabeverlangen regelmäßig auf einen Wechsel der Pflegefamilie/Pflegestelle zielen wird. Eine Rückführung zu den Eltern kommt nur in Betracht, soweit diesen entweder noch die tatsächliche Personensorge zusteht oder die Entscheidung nach § 1666 BGB, die zur Anordnung der Vormundschaft geführt hat, nach § 1696 Abs 2 BGB wieder aufgehoben worden ist. Dies verlangt aber, dass eine Gefahr für das Kindeswohl nicht mehr besteht oder 29 die Erforderlichkeit der Maßnahme entfallen ist. Dafür muss die ursprüngliche Gefahr völlig weggefallen sein, und dem Kind darf auch keine andere Gefahr drohen (Staudinger/Coester [2019] § 1696 Rn 118 mwNw). Letzteres ist aber der Fall, wenn das gemäß §§ 1666, 1666a BGB in einer Pflegefamilie untergebrachte Kind dort verwurzelt ist und durch eine unvermittelte Herausnahme einen seelischen Schaden erleiden würde (Staudinger/Coester [2019] § 1696 Rn 118 mwNw).

30 Läuft das Herausgabeverlangen des Vormunds dem Mündelwohl zuwider, so stellt sich die Frage, ob das Familiengericht nur den Antrag der Pflegeeltern auf Erlass einer Verbleibensanordnung nach §§ 1800 S 1, 1632 Abs 4 BGB zu bescheiden hat oder auch eine **Entscheidung nach §§ 1837 Abs 4, 1666 BGB** erlassen muss. In der Regel wird, ebenso wie im Eltern-Kind-Verhältnis, eine Entscheidung nach §§ 1800 S 1, 1632 Abs 4 BGB genügen. Etwas anderes gilt dagegen dann, wenn eine Gefährdung des Mündelwohls nicht durch eine Verbleibensanordnung abgewendet werden kann (s weiter BeckOK/Veit [1. 11. 2019] § 1632 Rn 32).

31 Mit einer Entscheidung nach §§ 1837 Abs 4, 1666 Abs 1, Abs 3 BGB („insbesondere“) kann das Familiengericht den Vormund im Einzelfall auch zu einer **Herausnahme des Kindes aus der Pflegefamilie** veranlassen (MünchKomm/Spickhoff Rn 20).

b) Rückführungsanordnung

31a Wurde das Kind aus der Pflegefamilie herausgenommen und begehren die Pflegeeltern die Rückführung des Kindes in ihren Haushalt, so kann, gestützt auf § 1632 Abs 4 BGB auch eine Rückführungsanordnung ergehen, sofern die von den Pflegeeltern geltend gemachte Herausgabe in einem unmittelbaren zeitlichen Zusammenhang mit der Einleitung des Verfahrens (BGH 16. 11. 2016 – XII ZB 328/15, juris Rn 15, FamRZ 2017, 208, 209) bzw der gerichtlichen Entscheidung über den Antrag steht (so OLG Frankfurt 25. 3. 2019 – 5 UF 15/19, JAmt 2019, 528, 529).

3. Bestimmung des Umgangs nach § 1632 Abs 2, Abs 3

a) Zweck und Inhalt des Umgangsbestimmungsrechts

32 Die Personensorge umfasst nach §§ 1800 S 1, **1632 Abs 2 BGB** weiter das Recht des Vormunds, den Umgang des Mündels – auch mit Wirkung für und gegen Dritte – zu bestimmen. Das Umgangsbestimmungsrecht gibt dem Vormund das Recht, den Umgang des Mündels mit anderen Personen zu überwachen, schädliche Einflüsse Dritter nach Möglichkeit zu verhindern und den Mündel vor Belästigungen zu schützen (BT-Drucks 7/2060, 22). Zu diesem Zweck kann der Vormund Weisungen, Umgangsverbote und -gebote gegenüber dem Kind und/oder dem Dritten aussprechen (BeckOK/Veit [1. 11. 2019] § 1632 Rn 27, BeckOGK/Kerscher [1. 9. 2019] Rn 64).

Im Rahmen einer Vormundschaft für einen unbegleitet eingereisten ausländischen Minderjährigen kann der Vormund im Kontext eines aufenthaltsrechtlichen Familiennachzugs sogar verpflichtet sein, Familienangehörigen des Minderjährigen ausreichenden Wohnraum zur Verfügung zu stellen, damit diese den Umgang mit dem Mündel pflegen können (DIJuF-Rechtsgutachten JAmt 2018, 97, 98).

b) Kreis der Umgangsberechtigten

33 **§ 1684 Abs 1 BGB** gibt dem Kind ein Recht auf Umgang mit jedem Elternteil und

jedem Elternteil ein Pflichtrecht auf Umgang mit seinem Kind. **§ 1685 Abs 1 BGB** räumt Großeltern und Geschwistern ein Recht auf Umgang mit dem Kind ein, soweit dies dem Wohl des Kindes dient.

§ 1685 Abs 2 BGB erweitert diesen Personenkreis auf weitere Bezugspersonen. 1998 wurden nur der Ehegatte oder der frühere Ehegatte eines Elternteils erfasst, der mit dem Kind längere Zeit in häuslicher Gemeinschaft gelebt hat, sowie Personen, bei denen das Kind längere Zeit in Familienpflege war (s zu den Gründen der Neuregelung BT-Drucks 13/4899, 68 f, 105 f, zu Einzelheiten die Erläuterungen zu §§ 1684, 1685 BGB). Dieser Personenkreis wurde im Jahre 2001 auf den Lebenspartner iSv § 1 Abs 1 S 1 LPartG ausgedehnt (Art 2 Nr 12 des Gesetzes zur Beendigung der Diskriminierung gleichgeschlechtlicher Gemeinschaften: Lebenspartnerschaften vom 16. 2. 2001 [BGBl I 266]). Die letzte Erweiterung erfuhr die Vorschrift 2004 (Gesetz zur Änderung der Vorschriften über die Anfechtung der Vaterschaft und das Umgangsrecht von Bezugspersonen des Kindes vom 23. 4. 2004 [BGBl I 598]). Seither haben enge Bezugspersonen des Kindes ein Recht auf Umgang mit dem Kind, wenn dies dem Wohl des Kindes dient und diese Personen für das Kind tatsächliche Verantwortung tragen oder getragen haben (sozial-familiäre Beziehung); eine Übernahme tatsächlicher Verantwortung ist in der Regel anzunehmen, wenn die Person mit dem Kind längere Zeit in häuslicher Gemeinschaft zusammengelebt hat (§ 1685 Abs 2 S 1 und 2 BGB). Die Neuregelung schließt damit neben den schon von der Altregelung erfassten Stief- und Pflegeeltern nunmehr auch die bislang ausgeschlossenen Personen, wie zB Tanten, Onkel, Vettern, Nachbarn, den Partner eines Elternteils sowie den biologischen Vater ein, soweit die in Abs 2 genannten Voraussetzungen vorliegen (BeckOK/Veit [1. 11. 2019] § 1685 Rn 9). 34

Mit Wirkung vom 13. 7. 2013 hat der Gesetzgeber die Rechte des leiblichen, nicht rechtlichen Vaters weiter gestärkt (Gesetz zur Stärkung der Rechte des leiblichen, nicht rechtlichen Vaters vom 4. 7. 2013 [BGBl I 2176]; krit zum Gesetzentwurf Lang FPR 2013, 233). Nach dem neu eingefügten **§ 1686a Abs 1 Nr 1 BGB** hat dieser dann, wenn er ein ernsthaftes Interesse an dem Kind gezeigt hat, solange die Vaterschaft eines anderen Mannes besteht, ein Recht auf Umgang mit dem Kind, wenn dieser dem Kindeswohl dient (zu dieser Einschränkung des ernsthaften Interesses: Beschlussempfehlung und Bericht des Rechtsausschusses, BT-Drucks 17/13269; der Gesetzentwurf der Bundesregierung [BR-Drucks 666/12] verlangte noch ein „nachhaltiges Interesse"). Für den Fall, dass die biologische Vaterschaft nicht feststeht, also der „putativ-biologische Vater" (BR-Drucks 666/12, 8) ein Umgangsrecht anstrebt, sieht § 167a FamFG eine inzidente Prüfung der leiblichen Vaterschaft und dazu notwendige Untersuchungen im gerichtlichen Verfahren vor und verhindert zugleich, dass die Mutter das Umgangsrecht des leiblichen Vaters dadurch vereiteln kann, dass sie und damit zugleich das Kind sich einer Untersuchung verweigert (BR-Drucks 666/12, 8). 35

c) Adressaten des Umgangsbestimmungsrechts

Dritte sind dabei alle Personen außer dem Umgangsbestimmungsberechtigten selbst. In Betracht kommen familienfremde Bezugspersonen des Kindes ebenso wie solche aus seiner Herkunftsfamilie. Soweit dem Dritten ein Umgangsrecht zusteht, hat der Vormund dieses bei der Ausübung seines Umgangsbestimmungsrechts zu beachten, sodass dieses im Umfang des jeweiligen Umgangsrechts eingeschränkt wird (BeckOGK/Kerscher [1. 9. 2019] Rn 64; MünchKomm/Spickhoff Rn 18). Allerdings stellt sich die Frage, 36 ob dies für alle Umgangsberechtigten gilt oder nicht die Eltern aus dem Kreis der Dritten iSv § 1632 Abs 2 BGB auszunehmen sind. Im Recht der elterlichen Sorge ist umstritten, ob das Umgangsbestimmungsrecht nach § 1632 Abs 2 BGB auch den umgangsberechtigen Elternteil erfasst (dafür BGH 6. 7. 2016 – XII ZB 47/15, juris Rn 46, FamRZ 2016, 1752, 1756 m zust Anm Lack und krit Anm Finke FF 2016, 500; OLG Frankfurt 13. 7. 2015 – 3 UF 251/14, juris Rn 28, FamRZ 2016, 246, 247 m krit Anm Hammer; Staudinger/Dürbeck [2019] § 1684 Rn 82, 126, 140; DIJuF-Rechtsgutachten JAmt 2017, 230; Heilmann FamRZ 2014, 1753; ders ZKJ 2014, 48, 50; **aA** BVerfG FamRZ 2009, 1472, 1474; OLG Stuttgart 14. 8. 2014 – 11 UF 118/14, juris Rn 13 f, FamRZ 2014, 1794; OLG Karlsruhe 13. 2. 2014 – 18 UF 58/13, juris Rn 13 f, FamRZ 2014, 1378; OLG Hamm FamRZ 2014, 1792, 1793). Bejaht man diese Frage, so kann einem sorgeberechtigten Elternteil, der etwa den Umgang mit dem anderen Elternteil boykottiert, oder bei Fremdunterbringung des Kindes auch beiden Elternteilen das Recht auf Bestimmung des Umgangs mit dem jeweils anderen Elternteil entzogen und auf einen Ergänzungspfleger (so Umgangsbestimmungspfleger) übertragen werden, der dann Inhalt und Umfang des Umgangs mit dem Elternteil/den Eltern regelt, um zu vermeiden, dass Eltern, die sich etwa mit der Fremdunterbringung nicht abfinden können, ihr Umgangsrecht nutzen, um den Kontakt zum Kind autonom aufrecht zu erhalten (BGH 6. 7. 2016 – XII ZB 47/15, juris Rn 40 ff, FamRZ 2016, 1752, 1755; OLG Frankfurt ZKJ 2015, 154, 158). Bei vollständigem Entzug der Sorge könnte dann der Vormund den Umgang der Herkunftseltern mit ihrem fremduntergebrachten Kind bestimmen.

37 Dieser Sichtweise stehen allerdings verfassungsrechtliche Bedenken entgegen, da die einfachrechtlichen Regelungen zum Sorgerecht ebenso wie zum Umgangsrecht im Elternrecht wurzeln und das Umgangsbestimmungsrecht dem Inhaber der elterlichen Sorge keine einseitige Befugnis gibt, mittels einer Regelung des Umgangs Einfluss auf die Ausübung des Umgangsrechts des anderen Teils zu nehmen (BVerfGE 31, 194, 207 = NJW 1971, 1447; OLG Karlsruhe 13. 2. 2014 – 18 UF 58/13, juris Rn 13, FamRZ 2014, 1378). Wenn ihm aber keine diesbezügliche Kompetenz zusteht, kann sie ihm auch nicht entzogen und auf einen Ergänzungspfleger oder einen Vormund übertragen werden. Das Sorgerecht des Vormunds steht mithin gleichgewichtig gegenüber dem Umgangsrecht der Eltern, und beide beschränken sich wechselseitig mit der Folge, dass der Inhaber des Sorgerechts nicht befugt ist, den Inhalt des Umgangsrechts zu bestimmen und umgekehrt. Den Konflikt zwischen dem Sorgerecht des Vormunds und dem Umgangsrecht der Eltern muss, wenn beide keine Einigung erreichen, das Gericht durch eine Entscheidung nach § 1684 Abs 3 BGB auflösen (OLG Karlsruhe 13. 2. 2014 – 18 UF 58/13, juris Rn 13 f, FamRZ 2014, 1378; für das Recht der elterlichen Sorge Frohn FF 2016, 240, 242; näher BeckOK/Veit [1. 11. 2019] § 1632 Rn 31; anders BGH 6. 7. 2016 – XII ZB 47/15, juris Rn 46, FamRZ 2016, 1752, 1756). Nur dessen Umgangsregelung könnte, anders als die Festlegungen des Vormunds, auch vollstreckt werden (Frohn FF 2016, 240, 245; so auch selbst das OLG Frankfurt 13. 7. 2015 – 3 UF 251/14, juris Rn 40, FamRZ 2016, 246, 248).

d) Wohlverhaltensgebot (§ 1684 Abs 2)

38 Den Vormund trifft ebenso wie den Umgangsberechtigten ein Wohlverhaltensgebot (§ 1684 Abs 2 BGB) mit der Folge, dass beide Seiten vermeiden müssen, dass Streitigkeiten mittels und auf Kosten des Mündels ausgetragen werden (näher BeckOK/Veit [1. 11. 2019] § 1684 Rn 17 zum Recht der elterlichen Sorge). Die Verpflichtung zu loyalem Verhalten gilt nämlich nicht nur zwischen den Eltern. Vielmehr gilt sie entsprechend, wenn sich das Kind in der Obhut einer anderen Person, zB einem erziehenden Vormund oder einer Pflegeperson, befindet (§ 1684 Abs 2 S 2 BGB;

Staudinger/Dürbeck [2019] § 1684 Rn 115). Sie gilt auch für den Vormund, bei dem das Kind nicht lebt, da auch er uneingeschränkter Inhaber der Sorgeverantwortung ist und damit über sämtliche rechtliche Einflussmöglichkeiten hinsichtlich Erziehung und Lebensgestaltung verfügt, wie sie ansonsten den Eltern zustehen (BGH 19. 2. 2014 – XII ZB 165/13, juris Rn 25, FamRZ 2014, 732, 734 betr Amtsvormundschaft).

Aus dieser Wohlverhaltenspflicht folgt, dass der Vormund bei Umgangskonflikten 39
versuchen muss, die Modalitäten des Umgangs des Mündels mit dessen Eltern sowie Bezugspersonen auszuhandeln und dafür zu sorgen, dass die vereinbarten Kontakte auch stattfinden (BGH 19. 2. 2014 – XII ZB 165/13, juris Rn 24, FamRZ 2014, 732, 734; zur diesbezüglichen Prüfpflicht des Vormunds Meysen JAmt 2005, 105, 111; Zenz JAmt 2002, 222, 225). Kommt es zu einem Umgangsvergleich zwischen dem Amtsvormund und den Eltern eines in einer Pflegefamilie lebenden Kindes und weigert sich das Kind, diesen Umgang wahrzunehmen, so ist danach der Vormund verpflichtet, darauf hin zu wirken, dass die Umgangsvereinbarung auch umgesetzt werden kann. Dafür genügt es nicht, dass er das Kind durch seine Mitarbeiter zur Wahrnehmung der Umgangskontakte anhält oder überredet; vielmehr muss er auch die konkreten Gründe für die Weigerungshaltung herausfinden und das Jugendamt als Leistungsbehörde (va den Pflegekinderdienst bzw den sozialpädagogischen Dienst) konsultieren, um zu einer Konfliktlösung zu gelangen (BGH 19. 2. 2014 – XII ZB 165/13, juris Rn 25, FamRZ 2014, 732, 734 m Anm Hammer; das Gericht geht dabei allerdings fehlerhafterweise davon aus, dass die in §§ 37 Abs 1 S 3, Abs 3 S 1 und 44 SGB VIII enthaltenen Aufgaben des Jugendamts dem Amtsvormund obliegen; krit insoweit zu Recht Hammer FamRZ 2014, 735, 736).

e) Rechtsstreitigkeiten

Bei Auseinandersetzungen des Vormunds mit den Dritten iSv § 1632 Abs 2 BGB 40
oder den Eltern über den Umfang des Umgangsrechts, die nicht im Wege einer Einigung ausgeräumt werden können, entscheidet das Familiengericht in entsprechender Anwendung der **§§ 1632 Abs 3, 1684 Abs 3 und 4, 1685 Abs 3, 1686a Abs 2 BGB**, und zwar nach § 14 Abs 1 Nr 7 RPflG der Richter (zur Stellung des Vormunds als Verfahrensbeteiligter in einem Umgangsrechtsverfahren BGH FamRZ 2011, 633) von Amts wegen oder auf Anregung eines Beteiligten (MünchKomm/Spickhoff Rn 21).

Hat der Vormund dagegen eine Umgangsbestimmung gegenüber einer Person ge- 41
troffen, die **nicht** unter den in §§ 1684 und 1685 BGB genannten Personenkreis fällt, so wird das Gericht auf Antrag des Vormunds nach § 1632 Abs 3 BGB und von Amts wegen unter den Voraussetzungen der §§ 1837 Abs 4, 1666 BGB tätig (so zu Recht MünchKomm/Spickhoff Rn 21).

V. Auskunftspflicht

Einem Elternteil steht zur Befriedigung seines aus dem Elternrecht fließenden In- 42
formationsinteresses auch ein Anspruch auf Auskunft über die persönlichen Verhältnisse seines Kindes gegen den Vormund (bzw Ergänzungspfleger) zu, wenn er ein berechtigtes Interesse an der Auskunft hat und diese dem Wohl des Kindes nicht widerspricht **(§ 1686 BGB)**. Zwar ist der Vormund kein „Elternteil" iS dieser Vorschrift, ihm kommt aber sorgerechtlich infolge der übertragenen Sorgeverantwortung eine elternähnliche rechtliche Stellung zu (BGH 26. 7. 2017 – XII ZB 85/17, juris Rn 8, FamRZ 2017, 1666, 1667; Vorbem 21 zu §§ 1773 ff, § 1793 Rn 2).

43 Ein entsprechendes Umgangsrecht steht auch dem leiblichen, nicht rechtlichen Kindesvater zu (§ 1686a Abs 1 Nr 2 BGB).

VI. Ausbildung und Beruf (§§ 1800 S 1, 1631a)

44 Mit der von § 1800 S 1 BGB in Bezug genommenen Regelung des § 1631a BGB, die zuletzt durch Art 1 Nr 48 KindRG geändert wurde, soll sichergestellt werden, dass das Kind bei Entscheidungen in Angelegenheiten der Ausbildung und des Berufs vor einer Über- oder Unterforderung durch die Eltern geschützt wird (BT-Drucks 8/2788, 37). Die Vorschrift ergänzt die allgemeine Erziehungsregel des § 1626 Abs 2 BGB (BT-Drucks 8/2788, 49), die nach § 1793 Abs 1 S 2 BGB auch für den Vormund gilt.

45 Der Vormund bestimmt im Rahmen der Sorge für die Person des Mündels die **Schul- und Berufsausbildung** und die **Berufswahl**. Er kann zu diesem Zweck den Mündel in öffentlichen Schulen anmelden und im Namen des Mündels Verträge über die Aufnahme in private Schulen, Lehr-, Dienst- und Arbeitsverträge schließen und bestehende Verträge kündigen; er hat grundsätzlich auch zu bestimmen, welche Geldbeträge für die Erziehung und Ausbildung aufzuwenden sind (Mot IV 1096; KG OLGE 7, 422, 423; KG RJA 1, 178, 179 f). Die Vertretungsmacht des Vormunds ist allerdings dadurch eingeschränkt, dass er zu einem Lehrvertrag, der auf längere Zeit als ein Jahr geschlossen wird, nach § 1822 Nr 6 BGB und zu einem auf die Eingehung eines Dienst- oder Arbeitsverhältnisses gerichteten Vertrag, wenn der Mündel zu persönlichen Leistungen für längere Zeit als ein Jahr verpflichtet werden soll, nach § 1822 Nr 7 BGB der **Genehmigung des Familiengerichts** bedarf (die Eltern unterliegen nach § 1643 Abs 1 BGB einer solchen Beschränkung nicht). Der Vormund bedarf ferner – ebenso wie die Eltern – der Genehmigung des Familiengerichts, wenn er den Mündel zum selbständigen Betrieb eines Erwerbsgeschäfts ermächtigt (§ 112 BGB).

46 Nach § 1631a S 1 BGB hat der Vormund in Angelegenheiten der Ausbildung und des Berufs auf Eignung und Neigung des Mündels Rücksicht zu nehmen; wenn Zweifel bestehen, soll nach S 2 der Rat eines Lehrers oder einer anderen geeigneten Person eingeholt werden. Das bedeutet, dass nicht nur dann, wenn Vormund und Mündel (oder Eltern und Kind) dessen Eignung und Neigung unterschiedlich einschätzen, sondern auch dann, wenn in der gemeinsamen Einschätzung Unsicherheiten bestehen, fachkundige Hilfe herangezogen werden soll (krit zur Nützlichkeit und Notwendigkeit einer solchen Bestimmung Staudinger/Engler [2004] Rn 25).

47 Den Fall, dass der Vormund offensichtlich keine Rücksicht auf Eignung und Neigung des Mündels nimmt und dadurch die Besorgnis begründet wird, dass die Entwicklung des Mündels nachhaltig und schwer beeinträchtigt wird, hatte § 1800 BGB iVm dem früheren § 1631a Abs 2 S 1 BGB eigens geregelt. Das KindRG hat § 1631a Abs 2 BGB aF als entbehrlich aufgehoben, weil der neugefasste **§ 1666 BGB** die Kindesinteressen schützt und die Korrektur offensichtlicher Fehleinschätzungen, die eine nachhaltige und schwere Beeinträchtigung der Entwicklung des Kindes besorgen lassen, ermöglicht (BT-Drucks 13/4899, 115). Das Familiengericht konnte nach dem früheren § 1631a Abs 2 Satz 1 BGB und kann nach § 1666 BGB nicht nur dann eingreifen, wenn sich die mangelnde Rücksicht des Vormunds auf die Eignung bzw die Neigung des Mündels bezieht. Vielmehr kann eine bestimmte Ausbildung, selbst wenn sie den Wünschen des Mündels entspricht und diese Neigung auch vom Vor-

mund gutgeheißen wird, für den Mündel schädlich sein, sofern dieser für den damit angestrebten Beruf gänzlich ungeeignet oder schon der Ausbildung nicht gewachsen ist (ebenso BGB-RGRK/Dickescheid Rn 11).

Nach §§ 1800, 1631a Abs 2 S 2 BGB aF konnte das Familiengericht erforderliche **Erklärungen des Vormunds ersetzen**. Diese Möglichkeit sieht jetzt § 1666 Abs 3 Nr 5 BGB vor, auf den § 1837 Abs 4 BGB verweist. Das Gericht braucht also nicht erst dem Vormund zu gebieten, bestimmte Rechtshandlungen für den Mündel vorzunehmen oder dafür einen Ergänzungspfleger zu bestellen, sondern kann selbst handeln, zB Ausbildungsverträge abschließen oder kündigen, den Mündel bei Lehranstalten an- oder abmelden usw (BayObLG FamRZ 1982, 634, 636; MünchKomm/Spickhoff Rn 12; Erman/Schulte-Bunert Rn 8). **48**

Das Familiengericht wird **von Amts wegen** – wenn auch wohl in der Regel auf Anstoß des Vormunds, des Mündels, des Jugendamts oder eines mit der Sache befassten Dritten – tätig. Ein **Beschwerderecht** haben der Vormund und der Mündel nach den §§ 58, 59 Abs 1 FamFG (zur selbständigen Ausübung des Beschwerderechts durch den Mündel s § 60 FamFG). **49**

VII. Freiheitsentziehende Unterbringung und freiheitsentziehende Maßnahmen (§§ 1800 S 1, 1631b)

1. Freiheitsentziehende Unterbringung (§ 1631b Abs 1)

Nach § 1631b Abs 1 BGB ist die Unterbringung eines Kindes, die mit Freiheitsentziehung verbunden ist, nur mit Genehmigung des Familiengerichts zulässig. Die verfassungsrechtliche Grundlage dieser Bestimmung ist Art 104 Abs 2 GG, nach dessen S 1 über die Zulässigkeit und Fortdauer einer Freiheitsentziehung der Richter zu entscheiden hat. Art 104 Abs 2 S 1 GG begründet aber kein selbständiges Unterbringungsrecht des Richters. Vielmehr beruht die Befugnis zur Unterbringung des Mündels in einer geschlossenen Anstalt nach wie vor materiell auf dem **Recht des Vormunds**, den **Aufenthalt des Mündels zu bestimmen**; dieses Recht ist aber dadurch eingeschränkt, dass die Zulässigkeit einer solchen Unterbringung von einer richterlichen Entscheidung abhängt (BVerfGE 10, 302, 310, 329 = NJW 1960, 811 = MDR 1960, 469; BVerfGE 74, 236, 242 = FamRZ 1987, 675, 676; zur Textgeschichte Staudinger/Engler [2004] Rn 1 ff). **50**

Eine Unterbringung des Mündels ohne die Genehmigung des Familiengerichts ist nur zulässig, wenn mit dem Aufschub Gefahr verbunden ist; die Genehmigung ist in einem solchen Fall unverzüglich nachzuholen (§ 1631b Abs 1 S 3 BGB). Das Gericht hat schließlich die Genehmigung zurückzunehmen, wenn das Wohl des Mündels die Unterbringung nicht mehr erfordert (s § 1631b Abs 1 S 2 BGB). **51**

Da sich die mit Freiheitsentziehung verbundene Unterbringung des Mündels durch den Vormund nicht von der Unterbringung eines unter elterlicher Sorge stehenden Kindes unterscheidet, kann wegen der einzelnen Voraussetzungen, insbesondere des Begriffs der Unterbringung, die mit Freiheitsentziehung verbunden ist, und des Wohls des Mündels als sachlicher Voraussetzung der Anordnung und Fortdauer einer Unterbringung auf die Erläuterungen zu § 1631b BGB verwiesen werden (Staudinger/Salgo [2015] § 1631b Rn 7 ff). Für die vom Betreuer veranlasste Unterbrin- **52** gung eines Betreuten, die mit Freiheitsentziehung verbunden ist, stellt § 1906 BGB eigene Regeln auf, die der Situation des volljährigen Betreuten, die sich von der eines Minderjährigen unterscheidet, Rechnung tragen (s zu den Gründen und insbesondere zum Unterschied zwischen der zivilrechtlichen und der öffentlich-rechtlichen Unterbringung BT-Drucks 11/4528, 79 ff, 145 ff).

2. Freiheitsentziehende Maßnahmen (§ 1631b Abs 2)

53 Nach § 1631b Abs 2 BGB ist eine Genehmigung des Familiengerichts auch erforderlich, wenn einem Kind, das sich in einem Krankenhaus, einem Heim oder einer sonstigen Einrichtung aufhält, durch mechanische Vorrichtungen, Medikamente oder auf andere Weise über einen längeren Zeitraum oder regelmäßig in nicht altersgerechter Weise die Freiheit entzogen werden soll. Mit dieser Vorschrift, die durch das Gesetz zur Einführung eines familiengerichtlichen Genehmigungsvorbehaltes für freiheitsentziehende Maßnahmen bei Kindern vom 17. 7. 2017 (BGBl I 2424) in § 1631b BGB aufgenommen wurde, sollte der Streit darüber beendet werden, ob und inwieweit freiheitsentziehende Maßnahmen (zum Begriff s Rn 55) unter den Begriff der Unterbringung fallen und damit genehmigungspflichtig sind oder ob § 1906 Abs 4 BGB analog heranzuziehen ist, um zu einer Genehmigungsbedürftigkeit der Maßnahme zu gelangen (näher dazu Staudinger/Salgo [2015] § 1631b Rn 14 f; Staudinger/Veit [2014] Rn 53). Der BGH hatte sich für die Genehmigungsfreiheit der Zustimmung von Eltern zu einer nächtlichen Fixierung ihres minderjährigen autistischen Kindes in einer offenen heilpädagogischen Einrichtung ausgesprochen und zugleich dem Gesetzgeber die Aufgabe überlassen, die Regelungslücke zu schließen (BGH 7. 8. 2013 – XII ZB 559/11, juris Rn 10 ff, 25, FamRZ 2013, 1646, 1648 m krit Anm Salgo FamRZ 2013, 1719).

54 Die Neuregelung des § 1631b Abs 2 BGB **zielt** nun darauf, Kinder vor ungerechtfertigten freiheitsentziehenden Eingriffen zu schützen und zugleich den oder die Sorgeberechtigten zu entlasten, die von der Einrichtung, in der das Kind lebt, oft unter Druck gesetzt werden, entsprechenden Maßnahmen zuzustimmen; zudem soll die Einrichtung selbst für die Bedeutung freiheitsentziehender Maßnahmen sensibilisiert sowie ein Gleichlauf zwischen dem Erwachsenenschutz (§ 1906 Abs 4 BGB) und dem Kindesschutz erreicht werden (BT-Drucks 18/11278, 10, 12, 14, 15).

55 Eine **sog freiheitsentziehende Maßnahme** (oder unterbringungsähnliche Maßnahme) liegt vor, wenn das Kind durch mechanische Vorrichtungen, Medikamente oder auf andere Weise ununterbrochen oder regelmäßig am Verlassen seines Aufenthaltsorts gehindert werden soll (zB durch Anbringen eines Bettgitters, Fixieren am Stuhl mittels Beckengurts [dazu DIJuF-Rechtsgutachten JAmt 2017, 492, 493]). Da sich die weiteren Voraussetzungen für die Genehmigungspflicht solcher Maßnahmen nicht von denen für Eltern unterscheiden, kann auch insoweit auf die Erläuterungen zu § 1631b BGB verwiesen werden (Staudinger/Salgo [2015] § 1631b Rn 7 ff, 14 f).

3. Verfahren

56 Ein Verfahren, das die Genehmigung einer freiheitsentziehenden Unterbringung des Mündels oder einer freiheitsentziehenden Maßnahme durch den Vormund betrifft, ist eine Kindschaftssache nach § 151 Nr 6 FamFG, auf die nach § 167 Abs 1 S 1 FamFG die für Unterbringungssachen nach § 312 Nr 1 FamFG (Verfahren, die

die Genehmigung einer freiheitsentziehenden Unterbringung eines Betreuten nach § 1906 Abs 1–3 oder Abs 5 BGB betreffen) geltenden Regeln der §§ 313 ff FamFG Anwendung finden. An die Stelle des Verfahrenspflegers tritt der Verfahrensbeistand (§ 167 Abs 1 S 2 FamFG).

57 Die gerichtliche Entscheidung ist dem Richter vorbehalten (Art 104 Abs 2 S 1 GG). Gegen die Genehmigung einer freiheitsentziehenden Unterbringung oder von freiheitsentziehenden Maßnahmen stehen dem Mündel nach § 59 FamFG, aber auch den leiblichen Eltern nach § 59 FamFG oder § 335 Abs 1 Nr 1 FamFG (MünchKomm/Spickhoff Rn 33) und nach letztgenannter Norm auch den Pflegeeltern ein Beschwerderecht zu. Die Verfahrensfähigkeit des Mündels bestimmt sich nach §§ 167 Abs 3, 60 FamFG (zum Unterbringungsverfahren näher Oberloskamp/Burschel, Vormundschaft § 8 Rn 22 ff).

VIII. Sterilisation (§§ 1800 S 1, 1631c)

58 **§ 1631c BGB** wurde durch das BtG in die Bestimmungen über die elterliche Sorge eingefügt. Nach S 1 und 2 können in eine Sterilisation des Kindes weder die Eltern noch das Kind selbst wirksam einwilligen. Auch ein Ergänzungspfleger, dem die Aufgabe zufiele, die Einwilligung zu erteilen, kann nicht bestellt werden (§ 1631c S 3 BGB). Folge ist also, dass Minderjährige nicht sterilisiert werden dürfen (BT-Drucks 11/4528, 107). Dieses Verbot rechtfertigt sich daraus, dass sich während der Minderjährigkeit die Erforderlichkeit und die Auswirkungen einer Sterilisation nur schwer beurteilen lassen. Auch besteht bei behinderten Kindern die Gefahr, dass die Sterilisation „vorsorglich" schon während der Minderjährigkeit durchgeführt würde, wenn das Gesetz die Sterilisation volljähriger Betreuter, die nicht einwilligungsfähig sind, nur in engen Ausnahmefällen zuließe (BT-Drucks 11/4528, 76).

IX. Beschneidung des männlichen Kindes (§§ 1800 S 1, 1631d)

59 § 1800 S 1 BGB nimmt auch den durch Gesetz über den Umfang der Personensorge bei einer Beschneidung des männlichen Kindes vom 20. 12. 2012 (BGBl I 2749) neu eingefügten § 1631d BGB in Bezug. Diese Vorschrift wurde eingeführt, nachdem ein rechtskräftiges Strafurteil des LG Köln Rechtsunsicherheit darüber ausgelöst hatte, ob Eltern wirksam in eine nicht medizinisch indizierte, etwa eine religiös motivierte, Beschneidung wirksam einwilligen können; das LG Köln war der Auffassung, dass eine religiös motivierte Beschneidung eines minderjährigen Jungen, die nach den Regeln der ärztlichen Kunst mit Zustimmung der Eltern durchgeführt worden war, eine rechtswidrige Körperverletzung iSv § 223 StGB darstelle (LG Köln NJW 2012, 2128, 2129). Mit der Neuregelung des § 1631d BGB sollte nach dem Willen des Gesetzgebers (BT-Drucks 17/11295, 1, 6) diese Rechtsunsicherheit beseitigt und klargestellt werden, dass die Personensorge der Eltern auch das Recht umfasst, in eine medizinisch nicht erforderliche Beschneidung eines nicht einsichts- und urteilsfähigen männlichen Kindes einzuwilligen, wenn diese nach den Regeln der ärztlichen Kunst durchgeführt werden soll (S 1). Etwas anderes gilt nach S 2 nur dann, wenn im Einzelfall durch die Beschneidung auch unter Berücksichtigung ihres Zwecks das Kindeswohl gefährdet wird.

60 Abs 2 sieht die Möglichkeit vor, dass in den ersten sechs Monaten nach der Geburt auch von einer Religionsgemeinschaft dazu vorgesehene Personen Beschneidungen nach Abs 1 durchführen dürfen, wenn sie dafür besonders ausgebildet und, ohne Arzt

zu sein, für die Durchführung der Beschneidung vergleichbar befähigt sind (zu diesem Gesetz näher ANTOMO Jura 2013, 425; RIXEN NJW 2013, 257; SPICKHOFF FamRZ 2013, 337; HÖRNLE/HUSTER JZ 2013, 328; WALTER JZ 2012, 1110; BÜSCHER DRiZ 2012, 330; EHRMANN DRiZ 2012, 331).

X. Keine Einschränkung der Personensorge bei Heirat des Mündels

61 Wenn sich der Mündel verheiratet, bleibt die Vormundschaft bestehen. Bis zum Inkrafttreten des Gesetzes zur Bekämpfung von Kinderehen am 22. 7. 2017 (BGBl I 2429) (allg dazu § 1773 Rn 11) beschränkte sich bei Eheschließung des Minderjährigen (zur Möglichkeit der Eheschließung vor Eintritt der Volljährigkeit s § 1303 Abs 2 BGB aF) die Personensorge des Vormunds allerdings auf die Vertretung in den persönlichen Angelegenheiten (§ 1800 S 1 iVm **§ 1633 BGB aF**). Die tatsächliche Sorge lebte auch dann nicht wieder auf, wenn die Ehe des Mündels, bevor er volljährig wurde, aufgelöst oder für nichtig erklärt wurde.

62 Dies galt auch dann, wenn ein ausländischer verheirateter Minderjähriger unbegleitet nach Deutschland einreiste (zum Begriff der unbegleiteten Einreise § 42a Abs 1 S 2 SGB VIII) und unter Vormundschaft gestellt wurde (dazu näher § 1773 Rn 12). Die Wirksamkeit der Ehe dieses Minderjährigen bestimmt sich grundsätzlich nach dem Heimatrecht der beiden Verlobten (s Art 13 Abs 1 EGBGB). War danach der Minderjährige als ehemündig anzusehen, so konnte die ausländische Rechtsnorm gleichwohl nicht angewendet werden, wenn deren Anwendung mit wesentlichen Grundsätzen des deutschen Rechts (ordre public) offensichtlich unvereinbar war (Art 6 S 1 EGBGB). Dabei war nach altem Recht nicht nur höchst umstritten, wann ein solcher Verstoß bei Ehen von Minderjährigen anzunehmen war (zu den Maßstäben der Rechtsprechung näher BT-Drucks 18/12086, 14), sondern auch, ob sich die Rechtsfolgen des Verstoßes dann nach dem Heimatrecht des Minderjährigen oder dem Recht des Aufenthaltsortes bestimmten.

63 Im Zuge der jüngeren Flüchtlingswelle kamen vermehrt minderjährige verheiratete Flüchtlinge in die Bundesrepublik Deutschland. Dies löste die Frage aus, wie mit diesen Minderjährigen unter dem Gesichtspunkt des Kindesschutzes und des Kindeswohls umzugehen sei. Durch das Gesetz zur Bekämpfung von Kinderehen (allg dazu § 1773 Rn 11) wurde zum Schutz der betroffenen Minderjährigen und zur Erreichung von Rechtsklarheit das Ehemündigkeitsalter ausnahmslos auf 18 Jahre angehoben (BT-Drucks 18/12086, 1). Die Ehe mit einer Person, die das 16. Lebensjahr bei Eheschließung noch nicht vollendet hat, ist seit Inkrafttreten dieses Gesetzes am 22. 7. 2018 unwirksam (§ 1303 S 2 BGB), dh die Ehe wird als Nichtehe behandelt (PALANDT/BRUDERMÜLLER Einf v § 1313 Rn 2). Bei Vollendung des 16., nicht aber des 18. Lebensjahres ist die Ehe wirksam, aber grundsätzlich aufhebbar (§ 1314 Abs 1 Nr 1 BGB; Ausnahme: § 1315 Abs 1 S 1 Nr 1 Buchst a BGB). Eine nach ausländischem Recht wirksam geschlossene Ehe ist nach deutschem Recht dann unwirksam, wenn der minderjährige Verlobte zur Zeit der Eheschließung das 16. Lebensjahr nicht vollendet hat (Art 13 Abs 3 Nr 1 EGBGB), und aufhebbar, wenn der Verlobte im Zeitpunkt der Eheschließung das 16., aber nicht das 18. Lebensjahr vollendet hat (Art 13 Abs 3 Nr 2 EGBGB). Art 13 Abs 3 Nr 1 EGBGB gilt nur dann nicht, wenn der minderjährige Ehegatte entweder vor dem 22. 7. 1999 geboren oder die nach ausländischem Recht wirksame Ehe bis zur Volljährigkeit des minderjährigen Ehegatten geführt worden ist und kein Ehegatte seit der Eheschließung bis zur Volljährigkeit des minderjährigen

Ehegatten seinen gewöhnlichen Aufenthalt in Deutschland hatte (Art 229 § 44 Abs 4 EGBGB).

Im Zuge dieser Reform wurde auch **§ 1633 BGB aF beseitigt** (Art 1 Nr 26 des Gesetzes zur Bekämpfung von Kinderehen) (näher § 1773 Rn 11) mit der Folge, dass sich seit Inkrafttreten dieses Gesetzes die Sorge der Eltern und damit auch die des Vormunds (arg § 1800 S 1 BGB) dann, wenn der Minderjährige in einer aufhebbaren oder ausnahmsweise nicht aufhebbaren Ehe (§ 1315 Abs 1 S 1 Nr 1 BGB) und erst recht dann, wenn er in einer Nichtehe lebt, auch auf die tatsächliche Personensorge erstreckt. Folglich kann der Vormund dann auch über den Aufenthalt und den Umgang des Minderjährigen, etwa mit dessen Ehepartner, bestimmen (BT-Drucks 18/12086, 17 f; s auch § 1793 Rn 18). Ob diese Rechtsfolge mit Art 6 Abs 1 GG vereinbar ist, der auch auf aufhebbare Ehen und sog hinkende Ehen (also solche, die nach Heimatrecht wirksam, aber nach hiesigem Recht unwirksam sind), anwendbar ist (Dreier/Brosius-Gersdorf Art 6 GG, Rn 53 f), wird noch zu klären sein (zu verfassungsrechtlichen Bedenken insoweit Frie FamRB 2017, 232, 235; Opris ZErb 2017, 158, 164). 64

Inzwischen hat das BVerfG die ihm vom BGH vorgelegte Frage zu entscheiden, ob Art 13 Abs 3 Nr 1 EGBGB mit Art 1, 2 Abs 1, 3 Abs 1 und Art 6 Abs 1 GG vereinbar ist, soweit er eine unter Beteiligung eines nach ausländischem Recht ehemündigen Minderjährigen geschlossene Ehe nach deutschem Recht – vorbehaltlich der Ausnahmen in Art 229 § 44 Abs 4 EGBGB – ohne einzelfallbezogene Prüfung als Nichtehe einordnet (Vorlagebeschluss des BGH 14. 11. 2018 – XII ZB 292/16, juris Rn 4 ff, FamRZ 2019, 181 ff m krit Anm Dutta). Nach Ansicht des BGH dürfte der Vormund bei einer Verfassungswidrigkeit von Art 13 Abs 3 Nr 1 EGBGB dem dann in einer wirksamen Ehe lebenden Minderjährigen den anderen Ehegatten nicht vorenthalten. Hieran könne auch die Streichung des § 1633 BGB aF nichts ändern (BGH 14. 11. 2018 – XII ZB 292/16, juris Rn 50, FamRZ 2019, 181, 184). Es sei mit dem Wesen der Ehe nicht vereinbar, wenn Ehegatten von einem Dritten daran gehindert würden, die eheliche Lebensgemeinschaft in ihrer Ausprägung der häuslichen Gemeinschaft zu verwirklichen. Würde der Vormund diese Gemeinschaft ohne sachlichen Grund vereiteln, läge darin eine Kindeswohlgefährdung, die das Familiengericht mit geeigneten Maßnahmen nach § 1666 BGB abwenden müsse (BGH 14. 11. 2018 – XII ZB 292/16, juris Rn 50, FamRZ 2019, 181, 184). Diese Argumentation überzeugt freilich nicht, da die Frage, ob das Kindeswohl durch die Trennung des Minderjährigen von seinem vermeintlichen Ehepartner gefährdet ist oder nicht, nicht davon abhängt, ob die Ehe zwischen beiden wirksam war oder nicht; ansonsten bestünde die Gefahr unterschiedlicher Kindeswohlmaßstäbe je nachdem, ob der Minderjährige verheiratet ist oder nicht (Dutta Anm zu BGH FamRZ 2019, 188, 189). 65

XI. Fördern und Gewährleisten der Personensorge (§ 1800 S 2)

1. Anwendungsbereich

Der Anwendungsbereich von § 1800 S 2 BGB konzentriert sich auf den Vormund, der im Regelfall (va der Amtsvormundschaft) die Pflege und Erziehung nicht selbst wahrnimmt, sondern diese Aufgabe weitgehend an Dritte delegiert, etwa an eine Pflegeperson oder ein Heim. In diesem Fall bleibt der Vormund verpflichtet, die Pflege und Erziehung zu fördern und zu gewährleisten. Dagegen passt die Norm 66 nicht auf den Vormund, der den Mündel in seinen Haushalt aufgenommen hat, da dieser die Pflege und Erziehung nicht zu „fördern", sondern zu erbringen hat (SCHWAB, 9. Göttinger Workshop 39). Etwas anderes wäre nur anzunehmen, wenn auch dieser Vormund Dritte in die Ausübung der tatsächlichen Pflege und Erziehung, etwa im Verhinderungsfall infolge unvorhergesehener Krankheit, einbinden würde (zu diesem Fall § 1793 Rn 111 ff).

2. Fördern und gewährleisten

67 Was unter den Tatbestandsmerkmalen „fördern und gewährleisten" zu verstehen ist, bleibt unklar (krit insoweit zu Recht MünchKomm/SPICKHOFF Rn 36 [„gut gemeint, in ihrem normativen Gehalt aber wenig ergiebig"] und Rn 34). Schon der Begriff des „Gewährleistens" ist schief, schwächt doch die Vokabel die Verantwortung eher ab, als dass sie sie schärft; zudem ist das Verb „gewährleisten" irreführend, da es an die zivilrechtliche Gewährleistung erinnert und in diesem Sinn eine Erziehung nie gewährleistet werden kann (SCHWAB, 9. Göttinger Workshop 39).

68 Zieht man die Gesetzesbegründung heran, so geht es darum, die Ausführung der Personensorge im Interesse des Mündels zu überwachen und erforderlichenfalls neu zu organisieren (BT-Drucks 17/3616, 6); dazu gehört auch, im Rahmen der monatlichen Besuche auf Anzeichen möglicher Kindeswohlgefährdungen zu achten und notfalls im Zusammenwirken mit dem Allgemeinen Sozialen Dienst (ASD) einzugreifen (HARM RpflStud 2013, 57; DIJuF-Rechtsgutachten JAmt 2013, 407; zum Kompetenzproblem zwischen Amtsvormund und ASD § 1791b Rn 38).

69 Damit ist allerdings immer noch nicht geklärt, was das im Einzelnen für den **Vormund im Verhältnis zu den Pflegeeltern oder der Heimleitung** bedeutet. Soll der Vormund den Pflegeeltern bzw dem Heim regelmäßige Hausbesuche abstatten? Kann er ihnen Weisungen erteilen und ihnen vorgeben, wie sie das Kind zu erziehen haben (so zu Recht die Frage von SCHWAB, 9. Göttinger Workshop 39)? Allein der Hinweis auf die §§ 1793 Abs 1 S 1, 1800 S 1, 1631 BGB hilft hier nicht weiter, geht doch letztgenannte Vorschrift von dem Grundgedanken aus, dass die Erziehungsziele von den erziehenden Eltern vorgegeben werden. Weiter ist die Frage ungeklärt, wie Konflikte zwischen dem Vormund und der Pflegeperson im Bereich der Alltagssorge (§ 1688 Abs 1, Abs 2 BGB) gelöst werden. Kann man hier auf § 1628 BGB zurückgreifen oder wäre eher entsprechend § 1673 Abs 2 S 3 BGB vorzugehen, wonach bei Minderjährigkeit der Kindesmutter ihre Meinung der des Vormunds vorgeht? Oder wäre nicht eine Orientierung an § 1687 BGB die bessere Lösung mit der Folge, dass zwischen Vormund und Pflegeperson Einvernehmen erzielt werden muss? Nicht geklärt ist weiter, wer bei mangelnder Einigung zwischen Amtsvormund und ASD letztlich entscheidet, welche Maßnahme bei Anzeichen einer **Kindeswohlgefährdung** in der (Pflege-)Familie zu ergreifen ist, sowie wer die Letztverantwortung im Fall einer Kindeswohlgefährdung im Jugendamt trägt (HARM RpflStud 2013, 57 Fn 4).

70 Eine gesetzliche Konkretisierung der Aufgaben des Vormunds tut also not. Dabei wäre nicht nur zwischen den Fällen zu unterscheiden, in denen der Vormund selbst den Mündel pflegt und erzieht, und denen, wo er die Pflege und Erziehung lediglich organisiert (näher STAUDINGER/VEIT [2014] Rn 49 ff). Vielmehr wird auch dem Umstand, dass beim beruflich tätigen Vormund die Gesamtverantwortung für das Kind dauer-

haft zwischen diesem und der tatsächlich pflegenden Person aufgespalten ist (dazu § 1793 Rn 5), durch eine entsprechende Verteilung der Rechtspositionen zwischen beiden Rechnung zu tragen sein (Veit FamRZ 2016, 2045, 2052).

3. Persönliche Wahrnehmung dieser Aufgabe durch den Vormund

Der Vormund hat nach S 2 die Pflege und Erziehung des Mündels persönlich zu fördern und zu gewährleisten. Mit dieser Neuregelung soll sichergestellt werden, dass der Vormund diese Aufgabe selbst wahrnimmt und nicht anderen überlässt, etwa den Mitarbeitern des ASD oder gar den Pflegeeltern (BT-Drucks 17/3617, 6). Diese Pflicht ergibt sich allerdings bereits aus der Stellung des Vormunds als Ersatz für die Eltern; ihre Klarstellung in § 1800 S 2 BGB enthält demnach für den Einzelvormund, wie der Gesetzgeber in seiner Begründung sagt, eigentlich nur etwas „Selbstverständliches" (BT-Drucks 17/3617, 7). **71**

Wie nun der Amtsvormund die Förderung und Gewährleistung persönlich gewährleisten soll, lässt sich nicht aus § 55 Abs 3 S 3 SGB VIII entnehmen. Im Unterschied zum Regierungsentwurf, der diese Aufgabe noch dem Mitarbeiter zuwies, der mit der Führung der Vormundschaft betraut war (BT-Drucks 17/3617, 5), sieht das Gesetz jetzt vor, dass der Amtsvormund selbst, sprich das Jugendamt als Behörde, die persönliche Förderung und Gewährleistung vornehmen soll. Da dessen Aufgabenerfüllung aber nur durch den hiermit beauftragten Mitarbeiter möglich ist, obliegt die Pflicht also letztlich ihm, was aber im Normtext nicht zum Ausdruck kommt. Die Norm in ihrer jetzigen Fassung beschränkt sich auf eine Wiederholung der Pflichten, die jedem beruflich tätigen Vormund, also auch dem Amtsvormund, ohnehin nach §§ 1800 S 2 und 1793 Abs 1a BGB obliegen. Dagegen wird die zentrale Frage nach dem „Wie" der „persönlichen" Wahrnehmung dieser Aufgaben im SGB VIII nicht geklärt (MünchKomm/Spickhoff Rn 38). **72**

XII. Pflegschafts- und Betreuungsrecht

§ 1800 BGB findet nach § 1915 Abs 1 S 1 BGB entsprechende Anwendung im Pflegschaftsrecht, nicht aber im Betreuungsrecht; vielmehr wird dort unmittelbar auf das Personensorgerecht der Eltern Bezug genommen (§§ 1908i Abs 1 S 1, 1632 Abs 1 bis 3 BGB). Im Übrigen ergeben sich die Pflichten des Betreuers aus §§ 1901 ff BGB. **73**

§ 1801
Religiöse Erziehung

(1) Die Sorge für die religiöse Erziehung des Mündels kann dem Einzelvormund von dem Familiengericht entzogen werden, wenn der Vormund nicht dem Bekenntnis angehört, in dem der Mündel zu erziehen ist.

(2) Hat das Jugendamt oder ein Verein als Vormund über die Unterbringung des Mündels zu entscheiden, so ist hierbei auf das religiöse Bekenntnis oder die Weltanschauung des Mündels und seiner Familie Rücksicht zu nehmen.

Materialien: E II § 1681; III § 1777; Prot IV 758, 875. Abs 1 geändert und Abs 2 angefügt durch NEhelG v 19. 8. 1969 (BGBl I 1243) Art 1 Nr 56; neugefasst durch Bekanntmachung v 2. 1. 2002 (BGBl I 42); Abs 1 geändert durch Art 50 Nr 37 nach Maßgabe von Art 111 FGG-RG v 17. 12. 2008 (BGBl I 2586) mit Wirkung v 1. 9. 2009.

Systematische Übersicht

Alphabetische Übersicht

I. Normzweck, Historie

1. Normzweck

Zur Sorge für die Person des Mündels, die nach § 1793 Abs 1 BGB dem Vormund obliegt, gehören auch das Recht und die Pflicht, den Mündel zu erziehen (§ 1800 iVm § 1631 Abs 1 BGB), worunter auch die Sorge für seine religiöse Erziehung fällt (KGJ 37, A 84, 86; KG RJA 12, 173; vgl auch § 1 RKEG). Darunter ist nicht nur die Bestimmung des religiösen Bekenntnisses, in dem der Mündel erzogen werden soll (vgl § 3 Abs 2 RKEG), zu verstehen, sondern auch alle einzelnen Maßnahmen, die der Vormund bei der Erziehung des Mündels im Bereich der Religion oder einer „nicht bekenntnismäßigen Weltanschauung" (vgl § 6 RKEG) trifft. 1

Um den Mündel vor Beeinträchtigungen in seiner religiösen Entwicklung zu schützen und der in Art 4 GG garantierten Religions- und Weltanschauungsfreiheit Rechnung zu tragen, sieht das Gesetz jedoch gewisse Einschränkungen vor. So ist an zwei Stellen zu erkennen, dass eine Gleichheit des religiösen Bekenntnisses zwischen Vormund und Mündel **die Regel** sein soll: Nach § 1779 Abs 2 S 2 BGB ist bei der Auswahl des Vormunds neben anderen Kriterien das religiöse Bekenntnis des Mündels zu berücksichtigen (s dazu § 1779 Rn 54, 83 ff), und nach § 1801 Abs 1 BGB kann das Familiengericht dem Einzelvormund die Sorge für die religiöse Erziehung des Mündels entziehen, wenn der Vormund nicht dem Bekenntnis angehört, in dem der Mündel zu erziehen ist. Abs 2 sieht zudem vor, dass das Jugendamt und der Verein als Vormund auf das religiöse Bekenntnis oder die Weltanschauung des Mündels und seiner Familie Rücksicht zu nehmen haben.

In welchem Bekenntnis der Mündel zu erziehen ist, bestimmte sich früher nach Landesrecht (Art 134 EGBGB); seit dem 1. 1. 1922 ist hierfür das **Gesetz über die religiöse Kindererziehung (RKEG)** vom 15. 7. 1921 (RGBl 939) maßgebend (s den Text dieses Gesetzes und die Erläuterungen dazu in: Staudinger/Salgo [2015] Anhang zu § 1631). Diese Vorschriften, die dem minderjährigen Kind im Bereich der religiösen Erziehung eine vorzeitige Geschäfts- und Prozessfähigkeit einräumen (Staudinger/Salgo [2015] § 5 RKEG Rn 4; MünchKomm/Huber § 5 RelKErzG Rn 2) und das Sorgerecht der Eltern entsprechend einschränken, gelten auch im Verhältnis des Mündels zum Vormund. 2

2. Historie

Das **NEhelG** (BGBl I 1969, 1243) hat in Abs 1 das Wort „Vormunde" durch das Wort „Einzelvormund" ersetzt, um damit auch im BGB klarzustellen, dass die Vorschrift nicht auf das Jugendamt und den Verein als Vormund anzuwenden ist; dies hatten zuvor schon die §§ 38 Abs 1 S 3, 53 Abs 4 JWG aF bestimmt (BT-Drucks V/2370, 85). 3

Gleichzeitig wurde Abs 2 eingefügt, der sachlich unverändert aus §§ 38 Abs 3, 53 Abs 4 JWG aF übernommen worden ist (Jansen/Knöpfel, Unehelichengesetz 371).

4 Zuletzt wurde Abs 1 durch das **FGG-RG** vom 17. 12. 2008 (BGBl I 2586) geändert, welches das Wort „Vormundschaftsgericht" durch „Familiengericht" ersetzte.

II. Die religiöse Erziehung als Teil der Sorge

5 Die religiöse Erziehung als Teil der Sorgeverantwortung umfasst die Bestimmung des religiösen Bekenntnisses, in dem der Mündel erzogen werden soll (vgl § 3 Abs 2 RKEG), sowie sonstige Maßnahmen (s oben Rn 1). Haben die Eltern das religiöse Bekenntnis des Mündels bereits bestimmt (§ 1 RKEG), so kann diese Bestimmung vom Vormund (auch wenn die elterliche Sorge vollumfänglich auf ihn übertragen wird) allerdings nicht mehr geändert werden (§ 3 Abs 2 S 6 RKEG) (Oberloskamp/Burschel, Vormundschaft § 8 Rn 16; Erman/Schulte-Bunert Rn 5). Die Bestimmung des Bekenntnisses seitens der Eltern kann durch ausdrückliches, aber auch schlüssiges Verhalten getroffen werden (OLG Düsseldorf 23. 4. 2012 – II-8 UF 70/12, juris Rn 4, FamRZ 2013, 140 [LS]; OLG Hamm 29. 3. 2016 – II-2 UF 223/15, juris Rn 25, FamRZ 2016, 1380, 1381); es ist unerheblich, ob die Religionszugehörigkeit tatsächlich praktiziert und gelebt wurde (OLG Hamm 29. 3. 2016 – II-2 UF 223/15, juris Rn 41, FamRZ 2016, 1380, 1382). Auch wenn sich der Vormund die elterliche Sorge mit einem Elternteil teilt, genießt der Elternteil nach § 3 Abs 1 S 1 RKEG Vorrang bei der Bestimmung des Bekenntnisses. Sollte dagegen keine Bestimmung durch die Eltern getroffen worden sein, kann der Vormund eine solche ausschließlich mit Genehmigung des Familiengerichts treffen (§ 3 Abs 2 S 1, 2 RKEG). Ein Kind, das das zehnte Lebensjahr vollendet hat, ist dabei vom Familiengericht anzuhören.

6 Darüber hinaus kann ein Kind, welches das zwölfte Lebensjahr vollendet hat, nicht gegen seinen Willen in einem anderen Bekenntnis als bisher erzogen werden (§ 5 S 2 RKEG). Mit Vollendung des 14. Lebensjahres steht dem Kind dann gemäß § 5 S 1 RKEG vollumfänglich die Entscheidung darüber zu, „zu welchem religiösen Bekenntnis es sich halten will", sodass die elterliche, aber auch die vormundschaftliche Sorge für die religiöse Kindererziehung hiermit endet (Oberloskamp/Burschel, Vormundschaft § 8 Rn 17).

III. Entziehung der Sorge für die religiöse Erziehung (Abs 1)

1. Voraussetzungen

7 Nach Abs 1 **kann** das Familiengericht dem Einzelvormund die Sorge für die religiöse Erziehung des Mündels entziehen, wenn der Vormund nicht dem Bekenntnis angehört, in dem der Mündel zu erziehen ist. Das bedeutet nicht, dass unter dieser Voraussetzung stets oder in aller Regel dem Vormund die Sorge für die religiöse Erziehung des Mündels zu entziehen wäre; der in der Reichstagskommission gestellte Antrag, das Wort „kann" durch „muß" zu ersetzen, wurde abgelehnt (vgl Mot IV 1099; Prot IV 870, 877 f; RTK 291; s dazu KGJ 46, A 79, 80; **aA** aber jurisPK-BGB/Lafontaine Rn 12, der für ein Ermessen wegen der anerkannten Auslegung des Bedürfnisses eines Nachteils für den Mündel [s dazu sogleich] kaum mehr „praktischen Raum" sieht). **Bekenntnisgleichheit** zwischen Vormund und Mündel ist allerdings **kein oberstes Gebot**, das schon bei der Auswahl des Vormunds

vor anderen Auswahlgrundsätzen Vorrang haben müsste (arg § 1779 Abs 2 S 2 BGB: „zu berücksichtigen“; s auch § 1779 Rn 85 ff) und, wenn die Verschiedenheit des religiösen Bekenntnisses oder der Weltanschauung später wahrgenommen wird, nur in besonderen Ausnahmefällen die Belassung des Rechts zur Sorge für die religiöse Erziehung des Mündels beim Vormund rechtfertigen könnte. Als weitere Voraussetzung muss vielmehr hinzukommen, dass die Verschiedenheit des Bekenntnisses unter den im Einzelfall gegebenen Umständen der religiös-weltanschaulichen Erziehung des Mündels abträglich ist (MünchKomm/Spickhoff Rn 3) und das **Interesse des Mündels** aus diesem Grund die Entziehung der Sorge für die religiöse Erziehung erfordert (BayObLGZ 9, 482, 486; Erman/Schulte-Bunert Rn 3; MünchKomm/Spickhoff Rn 4).

a) Verschiedenheit des Bekenntnisses

Die Vorschrift ist in allen Fällen anwendbar, in denen Vormund und Mündel nicht 8 demselben Bekenntnis angehören. Von dem Begriff des Bekenntnisses wird nicht nur das religiöse und weltanschauliche Bekenntnis (s Art 140 GG, 137 WRV), sondern auch die nichtreligiöse Weltanschauung (s Art 4 GG, § 6 RKEG) erfasst (Erman/Schulte-Bunert Rn 1; MünchKomm/Spickhoff Rn 4). Erfasst werden also alle Fälle, in denen Vormund und Mündel nicht derselben Religionsgemeinschaft oder Weltanschauungsvereinigung angehören, sei es, dass sie verschiedenen Gemeinschaften angehören, oder dass nur der eine von ihnen einer solchen Gemeinschaft oder Vereinigung angehört, während der andere ungebunden ist (zur negativen Religionsfreiheit des Kindes Staudinger/Salgo [2015] § 5 RKEG Rn 4; Gernhuber/Coester-Waltjen § 62 Rn 9). Dazu kann es kommen, wenn entweder der Vormund oder der Mündel zu einem anderen Bekenntnis übertritt oder aus seiner bisherigen Religionsgemeinschaft austritt, ohne sich einer anderen Gemeinschaft anzuschließen (s hierzu sogleich Rn 9). Die Vorschrift ist aber auch dann anwendbar, wenn die Verschiedenheit des religiösen Bekenntnisses schon bei der Auswahl des Vormunds gegeben war, jedoch keinen hinreichenden Anlass geboten hatte, diesen Vormund zu übergehen.

b) Nachteile für die religiös-weltanschauliche Erziehung des Mündels

Die Sorge für die religiöse Erziehung des Mündels kann, ohne dass die Interessen des 9 Mündels dadurch nachteilig beeinflusst werden, auch in der Hand eines andersgläubigen Vormunds liegen (KGJ 37, A 75, 78). So folgt aus einem bloßen Bekenntniswechsel oder Kirchenaustritt von Vormund oder Mündel noch nicht die Notwendigkeit der Entziehung der Sorge (BayObLGZ 30, 148, 149; Palandt/Götz Rn 1; Erman/Schulte-Bunert Rn 3; MünchKomm/Spickhoff Rn 4). Auch die Unterbringung des Mündels in einer konfessionsverschiedenen Familie oder die Stellung des Vormunds als Geistlicher einer anderen Religionsgemeinschaft sind hierfür nicht ausreichend (MünchKomm/Spickhoff Rn 5). Die Sorge für die religiöse Erziehung kann dem Vormund vielmehr nur dann entzogen werden, wenn **gewichtige Gründe** vorliegen, die befürchten lassen, dass die religiös-weltanschauliche Erziehung des Mündels nachteilig beeinflusst wird. Ob dies der Fall ist, muss nach den im Einzelfall gegebenen Umständen beurteilt werden. Dabei werden das Alter, der Bildungsstand des Mündels und der Grad der von ihm erreichten geistigen Selbständigkeit eine wesentliche Rolle spielen. Ein schuldhaftes Verhalten des Vormunds wird dagegen nicht vorausgesetzt (MünchKomm/Spickhoff Rn 5; Erman/Schulte-Bunert Rn 3; BGB-RGRK/Dickescheid Rn 5).

Danach ist die Notwendigkeit einer Entziehung etwa zu bejahen, wenn der – im 10 Übrigen durchaus geeignete – Vormund wegen seines anderen Glaubensbekenntnisses der religiösen Erziehung des Mündels nicht das nötige Interesse oder Verständnis entgegengebracht hat und es in dieser Hinsicht an der erforderlichen Sorge hat fehlen lassen, sodass die Besorgnis gerechtfertigt ist, der Vormund werde auch künftig um die religiöse Erziehung des Mündels nicht pflichtgemäß bemüht sein (BayObLGZ 9, 483; KGJ 46, A 79, 80; s auch Prot IV 877). Auch eine beharrliche Einflussnahme des Vormunds auf die Gesinnung des Mündels und damit die Missachtung oder gezielte Einschränkung seines religiösen Selbstbestimmungsrechts (s § 5 RKEG; s auch oben Rn 2) kann die Entziehung erforderlich machen (MünchKomm/Spickhoff Rn 5; NK-BGB/Fritsche Rn 4).

2. Rechtsfolgen

a) Auftreten der Voraussetzungen im Verlauf des Amtes

11 Liegen die genannten Voraussetzungen vor, so entzieht das Familiengericht dem Vormund die Sorge für die religiöse Erziehung und bestellt in der Regel zur Wahrnehmung der religiösen Interessen des Mündels gemäß § 1909 Abs 1 S 1 BGB einen Ergänzungspfleger (KG OLGE 33, 373, 375). Da es sich aber um eine nicht nur vorübergehende Ersetzung des zunächst bestellten Vormunds in einem abgegrenzten Bereich der Sorge für die Person des Mündels handelt, ist auch die Bestellung eines Mitvormunds (§§ 1775, 1797 Abs 2 BGB), der demselben Bekenntnis wie der Mündel angehört, für diesen Bereich nicht ausgeschlossen (BayObLG FamRZ 1966, 323, 326; ebenso Palandt/Götz Rn 1; Erman/Schulte-Bunert Rn 3a; MünchKomm/Spickhoff Rn 11; NK-BGB/Fritsche Rn 5; BGB-RGRK/Dickescheid Rn 6; **aA** Soergel/Zimmermann Rn 2 Fn 5).

b) Vorliegen der Voraussetzungen schon bei Vormundsbestellung

12 Gehören **Vormund und Mündel verschiedenen Bekenntnissen** an, so wird zT die Ansicht vertreten, dass das Familiengericht dem Vormund schon zugleich mit seiner Bestellung die Sorge für die religiöse Erziehung des Mündels entziehen und sie einem Pfleger übertragen kann (KGJ 12, 173; Erman/Schulte-Bunert Rn 2 u § 1779 Rn 8; NK-BGB/Fritsche Rn 2 aE; Soergel/Zimmermann Rn 3; jurisPK-BGB/Lafontaine Rn 6, der eine solche Entscheidung allerdings nur in seltenen Fällen für ermessensgerecht hält). Gegen diese Möglichkeit spricht zwar nicht notwendigerweise, dass sie in den Fällen nicht zur Anwendung kommen kann, in denen Eltern von ihrem Benennungsrecht nach § 1776 BGB Gebrauch gemacht und keine Einschränkung hinsichtlich der religiösen Erziehung ihres Kindes vorgesehen haben (so aber MünchKomm/Spickhoff Rn 6). Vielmehr sieht § 1778 Abs 1 Nr 4 BGB in Fällen einer Kindeswohlgefährdung ein Übergehen des benannten Vormunds vor, was die Möglichkeit impliziert, als mildere Maßnahme die Sorge teilweise zu entziehen. Gravierender erscheint jedoch der Einwand, dass in einem solchen Sorgerechtsentzug bereits ein antizipierter Vertrauensentzug gegenüber dem ansonsten als geeignet erachteten Vormund liegt (MünchKomm/Spickhoff Rn 6).

13 Um einen solchen zu vermeiden, liegt es näher, in Fällen, in denen sich abzeichnet, dass sich die Bekenntnisverschiedenheit von Mündel und Vormund nachteilig auf die religiöse Entwicklung des Mündels auswirkt, zugleich aber eine Person mit gleichem Bekenntnis wie der Mündel zur Verfügung steht, von der Möglichkeit einer **Mitvormundschaft nach §§ 1775, 1797 Abs 2 BGB** Gebrauch zu machen und der Bestellung eines Pflegers vorzuziehen (zu dieser Fallgestaltung s § 1775 Rn 12; **anders** jurisPK-BGB/Lafontaine Rn 14, der die Mitvormundschaft bei erstmaliger Bestellung grundsätzlich für nicht geeignet hält). Dadurch werden klare Verhältnisse geschaffen; keiner der beiden Vor-

münder könnte die Übernahme der Vormundschaft nach § 1786 Abs 1 Nr 7 BGB ablehnen, da diese Vorschrift ein Ablehnungsrecht nur bei Anordnung einer gemeinschaftlichen, nicht einer nach Wirkungskreisen getrennten Mitvormundschaft statuiert (allgM; s § 1786 Rn 21). Aus diesem Grund scheidet eine entsprechende Anwendung des § 1786 Abs 1 Nr 7 BGB auch im Falle einer von Anfang an angeordneten Pflegschaft aus, die dem Vormund die Sorge für die religiöse Erziehung des Mündels entzieht (**aA** MünchKomm/Spickhoff Rn 6 aE, 12 aE). Entfällt allerdings auch die Möglichkeit, einen Mitvormund zu bestellen, so sollte die generelle Eignung des konkreten Vormunds iSv § 1779 Abs 2 S 1 BGB nochmals genauer hinterfragt werden.

3. Konkurrenz mit anderen Eingriffsnormen

a) Verhältnis zu § 1796

Nach § 1796 BGB kann das Familiengericht dem Vormund die Vertretung für einzelne Angelegenheiten oder für einen bestimmten Kreis von Angelegenheiten entziehen, wenn das Interesse des Mündels zu dem Interesse des Vormunds, eines von diesem vertretenen Dritten, seines Ehegatten bzw Lebenspartners oder eines mit ihm in gerader Linie Verwandten „in erheblichem Gegensatz steht". Diese Voraussetzungen werden in einem Fall, in dem die Entziehung der Sorge für die religiöse Erziehung in Betracht kommt, in der Regel nicht vorliegen; in § 1801 Abs 1 BGB geht es nicht um die Lösung eines Interessenkonflikts zwischen Mündel und Vormund, wie ihn § 1796 Abs 2 BGB meint, sondern um die Vermeidung von Nachteilen für die religiöse Entwicklung des Mündels, wie sie bei Verschiedenheit der religiösen Bekenntnisse von Mündel und Vormund drohen können. Die Bezeichnung der Vorschrift als lex specialis gegenüber § 1796 BGB „hinsichtlich der damit verbundenen Teilentziehung des Vertretungsrechts" (so Soergel/Zimmermann Rn 1) oder „in Bezug auf die aus der Bekenntnisverschiedenheit von Vormund und Mündel resultierenden Interessenkollisionen" (so MünchKomm/Spickhoff Rn 8) erscheint deshalb nicht treffend. 14

b) Verhältnis zu § 1837 Abs 4 iVm § 1666 sowie zu § 1886

Bei schwerwiegendem Fehlverhalten des Vormunds im Bereich der religiösen Erziehung des Mündels, das zu einer Gefährdung des körperlichen, geistigen oder seelischen Wohls des Kindes führt, die der Vormund nicht gewillt oder in der Lage ist abzuwenden, kann eine Entziehung der Sorge für die religiöse Erziehung des Mündels, wie sie § 1801 Abs 1 BGB vorsieht, auch auf § 1837 Abs 4 iVm § 1666 Abs 1 BGB gestützt werden (vgl MünchKomm/Spickhoff Rn 10, der auch insoweit § 1801 Abs 1 BGB „im Hinblick auf Nachteile für die religiös-weltanschauliche Erziehung des Mündels, die aus der Bekenntnisverschiedenheit resultieren", als lex specialis bezeichnet, ohne daraus Folgerungen zu ziehen; so auch Erman/Schulte-Bunert Rn 3). 15

Selbständige Bedeutung hat § 1837 Abs 4 iVm § 1666 Abs 1 BGB auf jeden Fall dann, wenn der Vormund durch ein Fehlverhalten im Bereich der religiösen Erziehung das Wohl des Mündels ernstlich beeinträchtigt oder gefährdet (vgl dazu Staudinger/Coester [2016] § 1666 Rn 126), ohne dass das Bekenntnis des Vormunds von dem des Mündels verschieden ist (MünchKomm/Spickhoff Rn 4 aE, 10; BGB-RGRK/Dickescheid Rn 5). Kommt in einem solchen Fall die Entziehung der Sorge für die religiöse Erziehung in Betracht, so wird wegen der Bedeutung der religiös-weltanschaulichen Erziehung für die Entwicklung der Persönlichkeit des Kindes (vgl MünchKomm/Spickhoff Rn 9) sogar die Entlassung des Vormunds gemäß § 1886 BGB naheliegen (s § 1837 Rn 82 f). 16

4. Verfahren

17 Die Entscheidung ist dem **Richter** vorbehalten (§ 14 Abs 1 Nr 11 RPflG).

18 Dem Vormund steht gegen die Entziehung der Sorge für die religiöse Erziehung des Mündels die **Beschwerde** nach §§ 58, 59 Abs 1 FamFG zu (vgl zu § 20 FGG KGJ 37, A 84, 86).

19 Wird dem Vormund schon bei seiner Verpflichtung die Sorge für die religiöse Erziehung des Mündels entzogen und auf einen Pfleger oder Mitvormund übertragen (vgl oben Rn 12), so ist zu unterscheiden:

Der nach § 1779 BGB ausgewählte und von Beginn an ohne Wirkungskreis der Sorge für die religiöse Erziehung des Mündels bestellte Vormund ist mangels Beeinträchtigung in eigenen Rechten (vgl § 59 Abs 1 FamFG) nicht beschwerdeberechtigt, weil ihm nicht das Recht zustand, für die religiöse Erziehung des Mündels zu sorgen, und er auch kein Recht auf Übertragung dieses Bereichs der Sorge hatte (MünchKomm/Spickhoff Rn 12; zum FGG KG RJA 12, 173, 174; Dölle § 125 I 3; Soergel/Zimmermann Rn 3).

Anders verhält es sich, wenn der Vormund von den Eltern wirksam und ohne Einschränkung gemäß § 1776 BGB benannt war. In einem solchen Fall ist die Beschwerdeberechtigung aus § 59 Abs 1 FamFG zu bejahen (so auch MünchKomm/Spickhoff Rn 12).

IV. Rücksicht auf das religiöse Bekenntnis bei Unterbringung des Mündels durch das Jugendamt oder den Verein als Vormund (Abs 2)

20 § 1801 Abs 2 BGB enthält für die Amtsvormundschaft und die Vereinsvormundschaft das Gebot, auf das religiöse Bekenntnis oder die Weltanschauung des Mündels und seiner Familie Rücksicht zu nehmen, wenn über die Unterbringung des Mündels (vgl §§ 33, 34 SGB VIII) zu entscheiden ist. Das bedeutet nicht, dass ein Mündel stets nur in einer Familie, deren Mitglieder demselben Bekenntnis wie der Mündel angehören (s Fallgestaltung in DIJuF-Rechtsgutachten JAmt 2007, 203, bei der ein Gericht allein aufgrund der Unterbringung in einer konfessionsverschiedenen Pflegefamilie bereits eine Ergänzungspflegschaft nach § 1909 BGB mit den Aufgaben der religiösen Kindererziehung und Aufenthaltsbestimmung angeordnet hat), oder in einem Heim oder einer Anstalt untergebracht werden dürfte, deren Träger der Kirche oder Weltanschauungsgemeinschaft des Mündels nahesteht. Wohl aber sollen die ungestörte religiöse oder weltanschauliche Entwicklung des Mündels und seine Selbstbestimmung auf diesem Gebiet gewährleistet sein (vgl MünchKomm/Spickhoff Rn 13 f). Dies könnte nicht angenommen werden, wenn zu erwarten wäre, dass der Mündel in der Familie oder dem Heim in der Ausübung seiner Religion behindert, in seinem Glauben verunsichert oder gar zu einem Glaubenswechsel verleitet wird.

21 § 1801 Abs 2 BGB wird darüber hinaus auch als eine **allgemein geltende Richtlinie** für die Führung der Vormundschaft durch das Jugendamt oder einen Verein verstanden; diese sollen generell auf das religiöse Bekenntnis oder die Weltanschauung des Mündels Rücksicht nehmen. Das bedeutet nicht, dass nur ein bekenntnisgleicher Mitar-

beiter des Vereins bzw des Jugendamts mit der Führung der Vormundschaft betraut werden darf (so auch ODERSKY, NEhelG Art 1 Nr 56 Bem 3; s auch SOERGEL/ZIMMERMANN Rn 4 aE; MünchKomm/SPICKHOFF Rn 13; ERMAN/SCHULTE-BUNERT Rn 4). Dennoch ist auch bei der Auswahl des Mitarbeiters hierauf Rücksicht zu nehmen. Zwar werden die tatsächliche Personensorge und damit auch die religiöse Erziehung von der tatsächlich pflegenden und erziehenden Person, nicht aber vom Jugendamt oder dem Verein als Vormund wahrgenommen. Deswegen ist, wie Abs 2 zu Recht betont, bei der Unterbringung des Mündels durch den Verein oder das Jugendamt in erster Linie auf das religiöse Bekenntnis oder die Weltanschauung der Pflegeperson Rücksicht zu nehmen. Diese Rücksichtnahme gilt es aber auch für die Auswahl des mit der Führung der Vormundschaft betrauten Mitarbeiters zu üben, hat dieser doch zum einen den regelmäßigen persönlichen Kontakt zum Mündel zu halten (§ 1793 Abs 1a BGB), während dessen auch Bekenntnisfragen zur Sprache kommen können. Zum anderen hat er die dem Jugendamt oder Verein als Vormund nach § 1800 S 2 BGB obliegende Aufgabe wahrzunehmen, also zu gewährleisten, dass die religiös-weltanschauliche Entwicklung des Mündels in der Pflegestelle nicht gestört wird. Beide Aufgaben verlangen vom Mitarbeiter mithin eine Offenheit für religiös-weltanschauliche Fragen.

In die gleiche Richtung weist die Bestimmung **des § 9 Nr 1 SGB VIII**, die den Trägern **22**
der Jugendhilfe generell gebietet, bei der Ausgestaltung der Leistungen und der Erfüllung der Aufgaben der Jugendhilfe ua „die Rechte der Personensorgeberechtigten und des Kindes oder des Jugendlichen bei der Bestimmung der religiösen Erziehung zu beachten“.

Zum **Reformbedarf** näher STAUDINGER/VEIT (2014) Rn 20. **23**

§ 1802
Vermögensverzeichnis

(1) Der Vormund hat das Vermögen, das bei der Anordnung der Vormundschaft vorhanden ist oder später dem Mündel zufällt, zu verzeichnen und das Verzeichnis, nachdem er es mit der Versicherung der Richtigkeit und Vollständigkeit versehen hat, dem Familiengericht einzureichen. Ist ein Gegenvormund vorhanden, so hat ihn der Vormund bei der Aufnahme des Verzeichnisses zuzuziehen; das Verzeichnis ist auch von dem Gegenvormund mit der Versicherung der Richtigkeit und Vollständigkeit zu versehen.

(2) Der Vormund kann sich bei der Aufnahme des Verzeichnisses der Hilfe eines Beamten, eines Notars oder eines anderen Sachverständigen bedienen.

(3) Ist das eingereichte Verzeichnis ungenügend, so kann das Familiengericht anordnen, dass das Verzeichnis durch eine zuständige Behörde oder durch einen zuständigen Beamten oder Notar aufgenommen wird.

Materialien: E I § 1659; II § 1682; III § 1778; Mot IV 1099; Prot IV 758. Neugefasst durch Bekanntmachung v 2. 1. 2002 (BGBl I 42); Abs 1 S 1, Abs 3 geändert durch Art 50 Nr 37 nach Maßgabe von Art 111 FGG-RG v 17. 12. 2008 (BGBl I 2586) mit Wirkung vom 1. 9. 2009.

Schrifttum

BIENWALD, Zur Notwendigkeit gerichtlicher Aufsicht über die Führung einer Betreuung, RpflStud 2016, 65

BIRKENFELD, Rechnungslegung und Rechnungsprüfung in Vormundschafts- und Nachlaßsachen, FamRZ 1976, 197

DREWS, Stichtag für das Vermögensverzeichnis (§ 1802 BGB), Rpfleger 1980, 178

HERDEMERTEN, Die Rechnungslegungspflicht des als Pfleger bestellten Ehegatten, FamRZ 1966, 16

SCHULTHEIS, Der Umfang der Inventarisationspflicht des elterlichen Gewalthabers nach § 1640 BGB, ZBlFG 7, 175

SPANL, Der umstrittene Stichtag. Das Vermögensverzeichnis in der Vormundschaft und Pflegschaft gemäß § 1802 BGB, Rpfleger 1990, 278.

Systematische Übersicht

Alphabetische Übersicht

I. Normzweck

1 § 1802 BGB regelt die Inventarisierungspflicht des Vormunds. Das Vermögensverzeichnis bildet eine wichtige Grundlage für die Führung der **Aufsicht durch das Familiengericht** (§ 1837 BGB) über die dem Vormund nach § 1793 BGB obliegende Sorge für das Mündelvermögen.

2 Durch das Verzeichnis soll das Familiengericht weiter in die Lage versetzt werden, **die wirtschaftliche Lage des Mündels** zu erkennen und zu beurteilen. Der Überblick über die finanzielle Situation des Mündels bildet aber auch für den Vormund die Planungsgrundlage für seine Vermögenssorge (BeckOGK/Fröschle [1. 9. 2019] Rn 7). Das Verzeichnis ermöglicht zudem die Abgrenzung zwischen dem Vermögen des Mündels und dem eigenen Vermögen des Vormunds und bildet die Grundlage sowohl für die Rechnungslegung (§ 1840 Abs 2–4 BGB) als auch für die Schlussrechnung (§ 1890 S 1 HS 2 BGB).

3 Zudem erleichtert es dem **Mündel** die Geltendmachung des Anspruchs auf Vermögensherausgabe gegen den Vormund nach Beendigung dessen Amtes (§ 1890 S 1 HS 1 BGB) (OLG Schleswig FGPrax 2004, 238, 239; Palandt/Götz Rn 1).

4 Im Vordergrund steht die gerichtliche Kontrolle der Amtsführung des Vormunds. Deshalb hat die Pflicht zur Verzeichnung des Mündelvermögens **ausschließlich öffentlich-rechtlichen Charakter**; sie ist nicht zugleich eine dem Vormund gegenüber dem

Mündel obliegende privatrechtliche Verpflichtung (Mot IV 1099; Erman/Schulte-Bunert Rn 1).

II. Erstellung eines Vermögensverzeichnisses (Abs 1 S 1)

1. Inventarisierungspflicht ohne Befreiungsmöglichkeit

5 Der Vormund hat das Vermögen des Mündels zu verzeichnen und das Verzeichnis mit der Versicherung, dass es richtig und vollständig ist, dem Familiengericht einzureichen (Abs 1 S 1). Eine Befreiung von dieser Verpflichtung sieht das BGB nicht vor. Da die Einreichung des Vermögensverzeichnisses nicht nur der Kontrolle der Amtsführung des Vormunds dient, sondern dem Familiengericht auch einen Überblick über die wirtschaftliche Lage des Mündels verschaffen soll, kann eine Befreiung weder durch das Familiengericht noch durch eine Anordnung der Eltern des Mündels (§ 1854 Rn 1) oder eines Dritten, der dem Mündel Vermögen unter Lebenden oder von Todes wegen zuwendet (vgl § 1803 BGB), wirksam ausgesprochen werden (anders § 1640 Abs 2 Nr 2 BGB, der die Möglichkeit der Befreiung der Eltern von der Inventarisierungspflicht durch den Zuwendenden vorsieht, s dazu – kritisch – Staudinger/Heilmann [2016] § 1640 Rn 16). Auch die dem Familiengericht zustehende Befugnis zur Anordnung eines öffentlichen Inventars (Abs 3) (dazu unten Rn 47 f) kann nicht ausgeschlossen werden (BGB-RGRK/Dickescheid Rn 2; Soergel/Zimmermann Rn 1; Palandt/Götz Rn 1; MünchKomm/Kroll-Ludwigs Rn 1; Erman/Schulte-Bunert Rn 1).

6 Nach § 1837 Abs 3 S 2 BGB kann allerdings das **Jugendamt oder ein Verein als Vormund** nicht durch Androhung und Festsetzung eines Zwangsgeldes zur Einreichung eines Verzeichnisses des Mündelvermögens angehalten werden. Ferner bestimmt § 56 Abs 2 S 1 SGB VIII, dass ua § 1802 Abs 3 BGB gegenüber dem Jugendamt als Amtsvormund und Amtspfleger nicht angewandt wird. Darüber hinaus ermächtigt § 56 Abs 2 S 3 SGB VIII die Länder, für das Jugendamt als Amtspfleger oder als Amtsvormund weitergehende Ausnahmen von der Anwendung der Bestimmungen des BGB vorzusehen, die die Aufsicht des Familiengerichts in vermögensrechtlicher Hinsicht betreffen. Von dieser Ermächtigung haben einzelne Länder in unterschiedlichem Umfang Gebrauch gemacht (s § 1791b Rn 47; näher BeckOGK/Fröschle [1. 9. 2019] Rn 63.1).

2. Das zu verzeichnende Vermögen

7 Der **Begriff des Vermögens** ist im Gesetz nicht definiert, aber auch nicht eingeschränkt. Nicht relevant ist, ob sich das Vermögen innerhalb oder außerhalb des Bezirks des Familiengerichts, ob es sich im Inland oder im Ausland befindet. Das Gesetz unterscheidet auch nicht nach der Art des Vermögenserwerbs (vgl aber § 1803 BGB), und es enthält auch keine Sondervorschriften für bestimmte Vermögensarten, etwa – wie es in einzelnen Partikularrechten vorgesehen war – für den Fall, dass zum Vermögen des Mündels ein Handelsgeschäft oder ein anderes größeres gewerbliches Unternehmen oder eine Beteiligung daran gehört (Mot IV 1101), für Haushaltsgegenstände (anders § 1640 Abs 1 S 3 BGB, s dazu unten Rn 17) oder für Vermögen, dessen Geldwert eine bestimmte Grenze nicht überschreitet (anders § 1640 Abs 2 Nr 1 BGB).

Unter dem zu verzeichnenden Vermögen ist **nicht nur das Kapitalvermögen im engeren Sinn** zu verstehen; vielmehr gehören dazu auch Ansprüche auf Renten oder andere wiederkehrende Leistungen (RG JW 1938, 2206; Möhring/Beisswingert/Klingelhöffer, Vermögensverwaltung 66; **aA** wohl Herdemerten FamRZ 1966, 16, 17). Nur eine weite Auslegung des Vermögensbegriffs wird dem Zweck des Vermögensverzeichnisses (Rn 1 ff) gerecht. 8

Die Verpflichtung des Vormunds erstreckt sich auf **das gesamte Vermögen des Mündels**, also nicht nur auf das Vermögen, das der Vormund zu verwalten hat, sondern auch auf die Vermögensteile, die von einem Dritten (zB Testamentsvollstrecker, Pfleger) verwaltet werden. Dies ergibt sich schon aus dem Wortlaut des Gesetzes (ebenso KG RJA 17, 34; KG JFG 11, 48; Soergel/Zimmermann Rn 1; Palandt/Götz Rn 2; MünchKomm/Kroll-Ludwigs Rn 5; BGB-RGRK/Dickescheid Rn 5 ff; Dölle § 126 II 1 a; Gernhuber/Coester-Waltjen § 72 Rn 12). Insoweit unterscheidet sich die Verzeichnungspflicht des Vormunds von der der Eltern nach § 1640 Abs 1 S 1 BGB, welche sich auf das ihrer Verwaltung unterliegende Vermögen beschränkt. 9

3. Adressat der Inventarisierungspflicht

a) Vormund

Zur Inventarisierung ist der Vormund verpflichtet, und zwar auch das Jugendamt als Amtsvormund (arg e § 56 Abs 2 S 1 SGB VIII). Hat der zunächst bestellte Vormund ein Vermögensverzeichnis eingereicht, so braucht ein ihn ablösender **neuer Vormund** kein neues Verzeichnis aufzustellen. Dies ergibt sich daraus, dass das Vermögensverzeichnis dem Gericht zunächst eine Grundlage für die Beurteilung der wirtschaftlichen Lage des Mündels bieten soll und sich hieran seine Aufsicht über die Vermögensverwaltung des Vormunds ausrichtet. 10

Der neue Vormund wird aber, wenn der frühere Vormund ihm gemäß § 1890 BGB über seine Verwaltung Rechenschaft ablegt, das früher eingereichte Verzeichnis zu prüfen und notfalls zu **ergänzen** haben (MünchKomm/Kroll-Ludwigs Rn 10; für ein neues Verzeichnis Soergel/Zimmermann Rn 1 aE). Zudem muss er ein **Nachtragsverzeichnis** erstellen, wenn dem Mündel später weiteres Vermögen zufällt (näher dazu unten Rn 25).

b) Mitvormünder

Mitvormünder, die die **Vormundschaft gemeinschaftlich führen** oder jedenfalls das Vermögen des Mündels gemeinschaftlich verwalten (§ 1797 Abs 1 S 1 BGB), haben das Verzeichnis des Mündelvermögens gemeinsam aufzustellen und dem Familiengericht einzureichen (ebenso MünchKomm/Kroll-Ludwigs Rn 8). 11

Sind Mitvormünder mit **getrennten Wirkungskreisen** bestellt, so ist jeder von ihnen verpflichtet, das gesamte Vermögen des Mündels, auch soweit es vom anderen Mitvormund verwaltet wird, zu verzeichnen. Jedes andere Ergebnis würde dem Grundsatz zuwiderlaufen, dass auch die Vermögensgegenstände, die nicht vom Vormund selbst verwaltet werden, in das vom Vormund aufzustellende Vermögensverzeichnis aufzunehmen sind (oben Rn 9; ebenso BGB-RGRK/Dickescheid Rn 5; Erman/Schulte-Bunert Rn 4; jurisPK-BGB/Lafontaine Rn 9; Palandt/Götz Rn 1; **aA** Soergel/Zimmermann Rn 3; MünchKomm/Kroll-Ludwigs Rn 8; NK-BGB/Fritsche Rn 4; Dölle § 126 II 1 a). Die Vertreter der Gegenmeinung scheinen in Kauf zu nehmen, dass Mündelvermögen, 12 das nicht eindeutig zum Wirkungskreis eines der Mitvormünder gehört, von keinem der Vormünder zu verzeichnen ist; damit würde aber gerade in Fällen, in denen Anlass zur Bestellung mehrerer Vormünder bestanden hatte, ein nicht unwesentlicher Zweck des § 1802 BGB (oben Rn 2) nicht erreicht. Bei vernünftiger Handhabung kann auch unergiebige Doppelarbeit durch alle Mitvormünder dadurch vermieden werden, dass jeder Mitvormund das Vermögen, dessen Verwaltung dem anderen Mitvormund obliegt, nur summarisch in sein Verzeichnis aufnimmt und sich hinsichtlich einzelner Posten auf das vom anderen Vormund eingereichte Verzeichnis bezieht.

Der hier vertretenen Auffassung steht es nicht entgegen, dass das nach § 1802 BGB aufzustellende Verzeichnis auch die – nur im Hinblick auf das vom Vormund verwaltete Vermögen bedeutsame – Funktion hat, die Prüfung der Rechnungslegung nach dem Ende des Amts des Vormunds zu erleichtern, insbesondere den Beweis zu ermöglichen, dass ein bestimmter Gegenstand zum Vermögen des Mündels gehört (hat) (vgl § 1890 Rn 18).

4. Beginn und Ende der Verpflichtung

13 Die Verpflichtung des Vormunds zur Errichtung eines Inventars **entsteht mit seiner Bestellung** nach § 1789 BGB (Palandt/Götz Rn 1; BeckOGK/Fröschle [1. 9. 2019] Rn 14). Hiervon zu unterscheiden ist der für die Inventarisierung maßgebliche Stichtag; diesen legt das Gesetz auf den Zeitpunkt der Anordnung der Vormundschaft fest (näher Rn 32 f).

14 Die Verpflichtung **endet** mit der Vorlage des Verzeichnisses, aber nicht mit Beendigung des Amtes, wenn das Verzeichnis zu dieser Zeit dem Familiengericht noch nicht vorgelegt worden ist, es sei denn, dass dem Vormund dies mangels Mitwirkung des Mündels nicht möglich war. Stirbt der Vormund vor Abgabe des Verzeichnisses, kann dessen Vorlage allerdings von seinen Erben ebenso wenig erzwungen werden wie die Vorlage einer Schlussrechnung (BGH 26. 7. 2017 – XII ZB 515/16, juris Rn 10, FamRZ 2017, 1776, 1777 [betr Schlussrechnung]; BeckOGK/Fröschle [1. 9. 2019] Rn 17).

5. Inhalt des Vermögensverzeichnisses

a) Aufzählung und Beschreibung aller Vermögenswerte

15 In dem Verzeichnis muss der Vormund alle Gegenstände, die bei Anordnung der Vormundschaft zum Vermögen des Mündels gehört haben, aufzählen und dabei alle Merkmale anführen, die im Interesse der Sicherung und Erhaltung des Mündelvermögens zur Individualisierung und Identifizierung der einzelnen Gegenstände notwendig sind (KGJ 36, A 38, 40; RG OLGE 24, 45; Dölle § 126 II 1 a; MünchKomm/Kroll-Ludwigs Rn 3; Soergel/Zimmermann Rn 2; Palandt/Götz Rn 2). Dies gilt für bewegliche Sachen und Forderungen ebenso wie für Grundstücke und beschränkt dingliche Rechte (ausführlich zu einzelnen Posten des Verzeichnisses: Oberloskamp/Dürbeck, Vormundschaft § 10 Rn 16 ff; BeckOGK/Fröschle [1. 9. 2019] Rn 22 ff).

16 Die **Angabe des Wertes** der einzelnen Gegenstände ist nicht ausdrücklich vorgeschrieben, aber oft – zumindest in Form einer Schätzung – geboten, um dem Familiengericht die Beurteilung der Situation zu ermöglichen (Mot IV 1101, wo auf

Gesichtspunkte der Zweckmäßigkeit hingewiesen wird; strenger MÖHRING/BEISSWINGERT/KLINGELHÖFFER, Vermögensverwaltung 67; BIRKENFELD FamRZ 1976, 197; s auch ERMAN/SCHULTE-BUNERT Rn 2d; PALANDT/GÖTZ Rn 2; NK-BGB/FRITSCHE Rn 3; BeckOGK/FRÖSCHLE [1. 9. 2019] Rn 42; SOERGEL/ZIMMERMANN Rn 2).

b) Vermögenswerte im Einzelnen

aa) Haushaltsgegenstände

Haushaltsgegenstände, bei denen sich die Eltern nach § 1640 Abs 1 S 3 BGB damit begnügen können, den Gesamtwert anzugeben (s dazu STAUDINGER/HEILMANN [2016] § 1640 Rn 18), muss der Vormund grundsätzlich einzeln im Verzeichnis des Mündelvermögens anführen (vgl SCHULTHEIS ZBlFG 7, 175, 190; PALANDT/GÖTZ Rn 2; BeckOGK/FRÖSCHLE [1. 9. 2019] Rn 22). Eine entsprechende Anwendung der für Eltern geltenden Erleichterung ist zwar grundsätzlich nicht möglich (MünchKomm/KROLL-LUDWIGS Rn 3; ERMAN/SCHULTE-BUNERT Rn 2d), wohl aber wird man im Hinblick auf den Zweck des Vermögensverzeichnisses eine großzügige Zusammenfassung der Haushaltsgegenstände in Gruppen für ausreichend halten können (so auch OBERLOSKAMP/DÜRBECK, Vormundschaft § 10 Rn 45). 17

bb) Ansprüche

Ansprüche jeglicher Art sind nach Schuldgrund, Höhe, Fälligkeit und Schuldner ebenso wie die hierfür bestehenden Sicherheiten genau anzugeben (näher OBERLOSKAMP/DÜRBECK, Vormundschaft § 10 Rn 38 ff). Bei Ansprüchen auf wiederkehrende Leistungen (zB Unterhalt, Arbeitsentgelt, Rente, Krankengeld, Miete und Pacht) sind die Rückstände zum Stichtag, aber auch die Höhe und Fälligkeit der künftigen Forderungen anzugeben (BeckOGK/FRÖSCHLE [1. 9. 2019] Rn 36; OBERLOSKAMP/DÜRBECK, Vormundschaft § 10 Rn 66 plädiert demgegenüber für eine Ergänzung des Vermögensverzeichnisses um einen Abschnitt „Einkommensverhältnisse des Mündels"; jurisPK-BGB/LAFONTAINE Rn 15 und ERMAN/SCHULTE-BUNERT Rn 2 lassen die Angabe der „Einkommensquellen" genügen; zum Pflichtteilsanspruch unten Rn 23 f). 18

cc) Erwerbsgeschäft

Ein Erwerbsgeschäft des Mündels ist nach der Art des Geschäfts, seinem Firmennamen und der Handelsregisternummer anzugeben. Schwierigkeiten bereitet vor allem die Bestimmung des Verkehrswerts des Unternehmens, wenn dieses vom Mündel fortgeführt wird (für Angabe des Substanz- und Ertragswerts OBERLOSKAMP/DÜRBECK, Vormundschaft § 10 Rn 21; für Angabe des Bilanzbuchwertes BeckOGK/FRÖSCHLE [1. 9. 2019] Rn 46). 19

dd) Beteiligung des Mündels an Rechts- und Vermögensgemeinschaften

Besteht das Vermögen des Mündels (ua) in einem Anteil an einer Gemeinschaft nach Bruchteilen oder zur gesamten Hand, so wird in Rechtsprechung und Schrifttum angenommen, dass der Vormund verpflichtet ist, ein Vermögensverzeichnis der Gesellschaft (§§ 705 ff BGB), der Bruchteilsgemeinschaft (§§ 741 ff BGB) oder der Erbengemeinschaft (§§ 2032 ff BGB) einzureichen und die Größe des Anteils des Mündels anzugeben; die bloße Verzeichnung des dem Mündel zustehenden Gesellschafts- oder Gemeinschaftsanteils und die Angabe seines Wertes sollen nicht genügen (KGJ 35, A 24, 26; 36, A 38, 40; MünchKomm/KROLL-LUDWIGS Rn 4; SOERGEL/ZIMMERMANN Rn 2). Dem wird man nicht in vollem Umfang folgen können, wenn das Vermögen des Mündels in einem Anteil an einer Gesellschaft des bürgerlichen Rechts, einer offenen 20

Handelsgesellschaft oder einer Kommanditgesellschaft besteht; in diesen Fällen wird der Vormund nur verpflichtet sein, Inventar und Bilanz der Gesellschaft einzureichen (so auch Palandt/Götz Rn 2; jurisPK-BGB/Lafontaine Rn 17; vgl Staudinger/Heilmann [2016] § 1640 Rn 20; NK-BGB/Fritsche Rn 3 Fn 3; BeckOGK/Fröschle [1. 9. 2019] Rn 31; **aA** Oberloskamp/Dürbeck, Vormundschaft § 10 Rn 55). Dafür spricht insbesondere, dass einem **Gesellschafter** an einer Personengesellschaft weitere als die in §§ 716 BGB (Gesellschaft bürgerlichen Rechts), 118 HGB (Offene Handelsgesellschaft), 161 Abs 2, 166 HGB (Kommanditgesellschaft) vorgesehenen Befugnisse nicht zustehen, sodass der Vormund nicht in der Lage wäre, ein detailliertes Vermögensverzeichnis des Vermögens der Gesellschaft einzureichen.

21 Ist der Mündel dagegen nicht mehr Gesellschafter, sondern ausgeschieden und Gläubiger eines **Auseinandersetzungsguthabens**, so ist diese Forderung im Vermögensverzeichnis aufzuführen und dem Betrag und dem Grunde nach genau zu beschreiben, sodass keine Zweifel an ihrer Identität bestehen; eine Verpflichtung des Vormunds, Belege einzureichen, insbesondere den Gesellschaftsvertrag und eine Bilanz vorzulegen, ergibt sich aus § 1802 BGB nicht (KGJ 36, A 38, 40 f).

22 Ist der Mündel an einer **Kapitalgesellschaft** beteiligt, so genügt die genaue Bezeichnung des Anteils im Vermögensverzeichnis (näher BeckOGK/Fröschle [1. 9. 2019] Rn 32).

ee) Der Mündel als Pflichtteilsberechtigter oder Nacherbe

23 Gehört zum Vermögen des Mündels ein **Pflichtteilsanspruch**, so genügt der Vormund seiner Inventarisierungspflicht, wenn er den Reinbestand des Nachlasses und den dem Mündel als Pflichtteilsberechtigtem zukommenden Anteil angibt; die Einreichung eines Verzeichnisses des gesamten Nachlasses, auf das der Pflichtteilsberechtigte nach § 2314 BGB gegen den Erben einen Anspruch hat, kann das Familiengericht dagegen nicht verlangen (RGZ 80, 65, 67; vgl auch Staudinger/Heilmann [2016] § 1640 Rn 23 und die dortigen Nachweise). Dies ergibt sich bereits daraus, dass dem Mündel kein Anteil am Nachlass, sondern nach § 2303 BGB nur eine reine Geldforderung zusteht. Der Vormund wird aber, wenn die Zusammensetzung und die Bewertung des Nachlasses, aus dem der Pflichtteilsanspruch zu berechnen ist, auch nur den geringsten Zweifeln ausgesetzt sind, schon zu seiner eigenen Entlastung (vgl § 1833 BGB) die in § 2314 BGB vorgesehene Auskunft vom Erben fordern, deren Weitergabe dann auch das Familiengericht bei der Überprüfung des Vermögensverzeichnisses (s auch § 1839 BGB) vom Vormund verlangen kann (vgl auch RGZ 80, 65, 68).

24 Ist der Mündel als **Nacherbe** eingesetzt, so steht ihm in jedem Fall der betagte Anspruch auf den Nachlass zu, auch wenn der Zeitpunkt des Eintritts des Nacherbfalls ungewiss ist. Deshalb muss der Vormund in diesem Fall alle Bestandteile des Nachlasses verzeichnen, selbst wenn der Vorerbe gemäß § 2136 BGB von den in dieser Vorschrift aufgezählten Beschränkungen und Verpflichtungen befreit ist (RGZ 65, 142 = RJA 8, 93; KGJ 20, A 225, 230 f; 43, A 38, 41; JFG 11, 48, 51; OLG Hamm FamRZ 1969, 660, 661; Soergel/Zimmermann Rn 2; BeckOGK/Fröschle [1. 9. 2019] Rn 29). Ist der als Nacherbe eingesetzte Mündel zugleich Pflichtteilsberechtigter (§ 2303 BGB), so ist auch der Pflichtteilsanspruch, der dem Mündel alternativ neben dem betagten Anspruch auf den Nachlass zusteht, im Vermögensverzeichnis anzuführen (KGJ 20, A 225, 232; OLG Hamm FamRZ 1969, 660, 661).

c) Nach dem Stichtag erworbenes Vermögen

Die Verzeichnungspflicht des Vormunds nach Abs 1 erstreckt sich auch auf das Vermögen, das bei der Anordnung der Vormundschaft noch nicht vorhanden ist, sondern **dem Mündel später zufällt**. Der Vormund hat also, wenn der Mündel im Lauf der Vormundschaft neues Vermögen erwirbt, jeweils ein Nachtragsverzeichnis einzureichen, das in jeder Hinsicht den an das Anfangsverzeichnis zu stellenden Anforderungen genügt; bloße Veränderungen im Bestand des schon verzeichneten Vermögens (zB Gewinne und Verluste innerhalb einzelner Vermögensteile, Zinsgutschriften und dergleichen; vgl § 1841 Abs 1 BGB, wonach die periodische Rechnung ua „über den Ab- und Zugang des Vermögens Auskunft geben" soll) sind dagegen in der laufenden Rechnung darzustellen (ebenso oder ähnlich schon Schultheis ZBlFG 7, 175, 178 ff; Enneccerus/Kipp § 114 II Fn 4; Dölle § 126 II 1 a; ferner Gernhuber/Coester-Waltjen § 72 Rn 15; MünchKomm/Kroll-Ludwigs Rn 2; Erman/Schulte-Bunert Rn 2b; Soergel/Zimmermann Rn 2; Palandt/Götz Rn 2; BeckOGK/Fröschle [1. 9. 2019] Rn 16). 25

Ein nachträglicher Erwerb von Vermögen, das der Vormund zu verwalten hat, kann dem Familiengericht Anlass geben, eine gemäß § 1840 Abs 4 BGB getroffene Anordnung, durch die die periodische Rechnungslegung für längere Zeitabschnitte gestattet wurde, zu ändern (§ 1840 Rn 23 ff). 26

d) Verbindlichkeiten

In das Inventar sind auch die **Schulden** des Mündels in der spiegelbildlichen Präzision wie Forderungen (dazu oben Rn 18) aufzunehmen, um dem Familiengericht einen Überblick über die wirtschaftliche Lage des Mündels zu verschaffen (vgl Mot IV 1102; Schultheis ZBlFG 7, 175, 182 ff; Soergel/Zimmermann Rn 2; MünchKomm/Kroll-Ludwigs Rn 3; BGB-RGRK/Dickescheid Rn 8; BeckOGK/Fröschle [1. 9. 2019] Rn 37). Auch hierin unterscheidet sich die Inventarpflicht des Vormunds von der der Eltern im Falle des § 1640 BGB, wo es nicht auf die Aufstellung eines vollständigen Vermögensstatus des Kindes ankommt (vgl Staudinger/Heilmann [2016] § 1640 Rn 19). 27

Neben den Schulden müssen auch **sonstige Haftungsverpflichtungen** des Mündels, etwa aufgrund dinglicher Rechte Dritter an Sachen des Mündels (zB Hypothek, Grundschuld, Sicherungseigentum), möglichst genau nach Inhalt, Drittem und je nach Sicherungsrecht nach der Höhe der zu sichernden Forderung angegeben werden (BeckOGK/Fröschle [1. 9. 2019] Rn 37; Oberloskamp/Dürbeck, Vormundschaft § 10 Rn 61 f, dort auch zum Fall nicht mehr valutierter Hypotheken und Grundschulden). 28

e) Fehlendes Vermögen

Ist **keinerlei Vermögen** vorhanden, so genügt es selbstverständlich, wenn der Vormund dies dem Familiengericht erklärt. 29

6. Zeitpunkt und Form der Inventarisierung

a) Zeitpunkt

Das Gesetz hat keine Frist gegeben, innerhalb derer der Vormund das Inventar zu errichten hat. Dem Sinn der Vorschrift entspricht es aber, dass der Vormund das Vermögensverzeichnis nach seiner Bestellung unverzüglich aufstellt und so rasch wie möglich beim Familiengericht einreicht (Mot IV 1100). Allerdings kann das Gericht eine Frist setzen, die im Einzelfall verlängert werden kann, wenn die Ermittlung 30 des Vermögensbestands und des Wertes einzelner Vermögenswerte dem Vormund Schwierigkeiten bereitet, etwa weil über eine Forderung noch ein Rechtsstreit anhängig ist. In diesen Fällen kann der Vormund vom Familiengericht verpflichtet werden, ein Verzeichnis vorzulegen, das den bisherigen Stand der Ermittlungen wiedergibt (**vorläufiges Verzeichnis**) (Oberloskamp/Dürbeck, Vormundschaft § 10 Rn 64; BeckOGK/Fröschle [1. 9. 2019] Rn 14).

31 Kommt der Vormund seiner Pflicht nicht in angemessener Zeit nach Anordnung der Vormundschaft nach, so kann ihm das Familiengericht eine Frist setzen und ihn durch Androhung und Festsetzung von **Zwangsgeld** (§ 1837 Abs 3 BGB) zur Einreichung des Verzeichnisses anhalten.

b) Stichtag

32 Der Zweck der Inventarisierung legt es nahe, dass die Aktiva und Passiva des Mündelvermögens, die in einem bestimmten Zeitpunkt vorhanden sind, im Verzeichnis festgehalten werden. Der Wortlaut von Abs 1 S 1 gebietet es, das Vermögen, das „bei der Anordnung der Vormundschaft vorhanden ist", zu verzeichnen; es ist also auf den Zeitpunkt der Anordnung iSv § 1774 S 1 BGB, sprich **den Erlass der Entscheidung** über die Anordnung der Vormundschaft, abzustellen (Palandt/Götz Rn 2; BeckOGK/Fröschle [1. 9. 2019] Rn 18 ff; Oberloskamp/Dürbeck, Vormundschaft § 10 Rn 10 ff). Das ist der Zeitpunkt, in dem der Beschluss in Anwesenheit der Beteiligten verkündet oder die Entscheidung der Geschäftsstelle zur Bekanntgabe übergeben wird (§ 38 Abs 3 FamFG).

Demgegenüber wird in Rechtsprechung und Literatur die Bestellung des Vormunds oder – ohne dass dies klar auseinandergehalten wird – die **Bekanntmachung der Anordnungsentscheidung** an den Vormund (§§ 40 Abs 1, 15 Abs 2 FamFG) als Stichtag gewählt, weil erst dann die materiell-rechtlichen Wirkungen der Vormundschaft eintreten (LG Berlin Rpfleger 1981, 110 = DAVorm 1981, 311; MünchKomm/Kroll-Ludwigs Rn 2; Erman/Schulte-Bunert Rn 2a; BeckOK/Bettin [1. 11. 2019] Rn 2; jurisPK-BGB/Lafontaine Rn 20; Soergel/Zimmermann Rn 2; Drews Rpfleger 1980, 178; Spanl Rpfleger 1990, 278).

33 Dabei wird aber der Bekanntmachung an den Vormund zu großes Gewicht beigemessen. § 40 Abs 1 FamFG verlangt nicht die Bekanntgabe an den Vormund, sondern an die Verfahrensbeteiligten, und erfasst damit den ausgewählten und nicht erst den bestellten Vormund (BeckOGK/Fröschle [1. 9. 2019] Rn 19). Anders als bei der periodischen Rechnungslegung, die sich auf die Vermögensverwaltung des Vormunds bezieht (§ 1840 Abs 2 BGB), kommt es bei der Aufstellung des Vermögensverzeichnisses nicht darauf an, ob der Vormund im Zeitpunkt der „Anordnung der Vormundschaft" schon die Befugnis zur Vermögensverwaltung hat. Unter der Anordnung der Vormundschaft hat man, jedenfalls iS des § 1802 BGB, jede Äußerung des Willens, eine Vormundschaft zu konstituieren, zu verstehen (Dölle § 119 I). Daraus ergibt sich, dass der Vormund, auch wenn er erst geraume Zeit nach der Anordnung bestellt wird und dann erst sein Amt antreten und die Vermögensverwaltung übernehmen kann, das zur Zeit des Erlasses der Anordnungsentscheidung vorhandene Vermögen des Mündels zu verzeichnen hat (so iE wohl auch Drews Rpfleger 1980, 178, 179, freilich mit einer widersprüchlich erscheinenden Schlussfolgerung).

34 Dem Vormund wird damit aufgegeben, auch Feststellungen über **Vermögensgegenstände** zu treffen, die in der Zeit zwischen der Anordnung der Vormundschaft und seiner Bestellung **abhandengekommen** sind, und er wird derartige Vorgänge im Vermögensverzeichnis darzustellen haben. Das muten ihm aber auch die Vertreter der Gegenmeinung zu, wenn sie verlangen, dass etwa bestehende Herausgabeansprüche im Vermögensverzeichnis zu berücksichtigen sind (LG Berlin DAVorm 1981, 311, 313 f; MünchKomm/Kroll-Ludwigs Rn 2; s dazu auch Drews Rpfleger 1980, 178, 179).

c) Form des Vermögensverzeichnisses

Eine bestimmte Form des Vermögensverzeichnisses ist vom Gesetz nicht vorgeschrieben. Aus dem Wort „Verzeichnis" ergibt sich nur das Erfordernis der Schriftform, wozu auch eine Übermittlung als elektronisches Dokument (§ 14 Abs 2 FamFG) gehört (jurisPK-BGB/Lafontaine Rn 19; BeckOGK/Fröschle [1. 9. 2019] Rn 47). Wie ein Vermögensverzeichnis aufgebaut sein und wie weit es ins Einzelne gehen muss, hängt von Art und Umfang des Mündelvermögens ab (s dazu – mit Beispielen – Birkenfeld FamRZ 1976, 197; Schema für ein Verzeichnis bei Oberloskamp/Dürbeck, Vormundschaft § 10 Rn 15). 35

Der Vormund hat das Vermögensverzeichnis mit einer **Versicherung der Richtigkeit und Vollständigkeit** zu versehen; diese Erklärung ist dem Verzeichnis schriftlich beizusetzen, kann aber auch zur Niederschrift des Familiengerichts erklärt werden (§ 25 Abs 1 FamFG). Wird vom Vormund ein vorläufiges Verzeichnis (dazu oben Rn 30) abgegeben, ist die Versicherung der Vollständigkeit und Richtigkeit mit dem Hinweis zu versehen, dass die Angaben dem bisherigen Erkenntnisstand entsprechen (Oberloskamp/Dürbeck, Vormundschaft § 10 Rn 64; BeckOGK/Fröschle [1. 9. 2019] Rn 14). 36

Eine Versicherung an Eides statt gemäß **§ 260 Abs 2 BGB**, wie sie der Mündel oder sein neuer gesetzlicher Vertreter bei Beendigung des Amtes des Vormunds unter bestimmten Voraussetzungen verlangen kann (vgl § 1890 Rn 14), kommt wegen des öffentlich-rechtlichen Charakters der Inventarisierungspflicht (vgl oben Rn 1) nicht in Betracht (Mot IV 1099; BeckOGK/Fröschle [1. 9. 2019] Rn 11). 37

Belege, die die Richtigkeit einzelner Angaben beweisen sollen, etwa Konto- und Depotauszüge von Banken oder Grundbuchauszüge, braucht der Vormund im Regelfall dem Verzeichnis nicht beizufügen (KGJ 36, A 38, 41 f = OLGE 18, 290; Palandt/Götz Rn 2; MünchKomm/Kroll-Ludwigs Rn 7; Soergel/Zimmermann Rn 2; BeckOGK/Fröschle [1. 9. 2019] Rn 49). Das Familiengericht kann diese aber im Rahmen seiner Aufsicht (§§ 1837 Abs 2, 1839 BGB) vom Vormund verlangen (jurisPK-BGB/Lafontaine Rn 19). 38

III. Beteiligung des Gegenvormunds (Abs 1 S 2)

Ist ein **Gegenvormund vorhanden**, so ist er zur Aufnahme des Vermögensverzeichnisses hinzuzuziehen; dies bedeutet, dass er sich – um die auch von ihm verlangte Versicherung der Richtigkeit und Vollständigkeit des Verzeichnisses abgeben zu können – in eigener Verantwortung vom Vorhandensein der verzeichneten und von der Erfassung aller vorhandenen Gegenstände überzeugen muss. Macht der Gegenvormund Vorbehalte geltend, so ist dies Anlass für das Familiengericht, bei der Prüfung des Verzeichnisses vom Vormund Aufklärung zu verlangen (s unten Rn 46). 39

Ist **kein Gegenvormund vorhanden**, sei es, dass ein solcher überhaupt nicht oder noch nicht bestellt worden ist, oder dass der bestellte weggefallen ist, so braucht ein 40 (neuer) Gegenvormund nicht eigens zum Zweck der Mitwirkung bei der Errichtung eines Inventars bestellt zu werden (allgM; s MünchKomm/Kroll-Ludwigs Rn 9; Erman/Schulte-Bunert Rn 4; Soergel/Zimmermann Rn 3; BGB-RGRK/Dickescheid Rn 9; **aA** Palandt/Götz Rn 1, die mit Verweis auf den Gedanken des § 1792 Abs 2 BGB die Hinzuziehung eines Gegenvormunds bei der Erstellung des Verzeichnisses für zwingend hält; ebenso jurisPK-BGB/Lafontaine Rn 11).

41 Wird dennoch **nach Einreichung des Vermögensverzeichnisses ein Gegenvormund bestellt**, so ist er zwar nicht noch nachträglich zur Mitwirkung, wohl aber zur Prüfung des Verzeichnisses auf Richtigkeit und Vollständigkeit (§ 1799 BGB) verpflichtet. Fehler hat er dem Vormund bzw dem Familiengericht mitzuteilen (Bienwald RpflStud 2016, 65, 67; BeckOGK/Fröschle [1. 9. 2019] Rn 51).

IV. Hinzuziehung eines Dritten (Abs 2)

42 Der Vormund kann – und wird oft – das Vermögensverzeichnis selbst errichten; er braucht dazu weder den **Mündel** noch **Angehörige** des Mündels beizuziehen, soweit er nicht auf Auskünfte angewiesen ist, die er von diesen Personen erlangen kann. Für die Zuziehung des Gegenvormunds s Rn 39.

43 Nach § 1802 Abs 2 BGB ist der Vormund berechtigt, sich bei der Aufnahme des Verzeichnisses der Hilfe eines **Beamten**, eines **Notars** oder eines **anderen Sachverständigen** zu bedienen (Mot IV 1100). Der Beamte iS dieser Norm muss nach Landesrecht dafür zuständig sein (s § 66 Abs 1 Nr 2 BeurkG); umstritten ist, ob dies auch ein Beamter des Jugendamtes sein kann (dafür jurisPK-BGB/Lafontaine Rn 27). Dies dürfte zu bejahen sein, wenn man die in § 53 Abs 2 SGB VIII enthaltene Pflicht zur Beratung und Unterstützung des Vormunds auf die Vermögenssorge erstreckt; hiergegen dürfte allerdings der Zusammenhang mit Abs 3 sprechen, der sich eindeutig auf die Personensorge beschränkt. Deshalb dürfte der Beamte des Jugendamtes nicht zuständig sein, um den Vormund bei der Erstellung des Vermögensverzeichnisses zu unterstützen (so iE auch BeckOGK/Fröschle [1. 9. 2019] Rn 56).

44 Die Errichtung des Verzeichnisses obliegt dem Vormund aufgrund seiner Vermögenssorge mit der Folge, dass ihm zunächst die Kosten anfallen. Der Mündel muss diese allerdings nach §§ 1835 Abs 1 S 1 HS 1, 670 BGB ersetzen, wenn der Vormund die Aufwendungen den Umständen nach für **erforderlich** halten durfte (dazu auch unten Rn 51). Dabei wird es auf den Umfang und die Zusammensetzung des Mündelvermögens und auf die Frage ankommen, ob der Vormund imstande ist, das Vermögensverzeichnis ohne fremde Hilfe anzufertigen (BGB-RGRK/Dickescheid Rn 10). Grundsätzlich ist der Vormund verpflichtet, das Vermögen des Mündels möglichst zu schonen, weshalb zT für eine restriktive Handhabung der Norm plädiert wird (BeckOGK/Fröschle [1. 9. 2019] Rn 57). Oberstes Leitprinzip müssen allerdings immer die Mündelinteressen sein. So muss gerade ein ehrenamtlicher Vormund, der zwar in geschäftlichen Dingen wenig erfahren, aber ansonsten für den Mündel der bestgeeignete ist, die Möglichkeit haben, Dritte zur Erstellung des Vermögensverzeichnisses hinzuzuziehen; zudem muss vermieden werden, dass durch eine fehlerhafte Bewertung von Vermögenswerten dem Mündel ein Schaden droht (MünchKomm/Kroll-Ludwigs Rn 11; jurisPK-BGB/Lafontaine Rn 27).

V. Maßnahmen des Familiengerichts (Abs 3)

§ 1802 Abs 3 BGB sieht Maßnahmen des Familiengerichts vor, wenn das Verzeichnis ungenügend ist oder gar fehlt. Diese stehen neben den Aufsichtsmaßnahmen des Gerichts nach § 1837 Abs 2–4 BGB (s dazu oben Rn 31). 45

Zu einer **sachlichen Prüfung der Angaben des Vormunds** ist das Gericht grds nicht befugt, es sei denn, es hat Anlass, an den Angaben des Vormunds zu zweifeln, etwa weil sie unvollständig, unrichtig oder in sich widersprüchlich sind oder der Gegenvormund einen Vorbehalt geltend gemacht hat (s oben Rn 39; LG Berlin JR 1955, 261; MünchKomm/Kroll-Ludwigs Rn 13; BeckOGK/Fröschle [1. 9. 2019] Rn 52; BGB-RGRK/Dickescheid Rn 11; **aA** jurisPK-BGB/Lafontaine Rn 31). 46

Ist das eingereichte Verzeichnis ungenügend, so kann das Familiengericht nach Abs 3 die Aufnahme durch eine zuständige Behörde oder durch einen zuständigen Beamten oder Notar anordnen (s Mot IV 1100; Prot IV 759; vgl §§ 1640 Abs 3, 1667 Abs 1 S 3 BGB) **(öffentliches Inventar)**. Allerdings wird das Gericht schon wegen der mit einer öffentlichen Verzeichnung verbundenen Kosten vorrangig dem Vormund **Gelegenheit zur Nachbesserung** geben, wenn dem nicht besondere Gründe entgegenstehen. 47

Die Aufnahme eines öffentlichen Inventars kann auch dann angeordnet werden, wenn der Vormund die Einreichung des Verzeichnisses ganz **unterlässt** und Aufforderungen und Zwangsmittel (s oben Rn 31) erfolglos sind oder aussichtslos erscheinen (Dölle § 126 II 1 d aE; MünchKomm/Kroll-Ludwigs Rn 14; Erman/Schulte-Bunert Rn 6; BGB-RGRK/Dickescheid Rn 13). 48

Gegenüber dem Jugendamt als **Amtsvormund** oder Amtspfleger findet die Vorschrift keine Anwendung (§ 56 Abs 2 S 1 SGB VIII). 49

Zur Aufnahme eines öffentlichen Verzeichnisses nach Abs 3 sind die **Notare** befugt (§ 20 Abs 1 S 2 BNotO; wegen landesrechtlicher Zuständigkeitsvorschriften s auch § 61 Abs 1 Nr 2 BeurkG, § 486 Abs 2 FamFG). 50

VI. Kosten der Inventarisierung

Die Kosten der Aufnahme des Vermögensverzeichnisses fallen dem Mündelvermögen zur Last, und zwar auch dann, wenn der Vormund nach Abs 2 einen Beamten, Notar oder anderen Sachverständigen beigezogen oder das Familiengericht nach Abs 3 die Aufnahme des Verzeichnisses durch eine Behörde oder einen Notar angeordnet hat (Mot IV 1100; Dölle § 126 II 1 g; Gernhuber/Coester-Waltjen § 72 Rn 12; Erman/Schulte-Bunert Rn 8; Palandt/Götz Rn 1). 51

Soweit der Vormund die Kosten bestritten hat, hat der Mündel ihm nach § 1835 Abs 1 iVm § 670 BGB Ersatz zu leisten. Das bedeutet, dass der Vormund nur insoweit Ersatz seiner Aufwendungen verlangen kann, als er sie für erforderlich halten durfte. Das wird man jedenfalls dann verneinen müssen, wenn der Aufwand für einen zugezogenen Sachverständigen im Verhältnis zum Umfang des Mündelvermögens und zum Schwierigkeitsgrad der Inventarisierung übermäßig hoch erscheint (**aA** wohl Soergel/Zimmermann Rn 5).

52 Hat der Vormund durch Untätigkeit oder mangelhafte Inventarerrichtung die Anordnung eines öffentlichen Inventars nach Abs 3 schuldhaft veranlasst, so kann er gemäß § 1833 BGB zum **Schadensersatz** verpflichtet sein; dies ist ebenso dann der Fall, wenn die Zuziehung eines Sachverständigen gemäß Abs 2, dessen Kosten aus dem Mündelvermögen getragen wurden oder werden müssen, angesichts der gegebenen Umstände unangemessen ist (Dölle § 126 II 1 g mit Fn 18; BGB-RGRK/Dickescheid Rn 10 u 14; **aA** BeckOGK/Fröschle [1. 9. 2019] Rn 62 [Kostentragungspflicht des Vormunds nach § 81 Abs 1 S 1 FamFG]).

VII. Pflegschafts- und Betreuungsrecht

53 § 1802 BGB findet nach § 1915 Abs 1 S 1 BGB entsprechende Anwendung im Pflegschaftsrecht und nach § 1908i Abs 1 S 1 BGB im Betreuungsrecht.

§ 1803
Vermögensverwaltung bei Erbschaft oder Schenkung

(1) Was der Mündel von Todes wegen erwirbt oder was ihm unter Lebenden von einem Dritten unentgeltlich zugewendet wird, hat der Vormund nach den Anordnungen des Erblassers oder des Dritten zu verwalten, wenn die Anordnungen von dem Erblasser durch letztwillige Verfügung, von dem Dritten bei der Zuwendung getroffen worden sind.

(2) Der Vormund darf mit Genehmigung des Familiengerichts von den Anordnungen abweichen, wenn ihre Befolgung das Interesse des Mündels gefährden würde.

(3) Zu einer Abweichung von den Anordnungen, die ein Dritter bei einer Zuwendung unter Lebenden getroffen hat, ist, solange er lebt, seine Zustimmung erforderlich und genügend. Die Zustimmung des Dritten kann durch das Familiengericht ersetzt werden, wenn der Dritte zur Abgabe einer Erklärung dauernd außerstande oder sein Aufenthalt dauernd unbekannt ist.

Materialien: E I § 1660; II § 1683; III § 1779; Mot IV 1102; Prot IV 760. Neugefasst durch Bekanntmachung v 2. 1. 2002 (BGBl I 42); Abs 2 u Abs 3 S 2 geändert durch Art 50 Nr 37 nach Maßgabe von Art 111 FGG-RG v 17. 12. 2008 (BGBl I 2586) mit Wirkung v 1. 9. 2009.

Systematische Übersicht

Alphabetische Übersicht

I. Normzweck

1 Wer einem Minderjährigen Vermögen zuwendet, will damit meist die wirtschaftliche Lage des Empfängers verbessern; es geht ihm um einen vorteilhaften Einsatz, aber auch um eine sichere Anlage und zuverlässige Verwaltung des Vermögens, daneben mitunter auch um andere Zwecke (Parallelvorschriften in §§ 1638, 1639 BGB für den Bereich der elterlichen Sorge). Steht der Empfänger unter Vormundschaft, so räumt das Gesetz dem Zuwendenden ohne Rücksicht auf seine Motive die Möglichkeit ein, auf die Verwaltung des zugewendeten Vermögens Einfluss zu nehmen. Er kann nach § 1909 Abs 1 S 2 BGB bestimmen, dass der Vormund das Vermögen nicht verwalten soll; dann muss zur Verwaltung dieses Vermögens ein Ergänzungspfleger bestellt werden. § 1803 Abs 1 BGB ermöglicht einen geringeren Eingriff des Zuwendenden in das Verwaltungsrecht des Vormunds, indem er Anordnungen über die Verwaltung trifft, die der Vormund befolgen muss, wenn nicht die Voraussetzungen einer Abweichung (Abs 2 und 3) gegeben sind.

II. Bindung des Vormunds an Anordnungen des Erblassers oder des zuwendenden Dritten (Abs 1)

2 Abs 1 verpflichtet den Vormund, bei der Verwaltung des Mündelvermögens bestimmte Anordnungen zu beachten, welche die Person getroffen hat, von der das zugewendete Vermögen stammt. Für die Wirksamkeit einer solchen Anordnung ist vorausgesetzt, dass das fragliche Vermögen dem Mündel von Todes wegen oder durch unentgeltliche Zuwendung unter Lebenden zugefallen ist und die Anordnung vom Erblasser durch letztwillige Verfügung oder von dem Dritten bei der Zuwendung getroffen worden ist (Mot IV 1102).

1. Erwerb von Todes wegen oder unentgeltliche Zuwendung unter Lebenden

3 Im Fall des **Vermögenserwerbs von Todes wegen** ist nicht maßgebend, dass der Mündel das Vermögen aufgrund einer Erbeinsetzung durch den Erblasser erworben hat, der die Verwaltungsanordnung getroffen hat. Vielmehr ist der Vormund auch dann an dessen Anordnung gebunden, wenn der Mündel das Vermögen als gesetzlicher Erbe (BayObLG FamRZ 1964, 522, 523 zu § 1638 BGB), als Pflichtteilsberechtigter (OLG Hamm FamRZ 1969, 662 zu § 1638 BGB), als Vermächtnisnehmer, Erbersatzberechtigter (nach früherem Recht) oder als durch eine Auflage Begünstigter erworben hat (Soergel/Zimmermann Rn 1; jurisPK-BGB/Lafontaine Rn 6; MünchKomm/Kroll-Ludwigs Rn 2; **aA** BeckOGK/Fröschle [1. 9. 2019] Rn 5 [Erwerb unter Lebenden]). Maßgebend ist nur, dass der Erblasser eine Verwaltungsanordnung durch letztwillige Verfügung getroffen hat (§§ 1937, 2299 BGB).

4 Als **unentgeltliche Zuwendungen unter Lebenden** kommen insbesondere Schenkungen (§ 516 BGB) einschließlich Pflicht- und Anstandsschenkungen (§ 534 BGB), eine Ausstattung (§ 1624 BGB) sowie unbenannte Zuwendungen unter Ehegatten, Lebenspartnern oder Lebensgefährten (BeckOGK/Fröschle [1. 9. 2019] Rn 9; der Fall der unbenannten Zuwendungen an einen minderjährigen Ehegatten wird künftig seit Geltung des Gesetzes zur Bekämpfung von Minderjährigenehen kaum noch vorkommen; näher dazu § 1773 Rn 11) in Betracht. Eine Schenkung unter der Bedingung, dass der Beschenkte den Schenker überlebt, stellt nur dann eine unentgeltliche Zuwendung unter Lebenden dar,

wenn der Schenker die Schenkung durch Leistung des zugewendeten Gegenstands bereits zu seinen Lebzeiten vollzieht (§ 2301 Abs 2 BGB).

2. Verwaltungsanordnung

a) Person des Anordnenden

Anordnungen nach Abs 1 können nur der Erblasser und der zuwendende Dritte treffen. Den Eltern steht die Befugnis nicht zu, besondere Anordnungen für die Art der vormundschaftlichen Vermögensverwaltung – unabhängig von den Voraussetzungen des § 1803 BGB – zu treffen (Mot IV 1102 f; Soergel/Zimmermann Rn 1; Dölle § 126 II 2 a). 5

b) Zeitpunkt

Bei einer Zuwendung unter Lebenden muss die Anordnung **spätestens bei der Zuwendung** vorliegen; eine nachträgliche Anordnung ist nicht wirksam (Soergel/Zimmermann Rn 2; MünchKomm/Kroll-Ludwigs Rn 3; Erman/Schulte-Bunert Rn 2 aE; NK-BGB/Fritsche Rn 2). Unter dem Begriff der „Zuwendung" ist dabei nur das dingliche Rechtsgeschäft zu verstehen, mit dem der Vermögensgegenstand in das Vermögen des Mündels übergeht, nicht dagegen der schuldrechtliche Vertrag zwischen dem Mündel und dem Dritten (BeckOGK/Fröschle [1. 9. 2019] Rn 10). 6

Bei einem Erwerb von Todes wegen muss die Verfügung des Erblassers nicht notwendig zusammen mit der den Erwerb begründenden Verfügung, sondern kann auch später getroffen werden (Palandt/Götz Rn 1). Es genügt, wenn die Anordnung vor dem Eintritt des Erwerbs von Todes wegen vorliegt (MünchKomm/Kroll-Ludwigs Rn 3). 7

c) Form

Im Fall des Vermögenserwerbs von Todes wegen muss der Erblasser die Verwaltungsanordnung durch letztwillige Verfügung (§§ 1937, 2299 BGB) treffen; eine besondere Form für die Anordnung des Dritten bei unentgeltlicher Zuwendung unter Lebenden ist nicht erforderlich (BeckOGK/Fröschle [1. 9. 2019] Rn 12 empfiehlt für die Praxis insoweit die Schriftform, damit das Familiengericht Kenntnis von der Anordnung erlangen kann). 8

In beiden Fällen muss die Anordnung nicht ausdrücklich getroffen werden; sie kann sich auch aus einer Auslegung der Erklärungen des Zuwendenden ergeben, wenn nur der Wille, eine bindende Anordnung zu treffen, einen wenn auch unvollkommenen Ausdruck in der Erklärung gefunden hat (Palandt/Götz Rn 1; für eine letztwillige Verfügung KG FamRZ 1962, 432, 435; BayObLG FamRZ 1964, 522 zu § 1638 BGB). Die Anordnung kann also „auch stillschweigend" erfolgen (so Soergel/Zimmermann Rn 2; ebenso jurisPK-BGB/Lafontaine Rn 10; **aA** MünchKomm/Kroll-Ludwigs Rn 3). Sie muss aber in jedem Fall eindeutig erkennen lassen, dass der Erblasser oder der Zuwendende eine bindende Anordnung treffen wollte und nicht nur einen unverbindlichen Wunsch, eine Bitte oder Empfehlung ausgedrückt hat (Erman/Schulte-Bunert Rn 2; Palandt/Götz Rn 1). 9

d) Inhalt

Abs 1 gibt den Inhalt der Anordnungen nicht vor. Sie müssen jedenfalls die Vermögensverwaltung des Vormunds betreffen. Dabei kann die Stellung des Vormunds durch die Anordnung **freier oder eingeschränkter** als nach dem gesetzlichen Leitbild 10 ausgestaltet werden (ERMAN/SCHULTE-BUNERT Rn 3; MünchKomm/KROLL-LUDWIGS Rn 4; jurisPK-BGB/LAFONTAINE Rn 16). Die Anordnung eines dazu Berechtigten kann etwa den Inhalt haben, dass der Vormund an die Vorschriften der §§ 1807 ff, 1814 ff BGB über die Anlegung von Mündelgeld und Hinterlegung von Inhaberpapieren nicht gebunden oder zur Hinterlegung, Umschreibung oder Umwandlung in weiterem Umfang als in den §§ 1814 ff BGB vorgesehen verpflichtet sein soll (§ 1806 Rn 27; § 1807 Rn 50; § 1814 Rn 36; § 1815 Rn 17; § 1816 Rn 8; § 1819 Rn 15; § 1820 Rn 5).

11 Der Kreis der Rechtsgeschäfte, die zu ihrer Wirksamkeit der Genehmigung des Familiengerichts bedürfen, kann dagegen durch die Anordnung eines Dritten nach § 1803 BGB **weder beschränkt** (OLG Hamburg OLGE 16, 247) **noch erweitert** werden (KGJ 40, 227, 230); das Gleiche gilt für die gesetzlichen Beschränkungen der Vertretungsmacht (zB nach § 1795 BGB), den Kreis der genehmigungsbedürftigen Rechtsgeschäfte (§§ 1821 ff BGB), das Genehmigungserfordernis nach den §§ 1810, 1812, 1819, 1820 BGB (soweit nicht der Dritte eine andere als eine mündelsichere Form der Geldanlage oder eine andere Form der Verwahrung von Wertpapieren vorgesehen hat), die Regeln über die Aufsicht des Familiengerichts (§ 1837 BGB) sowie die Rechenschaftspflichten nach §§ 1802, 1840–1842, 1890–1892 BGB. Dies ergibt sich aus dem öffentlich-rechtlichen Charakter dieser Schutznormen zugunsten des Mündels (KGJ 40, 227, 230; DÖLLE § 126 II 2 a; BGB-RGRK/DICKESCHEID Rn 5 aE; SOERGEL/ZIMMERMANN Rn 2 aE; BeckOGK/FRÖSCHLE [1. 9. 2019] Rn 17; MünchKomm/KROLL-LUDWIGS Rn 4; ERMAN/SCHULTE-BUNERT Rn 3; NK-BGB/FRITSCHE Rn 3).

e) Surrogationsgrundsatz

12 Der Surrogationsgrundsatz des § 1638 Abs 2 BGB gilt auch hier (Mot IV 1105; ebenso SOERGEL/ZIMMERMANN Rn 1 aE; BGB-RGRK/DICKESCHEID Rn 6 aE; MünchKomm/KROLL-LUDWIGS Rn 5; ENNECCERUS/KIPP § 114 III; DÖLLE § 126 II 2 a). Der in § 1803 BGB gebrauchte Ausdruck „Verwaltung" umfasst auch die Veräußerung eines Vermögensgegenstandes. Ist an die Stelle eines nicht mehr vorhandenen Gegenstandes, auf dessen Verwaltung sich eine Anordnung des Zuwendenden bezog, ein Ersatz getreten, so kann eine Anpassung der auf den neuen Sachverhalt nicht mehr unmittelbar anwendbaren Anordnung entsprechend dem mutmaßlichen Willen des Erblassers oder Zuwendenden geboten sein (vgl den in STAUDINGER/HEILMANN [2016] § 1639 Rn 9 genannten Beispielsfall, dass ein Haus durch Brand zerstört worden ist und das mit der Feuerversicherungssumme errichtete Ersatzgebäude wegen behördlicher Auflagen nur in einer vom früheren Zustand erheblich abweichenden Weise genutzt werden kann).

3. Wirkung der Anordnung

a) Bindung des Vormunds

13 Die Anordnung des Dritten bindet den Vormund im **Verhältnis zum Mündel und zum Familiengericht** (NK-BGB/FRITSCHE Rn 1). Dagegen wird er durch die Anordnung nicht in seiner Vertretungsmacht beschränkt. Deshalb ist die Wirksamkeit eines Rechtsgeschäfts, mit dem der Vormund von einer Anordnung des Erblassers oder des Zuwendenden abweicht, nicht aus diesem Grund beeinträchtigt. Der Vormund ist aber dem Mündel nach Maßgabe des § 1833 BGB zum Ersatz eines durch dieses Verhalten entstandenen Schadens verpflichtet (DÖLLE § 126 II 2 a; BGB-RGRK/DICKESCHEID Rn 7; SOERGEL/ZIMMERMANN Rn 4; ERMAN/SCHULTE-BUNERT Rn 6; PALANDT/GÖTZ Rn 1; NK-BGB/FRITSCHE Rn 1; MünchKomm/KROLL-LUDWIGS Rn 11).

Das Familiengericht hat dafür zu sorgen, dass der Vormund die wirksam getroffenen Anordnungen des Erblassers oder des zuwendenden Dritten befolgt; das ergibt sich aus seiner Aufsichtspflicht nach § 1837 Abs 2 S 1 BGB (vgl § 1837 Rn 27). Dabei kommt es nicht darauf an, ob die Nichtbefolgung der Anordnung das Vermögen des Mündels gefährden würde oder nicht. Lehnt das Familiengericht ein Einschreiten ab, so hat der Dritte, der die Anordnung wirksam getroffen hatte, ein Beschwerderecht nach § 59 Abs 1 FamFG (Dölle § 126 II 2 a aE; Soergel/Zimmermann Rn 4; Palandt/Götz Rn 1 aE; Erman/Schulte-Bunert Rn 6; MünchKomm/Kroll-Ludwigs Rn 11 aE; BeckOGK/Fröschle [1. 9. 2019] Rn 22). 14

b) Wirkung gegenüber dem Mündel

Die Anordnungen des Erblassers bzw des Dritten binden nicht den Mündel. Die Beschränkungen werden mit der Volljährigkeit des Mündels wirkungslos (MünchKomm/Kroll-Ludwigs Rn 6). 15

Dem Mündel gegenüber bedeutet die Anordnung bei einer Verfügung unter Lebenden weder eine Auflage nach § 525 BGB noch eine Beschwerung iSv § 2306 BGB im Fall eines Erwerbs von Todes wegen. Ist dagegen die Anordnung des Schenkers oder Erblassers als Auflage (§§ 525, 1940 BGB) oder als anderweitige Beschwerung oder Beschränkung der Rechtsstellung des Empfängers (s § 2306 BGB) anzusehen, so ist § 1803 BGB nicht in jedem Einzelfall anwendbar. Es ist durch **Auslegung** zu ermitteln, ob die Anordnung den Vormund oder den Empfänger einschränken soll (vgl Mot IV 1104 f; Soergel/Zimmermann Rn 3; Erman/Schulte-Bunert Rn 3; BeckOGK/Fröschle [1. 9. 2019] Rn 14). 16

III. Zulässige Abweichung des Vormunds von einer Anordnung (Abs 2 und 3)

1. Systematik

Abs 2 und 3 eröffnen die Möglichkeit, dass der Vormund in bestimmten Fällen von der Anordnung des Erblassers oder des Zuwendenden mit Genehmigung des Familiengerichts abweicht. Dafür kann insbesondere dann ein Bedürfnis bestehen, wenn sich nach der Anordnung die wirtschaftlichen Verhältnisse derart geändert haben, dass die Befolgung der Anordnung für den Mündel nachteilig wäre (s MünchKomm/Kroll-Ludwigs Rn 8); auch die Korrektur einer vom Erblasser getroffenen offenbar unverständigen Anordnung im Interesse des Mündels ist nicht ausgeschlossen (Mot IV 1105; KGJ 35, A 26, 28). 17

Allerdings ist es zu Lebzeiten des Zuwendenden grundsätzlich dessen Sache, veränderten wirtschaftlichen Verhältnissen durch eine Änderung seiner Anordnungen Rechnung zu tragen (arg e Abs 3 S 1). Nur wenn er zur Abgabe einer Erklärung dauernd außerstande ist oder sein Aufenthalt dauernd unbekannt ist, kann seine Zustimmung durch das Familiengericht ersetzt werden. Entsprechendes gilt, wenn der Zuwendende gestorben ist (Abs 2). 18

2. Anordnung eines Erblassers (Abs 2)

Ist die Anordnung vom Erblasser durch letztwillige Verfügung getroffen, so darf der Vormund von ihr abweichen, wenn ihre Befolgung **das Interesse des Mündels ge-** 19

fährden würde und das Familiengericht zu der Abweichung seine Genehmigung erteilt hat (Abs 2).

20 Das bloße Entgehen eines Gewinns, das mit der Befolgung der Anordnung verbunden sein kann, reicht nicht aus; auch Gründe der Zweckmäßigkeit der Verwaltung allein genügen nicht (Mot IV 1105; KGJ 35, A 26, 29; RG SeuffA 60 Nr 194; Erman/Schulte-Bunert Rn 4; MünchKomm/Kroll-Ludwigs Rn 10). Maßgebend ist, ob die Anordnung den Vormund hindert, die Ziele einer wirtschaftlich vernünftigen Vermögensverwaltung mit geeigneten Mitteln zu verfolgen (MünchKomm/Kroll-Ludwigs Rn 10; Erman/Schulte-Bunert Rn 4; enger BeckOGK/Fröschle [1. 9. 2019] Rn 23.2).

21 Ob im Einzelfall die Abweichung von der Anordnung zu genehmigen ist, wird wesentlich von den Gründen abhängen, die den Erblasser zu seiner Anordnung bewogen haben; kam es diesem nicht darauf an, dem Mündel in erster Linie unmittelbare materielle Vorteile zu verschaffen, hatte er vielmehr andere Ziele im Auge, etwa die Erhaltung eines bestimmten Vermögensstücks oder die Rücksicht auf dritte Personen, so wird eine Abweichung von seiner Anordnung eher abzulehnen sein, sofern nicht bei Befolgung der Anordnung der Verlust des Vermögensstücks zu befürchten ist (zum Vorrang einer Auslegung der Anordnung des Erblassers vor Erlass einer Entscheidung nach Abs 2 jurisPK-BGB/Lafontaine Rn 24).

3. Abweichungen von einer Anordnung im Falle der unentgeltlichen Zuwendung unter Lebenden

a) Abweichung bei Tod des Zuwendenden (Abs 2)

22 Handelt es sich um die bei einer Zuwendung unter Lebenden getroffene Anordnung, so kann der Vormund, wenn der Zuwendende stirbt, unter den Voraussetzungen von Abs 2 mit Genehmigung des Familiengerichts von der Anordnung abweichen (**aA** jurisPK-BGB/Lafontaine Rn 21, der Abs 2 wegen eines Wertungswiderspruchs zu Abs 3 S 2 nicht auf Anordnungen des unentgeltlich Zuwendenden unter Lebenden anwenden möchte; mit überzeugenderen Argumenten dagegen aber BeckOGK/Fröschle [1. 9. 2019] Rn 23.1).

b) Abweichung zu Lebzeiten des Zuwendenden (Abs 3)

aa) Grundsatz des Zustimmungserfordernisses (Abs 3 S 1)

23 Solange aber der Zuwendende lebt, ist hierzu nach Abs 3 S 1 seine Zustimmung erforderlich. Verweigert er sie, so kann von seinen Anordnungen auch dann nicht abgewichen werden, wenn durch ihre Befolgung das Interesse des Mündels gefährdet würde. In diesem Fall bleibt also der freie Wille desjenigen, der dem Mündel etwas unentgeltlich zugewendet hat, stets verbindlich (Erman/Schulte-Bunert Rn 5; MünchKomm/Kroll-Ludwigs Rn 9; enger NK-BGB/Fritsche Rn 5 für den Fall, dass die Anordnungen des Zuwendenden auch weiteres Mündelvermögen gefährden).

24 Liegt die Zustimmung des Dritten vor, so kann von seinen Anordnungen abgewichen werden, ohne dass bei ihrer Befolgung die Interessen des Mündels gefährdet wären, und auch die Genehmigung des Familiengerichts ist nicht erforderlich (vgl § 1917 Abs 3 BGB). Der Wille des Zuwendenden ist also auch hier ausschließlich maßgebend.

Dass die Zustimmung des Schenkers eine nach anderen Vorschriften erforderliche Genehmigung des Familiengerichts nicht ersetzt oder überflüssig macht, ist trotz Wortlauts des Abs 3 S 1 (Zustimmung des Dritten ist „erforderlich und genügend") selbstverständlich (allgM; s Dölle § 126 II 2b, bb aE; BeckOGK/Fröschle [1. 9. 2019] Rn 25). 25

bb) Ersetzung der Zustimmung durch familiengerichtliche Entscheidung (Abs 3 S 2)

Ist der Dritte zur Abgabe einer Erklärung dauernd außerstande oder sein Aufenthalt dauernd unbekannt, kann das Familiengericht die Zustimmung des Dritten zur Abweichung von seiner Anordnung ersetzen. Dass die Befolgung der Anordnung das Interesse des Mündels gefährden würde, ist für die Ersetzung der Zustimmung des Dritten nicht vorausgesetzt (Erman/Schulte-Bunert Rn 5; BeckOGK/Fröschle [1. 9. 2019] Rn 26). Das Familiengericht darf nicht willkürlich entscheiden; es braucht aber nicht dem mutmaßlichen Willen des Zuwendenden, soweit sich dieser ermitteln lässt, den Vorrang vor anderen Gesichtspunkten, insbesondere dem Interesse des Mündels, einzuräumen. 26

4. Verfahren und gerichtliche Entscheidung

Zuständig für die Genehmigung nach Abs 2 und für die Ersetzung der Zustimmung des Dritten nach Abs 3 S 2 ist der **Rechtspfleger** (§§ 3 Nr 2 Buchst a, 14 RPflG). Er soll vor seiner Entscheidung nach § 1826 BGB den Gegenvormund hören, falls ein solcher vorhanden und die **Anhörung** tunlich ist. Die Anhörung des Mündels richtet sich nach § 159 FamFG. 27

Die Genehmigung stellt eine reine **Innengenehmigung** dar, da von ihr nicht die Wirksamkeit des Rechtsgeschäfts abhängt mit der Folge, dass sich die **Wirksamkeit** nach § 40 Abs 1 und nicht Abs 2 FamFG bestimmt (Keidel/Meyer-Holz § 40 FamFG Rn 28, 43; MünchKommFamFG/Ulrici § 40 Rn 9). 28

Beschwerdebefugt sind bei Erteilung der Genehmigung der Mündel, im Fall einer Genehmigung nach Abs 3 S 2 auch der Dritte, bei Ablehnung derselben der Mündel und der Vormund, da dieser durch die Anordnung in seiner Verwaltungstätigkeit beschränkt wird (BeckOGK/Fröschle [1. 9. 2019] Rn 29 f). 29

IV. Vormundschaft von Jugendamt und Verein

§ 1803 BGB gilt grundsätzlich auch für den **Verein** als Vormund. Ebenso ist der **Amtsvormund** an die Anordnungen, die der Vormund oder der Dritte getroffen hat, nach Abs 1 gebunden. Auch Abs 3 findet Anwendung. Nach § 56 Abs 2 S 2 SGB VIII ist aber im Falle des § 1803 Abs 2 BGB eine Genehmigung des Familiengerichts nicht erforderlich (über weitergehende Befreiungen des Jugendamts durch landesrechtliche Bestimmungen s § 1791b Rn 47). Das Jugendamt darf also von den Anordnungen abweichen, wenn ihre Befolgung das Interesse des Mündels gefährden würde; ob dies der Fall ist, stellt es aufgrund seiner eigenen Beurteilung der gegebenen Umstände fest. Das **Familiengericht** kann aber in Ausübung seines Aufsichtsrechts (§ 1837 Abs 2 S 1 BGB) prüfen, ob das Abweichen von der Anordnung pflichtwidrig ist (BGB-RGRK/Dickescheid Rn 11). 30

V. Pflegschafts- und Betreuungsrecht

31 Nach § 1915 Abs 1 S 1 BGB findet § 1803 BGB auf einen **Ergänzungspfleger** Anwendung, soweit ihm die Vermögensverwaltung obliegt.

32 Hat der Erblasser durch letztwillige Verfügung oder der zuwendende Dritte bei der Zuwendung nicht nur bestimmt, wie das Vermögen zu verwalten ist, sondern sogar, dass der Vormund das Vermögen nicht verwalten soll, so erhält der Mündel zur Verwaltung des Vermögens, das er von Todes wegen erwirbt oder ihm unter Lebenden unentgeltlich zugewendet wird, einen Ergänzungspfleger (**§ 1909 Abs 1 S 2 BGB**). Zugleich kann der Zuwendende auch denjenigen benennen, der die Ergänzungspflegschaft übernehmen soll (**§ 1917 Abs 1 BGB**). Für diesen gilt die Einschränkung der Vermögensverwaltung nach § 1803 BGB ebenfalls, wenn der Zuwendende auch dessen Vermögensverwaltung durch Anordnungen nach dieser Norm gebunden hat (BeckOGK/Fröschle [1. 9. 2019] Rn 3).

33 § 1803 BGB gilt auch für den **Betreuer**, soweit ihm die Vermögensverwaltung obliegt (§ 1908i Abs 1 S 1 BGB).

§ 1804
Schenkungen des Vormunds

Der Vormund kann nicht in Vertretung des Mündels Schenkungen machen. Ausgenommen sind Schenkungen, durch die einer sittlichen Pflicht oder einer auf den Anstand zu nehmenden Rücksicht entsprochen wird.

Materialien: E I § 1661; II § 1684; III § 1780; Mot IV 1106; Prot IV 760. Neugefasst durch Bekanntmachung v 2. 1. 2002 (BGBl I 42).

Schrifttum

Canaris, Verstöße gegen das verfassungsrechtliche Übermaßverbot im Recht der Geschäftsfähigkeit und im Schadensersatzrecht, JZ 1987, 993

Eckstein, Das Schenkungsversprechen, seine Erfüllung und sein Verhältnis zur „Realschenkung“, AcP 107 (1911) 384

Grziwotz, Immobilienübertragungen mit dementen Eigentümern, ZfIR 2019, 1

Holzhauer, Schenkungen aus dem Vermögen Betreuter, FamRZ 2000, 1063

Jakob, Die Ausstattung (§ 1624 BGB) – ein familienrechtliches Instrument moderner Vermögensgestaltung?, AcP 207 (2007) 198

Levis, Der Vormundschaftsrichter und der Pflichtteilsanspruch eines Minderjährigen gegen den elterlichen Gewalthaber, ZBlFG 11, 685

Roth, Die schenkungsrechtlichen Folgen des Verzichts auf höchstpersönliche Nutzungsrechte, ZEV 2019, 445.

Systematische Übersicht

Alphabetische Übersicht

I. Normzweck

Wer fremdes oder zugunsten eines anderen gebundenes Vermögen verwaltet, hat grundsätzlich die Pflicht, dieses Vermögen in seinem Bestand zu erhalten; dem liefe die unentgeltliche Weggabe von Gegenständen aus dem verwalteten Vermögen zuwider (vgl Mot IV 1106; KG BtPrax 2012, 123, 124; Enneccerus/Kipp § 116 I; Gernhuber/ 1

Coester-Waltjen § 61 Rn 12; Holzhauer FamRZ 2000, 1063, 1067). Deshalb kann der Vormund nach § 1804 S 1 BGB aus dem Vermögen des Mündels ebenso wie die Eltern aus dem Vermögen des Kindes (§ 1641 BGB) grundsätzlich keine Schenkungen machen; eine Ausnahme gilt nach § 1804 S 2 BGB lediglich für Schenkungen, durch die einer sittlichen Pflicht oder einer auf den Anstand zu nehmenden Rücksicht entsprochen wird (vgl §§ 2205 S 3, 2207 S 2 BGB [Testamentsvollstrecker] und § 1425 BGB [Ehegatte, der das Gesamtgut verwaltet und Gegenstände aus dem Gesamtgut nur mit Einwilligung des anderen Ehegatten verschenken kann]; s auch §§ 2113 Abs 2, 2136 BGB [Vorerbe, der im Interesse des Nacherben in seiner Verfügungsmacht beschränkt ist]).

II. Das Schenkungsverbot (S 1)

1. Begriff der Schenkung

2 Unter den Begriff der Schenkung iSv S 1 fällt sowohl die sofort vollzogene Schenkung (Handschenkung) nach § 516 BGB als auch das Schenkungsversprechen, für dessen Wirksamkeit § 518 BGB eine notarielle Beurkundung voraussetzt (Dölle § 124 II 1; MünchKomm/Kroll-Ludwigs Rn 4; BeckOGK/Fröschle [1. 9. 2019] Rn 3). Das Schenkungsverbot erstreckt sich mithin auf das Kausal- wie auf das Verfügungsgeschäft zwischen dem Mündel als Schenker und dem Beschenkten (OLG Naumburg 11. 8. 2016 – 12 Wx 3/16, juris Rn 25; KG BtPrax 2012, 123, 124; MünchKomm/Kroll-Ludwigs Rn 11).

3 Dagegen fällt die Erfüllung eines rechtswirksam bestehenden (etwa auf den Mündel als Erben übergegangenen) **Schenkungsversprechens** nicht unter das Schenkungsverbot des § 1804 BGB. Zwar soll das Vermögen des Mündels nicht durch unentgeltliche Weggabe geschmälert werden; der Vormund soll aber nicht gehindert werden, Verbindlichkeiten, die als Belastung des Mündelvermögens schon vorhanden sind, zu erfüllen (Eckstein AcP 107 [1911] 384, 410; Enneccerus/Kipp § 116 I 1; Gernhuber/Coester-Waltjen § 61 Rn 14–16; Soergel/Zimmermann Rn 2; Erman/Schulte-Bunert Rn 2). Nicht erfasst wird auch das zum Zweck des Schenkungsvollzugs gegenüber einem Dritten vorgenommene Geschäft, zB ein Zahlungsauftrag an einen Zahlungsdienstleister (BGH NJW 2004, 2517; OLG Schleswig 28. 11. 2013 – 5 W 40/13, juris Rn 13, NJW-RR 2014, 741, 742).

4 Dem Schenkungsbegriff des § 1804 BGB unterfallen auch die Vorgänge nicht, die **§ 517 BGB** erfasst (zur Abgrenzung s die Erl zu § 517 BGB). Der Vormund ist deshalb nicht durch § 1804 BGB gehindert, namens des Mündels eine Erbschaft oder ein Vermächtnis auszuschlagen oder auf das gesetzliche Erbrecht oder das Pflichtteilsrecht zu verzichten und damit einem anderen einen Vorteil zu verschaffen; er bedarf dazu aber nach §§ 1822 Nr 2, 2347 BGB der Genehmigung des Familiengerichts (vgl Mot IV 1106).

5 Eine Zuwendung ist dann **unentgeltlich**, wenn ihr nach dem **Inhalt des Rechtsgeschäfts** keine Gegenleistung gegenübersteht. Die Einigung über die Unentgeltlichkeit fehlt, wenn auch nur eine Partei der Meinung ist, auf die Zuwendung einen Anspruch zu haben (RGZ 125, 380, 383; s zur Abgrenzung Staudinger/Wimmer-Leonhardt [2005] § 516 Rn 39 ff). Sind dagegen beide Teile darüber einig, dass der Zuwendung zwar keine rechtliche, wohl aber eine sittliche oder Anstandsverpflichtung zugrunde liege, so besteht Einigkeit über die Unentgeltlichkeit der Zuwendung (RGZ 125, 380, 383).

2. Beispiele

Eine Schenkung kann etwa im **Verzicht** auf eine dem Mündel zustehende Sicherheit bestehen, wenn diesem Verzicht kein Äquivalent gegenübersteht (RGZ 33, 209, 210 f; KG JFG 16, 87, 89 = JW 1937, 2597). Voraussetzung ist allerdings, dass die wegzugebende Rechtsposition für den Mündel noch einen realen Vermögenswert darstellt; fehlt es hieran, kann durch seine Weggabe dem Mündel auch kein Nachteil entstehen (BGH FamRZ 2012, 967, 968; dazu auch OLG Nürnberg 22. 7. 2013 – 4 U 1571/12, juris Rn 15, MDR 2014, 22, 23). 6

Dass die Aufhebung oder Minderung einer für eine Forderung des Mündels bestehenden Sicherheit in jedem Fall nach § 1822 Nr 13 BGB der Genehmigung des Familiengerichts bedarf, ändert nichts daran, dass ein solches Rechtsgeschäft, das der Vormund namens des Mündels vornimmt, stets nichtig ist, wenn darin eine Schenkung zu erblicken ist (MünchKomm/Kroll-Ludwigs Rn 9; Soergel/Zimmermann Rn 1). Unter S 1 fällt auch eine Änderung der Bezugsberechtigung einer Lebensversicherung des Mündels für den Todesfall auf den Vormund (OLG Hamm FamRZ 1985, 206, 207). Etwas anderes gilt dagegen, wenn der Vormund Geld des Mündels in der Weise anlegt, dass der Rückzahlungsanspruch im Fall des Todes des Mündels einem Dritten zufließen soll (§ 331 BGB); vom Schenkungsverbot betroffen sind dagegen die Absprachen im Valutaverhältnis zwischen Mündel und Drittem (so für einen Fall aus dem Betreuungsrecht BayObLG NJW-RR 2003, 4). 7

Eine Zuwendung, die zur **Erfüllung** einer Schuld oder **an Erfüllungs statt** erfolgt, ist entgeltlich, weil die Befreiung von der Schuld einen Vermögensvorteil für den Schuldner darstellt. Auch das Nachgeben des Vormunds in einem **Vergleich** über eine bestrittene oder nicht sicher durchsetzbare Forderung ist keine Schenkung, weil es dabei an einer Einigung über die Unentgeltlichkeit fehlt. Eine Schenkung liegt auch dann nicht vor, wenn eine vom Mündel vorgenommene notarielle Grundstücksübertragung auf zusätzliche Grundstücke mit Hilfe eines Ergänzungspflegers nach dem Grundsatz falsa demonstratio non nocet erweitert wird (für den Fall einer Betreuung OLG Frankfurt FamRZ 2008, 542, 544; Palandt/Götz Rn 1). 8

Von § 1804 BGB werden auch **gemischte Schenkungen** erfasst (OLG Naumburg 11. 8. 2016 – 12 Wx 3/16, juris Rn 26; OLG Frankfurt 15. 5. 2018 – 20 W 38/18, juris Rn 12, Rpfleger 2018, 667, 668; OLG Frankfurt FamRZ 2008, 544, 545; OLG Hamm NJW-RR 1992, 1170, 1171; LG Traunstein MittBayNot 2005, 231 m Anm Böhmer; MünchKomm/Kroll-Ludwigs Rn 8; Palandt/Götz Rn 1; Soergel/Zimmermann Rn 1 aE; diff BeckOGK/Fröschle [1. 9. 2019] Rn 8 unter Hinweis auf § 139 BGB). Diese zeichnen sich durch eine Mischung von entgeltlichen und unentgeltlichen Elementen aus; die Leistung ist wesentlich geringer als die Gegenleistung, und die Parteien sind sich über die teilweise Unentgeltlichkeit der Leistung einig (zum Begriff Staudinger/Chiusi [2013] § 516 Rn 63 ff). Ein solcher Fall liegt etwa vor, wenn der Pflegebefohlene im Wege vorweggenommener Erbfolge über ein Grundstück verfügt (OLG Hamm NJW-RR 1987, 453, 454; BayObLG FamRZ 1999, 47 f; LG Traunstein MittBayNot 2005, 231), wenn sich ein Vormund namens des Mündels mit einem Pflichtteilsbetrag begnügt, der um die Hälfte niedriger ist als die Summe, welche sich bei Zugrundelegen des Verkehrswerts errechnet (gegen eine Schenkung mangels Einigung über die Unentgeltlichkeit im Fall einer Ergänzungspflegschaft BayObLG DAVorm 1989, 428, 432), oder wenn der Vormund einen Miteigentumsanteil des Mündels an einer Eigen- 9 tumswohnung, die von diesem zu eigenen Wohnzwecken genutzt wird, an einen anderen gegen Übernahme einer inhaltlich stark beschränkten Pflegeverpflichtung überträgt (für den Fall einer Verfügung durch einen Ergänzungsbetreuer an einen Abkömmling des Betreuten OLG Frankfurt FamRZ 2008, 544, 545). Eine **verschleierte Schenkung** (zum Begriff Staudinger/Chiusi [2013] § 516 Rn 54 ff) ist nach §§ 117 Abs 2, 1804 BGB nichtig.

10 § 1804 S 1 BGB ist **nicht** anzuwenden, wenn der vertretungsberechtigte Gesellschafter einer offenen Handelsgesellschaft (oder Kommanditgesellschaft), zu deren Gesellschaftern der Mündel gehört, namens der Gesellschaft eine Schenkung macht, die er als Vormund nicht vornehmen könnte. Ob eine OHG wirksam eine Rechtshandlung vornehmen kann, bestimmt sich allein nach den für sie geltenden Rechtsvorschriften, insbesondere nach den Normen, die eine fest umrissene Vertretungsmacht festlegen (RGZ 125, 380, 381; Dölle § 124 II 1; Gernhuber/Coester-Waltjen § 61 Rn 12; s auch § 60 Rn 82 betr andere Gesamthandsgesellschaften; Palandt/Götz Rn 1; Erman/Schulte-Bunert Rn 4; Soergel/Zimmermann Rn 2 aE; BGB-RGRK/Dickescheid Rn 4; **aA** MünchKomm/Kroll-Ludwigs Rn 10).

3. Umfang des Schenkungsverbots

11 § 1804 S 1 BGB verbietet nicht nur Schenkungen des Vormunds im Namen des Mündels. Vielmehr kann der Vormund auch nicht wirksam die Zustimmung zu einer vom Mündel vorzunehmenden oder vorgenommenen Schenkung erteilen; dies hatte der E I in § 1661 noch ausdrücklich bestimmt (s dazu Mot IV 1106; OLG Stuttgart FamRZ 1969, 39, 40; Enneccerus/Kipp § 116 I; Dölle § 124 II 1; Erman/Schulte-Bunert Rn 1; MünchKomm/Kroll-Ludwigs Rn 2; Soergel/Zimmermann Rn 1; Palandt/Götz Rn 1).

12 Das Schenkungsverbot des § 1804 BGB gilt auch im Rahmen des **§ 110 BGB** (Palandt/Diederichsen[71] Rn 1). Auch wenn der Vormund – oder mit seiner Zustimmung ein Dritter – dem Mündel Mittel zu freier Verfügung überlassen hat, kann der Mündel diese Mittel oder das mit ihnen Angeschaffte sowie das an dessen Stelle Getretene **nicht verschenken**, weil es sich bei der Überlassung der Mittel iS des § 110 BGB lediglich um eine vorweg erteilte Einwilligung der Eltern handelt (RGZ 74, 234, 235; näher Staudinger/Klumpp [2017] § 110 Rn 7 ff; BeckOGK/Fröschle [1. 9. 2019] Rn 16), die sich in keinem Fall wirksam auf Schenkungen beziehen kann (OLG Stuttgart FamRZ 1969, 39, 40; in dieser Entscheidung hat das Gericht den – als Schenkung zu wertenden – Erlass einer Forderung auf Schadensersatz wegen Zerstörung eines Pkw, den sich ein Minderjähriger mit von den Eltern überlassenen Mitteln gekauft hatte, für unwirksam erklärt). Der Mündel kann also mit dem ihm überlassenen „Taschengeld" wirksam nur Pflicht- und Anstandsschenkungen vornehmen (ebenso MünchKomm/Kroll-Ludwigs Rn 2).

13 Auch eine Schenkung, die der – das Gesamtgut der Gütergemeinschaft verwaltende – Ehegatte aus dem Gesamtgut vornehmen wollte, wurde von § 1804 BGB erfasst. Deshalb war der Vormund gehindert, die nach §§ **1425 BGB, 1458 BGB aF** erforderliche **Einwilligung** des unter Vormundschaft stehenden anderen Ehegatten abzugeben. Das hatte zur Folge, dass der das Gesamtgut verwaltende Ehegatte keine Schenkungen aus dem Gesamtgut vornehmen konnte, soweit es sich nicht um eine nach § 1425 Abs 2 BGB vom Einwilligungserfordernis ausgenommene Pflicht- oder Anstandsschenkung handelte (RGZ 91, 40, 41; s auch Staudinger/Thiele [2018] § 1425

Rn 14; STAUDINGER/HEILMANN [2016] § 1641 Rn 3). § 1458 BGB aF wurde durch das Gesetz zur Bekämpfung von Kinderehen (BGBl I 2017, 2429) ersatzlos gestrichen, sodass das Gemeinschaftsvermögen nicht mehr notwendigerweise vom anderen Ehegatten allein verwaltet werden muss. Vielmehr findet § 1421 BGB Anwendung. Folgen für die Anwendung des § 1804 BGB ergeben sich indes nicht. Zu beachten bleibt dagegen, dass seit dem Gesetz zur Bekämpfung von Kinderehen Minderjährigenehen zudem nach § 1314 Abs 1 Nr 1 BGB aufhebbar sind, wenn nicht sogar nichtig (§ 1303 S 2 BGB), sodass Fälle des ehelichen Güterrechts zukünftig selten auftreten dürften.

III. Folgen eines Verstoßes gegen das Schenkungsverbot

1. Nichtigkeit

Eine gegen § 1804 S 1 BGB verstoßende Schenkung ist unheilbar **nichtig** (Mot IV 1107), gleichviel, ob der Vormund sie als gesetzlicher Vertreter des Mündels vorgenommen oder ob er zu der vom Mündel selbst vorgenommenen Schenkung seine Einwilligung oder Genehmigung erteilt hat. Dies gilt auch dann, wenn das Familiengericht die Schenkung genehmigt haben sollte (BayObLG FamRZ 1999, 47 f; BayObLG OLGE 32, 19 = BayObLGZ 15, 573, 575; BayObLG Rpfleger 1988, 22 = FamRZ 1988, 210 [LS]; KG JFG 16, 87, 88; ROTH ZEV 2019, 445, 447). Das ergibt sich daraus, dass § 1804 BGB – abgesehen vom Ausnahmefall des § 1804 S 2 BGB – ein **Verbotsgesetz iSv § 134 BGB** darstellt (GERNHUBER/COESTER-WALTJEN § 61 Rn 12; BeckOGK/FRÖSCHLE [1. 9. 2019] Rn 3; NK-BGB/FRITSCHE Rn 3; ERMAN/SCHULTE-BUNERT Rn 1; GRZIWOTZ ZfIR 2019, 1, 6). 14

Der **Mündel** kann folglich eine vom Vormund oder von ihm mit Einwilligung des Vormunds entgegen § 1804 BGB vorgenommene Schenkung auch **nicht** nach **§ 177 BGB genehmigen**, wenn er unbeschränkt geschäftsfähig geworden ist, sondern nur – ohne dingliche Rückwirkung – wiederholen (allgM; s ENNECCERUS/KIPP § 116 I u DÖLLE § 124 II 1; GERNHUBER/COESTER-WALTJEN § 61 Rn 12; BeckOGK/FRÖSCHLE [1. 9. 2019] Rn 3; ERMAN/SCHULTE-BUNERT Rn 1; SOERGEL/ZIMMERMANN Rn 2; MünchKomm/KROLL-LUDWIGS Rn 12). 15

Die Verfassungsmäßigkeit der Nichtigkeitsfolge wird in der Literatur zum Teil bezweifelt (CANARIS JZ 1987, 993, 998 f; krit auch BeckOGK/FRÖSCHLE [1. 9. 2019] Rn 18; jurisPK-BGB/LAFONTAINE Rn 27). So vertritt vor allem CANARIS die Ansicht, diese Rechtsfolge verstoße gegen das grundrechtlich verankerte Übermaßverbot (Art 2 Abs 1 iVm Art 1 Abs 1 GG) und sei damit nichtig. Die dadurch entstehende Lücke könne verfassungskonform durch eine analoge Anwendung von § 1822 BGB gefüllt werden (CANARIS JZ 1987, 993, 998 f; ähnlich im Rahmen der Betreuung HOLZHAUER FamRZ 2000, 1063, 1068). Hiergegen wird allerdings zu Recht eingewandt, dass dem Übermaßverbot durch die Zulässigkeit von Anstandsschenkungen nach § 1804 S 2 BGB hinreichend Rechnung getragen werde (BayObLG FamRZ 1996, 1359, 1360; SOERGEL/ZIMMERMANN Rn 6; BeckOGK/FRÖSCHLE [1. 9. 2019] Rn 19.1; ERMAN/SCHULTE-BUNERT Rn 1). 16

2. Weitere Rechtsfolgen

Da die unter Vorstoß gegen § 1804 BGB vorgenommene Schenkung nichtig ist, kann der Vormund in Vertretung des Mündels oder dieser nach Eintritt der Volljährigkeit selbst das Geschenkte nach Maßgabe der §§ 985, 812 BGB herausverlangen. 17

Auf § 932 BGB kann sich der Beschenkte nicht berufen, weil der gute Glaube an die Vertretungsmacht, von wenigen Ausnahmen abgesehen, grundsätzlich nicht geschützt wird (dazu STAUDINGER/WIEGAND [2017] § 932 Rn 40).

18 Soweit der Vormund die Schenkung aus dem Vermögen des Mündels **in eigenem Namen** (also nicht „in Vertretung des Mündels") vornimmt, verfügt er widerrechtlich über fremdes Vermögen (s § 1805 S 1 BGB). Gegenüber dem Mündel haftet er nach § 1833 BGB (vgl BayObLG OLGE 32, 19 = BayObLGZ 15, 573, 575), gegenüber dem Beschenkten nach § 523 BGB. Der gutgläubige Beschenkte kann sich zwar auf § 932 BGB berufen; er ist aber dem Mündel nach § 816 Abs 1 S 2 BGB zur Herausgabe des durch die Schenkung Erlangten verpflichtet (DÖLLE § 124 II 1; MünchKomm/KROLL-LUDWIGS Rn 3; BeckOGK/FRÖSCHLE [1. 9. 2019] Rn 11).

IV. Ausnahmen für Pflicht- und Anstandsschenkungen (S 2)

19 Von dem Grundsatz des § 1804 S 1 BGB macht S 2 eine Ausnahme für Schenkungen, durch die einer sittlichen Pflicht oder einer auf den Anstand zu nehmenden Rücksicht entsprochen wird, da „solche Schenkungen nicht außerhalb des Zweckes der Vermögensverwaltung und auch im eigenen Interesse des Mündels liegen" (Mot IV 1107; vgl die Parallelvorschriften in den §§ 534, 814, 1375 Abs 2 Nr 1, 1425 Abs 2, 1641 S 2, 2113 Abs 2 S 2, 2205 S 3, 2207 S 2, 2330 BGB).

1. Sittliche Pflicht

20 Der Vormund kann also namens des Mündels aus dessen Vermögen Schenkungen vornehmen, durch die einer sittlichen Pflicht entsprochen wird. Nach dem allgemeinen Sprachgebrauch liegen diese Voraussetzungen dann vor, wenn jemand den Geboten der Nächstenliebe und Wohltätigkeit entspricht. Nichtsdestotrotz genügt dies nach überwiegender Ansicht nicht für eine Ausnahme vom Schenkungsverbot des § 1804 S 1 BGB (BayObLG Rpfleger 2003, 649, 650; BayObLG FamRZ 1996, 1359, 1360; MünchKomm/KROLL-LUDWIGS Rn 13; krit allerdings GERNHUBER/COESTER-WALTJEN § 61 Rn 12 Fn 29, die auf die veränderten sozialen Standards zur Wohltätigkeit verweist, die im Kindschaftsrecht nicht ignoriert werden könnten). Vielmehr muss eine besondere, aus den konkreten Merkmalen des Falles erwachsene, in den Geboten der Sittlichkeit wurzelnde Verpflichtung vorliegen; dabei sind besonders die Vermögensverhältnisse der Beteiligten und die zwischen ihnen bestehenden persönlichen Beziehungen zu würdigen (RGZ 70, 15, 19; 70, 383, 386; 73, 46, 49; BGH LM Nr 1 zu § 534 BGB; für die Anlegung eines strengen Maßstabs KG OLGE 3, 109, 110). Der BGH fragt danach, ob die Schenkung nach den festgestellten Umständen in einer solchen Weise sittlich geboten ist, dass umgekehrt das Unterlassen derselben als Verletzung einer für den Schenker bestehenden sittlichen Pflicht zur Last gelegt würde (BGH FamRZ 1984, 580, 581 zu § 2330 BGB; OLG Frankfurt FamRZ 2008, 544, 546; LG Kassel FamRZ 2013, 579; s auch ERMAN/SCHULTE-BUNERT Rn 3; GRZIWOTZ ZfIR 2019, 1, 8).

21 Das Erfüllen einer sittlichen Pflicht wird etwa bejaht bei einer Unterstützung naher Angehöriger, die keinen rechtlichen Unterhaltsanspruch gegen den Leistenden haben (BayObLG OLGE 32, 19; vgl MünchKomm/KROLL-LUDWIGS Rn 13), sowie bei der Aufgabe erbrechtlicher Positionen mit Rücksicht auf den zwar nicht in gehöriger Form niedergelegten, aber in der Familie allgemein als maßgebend betrachteten Willen

des Erblassers (KG JFG 13, 183, 186 = JW 1936, 393 = HRR 1936 Nr 195). Zum Verzicht auf den Pflichtteil s LEVIS ZBlFG 11, 685, 697.

Eine sittliche Pflicht wurde auch bejaht im Fall der Übertragung eines Miteigentumsanteils des Pflegebefohlenen an einem Hausgrundstück auf einen Familienangehörigen im Wege der vorweggenommenen Erbfolge, die unter Berücksichtigung seiner wirtschaftlichen und immateriellen Interessen für den Pflegebefohlenen selbst vorteilhaft war (OLG Hamm NJW-RR 1987, 453, 454; LG Traunstein MittBayNot 2005, 231 m krit Anm BÖHMER [Hofübergabevertrag]; enger OLG Stuttgart FamRZ 2005, 62 [zur Abgrenzung von § 1804 BGB u § 1624 BGB]; BayObLG Rpfleger 2003, 649, 650; STAUDINGER/ENGLER [2004] Rn 17; MünchKomm/KROLL-LUDWIGS Rn 13 Fn 37; JAKOB AcP 207 [2007] 198, 214); dabei kommt dem Gesichtspunkt des Familienfriedens und des Zusammenhalts in der Familie eine besondere Bedeutung zu (OLG Hamm NJW-RR 1987, 453, 454; KG JFG 13, 187).

Umgekehrt ist eine sittliche Pflicht abgelehnt worden, künftigen Erben zu Lebzeiten unentgeltlich Vermögen zu übertragen, selbst wenn mit dieser Übertragung für die künftigen Erben eine Steuerersparnis erreicht werden könnte (für den Fall einer Betreuung BayObLGZ 1996, 118 = FamRZ 1996, 1359 = Rpfleger 1996, 508; STAUDINGER/ENGLER [2004] Rn 15).

2. Eine auf den Anstand zu nehmende Rücksicht

Eine auf den Anstand zu nehmende Rücksicht wird dann bejaht, wenn das Unterbleiben der Schenkung gegen die Anschauungen der in Betracht kommenden Gesellschaftskreise verstieße und der, von dem man die Schenkung erwartet, dadurch eine Einbuße in der Achtung und Anerkennung dieser Kreise erlitte (RGZ 73, 46, 49 f; 98, 323, 326; LG Kassel FamRZ 2013, 579); dabei kommt es also wesentlich auf die örtliche und schichtspezifische **Verkehrssitte** an (vgl STAUDINGER/CHIUSI [2013] § 534 Rn 15; GRZIWOTZ ZfIR 2019, 1, 8). Als Anstandsschenkungen sind die gebräuchlichen Gelegenheitsgeschenke aus Anlass von Festtagen, persönlichen Feiern und im Rahmen der Gastfreundschaft zu betrachten. Dabei kommt es auf die wirtschaftlichen Verhältnisse des Mündels an; der Vormund wird als Verwalter fremden Vermögens eher Zurückhaltung zu üben haben und damit in der Umgebung, auf die es ankommt, auch Verständnis finden. Als Anstandsschenkungen kommen aber nicht nur kleinere Gaben in Betracht (RGZ 73, 46, 50; s auch LG Kassel FamRZ 2013, 579: Auszahlung von 80 000 Euro betr Betreuungsrecht), und im Einzelfall kann das reine Geldinteresse des Mündels durchaus hinter anderen Interessen des Mündels zurücktreten (KG OLGE 43, 380). 22

3. Das Erfordernis einer familiengerichtlichen Genehmigung

Ist eine Schenkung nach S 2 erlaubt, so wird dadurch eine nach anderen Vorschriften – insbesondere §§ 1821, 1822 BGB – erforderliche familiengerichtliche Genehmigung nicht entbehrlich (BayObLG Rpfleger 1988, 22 = FamRZ 1988, 210 [LS]; OLG Hamm NJW-RR 1987, 453, 454; SOERGEL/ZIMMERMANN Rn 3; BeckOGK/FRÖSCHLE [1. 9. 2019] Rn 24; PALANDT/GÖTZ Rn 2). Der Mündel ist also trotz der Ausnahme vom grundsätzlich bestehenden Schenkungsverbot gegen die unkontrollierte Weggabe größerer Vermögensstücke und ganzer Vermögenskomplexe, etwa eines dem Kind zugefallenen Nachlasses, im Wesentlichen geschützt (vgl MünchKomm/KROLL-LUDWIGS Rn 13; DÖLLE § 124 II 1). 23

4. Besonderheiten im Betreuungsrecht

24 Auf die Betreuung ist § 1804 BGB – und damit auch sein S 2 – nach § 1908i Abs 2 S 1 BGB sinngemäß anzuwenden, jedoch kann der Betreuer in Vertretung des Betreuten Gelegenheitsgeschenke auch dann machen, wenn dies dem Wunsch des Betreuten entspricht und nach seinen Lebensverhältnissen üblich ist. Mit dieser Bestimmung wollte das BtG die Möglichkeit, Geschenke zu machen, „vorsichtig erweitern", weil die in § 1804 S 2 BGB vorgesehene Ausnahme für Volljährige „häufig als zu eng empfunden" worden sei (BT-Drucks 11/4528, 160). Für die weitgehende Beachtung des Willens des Betreuten tritt insbesondere HOLZHAUER (FamRZ 2000, 1063, 1067 f) ein; § 1804 S 2 BGB soll im Bereich der Betreuung verfassungskonform dahin ausgelegt werden, dass bei der Prüfung, ob eine Schenkung sittlicher Pflicht entspricht, auch – soweit feststellbar – auf den Willen des Betreuten Rücksicht zu nehmen ist (s LG Kassel FamRZ 2013, 579 für den Fall der Auszahlung von 80 000 Euro an die Söhne der Betreuten; für Unterhaltsleistungen an nahe Angehörige, die keinen Unterhaltsanspruch gegen den Schenker haben, in einem Grenzfall entschieden vom OLG Karlsruhe Rpfleger 2000, 391 = NJW-RR 2000, 1313 = MDR 2001, 1439).

25 Die Einführung des Begriffs der Gelegenheitsgeschenke (s dazu STAUDINGER/BIENWALD [2017] Rn 181 ff zu § 1908i Abs 2 S 1 BGB) dürfte auf die Auslegung des § 1804 S 2 BGB im Bereich der Vormundschaft keinen Einfluss haben. Auch HOLZHAUER (FamRZ 2000, 1063, 1067) hält daran fest, „dass § 1804 BGB dem Vormund eines Minderjährigen Freigiebigkeiten aus dessen Vermögen versagt", weil dieses „bis zum Eintritt der Volljährigkeit unbedingt erhalten bleiben" muss.

§ 1805
Verwendung für den Vormund

Der Vormund darf Vermögen des Mündels weder für sich noch für den Gegenvormund verwenden. Ist das Jugendamt Vormund oder Gegenvormund, so ist die Anlegung von Mündelgeld gemäß § 1807 auch bei der Körperschaft zulässig, bei der das Jugendamt errichtet ist.

Materialien: E I § 1662; II § 1685; III § 1781; Mot IV 1107; Prot IV 760. S 1 geändert u S 2 angefügt durch NEhelG v 19. 8. 1969 (BGBl I 1243) Art 1 Nr 57, neugefasst durch Bekanntmachung v 2. 1. 2002 (BGBl I 42).

Schrifttum

BEITZKE, Anderkonten für Mündelgelder?, ZBlJugR 1967, 237
FRÖSCHLE, Betreuter ohne Konto – was tun?, in: FS Werner Bienwald (2006) 87.

Systematische Übersicht

I. Normzweck, Historie

1 Das BGB hat die als selbstverständlich erscheinende Bestimmung des § 1805 S 1 aufgenommen als „klare und unzweideutige Mahnung an den Vormund […], sein Vermögen und das des Mündels in allen Beziehungen getrennt zu halten" (Mot IV 1107). Ziel ist es, eine uneigennützige Verwaltung des Mündelvermögens sicherzustellen und zu gewährleisten, dass Gläubiger des Vormunds nicht auf das Mündelvermögen zugreifen können (LG Krefeld Rpfleger 2001, 302 [Betreuung]; NK-BGB/Fritsche Rn 1; Erman/Schulte-Bunert Rn 1). Damit wird auch die Übernahme des Vermögens durch den volljährig gewordenen Mündel oder einen neuen Vormund ohne Trennung vom Vermögen des (bisherigen) Vormunds möglich (NK-BGB/Fritsche Rn 1; Erman/Schulte-Bunert Rn 1). Der deutlichen Abgrenzung des Vermögens des Mündels von dem des Vormunds dient auch die in § 1802 BGB vorgesehene Inventarisierungspflicht (§ 1802 Rn 1 ff).

2 Ausnahmen von § 1805 S 1 BGB sind nicht vorgesehen; auch das Familiengericht kann den Vormund nicht vom Verwendungsverbot befreien.

3 Das NEhelG hat die in **S 1** ursprünglich enthaltenen Worte „nicht für sich" durch die Worte „weder für sich noch für den Gegenvormund" mit der Begründung ersetzt, dass das Interesse des Mündels auch dadurch beeinträchtigt sein könnte, dass der Vormund Mündelgeld für den Gegenvormund verwende; dabei bestünde die Gefahr, dass der Gegenvormund seiner Aufgabe, die Tätigkeit des Vormunds zu überwachen, nicht mehr ordnungsgemäß nachkomme (BT-Drucks V/2370, 85). Dass die Vorschrift auch im Verhältnis zum Gegenvormund gilt, war freilich schon vor der Änderung des Gesetzestextes „selbstverständlich" (s Staudinger/Engler[10/11] Rn 7 u Dölle § 126 II 6 aE).

4 **S 2** wurde mit dem NEhelG aus § 38 Abs 2 S 1 JWG in das BGB übernommen und entspricht § 56 Abs 3 S 2 SGB VIII. Er dient einer möglichst einfachen Verwaltung von Mündelgeldern durch den Amtsvormund und -pfleger und stellt – systematisch betrachtet – eine Ausnahme vom Verbot der Verwendung von Mündelgeld durch den Vormund dar (MünchKomm/Kroll-Ludwigs Rn 2; MünchKomm/Tillmanns § 56 SGB VIII Rn 9).

II. Verbot der Verwendung von Mündelvermögen für den Vormund oder den Gegenvormund (S 1)

1. Trennungsgebot

a) Grundsatz

5 Der Vormund darf nach § 1805 S 1 BGB keine Gegenstände des Mündelvermögens für sich oder den Gegenvormund verwenden, und zwar weder rechtlich noch faktisch (MünchKomm/Kroll-Ludwigs Rn 3). Dieses Verbot erfordert es auch, dass der Vormund seine und die Vermögensmassen des Mündels grundsätzlich strikt zu **trennen** hat (Palandt/Götz Rn 1; MünchKomm/Kroll-Ludwigs Rn 3; BeckOGK/Fröschle [1. 9. 2019] Rn 7; jurisPK-BGB/Lafontaine Rn 4 f; Oberloskamp/Dürbeck, Vormundschaft § 10 Rn 98). Damit ist der Vorschrift ein Trennungsgebot immanent; eine ausdrückliche Regelung fehlt freilich (BeckOGK/Fröschle [1. 9. 2019] Rn 7).

6 Dieses Gebot hat zur Folge, dass **bewegliche Sachen des Mündels**, die der Vormund verwahrt, so eindeutig zu **kennzeichnen** sind, dass sie bei einer Zwangsvollstreckung ohne Weiteres als fremdes Eigentum identifizierbar sind (BeckOGK/Fröschle [1. 9. 2019] Rn 8).

7 **Mündelgeld** ist grundsätzlich getrennt von dem Geld des Vormunds zu halten, Bargeld in einer getrennten Kasse, Buchgeld auf getrennten Konten (jurisPK-BGB/Lafontaine Rn 10; Oberloskamp/Dürbeck, Vormundschaft § 10 Rn 98). Nicht zulässig ist also die Anlage von Mündelgeld auf den Namen des Vormunds, selbst wenn dafür ein eigenes Konto eingerichtet wird, das der Vormund treuhänderisch verwaltet (BGH 31. 10. 2018 – XII ZB 300/18, juris Rn 9, FamRZ 2019, 306; KG NJW 1967, 883; LG Münster BtPrax 2012, 219 [LS] [Betreuung]; MünchKomm/Kroll-Ludwigs Rn 3; Oberloskamp/Dürbeck, Vormundschaft § 10 Rn 98; Soergel/Zimmermann Rn 3; BGB-RGRK/Dickescheid Rn 2 aE; Rauscher, Familienrecht Rn 1220; s auch LG Krefeld Rpfleger 2001, 302, das besonders auf die Gefahr des Zugriffs von Gläubigern des Vormunds auf dessen Konto hinweist). Auch die Einrichtung eines Anderkontos für den Mündel durch einen Rechtsanwalt oder Notar genügt grundsätzlich nicht (BGH 31. 10. 2018 – XII ZB 300/18, juris Rn 16, FamRZ 2019, 306; OLG Köln OLGR 1997, 51; Spanl/Imre, Vermögensverwaltung 142; anders für den Nachlasspfleger OLG Köln 24. 3. 2014 – I-2 Wx 28/14, 2 Wx 28/14, juris Rn 7, FamRZ 2015, 284; krit zu dieser Rechtsprechung BeckOGK/Fröschle [1. 9. 2019] Rn 9).

8 Das Trennungsgebot erfordert nicht nur die Trennung des Vermögens des Mündels von dem eigenen Vermögen des Vormunds, sondern verlangt auch die **Trennung der Vermögen mehrerer Mündel**, für die der Vormund die Vormundschaft führt. Er kann also nicht das Anlagegeld eines Mündels gemeinsam mit anderen Fremdgeldern auf einem **Sammelanderkonto** verwalten; eine solche Möglichkeit sieht das Gesetz nur im Ausnahmefall für die Amtsvormundschaft vor (§ 56 Abs 3 S 1 SGB VIII) mit der Folge, dass ansonsten diese Form der Vermögensverwaltung gegen das Trennungsgebot verstößt (BGH 31. 10. 2018 – XII ZB 300/18, juris Rn 18 f, FamRZ 2019, 306).

b) Ausnahmen

9 Es stellt sich allerdings die Frage, ob das Trennungsgebot uneingeschränkt auch für das sog **Verfügungsgeld** (zu diesem Begriff § 1806 Rn 2) gilt (dafür wohl BGH 31. 10. 2018 – XII ZB 300/18, juris Rn 15 ff, FamRZ 2019, 306) oder ob man in Bezug auf dieses Geld die

Einrichtung eines auf den Namen des Vormunds lautenden „Anderkontos“ zulassen kann, wenn durch Vereinbarung mit dem Kreditinstitut die materielle Berechtigung des Mündels klargestellt und gewährleistet ist, dass Gläubiger des Vormunds nicht in das Guthaben vollstrecken können (dafür PALANDT/GÖTZ[78] Rn 1; ERMAN/SCHULTE-BUNERT Rn 4). Für diese Sicht spricht, dass es bei dem Geld, das „zur Bestreitung von Ausgaben bereit zu halten ist“, meist um kleinere Beträge gehen wird; nach § 1806 BGB gelten für sie die Bestimmungen der §§ 1807 ff BGB über die Anlegung von Mündelgeld nicht, sodass der Vormund auch, wenn der Mündel als Kontoinhaber angegeben ist, darüber verfügen kann.

Es kann aber – vor allem bei Rechtsanwälten, die als Vormund, Pfleger oder Betreuer das Vermögen mehrerer Personen zu verwalten haben – naheliegen, für das „Verfügungsgeld“ dieser Personen ein **gemeinsames Anderkonto** einzurichten, weil dies Kosten spart und Zinsvorteile bringen kann. Die gegen diese Vorgehensweise zum Teil geäußerten Bedenken (KG OLGZ 1966, 609 = NJW 1967, 883 = ZBlJugR 1967, 258 = MDR 1967, 402; s auch OLG Köln FamRZ 1997, 899 [LS]; BeckOGK/FRÖSCHLE [1. 9. 2019] Rn 9.1) dürften durch die Allgemeinen Geschäftsbedingungen der in Betracht kommenden Banken und Sparkassen für Anderkonten ausgeräumt sein (BEITZKE ZBlJugR 1967, 237; SCHÜTZ NJW 1967, 1569; ERMAN/SCHULTE-BUNERT Rn 4; MünchKomm/KROLL-LUDWIGS § 1806 Rn 16; diff NK-BGB/FRITSCHE Rn 3; **aA** jurisPK-BGB/LAFONTAINE Rn 14, 11; OBERLOSKAMP/DÜRBECK, Vormundschaft § 10 Rn 98; § 1806 Rn 23).

Aber auch für einen Vormund, der weder Notar noch Anwalt ist und der damit keine Möglichkeit hat, ein Anderkonto zu eröffnen, muss die Einzahlung des Verfügungsgelds auf einem Treuhandkonto des Vormunds möglich sein, wenn nur dadurch eine anderweitige Schlechterstellung des Mündels vermieden werden kann, die einträte, wenn der Vormund für einen Mündel kein Girokonto eröffnen könnte, sondern das Verfügungsgeld als Bargeld verwahren müsste (BeckOGK/FRÖSCHLE [1. 9. 2019] Rn 9.2; FRÖSCHLE, in: FS Bienwald 87 ff).

Nicht zulässig ist dagegen die **Beteiligung des Mündels an einer Personengesellschaft**, 10
an der auch der Vormund oder der Gegenvormund beteiligt ist, insbesondere einer OHG (RG JW 1917, 288; SOERGEL/ZIMMERMANN Rn 3; ERMAN/SCHULTE-BUNERT Rn 2; MünchKomm/KROLL-LUDWIGS Rn 4; BGB-RGRK/DICKESCHEID Rn 4 aE; diff zwischen nicht rechtsfähigen und rechtsfähigen Personengesellschaften BeckOGK/FRÖSCHLE [1. 9. 2019] Rn 12). Etwas anderes gilt jedoch für die Beteiligung des Vormunds als Prokurist an Erwerbsgeschäften des Mündels (BayObLGZ 18, 53, 55) sowie die Investition von Mündelgeld in einer Kapitalgesellschaft, an der der Vormund bzw Gegenvormund beteiligt ist, da hier der personale Bezug fehlt (MünchKomm/KROLL-LUDWIGS Rn 4; NK-BGB/FRITSCHE Rn 2).

Eine Ausnahme vom Trennungsgebot wird man unter engen Voraussetzungen auch 11
annehmen können, wenn der **Vormund und der Mündel in einem gemeinsamen Haushalt** leben. Für diesen Fall, der ausdrücklich in § 1793 Abs 1 S 3 BGB vorgesehen ist, entsteht eine Wirtschaftsgemeinschaft mit der Folge, dass die strenge Anwendung von § 1805 S 1 BGB zu unzumutbaren Erschwernissen für den Vormund als Haushaltsvorstand führen kann. Um dies zu vermeiden, muss deshalb die Möglichkeit bestehen, dass die dem Mündel gehörenden Haushaltsgegenstände auch im gemeinsamen Haushalt genutzt werden können. Zudem wird der Vormund für berechtigt

angesehen, die für den Lebensunterhalt des Mündels notwendigen Mittel monatlich im Voraus in eine gemeinsame Haushaltskasse einzuzahlen und diese Mittel zur Deckung des gemeinsamen Lebensbedarfs einzusetzen; ein für den laufenden Unterhalt geführtes gemeinschaftliches Konto muss danach nicht aufgelöst werden (BeckOGK/Fröschle [1. 9. 2019] Rn 13). Bezieht der Mündel eine **geringfügige Rente**, die seinen Lebensbedarf nicht übersteigt, wird es ebenfalls für möglich gehalten, dass der mit dem Mündel zusammenlebende Vormund zur Vermeidung unnötiger Kosten für ein gesondertes Konto die Rente auf seinem eigenen Girokonto verwaltet (OLG Rostock FamRZ 2005, 1588 m zust Anm Bienwald u Palandt/Götz Rn 1 [Betreuung]; BeckOGK/Fröschle [1. 9. 2019] Rn 13).

Für diese Sichtweise spricht zwar, dass der Anwendungsbereich des Trennungsgebots reduziert werden kann und muss, wenn der Schutzzweck der Norm es nicht mehr fordert; gleichwohl gilt es zu vermeiden, dass § 1805 S 1 BGB in dem von § 1793 Abs 1 S 3 BGB vorgesehenen Fall keine Anwendung mehr findet. Um künftige **Rechtsunsicherheiten** zu vermeiden, müsste der Gesetzgeber selbst die Ausnahmen vom Trennungsgebot festlegen.

2. Verwendungsverbot

12 Dem Vormund ist darüber hinaus verboten, Gegenstände des Mündelvermögens für sich oder den Gegenvormund zu verwenden, und zwar sowohl rechtlich als auch faktisch (MünchKomm/Kroll-Ludwigs Rn 3). Es ist ihm also nicht erlaubt, aus diesen Gegenständen Vorteile zu ziehen (BeckOGK/Fröschle [1. 9. 2019] Rn 16).

a) Ge-/Verbrauch von Sachen des Mündels

13 Durch das Verwendungsverbot ist dem Vormund der Ge- und Verbrauch von Sachen des Mündels untersagt. Allerdings kann dieses nicht weiterreichen als das Trennungsgebot, sodass die genannten Ausnahmen vom Trennungsgebot (oben Rn 9 ff) auch für das Verwendungsverbot gelten müssen.

14 Nicht einheitlich beurteilt wird, ob das Verwendungsverbot auch dann gilt, wenn der Vormund eine Gegenleistung erbringt. Leistet der Vormund auf der Grundlage einer vertraglichen Abrede eine angemessene Gegenleistung, verringert sich das Vermögen des Mündels nicht, sodass der Schutz des § 1805 S 1 BGB nicht erforderlich ist (ähnlich BeckOGK/Fröschle [1. 9. 2019] Rn 19). Der Gebrauch von Sachen des Mündels ist dem Vormund daher nur insoweit untersagt, als er **unentgeltlich** oder unter Bedingungen vorgesehen ist, die dem Vormund einen ungerechtfertigten Vorteil bringen (Dölle § 126 II 6; Erman/Schulte-Bunert Rn 3). Zulässig ist dagegen zB die Überlassung einer Mietwohnung des Mündels an den Vormund durch den Abschluss eines Mietvertrags zu marktüblichen Bedingungen (unter Bestellung eines Pflegers für den Mündel nach §§ 1795 Abs 2, 181, 1909 BGB; iE ebenso BeckOGK/Fröschle [1. 9. 2019] Rn 19 f; NK-BGB/Fritsche Rn 5; Jürgens/vCrailsheim Rn 3; BGB-RGRK/Dickescheid Rn 2; Soergel/Zimmermann Rn 2; jurisPK-BGB/Lafontaine Rn 7; Erman/Schulte-Bunert Rn 3; **aA** MünchKomm/Kroll-Ludwigs Rn 3). Schon in den Motiven zum BGB heißt es, dass „auch der bloße Gebrauch von Mündelsachen" dem Vormund untersagt sei, „sofern ihm derselbe nicht durch ein gültiges Abkommen zugestanden ist" (Mot IV 1108).

Liegt die Handlung des Vormunds, die als **Verwendung von Vermögen** des Mündels erscheint, zugleich im **Interesse** des Vormunds und **des Mündels**, so wird es darauf ankommen, ob diese Handlung im Interesse des Mündels notwendig ist (vgl Erman/Schulte-Bunert Rn 3); ist dies zu bejahen, so schadet es nicht, wenn sie auch dem Vormund zugutekommt. Dies wird man etwa in dem – antiquiert anmutenden – Beispielsfall (Staudinger/Engler[10/11] Rn 3) annehmen können, in dem der Vormund ein Pferd des Mündels reitet, das der Bewegung bedarf. Hier war vorgeschlagen worden, die Lösung an der Frage zu orientieren, welches Interesse für die Handlungsweise des Vormunds in überwiegendem Maß bestimmend war. 15

b) Nutzung von Mündelgeld

Auch im Bereich der Anlage von Mündelgeld (näher §§ 1806 ff BGB) ist grundsätzlich eine strenge Linie einzuhalten, weil hier die Gefahr der „Verunklarung der Vermögenssphären" (MünchKomm/Kroll-Ludwigs Rn 3) uU sogar noch größer ist als zB bei der Überlassung einer bestimmten Sache zum entgeltlichen Gebrauch. Deshalb ist nach überwiegender Ansicht die Inanspruchnahme eines **verzinslichen Darlehens** durch den Vormund ebenso verboten (Dölle § 126 II 6; MünchKomm/Kroll-Ludwigs Rn 3; Palandt/Götz Rn 1; Erman/Schulte-Bunert Rn 2a; so auch Staudinger/Veit [2014] Rn 8; **aA** BGB-RGRK/Dickescheid Rn 2; Soergel/Zimmermann Rn 2 aE; NK-BGB/Fritsche Rn 5; jurisPK-BGB/Lafontaine Rn 16; BeckOGK/Fröschle [1. 9. 2019] Rn 19) wie die Anlage von Mündelgeld auf den Namen des Vormunds (dazu oben Rn 7 f). Dem Abschluss eines Darlehensvertrags zwischen Vormund und Mündel nur durch ein Tätigwerden des Vormunds steht allerdings schon das Verbot des Insichgeschäfts nach §§ 1795 Abs 2, 181 BGB entgegen. Wird jedoch ein Ergänzungspfleger für den Mündel bestellt und einigt sich dieser mit dem Vormund, so liegt in dieser vertraglichen Grundlage dann ein Gebrauch des Mündelvermögens auf der Basis eines „gültigen Abkommens", wie es in den Motiven als Ausnahme des Verwendungsverbots formuliert ist (oben Rn 14; Oberloskamp/Dürbeck, Vormundschaft § 10 Rn 99; BeckOGK/Fröschle [1. 9. 2019] Rn 19; jurisPK-BGB/Lafontaine Rn 16). Die Gefahr einer Vermischung von Mündel- und Vormundvermögen besteht in diesem Fall nicht; zudem unterliegt der Vertragsschluss der gerichtlichen Kontrolle, da es sich um eine andere Anlegung von Mündelgeld als die in § 1807 BGB vorgeschriebene handelt, die dem Ergänzungspfleger vom Familiengericht gestattet werden muss (§§ 1909 Abs 1 S 1, 1915 Abs 1 S 1, 1811 S 1 BGB; BeckOGK/Fröschle [1. 9. 2019] Rn 20). 16

Hat der Vormund einen **Aufwendungsersatzanspruch** gegen den Mündel nach § 1835 BGB, so kann dieser allerdings aus dem Mündelvermögen erfüllt werden (näher Staudinger/Bienwald § 1835 Rn 98; Erman/Schulte-Bunert Rn 2). 17

c) Nutzung der Arbeitskraft des Mündels

Die Arbeitskraft des Mündels gehört nicht zu seinem Vermögen, sodass weder eine unmittelbare noch eine analoge Anwendung von § 1805 S 1 BGB in Betracht kommt, wenn der Vormund den Mündel für sich arbeiten lässt (Gernhuber/Coester-Waltjen § 72 Rn 11; Soergel/Zimmermann Rn 2; MünchKomm/Kroll-Ludwigs Rn 5; **aA** Dölle § 126 II 6; BeckOK/Bettin [1. 11. 2019] Rn 2). Der Vormund darf den Mündel nicht unentgeltlich für sich arbeiten lassen. Dies ergibt sich aus §§ 1793 Abs 1 S 3, **1619 BGB**, wonach der Mündel, der auf längere Zeit in den Haushalt des Vormunds aufgenommen wurde, verpflichtet ist, in einer seinen Kräften und seiner Lebensstellung entsprechenden Weise dem Vormund in dessen Hauswesen und Geschäft unentgeltlich Dienste zu 18 leisten (s § 1793 Rn 16, § 1800 Rn 12; zur Rechtslage vor Aufnahme von § 1793 Abs 1 S 3 BGB durch das BtÄndG v 25. 6. 1998 Staudinger/Engler [2004] Rn 10 mwNw). Hieraus folgt im Umkehrschluss, dass eine unentgeltliche Heranziehung der Arbeitskraft des Mündels außerhalb dieser Fallgestaltung nicht zulässig ist; einer Analogie zu § 1805 BGB bedarf es also nicht (Erman/Schulte-Bunert Rn 3a; MünchKomm/Kroll-Ludwigs Rn 5; iE wie hier, aber unter Berufung auf das Mündelwohl BeckOGK/Fröschle [1. 9. 2019] Rn 27).

19 § 1805 S 1 BGB steht dagegen einer **entgeltlichen** Beschäftigung des Mündels durch den Vormund – unter Einschaltung eines Ergänzungspflegers beim Abschluss eines Arbeits- oder Ausbildungsvertrags (§§ 1795 Abs 2, 181, 1909 BGB) – nicht entgegen (so auch BGB-RGRK/Dickescheid Rn 3; Erman/Schulte-Bunert Rn 3a; Palandt/Götz Rn 1; iE auch BeckOGK/Fröschle [1. 9. 2019] Rn 27).

3. Folgen von Verstößen gegen das Verwendungsverbot

20 Ein gegen § 1805 S 1 BGB verstoßendes Rechtsgeschäft ist **nicht nichtig**, da es nicht gegen ein gesetzliches Verbot iS des § 134 BGB verstößt (RG JW 1917, 228; Dölle § 126 II 6; Gernhuber/Coester-Waltjen § 72 Rn 10; Soergel/Zimmermann Rn 3; BGB-RGRK/Dickescheid Rn 5; Rauscher, Familienrecht Rn 1220; Palandt/Götz Rn 1; MünchKomm/Kroll-Ludwigs Rn 6; BeckOGK/Fröschle [1. 9. 2019] Rn 22).

21 Verstößt der Vormund schuldhaft gegen § 1805 BGB, so ist er dem Mündel nach § 1833 BGB zum **Schadensersatz** verpflichtet; bei vorsätzlichem Verhalten macht er sich zudem nach §§ 246, 247, 266 StGB strafbar. Verwendet er Geld des Mündels für sich, so hat er es von der Zeit der Verwendung an zu verzinsen (§ 1834 BGB), und zwar unabhängig vom Verschulden mit mindestens vier vom Hundert (§ 246 BGB).

22 Ein Verstoß des Vormunds gegen das Verwendungsverbot des § 1805 BGB wird das Familiengericht regelmäßig zum **Einschreiten nach § 1837 Abs 2–4 BGB** veranlassen; grobe Verstöße können die **Entlassung** des Vormunds nach § 1886 BGB nach sich ziehen.

III. Anlegung von Mündelgeld durch das Jugendamt als Amtsvormund (S 2)

23 S 2 enthält eine Ausnahme zu S 1 (s oben Rn 4). Er erlaubt dem Jugendamt als Vormund (oder dem Einzelvormund oder dem Verein als Vormund, wenn das Jugendamt Gegenvormund ist), Mündelgeld gemäß § 1807 BGB auch bei der Körperschaft anzulegen, bei der das Jugendamt errichtet ist. Damit ist nicht nur die Anlage etwa bei einer Stadt- oder Kreissparkasse am Sitz des Jugendamts zulässig (MünchKomm/Kroll-Ludwigs Rn 7; s auch DIJuF-Stellungnahme JAmt 2001, 414; Erman/Schulte-Bunert Rn 5; NK-BGB/Fritsche Rn 6), sondern auch bei einer kommunalen Sparkasse, die vom Jugendamt als Eigenbetrieb geführt wird (BeckOGK/Fröschle [1. 9. 2019] Rn 24; zum Identitätsnachweis bei Eröffnung eines Kontos durch den Amtsvormund s § 1806 Rn 29).

24 Diese Vorschrift wird in § 56 Abs 3 S 2 SGB VIII wiederholt und in § 56 Abs 3 S 1 SGB VIII ergänzt durch die Bestimmung, dass Mündelgeld mit Genehmigung des Familiengerichts auf Sammelkonten des Jugendamts bereitgehalten und angelegt werden kann, wenn es den Interessen des Mündels dient und sofern die sichere

Verwaltung, Trennbarkeit und Rechnungslegung des Geldes einschließlich der Zinsen jederzeit gewährleistet sind (näher jurisPK-SGB VIII/Fröschle § 56 Rn 50 f).

Zur Eröffnung eines Kontos für den Mündel durch einen Mitarbeiter des Jugendamts als Amtsvormund genügt die Vorlage des **Dienstausweises** auch im Hinblick auf die durch die Bank gem § 11 Abs 1 S 1 GwG zu ermittelnden Daten zur Identifizierung (DIJuF-Rechtsgutachten JAmt 2017, 593). **25**

S 2 findet auf den **Verein** als Vormund keine Anwendung (BT-Drucks V/2370, 85; Soergel/Zimmermann Rn 6 aE; MünchKomm/Kroll-Ludwigs Rn 7 aE; BGB-RGRK/Dickescheid Rn 6 aE). **26**

IV. Pflegschafts- und Betreuungsrecht

Die Vorschrift findet nicht nur im Pflegschaftsrecht entsprechende Anwendung (§ 1915 Abs 1 S 1 BGB), sondern auch im Betreuungsrecht (§ 1908i Abs 1 S 1 BGB). **27**

§ 1806
Anlegung von Mündelgeld

Der Vormund hat das zum Vermögen des Mündels gehörende Geld verzinslich anzulegen, soweit es nicht zur Bestreitung von Ausgaben bereitzuhalten ist.

Materialien: E I § 1664 Abs 1; II § 1687 Abs 1; III § 1892; Mot IV 1108; Prot IV 760; neugefasst durch Bekanntmachung v 2. 1. 2002 (BGBl I 42).

Schrifttum

Hoffmann, Elterliche Sorge bei Unterbringung eines Kinds außerhalb der Herkunftsfamilie, insbesondere bei Unterbringung in einer Pflegefamilie, NZFam 2019, 1

Josef, Nutzbare, aber nicht verzinsliche Anlegung des Mündelgeldes, AcP 117 (1919) 395

Knör, Kauf von Aktien mit Mündelgeld, BayZ 1921, 286

König, Mündelsichere Anlagen in Zeiten niedriger Zinsen, BtPrax 2013, 192.

Systematische Übersicht

I. Norminhalt, Normzweck, Historie

1 Zu der Vermögenssorge des Vormunds (§§ 1802–1832 BGB) gehört die Pflicht, das Mündelvermögen, soweit möglich, zu erhalten und zu vermehren. § 1806 BGB gebietet dem Vormund, das Mündelgeld verzinslich anzulegen, soweit es nicht zur Bestreitung von Ausgaben bereitzuhalten ist; in den §§ 1807–1811 BGB ist geregelt, wie diese Anlage – vor allem, um einen hohen Grad von Sicherheit zu gewährleisten – zu geschehen hat. § 1806 BGB gilt auch für den Amtsvormund und den Verein als Vormund, für den Amtsvormund allerdings nach Maßgabe des § 56 Abs 2 S 2 und 3 SGB VIII.

2 Der **Sinn dieser Vorschrift**, ebenso wie der nachfolgenden, ist ein zweigeteilter: Zum einen grenzt die Norm die Mündelgelder, für die die §§ 1807 ff BGB gelten (sog Anlagegeld), von denen ab, die davon ausgenommen sind (sog Verfügungsgeld) (BGH 31. 10. 2018 – XII ZB 300/18, juris Rn 10, FamRZ 2019, 306; BeckOGK/Fröschle [1. 9. 2019] Rn 2). Zum anderen gibt sie dem Vormund vor, das Mündelgeld, das er nicht zur Bestreitung von Ausgaben bereitzuhalten hat, gewinnbringend und zugleich sicher anzulegen. Geld, das dem Mündel mittel- oder langfristig zur Verfügung steht, soll ihm Zinserträge bringen. Die Norm beschränkt deswegen die Vermögenssorge des Vormunds im Interesse des Mündelschutzes. Ungeachtet des Grundsatzes der Wirtschaftlichkeit, der die Vermögenssorge des Vormunds ebenso prägt wie die der Eltern (s § 1642 BGB), steht in § 1806 BGB der Schutz des Mündels vor einem Vermögensverlust im Vordergrund (Palandt/Götz Rn 1). Die Norm enthält aber kein Verbot, Mündelvermögen für die Finanzierung der Ausbildung des Mündels zur Verfügung zu stellen. Deshalb ergibt sich aus den §§ 1806 ff BGB kein rechtliches Verwertungshindernis iS des § 27 Abs 1 S 2 BAföG (BVerwG NJW 1991, 1626 = FamRZ 1991, 871 = Rpfleger 1991, 153).

3 Das BGB hatte ursprünglich den Eltern die gleiche Verpflichtung auferlegt; erst das SorgeRG vom 18. 7. 1979 (BGBl I 1061) hob die Pflicht zur mündelsicheren Anlegung des Geldes des Kindes auf und räumte den Eltern die Möglichkeit ein, das Geld „nach den Grundsätzen einer wirtschaftlichen Vermögensverwaltung anzulegen, soweit es nicht zur Bestreitung von Ausgaben bereitzuhalten ist" (s zur Rechtsentwicklung Staudinger/Heilmann [2016] § 1642 Rn 1 ff; krit zu dieser Erleichterung nur für die Eltern, trotz stärkerer Kontrolle des Vormunds durch das Familiengericht Oberloskamp/Dürbeck, Vormundschaft § 10 Rn 75).

II. Das zum Vermögen des Mündels gehörende Geld

4 § 1806 BGB teilt das zum Vermögen des Mündels gehörende Geld in zwei Gruppen ein: das Geld, welches „zur Bestreitung von Ausgaben bereitzuhalten ist", und das übrige, das verzinslich anzulegen ist. Um zu ermitteln, auf welche Teile des Vermögens sich die Anlagepflicht bezieht, bedarf es zunächst der Klärung, was unter dem Begriff des Geldes iSv § 1806 BGB zu verstehen ist.

Geld iS des § 1806 BGB ist **bares Geld**, also Münzen und Papiergeld. Erfasst werden vom Geldbegriff, ebenso wie in § 935 Abs 2 BGB, alle sich im Umlauf befindlichen, staatlich anerkannten gesetzlichen Zahlungsmittel, und zwar sowohl inländische wie ausländische, es sei denn, es handelt sich um reine Sammler- und Anlagemünzen (Staudinger/Wiegand [2017] § 935 Rn 24), denen keine Zahlungsmittelfunktion mehr zukommt (s BeckOGK/Fröschle [1. 9. 2019] Rn 5). 5

Unter den Geldbegriff fällt auch hinterlegtes Geld, das sog **Buchgeld**, insbesondere ein – meist ganz oder nahezu unverzinsliches – Guthaben auf einem Girokonto (so heute wohl allgM: Klotz, Anlage von Mündelgeld 34; Berger, Verwaltung von Mündelvermögen 45 f; Sichtermann, Mündelsicherheit 14; Palandt/Götz Rn 3; Soergel/Zimmermann Rn 1; MünchKomm/Kroll-Ludwigs Rn 4; BeckOGK/Fröschle [1. 9. 2019] Rn 6; BGB-RGRK/Dickescheid Rn 4). Dieses Guthaben stellt zwar eine Geldforderung des Kunden gegen die Bank dar; wirtschaftlich betrachtet hat diese Forderung aber heute die gleiche Funktion wie Bargeld. 6

Dem „Geld" iSv § 1806 BGB **nicht** gleichzusetzen ist dagegen eine individuelle, auf Zahlung eines Geldbetrags gerichtete Forderung, etwa aus Darlehen oder Kauf, da eine solche Forderung schon nicht iS des Gesetzes und des Sprachgebrauchs „angelegt", sondern nur in andere Werte umgewandelt oder durch sonstige Rechtsgeschäfte sichergestellt werden kann (KG JFG 8, 53, 54). 7

Andere Vermögenswerte werden ebenfalls nicht vom Geldbegriff iSv § 1806 BGB erfasst. Mithin kann aus dieser Norm auch keine Pflicht zur **Umwandlung anderer Vermögensgegenstände** – etwa solcher, die keinen laufenden Ertrag bringen – in Geld zum Zweck der verzinslichen Anlegung abgeleitet werden. Der Vormund kann aber im Rahmen seiner allgemeinen Pflicht zur Wahrnehmung der Vermögensinteressen des Mündels nach § 1793 Abs 1 S 1 BGB gehalten sein, ein Vermögensstück, das nicht sinnvoll verwendet werden kann oder gar einem Wertverlust ausgesetzt ist, zu veräußern und den Erlös verzinslich anzulegen (KG RJA 4, 4; vgl auch RGZ 137, 320, 323; Dölle § 126 II 3 a; MünchKomm/Kroll-Ludwigs Rn 6; Palandt/Götz Rn 3; Erman/Schulte-Bunert Rn 4; Soergel/Zimmermann Rn 2; BeckOGK/Fröschle [1. 9. 2019] Rn 7; Oberloskamp/Dürbeck, Vormundschaft § 10 Rn 69). 8

III. Die Pflicht zur verzinslichen Anlegung (§ 1806 HS 1)

1. Das von der Anlagepflicht erfasste Geld

Der Vormund hat das Geld, soweit es nicht zur Bestreitung von Auslagen bereitzuhalten ist, anzulegen. Die Anlagepflicht erstreckt sich dabei sowohl auf das Geld, das bei Beginn der Vormundschaft vorhanden ist, als auch auf das **Geld, das der Mündel später erwirbt**. Ebenso werden der **Überschuss aus laufenden Einkünften und Ersparnisse** erfasst, die der Mündel aus den ihm zum Lebensunterhalt überlassenen Barmitteln erhält (BayObLG Recht 1916 Nr 1450; OLG Düsseldorf Rpfleger 1980, 471 = FamRZ 1981, 99 [LS]; Dölle § 126 II 3 a). **Taschengeld**, das der Vormund dem Mündel zur freien 9

Verfügung überlässt, welches dieser aber nicht verbraucht, unterliegt mithin der Anlagepflicht, da der Vormund dem Mündel nicht mit der Hingabe des Geldes etwas erlauben kann, was er selbst nicht tun dürfte (MünchKomm/Kroll-Ludwigs Rn 4; Oberloskamp/Dürbeck, Vormundschaft § 10 Rn 73). Infolgedessen muss er das nicht verbrauchte Geld dem Mündel wieder wegnehmen, um es anzulegen. Dies kann dem Erziehungszweck des Taschengelds zuwiderlaufen, mit dem Eltern ihrem Kind einen Freiraum zur eigenen rechtsgeschäftlichen Gestaltung einräumen wollen (Staudinger/Klumpp [2017] § 110 Rn 39); hierzu kann auch gehören, das erlangte Geld nicht sofort auszugeben. Lässt sich aber die in der Hingabe des Geldes liegende Einwilligung des Vormunds im konkreten Einzelfall in diesem weiten Sinn auslegen, so kann seine Anlagepflicht dieses Taschengeld nicht umfassen; jedes andere Ergebnis würde den Vorgaben der §§ 1793 Abs 1 S 2, 1626 Abs 2 BGB zuwiderlaufen, sodass § 1806 BGB in diesem Fall mit Blick auf die genannten Vorgaben teleologisch zu reduzieren und das Taschengeld aus der Anlagepflicht herauszunehmen ist, stets unter der Voraussetzung, es entspricht in der Höhe den Einkommens- und Vermögensverhältnissen des Mündels (BeckOGK/Fröschle [1. 9. 2019] Rn 11).

10 Die Anlagepflicht erstreckt sich **nicht** auf das **Geld, das schon zur Zeit der Übernahme der Vormundschaft angelegt ist**. Gleichwohl muss der Vormund prüfen, ob diese Anlageformen den Grundsätzen der wirtschaftlichen Vermögensverwaltung entsprechen oder eine Umschichtung zur Verbesserung der Wirtschaftlichkeit angezeigt ist (BeckOGK/Fröschle [1. 9. 2019] § 1806 Rn 7; Oberloskamp/Dürbeck, Vormundschaft § 10 Rn 69; zur Umschichtungspflicht bei Anlageformen mit hoher Volatilität OLG Düsseldorf 21. 2. 2019 – 3 Wx 8/19, juris Rn 17, ZErb 2019, 124, 125 = FamRZ 2019, 1468, 1469 = ZEV 2019, 471 m Anm Schulz; s auch OLG Hamm 7. 4. 2017 – 15 W 136/17, juris Rn 12 betr Prüfpflicht eines Nachlasspflegers mit dem Wirkungskreis Sicherung und Verwaltung des Nachlasses sowie Ermittlung der Erben).

11 Die Anlagepflicht erstreckt sich auch **nicht** auf Geld, dessen **Verwaltung** nicht dem Vormund, sondern einem **Dritten** obliegt, zB einem Testamentsvollstrecker oder einem gemäß § 1909 Abs 1 S 2 BGB bestellten Pfleger, den dann freilich die Verpflichtung zur verzinslichen Anlage von Mündelgeld über § 1915 BGB gleichfalls trifft (OLG Düsseldorf VersR 2003, 49; Erman/Schulte-Bunert Rn 1a; MünchKomm/Kroll-Ludwigs Rn 5; Palandt/Götz Rn 3; BeckOGK/Fröschle [1. 9. 2019] Rn 9).

12 Etwas anderes gilt dagegen für das Geld, das der **Verwaltung durch eine Pflegeperson** oder eine ihr nach § 1688 Abs 2 BGB gleichgestellte Person unterliegt (§ 1688 Abs 1 BGB analog [dazu § 1793 Rn 104]), da diese Verwaltung im Auftrag des Vormunds erfolgt (arg § 1688 Abs 3 BGB analog), sodass diesem die Vermögenssorge für die in dieser Norm genannten Gelder (Arbeitsverdienst des Kindes, Unterhalt-, Versicherungs- und sonstige Sozialleistungen) verbleibt. Allerdings werden diese Gelder meist für den laufenden Unterhalt benötigt (Hoffmann NZFam 2019, 1, 2), weshalb sich die Anlagepflicht des Vormunds auf die angesparten Überschüsse beschränkt (BeckOGK/Fröschle [1. 9. 2019] Rn 10).

13 Ist das Vermögen des Mündels **gesamthänderisch gebunden**, etwa durch Beteiligung des Mündels an einer Erbengemeinschaft, so ist der Vormund – auch wenn er selbst gleichfalls der Erbengemeinschaft angehört – nicht verpflichtet, dieses Vermögen gemäß §§ 1806 ff BGB mündelsicher anzulegen; dies ergibt sich bereits daraus, dass es nicht Sinn dieser Vorschriften ist, Dritte zu binden (Gernhuber/Coester-Waltjen

§ 72 Rn 24 Fn 26; MünchKomm/Kroll-Ludwigs Rn 5 aE; Erman/Schulte-Bunert Rn 1a; BGB-RGRK/Dickescheid Rn 4 aE; **aA** KG OLGE 4, 359, 360 und ihm folgend Dölle § 94 VI 3).

2. Verzinsliche Anlegung

§ 1806 BGB verlangt, dass der Vormund Bar- oder Buchgeld, sobald es für den Mündel verfügbar ist, **verzinslich anlegt**. Denn Geld, das dem Mündel mittel- oder langfristig zur Verfügung steht, soll ihm einen Zinsertrag bringen. Dies kann unter Wahrung des Mündelwohls auch gegen dessen Willen erfolgen (zur Betreuung BayObLG FamRZ 2005, 389). Der Vormund darf das Geld also nicht bar bei sich aufbewahren oder gar mit eigenem Geld vermischen (vgl § 1805 BGB) und auch nicht auf einem Girokonto stehenlassen, selbst wenn dafür geringe Zinsen gutgeschrieben werden (MünchKomm/Kroll-Ludwigs Rn 7; Soergel/Zimmermann Rn 1). Eine Anlage auf einem Sparkonto, für das der **Zinssatz 0 %** beträgt oder gar **negative Zinsen** anfallen, genügt den Vorgaben von § 1806 BGB nicht, selbst wenn die Anlage bei einem der in § 1807 Abs 1 Nr 5 BGB genannten Kreditinstitute erfolgt (BeckOGK/Fröschle [1. 9. 2019] Rn 26; näher zu mündelsicheren Anlagen in Zeiten niedriger Zinsen König BtPrax 2013, 192). 14

Einen **Mindestzinssatz**, den der Vormund anzustreben hätte, schreibt das Gesetz nicht vor. Es muss jedoch, um der Pflicht des § 1806 BGB gerecht zu werden, ein Zins fest vereinbart sein (BeckOGK/Fröschle [1. 9. 2019] Rn 26; s auch Oberloskamp/Dürbeck, Vormundschaft § 10 Rn 69: „Verzinsungsgebot"). Eine Anlage auf einem gewöhnlichen Sparkonto mit einer Verzinsung in Höhe des Zinssatzes für Sparguthaben mit gesetzlicher Kündigungsfrist kommt nur in engen Ausnahmefällen in Betracht (AG Bremen NJW 1993, 205 = Rpfleger 1993, 338; LG Bremen Rpfleger 1993, 338 [LS]; BeckOGK/Fröschle [1. 9. 2019] Rn 27). 15

Nach **§ 1811 BGB** kann das Gericht eine **Ausnahme von der Zinspflicht** machen; diese Norm beschränkt sich, entgegen ihrem Wortlaut, nicht nur auf Ausnahmen von der Anlagepflicht nach § 1807 BGB, sondern erstreckt sich auch auf Ausnahmen von der Verzinsungspflicht nach § 1806 BGB (BeckOGK/Fröschle [1. 9. 2019] Rn 28; MünchKomm/Kroll-Ludwigs Rn 9a; s auch § 1811 Rn 10). Diese Norm entwickelt sich in einer Zeit extrem niedriger Zinsen immer mehr von einer Ausnahme- zu einer Regelvorschrift (Oberloskamp/Dürbeck, Vormundschaft § 10 Rn 75; DIJuF-Rechtsgutachten JAmt 2014, 321, 322). 16

Eine **Frist**, innerhalb deren die Anlegung erfolgen muss, ist im Gesetz nicht festgelegt (vgl Mot IV 1180 mit dem Hinweis auf frühere Rechte, die Fristen vorgesehen hatten, bei deren Versäumung der Vormund selbst die Mündelgelder zu verzinsen hatte; s auch § 1834 BGB). Dem Vormund muss ein den Umständen des Falles angemessener Zeitraum zugestanden werden, innerhalb dessen er sich über die Art der Anlegung schlüssig werden kann (vgl KG ZBlJugR 1953, 125; BGB-RGRK/Scheffler[10/11] Rn 5; enger BeckOGK/Fröschle [1. 9. 2019] Rn 25: „unverzüglich"; so auch Spanl/Imre, Vermögensverwaltung 143). Beim Eingang kleinerer Geldbeträge kann er warten, bis ein zur Anlegung sich eignender Betrag verfügbar ist (BayObLGZ 3, 797). 17

IV. Das Mündelgeld, das zur Bestreitung von Ausgaben bereitzuhalten ist (§ 1806 HS 2)

1. Sinn der Ausnahmeregelung

18 Von der Verpflichtung zur verzinslichen Anlegung ausgenommen ist das Geld des Mündels, das zur Bestreitung der laufenden Ausgaben – einschließlich unvorhergesehen auftretender Bedürfnisse – bereitzuhalten ist. Der Sinn dieser Ausnahmevorschrift erklärt sich daraus, dass bei Bar- und Buchgeld, das für diese Ausgaben bereitgehalten werden muss, im Interesse der Liquidität auf einen Zinsertrag verzichtet werden kann und muss. Es entspricht wirtschaftlicher Vernunft, dass der Vormund nicht jeden eingehenden Geldbetrag sofort gewinnbringend anlegt und damit riskiert, bei plötzlich auftretendem Bedarf mit hohen Überziehungskreditzinsen belastet zu werden, weil sich die Anlage nicht kurzfristig auflösen lässt.

2. Umfang der Ausnahme von der Anlagepflicht

19 Von der Anlegungspflicht ausgenommen ist bei einem Erwerbsgeschäft des Mündels ein Bestand an laufend benötigten **Betriebsmitteln**, im Übrigen das Geld, das im gesamten persönlichen Bereich des Mündels voraussichtlich in kürzerer Zeit ausgegeben werden muss, also die **Mittel für den Unterhalt** des Mündels einschließlich der Kosten einer Heilbehandlung, die Mittel für kleinere Anschaffungen und für die Erfüllung von Ansprüchen, die gegenüber dem Mündel geltend gemacht werden. Die Höhe des hierfür bereitzuhaltenden Betrags richtet sich nach dem Lebenszuschnitt des Mündels (DIJuF-Rechtsgutachten JAmt 2014, 632 betr Erwerb eines Führerscheins, eines Autos, von Mobiliar, eines Computers sowie eines Handys). Dem Vormund ist dabei ein erheblicher **Ermessensspielraum** zuzubilligen (LG Darmstadt MDR 1960, 585; DIJuF-Rechtsgutachten JAmt 2014, 632; BeckOGK/Fröschle [1. 9. 2019] Rn 20; MünchKomm/Kroll-Ludwigs Rn 13; Erman/Schulte-Bunert Rn 3 aE; BGB-RGRK/Dickescheid Rn 5 aE). Das Prinzip der in angemessenem Rahmen vorhandenen Liquidität wird heute in aller Regel dadurch gewahrt, dass der Vormund die Mittel zur Bestreitung derartiger Ausgaben auf **einem laufenden Konto** bei einem zuverlässigen Kreditinstitut bereithält.

20 Auch in den Motiven zum BGB wird zunächst ausgeführt, dass es Sache des Vormunds sei, „selbständig zu ermessen, wieviel er als Betriebsfonds für Verwaltungskosten und Unterhalt des Mündels in Händen behalten muß“ (Mot IV 1108), und dem werden anschließend die „zur dauernden Kapitalanlage bestimmten Gelder“ gegenübergestellt (Mot IV 1109). Dann heißt es aber weiter, es solle dem Vormund nicht verwehrt sein, die Mündelgelder, soweit dies nach den Verhältnissen für den Mündel vorteilhafter ist, „auch in anderer Art, als durch zinsbare Anlegung nutzbar zu machen, sei es durch Ankauf von Grundstücken oder durch Anlegung der Gelder in einem Handelsgewerbe oder in einem anderen gewerblichen Betriebe“ (Mot IV 1110). Hieraus haben die Rspr und ihr folgend ein Teil der Literatur gefolgert, dem Vormund sei auch eine **andere, „nutzbare, aber nicht verzinsliche“ Anlegung** von Mündelgeld ohne die in § 1811 BGB vorgesehene Gestattung des Familiengerichts erlaubt (KG RJA 13, 78, 79 f = OLGE 30, 149; KG JFG 14, 501, 503; BayObLGZ 22, A 26 = OLGE 42, 112; OLG Frankfurt NJW 1953, 67, 68 = Rpfleger 1953, 181; Knör BayZ 1921, 286; BGB-RGRK/Scheffler[10/11] Rn 2; Soergel/Zimmermann Rn 3; MünchKomm/Zagst[1] Rn 3; auch noch Staudinger/Engler[10/11] Rn 5 u 6; **aA** schon Josef AcP 117 [1919] 395, 397 ff; Enneccerus/

Kipp § 114 IV 10 Fn 21; ebenso auch Gernhuber/Coester-Waltjen § 72 Rn 24; Palandt/Götz Rn 3; Erman/Schulte-Bunert Rn 2; Oberloskamp/Dürbeck, Vormundschaft § 10 Rn 70; dazu auch § 1811 Rn 12).

An dieser Auffassung kann **nicht** festgehalten werden. Insbesondere geht es nicht an, die Zahlung von (meist größeren) Geldbeträgen, zu der sich der Vormund für den Mündel im Rahmen der Vermögensverwaltung durch den Kauf von Anlageobjekten verpflichtet hat, als „Bestreitung von Ausgaben" iS des § 1806 BGB zu verstehen, für die § 1807 BGB nicht gilt und die auch nicht der Gestattung durch das Familiengericht nach § 1811 BGB, sondern allenfalls – wenn einer der Tatbestände von §§ 1821–1823 BGB verwirklicht ist – seiner Genehmigung bedarf (so aber Mot IV 1110, wo den verzinslich anzulegenden die Gelder gegenübergestellt werden, die erforderlich sind, „um die laufenden und andere durch die Vermögensverwaltung begründete Ausgaben zu bestreiten"). Entscheidend kommt es darauf an, ob Mündelgeld angelegt – also auf längere oder unbestimmte Zeit festgelegt – werden soll oder ob es als sofort verfügbares Geld für Ausgaben, die der Vormund nicht erst durch eine Vermögensdisposition notwendig gemacht hat, bereitgehalten werden soll. Jede Maßnahme des Vormunds, die nach allgemeinem Sprachgebrauch (s dazu Stehle, Mündelsicherheit 15 f) als Anlegung von Geld anzusehen ist, muss also entweder dem § 1807 BGB entsprechen oder nach § 1811 BGB vom Familiengericht gestattet sein (ebenso Dölle § 126 II 3 a; Erman/Schulte-Bunert Rn 2; MünchKomm/Kroll-Ludwigs Rn 8 u insbes – mit treffenden Argumenten – Rn 14; Berger, Verwaltung von Mündelvermögen 52 ff; diff BeckOGK/Fröschle [1. 9. 2019] Rn 24 u § 1811 Rn 12; zum Bedarf der Klarstellung de lege ferenda s Staudinger/Veit [2014] Rn 22). 21

Das Bilden eines **„Notgroschens"** ist kein Bereithalten zur Bestreitung von Ausgaben. § 1806 BGB meint demnächst fällige Ausgaben, während durch eine als „Notgroschen" beabsichtigte Kapitalanlage im Gegensatz dazu Vorsorge für einen noch nicht absehbaren, möglicherweise in Zukunft eintretenden Fall getroffen werden soll (OLG Celle MDR 1959, 212, 213; Soergel/Zimmermann Rn 3; BGB-RGRK/Dickescheid Rn 5; MünchKomm/Kroll-Ludwigs Rn 13; Palandt/Götz Rn 5; diff BeckOGK/Fröschle [1. 9. 2019] Rn 19; **aA** LG Berlin Rpfleger 1973, 356). 22

3. Folgen für die Verwaltung durch den Vormund

Über das Verfügungsgeld kann der Vormund **ohne die Beschränkungen der §§ 1807–1811 BGB** verfügen. Er kann das Geld in jeder zweckmäßigen Form anlegen, etwa bei einer Sparkasse oder einer Bank in Form eines Giro- oder Kontokorrentkontos (BayObLG DAVorm 1978, 470, 473; **aA** LG Berlin BB 1966, 1170). Dabei ist er nicht verpflichtet, ein Konto für den Mündel einzurichten; vielmehr genügt die Einzahlung auf ein auf seinen Namen laufendes Anderkonto; aus § 1805 BGB ergibt sich nichts anderes (zum Betreuungsrecht OLG Rostock FamRZ 2005, 1588, 1589 m Anm Bienwald; weiter § 1805 Rn 9). Er kann das Geld auch bar verwahren, solange er das aus § 1805 BGB folgende Trennungsgebot beachtet, also das Geld nicht mit seinem eigenen vermischt (§ 1805 Rn 8), oder er kann es gar kurzfristig ohne die Beschränkungen der §§ 1807–1811 BGB anlegen, wenn es nicht sofort benötigt wird (BeckOGK/Fröschle [1. 9. 2019] Rn 16). 23

Soweit der Vormund laufende Ausgaben bestreitet, bedarf er zur Abhebung oder Überweisung von einem laufenden Konto auch nicht der **Genehmigung des Gegen-** 24

vormunds; § 1813 Abs 2 S 2 BGB greift nicht ein, da es sich gerade nicht um Geld handelt, das nach § 1807 Abs 1 Nrn 1–4 BGB angelegt ist (Dölle § 126 II 3 a; MünchKomm/Kroll-Ludwigs Rn 15; Soergel/Zimmermann Rn 3; Sichtermann, Mündelsicherheit 13 Fn 1).

V. Befreiung von der Pflicht zur mündelsicheren Anlegung

1. Befreiung durch das Familiengericht

25 Das Betreuungsrechtsänderungsgesetz vom 25. 6. 1998 (BGBl I 1580) hat mit der Neufassung des **§ 1817 BGB** die Möglichkeit eingeführt, dass **das Familiengericht** den Vormund auf seinen Antrag von den ihm nach den §§ 1806 bis 1816 BGB obliegenden Verpflichtungen **entbindet**, soweit der Umfang der Vermögensverwaltung dies rechtfertigt und eine Gefährdung des Vermögens des Mündels nicht zu besorgen ist. Dass der Umfang der Vermögensverwaltung diese Maßnahme rechtfertigt, ist nach § 1817 Abs 1 S 2 BGB im Regelfall dann anzunehmen, wenn der Wert des Vermögens ohne Berücksichtigung von Grundbesitz 6 000 Euro nicht übersteigt. Diese Bestimmung relativiert die Pflicht des Vormunds zu mündelsicherer Anlegung des Mündelvermögens in beträchtlichem Ausmaß, weil die Bestimmung des § 1817 Abs 1 S 2 BGB nicht so zu verstehen ist, dass eine Entbindung des Vormunds von den ihm nach §§ 1806–1816 BGB obliegenden Verpflichtungen stets ausgeschlossen wäre, wenn der Wert des Mündelvermögens 6 000 Euro übersteigt (s dazu § 1817 Rn 5 ff). Ziel der Neufassung war ua „eine stärkere Annäherung der für die Vermögenssorge von Vormündern und Eltern geltenden Regelungen" (BT-Drucks 13/7158, 21 f).

26 Hat das Familiengericht in Anwendung des § 1817 Abs 1 BGB den Vormund von den konkreten Verpflichtungen, die die §§ 1806–1816 BGB ihm auferlegen, befreit, so greift die Regel des **§ 1642 BGB sinngemäß** (§ 1817 Rn 20): Danach hat der Vormund das seiner Verwaltung unterliegende Geld des Mündels nach den Grundsätzen einer wirtschaftlichen Vermögensverwaltung anzulegen, soweit es nicht zur Bestreitung von Ausgaben bereitzuhalten ist. Eine solche Verpflichtung ergibt sich allerdings auch schon aus der allgemeinen Pflicht des Vormunds, bei der Sorge für das Vermögen des Mündels stets dessen Wohl zu beachten.

2. Befreiung durch einen Dritten

27 Eine Befreiung des Vormunds von der Pflicht zur mündelsicheren Anlegung gemäß §§ 1806 ff BGB durch die Eltern entsprechend §§ 1852 ff BGB ist nicht möglich. Zulässig ist aber die Anordnung eines Dritten gemäß § 1803 BGB, die eine von §§ 1806 ff BGB abweichende Verwaltung des von Todes wegen erworbenen oder dem Mündel unentgeltlich unter Lebenden zugewendeten Vermögens vorsieht (BayObLGZ 22, 154; MünchKomm/Kroll-Ludwigs Rn 9; Soergel/Zimmermann Rn 1; Palandt/Götz Rn 4; vgl auch Dölle § 94 VI 3 c; Erman/Schulte-Bunert Rn 1c; Stehle, Mündelsicherheit 17). Sollte dem Vormund eine Abweichung von der Anordnung des Dritten genehmigt worden sein (§ 1803 Abs 2, Abs 3 BGB), so greift § 1806 BGB dann wiederum ein (BeckOGK/Fröschle [1. 9. 2019] Rn 8).

3. Befreiung kraft Gesetzes

Die in §§ 1806 und 1807 BGB verankerten Anlagepflichten treffen auch den Amtsvormund. Allerdings ist dieser nach § 56 Abs 2 S 2 SGB VIII von der Genehmigungspflicht nach § 1811 BGB befreit, kann also ohne familiengerichtliche Genehmigung unter Beachtung der Grundsätze einer wirtschaftlichen Vermögensverwaltung eine andere als die in § 1807 BGB vorgeschriebene Anlageform wählen (BeckOGK/Fröschle [1. 9. 2019] Rn 33). 28

Bei der Eröffnung eines Kontos für den Mündel durch einen Mitarbeiter des Jugendamts als Amtsvormund genügt die Vorlage des **Dienstausweises**, auch im Hinblick auf die durch die Bank gem § 11 Abs 1 S 1 GwG zu ermittelnden Daten zur Identifizierung (DIJuF-Rechtsgutachten JAmt 2017, 593). 29

VI. Verstöße gegen die Anlagepflicht

Unterlässt oder verzögert der Vormund die ihm obliegende Anlegung von Mündelgeld, so ändert dies nichts an der Wirksamkeit des Geldgeschäfts, da § 1806 BGB nur eine Ordnungsvorschrift enthält (Mot IV 1109). Dem Familiengericht bleibt nur die Möglichkeit, im Rahmen seiner **Aufsicht** nach § 1837 Abs 2–4 BGB darauf zu achten, dass der Vormund seine Pflicht zur verzinslichen Anlegung von Mündelgeld ordnungsgemäß, dh auch rechtzeitig, erfüllt. Es darf damit nicht bis zur periodischen Rechnungslegung gemäß § 1840 Abs 2–4 BGB warten; die Überwachungspflicht besteht auch dann, wenn kein Anlass zum Misstrauen gegen den Vormund gegeben ist (RGZ 88, 264, 266 f; KG ZBlJugR 1953, 125; Dölle § 126 II 3 a; MünchKomm/Kroll-Ludwigs Rn 11; Palandt/Götz Rn 2; BGB-RGRK/Dickescheid Rn 9). Kommt der Vormund seiner Verpflichtung zur verzinslichen Anlegung von Mündelgeld nicht nach, so kann das Familiengericht ihn durch Androhung und Festsetzung von Zwangsgeld dazu anhalten (§§ 1837 Abs 2, 3 BGB; näher s § 1837 Rn 56 ff); unter den Voraussetzungen des § 1886 BGB, etwa bei wiederholten Verstößen gegen die Pflicht nach § 1806 HS 1 BGB, kommt auch eine **Entlassung** des Vormunds durch das Familiengericht in Betracht (OLG Frankfurt Rpfleger 1983, 151; Erman/Schulte-Bunert Rn 3a; MünchKomm/Kroll-Ludwigs Rn 11; NK-BGB/Fritsche Rn 4). 30

Darüber hinaus haftet der Vormund dem Mündel für den aus der Verzögerung oder Unterlassung der ihm obliegenden Anlegung von Geld erwachsenden **Schaden** nach Maßgabe des § 1833 BGB. Gleiches gilt, wenn er Mündelgeld mit einem zu geringen Zinssatz anlegt (AG Bremen NJW 1993, 205; DIJuF-Rechtsgutachten JAmt 2014, 321). 31

VII. Pflegschafts- und Betreuungsrecht

§ 1806 BGB findet über die Generalverweisung in § 1915 Abs 1 S 1 BGB im Pflegschaftsrecht und über die Verweisung in § 1908i Abs 1 S 1 BGB auch im Betreuungsrecht entsprechende Anwendung. 32

§ 1807
Art der Anlegung

(1) Die im § 1806 vorgeschriebene Anlegung von Mündelgeld soll nur erfolgen:

1. in Forderungen, für die eine sichere Hypothek an einem inländischen Grundstück besteht, oder in sicheren Grundschulden oder Rentenschulden an inländischen Grundstücken;

2. in verbrieften Forderungen gegen den Bund oder ein Land sowie in Forderungen, die in das Bundesschuldbuch oder in das Landesschuldbuch eines Landes eingetragen sind;

3. in verbrieften Forderungen, deren Verzinsung vom Bund oder einem Land gewährleistet ist;

4. in Wertpapieren, insbesondere Pfandbriefen, sowie in verbrieften Forderungen jeder Art gegen eine inländische kommunale Körperschaft oder die Kreditanstalt einer solchen Körperschaft, sofern die Wertpapiere oder die Forderungen von der Bundesregierung mit Zustimmung des Bundesrates zur Anlegung von Mündelgeld für geeignet erklärt sind;

5. bei einer inländischen öffentlichen Sparkasse, wenn sie von der zuständigen Behörde des Landes, in welchem sie ihren Sitz hat, zur Anlegung von Mündelgeld für geeignet erklärt ist, oder bei einem anderen Kreditinstitut, das einer für die Anlage ausreichenden Sicherungseinrichtung angehört.

(2) Die Landesgesetze können für die innerhalb ihres Geltungsbereichs belegenen Grundstücke die Grundsätze bestimmen, nach denen die Sicherheit einer Hypothek, einer Grundschuld oder einer Rentenschuld festzustellen ist.

Materialien: E I § 1664 Abs 2, 3; II § 1687 Abs 2, 3; III § 1783; Mot IV 1108; Prot IV 760. Abs 1 Nr 4 geändert durch 2. Gesetz über Mündelsicherheit v 23. 3. 1931 (RGBl I 69); Abs 1 Nr 5 geändert durch BtG v 12. 9. 1990 (BGBl I 2002) Art 1 Nr 30; Abs 1 Nrn 2 u 3 geändert durch BWpVerwG v 11. 12. 2001 (BGBl I 3519) § 14 Abs 18 Nr 5; neugefasst durch Bekanntmachung v 2. 1. 2002 (BGBl I 42); Abs 1 Nr 5 geändert durch G v 19. 4. 2006 (BGBl I 866) Art 123 Nr 5.

Schrifttum

Fiala/Behrendsen, Gefahren bei der Anlage und Verwaltung von Fremdgeldern, Rpfleger 1997, 281

Kipp, Mündelsicherheit, Gruchot 66, 497

Knauss, Mündelsichere Kapitalanlagen als ordnungsmäßige Verwaltung nach § 2216 BGB, ErbR 2007, 77

König, Mündelsichere Anlagen in Zeiten niedriger Zinsen, BtPrax 2013, 192

Meyer, Dr. Siegfried Sichtermann: Das Recht der Mündelsicherheit. Textsammlung mit Erläuterungen, FamRZ 1959, 128

Münchmeyer, Investmentanteile mündelsicher?, DRiZ 1963, 229

SCHULZ/SCHMITZ, Die Kontoführung des Nachlasspflegers ZEV 2015, 80
VOGT, Mündelgeldsicherheit der Anlage in Investmentanteilscheinen, Rpfleger 1996, 389
WESCHE, Die Geldverwaltung durch Betreuer, BtPrax 2003, 56.

Systematische Übersicht

Alphabetische Übersicht

I. Normzweck, Historie

1. Normzweck

1 Nach § 1806 BGB muss Mündelgeld, soweit es nicht zur Bestreitung von Ausgaben bereitzuhalten ist, verzinslich angelegt werden. Die für die Art der Anlegung maßgebenden Vorschriften enthalten die §§ 1807–1811 BGB. § 1807 BGB schreibt vor, wie Mündelgeld im Regelfall anzulegen ist; der Katalog des Abs 1 lässt erkennen, dass es dem Gesetzgeber in erster Linie auf die **Sicherheit** der Anlage, also auf den Schutz des Mündels vor Vermögensverlusten, ankam. Die Vorschrift stellt damit die Grundnorm der sogenannten mündelsicheren Anlage dar (MünchKomm/Kroll-Ludwigs Rn 1) und bietet dem Vormund einen abschließenden Katalog von Anlagemöglichkeiten, zwischen denen er sich grundsätzlich zu entscheiden hat (s Mot IV 1109).

2. Historie

2 Der Wortlaut der Bestimmungen des § 1807 BGB ist in den zurückliegenden Jahrzehnten zum Teil angepasst worden; soweit dagegen noch bis in die jüngste Zeit in Abs 1 Nrn 2, 3 und 5 vom Reich, von einem Bundesstaat und vom Reichsschuldbuch die Rede war, waren die überholten Begriffe so zu lesen, dass an ihrer Stelle die Bundesrepublik Deutschland, deren Länder und das Bundesschuldbuch und die Schuldbücher der Länder zu verstehen waren. Erst das Bundeswertpapierverwaltungsgesetz vom 11. 12. 2001 (BGBl I 3519) bzw das Gesetz vom 19. 4. 2006 (BGBl I 866) haben den geänderten Verhältnissen durch Änderung des Wortlauts der Nrn 2, 3 und 5 Rechnung getragen. Ebenso wie in § 1807 Abs 1 Nrn 2, 3 und 5 BGB wurden die entsprechenden Bezeichnungen in § 1815 Abs 1 und 2, § 1816, § 1820 und § 1853 BGB geändert (BT-Drucks 14/7010, 18).

3 Ursprünglich war der Bundesrat dafür zuständig, bestimmte Wertpapiere und Forderungen iS des Abs 1 Nr 4 zur Anlegung von Mündelgeld für geeignet zu erklären; an seine Stelle war nach § 3 des Übergangsgesetzes vom 4. 3. 1919 (RGBl 285) zunächst der Staatenausschuss, an dessen Stelle nach Art 60 ff WRV der Reichsrat getreten. Das Zweite Gesetz über die Mündelsicherheit von Wertpapieren und Forderungen vom 23. 3. 1931 (RGBl I 69) änderte den bis dahin nicht angepassten Wortlaut des § 1807 Abs 1 Nr 4 BGB und ersetzte die Worte „von dem Bundesrate" durch die Worte „von der Reichsregierung mit Zustimmung des Reichsrats". Die Bundesregierung stellte mit Entscheidung vom 21. 6. 1950 (BGBl I 262) im Einvernehmen mit dem Bundesrat (Art 129 Abs 1 GG) fest, dass die Zuständigkeit, Wertpapiere und Forderungen der in § 1807 Abs 1 Nr 4 BGB bezeichneten Art zur Anlegung von Mündelgeld für geeignet zu erklären, auf die Bundesregierung mit Zustimmung des Bundesrats übergegangen ist.

4 Das Betreuungsgesetz vom 12. 9. 1990 (BGBl I 2002) brachte in Art 1 Nrn 30–34 eine Reihe kleinerer Änderungen von Vorschriften über die Anlegung von Mündelgeld. Es ging im Wesentlichen darum, die Kreditinstitute, die einer für die Anlage ausreichenden Sicherungseinrichtung angehören, den in Abs 1 Nr 5 genannten Sparkassen gleichzustellen (so der kurze Hinweis in BT-Drucks 11/6949, 69 auf die Änderungen, die im Entwurf des BtG noch nicht enthalten waren). Dies geschah durch Anfügen des jetzigen zweiten Halbsatzes in Abs 1 Nr 5, der den früheren § 1808 BGB entbehrlich machte.

II. Allgemeine Grundsätze für die Anlegung

5 Den in § 1807 BGB enthaltenen Katalog von Anlageformen muss der Vormund nur beachten, soweit es um Mündelgeld geht, das nach § 1806 HS 1 BGB angelegt werden muss **(sog Anlagegeld)**. Demgegenüber gilt die Norm nicht für das Geld, das er nach § 1806 HS 2 BGB zur Bestreitung von Ausgaben bereitzuhalten hat (sog Verfügungsgeld; zum Begriff § 1806 Rn 2; BeckOGK/Fröschle [1. 9. 2019] Rn 7).

6 Der in § 1807 BGB enthaltene Katalog umfasst zwar keine vollständige Aufzählung aller mündelsicheren Anlagen, da sich auch in anderen Bundesgesetzen und vor allem in Landesgesetzen (dazu unten Rn 17) hierzu Bestimmungen finden; gleichwohl ist die Aufzählung **abschließend** (König BtPrax 2013, 192, 193; BeckOGK/Fröschle [1. 9. 2019] Rn 8; s auch oben Rn 1).

7 Die Auswahl der Anlageform aus dem Katalog trifft der Vormund nach **pflichtgemäßem Ermessen** (OLG Köln 24. 3. 2014 – 2 Wx 28/14, juris Rn 5, FamRZ 2015, 284 [Nachlasspflegschaft]; Spanl/Imre, Vermögensverwaltung 145; Fiala/Behrendsen Rpfleger 1997, 281, 286; MünchKomm/Kroll-Ludwigs Rn 3). Seine Auswahlentscheidung hat er nach den Grundsätzen der wirtschaftlichen Vermögensverwaltung (vgl für die Eltern § 1642 BGB; dazu auch LG Karlsruhe 3. 2. 2014 – 11 T 324/13, juris Rn 14, NJW 2014, 2203) und der Lage des konkreten Falls zu treffen. An eine bestimmte Reihenfolge ist der Vormund bei der Auswahl nicht gebunden (Mot IV 1116).

8 Der Vormund ist nicht unter allen Umständen verpflichtet, schon vorhandene oder dem Mündel später zufallende Vermögenswerte, die die vorgeschriebene Sicherheit nicht bieten, in Werte umzuwandeln, die den Vorschriften des § 1807 BGB entsprechen. Ob eine solche Umwandlung geboten ist, hat der Vormund nach Lage des Falles zu entscheiden (Mot IV 1116; RGZ 137, 320, 323; KG RJA 4, 4, 5; Dölle § 126 II 3 a; BGB-RGRK/Dickescheid Rn 3; MünchKomm/Kroll-Ludwigs Rn 6; Soergel/Zimmermann Rn 2; Oberloskamp/Dürbeck, Vormundschaft § 10 Rn 69; s auch § 1806 Rn 10).

9 Zu der nach § 1807 BGB vorgeschriebenen Anlegung von Mündelgeld bedarf der Vormund nach **§ 1810 BGB** der **Genehmigung** des Gegenvormunds, die durch die Genehmigung des Familiengerichts ersetzt wird (S 1). Ist kein Gegenvormund vorhanden, so ist die Genehmigung des Familiengerichts erforderlich, es sei denn, dass die Vormundschaft von mehreren Vormündern gemeinschaftlich geführt wird (S 2). Mit dieser Regelung, die teilweise als „übertrieben" bezeichnet wird (MünchKomm/Wagenitz[6] Rn 5), soll gewährleistet werden, dass der Vormund die Vorschriften des § 1807 BGB einhält (§ 1810 Rn 1).

10 Der Katalog des § 1807 BGB ist abschließend. Für andere Anlagen als die in dieser Norm genannten bedarf der Vormund einer familiengerichtlichen Genehmigung nach **§ 1811 BGB** (näher Rn 48).

11 Die Vorschriften über die Anlegung von Mündelgeld sind auch außerhalb des Vormundschaftsrechts von Bedeutung; auf sie verweisen unmittelbar oder mittelbar ua die Vorschriften über die Leistung einer Sicherheit (§§ 234 Abs 1 S 1, 238 Abs 1 BGB), auch einer prozessualen Sicherheit (§ 108 ZPO), über die Sicherung im Verhältnis zwischen Eigentümer und Nießbraucher (§§ 1079 S 1, 1083 Abs 2 S 1 BGB)

und zwischen Pfandgläubiger und Gläubiger (§ 1288 Abs 1 S 1 BGB), ferner im Verhältnis des Vorerben zum Nacherben (§ 2119 BGB).

III. Die mündelsicheren Anlagen

1. Durch Grundpfandrechte gesicherte Forderungen (Abs 1 Nr 1)

a) Beleihbare Grundstücke und Rechte

Zur Anlegung von Mündelgeld nach § 1807 BGB sind nur Hypotheken (§§ 1113 ff BGB), Grundschulden (§§ 1191 ff BGB) und Rentenschulden (§§ 1199 ff BGB; krit zur Eignung von Rentenschulden Sichtermann, Mündelsicherheit 17) an **inländischen Grundstücken** geeignet. Der Erwerb ausländischer Hypotheken, Grundschulden oder Rentenschulden, der insbesondere in Grenzgebieten in Betracht kommen kann, ist nur mit Gestattung des Familiengerichts (§ 1811 BGB) erlaubt (Mot IV 1110). 12

Den Grundstücken stehen das **Wohnungseigentum** (Sondereigentum nach § 1 Abs 2 WEG, s auch § 6 WEG) und das Teileigentum nach § 13 WEG gleich (jetzt allgM, s BGB-RGRK/Dickescheid Rn 8; Soergel/Zimmermann Rn 6; Erman/Schulte-Bunert Rn 2; Palandt/Götz Rn 3; MünchKomm/Kroll-Ludwigs Rn 10; Sichtermann, Mündelsicherheit 16; Meyer FamRZ 1959, 128). Der Vormund kann sie ebenso mit Mündelgeld beleihen wie andere Rechte, die, wie zB Abbaurechte (Art 68 EGBGB) und Nutzungsrechte (Art 196 EGBGB), nach Landesrecht Grundstücken gleichgestellt sind. Solche grundstücksgleichen Rechte alten Rechts haben heute keine praktische Bedeutung mehr; jedenfalls hätte ein Vormund hier mit besonderer Vorsicht und Sorgfalt zu prüfen, ob nach den Umständen des Falles die notwendige Sicherheit und Wirtschaftlichkeit der Anlage gegeben sind. 13

Dem Grundsatz des früheren § 1017 Abs 1 BGB entsprechend wurde auch die Anlegung von Mündelgeld in sicheren Hypotheken, Grund- und Rentenschulden an einem inländischen, nach den §§ 1012 ff BGB aF bestellten Erbbaurecht als zulässig angesehen (Nachw bei Staudinger/Engler[10/11] Fn zu Rn 4). Für das **Erbbaurecht nach dem ErbbauRG** enthalten dessen §§ 18 ff eine klare Regelung, die festlegt, wann Mündelgeld in einer Hypothek an einem Erbbaurecht auf einem inländischen Grundstück angelegt werden kann. Die Anlegung kann nicht in Grundschulden oder Rentenschulden geschehen (s dazu Staudinger/Rapp [2017] § 18 ErbbauRG Rn 12). 14

§ 1807 Abs 1 Nr 1 BGB gestattet **nicht** die Anlegung von Mündelgeld in **Schiffshypotheken** nach §§ 24 ff SchiffsRG (BGB-RGRK/Dickescheid Rn 8; MünchKomm/Kroll-Ludwigs Rn 10 aE; Sichtermann, Mündelsicherheit 16; vgl § 1821 Abs 1 Nr 5 BGB). 15

b) Sicherheit der Grundpfandrechte und Erbbaurechte

Eine Hypothek, Grundschuld oder Rentenschuld eignet sich zur Anlegung von Mündelgeld nur dann, wenn sie sicher ist. Nach E I § 1664 Abs 2 sollte eine Hypothek oder Grundschuld als mündelsicher gelten, wenn sie bei einem landwirtschaftlichen Grundstück innerhalb der ersten zwei Drittel, bei anderen Grundstücken innerhalb der ersten Hälfte des Wertes des Grundstücks zu stehen kommt; der Landesgesetzgebung sollte lediglich die Bestimmung der Grundsätze überlassen sein, nach denen der Wert der Grundstücke festzustellen ist (Mot IV 1110). Der auf Beschluss der II. Kommission beruhende **Abs 2** des § 1807 BGB geht weiter; er überlässt der Lan- 16 desgesetzgebung überhaupt die Bestimmung der Grundsätze, nach denen die Sicherheit einer Hypothek, Grundschuld oder Rentenschuld festzustellen ist (Prot IV 765 ff). Diese Ermächtigung bezieht sich aber nur auf die Grundstücke, die innerhalb des Landes gelegen sind; auf den Sitz des Familiengerichts kommt es dabei nicht an. Die Länder haben großenteils, wenn auch auf unterschiedliche Weise, von der in § 1807 Abs 2 BGB enthaltenen Ermächtigung Gebrauch gemacht. Die Landesgesetze stellen meist darauf ab, dass ein Grundpfandrecht, wenn es als sicher gelten soll, innerhalb eines bestimmten Teils des Grundstückswertes liegen muss; dass es stets den ersten Rang einnehmen müsste (vgl Prot IV 769 ff, 773), wird dagegen aus gutem Grund nicht verlangt, da es nur darauf ankommt, ob im Fall einer Zwangsversteigerung der Ausfall der zu sichernden Forderung zu befürchten ist.

17 Soweit landesrechtliche Regelungen bestehen, wird für die Mündelsicherheit eines Grundpfandrechts meist vorausgesetzt, dass es innerhalb der ersten Hälfte oder der ersten sechs Zehntel des Grundstückswertes (Verkehrswertes, gemeinen Wertes) liegt. Die Sicherung in der ersten Hälfte des Grundstückswertes ist für die Mündelsicherheit von Grundpfandrechten vorausgesetzt in **Baden-Württemberg** (§ 45 AGBGB vom 26. 11. 1974 [GBl 498]), **Bayern** (Art 67 AGBGB vom 20. 9. 1982 [GVBl 803]), **Brandenburg** (§ 33 AGBGB vom 28. 7. 2000 [GVBl 114]), **Hessen** (§ 28 AGBGB vom 18. 12. 1984 [GVBl 344]), **Thüringen** (§ 27 Abs 2 AGBGB vom 3. 12. 2002 [GVBl 424]) und – mit der Maßgabe, dass der Verkehrswert nach den Vorschriften des 7. Teils des Bundesbaugesetzes ermittelt worden ist – **Bremen** (§ 56 AGBGB vom 18. 7. 1899 [GBl 61], idF des Gesetzes vom 12. 5. 1964 [GBl 53]). In **Hamburg** kommt es auf die erste Hälfte des Einheitswertes an; das Familiengericht kann aber die Sicherheit abweichend feststellen, wenn der Einheitswert vom Verkehrswert des Grundstücks erheblich abweicht (§ 74 AGBGB vom 14. 7. 1899 idF des Gesetzes vom 1. 7. 1958 [GVBl 195]). Die in **Berlin**, in **Nordrhein-Westfalen** und im **Saarland** (ehemals preußische Gebietsteile) geltende Regelung geht zurück auf Art 73 des preußischen AGBGB vom 20. 9. 1899 (GS 177) idF des Gesetzes vom 8. 6. 1918 (GS 83), der die Beleihungsgrenze bei städtischen Grundstücken auf sechs Zehntel, bei ländlichen auf zwei Drittel des Grundstückswertes festlegte; eine Alternativberechnung, die auf ein Vielfaches des Grundsteuerreinertrags abstellte, ist überholt (s den Wortlaut bei Staudinger/Engler[10/11] Rn 7). In **Niedersachsen, Rheinland-Pfalz, Sachsen, Sachsen-Anhalt** und **Schleswig-Holstein** bestehen keine Regelungen.

18 Wenn **keine solche Regelung** besteht, liegt es nahe, sich dennoch an diesen gesetzlichen Grenzen zu orientieren (für die Heranziehung von § 14 PfandBG BeckOGK/Fröschle [1. 9. 2019] Rn 18). Dabei kann man heute im Hinblick auf die Situation auf dem Grundstücksmarkt eher großzügig sein (im Gegensatz zur Lage zu Anfang des vergangenen Jahrhunderts, als manche Ausführungsgesetze der Länder oder ihre Vorläufer oder Vorbilder erlassen wurden; vgl Mot IV 1111, wo von „Schwankungen im Werthe der Grundstücke" die Rede war, und Prot IV 767, wo „große Vorsicht bei der Feststellung der Beleihungsgrenze" angeraten wurde). Dem Vormund kann dabei die in § 1810 BGB vorgesehene Kontrolle durch den Gegenvormund oder das Familiengericht zugutekommen.

19 Besonders geregelt ist die Mündelsicherheit bei Beleihung von Erbbaurechten in den §§ **18 ff ErbbauRG**. Danach ist eine Hypothek nur dann für die Anlegung von Mündelgeld sicher, wenn sie eine Tilgungshypothek ist und den Erfordernissen der

§§ 19, 20 ErbbauRG entspricht; § 19 ErbbauRG begrenzt den Beleihungswert, § 20 ErbbauRG enthält Vorschriften über die Tilgung der Hypothek. § 22 ErbbauRG lässt zu, dass die Landesgesetzgebung für die innerhalb ihres Geltungsbereichs gelegenen Grundstücke abweichende Bestimmungen für die Mündelsicherheit trifft. Wegen der Einzelheiten s die Erläuterungen zu §§ 18 ff ErbbauRG.

c) Fälle, in denen Abs 1 Nr 1 nicht anwendbar ist

Eine mündelsichere Vermögensanlage iS des § 1807 Abs 1 Nr 1 BGB liegt nicht vor, wenn dem Mündel die Hypothek nicht zur dauernden Innehabung, sondern nur fiduziarisch zur Sicherstellung für ein von ihm gewährtes Darlehen bis zu dessen Rückzahlung übertragen wird (RG JW 1938, 3167 = WarnR 1939 Nr 84; Soergel/Zimmermann Rn 6; Erman/Schulte-Bunert Rn 2; Palandt/Götz Rn 4 aE; BGB-RGRK/Dickescheid Rn 8) oder zur Sicherung einer Forderung des Mündels dient, die zB beim Verkauf eines Grundstücks oder bei einer Erbauseinandersetzung entstanden ist (Gernhuber/Coester-Waltjen § 72 Rn 25 Fn 29; Soergel/Zimmermann Rn 6; Erman/Schulte-Bunert Rn 2; Palandt/Götz Rn 4 aE; MünchKomm/Kroll-Ludwigs Rn 12; BGB-RGRK/Dickescheid Rn 8). 20

2. Forderungen gegen den Bund oder ein Land (Abs 1 Nr 2)

In Nr 2 sind verbriefte Forderungen gegen den Bund oder ein Land und Schuldbuchforderungen gegen den Bund oder ein Land genannt. Nach § 1 Abs 1 des Anleihe-Gesetzes vom 29. 3. 1951 (BGBl I 218) gelten die in Reichsgesetzen und reichsrechtlichen Verordnungen enthaltenen Vorschriften, die sich auf Schuldurkunden des Reichs sowie auf Reichsschuldbuchforderungen beziehen, sinngemäß auch für die Schuldurkunden der Bundesrepublik Deutschland sowie für die in das Bundesschuldbuch eingetragenen Forderungen. Die Führung der Landesschuldbücher wird auf Landesebene geregelt (näher Meder/Ernst, Schuldbuchrecht 68 ff; Staudinger/Repgen [2019] § 232 Rn 5). 21

Die Schuldaufnahme der Bundesrepublik Deutschland konnte durch Ausgabe von Schuldverschreibungen und Schatzanweisungen, durch Eingehung von Wechselverbindlichkeiten oder Darlehensaufnahme gegen Schuldschein erfolgen (§ 1 der Reichsschuldenordnung vom 13. 2. 1924 [RGBl I 95] idF des Gesetzes vom 5. 7. 1934 [RGBl I 574], der VO vom 29. 12. 1936 [RGBl I 1156] und des Gesetzes vom 13. 7. 1948 [WiGBl 73]). 22

Über die Schuldbücher des Bundes und der Länder s § 1815 Rn 8 ff und Staudinger/Repgen (2019) § 232 Rn 4 f.

Eine Forderung, die in das Bundesschuldbuch oder ein Landesschuldbuch eingetragen ist, gilt auch dann als mündelsicher, wenn sie nicht verbrieft ist; hierzu gehören insbesondere Bundesschatzbriefe, Finanzierungsschätze und Bundesobligationen (Erman/Schulte-Bunert Rn 3; zum inzwischen eingeschränkten Erwerb dieser Forderungen NK-BGB/Fritsche Rn 4). 23

Nach der Privatisierung der **Bundespost** sind deren Schuldverpflichtungen nicht mehr nach Nr 2 mündelsicher; die Mündelsicherheit ihrer Altschulden ergibt sich aus Nr 3 (s § 2 Abs 2 und 4 PostUmwG; § 17 Abs 4 S 1 ENeuOG); für die **Bundes-** 24

bahn gilt Entsprechendes nach §§ 5, 17 BEZNG sowie § 9 DBGrG (Erman/Schulte-Bunert Rn 4; MünchKomm/Kroll-Ludwigs Rn 13; Palandt/Götz Rn 5).

25 **Verbriefte Forderungen** iSv § 1807 Abs 1 Nr 2 BGB sind alle Forderungen, die in einer Urkunde festgelegt sind. Der Ausdruck „verbriefte Forderungen" wurde von der II. Kommission anstelle des ursprünglichen Ausdrucks „Schuldverschreibungen" gewählt, um zu zeigen, dass hier (im Gegensatz zu Nr 4) nicht lediglich Wertpapiere in Betracht kommen (Prot IV 764). Es genügt also ein einfacher Schuldschein oder eine schriftliche Vereinbarung, in der das Bestehen der Forderung festgestellt ist; nicht notwendig ist, dass – wie bei einem Wertpapier (vgl Staudinger/Marburger [2015] Vorbem 1 ff zu §§ 793 ff) – die Ausübung des im Papier verbrieften Rechts an den Besitz des Papiers geknüpft ist.

3. Forderungen, deren Verzinsung der Bund oder ein Land gewährleistet (Abs 1 Nr 3)

26 Es muss sich um verbriefte Forderungen handeln (s zu diesem Begriff oben Rn 25; s auch unten Rn 32), deren Verzinsung vom Bund oder von einem Land gewährleistet ist. „Gewährleistung" ist jede Art der Übernahme von Haftung, zB durch Schuldbeitritt, Garantievertrag oder Bürgschaft (Spanl/Imre, Vermögensverwaltung 150). Nach dem Normwortlaut erfasst Nr 3 nur verbriefte Forderungen, bei denen der Bund oder ein Land lediglich die Verzinsung gewährleistet, nicht aber für die Rückzahlung einsteht (BeckOGK/Fröschle [1. 9. 2019] Rn 23; Oberloskamp/Dürbeck, Vormundschaft § 10 Rn 79; Spanl/Imre, Vermögensverwaltung 150).

27 Es genügt aber erst recht, wenn sich die Haftung bei den in Frage kommenden Forderungen nicht auf die Zinsen beschränkt, sondern auch auf die Forderung bezieht, die durch Anlegung des Geldes beim Schuldner begründet wird (BeckOGK/Fröschle [1. 9. 2019] Rn 23).

28 Unter Nr 4 fallen zB Schuldverschreibungen der Landeszentralbanken (Erman/Schulte-Bunert Rn 4) sowie der Unternehmen, für die der Bund oder das Land die Gewährleistung übernommen hat, weil sie öffentliche Aufgaben wahrnehmen und ganz oder zum großen Teil dem Bund oder dem Land gehören (zu Bahn und Post s Rn 24; weitere Beispiele bei Sichtermann, Mündelsicherheit 24).

4. Für geeignet erklärte Wertpapiere und verbriefte Forderungen (Abs 1 Nr 4)

a) Historie

29 § 1807 Abs 1 Nr 4 BGB nennt als mögliche Anlageobjekte Wertpapiere, insbesondere Pfandbriefe, und verbriefte Forderungen gegen eine inländische kommunale Körperschaft oder die Kreditanstalt einer solchen Körperschaft; für die Mündelsicherheit dieser Wertpapiere und Forderungen ist vorausgesetzt, dass die Bundesregierung sie mit Zustimmung des Bundesrats für zur Anlegung von Mündelgeld geeignet erklärt.

30 Noch § 1687 Abs 2 Nrn 4 und 5 E II und § 1783 Abs 1 Nrn 4 und 5 E III hatten als mündelsichere Anlagen „verbriefte Forderungen gegen eine inländische kommunale Körperschaft oder die Kreditanstalt einer solchen Körperschaft, wenn die Forde-

rungen von Seiten des Gläubigers kündbar sind oder einer regelmäßigen Tilgung unterliegen", und „Wertpapiere, die von dem Bundesrate zur Anlegung von Mündelgeld für geeignet erklärt sind", nebeneinander genannt, das System der enumerativen Geeigneterklärung durch den Bundesrat also zur Ergänzung der zuvor aufgezählten Anlagearten vorgesehen. Durch den Reichstag wurde dann bei der zweiten Lesung die jetzige Fassung beschlossen und damit auch für die Forderungen gegen die genannten Körperschaften und Kreditanstalten die ausdrückliche Zulassung durch den Bundesrat für erforderlich erklärt, dagegen von den anderen erwähnten Voraussetzungen abgesehen.

b) Wertpapiere und verbriefte Forderungen

Wertpapiere sind Urkunden, bei denen zur Ausübung des in ihnen verbrieften 31
Rechts das Innehaben der Urkunde notwendig ist (STAUDINGER/MARBURGER [2015] Vorbem 1 ff zu §§ 793 ff). In Betracht kommen Namenspapiere (Rektapapiere), Orderpapiere und Inhaberpapiere; die Inhaberpapiere können ein Forderungsrecht (vgl §§ 793 ff BGB) oder sonstige Rechte, insbesondere Mitgliedschaftsrechte (so zB Inhaberaktien), verbriefen. Einer wirtschaftlichen Betrachtungsweise entspricht es, dass auch Aktien für mündelsicher erklärt werden können, obwohl es sich im Rechtssinn nicht um verzinsliche Forderungen handelt. Gleiches gilt für Investmentanteile (s § 1811 Rn 23; VOGT Rpfleger 1996, 389) und ausländische Wertpapiere (SICHTERMANN, Mündelsicherheit 25 f; SOERGEL/ZIMMERMANN Rn 9; BGB-RGRK/DICKESCHEID Rn 13; ERMAN/SCHULTE-BUNERT Rn 5; SPANL/IMRE, Vermögensverwaltung 150; MÜNCHMEYER DRiZ 1963, 229).

Der Begriff der **verbrieften Forderungen** (näher dazu oben Rn 25) wird in § 1807 Abs 1 32
Nrn 2, 3 und 4 BGB mit gleicher Bedeutung verwendet (ebenso SICHTERMANN, Mündelsicherheit 37) und ist nicht scharf von dem der Wertpapiere abzugrenzen.

Der Begriff der **kommunalen Körperschaften** ist in einem weiten Sinn zu verstehen (vgl 33
Mot IV 1113; Prot IV 776); man wird darunter alle Gebietskörperschaften unterhalb der Ebene der Länder, also außer Gemeinden, Städten und Kreisen auch deren Zusammenschlüsse und Verbände, soweit sie eigene Rechtspersönlichkeit haben, zählen können (SICHTERMANN, Mündelsicherheit 33 f; BGB-RGRK/DICKESCHEID Rn 18).

Kreditanstalten dieser kommunalen Körperschaften sind insbesondere die Sparkas- 34
sen, die Sparkassen- und Giroverbände und Girozentralen (SICHTERMANN, Mündelsicherheit 34; BGB-RGRK/DICKESCHEID Rn 18; SOERGEL/ZIMMERMANN Rn 12).

c) Eignungserklärungen

aa) Bundesgesetzliche Regelungen

Die Bundesregierung hat bisher keine Eignungserklärung zu Wertpapieren abge- 35
geben (SPANL/IMRE, Vermögensverwaltung 150). Deshalb gelten weiter die VO über die Mündelsicherheit der Pfandbriefe und verwandten Schuldverschreibungen (MündelPfandBrV) vom 7. 5. 1940 (BGBl III/FNA 404-12), zuletzt geändert durch die VO vom 31. 8. 2015 (BGBl I 1474), sowie die VO über die Mündelsicherheit der Schiffspfandbriefe vom 18. 3. 1941 (RGBl I 156). Nach § 1 Abs 1 MündelPfandBrV sind Schuldverschreibungen, welche von einer Hypothekenbank nach den Vorschriften des HypothekenbankG (Nr 1), aufgrund des Gesetzes über die Pfandbriefe und verwandten Schuldverschreibungen öffentlich-rechtlicher Kreditanstalten (Nr 2), von einer Schiffspfandbriefbank auf Grund des Schiffsbankgesetzes (Nr 3) oder nach

den Vorschriften des Pfandbriefgesetzes (PfandBG) vom 22. 5. 2005 (BGBl I 1373), zuletzt geändert durch Gesetz vom 23. 6. 2017 (BGBl I 1693), als Pfandbriefe (Nr 3a) ausgegeben sind, zur Anlegung von Mündelgeld geeignet; zuständig zur Ausgabe solcher Pfandbriefe sind die nach § 1 PfandBG für die Ausgabe dieser Pfandbriefe zuständigen Pfandbriefbanken in Deutschland (Überblick bei Spanl/Imre, Vermögensverwaltung 151).

36 Weiter wurden durch gesetzliche Regelung für mündelsicher erklärt: die nicht auf ausländische Zahlungsmittel lautenden Inhaberschuldverschreibungen der Landwirtschaftlichen Rentenbank (§ 13a des Gesetzes über die Landwirtschaftliche Rentenbank vom 11. 5. 1949 [WiGBl 77] idF der Bekanntmachung vom 4. 9. 2002 [BGBl I 3646], zuletzt geändert durch Gesetz vom 17. 7. 2017 [BGBl I 2446]), der Kreditanstalt für Wiederaufbau (§ 4 Abs 3 des Gesetzes vom 22. 1. 1952 [BGBl I 65] idF des Gesetzes vom 23. 6. 1969 [BGBl I 574]) und der Lastenausgleichsbank (§ 14 des Gesetzes vom 29. 10. 1954 [BGBl I 293]). Nicht ausreichend sind dagegen die Schuldverschreibungen der Deutschen Genossenschaftsbank (§ 15 Abs 1 des Gesetzes vom 22. 12. 1975 [BGBl I 317]) (näher dazu BeckOGK/Fröschle [1. 9. 2019] Rn 26; anders noch Staudinger/Veit [2014] Rn 38).

bb) Vorbehalt für alte landesgesetzliche Vorschriften

37 Nach **Art 212 EGBGB** blieben bei Inkrafttreten des BGB die landesgesetzlichen Vorschriften, nach denen gewisse Wertpapiere zur Anlegung von Mündelgeld für geeignet erklärt sind, in Kraft. Die danach bestehende Mündelsicherheit erstreckt sich aber nur auf das Land, das sie ausgesprochen hat; maßgebend ist der Ort, an dem die Vormundschaft geführt wird, nicht der Ort, an dem sich das Mündelvermögen befindet (BGB-RGRK/Dickescheid Rn 13). Seit dem Inkrafttreten des BGB können die Länder Wertpapiere oder Forderungen nicht mehr für mündelsicher erklären. Weitergeltende landesgesetzliche Regelungen gibt es nur noch in Berlin und Nordrhein-Westfalen (näher BeckOGK/Fröschle [1. 9. 2019] Rn 27.1).

5. Anlegung bei öffentlichen Sparkassen und anderen Kreditinstituten (Abs 1 Nr 5)

38 Im Gegensatz zu den in Nrn 1–4 aufgezählten Fällen, in denen es um die Mündelsicherheit bestimmter Forderungen und Wertpapiere geht (objektive Mündelsicherheit), werden in Nr 5 die Voraussetzungen genannt, unter denen die Anlegung bei bestimmten Kreditinstituten als mündelsicher gilt (subjektive Mündelsicherheit). Für das nach Nr 5 angelegte Geld muss der Vormund nach § 1809 BGB einen Sperrvermerk eintragen lassen.

a) Anlegung bei einer inländischen öffentlichen Sparkasse

39 Der Vormund darf Mündelgeld bei einer inländischen öffentlichen Sparkasse anlegen, wenn diese von der zuständigen Behörde des Landes, in dem sie ihren Sitz hat, zur Anlegung von Mündelgeld **für geeignet erklärt** ist.

40 **Anlegung** iS dieser Vorschrift ist jede verzinsliche Anlegung; doch wird sich der Vormund nach den Grundsätzen einer wirtschaftlichen Vermögensverwaltung (vgl Staudinger/Heilmann [2016] § 1642 Rn 7) in der Regel nicht mit einer Spareinlage mit gesetzlicher Kündigungsfrist begnügen dürfen, weil damit nur ein verhältnismäßig

geringer Zinsertrag verbunden ist (zu mündelsicheren Anlagen in Zeiten niedriger Zinsen § 1806 Rn 14; König BtPrax 2013, 192).

Öffentliche Sparkassen iS des § 1807 Abs 1 Nr 5 BGB sind Kreditinstitute, die der Landesgesetzgeber als Sparkasse oder öffentliche Sparkasse bezeichnet und deren Rechtsverhältnisse er geregelt hat; danach sind alle in den Ländern der Bundesrepublik Deutschland eingerichteten Sparkassen, auch solche, die privatrechtlich organisiert sind, als mündelsicher zu betrachten (Sichtermann, Mündelsicherheit 41; Spanl/Imre, Vermögensverwaltung 152; **anders** jurisPK-BGB/Lafontaine Rn 41). Dagegen fallen unter den Begriff der öffentlichen Sparkassen **nicht** die rechtlich selbständigen **Bausparkassen**, deren Geschäfte sich von denen der öffentlichen Sparkassen in wesentlichen Punkten unterscheiden (Sichtermann, Mündelsicherheit 41; BGB-RGRK/Dickescheid Rn 20 aE; Erman/Schulte-Bunert Rn 7b; MünchKomm/Kroll-Ludwigs Rn 17 aE; Soergel/Zimmermann Rn 15; s auch die Stellungnahme der Bausparkasse Mainz in DAVorm 1961, 170). Die gesetzlichen Grundlagen, auf denen in den einzelnen Ländern die Einrichtung und die Rechtsstellung der öffentlichen Sparkassen beruhen und in denen jeweils festgestellt ist, dass sie zur Anlegung von Mündelgeld geeignet sind, sind zusammengefasst bei BeckOGK/Fröschle (1. 9. 2019) Rn 29.1–29.4. 41

b) Anlegung bei einem anderen Kreditinstitut

Der Kreis der Kreditinstitute, bei denen der Vormund Mündelgelder anlegen darf, wurde wesentlich erweitert durch die vom Betreuungsgesetz vorgenommene Ergänzung des § 1807 Abs 1 Nr 5 BGB, nach der jetzt allgemein die Anlegung bei einem Kreditinstitut zugelassen ist, das einer für die Anlage ausreichenden Sicherungseinrichtung angehört. Zuvor hatte, wenn die Anlegung den Umständen nach nicht nach § 1807 BGB erfolgen konnte, § 1808 BGB aF die Möglichkeit geboten, das Geld bei der Reichsbank, bei der Deutschen Zentralgenossenschaftskasse, bei der Deutschen Girozentrale, bei einer Staatsbank oder bei einer anderen durch Landesgesetz dazu für geeignet erklärten inländischen Bank oder bei einer Hinterlegungsstelle anzulegen (über die Einzelheiten s Staudinger/Engler[10/11] § 1808 u Sichtermann, Mündelsicherheit 45 ff). Auch bei der Anlegung nach § 1808 BGB aF, die nur hilfsweise in Betracht kam und nur geringe praktische Bedeutung hatte (dazu zweifelnd Sichtermann, Mündelsicherheit 45 Fn 1), handelte es sich um einen Fall subjektiver Mündelsicherheit. Die gleichfalls nur hilfsweise mögliche Anlegung bei einer Hinterlegungsstelle ist nach der Aufhebung des § 1808 BGB aF durch das Betreuungsgesetz nicht mehr vorgesehen; da Fälle, in denen eine Anlegung von Mündelgeld gemäß § 1807 BGB nicht möglich sein sollte, nach der Erweiterung der Nr 5 kaum mehr vorstellbar sind, besteht kein Bedürfnis mehr für die – wirtschaftlich ungünstige – Anlegung bei einer Hinterlegungsstelle. 42

Im Gesetz nicht näher definiert ist der **Begriff der Sicherungseinrichtung**. Mit diesem Begriff sind die von Bankenverbänden (Bundesverband der deutschen Volksbanken und Raiffeisenbanken in Bonn und Bundesverband der deutschen Banken in Berlin) eingerichteten Einlagensicherungsfonds gemeint (Erman/Schulte-Bunert Rn 7). Nach § 2 des Einlagensicherungs- und Anlegerentschädigungsgesetzes (EAEG) vom 16. 7. 1998 (BGBl I 1842), zuletzt geändert durch Art 2 des Gesetzes vom 28. 5. 2015 (BGBl I 786), waren die nach dem Gesetz über das Kreditwesen (KWG) vom 1. 1. 1987, neugefasst durch Gesetz vom 9. 9. 1998 (BGBl I 2776), zugelassenen Kreditinstitute zur Sicherung ihrer Einlagen durch Zugehörigkeit zu einer Entschädigungseinrichtung iSv § 6 EAEG verpflichtet. 43

44 Mit dem Gesetz zur Umsetzung der Richtlinie 2014/49/EU des Europäischen Parlaments und des Rates vom 16. 4. 2014 über Einlagensicherungssysteme (DGSD-Umsetzungsgesetz) vom 28. 5. 2015 (BGBl I 786) wurde die Bezeichnung des EAEG durch die Bezeichnung „Anlegerentschädigungsgesetz" (AnlEntG) ersetzt (Art 2) und ein Einlagensicherungsgesetz (EinSiG) erlassen (Art 1); beide Gesetze sind seit dem 3. 7. 2015 in Kraft (Art 9). Nach § 1 S 1 EinSiG sind CRR-Kreditinstitute iSv § 1 Abs 3d S 1 KWG idF des Gesetzes vom 18. 1. 2019 (BGBl I 37, 42) verpflichtet, ihre Einlagen nach Maßgabe dieses Gesetzes durch Zugehörigkeit zu einem Einlagensicherungssystem zu sichern. § 2 EinSiG bestimmt dann diese Einlagensicherungssysteme und den Begriff der Einlage iSd Gesetzes näher. So sind Einlagen etwa Guthaben, einschließlich Festgeld und Spareinlagen, die sich aus Beträgen, die auf dem Konto verblieben sind, ergeben und vom CRR-Kreditinstitut nach den geltenden gesetzlichen und vertraglichen Bedingungen zurückzuzahlen sind (§ 2 Abs 3 S 1 Nr 1 EinSiG), wobei die Guthaben zum Nennwert rückzahlbar sein müssen (§ 2 Abs 3 S 2 Nr 2 EinSiG). Als Einlage gelten nach § 2 Abs 3 S 3 EinSiG unter bestimmten Voraussetzungen auch Verbindlichkeiten aus Wertpapiergeschäften eines CRR-Kreditinstituts (näher BeckOGK/Fröschle [1. 9. 2019] Rn 32).

45 **Gehört ein Kreditinstitut nicht der Einlagensicherung an**, kann der Vormund das Mündelgeld nur mit einer familiengerichtlichen Genehmigung nach § 1811 BGB dort anlegen (Oberloskamp/Dürbeck, Vormundschaft § 10 Rn 82).

46 Ob eine **Einlagensicherung im konkreten Fall** ausreicht, hängt davon ab, ob sie dem Mündel die Rückzahlung seiner Einlage nach Art und Höhe garantiert (BeckOGK/Fröschle [1. 9. 2019] Rn 33; Schulz/Schmitz ZEV 2015, 80, 83; anders noch Staudinger/Veit [2014] Rn 50). Dies bestimmt sich wiederum nach dem Umfang des Entschädigungsanspruchs des Einlegers im Entschädigungsfall. Der Einleger, der uneingeschränkt über die Einlage verfügen darf, hat im Entschädigungsfall gegen das Einlagensicherungssystem, dem das CRR-Kreditinstitut angehört, einen Entschädigungsanspruch im Umfang seiner entschädigungsfähigen Einlage (§§ 5 Abs 1, 7 Abs 1 EinSiG); der Höhe nach ist der Anspruch grundsätzlich auf den Gegenwert von 100 000 Euro begrenzt (§ 8 Abs 1 EinSiG). Diese Deckungssumme bezieht sich auf die Gesamtforderung des Einlegers gegen das CRR-Kreditinstitut, unabhängig von der Zahl der Konten, der Währung und dem Ort, an dem die Konten geführt werden (§ 7 Abs 3 EinSiG). Hat der Mündel dagegen Einlagen bei verschiedenen CRR-Kreditinstituten, werden diese nicht zusammengerechnet, und zwar auch dann nicht, wenn die gleiche Einrichtung für die Entschädigung haftet (BeckOGK/Fröschle [1. 9. 2019] Rn 33 f; dort auch zu den Möglichkeiten der Kreditinstitute, die Einlagen höher als nach dem EinSiG vorgesehen durch freiwillige Einrichtungen [sog Einlagensicherungsfonds] abzusichern).

47 Die **Prüfung, ob eine Einlagensicherung besteht und ausreichend ist**, obliegt dem Vormund (LG Waldshut-Tiengen BtPrax 2008, 87 = FamRZ 2008, 916 [LS] m zust Anm Balzer/Warlich EWiR 2008, 297, 298; MünchKomm/Kroll-Ludwigs Rn 23). Dies ergibt sich nicht zuletzt aus dem Wortlaut von § 1807 Abs 1 Nr 5 BGB, der zwar bei den öffentlichen Sparkassen, nicht aber bei den „Sicherungseinrichtungen" eine behördliche Prüfung und Feststellung der Tauglichkeit zur Annahme von Mündelgeld vorsieht. Die maßgebenden Auskünfte über die Kreditinstitute, die der Einlagensicherung angehören, erhält der Vormund durch Nachfrage bei den Landeszentralbanken, dem Bundesverband der Deutschen Volks- und Raiffeisenbanken, dem Bundesverband Deutscher Banken, der Bundesanstalt für Finanzdienstleistungsaufsicht, dem Bundesverband öffentlicher Banken Deutschlands sowie dem Deutschen Sparkassen- und Giroverband (Spanl/Imre, Vermögensverwaltung 154; Oberloskamp/Dürbeck, Vormundschaft § 10 Rn 81). Verlassen kann sich der Vormund auf die gesetzliche Einlagensicherung, wie sie das EinSiG vorsieht. Will er über diese Vorgaben hinaus Geld bei einem Kreditinstitut anlegen, muss er sorgfältig prüfen, ob dieses in vergleichbarer Weise abgesichert ist (BeckOGK/Fröschle [1. 9. 2019] Rn 34). Bei fehlender Prüfung des Vormunds kommt eine Haftung nach § 1833 BGB in Betracht (LG Waldshut-Tiengen BtPrax 2008, 87 = FamRZ 2008, 916 [LS]; näher Rn 55). Dieser kann er dadurch entgehen, dass er eine Genehmigung nach § 1811 BGB beim zuständigen Familiengericht beantragt (BeckOGK/Fröschle [1. 9. 2019] Rn 34).

IV. Ausnahmen von der Vorschrift des § 1807

1. Gestattung einer anderen Anlegung durch das Familiengericht

Aus besonderen Gründen kann das Familiengericht dem Vormund eine andere Art 48
der Anlegung gestatten **(§ 1811 BGB)**; darunter fallen: die Anlegung bei einem Kreditinstitut, das nicht die Anforderungen von § 1 Abs 3d S 1 KWG erfüllt, oder die Anlegung in verzinslichen Geldforderungen, die nicht im Katalog des § 1807 BGB vorgesehen sind, und der Erwerb von Aktien ebenso wie die Anlegung in anderen Werten, zB einem Erwerbsgeschäft, einem Grundstück, Kostbarkeiten usw (§ 1811 Rn 11).

Nach dem durch das BtÄndG vom 25. 6. 1998 (BGBl I 1580) eingefügten **§ 1817 Abs 1** 49
BGB kommt weiter eine Befreiung des Vormunds von den ihm nach den §§ 1806–1816 BGB obliegenden Verpflichtungen, also auch von der Pflicht, Mündelgeld in der in § 1807 BGB vorgegebenen Art anzulegen, dann in Betracht, wenn der Umfang der Vermögensverwaltung dies rechtfertigt und eine Gefährdung des Mündelvermögens nicht zu besorgen ist (näher § 1806 Rn 25).

2. Anordnung eines Dritten, der Vermögen zuwendet

Soweit nach **§ 1803 Abs 1 BGB** ein Dritter bindende Anordnungen über die Verwal- 50
tung des dem Mündel – von Todes wegen oder unentgeltlich unter Lebenden – zugewendeten Vermögens treffen kann, steht ihm diese Befugnis auch hinsichtlich der Art der Anlegung des zugewendeten Vermögens zu (vgl § 1803 Rn 10). Weiter darf der Vormund nach § 1803 Abs 2 BGB mit Genehmigung des Familiengerichts von den Anordnungen abweichen, wenn ihre Befolgung das Interesse des Mündels gefährden würde.

3. Sonderregeln für das Jugendamt als Amtsvormund

Nach **§ 56 Abs 3 S 1 SGB VIII** kann das Jugendamt als Amtsvormund Mündelgeld 51
mit Genehmigung des Familiengerichts auf Sammelkonten des Jugendamts bereithalten und anlegen, wenn es den Interessen des Mündels dient und sofern die sichere Verwaltung, Trennbarkeit und Rechnungslegung des Geldes einschließlich der Zinsen jederzeit gewährleistet sind. Nach HS 2, der durch das Änderungsgesetz vom

16. 2. 1993 (BGBl I 239) eingefügt wurde, kann Landesrecht sogar bestimmen, dass eine Genehmigung des Familiengerichts nicht erforderlich ist.

52 Ferner kann das Jugendamt nach **§ 1805 S 2 BGB** (ebenso **§ 56 Abs 3 S 2 SGB VIII**), wenn es Vormund oder Gegenvormund ist, Mündelgeld auch bei der Körperschaft, bei der das Jugendamt errichtet ist, anlegen. Hierin ist aber nach allg Ansicht nur eine Ausnahme von der Vorschrift des § 1805 S 1 BGB zu sehen, die dem Vormund verbietet, Mündelgeld für sich oder den Gegenvormund zu verwenden. Auch in einem solchen Fall kommt es also darauf an, ob die Anlage den Vorschriften des § 1807 BGB entspricht (MünchKomm/Kroll-Ludwigs Rn 8; BGB-RGRK/Dickescheid Rn 5; Soergel/Zimmermann Rn 5).

53 Für den **Verein als Vormund** gibt es keine entsprechenden Regelungen (BT-Drucks V/2370, 85; s § 1805 Rn 26).

V. Pflichtverletzungen des Vormunds, gerichtliche Aufsicht

54 § 1807 BGB hat nur den Charakter einer **Ordnungsvorschrift**. Hat der Vormund dagegen verstoßen, so ist das Anlagegeschäft nicht deshalb unwirksam. Auch die Nichtbeachtung des § 1810 BGB berührt nicht die Wirksamkeit des Rechtsgeschäfts, mit dem der Vormund das Geld angelegt hat (§ 1810 Rn 17).

55 Der Vormund haftet dem Mündel nach Maßgabe des **§ 1833 BGB**, wenn er bei der Auswahl der Anlageform nicht die erforderliche Sorgfalt anwendet oder im Fall des § 1807 Abs 1 Nr 5 BGB das Mündelgeld nicht mit einem Sperrvermerk nach § 1809 BGB anlegt (zum Betreuer BayObLG FamRZ 2005, 389; Wesche BtPrax 2003, 56, 58). Eine Pflichtverletzung kann zB darin liegen, dass der Vormund eine vom Gesetz zugelassene Anlegung wählt, die ausnahmsweise im konkreten Fall keine ausreichende Sicherheit bietet (Mot IV 1109; RG JW 1910, 708; RG JW 1914, 931; Kipp Gruchot 66, 508 f; BGB-RGRK/Dickescheid Rn 2; MünchKomm/Kroll-Ludwigs Rn 3; Soergel/Zimmermann Rn 4), er mehr Geld bei einem CRR-Kreditinstitut anlegt, als nach dem EinSiG abgesichert ist, und eine vergleichbare freiwillige Absicherung durch das Kreditinstitut fehlt (oben Rn 46 f) oder dass er Geld bei einem Kreditinstitut anlegt, das nicht der Einlagensicherung angehört (s Oberloskamp/Dürbeck, Vormundschaft § 10 Rn 81).

56 Bedient sich der Vormund eines Anlageberaters und verletzt dieser schuldhaft Aufklärungs- und Hinweispflichten aus dem Kapitalanlageberatungsvertrag gegenüber dem Vormund, so muss er sich dessen Fehlverhalten nach **§ 278 BGB** zurechnen lassen (LG Waldshut-Tiengen BtPrax 2008, 87, 88 = FamRZ 2008, 916, 917 [LS]).

57 Hat das Familiengericht allerdings die vom Vormund gewählte Anlageform **nach § 1810 S 2 BGB genehmigt**, so entfällt eine Haftung desselben nach § 1833 BGB mangels Verschuldens (MünchKomm/Kroll-Ludwigs Rn 3; Erman/Schulte-Bunert Rn 1).

58 Das **Familiengericht** hat im Rahmen seiner **Aufsichtspflicht** darauf zu achten, dass der Vormund seine Pflicht zur verzinslichen Anlegung von Mündelgeld ordnungsgemäß, dh auch rechtzeitig, erfüllt (s § 1806 Rn 30). Es ist aber nach dem Grundsatz der Selbständigkeit des Vormunds nicht befugt, dem Vormund hinsichtlich der Wahl unter

den nach § 1807 BGB zulässigen Anlegungsarten bindende Weisungen zu erteilen; allerdings kann es ihn nach § 1837 BGB zu anderer Anlegung anhalten. Zur Durchsetzung der mündelsicheren Anlage kann im Einzelfall nach § 1837 Abs 3 S 1 BGB ein Zwangsgeld verhängt werden (BayObLG FamRZ 1977, 144, 146; BayObLG FamRZ 2005, 389, 390; Wesche BtPrax, 2003, 56, 58); notfalls kommt auch eine Entlassung nach § 1886 BGB in Betracht.

VI. Pflegschafts- und Betreuungsrecht

§ 1807 BGB findet über die Generalverweisung in § 1915 Abs 1 S 1 BGB und § 1908i Abs 1 S 1 BGB entsprechende Anwendung im Pflegschafts- und Betreuungsrecht. 59

VII. Reformbedarf

Die Vorschrift wird dem Normzweck, den Mündel durch mündelsichere Anlagen vor Vermögensverlusten zu schützen (oben Rn 1), nicht (in vollem Umfang) gerecht, weil sie auf einem überkommenen Vertrauen in die besondere Sicherheit von Staatskrediten und Grundpfandrechten im 19. Jahrhundert beruht. Dieses Vertrauen ist durch mehrere Inflationen im vergangenen Jahrhundert erschüttert worden, während zugleich die Sicherheit anderer Anlageformen erhöht wurde (Knauss ErbR 2007, 77, 79 f). Heute spielen etwa Anlageformen nach Abs 1 Nr 1 nur noch eine geringe praktische Rolle, weil sie zu aufwendig sind (MünchKomm/Kroll-Ludwigs Rn 9; Oberloskamp/Dürbeck, Vormundschaft § 10 Rn 77). Auch andere Anlageformen werden dem Wandel der wirtschaftlichen Verhältnisse kaum noch gerecht (Oberloskamp/Dürbeck, Vormundschaft § 10 Rn 77), sodass erheblicher Reformbedarf besteht (näher Staudinger/Veit [2014] Rn 54 ff). 60

§ 1808
(weggefallen)

Aufgehoben durch das BtG vom 12. 9. 1990 Art 1 Nr 31 (BGBl I 2002).

§ 1809
Anlegung mit Sperrvermerk

Der Vormund soll Mündelgeld nach § 1807 Abs. 1 Nr. 5 nur mit der Bestimmung anlegen, dass zur Erhebung des Geldes die Genehmigung des Gegenvormunds oder des Familiengerichts erforderlich ist.

Materialien: E I § 1666 Abs 2; II § 1689 Abs 2; III § 1785; Mot IV 1119; Prot IV 777. Geändert durch BtG v 12. 9. 1990 (BGBl I 2002) Art 1 Nr 32; neugefasst durch Bekanntmachung v 2. 1. 2002 (BGBl I 42); zuletzt geändert durch Art 50 Nr 37 nach Maßgabe von Art 111 FGG-RG v 17. 12. 2008 (BGBl I 2586) mit Wirkung v 1. 9. 2009.

Schrifttum

Fiala/Müller/Braun, Genehmigungen bei Vormundschaft über Minderjährige, Betreuung und Nachlasspflegschaft, Rpfleger 2002, 389
Huther, Über die Bedeutung des § 1809 BGB, Recht 1903, 89
Schultheis, Obervormundschaftsgerichtliche Genehmigung nach Beendigung der Vormundschaft, ZBlFG 15, 157
ders, Erstreckt sich der Sperrvermerk des § 1809 BGB auch auf die Zinsen?, DJZ 1905, 448
Vierhaus, Zur Auslegung des § 1809 BGB, DJZ 1905, 539.

Systematische Übersicht

Alphabetische Übersicht

I. Normzweck

Hat der Vormund Mündelgeld nach §§ 1806, 1807 BGB verzinslich angelegt, so bedarf der Mündel des Schutzes vor einer unkontrollierten Abhebung (der Gesetzgeber verwendet den Begriff der „Erhebung", vgl dazu NK-BGB/Fritsche Rn 1; Erman/Schulte-Bunert Rn 1; jurisPK-BGB/Lafontaine Rn 15 f) durch den Vormund. § 1810 BGB unterstellt die Anlegung zwar der Genehmigung durch Gegenvormund oder Familiengericht; diese stellt jedoch keine Wirksamkeitsvoraussetzung des Rechtsgeschäfts dar, durch welches das Geld angelegt wird (zum Charakter des § 1810 BGB als bloße Ordnungsvorschrift s § 1810 Rn 17). § 1812 BGB schränkt die Vertretungsmacht des Vormunds durch das Erfordernis der Genehmigung des Gegenvormunds oder des Familiengerichts ein, wenn es um die Verfügung über eine Forderung, über ein anderes auf Bewirkung einer Leistung gerichtetes Recht oder über ein Wertpapier geht. Jedoch zählt § 1813 Abs 1 BGB eine Reihe von Ausnahmefällen auf, in denen die Annahme einer solchen dem Mündel geschuldeten Leistung durch den Vormund der Genehmigung des Gegenvormunds nicht bedarf. Dazu zählt grundsätzlich auch die Rückzahlung von Geld, das der Vormund angelegt hat (§ 1813 Abs 1 Nr 3 Alt 2 BGB); aber gerade von dieser Ausnahme macht § 1813 Abs 2 BGB wiederum Gegenausnahmen: in Satz 2 für die Erhebung von Geld, das nach § 1807 Abs 1 Nrn 1 bis 4 BGB angelegt ist, und in Satz 1 für die Erhebung von Geld, bei dessen Anlegung ein anderes bestimmt worden ist. Um letztere Gegenausnahme zur Wirkung zu bringen, gebietet § 1809 BGB dem Vormund, Mündelgeld nach § 1807 Abs 1 Nr 5 BGB – also bei einer öffentlichen Sparkasse oder einem anderen Kreditinstitut – nur mit der Bestimmung anzulegen, dass zur Erhebung des Geldes die Genehmigung des Gegenvormunds oder des Familiengerichts erforderlich ist (vgl dazu Mot IV 1119 f; s auch KG 13. 11. 2014 – 8 U 35/14, juris Rn 42, NJW 2015, 1394, 1395 = FamRZ 2015, 1052 [LS]). 1

II. Die Verpflichtung zur gesperrten Anlegung

1. Reichweite der Verpflichtung

a) Anlagen von Mündelgeld nach § 1807 Abs 1 Nr 5

2 Die Bestimmung bezieht sich nur auf die Fälle, in denen der Vormund nach § 1807 Abs 1 Nr 5 BGB Mündelgeld bei einer von der zuständigen Landesbehörde für geeignet erklärten inländischen Sparkasse oder bei einem anderen Kreditinstitut, das einer für die Anlage ausreichenden Sicherungseinrichtung angehört, anlegt (s dazu § 1807 Rn 38 ff). Das Betreuungsgesetz hat aus § 1809 BGB in seiner ursprünglichen Fassung nach „Nr 5" die Worte „oder nach § 1808" gestrichen, was jedoch keine erhebliche sachliche Änderung bedeutete, weil die im früheren § 1808 BGB genannten Kreditinstitute jetzt von der in § 1807 Abs 1 Nr 5 BGB angefügten Generalklausel erfasst werden.

3 Die Vorschrift bezieht sich nur auf das Mündelgeld, das nach § 1806 BGB verzinslich angelegt werden muss, also **nicht auf das Verfügungsgeld**, also das Geld, das zur Bestreitung von Ausgaben bereitzuhalten ist, selbst wenn auch dieses verzinslich angelegt wird (§ 1806 Rn 23; Palandt/Götz Rn 1; MünchKomm/Kroll-Ludwigs Rn 2; Erman/Schulte-Bunert Rn 1; BeckOGK/Fröschle [1. 9. 2019] Rn 4; Soergel/Zimmermann Rn 3; BGB-RGRK/Dickescheid Rn 4).

4 § 1809 BGB bezieht sich ferner nur auf das **Kapital**, nicht auf die **Zinsen**, solange diese nicht aufgrund einer Bestimmung in der Satzung der Sparkasse oder Bank oder einer besonderen Vereinbarung dem Kapital zugeschrieben worden sind (zur Schwierigkeit der Abgrenzung auch Oberloskamp/Dürbeck, Vormundschaft § 10 Rn 90). Ist in der Satzung oder durch besondere Vereinbarung bestimmt, dass die fällig gewordenen Zinsen erst nach Ablauf einer bestimmten Zeit als Kapital gelten, so kann der Vormund die Zinsen innerhalb oder unmittelbar nach Ablauf dieser Zeit ohne Genehmigung abheben (KG DJ 1938, 1428 m Anm Pätzold; OLG Naumburg ZAkDR 1938, 243 m Anm Kleiner; Schultheis DJZ 1905, 448; Enneccerus/Kipp § 114 IV 8 Fn 18; Dölle § 127 II 4; Palandt/Götz Rn 1 aE; Soergel/Zimmermann Rn 3; MünchKomm/Kroll-Ludwigs Rn 2 aE; Erman/Schulte-Bunert Rn 1; BeckOGK/Fröschle [1. 9. 2019] Rn 14; Sichtermann, Mündelsicherheit 52). Dies ergibt sich aus der Erwägung, dass Zinsen Früchte des Guthabens (§ 99 Abs 2 BGB) sind, dass also der Anspruch auf Zinsen zu den Nutzungen des Mündelvermögens (§ 100 BGB) gehört, sodass die Ausnahmevorschrift des § 1813 Abs 1 Nr 4 BGB eingreift, auf welche sich die Gegenausnahmen des § 1813 Abs 2 BGB nicht erstreckt. Sie behalten den Charakter als Früchte aber nur solange, bis sie dem Kapital zugeschlagen werden. Ob und wann dies geschieht, hängt von der bei Anlegung des Geldes (ausdrücklich oder durch – auch stillschweigende – Bezugnahme auf die Satzung des Kreditinstituts) getroffenen Vereinbarung ab (näher zu den AGB der Banken und Sparkassen Oberloskamp/Dürbeck, Vormundschaft § 10 Rn 90). Die Vereinbarung, dass die Zinsen nicht zu bestimmten Zeitpunkten dem Kapital zugeschlagen werden sollen, kann insbesondere dann naheliegen, wenn die Zinsen dazu bestimmt sind, laufende Ausgaben des Mündels zu bestreiten.

5 Es stellt sich die Frage, ob die Vorschrift entsprechend auch auf zur Zeit der Anordnung der Vormundschaft oder der Übernahme des Vormundsamts bei einer Sparkasse oder Bank **bereits angelegte Gelder** anzuwenden ist. Bejahendenfalls müss-

te der Vormund in solchen Fällen den Sperrvermerk nachträglich anbringen lassen (dafür Palandt/Götz Rn 1; MünchKomm/Kroll-Ludwigs Rn 3; Erman/Schulte-Bunert Rn 1; NK-BGB/Fritsche Rn 5; Oberloskamp/Dürbeck, Vormundschaft § 10 Rn 87; Soergel/Zimmermann Rn 8; BGB-RGRK/Dickescheid Rn 5; Dölle § 127 II 4; Staudinger/Veit [2014] Rn 4). Hiergegen lässt sich zwar kein argumentum e contrario zu § 1816 BGB ziehen, der ausdrücklich schon vorhandene und später erworbene Forderungen des Mündels einander gegenüberstellt, da diese Norm sich nicht auf eine Anlageform iSv § 1807 Abs 1 Nr 5 BGB bezieht (s aber RGZ 154, 110: § 1809 BGB soll auf schon angelegte Gelder keine Anwendung finden, das Gericht aber befugt sein, den Vormund dazu anzuhalten, wenn ein Bedürfnis für eine Sperre besteht). Wohl aber spricht gegen eine Pflicht zur Versperrung bereits angelegten Geldes, dass es einen allgemeinen Grundsatz, wonach vorgefundene Geldanlagen in mündelsichere umzuwandeln sind, nicht gibt, der Vormund vielmehr in jedem Einzelfall prüfen muss, ob diese Geldanlagen noch den Grundsätzen einer wirtschaftlichen Vermögensverwaltung genügen oder eine Umschichtung zur Verbesserung der Wirtschaftlichkeit angezeigt ist (§ 1806 Rn 10). Zum Schutz des Mündels vor einem unkontrollierten Abheben dieses Geldes durch den Vormund ist eine analoge Anwendung von § 1809 BGB auch nicht erforderlich, da der Vormund über dieses Geld ohnehin nur mit Genehmigung des Familiengerichts oder des Gegenvormunds verfügen kann (§ 1812 Abs 1 BGB) und die Ausnahme von § 1813 Abs 1 Nr 3 Alt 2 BGB bei Geld, das der Vormund nicht selbst angelegt hat, nicht greift (BeckOGK/Fröschle [1. 9. 2019] Rn 5).

b) Andere Arten von Anlegung des Mündelgelds

Auf andere als die in § 1807 Abs 1 Nr 5 BGB genannten Arten verzinslicher Anle- 6
gung, etwa solche nach § 1807 Abs 1 Nrn 1 bis 4 BGB, bezieht sich § 1809 BGB dagegen **nicht**. Auch eine entsprechende Anwendung der Vorschrift, wie sie früher wegen der Gleichheit der maßgebenden Merkmale, insbesondere der Mündelsicherheit und der Verbriefung im Postsparbuch, für Postsparguthaben bejaht wurde (Staudinger/Engler[12] Rn 4), scheidet aus (MünchKomm/Kroll-Ludwigs Rn 2 Fn 3; NK-BGB/Fritsche Rn 3; BeckOGK/Fröschle [1. 9. 2019] Rn 4.1).

Ebenso wenig gilt § 1809 BGB für eine Anlegung, die vom Familiengericht nach 7
§ 1811 BGB gestattet worden ist; bei dieser Anlageform genügt zum Schutz des Mündelvermögens die Genehmigungspflicht nach §§ 1812 f BGB (Oberloskamp/Dürbeck, Vormundschaft § 10 Rn 88).

Dies schließt aber nicht aus, dass auch diese Anlagen versperrt angelegt werden. Von 8
einer solchen Möglichkeit geht § 1813 Abs 2 S 1 BGB selbst aus, der vorsieht, dass die Befreiungen aus Abs 1 Nr 2 und 3 nicht gelten, wenn etwas anderes bestimmt worden ist (zur Wirkung dieser **freiwilligen Versperrung** s unten Rn 16).

2. Sperrvereinbarung und Sperrvermerk

a) Sperrvereinbarung

Die in § 1809 BGB dem Vormund aufgegebene „Bestimmung“ ist ein **Teil des schuld-** 9
rechtlichen Vertrags, den der Vormund namens des Mündels mit dem Kreditinstitut über die Anlegung des Geldes schließt (s BeckOGK/Fröschle [1. 9. 2019] Rn 9). Der Vormund muss dafür sorgen, dass das Kreditinstitut sich verpflichtet, das angelegte Geld nur mit Genehmigung des Gegenvormunds oder des Familiengerichts auszuzahlen

und andernfalls eine Auszahlung zu verweigern. Er kann dies nicht einseitig festlegen – weshalb der Begriff der „Bestimmung" missverständlich ist (so auch ERMAN/SCHULTE-BUNERT Rn 2; zum diesbezüglichen Reformbedarf STAUDINGER/VEIT [2014] Rn 31) –, da die Gestaltung des Vertragsverhältnisses, das durch die Einzahlung bewirkt wird, insofern von der Norm abweicht, als die sonst geltende Bestimmung des § 808 BGB, nach der eine Sparkasse an den Inhaber eines Sparkassenbuchs mit befreiender Wirkung leisten kann, abbedungen wird (vgl KGJ 43, A 58, 59). Im Falle einer Weigerung des Kreditinstituts, sich auf eine solche Beschränkung einzulassen, darf der Vormund das Mündelgeld nicht bei ihm anlegen (PALANDT/GÖTZ Rn 1; BeckOGK/FRÖSCHLE [1. 9. 2019] Rn 9; MünchKomm/KROLL-LUDWIGS Rn 4; ERMAN/SCHULTE-BUNERT Rn 2; SOERGEL/ZIMMERMANN Rn 4; DÖLLE § 127 II 4; SICHTERMANN, Mündelsicherheit 51). Vielmehr muss er dieses dann anderweitig anlegen (OBERLOSKAMP/DÜRBECK, Vormundschaft § 10 Rn 89).

10 Ist der Bank oder Sparkasse schon durch **Gesetz, Rechtsverordnung oder Satzung** vorgeschrieben, dass sie Mündelgeld nur unter den Voraussetzungen des § 1809 BGB zurückzahlen darf, so bedarf es keiner zusätzlichen Sperrvereinbarung bei der Anlegung des Geldes, sofern erkennbar ist, dass es sich um Mündelgeld handelt; vielmehr kommt der Rechtsvorschrift die gleiche Wirkung wie eine Sperrvereinbarung zu (RGZ 79, 9, 15 f; PALANDT/GÖTZ Rn 3; ERMAN/SCHULTE-BUNERT Rn 2; SOERGEL/ZIMMERMANN Rn 5; MünchKomm/KROLL-LUDWIGS Rn 11; NK-BGB/FRITSCHE Rn 5; BGB-RGRK/DICKESCHEID Rn 2; SICHTERMANN, Mündelsicherheit 52).

11 Soweit es für zulässig erachtet wird, dass ein Rechtsanwalt (als Berufsvormund) Mündelgeld auf einem auf seinen eigenen Namen laufendes **Anderkonto** anlegt (§ 1805 Rn 9), bedarf es **keiner Sperrvereinbarung**, da die Kreditinstitute aufgrund ihrer AGB eine solche für Anderkonten nicht zulassen, der Rechtsanwalt aber nach § 43a Abs 5 S 2 BRAO fremdes Geld im eigenen Namen nur auf ein Anderkonto einzahlen kann (so OLG Köln 24. 3. 2014 – 2 Wx 28/14, juris Rn 6 ff [Nachlasspflegschaft], FamRZ 2015, 284; BeckOGK/FRÖSCHLE [1. 9. 2019] Rn 9; jurisPK-BGB/LAFONTAINE Rn 2; der Abschluss einer Sperrvereinbarung kann dem Vormund dann auch nicht durch das Familiengericht aufgegeben werden, s unten Rn 28).

b) Sperrvermerk

12 Dass die in § 1809 BGB genannte Bestimmung getroffen wurde, wird in der Regel dadurch sichtbar gemacht, dass in dem vom Kreditinstitut ausgestellten Legitimationspapier (meist ist das ein Sparbuch) – und in den Unterlagen des Kreditinstituts – ein Sperrvermerk angebracht wird (üblich ist das Wort „Mündelgeld"). Der Sperrvermerk hat Warnfunktion, aber keine konstitutive Wirkung (s unten Rn 21). Die Eintragung des Sperrvermerks, die Aufgabe der Sparkasse, nicht des Familiengerichts oder des Gegenvormunds ist (OBERLOSKAMP/DÜRBECK, Vormundschaft § 10 Rn 93), hat ferner die Bedeutung, dass damit das Bestehen der Vereinbarung nach § 1809 BGB leicht bewiesen werden kann (OLG Colmar Recht 1910 Nr 3356; KGJ 43, A 58, 59).

III. Wirkungen der Sperrvereinbarung

1. Eigenständiger Genehmigungsvorbehalt

13 Ist die in § 1809 BGB vorgesehene **Vereinbarung getroffen**, so kann das Kreditinstitut Mündelgeld nicht mehr mit schuldbefreiender Wirkung an den Vormund auszahlen, da diesem die Empfangszuständigkeit fehlt, solange und soweit keine Genehmigung des Gegenvormunds oder des Familiengerichts vorliegt (BeckOGK/Fröschle [1. 9. 2019] Rn 10; Oberloskamp/Dürbeck, Vormundschaft § 10 Rn 93).

Die Sperrvereinbarung bewirkt **unmittelbar ein Genehmigungserfordernis**, wenn das Gesetz die Versperrung des Mündelgeldes wie in § 1809 BGB vorschreibt. Allerdings stellt sich die Frage, in welchem Verhältnis dieses Genehmigungserfordernis zu dem aus **§ 1812 Abs 1 S 1 BGB** steht. Überwiegend wird angenommen, dass die Sperrvereinbarung zur Folge hat, dass die Durchbrechung des allgemeinen Genehmigungsvorbehalts von § 1812 Abs 1 S 1 BGB durch § 1813 Abs 1 Nr 2 und 3 BGB für das vom Vormund angelegte Mündelgeld nicht gilt (§ 1813 Abs 2 S 1 BGB) und damit Auszahlungen, Abhebungen oder Überweisungen von Mündelgeld durch den Vormund nach § 1812 BGB genehmigungsbedürftig sind, dessen Verfügungs- und Vertretungsmacht also in diesem Umfang eingeschränkt ist (s KG 13. 11. 2014 – 8 U 35/14, juris Rn 41 f [Betreuung], NJW 2015, 1394, 1395 = FamRZ 2015, 1052 [LS]; MünchKomm/Kroll-Ludwigs Rn 7; so auch Staudinger/Veit [2014] Rn 11). 14

Demgegenüber unterscheidet Fröschle zwischen dem aus der Sperrvereinbarung ausgelösten Genehmigungserfordernis und dem in § 1812 BGB verankerten (BeckOGK/Fröschle [1. 9. 2019] Rn 12, § 1813 Rn 38). Für letztgenannte Sicht spricht der Wortlaut des § 1809 BGB, der einen eigenen Genehmigungsvorbehalt für die Erhebung von Geld festlegt und nicht auf § 1812 Abs 1 S 1 BGB verweist. Gleichwohl stehen beide Vorbehalte nicht unverbunden nebeneinander. Vielmehr wirkt der aus § 1809 BGB folgende Genehmigungsvorbehalt auch auf § 1812 BGB ein, weil die Befreiungstatbestände des § 1813 Abs 1 Nr 2 und 3 BGB nicht gelten (§ 1813 Abs 2 S 1 BGB). Zwar überschneiden sich meist **beide Genehmigungserfordernisse** (BeckOGK/Fröschle [1. 9. 2019] Rn 16); gleichwohl sind sie **voneinander zu trennen**, wie sich nicht zuletzt aus § 1817 Abs 1 BGB ergibt, wonach das Familiengericht den Vormund von den ihm nach §§ 1806 bis 1816 BGB obliegenden Pflichten befreien kann. Damit hat das Gericht die Möglichkeit, den Vormund umfassend, aber auch nur von einzelnen Pflichten zu befreien. Es kann also sowohl von der Pflicht nach § 1806 BGB als auch von der nach § 1812 BGB befreien, sich aber auch auf eine der beiden Pflichten beschränken. Befreit es also den Vormund etwa nur von der Genehmigungspflicht nach § 1812 BGB, unterliegt dieser weiter dem aus der Sperrvereinbarung folgenden Genehmigungserfordernis, woraus sich zwingend ergibt, dass diese Genehmigung eine andere als die von § 1812 BGB erfasste sein muss. 15

Im Unterschied zu der gesetzlich vorgeschriebenen Versperrung löst eine nur **freiwillige Sperrvereinbarung** (oben Rn 8) nicht unmittelbar selbst ein Genehmigungserfordernis, sondern nur die in § 1813 Abs 2 S 1 BGB genannten Rechtsfolgen aus, also die Unanwendbarkeit der in § 1813 Abs 1 Nr 2 und 3 BGB genannten Befreiungen. Ob darüber hinaus § 1812 BGB gilt, hängt davon ab, ob der Vormund der dort enthaltenen Verfügungsbeschränkung allgemein unterliegt oder von ihr, etwa aufgrund gerichtlicher Entscheidung nach § 1817 BGB, befreit ist. Im letzteren Fall läuft eine freiwillige Versperrung gänzlich ins Leere (BeckOGK/Fröschle [1. 9. 2019] Rn 12; § 1813 Rn 39). 16

2. Umfang des Genehmigungsvorbehalts

17 Dadurch, dass der Vormund nicht mehr Rechte übertragen kann, als ihm selbst zukommen, gilt die durch die verpflichtende Sperrvereinbarung ausgelöste Genehmigungsbedürftigkeit ebenso für Geschäfte, die **der vom Vormund Bevollmächtigte** vornimmt (s § 1812 Rn 7).

18 Mit der Vereinbarung ist auch die Vorschrift des **§ 808 Abs 1 S 1 BGB insofern außer Kraft** gesetzt, als das Kreditinstitut nicht mehr schlechthin durch die Leistung an den Inhaber des Legitimationspapiers (insbesondere des Sparkassenbuchs) befreit wird, sondern nur dann, wenn das Familiengericht die Auszahlung genehmigt hat (RGZ 85, 416, 422). Die Sparkasse oder Bank wird also gegenüber dem Mündel in diesem Fall nicht frei, wenn sie an den Vormund zahlt, und zwar unabhängig davon, ob in dem von ihr ausgestellten Legitimationspapier der Sperrvermerk eingetragen war oder nicht (LG Berlin Rpfleger 1988, 186; Soergel/Zimmermann Rn 4; Erman/Schulte-Bunert Rn 3; BeckOGK/Fröschle [1. 9. 2019] Rn 18; MünchKomm/Kroll-Ludwigs Rn 7; Palandt/Götz Rn 4 aE; Oberloskamp/Dürbeck, Vormundschaft § 10 Rn 93; Gernhuber/Coester-Waltjen § 72 Rn 30; Dölle § 127 II 4) und ob in letzterem Falle die Anbringung des Sperrvermerks nur versehentlich unterblieben ist (MünchKomm/Kroll-Ludwigs Rn 7).

19 Die Vereinbarung zwingt das Kreditinstitut aber nicht nur zur Prüfung, ob eine Genehmigung vorliegt. Vielmehr umfasst diese Prüfung auch die **Berechtigung**, sodass der Sperrvermerk weiter die Gefahr einer Auszahlung mit befreiender Wirkung an einen nichtberechtigten, jedoch durch den Besitz am Sparbuch legitimierten Dritten bannt (Gernhuber/Coester-Waltjen § 72 Rn 30; Erman/Schulte-Bunert Rn 2; NK-BGB/Fritsche Rn 6; s auch Fiala/Müller/Braun Rpfleger 2002, 389, 396).

20 Die Vereinbarung nach § 1809 BGB beschränkt lediglich die Verfügungs- und Vertretungsmacht des Vormunds bei Abhebung des von ihm angelegten Mündelgeldes. Ein Gläubiger des Mündels bedarf zur **Zwangsvollstreckung** in ein Guthaben des Mündels dagegen nicht der Genehmigung des Gegenvormunds oder des Familiengerichts, auch wenn das Mündelgeld mit der Bestimmung angelegt worden ist, dass zur Erhebung des Geldes eine solche Genehmigung erforderlich ist (KGJ 43, A 58, 60 = OLGE 27, 132; dem KG folgend Erman/Schulte-Bunert Rn 1 aE; Soergel/Zimmermann Rn 2; BeckOGK/Fröschle [1. 9. 2019] Rn 13; MünchKomm/Kroll-Ludwigs Rn 8; Palandt/Götz Rn 1; BGB-RGRK/Dickescheid Rn 6; Dölle § 127 II 4; Gernhuber/Coester-Waltjen § 72 Rn 30 Fn 45; Sichtermann, Mündelsicherheit 52; vgl Mot IV 1149; Prot IV 795).

21 Ist eine **Vereinbarung nach § 1809 BGB nicht getroffen** worden und war für die Bank oder Sparkasse, die nicht schon kraft Gesetzes, Rechtsverordnung oder Satzung zur Auszahlung nur unter den Voraussetzungen des § 1809 BGB verpflichtet ist (s Rn 10), nicht ersichtlich, dass es sich um Mündelgeld handelt, so wird sie durch eine Auszahlung an den Vormund von ihrer Verpflichtung gegenüber dem Mündel auch dann frei, wenn die Genehmigung des Gegenvormunds oder des Familiengerichts fehlt (Dölle § 127 II 4; MünchKomm/Kroll-Ludwigs Rn 11, der in Rn 12 auf eine etwaige Haftung des Kreditinstituts aus culpa in contrahendo hinweist; s dazu auch Rn 32).

3. Genehmigungserteilung

Ob die Genehmigung erteilt wird, steht grundsätzlich im Beurteilungsspielraum des Familiengerichts bzw des Gegenvormunds (BayObLGZ 1959, 1, 3; BeckOGK/Fröschle [1. 6. 2019] Rn 16). Beiden sind jedoch durch den Grundsatz der Selbständigkeit des Vormunds Grenzen gesetzt (BayObLGZ 1959, 1, 3). Die Bindung einer Abhebung von Mündelgeld an die Genehmigung des Gegenvormunds oder des Familiengerichts kann nicht bedeuten, dass der Vormund über ein solches Guthaben nur in besonderen Ausnahmefällen verfügen können sollte. Vielmehr darf und muss er das Vermögen des Mündels nach den Grundsätzen wirtschaftlicher Vernunft verwalten; dazu kann es auch gehören, dass ein mündelsicher angelegter Geldbetrag zu einem bestimmten Zweck flüssig gemacht wird. Deshalb dürfen Gegenvormund und Familiengericht die in der Vereinbarung des Vormunds mit der Bank oder Sparkasse nach § 1809 BGB vorausgesetzte Genehmigung **nicht ohne gewichtige Gründe**, sondern nur dann **versagen**, wenn durch die vom Vormund beabsichtigte Abhebung des Geldes das Interesse des Mündels derart gefährdet würde, dass von einer Pflichtwidrigkeit des Vormunds gesprochen werden müsste (KG JFG 12, 111, 113 f unter Hinweis auf den Grundsatz der Selbständigkeit des Vormunds). Umgekehrt sind sie zur Genehmigung verpflichtet, wenn mit dem abzuhebenden Geld eine Verbindlichkeit des Mündels erfüllt werden soll, aber auch dann, wenn sich die Maßnahme des Vormunds im Rahmen pflichtgemäßer Verwaltung des Mündelvermögens hält (BayObLGZ 1959, 1; Erman/Schulte-Bunert Rn 5 aE; MünchKomm/Kroll-Ludwigs Rn 9; Soergel/Zimmermann Rn 7; BGB-RGRK/Dickescheid Rn 8). 22

4. Genehmigung des Familiengerichts oder des Gegenvormunds

Es richtet sich nach dem Inhalt der Sperrvereinbarung, ob die Genehmigung des Familiengerichts oder des Gegenvormunds erforderlich ist. Nach dem Normwortlaut muss die Bestimmung, die der Vormund bei der Anlegung des Mündelgeldes zu treffen hat, die Erhebung des Geldes **alternativ** von der Genehmigung des Gegenvormunds oder des Familiengerichts abhängig machen. Das Kreditinstitut kann dann in jedem Fall mit befreiender Wirkung zahlen, wenn entweder der Gegenvormund oder das Familiengericht die Abhebung genehmigt hat. 23

Wurde eine entsprechende Vereinbarung abgeschlossen und ist ein **Gegenvormund vorhanden**, so hat der Vormund die **Wahl**, ob er die Genehmigung des Gegenvormunds oder die des Familiengerichts einholt (allg Ansicht, s etwa Palandt/Götz Rn 2; BeckOGK/Fröschle [1. 9. 2019] Rn 15; MünchKomm/Kroll-Ludwigs Rn 9; **aA** aber jurisPK-BGB/Lafontaine Rn 30 f, der die Genehmigungsanfrage des Gerichts beim Gegenvormund für vorrangig hält, weil die Entscheidung des Familiengerichts nicht übertroffen werden könne). Hat er sich zuerst an den Gegenvormund gewandt und hat dieser die Genehmigung verweigert, so kann der Vormund anschließend an das Familiengericht herantreten, das dann nicht die Entscheidung des Gegenvormunds überprüft (dazu auch jurisPK-BGB/Lafontaine Rn 30) und sie (anders, als es § 1812 Abs 2 BGB vorsieht) auch nicht ersetzt, sondern unmittelbar entscheidet, wobei es freilich nach § 1826 BGB den Gegenvormund anzuhören hat, soweit dies tunlich ist. Wendet sich der Vormund sogleich an das Familiengericht, so entscheidet dieses gleichfalls nach Anhörung des Gegenvormunds. 24

25 Ist ein **Gegenvormund nicht bestellt**, so ist die Genehmigung des Familiengerichts in jedem Fall erforderlich. Dies gilt auch dann, wenn die Vormundschaft von **mehreren Vormündern gemeinschaftlich** geführt wird; § 1809 BGB enthält für diesen Fall keine den § 1810 S 2 HS 2 BGB und § 1812 Abs 3 HS 2 BGB entsprechende Ausnahmeregelung (Dölle § 127 II 4; MünchKomm/Kroll-Ludwigs Rn 9; Palandt/Götz Rn 2; Erman/Schulte-Bunert Rn 5; s auch Huther Recht 1903, 89).

26 Das Familiengericht kann eine Genehmigung, von der die Abhebung von Mündelgeld nach § 1809 BGB abhängt, auch an **Bedingungen** knüpfen (vgl Mot IV 1139). Wenn sich die Anlegungsstelle vertraglich verpflichtet hat, nur nach Beibringung der Genehmigung des Familiengerichts auszuzahlen, wird sie auch nur durch die Zurückzahlung in einer der Genehmigung entsprechenden Weise dem Mündel gegenüber befreit (RGZ 85, 416, 421 in einem Fall, in dem nach früherem Ehegüterrecht die Einwilligung des Ehemanns der unter Vormundschaft stehenden Frau erforderlich war; dem RG folgend Dölle § 127 II 4; Palandt/Götz Rn 2; Soergel/Zimmermann Rn 7 u BGB-RGRK/Dickescheid Rn 8 unter Hinweis auf den Fall des § 1365 BGB).

IV. Verletzung der Verpflichtung zur gesperrten Anlegung

1. Aufsicht des Familiengerichts

27 Das Familiengericht hat darauf zu achten, dass der Vormund bei der Anlegung von Mündelgeld die ihm nach § 1809 BGB obliegende Verpflichtung erfüllt. Kommt er dieser Verpflichtung nicht nach, so muss ihn das Gericht notfalls durch Aufsichtsmaßnahmen nach § 1837 Abs 2–4 BGB dazu anhalten (zur Möglichkeit der Androhung eines Zwangsgeldes im Falle pflichtwidrigen Verhaltens eines Betreuers BayObLG FamRZ 2005, 389, 390). Es darf damit nicht bis zur periodischen Rechnungslegung nach § 1840 Abs 2–4 BGB warten; erfährt es vom Vorhandensein eines Geldbetrags, der nach §§ 1806, 1807 BGB anzulegen ist, so muss es sich alsbald erkundigen, ob die Anlegung in der vorgeschriebenen Weise stattgefunden hat (RG JW 1910, 288; RGZ 88, 264, 266 f; 154, 110; OLG Oldenburg Rpfleger 1979, 101; MünchKomm/Kroll-Ludwigs Rn 10; Soergel/Zimmermann Rn 6; BGB-RGRK/Dickescheid Rn 7; zum Schadensersatzanspruch aus § 839 BGB iVm Art 34 GG gegen das Land bei schuldhaftem Verstoß gegen die Aufsichtspflicht Fiala/Müller/Braun Rpfleger 2002, 389, 396).

28 Das Familiengericht kann **nicht unmittelbar** in das Vertragsverhältnis zwischen dem Kreditinstitut und dem durch den Vormund vertretenen Mündel eingreifen und deshalb auch nicht die Sperrung eines Sparkontos gegenüber der kontoführenden Sparkasse anordnen (BayObLG FamRZ 1977, 144, 146; LG Meiningen Rpfleger 1998, 285 m Anm Bienwald; Palandt/Götz Rn 4; Erman/Schulte-Bunert Rn 4). Das ergibt sich einmal aus der Überlegung, dass die Sparkasse unter keinem denkbaren rechtlichen Gesichtspunkt materiell Beteiligte eines Verfahrens der familiengerichtlichen Aufsicht sein kann, und zum anderen aus dem Wortlaut des § 1809 BGB (Vierhaus DJZ 1905, 539; BayObLG FamRZ 1977, 144, 146). Vielmehr kann es nur den Vormund zur Wahrnehmung der aus § 1809 BGB folgenden Pflicht anhalten.

29 Das Familiengericht kann dem Vormund allerdings **nicht** aufgeben, dass eine Anlegung bei einem bestimmten Kreditinstitut erfolgen soll oder dass eine Sperrvereinbarung getroffen werden soll, wenn diese aufgrund anderer Regelungen (etwa für

ein Rechtsanwaltsanderkonto) nicht möglich ist (OLG Köln 24. 3. 2014 – 2 Wx 28/14, juris Rn 6 ff [Nachlasspflegschaft], FamRZ 2015, 284; s dazu auch § 1807 Rn 7).

2. Haftung von Vormund und Anlagestelle

Legt der Vormund Mündelgeld nach § 1807 Abs 1 Nr 5 BGB ohne Sperrvereinbarung an, so ist diese **Anlage wirksam**. Er kann das Geld dann auch genehmigungsfrei wieder abheben, da mangels Sperrvereinbarung weder die hieraus folgende Genehmigungspflicht (oben Rn 14) noch die aus § 1812 Abs 1 S 1 BGB eingreift, weil insoweit die Ausnahme des § 1813 Abs 1 Nr 3 Alt 1 BGB eingreift (BeckOGK/Fröschle [1. 9. 2019] Rn 21). 30

Entsteht aus dieser unkontrollierten Abhebung von Geld dem Mündel ein Schaden, weil die Gelder abhandenkommen, so haftet ihm der Vormund nach **§ 1833 BGB** wegen Verletzung der Pflicht aus § 1809 BGB (Dölle § 127 II 4; Palandt/Götz Rn 4; Soergel/Zimmermann Rn 3; Erman/Schulte-Bunert Rn 4; BeckOGK/Fröschle [1. 9. 2019] Rn 21). Zudem kann der Straftatbestand der Untreue (§ 266 StGB) erfüllt sein, sodass dem Mündel auch ein Anspruch aus unerlaubter Handlung **(§ 823 Abs 2 BGB)** zusteht. 31

Ein Anspruch des Mündels gegen die **rechtskundige Anlagestelle** kann sich für den Fall, dass diese mit befreiender Wirkung an den Vormund leistet (vgl Rn 21), aus §§ 311 Abs 2, 241 Abs 2, 280 Abs 1 BGB ergeben, wenn sie den Vormund trotz erkennbaren Auftretens in seiner Eigenschaft als Vormund nicht auf das Erfordernis einer Versperrung hinwiesen hat (MünchKomm/Kroll-Ludwigs Rn 12; BeckOGK/Fröschle [1. 9. 2019] Rn 22; Erman/Schulte-Bunert Rn 4 aE). 32

V. Ausnahmen von der Pflicht zur gesperrten Anlegung

1. Befreite Vormundschaft

Die **Eltern** können durch letztwillige Verfügung (§ 1856 Rn 2) nach §§ 1852 Abs 2, 1855 BGB anordnen, dass der Vormund der in § 1809 BGB bestimmten Beschränkung nicht unterliegen soll; dies ist nach §§ 1852 Abs 2 S 2, 1855 BGB insbesondere anzunehmen, wenn die Eltern die Bestellung eines Gegenvormunds ausgeschlossen haben (vgl § 1852 Rn 9). 33

Kraft Gesetzes steht diese Befreiung dem **Jugendamt** und einem **Verein** als Vormund zu **(§ 1857a BGB**; s dazu DIV-Gutachten DAVorm 1987, 638). Sie gilt auch dann, wenn neben dem Verein als Vormund ein Gegenvormund bestellt ist (vgl § 1857a Rn 7). Der Einzelvormund ist dagegen nicht dadurch von der Beschränkung des § 1809 BGB befreit, dass das Jugendamt oder ein Verein als Gegenvormund bestellt ist oder er die Vormundschaft mit einem Verein als Vormund gemeinschaftlich führt (Erman/Schulte-Bunert Rn 6). 34

2. Befreiung durch Anordnung nach § 1803

Für Geld, das der Mündel von Todes wegen erwirbt oder das ihm unter Lebenden von einem Dritten unentgeltlich zugewendet wird, kann der Vormund durch An- 35 ordnung des Erblassers oder des Dritten gemäß § 1803 von der in § 1809 BGB vorgesehenen Verpflichtung befreit werden (MünchKomm/Kroll-Ludwigs Rn 2; Soergel/Zimmermann Rn 10; BeckOGK/Fröschle [1. 9. 2019] Rn 23; BGB-RGRK/Dickescheid Rn 4).

3. Entbindung des Vormunds nach § 1817 Abs 1

36 Der durch das Betreuungsrechtsänderungsgesetz vom 25. 6. 1998 (BGBl I 1580) in § 1817 BGB eingefügte Abs 1 sieht vor, dass das Familiengericht den Vormund auf seinen Antrag auch von der ihm nach § 1809 BGB obliegenden Verpflichtung entbinden kann, soweit der Umfang der Vermögensverwaltung dies rechtfertigt und eine Gefährdung des Mündelvermögens nicht zu besorgen ist. Dass der Umfang der Vermögensverwaltung diese Maßnahme rechtfertigt, ist nach § 1817 Abs 1 S 2 BGB im Regelfall dann anzunehmen, wenn der Wert des Vermögens ohne Berücksichtigung von Grundbesitz 6 000 Euro nicht übersteigt (zur Auslegung dieser Vorschrift § 1817 Rn 5 ff).

37 Hat das Familiengericht den Vormund von der ihm nach § 1809 BGB obliegenden Verpflichtung entbunden, so kann der Vormund Mündelgeld anlegen, ohne mit dem Kreditinstitut die Bindung einer Auszahlung an die Genehmigung des Gegenvormunds oder des Familiengerichts und die Anbringung eines Sperrvermerks zu vereinbaren.

4. Beendigung der Vormundschaft

38 Mit dem Ende der Vormundschaft wird auch die Bindung an das Erfordernis der Genehmigung des Gegenvormunds oder des Familiengerichts hinfällig, da die Vertretungsmacht des Vormunds – abgesehen von § 1893 Abs 1 BGB – insgesamt erloschen ist (so schon Schultheis ZBlFG 15, 157, 158 f; Oberloskamp/Dürbeck, Vormundschaft § 10 Rn 93; **aA** – in einem obiter dictum – KGJ 21, A 199, 202 = OLGE 2, 263). Es ist Sache des früheren Mündels, den Sperrvermerk zu beseitigen (s § 1890 Rn 13 mwNw). Das kann er zB dadurch bewirken, dass er der Sparkasse eine Geburtsurkunde vorlegt, aus der sich seine Volljährigkeit ergibt; nötigenfalls muss das Familiengericht ihm eine Bescheinigung über das Ende der Vormundschaft ausstellen (OLG Colmar Recht 1910 Nr 3356); auch dies ist eine Funktion, die dem Familiengericht über das Ende der Vormundschaft hinaus obliegt (Schultheis ZBlFG 15, 157; BGB-RGRK/Dickescheid Rn 9).

39 Die Sperrung endet dagegen nicht, wenn mit Volljährigkeit des Mündels eine Betreuung angeordnet und für ihn ein Betreuer bestellt wird, da § 1809 BGB auch für den Betreuer gilt (unten Rn 41; Erman/Schulte-Bunert Rn 1; jurisPK-BGB/Lafontaine Rn 22).

5. Die sog „Entsperrung“

40 Nach überwiegender Ansicht kann die Sperrvereinbarung nach § 1809 BGB durch Vertrag (§ 311 Abs 1 BGB) wieder aufgehoben werden, der aber nach § 1812 BGB der Genehmigung des Gegenvormunds oder des Familiengerichts bedarf, weil in der Entsperrung eine Verfügung über eine Forderung des Mündels gegenüber dem Kreditinstitut liegt (MünchKomm/Kroll-Ludwigs Rn 5 aE; BeckOGK/Fröschle [1. 9. 2019] Rn 19; Oberloskamp/Dürbeck, Vormundschaft § 10 Rn 93; Dölle § 127 II 4; Soergel/Zimmermann

Rn 6 aE). Für diese Sichtweise spricht, dass der Vormund nicht von sich aus – allein oder im Zusammenwirken mit der Bank oder Sparkasse – das Erfordernis der Genehmigung des Gegenvormunds oder des Familiengerichts zur Abhebung von Mündelgeld beseitigen kann. Allerdings bleibt die Frage nach dem praktischen Bedürfnis für eine solche „Entsperrung" (s Palandt/Götz Rn 1 aE). Will der Vormund das nach § 1807 Abs 1 Nr 5 BGB angelegte Geld aus guten Gründen anderweitig verwenden, so kann er dazu die erforderliche Genehmigung (§ 1810 BGB) unmittelbar einholen; der Zwischenstation einer Aufhebung der Bindung an das Genehmigungserfordernis bedarf es also in diesem Fall nicht. Etwas anderes ist dagegen in den Fällen denkbar, dass das bisherige Anlagekonto als Verfügungsgeldkonto weitergeführt werden soll oder ein Vormundswechsel eintritt (BeckOGK/Fröschle [1. 9. 2019] Rn 19 Fn 27).

VI. Pflegschafts- und Betreuungsrecht

§ 1809 BGB findet über die Generalverweisung in § 1915 Abs 1 S 1 BGB im Pfleg- 41
schaftsrecht und über die Verweisung in § 1908i Abs 1 S 1 BGB auch im Betreuungsrecht entsprechende Anwendung.

§ 1810
Mitwirkung von Gegenvormund oder Familiengericht

Der Vormund soll die in den §§ 1806, 1807 vorgeschriebene Anlegung nur mit Genehmigung des Gegenvormunds bewirken; die Genehmigung des Gegenvormunds wird durch die Genehmigung des Familiengerichts ersetzt. Ist ein Gegenvormund nicht vorhanden, so soll die Anlegung nur mit Genehmigung des Familiengerichts erfolgen, sofern nicht die Vormundschaft von mehreren Vormündern gemeinschaftlich geführt wird.

Materialien: E I § 1666 Abs 1; II § 1689 Abs 1; III § 1786; Mot IV 1117; Prot IV 777; VI 306. Geändert durch BtG v 12. 9. 1990 (BGBl I 2002) Art 1 Nr 33; neugefasst durch Bekanntmachung v 2. 1. 2002 (BGBl I 42); Überschrift sowie S 1 u 2 geändert durch Art 50 Nr 37 nach Maßgabe von Art 111 FGG-RG v 17. 12. 2008 (BGBl I 2586) mit Wirkung v 1. 9. 2009.

Schrifttum

Breit, Zur Lehre von der vormundschaftsgerichtlichen Genehmigung, ZBlFG 4, 389
Fiala/Müller/Braun, Genehmigungen bei Vormundschaft über Minderjährige, Betreuung und Nachlasspflegschaft, Rpfleger 2002, 389
Kierig, Wirksamkeit der Geldanlage für den Betreuten erst mit Rechtskraft?, NJW 2010, 1436
Wesche, Außen- und Innengenehmigung bei der Geldverwaltung nach dem FamFG, Rpfleger 2010, 403.

Systematische Übersicht

I. Normzweck, Historie

1 Der Vormund ist nach § 1806 BGB verpflichtet, das zum Vermögen des Mündels gehörende Geld verzinslich anzulegen, soweit es nicht zur Bestreitung von Ausgaben bereitzuhalten ist. § 1807 BGB schreibt im Interesse der **Sicherheit der Vermögensanlage** vor, in welcher Weise dies im Regelfall zu geschehen hat. Um die Einhaltung dieser Gebote zu gewährleisten, bestimmt § 1810 BGB, dass der Vormund über die Art der Anlegung von Mündelgeld nicht allein entscheidet; vielmehr soll entweder ein Mitvormund, der Gegenvormund oder das Familiengericht eingeschaltet werden.

2 Nach E I sollte die Genehmigung des Gegenvormunds nur zur Anlegung von Mündelgeld in einer der in § 1807 Abs 1 Nrn 1–4 BGB genannten Formen erforderlich sein, dagegen nicht zur Anlegung bei einer Sparkasse, Bank oder Hinterlegungsstelle (§ 1807 Abs 1 Nr 5 BGB, vgl § 1808 BGB aF). Demgegenüber verlangt § 1810 BGB die Genehmigung des Gegenvormunds zu jeder Art der Anlegung von Mündelgeld (Mot IV 1117; Prot IV 778).

3 Das **Betreuungsgesetz** hat (zugleich mit der Ergänzung des § 1807 BGB aF) § 1808 BGB aF aufgehoben und als Folgeänderung in § 1810 S 1 BGB aF die Verweisung „§§ 1806 bis 1808" durch die Verweisung „§§ 1806, 1807" ersetzt; eine sachliche Änderung war damit nicht verbunden.

4 Infolge der Erweiterung der Zuständigkeiten des Familiengerichts durch das **FGG-RG** vom 17. 12. 2008 (BGBl I 2586) wurden in der Überschrift sowie in S 1 und S 2 die Substantive „Vormundschaftsgericht" und „Vormundschaftsgerichts" ersetzt durch „Familiengericht" und „Familiengerichts".

II. Anlegung von Mündelgeld nach §§ 1806, 1807

5 Das Genehmigungserfordernis erstreckt sich auf das **Mündelgeld**, das nach §§ 1806, 1807 BGB mündelsicher anzulegen ist. Nicht erfasst wird also das Geld, das zur Bestreitung von Ausgaben bereitzuhalten ist (§ 1806 HS 2 BGB); eine „Anlegung" dieses sog Verfügungsgeldes (§ 1806 Rn 2) fällt auch dann nicht unter § 1810 BGB, wenn es etwa kurzfristig in einer der in § 1807 BGB vorgesehenen Formen, etwa auf einem Konto bei einer Bank oder Sparkasse angelegt wird (vgl § 1806 Rn 23).

6 Das Gebot des § 1810 BGB erstreckt sich auf alle **mündelsicheren** Anlageformen, die § 1807 BGB vorsieht. Wird das Geld dagegen nicht mündelsicher iS dieser Norm

angelegt, so bedarf der Vormund einer Genehmigung nach § 1811 BGB (Oberloskamp/Dürbeck, Vormundschaft § 10 Rn 94).

III. Genehmigung des Gegenvormunds oder des Familiengerichts

§ 1810 BGB sieht vor, dass Mündelgeld, das nach §§ 1806, 1807 BGB mündelsicher angelegt wird, auch noch von dem Gegenvormund oder dem Familiengericht genehmigt werden muss, und unterscheidet hinsichtlich der Genehmigung den Fall, dass ein Gegenvormund vorhanden ist (§ 1810 S 1 BGB), von dem, dass ein solcher fehlt (§ 1810 S 2 BGB). 7

1. Fallgestaltungen

a) Vorhandensein eines Gegenvormunds

Die Bestimmung geht in ihrem Aufbau vom Vorhandensein eines Gegenvormunds als Regelfall aus; das ist insoweit konsequent, als nach § 1792 Abs 2 HS 1 BGB ein Gegenvormund bestellt werden soll, wenn mit der Vormundschaft eine Vermögensverwaltung verbunden ist. Ist ein Gegenvormund bestellt, so soll der Vormund dessen Genehmigung zu der beabsichtigten Anlegung von Mündelgeld einholen (§ 1810 S 1 HS 1 BGB). 8

Zugleich bestimmt § 1810 S 1 HS 2 BGB, dass die Genehmigung des Gegenvormunds durch die des Familiengerichts ersetzt wird. Damit stellt sich die Frage, in welchem Verhältnis beide Genehmigungen zueinander stehen. Während zT davon ausgegangen wird, dass die Genehmigung des Familiengerichts subsidiär zu der des Gegenvormunds ist (jurisPK-BGB/Lafontaine Rn 20; BeckOGK/Fröschle [1. 9. 2019] Rn 13), wird überwiegend dem Vormund ein Wahlrecht eingeräumt (MünchKomm/Kroll-Ludwigs Rn 4; Erman/Schulte-Bunert Rn 2; NK-BGB/Fritsche Rn 4; Soergel/Zimmermann Rn 3; BeckOK/Bettin [1. 11. 2019] Rn 2). Folgt man letzterem Ansatz, so braucht der Vormund nicht zuerst zu versuchen, die Genehmigung des Gegenvormunds zu erlangen, bevor er sich an das Familiengericht wendet. Vielmehr kann er dieses unmittelbar anrufen, das dann den Gegenvormund nach § 1826 BGB zu hören hat, sofern dies tunlich ist (Staudinger/Veit [2014] Rn 9). 9

Für diese Sichtweise spricht, dass der Begriff der Ersetzung in § 1810 S 1 HS 2 BGB nicht zwingend in gleicher Weise wie bei der Ersetzung der Einwilligung gesetzlicher Vertreter oder naher Angehöriger von Beteiligten in statusändernde Rechtsakte (§ 1746 Abs 3 BGB, § 1748 BGB, § 1749 Abs 1 S 2 BGB) verstanden werden muss. Während diese Bestimmungen auf eine mit Außenwirkung ausgestattete Entscheidung hindeuten (das Familiengericht „kann ersetzen" oder „hat zu ersetzen"), lässt der Ersetzungsbegriff in § 1810 S 1 BGB auch die Deutung zu, dass die Genehmigung des Familiengerichts an die Stelle der Genehmigung des Gegenvormunds tritt, es sich also nicht um eine „echte Ersetzung" handelt (KG RJA 10, 167, 170 = KGJ 38, A 44, 47). Für diese Auslegung spricht weiterhin, dass das Familiengericht auch im Fall des § 1810 S 1 HS 2 BGB (im Fall des § 1810 S 2 BGB ohnedies) ausspricht, dass die vom Vormund beabsichtigte Anlegung „genehmigt", dagegen nicht, dass die „Genehmigung des Gegenvormunds ersetzt wird". 10

Allerdings widerspricht dieses Verständnis dem Willen des historischen Gesetzge- 11 bers, der mit § 1810 S 1 HS 2 BGB bezweckte, „für den Fall, wenn der Vormund […] Mündelgelder anlegen will, das erforderliche Einverständnis des Gegenvormundes aber nicht zu erlangen ist, dem Vormunde im Interesse einer angemessenen Vermögensverwaltung ein Mittel zu Gebote zu stellen, den unbegründeten Widerstand des Gegenvormunds zu brechen" (Mot IV 1118 f). Die familiengerichtliche Genehmigung sollte danach also subsidiär gegenüber der des Gegenvormunds sein. Dieser hat eine Kontrollfunktion gegenüber dem Vormund inne, überwacht diesen und entlastet auf diese Weise das Familiengericht (§ 1792 Rn 1). Diese Entlastungsfunktion entfiele aber, wenn man dem Vormund ein uneingeschränktes Wahlrecht gäbe, wen er zuerst um Genehmigung seiner Geldanlage ersucht (jurisPK-BGB/Lafontaine Rn 20). Hinzu kommt, dass für die Anrufung des Familiengerichts ein Rechtsschutzbedürfnis fehlt, wenn der Vormund nicht zuvor versucht hat, eine Genehmigung des Gegenvormunds zu erlangen, soweit ein solcher Schritt nicht offensichtlich aussichtslos erscheint (BeckOGK/Fröschle [1. 9. 2019] § 1812 Rn 84).

12 Eine Ersetzung der Entscheidung des Gegenvormunds durch gerichtliche Entscheidung kommt mithin nur in Betracht, wenn dieser nicht erreichbar ist, weil etwa sein Aufenthalt unbekannt ist oder er zur Abgabe einer Willenserklärung außerstande ist, er die Genehmigung verweigert oder sich trotz Aufforderung in einer angemessenen Frist zu keiner Entscheidung durchringen kann (s auch BeckOGK/Fröschle [1. 9. 2019] § 1812 Rn 85).

b) Fehlen eines Gegenvormunds

13 Ist ein Gegenvormund nicht (oder noch nicht) bestellt oder der Bestellte weggefallen, so ist nach § 1810 S 2 BGB die Genehmigung des Familiengerichts erforderlich, es sei denn, dass die Vormundschaft **von mehreren Vormündern gemeinschaftlich geführt** wird (§ 1797 Abs 1 BGB; s Prot VI 306). Sind sich die Vormünder einig, so kann die Anlegung ohne Weiteres so erfolgen, wie sie es beabsichtigen. Verweigert ein Mitvormund die Zustimmung, so kann das Familiengericht sie nicht ersetzen (Dölle § 127 II 5; MünchKomm/Kroll-Ludwigs Rn 5 aE; Palandt/Götz Rn 1). Vielmehr greift § 1797 Abs 1 S 2 BGB ein, wonach bei einer Meinungsverschiedenheit zwischen den Vormündern das Familiengericht entscheidet, und zwar nach § 14 Abs 1 Nr 5 RPflG der Richter.

14 Ist die Führung der Vormundschaft **unter mehrere Vormünder verteilt** (§ 1797 Abs 2 BGB), so bedarf der Vormund, der für die in Frage stehende Anlegung von Mündelgeld zuständig ist, der Genehmigung des Familiengerichts.

2. Genehmigungsentscheidung

15 Die Entscheidung des **Gegenvormunds** über die Genehmigung stellt eine empfangsbedürftige Willenserklärung dar, auf die die §§ 104 ff BGB anwendbar sind (BeckOGK/Fröschle [1. 9. 2019] Rn 11). Keine Anwendung finden dagegen die §§ 182 ff BGB, da die Wirksamkeit der Geldanlage durch den Vormund nicht von der Genehmigung des Gegenvormunds abhängt, da dieser keine Außenwirkung zukommt (unten Rn 17). Mithin kann auch eine nachträgliche Genehmigung (zu dieser Möglichkeit MünchKomm/Kroll-Ludwigs Rn 3) keine Rückwirkung entfalten, sondern nur mit ex nunc Wirkung die Pflichtwidrigkeit des Vormunds beseitigen (BeckOGK/Fröschle [1. 9. 2019] Rn 11). Das Gesetz sieht kein Formerfordernis vor, sodass die Genehmi-

gung auch formlos erteilt werden kann (MünchKomm/Kroll-Ludwigs Rn 3; zur praktischen Notwendigkeit, die Schriftform zu wahren, BeckOGK/Fröschle [1. 9. 2019] Rn 11). Adressat der Erklärung ist idR der Vormund, möglich ist aber auch die Erklärung gegenüber der anlegenden Stelle (Soergel/Zimmermann Rn 2).

Kommt es nicht zu einer Entscheidung des Gegenvormunds (zu den Fallgestaltungen oben Rn 12), trifft das **Familiengericht** die Genehmigungsentscheidung (näher dazu unten Rn 20). 16

3. Wirkung der Genehmigung

Die Genehmigung hat **keine Außenwirkung** mit der Folge, dass das Rechtsgeschäft, mit dem der Vormund das Geld angelegt hat, also auch dann wirksam ist, wenn es der Vormund unterlässt, die erforderliche Genehmigung des Gegenvormunds oder des Familiengerichts einzuholen (Soergel/Zimmermann Rn 2; Erman/Schulte-Bunert Rn 1; MünchKomm/Kroll-Ludwigs Rn 3; Palandt/Götz Rn 1; NK-BGB/Fritsche Rn 2; BGB-RGRK/Dickescheid Rn 1; zur lediglich internen Wirkung der Entscheidung über die Genehmigung schon Breit ZBlFG 4, 389, 392). 17

Infolge mangelnder Außenwirkung der Genehmigung finden auch die §§ 1828–1831 BGB keine Anwendung. Das Gleiche gilt für § 1832 BGB (Dölle § 127 II 5 aE; MünchKomm/Kroll-Ludwigs Rn 3; Erman/Schulte-Bunert Rn 4). 18

Erteilt das Familiengericht eine Genehmigung entgegen den Voraussetzungen der §§ 1806, 1807 BGB, ist diese als Gestattung nach § 1811 BGB zu behandeln (MünchKomm/Kroll-Ludwigs Rn 4 aE). In der Wirkung zeigen sich keine Unterschiede zur Genehmigung nach § 1810 BGB (näher § 1811 Rn 29). 19

4. Verfahren

Die **Entscheidung des Familiengerichts** (Zuständigkeit des Rechtspflegers nach §§ 3 Nr 2 Buchst a, 14 RPflG) über die Genehmigung, die in Form eines Beschlusses nach § 38 Abs 1 FamFG ergeht (BeckOGK/Fröschle [1. 9. 2019] Rn 15), wird gemäß § 40 Abs 1 FamFG mit der Bekanntmachung an den Vormund wirksam. § 40 Abs 2 FamFG, wonach ein Beschluss, der die Genehmigung eines Rechtsgeschäfts zum Gegenstand hat, erst mit Rechtskraft wirksam wird, findet aufgrund der bloßen Innenwirkung der Genehmigung (s dazu Rn 17) keine Anwendung (Kierig NJW 2010, 1436, 1437; Wesche Rpfleger 2010, 403, 405; MünchKomm/Kroll-Ludwigs Rn 7; Palandt/Götz Rn 1; MünchKommFamFG/Ulrici § 40 Rn 8 f). Auch § 40 Abs 3 S 1 Alt 1 FamFG ist nicht anwendbar, weil § 1810 S 1 HS 2 BGB nicht die Ersetzung einer Willenserklärung im technischen Sinne meint (s dazu Rn 10; Keidel/Meyer-Holz § 40 FamFG Rn 43; MünchKommFamFG/Ulrici § 40 Rn 13). 20

Genehmigt das Familiengericht anstelle des **Gegenvormunds** die Anlegung, so kann dieser hiergegen **Beschwerde** einlegen, wenn er nicht – wie es § 1826 BGB vorschreibt – gehört wurde; im Übrigen ist er nicht in eigenen Rechten iS des § 59 Abs 1 FamFG verletzt (KG RJA 4, 73, 75 = KGJ 27, A 11; KG RJA 10, 167, 170 = KGJ 38, A 44, 46; NK-BGB/Fritsche Rn 4; MünchKomm/Kroll-Ludwigs Rn 8; Erman/Schulte-Bunert Rn 2). 21

22 Lehnt das Familiengericht die Genehmigung ab, so kann der **Vormund** nicht nur als Vertreter des Mündels Beschwerde nach § 58 FamFG einlegen (NK-BGB/Fritsche Rn 4; Erman/Schulte-Bunert Rn 2 aE), sondern auch im eigenen Namen, weil er durch die Genehmigungsverweigerung in seiner Amtsführung und seinem Recht auf Vermögenssorge für den Mündel beeinträchtigt wird (MünchKomm/Kroll-Ludwigs Rn 8; Oberloskamp/Dürbeck, Vormundschaft § 10 Rn 95; eingeschränkt auch NK-BGB/Fritsche Rn 4 Fn 8; anders noch Staudinger/Veit [2014] Rn 14).

IV. Haftung des Vormunds, Aufsichtsmittel des Gerichts

23 Verstößt der Vormund gegen die Pflicht nach § 1810 BGB und entsteht dem Mündel infolge dieser Pflichtverletzung ein Schaden, so haftet er diesem nach § 1833 BGB. Zudem kommt eine Schadensersatzpflicht gegenüber dem Mündel nach §§ 823 Abs 2 BGB, 266 StGB in Betracht (Fiala/Müller/Braun Rpfleger 2002, 389, 391 ff). Ausnahmsweise kommt auch eine Haftung des Vormunds ohne Pflichtverletzung in Betracht, wenn das Anlagegeschäft trotz Genehmigung den Grundsätzen wirtschaftlicher Vermögensverwaltung widerspricht und der Vormund etwa wegen überlegener Sachkenntnis schuldhaft gehandelt hat (BeckOGK/Fröschle [1. 9. 2019] Rn 9 mwNw).

24 Zudem stehen dem Familiengericht im Rahmen seiner Aufsicht Maßnahmen nach §§ 1837 Abs 2–4, 1886 BGB offen (MünchKomm/Kroll-Ludwigs Rn 3; Erman/Schulte-Bunert Rn 1; Wesche Rpfleger 2010, 403, 405).

V. Befreiung von der Genehmigungspflicht

25 Die Genehmigungspflicht findet keine Anwendung, wenn **Eltern** durch letztwillige Verfügung (s § 1856 Rn 2) nach §§ 1852 Abs 2, 1855 BGB ua **anordnen**, dass der Vormund der in § 1810 BGB bestimmten Beschränkung nicht unterliegen soll, was insbesondere angenommen wird, wenn sie die Bestellung eines Gegenvormunds ausgeschlossen haben (vgl § 1852 Rn 9).

26 Kraft Gesetzes steht diese Befreiung auch dem **Jugendamt und einem Verein als Vormund** zu (§ 1857a BGB).

27 Des Weiteren kann der Vormund für Geld, das der Mündel von Todes wegen erwirbt oder das ihm unter Lebenden von einem Dritten unentgeltlich zugewendet wird, auch durch Anordnung des Erblassers oder des Dritten gemäß **§ 1803 BGB** von der in § 1810 BGB vorgesehenen Verpflichtung befreit werden (MünchKomm/Kroll-Ludwigs Rn 6 aE; Soergel/Zimmermann Rn 2).

28 Schließlich kann das Familiengericht den Vormund nach **§ 1817 Abs 1 BGB** auf seinen Antrag unter bestimmten Voraussetzungen von den ihm nach den §§ 1806–1816 BGB obliegenden Verpflichtungen entbinden (s dazu die Erl zu § 1817). Hat das Familiengericht ausgesprochen, dass der Vormund von den Verpflichtungen aus den §§ 1806, 1807 BGB entbunden wird, so entfällt damit auch die in § 1810 BGB vorgesehene Bindung der Anlegung von Mündelgeld an die Genehmigung des Gegenvormunds oder des Familiengerichts.

VI. Pflegschafts- und Betreuungsrecht

§ 1810 BGB findet über die Generalverweisung in § 1915 Abs 1 S 1 BGB im Pflegschaftsrecht und über die Verweisung in § 1908i Abs 1 S 1 BGB auch im Betreuungsrecht entsprechende Anwendung. 29

§ 1811
Andere Anlegung

Das Familiengericht kann dem Vormund eine andere Anlegung als die in § 1807 vorgeschriebene gestatten. Die Erlaubnis soll nur verweigert werden, wenn die beabsichtigte Art der Anlegung nach Lage des Falles den Grundsätzen einer wirtschaftlichen Vermögensverwaltung zuwiderlaufen würde.

Materialien: E I § 1667; II § 1690; III § 1787; Mot IV 1120; Prot IV 779. Neugefasst durch das Gesetz über die Anlegung von Mündelgeld v 23. 6. 1923 (RGBl I 411) Art I; geändert durch BtG v 12. 9. 1990 (BGBl I 2002) Art 1 Nr 34; neugefasst durch Bekanntmachung v 2. 1. 2002 (BGBl I 42); S 1 zuletzt geändert durch Art 50 Nr 37 nach Maßgabe von Art 111 FGG-RG v 17. 12. 2008 (BGBl I 2586) mit Wirkung v 1. 9. 2009.

Schrifttum

Engelmann, Das Gesetz über die Anlegung von Mündelgeld vom 23. Juni 1923, JW 1923, 1021

ders, Mündelsicherheit u. Papiergeldentwertung, LZ 1922, 54

Fiala/Behrendsen, Gefahren bei der Anlage und Verwaltung von Fremdgeldern, Rpfleger 1997, 281

Fiala/Müller/Braun, Genehmigungen bei Vormundschaft über Minderjährige, Betreuung und Nachlasspflegschaft, Rpfleger 2002, 389

Josef, Nutzbare, aber nicht verzinsliche Anlegung des Mündelgeldes, AcP 117 (1919) 395

Kipp, Mündelsicherheit, Gruchot 66, 497

Kitzinger, Mündelsichere Kapitalanlage, JW 1921, 1301

Lemberg, Das vergessene Bürgerliche Gesetzbuch, JW 1923, 215

Münchmeyer, Investmentanteile mündelsicher?, DRiZ 1963, 229

Vogt, Mündelgeldsicherheit der Anlage in Investmentanteilscheinen, Rpfleger 1996, 389

Werkmüller/Oyen, Die Verwaltung des Vermögens unter Betreuung stehender Personen, Rpfleger 2003, 66

Wesche, Die Geldverwaltung durch Betreuer, BtPrax 2003, 56.

Systematische Übersicht

Alphabetische Übersicht

I. Normzweck, Historie

1. Normzweck

1 Um dem Schutz des Mündelvermögens einerseits und dem Interesse an seiner Vermehrung zur Bereithaltung der für den Mündel erforderlichen Mittel andererseits Rechnung zu tragen, ermöglicht es § 1811 S 1 BGB dem Familiengericht, dem Vormund eine andere als die in § 1807 BGB vorgeschriebene Anlegung von Mündelgeld zu gestatten und damit die durch §§ 1806, 1807 BGB aufgestellte Regel der „mündelsicheren" Anlage zu durchbrechen. Satz 2 gibt dem Familienrichter dazu eine Auslegungshilfe an die Hand, deren Reichweite jedoch – historisch bedingt (vgl Rn 2 ff) – in Rechtsprechung und Lehre seit jeher umstritten ist (s dazu Rn 13 ff).

2 Darüber hinaus enthält S 2 über den Normwortlaut hinaus eine **Generalklausel** der Vermögenssorge des Vormunds (§ 1642 BGB für die Eltern), die den Vormund darauf verpflichtet, von mehreren finanziell gleichwertigen Gestaltungsmöglichkeiten die für den Mündel wirtschaftlich günstigere zu wählen (BeckOGK/Fröschle [1. 9. 2019] Rn 4). Deshalb trifft ihn auch hinsichtlich der bereits angelegten Mündelgelder eine Prüfpflicht dieses Inhalts (§ 1806 Rn 10).

2. Historie

3 § 1811 lautete ursprünglich:

> *„Das Vormundschaftsgericht kann aus besonderen Gründen dem Vormund eine andere Anlegung als die in den §§ 1807, 1808 vorgeschriebene gestatten."*

Diese Vorschrift sei – wie es in der Begründung heißt – „namentlich für solche Fälle von Wert", in denen der Mündel Kapitalvermögen in ausländischen Werten besitzt und die weitere Anlegung von Mündelgeldern in solchen Werten – etwa durch Ausübung eines Bezugsrechts oder durch Nachzahlungen – erforderlich wird, um Verluste zu vermeiden, oder in Fällen, in denen es sich darum handelt, dem Vater oder der Mutter des Mündels durch die Hingabe eines Darlehens gegen Hypothek den Besitz eines im Ausland gelegenen Grundstücks im Interesse der Familie und des Mündels selbst zu erhalten (Mot IV 1120).

4 Unter **„besonderen Gründen"** iS des § 1811 BGB aF waren aber, wie allgemein anerkannt war, nur solche zu verstehen, die mit den Verhältnissen der in Frage stehenden Vormundschaft zusammenhingen, dagegen **nicht Erwägungen allgemeiner Art** (vgl Engelmann LZ 1922, 54, 60 Anm 8). So wurden als besondere Gründe anerkannt zB die Familienverhältnisse des Mündels (KGJ 37, A 65) und die wirtschaftlich günstige Gelegenheit zur Ausübung eines Bezugsrechts, wenn zum Mündelvermögen Aktien gehören (BayObLG JFG 1, 78 = BayZ 1922, 285). Dagegen lehnten es die Gerichte ab, Umstände, die bei allen Vormundschaften einer gewissen Zeitperiode gleich-

mäßig vorliegen, wie zB geringes Zinserträgnis oder niedriger Kursstand der Wertpapiere und auch die infolge des Weltkrieges und seiner Folgen eingetretene Entwertung der Mark und dergleichen, als besondere Gründe anzuerkennen (s BayObLG JW 1922, 396 = BayObLGZ 22, A 26; BayObLG BayZ 1923, 70; KG Recht 1923 Nr 1355).

5 Mit dem rasch fortschreitenden Verfall der deutschen Währung wurde der Ruf nach einem gesetzlichen Einschreiten, um eine weitere **Schädigung der Mündelvermögen zu verhüten**, immer lauter und auch die Kritik an der starren Haltung der Gerichte immer schärfer (s Kipp Gruchot 66, 497, 507, der von „schlimmer Buchstabenjurisprudenz" sprach; Kitzinger JW 1921, 1301; Hachenburg JW 1922, 396; Lemberg JW 1923, 215).

6 Am 13. 6. 1923 legte der Reichsminister der Justiz den **Entwurf eines Gesetzes über die Anlegung von Mündelgeld** vor (Aktenstücke zu den Verhandlungen des Reichstags 1920–1923 Nr 5944), in dessen Begründung anerkannt wurde, dass § 1811 BGB in seiner bisherigen Fassung zum Schutz der Mündelvermögen nicht ausreichte. Dem naheliegenden Vorschlag, die §§ 1807, 1808 BGB zu beseitigen und die Anlegung ausschließlich dem Ermessen des Vormunds zu überlassen, stehe das begründete Bedenken entgegen, dass hierdurch die Vormünder mit schwerer Verantwortung belastet und erhebliche Gefahren für den Bestand der Mündelvermögen herbeigeführt würden. Auch eine Erweiterung des Verzeichnisses der im § 1807 BGB aufgeführten Werte sei mit den größten Schwierigkeiten und für den Staat mit einer kaum zu übernehmenden Verantwortung verbunden. Es könne daher nur eine Regelung für zweckmäßig erachtet werden, bei der unter Aufrechterhaltung der bisherigen Grundsätze Abweichungen zugelassen würden, die im Interesse der Sicherung und Erhaltung des Mündelvermögens eine Berücksichtigung nicht nur der besonderen Verhältnisse der einzelnen Vormundschaft, sondern auch der allgemeinen wirtschaftlichen Verhältnisse ermöglichten. Andererseits solle fortan jede andere Art der Anlegung zulässig sein, die Vormund und Vormundschaftsgericht nach ihrem durch keine gesetzlichen Schranken eingeengten pflichtmäßigen Ermessen für geboten erachteten. Eine Schädigung des Mündelvermögens infolge unsachgemäßer Maßnahmen sei dabei freilich nicht ausgeschlossen; es sei aber eine Prüfung der Verhältnisse des einzelnen Falles durch das Vormundschaftsgericht gewährleistet. Von dem Verantwortungsgefühl des Vormundschaftsrichters sei zu erwarten, dass unsachgemäßen Vorschlägen des Vormunds nicht entsprochen werde; außerdem würden die strengen Haftungsvorschriften des (bis 31. 12. 2001 in Geltung befindlichen) § 1848 BGB zur Vorsicht mahnen. Dem naheliegenden Einwand, es könne nicht erwartet werden, dass die Gerichte angesichts der schwierigen und verantwortungsvollen Entscheidung, zu der sie berufen würden, in erheblichem Umfang von der neuen Befugnis Gebrauch machen würden, werde man ein entscheidendes Gewicht wohl nicht beilegen müssen. Durch die vorgeschlagene Fassung solle dem Vormundschaftsrichter eine Richtlinie für die Handhabung der Gesetzesänderung gegeben und dieser damit eine erleichterte Anwendbarkeit und ein größerer praktischer Erfolg gesichert werden.

7 Der Entwurf wurde schon in der Sitzung vom 16. 6. 1923 beraten und, da kein Antrag auf Ausschussberatung gestellt wurde und keine Debatte stattfand, in erster, zweiter und dritter Beratung angenommen (Stenogr Berichte über die Verhandlungen des Reichstags 1920/23, 367. Sitzung, 11417). Das Gesetz strich in § 1811 BGB (ebenso wie in § 1642 Abs 2 BGB) die Worte „aus besonderen Gründen" und fügte S 2 an.

Das **Betreuungsgesetz** vom 12. 9. 1990, das ua § 1808 BGB aufhob, passte dem die in § 1811 S 1 BGB enthaltene Verweisung an. 8

Die jüngste Anpassung erfuhr S 1 durch das **FGG-RG** vom 17. 12. 2008 (BGBl I 2586), welches das Wort „Vormundschaftsgericht" durch „Familiengericht" ersetzte. 9

II. Andere Anlegung

Nach § 1811 S 1 BGB kann das Familiengericht dem Vormund eine andere Anlegung als die in § 1807 BGB genannte gestatten. Hierunter fällt nicht nur die Genehmigung einer anderen Anlageform als die dort vorgesehenen; vielmehr erstreckt sich diese Norm, entgegen ihrem Wortlaut, auch auf Ausnahmen von der Verzinsungspflicht nach § 1806 BGB. Diese Erweiterung ergibt sich aus dem engen Zusammenhang beider Normen, enthält doch letztgenannte Norm nur die Pflicht zur verzinslichen Anlage des Mündelvermögens, soweit es nicht zur Bestreitung von Ausgaben bereitzuhalten ist, ohne festzulegen, wie die Anlegung zu geschehen hat. Vielmehr ist diese Frage für den Regelfall in § 1807 BGB beantwortet. 10

Damit fällt unter den Begriff der „anderen Anlegung" die **Befreiung von der Zinspflicht** nach § 1806 BGB ebenso wie die Anlegung des Mündelgelds in einer in § 1807 BGB nicht genannten Form, etwa in einem Schatzbrief einer Versicherung mit Rentenoption (s LG Augsburg 25. 5. 2018 – 54 T 1089/18, juris Rn 17, NJW 2018, 2420), in **Aktien**, obwohl diese im Rechtssinn keine verzinslichen Geldforderungen, sondern Mitgliedschaftsrechte verkörpern (KG JFG 17, 209, 210; BayObLG OLGE 42, 112; BayObLG JFG 1, 78, 80; s auch Klotz, Anlage von Mündelgeld 82), oder in **Sachwerten** (wie zB die Beteiligung an einem Erwerbsgeschäft, der Erwerb von Grundstücken, Kunstwerken, Antiquitäten, Edelmetallen, Verwertungsrechten) (vgl jüngst zur Anlage in Gold: LG Rottweil 19. 8. 2016 – 1 T 111/16, juris Rn 16, FamRZ 2017, 561; hierzu auch LG Kempten FamRZ 2009, 724; zur Abgrenzung von Anlagen iS des § 1806 HS 2 BGB, die der Bestreitung laufender Ausgaben dienen, s Wesche BtPrax 2003, 56, 59). 11

Die Zulässigkeit einer solchen Anlegung, die dem Vormund schon nach den Motiven zum BGB (Mot IV 1110) „nicht verwehrt" sein sollte, wird zwar allgemein bejaht. Umstritten ist jedoch, ob der Vormund bei einer solchen, insbesondere bei einer „nutzbaren, aber nicht verzinslichen" Anlegung überhaupt der Gestattung durch das Familiengericht nach § 1811 BGB bedarf oder ob diese nicht deswegen entfällt, weil sie nur bei einer von § 1807 BGB abweichenden verzinslichen Anlegung erforderlich ist (KG RJA 13, 78, 79 f = OLGE 30, 149; KG JFG 14, 501, 503 = JW 1937, 637; BayObLG JW 1922, 396 = OLGE 42, 112 = BayObLGZ 22, A 26; OLG Frankfurt NJW 1953, 67, 68 = Rpfleger 1953, 181; BGB-RGRK/Dickescheid § 1806 Rn 2; auch Staudinger/Engler[10/11] Rn 3). Hiergegen spricht allerdings, dass es nicht verständlich ist, dass eine gewagte, das Interesse des Mündels gefährdende Anlegung von Mündelgeld (uU in beträchtlicher Höhe) ohne die in § 1811 BGB vorgesehene Erlaubnis des Familiengerichts soll stattfinden können, während die Anlegung in verzinslichen Geldforderungen und Aktien einem strengen Kontrollsystem unterliegt. § 1811 BGB ist deshalb so auszulegen, dass **jede Anlage von Mündelgeld**, die nicht den Bestimmungen der §§ 1806, 1807 BGB entspricht, nur zulässig ist, wenn das Familiengericht sie gestattet (so schon Josef AcP 117 [1919] 395, 397 ff; Kipp Gruchot 66, 510 u Enneccerus/Kipp § 114 IV 11 Fn 21; ebenso OLG Celle MDR 1959, 212; MünchKomm/Kroll-Ludwigs Rn 4; Erman/Schulte- 12

Bunert Rn 1; Palandt/Götz Rn 1; Soergel/Zimmermann Rn 2; BeckOK/Bettin [1. 11. 2019] Rn 2; jurisPK-BGB/Lafontaine Rn 7; eingehend dazu auch BeckOGK/Fröschle [1. 9. 2019] Rn 8 ff; s auch § 1806 Rn 20 f).

III. Ausnahmecharakter der Gestattung nach S 2?

1. Entwicklung der Rechtsprechung

13 Nach früher in der Rechtsprechung überwiegend vertretener Ansicht sollte die familiengerichtliche Erlaubnis nach § 1811 BGB **nur in Ausnahmefällen** erteilt werden. Der Vormund bleibe grundsätzlich verpflichtet, das zum Vermögen des Mündels gehörende Geld, soweit es nicht zur Bestreitung von Ausgaben bereitzuhalten ist, verzinslich anzulegen und die Anlegung nach Maßgabe des § 1807 BGB (und des § 1808 BGB aF) vorzunehmen. Die vom Vormund beabsichtigte Anlegung müsse neben der – als selbstverständlich zu fordernden – Sicherheit wirtschaftliche Vorteile bieten; teilweise wurde sogar verlangt, dass besondere Gründe im Einzelfall oder die allgemeinen wirtschaftlichen Verhältnisse die anderweitige Anlegung geboten erscheinen lassen müssten. Die Ausführungen der Begründung zum Gesetz über die Anlegung von Mündelgeld (s oben Rn 6), wonach fortan jede andere Art der Anlegung zulässig sein solle, die Vormund und ehemaliges Vormundschaftsgericht für geboten erachteten, seien sinngemäß nur auf den Fall der Berücksichtigung der allgemeinen wirtschaftlichen Verhältnisse zu beziehen. Dagegen sei für den Fall, dass eine anderweitige Anlegung aus besonderen Gründen der einzelnen Vormundschaft in Betracht komme, eine neue Regelung weder erforderlich noch beabsichtigt gewesen. Es habe insoweit bei dem bisherigen Rechtszustand, insbesondere bei dem Grundsatz der Anlegung nach §§ 1807, 1808 BGB, verbleiben sollen. Diese Anlegung habe, abgesehen von dem Fall einer anderweitigen Anlegung aus Gründen der allgemeinen wirtschaftlichen Verhältnisse, nach wie vor die Regel zu bilden (RGZ 128, 309, 314 f = JW 1931, 533 m Anm Frankenburger u Andrae; BayObLG JFG 5, 104 u 108; OLG Karlsruhe JFG 5, 112; KG JFG 6, 92; KG JW 1934, 2343; KG DFG 1938, 69; **aA** OLG Dresden JFG 6, 96, 99 f; OLG Darmstadt JW 1928, 1515 u 3057 m Anm Andrae).

14 Diese Grundsätze wurden auch nach 1945 zunächst von der Mehrzahl der Gerichte übernommen; es ging dabei meist um die Anlegung von Mündelgeld bei Großbanken, Genossenschaftsbanken und anderen privaten Kreditinstituten. Die Anlegung von Mündelgeld bei einer solchen Bank sei nur zu gestatten, wenn sie gegenüber der Anlegung bei einer mündelsicheren Sparkasse klar erkennbare wirtschaftliche Vorteile biete, ohne dass die Sicherheit der Anlage beeinträchtigt sei. Es genüge also nicht, dass eine andere Art der Anlegung keinen Nachteil für das Mündelvermögen befürchten lasse, wenn dafür keine besonderen, auf der Lage der einzelnen Vormundschaft beruhenden Gründe vorlägen. Die Vorschriften über die Mündelsicherheit erforderten sowohl im Interesse des Mündels als auch im Hinblick auf die Haftung des Vormunds und des Vormundschaftsgerichts eine zurückhaltende Anwendung der Ausnahmebestimmung des § 1811 BGB. Solange der Gesetzgeber nicht den Kreis der für eine mündelsichere Anlegung geeigneten Stellen erweitere, gehe es nicht an, allgemein einen Kreis von Banken den vom Gesetz bisher vorzugsweise für geeignet erachteten Sparkassen gleichzusetzen (so KG OLGZ 1967, 255 = NJW 1968, 55 = Rpfleger 1968, 23 m zust Anm Stöber; KG FamRZ 1970, 40, 41 = MDR 1970, 51; im Grundsatz ebenso OLG Hamm NJW 1953, 186; OLG Celle MDR 1959, 212; OLG Celle WM 1961, 1362; OLG

Saarbrücken OLGZ 1970, 212; OLG Frankfurt Rpfleger 1984, 147; LG Göttingen BB 1957, 907; LG Münster Rpfleger 1962, 445).

Andere Gerichte vertraten dagegen die Auffassung, eine Erlaubnis gemäß § 1811 BGB sei schon dann zu erteilen, wenn ohne Weiteres festzustellen sei, dass die vom Vormund beabsichtigte **Anlage der in § 1807 BGB vorgesehenen gleichwertig** sei, dh die gleiche Sicherheit gegeben sei und die wirtschaftlichen Vorteile gleich seien; dass besondere Gründe vorlägen, sei nicht erforderlich. Großbanken seien allgemein zur Anlegung von Mündelvermögen geeignet. Die Aufgabe, von der das Reichsgericht (RGZ 128, 309, 315) angenommen habe, dass sie dem Vormundschaftsrichter nicht zumutbar sei, nämlich die Sicherheit der Bank „erst durch umständliche und verantwortungsvolle Prüfung festzustellen", bestehe gegenüber einer Großbank nicht, weil der Charakter dieser Bank für deren Sicherheit bürge. Ausnahmeanträgen gegenüber sonstigen Banken werde der Vormundschaftsrichter hingegen in der Regel nicht stattgeben dürfen; denn wo zunächst eine Prüfung erforderlich sei, für die weder Vormundschaftsrichter noch Vormund über die erforderlichen Voraussetzungen verfügten, werde ein pflichtbewusster Verwalter von Mündelvermögen nicht den Anspruch erheben können, dass eine solche Anlegung mit den Grundsätzen wirtschaftlicher Vermögensverwaltung vereinbar sei (LG Göttingen NJW 1960, 1465 m zust Anm Schneider; LG Mannheim NJW 1962, 1017 = DNotZ 1962, 654; LG Hannover FamRZ 1965, 163 = NdsRpfl 1965, 41; LG Hannover FamRZ 1967, 169 = NJW 1966, 661; LG Bielefeld NJW 1970, 203 = BB 1970, 147 = FamRZ 1970, 148 [LS]). 15

Erst in jüngerer Zeit nehmen die Gerichte eine differenziertere Sichtweise vor und verlangen, dass die Grundsätze der wirtschaftlichen Vermögensverwaltung auf jeden Einzelfall bezogen, also die Vor- und Nachteile der jeweiligen Anlage umfassend an den Umständen des konkreten Einzelfalls geprüft werden müssen (OLG München FamRZ 2009, 1860; OLG Köln FamRZ 2001, 708; OLG Schleswig Rpfleger 2000, 112, 113; OLG Frankfurt FamRZ 2003, 59). 16

2. Einzelfallentscheidung nach pflichtgemäßem Ermessen

Die Auffassung des Reichsgerichts und der ihm folgenden Gerichte (Rn 13 ff), es entspreche den Grundsätzen einer wirtschaftlichen Vermögensverwaltung, dass der mündelsicheren Anlage nur bei Vorliegen signifikanter wirtschaftlicher, durch eine Anlage nach § 1807 BGB nicht zu erreichender Vorteile der Vorzug vor einer anderen zu geben sei, ist mit dem Wortlaut und Sinn des § 1811 S 2 BGB nicht vereinbar. Danach soll eine andere als die in § 1807 BGB vorgeschriebene Anlegung von Mündelgeld nur verweigert werden, wenn sie den Grundsätzen einer wirtschaftlichen Vermögensverwaltung zuwiderlaufen würde. Dies legt eine Abwägung aller Vor- und Nachteile der Anlage im Einzelfall nahe. Zudem würde eine effektive Vermögensverwaltung erheblich erschwert, wenn im Regelfall nur Anlagen nach § 1807 BGB die Praxis bestimmten (MünchKomm/Kroll-Ludwigs Rn 5). Es waren gerade die mündelsicheren Anlagen, die sich in wirtschaftlichen Krisenzeiten als gefährliche Anlageformen erwiesen (Thümmel, Mündelgeld 293 f; Klotz, Anlage von Mündelgeld 65 ff; Gernhuber/Coester-Waltjen § 72 Rn 27). 17

Umgekehrt lässt sich § 1811 S 2 BGB aber auch **nicht** entnehmen, dass die Gestattung der Anlegung, die der Vormund beabsichtigt, **die Regel**, ihre Verweigerung 18 dagegen die Ausnahme ist und das Familiengericht eine – hinsichtlich der Sicherheit und der wirtschaftlich bedeutsamen Bedingungen, insbesondere der Verzinsung – gleichwertige Anlegung gestatten muss (so aber KG JFG 4, 60; Staudinger/Engler [2004] Rn 14). Zum einen wären die Gerichte mit der Aufgabe, die Gleichwertigkeit von Anlagen exakt festzustellen, überfordert (MünchKomm/Kroll-Ludwigs Rn 7 Fn 13). Zum anderen enthält S 2 eine „Soll"-Vorschrift, was die Möglichkeit impliziert, dass das Gericht für eine gegenüber § 1807 BGB gleichwertige Anlegung eine Gestattung zwar erteilen kann, aber sie nicht erteilen muss; vor allem dann, wenn die Anlegung keine signifikanten Vorteile gegenüber einer Anlegung nach § 1807 BGB aufweist, kommt im Einzelfall auch eine Ablehnung in Betracht (MünchKomm/Kroll-Ludwigs Rn 7 Fn 13). Die Vorteile der anderen Anlegung müssen also ihre Nachteile überwiegen, damit sie nach § 1811 BGB gestattet werden kann (BeckOGK/Fröschle [1. 9. 2019] Rn 16).

19 Richtigerweise entscheidet das Familiengericht nach **pflichtgemäßem Ermessen** unter Abwägung aller Vor- und Nachteile einer Anlage und ausgerichtet an den Umständen des Einzelfalls (OLG München FamRZ 2009, 1860; OLG Frankfurt FamRZ 2003, 59 = Rpfleger 2002, 621 = NJW-RR 2002, 1660; OLG Köln FamRZ 2001, 708 = NJW-RR 2001, 577; OLG Schleswig Rpfleger 2000, 112, 113 = FamRZ 2001, 50 [LS]; LG Lübeck 5. 5. 2015 – 7 T 157/15, juris Rn 15 f, FamRZ 2016, 399 = NJW-RR 2015, 1485, 1486; LG Kempten FamRZ 2009, 724; Palandt/Götz Rn 2; Erman/Schulte-Bunert Rn 2; MünchKomm/Kroll-Ludwigs Rn 10; BeckOGK/Fröschle [1. 9. 2019] Rn 16; **aA** jurisPK-BGB/Lafontaine Rn 92, der lediglich einen Auslegungsspielraum des Gerichts auf Tatbestandsseite, nicht jedoch ein Ermessen anerkennt). Eine Verpflichtung des Familiengerichts, die Gestattung zu erteilen oder zu verweigern, kann es nur im Falle einer **Ermessensreduktion auf Null** und damit nur dann geben, wenn sich die zu gestattende Anlage eindeutig vorteilhaft oder nachteilig auf das Mündelvermögen auswirkt, wobei auch dies konkret anhand der gesamten Umstände des Einzelfalls zu ermitteln ist (für einen abgestuften Entscheidungsspielraum sprechen sich auch MünchKomm/Kroll-Ludwigs Rn 6 ff [Verpflichtung nur bei „evidenten Vorteilen" der zu genehmigenden Anlage] u Erman/Schulte-Bunert Rn 5 [„deutliche Vorteile"] aus; ähnlich BeckOK/Bettin [1. 11. 2019] Rn 4; zur Betreuung vgl Fiala/Müller/Braun Rpfleger 2002, 389, 397, die bei Vorliegen „eindeutig[er]" Vorteile den Betreuer als zur Genehmigung vorlagepflichtig ansehen). Auf diese Weise kann am ehesten Wortlaut und Normzweck von § 1811 S 2 Rechnung getragen werden.

IV. Kriterien für die Gestattung einer anderen Anlegung

1. Wirtschaftlichkeit der geplanten Anlage

20 § 1811 S 2 BGB impliziert, dass das Gericht vor allem die Wirtschaftlichkeit der geplanten Anlage zu prüfen hat (LG Rottweil 19. 8. 2016 – 1 T 111/16, juris Rn 18, FamRZ 2017, 561). Bereits das Gesetz über die Anlegung von Mündelgeld vom 23. 6. 1923 (s oben Rn 6 f) hat klargestellt, dass das Gericht eine andere als die in § 1807 BGB vorgeschriebene Anlegung von Mündelgeld nicht nur dann gestatten kann, wenn besondere, den Verhältnissen des Einzelfalls zu entnehmende Gründe dargetan werden, sondern auch dann, wenn die allgemeinen wirtschaftlichen Verhältnisse dies nahelegen (RGZ 128, 309, 314, wo allerdings darauf abgestellt wird, dass die allgemeinen wirtschaftlichen Verhältnisse die anderweitige Anlegung „geboten erscheinen lassen"). Dabei hat das Gericht eine Würdigung der gesamten Vermögenssituation des Mündels unter Berücksichtigung aller Anlagekonditionen vorzunehmen und dabei das Verlustrisiko ins Verhältnis zum erwarteten Ertrag zu setzen (s LG Karlsruhe 3. 2. 2014 – 11 T 324/13, juris Rn 15 ff, NJW 2014, 2203; LG Augsburg 25. 5. 2018 – 54 T 1089/18, juris Rn 19, NJW 2018, 2420 [beide betr Betreuung]; BeckOGK/Fröschle [1. 9. 2019] Rn 17; MünchKomm/Kroll-Ludwigs Rn 14; jurisPK-BGB/Lafontaine Rn 15; Fiala/Müller/Braun Rpfleger 2002, 389, 397).

2. Interesse des Mündels/des Betreuten

Ausschlaggebend ist stets das **Interesse des Mündels**. Deshalb bestehen Bedenken gegen die Zulassung der Hingabe eines Darlehens an die Mutter des Mündels, die in ihrer wirtschaftlichen Existenz gefährdet ist (so der Fall KGJ 37, A 65; gebilligt von Dölle § 126 II 3 b, ii, der auf sittliche Pflichten des Mündels hinweist; vgl die Beispiele in Mot IV 1120; dagegen Gernhuber/Coester-Waltjen § 72 Rn 26 Fn 35; MünchKomm/Kroll-Ludwigs Rn 17; BGB-RGRK/Dickescheid Rn 2). Auch wenn es dem Vormund und dem Familiengericht nicht gestattet ist, Mündelvermögen bewusst zu gefährden (Gernhuber/Coester-Waltjen § 72 Rn 26 Fn 35), kann dennoch zB die Investition von Geld in einem Familienunternehmen und auch das Darlehen an einen nahen Angehörigen trotz geringerer Rendite und Sicherheit in einem besonderen Ausnahmefall durch das wohlverstandene Interesse des Mündels gerechtfertigt sein (ähnlich Erman/Schulte-Bunert Rn 4). 21

Bei einem **Betreuten** kommt es dagegen maßgeblich auf die **Wünsche des Betreuten**, sein bisheriges Anlageverhalten sowie seine Lebensführung an (LG Rottweil 19. 8. 2016 – 1 T 111/16, juris Rn 18, FamRZ 2017, 561; LG Augsburg 25. 5. 2018 – 54 T 1089/18, juris Rn 18, NJW 2018, 2420).

3. Sicherheit der geplanten Anlage

Ein weiteres wesentliches Kriterium ist die **Sicherheit** der zu genehmigenden Anlage (LG Kempten FamRZ 2009, 724; LG Rottweil 19. 8. 2016 – 1 T 111/16, juris Rn 18, FamRZ 2017, 561; MünchKomm/Kroll-Ludwigs Rn 15). Dies ergibt sich bereits aus dem Umstand, dass der Erhalt des Vermögensstammes für den Minderjährigen von besonderer Bedeutung ist, was auch in den §§ 1602 Abs 2, 1649 Abs 1 BGB zum Ausdruck kommt (BeckOGK/Fröschle [1. 9. 2019] Rn 18). Die Sicherheit einer Anlage hat damit grundsätzlich Vorrang vor dem Ertrag der Anlage (OLG Frankfurt FamRZ 2003, 59; MünchKomm/Kroll-Ludwigs Rn 15; BeckOGK/Fröschle [1. 9. 2019] Rn 18). Dies sollte allerdings nicht überspannt, sondern dergestalt verstanden werden, dass nicht jegliches Risiko vom Mündel fernzuhalten ist (BGH NJW 1987, 1070, 1071: Eingehung eines „kalkulierten Wagnisses" nicht ausgeschlossen; Palandt/Götz Rn 2; BeckOGK/Fröschle [1. 9. 2019] Rn 18: Eingrenzung des Verlustrisikos auf „ein verträgliches Maß"; einen Überblick über riskante Anlagen bieten NK-BGB/Fritsche Rn 3, 4 u Erman/Schulte-Bunert Rn 3); eine ganz und gar risikolose Anlageform existiert nicht (MünchKomm/Kroll-Ludwigs Rn 13; Fiala/Behrendsen Rpfleger 1997, 281, 287) – eine These, die unter dem Eindruck von derzeitiger Finanz-, Banken- und Staatsschuldenkrise abermals ihre Bestätigung zu finden scheint (so auch Oberloskamp/Dürbeck, Vormundschaft § 10 Rn 85). 22

Von der Rechtsprechung gestattet wurde etwa die Anlage in bestimmten – der Kontrolle der amerikanischen Börsenaufsichtsbehörde unterliegenden – US-Fonds, da sie nicht unsicherer und ebenso gut zu kontrollieren seien wie die Anlage in 23

Investmentanteilen inländischer Gesellschaften (LG Bielefeld NJW 1970, 203; s auch MÜNCHMEYER DRiZ 1963, 229, der neben dem Risiko auch auf die mit einer solchen Anlage manchmal verbundenen hohen Spesen hinweist; VOGT Rpfleger 1996, 389, 390 f; FIALA/BEHRENDSEN Rpfleger 1997, 281, 287 f; WESCHE BtPrax 2003, 56, 57 f; zu den Risiken von Anlagen im Ausland auch ERMAN/SCHULTE-BUNERT Rn 3). Bei Anlage in **Wertpapierfonds** wurde zwischen wirtschaftlichen Vorteilen und Gesichtspunkten der Sicherheit abgewogen (OLG München FamRZ 2009, 1860, 1861; OLG Köln FamRZ 2001, 708; OLG Frankfurt FamRZ 2003, 59; die gegenüber der früheren Rechtsprechung offenere Genehmigungspraxis begrüßend WERKMÜLLER/OYEN Rpfleger 2003, 66, 67; mit Blick auf die globale Finanzkrise von 2008 zurückhaltender GERNHUBER/COESTER-WALTJEN § 72 Rn 27; eine im Internet abrufbare Liste positiver Gerichtsentscheidungen betreffend Wertpapier- und offene Immobilienfonds bietet der Bundesverband Investment und Asset Management eV [https://www.bvi.de/fileadmin/user_upload/Kapitalanlagen/Privatanleger/2019_06_19_m%C3%BCndel-20190519.pdf]). Auch die Anlage in **Gold** wird in Zeiten sensibler Finanzmärkte und bei Vorhandensein erheblicher weit gestreuter Vermögenswerte (dazu Rn 26) gestattet (LG Kempten FamRZ 2009, 724; LG Rottweil 19. 8. 2016 – 1 T 111/16, juris Rn 22 ff, FamRZ 2017, 561, 562). Dagegen wurde die Anlegung von Mündelgeld **bei einer erwerbswirtschaftlich tätigen KG mit einer GmbH-Komplementärin**, die ihr Vermögen auf dem ausländischen Grundstücksmarkt erwirtschaftet, wegen der besonderen Sicherheitsrisiken einer solchen Anlageart im Interesse des Mündels nicht gutgeheißen (LG Darmstadt NJW 1979, 274 = FamRZ 1979, 966 [LS]).

24 Als Hilfsmittel zur Einschätzung der Sicherheit können die – wenn auch seit der anhaltenden Finanz- und Bankenkrise längst nicht mehr unumstrittenen – **Rankings börsennotierter Anleihen** von Ratingagenturen dienen (NK-BGB/FRITSCHE Rn 3 Fn 13; ERMAN/SCHULTE-BUNERT Rn 6).

4. Größe und Zusammensetzung des Mündelvermögens

25 Von besonderer Bedeutung ist die Größe und Zusammensetzung des Mündelvermögens. In den Fällen, in denen es sich um überschaubares Mündelvermögen handelt, wird man mit Blick auf den Kontext von § 1811 BGB und den §§ 1806 f BGB der Ansicht folgen können, dass der Erhaltung der Substanz des Mündelvermögens in der Regel Vorrang vor einem möglichen höheren Ertrag einzuräumen ist (OLG Dresden JFG 6, 97 f; ERMAN/SCHULTE-BUNERT Rn 2); die Rentabilität muss gleichfalls umso stärker zurückstehen, je größer der Mittelbedarf des Mündels zur Deckung seiner Lebenshaltungskosten ist (OLG Frankfurt FamRZ 2003, 59; ERMAN/SCHULTE-BUNERT Rn 4; s auch SPANL/IMRE, Vermögensverwaltung 160).

26 Vor allem dann, wenn der Mündel über ein größeres Vermögen verfügt, wird eine gewisse **Streuung** über unterschiedliche Anlagearten sinnvoll sein und am besten den Grundsätzen wirtschaftlicher Vermögensverwaltung entsprechen (OLG München FamRZ 2009, 1860, 1861; OLG Frankfurt FamRZ 2003, 59; LG Augsburg 25. 5. 2018 – 54 T 1089/18, juris Rn 18, NJW 2018, 2420; LG Rottweil 19. 8. 2016 – 1 T 111/16, juris Rn 24, FamRZ 2017, 561; LG Lübeck 5. 5. 2015 – 7 T 157/15, juris Rn 21, FamRZ 2016, 399; vgl auch LG Kempten FamRZ 2009, 724; MünchKomm/KROLL-LUDWIGS Rn 13, 16; ERMAN/SCHULTE-BUNERT Rn 2 aE; NK-BGB/FRITSCHE Rn 3; vgl STAUDINGER/HEILMANN [2016] § 1642 Rn 8 u GERNHUBER/COESTER-WALTJEN § 63 Rn 25–27). Dabei sind für längerfristige Anlagen auch **Aktien sowie Renten- und Aktienfonds** in Betracht zu ziehen (OLG München FamRZ 2009, 1860, 1861; OLG Schleswig Rpfleger 2000, 112, 113; LG Lübeck 5. 5. 2015 – 7 T 157/15, juris Rn 21, FamRZ 2016, 399; PALANDT/

Götz Rn 2; MünchKomm/Kroll-Ludwigs Rn 16). Mit dem bloßen Hinweis auf das allgemeine Risiko von Kursschwankungen darf jedenfalls eine Genehmigung nicht generell versagt werden (OLG München FamRZ 2009, 1860, 1861; OLG Frankfurt FamRZ 2003, 59; OLG Köln FamRZ 2001, 708, 709; OLG Schleswig Rpfleger 2000, 112, 113; Palandt/Götz Rn 2).

5. Weitere Kriterien

Als weitere Kriterien sind – gerade mit Blick auf die derzeitigen Erschütterungen der weltweiten Finanzmärkte – die **allgemeine wirtschaftliche Entwicklung** sowie **besondere Umstände des Einzelfalls** zu nennen (OLG Frankfurt FamRZ 2003, 59: Art und Umfang des Vermögens, in der Vergangenheit getroffene Anlageentscheidungen; LG Kempten FamRZ 2009, 724: gegenwärtige Lage am Finanzmarkt; LG Augsburg 25. 5. 2018 – 54 T 1089/18, juris Rn 19, NJW 2018, 2420: „Niedrigzinsphase"; dazu auch LG Lübeck 5. 5. 2015 – 7 T 157/15, juris Rn 28, FamRZ 2016, 399; Erman/Schulte-Bunert Rn 5: wirtschaftlicher Sachverstand oder Eigeninteresse des Vormunds; MünchKomm/Kroll-Ludwigs Rn 17; allg Überblick über die verschiedenen Kriterien bei jurisPK-BGB/Lafontaine Rn 19 ff). Ein besonderer Grund für die Anlegung von Mündelgeld bei einer Genossenschaftsbank wurde etwa darin gesehen, dass der Mündel schon Kunde bei der Bank war und als Genosse an der Ausschüttung des von der Genossenschaft im Geschäftsbetrieb erzielten Gewinns bei Einzahlung von Geld bevorzugt teilnahm und er bei einem später auftretenden Kreditbedarf eine bevorzugte Kreditgewährung erwarten konnte (OLG Hamm NJW 1953, 186). 27

V. Erteilung der Gestattung, Wirkung, Fehlen

Die Gestattung einer anderen Anlegung kann nur **für eine individuell bezeichnete Anlage** erfolgen. Eine allgemeine Befreiung des Vormunds von der Beachtung des § 1807 BGB (vgl § 1825 BGB) ist ausgeschlossen (LG Göttingen BB 1957, 907; Engelmann JW 1923, 1021, 1022; Dölle § 126 II 3 b, ii; MünchKomm/Kroll-Ludwigs Rn 18; Erman/Schulte-Bunert Rn 5; BGB-RGRK/Dickescheid Rn 9). Allerdings kann das Familiengericht dem Vormund unter den Voraussetzungen des § 1817 BGB eine Befreiung erteilen (dazu unten Rn 37). 28

Ebenso wie diese hat auch die Gestattung nach § 1811 BGB keine Außenwirkung, sondern gilt nur für das **Innenverhältnis** gegenüber dem Vormund. Legt dieser Mündelgelder abweichend von § 1807 BGB an, ohne die Erlaubnis des Familiengerichts einzuholen, so handelt er zwar pflichtwidrig, das Anlagegeschäft ist dennoch wirksam (RG JW 1917, 288, 290). Insoweit gilt hier nichts anderes als für die familiengerichtliche Genehmigung nach § 1810 BGB (näher § 1810 Rn 17). 29

Die Bestimmungen der §§ **1828–1831 BGB** sind auf die Erlaubnis nach § 1811 BGB **nicht anwendbar**, da es sich hier nicht um das Erfordernis einer Genehmigung als Beschränkung der Vertretungsmacht des Vormunds handelt (RG JW 1917, 288, 290; RG HRR 1938 Nr 1539 = JW 1938, 3167; BGB-RGRK/Dickescheid Rn 9 aE; Erman/Schulte-Bunert Rn 5; Soergel/Zimmermann Rn 8; MünchKomm/Kroll-Ludwigs Rn 18; Palandt/Götz Rn 1 aE). 30

VI. Haftung von Vormund und Familiengericht

31 Legt der Vormund Mündelgeld abweichend von § 1807 BGB ohne familiengerichtliche Genehmigung an, so haftet er dem Mündel nach **§ 1833 BGB**, soweit diesem infolge der Pflichtwidrigkeit ein Schaden entstanden ist und den Vormund ein Verschulden trifft. Ebenso kommt eine Haftung in Betracht, wenn er sich entgegen evidenter wirtschaftlicher Vernunft mit einer Anlage nach § 1807 BGB begnügt. Eine Haftung des Vormunds für eine schuldhafte Verletzung seiner Pflicht zur Sorge für das Vermögen des Mündels wird jedoch selten anzunehmen sein, wenn er bei der Anlegung von Mündelgeld nach den Vorschriften der §§ 1806, 1807 BGB verfährt. Eine Haftung des Vormunds kommt aber auch dann in Betracht, wenn das Familiengericht die vom Vormund beantragte anderweitige Anlegung gestattet hat, diesem aber ein Verschulden bei der Ermittlung oder der Darstellung des mit dieser Anlegung verbundenen Risikos vorgeworfen werden kann. Doch dürfen bei der Frage, ob die Anlegung des Geldes den Grundsätzen einer wirtschaftlichen Vermögensverwaltung entspricht, an die Fähigkeit des Vormunds zur Beurteilung der voraussichtlichen Entwicklung der Anlage keine zu hohen Anforderungen gestellt werden (so auch MünchKomm/Kroll-Ludwigs Rn 19).

32 Ebenso kommt eine Haftung des Staates nach **§ 839 BGB, Art 34 GG** für einen aus der Gewährung oder Versagung der Erlaubnis anderweitiger Anlegung erwachsenden Schaden in Betracht.

VII. Verfahren

33 Die vom Familiengericht (funktionell ist der Rechtspfleger zuständig [§§ 3 Nr 2 Buchst a, 14 RPflG]) vorzunehmende Prüfung, ob die Voraussetzungen vorliegen, unter denen dem Vormund eine von § 1807 BGB abweichende Anlegung gestattet werden kann, wird – auch wenn es nicht um eine allgemeine Befreiung nach § 1817 Abs 1 BGB geht – in der Regel durch einen **Antrag des Vormunds** in Gang gebracht (ein solcher Gestattungsantrag kann auch in der Beschwerde gegen einen gerichtlichen Beschluss, das Vermögen mündelsicher nach den Bestimmungen der §§ 1806, 1807 BGB anzulegen, gesehen werden, so LG Rottweil 19. 8. 2016 – 1 T 111/16, juris Rn 19, FamRZ 2017, 561).

34 Im Rahmen seiner **Ermittlungen**, die es von **Amts wegen** vorzunehmen hat (§ 26 FamFG), kann und wird sich das Familiengericht, etwa wenn es die Sicherheit und Rentabilität der beabsichtigten Geldanlage zu beurteilen hat, auch des **Gutachtens eines Sachverständigen**, zB eines Bankenverbandes oder der Bundesanstalt für Finanzdienstleistungsaufsicht (BaFin, vgl BGBl I 2002, 1310), bedienen (OLG München FamRZ 2009, 1860, 1861; OLG Frankfurt FamRZ 2003, 59; OLG Köln FamRZ 2001, 708, 709; OLG Schleswig Rpfleger 2000, 112, 113; OLG Frankfurt Rpfleger 1984, 147; krit Fiala/Behrendsen Rpfleger 1997, 281, 288).

35 Vor seiner Entscheidung soll das Familiengericht den Gegenvormund hören, falls ein solcher vorhanden und seine Anhörung tunlich ist (§ 1826 BGB). Unter Umständen sind auch Verwandte und Verschwägerte des Mündels **anzuhören** (§ 1847 BGB).

36 Der Beschluss (§ 38 Abs 1 FamFG), mit dem das Familiengericht die Gestattung erteilt oder verweigert, wird gemäß § 40 Abs 1 FamFG mit der Bekanntmachung an

den Vormund und – aufgrund der bloßen Innenwirkung der Gestattung (s Rn 29) – nicht nach § 40 Abs 2 FamFG erst mit Rechtskraft **wirksam** (so auch MünchKomm/Kroll-Ludwigs Rn 21; Erman/Schulte-Bunert Rn 6; NK-BGB/Fritsche Rn 6). Insoweit gilt nichts anderes als für die Innengenehmigung nach § 1810 BGB (§ 1810 Rn 20).

VIII. Befreiungen

Nach § 1817 BGB kann das Familiengericht den Vormund auf dessen Antrag von den ihm nach den §§ 1806–1816 BGB obliegenden Verpflichtungen entbinden, ihn also auch generell von der Einhaltung der Vorschriften über die Anlegung von Mündelgeld befreien, soweit der Umfang der Vermögensverwaltung dies rechtfertigt und eine Gefährdung des Mündelvermögens nicht zu besorgen ist (s § 1817 Rn 3, 5 ff). In diesem Fall entfällt auch die Gestattung nach § 1811 BGB. 37

Die Eltern können den Vormund weder von der Anlagepflicht nach §§ 1806, 1807 BGB noch von der Genehmigungspflicht nach § 1811 BGB befreien (arg § 1852 BGB). Folglich ist auch der Verein als Vormund hiervon nicht befreit (zu den Befreiungsmöglichkeiten bei der Vormundschaft des Vereins § 1852 Rn 12 f). Der Amtsvormund benötigt dagegen nach § 56 Abs 2 S 2 SGB VIII für eine andere als eine mündelsichere Anlegung keine Gestattung (zur Genese dieser Norm Staudinger/Veit [2014] Rn 33). Dieses darin zum Ausdruck kommende breite Vertrauen in das Jugendamt kollidiert freilich mit dessen Bindung an die Anlageformen des § 1807 BGB, wenn das Geld beim öffentlichen Träger der Jugendhilfe angelegt werden soll (s § 1805 S 2 BGB, § 56 Abs 3 S 2 SGB VIII; krit MünchKomm/Kroll-Ludwigs Rn 20; BeckOGK/Fröschle [1. 9. 2019] Rn 25). 38

IX. Pflegschafts- und Betreuungsrecht

§ 1811 BGB findet über die Generalverweisung in § 1915 Abs 1 S 1 BGB im Pflegschaftsrecht und über die Verweisung in § 1908i Abs 1 S 1 BGB auch im Betreuungsrecht entsprechende Anwendung. 39

§ 1812
Verfügungen über Forderungen und Wertpapiere

(1) Der Vormund kann über eine Forderung oder über ein anderes Recht, kraft dessen der Mündel eine Leistung verlangen kann, sowie über ein Wertpapier des Mündels nur mit Genehmigung des Gegenvormunds verfügen, sofern nicht nach den §§ 1819 bis 1822 die Genehmigung des Familiengerichts erforderlich ist. Das Gleiche gilt von der Eingehung der Verpflichtung zu einer solchen Verfügung.

(2) Die Genehmigung des Gegenvormunds wird durch die Genehmigung des Familiengerichts ersetzt.

(3) Ist ein Gegenvormund nicht vorhanden, so tritt an die Stelle der Genehmigung des Gegenvormunds die Genehmigung des Familiengerichts, sofern nicht die Vormundschaft von mehreren Vormündern gemeinschaftlich geführt wird.

Materialien: E I § 1669 Abs 1, 3; II § 1692; III § 1788; Mot IV 1121; Prot IV 781. Neugefasst durch Bekanntmachung v 2. 1. 2002 (BGBl I 42); zuletzt geändert durch Art 50 Nr 37 nach Maßgabe von Art 111 FGG-RG v 17. 12. 2008 (BGBl I 2586) mit Wirkung v 1. 9. 2009.

Schrifttum

Böttcher, Vormundschaftsgerichtliche Genehmigungen im Grundstücksrecht, Rpfleger 1987, 485

Damrau, Das Ärgernis um §§ 1812, 1813 BGB, FamRZ 1984, 842

Grziwotz, Girokontoverwaltung ohne Kontrolle?, FamRZ 2008, 1908

Hurst, Fälle vormundschaftsgerichtlicher Genehmigung in der notariellen Praxis? – 2. Teil, MittRhNotK 1966, 383

Kölmel, Der Minderjährige in der notariellen Praxis – Grundlagen, RNotZ 2010, 2

Lamberz, Probleme der gerichtlichen Genehmigung nach §§ 1812, 1813 BGB, FamRZ 2012, 162

Vonschott, Bedarf es einer Mitwirkung des Gegenvormundes bei der Quittierung einer Mündelforderung?, Gruchot 49, 9

Wesche, Gerichtliche Genehmigung bei der Geldverwaltung, BtPrax 2004, 49

Wüstenberg, Die Genehmigungspflicht des Betreuers zur Abhebung oder Überweisung von Beträgen bis 3000 Euro, Rpfleger 2005, 177.

Systematische Übersicht

Alphabetische Übersicht

I. Normzweck

1 § 1812 BGB schränkt – ebenso wie die §§ 1819–1822 BGB – die Vertretungsmacht des Vormunds ein. Während die §§ 1819–1822 BGB die Wirksamkeit bestimmter Rechtsgeschäfte, die der Vormund namens des Mündels vornimmt, von der Genehmigung des Familiengerichts abhängig machen, verlangt § 1812 BGB die Genehmigung des Gegenvormunds (Abs 1), die durch die Genehmigung des Familiengerichts ersetzt wird (Abs 2). § 1812 BGB enthält zwingendes Recht und kann daher nicht durch eine Vereinbarung des Vormunds mit dem beteiligten Dritten abbedungen werden (RGZ 79, 9, 13).

Ziel des § 1812 BGB ist in erster Linie der Schutz des Mündelvermögens vor Veruntreuungen des Vormunds (Mot IV, 1121, 1122; BGH FamRZ 2010, 207, 209; Damrau FamRZ 1984, 842, 843). Damit soll aber nicht jedes rechtsgeschäftliche Handeln des Vormunds, das die Vermögensinteressen des Mündels berührt, von einer Genehmigung abhängig gemacht werden. Die Vorschrift befindet sich also im Spannungsfeld zwischen dem Schutz des Mündels einerseits und der Verhinderung einer zu weitgehenden Einschränkung des Rechtsverkehrs andererseits. Der historische Gesetzgeber beabsichtigte, besonders gefährdete Kapitalien auch in besonderer Weise zu schützen und nicht jegliche mögliche Benachteiligung zu verhindern. § 1812 BGB erfasst daher nur die Gefahr, dass an die Stelle eines wegen seiner Art (Forderung) geschützten Rechtes ein leicht entziehbares und damit leichter veruntreubares Objekt tritt (Mot IV 1125; OLG Karlsruhe NJW-RR 2008, 235, 236; Damrau FamRZ 1984, 842, 844). Die Vorschrift ist zum Schutze des Rechtsverkehres restriktiv auszulegen (s dazu ausführlich Rn 19 ff). 2

II. Allgemeine Voraussetzungen

1. Rechtsgeschäft kraft gesetzlicher Vertretungsmacht des Vormunds

Das Erfordernis der Genehmigung des Gegenvormunds bezieht sich nur auf Rechtsgeschäfte, die der Vormund in Wahrnehmung seiner gesetzlichen Vertretungsmacht für den Mündel vornimmt. Er bedarf dieser Genehmigung nicht, wenn er als Bevollmächtigter für einen Verstorbenen aufgrund einer über den Tod hinaus wirksamen Vollmacht handelt (RGZ 106, 185, 186). Gleiches gilt, wenn der Vormund mit Zustimmung des Testamentsvollstreckers über Mündelvermögen verfügt, das der Testamentsvollstreckung unterliegt (OLG Celle OLGZ 1967, 483 = NdsRpfl 1968, 12; vgl RGZ 91, 69, 71; Soergel/Zimmermann Rn 17; Erman/Schulte-Bunert Rn 13; BGB-RGRK/Dickescheid Rn 19 aE; Palandt/Götz Rn 3; MünchKomm/Kroll-Ludwigs Rn 7; BeckOGK/Fröschle [1. 9. 2019] Rn 10; s auch Kölmel RNotZ 2010, 2, 19). Die Vorschrift erfasst auch nicht Rechtsgeschäfte des Vertragspartners des Mündels, etwa die Kündigung eines Bankkartenvertrags durch die Bank gegenüber dem Mündel (für die Betreuung BGH BtPrax 2007, 170, 171 = NJW 2006, 430 m krit Anm Hensen EWiR 2006, 321; s auch Wüstenberg Rpfleger 2005, 177, 178). 3

2. Verpflichtung des Mündels gegenüber einem Dritten

Durch den Umstand, dass der Mündel einem Dritten gegenüber verpflichtet ist, das in Frage stehende Rechtsgeschäft vorzunehmen, wird das Erfordernis der Genehmigung des Gegenvormunds nicht hinfällig, obwohl in einem solchen Fall eine Ausnahme „an sich innerlich begründet ist"; das Erfordernis der Genehmigung hat dabei immerhin die Bedeutung, dass der Gegenvormund zu prüfen hat, ob dem Dritten das Recht auf die Vornahme des Rechtsgeschäfts wirklich zusteht (vgl Mot IV 1124; iE ebenso Dölle § 127 II 1 b; Damrau FamRZ 1984, 842, 848; Soergel/Zimmermann Rn 9; BGB-RGRK/Dickescheid Rn 15; BeckOGK/Fröschle [1. 9. 2019] Rn 13; diff MünchKomm/Kroll-Ludwigs Rn 36). 4

III. Verfügung über eine Forderung und Wertpapiere (Abs 1 S 1)

1. Begriff der Verfügung

5 Der Begriff der Verfügung wird im Gesetz vielfach verwendet (zB in §§ 135, 185, 893, 1821 BGB), aber an keiner Stelle ausdrücklich bestimmt. Nach einhelliger Meinung in Rechtsprechung und Schrifttum ist darunter ein Rechtsgeschäft zu verstehen, durch das der Verfügende auf ein Recht unmittelbar einwirkt, es also entweder auf einen Dritten überträgt oder mit einem Recht belastet oder das Recht aufhebt oder es sonst wie in seinem Inhalt ändert (RGZ 90, 395, 399; BGHZ 1, 294, 304 = NJW 1951, 645, 647 = Rpfleger 1951, 453 = BB 1951, 404; Staudinger/Dilcher[12] Einl 44 zu §§ 104 ff; Staudinger/Klumpp [2019] § 185 Rn 12).

6 Auch die Einwirkung auf ein Recht durch eine einseitige Gestaltungserklärung ist eine Verfügung in diesem Sinn (BGHZ 1, 294, 304 = NJW 1951, 645, 647), soweit ein von § 1812 BGB erfasster Anspruch zum Erlöschen gebracht oder geändert wird (Erman/Schulte-Bunert Rn 8d). Genehmigungsbedürftig sind danach die **Anfechtung**, die **Kündigung** (zur Kündigung eines Girovertrags näher unten Rn 47) sowie die **Abtretung** (LG Hamburg 8. 3. 2019 – 330 T 14/19, juris Rn 11, ZInsO 2019, 745 [betr die Abtretungserklärung eines unter Betreuung stehenden Schuldners nach § 287 Abs 2 InsO]; Erman/Schulte-Bunert Rn 8: Ausnahme für den Fall, dass die Abtretung dem Mündel vom Schenker der abzutretenden Forderung auferlegt worden ist, so auch BayObLG FamRZ 1974, 320; **aA** Damrau FamRZ 1984, 842, 848).

7 Als Verfügungen iS des § 1812 BGB werden auch **die Einwilligung und die Genehmigung zu fremden Verfügungsgeschäften** angesehen (RGZ 90, 395, 399 f; 137, 356, 357; BayObLG OLGE 4, 414; KGJ 43, A 63; Staudinger/Dilcher[12] Einl 44 zu §§ 104 ff; Staudinger/Klumpp [2019] § 185 Rn 57 ff). Dagegen ist die **Vollmachtserteilung**, auch wenn sie den Bevollmächtigten zu einer Verfügung über eine Forderung des Mündels berechtigt, **nicht** als Verfügung iS des § 1812 BGB anzusehen, da sie diese nur vorbereitet und nicht unmittelbar auf eine Rechtsänderung abzielt; sie kann auch nicht als genehmigungsbedürftige Eingehung einer Verpflichtung zu einer derartigen Verfügung (§ 1812 Abs 1 S 2 BGB) angesehen werden, wobei es keinen Unterschied macht, ob es sich um eine widerrufliche oder unwiderrufliche Vollmacht handelt (Lamberz FamRZ 2012, 162, 165; Erman/Schulte-Bunert Rn 13). Jedoch bedarf der Bevollmächtigte zu Rechtsgeschäften, die er für den Mündel vornimmt, der Genehmigung in demselben Umfang wie der Vormund selbst (KG OLGE 5, 410, 411; KG 13. 11. 2014 – 8 U 35/14, juris Rn 41, NJW 2015, 1394, 1395 = FamRZ 2015, 1052 [LS]; Lamberz FamRZ 2012, 162, 165; Palandt/Götz Rn 10; MünchKomm/Kroll-Ludwigs § 1809 Rn 7; Oberloskamp/Dürbeck, Vormundschaft § 10 Rn 88 aE; vgl auch § 1821 Rn 35).

8 Als Verfügung über eine Forderung wird – trotz ihrer strittigen Rechtsnatur – insbesondere auch die **Annahme der geschuldeten Leistung** verstanden; dies ergibt sich eindeutig aus § 1813 BGB, wonach der Vormund für bestimmte, abschließend aufgezählte Fälle zur Annahme der geschuldeten Leistung der Genehmigung des Gegenvormunds nicht bedarf (Mot IV 1125; s unten Rn 30, § 1813 Rn 1; krit zu dieser Einordnung Bund Deutscher Rechtspfleger, Reform- und Änderungsbedarf aus dem Bereich der Freiwilligen Gerichtsbarkeit 4 f [Nachw § 1796 Rn 31]). Unter den Verfügungsbegriff fällt weiter die Annahme einer Leistung an Erfüllungs statt, soweit nicht § 1813 BGB einschlägig ist (Erman/Schulte-Bunert Rn 8a; MünchKomm/Kroll-Ludwigs Rn 27).

2. Die der Genehmigungspflicht unterliegenden Gegenstände

9 § 1812 Abs 1 BGB nennt in S 1 als Gegenstände, über die der Vormund nur mit Genehmigung des Gegenvormunds verfügen kann, zunächst **Forderungen**, ferner **andere Rechte**, kraft deren der Mündel eine Leistung verlangen kann, und schließlich **Wertpapiere** des Mündels.

a) Forderungen

10 Unter Forderungen iS von Abs 1 S 1 Alt 1 fallen nicht nur schuldrechtliche Ansprüche auf eine Leistung iSv § 241 BGB; danach ist der Gläubiger „kraft des Schuldverhältnisses" berechtigt, vom Schuldner „eine Leistung zu fordern". Vielmehr werden auch **Ansprüche** erfasst, die nicht auf einem Schuldverhältnis basieren, dennoch ein Recht umfassen, von einem anderen ein Tun oder ein Unterlassen zu verlangen, und damit einen Anspruch iSv § 194 Abs 1 BGB enthalten (MünchKomm/Kroll-Ludwigs Rn 15; BGB-RGRK/Dickescheid Rn 3; Erman/Schulte-Bunert Rn 7; BeckOGK/Fröschle [1. 9. 2019] Rn 14). Zwar scheint die **Forderung** als Grundbegriff des Schuldrechts in einem begrifflichen Gegensatz zu Ansprüchen zu stehen, die ihren Grund außerhalb des Schuldrechts haben (dingliche, familienrechtliche, erbrechtliche Ansprüche); das BGB verwendet aber sowohl im Schuldrecht als auch außerhalb dieses Buches die Begriffe „Forderung" (zB in §§ 398 ff, 437, 719 Abs 2, 1074, 1279, 2019, 2041, 2111, 2175, 2176 BGB) und „Anspruch" (zB in §§ 273, 274 Abs 2, 321, 326 BGB) ohne scharfe Abgrenzung voneinander (s dazu Gernhuber, Das Schuldverhältnis § 3 I 5), sodass auch in § 1812 BGB von einem weiten Begriffsverständnis der Forderung auszugehen ist.

11 Unter den Begriff der Forderung werden mithin Ansprüche aus Gesellschafts- und Gemeinschaftsverhältnissen (MünchKomm/Kroll-Ludwigs Rn 15) ebenso subsumiert wie Ansprüche auf Beseitigung oder Unterlassung von Beeinträchtigungen, auf Rechnungslegung (BGB-RGRK/Dickescheid Rn 3) sowie Ansprüche auf Herausgabe von Gegenständen oder auf Übereignung von Sachen, soweit nicht die Voraussetzungen der §§ 1821 f BGB vorliegen (Palandt/Götz Rn 6; MünchKomm/Kroll-Ludwigs Rn 16). Zur Verfügung über eine Forderung, die auf Übertragung des Eigentums an einem Grundstück oder auf Begründung oder Übertragung eines Rechts an einem Grundstück oder auf Befreiung eines Grundstücks von einem solchen Recht gerichtet ist, bedarf der Vormund etwa nach § 1821 Abs 1 Nr 2 BGB (s auch § 1821 Abs 2 BGB) der Genehmigung des Familiengerichts und demgemäß nicht der Genehmigung des Gegenvormunds (§ 1812 Abs 1 S 1 HS 2 BGB).

12 Dingliche Ansprüche werden überwiegend nicht unter den Begriff der „Forderung", sondern den des „anderen Rechts, kraft dessen der Mündel eine Leistung verlangen kann", subsumiert (näher unter Rn 16).

13 Eine Beschränkung der Forderungen auf solche, die auf eine Geldzahlung gerichtet sind (OLG Karlsruhe NJW-RR 2008, 235, 236; Soergel/Zimmermann Rn 2; Damrau FamRZ 1984, 842, 844; **aA** Erman/Schulte-Bunert Rn 7; MünchKomm/Kroll-Ludwigs Rn 11 f), ergibt sich zwar nicht aus dem Normwortlaut, liegt aber mit Blick auf das in § 1812 Abs 1 S 1 Alt 2 BGB enthaltene Tatbestandsmerkmal „ein anderes Recht, kraft dessen der Mündel eine Leistung verlangen kann" und die Gesetzesmaterialien nahe (näher dazu unter Rn 27 f).

b) Andere Rechte auf Leistung

14 Der Begriff des „anderen Rechts, kraft dessen der Mündel eine Leistung verlangen kann" (vgl §§ 1070, 1275 BGB) ist weit gefasst; er schließt auch dingliche Rechte ein, ist also weiter als der Begriff der Forderung (s STAUDINGER/HEINZE [2017] § 1070 Rn 1). Da das in § 1812 BGB vorgesehene Erfordernis der Genehmigung des Gegenvormunds ohne Unterschied für Forderungen und andere Rechte auf Leistung gilt (Mot IV 1123), kommt es auf eine strenge Abgrenzung nicht an.

15 Als „andere Rechte auf Leistung" sind nach allgM **Hypotheken** (§§ 1113 ff BGB), **Grundschulden** (§§ 1191 ff BGB) und **Rentenschulden** (§§ 1199 ff BGB) – über die nach § 1821 Abs 2 BGB ohne familiengerichtliche Genehmigung verfügt werden kann –, Reallasten (§§ 1105 ff BGB) und auch die einzelnen Ansprüche, die aus diesen Rechten folgen (wenn man nur schuldrechtliche Ansprüche als Forderungen betrachtet), zu verstehen (Prot IV 782; ENNECCERUS/KIPP § 115 I 1; DÖLLE § 127 II 1 a; BGB-RGRK/DICKESCHEID Rn 4; MünchKomm/KROLL-LUDWIGS Rn 18; ERMAN/SCHULTE-BUNERT Rn 7; PALANDT/GÖTZ Rn 7).

Dabei besteht kein Unterschied zwischen einer **Fremd- und einer Eigentümergrundschuld**. Auch letztere ist ein echtes Grundpfandrecht und umschließt grundsätzlich alle Rechte, die auch eine Fremdgrundschuld gewährt, insbesondere das Recht, die Zahlung einer bestimmten Geldsumme aus dem Grundstück zu erlangen (BGHZ 64, 316, 318; BayObLGZ 1984, 218, 222; OLG Hamm OLGZ 1977, 47, 49 = Rpfleger 1976, 309). Der Vormund kann die Eigentümergrundschuld auf Dritte übertragen, sie verpfänden und einem nachstehenden Gläubiger das Vorrecht vor ihm einräumen; er kann das Grundstück veräußern, ohne die Grundschuld mit zu übertragen. § 1197 Abs 1 und 2 BGB begründen zwar eine persönliche Beschränkung der verfahrens- und materiellrechtlichen Rechtsstellung des Inhabers der Eigentümergrundschuld. Diese Beschränkungen bestehen aber nur so lange, wie sich Eigentum und Gläubigerstellung in Bezug auf die Eigentümergrundschuld in einer Person vereinigen, entfallen hingegen, sobald sie auseinanderfallen (BayObLGZ 1984, 218, 222 f).

Ist der Hypotheken-, Grundschuld- oder Rentenschuldbrief **hinterlegt** (§§ 1814, 1818 BGB), so bedarf der Vormund zu einer Verfügung über die Hypothekenforderung, die Grundschuld oder die Rentenschuld der Genehmigung des Familiengerichts nach § 1819 BGB und daher nicht der Genehmigung des Gegenvormunds (§ 1812 Abs 1 S 1 HS 2 BGB).

16 Zu den anderen Rechten auf Leistung gehört auch der dingliche Anspruch auf **Herausgabe einer beweglichen Sache** (ENNECCERUS/KIPP § 115 I 1; MünchKomm/KROLL-LUDWIGS Rn 17; BGB-RGRK/DICKESCHEID Rn 4; ERMAN/SCHULTE-BUNERT Rn 7; BeckOGK/FRÖSCHLE [1. 9. 2019] Rn 13; **aA** DÖLLE § 127 II 1 a; GERNHUBER/COESTER-WALTJEN § 72 Rn 43 Fn 59; DAMRAU FamRZ 1984, 842, 846; SOERGEL/ZIMMERMANN Rn 2). Die in Prot IV 782 wiedergegebenen Erwägungen, die eine Ausnahme rechtfertigen sollen (s dazu unten Rn 43), haben im Wortlaut des Gesetzes keinen Ausdruck gefunden; es muss deshalb auf anderem Weg versucht werden, das „ungereimte" (DÖLLE § 127 II 1 a) Ergebnis zu vermeiden, dass der Vormund eine bewegliche Sache zwar nach §§ 929, 930 BGB ohne, dagegen nach § 931 BGB (durch Abtretung des Herausgabeanspruchs) nur mit Genehmigung des Gegenvormunds veräußern kann (s unten Rn 44).

c) Wertpapiere

Wertpapiere sind Urkunden, in denen ein verbrieftes Recht verkörpert ist, sodass dieses nicht ohne das Papier geltend gemacht werden kann (näher STAUDINGER/MARBURGER [2015] Vorbem 1 ff zu §§ 793 ff). Die Verfügung über ein Wertpapier ist zugleich eine Verfügung über das darin verbriefte Recht; deshalb ist auch die Verfügung über ein Wertpapier von der Genehmigung des Gegenvormunds bzw des Familiengerichts abhängig (ENNECCERUS/KIPP § 115 I 1; s auch Prot IV 764 u OLG Dresden OLGE 26, 114). 17

Sind Wertpapiere nach §§ 1814, 1818 BGB **hinterlegt**, so bedarf der Vormund zur Verfügung über sie keiner Genehmigung nach § 1812 BGB, sondern nach § 1819 BGB (§ 1812 Abs 1 S 1 HS 2 BGB). 18

3. Einschränkungen des Anwendungsbereichs von Abs 1 S 1

a) Notwendigkeit einer Einschränkung

Der weite **Wortlaut** von Abs 1 S 1, der alle Verfügungen über Forderungen und andere Rechte, die dem Mündel ein Recht auf Leistung gewähren, unabhängig davon erfasst, auf welche Leistung die Forderung oder das Recht gerichtet ist, sowie das weite Verständnis des Verfügungsbegriffs in § 1812 Abs 1 BGB haben zur Folge, dass die rechtsgeschäftliche Bewegungsfreiheit des Vormunds stark eingeschränkt ist, und zwar trotz der Änderungen, die § 1813 BGB in den letzten Jahren erfahren hat (näher § 1813 Rn 17 ff). So erfasst etwa der Normwortlaut auch die Kündigung eines Mietvertrags (LG Berlin Rpfleger 1973, 135) oder den Austritt aus einem Sportverein, obwohl insoweit der Normzweck – Schutz des Mündelvermögens vor Veruntreuungen des Vormunds – nicht tangiert ist. Das Gleiche gilt für die Annahme einer dem Mündel aus Kauf geschuldeten Geldleistung (außerhalb von § 1813 Abs 1 Nr 2 BGB), obwohl insoweit von einem Rechtsgeschäft, das die Kapitalanlage des Mündels berührt, nicht gesprochen werden kann (GERNHUBER/COESTER-WALTJEN § 72 Rn 42). 19

Die Vorschrift bedarf deshalb mit Blick auf Normgenese und Systematik einer Einschränkung (PALANDT/GÖTZ Rn 4 [Restriktion]; MünchKomm/KROLL-LUDWIGS Rn 9 ff [einschränkende Interpretation]; ERMAN/SCHULTE-BUNERT Rn 6 [restriktive Auslegung]; SAAR, Anm zu BGH FamRZ 2010, 207, LMK 2010, 299706 [teleologische Reduktion]; GERNHUBER/COESTER-WALTJEN § 72 Rn 42 [teleologische Reduktion]; offengelassen in BGH FamRZ 2010, 207, 209). Eine solche Reduktion scheitert nicht von vornherein an dem klaren Gesetzeswortlaut der Norm (so aber BeckOK/BETTIN [1. 11. 2019] Rn 4; iE auch jurisPK-BGB/LAFONTAINE Rn 7 f), da sowohl die einschränkende Auslegung als auch die teleologische Reduktion an einem zu weit geratenen Wortlaut ansetzen. Während die teleologische Reduktion voraussetzt, dass eine gesetzliche Regelung entgegen ihrem Wortsinn, aber gemäß der immanenten Teleologie des Gesetzes einer Einschränkung bedarf, die im Gesetzestext nicht enthalten ist (CANARIS/LARENZ, Methoden der Rechtswissenschaft 391), sind Ausgangspunkt und Grenze jeder Auslegung auch der mögliche Wortsinn einer Norm (CANARIS/LARENZ, Methoden der Rechtswissenschaft 324). Umstritten ist lediglich, nach welchen Kriterien die Einschränkung erfolgen soll (eingehend STAUDINGER/ENGLER [2004] Rn 31 ff; jüngst Bund Deutscher Rechtspfleger, Reform- und Änderungsbedarf aus dem Bereich der Freiwilligen Gerichtsbarkeit 3 f [Nachw § 1796 Rn 31]). 20

b) Möglichkeiten der Einschränkung

21 **aa)** Zum Teil wird unter Bezugnahme auf den Normzweck und die Materialien zum BGB sowohl eine einschränkende Auslegung des Verfügungsbegriffs als auch eine gegenständliche Beschränkung des Genehmigungserfordernisses auf **Leistungsansprüche** gefordert, die **auf Geld und Wertpapiere** gerichtet sind (Damrau FamRZ 1984, 842, 844 ff; so jetzt auch Oberloskamp/Dürbeck, Vormundschaft § 10 Rn 140). Der heutige Begriff der Verfügung entspreche nicht dem Ziel des historischen Gesetzgebers; vielmehr habe dieser nur die Veräußerung und Belastung unter Einschluss der Aufgabe und der Kündigung eines Rechts oder einer Forderung erfassen wollen (Damrau FamRZ 1984, 842, 845; Bund Deutscher Rechtspfleger, Reform- und Änderungsbedarf aus dem Bereich der Freiwilligen Gerichtsbarkeit 4 [Nachw § 1796 Rn 31]). Auch gegenständlich sei die Vorschrift zu beschränken, um den Rechtsverkehr nicht zu stark durch Genehmigungserfordernisse einzuschränken; durch das Genehmigungserfordernis solle nicht jeder möglichen Benachteiligung durch den Vormund, sondern nur der Gefahr vorgebeugt werden, dass an die Stelle des Anspruchs ein „leicht entziehbares Objekt" trete, das veruntreut werden könne (Damrau FamRZ 1984, 842, 844; zust OLG Karlsruhe NJW-RR 2008, 235, 236; grds auch MünchKomm/Kroll-Ludwigs Rn 12: „begründetes rechtspolitisches Anliegen"; RGRK-BGB/Dickescheid Rn 6: „de lege ferenda erwägenswert").

22 **bb)** Andere beschränken den Geltungsbereich des § 1812 BGB dagegen auf **Rechtsgeschäfte aus dem Bereich der Vermögenssorge** und nehmen damit Rechtsgeschäfte aus dem Bereich der Personensorge aus (MünchKomm/Schwab[3] Rn 14; so auch MünchKomm/Kroll-Ludwigs Rn 13; Erman/Schulte-Bunert Rn 6; Palandt/Götz Rn 4). Ausgenommen von § 1812 BGB bleiben danach Rechtsgeschäfte, welche die persönliche Lebensführung des Mündels und dessen angemessenen Unterhalt betreffen (zB Austritt aus einem Sportverein, Kündigung der bisher bewohnten Mieträume bei Wohnsitzwechsel, Rücktritt vom Reisevertrag, Rücktritt und Minderung von Kauf- und Werkverträgen, deren Gegenstand dem Unterhalt des Mündels dient). Nach dieser Konzeption ist auch die Annahme von Unterhaltsleistungen für den Mündel genehmigungsfrei, weil auch hierin ein Akt der Personensorge liegt. Hingegen unterliegen nach diesem Ansatz Akte der Vermögensverwaltung – auch wenn sie der Einkommenserzielung dienen und so einen mittelbaren Bezug zum Unterhalt haben – in vollem Umfang dem § 1812 BGB, wobei der Verfügungsbegriff in seinem allgemeinen dogmatischen Sinn verstanden wird.

23 **cc)** Andere sehen in dem Zweck der Vorschrift, eine Veruntreuung durch den Vormund zu erschweren, das maßgebende Kriterium für eine **zweckgerechte Restriktion**, indem solche Geschäfte nicht der Beschränkung des § 1812 BGB unterworfen werden, bei denen den Umständen nach eine Veruntreuung generell nicht in Betracht zu ziehen ist (BGB-RGRK/Dickescheid Rn 6, grds zust jurisPK-BGB/Lafontaine Rn 8).

24 **dd)** Wieder andere wollen den zu weit geratenen Wortlaut auf Vorgänge der **„kontrollierten Anlage"** beschränken (Gernhuber/Coester-Waltjen § 72 Rn 42).

25 **ee)** Zum Teil wird sogar – allerdings mit Blick auf den Normwortlaut wohl eher de lege ferenda – dafür plädiert, vergleichbar § 1813 Abs 1 Nr 2 BGB **Rechtsgeschäfte geringen Wertes** insgesamt von der Genehmigungspflicht auszunehmen (jurisPK-BGB/Lafontaine Rn 8; Lamberz FamRZ 2012, 162, 164).

c) Beschränkung der Forderungen auf solche, deren Gegenstand in Geld besteht

Allen Lösungsansätzen de lege lata ist zwar gemein, dass sie zu Rechtsunsicherheiten führen (insoweit zu Recht LAMBERZ FamRZ 2012, 162, 163). Sie stimmen aber darin überein, dass eine Restriktion vonnöten ist. Diese ist am Sinn und Zweck der Norm auszurichten; maßgeblichen Aufschluss hierüber gibt die Entstehungsgeschichte (s CANARIS/LARENZ, Methoden der Rechtswissenschaft 328, 332), aber auch der Zusammenhang von § 1812 BGB und § 1813 BGB. 26

Nach E I § 1669 Abs 1 sollte die Genehmigung des Gegenvormunds erforderlich sein zu „einem Rechtsgeschäfte, durch welches ein Anspruch, mit Einschluß von Hypotheken, Grundschulden und Werthpapieren, veräußert oder belastet oder die Verpflichtung zu einer derartigen Veräußerung oder Belastung begründet wird". Die Regelung wollte neben größerer Sicherheit des Mündels auch das Interesse des Rechtsverkehrs, also die Stellung des Schuldners, berücksichtigen (Mot IV 1122). Um die Beeinträchtigung des Schuldners und den Eingriff in die Rechtsstellung des Vormunds in Grenzen zu halten, sah E I § 1669 Abs 2 für die Fälle der Annahme der geschuldeten Leistung, die als Veräußerung des Anspruchs angesehen wurde, die später in § 1813 BGB enthaltenen Ausnahmen vor. Zur Begründung wurde angeführt: „Die Gefahr, welcher die im § 1669 bestimmte Beschränkung des Vormundes entgegenwirken soll, besteht darin, daß mit der Erfüllung der Obligation der Gegenstand der Leistung im Vermögen des Mündels an die Stelle des aufgehobenen Anspruches tritt und daß nach der Natur dieses Gegenstandes eine Schädigung des Mündels durch Verfügungen des Vormundes erleichtert wird. Das Erfordernis der Genehmigung hat vornehmlich die praktische Bedeutung, daß dem Vormunde die **Umsetzung des Anspruches in ein leichter entziehbares Objekt** [Hervorhebung durch Verf] ohne die Kenntnißnahme des Gegenvormundes verwehrt wird. Eine erhebliche Gefährdung des Mündels besteht indessen nur, wenn Geld oder Werthpapiere Gegenstand der Leistung sind, wobei es aber keinen Unterschied macht, ob der Anspruch ursprünglich auf einen anderen Gegenstand gegangen ist und erst in Folge der Nichterfüllung in einen Anspruch auf Geld sich umgesetzt hat. Die Ausnahme von der Regel des § 1669 Abs 1 ist zudem nothwendig, weil ohne sie die weitgehende Beschränkung des Vormundes diesem die Vermögensverwaltung erschweren und im Verkehre lästig empfunden werden würde" (Mot IV 1125). 27

Diesem in den Motiven zum BGB genannten Zweck dient in besonderer Weise der auch praktikable Vorschlag, die Genehmigung des Gegenvormunds auf die Fälle zu beschränken, in denen über einen Anspruch des Mündels, der sich auf **eine Geldleistung** richtet, oder über **ein Wertpapier** verfügt werden soll. Soweit es sich um Geldforderungen oder Wertpapiere handelt, sind neben der Annahme der Leistung auch andere Arten des Verfügens über die Forderung oder das Wertpapier dem Erfordernis der Genehmigung des Gegenvormunds zu unterwerfen, da der Wortlaut keinen Unterschied macht. Insoweit dient die Kontrolle auch dem Schutz des Mündels vor unzweckmäßigen, seinen Interessen zuwiderlaufenden Maßnahmen des Vormunds. Über den Kreis dieser Fälle hinaus darf der Vormund dagegen in der Führung der Vormundschaft nicht eingeschränkt werden. Zwar besteht auch etwa bei Kostbarkeiten wie Schmuck eine Veruntreuungsgefahr (jurisPK-BGB/LAFONTAINE Rn 7); dennoch genügt insoweit die allgemeine Kontrolle des Familiengerichts über §§ 1837 und 1843 BGB. 28

29 Gegen die hier vertretene Ansicht lässt sich nicht einwenden, die Beschränkung der Gegenstände einer Verfügung auf Rechte, die auf Geldleistungen gerichtet sind, führe zu willkürlichen Ergebnissen (so aber MünchKomm/Kroll-Ludwigs Rn 12; Gernhuber/Coester-Waltjen § 72 Rn 43 Fn 59; jurisPK-BGB/Lafontaine Rn 7). Zwar führt der Lösungsansatz dazu, dass die Verfügung über den auf Geldleistung gerichteten Anspruch genehmigungsbedürftig, die Verfügung über einen auf demselben Rechtsverhältnis beruhenden, auf eine Leistung nicht in Geld, sondern in Natur gerichteten Anspruch (Lieferung einer Sache; Herausgabe der Bereicherung; Verpflegung, Wohnung und Dienste als Gegenstand einer Reallast) dagegen genehmigungsfrei ist; so wäre etwa die Verfügung über den Anspruch auf Lieferung einer Sache nicht nach § 1812 BGB genehmigungspflichtig, wohl aber die Verfügung über den an seine Stelle getretenen Anspruch auf Schadensersatz wegen Nichterfüllung (vgl früher §§ 325, 326 BGB; nunmehr §§ 280 Abs 1, Abs 3, 283 BGB). Das Gleiche gilt für einen Bereicherungsanspruch, soweit die Bereicherung in Natur herauszugeben ist (keine Genehmigungspflicht) im Unterschied zum Wertersatzanspruch nach § 818 Abs 2 BGB (Genehmigungspflicht nach § 1812 BGB). Diese Unterscheidung verwirklicht konsequent das in den Entwürfen zum BGB bereits angelegte Prinzip, dass der Vormund dann (aber auch nur dann), wenn er durch die Einlösung eines Anspruchs Geld in die Hand bekommt, der Kontrolle durch den Gegenvormund unterworfen sein soll. Dieser Grundsatz wird auch nochmals in § 1813 Abs 1 Nr 1 BGB klargestellt (Damrau FamRZ 1984, 842, 845).

30 § 1812 BGB und § 1813 BGB können nicht getrennt betrachtet werden; vielmehr bedarf es einer Zusammenschau beider Vorschriften. Die in E I § 1669 Abs 1, jetzt in § 1812 Abs 1 S 1 BGB enthaltene Regel sollte sich nicht auf den zu unbestimmt erscheinenden Begriff der „Kapitalien" (den § 41 der preußischen Vormundschaftsordnung verwendet hatte) beschränken, sondern mit dem Ausdruck „Recht, kraft dessen der Mündel eine Leistung verlangen kann" auch Leistungen erfassen, die nicht auf einem Schuldverhältnis, sondern auf einem anderen Rechtsgrund, insbesondere einem dinglichen Recht, beruhten; es bliebe sonst zweifelhaft, ob und inwieweit auch der noch ausstehende Kaufpreis für verkaufte Mündelsachen, insbesondere für verkaufte Grundstücke des Mündels, erfasst sei (Mot IV 1123 f). Derartige Fälle hatte der Gesetzgeber des BGB im Auge, wenn er das Erfordernis der Genehmigung des Gegenvormunds nicht auf den Fall des Empfangs von Kapitalien beschränkte und meinte, es bleibe dann nur übrig, „die frei einziehbaren Ansprüche in einer, wenn auch kasuistischeren, aber den Vorzug größerer Bestimmtheit gewährenden Art abzugrenzen" (Mot IV 1125). Dies tat er dann – immer in der Vorstellung, dass es um Geldansprüche ging und dass eine „Verfügung" insbesondere in der Annahme der geschuldeten Leistung zu sehen war – in § 1813 Abs 1 BGB. Bei der Auseinandersetzung über die richtige Auslegung des § 1812 BGB bedarf es also einer **Zusammenschau der §§ 1812, 1813 BGB**, deren Inhalt erst im E II in zwei Paragrafen aufgeteilt wurde (**aA** BeckOGK/Fröschle [1. 9. 2019] Rn 13.1, der in § 1813 Abs 1 Nr 1 BGB gerade ein Argument gegen die hier vertretene Auffassung sieht).

31 Die hier vertretene Ansicht führt zu dem praktischen Ergebnis, dass zur Annahme einer Leistung, deren Gegenstand nicht in Geld oder Wertpapieren besteht, die Genehmigung des Gegenvormunds nicht erforderlich ist. Das bedeutet im Ergebnis aber auch, dass die Genehmigung des Gegenvormunds zur Annahme einer dem Mündel geschuldeten Leistung nur dann erforderlich ist, wenn die Leistung in Geld oder

Wertpapieren besteht. Müßig und unergiebig erscheint es, darüber zu streiten, ob schon in § 1812 BGB von vornherein nur Rechte gemeint sind, kraft deren der Mündel eine Geldleistung verlangen kann, oder ob in § 1812 BGB zunächst alle erdenklichen Rechte auf Leistung erfasst, dann aber in § 1813 Abs 1 Nr 1 BGB alle Ansprüche, die sich nicht auf Geld oder Wertpapiere richten, ausgenommen sind.

Gegen eine **Abgrenzung nach Rechtsgeschäften aus dem Bereich der Vermögens- oder Personensorge** spricht, dass die Regelung des § 1812 BGB systematisch im selben Abschnitt wie etwa § 1822 BGB steht, dort aber mit Nrn 6 und 7 auch Rechtsgeschäfte des Vormunds aus dem Bereich der Personensorge der familiengerichtlichen Genehmigung unterworfen werden (BGB-RGRK/Dickescheid Rn 6; BeckOGK/Fröschle [1. 9. 2019] Rn 19.1). Abgesehen davon ließe sich die Unterscheidung auch praktisch nur schwer durchführen (so auch NK-BGB/Fritsche Rn 2; jurisPK-BGB/Lafontaine Rn 7; Lamberz FamRZ 2012, 162, 163; BeckOGK/Fröschle [1. 9. 2019] Rn 19.1). Nicht zuletzt wird eine solche Zweckbestimmung, die beim Abschluss des Vertrags oft nicht zur Sprache kommen wird, für den Geschäftsgegner schwerlich klar erkennbar sein, sodass er nicht weiß, ob das Geschäft genehmigungsbedürftig ist oder nicht. Bei einer solchen Abgrenzung würde aber auch ohne Grund in Fällen, in denen das Geschäft eine Geldleistung an den Mündel zur Folge hat, auf den von § 1812 BGB bezweckten Schutz des Mündels verzichtet; wieso ein Mündel in Angelegenheiten der Personensorge generell weniger vor Veruntreuungen durch den Vormund geschützt werden soll als im Bereich der Vermögenssorge, ist nicht einsichtig (BGB-RGRK/Dickescheid Rn 6). Im Übrigen dürfte für die Herausnahme von Geschäften, die mit der Sorge für die Person des Mündels zu tun haben, nach der Erhöhung der Wertgrenze für genehmigungsfreie Geschäfte auf 3 000 Euro (§ 1813 Abs 1 Nr 2 BGB) kaum mehr ein Bedürfnis bestehen. 32

Nicht praktikabel erscheint schließlich auch der Vorschlag, solche **Geschäfte** der Beschränkung des § 1812 BGB nicht zu unterwerfen, **„bei denen den Umständen nach generell eine Veruntreuung nicht in Betracht zu ziehen ist"** (BGB-RGRK/Dickescheid Rn 6). Abgesehen von der Schwierigkeit, dieses Merkmal in einer für den Rechtsverkehr geeigneten Weise festzustellen, werden auch hier kaum praktische Fälle übrig bleiben, nachdem die Annahme von Geldleistungen des Geschäftsgegners bis zu 3 000 Euro vom Erfordernis der Genehmigung ausgenommen wurden. Wenn aber auf diese Weise das Motiv des Gesetzes, das hinter der gesamten Regelung der §§ 1812, 1813 BGB steht, zur konkreten Abgrenzung zwischen genehmigungsbedürftigen und genehmigungsfreien Geschäften herangezogen werden soll, spricht das deutlich für die hier vertretene Lösung. 33

Auch der Vorschlag einer teleologischen Reduktion von § 1812 BGB auf Vorgänge der **kontrollierten Kapitalanlage** (Gernhuber/Coester-Waltjen § 72 Rn 42 f) birgt Rechtsunsicherheiten, da unklar bleibt, welche Rechtsgeschäfte hiervon erfasst werden sollen; beispielhaft genannt werden nur die Löschungsbewilligung und der Rangrücktritt (Gernhuber/Coester-Waltjen § 72 Rn 43; zur Löschungsbewilligung näher unter Rn 51 ff). 34

Zum Reformbedarf angesichts der vorgestellten Auslegungsschwierigkeiten Staudinger/Veit (2014) Rn 80 ff. 35

4. Einzelfälle

36 Die Frage, unter welchen Voraussetzungen ein Rechtsgeschäft, das der Vormund für den Mündel vornimmt, nach § 1812 BGB der Genehmigung des Gegenvormunds bedarf, ist in vielen veröffentlichten Entscheidungen der Gerichte erörtert worden. Von den darin behandelten Fällen kann heute ein großer Teil außer Betracht bleiben, weil es sich dabei zwar um eine Verfügung iS der allgemeinen Regeln handelt, aber entweder einer der Ausnahmetatbestände des § 1813 BGB eingreift oder die gebotene einschränkende Auslegung des § 1812 Abs 1 S 1 BGB (s oben Rn 19 ff) zu dem Ergebnis führt, dass das in Frage stehende Rechtsgeschäft nicht der Genehmigung des Gegenvormunds bedarf.

a) Verfügung über eine Geldforderung

37 Im Vordergrund stehen hier die Fälle der **Annahme einer Leistung von Geld** (gleichviel, auf welchem Rechtsgrund sie beruht), mit der der Schuldner eine ursprüngliche Geldforderung des Mündels oder einen auf Geld gerichteten Anspruch, der an die Stelle der ursprünglichen Forderung getreten ist (zB Schadensersatz, Annahme an Erfüllungs statt, §§ 249 ff, 364 BGB), erfüllt (s LG Karlsruhe Rpfleger 2007, 606, 607 = FamRZ 2007, 2109, 2110, dort aber zu den Besonderheiten einer Nachlasspflegschaft). Vom Erfordernis der Genehmigung des Gegenvormunds ausgenommen ist nach § 1813 Abs 1 Nrn 2 und 3 Alt 1 BGB die Annahme von Leistungen auf Ansprüche, die nicht mehr als 3 000 Euro betragen (s dazu § 1813 Rn 11 ff) oder das Guthaben auf einem Giro- oder Kontokorrentkonto zum Gegenstand haben (s dazu § 1813 Rn 17 ff). Mithin ist etwa die Umbuchung von einem Sparkonto mit einem Guthaben über 3 000 Euro auf ein Girokonto, um es für anstehende Ausgaben aufzufüllen, genehmigungsbedürftig (Bund Deutscher Rechtspfleger, Reform- und Änderungsbedarf aus dem Bereich der Freiwilligen Gerichtsbarkeit 5 [Nachw § 1796 Rn 31] nennt diese Rechtsfolge eine „unangemessene[n] und rechtlich uneffektive[n] Förmelei"). Diese Ausnahmebestimmungen greifen auch dann nicht ein, wenn es sich um die Erhebung von Geld handelt, bei dessen Anlegung vereinbart worden ist, dass zur Erhebung des Geldes die Genehmigung des Gegenvormunds oder des Familiengerichts erforderlich ist (§ 1813 Abs 2 S 1 BGB).

38 Als Verfügungen über eine Geldforderung des Mündels kommen aber auch Rechtsgeschäfte in Betracht, die eine Veränderung der Rechtsposition des Mündels im Hinblick auf die Forderung, vor allem den Verlust oder die Beeinträchtigung seiner Gläubigerstellung, zur Folge haben. Dazu gehören der **Erlass** (zum Erlass von Regressforderungen durch Erklärung der „Entlastung" s BGHZ 44, 325 = FamRZ 1966, 139, 141 = JZ 1966, 193) und das **negative Schuldanerkenntnis** (§ 397 Abs 1 und 2 BGB), die **Abtretung** (§§ 398 ff BGB; vgl KG OLGE 5, 410), die **Verpfändung** (§§ 1279 ff BGB) und die **Aufrechnung** mit einer Forderung des Mündels (Wesche BtPrax 2004, 49, 51; MünchKomm/Kroll-Ludwigs Rn 29; Erman/Schulte-Bunert Rn 2; BeckOGK/Fröschle [1. 9. 2019] Rn 44; **aA** Soergel/Zimmermann Rn 5), dagegen nicht die vom Gegner erklärte Aufrechnung (vgl KG JFG 15, 214, 216; Gernhuber/Coester-Waltjen § 72 Rn 44; MünchKomm/Kroll-Ludwigs Rn 8, 30; Soergel/Zimmermann Rn 5).

39 Die **Überweisung** enthält eine Verfügung des Vormunds über eine Forderung des Mündels gegenüber der Bank und unterfällt damit § 1812 BGB (Wüstenberg Rpfleger 2005, 177, 178: Vorschrift zumindest analog anwendbar). Der Zahlungsdienstevertrag zwischen Überweisendem und Zahlungsdienstleister (§ 675f BGB) unterfällt nicht § 1831 BGB

mit der Folge, dass die in seinem Abschluss liegende Verfügung über die Forderung des Mündels auch noch nachträglich genehmigt werden kann (MünchKomm/Kroll-Ludwigs Rn 27); allerdings greift bei Giro- und Kontokorrentkonten die Ausnahme des § 1813 Abs 1 Nr 3 Alt 1 und Abs 2 BGB (näher § 1813 Rn 17 ff).

Genehmigungspflichtig ist auch die **Genehmigung eines Schuldübernahmevertrags** zwischen dem Schuldner des Mündels und einem Dritten (§ 415 BGB; OLG Dresden ZBlFG 11, 548, 549; OLG Bamberg LZ 1916, 1503; MünchKomm/Kroll-Ludwigs Rn 25; Erman/Schulte-Bunert Rn 8; BeckOGK/Fröschle [1. 9. 2019] Rn 62). 40

In diesen Fällen ist die Forderung des Mündels in der Regel nicht in der Weise gefährdet, dass der Vormund durch die von ihm vorgenommene Verfügung in den Besitz von Geld gelangt, das er veruntreuen könnte. Vielmehr kommt als Grund einer Kontrolle durch den Gegenvormund (hilfsweise – und in der Praxis meist – an seiner Stelle das Familiengericht) nur der **Schutz des Mündels vor nachteiligen Verwaltungsmaßnahmen** des Vormunds in Frage. Diesem Schutz dienen vor allem die §§ 1821, 1822 BGB, die bestimmte Geschäfte aufzählen, die sich auf wichtige Gegenstände beziehen und ihrer Art nach geeignet sind, die wirtschaftliche und oft auch die persönliche und berufliche Situation des Mündels erheblich zu beeinflussen. 41

Der Gedanke der Zweckmäßigkeit und Nützlichkeit eines Geschäfts für den Mündel spielt zwar auch in einer Reihe anderer Vorschriften – meist neben der auch dabei im Vordergrund stehenden Verhinderung von Veruntreuungen – eine Rolle (Anlegung von Mündelgeld, §§ 1806 ff BGB; Hinterlegung von Wertpapieren, §§ 1814 ff BGB). Er kann aber bei der Anwendung des § 1812 BGB nicht dazu führen, dass die Rechtsgeschäfte der oben aufgezählten Art, die sich als Verfügungen über Geldforderungen des Mündels darstellen, uneingeschränkt dem Genehmigungserfordernis unterworfen werden. Vielmehr müssen auch bei diesen Geschäften die Befreiungstatbestände des **§ 1813 Abs 1 Nrn 2–5 BGB** eingreifen (ebenso MünchKomm/Kroll-Ludwigs Rn 29 jedenfalls für die Aufrechnung). Es wäre inkonsequent, wenn der Vormund ohne Genehmigung des Gegenvormunds zwar durch Annahme der geschuldeten Leistung, aber nicht auf andere Weise über eine Geldforderung des Mündels verfügen könnte, die nicht mehr als 3 000 Euro beträgt, wenn er also eine Zahlung von 3 000 Euro frei annehmen könnte, aber beispielsweise zur Abtretung einer Forderung des Mündels über 100 Euro oder zur Aufrechnung mit einer solchen Forderung der Genehmigung bedürfte (s auch § 1813 Rn 3). 42

b) Übereignung und Verpfändung beweglicher Sachen

Der Vormund kann ohne Genehmigung des Gegenvormunds – allerdings nicht unentgeltlich (§ 1804 BGB) – bewegliche Sachen des Mündels gemäß §§ 929, 930 BGB an einen anderen übereignen. Schon in der II. Kommission wurde die Meinung vertreten, das müsse auch für eine Übereignung gelten, bei der die Übergabe dadurch ersetzt wird, dass der Eigentümer dem Erwerber gemäß § 931 BGB den Anspruch auf Herausgabe der Sache abtritt, und dasselbe gelte für eine Verfügung, bei der der Eigentümer gemäß § 1205 Abs 2 BGB den mittelbaren Besitz an der Sache an den Pfandgläubiger abtrete und die Verpfändung dem Besitzer anzeige (Prot IV 782). Dementsprechend wird überwiegend angenommen, dass der Vormund eine Sache des Mündels einem anderen auch durch Abtretung des Herausgabeanspruchs übereignen kann, obwohl dies begrifflich eine Verfügung über ein Recht ist, kraft dessen 43 der Mündel eine Leistung verlangen kann (Dölle § 127 II 1 a; Soergel/Zimmermann Rn 2 aE; s auch Damrau FamRZ 1984, 842, 846; MünchKomm/Kroll-Ludwigs Rn 17; auch Staudinger/Engler[10/11] Rn 4; Palandt/Götz Rn 6; **aA** Enneccerus/Kipp § 115 I 1, der vergleichend darauf hinweist, dass der Vormund auch über Geld verfügen kann, während er über die Forderung auf Zahlung des Geldes nicht ohne Genehmigung des Gegenvormunds verfügen kann).

44 Nach der hier vertretenen Auffassung ist die **Übereignung einer beweglichen Sache stets genehmigungsfrei**, gleichviel, ob die Sache dem Erwerber übergeben wird (§ 929 BGB), ob ein Besitzkonstitut vereinbart wird (§ 930 BGB) oder ob der Vormund dem Erwerber den Anspruch auf Herausgabe abtritt (§ 931 BGB). Dabei erscheint es auch konsequent, die Abtretung sowohl dinglicher als auch obligatorischer Herausgabeansprüche im Rahmen des § 931 BGB von dem Genehmigungserfordernis freizustellen (MünchKomm/Kroll-Ludwigs Rn 17; BeckOGK/Fröschle [1. 9. 2019] Rn 13). Der zum Teil vertretene Vorschlag, eine Ausnahme zu machen für „Mobilien mit Anlagewert", also zB Kostbarkeiten und Goldbarren (Erman/Holzhauer[11] Rn 5; anders jetzt Erman/Schulte-Bunert Rn 7), findet nicht nur im Gesetz keine Stütze (in Mot IV 1129 wird eine Ausnahme für Kostbarkeiten ausdrücklich abgelehnt); es wäre auch nicht einzusehen, wieso gerade (und nur) der Sonderfall einer Übereignung nach § 931 BGB der Genehmigung des Gegenvormunds bedürfen soll, während der Vormund auch Kostbarkeiten auf andere Weise genehmigungsfrei übereignen kann.

c) Ausübung von Gestaltungsrechten

45 Die Ausübung von Gestaltungsrechten (Kündigung, Gewährleistungsrechte, Anfechtung) in Bezug auf Forderungen und andere auf Leistung gerichtete Ansprüche kann als Verfügung nur dann verstanden werden, wenn man diesen Begriff weit auslegt (vgl MünchKomm/Kroll-Ludwigs Rn 19 u NK-BGB/Fritsche Rn 8, wonach die Ausübung von Gestaltungsrechten „für sich gesehen" bzw „an sich" nicht unter § 1812 BGB fällt). In den Motiven zum BGB war noch zu E I § 1669 Abs 1 ausgeführt worden, dass sich keine besondere Gefährdung für den Mündel aus einer Kündigung ergebe, dieser vielmehr durch die persönliche Verantwortlichkeit des Vormunds genügend gegen Missbrauch geschützt sei und eine Beschränkung für den Mündel unter Umständen nachteilig sein könne, wenn Eile geboten sei (Mot IV 1127). Die II. Kommission, die die ursprünglich verwendeten Ausdrücke „veräußern" und „belasten" durch das Wort „verfügen" ersetzte, hatte dabei die Vorstellung, dass dieser Ausdruck auch die Kündigung umfasse; dies nahm sie ausdrücklich in ihren Willen auf, freilich ohne diese Änderung sachlich zu begründen (Prot IV 782). Im Anschluss daran wurde die Kündigung einer Forderung des Mündels von der Mehrzahl der Gerichte und Autoren als genehmigungsbedürftiges Geschäft angesehen (OLG Kiel OLGE 8, 367; BayObLGZ 6, 332; BGHZ 1, 294 = NJW 1951, 645 = Rpfleger 1951, 453 = BB 1951, 404; Enneccerus/Kipp § 115 I 1 Fn 2; Dölle § 127 II 1 b; Erman/Schulte-Bunert Rn 8d; Soergel/Zimmermann Rn 5; BGB-RGRK/Dickescheid Rn 8 aE; MünchKomm/Kroll-Ludwigs Rn 23; auch Staudinger/Engler[10/11] Rn 12; diff zwischen Geschäften, die die persönliche Lebensführung des Mündels betreffen, und solchen der Vermögensverwaltung Palandt/Götz Rn 7).

46 Nach der hier vertretenen Auffassung ist auch die **Kündigung eines Anspruchs des Mündels** oder die Ausübung eines anderen Gestaltungsrechts nur dann genehmigungsbedürftig, wenn die Gestaltungswirkung das Erlöschen, den Verlust oder die Veränderung eines auf eine Leistung gerichteten Rechts des Mündels zur Folge hat (OLG Nürnberg 24. 3. 2016 – 8 U 1092/15, juris Rn 28, FamRZ 2016, 1875, 1876 = NJW-RR 2016,

1047 [betr Kündigung einer Risiko-Lebensversicherung; näher dazu § 1813 Rn 4]; ebenso MünchKomm/Kroll-Ludwigs Rn 19; Erman/Schulte-Bunert Rn 8d).

Kontrovers diskutiert wird die Genehmigungspflicht der **Kündigung eines Giro- oder Kontokorrentkontos**. Aus dem Girovertrag stehen dem Kontoinhaber Forderungen gegenüber der Bank zu (s § 675f BGB; zur Geltung dieser Norm bei Giroverträgen näher Staudinger/Omlor [2012] § 675f Rn 12), die unabhängig davon bestehen, ob und in welcher Höhe ein Guthaben auf diesem Konto liegt (LG Hamburg NJW-RR 2011, 513, 514; LG Meiningen FamRZ 2008, 1375). Mit der Kündigung wird über diese Rechte des Kontoinhabers insoweit verfügt, als er sie verliert. Somit besteht eine Genehmigungspflicht nach § 1812 BGB (LG Meiningen FamRZ 2008, 1375 [vor Inkrafttreten des § 1813 Abs 1 Nr 3 Alt 1 BGB am 1. 9. 2009]; MünchKomm/Kroll-Ludwigs Rn 27). Hieran ändert auch § 1813 Abs 1 Nr 3 Alt 1 BGB nichts, da es bei der Kündigung um den Girovertrag selbst und nicht um „das Guthaben auf dem Giro- oder Kontokorrentkonto" geht (für diese Trennung auch LG Hamburg NJW-RR 2011, 513, 514). Auch wenn man nicht zwischen dem Vertrag selbst und dem Guthaben auf dem Konto differenziert, so verlangt diese Norm doch das Vorliegen eines „Guthabens". Hieran fehlt es jedoch bei der Auflösung eines guthabenlosen Kontos. § 1813 Abs 1 Nr 3 Alt 1 BGB ermöglicht es, ohne Rücksicht auf die Wertgrenze des § 1813 Abs 1 Nr 2 BGB über das Guthaben des Mündels auf dem Girokonto zu verfügen, das Konto also jederzeit guthabenlos zu stellen. Damit lässt sich aus § 1813 Abs 1 Nr 3 Alt 1 BGB keine Genehmigungsfreiheit der Kündigung des Girokontos ableiten. Diese folgt vielmehr aus einer einschränkenden Auslegung von § 1812 BGB mit Blick auf die Wertung von § 1813 Abs 1 Nr 1 BGB: Ist ein Konto (ohnehin oder infolge genehmigungsfreier Abhebungen des Vormunds) guthabenlos, so betrifft die Aufhebung des Girovertrags weder Geld noch Wertpapiere (LG Hamburg NJW-RR 2011, 513, 514; Erman/Schulte-Bunert Rn 4 aE; s dazu auch Rn 31). 47

Aus der Wertgrenze des § 1813 Abs 1 Nr 2 BGB lässt sich keine Einschränkung der Genehmigungspflicht einer Kündigung von Giroverträgen ableiten. Vor der Einführung von § 1813 Abs 1 Nr 3 Alt 1 BGB wurde zwar die Ansicht vertreten, dass auch bei der Kündigung eines Girovertrags die Wertgrenze von 3 000 Euro zu beachten sei; es bestehe in der Frage der Genehmigungsbedürftigkeit kein Unterschied zwischen der Rückzahlung eines Darlehens, die der Schuldner aus freien Stücken vornehme (ihre Annahme bedarf nicht der Genehmigung, wenn der Anspruch nicht mehr als 3 000 Euro beträgt), und der Rückzahlung aufgrund einer vom Vormund für den Mündel ausgesprochenen Kündigung (so noch Staudinger/Engler [2004] Rn 52). Diese Sichtweise hätte aber zur Folge, dass der Vormund den Girovertrag nur dann genehmigungsfrei kündigen könnte, wenn das Konto kein Guthaben oder maximal ein solches von 3 000 Euro aufwiese. Gegen eine solche Einschränkung spricht jedoch, dass dem Vormund durch die Neuregelung von § 1813 Abs 1 Nr 3 Alt 1 BGB eine Verfügung über das Guthaben von Girokonten unabhängig von der Einhaltung einer Wertgrenze möglich ist mit der Folge, dass er das Konto jederzeit und auch genehmigungsfrei guthabenlos stellen kann (LG Hamburg NJW-RR 2011, 513, 514; s auch § 1813 Rn 17 ff).

Die Kündigung eines Giro- oder Kontokorrentkontos ist damit **nicht** nach § 1812 BGB **genehmigungspflichtig**. Dieses Resultat ist auch konsequent: Nicht die Auflösung eines solchen Kontos führt zu einer Gefährdung der Vermögensinteressen des

Mündels, sondern die vom Gesetzgeber durch § 1813 Abs 1 Nr 3 Alt 1 BGB eingeräumte und der Kontoauflösung vorgelagerte Möglichkeit, das Guthaben des Mündels gänzlich und ohne Genehmigung des Gegenvormunds oder des Familiengerichts abzuziehen (zu den damit eröffneten Missbrauchsgefahren § 1813 Rn 19); die Auflösung selbst hat dann keinen „Geldwert" mehr, des durch § 1812 BGB intendierten Schutzes vor Veruntreuungen (vgl Rn 2) bedarf es folglich nicht (LG Hamburg NJW-RR 2011, 513, 514).

d) Verfügung über Wertpapiere

48 Die Verfügung über ein Wertpapier (vgl oben Rn 17), also insbesondere die Veräußerung, auch die Verpfändung, ist immer genehmigungsbedürftig (aus jüngerer Zeit OLG München FamRZ 2009, 731); eine Wertgrenze (vgl § 1813 Abs 1 Nr 2 BGB) ist hier nicht vorgesehen. Auch die Rücknahme von Wertpapieren, die dem Mündel gehören, aus der Verwahrung stellt eine Verfügung über diese Wertpapiere dar (RGZ 79, 9 = JW 1912, 352; OLG Dresden OLGE 26, 114; Soergel/Zimmermann Rn 6; BGB-RGRK/Dickescheid Rn 14; Erman/Schulte-Bunert Rn 11).

49 Die Entgegennahme von Wertpapieren, auf die der Mündel einen Anspruch hat, bedarf nach § 1812 Abs 1 S 1 Alt 1 BGB der Genehmigung, weil der Vormund damit über eine Forderung des Mündels verfügt.

e) Löschung von Grundpfandrechten

50 Die Frage, ob zur Löschung eines im Grundbuch eingetragenen Rechts an einem Grundstück die Genehmigung des Gegenvormunds oder des Familiengerichts nach § 1812 BGB erforderlich ist, tritt in unterschiedlichster Form auf (RGRK-BGB/Dickescheid Rn 12 ff; Hurst MittRhNotK 1966, 383). Das Grundbuchamt hat, wenn ein Beteiligter unter Vormundschaft steht, die Wirksamkeit der vom Vormund abgegebenen Erklärungen auch unter dem Gesichtspunkt zu prüfen, ob der Vormund im Rahmen seiner Vertretungsmacht gehandelt hat (näher zur Prüfpflicht MünchKomm/Kroll-Ludwigs Rn 34; Erman/Schulte-Bunert Rn 10). Zur Bewilligung der Löschung einer Hypothek (oder Grundschuld) ist die Genehmigung des Gegenvormunds oder des Familiengerichts dann erforderlich, wenn die Bewilligung der Löschung eine Verfügung über ein auf eine Leistung gerichtetes Recht des Mündels darstellt.

aa) Löschung eines Grundpfandrechts des Mündels an einem fremden Grundstück

51 Hypotheken und Grundschulden sind Rechte, kraft deren der Mündel eine Leistung verlangen kann (§§ 1113, 1191 BGB; näher oben Rn 15). Ob eine Löschungsbewilligung des Vormunds eine Verfügung über ein solches Recht enthält, hängt davon ab, auf welcher materiell-rechtlichen Grundlage diese Bewilligung erteilt wird (RGRK-BGB/Dickescheid Rn 12).

52 **α)** War die **Hypothek nicht mehr valutiert**, weil die ihr zugrunde liegende Forderung des Mündels wirksam getilgt worden ist, so ist zugunsten des Grundstückseigentümers eine Eigentümergrundschuld entstanden (§§ 1163 Abs 1 S 2, 1177 S 1 BGB). Die Löschungsbewilligung des Vormunds dient in diesem Fall nur der Berichtigung des Grundbuchs, stellt aber keine Verfügung über ein dingliches Recht des Mündels dar (KG OLGE 26, 171, 172 = ZBlFG 14, 61; RGRK-BGB/Dickescheid Rn 12; BeckOGK/Fröschle [1. 9. 2019] Rn 16).

β) War die **Hypothek dagegen noch valutiert** und will der Mündel dieses Recht am Grundstück aufgeben (§ 875 BGB), so stellt die Aufgabeerklärung des Vormunds eine Verfügung über ein Recht dar, die der Genehmigung des Familiengerichts nach § 1822 Nr 13 BGB bedarf (RGRK-BGB/Dickescheid Rn 12). In diesem Fall ist die Genehmigung des Gegenvormunds nicht erforderlich (§ 1812 Abs 1 S 1 HS 2 BGB), aber auch nicht genügend (OLG Dresden ZBlFG 7, 204; KG OLGE 8, 359 = ZBlFG 4, 854 [LS]; zur Subsidiarität der Genehmigungspflicht nach § 1812 BGB unten Rn 87). 53

bb) Löschung einer Hypothek an einem Grundstück des Mündels

Ist eine Hypothek für einen Dritten an einem Grundstück des Mündels eingetragen und soll diese gelöscht werden, so sind wiederum verschiedene Fallgestaltungen zu unterscheiden: 54

α) Ist die **Hypothek noch valutiert**, so bedarf es zur Löschung materiell-rechtlich neben der Aufgabeerklärung des Grundpfandgläubigers nach § 875 BGB der Zustimmung des Mündels als Eigentümer des Grundstücks nach § 1183 BGB sowie verfahrensrechtlich seiner Zustimmung nach § 27 GBO. Diesem Zustimmungserfordernis liegt der Gedanke zugrunde, dass jede Aufhebung einer Hypothek auch eine Verfügung über die künftige Eigentümergrundschuld enthält, über die nicht der Gläubiger, sondern der Eigentümer des Grundstücks die Verfügungsbefugnis hat (Staudinger/Wolfsteiner [2019] § 1183 Rn 2). Stimmt der Vormund also der Aufhebung oder Löschung einer Hypothek nach § 1183 BGB iVm § 27 GBO zu, beeinträchtigt diese Löschung die Rechtsstellung des Mündels, nämlich die Möglichkeit, uU sogar die nicht mehr entziehbare Anwartschaft, das Grundpfandrecht als Eigentümerrecht zu erwerben (OLG München DNotZ 2011, 925, 926; BayObLGZ 1984, 218, 221; BeckOGK/Fröschle [1. 9. 2019] Rn 15). Da es sich bei der Eigentümergrundschuld auch nicht nur um eine rein formale Rechtsposition, sondern um ein Recht iSv § 1812 Abs 1 S 1 BGB handelt (s oben Rn 15), kommt der Zustimmung des Vormunds zur Löschung der Charakter einer genehmigungspflichtigen Verfügung über ein Recht zu. 55

Hieran ändert der Umstand nichts, dass die Grundschuld im Einzelfall den letzten Rang einnimmt (BayObLGZ 1984, 218, 223 f; Böttcher Rpfleger 1987, 485, 487; MünchKomm/Kroll-Ludwigs Rn 33; Palandt/Götz Rn 10; BGB-RGRK/Dickescheid Rn 13; **aA** KG JW 1936, 2745, 2746 = JFG 13, 393, 395 u LG Limburg NJW 1949, 787, die der Ansicht sind, dass der Eigentümer in diesem Fall eine lediglich formale Rechtsstellung aufgibt; Soergel/Zimmermann Rn 12, der auf den Zweck des § 1812 BGB, den Mündel vor Veruntreuungen zu schützen, hinweist; unentschieden Erman/Schulte-Bunert Rn 10; offengelassen in OLG Hamm OLGZ 1977, 47, 49; OLG Hamm FGPrax 2011, 61, 62).

β) Entsteht eine **Eigentümergrundschuld** nach §§ 1163 Abs 1 S 2, 1177 Abs 1 BGB infolge der Befriedigung der von der Hypothek gesicherten Forderung (OLG Hamm OLGZ 1977, 47; OLG Hamm FGPrax 2011, 61, 62) oder weil die Forderung, für welche die Hypothek bestellt wurde, gar nicht zur Entstehung gelangt ist, so liegt in der Bewilligung der Löschung dieser Eigentümergrundschuld nicht nur die Zustimmung des Eigentümers nach § 27 GBO, sondern auch iSv § 875 BGB und damit eine Verfügung iSv § 1812 Abs 1 S 1 BGB (OLG Hamm OLGZ 1977, 47, 50; OLG Hamm FGPrax 2011, 61, 62; RGRK-BGB/Dickescheid Rn 13). Dass der Eigentümer einem Dritten zur Löschung des Grundpfandrechts verpflichtet und für den Dritten eine Lö- 56 schungsvormerkung im Grundbuch eingetragen war, ändert an der Genehmigungspflicht der Verfügung nichts (OLG Hamm OLGZ 1977, 47, 51; näher oben Rn 4).

cc) Andere Verfügungen über Grundpfandrechte

57 Wird über eine Hypothek oder Grundschuld, die dem Mündel zusteht, in anderer Weise als durch Löschung, insbesondere durch Übertragung auf einen anderen Gläubiger (mit Abtretung der hypothekarisch gesicherten Forderung), verfügt, so steht die Genehmigungsbedürftigkeit der hierzu erforderlichen Erklärungen des Vormunds nicht in Frage. Für die bloße Bewilligung der Berichtigung des Grundbuchs, nachdem die Änderung der Rechtslage schon außerhalb des Grundbuchs vor sich gegangen ist, wird man – wie bei der Löschung einer Hypothek, die nur der Berichtigung dient – die Genehmigung des Gegenvormunds oder des Familiengerichts nach § 1812 BGB nicht verlangen können (Damrau FamRZ 1984, 842, 850 und Soergel/Zimmermann Rn 16; **aA** KGJ 42, A 215, 218 = ZBlFG 13, 459; KG OLGE 25, 390 = ZBlFG 13, 514 = RJA 12, 71).

58 Zum Komplex der Anwendbarkeit des § 1812 BGB im Bereich des formellen Liegenschaftsrechts s im Übrigen Soergel/Zimmermann Rn 11 ff, Erman/Schulte-Bunert Rn 10, MünchKomm/Kroll-Ludwigs Rn 31 ff, BGB-RGRK/Dickescheid Rn 12 f, jeweils mit Hinweisen auf die – meist ältere – Rechtsprechung; ferner die Abhandlung von Böttcher Rpfleger 1987, 485; Lamberz FamRZ 2012, 162.

IV. Verpflichtungsgeschäfte (Abs 1 S 2)

59 Im gleichen Umfang, in dem der Vormund zur Verfügung über Rechte des Mündels und über Wertpapiere (also zum dinglichen Vertrag) der Genehmigung des Gegenvormunds bedarf, bedarf er nach § 1812 Abs 1 S 2 BGB dieser Genehmigung auch zu einem Rechtsgeschäft, durch das er sich zu einer solchen Verfügung verpflichtet (obligatorischer Vertrag). Damit wird verhindert, dass durch Eingehung einer Verpflichtung und anschließende Zwangsvollstreckung durch den Gläubiger ein Erfolg herbeigeführt wird, der einer genehmigungsbedürftigen Verfügung gleichkommt. Eine Verfügung, die der genehmigten Verpflichtung entspricht, bedarf keiner besonderen Genehmigung (BGB-RGRK/Dickescheid Rn 16; MünchKomm/Kroll-Ludwigs Rn 38).

60 Die dargestellte einschränkende Auslegung von § 1812 Abs 1 S 1 BGB (oben Rn 19 ff) erfasst auch Abs 1 S 2. Hier wird sie auch noch bedeutsamer, weil die Ausnahme des § 1813 BGB insoweit nicht greift (insoweit zu Recht Lamberz FamRZ 2012, 162, 164).

61 Keiner familien-/betreuungsgerichtlichen Genehmigung bedarf der Abschluss eines Vertrags, mit dem sich der Mündel/der Betreute zu einer Geldleistung (etwa Kaufpreis, Vergütung einer Dienstleistung, Werklohn) verpflichtet (zum Dienstvertrag BGH FamRZ 2010, 207; OLG Karlsruhe NJW-RR 2008, 235). Darin liegt weder eine Verfügung iSv Abs 1 S 1 noch die Eingehung einer Verpflichtung zur Vornahme einer solchen. Eine unmittelbare Verpflichtung zu einer Verfügung über eine Forderung oder ein anderes Recht, kraft dessen der Mündel eine Leistung iSv Abs 1 S 1 verlangen kann, wird durch die mit dem Abschluss des Dienst-/Kauf- oder Werkvertrags verbundene Verpflichtung zur Vergütung nicht begründet (BGH FamRZ 2010, 207, 208). Wie etwa der Dienstberechtigte seine Verpflichtung erfüllt, steht ihm frei, wird also nicht bereits durch den Vertragsschluss rechtlich iS einer Verfügung über eine Rechtspo-

sition iSv § 1812 Abs 1 S 1 BGB vorgegeben (BGH FamRZ 2010, 207, 208). Auch der Normzweck gebietet keine – analoge (Saar, Anm zu BGH FamRZ 2010, 207, LMK 2010, 299706, 2; s auch Lamberz FamRZ 2012, 162, 164) – Anwendung von § 1812 BGB auf alle Verpflichtungsgeschäfte des Vormunds (BGH FamRZ 2010, 207, 209). Es ging dem Gesetzgeber um einen begrenzten Schutz des Mündels vor möglichen Untreuehandlungen des Vormunds bezüglich des von diesem verwalteten Vermögens, nicht aber darum, alle Verpflichtungen des Vormunds mit Wirkung für den Mündel einer umfassenden Genehmigungspflicht zu unterwerfen (BGH FamRZ 2010, 207, 209; MünchKomm/Kroll-Ludwigs Rn 37).

V. Abgrenzung von genehmigungsfreien Rechtshandlungen

62 Keine Verfügung über das Recht enthält die **Geltendmachung** des Rechts, insbesondere die Mahnung, ebenso wenig die **Prozessführung** (s dazu Mot IV 1127, 1146 f; s auch LSG Nordrhein-Westfalen FamRZ 2010, 1473), gleichviel, ob der Mündel Kläger oder Beklagter ist. Auch wenn sich bestimmte Prozesshandlungen der Sache nach als Verfügungen darstellen (zB Vergleich, Verzicht, Anerkenntnis, s § 1822 Nr 12 BGB), ändert das nichts an ihrer prozessualen Wirksamkeit. Der Vormund kann sich jedoch schadensersatzpflichtig machen (§ 1833 BGB), wenn er nicht die Genehmigung des Gegenvormunds oder des Familiengerichts eingeholt hat. So kann der Verzicht auf ein Rechtsmittel die endgültige Aufgabe der eingeklagten Forderung bedeuten; dennoch ist die Prozesshandlung wirksam (Enneccerus/Kipp § 115 I 1 Nr 2; Soergel/Zimmermann Rn 7; MünchKomm/Kroll-Ludwigs Rn 35; BGB-RGRK/Dickescheid Rn 17; Erman/Schulte-Bunert Rn 9; s auch BGH LM Nr 1 zu § 306 ZPO = FamRZ 1955, 259 [LS]; **aA** OLG Posen OLGE 15, 148 = SeuffA 62 Nr 139).

63 Als Verfügung erscheint auch nicht die **Durchführung der Zwangsvollstreckung** (Auftrag an den Gerichtsvollzieher, Antrag an das Vollstreckungsgericht; s auch OLG Colmar Recht 1911 Nr 3664; BGB-RGRK/Dickescheid Rn 18), wohl aber die Annahme der zwangsweise beigetriebenen Leistung. Nicht erforderlich ist eine Genehmigung, wenn ein Anspruch des Mündels zugunsten eines Gläubigers gepfändet und diesem zur Einziehung überwiesen wird (Soergel/Zimmermann Rn 7 aE).

64 Ein **Prozessvergleich** hat eine Doppelnatur; er ist Prozesshandlung und zugleich materiell-rechtlicher Vertrag. Deshalb muss, wenn der Vergleich eine Verfügung über ein Recht des Mündels iS des § 1812 BGB enthält, vor Erteilung der Vollstreckungsklausel nachgewiesen werden, dass die Genehmigung des Gegenvormunds oder des Familiengerichts vorliegt und durch Mitteilung an den Gegner gemäß § 1829 Abs 1 S 2 BGB wirksam geworden ist (RGZ 56, 333, 338; 133, 259; MünchKomm/Kroll-Ludwigs Rn 35; Soergel/Zimmermann Rn 7; BGB-RGRK/Dickescheid Rn 17; Palandt/Götz Rn 11). Zur Genehmigungsbedürftigkeit eines Vergleichs s auch § 1822 Nr 12 BGB.

65 Die **Erteilung einer Quittung** nach § 368 BGB ist keine Verfügung über die Forderung, wenn wirklich gezahlt wurde; etwas anderes gilt dagegen, wenn mit der Quittung ausgedrückt werden soll, dass die Schuld erlassen wird (s dazu Vonschott Gruchot 49, 9, 21 ff; Enneccerus/Kipp § 115 I 1 Fn 2; MünchKomm/Kroll-Ludwigs Rn 28; BGB-RGRK/Dickescheid Rn 20; BayObLGZ 8, 380, 383 = Recht 1907 Nr 3014; KGJ 50, A 220, 223). Die Genehmigung des Gegenvormunds ist jedenfalls dann nicht erforderlich, wenn sie auch zur Annahme der Leistung nicht erforderlich ist, weil einer der

Ausnahmetatbestände des § 1813 BGB vorliegt (KG Recht 1913 Nr 1308 = KGJ 44, A 280).

VI. Die Erteilung/Versagung der Genehmigung und ihre Wirkungen

1. Handeln des Gegenvormunds

66 Ist ein Gegenvormund vorhanden, so bedarf der Vormund zur Verfügung über eine Forderung, andere Rechte, kraft deren der Mündel eine Leistung verlangen kann, sowie über Wertpapiere grundsätzlich dessen Genehmigung. Diese stellt eine empfangsbedürftige Willenserklärung dar, auf die die §§ 104 ff BGB anwendbar sind (BeckOGK/Fröschle [1. 9. 2019] Rn 80; s auch § 1810 Rn 15 [betr Innengenehmigung]). Keine Anwendung findet dagegen § 182 BGB, vielmehr greifen vorrangig die §§ 1828 bis 1831 BGB (§ 1832 BGB; näher unten Rn 76). Ein Schriftformerfordernis sieht das Gesetz nicht vor (BeckOGK/Fröschle [1. 9. 2019] Rn 81).

67 Erteilt der Gegenvormund die Genehmigung, so wird diese wirksam mit Zugang beim Vormund (§ 130 Abs 1 BGB). Verweigert der Gegenvormund die Genehmigung, so kann der Vormund die Genehmigung des Familiengerichts einholen (s nachfolgende Rn 68).

2. Handeln des Familiengerichts anstelle eines Gegenvormunds

a) Ersetzung der Genehmigung eines vorhandenen Gegenvormunds (Abs 2)

68 Verweigert der Gegenvormund seine Genehmigung oder ist diese (zB wegen Abwesenheit oder Unfähigkeit zur Abgabe einer Erklärung) nicht zu erlangen, so kann seine Genehmigung durch das Familiengericht ersetzt werden. Das Familiengericht ist also bei pflichtwidriger Verweigerung der Genehmigung durch den Gegenvormund nicht darauf angewiesen, diesen nach § 1837 BGB durch Zwangsgeld zur Erteilung der Genehmigung anzuhalten oder nach § 1886 BGB zu entlassen.

69 Der Vormund muss sich zuerst um die Genehmigung des Gegenvormunds bemühen und kann sich nicht sofort an das Familiengericht wenden (BeckOGK/Fröschle [1. 9. 2019] Rn 84; anders Soergel/Zimmermann Rn 18; Erman/Schulte-Bunert Rn 3; BGB-RGRK/Dickescheid Rn 21; MünchKomm/Kroll-Ludwigs Rn 39; anders auch noch Staudinger/Veit [2014] Rn 66). Insoweit gilt hier nichts anderes als für die Innengenehmigung nach § 1810 (näher § 1810 Rn 9 ff).

70 Verweigert der Gegenvormund die Genehmigung, so hat der Vormund es in der Hand, ob er die Verweigerung dem anderen Teil mitteilt und damit die endgültige Unwirksamkeit des Rechtsgeschäfts herbeiführt (§ 1829 Abs 1 S 2 BGB) oder ob er das Familiengericht anruft, um dessen Genehmigung nach § 1812 Abs 2 BGB herbeizuführen. Der Geschäftsgegner kann den auf diese Weise zunächst fortbestehenden Schwebezustand dadurch beenden, dass er den Vormund gemäß § 1829 Abs 2 BGB zur Mitteilung auffordert, ob die Genehmigung erteilt ist.

b) Fehlen eines Gegenvormunds (Abs 3)

71 Ist ein Gegenvormund nicht (oder noch nicht) bestellt (gleichviel, ob die Bestellung eines Gegenvormunds erforderlich war oder nicht, s KG OLGE 4, 422) oder der be-

stellte Gegenvormund weggefallen, so ist nach **Abs 3** die Genehmigung des Familiengerichts erforderlich, es sei denn, dass die Vormundschaft von mehreren Vormündern gemeinschaftlich geführt wird (vgl § 1810 Rn 13). Das Gesetz will auch dann, wenn zur Bestellung eines Gegenvormunds kein Anlass besteht, weil die Verwaltung des Mündelvermögens nicht erheblich ist, dem weniger begüterten Mündel gleichwohl durch das Erfordernis der Genehmigung eines Aufsichtsorgans eine größere Sicherheit gewähren (Mot IV 1127 f; KG OLGE 4, 422, 423).

Führen **mehrere Vormünder** die Vormundschaft gemeinschaftlich, so erübrigt sich die Mitwirkung eines Aufsichtsorgans; die für diesen Fall in **§ 1812 Abs 3 letzter HS BGB** vorgesehene Ausnahme rechtfertigt sich durch die Erwägung, dass sich die Mitvormünder gegenseitig kontrollieren und sie nach § 1797 Abs 1 BGB nur gemeinschaftlich handeln können, bei Meinungsverschiedenheiten aber das Familiengericht (ehemals Vormundschaftsgericht) entscheidet (Mot IV 1128). Ist die Vormundschaft von mehreren Vormündern gemeinschaftlich zu führen, so besteht nach § 1792 Abs 2 letzter HS BGB kein Anlass, einen Gegenvormund zu bestellen; ist das ausnahmsweise doch einmal geschehen, so wird anzunehmen sein, dass die Genehmigung des Gegenvormunds erforderlich ist, weil § 1812 Abs 3 BGB nur die Fälle betrifft, in denen ein Gegenvormund nicht vorhanden ist (iE ebenso MünchKomm/Kroll-Ludwigs Rn 5 mit Fn 12; wohl auch BGB-RGRK/Dickescheid Rn 2 aE). 72

3. Prüfungsmaßstab für Gegenvormund und Familiengericht

Ist der Mündel zur Vornahme des Rechtsgeschäfts verpflichtet (s oben Rn 4), so sind der Gegenvormund und auch das Familiengericht gehalten, die Genehmigung zu erteilen. 73

Dies gilt im Übrigen auch dann, wenn das Rechtsgeschäft des Vormunds den Grundsätzen einer wirtschaftlichen Vermögensverwaltung entspricht und der Vormund sich innerhalb der Grenzen seines pflichtgemäßen Ermessens hält (BGH FamRZ 2013, 438, 439; KG JW 1937, 1552, 1553; OLG Düsseldorf 21. 2. 2019 – 3 Wx 8/19, juris Rn 10, FamRZ 2019, 1468, 1469 = ZEV 2019, 471 m Anm Schulz; Wesche BtPrax 2004, 49, 51; MünchKomm/Kroll-Ludwigs Rn 40; BGB-RGRK/Dickescheid Rn 22; Erman/Schulte-Bunert Rn 2, 5). 74

Bei der Genehmigungserteilung müssen der Gegenvormund bzw das Familiengericht alle Vor- und Nachteile des genehmigungsbedürftigen Rechtsgeschäfts sowie dessen Risiken gegeneinander abwägen und dabei ausschließlich auf **das Wohl und die Interessen des Mündels** abstellen; Belange Dritter sind nicht zu berücksichtigen (BGH NJW-RR 2013, 323 betr Betreuung). 75

4. Wirkung der Genehmigung

Es handelt sich um eine sog **Außengenehmigung**; das Geschäft wird also, abgesehen vom Fall der gemeinschaftlichen Führung der Vormundschaft durch mehrere Vormünder, nur dann wirksam, wenn die Genehmigung vorliegt. Die Erteilung der Genehmigung und die Folgen ihres Fehlens richten sich nach den §§ 1828 bis 1831 BGB, die entweder unmittelbar, wenn das Familiengericht genehmigt oder die Genehmigung verweigert, oder nach § 1832 BGB entsprechend anzuwenden sind, wenn die Genehmigung des Gegenvormunds in Frage steht. Familiengericht und Gegen- 76 vormund können die Genehmigung nur dem Vormund gegenüber erteilen (§ 1828 BGB). Ein einseitiges Rechtsgeschäft, das der Vormund ohne die erforderliche Genehmigung vornimmt, ist unwirksam (§ 1831 BGB); die Wirksamkeit eines Vertrags hängt von der nachträglichen Genehmigung ab, die dem anderen Teil gegenüber erst wirksam wird, wenn der Vormund sie ihm mitteilt (§ 1829 Abs 1 BGB, s auch § 1829 Abs 2 BGB und § 1830 BGB).

77 Ist der Vormund wegen Fehlens der Genehmigung des Gegenvormunds oder des Familiengerichts nicht berechtigt, die Leistung des Schuldners anzunehmen, so wird dieser durch die Leistung nicht frei (RGZ 79, 9, 14; BGH BtPrax 2007, 170, 171 zur Leistung einer Bank an den Betreuer aus einem Girovertrag), sofern nicht Vorschriften eingreifen, die – wie § 366 HGB – das Vertrauen des anderen Teils in die Verfügungsbefugnis schützen (RGZ 115, 153, 156; Enneccerus/Kipp § 115 I 1 Fn 2; Gernhuber/Coester-Waltjen § 72 Rn 45 aE; MünchKomm/Kroll-Ludwigs Rn 43; Erman/Schulte-Bunert Rn 2; BGB-RGRK/Dickescheid Rn 23 aE; BeckOGK/Fröschle [1. 9. 2019] Rn 71). Zahlt ein Schuldner, obwohl die nach § 1812 BGB erforderliche Genehmigung nicht vorliegt, auf Anforderung des Vormunds auf eine Forderung des Mündels, so tritt auch dann keine Erfüllung ein, wenn die Leistung gegen Vorlage eines Versicherungsscheins erfolgt ist, der nach der rechtlichen Gestaltung ein Legitimationspapier iSv § 808 BGB ist. § 1812 BGB hat als Schutzvorschrift für den Mündel Vorrang vor der Vorschrift des § 808 BGB, die den Schutz des Schuldners bezweckt (OLG Karlsruhe NJW-RR 1999, 230 = OLG-Report 1998, 411; MünchKomm/Kroll-Ludwigs Rn 27).

VII. Befreiungen

1. Befreiung durch die Eltern/kraft Gesetzes

78 Die Eltern können durch konkrete Anordnung nach §§ 1852 Abs 2, 1855 BGB oder dadurch, dass sie die Bestellung eines Gegenvormunds ausschließen (§§ 1852 Abs 1 iVm Abs 2 S 2, 1855 BGB; s aber auch § 1852 Rn 10), den Vormund vom Erfordernis der Genehmigung des Gegenvormunds oder des Familiengerichts zu den in § 1812 BGB bezeichneten Rechtsgeschäften befreien. Der Vormund benötigt für ein Rechtsgeschäft dieser Art auch dann nicht der Genehmigung des Familiengerichts, wenn sich die Befreiung von der Bindung an § 1812 BGB nur aus der Fiktion des § 1852 Abs 2 S 2 BGB ergibt (vgl § 1852 Rn 9; s aber auch § 1852 Rn 10).

79 Das Jugendamt als Amtsvormund und ein Verein als Vormund sind kraft Gesetzes (§ 1857a BGB) von dem Erfordernis der Genehmigung nach § 1812 BGB befreit.

2. Befreiung durch gerichtliche Entscheidung nach § 1817 Abs 1

80 Der durch das Betreuungsrechtsänderungsgesetz vom 25. 6. 1998 (BGBl I 1580) eingefügte § 1817 Abs 1 BGB sieht vor, dass das Familiengericht den Vormund auf seinen Antrag hin von den ihm nach den §§ 1806 bis 1816 BGB obliegenden Verpflichtungen, also auch von der in § 1812 BGB vorgesehenen Bindung an die Genehmigung des Gegenvormunds oder des Familiengerichts, entbinden kann, soweit der Umfang der Vermögensverwaltung dies rechtfertigt und eine Gefährdung des Mündelvermögens nicht zu besorgen ist (s § 1817 Rn 5 ff). Dass der Umfang der Vermögensverwaltung diese Maßnahme rechtfertigt, ist nach § 1817 Abs 1 S 2 BGB im Regelfall dann anzunehmen, wenn der Wert des Vermögens ohne Berücksichtigung von Grundbesitz 6 000 Euro nicht übersteigt. Ob ein Rechtsgeschäft, das seiner Art nach gemäß § 1812 BGB der Genehmigung des Gegenvormunds bedarf, im Einzelfall ohne diese Genehmigung (oder die des Familiengerichts) wirksam ist, hängt vom Ausmaß der nach § 1817 Abs 1 BGB ausgesprochenen Befreiung ab. Wenn das Familiengericht sie nachträglich ganz oder teilweise zurücknimmt, hat dies auf die Wirksamkeit der vom Vormund vor dem Wirksamwerden der Rücknahme oder Einschränkung vorgenommenen Rechtsgeschäfte keinen Einfluss.

3. Allgemeine Ermächtigung nach § 1825

Das Familiengericht kann dem Vormund zu Rechtsgeschäften, die nach § 1812 BGB der Genehmigung des Gegenvormunds bedürfen, eine allgemeine Ermächtigung erteilen (§ 1825 Abs 1 BGB). Dies soll aber nur geschehen, wenn die Ermächtigung zum Zweck der Vermögensverwaltung, insbesondere zum Betrieb eines Erwerbsgeschäfts, erforderlich ist (§ 1825 Abs 2 BGB). Hat das Familiengericht die Ermächtigung erteilt, so entfällt das Erfordernis der Genehmigung auch dann, wenn die Voraussetzungen der Ermächtigung nicht vorgelegen haben; eine nachträgliche Rücknahme hat keinen Einfluss auf die Wirksamkeit der vor dem Wirksamwerden der Rücknahme vom Vormund ohne Genehmigung des Gegenvormunds vorgenommenen Rechtsgeschäfte (s § 1825 Rn 13 f). **81**

VIII. Gerichtliches Verfahren

Für die Entscheidung des Familiengerichts ist funktionell der **Rechtspfleger** zuständig (§ 3 Nr 2 Buchst a RPflG). Dies gilt auch dann, wenn das Familiengericht die vom Gegenvormund verweigerte Genehmigung ersetzt (s oben Rn 68), weil es sich dabei nicht um die Entscheidung einer Meinungsverschiedenheit iS des § 14 Abs 1 Nr 5 RPflG handelt, die dem Richter vorbehalten ist, da der Gegenvormund kein Sorgeberechtigter iS dieser Vorschrift ist (MünchKomm/Kroll-Ludwigs Rn 39 aE; Erman/Schulte-Bunert Rn 14; Soergel/Zimmermann Rn 21; BeckOGK/Fröschle [1. 9. 2019] Rn 93; **aA** BGB-RGRK/Dickescheid Rn 35). **82**

Verfahrensbeteiligte iSv § 7 Abs 2 Nr 1 FamFG sind sowohl der Vormund als auch der Mündel, nicht dagegen der andere Teil des zu genehmigenden Geschäfts, da dieser nicht unmittelbar durch die familiengerichtliche Entscheidung berührt wird (OLG Rostock NJW-RR 2006, 1229; BeckOGK/Fröschle [1. 9. 2019] Rn 94; § 1828 Rn 86). Der Vormund vertritt den Mündel im Verfahren (§ 9 Abs 2 FamFG), sofern nicht die Interessen des Mündels in einem erheblichen Gegensatz zu denen des Vormunds stehen und diesem deshalb nach § 1796 BGB die Vertretungsmacht zu entziehen ist; in diesem Fall ist für den Mündel ein Ergänzungspfleger zu bestellen. **83**

Im Genehmigungsverfahren sind **anzuhören** der Vormund, ein vorhandener Gegenvormund (§ 1826 BGB) sowie unter den Voraussetzungen von § 159 FamFG der Mündel (Erman/Schulte-Bunert Rn 14). **84**

Die Entscheidung, mit der das Familiengericht die Genehmigung erteilt oder verweigert, ergeht durch Beschluss (§ 38 FamFG). Sie wird nach § 40 Abs 2 FamFG **85** erst **mit Rechtskraft wirksam** (OLG Düsseldorf FGPrax 2011, 104; Keidel/Meyer-Holz § 40 FamFG Rn 27; MünchKomm/Kroll-Ludwigs Rn 41).

86 Zur **Beschwerde** und **Beschwerdeberechtigung** näher § 1828 Rn 116 ff.

IX. Konkurrenz

87 Nach §§ 1819–1822 BGB ist für bestimmte Geschäfte, die auch zum Kreis der in § 1812 BGB beschriebenen gehören können, (nur) die Genehmigung des Familiengerichts erforderlich, wogegen eine Kontrolle durch den Gegenvormund fehlt. Es ist also stets zunächst zu prüfen, ob ein vom Vormund vorzunehmendes Rechtsgeschäft unter die erstgenannten Genehmigungstatbestände fällt; ist dies der Fall, so kann eine vom Gegenvormund ausgesprochene Genehmigung das Geschäft nicht wirksam machen.

X. Pflegschafts- und Betreuungsrecht

88 Die Vorschrift findet entsprechende Anwendung auf die **Pflegschaft** (§ 1915 Abs 1 S 1 BGB).

89 Sie ist nach § 1908i Abs 1 S 1 BGB auch im **Betreuungsrecht** anwendbar.

Zudem sieht § 1908i Abs 2 S 2 BGB die entsprechende Anwendung von § 1857a BGB für die Betreuung durch Vater, Mutter, den Ehegatten, Lebenspartner oder einen Abkömmling des Betreuten sowie auf den Vereinsbetreuer sowie den Behördenbetreuer vor. Damit sind diese von dem Genehmigungserfordernis des § 1812 BGB kraft Gesetzes befreit. Für die übrigen, die etwa ein Drittel der Betreuungsfälle ausmachen (Grziwotz FamRZ 2008, 1908), gilt dagegen die Genehmigungspflicht nach § 1812 BGB. Ebenso gelten allerdings nach § 1908i Abs 1 S 1 BGB die Ausnahmetatbestände von § 1813 BGB sowie die Möglichkeit, eine Befreiung von der Genehmigungspflicht nach § 1817 BGB bzw eine allgemeine Ermächtigung nach § 1825 BGB zu erhalten.

§ 1813
Genehmigungsfreie Geschäfte

(1) Der Vormund bedarf nicht der Genehmigung des Gegenvormunds zur Annahme einer geschuldeten Leistung:

1. wenn der Gegenstand der Leistung nicht in Geld oder Wertpapieren besteht,

2. wenn der Anspruch nicht mehr als 3 000 Euro beträgt,

3. wenn der Anspruch das Guthaben auf einem Giro- oder Kontokorrentkonto zum Gegenstand hat oder Geld zurückgezahlt wird, das der Vormund angelegt hat,

4. wenn der Anspruch zu den Nutzungen des Mündelvermögens gehört,

5. wenn der Anspruch auf Erstattung von Kosten der Kündigung oder der Rechtsverfolgung oder auf sonstige Nebenleistungen gerichtet ist.

(2) Die Befreiung nach Absatz 1 Nr. 2, 3 erstreckt sich nicht auf die Erhebung von Geld, bei dessen Anlegung ein anderes bestimmt worden ist. Die Befreiung nach Absatz 1 Nr. 3 gilt auch nicht für die Erhebung von Geld, das nach § 1807 Abs. 1 Nr. 1 bis 4 angelegt ist.

Materialien: E I § 1669 Abs 2; II § 1693; III § 1789; Mot IV 1121; Prot IV 782; VI 307. Abs 1 Nr 2 geändert durch BtG v 12. 9. 1990 (BGBl I 2002) Art 1 Nr 35 u G über Fernabsatzverträge und andere Fragen des Verbraucherrechts sowie zur Umstellung von Vorschriften auf Euro v 27. 6. 2000 (BGBl I 897) Art 2 Abs 1 Nr 17; Vorschrift neugefasst durch Bekanntmachung v 2. 1. 2002 (BGBl I 42); Abs 1 Nr 3 zuletzt geändert durch G zur Änderung des Zugewinnausgleichs- und Vormundschaftsrechts v 6. 7. 2009 (BGBl I 1696) Art 1 Nr 13 mit Wirkung v 1. 9. 2009.

Schrifttum

Gleissner, Vorgefundene Bankguthaben des Mündels, Rpfleger 1985, 482

Grziwotz, Girokontoverwaltung ohne Kontrolle?, FamRZ 2008, 1908

Heinsheimer, Der 79. Band der Entscheidungen des Reichsgerichts in Zivilsachen, DJZ 1913, 202

Josef, Täuschung der Bank seitens des Vormundes bei Hinterlegung von Mündelvermögen, ArchBürgR 40 (1914) 349

Sorg, Der Aufgabenkreis Vermögenssorge und die betreuungsgerichtlichen Genehmigungen in der Vermögensverwaltung, BWNotZ 2010, 107

Wesche, Gerichtliche Genehmigung bei der Geldverwaltung, BtPrax 2004, 49.

Systematische Übersicht

Alphabetische Übersicht

I. Systematik, Normzweck

1 Da die Annahme einer dem Mündel geschuldeten Leistung eine Verfügung über den Anspruch darstellt (s § 1812 Rn 8, 38), bedarf der Vormund hierfür nach § 1812 Abs 1 S 1 BGB der Genehmigung des Gegenvormunds. Hiervon macht § 1813 Abs 1 BGB einzelne Ausnahmen (Mot IV 1125; Prot IV 781; VI 307). § 1813 Abs 2 BGB enthält wiederum zwei Gegenausnahmen, die den Katalog der genehmigungsfreien Geschäfte einschränken.

2 Die Bestimmungen des § 1813 BGB lassen erkennen, dass es dem Gesetzgeber bei der Bindung der Verfügungen des Vormunds an die Genehmigung des Gegenvormunds in den §§ 1812, 1813 BGB vor allem auf die Kontrolle des Geldverkehrs ankam, bei dem der Schutz des Mündels in besonderem Maß geboten erscheint. Abs 1 Nr 1 nimmt im Ergebnis alle Warenlieferungen, Dienstleistungen und Leistungen des Sachgebrauchs vom Erfordernis der Genehmigung des Gegenvormunds zur Annahme einer Leistung aus (vgl Gernhuber/Coester-Waltjen § 72 Rn 46); die Nrn 2 bis 5, die Geldleistungen bis zu einem bestimmten Betrag und einige weniger bedeutsame, vorwiegend dem Unterhalt des Mündels dienende Leistungen von der Genehmigungspflicht ausnehmen, bezwecken vor allem die **Erleichterung der Arbeit des Vormunds**.

II. Begriff der Leistungsannahme

3 Ausdrücklich vom Genehmigungserfordernis des § 1812 BGB ausgenommen ist durch § 1813 BGB nur die **Annahme einer geschuldeten Leistung**, mit welcher der Schuldner eine Forderung des Mündels erfüllt. Als Verfügungen iS des § 1812 BGB kommen jedoch auch andere Geschäfte in Betracht, die eine Veränderung der Rechtsposition des Mündels im Hinblick auf die Forderung, vor allem den Verlust oder die Beeinträchtigung seiner Gläubigerstellung, zur Folge haben, namentlich etwa die **Abtretung** oder die **Aufrechnung** mit einer Forderung des Mündels (s ausführlich § 1812 Rn 38). Auch bei diesen Geschäften muss jedenfalls die **Wertgrenze des § 1813 Abs 1 Nr 2 BGB** eingreifen (für die Aufrechnung ebenso MünchKomm/Kroll-Ludwigs Rn 3; Erman/Schulte-Bunert Rn 3; NK-BGB/Fritsche Rn 10; BeckOGK/Fröschle [1. 9. 2019] Rn 7), wäre es doch inkonsequent, wenn der Vormund ohne Genehmigung des Gegenvormunds eine Zahlung von 3 000 Euro annehmen könnte, aber der Genehmigung beispielsweise zur Abtretung einer Forderung des Mündels über 100 Euro oder zur Aufrechnung mit einer solchen Forderung bedürfte (s auch § 1812 Rn 41 f).

4 Entsprechendes muss für eine **Kündigung** gelten, die folglich dann nicht der Genehmigung bedarf, wenn sie eine Leistung betrifft, deren Annahme nach Abs 1 Nrn 1–4

genehmigungsfrei wäre (ebenso ERMAN/SCHULTE-BUNERT Rn 7 aE; SOERGEL/ZIMMERMANN Rn 2; BGB-RGRK/DICKESCHEID Rn 2; MünchKomm/KROLL-LUDWIGS Rn 4; PALANDT/GÖTZ Rn 6; NK-BGB/FRITSCHE Rn 10; BeckOGK/FRÖSCHLE [1. 9. 2019] Rn 5; vgl OLG Kiel OLGE 8, 367; OLG Nürnberg 24. 3. 2016 – 8 U 1092/15, juris Rn 30, FamRZ 2016, 1875, 1876 = NJW-RR 2016, 1047 [betr Kündigung einer Risiko-Lebensversicherung]; speziell zur Kündigung des Girovertrags s unten Rn 24).

5 Zu Forderungen **de lege ferenda**, die Leistungsannahme nicht mehr als Verfügung einzuordnen, näher STAUDINGER/VEIT (2014) Rn 34.

III. Die einzelnen Ausnahmetatbestände (Abs 1)

1. Nicht in Geld oder Wertpapieren bestehende Leistungen (Abs 1 Nr 1)

6 Nach § 1813 Abs 1 Nr 1 BGB entfällt die Genehmigungspflicht aus § 1812 BGB, wenn der Gegenstand der Leistung nicht in Geld oder Wertpapieren, sondern anderen Sachen besteht. Dazu gehören zB Ansprüche auf Lieferung einer gekauften Sache, aber auch Ansprüche auf Dienstleistungen, Werkleistungen und Überlassung einer Sache zum Gebrauch. In diesen Fällen ist die Kontrolle durch den Gegenvormund meist nicht nötig, um einer Gefährdung der Interessen des Mündels vorzubeugen; eine Bindung derartiger – auch alltäglicher und unbedeutender – Vorgänge an die Genehmigung des Gegenvormunds liefe einer vernünftigen Verwaltung des Mündelvermögens durch den Vormund zuwider.

7 Die Frage, ob für die Genehmigungsfreiheit nach Abs 1 Nr 1 im Falle einer Abweichung des tatsächlich erbrachten vom ursprünglich geschuldeten Leistungsgegenstand auf erst- oder zweitgenannten abzustellen ist, kann nach dem Zweck der Vorschrift allein zugunsten Ersterem beantwortet werden: Entscheidend ist, was zur Zeit der Leistung deren Gegenstand ist (ebenso ERMAN/SCHULTE-BUNERT Rn 2; SOERGEL/ZIMMERMANN Rn 3; BGB-RGRK/DICKESCHEID Rn 2; BeckOGK/FRÖSCHLE [1. 9. 2019] Rn 11). Hat sich also der ursprünglich auf einen anderen Leistungsgegenstand gerichtete Anspruch erst in einen solchen auf Geldleistung, etwa auf Schadensersatz statt der Leistung oder auf das stellvertretende commodum, gewandelt, so entfällt die Genehmigungsfreiheit nach § 1813 Abs 1 Nr 1 BGB und es bleibt bei der Genehmigungspflicht nach § 1812 BGB (ERMAN/SCHULTE-BUNERT Rn 2; SOERGEL/ZIMMERMANN Rn 3; MünchKomm/KROLL-LUDWIGS Rn 5; BGB-RGRK/DICKESCHEID Rn 3; PALANDT/GÖTZ Rn 2; BeckOGK/FRÖSCHLE [1. 9. 2019] Rn 11), es sei denn, es greift einer der anderen Ausnahmetatbestände des § 1813 Abs 1 BGB.

8 Genehmigungsbedürftigkeit nach § 1812 BGB gilt auch für den Fall, dass der Schuldner entgegen ursprünglicher Vereinbarung **Geld oder Wertpapiere** leistet und der Vormund diese **an Erfüllungs statt** (§ 364 BGB) annimmt (ebenso SOERGEL/ZIMMERMANN Rn 3; BGB-RGRK/DICKESCHEID Rn 3; ERMAN/SCHULTE-BUNERT Rn 2; BeckOGK/FRÖSCHLE [1. 9. 2019] Rn 6).

Sind im umgekehrten Fall Geld oder Wertpapiere geschuldet, gedenkt der Vormund aber, einen **anderen Leistungsgegenstand an Erfüllungs statt** anzunehmen, so bedarf er für die Annahme dieser Leistung keiner Genehmigung (ebenso BeckOGK/FRÖSCHLE [1. 9. 2019] Rn 6; **aA** MünchKomm/KROLL-LUDWIGS Rn 5; PALANDT/GÖTZ Rn 2; NK-BGB/FRITSCHE

Rn 3). Dennoch enthält die Vereinbarung, das Schuldverhältnis solle durch eine andere als die geschuldete Leistung erlöschen, eine Verfügung über die ursprüngliche Forderung des Mündels. Diese stellt keine „Annahme einer geschuldeten Leistung" iSv § 1813 Abs 1 Nr 1 BGB dar mit der Folge, dass der Vormund hierzu der Genehmigung des Gegenvormunds nach § 1812 Abs 1 S 1 BGB bedarf (BGB-RGRK/Dickescheid Rn 3).

Ist eine **Wahlschuld (§§ 262 ff BGB)** dergestalt vereinbart, dass der Schuldner alternativ eine Sach- oder eine Geld- bzw Wertpapierleistung schuldet, so ist auch hier nach dem tatsächlich geleisteten Gegenstand zu differenzieren: 9

a) § 1813 Abs 1 S 1 BGB findet unstrittig keine Anwendung, wenn die **Geld- bzw Wertpapierleistung erbracht** wird; es bleibt bei der Genehmigungspflicht nach § 1812 BGB (vgl MünchKomm/Kroll-Ludwigs Rn 5 aE).

b) Wird dagegen die **Sachleistung erbracht**, ist wie bei der Annahme einer Leistung an Erfüllungs statt (s oben Rn 8) die Annahme selbst nicht genehmigungspflichtig, weil der Ausnahmetatbestand des § 1813 Abs 1 Nr 1 BGB insoweit eingreift (ebenso BeckOGK/Fröschle [1. 9. 2019] Rn 10; **aA** MünchKomm/Kroll-Ludwigs Rn 5 aE). Ist das Wahlrecht – wie in der Praxis üblich (Staudinger/Bittner/Kolbe [2019] § 262 Rn 20; Palandt/Grüneberg § 262 Rn 2) – dem Mündel als Gläubiger übertragen, so bedarf aber die Ausübung dieses Gestaltungsrechts durch den Vormund, welche wiederum als Verfügung über eine Forderung des Mündels iS des § 1812 BGB zu qualifizieren ist (s § 1812 Rn 45 f), der Genehmigung des Gegenvormunds (vgl auch MünchKomm/Kroll-Ludwigs Rn 5 Fn 8). Steht das Wahlrecht dagegen – wie dies gemäß § 262 BGB im Zweifel der Fall ist – dem Schuldner zu, so stellt sich die Frage, ob bereits in der Vereinbarung einer Wahlschuld eine die Genehmigungspflicht des § 1812 BGB auslösende Verfügung gesehen werden kann. Dies kann nur für den Fall angenommen werden, dass die Wahlschuld nachträglich vereinbart, dem Schuldner also nach Vertragsschluss die Möglichkeit eingeräumt wird, nach seiner Wahl auch mittels Leistung von Geld oder Wertpapieren zu erfüllen. In dieser Konstellation gebietet es der Zweck von §§ 1812, 1813 BGB – Kontrolle des Geldverkehrs und Hinderung des Vormunds, ohne Kenntnisnahme des Gegenvormunds den Anspruch in ein leichter entziehbares Objekt umzusetzen (s oben Rn 2 u bei § 1812 Rn 2) –, die Vereinbarung der Wahlschuld der Genehmigungspflicht des § 1812 BGB zu unterstellen. Ist die Wahlschuld dagegen von Anfang an vereinbart, so wird erst damit die Forderung des Mündels begründet, sodass zum Zeitpunkt der Begründung der Wahlschuld keine Verfügung des Vormunds iS des § 1812 BGB vorliegen kann. In dieser Konstellation kann eine Genehmigungspflicht somit allein durch die übrigen Genehmigungstatbestände, insbesondere durch die §§ 1821, 1822 BGB, begründet werden.

Über den **Begriff der Wertpapiere** s Staudinger/Marburger (2015) Vorbem 1 ff zu §§ 793 ff. Anders als in § 1814 BGB, wo es nur um Inhaberpapiere und blanko indossierte Orderpapiere geht, umfasst der Begriff der Wertpapiere in § 1813 Abs 1 Nr 1 BGB (ebenso wie in § 1818 BGB) auch die Rektapapiere und die qualifizierten Legitimationspapiere (vgl § 1818 Rn 5). Der „Gegenstand der Leistung" besteht auch dann in Wertpapieren, wenn diese schon im Eigentum des Mündels stehen; die Bank, bei der die Papiere verwahrt sind, überträgt daher nur den unmittelbaren 10

Besitz an den Papieren auf den Vormund. Die Ausnahmevorschrift des Abs 1 Nr 1 greift also nicht ein mit der Folge, dass die Genehmigungspflicht nach § 1812 BGB bestehen bleibt. Dadurch wird verhindert, dass der Vormund über die leicht verwertbaren Papiere ohne Genehmigung des Gegenvormunds verfügen kann (so mit Recht Josef ArchBürgR 40, 349, 351 f; Dölle § 127 II 3 a; Palandt/Götz Rn 2; MünchKomm/Kroll-Ludwigs Rn 6; BeckOGK/Fröschle [1. 9. 2019] Rn 10 Fn 13; BGB-RGRK/Dickescheid Rn 3 aE; **aA** Heinsheimer DJZ 1913, 202, 205).

2. Die Freigrenze von 3 000 Euro (Abs 1 Nr 2)

11 Nach § 1813 Abs 1 Nr 2 BGB ist die Genehmigung des Gegenvormunds nicht erforderlich, wenn der Anspruch eine bestimmte Wertgrenze nicht übersteigt. Ursprünglich hatte das BGB diese Grenze bei 300 Mark festgelegt. An die Stelle von „Mark“ trat das Wort „Reichsmark“ (2. DVO zum MünzG vom 12. 12. 1924 [RGBl I 775]) und dann an die Stelle von „Reichsmark“ der Begriff „Deutsche Mark“ (§ 2 WährG vom 20. 6. 1948 [ABl AHK 470]). Das Betreuungsgesetz vom 12. 9. 1990 (BGBl I 2002) entsprach einer seit Langem erhobenen Forderung und erhöhte die Grenze, bis zu der der Vormund eine Zahlung genehmigungsfrei annehmen kann, auf 5 000 Deutsche Mark. Diese pauschale Festlegung, die einer flexiblen Regelung (etwa der Verknüpfung mit den Monatsbezügen des Mündels) im Interesse der Klarheit vorgezogen wurde, sollte dem Vormund ein angemessenes Wirtschaften erlauben und sowohl den Schutz des Mündels als auch die notwendige Flexibilität gewährleisten (BT-Drucks 11/4528, 109; ähnlich in den grundsätzlichen Erwägungen schon Mot IV 1126; vgl KG JFG 6, 267, 269 = HRR 1929 Nr 913 = Recht 1929 Nr 1016). Das Gesetz vom 27. 6. 2000 (BGBl I 897), das ua die Umstellung von Vorschriften auf Euro zum Gegenstand hatte, ersetzte die Betragsangabe „fünftausend Deutsche Mark“ durch „3 000 Euro“. Die Freigrenze wurde also „leicht angehoben“ (BT-Drucks 14/2658, 49).

Bei der Berechnung der Anspruchshöhe bleiben **Zinsen, Kosten und andere Nebenleistungen** (s dazu unten Rn 30) **außer Betracht** (s auch § 4 Abs 1 HS 2 ZPO; Dölle § 127 II 3 b; Erman/Schulte-Bunert Rn 3; MünchKomm/Kroll-Ludwigs Rn 8; zweifelnd jurisPK-BGB/Lafontaine Rn 12).

12 Entscheidend ist – wie sich schon aus der unterschiedlichen Wortwahl im Einleitungssatz und in Abs 1 Nr 2 ergibt – nicht der Betrag der Leistung, sondern die **Anspruchshöhe zur Zeit der Annahme**. Die Genehmigung des Gegenvormunds ist mithin auch zur Annahme von **Teilleistungen** unter 3 000 Euro erforderlich, wenn die Höhe des Gesamtanspruchs diese Grenze übersteigt (Mot IV 1126; Prot IV 782 f; Sorg BWNotZ 2010, 107, 126; Wesche BtPrax 2004, 49, 52; Dölle § 127 II 3 b; BeckOGK/Fröschle [1. 9. 2019] Rn 13; Erman/Schulte-Bunert Rn 3; Soergel/Zimmermann Rn 4; Palandt/Götz Rn 3; MünchKomm/Kroll-Ludwigs Rn 9; NK-BGB/Fritsche Rn 4; BGB-RGRK/Dickescheid Rn 4; **aA** wohl jurisPK-BGB/Lafontaine Rn 9). Ebenso verhält es sich bei Abhebungen von einem **Sparkonto**: Bei diesem muss, wenn das Guthaben 3 000 Euro übersteigt, die Genehmigung auch zur Abhebung kleinerer Beträge verlangt werden, um eine Umgehung der Schutzvorschrift zu verhindern (ebenso BGB-RGRK/Dickescheid Rn 4; MünchKomm/Kroll-Ludwigs Rn 9; Erman/Schulte-Bunert Rn 3; Palandt/Götz Rn 3; krit Bund Deutscher Rechtspfleger, Reform- und Änderungsbedarf aus dem Bereich der Freiwilligen Gerichtsbarkeit 8 [Nachw § 1796 Rn 31]: „unangemessene[n] und auch rechtlich uneffektive[n] Förmelei"; **aA** GLEISSNER Rpfleger 1985, 482; LG Saarbrücken Rpfleger 1993, 109 m krit Anm WESCHE). Die bisher umstrittene Frage, ob Entsprechendes für Abhebungen von einem **Girokonto** gelten müsse oder ob diese bis zu einem Betrag von 3 000 Euro nicht vielmehr auch bei einem diese Betragsgrenze überschreitenden Gesamtguthaben genehmigungsfrei möglich sein sollten, hat sich mit der Einfügung von Alt 1 in Abs 1 Nr 3, die sämtliche Abhebungen von einem Giro- oder Kontokorrentkonto genehmigungsfrei stellt, erledigt (s dazu Rn 22; zum früheren Meinungsstand vgl STAUDINGER/ENGLER [2004] Rn 11).

Bei laufenden (meist monatlichen) **Rentenzahlungen** kommt es nicht auf den kapitalisierten Gesamtwert der Rente an, sondern auf die Höhe des jeweils fälligen Betrags; auf diesen, nicht auf den Gesamtwert der Rente, richtet sich der Anspruch des Empfängers (MünchKomm/KROLL-LUDWIGS Rn 10; BeckOGK/FRÖSCHLE [1. 9. 2019] Rn 15; vgl BSG MDR 1982, 698; s auch Rn 31 zu Abs 1 Nr 4). **13**

Bei **Kündigung einer Risiko-Lebensversicherung** kommt es nicht auf die Höhe des Anspruchs zur Zeit der Annahme, sondern auf die vereinbarte Todesfallleistung an. Dies ergibt sich daraus, dass die Kündigung nicht nur die Fälligkeit einer Forderung aus dem Versicherungsvertrag herbeiführt. Vielmehr ändert die Kündigung den durch den Eintritt des Todesfalls bei der versicherten Person aufschiebend und auflösend bedingten Leistungsanspruch des Bezugsberechtigten auf die Versicherungssumme in einen Anspruch auf Auszahlung eines bestimmten Rückkaufwertes nach den Versicherungsbedingungen um. Ist aber mit der Kündigung eine solche inhaltliche Veränderung verbunden, so muss zum Schutz des Mündelvermögens zur Bestimmung der Anspruchshöhe auf den Wert der Forderung vor der Veränderung abgestellt werden. Liegt dieser über 3 000 Euro, so bedarf die Kündigung der Genehmigung nach § 1812 BGB (OLG Nürnberg 24. 3. 2016 – 8 U 1092/15, juris Rn 31, FamRZ 2016, 1875, 1876 = NJW-RR 2016, 1047). **14**

Nimmt der Vormund gleichzeitig für **mehrere Mündel als Einzelgläubiger** Leistungen in Empfang, so werden die einzelnen Ansprüche im Hinblick auf die Freigrenze des Abs 1 Nr 2 nicht zusammengerechnet (KG Recht 1913 Nr 1309 = KGJ 44, A 280), und auch bei **Gesamthandsansprüchen** ist für das Erfordernis der Genehmigung des Gegenvormunds nicht der Gesamtwert der Leistung entscheidend, sondern das wirtschaftliche Interesse des am Gesamtrecht beteiligten einzelnen Mündels, das in der Regel dem Betrag gleichzusetzen ist, der dem Mündel entsprechend seinem Anteil bei der Auseinandersetzung gebühren würde (KG JFG 6, 267 = JW 1932, 1387 = HRR 1929 Nr 913 = Recht 1929 Nr 1016; DÖLLE § 127 II 3 b; SOERGEL/ZIMMERMANN Rn 4; ERMAN/SCHULTE-BUNERT Rn 3; PALANDT/GÖTZ Rn 3; MünchKomm/KROLL-LUDWIGS Rn 11; BeckOGK/FRÖSCHLE [1. 9. 2019] Rn 15; BGB-RGRK/DICKESCHEID Rn 4). **15**

Nach § 1813 **Abs 2 S 1** BGB ist die Ausnahmebestimmung des **Abs 1 Nr 2 nicht anwendbar**, wenn es sich um die Erhebung von Geld handelt, bei dessen Anlegung ein anderes bestimmt worden ist (näher dazu unten Rn 37 ff). **16**

3. Guthaben auf einem Giro- oder Kontokorrentkonto bzw vom Vormund angelegtes Geld (Abs 1 Nr 3)

a) Guthaben auf einem Giro- oder Kontokorrentkonto (Abs 1 Nr 3 Alt 1)

aa) Zweck und Bedeutung der Norm, Kritik

17 Um die vormundschaftsrechtlichen Genehmigungspflichten an den modernen Zahlungsverkehr anzupassen, bestimmt die durch Art 1 Nr 13 des Gesetzes zur Änderung des Zugewinnausgleichs- und Vormundschaftsrechts vom 6. 7. 2009 (BGBl I 1696) neu in § 1813 Abs 1 Nr 3 BGB eingefügte erste Alternative, dass Verfügungen des Vormunds (sowie des Pflegers nach § 1915 Abs 1 S 1 BGB [wohl auch des Nachlasspflegers, vgl LG Hamburg NJW-RR 2011, 513] oder des Betreuers nach § 1908i Abs 1 S 1 BGB) über Guthaben auf einem Giro- oder Kontokorrentkonto grundsätzlich genehmigungsfrei sind. Die weitergehende Befreiung sei, so die Begründung des Gesetzgebers, notwendig geworden, weil sich die Kreditinstitute daran gehindert sahen, die Einhaltung der in Abs 1 Nr 2 festgelegten Freigrenze von 3 000 Euro im automatisierten Kontoverkehr ausreichend zu kontrollieren (BT-Drucks 16/10798, 13; krit Grziwotz FamRZ 2008, 1908, 1909, der für ein Abstellen auf die Einzelverfügung, nicht auf den Kontostand plädiert und damit eine ausreichende Kontrollfähigkeit bejaht; zweifelnd hinsichtlich der technischen und rechtlichen Überzeugungskraft dieser Argumentation wohl auch MünchKomm/Kroll-Ludwigs Rn 13 aE); um dem Risiko zu entgehen, Kontoverfügungen ohne die erforderliche Genehmigung und damit ohne befreiende Wirkung (vgl nur BGH NJW 2006, 430, 431 für das Betreuungsrecht) zu akzeptieren, verwiesen sie Vormünder, Pfleger und Betreuer zunehmend auf eine manuelle Kontoführung (BT-Drucks 16/10798, 24). Abs 1 Nr 3 Alt 1 verfolgt damit den Zweck, die **Vermögensverwaltung** durch den Vormund, insbesondere aber den Betreuer, mittels Teilnahme am modernen Zahlungsverkehr zu **beschleunigen** und damit zu **erleichtern** (vgl BT-Drucks 16/10798, 24).

18 Eine **Absenkung des Schutzniveaus** soll mit der weitergehenden Befreiung vom Genehmigungserfordernis des § 1812 BGB nicht verbunden sein (BT-Drucks 16/10798, 24, 33). Der Gesetzgeber verweist auf die unberührt gebliebene Pflicht des Vormunds, bei Amtsübernahme den Kontostand auf dem Giro- oder Kontokorrentkonto des Mündels in dem zu erstellenden Vermögensverzeichnis zu verzeichnen (§ 1802 Abs 1 S 1 BGB); weiter sei der Vormund zur mündelsicheren und verzinslichen Anlegung von nicht für die laufenden Ausgaben benötigten Mitteln des Mündels nach §§ 1806 ff BGB verpflichtet; zudem habe er eine jährliche Berichts- und Rechnungslegungspflicht nach § 1840 BGB; hinzu komme die allgemeine Auskunftspflicht aus § 1839 BGB sowie die Möglichkeit des Familiengerichts, gemäß § 1837 Abs 2 BGB jederzeit mittels Ge- oder Verboten gegen den Vormund einzuschreiten (BT-Drucks 16/10798, 13, 24, 33).

19 Diese Haltung des Gesetzgebers ist allerdings nicht unwidersprochen geblieben. Schon im Gesetzgebungsverfahren wurde auf die erheblichen Missbrauchsgefahren hingewiesen, die mit dieser Norm verbunden sind (BT-Drucks 16/10798, 31; krit auch Grziwotz FamRZ 2008, 1908, 1909). Auch seit Inkrafttreten der Norm werden immer wieder die Schutzlücken betont (MünchKomm/Kroll-Ludwigs Rn 14 aE u jurisPK-BGB/Lafontaine Rn 17; vgl auch Sorg BWNotZ 2010, 107, 127). Dem Gesetzgeber wird vorgeworfen, er habe die Bedeutung des vormundschaftlichen Systems der Genehmigungserfordernisse übersehen, das wegen seiner vorbeugenden Wirkung nicht nur den Mündel (Betreuten), sondern auch den Vormund (Betreuer) vor einem fehler-

haften und ihn zum Schadensersatz verpflichtenden Handeln schütze (Grziwotz FamRZ 2008, 1908, 1909). Die Neuregelung stelle eine Reaktion auf den „Druck der Banken" dar; das Familien-/Betreuungsgericht könne jetzt nur noch äußerst lückenhaft, und zwar nur über die Aufsicht nach § 1837 Abs 2 BGB, einem Missbrauch des Vormunds (Betreuers) begegnen (Sorg BWNotZ 2010, 107, 127).

Die gesetzgeberische Erwägung, dass in unredlicher Absicht über ein Konto vorgenommene und somit vom Kreditinstitut dokumentierte Verfügungen sich sogar einfacher nachverfolgen ließen als solche über Bargeld (BT-Drucks 16/10798, 24), erscheint auf den ersten Blick nachvollziehbar; bei näherem Hinsehen steht dieses Argument jedoch im Widerspruch zur weiteren Argumentation des Gesetzgebers, des neuen Ausnahmetatbestands bedürfe es gerade wegen des zunehmenden automatisierten Zahlungsverkehrs unter damit einhergehender Zurückdrängung von Bargeldzahlungen: Wenn letztgenannte Zahlungsmethode ohnehin auf dem Rückzug und für größere Zahlungen praktisch nicht mehr relevant ist, so taugt sie zur Hervorhebung der (trotz gänzlicher Befreiung vom Genehmigungserfordernis noch immer höheren) Sicherheit von über ein Konto vorgenommenen Verfügungen wenig (so die berechtigte Kritik von Grziwotz FamRZ 2008, 1908, 1909). 20

Den berechtigt erscheinenden Missbrauchsbefürchtungen dürfte – anders als es zunächst erscheinen mag – noch dazu eine eher **geringe praktische Relevanz** der Vorschrift gegenüberstehen: Abs 1 Nr 3 Alt 1 ist nur für solches Guthaben bedeutsam, das für laufende Ausgaben bereitgehalten werden muss – andernfalls verbietet sich das Stehenlassen auf dem Girokonto bereits nach § 1806 BGB (vgl § 1806 Rn 14 f) –, das gleichwohl den Freibetrag von 3 000 Euro übersteigt und nicht vom Vormund selbst angelegt ist – ansonsten würde sich die Genehmigungsfreiheit bereits aus Abs 1 Nr 2 bzw Nr 3 Alt 2 ergeben (so zutreffend MünchKomm/Kroll-Ludwigs Rn 14). 21

bb) Genehmigungsfreie Verfügungen

Um den mit § 1813 Abs 1 Nr 3 Alt 1 BGB verfolgten Zweck (s oben Rn 17) zu erreichen, wird der Vormund bei **jeglicher Verfügung über das Guthaben des Mündels auf einem Giro- oder Kontokorrentkonto** von der Genehmigungspflicht des § 1812 BGB befreit; neben der Auszahlung von Geld sind damit alle üblichen Nutzungen des Giro- oder Kontokorrentkontos und damit insbesondere auch die **Überweisung** erfasst (so der eindeutige gesetzgeberische Wille: BT-Drucks 16/10798, 24; ebenso BeckOGK/Fröschle [1. 9. 2019] Rn 20; s auch Spanl/Imre, Vermögensverwaltung 201 f; dass ein engeres Verständnis der Vorschrift, das den Vormund zu einer gemäß Abs 1 Nr 3 Alt 1 genehmigungsfreien Auszahlung des Geldes vom Konto des Mündels mit anschließender Einzahlung auf das Konto des Gläubigers zwingen würde, sowohl unwirtschaftlich als auch juristisch sinnlos wäre, zeigen Palandt/Götz Rn 4 u MünchKomm/Kroll-Ludwigs Rn 15). 22

Die Genehmigungsfreiheit gilt **unabhängig** davon – und damit in Abweichung von Abs 1 Nr 3 Alt 2 –, ob der Vormund selbst, der Mündel oder ein Dritter das Geld auf das Konto eingezahlt hat, sowie ohne Rücksicht auf die Betragsgrenze des Abs 1 Nr 2 (BT-Drucks 16/10798, 24). Abs 1 Nr 3 Alt 1 ist somit als Ausnahme zu Abs 1 Nr 2 ausgestaltet (vgl BT-Drucks 16/10798, 2; Palandt/Götz Rn 4; Erman/Schulte-Bunert Rn 4; MünchKomm/Kroll-Ludwigs Rn 14): Abhebungen sind ungeachtet der Höhe des Guthabens und des Abhebungsbetrags genehmigungsfrei möglich (vgl zu dieser früher umstrittenen Frage Staudinger/Engler [2004] Rn 11). 23

24 Bezweckt der Vormund eine **Auflösung des Girokontos** mittels Aufhebung des Girovertrags, so ergibt sich eine Genehmigungsfreiheit jedenfalls nicht aus § 1813 Abs 1 Nr 3 Alt 1 BGB. Dies legen schon der Wortlaut („wenn der Anspruch das Guthaben auf einem Giro- oder Kontokorrentkonto zum Gegenstand hat") sowie die Gesetzesbegründung nahe, wonach „alle üblichen Nutzungen eines solchen Kontos" (BT-Drucks 16/10798, 24), im Umkehrschluss also gerade nicht den Bestand des Girovertrags berührende Verfügungen, genehmigungsfrei sein sollen. Die Genehmigungsfreiheit ergibt sich jedoch aus einer einschränkenden Auslegung des § 1812 BGB im Lichte der Wertung von § 1813 Abs 1 Nr 1 BGB (näher unter § 1812 Rn 47).

25 Unter den Voraussetzungen von **Abs 2 S 1** bleibt es auch bei der Erhebung von Geld, das auf einem Giro- oder Kontokorrentkonto angelegt ist, bei der Genehmigungsbedürftigkeit (Näheres unter Rn 37 ff).

cc) Übergangsvorschrift

26 Die durch Art 6 Nr 2 des Gesetzes zur Änderung des Zugewinnausgleichs- und Vormundschaftsrechts vom 6. 7. 2009 (BGBl I 1696) neu eingefügte Übergangsvorschrift in **Art 229 § 20 Abs 3 EGBGB** stellt klar, dass der neugefasste § 1813 Abs 1 Nr 3 BGB auch bereits auf die vor dem Inkrafttreten der Neufassung anhängigen Vormundschaften, Pflegschaften und Betreuungen anwendbar ist und die geführten Girokonten damit dem neuen Recht unterfallen (BT-Drucks 16/10798, 25).

b) Rückzahlung von Geld, das der Vormund angelegt hat (Abs 1 Nr 3 Alt 2)

27 Nach § 1813 Abs 1 Nr 3 Alt 2 BGB bedarf der **Vormund** für die Annahme der Rückzahlung von Geld, das er **selbst** für den Mündel angelegt hat, keiner Genehmigung nach § 1812 BGB. Die Ausnahme gilt auch für Geld, das von einem früheren Vormund (Erman/Schulte-Bunert Rn 5), nicht dagegen von einer anderen Person als dem Vormund angelegt worden ist (vgl § 1809 Rn 5). Nach **Abs 2 S 2** gilt sie ferner nicht für Geld, das nach § 1807 Abs 1 Nrn 1 bis 4 BGB angelegt ist, und sie erstreckt sich nach **Abs 2 S 1** auch nicht auf die Erhebung von nach §§ 1807 Abs 1 Nr 5, 1809 BGB angelegtem Geld (zu diesen Gegenausnahmen s unten Rn 36 ff).

28 Die **Anwendbarkeit dieser Ausnahmevorschrift** ist also gering (so auch Sorg BWNotZ 2010, 107, 127, der die genehmigungsfreie Handhabung von Verfügungsgeldern mit Einführung von Abs 1 Nr 3 Alt 1 als ausreichend geregelt erachtet und sich mithin für eine Streichung der Alt 2 ausspricht) und beschränkt sich im Wesentlichen auf die Annahme von Geld, das

aa) der Vormund in anderer Weise als auf einem Giro- oder Kontokorrentkonto (andernfalls griffe bereits Nr 3 Alt 1 ein), also etwa auf einem Termingeldkonto (vgl BT-Drucks 16/10798, 24; MünchKomm/Kroll-Ludwigs Rn 16; BeckOGK/Fröschle [1. 9. 2019] Rn 25), **verzinslich angelegt** hat, obwohl die verzinsliche Anlegung **nach § 1806 BGB nicht erforderlich** gewesen wäre,

bb) der Vormund in einer anderen als der nach § 1807 BGB vorgeschriebenen Art unter Gestattung durch das Familiengericht gemäß **§ 1811 BGB** angelegt hat oder

cc) der Vormund pflichtwidrig ohne Sperrvermerk und damit **unter Missachtung des § 1809 BGB** angelegt hat (MünchKomm/Kroll-Ludwigs Rn 16; NK-BGB/Fritsche Rn 6; BeckOGK/Fröschle [1. 9. 2019] Rn 27; BGB-RGRK/Dickescheid Rn 5).

c) Forderungen de lege ferenda

Zu Forderungen de lege ferenda Staudinger/Veit (2014) Rn 35 ff. 29

4. Nutzungen des Mündelvermögens (Abs 1 Nr 4)

Die freiere Stellung des Vormunds hinsichtlich der in § 1813 Abs 1 Nr 4 BGB genannten Ansprüche entspricht dem Zweck der Nutzungen, die regelmäßig zur Bestreitung laufender Ausgaben dienen und bei denen eine Beschränkung des Vormunds den Rechtsverkehr unangemessen erschweren würde (Mot IV 1125). Als Nutzungen definiert § 100 BGB die Früchte einer Sache oder eines Rechts sowie die Vorteile, welche der Gebrauch der Sache oder des Rechts gewährt. Als Früchte (s § 99 BGB und die Erl dazu in: Staudinger/Stieper [2017] § 99 Rn 1 ff), die der Vormund nach Abs 1 Nr 4 ohne Mitwirkung des Gegenvormunds für den Mündel einziehen kann, spielen vor allem **Zinsen** eines angelegten Kapitals eine Rolle, etwa Hypothekenzinsen (KG OLGE 14, 262) und auch Miet- und Pachtzinsen. Zur Erhebung der Zinsen angelegter Gelder, die noch nicht dem Kapital zugeschlagen sind, ist nach Abs 1 Nr 4 die Genehmigung des Gegenvormunds auch dann nicht erforderlich, wenn die Anlage des Kapitals nach § 1809 BGB erfolgt ist (vgl § 1809 Rn 4 und die dortigen Nachw). 30

Nutzungen des Mündelvermögens sind auch die **Rentenzahlungen**, die aufgrund eines Anspruchs aus der gesetzlichen Rentenversicherung geleistet werden (ebenso Sorg BWNotZ 2010, 107, 128; Wesche BtPrax 2004, 49, 52; Erman/Schulte-Bunert Rn 6; BeckOGK/Fröschle [1. 9. 2019] Rn 31; Soergel/Zimmermann Rn 6; zweifelnd mit Blick auf den Regelungszweck von Abs 1 Nr 2 dagegen MünchKomm/Kroll-Ludwigs Rn 10). Die monatlichen Einzelleistungen sind Früchte des Rentenanspruchs. Der Umstand, dass derartige Rentenansprüche ihre Grundlage im öffentlichen Recht haben, hat im Rahmen des § 100 BGB und speziell bei der Frage, ob es sich um Rechtsfrüchte iS des § 99 Abs 2 BGB handelt, keine Bedeutung (BSG MDR 1982, 698). Nach der Erhöhung des Freibetrags auf jetzt 3 000 Euro werden in den meisten Fällen die monatlichen Rentenzahlungen auch aufgrund des Abs 1 Nr 2 vom Erfordernis der Genehmigung des Gegenvormunds ausgenommen sein (s oben Rn 13). 31

Ansprüche, die durch die **Veräußerung von Nutzungen** des Mündelvermögens begründet werden, also etwa der Erlös aus dem Verkauf von Ernteerträgen des Mündels, fallen ebenfalls unter Abs 1 Nr 4, weil sie ebenfalls Nutzungen des Mündelvermögens sind (MünchKomm/Kroll-Ludwigs Rn 17; BeckOGK/Fröschle [1. 9. 2019] Rn 29; BGB-RGRK/Dickescheid Rn 6; **aA** Dölle § 127 II 3 d; Erman/Schulte-Bunert Rn 6; Staudinger/Veit [2014] Rn 28). 32

Zu Forderungen **de lege ferenda** Staudinger/Veit (2014) Rn 37. 33

5. Nebenleistungen (Abs 1 Nr 5)

Die unter § 1813 Abs 1 Nr 5 BGB genannte Ausnahme war im E I noch nicht enthalten (s Prot IV 781, 783). Der Begriff der Nebenleistungen wird als solcher und in anderem Zusammenhang sehr weit gefasst (s Staudinger/Wolfsteiner [2019] Einl 59 zu §§ 1113 ff, § 1192 Rn 30 zum Begriff „andere Nebenleistungen"). Da sich Abs 1 Nr 5 nur auf Nebenleistungen bezieht, also über das Erfordernis der Genehmigung des Gegenvormunds zur Entgegennahme der Hauptleistung durch den Vormund nichts sagt, 34 erscheint es vertretbar, auch hier einen **weiten Kreis von Nebenleistungen** einzubeziehen. Darunter können außer den im Gesetz genannten Kosten der Kündigung und der Rechtsverfolgung ua auch Zinsen, Provisionen, Vertragsstrafen und ein neben der Hauptschuld (etwa wegen Verzugs) zu leistender Schadensersatz verstanden werden (Dölle § 127 II 3 e; MünchKomm/Kroll-Ludwigs Rn 18; Erman/Schulte-Bunert Rn 7; BeckOGK/Fröschle [1. 9. 2019] Rn 35; Soergel/Zimmermann Rn 7; BGB-RGRK/Dickescheid Rn 7).

35 Von der Genehmigungsfreiheit der Entgegennahme der Kosten einer Kündigung kann nicht auf die Genehmigungsfreiheit der **Kündigung** selbst (als Verfügung über den Anspruch) geschlossen werden (vgl zur Genehmigungsbedürftigkeit der Kündigung oben Rn 4 u bei § 1812 Rn 6, 45 f; zur Kündigung des Girovertrags s oben Rn 24).

IV. Die Gegenausnahmen (Abs 2)

36 § 1813 Abs 2 BGB schränkt den Katalog der genehmigungsfreien Geschäfte durch zwei Gegenausnahmen ein: Während die erste im Abschluss einer Sperrvereinbarung liegt (Abs 2 S 1), betrifft die zweite mündelsichere Anlagen des Vormunds nach § 1807 Abs 1 Nrn 1–4 BGB (Abs 2 S 2).

1. Versperrte Geldanlage (Abs 2 S 1)

37 Nach § 1813 Abs 2 S 1 BGB ist die Ausnahmebestimmung des **Abs 1 Nr 2** nicht anwendbar, wenn es sich um die Erhebung von Geld handelt, bei dessen Anlegung ein anderes bestimmt worden ist, also insbesondere um die Erhebung von Geld, das nach §§ 1807 Abs 1 Nr 5, 1809 BGB bei einer Sparkasse oder Bank mit der Bestimmung angelegt worden ist, dass zur Erhebung die Genehmigung des Gegenvormunds oder des Familiengerichts erforderlich ist (krit Wesche BtPrax 2004, 49, 52). Hat der Vormund Mündelgeld der Vorschrift des § 1809 BGB zuwider ohne diese Bestimmung angelegt, so ist die ohne Genehmigung des Gegenvormunds erfolgte Rückzahlung wirksam (Prot IV 308).

38 Für die Erhebung von Geld, das auf einem Giro- oder Kontokorrentkonto angelegt ist **(Abs 1 Nr 3 Alt 1)** oder das der Vormund selbst angelegt hat **(Abs 1 Nr 3 Alt 2)**, ist die Genehmigung nach Abs 2 S 1 ebenfalls unter der Voraussetzung einer Vereinbarung der Genehmigungsbedürftigkeit nach § 1809 BGB erforderlich (s KG 13. 11. 2014 – 8 U 35/14, juris Rn 42, NJW 2015, 1394, 1395 = FamRZ 2015, 1052 [LS]).

39 Dabei gelten die in Abs 1 Nrn 2 und 3 genannten Befreiungen aber nicht nur dann nicht, wenn der Vormund zum Abschluss einer Sperrvereinbarung nach § 1809 BGB verpflichtet ist, sondern auch dann nicht, wenn er die **Sperrvereinbarung freiwillig** abgeschlossen hat. In beiden Fällen ist bei der Anlegung iSv § 1813 Abs 2 S 1 BGB etwas anderes bestimmt. Nur besteht ein Unterschied in der Wirkung der Sperrvereinbarung: Während die gesetzlich vorgeschriebene Versperrung ein eigenständiges Genehmigungserfordernis auslöst, bewirkt die freiwillige Versperrung nur, dass die in § 1813 Abs 1 Nrn 2 und 3 BGB genannten Befreiungen nicht greifen, legt aber keine Genehmigungsbedürftigkeit fest. Diese hängt vielmehr davon ab, ob der Vormund überhaupt der Beschränkung des § 1812 BGB unterliegt und nicht etwa befreit ist (BeckOGK/Fröschle [1. 9. 2019] Rn 38; s auch § 1809 Rn 16).

2. Mündelsichere Anlage nach § 1807 Abs 1 Nrn 1–4

Nach **§ 1813 Abs 2 S 2 BGB** gilt die Befreiung nach Abs 1 Nr 3 auch nicht für die Erhebung des Geldes, das der Vormund nach § 1807 Abs 1 Nrn 1 bis 4 BGB angelegt hat (BeckOGK/Fröschle [1. 9. 2019] Rn 40). 40

3. Forderungen de lege ferenda

Zu Forderungen **de lege ferenda** näher Staudinger/Veit (2014) Rn 38. 41

V. Pflegschafts- und Betreuungsrecht

§ 1813 BGB gilt sowohl im Pflegschaftsrecht (§ 1915 Abs 1 S 1 BGB) als auch im Betreuungsrecht entsprechend (§ 1908i Abs 1 S 1 BGB). 42

§ 1814
Hinterlegung von Inhaberpapieren

Der Vormund hat die zu dem Vermögen des Mündels gehörenden Inhaberpapiere nebst den Erneuerungsscheinen bei einer Hinterlegungsstelle oder bei einem der in § 1807 Abs. 1 Nr. 5 genannten Kreditinstitute mit der Bestimmung zu hinterlegen, dass die Herausgabe der Papiere nur mit Genehmigung des Familiengerichts verlangt werden kann. Die Hinterlegung von Inhaberpapieren, die nach § 92 zu den verbrauchbaren Sachen gehören, sowie von Zins-, Renten- oder Gewinnanteilscheinen ist nicht erforderlich. Den Inhaberpapieren stehen Orderpapiere gleich, die mit Blankoindossament versehen sind.

Materialien: E I § 1670 Abs 1; II § 1694; III § 1790; Mot IV 1129; Prot IV 783; VI 310. Neugefasst durch VO v 18. 3. 1933 (RGBl I 131) Kap XI Art 1, durch BtG v 12. 9. 1990 (BGBl I 2002) Art 1 Nr 36 u durch Bekanntmachung v 2. 1. 2002 (BGBl I 42); S 1 zuletzt geändert durch Art 50 Nr 37 nach Maßgabe v Art 111 FGG-RG v 17. 12. 2008 (BGBl I 2586) mit Wirkung v 1. 9. 2009.

Schrifttum

Rellermeyer, Varianten der landesrechtlichen Hinterlegungsgesetze, Rpfleger 2011, 129

Rückheim, Aufhebung der Hinterlegungsordnung, Rpfleger 2010, 1.

Systematische Übersicht

Alphabetische Übersicht

I. Normzweck, Historie, Systematik

1. Normzweck

Die §§ 1814–1820 BGB regeln die Pflicht des Vormunds, bestimmte Wertpapiere und andere Gegenstände des Vermögens des Mündels zu hinterlegen und die Verfügung darüber an die Genehmigung des Familiengerichts zu binden. § 1814 BGB verfolgt das Ziel, den Mündel gegen die insbesondere mit der Natur der Inhaberpapiere verbundenen Gefahren (§§ 932, 935 Abs 2 BGB), so gegen eine etwaige Untreue des Vormunds und die Gefahr eines zufälligen Verlustes der vom Vormund selbst verwahrten Papiere, besser zu schützen (Mot IV 1129 f; RGZ 137, 320, 323). Der Vormund ist, ohne dass besondere Voraussetzungen vorliegen müssen, kraft Gesetzes – also ohne Aufforderung durch das Familiengericht – verpflichtet, die Inhaberpapiere des Mündels mit der Bestimmung zu hinterlegen, dass zur Herausgabe der Papiere die Genehmigung des Familiengerichts erforderlich ist. Im Gegensatz zum Vormund trifft die Eltern eine solche Verpflichtung nur dann, wenn das Familiengericht sie dem Elternteil, der das Kind vertritt, durch Verfügung nach § 1667 Abs 2 S 2 BGB auferlegt. 1

2. Historie

Die Bestimmungen der §§ 1814–1820 BGB, die im Alltag der Vormünder und Familiengerichte nur noch eine geringe Rolle spielen dürften, sind seit der Schaffung des BGB im Wesentlichen unverändert geblieben. Lediglich die Aufzählung der Kreditinstitute, bei denen die Wertpapiere und Kostbarkeiten hinterlegt werden können, hat sich zweimal geändert. Nach der ursprünglichen Fassung des § 1814 S 1 BGB war die Hinterlegung nur „bei einer Hinterlegungsstelle oder bei der Reichsbank“ möglich. Die Verordnung vom 18. 3. 1933 (RGBl I 131) ließ die Hinterlegung daneben auch bei der Deutschen Girozentrale (Deutschen Kommunalbank) zu (s dazu Staudinger/Engler[10/11] Rn 10 ff). Das Betreuungsgesetz vom 12. 9. 1990 (BGBl I 2002) ergänzte die 2

Bestimmung des § 1807 Abs 1 Nr 5 BGB durch die Generalklausel „oder bei einem anderen Kreditinstitut, das einer für die Anlage ausreichenden Sicherungseinrichtung angehört" und gab § 1814 S 1 BGB mit der Verweisung auf die „in § 1807 Abs 1 Nr 5 genannten Kreditinstitute" seine jetzige Form. Die jüngste Änderung hat die Vorschrift mit dem FGG-Reformgesetz von 2008 (BGBl I 2586) insoweit erfahren, als in S 1 an die Stelle des Vormundschaftsgerichts das Familiengericht getreten ist (zu den Gründen für die Schaffung des großen Familiengerichts und Auflösung des Vormundschaftsgerichts BR-Drucks 309/07, 366).

3. Systematik

3 Die starr und zwingend erscheinende Vorschrift des § 1814 BGB wird relativiert durch die in § 1815 BGB dem Vormund und dem Familiengericht eingeräumten Möglichkeiten, die Umwandlung von Inhaberpapieren in Namenspapiere und von Briefrechten in Buchrechte herbeizuführen. Das Familiengericht kann ferner nach § 1817 BGB den Vormund von den ihm nach §§ 1814, 1816 BGB obliegenden Verpflichtungen entbinden; es kann aber auch die Pflicht zur Hinterlegung nach § 1818 BGB aus besonderen Gründen auf andere als die in § 1814 BGB genannten Wertpapiere und auf Kostbarkeiten ausdehnen (s über die Ausnahmen von der Hinterlegungspflicht auch unten Rn 33 ff, über ihre Ausdehnung Rn 15).

II. Gegenstand der Hinterlegungspflicht

1. Wertpapiere

a) Zu hinterlegende Wertpapiere

4 § 1814 S 1 BGB spricht ohne Einschränkung von den zum Vermögen des Mündels gehörenden Inhaberpapieren; das sind alle Papiere, deren Aussteller die im Papier verbriefte Leistung dem jeweiligen Inhaber verspricht. In Betracht kommen Schuldverschreibungen auf den Inhaber (§§ 793 ff BGB), Inhabergrundschuldbriefe (§§ 1195, 1199 BGB), Inhaberaktien (§§ 10, 278 Abs 3 AktG). Die Hinterlegungspflicht erstreckt sich auch auf Erneuerungsscheine, die ihrer Natur nach keine Inhaberpapiere, sondern bloße Legitimationspapiere sind (Prot IV 785; s die Legaldefinition des Erneuerungsscheins in § 805 S 1 BGB; dazu Staudinger/Marburger [2015] § 803 Rn 14 f). Versperrt zu hinterlegen sind auch Sammelschuldbuchforderungen, obwohl sie nicht körperlich existieren, da sie nach der Fiktion des § 6 Abs 2 BSchuWG im Rechtsverkehr wie Inhaberpapiere behandelt werden (BeckOGK/Fröschle [1. 9. 2019] Rn 15; weitere Beispiele bei jurisPK-BGB/Lafontaine Rn 9).

5 Orderpapiere, die mit Blankoindossament (Legaldefinition in Art 13 Abs 2 WG, Art 16 Abs 2 ScheckG) versehen sind, stehen nach **§ 1814 S 3 BGB** den Inhaberpapieren gleich. In Frage kommen kaufmännische Orderpapiere (§§ 363 ff HGB), Wechsel (Art 13 WG, s auch Art 11, 12 Abs 3, 14, 16, 77 WG) und Schecks (Art 15, 16, 17, 19 ScheckG). Zu hinterlegen sind auch Namensaktien (§ 68 Abs 1 AktG), soweit sie mit einem Blankoindossament versehen sind (BeckOGK/Fröschle [1. 9. 2019] Rn 15).

b) Nicht zu hinterlegende Wertpapiere

6 Nicht zu hinterlegen sind die sog qualifizierten Legitimationspapiere (§ 808 BGB; s dazu Staudinger/Marburger [2015] § 808 Rn 1 ff), da es sich hierbei um keine Inhaber-

papiere handelt. Dazu gehören insbesondere Sparbücher. Insoweit ist durch die Bestimmungen der §§ 1806 ff BGB ausreichend Vorsorge getroffen (Mot IV 1131). Das Familiengericht kann aber die Hinterlegung solcher Papiere nach § 1818 BGB anordnen.

Von der Hinterlegungspflicht ausdrücklich ausgenommen sind weiterhin nach **§ 1814 S 2 BGB** Inhaberpapiere, die gem § 92 BGB zu den **verbrauchbaren Sachen** gehören, deren bestimmungsmäßiger Gebrauch also im Verbrauch oder in der Veräußerung besteht. Dazu gehören insbesondere Geld, also Banknoten, und Wertpapiere, die Geldsurrogate darstellen (Staudinger/Stieper [2017] § 92 Rn 2), zB mit Blankogiro versehene Wechsel, und – nach § 92 Abs 2 BGB – Inhaberpapiere, die zum Betriebsfonds eines Erwerbsgeschäfts (Bank) gehören (Prot IV 785). Dazu gerechnet wird aber auch ein Scheck, der innerhalb einer kurzen Frist zur Zahlung vorgelegt werden muss (s Art 29 Abs 1 ScheckG), um zu vermeiden, dass der Mündel seine Rückgriffsrechte gegen den Indossanten bzw den Aussteller (Art 40 ScheckG) verliert (BeckOGK/Fröschle [1. 9. 2019] Rn 24). 7

Ausgenommen sind schließlich auch die „kleinen Inhaberpapiere" oder **Inhaberzeichen** (§ 807 BGB), also zB Eintrittskarten und Fahrkarten (Staudinger/Marburger [2015] § 807 Rn 3 ff); man wird sie zwar von der Definition des § 92 Abs 1 BGB her nicht zu den verbrauchbaren Sachen zählen können (so aber Dölle § 126 II 4a, bb; MünchKomm/Kroll-Ludwigs Rn 3; BeckOGK/Fröschle [1. 9. 2019] Rn 16), aber auf sie trifft die Intention des § 1814 BGB offensichtlich nicht zu (ebenso unter Rückgriff auf eine teleologische Reduktion des § 1814 BGB jurisPK-BGB/Lafontaine Rn 14). 8

Zins-, Renten- und Gewinnanteilscheine brauchen nach **§ 1814 S 2 BGB** gleichfalls nicht hinterlegt zu werden (vgl § 2116 Abs 1 BGB, der die Hinterlegungspflicht des Vorerben regelt und bezüglich ihres Gegenstandes in allen Einzelheiten dem § 1814 BGB entspricht; davon teilweise abweichend § 234 Abs 1 und 2 BGB). Über die Anordnung der Hinterlegung von Zins-, Renten- und Gewinnanteilscheinen auf Antrag des Vormunds s § 1818 HS 2 BGB. 9

2. Zugehörigkeit zum Vermögen des Mündels

a) Alleineigentum des Mündels

Unter Inhaber- und Orderpapieren, die zum Vermögen des Mündels gehören, sind nur solche Papiere zu verstehen, die im Alleineigentum des Mündels stehen; nur unter dieser Voraussetzung hat der Vormund die rechtliche Macht, die Papiere zu hinterlegen (Enneccerus/Kipp § 114 V 1; Dölle § 126 II 4a, aa; BGB-RGRK/Dickescheid Rn 4; MünchKomm/Kroll-Ludwigs Rn 5; Erman/Schulte-Bunert Rn 4; Soergel/Zimmermann Rn 7; BeckOGK/Fröschle [1. 9. 2019] Rn 10; jurisPK-BGB/Lafontaine Rn 18). 10

Die Hinterlegungspflicht des Vormunds bezieht sich deshalb **nicht** auf Papiere, 11

aa) an denen dem Mündel zusammen mit anderen **Eigentum zur gesamten Hand** oder **Miteigentum** zusteht,

bb) an denen der Mündel nur ein beschränktes dingliches Recht – **Pfandrecht** oder **Nießbrauch** – hat; eine Verpflichtung des Vormunds, nach § 1082 BGB die Hinterlegung der Papiere herbeizuführen (Dölle § 126 II 4a, aa; Gernhuber/Coester-Waltjen § 72 Rn 31 Fn 46; MünchKomm/Kroll-Ludwigs Rn 5; BGB-RGRK/Dickescheid Rn 4), kann sich in diesem Fall nicht aus § 1814 BGB, sondern nur aus der allgemeinen Pflicht des Vormunds, für die Erhaltung des Mündelvermögens zu sorgen (§ 1793 BGB), ergeben,

cc) bei denen das Eigentum des Mündels durch das **Pfandrecht** oder den **Nießbrauch eines Dritten** eingeschränkt ist.

b) Der Mündel als Vorerbe

12 Ist der Mündel Vorerbe, so ist er Eigentümer der zum Nachlass gehörenden Papiere, sodass § 1814 BGB eingreift; der Vormund ist verpflichtet, auch diese Papiere zu hinterlegen. Hat auch der Nacherbe nach § 2116 BGB die Hinterlegung der Papiere gefordert, so entfällt dadurch nicht die Verpflichtung des Vormunds aus § 1814 BGB; er muss vielmehr die Hinterlegung in der Weise herbeiführen, dass zur Herausgabe neben der Zustimmung des Nacherben auch die Genehmigung des Familiengerichts erforderlich ist (ebenso Enneccerus/Kipp § 114 V 1 aE; Dölle § 126 II 4a, aa; MünchKomm/Kroll-Ludwigs Rn 5 aE; Erman/Schulte-Bunert Rn 4; BeckOGK/Fröschle [1. 9. 2019] Rn 10).

c) Papiere in irregulärer Verwahrung

13 Für Papiere des Mündels, die sich beim Amtsantritt des Vormunds in einer irregulären Verwahrung iSv § 15 DepotG befinden, besteht keine Hinterlegungspflicht nach § 1814 S 1 BGB, weil mit der Verwahrung das Eigentum auf den Verwahrer übergeht und dieser nur verpflichtet ist, Wertpapiere derselben Art dem Hinterleger zurückzugewähren (§ 15 Abs 1 DepotG) (im Anschluss an das Urteil RGZ 137, 320 = JW 1933, 159 [m zust Anm Grasshoff]; MünchKomm/Kroll-Ludwigs Rn 6; Erman/Schulte-Bunert Rn 4; Palandt/Götz Rn 3; NK-BGB/Fritsche Rn 10; BeckOGK/Fröschle [1. 9. 2019] Rn 13; Dölle § 126 II 4a, aa; auch Staudinger/Engler[10/11] Rn 3; **aA** Staudinger/Veit [2014] Rn 12). Zwar unterscheidet § 1814 BGB nicht zwischen Papieren, die der Vormund bei Amtsantritt vorfindet, und solchen, die der Mündel später – etwa durch Erbschaft – erwirbt, und auch nicht zwischen Papieren, die beim Mündel oder beim Vormund, und solchen, die an dritter Stelle, etwa bei einer Bank, verwahrt werden. Jedoch hat das RG deutlich herausgestellt, dass bei einer Verwahrung im Sammeldepot (depositum irregulare, § 700 BGB) zum Vermögen des Mündels nicht die Papiere selbst, sondern nur schuldrechtliche Ansprüche auf deren Übereignung gehören. Auch wenn man Wertpapiere, die auf Stückekonto gutgeschrieben sind, in wirtschaftlicher Betrachtung schon als zum Vermögen des Berechtigten gehörend ansehen könne, gehe es rechtlich nicht an, das Eigentum an Wertpapieren ihrer Gutschrift auf Stückekonto schlechthin gleichzusetzen (RGZ 137, 320, 322 f). Für diese Sichtweise spricht, dass für den Anspruch des Mündels gegen den Verwahrer auf Verschaffung von Wertpapieren derselben Art der Schutzzweck des § 1814 BGB nicht greift, weil dieses Vermögensobjekt weder gestohlen, noch gutgläubig wegerworben werden kann. Vielmehr genügt insoweit der Schutz des Mündelvermögens bei Verfügung über diese Forderung nach §§ 1812, 1813 BGB (BeckOGK/Fröschle [1. 9. 2019] Rn 13.1).

14 Erst wenn die irreguläre Verwahrung beendet ist, besteht eine Hinterlegungspflicht. Da der Vormund diese Anlage bei Übernahme des Amtes vorgefunden hat, ist er zur

Auflösung dieses Depots nur verpflichtet, wenn dies nach den allgemeinen Grundsätzen der Vermögensverwaltung geboten ist (BeckOGK/Fröschle [1. 9. 2019] Rn 13). Handelt es sich bei dem irregulären Depot um eine mündelsichere Anlage, muss er diese nach § 1809 BGB versperrt anlegen.

3. Ausdehnung der Hinterlegungspflicht

Über den Kreis der in § 1814 S 1 und 3 BGB genannten Wertpapiere hinaus kann das Familiengericht nach **§ 1818 BGB** die Hinterlegungspflicht ausdehnen 15

a) auf die nach § 1814 S 2 BGB von der Hinterlegungspflicht ausgenommenen Zins-, Renten- und Gewinnanteilscheine, wenn der Vormund dies beantragt (s oben Rn 9 u § 1818 HS 2 BGB),

b) aus besonderen Gründen auch auf andere als die in § 1814 S 1 und 3 BGB bezeichneten Wertpapiere und auf Kostbarkeiten (s dazu die Erl zu § 1818).

III. Die Hinterlegung

1. Ort der Hinterlegung

a) Wahlrecht des Vormunds

Der Vormund kann die Wertpapiere wahlweise bei einer der in § 1814 S 1 BGB genannten Stellen hinterlegen. Welcher der in Betracht kommenden Stellen er den Vorzug gibt, steht in seinem pflichtgemäßen Ermessen; da die Sicherheit der Kapitalanlage dabei außer Frage steht, wird er die Entscheidung auch an Gesichtspunkten der Wirtschaftlichkeit auszurichten haben. 16

b) Hinterlegungsstelle

Hinterlegungsstellen waren nach § 1 Abs 2 HinterlO die **Amtsgerichte**; funktional zuständig war regelmäßig der Rechtspfleger (§ 30 RPflG aF). 17

Die Hinterlegungsordnung und die zu ihrer Durchführung erlassenen Verordnungen sind durch Art 17 Abs 2 des zweiten Gesetzes über die Bereinigung von Bundesrecht im Zuständigkeitsbereich des Bundesministeriums der Justiz vom 23. 11. 2007 (BGBl I 2614) mit Wirkung vom 1. 12. 2010 als Bundesrecht aufgehoben worden. Damit wird das „formelle Hinterlegungsrecht schlussendlich der Disposition der Länder überantwortet" (BT-Drucks 16/5051, 35). In Art 78 Abs 3 Nrn 1 und 3 wurde auch § 30 RPflG aF aufgehoben; zur Regelung der funktionellen Zuständigkeit bedarf es jetzt landesrechtlicher Regelungen (krit zu diesem Gesetz Rückheim Rpfleger 2010, 1).

Die meisten Länder haben auf der Grundlage eines zwischen den Landesjustizverwaltungen abgestimmten Entwurfs eigenständige, weitgehend inhaltsgleiche Hinterlegungsgesetze geschaffen (Überblick bei Rellermeyer Rpfleger 2011, 129 Fn 4; näher zum HintG in Baden-Württemberg Rückheim Rpfleger 2010, 1, 9 ff), in denen die funktionelle Zuständigkeit jeweils geregelt wurde. In Niedersachsen etwa wurde 2012 das Gesetz zur Neuregelung des Hinterlegungsrechts (NHintG) erlassen (Nds GVBl 2012, 431; zur Gesetzesbegründung Nds Landtag, Drucks 16/4834; zu den Besonderheiten bis dahin in Niedersachsen Rellermeyer Rpfleger 2011, 129 f). Nach dessen § 3 Abs 2 ist die Hinterlegungsstelle das Amtsgericht; die Aufgaben der Hinterlegungsstelle werden von Rechtspflegerinnen und Rechtspflegern wahrgenommen. Insoweit entspricht der Rechtszustand dem nach der früheren HinterlO (zur funktionellen Zuständigkeit in den übrigen Bundesländern Rellermeyer Rpfleger 2011, 129).

18 Durch die Hinterlegung wird ein **öffentlich-rechtliches Verwahrungsverhältnis** zwischen der Hinterlegungsstelle und dem Vormund begründet. Die Rechte und Pflichten hieraus sind landesrechtlich geregelt. Sowohl die Annahme als auch die Herausgabe der Inhaberpapiere erfolgt durch Verwaltungsakt auf Antrag des Vormunds als demjenigen, der bei der Hinterlegung als empfangsberechtigt bezeichnet wurde (BeckOGK/Fröschle [1. 9. 2019] Rn 38).

c) Kreditinstitut iSv § 1807 Abs 1 Nr 5

19 Der Vormund kann – und das wird in der Praxis die Mehrzahl der Fälle sein – die Papiere auch bei einem der in § 1807 Abs 1 Nr 5 BGB genannten Kreditinstitute (s dazu § 1807 Rn 38 ff) hinterlegen (zum Problem, wann Kreditinstitute iSv § 1807 Abs 1 Nr 5 Alt 2 BGB im Fall der Hinterlegung einer „für die Anlage ausreichenden Sicherungseinrichtung“ angehören BeckOGK/Fröschle [1. 9. 2019] Rn 43 ff). In diesem Fall kommt ein **privatrechtliches Verwahrungsverhältnis** zwischen dem Vormund und dem Kreditinstitut zustande (BeckOGK/Fröschle [1. 9. 2019] Rn 31).

2. Die tatsächliche Hinterlegung

20 Die Hinterlegung verlangt, dass der unmittelbare Besitz aufgegeben wird. Das Einlegen eines Wertpapiers in ein Bankschließfach genügt nicht. Bei privatrechtlicher Hinterlegung müssen diese vielmehr in ein Wertpapierdepot bei einem Kreditinstitut gebracht werden, das das Depotgeschäft iSv § 1 Abs 1 S 2 Nr 5 KWG betreibt (BeckOGK/Fröschle [1. 9. 2019] Rn 39). Die Hinterlegung verlangt den Abschluss eines Verwahrungsvertrags, bei dem der Mündel also Eigentümer der hinterlegten Papiere bleibt. Es genügt die Sammelverwahrung iSv § 5 DepotG, da der Mündel in diesem Fall Miteigentum an den zum Sammelbestand des Verwahrers gehörenden Wertpapieren erlangt (§ 6 Abs 1 DepotG). Nicht ausreichend ist demgegenüber die Vereinbarung eines irregulären Depots iSv § 15 DepotG, da der Mündel dadurch sein Eigentum am Wertpapier an die Hinterlegungsstelle verliert (s oben Rn 13). Die Sammelverwahrung stellt dabei den praktischen Regelfall dar (BeckOGK/Fröschle [1. 9. 2019] Rn 41).

3. Die Hinterlegungsabrede

21 Die Hinterlegung muss mit der Bestimmung erfolgen, dass die **Herausgabe** der Papiere vom Vormund **nur mit Genehmigung des Familiengerichts** verlangt werden kann. Werden die Papiere ohne diese Bestimmung hinterlegt, so treten die unter Rn 25 und 26 beschriebenen Rechtswirkungen nicht ein.

22 Entscheidend kommt es darauf an, dass die Bindung der Herausgabe der Papiere an die Genehmigung des Familiengerichts **Vertragsinhalt** wird. Dies ist auch dann der Fall, wenn der Hinterlegungsstelle allgemein durch Gesetz, Rechtsverordnung oder Satzung vorgegeben ist, Papiere, die für einen Mündel (oder „in einer Vormundschaftssache“) hinterlegt werden, nur mit Genehmigung des Familiengerichts (vor

dem 1. 9. 2009 Vormundschaftsgericht) herauszugeben (RGZ 79, 9, 15 f; RG JW 1910, 288), und erkennbar ist, dass die Papiere zum Vermögen eines Mündels gehören (vgl § 1809 Rn 10 für den Parallelfall der Anlegung von Mündelgeld).

23 Ob der Stelle, bei der die Wertpapiere hinterlegt werden, auch die sich auf die Papiere beziehenden Verwaltungsgeschäfte (Kontrolle der Auslosungen, Ersetzung verloster Papiere durch andere, Ausübung von Bezugsrechten usw) zu übertragen sind, hat der Vormund nach pflichtgemäßem Ermessen zu entscheiden (Prot IV 789). Er wird dabei auch die Frage der Kosten einer solchen Verwaltung zu bedenken haben (s unten Rn 32).

24 Hat der Vormund die Wertpapiere ohne die in § 1814 BGB vorgesehene Bestimmung hinterlegt (oder bei einem der in § 1807 Abs 1 Nr 5 BGB genannten Kreditinstitute vorgefunden), so entspricht es dem Sinn des § 1814 BGB, dass er **nachträglich** die Bindung der Herausgabe der Papiere an die Genehmigung des Familiengerichts herbeiführt.

4. Wirkungen der Hinterlegung

a) Erfordernis der familiengerichtlichen Genehmigung der Herausgabe

25 Die Hinterlegungsvereinbarung besagt, dass der Vormund die Papiere nur mit Genehmigung des Familiengerichts von der Hinterlegungsstelle heraus verlangen kann (§ 1819 BGB). Die Hinterlegungsstelle/Bank muss also die Herausgabe der Papiere verweigern, wenn der Vormund nicht die Genehmigung des Familiengerichts nachweist. Gibt sie sie trotzdem heraus, so haftet sie dem Mündel für den daraus entstehenden Schaden. Sie wird, wenn die Sperrung Vertragsinhalt geworden ist (s oben Rn 22), dem Mündel gegenüber durch die Herausgabe der Papiere an den Vormund auch dann nicht von der Haftung frei, wenn auf dem Hinterlegungsschein ein nach den Bedingungen der Bank vorgesehener Sperrvermerk nicht angebracht war (RGZ 79, 9, 16; MünchKomm/Kroll-Ludwigs Rn 9; Palandt/Götz Rn 6; Soergel/Zimmermann Rn 9; BGB-RGRK/Dickescheid Rn 10).

b) Verfügungsbeschränkung gemäß § 1819

26 Solange die hinterlegten Gegenstände nicht zurückgenommen sind, bedarf der Vormund nach § 1819 BGB zu einer Verfügung über sie, bei Hinterlegung von Hypotheken-, Grundschuld- oder Rentenschuldbriefen (s § 1818 Rn 5) auch zur Verfügung über die Hypothekenforderung, die Grundschuld oder die Rentenschuld, ferner zur Eingehung der Verpflichtung zu einer solchen Verfügung, der Genehmigung des Familiengerichts. Dies ist eine nach außen wirkende Beschränkung der Vertretungsmacht des Vormunds (s dazu § 1819 Rn 8).

c) Keine Wirkung gegenüber Dritten

27 Die nach § 1814 BGB getroffenen Maßnahmen, auch eine vom Familiengericht angeordnete Sperrung, berühren nur die Verfügungsbefugnis des Vormunds, dagegen nicht das Recht eines Dritten, insbesondere des Pfändungspfandgläubigers, der den Herausgabeanspruch des Mündels gepfändet hat, im Wege der Zwangsvollstreckung die Herausgabe der Wertpapiere zu verlangen (OLG Colmar OLGE 24, 45, 46).

5. Erzwingung der Hinterlegung, Haftung

28 Kommt der Vormund der ihm nach § 1814 BGB obliegenden Hinterlegungspflicht nicht nach, so kann und muss er unverzüglich vom Familiengericht zur Erfüllung dieser Verpflichtung angehalten werden (BeckOGK/Fröschle [1. 9. 2019] Rn 29). Notfalls kommt die **Androhung und Festsetzung von Zwangsgeld** (§ 1837 Abs 3 BGB) in Betracht. Ein unmittelbares Eingreifen des Familiengerichts in der Weise, dass es selbst, wenn sich die zu hinterlegenden Papiere in seinem Besitz befinden, die Hinterlegung mit Sperrvermerk vornehmen lässt, wäre eine Verletzung des Grundsatzes der Selbständigkeit des Vormunds und allenfalls dann zulässig, wenn Anlass zu dem Verdacht bestünde, der Vormund werde die von ihm zu hinterlegenden Papiere veruntreuen (OLG Kiel OLGE 36, 218). Bei hartnäckiger Weigerung oder Untätigkeit des Vormunds muss die Entlassung nach § 1886 BGB erwogen werden.

29 Verstößt der Vormund gegen die Hinterlegungspflicht, haftet er nach **§ 1833 BGB** (MünchKomm/Kroll-Ludwigs Rn 10).

30 Versäumt das Familiengericht schuldhaft die rechtzeitige Kontrolle, so verletzt es seine Aufsichtspflicht (§ 1837 Abs 2 BGB); für einen dem Mündel hieraus erwachsenden Schaden haftet der Staat nach **§ 839 BGB, Art 34 GG** (RGZ 80, 252, 256; RG JW 1910, 288; OLG Kiel OLGE 36, 218, 219).

6. Freiwillige Hinterlegung

31 Dass der Vormund Wertpapiere und Kostbarkeiten, zu deren Hinterlegung er nicht verpflichtet ist, hinterlegen kann, hatte E I (§ 1672 BGB aF) ausdrücklich gesagt; die II. Kommission hat diese Bestimmung als selbstverständlich beseitigt (Mot IV 1133, 1135; Prot IV 790). Im Fall einer solchen freiwilligen Hinterlegung sind nicht die Vorschriften des § 1819 BGB, sondern die allgemeinen Grundsätze (s insbesondere §§ 1812, 1813 BGB) anzuwenden (Mot IV 1131 f; Prot IV 790).

7. Kosten der Hinterlegung

32 Die Kosten der Hinterlegung fallen als zwangsläufig erwachsende allgemeine Verwaltungskosten dem Mündelvermögen zur Last. E I hatte dies ausdrücklich ausgesprochen (§ 1673); die II. Kommission hat diese Bestimmung ebenfalls als selbstverständlich abgetan (Mot IV 1135; Prot IV 788, 790). Hat der Vormund der Hinterlegungsstelle/Bank auch die Verwaltungsgeschäfte übertragen (s oben Rn 23), so fallen, soweit sich diese Maßregel als gerechtfertigt erweist, auch die hierdurch erwachsenden Kosten dem Mündelvermögen zur Last (Prot IV 789 f). Ersatz der Kosten, die durch eine freiwillige Hinterlegung (s oben Rn 31) entstehen, kann der Vormund nur nach Maßgabe des § 1835 BGB beanspruchen.

IV. Ausnahmen von der Hinterlegungspflicht

1. Befreite Vormundschaft

33 Der Vater und die Mutter können den Vormund nach §§ 1853, 1855 BGB von der Verpflichtung entbinden, Inhaber- und Orderpapiere zu hinterlegen (s § 1853 Rn 1 f).

Dagegen kann die Befugnis des Familiengerichts, aus besonderen Gründen die Hinterlegung anderer als der in § 1814 BGB genannten Wertpapiere und die von Kostbarkeiten anzuordnen (§ 1818 BGB), von den Eltern nicht ausgeschlossen werden (vgl § 1853 Rn 3).

Eine Anordnung des Vaters oder der Mutter gemäß §§ 1853, 1855 BGB kann vom Familiengericht außer Kraft gesetzt werden, wenn ihre Befolgung das Interesse des Mündels gefährden würde (§ 1857 BGB). 34

2. Jugendamt und Verein als Vormund

Das Jugendamt und ein Verein als Vormund sind kraft Gesetzes (§ 1857a BGB) auch von der in § 1853 BGB genannten Verpflichtung, Inhaber- und Orderpapiere des Mündels zu hinterlegen, befreit. 35

3. Anordnung des Erblassers oder Schenkers

Der Vormund ist von der Hinterlegungspflicht auch dann befreit, wenn der Erblasser oder ein Dritter, der dem Mündel unter Lebenden unentgeltlich Vermögen zugewendet hat, gemäß § 1803 BGB wirksam angeordnet hat, dass die Vorschrift des § 1814 BGB über die Hinterlegung von Wertpapieren nicht angewendet werden soll (Enneccerus/Kipp § 114 V 7; BeckOGK/Fröschle [1. 9. 2019] Rn 47; Dölle § 126 II 4a, ee; vgl § 1803 Rn 10). 36

4. Entbindung durch das Familiengericht

Nach § 1817 Abs 1 BGB, den das Betreuungsrechtsänderungsgesetz vom 25. 6. 1998 (BGBl I 1580) eingefügt hat, kann das Familiengericht den Vormund auf seinen Antrag von den ihm nach den §§ 1806 bis 1816 BGB obliegenden Verpflichtungen, also auch von der Pflicht zur Hinterlegung von Inhaber- und Orderpapieren, entbinden, wenn der Umfang der Vermögensverwaltung dies rechtfertigt und eine Gefährdung des Mündelvermögens nicht zu besorgen ist. Aus besonderen Gründen kann das Familiengericht nach § 1817 Abs 2 BGB den Vormund von der Verpflichtung aus § 1814 BGB (und aus § 1816 BGB) auch dann entbinden, wenn die in § 1817 Abs 1 BGB genannten Voraussetzungen nicht vorliegen (s dazu die Erl zu § 1817). 37

5. Umschreibung oder Umwandlung der Inhaberpapiere

Um die Hinterlegung zu vermeiden, kann der Vormund nach § 1815 BGB auch Inhaberpapiere des Mündels auf dessen Namen umschreiben oder unter bestimmten Voraussetzungen in Buchforderungen umwandeln lassen; wegen der Einzelheiten s die Erl zu § 1815 BGB. 38

V. Beendigung der Sperre

Nach Beendigung der Vormundschaft bedarf der unbeschränkt geschäftsfähig gewordene (frühere) Mündel, wenn er die hinterlegten Wertpapiere an sich nehmen will, nicht mehr der Genehmigung des Familiengerichts (Enneccerus/Kipp § 114 Fn 18; Erman/Schulte-Bunert Rn 7 aE; **aA** KG OLGE 2, 262, 263, beiläufig in einer Entscheidung, in 39 der es um die Frage ging, ob das Familiengericht dem Vormund auch nach dem Ende der Vormundschaft noch gemäß § 1836 BGB eine Vergütung bewilligen kann). Es ist Sache des vormaligen Mündels, die Freigabe der Papiere und die Beseitigung eines etwaigen Sperrvermerks herbeizuführen; dazu muss ihm das Familiengericht – soweit nötig – eine Bescheinigung über das Ende der Vormundschaft ausstellen (vgl § 1809 Rn 38).

VI. Pflegschafts- und Betreuungsrecht

40 § 1814 BGB findet über die Generalverweisung in § 1915 Abs 1 S 1 BGB und § 1908i Abs 1 S 1 BGB entsprechende Anwendung im Pflegschafts- und Betreuungsrecht.

§ 1815
Umschreibung und Umwandlung von Inhaberpapieren

(1) Der Vormund kann die Inhaberpapiere, statt sie nach § 1814 zu hinterlegen, auf den Namen des Mündels mit der Bestimmung umschreiben lassen, dass er über sie nur mit Genehmigung des Familiengerichts verfügen kann. Sind die Papiere vom Bund oder einem Land ausgestellt, so kann er sie mit der gleichen Bestimmung in Schuldbuchforderungen gegen den Bund oder das Land umwandeln lassen.

(2) Sind Inhaberpapiere zu hinterlegen, die in Schuldbuchforderungen gegen den Bund oder ein Land umgewandelt werden können, so kann das Familiengericht anordnen, dass sie nach Absatz 1 in Schuldbuchforderungen umgewandelt werden.

Materialien: E I § 1670 Abs 1; II § 1695; III § 1791; Mot IV 1129; Prot IV 783. Abs 1 S 2 u Abs 2 geändert durch BWpVerwG v 11. 12. 2001 (BGBl I 3519) § 14 Abs 18 Nr 6; neugefasst durch Bekanntmachung v 2. 1. 2002 (BGBl I 42); Abs 1 S 1 u Abs 2 zuletzt geändert durch Art 50 Nr 37 nach Maßgabe von Art 111 FGG-RG v 17. 12. 2008 (BGBl I 2586) mit Wirkung v 1. 9. 2009.

Schrifttum

Mücke, Wer hat gemäss § 4 No. 4 und § 7 Abs. 1 des Gesetzes, betr. das Staatsschuldbuch, Anträge, betr. eine Vormundschaftsmasse nach deren Eintragung, zu stellen?, DJZ 1903, 23.

Systematische Übersicht

I. Allgemeines

Durch § 1815 BGB werden Möglichkeiten eröffnet, das umständliche Verfahren der Hinterlegung zu umgehen, ohne dass der von § 1814 BGB bezweckte Schutz des Mündels (vgl § 1814 Rn 1) eingeschränkt wird. 1

Nach Abs 1 kann der Vormund **Inhaberpapiere**, die er nach § 1814 BGB hinterlegen müsste, **auf den Namen des Mündels umschreiben** lassen (S 1) oder, wenn die Papiere vom Bund oder einem Land ausgestellt sind, die **verbrieften Forderungen in Buchforderungen umwandeln** lassen (S 2). Auf Inhaberpapiere, die von Gemeinden oder Gemeindeverbänden ausgestellt sind, kann § 1815 Abs 1 S 2 BGB entsprechend angewendet werden (Soergel/Zimmermann Rn 2 aE; zweifelnd jurisPK-BGB/Lafontaine Rn 11). Abs 2 gibt dem Familiengericht die Befugnis, auch gegen den Willen des Vormunds die in Abs 1 S 2 vorgesehene Umwandlung in Buchforderungen anzuordnen. 2

Bei der Umschreibung oder Umwandlung muss stets bestimmt werden, dass der Vormund über die Papiere oder die Forderung nur mit Genehmigung des Familiengerichts verfügen kann (Mot IV 1132; vgl auch Mücke DJZ 1903, 23). 3

Die **Kosten der Umschreibung bzw Umwandlung** fallen dem Mündelvermögen zur Last (MünchKomm/Kroll-Ludwigs Rn 6). 4

II. Umschreibung von Inhaberpapieren in Namenspapiere (Abs 1 S 1)

Abs 1 S 1 sieht die Möglichkeit vor, dass der Vormund ein Inhaberpapier in ein Namenspapier umschreiben lässt. Die **Umschreibung** von Inhaberpapieren in Namenspapiere schränkt die Verkehrsfähigkeit der Papiere ein; hieran kann gerade bei Wertpapieren, die zu einem Mündelvermögen gehören, ein besonderes Interesse bestehen (Staudinger/Marburger [2015] § 806 Rn 1). Die verbriefte Forderung kann nicht mehr durch Übereignung des Papiers nach §§ 929 ff, 932, 935 Abs 2 BGB, sondern nur noch durch Zession nach §§ 398 ff BGB übertragen werden, sodass der gutgläubige Erwerb vom Nichtberechtigten grundsätzlich ausgeschlossen ist (s dazu näher Staudinger/Marburger [2015] Vorbem 10 zu §§ 793 ff, § 806 Rn 4 f). 5

Eine solche Umschreibung kann nach § 806 S 1 BGB nur **durch den Aussteller** erfolgen. Dieser ist dazu nach § 806 S 2 BGB nicht verpflichtet, soweit nicht landesgesetzliche Vorschriften, die aufgrund des Vorbehalts in Art 101 EGBGB weiter gelten, für Inhaberpapiere des Landes oder einer ihm angehörenden Körperschaft, Stiftung oder Anstalt des öffentlichen Rechts die Verpflichtung zur Umschreibung vorsehen (s dazu Staudinger/Mittelstädt [2018] Art 101 EGBGB Rn 2 ff). 6

7 Ist die Umschreibung des Inhaberpapiers in ein Namenspapier möglich, ist also auch der Aussteller dazu bereit (oder verpflichtet), so bedarf der Vormund dazu nicht der Genehmigung des Familiengerichts. Lässt sich der Aussteller auf die in § 1815 Abs 1 S 1 BGB genannte Bestimmung, dass der Vormund über das Papier nur mit Genehmigung des Familiengerichts verfügen kann, nicht ein, so kann der Vormund den Weg der Umschreibung allerdings nicht gehen; es bleibt dann bei der Hinterlegungspflicht nach § 1814 BGB (BeckOGK/Fröschle [1. 9. 2019] Rn 7).

III. Umwandlung von Rechten aus Inhaberpapieren in Buchrechte (Abs 1 S 2)

1. Schuldverschreibungen der Bundesschuldenverwaltung

8 Die Umwandlung von Rechten aus Inhaberpapieren in Buchforderungen bezeichnete schon die II. Kommission als empfehlenswert, weil sie „einfach, sicher und billig" sei (Prot IV 788). Sie kommt allerdings als Maßnahme zur Umgehung der in § 1814 BGB vorgeschriebenen Hinterlegung nur in Betracht, soweit es um auf den Inhaber lautende Schuldverschreibungen der Bundes- oder Landesschuldenverwaltungen geht.

9 Das Reichsschuldbuchgesetz in der durch Bekanntmachung vom 31. 5. 1910 (RGBl 840) und durch die VO vom 17. 11. 1939 (RGBl I 2298) festgelegten Fassung regelte ursprünglich die Umwandlung von Wertpapieren in Buchforderungen gegen das Reich. Es war nach § 2 des Gesetzes über die Errichtung einer Schuldenverwaltung des Vereinigten Wirtschaftsgebietes vom 13. 7. 1948 (WiGBl 73) in Verbindung mit Art 127 GG und § 1 der VO über die Bundesschuldenverwaltung vom 13. 12. 1949 (BGBl I 1950, 1) im ganzen Bundesgebiet entsprechend anzuwenden. Gleiches galt für die Reichsschuldenordnung vom 13. 2. 1924 (RGBl I 95) in der Fassung des Gesetzes vom 5. 7. 1934 (RGBl I 574) und der VO vom 29. 12. 1936 (RGBl I 1156). Die bisherigen Regelungen wurden durch § 15 des Bundeswertpapierverwaltungsgesetzes vom 11. 12. 2001 (BGBl I 3519), das den Wortlaut des § 1815 BGB der staatsrechtlichen Entwicklung angepasst, aber an der sachlichen Regelung nichts geändert hat, aufgehoben. Das Bundeswertpapierverwaltungsgesetz ist seinerseits mit Inkrafttreten des **Bundesschuldenwesengesetzes** (BSchuWG) vom 12. 7. 2006 (Art 1 des Bundesschuldenwesenmodernisierungsgesetzes [BGBl I 1466], geändert durch das Gesetz zur Änderung des Bundesschuldenwesengesetzes vom 13. 9. 2012 [BGBl I 1914]) zum 1. 8. 2006 außer Kraft getreten (Art 4 des Bundesschuldenwesenmodernisierungsgesetzes).

10 Die Umwandlung erfolgt nun nach § 7 Abs 2 Nr 2 BSchuWG. Die Papiere werden bei der das Bundesschuldbuch führenden Stelle eingeliefert, wo eine Einzelschuldbuchforderung in Höhe des Nennbetrags der eingelieferten Wertpapiere eingetragen wird. Die Rechte an den eingelieferten Wertpapieren erlöschen. Eine Verfügung über derartig eingetragene Forderungen bedarf zu ihrer Wirksamkeit gegenüber dem Schuldner ebenfalls der Eintragung in das Bundesschuldbuch (§ 8 Abs 1 BSchuWG). Wurde eine Verfügungsbeschränkung nicht im Schuldbuch eingetragen, ist ein Erwerb kraft guten Glaubens möglich (§ 8 Abs 2 BSchuWG).

2. Schuldverschreibungen der Landesschuldenverwaltungen

Ein Umwandlungsrecht besteht auch für die von den Ländern herausgegebenen 11
Inhaberschuldverschreibungen. Die meisten Länder haben dafür von dem in Art 97 Abs 1 EGBGB enthaltenen Vorbehalt Gebrauch gemacht und Landesschuldbuchgesetze geschaffen. Diese verweisen größtenteils auf das Bundesschuldenwesengesetz. Einen entsprechenden Verweis enthalten für **Baden-Württemberg** das Gesetz über das Landesschuldbuch vom 1. 3. 2010 (GBl 265), für **Bayern** das Gesetz über das Staatsschuldbuch des Freistaats Bayern idF der Bekanntmachung vom 30. 3. 2003 (GVBl 302, zuletzt geändert durch Verordnung v 22. 7. 2014 [GVBl 286]), für **Berlin** das Schuldbuchgesetz für das Land Berlin vom 17. 12. 2008 (GVBl 477), für **Brandenburg** das Gesetz über das Schuldbuch des Landes Brandenburg vom 29. 6. 2004 (GVBl 269, zuletzt geändert durch Gesetz v 9. 1. 2012 [GVBl Nr 2]), für **Bremen** das Bremische Schuldbuchgesetz vom 16. 12. 2008 (GBl 407), für **Hessen** das Gesetz über die Aufnahme und Verwaltung von Schulden des Landes Hessen vom 27. 6. 2012 (GVBl 222), für **Niedersachsen** das Gesetz über das Schuldenwesen des Landes Niedersachsen vom 12. 12. 2003 (GVBl 446, zuletzt geändert durch Gesetz v 17. 12. 2007 [GVBl 775]), für **Sachsen** das Gesetz über das Staatsschuldbuch des Freistaates Sachsen vom 13. 12. 2012 (GVBl 725) und für **Thüringen** das Thüringer Gesetz über das Landesschuldbuch vom 10. 2. 2011 (GVBl 1, zuletzt geändert durch Gesetz v 13. 3. 2013 [GVBl 92, 94]).

Zum Teil haben die Länder eigene Regelungen geschaffen, die inhaltlich den Re- 12
gelungen des Bundesschuldenwesengesetzes entsprechen. So gilt für **Hamburg** das Gesetz über das Schuldbuch der Freien und Hansestadt Hamburg vom 21. 5. 2013 (GVBl 249), für **Nordrhein-Westfalen** das Gesetz zur Regelung des Schuldenwesens des Landes Nordrhein-Westfalen vom 18. 11. 2008 (GVBl 721), für das **Saarland** das Gesetz über die Schuldenordnung des Saarlandes vom 12. 12. 2002 (ABl 2003, 2, zuletzt geändert durch Gesetz v 15. 2. 2006 [ABl 474, 539]) sowie für **Schleswig-Holstein** das Gesetz zur Regelung des Schuldenwesens des Landes Schleswig-Holstein vom 21. 12. 2011 (GVBl 2012, 72). Auch die für **Sachsen-Anhalt** geltende Schuldenordnung für das Land Sachsen-Anhalt (LSO) vom 21. 12. 1992 (GVBl 870, zuletzt geändert durch Gesetz v 18. 11. 2005 [GVBl 698, 708]) enthält eine eigene Regelung, die jedoch von derjenigen des Bundesschuldenwesengesetzes abweicht. Insbesondere ist nach § 5 Abs 1 S 2 LSO Sachsen-Anhalt die Eintragung als Einzelschuldbuchforderung nicht möglich.

Für **Rheinland-Pfalz** verweist das Landesgesetz über das Landesschuldbuch für 13
Rheinland-Pfalz vom 20. 11. 1978 (GVBl 709) noch auf das Reichsschuldbuchgesetz, das mit Wirkung zum 1. 1. 2002 aufgehoben wurde. Das Reichsschuldbuchgesetz galt, soweit in den Landesgesetzen hierauf verwiesen wurde, bis zu einer Neuregelung durch die Länder zunächst fort (§ 17 Abs 1 BWpVerwG), ist jedoch spätestens mit Ablauf des 31. 12. 2008 außer Kraft getreten (§ 9 Abs 2 BSchuWG).

3. Die Abwägungsentscheidung des Vormunds

Der Vormund hat abzuwägen, ob er, wenn die Voraussetzungen der Umwandlung 14
gegeben sind, diese der Hinterlegung der Inhaberpapiere oder ihrer Umschreibung in Namenspapiere vorzieht. Dabei werden die voraussichtliche Dauer der Kapital-

anlage, der Verwaltungsaufwand, die Verzinsung und die Kosten der in Frage stehenden Arten der Anlegung eine Rolle spielen. Man wird dem Vormund einen nicht zu kleinen Ermessensspielraum zubilligen müssen, wenn die Gegenüberstellung der beiden Möglichkeiten in § 1815 Abs 1 S 1 und S 2 BGB wirklich eine Alternative sein soll.

IV. Die Umwandlung auf Anordnung des Familiengerichts (Abs 2)

1. Die Umwandlungsentscheidung

15 § 1815 Abs 2 BGB ist mit dem Grundsatz der Selbständigkeit des Vormunds nicht leicht in Einklang zu bringen. Während andere Maßnahmen, die die Befugnis des Vormunds zur Disposition über Inhaberpapiere und Buchforderungen des Mündels erweitern (§ 1817 BGB) oder einschränken (§ 1818 BGB), an bestimmte Voraussetzungen oder an das Vorliegen „besonderer Gründe“ geknüpft sind, soll die Anordnung der Umwandlung in Buchforderungen, für die § 1815 Abs 2 BGB keine tatbestandsmäßigen Voraussetzungen aufstellt, vom Familiengericht nach (pflichtgemäßem) Ermessen getroffen werden können (MünchKomm/Kroll-Ludwigs Rn 8; Erman/Schulte-Bunert Rn 4; BGB-RGRK/Dickescheid Rn 6; jurisPK-BGB/Lafontaine Rn 15). Dies kann – nicht nur dann, wenn der für die Anordnung zuständige Rechtspfleger (§§ 3 Nr 2 Buchst a, 14 RPflG) nicht über einschlägige Kenntnisse und Erfahrungen verfügt – dazu führen, dass die Anordnung der Umwandlung in Buchforderungen immer dann, wenn die Anlegung des Vermögens voraussichtlich von längerer Dauer sein wird, zur Regel wird. Die Umwandlung bietet jedenfalls noch mehr Sicherheit, und die Erhebung der Zinsen ist bei ihr leichter als bei der Umschreibung in Namenspapiere (daher geben ihr Dölle § 126 II 4 b, Gernhuber/Coester-Waltjen § 72 Rn 32 u wohl auch MünchKomm/Kroll-Ludwigs Rn 8 u Soergel/Zimmermann Rn 5 den Vorzug).

16 Gegen die Anordnung der Umwandlung ist das Rechtsmittel der **Beschwerde** eröffnet (§ 58 FamFG).

2. Ausnahmen von der Umwandlungsmöglichkeit

17 Die Befugnis des Familiengerichts, gemäß § 1815 Abs 2 BGB die Umwandlung von Rechten aus Inhaberpapieren in Buchforderungen anzuordnen, ist **ausgeschlossen**, wenn die Eltern den Vormund nach §§ 1853, 1855 BGB von der Verpflichtung, Inhaberpapiere zu hinterlegen, entbunden haben (§ 1853 Rn 7; Soergel/Zimmermann Rn 6; MünchKomm/Kroll-Ludwigs Rn 9; BGB-RGRK/Dickescheid Rn 7; Palandt/Götz Rn 2). Gleiches gilt kraft Gesetzes (§ 1857a BGB) für das Jugendamt und einen Verein als Vormund. Die Befugnis des Familiengerichts zur Anordnung der Umwandlung kann auch durch den Erblasser oder den Dritten, der die Papiere dem Mündel zugewendet hat (§ 1803 BGB), ausgeschlossen werden (Dölle § 126 II 4 b; Soergel/Zimmermann Rn 6; Palandt/Götz Rn 2; MünchKomm/Kroll-Ludwigs Rn 9).

3. Aufsicht des Familiengerichts, Haftung des Vormunds

18 Kommt der Vormund einer Anordnung des Familiengerichts nach § 1815 Abs 2 BGB nicht nach, so kann dieses in Ausübung seiner Aufsicht (§ 1837 Abs 2 BGB) die Befolgung der Anordnung – wenn nötig – auch durch Androhung und Festset-

zung von Zwangsgeld (§ 1837 Abs 3 BGB) durchsetzen. Die Entlassung des Vormunds gemäß § 1886 BGB (Dölle § 126 II 4 b; MünchKomm/Kroll-Ludwigs Rn 8; Soergel/Zimmermann Rn 5) wird aber nur im äußersten Fall in Betracht kommen.

Für einen **Schaden**, der dem Mündel aus der Unterlassung oder Verzögerung einer angeordneten Umwandlung erwächst, haftet der Vormund nach Maßgabe des § 1833 BGB (Erman/Schulte-Bunert Rn 4). 19

V. Wirkungen der Maßnahmen nach § 1815

1. Verfügungsbeschränkung

Entsprechend der bei der Umschreibung oder Umwandlung getroffenen Bestimmung ist der Vormund in der Vertretungsmacht beschränkt; er kann über die auf den Namen des Mündels umgeschriebenen Wertpapiere oder die Buchforderungen nur mit Genehmigung des Familiengerichts verfügen. Eine noch in den ersten Entwürfen enthaltene Bestimmung dieses Inhalts (E I § 1671 Abs 2, E II § 1700 Abs 1) wurde von der II. Kommission als selbstverständlich gestrichen (Prot VI 323). Die Verfügungsbeschränkung bezieht sich jedoch nur auf die Stammforderungen, nicht auf Nebenrechte (§§ 1814 S 2, 1820 Abs 1 BGB). Die Wirksamkeit eines Rechtsgeschäfts, das der Vormund ohne die Genehmigung des Familiengerichts vornimmt, richtet sich nach §§ 1829 ff BGB. 20

2. Verpflichtungsbeschränkung

Nach § 1820 BGB ist die Genehmigung des Familiengerichts auch zu einem Rechtsgeschäft erforderlich, durch das sich der Vormund zu einer Verfügung über die umgeschriebenen Papiere oder die Buchforderung verpflichtet. Mit dieser ergänzenden Bestimmung wird verhindert, dass das Erfordernis der familiengerichtlichen Genehmigung durch einen Vertrag umgangen wird, aus dem der andere Teil einen im Wege der Zwangsvollstreckung durchsetzbaren Anspruch auf das Vermögen des Mündels herleiten kann (Gernhuber/Coester-Waltjen § 72 Rn 35). 21

Hat der Vormund Inhaberpapiere, zu deren Hinterlegung er nicht nach § 1814 BGB verpflichtet war (s § 1814 Rn 6 ff), auf den Namen des Mündels umschreiben oder in Buchforderungen gegen den Bund oder ein Land umwandeln lassen (vgl E I § 1672; Mot IV 1131 f; Prot IV 790), so ist § 1820 BGB nicht anzuwenden; es gelten vielmehr die allgemeinen Grundsätze, insbesondere die Bestimmungen der §§ 1812, 1813 BGB. 22

VI. Reformbedarf

Reformbedarf besteht insoweit, als dass die Vorschrift heute infolge der mit dem BtG geschaffenen Möglichkeit der Hinterlegung bei den in § 1807 Abs 1 Nr 5 BGB genannten Kreditinstituten (§ 1807 Rn 38 ff) und durch den von § 1817 BGB eröffneten Dispens an praktischer Relevanz eingebüßt hat (MünchKomm/Kroll-Ludwigs Rn 1; NK-BGB/Fritsche Rn 1); anders verhält es sich lediglich bei den vom Bund ausgegebenen Wertpapieren; die Umwandlung der entsprechenden Forderungen in Schuldbuchforderungen ist weiterhin nicht unüblich (Oberloskamp/Dürbeck, Vormundschaft § 10 Rn 103). 23

VII. Pflegschafts- und Betreuungsrecht

24 § 1815 BGB findet über die Generalverweisung in § 1915 Abs 1 S 1 BGB und § 1908i Abs 1 S 1 BGB entsprechende Anwendung im Pflegschafts- und Betreuungsrecht.

§ 1816
Sperrung von Buchforderungen

Gehören Schuldbuchforderungen gegen den Bund oder ein Land bei der Anordnung der Vormundschaft zu dem Vermögen des Mündels oder erwirbt der Mündel später solche Forderungen, so hat der Vormund in das Schuldbuch den Vermerk eintragen zu lassen, dass er über die Forderungen nur mit Genehmigung des Familiengerichts verfügen kann.

Materialien: E II § 1696; III § 1792; Prot IV 787. Geändert durch BWpVerwG v 11. 12. 2001 (BGBl I 3519) § 14 Abs 18 Nr 7, neugefasst durch Bekanntmachung v 2. 1. 2002 (BGBl I 42), zuletzt geändert durch Art 50 Nr 37 nach Maßgabe von Art 111 FGG-RG v 17. 12. 2008 (BGBl I 2586) mit Wirkung v 1. 9. 2009.

Systematische Übersicht

I. Systematik, Normzweck

1 Während der Vormund nach § 1815 Abs 1 S 2 und Abs 2 BGB Inhaberpapiere, statt sie zu hinterlegen, in Buchforderungen gegen den Bund oder ein Land umwandeln lassen kann und im Rahmen dieser Umwandlung die Verfügungsmacht des Vormunds hinsichtlich der Buchforderung an die Genehmigung des Familiengerichts geknüpft werden muss, erweitert der auf einem Beschluss der Redaktionskommission beruhende, erst durch das Bundeswertpapierverwaltungsgesetz vom 11. 12. 2001 der staatsrechtlichen Entwicklung angepasste § 1816 BGB das System der Bindung von Verfügungen über Mündelvermögen an die Genehmigung des Familiengerichts. Er schreibt ergänzend vor, dass der die Verfügungsmacht des Vormunds beschränkende Vermerk auch im Schuldbuch einzutragen ist, wenn Buchforderungen gegen den Bund oder ein Land zum Vermögen des Mündels gehören oder in sein Vermögen (etwa durch Erbfolge) gelangen (Prot IV 787).

2 Damit trägt der Gesetzgeber dem Umstand Rechnung, dass eine Einzelschuldbuchforderung nur wirksam abgetreten werden kann, wenn sie ins Bundesschuldbuch eingetragen wird (§ 8 Abs 1 BSchuWG). Dieses genießt öffentlichen Glauben mit der Folge, dass ein gutgläubiger Erwerb der Forderung vom eingetragenen Nicht-

berechtigten möglich ist (§ 8 Abs 2 S 1 BSchuWG). Die Verlustgefahr ist damit bei dieser Forderung höher als bei einer einfachen Forderung. Deshalb unterliegt die Verfügung über eine Schuldbuchforderung auch einem familiengerichtlichen Genehmigungsvorbehalt (BeckOGK/Fröschle [1. 9. 2019] Rn 2).

II. Betroffene Forderungen

§ 1816 BGB erfasst Schuldbuchforderungen gegen den Bund oder ein Land. Diese werden durch Eintragung als Einzelschuldbuchforderung oder als Sammelschuldbuchforderung begründet (§ 5 Abs 3 BSchuWG). Letztere liegt dann vor, wenn eine Schuldbuchforderung bis zur Höhe des Nennbetrages der jeweiligen Emission auf den Namen einer Wertpapiersammelbank in das Bundesschuldbuch eingetragen worden ist (§ 6 Abs 1 BSchuWG). Eine solche Forderung gilt als Wertpapiersammelbestand (§ 6 Abs 2 BSchuWG) und unterfällt als solche der Hinterlegungspflicht nach § 1814 BGB; damit fällt nur die Einzelschuldbuchforderung iSv § 7 Abs 1 S 1 BSchuWG, die zum Vermögen des Mündels gehört, unter § 1816 BGB (BeckOGK/Fröschle [1. 9. 2019] Rn 4 f). 3

III. Verpflichtung des Vormunds

Der **Vormund ist kraft Gesetzes**, also auch ohne besondere Anordnung des Familiengerichts, **verpflichtet**, unverzüglich nach Anordnung der Vormundschaft oder nach späterem Erwerb (Palandt/Götz Rn 1) mit der zuständigen Stelle (Bundes- oder Landesschuldenverwaltung) eine materiell-rechtlich wirkende **Vereinbarung zu treffen**, nach der die Verfügung über diese Forderungen sowie Verpflichtungsgeschäfte (s § 1820 BGB) nur mit Zustimmung des Familiengerichts möglich sind (NK-BGB/Fritsche Rn 2; MünchKomm/Kroll-Ludwigs Rn 2); ein entsprechender **Vermerk** ist im Schuldbuch einzutragen. Die Kosten für die Anbringung des Vermerks trägt, wie im Fall des § 1815 BGB, der Mündel (§ 1815 Rn 4; MünchKomm/Kroll-Ludwigs Rn 5; Erman/Schulte-Bunert Rn 1). 4

Das Familiengericht kann und muss den Vormund – soweit nötig auch durch Androhung und Festsetzung von Zwangsgeld (§ 1837 Abs 3 S 1 BGB) – zur Erfüllung dieser Verpflichtung anhalten; es ist aber nicht befugt, die Eintragung selbst zu veranlassen (Soergel/Zimmermann Rn 1; MünchKomm/Kroll-Ludwigs Rn 3; Erman/Schulte-Bunert Rn 1 aE; BGB-RGRK/Dickescheid Rn 2 aE; jurisPK-BGB/Lafontaine Rn 10; **aA** Dölle § 126 II 4 c; Staudinger/Engler[10/11] Rn 1 aE). 5

IV. Wirkung des Sperrvermerks

Durch die in § 1816 BGB vorgeschriebene Festlegung wird für die bei Anordnung der Vormundschaft vorhandenen oder später vom Mündel erworbenen Buchforderungen die gleiche **Bindungswirkung** erzielt wie bei der in § 1815 Abs 1 S 2, Abs 2 BGB vorgesehenen Umwandlung des Rechts aus einem Inhaberpapier in eine Buchforderung. Der Vormund kann, wenn der Sperrvermerk eingetragen ist (Erman/Schulte-Bunert Rn 1; **aA** RGRK/Dickescheid Rn 2 u jurisPK-BGB/Lafontaine Rn 9: ab Eingang des Eintragungsersuchens bei der zuständigen Stelle; BeckOGK/Fröschle [1. 9. 2019] Rn 7: ab Abschluss der Sperrvereinbarung), nur mit Genehmigung des Familiengerichts über die Forderung verfügen; auch für die Begründung einer Verpflichtung zur Verfügung 6 über die Buchforderung ist die Genehmigung des Familiengerichts erforderlich (§ 1820 Abs 2 BGB; vgl § 1815 Rn 21). Die Beseitigung des Vermerks und die Erhebung der Buchforderungen stellen ebenfalls genehmigungspflichtige Verfügungen dar (Palandt/Götz Rn 1; Erman/Schulte-Bunert Rn 1).

Die Verfügungsbeschränkung bezieht sich nur auf die Stammforderung, nicht auf Nebenrechte (§§ 1814 S 2, 1820 Abs 1 BGB).

7 Wurde zwischen dem Vormund und der zuständigen Stelle (Rn 4) zwar die Vereinbarung getroffen, dass eine Verfügung über die Forderungen sowie Verpflichtungsgeschäfte (s § 1820 BGB) nur mit Zustimmung des Familiengerichts möglich ist, ist der Vermerk aber **nicht ins Schuldbuch eingetragen** worden, so wird ein Schuldner ebenso wenig wie in § 1815 BGB durch eine zulasten des Mündels erfolgende Leistung frei (MünchKomm/Kroll-Ludwigs Rn 2; BeckOGK/Fröschle [1. 9. 2019] Rn 7).

Die Verfügung über eine Einzelschuldbuchforderung unterliegt bei fehlender Eintragung der Sperrvereinbarung der Genehmigungspflicht nach § 1812 Abs 1 BGB, soweit nicht § 1813 BGB eingreift. Von den dort in Abs 1 genannten Ausnahmen greifen allerdings nur die Nrn 1, 2, 4 und 5 nicht aber Nr 3 BGB, da die ins Schuldbuch eingetragenen Forderungen alle unter § 1807 Abs 1 Nr 2 BGB fallen und damit die Anwendung von § 1813 Abs 1 Nr 3 BGB ausgeschlossen ist (§ 1813 Abs 2 S 2 BGB; BeckOGK/Fröschle [1. 9. 2019] Rn 8).

V. Ausnahmen von der Verpflichtung

8 Auch von der Verpflichtung aus § 1816 BGB können der Vater und die Mutter den Vormund nach §§ 1853, 1855 BGB befreien; das Jugendamt und ein Verein als Vormund sind nach § 1857a BGB befreit. Der Erblasser oder der Dritte, der dem Mündel Buchforderungen der in § 1816 BGB genannten Art unter Lebenden unentgeltlich zuwendet, kann nach § 1803 BGB anordnen, dass der Vormund die Bindung an die Genehmigung des Familiengerichts nicht herbeizuführen braucht (vgl § 1815 Rn 17).

9 Schließlich kann das Familiengericht den Vormund unter bestimmten Voraussetzungen (§ 1817 Abs 1 BGB) oder aus besonderen Gründen (§ 1817 Abs 2 BGB) auch von der ihm nach § 1816 BGB obliegenden Verpflichtung entbinden (s die Erl zu § 1817 Rn 1).

VI. Pflegschafts- und Betreuungsrecht

10 § 1816 BGB findet über die Generalverweisung in § 1915 Abs 1 S 1 BGB und § 1908i Abs 1 S 1 BGB entsprechende Anwendung im Pflegschafts- und Betreuungsrecht.

§ 1817
Befreiung

(1) Das Familiengericht kann den Vormund auf dessen Antrag von den ihm nach den §§ 1806 bis 1816 obliegenden Verpflichtungen entbinden, soweit

1. der Umfang der Vermögensverwaltung dies rechtfertigt und

2. eine Gefährdung des Vermögens nicht zu besorgen ist.

Die Voraussetzungen der Nummer 1 liegen im Regelfall vor, wenn der Wert des Vermögens ohne Berücksichtigung von Grundbesitz 6000 Euro nicht übersteigt.

(2) Das Familiengericht kann aus besonderen Gründen den Vormund von den ihm nach den §§ 1814, 1816 obliegenden Verpflichtungen auch dann entbinden, wenn die Voraussetzungen des Absatzes 1 Nr. 1 nicht vorliegen.

Materialien: E I § 1670 Abs 2; II § 1697; III § 1793; Mot IV 1131; Prot IV 786. Abs 1 eingefügt u Abs 2 geändert durch BtÄndG v 25. 6. 1998 (BGBl I 1580) Art 1 Nr 6; Abs 1 S 2 geändert durch EuroEinfG v 13. 12. 2001 (BGBl I 3574) Art 27 Abs 2; neugefasst durch Bekanntmachung v 2. 1. 2002 (BGBl I 42); Abs 1 S 1 u Abs 2 zuletzt geändert durch Art 50 Nr 37 nach Maßgabe von Art 111 FGG-RG v 17. 12. 2008 (BGBl I 2586) mit Wirkung v 1. 9. 2009.

Schrifttum

Sorg, Der Aufgabenkreis Vermögenssorge und die betreuungsgerichtlichen Genehmigungen in der Vermögensverwaltung, BWNotZ 2010, 107

ders, Wesentliche Änderungen in Betreuungssachen nach dem FGG-Reformgesetz, BWNotZ 2009, 90

Wesche, Gerichtliche Genehmigung bei der Geldverwaltung, BtPrax 2004, 49.

Systematische Übersicht

Alphabetische Übersicht

I. Normzweck, Historie

1. Normzweck

Mit der in dieser Vorschrift vorgesehenen Befreiungsmöglichkeit durch das Familiengericht soll die Führung von Vormundschaften (und Betreuungen [§ 1908i BGB]) erleichtert und die Bereitschaft zur Übernahme des Vormundsamtes gefördert werden (BT-Drucks 13/7158, 22). Nicht zuletzt soll insbesondere durch die Änderungen, die die Norm durch das Betreuungsrechtsänderungsgesetz (BtÄndG) erfahren hat (näher unter Rn 3), eine stärkere Annäherung der für die Vermögenssorge von Vormündern und Eltern geltenden Regelungen erreicht und damit der personale Charakter des Vormundsamts in den Vordergrund gerückt werden (BT-Drucks 13/7158, 22). 1

2. Historie

In seiner ursprünglichen Fassung beschränkte sich § 1817 BGB auf die Bestimmung, dass das Familiengericht „aus besonderen Gründen den Vormund von den ihm nach den §§ 1814, 1816 obliegenden Verpflichtungen entbinden" kann. 2

Das BtÄndG vom 25. 6. 1998 (BGBl I 1580) hat diese Bestimmung im neugefassten Abs 2 beibehalten, aber in einem neuen Abs 1 die Möglichkeit vorgesehen, dass das Familiengericht den Vormund von den Beschränkungen bei der Anlage des Mündelvermögens, die die §§ 1806 bis 1816 BGB vorsehen, befreit, wenn er dies beantragt, der Umfang der Vermögensverwaltung eine solche Befreiung rechtfertigt und eine Gefährdung des Mündelvermögens durch die Befreiung nicht zu besorgen ist. Die Wertgrenze, bis zu der nach Abs 1 S 2 im Regelfall die Voraussetzungen einer Befreiung von den Verpflichtungen der §§ 1806 bis 1816 BGB vorliegen, wurde auf 10 000 DM festgelegt. 3

Durch Art 27 Abs 2 des Gesetzes zur Einführung des Euro in Rechtspflegegesetzen vom 13. 12. 2001 (BGBl I 3574) wurde diese Grenze auf 6 000 Euro umgestellt. Das Fernabsatzgesetz vom 27. 6. 2000 (BGBl I 897) hatte zwar die in § 1813 BGB aF und in § 1822 Nr 12 BGB aF angegebenen Wertgrenzen (jeweils von 5 000 DM auf 3 000 Euro) „leicht erhöht" (BT-Drucks 14/2658, 49), aber offenbar versehentlich unterlassen, die Wertangabe in § 1817 Abs 1 S 2 BGB aF gleichfalls auf Euro umzustellen. Dies wurde auf Veranlassung des Bundesrates in dem angeführten Gesetz vom 13. 12. 2001 mit einem „geglätteten, aber maßvoll erhöhten Euro-Betrag" (BT-Drucks 14/6371, 21) nachgeholt.

Die jüngste Änderung erfuhr die Vorschrift durch das FGG-Reformgesetz vom 17. 12. 2008 (BGBl I 2586), welches das Wort „Vormundschaftsgericht" durch „Familiengericht" ersetzte. 4

II. Die Befreiung des Vormunds von den Verpflichtungen nach §§ 1806 bis 1816 (Abs 1)

1. Voraussetzungen der Befreiung

Für eine Entbindung des Vormunds von den ihm nach den §§ 1806 bis 1816 BGB 5 obliegenden Verpflichtungen ist nach § 1817 Abs 1 S 1 BGB (zusätzlich zum Antrag des Vormunds, s dazu unten Rn 36) vorausgesetzt, dass der Umfang der Vermögensverwaltung sie rechtfertigt (Nr 1) und eine Gefährdung des Vermögens nicht zu besorgen ist (Nr 2). Nach Abs 1 S 2 liegen die Voraussetzungen der Nr 1 im Regelfall vor, wenn der Wert des Vermögens ohne Berücksichtigung von Grundbesitz 6 000 Euro nicht übersteigt. Diese Bestimmung drückt offensichtlich das, was mit ihr gemeint ist, nicht korrekt aus. Ihr Sinn kann nur aus ihrem unvollkommenen Wortlaut und aus dem Zusammenhang entnommen werden, da sich auch die Begründung des RegE des BtÄndG auf die Wiedergabe des Gesetzeswortlauts und einige rechtspolitische Bemerkungen beschränkt (BT-Drucks 13/7158, 21 f).

a) Umfang der Vermögensverwaltung (Abs 1 S 1 Nr 1)

6 Das Gesetz knüpft die Möglichkeit einer Befreiung des Vormunds von einer Reihe von Vorschriften, die der Kontrolle seiner Amtsführung dienen, ua daran, dass der „Umfang der Vermögensverwaltung" dies rechtfertigt. Dies kann wörtlich nur so verstanden werden, dass auf die Einhaltung der Kontrollvorschriften verzichtet werden kann, wenn die Verwaltung des Mündelvermögens nur einen geringen „Umfang" hat. Der Umfang der Vermögensverwaltung ist aber **nicht mit dem Umfang des verwalteten Vermögens gleichzusetzen** (vgl § 1792 BGB, der die Bestellung eines Gegenvormunds vorschreibt, wenn mit der Vormundschaft eine Vermögensverwaltung verbunden ist, es sei denn, dass die Verwaltung nicht erheblich ist).

7 Zwar scheint es so, dass § 1817 Abs 1 BGB nicht den Umfang der Verwaltung, sondern den Geldwert des Vermögens meint, da nach S 2 im Regelfall die Voraussetzungen von S 1 Nr 1 vorliegen (also anzunehmen ist, dass der Umfang der Vermögensverwaltung die Freistellung des Vormunds rechtfertigt), wenn der Wert des Vermögens einen bestimmten Betrag nicht übersteigt. Die Systematik von Abs 1 S 1 Nr 1 könnte also nahelegen, dass mit dem Begriff „Umfang der Vermögensverwaltung" hier nicht gemeint ist, dass sich die Vermögensverwaltung auf verhältnismäßig wenige, nicht besonders schwierige Maßnahmen beschränkt, sondern vielmehr, dass – abgesehen von „Grundbesitz" – nicht viel Vermögen zu verwalten ist (in diese Richtung wohl Sorg BWNotZ 2010, 107, 128). Ob es sich dabei um Vermögensgegenstände handelt, die Gegenstand von Vorschriften sind, von deren Beachtung der Vormund entbunden werden soll (also Geld, Forderungen, Wertpapiere), spielt nach dem Wortlaut von § 1817 Abs 1 S 1 Nr 1 iVm S 2 BGB keine Rolle.

8 So kann die Bestimmung aber mit Blick auf ihren Sinn nicht ausgelegt werden. Aus Abs 1 S 2 ist zu entnehmen, dass der Gesamtwert des Mündelvermögens nicht ausschlaggebend sein kann. Wenn man den laienhaften, im Gesetz ungebräuchlichen Begriff „Grundbesitz" dem Sinn der Vorschrift entsprechend interpretiert, sollen das Eigentum und andere Rechte an Grundstücken bei der Ermittlung des Werts des Mündelvermögens deshalb nicht eingerechnet („berücksichtigt") werden, weil Grundstücksgeschäfte des Vormunds unter dem Vorbehalt der Genehmigung des Familiengerichts nach § 1821 BGB stehen, insoweit also kein zusätzlicher Schutz des Mündels erforderlich ist. Bleibt aber bei der in Abs 1 S 1 Nr 1 genannten Voraussetzung (nur) das Grundvermögen außer Betracht, so müsste man bei wörtlicher Auslegung von Abs 1 S 2 zu dem Ergebnis kommen, dass der Umfang der Vermögensverwaltung die Entbindung des Vormunds von seinen Verpflichtungen nach den §§ 1806 bis 1816 BGB dann nicht zulässt, wenn der Mündel (evtl neben Grundver-

mögen) zwar kein Geld (jedenfalls nicht mehr als 6000 Euro), wohl aber wertvolle andere Sachen sein Eigen nennt (zB Kunstgegenstände, Möbel, Sammlungen), auch wenn diese so gut wie keinen Verwaltungsaufwand erfordern. Es ist aber nur schwer vorstellbar und auch den Materialien des Gesetzes nicht zu entnehmen, dass dieses Ergebnis gewollt wäre (so auch jurisPK-BGB/Lafontaine Rn 7).

Ob die Befreiung nach § 1817 Abs 1 BGB erteilt wird, hängt also grundsätzlich nicht 9
von der Höhe des Aktivvermögens, sondern vom Umfang der Vermögensverwaltung ab. Dabei wird es – insbesondere wenn es um die Befreiung vom Erfordernis der Genehmigung des Gegenvormunds (§ 1812 BGB) geht – naheliegen, die Auslegung des Begriffs „Umfang der Vermögensverwaltung" an die Grundsätze anzulehnen, die für die Auslegung des Begriffs der **Erheblichkeit der Vermögensverwaltung** in § 1792 Abs 2 BGB gelten (vgl § 1792 Rn 10). Maßgebend ist also der Umfang der Verwaltungstätigkeit, va der Arbeitsaufwand und die Schwierigkeit der Geschäfte (BeckOGK/Fröschle [1. 9. 2019] Rn 9; MünchKomm/Kroll-Ludwigs Rn 5; jurisPK-BGB/Lafontaine Rn 7). Zwar ließe sich hiergegen prima facie einwenden, dass ein Vormund, dessen Verwaltungstätigkeit überschaubar ist, nicht noch einer zusätzlichen gerichtlichen Befreiung bedarf. Dagegen spricht jedoch wiederum, dass genau in diesem Fall die jährliche Rechnungslegungspflicht (§ 1840 Abs 2 BGB) genügt, um die Vermögensverwaltung des Vormunds zu kontrollieren und deshalb eine Befreiung von den formalen Pflichten nach §§ 1806–1816 BGB gerechtfertigt ist (BeckOGK/Fröschle [1. 9. 2019] Rn 9).

§ 1817 Abs 1 S 2 BGB regelt den **Regelfall**, wann das Gesetz von einem geringen 10
Vermögensverwaltungsaufwand iSv Abs 1 Nr 1 ausgeht. Danach darf das **bewegliche Vermögen** den Gesamtwert von 6000 Euro nicht übersteigen (ebenso MünchKomm/Kroll-Ludwigs Rn 6; BeckOGK/Fröschle [1. 9. 2019] Rn 10). Das unbewegliche Vermögen bleibt außer Betracht, wie sich aus dem Wortlaut („ohne Berücksichtigung von Grundbesitz") ergibt. Diese Einschränkung ist folgerichtig, da die §§ 1806–1817 BGB nur das bewegliche Vermögen erfassen, wohingegen das unbewegliche Vermögen umfassend von § 1821 BGB geschützt wird. Da zu den von dieser Norm erfassten Verfügungen Hypotheken, Grundschulden und Rentenschulden nicht fallen (§ 1821 Abs 2 BGB), müssen diese zum beweglichen Vermögen gezählt werden (BeckOGK/Fröschle [1. 9. 2019] Rn 10).

Bei der Ermittlung dieses Wertes sind Ansprüche auf **wiederkehrende Leistungen**, wie 11
etwa Renten, allerdings nicht zu kapitalisieren (BeckOGK/Fröschle [1. 9. 2019] Rn 10; Erman/Schulte-Bunert Rn 2; Palandt/Götz Rn 2; Hoppenz/Rohde Rn 3). **Schulden** sind außer Betracht zu lassen, weil diese den Verwaltungsaufwand idR nicht vermindern, sondern erhöhen (BeckOGK/Fröschle [1. 9. 2019] Rn 10).

b) Gefährdung des Mündelvermögens (Abs 1 S 1 Nr 2)

Der Sinn dieser zusätzlichen Voraussetzung für eine Entbindung des Vormunds von 12
seinen Verpflichtungen aus den §§ 1806 bis 1816 BGB ist nicht leicht zu erkennen, denn auch in Abs 1 S 1 Nr 1 geht es darum, ob der Vormund von Verpflichtungen entbunden werden kann, die den Schutz des Mündels vor unvorsichtigem oder ungetreuem Verhalten des Vormunds bezwecken. Um den Schutz des Vormunds vor übermäßiger Belastung durch Verwaltungsgeschäfte kann es bei Nr 1 dagegen schon deshalb schwerlich gehen, weil die Verwaltungstätigkeit durch die Bestimmungen der §§ 1806 bis 1816 BGB eher erschwert wird, was auch in der Begründung zum RegE

des BtÄndG zum Ausdruck kommt (vgl dazu Rn 1). Die Aussage des Abs 1 S 1 Nr 2 ist deshalb wohl so zu verstehen, dass auch dann, wenn nicht schon wegen des Umfangs der Vermögensverwaltung Bedenken gegen die Entbindung des Vormunds von den in Frage stehenden Verpflichtungen bestehen, kein Anlass zu der Befürchtung bestehen darf, dass das Mündelvermögen bei einer entsprechenden Befreiung geschädigt werden kann.

13 Die Gefahr einer Schädigung des Mündelvermögens könnte etwa durch unsachgemäße Verwaltungshandlungen, wie Anlegung von Mündelgeld bei einem unzuverlässigen Kreditinstitut oder gewagte Vermögensdispositionen, begründet sein, wenn der Vormund von seinen Verpflichtungen zur Geldanlage gemäß §§ 1806, 1807 BGB oder vom Erfordernis der Genehmigung des Gegenvormunds nach §§ 1810, 1813 BGB befreit würde. Zu berücksichtigen sind dabei insbesondere die **bisherige Amtsführung** des Vormunds (Wesche BtPrax 2004, 49, 53, nach dem eine Vermögensgefährdung bei Berufsbetreuern selten zu erwarten sei; Erman/Schulte-Bunert Rn 3; Palandt/Götz Rn 2) sowie Umstände, die in der **Art des vorgefundenen Vermögens** liegen und eine Überwachung der Vermögensverwaltung angezeigt erscheinen lassen, zB hochspekulative Anlagen (Jürgens/vCrailsheim Rn 7; BeckOGK/Fröschle [1. 9. 2019] Rn 13). Auf den Verdacht, der Vormund schädige die Vermögensinteressen des Mündels vorsätzlich durch strafbare Untreue, kann eine Befürchtung, die zur Ablehnung des Antrags des Vormunds führen müsste, hingegen schwerlich gestützt werden. In einem solchen Fall müsste das Familiengericht vielmehr Maßnahmen nach § 1837 Abs 2 bis 4 BGB ergreifen und unter den Voraussetzungen des § 1886 BGB den Vormund entlassen.

2. Umfang der Befreiung durch das Familiengericht

a) Möglichkeiten der Befreiung im Allgemeinen

14 Nach § 1817 Abs 1 S 1 BGB kann das Familiengericht den Vormund „von den ihm nach den §§ 1806 bis 1816 obliegenden Verpflichtungen" entbinden, soweit die in Abs 1 S 1 und 2 genannten Voraussetzungen erfüllt sind. Das Gericht entscheidet sowohl über das „Ob" der Befreiung als auch deren Umfang nach **pflichtgemäßem Ermessen** (MünchKomm/Kroll-Ludwigs Rn 4; BeckOGK/Fröschle [1. 9. 2019] Rn 14). Dass das Gericht nicht stets vom gesamten Komplex der Pflichten des Vormunds nach §§ 1806 bis 1816 BGB befreien muss, ergibt sich schon aus der Verwendung des Wortes „soweit" (bei der dem Gesetzgeber nicht unterstellt werden soll, er habe „wenn" gemeint). Dabei kommt es immer darauf an, inwieweit die Anlagevorschriften der §§ 1806 ff BGB, die sowohl dem Schutz des Mündels vor Schäden aufgrund einer mangelhaften Vermögensverwaltung durch den Vormund dienen, als auch diesem selbst verlässliche Handlungsanweisungen an die Hand geben und ihn damit vor Schadensersatzansprüchen des Mündels schützen (BT-Drucks 13/7158, 21), einen Dispens erlauben oder nicht (MünchKomm/Kroll-Ludwigs Rn 3). Entscheidend ist dabei auch, wie sich das Vermögen des Mündels zusammensetzt; so werden etwa in vielen Fällen zum Vermögen des Mündels weder Inhaber- oder Orderpapiere noch Buchforderungen gehören, sodass eine Entbindung von den Verpflichtungen aus den §§ 1814 und 1816 BGB zwar unschädlich wäre, aber keinen Sinn hätte.

15 Eine Befreiung bis zu einer **bestimmten Wertgrenze** ist aufgrund der mangelnden Wertstabilität der Anlage nicht möglich; eine betragsmäßig begrenzte Befreiung

kann nur nach § 1825 BGB erfolgen (Erman/Schulte-Bunert Rn 4 aE; NK-BGB/Fritsche Rn 5 Fn 5; iE auch MünchKomm/Kroll-Ludwigs Rn 6).

16 Eine Befreiung nach Abs 1 kann **befristet** oder mit **Auflagen** versehen werden (Erman/Schulte-Bunert Rn 4).

b) Fallgruppen

17 § 1817 Abs 1 BGB gestattet dem Familiengericht, den Vormund von den ihm nach den §§ 1806 bis 1816 BGB obliegenden Verpflichtungen zu entbinden. Diese Verpflichtungen lassen sich in zwei Fallgruppen einteilen:

aa) Bestimmungen zur Sicherheit der Geldanlage

18 Die erste Fallgruppe betrifft die Vorschriften über die Pflichten des Vormunds zur und bei der Anlegung von Mündelgeld, die in den §§ 1806 bis 1811 BGB enthalten sind. Die Grundregel des § 1806 BGB gebietet dem Vormund, das dem Mündel gehörende Geld verzinslich anzulegen; die §§ 1807 bis 1811 BGB enthalten Bestimmungen über die Art und den Ort der Anlegung und über die Mitwirkung des Gegenvormunds und des Familiengerichts bei der Anlegung. Innerhalb des Gesamtziels der Vermögensverwaltung, das Mündelvermögen zu erhalten und zu vermehren, steht bei diesen Bestimmungen die Sicherheit der Geldanlage im Vordergrund.

bb) Bestimmungen zum Schutz des Mündels vor Veruntreuung durch den Vormund

19 Zur zweiten Fallgruppe gehören Vorschriften über Verpflichtungen des Mündels bei der Verfügung über seine Forderungen und Wertpapiere. § 1812 BGB knüpft die Verfügung über Forderungen und Wertpapiere des Mündels an die Genehmigung des Gegenvormunds, hilfsweise des Familiengerichts, und schränkt so die Vertretungsmacht des Vormunds ein; § 1813 BGB macht davon eine Reihe von Ausnahmen. In § 1814 BGB ist die Pflicht des Vormunds geregelt, bestimmte Wertpapiere und andere Gegenstände des Mündelvermögens zu hinterlegen und die Verfügung darüber an die Genehmigung des Familiengerichts zu binden. § 1815 Abs 1 BGB gestattet dem Vormund, Inhaberpapiere, statt sie zu hinterlegen, auf den Namen des Mündels umschreiben oder unter bestimmten Voraussetzungen in Buchforderungen umwandeln zu lassen. § 1816 BGB gebietet ihm, für Buchforderungen einen Sperrvermerk eintragen zu lassen. Ziel dieser Vorschriften ist vor allem der Schutz des Mündels vor der Veruntreuung seines Vermögens durch den Vormund.

3. Einzelfälle

a) Anlegung von Mündelgeld

20 Die in § **1806 BGB** vorgeschriebene verzinsliche Anlegung von Mündelgeld, soweit es nicht zur Bestreitung von Ausgaben bereitzuhalten ist, ist ein elementarer Grundsatz einer wirtschaftlichen, den Interessen des Mündels dienenden Vermögensverwaltung (vgl § 1642 BGB). Die Pflicht zur verzinslichen Anlegung kann daher – mit der Möglichkeit der Gestattung einer andersartigen Anlegung durch das Familiengericht (§ 1811 BGB) – schon aus der allgemeinen Verpflichtung des Vormunds, für das Vermögen des Mündels zu sorgen (§ 1793 BGB), hergeleitet werden. Eine nach § 1817 Abs 1 BGB mögliche Entbindung von der Anlagepflicht kann danach nur bedeuten, dass dem Vormund gestattet werden soll, von vornherein, also auch ohne

die besondere Erlaubnis nach § 1811 BGB einzuholen, vorhandenes Geld des Mündels anders als verzinslich anzulegen (so auch BeckOGK/Fröschle [1. 9. 2019] Rn 14). Eine derartige Freistellung des Vormunds wird aber auch unter dem Gesichtspunkt der Erleichterung der Führung der Vormundschaft (vgl BT-Drucks 13/7158, 22) nur selten gerechtfertigt sein (Erman/Schulte-Bunert Rn 4).

Wird der Vormund von der ihm nach § 1806 BGB obliegenden Verpflichtung entbunden, so ist er bei der Verwendung von Mündelgeld nur an seine allgemeine Pflicht zur ordnungsmäßigen Verwaltung des Vermögens des Mündels (und selbstverständlich an die allgemeinen Vorschriften, etwa §§ 1804 und 1805 BGB) gebunden. Damit werden die in den §§ 1807 ff BGB vorgesehenen Beschränkungen (Mitwirkung von Gegenvormund oder Familiengericht) gegenstandslos.

Entbindet das Familiengericht den Vormund dagegen nicht von der Pflicht zur verzinslichen Anlegung (§ 1806 BGB), so kann es gleichwohl durch Entbindung von den Verpflichtungen aus §§ 1807, 1809 und 1810 BGB (einzeln oder insgesamt) die mit § 1817 Abs 1 BGB bezweckte Erleichterung der Führung der Vormundschaft erreichen.

21 Praktische Bedeutung kann vor allem die Entbindung des Vormunds von den Verpflichtungen aus § **1807 BGB** erlangen. Sie ermöglicht es dem Vormund, Geld des Mündels bei einem beliebigen Unternehmen oder Geldinstitut anzulegen. Das kann bei günstigen Bedingungen hinsichtlich des Ertrags und der Liquidität einer Anlage für den Mündel vorteilhaft sein, wenn der Vormund die Grenzen der gebotenen Vorsicht einhält. Hat er dies nicht getan und wird das Vermögen des Mündels geschädigt, weil sich das vom Vormund ausgewählte Kreditinstitut als unzuverlässig erweist, so ist er von der Haftung aus § 1833 BGB nicht deswegen frei, weil das Familiengericht ihn von der Verpflichtung aus § 1807 BGB entbunden hatte (Palandt/Götz Rn 4). Auch die – für die Entbindung nach § 1817 Abs 1 S 1 Nr 2 BGB vorausgesetzte – Annahme des Familiengerichts, dass eine Gefährdung des Mündelvermögens nicht zu besorgen sei, führt nicht zu einem anderen Ergebnis, weil das Familiengericht bei seiner Entscheidung die vom Vormund künftig zu treffenden Maßnahmen der Vermögensverwaltung nicht festlegt.

22 Die Führung der Vormundschaft wird auch insbesondere dadurch erleichtert, dass das Familiengericht den Vormund von der Verpflichtung entbindet, vor der Anlegung von Mündelgeld die Genehmigung des Gegenvormunds, hilfsweise des Familiengerichts, einzuholen **(§ 1810 BGB)**. Dies kommt auch dann in Betracht, wenn der Vormund nicht von den Verpflichtungen aus §§ 1806, 1807 BGB entbunden ist. Auf die Kontrolle durch den Gegenvormund wird man insbesondere dann verzichten können, wenn nicht damit zu rechnen ist, dass in absehbarer Zeit größere Geldbeträge für den Mündel anzulegen sind. Ist der Vormund von der Verpflichtung aus § 1807 BGB entbunden, also hinsichtlich der Art und des Ortes der verzinslichen Anlage freigestellt, so kann es naheliegen, die in § 1810 BGB vorgesehene Bindung an die Genehmigung des Gegenvormunds, hilfsweise des Familiengerichts, aufrechtzuerhalten. Dies muss möglich sein, obwohl § 1810 BGB von der „in den §§ 1806, 1807 vorgeschriebene(n) Anlegung" spricht. Dass es Fälle geben kann, in denen ein solches Bedürfnis besteht, wurde bei der Einfügung des § 1817 Abs 1 BGB durch das BtÄndG offenbar übersehen.

b) Verfügung über Forderungen und Wertpapiere des Mündels

Die zentrale Bestimmung ist § **1812 BGB**, wonach der Vormund über eine Forderung oder über ein anderes Recht, kraft dessen der Mündel eine Leistung verlangen kann, sowie über Wertpapiere des Mündels nur mit Genehmigung des Gegenvormunds, hilfsweise des Familiengerichts, verfügen kann (vgl OLG Karlsruhe FamRZ 2007, 2109, 2110 betr Nachlasspflegschaft). Das Gleiche gilt für die Eingehung der Verpflichtung zu einer solchen Verfügung. Die Entscheidung des Familiengerichts muss sich nicht stets auf alle in § 1812 BGB genannten Geschäfte beziehen. Wenn zB dem Mündel ein (etwa ererbter) Wertpapierbestand gehört, ihm aber keine nennenswerten Forderungen oder anderen Rechte, wie sie § 1812 BGB nennt, zustehen, kann das Familiengericht die Wertpapiere von der Freistellung nach § 1817 Abs 1 BGB ausnehmen. **23**

Die Entbindung von den Verpflichtungen aus §§ **1814, 1816 BGB**, die die Hinterlegung von Inhaberpapieren nebst den Erneuerungsscheinen und die Sperrung von Buchforderungen vorsehen, wird nur selten praktische Bedeutung haben. Hat der Mündel keine derartigen Vermögensgegenstände und ist auch nicht damit zu rechnen, dass er sie in absehbarer Zeit erwirbt, so hat es keinen Sinn, dass das Familiengericht den Vormund von den Verpflichtungen aus §§ 1814, 1816 BGB entbindet. **24**

Zum Verhältnis einer auf die §§ 1814, 1816 BGB bezogenen Entscheidung des Familiengerichts nach Abs 1 und einer Entscheidung nach Abs 2 s nachfolgend Rn 26 f. **25**

III. Befreiung des Vormunds aus besonderen Gründen (Abs 2)

1. Verhältnis zu Abs 1

Der ursprünglich einzige Absatz des § 1817 BGB ermöglichte es dem Familiengericht, aus besonderen Gründen eine Ausnahme von den §§ 1814, 1816 BGB zu gestatten. Diese Bestimmung wurde durch das BtÄndG als Abs 2 dem neuen Abs 1 nachgestellt und durch den Zusatz ergänzt, dass der Vormund von seinen Verpflichtungen auch dann entbunden werden kann, wenn die Voraussetzungen des Abs 1 S 1 Nr 1 nicht vorliegen. In der Begründung heißt es dazu nur, dass die bisherige, an „besondere Gründe" gebundene Befreiungsmöglichkeit unberührt bleibe (BT-Drucks 13/7158, 22). **26**

Eine strenge begriffliche Unterscheidung der Voraussetzungen, unter denen die Entbindung des Vormunds von den Verpflichtungen aus §§ 1814, 1816 BGB entweder nach Abs 1 oder nach Abs 2 in Betracht kommt, ist nicht möglich. Das liegt vor allem daran, dass sich der Begriff der besonderen Gründe an Unbestimmtheit kaum übertreffen lässt und dass in vielen Fällen gerade der Umfang der Vermögensverwaltung einerseits, das Fehlen einer Vermögensgefährdung andererseits, besondere Gründe iSv Abs 2 darstellen können (zum Reformbedarf Staudinger/Veit [2014] Rn 40). **27**

2. Voraussetzungen der Befreiung

a) Keine Gefährdung des Mündelvermögens

Obwohl Abs 2 nicht ausdrücklich auf **Abs 1 S 1 Nr 2** Bezug nimmt, ist in jedem Fall das Mündelinteresse zu wahren, dem die Schutzvorschriften der §§ 1814 ff BGB dienen. Die Befreiung nach Abs 2 darf also nur ergehen, wenn das Mündelvermögen nicht **28** gefährdet ist (MünchKomm/Kroll-Ludwigs Rn 10; Erman/Schulte-Bunert Rn 5; Hoppenz/Rohde Rn 4; jurisPK-BGB/Lafontaine Rn 20 aE).

b) Besondere Gründe

29 Die Auslegung des vom Gesetz nicht näher umschriebenen Begriffs der **besonderen Gründe** hat von Anfang an Schwierigkeiten bereitet. Der Vorschrift liegt die Erwägung zugrunde, dass bei einer größeren Vermögensverwaltung der Hinterlegungszwang für den Vormund mit vielen Weiterungen und Belästigungen verbunden sei und dass es wünschenswert erscheine, den Vormund hiermit zu verschonen, wenn die Umstände des einzelnen Falles, die Persönlichkeit des Vormunds, seine Vermögensverhältnisse sowie seine Einrichtungen zur Aufbewahrung des eigenen Vermögens die Hinterlegung nicht erforderlich machten (Prot IV 786). Es ließen sich Fälle denken, in denen die Hinterlegung wegen der mit ihr verbundenen Kosten zu einer Schädigung des Mündels führe (Prot IV 787; ähnlich KGJ 20, A 220, 225). Hieraus könnte gefolgert werden, dass eine Befreiung des Vormunds immer schon dann stattfinden könnte, wenn die persönliche Zuverlässigkeit des Vormunds einwandfrei feststeht und seine wirtschaftlichen Verhältnisse geordnet sind.

30 Dem wurde aber entgegengehalten, dass die Verpflichtung zur Hinterlegung der Papiere und zur Anbringung des Sperrvermerks bei Buchforderungen die gesetzliche Regel, eine Befreiung hingegen die Ausnahme sei (Prot IV 787). Die besondere Vertrauenswürdigkeit des Vormunds könne kein rechtfertigender Grund für eine Befreiung nach § 1817 BGB sein; das Gesetz vermeide absichtlich Regelungen, die den vertrauenswürdigen Vormund privilegierten und den anderen diskriminierten (so Gernhuber/Coester-Waltjen § 72 Rn 39). Würden Ehrbarkeit und geordnete Verhältnisse für ausreichend erachtet, den Vormund von der Hinterlegungspflicht zu entbinden, so würde die Hinterlegung zur Ausnahme, und die Nichtbefreiung davon würde den Anschein einer aus besonderem Misstrauen hervorgegangenen Maßregel erwecken, was nach Mot IV 1131 vermieden werden sollte (RGZ 80, 252, 257).

31 Auch andere „allgemeine Gesichtspunkte", wie die Sicherheit der Großbanken und anderer einer besonderen Aufsicht unterstehenden Kreditinstitute, reichten nicht aus, die nur „aus besonderen Gründen" zulässige Befreiung des Vormunds von der ihm nach § 1814 BGB obliegenden Hinterlegungspflicht zu gewähren, da solche Gründe sonst in jedem Fall geltend gemacht werden könnten, in denen der Vormund Inhaberpapiere bei einer solchen Bank aufbewahren wolle (KG OLGZ 1970, 215 = FamRZ 1970, 104 = NJW 1970, 813 = Rpfleger 1970, 169; ähnlich schon KG JFG 12, 115, 117 = JW 1935, 1881).

32 Dieser **strengen Auslegung** des Begriffs der „besonderen Gründe" kann **nicht gefolgt** werden. Insbesondere die angeführten Entscheidungen des Kammergerichts (die Gernhuber/Coester-Waltjen § 72 Rn 39 aE als „betont engherzig" bezeichnet, aber iE hinnimmt) scheinen zu übersehen, dass die Stelle Prot IV 786 f zwar die Hinterlegung als Regel, die Entbindung von der Hinterlegungspflicht als Ausnahme bezeichnet, aber auch erkennen lässt, dass eine solche Ausnahme schon dann in Betracht kommt, wenn die in der Person des Vormunds liegenden Umstände des Falles die Hinterlegung nicht erforderlich machen. Auch in der Literatur werden die in Prot IV 786 angeführten, in der Person des Vormunds liegenden Gründe in den Vordergrund gestellt und als Gründe genannt, die in Verbindung mit weiteren objektiven Umständen (Umständ-

lichkeit und Kosten der Hinterlegung sowie „gleichliegende Interessen von Vormund und Mündel hinsichtlich der Papiere") eine Entbindung von der Hinterlegungspflicht rechtfertigen können (Enneccerus/Kipp § 114 V 5; BGB-RGRK/Dickescheid Rn 2; Erman/Schulte-Bunert Rn 5; MünchKomm/Kroll-Ludwigs Rn 12; auch Staudinger/Engler[10/11] Rn 1).

Es stellt sich aber die Frage, ob die Entbindung des Vormunds von den Pflichten aus §§ 1814, 1816 BGB auch schon dann zugelassen werden kann, wenn er ohne Einschränkung **vertrauenswürdig** ist und eine **Gefährdung des Mündelvermögens ausgeschlossen** ist (so Soergel/Zimmermann Rn 4, der darauf hinweist, dass das Gericht zwischen unbekannten Personen und solchen, deren Vertrauenswürdigkeit amtsbekannt ist, unterscheiden kann und darf; BeckOK/Bettin [1. 11. 2019] Rn 4; Staudinger/Veit [2014] Rn 30). Hiergegen spricht allerdings, dass die persönliche Vertrauenswürdigkeit des Vormunds ebenso wie der Umstand, ob der Vormund in geordneten Vermögensverhältnissen lebt, bereits die Auswahl jedes Vormunds bestimmen und deshalb nicht zusätzlich die Entscheidung nach § 1817 Abs 2 BGB begründen können (so zu Recht BeckOGK/Fröschle [1. 9. 2019] Rn 18; anders MünchKomm/Kroll-Ludwigs Rn 12 betr das Kriterium der geordneten Vermögensverhältnisse). Als Umstände kommen solche in Betracht, die das Vermögen abstrakt als weniger gefährdet erscheinen lassen, wie etwa eine sichere Vermögensaufbewahrung, die Bestellung einer Sicherheit, die Absicherung gegen Verlust oder Veruntreuung durch eine entsprechende Versicherung (MünchKomm/Kroll-Ludwigs Rn 12; BeckOGK/Fröschle [1. 9. 2019] Rn 19). Bedeutsames Kriterium kann auch die Ersparnis unverhältnismäßig hoher Kosten sein (Wesche BtPrax 2004, 49, 53). Kein entscheidendes Kriterium ist dagegen der Umfang der Vermögensverwaltung, wie sich aus § 1817 Abs 2 BGB letzter HS ergibt (BeckOGK/Fröschle [1. 9. 2019] Rn 19). 33

3. Umfang der Befreiung durch das Familiengericht

Inwieweit das Familiengericht den Vormund von den ihm nach §§ 1814, 1816 BGB obliegenden Pflichten befreit, entscheidet das Gericht nach pflichtgemäßem Ermessen. Eine Befreiung des Vormunds nach Abs 2 kann ebenfalls für alle oder nur für einzelne Bindungsvorschriften der §§ 1814 bis 1816 BGB erfolgen; möglich sind auch Auflagen und Befristungen (MünchKomm/Kroll-Ludwigs Rn 14; BeckOGK/Fröschle [1. 9. 2019] Rn 20). Die Befreiung erstreckt sich hingegen nicht auf die Bindung von Verfügungen an die Genehmigung des Gegenvormunds nach §§ 1812, 1813 BGB (Enneccerus/Kipp § 114 V 5; Dölle § 126 II 4 d; Erman/Schulte-Bunert Rn 5 aE; Soergel/Zimmermann Rn 4; MünchKomm/Kroll-Ludwigs Rn 14). 34

Um Missverständnisse über den Umfang der Befreiung zu vermeiden, ist es zweckmäßig, diese in die **Bestallungsurkunde** aufzunehmen (Dölle § 126 II 4 d aE im Anschluss an Staudinger/Keidel[9] § 1791 Bem 1; MünchKomm/Kroll-Ludwigs Rn 14). 35

IV. Verfahren

Abs 1 setzt ausdrücklich einen **Antrag des Vormunds** voraus, für den keine Form vorgeschrieben ist. Demgegenüber verlangt Abs 2 keinen Antrag. Allerdings wird das Familiengericht auch eine Entbindung des Vormunds von den ihm nach den §§ 1814, 1816 BGB obliegenden Verpflichtungen nach Abs 2 nicht aussprechen, wenn 36 der Vormund sie nicht verlangt hat (MünchKomm/Kroll-Ludwigs Rn 9; **aA** BeckOGK/Fröschle [1. 9. 2019] Rn 18: von Amts wegen).

37 Über die Befreiung entscheidet das Familiengericht; funktionell zuständig ist nach §§ 3 Nr 2 Buchst a, 14 RPflG der **Rechtspfleger**. Erfolgt die Befreiung dagegen zeitgleich mit der Auswahl und Bestellung des Vormunds und hat diese Entscheidung, wie es derzeit gängige Praxis ist, der Richter getroffen (Vorbem 74 zu §§ 1773 ff), so entscheidet auch er über die Befreiung.

38 Vor der Entscheidung sind die Eltern nach § 160 Abs 2 FamFG sowie der Gegenvormund **anzuhören**, wenn ein solcher vorhanden und die Anhörung tunlich ist (§ 1826 BGB). Nicht anzuhören sind das Jugendamt und die Pflegeeltern, da das Verfahren das Vermögen und nicht die Person des Mündels betrifft. Die Anhörung der Angehörigen des Mündels richtet sich nach § 1847 BGB (BeckOGK/Fröschle [1. 9. 2019] Rn 22), die des Kindes nach § 159 FamFG. Da das Verfahren nicht die Person des Mündels betrifft, kann kein Verfahrensbeistand nach § 158 FamFG bestellt werden.

39 Das Familiengericht entscheidet durch Beschluss nach § 38 Abs 1 S 1 FamFG. Das **Wirksamwerden der Entscheidung** richtet sich nach § 40 Abs 2 FamFG, wenn man davon ausgeht, dass die Befreiung gleichsam pauschal eine (Außen-)Genehmigung des Familiengerichts iS der §§ 1809, 1810, 1812, 1814 bis 1816 BGB beinhaltet (so MünchKomm/Kroll-Ludwigs Rn 15; Sorg BWNotZ 2009, 90, 101; ders BWNotZ 2010, 107, 115; jurisPK-BGB/Lafontaine Rn 39). Geht man dagegen davon aus, dass die Befreiung im Einzelfall gerade keine Genehmigung, sondern eine Befreiung von der Genehmigungspflicht enthält, so würde der Beschluss mit Bekanntgabe an den Beteiligten wirksam, für den er seinem wesentlichen Inhalt nach bestimmt ist (§ 40 Abs 1 FamFG; so BeckOGK/Fröschle [1. 9. 2019] Rn 21). Da der Vormund als Antragsteller nach § 7 Abs 1 FamFG Beteiligter ist, würde die Wirksamkeit also mit Bekanntgabe an ihn eintreten. Für die erstgenannte Sichtweise spricht, dass auch die allgemeine Ermächtigung nach § 1825 BGB nicht als Befreiung von einem Genehmigungserfordernis verstanden wird, sondern an die Stelle einer ansonsten erforderlichen Einzelgenehmigung nach § 1812 BGB bzw nach § 1822 Nrn 8 bis 10 BGB tritt (näher § 1825 Rn 2).

Die **Gleichsetzung von Befreiung und Genehmigung** hat weitreichende Folgen: So ist § 41 Abs 3 FamFG entsprechend anwendbar, da diese Norm hinsichtlich ihres Anwendungsbereichs wie § 40 Abs 2 FamFG auszulegen ist (MünchKommFamFG/Ulrici § 41 Rn 13), dh der Beschluss ist auch demjenigen bekannt zu geben, für den das Rechtsgeschäft genehmigt wurde. Die Befreiung ist damit nicht nur dem Vormund als gesetzlichem Vertreter des Rechtsinhabers, sondern auch dem Vertretenen (dem Mündel) bekannt zu geben, damit dieser über die Rechtsmitteleinlegung entscheiden kann (Keidel/Meyer-Holz § 41 FamFG Rn 1). Ist dieser nicht verfahrensfähig, so scheidet eine Bekanntgabe an diesen selbst aus. Vielmehr müsste die Bekanntgabe an seinen gesetzlichen Vertreter erfolgen (§ 9 Abs 2 FamFG). Da dieser aber identisch ist mit dem Antragsteller, stellt sich die Frage, ob damit die Gefahr besteht, dass der Vormund den seinem Antrag entsprechenden Beschluss nicht noch einmal auf die Wahrung der Interessen des Vertretenen überprüfen und zur Wahrnehmung von dessen Belangen ggf ein Rechtsmittel einlegen und damit der Normzweck des § 41

Abs 3 FamFG unterlaufen wird. Bejaht man diese Frage, so wäre dem Vormund nach § 1796 BGB die Vertretungsmacht insoweit zu entziehen und ein Ergänzungspfleger zu bestellen (BeckOGK/Fröschle [1. 9. 2019] Rn 23), demgegenüber die Bekanntgabe erfolgen und der über die Einlegung eines Rechtsmittels für den Mündel entscheiden müsste. Als milderes Mittel kommt die Bestellung eines Verfahrensbeistands nach § 158 FamFG nicht in Betracht, da es sich bei einem Verfahren nach § 1817 BGB nicht um eine Kindschaftssache handelt, die die Person des minderjährigen Kindes betrifft (Keidel/Meyer-Holz § 41 FamFG Rn 4a, der zudem darauf hinweist, dass der Verfahrensbeistand kein gesetzlicher Vertreter ist; ebenso Bork/Jacoby/Schwab/Bartels/Elzer § 41 FamFG Rn 37; BeckOGK/Fröschle [1. 9. 2019] Rn 22; **aA** Erman/Schulte-Bunert Rn 6; MünchKommFamFG/Ulrici § 41 Rn 16; jurisPK-BGB/Lafontaine Rn 36; näher unter § 1796 Rn 33 ff).

Ein **Beschwerderecht** steht dem Vormund nach §§ 58 Abs 1, 59 Abs 1 FamFG iVm § 11 RPflG zu, wenn das Familiengericht seinem Antrag nicht oder nicht in vollem Umfang entsprochen hat. Zudem hat der Gegenvormund ein Beschwerderecht, wenn er nicht nach § 1826 BGB angehört wurde (MünchKomm/Kroll-Ludwigs Rn 15). Unter den Voraussetzungen der §§ 59 f FamFG ist auch der Mündel beschwerdeberechtigt. Das selbständige Beschwerderecht des über 14-jährigen Mündels ergibt sich aus § 60 S 2 FamFG, da der Mündel auch in Verfahren, die ausschließlich das Vermögen betreffen, angehört werden muss, allerdings nicht notwendigerweise persönlich (§ 159 Abs 1 S 2 FamFG; BeckOK/Obermann [1. 10. 2019] § 60 FamFG Rn 11). **40**

Das Beschwerdegericht prüft, ob das Familiengericht die Voraussetzungen von § 1817 Abs 1 und 2 BGB zu Recht bejaht oder seinen Ermessensspielraum überschritten hat (BeckOGK/Fröschle [1. 9. 2019] Rn 24). Der Begriff der „besonderen Gründe" iSv § 1817 Abs 2 BGB ist dabei ein **unbestimmter Rechtsbegriff** (RGZ 80, 252, 257; Erman/Schulte-Bunert Rn 5; Soergel/Zimmermann Rn 5; jurisPK-BGB/Lafontaine Rn 24), dessen Vorliegen im Verfahren der Rechtsbeschwerde gemäß §§ 70, 72 FamFG uneingeschränkt vom Rechtsbeschwerdegericht nachgeprüft werden kann (Keidel/Meyer-Holz § 72 FamFG Rn 17, 21: „besondere Gründe" in § 1612 Abs 2 S 2 BGB [gemeint ist § 1612 Abs 1 S 2 BGB]). **41**

Die Befreiung ist **von Amts wegen** jederzeit **aufzuheben** oder einzuschränken, wenn ihre Voraussetzungen nicht mehr vorliegen, §§ 1837 Abs 4, 1696 BGB (Erman/Schulte-Bunert Rn 6 aE). Es bleibt aber die Frage, ob nach dem hier vertretenen Ansatz, wonach die Befreiungsentscheidung an die Stelle einer Genehmigung etwa nach § 1812 BGB tritt (oben Rn 39), auch die Einschränkung in § 48 Abs 3 FamFG zu berücksichtigen ist, wonach gegen einen Beschluss, durch den die Genehmigung für ein Rechtsgeschäft erteilt oder verweigert wurde, weder eine Wiedereinsetzung in den vorigen Stand noch eine Abänderung oder eine Wiederaufnahme stattfindet, wenn die Genehmigung oder deren Verweigerung einem Dritten gegenüber wirksam geworden ist. Das Wirksamwerden gegenüber dem Dritten bestimmt sich nach § 40 Abs 2 FamFG sowie § 1829 Abs 1 S 2 BGB (näher § 1829 Rn 16 ff). Hiergegen spricht allerdings, dass die Befreiung vom Genehmigungserfordernis dazu führt, dass die Wirksamkeit des Rechtsgeschäfts gerade nicht von einer Genehmigung abhängt. **42**

V. Pflegschafts- und Betreuungsrecht

43 § 1817 BGB findet über die Generalverweisung in § 1915 Abs 1 S 1 BGB und § 1908i Abs 1 S 1 BGB entsprechende Anwendung im Pflegschafts- und Betreuungsrecht.

§ 1818
Anordnung der Hinterlegung

Das Familiengericht kann aus besonderen Gründen anordnen, dass der Vormund auch solche zu dem Vermögen des Mündels gehörende Wertpapiere, zu deren Hinterlegung er nach § 1814 nicht verpflichtet ist, sowie Kostbarkeiten des Mündels in der in § 1814 bezeichneten Weise zu hinterlegen hat; auf Antrag des Vormunds kann die Hinterlegung von Zins-, Renten- und Gewinnanteilscheinen angeordnet werden, auch wenn ein besonderer Grund nicht vorliegt.

Materialien: E I § 1670 Abs 3; II § 1698; III § 1794; Mot IV 1132; Prot IV 783, 813. Neugefasst durch Bekanntmachung v 2. 1. 2002 (BGBl I 42); zuletzt geändert durch Art 50 Nr 37 nach Maßgabe von Art 111 FGG-RG v 17. 12. 2008 (BGBl I 2586) mit Wirkung v 1. 9. 2009.

Systematische Übersicht

I. Normzweck

1 Während nach § 1817 BGB der Vormund von der Hinterlegungspflicht entbunden werden kann, ist das Familiengericht nach § 1818 HS 1 BGB berechtigt, bei Vorliegen besonderer Gründe die Hinterlegungspflicht auf bestimmte andere als die in § 1814 BGB genannten Vermögensgegenstände des Mündels zu erweitern, um auf diese Weise den Mündel zu schützen. Mit einer Anordnung auf Antrag des Vormunds nach HS 2 besteht ua für den Vormund die Möglichkeit, sein Haftungsrisiko zu minimieren (NK-BGB/Fritsche Rn 1).

II. Gegenstand einer Anordnung nach § 1818

1. Vermögen des Mündels

Von einer Anordnung nach § 1818 HS 1 BGB können nur solche Gegenstände erfasst werden, die zum Vermögen des Mündels gehören. Sie müssen im Alleineigentum des Mündels stehen, weil der Vormund nur diese, so wie § 1814 BGB es vorschreibt, hinterlegen kann (vgl § 1814 Rn 10). 2

2. Wertpapiere und Kostbarkeiten

§ 1818 BGB nennt zwei Arten von Gegenständen, auf die die Hinterlegungspflicht des Vormunds durch Anordnung des Familiengerichts ausgedehnt werden kann; dies sind Wertpapiere, die nicht nach § 1814 BGB zu hinterlegen sind, und Kostbarkeiten. 3

a) Wertpapiere, die nicht nach § 1814 zu hinterlegen sind

Nach § 1814 BGB erstreckt sich die Hinterlegungspflicht auf die zum Mündelvermögen gehörenden Inhaberpapiere (soweit sie nicht zu den verbrauchbaren Sachen gehören, § 1814 Rn 6) nebst Erneuerungsscheinen und auf Orderpapiere, die mit Blankoindossament versehen sind. § 1818 HS 1 BGB ermöglicht die Einbeziehung anderer Wertpapiere in die Hinterlegungspflicht. 4

Wertpapiere iS des § 1818 BGB sind alle Urkunden, die ein privates Recht in der Weise verbriefen, dass zur Geltendmachung des Rechts das Innehaben der Urkunde erforderlich ist; es gilt also der weite Wertpapierbegriff, der außer den Inhaber- und Orderpapieren auch die Rektapapiere und die qualifizierten Legitimationspapiere umfasst (s dazu Staudinger/Marburger [2015] Vorbem 1 ff zu §§ 793 ff mwNw). Zu den Rekta- oder Namenspapieren gehören zB Hypotheken-, Grundschuld- und Rentenschuldbriefe (vgl § 1819 BGB), zu den qualifizierten Legitimationspapieren insbesondere das **Sparbuch**. Wertpapiere sind auch die in HS 2 genannten Zins-, Renten- und Gewinnanteilscheine (näher dazu unter Rn 11). Nicht unter den Begriff der Wertpapiere in § 1818 BGB fallen die sog einfachen Legitimationspapiere (Legitimationszeichen), bei denen der Schuldner zwar berechtigt ist, mit befreiender Wirkung an den Inhaber zu leisten, bei denen der Gläubiger aber sein Recht auch geltend machen kann, ohne die Urkunde vorzulegen, zB Garderobenmarken, Gepäckscheine, Reparaturscheine. 5

Auf Urkunden ohne Wertpapiercharakter (zB einen Schuldschein, § 371 BGB, oder die Ausfertigung eines Erbvertrags, der den Mündel begünstigt) und auf bares Geld ist die Bestimmung nicht anwendbar (Mot IV 1132); für die Anlegung des zum Mündelvermögen gehörenden Geldes gelten die §§ 1806–1811 BGB. 6

b) Kostbarkeiten

Kostbarkeiten sind bewegliche Sachen, die nach allgemeiner Verkehrsanschauung im Verhältnis zu ihrem Umfang und Gewicht, im Vergleich mit anderen Sachen ähnlichen Umfangs und Gewichts, einen ungewöhnlich hohen Wert haben (Staudinger/Olzen [2016] § 372 Rn 5 mwNw; Staudinger/Werner [2015] § 702 Rn 8 mwNw). Kostbarkeiten sind danach insbesondere Edelmetalle, auch soweit sie zu Gebrauchsgegen- 7 ständen verarbeitet sind, Schmuck, Edelsteine, Briefmarken, Sammlermünzen, Antiquitäten, wertvolle Bilder und Bücher, alte Handschriften, Autographen und dergleichen.

8 Auch die Hinterlegungsordnung, die mit Wirkung vom 1. 10. 2012 außer Kraft getreten ist, bestimmte den Begriff der Kostbarkeit nicht näher, sondern regelte nur das Hinterlegungsverfahren; dieses wird jetzt landesrechtlich festgelegt (s dazu § 1814 Rn 17). Voraussetzung für jede Hinterlegung ist jedenfalls, dass sich der zum Mündelvermögen gehörende Gegenstand seiner Art und Beschaffenheit nach zur Hinterlegung eignet (Gernhuber/Coester-Waltjen § 72 Rn 31 Fn 47; BeckOGK/Fröschle [1. 9. 2019] Rn 7).

III. Voraussetzung für eine Anordnung nach § 1818

1. Besondere Gründe (HS 1)

9 Eine Anordnung nach § 1818 HS 1 BGB kann nur **aus besonderen Gründen** getroffen werden. Die Ansicht des Familienrichters, es sei besser, wenn möglichst alle Wertpapiere und Kostbarkeiten des Mündels hinterlegt würden, reicht nicht aus (BGB-RGRK/Dickescheid Rn 2). Maßgebend ist das **Interesse des Mündels**, dessen Vermögen durch die Hinterlegung geschützt werden soll. Dieses Interesse ist gefährdet, wenn der Vormund nicht selbst in der Lage ist, für eine sichere Aufbewahrung (Schutz vor Diebstahl, Brand, Beschädigung) zu sorgen, aber auch dann, wenn Zweifel an der Zuverlässigkeit des Vormunds bestehen, die sich nicht rasch ausräumen lassen (Mot IV 1132; Dölle § 126 II 4 g; Soergel/Zimmermann Rn 5; BGB-RGRK/Dickescheid Rn 2; Erman/Schulte-Bunert Rn 2; MünchKomm/Kroll-Ludwigs Rn 5; BeckOGK/Fröschle [1. 9. 2019] Rn 11). Ist das Familiengericht von der Unzuverlässigkeit des Vormunds überzeugt, so hat es seine Entlassung nach § 1886 BGB herbeizuführen; dann kann umso mehr Anlass zu einer Anordnung nach § 1818 BGB bestehen, solange die Gegenstände sich noch in der Hand des Vormunds befinden.

10 Das Familiengericht entscheidet nach **pflichtgemäßem Ermessen** (MünchKomm/Kroll-Ludwigs Rn 5; Palandt/Götz Rn 1; BeckOGK/Fröschle [1. 9. 2019] Rn 14; Jürgens/vCrailsheim Rn 7; **aA** Soergel/Zimmermann Rn 5; BGB-RGRK/Dickescheid Rn 2; jurisPK-BGB/Lafontaine Rn 17). Liegen besonders schwerwiegende Gründe vor, kann sich das Ermessen auf Null reduzieren und so eine Handlungspflicht des Familiengerichts begründet werden (MünchKomm/Kroll-Ludwigs Rn 5; Palandt/Götz Rn 1; Erman/Schulte-Bunert Rn 2).

2. Hinterlegung von Zins-, Renten- und Gewinnanteilscheinen

11 Nach § 1818 HS 1 BGB kann das Familiengericht auch die Hinterlegung von Zins-, Renten- und Gewinnanteilscheinen anordnen, wenn ein besonderer Grund vorliegt.

Darüber hinaus kann es nach **HS 2** auch **ohne einen besonderen Grund** ihre Hinterlegung anordnen, wenn der Vormund dies **beantragt**. Der Vormund kann zu einem solchen Antrag veranlasst sein, weil er seine Haftung für einen etwaigen Verlust vermindern und die Verwaltung (zusammen mit den Stammpapieren, die er nach

§ 1814 S 1 BGB zu hinterlegen hat) vereinfachen will (Prot IV 786). Dazu wird es aber in der Regel keiner Anordnung des Familiengerichts bedürfen, sodass man an der Notwendigkeit der Bestimmung des § 1818 HS 2 BGB, deren Einfügung in das Gesetz sich wohl nur aus der Entstehungsgeschichte erklären lässt (Prot IV 785 f), zweifeln kann (ebenso MünchKomm/Kroll-Ludwigs Rn 6; NK-BGB/Fritsche Rn 3; ähnlich BeckOGK/Fröschle [1. 9. 2019] Rn 13; zum Reformbedarf Staudinger/Veit [2014] Rn 23).

Der Antrag des Vormunds allein verpflichtet das Familiengericht nicht, die Hinterlegung der Papiere anzuordnen; es steht vielmehr in seinem pflichtgemäßen Ermessen, ob es dem Antrag stattgibt oder nicht (BGB-RGRK/Dickescheid Rn 5). 12

IV. Wirkung der familiengerichtlichen Anordnung

Trifft das Familiengericht eine Anordnung nach § 1818 BGB, so hat der Vormund die Wertpapiere und Kostbarkeiten, auf die sich die Anordnung bezieht, so zu hinterlegen, wie § 1814 BGB es vorschreibt. Der Vormund hat also die Gegenstände bei einer der in § 1814 BGB genannten Stellen (s § 1814 Rn 16 ff) mit der Bestimmung zu hinterlegen, dass die Herausgabe der Gegenstände nur mit Genehmigung des Familiengerichts verlangt werden kann (§ 1814 Rn 20 ff). 13

Die auf diese Weise vorgenommene Hinterlegung bewirkt im Innenverhältnis zwischen dem Vormund und der Hinterlegungsstelle, dass diese die Gegenstände nicht ohne Genehmigung des Familiengerichts herausgeben darf, und im Außenverhältnis, dass der Vormund, solange ein Gegenstand nicht zurückgenommen ist, gemäß § 1819 BGB nur mit Genehmigung des Familiengerichts wirksam über den Gegenstand verfügen sowie sich zur Verfügung verpflichten kann (s § 1814 Rn 25 f). 14

Kommt der Vormund der gerichtlichen Anordnung nicht nach, hat das Gericht ihn im Rahmen seiner Aufsicht hierzu anzuhalten. Bis zur tatsächlichen Hinterlegung kann der Vormund über die Kostbarkeiten ohne Genehmigung verfügen, über Wertpapiere allerdings nur mit familiengerichtlicher Genehmigung nach § 1812 BGB, soweit nicht einer der in § 1813 BGB genannten Ausnahmen eingreift (BeckOGK/Fröschle [1. 9. 2019] Rn 16). 15

V. Verfahren

Die Anordnung erlässt das Familiengericht; funktionell zuständig ist der **Rechtspfleger** nach §§ 3 Nr 2 Buchst a, 14 RPflG. 16

Der Mündel ist unter den Voraussetzungen des § 159 FamFG **anzuhören** (näher unter § 1819 Rn 13). Das Anhörungsrecht des Gegenvormunds ergibt sich aus § 1826 BGB (Soergel/Zimmermann Rn 9). 17

Die gerichtliche Anordnung ergeht durch Beschluss nach § 38 Abs 1 S 1 FamFG. Darin müssen die zu hinterlegenden Gegenstände genau bestimmt werden (BeckOGK/Fröschle [1. 9. 2019] Rn 19).

Gegen die Anordnung (HS 1) und die Ablehnung (HS 2) hat der Vormund ein **Beschwerderecht** nach §§ 58 Abs 1, 59 Abs 1, Abs 2 FamFG (MünchKomm/Kroll-Ludwigs 18

Rn 9; Erman/Schulte-Bunert Rn 1; NK-BGB/Fritsche Rn 5; BeckOGK/Fröschle [1. 9. 2019] Rn 19). Auch der Mündel hat ein Beschwerderecht unter den Voraussetzungen des § 59 FamFG; seine Beschwerdeführungsbefugnis ergibt sich aus § 60 FamFG (näher unter § 1819 Rn 13).

VI. Grenzen der Anwendung von § 1818

1. Amtsvormund und Verein als Vormund

19 Im Verhältnis zum **Jugendamt als Amtsvormund** und Amtspfleger findet § 1818 BGB keine Anwendung (§ 56 Abs 2 S 1 SGB VIII). In der Regel wird zur Anordnung der Hinterlegung von Wertpapieren oder Kostbarkeiten auch kein Anlass bestehen, wenn das Jugendamt Vormund ist; sollte einmal das Familiengericht der Auffassung sein, dass bestimmte Gegenstände des Mündels nicht sachgemäß verwahrt sind, so käme nur eine Aufsichtsmaßnahme gemäß § 1837 Abs 2 BGB in Betracht.

20 Für den **Verein als Vormund** gelten die Bestimmungen des § 56 SGB VIII nicht. § 1818 BGB gehört auch nicht zu den in §§ 1852, 1853 BGB aufgezählten Vorschriften, von deren Anwendung ein Verein nach § 1857a BGB kraft Gesetzes befreit ist. Auch eine entsprechende Anwendung der Ausnahmevorschrift des § 56 Abs 2 S 1 SGB VIII kommt nicht in Betracht (vgl § 1857a Rn 9). Das Familiengericht kann deshalb auch gegenüber einem Verein als Vormund Anordnungen nach § 1818 BGB treffen (Dölle § 126 II 4 g; MünchKomm/Kroll-Ludwigs Rn 8; Erman/Schulte-Bunert Rn 4; BeckOGK/Fröschle [1. 9. 2019] Rn 21; jurisPK-BGB/Lafontaine Rn 3; BGB-RGRK/Dickescheid Rn 8; **aA** Soergel/Zimmermann Rn 2). In der Praxis wird allerdings selten Anlass zu einer Anordnung gemäß § 1818 BGB gegenüber einem Verein als Vormund gegeben sein.

2. Befreite Vormundschaft

21 In den Bestimmungen über die befreite Vormundschaft (§§ 1852–1855 BGB) ist § 1818 BGB nicht unter den Vorschriften aufgezählt, von deren Anwendung die Eltern den Vormund befreien können. § 1818 BGB ist deshalb auch bei befreiter Vormundschaft anwendbar. Auch wenn der Vater oder die Mutter des Mündels den Vormund gemäß §§ 1853, 1855 BGB von der Verpflichtung entbunden hat, Inhaber- und Orderpapiere zu hinterlegen und den in § 1816 BGB bezeichneten Vermerk ins Schuldbuch eintragen zu lassen, ist eine entsprechende Anwendung des § 1853 BGB auf den Fall des § 1818 BGB nicht zulässig. Das Familiengericht kann also auch in einem solchen Fall die Hinterlegung von Wertpapieren und Kostbarkeiten des Mündels anordnen, wenn dafür besondere Gründe vorliegen. Eine solche Anordnung setzt auch nicht voraus, dass das Familiengericht zuvor oder gleichzeitig die Befreiungsanordnung des Vaters oder der Mutter gemäß § 1857 BGB außer Kraft setzt (vgl § 1853 Rn 3; Enneccerus/Kipp § 114 V 8 aE; Dölle § 126 II 4 g; MünchKomm/Kroll-Ludwigs Rn 8; Erman/Schulte-Bunert Rn 4; Palandt/Götz Rn 2 aE; **aA** Soergel/Zimmermann Rn 2, der die Anwendung des § 1818 BGB nur zulassen will, wenn das Familiengericht zugleich nach § 1857 BGB die Befreiung außer Kraft setzt; BGB-RGRK/Scheffler[11] § 1853 Anm 1, der meint, es könne, wenn die Hinterlegungspflicht aus § 1814 BGB ausgeschlossen ist, auch von der erweiterten Hinterlegungspflicht aus § 1818 BGB nicht die Rede sein).

Die Anwendung des § 1818 BGB auch gegenüber einem befreiten Vormund bedeutet, dass das Familiengericht die Hinterlegung von Wertpapieren und Kostbarkeiten – auch wenn die Eltern den Vormund so weit wie möglich von der Aufsicht des Familiengerichts befreien wollten – nicht nur unter der strengeren Voraussetzung des § 1857 BGB (wenn die Befolgung der befreienden Anordnung das Interesse des Mündels gefährden würde), sondern immer schon dann anordnen kann, wenn ein besonderer Grund vorliegt. 22

Wertpapiere und Kostbarkeiten können – je nach den Umständen des Einzelfalls – besonders gefährdete Gegenstände des Mündelvermögens sein, dessen Schutz Vorrang hat vor dem Interesse des Vormunds an weitgehender Befreiung von Beschränkungen und Verpflichtungen, die ihn in der Verwaltung des Mündelvermögens einengen. Deshalb ist auch der **Vorrang der Bestimmung des § 1818 BGB vor der des § 1857 BGB** gerechtfertigt (so auch BeckOGK/Fröschle [1. 9. 2019] § 1857 Rn 4; zum Reformbedarf Staudinger/Veit [2014] Rn 24). Das Verhältnis dieser beiden Bestimmungen zueinander, dessen Problem bei der Schaffung des BGB scheinbar nicht ganz klar erkannt wurde, gebietet aber Zurückhaltung des Familiengerichts bei der Anwendung des § 1818 BGB in einem Fall, in dem die Eltern den Vormund gemäß § 1853 BGB von der Pflicht zur Hinterlegung von Wertpapieren entbunden haben. 23

VII. Pflegschafts- und Betreuungsrecht

§ 1818 BGB findet entsprechende Anwendung im Pflegschaftsrecht (§ 1915 Abs 1 S 1 BGB) sowie im Betreuungsrecht (§ 1908i Abs 1 S 1 BGB), soweit insoweit nicht das Landesrecht Spezialregelungen zur Anwendung gegenüber der Betreuungsbehörde getroffen hat (§ 1908i Abs 1 S 2 BGB; Staudinger/Bienwald [2017] § 1908i Rn 223, 388 ff [Überblick über die landesgesetzlichen Regelungen]). 24

§ 1819
Genehmigung bei Hinterlegung

Solange die nach § 1814 oder nach § 1818 hinterlegten Wertpapiere oder Kostbarkeiten nicht zurückgenommen sind, bedarf der Vormund zu einer Verfügung über sie und, wenn Hypotheken-, Grundschuld- oder Rentenschuldbriefe hinterlegt sind, zu einer Verfügung über die Hypothekenforderung, die Grundschuld oder die Rentenschuld der Genehmigung des Familiengerichts. Das Gleiche gilt von der Eingehung der Verpflichtung zu einer solchen Verfügung.

Materialien: E I § 1671 Abs 1; II § 1699; III § 1795; Mot IV 1133; Prot IV 788; V 108; VI 323. Neugefasst durch Bekanntmachung v 2. 1. 2002 (BGBl I 42); S 1 zuletzt geändert durch Art 50 Nr 37 nach Maßgabe von Art 111 FGG-RG v 17. 12. 2008 (BGBl I 2586) mit Wirkung v 1. 9. 2009.

Schrifttum

Sorg, Der Aufgabenkreis Vermögenssorge und die betreuungsgerichtlichen Genehmigungen in der Vermögensverwaltung, BWNotZ 2010, 107.

Systematische Übersicht

I. Normzweck

1 Um den Schutz des Mündels zu voller Wirkung zu bringen und Rechtsverluste zu vermeiden, die eintreten können, wenn ein nach § 1814 BGB oder § 1818 BGB hinterlegter Gegenstand veräußert wird (Mot IV 1134), schränkt § 1819 BGB die Vertretungsmacht des Vormunds durch das Erfordernis einer familiengerichtlichen Genehmigung zu bestimmten Geschäften ein.

II. Genehmigungspflicht

1. Hinterlegung nach § 1814 oder nach § 1818

2 Die Genehmigungspflicht besteht nur, **solange Wertpapiere oder Kostbarkeiten** des Mündels aufgrund der gesetzlichen Vorschrift des § 1814 BGB oder nach Anordnung des Familiengerichts gemäß § 1818 BGB **hinterlegt sind**. Ist ihre Hinterlegung unterblieben oder wurden sie (mit oder ohne Genehmigung des Familiengerichts) zurückgenommen, so fällt das Erfordernis der Genehmigung des Familiengerichts weg (Mot IV 1134). Dies gilt selbst dann, wenn der Dritte, mit dem der Vormund ein Rechtsgeschäft abschließt, davon Kenntnis hat, dass die Hinterlegung zu Unrecht unterblieben oder die Zurücknahme ohne die erforderliche Genehmigung des Familiengerichts erfolgt ist (ebenso Enneccerus/Kipp § 114 V 10 aE; Dölle § 126 II 4 h; Gernhuber/Coester-Waltjen § 72 Rn 34; BGB-RGRK/Dickescheid Rn 8; Palandt/Götz Rn 1; Soergel/Zimmermann Rn 3; Erman/Schulte-Bunert Rn 2; MünchKomm/Kroll-Ludwigs Rn 2 BeckOGK/Fröschle [1. 9. 2019] Rn 5; allerdings kommt in diesem Fall eine Haftung des Dritten aus § 826 BGB in Betracht). Unberührt bleibt aber auch in einem solchen Fall das Erfordernis der Genehmigung des Gegenvormunds (oder des Familiengerichts) aufgrund der §§ 1812, 1813 BGB.

2. Genehmigungsbedürftige Geschäfte

3 Sind die Gegenstände nach § 1814 BGB oder § 1818 BGB hinterlegt worden, bedarf der Vormund der Genehmigung des Familiengerichts

4 **a)** zu jeder Verfügung über die hinterlegten Gegenstände (Mot IV 1134); der Begriff der Verfügung ist identisch mit dem bei § 1812 BGB (s § 1812 Rn 5 ff). Da der

Mündel infolge der Hinterlegung der Gegenstände deren mittelbaren Besitz behält, richtet sich die Verfügung nach §§ 930, 931 BGB (BeckOGK/Fröschle [1. 9. 2019] Rn 6). Verfügung ist auch die Einlösung der ausgelosten und gekündigten Wertpapiere (OLG München BayZ 1926, 288; s auch RGZ 115, 153);

b) zur Herausnahme der Gegenstände aus der Hinterlegung (vgl OLG Dresden OLGE 26, 114). Die Genehmigungspflicht folgt aber nicht aus § 1819 BGB (anders NK-BGB/Fritsche Rn 2), sondern aus der bei der Hinterlegung zu treffenden Bestimmung, dass die Herausgabe nur mit Genehmigung des Familiengerichts verlangt werden kann (§§ 1814 S 1, 1818 BGB); die im E I enthaltene Bestimmung dieses Inhalts wurde von der II. Kommission als selbstverständlich gestrichen (vgl E I § 1671 Abs 1; Prot VI 323); 5

c) für den Fall, dass Hypotheken-, Grundschuld- oder Rentenschuldbriefe hinterlegt sind, auch zur Verfügung über die Hypothekenforderung, die Grundschuld oder die Rentenschuld. Das Genehmigungserfordernis bezieht sich aber nur auf die in den hinterlegten Urkunden verbrieften Kapitalforderungen, nicht auch auf die Hypotheken- und Grundschuldzinsen oder die einzelnen Leistungen bei der Rentenschuld (BGB-RGRK/Dickescheid Rn 3; Palandt/Götz Rn 1; Erman/Schulte-Bunert Rn 1; einschränkend MünchKomm/Kroll-Ludwigs Rn 4; differenzierend BeckOGK/Fröschle [1. 9. 2019] Rn 10, 10.1); 6

d) zur Eingehung der Verpflichtung zu einer solchen Verfügung (S 2). 7

III. Rechtsfolgen

Das Genehmigungserfordernis **beschränkt** den Vormund in seiner **Vertretungsmacht**, sodass eine Verfügung über die hinterlegten Gegenstände ohne Genehmigung des Familiengerichts dem Dritten gegenüber unwirksam ist (MünchKomm/Kroll-Ludwigs Rn 5; Erman/Schulte-Bunert Rn 2; Palandt/Götz Rn 1; NK-BGB/Fritsche Rn 3; Sorg BWNotZ 2010, 107, 129; jurisPK-BGB/Lafontaine Rn 7; BeckOGK/Fröschle [1. 9. 2019] Rn 7). 8

Soweit ein Rechtsgeschäft nach § 1819 BGB zu seiner Wirksamkeit der Genehmigung des Familiengerichts bedarf, **erübrigt sich** eine sonst nach § 1812 Abs 1 S 1 BGB erforderliche **Genehmigung des Gegenvormunds** (s § 1812 Rn 87; Mot IV 1130). 9

Nicht nur für den aus der Unterlassung der Hinterlegung, sondern auch für den aus der unbefugten Zurücknahme eines hinterlegten Gegenstandes erwachsenden **Schaden** des Mündels ist der Vormund nach Maßgabe des § 1833 BGB verantwortlich. 10

IV. Genehmigungsverfahren

Über die Genehmigung entscheidet das Familiengericht; funktionell zuständig ist der Rechtspfleger (§§ 3 Nr 2 Buchst a, 14 RPflG). Vor der Entscheidung über die Genehmigung ist der Gegenvormund zu **hören**, soweit ein solcher vorhanden und die Anhörung tunlich ist; insoweit findet § 1826 BGB entsprechende Anwendung 11

(Erman/Schulte-Bunert Rn 1). Auch der Mündel ist unter den Voraussetzungen des § 159 FamFG anzuhören.

12 Die **Form** der Erteilung der Genehmigung bestimmt sich nach § 1828 BGB; die Frage, welchen Einfluss der Mangel der erforderlichen Genehmigung auf die Wirksamkeit eines vom Vormund vorgenommenen Rechtsgeschäfts hat, bestimmt sich nach den §§ 1829–1831 BGB.

13 Gegen die Ablehnung der Genehmigung ist nicht nur der Vormund, sondern auch der Mündel **beschwerdeberechtigt** (§§ 58 Abs 1, 59 Abs 1 FamFG iVm § 11 RPflG). Eine eigenständige Beschwerdeführungsbefugnis steht dem Mündel unter den Voraussetzungen des § 60 S 2 FamFG zu. Danach kann er in Angelegenheiten, die nicht seine Person betreffen („sonstige Angelegenheiten"), das Beschwerderecht ohne Mitwirkung des gesetzlichen Vertreters ausüben, wenn er vor einer Entscheidung des Gerichts gehört werden soll. Nach § 159 Abs 1 S 1 FamFG hat das Gericht den Mündel persönlich anzuhören, wenn er das 14. Lebensjahr vollendet hat. Betrifft das Verfahren ausschließlich das Vermögen des Mündels, so kann von einer persönlichen Anhörung abgesehen werden, wenn eine solche nach der Art der Angelegenheit nicht angezeigt ist. Ist dies nicht der Fall, so genügt eine schriftliche Anhörung; diese ist nach dem Grundsatz des rechtlichen Gehörs stets erforderlich (Keidel/Engelhardt § 159 FamFG Rn 6 mwNw). Mithin ist der über 14-jährige Mündel in Angelegenheiten der Vermögenssorge anzuhören und hat eine eigenständige Beschwerdeführungsbefugnis (s weiter § 1828 Rn 102, 118).

V. Ausnahmen von der Genehmigungspflicht nach § 1819

1. Freiwillige Hinterlegung

14 Hat der Vormund freiwillig Wertpapiere oder Kostbarkeiten des Mündels hinterlegt, zu deren Hinterlegung er nicht kraft Gesetzes oder durch Anordnung des Familiengerichts verpflichtet war, so sind nicht die Vorgaben des § 1819 BGB, sondern die **allgemeinen Grundsätze** (insbesondere §§ 1812, 1813 BGB) anzuwenden (s auch Mot IV 1131 f; Dölle § 126 II 4 h; Erman/Schulte-Bunert Rn 3; Soergel/Zimmermann Rn 3; MünchKomm/Kroll-Ludwigs Rn 3; vgl § 1814 Rn 32).

15 Das Gleiche gilt für den Fall, dass eine – nicht gesetzlich vorgeschriebene – Hinterlegung aufgrund einer Anordnung des Vermögenszuwenders nach **§ 1803 BGB** erfolgt ist. In der Einbeziehung eines solchen Falles in den Kreis der genehmigungsbedürftigen Geschäfte läge eine Erweiterung der öffentlich-rechtlichen Befugnisse und Pflichten des Familiengerichts über den gesetzlichen Umfang hinaus durch Parteiwillen, welche das BGB nicht zulässt (KGJ 40, A 227, 231; Dölle § 126 II 4 h; Soergel/Zimmermann Rn 3 aE; MünchKomm/Kroll-Ludwigs Rn 3; BGB-RGRK/Dickescheid Rn 5; jurisPK-BGB/Lafontaine Rn 4).

2. Jugendamt als Vormund

16 Das Jugendamt als Amtsvormund (und Amtspfleger) ist kraft Gesetzes (§ 1857a iVm § 1853 BGB) von der Verpflichtung befreit, Inhaber- und Orderpapiere zu hinterlegen, und nach § 56 Abs 2 S 1 SGB VIII wird auch § 1818 BGB gegenüber dem

Jugendamt als Amtsvormund und Amtspfleger nicht angewandt. Schon deshalb kommt auch die Anwendung des § 1819 BGB, der sich auf die nach § 1814 BGB oder nach § 1818 BGB hinterlegten Wertpapiere und Kostbarkeiten bezieht, nicht in Betracht. Darüber hinaus haben die Länder auch – in unterschiedlichem Umfang – von der in § 56 Abs 2 S 3 SGB VIII enthaltenen Ermächtigung Gebrauch gemacht und für das Jugendamt als Amtspfleger oder als Amtsvormund weitergehende Ausnahmen von der Anwendung der (vermögensrechtlichen) Bestimmungen über die Vormundschaft über Minderjährige vorgesehen (s die Zusammenstellung einschlägiger Vorschriften in den Ausführungsgesetzen der Länder zum SGB VIII bei § 1791b Rn 47).

3. Verein als Vormund

Ein Verein als Vormund ist zwar gemäß § 1857a iVm § 1853 BGB von der Hinterlegungspflicht nach § 1814 BGB befreit; die Bestimmungen des § 56 SGB VIII sind aber auf den Verein als Vormund **nicht** – auch nicht entsprechend – anzuwenden (s § 1857a Rn 9), sodass er nicht von der Anwendung des § 1818 BGB ausgenommen ist (s § 1818 Rn 20). Deshalb gilt insoweit auch für ihn das Genehmigungserfordernis nach § 1819 BGB (Erman/Schulte-Bunert Rn 4). **17**

VI. Pflegschafts- und Betreuungsrecht

§ 1819 BGB findet entsprechende Anwendung im Pflegschaftsrecht (§ 1915 Abs 1 S 1 BGB) sowie im Betreuungsrecht (§ 1908i Abs 1 S 1 BGB), soweit insoweit nicht das Landesrecht Spezialregelungen zur Anwendung gegenüber der Betreuungsbehörde getroffen hat (§ 1908i Abs 1 S 2 BGB; Staudinger/Bienwald [2017] § 1908i Rn 224, 388 ff [Überblick über die landesgesetzlichen Regelungen]). **18**

§ 1820
Genehmigung nach Umschreibung und Umwandlung

(1) Sind Inhaberpapiere nach § 1815 auf den Namen des Mündels umgeschrieben oder in Schuldbuchforderungen umgewandelt, so bedarf der Vormund auch zur Eingehung der Verpflichtung zu einer Verfügung über die sich aus der Umschreibung oder der Umwandlung ergebenden Stammforderungen der Genehmigung des Familiengerichts.

(2) Das Gleiche gilt, wenn bei einer Schuldbuchforderung des Mündels der im § 1816 bezeichnete Vermerk eingetragen ist.

Materialien: E I § 1671 Abs 2; II § 1700; III § 1796; Mot IV 1135; Prot IV 788; V 108; VI 322. Geändert durch BWpVerwG v 11. 12. 2001 (BGBl I 3519) § 14 Abs 18 Nr 8; neugefasst durch Bekanntmachung v 2. 1. 2002 (BGBl I 42); Abs 1 zuletzt geändert durch Art 50 Nr 37 nach Maßgabe von Art 111 FGG-RG v 17. 12. 2008 (BGBl I 2586) mit Wirkung v 1. 9. 2009.

Systematische Übersicht

I. Normzweck, Systematik

1 In gleicher Weise, wie § 1819 BGB die Bestimmungen der §§ 1814, 1818 BGB über die Pflicht des Vormunds zur Hinterlegung von Wertpapieren und Kostbarkeiten des Mündels ergänzt, macht § 1820 BGB die Wirksamkeit bestimmter Rechtsgeschäfte, die sich auf die nach § 1815 BGB auf den Namen des Mündels umgeschriebenen oder in Buchforderungen umgewandelten Inhaberpapiere und auf die gemäß § 1816 BGB mit Sperrvermerk versehenen Schuldbuchforderungen beziehen, von der Genehmigung des Familiengerichts abhängig. Dadurch soll eine Umgehung der in §§ 1815, 1816 BGB enthaltenen Genehmigungserfordernisse durch Abschluss eines Vertrags verhindert werden, aus dem der Vertragspartner des Vormunds einen im Wege der Zwangsvollstreckung durchsetzbaren Anspruch auf die Papiere oder die Buchforderung herleiten kann (s § 1815 Rn 21; Gernhuber/Coester-Waltjen § 72 Rn 35; MünchKomm/Kroll-Ludwigs Rn 1; Palandt/Götz Rn 1; BeckOGK/Fröschle [1. 9. 2019] Rn 3).

II. Voraussetzungen der Genehmigungspflicht

1. Umschreibung/Umwandlung von Inhaberpapieren nach § 1815 oder Eintragung eines Sperrvermerks nach § 1816

2 Die Genehmigungspflicht besteht nur, wenn und solange Inhaberpapiere nach § 1815 Abs 1 S 1 BGB auf den Namen des Mündels umgeschrieben sind oder nach § 1815 Abs 1 S 2, Abs 2 BGB in Schuldbuchforderungen gegen den Bund oder ein Land umgewandelt worden sind oder wenn nach § 1816 BGB bei einer vorgefundenen oder später erworbenen Buchforderung gegen den Bund oder ein Land der vorgeschriebene Sperrvermerk im Schuldbuch eingetragen ist.

3 Ist der Vormund seiner Pflicht, die Sperrung zu vereinbaren, nicht nachgekommen oder ist die Löschung der Umschreibung, die Rückverwandlung der Buchforderungen in Inhaberpapiere oder die Beseitigung des Sperrvermerks (gleichviel, ob dies mit der erforderlichen Genehmigung des Familiengerichts geschah oder ohne sie) erfolgt, so greifen die allgemeinen Vorschriften (insbesondere §§ 1812, 1813 BGB)

ein. Ein Rechtsgeschäft mit Dritten ist in diesen Fällen selbst dann nicht wegen Fehlens der familiengerichtlichen Genehmigung unwirksam, wenn der Dritte, mit dem der Vormund es abschließt, den Sachverhalt kennt (vgl § 1819 Rn 2; Soergel/Zimmermann Rn 2 aE; BeckOGK/Fröschle [1. 9. 2019] Rn 4).

2. Freiwillige Umschreibung oder Umwandlung

Hat der Vormund freiwillig Inhaberpapiere, zu deren Hinterlegung er nicht verpflichtet war, auf den Namen des Mündels umschreiben oder in Buchforderungen gegen den Bund oder ein Land umwandeln lassen, so findet § 1820 BGB **keine Anwendung**; es gelten vielmehr die allgemeinen Grundsätze, insbesondere hinsichtlich der Verfügungsmacht des Vormunds (vgl § 1815 Rn 22). Gleiches gilt, wenn Buchforderungen zum Vermögen des Mündels gehören, aber kein der Vorschrift des § 1816 BGB entsprechender Vermerk in das Schuldbuch eingetragen worden ist; der in der II. Kommission gestellte Antrag, die Verfügung des Vormunds über jede in das Reichsschuldbuch oder in ein Staatsschuldbuch eingetragene Forderung des Mündels an die Genehmigung des Vormundschaftsgerichts (heute Familiengerichts) zu binden, ohne Rücksicht darauf, ob der die Verfügungsmacht des Vormunds beschränkende Vermerk im Schuldbuch eingetragen ist oder nicht, wurde abgelehnt (Prot IV 794). 4

Das Gleiche gilt für den Fall, dass eine – nicht gesetzlich vorgeschriebene – Umschreibung oder Umwandlung aufgrund einer **Anordnung des Vermögenszuwenders nach § 1803 BGB** erfolgt ist (vgl § 1819 Rn 15). 5

III. Gegenstand der Genehmigungspflicht

Die Genehmigungspflicht nach § 1820 BGB ergänzt die nach §§ 1825 und 1816 BGB. Gegenstand der Genehmigungspflicht nach § 1820 BGB ist deshalb nur die Eingehung einer **Verpflichtung zu einer Verfügung** über die im Inhaberpapier oder im Schuldbuch ausgewiesenen Stammforderungen (also nicht auch Nebenforderungen, insbesondere Zinsen). 6

Genehmigungspflichtig ist zwar auch jede **Verfügung** über das umgeschriebene Inhaberpapier oder die Buchforderung. Der Begriff der Verfügung ist dabei mit jenem in § 1812 BGB identisch (s § 1812 Rn 5 ff). Die Pflicht folgt aber nicht aus § 1820 BGB, sondern aus der bei der Umschreibung zu treffenden Bestimmung oder aus dem in das Schuldbuch einzutragenden Vermerk, wonach der Vormund über das Wertpapier oder die Buchforderung nur mit Genehmigung des Familiengerichts verfügen kann (§§ 1815, 1816 BGB). Daher wurde eine im E I enthaltene Bestimmung dieses Inhalts von der II. Kommission als selbstverständlich gestrichen (vgl E I § 1671 Abs 2; E II § 1700 Abs 1; Prot VI 323). 7

Das Gleiche gilt für **die Ersetzung** der umgeschriebenen Papiere oder der Buchforderungen durch Inhaberpapiere und deren **Zurücknahme**. Eine entsprechende Bestimmung wurde ebenfalls von der II. Kommission gestrichen, weil ein solcher Akt stets eine Verfügung über das umgeschriebene Papier oder die Buchforderung enthalte (vgl E I § 1671 Abs 2; E II § 1700 Abs 1 S 2; Prot VI 323 f). Auch die Löschung der Umschreibung, die Rückverwandlung der Buchforderungen in Inhaberpapiere 8 und die Beseitigung des im Schuldbuch eingetragenen Sperrvermerks stellen Verfügungen über das Papier oder die Buchforderung dar und fallen demgemäß unter §§ 1815, 1816 BGB.

IV. Rechtsfolgen

9 Die Bindung des Vormunds bei der Eingehung von Verpflichtungen zu einer Verfügung über ein Inhaberpapier oder eine Buchforderung entspricht den in § 1812 Abs 1 S 2 BGB und § 1819 S 2 BGB enthaltenen Bindungen des Vormunds und führt zu einer entsprechenden Beschränkung der Vertretungsmacht (s § 1819 Rn 8; MünchKomm/Kroll-Ludwigs Rn 4; Palandt/Götz Rn 1; jurisPK-BGB/Lafontaine Rn 7).

10 Soweit ein Rechtsgeschäft nach § 1820 BGB zu seiner Wirksamkeit der Genehmigung des Familiengerichts bedarf, **erübrigt sich** eine sonst nach § 1812 Abs 1 S 1 BGB erforderliche **Genehmigung des Gegenvormunds** (s § 1812 Rn 87).

V. Verfahren

11 Über die Genehmigung entscheidet das Familiengericht; funktionell zuständig ist der **Rechtspfleger** (§§ 3 Nr 2 Buchst a, 14 RPflG).

12 Unter den Voraussetzungen des § 159 FamFG ist der Mündel vor Erlass der Entscheidung anzuhören; die Anhörung des Gegenvormunds bestimmt sich nach § 1826 BGB, der entsprechend anzuwenden ist.

13 Die **Form** der Erteilung der Genehmigung bestimmt sich nach § 1828 BGB; die Frage, welchen Einfluss der Mangel der erforderlichen Genehmigung auf die Wirksamkeit eines vom Vormund vorgenommenen Rechtsgeschäfts hat, bestimmt sich nach den §§ 1829–1831 BGB.

14 Gegen die ablehnende Entscheidung des Familiengerichts ist der Vormund **beschwerdeberechtigt** (§§ 58 Abs 1, 59 Abs 1 FamFG iVm § 11 RPflG). Das Gleiche gilt für den Mündel, der unter den Voraussetzungen des § 60 FamFG auch beschwerdeführungsbefugt ist (näher § 1819 Rn 13).

VI. Ausnahmen von der Anwendung des § 1820

15 Das **Jugendamt als Amtsvormund** (oder Amtspfleger) ist kraft Gesetzes (§ 1857a iVm § 1853 BGB) von der Verpflichtung befreit, Inhaber- und Orderpapiere zu hinterlegen und den in § 1816 BGB bezeichneten Sperrvermerk ins Schuldbuch eintragen zu lassen. Da keine Hinterlegungspflicht besteht, kommt auch die – sie ersetzende – Umschreibung oder Umwandlung nach § 1815 BGB nicht in Betracht. Für eine Genehmigung des Familiengerichts nach § 1820 BGB ist deshalb kein Raum, da es keine Geschäfte nach §§ 1815, 1816 BGB gibt, zu denen das Jugendamt verpflichtet wäre. Es kommt aus diesem Grund auch nicht mehr darauf an, ob die Länder von der in § 56 Abs 2 S 3 SGB VIII enthaltenen Ermächtigung Gebrauch gemacht und das Jugendamt als Amtsvormund oder Amtspfleger von der Aufsicht des Familiengerichts nach § 1820 BGB befreit haben (s § 1819 Rn 16 u die Zusammenstellung einschlägiger Vorschriften in den Ausführungsgesetzen der Länder in § 1791b Rn 47).

Ein **Verein als Vormund** ist gleichfalls gemäß § 1857a iVm § 1853 BGB von der Hinterlegung von Inhaber- und Orderpapieren und von der Herbeiführung eines Sperrvermerks im Schuldbuch befreit. Für eine Anwendung des § 1820 BGB ist deshalb ebenfalls kein Raum; insoweit unterscheidet sich der Fall des § 1820 BGB von dem des § 1819 BGB (s § 1819 Rn 17). 16

VII. Pflegschafts- und Betreuungsrecht

§ 1820 BGB findet entsprechende Anwendung im Pflegschaftsrecht (§ 1915 Abs 1 S 1 BGB) sowie im Betreuungsrecht (§ 1908i Abs 1 S 1 BGB), soweit insoweit nicht das Landesrecht Spezialregelungen zur Anwendung gegenüber der Betreuungsbehörde getroffen hat (§ 1908i Abs 1 S 2 BGB; Staudinger/Bienwald [2017] § 1908i Rn 225, 388 ff [Überblick über die landesgesetzlichen Regelungen]). 17

Vorbemerkungen zu §§ 1821, 1822

Schrifttum

Bienwald, Wer oder was wird nach §§ 1821 ff. BGB genehmigt?, RpflStud 2017, 211

Böttcher/Spanl, Vormundschaftsgerichtliche Genehmigungen im Grundstücksverkehr, RpflJB 1990, 193

Braun, Die vormundschaftsgerichtliche Genehmigung der Grundschuldbestellung in Ausübung einer Belastungsvollmacht, DNotZ 2005, 730

Breit, Zur Lehre von der vormundschaftsgerichtlichen Genehmigung, ZBlFG 4, 597

Brüggemann, Der sperrige Katalog. §§ 1821, 1822 BGB: Anwendungskriterien – Grenzfälle, FamRZ 1990, 5, 124

Czeguhn/Dickmann, Der Minderjährige in der BGB-Gesellschaft, FamRZ 2004, 1534

Dressler-Berlin, Das Handeln des Betreuers und des Betreuten im Grundbuchverfahren bei Veräußerung eines Grundstücks, Rpfleger 2019, 297

Dümig, Die Beteiligung Minderjähriger an einer rechtsfähigen Gesellschaft bürgerlichen Rechts aus familien- bzw. vormundschaftsgerichtlicher Sicht, FamRZ 2003, 1

Friess, Erfordernis der vormundschaftsgerichtlichen Genehmigung bei Verträgen nach §§ 1821 I, 1822 Ziff. 3 BGB, DB 1969, 957

Kesseler, Die Abwicklung von Grundstückskaufverträgen mit Betreuten. Zugleich Besprechung von BGH, Beschl v 2. 12. 2015 – XII ZB 283/15, ZfIR 2017, 291 (LS), ZfIR 2017, 269

Kipp, Gesetzesauslegung und -anwendung. Eine Frage der vormundschaftsgerichtlichen Genehmigung, Recht 1913, 45

Klüsener, Vormundschaftsgerichtliche Genehmigungen im Liegenschaftsrecht, Rpfleger 1981, 461

Knopp, Über die Genehmigungsbedürftigkeit von Änderungen eines Gesellschaftsvertrages bei Beteiligung von Minderjährigen oder Mündeln, BB 1962, 939

ders, Gründung Stiller Gesellschaften bei Beteiligung Minderjähriger, NJW 1962, 2181

Kölmel, Der Minderjährige in der notariellen Praxis – Grundlagen, RNotZ 2010, 1

Menzel, Die Kommanditanteilsübertragung an Minderjährige. Zugleich Anmerkung zum Beschluss des OLG Dresden vom 25. 4. 2018, 17 W 160/18 und Beschluss des OLG Köln vom 26. 3. 2018, 4 Wx 2/18, MittBayNot 2019, 222

Müller, Zur Bedeutung der vormundschaftsgerichtlichen Genehmigung im Zivilprozeß, JR 1962, 441

ders, Die Verurteilung eines Mündels zur Leistung (insbes. zur Abgabe einer Willenserklärung) und das Erfordernis der vormundschaftsgerichtl. Genehmigung, FamRZ 1956, 44

Ott, Die Problematik der „versteckten Erbauseinandersetzung" beim Verkauf erbengemeinschaftlicher Grundstücke, DNotZ 2017, 646

Pohle, Der materiellrechtliche und der prozessuale Verzicht auf den Grundbuchberichtigungsanspruch, JZ 1956, 53

Rausch, Betreuung bei Auslandsbezug, BtPrax 2004, 137

Rust, Die Beteiligung von Minderjährigen im Gesellschaftsrecht – Vertretung, familien-/vormundschaftsgerichtliche Genehmigung und Haftung des Minderjährigen (Teil II), DStR 2005, 1992

Schreiber, Zur Vollmachtserteilung zum Abschluss von Grundstücksgeschäften mit Beteiligung Minderjähriger, NotBZ 2002, 128

Stöber, Der minderjährige Gesellschafter einer offenen Handelsgesellschaft oder Kommanditgesellschaft, Rpfleger 1968, 2

Stritter, Testamentsvollstreckung und Dauerverwaltung des Nachlasses, ZErb 2017, 38

Weber, Aktuelle Fragen beim Grundstücksverkauf durch Eltern und Betreuer, DNotZ 2015, 498

Wertenbruch, Familiengerichtliche Genehmigung für Grundstücksveräußerung durch GbR mit minderjährigem Gesellschafter, NJW 2015, 2150

ders, Familiengerichtliche Genehmigungserfordernisse bei der GbR mit minderjährigen Gesellschaftern, FamRZ 2003, 1714

Winkler, Erwerb von GmbH-Anteilen durch Minderjährige und vormundschaftsgerichtliche Genehmigung, ZGR 1990, 131

ders, Die Genehmigung des Vormundschaftsgerichts zu gesellschaftsrechtlichen Akten bei Beteiligung Minderjähriger, ZGR 1973, 177

Wolf, Die Entwicklung im Vormundschafts-, Betreuungs- und Pflegschaftsrecht seit 2003 (ohne Vergütungsrecht), Rpfleger 2005, 501

Zeiser, Gedanken zu Ergänzungspflegschaften und familiengerichtlichen Genehmigungen, Rpfleger 2017, 429.

Systematische Übersicht

Alphabetische Übersicht

I. Normzweck

1 §§ 1821, 1822 BGB unterstellen die Wirksamkeit gewisser Rechtsgeschäfte, die der Vormund für den Mündel oder der Mündel mit Zustimmung des Vormunds schließt, der Genehmigung des Familiengerichts; dadurch erfährt die gesetzliche Vertretungsmacht des Vormunds (vgl § 1793 Abs 1 S 1 BGB) eine wesentliche Einschränkung (BayObLG FamRZ 1990, 1132, 1134; Dressler-Berlin Rpfleger 2019, 297, 298; Palandt/Götz § 1821 Rn 4; Erman/Schulte-Bunert Rn 2; MünchKomm/Kroll-Ludwigs § 1821 Rn 1; jurisPK-BGB/Lafontaine Rn 1; s auch Staudinger/Engler10/11 Rn 7; stärker auf den Wortlaut „Der Vormund bedarf der Genehmigung" hinweisend Bienwald RpflStud 2017, 211). Wie auch die weiteren Bestimmungen über das Erfordernis einer familiengerichtlichen Genehmigung (dazu sogleich unter Rn 6 ff) dienen die §§ 1821, 1822 BGB dem Schutz der Mündelinteressen in wichtigen Angelegenheiten, insbesondere dem Schutz des Mündelvermögens, indem sie solche Rechtsgeschäfte einer gerichtlichen Kontrolle unterstellen, die aufgrund der Wichtigkeit des Vermögensgegenstandes oder einer besonders gefährlichen oder bedenklichen Natur des in Frage stehenden Rechtsgeschäfts typischerweise eine besondere Vermögensrelevanz aufweisen (BGB-RGRK/Dickescheid Rn 1; Knopp BB 1962, 939, 940) oder eine lange rechtsgeschäftliche Bindung des Mündels nach sich ziehen (MünchKomm/Kroll-Ludwigs § 1822 Rn 1; NK-BGB/Fritsche Rn 1).

2 Um eine Umgehung auszuschließen, sind die Genehmigungserfordernisse – sofern sie nicht, wie etwa §§ 1810, 1823 BGB, als Soll-Vorschriften ausgestaltet sind – **zwingender Natur**.

II. Enumerationsprinzip

3 Wie bei der Regelung zum Genehmigungserfordernis des Gegenvormunds (§§ 1812, 1813 BGB) hat der Gesetzgeber auch bei der Frage, zu welchen Rechtsgeschäften der Vormund der Genehmigung des Familiengerichts bedarf, nicht eine allgemeine Regel iS einer Generalklausel vorgesehen, die alle besonders wichtigen und über die Grenzen gewöhnlicher Verwaltung hinausgehenden Geschäfte in ihrem rechtlichen

Bestand von der familiengerichtlichen Genehmigung abhängig macht. Vielmehr hat er bestimmte, konkret bezeichnete Arten von Geschäften an die Genehmigung gebunden (Mot IV 1136, 1085).

1. Überblick über die genehmigungsbedürftigen Rechtsgeschäfte

a) §§ 1821, 1822

Einen **Katalog** der wichtigsten Fälle, in denen das Handeln des Vormunds der Kontrolle des Familiengerichts unterliegt, enthalten die §§ 1821, 1822 BGB, die im Wesentlichen dem § 42 der preuß VormO (zu anderen früheren Rechten s Staudinger/Engler[10/11] Rn 1 u Mot IV 1136 ff) nachgebildet sind. Während § 1821 BGB im Wesentlichen Geschäfte über Grundstücke erfasst, betrifft § 1822 BGB verschiedenartige, nicht der laufenden Vermögensverwaltung zugehörige Geschäfte, die für die wirtschaftliche Situation des Mündels große Bedeutung haben können. 4

Der vom BVerfG (BVerfGE 72, 155 = FamRZ 1986, 769 = NJW 1986, 1859) festgestellten Gefahr, dass einem Minderjährigen durch seinen gesetzlichen Vertreter kraft dessen gesetzlicher Vertretungsmacht finanziell unbegrenzte Verpflichtungen auferlegt werden können, ist der Gesetzgeber nicht durch eine Erweiterung des Katalogs der §§ 1821, 1822 BGB, sondern durch die Eröffnung der Möglichkeit zur **Haftungsbeschränkung des Minderjährigen** begegnet: In Reaktion auf die genannte Entscheidung hat der Gesetzgeber durch das Minderjährigenhaftungsbeschränkungsgesetz vom 25. 8. 1998 (BGBl I 2487; näher § 1793 Rn 150) den § 1629a BGB eingefügt, der gemäß § 1793 Abs 2 BGB gegenüber dem Mündel entsprechend anwendbar ist. § 1629a BGB stellt in Abs 1 S 1 HS 2 ausdrücklich klar, dass die Beschränkung der Haftung auf den Bestand des bei Eintritt der Volljährigkeit vorhandenen Vermögens des bis dahin Minderjährigen auch für diejenigen Verbindlichkeiten gilt, die er mit Zustimmung des Vormunds oder die der Vormund für den Mündel vorgenommen und zu denen das Familiengericht die erforderliche Genehmigung erteilt hat (dazu ausführlich Staudinger/Coester [2015] § 1629a Rn 4, 8, 22). 5

b) Weitere Fälle

Innerhalb des Vormundschaftsrechts finden sich weitere Fälle, in denen die Genehmigung des Familiengerichts als Voraussetzung für die Wirksamkeit von Rechtsgeschäften vorgesehen ist, namentlich in § 1812 Abs 2 und 3 BGB (anstelle der Genehmigung des Gegenvormunds bei Verfügungen über Forderungen oder ein anderes Recht, kraft dessen der Mündel eine Leistung verlangen kann, sowie über Wertpapiere und bei der Verpflichtung zu einer solchen Verfügung), §§ 1819 und 1820 BGB (Verfügung über hinterlegte Wertpapiere und Kostbarkeiten, Verpflichtung zu bestimmten Verfügungen nach Umschreibung oder Umwandlung von Inhaberpapieren) sowie ferner in § 1824 BGB (Überlassung von Gegenständen an den Mündel zu freier Verfügung). Nur Ordnungsvorschriften enthalten die §§ 1810, 1823 BGB. Nach § 1803 Abs 2 BGB darf ein Vormund bei der Verwaltung des Vermögens, das der Mündel von Todes wegen oder von Dritten unentgeltlich erlangt hat, mit Genehmigung des Familiengerichts von Anordnungen des Erblassers oder des Dritten abweichen. Im Bereich der Personensorge verweist § 1800 S 1 BGB auf § 1631b BGB, der für eine Unterbringung des Mündels, die mit Freiheitsentziehung verbunden ist, die Genehmigung des Familiengerichts voraussetzt. 6

7 **Außerhalb des Vormundschaftsrechts** werden weitere Geschäfte der Genehmigung des Familiengerichts (Betreuungsgerichts) unterstellt; dabei geht es zum größten Teil um die familien- oder erbrechtliche Stellung des Mündels (des Betreuten): §§ 112 BGB (Ermächtigung zum selbständigen Betrieb eines Erwerbsgeschäfts und Rücknahme dieser Ermächtigung), 1411 Abs 1 S 2, Abs 2 S 2 BGB (Abschluss eines Ehevertrages), 1484 Abs 2 S 2 BGB (Ablehnung der Fortsetzung der Gütergemeinschaft), 1491 Abs 3 BGB (Verzicht eines Abkömmlings auf den Anteil am Gesamtgut der fortgesetzten Gütergemeinschaft), 1492 Abs 3 BGB (Aufhebung der fortgesetzten Gütergemeinschaft durch den überlebenden Ehegatten), 1517 Abs 2 iVm 2347 BGB (Verzicht eines Abkömmlings auf den Anteil am Gesamtgut der fortgesetzten Gütergemeinschaft vor deren Eintritt), 1596 Abs 1 S 3 BGB (Anerkennung der Vaterschaft), 1597 Abs 3 S 2 iVm 1596 Abs 1 S 3 BGB (Widerruf der Anerkennung der Vaterschaft), 1599 Abs 2 S 2 iVm 1596 Abs 1 S 3 BGB (Zustimmung des Ehemanns der Mutter zur Anerkennung der Vaterschaft durch einen Dritten), 1746 Abs 1 S 4 BGB (Einwilligung in die Adoption bei unterschiedlicher Staatsangehörigkeit des Annehmenden und des Kindes), 2282 Abs 2 BGB (Anfechtung eines Erbvertrags), 2290 Abs 3 S 1 BGB (Aufhebung eines Erbvertrags), 2291 Abs 1 S 2 iVm 2290 Abs 3 S 1 BGB (Zustimmung zur Aufhebung einer erbvertragsmäßigen Verfügung), 2292 iVm 2290 Abs 3 S 1 BGB (Aufhebung eines Ehegattenerbvertrags durch gemeinschaftliches Testament), 2347 Abs 1 S 1 HS 1, Abs 2 S 2 BGB (Erbverzicht), 2351 iVm 2347 Abs 2 BGB (Aufhebung des Erbverzichts), 2352 S 3 iVm 2347 BGB (Verzicht auf eine letztwillige Zuwendung).

8 **Außerhalb des BGB** ist die Genehmigung des Familiengerichts (Betreuungsgerichts) als Voraussetzung für die Wirksamkeit von Rechtshandlungen vorgesehen in § 125 Abs 2 S 2 FamFG (Antrag auf Scheidung oder Aufhebung der Ehe), §§ 3 Abs 2 S 2, 6 RKEG (Bestimmung der religiösen oder weltanschaulichen Erziehung), §§ 19 Abs 1, 26 Abs 4 StAG (Antrag auf Entlassung aus der Staatsangehörigkeit und Verzicht auf die deutsche Staatsangehörigkeit), §§ 2 Abs 1 S 1, 11 NamÄndG (Antrag auf Änderung des Familiennamens oder des Vornamens), § 16 Abs 3 VerschG (Antrag auf Einleitung des Aufgebotsverfahrens zum Zweck der Todeserklärung; s dazu und zur Entlassung aus dem Staatsverband Prot IV 758), § 181 Abs 2 S 2 ZVG (Antrag auf Zwangsversteigerung eines Grundstücks zum Zweck der Aufhebung einer Gemeinschaft).

2. Ausschluss einer Ausdehnung des Kreises der genehmigungsbedürftigen Rechtsgeschäfte

a) Grundsatz der formalen Abgrenzung

9 Im Interesse der Rechtssicherheit ist die eindeutige Abgrenzung der genehmigungsbedürftigen von den genehmigungsfreien Geschäften notwendig. Die maßgebenden Vorschriften müssen für den Rechtsverkehr eine praktisch klare Handhabung ermöglichen. Deshalb beschränkt sich das Erfordernis der familiengerichtlichen Genehmigung auf die in den §§ 1821, 1822 BGB (und anderen Bestimmungen) bezeichneten Rechtsgeschäfte „in ihrer formalen tatbestandsmäßigen Bedeutung"; eine auf die Umstände des Einzelfalls bezogene Erweiterung des Kreises der genehmigungsbedürftigen Geschäfte durch **analoge Gesetzesanwendung** ist mithin **ausgeschlossen** (BGH in st Rspr: BGHZ 17, 160, 163 = NJW 1955, 1067, 1068; BGHZ 24, 372, 376 = FamRZ 1957, 303, 304; BGH NJW 1961, 724 = LM Nr 8 zu § 138 HGB; BGHZ 38, 26, 28 = NJW 1962, 2344, 2345; BGH

DB 1968, 932; BGHZ 52, 316, 319 = NJW 1970, 33; BGHZ 60, 385, 389 f = NJW 1973, 1276, 1278; BGH NJW 1974, 1134, 1135 = LM Nr 5 zu § 1822 Ziff 5; BGH NJW 1983, 1780, 1781 = FamRZ 1983, 371, 372 = MDR 1983, 566 = Rpfleger 1983, 148; BGHZ 92, 259 = NJW 1985, 136, 138 = FamRZ 1985, 173, 174 f; BGH Rpfleger 1989, 281, 282; Wertenbruch NJW 2015, 2150, 2151).

Diese Grundsätze hat die Lehre großenteils mit dem Hinweis übernommen, dass **10** einer Auslegung der Vorschriften über das Erfordernis der familiengerichtlichen Genehmigung, die sich am Zweck – Schutz des Mündels – orientiert, enge Grenzen gesetzt sind; eine formale Interpretation sei geboten. Sobald die Folgerungen aus dem Schutzzweck der Normen nicht mehr zu generellen, jederzeit auf den Einzelfall anwendbaren Regeln verdichtet werden könnten und zu einem Netz von generellen Aussagen führten, in dem der Rechtsverkehr die Übersicht verlieren müsse, sei der Sinn einer Norm verfehlt (Gernhuber/Coester-Waltjen § 60 Rn 74 unter Hinweis auf die verfassungsrechtlich gebotene [BVerfG FamRZ 1986, 769, 772 f; s auch Rn 5] Rücksicht auf das Persönlichkeitsrecht der Minderjährigen; Soergel/Zimmermann Rn 9; ähnlich Dölle § 128 I; BGB-RGRK/Dickescheid Rn 1; Palandt/Götz § 1821 Rn 1, 4; jurisPK-BGB/Lafontaine Rn 8; Knopp NJW 1962, 2181; ders BB 1962, 939, 940; Klüsener Rpfleger 1981, 461, 462; Braun DNotZ 2005, 730, 740; Fahl MittBayNot 2007, 220; Kölmel RNotZ 2010, 1, 16; dem Grundsatz zustimmend, ihn aber gleichfalls relativierend Brüggemann FamRZ 1990, 5; s auch Staudinger/Heilmann [2016] § 1643 Rn 5; **aA** bezüglich der Formel von der „rein formalen Auslegung" MünchKomm/Kroll-Ludwigs § 1821 Rn 5: Regel sei die Handlungsfreiheit des Vormunds; Ausnahmen davon müssten gesetzlich angeordnet, dh vom Wortlaut und Sinn [Schutzzweck] des Gesetzes her begründet sein; ihr folgend Erman/Schulte-Bunert Rn 1).

Auch die **Gerichte** befolgen durchweg den Grundsatz der formalen Abgrenzung der **11** genehmigungsbedürftigen Rechtsgeschäfte (s etwa OLG Köln FamRZ 2012, 1832, 1834; OLG Zweibrücken FamRZ 2005, 832; OLG Düsseldorf RNotZ 2006, 68, 69 = MittBayNot 2007, 327, 328; KG FamRZ 1993, 733, 734; LG Berlin Rpfleger 1994, 355; iE auch OLG Hamm NJWE-FER 1996, 37 betreffend eine nachträgliche Stundungsvereinbarung und Zinsübernahmeabrede); diesem stehe aber die Berücksichtigung des Schutzzwecks der Norm nicht generell entgegen mit der Folge, dass eine teleologische Reduktion dann denkbar sei, wenn schon aus generellen Gründen und nicht erst infolge der Umstände des Einzelfalls kein Schutzbedürfnis des Mündels gegeben sei (OLG Hamm 12. 11. 2015 – I-15 W 290/15, 15 W 290/15, juris Rn 8, FamRZ 2016, 727, 728).

b) Umstrittene Einzelfälle

Das Problem der formalen Abgrenzung zeigt sich va bei **Beteiligung des Mündels an** **12** **einer Personengesellschaft**, die ein Erwerbsgeschäft betreibt. § 1822 Nr 3 Var 1 BGB erfasst Verträge, die auf einen entgeltlichen Erwerb eines Erwerbsgeschäfts gerichtet sind. Genehmigungsbedürftig ist dabei das obligatorische Rechtsgeschäft, das dem Erwerb zugrunde liegt, nicht aber die dinglichen Rechtsakte (§ 1822 Rn 43; Erman/Schulte-Bunert § 1822 Rn 7; MünchKomm/Kroll-Ludwigs § 1822 Rn 13, 16). Soweit es um den Erwerb von Gesellschaftsanteilen geht, wird aber auch der Erwerbsakt, dh das gesellschaftsrechtliche Verfügungsgeschäft, das in der Übertragung der Mitgliedschaft eines Gesellschafters auf einen anderen liegt (Windbichler, Gesellschaftsrecht § 9 Rn 15), der Genehmigungspflicht unterstellt. Unter das Tatbestandsmerkmal des „Betreibens eines Erwerbsgeschäfts" iSv § 1822 Nr 3 Var 1 BGB wird nicht nur die Erlangung oder die Aufgabe einer alleinigen Verfügungsbefugnis, sondern auch die Beteiligung des Mündels an einer bestehenden Gesellschaft bürgerlichen Rechts, einer OHG, einer KG oder einer Erbengemeinschaft durch Erwerb eines Gesellschaftsanteils oder Erbteils gefasst, sofern die Gesellschaft bürgerlichen Rechts oder die Erbengemeinschaft das Erwerbsgeschäft betreibt und der Anteil übertragbar ist (OLG Bremen NJW-RR 1999, 876; Erman/Schulte-Bunert § 1822 Rn 7; MünchKomm/Kroll-Ludwigs § 1822 Rn 13, 16; Palandt/Götz § 1822 Rn 6); der Mündel wird aufgrund seiner Beteiligung Mitträger des Unternehmens und damit auch des Unternehmerrisikos (Brüggemann FamRZ 1990, 124, 126).

Die Genehmigungspflicht bezieht sich in diesem Fall auf das Rechtsgeschäft zwischen dem ausscheidenden und dem eintretenden Gesellschafter, der den Gesellschafterwechsel unmittelbar herbeiführt; die übrigen Gesellschafter müssen allerdings dem Übertragungsakt zustimmen (Windbichler, Gesellschaftsrecht § 9 Rn 15; MünchKomm/Schäfer § 719 Rn 27). Sieht man in dieser Zustimmung einen Gesellschaftsvertrag, so greift auch der Genehmigungstatbestand von § 1822 Nr 3 Var 3 BGB (Winkler ZGR 1973, 177, 186). Damit wird auch der schenkweise Erwerb einer Beteiligung an einer Personengesellschaft genehmigungspflichtig, da dieser dann mangels entgeltlichen Erwerbs eines Erwerbsgeschäfts nicht unter § 1822 Nr 3 Var 1 BGB fällt, wohl aber unter Var 3 dieses Genehmigungstatbestands (näher § 1822 Rn 50 ff, 81 ff).

13 Ausfluss der formalen Abgrenzung ist die Ablehnung einer Genehmigungspflicht nach § 1822 Nr 3 BGB bei einem entgeltlichen Erwerb sowie einer Veräußerung von **Geschäftsanteilen an einer Kapitalgesellschaft** durch den Mündel. Da das Erwerbsgeschäft von der Kapitalgesellschaft geführt wird und hieran auch der Erwerb eines Geschäftsanteils des Mündels nichts ändert (KGJ 34, A 89, 92), handelt es sich an sich nur um eine Geldanlage iS der §§ 1806 ff BGB (Soergel/Zimmermann § 1822 Rn 17). Etwas anderes gilt dagegen dann, wenn der Mündel sämtliche Geschäftsanteile einer Ein-Mann-GmbH erwirbt. Zwar bleibt auch in diesem Fall die GmbH Träger des Erwerbsgeschäfts; der Minderjährige trägt aber wie jeder selbständige Unternehmer jetzt ein Risiko, das über das in der Gewährung von Kapital liegende wesentlich hinausgeht, sodass man ihn als Betreiber eines Erwerbsgeschäfts ansehen kann (Brüggemann FamRZ 1990, 124, 126; Winkler ZGR 1990, 131, 134; Gernhuber/Coester-Waltjen § 60 Rn 106; näher § 1822 Rn 58 ff).

14 Dieses Problem stellt sich auch bei einem Gesellschaftsvertrag mit einem Minderjährigen, mit dem dieser **stiller Gesellschafter** werden soll (§§ 230 ff HGB). Genehmigungspflichtig ist ein solcher Vertrag nach § 1822 Nr 3 BGB nur, wenn er „zum Betrieb eines Erwerbsgeschäfts" eingegangen wird. Ein stiller Gesellschafter wird aber nicht Mitinhaber des Erwerbsgeschäfts; vielmehr wird dieses von dem Vertragspartner allein betrieben (BGH FamRZ 1957, 121, 122). Berücksichtigt man aber die Risiken, die der Minderjährige auch dann eingeht, wenn er nicht am Verlust beteiligt ist (näher Brüggemann FamRZ 1990, 124, 127), so spricht der Normzweck, den Minderjährigen vor Risiken und Schäden zu bewahren, die aus der Beteiligung an einem Erwerbsgeschäft oder aus dem Abschluss eines Gesellschaftsvertrags, der zum Betrieb eines Erwerbsgeschäfts eingegangen wird, resultieren, für eine generelle Genehmigungspflicht. Eine solche ist auch mit dem Normwortlaut von § 1822 Nr 3 Var 3 BGB vereinbar, wenn man das Tatbestandsmerkmal „zum Betrieb eines Erwerbsgeschäfts" nicht im engen handelsrechtlichen Sinn versteht (Knopp NJW 1962, 2181, 2183; näher § 1822 Rn 87 ff).

Zur **Änderung eines Gesellschaftsvertrags** ist die Genehmigung des Familiengerichts nicht erforderlich, und zwar grundsätzlich auch dann nicht, wenn die Änderung in die Rechte und Pflichten des Mündels eingreift (BGHZ 38, 26 = NJW 1962, 2344 = MDR 1963, 28 = JZ 1963, 598; s auch KG RJA 12, 48; Duden JZ 1963, 601; Gernhuber/Coester-Waltjen § 60 Rn 109; Dölle § 128 II 2 c; **aA** Beitzke JR 1963, 182; Stöber Rpfleger 1968, 2; Knopp BB 1962, 939; Brüggemann FamRZ 1990, 124, 127; Rust DStR 2005, 1992, 1994; Kölmel RNotZ 2010, 1, 21; Soergel/Zimmermann § 1822 Rn 26 mwNw in Fn 115; MünchKomm/Kroll-Ludwigs § 1822 Rn 28; eingeschränkt Erman/Schulte-Bunert § 1822 Rn 16). Zwar handelt es sich hierbei nicht selten um eine wirtschaftlich bedeutsame Maßnahme, sodass es im Interesse des Mündelschutzes wäre, die Änderungen der familiengerichtlichen Genehmigung zu unterwerfen (dafür Stöber Rpfleger 1968, 2, 3 ff; Friess DB 1969, 957, 959; Soergel/Zimmermann Rn 26; jurisPK-BGB/Lafontaine § 1822 Rn 79). Eine solche Auslegung wäre auch mit dem Normwortlaut von § 1822 Nr 3 BGB vereinbar, da eine Vertragsänderung wiederum ein Gesellschaftsvertrag iSv Var 3 ist (MünchKomm/Kroll-Ludwigs § 1822 Rn 28; s auch RGRK-BGB/Dickescheid § 1822 Rn 88). Dennoch hätte diese Auslegung eine erhebliche Einschränkung der Entschließungsfreiheit des gesetzlichen Vertreters des Minderjährigen zur Folge (BGHZ 38, 26, 29; Gernhuber/Coester-Waltjen § 60 Rn 109). Zudem ergibt eine Auslegung von § 1822 Nr 3 Var 3 BGB an den von Var 1 und 2 erfassten Fällen, dass bei der Führung eines Erwerbsgeschäfts dessen Start oder Ende einer Genehmigung bedürfen, nicht aber die Maßnahmen bei Führung des Gesellschaftsunternehmens (BGHZ 38, 26, 31 f). Die Genehmigungspflicht kann sich allerdings, je nach Änderung, aus § 1822 Nr 10 oder 12 BGB ergeben (Gernhuber/Coester-Waltjen § 60 Rn 109; näher § 1822 Rn 170 ff, 201 ff). 15

c) Keine Erweiterung durch Rechtsgeschäft

Der Kreis der Geschäfte, zu deren Wirksamkeit die Genehmigung des Familiengerichts erforderlich ist, kann auch nicht durch Rechtsgeschäft erweitert werden. Der öffentlich-rechtliche Charakter der in den §§ 1821, 1822 BGB (und in anderen Vorschriften) vorgesehenen Genehmigung verbietet es, dass der Umfang des Aufgabengebietes des Familiengerichts durch Privatrechtsakt verändert wird. Deshalb können die Parteien eines Vertrags dessen Wirksamwerden nicht unter die aufschiebende Bedingung einer familiengerichtlichen Genehmigung stellen, und ein Dritter, der dem Mündel von Todes wegen oder unentgeltlich unter Lebenden Vermögen zuwendet, kann nicht nach § 1803 Abs 1 BGB wirksam anordnen, dass ein bestimmtes Geschäft zu seiner Wirksamkeit der Genehmigung des Familiengerichts bedarf (KGJ 40, A 227, 230; BGB-RGRK/Dickescheid Rn 2; Erman/Schulte-Bunert Rn 1 aE; Staudinger/Heilmann [2016] § 1643 Rn 3; s auch § 1803 Rn 11 mwNw). 16

3. Befreiungen

Die Eltern können den Vormund nach §§ 1852 Abs 2, 1855 BGB nur vom Erfordernis der Genehmigung des Gegenvormunds oder des Familiengerichts zu den in § 1812 BGB bezeichneten Rechtsgeschäften befreien (s § 1852 Rn 8); eine weitergehende Befreiung ist weder den Eltern noch etwa einem (anderen) Dritten gemäß § 1803 BGB (s § 1803 Rn 9) möglich (Mot IV 1170; OLG Hamburg OLGE 16, 247; vgl auch Staudinger/Heilmann [2016] § 1643 Rn 3). 17

Das **Jugendamt** als Amtsvormund oder Amtspfleger ist schon kraft Gesetzes (§ 56 Abs 2 S 2 SGB VIII) in den Fällen der §§ 1803 Abs 2, 1811 BGB sowie 1822 Nrn 6 18 und 7 BGB vom Erfordernis der Genehmigung des Familiengerichts befreit. Nach § 56 Abs 2 S 3 SGB VIII kann das Landesrecht für das Jugendamt darüber hinaus weitere Ausnahmen von der Anwendung der Bestimmungen über die Vormundschaft über Minderjährige, also auch von Genehmigungserfordernissen nach den §§ 1821, 1822 BGB, vorsehen. Dies ist in einer Reihe von Ländern in unterschiedlichem Umfang geschehen (s die Zusammenstellung einschlägiger Bestimmungen zu den Ausführungsgesetzen der Länder zum SGB VIII in § 1791b Rn 47; s auch DIJuF-Rechtsgutachten JAmt 2007, 207 zu der Frage, ob die Einschränkung der familiengerichtlichen Kontrolle eines Bundeslandes auch von Gerichten eines anderen hingenommen werden muss, wenn dort keine Befreiung in entsprechendem Umfang gilt; zu der Notwendigkeit einer familiengerichtlichen Genehmigung und einer etwaigen Befreiung im Falle des jugendamtlichen Handelns aufgrund einer Vollmacht DIJuF-Rechtsgutachten JAmt 2010, 302).

III. Anwendungsbereich der §§ 1821, 1822

1. Handeln des Vormunds oder des Mündels

19 Die familiengerichtliche Genehmigung ist sowohl dann erforderlich, wenn der Vormund als gesetzlicher Vertreter des geschäftsunfähigen oder in der Geschäftsfähigkeit beschränkten Mündels, als auch dann, wenn der in der Geschäftsfähigkeit beschränkte Mündel selbst mit Einwilligung oder Genehmigung des Vormunds (§§ 107 ff BGB) handelt (Mot IV 1136; RG JW 1912, 590; LG Mannheim NJW 1962, 1112; vgl § 1828 Rn 6; zum Sprachgebrauch s §§ 183, 184 BGB im Gegensatz zum Begriff der Genehmigung im Vormundschaftsrecht, s § 1828 Rn 7). Auch wenn der Mündel handelt, ist **Gegenstand der Genehmigung das Rechtsgeschäft**, nicht die Zustimmung des Vormunds (§ 1828 Rn 6, § 1829 Rn 3). Zum Erfordernis der Genehmigung des Familiengerichts zu Rechtsgeschäften, die ein vom Vormund bevollmächtigter Dritter für den Mündel vornimmt, s § 1821 Rn 34 ff. Kein Raum für eine Genehmigung bleibt jedoch, wenn der beschränkt geschäftsfähige Mündel wegen der rechtlichen Vorteilhaftigkeit eines Geschäfts selbst handelt (OLG Köln 26. 3. 2018 – 4 Wx 2/18, juris Rn 8, NJW-RR 2018, 1310 f; Menzel MittBayNot 2019, 222, 224).

2. Handeln des Vormunds als gesetzlicher Vertreter

20 Die Genehmigung ist nur erforderlich für Rechtsgeschäfte, die der Vormund **in Ausübung seiner gesetzlichen Vertretungsmacht** (§ 1793 BGB) – oder ein von ihm Bevollmächtigter – namens des Mündels (oder der Mündel mit Zustimmung des Vormunds) vornimmt. Dagegen bedarf es ihrer nicht, wenn der Vormund nicht als gesetzlicher Vertreter des Mündels, sondern etwa als **Bevollmächtigter des Erblassers** aufgrund einer von diesem erteilten über den Tod hinaus wirkenden Vollmacht tätig wird; es handelt sich dabei um Rechtsgeschäfte, die sich auf den Nachlass des Erblassers beziehen, der auch durch Anordnung einer Testamentsvollstreckung den Nachlass der familiengerichtlichen Kontrolle hätte entziehen können (RGZ 88, 345, 349 f; 106, 185, 187; OLG Zweibrücken DNotZ 1983, 104, 105 f; Soergel/Zimmermann Vor § 1821 Rn 8; Erman/Schulte-Bunert Rn 4; MünchKomm/Kroll-Ludwigs § 1821 Rn 13 aE; BGB-RGRK/Dickescheid Rn 15; Klüsener Rpfleger 1981, 461, 464).

21 Soweit die Rechte des Mündels durch **Dritte** (zB Testamentsvollstrecker, Insolvenzverwalter, Nachlassverwalter) verwaltet werden, deren Rechtsmacht nicht von der gesetzlichen Vertretungsmacht des Vormunds abgeleitet ist, bedarf es keiner Genehmigung des Familiengerichts zu Rechtsgeschäften, zu denen der Vormund nach den Bestimmungen des Vormundschaftsrechts die Genehmigung einzuholen hätte (OLG Karlsruhe 1. 6. 2015 – 11 Wx 29/15, juris Rn 10, FamRZ 2015, 2086, 2087; KGJ 40, 216; KG OLGE 38, 259, 260; 39, 262, 263; RGZ 106, 185, 187; OLG Celle OLGZ 1967, 483; Soergel/Zimmermann Rn 8; Erman/Schulte-Bunert Rn 4; MünchKomm/Kroll-Ludwigs § 1821 Rn 13; BGB-RGRK/Dickescheid Rn 14; Stritter ZErb 2017, 38, 39). So bedarf auch der nach § 848 ZPO bestellte Sequester, der in unmittelbarer (Zwangs-)Vertretung des Mündels und nicht als Vertreter des Vormunds tätig wird, zur Annahme des Auflassungsangebots (§ 848 Abs 2 S 1 ZPO) und zur Bewilligung der dem Gläubiger zustehenden Sicherungshypothek (§ 848 Abs 2 S 3 ZPO) keiner Genehmigung des Familiengerichts (Brüggemann FamRZ 1990, 5, 7; MünchKomm/Kroll-Ludwigs § 1821 Rn 13). Sind Testamentsvollstrecker und Vormund personenidentisch, kann allerdings die Anordnung einer Ergänzungspflegschaft erforderlich sein (BayObLG Rpfleger 1977, 440; MünchKomm/Kroll-Ludwigs § 1821 Rn 13; weitere Nachw bei § 1796 Rn 64; **aA** LG Mannheim MDR 1977, 579).

3. Bezogenheit des Geschäfts auf das Mündelvermögen

a) Beteiligung des Mündels an Erwerbsgesellschaften

Das Erfordernis der Genehmigung besteht für Rechtsgeschäfte, die sich auf das Vermögen des Mündels beziehen. Dies ist bei Geschäften, die eine Verpflichtung des Mündels begründen oder verändern, stets der Fall. Bei Verfügungen ist vorausgesetzt, dass der Gegenstand zum Vermögen des Mündels gehört. Dies ist sowohl dann gegeben, wenn der Mündel allein, als auch dann, wenn er zusammen mit anderen in Bruchteilsgemeinschaft oder Gemeinschaft zur gesamten Hand Eigentümer einer Sache oder Inhaber eines Rechts ist. Eine Verfügung über ein Grundstück nach § 1821 Abs 1 Nr 1 BGB ist mithin dann genehmigungsbedürftig, wenn das Grundstück im Alleineigentum des Mündels steht oder diesem hieran ein Anteil zusteht (allgM, s OLG Hamm 20. 9. 2013 – I-15 W 251/13, juris Rn 9, FamRZ 2014, 492 aE; MünchKomm/Kroll-Ludwigs § 1821 Rn 7; BGB-RGRK/Dickescheid Rn 8; anders bei einem Erbteil einer Erbeserbengemeinschaft, der sich auch, aber nur mittelbar auf ein im Nachlass der Erbengemeinschaft befindliches Grundstück bezieht; s dazu § 1795 Rn 12 u § 1821 Rn 52). 22

Ist der Mündel aber an einer **juristischen Person** beteiligt (insbesondere Aktiengesellschaft, Gesellschaft mit beschränkter Haftung, eingetragener Verein), so ist zu den im Namen dieser juristischen Person vorzunehmenden Geschäften, welche im Katalog der §§ 1821, 1822 BGB aufgezählt sind, etwa zu einer Verfügung über ein der juristischen Person gehörendes Grundstück, keine familiengerichtliche Genehmigung erforderlich. Auch wenn die Satzung einer Aktiengesellschaft bestimmt, dass der Vorstand nur mit Zustimmung der Hauptversammlung über ein Grundstück verfügen darf, und der Vormund eines Aktionärs in der Hauptversammlung sein Einverständnis mit einer derartigen Verfügung des Vorstands erklärt, ist hierzu die Genehmigung des Familiengerichts nicht erforderlich. Grund dafür ist, dass das Grundstück nicht zum Mündelvermögen gehört und der Vertreter der juristischen Person für diese, nicht aber für den Mündel handelt, mag dieser auch mittelbar materiell betroffen sein. Dies gilt sogar dann, wenn der Mündel Alleingesellschafter einer GmbH ist, deren Vermögen ausschließlich in einem Grundstück besteht (RGZ 133, 7, 10 f; Soergel/Zimmermann Rn 8; BGB-RGRK/Dickescheid Rn 9 u § 1821 Rn 6 aE; MünchKomm/Kroll-Ludwigs § 1821 Rn 8). 23

24 Gleiches gilt nach wohl allgemeiner Meinung auch dann, wenn der Mündel Gesellschafter einer **offenen Handelsgesellschaft** oder **Kommanditgesellschaft** ist (RGZ 125, 380, 381; 137, 324, 344; BGHZ 55, 5 = NJW 1971, 375; schon in RGZ 54, 278, 280 wird auf den Gesichtspunkt der praktischen Trennung zwischen dem Vermögen der Gesellschaft und dem der einzelnen Gesellschafter hingewiesen; s auch RG JW 1907, 303, 305; Soergel/Zimmermann Vor § 1821 Rn 8; Erman/Schulte-Bunert Rn 4). Eine Grundstücksveräußerung durch eine solche Gesellschaft selbst ist damit genehmigungsfrei und wird nicht deshalb genehmigungsbedürftig, weil ein Minderjähriger an der Personenhandelsgesellschaft beteiligt ist. Vielmehr kommt beiden Gesellschaften Teilrechtsfähigkeit zu (§§ 124 Abs 1, 161 Abs 2 HGB), sodass der vertretungsberechtigte Gesellschafter das Geschäft genehmigungsfrei im Namen der Gesellschaft vornehmen kann, ohne durch die Beteiligung des Minderjährigen eingeschränkt zu sein (BGH NJW 1971, 375, 376). Jedes andere Ergebnis würde die Personenhandelsgesellschaften, an denen Minderjährige beteiligt sind, unter die Kontrolle des Familiengerichts stellen. Es ist aber nicht Aufgabe des Familienrichters, in weitem Umfang die Entscheidung kaufmännischer Zweckmäßigkeitsfragen bei der Führung des Gesellschaftsunternehmens zu treffen (BGH NJW 1971, 375, 376; OLG Nürnberg FamRZ 2013, 1055, 1056). Ein Schutz des Minderjährigen bei Verfügungen über Grundbesitz, der im Eigentum der Personenhandelsgesellschaft steht, kann aus Gründen der Rechtssicherheit, auf denen das Prinzip der formalen Abgrenzung beruht (oben Rn 9), auch nicht über eine analoge Anwendung von § 1821 Abs 1 Nr 1 BGB erreicht werden. Vielmehr kommt eine familiengerichtliche Kontrolle des Handelns der Gesellschaft nur unter den Voraussetzungen von § 1822 Nr 3 BGB in Betracht. Ist der Gesellschaftszweck auf ein Erwerbsgeschäft gerichtet, so bedürfen sowohl die Gründung dieser Gesellschaft unter Beteiligung des Mündels als auch dessen Beitritt zu dieser Erwerbsgesellschaft nach § 1822 Nr 3 BGB der familiengerichtlichen Genehmigung. Im Rahmen dieser Genehmigung werden bereits zum Zeitpunkt des Beitritts des Minderjährigen die zukünftig zu führenden Geschäfte im Rahmen der Genehmigungsfähigkeit des Beitritts mitberücksichtigt mit der Folge, dass die Verfügung der Personengesellschaft über ein Grundstück, soweit sie vom Gesellschaftszweck gedeckt ist, keiner weiteren Genehmigung mehr nach § 1821 Abs 1 Nr 1 BGB bedarf (OLG Nürnberg FamRZ 2013, 1055, 1056; LG Wuppertal NJW-RR 1995, 152, 153; Zeiser Rpfleger 2017, 429, 433; krit zur Absehbarkeit zukünftiger Geschäfte DNotI-Report 2004, 29, 31).

25 Die gleichen Grundsätze gelten auch für Rechtsgeschäfte einer BGB-Außengesellschaft, deren Rechtsfähigkeit heute anerkannt ist (BGHZ 146, 341). Verfügt also ein vertretungsberechtigter Gesellschafter einer solchen **Erwerbsgesellschaft**, die in der Form einer **BGB-Gesellschaft** betrieben wird (s dazu OLG Hamburg FamRZ 1958, 333, 334; zur Teilrechtsfähigkeit der BGB-Außengesellschaft grundlegend BGHZ 146, 341 = NJW 2001, 1056 = Rpfleger 2001, 246), über in Grundstück, so bedarf er keiner familiengerichtlichen Genehmigung, wenn er für diese Personenvereinigung handelt, an der der Minderjährige beteiligt ist (ebenso MünchKomm/Kroll-Ludwigs § 1821 Rn 9; Zeiser Rpfleger 2017, 429, 433; Klüsener Rpfleger 1981, 461, 464; Dümig FamRZ 2003, 1; DNotI-Report 2004, 29, 31; s auch Wolf Rpfleger 2005, 501, 502; NK-BGB/Fritsche § 1821 Rn 4; OLG Schleswig FamRZ 2003, 55, 56 = NJW-RR 2002, 737 m Anm Lautner MittBayNot 2002, 256, 258; einschränkend OLG Nürnberg FamRZ 2013, 1055, 1056; LG Wuppertal NJW-RR 1995, 152, 153, die die zum Gesellschaftsbeitritt des Mündels erteilte Genehmigung als auf solche zukünftigen genehmigungsbedürftigen Geschäfte erstreckt ansehen, die zu jenem Zeitpunkt absehbar waren). Entsprechendes gilt auch für das Handeln des Vertreters eines **nichtrechtsfähigen Vereins**, bei dem das

dem Vereinszweck gewidmete Vermögen und das Vermögen der Mitglieder praktisch voneinander getrennt sind (MünchKomm/Kroll-Ludwigs § 1821 Rn 9 aE).

b) Beteiligung des Mündels an rein vermögensverwaltenden Personengesellschaften

Nicht abschließend geklärt ist, inwieweit diese Grundsätze auch Anwendung finden, **26** wenn der Zweck der Gesellschaft, an der der Minderjährige beteiligt ist, nicht auf eine Erwerbstätigkeit gerichtet ist, sondern sich **auf eine verwaltende Tätigkeit beschränkt**. Hier unterscheidet sich die Rechtsstellung des Minderjährigen nicht von der in einer Erwerbsgesellschaft. Mithin beziehen sich die Geschäfte, die eine vermögensverwaltende Gesellschaft in eigenem Namen führt, etwa die Verfügung über ein Grundstück, ebenfalls, streng genommen, nicht auf das Vermögen des Mündels (zutreffend Wertenbruch NJW 2015, 2150, 2151), sodass man von einer Genehmigungsfreiheit dieses Rechtsgeschäfts ausgehen müsste. Dies würde aber voraussetzen, dass der Schutz des Minderjährigen wie beim Erwerbsgeschäft dadurch gewährleistet werden könnte, dass die Gründung der Gesellschaft unter Beteiligung des Mündels sowie sein Beitritt zu dieser Gesellschaft der familiengerichtlichen Genehmigung unterläge.

In Ermangelung eines Erwerbsgeschäfts scheidet aber die Anwendung von § 1822 Nr 3 BGB auf die vermögensverwaltende KG aus (Zeiser Rpfleger 2017, 429, 433). Etwas anderes wird dagegen mit Blick auf die Schutzbedürftigkeit des Minderjährigen zT für die vermögensverwaltende BGB-Gesellschaft angenommen (Wertenbruch FamRZ 2003, 1714, 1715). Das würde aber nicht nur dem Prinzip der formalen Abgrenzung (oben Rn 9) zuwiderlaufen, sondern die Genehmigungspflicht in Bezug auf Erwerbsgeschäfte hin zu einem allgemeinen schuldrechtlichen Schutz erweitern, was an sich Zweck und Aufgabe des § 1822 Nr 10 BGB ist (Czeguhn/Dickmann FamRZ 2004, 1534, 1535; abl auch Gernhuber/Coester-Waltjen § 60 Rn 107 Fn 220; krit zur weiten Auslegung des § 1822 Nr 3 BGB auch jurisPK-BGB/Lafontaine Rn 73).

Denkbar wäre weiter, § 1822 Nr 10 BGB für den Fall der Beteiligung von Minderjährigen an einer vermögensverwaltenden BGB-Gesellschaft anzunehmen (Wertenbruch NJW 2015, 2150, 2151 f; gegen die Genehmigungspflicht einzelner Geschäfte auch jurisPK-BGB/Lafontaine § 1821 Rn 15). Für diese Sicht spricht, dass es für die Anwendung dieser Norm nicht darauf ankommt, ob sich die Haftung für fremde Verbindlichkeiten unmittelbar als Ziel des Rechtsgeschäfts darstellt oder als dessen gesetzliche Folge (§§ 128, 130 HGB analog; s § 1822 Rn 182). Dieser Weg ist aber dann versperrt, wenn man § 1822 Nr 10 BGB nur einschränkend auslegt und einen bereits bestehenden Regressanspruch gegen andere Schuldner voraussetzt (so wohl DNotI-Report 2004, 29, 31 mwNw; s dagegen § 1822 Rn 175).

Lehnt man deshalb auch diesen Ansatz ab, so bleibt nur der Weg, die §§ 1821, 1822 BGB auf einzelne von der vermögensverwaltenden Gesellschaft getätigte Geschäfte anzuwenden (für die BGB-Gesellschaft OLG Hamm 18. 3. 2016 – 2 WF 170/15, juris Rn 42, Rpfleger 2016, 563, 567; BeckOGK/Fuchs [1. 10. 2019] § 1821 Rn 31; MünchKomm/Kroll-Ludwigs § 1821 Rn 9; Palandt/Götz § 1821 Rn 7; Jürgens/vCrailsheim § 1821 Rn 8; **aA** Zeiser Rpfleger 2017, 429, 434; Wertenbruch NJW 2015, 2150, 2151 f; jurisPK-BGB/Lafontaine § 1821 Rn 15). Diese Rechtsfolge liefe in Bezug auf die KG bzw OHG aber dem Gedanken zuwider, dass die Kontrolle ihrer Geschäftsführung nicht dem Familiengericht unterliegt, da diesem nicht die Aufgabe zufällt, kaufmännische Zweckmäßigkeitsfragen zu beantworten (oben Rn 24). Demgegenüber greift dieses Argument bei der verwaltenden BGB-Gesellschaft nicht, da diese kein Kaufmann ist (vgl §§ 105 Abs 2, 161 Abs 2, 6 Abs 1 BGB). Die Veräußerung eines Grundstücks einer vermögensverwaltenden BGB-Gesellschaft bedarf also stets der Genehmigung nach § 1821 Abs 1 Nr 1 BGB, unabhängig davon, ob der Beitritt des Mündels zur Gesellschaft (trotz fehlender Genehmigungspflicht) familiengerichtlich bereits genehmigt worden ist (OLG Nürnberg FamRZ 2013, 1055, 1056; so wohl auch OLG Hamm 18. 3. 2016 – 2 WF 170/15, juris Rn 42, Rpfleger 2016, 563, 567; OLG Koblenz FamRZ 2003, 249 = NJW 2003, 1401 m abl Anm Wertenbruch FamRZ 2003, 1714; Palandt/Götz § 1821 Rn 7; Wolf Rpfleger 2005, 501, 502; s auch OLG Hamm NJW-RR 2001, 1086).

27 Die Genehmigung des Familiengerichts ist auch nicht zu einem Vertrag erforderlich, durch den die **Liquidatoren einer OHG**, von deren Gesellschaftern einer minderjährig ist, das Geschäft mit Aktiven und Passiven an einen Mitgesellschafter veräußern (KG JFG 23, 94, 96 = DRW 1942, 276).

28 Der **Prokurist** im Handelsgeschäft des Mündels (zum Erfordernis der familiengerichtlichen Genehmigung zur Erteilung der Prokura s § 1822 Nr 11 BGB) bedarf zur Vornahme von Rechtsgeschäften, zu denen ihn die Prokura ermächtigt, nicht der Genehmigung des Familiengerichts (OLG Hamm BB 1956, 900; s auch § 1822 Rn 199).

4. Ermächtigung nach §§ 112, 113, Überlassung von Mitteln nach § 110

29 Ermächtigt der Vormund mit Genehmigung des Familiengerichts den Mündel gemäß § 112 BGB, ein Erwerbsgeschäft selbständig zu betreiben, oder ermächtigt er ihn gemäß § 113 BGB, in Dienst oder Arbeit zu treten, so wird der Mündel für Rechtsgeschäfte bestimmter Art (partiell) unbeschränkt geschäftsfähig. Nach den ausdrücklichen Bestimmungen des § 112 Abs 1 S 2 BGB und des § 113 Abs 1 S 2 BGB gilt das aber nicht für Rechtsgeschäfte, zu denen der Vormund der Genehmigung des Familiengerichts bedarf.

30 Nach § 110 BGB gilt ein von einem Minderjährigen ohne Zustimmung des gesetzlichen Vertreters geschlossener Vertrag als von Anfang an wirksam, wenn der Minderjährige die vertragsmäßige Leistung mit Mitteln bewirkt, die ihm zu diesem Zweck oder zu freier Verfügung von dem Vertreter – oder mit dessen Zustimmung von einem Dritten – überlassen worden sind. Um zu verhindern, dass mithilfe dieser Bestimmung der durch das Erfordernis der familiengerichtlichen Genehmigung bezweckte Schutz umgangen wird, bestimmt **§ 1824 BGB**, dass der Vormund Gegenstände, zu deren Veräußerung die Genehmigung des Gegenvormunds oder des Familiengerichts erforderlich ist, dem Mündel nicht ohne diese Genehmigung zur Erfüllung eines von ihm geschlossenen Vertrags oder zu freier Verfügung überlassen kann. Handelt der Vormund dieser Bestimmung zuwider, so tritt die in § 110 BGB vorgesehene Wirkung nicht ein (s § 1824 Rn 9).

5. Geschäfte, zu deren Vornahme der Mündel verpflichtet ist

31 Durch den Umstand, dass eine rechtlich erzwingbare Verpflichtung zur Vornahme eines genehmigungsbedürftigen Rechtsgeschäfts besteht, wird das Erfordernis der

Genehmigung des Familiengerichts nicht hinfällig (Mot IV 1138, 1124; Breit ZBlFG 4, 597; Enneccerus/Kipp § 115 V; Müller FamRZ 1956, 44; Soergel/Zimmermann Rn 4; BGB-RGRK/Dickescheid Rn 13; KG OLGE 33, 363; KGJ 38, 219, 223; BayObLG BayZ 1923, 180; BayObLG FamRZ 1977, 141, 143). Freilich kann in einem solchen Fall die Genehmigung schwerlich versagt werden (KG OLGE 33, 363; Breit ZBlFG 4, 597; s auch Müller FamRZ 1956, 44, der auf Fälle hinweist, in denen die Genehmigung versagt werden kann und muss, weil der andere Vertragsteil die mit der Verpflichtung des Mündels verknüpfte Gegenleistung nicht erbracht hat; in einem solchen Fall wird aber schon das Bestehen einer – einredefreien – Verpflichtung fraglich sein).

6. Akte der Prozessführung und Zwangsvollstreckung

a) Prozesshandlungen

Prozesshandlungen unterliegen grundsätzlich nicht dem Genehmigungserfordernis 32 der §§ 1821, 1822 BGB. Dies gilt auch für solche Prozesshandlungen, die – wie etwa der Klageverzicht (§ 306 ZPO) oder das Anerkenntnis (§ 307 ZPO) – wie Verfügungen wirken (BGH JZ 1956, 62; Pohle JZ 1956, 53, 54 f; Erman/Schulte-Bunert Rn 4). Etwas anderes gilt freilich für solche Akte, die zugleich materiell-rechtliche Wirkung entfalten – namentlich den Prozessvergleich – und insoweit der familiengerichtlichen Genehmigung bedürfen, während die prozessualen Wirkungen unberührt bleiben (RGZ 56, 333; 133, 259; s auch BayObLG FamRZ 2003, 631 = Rpfleger 2003, 27; MünchKomm/Kroll-Ludwigs § 1821 Rn 14; Erman/Schulte-Bunert Rn 4). Speziellen Genehmigungserfordernissen unterliegen der Antrag auf Anordnung der Zwangsversteigerung nach § 181 Abs 2 S 2 ZVG sowie der Antrag auf Scheidung oder Aufhebung der Ehe nach § 125 Abs 2 S 2 FamFG (Palandt/Götz § 1821 Rn 3).

b) Verurteilung des Mündels zur Abgabe einer Willenserklärung

Wird der Mündel zur Abgabe einer Willenserklärung verurteilt (zB Auflassung und 33 Eintragungsbewilligung oder eine andere zu einer Eintragung im Grundbuch notwendige Erklärung), so gilt die Willenserklärung mit der Rechtskraft des Urteils als abgegeben (§ 894 S 1 ZPO). Ob damit die **Genehmigung des Familiengerichts entbehrlich** wird, ist umstritten, wird jedoch überwiegend bejaht; das Grundbuchamt kann also die beantragte Eintragung nicht davon abhängig machen, dass die familiengerichtliche Genehmigung beigebracht wird (KGJ 31, 293, 294; KG OLGE 29, 258 = KGJ 45, 264; BayObLGZ 1904, 729; 1953, 111 = MDR 1953, 561; Staudinger/Heinze [2018] § 873 Rn 231; Soergel/Zimmermann Rn 5; Erman/Schulte-Bunert Rn 4; MünchKomm/Kroll-Ludwigs § 1821 Rn 14; BGB-RGRK/Dickescheid Rn 13; Palandt/Götz § 1821 Rn 3 aE; Klüsener Rpfleger 1981, 461, 469; Brüggemann FamRZ 1990, 5, 7; Böttcher/Spanl RpflJB 1990, 193, 204; **aA** Enneccerus/Kipp § 115 V Fn 36; Dölle § 128 V; Müller FamRZ 1956, 44 u JR 1962, 441, 448; Gernhuber/Coester-Waltjen § 60 Rn 81; Stein/Jonas/Brehm § 894 ZPO Rn 24).

Die Gegenansicht weist unter anderem darauf hin, dass das Familiengericht nur mit 34 der rechtskräftig feststehenden Verpflichtung des Mündels zur Abgabe der Willenserklärung rechnen müsse, dass es aber – insbesondere wegen arglistiger Erschleichung des Urteils – die Genehmigung versagen könne (Enneccerus/Kipp § 115 V Fn 36; s auch Kipp Recht 1913, 45). Des Weiteren wird argumentiert, dass die Prüfung durch das Familiengericht notwendig sei, weil das Prozessgericht das Interesse des Mündels, das in einem besonders gelagerten Fall gewahrt werden müsse, nicht eigens berücksichtigt habe (Müller FamRZ 1956, 44, 45). Dabei wird aber übersehen, dass in

§ 894 ZPO nicht nur fingiert wird, der Schuldner habe die ihm auferlegte Erklärung in der vorgeschriebenen Form abgegeben, sondern auch, dass die Erklärung von einem unbeschränkt geschäftsfähigen Schuldner abgegeben worden sei; die Wirksamkeit der gesetzlichen Annahme wird also nicht dadurch in Frage gestellt, dass es sich um eine der familiengerichtlichen Genehmigung bedürfende Erklärung handelt (so schon Breit ZBlFG 4, 597 f mit Verweis auf die Materialien zum BGB; E I § 1676, Mot IV 1149, Prot IV 795). Der herrschenden Meinung ist deshalb zuzustimmen; etwaige sachliche Einwendungen gegen den Vollzug im Grundbuch (insbesondere der Einwand, das Urteil sei erschlichen) müssen auf dem allgemein dafür vorgesehenen Weg geltend gemacht werden. Soweit die Verurteilung des Mündels auf einem Verpflichtungsgeschäft beruht, das der familiengerichtlichen Genehmigung bedurfte, hatte schon das Prozessgericht diese Voraussetzung der Wirksamkeit des Verpflichtungsgeschäfts zu prüfen. Damit ist auch der Schutz des Mündels in ausreichendem Maß sichergestellt (so auch BGB-RGRK/Dickescheid Rn 13).

7. Besonderheiten bei der Amtsvormundschaft

35 Nach § 56 Abs 2 S 2 SGB VIII ist gegenüber dem Jugendamt als Amtsvormund bzw Amtspfleger in den Fällen der § 1822 Nrn 6 und 7 BGB eine familiengerichtliche Genehmigung nicht erforderlich. Darüber hinaus kann das Landesrecht nach § 56 Abs 2 S 3 SGB VIII für das Jugendamt als Amtspfleger oder Amtsvormund weitergehende Ausnahmen von der Anwendung der §§ 1821 und 1822 BGB vorsehen; hiervon haben die einzelnen Bundesländer in unterschiedlichem Umfang Gebrauch gemacht (näher dazu § 1791b Rn 47).

8. Pflegschafts-, Betreuungs- und Kindschaftsrecht

36 **Eltern** bedürfen der familiengerichtlichen Genehmigung zu Rechtsgeschäften für das Kind in den Fällen, in denen ein Vormund nach §§ 1821, 1822 Nrn 1, 3, 5, 8 bis 11 BGB derselben bedarf (§ 1643 Abs 1 BGB). Die übrigen Fälle des § 1822 BGB sind damit auf sie nicht anwendbar. Zu beachten ist allerdings, dass dies nur dann gilt, wenn die Eltern als Sorgeberechtigte für ihr minderjähriges Kind handeln, also im Rahmen des § 1629 BGB. Dies verrät bereits die systematische Stellung des § 1643 Abs 1 BGB. Sobald die Eltern aber als Betreuer für ihr volljähriges Kind bestellt werden, sind sie in dem in § 1908i Abs 1 S 1 BGB genannten Umfang der betreuungsgerichtlichen Genehmigungspflicht unterworfen (OLG Köln 12. 10. 2017 – 5 U 59/17, juris Rn 8, GesR 2018, 464, 465; s zur Betreuung auch die nachfolgende Rn). Eine teleologische Reduktion dieser Norm kommt mangels einer planwidrigen Regelungslücke nicht in Betracht, hat doch der Gesetzgeber in § 1908i Abs 2 S 2 BGB die Möglichkeit der Bestellung von Eltern zu Betreuern erkannt und lediglich einen Verweis auf § 1857a BGB eingefügt (OLG Köln 12. 10. 2017 – 5 U 59/17, juris Rn 8, GesR 2018, 464, 465). Zudem kann angeführt werden, dass wegen der grundsätzlichen Mündigkeit des Betreuten auch keine vergleichbare Interessenlage vorliegt. Die Stellung der Eltern definiert sich in diesem Moment nämlich nicht mehr über die Fürsorge in den ersten Lebensjahren ihres Kindes, sondern über die Hilfe eines Erwachsenen, der zur Besorgung seiner Geschäfte der Unterstützung Dritter bedarf, unter denen sich die eigenen Eltern (zufälligerweise) als geeignet erwiesen haben.

Auf die **Betreuung** sind die §§ 1821, 1822 Nrn 1 bis 4, 6 bis 13 BGB (§ 1908i Abs 1 S 1 BGB), auf die **Pflegschaft** die §§ 1821, 1822 BGB entsprechend anzuwenden (§ 1915 Abs 1 S 1 BGB). 37

Sinngemäße Anwendung findet § 1821 BGB auf die Genehmigungserteilung zu Geschäften des nach § 11b Abs 1 S 1 VermG bestellten **gesetzlichen Vertreters für unbekannte Grundstückseigentümer** im Beitrittsgebiet (§ 11b Abs 1 S 5 VermG). Zur Frage, ob in diesem Fall das Familiengericht oder die Bestellungsbehörde für die Erteilung der Genehmigung zuständig ist, s unten Rn 48. 38

IV. Reichweite einer Genehmigung

Ist das der Verfügung zugrundeliegende schuldrechtliche Rechtsgeschäft vom Familiengericht genehmigt worden (§ 1821 Abs 1 Nr 4 BGB), so wird regelmäßig anzunehmen sein, dass die Genehmigung auch zur (dinglichen) Verfügung erteilt ist; doch kann die **Auslegung** unter Umständen auch das Gegenteil ergeben. Dies gilt insbesondere für die Frage, ob die Auflassung noch einer besonderen Genehmigung bedarf, wenn zum Verpflichtungsgeschäft die erforderliche Genehmigung bereits erteilt ist. Ebenso ist unter regelmäßigen Umständen die Annahme berechtigt, dass mit der Genehmigung der Verfügung (zB Auflassung) durch das Familiengericht die stillschweigende Genehmigung des Verpflichtungsgeschäfts verbunden ist (RGZ 130, 148, 150; RG SeuffA 85 Nr 104; KG RJA 3, 59 = KGJ 24, A 238, 239; KGJ 28, A 6, 7; KG OLGE 18, 291; KG JFG 14, 246 = HRR 1937 Nr 92 = JW 1937, 42; KG FamRZ 1993, 733, 734; BayObLGZ 20, A 319; BayObLG DNotZ 1983, 369, 370 = Rpfleger 1983, 344 [LS]; BayObLGZ 1985, 43 = Rpfleger 1985, 235; Dölle § 128 II 2 b, aa aE; Gernhuber/Coester-Waltjen § 60 Rn 100; Erman/Schulte-Bunert § 1821 Rn 1; MünchKomm/Kroll-Ludwigs § 1821 Rn 16). 39

Bei der Frage, auf welche Rechtsgeschäfte sich eine vom Familiengericht erteilte Genehmigung erstreckt, kommt es stets darauf an, unter welchen Gesichtspunkten das Familiengericht den ihm unterbreiteten Sachverhalt geprüft hat. So erfasst eine Genehmigung, die das Familiengericht zur Bestellung einer Grundschuld auf dem Grundstück des Mündels erteilt hat, nicht auch die nach § 1822 Nr 8 BGB genehmigungsbedürftige Kreditaufnahme, deren Sicherung die Grundschuld dienen soll, wenn sich die Genehmigung nicht gerade auf die Kreditaufnahme bezogen hat (OLG Celle NJW 1954, 1729 = NdsRpfl 1954, 64). 40

Wird neben dem der Grundstücksverfügung zugrundeliegenden notariell beurkundeten Verpflichtungsgeschäft (etwa einem Tauschvertrag) eine weitere privatschriftliche Vereinbarung (etwa eine Aufzahlungsverpflichtung für den Fall eines Unterwertverkaufs) getroffen, so bezieht sich die erteilte familiengerichtliche Genehmigung auf das Tauschgeschäft insgesamt, auch wenn dem Gericht der privatschriftliche Teil der Tauschvereinbarung zum Zeitpunkt der Genehmigungserteilung nicht bekannt war (LG München I FamRZ 2001, 1396). 41

Die familiengerichtliche Genehmigung ist zur **Auflassung eines Grundstücks** des Mündels auch dann erforderlich, wenn die Auflassung aufgrund eines Rücktritts vom Überlassungsvertrag und einer für den Fall des Rücktritts erteilten, familiengerichtlich genehmigten unwiderruflichen Auflassungsvollmacht erfolgt; hierbei ist entscheidend, dass es sich um eine (durch die wirksame Ausübung des Rücktrittsrechts) 42 bedingte Rückübertragungsverpflichtung handelt; in einem solchen Fall muss dem Familiengericht die Möglichkeit gegeben sein, zu prüfen, ob die Bedingung eingetreten ist (BayObLG FamRZ 1977, 141, 143 = Rpfleger 1976, 304, 305; zust MünchKomm/Kroll-Ludwigs § 1821 Rn 21; Erman/Schulte-Bunert § 1821 Rn 5).

43 Umstritten ist, ob es für den Fall, dass in einem vom Familiengericht genehmigten Grundstückskaufvertrag eine Vollmacht zur Belastung des Grundstücks (sog **„Belastungsvollmacht"**) erteilt worden war (zu deren Genehmigungsbedürftigkeit unter § 1821 Rn 34 f; § 1793 Rn 119 ff), einer weiteren familiengerichtlichen Genehmigung für die Bestellung eines Grundpfandrechts – etwa einer **Finanzierungsgrundschuld** zur Sicherung des Darlehens des Käufers – bedarf. Teilweise wird dies nur dann bejaht, wenn die Vollmacht bei Abschluss des Kaufvertrags bloß pauschal erteilt worden, das Ausmaß der dinglichen Haftung zu diesem Zeitpunkt also noch nicht absehbar gewesen ist, während eine Genehmigungspflicht für den Fall verneint wird, dass in dem bereits genehmigten Kaufvertrag die wesentlichen Vertragsbestimmungen für die Bestellung des Grundpfandrechts – namentlich Höhe der Belastung, Zinsen sowie Nebenforderungen – enthalten sind (LG Saarbrücken Rpfleger 1982, 25; LG Schwerin MittBayNot 1997, 297; einschränkend Kesseler ZfIR 2017, 269, 272, der diese Qualität der Vertragsbestimmungen überhaupt nur sehen will, wenn die Bestellung des Grundpfandrechts unmittelbar mit dem Kaufvertrag beurkundet wird, wobei dann eine Vorweggenehmigung der Grundschuld keine praktische Relevanz hätte, da beide Rechtsgeschäfte in einem Verfahren genehmigt werden könnten). Überwiegend wird dagegen aus Gründen der Rechtssicherheit auf die im Rahmen der §§ 1821, 1822 BGB rein formal und eindeutig vorzunehmende Abgrenzung der genehmigungsbedürftigen Rechtsgeschäfte (s dazu oben Rn 9 f) hingewiesen und eine wertende, an der wirtschaftlichen oder sonstigen Bedeutung des in Frage stehenden Geschäfts orientierte Betrachtungsweise ausgeschlossen. Daraus wird zu Recht gefolgert, dass eine Genehmigungsbedürftigkeit der Grundpfandrechtsbestellung nicht schon deshalb entfällt, weil die Interessen des Mündels bereits im Rahmen der Genehmigung des Kaufvertrags samt – einer das Grundpfandrecht konkret bezeichnenden – Vollmacht Beachtung gefunden haben könnten (OLG Hamm 20. 9. 2013 – I-15 W 251/13, juris Rn 12, FamRZ 2014, 492, 493; OLG Frankfurt 16. 6. 2011 – 20 W 251/11, juris Rn 17 ff; OLG Zweibrücken FamRZ 2005, 832; LG Berlin Rpfleger 1994, 355; Dressler-Berlin Rpfleger 2019, 297; Fahl MittBayNot 2007, 220; Schreiber NotBZ 2002, 128, 132; Maurer Rpfleger 1982, 26; Klüsener Rpfleger 1981, 461, 463; Erman/Schulte-Bunert § 1821 Rn 5; Palandt/Götz § 1821 Rn 10; NK-BGB/Fritsche § 1821 Rn 2 aE; wohl auch MünchKomm/Kroll-Ludwigs § 1821 Rn 16; so iE auch Weber DNotZ 2015, 498, 522 f; zu Streitstand und insbes einer möglichen Vorweggenehmigung der Grundschuldbestellung vgl Braun DNotZ 2005, 730; s auch KG FamRZ 1993, 733, 734 = Rpfleger 1993, 284, 285 betr eine unwiderrufliche Bevollmächtigung des Auktionators zur Auflassung im Zuge des nachlassgerichtlich genehmigten Abschlusses des Einlieferungsvertrags; DNotI-Report 2003, 129).

44 Der Mangel einer familiengerichtlichen Genehmigung kann keinesfalls durch Auflassung und Eintragung gemäß § 311b Abs 1 S 2 BGB geheilt werden (BayObLGZ 27, A 208; Dölle § 128 II 2 b, aa aE; Erman/Schulte-Bunert § 1821 Rn 4).

45 Rechtsgeschäften, die nach dem Gesetz unzulässig sind, kann auch durch eine familiengerichtliche Genehmigung nicht zur Wirksamkeit verholfen werden (RGZ 71, 162, 169 zur Frage der Zulässigkeit einer Ermächtigung zur Vornahme eines Insichgeschäfts unter Abweichung von der Regel des § 181 BGB; BGB-RGRK/Dickescheid Rn 3). Ist die Vornahme des betreffenden Rechtsgeschäfts nicht von der Vertretungsmacht des Handelnden umfasst, führt auch eine familiengerichtliche Genehmigung keine Heilung herbei (vgl OLG Frankfurt NotBZ 2012, 303, 305: Verhinderung der Eltern aufgrund Interessenkollision; OLG Frankfurt FamRZ 2010, 1762: Überschreitung des Wirkungskreises eines Betreuers; BGB-RGRK/Dickescheid Rn 3; Ott DNotZ 2017, 646, 648; s auch § 1795 Rn 113).

V. Verfahren

Zur Erteilung der Genehmigung und dem Wirksamwerden der gerichtlichen Entscheidung s § 1828 Rn 30 ff, 107 ff. 46

Zur **Genehmigungsfähigkeit**, also der Frage, ob die Vornahme eines genehmigungsbedürftigen Rechtsgeschäfts dem Interesse des Mündels entspricht, sowie zu der Frage, ob die Entscheidung darüber im Ermessen des Familiengerichts liegt oder ob es sich bei diesem Mündelinteresse nicht vielmehr um einen unbestimmten Rechtsbegriff handelt, s die Ausführungen bei § 1828 Rn 20 ff. 47

Über die **Genehmigungsbedürftigkeit nach §§ 1821, 1822 BGB** entscheidet der **Rechtspfleger** (§§ 3 Nr 2 Buchst a, 14 RPflG). Für die Genehmigung von Geschäften des nach § 11b Abs 1 S 1 VermG bestellten gesetzlichen Vertreters für unbekannte Grundstückseigentümer im Beitrittsgebiet, für die § 1821 BGB gemäß § 11b Abs 1 S 5 VermG „sinngemäß" gilt, ist dagegen die Verwaltungsbehörde als Bestellungsorgan zuständig (OLG Dresden Rpfleger 1996, 109; OLG Thüringen Rpfleger 1996, 407; LG Berlin FamRZ 1996, 56; MünchKomm/Kroll-Ludwigs § 1821 Rn 15). Zur Genehmigung eines Grundstücksgeschäfts, das ein nach Art 233 § 2 Abs 3 EGBGB von einem Landkreis bestellter Vertreter geschlossen hat, ist grundsätzlich der Landkreis als Bestellungsbehörde zuständig (BGH DNotZ 2003, 336). 48

Das Familiengericht kann einen Bescheid erlassen, dass es einer familiengerichtlichen Genehmigung gerade nicht bedarf (sog **Negativattest**; ausführlich zum Negativattest bei § 1828 Rn 72 ff). In diesem Zusammenhang prüft das Gericht einzig, ob das vorgelegte Rechtsgeschäft überhaupt eine Genehmigung erfordert, während konkret schutzwürdige Interessen des Betroffenen regelmäßig keine Berücksichtigung finden (OLG Hamm FGPrax 2011, 61, 62). 49

Die Verweigerung eines Negativattests aus dem Grunde, dass das Familiengericht das Rechtsgeschäft für genehmigungsbedürftig hält, ist der Beschwerde zugänglich (LG Meiningen FamRZ 2008, 1375; LG Mühlhausen FamRZ 2012, 1324, 1325).

Wird der Antrag des Vormunds auf Erteilung einer familiengerichtlichen Genehmigung zurückgewiesen, steht diesem das **Beschwerderecht** nach §§ 58, 59 FamFG zu; die Beschwerde ist wegen § 63 Abs 2 Nr 2 FamFG binnen einer verkürzten Frist von zwei Wochen einzulegen. Der Vertragspartner des Mündels hat im Falle der Versagung der Genehmigung mangels Verletzung eines eigenen Rechts iS des § 59 Abs 1 FamFG dagegen kein eigenes Beschwerderecht (OLG Celle FamRZ 2012, 1066 = NJW-RR 2012, 73; zur Betreuung OLG München Rpfleger 2009, 679 = FamRZ 2009, 1861 [LS]; OLG Rostock NJW-RR 2006, 1229 = FamRZ 2006, 1630 [LS]; dazu ausführlich bei § 1828 Rn 120 f). Zum Beschwerderecht des Mündels näher § 1828 Rn 118. 50

51 Im Falle eines **Auslandsbezugs** ist auf die Frage, nach welcher Rechtsordnung sich das Erfordernis einer familiengerichtlichen Genehmigung eines Rechtsgeschäfts richtet, Art 24 Abs 3 Alt 2 EGBGB anzuwenden (allg zum anwendbaren Recht Vorbem 94 f zu §§ 1773 ff), ist doch das Genehmigungserfordernis nach §§ 1821, 1822 BGB als Beschränkung der gesetzlichen Vertretungsmacht zu verstehen (s oben Rn 1) und damit zum Inhalt der Vormundschaft zu zählen; maßgebend ist damit das Recht des die Vormundschaft anordnenden Staates (zur Betreuung Rausch BtPrax 2004, 137, 140 mwNw).

§ 1821
Genehmigung für Geschäfte über Grundstücke, Schiffe oder Schiffsbauwerke

(1) Der Vormund bedarf der Genehmigung des Familiengerichts:

1. **zur Verfügung über ein Grundstück oder über ein Recht an einem Grundstück;**
2. **zur Verfügung über eine Forderung, die auf Übertragung des Eigentums an einem Grundstück oder auf Begründung oder Übertragung eines Rechts an einem Grundstück oder auf Befreiung eines Grundstücks von einem solchen Recht gerichtet ist;**
3. **zur Verfügung über ein eingetragenes Schiff oder Schiffsbauwerk oder über eine Forderung, die auf Übertragung des Eigentums an einem eingetragenen Schiff oder Schiffsbauwerk gerichtet ist;**
4. **zur Eingehung einer Verpflichtung zu einer der in den Nummern 1 bis 3 bezeichneten Verfügungen;**
5. **zu einem Vertrag, der auf den entgeltlichen Erwerb eines Grundstücks, eines eingetragenen Schiffes oder Schiffsbauwerks oder eines Rechts an einem Grundstück gerichtet ist.**

(2) Zu den Rechten an einem Grundstück im Sinne dieser Vorschriften gehören nicht Hypotheken, Grundschulden und Rentenschulden.

Materialien: E I § 1674 Nrn 1, 2, 5; II § 1701; III § 1797; Mot IV 1136; Prot IV 790. Neugefasst durch Art 2 Nr 26 der VO zur Durchführung des Gesetzes über Rechte an eingetragenen Schiffen und Schiffsbauwerken v 21. 12. 1940 (RGBl I 1609); wiederum neugefasst durch Bekanntmachung v 2. 1. 2002 (BGBl I 42); Abs 1 zuletzt geändert durch Art 50 Nr 37 nach Maßgabe von Art 111 FGG-RG v 17. 12. 2008 (BGBl I 2586) mit Wirkung v 1. 9. 2009.

Schrifttum

Baur, Zweifelhafte Genehmigungsfälle nach KRG 45, DNotZ 1951, 310
Böttcher, Die Entwicklung des Grundbuch- und Grundstücksrechts bis Ende 2017, NJW 2018, 831
ders, Die Entwicklung des Grundbuch- und

Grundstücksrechts bis Juni 2015, NJW 2015, 2770
ders, Die Entwicklung des Grundbuch- und Grundstücksrechts im Jahr 2011, NJW 2012, 822
ders, Vormundschaftsgerichtliche Genehmigungen im Grundstücksrecht, Rpfleger 1987, 485
Böttcher/Spanl, Vormundschaftsgerichtliche Genehmigungen im Grundstücksverkehr, RpflJB 1990, 193
Braun, Die vormundschaftsgerichtliche Genehmigung der Grundschuldbestellung in Ausübung einer Belastungsvollmacht, DNotZ 2005, 730
Brüggemann, Der sperrige Katalog. §§ 1821, 1822 BGB: Anwendungskriterien – Grenzfälle, FamRZ 1990, 5, 124
Eickmann, Vormundschaftsgerichtliche Genehmigungen im Zwangsversteigerungsverfahren, Rpfleger 1983, 199
Everts, Pflichtteilsklausel in Überlassungsverträgen mit minderjährigen Erwerbern, Rpfleger 2005, 180
Fembacher, Grundstücksüberlassung an Minderjährige und Pflichtteilsanrechnung, MittBayNot 2004, 24
Gottwald, Vormundschaftsgerichtliche Genehmigung bei Bestellung einer Eigentümergrundschuld – § 1821 Abs. 1 Nr. 1, Abs. 2 BGB, RpflStud 1996, 102
Gschossmann, Belastungen des zugewendeten Grundstücks (bloße) Einschränkung oder (mögliche) Aufhebung des rechtlichen Vorteils, MittBayNot 1998, 236
Haegele, Zur Frage des Genehmigungserfordernisses des Vormundschaftsgerichts bei Vereinbarung des Liegenbelassens eines Rechts nach § 91 Abs. 2 ZVG, Rpfleger 1970, 232
Heggen, Ein Jahr FamFG in der Praxis: Einige verbleibende Fragen aus notarieller Sicht, NotBZ 2010, 393
Joas, Grundstücksschenkungen an Minderjährige, BWNotZ 1974, 146
Keim, Grenzen der Anrechenbarkeit lebzeitiger Zuwendungen auf den Pflichtteil, MittBayNot 2008, 8
Kesseler, Die Abwicklung von Grundstückskaufverträgen mit Betreuten. Zugleich Besprechung von BGH, Beschl. v. 2. 12. 2015 – XII ZB 283/15, ZfIR 2017, 291 (LS) – in diesem Heft, ZfIR 2017, 269
Klüsener, Vormundschaftsgerichtliche Genehmigungen im Liegenschaftsrecht, Rpfleger 1981, 461
Kölmel, Der Minderjährige in der notariellen Praxis – Grundlagen, RNotZ 2010, 1
Kropp, Die Zwangsvollstreckung in das unbewegliche Vermögen eines Minderjährigen. Umgehung des Vormundschaftsgerichts?, MDR 1960, 464
Lamberz, Probleme bei der gerichtlichen Genehmigung nach §§ 1812, 1813 BGB, FamRZ 2012, 162
Langenfeld, Zum Rückforderungsrecht bei Schenkung und Übergabe von Grundstücken, BWNotZ 1976, 12
Lipp/Schrader, Gerichtliche Genehmigung und Wille des Betreuten – zugleich eine Anmerkung zu LG Hagen, Beschl. v. 25. 2. 2014 – 6 T 8/14, BtPrax 2014, 184 ff
Mohr, Vormundschaftsgerichtliche Genehmigung einer Auflassungsvormerkung, Rpfleger 1981, 175
Pentz, Anrechnung von Zuwendungen auf den Pflichtteil ohne Pflegerbestellung, MDR 1998, 1266
Rastätter, Grundstücksschenkungen an Minderjährige, BWNotZ 2006, 1
Schreiber, Zur Vollmachtserteilung zum Abschluß von Grundstücksgeschäften mit Beteiligung Minderjähriger, NotBZ 2002, 128
Senft, Sicherungsgrundschuld und Minderjährigenschutz, MittBayNot 1986, 230
Staudinger, Abschied von der Gesamtbetrachtungslehre?, Jura 2005, 547
Weber, Aktuelle Fragen beim Grundstücksverkauf durch Eltern und Betreuer, DNotZ 2015, 498
Weigl, Pflichtteilsanrechnung gegenüber Minderjährigen – Abschied von der bisher „herrschenden" Meinung!, MittBayNot 2008, 275
Weisemann, Anspruch des Grundeigentümers auf Löschung von Baulasten, NJW 1997, 2857
Zorn, Entwicklungen in der Rechtsprechung und Minderjährigenschutz – zugleich Anmerkung zur Entscheidung des KG, FamRZ 2018, 1673, FamRZ 2018, 1651.

Systematische Übersicht

Alphabetische Übersicht

I. Verfügungen über Grundstücke oder Rechte an Grundstücken (Abs 1 Nr 1)

1. Normzweck

1 An der Spitze des Katalogs der Rechtsgeschäfte, zu denen die Genehmigung des Familiengerichts erforderlich ist, stehen Verfügungen über Grundstücke und über Rechte an Grundstücken. Dem liegt der Gedanke zugrunde, dass „der Grundbesitz als eine, namentlich in sozialer Hinsicht, besonders werthvolle Art des Vermögens

dem Mündel regelmäßig zu erhalten ist und deshalb nur unter erschwerenden Voraussetzungen soll veräußert werden können" (Mot IV 1136).

2. Grundstücke und grundstücksgleiche Rechte

Zum Begriff des Grundstücks iS des BGB s Staudinger/Heinze (2018) Vorbem 11 ff, 15 f zu §§ 873 ff. Den Grundstücken rechtlich gleich stehen das Erbbaurecht (§ 11 ErbbauRG; vgl OLG Brandenburg FamRZ 2004, 1049) sowie das Wohnungseigentum und das Teileigentum (§ 1 WEG; vgl OLG Stuttgart Rpfleger 2002, 203; s auch § 1807 Rn 13); die im EGBGB genannten Rechte, die nach Landesrecht Grundstücken gleichgestellt sind (Bergwerkseigentum, Art 67 EGBGB, Abbaurechte, Art 68 EGBGB, Nutzungsrechte, Art 196 EGBGB), haben heute keine praktische Bedeutung mehr (Staudinger/Hönle/Hönle [2018] Art 67 EGBGB Rn 1, Art 68 EGBGB Rn 2 ff; Staudinger/Mittelstädt [2018] Art 196 EGBGB Rn 1 ff; s auch MünchKomm/Kroll-Ludwigs Rn 17). 2

Kein Grundstücksrecht oder grundstücksgleiches Recht stellt das aufgrund von Art 231 § 5 Abs 1 EGBGB fortbestehende selbständige Gebäudeeigentum iS des § 295 Abs 2 ZGB/DDR dar, solange die Aufspaltung zwischen Grundstück und Gebäudeeigentum – etwa aufgrund eines (Folge-)Pachtvertrags über das Grundstück – aufrechterhalten wird (LG Mühlhausen FamRZ 2012, 1324, 1325). 3

Mit dem Wort „Grundstück" in § 1821 Abs 1 Nr 1 BGB ist ein Grundstück des Mündels gemeint. Für das Genehmigungserfordernis unerheblich ist die Frage, ob über ein Grundstück, das dem Mündel allein gehört, oder ein solches, an dem der Mündel nur beteiligt ist (in Gestalt des Miteigentums oder des Eigentums zur gesamten Hand), verfügt wird (KG OLGE 5, 410, 411; KG RJA 4, 181, 183 = KGJ 27, A 169, 171 f; KGJ 38, A 219, 222; KG JFG 9, 262, 264; BayObLGZ 1, 419, 420; 20, A 319 = BayZ 1920, 335 = JW 1921, 581 m Anm Endemann). Ebenso bedarf der Genehmigung die selbständige Verfügung über den Miteigentums- oder Gesamthandsanteil des Mündels (OLG Düsseldorf JMBlNRW 1960, 101). 4

Nicht um ein Grundstück des Mündels iS des § 1821 Abs 1 Nr 1 BGB handelt es sich bei einem solchen Grundstück, an dem der Mündel zwar wirtschaftlich und auch rechtlich beteiligt ist, das aber als **Teil des Vermögens einer Gesellschaft oder ähnlichen Einrichtung** vom übrigen Vermögen des Mündels getrennt verwaltet wird und daher nicht als solches dem Vermögen des Mündels zuzuordnen ist. Dies ist der Fall, wenn das Grundstück einer juristischen Person gehört, an der der Mündel beteiligt ist (AG, GmbH, eV, eG), sowie dann, wenn das Grundstück einer OHG, KG, ja sogar einer in der Form der BGB-Gesellschaft betriebenen Erwerbsgesellschaft oder einem wirtschaftlich selbständigen, nichtrechtsfähigen Verein gehört. Anders gestaltet es sich bei einer BGB-Gesellschaft, die kein Erwerbsgeschäft betreibt, deren Zweck sich vielmehr auf die Verwaltung des Grundstücks beschränkt (s dazu Vorbem 25 zu §§ 1821 f; § 1822 Rn 75 ff; OLG Koblenz FamRZ 2003, 249 = NJW 2003, 1401 m abl Anm Wertenbruch FamRZ 2003, 1714; BeckOGK/Fuchs [1. 10. 2019] Rn 32; Palandt/Götz Rn 7; Dölle § 128 II 2 b, aa; **aA** Wertenbruch NJW 2015, 2150, 2151). Auch nicht nach § 1821 Abs 1 Nr 1 BGB genehmigungspflichtig ist die Verfügung über einen Anteil an einer Gesellschaft, deren Vermögen aus einem Grundstück besteht; allerdings greift in diesem Fall unter 5 bestimmten Voraussetzungen die Genehmigungspflicht nach § 1822 Nr 3 Var 2 BGB (näher § 1822 Rn 67).

6 Die Umwandlung einer Gesamthandsgemeinschaft in eine Bruchteilsgemeinschaft bedarf der Genehmigung (BGHZ 56, 275, 283 = NJW 1971, 1805, 1807 = MDR 1971, 833; Soergel/Zimmermann Rn 3; BGB-RGRK/Dickescheid Rn 2; MünchKomm/Kroll-Ludwigs Rn 21). Ebenso verhält es sich mit der Teilung eines im Miteigentum mehrerer stehenden Grundstücks unter die bisherigen Miteigentümer (BayObLGZ 1, 419, 420; MünchKomm/Kroll-Ludwigs Rn 21). Die Teilung eines im Alleineigentum des Mündels stehenden Grundstücks ist dagegen genehmigungsfrei (MünchKomm/Kroll-Ludwigs Rn 21). Gleiches gilt für den unentgeltlichen Erwerb eines Nachlassgrundstücks durch einen unter Vormundschaft stehenden Miterben, weil dieser dabei seinen Anteil nicht aufgibt, sondern die Anteile der anderen Miterben dazu erwirbt (BayObLG FamRZ 1968, 206 = NJW 1968, 941; MünchKomm/Kroll-Ludwigs Rn 20; **aA** KGJ 38, A 219, A 221; s aber wegen der Genehmigung zum Erbteilungsvertrag § 1822 Nr 2 Var 3 BGB).

3. Rechte an einem Grundstück

a) Grundpfandrechte (Abs 2)

7 Zu den Rechten an einem Grundstück iS des § 1821 Abs 1 Nr 1 BGB gehören nach Abs 2 nicht Hypotheken (§§ 1113 ff BGB), Grundschulden (§§ 1191 ff BGB) und Rentenschulden (§§ 1199 ff BGB), weil diese Grundpfandrechte „wirthschaftlich dem Forderungsverkehre angehören, die Verfügung über sie auch nicht über die Grenzen der gewöhnlichen Vermögensverwaltung hinausgeht und eine freiere Bewegung in dieser Beziehung in vielen Fällen auch im Interesse des Mündels selbst liegt" (Mot IV 1124, s auch 1137, 765; Prot IV 790). Diese Ausnahme erstreckt sich auch auf die Eigentümerhypothek (§ 1163 BGB), die Eigentümergrundschuld (§ 1196 BGB; **aA** Gottwald RpflStud 1996, 102) und die Eigentümerrentenschuld (§ 1199 BGB).

8 Zur **Verfügung** über Hypotheken, Grundschulden und Rentenschulden, zu der auch die Bewilligung der Löschung des Rechts sowie die Eigentümerzustimmung zur Löschung gehören, bedarf der Vormund nach § 1812 BGB lediglich der Genehmigung des Gegenvormunds (s zur Löschungsbewilligung KG RJA 4, 181, 182; zur Eigentümerzustimmung vgl OLG Hamm FGPrax 2011, 61, 62 = FamRZ 2011, 1249 [LS]; OLG Schleswig SchlHA 1963, 273, 274 m zust Anm Scheyhing SchlHA 1964, 45; s auch KGJ 22, A 140, A 141; ausführlich Böttcher Rpfleger 1987, 485, 488 f; näher § 1812 Rn 50 ff), während die Genehmigung des Familiengerichts nur erforderlich ist, wenn ein Gegenvormund nicht vorhanden ist (sofern nicht die Vormundschaft von mehreren Vormündern gemeinschaftlich geführt wird), der Hypotheken-, Grundschuld- oder Rentenschuldbrief hinterlegt ist (§§ 1812, 1814, 1818, 1819 BGB; vgl § 1812 Rn 18, 68 ff) oder ein Rechtsgeschäft der in § 1822 Nrn 10, 12 oder 13 BGB erwähnten Art in Frage steht.

9 Die **Bestellung** einer Hypothek, Grundschuld oder Rentenschuld stellt dagegen eine Verfügung über das Grundstück dar und unterfällt deshalb der Genehmigungspflicht nach § 1821 Abs 1 Nr 1 BGB (s unten Rn 15). Grundstücksgeschäfte im weitesten Sinne können daher bisweilen verschiedenen Genehmigungserfordernissen unterfallen, abhängig davon, ob es um die Begründung eines Grundpfandrechts

(§ 1821 BGB) oder um die Verfügung über ein Grundpfandrecht (§ 1812 BGB) geht. Zum Teil wird deshalb der Vorschlag geäußert, diese Divergenz durch Löschung des § 1821 Abs 2 BGB gänzlich zugunsten des § 1821 Abs 1 Nr 1 BGB zu beseitigen (Bund Deutscher Rechtspfleger, Reform- und Änderungsbedarf aus dem Bereich der Freiwilligen Gerichtsbarkeit [Nachw § 1796 Rn 31]). Diese Änderung würde allerdings nicht nur helfen, den Anwendungsbereich des § 1812 BGB zu reduzieren (zu der Situation de lege lata § 1812 Rn 26 ff). Vielmehr würde auch die Vermögensverwaltung der Eltern einer stärkeren Kontrolle unterzogen, als dies derzeit der Fall ist, da insoweit de lege lata zwar § 1821 BGB, nicht aber § 1812 BGB gilt (§ 1643 Abs 1 BGB). Letztlich muss der Gesetzgeber die Frage entscheiden, ob im Interesse eines verstärkten Schutzes der Vermögensinteressen des Kindes eine solche Einschränkung der elterlichen Sorge vonnöten ist oder nicht.

b) Andere beschränkte dingliche Rechte

10 Als Rechte an Grundstücken, über die der Vormund nur mit Genehmigung des Familiengerichts verfügen kann, kommen somit nur in Betracht: **Dienstbarkeiten**, und zwar die Grunddienstbarkeiten (§§ 1018 ff BGB), der Nießbrauch an Grundstücken und den ihnen gleichstehenden Rechten (§§ 1030 ff BGB; nicht aber der Nießbrauch an anderen Rechten), die beschränkten persönlichen Dienstbarkeiten (§§ 1090 ff BGB; vgl BayObLG FamRZ 2003, 631, 632: Wohnungsrecht [§ 1093 BGB] eingetragen als Leibgeding), **Vorkaufsrechte** (§§ 1094 ff BGB), **Reallasten** (§§ 1105 ff BGB) sowie das **Dauerwohnrecht** und das **Dauernutzungsrecht** (§§ 31 ff WEG). Es ist aber zu bedenken, dass die Grunddienstbarkeit vom herrschenden Grundstück nicht getrennt und somit über sie nicht selbständig verfügt werden kann (Staudinger/Weber [2017] § 1018 Rn 10), dass der Nießbrauch, die beschränkte persönliche Dienstbarkeit und das dingliche Vorkaufsrecht gar nicht übertragbar sind (§§ 1059 S 1, 1092 Abs 1 S 1, 1098 Abs 1 S 1, 473 S 1 BGB; zur Überlassung der Ausübung dieser Rechte s unten Rn 49) und dass die einzelnen aufgrund einer Reallast zu fordernden Leistungen nach § 1107 BGB den Hypothekenzinsen gleichstehen, also nicht unter § 1821 Abs 1 Nr 1 BGB fallen (vgl § 1813 Rn 30; KG RJA 4, 181 = KGJ 27, A 169).

11 Kein Recht am Grundstück ist die **Vormerkung** (KG DRiZ 1929 Nr 1088; s Staudinger/Gursky [2013] § 883 Rn 335 ff; s aber unten Rn 28). Der Kreis der Geschäfte, die nach § 1821 Abs 1 Nr 1 BGB als Verfügung über ein Recht an einem Grundstück der Genehmigung des Familiengerichts bedürfen, ist also klein (s auch BGB-RGRK/Dickescheid Rn 8; Soergel/Zimmermann Rn 10; Erman/Schulte-Bunert Rn 2).

4. Begriff der Verfügung

12 Unter Verfügung ist ein Rechtsgeschäft zu verstehen, durch das der Verfügende unmittelbar auf ein subjektives Recht einwirkt, durch das also ein subjektives Recht entweder auf einen Dritten übertragen, mit einem Recht belastet oder sonst wie in seinem Inhalt verändert wird (Nachw § 1812 Rn 5). Keine Verfügung stellt also der Erwerb von Grundstücken und Grundstücksrechten dar (dazu ausführlich unter Rn 38; zu beachten ist aber § 1821 Abs 1 Nr 5 BGB [unten Rn 77 ff]).

13 Der in § 1821 BGB verwendete Begriff der Verfügung deckt sich nicht mit dem des § 1812 BGB (vgl § 1812 Rn 5 ff); die Annahme einer geschuldeten Leistung fällt nicht darunter (Erman/Schulte-Bunert Rn 3; Palandt/Götz Rn 10; NK-BGB/Fritsche Rn 2).

Wenn § 1821 Abs 1 Nr 1 BGB die familiengerichtliche Genehmigung zu Verfügungen über Grundstücke und Rechte an Grundstücken verlangt, so sind damit nur Verfügungen gemeint, deren **Gegenstand das Eigentum oder das sonstige Recht am Grundstück** ist (BGHZ 1, 294, 304 = NJW 1951, 645, 647 f = BB 1951, 404 = Rpfleger 1951, 453; Staudinger/Dilcher[12] Einl 44 zu §§ 104 ff; BGB-RGRK/Dickescheid Rn 1).

a) Änderung der Zuordnung des Grundstücks

14 **Verfügungen über das Eigentum an einem Grundstück** sind vor allem die Veräußerung des Grundstücks (§§ 873, 925 BGB), etwa im Wege einer privatrechtlichen Versteigerung (KG FamRZ 1993, 733 = Rpfleger 1993, 284, das eine Genehmigungspflicht auch bei bereits familiengerichtlich genehmigtem Einlieferungsvertrag mit dem Auktionator bejaht; s dazu auch die Vorbem 43 zu §§ 1821 f); dies gilt auch, wenn eine Personengesellschaft, an der der Mündel beteiligt ist, ein Grundstück veräußert, soweit der Zweck der Gesellschaft rein auf eine verwaltende Tätigkeit gerichtet ist (OLG Koblenz FamRZ 2003, 249, 250; zur Abgrenzung zwischen Erwerbs- und verwaltender Gesellschaft oben Rn 5; § 1822 Rn 75 ff). Unter den Verfügungsbegriff fällt ferner die Aufgabe des Eigentums (§ 928 Abs 1 BGB; vgl OLG Frankfurt FamRZ 2010, 494), die Umwandlung des Eigentums zur gesamten Hand in Bruchteilseigentum oder Alleineigentum sowie die Teilung eines im Miteigentum mehrerer stehenden Grundstücks (s oben Rn 6), die Aufgabe vermeintlicher Eigentumsrechte in einem Vergleich (RGZ 133, 259) und unter Umständen (Minderjähriger als Inhaber sämtlicher Geschäftsanteile) auch die Veräußerung sämtlicher Geschäftsanteile einer GmbH, deren einziges Vermögen in einem Grundstück besteht (iE offengelassen in RGZ 133, 7, 10 f).

b) Belastung des Grundstücks mit einem dinglichen Recht

aa) Nachträgliche Belastung des Grundstücks

15 Verfügung iS des § 1821 Abs 1 Nr 1 BGB ist des Weiteren die Belastung des Grundstücks mit einem dinglichen Recht, insbesondere einer Hypothek oder Grundschuld (s etwa OLG Hamm 20. 9. 2013 – 1-15 W 251/13, juris Rn 9, FamRZ 2014, 492 aE; OLG Stuttgart Rpfleger 2002, 203: Neueintragung von Grundschulden im Zuge der Überführung eines Wohnungserbbaurechts in ein Wohnungseigentumsrecht; OLG Schleswig SchlHA 2002, 134 = FamRZ 2002, 1582 [LS]; LG Hagen [Westfalen] 25. 2. 2014 – 6 T 8/14, juris Rn 19, FamRZ 2014, 2025 m krit Anm Lipp/Schrader BtPrax 2014, 208; LG Nürnberg-Fürth MittBayNot 2007, 218, 219 m Anm Fahl). Soll ein Grundstück mit einer Hypothek, Grundschuld oder Rentenschuld belastet werden, so ist das Eigentum am Grundstück, nicht das zu bestellende Grundpfandrecht, Gegenstand der Verfügung; eine derartige Belastung fällt deshalb nicht unter § 1821 Abs 2 BGB (RGZ 154, 41, 46; DIJuF-Rechtsgutachten JAmt 2012, 474, 475; näher oben Rn 9).

16 Gleiches gilt für die Belastung eines Grundstücks des Mündels mit einer Grunddienstbarkeit (§ 1018 BGB) oder einem unentgeltlichen lebenslänglichen Wohnungsrecht iS von § 1093 BGB (zu letzterem OLG Zweibrücken ZErb 2007, 153 = FamRZ 2007, 661 [LS]). Auch die Übernahme einer **Baulast**, etwa gemäß § 85 BauO NRW, hinter der uU eine Grunddienstbarkeit in ihren rechtlichen Wirkungen zurückbleiben kann (s dazu BVerwG NJW 1991, 713; OLG Frankfurt NJW 1989, 232), ist als Verfügung über das belastete Grundstück anzusehen (OVG Münster NJW 1996, 275; Weisemann NJW 1997, 2857). Zu einer Grundstücksbelastung führt des Weiteren eine **auf den Abbruch eines Gebäudes gerichtete Ordnungsverfügung**; der Verzicht auf einen Widerspruch gegen selbige durch den Vormund bedarf daher der familiengerichtlichen

Genehmigung (zur Betreuung OVG Münster BeckRS 2007, 23402; Erman/Schulte-Bunert Rn 3).

17 Auch die Bestellung einer **Eigentümergrundschuld** gemäß § 1196 BGB bedarf der Genehmigung des Familiengerichts (KG JFG 9, 262 = JW 1932, 1388 = HRR 1932 Nr 1053; DNotI-Report 2004, 29, 30). Wirtschaftlich betrachtet wird durch die Bestellung der Eigentümergrundschuld das Eigentum am Grundstück zwar nur rechtlich umgestaltet, wobei weder ein Vermögenswert hinzukommt noch das Grundvermögen in seinem Wert beeinträchtigt wird. Der Schutzzweck des § 1821 Abs 1 Nr 1 BGB gebietet es jedoch, die Bestellung des Eigentümerrechts dem Fremdgrundpfandrecht rechtlich gleichzustellen, wäre es doch andernfalls möglich, eine genehmigungsfrei bestellte Eigentümergrundschuld durch eine (wegen § 1821 Abs 2 BGB) genehmigungsfreie Abtretung in eine Fremdgrundschuld umzuwandeln und so die familiengerichtliche Kontrolle zu umgehen (Klüsener Rpfleger 1981, 461, 465; DNotI-Report 2004, 29, 30); das dann allenfalls (für Eltern über § 1643 Abs 1 BGB nämlich nicht) eingreifende Erfordernis der Genehmigung des Gegenvormunds nach § 1812 BGB kann diesem nicht in gleicher Weise gerecht werden (iE ebenso MünchKomm/Kroll-Ludwigs Rn 25; BGB-RGRK/Dickescheid Rn 3; Erman/Schulte-Bunert Rn 7; Palandt/Götz Rn 10; anders insoweit wohl Klüsener Rpfleger 1981, 461, 465, der – in Abgrenzung zu den Eltern – auf die hinsichtlich Verfügungen des Vormunds und Pflegers eingreifende Kontrolle des § 1812 BGB hinweist; anders auch Gottwald RpflStud 1996, 102 u Lamberz FamRZ 2012, 162, 165 f, die nicht bereits die Bestellung, sondern erst die Abtretung der Eigentümergrundschuld als eigentlich belastenden Akt dem Genehmigungserfordernis des § 1821 Abs 1 Nr 1 BGB unterstellen wollen).

bb) Belastung des Grundstücks im Zusammenhang mit dessen Erwerb

18 Der Erwerb eines Grundstücks oder eines Rechts an einem Grundstück ist keine Verfügung iS des § 1821 Abs 1 Nr 1 BGB (dazu ausführlich Rn 38; wohl aber bedarf ein Vertrag, der auf den entgeltlichen Erwerb eines Grundstücks, eines Schiffs oder Schiffsbauwerks oder eines Rechts an einem Grundstück gerichtet ist, nach § 1821 Abs 1 Nr 5 BGB der Genehmigung des Familiengerichts). Mit dem Erwerb kann aber eine Verfügung verbunden sein, wie sie in der Belastung eines dem Mündel gehörenden Grundstücks mit einer Hypothek oder Grundschuld zu sehen ist (s oben Rn 15).

α) Entgeltlicher Grundstückserwerb

19 Die Frage, ob in dem praktisch häufig vorkommenden Fall, dass ein Grundstück für den Mündel erworben und gleichzeitig für den Kaufpreis oder einen Teil davon auf dem Grundstück eine Hypothek bestellt wird, die Genehmigung des Familiengerichts erforderlich ist, wurde teilweise mit der Begründung bejaht, dass die Bestellung einer Hypothek, auch wenn sie gleichzeitig mit der Umschreibung des Grundstücks bewilligt, beantragt und vom Grundbuchamt eingetragen werde, doch begrifflich das Eigentum des Mündels voraussetze (KGJ 32, A 232 = RJA 7, 131, 132; s auch Staudinger/Engler[10/11] §§ 1821, 1822 Rn 18 u Enneccerus/Kipp § 80 V 1 Fn 27, jeweils mwNw).

20 Durchgesetzt hat sich jedoch die gegenteilige Meinung, die eine **Genehmigungspflicht** mit dem Argument **verneint**, dass die dingliche Belastung vom Mündel im Rahmen des entgeltlichen Erwerbs des Grundvermögens übernommen wird und der Mündel sich

nicht zur Belastung eines ihm schon vorher gehörenden Grundstücks verpflichtet (grundlegend RGZ 108, 356, 362 ff = JFG 2, 1, 7 ff). Während den Bestimmungen des § 1821 Abs 1 Nrn 1–4 BGB der Gedanke zugrunde liege, dass der vorhandene Grundbesitz regelmäßig ungeschmälert zu erhalten sei und deshalb nur unter erschwerenden Umständen solle veräußert und belastet werden können, sei der entgeltliche Erwerb von Grundstücken für den Mündel in § 1821 Abs 1 Nr 5 BGB deshalb der familiengerichtlichen Genehmigung unterworfen, weil es sich um ein Geschäft von besonderer Wichtigkeit handle (Mot IV 1140 f zu 5). Wenn beim Erwerb des Grundstücks die Bestellung einer Hypothek oder Grundschuld **zur Deckung des Restkaufpreises** erforderlich sei, so sei das wirtschaftliche Ergebnis gleichwohl eine Vermehrung des Vermögens des Mündels, nämlich der Erwerb eines – wenn auch belasteten – Grundstücks, und deshalb sei § 1821 Abs 1 Nr 1 BGB nicht anwendbar (RGZ 108, 356, 364; ebenso RGZ 110, 173, 175; BayObLG JFG 5, 305 = BayObLGZ 26, 307; BayObLG FamRZ 1992, 604, 606; KG HRR 1932 Nr 1305; OLG Köln DRiZ 1929 Nr 570; BGHZ 24, 372 = NJW 1957, 1187 = FamRZ 1957, 303 = Rpfleger 1958, 14; BGH FamRZ 1969, 209; Dölle § 128 II 2 b, aa; Soergel/Zimmermann Rn 8; Erman/Schulte-Bunert Rn 6; Palandt/Götz Rn 11; MünchKomm/Kroll-Ludwigs Rn 23; NK-BGB/Fritsche Rn 10; PWW/Bauer Rn 9; BeckOGK/Fuchs [1. 10. 2019] Rn 26; BGB-RGRK/Dickescheid Rn 5; Brüggemann FamRZ 1990, 124, 128).

21 Diese für die Bestellung einer Hypothek oder Grundschuld zur Deckung des Restkaufpreises vom Reichsgericht entwickelten Grundsätze überträgt der Bundesgerichtshof auf alle Fälle, in denen der Mündel im Rahmen eines entgeltlichen Erwerbs bestehende dingliche Belastungen übernimmt oder neue bestellt, etwa einen Nießbrauch oder ein anderes Recht zugunsten des Veräußerers oder anderer Personen (BGHZ 24, 372 = NJW 1958, 1187 = FamRZ 1957, 303; BGH NJW 1998, 453 = FamRZ 1998, 24, 25 = Rpfleger 1998, 110, 111 m krit Anm Dauner-Lieb EWiR 1998, 359, Gschossmann MittBayNot 1998, 236; zust dagegen Zimmermann ZEV 1998, 111, 112; s auch BGH FamRZ 2010, 2065, 2067). Dabei greift stets der Gesichtspunkt durch, dass der Mündel sich nicht zur Belastung eines ihm schon gehörenden Grundstücks verpflichtet; nur das dem Mündel schon gehörende Grundvermögen soll durch § 1821 Abs 1 Nrn 1–4 BGB geschützt werden. Unabhängig davon würden solche Einschränkungen der Auflassung eines Grundstücks oder einer Eigentumswohnung auch nicht dazu führen, dass sie der Zustimmung des gesetzlichen Vertreters nach § 107 BGB bedarf (BGH FamRZ 2010, 2065, 2067).

β) Unentgeltlicher Grundstückserwerb

22 Aus den gleichen Gründen genehmigungsfrei ist der unentgeltliche Grundstückserwerb unter gleichzeitiger Bestellung eines dinglichen Rechts zugunsten des Schenkers (KG JW 1935, 55, 56; s auch OLG München DJ 1941, 315, 316 m Anm Eise). Folglich bedarf der Vormund für den Fall, dass dem Mündel ein Grundstück und einem Dritten daran der **Nießbrauch** vermacht ist, nicht der familiengerichtlichen Genehmigung zur Bestellung des Nießbrauchs (OLG Colmar RJA 14, 258 = OLGE 32, 20; s auch OLG München FamRZ 2012, 740, 742 zur Übertragung von mit einem Untervermächtnis in Form des Nießbrauchs belasteten Grundeigentumsanteilen durch den sorgeberechtigten Elternteil als Erben an seine minderjährigen Kinder aufgrund eines fälligen Vermächtnisanspruchs; **aA** – konsequent – Enneccerus/Kipp § 115 Fn 16 u § 80 Fn 27; s oben Rn 19). Auch die schenkungsweise Überlassung eines Grundstücks an den Mündel unter gleichzeitiger Belastung mit einem Eigentümernießbrauch ist genehmigungsfrei möglich. Etwas anderes gilt dagegen, wenn dem Schenker eine uneingeschränkte Ermächtigung iS des § 185 BGB

zur Veräußerung oder Belastung des Grundstücks bzw eine zeitgleich erteilte unwiderrufliche Vollmacht zur Vornahme dieser Verfügungen vorbehalten bleibt (OLG Celle OLGZ 1974, 164, 167 f = DNotZ 1974, 731, 733 m iE zust Anm WINKLER DNotZ 1974, 736, 740 f; PALANDT/GÖTZ Rn 11; MünchKomm/KROLL-LUDWIGS Rn 23).

Wird die **Belastung** mit einem Nießbrauch oder einem Grundpfandrecht **vorbehalten und nicht gleichzeitig mit dem Erwerb des Grundstücks vollzogen**, so ist ein solcher Erwerb gleichwohl nicht nach § 1821 Abs 1 Nr 1 BGB genehmigungsbedürftig; dies gilt auch dann, wenn für den Schenker zur Sicherung der Belastung eine Vormerkung eingetragen wird. Die später in Erfüllung der Verpflichtung vorzunehmende Belastung des Grundstücks bedarf dann aber der familiengerichtlichen Genehmigung, da sie das Eigentum des Mündels am Grundstück beeinträchtigt und somit als Verfügung über das Eigentum anzusehen ist; dass der Mündel dabei handelt, um eine bestehende rechtliche Verpflichtung zu erfüllen, ändert nichts an der Genehmigungsbedürftigkeit (s Vorbem 31 zu §§ 1821 f; KG 5. 9. 2019 – 1 W 227/19, BeckRS 2019, 20801 Rn 10; KLÜSENER Rpfleger 1981, 461, 466; BÖTTCHER/SPANL RpflJB 1990, 193, 208; MünchKomm/KROLL-LUDWIGS Rn 23, 24 aE; zu Belastungsvorbehalten bei Schenkungen im Eltern-Kind-Verhältnis OLG Frankfurt Rpfleger 1981, 19 [Grundpfandrechte] u BayObLGZ 1967, 245 = Rpfleger 1968, 18 [Wohnungsrecht]; gegen OLG Frankfurt jüngst KG 5. 9. 2019 – 1 W 227/19, BeckRS 2019, 20801 Rn 10). 23

c) Inhaltliche Änderungen des Eigentums am Grundstück
aa) Inhaltliche Änderung einer Belastung

Eine zusätzliche Einschränkung, die nach § 1821 Abs 1 Nr 1 BGB der Genehmigung bedarf, erfährt das Eigentum, wenn eine Belastung nachträglich geändert wird, zB durch Erhöhung des Zinssatzes (DÖLLE § 128 II 2 b, aa; GERNHUBER/COESTER-WALTJEN § 60 Rn 97; SOERGEL/ZIMMERMANN Rn 6; MünchKomm/KROLL-LUDWIGS Rn 26; PALANDT/GÖTZ Rn 10; BGB-RGRK/DICKESCHEID Rn 4; BayObLG RJA 13, 249 = KGJ 47, 260) oder durch Ausschließung des ursprünglich vorgesehenen Kündigungsrechts des Eigentümers oder Änderung der ursprünglich vereinbarten Abreden über die Fälligkeit (BGHZ 1, 294, 306 = NJW 1951, 645, 648 = BB 1951, 404 = Rpfleger 1951, 453; KGJ 29, A 20 = RJA 5, 197; KG OLGE 14, 262; DÖLLE § 128 II 2 b, aa; GERNHUBER/COESTER-WALTJEN § 60 Rn 97 aE; ENNECCERUS/KIPP § 115 II 7 Fn 12; SOERGEL/ZIMMERMANN Rn 6; ERMAN/SCHULTE-BUNERT Rn 7; PALANDT/GÖTZ Rn 10; MünchKomm/KROLL-LUDWIGS Rn 26; BGB-RGRK/DICKESCHEID Rn 4). 24

Die **Bewilligung der Löschung** einer Reallast oder eines Wohnungsrechts des Mündels ist eine Verfügung über ein Recht an einem Grundstück und fällt deshalb unter § 1821 Abs 1 Nr 1 BGB (BGH FamRZ 2012, 967 = NJW 2012, 1956: Wohnungsrecht; OLG Frankfurt FamRZ 2010, 1762: Nießbrauch u Rückauflassungsvormerkung), nicht jedoch die Bewilligung der Löschung, Verpfändung oder Abtretung einer Hypothek, Grundschuld oder Rentenschuld des Mündels (§ 1821 Abs 2 BGB; s auch KG RJA 4, 181, 182 = KGJ 27, A 169, 172; KG JFG 9, 262, 268; BGB-RGRK/DICKESCHEID Rn 8 aE). 25

Auch die Mitwirkung des Eigentümers bei der **Umwandlung** einer Hypothek in eine Grundschuld, einer Sicherungshypothek in eine Verkehrshypothek oder einer Rentenschuld in eine gewöhnliche Grundschuld ist genehmigungsbedürftig, weil zumindest nicht auszuschließen ist, dass die Haftung des Grundstücks erweitert wird (BayObLGZ 2, 795, 799; DÖLLE § 128 II 2 b, aa; ERMAN/SCHULTE-BUNERT Rn 7; PALANDT/GÖTZ Rn 10); nicht genehmigungsbedürftig ist dagegen die Umwandlung einer Grund- 26 schuld in eine Hypothek (Soergel/Zimmermann Rn 6; MünchKomm/Kroll-Ludwigs Rn 26; BGB-RGRK/Dickescheid Rn 4; **aA** BayObLGZ 2, 795, 799), ebenso wenig die Umwandlung eines Buchrechts in ein Briefrecht (Böttcher/Spanl RpflJB 1990, 193, 215; MünchKomm/Kroll-Ludwigs Rn 26 aE).

27 Keine Verfügung über das Grundstück, wohl aber über ein beschränktes dingliches Recht an einem Grundstück liegt in der **Rangänderung** (§ 880 BGB), die folglich grundsätzlich – mit Ausnahme der Rangänderung einer Hypothek, Grundschuld oder Rentenschuld (Näheres dazu unter Rn 40) – der Genehmigung nach § 1821 Abs 1 Nr 1 BGB bedarf (s LG Braunschweig Rpfleger 1976, 310 zum Rangrücktritt eines Erbbauzinses u LG Regensburg MittBayNot 2012, 225 zum Rangrücktritt eines Wohnungsrechts und einer Rückauflassungsvormerkung, jeweils hinter eine Grundschuld).

bb) Bewilligung der Eintragung einer Vormerkung

28 In der Bewilligung der Eintragung einer Vormerkung wird mit Blick auf die dingliche Gebundenheit des mit der Vormerkung belasteten Grundstücks oder Rechts, die durch die Eintragung bewirkt wird, eine Verfügung des Betroffenen über das Eigentum am Grundstück oder das sonstige Recht an einem Grundstück gesehen, die nach § 1821 Abs 1 Nr 1 BGB der Genehmigung des Familiengerichts bedarf (RGZ 118, 230, 234; KG JFG 2, 409; KG JW 1925, 1415; KG 9. 8. 2016 – 1 W 169/16, juris Rn 2, Rpfleger 2017, 266, 267; OLG Celle Rpfleger 1980, 187; OLG Oldenburg DNotZ 1971, 484; Enneccerus/Kipp § 115 II 7 Fn 12; Dölle § 128 II 2 b, aa; Soergel/Zimmermann Rn 5; Palandt/Götz Rn 10; Erman/Schulte-Bunert Rn 4a u 7; MünchKomm/Kroll-Ludwigs Rn 25; NK-BGB/Fritsche Rn 2; BGB-RGRK/Dickescheid Rn 4; s auch Staudinger/Gursky [2013] § 883 Rn 341; Böttcher NJW 2018, 831; Weber DNotZ 2015, 498, 521; Brüggemann FamRZ 1990, 5, 10; Mohr Rpfleger 1981, 175; Klüsener Rpfleger 1981, 461, 467 f; **aA** LG Stade MDR 1975, 933; Plumbohm Rpfleger 1980, 343).

cc) Bewilligung der Berichtigung des Grundbuchs

29 Verfügung iS des § 1821 Abs 1 Nr 1 BGB ist ferner die Bewilligung einer Grundbuchberichtigung; durch sie wird zumindest ein vermeintliches, sich aus dem Grundbuch ergebendes Recht beseitigt. Deshalb ist die Bewilligung der Grundbuchberichtigung hinsichtlich der Rechte genehmigungsbedürftig, über die der Vormund nicht ohne Genehmigung des Familiengerichts verfügen darf (RGZ 133, 259; KG OLGE 25, 390, 392 = KGJ 42, A 215; OLG Frankfurt FamRZ 2008, 542, 544 [Betreuung]; Enneccerus/Kipp § 115 I 1 u Fn 12 aE; Dölle § 128 II 2 b, aa; Soergel/Zimmermann Rn 3; Erman/Schulte-Bunert Rn 7; Palandt/Götz Rn 10; BGB-RGRK/Dickescheid Rn 2; Klüsener Rpfleger 1981, 461, 468; einschränkend MünchKomm/Kroll-Ludwigs Rn 30 Fn 118).

dd) Zuschreibung eines Grundstücks

30 In der Vereinigung oder Zuschreibung von Grundstücken des Mündels (§ 890 BGB) liegt eine Verfügung über das Eigentum, auch wenn sich dabei der Grundstücksbestand des Mündels nicht ändert. Eine Genehmigungspflicht nach § 1821 Abs 1 Nr 1 BGB beschränkt sich dabei allerdings auf die Fälle, in denen sich aus der Verfügung nachteilige Rechtsfolgen für den Mündel ergeben, etwa bei einer Zuschreibung (§ 890 Abs 2 BGB), bei der die Haftung der Grundstücke des Mündels nach § 1131 BGB erweitert wird (Klüsener Rpfleger 1981, 461, 464; Brüggemann FamRZ 1990, 124, 128; MünchKomm/Kroll-Ludwigs Rn 21; Erman/Schulte-Bunert Rn 9; BGB-RGRK/Dickescheid Rn 2).

ee) Erwerb und Inhaltsänderung von Wohnungseigentum

31 In dem originären Erwerb von Sondereigentum an einer Wohnung durch Aufteilung eines im Miteigentum des Mündels stehenden Grundstücks in Wohnungseigentum gemäß § 3 WEG liegt eine inhaltliche Änderung des Miteigentums des Mündels und folglich eine genehmigungsbedürftige Verfügung iS des § 1821 Abs 1 Nr 1 BGB (MünchKomm/Kroll-Ludwigs Rn 21; auf die weitergehenden Bindungen in der Wohnungseigentümergemeinschaft hinweisend Klüsener Rpfleger 1981, 461, 464, der sich zudem aus Gründen der Rechtssicherheit für eine Genehmigungspflichtigkeit auch der einseitigen Teilung gemäß § 8 WEG ausspricht). Dasselbe gilt für zunächst schuldrechtliche Vereinbarungen iS des § 10 Abs 2 u 3 WEG, die gem § 5 Abs 4 S 1 WEG zum Inhalt des Sondereigentums gemacht und durch Eintragung ins Grundbuch „verdinglicht" werden (BGHZ 73, 145, 148 = NJW 1979, 548; OLG Hamm 12. 11. 2015 – I-15 W 290/15, juris Rn 8, FamRZ 2016, 727, 728 m iE zust Anm Heinemann notar 2017, 182; DNotI-Report 2011, 144; BeckOGK/Fuchs [1. 10. 2019] Rn 20).

d) Problemfälle

aa) Zustimmung zur Verfügung eines anderen

32 Sowohl die Einwilligung als auch die Genehmigung des Berechtigten zu **Verfügungen, die ein Nichtberechtigter über einen Gegenstand trifft** (§ 185 BGB), sind selbst als Verfügung anzusehen (RGZ 90, 395, 399 f; 137, 356, 357; 152, 380, 383; Staudinger/Dilcher[12] Einl 44 zu §§ 104 ff). Daraus folgt das Erfordernis der familiengerichtlichen Genehmigung für den Fall, dass der Vormund seine Zustimmung zu einer Verfügung erteilt, die ein anderer über ein dem Mündelvermögen zuzurechnendes Grundstück oder Recht an einem Grundstück trifft, obwohl er hierzu nicht oder nicht allein berechtigt ist (RGZ 115, 153; KGJ 43, A 63; BayObLG OLGE 4, 414 = BayObLGZ 13, 287; Soergel/Zimmermann Vor § 1821 Rn 7; MünchKomm/Kroll-Ludwigs Rn 11). Die Genehmigung ist also etwa nötig, wenn der Ehegatte, der das Gesamtgut verwaltet, über ein zum Gesamtgut gehörendes Grundstück verfügt und der Vormund des anderen (nicht unbeschränkt geschäftsfähigen) Ehegatten oder – bei der fortgesetzten Gütergemeinschaft – eines anteilsberechtigten Abkömmlings nach §§ 1424, 1427, 1487 BGB zustimmt.

33 Eine vom Gesetz vorgesehene Zustimmung des Mündels zu einer **Verfügung, die ein anderer über sein eigenes Vermögen trifft**, bedarf nicht der Genehmigung des Familiengerichts, weil sich die Verfügung nicht auf das Vermögen des Mündels bezieht. So bedürfte der Vormund eines nicht voll geschäftsfähigen Ehegatten keiner familiengerichtlichen Genehmigung, wenn er der Veräußerung eines Grundstücks des anderen Ehegatten, das im Wesentlichen dessen ganzes Vermögen darstellt, die nach § 1365 BGB erforderliche Zustimmung erteilen will (ebenso BGB-RGRK/Dickescheid Vor §§ 1821, 1822 Rn 9; MünchKomm/Kroll-Ludwigs Rn 11; zum früher noch relevanten Fall des Verwaltungsrechts des Mannes am eingebrachten Gut der Frau in den Güterständen der Errungenschaftsgemeinschaft und der Fahrnisgemeinschaft s die früheren §§ 1525, 1550, 1395, 1409 u dazu KGJ 43, A 63; KG ZBlFG 13, 542; OLG Karlsruhe RJA 17, 22, 26 f). Gerade die Fälle des ehelichen Güterrechts dürften allerdings seit der Geltung des Gesetzes zur Bekämpfung von Kinderehen vom 17. 7. 2017 (BGBl I 2429) nur noch von geringer praktischer Relevanz sein (vgl §§ 1303, 1314 Abs 1 Nr 1 BGB).

bb) Erteilung einer Vollmacht

34 Die Frage, ob bereits in der Erteilung einer Vollmacht durch den Vormund gegenüber einem Dritten zur Vornahme eines genehmigungsbedürftigen Rechtsgeschäfts

eine Verfügung zu erblicken ist, die der familiengerichtlichen Genehmigung nach § 1821 Abs 1 Nr 1 BGB unterliegt, oder ob erst dieses vom Bevollmächtigten vorgenommene Rechtsgeschäft genehmigungsbedürftig ist, wird unterschiedlich beantwortet. Im Anschluss an ein Urteil des Reichsgerichts, das auch die Verleihung von Rechtsmacht zur Verfügung über einen Gegenstand als Verfügung (iS des § 893 BGB) angesehen hat (RGZ 90, 395, 400), wird die Auffassung vertreten, die Erteilung einer unwiderruflichen Vollmacht zur Auflassung stehe einer Verfügung iS des § 1821 Abs 1 Nr 1 BGB gleich (BayObLG FamRZ 1977, 141, 143 = Rpfleger 1976, 304, 305, wo die Entscheidung RGZ 137, 356, 357 zu Unrecht als Beleg herangezogen wird; Müller-Freienfels, Rechtsgeschäft 255 ff; Maurer Rpfleger 1982, 26; Palandt/Götz Rn 11; wohl auch Weber DNotZ 2015, 498, 522; zweifelnd hinsichtlich einer logischen Begründung und doch „aus Gründen vorbeugenden Mündelschutzes" für eine Gleichstellung mit der Verfügung noch MünchKomm/Wagenitz[6] Rn 12 m Fn 24; offengelassen vom OLG Zweibrücken FamRZ 2005, 832; ebenso vom KG FamRZ 1993, 733, 734). Dabei wird aber außer Acht gelassen, dass mit der **Bevollmächtigung** eines Dritten noch kein konkretes Rechtsgeschäft einer im Katalog der §§ 1821, 1822 BGB vorgesehenen Art (Ausnahme: Erteilung einer Prokura, § 1822 Nr 11 BGB) vorgenommen wird, gleichviel, ob es sich um eine allgemeine oder um eine auf ein bestimmtes Rechtsgeschäft bezogene, ob es sich um eine nach den allgemeinen Regeln (§ 168 BGB) widerrufliche oder eine kraft Vereinbarung unwiderrufliche Vollmacht handelt.

35 Richtigerweise bedarf daher erst **das vom Bevollmächtigten vorgenommene Geschäft** – vorausgesetzt, es gehört zu den in §§ 1821, 1822 BGB aufgezählten Rechtsgeschäften – der Genehmigung des Familiengerichts, weil der Bevollmächtigte dabei in Ausübung der ihm insoweit übertragenen Rechtsmacht des Vormunds handelt, die durch den Vorbehalt der Genehmigung eingeschränkt ist (ebenso Kesseler ZfIR 2017, 269, 272; Schreiber NotBZ 2002, 128, 130 f; Braun DNotZ 2005, 730, 739 m Fn 49; Fahl MittBayNotZ 2007, 220; Lamberz FamRZ 2012, 162, 164 f; Gernhuber/Coester-Waltjen § 60 Rn 78; Erman/Schulte-Bunert Rn 4a; NK-BGB/Fritsche Rn 2; BGB-RGRK/Dickescheid Vor §§ 1821, 1822 Rn 7, anders aber anscheinend in § 1821 Rn 5 im Anschluss an OLG Celle OLGZ 1974, 164 = DNotZ 1974, 731; jetzt auch MünchKomm/Kroll-Ludwigs Rn 12; s auch Klüsener Rpfleger 1981, 461, 462 f, der die Vereinbarung über den Ausschluss der Widerruflichkeit für nach Abs 1 Nr 4 genehmigungsbedürftig hält; KG OLGE 5, 410; LG Frankfurt aM FamRZ 1975, 354, 355; LG Berlin Rpfleger 1994, 355). Dem Schutz des Mündels ist es nicht abträglich, wenn erst zum konkret vom Bevollmächtigten vorgenommenen Rechtsgeschäft und nicht schon zur Erteilung der Vollmacht die Genehmigung des Familiengerichts verlangt wird.

36 Davon zu trennen ist die Frage, ob für den Fall, dass in einem vom Familiengericht genehmigten Grundstückskaufvertrag eine Vollmacht zur Belastung des Grundstücks erteilt worden war, diese Genehmigung auch das in der Vollmacht konkret bezeichnete Rechtsgeschäft erfasst (dazu Vorbem 43 zu §§ 1821 f).

cc) Zustimmung des Mündels als Nacherbe zu Verfügungen des Vorerben

37 Ist der Mündel Nacherbe, so ist er gegen Verfügungen des Vorerben über ein Nachlassgrundstück geschützt, wenn sein Nacherbenrecht im Grundbuch eingetragen ist (§§ 2113 Abs 3, 892 Abs 1 BGB). Stimmt der Vormund des Nacherben einer Verfügung des Vorerben über das Grundstück (oder über ein Recht am Grundstück) zu, sei es, dass der Vormund auf die Eintragung des Nacherbenrechts verzichtet oder

dass er die Löschung des im Grundbuch eingetragenen Nacherbenrechts bewilligt, so ist hierzu nach § 1821 Abs 1 Nr 1 BGB die Genehmigung des Familiengerichts erforderlich (vgl RGZ 102, 332, 338; 133, 259; 148, 385, 392; KGJ 33, A 43; OLG Dresden ZBlFG 7, 204 = Recht 1906 Nr 477; OLG Karlsruhe RJA 17, 22; BayObLGZ 1959, 493, 501 = NJW 1960, 965, 966 aE; BayObLG Rpfleger 1982, 277; BayObLG FamRZ 1997, 1363, 1364; OLG Hamm NJW 1965, 1489, 1490; OLG Hamm FamRZ 1997, 1368, 1369; Dölle § 128 II 2 b, aa; Erman/Schulte-Bunert Rn 7; Palandt/Götz Rn 10; NK-BGB/Fritsche Rn 2; MünchKomm/Kroll-Ludwigs Rn 10; BGB-RGRK/Dickescheid Vor §§ 1821, 1822 Rn 7 u § 1821 Rn 2 aE; Klüsener Rpfleger 1981, 461, 465; Staudinger/Avenarius [2013] § 2113 Rn 18). Der Mündel gibt durch seine Zustimmung sein durch gesetzliche Vorschriften geschütztes künftiges Recht an einem Grundstück auf; die Aufgabe dieses Anwartschaftsrechts ist nicht anders zu behandeln als die Aufgabe des Eigentums an dem Grundstück selbst.

5. Nicht nach § 1821 Abs 1 Nr 1 genehmigungsbedürftige Geschäfte

a) Rechtsgeschäft, das auf Erwerb gerichtet ist

Rechtsgeschäfte stellen, soweit sie unmittelbar auf ein bestehendes Recht einwirken, **38** nur für denjenigen Geschäftspartner eine Verfügung dar, der eine Rechtsminderung erfährt oder dessen Recht inhaltlich verändert wird (Staudinger/Klumpp [2019] § 185 Rn 12). Ist der Mündel Begünstigter einer solchen Verfügung, liegt auf seiner Seite ein **Erwerbsgeschäft** vor, das nicht dem Genehmigungserfordernis des § 1821 Abs 1 Nr 1 BGB unterfällt (BGH FamRZ 2010, 2065, 2067; OLG München NJW-RR 2011, 595, 596 = FamRZ 2011, 1667 [LS]: Bestellung eines Nießbrauchs zugunsten eines Minderjährigen am Grundstück des Sorgeberechtigten; MünchKomm/Kroll-Ludwigs Rn 22; zu den Folgen der Genehmigungsfreiheit einer Grundstücksübereignung der Eltern an ihr minderjähriges Kind Staudinger Jura 2005, 547, 549). Zu beachten bleibt aber § 1821 Abs 1 Nr 5 BGB (s Rn 77 ff), wonach der Vertrag, der auf einen entgeltlichen Erwerb eines Grundstücks gerichtet ist, genehmigungsbedürftig ist.

Zu der Frage, ob es einer familiengerichtlichen Genehmigung nach § 1821 Abs 1 **39** Nr 1 BGB für den Fall bedarf, dass im Zusammenhang mit dem Erwerb des Grundstücks durch den Mündel eine Verfügung auf Seiten des Mündels über genau dieses Grundstück erfolgen soll, s die Ausführungen in Rn 18 ff.

b) Auf Grundpfandrechte bezogene Handlungen

Keiner Genehmigung nach § 1821 Abs 1 Nr 1 BGB bedarf die Zustimmung des **40** Mündels als Eigentümer zur **Rangänderung (Rücktritt)** einer Hypothek, Grundschuld oder Rentenschuld, die in § 880 Abs 2 S 2 BGB wegen einer etwaigen Benachteiligung des Eigentümers hinsichtlich der Eigentümerhypothek verlangt wird (Prot III 94; s Staudinger/Heinze [2018] § 880 Rn 24), da es sich bei der Rangänderung um eine Verfügung über ein beschränktes dingliches Recht an einem Grundstück handelt, für das § 1821 Abs 2 BGB greift, und gerade nicht um eine Verfügung über das Eigentum am Grundstück selbst (Dölle § 128 II 2 b, aa; Erman/Schulte/Bunert Rn 8; MünchKomm/Kroll-Ludwigs Rn 27; BGB-RGRK/Dickescheid Rn 6; vgl zur grundsätzlichen Genehmigungsbedürftigkeit der Rangänderung schon oben Rn 27). Ebenfalls nicht nach § 1821 Abs 1 Nr 1 BGB genehmigungspflichtig ist die Erteilung der Eigentümerzustimmung zur **Löschung** eines Grundpfandrechts (zum Genehmigungserfordernis nach § 1812 Abs 1 S 1 BGB oben Rn 7).

41 Auch die Bewilligung einer **Löschungsvormerkung** nach § 1179 BGB unterfällt nicht dem Genehmigungserfordernis des § 1821 Abs 1 Nr 1 BGB (MünchKomm/Kroll-Ludwigs Rn 27).

42 Die **Kündigung** einer Hypothek, Grundschuld oder Rentenschuld ist als Verfügung über das Grundpfandrecht, bei der § 1821 Abs 2 BGB zu beachten ist, jedoch nicht als Verfügung über das Eigentum am Grundstück anzusehen (BGHZ 1, 294 = NJW 1951, 645 = BB 1951, 404; RGZ 90, 395, 399). Kündigt der Mündel als Eigentümer, so bedarf er hierzu nicht der Genehmigung des Familiengerichts (BGB-RGRK/Dickescheid Rn 6; MünchKomm/Kroll-Ludwigs Rn 25 aE; Soergel/Zimmermann Rn 6 aE).

43 Auch bei der **Abtretung einer Eigentümergrundschuld** wird bloß über diese selbst und nicht über das Grundstück des Mündels verfügt (so auch MünchKomm/Kroll-Ludwigs Rn 27).

44 Soweit es um die Bestellung einer Sicherungsgrundschuld geht, stellt sich die Frage, ob die Abrede, wonach die Grundschuld für eine bestimmte Forderung haften soll (sog **Zweckabrede**), einer gesonderten Genehmigung durch das Familiengericht bedarf. Dies wird überwiegend sowohl für den Fall der gleichzeitig mit der Grundschuldbestellung (LG Frankenthal MittBayNot 1986, 263; LG Hagen [Westfalen] 25. 2. 2014 – 6 T 8/14, juris Rn 22, FamRZ 2014, 2025, 2026 [Betreuung]) als auch der nachträglich getroffenen Zweckabrede (BayObLGZ 1986, 18 = FamRZ 1986, 597 = Rpfleger 1986, 223) verneint, und zwar unabhängig davon, ob der Mündel als Grundstückseigentümer zugleich persönlicher Schuldner der zu sichernden Forderung ist oder nicht (s auch Böttcher/Spanl RpflJB 1990, 193, 212 f; Soergel/Zimmermann Rn 7; MünchKomm/Kroll-Ludwigs Rn 27 aE). Zur Begründung wird darauf verwiesen, dass mit diesem Rechtsgeschäft nicht über ein Grundstück iSv § 1821 Abs 1 Nr 1 BGB verfügt werde; es falle aber auch nicht unter § 1822 Nr 10 BGB (Übernahme einer fremden Verbindlichkeit), da es nur zur Folge habe, dass die kraft Gesetzes von einer Forderung unabhängige Grundschuld (§ 1191 Abs 1 BGB) durch Vereinbarung zwischen Grundschuldgläubiger und Mündel als Grundstückseigentümer zur Sicherungsgrundschuld werde, also der Sicherung einer bestimmten Forderung, etwa einer Darlehensschuld eines Dritten, diene (BayObLG FamRZ 1986, 597, 598). Diese Sichtweise trifft aber nur für die in der Grundschuldpraxis seltene Fallgestaltung einer zunächst bestellten isolierten Grundschuld (Staudinger/Wolfsteiner [2019] Vorbem 15 zu §§ 1191 ff) zu. Die Grundschuld zur Sicherung von Geldforderungen, va Darlehen, hat inzwischen die Verkehrshypothek nahezu verdrängt (Staudinger/Wolfsteiner [2019] Vorbem 23 zu §§ 1191 ff). Diese Sicherungsgrundschuld wird zur Sicherung eines Anspruchs verschafft (s § 1192 Abs 1a BGB), und zwar nach Maßgabe der Zweckabrede (s Staudinger/Wolfsteiner [2019] § 1192 Rn 35). Diese bestimmt, welche Forderung(en) von der Grundschuld gesichert wird/werden (Staudinger/Wolfsteiner [2019] Vorbem 40, 47 ff zu §§ 1191 ff). Fehlt eine wirksame Zweckabrede, hat der Grundstückseigentümer einen Anspruch auf Rückübertragung der Grundschuld aus Bereicherungsrecht (Staudinger/Wolfsteiner [2019] § 1192 Rn 42); fehlt dagegen die zu sichernde Forderung, ergibt sich der Rückgewähranspruch aus dem Sicherungsvertrag (Staudinger/Wolfsteiner [2019] Vorbem 155 zu §§ 1191 ff). Damit liegt in dem Abschluss einer Zweckabrede zwar noch keine Verfügung über das Grundstück iSv § 1821 Abs 1 Nr 1 BGB; da sie aber den Umfang der Haftung des Mündels mit dem Grundstück bestimmt, unterliegt sie der Genehmigungspflicht nach § 1822 Nr 10 BGB, soweit der Mündel als Grundstückseigentümer und der persönliche Schuldner nicht identisch sind (Staudinger/Wolfsteiner [2019] Vorbem 155 zu §§ 1191 ff; s auch Senft MittBayNot 1986, 230, 231). Das Gleiche gilt, wenn die Zweckabrede nachträglich geändert und der Umfang der zu sichernden Forderung erweitert wird (Senft MittBayNot 1986, 230, 231; Böttcher Rpfleger 1987, 485, 490 f; näher § 1822 Rn 181). Da darin auch eine Verfügung über einen Rückgewähranspruch des Mündels liegt, greift darüber hinaus der Genehmigungstatbestand des § 1812 Abs 1 S 1 BGB (Böttcher Rpfleger 1987, 485, 489 ff; s auch DNotI-Report 2005, 195, 196 f).

Ist die Zweckabrede Teil eines Darlehensvertrags (dazu Staudinger/Wolfsteiner [2019] Vorbem 40 zu §§ 1191 ff), so bedarf sie zusätzlich der Genehmigung nach § 1822 Nr 8 BGB (Staudinger/Wolfsteiner [2019] Vorbem 241 zu §§ 1191 ff; näher dazu § 1822 Rn 145 ff).

Die **Unterwerfung unter die sofortige Zwangsvollstreckung** (§§ 794 Abs 1 Nr 5, 800 45
ZPO) ist keine Verfügung über das Eigentum an einem Grundstück iS des § 1821 Abs 1 Nr 1 BGB (KG RJA 7, 215; KGJ 32, A 280, 282 = RJA 7, 224; KG JW 1938, 695; BayObLG RJA 13, 249 = KGJ 47, A 260; vgl auch RGZ 146, 308 = JW 1935, 1341; heute wohl allgM: Dölle § 128 II 2 b, aa; Gernhuber/Coester-Waltjen § 60 Rn 97; Kropp MDR 1960, 464, 465; Klüsener Rpfleger 1981, 461, 469; Soergel/Zimmermann Rn 7; Erman/Schulte-Bunert Rn 8; Palandt/Götz Rn 11 aE; MünchKomm/Kroll-Ludwigs Rn 27; BGB-RGRK/Dickescheid Rn 6; **aA** noch KG RJA 2, 44 = KGJ 21, A 19; BayObLGZ 3, 439, 445; OLG Colmar OLGE 21, 287; s auch OLG Darmstadt OLGE 21, 286; RGZ 84, 317; 132, 6; OLG München HRR 1936 Nr 704).

c) Weitere nicht nach § 1821 Abs 1 Nr 1 genehmigungsbedürftige Handlungen

Der Besitz eines Grundstücks ist nicht als Recht am Grundstück iS des § 1821 BGB 46
anzusehen; deshalb ist zur **Aufgabe**, insbesondere zur **Übertragung des Besitzes** die Genehmigung des Familiengerichts nicht erforderlich (vgl Mot IV 1137; Dölle § 128 II 2 b, aa). Die Besitz- und Gebrauchsüberlassung ist ebenso wenig wie die Vermietung und die Verpachtung Verfügung über ein Grundstück (RGZ 106, 109, 111 f; KG JFG 1, 83; Soergel/Zimmermann Rn 4 aE).

Die **Abtretung des Anspruchs** des Eigentümers auf Herausgabe des Grundstücks ist 47
auf Einräumung des unmittelbaren Besitzes gerichtet; auch sie bedarf nicht der Genehmigung des Familiengerichts aufgrund des § 1821 Abs 1 Nr 1 BGB. Die Abtretung des Anspruchs auf Auflassung fällt allerdings unter Abs 1 Nr 2 (s unten Rn 55).

Nicht unter § 1821 Abs 1 Nr 1 BGB, sondern unter § 1812 BGB fällt die Verfügung 48
über ein **Recht des Mündels**, das **an einem Recht an einem Grundstück** besteht, zB die Übertragung des an einem Nießbrauch bestehenden Pfandrechts oder die Zustimmung zur Löschung einer Hypothek, an der für den Mündel ein Nießbrauchsrecht bestellt ist (KGJ 40, A 163, 166; Dölle § 128 II 2 b, aa; Gernhuber/Coester-Waltjen § 60 Rn 96 Fn 186; BGB-RGRK/Dickescheid Rn 8; MünchKomm/Kroll-Ludwigs Rn 19). Ebenfalls keiner Genehmigung bedarf die Zustimmung zur Übertragung oder Belastung eines auf dem Grundstück des Mündels ruhenden Erbbaurechts (LG München I FamRZ 2001, 372 [LS]; LG Frankfurt aM Rpfleger 1974, 109 = FamRZ 1975, 354).

Die **Überlassung der Ausübung des Nießbrauchs oder einer beschränkten persönlichen** 49
Dienstbarkeit (§§ 1059 S 2, 1092 Abs 1 S 2 BGB) enthält keine Verfügung über das

Eigentum an einem Grundstück; sie bedarf deshalb nicht der familiengerichtlichen Genehmigung (Soergel/Zimmermann Rn 10; MünchKomm/Kroll-Ludwigs Rn 19 u 28; BGB-RGRK/Dickescheid Rn 6; Erman/Schulte-Bunert Rn 8).

50 Ebenfalls keine Verfügung über das Grundstück liegt in dem **Antrag auf Zwangsversteigerung** eines im Miteigentum des Mündels stehenden Grundstücks zwecks Aufhebung der Gemeinschaft, wenngleich dieser Antrag die Veräußerung des Grundstücks zur Folge hat (daher aber das Genehmigungserfordernis in § 181 Abs 2 S 2 ZVG; s dazu RGZ 136, 353, 358; Erman/Schulte-Bunert Rn 8; Palandt/Götz Rn 11).

51 Keiner Genehmigung bedarf nach hier vertretener Ansicht weiter die **Erteilung einer Vollmacht** gegenüber einem Dritten zur Vornahme eines für den Vormund nach § 1821 BGB genehmigungsbedürftigen Rechtsgeschäfts, und zwar unabhängig davon, ob die Vollmacht widerruflich oder unwiderruflich erteilt wird (dazu ausführlich oben unter Rn 34 f).

52 Nicht genehmigungspflichtig ist auch der Abschluss einer sog erbrechtlichen **Abschichtungsvereinbarung** (dazu auch § 1795 Rn 12), mit der die Erbeserbengemeinschaft eines inzwischen verstorbenen Miterben, bestehend etwa aus der Mutter und ihren drei minderjährigen Kindern, aus einer bestehenden Erbengemeinschaft ausscheiden will, da durch den Abschluss dieser Vereinbarung weder ein Grundstück übertragen noch belastet oder auf andere Weise der Inhalt eines Grundstücksrechts verändert wird (KG 20. 7. 2018 – 13 UF 105/18, juris Rn 15, FamRZ 2018, 1673, 1675; krit Zorn FamRZ 2018, 1651, 1653, die sich ausnahmsweise für eine analoge Anwendung von § 1821 Abs 1 Nr 1 BGB ausspricht, weil es für das Kind keinen Unterschied mache, ob es das Grundstück infolge einer rechtsgeschäftlichen Verfügung verliere oder durch Anwachsung an die übrigen Erben bei Ausscheiden aus einer Erbengemeinschaft infolge einer Abschichtungsvereinbarung).

II. Verfügungen über grundstücksbezogene Forderungen (Abs 1 Nr 2)

1. Normzweck

53 Dass zu einer Verfügung über die in § 1821 Abs 1 Nr 2 BGB genannten Ansprüche die Genehmigung des Familiengerichts erforderlich ist, beruht auf der Erwägung, dass diese Ansprüche wirtschaftlich den in § 1821 Abs 1 Nr 1 BGB genannten „Gegenständen" gleichstehen (Mot IV 1139 f; Prot IV 791).

2. Grundstück, Recht an einem Grundstück

54 Zu den Begriffen des Grundstücks, des Rechts an einem Grundstück und der Verfügung s oben Rn 2 ff. Hypotheken, Grundschulden und Rentenschulden gelten nach § 1821 Abs 2 BGB auch in dieser Beziehung nicht als Rechte an Grundstücken (s oben Rn 7). Die Abtretung einer Hypothekenforderung bedarf aber der Genehmigung des Gegenvormunds oder des Familiengerichts nach § 1812 BGB.

3. Die in Abs 1 Nr 2 genannten Forderungen

55 Zu den in § 1821 Abs 1 Nr 2 BGB genannten Forderungen, die auf **Übertragung des Eigentums an einem Grundstück** gerichtet sind, gehören insbesondere der Anspruch

des Mündels auf Auflassung (§§ 433 Abs 1 S 1, 311b Abs 1 BGB), das übertragbare obligatorische Vorkaufsrecht (§ 473 BGB), das Wiederkaufsrecht (§§ 456 ff BGB), Ankaufsrechte (s Staudinger/Beckmann [2013] Vorbem 245 ff zu § 433; Staudinger/Mader/Schermaier [2013] Vorbem 5 ff zu § 456; s auch Hense DNotZ 1951, 128) sowie das Recht aus dem Meistgebot nach § 81 Abs 2 ZVG (s Eickmann Rpfleger 1983, 199, 203; Brüggemann FamRZ 1990, 5, 10).

Als Forderungen, die auf **Begründung oder Übertragung eines Rechts an einem Grundstück** gerichtet sind, kommen beispielsweise der Anspruch auf Einräumung eines Nießbrauchs oder einer beschränkten persönlichen Dienstbarkeit in Betracht, soweit diese übertragbar sind. Mit der Verfügung über eine „Forderung, die auf **Befreiung eines Grundstücks von einem solchen Recht** gerichtet ist", ist der Verzicht auf den Befreiungsanspruch gemeint (Prot IV 791). **56**

4. Die in Betracht kommenden Verfügungen

Als Verfügung, die nach Nr 2 der familiengerichtlichen Genehmigung bedarf, kommt insbesondere die **Abtretung** einer der genannten Forderungen in Betracht, ferner der **Verzicht** auf den Anspruch auf Auflassung. Dieser kann bestehen in der Aufhebung eines wirksam abgeschlossenen Kaufvertrags über ein Grundstück (RG WarnR 1926 Nr 70), in der Aufhebung eines Vertrags, der die Schenkung eines Grundstücks an den Mündel vorgesehen hatte (OLG Karlsruhe FamRZ 1973, 378), oder in der Verfügung über eine Vormerkung, die den Anspruch auf Übertragung des Eigentums an einem Grundstück sichert (KG DRiZ 1929 Nr 1088 = Recht 1929 Nr 2371 = HRR 1929 Nr 2079; s dazu auch Soergel/Zimmermann Rn 11; Erman/Schulte-Bunert Rn 10; BGB-RGRK/Dickescheid Rn 11). **57**

Ist ein **Grundstück wahlweise mit einer anderen Leistung** versprochen, so ist die dem Mündel zustehende Vornahme der Wahl eine genehmigungspflichtige Verfügung, wenn sich dadurch die Leistung auf den anderen Gegenstand konkretisiert (vgl Opet/vBlume Anm 5). **58**

5. Keine Genehmigungsbedürftigkeit des dinglichen Vollzugs

Nicht unter das Genehmigungserfordernis des § 1821 Abs 1 Nr 2 BGB fällt der dingliche Vollzug eines obligatorischen Geschäfts, etwa durch Annahme des Auflassungsangebots durch den Mündel oder durch Grundbucheintragung von Rechten an einem Grundstück zu seinen Gunsten. Zwar liegt darin eine Verfügung über den Anspruch auf Übertragung des Eigentums an einem Grundstück oder auf Begründung eines Grundstücksrechts. § 1821 Abs 1 Nr 2 BGB findet gleichwohl nach Sinn und Zweck der Vorschrift keine Anwendung, weil durch diese Bestimmung nur solche Verfügungen ohne Mitwirkung des Familiengerichts verhindert werden sollen, durch die der Mündel einen Rechtsverlust erleidet, der den Grundstücks- oder Grundstücksrechtserwerb vereitelt oder erschwert, nicht aber solche, durch die der Mündel in Erfüllung des Anspruchs endgültig das Eigentum am Grundstück oder das Grundstücksrecht erlangt (RGZ 108, 356, 364 = JFG 2, 1, 9 f; BGH FamRZ 2010, 2065, 2067; OLG München NJW-RR 2011, 595, 596: Nießbrauchsbestellung; OLG München FamRZ 2012, 740, 742; Dölle § 128 II 2 b, bb; Gernhuber/Coester-Waltjen § 60 Rn 100; MünchKomm/Kroll-Ludwigs Rn 34; BGB-RGRK/Dickescheid Rn 10; Palandt/Götz Rn 12; Erman/Schulte-Bunert **59**

Rn 10; Böttcher NJW 2018, 831, 832 aE; ders NJW 2012, 822, 827 f; Brüggemann FamRZ 1990, 124, 128; Klüsener Rpfleger 1981, 461, 465; s auch – mit anderer Begründung: streng abstrakte Natur der Auflassung – Enneccerus/Kipp § 80 V 1 Fn 28; ferner schon KG RJA 3, 61 = OLGE 5, 183 = KGJ 24, A 103; RJA 7, 131 = KGJ 32, A 232; RJA 16, 262 = KGJ 51, A 174; KGJ 28, A 6; BayObLGZ 7, 388 = RJA 7, 276 = KGJ 33, A 327 = Recht 1906 Nr 2511; OLG München DJ 1941, 315, 316).

60 Ist durch die Umschreibung im Grundbuch der Anspruch des Mündels auf Auflassung erfüllt, so bedarf der Vormund für die Bewilligung der **Löschung einer Auflassungsvormerkung**, die damit gegenstandslos geworden ist, (selbstverständlich) nicht der Genehmigung des Familiengerichts (LG Oldenburg Rpfleger 1972, 401). Ist der Mündel noch nicht als neuer Eigentümer eingetragen, so kann die Bewilligung der Löschung der Auflassungsvormerkung nur genehmigt werden, wenn die Löschung unter dem Vorbehalt bewilligt ist, dass keine Zwischeneintragung im Grundbuch beantragt ist oder vorgenommen wurde (LG Mainz Rpfleger 1993, 149).

III. Verfügungen über Schiffe und Schiffsbauwerke (Abs 1 Nr 3)

1. Gesetzliche Regelungen, Historie, Begriffsbestimmungen

61 **§ 1821 Abs 1 Nr 3 BGB** wurde eingefügt durch Art 2 Nr 26 der VO zur Durchführung des Gesetzes über Rechte an eingetragenen Schiffen und Schiffsbauwerken vom 21. 12. 1940 (RGBl I 1609) und ist seit 1. 1. 1941 in Kraft. Das Gesetz über Rechte an eingetragenen Schiffen und Schiffsbauwerken **(SchiffsRG)** vom 15. 11. 1940 (RGBl I 1499) und die Schiffsregisterordnung **(SchiffsRegO)** vom 26. 5. 1951 (BGBl I 360; Bekanntmachung der Neufassung vom 26. 5. 1994, BGBl I 1133) regeln die Rechtsverhältnisse an eingetragenen Schiffen und Schiffsbauwerken, insbesondere den Erwerb und Verlust des Eigentums sowie die Bestellung und Aufgabe sonstiger Rechte, in mancher Hinsicht übereinstimmend mit dem Liegenschaftsrecht. Eingetragene Schiffe und Schiffsbauwerke wurden in §§ 1821 Abs 1 Nr 3, 2113 BGB denselben Vorschriften wie Grundstücke unterworfen; sie wurden im früheren § 1551 Abs 2, der sich auf den Güterstand der Fahrnisgemeinschaft bezog, ausdrücklich zum unbeweglichen Vermögen gezählt. Dagegen gestattet § 1807 Abs 1 Nr 1 BGB nicht die Anlegung von Mündelgeld in Schiffshypotheken (s § 1807 Rn 15).

62 Die SchiffsRegO unterscheidet Seeschiffs-, Binnenschiffs- und Schiffsbauregister (§§ 3, 65). In das Seeschiffsregister erfolgt die Eintragung der Kauffahrteischiffe (Schiffe, die zum Erwerb durch Seefahrt bestimmt sind) und der anderen zur Seefahrt bestimmten Schiffe **(Seeschiffe)**, die nach §§ 1, 2 des Flaggenrechtsgesetzes vom 8. 2. 1951 (BGBl I 79; Bekanntmachung der Neufassung vom 26. 10. 1994, BGBl I 3140) die Bundesflagge zu führen haben oder sie führen dürfen (§§ 3 Abs 2, 10 SchiffsRegO); in das Binnenschiffsregister werden die Schiffe eingetragen, die zur Schifffahrt auf Flüssen und sonstigen Binnengewässern bestimmt sind (**Binnenschiffe**, s § 3 Abs 3 SchiffsRegO). Unter **Schiffsbauwerk** versteht das Gesetz ein sich auf einer Schiffswerft im Bau befindliches See- oder Binnenschiff; ein solches wird in das Schiffsbauregister eingetragen. Dies geschieht nach § 66 SchiffsRegO aber nur dann, wenn zugleich eine Schiffshypothek an dem Schiffsbauwerk eingetragen wird oder wenn die Zwangsversteigerung des Schiffsbauwerks beantragt ist; über die Voraussetzungen der Bestellung einer Schiffshypothek an einem Schiffsbauwerk s § 76 Abs 2 SchiffsRG.

Hinsichtlich des **Begriffs der Verfügung** kann auf die Erläuterungen zu Nrn 1 und 2 verwiesen werden (oben Rn 12 ff). So ist insbesondere unter einer Verfügung über ein Schiff oder Schiffsbauwerk auch die Verfügung über einen dem Mündel zustehenden Anteil an einem Schiff oder Schiffsbauwerk zu verstehen; dabei ist es gleichgültig, ob die mehreren Teilhaber nach Bruchteilen oder zur gesamten Hand beteiligt sind. 63

2. Von § 1821 Abs 1 Nr 3 erfasste Verfügungen

An eingetragenen Schiffen und Schiffsbauwerken können keine anderen beschränkten dinglichen Rechte bestellt werden als die Schiffshypothek (§§ 24 ff SchiffsRG) und unter bestimmten Voraussetzungen der Nießbrauch (§ 9 SchiffsRG); weiter kann eine Vormerkung (§ 10 SchiffsRG) eingetragen werden. Da der Nießbrauch nicht übertragbar ist (§ 1059 S 1 BGB) und Hypotheken nach § 1821 Abs 2 BGB nicht zu den Rechten an Grundstücken iS des Abs 1 gehören, behandelt § 1821 Abs 1 Nr 3 BGB nur die Verfügung über das Eigentum und über den Anspruch auf Übertragung des Eigentums an im Schiffsregister eingetragenen Schiffen und Schiffsbauwerken. 64

Zur **Übertragung des Eigentums** an einem im Seeschiffsregister eingetragenen Schiff ist erforderlich und genügend, dass der Eigentümer und der Erwerber darüber einig sind, dass das Eigentum auf den Erwerber übergehen soll (§ 2 Abs 1 SchiffsRG). Zur Übertragung des Eigentums an einem im Binnenschiffsregister eingetragenen Schiff ist neben der Einigung auch die Eintragung des Eigentumsübergangs in das Binnenschiffsregister erforderlich (§ 3 Abs 1 SchiffsRG). 65

Die **Belastung** eines eingetragenen Schiffs oder Schiffsbauwerks ist ebenfalls Verfügung über das Eigentum und bedarf deshalb der Genehmigung nach § 1821 Abs 1 Nr 3 BGB. 66

3. Nicht von § 1821 Abs 1 Nr 3 erfasste Verfügungen

Nicht im Schiffsregister eingetragene Schiffe oder Schiffsbauwerke werden nach den allgemein für bewegliche Sachen geltenden Vorschriften übereignet (vgl §§ 929a, 932a BGB); Verfügungen über sie bedürfen nicht der Genehmigung nach § 1821 Abs 1 Nr 3 BGB. 67

Der Eintrag im Schiffsregister rechtfertigt nicht die Feststellung oder eine Vermutung, dass das eingetragene Schiff wirklich ein Schiff oder noch ein Schiff ist. Ein nicht reparierbares **Wrack** ist kein Schiff mehr; die Übertragung des Eigentums an einem Wrack erfolgt nach §§ 929 ff BGB (OLG Hamburg VRS 1, 317; s aber Brauer MDR 1956, 67). Einer Genehmigung nach § 1821 Abs 1 Nr 3 BGB bedarf es nicht. 68

Zur **Schiffspart** s Staudinger/Engler (2004) Rn 75. Die Vorschriften im HGB über die Schiffspart (§§ 489 ff HGB aF) sind durch das Gesetz zur Reform des Seehandelsrechts mit Wirkung vom 25. 4. 2013 außer Kraft getreten (zur Begründung s BT-Drucks 17/10309, 1). 69

IV. Verpflichtung zu einer nach Nrn 1–3 genehmigungsbedürftigen Verfügung (Abs 1 Nr 4)

1. Normzweck

70 Nach § 1821 Abs 1 Nr 4 BGB bedarf der Vormund auch für die Eingehung einer Verpflichtung zu einer der in den Nrn 1 bis 3 bezeichneten Verfügungen der Genehmigung des Familiengerichts. Durch diese Bestimmung soll einer Umgehung der genannten Vorschriften entgegengewirkt und verhindert werden, dass durch Eingehung einer Verpflichtung und anschließende Zwangsvollstreckung aus einem darauf beruhenden Titel durch den Gläubiger ohne die Mitwirkung des Familiengerichts ein Erfolg herbeigeführt wird, der einer nach Nrn 1 bis 3 genehmigungsbedürftigen Verfügung entspricht, oder dass den Mündel für den Fall der – uU durch die Verweigerung der Genehmigung zur Verfügung verursachten – Nichterfüllung eine Schadensersatzpflicht trifft (vgl die Parallelvorschriften der §§ 1812 Abs 1 S 2, 1819 S 2, 1820 Abs 1 BGB; Mot IV 1138).

2. Beispielsfälle

71 Unter § 1821 Abs 1 Nr 4 BGB fällt zB der Abschluss eines Vertrags, durch den sich der Vormund zur Veräußerung des Mündelgrundstücks oder zur Belastung eines im Vermögen des Mündels befindlichen Grundstücks verpflichtet (vgl BayObLG BtPrax 2005, 32 = FamRZ 2005, 477 [LS] zu einem Überlassungsvertrag zwischen einem unter Betreuung stehenden Vater und seiner Tochter sowie zur Anwendbarkeit des § 1458 BGB aF im Falle der Betreuung; LG München I FamRZ 2001, 1396 zur Veräußerung eines Grundstücks in Erfüllung eines notariellen Tauschvertrags); das Gleiche gilt für einen Vertrag, mit dem sich eine Personengesellschaft, an welcher der Mündel beteiligt ist, zur Veräußerung eines Grundstücks verpflichtet, soweit der Zweck dieser Gesellschaft auf eine rein verwaltende Tätigkeit gerichtet ist (OLG Koblenz FamRZ 2003, 249, 250). Unter Abs 1 Nr 4 fällt ferner die Einräumung eines Vorkaufsrechts, eines Wiederkaufsrechts oder eines Ankaufsrechts (s oben Rn 55). Auch ein verbindlicher Vorvertrag, in dem namens des Mündels die Verpflichtung zum Abschluss eines Kaufvertrags über ein Grundstück eingegangen wird, bedarf der Genehmigung, wenn darin schon die Verpflichtung zur Eigentumsübertragung enthalten ist; dies gilt auch dann, wenn sich das Geschäft auf ein Grundstück bezieht, das im Zeitpunkt des Abschlusses des Vorvertrags noch nicht zum Mündelvermögen gehört (OLG Köln Rpfleger 1995, 353, 354 = FamRZ 1995, 1232 [LS]).

72 Übernimmt der Mündel in dem auf Erwerb eines Grundstücks gerichteten Vertrag **die Verpflichtung zu einer dinglichen Belastung des Grundstücks**, so bedarf weder die Verfügung, die in der Bestellung eines Rechts an dem Grundstück zu sehen ist, noch das Verpflichtungsgeschäft der Genehmigung des Familiengerichts, weil sich der Mündel dabei nicht zur Belastung eines ihm schon vorher gehörenden Grundstücks verpflichtet (s oben Rn 18 ff).

73 Dies gilt auch dann, wenn der Mündel, dem ein Grundstück geschenkt wird, sich verpflichtet, unter bestimmten Voraussetzungen das Grundstück an den Schenker zurückzuübereignen, und zur Sicherung dieses Anspruchs eine zugleich mit der Eigentumsübertragung auf ihn einzutragende Vormerkung bewilligt (LG Bonn Mitt-

RhNotK 1974, 244, 245 = BWNotZ 1974, 132; LG Münster MittRhNotK 1974, 1; LG Wuppertal MittRhNotK 1975, 1, 4; LG Hechingen BWNotZ 1995, 67, 68; wohl auch OLG Düsseldorf MittRhNotK 1975, 113; MünchKomm/Kroll-Ludwigs Rn 42; BGB-RGRK/Dickescheid Rn 15; Langenfeld BWNotZ 1976, 12, 16; Klüsener Rpfleger 1981, 461, 467; **aA** Joas BWNotZ 1974, 146, 148). Die Genehmigung ist aber dann erforderlich, wenn die **Verpflichtung zur Rückübertragung** durch eine dem Schenker unwiderruflich erteilte Auflassungsvollmacht gesichert werden soll, da darin letztlich die uneingeschränkte und unwiderrufliche Preisgabe des Grundstückseigentums liegt (OLG Celle OLGZ 1974, 164 = DNotZ 1974, 731; MünchKomm/Kroll-Ludwigs Rn 42; Klüsener Rpfleger 1981, 461, 467). Das Gleiche gilt, wenn der Anspruch auf Rückübertragung bzw auf Übereignung an einen Dritten nicht wie in den Fällen der §§ 528, 530 BGB auf die Bereicherung des Mündels beschränkt ist, sondern diesen insbesondere eine Verpflichtung zur selbständigen Rückübertragung und damit die abstrakte Gefahr der Wert- oder Schadensersatzpflicht bzw eine zusätzliche persönliche Verpflichtung (etwa der Verzicht auf Aufwendungsersatz) trifft (OLG München FamRZ 2008, 820, 821 m Anm Weigl MittBayNot 2008, 275, 277; BayObLG FamRZ 2004, 1055, 1056; BayObLG Rpfleger 1974, 309, 310; OLG Köln FamRZ 1998, 1326, 1327 m krit Anm Gschossmann MittBayNot 1998, 236; OLG Köln Rpfleger 2003, 570, 572; OLG Dresden MittBayNot 1996, 288, 290 f; LG München II MittBayNot 2005, 234, 235; s auch OLG Celle MDR 2001, 931, 932: vertragliche Rückfallklausel; OLG Köln MittRhNotK 1978, 192, 193: unbeschränkte Verpflichtung zur Rückübertragung eines Nießbrauchs; MünchKomm/Kroll-Ludwigs Rn 42; Soergel/Zimmermann Rn 14; Erman/Schulte-Bunert Rn 12; **aA** noch Erman/Saar[14] Rn 12).

3. Reichweite einer Genehmigung

Hat das Familiengericht eine **Verfügung**, insbesondere die Auflassung eines Grundstücks, genehmigt, so ist im Regelfall anzunehmen, dass auch das ihr zugrundeliegende **Verpflichtungsgeschäft** von der Genehmigung erfasst ist (Braun DNotZ 2005, 730, 734; MünchKomm/Kroll-Ludwigs Rn 43; s zur Genehmigung einer Hypothekenbestellung bei zuvor nicht genehmigtem Verpflichtungsgeschäft RGZ 154, 41, 46); der Mündel kann also in einem solchen Fall keinen Anspruch aus § 812 BGB geltend machen (BGB-RGRK/Dickescheid Rn 15). 74

Umgekehrt wird regelmäßig auch anzunehmen sein, dass die Verfügung gleichfalls genehmigt ist, wenn das Familiengericht das ihr zugrundeliegende Verpflichtungsgeschäft genehmigt hat (s Vorbem 39 zu §§ 1821 f; Soergel/Zimmermann Rn 14; BGB-RGRK/Dickescheid Rn 15 aE). 75

Der Anspruch gegen den Mündel auf Auflassung kann erst dann durch eine **Vormerkung** gesichert werden, wenn zum einen die gerichtliche Genehmigung bereits ergangen und gemäß §§ 40 Abs 2, 45 S 1 FamFG wirksam geworden ist und zum anderen das Verfahren der §§ 1828, 1829 BGB durchgeführt wurde (dazu ausführlich Heggen NotBZ 2010, 393, 397 ff; Weber DNotZ 2015, 498, 521; Erman/Schulte-Bunert Rn 12 aE). Dagegen kann nicht schon vor der Mitteilung der Genehmigung an den Vertragspartner zu dessen Gunsten eine Vormerkung zur Sicherung eines künftigen Anspruchs iSv § 883 Abs 1 S 2 BGB eingetragen werden. Ein künftiger Anspruch iS dieser Norm liegt nämlich nur vor, wenn der Verpflichtete an den – wenn auch schwebend unwirksamen – Vertrag gebunden ist und damit für die Forderung ein hinreichend „sicherer Rechtsboden" besteht (KG 9. 8. 2016 – 1 W 169/16, juris Rn 5, Rpfleger 2017, 266, 267; ausführlich 76

Staudinger/Gursky [2013] § 883 Rn 182 ff mwNw; zur Bindung des Vertragspartners s § 1829 Rn 15). Diese Voraussetzungen liegen aber im Fall des § 1821 Abs 1 Nr 4 BGB, anders als im Fall von § 1821 Abs 1 Nr 5 BGB (s dazu Rn 94), nicht vor, da der Mündel als Verpflichteter, vertreten durch seinen Vormund, nach Erteilung der familiengerichtlichen Genehmigung noch ein Wahlrecht bzgl des Gebrauchmachens von dieser nach § 1829 BGB hat (BeckOGK/Assmann [1. 11. 2019] § 883 Rn 56; MünchKomm/Kohler § 883 Rn 31; Weber DNotZ 2015, 498, 521; Böttcher NJW 2018, 831, 832; ders NJW 2015, 2770, 2772).

V. Auf entgeltlichen Erwerb gerichtete Verträge (Abs 1 Nr 5)

1. Normzweck

77 Anders als die Genehmigungserfordernisse des Abs 1 Nrn 1–4, die den Mündel vor einer Beeinträchtigung seines – vom Gesetz als besonders sicher und wertbeständig betrachteten – Grundvermögens schützen sollen (Mot IV 1136, s oben Rn 1), unterstellt § 1821 Abs 1 Nr 5 BGB Verträge, die auf den entgeltlichen Erwerb eines Grundstücks, eines eingetragenen Schiffs oder Schiffsbauwerks oder eines Rechts an einem Grundstück gerichtet sind, dem Erfordernis der familiengerichtlichen Genehmigung. Dabei spielt neben dem Gesichtspunkt, dass ein Grundstückserwerb ein „Geschäft von besonderer Wichtigkeit“ (Mot IV 1141) ist, auch die Vorstellung eine Rolle, dass der Vormund **Geld des Mündels im Regelfall verzinslich anzulegen** und dabei bestimmte Vorschriften, die die Sicherheit der Anlegung gewährleisten sollen, zu beachten hat (§§ 1806 ff BGB). Dieser Vorstellung entsprechend heißt es in den Motiven zum BGB, der entgeltliche Erwerb von Grundstücken könne dem Vormund zwar „nicht gänzlich untersagt werden“; wenngleich es in der Regel vorzuziehen sein werde, die Mündelgelder in anderer Weise nutzbar zu machen, so sei „doch nicht zu verkennen, daß unter Umständen auch der Erwerb von Grundbesitz für den Mündel zweckmäßig, vielleicht sogar durch das Interesse des Mündels geboten sein kann“. Da dies jedoch nur ausnahmsweise der Fall sei, empfehle es sich, die Wirksamkeit des auf den entgeltlichen Erwerb eines Grundstücks gerichteten Vertrags von der Genehmigung des Familiengerichts abhängig zu machen (Mot IV 1140 f).

2. Gegenstand des Vertrags

78 Die Bestimmung erfasst Verträge, die auf den Erwerb der in § 1821 Abs 1 Nrn 1 und 3 BGB genannten Gegenstände gerichtet sind. Zu den Begriffen des Grundstücks und des Rechts an einem Grundstück s oben Rn 2 ff; zum Begriff des eingetragenen Schiffs oder Schiffsbauwerks s oben Rn 62. Hypotheken, Grundschulden und Rentenschulden gelten nach Abs 2 auch in dieser Beziehung nicht als Rechte an einem Grundstück (s oben Rn 7; vgl § 1807 Abs 1 Nr 1 und Abs 2 BGB).

3. Entgeltlicher Erwerb

a) Fälle des entgeltlichen Erwerbs

79 § 1821 Abs 1 Nr 5 BGB setzt Entgeltlichkeit des Erwerbs voraus, wobei unerheblich ist, ob der Wert des zu erwerbenden Grundstücks höher oder niedriger als die vom Mündel zu erbringende Gegenleistung ist und ob sich dadurch der Anteil des in Grundstücken bestehenden Vermögens des Mündels am Gesamtvermögen erhöht oder nicht.

Erfasst wird insbesondere der **Kauf** eines Grundstücks für den Mündel, und zwar auch dann, wenn er in Ausübung eines Wiederkaufsrechts (§ 456 BGB), eines Vorkaufsrechts (§ 464 BGB) oder eines Ankaufsrechts (s oben Rn 55; OGHBrZ JR 1951, 280 = DNotZ 1951, 124 m krit Anm Hense; s auch Baur DNotZ 1951, 310, 313) erfolgt, ferner der **Tausch** (§ 480 BGB), gleichviel, ob die Gegenleistung des Mündels, der ein Grundstück (ein Recht an einem Grundstück, ein Schiff oder Schiffsbauwerk) erwerben soll, ebenfalls in einem Grundstück oder in einer beweglichen Sache besteht. 80

Auch der **Erwerb eines Grundstücks in der Zwangsversteigerung** ist als zwar nicht vertraglicher, aber dem vertraglichen ähnlicher entgeltlicher Erwerb nach § 1821 Abs 1 Nr 5 BGB genehmigungsbedürftig (vgl LG Greifswald DRiZ 1935 Nr 200; dazu Brüggemann FamRZ 1990, 5, 10, der eine schlüssige Begründung für die Anwendbarkeit des § 1821 Abs 1 Nr 5 BGB in diesem Fall gibt). Die gleiche Rechtsfolge muss für einen als entgeltlicher Erwerbsvertrag einzustufenden Abtretungsvertrag gelten, mit dem ein Strohmann, der zuvor das Grundstück im Rahmen der Zwangsversteigerung erworben hat, sämtliche Rechte und Pflichten aus dem Zuschlagsbeschluss an eine Gesellschaft bürgerlichen Rechts überträgt, an der auch ein Mündel beteiligt ist (OLG Naumburg FamRZ 2003, 57, 58; Palandt/Götz Rn 15; Erman/Schulte-Bunert Rn 13). 81

Ein für den Mündel abgegebenes Gebot ist zurückzuweisen (§ 71 Abs 2 ZVG), wenn nicht das Vorliegen der Genehmigung des Familiengerichts bei dem Gericht offenkundig ist oder durch eine öffentlich beglaubigte Urkunde sofort nachgewiesen wird (zur familiengerichtlichen Genehmigung im Zwangsversteigerungsverfahren Eickmann Rpfleger 1983, 199; s auch Haegele Rpfleger 1970, 232 zum Genehmigungserfordernis einer Vereinbarung nach § 91 Abs 2 ZVG; Soergel/Zimmermann Rn 17; Erman/Schulte-Bunert Rn 14; MünchKomm/Kroll-Ludwigs Rn 44 aE; BGB-RGRK/Dickescheid Rn 18). Ein ohne Genehmigung erfolgter rechtskräftiger Zuschlag iS des § 90 Abs 1 ZVG verschafft dem Mündel gleichwohl Eigentum (Palandt/Götz Rn 15; MünchKomm/Kroll-Ludwigs Rn 44 aE).

Der **Erwerb eines Grundstücks mit Nachlassmitteln**, die dem Vormund durch einen Testamentsvollstrecker zur Verfügung gestellt wurden, bedarf der familiengerichtlichen Genehmigung nur dann, wenn das Geld aus der Verwaltung des Testamentsvollstreckers ausgeschieden und der Verwaltung des Vormunds unterworfen wurde, nicht aber dann, wenn das erworbene Grundstück anstelle des dafür aufgewendeten Geldes der Verwaltung des Testamentsvollstreckers unterliegen sollte (RGZ 91, 69, 71; vgl auch RG BayZ 1920, 28; Enneccerus/Kipp § 115 II 7 Fn 16; Dölle § 128 II 2 b, dd; BGB-RGRK/Dickescheid Rn 19). 82

Nicht unter Abs 1 Nr 5 fällt die Ausübung des in § **2034 BGB** vorgesehenen Vorkaufsrechts durch einen Miterben, wenn zum Nachlass ein Grundstück gehört. Bei streng formaler Auslegung des Genehmigungstatbestands (Vorbem 9 zu §§ 1821 f) ist der Gegenstand des Erwerbs hier nicht das Grundstück, sondern der **Erbanteil** (ebenso Soergel/Zimmermann Rn 16; BGB-RGRK/Dickescheid Rn 16 aE; Brüggemann FamRZ 1990, 5, 6; Böttcher/Spanl RpflJB 1990, 193, 207; **aA** OLG Schleswig SchlHA 1956, 262; OLG Köln Rpfleger 1996, 446 im Fall eines Erbteilsübertragungsvertrags, in dem der Erwerb von Anteilen an der mit Grundstücken ausgestatteten Erbengemeinschaft mit der Übernahme der Nachlassverbindlichkeiten verbunden ist; Kölmel RNotZ 2010, 1, 18; MünchKomm/Kroll-Ludwigs Rn 44; Palandt/Götz Rn 15; Erman/Schulte-Bunert Rn 13a; NK-BGB/Fritsche Rn 8; DNotI-Report 2007, 187, 188; Staudinger/Löhnig [2016] § 2034 Rn 24). 83

b) Abgrenzung vom unentgeltlichen Erwerb

aa) Allgemeines

84 **Entgeltlichkeit** ist dann anzunehmen, wenn der Mündel für das Grundstück eine **Gegenleistung** zu erbringen hat. Auf die Art der Gegenleistung kommt es nicht an; sie kann etwa auch in der Zahlung eines Erbbauzinses bestehen (vgl OLG Brandenburg FamRZ 2004, 1049) oder in der unabhängig vom gesetzlichen Vertragseintritt nach § 566 BGB versprochenen Freistellung von sämtlichen Verpflichtungen aus einem Mietverhältnis (vgl KG FamRZ 2011, 736, 738 = FGPrax 2011, 79, 81; anders dagegen bei rein deklaratorischer Erwähnung der gesetzlichen Folgen zur Vorbeugung von Gewährleistungsansprüchen des Beschenkten OLG Düsseldorf 3. 3. 2017 – I-3 Wx 65/16, juris Rn 22 f, FamRZ 2017, 1217, 1219; s dazu auch unten Rn 89 aE mwNw). Wird ein Kaufpreis für das Grundstück vereinbart, so spielt es für die Frage der Entgeltlichkeit keine Rolle, auf welche Weise der Erwerbspreis beglichen wird, ob er also bar zu zahlen ist oder ob der Mündel zugunsten des Veräußerers eine Hypothek bestellt (RGZ 108, 356, 364; BayObLG JFG 5, 305 = BayObLGZ 26, 307) oder ob er dessen persönliche Schulden übernimmt (BayObLGZ 1977, 121, 126). Entgeltlichkeit und damit Genehmigungsbedürftigkeit ist auch anzunehmen im Falle einer Zuwendung von Wohnungseigentum, die mit einer über die gesetzliche Bestimmung des § 22 Abs 2 WEG hinausgehenden Beteiligung am Wiederherstellungsaufwand verbunden ist (LG Heidelberg BWNotZ 2000, 145, 146; MünchKomm/Kroll-Ludwigs Rn 47 aE).

85 Dagegen handelt es sich um einen **unentgeltlichen Erwerb**, wenn dem Mündel ein Grundstück geschenkt wird, selbst wenn dieses mit einem Grundpfandrecht oder einem anderen beschränkten dinglichen Recht belastet ist (Dölle § 128 II 2 b, aa; KG JW 1935, 55; s auch BayObLGZ 1968, 1; LG Coburg MittBayNot 2008, 224: Reallast, beschränkte persönliche Dienstbarkeit als Leibgeding, Nießbrauch) oder wenn eine solche Belastung im Schenkungsvertrag vorbehalten ist (vgl BayObLGZ 1967, 245 = Rpfleger 1968, 18; Palandt/Götz Rn 15; s auch oben Rn 23). Unentgeltlich ist ein Erwerb auch dann, wenn eine Beschränkung lediglich darin besteht, dass mehreren Minderjährigen ein Grundstück geschenkt wird mit der Bestimmung, dass die Teilung der Gemeinschaft für einige Jahre ausgeschlossen ist (LG Münster Rpfleger 1999, 73 = FamRZ 1999, 739). Ebenfalls als unentgeltlich einzustufen ist die Grundstückszuwendung an den Mündel unter Anrechnung auf seinen Pflichtteil gegenüber dem Zuwendenden (vgl § 2315 BGB), da es an einer eigenständigen Leistungspflicht des Mündels als Zuwendungsempfänger fehlt; es ist damit weder eine Genehmigung nach § 1821 Abs 1 Nr 5 BGB noch eine solche nach § 2347 Abs 1 S 1 HS 1 BGB analog erforderlich (str; wie hier OLG Dresden MittBayNot 1996, 288, 291; Keim MittBayNot 2008, 8, 12; Weigl MittBayNot 2008, 275, 276; Rastätter BWNotZ 2006, 1, 7; Everts Rpfleger 2005, 180; Fembacher MittBayNot 2004, 24, 25; Pentz MDR 1998, 1266; offengelassen vom OLG München FamRZ 2008, 820, 821; **aA** DNotI-Report 2007, 160 mwNw).

bb) Schenkung unter einer Auflage

86 Zur Annahme einer Schenkung oder eines Schenkungsversprechens hinsichtlich eines Grundstücks oder eines Rechts an einem Grundstück bedarf der Vormund auch dann nicht der Genehmigung des Familiengerichts, wenn die Schenkung unter einer Auflage erfolgt (§ 525 BGB). Eine Schenkung unter einer Auflage unterscheidet sich begrifflich von einem entgeltlichen Vertrag dadurch, dass die Parteien bei diesem Leistung und Gegenleistung im Sinne einer wechselseitigen Abhängigkeit und eines Ausgleichs einander gegenüberstellen wollen, während bei der Schenkung unter einer Auflage nach dem Willen der Vertragschließenden die eine Partei der anderen eine unentgeltliche Zuwendung macht mit der Nebenbestimmung, dass der Beschenkte von der Zuwendung gesondert eine ihm obliegende Leistung erbringt (Staudinger/Chiusi [2013] § 525 Rn 15). Es hängt von den Umständen des Einzelfalls ab, ob die Übernahme einer Verpflichtung durch den Erwerber des Grundstücks, das ihm geschenkt werden soll, als Auflage, die an der Unentgeltlichkeit des Erwerbs nichts ändert, oder als **verschleierte Gegenleistung** anzusehen ist, sodass der Vertrag der Genehmigung des Familiengerichts bedarf (s zum Fall der Schenkung eines mit einer Hypothek belasteten Grundstücks mit der Bestimmung, dass der Mündel auch die persönliche Schuld zu übernehmen hat, LG Düsseldorf MittRhNotK 1973, 654; LG Köln MittRhNotK 1974, 363).

Die Unterscheidung vermag im konkreten Einzelfall erhebliche Probleme zu berei- 87
ten. Als geeignetes **Abgrenzungskriterium** erscheint das Vermögen, aus welchem der Mündel als Zuwendungsempfänger die ihm im Gegenzug auferlegte Leistung zu erbringen hat: Soll diese aus dem zugewendeten Vermögen selbst erfolgen, stellt die Leistung des Mündels also lediglich eine Minderung des Zugewendeten, eine Einschränkung der Leistung selbst dar, ist die Vereinbarung als Schenkung unter Auflage zu werten; demgegenüber ist von einem verdeckten entgeltlichen Erwerb auszugehen, wenn der Mündel Aufwendungen aus seinem – unabhängig von der Zuwendung vorhandenen – Vermögen machen muss, um im Austausch dagegen erst in den Besitz der Zuwendung zu gelangen (Coing NJW 1949, 260, der einen Übergabevertrag, in dem sich der Übergeber vom Empfänger des Grundbesitzes den Nießbrauch bestellen und ferner die spätere Zahlung von Abfindungen an die Geschwister des Empfängers zusagen ließ, nicht als gemischte Schenkung, sondern als Schenkung unter einer Auflage betrachtete, weil insbesondere die Abfindungen nicht für die Leistung des Grundstücks, sondern – wirtschaftlich gesehen – aus dem zugewendeten Grundstückswert als Ausgleich für den alleinigen Erhalt zu erbringen gewesen seien; ähnlich OLG Bamberg NJW 1949, 788; so auch OLG Köln FamRZ 1998, 1326, 1327 [Haftung „nicht über den Verlust des geschenkten Gegenstandes hinaus“] u wohl auch OLG Köln Rpfleger 1996, 446, 447 [„Verweisung auf den geschenkten Gegenstand“]; OLG Brandenburg MittBayNot 2009, 155 m Anm Fembacher; s auch Klüsener Rpfleger 1981, 461, 466 f, der Unentgeltlichkeit annimmt, sofern „das anderweitige Vermögen nicht berührt“ wird; strenger BGB-RGRK/Dickescheid Rn 17, der darauf abstellt, ob die dem Mündel auferlegten Leistungen im Zeitpunkt der Fälligkeit „aus dem Grundstück verfügbar“ seien). Teilweise wird insoweit bereits eine „abstrakte Haftungsgefahr“, bei der nicht gesichert ist, dass die Haftung des Beschenkten auf das unentgeltlich Zugewendete beschränkt bleibt, für ausreichend erachtet (OLG Köln FamRZ 1998, 1326, 1327 m krit Anm Gschossmann MittBayNot 1998, 236; OLG Köln Rpfleger 1996, 446, 447; NK-BGB/Fritsche Rn 10 u 11).

Abzulehnen ist dagegen die **Abgrenzung anhand einer wirtschaftlichen Bilanzierung**, 88
welche mithilfe eines Vergleichs der vom Mündel übernommenen Verpflichtungen mit dem Wert des geschenkten Grundstücks bzw Miteigentumsanteils erfolgt und bei der ein entgeltlicher Erwerb anzunehmen sei, wenn jene Verbindlichkeiten den Wert des Zugewendeten erreichen oder überschreiten (so aber OLG Düsseldorf MittRhNotK 1975, 113, 116; Erman/Schulte-Bunert Rn 14; MünchKomm/Kroll-Ludwigs Rn 47 verlangt für die Annahme einer Schenkung, dass „die übernommenen Verbindlichkeiten eindeutig durch den Wert des zugewendeten Vermögens gedeckt sind“; ebenso Kölmel RNotZ 2010, 1, 19; vgl auch KG FamRZ 2011, 736, 738 aE, das allerdings für den Fall, dass die Gegenleistung hinter dem Wert des Grundstücks zurückbleibt, von einer gemischten Schenkung und damit ebenfalls von einem entgelt-

lichen Erwerb ausgeht [zur gemischten Schenkung sogleich unter Rn 89]). Dies würde dazu führen, dass der Vormund, ohne einer gerichtlichen Kontrolle zu unterliegen, den Mündel mit unter Umständen erheblichen persönlichen Leistungspflichten, denen dieser nicht durch Verweisung auf den geschenkten Gegenstand entgehen kann, belasten könnte, solange nur das geschenkte Grundstück jene Verpflichtungen im Wert übersteigt. Die damit geschaffene Möglichkeit, den Mündel einer aufgedrängten wirtschaftlich gefährlichen Schenkung unkontrolliert auszusetzen, ist mit dem Schutzzweck des § 1821 Abs 1 Nr 5 BGB nicht vereinbar (so zu Recht KLÜSENER Rpfleger 1981, 461, 466 f).

cc) Gemischte Schenkung

89 Von einer gemischten Schenkung spricht man, wenn bei einem Austauschgeschäft, insbesondere einem Kauf, die eine Leistung wesentlich geringer ist als die Gegenleistung und der Parteiwille auf die unentgeltliche Zuwendung dieses Mehrwerts geht (vgl RGZ 163, 259; STAUDINGER/CHIUSI [2013] § 516 Rn 63 ff). Dass in einem solchen Fall ungeachtet des Elements der Freigiebigkeit ein entgeltlicher Erwerb vorliegt, ist einhellige Ansicht (KG FamRZ 2011, 736, 738 = FGPrax 2011, 79, 81; OLG Brandenburg MittBayNot 2009, 155 m Anm FEMBACHER; BayObLGZ 1977, 121, 125 f; KÖLMEL RNotZ 2010, 1, 19; BGB-RGRK/DICKESCHEID Rn 17; MünchKomm/KROLL-LUDWIGS Rn 47; PALANDT/GÖTZ Rn 15; ERMAN/SCHULTE-BUNERT Rn 14; NK-BGB/FRITSCHE Rn 10).

90 Eine solche gemischte Schenkung liegt etwa vor, wenn Eltern ihrem minderjährigen Kind ein Grundstück schenken, das mit einem vermieteten Einfamilienhaus bebaut ist, und das Kind sich verpflichtet, die Eltern – unabhängig vom Zeitpunkt seines Eigentumserwerbs und dem gesetzlichen Vertragseintritt nach § 566 BGB – wegen sämtlicher aus dem Mietverhältnis entstehender Pflichten mit Erreichen der Volljährigkeit freizustellen (KG FamRZ 2011, 736, 738 = FGPrax 2011, 79, 81); anders verhält es sich dagegen, wenn § 566 BGB lediglich als gesetzliche Folge des Eigentumserwerbs eintritt. Genehmigungspflichtig ist mithin die Vereinbarung einer über den gesetzlichen Vertragseintritt hinausgehenden oder von diesem unabhängigen rechtsgeschäftlichen Verpflichtung (OLG Düsseldorf 3. 3. 2017 – I-3 Wx 65/16, juris Rn 22 f, FamRZ 2017, 1217, 1219; OLG Hamm 6. 8. 2014 – I-15 W 94/14, juris Rn 10, FamRZ 2015, 337, 338; BÖTTCHER NJW 2015, 2770, 2772; zur ebenfalls fehlenden Genehmigungspflicht nach § 1822 Nr 5 BGB s § 1822 Rn 113).

4. Reichweite einer Genehmigung

91 Abs 1 Nr 5 bezieht sich nur auf den Vertrag, der auf den entgeltlichen Erwerb eines Grundstücks, eines eingetragenen Schiffs oder eines Rechts an einem Grundstück gerichtet ist, also auf das **Verpflichtungsgeschäft**. Das **dingliche Geschäft**, das den Erwerb bewirkt, wird vom Erfordernis der Genehmigung nach Abs 1 Nr 5 nicht erfasst (vgl OLG Düsseldorf 3. 3. 2017 – I-3 Wx 65/16, juris Rn 19, FamRZ 2017, 1217, 1218 f; OLG München NJW-RR 2011, 595; OLG Köln Rpfleger 1996, 446, 447; BayObLG FamRZ 1992, 604, 605; BayObLG NJW-RR 1990, 87; KÖLMEL RNotZ 2010, 1, 19; MünchKomm/KROLL-LUDWIGS Rn 48; SOERGEL/ZIMMERMANN Rn 15; Vorbem 39 zu §§ 1821 f). Im Umkehrschluss kann allerdings eine Eintragung ins Grundbuch nicht von der Wirksamkeit des Kausalgeschäfts abhängig gemacht werden bzw von dessen etwaiger Genehmigungsbedürftigkeit; anderenfalls würde durch das Grundbuchamt das Abstraktionsprinzip durchbrochen, sofern sich die Unwirksamkeit des Kausalgeschäfts nicht ausnahmsweise auf die dingliche Einigung auswirkt (OLG Karlsruhe 1. 6. 2015 – 11 Wx 29/15, juris Rn 9, FamRZ

2015, 2068, 2087; OLG Düsseldorf 3. 3. 2017 – I-3 Wx 65/16, juris Rn 19, FamRZ 2017, 1217, 1218 f m zust Anm BECKER FamRZ 2017, 1219, 1220, der auch darauf hinweist, dass § 20 GBO gerade nicht der Verhinderung von Kondiktionslagen dient; krit BÖTTCHER NJW 2018, 831, 832, der darauf hinweist, dass der zu sichernde Anspruch nicht das Kausalgeschäft für die Vormerkungsbestellung darstellt).

Es bedarf für die Annahme der Leistung auch **keiner Genehmigung nach § 1812 BGB**, 92
da § 1813 Abs 1 Nr 1 BGB greift, wonach der Vormund nicht der Genehmigung des Gegenvormunds (die nach § 1812 Abs 2 BGB durch die Genehmigung des Familiengerichts ersetzt werden könnte) zur Annahme einer geschuldeten Leistung bedarf, wenn der Gegenstand der Leistung nicht in Geld oder Wertpapieren besteht (BÖTTCHER NJW 2018, 831, 832 f).

Ist das **Kausalgeschäft genehmigt**, so umfasst die Genehmigung des schuldrechtlichen 93
Rechtsgeschäfts auch das dingliche (MünchKomm/KROLL-LUDWIGS Rn 48; s auch Vorbem 37 zu §§ 1821 f).

Steht die nach Abs 1 Nr 5 erforderliche familiengerichtliche Genehmigung noch aus, 94
kann gleichwohl bereits eine **Vormerkung** zugunsten des Mündels zur Sicherung seines Eigentumsübertragungsanspruchs eingetragen werden (KG 9. 8. 2016 – 1 W 169/16, juris Rn 5, Rpfleger 2017, 266, 267; BayObLG DNotZ 1994, 182, 185; HEGGEN NotBZ 2010, 393, 399; PALANDT/GÖTZ Rn 15 aE; MünchKomm/KROLL-LUDWIGS Rn 44). Anders verhält es sich, wenn der Mündel verpflichtet werden soll (s ausführlich oben Rn 76).

§ 1822
Genehmigung für sonstige Geschäfte

Der Vormund bedarf der Genehmigung des Familiengerichts:

1. **zu einem Rechtsgeschäft, durch das der Mündel zu einer Verfügung über sein Vermögen im Ganzen oder über eine ihm angefallene Erbschaft oder über seinen künftigen gesetzlichen Erbteil oder seinen künftigen Pflichtteil verpflichtet wird, sowie zu einer Verfügung über den Anteil des Mündels an einer Erbschaft,**

2. **zur Ausschlagung einer Erbschaft oder eines Vermächtnisses, zum Verzicht auf einen Pflichtteil sowie zu einem Erbteilungsvertrag,**

3. **zu einem Vertrag, der auf den entgeltlichen Erwerb oder die Veräußerung eines Erwerbsgeschäfts gerichtet ist, sowie zu einem Gesellschaftsvertrag, der zum Betrieb eines Erwerbsgeschäfts eingegangen wird,**

4. **zu einem Pachtvertrag über ein Landgut oder einen gewerblichen Betrieb,**

5. **zu einem Miet- oder Pachtvertrag oder einem anderen Vertrag, durch den der Mündel zu wiederkehrenden Leistungen verpflichtet wird, wenn das Vertragsverhältnis länger als ein Jahr nach dem Eintritt der Volljährigkeit des Mündels fortdauern soll,**

6. zu einem Lehrvertrag, der für längere Zeit als ein Jahr geschlossen wird,

7. zu einem auf die Eingehung eines Dienst- oder Arbeitsverhältnisses gerichteten Vertrag, wenn der Mündel zu persönlichen Leistungen für längere Zeit als ein Jahr verpflichtet werden soll,

8. zur Aufnahme von Geld auf den Kredit des Mündels,

9. zur Ausstellung einer Schuldverschreibung auf den Inhaber oder zur Eingehung einer Verbindlichkeit aus einem Wechsel oder einem anderen Papier, das durch Indossament übertragen werden kann,

10. zur Übernahme einer fremden Verbindlichkeit, insbesondere zur Eingehung einer Bürgschaft,

11. zur Erteilung einer Prokura,

12. zu einem Vergleich oder einem Schiedsvertrag, es sei denn, dass der Gegenstand des Streites oder der Ungewissheit in Geld schätzbar ist und den Wert von 3 000 Euro nicht übersteigt oder der Vergleich einem schriftlichen oder protokollierten gerichtlichen Vergleichsvorschlag entspricht,

13. zu einem Rechtsgeschäft, durch das die für eine Forderung des Mündels bestehende Sicherheit aufgehoben oder gemindert oder die Verpflichtung dazu begründet wird.

Materialien: E I §§ 1674 Nrn 3, 4, 6–14, 2043, 2044; II § 1702; III § 1798; Mot IV 1136; Prot IV 790. Nr 5 neugefasst durch Art 1 Nr 10 des Gesetzes zur Neuregelung des Volljährigkeitsalters v 31. 7. 1974 (BGBl I 1713); Nr 12 neugefasst durch Art 1 Nr 37 des Betreuungsgesetz v 12. 9. 1990 (BGBl I 2002) u erneut geändert durch Art 2 Abs 1 Nr 17 des Gesetzes v 27. 6. 2000 (BGBl I 897); insgesamt neugefasst durch Bekanntmachung v 2. 1. 2002 (BGBl I 42); zuletzt geändert durch Art 50 Nr 37 nach Maßgabe von Art 111 FGG-RG v 17. 12. 2008 (BGBl I 2586) mit Wirkung v 1. 9. 2009.

Schrifttum

Benner, Gesellschaften bürgerlichen Rechts als Instrument ambulant betreuter Wohngemeinschaften, NZS 2017, 447

Bilsdorfer, Gesellschafts- und steuerrechtliche Probleme bei Unterbeteiligung von Familienangehörigen, NJW 1980, 2785

Brox, Die unentgeltliche Aufnahme von Kindern in eine Familien-Personengesellschaft, in: FS Bosch (1976) 80

Brüggemann, Der sperrige Katalog. §§ 1821, 1822 BGB: Anwendungskriterien – Grenzfälle, FamRZ 1990, 5, 124

Bürger, Die Beteiligung Minderjähriger an Gesellschaften mit beschränkter Haftung, RNotZ 2006, 156

Court, Welche rechtliche Stellung nimmt der Vormund einem Handelsgeschäfte gegenüber ein, das er im Namen des Mündels betreibt?, DJZ 1904, 212

Czeguhn/Dickmann, Der Minderjährige in der BGB-Gesellschaft, FamRZ 2004, 1534

Damrau, Kein Erfordernis der gerichtlichen Genehmigung bei Schenkungen von Gesell-

schaftsbeteiligungen an Minderjährige, ZEV 2000, 209
ders, Die Fortführung des von einem Minderjährigen ererbten Handelsgeschäfts, NJW 1985, 2236
Dreher/Görner, Das Behindertentestament und § 138 BGB, NJW 2011, 1761
Dümig, Die Beteiligung Minderjähriger an einer rechtsfähigen Gesellschaft bürgerlichen Rechts aus familien- bzw. vormundschaftsgerichtlicher Sicht, FamRZ 2003, 1
Eickmann, Vormundschaftsgerichtliche Genehmigungen im Zwangsversteigerungsverfahren, Rpfleger 1983, 199
Engler, Bedarf die Ersatzpfändung der Genehmigung des Vormundschaftsgerichts?, Rpfleger 1974, 144
Fiala/Müller/Braun, Genehmigungen bei Vormundschaft über Minderjährige, Betreuung und Nachlasspflegschaft, Rpfleger 2002, 389
Fichtelmann, Der qualifizierte Rangrücktritt – ein Irrtum der Rechtsprechung?, GmbHR 2007, 518
Fischer, Fortführung eines Handelsgeschäfts durch eine Erbengemeinschaft?, ZHR 144 (1980) 1
ders, Fragen aus dem Recht der stillen Gesellschaft, JR 1962, 201
ders, Die faktische Gesellschaft, NJW 1955, 849
Flume, Zur Reichweite familiengerichtlicher Genehmigungstatbestände im Unternehmensrecht, FamRZ 2016, 277
Fomferek, Minderjährige „Superstars" – Die Probleme des § 1822 Nr. 5 BGB, NJW 2004, 410
Fortun, Erfordernis vormundschaftsgerichtlicher Genehmigung bei Unternehmensakquisitionen, NJW 1999, 754
Friess, Erfordernis der vormundschaftsgerichtlichen Genehmigung bei Verträgen nach §§ 1821 I, 1822 Ziff. 3 BGB, DB 1969, 957
Gaul, Bemerkungen zu einem Familienrechts-Kommentar, FamRZ 1966, 624
Gerken, Zur vormundschaftsgerichtlichen Genehmigung bei Abtretung von GmbH-Anteilen, Rpfleger 1989, 270
Gilles/Westphal, Bürgerliches Recht: Ein problematischer Gewerkschaftsbeitritt, JuS 1981, 899
Götz, Rechtsfolgen des teilweisen Verstoßes einer Klausel gegen das AGB-Gesetz, NJW 1978, 2223
Gustavus, Die Kapitalanpassung nach der GmbH-Novelle mit minderjährigen Gesellschaftern, GmbH-Rdsch 1982, 10
Hirte, Die Entwicklung des Unternehmens- und Gesellschaftsrechts in Deutschland in den Jahren 1991–1995 – 2. Teil: Personengesellschaftsrecht, Recht der verbundenen Unternehmen und Mitbestimmung, NJW 1996, 3392
Hoffmann, Der Beitritt minderjähriger Arbeitnehmer zu einer Gewerkschaft, BB 1965, 126
Ischinger, Die Bestätigung anfechtbarer Verfügungen von Todeswegen, Rpfleger 1951, 159
Klamroth, Zur Anerkennung von Verträgen zwischen Eltern und minderjährigen Kindern, BB 1975, 525
Klüsener, Vormundschaftsgerichtliche Genehmigungen nach § 1822 BGB, Rpfleger 1993, 133
ders, Der Minderjährige im Unternehmensrecht, Rpfleger 1990, 321
Knopp, Über die Genehmigungsfreiheit des Beitritts von Mündeln oder Minderjährigen zu Genossenschaften, BB 1964, 200
ders, Über die Genehmigungsbedürftigkeit von Änderungen eines Gesellschaftsvertrages bei Beteiligung von Minderjährigen oder Mündeln, BB 1962, 939
ders, Gründung Stiller Gesellschaften bei Beteiligung Minderjähriger, NJW 1962, 2181
Kölmel, Der Minderjährige in der notariellen Praxis – Grundlagen, RNotZ 2010, 1
ders, Die Erfüllung von Vermächtnissen zugunsten Minderjähriger. Zugleich Anmerkung zum Beschluss des OLG München v. 22. 8. 2012 – 34 Wx 200/12, NotBZ 2012, 464, NotBZ 2013, 95
Kümpel, Die Finanzierung der Anschaffungen eines Minderjährigen ohne vormundschaftsgerichtliche Mitwirkung, NJW 1966, 2092
Kunkel, Das Junge Konto – Minderjährigenschutz im Rahmen des Girovertrages, Rpfleger 1997, 1
Kurz, Die Problematik des § 1822 BGB, NJW 1992, 1798
Lautner, Gerichtliche Kontrolle der Beteiligung Minderjähriger an Grundstücksverwal-

tungsgesellschaften bürgerlichen Rechts, MittBayNot 2002, 256
Lüdecke, Vermögensverwaltung unter Beteiligung Minderjähriger, NJOZ 2018, 681
Maetschke, Zur familiengerichtlichen Genehmigung nach § 1822 Nr. 3 Var. 3 BGB, BRJ 2016, 8
Marcus, Welche rechtliche Stellung nimmt der Vormund einem Handelsgeschäfte gegenüber ein, das er im Namen des Mündels betreibt?, DJZ 1904, 353
Menzel, Die Kommanditanteilsübertragung an Minderjährige. Zugleich Anmerkung zum Beschluss des OLG Dresden vom 25. 4. 2018, 17 W 160/18 und Beschluss des OLG Köln vom 26. 3. 2018, 4 Wx 2/18, MittBayNot 2019, 222
Menzel/Wolf, Der minderjährige Kommanditist, MittBayNot 2010, 186
Merkel, Mängel in Personengesellschaftsverträgen des Handelsrechtes, BB 1963, 455
Motzer, Geltendmachung und Verwendung von Schadensersatz wegen Gesundheitsschäden als Aspekt elterlicher Vermögenssorge, FamRZ 1996, 844
Müller, Zur vormundschaftsgerichtlichen Genehmigung bei GmbH-Beteiligungen von Minderjährigen, Mündeln und Pfleglingen, JR 1961, 326
Münch, Übertragung von Kommanditanteilen an Minderjährige. Zugleich Besprechung von OLG Oldenburg, FamRZ 2019, 1934, FamRZ 2019, 1916
Naczinsky, Auswirkungen der Testierfähigkeit auf die Geschäftsfähigkeit Minderjähriger, NZFam 2018, 713
Nees, Vereinbarkeit von mehrjährigen Vertragsverhältnissen im Fußballsport mit dem Minderjährigenschutz, RW 2018, 159
Odersky, Zur rechtsgeschäftlichen Festlegung der Höhe des vom nichtehelichen Vater zu leistenden Unterhalts, FamRZ 1971, 137
Pluskat, Der entgeltliche Erwerb eines GmbH-Geschäftsanteils eines beschränkt geschäftsfähigen Minderjährigen, FamRZ 2004, 677
Rehbinder, Die Erforderlichkeit der vormundschaftsgerichtlichen Genehmigung für den Beitritt zu einer Genossenschaft, ZBlJugR 1963, 327
Reimann, Der Minderjährige in der Gesellschaft, DNotZ 1999, 179
Richter/Escher/Reuss, Die Familien-GmbH & Co. KG unter Beteiligung Minderjähriger, in: FS zum 10-jährigen Bestehen von P+P Pöllath + Partners (2008) 315
Rittner, Handelsrecht und Zugewinngemeinschaft (I): Die Bedeutung des § 1365 BGB im Handelsrecht, FamRZ 1961, 1
Rust, Die Beteiligung von Minderjährigen im Gesellschaftsrecht – Vertretung, familien-/vormundschaftsgerichtliche Genehmigung und Haftung des Minderjährigen, DStR 2005, 1942, 1992
Schilken, Die Bedeutung des „Taschengeldparagraphen" bei längerfristigen Leistungen, FamRZ 1978, 642
Schlachter, Minderjährigenschutz bei langzeitbefristeten Arbeitsverträgen im Berufssport, FamRZ 2006, 155
Schmid, Zur Auslegung des § 1718 B.G.B's, und zu dessen Anwendung in der Praxis, ZBlFG 4, 317
Schmidt, Vormundschaftsgerichtliche Genehmigung für Teilzahlungskreditvertrag?, BB 1963, 1121
Schütz, Scheckverkehr mit Minderjährigen, BB 1965, 693
Sennekamp, Die Genehmigung des Vormundschaftsgerichts beim Scheckverkehr mit Minderjährigen, NJW 1971, 1785
Spanl, Girokonto in der Vormundschaft, Zur vormundschaftsgerichtlichen Genehmigung bei bargeldlosem Zahlungsverkehr, Rpfleger 1989, 392
Sprau, Rechtliche Aspekte der Prepaid Karten für Minderjährige, in: FS Gerd Brudermüller (2014) 779
Stöber, Der minderjährige Gesellschafter einer offenen Handelsgesellschaft oder Kommanditgesellschaft, Rpfleger 1968, 2
Van De Loo/Strnad, Familiengerichtliche Genehmigung bei Übertragung von Kommanditbeteiligungen an einer vermögensverwaltenden Gesellschaft auf Minderjährige, ZEV 2018, 617
Vortmann, Bankgeschäfte mit Minderjährigen, WM 1994, 965
Weimar, Die Eröffnung von Gehalts- und Scheckkonten für beschränkt geschäftsfähige Arbeitnehmer, JR 1961, 455

Weinbrenner, Ergänzungspflegschaft und vormundschafts-/familiengerichtliche Genehmigung bei der Schenkung von KG-Gesellschaftsanteilen an Minderjährige, FPR 2009, 265
Werner, Beteiligung Minderjähriger an gesellschaftsrechtlichen Transaktionen im Recht der GmbH und GmbH & Co. KG, GmbHR 2006, 737
Wertenbruch, Familiengerichtliche Genehmigungserfordernisse bei der GbR mit minderjährigen Gesellschaftern, FamRZ 2003, 1714
ders, Familiengerichtliche Genehmigung für Grundstücksveräußerung durch GbR mit minderjährigem Gesellschafter, NJW 2015, 2150
Westermann, Die Bedeutung der Güterstände und der beschränkten Geschäftsfähigkeit für die Bankgeschäfte, FamRZ 1967, 645
Wiegel, Die vormundschaftsgerichtliche Genehmigung nach § 1615 e BGB (Unterhaltsvereinbarung für die Zukunft), FamRZ 1971, 17
Wilde, Der unter Betreuung stehende Gesellschafter, GmbHR 2010, 123
Winkler, Die Genehmigung des Vormundschaftsgerichts zu gesellschaftsrechtlichen Akten bei Beteiligung Minderjähriger, ZGR 1973, 177
ders, Erwerb von GmbH-Anteilen durch Minderjährige und vormundschaftsgerichtliche Genehmigung, ZGR 1990, 131
Woltereck, Der Gewerkschaftsbeitritt Minderjähriger, AuR 1965, 237
ders, Versicherungsverträge Minderjähriger oder Entmündigter und Genehmigung des Vormundschaftsgerichts, VersR 1965, 649
Wörbelauer, Zum Begriff der Verfügung über das Vermögen im ganzen (§ 1365 BGB), NJW 1960, 793
Zeiser, Gedanken zu Ergänzungspflegschaften und familiengerichtlichen Genehmigungen, Rpfleger 2017, 429
Zelz, Der Minderjährige in der GmbH, GmbHRdsch 1959, 91.

Systematische Übersicht

Alphabetische Übersicht

I. Rechtsgeschäfte über das Vermögen im Ganzen, eine Erbschaft oder einen Erb- oder Pflichtteil (Nr 1)

1 § 1822 Nr 1 BGB unterwirft eine Reihe von Rechtsgeschäften, die gänzlich aus dem Rahmen der laufenden Vermögensverwaltung fallen, für die wirtschaftliche Situation des Mündels große Bedeutung haben können und „nur in außergewöhnlichen Fällen als angemessen zu erachten" sein werden (Mot IV 1140), der Kontrolle durch das Familiengericht. Es geht dabei jeweils um Vermögensgesamtheiten, ohne dass es darauf ankäme, ob diese aus einer großen Zahl von einzelnen Vermögensstücken bestehen und einen hohen wirtschaftlichen Wert darstellen.

1. Verpflichtung zur Verfügung über das Vermögen im Ganzen

2 Als Rechtsgeschäft, durch das der Mündel zu einer Verfügung über sein Vermögen im Ganzen verpflichtet wird, kommt insbesondere ein Vertrag in Betracht, durch den der Mündel verpflichtet wird, sein gegenwärtiges Vermögen oder einen Bruchteil davon zu übertragen oder mit einem Nießbrauch zu belasten; ein solcher Vertrag bedarf nach § 311b Abs 3 BGB der notariellen Beurkundung. Ein entsprechender Vertrag, der sich auf künftiges Vermögen bezieht, ist nach § 311b Abs 2 BGB nichtig. Ebenso wie § 311b Abs 3 BGB erfasst § 1822 Nr 1 BGB nur solche Verträge, bei denen der Wille beider Vertragsteile auf eine Verpflichtung zur Übertragung des gesamten gegenwärtigen Vermögens des Mündels (oder eines Bruchteils davon) geht. Es genügt also nicht, wenn bestimmte einzelne Vermögensstücke übertragen werden sollen, mögen sie auch tatsächlich (im Wesentlichen) das ganze Vermögen ausmachen; insoweit unterscheiden sich die Voraussetzungen des § 1822 Nr 1 BGB (Gesamttheorie) von denen des § 419 BGB aF (s dazu Art 223a EGBGB) und des § 1365 BGB (Einzeltheorie; BGH LM Nr 2 zu § 1643 = FamRZ 1957, 121 = DNotZ 1957, 503 = JZ 1957, 382; Soergel/Zimmermann Rn 2; Erman/Schulte-Bunert Rn 1a; Palandt/Götz Rn 2; MünchKomm/Kroll-Ludwigs Rn 3; BGB-RGRK/Dickescheid Rn 1; Wörbelauer NJW 1960, 793, 794; Rittner FamRZ 1961, 1, 3 f, insbes Fn 40; Fortun NJW 1999, 754; vgl auch RGZ 69, 416, 420; 94, 314; BayObLG FamRZ 1974, 320, 323 = NJW 1974, 1142, 1143; Staudinger/Schumacher [2018] § 311b Abs 3 Rn 10 ff; **aA** Dölle § 128 II 2 a, aa; Gernhuber/Coester-Waltjen § 60 Rn 102; Reinicke DNotZ 1957, 505, 508; Kurz NJW 1992, 1798; s auch BGH WM 1972, 766, 767; AG Gemünden FamRZ 1972, 659 m Anm Bosch; Motzer FamRZ 1996, 844).

3 Verfügung über das Vermögen im Ganzen iS des § 1822 Nr 1 BGB ist auch die Übertragung eines **Bruchteils** des Vermögens (s Prot IV 791, wo dies als selbstverständlich bezeichnet wird; jurisPK-BGB/Lafontaine Rn 16) sowie die Belastung mit einem **Nießbrauch** (BGB-RGRK/Dickescheid Rn 2).

4 Ein dinglicher Vertrag über das Vermögen im Ganzen ist nicht möglich; die Verpflichtung zur Übertragung des Vermögens kann nur durch Übertragung der dazu gehörenden einzelnen Gegenstände nach den dafür geltenden Bestimmungen erfüllt werden. Ist dafür nach §§ 1812, 1821 BGB die Genehmigung des Gegenvormunds

oder des Familiengerichts vorausgesetzt, so wird diese in der Regel von einer nach § 1822 Nr 1 BGB erteilten Genehmigung umfasst sein, selbst wenn der dingliche Vertrag nach einer anderen Vorschrift genehmigungspflichtig wäre (ebenso MünchKomm/Kroll-Ludwigs Rn 4; BGB-RGRK/Dickescheid Rn 2; Vorbem 39 zu §§ 1821 f).

Ausnahmsweise wird die Änderung der Zuordnung einer Vermögensgesamtheit durch einen einheitlichen Rechtsakt bewirkt, und zwar bei der Übertragung eines Erbteils (§ 2033 Abs 1 BGB), durch die ehevertragliche Begründung oder Aufhebung der Gütergemeinschaft (§§ 1415, 1414 S 2 BGB) und die Ablehnung oder Aufhebung der fortgesetzten Gütergemeinschaft (§§ 1484, 1492 BGB); auch für diese Rechtsgeschäfte bedarf der Vormund der Genehmigung des Familiengerichts (§ 1822 Nr 1 BGB letzte Variante, § 1411 BGB, §§ 1484 Abs 2 S 2, 1492 Abs 3 BGB). Gerade die Fälle des ehelichen Güterrechts dürften allerdings seit dem Gesetz zur Bekämpfung von Kinderehen vom 17. 7. 2017 (BGBl I 2429) nur noch von lediglich geringer praktischer Relevanz sein (vgl §§ 1303, 1314 Abs 1 Nr 1 BGB; s bereits § 1821 Rn 33). 5

2. Verpflichtung zur Verfügung über eine dem Mündel angefallene Erbschaft

Rechtsgeschäfte, durch die der Mündel zu einer Verfügung über eine ihm angefallene Erbschaft (oder einen ihm angefallenen Erbteil, § 1922 Abs 2 BGB) verpflichtet wird, sind die Veräußerung der Erbschaft (§§ 2371 ff, 2385 BGB) und die Bestellung des Nießbrauchs an einer Erbschaft (§ 1089 BGB), aber auch der Verzicht auf einen Anspruch auf Übertragung eines Anteils im Rahmen der Auseinandersetzung eines Nachlasses (MünchKomm/Kroll-Ludwigs Rn 5). 6

Ein dinglicher Vertrag über die Übertragung der Erbschaft (oder des Erbteils) im Ganzen ist nicht möglich. Soweit die zur Erfüllung des obligatorischen Vertrags vorzunehmenden Geschäfte nach §§ 1812, 1821 BGB der Genehmigung des Gegenvormunds oder des Familiengerichts bedürfen, umfasst die Genehmigung des Verpflichtungsgeschäfts auch eine solche Verfügung (s oben Rn 4). Wegen der Genehmigung der Verfügung über einen Erbteil s unten Rn 11. 7

3. Verpflichtung zur Verfügung über einen künftigen gesetzlichen Erbteil oder künftigen Pflichtteil

Ein Vertrag, durch den der Mündel zu einer Verfügung über seinen künftigen gesetzlichen Erbteil oder seinen künftigen Pflichtteil verpflichtet wird, kann nur unter künftigen gesetzlichen Erben (§§ 1924 ff, 1931 BGB) geschlossen werden (BGHZ 104, 279 zu der Frage, ob § 312 Abs 2 BGB aF auch den künftigen testamentarischen Erbteil umfasste; dazu näher Staudinger/Schumacher [2018] § 311b Abs 4 und 5 Rn 34 ff); er bedarf der notariellen Beurkundung (§ 311b Abs 5 BGB). Dies galt nach § 1934b Abs 2 BGB aF, der durch das Erbrechtsgleichstellungsgesetz (s Rn 10) aufgehoben wurde, sinngemäß auch für den dem nichtehelichen Kind und seinen Abkömmlingen zustehenden Erbersatzanspruch. Nichtig ist dagegen der Vertrag über den Nachlass eines noch lebenden Dritten oder über den Pflichtteil oder ein Vermächtnis aus dem Nachlass eines noch lebenden Dritten (§ 311b Abs 4 BGB). Ein dinglicher Vertrag über eine zukünftige Erbschaft im Ganzen ist nicht möglich. 8

9 Ein **Erbverzichtsvertrag**, den der Vormund namens des Mündels mit dem Erblasser schließt (§ 2346 BGB), bedarf nach **§ 2347 Abs 1, Abs 2 S 2 BGB** der Genehmigung des Familiengerichts. Da der Erbverzicht eine Verfügung über die künftige Erbschaft (oder den künftigen Erbteil) darstellt, bedarf auch ein Vertrag, in dem sich der Mündel zum Erbverzicht verpflichtet, der Genehmigung nach § 1822 Nr 1 BGB (Soergel/Zimmermann Rn 4; MünchKomm/Kroll-Ludwigs Rn 6 aE; BGB-RGRK/Dickescheid Rn 4).

10 Die **gleiche Wirkung** wie ein (gegenseitiger) Erbverzicht hatten nach früherem Recht eine Vereinbarung zwischen einem nichtehelichen Kind und seinem Vater gemäß § 1934d BGB aF über den **vorzeitigen Erbausgleich** und die rechtskräftige Verurteilung des Vaters zur Zahlung des Erbausgleichs: Beim Tod des Vaters sowie beim Tod väterlicher Verwandter waren das Kind und seine Abkömmlinge, beim Tod des Kindes sowie beim Tod von Abkömmlingen des Kindes waren der Vater und dessen Verwandte nicht gesetzliche Erben und nicht pflichtteilsberechtigt. Deshalb war nicht § 1822 Nr 1 BGB, wohl aber § 2347 BGB entsprechend anwendbar, da es sich bei der Vereinbarung über den vorzeitigen Erbausgleich nicht um ein Verpflichtungsgeschäft hinsichtlich des künftigen Erbrechts, sondern um eine Verfügung darüber handelte. Der Betreuer des Vaters oder des Kindes (Vormundschaft kam nicht in Betracht, weil der Anspruch auf den vorzeitigen Erbausgleich vom nichtehelichen Kind erst geltend gemacht werden konnte, wenn es 21 Jahre alt war) bedurfte deshalb der Genehmigung des Vormundschaftsgerichts zum Abschluss der Vereinbarung oder zur Erhebung der Klage auf vorzeitigen Erbausgleich (ebenso mit überzeugender ausführlicher Begründung Brüggemann FamRZ 1990, 5, 11 f; nur im praktischen Ergebnis – für entsprechende Anwendung des § 1822 Nr 1 BGB – auch MünchKomm/Schwab[3] Rn 8; BGB-RGRK/Dickescheid Rn 5 aE; Kurz NJW 1992, 1798, 1799).

Das **Erbrechtsgleichstellungsgesetz** vom 16. 12. 1997 (BGBl I 2968) hat die in den §§ 1934a bis 1934e, 2338a BGB aF enthaltenen Sonderregelungen für das Erbrecht nichtehelicher Kinder gestrichen; auch ein Kind, dessen Vater nicht mit der Mutter verheiratet ist oder war, ist jetzt gesetzlicher Erbe des Vaters und der väterlichen Verwandten. Jedoch sind die bis zum Inkrafttreten des ErbGleichG am 1. 4. 1998 geltenden Vorschriften dann weiter anzuwenden, wenn der Erblasser vor diesem Zeitpunkt gestorben ist, über den Erbausgleich eine wirksame Vereinbarung getroffen wurde oder der Erbausgleich durch rechtskräftiges Urteil zuerkannt worden ist (so der durch das ErbGleichG eingefügte Art 227 Abs 1 EGBGB).

4. Verfügung über den Anteil des Mündels an einer Erbschaft

11 Während dingliche Verträge über das Vermögen im Ganzen oder die angefallene oder künftige Erbschaft im Ganzen ausgeschlossen sind (s oben Rn 4 u 7), kann ein Miterbe zwar nicht über seinen Anteil an den einzelnen Nachlassgegenständen (§ 2033 Abs 2 BGB), wohl aber über seinen Anteil am Nachlass verfügen (§ 2033 Abs 1 BGB). Auch für eine solche Verfügung verlangt § 1822 Nr 1 BGB die Genehmigung des Familiengerichts. Eine vom Familiengericht erteilte Genehmigung des Verpflichtungsgeschäfts erfasst auch das Verfügungsgeschäft (s oben Rn 7); dieses wird aber gleichwohl in § 1822 Nr 1 BGB eigens erwähnt, weil eine Verfügung über den Erbteil nicht voraussetzt, dass ihr ein obligatorischer Vertrag vorausgegangen ist.

II. Andere erbrechtliche Rechtsgeschäfte (Nr 2)

§ 1822 Nr 2 BGB verlangt die familiengerichtliche Genehmigung über die in Nr 1 genannten Fälle hinaus für andere erbrechtliche Rechtsgeschäfte, die die Vermögensverhältnisse des Mündels erheblich beeinflussen können. 12

1. Ausschlagung einer Erbschaft oder eines Vermächtnisses

a) Ausschlagung einer Erbschaft

Die Ausschlagung einer Erbschaft, womit auch die Ausschlagung eines Erbteils gemeint ist (§ 1922 Abs 2 BGB), bestimmt sich nach den §§ 1942 ff BGB (zur Ausschlagung zugunsten eines Dritten s Staudinger/Otte [2017] § 1947 Rn 5 ff). Sie ist grundsätzlich genehmigungsbedürftig, es sei denn, es liegen die Voraussetzungen von § 1643 Abs 2 S 2 BGB vor (Ivo ZEV 2006, 181; zur Ausschlagung der Erbschaft durch die Eltern nach § 1643 Abs 2 BGB jüngst OLG Köln 13. 11. 2018 – 10 WF 164/18, juris Rn 3, FamRZ 2019, 823; OLG Naumburg 10. 7. 2014 – 3 WF 94/14, FamRZ 2015, 943; KG FamRZ 2012, 1167; näher Staudinger/Heilmann [2016] § 1643 Rn 33 ff). 13

Zur **Annahme einer Erbschaft** (§ 1943 BGB) ist die Genehmigung des Familiengerichts dagegen ebenso wenig erforderlich wie für das Verstreichenlassen der Ausschlagungsfrist, weil mit dem Ablauf der Frist die Erbschaft als angenommen gilt (§ 1943 letzter HS BGB; s KG NJW 1962, 54, 55; BayObLG Rpfleger 1996, 455; OLG Koblenz FamRZ 2008, 1031; Ivo ZEV 2006, 181; Erman/Schulte-Bunert Rn 3; MünchKomm/Kroll-Ludwigs Rn 8; Staudinger/Otte [2017] § 1943 Rn 11b). Etwas anderes gilt dagegen für die **Anfechtung der Annahme**, da diese nach § 1957 Abs 1 BGB als Ausschlagung gilt. Ebenso genehmigungsbedürftig ist mithin auch die Anfechtung des Verstreichens der Ausschlagungsfrist gem § 1956 BGB; auf diese erstreckt sich allerdings eine womöglich bereits erteilte Genehmigung zur Ausschlagung (OLG Celle 14. 1. 2013 – 10 UF 291/12, juris Rn 8, Rpfleger 2013, 456, 457 = FamRZ 2013, 1333 [LS]). 14

Wird die Genehmigung der Ausschlagung innerhalb der Ausschlagungsfrist beantragt, so kann diese auch noch **nach Ablauf der Ausschlagungsfrist** erteilt werden (KG OLGE 41, 76; BayObLGZ 1969, 14 = FamRZ 1969, 434 = MDR 1969, 396; DIJuF-Rechtsgutachten JAmt 2010, 441, 442; Staudinger/Otte [2017] § 1945 Rn 9 ff; Soergel/Zimmermann Rn 6; MünchKomm/Kroll-Ludwigs Rn 8; Erman/Schulte-Bunert Rn 3b; NK-BGB/Fritsche Rn 6; BGB-RGRK/Dickescheid Rn 6). § 1831 BGB ist insoweit nicht anwendbar bzw teleologisch dahingehend zu reduzieren, dass eine nachträgliche Genehmigung ausnahmsweise auch für ein einseitiges Rechtsgeschäft überhaupt möglich ist; die Ausschlagungsfrist wird in diesem Fall analog § 206 BGB gehemmt, solange das Gericht noch nicht entschieden hat, die Genehmigung aber beantragt wurde. Notwendig sind bis zum Ablauf der Ausschlagungsfrist folglich nur die Erklärung ebendieser und der die Hemmung auslösende Genehmigungsantrag (ausführlich dazu § 1831 Rn 11 ff). 15

b) Ausschlagung eines Vermächtnisses

Die Ausschlagung eines Vermächtnisses richtet sich nach den §§ 2176, 2180 BGB. Auch zur Annahme eines Vermächtnisses ist die Genehmigung des Familiengerichts nicht erforderlich (OLG München Rpfleger 2012, 136, 137 = NJW-RR 2012, 137), wohl aber zur Anfechtung der Annahme. Zwar verweist § 2180 Abs 3 BGB nicht auf § 1957 BGB, dennoch hat die wirksame Anfechtung der Annahme eines Vermächtnisses für 16 den Mündel die gleiche wirtschaftliche Folge wie eine sogleich erklärte Ausschlagung (iE wie hier, aber über eine Auslegung der Anfechtungserklärung STAUDINGER/OTTE [2013] § 2180 Rn 15; MünchKomm/HUBER § 1643 Rn 13; KÖLMEL RNotZ 2010, 1, 23; **aA** noch STAUDINGER/ENGLER[10/11] Rn 57; ERMAN/SCHULTE-BUNERT Rn 3; BGB-RGRK/DICKESCHEID Rn 6; unklar MünchKomm/KROLL-LUDWIGS Rn 8 Fn 15).

c) Entsprechende Anwendung der Vorschrift

17 Bis zum 31. 3. 1998 war die Genehmigung des Vormundschaftsgerichts auch zur **Ausschlagung eines Erbersatzanspruchs (§ 1934a BGB aF)** erforderlich; nach § 1934b Abs 2 S 1 BGB aF waren die für die Annahme und die Ausschlagung eines Vermächtnisses geltenden Vorschriften hier sinngemäß anzuwenden. Die Bestimmungen über den Erbersatzanspruch eines nichtehelichen Kindes und über den vorzeitigen Erbausgleich wurden durch das Erbrechtsgleichstellungsgesetz aufgehoben (s oben Rn 10).

d) Entscheidungskriterien für das Familiengericht

18 Bei der Prüfung, ob eine Ausschlagung dem Wohl des Mündels dient, ist nicht ausschließlich auf das wirtschaftliche Interesse, sondern auf das **Gesamtinteresse des Mündels** – einschließlich seiner persönlichen Interessen – zu achten (OLG Köln 13. 11. 2018 – 10 WF 164/18, juris Rn 3, FamRZ 2019, 823; OLG Köln FamRZ 2008, 1113; OLG Saarbrücken 28. 4. 2015 – 6 WF 42/15, juris Rn 6, FamRZ 2016, 260; OLG Brandenburg 23. 1. 2014 – 9 UF 16/13, juris Rn 4, NJW-Spezial 2014, 136; OLG Bremen FamRZ 1962, 209 = DAVorm 1962, 189; OLG Hamm FamRZ 2009, 2036 = ZEV 2009, 471 m Anm LEIPOLD; BGB-RGRK/DICKESCHEID Rn 6; s auch ERMAN/SCHULTE-BUNERT Rn 3b; § 1828 Rn 23). Ist der Nachlass nicht überschuldet, so besteht in der Regel kein hinreichender Grund, um eine Ausschlagung zu genehmigen (OLG Saarbrücken 28. 4. 2015 – 6 WF 42/15, juris Rn 6, FamRZ 2016, 260; OLG Köln 13. 11. 2018 – 10 WF 164/18, juris Rn 2, FamRZ 2019, 8, 23), sofern nicht die Abwägung der Gesamtbelange des Mündels ergibt, dass die Ausschlagung dem Mündelwohl entspricht. Das wäre etwa dann der Fall, wenn vorrangig Erbberechtigte die Erbschaft ebenfalls ausgeschlagen haben (OLG Brandenburg 11. 9. 2018 – 13 WF 114/18, juris Rn 10, FamRZ 2019, 392; OLG Köln 13. 11. 2018 – 10 WF 164/18, juris Rn 3) und der „hinreichend entscheidungssichere" Minderjährige einen Ausschlagungswillen geäußert hat (OLG Köln 13. 11. 2018 – 10 WF 164/18, juris Rn 4, FamRZ 2019, 823). Umgekehrt vermag die Möglichkeit, die Haftung für Nachlassverbindlichkeiten auf den Nachlass zu beschränken (§ 1990 BGB), nicht allein persönliche Interessen in den Hintergrund zu stellen, wenn ein Vermögenszuwachs durch den Nachlass wegen hoher Verbindlichkeiten ohnehin fraglich ist (OLG Brandenburg 23. 1. 2014 – 9 UF 16/13, juris Rn 9, NJW-Spezial 2014, 136: Minderjähriger wird durch Ausschlagung davor bewahrt, Prozesse gegen den früheren Lebensgefährten seiner von diesem getöteten Mutter zu führen, welche zu Verbindlichkeiten führen würden, die den Nachlass stark belasten würden, welcher dann dem Minderjährigen ohnehin auch keinen wirtschaftlichen Vorteil bringen würde).

Im Fall der **Betreuung** muss primär der Wille des Betreuten als Grundlage für die Entscheidung genommen werden (ausführlich dazu § 1828 Rn 131), sodass die Ausschlagung nicht nur als höchstpersönliche Entscheidung gesehen wird (so schon LG Aachen NJW-RR 2005, 307, 308; näher auch nachfolgender Absatz), sondern – anders als im Fall der Vormundschaft – nicht erst gewichtige Gründe vorliegen müssen, die eine solche Entscheidung (auch) im Interesse des Betreuten rechtfertigen könnten; mithin kann auch ein nicht überschuldeter Nachlass ohne Weiteres von einem Betreuten mit der

Begründung der Entfremdung zum Erblasser ausgeschlossen werden (LG Leipzig 19. 7. 2017 – 2 T 383/17, juris Rn 21, FamRZ 2018, 630, 631).

Eine Ausschlagung ist nicht genehmigungsfähig, wenn sie **sittenwidrig** ist. Allerdings ist dies nicht der Fall, wenn über das Vermögen des Erblassers ein Insolvenzverfahren eröffnet ist und durch die Ausschlagung Gläubiger benachteiligt werden (vgl § 83 Abs 1 InsO; LG Aachen NJW-RR 2005, 307, 308 = FamRZ 2005, 1506 [stark verkürzt]; s auch LG Leipzig 19. 7. 2017 – 2 T 383/17, juris Rn 27, FamRZ 2018, 630, 632). 19

Fraglich ist, ob dies dagegen bei einem **Verstoß gegen das Nachrangprinzip des Sozialhilferechts** (§§ 2 Abs 1, 90 Abs 1 SGB XII) der Fall ist. So kann durch Ausschlagung der Anfall der Erbschaft auf einen Dritten gelenkt werden, der dann im Innenverhältnis den Ausschlagenden daran beteiligt, ohne dass der Sozialhilfeträger Zugriff auf diese Vermögensmasse erhält. Der Erbe macht sich also bedürftig oder erhält die Bedürftigkeit aufrecht (Staudinger/Otte [2017] § 1942 Rn 22). Teilweise wurde dies für ausreichend erachtet, um eine Sittenwidrigkeit zu begründen (OLG Stuttgart NJW 2001, 3484; OLG Hamm FamRZ 2009, 2036 f = ZEV 2009, 471, 472 m zust Anm Leipold; s auch Erman/Schulte-Bunert Rn 3b; **aA** LG Aachen NJW-RR 2005, 307, 308 = FamRZ 2005, 1506 [stark verkürzt] unter Berücksichtigung des § 83 Abs 1 InsO). Lediglich ein überwiegendes Interesse des Erben lasse die Sittenwidrigkeit entfallen (OLG Hamm FamRZ 2009, 2036, 2037 = ZEV 2009, 471, 472 m zust Anm Leipold). Der BGH trat dem entgegen und argumentierte mit einer „negativen Erbfreiheit" des Ausschlagenden, die der Testierfreiheit des Erblassers gegenüberstehen soll: Es könne nicht sein, dass einerseits die freie Erbeinsetzung durch Testament gewährleistet ist, gleichzeitig aber die Pflicht zur Annahme der Erbschaft bestehe (BGH FamRZ 2011, 472, 475 m krit Anm Leipold ZEV 2011, 528, 529 = DNotZ 2011, 381 m zust Anm Ivo). Und wenn von der Testierfreiheit auch die gezielte Benachteiligung einer sozialhilfebedürftigen Person gedeckt sei, um dem Sozialhilfeträger den Zugriff auf das Vermögen zu entziehen, dann müsse umgekehrt auch die eigene Ausschlagung des Erben zulasten des Sozialhilfeträgers möglich sein (BGH FamRZ 2011, 472, 473 mwNw zur Rechtsprechung des BGH in Bezug auf sog „Behindertentestamente"; s dazu auch BGH 1. 2. 2017 – XII ZB 299/15, juris Rn 15, FamRZ 2017, 758, 759 m Anm Spall). Das Nachrangprinzip werde zudem im Sozialhilferecht nicht konsequent durchgesetzt, sodass iE – gerade auch vor dem Hintergrund möglicher sozialrechtlicher Sanktionierungen durch Leistungskürzungen (vgl § 26 Abs 1 S 1 Nr 1 SGB XII) – die Anwendung des § 138 Abs 1 BGB nicht gerechtfertigt sei (BGH FamRZ 2011, 472, 474 u 475 f). Ob sich die Instanzrechtsprechung dem angeschlossen hat, bleibt nicht ganz ersichtlich (so zwar LG Neuruppin 28. 6. 2017 – 5 T 21/17, juris Rn 17 ff, FamRZ 2018, 957, 958; anders aber wohl OLG Köln 13. 11. 2018 – 10 WF 164/18, juris Rn 5, FamRZ 2019, 823, das die Ausschlagung – ohne Verweis auf die BGH-Rechtsprechung – nur im Ausnahmefall nicht als sittenwidrig werten will [insoweit auf der Linie des OLG Hamm FamRZ 2009, 2036, 2037], etwa wenn der ererbte Vermögenszufluss unterhalb des Schonvermögens liegt; zuversichtlich gleichwohl jurisPK-BGB/Lafontaine Rn 180). Vollends befriedigt die Argumentation des BGH zwar nicht, da nicht unbedingt ersichtlich ist, weshalb die „negative Erbfreiheit" stets von einer zivilrechtlichen Inhaltskontrolle ausgenommen werden sollte (Staudinger/Otte [2017] Einleitung 104b zum Erbrecht). Zudem stellt sich die Frage, ob der Gesetzgeber, dem der BGH die Verantwortung für die Schaffung einer Zugriffsmöglichkeit des Sozialhilfeträgers auf den Nachlass zuweist, überhaupt noch in der Weise handlungsfähig ist, wenn man die Herleitung der „negativen Erbfreiheit" unmittelbar aus Art 14 Abs 1 GG oder Art 2 Abs 1 GG bejaht (Leipold ZEV 2011, 528, 529; Dreher/

Görner NJW 2011, 1761, 1762 f). Gleichwohl leuchtet der Umkehrschluss aus der Testierfreiheit ein. Schließlich steht auch wertungsmäßig regelmäßig nicht die Benachteiligung des Sozialhilfeträgers an sich im Vordergrund, sondern vielmehr die Möglichkeit, für den bedürftigen Erben zusätzliche Leistungen, etwa therapeutische Angebote, privat zu organisieren (Dreher/Görner NJW 2011, 1761, 1762 f). Daher ist der Rechtsprechung des BGH iE zuzustimmen.

2. Verzicht auf einen Pflichtteil

20 Der Verzicht auf einen Pflichtteil stellt einen Vertrag über den **Erlass eines bereits angefallenen Pflichtteilsanspruchs** dar (§ 397 BGB); der Verzicht auf das künftige Pflichtteilsrecht erfolgt in der Form des Erbverzichts (§ 2346 BGB), der nach Maßgabe des § 2347 BGB der Genehmigung des Familiengerichts bedarf (s Prot VI 394). Über den Vertrag, durch den ein Erbverzicht aufgehoben wird, s § 2351 BGB.

21 Zur **Anerkennung eines Testaments** bedarf der Vormund nicht der Genehmigung des Familiengerichts, es sei denn, dass mit der Anerkennung ein Verzicht auf den Pflichtteil verbunden ist (Soergel/Zimmermann Rn 10; vgl auch Ischinger Rpfleger 1951, 159, 163 über das Erfordernis der Genehmigung zur Bestätigung einer gemäß §§ 2078, 2079 BGB anfechtbaren letztwilligen Verfügung).

3. Erbteilungsvertrag

a) Zweck des Genehmigungserfordernisses

22 Beginnt die vormundschaftliche Verwaltung bereits mit einer Erbauseinandersetzung und ist diese damit die Basis für die Gestaltung dieser Verwaltung, so erscheint es zweckmäßig, dass das Familiengericht schon bei der Erbauseinandersetzung mitwirkt und nicht erst bei der Prüfung der nächsten Jahresrechnung davon Kenntnis erlangt (Mot IV 1140).

b) Begriffsbestimmung

23 **Erbteilungsvertrag** ist jeder Vertrag, durch den die Erbengemeinschaft entweder hinsichtlich des gesamten Nachlasses oder eines Teils davon aufgehoben werden soll (KGJ 42, A 49). Ist der Mündel hieran beteiligt, ist der Vertrag genehmigungspflichtig. Auf die Art der Gegenstände, die zum Nachlass gehören, kommt es ebenso wenig an wie auf die Frage, worauf sich der Anspruch des Mündels aus der Erbauseinandersetzung bezieht. Nicht entscheidend ist auch, ob der Nachlass oder der Teil, auf den sich die Auseinandersetzung bezieht, einem oder mehreren Erben zugewiesen wird.

c) Einzelfälle

24 Der Erbteilungsvertrag ist dabei nicht nur in seinen dinglichen Teilen genehmigungspflichtig, sondern auch dann, wenn er **nur die schuldrechtliche Verpflichtung** der Miterben zur Auseinandersetzung in bestimmter Weise festlegt. Dies ergibt sich aus dem allgemein gefassten Begriff „Erbteilungsvertrag“; wäre der obligatorische Vertrag ohne die Genehmigung des Familiengerichts wirksam, so könnte die notwendige Kontrolle dadurch umgangen werden, dass aus einem gegen den Mündel erwirkten Urteil vollstreckt wird (Soergel/Zimmermann Rn 9 aE; MünchKomm/Kroll-Ludwigs Rn 10; BGB-RGRK/Dickescheid Rn 8; Enneccerus/Kipp § 115 II 5 Fn 11; **aA** KG

KGJ 42, A 49, 51, dessen Wortinterpretation nicht überzeugt). Hat das Familiengericht den obligatorischen Vertrag genehmigt, so sind davon auch die der Ausführung dienenden Verfügungen erfasst. Genehmigungsbedürftig ist etwa ein Vertrag über das Tragen einer Nachlassverbindlichkeit; nicht erfasst wird allerdings die Kostenklausel, da diese das Verhältnis zu Dritten betrifft (LG Berlin Rpfleger 1981, 63, 64; Erman/Schulte-Bunert Rn 4; MünchKomm/Kroll-Ludwigs Rn 10; zweifelnd BGB-RGRK/Dickescheid Rn 8).

25 Nicht entscheidend ist, ob der Erbteilungsvertrag gänzlich privatautonom geschlossen wird oder nach Vermittlung durch einen Notar (§§ 363 ff FamFG; nach dem bis 2013 geltenden § 363 FamFG aF noch Vermittlung durch das Nachlassgericht; näher zur Altregelung Staudinger/Veit [2014] Rn 25).

26 Die Genehmigung des Familiengerichts ist auch dann erforderlich, wenn die vereinbarte Auseinandersetzung einer letztwilligen Verfügung des Erblassers, insbesondere einer **Teilungsanordnung**, folgt oder wenn die Erben sich auf eine **Teilung nach der gesetzlichen Regelung der §§ 2042 Abs 2, 752 ff BGB** geeinigt haben (ebenso MünchKomm/Kroll-Ludwigs Rn 10 Fn 18; Palandt/Götz Rn 4; Erman/Schulte-Bunert Rn 4; **aA** BayObLGZ 1, 419, 422; Brüggemann FamRZ 1990, 124, 128). Auch in einem solchen Fall hat das Familiengericht zu prüfen, ob die Rechte des Mündels gewahrt sind.

27 Die Auseinandersetzung einer Erbengemeinschaft kann dabei sowohl durch Teilung bzw Veräußerung von Nachlassgegenständen als auch durch Übertragung von Erbteilen erfolgen (BGH FamRZ 1983, 475). Sie kann sich auf den gesamten Nachlass oder einen Teil beziehen, aber auch alle Erben oder nur einen bzw einzelne Miterben erfassen, **sog Abschichtung** (BGH FamRZ 1998, 673; KG 23. 7. 2018 – 13 UF 105/18, juris Rn 11, FamRZ 2018, 1673, 1674; OLG Hamm 2. 8. 2017 – 15 W 263/16, juris Rn 9, FamRZ 2018, 114; Spanl/Imre, Vermögensverwaltung 249 f; näher Staudinger/Löhnig [2016] § 2042 Rn 60). Handelt ein Vormund für einen ausscheidenden Miterben, so ist eine solche einvernehmliche persönliche Teilauseinandersetzung nur gegen Leistung einer Abfindung zulässig (arg e § 1804 BGB; KG 23. 7. 2018 – 13 UF 105/18, juris Rn 11, FamRZ 2018, 1673, 1674; Spanl/Imre, Vermögensverwaltung 248).

Diese Abschichtung stellt ein Aufgeben von Mitgliedschaftsrechten an einer Erbengemeinschaft, aber noch keine Verfügung über den Erbteil iSv § 2033 Abs 1 S 1 BGB dar; vielmehr wächst der Erbteil des Ausscheidenden kraft Gesetzes den verbleibenden Mitgliedern der Erbengemeinschaft an; bleibt nur ein Miterbe übrig, so führt die Anwachsung zu Alleineigentum am Nachlass und damit zur Beendigung der Erbengemeinschaft (BGH FamRZ 1983, 475 mwNw). Damit entfällt bei Ausscheiden eines Mündels der Genehmigungstatbestand des § 1822 Nr 1 letzte Var BGB (KG 23. 7. 2018 – 13 UF 105/18, juris Rn 16, FamRZ 2018, 1673, 1674); nicht einschlägig ist aber auch § 1812 Abs 1 S 1 Var 2 BGB, da keine Verfügung über ein Recht angenommen werden kann, kraft dessen der Mündel eine Leistung verlangen kann (so aber Spanl/Imre, Vermögensverwaltung 248). Dient die Abschichtung aber letztlich dem Ziel der Erbteilung, so ergibt sich die Genehmigungsbedürftigkeit unmittelbar aus § 1822 Nr 2 BGB (MünchKomm/Kroll-Ludwigs Rn 10 Fn 18; NK-BGB/Fritsche Rn 8; für eine analoge Anwendung, da die Abschichtung nicht unmittelbar vom Wortlaut erfasst scheint, wohl OLG Hamm 2. 8. 2017 – 15 W 263/16, juris Rn 9, FamRZ 2018, 114).

§ 1822 Nr 2 BGB ist allerdings im Fall elterlicher Sorge nicht anwendbar (vgl § 1643 Abs 1 BGB). Dies stellt zunächst kein Problem dar, wenn die Vertretung des Minderjährigen schon wegen §§ 1795 Abs 2, 181 BGB ausgeschlossen ist, da § 1822 Nr 2 BGB auf den dann zu bestellenden Ergänzungspfleger wiederum zur Anwendung kommt (OLG Hamm 2. 8. 2017 – 15 W 263/16, juris Rn 9, FamRZ 2018, 114). Sobald allerdings der Elternteil mit dem Minderjährigen eine Erbeserbengemeinschaft bildet und bei deren Ausscheiden aus einer Erbengemeinschaft gerade kein Insichgeschäft, sondern eine zulässige Mehrfachvertretung vorliegt, greift § 1822 Nr 2 BGB nicht mehr (KG 23. 7. 2018 – 13 UF 105/18, juris Rn 16, FamRZ 2018, 1673, 1674; zum Ganzen bereits § 1795 Rn 12; § 1821 Rn 52). Daher wird teilweise eine entsprechende Anwendung der Genehmigungserfordernisse in diesem Fall befürwortet (NK-BGB/Fritsche Rn 8; Zorn FamRZ 2018, 1651, 1652 f), was allerdings vor dem Hintergrund des Grundsatzes der formalen Abgrenzung kaum haltbar sein dürfte (vgl Vorbem 9 zu §§ 1821 f).

d) Keine Erbteilungsverträge

28 Mangels Vorliegens eines Erbteilungsvertrags nicht genehmigungsbedürftig ist dagegen die **Veräußerung eines Nachlassgegenstandes durch sämtliche Erben an einen Dritten**; allerdings kann je nach Verfügungsgegenstand eine Genehmigung nach §§ 1821 Abs 1 Nrn 1–3, 1812 BGB erforderlich sein. Erst die Vereinbarung der Miterben über die Verteilung des Erlöses bedarf als Erbteilungsvertrag der Genehmigung (MünchKomm/Kroll-Ludwigs Rn 10).

29 Das Gleiche gilt für eine von den Miterben getroffene **Vereinbarung über den Aufschub der Auseinandersetzung** (Palandt/Götz Rn 4; Erman/Schulte-Bunert Rn 4; **aA** Enneccerus/Kipp § 115 II 5 Fn 11; Soergel/Zimmermann Rn 9). Eine solche Vereinbarung blockiert zwar das Recht des Mündels, gemäß § 2042 BGB die Auseinandersetzung zu verlangen, ebenso wie wenn der Erblasser sie ausgeschlossen hätte (s § 2044 BGB), sodass der Mündel die Auseinandersetzung nur aus wichtigem Grund verlangen kann (§§ 2042 Abs 2, 749 Abs 2 BGB). Dennoch erscheint eine entsprechende Anwendung des § 1822 Nr 2 BGB auf den Fall des Aufschubs der Erbauseinandersetzung angesichts des Grundsatzes der formalen Abgrenzung (Vorbem 9 f zu §§ 1821 f) nicht zulässig. Soweit dem Mündel durch die vom Vormund abgeschlossene Vereinbarung ein Vermögensnachteil entsteht, kommt die Haftung des Vormunds nach § 1833 BGB in Betracht.

30 Nicht genehmigungsbedürftig ist weiter die Erhebung einer **Teilungsklage nach § 2042 BGB** (Mot IV 1140; MünchKomm/Kroll-Ludwigs Rn 10; BGB-RGRK/Dickescheid Rn 8; Erman/Schulte-Bunert Rn 4; Soergel/Zimmermann Rn 10; Palandt/Götz Rn 4) sowie der **Antrag auf Aufhebung der Gemeinschaft** durch Verkauf eines gemeinschaftlichen Gegenstandes (§§ 2042 Abs 2, 753 BGB), es sei denn, dass die Art des Gegenstandes die Genehmigung des Familiengerichts erforderlich macht (zB nach § 1821 Abs 1 Nr 1 BGB). Der **Antrag auf Zwangsversteigerung eines Grundstücks** zum Zweck der Aufhebung einer Gemeinschaft kann dagegen vom Vormund eines Miteigentümers nur mit Genehmigung des Familiengerichts gestellt werden (§ 181 Abs 2 S 2 ZVG; RGZ 136, 353, 357 f; LG Konstanz NJW 1966, 2115; vgl E I § 1676; Mot IV 1148 ff; Prot IV 795).

31 Keiner familiengerichtlichen Genehmigung bedarf auch der **Testamentsvollstrecker** für eine von ihm nach § 2204 BGB bewirkte Auseinandersetzung unter den Miterben, selbst wenn zu den Erben Personen gehören, die unter Vormundschaft stehen (Erman/Schulte-Bunert Rn 4; Soergel/Zimmermann Rn 10; BGB-RGRK/Dickescheid Rn 9). Die einseitige Festlegung des Auseinandersetzungsplans durch den Testamentsvollstrecker ist kein Vertrag, auch wenn er den Auseinandersetzungsvertrag der Miterben ersetzt (Staudinger/Reimann [2016] § 2204 Rn 40).

e) Prüfungsumfang des Familiengerichts

Bei Erteilung der Genehmigung hat das Familiengericht zu prüfen, ob der Abschluss des Erbteilungsvertrags unter Würdigung aller Umstände für den Mündel günstiger ist als das bei Verweigerung der Genehmigung zu erwartende Ausbleiben der Auseinandersetzung (KG JFG 8, 53, 55). 32

f) Sonderregeln

Keine Anwendung findet § 1822 Nr 2 BGB auf die **Auseinandersetzung über das Gesamtgut der Gütergemeinschaft** oder der fortgesetzten Gütergemeinschaft, da hier Sonderregeln (§§ 1471, 1474 ff, 1497 ff BGB) greifen (ebenso BGB-RGRK/Dickescheid Rn 9 aE). 33

III. Entgeltlicher Erwerb oder Veräußerung eines Erwerbsgeschäfts (Nr 3 Var 1 und 2)

1. Zweck des Genehmigungserfordernisses

Die Genehmigungspflicht nach Nr 3 ist im Interesse und zum Schutz des Mündels für die Fälle geschaffen worden, in denen der Minderjährige aufgrund seiner Beteiligung an einem Erwerbsgeschäft oder aufgrund eines Gesellschaftsvertrags, der zum Betrieb eines Erwerbsgeschäfts eingegangen wird (Nr 3 Var 3), Haftungsrisiken übernimmt und ihm insoweit Schäden oder Nachteile drohen (BGH FamRZ 1957, 121, 122). 34

2. Erwerbsgeschäft

a) Allgemeine Merkmale

Der Begriff des Erwerbsgeschäfts findet sich nicht nur in § 1822 Nr 3 BGB, sondern auch in den §§ 112, 1431, 1440 S 2, 1442 S 2, 1456, 1462 S 2, 1645, 1823, 1825 Abs 2, 1841 Abs 2 BGB. Während aber in letztgenannten Vorschriften die Tätigkeit im Mittelpunkt steht, geht es in § 1822 Nr 3 BGB um die Begründung oder die Aufgabe der Stellung des Inhabers eines Erwerbsgeschäfts. 35

Erwerbsgeschäft iS aller dieser Vorschriften ist „jede regelmäßige, auf selbständigen Erwerb gerichtete Thätigkeit […], mag sie in Handel, der Betreibung einer Fabrik oder eines Handwerkes, der Ausübung eines künstlerischen oder wissenschaftlichen Berufes, der Landwirtschaft usw bestehen" (Mot I 142; RGZ 133, 7, 11; 144, 1, 2 = HRR 1934 Nr 941; BayObLG FamRZ 1996, 119, 121; vgl § 1823 Rn 5; Staudinger/Klumpp [2017] § 112 Rn 6; Staudinger/Thiele [2018] § 1431 Rn 3; Erman/Schulte-Bunert Rn 5a; Czeguhn/Dickmann FamRZ 2004, 1534, 1535; Kurz NJW 1992, 1798, 1800; NK-BGB/Fritsche Rn 9).

aa) Vorausgesetzt ist, dass die Tätigkeit **selbständig, im eigenen Namen**, auf eigene Rechnung und – grundsätzlich – mit dem Willen, Gewinn zu erzielen (KG OLGZ 1976, 302 = NJW 1976, 1946 = MDR 1976, 755 = Rpfleger 1976, 305), ausgeübt wird und **auf eine** 36

gewisse Dauer angelegt ist (OLG Oldenburg 17. 7. 2019 – 12 W 53/19, juris Rn 15, FamRZ 2019, 1934, 1936; OLG Nürnberg 16. 12. 2014 – 11 WF 1415/14, juris Rn 26, FamRZ 2015, 1407, 1409; OLG Thüringen 22. 3. 2013 – 2 WF 26/13, juris Rn 35, FamRZ 2014, 140, 142). Wie bei einem kaufmännischen Unternehmen die Firma lautet, ist ohne Bedeutung. Nicht nötig ist eine eigene Tätigkeit oder Mitarbeit im Erwerbsgeschäft; dieses kann für den Inhaber durch Bevollmächtigte, zB Prokuristen, betrieben werden, vorausgesetzt allerdings, dass der Inhaber (oder sein gesetzlicher Vertreter) von der planmäßigen Leitung nicht vollständig ausgeschlossen, dass er also nicht ohne jeglichen Einfluss auf den Betrieb des Erwerbsgeschäfts ist.

37 **bb)** Gleichgültig ist, in welcher **Rechtsform** das Erwerbsgeschäft betrieben wurde bzw in Zukunft betrieben wird (zutreffend OLG München 28. 12. 2017 – 2 WF 1509/17, juris Rn 14, MittBayNot 2019, 132, 134) und wem der Gewinn zufließt. Ebenso macht es keinen Unterschied, ob das Erwerbsgeschäft vom Mündel allein oder in Gemeinschaft mit anderen betrieben wird. Als Teilhaber einer OHG betreibt der Mündel selbst dann ein Erwerbsgeschäft, wenn er von der Geschäftsführung ausgeschlossen ist (RGZ 87, 100, 102; 127, 110, 114; s auch RGZ 122, 370 = HRR 1929 Nr 499; BayObLGZ 21, 218, 221; BGB-RGRK/Dickescheid Rn 13; MünchKomm/Kroll-Ludwigs Rn 12). Das Gleiche gilt für eine Grundstücksverwaltungsgesellschaft, wenn nur das Privatvermögen verwaltet wird (näher dazu unten Rn 77).

38 **cc)** Durch **vorübergehende Schließung**, selbst durch den Tod des Inhabers, verliert ein Betrieb nicht unbedingt die Eigenschaft eines Erwerbsgeschäfts iS des § 1822 Nr 3 BGB, wenn die Erben noch die Möglichkeit haben, das Geschäft zu betreiben (so BGHZ 7, 208 = NJW 1952, 1410 für ein Fleischereigeschäft in der Kriegs- und Nachkriegszeit; BGB-RGRK/Dickescheid Rn 13; Erman/Schulte-Bunert Rn 5b; Soergel/Zimmermann Rn 12; MünchKomm/Kroll-Ludwigs Rn 11a aE).

b) Freiberufliche Praxen

39 Unter den Begriff des Erwerbsgeschäfts fällt etwa auch die Ausübung eines künstlerischen oder wissenschaftlichen Berufs (s Mot I 142). Auch die **Tätigkeit von Angehörigen freier Berufe** ist auf selbständigen Erwerb gerichtet; sie handeln in Gewinnerzielungsabsicht, selbst wenn sie kein Gewerbe iS der Gewerbeordnung betreiben. Insoweit ist eine wirtschaftliche Betrachtungsweise geboten (vgl KG OLGZ 1976, 302 = NJW 1976, 1946 = MDR 1976, 755 = Rpfleger 1976, 305).

40 Ausgenommen vom Begriff des Erwerbsgeschäfts ist auch nicht die **Praxis eines Arztes oder Zahnarztes, wenn dieser stirbt**. Zwar wurde zunächst die Ansicht vertreten, dass das Erwerbsgeschäft des bisherigen Praxisinhabers, der verstorben ist, nicht weiterexistiere. Es sei mit dem Tod des Arztes erloschen und aufgelöst, und ein Arzt, an den die Praxis veräußert werde, führe nicht das Erwerbsgeschäft seines Vorgängers fort, auch wenn ihm die Vorteile der Übernahme der Räume zugutekämen; mit der Verneinung eines Erwerbsgeschäfts in den Händen der Erben entfalle nicht nur dem Wortlaut, sondern auch dem Sinne nach die Anwendbarkeit des § 1822 Nr 3 BGB, da nicht mehr die Funktion des Erwerbsgeschäfts als Existenzgrundlage des Mündels im Vordergrund stehe (RGZ 144, 1, 4 f entgegen der vom II. ZS in RGZ 115, 172 vertretenen Auffassung; zustimmend Dölle § 128 II 2 c S 775; Gernhuber[3] § 52 V 6; BGB-RGRK/Scheffler[10/11] Anm 9; Staudinger/Engler[10/11] §§ 1821, 1822 Rn 66). Danach würde eine nach Nr 3 genehmigungsbedürftige Veräußerung überhaupt nur dann vorliegen, wenn

der Mündel das Erwerbsgeschäft selbst (auch durch Vertreter, s oben Rn 36) betrieben hat und dann aufgeben will (so STAUDINGER/ENGLER [2004] Rn 36).

Die genannte Rechtsprechung entspricht allerdings nicht mehr den inzwischen gewandelten Anschauungen und der verstärkten Kommerzialisierung (SOERGEL/ZIMMERMANN Rn 12; jurisPK-BGB/LAFONTAINE Rn 42). Sie verkennt den wirtschaftlichen Wert einer freiberuflichen Praxis, der sich aus einem Substanzwert und einem darüber hinausgehenden Wert, einem Goodwill, soweit dieser übertragbar ist, zusammensetzt (BGH FamRZ 2008, 761, 763 [zur Wertermittlung einer freiberuflichen Praxis im Rahmen von Zugewinnausgleich und Unterhalt]; MünchKomm/KROLL-LUDWIGS Rn 11a; NK-BGB/FRITSCHE Rn 11; s auch BGB-RGRK/DICKESCHEID Rn 12). Der Goodwill gründet sich auf immaterielle Faktoren, wie Mitarbeiterstamm, günstigen Standort, Art und Zusammensetzung der Mandanten bzw Patienten, Konkurrenzsituation und ähnliche Faktoren, die regelmäßig auf einen Nachfolger übertragbar sind. Nicht übertragbar sind dagegen Faktoren wie Ruf und Ansehen des Praxisinhabers, die mit dessen Person verknüpft sind (BGH FamRZ 2008, 761, 763). Da der Erwerber einer freiberuflichen Praxis oder eines Anteils daran die Chance erwirbt, die Mandanten/Patienten des bisherigen Praxisinhabers zu übernehmen und auf den vorhandenen Bestand unter Nutzung der funktionierenden Einheit den weiteren Ausbau zu betreiben, kommt dem Goodwill in der Regel ein eigener Marktwert zu (BGH FamRZ 2008, 761, 763). Genau diesen Aspekt lässt die frühere Rechtsprechung unberücksichtigt. Die freiberufliche Praxis kann mithin hinsichtlich der Genehmigungsbedürftigkeit nicht anders behandelt werden als ein kleiner Handwerks- oder landwirtschaftlicher Betrieb, der unabhängig von der Ausstrahlung und Wirkung der Persönlichkeit des Inhabers unter den Begriff des Erwerbsgeschäfts subsumiert wird (GERNHUBER/COESTER-WALTJEN § 60 Rn 104; BGB-RGRK/DICKESCHEID Rn 12; zum landwirtschaftlichen oder Handwerksbetrieb auch STAUDINGER/ENGLER [2004] Rn 34). Würde allein der Umstand, dass die Praxis durch die Persönlichkeit des Praxisinhabers bestimmt wird, den Begriff des Erwerbsgeschäfts bestimmen, so müssten aus dem Anwendungsbereich von § 1822 Nr 3 BGB nicht nur die Arztpraxis, sondern auch zahlreiche andere Erwerbsgeschäfte ausgenommen werden, bei denen persönliche Tätigkeit und Ansehen von erheblicher Bedeutung sind (zB diejenigen von Anwälten, Psychologen und Psychotherapeuten, Heilpraktikern, Steuerberatern, Wirtschaftsprüfern), mit der Folge, dass es zu erheblichen Abgrenzungsschwierigkeiten und Schutzlücken käme (MünchKomm/KROLL-LUDWIGS Rn 11a).

Freiberufliche Praxen sind mithin auch nach dem Tod ihres Inhabers noch Erwerbsgeschäfte (GERNHUBER/COESTER-WALTJEN § 60 Rn 104; ERMAN/SCHULTE-BUNERT Rn 6; MünchKomm/KROLL-LUDWIGS Rn 11a; jurisPK-BGB/LAFONTAINE Rn 41; BRÜGGEMANN FamRZ 1990, 124, 126; FIALA/MÜLLER/BRAUN Rpfleger 2002, 389, 406; **aA** STAUDINGER/ENGLER [2004] Rn 36; unklar BGB-RGRK/DICKESCHEID Rn 12 [Genehmigungspflicht für modern eingerichtete Arztpraxis, nicht aber für Anwalt und Steuerberaterpraxis]; krit dazu NK-BGB/FRITSCHE Rn 10 Fn 6). Deswegen macht es für die Genehmigungspflicht auch keinen Unterschied, ob der Mündel selbst zunächst eine Praxis betreibt und diese aufgibt oder ob er als Erbe eines verstorbenen Arztes oder Rechtsanwalts, der an einem weit entfernten Ort gelebt hat, dessen Praxis verkauft (anders mit Blick auf den Normzweck STAUDINGER/ENGLER [2004] Rn 34). Angesichts des wirtschaftlichen Werts der Praxis selbst handelt es sich in diesem Fall nicht um dasselbe wie beim Verkauf eines wertvollen Kunstgegenstandes, der dem Mündel vermacht war (so aber STAUDINGER/ENGLER [2004] Rn 36). Auch der Schutzzweck des § 1822 Nr 3 BGB spricht für die hier vertretene Ansicht. Verkauft der Mündel etwa eine geerbte freiberufliche Praxis auf Rentenbasis an einen Berufsangehörigen, so kann er mit diesem Erlös seine wirtschaftliche Existenzgrundlage sicherstellen. Damit steht auch in diesen Fällen das Erwerbsgeschäft als Existenzgrundlage des Mündels im Mittelpunkt des Rechtsgeschäfts (zutreffend NK-BGB/Fritsche Rn 10).

41 Bei der Veräußerung einer **Klinik** oder eines **Sanatoriums** kann die Einrichtung, ja sogar der kaufmännische Betrieb im Vordergrund stehen, sodass auch beim Tod des leitenden oder einzigen Arztes der Charakter des Gewerbebetriebs nicht verloren geht (s RGZ 144, 1, 2; Dölle § 128 II 2 c Fn 59; BGB-RGRK/Dickescheid Rn 13).

3. Entgeltlicher Erwerb eines Erwerbsgeschäfts (Var 1)

a) Allgemeines

aa) Erwerb

42 Genehmigungsbedürftig ist das auf den **Erwerb** eines Erwerbsgeschäfts zielende Rechtsgeschäft. Nicht entscheidend ist, ob das Geschäft mit allen Aktiva und Passiva (RG WarnR 1908 Nr 70; OLG Kassel OLGE 10, 11, 12; Erman/Schulte-Bunert Rn 7) und der Firma übergeht (MünchKomm/Kroll-Ludwigs Rn 14); der Erwerb eines Erwerbsgeschäfts liegt mithin auch dann vor, wenn es ohne Außenstände und Schulden und ohne Firma übergeht. Das Erwerbsgeschäft muss auch nicht im Ganzen übergehen, vielmehr genügt es, wenn ein Geschäftsanteil erworben wird; genehmigungsbedürftig ist mithin auch ein Vertrag, der auf eine **Beteiligung des Mündels an einem Erwerbsgeschäft** zielt (Kölmel RNotZ 2010, 1, 21; näher unten Rn 50 ff). Allerdings genügt nicht eine reine Kapitalbeteiligung des Mündels an einer Gesellschaft, ohne am Verlust, am Betrieb oder bei der Betriebsführung beteiligt zu sein (BGH FamRZ 1957, 121, 122; näher unter Rn 56 ff; zum Schutzzweck des § 1822 Nr 3 BGB bereits Rn 34). Zum Verhältnis von § 1822 Nr 3 Var 1 BGB zu § 1823 BGB s § 1823 Rn 3.

bb) Vertrag, der auf den Erwerb eines Erwerbsgeschäfts gerichtet ist

43 Schon der Wortlaut legt nahe, die Genehmigungspflicht auf den schuldrechtlichen Vertrag, wie etwa den Unternehmenskauf, zu beziehen (Kölmel RNotZ 2010, 1, 20; MünchKomm/Kroll-Ludwigs Rn 13; Soergel/Zimmermann Rn 11; zum Betreuungsrecht Damrau/Zimmermann Rn 15), nicht aber auf das Erfüllungsgeschäft, den bzw die dinglichen Vertrag/Verträge, welcher/welche den Übergang des Erwerbsgeschäfts darstellt/darstellen, zu erstrecken (Dölle § 128 II 2 c; MünchKomm/Kroll-Ludwigs Rn 13, Ausnahme in Fn 33 im Anschluss an Brüggemann FamRZ 1990, 124, 126 für die reale Abspaltung einer verselbständigungsfähigen Betriebseinheit; **aA** KG JW 1926, 600, 601; Soergel/Zimmermann Rn 1; zum Betreuungsrecht Damrau/Zimmermann Rn 15; unentschieden Fiala/Müller/Braun Rpfleger 2002, 389, 406). Eine Besonderheit gilt allerdings beim Erwerb von Gesellschaftsanteilen (näher dazu unten Rn 51).

cc) Entgeltlicher Erwerb

44 Die Genehmigungspflicht nach Nr 3 Var 1 beschränkt sich auf die Verträge, die auf einen entgeltlichen Erwerb eines Erwerbsgeschäfts gerichtet sind. Nicht erfasst wird der Erwerb eines Erwerbsgeschäfts bzw die Beteiligung an einem Erwerbsgeschäft durch **Erbfolge oder Vermächtnis** (BGH NJW 1971, 1268).

45 Die Motive zum BGB bezeichneten es als angemessen, jenen Fällen den Fall des Erwerbs durch **Schenkung** gleichzustellen (Mot IV 1145; s auch KG NJW 1962, 54). Nicht genehmigungspflichtig sind also der Schenkungsvertrag zum Erwerb eines Erwerbsgeschäfts bzw eines GmbH-Anteils (BGH FamRZ 1989, 605, 607 m abl Anm Müller JR 1989, 334; MünchKomm/Kroll-Ludwigs Rn 14; Brüggemann FamRZ 1990, 124, 129). Das Gleiche soll auch für die Schenkung eines voll eingezahlten Kommanditanteils gelten (OLG Bremen FamRZ 2009, 621, 622).

46 Damit stellt sich das Problem, wie sich in diesen Fällen vermeiden lässt, dass der Mündel infolge des unentgeltlichen Erwerbs uU mit dem **Risiko unbeschränkter Haftung** belastet wird. Wird ein ererbtes Handelsgeschäft in ungeteilter Erbengemeinschaft durch den überlebenden Elternteil und die gemeinsamen Kinder, deren gesetzlicher Vertreter der überlebende Elternteil ist, fortgeführt, so werden die Kinder aus den von ihrem gesetzlichen Vertreter unter der Firma des fortgeführten Unternehmens eingegangenen Verbindlichkeiten mit verpflichtet, was im Einzelfall zu einer enormen Verschuldung über die Volljährigkeit der Minderjährigen hinausführen kann. Zwar besteht die Möglichkeit einer Umwandlung des fortgeführten Handelsgeschäfts in eine KG, an der die minderjährigen Kinder als Kommanditisten beteiligt sein sollten; die hierfür nötigen Verträge (Erbauseinandersetzungs- und Gesellschaftsvertrag) zwischen den Kindern und dem überlebenden Elternteil bedürfen aber der familiengerichtlichen Genehmigung (nach § 1822 Nrn 2 und 3 Var 3 BGB). Fehlt es jedoch an dieser Genehmigung oder wird eine Umwandlung nicht beabsichtigt, kann das Unternehmen nach Ansicht des BGH in ungeteilter Erbengemeinschaft ohne zeitliche Begrenzung mit den damit für den Minderjährigen verbundenen Risiken geführt werden (BGH NJW 1985, 136, 137 mwNw zum Meinungsstand). Eine Genehmigungspflicht nach § 1822 Nr 3 Var 1 BGB entfalle mangels rechtsgeschäftlichen und entgeltlichen Erwerbs; eine analoge Anwendung der Norm lehnt das Gericht aus Gründen der Rechtssicherheit und -klarheit ab (BGH NJW 1985, 136, 138). Dieses Ergebnis ist mit Blick auf den Minderjährigenschutz wiederholt kritisiert worden, und es wurden verschiedene Alternativen vorgeschlagen (Schmidt NJW 1985, 138 [LS]: analoge Anwendung der §§ 1643, 1823 BGB; John JZ 1985, 246, 247: Bestellung eines Ergänzungspflegers zur Entscheidung über Fortsetzungsbeschluss; Damrau NJW 1985, 2236, 2239: analoge Anwendung der Regeln des UmwG).

47 Das **Bundesverfassungsgericht** hat mit Beschluss vom 13. 5. 1986 (BVerfGE 72, 155 = FamRZ 1986, 769 = NJW 1986, 1859) die Entscheidung des BGH aufgehoben und mit Gesetzeskraft festgestellt, dass § 1629 Abs 1 iVm § 1643 Abs 1 BGB insoweit mit Art 2 Abs 1 iVm Art 1 Abs 1 GG nicht vereinbar ist, „als danach Eltern im Zusammenhang mit der Fortführung eines zum Nachlass gehörenden Handelsgeschäfts ohne vormundschaftsgerichtliche Genehmigung Verbindlichkeiten zu Lasten ihrer minderjährigen Kinder eingehen können, die über deren Haftung mit dem ererbten Vermögen hinausgehen“ (s § 1793 Rn 149). Der Gesetzgeber sei gefordert, das Schutzdefizit auszugleichen. Als Lösungswege zeigte das Gericht die Möglichkeit auf, die Fortführung eines Handelsgeschäfts durch Minderjährige von einer (damals noch) vormundschaftsgerichtlichen Genehmigung abhängig zu machen oder aber eine Regelung zu finden, welche Minderjährige als Miterben eines Handelsgeschäfts jedenfalls nicht über den Umfang des ererbten Vermögens hinaus zu Schuldnern werden lässt (BVerfGE 156, 174).

48 Der Gesetzgeber ist dem Gesetzgebungsauftrag des BVerfG erst 1998 durch das **Gesetz zur Beschränkung der Haftung Minderjähriger** (BGBl I 2487) nachgekommen. Nicht einheitlich beantwortet wurde für die Zwischenzeit die Frage, welche Folgerungen aus der gerichtlichen Entscheidung für die Fälle des unentgeltlichen Erwerbs bis zum Inkrafttreten dieses Gesetzes zu ziehen waren (zum Meinungsstand näher BGB-RGRK/Dickescheid Rn 15; Staudinger/Engler [2004] Rn 54).

49 Mit der Schaffung des § 1629a BGB hat der Gesetzgeber sich gegen den vom BVerfG vorgeschlagenen Weg entschieden, den Kreis der Geschäfte, die der Genehmigung des Familiengerichts bedürfen, zu erweitern, sondern eine Haftungsbegrenzungsnorm geschaffen (näher § 1793 Rn 150 ff). Damit wollte er einerseits dem Gesetzgebungsauftrag des BVerfG nachkommen, andererseits aber soweit wie möglich die Gläubiger- und Verkehrsinteressen wahren (wegen der Einzelheiten s die Erl zu § 1629a BGB). Die Vorschrift sieht eine Beschränkung der Haftung des Minderjährigen für Verbindlichkeiten, die die Eltern oder sonstige vertretungsberechtigte Personen im Rahmen ihrer Vertretungsmacht durch Rechtsgeschäft oder eine sonstige Handlung mit Wirkung für das Kind begründet haben oder die aufgrund eines während der Minderjährigkeit erfolgten Erwerbs von Todes wegen entstanden sind, auf den Bestand des bei Eintritt der Volljährigkeit vorhandenen Vermögens des Kindes vor (§ 1629a Abs 1 S 1 HS 1 BGB); beruft sich der volljährig Gewordene auf die Haftungsbeschränkung, so gelten die §§ 1990, 1991 BGB entsprechend (§ 1629a Abs 1 S 2 BGB). Ferner erhält der Minderjährige ua durch Schaffung des § 723 Abs 1 S 3 Nr 2 BGB die Möglichkeit, sich mit Volljährigkeit aus einer BGB-Gesellschaft, OHG oder KG, deren (persönlich haftender) Gesellschafter er ist, zu lösen; auf diese Weise kann er sich von Risiken befreien, die schon während der Minderjährigkeit begründet worden sind, sich aber erst nach Eintritt der Volljährigkeit realisieren (BT-Drucks 13/5624, 10).

b) Erwerb von Beteiligungen an einem Erwerbsgeschäft
aa) Erwerb von Beteiligungsrechten an einer Personengesellschaft
α) Abgrenzung von Var 1 und 3

50 Die Genehmigung des Familiengerichts ist auch notwendig, wenn der Mündel einer bestehenden Gesellschaft des bürgerlichen Rechts, einer OHG, KG oder Erbengemeinschaft durch Erwerb eines Gesellschaftsanteils oder Erbteils beitritt, sofern die Gesellschaft bürgerlichen Rechts oder die Erbengemeinschaft ein Erwerbsgeschäft betreibt und der Anteil übertragbar ist (Erman/Schulte-Bunert Rn 7; MünchKomm/Kroll-Ludwigs Rn 13, 16; Palandt/Götz Rn 6). Die Genehmigungspflicht bezieht sich in diesem Fall auf den Erwerbsakt selbst (MünchKomm/Kroll-Ludwigs Rn 13; Soergel/Zimmermann Rn 16), also das gesellschaftsrechtliche Verfügungsgeschäft zwischen dem ausscheidenden und dem eintretenden Gesellschafter, das den Gesellschafterwechsel unmittelbar herbeiführt (zur Zulässigkeit BGHZ 13, 179, 185 f; 81, 82, 84; MünchKomm/Schäfer § 719 Rn 25 ff). Die übrigen Gesellschafter müssen allerdings dem Übertragungsakt zustimmen (Windbichler, Gesellschaftsrecht § 9 Rn 15; MünchKomm/Schäfer § 719 Rn 27), sodass **daneben** die Genehmigungspflicht nach § 1822 Nr 3 Var 3 BGB in Betracht kommt (dafür Winkler ZGR 1973, 177, 186). Dies setzt aber voraus, dass diese Zustimmung als Gesellschaftsvertrag verstanden wird oder zumindest ihm gleichgesetzt werden kann. Erwirbt der Mündel dagegen die Mitgliedschaft durch Vereinbarung mit allen Gesellschaftern (zur Möglichkeit des Gesellschafterwechsels durch Doppelvertrag zwischen dem Ausscheidenden und den verbleibenden Gesellschaftern einerseits und dem Neueintretenden mit den verbleibenden Gesellschaftern andererseits näher Windbichler, Gesellschaftsrecht § 9 Rn 14 f; HABERSACK/SCHÄFER/SCHÄFER § 105 HGB Rn 288 ff), so greift von vornherein nur der Tatbestand von § 1822 Nr 3 Var 3 BGB.

Mit Erwerb dieses Anteils wird der Erwerber Mitträger des erwerbswirtschaftlichen Unternehmens (BRÜGGEMANN FamRZ 1990, 124, 126); deshalb ist der – von einem bisherigen Gesellschafter abgeleitete – Erwerb eines Anteils am Geschäft dem Erwerb des Geschäfts im Ganzen gleichzusetzen (RGZ 122, 370, 371 = HRR 1929 Nr 499; BGHZ 17, 160 = NJW 1955, 1067, 1069 = BB 1955, 489 = MDR 1955, 667 = DNotZ 1955, 530; BayObLGZ 21, 218, 221; ERMAN/SCHULTE-BUNERT Rn 8; SOERGEL/ZIMMERMANN Rn 15 f; MünchKomm/KROLL-LUDWIGS Rn 16; BGB-RGRK/DICKESCHEID Rn 17). Bei einer KG genügt der Erwerb eines Kommanditanteils (RGZ 51, 33, 35; BGHZ 17, 160; OLG Bremen NJW-RR 1999, 876; BRÜGGEMANN FamRZ 1990, 124, 126; RUST DStR 2005, 1942, 1946; WERNER GmbHR 2006, 737, 740). 51

β) Schenkweiser Erwerb einer Beteiligung

§ 1822 Nr 3 Var 1 BGB erfasst dem Normwortlaut nach nur den entgeltlichen Erwerb. Ausgenommen ist daher der schenkweise Erwerb einer Beteiligung an einer Personengesellschaft. Das hätte, sofern man sich nicht mit § 1822 Nr 3 Var 3 BGB behilft (so die hM; s dazu unten Rn 81), zur Folge, dass zwar die Beteiligung eines Mündels an der Gründung einer solchen Gesellschaft, nicht aber der Erwerb einer Beteiligung an einer bestehenden Gesellschaft der Genehmigungspflicht unterläge. 52

Um der Schutzbedürftigkeit des Mündels Rechnung zu tragen, wird gleichwohl zT der schenkweise Erwerb einer Beteiligung an einer Personengesellschaft für genehmigungspflichtig nach Nr 3 Var 1 erachtet (OLG Frankfurt NJW-RR 1999, 1236; OLG Bremen NJW-RR 1999, 876 [Fall, in dem die Eltern dem Kind die Mittel schenkten, um den Kommanditanteil zu kaufen]; OLG Zweibrücken FamRZ 2001, 181; GERNHUBER/COESTER-WALTJEN § 60 Rn 107; so auch aus dem gesellschaftsrechtlichen Schrifttum HABERSACK/SCHÄFER/SCHÄFER § 105 HGB Rn 87). Zur Begründung wird zum Teil darauf verwiesen, dass die Gesellschafterstellung zu einer längerfristigen Bindung an die Gesellschaft führe und mit einem Bündel an Rechten und Pflichten verbunden sei; neben den gesellschaftsrechtlichen Treuepflichten komme ein Wiederaufleben einer beschränkten Haftung nach § 172 Abs 4 HGB in Betracht; soweit es um die Übertragung eines Anteils an einer KG gehe, treffe den Mündel die persönliche Haftung nach §§ 172 Abs 1, 176 Abs 1 und 2 HGB (OLG Frankfurt FamRZ 2009, 620, 621). Damit wird letztlich in der Mithaft des Eintretenden die Gegenleistung für die Zuwendung der Beteiligung gesehen und damit die Unentgeltlichkeit in Frage gestellt (so die Schlussfolgerung von DAMRAU ZEV 2000, 209). Andere bejahen in diesem Fall Nr 3 Var 3; ob für die Beteiligung an der Gesellschaft eine Gegenleistung zu erbringen ist oder nicht, ist nach dieser Ansicht unerheblich (BayObLG FamRZ 1990, 208; so wohl auch OLG Zweibrücken FamRZ 2001, 181; BRÜGGEMANN FamRZ 1990, 124, 127; WINKLER ZGR 1973, 177, 186; REIMANN DNotZ 1999, 179, 190, 191; KLÜSENER Rpfleger 1993, 133, 134 f; HABERSACK/SCHÄFER/SCHÄFER § 105 HGB Rn 87; näher dazu unten Rn 81). 53

Gegen die Genehmigungspflicht nach Nr 3 Var 1 spricht jedoch, dass weder die Haftung noch die gesellschaftsrechtlich bedingten Pflichten eine Gegenleistung an denjenigen darstellen, der die Gesellschafterbeteiligung zuwendet; dies zeigt sich schon daran, dass diese Rechtsfolgen auch beim Kauf einer Beteiligung eintreten (DAMRAU ZEV 2000, 209, 210); eine analoge Anwendung dieses Genehmigungstatbestandes scheitert am Grundsatz der formalen Abgrenzung (Vorbem 9 f zu §§ 1821 f). Zudem beugt § 1629a BGB der Gefahr vor, dass der Mündel übermäßige Haftungsrisiken übernimmt und mit Schulden in die Volljährigkeit entlassen wird (DAMRAU ZEV 2000, 209, 210). Allerdings kann der Genehmigungstatbestand von Nr 3 Var 3 vorliegen (näher dazu unten Rn 81 ff).

54 Nach Nr 3 Var 1 genehmigungsbedürftig ist dagegen ein Erwerb von Beteiligungen an einer Personengesellschaft mithilfe von **Mitteln**, die dem Mündel **schenkweise zugewendet** wurden (OLG Bremen NJW-RR 1999, 876; MünchKomm/KROLL-LUDWIGS Rn 14; ERMAN/SCHULTE-BUNERT Rn 10).

γ) Erwerb einer Beteiligung durch Erbfall

55 Die Fortsetzung einer Gesellschaft mit dem Mündel als Erben eines verstorbenen Gesellschafters ist ebenfalls genehmigungsfrei (KG JW 1933, 118, 119; MünchKomm/KROLL-LUDWIGS Rn 16). Zwar besteht die Schutzbedürftigkeit des Mündels auch in diesem Fall; dennoch beschränkt sich Nr 3 Var 1 auf den entgeltlichen Erwerb, und einer analogen Anwendung der Norm steht der Grundsatz der formalen Abgrenzung (Vorbem 9 f zu §§ 1821 f) entgegen. Zum Schutz des Mündels hat der Gesetzgeber mit § 1629a BGB gesetzliche Haftungsbeschränkungsmöglichkeiten eingeführt (s oben Rn 48 f; dafür, dass dieser Schutzmechanismus genügt, wohl OLG Bremen NJW-RR 1999, 876; zweifelnd OLG Zweibrücken FamRZ 2001, 181). Zudem ist zu berücksichtigen, dass dann, wenn mit der Aufnahme des Mündels in eine Gesellschaft eine Änderung des Gesellschaftsvertrags vonnöten ist, der Genehmigungstatbestand von Nr 3 Var 3 greift.

bb) Erwerb von Geschäftsanteilen einer GmbH

α) Erfordernis formaler Abgrenzung

56 Der Erwerb von Geschäftsanteilen einer GmbH, die ein Erwerbsgeschäft betreibt, wurde zunächst nicht als genehmigungsbedürftig angesehen, weil der Erwerb eines Geschäftsanteils den Erwerb eines Mitgliedschaftsrechts bedeute, nicht aber den eines Anteils an dem von der GmbH betriebenen Erwerbsgeschäft, und weil nicht die Gesellschafter das Erwerbsgeschäft betrieben, sondern die GmbH als juristische Person (KGJ 34, A 89, 92). In späteren Entscheidungen wurde diese formale Abgrenzung aufgegeben und auf eine wirtschaftliche Betrachtungsweise abgestellt. Eine Genehmigungspflicht wurde dann bejaht, wenn eine wirtschaftliche Gleichstellung des Anteilserwerbs mit dem Erwerb eines Erwerbsgeschäfts möglich war. Dies hing vom Maß der Beteiligung des Mündels, der Zahl der neben dem Mündel vorhandenen Gesellschafter und dem persönlichen Verhältnis des Mündels zum Geschäftsbetrieb ab (KG JW 1926, 600 = JFG 3, 206; KG JW 1927, 2578). Gegen diese Auffassung wandte sich HACHENBURG (JW 1926, 600) mit der Forderung, im Hinblick auf die Rechtssicherheit die Anwendung des § 1822 Nr 3 BGB auf den scharf bestimmten Inhalt dieser Vorschrift zu beschränken.

57 Der BGH differenziert inzwischen danach, ob der Minderjährige den Geschäftsanteil an der GmbH **vor oder nach deren Eintragung** ins Handelsregister erwirbt; genehmigungspflichtig sei nur der erste Fall. Nehme die Gesellschaft bereits vor Eintragung den Geschäftsbetrieb auf, so könne diese Erwerbstätigkeit dazu führen, dass die Gesellschafter für die Verbindlichkeiten dieser Vor-GmbH außer mit ihrer Stammeinlage auch mit ihrem Privatvermögen haften, sei es, dass die Eintragung nicht be-

trieben wird oder die Voraussetzungen für sie nicht geschaffen werden und die Gesellschafter der Vor-GmbH deshalb unbeschränkt haften, sei es, dass die GmbH im Zeitpunkt ihrer Eintragung mit einer Unterbilanz oder gar überschuldet ins Leben tritt und die Gesellschafter diese Unterdeckung unter dem Gesichtspunkt der Unterbilanzhaftung ausgleichen müssen. Diesen Risiken, die den Wert der Beteiligung des Minderjährigen übersteigen, sei dieser dagegen nicht ausgesetzt, wenn er erst nach Eintragung der Gesellschaft in das Handelsregister einen Geschäftsanteil erwerbe (BGHZ 107, 23, 28 = FamRZ 1989, 605, 607 mwNw). Für die Verbindlichkeiten der GmbH, die nach der Eintragung entstehen, haftet nach § 13 Abs 2 GmbHG das Gesellschaftsvermögen (BGH FamRZ 1989, 605, 607). Zwar bleibt noch das Risiko, dass der Mündel nach § 24 GmbHG wegen der im Zeitpunkt der Anmeldung bereits fälligen Ansprüche und aus einer möglicherweise später fällig werdenden Ausfallhaftung nach § 24 GmbHG in Anspruch genommen wird; diesen Haftungsrisiken wird aber dadurch begegnet, dass insoweit die Genehmigungspflicht nach § 1822 Nr 10 BGB greift (BGH FamRZ 1987, 605, 607; näher dazu unten Rn 186 ff). Diese Sichtweise entspricht den eingangs genannten Grundsätzen der formalen Abgrenzung (Vorbem 9 f zu §§ 1821 f) sowie der Bezogenheit des Rechtsgeschäfts auf das Mündelvermögen (Erman/Schulte-Bunert Rn 9; MünchKomm/Kroll-Ludwigs Rn 17; Gernhuber/Coester-Waltjen § 60 Rn 106).

β) Erwerb sämtlicher Geschäftsanteile an einer GmbH

Das Reichsgericht hat seit dem Urteil vom 9. 3. 1928 (RGZ 120, 283, 286 ff = JW 1928, 58
1392; anders noch RGZ 98, 289; s auch RGZ 86, 146 = JW 1915, 443) ständig die Ansicht vertreten, dass der **Erwerb sämtlicher Geschäftsanteile einer Ein-Mann-GmbH** wegen der wirtschaftlichen Bedeutung eines solchen Vorgangs im Innenverhältnis rechtlich zugleich als unmittelbarer Erwerb des geschäftlichen Unternehmens der Gesellschaft wirke, auf den deshalb die Vorschriften über Gewähr für Rechts- und Sachmängel des Unternehmens Anwendung fänden (s RGZ 122, 378, 380 ff; 124, 164, 166; 150, 397, 400 f; RG JW 1929, 1374; RG JW 1930, 3740). Diese Rechtsprechung betrifft primär das Gewährleistungsrecht, wird aber vielfach herangezogen, um eine Ausnahme vom Grundsatz der formalen Abgrenzung der Genehmigungstatbestände (Vorbem 9 f zu §§ 1821 f) zu bejahen (s Staudinger/Engler [2004] Rn 41 mwNw).

Formal betrachtet wird der Mündel, selbst wenn er sämtliche Geschäftsanteile einer 59
Ein-Mann-GmbH erwirbt, nicht Inhaber des Erwerbsgeschäfts, vielmehr bleibt Träger die GmbH. Die Ausdehnung der Genehmigungspflicht lässt sich vielmehr nur mit dem Schutzzweck derselben erklären, die für die Fälle vorgesehen ist, in denen dem Mündel aus der Beteiligung Verpflichtungen und wirtschaftliche Nachteile entstehen können, die über die Risiken einer reinen Kapitalbeteiligung hinausgehen (BGH FamRZ 1957, 121 = DNotZ 1957, 503 = JZ 1957, 382). Eine persönliche Mithaftung des Gesellschafters kann sich bei der Ein-Mann-GmbH gerade aus dem Auftreten der Gesellschaft im Rechtsverkehr und der Vermengung des Vermögens der Ein-Mann-Gesellschaft mit dem des einzigen Gesellschafters ergeben. Nach dem Sinn und Zweck des § 1822 Nr 3 BGB wird deswegen zu Recht nach allg Meinung die Genehmigung des Familiengerichts zum Erwerb aller Geschäftsanteile einer ein Erwerbsgeschäft betreibenden GmbH verlangt; denn hier trägt der Mündel wie jeder selbständige Unternehmer ein Risiko, das über das in der Gewährung von Kapital liegende wesentlich hinausgeht (Brüggemann FamRZ 1990, 124, 126; Winkler ZGR 1990, 131, 134; Gernhuber/Coester-Waltjen § 60 Rn 106; MünchKomm/Kroll-Ludwigs Rn 17;

Erman/Schulte-Bunert Rn 8a; Soergel/Zimmermann Rn 17; BGB-RGRK/Dickescheid Rn 17; Palandt/Götz Rn 6).

γ) Erwerb nur einzelner Geschäftsanteile an einer GmbH

60 Umstritten ist aber, wieweit diese wirtschaftliche Betrachtungsweise auch beim Erwerb nur einzelner Geschäftsanteile einer GmbH, die ein Erwerbsgeschäft betreibt, greift. Zum Teil wird für die Genehmigungspflicht darauf abgestellt, ob den Mündel über die Kapitalanlage hinaus ein Unternehmerrisiko treffe oder ob er über den Betrag der Stammeinlage hinaus zu Sonderleistungen (§ 3 Abs 2 GmbHG) oder Nachschüssen (§ 26 GmbHG) verpflichtet sei (Staudinger/Engler [2004] Rn 44). Erwerb und Zuerwerb von Geschäftsanteilen einer GmbH seien immer dann als genehmigungsbedürftig anzusehen, wenn sich die Beteiligung des Mündels nach ihrem Maß und nach der Art der GmbH **wirtschaftlich** nicht mehr als reine Kapitalbeteiligung an der GmbH, sondern darüber hinausgehend als **Beteiligung an dem von der GmbH betriebenen Erwerbsgeschäft** darstellt (ebenso Enneccerus/Kipp § 115 II 8 Fn 18; Dölle § 128 II 2c; ähnlich BGB-RGRK/Dickescheid Rn 17; Erman/Schulte-Bunert Rn 9; Soergel/Zimmermann Rn 17, der eine Genehmigungsbedürftigkeit annimmt, wenn die Beteiligung so groß ist, dass der Anteilsinhaber „schon unternehmerisch tätig ist"; s auch Damrau Rpfleger 1985, 62 u Fortun NJW 1999, 754, 756). Zum Teil wird danach gefragt, ob es um untergeordnete Geschäftsanteile geht oder mehr; im ersteren Fall bestehe keine Genehmigungspflicht (OLG München FamRZ 2003, 392 betr Veräußerung von Geschäftsanteilen). Der BGH stellt für die Genehmigungspflicht – im konkreten Fall freilich einer Veräußerung von GmbH-Anteilen – darauf ab, ob die Beteiligung des Mündels 50 % übersteigt oder nur Minderjährige an der GmbH beteiligt sind (BGH ZEV 2003, 375, 376 m krit Anm Pluskat ZFE 2004, 80; Damrau ZEV 2003, 377; Erman/Schulte-Bunert Rn 9; Wilde GmbHR 2010, 123; nunmehr gefolgt von OLG Schleswig 28. 6. 2017 – 13 WF 55/17, juris Rn 7 ff, FamRZ 2018, 106).

61 Mit einer solchen Einzelfallabgrenzung sind aber erhebliche Gefahren für die Rechtssicherheit verbunden (Pluskat FamRZ 2004, 677, 680; Winkler ZGR 1990, 131, 134; Damrau ZEV 2000, 209, 211; ders ZEV 2003, 377, 378; Gernhuber/Coester-Waltjen § 60 Rn 106; Brüggemann FamRZ 1990, 124, 126). Diese werden zum Teil dadurch zu überwinden versucht, dass für jeden Erwerb (und jede Veräußerung) eine Genehmigungspflicht bejaht wird (so Müller JR 1961, 326, 327). Allerdings läuft diese Ansicht dem Enumerationsprinzip (Vorbem 3 zu §§ 1821 f) zuwider. Demgegenüber sieht der BGH die Rechtssicherheit dann nicht beeinträchtigt, wenn es um „typische Sachverhalte" bzw „hinreichend konkrete Abgrenzungsmerkmale" gehe (BGH ZEV 2003, 375, 376). Ein solcher Fall lag für den BGH in einer Konstellation vor, in der alle Minderjährigen sämtliche Geschäftsanteile veräußerten. Damit versucht der BGH, einer uferlosen Ausdehnung der Ausnahmen von einer formalen Abgrenzung der Genehmigungstatbestände entgegenzuwirken. Seine Ansicht ist schon aus diesem Grund vorzugswürdig gegenüber der Meinung, die zur Rechtfertigung der Einzelfallbetrachtung generell darauf verweist, dass der Widerstreit zwischen dem Schutz des Mündels vor für sein Vermögen gefährlichen Rechtsgeschäften und der Sicherheit des Rechtsverkehrs nicht entgegen dem Sinn und Zweck der Vorschrift zu Lasten des Mündels gelöst werden könne (Staudinger/Engler [2004] Rn 44). Gewisse Schutzlücken lassen sich durch das Erfordernis der Genehmigung nach § 1822 Nr 10 BGB (s Soergel/Zimmermann Rn 17 aE; Brüggemann FamRZ 1990, 124, 126; **aA** Staudinger/Engler [2004] Rn 44) bzw nach § 1811 BGB sowie durch die Möglichkeit der Haftungsbeschränkung nach § 1629a BGB

auffangen (Gernhuber/Coester-Waltjen § 60 Rn 106). Im Übrigen ist der Gesetzgeber gefordert (zum Reformbedarf s Staudinger/Veit [2014] Rn 237).

cc) Erwerb von Aktien

Der Erwerb einzelner Aktien wird häufig als Kapitalanlage bezweckt sein, die nach § 1811 BGB vom Familiengericht als Abweichung vom Grundsatz des § 1807 BGB gestattet werden kann (s § 1811 Rn 11). Der Genehmigung nach § 1822 Nr 3 Var 1 BGB bedarf der Erwerb von Aktien unter denselben Voraussetzungen wie der Erwerb von Geschäftsanteilen einer GmbH. Genehmigungspflichtig ist mithin der **Erwerb sämtlicher Aktien** durch den Mündel (MünchKomm/Kroll-Ludwigs Rn 17; Fiala/Müller/Braun Rpfleger 2002, 389, 406; Rust DStR 2005, 1942, 1948; Winkler ZGR 1990, 131, 132 f; zur Gleichstellung des Erwerbs sämtlicher Aktien mit dem Erwerb des von der Aktiengesellschaft betriebenen Unternehmens s RGZ 122, 378; 150, 397; RG HRR 1929 Nr 6; s auch Hachenburg JW 1926, 600). **Nicht ausreichend** ist der Erwerb einer Sperrminorität oder einer Mehrheit von Aktien (MünchKomm/Kroll-Ludwigs Rn 17; Erman/Schulte-Bunert Rn 9 aE). 62

dd) Erwerb einer Beteiligung an einer Kommanditgesellschaft auf Aktien

Erwirbt der Mündel die nach der Satzung übertragbare (§ 289 Abs 5 AktG) Beteiligung eines persönlich haftenden Gesellschafters an einer schon bestehenden Kommanditgesellschaft auf Aktien, die ein Erwerbsgeschäft betreibt, so ist hierzu die Genehmigung des Familiengerichts nach § 1822 Nr 3 BGB notwendig. 63

4. Veräußerung eines Erwerbsgeschäfts (Var 2)

Für die Veräußerung eines Erwerbsgeschäfts gelten im Wesentlichen dieselben Grundsätze wie für den entgeltlichen Erwerb (Brüggemann FamRZ 1990, 124, 127; Erman/Schulte-Bunert Rn 12). Genehmigungspflichtig sind damit schuldrechtliche Verträge, die auf Veräußerung eines Erwerbsgeschäfts gerichtet sind (MünchKomm/Kroll-Ludwigs Rn 18). Nicht relevant ist, ob die Veräußerung entgeltlich oder unentgeltlich erfolgt; eine unentgeltliche Veräußerung wäre als Schenkung nach § 1804 BGB unzulässig und nichtig. 64

Als Veräußerung wird von der hM auch die Belastung mit einem **Nießbrauch** oder einem **Pfandrecht** angesehen (Soergel/Zimmermann Rn 19; BGB-RGRK/Dickescheid Rn 19; Palandt/Götz Rn 7; Brüggemann FamRZ 1990, 124, 126; **aA** MünchKomm/Kroll-Ludwigs Rn 18; Erman/Schulte-Bunert Rn 12 für das Pfandrecht); dafür spricht der Schutzgedanke der Vorschrift, der auch dann zutrifft, wenn der Mündel zwar Eigentümer bleibt, aber das Recht zur Nutzung (§ 1030 BGB) auf einen anderen überträgt. 65

Die Genehmigungspflicht der **Veräußerung eines Anteils an einem Erwerbsgeschäft** bestimmt sich im Wesentlichen nach den gleichen Grundsätzen wie der Erwerb solcher Anteile (s oben Rn 50 ff). Das Ausscheiden eines Mündels aus einer **OHG** (RGZ 122, 370; KG OLGE 40, 96, 97) oder **KG** gegen Abfindung (OLG Karlsruhe NJW 1973, 1977) ist danach genehmigungsbedürftig. 66

Nicht genehmigungspflichtig ist grundsätzlich die Veräußerung von GmbH-Anteilen. Veräußern aber die in ungeteilter Erbengemeinschaft stehenden Erben des Inhabers einer **Ein-Mann-GmbH** sämtliche Geschäftsanteile an der GmbH an einen Dritten, 67 so bedarf diese Veräußerung namens eines minderjährigen Miterben der familiengerichtlichen Genehmigung nach § 1822 Nr 3 Var 2 BGB, weil es sich dabei um die „Veräußerung eines Erwerbsgeschäfts" iS dieser Vorschrift handelt (OLG Hamm OLGZ 1984, 327 = Rpfleger 1984, 354 = FamRZ 1984, 1036). Genehmigungspflichtig soll auch die Abtretung eines Geschäftsanteils an einer GmbH sein, wenn sich die Beteiligung des Mündels bei wirtschaftlicher Betrachtung nicht als bloße Kapitalbeteiligung, sondern als Beteiligung an dem von der GmbH betriebenen Erwerbsgeschäft darstellt (KG OLGZ 1976, 302 = NJW 1976, 1946 = MDR 1976, 755 = Rpfleger 1976, 305; OLG München FamRZ 2003, 392; AG Ilmenau MittBayNot 2000, 461). Der BGH beschränkt demgegenüber die Genehmigungspflicht der Veräußerung von Beteiligungen eines Minderjährigen an einer GmbH auf die Fälle, in denen die Beteiligung 50 % übersteigt oder an der GmbH nur Minderjährige beteiligt sind, die alle Anteile und damit das Unternehmen der GmbH insgesamt veräußern (BGH ZEV 2003, 375; näher oben Rn 60). Einer Veräußerung gleichzusetzen ist der Fall, dass ein Mündel ein bisher von ihm betriebenes Erwerbsgeschäft in eine zu gründende GmbH einbringt (KG OLGE 13, 315).

68 Die **Auflösung einer Gesellschaft**, etwa einer GmbH, steht einer Veräußerung nicht gleich, da sowohl die GmbH als Rechtsträgerin als auch die Beteiligungen an ihr nach dem Auflösungsbeschluss erhalten bleiben; es ändert sich nur ihr Zweck (BGHZ 52, 316, 319 = NJW 1970, 33). Es besteht mithin keine Genehmigungspflicht nach § 1822 Nr 3 Var 2 BGB (BGHZ 52, 316, 319; MünchKomm/Kroll-Ludwigs Rn 20 mwNw zum Meinungsstand; Soergel/Zimmermann Rn 19 f; Erman/Schulte-Bunert Rn 16). Das Gleiche gilt für die **Kündigung eines Gesellschaftsvertrags** (MünchKomm/Kroll-Ludwigs Rn 20 mwNw; NK-BGB/Fritsche Rn 19 aE).

69 Nicht genehmigungspflichtig ist auch der **Verkauf von Inventar des Erwerbsgeschäfts**, solange dieses nicht als Ganzes Gegenstand der Veräußerung ist (BGH LM Nr 2 zu § 1822 Ziff 3; Erman/Schulte-Bunert Rn 12; krit Soergel/Zimmermann Rn 19).

5. Entscheidungskriterien für das Familiengericht, Wirkung versagter Genehmigung

70 Bei der Frage, ob die Genehmigung zu einem Vertrag, der auf den entgeltlichen Erwerb oder die Veräußerung eines Erwerbsgeschäfts gerichtet ist, oder zu einem Gesellschaftsvertrag, der zum Betrieb eines Erwerbsgeschäfts eingegangen wird, zu erteilen ist oder nicht, hat das Gericht zu prüfen, ob der Vertrag die wirtschaftlichen Interessen des Mündels wahrt (OLG Nürnberg 16. 12. 2014 – 11 WF 1415/14, juris Rn 28, FamRZ 2015, 1407, 1409; BayObLG Rpfleger 1979, 455, 456; OLG Frankfurt NJW-RR 1999, 1236 f; OLG Bremen NJW-RR 1999, 876; OLG Zweibrücken FamRZ 2001, 181, 182; allgemein dazu § 1828 Rn 20 ff, 28). Dabei kommt es ausschließlich auf das Wohl und die Interessen des Mündels an; Interessen der Familie können nur in zweiter Linie berücksichtigt werden, soweit sie mit denen des Mündels vereinbar sind (BayObLG Rpfleger 1979, 455, 456). Alle für das Mündelinteresse maßgebenden Umstände sind abzuwägen; dazu gehören alle Vorteile, Risiken, Erträge und Aufwendungen (OLG Nürnberg 16. 12. 2014 – 11 WF 1415/14, juris Rn 29 f, FamRZ 2015, 1407, 1409; OLG Zweibrücken FamRZ 2001, 181, 182; OLG Bremen 13. 3. 2013 – 4 UF 7/12, juris Rn 16, FamRZ 2014, 137, 138 zum Fall einer treuwidrigen Abfindungsvereinbarung), die Beziehungen des Mündels zum Vertragspartner ebenso wie der Gegenstand und der Zweck des Vertrags, bei Beteiligung an

einem Erwerbsgeschäft weiter die Mitgesellschafter hinsichtlich ihrer Vermögensverhältnisse sowie ihrer charakterlichen und fachlichen Eignung für den Betrieb des Erwerbsgeschäfts, weil die Verantwortung für die Vermögenslage des Mündels in der Gesellschaft vorwiegend bei dem/den geschäftsführenden Gesellschafter/n liegt (OLG Nürnberg 16. 12. 2014 – 11 WF 1415/14, juris Rn 28, FamRZ 2015, 1407, 1409; BayObLG Rpfleger 1979, 455, 456; OLG Hamm FamRZ 2001, 53, 54; BGB-RGRK/Dickescheid Rn 29; MünchKomm/Kroll-Ludwigs Rn 29). Darüber hinaus sind aber auch die Wirksamkeitsvoraussetzungen für einen solchen Vertrag zu überprüfen, wozu beim Erwerb oder bei der Veräußerung (von Beteiligungen) einer freiberuflichen Praxis die Einwilligung der Patienten/Kunden zur Übertragung ihrer Daten auf den Erwerber gehört (dazu BGHZ 148, 97; NK-BGB/Fritsche Rn 11).

Erwirbt der Mündel ein Erwerbsgeschäft, obwohl die erforderliche familiengerichtliche Genehmigung versagt wurde, so ist der Vertrag, der zu seiner Beteiligung führen soll, nichtig. Dies berührt aber nicht die Wirksamkeit der im Betrieb des Erwerbsgeschäfts abgeschlossenen einzelnen Rechtsgeschäfte, wie zB die Anschaffung oder Veräußerung von Waren (OLG Hamburg OLGE 30, 150; OLG Breslau OLGE 26, 270; BGB-RGRK/Dickescheid Rn 30). **71**

IV. Abschluss eines Gesellschaftsvertrags (Nr 3 Var 3)

1. Normzweck

Zum Abschluss eines Gesellschaftsvertrags (s §§ 705 ff BGB), der zum Betrieb eines Erwerbsgeschäfts erfolgt, bedarf der Vormund stets der Genehmigung des Familiengerichts; der Schutzzweck ergibt sich aus der Bedeutung und der Dauer einer gesellschaftsrechtlichen Bindung von Person und Vermögen des Mündels, dem Haftungsrisiko und der gegenüber Dritten unbeschränkten Vertretungsmacht der vertretungsberechtigten Gesellschafter (BayObLGZ 1976, 281 = Rpfleger 1977, 60; s auch BayObLG FamRZ 1990, 208 = Rpfleger 1989, 455). **72**

2. Gesellschaftsvertrag zum Betrieb eines Erwerbsgeschäfts

a) Gesellschaftsvertrag

Genehmigungspflichtig ist ein Gesellschaftsvertrag, der zum Betrieb eines Erwerbsgeschäfts abgeschlossen wird. Diesem Vertrag ist mit Blick auf den Normzweck (s vorangehende Rn) der Fall gleichzustellen, dass der Mündel in eine bestehende Gesellschaft eintritt (OLG Zweibrücken FamRZ 2000, 117, 119; OLG Braunschweig ZEV 2001, 75; LG Aachen NJW-RR 1994, 1319, 1321; Maetschke BRJ 2016, 8, 11; Klüsener Rpfleger 1993, 133, 135; MünchKomm/Kroll-Ludwigs Rn 22; jurisPK-BGB/Lafontaine Rn 82; näher unter Rn 80). **73**

Das Merkmal der **Entgeltlichkeit** spielt beim Abschluss von Gesellschaftsverträgen **keine Rolle** (OLG Braunschweig ZEV 2001, 75). Da ein Gesellschaftsvertrag seinem Wesen nach kein gegenseitiger Vertrag ist (Staudinger/Kessler[12] § 705 Rn 6 ff; MünchKomm/Schäfer Vor § 705 Rn 14, § 705 Rn 155 ff), kann man auch einen Vertrag, durch den ein Minderjähriger ohne „Eintrittsgeld" in eine Gesellschaft aufgenommen wird, nicht als unentgeltlich bezeichnen; der Begriff der Entgeltlichkeit setzt ein Verhältnis von Leistung und Gegenleistung voraus (s auch Gernhuber/Coester-Waltjen § 60 **74**

Rn 103 Fn 200; dagegen Brox, in: FS Bosch 80 ff; MünchKomm/Kroll-Ludwigs Rn 23; Soergel/Zimmermann Rn 22; Damrau/Zimmermann Rn 27; Brüggemann FamRZ 1990, 124, 129; BayObLG FamRZ 1990, 208 = Rpfleger 1989, 455, 456; BayObLG FamRZ 1997, 842, 844).

b) Betrieb eines Erwerbsgeschäfts oder reine Vermögensverwaltung

75 Der Gesellschaftsvertrag muss zum Betrieb eines Erwerbsgeschäfts eingegangen worden sein (dazu schon oben Rn 35 ff). Das gilt etwa für die Gründung einer **Familien-Gesellschaft** bürgerlichen Rechts oder einer Familien-Kommanditgesellschaft, die auf lange Dauer errichtet wird, um gewerblich nutzbare Immobilien von erheblichem Wert zu verwalten, zu vermieten und zu verwerten (OLG Hamm FamRZ 2001, 53; OLG Zweibrücken NJW-RR 1999, 1174, 1175 f; OLG Naumburg FamRZ 2003, 57; BayObLG FamRZ 1997, 842, 843 m Anm Gernhuber EWiR 1997, 451 u Spiegelberger DNotZ 1998, 500; BayObLG FamRZ 1996, 119, 121; OLG Naumburg FamRZ 2003, 57; OLG Schleswig FamRZ 2003, 55 f; LG Aachen NJW-RR 1994, 1319, 1321; Hirte NJW 1996, 3392; Lautner MittBayNot 2002, 256, 258 f; s auch OLG Celle 30. 1. 2018 – 9 W 13/18, juris Rn 14, FamRZ 2018, 1091, 1092; zu den familien- und steuerrechtlichen Fragen einer Familiengesellschaft näher Richter/Escher/Reuss, in: FS P+P Pöllath + Partners 315 ff; s auch jurisPK-BGB/Lafontaine Rn 90). Das Gleiche gilt, wenn die Gesellschaft GmbH-Beteiligungen nutzen und deren Erträge anlegen soll (LG München I ZEV 2000, 370).

76 Hiervon zu unterscheiden ist die Gründung einer **reinen Vermögensverwaltungsgesellschaft**, die allein den Zweck verfolgt, das Familienvermögen zu verwalten und zu erhalten (gegen die Notwendigkeit einer Abgrenzung zwischen Erwerbs- und Verwaltungsgesellschaft im Fall des schenkweisen Erwerbs eines vollständig eingezahlten Kommanditanteils an einer Grundstücksverwaltungs-KG wegen der Vergleichbarkeit mit einem nicht genehmigungspflichtigen Erwerb eines GmbH-Anteils [dazu oben Rn 56; s auch unten Rn 80] Egger MittBayNot 2019, 135, 137 mwNw; Van De Loo/Strnad ZEV 2018, 617, 621; Menzel/Wolf MittBayNot 2010, 186, 188 f), etwa das von den Gesellschaftern selbst genutzte Wohnhaus (OLG München FamRZ 2009, 623 f) oder ein Mietwohngrundstück (LG Münster FamRZ 1997, 842; LG Mainz Rpfleger 2000, 15, 16). Dieser Gründungsvertrag ist nicht auf den Betrieb eines Erwerbsgeschäfts gerichtet und mithin nicht genehmigungsbedürftig (OLG Hamburg FamRZ 1958, 333, 334; OLG München FamRZ 2009, 623; OLG Bremen FamRZ 2009, 621, 623; OLG Zweibrücken NJW-RR 1999, 1174, 1175 f; BayObLG FamRZ 1996, 119, 121; LG Mainz Rpfleger 2000, 15, 16; LG Münster FamRZ 1997, 842; Werner GmbHR 2008, 1266, 1267; Weinbrenner FPR 2009, 265, 269; Menzel MittBayNot 2019, 222, 223 f; Menzel/Wolf MittBayNot 2010, 186 f; Czeguhn/Dickmann FamRZ 2004, 1534, 1535; Lautner MittBayNot 2002, 256, 258 f). Das Gleiche gilt für den Beitritt des Mündels zu einem solchen Vertrag (OLG Dresden 25. 4. 2018 – 17 W 160/18, juris Rn 12, NJW-RR 2019, 29, 30; OLG Thüringen 22. 3. 2013 – 2 WF 26/13, juris Rn 23 ff, FamRZ 2014, 140, 141; DNotI-Report 2018, 26, 28 mwNw). Die Gegenmeinung, die auch diese Verträge mit Blick auf den Minderjährigenschutz der Genehmigungspflicht des § 1822 Nr 3 BGB unterwerfen will (Wertenbruch FamRZ 2003, 1714, 1715; mit systematischen Erwägungen auch Maetschke BRJ 2016, 8, 12), übersieht, dass damit der Schutzzweck von Nr 3 auf einen allgemeinen schuldrechtlichen Schutz des Mündels ausgedehnt wird, obwohl dies der Zweck von Nr 10 ist (Czeguhn/Dickmann FamRZ 2004, 1534, 1535; abl auch Gernhuber/Coester-Waltjen § 60 Rn 107 Fn 220; krit jurisPK-BGB/Lafontaine Rn 75). Nr 10 könnte Nr 3 zudem nur in den Fällen ersetzen, in denen der Minderjährige tatsächlich eine Haftung übernimmt, etwa beim Beitritt in eine BGB-Gesellschaft (dazu Wertenbruch NJW 2015, 2150, 2151 f; s dazu auch Rn 175), nicht jedoch im Falle des Beitritts zu einer KG. Gleichwohl bedient sich die wohl hM zum Schutz des Minderjährigen bei vermögensverwaltenden BGB-Gesellschaften anderer Genehmigungserfordernisse zur Regulierung einzelner von ihr vorgenommener Geschäfte nach dem Beitritt des Minderjährigen (s zum Ganzen Vorbem 26 zu §§ 1821 f).

Ob eine reine Verwaltungsgesellschaft vorliegt oder eine solche, die ein Erwerbsgeschäft betreibt und damit genehmigungspflichtig ist, wird von verschiedenen **Kriterien** abhängig gemacht. Unter anderem wird darauf abgestellt, ob eine geschäftsmäßige bzw berufliche Tätigkeit erforderlich ist (OLG München 28. 12. 2017 – 2 WF 1509/17, juris Rn 14, MittBayNot 2019, 132, 134; OLG Zweibrücken NJW-RR 1999, 1174, 1175 f; LG Münster FamRZ 1997, 842; LG Aachen NJW-RR 1994, 1319, 1321; MünchKomm/Kroll-Ludwigs Rn 21; Erman/Schulte-Bunert Rn 14; ausführlich auch Lüdecke NJOZ 2018, 681, 683 f, 687). So wird die Verwaltung eines von der gegründeten Gesellschaft selbstgenutzten Wohnhauses deshalb nicht als Erwerbsgeschäft eingeordnet, weil es an einer regelmäßig ausgeübten, auf Gewinnerzielung gerichteten Tätigkeit fehlt (OLG München FamRZ 2009, 623). Diese Tätigkeit soll selbst dann nicht vonnöten sein, wenn das Grundstück fremdvermietet ist, soweit sich das Vermögen „in einem kleinen Rahmen hält" (OLG München 28. 12. 2017 – 2 WF 1509/17, juris Rn 15, MittBayNot 2019, 132, 134). Andere stellen darauf ab, ob die Gesellschaft auf lange Dauer angelegt ist (OLG Oldenburg 17. 7. 2019 – 12 W 53/19, juris Rn 15, FamRZ 2019, 1934, 1936 = GmbHR 2019, 1119, 1123 m abl Anm Wachter u Münch FamRZ 2019, 1916, 1917; dazu OLG Nürnberg 16. 12. 2014 – 11 WF 1415/14, juris Rn 28, FamRZ 2015, 1407, 1408; BayObLG FamRZ 1996, 119, 121 [20 Jahre]; LG München I ZEV 2000, 370 [17 Jahre]), bzw darauf, ob es nur um die Verwaltung von Vermögen oder auch darum geht, künftig weiteren Grundbesitz hinzuzuerwerben, ihn zu verwalten, zu vermieten und zu verwerten (OLG München 28. 12. 2017 – 2 WF 1509/17, juris Rn 16, MittBayNot 2019, 132, 134 f; OLG Nürnberg 16. 12. 2014 – 11 WF 1415/14, juris Rn 28, FamRZ 2015, 1407, 1408; BayObLG FamRZ 1996, 119, 121; MünchKomm/Kroll-Ludwigs Rn 21). Diesbezüglich können allerdings hypothetische künftige Erweiterungen des Gesellschaftszwecks noch nicht die Genehmigungsbedürftigkeit erzeugen (OLG München 28. 12. 2017 – 2 WF 1509/17, juris Rn 16, MittBayNot 2019, 132, 135; explizit zust Egger MittBayNot 2019, 135, 136). Vielmehr soll stattdessen bei einer Änderung des Gesellschaftszwecks hin zu einem Erwerbsgeschäft die Genehmigungspflicht der Nr 3 greifen (OLG München 28. 12. 2017 – 2 WF 1509/17, juris Rn 16, MittBayNot 2019, 132, 135; zur Genehmigungsbedürftigkeit von Änderungen des Gesellschaftsvertrags s Rn 95). Weitere wichtige Indizien sind der Wert des verwalteten Vermögens (s OLG Dresden 25. 4. 2018 – 17 W 160/18, juris Rn 12, NJW-RR 2019, 29, 30; BayObLG FamRZ 1997, 842, 843; OLG Zweibrücken NJW-RR 1999, 1174, 1175 f; s auch LG Mainz Rpfleger 2000, 15, 16), die Dauer der Bindung an den Gesellschaftsvertrag (LG Mainz Rpfleger 2000, 15, 16) sowie die Art der Beteiligung des Mündels, ob er etwa im Verhältnis seiner Anteile am Gewinn und Verlust der Gesellschaft beteiligt ist und damit ein eigenes unternehmerisches Risiko trägt; in diesem Fall besteht die Genehmigungspflicht (OLG Nürnberg 16. 12. 2014 – 11 WF 1415/14, juris Rn 28, FamRZ 2015, 1407, 1408; BayObLG FamRZ 1996, 119, 121; LG Münster FamRZ 1997, 842; LG Aachen NJW-RR 1994, 1319, 1321). Geht der Minderjährige dagegen durch die Beteiligung an der Gesellschaft kein unternehmerisches Risiko ein, weil die Gesellschafter lediglich mit dem eingebrachten Gesellschaftsvermögen haften, so spricht dies gegen eine Genehmigungspflicht (LG Münster FamRZ 1997, 842). 77

Da stets Abgrenzungsprobleme auftreten, wird de **lege ferenda** vorgeschlagen, den Begriff des Erwerbsgeschäfts durch den des Unternehmens auszutauschen, um mehr Gesellschaftsbeitritte wegen der Schutzwürdigkeit des Minderjährigen genehmigungs- 78 bedürftig zu gestalten (Deutscher Notarverein, Stellungnahme 17 [https://www.bmjv.de/SharedDocs/Gesetzgebungsverfahren/Stellungnahmen/2019/Downloads/11302018_Stellungnahme_Dt-Notarverein_2-Diskussionsteilentwurf_Vormundschaftsrecht.pdf?_blob=publicationFile&v=2]).

3. Personengesellschaft

a) Allgemeines

79 Genehmigungspflichtig ist der Vertrag über die Gründung einer BGB-Gesellschaft und einer OHG (§ 105 HGB), an der der Mündel beteiligt werden soll, ebenso wie der Vertrag über die Gründung einer KG (§ 161 HGB), selbst wenn der Mündel nur als Kommanditist beteiligt wird (BGHZ 17, 160 = NJW 1955, 1067 = BB 1955, 489 = MDR 1955, 553 = DNotZ 1955, 530; BayObLGZ 1976, 281 = Rpfleger 1977, 60; Dölle § 128 II 2 c; BGB-RGRK/Dickescheid Rn 24; MünchKomm/Kroll-Ludwigs Rn 21), ferner bei einer **Kommanditgesellschaft auf Aktien** (§ 278 AktG), an der sich der Mündel als persönlich haftender Gesellschafter beteiligt.

80 Der familiengerichtlichen Genehmigung bedarf weiter ein Vertrag zwischen den bisherigen Gesellschaftern und dem Mündel, mit dem dieser in eine bestehende Gesellschaft eintreten soll (BayObLG FamRZ 1990, 208 = Rpfleger 1989, 455; OLG Zweibrücken FamRZ 2000, 117, 119), sei es, dass er anstelle eines anderen in die Gesellschaft eintritt (zum Doppelvertrag s oben Rn 50) oder ein neuer Gesellschafteranteil für ihn geschaffen wird; bei Übertragung der Mitgliedschaft eines Gesellschafters durch Vertrag zwischen diesem und dem Mündel greift daneben der Genehmigungstatbestand von Nr 3 Var 1 (zu dieser Differenzierung s oben Rn 50).

b) Schenkweiser Erwerb einer Beteiligung an einer Personengesellschaft

81 Bei schenkweiser Zuwendung eines Gesellschaftsanteils wird mit Blick auf den Minderjährigenschutz nach vielfacher Ansicht ebenfalls der Tatbestand des § 1822 Nr 3 Var 3 BGB bejaht (OLG München 28. 12. 2017 – 2 WF 1509/17, juris Rn 13, MittBayNot 2019, 132, 134 m Anm Egger; OLG Frankfurt FamRZ 2009, 620, 621; OLG Bremen NJW-RR 1999, 876 [keine Differenzierung nach den Fallgestaltungen von Nr 3]; BayObLG FamRZ 1990, 208; so wohl auch OLG Zweibrücken FamRZ 2001, 181; Brüggemann FamRZ 1990, 124, 127; Winkler ZGR 1973, 177, 186; Reimann DNotZ 1999, 179, 190, 191; Klüsener Rpfleger 1993, 133, 135 f; offengelassen OLG Dresden 25. 4. 2018 – 17 W 160/18, juris Rn 9, NJW-RR 2019, 29, 30; **aA** Menzel/Wolf MittBayNot 2010, 186, 188 f; Egger MittBayNot 2019, 135, 136; Van De Loo/Strnad ZEV 2018, 617, 621; s bereits oben Rn 53). Dieser Genehmigungstatbestand setzt grds den Abschluss eines Gesellschaftsvertrags voraus; an einem solchen fehlt es bei derivativem Erwerb der Mitgliedschaft in einer Gesellschaft durch Vertrag mit dem Ausscheidenden; auch die erforderliche Zustimmung der anderen Gesellschafter macht aus diesem Vertrag noch keinen Gesellschaftsvertrag (Damrau ZEV 2000, 209, 210). Allerdings spricht einiges dafür, diese Zustimmung einem Gesellschaftsvertrag gleichzustellen. Erfolgt nämlich der Beitritt des Mündels zur Gesellschaft in Form eines Aufnahmevertrags zwischen ihm und allen Gesellschaftern, so wird dieser Vertrag wie ein Gesellschaftsvertrag behandelt und der Genehmigungstatbestand bejaht (so wohl Weinbrenner FPR 2009, 265, 269). Dann kann aber für den Fall, dass ein derivativer Erwerb einer Mitgliedschaft mit Zustimmung der übrigen Gesellschafter gewählt wird, mit Blick auf die Schutzbedürftigkeit des Mündels wegen der funktionellen Vergleichbarkeit von Beitritt und Anteilserwerb (Habersack/Schäfer/Schäfer § 105 HGB Rn 87; Klüsener Rpfleger 1993, 133, 135 f; zur unterschiedlichen rechtlichen

Ausgestaltung im Einzelnen Habersack/Schäfer/Schäfer § 105 HGB Rn 288 ff; s auch oben Rn 50) nichts anderes gelten. Dieses Ergebnis wird auch der Praxis gerecht, da regelmäßig dic Gesellschaft mit anderen Gesellschaftern konstituiert wird, die die Einlageverpflichtung bereits erfüllen und dann zT ihren Anteil an den Minderjährigen übertragen, um gleichzeitig wegen des dann bestehenden rechtlichen Vorteils des Erwerbs der Notwendigkeit eines Ergänzungspflegers zu entgehen (OLG München 28. 12. 2017 – 2 WF 1509/17, juris Rn 12 f, MittBayNot 2019, 132, 134 m Anm Egger; vgl § 1795 Rn 27; diese Vorgehensweise empfiehlt auch Lüdecke NJOZ 2018, 681, 689). Steht man dagegen auf dem Standpunkt, dass der Gesetzgeber zum Schutz des Minderjährigen vor übermäßigen Haftungsrisiken den § 1629a BGB geschaffen und sich damit gegen eine Ausweitung von § 1822 BGB und sich das BVerfG wiederum gegen eine analoge Anwendung von § 1822 Nr 3 BGB entschieden hat (BVerfGE 72, 155, 170), so gelangt man zur Genehmigungsfreiheit des schenkweisen Erwerbs von Beteiligungen an einer Personengesellschaft (Damrau ZEV 2000, 209, 210 f; zweifelnd jurisPK-BGB/Lafontaine Rn 83). Angesichts dieser weitgehenden Unsicherheit sollte sich der Gesetzgeber dieser Frage annehmen (näher dazu s Staudinger/Veit [2014] Rn 234).

c) Eintritt des Mündels in eine offene Handelsgesellschaft

Wenn Gesellschafter einer OHG nicht vereinbart hatten, dass im Fall ihres Todes die **82**
Gesellschaft mit den Erben fortgesetzt werden soll, so sah § 131 Abs 1 Nr 4 HGB aF die Auflösung der Gesellschaft mit dem Tod vor; damit wurde die Gesellschaft mit dem Tod eines der Gesellschafter zur **Abwicklungsgesellschaft**; seit der Aufhebung dieses Auflösungsgrunds durch das Handelsrechtsreformgesetz vom 22. 6. 1998 (BGBl I 1474) tritt dieser Fall nur noch ein, wenn der Gesellschaftsvertrag für den Fall des Todes eines Gesellschafters die Auflösung vorsieht (Gernhuber/Coester-Waltjen § 60 Rn 103 Fn 202). Soll diese Gesellschaft wieder zur Erwerbsgesellschaft werden, so muss die Neubegründung der Gesellschaft vereinbart werden, und diese Vereinbarung bedarf, wenn ein Mündel beteiligt ist, der Genehmigung des Familiengerichts (KGJ 44, 128, 131; RGZ 127, 153, 157; RG HRR 1932 Nr 1754; 1935 Nr 1453 = JW 1935, 3154 m zust Anm Crisolli; MünchKomm/Kroll-Ludwigs Rn 23; BGB-RGRK/Dickescheid Rn 23; Gernhuber/Coester-Waltjen § 60 Rn 103).

Gleiches gilt, wenn der Mündel von der im Gesellschaftsvertrag vorgesehenen Mög- **83**
lichkeit, anstelle des Verstorbenen in die Gesellschaft einzutreten, Gebrauch macht (KG JFG 10, 99, 100 f = HRR 1933 Nr 815 = JW 1933, 118; vgl auch BGHZ 22, 186 = NJW 1957, 180; BGH NJW 1962, 2196, 2197).

Keiner Genehmigungspflicht unterliegt dagegen der Fall, dass im Gesellschaftsver- **84**
trag einer OHG eine **Nachfolgeklausel** (s § 139 HGB) enthalten ist, aufgrund deren ein Erbe ohne Weiteres anstelle des Verstorbenen persönlich haftender Gesellschafter wird, da auch in diesem Fall **kein Gesellschaftsvertrag** abgeschlossen wird, wie § 1822 Nr 3 Var 3 BGB es verlangt (KG JFG 10, 99, 100 = HRR 1933 Nr 815 = JW 1933, 118, 119; BGHZ 55, 267, 269 = NJW 1971, 1268; BGH WM 1972, 1368).

Ebenso wenig besteht eine Genehmigungspflicht, wenn ein **Einzelhandelsgeschäft** **85**
nach dem Tod des Inhabers von seinen Erben ohne Abschluss eines Gesellschaftsvertrags **in ungeteilter Erbengemeinschaft fortgeführt** wird. Dieser Fall kann nicht der Neubildung einer OHG durch Gesellschaftsvertrag gleichgesetzt werden, sodass eine

familiengerichtliche Genehmigung in diesem Fall nicht erforderlich ist (RGZ 127, 153, 157; BGH NJW 1985, 136, 138; s oben Rn 44 ff).

Zwar wurde gegen diese Ansicht auf die Haftungsrisiken hingewiesen und entweder in der Fortführung des Handelsgeschäfts in ungeteilter Erbengemeinschaft bei Zustimmung aller Erben ein Gesellschaftsvertrag gesehen (Fischer ZHR 144 [1980] 1, 12; zum Problem der Fiktion bei dieser Ansicht BGH NJW 1985, 136, 138) oder es wurden andere Alternativlösungen zum Minderjährigenschutz entwickelt (s oben Rn 46). Ob und inwieweit diesen Ansichten gefolgt werden kann, kann dahinstehen, da der Gesetzgeber dem Grundanliegen der genannten Meinungen mit Schaffung von § 1629a BGB Rechnung getragen hat. Damit wird dem Mündel die Möglichkeit gegeben, seine Haftung, wenn er volljährig geworden ist, auf den Bestand des bei Eintritt der Volljährigkeit vorhandenen Vermögens zu beschränken (§ 1793 Rn 150 ff; ebenso MünchKomm/Kroll-Ludwigs Rn 23 aE; Dümig FamRZ 2003, 1, 2). Der Gefahr, dass der Schutzzweck der letztgenannten Norm dadurch unterlaufen werden könnte, dass ein Elternteil oder der Vormund das Geschäft zunächst im eigenen Namen fortführt und es anschließend dem Kind schenkt, kann durch Bestellung eines Ergänzungspflegers nach §§ 1629 Abs 2 S 1, 1795 Abs 2 BGB begegnet werden (Palandt/Götz Rn 10 aE).

4. Kapitalgesellschaft

86 Auch Verträge, in denen der Mündel sich an der Gründung von Gesellschaften mit beschränkter Haftung oder Aktiengesellschaften beteiligt, bedürfen der familiengerichtlichen Genehmigung nach Nr 3. Dies ist deshalb geboten, weil auch nach § 11 Abs 2 GmbHG, § 41 Abs 1 AktG für die im Gründungsstadium vor der Eintragung im Namen der werdenden Gesellschaft vorgenommenen Geschäfte die Gründungsmitglieder haftbar gemacht werden können (Dölle § 128 II 2 c; Gernhuber/Coester-Waltjen § 60 Rn 105; Soergel/Zimmermann Rn 24; Palandt/Götz Rn 9; Erman/Schulte-Bunert Rn 15; MünchKomm/Kroll-Ludwigs Rn 25; BGB-RGRK/Dickescheid Rn 23; Damrau/Zimmermann Rn 29; Brüggemann FamRZ 1990, 124, 127; Rust DStR 2005, 1942, 1944; Werner GmbHR 2006, 737, 738; Kurz NJW 1992, 1798, 1800; **aA** Winkler ZGR 1973, 177, 182; Klamroth BB 1975, 525, 528). Auf den Umstand, dass nicht der Mündel (zusammen mit den anderen Gründungsmitgliedern), sondern die zu gründende juristische Person das Erwerbsgeschäft betreibt, kommt es aus diesem Grund nicht an. Die Beschränkung des Genehmigungserfordernisses auf Sonderfälle, in denen der Mündel bei der GmbH ein Unternehmerrisiko übernimmt oder nach dem Gesellschaftsvertrag über den Betrag der Stammeinlage hinaus zu Sonderleistungen (§ 3 Abs 2 GmbHG) oder Nachschüssen (§ 26 GmbHG) verpflichtet wird oder bei der AG Nebenverpflichtungen übernimmt (§ 55 AktG), ist mit dem Grundsatz der formalen Abgrenzung (Vorbem 9 f zu §§ 1821 f) nicht vereinbar (**aA** Staudinger/Engler[10/11] Rn 80, 81). Darüber hinaus greift das Genehmigungserfordernis nach Nr 10 (näher unter Rn 186 ff).

5. Stille Gesellschaft

a) Der Mündel als stiller Gesellschafter

87 Die Vereinbarung einer stillen Gesellschaft (§§ 230 ff HGB) mit dem Mündel als stillem Gesellschafter stellt einen Gesellschaftsvertrag dar. Dennoch wird dieser nicht zum Betrieb eines Handelsgewerbes eingegangen, da § 230 Abs 1 HGB aus-

drücklich vorsieht, dass nicht der stille Gesellschafter, sondern „ein anderer" das Handelsgewerbe betreibt.

Bei streng formaler Abgrenzung der Genehmigungstatbestände (Vorbem 9 f zu §§ 1821 f) entfällt damit die Genehmigungspflicht, da der Mündel nicht zum Inhaber eines Erwerbsgeschäfts wird, und zwar unabhängig davon, wie die Haftungsfrage im Gesellschaftsvertrag geregelt ist, ob also eine typische stille Gesellschaft, bei der der Mündel als „Stiller" nach den §§ 231, 232 HGB und dem Gesellschaftsvertrag am Gewinn und Verlust des Handelsgeschäfts teilnimmt, oder eine atypische, bei der der Stille weitergehende Rechte erlangt (Baumbach/Hopt/Roth § 230 HGB Rn 3), vereinbart wurde (KG OLGE 21, 290; Gernhuber/Coester-Waltjen § 60 Rn 110; Fischer JR 1962, 201, 202; Nagel, Elterliche Gewalt 72 ff). **88**

Überwiegend wird dagegen danach unterschieden, ob der Mündel nicht am Verlust beteiligt werden soll, was im Gesellschaftsvertrag bestimmt werden kann (§ 231 Abs 2 HGB), oder ob er nach Maßgabe von § 231 Abs 1 HGB an Gewinn und Verlust beteiligt ist (§ 231 Abs 1 HGB). Eine Genehmigung ist danach nur dann entbehrlich, wenn der Mündel nur eine einmalige Kapitaleinlage zu erbringen hat, **ohne am Verlust beteiligt zu sein**, und auch an der Führung der Geschäfte nicht mitwirkt (BGH FamRZ 1957, 121 = DNotZ 1957, 503 = JZ 1957, 382 = NJW 1957, 672 [LS]; LG München II NJW-RR 1999, 1018 f; OLG Hamm OLGZ 1974, 158 = Rpfleger 1974, 152; Dölle § 128 II 2 c; LG Bielefeld NJW 1969, 753 f; BGB-RGRK/Dickescheid Rn 25; Palandt/Götz Rn 9; Bilsdorfer NJW 1980, 2785, 2788; Knopp NJW 1962, 2181, 2182 f; s auch jurisPK-BGB/Lafontaine Rn 78). **89**

Wieder andere folgen zwar dieser Differenzierung, gehen aber darüber hinaus und verlangen die Genehmigungspflicht immer dann, wenn der Mündel als stiller Gesellschafter das **Risiko des Verlusts seiner Einlage**, vielleicht sogar weiterer Verpflichtungen zu tragen hat. Auch wenn für den stillen Gesellschafter die gesetzliche Regel des § 232 Abs 2 HGB gelte, wonach er am Verlust nur bis zum Betrag seiner eingezahlten oder rückständigen Einlage teilnehme, sei dieser Fall dem Eintritt des Mündels in eine Kommanditgesellschaft (s oben Rn 80) gleichzusetzen, bei dem der Mündel gleichfalls nur bis zum Betrag seines Kapitalanteils und seiner noch rückständigen Einlage am Verlust teilnimmt (§ 167 Abs 3 HGB; Staudinger/Engler [2004] Rn 64; Rauscher, Familienrecht Rn 1041 Fn 514; Blaurock/Jung, Handbuch Stille Gesellschaft Rn 9.50). Wieder andere halten die Verlustbeteiligung jedenfalls dann für belanglos, wenn dem Kind die stille Beteiligung geschenkt wurde (Klamroth BB 1975, 525, 528; Erman/Schulte-Bunert Rn 17). **90**

Gegen alle diese differenzierenden Lösungsansätze wird zu Recht eingewandt, dass sie die Genehmigungspflicht von der Gestaltung des Gesellschaftsvertrags im Einzelfall abhängig machen, was zu erheblicher Rechtsunsicherheit führt. Deshalb spricht einiges dafür, die Beteiligung des Mündels als stiller Gesellschafter **generell** als genehmigungspflichtig anzusehen (LG München II NJW-RR 1999, 1018, 1019; MünchKomm/Kroll-Ludwigs Rn 26; Soergel/Zimmermann Rn 25; Erman/Schulte-Bunert Rn 17; Brüggemann FamRZ 1990, 124, 127; Rust DStR 2005, 1942, 1944 f). **91**

Diese Ansicht entspricht dem Mündelschutz am umfassendsten. Zwar wird in den Fällen der stillen Gesellschaft der Mündelschutz über verschiedene sonstige Genehmigungstatbestände erreicht. Fehlt es etwa gänzlich an einer Verlustbeteiligung, so **92** zeigen sich starke Parallelen zwischen der Beteiligung als stiller Gesellschafter und einem partiarischen Darlehen (s dazu Staudinger/Kessler[12] Vorbem 174 ff zu §§ 705 ff; Staudinger/Habermeier [2003] § 705 Rn 60), bei dem der Mündel gleichfalls nicht am Verlust (und erst recht nicht am Geschäftsbetrieb) beteiligt ist; in diesem Fall greift der Genehmigungstatbestand des § 1811 BGB. Weiter ist § 1821 Nr 1 BGB einschlägig, wenn die Einlage, die der Mündel in das Vermögen des Handelsgeschäftsinhabers leistet, aus einem Grundstück besteht (Gernhuber/Coester-Waltjen § 60 Rn 110). Hinzu kommt bei einer atypischen stillen Gesellschaft die Genehmigungspflicht nach § 1822 Nr 10 BGB. Zu berücksichtigen bleibt aber, dass der Minderjährige als stiller Gesellschafter in jedem Fall, und zwar auch bei Ausschluss einer Verlustbeteiligung, verschiedene Risiken übernimmt (näher Brüggemann FamRZ 1990, 124, 127), sodass der Schutzzweck von Nr 3 greift. Eine generelle Genehmigungspflicht lässt sich auch mit dem Normwortlaut von Nr 3 und der Regelung des § 230 Abs 1 HGB vereinbaren, da das Tatbestandsmerkmal „zum Betrieb eines Erwerbsgeschäfts“ nicht im engen handelsrechtlichen Sinn zu verstehen ist (Knopp NJW 1962, 2181, 2183; s auch LG Bielefeld NJW 1969, 753, 754).

b) Aufnahme eines stillen Gesellschafters durch den Mündel als Geschäftsinhaber

93 Ist der Mündel Geschäftsinhaber und nimmt er einen anderen als stillen Gesellschafter auf, so bedarf er hierzu konsequenterweise auch der Genehmigung des Familiengerichts (MünchKomm/Kroll-Ludwigs Rn 26; Soergel/Zimmermann Rn 25; Knopp NJW 1962, 2181, 2183), und zwar unabhängig davon, ob eine atypische stille Gesellschaft beabsichtigt ist, bei der die Stellung des stillen Gesellschafters der eines Gesellschafters einer OHG ähnlich ist (so aber KG OLGE 21, 290; Dölle § 128 II 2 c; Staudinger/Engler [2004] Rn 64).

c) Begründung einer stillen Gesellschaft durch eine KG, an der der Mündel beteiligt ist

94 Der vertretungsberechtigte Gesellschafter einer KG, an der der Mündel als Kommanditist beteiligt ist, kann eine **stille Gesellschaft im Namen der KG** ohne familiengerichtliche Genehmigung **eingehen**, da der stille Gesellschafter hierbei nicht in die Gesamthandsgemeinschaft der Gesellschafter eintritt (BGH NJW 1971, 375 = LM Nr 4 zu § 126 HGB; vgl RGZ 153, 157 für die OHG; BGB-RGRK/Dickescheid Rn 25; MünchKomm/Kroll-Ludwigs Rn 26).

6. Änderung eines Gesellschaftsvertrags

95 Zur Änderung eines Gesellschaftsvertrags ist die **Genehmigung des Familiengerichts nicht erforderlich**, und zwar grundsätzlich auch dann nicht, wenn die Änderung in die Rechte und Pflichten des Mündels eingreift. Dies gilt sowohl für das Ausscheiden eines anderen Gesellschafters aus der Personengesellschaft (BGH NJW 1961, 724 = MDR 1961, 389 = FamRZ 1961, 215 = LM Nr 3 zu § 1822 Ziff 3 m Anm Fischer) als auch für den Fall des Eintritts eines anderen Gesellschafters (BGHZ 38, 26 = NJW 1962, 2344 = MDR 1963, 28 = JZ 1963, 598; s auch KG RJA 12, 48; für Genehmigungsfreiheit auch Duden JZ 1963, 601; Gernhuber/Coester-Waltjen § 60 Rn 109; Dölle § 128 II 2 c; zur Änderung von bestehenden Kapitalanteilen durch sog Einbuchung DNotI-Report 2018, 26, 28; **aA** vor allem unter Hinweis auf das Schutzbedürfnis des Mündels und die Schwierigkeit der Unterscheidung zwischen Änderung und Neuabschluss Beitzke JR 1963, 182; Stöber Rpfleger 1968, 2; Knopp BB 1962, 939;

Brüggemann FamRZ 1990, 124, 127; Rust DStR 2005, 1992, 1994 für Personengesellschaften; Kölmel RNotZ 2010, 1, 21; Soergel/Zimmermann Rn 26 mwNw in Fn 115; MünchKomm/Kroll-Ludwigs Rn 28; eingeschränkt Erman/Schulte-Bunert Rn 16). Zwar handelt es sich hierbei nicht selten um wirtschaftlich bedeutsame und über die Grenzen einer gewöhnlichen Verwaltung hinausgehende Maßnahmen; nichtsdestotrotz ist zu berücksichtigen, dass der Gesetzgeber mit § 1821 BGB und § 1822 BGB nicht stets solche Geschäfte dem Genehmigungserfordernis unterwerfen wollte, sondern sich für das Enumerationsprinzip entschieden (s Vorbem 3 zu §§ 1821 f), also nur eine bestimmte Anzahl solcher Rechtsgeschäfte als genehmigungsbedürftig herausgegriffen hat (BGHZ 38, 26, 28), und Nr 3 Var 3 die Genehmigungspflicht auf die Eingehung eines Gesellschaftsvertrags beschränkt (LG Stuttgart BWNotZ 2001, 91). Zudem ist es im Interesse der Rechtssicherheit geboten, zu einer klaren Abgrenzung zu gelangen und nicht nach dem Inhalt der Änderungen im Einzelfall (s Knopp BB 1962, 939, 941 ff; NK-BGB/Fritsche Rn 21; Merkel BB 1963, 455, 456 verlangt „wesentliche Änderungen"; ebenso Palandt/Götz Rn 10) zu differenzieren (BGHZ 38, 26, 28). Dem Einwand mangelnder Rechtssicherheit wäre der Lösungsansatz nicht ausgesetzt, der zum Schutz des Mündels jede Änderung unter § 1822 Nr 3 BGB subsumiert (dafür Stöber Rpfleger 1968, 2, 3 ff; Friess DB 1969, 957, 959; Soergel/Zimmermann Rn 26; jurisPK-BGB/Lafontaine Rn 81). Für diese Sichtweise spricht zwar der Umstand, dass auch die Vertragsänderung ein Gesellschaftsvertrag iSv Nr 3 Var 3 ist (MünchKomm/Kroll-Ludwigs Rn 28; s auch BGB-RGRK/Dickescheid Rn 88). Dennoch hätte diese Lesart von Nr 3 Var 3 einen außerordentlich weitgehenden Eingriff in die Entschließungsfreiheit des gesetzlichen Vertreters des Minderjährigen zur Folge (BGHZ 38, 26, 29; Gernhuber/Coester-Waltjen § 60 Rn 109). Hinzu kommt, dass zum Schutz des Mündels vor übermäßigen Haftungsrisiken die Vorschrift des § 1629a BGB geschaffen wurde (dazu auch oben Rn 49). Mithin ist grds jede Änderung des Gesellschaftsvertrags genehmigungsfrei (BGHZ 38, 26; LG Stuttgart BWNotZ 2001, 91; Naczinsky NZFam 2018, 713, 718 zur nachträglichen Aufnahme einer Nachfolge- oder Eintrittsklausel in den Gesellschaftsvertrag).

Eine **Ausnahme** gilt allerdings im Falle der **Änderung des Gesellschaftszwecks**. Ansonsten könnte eine Gesellschaft gegründet werden, die zunächst nur die Vermögensverwaltung zum Gegenstand hat und später durch eine Änderung des Gesellschaftsvertrags zu einem Erwerbsgeschäft umgebildet wird (OLG München 28. 12. 2017 – 2 WF 1509/17, juris Rn 16, MittBayNot 2019, 132, 135; Van De Loo/Strnad ZEV 2018, 617, 622; s auch LG Wuppertal NJW-RR 1995, 152, 153). **96**

Freilich kommt uU die Genehmigungsbedürftigkeit aufgrund einer anderen Vorschrift in Betracht, etwa nach Nr 10 bei einem Wechsel der Gesellschafterstellung des Mündels in einer KG oder nach Nr 12 bei Änderung des Gesellschaftsverhältnisses in einem Vergleich (s unten Rn 176 u 203 ff; Gernhuber/Coester-Waltjen § 60 Rn 109; Dölle § 128 II 2 c). **97**

7. Ausscheiden aus einer Gesellschaft/Auflösung einer Gesellschaft

Beim Ausscheiden des Mündels aus einer Gesellschaft, etwa aus einer KG durch Veräußerung von Kommanditanteilen an einer bestehenden Gesellschaft, greift, selbst wenn es um Zwergbeteiligungen des Mündels geht, der Genehmigungstatbestand des § 1822 Nr 3 Var 2 BGB (OLG Karlsruhe NJW 1973, 1977; MünchKomm/Kroll-Ludwigs Rn 19), nicht aber § 1822 Nr 3 Var 3 BGB (anders Wilde GmbHR 2010, 123, 127). **98**

99 Keiner familiengerichtlichen Genehmigung nach § 1822 Nr 3 BGB bedarf die **Auflösung einer GmbH** (BGHZ 52, 316, 319 = NJW 1970, 33; Gernhuber/Coester-Waltjen § 60 Rn 105; BGB-RGRK/Dickescheid Rn 28 aE; MünchKomm/Kroll-Ludwigs Rn 27); s aber die Sollvorschrift des § 1823 BGB.

8. Entscheidungskriterien für das Familiengericht, Wirkung versagter Genehmigung

100 Die Kriterien, nach denen das Familiengericht über die Genehmigung eines Gesellschaftsvertrags, der zum Betrieb eines Erwerbsgeschäfts abgeschlossen wurde, zu entscheiden hat, sind die gleichen wie bei einem Vertrag, der auf den entgeltlichen Erwerb oder die Veräußerung eines Erwerbsgeschäfts gerichtet ist (s oben Rn 70).

101 Genehmigt das Familiengericht nicht die Gründung einer Personengesellschaft, an der ein Mündel beteiligt werden soll, so führt dies nicht in jedem Fall zur Nichtigkeit des ganzen Gesellschaftsvertrags; der Fall ist vielmehr nach § 139 BGB zu beurteilen, sodass uU unter den anderen Gesellschaftern eine „Restgesellschaft" besteht (MünchKomm/Kroll-Ludwigs Rn 30; Erman/Schulte-Bunert Rn 18). Auf die Rechtsstellung des Mündels sind dann **nicht die Regeln der „faktischen Gesellschaft"** anzuwenden; vielmehr erscheint es – um die Teilhabe des Mündels am Ertrag seiner Arbeit zu ermöglichen – sachgerecht, den Mündel als Gesellschafter ohne Verpflichtungen nach innen und außen zu behandeln (str; RGZ 145, 159; BGHZ 17, 160 = NJW 1955, 1067 = MDR 1955, 667 = DNotZ 1955, 530 = BB 1955, 490; BGH FamRZ 1983, 254 = NJW 1983, 749; s auch OLG Breslau OLGE 26, 270; OLG Hamburg OLGE 30, 150; Dölle § 128 II 2 c aE; Gernhuber/Coester-Waltjen § 60 Rn 108; Fischer NJW 1955, 849, 851; MünchKomm/Kroll-Ludwigs Rn 30; Erman/Schulte-Bunert Rn 18; Soergel/Zimmermann Rn 27; BGB-RGRK/Dickescheid Rn 30; Palandt/Götz Rn 11).

102 Genehmigt das Familiengericht die Gründung einer GmbH, an der der Mündel beteiligt werden soll, nicht, so ist die in das Handelsregister eingetragene GmbH trotzdem wirksam entstanden und nicht vernichtbar (s §§ 75 ff GmbHG), der Minderjährige wird aber nicht Gesellschafter (Bürger RNotZ 2006, 156, 161; Gernhuber/Coester-Waltjen § 60 Rn 108; Erman/Schulte-Bunert Rn 18).

V. Pachtvertrag über ein Landgut oder einen gewerblichen Betrieb (Nr 4)

1. Begriff des Landguts und des gewerblichen Betriebs

103 **a) Landgut** iS des § 1822 Nr 4 BGB (vgl auch die §§ 1515 Abs 2, 2049, 2312, 98 Nr 2 BGB; zum Begriff des Landguts Staudinger/Stieper [2017] § 98 Rn 9) ist – im Gegensatz zu einzelnen landwirtschaftlichen Grundstücken – eine zum selbständigen landwirtschaftlichen Betrieb eingerichtete Grundstückseinheit oder Grundstücksmehrheit (KG JFG 1, 83, 87 = OLGE 43, 380; in der II. Kommission wurde in E I § 1674 Nr 7 der neben dem Landgut alternativ genannte Fall der Verpachtung mehrerer zum Betrieb der Landwirtschaft verbundener Grundstücke gestrichen, um „eine Verdunkelung des […] Begriffs des Landguts zu verhüten", Prot IV 792). Nach der Definition des BGH (zu § 2312 BGB) setzt der Begriff des Landguts eine Besitzung voraus, die eine zum selbständigen Betrieb der Landwirtschaft einschließlich der Viehzucht oder der Forstwirtschaft geeignete und bestimmte Wirtschaftseinheit dar-

stellt und mit den nötigen Wohn- und Wirtschaftsgebäuden versehen ist. Sie muss eine gewisse Größe erreichen und für den Inhaber eine selbständige Nahrungsquelle darstellen. Dass eine Ackernahrung vorliegt, ist jedoch nicht erforderlich; eine Besitzung kann auch dann ein Landgut sein, wenn der Inhaber neben der Landwirtschaft einen anderen Beruf ausübt (BGH NJW 1964, 1414, 1416; OLG München FamRZ 2009, 1439 mwNw; s auch STAUDINGER/LÖHNIG [2016] § 2049 Rn 3).

b) Gewerblicher Betrieb als Pachtobjekt kann ein gewerblich betriebenes Unternehmen in jedem erdenklichen Bereich (Handel, Produktion, Dienstleistung, Handwerk) sein (zur Unternehmenspacht s STAUDINGER/SCHAUB [2018] § 581 Rn 64, Beispielsfälle Rn 66; zur Pacht eines Handelsgeschäfts s § 22 Abs 2 HGB, zur Pacht des Betriebs einer Aktiengesellschaft § 292 Abs 1 Nr 3 AktG). Auf das Erfordernis eines in kaufmännischer Weise eingerichteten Gewerbebetriebs iSv § 1 Abs 2 HGB kommt es nicht an. **104**

Gewerblicher Betrieb iS des § 1821 Nr 4 BGB kann auch ein land- oder forstwirtschaftlicher Nebenbetrieb (zB Ziegelei, Brennerei) sein, der selbständig verpachtet wird.

2. Begriff des Pachtvertrags

§ 1821 Nr 4 BGB verlangt die familiengerichtliche Genehmigung allgemein „zu einem Pachtvertrag", den der Vormund für den Mündel abschließt. Obwohl in den Motiven (IV 1142) nur von „Verpachtungen" gesprochen und offenbar in erster Linie der Fall erwogen wird, dass ein Landgut oder Betrieb **vom Mündel verpachtet** wird, erstreckt sich das Erfordernis der Genehmigung auch auf die Fälle, in denen der **Mündel als Pächter** auftritt (vgl ZG IV 486 Anm 1; SOERGEL/ZIMMERMANN Rn 28; ERMAN/SCHULTE-BUNERT Rn 19; MünchKomm/KROLL-LUDWIGS Rn 31 aE; PALANDT/GÖTZ Rn 12; BGB-RGRK/DICKESCHEID Rn 31). **105**

Über den **Pachtvertrag** s §§ 581 ff BGB; entscheidend (insbesondere für die Abgrenzung zum Mietvertrag) ist also, dass dem Pächter neben dem Gebrauch auch die Fruchtziehung zusteht. Dies ist nicht der Fall, wenn ein bisher landwirtschaftlich genutztes Anwesen einem anderen als Wohnung überlassen wird, auch wenn ihm geringfügige Nutzungen (zB Nutzung eines Hausgartens, Abernten von Obstbäumen) gestattet werden (MünchKomm/KROLL-LUDWIGS Rn 32 aE). **106**

Die **Verpachtung eines Landguts** kann auch dann vorliegen, wenn aufgrund eines einheitlichen Entschlusses Grundstücke eines Landguts an verschiedene Personen verpachtet werden. Dies hat das Kammergericht auch für den Fall angenommen, dass zwar nicht sämtliche zum Landgut gehörenden Grundstücke mitverpachtet werden, dass aber mit Rücksicht auf die Geringfügigkeit der nicht mitverpachteten Grundstücke ein selbständiger landwirtschaftlicher Betrieb nicht aufrechterhalten werden kann und damit auch die Ausnutzung der Gebäude zum Zweck der Bewirtschaftung eines Landgutes nicht möglich ist (KG JFG 13, 317, 322 = JW 1936, 1469; ihm folgend DÖLLE § 128 II d, aa; SOERGEL/ZIMMERMANN Rn 28; BGB-RGRK/DICKESCHEID Rn 31; **aA** MünchKomm/KROLL-LUDWIGS Rn 33, die zutreffend darauf hinweist, dass die Liquidation eines dem Mündel gehörenden Betriebs gerade nicht unter den Verpachtungsbegriff fällt; ERMAN/SCHULTE-BUNERT Rn 19). Von der Verpachtung eines Landguts wird man in einem Fall, wie er der **107**

Entscheidung des KG zugrunde lag, nur sprechen können, wenn die Verpachtung an mehrere Pächter nicht der dauernden Aufgabe des dem Mündel gehörenden Landguts als Wirtschaftseinheit gleichkommt (vgl auch Prot IV 792).

3. Dauer des Pachtverhältnisses

108 Wie lange das Pachtverhältnis dauern soll, ist für die Anwendbarkeit des § 1822 Nr 4 BGB unerheblich; insoweit unterscheidet sich die Bestimmung von Nr 5, wo es darauf ankommt, ob das Vertragsverhältnis länger als ein Jahr nach dem Eintritt der Volljährigkeit des Mündels fortdauern soll. § 1822 Nr 5 BGB erfasst aber auch Pachtverträge über ein Landgut oder einen gewerblichen Betrieb; daraus, dass diese schon in Nr 4 genannt sind, kann nicht das Gegenteil gefolgert werden. Da somit Nr 4 hinsichtlich der Pachtverträge nicht lex specialis gegenüber Nr 5 ist, brauchen auch Eltern, für die Nr 4 nicht gilt, zum Abschluss eines Pachtvertrags, der die sonstigen Voraussetzungen erfüllt, gemäß §§ 1643 Abs 1, 1822 Nr 5 BGB die Genehmigung des Familiengerichts (RGZ 114, 35, 37; KG JFG 1, 83, 87 f = OLGE 43, 380; BGB-RGRK/Dickescheid Rn 31; Palandt/Götz Rn 12; MünchKomm/Kroll-Ludwigs Rn 35).

VI. Verpflichtung zu wiederkehrenden Leistungen über das 19. Lebensjahr des Mündels hinaus (Nr 5)

1. Historie

109 § 1822 Nr 5 BGB macht die Wirksamkeit von Verträgen, durch die der Mündel für längere Zeit als ein Jahr nach Eintritt seiner Volljährigkeit hinaus zu wiederkehrenden Leistungen verpflichtet wird, von der Genehmigung des Familiengerichts abhängig. Das BGB wollte im Gegensatz zu früheren Rechtsordnungen (s Mot IV 1141) die Genehmigungsbedürftigkeit von Dauerschuldverhältnissen nicht von einer bestimmten, in Jahren ausgedrückten Höchstdauer der vertraglichen Bindung abhängig machen; auch ein in der II. Kommission gestellter Antrag, zu solchen Verträgen die Genehmigung des Familiengerichts immer dann zu fordern, wenn das Vertragsverhältnis länger als vier Jahre dauern soll, wurde abgelehnt (Prot IV 791 f). So wurde, um die Bewegungsfreiheit des volljährig gewordenen Mündels nicht unangemessen zu beeinträchtigen, aber auch nicht unnötig die vormundschaftliche Verwaltung zu erschweren und die Geschäftslast des Vormundschaftsgerichts (seit 1. 9. 2009 des Familiengerichts) zu vermehren, das Erfordernis der Genehmigung auf Fälle beschränkt, in denen das Vertragsverhältnis länger als ein Jahr „nach der Vollendung des einundzwanzigsten Lebensjahrs des Mündels“ dauern sollte. Der Fall der Volljährigkeitserklärung (§ 3 BGB aF) sollte der – im Regelfall mit 21 Jahren eintretenden – Volljährigkeit nicht gleichgestellt werden, um Unklarheit zu vermeiden (Mot IV 1141 f).

110 Das **Gesetz zur Neuregelung des Volljährigkeitsalters** vom 31. 7. 1974 (BGBl I 1713), das das Volljährigkeitsalter allgemein auf 18 Jahre herabsetzte und die Möglichkeit der vorzeitigen Volljährigerklärung beseitigte, ersetzte in § 1822 Nr 5 BGB die Worte „nach der Vollendung des einundzwanzigsten Lebensjahrs“ durch die Worte „nach dem Eintritt der Volljährigkeit“.

2. Verträge, durch die der Mündel zu wiederkehrenden Leistungen verpflichtet wird

a) Wiederkehrende Leistungen

Das Gesetz nennt vorweg die Miet- und Pachtverträge (§§ 535 ff, 581 ff BGB) als Beispiele für Verträge, durch die der Mündel zu wiederkehrenden Leistungen (vgl etwa OLG Dresden 12. 9. 2018 – 22 WF 758/18, juris Rn 14, 28, FamRZ 2019, 535, 536: 99 Jahre anhaltende Pflicht zum Betreiben eines Friedwaldes; zur Genehmigungsfähigkeit in diesem Fall s § 1828 Rn 28) verpflichtet wird. In Rechtsprechung und Schrifttum besteht Einigkeit darüber, dass es bei Miet- und Pachtverträgen nicht darauf ankommt, ob der Mündel Mieter (Pächter) oder Vermieter (Verpächter) ist (Mot IV 1142). Schon daraus geht hervor, dass mit wiederkehrenden Leistungen nicht nur Geldleistungen oder andere Sachleistungen (zB Lieferung bestimmter Gegenstände), sondern grundsätzlich Leistungen jeder Art gemeint sind; ebenso wird kein Unterschied gemacht zwischen beweglichen oder unbeweglichen Sachen als Leistungsgegenstand (so KG JFG 1, 83, 88 = OLGE 43, 380, 381 für einen Pachtvertrag mit dem Mündel als Verpächter; Dölle § 128 II 2 d, bb; Gernhuber/Coester-Waltjen § 60 Rn 111; Erman/Schulte-Bunert Rn 20; Soergel/Zimmermann Rn 29; BGB-RGRK/Dickescheid Rn 33; MünchKomm/Kroll-Ludwigs Rn 36; Palandt/Götz Rn 14). 111

Auch ein Vertrag, der den Mündel zu einer **dauernden Leistung** verpflichtet, ist genehmigungsbedürftig. Dies ergibt sich aus dem Text von § 1822 Nr 5 BGB, der Miet- und Pachtverträge – auch wenn der Mündel als Vermieter oder Verpächter beteiligt ist, also eine dauernde Leistung (die Gewährung des Gebrauchs und evtl die Gestattung der Fruchtziehung) zu erbringen hat – als Beispiele der von der Norm erfassten Verträge voranstellt (Gernhuber/Coester-Waltjen § 60 Rn 111 Fn 228; MünchKomm/Kroll-Ludwigs Rn 36 Fn 105; Palandt/Götz Rn 14; Erman/Schulte-Bunert Rn 20; **aA** BGH NJW 1974, 1134 = MDR 1974, 744 = Rpfleger 1974, 256; BGB-RGRK/Dickescheid Rn 36; Brüggemann FamRZ 1990, 5, 12). 112

Nr 5 erfasst nur die Fälle, in denen eine Verpflichtung, an die der Mündel langfristig gebunden ist, **rechtsgeschäftlich begründet** wird. Nicht darunter fallen dagegen gesetzliche Pflichten, etwa diejenige nach § 16 Abs 2 WEG bei Erwerb von Wohnungseigentum durch den Mündel oder die Verpflichtung nach § 566 BGB, die kraft Gesetzes auf den Mündel übergeht, wenn dieser vom Vermieter das vermietete Grundstück erwirbt (BGH FamRZ 1983, 371 = NJW 1983, 1780 = Rpfleger 1983, 148 = MDR 1983, 566; OLG Hamm 6. 8. 2014 – I-15 W 94/14, juris Rn 10, FamRZ 2015, 337 f; LG München II MittBayNot 2005, 234, 235; LG Hechingen BWNotZ 1995, 67, 68; Zeiser Rpfleger 2017, 429, 431; Kölmel RNotZ 2010, 1, 21; Soergel/Zimmermann Rn 28 aE; MünchKomm/Kroll-Ludwigs Rn 36 aE; Erman/Schulte-Bunert Rn 20; BGB-RGRK/Dickescheid Rn 33, 36; Palandt/Götz Rn 14). 113

§ 1822 Nr 5 BGB ist auch auf **Pachtverträge über ein Landgut oder einen gewerblichen Betrieb** anzuwenden; daraus, dass diese schon in Nr 4 erwähnt sind, kann nicht das Gegenteil gefolgert werden (s oben Rn 108). Auch die Eltern, auf die Nr 4 nicht anzuwenden ist (§ 1643 Abs 1 BGB), bedürfen deshalb der familiengerichtlichen Genehmigung eines solchen Vertrags nach Nr 5 (RGZ 114, 35, 37 f; KG JFG 1, 83, 87 = OLGE 43, 380, 381; Kölmel RNotZ 2010, 1, 21; Palandt/Götz Rn 12; BGB-RGRK/Dickescheid Rn 33; MünchKomm/Kroll-Ludwigs Rn 36; Soergel/Zimmermann Rn 29 aE). 114

b) Unproblematische Anwendungsfälle

115 Das Gesetz nennt beispielhaft den **Miet- und Pachtvertrag**. Zu wiederkehrenden Leistungen verpflichten aber auch zB **Versicherungsverträge** (Mot IV 1142; Lebensversicherung: BGHZ 28, 78 = FamRZ 1958, 318 = NJW 1958, 1393 = MDR 1958, 663; OLG Hamm VersR 1992, 1502 = FamRZ 1993, 591 [LS]; LG Frankfurt aM NJW 1999, 3566; LG Freiburg VersR 1998, 41; LG Regensburg VersR 2004, 722; kombinierte Lebensversicherung mit Unfallversicherung: LG Hamburg NJW 1988, 215; s auch AG Köln VersR 1992, 1117; Kapitallebensversicherung: OLG Koblenz VersR 1991, 209; AG Hamburg NJW-RR 1994, 721), **Renten- und Ruhegehaltsversprechen** (RAG 11, 331 = JW 1933, 239 m Anm Hueck; s auch BGH FamRZ 1969, 209 [Kaufpreisrente], dazu näher unter Rn 121), **Anspar- und Bausparverträge**, da in beiden Fällen in der Regel eine monatliche Besparung des Vertrags vereinbart wird (LG Dortmund MDR 1954, 546; **aA** LG Heilbronn WM 2001, 566), und sonstige **Sparverträge**, die den Mündel zu fortlaufenden Einzahlungen verpflichten, auch **Abzahlungskaufverträge** (LG Berlin NJW 1963, 110 = JR 1963, 222; **aA** Schmidt BB 1963, 1121; Kümpel NJW 1966, 2092, 2096; s auch BayObLGZ 1964, 240, 248 = FamRZ 1964, 526, 528; zur Genehmigungspflicht nach Nr 8 näher Rn 151). Unter Nr 5 fällt auch ein Vertrag, durch den der Mündel verpflichtet werden soll, eine **einheitliche Verbindlichkeit ratenweise zu tilgen** (OLG Stuttgart FamRZ 1997, 101 = NJW-RR 1996, 1288 zur Verpflichtung des Mündels, eine Einlage als stiller Gesellschafter auf Jahre hinaus in Raten zu erbringen). Das Gleiche gilt für **Leasingverträge** (Erman/Schulte-Bunert Rn 22).

c) Lehr-, Dienst- und Arbeitsverträge

116 Umstritten ist, ob Lehr-, Dienst- und Arbeitsverträge, die den Mündel länger als ein Jahr nach Eintritt seiner Volljährigkeit zu persönlichen Leistungen verpflichten, unter § 1822 Nr 5 BGB fallen. Dies ist weniger für den unter Vormundschaft als für den unter elterlicher Sorge stehenden Minderjährigen von Bedeutung; denn nach § 1643 Abs 1 BGB bedürfen die Eltern zwar in den in § 1822 Nr 5 BGB, nicht aber in den in Nrn 6 und 7 genannten Fällen der familiengerichtlichen Genehmigung. Zwar fallen unter die wiederkehrenden Leistungen iS von Nr 5 nicht nur Geldleistungen, sondern auch Leistungen anderer Art (s oben Rn 111). Außerdem haben die Motive als Beispiel für Verträge, durch die der Mündel zu wiederkehrenden Leistungen verpflichtet wird, den Vertrag angeführt, durch den der Mündel als Handlungsgehilfe in das Geschäft eines anderen eintritt (IV 1142). Dennoch erscheint es im Hinblick auf die Entstehungsgeschichte der Vorschrift, auch im Zusammenhang mit der des § 113 BGB, gerechtfertigt, Nr 5 auf Lehr-, Dienst- und Arbeitsverträge **nicht anzuwenden**. Die erst von der II. Kommission vorgenommene nachträgliche Einfügung der Nrn 6 und 7 wäre nicht nötig gewesen, wenn Nr 5 schon Arbeitsleistungen hätte umfassen sollen (vgl auch Prot IV 792 f, wo für das Genehmigungserfordernis nach Nrn 6 und 7 Gründe angeführt sind, die sich besonders auf die Kontrolle der Tätigkeit des Vormunds, nicht auf die der Eltern beziehen). Die Nrn 6 und 7 sind deshalb als Sonderbestimmungen anzusehen, die (im Gegensatz zu Nr 4, s dazu oben Rn 108) die Anwendung der Nr 5 ausschließen (ebenso RAG JW 1929, 1263 m zust Anm Kaskel; LG Essen NJW 1965, 2302, 2303; LAG Mecklenburg-Vorpommern SpuRt 2012, 80, 83 m Anm Nesemann; Dölle § 128 II 2 d, bb – anders § 92 II 2 u § 94 IV 8; Schlachter FamRZ 2006, 155, 156 f; Kurz NJW 1992, 1798, 1801; Fritzweiler/Huster SpuRt 2017, 199, 200; MünchKomm/Kroll-Ludwigs Rn 40; Erman/Schulte-Bunert Rn 23; BGB-RGRK/Dickescheid Rn 35; NK-BGB/Fritsche Rn 26; Staudinger/Klumpp [2017] § 113 Rn 43; Fröschle, Sorge und Umgang Rn 605; Nesemann, Jugendfußball 70 ff für Förderverträge im Jugendfußball; **aA** Hueck/Nipperdey, Lehrbuch des Arbeitsrechts § 30 Fn 17; Fomferek NJW 2004, 410 für den

Künstlervertrag; zum Jugendfußball Nees RW 2018, 159, 181 ff; Gernhuber/Coester-Waltjen § 60 Rn 111, die zu Unrecht eine Parallele zur Konkurrenz der Nr 5 mit Nr 4 zieht; Soergel/Zimmermann Rn 31; unklar Palandt/Götz Rn 14; im konkreten Fall offengelassen von OLG Köln ZUM 2001, 166, 171 zum Künstlervertrag).

Ist der Mündel Dienstberechtigter, so ist im Hinblick auf die ihn treffenden wiederkehrenden Verpflichtungen (insbesondere zur Gewährung einer Vergütung) Nr 5 anzuwenden (Dölle § 128 II 2 d, dd). 117

d) Unterhaltsverpflichtungen des Mündels

Unter Nr 5 fallen auch Verträge, durch die der Mündel zu Unterhaltsleistungen verpflichtet wird, die über eine bestehende gesetzliche Unterhaltspflicht hinausreichen (Erman/Schulte-Bunert Rn 22; MünchKomm/Kroll-Ludwigs Rn 37; Palandt/Götz Rn 14). Vor 1998 war etwa ein Vertrag genehmigungspflichtig, durch den sich der Vater nach § 1615e BGB aF zu Leistungen einer anstelle des Unterhalts zu gewährenden Abfindung für das nichteheliche Kind verpflichtete, die er länger als ein Jahr nach Eintritt seiner Volljährigkeit zu erbringen hatte (BayObLGZ 6, 732 = OLGE 12, 325; KGJ 46, A 51, 60 = OLGE 30, 150 Fn 1; OLG Oldenburg DAVorm 1962, 124; LG Berlin DAVorm 1955/56, 332; Staudinger/Eichenhofer [1997] § 1615e Rn 29; Schmid ZBlFG 4, 317; Dölle § 128 II 2 d, bb). Ein Vertrag dieses Inhalts ist nach der Aufhebung des § 1615e BGB aF durch das Kindesunterhaltsgesetz vom 6. 4. 1998 (BGBl I 666) allerdings nicht mehr denkbar (s dazu Staudinger/Klinkhammer [2018] Vorbem 129 zu §§ 1601 ff u § 1614 Rn 14). 118

Auf die Anerkennung der Vaterschaft und das einseitige deklaratorische **Anerkenntnis einer gesetzlich bestehenden Unterhaltspflicht** (in der Regel verbunden mit der Unterwerfung unter die sofortige Zwangsvollstreckung gemäß § 794 Abs 1 Nr 5 ZPO), die meist – nicht zuletzt wegen der Genehmigungsbedürftigkeit eines Vertrags – dem Abschluss einer Vereinbarung vorgezogen werden, ist Nr 5 dagegen nicht – auch nicht entsprechend – anzuwenden (KG OLGZ 1971, 122 = NJW 1971, 434 = FamRZ 1971, 41 = MDR 1971, 220 = Rpfleger 1971, 16 = DAVorm 1970, 428; LG Berlin FamRZ 1970, 144; LG Kiel DAVorm 1971, 188; LG Kiel DAVorm 1973, 445; LG Karlsruhe DAVorm 1971, 189; LG Wuppertal DAVorm 1971, 233; LG Koblenz DAVorm 1971, 235; LG Köln DAVorm 1971, 187, wo die in DAVorm 1969, 407 = NJW 1969, 1907 m abl Anm Bronsch NJW 1970, 49 vertretene gegenteilige Ansicht ausdrücklich aufgegeben wird; Odersky FamRZ 1971, 137, 139; Soergel/Zimmermann Rn 30; Erman/Schulte-Bunert Rn 22; MünchKomm/Kroll-Ludwigs Rn 38; BGB-RGRK/Dickescheid Rn 35; Palandt/Götz Rn 14; **aA** LG Köln NJW 1969, 1907, 1908; Wiegel FamRZ 1971, 17); dies gilt auch noch nach der Neuregelung des Abstammungsrechts durch das Kindschaftsrechtsreformgesetz vom 16. 12. 1997 (BGBl I 2942). In Betracht kommt allerdings bei Vorliegen eines Vergleichs die Genehmigungspflicht nach Nr 12 (Odersky FamRZ 1971, 137, 140; zu Nr 12 näher Rn 201 ff). 119

3. Verpflichtung des Mündels über sein 19. Lebensjahr hinaus

Die in Nr 5 genannten Verträge bedürfen nur dann der familiengerichtlichen Genehmigung, wenn das Vertragsverhältnis länger als ein Jahr über den Eintritt der Volljährigkeit des Mündels fortdauern soll. Die **Volljährigkeit** tritt ein mit der Vollendung des 18. Lebensjahrs (§ 2 BGB); für die Anwendung der Vorschrift kommt es also darauf an, ob der Mündel über sein 19. Lebensjahr hinaus verpflichtet sein soll. 120

Wegen der Berechnung der Vollendung des 18. Lebensjahrs und der Jahresfrist s §§ 187 Abs 2, 188 Abs 2 BGB.

121 Ob die Bindung über das 19. Lebensjahr hinaus vorliegt, ist bei Verträgen mit einer festen zeitlichen Begrenzung leicht festzustellen. Ist die **Dauer** zur Zeit des Vertragsabschlusses **ungewiss**, weil sie von einem zukünftigen Ereignis abhängt, so ist Nr 5 in allen Fällen anzuwenden, in denen nicht feststeht, dass die Verpflichtung des Mündels enden wird, bevor er 19 Jahre alt ist. Dass die frühere Beendigung nach den konkreten Umständen wahrscheinlich ist, genügt nicht. Deshalb kann der Auffassung nicht gefolgt werden, dass die Genehmigungsbedürftigkeit entfällt, wenn die Wahrscheinlichkeit groß ist, dass wegen des Alters der Vertragschließenden der Vertrag enden wird, bevor der Mündel 19 Jahre alt ist (so aber BGB-RGRK/Dickescheid Rn 32 im Anschluss an BGH FamRZ 1969, 209: Kaufpreisrente, die das bei Vertragsabschluss 1 Monat alte Kind den 73 und 75 Jahre alten Veräußerern auf deren Lebenszeit zu zahlen hatte). Der BGH hat in diesem Urteil selbst anerkannt, dass ein auf Lebenszeit bemessenes und damit in aller Regel der Dauer nach ungewisses Vertragsverhältnis ein solches ist, das iS des § 1822 Nr 5 BGB länger als ein Jahr nach Eintritt der Volljährigkeit fortdauern soll, und dass dabei nicht auf die Lebenserwartung der Beteiligten im Einzelfall abgestellt werden darf (so schon RAG JW 1933, 239, 240 = RAGE 11, 335). Dies schließe aber nicht aus, dass die Vertragschließenden unter besonderen Umständen mit einer Verpflichtung des Minderjährigen über ein Jahr nach Eintritt der Volljährigkeit nicht mehr rechneten und deshalb den Minderjährigen nicht über diesen Zeitpunkt hinaus verpflichten wollten; ein solcher Vertrag bedürfe nicht der Genehmigung des Familiengerichts. Diese Unterstellung geht an der Wirklichkeit vorbei, denn es ist nicht anzunehmen, dass es dem Parteiwillen entsprach, die Zahlungspflicht des Mündels, wenn die Berechtigten wider Erwarten älter geworden wären (also im Fall 92 und 94 Jahre), vor ihrem Tod enden zu lassen (krit auch MünchKomm/Kroll-Ludwigs Rn 43; Kölmel RNotZ 2010, 1, 21). Das Erfordernis der Genehmigung kann **nur dann entfallen**, wenn der Zeitpunkt der Beendigung der Verpflichtung zu wiederkehrenden Leistungen zwar ungewiss, die Tatsache, dass er vor dem Zeitpunkt liegt, in dem der Mündel 19 Jahre alt wird, aber gewiss ist (s auch OLG Köln MDR 1965, 296 = ZBlJugR 1965, 21 = FamRZ 1965, 454 [LS], wonach die Genehmigung eines Grundstückskaufvertrags nach § 1822 Nr 5 BGB nicht nur dann erforderlich ist, wenn die Rentenverpflichtung des Minderjährigen mit Sicherheit länger als ein Jahr über den Zeitpunkt seiner Volljährigkeit hinausgeht, sondern auch dann, wenn mit dieser Möglichkeit wegen des Alters des Rentenempfängers gerechnet werden muss).

122 Soll das Vertragsverhältnis länger als ein Jahr nach dem Eintritt der Volljährigkeit des Mündels fortdauern, so kann vom Erfordernis der familiengerichtlichen Genehmigung nicht schon dann abgesehen werden, **wenn der Mündel** das Vertragsverhältnis spätestens zum Ende seines 19. Lebensjahrs **kündigen kann**, wie es etwa § 165 VVG für die Lebensversicherungsverträge zwingend vorschreibt. Auch wenn die Kündigungsmöglichkeit besteht, ist der Mündel dadurch nicht in gleicher Weise vor Nachteilen geschützt wie bei einem Vertrag, durch den er von vornherein nicht über den gesetzlich festgelegten Zeitpunkt hinaus gebunden ist (so BGHZ 28, 78 = NJW 1958, 1393 = FamRZ 1958, 318 = MDR 1958, 663; OLG Hamm NJW-RR 1992, 1186, 1187). Vom Erfordernis der Genehmigung kann man nur dann absehen, wenn die Kündigung keinerlei Vermögensnachteile für den Mündel zur Folge hat, wie sie etwa bei der vorzeitigen Auflösung eines Lebensversicherungsvertrags im Hinblick auf Abzüge von der Summe der bis dahin eingezahlten Prämien eintreten (BGHZ 28, 78; LG Aachen VersR 1971,

903 = FamRZ 1971, 656 [LS]; s auch LG Hamburg NJW 1988, 215; OLG Hamm VersR 1992, 1502 = FamRZ 1993, 501 [LS]; MünchKomm/Kroll-Ludwigs Rn 42; Palandt/Götz Rn 15; Erman/Schulte-Bunert Rn 24; Gernhuber/Coester-Waltjen § 60 Rn 112; BGB-RGRK/Dickescheid Rn 32; **aA** [keine Genehmigungspflicht] Brüggemann FamRZ 1990, 124, 129). Bei einem auf unbestimmte Zeit geschlossenen Mietvertrag über Wohnraum wird man mit Blick auf die Mieterschutzvorschriften (etwa nach § 574 BGB) das Genehmigungserfordernis nicht schon wegen der gesetzlichen Kündigungsmöglichkeit verneinen können (so aber LG Münster FamRZ 1994, 531, 532). Demgegenüber entfällt das Genehmigungserfordernis eines Vertrags über eine Prepaid-Kreditkarte, da der Minderjährige diesen nach Vollendung des 18. Lebensjahres jederzeit ohne Einbußen nach § 675h Abs 1 S 1 BGB kündigen kann (Sprau, in: FS Brudermüller 779, 787).

Bei **Rechtsverhältnissen von verhältnismäßig geringer wirtschaftlicher Bedeutung** (zB Mitgliedschaft in einem Verein oder einer Gewerkschaft [dazu LG Essen NJW 1965, 2302; näher auch unten Rn 133], Theater-, Konzert-, Zeitungsabonnement), bei denen sich der Vertrag jeweils um ein Jahr verlängert, wenn er nicht zu einem bestimmten Zeitpunkt gekündigt wird, kann man im Regelfall annehmen, dass die Kündigung dem Mündel keine unmittelbaren wirtschaftlichen Nachteile bringt. Deshalb ist für den Abschluss entsprechender Verträge auf unbestimmte Zeit, also auch über das 19. Lebensjahr des Mündels hinaus, die Genehmigung des Familiengerichts nicht erforderlich (ebenso Hoffmann BB 1965, 126, 128; Woltereck AuR 1965, 237, 240; ders VersR 1965, 649; BGB-RGRK/Dickescheid Rn 36 aE; MünchKomm/Kroll-Ludwigs Rn 42). **123**

Auch der Abschluss eines – unbefristeten – **Girovertrags** mit einer Bank bedarf nicht der Genehmigung, weil sich der Mündel daraus ohne unmittelbare wirtschaftliche Nachteile lösen kann (Spanl Rpfleger 1989, 392, 393; MünchKomm/Kroll-Ludwigs Rn 42 aE). **124**

Wird ein Vertrag für **mehrere Mündel** geschlossen, so ist die Dauer der Bindung für jeden einzelnen Mündel gesondert zu berechnen und die Genehmigung des Familiengerichts erforderlich, wenn auch nur für einen der Mündel das Vertragsverhältnis über das 19. Lebensjahr hinaus dauern soll (RG JW 1913, 687, 688; s auch RGZ 114, 35, 38; Erman/Schulte-Bunert Rn 24; BGB-RGRK/Dickescheid Rn 32). **125**

4. Folgen des Fehlens der nach Nr 5 erforderlichen Genehmigung

Schließt der Vormund einen nach Nr 5 genehmigungspflichtigen Vertrag ohne die erforderliche Genehmigung des Familiengerichts, so hängt die Wirksamkeit des Vertrags von der nachträglichen Genehmigung des Gerichts ab (§ 1829 Abs 1 S 1 BGB). Ist der Mündel volljährig geworden, so tritt nach § 1829 Abs 3 BGB seine Genehmigung an die Stelle der Genehmigung des Familiengerichts (AG Köln VersR 1992, 1117; LG Freiburg VersR 1998, 41; LG Regensburg VersR 2004, 722; OLG Koblenz VersR 1991, 209). **126**

Ist der genehmigungsbedürftige Vertrag weder vor noch nach Abschluss vom Familiengericht genehmigt worden und liegt auch kein Fall von § 1829 Abs 3 BGB vor, so ist nach dem **Grundsatz des § 139 BGB** der ganze Vertrag nichtig, es sei denn, dass die Vertragschließenden den Vertrag nicht als einen einheitlichen gewollt haben (Mot IV 1142). Wenn dagegen angenommen werden kann, dass die Parteien den Vertrag mit gleichem Inhalt auch für die das Erfordernis der Genehmigung nicht begründende **127** kürzere Dauer geschlossen hätten, kann der Vertrag, sofern kein anderes Hindernis entgegensteht, als wirksam bis zum Zeitpunkt der Vollendung des 19. Lebensjahrs des Mündels betrachtet werden. Dies wird in der Regel dann der Fall sein, wenn die Parteien vereinbart haben, dass durch die Nichtigkeit einzelner Vertragsbestimmungen die Gültigkeit des Vertrags im Übrigen nicht berührt werden soll. Das wird aber nur in Betracht kommen, wenn mit der Verkürzung der Vertragsdauer nicht zwangsläufig eine Änderung des Vertragsinhalts verbunden ist, also zB bei einem Miet- oder Pachtvertrag, auch einem auf vorangegangenem Arbeitsverhältnis beruhenden Rentenversprechen, eventuell auch bei einem Versicherungsvertrag, bei dem sich gleichartige Verpflichtungen beider Teile in aufeinanderfolgenden Zeitabschnitten gleichartig gegenüberstehen (etwa Krankenversicherung oder Haftpflichtversicherung), dagegen nicht bei einem Lebensversicherungsvertrag auf den Erlebens- oder Todesfall (RGZ 82, 124, 125; 114, 35, 39; 154, 41, 45; RAG JW 1933, 239; BGHZ 28, 78 = NJW 1958, 1393; BGH FamRZ 1962, 154 = NJW 1962, 734 = MDR 1962, 566; Dölle § 128 II 2 d, bb; Gernhuber/Coester-Waltjen § 60 Rn 113 aE; Erman/Schulte-Bunert Rn 25; MünchKomm/Kroll-Ludwigs Rn 44; BGB-RGRK/Dickescheid Rn 37; Soergel/Zimmermann Rn 32; Schilken FamRZ 1978, 642, 643, 645; Götz NJW 1978, 2223, 2225).

VII. Lehrverträge, Dienst- und Arbeitsverträge (Nr 6 und Nr 7)

1. Normzweck, praktische Relevanz

128 Die im E I noch nicht enthaltenen Bestimmungen des § 1822 Nrn 6 und 7 BGB beruhen auf dem Beschluss der II. Kommission. Ihnen liegt der Gedanke zugrunde, dass an die Genehmigung des Vormundschaftsgerichts (jetzt: Familiengerichts) nicht nur die Geschäfte, die nicht zur gewöhnlichen vormundschaftlichen Verwaltung gehörten, sondern auch solche gebunden sein sollten, die wegen ihrer Wichtigkeit für das Wohl des Mündels einer besonders sorgfältigen Prüfung bedürften. Zu diesen seien die Lehr- und Dienstverträge des Mündels zu zählen, wenn sie auf längere Zeit abgeschlossen würden. Denn es handele sich dabei um die Ausbildung und Verwertung der Arbeitskraft, „des wichtigsten Gutes der besitzlosen Klassen", und der Gesetzgeber dürfe sich schon mit Rücksicht auf die öffentliche Meinung nicht dem Vorwurf aussetzen, dass er zwar der Erhaltung des Vermögens wohlhabender Mündel seine besondere Fürsorge schenke, dagegen der Arbeit des Unvermögenden seinen Schutz versage. Der Mündel bedürfe hier des gerichtlichen Schutzes, weil man nicht immer zum Vormund das Vertrauen haben dürfe, dass er sich die Mühe machen werde, einen Lehr- oder Dienstherrn auszuwählen, bei dem für den Mündel materielles Wohlbefinden, Ausbildung in seinem Beruf und sittliche Förderung zu erhoffen seien (Prot IV 792).

129 Diese Erwägungen, die den zur Zeit der Entstehung des BGB gegebenen Verhältnissen entsprochen haben mögen, spielen angesichts der seitherigen Entwicklung, insbesondere der vielfältigen dem Schutz von Arbeitnehmern und Auszubildenden dienenden Vorschriften auf den Gebieten des Arbeitsrechts und der Berufsbildung, der Gewerbeaufsicht usw, heute keine Rolle mehr. Die genannten Bestimmungen haben auch wegen der Herabsetzung des Volljährigkeitsalters auf 18 Jahre und der seit Jahren wachsenden Zahl der Jugendlichen, die weiterführende Schulen besuchen, an Bedeutung verloren.

2. Anwendungsbereich

Die praktische Relevanz der Norm ist auch deshalb verhältnismäßig gering, weil die Fälle des § 1822 Nrn 6 und 7 BGB nicht zu den Rechtsgeschäften gehören, für die die Eltern nach § 1643 Abs 1 BGB der Genehmigung des Familiengerichts bedürfen. 130

Die Vorschrift findet zudem keine Anwendung auf den Amtspfleger bzw Amtsvormund (§ 56 Abs 2 S 2 SGB VIII). Das Landesrecht kann für das Jugendamt in dieser Funktion aber weitergehende Ausnahmen vorsehen, die die Aufsicht des Familiengerichts beim Abschluss von Lehr- und Arbeitsverträgen betreffen (§ 56 Abs 2 S 3 SGB VIII; Überblick über die landesrechtlichen Regelungen Frankfurter Kommentar SGB VIII/Hoffmann, Personensorge § 56 Rn 6). 131

3. Verhältnis von § 1822 Nrn 6 und 7 zu § 1822 Nr 5 und § 113

Das Genehmigungserfordernis nach Nrn 6 und 7 hat **Vorrang vor Nr 5** mit der Folge, dass Lehr-, Dienst- und Arbeitsverhältnisse von Minderjährigen, die unter elterlicher Sorge stehen, keiner Genehmigungspflicht unterliegen, da Nrn 6 und 7 von § 1643 Abs 1 BGB nicht in Bezug genommen werden (näher oben Rn 116). 132

Soweit das Genehmigungserfordernis nach Nrn 6 und 7 greift, wird es nicht verdrängt von einer Ermächtigung des Vormunds nach **§ 113 Abs 1 S 1 BGB** gegenüber dem Mündel, in Dienst und Arbeit zu treten. Vielmehr sind von dieser Ermächtigung nach § 113 Abs 1 S 2 BGB von vornherein solche Verträge ausgenommen, zu denen der gesetzliche Vertreter der Genehmigung des Familiengerichts bedarf. Da das familiengerichtliche Genehmigungserfordernis nach Nrn 6 und 7 bei sorgeberechtigten Eltern aber nicht greift (arg e § 1643 Abs 1 BGB), beschränkt sich der Anwendungsbereich von § 113 Abs 1 S 2 BGB auf den Vormund (Staudinger/Klumpp [2017] § 113 Rn 43). 133

Dies hat zur Folge, dass ein unter elterlicher Sorge stehender Minderjähriger, dem die Eltern eine Ermächtigung nach § 113 Abs 1 S 1 BGB erteilt haben, ohne familiengerichtliche Genehmigung nach § 1822 Nr 6 oder 7 BGB in Dienst oder in Arbeit treten kann (RAGE 2, 135, 137 = JW 1929, 1263 f); die infolge der Ermächtigung eintretende Teilgeschäftsfähigkeit deckt nach der heutigen hM auch den Gewerkschaftsbeitritt (Nachw bei Staudinger/Klumpp [2017] § 113 Rn 32). Demgegenüber unterliegt die Eingehung eines Dienst- oder Arbeitsverhältnisses durch einen unter Vormundschaft stehenden Mündel der familiengerichtlichen Genehmigung. Allerdings bedarf der Gewerkschaftsbeitritt dieses Minderjährigen keiner weiteren Genehmigung, weder nach § 1822 Nr 5 BGB (dazu oben Rn 123) noch nach § 1822 Nr 7 BGB, da der Beitritt nicht zu persönlichen Leistungen verpflichtet (Erman/Schulte-Bunert Rn 26a; **aA** LG Essen NJW 1965, 2302; Gilles/Westphal JuS 1981, 899, 904 f [analoge Anwendung von § 1822 Nr 7 BGB]), mag auch das Arbeitsverhältnis die Grundlage für den Beitritt zur Gewerkschaft darstellen und inhaltlich infolge der Tarifgebundenheit des gewerkschaftlich organisierten Arbeitnehmers durch die Tarifverträge mitgestaltet werden (LG Essen NJW 1965, 2302; Gilles/Westphal JuS 1981, 899, 904 f).

4. Die genehmigungsbedürftigen Verträge

a) Lehrvertrag (Nr 6)

134 Nr 6 spricht von Lehrverträgen. An die Stelle des Begriffs des Lehrvertrags ist der des Berufsausbildungsvertrags getreten. Die §§ 21 ff der Handwerksordnung idF vom 28. 12. 1965 (BGBl I 1966, 2) sind durch das Berufsbildungsgesetz vom 14. 8. 1969 (BGBl I 1112) geändert, die §§ 126 ff GewO, die das Wort „Lehrlingsverhältnis" verwendet hatten, sind durch § 127 Abs 3 der Handwerksordnung aufgehoben worden. Zum Begriff des Berufsausbildungsverhältnisses Staudinger/Richardi/Fischinger (2016) § 611 Rn 297 ff.

b) Dienst- und Arbeitsvertrag (Nr 7)

135 Genehmigungsbedürftig nach Nr 7 sind Dienst- oder Arbeitsverhältnisse. Die Abgrenzung zwischen Dienst- und Arbeitsverhältnis spielt für die Anwendung der Nr 7 keine Rolle. Zu Begriffen und Abgrenzung von Dienst- und Arbeitsvertrag Staudinger/Richardi/Fischinger (2016) Vorbem 1, 5 ff, 19 ff zu §§ 611 ff.

136 Zu den genehmigungsbedürftigen Dienstverhältnissen gehört der Handelsvertretervertrag (BAG NJW 1964, 1641, 1642), ein Spielervertrag mit einem Minderjährigen im Berufsfußball (LAG Mecklenburg-Vorpommern SpuRt 2012, 80, 83 m Anm Nesemann; Nesemann, Jugendfußball 70 ff; Schlachter FamRZ 2006, 155, 156 f; s aber auch nachfolgende Rn), im Einzelfall aber auch ein Künstlervertrag mit einem Minderjährigen (RAGE 2, 135 = JW 1929, 1263 [Film]; OLG Köln ZUM 2001, 166 [iE offengelassen] u LG Köln ZUM-RD 1999, 387 [Musik, Kelly-Familie]; s auch Fomferek NJW 2004, 410; Erman/Schulte-Bunert Rn 26; zur rechtlichen Einordnung solcher Verträge Staudinger/Richardi/Fischinger [2016] § 611 Rn 1928).

137 Verträge, die eine Tätigkeit des Mündels als **Volontär** oder **Praktikant** vorsehen (s dazu Staudinger/Richardi Fischinger [2016] § 611 ff Rn 301), können entweder nach Nr 6 oder Nr 7 genehmigungspflichtig sein. Das Gleiche gilt für einen Vertragsspielervertrag mit einem Nachwuchsfußballspieler, dem zum Teil ein berufsausbildungsähnlicher Charakter zugeschrieben wird (so LAG Mecklenburg-Vorpommern SpuRt 2012, 80, 83), der aber teilweise mit Blick auf den Schwerpunkt der Tätigkeit auch als Arbeitsvertrag eingeordnet wird (Nesemann Anm zu LAG Mecklenburg-Vorpommern SpuRt 2012, 80, 84, 85). Ob die eine oder die andere Vorschrift (oder keine von beiden) anzuwenden ist, hängt von der Gestaltung und den anderen Bedingungen der Tätigkeit im Einzelfall ab; allerdings werden Fälle, in denen ein unter Vormundschaft stehender Minderjähriger eine entsprechende Beschäftigung von vornherein für längere Zeit als ein Jahr aufnimmt, kaum je praktisch vorkommen.

5. Nicht von Nr 6 oder 7 erfasste Rechtsgeschäfte

138 Nrn 6 und 7 erfassen nach ihrem Normzweck (s oben Rn 128) nur Verträge, die den Mündel zu Diensten verpflichten, auch wenn die Dienstleistung innerhalb der Ausbildung zu einem Beruf stattfinden soll. Gemeint sind also nur Verträge, an denen der Mündel als Auszubildender oder Dienstverpflichteter beteiligt ist. Dienst- und Arbeitsverträge, die der Vormund für den **Mündel als Arbeitgeber** schließt, sind dagegen nach Nr 5 genehmigungsbedürftig, wenn die Voraussetzungen dieser Bestimmung vorliegen (Enneccerus/Kipp § 115 II 10 aE; Dölle § 128 II 2 d, dd; MünchKomm/

Kroll-Ludwigs Rn 47; BGB-RGRK/Dickescheid Rn 38; Erman/Schulte-Bunert Rn 26; NK-BGB/Fritsche Rn 27; Soergel/Zimmermann Rn 33). Ist dies der Fall, kann der Mündel solche Dienstverträge auch nicht im Rahmen einer ihm nach § 112 BGB erteilten Ermächtigung schließen (§ 112 Abs 1 S 2 BGB).

Nicht unter Nr 7 fallen **Gesellschaftsverträge**, auch wenn der Mündel hierdurch zu persönlichen Leistungen für längere Zeit als ein Jahr verpflichtet werden soll; sie fallen aber möglicherweise unter Nr 3 (Dölle § 128 II 2 d, dd aE; BGB-RGRK/Dickescheid Rn 38; MünchKomm/Kroll-Ludwigs Rn 47; Erman/Schulte-Bunert Rn 26; Soergel/Zimmermann Rn 34; Palandt/Götz Rn 16; NK-BGB/Fritsche Rn 27). 139

Zur **Kündigung** oder einvernehmlichen **Aufhebung** der in § 1822 Nrn 6 und 7 BGB erwähnten Verträge durch den Vormund ist die Genehmigung des Familiengerichts nicht erforderlich (Dölle § 128 II 2 d, cc aE; Gernhuber/Coester-Waltjen § 71 Rn 46; Erman/Schulte-Bunert Rn 26a; MünchKomm/Kroll-Ludwigs Rn 48; Soergel/Zimmermann Rn 34; BGB-RGRK/Dickescheid Rn 38; NK-BGB/Fritsche Rn 27). 140

6. Die Jahresfrist

Nrn 6 und 7 machen das Erfordernis der Genehmigung davon abhängig, dass der Mündel durch den vom Vormund zu schließenden Vertrag für längere Zeit als ein Jahr gebunden wird (zur Berechnung der Jahresfrist s § 188 Abs 2 BGB). Damit sind nur Verträge gemeint, welche für die den Zeitraum eines Jahres übersteigende Zeit nicht einseitig vom Mündel durch **Kündigung** aufgehoben werden können (Prot IV 793). Erfasst sind nicht nur Verträge, die auf eine bestimmte – ein Jahr übersteigende – Zeit, sondern auch solche, die auf unbestimmte Zeit geschlossen sind und nicht durch ordentliche Kündigung zu einem früheren Zeitpunkt vom Mündel beendet werden können (Soergel/Zimmermann Rn 33). Dazu wird man auch Fälle zu zählen haben, bei denen eine Kündigung mit erheblichen Rechtsnachteilen verbunden ist, was freilich nicht schon dann angenommen werden kann, wenn die Kündigung für den Mündel wirtschaftlich nachteilig ist, weil er die Einkünfte aus dem gekündigten Arbeitsverhältnis verliert (MünchKomm/Kroll-Ludwigs Rn 46). 141

7. Entscheidungskriterien für Vormund und Familiengericht

Wenn der Vormund im Rahmen der ihm obliegenden Sorge für die Person des Mündels (§ 1793 BGB) über die Ausbildung und die Berufstätigkeit entscheidet, hat er nach §§ 1800, 1631a BGB insbesondere auf **Eignung und Neigung des Mündels** Rücksicht zu nehmen. Er ist gehalten, dabei die wachsende Fähigkeit des Mündels und sein wachsendes Bedürfnis zu selbständigem verantwortungsbewusstem Handeln zu berücksichtigen und auch die Wahl des Ausbildungsganges und des Berufs mit dem Mündel zu besprechen (§ 1793 S 2 iVm § 1626 Abs 2 BGB). 142

Das Familiengericht hat bei der Prüfung, ob ein nach § 1822 Nr 6 oder 7 BGB genehmigungsbedürftiger Vertrag zu genehmigen ist, nicht nur auf die wirtschaftlichen Interessen abzustellen, sondern auch auf den Jugendschutz zu achten, also darauf, dass das geistige und sittliche Wohl und die Gesundheit des Mündels nicht gefährdet werden (Dölle § 128 II 2 d, cc; Soergel/Zimmermann Rn 34; BGB-RGRK/Dickescheid Rn 38; Palandt/Götz Rn 16; s auch Gernhuber/Coester-Waltjen § 71 Rn 46). Diesem 143

Zweck dient die in § 159 FamFG vorgeschriebene persönliche Anhörung des Mündels.

8. Folgen des Fehlens einer Genehmigung

144 Ein genehmigungsbedürftiger Vertrag, zu dem die Genehmigung des Familiengerichts verweigert oder nicht eingeholt wurde, ist nicht wirksam. Jedoch kann, je nach den Umständen des Falles, eine Wirksamkeit des Vertrags bis zu dem Zeitpunkt, dessen Überschreiten die Genehmigung erforderlich macht, in Betracht kommen (zum Fall des § 1822 Nr 5 BGB s oben Rn 127 mwNw). Diese Frage dürfte in den Fällen der Nrn 6 und 7 keine großen Schwierigkeiten machen, da mit den Regeln über die Abwicklung eines fehlerhaften Arbeitsverhältnisses (Staudinger/Richardi/Fischinger [2016] § 611 Rn 641 ff, dort auch krit zum Begriff des faktischen Arbeitsverhältnisses [Rn 697 ff]) geholfen werden kann: Soweit ein nach Nr 6 oder 7 genehmigungsbedürftiger Vertrag durch Erbringen der Dienst- oder Arbeitsleistungen praktisch vollzogen wurde, behält der Mündel den Anspruch auf die Gegenleistung, also den Arbeitslohn oder die Ausbildungsvergütung (MünchKomm/Kroll-Ludwigs Rn 51; iE auch Erman/Schulte-Bunert Rn 26; ähnlich BGB-RGRK/Dickescheid Rn 39; **aA** NK-BGB/Fritsche Rn 28: Anspruch aus § 812 Abs 1 S 1 BGB); die Nichtigkeitsfolge ergreift das Vertragsverhältnis mit Wirkung ex nunc (näher Staudinger/Richardi/Fischinger [2016] § 611 Rn 692 ff; anders NK-BGB/Fritsche Rn 28).

VIII. Aufnahme von Geld auf den Kredit des Mündels (Nr 8)

1. Normzweck

145 Die Bestimmung unterwirft alle Geschäfte, durch die ein Vormund Geld auf den Kredit des Mündels aufnimmt, dem Erfordernis der familiengerichtlichen Genehmigung, weil derartige Geschäfte nicht durch die regelmäßige Verwaltung geboten sind und große Gefahren für den Mündel mit sich bringen können. Der Mündel verfügt bei einem solchen Rechtsgeschäft nicht nur über seine vorhandenen Mittel, sondern geht weitere Verpflichtungen ein, die möglicherweise weit über diese Mittel hinausgehen und nur durch eine entsprechende wirtschaftlich vorteilhafte Gegenleistung gerechtfertigt werden könnten (BGH FamRZ 1957, 120, 121).

Das BGB hat aber davon abgesehen, für den Abschluss von Kreditgeschäften überhaupt oder wenigstens für „die Eingehung von Käufen auf Borg" die Genehmigung des Vormundschaftsgerichts (jetzt: Familiengerichts) vorzuschreiben, weil eine so weitgehende Beschränkung, insbesondere wegen ihrer Unbestimmtheit, auch schädlich wirken könne, da sie den Bedürfnissen des Lebens nicht gerecht werde und eine Überhäufung der Vormundschaftsgerichte (jetzt: Familiengerichte) mit Geschäften herbeizuführen drohe (Mot IV 1144).

2. Aufnahme von Geld auf Kredit

146 Nach dem Normzweck werden von Nr 8 alle Geschäfte erfasst, durch die eine Verpflichtung des Mündels begründet wird, ihm zur Verfügung gestelltes Geld zurückzuzahlen. Das kann geschehen durch Gewährung eines Darlehens (§§ 488 ff BGB, va §§ 491 ff, 607 BGB; vgl VG Göttingen 7. 7. 2014 – 2 B 211/14, juris Rn 17, FamRZ 2015, 287,

288), durch eine Kontokorrentabrede (vgl § 355 HGB), ein Schuldversprechen (§ 780 BGB) oder ein Schuldanerkenntnis (§ 781 BGB), das zu dem Zweck abgegeben wird, Geld auf Kredit des Mündels zu beschaffen, dem also in Wahrheit ein Darlehensvertrag zugrunde liegt, den es verhüllen soll (RG JW 1912, 590; KG OLGE 21, 289); etwas anderes gilt dagegen, wenn das Schuldanerkenntnis dazu dient, eine auf einem anderen Rechtsgrund (etwa einem Schadensersatzanspruch) beruhende Verbindlichkeit zu bestätigen. Entscheidend ist also nicht eine bestimmte Rechtsform, sondern der **wirtschaftliche Zweck** des Geschäfts, das immer dann der Genehmigung nach Nr 8 bedarf, wenn es der Beschaffung von Geld dient, für dessen Zurückzahlung der Mündel einzustehen hat (vgl auch OLG Hamm 18. 3. 2016 – 2 WF 170/15, juris Rn 41, Rpfleger 2016, 563, 566; OLG Dresden OLGE 26, 114; KG Recht 1912 Nr 3100; RG HRR 1932 Nr 1755).

Der heute verbreitete bargeldlose Zahlungsverkehr über ein Kontokorrentkonto (Girokonto) wird häufig in der Weise abgewickelt, dass die Bank dem Kontoinhaber die **Überziehung des Kontos** bis zu einem bestimmten Betrag einräumt (s § 504 BGB bei Verbraucherdarlehen). Für einen Mündel als Kontoinhaber müsste der Vormund zu jeder Überziehung eine Genehmigung nach § 1822 Nr 8 BGB beantragen, auch wenn damit zu rechnen ist, dass der Überziehungskredit jeweils nur für kurze Zeit in Anspruch genommen wird. In einem solchen Fall empfiehlt es sich, mit der Bank einen Kreditrahmen zu vereinbaren, innerhalb dessen das Konto überzogen werden darf, und dafür die Genehmigung des Familiengerichts einzuholen (KG NJW-RR 2010, 150 = FamRZ 2010, 402; LG Karlsruhe 11. 2. 2013 – 11 T 404/12, juris Rn 8, FamRZ 2014, 67 [LS]; MünchKomm/Kroll-Ludwigs Rn 52; Erman/Schulte-Bunert Rn 27; Oberloskamp/Dürbeck, Vormundschaft § 10 Rn 143; jurisPK-BGB/Lafontaine Rn 116, 119; NK-BGB/Fritsche Rn 29; Kölmel RNotZ 2010, 1, 21; Vortmann WM 1994, 965, 968; Kunkel Rpfleger 1997, 1, 2 f); dazu wird auch das Familiengericht eher bereit sein als zu einer nach § 1825 BGB möglichen allgemeinen Ermächtigung (Spanl Rpfleger 1989, 392, 394; MünchKomm/Kroll-Ludwigs Rn 52). 147

Kein Kredit wird dem Minderjährigen gewährt, wenn ihm eine **Prepaid-Kreditkarte auf Guthabenbasis** zur Verfügung gestellt wird, da alle Zahlungen durch das Guthaben gedeckt sein müssen und jeweils nach Vornahme einer Transaktion von diesem Guthaben abgebucht werden. Etwas anderes würde nur dann gelten, wenn bei nicht gedeckten Zahlungen das im Kartenantrag angegebene Abrechnungskonto belastet werden müsste und dies ebenfalls ein Konto des Minderjährigen wäre (Sprau, in: FS Brudermüller 779, 787). 148

Für die Anwendbarkeit von § 1822 Nr 8 BGB kommt es nicht darauf an, ob der Kredit zu **verzinsen** ist oder nicht. Ebenso wenig spielt es eine Rolle, welcher wirtschaftliche Zweck mit dem Kredit verfolgt wird (Erman/Schulte-Bunert Rn 27; Gernhuber/Coester-Waltjen § 60 Rn 115 aE) und ob die Darlehensforderung des Gläubigers dinglich gesichert wird oder nicht. Vielmehr ist die Gestellung der Sicherheit getrennt auf ihre Genehmigungsbedürftigkeit hin zu prüfen (näher dazu unten Rn 158). 149

Erfasst wird auch der **Darlehensvorvertrag** (RAG 21, 129, 141 f; MünchKomm/Kroll-Ludwigs Rn 52; Gernhuber/Coester-Waltjen § 60 Rn 115; NK-BGB/Fritsche Rn 29). 150

Genehmigungspflichtig ist auch der **finanzierte Kreditkauf**. Bei einem solchen unterliegt zwar nicht der Kaufvertrag, wohl aber der mit diesem verbundene Darlehens- 151 vertrag der familiengerichtlichen Genehmigung, obwohl die Darlehensvaluta vom Darlehensgeber unmittelbar dem Verkäufer zufließt (BGH NJW 1961, 166; LG Mannheim NJW 1962, 1112; LG Bremen FamRZ 1963, 658, 659 f; Gaul FamRZ 1966, 624, 629; MünchKomm/Kroll-Ludwigs Rn 53; Gernhuber/Coester-Waltjen § 60 Rn 115; Soergel/Zimmermann Rn 36; Palandt/Götz Rn 17; Erman/Schulte-Bunert Rn 27; NK-BGB/Fritsche Rn 30; **aA** LG Berlin NJW 1963, 110, 111: Anwendung von § 1822 Nr 5 BGB; dazu oben Rn 115). Fehlt die Genehmigung, so erfasst die Nichtigkeit des Kreditvertrags nach § 139 BGB in der Regel das ganze Geschäft (LG Bremen FamRZ 1963, 658, 660; Fiala/Müller/Braun Rpfleger 2002, 389, 407; Kölmel RNotZ 2010, 1, 21; MünchKomm/Kroll-Ludwigs Rn 53; BGB-RGRK/Dickescheid Rn 40; Erman/Schulte-Bunert Rn 27; Soergel/Zimmermann Rn 36; Gernhuber/Coester-Waltjen § 60 Rn 115).

3. Genehmigungsfreie Rechtsgeschäfte

152 **a)** Nicht von der Genehmigungspflicht erfasst werden dagegen Geschäfte, durch die dem Mündel Kredit gewährt wird, indem eine gegen ihn **bestehende Forderung gestundet** wird, insbesondere der einfache Ratenzahlungsvertrag, also der „Kauf auf Borg" (vgl Mot IV 1144, oben Rn 145; s auch RG JW 1912, 590). In diesem Fall liegt keine „Aufnahme von Geld" auf den Kredit des Mündels vor, gleichviel, ob bei einem solchen Geschäft Ratenzahlungen vereinbart werden oder nicht (LG Bremen NJW 1962, 1112; FamRZ 1963, 658, 660; Dölle § 128 II 2 e, aa; BGB-RGRK/Dickescheid Rn 41; MünchKomm/Kroll-Ludwigs Rn 53; Palandt/Götz Rn 17; Erman/Schulte-Bunert Rn 27; NK-BGB/Fritsche Rn 30; Brüggemann FamRZ 1990, 124, 125).

153 Damit nimmt der Gesetzgeber bewusst Lücken beim Schutz der Vermögensinteressen des Kindes in Kauf. Wieso aber ein einfacher Ratenkauf anders zu behandeln sein soll als ein fremdfinanzierter Kauf (dazu oben Rn 151), obwohl er nicht minder gefährlich erscheint, ist nicht von vornherein einsichtig (jurisPK-BGB/Lafontaine Rn 116; MünchKomm/Kroll-Ludwigs Rn 53), vor allem wenn man berücksichtigt, dass es seit der Neufassung des § 1666 BGB durch das Gesetz zur Erleichterung familiengerichtlicher Maßnahmen bei Gefährdung des Kindeswohls vom 4. 7. 2008 (BGBl I 1188) bei der Vermögenssorge der Eltern ebenso wie beim Vormund nicht mehr nur um den Erhalt und die Mehrung von vorhandenem Vermögen, sondern auch um die Vermeidung wirtschaftlich nicht zu rechtfertigender Verschuldung des Minderjährigen geht (Staudinger/Coester [2016] § 1666 Rn 58 ff, 187, dort auch zum Schutzkonzept vor der Novellierung von § 1666 BGB). Eine Verschuldung des Mündels liegt aber bei der Stundung eines Kaufpreises ebenso vor wie etwa bei Bestellungen von Sach- und Dienstleistungen im Namen des Kindes, wenn der Mündel vermögenslos ist oder wenn die Eltern bzw der Vormund das vorhandene Vermögen zu diesem Erwerb nach den Regeln der Vermögensverwaltung nicht nutzen dürfen. Schließen etwa die Eltern oder der Vormund unter Missbrauch ihrer Vertretungsmacht im Namen des Kindes im Versand- oder Internethandel einen Vertrag in der Erwartung, dass die Zwangsvollstreckung gegen das Kind letztlich wegen dessen Vermögenslosigkeit eingestellt wird, so lassen sich die Vermögensinteressen des Mündels nicht umfassend über § 1629a BGB schützen (DIJuF-Rechtsgutachten JAmt 2007, 81, 82; Staudinger/Coester [2016] § 1666 Rn 199: ua Verlust von Aktiva, Schufa-Nachteile), sondern nur über einen Eingriff in die elterliche Sorge nach § 1666 BGB, der nach § 1837 Abs 4 BGB auch auf den Vormund Anwendung findet. Damit besteht die Gefahr, dass uU kein rechtzeitiger Schutz der Vermögensinteressen des Minderjährigen erreicht werden kann (krit zu dieser Rechtslage Gernhuber/Coester-Waltjen § 60 Rn 115; Staudinger/Coester [2016] § 1666 Rn 187, 198 f). Zum Reformbedarf Staudinger/Veit (2014) Rn 237.

b) Keine Kreditaufnahme iSv Nr 8 liegt weiter vor, wenn der Mündel eine **Leistung ohne Rechtsgrund** annimmt. Mithin unterliegt bei einem genehmigungsbedürftigen, aber nicht genehmigten Grundstückskaufvertrag die Annahme des vereinbarten Kaufpreises durch den Vormund für den Mündel keiner Genehmigung nach Nr 8 (RGZ 81, 261, 264; OLG Hamburg NJW 1952, 938; zust Dölle § 128 II 2 e, aa, s aber auch § 128 VI 6 c, aa S 802). Der Mündel erlangt zwar rechtsgrundlos Eigentum an dem gezahlten Geld. Nichtsdestotrotz sind rechtsgrundloser Empfang und Empfang aufgrund eines Kreditgeschäfts verschiedene Dinge (so Gernhuber/Coester-Waltjen § 60 Rn 65 Fn 142; ebenso BGB-RGRK/Dickescheid Rn 42; MünchKomm/Kroll-Ludwigs Rn 55; Soergel/Zimmermann Rn 37; Palandt/Götz Rn 17). 154

c) Die **Umwandlung** einer auf einem anderen Rechtsgrund beruhenden – also bereits bestehenden – Schuld **in eine Darlehensschuld** (§ 607 Abs 2 BGB aF) bedarf ebenfalls nicht der Genehmigung (ebenso Soergel/Zimmermann Rn 37; Erman/Schulte-Bunert Rn 27; Palandt/Götz Rn 17; NK-BGB/Fritsche Rn 29; **aA** MünchKomm/Kroll-Ludwigs Rn 52). 155

d) Die Verpflichtung des Mündels zum Ersatz von **Aufwendungen für die Beschaffung eines Darlehens** bedarf nicht der Genehmigung des Familiengerichts, obwohl zwischen einer solchen Vereinbarung und dem Darlehensvertrag ein wirtschaftlicher Zusammenhang besteht; von § 1822 Nr 8 BGB werden nicht die Verpflichtungen des Mündels erfasst, die lediglich eine mit seinen Mitteln zu erfüllende Verbindlichkeit enthalten (BGH FamRZ 1957, 120, 121 = NJW 1957, 672 [LS] = MDR 1957, 410 m Anm Beitzke; BGB-RGRK/Dickescheid Rn 41; Dölle § 128 II 2 e, aa; Soergel/Zimmermann Rn 37; MünchKomm/Kroll-Ludwigs Rn 54). 156

e) Besteht ein **Gesellschaftsverhältnis** zwischen dem Mündel und einem Dritten, welchem nach dem Gesellschaftsvertrag die Führung der Geschäfte zusteht, so ist der Dritte, wenn er Geld auf den Kredit der Gesellschaft aufnimmt, nicht an die Genehmigung des Familiengerichts gebunden (BayObLGZ 2, 947 = OLGE 5, 410 Fn 1; Dölle § 128 II 2 e, aa; Erman/Schulte-Bunert Rn 27; Soergel/Zimmermann Rn 37; MünchKomm/Kroll-Ludwigs Rn 54; NK-BGB/Fritsche Rn 30; BGB-RGRK/Dickescheid Rn 41). 157

f) Nicht erfasst wird das **dingliche Geschäft**, das **der Absicherung eines Kredits** des Mündels oder eines Dritten dient (KG OLGE 5, 409 für den Fall, dass eine Eigentümergrundschuld des Mündels als Darlehenshypothek abgetreten werden soll; Kölmel RNotZ 2010, 1, 22; MünchKomm/Kroll-Ludwigs Rn 54). Die Verpfändung eines Bankguthabens des Minderjährigen zur Sicherung eines Kredits seines Vaters fällt mithin nicht unter Nr 8 (anders OLG Königsberg JW 1933, 2072); allerdings kann sich die Genehmigungspflicht bei Grundpfandrechten aus § 1821 Abs 1 Nr 1 BGB (näher § 1821 Rn 15) und bei sonstigen Sicherungsgeschäften aus § 1812 BGB ergeben (§ 1812 Rn 43), soweit nicht § 1813 BGB greift. 158

4. Entscheidungskriterien für das Familiengericht

159 Das Familiengericht hat im Genehmigungsverfahren zu prüfen, ob es überzeugende Gründe für die Verschuldung des Mündels gibt (MünchKomm/Kroll-Ludwigs Rn 56), ob das Risiko, das in der Kreditaufnahme liegt, überschaubar ist und ob die Einräumung eines Kredits nicht die Lebens- und Versorgungssituation des Mündels erheblich verschlechtert (zu diesen Kriterien OLG Hamm 18. 3. 2016 – 2 WF 170/15, juris Rn 32, Rpfleger 2016, 563, 567 bei Abschluss eines Darlehensvertrags durch eine Vermögensverwaltungsgesellschaft, an der der Minderjährige beteiligt war; KG NJW-RR 2010, 150, 151 = FamRZ 2010, 402 bei Abschluss eines Überziehungskreditvertrags durch einen Betreuer; weiter NK-BGB/Fritsche Rn 30).

5. Reichweite der Genehmigung

160 Da das Kreditgeschäft und die Gestellung der Sicherheit voneinander zu trennen sind (s Rn 158), umfasst die Genehmigung der Kreditaufnahme nicht von vornherein auch die Genehmigung der bestellten Sicherheit (MünchKomm/Kroll-Ludwigs Rn 54; Soergel/Zimmermann Rn 36; Kölmel RNotZ 2010, 1, 21). Bei der Frage, auf welche Rechtsgeschäfte sich eine vom Familiengericht erteilte Genehmigung erstreckt, kommt es stets darauf an, unter welchen Gesichtspunkten das Familiengericht den ihm unterbreiteten Sachverhalt geprüft hat (OLG Celle NJW 1954, 1729; näher Vorbem 40 zu §§ 1821 f).

6. Fehlen einer Genehmigung

161 Wird ein Kredit für den Mündel aufgenommen, ohne dass eine familiengerichtliche Genehmigung vorliegt, oder wurde eine solche versagt, so ist der Mündel dem Kreditgeber aus Leistungskondiktion zur Rückübereignung des erhaltenen Geldes verpflichtet (RG HRR 1932 Nr 1755; MünchKomm/Kroll-Ludwigs Rn 57; **aA** RGZ 81, 261, 264; OLG Hamburg NJW 1952, 938: keine wirksame Annahme des gezahlten Geldbetrags durch den Vormund ohne familiengerichtliche Genehmigung). Anwendbar sind auch die §§ 818 Abs 3 und 819 Abs 1 BGB, wobei umstritten ist, ob und inwieweit sich der Mündel nach § 166 BGB die Bösgläubigkeit des Vormunds zurechnen lassen muss. Der Schutzzweck der Genehmigungstatbestände verbietet es allerdings, dass der Mündel sich das Wissen des Vormunds von der Rechtsgrundlosigkeit des Erwerbs zurechnen lassen muss (s RGZ 132, 76, 78; Staudinger/Schilken [2019] § 166 Rn 16; Gernhuber/Coester-Waltjen § 60 Rn 65; **aA** Soergel/Zimmermann Rn 37; Vortmann WM 1994, 965, 968).

7. Allgemeine Ermächtigung nach § 1825

162 Nach § 1825 BGB kann das Familiengericht dem Vormund zu Rechtsgeschäften der in § 1822 Nr 8 BGB genannten Art eine allgemeine Ermächtigung erteilen (s dazu § 1825 Rn 7).

IX. Schuldverschreibung auf den Inhaber, Orderpapiere (Nr 9)

163 Wegen der besonderen Gefahren, die mit indossablen oder auf den Inhaber lautenden Wertpapieren verbunden sind (Ausschluss von Einwendungen, sofern sie sich nicht aus der Urkunde ergeben oder dem Verpflichteten unmittelbar gegen den Kläger zustehen; s Mot IV 1143 f), verlangt Nr 9 die familiengerichtliche Genehmi-

gung sowohl für die Ausstellung einer Schuldverschreibung auf den Inhaber als auch zur Eingehung einer Verbindlichkeit aus einem Wechsel oder einem anderen Papier, das durch Indossament übertragen werden kann.

Von Nr 9 erfasst werden also die Schuldverschreibungen auf den Inhaber (§§ 793 ff BGB) sowie die durch Indossament übertragbaren Papiere; dazu gehören kaufmännische Anweisungen und Verpflichtungsscheine (§§ 363 ff HGB), Ladescheine der Frachtführer (§§ 443 ff HGB) sowie die Konnossemente im Seefrachtverkehr (§§ 513 ff HGB), der Seefrachtbrief (§ 526 HGB) sowie Scheck (Art 5, 14 ScheckG) und Wechsel (Art 11 ff WG). 164

Eine **wechselmäßige Verpflichtung** des Mündels bedarf stets der Genehmigung des Familiengerichts, gleichviel, ob sie durch Ausstellung, Annahme oder Indossament begründet wird. Hat der Vormund ohne die erforderliche Genehmigung des Familiengerichts eine Wechselerklärung zu Lasten des Mündels unterzeichnet, so haftet er selbst wechselmäßig (Art 8 WG); wegen der Unterzeichnung eines Schecks s Art 11 ScheckG. Die Aufnahme der familiengerichtlichen Genehmigung in die Urkunde ist nicht erforderlich, aufgrund der Geltendmachung im Urkundenprozess (§§ 592 ff ZPO) aber praktisch bedeutsam. 165

§ 1822 Nr 9 BGB verlangt die familiengerichtliche Genehmigung zur „Eingehung einer Verbindlichkeit" aus einem Wechsel oder einem anderen indossablen Papier. Die **Ausstellung eines Wechsels an eigene Order** begründet noch keine Verpflichtung und kann deshalb ohne Genehmigung des Familiengerichts erfolgen; erst die Begebung des Wechsels führt zur Eingehung einer Wechselverbindlichkeit und ist genehmigungsbedürftig (RGZ 37, 145; RG JW 1927, 1354, 1355 m Anm Bernstein; Dölle § 128 II 2 e, bb; Soergel/Zimmermann Rn 38; MünchKomm/Kroll-Ludwigs Rn 59; BGB-RGRK/Dickescheid Rn 44; Erman/Schulte-Bunert Rn 28; Palandt/Götz Rn 18). 166

Die Frage, ob ein **Inhaberscheck** (auf den Inhaber ausgestellt oder mit der alternativen Inhaberklausel versehen) der familiengerichtlichen Genehmigung bedarf, ist umstritten. Der Inhaberscheck ist keine Schuldverschreibung auf den Inhaber (vgl RGZ 105, 361), sodass § 1822 Nr 9 BGB nicht unmittelbar eingreift; für eine entsprechende Anwendung ist eine Stütze weder im Wortlaut noch im Sinn und Zweck der Vorschrift zu finden, abgesehen davon, dass die Risikoträchtigkeit zu Recht nicht als Grund zur Ausweitung des Katalogs der §§ 1821, 1822 BGB anerkannt wird (s Vorbem 9 zu §§ 1821 f; Brüggemann FamRZ 1990, 5, 12 aE). Die Genehmigungsbedürftigkeit der Ausstellung eines Inhaberschecks ist deshalb zu verneinen (ebenso Gernhuber/Coester-Waltjen § 60 Rn 114; Oberloskamp/Dürbeck, Vormundschaft § 10 Rn 176; MünchKomm/Kroll-Ludwigs Rn 60; Weimar JR 1961, 455, 456; Brüggemann FamRZ 1990, 5, 12; Klüsener Rpfleger 1993, 133, 137 f; NK-BGB/Fritsche Rn 32 Fn 63; Erman/Schulte-Bunert Rn 28; Palandt/Götz Rn 18; **aA** Soergel/Zimmermann Rn 38 aE; BGB-RGRK/Dickescheid Rn 45; Schütz BB 1965, 693; Westermann FamRZ 1967, 645, 650; Sennekamp NJW 1971, 1785, 1786, die aber – zu Recht – für den „Quittungsscheck", wie er bei Barabhebungen vom Girokonto üblich ist, die Genehmigungsbedürftigkeit verneinen, weil diese Schecks nicht zum Umlauf bestimmt sind und nicht der Eingehung einer Verbindlichkeit dienen). 167

Die Eingehung einer Wechselverbindlichkeit bedarf auch dann der familiengerichtlichen Genehmigung, wenn sie der **Erfüllung einer Verbindlichkeit** dient, wenn 168 also der Mündel aus irgendeinem Grund einem anderen verpflichtet ist, einen Wechsel auszustellen oder zu akzeptieren (MünchKomm/Kroll-Ludwigs Rn 59; s auch BGB-RGRK/Dickescheid Rn 44 aE). Dann muss aber auch für den Abschluss eines **Vertrags, in dem sich der Mündel zur Eingehung einer Wechselverbindlichkeit verpflichtet**, die Genehmigung des Familiengerichts verlangt werden, weil sonst das Genehmigungserfordernis auf dem Weg der gerichtlichen Geltendmachung des Anspruchs und der Zwangsvollstreckung umgangen werden könnte (Erman/Schulte-Bunert Rn 28; MünchKomm/Kroll-Ludwigs Rn 59; Palandt/Götz Rn 18; **aA** NK-BGB/Fritsche Rn 31 Fn 62).

169 Nach § 1825 BGB kann das Familiengericht dem Vormund zu Rechtsgeschäften der in § 1822 Nr 9 BGB genannten Art eine allgemeine Ermächtigung erteilen (s dazu § 1825 Rn 1, 7).

X. Übernahme einer fremden Schuld, Bürgschaft (Nr 10)

1. Normzweck

170 Der Mündel soll durch Nr 10 gegen Gefahren geschützt werden, die dann bestehen, wenn der Mündel – ohne Vermögensumsatz (s Mot IV 1144) – eine **Verbindlichkeit eines Dritten als wirtschaftlich fremde übernimmt**, eine Verbindlichkeit, für die in letzter Linie der Dritte trotz des Eintretens des Mündels aufzukommen hat, sei es, dass der Mündel nur neben oder hinter dem Dritten haftet, sei es, dass er zwar allein haftet, ihm aber der Regress gegen den Dritten vorbehalten ist. In solchen Fällen, in denen es sich nicht um den Austausch von Leistungen handelt, könnte der Vormund zur Begründung einer – vermeintlich risikolosen – Verpflichtung des Mündels deshalb geneigt sein, weil er damit rechnet, dass der Mündel letztlich keinen Vermögensnachteil zu tragen hat, da der Schuldner der Primärverbindlichkeit entweder diese oder die Regressforderung des Mündels erfüllt. Die Vorschrift will den Mündel davor schützen, dass die Erwartung, er werde nicht in Anspruch genommen oder könne beim Schuldner der Primärverbindlichkeit Regress nehmen, enttäuscht wird (BGH FamRZ 1983, 371, 372; BGHZ 107, 23, 26; LG Coburg MittBayNot 2008, 224, 225; Enneccerus/Kipp § 115 II 13; Dölle § 128 II 2 e, cc; Gernhuber/Coester-Waltjen § 60 Rn 116; MünchKomm/Kroll-Ludwigs Rn 61; BGB-RGRK/Dickescheid Rn 47; Soergel/Zimmermann Rn 39; Erman/Schulte-Bunert Rn 29; Brüggemann FamRZ 1990, 124; Rust DStR 2005, 1942, 1943; Kölmel RNotZ 2010, 1, 22; zweifelnd Dümig FamRZ 2003, 1, 3 f).

2. Konstitutive Elemente der genehmigungspflichtigen Geschäfte

171 Nach dem Normwortlaut unterfallen der Genehmigungspflicht alle Geschäfte, die eine Übernahme einer fremden Verbindlichkeit enthalten. Beispielhaft genannt wird insoweit die Eingehung einer Bürgschaft, obwohl es hierbei nicht um die Übernahme einer fremden Verbindlichkeit, sondern die Begründung einer eigenen Verbindlichkeit des Bürgen gegenüber dem Gläubiger eines Dritten geht (näher Staudinger/Horn [2013] Vorbem 12 zu §§ 765 ff). Diese Unschärfe des Gesetzgebers (dazu Brüggemann FamRZ 1990, 124) lässt sich nur durch Bestimmung des Anwendungsbereichs der Norm nach dem genannten Normzweck beseitigen (Gernhuber/Coester-Waltjen § 60 Rn 116; BGB-RGRK/Dickescheid Rn 47).

Danach erfasst die Norm die Übernahme von Schulden, für die der Mündel nur subsidiär haftet (OLG Köln 6. 3. 2015 – 2 Wx 44/15, juris Rn 21, FamRZ 2015, 1410; Gernhuber/Coester-Waltjen § 60 Rn 116; MünchKomm/Kroll-Ludwigs Rn 62; Erman/Schulte-Bunert Rn 29) und Regress nehmen kann, wie das Beispiel der Bürgschaft zeigt (§§ 771, 774 BGB), weil er in diesem Fall die Schuld eines anderen nicht als eigene, sondern als wirtschaftlich fremde übernimmt (RGZ 133, 7, 13). Dagegen greift der Normzweck nicht bei Geschäften, bei denen feststeht, dass der Mündel endgültig wird leisten müssen, er also nicht bei einem anderen Regress nehmen kann (BGB-RGRK/Dickescheid Rn 47). Die Genehmigungspflicht beschränkt sich also auf Fälle, in denen im Innenverhältnis für die Schuld, die nach außen vom Mündel als eigene übernommen wird, allein der Erstschuldner haftet und dieser auch ersatzpflichtig bleibt (BGHZ 107, 24 = NJW 1989, 1926 = FamRZ 1989, 605 = MDR 1989, 610 = Rpfleger 1989, 281; BGH Rpfleger 1983, 148 = MDR 1983, 566; BGHZ 60, 385 = NJW 1973, 1276 im Anschluss an RGZ 133, 7, 12 f; 158, 210, 215; BayObLGZ 1964, 240 = FamRZ 1964, 526, 528). 172

3. Übernahme einer persönlichen Haftung des Mündels

Genehmigungsbedürftig ist die in Nr 10 ausdrücklich genannte **Bürgschaft** (§§ 765 ff BGB), die – rechtssystematisch nicht korrekt – als ein Beispiel für die „Uebernahme einer fremden Verbindlichkeit" angeführt wird (Brüggemann FamRZ 1990, 124; vgl Mot IV 1144; Prot IV 794; s bereits Rn 171). 173

Bei der **Schuldübernahme** (§§ 414 ff BGB) kommt es darauf an, ob der Mündel, wenn er leistet, einen Ersatzanspruch gegen den ursprünglichen Schuldner erwirbt. Der Genehmigung bedarf deshalb stets die kumulative Schuldübernahme (Schuldbeitritt, Schuldmitübernahme; s dazu Staudinger/Rieble [2017] § 414 Rn 27 ff), die privative (befreiende) Schuldübernahme dagegen nur dann, wenn der ursprüngliche Schuldner zwar dem Gläubiger gegenüber frei wird, der Mündel aber im Innenverhältnis einen Rückgriffs- oder Befreiungsanspruch gegen ihn hat (BGB-RGRK/Dickescheid Rn 47; MünchKomm/Kroll-Ludwigs Rn 62; **aA** – beiläufig – KG OLGE 9, 461, 462 aE; KGJ 51, A 174, 175). Die **Erfüllungsübernahme** (§ 329 BGB) fällt dann nicht unter § 1822 Nr 10 BGB, wenn der Vormund endgültig und ohne Vorbehalt des Rückgriffs gegen den durch die Leistung befreiten Schuldner erfüllen will (RGZ 158, 210, 216; BayObLGZ 1964, 32, 37; BGB-RGRK/Dickescheid Rn 49; Soergel/Zimmermann Rn 41; MünchKomm/Kroll-Ludwigs Rn 64). 174

Nr 10 greift mithin nicht, wenn der Mündel nach dem Vertrag mit dem bisherigen Schuldner die Leistung als eigene bewirken soll, zB wenn er beim Kauf eines Grundstücks den Kaufpreis ganz oder zum Teil durch **Übernahme einer persönlichen Schuld** des Verkäufers oder eines Dritten tilgt, auch wenn für diese eine Hypothek am erworbenen Grundstück besteht (heute allgM, s im Anschluss an RGZ 110, 173, 175; 133, 7, 13; Gernhuber/Coester-Waltjen § 60 Rn 116; BGB-RGRK/Dickescheid Rn 47; MünchKomm/Kroll-Ludwigs Rn 62; Soergel/Zimmermann Rn 41; Kölmel RNotZ 2010, 1, 22; **aA** die ältere Rspr: KG OLGE 9, 461, 462 = KGJ 28, A 6; KG OLGE 33, 363; BayObLGZ 3, 646; 4, 912; OLG Dresden ZBlFG 14, 600; OLG Kiel OLGE 4, 240).

Eine Schuldübernahme, bei der dem Mündel kein Rückgriff gegen den ursprünglichen Schuldner zusteht, kann sich aber als Schenkung darstellen, an der der Vormund durch § 1804 BGB und die Eltern nach § 1641 BGB gehindert sind. Im

Übrigen wird das Familiengericht bei riskanten Geschäften, die nicht unter § 1822 Nr 10 BGB fallen, prüfen müssen, ob Aufsichtsmaßnahmen nach § 1837 Abs 2 BGB vonnöten sind.

175 Unter Nr 10 fällt dagegen die Übernahme einer **gesamtschuldnerischen Haftung** durch den Mündel. Insbesondere kann diese auftreten, wenn er zB den Bruchteil eines Grundstücks erwirbt, sich aber als Gesamtschuldner zur Zahlung des Kaufpreises für das gesamte Grundstück verpflichtet (BGHZ 60, 385; s auch Zeiser Rpfleger 2017, 429, 432 mwBsp). Gleiches gilt beim Erwerb des Bruchteils eines Wohnungseigentums mit Blick auf die damit einhergehende persönliche gesamtschuldnerische Haftung nach §§ 10 Abs 8, 16 Abs 2 WEG neben den Erwerbern der übrigen Bruchteile (OLG Köln 6. 3. 2015 – 2 Wx 44/15, juris Rn 21, FamRZ 2015, 1410 f; OLG München FamRZ 2013, 494, 495); des Weiteren auch, wenn sich ein Mündel an einer **Gesellschaft bürgerlichen Rechts oder einer OHG**, sei es als Gründungsmitglied oder durch späteren Eintritt, beteiligt, da er als Gesellschafter für die im Namen der Gesellschaft eingegangenen Verpflichtungen neben dem Gesellschaftsvermögen grundsätzlich analog oder direkt nach §§ 128 ff HGB akzessorisch haftet (BGHZ 146, 341, 358; 370, 372 ff; BGH NJW 2011, 2040, 2042). Diese gesetzliche Haftungsverpflichtung des Mündels (s näher zu gesetzlichen Haftungsfolgen Rn 182) begründet die Genehmigungspflicht der Beteiligung nach § 1822 Nr 10 BGB (BayObLG FamRZ 1996, 119, 121; OLG Hamm FamRZ 2001, 53; s auch LG München I MittBayNot 1996, 128; Wertenbruch NJW 2015, 2150, 2151 f; ders FamRZ 2003, 1714, 1716; Dümig FamRZ 2003, 1, 4; Rust DStR 2005, 1942, 1944; NK-BGB/Fritsche Rn 34) neben der nach § 1822 Nr 3 BGB (insoweit näher Rn 50 f, 79 f), auch wenn möglicherweise zum Zeitpunkt des Beitritts des Mündels zur Gesellschaft noch keine Verbindlichkeiten begründet waren, die unter Erzeugung eines Regressanspruchs übernommen werden könnten (Lüdecke NJOZ 2018, 681, 684; zutreffend Kölmel NotBZ 2013, 95, 104: Zukünftiges, aber nicht bloß theoretisches Haftungsrisiko; s zu hypothetischen Haftungsrisiken und einem darauf abgestimmten Genehmigungskatalog Flume FamRZ 2016, 277, 281 ff u 284).

Wegen der Notwendigkeit einer eindeutigen Abgrenzung der genehmigungsbedürftigen von den genehmigungsfreien Geschäften im Interesse der Rechtssicherheit (Vorbem 9 f zu §§ 1821 f) kommt es nicht darauf an, ob im Einzelfall die Heranziehung zur Haftung für die volle vertragliche Schuld wahrscheinlich ist oder ob die Durchsetzung von Ausgleichsansprüchen aus § 426 BGB möglich erscheint (BGHZ 60, 385, 389 = NJW 1973, 1276 = Rpfleger 1973, 294; Brüggemann FamRZ 1990, 124, 125).

176 Von der Genehmigungspflicht erfasst wird auch der **Wechsel der Gesellschafterstellung eines Mündels** in einer KG vom Kommanditisten zu der eines Komplementärs (Kölmel RNotZ 2010, 1, 23; MünchKomm/Kroll-Ludwigs Rn 64; Erman/Schulte-Bunert Rn 29a; Gernhuber/Coester-Waltjen § 60 Rn 109).

177 Nicht unter die Genehmigungspflicht nach § 1822 Nr 10 BGB fällt dagegen eine Vereinbarung des Mündels bei der **Zwangsversteigerung** mit dem Berechtigten, wonach ein Recht an dem versteigerten Grundstück bestehen bleibt (§ 91 Abs 2 ZVG), oder die Übernahme von dinglichen Lasten durch den Mündel, die auf dem ihm geschenkten Grundstück ruhen (RG JW 1935, 55, 56; LG Coburg MittBayNot 2008, 224, 225; MünchKomm/Kroll-Ludwigs Rn 62; BGB-RGRK/Dickescheid Rn 47 aE; Palandt/Götz Rn 20; Klüsener Rpfleger 1993, 133, 138).

Dienstbarkeiten gehen als Belastungen rein dinglicher Art ohne besonderen Rechtsakt beim Erwerb des Grundstücks auf den Erwerber über; eine familiengerichtliche Genehmigung ist nicht erforderlich, wenn der Mündel ein Grundstück erwirbt, das mit einer Grunddienstbarkeit oder einem Nießbrauch belastet ist (KG JW 1935, 55). 178

4. Übernahme einer dinglichen Haftung

179 Nach dem Normzweck werden von der Genehmigungspflicht auch Rechtsgeschäfte erfasst, die eine gegenständliche **Haftung des Mündels mit einzelnen Vermögensstücken** für fremde Verbindlichkeiten bewirken. Dazu gehört die **Verpfändung** einer Sache, einer Forderung, auch einer Hypothek oder Grundschuld des Mündels zur Sicherung eines Kredits, den der Abtretungsempfänger einem Dritten gewährt (OLG Hamburg SeuffA 63 Nr 15 = ZBlFG 7, 209; OLG Colmar Recht 1912 Nr 882; BayObLG BayZ 1908, 127; RGZ 63, 76).

Die Bestellung einer Hypothek oder Grundschuld an einem Grundstück des Mündels zugunsten des Gläubigers eines Dritten ist bereits nach § 1821 Abs 1 Nr 1 BGB genehmigungspflichtig (s § 1821 Rn 15), sodass keine weitere Genehmigungspflicht nach § 1822 Nr 10 BGB vonnöten ist. Etwas anderes gilt dagegen für die Verpfändung der Hypothek oder Sicherungsgrundschuld. Diese bedarf nicht nach § 1821 Abs 1 Nr 1, Abs 2 BGB der Genehmigung des Familiengerichts, da sie – im Gegensatz zur Bestellung einer Hypothek – keine Verfügung über das Grundstück oder ein Recht am Grundstück iS dieser Vorschriften ist. Erfolgt sie aber zur Sicherung einer fremden Verbindlichkeit (wozu auch Verbindlichkeiten des Vormunds gehören können, OLG Hamburg ZBlFG 17, 40), so ist die Genehmigung nach § 1822 Nr 10 BGB erforderlich (RGZ 63, 76, 78; BayObLGZ 9, 50).

180 Genehmigungspflichtig sind ferner die **Sicherungsübereignung** von Sachen und die **Sicherungsabtretung** von Forderungen, Grundpfandrechten und anderen Rechten des Mündels (RG JW 1915, 141; RGZ 76, 89; RG HRR 1936 Nr 336; KG HRR 1931 Nr 839 = JW 1932, 1386; OLG Rostock OLGE 31, 346, 348) sowie uU auch der Austausch des Pfandgegenstandes (Engler Rpfleger 1974, 144).

181 Nicht von der Genehmigungspflicht erfasst wird dagegen nach überwiegender Ansicht die **Zweckabrede** des Mündels mit dem Gläubiger eines Dritten, wonach eine bereits genehmigte Grundschuld als Sicherheit für eine Darlehensschuld des Dritten dienen soll (BayObLG FamRZ 1986, 597 = MittBayNot 1986, 230; DIJuF-Rechtsgutachten JAmt 2012, 474, 475; Kölmel RNotZ 2010, 1, 22; MünchKomm/Kroll-Ludwigs Rn 64). Das Geschäft hat zwar zunächst zur Folge, dass die kraft Gesetzes von einer Forderung unabhängige Grundschuld (§ 1191 Abs 1 BGB) durch Vereinbarung zwischen Grundschuldgläubiger und Mündel als Grundstückseigentümer zur Sicherungsgrundschuld wird (BayObLG FamRZ 1986, 597, 598); eine über die Grundschuld hinausgehende Haftung oder gar persönliche Schuld werde von dem Mündel aber nicht übernommen (BayObLG FamRZ 1986, 597, 599). Allerdings bleibt zu bedenken, dass der Mündel als Grundstückseigentümer bei fehlender Zweckabrede dem Grundschuldgläubiger im Falle einer Inanspruchnahme aus der Grundschuld einredeweise den bereicherungsrechtlichen Rückgewähranspruch entgegenhalten kann (Senft MittBayNot 1986, 230, 231). Genau diese Möglichkeit entfällt aber bei nachfolgender Vereinbarung einer Zweckabrede. Damit wird die Haftung des Mündels für eine fremde Verbindlich-

keit erweitert, sodass die Abrede nach § 1822 Nr 10 BGB genehmigungspflichtig ist (NK-BGB/Fritsche Rn 33; Klüsener Rpfleger 1993, 133, 138; näher § 1821 Rn 44).

5. Haftung als gesetzliche Folge eines Rechtsgeschäfts

a) Grundsatz

182 Genehmigungsbedürftig sind nur rechtsgeschäftliche Akte, diese aber auch dann, wenn die Übernahme einer fremden Schuld nicht unmittelbarer Gegenstand des Geschäfts ist, sondern der Eintritt in eine fremde Verbindlichkeit die **gesetzliche Folge** eines Rechtsgeschäfts darstellt; der Mündel soll gegen die Gefahren des Abschlusses solcher Verträge geschützt werden, durch die seine Haftung für eine fremde Verbindlichkeit nach Art einer Bürgschaft begründet wird (RGZ 133, 7, 13 f; KGJ 30, A 149, 151; KG JFG 10, 99, 102 = JW 1933, 118 = HRR 1933 Nr 815).

b) Beispielsfälle

183 Eine solche Haftung wird zB herbeigeführt durch den Kauf einer Erbschaft (§§ 2371, 2382 BGB), weshalb dieser unter Nr 10 fällt. Dies gilt auch für die Auflassung eines Bruchteils eines Wohnungseigentums an den Mündel wegen der damit verbundenen persönlichen gesamtschuldnerischen Haftung nach **§ 16 Abs 2 WEG** (KG NZM 2011, 78 = ZWE 2011, 41; OLG Köln 6. 3. 2015 – 2 Wx 44/15, juris Rn 21, FamRZ 2015, 1410 f; OLG München FamRZ 2013, 494, 495 m abl Anm Zimmermann; Zeiser Rpfleger 2017, 429, 432; MünchKomm/Kroll-Ludwigs Rn 65). Zwar handelt es sich hierbei um eine zukünftige Handlung, die zur Zeit der familiengerichtlichen Entscheidung nicht endgültig beurteilt werden kann. Gleichwohl steht – anders als in der Fallgestaltung des Beitritts zu einer GmbH (dazu unten Rn 188) – regelmäßig fest, dass jeder Wohnungseigentümer künftig Kosten und Lasten tragen muss; lediglich die Höhe der Belastungen muss vom Gericht noch eingeschätzt werden (Kölmel NotBZ 2013, 95, 104).

184 Die gesetzliche Folge des **Eintritts in einen bestehenden Mietvertrag**, die sich aus dem Erwerb eines Grundstücks ergibt (§ 566 Abs 1 BGB), fällt nicht unter den Genehmigungstatbestand des § 1822 Nr 10 BGB, weil es an der Voraussetzung fehlt, dass eine fremde Schuld zwar nach außen als eigene vom Mündel übernommen wird, im Innenverhältnis jedoch allein der Erstschuldner haftet und ersatzpflichtig bleibt (BGH FamRZ 1983, 371 = NJW 1983, 1780 = MDR 1983, 566 = Rpfleger 1983, 148; s auch oben Rn 113).

185 Umgekehrt wird Nr 10 im Fall von **Wohngemeinschaften** relevant, an denen ein Minderjähriger oder ein Betreuter beteiligt ist, wenn die Mitglieder der Gemeinschaft eine BGB-Gesellschaft gründen. Diese wird dann Partei des Mietvertrags mit der Konsequenz, dass ein Wechsel der Bewohner keine Änderung der Vertragspartei zur Folge hat. Allerdings haftet jeder Mieter als Gesamtschuldner analog § 128 HGB persönlich für die Verbindlichkeiten der Gesellschaft, wozu auch die Erfüllung mietvertraglicher Pflichten gehört. Eine Genehmigungsbedürftigkeit des Abschlusses des Gesellschaftsvertrags nach § 1822 Nr 3 BGB scheitert dagegen am Fehlen eines Erwerbsgeschäfts (ausführlich Benner NZS 2017, 447, 449).

c) Beteiligung an einer GmbH

186 Ob die Beteiligung des Mündels an einer GmbH – bei deren Gründung oder beim Erwerb eines Geschäftsanteils an einer bestehenden GmbH – der Genehmigung des Familiengerichts bedarf, ist streitig. Diese Frage ist dann von praktischer Bedeutung,

wenn die GmbH kein Erwerbsgeschäft betreibt und deshalb Nr 3 nicht eingreift. Ein Einstehenmüssen des Mündels kommt sowohl nach §§ 16 Abs 2, 24 GmbHG in Betracht, solange ein anderer Gesellschafter mit der Leistung seiner Stammeinlage im Rückstand ist, als auch im Hinblick auf § 31 Abs 3 GmbHG, der eine Haftung der anderen Gesellschafter vorsieht, wenn die Erstattung eines Betrags, der entgegen § 30 GmbHG an einen Gesellschafter ausgezahlt worden ist, von diesem nicht zu erlangen ist.

Nach heute fast einhelliger Ansicht greift § 1822 Nr 10 BGB dann ein, wenn der **187** Mündel schon bei der Gründung der GmbH oder beim späteren Erwerb eines Geschäftsanteils nach **§§ 16 Abs 2, 24 GmbHG** mit der Haftung für eine fremde Verbindlichkeit belastet wird, für die er bei dem säumigen Gesellschafter Regress nehmen kann (MünchKomm/Kroll-Ludwigs Rn 65; Erman/Schulte-Bunert Rn 30; Soergel/Zimmermann Rn 42; BGB-RGRK/Dickescheid Rn 50; Palandt/Götz Rn 21; Gernhuber/Coester-Waltjen § 60 Rn 118; Kölmel RNotZ 2010, 1, 23; Fiala/Müller/Braun Rpfleger 2002, 389, 408; Brüggemann FamRZ 1990, 124, 125; **aA** Zelz GmbH-Rdsch 1959, 91, 92; Winkler ZGR 1973, 183).

Dagegen wird man das Erfordernis der familiengerichtlichen Genehmigung nicht **188** schon deshalb verlangen können, weil der Mündel infolge Beteiligung an einer GmbH (also unabhängig von den Voraussetzungen der §§ 16 Abs 2, 24 GmbHG) nach **§ 31 Abs 3 GmbHG** subsidiär haftet, wenn entgegen dem Verbot des § 30 GmbHG eine Zahlung an einen anderen Gesellschafter geleistet wurde und die Erstattung nicht möglich ist. Zwar hat der Mündel auch in einem solchen Fall für eine fremde Verbindlichkeit einzustehen, und er wird von dem anderen Gesellschafter, wenn keine besonderen Gründe entgegenstehen, dafür Ersatz verlangen können. Es handelt sich aber um eine Verbindlichkeit, die im Zeitpunkt des Erwerbs des Geschäftsanteils noch nicht konkretisierbar ist. Allein wegen der theoretischen Möglichkeit, dass ein Gesellschafter, nachdem der Mündel in die Gesellschaft eingetreten ist, Leistungen unter Verstoß gegen § 30 GmbHG erhält und nicht erstatten kann, sodass die Mitgesellschafter nach § 31 GmbHG für den Ausfall einzustehen haben, besteht kein Genehmigungserfordernis, weil für einen solchen Vorgang im Zeitpunkt der Anteilsübertragung keine Anhaltspunkte vorhanden sind und dem Familiengericht deshalb eine Abwägung der Vor- und Nachteile nicht möglich ist (BGHZ 107, 24 = NJW 1989, 1826 = FamRZ 1989, 605 = MDR 1989, 610 = Rpfleger 1989, 281; ähnlich KG NJW 1962, 54, 55; Kölmel NotBZ 2013, 95, 104; Gernhuber/Coester-Waltjen § 60 Rn 118; MünchKomm/Kroll-Ludwigs Rn 65 Fn 199; Soergel/Zimmermann Rn 42; diff Gerken Rpfleger 1989, 270, 272 f; **aA** – für Genehmigungsbedürftigkeit des Eintritts des Mündels in eine GmbH in jedem Fall – KG JW 1927, 2578; KGJ 44, A 142 = RJA 12, 233 = OLGE 27, 367; OLG Stuttgart OLGZ 1978, 426 und im Anschluss an diese Rechtsprechung Staudinger/Engler[10/11] Rn 124; Dölle § 128 II 2 e, cc; Brüggemann FamRZ 1990, 124, 125; nicht ganz eindeutig BGB-RGRK/Dickescheid Rn 50). Die gegenteilige Ansicht führt dazu, dass das Familiengericht bei einer fernliegenden Möglichkeit einer Inanspruchnahme des Mündels nur vor der Wahl stünde, den Eintritt des Mündels in die GmbH stets abzulehnen oder ihn „ins Blaue hinein" zu genehmigen. Im Übrigen entfernt sich die Erwägung, dass der Mündel mit der Übernahme eines GmbH-Anteils auch immer eine denkbare fremde Verbindlichkeit übernimmt, zu weit von den für § 1822 Nr 10 BGB maßgebenden Grundgedanken. Auch wenn eine theoretisch mögliche, vielleicht zu irgendeinem späteren Zeitpunkt eintretende Haftung als gesetzliche Folge des Eintritts in die GmbH in Frage steht, ist eine Ähnlichkeit mit dem bewussten Eintreten für eine Verbindlichkeit nach dem

Vorbild der Bürgschaft, bei dem man hofft, die subsidiäre Haftung werde nicht eintreten oder man könne sich beim primär Verpflichteten „erholen“, nicht mehr zu sehen.

189 Einer Genehmigung bedarf die **Änderung eines GmbH-Gesellschaftsvertrags**, wenn sie eine Erhöhung der persönlichen Haftung des Mündels für die Verbindlichkeiten anderer Gesellschafter zur Folge hat (Müller JR 1961, 328; MünchKomm/Kroll-Ludwigs Rn 65 aE; Soergel/Zimmermann Rn 43; **aA** Gustavus GmbH-Rdsch 1982, 10, 16; Klüsener Rpfleger 1990, 321, 328).

d) Beitritt zu einer Genossenschaft

190 Der Beitritt eines Mündels zu einer **eingetragenen Genossenschaft** (§§ 15 ff GenG) fällt nicht unter § 1822 Nr 10 BGB. Wer einer eingetragenen Genossenschaft beitritt, übernimmt es nicht, Schulden der Genossenschaft gegenüber deren Gläubigern zu erfüllen (anders noch unter der Geltung von § 141 GenG aF KGJ 30, A 149 = OLGE 11, 401 = RJA 6, 132; Staudinger/Engler[10/11] Rn 125 mwNw). Der Genosse, der seiner Verlustdeckungs- oder seiner Nachschusspflicht nachkommt, erfüllt seine eigene Beitragspflicht. Er tritt nicht als weiterer Schuldner neben die Genossenschaft und erlangt, anders als bei der Übernahme einer fremden Schuld oder einer Bürgschaft, niemals einen Regressanspruch. Auch § 105 Abs 3 GenG rechtfertigt die Anwendung des § 1822 Nr 10 BGB nicht, weil der einzelne Genosse nicht über die Haftsumme hinaus in Anspruch genommen werden kann (anders als der Gesellschafter einer GmbH, bei der die Haftung nach § 24 GmbHG über die Einlageverpflichtung hinausgeht und damit das Prinzip der beschränkten Haftung durchbricht, vgl oben Rn 187). Auch bei der Ausfallhaftung des § 105 Abs 3 GenG handelt es sich um eine eigene Schuld, mag sie auch in Auswirkung fremder Verbindlichkeit und infolge Unvermögens anderer Genossen entstehen (so BGHZ 41, 71 = NJW 1964, 766 = FamRZ 1964, 203; OLG Oldenburg NJW 1963, 1551 = Rpfleger 1963, 293 = MDR 1963, 844; OLG Karlsruhe FamRZ 1963, 655 = BB 1963, 878 m zust Anm Drischler; LG Frankfurt aM NJW 1963, 50 = Rpfleger 1963, 17 m zust Anm Haegele = BB 1963, 877 m zust Anm Drischler; LG Dortmund BB 1964, 191; Dölle § 128 II 2 e, cc; Gernhuber/Coester-Waltjen § 60 Rn 118; MünchKomm/Kroll-Ludwigs Rn 65; Palandt/Götz Rn 20; Brüggemann FamRZ 1990, 124, 125; Knopp BB 1964, 200; **aA** OLG Braunschweig FamRZ 1963, 657; Rehbinder ZBlJugR 1963, 327; ders NJW 1964, 1132; Paulick FamRZ 1964, 205; wohl auch Soergel/Zimmermann Rn 42).

191 Auch der Beitritt zu einer **Genossenschaft mit unbeschränkter Haftpflicht** fällt nicht unter § 1822 Nr 10 BGB, da der Genosse, der im Rahmen der Ausfallhaftung in Anspruch genommen wird, nicht als weiterer Schuldner neben die unvermögenden Genossen tritt und insoweit kein Rückgriffsrecht gegen sie hat, sondern einen Anspruch erfüllt, der der Genossenschaft ihm gegenüber zusteht, und damit einer aus der Mitgliedschaft folgenden Pflicht nachkommt (OLG Hamm OLGZ 1966, 474 = NJW 1966, 1971 = FamRZ 1966, 456 = MDR 1966, 845; Knopp BB 1964, 200; **aA** Paulick FamRZ 1964, 205 u BGB-RGRK/Dickescheid Rn 51 aE, gegen deren Vorschlag, § 1822 Nr 10 BGB analog anzuwenden, grundsätzliche Bedenken bestehen, vgl Vorbem 9 zu §§ 1821 f).

6. Entscheidungskriterien für die Genehmigung

192 Das Familiengericht hat zu prüfen, ob besondere Gründe wirtschaftlicher Art die Erteilung der Genehmigung rechtfertigen. Persönliche Gründe, etwa die Unterstützung eines nahen Angehörigen durch Übernahme einer Bürgschaft, können nur in Ausnahmefällen genügen (näher LÜDECKE NJOZ 2018, 681, 684 f; BGB-RGRK/DICKESCHEID Rn 52; MünchKomm/KROLL-LUDWIGS Rn 67; ERMAN/SCHULTE-BUNERT Rn 29).

7. Allgemeine Ermächtigung nach § 1825

Nach § 1825 BGB kann das Familiengericht dem Vormund zu Rechtsgeschäften der in § 1822 Nr 10 BGB genannten Art eine **allgemeine Ermächtigung** erteilen (näher dazu § 1825 Rn 7). Allerdings ist hiervon mit Blick auf die betroffenen Mündelinteressen zurückhaltend Gebrauch zu machen (MünchKomm/KROLL-LUDWIGS Rn 67). 193

XI. Erteilung einer Prokura (Nr 11)

1. Normzweck

Die Prokura (§§ 48 ff HGB) ermächtigt zu allen Arten von gerichtlichen und außergerichtlichen Geschäften und Rechtshandlungen, die der Betrieb eines Handelsgewerbes mit sich bringt (§ 49 Abs 1 HGB); eine Beschränkung der Prokura ist Dritten gegenüber grundsätzlich unwirksam (§ 50 Abs 1 HGB). Wegen der großen Reichweite einer solchen Ermächtigung sieht § 1822 Nr 11 BGB aus gutem Grund die Genehmigung des Familiengerichts vor (Mot IV 1145; s dazu BRÜGGEMANN FamRZ 1990, 5, 7 f). 194

2. Genehmigungsvoraussetzungen

a) Minderjähriger als Inhaber des Handelsgeschäfts

Der Genehmigungstatbestand ist nur anwendbar, wenn der Minderjährige Inhaber des Handelsgeschäfts ist, da nur dieser oder sein gesetzlicher Vertreter die Prokura erteilen kann. Der Vormund kann sich nicht selbst eine Prokura erteilen (§§ 1795 Abs 2, 181 BGB); dagegen kann ein zu diesem Zweck bestellter Pfleger mit Genehmigung des Familiengerichts dem Vormund Prokura für ein Handelsgeschäft des Mündels erteilen (COURT DJZ 1904, 212, 214; MARCUS DJZ 1904, 353, 354). 195

Nicht genehmigungsbedürftig ist die Erteilung einer Prokura von einer juristischen Person, etwa einer GmbH, an der der Mündel beteiligt ist (KG OLGE 27, 369 = RJA 12, 237 = Recht 1913 Nr 2743; KG RJA 12, 237, 238; KÖLMEL RNotZ 2010, 1, 23; KURZ NJW 1992, 1798, 1803). Gleiches gilt für die Prokura in einer offenen Handelsgesellschaft oder Kommanditgesellschaft (PALANDT/GÖTZ Rn 22; ERMAN/SCHULTE-BUNERT Rn 31a; SOERGEL/ZIMMERMANN Rn 45; MünchKomm/KROLL-LUDWIGS Rn 68; BGB-RGRK/DICKESCHEID Rn 53). 196

b) Erteilung einer Prokura

§ 1822 Nr 11 BGB erfasst nur die Erteilung einer Prokura, nicht aber die Erteilung einer Vollmacht (vgl § 1793 Rn 119; KG JFG 1, 313; OLG Hamm FamRZ 1972, 270, 271), insbesondere einer Handlungsvollmacht nach § 54 HGB (KÖLMEL RNotZ 2010, 1, 23; MünchKomm/KROLL-LUDWIGS Rn 68 aE; PALANDT/GÖTZ Rn 22; ERMAN/SCHULTE-BUNERT Rn 31; BGB-RGRK/DICKESCHEID Rn 53), oder die Bestellung eines Geschäftsführers (OLG Düsseldorf RNotZ 2006, 68, 69; ERMAN/SCHULTE-BUNERT Rn 31a; KÖLMEL RNotZ 2010, 1, 23). 197

198 Genehmigungsbedürftig ist nur die Erteilung, nicht aber der **Widerruf** der Prokura (§ 52 HGB).

3. Wirkung der Genehmigung

199 Soweit der Prokurist zur Vornahme von Rechtsgeschäften befugt ist, bedarf er für sämtliche von der Prokura gedeckten Rechtsgeschäfte weder der Genehmigung des Gegenvormunds noch derjenigen des Familiengerichts, und zwar auch dann nicht, wenn der Vormund zu bestimmten Geschäften dieser Genehmigung bedürfte (RGZ 106, 185). Dies gilt auch, wenn in einem vom Mündel ererbten Erwerbsgeschäft ein Prokurist schon vor dem Erbfall bestellt war; diese Prokura ist nach § 52 Abs 3 HGB durch den Tod des Inhabers des Handelsgeschäfts nicht erloschen, und sie muss auch nicht – mit Genehmigung des Familiengerichts – neu erteilt werden (OLG Hamm BB 1956, 900; Kurz NJW 1992, 1798, 1803; MünchKomm/Kroll-Ludwigs Rn 68; BGB-RGRK/Dickescheid Rn 53; Soergel/Zimmermann Rn 45; Palandt/Götz Rn 22).

4. Fehlen der Genehmigung

200 Eine ohne Genehmigung des Familiengerichts erteilte Prokura ist als einseitiges Rechtsgeschäft gemäß § 1831 BGB unwirksam, auch wenn sie im Handelsregister eingetragen sein sollte (§§ 53, 15 HGB; RGZ 127, 153, 158; Dölle § 128 II 2 e, dd; Kölmel RNotZ 2010, 1, 23; Kurz NJW 1992, 1798, 1803; Erman/Schulte-Bunert Rn 31; BGB-RGRK/Dickescheid Rn 53; Palandt/Götz Rn 22; MünchKomm/Kroll-Ludwigs Rn 68; Soergel/Zimmermann Rn 45 aE).

XII. Vergleich und Schiedsvertrag (Nr 12)

1. Historie

201 Die Bestimmung, dass zu einem Vergleich und zu einem „Schiedsvertrag" (gemeint ist hiermit die „Schiedsvereinbarung" iSv § 1029 Abs 1 ZPO idF vom 1. 1. 1998, näher dazu Rn 210) die Genehmigung des Familiengerichts (vor 1. 9. 2009: Vormundschaftsgerichts) erforderlich ist, hat das BGB aus ähnlichen Regelungen der meisten Partikularrechte übernommen, die diese Geschäfte zum Teil allgemein, zum Teil nur insoweit, als sie eine Veräußerung von Mündelsachen einschlossen, der obervormundschaftlichen Kontrolle unterworfen hatten. Das Gesetz wollte mit der Festlegung einer Wertgrenze, bis zu der die Genehmigung entbehrlich ist, „aus praktischen Rücksichten einen Mittelweg" einschlagen (Mot IV 1143).

202 Die Wertgrenze, die anfangs auf 300 Mark festgelegt war (und mit dem Betrag übereinstimmte, von dem an der Vormund der Genehmigung des Gegenvormunds zur Annahme einer geschuldeten Leistung bedurfte, § 1813 Abs 1 Nr 2 BGB), wurde im Lauf der Jahrzehnte zunehmend als zu niedrig empfunden, da sich die wirtschaftlichen Verhältnisse allmählich grundlegend veränderten. Der aus dem Jahr 1989 stammende Entwurf des **Betreuungsgesetzes** wollte auf eine Betragsgrenze nicht verzichten, diese aber so festlegen, dass sie ein angemessenes Wirtschaften erlaube. In Nr 12 wurde deshalb das Wort „dreihundert" durch das Wort „fünftausend" ersetzt. Ferner wurde bestimmt, dass die Genehmigung des Familiengerichts auch dann entbehrlich ist, wenn der Vergleich einem schriftlichen oder protokollierten gericht-

lichen Vergleichsvorschlag entspricht. Es erscheine zum Schutz des Mündels nicht geboten, den Vergleich, der auf einem gerichtlichen Vorschlag beruht, einer nochmaligen Prüfung zu unterziehen; die Neuregelung trage damit zur Entbürokratisierung des Verfahrens bei (BT-Drucks 11/4528, 109). Durch Art 2 Abs 1 Nr 17 des Fernabsatzgesetzes vom 27. 6. 2000 (BGBl I 897) wurde der Betrag der Wertgrenze auf Euro umgestellt und dabei „leicht angehoben" (BT-Drucks 14/2658, 49).

2. Die in Betracht kommenden Rechtsgeschäfte

a) Vergleich

aa) Definition, Vertragspartner

Der **Vergleich** ist in § 779 BGB definiert als Vertrag, durch den der Streit oder die Ungewissheit der Parteien über ein Rechtsverhältnis im Wege gegenseitigen Nachgebens beigelegt wird. Ein Vergleich kann grundsätzlich formfrei geschlossen werden; jedoch kann sich die Notwendigkeit der Einhaltung einer bestimmten Form aus dem Inhalt des Vergleichs ergeben (zB notarielle Beurkundung für bestimmte Grundstücksgeschäfte, Schriftform für langfristigen Mietvertrag oder Bürgschaft). Da § 779 BGB die Beilegung eines Streits oder einer Ungewissheit durch gegenseitiges Nachgeben voraussetzt, handelt es sich nicht um einen Vergleich (auch iS des § 1822 Nr 12 BGB), wenn kein Streit und keine Ungewissheit über das zwischen den Parteien bestehende Rechtsverhältnis bestanden hat, dieses vielmehr einvernehmlich von den Parteien schriftlich festgehalten wurde (vgl LG Mönchengladbach DAVorm 1976, 90; zu dieser Frage auch Wiegel FamRZ 1971, 17, 19; Odersky FamRZ 1971, 137, 140; zu den Tatbestandsmerkmalen „Streit oder Ungewissheit" und „gegenseitiges Nachgeben" näher Staudinger/Marburger [2015] § 779 Rn 22 ff, 27 ff). 203

Da die Genehmigung nur für Rechtsgeschäfte erforderlich ist, die der **Mündel oder der Vormund** als gesetzlicher Vertreter des Mündels (Entsprechendes gilt für den Betreuer [§ 1908i Abs 1 S 1 BGB], den Ergänzungspfleger [§§ 1909, 1915 Abs 1 BGB] sowie den Nachlasspfleger [§§ 1960 Abs 2, 1915 Abs 1 BGB, s dazu OLG München FamRZ 2010, 1760, 1761]) getätigt hat, nicht aber ein Dritter, der Rechte des Mündels verwaltet und seine Vertretungsmacht nicht vom Vormund ableitet (Vorbem 20 f zu §§ 1821 f), braucht etwa ein **Testamentsvollstrecker** zum Abschluss eines Vergleichs über Gegenstände, die seiner Verwaltung unterliegen, nicht der Genehmigung des Familiengerichts, und zwar auch dann nicht, wenn zu den Erben Minderjährige gehören, deren Vormund die Genehmigung einzuholen hätte (KG OLGE 38, 259, 260; BGB-RGRK/Dickescheid Rn 54; MünchKomm/Kroll-Ludwigs Rn 69; Soergel/Zimmermann Rn 46). 204

Ebenso wenig werden Vergleiche erfasst, die im Namen einer **juristischen Person oder Handelsgesellschaft** geschlossen werden, an der der Mündel beteiligt ist (MünchKomm/Kroll-Ludwigs Rn 69; BGB-RGRK/Dickescheid Rn 54). 205

bb) Beispielsfälle

Von der Genehmigungspflicht erfasst wird der **Unterhaltsvergleich**, es sei denn, es besteht zwischen den Beteiligten kein Streit über den Unterhaltsanspruch oder sie halten nur die im Gesetz festgeschriebene Rechtslage fest (LG Berlin DAV 1976, 90 für eine Unterhaltsvereinbarung, die nach § 1615e Abs 2 BGB aF, aber nicht nach § 1822 Nr 12 BGB der Genehmigung des Familiengerichts bedurfte); in Betracht kommt dann aber eine Genehmigungspflicht nach § 1822 Nr 5 BGB (Palandt/Götz Rn 23; näher oben Rn 118). 206

207 Ob auch zu einem **Prozessvergleich** die Genehmigung des Familiengerichts erforderlich ist, war zunächst umstritten, nachdem das Gesetz diese Frage unentschieden gelassen hatte (Mot IV 1143); in der II. Kommission wurde der Antrag, die Worte „einschließlich eines in einem Rechtsstreit abgeschlossenen Vergleichs oder Schiedsvertrags" in die Bestimmung einzufügen, zwar inhaltlich gebilligt, aber dennoch abgelehnt, weil man es nicht für richtig hielt, die Entscheidung hierüber im BGB zu treffen (Prot IV 793 f). Heute besteht Einigkeit darüber, dass der Prozessvergleich (§ 794 Abs 1 Nr 1 ZPO) zwar insoweit (auch) Prozesshandlung ist, als er den Rechtsstreit ganz oder teilweise beendet; seinem sachlichen Inhalt nach aber stellt der Prozessvergleich – ebenso wie der außergerichtliche Vergleich – einen privatrechtlichen Vertrag zwischen den Parteien dar. Deshalb ist § 1822 Nr 12 BGB auch auf ihn anzuwenden (RGZ 56, 333, 335; 153, 65, 67; 154, 313; OLG Dresden OLGE 7, 122; BayObLGZ 1957, 130 = FamRZ 1957, 266, 267; ENNECCERUS/KIPP § 115 II 15; DÖLLE § 128 II 2 e, ee; GERNHUBER/COESTER-WALTJEN § 71 Rn 51; SOERGEL/ZIMMERMANN Rn 46; ERMAN/SCHULTE-BUNERT Rn 32; MünchKomm/KROLL-LUDWIGS Rn 69; BGB-RGRK/DICKESCHEID Rn 54; PALANDT/GÖTZ Rn 23).

208 Der **Zwangsvergleich** im früheren Konkursverfahren (§§ 173 ff der mit Wirkung vom 1. 1. 1999 aufgehobenen KO) und im Vergleichsverfahren (§§ 74 ff der gleichfalls mit Wirkung vom 1. 1. 1999 aufgehobenen VerglO) unterfiel nach überwiegender Ansicht der damals noch vormundschaftsgerichtlichen Genehmigungspflicht (näher STAUDINGER/ENGLER [2004] Rn 151 mwNw).

An die Stelle des Zwangsvergleichs ist die **Stimmabgabe im Insolvenzplanverfahren** (§§ 237 ff InsO) getreten (BT-Drucks 12/2443, 90). Dies rechtfertigt zwar de lege ferenda, die Genehmigungspflicht hierauf zu erstrecken, angesichts des Grundsatzes der streng formalen Abgrenzung der Genehmigungstatbestände (Vorbem 9 f zu §§ 1821 f) aber nicht de lege lata (PALANDT/GÖTZ Rn 23; NK-BGB/FRITSCHE Rn 38; **aA** GERNHUBER/COESTER-WALTJEN § 71 Rn 51; ERMAN/SCHULTE-BUNERT Rn 32; offengelassen in MünchKomm/KROLL-LUDWIGS Rn 69). Das Gleiche gilt für einen außergerichtlichen **Schuldenbereinigungsplan** im Rahmen des Verbraucherinsolvenzverfahrens nach §§ 305 ff InsO (**aA** ERMAN/SCHULTE-BUNERT Rn 32; DIJuF-Rechtsgutachten JAmt 2008, 430, 431).

cc) Entscheidungskriterien für die Genehmigung

209 Das Familiengericht hat die Entscheidung über die Erteilung oder Verweigerung der Genehmigung eines Vergleichs an den Interessen des Mündels auszurichten. Bei einem im Rahmen eines Vergleichs abgegebenen Schuldanerkenntnis hat es auch die Höhe, Plausibilität und mögliche Durchsetzbarkeit der behaupteten Forderungen zu prüfen (BayObLG NJW-RR 2003, 1587, 1589).

b) Schiedsvertrag

aa) Begriff, Abgrenzung

210 Der in § 1822 Nr 12 BGB verwendete Ausdruck „Schiedsvertrag" war motiviert von § 1025 Abs 1 ZPO aF (definiert als die „Vereinbarung, dass die Entscheidung einer Rechtsstreitigkeit durch einen oder mehrere Schiedsrichter erfolgen soll"). Das Gesetz zur Neuregelung des Schiedsverfahrensrechts vom 22. 12. 1997 (BGBl I 3224) hat das schiedsrichterliche Verfahren in den §§ 1025 bis 1066 ZPO von Grund auf neu geregelt. Im neuen 10. Buch der ZPO erscheint nicht mehr das Wort „Schiedsvertrag", stattdessen ist jetzt die Rede von **„Schiedsvereinbarung"** (dazu schon oben Rn 201),

definiert als „Vereinbarung der Parteien, alle oder einzelne Streitigkeiten, die zwischen ihnen in Bezug auf ein bestimmtes Rechtsverhältnis vertraglicher oder nichtvertraglicher Art entstanden sind oder künftig entstehen, der Entscheidung durch ein Schiedsgericht zu unterwerfen" (§ 1029 Abs 1 ZPO). Das erfasst zum einen die selbständige – separate – Verabredung (§ 1029 Abs 2 Alt 1 ZPO: „Schiedsabrede"), zum anderen und genauso die unselbständige Zusatzabmachung (§ 1029 Abs 2 Alt 2 ZPO: „Schiedsklausel"). Der Abschluss einer solchen Schiedsvereinbarung ist kein höchstpersönliches Geschäft, die Vertretungsmacht des Vormunds ist allerdings nach § 1822 Nr 12 BGB beschränkt.

Wesensmerkmal eines „Schiedsvertrags" ist der private Streitentscheid mit voller Rechtskraftfolge (§ 1055 ZPO) aufgrund freiwilliger privatautonomer Vereinbarung (MünchKommZPO/Münch Vor § 1025 Rn 1–3) – es geht um ein „Hinausoptieren" aus der staatlichen Rechtspflege. Ordnungsgemäß vereinbarte Schiedsgerichte gelten dabei als prinzipiell gleichwertige Alternativen zur staatlichen Rechtspflege (BGHZ 15, 12, 15; BGH NJW-RR 1986, 1059, 1060 [„materielle Rechtsprechung"]; BGH NJW-RR 2008, 659; BGHZ 162, 9, 16; 159, 207, 212 [„Rechtsprechung im weiteren Sinne"]). Es gibt allerdings einige Reservatbereiche mangelnder Schiedsfähigkeit (§ 1030 ZPO) und zudem warnende Formpflichten (§ 1031 Abs 1–4 ZPO), namentlich gegenüber Verbrauchern (§ 1031 Abs 5 ZPO), wobei allerdings eine nachfolgende Sacheinlassung den vorausgehenden Formmangel heilt (§ 1031 Abs 5 ZPO). Der Gesetzgeber rechnete § 1822 Nr 12 BGB insoweit zu den **Einschränkungen objektiver Schiedsfähigkeit (§ 1030 Abs 3 ZPO)**, die künftig weiterbestehen bleiben (Begründung des Gesetzentwurfs der BReg zur Neuregelung des Schiedsverfahrensrechts v 12. 7. 1996, BT-Drucks 13/5274, 35 aE – so auch zB MünchKommZPO/Münch § 1030 Rn 33); sie werden zum Teil aber auch als Einschränkungen subjektiver Schiedsfähigkeit verstanden (so OLG Hamm Rpfleger 2000, 547 [Prozessfinanzierungsvertrag eines Betreuers mit Schiedsgerichtsklausel]). 211

Genehmigungsfrei ist dagegen eine **Schiedsgutachtenvereinbarung** (BGH 18. 12. 2013 – IV ZR 207/13, juris Rn 6, FamRZ 2014, 655; Erman/Schulte-Bunert Rn 32; BGB-RGRK/Dickescheid Rn 54 aE). Anders als eine Schiedsvereinbarung sieht diese nicht die Entscheidung einer Rechtsstreitigkeit durch ein Schiedsgericht vor, sondern nur die Erstattung einer gutachtlichen Äußerung eines Sachverständigen über bestimmte Umstände (zB Wertansätze, Eigenschaften von Sachen, Guthaben usw), die für die Entscheidung eines Streits von Bedeutung sind (BGH 18. 12. 2013 – IV ZR 207/13, juris Rn 8, FamRZ 2014, 655; für Einzelheiten siehe MünchKommZPO/Münch Vor § 1025 Rn 75 ff). Mögen die Parteien diese Äußerung bis zur Grenze offenbarer Unrichtigkeit auch als verbindlich ansehen (BGH 18. 12. 2013 – IV ZR 207/13, juris Rn 8, FamRZ 2014, 655, 656), so ist doch die Bindungswirkung der Gerichte an eine Schiedsgutachtenvereinbarung ungleich geringer, da diese – anders als eine Schiedsvereinbarung – nicht über § 1059 Abs 2 u 3 ZPO abgeändert werden kann, sondern über §§ 317 ff BGB analog (BGH 17. 1. 2013 – III ZR 10/12, juris Rn 13, NJW 2013, 1296, 1297; BGH 18. 12. 2013 – IV ZR 207/13, juris Rn 8, FamRZ 2014, 655 f; analoge oder direkte Anwendung offengelassen von MünchKommZPO/Münch Vor § 1025 Rn 81). Das Gericht ist nur bis zur Grenze offenbarer Unrichtigkeit an die festgestellten Einzelheiten gebunden (vgl § 319 Abs 1 BGB; MünchKommZPO/Münch Vor § 1025 Rn 85); eine Entscheidung des gesamten Rechtsstreits wird ihm durch die Schiedsgutachtenvereinbarung gerade nicht abgenommen (BGH 18. 12. 2013 – IV ZR 207/13, juris Rn 9, FamRZ 2014, 655, 656). 212

213 Entsprechendes dürfte für **Schlichtungsabreden** und **Mediationsklauseln** gelten, die eine spezielle „Einigungsschleife" verabreden, aber staatlichen Rechtsschutz anschließend prinzipiell offenlassen, zumal jene auch auf staatliche Gerichtsverfahren neuerdings immer stärker einwirken (§ 278a ZPO, s aber auch schon § 15a EGZPO).

bb) Reichweite der familiengerichtlichen Kontrolle

214 Mit dem Erfordernis der familiengerichtlichen Genehmigung zum Abschluss eines Schiedsvertrags möchte das Gesetz verhindern, dass der Vormund unkontrolliert den Rechtsschutz, den der Mündel bei den staatlichen Gerichten erwarten kann, mit dem möglicherweise riskanteren Verfahren vor einem Schiedsgericht vertauscht. Problematisch ist aber oft nicht so sehr das „Ob", sondern meist das „Wie", insbesondere die Besetzung des Gerichts (§§ 1034 ff ZPO), dessen späteres Verfahren (§§ 1042 ff ZPO), das von den strengen Vorschriften der Zivilprozessordnung abweichen kann, und die eingeschränkte Anfechtbarkeit (§§ 1059–1061 ZPO); dagegen sind – entgegen landläufiger Befürchtungen – Schiedsgerichte an sich nur nach expliziter Ermächtigung zum Billigkeitsentscheid befugt (§ 1051 Abs 3 ZPO), im Übrigen jedoch ans Recht gebunden. Das Familiengericht muss daher bei seiner Entscheidung über die Genehmigung nach Nr 12 immer eine **umfassende Gesamtabwägung** vornehmen. Dies impliziert zweierlei: Zum einen ist die Schiedsvereinbarung nicht zuletzt im Kontext der jeweiligen Verfahrensvereinbarung zu würdigen (problematisch ist deren nachträgliche formlose Abänderbarkeit); zum anderen sind das Rechtsgeschäft im Ganzen und dessen Streitpotential, nicht bloß die Schiedsgerichtsvereinbarung am Wohl und Interesse des Mündels zu messen (OLG Hamm FamRZ 2001, 373).

215 Teleologisch erweiternd würde sich deshalb anbieten, den Begriff des „Schiedsvertrags" nicht bloß als Schiedsvereinbarung iSv § 1029 ZPO zu verstehen, sondern auch als Konstituierungsvereinbarung iSv § 1035 Abs 1 ZPO bzw als Schiedsverfahrensvereinbarung iSv § 1042 Abs 3 ZPO. Einer solchen Auslegung steht jedoch de lege lata der Grundsatz der formalen Abgrenzung (Vorbem 9 f zu §§ 1821 f) entgegen (zu Überlegungen de lege ferenda Staudinger/Veit [2014] Rn 239).

3. Ausnahmen vom Erfordernis der Genehmigung

a) Wertgrenze

216 Vom Erfordernis der Genehmigung sind Vergleiche und Schiedsverträge ausgenommen, bei denen der Gegenstand des Streits oder der Ungewissheit in Geld schätzbar ist und den Wert von 3 000 Euro nicht übersteigt. Für die Wertberechnung wird man die §§ 3 ff ZPO sinngemäß anwenden können, die die Ermittlung eines Betrags bei vermögensrechtlichen Ansprüchen auch ermöglichen, wenn ein Anspruch „betragsmäßig nicht beziffert ist" (so MünchKomm/Kroll-Ludwigs Rn 71). Ein Vergleich, der über einen **nichtvermögensrechtlichen Anspruch** abgeschlossen wird, bedarf also stets der Genehmigung des Familiengerichts (s Mot IV 1136); bei ihm ist der Gegenstand des Streits oder der Ungewissheit nicht in Geld schätzbar.

217 Es kommt stets darauf an, was – zur Zeit des Abschlusses des Vergleichs oder der Schiedsvereinbarung (vgl § 4 ZPO) – **Gegenstand des Streits oder der Ungewissheit** ist; das kann weniger sein als der gesamte Anspruch aus einem bestimmten Rechtsverhältnis der Parteien. Bei Gesamthandsansprüchen ist nicht der Gesamtwert entscheidend, sondern das wirtschaftliche Interesse des einzelnen Mündels, das regel-

mäßig dem Betrag gleichzusetzen ist, der dem Mündel entsprechend seinem Anteil bei der Auseinandersetzung zustehen würde (KGJ 44, A 280; KG HRR 1929 Nr 913).

Der **Beweis**, dass der Gegenstand des Streits oder der Ungewissheit nicht mehr als 3 000 Euro wert ist, obliegt dem, der das Erfordernis der familiengerichtlichen Genehmigung bestreitet (Mot IV 1143; Dölle § 128 II 2 e, ee). **218**

Die **Wertgrenze** ist **nicht erheblich**, wenn der Vergleich aus anderen Gründen der Genehmigungspflicht des Gegenvormunds oder Familiengerichts unterliegt. Deshalb gelten zB, wenn der Vergleich die Veräußerung eines der in § 1821 Abs 1 Nrn 1 und 2 BGB genannten Gegenstände oder die Vornahme eines der in § 1822 BGB aufgezählten anderen Rechtsgeschäfte vorsieht, diese Bestimmungen auch dann, wenn die in § 1822 Nr 12 BGB festgelegte Wertgrenze nicht erreicht ist (Mot IV 1143; s auch LG Berlin DAVorm 1967, 329; OLG Colmar OLGE 6, 66; Dölle § 128 II 2 e, ee aE; BGB-RGRK/Dickescheid Rn 55; Palandt/Götz Rn 23; Erman/Schulte-Bunert Rn 32a). **219**

b) Gerichtlicher Vergleichsvorschlag

Hat das Gericht den Parteien schriftlich oder mündlich in protokollierter Form einen Vergleichsvorschlag gemacht, so entfällt für einen Vergleich, der diesem Vorschlag **entspricht**, das Erfordernis der familiengerichtlichen Genehmigung, ohne dass es auf den Wert des Streitgegenstandes ankäme (vgl § 1822 Nr 12 letzter HS BGB; BT-Drucks 11/4528, 109). **220**

Fraglich ist, ob der von den Parteien abgeschlossene Vergleich auch dann noch dem gerichtlichen Vorschlag „entspricht", wenn in den Vergleich weitere – über den Streitgegenstand des Verfahrens hinausgehende – Ansprüche einbezogen werden (so BT-Drucks 11/4528, 109), der Vergleich sonstwie von dem vom Gericht vorgeschlagenen abweicht oder aber sich die Vergleichsgrundlage ändert (OLG Köln 12. 10. 2017 – 5 U 59/17, juris Rn 13, GesR 2018, 464, 466: zwischenzeitlich ergangenes Feststellungsurteil, das die Risiken und maßgeblichen Tatsachen zugunsten einer Partei verändert). Gegen eine großzügige Handhabung der mit dem BtG eingefügten Ausnahmevorschrift spricht allerdings schon das Mündelinteresse, das nur dann umfassend berücksichtigt wird, wenn der abgeschlossene Vergleich dann auch vom Familiengericht kontrolliert wird. Der Telos der Ausnahme ist nämlich, etwas nicht mehr genehmigen lassen zu müssen, dessen Angemessenheit für das Interesse des Mündels bereits durch gerichtlichen Vorschlag attestiert wurde (OLG Köln 12. 10. 2017 – 5 U 59/17, juris Rn 12, GesR 2018, 464, 465 f). Ein von den Parteien geschlossener Vergleich „entspricht" also nur dann einem schriftlichen oder protokollierten gerichtlichen Vergleichsvorschlag, wenn er **mit diesem Vorschlag inhaltlich völlig übereinstimmt**, also weder einen Teil des Vorschlags weglässt noch sachlich etwas hinzufügt; nur dann kann das Erfordernis der familiengerichtlichen Genehmigung entfallen, weil nur dann wenigstens die Gewissheit besteht, dass alle in Betracht kommenden Interessen beim Abschluss des Vergleichs so gewürdigt worden sind, wie das Gericht es vorgeschlagen hatte. Dies gilt sogar für Vergleiche, die für den Mündel vorteilhafter als der gerichtlich vorgeschlagene sind, denn auch hier fehlt es an einer gerichtlichen Angemessenheitsprüfung (OLG Köln 12. 10. 2017 – 5 U 59/17, juris Rn 12, GesR 2018, 464, 466). **221**

Es bleibt die Frage, ob der Vergleich vor dem zuständigen Familiengericht abgeschlossen werden muss oder ob die Genehmigungsfreiheit auch dann besteht, wenn **222** der Vergleich vor dem **unzuständigen Gericht** geschlossen wurde, was etwa dann gegeben ist, wenn in einem anhängigen Verfahren Ansprüche „mitverglichen" werden, für die eigentlich ein anderes Gericht zuständig ist (BT-Drucks 11/4528, 109). Zwar könnte der hinter der Ausnahmevorschrift steckende Gedanke der „Entbürokratisierung des Verfahrens" für die Genehmigungsfreiheit sprechen (so auch BT-Drucks 11/4528, 109; PALANDT/GÖTZ Rn 23; jurisPK-BGB/LAFONTAINE Rn 151). Dagegen spricht aber, dass das Prozessgericht nicht eigens die Interessen eines am Rechtsstreit beteiligten Mündels zu beachten hat, sodass nicht auszuschließen ist, dass sich ein Vergleichsvorschlag an anderen Schwerpunkten orientiert. Demgegenüber garantiert die familiengerichtliche Kontrolle die ausreichende Beachtung der Mündelinteressen.

223 Der Vergleichsvorschlag muss allerdings nicht von dem **Familiengericht in seiner vollen Besetzung** kommen; vielmehr können die Parteien zB auch einen Vergleich abschließen, den ihnen der Berichterstatter oder der Vorsitzende des Kollegialgerichts schriftlich vorgeschlagen hat (s BT-Drucks 11/4528, 109); das Gleiche wird man annehmen müssen, wenn ein Rechtspfleger im Rahmen seiner Zuständigkeit den Vergleichsvorschlag macht (DAMRAU/ZIMMERMANN Rn 56; jurisPK-BGB/LAFONTAINE Rn 154). Der Vergleich muss auch nicht vor dem Gericht der mündlichen Verhandlung geschlossen werden, es genügt vielmehr, wenn die Parteien etwa entsprechend einem schriftlichen Vergleichsvorschlag des Gerichts den Vergleich durch Austausch von Schriftsätzen schließen (BGB-RGRK/DICKESCHEID Rn 55).

224 Dass die Parteien in der mündlichen Verhandlung einen Vergleich schließen, **den das Gericht nicht vorgeschlagen hat**, genügt dagegen nicht, um die Genehmigung des Familiengerichts überflüssig zu machen. Eine sachliche Prüfung durch das Familiengericht, ob die Interessen des Mündels gewahrt sind, ist jedenfalls dann unentbehrlich, wenn das Prozessgericht nicht wenigstens eine beschränkte Verantwortung für den Inhalt des Vergleichs übernimmt.

Der Vergleichsvorschlag muss vom Gericht den Parteien nach dem Wortlaut der Norm schriftlich oder in protokollierter Form gemacht worden sein. Nicht ausreichend ist deshalb ein nur mündlicher Vergleichsvorschlag, der nachträglich vom Gericht schriftlich fixiert wird (jurisPK-BGB/LAFONTAINE Rn 155; **aA** DAMRAU/ZIMMERMANN Rn 56).

225 In einem gerichtlichen Schuldenbereinigungsverfahren nach §§ 305 ff InsO kann die Weiterleitung eines vom Schuldner eingereichten Schuldenbereinigungsplans durch das Vollstreckungsgericht noch nicht einem gerichtlichen Vergleichsvorschlag iSv § 1822 Nr 12 BGB gleichgestellt werden (DIJuF-Rechtsgutachten JAmt 2008, 430, 432 f); hieran ändert auch der Umstand nichts, dass dem Schuldenbereinigungsplan selbst nach § 308 Abs 1 S 2 InsO die Wirkung eines Vergleichs nach § 794 Abs 1 Nr 1 ZPO zukommt.

XIII. Aufhebung oder Minderung einer Sicherheit (Nr 13)

226 § 1822 Nr 13 BGB verlangt für ein Rechtsgeschäft, durch das die für eine Forderung des Mündels bestehende Sicherheit aufgehoben oder gemindert oder die Verpflichtung hierzu begründet wird, die Genehmigung des Familiengerichts. Dass das BGB

damit strenger ist als die preuß VormO (§ 41 Nr 3), die nur die Genehmigung des Gegenvormunds vorschrieb, wurde mit der Größe der aus solchen Geschäften zu befürchtenden Nachteile und der Ungewöhnlichkeit solcher Geschäfte begründet (Mot IV 1145). Ein in der II. Kommission gestellter Antrag, die Genehmigung des Gegenvormunds genügen zu lassen, da sie auch zur Aufgabe der gesicherten Forderung selbst ausreiche, wurde abgelehnt; dies wurde mit der „Schwäche der Vormünder" begründet, durch welche sie sich zur Aufhebung einer bestellten Sicherheit und namentlich zu einem Zurücktreten im Rang verleiten ließen, weil sie meinten, die Sache sei ungefährlich (Prot IV 794).

1. Begriff

Unter § 1822 Nr 13 BGB fällt nicht nur die Aufgabe einer ausdrücklich nach §§ 232 ff BGB oder nach §§ 108 ff, 709 ff ZPO bestellten Sicherheit, sondern jede Preisgabe oder Schwächung eines Rechts, das die Durchsetzbarkeit einer Forderung des Mündels stärkt (Erman/Schulte-Bunert Rn 33; BGB-RGRK/Dickescheid Rn 56). Darüber, dass der Begriff der Aufhebung oder Minderung einer Sicherheit in diesem weiten Sinn zu verstehen ist, besteht Einigkeit (Dölle § 128 II 2 e, ff; Gernhuber/Coester-Waltjen § 71 Rn 52; Soergel/Zimmermann Rn 47 f; Erman/Schulte-Bunert Rn 33; MünchKomm/Kroll-Ludwigs Rn 73, 74; BGB-RGRK/Dickescheid Rn 57; Palandt/Götz Rn 24; Brüggemann FamRZ 1990, 124, 126). 227

2. Beispielsfälle

Die genehmigungspflichtige **Aufhebung einer Sicherheit** liegt beispielsweise vor bei der Freigabe eines Bürgen, der Aufhebung eines Pfandrechts (§ 1255 BGB), dem Verzicht des Mündels als Hypothekar auf eine Hypothek (§ 1168 BGB; s KG OLGE 8, 359) sowie bei ihrer Aufhebung (§ 1183 BGB). Genehmigungspflichtig ist weiter die Rücknahme eines Versteigerungsantrags (§§ 15, 29, 34 ZVG) oder des Beitritts zum Verfahren der Zwangsversteigerung (§ 27 ZVG) durch einen persönlichen Gläubiger, weil dadurch die Beschlagnahme (§ 20 ZVG) und das hieraus folgende Veräußerungsverbot (§ 23 ZVG) zugunsten dieses Gläubigers und das Recht auf Befriedigung aus dem Grundstück entfallen (Brüggemann FamRZ 1990, 124, 126; Eickmann Rpfleger 1983, 199, 200, 201). Als Aufgabe der Sicherheit iSv Nr 13 gilt auch die Aufhebung von Sicherungseigentum und Sicherungsabtretung (MünchKomm/Kroll-Ludwigs Rn 73; BGB-RGRK/Dickescheid Rn 57). 228

Eine genehmigungspflichtige **Minderung einer Sicherheit** ist anzunehmen bei der Verteilung einer Gesamthypothek auf die einzelnen Grundstücke (§ 1132 Abs 2 BGB), der Einräumung eines Vorranges (§§ 880 ff BGB; s BayObLGZ 17, 172, 173; RG Recht 1920 Nr 2443; Fichtelmann GmbHR 2007, 518, 521), der Ausdehnung der Verpflichtung zur Rangausweichung auf den späteren Erwerber einer Hypothek (RG Recht 1920 Nr 2443) sowie der Umwandlung einer gewöhnlichen Hypothek in eine Sicherungshypothek (§ 1186 BGB), nicht dagegen bei der Umwandlung einer Sicherungshypothek in eine gewöhnliche Hypothek (OLG Dresden OLGE 29, 371; MünchKomm/Kroll-Ludwigs Rn 74). Genehmigungspflichtig ist auch die Auswechselung einer selbstschuldnerischen Bürgschaft (§ 773 Abs 1 Nr 1 BGB) durch eine Ausfallbürgschaft (NK-BGB/Fritsche Rn 40). 229

230 Nicht entscheidend ist, ob **dem Mündel** das Sicherungsrecht für eine ihm zustehende Forderung **zusteht** oder ob es nur um seine **Zustimmung** als Nacherbe zu einer Verfügung des Vorerben über eine zum Nachlass gehörende Sicherheit geht. Genehmigungsbedürftig ist deshalb auch die Zustimmung des Mündels als Nacherbe zur Verfügung des Vorerben über ein zur Nacherbschaft gehörendes Grundpfandrecht (OLG Dresden Recht 1906 Nr 477; KGJ 33, A 43, 46).

231 Nicht erfasst wird die Aufgabe eines Rechts durch **Realakt**, weil es in diesem Fall an einem Rechtsgeschäft fehlt. Deshalb ist die Rückgabe des Pfands durch den Mündel als Pfandgläubiger (vgl § 1254 BGB) nicht unter die Genehmigungspflicht nach Nr 13 zu fassen. Zwar entstehen dadurch Lücken im Schutz des Mündelvermögens (s Gernhuber/Coester-Waltjen § 71 Rn 52 Fn 69); einer analogen Anwendung steht aber der Grundsatz der formalen Abgrenzung entgegen (Brüggemann FamRZ 1990, 5, 9; Gernhuber/Coester-Waltjen § 71 Rn 52 Fn 69). Etwas anderes gilt nur, wenn sich der Realakt mit Elementen eines Rechtsgeschäfts verbindet, wie dies bei einer Pfandauswechselung der Fall ist (Engler Rpfleger 1974, 144; Brüggemann FamRZ 1990, 5, 9; MünchKomm/Kroll-Ludwigs Rn 72 Fn 216).

3. Fortbestand der gesicherten Forderung

232 § 1822 Nr 13 BGB ist nur auf solche Rechtsgeschäfte anzuwenden, durch die lediglich eine derartige Sicherheit aufgehoben oder zum Nachteil des Mündels geändert oder die Verpflichtung dazu begründet wird, aber die Forderung selbst unberührt bleibt. Wird dagegen gleichzeitig mit der Aufhebung oder Minderung der für die Forderung bestehenden Sicherheit über die Forderung verfügt, so ist nicht § 1822 Nr 13 BGB, vielmehr sind die für eine solche Verfügung maßgebenden Bestimmungen (s insbesondere §§ 1812, 1813, 1821 Abs 1 Nrn 1 und 2, Abs 2 BGB) anzuwenden (Dölle § 128 II 2 e, ff; MünchKomm/Kroll-Ludwigs Rn 72; Soergel/Zimmermann Rn 50; Palandt/Götz Rn 24). Daher ist zur Aufhebung einer Hypothek (§ 1183 BGB) durch Löschungsbewilligung die Genehmigung des Familiengerichts nach § 1822 Nr 13 BGB nur dann erforderlich, wenn die Forderung selbst unberührt bleiben soll (KG OLGE 8, 359; RJA 4, 181 = KGJ 27, A 169 = OLGE 10, 10; KGJ 40, A 163, 166).

233 Nicht entscheidend für das Genehmigungserfordernis ist dagegen, ob die in Frage stehende Forderung dem Mündel allein zusteht oder ob er nur Mitberechtigter ist (KG RJA 4, 181, 182 f = KGJ 27, A 169, 171 = OLGE 10, 10, 11; Dölle § 128 II 2 e, ff; Erman/Schulte-Bunert Rn 33; BGB-RGRK/Dickescheid Rn 57).

234 Genehmigungsfrei ist die Aufhebung einer Hypothek, die eine Forderung sichert, an der dem Mündel nur ein Nießbrauchsrecht zusteht (KGJ 40, A 163; Gernhuber/Coester-Waltjen § 71 Rn 52; Soergel/Zimmermann Rn 50; Erman/Schulte-Bunert Rn 33; BGB-RGRK/Dickescheid Rn 57; **aA** Enneccerus/Kipp § 115 II 16 Fn 30; Dölle § 128 II 2 e, ff). Das Gleiche gilt bei Fehlen oder Wegfall einer Forderung für die Löschung einer zu ihrer Sicherung eingetragenen Hypothek oder Grundschuld; diesen Fallgestaltungen wird diejenige gleichgestellt, dass die zu sichernde Forderung wirtschaftlich keine Bedeutung mehr für den Mündel hat (LG Mönchengladbach Rpfleger 2003, 651).

4. Entscheidungskriterien für die Genehmigung

Das Familiengericht darf die nach § 1822 Nr 13 BGB erforderliche Genehmigung regelmäßig nur erteilen, wenn durch die Aufhebung oder Minderung der Sicherheit die Grundsätze des § 1807 BGB über die Mündelsicherheit nicht verletzt werden (Mot IV 1145). Etwas anderes gilt nur dann, wenn der Mündel zur Aufhebung oder Minderung der Sicherheit verpflichtet ist (s zB § 1169 BGB; s auch MünchKomm/Kroll-Ludwigs Rn 75). Auch wenn eine rechtliche Verpflichtung nicht besteht, können unter Umständen jene Grundsätze verletzt sein (s KG OLGE 31, 402). **235**

5. Freigabe einer Sicherheit als Schenkung

Erfüllt die Freigabe oder Minderung einer Sicherheit den Tatbestand einer Schenkung, so greift § 1804 BGB ein; ein solches Geschäft ist nicht genehmigungsbedürftig, sondern nichtig (KG JFG 16, 88; Gernhuber/Coester-Waltjen § 71 Rn 52 aE). **236**

XIV. Besonderheiten bei der Amtsvormundschaft

Nach § 56 Abs 2 S 2 SGB VIII ist gegenüber dem Jugendamt als Amtsvormund bzw Amtspfleger in den Fällen der § 1822 Nrn 6 und 7 BGB eine Genehmigung nicht erforderlich. Darüber hinaus haben einzelne Bundesländer weitergehende Ausnahmen von der Anwendung des § 1822 BGB für das Jugendamt als Amtspfleger oder Amtsvormund vorgesehen (näher dazu § 1791b Rn 47). **237**

§ 1823
Genehmigung bei einem Erwerbsgeschäft des Mündels

Der Vormund soll nicht ohne Genehmigung des Familiengerichts ein neues Erwerbsgeschäft im Namen des Mündels beginnen oder ein bestehendes Erwerbsgeschäft des Mündels auflösen.

Materialien: E I § 1663; II § 1686; III § 1799; Mot IV 1108; Prot IV 760. Neugefasst durch Bekanntmachung v 2. 1. 2002 (BGBl I 42); zuletzt geändert durch Art 50 Nr 37 nach Maßgabe von Art 111 FGG-RG v 17. 12. 2008 (BGBl I 2586) mit Wirkung v 1. 9. 2009.

Schrifttum

Breit, Zur Lehre von der vormundschaftsgerichtlichen Genehmigung, ZBlFG 4, 389

Rust, Die Beteiligung von Minderjährigen im Gesellschaftsrecht – Vertretung, familien-/vormundschaftsgerichtliche Genehmigung und Haftung des Minderjährigen (Teil II), DStR 2005, 1992.

Systematische Übersicht

I. Zweck und Bedeutung der Norm

1. Normzweck

1 § 1823 BGB unterstellt die Gründung eines neuen ebenso wie die Auflösung eines bestehenden Erwerbsgeschäfts der Kontrolle des Familiengerichts, indem dieses die genannten Vorgänge unter alleiniger Ausrichtung an den Interessen des Mündels genehmigen soll.

Die **Neugründung** eines Erwerbsgeschäfts liegt außerhalb der gewöhnlichen Vermögensverwaltung; sie ist für den Mündel immer mit Gefahren verbunden. So wäre es etwa seinem Wohl nicht zuträglich, wenn der Mündel vorwiegend Lasten tragen, aber nicht die Vorteile des Geschäfts erhalten würde (vgl KG OLGE 21, 264; Enneccerus/Kipp § 80 V 5 Fn 35). Diese Erwägung legt es nahe, einen solchen Vorgang generell der Kontrolle durch das Familiengericht zu unterwerfen.

Auch die **Auflösung** eines bestehenden Erwerbsgeschäfts greift – vielfach sogar tiefer als der Beginn – in die wirtschaftlichen Verhältnisse des Mündels ein und rechtfertigt damit eine gerichtliche Kontrolle.

2 Ein paralleles Genehmigungserfordernis **für die Eltern** findet sich in **§ 1645 BGB**. Im Unterschied zum Vormund sollen diese aber nur zum Beginn eines neuen Erwerbsgeschäfts im Namen des Kindes die Genehmigung des Familiengerichts einholen. Diese unterschiedliche Behandlung wurde früher vor allem damit begründet, dass der Inhaber der elterlichen Gewalt wegen der ihm regelmäßig zustehenden Nutznießung am Kindesvermögen (frühere §§ 1649 ff.) an der Fortführung eines gut gehenden Erwerbsgeschäfts selbst interessiert sei, während der Vormund, der dem Mündel meist ferner stehe, leichter geneigt sein könne, den Betrieb des Geschäfts aufzugeben, um den Bereich seiner Verantwortung einzuschränken (Mot IV 1108, 768 f; Enneccerus/Kipp § 115 II 19; s auch Staudinger/Heilmann [2016] § 1645 Rn 11). Diese Erwägung hat zwar nach dem Wegfall des elterlichen Nutznießungsrechts (vgl jetzt § 1649 Abs 2 BGB) an Bedeutung verloren, soweit es um die Freistellung der Eltern vom Erfordernis der Genehmigung zur Auflösung eines Erwerbsgeschäfts des Kindes geht; sie greift aber in Bezug auf den Vormund immer noch durch, um diesen daran zu hindern, das Erwerbsgeschäft ohne wirtschaftliche Notwendigkeit, einzig zur Vereinfachung seiner Amtsführung und zur Reduzierung seines Verantwortungsbereichs, zu liquidieren (ebenso MünchKomm/Kroll-Ludwigs Rn 1 aE; BGB-RGRK/Dickescheid Rn 1).

2. Bedeutung neben weiteren Genehmigungserfordernissen

Neben § 1823 BGB bezwecken weitere Bestimmungen den Schutz des Mündels vor einer Gefährdung seiner Vermögensinteressen durch Maßnahmen des Vormunds, die dieser im Hinblick auf ein Erwerbsgeschäft des Mündels trifft: 3

a) So setzt **§ 112 BGB** die Genehmigung des Familiengerichts, die eine partielle Geschäftsfähigkeit des Mündels zur Folge hat, zur Ermächtigung des Mündels zum selbständigen Betrieb eines Erwerbsgeschäfts und zur Rücknahme dieser Ermächtigung voraus; demgegenüber erfasst § 1823 BGB nur den Betrieb des Erwerbsgeschäfts des Mündels durch den Vormund in dessen Namen (näher jurisPK-BGB/LAFONTAINE Rn 6 f).

b) **§ 1822 Nr 3 BGB** verlangt eine familiengerichtliche Genehmigung zu einem Vertrag, der auf den entgeltlichen Erwerb oder die Veräußerung eines Erwerbsgeschäfts gerichtet ist, sowie zu einem Gesellschaftsvertrag, der zum Betrieb eines Erwerbsgeschäfts eingegangen wird; das Gleiche gilt gemäß **§ 1822 Nr 4 BGB** für einen Pachtvertrag über ein Landgut oder einen gewerblichen Betrieb. Genehmigt das Familiengericht ein nach § 1822 Nr 3 oder 4 BGB genehmigungsbedürftiges Rechtsgeschäft, das auf den Neubeginn eines Erwerbsgeschäfts gerichtet ist, so wird diese Entscheidung auch die nach § 1823 BGB erforderliche Genehmigung umfassen (s § 1822 Rn 42). Eine Genehmigung nach § 1823 BGB macht dagegen nicht die zusätzliche Entscheidung überflüssig, die nach § 1822 Nr 3 oder 4 BGB erforderlich ist; bei dieser hat das Familiengericht die Vermögensinteressen des Mündels im Hinblick auf die konkreten Bedingungen des genehmigungsbedürftigen Geschäfts umfassend zu würdigen, während es bei § 1823 BGB nur die besonderen Gefahren prüft, die mit der Neugründung eines Erwerbsgeschäfts verbunden sein können.

c) Stets bedarf es einer besonderen Genehmigung auch zur Kreditaufnahme **(§ 1822 Nr 8 BGB)** und zur Erteilung einer Prokura **(§ 1822 Nr 11 BGB)**, auch wenn diese Geschäfte mit der Neugründung des Erwerbsgeschäfts in engem Zusammenhang stehen.

Im Unterschied zu § 1823 BGB, der als bloße Ordnungsvorschrift („soll") ausgestaltet ist (zu den Folgen vgl unten Rn 11 ff), setzen die genannten Vorschriften die Genehmigung des Familiengerichts zwingend voraus und schränken damit die gesetzliche Vertretungsmacht des Vormunds (vgl § 1793 Abs 1 S 1 BGB) ein. Dieser Umstand sowie der geringe, neben den anderen Genehmigungserfordernissen verbleibende Anwendungsbereich – denn Erwerb, Veräußerung, Gesellschafts- und Pachtvertrag fallen bereits unter § 1822 Nrn 3 und 4 BGB, es verbleibt allein der Aufbau eines Erwerbsgeschäfts gleichsam „aus dem Nichts" (SOERGEL/ZIMMERMANN Rn 1; MünchKomm/KROLL-LUDWIGS Rn 1; BeckOGK/SCHÖPFLIN [1. 11. 2019] Rn 3) – verdeutlichen die **eher geringe Bedeutung** von § 1823 BGB. 4

II. Anwendungsbereich

1. Begriff des Erwerbsgeschäfts

Unter einem Erwerbsgeschäft ist jede regelmäßige, auf selbständigen Erwerb gerich- 5 tete Tätigkeit zu verstehen, mag sie in Handel, dem Betreiben einer Fabrik oder eines Handwerks, der Ausübung eines künstlerischen oder wissenschaftlichen Berufs oder der Landwirtschaft bestehen (Mot I 142; vgl RGZ 144, 1 bezüglich einer Arztpraxis), oder kurz: **eine berufsmäßig ausgeübte, auf selbständigen Erwerb gerichtete Tätigkeit** (RGZ 133, 7, 11; s auch OLG Düsseldorf OLGE 22, 161). Vorausgesetzt ist, dass die Tätigkeit selbständig, in eigenem Namen, auf eigene Rechnung und – grundsätzlich – mit dem Willen, Gewinn zu erzielen, ausgeübt wird und auf eine gewisse Dauer angelegt ist (s zum Begriff des Erwerbsgeschäfts auch § 1822 Rn 35 ff).

2. Beginn eines Erwerbsgeschäfts

6 § 1823 BGB spricht vom Beginn eines neuen Erwerbsgeschäfts. Hierunter fallen nicht Änderungen des Geschäftsgegenstandes und Erweiterungen des Geschäfts, auch wenn sie erheblich sind, sofern sich nicht der Charakter des Geschäfts derart wandelt, dass die Änderung einer Neugründung gleichkommt (Mot IV 769; BGHZ 38, 26 = NJW 1962, 2344 = MDR 1963, 28; Gernhuber/Coester-Waltjen § 71 Rn 54–57 Fn 73; Soergel/Zimmermann Rn 3; MünchKomm/Kroll-Ludwigs Rn 3 aE; jurisPK-BGB/Lafontaine Rn 8).

7 Die **Fortführung eines bestehenden Erwerbsgeschäfts** fällt nicht unter § 1823 BGB, gleichviel, ob das Geschäft bei Beginn der Vormundschaft schon vorhanden war oder dem Mündel erst später (durch Schenkung oder Verfügung von Todes wegen) zufällt (Mot IV 769). In den Fällen, in denen der Mündel ein bestehendes Erwerbsgeschäft (oder einen Gesellschaftsanteil) entgeltlich erwirbt, kommt es auf die Genehmigung nach § 1823 BGB nicht an, weil stets die Genehmigung nach § 1822 Nr 3 BGB erforderlich ist (s oben Rn 3). Auch bei unentgeltlichem Erwerb erscheint die unterschiedliche Behandlung des Erwerbs durch Schenkung (bei dem nach einer im Schrifttum verbreiteten Auffassung die Fortführung eines Erwerbsgeschäfts genehmigungsbedürftig sein soll) und des Erwerbs von Todes wegen nicht gerechtfertigt (vgl Staudinger/Heilmann [2016] § 1645 Rn 7 f mit Darstellung der verschiedenen Meinungen).

8 Auch die **Fortsetzung eines Gesellschaftsverhältnisses**, zB als Teilhaber einer offenen Handelsgesellschaft, bedarf nicht der Genehmigung nach § 1823 BGB, wenn die Weiterführung der Gesellschaft für den Fall des Todes eines Gesellschafters schon in dem ursprünglichen Gesellschaftsvertrag bestimmt war; wird die Fortsetzung dagegen erst nach dem Tod eines Gesellschafters vereinbart oder hat der minderjährige Erbe eines Gesellschafters nur das Recht zum Eintritt, dann ist dies nicht als Fortführung eines Erwerbsgeschäfts anzusehen, sondern als Neubegründung eines Gesellschaftsverhältnisses, wofür es nach § 1822 Nr 3 BGB der Genehmigung des Familiengerichts bedarf (s §§ 131 Abs 1 Nr 1, 139 HGB; ebenso Dölle § 126 II 5; Soergel/Zimmermann Rn 2; BGB-RGRK/Dickescheid Rn 3; MünchKomm/Kroll-Ludwigs Rn 3; jurisPK-BGB/Lafontaine Rn 8; s auch RGZ 127, 153, 157; RG HRR 1935 Nr 1453; KG HRR 1933 Nr 815 = JW 1933, 118; anders BeckOGK/Schöpflin [1. 11. 2019] Rn 6).

3. Auflösung eines Erwerbsgeschäfts

9 Unter dem Begriff der Auflösung, der sonst meist in Bezug auf Vereine, Gesellschaften und Genossenschaften verwendet wird (s §§ 74, 727 ff BGB; §§ 131 ff HGB; §§ 262 ff AktG; §§ 60 ff GmbHG; §§ 78 ff GenG), ist in § 1823 BGB jede Art der

Beendigung des Geschäftsbetriebs oder der Beteiligung des Mündels an dem Erwerbsgeschäft zu verstehen. Darunter fallen insbesondere auch die Kündigung eines Gesellschaftsvertrags (vgl Rust DStR 2005, 1992, 1993), der Beschluss über die Auflösung der Personengesellschaft und die Veräußerung des Gesellschaftsanteils des Mündels (Soergel/Zimmermann Rn 4; MünchKomm/Kroll-Ludwigs Rn 4; jurisPK-BGB/Lafontaine Rn 9), schließlich auch der Beschluss über die Auflösung einer Kapitalgesellschaft, wenn die Stimmabgabe für den Mündel dafür kausal ist (Erman/Schulte-Bunert Rn 3; **aA** BeckOGK/Schöpflin [1. 11. 2019] Rn 9).

III. Genehmigungsfähigkeit und Folgen des Fehlens einer Genehmigung

1. Genehmigungsfähigkeit

Maßstab für die Erteilung der Genehmigung ist das Wohl des Mündels (jurisPK-BGB/ 10
Lafontaine Rn 12). Die Genehmigungsfähigkeit hängt davon ab, ob der Beginn oder die Aufgabe eines neuen Erwerbsgeschäfts unter Abwägung aller materiellen und immateriellen Kriterien sowie aller wirtschaftlichen Vorteile und Risiken nach der Art des jeweiligen Erwerbsgeschäfts mit dem Mündelwohl vereinbar ist (näher jurisPK-BGB/Lafontaine Rn 12; Spanl/Imre, Vermögensverwaltung 300). Die Kindeswohldienlichkeit dürfte zu verneinen sein, wenn der Mündel durch die tatsächlichen Handlungen bzw Rechtsgeschäfte vorwiegend Lasten tragen, aber nicht die Vorteile des Geschäfts erhalten würde (vgl KG OLGE 21, 264; Enneccerus/Kipp § 80 V 5 Fn 35).

2. Folgen des Fehlens der Genehmigung

a) Wirksamkeit vorgenommener Rechtsgeschäfte

§ 1823 BGB hat den Charakter einer **Ordnungsvorschrift** („soll"). Das Fehlen der 11
Genehmigung des Familiengerichts hat also keinen Einfluss auf die Wirksamkeit der bei der Gründung, beim Betrieb oder bei der Auflösung des Erwerbsgeschäfts vom Vormund vorgenommenen Rechtsgeschäfte (Mot IV 1108, 770; KGJ 20, A 160, 162; KG OLGE 21, 264; jurisPK-BGB/Lafontaine Rn 11). Die Genehmigung hat mithin keine Außenwirkung, sondern wirkt nur im Verhältnis zum Mündel, sie ist also eine reine **Innengenehmigung** (BeckOGK/Schöpflin [1. 11. 2019] Rn 11).

Zu einem anderen Ergebnis führt auch nicht der **Beschluss des Bundesverfassungs-** 12
gerichts vom 13. 5. 1986, in dem festgestellt wurde, es sei mit dem allgemeinen Persönlichkeitsrecht Minderjähriger nicht vereinbar, dass Eltern ihre Kinder kraft elterlicher Vertretungsmacht (§ 1629 BGB) bei Fortführung eines ererbten Handelsgeschäfts in ungeteilter Erbengemeinschaft finanziell unbegrenzt verpflichten könnten (BVerfGE 72, 155, 172 ff = FamRZ 1986, 769 = NJW 1986, 1859; s § 1822 Rn 46 ff; § 1793 Rn 149). Daraus kann nicht gefolgert werden, dass der Genehmigung nach § 1823 BGB zum Schutz des Mündels nunmehr konstitutive Wirkung zukommen müsse mit der Folge, dass ein genehmigungslos vorgenommenes Rechtsgeschäft wirkungslos wäre und eine Haftung des Mündels nicht (oder jedenfalls nicht unbegrenzt) auslösen könnte (jurisPK-BGB/Lafontaine Rn 11; in diese Richtung aber wohl MünchKomm/Schwab[3] Rn 1; Erman/Holzhauer[9] Rn 1; vgl dazu auch Staudinger/Engler[12] § 1645 Rn 9).

Das beweist auch die mit dem **Gesetz zur Beschränkung der Haftung Minderjähriger** 13
vom 25. 8. 1998 (BGBl I 2487) geschaffene und über § 1793 Abs 2 BGB im Vormund-

schaftsrecht anwendbare Vorschrift des **§ 1629a BGB**: Sie hat nicht zu einer Erweiterung des Katalogs der Geschäfte geführt, welche nach § 1643 iVm §§ 1821, 1822 BGB der familiengerichtlichen Genehmigung bedürfen (s dazu BT-Drucks 13/5624, 2, 6 f); vielmehr soll der Gefahr, dass der Mündel in das Leben als Volljähriger mit einer hohen Schuldenlast eintreten muss, dergestalt begegnet werden, dass er für Verbindlichkeiten, die der Vormund im Rahmen seiner Vertretungsmacht für den Mündel oder dieser selbst mit Zustimmung des Vormunds vorgenommen hat, nur mit dem Bestand seines bei Eintritt der Volljährigkeit vorhandenen Vermögens haftet. Von dieser Beschränkung ausgenommen sind aber Verbindlichkeiten aus dem selbständigen Betrieb eines Erwerbsgeschäfts, soweit der Minderjährige hierzu nach § 112 BGB ermächtigt war, und Verbindlichkeiten aus Rechtsgeschäften, die allein der Befriedigung seiner persönlichen Bedürfnisse dienten (vgl § 1629a Abs 2 BGB). Wegen der Einzelheiten wird auf § 1793 Rn 149 ff, § 1822 Rn 49 f und auf die Erläuterungen zu § 1629a verwiesen.

b) Kaufmannseigenschaft des Mündels, Handelsregister

14 Die Kaufmannseigenschaft des Mündels (§§ 1 ff HGB) wird durch das Fehlen der nach § 1823 BGB erforderlichen Genehmigung nicht berührt; das ergibt sich aus dem Charakter dieser Bestimmung als Sollvorschrift. Das Registergericht darf die Eintragung der Firma in das Handelsregister nicht vom Nachweis der Genehmigung durch das Familiengericht abhängig machen (KGJ 20, A 160, 163 = OLGE 1, 286, 288 = RJA 1, 105; Breit ZBlFG 4, 389, 392; Enneccerus/Kipp § 115 II 19 aE; Dölle § 126 II 5; Gernhuber/Coester-Waltjen § 71 Rn 54–57 aE; MünchKomm/Kroll-Ludwigs Rn 5; BGB-RGRK/Dickescheid Rn 1; Soergel/Zimmermann Rn 5; Palandt/Götz Rn 1; jurisPK-BGB/Lafontaine Rn 11; BeckOGK/Schöpflin [1. 11. 2019] Rn 11).

15 Das Registergericht ist aber nicht gehindert, das Familiengericht nach Maßgabe von § 22a Abs 2 FamFG von dem registrierten Vorgang zu unterrichten (ebenso Erman/Schulte-Bunert Rn 4; BeckOGK/Schöpflin [1. 11. 2019] Rn 11).

c) Haftung des Vormunds; Maßnahmen des Familiengerichts

16 Der Vormund haftet nach **§ 1833 BGB**, wenn er gegen § 1823 BGB verstoßen und dadurch schuldhaft die Vermögensinteressen des Mündels verletzt hat. Eine vom Familiengericht erteilte Genehmigung wird im Regelfall entlastend wirken; in der Gründung oder Auflösung eines Erwerbsgeschäfts des Mündels wird man schwerlich eine haftungsbegründende Verletzung der Sorgfaltspflicht des Vormunds sehen können, wenn das Familiengericht diese Maßnahme aufgrund zutreffender und vollständiger Darstellung des Vormunds genehmigt hat.

17 Ein Verstoß gegen § 1823 BGB kann dem Familiengericht Anlass geben, gegen den Vormund Aufsichtsmaßnahmen nach **§ 1837 Abs 2–4 BGB** einzuleiten und ihn unter den Voraussetzungen des **§ 1886 BGB** zu entlassen.

IV. Verfahren

18 Nach §§ 3 Nr 2 Buchst a, 14 RPflG entscheidet der Rechtspfleger.

19 Vor seiner Entscheidung soll das Familiengericht unter den Voraussetzungen des § 159 FamFG den Mündel, nach § 1826 BGB den Gegenvormund, sofern ein solcher vorhanden und seine Anhörung tunlich ist, sowie nach Maßgabe des § 1847 BGB Verwandte und Verschwägerte des Mündels hören.

V. Pflegschafts- und Betreuungsrecht

§ 1823 BGB findet im Pflegschaftsrecht (s § 1915 Abs 1 S 1 BGB) wie auch im Betreuungsrecht Anwendung (s § 1908i Abs 1 S 1 BGB). 20

§ 1824
Genehmigung für die Überlassung von Gegenständen an den Mündel

Der Vormund kann Gegenstände, zu deren Veräußerung die Genehmigung des Gegenvormunds oder des Familiengerichts erforderlich ist, dem Mündel nicht ohne diese Genehmigung zur Erfüllung eines von diesem geschlossenen Vertrags oder zu freier Verfügung überlassen.

Materialien: E I § 1677; II § 1704 Abs 1; III § 1800; Mot IV 1149; Prot IV 796. Neugefasst durch Bekanntmachung v 2. 1. 2002 (BGBl I 42); zuletzt geändert durch Art 50 Nr 37 nach Maßgabe von Art 111 FGG-RG v 17. 12. 2008 (BGBl I 2586) mit Wirkung v 1. 9. 2009.

Schrifttum

Riezler, Die freie Verfügungsmacht der Minderjährigen und das „Surrogationsprinzip", DJZ 1903, 565

Scherner, Generaleinwilligung und Vertretungsnotstand im Minderjährigenrecht, FamRZ 1976, 673

Schilken, Die Bedeutung des „Taschengeldparagraphen" bei längerfristigen Leistungen, FamRZ 1978, 642.

Systematische Übersicht

I. Zweck und Bedeutung der Norm

1. Normzweck

Die Vorschriften der §§ 106 ff BGB über die beschränkte Geschäftsfähigkeit gelten auch für den Mündel. Dies wird zwar an keiner Stelle des Gesetzes ausdrücklich 1 erwähnt, aber in den Motiven zum BGB (zB IV 1036) und in einzelnen Bestimmungen, so insbesondere in § 1824 BGB, stillschweigend vorausgesetzt. Auch wenn der Mündel einen Vertrag ohne die erforderliche Einwilligung seines gesetzlichen Vertreters schließt, hängt die Wirksamkeit des Vertrags von der Genehmigung des Vertreters ab (§ 108 Abs 1 BGB). Nach § 110 BGB gilt jedoch ein von einem Minderjährigen ohne Zustimmung des gesetzlichen Vertreters geschlossener Vertrag als von Anfang an wirksam, wenn der Minderjährige die vertragsmäßige Leistung mit Mitteln bewirkt, die ihm zu diesem Zweck oder zu freier Verfügung von dem Vertreter – oder mit dessen Zustimmung von einem Dritten – überlassen worden sind. Diese Regelung durchbricht nicht das Prinzip des Erfordernisses der Zustimmung des gesetzlichen Vertreters zu einem nicht lediglich vorteilhaften Geschäft des Mündels; sie ermöglicht vielmehr dem gesetzlichen Vertreter, seine Einwilligung zu künftigen bzw – bei Mittelüberlassung erst nach Vertragsschluss – seine Genehmigung von bereits vorgenommenen Geschäften in einer konkludenten, in der Überlassung von Mitteln bestehenden Erklärung zum Ausdruck zu bringen (Staudinger/Klumpp [2017] § 110 Rn 2; vgl Mot IV 768, wo die Überlassung als eine generelle Einwilligung zu einem größeren oder geringeren Kreise künftig vorzunehmender Rechtsgeschäfte bezeichnet wird; **aA** Scherner FamRZ 1976, 673, 674; Schilken FamRZ 1978, 642).

2 Auch wenn die §§ 1812, 1813, 1819, 1820, 1821 und 1822 BGB ihrem Wortlaut nach nur den Fall zu erfassen scheinen, dass der Vormund für den Mündel handelt, sehen sie richtigerweise ein Erfordernis der Genehmigung des Gegenvormunds oder des Familiengerichts auch für die Fallgestaltung vor, dass der Mündel handelt und der Vormund zustimmt. § 1824 BGB vervollständigt den in den genannten Vorschriften vorgesehenen **Schutz des Mündels**, der umgangen würde, wenn zwar der Vormund bei von ihm selbst vorgenommenen Veräußerungen dem Erfordernis der Genehmigung unterläge, nicht aber der Mündel im Fall des § 110 BGB. Aus diesem Grunde bestimmt § 1824 BGB, dass der Vormund Gegenstände, zu deren Veräußerung die Genehmigung des Gegenvormunds oder des Familiengerichts erforderlich ist, dem Mündel nicht ohne diese Genehmigung zur Erfüllung eines vom Mündel geschlossenen Vertrags oder zu freier Verfügung überlassen kann (Riezler DJZ 1903, 565, 566; s auch BayObLGZ 17, 124, 128).

2. Bedeutung der Norm

3 Der von § 1824 BGB vorgesehene Weg einer Entscheidung des Familiengerichts oder des Gegenvormunds, durch die die Überlassung eines Gegenstandes an den Mündel genehmigt wird, stellt sich als umständlich dar und dürfte daher in der Praxis schwerlich in Betracht kommen. Vielmehr wird der Vormund sogleich die für das betroffene Geschäft erforderliche Genehmigung beantragen (ebenso NK-BGB/Fritsche Rn 4).

II. Umfang der Genehmigungspflicht

4 Der Genehmigungspflicht des § 1824 BGB unterliegt die Überlassung von Gegenständen an den Mündel zur Erfüllung eines von diesem geschlossenen Vertrags oder zur freien Verfügung. Von der erstgenannten Alternative ist – entgegen dem Wortlaut – auch der Fall erfasst, dass der Mündel den Vertrag erst nach Überlassung der Mittel abschließt; auch die Änderung einer Zweckbestimmung für vorab überlassene

Mittel unterliegt der Genehmigungspflicht (MünchKomm/Spickhoff Rn 2; NK-BGB/Fritsche Rn 2).

Nicht in § 1824 BGB erwähnt ist der in § 110 BGB an letzter Stelle genannte Fall, dass der Minderjährige die vertragsmäßige Leistung mit **Mitteln** bewirkt, die ihm mit Zustimmung des gesetzlichen Vertreters **von einem Dritten überlassen** worden sind. Dieser Fall kann jedoch nicht anders behandelt werden als die zuvor und ausdrücklich im Wortlaut des § 1824 BGB genannten Fälle; auch wenn die Mittel von einem Dritten kommen, kann der Vormund das Erfordernis der Genehmigung des Gegenvormunds oder des Familiengerichts also nicht dadurch umgehen, dass er einem solchen Verfahren zustimmt (Enneccerus/Kipp § 115 III aE; ebenso Erman/Schulte-Bunert Rn 1; Palandt/Götz Rn 1). 5

§ 1824 BGB bezieht sich nur auf **das der Verwaltung des Vormunds unterliegende Mündelvermögen**, nicht auf eigenes Vermögen, das er dem Kind überlässt, und nur auf die Veräußerung von Gegenständen, zu welcher er der Genehmigung des Gegenvormunds oder des Familiengerichts bedarf. Auf andere Fälle, etwa die Überlassung von Geld durch den Vormund zur Erfüllung anderer genehmigungsbedürftiger Geschäfte, ist die Vorschrift nicht anzuwenden (s dazu Schilken FamRZ 1978, 642, 646). 6

Gegenstände, die der **Vormund ohne Genehmigung des Familiengerichts oder des Gegenvormunds veräußern darf**, können dem Mündel zur Erfüllung eines von ihm geschlossenen Vertrags oder zu freier Verfügung überlassen werden, ohne dass es hierzu einer Genehmigung nach § 1824 BGB bedarf (Mot IV 767 f). Soweit der Mündel mit solchen Mitteln eine vertragsmäßige Leistung bewirkt, tritt die in § 110 BGB vorgesehene Rechtswirkung ein. 7

III. Ersetzung der vom Gegenvormund verweigerten Genehmigung

Entsprechend §§ 1810 S 1 HS 2, 1812 Abs 2 BGB wird auch im Rahmen des § 1824 BGB bei Überlassung von Gegenständen an den Mündel, zu deren Veräußerung die Genehmigung des Gegenvormunds erforderlich ist, die vom Gegenvormund verweigerte Genehmigung durch die Genehmigung des Familiengerichts (zuständig ist der Rechtspfleger nach §§ 3 Nr 2 Buchst a, 14 RPflG) ersetzt (Enneccerus/Kipp § 115 III Fn 32; BGB-RGRK/Dickescheid Rn 2; Soergel/Zimmermann Rn 2; MünchKomm/Spickhoff Rn 3; Erman/Schulte-Bunert Rn 2). 8

IV. Folge des Fehlens der Genehmigung

Handelt der Vormund der Bestimmung des § 1824 BGB zuwider, so tritt die in § 110 BGB vorgesehene Wirkung nicht ein. Ein vom Mündel ohne die erforderliche Zustimmung des Vormunds geschlossener Vertrag gilt also auch dann nicht als von Anfang an wirksam, wenn der Mündel die vertragsmäßige Leistung mit den Mitteln bewirkt, die ihm der Vormund zu diesem Zweck oder zur freien Verfügung überlassen hat. Vielmehr sind in diesem Fall die allgemeinen Bestimmungen der §§ 108 ff BGB anzuwenden. 9

V. Pflegschafts- und Betreuungsrecht

10 Die Vorschrift findet entsprechende Anwendung auf die Pflegschaft (§ 1915 Abs 1 BGB) sowie die Betreuung (§ 1908i Abs 1 S 1 BGB).

§ 1825
Allgemeine Ermächtigung

(1) Das Familiengericht kann dem Vormund zu Rechtsgeschäften, zu denen nach § 1812 die Genehmigung des Gegenvormunds erforderlich ist, sowie zu den in § 1822 Nr. 8 bis 10 bezeichneten Rechtsgeschäften eine allgemeine Ermächtigung erteilen.

(2) Die Ermächtigung soll nur erteilt werden, wenn sie zum Zwecke der Vermögensverwaltung, insbesondere zum Betrieb eines Erwerbsgeschäfts, erforderlich ist.

Materialien: E I § 1675; II § 1703; III § 1801; Mot IV 1147; Prot IV 795; V 792. Neugefasst durch Bekanntmachung v 2. 1. 2002 (BGBl I 42); Abs 1 geändert durch Art 50 Nr 37 nach Maßgabe von Art 111 FGG-RG v 17. 12. 2008 (BGBl I 2586) mit Wirkung v 1. 9. 2009.

Schrifttum

Damrau, Das Ärgernis um §§ 1812, 1813 BGB, FamRZ 1984, 842.

Systematische Übersicht

I. Normzweck

1 Im Grundsatz kann die zu einem Rechtsgeschäft erforderliche Genehmigung des Gegenvormunds und des Familiengerichts nur für jeden einzelnen Fall wirksam erteilt werden (Mot IV 1147). Hiervon macht § 1825 BGB Ausnahmen. Um die Vermögensverwaltung des Vormunds zu erleichtern, kann diesem auf Antrag vom Familiengericht zur Vornahme bestimmter, im Gesetz abschließend aufgelisteter Rechtsgeschäfte, eine allgemeine Ermächtigung erteilt werden, womit sonst erforderliche Einzelgenehmigungen entbehrlich werden.

II. Begriff und Umfang der Ermächtigung (Abs 1)

Den **Begriff** der Ermächtigung verwendet das Gesetz uneinheitlich (vgl §§ 37 Abs 2, 112, 113, 370, 385, 714, 783, 1221 BGB). In § 1825 BGB ist damit die Befreiung des Vormunds von dem seine Vertretungsmacht einschränkenden Erfordernis der Genehmigung bestimmter Rechtsgeschäfte durch den Gegenvormund oder das Familiengericht gemeint (vgl Enneccerus/Kipp § 115 X 1; Palandt/Götz Rn 1). 2

Der Vormund kann ermächtigt werden, Rechtsgeschäfte, zu denen **nach § 1812 BGB** (modifiziert durch § 1813 BGB) die Genehmigung des Gegenvormunds erforderlich ist, ohne diese Genehmigung vorzunehmen. Ist ein Gegenvormund nicht vorhanden, so wird der Vormund durch die Ermächtigung auch von dem für diesen Fall in § 1812 Abs 3 BGB vorgesehenen Erfordernis der Genehmigung des Familiengerichts befreit. 3

Ebenso kann das Familiengericht den Vormund zur Aufnahme von Geld auf den Kredit des Mündels, zur Ausstellung von Schuldverschreibungen auf den Inhaber oder zur Eingehung von Verbindlichkeiten aus Wechseln oder indossablen Papieren sowie zur Übernahme fremder Verbindlichkeiten allgemein ermächtigen mit der Wirkung, dass für solche Geschäfte die in **§ 1822 Nrn 8–10 BGB** vorgeschriebene Genehmigung des Familiengerichts nicht erforderlich ist (hierauf beschränkt sich die allgemeine Ermächtigung, die Eltern erteilt werden kann, da diese nach § 1643 Abs 1 BGB in ihrer Vermögensverwaltung zwar diesen Genehmigungsvorbehalten, nicht aber denen des § 1812 BGB unterliegen, dazu KG 4. 3. 2019 – 19 WF 12/19, juris Rn 20, FamRZ 2019, 1249, 1250). 4

Die **Ermächtigung** kann sich auf alle in § 1825 Abs 1 BGB bezeichneten Arten von Geschäften erstrecken; sie kann auch auf einzelne Gruppen, auf einzelne Arten oder auf einen bestimmten Teil einer Art solcher Geschäfte, also zB auf bestimmte Kategorien von Forderungen oder Wertpapieren, **beschränkt** werden (Enneccerus/Kipp § 115 X 1; Palandt/Götz Rn 1; MünchKomm/Spickhoff Rn 2). 5

Eine allgemeine Ermächtigung **zu anderen als den in § 1825 Abs 1 BGB bezeichneten Rechtsgeschäften** ist nicht zulässig (KG 4. 3. 2019 – 19 WF 12/19, juris Rn 20, FamRZ 2019, 1249, 1250; Dölle § 128 VII; BGB-RGRK/Dickescheid Rn 2; Soergel/Zimmermann Rn 1; Palandt/Götz Rn 1; Erman/Schulte-Bunert Rn 1; MünchKomm/Spickhoff Rn 2); das System der dem Schutz des Mündels dienenden Vorschriften über das Erfordernis der Genehmigung des Gegenvormunds und des Familiengerichts lässt eine Erweiterung des Kreises der Geschäfte, in denen auf die Kontrolle im Einzelfall verzichtet werden kann, nicht zu. 6

III. Voraussetzungen (Abs 2)

Nach § 1825 Abs 2 BGB soll die Ermächtigung nur erteilt werden, wenn sie **zum Zweck der Vermögensverwaltung**, insbesondere zum Betrieb eines Erwerbsgeschäfts, **erforderlich** ist. Dies ist vor allem dann anzunehmen, wenn der Geschäftsbetrieb viele Geschäfte der in Abs 1 erforderlichen Art mit sich bringt, sodass die Verwaltung des Mündelvermögens durch die Notwendigkeit zahlreicher einzelner Anträge auf eine familiengerichtliche Genehmigung unzumutbar erschwert wäre. Dies ist nicht nur dann der Fall, wenn der Mündel Inhaber eines Bankgeschäfts oder eines 7

Kommissionsgeschäfts ist (wo die Übernahme des Delkredere üblich ist, § 394 HGB; s Mot IV 1147); insbesondere die allgemeine Ermächtigung zur Kreditaufnahme (§ 1822 Nr 8 BGB) kann bei Geschäften vieler Branchen naheliegen (s zur Befreiung vom Erfordernis der Genehmigung nach § 1812 BGB auch DAMRAU FamRZ 1984, 842, 843).

8 Maßgebend ist in jedem Fall die **Häufigkeit** der genehmigungspflichtigen Geschäfte (KG 4. 3. 2019 – 19 WF 12/19, juris Rn 24, FamRZ 2019, 1249, 1250; OLG Köln 29. 11. 2006 – 16 Wx 230/06, juris Rn 14, FamRZ 2007, 1268, 1269; PALANDT/GÖTZ Rn 2; MünchKomm/SPICKHOFF Rn 3; ERMAN/SCHULTE-BUNERT Rn 2), sodass hierher auch der Fall gehört, dass für einen vermögenden Mündel von seinem Konto regelmäßig Beträge für seinen Unterhalt abzuheben sind (OLG Köln 29. 11. 2006 – 16 Wx 230/06, juris Rn 16, FamRZ 2007, 1268, 1269 für den Fall einer Betreuung; ERMAN/SCHULTE-BUNERT Rn 2).

9 Da die Ermächtigung iSv § 1825 BGB die Genehmigung jedes einzelnen Geschäfts ersetzt, ist im Rahmen der Erforderlichkeit aber zu prüfen, ob das beabsichtigte Geschäft überhaupt **genehmigungsfähig** ist (KG 4. 3. 2019 – 19 WF 12/19, juris Rn 22 f, FamRZ 2019, 1249, 1250). Da die Vermögensverwaltung der Bewahrung des Kindesvermögens zum Nutzen des Kindes dient, ist die Genehmigung zu versagen, wenn das in Aussicht genommene Geschäft diesen Kindesinteressen zuwiderläuft. Dies ist etwa anzunehmen, wenn ein sog Effekten-Lombardkredit aufgenommen werden soll, um damit Wertpapiergeschäfte zum Zweck des Vermögensaufbaus zu betreiben, da es sich dabei um ein riskantes Geschäftsmodell handelt, das den Sicherheitsinteressen des Mündels nicht genügt (KG 4. 3. 2019 – 19 WF 12/19, juris Rn 23, 25, FamRZ 2019, 1249, 1250).

10 Abs 2 hat den Charakter einer **Ordnungsvorschrift** (Mot IV 1147); eine vom Familiengericht erteilte allgemeine Ermächtigung ist also rechtswirksam, auch wenn die Erteilung zum Zweck der Vermögensverwaltung nicht erforderlich war.

IV. Form der Ermächtigung

11 Die Ermächtigung ist **dem Vormund gegenüber** zu erklären. Eine Ermächtigung nach § 1825 BGB muss im Interesse des Rechtsverkehrs **ausdrücklich** erteilt werden; deshalb kann in einer dem Vormund (Pfleger) vom Familiengericht nach § 1837 BGB gegebenen Anweisung, die Teilung eines Nachlasses vorzunehmen, keine allgemeine Ermächtigung zu den damit verbundenen genehmigungsbedürftigen Rechtsgeschäften gesehen werden (RG HRR 1930 Nr 791; DÖLLE § 128 VII aE; PALANDT/GÖTZ Rn 1; ERMAN/SCHULTE-BUNERT Rn 4; SOERGEL/ZIMMERMANN Rn 1; MünchKomm/SPICKHOFF Rn 4; NK-BGB/FRITSCHE Rn 2; BGB-RGRK/DICKESCHEID Rn 2; **aA** OLG Frankfurt JW 1931, 1380 m abl Anm BERNSTEIN).

12 Die Aufnahme einer nach § 1825 BGB erteilten allgemeinen Ermächtigung in die **Bestallungsurkunde** ist zulässig und zweckmäßig, aber nicht erforderlich (Mot IV 1148; ENNECCERUS/KIPP § 116 X 1 Fn 66; s § 1791 Rn 4). Ist die Tatsache der Ermächtigung in der Bestallungsurkunde vermerkt und wird die Ermächtigung später zurückgenommen (näher dazu nachfolgende Rn 13), so ist das Familiengericht zur Berichtigung der Bestallungsurkunde verpflichtet; die Wirksamkeit der Rücknahme ist aber nicht von der Berichtigung der Bestallungsurkunde abhängig (SOERGEL/ZIMMERMANN Rn 3; DÖLLE § 128 VII).

V. Rücknahme der Ermächtigung

13 Ist die Ermächtigung zum Zweck der Vermögensverwaltung nicht mehr erforderlich (oder hat sich herausgestellt, dass sie von vornherein nicht erforderlich war), so kann und muss das Familiengericht eine Abänderungsentscheidung nach §§ 1837 Abs 4, 1696 Abs 1 BGB erlassen und die Ermächtigung zurücknehmen; die verfahrensrechtliche Befugnis hierfür gibt **§ 48 Abs 1 FamFG**. Eine solche Abänderung ist im Interesse des Mündels geboten, dessen Schutz nur solange und soweit eingeschränkt werden darf, wie die gesetzlichen Voraussetzungen hierfür vorliegen. § 48 Abs 3 FamFG findet ebenso wenig wie bei einer Befreiung nach § 1817 BGB Anwendung (näher unter § 1827 Rn 42).

14 Die **Rücknahme** einer allgemeinen Ermächtigung **wirkt nur für die Zukunft**; Rechtsgeschäfte, die der Vormund aufgrund der Ermächtigung, also ohne Genehmigung im Einzelfall, vorgenommen hat, werden durch die Rücknahme nicht berührt.

VI. Verfahren

15 Die Ermächtigung erfolgt nur auf **Antrag** des Vormunds iS einer Anregung; ein förmlicher Antrag ist dagegen nicht erforderlich (Erman/Schulte-Bunert Rn 5).

16 Die Entscheidung ergeht durch das Familiengericht; funktionell zuständig ist der **Rechtspfleger** nach §§ 3 Nr 2 Buchst a, 14 RPflG.

17 Das **Wirksamwerden der Entscheidung** richtet sich nach § 40 Abs 2 FamFG, da die allgemeine Ermächtigung an die Stelle der sonst jeweils erforderlichen Einzelgenehmigung tritt und damit von dessen Normzweck erfasst wird (Keidel/Meyer-Holz § 40 FamFG Rn 30).

18 Dem **Gegenvormund** steht gegen die Erteilung der Ermächtigung die **Beschwerde** nach §§ 58 f FamFG zu (Dölle § 128 VII; MünchKomm/Spickhoff Rn 5; Soergel/Zimmermann Rn 3; NK-BGB/Fritsche Rn 4; **aA** BGB-RGRK/Dickescheid Rn 3), dem **Vormund** gegen die Ablehnung oder nur teilweiser Stattgabe seines Antrags ebenfalls (NK-BGB/Fritsche Rn 4).

VII. Pflegschafts- und Betreuungsrecht

19 § 1825 BGB findet auf die Pflegschaft (§ 1915 Abs 1 S 1 BGB) ebenso Anwendung wie auf die Betreuung (§ 1908i Abs 1 S 1 BGB).

§ 1826
Anhörung des Gegenvormunds vor Erteilung der Genehmigung

Das Familiengericht soll vor der Entscheidung über die zu einer Handlung des Vormunds erforderliche Genehmigung den Gegenvormund hören, sofern ein solcher vorhanden und die Anhörung tunlich ist.

Materialien: E I § 1679; II § 1705; III § 1802; Mot IV 1151; Prot IV 796. Neugefasst durch Bekanntmachung v 2. 1. 2002 (BGBl I 42); Wortlaut geändert durch Art 50 Nr 37 nach Maßgabe von Art 111 FGG-RG v 17. 12. 2008 (BGBl I 2586) mit Wirkung v 1. 9. 2009.

1 Im Interesse einer sachgemäßen Entscheidung soll das Familiengericht, bevor es über die Erteilung oder Verweigerung der zu einer Handlung des Vormunds erforderlichen Genehmigung eine Entscheidung trifft, den **Gegenvormund hören**, ihm also Gelegenheit zur (schriftlichen oder mündlichen) Äußerung geben. Die Anhörung des Gegenvormunds ist in § 1826 BGB vorgeschrieben, weil er gemäß § 1799 BGB berechtigt und verpflichtet ist, auf die pflichtgemäße Führung der Vormundschaft durch den Vormund zu achten (KG RJA 4, 73, 74 = KGJ 27, A 11, 13; OLG Hamm OLGZ 1966, 235 = FamRZ 1966, 241, 242 = NJW 1966, 1126, 1127). Da das Gesetz nicht lediglich von „Rechtsgeschäften" des Vormunds spricht, ist diese Bestimmung auch auf die Fälle eines bloß tatsächlichen (genehmigungsbedürftigen) Handelns des Vormunds (zB § 1823 BGB) anzuwenden (Mot IV 1152).

2 Die Anhörung des Gegenvormunds **kann unterbleiben**, wenn sie nicht tunlich ist (zB wegen Abwesenheit des Gegenvormunds, bei Dringlichkeit der Sache oder wenn sie unverhältnismäßig hohe Kosten verursachen würde, vgl Prot IV 796). Mit den Worten „sofern ein solcher vorhanden ist" bringt das Gesetz zum Ausdruck, dass es nur darauf ankommt, ob gegenwärtig ein Gegenvormund vorhanden ist, dass also auch dann, wenn einmal ein Gegenvormund bestellt war, dieser aber weggefallen ist, nicht abgewartet werden muss, bis ein anderer Gegenvormund bestellt ist (vgl E I § 1679; Mot IV 1152; 1118; Prot IV 796; Dölle § 128 VI 5 b; MünchKomm/Spickhoff Rn 4; BGB-RGRK/Dickescheid Rn 1).

3 Die Vorschrift des § 1826 BGB findet auch Anwendung, wenn die **Genehmigung des Gegenvormunds** durch das Familiengericht **ersetzt** werden soll (§§ 1810 S 1 HS 2, 1812 Abs 2 BGB; Palandt/Götz Rn 1; Erman/Schulte-Bunert Rn 1; MünchKomm/Spickhoff Rn 2; BGB-RGRK/Dickescheid Rn 2).

4 Die Bestimmung des § 1826 BGB hat den Charakter einer **Ordnungsvorschrift** („soll"); auf die Wirksamkeit der Erteilung oder Verweigerung der Genehmigung ist es also ohne Einfluss, wenn die Anhörung des Gegenvormunds unterblieben ist (Mot IV 1152; Dölle § 128 VI 5 b; MünchKomm/Spickhoff Rn 5; Erman/Schulte-Bunert Rn 2; NK-BGB/Fritsche Rn 4; BGB-RGRK/Dickescheid Rn 2).

5 Die Verletzung des dem Gegenvormund zustehenden Rechts auf Gehör berechtigt ihn gemäß § 59 Abs 1 FamFG zur **Beschwerde**. Dagegen steht ihm ein Anspruch auf Berücksichtigung der von ihm geltend gemachten Bedenken nicht zu (KGJ 27, A 11, 14 = RJA 4, 73, 75; KGJ 38, A 44, 47 = RJA 10, 167, 169; OLG Hamm OLGZ 1966, 235, 236 = FamRZ 1966, 241, 242 = NJW 1966, 1126, 1127; Dölle § 128 VI 5 b; Soergel/Zimmermann Rn 2; NK-BGB/Fritsche Rn 4; MünchKomm/Spickhoff Rn 1 u 6; BGB-RGRK/Dickescheid Rn 3; differenzierend danach, ob nur Fragen der Vermögenssorge oder auch der Personensorge betroffen sind).

6 Die Vorschrift gilt sowohl im **Betreuungsrecht** (§ 1908i Abs 1 S 1 BGB) wie auch im **Pflegschaftsrecht** (§ 1915 Abs 1 S 1 BGB).

§ 1827
(weggefallen)

Aufgehoben durch das SorgeRG vom 18. 7. 1979 Art 1 Nr 50 (BGBl I 1061).

§ 1828
Erklärung der Genehmigung

Das Familiengericht kann die Genehmigung zu einem Rechtsgeschäft nur dem Vormund gegenüber erklären.

Materialien: E I § 1681 Abs 1; II § 1708; III § 1804; Mot IV 1153; Prot IV 797. Neugefasst durch Bekanntmachung v 2. 1. 2002 (BGBl I 42); geändert durch Art 50 Nr 37 nach Maßgabe von Art 111 FGG-RG v 17. 12. 2008 (BGBl I 2586) mit Wirkung v 1. 9. 2009.

Schrifttum

Benner, Gesellschaften bürgerlichen Rechts als Instrument ambulant betreuter Wohngemeinschaften, NZS 2017, 447
Bergerfurth, Zur Bedeutung des Negativattestes, NJW 1956, 289
Breit, Zur Lehre von der vormundschaftsgerichtlichen Genehmigung, ZBlFG 4, 389, 473, 569
Dümig, Art. 19 Abs. 4 Satz 1 GG iVm §§ 62, 55 FGG sowie Art. 103 Abs. 1 GG im Lichte der Reform des RPflG von 1998 – Überlegungen zur Bindungswirkung von BVerfGE 101, 397 ff., Rpfleger 2001, 469
Habscheid, Zur Problematik der „gesetzlichen Vertretung"?, FamRZ 1957, 109
Harders, Der „unbekannte Beteiligte" – Ein Beitrag zum Eintritt der Rechtskraft bei Genehmigungsbeschlüssen, DNotZ 2009, 725
Heggen, Ein Jahr FamFG in der Praxis: Einige verbleibende Fragen aus notarieller Sicht, NotBZ 2010, 393
Heinemann, Die Reform der freiwilligen Gerichtsbarkeit durch das FamFG und ihre Auswirkungen auf die notarielle Praxis, DNotZ 2009, 6
Inoue, Der Rechtscharakter familien- und betreuungsgerichtlicher Genehmigungen – Entscheidungskriterien für die Rechtspflegerentscheidung, Rpfleger 2017, 369
Jacoby, Der Regierungsentwurf für ein FamFG, FamRZ 2007, 1703
Josef, BayZ 1908, 331
Kierig, Wirksamkeit der Geldanlage für den Betreuten erst mit Rechtskraft?, NJW 2010, 1436
Kipp, Ist die Genehmigung des Vormundschaftsgerichts nach Art eines Rechtsgeschäftes anfechtbar?, Recht 1912, 5
ders, Die Anfechtbarkeit der Genehmigung des Vormundschaftsgerichtes, Recht 1912, 556
Kölmel, Die familiengerichtliche Genehmigung in der notariellen Praxis nach der Reform durch das FamFG, NotBZ 2010, 2
Lipp/Schrader, Gerichtliche Genehmigung und Wille des Betreuten. Zugleich eine Anmerkung zu LG Hagen, Beschl. v. 25. 2. 2014 – 6 T 8/14, BtPrax 2014, S. 184 ff., BtPrax 2014, 208
Litzenburger, Die Genehmigung von Rechtsgeschäften nach dem FamFG – eine Zwischenbilanz aus der Sicht der notariellen Praxis, RNotZ 2010, 32
ders, Gestaltung von genehmigungspflichtigen Grundstückskaufverträgen nach Inkrafttreten des neuen FamFG, RNotZ 2009, 380
Mayer, Der Anspruch auf vormundschaftsgerichtliche Genehmigung von Rechtsgeschäften, FamRZ 1994, 1007

MÜLLER, Zur Bedeutung der vormundschaftsgerichtlichen Genehmigung im Zivilprozeß, JR 1962, 441
ders, Rücknahme der wirksam gewordenen vormundschaftsgerichtlichen Genehmigung bei Täuschung des Richters?, DieJ 1957, 155 = JR 1962, 326
OTT, Die Problematik der „versteckten Erbauseinandersetzung" beim Verkauf erbengemeinschaftlicher Grundstücke, DNotZ 2017, 646
PAWLOWSKI, „Effektiver Rechtsschutz" versus „effektive Vormundschaft"?, JZ 2000, 913
SCHAEL, Minderjährige und ihre formelle Beteiligung in Verfahren über Kindschaftssachen nach dem FamFG, FamRZ 2009, 265
SCHANTZ, Die rechtliche Bedeutung unrichtiger Negativatteste, JW 1936, 628
SCHMID, Die vormundschaftsgerichtliche Genehmigung, deren Erklärung gegenüber dem Vormund und Wirksamkeit gegenüber dem Dritten, ZBlFG 3, 266
SCHULTHEIS, Der Nachweis der obervormundschaftlichen Genehmigung im Grundbuchverkehr, ZBlFG 3, 261
SEGGEWISSE/WEBER, Die gerichtliche Genehmigung von Rechtsgeschäften des Betreuer, BtPrax 2017, 229
SONNENFELD/ZORN, Wirksamwerden gerichtlich genehmigungsbedürftiger Rechtsgeschäfte, Rpfleger 2004, 533
SORG, Der Aufgabenkreis Vermögenssorge und die betreuungsgerichtlichen Genehmigungen in der Vermögensverwaltung, BWNotZ 2010, 107
THAR, Zum Vorrang der Wünsche des Betreuten vor dessen objektivem Wohl, BtPrax 2010, 12
WEBER, Aktuelle Fragen beim Grundstücksverkauf durch Eltern und Betreuer, DNotZ 2015, 498
ders, Gestaltungsfragen bei Grundstückskaufverträgen mit Betreuern, MittBayNot 2018, 10
WEISSINGER, Der unbequeme Ergänzungspfleger – Die Vertretung des nicht verfahrensfähigen Kindes im familiengerichtlichen Genehmigungsverfahren, FamRB 2015, 188
WESCHE, Außen- und Innengenehmigung bei der Geldverwaltung nach FamFG, Rpfleger 2010, 403
ders, Gerichtliche Genehmigung bei der Geldverwaltung, BtPrax 2004, 49
ders, Betreuungs- und familiengerichtliche Genehmigung – wie geht das eigentlich?, RpflStud 2015, 114
WEYL, „Einwilligung", „Genehmigung" und „Zustimmung" im Bürgerlichen Gesetzbuche und im Handelsgesetzbuche, BayZ 1908, 53
ZEISER, Gedanken zu Ergänzungspflegschaften und familiengerichtlichen Genehmigungen, Rpfleger 2017, 429
ZORN, Das Verfahren in Kindschaftssachen nach dem FamFG, Rpfleger 2009, 421.

Systematische Übersicht

Alphabetische Übersicht

I. Normzweck, Anwendungsbereich

1. Normzweck

1 § 1828 BGB geht, wie sich aus den §§ 1829–1831 BGB ergibt, davon aus, dass eine erforderliche familiengerichtliche Genehmigung vor Abschluss eines Rechtsgeschäfts eingeholt wurde. Ohne die Genehmigung des Familiengerichts ist ein einseitiges Rechtsgeschäft unwirksam (§ 1831 BGB), ein genehmigungsbedürftiger Vertrag schwebend unwirksam, nach Verweigerung der Genehmigung endgültig unwirksam (§ 1829 BGB). Die Genehmigung hat in diesen Fällen den gleichen Charakter wie die Zustimmung des Vormunds zu einem vom Mündel selbst vorgenommenen Rechtsgeschäft (§§ 107 ff BGB) und ist daher im Allgemeinen entsprechend dieser gestaltet (s §§ 1829 bis 1831 BGB und die Erläuterungen dazu). Während aber nach § 182 Abs 1 BGB der gesetzliche Vertreter seine Einwilligung sowohl dem Minderjährigen als auch dem Dritten gegenüber erklären kann, muss mit Rücksicht auf die Stellung des Vormunds (im Verhältnis zum Familiengericht) die Genehmigung des Familiengerichts (genauer: die Entscheidung über die Genehmigung) zu einem Rechtsgeschäft des Vormunds diesem gegenüber erfolgen (Mot IV 1153). Dadurch soll verhindert werden, dass der Vormund übergangen wird; er soll die Möglichkeit haben, eine nach seiner Meinung den Interessen des Mündels widerstreitende Entscheidung des Familiengerichts (vor dem 1. 9. 2009: Vormundschaftsgerichts) anzufechten (Mot IV 1154; RGZ 59, 277, 279), aber auch im Interesse des Mündels noch einmal zu prüfen, ob er den Vertrag so, wie er genehmigt wurde, zustande kommen lassen will oder nicht, sog **Letztentscheidungsrecht** des Vormunds (RGZ 121, 30, 37; 130, 148, 151; BGHZ 15, 97 = NJW 1954, 1925 = ZBlJugR 1955, 82 = DNotZ 1955, 83 = LM Nr 1 zu § 1829 m Anm Lersch; BGB-RGRK/Dickescheid Rn 1; Sonnenfeld/Zorn Rpfleger 2004, 533, 534; vgl § 1829 Abs 1 S 2 BGB).

2. Anwendungsbereich

2 Die Norm erfasst **alle Rechtsgeschäfte**, also einseitige wie zweiseitige (OLG Frankfurt 14. 9. 2018 – 21 W 56/18, juris Rn 24, DNotZ 2019, 308, 309 f = FamRZ 2019, 823, 825), und differenziert auch nicht nach ihrem Inhalt mit der Folge, dass sie sich sowohl auf vermögens- als auch auf personenrechtliche Rechtsgeschäfte bezieht, soweit das Gesetz ein familiengerichtliches Genehmigungserfordernis vorsieht.

3 Die Vorschrift gilt nur für die **sog Außengenehmigung**, also die Genehmigung des Familiengerichts, ohne die das Rechtsgeschäft des Vormunds (des Mündels; Rn 6) unwirksam ist (§§ 1809, 1812 Abs 2 und 3, 1814, 1819, 1820, 1821, 1822, 1824 BGB; Übersicht bei Keidel/Meyer-Holz § 40 FamFG Rn 29).

4 Dagegen findet sie **keine Anwendung** auf Fälle der sog Innengenehmigung, bei der die Genehmigung des Familiengerichts nur eine Billigung des Gerichts im Rahmen seiner Aufsicht enthält (§§ 1803 Abs 2, 1810, 1823 BGB), ihr Fehlen aber keinen Einfluss auf die Wirksamkeit des Rechtsgeschäfts hat (Keidel/Meyer-Holz § 40 FamFG Rn 28; Erman/Schulte-Bunert Rn 1; NK-BGB/Fritsche Rn 3; Oberloskamp/Dürbeck, Vormundschaft § 9 Rn 109; Kierig NJW 2010, 1436; Wesche BtPrax 2004, 49, 50; ders Rpfleger 2010, 403, 405). Gleiches gilt für die Fälle, in denen die vom Vormund verweigerte Zustimmung durch das Familiengericht **ersetzt** wird (§ 113 Abs 3 BGB), und für die in

§ 1811 BGB vorgesehene Gestattung (RG JW 1917, 288; RG JW 1938, 3167; Dölle § 128 VI 6 a; BGB-RGRK/Dickescheid Rn 2; Palandt/Götz Rn 2; BeckOK/Bettin [1. 11. 2019] Rn 1; NK-BGB/Fritsche Rn 3; Soergel/Zimmermann Rn 3; Erman/Schulte-Bunert Rn 1a; MünchKomm/Kroll-Ludwigs Rn 3; Kierig NJW 2010, 1436, 1437).

Die Vorschrift ist ferner anzuwenden, wenn das Familiengericht eine vom Gesetz vorgeschriebene **Genehmigung des Gegenvormunds ersetzt**, sofern diese Genehmigung für die Wirksamkeit des Rechtsgeschäfts vorausgesetzt ist, also in den Fällen der §§ 1809, 1812 Abs 2 und 3 BGB, s auch § 1813 Abs 2 S 1 BGB (Soergel/Zimmermann Rn 3; Erman/Schulte-Bunert Rn 1a; MünchKomm/Kroll-Ludwigs Rn 2; BGB-RGRK/Dickescheid Rn 2 aE; Palandt/Götz Rn 2). 5

§ 1828 BGB ist nicht nur dann anzuwenden, wenn der Vormund als gesetzlicher Vertreter des Mündels handelt, sondern auch dann, wenn der in der Geschäftsfähigkeit beschränkte **Mündel selbst** mit Einwilligung oder Genehmigung des Vormunds (§§ 107 ff BGB) **handelt**. Auch in dem zuletzt genannten Fall kann also das Familiengericht die Genehmigung nur dem Vormund, nicht dem Mündel gegenüber erklären. Ob in diesem Fall die Zustimmungserklärung des Vormunds oder die Vornahme des Rechtsgeschäfts selbst den Gegenstand der familiengerichtlichen Entscheidung bildet, war früher umstritten (Nachw bei Staudinger/Engler[10/11] Rn 18). Heute hat sich die Auffassung durchgesetzt, dass sich die Entscheidung des Familiengerichts in allen Fällen auf das Rechtsgeschäft selbst und nicht nur auf die Zustimmungserklärung des Vormunds bezieht; andernfalls müsste, da die Zustimmungserklärung des Vormunds ein einseitiges Rechtsgeschäft ist, die gerichtliche Genehmigung ihr gemäß § 1831 BGB stets vorausgehen (so schon Breit ZBlFG 4, 389, 399 f; Dölle § 128 VI 6 a; BGB-RGRK/Dickescheid Rn 21; Soergel/Zimmermann Rn 14; MünchKomm/Kroll-Ludwigs Rn 2 aE; Palandt/Götz Rn 2; Sonnenfeld/Zorn Rpfleger 2004, 533). 6

II. Begriff und Rechtsnatur der Genehmigung

1. Begriff

Während in den §§ 182–185 BGB zwischen „Einwilligung" und „Genehmigung" als den beiden Formen der Zustimmung scharf unterschieden und als „Genehmigung" nur die dem zustimmungsbedürftigen Rechtsgeschäft nachfolgende Zustimmung bezeichnet wird (s die Legaldefinitionen in §§ 183 S 1 und 184 Abs 1 BGB), nennt das BGB die nach den §§ 1643, 1812 ff, 1819 ff BGB erforderliche Zustimmung des Familiengerichts stets „Genehmigung", ohne Rücksicht darauf, ob sie dem Hauptgeschäft vorangeht oder ihm nachfolgt (vgl Prot IV 799, wo zur Rechtfertigung der unterschiedlichen Terminologie auf den Unterschied zwischen der obrigkeitlichen Handlung des Vormundschaftsgerichts und der rechtsgeschäftlichen Erklärung des Dritten hingewiesen wird; Breit ZBlFG 4, 569; Weyl BayZ 1908, 53; s auch Staudinger/Klumpp [2019] Vorbem 9 ff zu §§ 182–185). 7

2. Rechtsnatur der Genehmigung

Die Erteilung oder Verweigerung der Genehmigung durch das Familiengericht ist keine rechtsgeschäftliche Willenserklärung, sondern ein **Akt der freiwilligen Gerichtsbarkeit**, also ein gerichtlicher Hoheitsakt, durch den die eingeschränkte Vertretungsmacht des Vormunds ergänzt wird (Prot IV 799; vgl schon Kipp Recht 1912, 5 u 556; 8

Enneccerus/Kipp § 115 VI 1 u VIII mwNw in Fn 64; Schultheis ZBlFG 3, 261, 262; Schmid ZBlFG 3, 266; Breit ZBlFG 4, 569 f; RGZ 99, 72, 74; BGHZ 7, 208 = NJW 1952, 1410; OLG Frankfurt 15. 5. 2018 – 20 W 38/18, juris Rn 12, Rpfleger 2018, 667, 668; KG 11. 1. 2018 – 1 W 5/18, juris Rn 3, FamRZ 2018, 851 f; MünchKomm/Kroll-Ludwigs Rn 5, 26; Oberloskamp/Dürbeck, Vormundschaft § 10 Rn 105). Während früher, gestützt auf eher beiläufige Äußerungen des Reichsgerichts (RGZ 71, 162, 170; 121, 30, 36), vereinzelt die Meinung vertreten wurde, die familiengerichtliche Genehmigung stelle zugleich eine obrigkeitliche Handlung und ein privatrechtliches Rechtsgeschäft dar (Nachw bei Staudinger/Engler[10/11] Rn 20), wird heute in der Entscheidung des (ehemals Vormundschafts-, jetzt Familien-)Gerichts ausschließlich ein öffentlich-rechtlicher Akt gesehen, der der öffentlichen Fürsorge für den Mündel dient (zum FGG Müller-Freienfels, Rechtsgeschäft 381 ff; Dölle § 128 VI 1; Gernhuber/Coester-Waltjen § 60 Rn 42; BGB-RGRK/Dickescheid Rn 3a; Habscheid FamRZ 1957, 109, 112; Müller DieJ 1957, 155 = JR 1962, 326; Soergel/Zimmermann Rn 6; zum FamFG Erman/Schulte-Bunert Rn 4; Palandt/Götz Rn 1). Wohl nur theoretische Bedeutung hat die Ansicht, die Genehmigung sei „Bestandteil des genehmigungspflichtigen Rechtsgeschäfts, das sich folglich aus Willenserklärungen der Parteien und dem öffentlich-rechtlichen Akt des Gerichts zusammensetzt" (Gernhuber/Coester-Waltjen § 60 Rn 45); diese Auffassung, der zuzustimmen ist, scheint jedenfalls nicht – wie die genannten Autoren meinen – der Qualifizierung der Genehmigung als Akt, der die Vertretungsmacht des Vormunds erweitert, entgegenzustehen.

9 Die familiengerichtliche Genehmigung ist somit **nicht die Zustimmung eines Dritten iS der §§ 182 ff BGB**. Diese Bestimmungen sind deshalb auf die Genehmigung des Familiengerichts nicht unmittelbar anzuwenden. Unbedenklich erscheint freilich eine entsprechende Anwendung des § 184 Abs 1 und 2 BGB (RGZ 76, 364, 366; 142, 59, 62 f; KG OLGE 6, 294, 295; OLG Zweibrücken NJW-RR 1996, 710, 711 [betr amtsempfangsbedürftige Willenserklärung]; Erman/Schulte-Bunert Rn 2). Allerdings bedarf es nicht zwingend einer Analogie, da sich die Rückwirkung auch auf die „nur kontrollierende Funktion der Genehmigung" zurückführen lässt (Gernhuber/Coester-Waltjen § 60 Rn 52 Fn 110; Soergel/Zimmermann Rn 11; Staudinger/Gursky [2014] Vorbem 67 zu §§ 182–185).

10 Da die familiengerichtliche Genehmigung ein Akt der freiwilligen Gerichtsbarkeit mit ausschließlich hoheitlichem Charakter ist, kommt die Anwendung der Vorschriften über die **Anfechtung von Willenserklärungen** wegen Irrtums, arglistiger Täuschung oder Drohung (§§ 119, 123 BGB) nicht in Betracht (ebenso Enneccerus/Kipp § 115 VIII; Dölle § 128 VI 1; Gernhuber/Coester-Waltjen § 60 Rn 42; Erman/Schulte-Bunert Rn 4; Soergel/Zimmermann Rn 6; MünchKomm/Kroll-Ludwigs Rn 5; BGB-RGRK/Dickescheid Rn 4; Palandt/Götz Rn 1). Ein vom Familiengericht genehmigtes Rechtsgeschäft kann deshalb nicht mit der Begründung, der Richter habe sich geirrt, im Prozess als anfechtbar oder nichtig hingestellt werden. Eine Anfechtung der Entscheidung des Familiengerichts durch den Vormund wäre auch mit dem System der Anfechtung von Willenserklärungen nicht in Einklang zu bringen; das Gericht kann – in den durch § 48 Abs 3 FamFG gezogenen Grenzen (s dazu unten Rn 127 ff) – seine Entscheidung ohne Rücksicht auf die Voraussetzungen der §§ 119, 123 BGB ändern (s zu diesen früher sehr umstrittenen Fragen die Nachw und Schrifttumsangaben bei Staudinger/Engler[10/11] Rn 22 mit Fußnote).

III. Zeitpunkt der Genehmigungserteilung

Bei **einseitigen Rechtsgeschäften** kommt nur eine vorherige, nicht aber eine nachträgliche Genehmigung des Familiengerichts in Frage (arg e § 1831 BGB). 11

Die **Genehmigung** des Familiengerichts **zu einem Vertrag** kann dagegen **vor und nach** dessen Abschluss erteilt werden; für den letzteren Fall gelten die Bestimmungen der §§ 1829, 1830 BGB. Ob die familiengerichtliche Genehmigung vor oder nach Abschluss des Vertrags einzuholen ist, ist eine nach den Umständen des einzelnen Falles zu beurteilende Zweckmäßigkeitsfrage (BayObLGZ 1, 419, 421; KG OLGE 18, 292) und letztlich dem Vormund überlassen (Erman/Schulte-Bunert Rn 2; NK-BGB/Fritsche Rn 7; MünchKomm/Kroll-Ludwigs Rn 11). 12

Dabei kommt die **vorherige Einholung** der Genehmigung allerdings nur dann in Betracht, wenn der Inhalt des in Aussicht genommenen Vertrags in seinen wesentlichen Punkten schon feststeht (KG FamRZ 2010, 402 [3. LS]; MünchKomm/Kroll-Ludwigs Rn 10; Erman/Saar Rn 5; zur Praxis Oberloskamp/Dürbeck, Vormundschaft § 9 Rn 111); zum wesentlichen Vertragsinhalt gehören dabei auch die Allgemeinen Geschäftsbedingungen und erhebliche Nebenabreden (MünchKomm/Kroll-Ludwigs Rn 10). Der Familienrichter darf sich, wenn er einen Vertrag im Voraus genehmigt, auf das Wesentliche beschränken und die Einzelheiten der Vereinbarung den Beteiligten überlassen (RG WarnR 1919 Nr 59 = Recht 1919 Nr 1521; KG OLGZ 1966, 78 = MDR 1966, 238; BayObLG FamRZ 1976, 539, 544; BayObLG FamRZ 1983, 92; BayObLG Rpfleger 2003, 361; LG Memmingen FamRZ 1977, 662, 663; Soergel/Zimmermann Rn 11; MünchKomm/Kroll-Ludwigs Rn 10; NK-BGB/Fritsche Rn 7; Palandt/Götz Rn 4). 13

Ein Bedürfnis für den Erlass eines **Vorbescheids** besteht nicht mehr (näher unter Rn 94 ff). 14

IV. Sachliche Voraussetzungen der Genehmigung

Da das Erfordernis der Genehmigung bestimmter Geschäfte die grundsätzlich umfassende Vertretungsmacht des Vormunds einschränkt, darf die Genehmigung nur versagt werden, wenn das Geschäft, dessen Genehmigung in Frage steht, rechtswidrig ist oder wenn die Sorge begründet ist, dass das Geschäft nicht dem Interesse des Mündels dient (MünchKomm/Kroll-Ludwigs Rn 15). 15

1. Rechts- oder sittenwidrige Geschäfte

Es ist grundsätzlich nicht Aufgabe des Familiengerichts, die materiell-rechtliche Wirksamkeit des Rechtsgeschäfts zu überprüfen; vielmehr ist dies Aufgabe des Streitgerichts. Allerdings ist das Familiengericht bei allen seinen Entscheidungen an das Gesetz gebunden. Es darf deshalb ein Rechtsgeschäft, das gesetz- oder sittenwidrig ist oder unter Verstoß gegen gesetzliche Vorschriften zustande gekommen ist, nicht genehmigen (OLG Frankfurt FamRZ 2005, 60; OLG Hamm FamRZ 2009, 2036 f = ZEV 2009, 472 m Anm Leipold; Gernhuber/Coester-Waltjen § 60 Rn 60; MünchKomm/Kroll-Ludwigs Rn 22; Erman/Schulte-Bunert Rn 9; Palandt/Götz Rn 7), und zwar auch dann nicht, wenn es für den Mündel vorteilhaft wäre. 16

17 Nicht genehmigt werden können etwa die von einem Vormund, der an der Vertretung des Mündels nach **§ 1795 BGB** gehindert ist, abgegebenen Erklärungen (KG JFG 12, 117, 121 = JW 1935, 1439; BayObLG FamRZ 1983, 92; JOSEF BayZ 1908, 331, 333).

18 Ist ein Teil des Rechtsgeschäfts unwirksam, kann es im Übrigen aber nach **§ 139 BGB** aufrechterhalten werden. Der wirksame Teil ist der Genehmigung fähig (KG JFG 14, 249, 254; MünchKomm/KROLL-LUDWIGS Rn 22).

19 Das Gericht darf die Sachentscheidung im Übrigen nicht schon deswegen ablehnen, weil die Wirksamkeit eines genehmigungsbedürftigen Geschäfts zweifelhaft ist; vielmehr muss es in einem **Zweifelsfall** – wenn die sonstigen Voraussetzungen gegeben sind – die Genehmigung erteilen und es dem Prozessrichter überlassen, eventuell über die Wirksamkeit des genehmigten Geschäfts zu entscheiden (KGJ 32, A 49, 50 f; 38, A 50, 55; KG Recht 1923 Nr 1357; KG JFG 12, 117, 121; KG JFG 13, 196, 199 f; KG JFG 14, 249; KG JFG 15, 128, 133; OLG München JFG 15, 177, 183; OLG Rostock OLGE 33, 368; BayObLGZ 1963, 1, 6 = MDR 1963, 502 = FamRZ 1963, 467, 469; BayObLGZ 1969, 14, 19 = FamRZ 1969, 434, 436; BayObLG FamRZ 1976, 539, 544; ENNECCERUS/KIPP § 115 VI 3 Fn 40; DÖLLE § 128 VI 3; GERNHUBER/COESTER-WALTJEN § 60 Rn 60; BGB-RGRK/DICKESCHEID Rn 14 f; SOERGEL/ZIMMERMANN Rn 10; ERMAN/SCHULTE-BUNERT Rn 9; PALANDT/GÖTZ Rn 7; MünchKomm/KROLL-LUDWIGS Rn 22; NK-BGB/FRITSCHE Rn 13 aE; OBERLOSKAMP/DÜRBECK, Vormundschaft § 9 Rn 122).

Dies schließt allerdings nicht aus, dass das Familiengericht das mit der Klärung der Wirksamkeit eines Rechtsgeschäfts verbundene Prozessrisiko in seine Entscheidung darüber einfließen lässt, ob das genehmigte Rechtsgeschäft dem Interesse des Mündels (nachfolgende Rn 20) dient (MünchKomm/KROLL-LUDWIGS Rn 22; OBERLOSKAMP/DÜRBECK, Vormundschaft § 9 Rn 121).

2. Interesse des Mündels

a) Unbestimmter Rechtsbegriff, Beurteilungsspielraum

20 Die Entscheidung des Familiengerichts hat sich am Interesse des Mündels zu orientieren. Diese ungeschriebene Genehmigungsvoraussetzung, die über die Genehmigungsfähigkeit eines Geschäfts entscheidet (zu diesem Begriff ZORN, Das Recht der elterlichen Sorge Rn 524), gibt dem Gericht kein Ermessen. Vielmehr handelt es sich um einen unbestimmten Rechtsbegriff, dessen Anwendung auf den festgestellten Sachverhalt der Nachprüfung durch das Rechtsbeschwerdegericht unterliegt. Auf die Frage, ob eine bestimmte Gestaltung seiner Rechtsverhältnisse dem Wohl oder Interesse des Mündels entspricht, kann es – vom Standpunkt des idealen Richters aus gesehen – nur **eine** richtige Antwort geben. In einem solchen Fall ist zwar die – einwandfrei zustande gekommene – Feststellung der einzelnen Tatumstände durch den Tatrichter für das Gericht der Rechtsbeschwerde bindend; die Bewertung dieser Einzelumstände im Rahmen des unbestimmten Rechtsbegriffs, die Frage also, ob diese Tatumstände in ihrer Gesamtheit die Merkmale des Rechtsbegriffs erfüllen, ist aber eine Rechtsfrage und ihre unrichtige Beantwortung eine Gesetzesverletzung, die nach §§ 70, 72 FamFG im Verfahren der Rechtsbeschwerde in vollem Umfang nachgeprüft werden kann (dazu ausführlich OLG Karlsruhe FamRZ 1973, 378, 379; OLG Stuttgart OLGZ 1960, 114; GERNHUBER/COESTER-WALTJEN § 60 Rn 59; SOERGEL/ZIMMERMANN Rn 8; ERMAN/SCHULTE-BUNERT Rn 7; MünchKomm/KROLL-LUDWIGS Rn 15; NK-BGB/FRITSCHE

Rn 13 aE; Inoue Rpfleger 2017, 369, 372; einschränkend Mayer FamRZ 1994, 1007, 1008 ff; **aA** BGH FamRZ 1986, 970, 972 = NJW 1986, 2829, 2830; OLG Dresden 12. 9. 2018 – 22 WF 758/18, juris Rn 17, FamRZ 2019, 535, 536; OLG Celle NJW-RR 2012, 73, 74; OLG Thüringen 22. 3. 2013 – 2 WF 26/13, juris Rn 34, FamRZ 2014, 140, 142; KG FamRZ 2010, 402; KG RJA 15, 264; OLG München 10. 4. 2014 – 31 Wx 18/14, juris Rn 3, FamRZ 2014, 1813; OLG München FamRZ 2010, 1760, 1761; OLG München FamRZ 2008, 820, 821; OLG München JFG 23, 275, 281; BayObLG FamRZ 1957, 266, 267; BayObLGZ 1976, 281, 283; 1977, 121 = Rpfleger 1977, 304; BayObLG Rpfleger 1979, 455, 456; BayObLG FamRZ 1989, 540, 541; BayObLG FamRZ 1990, 208, 209; BayObLG DNotZ 2002, 547, 548 m krit Anm Bienwald; OLG Brandenburg MittBayNot 2009, 155, 156; OLG Köln FamRZ 2001, 1167, 1168; OLG Karlsruhe FamRZ 1957, 57; OLG Bremen FamRZ 1962, 209 = DAVorm 1962, 189; LG Hagen 25. 2. 2014 – 6 T 8/14, juris Rn 20, FamRZ 2014, 2025; Dölle § 128 VI 3; Palandt/Götz Rn 8; Seggewille/Weber BtPrax 2017, 229, 231; unklar Keidel/Meyer-Holz § 72 FamFG Rn 17, der zwar von einer Ermessensentscheidung ausgeht, das Wohl des Mündels aber als unbestimmten Rechtsbegriff einordnet, der umfassender Nachprüfung des Rechtsbeschwerdegerichts unterliegt).

Gegen die Annahme eines richterlichen Handlungsermessens bei der Entscheidung über die Genehmigung spricht die Funktion der Genehmigungstatbestände, mit denen die Vertretungsmacht des Vormunds nicht ausgeschlossen, sondern lediglich zum Schutz des Mündelvermögens beschränkt werden soll. Das Gericht muss prüfen, ob das konkrete Geschäft genehmigungsbedürftig und **pflichtgemäß** ist. Hierauf kann es aber nur eine richtige Antwort geben (Lipp/Schrader BtPrax 2014, 208, 209 betr Betreuungsrecht). Ob das Geschäft aber pflichtgemäß ist, hängt ua sowohl von der Frage ab, ob der Vormund überhaupt Vertretungsmacht hat, diese also nicht nach §§ 1795 f BGB ausgeschlossen ist, als auch davon, ob dieser bei dem zu genehmigenden Rechtsgeschäft die Grundsätze der Sicherung des Mündelvermögens und der wirtschaftlichen Vermögensverwaltung (s § 1811 S 2 BGB) sowie der §§ 1804 und 1805 BGB beachtet hat. Ob das konkrete Rechtsgeschäft aber diesen Vorgaben genügt, kann nur durch eine Gesamtabwägung aller maßgebenden Umstände entschieden werden. Kommt das Gericht zu dem Ergebnis, dass das Rechtsgeschäft mit diesen Grundsätzen vereinbar ist, so **muss** es die Genehmigung erteilen; ein Ermessen steht ihm nicht zu. Jedes andere Ergebnis wäre ein bedenklicher Eingriff in die Selbständigkeit des Vormunds, dessen Handeln vom aufsichtspflichtigen Familiengericht nur bei Pflichtwidrigkeiten beanstandet werden darf, aber nicht aus reinen Zweckmäßigkeitserwägungen (Inoue Rpfleger 2017, 369, 371). 21

Inzwischen geht wohl auch der BGH davon aus, dass die Gesamtabwägung kein bloßer Abwägungsgesichtspunkt im Rahmen eines gerichtlichen Handlungsermessens ist. Wenn er davon ausgeht, dass dem Tatrichter bei der Abwägung aller für die Entscheidung maßgebenden Gesichtspunkte ein **Beurteilungsspielraum** zukommt, so impliziert dies die Verlagerung der Abwägung auf die Tatbestandsebene und damit die Frage, ob der Vormund pflichtwidrig gehandelt hat oder nicht. Wenn er dann aber ausführt, dass die Entscheidung, ähnlich einer Ermessensentscheidung, vom Rechtsbeschwerdegericht nur darauf zu prüfen sei, ob die Grenzen des Beurteilungsspielraums überschritten wurden oder das Gericht einen unsachgemäßen, dem Sinn und Zweck des Gesetzes zuwiderlaufenden Gebrauch von seiner Entscheidungskompetenz gemacht hat (BGH 30. 11. 2016 – XII ZB 335/16, juris Rn 13, FamRZ 2017, 245, 246 mwNw [betr Betreuung]; krit Inoue Rpfleger 2017, 369, 372), so nähert der BGH die Ent- 22 scheidung des Gerichts doch wieder einer Ermessensentscheidung an (jurisPK-BGB/Lafontaine Rn 73). Der damit verbundenen Gefahr für die Autonomie des gesetzlichen Vertreters ließe sich möglicherweise de lege ferenda durch eine klarere Festschreibung der Genehmigungsvoraussetzungen begegnen.

b) Die maßgeblichen Abwägungskriterien

23 Entscheidend ist die **Gesamtheit der Interessen des Mündels**. Abzuwägen sind alle Vor- und Nachteile sowie die Risiken des zu prüfenden Geschäfts für den Mündel, einschließlich der steuerlichen Folgen (BGH FamRZ 2013, 438; OLG Nürnberg 16. 12. 2014 – 11 WF 1415/14, juris Rn 29, FamRZ 2015, 1407, 1409; OLG Hamm 19. 7. 2013 – II-2 WF 95/13, 2 WF 95/13, juris Rn 22, FamRZ 2014, 1222, 1223; OLG Thüringen 22. 3. 2013 – 2 WF 26/13, juris Rn 26, FamRZ 2014, 140, 142), vom Standpunkt eines verständigen, die Tragweite des Geschäfts überblickenden Volljährigen (BayObLG 26. 7. 1979 – BReg 1 Z 49/79, juris Rn 21, Rpfleger 1979, 455, 456; MünchKomm/Kroll-Ludwigs Rn 17). In die Abwägung fließen auch Überlegungen der Zweckmäßigkeit und Nützlichkeit des Geschäfts ein (BGH 30. 11. 2016 – XII ZB 335/16, juris Rn 12, FamRZ 2017, 245, 246 [betr Betreuung]; OLG Dresden 12. 9. 2018 – 22 WF 758/18, juris Rn 17, FamRZ 2019, 535, 536; OLG Nürnberg 16. 12. 2014 – 11 WF 1415/14, juris Rn 28, FamRZ 2015, 1407, 1409; OLG Celle NJW-RR 2012, 73, 74; OLG Brandenburg MittBayNot 2009, 155, 156; OLG München FamRZ 2008, 820, 821; BayObLGZ 22, 289; BayObLG FamRZ 1976, 281, 283; BayObLG FamRZ 1989, 540, 541; OLG Zweibrücken FamRZ 2001, 181, 182; OLG Zweibrücken FamRZ 2001, 1236; KG OLGE 43, 380; Dölle § 128 VI 3; Gernhuber/Coester-Waltjen § 60 Rn 59; BGB-RGRK/Dickescheid Rn 10; Soergel/Zimmermann Rn 8; Erman/Schulte-Bunert Rn 8; Palandt/Götz Rn 8; s zum Entscheidungsmaßstab ausführlich Schrade, Grenzen der Entscheidung des Vormundschaftsgerichts 53 ff). Zweckmäßigkeitsüberlegungen, die keinen Bezug zum Mündelwohl haben, können allerdings keine Rolle spielen (zu Recht MünchKomm/Kroll-Ludwigs Rn 17).

24 Maßgebend sind nur die **Interessen des Mündels, nicht solche dritter Personen** (BGH 30. 11. 2016 – XII ZB 335/16, juris Rn 12, FamRZ 2017, 245; OLG Hamm FamRZ 2001, 53). Die Interessen von Familienangehörigen können jedoch im Ausnahmefall als Interesse des Mündels von Bedeutung sein (dazu nachfolgende Rn).

25 Im Einzelfall können auch mögliche **ideelle Vorteile, insbesondere Familieninteressen**, die mit dem Geschäft verbunden sind, in die Zweckmäßigkeitsprüfung einfließen (OLG Hamm 19. 7. 2013 – II-2 WF 95/13, 2 WF 95/13, juris Rn 22, FamRZ 2014, 1222, 1223). Dafür bedarf es einer sorgfältigen Abwägung, ob ideelle Interessen es rechtfertigen, einen wirtschaftlich nicht vorteilhaften Vertrag zu genehmigen (BGH FamRZ 1986, 970, 972 = NJW 1986, 2829, 2830); ideelle und familiäre Interessen können auf keinen Fall die Genehmigung eines wirtschaftlich erheblich unvorteilhaften Vertrags rechtfertigen (OLG Celle NJW-RR 2012, 73). Umgekehrt kann aber eine gerechte erbrechtliche Regelung innerhalb der Familie durchaus im Interesse des Mündels liegen (vgl LG Lübeck FamRZ 1962, 312; allg krit gegenüber dem Gesichtspunkt des „Familienfriedens" als Grund für die Genehmigung eines dem Mündel wirtschaftlich nachteiligen Geschäfts MünchKomm/Kroll-Ludwigs Rn 19).

26 Bei der Abwägung der gesamten Mündelinteressen ist ein genehmigungsbedürftiges Rechtsgeschäft dann genehmigungsfähig, wenn es einer **ordnungsgemäßen Vermögensverwaltung** entspricht (OLG Dresden 12. 9. 2018 – 22 WF 758/18, juris Rn 17, FamRZ 2019, 535, 536; Palandt/Götz Rn 9) und im Ganzen gesehen für den Mündel vorteilhaft ist

(s OLG Koblenz 13. 7. 2005 – 13 UF 165/05, juris Rn 14, OLGR 2006, 439; OLG Zweibrücken FamRZ 2001, 181, 182; PALANDT/GÖTZ Rn 8; jurisPK-BGB/LAFONTAINE Rn 72). Dabei ist ein „behutsamer Mittelweg" (MünchKomm/KROLL-LUDWIGS Rn 20) zwischen Sicherheits- und Gewinninteressen zu gehen und zu berücksichtigen, dass die Genehmigungsvorbehalte nicht darauf zielen, den Mündel von jeglichen Risiken freizuhalten, die mit dem genehmigungsbedürftigen Rechtsgeschäft verbunden sind; ansonsten wäre die Erteilung einer familiengerichtlichen Genehmigung zum Abschluss zahlreicher von den §§ 1821 und 1822 BGB erfasster Rechtsgeschäfte ausgeschlossen, weil sie ihrem Wesen nach von Anfang an wirtschaftliche Risiken für den Mündel bergen (OLG Hamm FamRZ 2001, 373, 374). Die Genehmigung ist zu versagen, wenn sich die Risiken nach dem Amtsermittlungsgrundsatz nicht verlässlich abschätzen lassen (BGH FamRZ 2013, 438, 439; OLG Hamm FamRZ 2001, 53, 54) oder das wirtschaftliche Ziel, das mit dem genehmigungsbedürftigen Rechtsgeschäft angestrebt wird, mit weniger riskanten oder aufwändigen Geschäften erreicht werden kann (MünchKomm/KROLL-LUDWIGS Rn 20).

c) Maßgeblicher Zeitpunkt

Das Familiengericht hat die im Zeitpunkt seiner Entscheidung gegebene, nicht etwa 27 die im Zeitpunkt des Vertragsabschlusses vorhanden gewesene Interessenlage zu würdigen (BGH 30. 11. 2016 – XII ZB 335/16, juris Rn 12 aE, FamRZ 2017, 245, 246; OLG Dresden 12. 9. 2018 – 22 WF 758/18, juris Rn 17, FamRZ 2019, 535, 536; KG OLGE 43, 382; KG Recht 1923 Nr 1357; OLG München FamRZ 2008, 820, 821; OLG München FamRZ 2010, 1760, 1761; DÖLLE § 128 VI 3); es kommt also nicht darauf an, ob der Vormund bei Abschluss des Geschäfts dieses als vorteilhaft für den Mündel ansehen durfte (MünchKomm/KROLL-LUDWIGS Rn 16).

d) Einzelfälle

Für **genehmigungsfähig** erachtet wurden in der Rechtsprechung etwa 28

- eine weitgehende dingliche Belastung eines Miteigentumsanteils des Kindes an einem Grundstück, wenn dadurch der Bestand des Vermögens des Kindes gesichert wird (OLG Schleswig SchlHA 2002, 134 = FamRZ 2002, 1582 [LS]),

- der Erwerb eines Kommanditanteils durch den Minderjährigen, wenn sich das Verlustrisiko mangels einer im Gesellschaftsvertrag vereinbarten Nachschusspflicht auf den eingesetzten Kaufpreis beschränkt, der dem Minderjährigen von seinen Eltern geschenkt worden ist (OLG Bremen NJW-RR 1999, 876, 877),

- Verträge eines Minderjährigen, mit denen er seinen Vertragspartnern das Recht zur Nutzung von ihm gehörenden Waldflächen als Bestattungsanlage (Friedwald) einräumt und dabei zwar langjährige Verpflichtungen dinglicher und schuldrechtlicher Natur eingeht, sich die aus einer Gesamtbetrachtung des Vertragswerks ergebenden Risiken aber zB angesichts einer Ausstiegsklausel bei Volljährigkeit oder einer ausgesprochen positiven Rentabilitätsprognose als gering darstellen (ausführlich OLG Dresden 12. 9. 2018 – 22 WF 758/18, juris Rn 19 f, 27 ff, FamRZ 2019, 535, 536),

- die Veräußerung eines nicht bewohnbaren Grundstücks durch den Nachlasspfleger, welches im Wesentlichen den Nachlass darstellt und keine Erträge abwirft, sondern lediglich Kosten verursacht, wenn die Veräußerung der Erhaltung des übrigen Nachlasses dient (OLG München 10. 4. 2014 – 31 Wx 18/14, juris Rn 4 ff, FamRZ 2014, 1813, 1814).

29 Für **nicht genehmigungsfähig** erachtet wurde dagegen die Gründung einer BGB-Gesellschaft von Eltern mit ihrem minderjährigen Kind zum Betrieb eines Erwerbsgeschäfts in Form der Verwaltung, Vermietung und Verwertung von gewerblich nutzbaren Immobilien von erheblichem Wert, bei der zwar die Eltern erhebliche Vermögenswerte einbringen, sie dagegen an Gewinn und Verlust sowie Auseinandersetzungsguthaben nicht beteiligt sind, der Minderjährige allerdings voll beteiligt ist, also das alleinige Unternehmerrisiko übernimmt, die Geschäftsführung des Vaters im Innenverhältnis nur geringen Grenzen unterliegt, die Eltern bis weit über das vollendete 18. Lebensjahr des Minderjährigen die Verwaltung dieser Gesellschaft innehaben, der Vermögensvorteil des Minderjährigen in vielfältiger Weise eingeschränkt ist und dieser die auf unbestimmte Zeit begründete Gesellschaft laut Vertrag erstmals nach 30 Jahren kündigen kann (OLG Nürnberg 16. 12. 2014 – 11 WF 1415/14, juris Rn 31 ff, FamRZ 2015, 1407, 1409 [dort auch zu Lücken des § 1629a BGB] = notar 2015, 200 m zust Anm Primaczenko; s auch Zeiser Rpfleger 2017, 429, 432 f).

V. Erklärung der Genehmigung durch das Familiengericht

1. Ausdrückliche/konkludente Erklärung

30 Die Genehmigungserklärung muss im Regelfall ausdrücklich erfolgen. Nur ausnahmsweise genügt eine stillschweigende Genehmigung durch schlüssiges Handeln (dafür RGZ 59, 277, 278; 114, 35, 38; 130, 148, 150; Palandt/Götz Rn 5), etwa dann, wenn zB ein obligatorisches und ein dingliches Geschäft miteinander verknüpft sind und die Genehmigung sich ausdrücklich nur auf das eine dieser Geschäfte bezieht, durch Auslegung aber zu entnehmen ist, dass das andere gleichfalls gebilligt wird (s unten Rn 54 f; Soergel/Zimmermann Rn 13; MünchKomm/Kroll-Ludwigs Rn 8).

31 Darin allein, dass das Familiengericht dem Vormund die Vornahme eines Rechtsgeschäfts **empfiehlt** und die Genehmigung in Aussicht stellt, kann keine Genehmigung erblickt werden (BayObLGZ 5, 450, 453; RGZ 137, 324, 345); ebenso wenig darin, dass das Familiengericht das **Grundbuchamt** um Eintragung des genehmigten Rechtsgeschäfts **ersucht**. Wenn eine Genehmigung durch schlüssige Handlungen erklärt werden soll, müssen diese gegenüber dem Vormund so vorgenommen werden, dass dieser erkennen kann, dass darin die Genehmigung enthalten sein soll (RGZ 59, 227, 279); es bedarf also eines urkundlichen Nachweises iSv § 29 GBO (Erman/Schulte-Bunert Rn 12, 13; BeckOGK/Kilian [1. 11. 2019] Rn 2).

32 Solange die Genehmigung nicht bekanntgemacht ist, ist sie nicht erteilt. Ein einfacher Vermerk zu den Akten, dass das Rechtsgeschäft hiermit genehmigt werde, genügt nicht (BayObLGZ 2, 746, 747 = OLGE 4, 114, 115; BayObLGZ 1960, 276 = NJW 1960, 2188; BGB-RGRK/Dickescheid Rn 22).

2. Erklärung durch das Familiengericht

Die Erklärung muss durch das Gericht erfolgen. Die Kundgabe durch einen Beteiligten oder einen sonstigen Dritten genügt den Anforderungen an die Bekanntgabe nicht (MünchKommFamFG/Ulrici § 41 Rn 6). Allerdings muss die Genehmigung dem Vormund nicht unmittelbar durch das Familiengericht bekanntgemacht werden. Die Bekanntmachung kann vielmehr auch auf Ersuchen des Familiengerichts durch eine andere Gerichtsabteilung oder ein anderes Gericht erfolgen. Ein solches Ersuchen kann dabei stillschweigend erfolgen, etwa dadurch, dass das Familiengericht einen ihm zur Genehmigung übermittelten, gerichtlichen Vergleich nach Beisetzung des Genehmigungsvermerks an das Streitgericht zurücksendet (BayObLGZ 1960, 276 = NJW 1960, 2188). 33

3. Erklärung und Wirksamwerden nach § 40 FamFG

Die Genehmigungsentscheidung muss dem Vormund gegenüber erklärt werden (näher nachfolgende Rn 35). Hiervon ist die Frage des verfahrensrechtlichen Wirksamwerdens der gerichtlichen Entscheidung zu unterscheiden (s MünchKomm/Kroll-Ludwigs Rn 26 f, 36; näher unten Rn 97 ff). Nach dem bis zum 31. 8. 2009 geltenden Verfahrensrecht wurde die gerichtliche Verfügung mit der Bekanntgabe an den Vormund als denjenigen wirksam, für den die Entscheidung nach ihrem wesentlichen Inhalt bestimmt ist (§ 16 FGG). Diese Regelung wurde zwar auch in das seit 1. 9. 2009 geltende Verfahrensrecht übernommen (§ 40 Abs 1 FamFG). Jedoch sieht § 40 Abs 2 FamFG jetzt vor, dass ein Beschluss, der die Genehmigung eines Rechtsgeschäfts zum Gegenstand hat, erst mit Rechtskraft wirksam wird. Die Rechtskraft tritt ein, wenn die Entscheidung nicht mehr mit Rechtsmitteln angegriffen werden kann. 34

VI. Adressaten der Genehmigungsentscheidung

1. Erklärung gegenüber dem Vormund

Die Entscheidung des Familiengerichts über die Erteilung oder Verweigerung der Genehmigung muss dem Vormund als Beteiligtem iSv § 7 FamFG bekannt gegeben werden. Sie ist, wie sich aus § 1828 BGB ergibt, ihrem Inhalt nach für den Vormund bestimmt (KG 11. 1. 2018 – 1 W 5/18, juris Rn 3, FamRZ 2018, 851 f; MünchKomm/Kroll-Ludwigs Rn 26) und wird daher erst mit der Bekanntmachung an diesen oder den von ihm Bevollmächtigten (s unten Rn 40) wirksam (§ 40 Abs 1 FamFG). 35

Eine Genehmigung, die nicht dem Vormund, aber anderen Personen oder Behörden bekanntgemacht wurde, zB dem – nicht vom Vormund zur Entgegennahme ermächtigten – Notar, dem Grundbuchamt oder dem Vertragspartner, ist nicht wirksam erteilt, auch wenn der Vormund davon erfährt (RGZ 59, 277; Erman/Schulte-Bunert Rn 14; Heggen NotBZ 2010, 393). 36

Ist nach Abschluss des Vertrags ein **Wechsel in der Person des Vormunds** eingetreten, so kann die Genehmigung nur gegenüber dem aktuell im Amt befindlichen, nicht dagegen gegenüber dem früheren Vormund wirksam erklärt werden (BayObLGZ 12, 530; 21, 375, 377 = OLGE 32, 19; LG Berlin Rpfleger 1981, 63, 64; Palandt/Götz Rn 6; 37

BGB-RGRK/Dickescheid Rn 24; DNotI-Report 2017, 121, 122). Zum Fall des Gebrauchmachens durch einen neuen Vormund s § 1829 Rn 26 f.

38 Die Genehmigung muss auch dann dem Vormund bekannt gemacht werden, wenn nicht dieser, sondern mit seiner Zustimmung der **Mündel selbst** den Vertrag geschlossen hat (MünchKomm/Kroll-Ludwigs Rn 27; BGB-RGRK/Dickescheid Rn 21). Dies ergibt sich aus dem Normzweck des § 1828 BGB, die im Genehmigungsvorbehalt liegende Einschränkung der Vertretungsmacht aufzuheben (oben Rn 8).

39 Auf die Bekanntmachung kann **nicht** wirksam **verzichtet** werden (BayObLGZ 2, 746, 747 = OLGE 4, 114, 115; OGHBrZ OGHZ 1, 198 = Rpfleger 1948/49, 273 = DNotZ 1951, 224 = NJW 1949, 64), auch nicht in der Weise, dass die Vertragsteile erklären, die Genehmigung solle mit ihrem Eingang bei dem Gericht, vor dem ein genehmigungsbedürftiger Vergleich geschlossen wurde (OLG Düsseldorf NJW 1959, 391), oder bei dem Notar, der den Vertrag beurkundet hat (s unten Rn 45 ff), als erteilt gelten.

2. Erklärung gegenüber einem Empfangsbevollmächtigten des Vormunds

a) Einfache Vollmacht

40 § 1828 BGB schließt nicht aus, dass **der Vormund einen Dritten bevollmächtigt**, die Genehmigung des Familiengerichts in seinem (des Vormunds) Namen entgegenzunehmen (§ 10 FamFG [früher § 13 FGG]; BGHZ 15, 97 = NJW 1954, 1925 = DNotZ 1955, 83; RGZ 121, 30; BayObLG JFG 1, 351 = OLGE 43, 382 = JW 1923, 758; OLG Colmar OLGE 7, 124; Breit ZBlFG 4, 473, 482; Dölle § 128 VI 6 c, aa; Soergel/Zimmermann Rn 16; BGB-RGRK/Dickescheid Rn 23; Palandt/Götz Rn 6; MünchKomm/Kroll-Ludwigs Rn 28). Die Erklärung der Genehmigung gegenüber dem bevollmächtigten Dritten hat dann die gleiche Wirkung, als wäre sie gegenüber dem Vormund selbst erfolgt.

41 Als Dritter kommt insbesondere der **Notar** in Betracht. Eine Vermutung für die Bevollmächtigung eines Notars gibt es aber nicht (Soergel/Zimmermann Rn 16; MünchKomm/Kroll-Ludwigs Rn 28; Erman/Schulte-Bunert Rn 14). Der Notar ist nicht durch § 7 Nr 1 BeurkG gehindert, eine ihm erteilte Vollmacht zur Entgegennahme der Genehmigung zu beurkunden, da ihm dadurch kein rechtlicher Vorteil verschafft wird (Winkler § 7 BeurkG Rn 8 Fn 12; vgl zum früheren § 171 Abs 1 Nr 1 FGG, der durch § 7 BeurkG ersetzt wurde, RGZ 121, 30, 34 f; 155, 172, 179; KG RJA 16, 167, 168 = KGJ 51, A 91, 92; **aA** noch KGJ 24, A 6).

42 Bei einer **Amtsvormundschaft** ist der vom Jugendamt mit der Führung der Vormundschaft betraute Mitarbeiter gesetzlicher Vertreter des Mündels (§ 55 Abs 3 S 2 SGB VIII) und damit befugt, die Genehmigung des Familiengerichts entgegenzunehmen (Palandt/Götz Rn 6; Erman/Saar Rn 13).

43 Eine besondere **Form der Vollmacht** ist nicht vorgeschrieben, sie kann also in den Formen der §§ 167, 171, 172 BGB erteilt werden; es genügt, wenn die Vertretungsmacht sich aus den Umständen zweifelsfrei ergibt.

44 Der Bevollmächtigte muss die Erklärung **kraft seiner Vollmacht entgegennehmen**; hält er sich nicht für befugt, die Genehmigung entgegenzunehmen und weiterzuleiten, so ist die ihm gegenüber erklärte Genehmigung wirkungslos (RG WarnR 1922

Nr 98; BGB-RGRK/Dickescheid Rn 23; MünchKomm/Kroll-Ludwigs Rn 28 aE; Soergel/Zimmermann Rn 16 aE).

b) Doppelvollmacht

aa) Zulässigkeit

45 In der Praxis verbreitet ist die **Doppelbevollmächtigung** in der Weise, dass der Notar (oder ein Notariatsangestellter, Mitarbeiter beim Jugendamt) nicht nur ermächtigt wird, die familiengerichtliche Genehmigung für den Vormund entgegenzunehmen und dem anderen Vertragsteil mitzuteilen, sondern auch die Mitteilung nach § 1829 Abs 1 S 2 BGB für diesen entgegenzunehmen (ausführlich § 1829 Rn 29 ff). Eine solche Bevollmächtigung wird heute allgemein für zulässig erachtet; die Vorschrift des § 181 BGB steht ihr nicht entgegen (BGH 2. 12. 2015 – XII ZB 283/15, juris Rn 35 f, FamRZ 2016, 296, 298 f m zust Anm Veit; BGHZ 15, 97 = NJW 1954, 1925; RGZ 121, 30, 33; RG WarnR 1922 Nr 98; OLG Jena 8. 12. 2015 – 3 W 480/15, juris Rn 5, FamRZ 2016, 1196, 1197; BayObLG JW 1923, 758; BayObLG Rpfleger 1988, 482; BayObLG FamRZ 1989, 1113, 1115; BayObLG FamRZ 1997, 1426; BayObLG FamRZ 1998, 1325, 1326; OLG Düsseldorf NJW 1959, 391; OGHBrZ OGHZ 1, 198, 200 = NJW 1949, 64 = Rpfleger 1948/49, 273 = DNotZ 1951, 224; Dölle § 128 VI 6 c, aa; MünchKomm/Kroll-Ludwigs Rn 28; BeckOGK/Kilian [1. 11. 2019] Rn 33; NK-BGB/Fritsche Rn 14; Palandt/Götz Rn 6; Erman/Schulte-Bunert Rn 14; Gernhuber/Coester-Waltjen § 60 Rn 55; Weber MittBayNot 2018, 10).

46 Freilich darf diese Doppelbevollmächtigung des Notars nicht mit dem Schutzzweck des § 1828 BGB kollidieren, wonach dem Vormund das Letztentscheidungsrecht zusteht, ob er den Vertrag so, wie er genehmigt wurde, zustande kommen lassen will oder nicht (oben Rn 1). Dieses Recht des Vormunds ist grundsätzlich unverzichtbar (s OLG Hamm 31. 8. 2016 – 15 W 308/16, I-15 W 308/16, juris Rn 4, NotBZ 2017, 155 = FamRZ 2017, 480 [LS]; Palandt/Götz Rn 6, § 1829 Rn 4; Erman/Schulte-Bunert Rn 3; ausführlich § 1829 Rn 30). Ausfluss dieses Wahlrechts ist die Möglichkeit des Vormunds, nach Erhalt der Genehmigung durch die Mitteilung an den Geschäftspartner von ihr Gebrauch zu machen (§ 1829 Abs 1 S 2 BGB) oder durch mangelnde Mitteilung von dem Geschäft Abstand zu nehmen.

47 Umfasst nun die Vollmacht des Notars die Mitteilung an den Geschäftspartner, so ist prima facie die Wahlfreiheit des Vormunds gefährdet. Dieser Gefährdung kann er durch verschiedene Möglichkeiten begegnen: Er kann die dem Notar erteilte Vollmacht bis zu dessen Mitteilung nach § 1829 Abs 1 S 2 BGB widerrufen, diesen anweisen, dem Vertragspartner die Genehmigung erst nach gesonderter Zustimmung des Vormunds mitzuteilen, oder er kann seit der Kenntnisnahme von der Genehmigungsentscheidung eine bestimmte Zeit ohne Zustimmungsverweigerung verstreichen lassen (zu diesen Möglichkeiten BGH 2. 12. 2015 – XII ZB 283/15, juris Rn 36, FamRZ 2016, 296, 298 f = MittBayNot 2016, 418, 421 m krit Anm Volmer MittBayNot 2016, 422 Fn 4; zum Widerruf auch OLG Jena 8. 12. 2015 – 3 W 480/15, juris Rn 5, FamRZ 2016, 1196, 1197 f); letztere Möglichkeit wird freilich nur ausnahmsweise in Betracht kommen (ohne diese Einschränkung BGH 2. 12. 2015 – XII ZB 283/15, juris Rn 36, FamRZ 2016, 296, 298 f; MünchKomm/Wagenitz § 1829 Rn 15). Macht der Vormund von keiner dieser **drei Möglichkeiten** Gebrauch, bringt er damit nach Ansicht des BGH die Fortgeltung der Billigung des Vertrags hinreichend zum Ausdruck (BGH 2. 12. 2015 – XII ZB 283/15, juris Rn 35 f, FamRZ 2016, 296, 298 f m zust Anm Veit = MittBayNot 2016, 418, 421 m krit Anm Volmer).

48 Demnach muss der Vormund, will er das Wirksamwerden des Vertrags verhindern, seine Vertragstreue gegenüber dem Notar bzw dem Vertragspartner zum Ausdruck bringen, nicht aber der Notar sich vor dem Gebrauchmachen von der Doppelvollmacht beim Vormund erkundigen, ob dieser weiter auf der Vertragsdurchführung besteht (Volmer MittBayNot 2016, 422).

49 Kommt es während eines laufenden Genehmigungsverfahrens zu einem **Wechsel des Vormunds** (dazu oben Rn 37), so endet die vom bisherigen Vormund erteilte Doppelvollmacht mit dem Ende seines Amtes (dazu § 1793 Rn 124; DNotI-Report 2017, 121, 122). Mithin muss der neue Vormund dem Notar eine neue Doppelvollmacht erteilen, bevor dieser die Genehmigung dem anderen Vertragsteil mitteilt (DNotI-Report 2017, 121, 122).

bb) Reichweite

50 Unwirksam ist eine Klausel in einem notariellen Vertrag, wonach die Genehmigung des Familiengerichts mit ihrem Zugang an den Notar als wirksam erteilt gelten soll, weil sie auf einen unzulässigen Verzicht auf das Wahlrecht des Vormunds hinweist (RGZ 121, 30; BayObLGZ 2, 746 = OLGE 4, 114; OGHBrZ OGHZ 1, 198, 200 = Rpfleger 1948/49, 273 = DNotZ 1951, 224 = NJW 1949, 64; OLG Düsseldorf NJW 1959, 391; Dölle § 128 VI 6 a; BGB-RGRK/Dickescheid Rn 22; Soergel/Zimmermann Rn 16; Sonnenfeld/Zorn Rpfleger 2004, 533, 534; diff Weber DNotZ 2015, 498, 517).

51 Fraglich ist, ob der Vormund den Dritten, etwa den Notar, auch bevollmächtigen kann, den Genehmigungsbeschluss für den Mündel entgegenzunehmen. Dieser Beschluss ist nicht nur dem Vormund, sondern auch dem Mündel als demjenigen bekannt zu geben, für den das Rechtsgeschäft genehmigt wird (§ 41 Abs 3 FamFG; näher unten Rn 99 ff). Da der Vormund den Mündel im Verfahren vertritt, soweit dieser noch nicht verfahrensfähig ist (§ 9 Abs 2 FamFG), folgt aus seiner Vertretungsmacht auch grundsätzlich die Macht zur Erteilung einer Untervollmacht an den Notar, den Genehmigungsbeschluss nicht für ihn, sondern für den Minderjährigen entgegenzunehmen (Weber DNotZ 2015, 498, 513 f). Eine solche Möglichkeit scheidet freilich aus, wenn dem Vormund die Vertretungsmacht nach § 1796 BGB entzogen wurde.

52 Hat der Mündel allerdings das 14. Lebensjahr bereits vollendet und ist er nicht verfahrensunfähig, so ist ihm die Entscheidung selbst bekannt zu machen, damit er das ihm nach § 60 FamFG zustehende Beschwerderecht ausüben kann (§ 164 FamFG). Der Vormund hat mithin keine Befugnis, die gerichtliche Genehmigungsentscheidung für den Mündel entgegenzunehmen (näher unten Rn 102). Dann fehlt ihm aber auch die Befugnis, einen Dritten, etwa den Notar, mit der Entgegennahme der Genehmigungsentscheidung zu bevollmächtigen. Es bliebe dann allenfalls die Möglichkeit, dass der Mündel selbst den Dritten bevollmächtigt, was aber mit Blick auf den Schutzzweck des § 164 FamFG ebenfalls abgelehnt wird (Keidel/Engelhardt § 164 FamFG Rn 4; MünchKommFamFG/Schumann § 164 Rn 4; etwas anderes gilt dagegen für den Betreuten, für den eine dem § 164 FamFG entsprechende Regelung fehlt, Weber DNotZ 2015, 498, 513 f).

VII. Gegenstand und Umfang der gerichtlichen Genehmigung

1. Das einzelne Rechtsgeschäft

53 Die Genehmigung bezieht sich auf das einzelne Rechtsgeschäft. Hängen mehrere genehmigungsbedürftige Geschäfte wirtschaftlich zusammen, so muss für jedes Geschäft über die Erteilung oder Verweigerung der Genehmigung entschieden werden.

54 Die Reichweite der Genehmigung ist durch **Auslegung** zu ermitteln (s RGZ 59, 277, 279; OLG Hamm 18. 3. 2016 – 2 WF 170/15, juris Rn 48, Rpfleger 2016, 563, 567; MünchKomm/Kroll-Ludwigs Rn 7). Dies ist insbesondere bei wirtschaftlich zusammenhängenden Rechtsgeschäften relevant. So enthält etwa eine Genehmigung gemäß § 1822 Nr 3 BGB zum Eintritt eines Minderjährigen in eine Kommanditgesellschaft nicht ohne Weiteres auch die Genehmigung der Ermächtigung des Minderjährigen zum selbständigen Betrieb eines Erwerbsgeschäfts nach § 112 BGB (BFH NJW 1958, 1015; Soergel/Zimmermann Rn 13; MünchKomm/Kroll-Ludwigs Rn 8 aE; Erman/Schulte-Bunert Rn 6; BGB-RGRK/Dickescheid Rn 8; **aA** Schneider-Ludorff NJW 1958, 2136). Die Genehmigung zur Bestellung einer Grundschuld (§ 1821 Abs 1 Nr 1 BGB) erstreckt sich nicht ohne Weiteres auf die nach § 1822 Nr 8 BGB genehmigungsbedürftige Aufnahme des Kredites, den die Grundschuld sichern soll (OLG Celle NJW 1954, 1729 = NdsRpfl 1954, 64; BGB-RGRK/Dickescheid Rn 8; Soergel/Zimmermann Rn 13; Palandt/Götz Rn 13; MünchKomm/Kroll-Ludwigs Rn 8; Erman/Schulte-Bunert Rn 6).

55 Die Auslegung der Genehmigung wird dagegen häufig ergeben, dass bei einem engen rechtlichen und wirtschaftlichen Zusammenhang, der einen Geschäftsvorgang in seinen praktischen Auswirkungen für die Beteiligten als Einheit erscheinen lässt, mit dem obligatorischen auch das dingliche Geschäft – also etwa mit dem Kaufvertrag auch die Übereignung und umgekehrt, vorausgesetzt, dass der Kaufvertrag dem Gericht bekannt ist, oder mit der Sicherungsabrede auch die Bestellung der vereinbarten Sicherheit – als genehmigt anzusehen ist (KG JW 1937, 42; KGJ 28, A 7; KG RJA 3, 59; OLG Celle NJW 1954, 1729 = NdsRpfl 1954, 64; Soergel/Zimmermann Rn 13; MünchKomm/Kroll-Ludwigs Rn 8; Erman/Schulte-Bunert Rn 6).

2. Dem Gericht vorliegender Inhalt des Rechtsgeschäfts

56 Die Genehmigung umfasst das Rechtsgeschäft nur so, wie es dem Familiengericht unterbreitet wurde. Bei einem Vertrag ist der Inhalt der dem Gericht vorgelegten Vertragsurkunde in Verbindung mit den für einen solchen Vertrag geltenden Rechtsnormen maßgebend. Dagegen erstreckt sich die Genehmigung nicht auf Abreden, die dem Familiengericht unbekannt geblieben sind (RGZ 50, 281, 284; 61, 207, 209; 99, 72, 74; 114, 35, 38; 132, 76, 78; OGHBrZ OGHZ 2, 114, 121 f = JR 1950, 245; Dölle § 128 VI 2; Gernhuber/Coester-Waltjen § 60 Rn 46; BGB-RGRK/Dickescheid Rn 6; Palandt/Götz Rn 13; Soergel/Zimmermann Rn 12; MünchKomm/Kroll-Ludwigs Rn 9). Dies gilt selbst dann, wenn diese Abreden für den Mündel weder nachteilig noch riskant sind (MünchKomm/Kroll-Ludwigs Rn 9).

3. Nicht genehmigte, nichtige Teile eines Rechtsgeschäfts, Scheingeschäft

57 Die nicht genehmigten Teile eines Rechtsgeschäfts bleiben schwebend unwirksam; wird keine Genehmigung mehr erteilt, so sind sie endgültig unwirksam. Ob sich diese Rechtsfolge auch auf den bereits genehmigten Teil des Rechtsgeschäfts erstreckt, bestimmt sich nach **§ 139 BGB** (Gernhuber/Coester-Waltjen § 60 Rn 46; Palandt/Götz Rn 14; jurisPK-BGB/Lafontaine Rn 107; Erman/Schulte-Bunert Rn 5; **aA** MünchKomm/Wagenitz Rn 9). Dies gilt auch dann, wenn ein Rechtsgeschäft familiengerichtlich genehmigt wurde, ohne dass die Nichtigkeit eines Teils des Rechtsgeschäfts erkannt worden ist. Dieses Rechtsgeschäft wird durch den Wegfall des nichtigen Teils nicht zu einem anderen, nicht genehmigten; es muss also geprüft werden, ob der Rest gültig ist (BGH FamRZ 1954, 110 = JZ 1954, 512 = DNotZ 1954, 370; Dölle § 128 VI 2; BGB-RGRK/Dickescheid Rn 7; Soergel/Zimmermann Rn 20).

58 Hat das Familiengericht einen ihm vorgelegten Grundstückskaufvertrag, in dem der Kaufpreis unrichtig angegeben ist, genehmigt, so bezieht sich die Genehmigung nur auf diesen (als Scheingeschäft nach **§ 117 BGB** nichtigen) Vertrag, nicht auf den wirklich geschlossenen; dieser ist wegen Formmangels nach §§ 311b Abs 1 S 1, 125 BGB gleichfalls nichtig, und die Nichtigkeit kann auch nicht nach § 311b Abs 1 S 2 BGB durch Auflassung und Eintragung ins Grundbuch geheilt werden, weil es an der familiengerichtlichen Genehmigung fehlt (BayObLGZ 27, 208; RG SeuffA 81 Nr 191; vgl auch RGZ 137, 324, 352; MünchKomm/Kroll-Ludwigs Rn 9; Palandt/Götz Rn 13).

4. Materiell-rechtliche Mängel des Rechtsgeschäfts

59 Die Genehmigung des Familiengerichts vermag nur die Einschränkung der Vertretungsmacht des Vormunds durch den Genehmigungsvorbehalt, nicht aber sonstige materiell-rechtliche Mängel des Rechtsgeschäfts zu beseitigen (OLG Frankfurt 15. 5. 2018 – 20 W 38/18, juris Rn 12, Rpfleger 2018, 667, 668). Das Rechtsgeschäft kann also wegen Gesetzes- oder Sittenwidrigkeit (zur Möglichkeit, deswegen die Genehmigung zu versagen, s oben Rn 16 ff) oder infolge Anfechtung trotzdem unwirksam sein. Auch Mängel der Vertretungsmacht des Vormunds vermag die familiengerichtliche Genehmigung nicht zu beseitigen (OLG Frankfurt FPR 2013, 397, 399; FamRZ 2010, 1762 betr die Vertretungsmacht des Betreuers; Ott DNotZ 2017, 646, 648).

VIII. Wirkung der Genehmigung

1. Zeitpunkt der Genehmigung

a) Vorgenehmigung

60 Mit der Genehmigung wird die im Genehmigungsvorbehalt enthaltene Begrenzung der Vertretungsmacht des Vormunds (oben Rn 8) beseitigt (KG 11. 1. 2018 – 1 W 5/18, juris Rn 3, FamRZ 2018, 851 f). Wird die Genehmigung des Familiengerichts **vor Abschluss eines Rechtsgeschäfts** des Vormunds erteilt (sog Vorgenehmigung, Sonnenfeld/Zorn Rpfleger 2004, 533, 534), so wird dieser durch die Genehmigung nicht zu dessen Abschluss verpflichtet (RGZ 76, 364, 366); vielmehr bleibt ihm die Wahl, davon Gebrauch zu machen oder nicht (Erman/Schulte Bunert Rn 3; s auch oben Rn 1). Ist der Genehmigungsbeschluss rechtskräftig und damit nach § 40 Abs 2 FamFG wirksam geworden und schließt der Vormund danach einen Vertrag ab, so ist dieser auch dann wirksam, wenn dem Vertragspartner die Genehmigung nicht mitgeteilt worden ist (näher unter § 1829 Rn 4); § 1829 Abs 1 S 2 BGB ist nicht einschlägig, weil er nur den Fall erfasst, dass die familiengerichtliche Genehmigung nach Vertragsschluss des Vormunds erteilt wird (nachfolgende Rn).

b) Nachträgliche Genehmigung

Wird die Genehmigung des Familiengerichts nach Abschluss eines Rechtsgeschäfts erteilt, so ist zwischen einem einseitigen Rechtsgeschäft und einem Vertrag zu unterscheiden. Ein **einseitiges Rechtsgeschäft**, das der Vormund ohne die erforderliche Genehmigung des Familiengerichts vornimmt, ist unwirksam (§ 1831 BGB); hieran kann auch die nachträgliche Genehmigung nichts mehr ändern (§ 1831 Rn 2). **61**

Aber auch ein **Vertrag**, der vor der familiengerichtlichen Genehmigung abgeschlossen wurde, wird nicht ipso iure wirksam, sondern erst dann, wenn der Genehmigungsbeschluss rechtskräftig und damit nach § 40 Abs 2 FamFG wirksam geworden ist und die gerichtliche Entscheidung dem Vertragspartner vom Vormund mitgeteilt wird (§ 1829 Abs 1 S 2 BGB). Der Vormund behält also die Wahlfreiheit, dh die Möglichkeit, das Wirksamwerden des Vertrags noch zu verhindern (MünchKomm/Kroll-Ludwigs Rn 30). **62**

Teilt er die Genehmigung des Familiengerichts dem Vertragspartner mit, so wird damit das Rechtsgeschäft von Anfang an wirksam, dh die nachträgliche Genehmigung des Familiengerichts **wirkt** auf den Zeitpunkt der Vornahme des Rechtsgeschäfts **zurück**, soweit nicht etwas anderes bestimmt ist (RGZ 142, 59, 62 f; s § 1829 Rn 69). Damit werden aber keine genehmigungsfreien Verfügungen des Vormunds unwirksam, die dieser vor der Genehmigung über den Gegenstand des Rechtsgeschäfts getroffen hat oder die im Wege der Zwangsvollstreckung oder Arrestvollziehung oder durch den Insolvenzverwalter erfolgt sind (Mot IV 1155; Schultheis ZBlFG 3, 261, 263; Breit ZBlFG 4, 569, 592 f; Dölle § 128 VI 1; Palandt/Götz Rn 11; MünchKomm/Kroll-Ludwigs Rn 30). **63**

Es bleibt das Problem, ob die **Mitteilung an den Vertragspartner** erst erfolgen kann, wenn die formelle Rechtskraft des Genehmigungsbeschlusses eingetreten ist (Kölmel NotBZ 2010, 2, 4, 15; DNotI-Report 2009, 145, 151; MünchKomm/Kroll-Ludwigs Rn 31 u § 1829 Rn 13), oder schon ab Bekanntgabe des zwar erteilten, aber noch nicht wirksamen Genehmigungsbeschlusses an den Vormund (dafür Litzenburger RNotZ 2009, 380). Nach letztgenanntem Ansatz würde die Wirksamkeit des Vertrags unmittelbar, dh ohne erneute Mitteilung durch den Vormund, mit Wirksamwerden der Genehmigung rückwirkend eintreten. Hierfür spricht zwar der Wortlaut von § 1829 Abs 1 S 2 BGB, der keine zeitliche Reihenfolge vorgibt, dagegen allerdings der Normzweck des § 1829 BGB, wonach der Vormund die letzte Instanz ist, die über die Wirksamkeit des Rechtsgeschäfts entscheidet (DNotI-Report 2009, 145, 151; Kölmel NotBZ 2010, 2, 4); dieser Zweck lässt sich am umfassendsten erreichen, wenn nur die rechtswirksame Genehmigung oder Verweigerung dem Vertragspartner mitgeteilt wird (näher zu diesem Problem § 1829 Rn 22 ff; zum Reformbedarf Staudinger/Veit [2014] Rn 95). **64**

2. Genehmigung mit Bedingungen

65 Das Familiengericht kann die Genehmigung zu einem bestimmten Rechtsgeschäft nur erteilen oder verweigern, aber nicht rechtsgestaltend tätig werden. Der Vormund führt die Geschäfte des Mündels im Grundsatz selbständig, das Familiengericht hat ihn nur in seiner Amtsführung zu überwachen, kann aber nicht in die privatautonome Gestaltung seiner Rechtsgeschäfte eingreifen (Gernhuber/Coester-Waltjen § 60 Rn 62). Eine solche Rechtsgestaltung liegt aber dann vor, wenn die Genehmigung mit der **aufschiebenden Bedingung** einer Inhaltsänderung verbunden wird; darin liegt die Verweigerung einer nachgesuchten Genehmigung, verbunden mit der vorherigen Zustimmung für den Fall des Eintritts der Voraussetzung oder der Erfüllung der Bedingung (MünchKomm/Kroll-Ludwigs Rn 12 f; Erman/Schulte-Bunert Rn 10; Spanl/Imre, Vermögensverwaltung 48; Oberloskamp/Dürbeck, Vormundschaft § 9 Rn 123; Gernhuber/Coester-Waltjen § 60 Rn 62 spricht nicht von „Bedingung", sondern von „Vorbehalt"). Mit Blick auf die Gestaltungsfreiheit des Vormunds kommt eine solche Bedingung nur ausnahmsweise in Betracht, soweit das Familiengericht annehmen kann, dass das andere, der Bedingung entsprechende Geschäft „im großen und ganzen auf der Linie der Intentionen des Vormunds liegt" (MünchKomm/Kroll-Ludwigs Rn 12; weitergehend BayObLG FamRZ 1974, 320, 321; Gernhuber/Coester-Waltjen § 60 Rn 62 f; Palandt/Götz Rn 11; Erman/Schulte-Bunert Rn 11; jurisPK-BGB/Lafontaine Rn 112).

66 Dagegen wäre es (entgegen dem zu weitgefassten Leitsatz der Entscheidung des KG in JFG 15, 130) nicht zulässig, die Genehmigung von sonstigen künftigen und ungewissen Umständen abhängig zu machen, da dies zu einer unerträglichen Rechtsunsicherheit führen würde. In einem strengen Sinn ist also die familiengerichtliche Genehmigung (wie es das KG in OLGE 24, 56, 59 für die rechtsgeschäftliche Genehmigung sagt) ein **bedingungsfeindliches** Rechtsgeschäft.

67 Aus Gründen der Rechtssicherheit ist die Verknüpfung der Genehmigung mit einer **auflösenden Bedingung** unzulässig, weil ansonsten ungewiss bliebe, ob es bei den Wirkungen des genehmigten Geschäfts bleibt oder nicht; das Gleiche gilt für die Verknüpfung der Genehmigung mit einer von vornherein unerfüllbaren Bedingung (RGZ 85, 416, 421; KG OLGE 16, 25; 24, 56, 58 f; KG JFG 15, 128, 130 = JW 1937, 1551; OLG München JFG 23, 275, 278; BayObLG FamRZ 1974, 34, 35 = BayObLGZ 1973, 188, 190; BayObLG FamRZ 1974, 320, 321; Enneccerus/Kipp § 115 VI 7 Fn 43; Dölle § 128 VI 1; Gernhuber/Coester-Waltjen § 60 Rn 63; BGB-RGRK/Dickescheid Rn 19; Oberloskamp/Dürbeck, Vormundschaft § 9 Rn 123; Palandt/Götz Rn 11; Erman/Schulte-Bunert Rn 10; Soergel/Zimmermann Rn 15).

3. Genehmigung unter Auflagen

68 Unzulässig ist auch die Verknüpfung einer Genehmigung mit einer Auflage, deren Einhaltung nicht Wirksamkeitsvoraussetzung für die Genehmigung ist, aber mit Zwangsgeld (§ 1837 Abs 3 BGB) durchgesetzt werden soll (dafür aber BayObLGZ 22, 325, 331; KG JW 1935, 1440; Enneccerus/Kipp § 115 VI 7 Fn 43; Dölle § 128 VI 1; BGB-RGRK/Dickescheid Rn 19 aE), wenn diese Auflage dem Zweck dient, den Inhalt der uneingeschränkten Genehmigung zu modifizieren oder den Vormund unabhängig von den Voraussetzungen des § 1837 Abs 2 S 1 BGB zu einem bestimmten Verhalten zu nötigen (s Gernhuber/Coester-Waltjen § 60 Rn 63; Erman/Schulte-Bunert

Rn 10; SOERGEL/ZIMMERMANN Rn 15; MünchKomm/KROLL-LUDWIGS Rn 13). Eine solche Entscheidung ist schon in sich widersprüchlich und deshalb nicht wirksam (MünchKomm/KROLL-LUDWIGS Rn 13; GERNHUBER/COESTER-WALTJEN § 60 Rn 63).

Zulässig erscheint allenfalls eine zugleich mit der Genehmigung zu treffende Anordnung nach § 1837 Abs 2 S 1 BGB, wenn die Voraussetzungen dieser Bestimmung gegeben sind (ERMAN/SCHULTE-BUNERT Rn 10; ähnlich BGB-RGRK/DICKESCHEID Rn 19 aE). 69

IX. Verweigerung der Genehmigung, Negativattest, vorsorgliche Genehmigung

1. Verweigerung der Genehmigung

Was in § 1828 BGB zu der Genehmigung gesagt ist, gilt auch für deren Verweigerung; auch diese kann nur dem Vormund, nicht dem anderen Vertragsteil gegenüber rechtswirksam erklärt werden. Sie wird wirksam mit Bekanntgabe an den Vormund als den Beteiligten, für den sie ihrem wesentlichen Inhalt nach bestimmt ist (§§ 40 Abs 1, 41 Abs 1 FamFG; zum alten Recht BREIT ZBlFG 4, 473, 481; Mot IV 1153 f), sowie dem Eintritt der Rechtskraft (§ 40 Abs 2 S 1 FamFG; diese Norm findet nach ihrem Zweck sowohl auf einen die Genehmigung erteilenden als auch einen diese versagenden Beschluss Anwendung, KEIDEL/MEYER-HOLZ § 40 FamFG Rn 27). 70

Eine Doppelvollmacht (s oben Rn 45 ff) umfasst in der Regel keine Vollmacht zur Entgegennahme und Weiterleitung eines Beschlusses, mit dem das Familiengericht die Genehmigung versagt. Eine solche einschränkende Auslegung der von beiden Teilen erteilten Vollmacht ist deshalb gerechtfertigt, weil es nicht im Interesse der Vertragschließenden liegen kann, auf diesem kurzen Weg die Unwirksamkeit des Vertrags herbeizuführen; dem Vormund oder Pfleger würde durch das vom Bevollmächtigten vorgenommene Insichgeschäft der Weg verbaut, die Genehmigung doch noch über die Beschwerdeinstanzen zu erreichen (OLG München JFG 23, 346, 347 f; BayObLG Rpfleger 1988, 482 = FamRZ 1988, 1321 [LS]; SOERGEL/ZIMMERMANN Rn 16; s auch BGB-RGRK/DICKESCHEID Rn 26; ERMAN/SCHULTE-BUNERT Rn 15; PALANDT/GÖTZ Rn 15). 71

2. Negativattest

Der Bescheid des Familiengerichts, ein bestimmtes Rechtsgeschäft bedürfe keiner familiengerichtlichen Genehmigung, das sog Negativattest, **steht der Genehmigung nicht gleich** (BGHZ 44, 325 = FamRZ 1966, 139, 141 = NJW 1966, 652 = JZ 1966, 193 = DNotZ 1966, 611 = Rpfleger 1966, 79). Der BGH betont den Unterschied zwischen den – im öffentlichen Recht zum Teil ausdrücklich geregelten – Fällen, in denen es um die Wahrnehmung öffentlicher Interessen geht, und dem Erfordernis der familiengerichtlichen Genehmigung, das dem Schutz der Interessen des Mündels dient. Bei der Ausstellung eines Negativattests ist die Prüfung dieser privaten Interessen nicht erforderlich, und sie findet meist auch nicht statt; deshalb hat die Aussage des Familiengerichts, dass das zur Prüfung vorgelegte Rechtsgeschäft nicht der Genehmigung bedürfe, nur die Genehmigungsbedürftigkeit eines Rechtsgeschäfts zum Gegenstand, nicht aber dessen Genehmigungsfähigkeit, enthält also auch keine Feststellung des Inhalts, dass die schutzwürdigen Interessen des Mündels geprüft und für nicht gefährdet befunden worden sind. Das Interesse des Geschäftspartners, in seinem Vertrauen auf die Wirksamkeit des Rechtsgeschäfts geschützt zu werden, muss hinter diesem Interesse des 72

Mündels zurücktreten (Gernhuber/Coester-Waltjen § 60 Rn 64; BGB-RGRK/Dickescheid Rn 16; Soergel/Zimmermann Rn 18; Erman/Schulte-Bunert Rn 15; MünchKomm/Kroll-Ludwigs Rn 23; jurisPK-BGB/Lafontaine Rn 113; ebenso schon KG JW 1934, 3070 = HRR 1934 Nr 1536 m krit Anm Edlinger; KG JW 1935, 545; BayObLGZ 1964, 240, 242 f = FamRZ 1964, 526, 527 f; BayObLG FamRZ 1974, 320, 321 f; **aA** noch Schantz JW 1936, 628; Bergerfurth NJW 1956, 289; Müller JR 1962, 441).

73 Das Negativattest hat keine Auswirkungen auf das Rechtsgeschäft; es bindet auch nicht das Streitgericht. Da es nicht die Tatbestandswirkung einer Genehmigung hat, kann auch bei Vorliegen eines Negativattests im Rechtsstreit geltend gemacht werden, ein Rechtsgeschäft, dessen Genehmigungsbedürftigkeit das Familiengericht verneint hat, habe doch der Genehmigung bedurft und sei, da sie fehle, unwirksam. Die darin liegende Gefahr divergierender Entscheidungen erscheint zwar unbefriedigend, erklärt sich aber daraus, dass der Geschäftsgegner nicht Beteiligter des Genehmigungsverfahrens ist (jurisPK-BGB/Lafontaine Rn 119; näher unten Rn 86). Das Negativattest begründet aber die „tatsächliche Vermutung" dafür, dass das Rechtsgeschäft genehmigungsfrei ist (LG Meiningen FamRZ 2008, 1375) und kann den Vormund gegen Schadensersatzansprüche absichern (MünchKomm/Kroll-Ludwigs Rn 23).

74 Das Grundbuchamt ist an ein Negativattest nicht gebunden (OLG Zweibrücken NJW-RR 1999, 1174).

3. Vorsorgliche Genehmigung

75 Umstritten ist die Frage, inwieweit das Gericht die Möglichkeit hat, dann, wenn die Genehmigungsbedürftigkeit zweifelhaft ist, die Voraussetzungen für eine Genehmigung aber vorliegen, eine vorsorgliche Genehmigung zu erteilen (dafür BayObLGZ 1963, 1, 9; OLG Düsseldorf JMBlNRW 1960, 101; Soergel/Zimmermann Rn 18; Oberloskamp/Dürbeck, Vormundschaft § 9 Rn 120; Hoppenz/Rohde Rn 14 aE; **aA** BGB-RGRK/Dickescheid Rn 16 aE; Erman/Schulte-Bunert Rn 12; Palandt/Götz Rn 16; MünchKomm/Kroll-Ludwigs Rn 24, deren Hinweis auf die Unsicherheit, ob der Vormund in den Fällen, um die es praktisch geht, das schon geschlossene Geschäft noch vereiteln kann, keine Rolle spielen dürfte).

76 Wenn verlangt wird, der Familienrichter müsse sich entscheiden, ob er das Rechtsgeschäft für genehmigungsbedürftig hält oder nicht, und sich dann über die Genehmigung schlüssig werden (so BGB-RGRK/Dickescheid Rn 16 aE), so wird damit ohne Not in Fällen, in denen der Familienrichter an der Genehmigungsbedürftigkeit des Geschäfts zweifelt, den Beteiligten, die auf die Wirksamkeit des Vertrags vertrauen, ein Risiko aufgebürdet.

X. Verfahren

1. Zuständigkeit

77 Über die Genehmigung entscheidet das Familiengericht; funktionell zuständig ist der **Rechtspfleger** (§§ 3 Nr 2 Buchst a, 14 RPflG), nachdem das Betreuungsgesetz den Richtervorbehalt des früheren § 14 Nr 9 RPflG aufgehoben hat.

2. Einleitung des Genehmigungsverfahrens

Die Entscheidung des Familiengerichts über Erteilung oder Verweigerung der Genehmigung ist nicht von einem förmlichen, im Gesetz vorgesehenen **Antrag** abhängig (Schmid ZBlFG 3, 266, 271; Enneccerus/Kipp § 115 VI 2; Dölle § 128 VI 5 a; BGB-RGRK/Dickescheid Rn 12; BayObLGZ 1964, 240, 246 = FamRZ 1964, 526, 528). Zwar regelt der seit dem 1. 1. 2013 geltende § 63 Abs 2 Nr 2 FamFG (BGBl I 2012, 2418) die Beschwerdefrist für „Entscheidungen über Anträge auf Genehmigung", woraus sich ableiten ließe, dass für alle Verfahren, die von dieser Norm erfasst werden – etwa solche nach §§ 1812, 1829–1822, 1824 BGB (Bork/Jacoby/Schwab/Müther § 63 FamFG Rn 6.1; MünchKommFamFG/Fischer § 63 Rn 6) – ein Antragserfordernis besteht (so Seggewisse/Weber BtPrax 2017, 229, 230). Gleichwohl wird auch heute noch überwiegend davon ausgegangen, dass zur Einleitung des Genehmigungsverfahrens kein Antrag erforderlich ist, sondern es sich vielmehr um ein Amtsverfahren iSv § 24 FamFG handelt (Palandt/Götz Rn 17; MünchKomm/Kroll-Ludwigs Rn 33; krit jurisPK-BGB/Lafontaine Rn 8) und der Antrag rechtlich nur eine Anregung darstellt (Oberloskamp/Dürbeck, Vormundschaft § 9 Rn 115; Wesche RpflStud 2015, 114). 78

Das bedeutet aber nicht, dass das Familiengericht **von Amts wegen** allein deshalb ein Genehmigungsverfahren einleiten und durchführen muss, weil es etwa durch Anregung Dritter oder anlässlich der Prüfung einer Jahresabrechnung des Vormunds (Oberloskamp/Dürbeck, Vormundschaft § 9 Rn 115) Kenntnis von einem beabsichtigten Rechtsgeschäft erlangt. Vielmehr muss es sich dann durch Nachfrage beim Vormund erkundigen, ob er nach wie vor das Rechtsgeschäft wirksam werden lassen will oder nicht (Oberloskamp/Dürbeck Vormundschaft § 9 Rn 115). Jedes andere Ergebnis würde dem Grundsatz der selbständigen Amtsführung durch den Vormund zuwiderlaufen (jurisPK-BGB/Lafontaine Rn 8; Erman/Schulte-Bunert Rn 11a). 79

Das Familiengericht darf deswegen auch **nicht gegen den Willen des Vormunds** eine Genehmigung erteilen, wenn es etwa auf Anregung Dritter (dazu unten Rn 82) von einem Vertrag Kenntnis erlangt, den es als für den Mündel günstig ansieht, den der Vormund aber nicht (mehr) wirksam werden lassen will (vgl KG Recht 1920 Nr 922 = KGJ 52, A 43, 45; BGH DNotZ 1967, 320; BayObLG FamRZ 1977, 141, 144; MünchKomm/Kroll-Ludwigs Rn 33; jurisPK-BGB/Lafontaine Rn 8; Palandt/Götz Rn 17; Erman/Schulte-Bunert Rn 11a; Oberloskamp/Dürbeck, Vormundschaft § 9 Rn 115; BGB-RGRK/Dickescheid Rn 12; Gernhuber/Coester-Waltjen § 60 Rn 58; **aA** NK-BGB/Fritsche Rn 12; Soergel/Zimmermann Rn 21). Die Erteilung der Genehmigung für ein vom Vormund nicht mehr gewünschtes Geschäft stellt einen Eingriff in dessen Amtsführung dar und kann diese behindern, etwa wenn er für ein inhaltlich verändertes Geschäft die Genehmigung erstrebt und nun dem Gericht ansinnen muss, seine Entscheidung zu ändern, oder wenn er aufgrund der erteilten Genehmigung vom Geschäftspartner unter Druck gesetzt wird (MünchKomm/Kroll-Ludwigs Rn 33). Das Familiengericht sollte sich also, wenn kein Antrag oder Ersuchen des Vormunds vorliegt, stets vergewissern, ob die Genehmigung des Rechtsgeschäfts dem Willen des Vormunds entspricht. Auch wenn dies nicht der Fall ist, ist eine dennoch erteilte Genehmigung trotzdem nicht unwirksam (Breit ZBlFG 4, 473, 475). 80

Die **Versagung** der familiengerichtlichen Genehmigung kann dagegen auch dann ausgesprochen werden, wenn der Vormund eine Genehmigung nicht für erforderlich 81 hält und deshalb nicht darum gebeten hat (KG OLGZ 1976, 302 = NJW 1976, 1946 [LS]; Soergel/Zimmermann Rn 21); das Familiengericht hat im Rahmen der ihm obliegenden Aufsicht (§ 1837 Abs 2 BGB) auch dafür zu sorgen, dass der Vormund seine – durch das Erfordernis der Genehmigung bestimmter Geschäfte beschränkte – Vertretungsbefugnis nicht überschreitet (MünchKomm/Kroll-Ludwigs Rn 33 aE; Erman/Schulte-Bunert Rn 11a).

82 Ein **Dritter**, etwa der Vertragspartner, kann das Genehmigungsverfahren anregen, wird dadurch aber nicht Verfahrensbeteiligter iSv § 7 Abs 1 FamFG und hat auch keinen Anspruch auf Bescheidung (s unten Rn 86; Palandt/Götz Rn 17; Erman/Schulte-Bunert Rn 11a).

Bei den Beratungen der II. Kommission wurde die Frage, ob auch der Dritte um die Genehmigung des Familiengerichts mit der Wirkung nachsuchen könne, dass die ihm gegenüber erfolgte Erteilung der Genehmigung die Wirksamkeit des Vertrags zur Folge hätte, von mehreren Seiten verneint; dem Dritten sei es natürlich unbenommen, die Erteilung der Genehmigung beim Familiengericht anzuregen; ein Anrecht, einen Bescheid zu erhalten, habe er jedoch nicht. Die Entscheidung dieser Frage wurde dem Gesetz über die Angelegenheiten der freiwilligen Gerichtsbarkeit vorbehalten, bei der Beratung dieses Gesetzes aber nicht weiter berührt (Prot IV 798; Breit ZBlFG 4, 473, 475).

83 Tritt nach dem Abschluss eines Vertrags, der der Genehmigung des Familiengerichts bedarf, ein **Wechsel in der Person des Vormunds** ein, so ist es Sache des neuen Vormunds, die Genehmigung herbeizuführen; der frühere Vormund ist dazu nicht mehr befugt (und die Entscheidung des Gerichts ist dem neuen Vormund bekannt zu machen, DNotI-Report 2017, 121, 122; s oben Rn 37).

3. Beteiligte nach § 7 FamFG

84 Beteiligt am Genehmigungsverfahren ist zum einen der **Vormund**, der um die Genehmigung jeweils nachsucht. Da es sich bei diesem Verfahren um ein Amtsverfahren handelt, ist er nach § 7 Abs 2 Nr 1 FamFG als Beteiligter zum Verfahren hinzuzuziehen.

85 Das Gleiche gilt für den von ihm vertretenen **Mündel**. Dies ergibt sich nicht zuletzt aus § 41 Abs 3 FamFG, wonach der Beschluss, der die Genehmigung eines Rechtsgeschäfts zum Gegenstand hat, auch demjenigen bekannt zu machen ist, für den das Rechtsgeschäft genehmigt wurde. Zwar könnte man aus dieser Norm zunächst ableiten, dass der Vertretene gerade kein Muss-Beteiligter iSv § 7 Abs 2 Nr 1 FamFG ist, weil es des § 41 Abs 3 FamFG nicht bedurft hätte, wenn man den Vertretenen immer als Muss-Beteiligten ansehen würde (insoweit zu Recht Harders DNotZ 2009, 725, 729). Zu berücksichtigen bleibt jedoch, dass der Gesetzgeber mit § 41 Abs 3 FamFG dem Umstand Rechnung tragen wollte, dass der Rechtsinhaber selbst von der Entscheidung frühzeitig Kenntnis erlangt und fristgerecht Rechtsmittel einlegen kann (BT-Drucks 16/6308, 197); zugleich sollten mit der Norm Widersprüche zu § 1828 BGB vermieden werden, der nur eine Bekanntgabe der Genehmigung gegenüber dem Vormund vorsieht (BT-Drucks 16/6308, 197). Bedenkt man, dass diese materiell-rechtliche Norm um die verfahrensrechtliche des § 40 FamFG zu ergänzen ist, die die

Bekanntgabe an die Beteiligten voraussetzt, zu denen auch der Vertretene gehört, so besteht auch kein Widerspruch zwischen Verfahrens- und materiellem Recht (MünchKommFamFG/Ulrici § 41 Rn 14). Würde man anders entscheiden und den Mündel nicht als Muss-Beteiligten ansehen, so könnte im Extremfall die Bekanntgabe nach § 41 Abs 3 FamFG erst zu einem Zeitpunkt erfolgen, zu dem die Rechtsmittelfristen für die förmlich Beteiligten bereits abgelaufen sind, mit der Folge, dass die Rechtsmittelfrist faktisch für ihn leerläuft. Will man dies vermeiden, so muss auch der Mündel am Verfahren selbst beteiligt werden (Harders DNotZ 2009, 725, 730; Sorg BWNotZ 2010, 107, 114; s auch Schael FamRZ 2009, 265, 266; MünchKommFamFG/Ulrici § 41 Rn 14; Bork/Jacoby/Schwab/Bartels/Elzer § 41 FamFG Rn 32; Oberloskamp/Dürbeck, Vormundschaft § 10 Rn 119; **aA** Weber DNotZ 2015, 498, 500 Fn 12).

Kein Beteiligter ist der **Vertragspartner**, weil seine Rechtsposition nicht unmittel- 86
bar, sondern nur mittelbar durch die familiengerichtliche Entscheidung berührt wird (Jacoby FamRZ 2007, 1703, 1704 f; Litzenburger RNotZ 2010, 32, 33; MünchKommFamFG/Pabst § 7 Rn 7; Keidel/Zimmermann § 7 FamFG Rn 13).

4. Amtsermittlungspflicht des Gerichts

Das Familiengericht muss von Amts wegen die für die Genehmigung oder ihre 87
Versagung relevanten Tatsachen ermitteln (§ 26 FamFG). Die Ermittlungspflicht bezieht sich insbesondere auf den wesentlichen Inhalt des zu genehmigenden Rechtsgeschäfts, den das Familiengericht kennen muss, wenn es zu prüfen hat, ob das geschlossene oder geplante Geschäft dem Wohl des Mündels dient (RGZ 148, 385; s zur Aufklärung des Sachverhalts ferner KGJ 52, A 50; KG FamRZ 1963, 467, 468).

5. Anhörungen

Das Familiengericht soll vor seiner Entscheidung den **Gegenvormund** hören, sofern 88
ein solcher vorhanden ist und die Anhörung tunlich ist (§ 1826 BGB).

Unter den Voraussetzungen des § 159 FamFG hört es den **Mündel** an; dabei kann es 89
in Verfahren, die ausschließlich das Vermögen des Kindes betreffen, von der persönlichen Anhörung eines über 14-jährigen Mündels absehen, wenn eine solche nach der Art der Angelegenheit nicht angezeigt ist (§ 159 Abs 1 S 2 FamFG), wie etwa in Genehmigungsverfahren nach § 1812 BGB (s Wesche Rpfleger 2010, 403, 404).

Weiter soll das Familiengericht in wichtigen Angelegenheiten **Verwandte und Ver-** 90
schwägerte des Mündels hören, wenn dies ohne erhebliche Verzögerung und ohne unverhältnismäßige Kosten geschehen kann **(§ 1847 BGB)**.

Unter den Voraussetzungen der §§ 160–162 FamFG sind **Herkunftseltern, Pflegeel-** 91
tern, bei denen der Mündel seit längerer Zeit lebt, sowie das **Jugendamt** anzuhören. In allen Fällen muss es sich aber um Verfahren handeln, die die Person des Kindes betreffen, also jeweils um eine Kindschaftssache iSv § 151 Nrn 1–5, 8 FamFG, die nicht ausschließlich vermögensrechtlicher Art ist (BGH FamRZ 2011, 1788, 1791 Rn 29; BGH FamRZ 2012, 436, 437 Rn 9; BGH NJW 2012, 685, 686 Rn 10; Keidel/Engelhardt § 158 FamFG Rn 4; MünchKommFamFG/Schumann § 160 Rn 5). Hierunter fallen etwa Genehmigungsverfahren nach § 1822 Nr 6 oder 7 BGB (Lehr-, Dienst- oder Arbeitsver-

hältnis) oder solche nach § 1823 BGB (Beginn oder Auflösung eines Erwerbsgeschäfts des Mündels; Zorn Rpfleger 2009, 421, 429; Oberloskamp/Dürbeck, Vormundschaft § 9 Rn 119; Erman/Schulte-Bunert Rn 11c).

6. Verfahrensbeistand

92 In den in Rn 91 genannten Verfahren, die die Person des Mündels betreffen, ist unter den Voraussetzungen des § 158 FamFG ein Verfahrensbeistand zum Zweck der Bekanntgabe des gerichtlichen Beschlusses zu bestellen; s weiter unten Rn 100.

7. Entscheidungsreife, Vorbescheid

a) Entscheidungsreife

93 Ist das Rechtsgeschäft genehmigungspflichtig und liegen die Voraussetzungen für eine Genehmigung vor, so muss das Gericht eine Entscheidung treffen. Solange noch keine **Entscheidungsreife** besteht, kann auch keine Genehmigung in Aussicht gestellt werden (MünchKomm/Kroll-Ludwigs Rn 14).

b) Vorbescheid

94 Unter der Geltung der §§ 18, 55, 62 FGG bestand mit Blick auf den Grundsatz des rechtlichen Gehörs die Notwendigkeit, den Beteiligten vor Erlass der Genehmigungsentscheidung durch einen rechtsmittelfähigen Vorbescheid die Möglichkeit zu geben, gegen eine beabsichtigte Genehmigung oder Verweigerung derselben ein Rechtsmittel einzulegen, um noch eine Änderung der beabsichtigten Entscheidung zu erreichen. Eine solche Änderung war dem Vormundschaftsgericht nach § 55 FGG insoweit nicht mehr möglich, als die Genehmigung oder Verweigerung einem Dritten gegenüber wirksam geworden war; das Gleiche galt für das Beschwerdegericht (§ 62 FGG; näher Staudinger/Engler [2004] Rn 56 f).

95 Mit Beschluss vom 18. 1. 2000 hat das Bundesverfassungsgericht beide Normen für mit Art 19 Abs 4 GG unvereinbar (nicht für nichtig) erklärt, soweit sie den in ihren Rechten Betroffenen jede Möglichkeit verwehren, Entscheidungen des Rechtspflegers der Prüfung durch den Richter zu unterziehen. Bis zu einer Neuregelung durch den Gesetzgeber sei das Vormundschaftsgericht (der Rechtspfleger) von Verfassungs wegen verpflichtet, vor Erlass einer in den Anwendungsbereich der §§ 62, 55 FGG fallenden Verfügung diese durch einen **beschwerdefähigen Vorbescheid** anzukündigen, wenn erkennbar sei, dass die beabsichtigte Entscheidung Rechte Dritter berühre, denen sonst der Rechtsweg gegen die Entscheidung selbst – jedenfalls faktisch – versperrt wäre (BVerfGE 101, 397 = FamRZ 2000, 731, 734 = Rpfleger 2000, 205 = JZ 2000, 783 m Anm Hess u Vollkommer; dazu Pawlowski JZ 2000, 913; Eickmann Rpfleger 2000, 245; Sonnenfeld Rpfleger 2000, 246; Dümig Rpfleger 2000, 248 u Rpfleger 2001, 469; s auch OLG Schleswig Rpfleger 2000, 496; OLG Dresden FamRZ 2001, 1307; BayObLG Rpfleger 2003, 361; BayObLG Rpfleger 2003, 82 m Anm Zorn).

96 Mit Wirkung vom 1. 9. 2009 ist die Notwendigkeit und Möglichkeit, einen Vorbescheid zu erlassen, weggefallen (KG FamRZ 2010, 1170, 1171 Rn 13; Zorn Rpfleger 2009, 421, 431; MünchKomm/Kroll-Ludwigs Rn 14). Nach § 40 Abs 2 FamFG wird ein Beschluss, der die Genehmigung eines Rechtsgeschäfts zum Gegenstand hat, dh sowohl der Genehmigungsbeschluss als auch der Beschluss, mit dem die Genehmigung verwei-

gert wird (Zorn Rpfleger 2009, 421, 431), erst mit Rechtskraft wirksam; zudem ist ein solcher Beschluss nicht nur dem Vormund, sondern nach § 41 Abs 3 FamFG auch dem Mündel selbst bekannt zu geben, damit er die Möglichkeit hat, Rechtsmittel einzulegen (Erman/Schulte-Bunert Rn 13).

8. Bekanntgabe des Beschlusses

Das Gericht entscheidet über die Genehmigung durch Beschluss (§ 38 Abs 1 FamFG), der grundsätzlich zu begründen und zu unterschreiben ist (§ 38 Abs 3 S 1 und 2 FamFG). Er ist den Beteiligten bekannt zu geben (§ 41 Abs 1 S 1 FamFG). 97

a) Bekanntgabe gegenüber dem Vormund

Beteiligter ist auf jeden Fall der Vormund, der um die Genehmigung nachgesucht hat, zwar nicht nach § 7 Abs 1 FamFG, weil das Genehmigungsverfahren kein Antragsverfahren ist (näher unter Rn 78 ff), wohl aber nach § 7 Abs 2 Nr 1 FamFG als hinzugezogener Beteiligter (so auch MünchKomm/Kroll-Ludwigs Rn 38). 98

b) Bekanntgabe gegenüber dem Mündel (§ 41 Abs 3 FamFG)

aa) Mündel, die das 14. Lebensjahr noch nicht vollendet haben oder geschäftsunfähig sind

Wird der Mündel nach § 7 Abs 2 Nr 1 FamFG formell beteiligt, ist auch ihm der Beschluss nach §§ 40 Abs 1, 41 Abs 1 FamFG bekannt zu geben. Ansonsten ist der Genehmigungsbeschluss ihm aber auf jeden Fall nach § 41 Abs 3 FamFG als demjenigen bekannt zu geben, für den das Rechtsgeschäft genehmigt wird. Da er nicht verfahrensfähig ist – es greift auch für den beschränkt Geschäftsfähigen keine der in § 9 Abs 1 FamFG enthaltenen Ausnahmen: Weder ist er nach bürgerlichem Recht für den Gegenstand des Verfahrens als geschäftsfähig anerkannt (s Nr 2), noch geht es um ein Verfahren, das die Person des beschränkt Geschäftsfähigen betrifft (s Nr 3) –, handelt für ihn der gesetzliche Vertreter (§ 9 Abs 2 FamFG). Dies ist beim Mündel der Vormund, es sei denn, man schließt diese Möglichkeit allein schon deswegen aus, weil ansonsten § 41 Abs 3 FamFG überflüssig wäre (Heinemann DNotZ 2009, 6, 17; weitere Nachw in § 1796 Rn 36 ff), und verlangt wegen Vorliegens der Voraussetzungen von § 1796 Abs 2 BGB entweder die Bestellung eines Ergänzungspflegers (OLG Celle ZErb 2011, 198 = Rpfleger 2011, 436; Sorg BWNotZ 2010, 107, 115; Heggen NotBZ 2010, 393, 396 f) oder eines Verfahrensbeistands, demgegenüber die Zustellung der Genehmigung erfolgen muss (Litzenburger RNotZ 2010, 32, 34; MünchKommFamFG/Ulrici § 41 Rn 16; § 1796 Rn 38 mwNw). Letzterenfalls bedarf es der Bekanntgabe des Beschlusses gegenüber dem Ergänzungspfleger oder dem Verfahrensbeistand. 99

Dabei scheidet aber die Bestellung eines Verfahrensbeistands als milderes Mittel gegenüber der Ergänzungspflegerbestellung meist aus, weil sich diese idR ausschließlich auf das Vermögen des Mündels bezieht, § 158 Abs 1 FamFG aber auf Kindschaftssachen beschränkt ist, die die Person des minderjährigen Kindes betreffen (insoweit zu Recht KG FamRZ 2010, 1171, 1172; OLG Celle Rpfleger 2011, 436 [jeweils Erbausschlagung]; Keidel/Meyer-Holz § 41 FamFG Rn 4a aE; MünchKomm/Kroll-Ludwigs Rn 39; Kölmel NotBZ 2010, 2, 5 f; s auch § 1796 Rn 30 f); eine Ausnahme ist uU in den Fällen von § 1822 Nrn 3, 6 und 7 BGB denkbar (dazu § 1822 Rn 34 ff, 128 ff). Etwas anderes würde nur dann gelten, wenn man für eine analoge Anwendung von § 158 FamFG in vermögensrechtlichen Angelegenheiten plädieren würde (Kölmel MittBayNot 2011, 190, 100

195; Erman/Schulte-Bunert Rn 11c; dagegen aber Weber DNotZ 2015, 498, 501; MünchKomm/Kroll-Ludwigs Rn 39; weitere Nachweise in § 1796 Rn 31).

101 Soweit es um die Bestellung eines Ergänzungspflegers geht, lässt sich allerdings weder aus § 1796 BGB ein genereller Interessengegensatz noch aus § 41 Abs 3 FamFG ein generelles Vertretungsverbot für den gesetzlichen Vertreter ableiten. Vielmehr bedarf es der Bestellung eines Ergänzungspflegers nur dann, wenn die Voraussetzungen des § 1796 Abs 2 BGB vorliegen, also im konkreten Einzelfall ein erheblicher Gegensatz zwischen den Interessen des die Genehmigung beantragenden gesetzlichen Vertreters und denen des Minderjährigen besteht und deswegen die Vertretungsmacht zur Wahrnehmung der Verfahrensrechte des Kindes zu entziehen ist. Soweit ein solcher Gegensatz dagegen nicht festgestellt werden kann und auch kein Vertretungsausschluss nach § 1795 BGB eingreift, kann der Genehmigungsbeschluss dem Minderjährigen dadurch bekannt gegeben werden, dass er dem gesetzlichen Vertreter zugestellt wird, der dann auch über die Einlegung eines Rechtsmittels entscheidet (BGH 3. 4. 2019 – XII ZB 359/17, juris Rn 7, 9, FamRZ 2019, 986, 987 m Anm Münch = FG-Prax 2019, 130 m Anm Ulrici; in diese Richtung schon in einem obiter dictum BGH 2. 12. 2015 – XII ZB 283/15, juris Rn 20, FamRZ 2016, 296, 297 m zust Anm Veit; BGH 12. 2. 2014 – XII ZB 592/12, juris Rn 13 ff, FamRZ 2014, 640, 641 m krit Anm Zorn; OLG Brandenburg ZEV 2011, 594 f; Keidel/Meyer-Holz § 41 FamFG Rn 4a; MünchKomm/Kroll-Ludwigs Rn 38; **aA** Zeiser Rpfleger 2017, 429, 430; Weissinger FamRB 2015, 188, 190; näher unter § 1796 Rn 39 ff; zu Forderungen de lege ferenda Nachw in Staudinger/Veit [2014] Rn 74).

bb) Mündel, die das 14. Lebensjahr vollendet haben und nicht geschäftsunfähig sind

102 In Ergänzung zu § 41 FamFG bestimmt **§ 164 FamFG**, dass eine Entscheidung, gegen die das Kind das Beschwerderecht ausüben kann, dem Kind selbst bekannt zu geben ist, wenn es das 14. Lebensjahr vollendet hat und nicht geschäftsunfähig ist. Nach § 60 FamFG hat dieses Kind die Befugnis zur selbständigen Ausübung seines Beschwerderechts in allen seine Person betreffenden Angelegenheiten (§ 60 S 1 FamFG) sowie in sonstigen Angelegenheiten, in denen das Kind oder der Mündel vor einer Entscheidung des Gerichts gehört werden soll (§ 60 S 2 FamFG). Zu den sonstigen Angelegenheiten gehören va die, die ausschließlich das Vermögen des Kindes betreffen (Keidel/Meyer-Holz § 60 FamFG Rn 11). In diesen Angelegenheiten ist das über 14-jährige, nicht geschäftsunfähige Kind nach § 159 Abs 1 S 2 FamFG zwar nur unter bestimmten Voraussetzungen persönlich anzuhören. Liegen diese nicht vor, genügt eine schriftliche Anhörung; diese ist aber aus Gründen des rechtlichen Gehörs immer notwendig (Keidel/Engelhardt § 159 FamFG Rn 6; MünchKomm-FamFG/Schumann § 159 Rn 4). Damit liegen die Voraussetzungen für die Befugnis zur selbständigen Ausübung des Beschwerderechts des über 14-Jährigen und damit auch für eine Bekanntgabe an ihn selbst vor (Heggen NotBZ 2010, 393, 395). Der Genehmigungsbeschluss ist also auf jeden Fall dem über 14-jährigen, nicht geschäftsunfähigen Minderjährigen bekannt zu geben (Litzenburger RNotZ 2010, 32, 34; Kölmel NotBZ 2010, 2, 6; DNotI-Report 2009, 145, 148 f, dort auch zur Frage, ob dem über 14-jährigen Mündel ein Verfahrensbeistand zu bestellen ist; Weber DNotZ 2015, 498, 505; MünchKomm-FamFG/Schumann § 164 Rn 4). Die Bekanntgabe an den gesetzlichen Vertreter ist in diesem Fall weder ausreichend noch erforderlich (Weber DNotZ 2015, 498, 505).

103 Der Bekanntgabe an den **gesetzlichen Vertreter** bedarf es mithin nur noch in den

Fällen, in denen der Minderjährige geschäftsunfähig ist oder das 14. Lebensjahr noch nicht vollendet hat (so iE auch MünchKomm/Kroll-Ludwigs Rn 40).

cc) Beschlüsse, mit denen die Genehmigung verweigert wurde

§ 41 Abs 3 FamFG gilt zwar vom Wortlaut her nicht für Beschlüsse, mit denen die **104**
Genehmigung eines Rechtsgeschäfts verweigert worden ist. Nichtsdestotrotz wird man diese Norm auch hierauf anwenden müssen, um einen Gleichlauf mit den §§ 40 Abs 2 und 48 Abs 3 FamFG zu erreichen, die jeweils sowohl die Genehmigung als auch deren Verweigerung erfassen (MünchKommFamFG/Ulrici § 41 Rn 13; **aA** MünchKomm/Kroll-Ludwigs Rn 39).

c) Form der Bekanntgabe

Die Form der Bekanntgabe bestimmt sich nach **§ 15 Abs 2 FamFG**; danach kann die **105**
Bekanntgabe durch Zustellung nach den §§ 166–195 ZPO oder dadurch bewirkt werden, dass das Schriftstück unter der Anschrift des Adressaten zur Post gegeben wird. Vorbehaltlich der Einschränkung in § 41 Abs 1 S 2 FamFG steht die Wahl der Bekanntgabe im Ermessen des Gerichts (MünchKommFamFG/Ulrici § 41 Rn 6; Bork/Jacoby/Schwab/Barteils/Elzer § 41 FamFG Rn 1). Die Möglichkeit einer formlosen Mitteilung nach § 15 Abs 3 FamFG findet auf einen Beschluss keine Anwendung (MünchKommFamFG/Ulrici § 41 Rn 6).

Einem beim Gericht anwesenden Beteiligten kann der Beschluss durch Verlesen der **106**
Beschlussformel bekannt gegeben werden (§ 41 Abs 2 S 1 FamFG), was in den Akten zu vermerken ist (§ 41 Abs 2 S 2 FamFG). In diesem Fall ist aber der Beschluss auch schriftlich bekannt zu geben (§ 41 Abs 2 S 4 FamFG).

9. Wirksamwerden des Genehmigungsbeschlusses (§ 40 Abs 2 FamFG)

a) Eintritt der Rechtskraft

Der Beschluss, der die Genehmigung eines Rechtsgeschäfts zum Gegenstand hat, **107**
wird nach § 40 Abs 2 FamFG erst mit Rechtskraft wirksam. Die (formelle) Rechtskraft tritt nach **§ 45 S 1 FamFG** erst ein, wenn die Frist für die Einlegung des zulässigen Rechtsmittels oder des zulässigen Einspruchs, des Widerspruchs oder der Erinnerung erfolglos abgelaufen ist. Der Eintritt der Rechtskraft wird dadurch gehemmt, dass das Rechtsmittel, der Einspruch, der Widerspruch oder die Erinnerung rechtzeitig eingelegt wird (§ 45 S 2 FamFG). Gegen die Entscheidung, mit der die Genehmigung erteilt oder versagt wird, ist nach § 58 FamFG die Beschwerde statthaft (bzw die Erinnerung nach § 11 Abs 2 RPflG bei Nichterreichen der Beschwerdesumme nach § 61 Abs 1 FamFG oder fehlender Zulassung der Beschwerde). Unter den Voraussetzungen des § 75 FamFG kommt gegen die im ersten Rechtszug erlassenen Beschlüsse, die ohne Zulassung der Beschwerde unterliegen – und hierzu gehört auch die Genehmigung bzw Verweigerung der Genehmigung eines Rechtsgeschäfts –, auch die Sprungrechtsbeschwerde in Betracht (MünchKomm/Kroll-Ludwigs Rn 37), die nach § 71 Abs 1 S 1 FamFG innerhalb eines Monats nach der schriftlichen Bekanntgabe des Beschlusses einzulegen ist.

Die formelle Rechtskraft tritt damit erst ein, wenn auch diese Monatsfrist abgelaufen **108**
ist (Sorg BWNotZ 2010, 107, 117), es sei denn, alle Beteiligten haben gegenüber dem Gericht auf die Einlegung von Rechtsmitteln verzichtet (§ 67 FamFG), weil auch

dieser **Rechtsmittelverzicht** unmittelbar zum Eintritt der formellen Rechtskraft führt (BGH FamRZ 1994, 300; KEIDEL/ENGELHARDT § 45 FamFG Rn 18; diff PRÜTTING/HELMS/ABRAMENKO § 45 FamFG Rn 5 mwNw; zu den Problemen bezüglich eines Rechtsmittelverzichts durch minderjährige Mündel LITZENBURGER RNotZ 2009, 380, 382 f; s ders RNotZ 2010, 32, 38; DNotI-Report 2009, 145, 151).

b) Vergessener Beteiligter

109 Es bleibt die Frage, ob ein Genehmigungsbeschluss in Rechtskraft erwachsen kann, wenn eine in ihren Rechten durch die gerichtliche Entscheidung verletzte Person entgegen den gesetzlichen Vorgaben nicht am Verfahren beteiligt wurde (sog vergessener Beteiligter; MünchKommFamFG/FISCHER § 63 Rn 41 spricht von einem „vergessene[n], übergangene[n] Mussbeteiligte[n]"; nicht von diesem Begriff soll aber der Beteiligte erfasst werden, der zwar beteiligt wurde, dem aber der Beschluss nicht bekannt gegeben wurde [dazu nachfolgende Rn aE], zur Unterscheidung beider Fallgestaltungen WEBER MittBayNot 2018, 10, 11). Bejahendenfalls könnten familiengerichtlich genehmigte Rechtsgeschäfte ohne Rücksicht auf die Rechte des unmittelbar in eigenen Rechten Betroffenen, etwa des Mündels, verfahrensrechtliche Wirksamkeit erlangen.

110 Die Entscheidung über diese Frage hängt davon ab, ob und, wenn ja, ab welchem Zeitpunkt die im Gesetz vorgesehenen Rechtsmittelfristen auch für diese Person laufen. Die Frist für die Beschwerde gegen einen Beschluss, der die Genehmigung eines Rechtsgeschäfts zum Gegenstand hat, beträgt zwei Wochen (§ 63 Abs 2 Nr 2 FamFG; sie gilt auch für die Erinnerung nach § 11 Abs 2 S 1 RPflG) und beginnt mit der schriftlichen Bekanntgabe des Beschlusses an die Beteiligten (§ 63 Abs 3 S 1 FamFG); dabei differenziert das Gesetz nicht danach, ob die Genehmigung erteilt oder versagt wurde (KEIDEL/STERNAL § 63 FamFG Rn 14c). Kann die schriftliche Bekanntgabe an einen Beteiligten nicht bewirkt werden, so beginnt die Frist nach § 63 Abs 3 S 2 FamFG spätestens mit Ablauf von fünf Monaten nach Erlass des Beschlusses. Diese Norm wird praxisfreundlich auch auf den Fall angewendet, dass die Bekanntgabe an einen formell am Verfahren Beteiligten unterbleibt (BGH 2. 12. 2015 – XII 283/15, juris Rn 28, FamRZ 2016, 296, 298; BGH 11. 3. 2015 – XII ZB 571/13, juris Rn 25, FamRZ 2015, 839, 841). Hieraus lassen sich allerdings noch keine Schlüsse auf die Beschwerdefrist für den nur materiell, aber zu keinem Zeitpunkt formell Beteiligten ableiten.

111 Vielfach wird die Ansicht vertreten, dass dieser vergessene Beteiligte nach **§ 63 Abs 3 S 1 FamFG** nur so lange Beschwerde einlegen kann, bis die Frist für den letzten (formell) Beteiligten abgelaufen ist (OLG Celle 4. 10. 2011 – 17 W 16/11, juris Rn 12, ErbBstg 2012, 40, 41; OLG Hamm FamRZ 2011, 396, 397; HARDERS DNotZ 2009, 725, 727 f; WEBER DNotZ 2015, 498, 514; KEIDEL/STERNAL § 63 FamFG Rn 45d; BUMILLER/HARDERS/SCHWAMB/BUMILLER § 63 FamFG Rn 6; so auch STAUDINGER/VEIT [2014] Rn 79). Mit Ablauf der Rechtsmittelfrist für den letzten der im erstinstanzlichen Verfahren hinzugezogenen Beteiligten tritt mithin nach diesem Ansatz formelle Rechtskraft auch gegenüber dem vergessenen Beteiligten ein. Für diese Sichtweise spricht die im Gesetzgebungsverfahren zum FGG-Reformgesetz geäußerte, aber nicht weiter begründete Ansicht des Rechtsausschusses, der mit der Regelung des § 63 Abs 3 FamFG klarstellen wollte, dass die schriftliche Bekanntgabe an die nach § 7 FamFG am Verfahren beteiligten Personen jeweils den Lauf der Beschwerdefrist auslöst mit der Folge, dass der am erstinstanzlichen Verfahren nicht Beteiligte, aber Beschwerdebefugte nur fristgemäß Beschwerde einlegen kann, bis die Frist für den letzten Beteiligten abgelaufen ist (BT-Drucks 16/9733, 289).

Demgegenüber gehen andere davon aus, dass für den vergessenen Beteiligten, etwa den Mündel, ohne nachgeholte Bekanntgabe gar keine Frist oder aber eine Rechtsmittelfrist in analoger Anwendung von § 63 Abs 3 S 1 FamFG ab dem Zeitpunkt läuft, in dem der Betroffene die Entscheidung in Textform erhält (OLG Brandenburg 8. 12. 2015 – 9 UF 131/15, juris Rn 19, NJW 2016, 962, 963; OLG Saarbrücken 11. 1. 2016 – 9 UF 77/15, juris Rn 2, FamRZ 2016, 1797; OLG Düsseldorf 13. 1. 2015 – II-8 UF 189/14, 8 UF 189/14, juris Rn 23 f, FamRZ 2015, 1048; OLG Dresden 22. 11. 2013 – 19 UF 686/13, juris Rn 10, FamRZ 2014, 681; OLG Köln 29. 1. 2013 – II-26 UF 109/12, 26 UF 109/12, juris Rn 10, FamRZ 2013, 1913, 1914; OLG Köln FGPrax 2011, 104; Litzenburger RNotZ 2010, 32, 36 f; Prütting/Helms/Abramenko § 63 FamFG Rn 7a; MünchKommFamFG/Fischer § 63 Rn 41 ff). 112

Gegen die beiden letztgenannten Ansätze lässt sich zwar unter Bezugnahme auf die Gesetzesbegründung prima facie einwenden, dass die Rechtskraft einer Entscheidung im Interesse der Rechtssicherheit und Rechtsklarheit nicht ad infinitum hinausgeschoben werden kann (s BT-Drucks 16/9733, 289; Bumiller/Harders/Schwamb/Bumiller § 63 FamFG Rn 6). Gleichwohl bleibt zu bedenken, dass der Wortlaut von § 63 Abs 3 S 1 FamFG keinen Anhaltspunkt dafür enthält, dass die dort geregelte Beschwerdefrist auch für denjenigen gilt, der am erstinstanzlichen Verfahren nicht beteiligt wurde, aber durch den Beschluss in seinen Rechten beeinträchtigt ist. Die Begründung des Rechtsausschusses kann zur Auslegung der Norm nicht herangezogen werden, weil sie im Gesetzeswortlaut keinen Ausdruck gefunden hat (BGH 15. 2. 2017 – XII ZB 405/16, juris Rn 14, FamRZ 2017, 727, 728; BGH 5. 12. 2012 – I ZB 48/12, juris Rn 21, NJW-RR 2013, 751, 753). Hinzu kommt, dass die uneingeschränkte Anwendung von § 63 Abs 3 S 1 FamFG dazu führt, dass dem vergessenen Beteiligten der Rechtsschutz abgeschnitten und er an das Ergebnis eines Verfahrens gebunden wird, auf das er keinen Einfluss nehmen konnte (Prütting/Helms/Abramenko § 63 FamFG Rn 7a). Dieses Ergebnis verletzt aber den „vergessenen" Beteiligten in seinen Grundrechten auf rechtliches Gehör (Art 103 Abs 1 GG), ein faires Verfahren (Art 20 Abs 3 GG) und die Gewährung von Rechtsschutz (Art 19 Abs 4 GG; BGH 15. 2. 2017 – XII ZB 405/16, juris Rn 15, FamRZ 2017, 727, 728; BGH 5. 12. 2012 – I ZB 48/12, juris Rn 22, NJW-RR 2013, 751, 753). Die Möglichkeit, nach § 48 FamFG Wiedereinsetzung in den vorigen Stand oder eine Wiederaufnahme des Verfahrens zu erreichen, genügt zur Gewährleistung dieser Grundrechte schon deshalb nicht, weil ansonsten eine unter Verletzung von Verfahrensgrundrechten ergangene Entscheidung in Rechtskraft erwachsen würde, was verfassungsrechtlich bedenklich wäre (s BGH 15. 2. 2017 – XII ZB 405/16, juris Rn 17, FamRZ 2017, 727, 728), und zudem beide Wege bei Genehmigungsbeschlüssen nur unter engen Grenzen gangbar sind (§ 48 Abs 3 FamFG; OLG Düsseldorf 13. 1. 2015 – II-8 UF 189/14, 8 UF 189/14, juris Rn 23, FamRZ 2015, 1048; Prütting/Helms/Abramenko § 63 FamFG Rn 7a). 113

Eine Rechtsmittelfrist kann mithin für einen vergessenen Beteiligten nicht vor der **Möglichkeit seiner Kenntnisnahme von der Entscheidung** beginnen (BGH 15. 2. 2017 – XII ZB 405/16, juris Rn 13, FamRZ 2017, 727, 728). Ob allerdings überhaupt eine Rechtsmittelfrist läuft und, wenn ja, welche, ist damit noch nicht entschieden. 114

Als solche kommt nur eine analoge Anwendung von § 63 Abs 3 S 1 FamFG mit der Folge in Betracht, dass die Beschwerdefrist mit dem Empfang der Entscheidung in Textform (dafür ua Prütting/Helms/Abramenko § 63 FamFG Rn 7a, 8) oder anderweitiger Kenntnisnahme vom Inhalt der anzufechtenden Entscheidung läuft (Frage offengelassen in BGH 15. 2. 2017 – XII ZB 405/16, juris Rn 24, FamRZ 2017, 727, 728; BGH 5. 12. 2012 – I ZB 115

48/12, juris Rn 27, NJW-RR 2013, 751, 754). Demgegenüber scheidet eine analoge Anwendung der Auffangfrist von § 63 Abs 3 S 2 FamFG aus (BGH 15. 2. 2017 – XII ZB 405/16, juris Rn 23, FamRZ 2017, 727, 728; OLG Celle FamRZ 2013, 470, 471; Keidel/Sternal § 63 FamFG Rn 44 mwNw; Weber MittBayNot 2018, 10, 11; Bork/Jacoby/Schwab/Müther § 63 FamFG Rn 10.2; **aA** Heinemann DNotZ 2009, 6, 17; Litzenburger RNotZ 2010, 32, 36 f; zum Meinungsstand allg DNotI-Report 2009, 145, 150). Schon der Wortlaut dieser Norm setzt eine förmliche Beteiligung voraus; zudem soll die Norm nach den Gesetzesmaterialien nur zur Anwendung kommen, wenn eine Bekanntgabe der Entscheidung an einen erstinstanzlich Beteiligten innerhalb dieses Zeitraums nicht gelingt (BT-Drucks 16/9733, 289), nicht aber in dem Fall, dass der Bekanntgabe die mangelnde Beteiligung eines Betroffenen entgegensteht (OLG Köln 29. 1. 2013 – II-26 UF 109/12, 26 UF 109/12, juris Rn 13, FamRZ 2013, 1913, 1914; Prütting/Helms/Abramenko § 63 FamFG Rn 7a).

10. Beschwerdeberechtigung

116 Gegen die Entscheidung des Familiengerichts (Genehmigungserteilung oder Verweigerung) steht die Möglichkeit der Beschwerde nach § 58 FamFG für denjenigen offen, der durch den Beschluss in seinen Rechten beeinträchtigt ist.

a) Verweigerung der Genehmigung oder eines Negativattests

117 Gegen die Verweigerung einer Genehmigung oder eines Negativattests (LG Meiningen FamRZ 2008, 1375) steht dem **Vormund** ein Beschwerderecht zu, weil er in seiner Amtstätigkeit beeinträchtigt ist (MünchKomm/Kroll-Ludwigs Rn 51; Erman/Schulte-Bunert Rn 16; jurisPK-BGB/Lafontaine Rn 123; Oberloskamp/Dürbeck, Vormundschaft § 9 Rn 126; **aA** [Beschwerderecht nur im Namen des Mündels] OLG Stuttgart FGPrax 2001, 199; BayObLG FPR 2002, 160; Palandt/Götz Rn 18; Staudinger/Engler [2004] Rn 55 mwNw). Ist der Vormund in der Zwischenzeit entlassen worden, so wird das Beschwerderecht (des Mündels) durch den **neuen Vormund** ausgeübt (BayObLGZ 12, 530, 533; 15, 573, 576).

118 Auch der **Mündel** ist beschwerdeberechtigt; er ist unter den Voraussetzungen der §§ 60 S 2, 159 Abs 1 S 2 FamFG sogar selbst beschwerdeführungsbefugt (s oben Rn 102). Ist er dagegen geschäftsunfähig oder hat er bei Erlass der Entscheidung das 14. Lebensjahr noch nicht vollendet, so ist er für das Beschwerdeverfahren nicht verfahrensfähig (§ 60 S 3 FamFG). Hier kann nur der gesetzliche Vertreter die Beschwerde für ihn einlegen (s § 9 Abs 2 FamFG). Hält man den Vormund für einen tauglichen Adressaten einer Bekanntgabe des Beschlusses iSv § 41 Abs 3 FamFG, so kann auch er über die Einlegung des Rechtsmittels für den Mündel entscheiden; verlangt man dagegen die Bestellung eines Ergänzungspflegers oder Verfahrensbeistands, so obliegt diesem auch die Entscheidung über das Rechtsmittel (näher oben Rn 99 ff; § 1796 Rn 33 ff).

119 Der **Gegenvormund** ist beschwerdeberechtigt, wenn er unter Verletzung von § 1826 BGB nicht angehört wurde (MünchKomm/Kroll-Ludwigs Rn 51), das **Jugendamt** nach § 162 Abs 3 S 2, Abs 1 S 1 FamFG, vorausgesetzt, dass das Verfahren (auch) die Person des Kindes betrifft (dazu oben Rn 91).

120 Dagegen steht einem Dritten, insbesondere dem **Vertragspartner**, kein Recht zur Beschwerde gegen die familiengerichtliche Versagung der Genehmigung zu, und

zwar auch dann nicht, wenn er einen Anspruch auf Vornahme des Rechtsgeschäfts hat; er kann diesen nur im Prozessweg geltend machen (Prot IV 798; BGH 2. 12. 2015 – XII ZB 283/15, juris Rn 12, FamRZ 2016, 296, 297; OLG Hamm 18. 3. 2016 – 2 WF 170/15, juris Rn 56, Rpfleger 2016, 563, 566; OLG Celle NJW-RR 2012, 73, 74 = FamRZ 2012, 1066 = Rpfleger 2012, 144; OLG München Rpfleger 2009, 679 = FamRZ 2009, 1861; OLG Rostock NJW-RR 2006, 1229; KGJ 24, A 14; 27, A 172; 38, A 56; KG OLGE 14, 152; KG JW 1937, 2075 = JFG 16, 195; BayObLGZ 4, 725; 12, 530; 16, 44; 21, A 335; 24, A 248; BayObLG OLGE 40, 12; BayObLG BayZ 1923, 180; OLG Celle ZBlJugR 1958, 275; OLG Frankfurt Rpfleger 1979, 423; LG Fulda Rpfleger 2002, 206; Breit ZBlFG 4, 473, 488; Enneccerus/Kipp § 115 VII 1 d; BGB-RGRK/Dickescheid Rn 28; Soergel/Zimmermann Rn 25; Palandt/Götz Rn 18; MünchKomm/Kroll-Ludwigs Rn 53; Erman/Schulte-bunert Rn 16; Oberloskamp/Dürbeck, Vormundschaft § 9 Rn 125). Die gerichtliche Entscheidung greift nämlich nicht unmittelbar in dessen subjektive Rechte ein, weil es nach § 1829 Abs 1 S 2 BGB immer dem Vormund selbst überlassen bleibt, die Entscheidung des Gerichts dem Dritten mitzuteilen oder nicht (OLG Hamm 18. 3. 2016 – II-2 WF 170/15, juris Rn 56, Rpfleger 2016, 563, 568; OLG Celle NJW-RR 2012, 73, 74; OLG München Rpfleger 2009, 679).

Dem Dritten steht nur **ausnahmsweise ein Beschwerderecht** zu, wenn er geltend macht, das Rechtsgeschäft, zu dem das Familiengericht die Genehmigung ausdrücklich versagt hat, habe keiner familiengerichtlichen Genehmigung bedurft, da in einem solchen Fall der Beschluss des Gerichts den Anschein erweckt, der Vertrag sei nicht rechtswirksam geworden (BayObLGZ 1964, 240, 242 = FamRZ 1964, 526, 527; BayObLG FamRZ 1977, 141, 142; OLG Hamm FamRZ 1984, 1036, 1037; MünchKomm/Kroll-Ludwigs Rn 53; Palandt/Götz Rn 18 aE; BGB-RGRK/Dickescheid Rn 28; offengelassen von NK-BGB/Fritsche Rn 17). Das Gleiche gilt, wenn eine vom Familiengericht bereits ausgesprochene Genehmigung von diesem selbst oder vom Beschwerdegericht aufgehoben und die Genehmigung anschließend versagt wurde und der Dritte (Vertragspartner des Mündels) geltend macht, die Genehmigung sei ihm gegenüber nach § 1829 Abs 1 S 2 BGB schon wirksam und deshalb nach § 48 Abs 3 FamFG unabänderlich geworden (BGH 2. 12. 2015 – XII ZB 283/15, juris Rn 12, FamRZ 2016, 296, 297 mwNw; OLG Hamm 18. 3. 2016 – II-2 WF 170/15, juris Rn 57, Rpfleger 2016, 563, 568; KG RJA 17, 3; KG DJ 1935, 1528 = JW 1935, 3123 = JFG 13, 23; KG JFG 23, 119, 121; vgl auch KGJ 52, A 46; BayObLGZ 17, 172; 1960, 276, 281; 1964, 240, 243 = FamRZ 1964, 526; BayObLG FamRZ 1977, 141, 142; OLG Stuttgart Rpfleger 1959, 158; Soergel/Zimmermann Rn 25; BGB-RGRK/Dickescheid Rn 28; Erman/Schulte-Bunert Rn 16a; Oberloskamp/Dürbeck Vormundschaft § 9 Rn 125; MünchKomm/Kroll-Ludwigs Rn 57). 121

b) Erteilung der Genehmigung

Hinsichtlich der Erteilung der Genehmigung steht dem **Vormund** aus eigenem Recht grundsätzlich kein Beschwerderecht zu, da er es in der Hand hat, von der Genehmigung keinen Gebrauch gegenüber dem Vertragspartner nach § 1829 BGB zu machen; etwas anderes gilt dagegen dann, wenn das Familiengericht ohne oder gegen seinen Willen tätig geworden ist (KGJ 52, 43; OLG Koblenz 17. 1. 2014 – 13 WF 1135/13, juris Rn 12, Rpfleger 2014, 319, 320), die Genehmigung mit einer Auflage (oben Rn 68) versehen hat (NK-BGB/Fritsche Rn 13, Stichwort: Rechtsmittel in Genehmigungsverfahren), einem Ergänzungspfleger eine Genehmigung zu einem Rechtsgeschäft erteilt hat, das in den Zuständigkeitsbereich des Vormunds fällt (Oberloskamp/Dürbeck, Vormundschaft § 9 Rn 129; MünchKomm/Kroll-Ludwigs Rn 54), oder das Geschäft nach Ansicht des Vormunds keiner Genehmigung bedarf (OLG Hamm 18. 3. 2016 – II-2 WF 170/15, juris Rn 57, 122

Rpfleger 2016, 563, 568; KGJ 52, 30, 32; MünchKomm/Kroll-Ludwigs Rn 54; jurisPK-BGB/Lafontaine Rn 127).

123 Der **Mündel** hat gegenüber der Genehmigung aus den gleichen Gründen wie der Vormund ein Beschwerderecht, das er unter den Voraussetzungen der §§ 60 S 2, 159 Abs 1 S 2 FamFG selbständig ausüben kann (MünchKomm/Kroll-Ludwigs Rn 55; Oberloskamp/Dürbeck, Vormundschaft § 9 Rn 127); einer solchen Beschwerde fehlt aber dann das Rechtsschutzbedürfnis, wenn der Vormund die Beschwerde namens des Mündels einlegt, weil es dem Vormund ohnehin freisteht, von einer erteilten Genehmigung keinen Gebrauch zu machen, wenn er die Vornahme des Rechtsgeschäfts nachträglich als nicht im Interesse des Mündels gelegen ansieht (so auch MünchKomm/Kroll-Ludwigs Rn 55).

124 Hat das Familiengericht ein Geschäft des Mündels erst nach dessen Tod genehmigt (s dazu § 1829 Rn 57), so kann der **Erbe des Mündels** gegen diese fehlerhafte, in seine eigenen Rechte unzulässig eingreifende Entscheidung Beschwerde einlegen (BayObLGZ 1964, 350 = FamRZ 1965, 101 = NJW 1965, 397 = MDR 1965, 206). Nicht beschwerdeberechtigt ist dagegen der potenzielle Erbe des Mündels (OLG Köln ZMR 2004, 267) sowie der Nacherbe vor Eintritt des Nacherbfalls (OLG Frankfurt FamRZ 2010, 494, 495).

125 Der **Vertragspartner** des Mündels ist schon deshalb nicht beschwerdeberechtigt, weil er grundsätzlich nicht beschwert ist (MünchKomm/Kroll-Ludwigs Rn 56).

126 Für den **Gegenvormund** und **das Jugendamt** gilt das zur Verweigerung der Genehmigung Festgestellte entsprechend (oben Rn 119).

11. Änderbarkeit der Genehmigungsentscheidung

127 Hat das Familiengericht die Genehmigung **vor der Vornahme des Rechtsgeschäfts** erteilt und ist diese rechtskräftig und damit wirksam geworden (§ 40 Abs 2 FamFG), so kann es diese noch ändern, solange der Vormund das genehmigungspflichtige Rechtsgeschäft (Vertrag oder einseitiges Rechtsgeschäft) noch nicht vorgenommen hat; mit seiner Vornahme wird dieses und damit auch die Genehmigung dem Dritten gegenüber materiell-rechtlich wirksam mit der Folge, dass das Gericht seine Entscheidung nicht mehr ändern kann (Keidel/Engelhardt § 48 FamFG Rn 35; MünchKomm/Kroll-Ludwigs Rn 43).

128 Hat das Gericht dagegen die **Genehmigung verweigert**, so kann mangels dieser auch kein wirksames Rechtsgeschäft vorgenommen werden. Selbst wenn der Vormund die Verweigerungsentscheidung bereits dem Vertragspartner mitgeteilt hat, wird sie diesem gegenüber nicht materiell-rechtlich wirksam; § 1829 Abs 1 S 2 BGB findet keine Anwendung, weil diese Norm nur die Fallgestaltung erfasst, dass die familiengerichtliche Entscheidung nach der Vornahme des Rechtsgeschäfts durch den Vormund, nicht aber vorher erteilt wird (näher unter § 1829 Rn 4). Deshalb kann das Gericht auch seine Verweigerungsentscheidung abändern und noch eine Genehmigung erteilen; allerdings bedarf es in diesem Fall ggf eines neuen Vertragsangebots des Dritten, da das alte mit Blick auf die Mitteilung des Vormunds wohl hinfällig geworden ist (MünchKomm/Kroll-Ludwigs Rn 43).

Hat der Vormund dagegen das **Rechtsgeschäft** (den Vertrag, arg e § 1831 BGB) **ohne die erforderliche Genehmigung des Familiengerichts abgeschlossen**, so ist das Rechtsgeschäft bis zur Genehmigung schwebend unwirksam. Wird dann die Genehmigung erteilt oder verweigert, so kann das Gericht nach **§ 48 Abs 3 FamFG** seine verfahrensrechtlich wirksam gewordene Entscheidung noch so lange unter den Voraussetzungen von § 48 Abs 1 FamFG abändern, bis der Vormund diese Entscheidung dem Vertragspartner mitgeteilt hat (§ 1829 Abs 1 S 2 BGB). Durch die damit eintretende Unabänderbarkeit erhält der Genehmigungsbeschluss über die formelle Rechtskraft hinaus also auch eine materielle Rechtskraft (Bork/Jacoby/Schwab/Bartels/Elzer § 48 FamFG Rn 47). 129

XI. Pflegschafts- und Betreuungsrecht

Die Vorschrift findet entsprechende Anwendung auf die Pflegschaft (§ 1915 Abs 1 BGB) sowie die Betreuung (§ 1908i Abs 1 S 1 BGB). 130

Im Betreuungsrecht richtet sich die **Genehmigungsfähigkeit** eines genehmigungsbedürftigen Rechtsgeschäfts ebenso wie im Vormundschafts- und Pflegschaftsrecht ausschließlich nach dem Wohl und den Interessen des Betreuten, nicht aber nach den Belangen Dritter, etwa potenzieller Erben (BGH 30. 11. 2016 – XII ZB 335/16, juris Rn 12, FamRZ 2017, 245). Das Gericht hat aber die Abwägung aller Vor- und Nachteile sowie der Risiken des zu prüfenden Geschäfts, anders als das Familiengericht, nur subsidiär nach den objektiven wirtschaftlichen Interessen des Betreuten, vielmehr primär an dessen Vorstellungen und Wünschen auszurichten (§ 1901 Abs 3 BGB; BGH 30. 11. 2016 – XII ZB 335/16, juris Rn 12, FamRZ 2017, 245, 246; ausführlich Lipp/Schrader BtPrax 2014, 208, 210 gegen LG Hagen 25. 2. 2014 – 6 T 8/14, juris Rn 20, FamRZ 2014, 2025, das auf den Standpunkt eines verständigen, die Tragweite des Geschäfts überblickenden Dritten abstellt), es sei denn, diese laufen dem Wohl des Betreuten zuwider, was wiederum einer dezidierten Begründung bedarf (LG Meiningen 2. 3. 2016 – [31] 4 T 55/16, juris Rn 10, FamRZ 2016, 1198, 1199), oder ihre Befolgung ist dem Betreuer nicht zuzumuten. 131

Dabei läuft nach Ansicht des BGH ein Wunsch des Betreuten nicht schon deshalb seinem Wohl zuwider, weil er dessen objektiven Interessen widerspricht; vielmehr entstehe ein beachtlicher Gegensatz zwischen Wohl und Wille des Betreuten erst dann, wenn die Erfüllung seiner Wünsche höherrangige Rechtsgüter des Betreuten gefährden und seine gesamte Lebens- und Versorgungssituation erheblich verschlechtern würde (BGH FamRZ 2009, 1656, 1657 m krit Anm Brosey BtPrax 2010, 16; Thar BtPrax 2010, 12). Allerdings beschränkt sich der Vorrang des Willens des Betreuten auf solche Wünsche, die Ausfluss des Selbstbestimmungsrechts sind, sich nicht nur als Zweckmäßigkeitserwägungen darstellen und nicht Ausdruck der Erkrankung des Betreuten sind (BGH FamRZ 2009, 1656, 1657). 132

Genehmigungsfähig sind insbesondere solche Geschäfte, die dem Lebensunterhalt und der Versorgung des Betreuten dienen, so zB die Belastung seines Grundeigentums zur Sicherung eines Darlehens für die Finanzierung seiner Pflege (LG Hagen [Westfalen] 25. 2. 2014 – 6 T 8/14, juris Rn 25, FamRZ 2014, 2025, 2026). Auch ist die autonome Entscheidung über die Art und Weise der eigenen Wohnsituation ein legitimes Interesse, zu dessen Umsetzung das Betreuungsgericht allerdings alle rechtlichen Möglichkeiten zur Gestaltung etwa eines Mietvertrags zu beachten hat; so dürfte wegen § 128 HGB analog 133 nicht ohne Weiteres die Umsetzung einer vom Betreuten gewünschten Wohngemeinschaft durch die Gesellschafterstellung des Betreuten in einer als Mieter auftretenden Gesellschaft bürgerlichen Rechts genehmigungsfähig sein (BENNER NZS 2017, 447, 450 f).

134 Die Genehmigung ist dem Betreuer und dem Betreuten selbst bekannt zu geben. Da der Betreute stets verfahrensfähig ist (§§ 275, 9 Abs 1 Nr 4 FamFG), ist eine Vertretung des Betreuten durch den Betreuer, anders als im Vormundschaftsrecht (dazu oben Rn 99 ff), im Rahmen der **Bekanntgabe der Genehmigungsentscheidung** nicht möglich (BGH 2. 12. 2015 – XII ZB 283/15, juris Rn 20, FamRZ 2016, 296, 297; WEBER MittBayNot 2018, 10, 11). Scheidet aber insoweit eine wirksame Vertretung des Betreuten durch den Betreuer aus, so kann auch ein Notar von diesem hierzu nicht wirksam bevollmächtigt werden (WEBER MittBayNot 2018, 10, 11).

135 Der Betreuer kann wegen der auf jeden Fall gegebenen Verfahrensfähigkeit des Betreuten selbst, ebenso wie der Notar, in Vertretung des Betreuten nicht auf **Rechtsmittel** gegen die Genehmigungsentscheidung **verzichten** (BGH 2. 12. 2015 – XII ZB 283/15, juris Rn 32, FamRZ 2016, 296, 298; WEBER MittBayNot 2018, 10, 11).

§ 1829
Nachträgliche Genehmigung

(1) Schließt der Vormund einen Vertrag ohne die erforderliche Genehmigung des Familiengerichts, so hängt die Wirksamkeit des Vertrags von der nachträglichen Genehmigung des Familiengerichts ab. Die Genehmigung sowie deren Verweigerung wird dem anderen Teil gegenüber erst wirksam, wenn sie ihm durch den Vormund mitgeteilt wird.

(2) Fordert der andere Teil den Vormund zur Mitteilung darüber auf, ob die Genehmigung erteilt sei, so kann die Mitteilung der Genehmigung nur bis zum Ablauf von vier Wochen nach dem Empfang der Aufforderung erfolgen; erfolgt sie nicht, so gilt die Genehmigung als verweigert.

(3) Ist der Mündel volljährig geworden, so tritt seine Genehmigung an die Stelle der Genehmigung des Familiengerichts.

Materialien: E I § 1681 Abs 2, 3, 5; II § 1709; III § 1805; Mot IV 1153; Prot IV 797; VI 311. Neugefasst durch Bekanntmachung v 2. 1. 2002 (BGBl I 42); Abs 1 S 1 zuletzt geändert durch Art 50 Nr 38 Buchst a, Abs 2 durch Art 50 Nr 38 Buchst b u Abs 3 durch Art 50 Nr 38 Buchst c nach Maßgabe von Art 111 FGG-RG v 17. 12. 2008 (BGBl I 2586) mit Wirkung v 1. 9. 2009.

Schrifttum

BÖTTCHER, Die Entwicklung des Grundbuch- und Grundstücksrechts bis Ende 2017, NJW 2018, 831

BRAMBRING, Die gerichtliche Genehmigung von Geschäften nach §§ 1821, 1822 BGB nach dem FamFG – Formulierungsvorschläge zu Grundstückskaufverträgen, NotBZ 2009, 394

BREIT, Zur Lehre von der vormundschaftsgerichtlichen Genehmigung, ZBlFG 4, 569

DRESSLER-BERLIN, Handeln des Betreuers und

des Betreuten im Grundbuchverfahren bei Veräußerung eines Grundstücks, Rpfleger 2019, 297
HEGGEN, Ein Jahr FamFG in der Praxis: Einige verbleibende Fragen aus notarieller Sicht, NotBZ 2010, 393
HUKEN, Die Vernichtung schwebend unwirksamer Verträge durch Aufforderung gegenüber „dem anderen Vertragsteil", DNotZ 1966, 388
KESSELER, Die Abwicklung von Grundstückskaufverträgen mit Betreuten. Zugleich Besprechung von BGH, Beschl. v. 2. 12. 2015 – XII ZB 283/15, ZfIR 2017, 291 (LS) – in diesem Heft, ZfIR 2017, 269
KIPP, Ist die Genehmigung des Vormundschaftsgerichts nach Art eines Rechtsgeschäfts anfechtbar?, Recht 1912, 5
KÖLMEL, Die familiengerichtliche Genehmigung in der notariellen Praxis nach der Reform durch das FamFG, NotBZ 2010, 2
LITZENBURGER, Gestaltung von genehmigungspflichtigen Grundstückskaufverträgen nach Inkrafttreten des neuen FamFG, RNotZ 2009, 380
MACHLEID, Rudimente formalistischer Jurisprudenz, JZ 1959, 145
MEYER, Zur Auslegung der §§ 1829–1832 BGB, Gruchot 52, 1
PREDARI, Bemerkungen zu vorstehendem Aufsatze, betreffend die Auslegung der §§ 1829 ff. BGB, Gruchot 52, 17
RIPFEL, Das Erfordernis der vormundschaftsgerichtlichen Genehmigung und ähnlicher gerichtlicher Verfügungen in der Notariatspraxis, DieJ 1963, 39
SCHAAL, Schnittstellen notarieller Tätigkeit mit dem Nachlass(verfahrens)recht – Teil 1, Notar 2010, 393
SCHIESSL, Private Veräußerungsgeschäfte unter aufschiebender Bedingung oder „Zustimmungsvorbehalt", jM 2015, 298
SCHMID, Die vormundschaftsgerichtliche Genehmigung, deren Erklärung gegenüber dem Vormund und Wirksamkeit gegenüber dem Dritten, ZBlFG 3, 266
SCHULTHEIS, Der Nachweis der obervormundschaftlichen Genehmigung im Grundbuchverkehr, ZBlFG 3, 261
SONNENFELD/ZORN, Wirksamwerden gerichtlich genehmigungsbedürftiger Rechtsgeschäfte, Rpfleger 2004, 533
WANGEMANN, Wirksamwerden der vormundschaftsgerichtlichen Genehmigung, NJW 1955, 531
WEBER, Gestaltungsfragen bei Grundstückskaufverträgen mit Betreuern, MittBayNot 2018, 10
ders, Aktuelle Fragen beim Grundstücksverkauf durch Eltern und Betreuer, DNotZ 2015, 498
ders, Über die Belehrungspflichten des Notars bei der Beurkundung einseitiger Eintragungsbewilligungen, DNotZ 1956, 293
WESCHE, Außen- und Innengenehmigung bei der Geldverwaltung nach dem FamFG, Rpfleger 2010, 403
ders, Gestaltungsfragen bei Grundstückskaufverträgen mit Betreuern, MittBayNot 2018, 10
ZUNFT, Anfechtbarkeit der Mitteilung des Vormundes aus § 1829 Abs 1 Satz 2 BGB, NJW 1959, 516.

Systematische Übersicht

Alphabetische Übersicht

I. Normzweck, Systematik, Anwendungsbereich

1 Die §§ 1829–1831 BGB regeln den Einfluss eines Mangels der erforderlichen Genehmigung des Familiengerichts auf die Wirksamkeit eines vom Vormund vorgenommenen Rechtsgeschäfts, und zwar im Wesentlichen übereinstimmend mit den Vorschriften über den Einfluss des Mangels der erforderlichen Einwilligung oder Genehmigung des gesetzlichen Vertreters auf die Wirksamkeit eines Rechtsgeschäfts, das eine in der Geschäftsfähigkeit beschränkte Person ohne diese Einwilligung oder Genehmigung vorgenommen hat (§§ 108, 109, 111 BGB; vgl §§ 177, 178, 180 BGB; Mot IV 1153). Die §§ 1829 und 1830 BGB handeln von Verträgen, § 1831 BGB betrifft einseitige Rechtsgeschäfte.

2 Die §§ 1829–1831 BGB sind nur in den Fällen anzuwenden, in denen die Genehmigung des Familiengerichts Voraussetzung der Wirksamkeit eines Rechtsgeschäfts ist, in denen also die Vertretungsmacht des Vormunds durch das Erfordernis der Genehmigung beschränkt wird. Sie sind dagegen nicht anwendbar, wenn lediglich Ordnungsvorschriften dem Vormund gebieten, die Genehmigung des Familiengerichts einzuholen **(sog Innengenehmigung**, s § 1828 Rn 4; Keidel/Engelhardt § 48 FamFG Rn 32; Gernhuber/Coester-Waltjen § 60 Rn 44), insbesondere nicht im Falle der in § 1811 BGB vorgesehenen Gestattung einer bestimmten Anlegung von Mündelgeld (RG JW 1917, 288, 290; s § 1811 Rn 29).

3 § 1829 BGB findet nicht nur Anwendung, wenn der Vormund namens des Mündels, sondern auch dann, wenn der Mündel selbst (mit oder ohne Zustimmung des Vormunds) den Vertrag geschlossen hat (§§ 107 ff BGB); die Entscheidung des Familiengerichts wird auch in diesem Fall dem anderen Teil gegenüber erst wirksam, wenn sie ihm durch den Vormund mitgeteilt wird. Eine Aufforderung nach § 1829 Abs 2 BGB (s unten Rn 44 ff) ist auch in diesem Fall an den Vormund, nicht an den Mündel zu richten (vgl § 1828 Rn 38; auch OLG Celle OLGE 16, 26; Meyer Gruchot 52, 1; Predari Gruchot 52, 17).

II. Die vorherige Genehmigung von Verträgen

4 Schließt der Vormund mit der schon vorher von ihm eingeholten Genehmigung des Familiengerichts einen **Vertrag**, so ist dieser sofort **mit seinem Abschluss wirksam**, ohne dass es einer Mitteilung der familiengerichtlichen Genehmigung an den anderen Vertragsteil bedarf; deshalb kommt in einem solchen Fall § 1829 BGB nicht zur Anwendung, also auch nicht § 1829 Abs 2 BGB (Sonnenfeld/Zorn Rpfleger 2004, 533, 534 mwNw). Zudem kommt es nicht darauf an, ob der andere Teil weiß, dass die Genehmigung erteilt ist (LG Hamburg NJW 1947/48, 117 [LS]; Dölle § 128 VI 6 b; BGB-RGRK/

Dickescheid Rn 2; MünchKomm/Kroll-Ludwigs Rn 4; Erman/Schulte-Bunert Rn 11; Soergel/Zimmermann Rn 1).

Die vorherige Genehmigung kann nach § 1828 BGB **nur dem Vormund gegenüber** wirksam erklärt werden (§ 1828 Rn 35). 5

Ob der Vormund von der ihm vorher erteilten Genehmigung des Familiengerichts Gebrauch machen will, ist seinem **pflichtgemäßen Ermessen** überlassen; eine Verpflichtung zum Abschluss des Vertrags wird durch die Genehmigung nicht herbeigeführt, der Vormund wird hierdurch lediglich ermächtigt, den Vertrag wirksam abzuschließen (vgl OLG Kassel Recht 1904 Nr 2622; RGZ 76, 364, 366; vgl auch KG JFG 1, 81). Er erlangt mit Zugang der Genehmigungsentscheidung unbeschränkte Vertretungsmacht bezogen auf das genehmigungsbedürftige Rechtsgeschäft und kann, muss aber nicht das Rechtsgeschäft abschließen. Bis zum Abschluss desselben kann (und muss gegebenenfalls) das Familiengericht seine Entscheidung ändern, gleichviel, ob es die Genehmigung zunächst erteilt oder ob es sie verweigert hatte; insoweit spielt es, solange der Vertrag nicht verbindlich geschlossen ist, keine Rolle, ob der Vormund den anderen Vertragsteil von der vorher erteilten Genehmigung unterrichtet hat (näher § 1828 Rn 127 ff). 6

III. Die nachträgliche Genehmigung/Verweigerung der Genehmigung von Verträgen nach § 1829 Abs 1

1. Das Vorliegen eines schwebend unwirksamen Vertrags

Schließt der Vormund einen Vertrag ohne die erforderliche Genehmigung des Familiengerichts, so ist dieser schwebend unwirksam (BGHZ 15, 97 = NJW 1954, 1925 = ZBlJugR 1955, 82 = Rpfleger 1955, 158). Die Wirksamkeit des Vertrags hängt von der nachträglichen Genehmigung des Familiengerichts ab (§ 1829 Abs 1 S 1 BGB); die Entscheidung des Familiengerichts wird aber dem anderen Teil gegenüber erst mit der Mitteilung durch den Vormund wirksam (§ 1829 Abs 1 S 2 BGB; s dazu RGZ 130, 148; 142, 59, 62). Voraussetzung ist allerdings, dass der Vertrag nicht schon aus anderen Gründen unwirksam ist (näher unter Rn 70). 7

2. Entscheidungsfreiheit des Vormunds; Bindung des Vertragspartners

a) Entscheidungsfreiheit des Vormunds

Hat der Vormund namens des Mündels einen genehmigungsbedürftigen Vertrag geschlossen, den das Familiengericht nicht schon vorher genehmigt hat (s oben Rn 4), so kann er das Wirksamwerden des Vertrags noch in doppelter Weise verhindern: Entweder beantragt er keine Genehmigung bzw stimmt ihrer Einholung nicht zu, oder er teilt dem Vertragspartner eine vom Familiengericht erteilte Genehmigung nicht mit. Er muss sich dabei ausschließlich vom Interesse des Mündels leiten lassen (BGHZ 7, 208, 213 = NJW 1952, 1410, 1411; Dölle § 128 VI 6 c, aa; BGB-RGRK/Dickescheid Rn 3). 8

aa) Entscheidung über das Ob der Beantragung einer Genehmigung

Der Vormund ist nicht gesetzlich verpflichtet und kann sich gegenüber dem Vertragspartner des Mündels auch nicht vertraglich wirksam verpflichten, die erforder- 9 liche Genehmigung des Familiengerichts zu beantragen und durch Mitteilung gemäß § 1829 Abs 1 S 2 BGB ihr Wirksamwerden herbeizuführen, da der Vormund durch eine solche – mit persönlicher Haftung verbundene – Verpflichtung in der Führung der Vormundschaft, die ausschließlich am Interesse des Mündels ausgerichtet sein muss, in unzulässiger Weise eingeschränkt würde.

10 **§ 162 BGB**, der bei treuwidriger Vereitelung des Eintritts einer Bedingung den Eintritt derselben fingiert, ist nicht – auch nicht entsprechend – anzuwenden, wenn der Vormund es unterlässt, die Genehmigung herbeizuführen, oder wenn er ihrer Erteilung entgegenwirkt (RG SeuffA 77 Nr 8 = JW 1921, 1237, 1238; BGHZ 7, 208, 214 = NJW 1952, 1410, 1411; BGHZ 54, 71, 73 = NJW 1970, 1414 = FamRZ 1970, 401; BGH ZEV 2006, 262; Josef BayZ 1925, 353; Dölle § 128 VI 6 c, aa; BGB-RGRK/Dickescheid Rn 3; Soergel/Zimmermann Rn 2; MünchKomm/Kroll-Ludwigs Rn 9; jurisPK-BGB/Lafontaine Rn 13; Palandt/Götz Rn 3).

11 Ebenso wenig lässt sich aus **§§ 311 Abs 2, 241 Abs 2, 280 Abs 1 BGB** eine Haftung des Vormunds gegenüber dem Vertragspartner ableiten, wenn er die Genehmigung nicht einholt oder diese dem Vertragspartner nicht mitteilt. Jedes andere Ergebnis würde zu einem indirekten Zwang des Vormunds zur Einholung oder zur Mitteilung der Genehmigung führen (Oberloskamp/Dürbeck, Vormundschaft § 10 Rn 131). Der Vertragspartner hat sich mithin darauf einzustellen, dass auf ein genehmigungspflichtiges Geschäft vor Wirksamwerden der Genehmigung kein Verlass ist (MünchKomm/Kroll-Ludwigs Rn 10).

Allerdings soll dann etwas anderes gelten,

- wenn der Vormund gegenüber dem Vertragspartner wahrheitswidrig die Erteilung der Genehmigung behauptet und diesem dadurch einen Schaden zufügt (MünchKomm/Kroll-Ludwigs Rn 10);

- wenn die Untätigkeit des Vormunds nicht in der Nichtbeantragung der Genehmigung, sondern etwa darin liegt, dass er Anfragen des Familiengerichts nicht beantwortet und eine vom Vertragspartner nach § 1829 Abs 2 BGB gesetzte Frist fruchtlos verstreichen lässt. Hier verletze der Vormund eine Pflicht zur Mitwirkung im Genehmigungsverfahren, soweit nicht Mündelinteressen sein Verhalten rechtfertigten, was etwa der Fall wäre, wenn der genehmigungspflichtige Vertrag die Interessen des Mündels gefährdete. Fehle es aber an einem entsprechenden Rechtfertigungsgrund, müsse der Mündel sich das Verhalten seines gesetzlichen Vertreters zurechnen lassen und dem Vertragspartner aus §§ 311 Abs 2, 241 Abs 2, 280 Abs 1, 278 BGB haften (s OLG Düsseldorf 16. 2. 2016 – I-24 U 102/15 ua, juris Rn 8, MittBayNot 2017, 155, 156). Folgerichtig wäre dann auch der Vormund selbst dem Vertragspartner gegenüber schadensersatzpflichtig. Diese Sichtweise geht allerdings von der Prämisse einer grundsätzlichen Genehmigungsförderpflicht des Vormunds aus, die nur ausnahmsweise fehle. Hiergegen ist freilich einzuwenden, dass das Ob des Genehmigungsverfahrens im pflichtgemäßen Ermessen des Vormunds steht (oben Rn 8 ff), der bis zuletzt die Mündelinteressen im Auge behalten muss, aber nicht daran gehindert sein darf, die sich aus § 1829 Abs 1 S 2 BGB ergebenden Möglichkeiten taktisch einzusetzen, zB um einen bereits notariell beurkundeten Kaufvertrag über ein Grundstück vor Mitteilung der Genehmigung zu benutzen, um von einem Dritten ein höheres Kaufangebot zu erhalten (Oberloskamp/Dürbeck, Vormundschaft § 10 Rn 131). Ein Verstoß gegen Rücksichtnahmepflichten des Vormunds gegenüber dem Vertragspartner aus § 241 Abs 2 BGB und eine hieraus folgende Schadensersatzpflicht ließe sich erst annehmen, wenn er in unredlicher Weise das Vertrauen des anderen Teils in das Zustandekommen des Vertrags gestärkt oder einseitig die Bindung des Vertragspartners ausgenutzt hätte (jurisPK-BGB/Lafontaine Rn 15).

Weiter kommt eine Haftung aus **§ 826 BGB** in Betracht, wenn der Vormund die Erteilung der Genehmigung nicht im Interesse des Mündels nicht beantragt, sondern in der Absicht hintertreibt, den Dritten zu schädigen (vgl Enneccerus/Kipp § 115 VII 3; Gernhuber/Coester-Waltjen § 60 Rn 52 Fn 113; MünchKomm/Kroll-Ludwigs Rn 10). **12**

bb) Entscheidung über das Ob einer Mitteilung an den Vertragspartner

Durch die nachträgliche Genehmigung des geschlossenen Vertrags erhält der Vormund die Möglichkeit, dem Vertrag dadurch zu rechtlicher Wirksamkeit zu verhelfen, dass er dem Vertragspartner die familiengerichtliche Genehmigung mitteilt. Ob er dies tun will oder nicht, liegt in seinem **pflichtgemäßen Ermessen**. Der Vormund hat also, bevor er von der Genehmigung Gebrauch macht, erneut zu prüfen, ob der genehmigte Vertrag den Interessen des Mündels (noch) entspricht; eine Verpflichtung zur Mitteilung an den Vertragsgegner wird durch die Genehmigung nicht begründet (RG JR 1925 Nr 781; RG JR 1929 Nr 1649; RGZ 76, 364, 366; 130, 148, 151; 132, 257, 261; KGJ 34, A 49, 51; KG RJA 15, 7 = OLGE 33, 370; KG JFG 1, 81; BGHZ 15, 97 = DNotZ 1955, 83 = NJW 1954, 1925 = ZBlJugR 1955, 82 = Rpfleger 1955, 158; BGH FamRZ 1964, 199, 200; BGH VersR 1966, 1186 = FamRZ 1967, 97 [LS]; OLG Hamm DNotZ 1957, 436 = FamRZ 1958, 428 [LS]; Dölle § 128 VI 6 c, aa; BGB-RGRK/Dickescheid Rn 5; Soergel/Zimmermann Rn 3; Erman/Schulte-Bunert Rn 3; Palandt/Götz Rn 3; MünchKomm/Kroll-Ludwigs Rn 11). **13**

Unterlässt der Vormund die Mitteilung der Genehmigung, so bleibt die Rechtswirksamkeit des Vertrags in der Schwebe; ein Rücktritts- oder Widerrufsrecht des Vormunds (vgl §§ 346 ff BGB) steht nicht in Frage, weil ein wirksamer Vertrag noch nicht vorhanden ist (vgl E I § 1681 Abs 3 S 2; Mot IV 1154; Prot IV 798; Breit ZBlFG 4, 569, 583; Schultheis ZBlFG 3, 261, 262; ebenso KGJ 52, A 43, 44). **14**

b) Bindung des Vertragspartners

Der andere Teil ist während des Schwebezustandes gebunden (Oberloskamp/Dürbeck, Vormundschaft § 10 Rn 131); er kann sich bei Abschluss des Vertrags nicht darauf verlassen, dass der Vormund um die Genehmigung nachsuchen, dass das Familiengericht sie erteilen und dass der Vormund ihm dies mitteilen und damit schließlich die Wirksamkeit des Vertrags herbeiführen wird. Das Gesetz räumt insoweit dem Mündel die bessere Stellung ein und gibt dem Vertragsgegner in § 1829 Abs 2 BGB nur die Möglichkeit, durch eine Aufforderung an den Vormund, ihm eine Mitteilung über die Genehmigung zu machen, den Schwebezustand abzukürzen (s dazu unten Rn 44). Daneben kann der Vertragsgegner unter den Voraussetzungen des § 1830 BGB seine Vertragserklärung widerrufen. **15**

3. Die Mitteilung der Genehmigung/ihrer Verweigerung gegenüber dem Vertragsgegner (Abs 1 S 2)

a) Dogmatische Einordnung, anwendbare Regeln

16 § 1829 Abs 1 S 2 BGB macht das Wirksamwerden des Vertrags davon abhängig, dass der Vormund die Genehmigung dem anderen Teil mitteilt. Die Mitteilung ist demgemäß nicht lediglich die Unterrichtung von einer Tatsache, sondern der Ausdruck des Willens des Vormunds, von der ihm durch das Familiengericht erteilten Genehmigung Gebrauch zu machen; sie ist also ein Rechtsgeschäft, und zwar eine **einseitige empfangsbedürftige Willenserklärung** iS der §§ 130 ff BGB (BGHZ 15, 97 = NJW 1954, 1925 = Rpfleger 1955, 158; BayObLGZ 1960, 276 = NJW 1960, 2188 = DAVorm 1961, 93, 96; BayObLG BayZ 1917, 392; KG OLGE 21, 291 = KGJ 38, A 62; KG OLGE 33, 370, 371; KG RJA 17, 3; KG JFG 2, 118, 120 = OLGE 44, 12; Enneccerus/Kipp § 115 VII 1 a; Dölle § 128 VI 6 c, aa; BGB-RGRK/Dickescheid Rn 6; Soergel/Zimmermann Rn 4; Palandt/Götz Rn 4; jurisPK-BGB/Lafontaine Rn 10; zur steuerrechtlichen Bedeutung dieser Mitteilung bei privaten Veräußerungsgeschäften Schiessl jM 2015, 298, 302).

17 Deshalb bedarf es auch keiner „Annahme" der Mitteilung durch den Vertragsgegner; diese wird vielmehr als einseitige empfangsbedürftige Willenserklärung (Rn 16) gemäß § 130 BGB durch Zugang beim Empfänger wirksam (BGB-RGRK/Dickescheid Rn 9; Zunft NJW 1959, 516; **aA** Wangemann NJW 1955, 531).

18 Da die Mitteilung des Vormunds von der Genehmigung eine private Willenserklärung ist, gelten hinsichtlich ihrer Nichtigkeit und Anfechtbarkeit die allgemeinen Grundsätze der **§§ 116 ff BGB** (KG RJA 17, 3, 5; BayObLGZ 1960, 276, 285; Enneccerus/Kipp § 115 VII 1 a und VIII Fn 64; Gernhuber/Coester-Waltjen § 60 Rn 53: entsprechende Anwendung; Sonnenfeld/Zorn Rpfleger 2004, 533, 534; Soergel/Zimmermann Rn 4; Palandt/Götz Rn 4; Erman/Schulte-Bunert Rn 4 aE; MünchKomm/Kroll-Ludwigs Rn 18 aE; s auch Kipp Recht 1912, 5, 12 u Dölle § 128 VI 6 c, aa Fn 186).

b) Inhalt der Mitteilung

19 Der Vormund muss dem Vertragspartner die Genehmigung mitteilen. Der Inhalt der Mitteilung ist durch **Auslegung** zu ermitteln (näher zu möglichen Inhalten der Mitteilung des Vormunds mit Formulierungsvorschlägen jurisPK-BGB/Lafontaine Rn 18 ff). Dass der Vormund in seiner Erklärung auf § 1829 Abs 1 S 2 BGB Bezug nimmt oder in anderer Weise zum Ausdruck bringt, er wolle mit der Mitteilung der Genehmigung den Vertrag wirksam werden lassen, ist nicht vorausgesetzt. Es genügt vielmehr, wenn der Vormund dem anderen Teil die Genehmigung mitteilt und dabei zu erkennen gibt, dass er am Vertrag, so wie er geschlossen und vom Familiengericht genehmigt worden ist, festhält. Der Vertrag wird also insbesondere dann nicht wirksam, wenn der Vormund dem anderen Vertragsteil zwar von der Genehmigung Kenntnis gibt, zugleich aber erklärt, er wolle am Vertrag nicht mehr festhalten (oder von der Genehmigung keinen Gebrauch machen oder sie mit der Beschwerde anfechten). Ist dem anderen Vertragsteil die Tatsache der Erteilung der Genehmigung schon bekannt und weiß der Vormund dies, dann genügt es als „Mitteilung" iS des § 1829 Abs 1 S 2 BGB, wenn der Vormund dem anderen zu erkennen gibt, dass er den vom Familiengericht genehmigten Vertrag auch weiterhin billigt (BGHZ 15, 97 = DNotZ 1955, 83 = NJW 1954, 1925 = ZBlJugR 1955, 82 = Rpfleger 1955, 158; BayObLGZ 1960, 276 = NJW 1960, 2188 = DAVorm 1961, 93; OLG Celle NdsRpfl 1965, 101 = MDR 1965, 577;

Gernhuber/Coester-Waltjen § 60 Rn 53 mit Fn 115, die annimmt, der BGH weise – wie sich aus seiner angeführten Entscheidung ergebe – der Mitteilung „eine eigenartige Stellung zwischen den Willenserklärungen und den geschäftsähnlichen Handlungen zu"; dazu kritisch MünchKomm/Kroll-Ludwigs Rn 18; s auch Dölle § 128 VI 6 c, aa und KG JFG 2, 118, 120 = OLGE 44, 82).

Teilt der Vormund dem anderen Teil mit, die Genehmigung sei nur unter einschränkenden Bedingungen erfolgt und er sei mit dieser Einschränkung nicht einverstanden, so ist diese Mitteilung nicht als rechtsgeschäftliche, sondern nur als eine nachrichtliche aufzufassen, die nicht die endgültige Unwirksamkeit des Vertrags nach § 1829 Abs 1 S 2 BGB herbeizuführen geeignet ist (OLG München HRR 1936 Nr 265; OLG München JFG 23, 275, 279 f; Soergel/Zimmermann Rn 5; BGB-RGRK/Dickescheid Rn 6; Palandt/Götz Rn 4; s auch MünchKomm/Kroll-Ludwigs Rn 19). 20

c) Mitteilung einer verfahrensrechtlich wirksamen Genehmigung

Nach § 1829 Abs 1 S 2 BGB wird eine Genehmigung bzw deren Verweigerung mit Zugang der Mitteilung beim Vertragspartner wirksam. Da nach früherem Verfahrensrecht die familiengerichtliche Entscheidung wegen der **§§ 55, 62 FGG** faktisch von denjenigen, deren Rechte durch die Entscheidung berührt sind, nicht angegriffen werden konnte (§ 1828 Rn 94), bestimmte allein die materiell-rechtliche Regelung des § 1829 Abs 1 S 2 BGB den Zeitpunkt für das Wirksamwerden der Genehmigung bzw der Versagung. Hieran änderte auch der Vorbescheid (§ 1828 Rn 94 ff) nichts, da darin eine Vorverlagerung des Rechtsschutzes lag, der aber die Unanfechtbarkeit der Genehmigung selbst unangetastet ließ (Litzenburger RNotZ 2009, 380). 21

Seit dem Inkrafttreten des FamFG am 1. 9. 2009 (Art 112 des FGG-Reformgesetzes vom 17. 12. 2008 [BGBl I 2586]) wird der Beschluss, der die Genehmigung eines Rechtsgeschäfts zum Gegenstand hat, erst mit Rechtskraft wirksam **(§ 40 Abs 2 S 1 FamFG)**. Die (formelle) Rechtskraft tritt nach § 45 S 1 FamFG erst ein, wenn die Frist für die Einlegung des zulässigen Rechtsmittels oder des zulässigen Einspruchs, des Widerspruchs oder der Erinnerung abgelaufen ist. Der Eintritt der Rechtskraft wird dadurch gehemmt, dass das Rechtsmittel, der Einspruch, der Widerspruch oder die Erinnerung rechtzeitig eingelegt wird (§ 45 S 2 FamFG). Gegen die Entscheidung, mit der die Genehmigung erteilt oder versagt wird, ist nach § 58 FamFG die Beschwerde und unter den Voraussetzungen des § 75 FamFG auch die Sprungrechtsbeschwerde statthaft. Hat keiner der Beschwerdeberechtigten Rechtsmittel eingelegt oder haben alle auf die Einlegung verzichtet, tritt formelle Rechtskraft ein. Dadurch wird die Genehmigungsentscheidung verfahrensrechtlich wirksam (§ 40 Abs 2 FamFG; näher § 1828 Rn 107 ff). 22

Dies ändert aber noch nichts an dem Zustand der schwebenden Unwirksamkeit, der gegenüber dem Vertragspartner seit Abschluss eines genehmigungspflichtigen, aber noch nicht genehmigten Rechtsgeschäfts besteht. Dieser wird erst beendet, wenn die Genehmigung oder deren Verweigerung dem Vertragsgegner vom Vormund mitgeteilt wird (§ 1829 Abs 1 S 2 BGB). Damit stellt sich die Frage, ob die Mitteilung an den Vertragspartner erst erfolgen kann, wenn die formelle Rechtskraft des Genehmigungsbeschlusses eingetreten ist (dafür DNotI-Report 2017, 121; DNotI-Report 2009, 145, 151; Dressler-Berlin Rpfleger 2019, 297, 298; Weber DNotZ 2015, 498, 515; Kölmel NotBZ 2010, 2, 4, 15; Heggen NotBZ 2010, 393, 399; Wesche Rpfleger 2010, 403, 404; ders MittBayNot 2018, 10; MünchKomm/Kroll-Ludwigs Rn 12; Erman/Schulte-Bunert Rn 2, 4; offengelassen von BGH 2. 12. 23

2015 – XII ZB 283/15, juris Rn 15, FamRZ 2016, 296, 297 m Anm VEIT = MittBayNot 2016, 418 m Anm VOLLMER), oder schon mit Bekanntgabe des zwar erteilten, aber noch nicht wirksamen Genehmigungsbeschlusses an den Vormund (dafür LITZENBURGER RNotZ 2009, 380). Zwar spricht für letztgenannte Ansicht der **Wortlaut**, der keine bestimmte zeitliche Reihenfolge vorgibt; dagegen lässt sich jedoch auf die **Gesetzesmaterialien** verweisen (s BT-Drucks 16/6308, 347; MünchKomm/KROLL-LUDWIGS § 1828 Rn 31). Hinzu kommt, dass durch § 1829 BGB erreicht werden soll, dass letztlich die Eltern bzw der Vormund die letzte Instanz sind, die über die Wirksamkeit des Rechtsgeschäfts entscheidet (DNotI-Report 2009, 145, 151; KÖLMEL NotBZ 2010, 2, 4). Dieser **Normzweck** verlangt aber, dass nur die rechtswirksame Genehmigung oder Verweigerung dem Vertragspartner mitgeteilt wird. Der Umstand, dass ein Vormund grundsätzlich auch schon vor Rechtskraft des Genehmigungsbeschlusses eine überlegte und verantwortliche Entscheidung für den Mündel treffen kann, indem er dem Vertragspartner die Genehmigung mitteilt (WEBER DNotZ 2015, 498, 515), ändert hieran nichts, da von einer solchen Entscheidung nur die Rede sein kann, wenn der Vormund zuvor die Entscheidung darüber getroffen hat, ob für den Mündel ein Rechtsmittel gegen den gerichtlichen Beschluss eingelegt wird (näher § 1828 Rn 118, 123). Jedes andere Ergebnis würde zudem dem Schutzbedürfnis des Vertragspartners zuwiderlaufen, da dieser ansonsten weiter im Unklaren darüber bleibt, ob der Vertrag wirksam ist oder nicht (WEBER DNotZ 2015, 498, 515 aE).

24 Dieses Ergebnis wird auch durch **§ 48 Abs 3 FamFG** unterstrichen. Danach findet gegen einen Beschluss, durch den die Genehmigung für ein Rechtsgeschäft erteilt oder verweigert wird, die Wiedereinsetzung in den vorigen Stand, eine Rüge nach § 44 FamFG, eine Abänderung oder eine Wiederaufnahme nicht statt, wenn die Genehmigung oder deren Verweigerung einem Dritten gegenüber wirksam geworden ist. Hieraus könnte man schlussfolgern, dass, wenn der Vormund dem Dritten die – noch nicht rechtskräftige – familiengerichtliche Genehmigung mitgeteilt hat, diese im Beschwerdeverfahren nicht mehr geändert werden kann. Dies hätte allerdings zur Folge, dass der Vormund es in der Hand hätte, durch Mitteilung an den Vertragspartner den Rechtsweg va für den Mündel zu verkürzen, ein Ergebnis, das gerade durch die Schaffung von § 41 Abs 3 FamFG verhindert werden sollte (dazu § 1828 Rn 85; s auch § 1796 Rn 40). Um dies zu vermeiden, kann sich die Mitteilung iSv § 1829 Abs 1 S 2 BGB nur auf eine verfahrensrechtlich wirksame Genehmigung beziehen. Dies gilt auch für den vom Vormund bevollmächtigten Dritten, etwa den Notar (allg dazu unten Rn 29 ff; ERMAN/SCHULTE-BUNERT Rn 2; HEGGEN NotBZ 2010, 393, 399; SCHAAL Notar 2010, 393, 404 f; zum Reformbedarf STAUDINGER/VEIT [2014] Rn 61).

25 Der Eintritt der formellen Rechtskraft des Genehmigungsbeschlusses kann durch Vorlage eines **Rechtskraftzeugnisses nach § 46 FamFG** belegt werden (KG 11. 1. 2018 – 1 W 5/18, juris Rn 4, FamRZ 2018, 851; jurisPK-BGB/LAFONTAINE Rn 26). Zwar fehlt diesem Zeugnis der öffentliche Glaube; nichtsdestotrotz kann der Vormund und auch ein bevollmächtigter Dritter auf das Zeugnis vertrauen, soweit Anhaltspunkte für die Unrichtigkeit fehlen (DRESSLER-BERLIN Rpfleger 2019, 297, 298; LITZENBURGER RNotZ 2009, 380, 381; ERMAN/SCHULTE-BUNERT Rn 2).

d) Die Person des Mitteilenden

aa) Vormund

26 § 1829 Abs 1 S 2 BGB verlangt, dass die (verfahrensrechtlich wirksame) Genehmigung dem Vertragsgegner durch den Vormund mitgeteilt wird. Die Mitteilung muss also durch die Person erfolgen, die im Zeitpunkt der Mitteilung Vormund ist, nicht durch die, die bei dem Geschäft als Vormund mitgewirkt hat, wenn nach dem Abschluss des Vertrags ein neuer Vormund bestellt wurde (RG Recht 1929 Nr 1520 = HRR 1929 Nr 1561; BayObLGZ 21, 375 = OLGE 32, 19; DNotI-Report 2017, 121; Dölle § 128 VI 6 c, aa; BGB-RGRK/Dickescheid Rn 10; MünchKomm/Kroll-Ludwigs Rn 21; Soergel/Zimmermann Rn 6; Weber DNotZ 2015, 498, 518).

Dies gilt allerdings auch dann, wenn der **Wechsel des Vormunds** erst nach der Bekanntgabe des Beschlusses nach § 41 Abs 1 FamFG an den bisherigen Vormund eingetreten ist. Da in dieser Bekanntgabe die Mitteilung iSv § 1828 BGB liegt (§ 1828 Rn 37), kann auch der neue Vormund von der Genehmigung, die dem bisherigen Vormund mitgeteilt wurde, gegenüber dem Vertragspartner wirksam Gebrauch machen (DNotI-Report 2017, 121, 123). 27

bb) Geschäftsführer ohne Auftrag

Die Mitteilung kann keine rechtliche Wirksamkeit entfalten, wenn sie durch einen Geschäftsführer ohne Auftrag erfolgt, selbst wenn der Vertragsgegner damit einverstanden war, dass sie als Mitteilung nach § 1829 Abs 1 S 2 BGB gelten solle (RG HRR 1929 Nr 1649). Es genügt auch nicht, dass der Dritte auf andere Weise von der Genehmigung Kenntnis erlangt. Insbesondere wird die Genehmigung nicht schon dadurch wirksam, dass sie vom Familiengericht dem Vertragsgegner des Mündels unmittelbar mitgeteilt wird (KG JFG 2, 118, 119; OLG Jena 22. 12. 2014 – 3 W 450/14, juris Rn 6, Rpfleger 2015, 400, 401 = FamRZ 2015, 1425 [LS]; Soergel/Zimmermann Rn 6; MünchKomm/Kroll-Ludwigs Rn 21). 28

cc) Bevollmächtigter des Vormunds

(α) Kennzeichen einer Doppelvollmacht

Praktikabler und heute allgemein anerkannt ist, dass der Vormund einen Dritten bevollmächtigen kann, die Entscheidung des Familiengerichts dem anderen Teil mitzuteilen, und dass der andere Teil gleichfalls einen Dritten bevollmächtigen kann, diese Mitteilung entgegenzunehmen. Beide Vertragsteile können auch denselben Dritten, insbesondere den das Rechtsgeschäft beurkundenden Notar oder einen Notariatsangestellten, auf diese Weise bevollmächtigen (sog Doppelvollmacht; BGH 2. 12. 2015 – XII ZB 283/15, juris Rn 35 f, FamRZ 2016, 296, 298 f m Anm Veit; RGZ 121, 30; OLG Jena 8. 12. 2015 – 3 W 480/15, juris Rn 5, FamRZ 2016, 1196, 1197; BayObLG JFG 1, 347, 349; BayObLG JFG 6, 101, 104 = BayObLGZ 28, 514, 516; BayObLG JFG 7, 86 = HRR 1930 Nr 296; BayObLG FamRZ 1997, 1426; KG DJZ 1933, 1201; OGHBrZ OGHZ 1, 198 = DNotZ 1951, 224 = NJW 1949, 64 = Rpfleger 1948/49, 273; OLG Düsseldorf NJW 1959, 391; OLG Hamm MDR 1953, 487; OLG Hamm DNotZ 1964, 541 = Rpfleger 1964, 313; LG Berlin DAVorm 1955, 259 = FamRZ 1956, 117 [LS]; Enneccerus/Kipp § 115 VII 1 a Fn 50; Dölle § 128 VI 6 c, aa; BGB-RGRK/Dickescheid Rn 13; Soergel/Zimmermann Rn 9; Erman/Schulte-Bunert Rn 6a; MünchKomm/Kroll-Ludwigs Rn 15; Kölmel NotBZ 2010, 2, 4, 15; Oberloskamp/Dürbeck, Vormundschaft § 10 Rn 134; **krit** Gernhuber/Coester-Waltjen § 60 Rn 55; s auch Machleid JZ 1959, 159; Böttcher NJW 2018, 831, 833; s auch § 1828 Rn 45 ff; zur Praxis der Notare s Ripfel DieJ 1963, 39). 29

Dem Vormund muss allerdings die Möglichkeit bleiben, von der Genehmigung keinen Gebrauch zu machen, da ihm die Prüfung zufällt, ob der genehmigte Vertrag weiterhin dem Interesse des Mündels dient (§ 1828 Rn 1). Deshalb kann die **Vollmacht nur widerruflich** erteilt werden (Böttcher NJW 2018, 831, 833; Weber MittBayNot 2018, 10; zu 30 weiteren Möglichkeiten des Vormunds, die Wahlfreiheit zu behalten, § 1828 Rn 47). Zwar dürfte die Vorstellung, dass der Vormund, wenn er von der Genehmigungsentscheidung des Gerichts Kenntnis erlangt, noch einmal die Nützlichkeit des Geschäfts für den Mündel prüft, in der Mehrzahl der Fälle der Wirklichkeit nicht entsprechen. Gleichwohl muss für das Familiengericht und für den Bevollmächtigten klar sein, dass die Genehmigung dem Bevollmächtigten nicht erklärt und die Mitteilung an den Vertragspartner nicht erfolgen darf, wenn der Vormund die Vollmacht widerruft, indem er zu erkennen gibt, dass er den Vertrag nicht mehr wirksam werden lassen will.

31 Angesichts der Wahlfreiheit, die dem Vormund trotz der Existenz einer Doppelvollmacht zusteht, besteht kein Grund, übermäßig hohe Voraussetzungen an das Vorliegen einer Doppelvollmacht zu stellen. Ob eine solche vorliegt, ist durch **Auslegung** zu ermitteln (OLG Jena 8. 12. 2015 – 3 W 480/15, juris Rn 5, FamRZ 2016, 1196, 1197). Zwar wird hierfür zT eine einfache **Vollzugsvollmacht** (va für Angestellte des Notars), die zur Abgabe sämtlicher zur Durchführung des Vertrags erforderlichen Erklärungen bevollmächtigt, noch nicht als ausreichend erachtet (Böttcher NJW 2018, 831, 833; MünchKomm/Kroll-Ludwigs Rn 14; offengelassen in OLG Jena 8. 12. 2015 – 3 W 480/15, juris Rn 5, FamRZ 2016, 1196, 1197); gleichwohl sollen schon allgemeine Formulierungen genügen, wie etwa die, dass der Notar „zur Einholung aller nach diesem Vertrag erforderlichen Genehmigungen" ermächtigt wird, sowie Umkehrschlüsse aus anderen Vertragsklauseln ausreichen, um eine Doppelvollmacht anzunehmen (ausführlich OLG Jena 8. 12. 2015 – 3 W 480/15, juris Rn 5, FamRZ 2016, 1196, 1197 f mwNw: Zustellung von Genehmigungen an die Vertragsparteien nur im Fall von bedingten oder mit Auflagen versehenen Genehmigungen oder ablehnenden Gerichtsentscheidungen; krit zu diesem Ansatz Volmer Anm zu BGH 2. 12. 2015 – XII ZB 283/15, MittBayNot 2016, 421 Fn 5). Für ausreichend erachtet wird auch eine von einem Notar auf der Grundlage einer ihm von den Parteien erteilten Vollzugsvollmacht in einer Eigenurkunde an sich selbst erteilte Doppelvollmacht (OLG Zweibrücken 9. 11. 2015 – 3 W 54/15, juris Rn 14, Rpfleger 2016, 342 = notar 2017, 183 m krit Anm Genske; Böttcher NJW 2018, 831, 833). Allerdings stellt sich hier die Frage, wieso eine Eigenbevollmächtigung für eine Doppelvollmacht noch von einer einfachen Vollzugsvollmacht der ursprünglichen Urkunde gedeckt sein kann, wenn eine solche für sich allein für eine Doppelvollmacht gerade nicht ausreichen soll (zu Recht krit Genske notar 2017, 183, 184).

(β) Umfang der Doppelvollmacht

32 Wie weit die Doppelvollmacht reicht, ist ebenfalls durch **Auslegung** zu ermitteln. Sie enthält idR die Entgegennahme der gerichtlichen Genehmigung für den Vormund, die Weiterleitung an den Vertragspartner und die Entgegennahme für diesen (s unten Rn 34; angesichts dieser Tätigkeitsbereiche des Bevollmächtigten spricht Volmer Anm zu BGH 2. 12. 2015 – XII ZB 283/15, MittBayNot 2016, 418, 422 auch von „Dreifachvollmacht"; s auch Dressler-Berlin Rpfleger 2019, 297, 299; so bereits Enneccerus/Kipp § 115 VII 1 a Fn 50). Demgegenüber soll sie nicht die Kompetenz zur Entgegennahme und Weiterleitung eines Beschlusses umfassen, mit dem das Familiengericht die Genehmigung versagt hat (BayObLG Rpfleger 1988, 482 = MittBayNot 1988, 183; NK-BGB/Fritsche Rn 7; Erman/Schulte-Bunert Rn 6a; MünchKomm/Kroll-Ludwigs Rn 17). Zur Begründung wird darauf verwiesen, dass sich der Vormund ansonsten den Weg, über die Beschwerdeinstanzen doch noch eine Genehmigung zu erreichen, verbauen würde (BayObLG Rpfleger 1988, 482 betr Pflegschaft nach § 1910 Abs 2 BGB aF). Zu berücksichtigen ist allerdings, dass die familiengerichtliche Entscheidung nach § 41 Abs 1 S 2 FamFG

demjenigen zuzustellen ist, dessen erklärtem Willen sie nicht entspricht, also dem Vormund. Mit schriftlicher Bekanntgabe an ihn als Beteiligten iSv § 7 Abs 2 Nr 1 FamFG läuft auch erst die Beschwerdefrist von zwei Wochen nach § 63 Abs 3 S 1, Abs 2 Nr 2 FamFG. Deren Ablauf ist aber Voraussetzung für den Eintritt der formellen Rechtskraft (§ 45 FamFG), die wiederum Voraussetzung für den Eintritt der Wirkungen des § 1829 Abs 1 S 2 BGB ist (dazu oben Rn 22 ff). Die Gefahr, die vor dem 1. 9. 2009 unter dem FGG bestand, wonach durch die Zustellung der Versagungsentscheidung an den Notar dieser Beschluss auch wirksam wurde, wenn der Notar in Ausübung seiner Doppelvollmacht nicht nur den Beschluss für den Vormund entgegennahm, sondern auch Adressat der Zustellung der Mitteilung an den Vertragspartner war, besteht also nicht mehr, sodass keine grundsätzlichen Bedenken gegen eine solche Doppelvollmacht bestehen (anders NK-BGB/Fritsche Rn 7; Erman/Schulte-Bunert Rn 6).

In **zeitlicher Hinsicht** wirkt die Doppelvollmacht, solange ein Vormund bzw Betreuer 33
im Amt ist, nicht aber darüber hinaus, da die Bevollmächtigung zur Entgegennahme der Genehmigung und der Mitteilung an den Vertragspartner den Vormund in eigener Sache betreffen. Mithin muss der neue Vormund die frühere Vollmacht in allen Teilen bestätigen oder eine neue Vollmacht erteilen (DNotI-Report 2017, 121, 122; Weber DNotZ 2015, 498, 518, 521; s § 1793 Rn 124).

(γ) Mitteilung iSv § 1829 Abs 1 S 2 durch den Doppelbevollmächtigten

Ist der Dritte (insbesondere der Notar) vom Vormund auch zur Entgegennahme und 34
Weiterleitung der familiengerichtlichen Genehmigung an den Vertragspartner und zur Entgegennahme für diesen bevollmächtigt (oben Rn 32, § 1828 Rn 45), so kommt der Vertrag dadurch zustande, dass der Notar, nachdem ihm die Entscheidung des Familiengerichts zugegangen ist, eine **Handlung vornimmt**, durch die er nach außen zu erkennen gibt, dass er in seiner Eigenschaft als Bevollmächtigter des anderen Vertragsteils von der ihm als dem Bevollmächtigten des Vormunds zugegangenen Genehmigung Kenntnis genommen hat (BGH 2. 12. 2015 – XII ZB 283/15, juris Rn 37, FamRZ 2016, 296, 299 m zust Anm Veit; OLG Jena 8. 12. 2015 – 3 W 480/15, juris Rn 6, FamRZ 2016, 1196, 1198; BayObLG FamRZ 1997, 1426; BayObLG FamRZ 1998, 1325, 1326).

Als eine derartige Handlung, für die keine besondere Form vorgeschrieben ist (s unten 35
Rn 40), wird ein Vermerk auf der Urkunde für ausreichend erachtet (s BGH 2. 12. 2015 – XII ZB 283/15, juris Rn 37, FamRZ 2016, 296, 299 [iE offengelassen]; Kölmel NotBZ 2010, 2, 16; jurisPK-BGB/Lafontaine Rn 36). Ob auch die **Weitergabe der Urkunde an eine Behörde**, zB die Einreichung der Urkunde beim Grundbuchamt, ausreicht oder nicht, ist umstritten (dafür BGH 2. 12. 2015 – XII ZB 283/15, juris Rn 37, FamRZ 2016, 296, 299 [iE offengelassen]; BayObLG JFG 1, 351 = JW 1923, 758 = BayZ 1923, 47 = BayObLGZ 22, A 156; OLG München DRW 1943, 491; KG DJZ 1933, 1201; Staudinger/Veit [2014] Rn 26; dagegen OLG Hamm 31. 8. 2016 – 15 W 308/16, I-15 W 308/16, juris Rn 4, NotBZ 2017, 155 = FamRZ 2017, 480 [LS]). Dagegen wird vorgebracht, dass aus dieser Handlung nicht mit der notwendigen Klarheit hervorgeht, dass der doppelt bevollmächtigte Notar von der Genehmigung durch Mitteilung iSv § 1829 Abs 1 S 2 BGB Gebrauch macht (OLG Hamm 31. 8. 2016 – 15 W 308/16, I-15 W 308/16, juris Rn 4, NotBZ 2017, 155 = FamRZ 2017, 480 [LS]). Welchem der beiden Ansätze zu folgen ist, kann im Ergebnis dann dahinstehen, wenn der Notar in jedem Fall, um für die notwendige Klarheit zu sorgen, die Mitteilung iSv § 1829 Abs 1 S 2 BGB immer (zusätzlich) gesondert dokumentiert.

36 Mitgeteilt werden kann allerdings auch vom Notar nur die verfahrensrechtlich wirksame Genehmigung (oben Rn 21 ff), sodass dieser in Vertretung des Mündels von der Genehmigung erst nach Erhalt des **Rechtskraftzeugnisses** des Gerichts (oben Rn 25) Gebrauch machen sollte (Volmer MittBayNot 2016, 421, 422; Weber MittBayNot 2018, 10, 11; Kölmel NotBZ 2010, 2, 15; Litzenburger RNotZ 2009, 380, 381).

dd) Mehrheit von Vertragspartnern

37 Stehen sich **mehrere unter Vormundschaft stehende Personen** als Vertragsteile gegenüber, so wird die Entscheidung des Familiengerichts erst wirksam, wenn sie von jedem gesetzlichen Vertreter dem (oder den) anderen mitgeteilt ist (KG OLGE 3, 300; BGB-RGRK/Dickescheid Rn 11; Soergel/Zimmermann Rn 8).

38 **Stehen dem Mündel mehrere Personen als Vertragspartner gegenüber**, so hängt es von der zwischen ihnen bestehenden Vertretungsregelung ab, ob die Mitteilung der Genehmigung an einen von ihnen genügt (so zB bei einem Gesellschaftsverhältnis, wenn einer der Gesellschafter allein zur Vertretung der Gesellschafter gegenüber Dritten ermächtigt ist, KGJ 36, A 160).

39 Wenn **Miterben**, von denen einer minderjährig ist und von einem Vormund vertreten wird, zum Zweck der Auseinandersetzung ein Nachlassgrundstück an einen von ihnen veräußern und auflassen, braucht der Vormund die familiengerichtliche Genehmigung nur dem Grundstückserwerber, nicht auch den übrigen, als Vertragspartner auf der Seite des Mündels stehenden Miterben mitzuteilen (KG HRR 1935 Nr 182; Soergel/Zimmermann Rn 8; MünchKomm/Kroll-Ludwigs Rn 20).

e) Form der Mitteilung

40 Die Beachtung einer besonderen Form ist für die Mitteilung **nicht vorgeschrieben**; sie kann also sowohl schriftlich als auch mündlich und durch schlüssige Handlungen erfolgen (RGZ 121, 30, 33 = JW 1928, 1498; BGHZ 15, 97 = DNotZ 1955, 83 = NJW 1954, 1925 = Rpfleger 1955, 158; KG OLGE 33, 371; KG RJA 17, 3; KG OLGE 44, 82 = JFG 2, 118; BayObLG JFG 1, 347 = BayObLGZ 22, A 139; BayObLGZ 1960, 276 = NJW 1960, 2188 = DAVorm 1961, 93; Dölle § 128 VI 6 c, aa; BGB-RGRK/Dickescheid Rn 9; Soergel/Zimmermann Rn 10; MünchKomm/Kroll-Ludwigs Rn 20). Die Entgegennahme der Genehmigung durch den Vormund beim Familiengericht in Gegenwart des anderen Vertragsteils bedeutet nicht und ersetzt auch nicht die Mitteilung des Vormunds an den anderen Vertragsteil (KG OLGE 42, 114).

41 Soweit es um einen Eigentumswechsel aufgrund einer **Auflassung** geht, so kann diese nach § **20 GBO** nur erfolgen, wenn die dingliche Einigung in der **Form des § 29 GBO** so nachgewiesen wird, wie sie materiell-rechtlich zur Herbeiführung der Rechtsänderung notwendig ist. Ist für die Wirksamkeit der Auflassung eine familiengerichtliche Genehmigung (nach § 1821 Abs 1 Nr 1 BGB) erforderlich, so bedarf es auch insoweit eines Nachweises in grundbuchmäßiger Weise. Das bedeutet, dass neben dem Vorliegen einer wirksamen Genehmigungsentscheidung – insoweit genügt die Vorlage des Rechtskraftzeugnisses an das Grundbuchamt (KG 11. 1. 2018 – 1 W 5/18, juris Rn 4, FamRZ 2018, 851, 852) – auch die Mitteilung durch den Vormund an den Vertragspartner des vom Vormund vertretenen Mündels durch öffentliche Urkunden nachzuweisen ist (OLG Jena 22. 12. 2014 – 3 W 450/14, juris Rn 6 mwNw, Rpfleger 2015,

400, 401 = FamRZ 2015, 1425 [LS]; MünchKomm/Kroll-Ludwigs Rn 20; Kesseler ZfIR 2017, 269, 270; Weber MittBayNot 2018, 10, 13).

Wird nicht nur die Auflassung vor einem Notar erklärt, sondern von diesem auch der grundbuchrechtliche Vollzug für die Vertragsparteien betrieben, so genügt die Vorlage der **Doppelvollmacht**, andernfalls die Vorlage eines **Zugangsnachweises** durch Postzustellungsurkunde (OLG Jena 22. 12. 2014 – 3 W 450/14, juris Rn 6 mwNw, Rpfleger 2015, 400, 401 = FamRZ 2015, 1425 [LS]). Dieser Nachweis kann grundsätzlich nicht dadurch geführt werden, dass der Vertragspartner die familiengerichtliche Genehmigung dem Grundbuchamt vorlegt, da insoweit kein allgemeiner Erfahrungssatz des Inhalts gilt, dass er diese gerichtliche Entscheidung gerade vom Vormund und nicht etwa direkt vom Gericht erhalten hat (OLG Jena 22. 12. 2014 – 3 W 450/14, juris Rn 6, Rpfleger 2015, 400, 401 = FamRZ 2015, 1425 [LS]).

Geht es dagegen etwa um die **Bestellung eines Grundpfandrechts oder einer Auflassungsvormerkung** an einem Grundstück des Minderjährigen, so hängt deren Eintragung ins Grundbuch von der einseitigen Bewilligung des Berechtigten ab **(§ 19 GBO)**; § 20 GBO gilt in beiden Fällen nicht (zur Auflassungsvormerkung KG 9. 8. 2016 – 1 W 169/16, juris Rn 4 mwNw, Rpfleger 2017, 266, 267; zur Grundschuld KG 11. 1. 2018 – 1 W 5/18, juris Rn 2, FamRZ 2018, 851, 852). Dann bedarf es auch nur des Nachweises, dass dem Berechtigten gegenüber die familiengerichtliche Genehmigung wirksam, also rechtskräftig geworden ist und dem gesetzlichen Vertreter des Mündels bekannt gemacht wurde. Die Mitteilung an den Vertragspartner, die erforderlich ist, damit die Genehmigung auch diesem gegenüber wirksam wird (§ 1829 Abs 1 S 2 BGB), muss dagegen, anders als bei der Auflassung, nicht nachgewiesen werden (KG 9. 8. 2016 – 1 W 169/16, juris Rn 4, Rpfleger 2017, 266, 267; Weber DNotZ 2015, 498, 524). 42

f) Kein Verzicht auf die Mitteilung

Die Bestimmung des § 1829 Abs 1 S 2 BGB hat **zwingenden Charakter**. Im Interesse des Mündels muss der Vormund, wenn die Genehmigung des Familiengerichts erteilt und ihm gegenüber wirksam geworden ist, in der Lage sein, nochmals zu prüfen, ob er am Vertrag festhalten oder durch Unterlassen der Mitteilung an den Vertragsgegner das Zustandekommen des Vertrags verhindern will (s oben Rn 13). Es ist deshalb nicht zulässig, dass die Vertragspartner eine andere Art des Gebrauchmachens von der Genehmigung vereinbaren. Nicht wirksam ist zB eine **Vereinbarung**, die Genehmigung solle mit Zugang bei dem Gericht, vor dem ein Vergleich geschlossen wurde, oder bei dem beurkundenden Notar wirksam werden oder sie solle als mitgeteilt gelten, wenn der Vertragsgegner innerhalb einer bestimmten Frist keine gegenteilige Nachricht erhalte (so heute wohl allgM: Enneccerus/Kipp § 115 VII 1 a; Dölle § 128 VI 6 c, aa; Gernhuber/Coester-Waltjen § 60 Rn 55; BGB-RGRK/Dickescheid Rn 8; Soergel/Zimmermann Rn 4; MünchKomm/Kroll-Ludwigs Rn 13; ebenso schon Schultheis ZBlFG 3, 261, 265; Schmid ZBlFG 3, 266, 270; LG Mainz ZBlFG 4, 269; RGZ 121, 30, 36; OGHBrZ OGHZ 1, 198, 200 = DNotZ 1951, 224 = NJW 1949, 64 = Rpfleger 1948/49, 273; OLG München DR 1943, 491; OLG Düsseldorf NJW 1959, 391; BayObLGZ 1989, 242 = FamRZ 1989, 1113, 1115; **aA** noch – unter Heranziehung des **§ 151 S 1 BGB** – Breit ZBlFG 4, 569, 586 f; BayObLGZ 2, 746 = OLGE 4, 114; BayObLGZ 22, A 139 = OLGE 43, 384 = JFG 1, 347; s auch Wangemann NJW 1955, 531, 533; Weber DNotZ 1956, 293). 43

IV. Beendigung des Schwebezustands durch den Vertragsgegner nach § 1829 Abs 2

1. Normzweck

44 Da das Gesetz keine zeitliche Schranke festgesetzt hat, wäre der Vormund bei der Regelung des § 1829 Abs 1 BGB nicht gehindert, dem anderen Vertragsteil, der an den Vertrag bis zu dessen endgültigem Zustandekommen oder Hinfälligwerden gebunden ist, von der Erteilung oder Verweigerung der Genehmigung durch das Familiengericht erst nach beliebig langer Zeit Mitteilung zu machen. Dieser Zustand der Ungewissheit (s dazu oben Rn 15) soll den anderen Teil nicht unzumutbar lange belasten. § 1829 Abs 2 BGB gibt ihm deshalb das Recht, Klarheit zu schaffen und den Schwebezustand dadurch zu beenden, dass er den Vormund zur Mitteilung darüber auffordert, ob die Genehmigung erteilt sei. Macht er von dieser Befugnis Gebrauch, so muss die Mitteilung der Genehmigung innerhalb von vier Wochen nach dem Empfang der Aufforderung erfolgen; andernfalls gilt die Genehmigung als verweigert.

2. Rechtsnatur und Inhalt der Aufforderung

45 Die in § 1829 Abs 2 BGB bezeichnete Aufforderung ist eine **einseitige empfangsbedürftige Willenserklärung** iS der §§ 130 ff BGB; hinsichtlich ihrer Nichtigkeit und Anfechtbarkeit gelten die allgemeinen Vorschriften (ebenso Breit ZBlFG 4, 569, 589; Soergel/Zimmermann Rn 14; Erman/Schulte-Bunert Rn 7; MünchKomm/Kroll-Ludwigs Rn 28; s auch KGJ 53, A 39, 40). Die Auffassung, die Aufforderung sei eine „geschäftsähnliche Handlung" (so Dölle § 128 VI 6 c, aa; Gernhuber/Coester-Waltjen § 60 Rn 57; BGB-RGRK/Dickescheid Rn 16; s auch Huken DNotZ 1966, 388, 389), führt zu keinem anderen Ergebnis, da ihre Vertreter die allgemeinen Vorschriften über Willenserklärungen für entsprechend anwendbar halten. Entscheidend kommt es darauf an, welchen Inhalt eine Erklärung des anderen Teils haben muss, wenn sie als Aufforderung an den Vormund iS des § 1829 Abs 2 BGB verstanden werden soll.

46 Die Anforderungen an den Inhalt der Aufforderungserklärung dürfen nicht zu gering bemessen werden; zudem muss ihr **Inhalt hinreichend klar** sein (RGZ 130, 148, 153). Nicht schon jede Frage des Vertragsgegners nach dem Stand des Genehmigungsverfahrens ist als Aufforderung zu werten, die die Frist des § 1829 Abs 2 BGB mit der – von den Vertragsteilen nicht gewünschten – Folge des Hinfälligwerdens des Vertrags nach vier Wochen zur Folge hat. Der andere Vertragsteil muss zwar nicht im Bewusstsein handeln, dass seine Aufforderung die im Gesetz vorgesehene Folge hat; er muss aber auf jeden Fall den Willen zum Ausdruck bringen, dass das Ausbleiben einer Antwort Folgen für seine vertragliche Bindung haben soll (OLG Düsseldorf FGPrax 2003, 266, 267; MünchKomm/Kroll-Ludwigs Rn 28 in Verdeutlichung der Gedanken, die schon in RGZ 130, 148, 153 anklingen; ähnlich BGB-RGRK/Dickescheid Rn 17).

47 **Keine Aufforderung** iSv Abs 2 ist das an den Vormund gerichtete Angebot des anderen Teils, innerhalb einer bestimmten Frist (§ 148 BGB) mit ihm namens des Mündels einen Vertrag zu schließen (der der Genehmigung des Familiengerichts bedarf). Ein solches Angebot wird meist so auszulegen sein, dass der andere Teil nur

für den Fall gebunden sein will, dass innerhalb der Frist der Vertrag durch Erteilung und Mitteilung der Genehmigung wirksam wird (s RGZ 76, 364; BGB-RGRK/Dickescheid Rn 19).

Die Aufforderung nach § 1829 Abs 2 BGB setzt nicht voraus, dass das Familiengericht über die Genehmigung schon entschieden hat (OLG Köln 6. 3. 2015 – 2 Wx 44/15, juris Rn 28, FamRZ 2015, 1410, 1411; RGZ 130, 149, 151; Weber MittBayNot 2018, 10, 13); sie kann auch sogleich nach Vertragsschluss erfolgen (BGB-RGRK/Dickescheid Rn 16; Enneccerus/Kipp § 115 VII 1 b Fn 50 a; Palandt/Götz Rn 5; Soergel/Zimmermann Rn 14; MünchKomm/Kroll-Ludwigs Rn 26; Oberloskamp/Dürbeck, Vormundschaft § 9 Rn 132). 48

3. Beteiligte Personen

Die Aufforderung muss **an den Vormund** gerichtet werden; ist dieser weggefallen und ein neuer Vormund noch nicht bestellt, so kann die Aufforderung in dieser Zeit nicht wirksam erklärt werden (Breit ZBlFG 4, 569, 589; Dölle § 128 VI 6 c, aa). Die Genehmigung des Familiengerichts kann, auch wenn die Aufforderung erfolgt ist, nach § 1828 BGB nur dem Vormund gegenüber erklärt werden. Die Aufforderung muss sich auch dann an den Vormund richten, wenn für das Verfahren auf Erteilung einer Genehmigung des Familiengerichts, nicht aber für die Abgabe und Entgegennahme materiell-rechtlicher Erklärungen (etwa nach § 1829 Abs 1 S 2 und Abs 2 BGB), ein Ergänzungspfleger bestellt wurde (OLG Köln 6. 3. 2015 – I-2 Wx 44/15 ua, juris Rn 24, FamRZ 2015, 1410, 1411). 49

Ist der **Mündel** in der Zwischenzeit **volljährig geworden**, so ist die Aufforderung an ihn zu richten; ist er **gestorben**, so ist der richtige Erklärungsempfänger sein Erbe (s unten Rn 62 u 66). 50

Besteht der andere Teil aus **mehreren Personen**, so bestimmt sich nach dem unter ihnen bestehenden Rechtsverhältnis, ob die Aufforderung durch alle ergehen muss. Dies ist anzunehmen, wenn nicht geklärt ist, ob der Vertragspartner, der die Aufforderung an den Vormund richtet, mit Wirkung für die anderen handeln kann (KG Recht 1908 Nr 3626 = KGJ 36, A 160; ihm folgend Dölle § 128 VI 6 c, aa; BGB-RGRK/Dickescheid Rn 18; Soergel/Zimmermann Rn 14 aE; MünchKomm/Kroll-Ludwigs Rn 27; diff Erman/Schulte-Bunert Rn 7c). Ließe man zu, dass jeder einzelne der mehreren Beteiligten mit Wirkung für alle die Mitteilung entgegennehmen und demnach den Vormund zur Mitteilung mit der in § 1829 Abs 2 BGB vorgesehenen Folge auffordern könnte, so widerspräche dies dem im Gesetz an mehreren Stellen (§§ 351, 461, 472 BGB) zum Ausdruck kommenden Rechtsgedanken, dass einer von mehreren auf einer Seite stehenden Beteiligten das einheitliche Rechtsverhältnis nicht zur Auflösung bringen oder sonst beeinflussen kann (KG Recht 1908 Nr 3626 = KGJ 36, A 160, 161). 51

4. Vierwochenfrist

Die Bestimmung des § 1829 Abs 2 BGB aF, der eine Zweiwochenfrist vorsah, war offenbar dem § 108 Abs 2 BGB nachgebildet, wo für die Erklärung des gesetzlichen Vertreters über die Genehmigung eines von einem Minderjährigen ohne die erforderliche Einwilligung geschlossenen Vertrags gleichfalls eine Zweiwochenfrist vorgesehen ist. Sie ist durch das FamFG mit Wirkung zum 1. 9. 2009 auf vier Wochen 52 erhöht worden. Darin liegt eine Anpassung des Fristlaufs zur Mitteilung an die in § 40 Abs 2 S 1 FamFG vorgesehene Wirksamkeitsvoraussetzung der Rechtskraft von Beschlüssen, die die Genehmigung eines Rechtsgeschäfts zum Gegenstand haben. § 63 Abs 2 Nr 2 FamFG sieht eine Beschwerdefrist von zwei Wochen vor, die, soweit kein Rechtsmittelverzicht (§ 67 FamFG) erlangt werden kann, verstrichen sein muss, damit die formelle Rechtskraft eintreten kann. Die bisher geltende zweiwöchige Frist zur Mitteilung der Genehmigung, die ohne Rechtskraft des Genehmigungsbeschlusses nicht wirksam ist (dazu oben Rn 22 ff), musste deshalb vom Gesetzgeber um zwei Wochen verlängert werden (BT-Drucks 16/6308, 347).

53 Die Parteien können diese **Frist** sowohl **verlängern als auch verkürzen** (RGZ 130, 148, 152; Breit ZBlFG 4, 569, 589; Brambring NotBZ 2009, 394, 396; Dölle § 128 VI 6 c, aa; BGB-RGRK/Dickescheid Rn 16; Soergel/Zimmermann Rn 15; Erman/Schulte-Bunert Rn 7a; Palandt/Götz Rn 5; MünchKomm/Kroll-Ludwigs Rn 29; NK-BGB/Fritsche Rn 8), wobei Letzteres praktisch kaum in Betracht kommen wird.

Da die Bestimmung des § 1829 Abs 2 BGB nur den privaten Interessen der Vertragsteile, nicht öffentlichen Interessen (insbesondere dem Schutz des Mündels) dient, bestehen keine Bedenken, die Vereinbarung einer Fristverlängerung schon in dem genehmigungsbedürftigen Vertrag, aber auch später – ohne zeitliche Grenze – zuzulassen. Zu einer Abweichung von der dispositiven Vorschrift des § 1829 Abs 2 BGB ist aber stets eine Vereinbarung der Parteien erforderlich.

54 Die **Berechnung der Frist** richtet sich nach §§ 187 Abs 1, 188 Abs 2 Alt 1 BGB. Sie beginnt mit dem Zugang der Aufforderung beim Vormund (§ 130 BGB; denkbar ist, da das Gesetz für die Aufforderung keine besondere Form vorschreibt, auch die Erklärung unter Anwesenden).

5. Rechtsfolge des fruchtlosen Fristablaufs

55 Ist die Frist verstrichen, ohne dass der Vormund die Genehmigung des Familiengerichts rechtzeitig – also vor dem durch das Gesetz oder durch eine abweichende Vereinbarung festgelegten Ende der Frist – dem anderen Teil mitgeteilt hat, so **gilt die Genehmigung als verweigert**, und der **Vertrag wird endgültig unwirksam**. Auf die Ursache der Fristversäumung, insbesondere auf ein Verschulden des Vormunds, kommt es dabei nicht an; einen Weg, die Folgen des fruchtlosen Fristablaufs etwa durch Wiedereinsetzung in den vorigen Stand oder durch Anfechtung (vgl § 1956 BGB) zu beseitigen, gibt es nicht (Dölle § 128 VI 6 c, aa; Soergel/Zimmermann Rn 14; BGB-RGRK/Dickescheid Rn 16 aE). Ebenso ist es ohne rechtliche Bedeutung, ob die Genehmigung innerhalb der Frist durch Bekanntgabe an den Vormund diesem gegenüber wirksam geworden war (§ 40 Abs 2 FamFG, § 1828 BGB) und ob das Familiengericht überhaupt innerhalb der Frist die Genehmigung verfügt hat. Wohl aber wird man, wenn nicht besondere Umstände dem entgegenstehen, die vom Familiengericht erteilte Genehmigung als Vorgenehmigung (zum Begriff § 1828 Rn 60) für einen neu zu schließenden Vertrag gleichen Inhalts verstehen können, der dann mit seinem Abschluss unmittelbar wirksam wird (s oben Rn 4).

56 Hat das Familiengericht die **Genehmigung erteilt**, ist diese aber dem Vertragsgegner nicht innerhalb der von ihm selbst durch die Aufforderung in Gang gesetzten Frist mitgeteilt worden, so ist die Genehmigung ebenso wirkungslos, wie wenn die Frist bei Erlass der Genehmigungsverfügung schon abgelaufen gewesen wäre. Der Vertragsgegner kann dies nur noch im Prozesswege durch Feststellungsklage klären lassen (KGJ 53, A 29, 41; KG JW 1937, 2975; Dölle § 128 VI 6 c, aa; BGB-RGRK/Dickescheid Rn 19; Soergel/Zimmermann Rn 15; Erman/Schulte-Bunert Rn 7b; MünchKomm/Kroll-Ludwigs Rn 30).

V. Genehmigung eines Vertrags nach Beendigung der Vormundschaft

1. Entscheidung des Familiengerichts

Wenn die Vormundschaft nach Abschluss des Vertrags, aber vor dem Wirksamwerden der Genehmigung des Familiengerichts dadurch endet, dass der **Mündel volljährig** wird **oder stirbt**, bleibt zwar der Schwebezustand des Vertrags bestehen, aber die Befugnis des Familiengerichts, durch Erteilung oder Verweigerung der Genehmigung gestaltend auf den Bestand des Vertrags einzuwirken, erlischt. Auch das Beschwerdegericht kann, wenn das Familiengericht den Vertrag vor der Beendigung der Vormundschaft genehmigt hat, die Genehmigung aber noch nicht wirksam geworden ist, nicht mehr prüfen, ob die Genehmigung zu erteilen oder zu verweigern ist (OLG Frankfurt OLGZ 1978, 63 = Rpfleger 1978, 99). Eine erteilte Genehmigung wird gegenstandslos und kann zur Klarstellung deklaratorisch aufgehoben werden (Keidel/Meyer-Holz § 40 FamFG Rn 31). Dabei macht es keinen Unterschied, ob die familiengerichtliche Entscheidung vor oder nach der Beendigung der Vormundschaft ergangen und verfahrensrechtlich wirksam geworden ist. 57

Die Genehmigung kann auch nicht mehr vom Vormund dem Vertragspartner mit der Folge des § 1829 Abs 1 S 2 BGB mitgeteilt und der Vertrag auch nicht mehr nach § 1829 Abs 1 S 1 BGB wirksam werden (Heggen NotBZ 2010, 393, 400; MünchKomm/Kroll-Ludwigs Rn 31; jurisPK-BGB/Lafontaine Rn 60). Mit dem Eintritt der Volljährigkeit oder dem Tod des Mündels erlischt die durch das Erfordernis der Genehmigung eingeschränkte Vertretungsmacht des Vormunds. Die Befugnis, den Vertrag durch Genehmigung zu voller Wirksamkeit zu bringen oder durch Verweigerung der Genehmigung hinfällig zu machen, geht auf den volljährig gewordenen bisherigen Mündel oder auf seine Erben über. 58

2. Genehmigung des volljährigen Mündels (§ 1829 Abs 3)

Ist der Mündel volljährig geworden, solange der **Vertrag noch schwebend unwirksam** – also weder durch Mitteilung der Genehmigung wirksam, noch durch Mitteilung der Verweigerung oder durch Fristablauf nach § 1829 Abs 2 BGB hinfällig geworden – ist, so tritt nach § 1829 Abs 3 BGB seine Genehmigung an die Stelle der Genehmigung des Familiengerichts, vorausgesetzt, dass er nicht gemäß § 104 Nr 2 BGB geschäftsunfähig ist (Mot IV 1154; vgl § 108 Abs 3 BGB; RGZ 130, 124, 128; KG JW 1938, 2142). 59

Die Genehmigung oder deren Verweigerung muss der Mündel (entgegen dem Wortlaut von § 1829 Abs 3 iVm § 1828 BGB) nicht dem (bisherigen) Vormund, sondern dem anderen Teil, dh dem Vertragspartner, gegenüber erklären (Breit ZBlFG 4, 569, 599; Enneccerus/Kipp § 115 VII 1 e; BGB-RGRK/Dickescheid Rn 20; MünchKomm/Kroll- 60

Ludwigs Rn 31 aE). Stellt das genehmigungspflichtige Rechtsgeschäft dagegen ein einseitiges, und zwar eine Ausschlagung der Erbschaft dar, so muss der volljährig gewordene Mündel die Genehmigung dieses Rechtsgeschäfts gegenüber dem Nachlassgericht erklären (s § 1945 Abs 1 HS 1 BGB; BGH 2. 12. 2015 – IV 27/15, juris Rn 8, FamRZ 2016, 210, 212).

61 Teilt der **Vormund** die Genehmigung eines Vertrags oder deren Verweigerung dem Vertragsgegner mit, obwohl die Vormundschaft geendet hat, so hat dies keine rechtliche Wirkung. Hat der Vormund aber vor dem Eintritt der Volljährigkeit des Mündels die Verweigerung der Genehmigung nach § 1829 Abs 1 S 2 BGB dem anderen Teil mitgeteilt, so ist der Vertrag dadurch hinfällig geworden, der andere Teil ist nicht mehr daran gebunden, und eine Genehmigung durch den volljährig Gewordenen geht ins Leere.

62 Ist die Aufforderung gemäß § 1829 Abs 2 BGB an den Vormund ergangen, so muss sich der danach volljährig gewordene bisherige Mündel **innerhalb von vier Wochen** – gerechnet vom Empfang der Aufforderung durch den Vormund an – erklären; andernfalls gilt die Genehmigung als von ihm verweigert (OGHBrZ JR 1950, 245; BGB-RGRK/Dickescheid Rn 20; Palandt/Götz Rn 5; Erman/Schulte-Bunert Rn 8).

63 Hatte der andere Vertragsteil bei Eintritt der Volljährigkeit des Mündels den Vormund noch nicht zur Mitteilung über die Genehmigung des Familiengerichts aufgefordert, so kann er die Vierwochenfrist dadurch in Lauf setzen, dass er den volljährig Gewordenen zur Erklärung über seine Genehmigung auffordert; es geht dann also nicht mehr um eine Mitteilung der Genehmigung, sondern um die Genehmigung selbst, vgl § 177 Abs 2 BGB (Enneccerus/Kipp § 115 VII 1 e; MünchKomm/Kroll-Ludwigs Rn 31; BGB-RGRK/Dickescheid Rn 20).

64 Die Genehmigung oder ihre Verweigerung durch den volljährig gewordenen Mündel ist ein einseitiges empfangsbedürftiges Rechtsgeschäft (§§ 130 ff BGB), auf das die allgemeinen Vorschriften Anwendung finden. Sie kann auch durch **schlüssige Handlungen** erfolgen, etwa durch Weiterzahlung einer Lebensversicherungsprämie (OGHBrZ JR 1950, 245; s auch BayObLG LZ 1926, 493 = JFG 4, 272; MünchKomm/Kroll-Ludwigs Rn 31; NK-BGB/Fritsche Rn 9; Palandt/Götz Rn 6). Voraussetzung hierfür ist aber, dass der volljährig Gewordene die Genehmigungsbedürftigkeit des Rechtsgeschäfts kennt oder doch mit ihr rechnet und sie heilen will (RGZ 95, 70; BGHZ 2, 150 = NJW 1951, 796; BGH LM Nr 3 zu § 1829 = FamRZ 1961, 216; LG Bremen FamRZ 1963, 658, 660; LG Hamburg NJW 1988, 215, 216; LG Frankfurt aM NJW 1999, 3566; s auch – allgemein zur Frage des Rechtsbindungswillens – BGHZ 91, 324 = NJW 1984, 2279).

65 Der Mündel ist **nicht verpflichtet**, den **Vertrag zu genehmigen**, auch wenn er, kurz bevor er volljährig wurde, selbst am Zustandekommen des Vertrags beteiligt war (BGH WM 1963, 811; Erman/Schulte-Bunert Rn 9; MünchKomm/Kroll-Ludwigs Rn 33). Es kann jedoch eine unzulässige Rechtsausübung darstellen, wenn sich der inzwischen volljährige Mündel erst nach vielen Jahren darauf beruft, ein während seiner Minderjährigkeit vorgenommenes Rechtsgeschäft habe der Genehmigung des Familiengerichts bedurft und sei von ihm auch nicht nachträglich genehmigt worden, weil er sich der Genehmigungsbedürftigkeit nicht bewusst gewesen sei (BGH LM Nr 3 zu § 1829 = FamRZ 1961, 216; LG Wuppertal NJW 1995, 152; s aber auch OLG Hamm 1967, 99,

101 u LG Frankfurt aM NJW 1999, 3566; LG Regensburg VersR 2004, 722; jurisPK-BGB/Lafontaine Rn 62).

3. Genehmigung durch die Erben des Mündels bei dessen Tod

Stirbt der volljährige Mündel, bevor die Entscheidung des Familiengerichts wirksam geworden ist (oder die Genehmigung nach § 1829 Abs 2 BGB als verweigert gilt), so geht das Genehmigungsrecht auf den **Erben des Mündels** über, der nun über die Genehmigung oder ihre Verweigerung zu entscheiden hat, es sei denn, dass sich aus dem Vertrag etwas anderes ergibt; für eine Tätigkeit des Vormunds und für eine Entscheidung des Familiengerichts und damit auch des Rechtsmittelgerichts ist kein Raum mehr (so ohne Ausnahme – auch für den Fall des § 1893 Abs 1 iVm § 1698a BGB [dazu sogleich Rn 67] BayObLGZ 1964, 350 = FamRZ 1965, 101 = NJW 1965, 397 = MDR 1965, 206; KG OLGE 4, 416; KG JW 1938, 2142 = JFG 17, 333 = HRR 1938 Nr 1017; Dölle § 128 VI 6 c, aa; im Einzelnen Heggen NotBZ 2010, 393, 399 ff). 66

Etwas anderes gilt jedoch, **solange der Vormund vom Tod des Mündels keine Kenntnis hat**; in diesem Falle ist er nach §§ 1893 Abs 1, 1698a Abs 1 S 1 BGB berechtigt, die vormundschaftlichen Geschäfte weiterzuführen. Der andere Teil kann sich aber nach § 1698a Abs 1 S 2 BGB auf diese über das Ende der Vormundschaft hinaus fortbestehende Befugnis nicht berufen, wenn er bei der Vornahme des Rechtsgeschäfts die Beendigung der Vormundschaft kennt oder kennen muss. Durch die genannten Bestimmungen wird der gutgläubige Dritte geschützt, jedoch nur unter der Voraussetzung, dass sich der Vormund ebenfalls in gutem Glauben befindet (s § 1893 Rn 4). Dies gilt auch, wenn es darum geht, ob eine vom Familiengericht erteilte Genehmigung (gleichviel, ob sie vor oder nach dem Tod des Mündels erteilt wurde) nach dem Tod des Mündels noch dadurch wirksam werden kann, dass der Vormund sie dem anderen Vertragsteil mitteilt. Der Rechtssicherheit, der die Bestimmung des § 1893 Abs 1 iVm § 1698a Abs 1 S 1 BGB dient, ist in diesem Fall Vorrang vor dem Schutz der Erben des Mündels einzuräumen (s dazu ausführlich § 1893 Rn 16 ff mit Nachw der widerstreitenden Meinungen). 67

Wird der **Mündel für tot erklärt**, so endet die Vormundschaft nach § 1884 Abs 2 BGB mit der Rechtskraft des Beschlusses über die Todeserklärung (s dazu § 1884 Rn 11 ff). Erst mit diesem Zeitpunkt, nicht schon mit einem nachträglich gemäß § 9 Abs 1 VerschG festgestellten früheren Zeitpunkt, endet auch die Befugnis des Vormunds, die Wirksamkeit der familiengerichtlichen Genehmigung durch Mitteilung an den anderen Vertragsteil herbeizuführen (OG DDR NJ 1952, 228; Dölle § 128 VI 6 c, aa). 68

VI. Rechtsfolgen des Wirksamwerdens der Genehmigung oder ihrer Verweigerung

1. Genehmigung des Vertrags

Wird der vom Vormund ohne die erforderliche Genehmigung des Familiengerichts geschlossene Vertrag nachträglich vom Familiengericht genehmigt und die Genehmigung dem anderen Teil durch den Vormund mitgeteilt, so bestehen keine Bedenken, die Bestimmungen des **§ 184 Abs 1 und 2 BGB** entsprechend anzuwenden. Die Mitteilung der verfahrensrechtlich wirksam gewordenen Genehmigung führt also zur 69

Wirksamkeit des Vertrags vom Zeitpunkt des Vertragsabschlusses an (Mot IV 1155; Schultheis ZBlFG 3, 261, 263; Breit ZBlFG 4, 569, 592; Dölle § 128 VI 1; RGZ 76, 364, 366; 142, 59, 62 f; KG OLGE 6, 294; Soergel/Zimmermann Rn 11; MünchKomm/Kroll-Ludwigs Rn 22; BGB-RGRK/Dickescheid Rn 14; Staudinger/Klumpp [2019] § 184 Rn 112, 124). Durch die Rückwirkung werden jedoch Verfügungen nicht unwirksam, die vor der Genehmigung über den Gegenstand des Rechtsgeschäfts vom Vormund (soweit er verfügen konnte) getroffen worden oder im Wege der Zwangsvollstreckung oder der Arrestvollziehung oder durch den Insolvenzverwalter erfolgt sind.

70 Durch die Mitteilung der Genehmigung wird der Vertrag zwar formell wirksam; er kann aber dennoch aus materiellen Gründen, zB wegen Verstoßes gegen ein gesetzliches Verbot (§ 134 BGB) oder gegen die guten Sitten (§ 138 BGB), nichtig sein (KG JW 1937, 2597; OLG Hamm JMBlNRW 1951, 93; Soergel/Zimmermann Rn 11; zur Verweigerung der Genehmigung wegen Sittenwidrigkeit eines Rechtsgeschäfts nach § 138 BGB s § 1828 Rn 16 ff). Ein Erbvertrag, zu dem der Mündel die familiengerichtliche Genehmigung braucht, kann nach dem Tod des Erblassers nicht mehr durch Mitteilung der nachträglich erteilten Genehmigung des Familiengerichts zustande kommen; die Sicherheit des Rechtsverkehrs erfordert es, dass die mit dem Tod des Erblassers eingetretene Erbfolgeregelung auf einer festen Grundlage steht und nicht noch nach beliebig langer Zeit durch eine Genehmigungserklärung des beeinträchtigten Bedachten wieder umgestoßen werden kann (BGH NJW 1978, 1159 = MDR 1978, 392 = Rpfleger 1977, 94).

2. Verweigerung der Genehmigung

71 Wird die nachträgliche Genehmigung vom Familiengericht verweigert und die Verweigerung der Genehmigung dem anderen Teil durch den Vormund mitgeteilt (oder gilt die Genehmigung nach § 1829 Abs 2 BGB als verweigert), so ist der Vertrag endgültig unwirksam.

72 Die Parteien können zwar einen **neuen, inhaltlich gleichen Vertrag** schließen (der dann wiederum der familiengerichtlichen Genehmigung bedarf); sie können aber die eingetretene Rechtswirkung nicht durch Vereinbarung beseitigen und so den früheren Schwebezustand wiederherstellen, sodass die Beschwerdeinstanz die Genehmigung erteilen und der Vertrag dadurch wirksam werden könnte (KG OLGE 6, 294 = KGJ 25, A 17; OLG Colmar OLGE 18, 292; BGB-RGRK/Dickescheid Rn 15; Soergel/Zimmermann Rn 12; Erman/Schulte-Bunert Rn 10; MünchKomm/Kroll-Ludwigs Rn 25). Nach wirksamer Mitteilung der Verweigerungsentscheidung des Familiengerichts durch den Vormund gegenüber dem Vertragspartner entfällt auch die Möglichkeit einer gerichtlichen Abänderung nach § 48 Abs 3 FamFG (s § 1828 Rn 129). Die Verweigerung der Genehmigung ist dagegen noch nicht unabänderlich und unanfechtbar, wenn sie dem Vertragsgegner lediglich durch das Familiengericht mitgeteilt wurde (BayObLG FamRZ 1996, 242 [LS]).

73 Auch eine **der Wahrheit nicht entsprechende Mitteilung** des Vormunds an den Vertragsgegner, das Familiengericht habe die Genehmigung verweigert, führt die Unwirksamkeit des geschlossenen Vertrags herbei, da sie jedenfalls den Willen des Vormunds zum Ausdruck bringt, den Vertrag nicht wirksam werden zu lassen (OLG Stettin LZ 1926, 60; Breit ZBlFG 4, 569, 582; Dölle § 128 VI 6 c, aa; Gernhuber/Coester-Waltjen § 60 Rn 56 Fn 121; BGB-RGRK/Dickescheid Rn 15; Soergel/Zimmermann Rn 12 aE;

MünchKomm/Kroll-Ludwigs Rn 24). Dies gilt sowohl dann, wenn das Familiengericht noch nicht entschieden hat, als auch dann, wenn das Gericht in Wahrheit den Vertrag genehmigt hat; auch im letztgenannten Fall hat es der Vormund in der Hand, ob er den Vertrag wirksam werden lassen will, und dies könnte nur dadurch geschehen, dass er dem anderen Teil die Genehmigung mitteilt. Jedes andere Verhalten des Vormunds – Stillschweigen ebenso wie eine negative Äußerung – führt die Unwirksamkeit des Vertrags herbei.

Behauptet der Vormund **der Wahrheit zuwider**, der **Vertrag sei genehmigt**, so hat dies selbstverständlich auf die Wirksamkeit des Vertrags keinen unmittelbaren Einfluss; der andere Teil kann aber unter den Voraussetzungen des § 1830 BGB seine Vertragserklärung widerrufen. 74

VII. Beweislast

Hinsichtlich der Beweislast gilt das Gleiche wie im Fall des § 108 BGB (vgl Staudinger/Klumpp [2017] § 108 Rn 61). 75

Dass die Genehmigung vom Familiengericht erteilt und durch den Vormund dem anderen Teil mitgeteilt worden ist, hat derjenige zu beweisen, der die Wirksamkeit des Vertrags behauptet; eine Beweislastumkehr bei Mitteilung einer unstreitig erteilten Genehmigung (so AG Charlottenburg JW 1925, 399) kommt nicht in Betracht. Ist eine familiengerichtliche Genehmigung an den Vormund gemäß § 15 Abs 2 S 1 FamFG abgesandt worden und hat der Vormund die Genehmigung dem Vertragsgegner ausdrücklich oder schlüssig mitgeteilt, so kann er sich nicht mehr darauf berufen, dass ihm die Genehmigung nicht zugegangen sei (BayObLGZ 1963, 1 = MDR 1963, 502 = DAVorm 1963, 241).

Hat der andere Teil den Vormund nach § 1829 Abs 2 BGB zur Mitteilung aufgefordert, so hat derjenige, der die Wirksamkeit des Vertrags behauptet, auch zu beweisen, wann die Mitteilung der Genehmigung erfolgt ist. Dagegen hat den Zeitpunkt des Empfangs der Aufforderung der zu beweisen, der behauptet, dass die Genehmigung gemäß § 1829 Abs 2 BGB als verweigert gelte. 76

VIII. Pflegschafts- und Betreuungsrecht

Die Vorschrift findet entsprechende Anwendung auf die Pflegschaft (§ 1915 Abs 1 BGB) sowie die Betreuung (§ 1908i Abs 1 S 1 BGB). 77

§ 1830
Widerrufsrecht des Geschäftspartners

Hat der Vormund dem anderen Teil gegenüber der Wahrheit zuwider die Genehmigung des Familiengerichts behauptet, so ist der andere Teil bis zur Mitteilung der nachträglichen Genehmigung des Familiengerichts zum Widerruf berechtigt, es sei denn, dass ihm das Fehlen der Genehmigung bei dem Abschluss des Vertrags bekannt war.

Materialien: E I § 1681 Abs 3 S 2, Abs 4; II § 1710; III § 1806; Mot IV 1153; Prot IV 797; VI 311, 395. Neugefasst durch Bekanntmachung v 2. 1. 2002 (BGBl I 42); geändert durch Art 50 Nr 39 nach Maßgabe von Art 111 FGG-RG v 17. 12. 2008 (BGBl I 2586) mit Wirkung v 1. 9. 2009.

Schrifttum

Breit, Zur Lehre von der vormundschaftsgerichtlichen Genehmigung, ZBlFG 4, 569.

Systematische Übersicht

I. Historie

1 Nach E I § 1681 Abs 3 S 2 und Abs 4 sollte der Vormund, der ohne die erforderliche Genehmigung des Vormundschaftsgerichts einen Vertrag geschlossen hatte, berechtigt sein, vom Vertrag zurückzutreten, solange dieser noch nicht wirksam geworden war, während der andere Vertragschließende nicht berechtigt sein sollte, von dem Vertrag zurückzutreten, solange dieser noch nicht wirksam werden konnte (Mot IV 1154; vgl Mot I 134, 140). Von der II. Kommission wurde entsprechend dem zu E II § 83 (§ 109 BGB) gefassten Beschluss folgender Änderungsantrag angenommen: „Solange der Vormund die Genehmigung des Vormundschaftsgerichts zu dem Vertrage dem anderen Theile nicht mitgetheilt hat, kann er" (also der Vormund) „von dem Vertrage zurücktreten. Das gleiche Recht steht dem anderen Theile zu, wenn ihm gegenüber der Vormund fälschlich die vorgängige Genehmigung des Vormundschaftsgerichts behauptet hatte, es sei denn, daß der andere Theil den Mangel der Genehmigung gekannt hat" (Prot IV 798). In den E II hat aber diese Bestimmung als § 1710 in folgender Gestalt Aufnahme gefunden: „So lange der Vormund die Genehmigung des Vormundschaftsgerichtes dem anderen Theile nicht mitgetheilt hat, kann dieser" (also der andere Teil) „von dem Vertrage zurücktreten. Das gleiche Recht steht dem anderen Theile zu, wenn der Vormund ihm gegenüber die Genehmigung des Vormundschaftsgerichtes der Wahrheit zuwider behauptet hat, es sei denn, daß der andere Theil den Mangel der Genehmigung bei dem Abschlusse des Vertrages gekannt hat." Bei der Lesung der II. Kommission wurde beantragt, den Satz 2 mit den Worten „behauptet hat" enden zu lassen und als Satz 3 beizufügen: „Der Rücktritt ist ausgeschlossen, wenn der andere Theil den Mangel der Genehmigung bei dem Abschlusse des Vertrags gekannt hat" (Prot VI 311). Entsprechend dem § 83 müsse nämlich hier die Bindung des anderen Teils eintreten, wenn dieser wisse, dass die Genehmigung noch nicht erteilt sei; der andere Teil sei so lange gebunden, bis sich entscheide, ob die Genehmigung erteilt werde. Hierzu wurde bemerkt: Der dem Antrag zugrundeliegende Gedanke, dass der Satz 1 des § 1710 einzuschränken sei, müsse als richtig anerkannt werden. Bei der Fassung sei zu beachten, dass im Falle des § 1710 der Dritte von vornherein wisse, dass er mit dem Vertreter einer Person kontrahiere, während bei dem des § 83 die Sachlage eine andere sei. Man werde den Antrag sachlich zu billigen, im Übrigen aber die Redaktionskommission anzuweisen haben, in geeigneter Weise den § 1710 mit dem § 83 in Einklang zu bringen. Hiermit war die Kommission einverstanden (Prot VI 311). Von der Redaktionskommission wurde Satz 1 des E II § 1710 gestrichen, weil die Notwendigkeit der Genehmigung dem anderen Teil stets bekannt sei, wenn der Vormund als solcher ein Geschäft der betreffenden Art abschließe; es komme also nur der Fall in Frage, dass die Genehmigung der Wahrheit zuwider behauptet werde (Prot VI 395).

II. Anwendungsbereich, Systematik

§ 1830 BGB bezieht sich nur auf **Verträge**, nicht auf einseitige Willenserklärungen; 2
dies ergibt sich aus seiner Stellung im Gesetz und seinem Wortlaut.

Die Norm greift zudem nur bei Verträgen, die der Vormund ohne die erforderliche 3
familiengerichtliche Genehmigung abgeschlossen hat, die also **schwebend unwirksam** sind. Der Vormund kann diesen Schwebezustand nicht durch Ausübung eines Rücktritts- oder Widerrufsrechts beenden; wohl aber ist er berechtigt, nach seinem pflichtmäßigen Ermessen von der Einholung der nachträglichen Genehmigung des Familiengerichts überhaupt abzusehen oder, wenn er sie eingeholt und erhalten hat, das Wirksamwerden des Vertrags dadurch zu verhindern, dass er die hierfür vorausgesetzte Mitteilung an den anderen Teil (§ 1829 Abs 1 S 2 BGB) unterlässt (s § 1829 Rn 8 ff).

Der **andere Teil** ist grundsätzlich an den vom Vormund ohne die erforderliche 4
Genehmigung des Familiengerichts mit ihm geschlossenen Vertrag gebunden, bis ihm der Vormund die Entscheidung des Familiengerichts oder seinen Entschluss mitteilt, von der Genehmigung, auch wenn sie erteilt sein sollte, keinen Gebrauch zu machen (vgl dagegen § 109 Abs 1 S 1 BGB). Dies gilt auch für den Fall, dass dem anderen Teil das Erfordernis der familiengerichtlichen Genehmigung nicht bekannt war (zB wenn er den Vergleichsgegenstand auf weniger als 3000 Euro schätzte [§ 1822 Nr 12 BGB] oder nicht wusste, dass der Gegenstand des Vertrags nach § 1818 BGB hinterlegt war [§ 1819 BGB]). Der andere Teil kann aber durch Aufforderung an den Vormund gemäß § 1829 Abs 2 BGB den Schwebezustand beenden (s § 1829 Rn 44 ff). Darüber hinaus steht ihm ausnahmsweise ein Widerrufsrecht nach § 1830 BGB zu.

5 § 1830 BGB findet entsprechende Anwendung, wenn nicht der Vormund namens des Mündels, sondern der (beschränkt geschäftsfähige) **Mündel selbst den Vertrag geschlossen** hat (§§ 107 ff BGB; Breit ZBlFG 4, 569, 591; BGB-RGRK/Dickescheid Rn 9; Soergel/Zimmermann Rn 3; Erman/Schulte-Bunert Rn 2; MünchKomm/Kroll-Ludwigs Rn 3; NK-BGB/Fritsche Rn 3). Das Widerrufsrecht steht in diesem Fall dem anderen Teil zu, gleichviel, ob der Vormund bei Erklärung seiner Zustimmung oder der Mündel bei Abschluss des Vertrags die Genehmigung des Familiengerichts behauptet hat. Handelt der Mündel ohne Zustimmung des Vormunds, ergibt sich das Widerrufsrecht des Vertragspartners bis zur Erteilung der Genehmigung des Vormunds aus § 109 Abs 1 BGB.

III. Voraussetzungen des Widerrufsrechts

6 Ausnahmsweise steht dem anderen Teil nach § 1830 BGB das Recht zu, seine Vertragserklärung zu widerrufen, wenn der Vormund ihm gegenüber **wahrheitswidrig** die Genehmigung des Familiengerichts behauptet hat (vgl § 109 Abs 2 BGB).

7 Unerheblich ist, ob sich der Vormund der Unwahrheit seiner Behauptung bewusst ist. Es genügt, dass die von ihm behauptete Genehmigung des Familiengerichts objektiv nicht vorlag; auf ein **Verschulden des Vormunds** kommt es nicht an.

8 Umstritten ist, ob der Vormund das Vorliegen der Genehmigung „ausdrücklich behaupten" muss, mit der Folge, dass der andere Teil nicht widerrufen kann, wenn er irrtümlich das Vorliegen der Genehmigung angenommen und der Vormund zu diesem von ihm erkannten Irrtum geschwiegen hat (BGB-RGRK/Dickescheid Rn 2; Soergel/Zimmermann Rn 1). Für diese Auslegung mag zunächst das Wort „behauptet" sprechen; da aber das Gesetz nichts über die Form einer solchen Behauptung sagt, wird man entsprechend dem Sinn des § 1830 BGB als Behauptung auch das Verhalten des Vormunds anzusehen haben, der beim Abschluss des Vertrags schweigt, nachdem der andere Teil zu erkennen gegeben hat, dass er vom Vorliegen der Genehmigung ausgehe. Es ist deshalb gerechtfertigt, der wahrheitswidrigen Behauptung der Genehmigung **das treuwidrige Ausnutzen des beim Geschäftsgegner bestehenden Irrtums** gleichzusetzen (so auch MünchKomm/Kroll-Ludwigs Rn 2; Schulte-Bunert Rn 2; iE auch jurisPK-BGB/Lafontaine Rn 7).

9 § 1830 BGB behandelt nur den Fall, dass der Vormund bei Abschluss des Vertrags wahrheitswidrig behauptet, die Genehmigung des Vertrags sei (als vorherige Genehmigung, s § 1829 Rn 4 ff) bereits erteilt. Erklärt der Vormund bei Abschluss des Vertrags der Wahrheit entsprechend, dass die Genehmigung des Familiengerichts noch nicht vorliege, und macht er **später** dem anderen Teil die unwahre Mitteilung, das Familiengericht habe den Vertrag nachträglich genehmigt, so ist § 1830 BGB nicht anwendbar (ebenso Breit ZBlFG 4, 569, 591; Enneccerus/Kipp § 115 VII 1 f Fn 58; Dölle § 128 VI 6 c, aa; Soergel/Zimmermann Rn 1; BGB-RGRK/Dickescheid Rn 3 aE; MünchKomm/Kroll-Ludwigs Rn 2 aE). Dass der Vertrag durch eine derartige Mitteilung nicht wirksam wird, ist selbstverständlich; ob der andere Teil gegen den Vormund Anspruch auf Schadensersatz hat, bemisst sich nach allgemeinen Grundsätzen. Über den Fall, dass der Vormund dem anderen Teil wahrheitswidrig mitteilt, das Familiengericht habe die nachträgliche Genehmigung verweigert, s § 1829 Rn 73.

IV. Rechtsnatur des Widerrufsrechts, Erklärungsempfänger, Frist, Konkurrenzen

Der Widerruf des anderen Teils ist eine einseitige, empfangsbedürftige Willenserklärung iS der §§ 130 ff BGB; hinsichtlich ihrer Nichtigkeit und Anfechtbarkeit gelten die allgemeinen Grundsätze. 10

Der **Widerruf** kann **nur dem Vormund gegenüber** erklärt werden (vgl § 178 S 2 BGB). Dies gilt auch dann, wenn der Mündel selbst den Vertrag geschlossen hat (dazu oben Rn 5). 11

Die Ausübung des Widerrufsrechts ist an keine **Frist** gebunden. 12

Für eine **Anfechtung** des Vertrags wegen Irrtums oder arglistiger Täuschung (§§ 119, 123 BGB) ist neben den besonderen Bestimmungen des § 1830 BGB kein Raum (BGB-RGRK/Dickescheid Rn 7; Erman/Schulte-Bunert Rn 2; Soergel/Zimmermann Rn 3; MünchKomm/Kroll-Ludwigs Rn 9; NK-BGB/Fritsche Rn 6; jurisPK-BGB/Lafontaine Rn 1). 13

V. Ausschluss und Wegfall des Widerrufsrechts

1. Ausschluss des Widerrufsrechts (§ 1830 letzter HS)

Das Widerrufsrecht des anderen Teils ist ausgeschlossen, wenn ihm **das Fehlen** der erforderlichen familiengerichtlichen Genehmigung beim Abschluss des Vertrags **bekannt** war; fahrlässige Unkenntnis (Kennenmüssen) ist hier dem Kennen nicht gleichgestellt (vgl § 142 Abs 2 BGB). 14

2. Wegfall des Widerrufsrechts

Das Widerrufsrecht des anderen Teils entfällt, wenn das Familiengericht nachträglich die Genehmigung erteilt und jenem dies durch den Vormund nach § 1829 Abs 1 S 2 BGB mitgeteilt wird. 15

Ein **Verzicht auf das Widerrufsrecht** ist zulässig; er kann auch stillschweigend erklärt werden und wird in der Aufforderung an den Vormund zur Mitteilung nach § 1829 Abs 2 BGB jedenfalls dann zu erblicken sein, wenn der Vertragsgegner bei der Aufforderung weiß, dass ihm das Widerrufsrecht zusteht (Breit ZBlFG 4, 569, 591; MünchKomm/Kroll-Ludwigs Rn 8; BGB-RGRK/Dickescheid Rn 8; Erman/Schulte-Bunert Rn 2; Soergel/Zimmermann Rn 3; Palandt/Götz Rn 1). 16

VI. Folgen des Widerrufs

1. Unwirksamkeit des Vertrags

Macht der andere Teil von dem Recht des Widerrufs Gebrauch, so gilt der Vertrag als nicht geschlossen. Für den aus der wahrheitswidrigen Behauptung der Genehmigung des Familiengerichts erwachsenden Schaden haftet der Vormund dem Mündel nach § 1833 BGB, dem anderen Teil nach Maßgabe der allgemeinen Grundsätze (s insbesondere §§ 823, 826 BGB). 17

18 Hat der Mündel bei Abschluss des Vertrags wahrheitswidrig das Vorliegen einer familiengerichtlichen Genehmigung behauptet, so bemisst sich seine Haftung gegenüber dem anderen Teil nach den §§ 823, 826, 827–829 BGB.

2. Keine Haftung des Vormunds nach § 179

19 Nach § 179 BGB ist der, der als Vertreter ohne Vertretungsmacht einen Vertrag geschlossen hat, unter bestimmten Voraussetzungen dem anderen Teil zur Erfüllung oder zum Schadensersatz verpflichtet. Diese Regelung ist – entgegen einer früher vertretenen Meinung – auf den Fall, dass der Vormund einen der familiengerichtlichen Genehmigung bedürftigen Vertrag geschlossen hat, aber diese nicht erlangt, nicht entsprechend anwendbar; die besondere Regelung, die die familiengerichtliche Genehmigung in den §§ 1828 ff BGB gefunden hat, schließt die Heranziehung des § 179 BGB aus (ebenso Gernhuber/Coester-Waltjen § 60 Rn 67; Soergel/Zimmermann § 1829 Rn 11; Erman/Schulte-Bunert Rn 2 aE; MünchKomm/Kroll-Ludwigs Rn 9 aE; BGB-RGRK/Dickescheid Rn 7; Palandt/Götz Rn 2; jurisPK-BGB/Lafontaine Rn 17; **aA** noch Breit ZBlFG 4, 569, 592; Enneccerus/Kipp § 115 VII 3; Dölle § 128 VI 6 c, cc).

VII. Beweislast

20 Hinsichtlich der Beweislast gelten die gleichen Grundsätze wie im Fall des § 109 Abs 2 BGB (vgl Staudinger/Dilcher[12] § 109 Rn 5; Breit ZBlFG 4, 569, 592; BGB-RGRK/Dickescheid Rn 10; Erman/Schulte-Bunert Rn 3). Wer die Unwirksamkeit des Vertrags aufgrund des § 1830 BGB geltend macht, muss beweisen, dass der Vormund beim Vertragsabschluss die Genehmigung des Familiengerichts wahrheitswidrig behauptet und dass der andere Teil vor der Mitteilung der nachträglichen Genehmigung widerrufen hat. Dass dem anderen Teil das Fehlen der Genehmigung beim Vertragsabschluss bekannt war, hat zu beweisen, wer die Wirksamkeit des Vertrags wegen Unzulässigkeit des Widerrufs behauptet.

VIII. Pflegschafts- und Betreuungsrecht

21 Die Vorschrift findet entsprechende Anwendung auf die Pflegschaft (§ 1915 Abs 1 BGB) sowie die Betreuung (§ 1908i Abs 1 S 1 BGB).

§ 1831
Einseitiges Rechtsgeschäft ohne Genehmigung

Ein einseitiges Rechtsgeschäft, das der Vormund ohne die erforderliche Genehmigung des Familiengerichts vornimmt, ist unwirksam. Nimmt der Vormund mit dieser Genehmigung ein solches Rechtsgeschäft einem anderen gegenüber vor, so ist das Rechtsgeschäft unwirksam, wenn der Vormund die Genehmigung nicht vorlegt und der andere das Rechtsgeschäft aus diesem Grunde unverzüglich zurückweist.

Materialien: E I § 1681 Abs 2; II § 1711; III § 1807; Mot IV 1153; Prot IV 797. Neugefasst durch Bekanntmachung v 2. 1. 2002 (BGBl I 42); S 1 geändert durch Art 50 Nr 40 Buchst a, S 2 geändert durch Art 50 Nr 40 Buchst b, jeweils nach Maßgabe von Art 111 FGG-RG v 17. 12. 2008 (BGBl I 2586) mit Wirkung v 1. 9. 2009.

Schrifttum

Breit, Einwilligung zu einseitigen empfangsbedürftigen Rechtsgeschäften, DJZ 1903, 174
ders, Zur Lehre von der vormundschaftsgerichtlichen Genehmigung, ZBlFG 4, 389, 569
Josef, Eine Erbschaftsausschlagung auf schwankendem Grunde, BayZ 1913, 330
Knittel, Erbausschlagung durch den Amtsvormund – Neuartiges Fristproblem durch das FamFG als Stolperstein, JAmt 2012, 445
Kretzschmar, Beiträge zum Erbrecht, ZBlFG 18, 1
Mayer, Wer zu spät kommt, den bestraft das Leben – Zur Hemmung der Frist für die Erbschaftsausschlagung wegen noch ausstehender gerichtlicher Genehmigungen nach dem FamFG, Rpfleger 2013, 657
Rohde, Erbschaftsausschlagung durch geschäftsunfähige oder in der Geschäftsfähigkeit beschränkte Personen, ZBlFG 10, 741, 783
Sonnenfeld/Zorn, Wirksamwerden gerichtlich genehmigungsbedürftiger Rechtsgeschäfte, Rpfleger 2004, 533.

Systematische Übersicht

Alphabetische Übersicht

I. Normzweck

Während die erforderliche Genehmigung des Familiengerichts zu einem Vertrag sowohl vor als auch nach dessen Abschluss erteilt werden kann (§ 1829 Rn 4, 7), erklärt § 1831 S 1 BGB ein **einseitiges Rechtsgeschäft**, das der Vormund **ohne die erforderliche Genehmigung** vornimmt, für **unwirksam** („absolute" und „ursprüngliche" Unwirksamkeit, s Mot IV 1153, I 133; vgl § 111 S 1 BGB, § 180 S 1 BGB). Dem liegt der Gedanke zugrunde, dass sich bei einem einseitigen Rechtsgeschäft – anders als bei einem Vertrag – der betroffene Dritte der Vornahme des Rechtsgeschäfts nicht entziehen kann; die mit einem Schwebezustand verbundene Ungewissheit soll ihm nicht zugemutet werden (RGZ 118, 145, 147; Dölle § 128 VI 6 c, bb; BGB-RGRK/Dickescheid Rn 1; Soergel/Zimmermann Rn 1; MünchKomm/Kroll-Ludwigs Rn 1). 1

Deshalb kommt die familiengerichtliche Genehmigung zu einem einseitigen Rechtsgeschäft nur als **vorherige Genehmigung** in Frage, bei deren Vorliegen das Geschäft im Zeitpunkt seiner Vornahme sofort wirksam wird. Eine Heilung der Unwirksamkeit des ohne sie vorgenommenen Rechtsgeschäfts durch nachträgliche Genehmigung ist ausgeschlossen (KG Recht 1901 Nr 1038; KGJ 21, A 197; KG RJA 2, 216; KG JW 1928, 1405). 2

Wollen die Beteiligten den mit dem unwirksamen Rechtsgeschäft erstrebten Erfolg dennoch erzielen, so müssen sie es, sobald die Genehmigung des Familiengerichts vorliegt, wiederholen (RG LZ 1930, 1390; KG RJA 2, 216; KG JW 1928, 1405; OLG Karlsruhe JFG 2, 121, 122; Soergel/Zimmermann Rn 11; Palandt/Götz Rn 1; BGB-RGRK/Dickescheid Rn 1; Erman/Schulte-Bunert Rn 1; MünchKomm/Kroll-Ludwigs Rn 1 aE). 3

II. Einseitige genehmigungsbedürftige Rechtsgeschäfte

1. Beispiele

Einseitige empfangsbedürftige Rechtsgeschäfte sind solche, bei denen zur Erfüllung des Tatbestands des Rechtsgeschäfts die von einer Seite abgegebene Willenserklärung genügt, bei denen also nicht die übereinstimmenden Willenserklärungen mehrerer Rechtssubjekte erforderlich sind, um den rechtlichen Erfolg herbeizuführen. Ob eine Willenserklärung empfangsbedürftig ist oder nicht, ist für die Anwendbarkeit des § 1831 S 1 BGB nicht entscheidend. 4

Einseitige genehmigungsbedürftige Rechtsgeschäfte sind zB die Ermächtigung nach §§ 112 f BGB, die Anfechtung etwa einer letztwilligen Verfügung nach §§ 2078 ff BGB (MünchKomm/Kroll-Ludwigs Rn 3; NK-BGB/Fritsche Rn 2), die Aufrechnung (Erman/Schulte-Bunert Rn 2; § 1812 Rn 38), die Erteilung einer Prokura (§ 1822 Nr 11 BGB), der Rücktritt von einem Vertrag, wenn er einen Erwerb oder eine Veräußerung bedeutet, die nach § 1822 Nr 3 BGB genehmigungsbedürftig sind (s Erman/Schulte-Bunert Rn 2; s auch BGB-RGRK/Dickescheid Rn 2), die Annahme oder Ausschlagung einer Erbschaft (KGJ 21, A 197; 42, A 89, 91; MünchKomm/Kroll-Ludwigs Rn 3; Erman/Schulte-Bunert Rn 2; jurisPK-BGB/Lafontaine Rn 6; näher unten Rn 11 ff) oder die Zustimmung zur Aufhebung eines Erbvertrags (§§ 2291, 2290 Abs 3 BGB).

Kein einseitiges Rechtsgeschäft iSv § 1831 BGB ist das **Vertragsangebot** (RG Gruchot 71, 77, 78; Dölle § 128 VI 6 c, bb; BGB-RGRK/Dickescheid Rn 2; Soergel/Zimmermann Rn 4; 5

Palandt/Götz Rn 1; MünchKomm/Kroll-Ludwigs Rn 3; NK-BGB/Fritsche Rn 3), weil das Angebot ebenso wie seine Annahme als Teil eines Vertrags zu verstehen ist, für den § 1829 BGB gilt. Auch die Annahme einer Leistung, die zum Zweck der Erfüllung eines Vertrags erbracht wird, ist kein einseitiges Rechtsgeschäft (KG HRR 1931 Nr 512; KGJ 50, A 220, 222; BGB-RGRK/Dickescheid Rn 2; Erman/Schulte-Bunert Rn 2; Palandt/Götz Rn 1; MünchKomm/Kroll-Ludwigs Rn 3; **aA** RG HRR 1929 Nr 1441; RG LZ 1930, 1390; Soergel/Zimmermann Rn 4; zum Problem des Erfüllungssurrogats MünchKomm/Kroll-Ludwigs Rn 3; NK-BGB/Fritsche Rn 2).

2. Einseitiges Rechtsgeschäft des Vormunds oder des Mündels

6 § 1831 BGB gilt nicht nur dann, wenn der Vormund ein einseitiges Rechtsgeschäft als gesetzlicher Vertreter des Mündels vornimmt. Vielmehr gilt er auch dann, wenn das **genehmigungsbedürftige einseitige Rechtsgeschäft von dem (in der Geschäftsfähigkeit beschränkten) Mündel selbst** mit Einwilligung des Vormunds (dh mit dessen vorheriger Zustimmung, da nachträgliche Zustimmung nach § 111 S 1 BGB ausgeschlossen ist) vorgenommen wird (§§ 107, 111 BGB). Die Genehmigung des Familiengerichts muss in diesem Fall der Vornahme des Rechtsgeschäfts durch den Mündel vorausgehen, kann aber der Erteilung der Einwilligung durch den Vormund nachfolgen, da diese Einwilligung zwar ein einseitiges Rechtsgeschäft, aber kein „vom Vormund vorgenommenes einseitiges Rechtsgeschäft" iS des § 1831 BGB ist, sondern vielmehr als Bestandteil des vom Mündel vorgenommenen Rechtsgeschäfts betrachtet wird, und da sich die Genehmigung des Familiengerichts auf das Rechtsgeschäft selbst, nicht auf die Zustimmungserklärung des Vormunds bezieht (vgl § 1828 Rn 6; Breit ZBlFG 4, 389, 400; Dölle § 128 VI 6 c, bb; BGB-RGRK/Dickescheid Rn 3; MünchKomm/Kroll-Ludwigs Rn 4; Erman/Schulte-Bunert Rn 1 aE; Palandt/Götz Rn 1).

III. Maßgeblicher Zeitpunkt für das Vorliegen der familiengerichtlichen Genehmigung

7 Die Genehmigung muss in dem Zeitpunkt vorliegen (also dem Vormund gegenüber durch Bekanntmachung an ihn gemäß § 1828 BGB, § 40 Abs 1 und 2 FamFG wirksam geworden sein, vgl § 1828 Rn 35), in dem das einseitige Rechtsgeschäft wirksam wird. Das ist bei einem **empfangsbedürftigen Rechtsgeschäft**, das gegenüber einem Abwesenden vorgenommen wird, der Zeitpunkt des Zugangs beim Empfänger (§ 130 Abs 1 S 1 BGB); es genügt also, wenn die Genehmigung des Familiengerichts bis zu diesem Zeitpunkt wirksam geworden ist, auch wenn die genehmigungsbedürftige Willenserklärung früher abgegeben (zB beurkundet und abgesandt) wurde (KG JFG 6, 108, 110 = Recht 1929 Nr 1648; Breit ZBlFG 4, 569, 576 u DJZ 1903, 174). Bei **nicht empfangsbedürftigen Rechtsgeschäften** muss die Genehmigung im Zeitpunkt der Vornahme des Geschäfts vorliegen. Zu amtsempfangsbedürftigen Willenserklärungen s unten Rn 10 ff.

8 Die Genehmigung des Familiengerichts muss auch dann im Zeitpunkt des Wirksamwerdens des Rechtsgeschäfts vorliegen, wenn in diesem eine **Rechtsfolge** festgelegt ist, die erst **zu einem späteren Zeitpunkt** eintreten oder vom zukünftigen **Eintritt einer Bedingung** abhängig sein soll. Auch in einem solchen Fall wird dem Erklärungsempfänger nicht zugemutet, während eines Schwebezustands bis zur Entscheidung des Familiengerichts über die Genehmigung im Ungewissen darüber zu bleiben, ob das Rechtsgeschäft wirksam wird.

Für den Fall, dass in der Erklärung bestimmt wird, diese solle **erst mit Eingang der Genehmigung** des Familiengerichts als **dem Partner zugegangen gelten**, wird die Meinung vertreten, es sei „die Wirksamkeit des Rechtsgeschäfts bedingt, eine Genehmigung daher noch möglich"; es bestehe kein Schwebezustand, weil vor Erteilung der Genehmigung keine wirksam zugegangene Erklärung vorliege (so MünchKomm/Schwab[3] Rn 4; ähnlich Soergel/Zimmermann Rn 1 aE u BGB-RGRK/Dickescheid Rn 4 aE). Dieser Auffassung kann nicht beigetreten werden. Eine Erklärung des beschriebenen Inhalts, durch die der Zugang der – zunächst nicht genehmigten – einseitigen Willenserklärung fiktiv auf den Zeitpunkt des Wirksamwerdens der familiengerichtlichen Genehmigung (durch Zugang beim Erklärungsempfänger?) hinausgeschoben werden soll, unterscheidet sich nur im Wortlaut, aber nicht der Sache nach von der Formel „vorbehaltlich der Genehmigung des Familiengerichts", die die Unwirksamkeit der Erklärung, der sie beigefügt ist, geradezu betont, weil sie zum Ausdruck bringt, dass die Genehmigung noch nicht erteilt ist; sie muss daher als untauglicher Versuch erscheinen, dem Verdikt des § 1831 S 1 BGB zu entgehen (so jetzt auch MünchKomm/Kroll-Ludwigs Rn 5 aE; Sonnenfeld/Zorn Rpfleger 2004, 533, 535; NK-BGB/Fritsche Rn 7). 9

IV. Besondere Regeln für amtsempfangsbedürftige Rechtsgeschäfte

Von der Einhaltung der strengen Regelung des § 1831 S 1 BGB kann in Fällen abgesehen werden, in denen nicht der Schutz des Adressaten vor unzumutbarer Ungewissheit über den Bestand des Rechtsgeschäfts während einer Schwebezeit von unbestimmter Dauer sie gebietet. Das Ziel, das § 1831 BGB verfolgt, wird in bestimmten Fällen auch auf andere Weise erreicht, so etwa, wenn das Gesetz – wie bei der Ausschlagung einer Erbschaft – durch eine Fristbestimmung dafür sorgt, dass der Zustand der Ungewissheit innerhalb bestimmter Zeit endet, oder wenn – wie bei einem Rechtsgeschäft, zu dessen Wirksamkeit eine Eintragung im Grundbuch vorausgesetzt ist – eine Behörde durch Setzen einer Frist die Zeit der Ungewissheit begrenzen kann (BayObLG FamRZ 1996, 1161; OLG Zweibrücken FamRZ 1996, 430 = NJW-RR 1996, 710). In diesen Fällen muss es genügen, wenn eine erforderliche familiengerichtliche Genehmigung, die im Zeitpunkt des Zugangs des einseitigen Rechtsgeschäfts bei der zuständigen Stelle noch nicht gegenüber dem Vormund wirksam geworden war, innerhalb der durch das Gesetz oder durch eine Zwischenentscheidung festgelegten Frist samt ihrer Bekanntmachung an den Vormund nachgewiesen wird. 10

1. Ausschlagung einer Erbschaft

a) Keine (uneingeschränkte) Anwendung von § 1831

Nach § 1822 Nr 2 BGB bedarf ua die Ausschlagung einer Erbschaft der Genehmigung des Familiengerichts. Die Ausschlagung ist eine einseitige Willenserklärung, die durch Erklärung gegenüber dem Nachlassgericht entweder zur Niederschrift des Nachlassgerichts oder in öffentlich beglaubigter Form abgegeben werden muss (§ 1945 Abs 1 BGB); sie kann nach § 1944 Abs 1 BGB im Regelfall nur binnen einer Frist von sechs Wochen erfolgen, die mit dem Zeitpunkt beginnt, in dem der Erbe von dem Anfall und dem Grund der Berufung Kenntnis erlangt; auf den Lauf der Frist finden die für die Verjährung geltenden Vorschriften der §§ 206, 210 BGB entsprechende Anwendung (§ 1944 Abs 2 S 1 und 3 BGB; OLG Hamm 7. 7. 2015 – I-15 W 329/14, juris Rn 74, RNotZ 2016, 179, 183). 11

12 Auf die Ausschlagung ist nach der Rechtsprechung des Reichsgerichts (RG Gruchot 60, 138 = WarnR 1915 Nr 120; RGZ 118, 145, 147) § 1831 S 1 BGB **nicht anzuwenden** bzw insoweit teleologisch zu reduzieren, dass die Erklärung zunächst nur schwebend unwirksam ist und durch die spätere Genehmigung innerhalb der Ausschlagungsfrist wirksam wird (OLG Frankfurt 14. 9. 2018 – 21 W 56/18, juris Rn 18, FamRZ 2019, 823, 824 = notar 2019, 209 m Anm Thelen = Rpfleger 2019, 266 m Anm Hollinger). Es genügt also, wenn alle zur Gültigkeit des Geschäfts erforderlichen Erklärungen bis zum Ablauf der Frist abgegeben, also auch die familiengerichtliche Genehmigung noch vor Ablauf der Ausschlagungsfrist dem Nachlassgericht nachgewiesen wird (OLG Frankfurt 14. 9. 2018 – 21 W 56/28, juris Rn 22, DNotZ 2019, 308 = FamRZ 2019, 823; OLG Hamm 7. 7. 2015 – I-15 W 329/14, juris Rn 73, RNotZ 2016, 179, 183; KG 4. 9. 2015 – 6 W 92/15, juris Rn 4, ErbR 2016, 210; OLG Koblenz 17. 1. 2014 – 13 WF 1135/13, juris Rn 8, 17, FamRZ 2014, 1037, 1038; OLG Brandenburg 22. 4. 2014 – 3 W 13/14, juris Rn 12, FamRZ 2015, 696, 697; Mayer Rpfleger 2013, 657, 658). Dies ist aber auch erforderlich, denn nur so wird, gemäß dem gesetzgeberischen Ziel der Fristbestimmung, der bis dahin bestehenden Ungewissheit innerhalb der bestimmten Zeit ein Ende bereitet, und das Nachlassgericht kann gemäß § 1953 Abs 3 BGB die Ausschlagung dem mitteilen, dem die Erbschaft infolge der Ausschlagung nach § 1953 Abs 2 BGB angefallen ist (RGZ 118, 145, 147 f; OLG Brandenburg 22. 4. 2014 – 3 W 13/14, juris Rn 14, FamRZ 2015, 696, 697).

13 Diese Ansicht hat sich schon unter der Geltung des alten Verfahrensrechts gegen die ältere Rechtsprechung, die auch für die Ausschlagung der Erbschaft das Wirksamwerden der familiengerichtlichen Genehmigung spätestens im Zeitpunkt des Wirksamwerdens der Ausschlagungserklärung (durch Zugang beim Nachlassgericht) verlangt hatte (KGJ 21, A 197; 38, A 50, KG RJA 2, 216; KG RJA 5, 143; KG RJA 12, 105; OLG München SeuffBl 71, 107; OLG Colmar Recht 1909 Nr 2807), durchgesetzt (vgl KGJ 50, A 71, 73; BGH FamRZ 1966, 504; BayObLG FamRZ 1969, 434, 436; LG Berlin NJOZ 2008, 512, 514; Dölle § 128 VI 6 c, bb; Gernhuber/Coester-Waltjen § 60 Rn 49; Soergel/Zimmermann Rn 6) und gilt auch unter dem neuen Verfahrensrecht (OLG Frankfurt 14. 9. 2018 – 21 W 56/18, juris Rn 18, 22, FamRZ 2019, 823, 825; Palandt/Götz Rn 2; Erman/Schulte-Bunert Rn 3a; MünchKomm/Kroll-Ludwigs Rn 7; BGB-RGRK/Dickescheid Rn 6).

b) Nachweis der familiengerichtlichen Genehmigung

14 Dabei ist umstritten, ob zum Nachweis der familiengerichtlichen Genehmigung gegenüber dem Nachlassgericht notwendig ist, dass der Vormund willentlich von der Genehmigung Gebrauch macht (OLG Frankfurt 14. 9. 2018 – 21 W 56/18, juris Rn 22, DNotZ 2019, 308, 309 f = FamRZ 2019, 823, 825 = notar 2019, 209 m Anm Thelen [näher zu den Aufgaben des Notars in diesem Fall] = Rpfleger 2019, 266 m Anm Hollinger; OLG Koblenz 17. 1. 2014 – 13 WF 1135/13, juris Rn 6, FamRZ 2014, 1037, 1038; MünchKomm/Kroll-Ludwigs Rn 12; jurisPK-BGB/Lafontaine Rn 15 f), oder die behördliche Übermittlung des Genehmigungsbeschlusses bzw gar die Mitteilung genügt, dass die Genehmigung erteilt worden ist, ohne dass dem Nachlassgericht der genaue Wortlaut des gerichtlichen Beschlusses bekannt sein muss (so LG Berlin NJOZ 2008, 512, 514; Sonnenfeld/Zorn Rpfleger 2004, 533, 537). Dass die **behördliche Übermittlung des Genehmigungsbeschlusses** nicht genügt, ergibt sich schon aus § 1828 BGB, der verlangt, dass das Familiengericht die Genehmigung nur dem Vormund gegenüber erklären kann; hierunter fallen auch Genehmigungen zu einseitigen Rechtsgeschäften (§ 1828 Rn 2). Der Vormund hat nach Erhalt der Genehmigung zu prüfen, ob eine (bereits ausgesprochene) Ausschlagung dem Wohl des Mündels (noch) entspricht, und ist deshalb frei darin, ob er

von ihr gegenüber dem Nachlassgericht Gebrauch macht oder nicht (§ 1829 Abs 1 S 2 BGB). Deshalb obliegt es auch ihm, den (rechtskräftigen) gerichtlichen Genehmigungsbeschluss dem Nachlassgericht als Erklärungsempfänger mitzuteilen (OLG Koblenz 17. 1. 2014 – 13 WF 1135/13, juris Rn 8, 17, FamRZ 2014, 1037, 1038; OLG Brandenburg 22. 4. 2014 – 3 W 13/14, juris Rn 12, FamRZ 2015, 696, 697; OLG Frankfurt 14. 9. 2018 – 21 W 56/28, juris Rn 22, DNotZ 2019, 308 = FamRZ 2019, 823; s auch unten Rn 21).

c) Hemmung der Ausschlagungsfrist bis zur Genehmigungsentscheidung

aa) Anwendung von § 206

Schwierig ist die Behandlung der Fallgestaltung, dass die familiengerichtliche Ge- **15**
nehmigung nicht bis zum Ablauf der Ausschlagungsfrist beigebracht werden konnte, obwohl der Vormund alles in seiner Macht Stehende getan hat, um die Genehmigung zur Ausschlagung der Erbschaft zu erlangen. Fälle sind leicht vorstellbar, in denen sich das Familiengericht wegen der Unübersichtlichkeit des Nachlasses, auch wegen schwebender Ermittlungen oder Verhandlungen über das wahre Interesse des Mündels, innerhalb der Sechswochenfrist nicht schlüssig werden kann oder in denen die Genehmigung zur Ausschlagung vom Familiengericht verweigert wurde und erst in der Beschwerdeinstanz erteilt wird.

In einem solchen Fall darf das Familiengericht (oder das Beschwerdegericht) jedenfalls die Genehmigung nicht mit der Begründung verweigern, es sei inzwischen die Ausschlagungsfrist abgelaufen (so aber KG RJA 2, 216). Vielmehr muss es, wenn es die Ausschlagung als vorteilhaft für den Mündel ansieht, aber an der Rechtswirksamkeit der Ausschlagung Zweifel hat, die Entscheidung dieser Zweifelsfragen dem hierzu in erster Linie berufenen Nachlassgericht und im Streitfall dem Streitgericht überlassen (KGJ 38, A 50, 55; BayObLGZ 1969, 14, 19 = FamRZ 1969, 434, 436; vgl auch KGJ 32, A 49; BayObLGZ 1963, 1, 6 = FamRZ 1963, 663 [LS]; ebenso schon Breit ZBlFG 4, 569, 579).

Nach überwiegender Ansicht wird in diesem Fall **höhere Gewalt** angenommen mit **16**
der Folge, dass der Fristablauf für die Ausschlagung nach § 1944 Abs 2 S 3 iVm § 206 BGB gehemmt wird (so schon Rohde ZBlFG 10, 783, 785; Kretzschmar ZBlFG 18, 1, 14; Sonnenfeld/Zorn Rpfleger 2004, 533, 536; Oberloskamp/Dürbeck, Vormundschaft § 10 Rn 137; Soergel/Zimmermann Rn 6; Palandt/Götz Rn 2; MünchKomm/Kroll-Ludwigs Rn 7; MünchKomm/Grothe § 206 Rn 9; Staudinger/Otte [2017] § 1944 Rn 25 f mwNw; Staudinger/Peters/Jacoby [2019] § 206 Rn 13; OLG Brandenburg 22. 4. 2014 – 3 W 13/14, juris Rn 12, FamRZ 2015, 696 f; OLG Hamm 7. 7. 2015 – I-15 W 329/14, juris Rn 74, RNotZ 2016, 179, 183; KG 4. 9. 2015 – 6 W 92/15, juris Rn 4, ErbR 2016, 210; OLG Frankfurt OLGZ 1966, 337, 338 = FamRZ 1966, 259 = DNotZ 1966, 613, 614; BayObLGZ 1983, 9 = FamRZ 1983, 834, 835 f; s auch BayObLGZ 1996, 90, 93 = FamRZ 1996, 1297 = DAVorm 1996, 633).

Da aber höhere Gewalt nur dann angenommen werden kann, wenn das eingetretene **17**
Ereignis (hier der Fristablauf vor Erteilung der Genehmigung) auch bei größter Sorgfalt nicht abwendbar oder unverschuldet war (s OLG Brandenburg 22. 4. 2014 – 3 W 13/14, juris Rn 12, FamRZ 2015, 696; Staudinger/Peters/Jacoby [2019] § 206 Rn 3), kann auf diese Weise nur geholfen werden, wenn der **Vormund die Genehmigung rechtzeitig**, dh vor Ablauf der Ausschlagungsfrist, beim Familiengericht **beantragt** (s OLG Brandenburg 22. 4. 2014 – 3 W 13/14, juris Rn 12, FamRZ 2015, 696; Oberloskamp/Dürbeck, Vormundschaft § 10 Rn 137; MünchKomm/Kroll-Ludwigs Rn 7; zu den Sorgfaltsanforderungen an den Vormund näher jurisPK-BGB/Lafontaine Rn 16). Nur dann bleibt die bis zum Zugang der familienge-

richtlichen Genehmigung verstrichene Zeit bei der Berechnung der Ausschlagungsfrist außer Betracht (OLG Brandenburg 22. 4. 2014 – 3 W 13/14, juris Rn 12, FamRZ 2015, 696, 697).

18 **Nicht zur Lösung des Problems** trägt dagegen der Vorschlag bei, den Mündel, dessen Vertreter die gerichtliche Genehmigung zur Ausschlagung noch nicht erhalten hat, hinsichtlich der Erbschaftsausschlagung so zu behandeln, wie wenn er überhaupt nicht gesetzlich vertreten wäre, sodass die entsprechende Anwendung der in § 1944 Abs 2 S 3 BGB gleichfalls herangezogenen §§ 206, 210 BGB gerechtfertigt sei (so aber Breit ZBlFG 4, 569, 579). Die Ausschlagungsfrist wäre dann erst nach Ablauf von sechs Wochen seit dem Zeitpunkt verstrichen, in dem der Vertreter bei Anwendung pflichtgemäßer Sorgfalt die Genehmigung hätte erwirken können (s dagegen – und gegen die Heranziehung des § 1956 BGB, der die Anfechtung der Versäumung der Ausschlagungsfrist vorsieht, wie sie gleichfalls von Breit und anderen erwogen worden war – insbes KGJ 38, A 50, 54).

Ebenso wenig überzeugt es, wenn die Anwendung von § 206 BGB und die Annahme höherer Gewalt **verneint** wird mit der Folge, dass dann mangels Vorliegen einer Genehmigung innerhalb der Ausschlagungsfrist die Ausschlagung nicht mehr wirksam werden kann (so aber Dölle § 128 VI 6 c, bb und Gernhuber/Coester-Waltjen § 60 Rn 49). Dem Mündel könnte dann nur mit einem Schadensersatzanspruch aus Amtspflichtverletzung geholfen werden. Gegen diesen Lösungsansatz spricht aber bereits, dass aus der Dauer des Verfahrens noch nicht ohne Weiteres auf eine Amtspflichtverletzung des Familienrichters geschlossen werden kann (MünchKomm/Kroll-Ludwigs Rn 7 aE; Soergel/Zimmermann Rn 6 aE).

bb) Wirksamkeit einer familiengerichtlichen Genehmigung

19 Es bleibt die Frage, wie lange der Verhinderungsfall andauert, dh, wann die Hemmung des Fristlaufs entfällt. Nach früherem Recht wurde die Genehmigungsentscheidung mit Zugang beim Vormund wirksam (§ 16 FGG). Hatte er also etwa erst nach 10 Tagen die Ausschlagung beim Nachlassgericht erklärt und zeitgleich die Genehmigung beim Nachlassgericht beantragt, so endete die mit Antragstellung an das Familiengericht eintretende Hemmung der Ausschlagungsfrist mit Bekanntgabe der Genehmigung an den Vormund, und es lief der Rest der Ausschlagungsfrist ab (Staudinger/Otte [2017] § 1944 Rn 26), innerhalb derer er die Genehmigungsentscheidung dem Nachlassgericht zukommen lassen musste.

20 Nach dem neuen Verfahrensrecht wird die Genehmigung dagegen noch nicht mit Zustellung an den Vormund, sondern erst mit Rechtskraft wirksam (§ 40 Abs 2 FamFG). Zudem genügt auch nicht die Bekanntgabe an den antragstellenden Vormund; vielmehr muss der Genehmigungsbeschluss nach § 41 Abs 3 FamFG auch demjenigen bekannt gegeben werden, für den das Rechtsgeschäft bestimmt ist, also dem Minderjährigen. Ist dieser nicht nach § 9 Abs 1 FamFG verfahrensfähig, bedarf es nach § 9 Abs 2 FamFG der Bekanntgabe an den gesetzlichen Vertreter. Folgt man insoweit der Ansicht, wonach dies nicht der antragstellende Vormund sein kann, sondern stattdessen ein Ergänzungspfleger oder Verfahrensbeistand zu bestellen ist (näher unter § 1828 Rn 99; § 1796 Rn 35 ff), läuft die zweiwöchige Anfechtungsfrist nach § 63 Abs 2 Nr 2 FamFG für diesen erst ab Bekanntgabe an ihn. Damit wird der Genehmigungsbeschluss also auch erst nach Ablauf dieser Frist wirksam.

cc) Mitteilung der familiengerichtlichen Genehmigung an das Nachlassgericht

Das bedeutet aber noch nicht, dass mit Eintritt der Rechtskraft der familiengerichtlichen Genehmigung auch die gegenüber dem Nachlassgericht erklärte Ausschlagung wirksam wird. Vielmehr muss der Vormund diese Entscheidung noch vor Ablauf der Ausschlagungsfrist dem Nachlassgericht mitteilen und (durch Vorlage eines Rechtskraftzeugnisses, dazu unten Rn 30) nachweisen, weil nur dadurch der während der Ausschlagungsfrist bestehende Zustand der Ungewissheit beendet wird (OLG Brandenburg 22. 4. 2014 – 3 W 13/14, juris Rn 12, FamRZ 2015, 696, 697; OLG Frankfurt 14. 9. 2018 – 21 W 56/28, juris Rn 20, DNotZ 2019, 308 = FamRZ 2019, 823). Das wirft aber die Frage auf, ob auch schon die Zuleitung eines noch nicht rechtskräftigen Genehmigungsbeschlusses zur Wirksamkeit der Ausschlagungserklärung des Vormunds führen kann (so Knittel JAmt 2012, 445, 446 f) oder ob der Vormund in jedem Fall den Zeitpunkt des Eintritts der Rechtskraft abwarten muss, weil erst dann die Hemmung endet und der Rest der Ausschlagungsfrist läuft. Für die erstgenannte Sichtweise spricht, dass die Genehmigungsentscheidung, selbst wenn sie noch nicht rechtskräftig ist, einen gerichtlichen Beschluss und kein unbeachtliches rechtliches Nullum darstellt (Knittel JAmt 2012, 445, 447). Es bleibt lediglich zu überlegen, ob und inwieweit der Vormund dem Nachlassgericht den Eintritt der Rechtskraft noch innerhalb der Restzeit der Ausschlagungsfrist mitteilen muss (s OLG Frankfurt 14. 9. 2018 – 21 W 56/28, juris Rn 20, DNotZ 2019, 308 = FamRZ 2019, 823) oder ob auch hiervon abgesehen werden kann (dafür wohl Knittel JAmt 2012, 445, 447; dagegen überzeugend Mayer Rpfleger 2013, 657, 661). 21

2. Erklärungen gegenüber dem Grundbuchamt

Auch auf einseitige Willenserklärungen, die dem Grundbuchamt gegenüber abzugeben sind und Eintragungen im Grundbuch zum Ziel haben, ist § 1831 S 1 BGB nicht anzuwenden, da der gesetzgeberische Gedanke, der hinter dieser Vorschrift steht, auch diesen Fall nicht trifft. Beim Grundbuchamt entsteht keine Unsicherheit von unbestimmter Dauer über das Wirksamwerden des Rechtsgeschäfts, weil das Grundbuchamt nach § 18 Abs 1 GBO durch **Zwischenverfügung** eine Frist setzen kann (und muss), innerhalb derer der Antragsteller die Genehmigung des Familiengerichts vorzulegen hat, und nach fruchtlosem Ablauf dieser Frist den Eintragungsantrag zurückzuweisen hat (KG JFG 13, 393, 395 = JR 1936, 2745; Dölle § 128 VI 6 c, bb; Gernhuber/Coester-Waltjen § 60 Rn 50; BGB-RGRK/Dickescheid Rn 8; Soergel/Zimmermann Rn 8; Erman/Schulte-Bunert Rn 3; Palandt/Götz Rn 2; MünchKomm/Kroll-Ludwigs Rn 8; s auch BPatG NJW 1964, 615, 616; LG Limburg NJW 1949, 787 m Anm Sachs NJW 1950, 73; LG Flensburg Rpfleger 1966, 267 m Anm Haegele; **aA** die frühere Rechtsprechung: KG OLGE 5, 404 = KGJ 24, A 216; FKG OLGE 44, 81; RJA 3, 163). 22

Anders als bei der Ausschlagung einer Erbschaft, bei der die Frist im Gesetz fest vorgegeben ist, bedarf es hier keiner besonderen rechtlichen Konstruktion zur Abhilfe, wenn die familiengerichtliche Genehmigung nicht alsbald beigebracht werden kann (s oben Rn 15 ff); das Grundbuchamt kann bei der Fristsetzung in einer Zwischenverfügung dem Umstand, dass die Prüfung des Antrags auf Genehmigung längere Zeit beansprucht, durch entsprechende Bemessung der Frist Rechnung tragen. 23

3. Amtsempfangsbedürftige Willenserklärungen im Übrigen

24 Eine Vorschrift, nach der bestimmte Anträge an Behörden nur mit familiengerichtlicher Genehmigung gestellt werden dürfen oder können, ist eine Instruktion an die Behörde, dem Antrag im Interesse des Mündels nur dann stattzugeben, wenn die Genehmigung vorliegt. Auch in diesen Fällen besteht kein sachlicher Grund, die Zulässigkeit eines solchen Antrags davon abhängig zu machen, dass die Genehmigung des Familiengerichts im Zeitpunkt der Eintragung des Antrags schon wirksam geworden ist. Jedoch muss, soweit bestimmte Anträge innerhalb vom Gesetz festgelegter Fristen gestellt sein müssen, die Genehmigung innerhalb der Frist erteilt (und gemäß § 1828 BGB, § 40 FamFG wirksam geworden) sein (so auch Soergel/Zimmermann Rn 5 u MünchKomm/Kroll-Ludwigs Rn 9; ebenso schon Breit ZBlFG 4, 569, 577; **aA** noch – im Anschluss an Staudinger/Engler[10/11] Rn 11 – Dölle § 128 VI 6c, bb, der § 1831 BGB auf Anträge an Behörden, die der familiengerichtlichen Genehmigung bedürfen, generell entsprechend anwenden will, es sei denn, dass sich aus dem Charakter des Antrags etwas Abweichendes ergibt).

25 Beispiele sind die **Anerkennung der Vaterschaft** (§ 1596 Abs 1 S 3 BGB) und der **Antrag auf Zwangsversteigerung** in bestimmten Fällen (§ 181 Abs 2 S 2 ZVG).

4. Genehmigungspflichtige Klagen/Anträge beim Familiengericht

26 Bei genehmigungspflichtigen Klagen des gesetzlichen Vertreters des Mündels (so früher bei der Anfechtung der Ehelichkeit durch den Ehemann der Mutter, der Anfechtung der Anerkennung der Vaterschaft, der **Scheidungsklage und der Aufhebungsklage**, §§ 1595 Abs 2, 1600k Abs 2 BGB aF, §§ 640b S 2 und 607 Abs 2 S 2 ZPO aF) genügte es nach allgemeiner Ansicht für die Zulässigkeit der Klage, wenn die wirksame Genehmigung des Vormundschaftsgerichts spätestens in der letzten mündlichen Verhandlung in der Revisionsinstanz vorlag (RGZ 86, 15, 17; BGH FamRZ 1966, 504, 505 = MDR 1966, 745; Breit ZBlFG 4, 569, 577; Dölle § 128 VI 6 c, bb; Gernhuber/Coester-Waltjen[4] § 51 III 6 Fn 31; BGB-RGRK/Dickescheid Rn 10; Erman/Holzhauer[9] Rn 6; Soergel/Damrau[12] Rn 6). Das Kindschaftsrechtsreformgesetz vom 16. 12. 1997 (BGBl I 2942) hat die Abstammungsregeln grundlegend geändert und das Genehmigungserfordernis aufgehoben. Für Abstammungssachen ist jetzt das Familiengericht zuständig, das aus eigener Sachkunde beurteilen kann, ob die Anfechtung dem Wohl des Vertretenen dient (BT-Drucks 13/4899, 87). Das Eheschließungsrechtsgesetz vom 4. 5. 1998 (BGBl I 833) hat auch die Aufhebung der Ehe neu geregelt; § 1313 Abs 1 S 1 BGB sah seither – wie § 1564 Abs 1 S 1 BGB für die Ehescheidung – vor, dass die Ehe „durch gerichtliches Urteil auf Antrag" aufgehoben wird. Dem wurde auch der Wortlaut des § 607 Abs 2 S 2 HS 2 ZPO aF angepasst. Dieser sah allerdings weiterhin die Genehmigung des Familiengerichts vor, wenn der gesetzliche Vertreter für den Mündel die Scheidung oder die Aufhebung der Ehe beantragte. Hieran hat sich auch nichts geändert, als diese Vorschrift durch das FGG-Reformgesetz vom 17. 12. 2008 (BGBl I 2586) mit Wirkung vom 1. 9. 2009 in § 125 Abs 2 S 2 FamFG überführt wurde (s BT-Drucks 16/6308, 227); nur ist an die Stelle der Klage der Antrag an das Familiengericht getreten. In diesen Fällen gilt weiterhin, dass die Genehmigung des Familiengerichts spätestens in der letzten mündlichen Verhandlung in der Revisionsinstanz vorliegen muss, damit der Antrag zulässig ist (Erman/Schulte-Bunert Rn 4; MünchKomm/Kroll-Ludwigs Rn 10; Palandt/Götz Rn 2).

V. Unwirksamkeit trotz erteilter familiengerichtlicher Genehmigung (S 2)

Der Schutz des Dritten vor Ungewissheit über die Wirksamkeit einer ihm gegenüber abgegebenen einseitigen Willenserklärung wird ergänzt durch die Vorschrift des § 1831 S 2 BGB. Diese sieht vor, dass ein Rechtsgeschäft, das der Vormund mit Genehmigung des Familiengerichts einem anderen gegenüber vornimmt, dann unwirksam ist, wenn der Vormund die **Genehmigung nicht vorlegt** und der andere das Rechtsgeschäft aus diesem Grund unverzüglich zurückweist (vgl §§ 111 S 2, 174, 182 Abs 3, 410, 1160 BGB; eine dem Satz 3 des § 111 BGB entsprechende Bestimmung wurde hier nicht aufgenommen, weil sie nicht dem sonst allgemein festgehaltenen Gedanken entspräche, dass das Familiengericht nur zu dem Vormund, nicht zu Dritten in Beziehung steht, Prot IV 799). 27

S 2 gilt nur für solche Rechtsgeschäfte, die einem anderen, dh einem **privaten Empfänger**, nicht auch für solche, die einer Behörde gegenüber abzugeben sind (vgl § 130 Abs 1 und 3 BGB). Deshalb kann der Nachlassrichter die vom Vormund erklärte Erbschaftsausschlagung nicht mit der Begründung zurückweisen, dass ihm die familiengerichtliche Genehmigung nicht schriftlich vorgelegt worden sei (so schon BREIT ZBlFG 4, 569, 571; ROHDE ZBlFG 10, 741, 752; JOSEF BayZ 1913, 330; ebenso BGB-RGRK/DICKESCHEID Rn 14; SOERGEL/ZIMMERMANN Rn 10 aE; MünchKomm/KROLL-LUDWIGS Rn 11; NK-BGB/FRITSCHE Rn 6; ERMAN/SCHULTE-BUNERT Rn 5). 28

Die Zurückweisung ist eine empfangsbedürftige Willenserklärung. Sie muss **unverzüglich**, dh ohne schuldhaftes Zögern (§ 121 Abs 1 S 1 BGB; s dazu STAUDINGER/SINGER [2017] § 121 Rn 8 ff), erfolgen und darauf gestützt werden („aus diesem Grunde"), dass die Genehmigung nicht in schriftlicher Form vorgelegt wird; andernfalls ist und bleibt das Rechtsgeschäft wirksam. 29

Bis zum 31. 8. 2009 sah das Gesetz vor, dass der Vormund die Genehmigung in **schriftlicher Form** vorlegen musste. Die Bestimmungen der §§ 125, 126 BGB waren nicht maßgebend, weil die Genehmigung des Familiengerichts kein Rechtsgeschäft ist. Erforderlich war vielmehr die Vorlegung einer Ausfertigung oder beglaubigten Abschrift der Genehmigungsverfügung (vgl §§ 16, 34 S 2 FGG; BREIT ZBlFG 4, 569, 575; DÖLLE § 128 VI 6 c, bb; BGB-RGRK/DICKESCHEID Rn 12; SOERGEL/ZIMMERMANN Rn 10; ERMAN/SAAR[12] Rn 10; SONNENFELD/ZORN Rpfleger 2004, 533, 536). Mit Inkrafttreten des FamFG ist das Erfordernis des schriftlichen Nachweises der Genehmigung mit Wirkung ab dem 1. 9. 2009 weggefallen. Es wurde entbehrlich, weil die Genehmigung ohnehin immer durch förmlichen familiengerichtlichen Beschluss ergehen muss (§ 38 FamFG); da in diesem Beschluss auch ausgesprochen wird, dass dieser erst mit Rechtskraft wirksam wird (§ 40 Abs 2 S 2 FamFG), und da er eine Belehrung über das statthafte Rechtsmittel enthält (§ 39 FamFG), kann der andere das Rechtsgeschäft auch dann noch unverzüglich zurückweisen, wenn nicht zusätzlich ein Rechtskraftzeugnis (§ 46 FamFG) vorgelegt wird. Denn nur in diesem Fall wird eine wirksame Genehmigung (s § 40 Abs 2 S 1 FamFG) vorgelegt (BT-Drucks 16/6308, 347). 30

VI. Pflegschafts- und Betreuungsrecht

§ 1810 BGB findet über die Generalverweisung in § 1915 Abs 1 S 1 BGB im Pfleg- 31 schaftsrecht und über die Verweisung in § 1908i Abs 1 S 1 BGB auch im Betreuungsrecht entsprechende Anwendung.

§ 1832
Genehmigung des Gegenvormunds

Soweit der Vormund zu einem Rechtsgeschäft der Genehmigung des Gegenvormunds bedarf, finden die Vorschriften der §§ 1828 bis 1831 entsprechende Anwendung; abweichend von § 1829 Abs. 2 beträgt die Frist für die Mitteilung der Genehmigung des Gegenvormunds zwei Wochen.

Materialien: E I § 1682; II § 1712; III § 1808; Mot IV 1155; Prot IV 799. Neugefasst durch Bekanntmachung v 2. 1. 2002 (BGBl I 42); HS 2 eingefügt durch Art 50 Nr 41 nach Maßgabe von Art 111 FGG-RG v 17. 12. 2008 (BGBl I 2586) mit Wirkung v 1. 9. 2009.

I. Normzweck

1 Wegen Übereinstimmung der Funktionen des Familiengerichts und des Gegenvormunds bei der Kontrolle von Rechtsgeschäften des Vormunds erklärt das Gesetz die Bestimmungen der §§ 1828–1831 BGB für entsprechend anwendbar, soweit der Vormund zu einem Rechtsgeschäft der Genehmigung des Gegenvormunds bedarf (Mot IV 1155; vgl § 1643 Abs 3 BGB).

II. Anwendungsbereich

2 Die Vorschrift ist nur auf die Rechtsgeschäfte anwendbar, zu deren Vornahme die Genehmigung des Gegenvormunds erforderlich, für die also die Vertretungsmacht des Vormunds entsprechend eingeschränkt ist; das gilt für die in den §§ 1812, 1813 Abs 2 und 1809 BGB geregelten Fälle. Soweit die Mitwirkung des Gegenvormunds dagegen in einer bloßen Ordnungsvorschrift vorgesehen ist und deshalb keine Außenwirkung hat, sind die §§ 1829–1831 BGB nicht anwendbar (§ 1810 Rn 17).

3 Für die Anwendbarkeit von § 1832 BGB ist es unerheblich, ob das der Genehmigung des Gegenvormunds bedürftige Rechtsgeschäft von dem Vormund als gesetzlichem Vertreter des Mündels oder von dem (in der Geschäftsfähigkeit beschränkten) Mündel selbst vorgenommen wird (s §§ 107 ff BGB; vgl § 1826 Rn 5, § 1829 Rn 3, § 1830 Rn 5, § 1831 Rn 6).

III. Die entsprechende Anwendung der §§ 1828 bis 1831

4 **1.** Die zu einem Rechtsgeschäft des Vormunds erforderliche Genehmigung des Gegenvormunds kann nur dem Vormund gegenüber erklärt werden **(§ 1828 BGB)**.

5 **2.** Schließt der Vormund einen Vertrag ohne die erforderliche Genehmigung des Gegenvormunds, so hängt die Wirksamkeit des Vertrags von der nachträglichen Genehmigung des Gegenvormunds ab, die – ebenso wie ihre Verweigerung – dem

anderen Teil gegenüber erst wirksam wird, wenn sie ihm durch den Vormund mitgeteilt wird **(§ 1829 Abs 1 BGB).**

Fordert der andere Teil den Vormund zur Mitteilung darüber auf, ob die Geneh- 6
migung des Gegenvormunds erteilt sei, so muss die Mitteilung der Genehmigung nicht entsprechend **§ 1829 Abs 2 BGB** innerhalb von vier Wochen vom Empfang der Aufforderung an erfolgen. Vielmehr beträgt die Frist für die Mitteilung der Genehmigung des Gegenvormunds nur zwei Wochen **(§ 1832 HS 2 BGB).** Mit dieser durch das FGG-Reformgesetz (BGBl I 2008, 2586) mit Wirkung vom 1. 9. 2009 eingefügten Ergänzung von § 1832 BGB sollte dem Umstand Rechnung getragen werden, dass der Gegenvormund die Genehmigungserklärung als sofort wirksame rechtsgeschäftliche Erklärung abgibt (BT-Drucks 13/6308, 347; näher zu den Unterschieden zur Genehmigung des Familiengerichts Rn 11 ff), und es deswegen – anders als bei der Genehmigung des Familiengerichts – keiner Anpassung des Fristlaufs für die Mitteilung iSv § 1829 Abs 2 BGB an die verfahrensrechtlichen Wirksamkeitsvoraussetzungen für den Genehmigungsbeschluss nach § 40 Abs 2 S 1 FamFG bedurfte (zu § 1829 Abs 2 näher § 1829 Rn 52).

Ist der Mündel volljährig geworden, so tritt seine Genehmigung an die Stelle der 7
Genehmigung des Gegenvormunds **(§ 1829 Abs 3 BGB).**

3. Hat der Vormund dem anderen Teil gegenüber wahrheitswidrig die Geneh- 8
migung des Gegenvormunds behauptet, so ist der andere Teil bis zur Mitteilung der nachträglichen Genehmigung des Gegenvormunds zum Widerruf berechtigt, es sei denn, dass ihm das Fehlen der Genehmigung bei dem Abschluss des Vertrags bekannt war **(§ 1830 BGB).**

4. Nimmt der Vormund ohne die erforderliche Genehmigung des Gegenvor- 9
munds ein einseitiges Rechtsgeschäft vor, so ist es unwirksam. Nimmt er mit Genehmigung des Gegenvormunds ein solches Rechtsgeschäft einem anderen gegenüber vor, so kann dieser, wenn die Genehmigung des Gegenvormunds nicht vorgelegt wird, das Rechtsgeschäft durch unverzügliche Zurückweisung unwirksam machen **(§ 1831 BGB).**

§ 1831 S 2 sah in der bis zum 31. 8. 2009 geltenden Fassung die Vorlage der Ge- 10
nehmigung „in schriftlicher Form" vor. Dieses Erfordernis ist mit der Geltung des FamFG entbehrlich geworden, weil die Entscheidung des Familiengerichts immer durch förmlichen Beschluss ergeht (BT-Drucks 16/6308, 347).

Für die Genehmigung des Gegenvormunds ist keine besondere Form vorgeschrieben; deswegen wurde schon nach altem Recht zT eine stillschweigende Erteilung der Genehmigung für nicht ausgeschlossen gehalten (Staudinger/Engler [2004] Rn 9 mwNw). Hiergegen spricht aber, dass sich ein Schriftformerfordernis weiter aus dem in § 1831 S 2 BGB verwendeten Verb „Vorlegen" ableiten lässt; hierauf finden die Bestimmungen der §§ 125, 126 BGB Anwendung (MünchKomm/Kroll-Ludwigs Rn 4; zum alten Recht BGB-RGRK/Dickescheid Rn 3 aE; Soergel/Zimmermann Rn 2 aE).

IV. Rechtsnatur der Genehmigung des Gegenvormunds

11 Die Frage, ob die Erteilung oder Verweigerung der erforderlichen Genehmigung durch den Gegenvormund eine rechtsgeschäftliche Willenserklärung oder ein Rechtsakt ist, dessen Charakter dem der Entscheidung des Familiengerichts nahesteht, war zunächst umstritten (s die Darstellung der einander gegenüberstehenden Meinungen bei Staudinger/Engler[10/11] Rn 6).

12 Heute besteht Einigkeit darüber, dass die vom Familiengericht und die vom Gegenvormund erteilte Genehmigung (oder ihre Verweigerung) in ihrer Rechtsnatur **wesentliche Unterschiede** aufweisen, auch wenn das Erfordernis der Genehmigung des Gegenvormunds dem gleichen Zweck dient wie das der Genehmigung des Familiengerichts und jene in bestimmten Fällen alternativ neben dieser steht oder durch sie ersetzt werden kann (§§ 1809, 1810, 1812 BGB). Der Gegenvormund wird unter der Aufsicht des Familiengerichts (§ 1837 BGB) als Privatperson grundsätzlich selbständig tätig; die Entscheidungen des Familiengerichts über die Genehmigung von Rechtsgeschäften sind dagegen Akte der freiwilligen Gerichtsbarkeit, die wie andere gerichtliche Entscheidungen im Instanzenzug nachgeprüft werden können. Es liefe einer natürlichen Betrachtungsweise zuwider, wollte man aus dem Umstand, dass das Gesetz bei einer Reihe von – minder gewichtigen – Geschäften des Vormunds die Genehmigung des Gegenvormunds genügen lässt, den Schluss ziehen, der Gegenvormund übe eine Tätigkeit aus, die in ihrer Rechtsnatur der des Familiengerichts entspricht, auf ihn sei insoweit gewissermaßen die Funktion des Familiengerichts delegiert. Auch in dem Bereich, in dem die Vertretungsmacht des Vormunds durch das Erfordernis der Genehmigung des Gegenvormunds eingeschränkt ist, wird dieser als Privatperson tätig.

13 Die Genehmigung des Gegenvormunds hat mithin den Charakter eines **privatrechtlichen Rechtsgeschäfts**. Hierauf finden die allgemeinen Vorschriften über Willenserklärungen (§§ 116 ff BGB), insbesondere über deren **Nichtigkeit** und **Anfechtbarkeit**, Anwendung (Soergel/Zimmermann Rn 1; Erman/Schulte-Bunert Rn 1; BGB-RGRK/Dickescheid Rn 2; MünchKomm/Kroll-Ludwigs Rn 3; jurisPK-BGB/Lafontaine Rn 8; aus dem älteren Schrifttum s insbes Enneccerus/Kipp § 115 IX).

V. Pflegschafts- und Betreuungsrecht

14 § 1832 BGB findet nach § 1915 Abs 1 S 1 BGB entsprechende Anwendung im Pflegschaftsrecht und nach § 1908i Abs 1 S 1 BGB im Betreuungsrecht.

§ 1833
Haftung des Vormunds

(1) Der Vormund ist dem Mündel für den aus einer Pflichtverletzung entstehenden Schaden verantwortlich, wenn ihm ein Verschulden zur Last fällt. Das Gleiche gilt von dem Gegenvormund.

(2) Sind für den Schaden mehrere nebeneinander verantwortlich, so haften sie als Gesamtschuldner. Ist neben dem Vormund für den von diesem verursachten Scha-

den der Gegenvormund oder ein Mitvormund nur wegen Verletzung seiner Aufsichtspflicht verantwortlich, so ist in ihrem Verhältnis zueinander der Vormund allein verpflichtet.

Materialien: E I § 1696; II § 1732; III § 1809; Mot IV 1175; Prot IV 816. Neugefasst durch Bekanntmachung v 2. 1. 2002 (BGBl I 42).

Schrifttum

COHN, Untersuchungen zu § 254 des Bürgerlichen Gesetzbuches (Fortsetzung und Schluß), Gruchot 43, 376

CHRISTL, Überforderung ehrenamtlicher Betreuer, FamRZ 2019, 422

DEINERT/SCHREIBAUER, Die Haftung bei einer Schadensverursachung durch den Amtsvormund, Amtspfleger, Amtsbeistand und Behördenbetreuer, DAVorm 1993, 1143

GEIGER, die Außenhaftung des Arbeitnehmers eines Betreuungsvereins – Anmerkung zum Urteil des OLG Saarbrücken v. 12. 6. 2013 – 1 U 157/12-44 –, FamRZ 2014, 503 [LS.], FamRZ 2015, 14

HARM, Die Entwicklung im Vormundschafts-, Betreuungs- und Pflegschaftsrecht 2005 (ohne Vergütungsrecht), Rpfleger 2007, 374

HOFFMANN, Strafrechtliche Verantwortung von Amtsvormündern bzw. -pflegern wegen Unterlassens, ZKJ 2007, 389

KEMPER, Zur Systematik des Regelunterhalts-Verfahrensrechts, FamRZ 1973, 520

MAURER, Das privatrechtliche Unterbringungsrecht und Art. 104 des Grundgesetzes, FamRZ 1960, 468

ODERSKY, Der „richtige" Unterhaltsantrag des nichtehelichen Kindes, FamRZ 1972, 621

PARDEY, Staatshaftung für Vormünder, Pfleger und Betreuer?, FamRZ 1989, 1030

SCHINDLER, Die Haftung des Jugendamtes bei Verletzung fachlicher Standards, FPR 2012, 539

SCHREIBER, Die Haftung des Vormundes im Spannungsfeld von öffentlichem Recht und Privatrecht, AcP 178 (1978) 533

THAR, Zum Vorrang der Wünsche des Betreuten vor dessen objektivem Wohl, BtPrax 2010, 12

VEIT, Die Reform des Vormundschaftsrechts, FamRZ 2016, 2045.

Systematische Übersicht

Alphabetische Übersicht

I. Haftung des Vormunds und des Gegenvormunds (Abs 1)

1. Normzweck, Überblick

1 Die Norm regelt die Haftung von Vormund und Gegenvormund für Schäden des Mündels und enthält eine eigene Anspruchsgrundlage für den Mündel. Die Grundlage der Haftung liegt in der Übernahme des Amtes und der besonderen Schutzbedürftigkeit des Mündels.

2 Der **Vormund** haftet für einen dem Mündel aus einer Pflichtverletzung entstehenden Schaden. Nach § 1793 BGB hat er für die Person und das Vermögen des Mündels zu sorgen; die §§ 1800 ff BGB enthalten Bestimmungen, die diese Verpflichtung in einzelnen Beziehungen, aber nicht erschöpfend näher festlegen. Nach § 1837 Abs 2–4 BGB hat das Familiengericht über die gesamte Tätigkeit des Vormunds die Aufsicht zu führen und gegen Pflichtwidrigkeiten einzuschreiten; es kann den Vormund entlassen, wenn die Fortführung des Amts durch ihn das Interesse des Mündels gefährden würde (§ 1886 BGB). Handelt der Vormund der von ihm übernommenen Verpflichtung zu treuer und gewissenhafter Führung der Vormundschaft (§ 1789 BGB) zuwider, so muss er aber nicht nur mit Aufsichtsmaßnahmen des Familiengerichts rechnen; vielmehr ist er nach § 1833 Abs 1 S 1 BGB auch dem Mündel für den aus einer Pflichtverletzung entstehenden Schaden verantwortlich, wenn ihm ein Verschulden zur Last fällt.

3 Gleiches gilt nach Abs 1 S 2 für den **Gegenvormund**, dessen Pflichten in § 1799 Abs 1 BGB allgemein umschrieben sind; er hat seine Aufgaben gleichfalls treu und gewissenhaft zu erfüllen (§§ 1792 Abs 4, 1789 BGB). Der Gegenvormund hat vor allem den Vormund zu überwachen, erforderlichenfalls ein Einschreiten des Familiengerichts zu veranlassen und gewissenhaft zu prüfen, ob seine nach dem Gesetz erforderliche Genehmigung (§§ 1809, 1810, 1812, 1813 BGB) zu erteilen oder zu verweigern ist. Darüber hinaus hat er die allgemeine Pflicht, stets auf das Wohl des Mündels bedacht zu sein und alles zu unterlassen, was das Interesse des Mündels beeinträchtigen könnte (BGH NJW 1956, 789 = FamRZ 1956, 147 [LS] = VersR 1956, 408 = Betrieb 1956, 499).

2. Rechtsnatur des Anspruchs aus § 1833

4 § 1833 BGB enthält einen **Schadensersatzanspruch** des Mündels gegen den Vormund. Er benennt mit den Erfordernissen einer Pflichtverletzung und eines Verschuldens (Abs 1 S 1) die Tatbestandsvoraussetzungen. Das unterscheidet diese Norm von der Regelung des § 1664 BGB, der für die Haftung der Eltern gegenüber dem Kind (und nach § 1793 Abs 1 S 3 BGB für den erziehenden Vormund) festschreibt, dass die Eltern bei Ausübung der elterlichen Sorge nur für die Sorgfalt einzustehen haben, die sie in eigenen Angelegenheiten anzuwenden pflegen. Nicht zuletzt diesem Unterschied im Wortlaut ist die umstrittene Frage geschuldet, ob § 1664 BGB nur einen Haftungsmaßstab festlegt (so Staudinger/Engler [2009] § 1664 Rn 6) oder darüber hinaus auch eine Anspruchsgrundlage enthält (so Staudinger/Heilmann [2016] § 1664 Rn 6 mwNw).

5 Die Haftung des Vormunds und des Gegenvormunds wird in Rechtsprechung und Literatur im Wesentlichen auf ein **gesetzliches Schuldverhältnis familienrechtlicher Art** zurückgeführt, das durch die Bestellung begründet wird (BGH NJW 1955, 867, 868; OLG Saarbrücken FamRZ 2012, 801, 803; Soergel/Zimmermann Rn 1; MünchKomm/Kroll-Ludwigs Rn 1; NK-BGB/Fritsche Rn 1; Gernhuber/Coester-Waltjen § 71 Rn 32; Rauscher, Familienrecht Rn 1232; BGB-RGRK/Dickescheid Rn 1; s auch Maurer FamRZ 1960, 468, 470; Palandt/Götz Rn 1 spricht von einer „eigenständigen familienrechtlichen Haftung"; so auch Erman/Schulte-Bunert Rn 1; Dethloff, Familienrecht § 16 Rn 64: „gesetzliches Dauerschuldverhältnis, das eine Geschäftsbesorgung zum Gegenstand hat").

6 Das Rechtsverhältnis zwischen dem Vormund und dem Mündel gehört dem Privatrecht an; dies gilt auch für die Beziehung zwischen dem Amtsvormund und dem Mündel (näher Vorbem 25 zu §§ 1773 ff). Der Vormund und der Gegenvormund sind **nicht Beamte iS des § 839 BGB**, wenn auch das Gesetz mehrfach vom „Amt" des Vormunds spricht (§§ 1886, 1890, 1893 BGB; s auch Staudinger/Wöstmann [2013] § 839 Rn 41). Nichtsdestotrotz erfolgt die Führung der Amtsvormundschaft durch den zuständigen Amtsträger des Jugendamts zugleich in Ausübung eines anvertrauten öffentlichen Amtes (Erman/Schulte-Bunert Rn 14; Staudinger/Wöstmann [2013] § 839 Rn 722). Deshalb kann bei Pflichtverletzungen des Amtsträgers die Amtshaftung mit einem Schadensersatzanspruch aus § 1833 BGB konkurrieren (näher unten Rn 11).

7 Zu Recht wird darauf hingewiesen, dass der Vormund bei der Sorge für die Person und das Vermögen des Mündels auch nicht als „Erfüllungsgehilfe des Staates bei dessen sozialstaatlicher Aufgabe der Fürsorge für Mündel" tätig wird (Erman/Schulte-Bunert Rn 1; anders wohl Schreiber AcP 178 [1978] 533, 534 f). Der Staat hat mit der Bestellung des Vormunds seine Aufgabe erfüllt und beschränkt sich danach auf die Aufsicht, bei der freilich die allgemeine Staatshaftung nach Art 34 GG iVm § 839 BGB (für Pflichtverletzungen des Familienrichters, nicht des Vormunds) besteht (Erman/Schulte-Bunert Rn 2; ähnlich BGB-RGRK/Dickescheid Rn 1). Die Auffassung, wonach nicht nur die Tätigkeit des Amtsvormunds und des Amtspflegers, sondern auch die der privaten Vormünder und Pfleger als hoheitliche Tätigkeit iS des Amtshaftungsrechts verstanden werden müssen (Pardey FamRZ 1989, 1030, 1034), findet im geltenden Recht keine Stütze; gegen sie spricht etwa § 1835 Abs 2 BGB, der offenbar davon ausgeht, dass der Vormund selbst (und nicht der Staat an seiner Stelle) für den Schaden aufzukommen hat, den er dem Mündel zufügt. Auch wenn zu erkennen

ist, dass das Vormundschaftsrecht insgesamt teils öffentlich-rechtlichen, teils privatrechtlichen Charakter hat (s Vorbem 15 ff zu §§ 1773 ff), ergibt sich aus dem Inhalt und der systematischen Stellung des § 1833 BGB, dass bei der Begründung der Haftung des Vormunds die öffentlich-rechtlichen Gesichtspunkte zurücktreten, dass sich die Haftung also **allein nach den Regeln des Privatrechts** bestimmt (Jacoby, Das private Amt 173).

Einigkeit besteht darüber, dass eine Pflichtverletzung des Vormunds oder des Gegenvormunds als solche **keine unerlaubte Handlung** iS des 27. Titels des 2. Buches des BGB darstellt, auch wenn im Einzelfall zugleich der Tatbestand einer unerlaubten Handlung erfüllt sein kann (BGH NJW 1955, 867, 868; Dölle § 124 III 4; BGB-RGRK/Dickescheid Rn 16; Soergel/Zimmermann Rn 13; MünchKomm/Kroll-Ludwigs Rn 1, 12). Die Bestimmungen über das Erfordernis der familiengerichtlichen Genehmigung bestimmter Rechtsgeschäfte (§§ 1821 ff BGB) und über die Anlegung von Mündelgeld (§§ 1806 ff BGB) sind keine Schutzgesetze iS des § 823 Abs 2 BGB. 8

3. Geltung der Vorschrift für alle Vormünder

Die Grundsätze des § 1833 BGB gelten sowohl für den Einzelvormund (auch als Mitvormund) als auch für den Verein als Vormund (§ 1791a BGB) und für den bestellten (§ 1791b BGB) wie für den kraft Gesetzes tätigen (§ 1791c BGB) Amtsvormund, für den § 56 Abs 1 SGB VIII die Anwendbarkeit der Bestimmungen des BGB ausdrücklich vorsieht. Sie gelten weiter für den Gegenvormund (§ 1833 S 2 BGB). 9

Bei der **Amtsvormundschaft** haftet die Körperschaft, bei der das Jugendamt errichtet ist (§ 69 SGB VIII), für das Verhalten des Mitarbeiters, dem das Jugendamt die Ausübung der Aufgaben des Amtsvormunds nach § 55 Abs 2 S 1 SGB VIII übertragen hat (MünchKomm/Kroll-Ludwigs Rn 2; DIJuF zur Umsetzung des Gesetzes zur Änderung des Vormundschafts- und Betreuungsrechts – erste Hinweise – v 14. 10. 2011 S 23 [Nachw s § 1793 Rn 30]; Wiesner/Walther § 55 SGB VIII Rn 87); in der Regel wird die kommunale Gebietskörperschaft, bei der das Jugendamt errichtet wurde, mit der Körperschaft identisch sein, bei der die Bediensteten des Jugendamts angestellt sind (Erman/Schulte-Bunert Rn 14). Der Anspruch des Mündels richtet sich also nicht gegen den mit der Führung der Vormundschaft betrauten Mitarbeiter des Jugendamtes, sondern gegen den öffentlichen Träger der Jugendhilfe (Hoffmann ZKJ 2007, 389, 394; Wiesner/Walther § 55 SGB VIII Rn 87). 10

Mit der Haftung aus § 1833 BGB **konkurriert** beim Amtsvormund die Haftung nach § 839 BGB, wenn das Jugendamt einen Beamten mit der Führung der Vormundschaft betraut; Art 34 GG kommt dagegen nicht zur Anwendung, weil dieser Beamte nicht in Ausübung eines öffentlichen Amts iS dieser Norm handelt (Jacoby, Das private Amt 173; **aA** Wiesner/Walther § 55 SGB VIII Rn 87). Dabei ist für den Mündel § 1833 BGB günstiger, da für diese Anspruchsgrundlage § 839 Abs 1 S 2 und Abs 3 BGB nicht gilt (BGHZ 9, 255, 257 = NJW 1953, 1100 = MDR 1953, 473 = ZBlJugR 1953, 214; OLG Nürnberg FamRZ 1965, 454, 455 = DAVorm 1966, 53; LG Kiel DAVorm 1982, 189, 190; OLG Saarbrücken FamRZ 2012, 801, 803; Staudinger/Wöstmann [2013] § 839 Rn 722; Soergel/Zimmermann Rn 2; Palandt/Götz Rn 2). 11

12 Bei der **Vormundschaft eines Vereins** haftet dieser nach § 31 BGB für das Verschulden des Vorstands und eines verfassungsmäßig berufenen Vertreters, daneben nach § 1791a Abs 3 S 2 BGB auch für das Verschulden eines zur Führung der Vormundschaft eingesetzten Mitglieds oder Mitarbeiters des Vereins, dagegen nicht für einen Mitarbeiter, der persönlich als Vormund bestellt ist; dieser haftet vielmehr selbst nach § 1833 BGB (OLG Saarbrücken 12. 6. 2013 – 1 U 157/12-44, 1 U 157/12, juris Rn 21, NJW-RR 2013, 1476, 1477 m krit Anm Geiger FamRZ 2015, 14, 15 f; Erman/Schulte-Bunert Rn 13 aE; Palandt/Götz Rn 2; Soergel/Zimmermann Rn 2; NK-BGB/Fritsche Rn 4).

4. Voraussetzungen der Haftung

a) Pflichtverletzung

13 Unter einer Pflichtverletzung ist jeder Verstoß gegen eine dem Vormund (oder Gegenvormund) obliegende Verpflichtung zu verstehen, gleichviel, ob diese sich aus dem allgemeinen Gebot, die Vormundschaft treu und gewissenhaft zu führen (§ 1789 BGB), aus einer bestimmten gesetzlichen Vorschrift (zB § 1793 Abs 1a BGB bzw § 1800 S 2 BGB oder aus § 55 Abs 2 S 4 SGB VIII) oder einer konkreten Anordnung des Familiengerichts ergibt, ob es sich um ein Tun oder ein Unterlassen und ob es sich um die Sorge für die Person oder das Vermögen des Mündels handelt (s dazu Mot IV 1176; BGH 4. 12. 2013 – XII ZR 157/12, juris Rn 10, FamRZ 2014, 290, 291 [Beistandschaft]; OLG Brandenburg 4. 11. 2014 – 3 U 156/11, juris Rn 39, FamRZ 2015, 1229; OLG Saarbrücken FamRZ 2012, 801, 802; Palandt/Götz Rn 4; Erman/Schulte-Bunert Rn 3; NK-BGB/Fritsche Rn 6; vgl auch den in § 1837 Abs 2 BGB verwendeten Begriff der Pflichtwidrigkeiten, s § 1837 Rn 33 f).

14 Verstößt das zum Amtsvormund bestellte Jugendamt, etwa infolge unzureichender Personalausstattung, gegen die **Fallzahl** nach § 55 Abs 2 S 4 SGB VIII (näher dazu § 1791b Rn 39 ff), kann dies nicht nur eine Haftung aus § 1833 BGB auslösen, sondern auch zu einer Haftung der Trägerkörperschaft wegen Organisationsmängeln führen (KG DAVorm 1975, 439, 443; Palandt/Götz Rn 4; s auch MünchKomm/Kroll-Ludwigs Rn 2).

b) Verschulden

15 Der Anspruch des Mündels aus § 1833 BGB setzt weiter voraus, dass dem Vormund (oder Gegenvormund) ein Verschulden zur Last fällt. Dieser haftet für **Vorsatz** wie für **jeden Grad von Fahrlässigkeit** iS der Außerachtlassung der im Verkehr erforderlichen Sorgfalt (§ 276 Abs 2 BGB). Die Haftung des Vormunds, der die Pflege und Erziehung nicht selbst durchführt, sondern nur organisiert, ist – anders als die der Eltern nach § 1664 Abs 1 BGB (s dazu § 1793 Rn 17) – nicht auf diejenige Sorgfalt beschränkt, die er in eigenen Angelegenheiten anzuwenden pflegt (§ 277 BGB; s Mot IV 1176 mit ausführlicher Begründung; Prot IV 816). Dies schließt aber nicht aus, dass bei der Frage, ob dem Vormund Fahrlässigkeit vorzuwerfen ist, auch berücksichtigt wird, welche Sorgfalt in den Lebenskreisen, denen der Vormund angehört, geübt wird und dort billigerweise erwartet werden kann (RG JW 1911, 1016; RG Recht 1916 Nr 481; OLG Karlsruhe LZ 1917, 1281; BGH LM Nr 3 zu § 1915 = FamRZ 1964, 199 = JZ 1964, 324 = MDR 1964, 303 = Rpfleger 1964, 143; BGH FamRZ 1983, 1220 = DAVorm 1983, 951, 953; BGH NJW 2009, 2814, 2817; OLG Hamm FamRZ 1995, 696, 697 = NJW-RR 1995, 1159, 1160; OLG Schleswig FamRZ 1997, 1427; OLG Saarbrücken FamRZ 2012, 801, 803; OLG Brandenburg 4. 11. 2014 – 3 U 156/11, juris Rn 50, FamRZ 2015, 1229, 1230; LG Bonn 23. 8. 2018 – 19 O 149/16, juris

Rn 24; Enneccerus/Kipp § 114 I Fn 3; Dölle § 124 III 4; Gernhuber/Coester-Waltjen § 71 Rn 32; Rauscher, Familienrecht Rn 1232; BGB-RGRK/Dickescheid Rn 7; Soergel/Zimmermann Rn 4; Erman/Schulte-Bunert Rn 3a; MünchKomm/Kroll-Ludwigs Rn 4).

Ist der Mündel allerdings auf längere Zeit im Haushalt des Vormunds aufgenommen, so haftet er nach §§ **1793 Abs 1 S 3, 1664 BGB** nur für eine Verletzung der Sorgfalt, die er in eigenen Angelegenheiten anzuwenden pflegt (näher unter § 1793 Rn 135 ff; zur Notwendigkeit, **de lege ferenda**, den Inhalt von § 1664 BGB in § 1833 BGB zu integrieren Staudinger/Veit [2014] Rn 62). 16

Starke **Arbeitsbelastung** und **Beanspruchung durch eigene Geschäfte** können den Vormund in der Regel nicht entlasten; er darf seine Verpflichtung, für das Wohl des Mündels zu sorgen (etwa durch Verfolgen eines Unterhaltsanspruchs des mittellosen Mündels gegen den nichtehelichen Vater), nicht hinter seine privaten Interessen zurücktreten lassen (KG OLGE 4, 414); notfalls muss er für Vertretung sorgen (Palandt/Götz Rn 6; BGB-RGRK/Dickescheid Rn 7). Ist der Amtsvormund überlastet, hat die Trägerkörperschaft für die unzureichende Personalausstattung des Jugendamts einzustehen (OLG Stuttgart DAVorm 1966, 115; KG DAVorm 1975, 439; LG Berlin DAVorm 1974, 62). Um einer solchen Überlastung des Amtsvormunds vorzubeugen, wurde durch das Gesetz zur Änderung des Vormundschafts- und Betreuungsrechts vom 29. 6. 2011 (BGBl I 1306) mit Wirkung vom 5. 7. 2012 (Art 3 Vorm/BtRÄndG) die Fallzahl 50 eingeführt (§ 55 Abs 2 S 4 SGB VIII; näher dazu unter § 1791b Rn 39 ff; zur Haftung des Jugendamts für die Sicherstellung der Fallzahlen Schindler FPR 2012, 539, 543). 17

Die Vorschriften der §§ 827, 828 BGB über den **Ausschluss oder die Minderung der Verantwortlichkeit** insbesondere unzurechnungsfähiger Personen sind, obwohl es sich nicht um eine deliktische Haftung handelt (s oben Rn 8), auch auf die Haftung des Vormunds und des Gegenvormunds aus § 1833 BGB anwendbar, wie es § 276 Abs 1 S 2 BGB allgemein für den Schuldner bestimmt. 18

Dadurch, dass **der Gegenvormund oder das Familiengericht** die Handlung des Vormunds, das Familiengericht die Handlung des Gegenvormunds genehmigt hat oder dass Vormund oder Gegenvormund auf Anregung des Familiengerichts gehandelt haben, wird die Haftung des Vormunds nicht ausgeschlossen. Dies hatte die preußische Vormundschaftsordnung noch ausdrücklich bestimmt; in das BGB wurde eine derartige Bestimmung aber nicht aufgenommen, weil sie, richtig verstanden, selbstverständlich sei (Mot IV 1176 f). Nach heute wohl allgemeiner Ansicht in Rechtsprechung und Rechtslehre nimmt die Erteilung der familiengerichtlichen Genehmigung dem Vormund nicht die Verpflichtung ab, das Rechtsgeschäft selbst auf die Vorteile und Nachteile hin gewissenhaft zu prüfen, die es dem Mündel bringt oder nach den Erfahrungen des täglichen Lebens bringen kann. Sie befreit ihn nicht von den Folgen eines ihm in dieser Hinsicht zur Last fallenden Verschuldens. 19

Er kann aber dann entlastet sein, wenn er nach der **besonderen Lage des Falls** die Genehmigung des Familiengerichts für maßgebend halten und sie seiner Entschließung zugrunde legen durfte (RGZ 132, 257, 260; OLG Brandenburg 4. 11. 2014 – 3 U 156/11, juris Rn 50, FamRZ 2015, 1229, 1230). Dass die Genehmigung des Familiengerichts oder das von ihm erklärte Einverständnis mit einer vom Vormund getroffenen Maßnahme diesen nur bei Vorliegen besonderer Umstände entlastet, ihm also nicht ohne 20

Weiteres die Verantwortung abnimmt, kommt im Gesetz auch dadurch zum Ausdruck, dass der Vormund, der einen Vertrag ohne vorherige Genehmigung des Familiengerichts abgeschlossen hat, nach Erteilung der Genehmigung diese dem anderen Teil mitteilen muss, um erst so den Vertrag rechtswirksam werden zu lassen (§ 1829 Abs 1 S 2 BGB); auf diese Weise soll ihm Gelegenheit gegeben werden, nach der Erteilung der Genehmigung nochmals zu prüfen, ob das abgeschlossene Geschäft im Interesse des Mündels liegt (BGH LM Nr 3 zu § 1915 = FamRZ 1964, 199 = JZ 1964, 324 = MDR 1964, 303 = Rpfleger 1964, 143; s auch BGH MDR 1962, 466; BGH FamRZ 1983, 1220 = DAVorm 1983, 951, 953; BGH FamRZ 2003, 1924, 1925; ferner die bei Staudinger/Engler[10/11] Rn 5 f angeführte ältere Rechtsprechung; Dölle § 124 III 4; Soergel/Zimmermann Rn 4; Palandt/Götz Rn 4; BGB-RGRK/Dickescheid Rn 8; MünchKomm/Kroll-Ludwigs Rn 7; Erman/Schulte-Bunert Rn 4a; NK-BGB/Fritsche Rn 6). Für die Frage der Entlastung des Vormunds ist es auch von Bedeutung, ob dieser davon ausgehen konnte, dass dem Familiengericht bei seiner Entscheidung alle für die objektive Beurteilung der Interessen des Mündels maßgebenden tatsächlichen Umstände bekannt waren (RG JW 1910, 708 = Recht 1910 Nr 2574; RG JW 1911, 934 = Recht 1911 Nr 3822; RG Recht 1914 Nr 1581). Handelt es sich um eine Rechtsfrage, so darf der Vormund im Allgemeinen auf die Auskunft des Familiengerichts vertrauen; er ist daher nicht verpflichtet, sich darüber noch anderweitig (etwa bei einem Rechtsanwalt) zu informieren (RG JW 1911, 984; s auch RG JW 1922, 1006; BGH FamRZ 1983, 1220, 1221 = DAVorm 1983, 951, 953 m Anm Lipp/Tietze LMK 2004, 86; BGH FamRZ 2003, 1924, 1925).

21 In **Betreuungsfällen** kann ein besonderes Haftungsrisiko bestehen, wenn der Betreute – nach § 1901 Abs 3 BGB grundsätzlich zu beachtende – Wünsche äußert, die aus objektiver Sicht nicht seinem Wohl entsprechen (Staudinger/Bienwald [2017] § 1908i Rn 360; § 1901 Rn 28 ff). Hierzu hat der BGH in einer Fallgestaltung Stellung genommen, in der ein Testamentsvollstrecker nach dem Tod des Betreuten dessen Betreuer auf Schadensersatz in Anspruch genommen hat, weil dieser dem Betreutenwillen entsprechend Grundstücke veräußert und dadurch eine vermeidbare Steuerlast ausgelöst hatte. Der BGH betonte, dass ein Wunsch des Betreuten nicht bereits dann iSv § 1901 Abs 3 S 1 BGB dessen Wohl zuwiderlaufe, wenn er dessen objektiven Interessen widerspreche. Vielmehr sei ein Wunsch des Betreuten beachtlich, sofern dessen Erfüllung nicht höherrangige Rechtsgüter des Betreuten gefährden oder seine gesamte Lebens- und Versorgungssituation erheblich verschlechtern würde. Allerdings sei der Vorrang des Betreutenwillens auf solche Wünsche beschränkt, die Ausfluss seines Selbstbestimmungsrechts seien und sich nicht nur als bloße Zweckmäßigkeitserwägungen erklären ließen (BGH NJW 2009, 2814, 2817 Rn 21). Darüber hinaus seien nur solche Wünsche beachtlich, die nicht Ausdruck der Erkrankung des Betreuten sind und auch auf der Grundlage ausreichender Tatsachenkenntnis gefasst würden (BGH NJW 2009, 2814, 2817 Rn 24 m krit Anm Brosey BtPrax 2010, 16; s auch Thar BtPrax 2010, 12).

5. Umfang der Haftung

22 Der Vormund hat dem Mündel den durch seine Pflichtverletzung verursachten Vermögensschaden zu ersetzen. Art und Umfang des Schadensersatzes richten sich nach den **§§ 249 ff BGB** (OLG Hamm 11. 5. 2017 – I-10 U 72/16, 10 U 72/16, juris Rn 30, FamRZ 2018, 962, 963; OLG Brandenburg 4. 11. 2014 – 3 U 156/11, juris Rn 56, FamRZ 2015, 1229, 1230; OLG Saarbrücken FamRZ 2012, 801, 804; RG WarnR 1933 Nr 63). Ansprüche, die der Mündel

gegen Dritte hat, bleiben bei der Bestimmung der Schadenshöhe außer Betracht (OLG Hamm FamRZ 2010, 754, 755).

Wegen eines Schadens, der nicht Vermögensschaden ist, kann der Mündel nach **§ 253 Abs 2 BGB** Ersatz verlangen, wenn die Pflichtverletzung zu einer Verletzung des Körpers, der Gesundheit, der Freiheit oder der sexuellen Selbstbestimmung geführt hat (zB wenn der Vormund den Mündel körperlich verletzt oder diesen pflichtwidrig freiheitsentziehend untergebracht hat). 23

Insbesondere finden die Grundsätze des **§ 254 BGB** Anwendung, wenn bei der Entstehung des Schadens ein Verschulden des Mündels mitgewirkt hat (KG JW 1933, 184; OLG Saarbrücken FamRZ 2012, 801, 802), so insbesondere, wenn sich der Mündel infolge mangelhafter Beaufsichtigung selbst (zumindest fahrlässig) verletzt hat (vgl Cohn Gruchot 43, 404). Ein Verschulden des Mündels kann unter Umständen in der Unterlassung der Einlegung eines Rechtsmittels erblickt werden, wenn der Mündel nach § 60 FamFG (bis 31. 8. 2009 § 59 FGG) zur selbständigen Einlegung des Rechtsmittels berechtigt war (OLG Saarbrücken FamRZ 2012, 801, 803; BGB-RGRK/Dickescheid Rn 12; Palandt/Götz Rn 7; zurückhaltend Gernhuber/Coester-Waltjen § 71 Rn 33, die zu Recht betont, dass sich der Mündel auf den Vormund, nicht dieser auf jenen soll verlassen dürfen; ihr stimmen Soergel/Zimmermann Rn 6 Fn 48, BGB-RGRK/Dickescheid Rn 12 u MünchKomm/Kroll-Ludwigs Rn 10 zu). 24

6. Beginn und Ende der Haftung

Die Haftung des Vormunds beginnt mit seiner Bestellung (§ 1789 BGB); sie endet grundsätzlich mit Beendigung der Vormundschaft oder mit dem Ende des Amts des Vormunds (OLG Saarbrücken FamRZ 2012, 801, 803; RG DR 1940, 726). War der Vormund schon bei seiner Bestellung unerkannt amtsunfähig (§ 1780 BGB), so löst die Bestellung von vornherein keine Haftung nach § 1833 BGB aus. Ist der Vormund amtsuntauglich (§ 1781 BGB), sei es, dass der Untauglichkeitsgrund schon bei Bestellung vorlag oder dass er später eingetreten ist (vgl § 1886 BGB), so ist § 1833 BGB anzuwenden; dies gilt auch dann, wenn die Vormundschaft aufgehoben wird, weil ihre gesetzlichen Voraussetzungen nicht vorlagen (RGZ 84, 92; RG HRR 1933 Nr 1588). Über die Haftung dessen, der die Übernahme der Vormundschaft ohne Grund ablehnt, s § 1787 BGB. 25

Auch wenn die Vormundschaft oder das Amt des Vormunds beendet ist, besteht die Haftung aus § 1833 BGB weiter, soweit der Vormund die **Geschäfte** unter den Voraussetzungen der §§ 1893, 1698a, 1698b BGB **fortführt** (s § 1893 Rn 14 f). Ihn kann also eine Schadensersatzpflicht insbesondere dann treffen, wenn er nach dem Tod des Mündels untätig bleibt, obwohl ein Geschäft zu besorgen ist, das nicht ohne Gefahr aufgeschoben werden kann; insoweit ist der Erbe des Mündels in den Schutzbereich des § 1833 BGB einbezogen. Ist die in § 1698b BGB vorausgesetzte Dringlichkeit dagegen nicht gegeben, so ist der Vormund nach Beendigung seines Amts nicht verpflichtet, die Geschäfte weiterzuführen (§ 1893 Rn 11; RG DR 1940, 726; s auch OLG Saarbrücken FamRZ 2012, 801, 802). 26

Der **bisherige Vormund**, der trotz Beendigung seines Amts Geschäfte für den Mündel ohne Widerspruch anderer so fortführt, als sei er noch Vormund, haftet gleich- 27 falls im Rahmen des § 1833 BGB (RG JW 1938, 3116; RG DR 1940, 726; ebenso MünchKomm/Kroll-Ludwigs Rn 5; **aA** Soergel/Zimmermann Rn 1, der die Regeln der Geschäftsführung ohne Auftrag eingreifen lassen will; ähnlich auch Dölle § 124 III 4 Fn 93).

28 Eine Haftung des Vormunds würde auch dann entfallen, wenn der Mündel wirksam auf den Schadensersatzanspruch verzichtet hätte. Wird dem Vormund aber nur eine Entlastung für die Führung seiner Vormundschaft erteilt, so liegt darin noch kein solcher **Haftungsverzicht** (LG München FamRZ 2009, 2117, 2118; MünchKomm/Kroll-Ludwigs Rn 12).

7. Einzelfälle

29 Die zahlreichen veröffentlichten Entscheidungen zu § 1833 BGB beziehen sich großenteils auf typische Fallgestaltungen; dennoch lassen sich die von den Gerichten gemachten Aussagen nur mit Zurückhaltung auf andere Fälle übertragen, zumal es in der Frage nach dem Verschulden jeweils auf den Kenntnisstand und die Erfahrungen des Vormunds in geschäftlichen und Verwaltungsangelegenheiten ankommen wird (s oben Rn 15; s auch RG LZ 1922, 329). Aus der Rechtsprechung seien folgende Fallgruppen herausgegriffen (s auch die Zusammenstellung bei Deinert/Schreibauer DAVorm 1993, 1143):

a) Geltendmachung und Sicherung von Unterhaltsansprüchen

30 Ein pflichtwidriges Verhalten des Vormunds wurde angenommen,

– wenn der Amtsvormund es unterlässt, eine angemessene Erhöhung des Unterhalts durch Erhebung einer aussichtsreichen Abänderungsklage durchzusetzen (OLG Saarbrücken FamRZ 2012, 801, 802; LG Hagen DAVorm 1971, 26);

31 – wenn der Amtsvormund es unterlässt, alsbald nach dem Vorliegen eines Titels Zwangsvollstreckungsmaßnahmen gegen den nichtehelichen Vater des Mündels einzuleiten (KG DAVorm 1975, 439);

32 – wenn der Amtsvormund es unterlässt, durch Hinweis an die Passbehörde die Erteilung eines Passes an den Unterhaltspflichtigen, der sich durch Auswanderung seiner Unterhaltspflicht zu entziehen beabsichtigt, zu verhindern (OLG Nürnberg FamRZ 1965, 454);

33 – wenn der Vormund einen zu niedrigen Antrag auf Unterhalt für den Mündel stellt (Odersky FamRZ 1972, 621, 622; dazu krit Kemper FamRZ 1973, 520, 521: Der Amtsvormund hat – nach dem Grundsatz der Recht- und Gesetzmäßigkeit der Verwaltung – nicht für das nichteheliche Kind „möglichst viel herauszuholen");

34 – wenn der Vormund es unterlässt, das Einkommen des Unterhaltsschuldners festzustellen und ggf pfänden zu lassen (BGH 4. 12. 2013 – XII ZR 157/12, juris Rn 10 f, FamRZ 2014, 290, 291; OLG Saarbrücken FamRZ 2012, 801, 802 m krit Anm Knittel JAmt 2012, 192; LG Siegen DAVorm 1988, 722 = DAVorm 1989, 312);

35 – wenn der Vormund in Zeiten des Währungsverfalls und vor einer sich ankündigenden Währungsumstellung mit dem nichtehelichen Vater einen Abfindungsvertrag schließt, der dazu führt, dass der zur Abfindung der Unterhaltsansprüche gezahlte Kapitalbetrag später völlig entwertet wird (BGHZ 9, 255 = NJW 1953, 1100 = MDR 1953, 473 = ZBlJugR 1953, 214 = DAVorm 1953/54, 107; BGHZ 22, 72 = NJW 1957, 138 = ZBlJugR 1957, 51 = MDR 1957, 537 = DAVorm 1956/57, 247; OLG Düsseldorf DAVorm 1954/55, 87; s auch Dölle § 124 III 4 mwNw).

b) Geltendmachung und Sicherung anderer Ansprüche

Als pflichtwidrig wurde es ferner angesehen, **36**

– wenn der Vormund bei der Geltendmachung eines Pflichtteilsanspruchs des Mündels das Gutachten eines Sachverständigen über den Wert eines landwirtschaftlichen Betriebs (das ausschließlich den Ertragswert zugrunde legt) „blind hinnimmt", statt es mit den auch ihm als Nichtfachmann zu Gebote stehenden Möglichkeiten zu überprüfen (BGH FamRZ 1983, 1220 = DAVorm 1983, 951, 953 unter Hinweis auf RG JW 1910, 708);

– wenn der Vormund es unterlässt, ein mit dem Tod des Mündels endendes vertragliches Ablösungsrecht (durch Aufgabe eines nicht ausgenutzten Wohnrechts gegen Erwerb einer Ablösungsforderung) zu verwirklichen und dadurch die wirtschaftliche Lage des Mündels zu verbessern (BGH LM Nr 1 zu § 1833 = FamRZ 1971, 574, 576 = MDR 1972, 34; die Bestimmungen des § 1907 Abs 1 und 2 BGB idF des BtG, auf die MünchKomm/Kroll-Ludwigs Rn 6 hinweist, dürften dem nicht entgegenstehen); **37**

– wenn der Vormund es unterlässt, fällig gewordene Gewinnansprüche des Mündels als Gesellschafter vor der Insolvenz der Gesellschaft geltend zu machen und zu sichern (BGH FamRZ 2005, 358, 359; Harm Rpfleger 2007, 374, 375); **38**

– wenn der Vormund es unterlässt, rechtzeitig nach dem Verbleib der Mutter des Mündels zu forschen, mit der Folge, dass nach dem Tod der Mutter nicht rechtzeitig eine Waisenrente beantragt wird (LG Essen DAVorm 1970, 318); **39**

– wenn der Vormund den Antrag auf Gewährung einer Rente nicht oder zu spät stellt (OLG Stuttgart DAVorm 1956, 115 [Kindergeldrente]; LG Berlin FamRZ 2002, 345, 347 [EU-Rente für Betreuten]; LG Köln FamRZ 2006, 1874 [LS; Witwerrente]); **40**

– wenn der Vormund ein Haus verkauft, weil er verspätet Sozialhilfe für den Mündel in Anspruch nimmt (BGH NJW-RR 2011, 1009); **41**

– wenn der Vormund/Betreuer es unterlässt, einen Kranken- und Pflegeversicherungsvertrag für den Mündel/Betreuten abzuschließen (OLG Hamm FamRZ 2010, 754; OLG Brandenburg OLGR 2008, 614; LG Dessau-Roßlau BtPrax 2010, 192, 193) oder Mitteilungsobliegenheiten aus einem Haftpflichtversicherungsvertrag nachzukommen (OLG Nürnberg BtPrax 2004, 38; LG Nürnberg-Fürth BtPrax 2006, 112, 113); **42**

– wenn der Vormund es unterlässt, bei einer Unterbringung des Mündels bei seiner Großmutter nach dem Tod seiner Mutter einen Antrag auf Hilfe zur Erziehung nach dem SGB VIII zu stellen (DIJuF-Rechtsgutachten JAmt 2013, 264, 266); **43**

– wenn der Vormund es unterlässt, den Mündel gegen Haftpflicht zu versichern; **44** dies gilt zwar nicht allgemein, aber es können besondere Eigenschaften und Lebensverhältnisse des Mündels den Abschluss einer Haftpflichtversicherung erfordern, wenn sie ihn in besonderem Maß der Gefahr aussetzen, sich durch Schädigung Dritter haftpflichtig zu machen; weiter ist freilich vorausgesetzt, dass ein Versicherer gefunden werden kann, der bereit ist, den Mündel zu wirtschaftlich vertretbaren Bedingungen zu versichern, und dass Geldmittel zur Bezahlung der Versicherungsbeiträge zur Verfügung stehen (BGH FamRZ 1980, 874 = NJW 1980, 2249 = DAVorm 1980, 651; OLG Hamm DAVorm 1978, 221; s auch DIJuF-Rechtsgutachten JAmt 2008, 321);

45 – wenn der Vormund Mündelgeld, das kein Verfügungsgeld ist, bei einem Kreditinstitut ohne ausreichende Einlagensicherung (LG Waldshut-Tiengen BtPrax 2008, 82 m Anm Balzer/Warlich EWiR 2008, 297) oder mit einem zu geringen Zinssatz anlegt (AG Bremen NJW 1993, 205, 206);

46 – wenn der Vormund für einen Mündel, der infolge Erbfalls Vorerbe geworden ist, die Vorerbschaft ausschlägt, um ihm den Pflichtteil zu sichern, obwohl dieser durch die Annahme der Vorerbschaft vermögensmäßig besser gestanden hätte (OLG Hamm 11. 5. 2017 – I-10 U 72/16, 10 U 72/16, juris Rn 10 f, FamRZ 2018, 962, 963 betr Betreuung) oder

47 – wenn ein Abwesenheitspfleger (§ 1911 BGB), auf den die Regeln über die Vormundschaft Anwendung finden (§ 1915 Abs 1 S 1 BGB; s auch unten Rn 78), ein Nachlassgrundstück veräußert, obwohl die Veräußerung weder im Hinblick auf die Grundstückslasten noch auf die Tilgung dringender Nachlassschulden geboten war (OLG Brandenburg 4. 11. 2014 – 3 U 156/11, juris Rn 42 ff, FamRZ 2015, 1229, 1230).

c) Einholung von Auskünften und Prozessführung

48 Der Vormund soll auch haften,

– wenn er sich auf einem Gebiet, auf dem er über keine Erfahrung verfügt, eine Entscheidung anmaßt, ohne den Rat des Familiengerichts oder einer geeigneten Auskunftsstelle einzuholen (RG JW 1922, 1006; RGZ 132, 257, 262; BGH FamRZ 1983, 1220, 1221; BGH NJW 2009, 2814, 2817; OLG Celle ZBlJugR 1953, 260; OLG Stuttgart MDR 1956, 169; zur Annahme einer tatsächlichen Verhinderung iSv § 1909 BGB mit der Notwendigkeit, wegen fehlender Sachkunde und Erfahrung einen Ergänzungspfleger zu bestellen, s Staudinger/Bienwald [2017] § 1909 Rn 30 ff, dort auch zu den Ausnahmen bei einer Amtsvormundschaft; s auch OLG Brandenburg ZKJ 2011, 139, 140);

49 – wenn er die Erfolgsaussichten eines Rechtsmittels gegen eine für den Mündel ungünstige Entscheidung nicht sorgfältig prüft (LG Aachen DAVorm 1957/58, 186; s aber auch OLG Schleswig FamRZ 1997, 1427: keine Haftung des Betreuers, der gegen einen einleuchtend begründeten abl Sozialhilfebescheid keinen Widerspruch eingelegt hatte);

50 – wenn er bei ungewissen Erfolgsaussichten davon absieht, eine Teilklage zu erheben (RG WarnR 1932, 76); doch dürfen bei der Beurteilung der Erfolgsaussichten eines Rechtsstreits an den Rechtsanwalt keine übertriebenen Anforderungen gestellt werden, jedenfalls keine höheren als an einen Richter (OLG Hamburg NJW 1960, 1207);

– wenn er es unterlässt, sachdienliche Beweisanträge zu stellen (OLG Schleswig SchlHAnz 1962, 143); dagegen wurde eine Pflicht des Vormunds verneint, die in einem Unterhaltsprozess des Mündels als Zeugin benannte Kindesmutter darauf aufmerksam zu machen, dass die Verweigerung ihrer Aussage für den Mündel nachteilige Folgen haben kann (OLG Celle Rpfleger 1956, 310). 51

d) Rein tatsächliche Handlungen

Der Vormund soll weiter haften, 52

– wenn er eine unwirtschaftliche Reparatur durchführen lässt (anders im Betreuungsrecht, wenn die Reparatur dem ausdrücklichen Wunsch des Betreuten entspricht, OLG Karlsruhe FamRZ 2010, 2018 [LS]);

– wenn er einem Dritten sowohl die EC-Karte des Mündels als auch die PIN-Nummer gibt (LG Berlin FamRZ 2010, 492). 53

8. Übertragung vormundschaftlicher Aufgaben auf Dritte

Die dem Vormund nach § 1793 BGB obliegende Sorge für die Person und das Vermögen des Mündels einschließlich der gesetzlichen Vertretung ist grundsätzlich nicht übertragbar (s § 1793 Rn 86). Dagegen ist es nicht ausgeschlossen, dass der Vormund die Erledigung **einer einzelnen Angelegenheit** einem Dritten überträgt; die Beauftragung eines Dritten ist sogar unumgänglich, wenn der Vormund nicht fähig ist, eine Angelegenheit des Mündels selbst zu erledigen. Der Vormund ist selbstverständlich befugt, für den Mündel einen Arzt zu rufen, einen Rechtsanwalt mit der Vertretung im Prozess zu beauftragen, einen Geschäftsführer für das vom Mündel geerbte Unternehmen oder einen Gutsverwalter zu bestellen usw. Es hängt von den Umständen des Einzelfalls ab, ob der Vormund eine Aufgabe, die zur Sorge für die Person oder das Vermögen des Mündels gehört, einem anderen übertragen durfte oder ob die Übertragung als Pflichtverletzung erscheint, die zu einer Schadensersatzpflicht des Vormunds führen kann. 54

a) Unzulässigkeit der Übertragung

War die Übertragung unzulässig, so haftet der Vormund für jeden Schaden, der ohne die Übertragung nicht eingetreten wäre, also nicht nur für einen durch Verschulden des Dritten entstandenen Schaden. (MünchKomm/Spickhoff § 1793 Rn 49; § 1793 Rn 139). 55

b) Zulässigkeit der Übertragung

War die Übertragung dagegen zulässig, so ist die Reichweite der Haftung des Vormunds umstritten. Zum Teil wird danach unterschieden, ob der Vormund die Aufgabe, die delegiert wird, selbst vornehmen könnte oder ob ihm insoweit die Sachkunde fehlt. Im ersten Fall soll der Vormund für das Verschulden des Dritten, dessen er sich zur Erfüllung einer Verbindlichkeit bedient, in gleichem Umfang wie für eigenes Verschulden haften. Im zweiten Fall soll er dagegen nur für eigene Fehler bei der Auswahl, Unterweisung oder Überwachung verantwortlich sein (Dölle § 124 I; Oberloskamp/Hoffmann, Vormundschaft § 4 Rn 23; für das Betreuungsrecht s Dodegge/Roth, Betreuungsrecht Pkt D Rn 112; Christl FamRZ 2019, 422, 423). 56

57 Demgegenüber lehnen andere die **Anwendung von § 278 BGB** generell ab und befürworten eine Haftung des Vormunds für den von der Hilfsperson verursachten Schaden, wenn ihn bei Auswahl, Überwachung oder Beaufsichtigung ein Verschulden trifft (DAMRAU/ZIMMERMANN, Betreuungsrecht Rn 16 f; MünchKomm/SPICKHOFF § 1793 Rn 49; ERMAN/SCHULTE-BUNERT Rn 8 f).

58 Welcher Meinung zu folgen ist, hängt von der Anwendbarkeit des § 278 BGB ab. Geht man davon aus, dass mit der Bestellung des Vormunds ein gesetzliches Schuldverhältnis familienrechtlicher Art zwischen diesem und dem Mündel (oben Rn 5) entsteht, das dem der Eltern ähnelt, so kann der Vormund grundsätzlich Dritte in die Erfüllung der aus diesem besonderen Rechtsverhältnis resultierenden Pflichten im selben Umfang einbinden, wie dies auch für Eltern möglich ist. Allerdings bleibt zu bedenken, dass dieses privatrechtliche Rechtsverhältnis aufgrund des Bestellungsaktes auch öffentlich-rechtliche Elemente birgt (näher Vorbem 20 zu §§ 1773 ff), die bei der Anwendung von § 278 BGB nicht außer Betracht bleiben können (zur Anwendung von § 278 BGB in öffentlich-rechtlichen Rechtsverhältnissen näher STAUDINGER/CASPERS [2019] § 278 Rn 12 ff). Aus dem Umstand, dass das Familiengericht denjenigen Vormund auswählen muss, der am besten geeignet erscheint, die Mündelinteressen wahrzunehmen (§ 1779 Rn 19), lässt sich grundsätzlich ableiten, dass die Erfüllung dieser Aufgaben nicht beliebig Dritten überlassen werden kann, auch wenn es an einer dem § 1897 Abs 1 S 1 BGB entsprechenden Regelung im Vormundschaftsrecht fehlt (zum Betreuungsrecht BayObLG FamRZ 2001, 374; CHRISTL FamRZ 2019, 422).

Eine Delegation von Aufgaben an Dritte und damit die Anwendung von § 278 BGB scheidet aber auch dann aus, wenn es um Aufgaben geht, die der Vormund gar nicht selbst erfüllen kann. Dazu gehören sowohl die Fälle, in denen ihm der notwendige Sachverstand fehlt (dazu Rn 59), als auch die Verpflichtungen, die auf eine unmögliche Leistung gerichtet sind. So obliegt zwar dem Vormund grundsätzlich in gleichem Umfang wie den Eltern die Pflege und Erziehung des Kindes (§ 1793 BGB). Jedoch vermag ein Berufsvormund diese Aufgabe tatsächlich nicht selbst zu leisten; vielmehr beschränkt sich seine Sorgeverantwortung darauf, die Pflege und Erziehung durch Dritte (Pflegeeltern, Heim) zu organisieren (s § 1800 S 2 BGB, VEIT FamRZ 2016, 2045, 2050 f), mit der Folge, dass diese auch keine Erfüllungsgehilfen des beruflich tätigen Vormunds sein können. Dessen Haftung bei Einschaltung der Dritten beschränkt sich also auf ein eigenes Fehlverhalten bei der Auswahl und Kontrolle der Pflegeperson. Eine Haftung für ein Fehlverhalten des Dritten käme folglich nur in Betracht, wenn ein ehrenamtlicher Vormund das Kind zulässigerweise in die Fremdpflege gibt. Um aber zu vermeiden, dass dieser Vormund weitergehend haftet als der beruflich tätige Vormund, dürfte aber auch in diesem Fall § 278 BGB ausscheiden. Es spricht deshalb mehr für die Unanwendbarkeit von § 278 BGB im Vormundschaftsrecht (so auch MünchKomm/SPICKHOFF § 1793 Rn 49; § 1793 Rn 140; iE auch DAMRAU/ZIMMERMANN, Betreuungsrecht Rn 17).

Nicht delegierbar ist die in § 1800 S 2 BGB verankerte Pflicht zur Förderung und Gewährleistung der Pflege und Erziehung, weil sie vom Vormund, ebenso wie die in § 1793 Abs 1a BGB verankerte Kontaktpflicht, persönlich geleistet werden muss.

59 Überträgt der Vormund Aufgaben auf einen Dritten, weil ihm die **notwendige Sachkompetenz fehlt** (zB Arzt, Anwalt), so haftet er nach allen Ansichten nur für eigenes

Verschulden bei der Auswahl und/oder Überwachung des Dritten. Auch hier gilt die Haftungserleichterung des § 1664 BGB in dem vom § 1793 Abs 1 S 2 BGB vorgezeichneten Rahmen. Das bedeutet, dass ein Amtsvormund etwa für den Schaden verantwortlich ist, der daraus erwächst, dass er vorsätzlich oder fahrlässig einem ungeeigneten Dritten die Erledigung der Angelegenheit übertragen oder bei der nach Lage des Falles gebotenen Unterweisung oder Überwachung des Dritten etwas versäumt hat (vgl § 664 Abs 1 S 1 und 2 BGB; Staudinger/Heilmann [2016] § 1664 Rn 25 ff; ebenso Soergel/Zimmermann Rn 5; Erman/Schulte-Bunert Rn 8 ff; Palandt/Götz Rn 4; **aA** Enneccerus/Kipp § 113 I; Dölle § 124 I; Gernhuber/Coester-Waltjen § 71 Rn 35–37; BGB-RGRK/Dickescheid Rn 13; NK-BGB/Fritsche Rn 10; Oberloskamp/Hoffmann, Vormundschaft § 4 Rn 23; MünchKomm/Kroll-Ludwigs Rn 9, die danach unterscheiden, ob der Vormund die Erledigung einer Angelegenheit, die auch ihm selbst möglich und zumutbar war, einem Dritten zulässigerweise übertragen hat – dann Haftung für Verschulden des Dritten nach § 278 BGB – oder ob er sich des Dritten zu Handlungen bedient, die er nicht selbst vorzunehmen, sondern nur zu veranlassen hatte, wie etwa die Tätigkeit eines Arztes oder Rechtsanwalts; in diesem Fall nur Haftung für Verschulden bei Auswahl oder Überwachung der Hilfsperson; vgl auch RGZ 76, 185).

Hat etwa ein Amtsvormund ein **Kind in eine Pflegefamilie gebracht, wo es später zu Schaden kommt**, so haftet das Jugendamt, weil es die Pflege und Erziehung des Kindes nur organisieren, aber nicht selbst ausüben kann (näher dazu § 1793 Rn 130 f), nur dann nach § 1833 BGB, wenn es keine zuverlässige Pflegeperson ausgewählt hat; es haftet dagegen nicht für das Fehlverhalten der zulässigerweise eingesetzten Pflegeperson selbst (BGH FamRZ 2006, 544 = JZ 2006, 920 m krit Anm Ossenbühl; OLG Stuttgart NJW 2005, 3579 zum Fall der Inpflegegabe auf der Grundlage der §§ 42, 43 SGB VIII idF der Bekanntmachung vom 8. 12. 1998, BGBl I 3546). In Betracht kommt aber im Einzelfall eine Verletzung der Pflichten nach § 1793 Abs 1a S 1 BGB oder § 1800 S 2 BGB, die nicht delegierbar sind (s § 55 Abs 3 S 3 SGB VIII). 60

II. Haftung mehrerer Vormünder (Abs 2)

Sind Mitvormünder (§ 1797 BGB) oder ist ein Gegenvormund bestellt, so kommt es zunächst darauf an, wer von ihnen nach § 1833 Abs 1 BGB wegen eines schuldhaften Verhaltens dem Mündel gegenüber für den Schaden einzustehen hat. Führen die Mitvormünder die Vormundschaft gemeinschaftlich (§ 1797 Abs 1 BGB), so richtet sich die Verantwortlichkeit eines jeden von ihnen nach den Umständen des Falles; ist die Führung der Vormundschaft unter Mitvormündern aufgeteilt (§ 1797 Abs 2 BGB), so sind sie zwar jeweils nur für ihren Wirkungskreis verantwortlich (OLG Dresden SeuffA 72 Nr 222; Soergel/Zimmermann Rn 8; MünchKomm/Kroll-Ludwigs Rn 8), aber es können – abgesehen von dem Fall, dass eine Angelegenheit mehrere Wirkungskreise berührt – einem Mitvormund auch Aufsichtspflichten außerhalb des von ihm zu verwaltenden Wirkungskreises obliegen, deren Verletzung dann seine Haftung begründet (s dazu unten Rn 63). 61

Ist nach diesen Grundsätzen die Haftung mehrerer Personen begründet, so haften diese nach **Abs 2 S 1** als Gesamtschuldner (§§ 421 ff BGB); eine Einrede der Teilung (vgl Mot IV 1178) steht dem in Anspruch Genommenen nicht zu (vgl § 2219 Abs 2 BGB). Im Verhältnis untereinander sind sie grundsätzlich zu gleichen Teilen ver- 62 pflichtet. Hat also einer von ihnen mehr als seinen Anteil geleistet, so kann er von den übrigen Schuldnern Ausgleichung verlangen (§ 426 BGB).

63 Ist aber die Haftung eines Mitvormunds oder des Gegenvormunds nur dadurch begründet, dass er durch schuldhafte Verletzung seiner Aufsichtspflicht (§§ 1797 Abs 1, 1799 Abs 1 BGB) dem Mündel Schaden zugefügt hat, so haftet er nach **Abs 2 S 2** zwar dem Mündel gegenüber für den gesamten Schaden neben dem gleichfalls schadensersatzpflichtigen (Mit-)Vormund (vgl § 840 Abs 2 BGB); im Verhältnis zwischen ihm und dem (Mit-)Vormund, der eine primäre Pflicht verletzt hat, ist dieser aber allein verpflichtet (Mot IV 1178 f; BGB-RGRK/Dickescheid Rn 14; MünchKomm/Kroll-Ludwigs Rn 8). In dieser Bestimmung kommt – wie in § 840 Abs 2 iVm §§ 831, 832 BGB – der Rechtsgedanke zum Ausdruck, dass ein Gesamtschuldner vom anderen (ungeachtet seiner Verpflichtung dem Gläubiger gegenüber) dann ganz freizustellen ist, wenn der Freizustellende nur wegen Verletzung einer Aufsichts- oder Garantenpflicht haftbar ist, vermöge deren er eine von dem anderen ausgehende Gefährdung hätte verhüten sollen. Soweit dieser Grundsatz nicht lückenlos gilt, beruht dies auf besonderen Umständen, etwa darauf, dass der den Schaden primär Verursachende für sein Tun nicht verantwortlich (§ 840 Abs 2 iVm § 829 BGB) oder auch aus eigener Sicht der Aufsicht und Kontrolle durch den anderen bedürftig ist (BGH LM Nr 19 zu § 840 BGB = NJW 1980, 2348, 2349; vgl BGHZ 43, 227, 235 = NJW 1965, 1175; BGH LM Nr 31 zu § 426 BGB = NJW 1971, 752).

64 Auf den Fall, dass dem Mündel ein **Dritter neben dem Vormund** haftet, ist § 1833 Abs 2 BGB trotz seiner allgemeinen Formulierung nicht anwendbar; ob in solchen Fällen ein Gesamtschuldverhältnis anzunehmen ist, bemisst sich nach allgemeinen Grundsätzen (Dölle § 124 III 4).

65 Ist neben dem Vormund oder dem Gegenvormund auch der **Familienrichter** für den Schaden verantwortlich, so haftet dieser (an seiner Stelle nach Art 34 GG, § 839 BGB der Staat) zwar dem Mündel gegenüber als Gesamtschuldner (§ 840 Abs 1 BGB); nach § 841 BGB ist aber in ihrem Verhältnis zueinander der Vormund oder Gegenvormund allein verpflichtet (Mot IV 1192; RG Recht 1912 Nr 3363; Staudinger/Vieweg [2015] § 841 Rn 8).

III. Haftung des Vormunds gegenüber Dritten

66 § 1833 BGB regelt nur die Haftung des Vormunds und des Gegenvormunds gegenüber dem Mündel; für den aus einer Pflichtverletzung einem Dritten erwachsenen Schaden haften Vormund und Gegenvormund nach den allgemeinen Grundsätzen (s insbes §§ 823, 826, 832, 840 BGB; zur deliktischen Haftung des Amtsvormunds näher Schindler FPR 2012, 539, 542 ff; Erman/Schulte-Bunert Rn 16). Auch gegenüber der Staatskasse haftet der Vormund (Betreuer) nur nach den allgemeinen Anspruchsgrundlagen, insbesondere aus Deliktsrecht (OLG Düsseldorf NJW-RR 1999, 1677 zur Verpflichtung des Betreuers, Ausgaben des Betroffenen zu verhindern und für die Sicherung seines künftigen Vergütungsanspruchs durch Bildung von Rücklagen zu sorgen).

67 Nur ausnahmsweise können dem **Amtsvormund** auch Amtspflichten gegenüber einem Dritten obliegen, so etwa gegenüber dem Vertragspartner, mit dem der Amtsvormund über einen Arbeitsvertrag für den Mündel verhandelt hat (Hinweis auf krankhafte

Neigung des Mündels zum Feuerlegen, BGHZ 100, 313, 317 = NJW 1987, 2664 = FamRZ 1987, 904 im Falle eines – nach früherem Recht – wegen Geisteskrankheit entmündigten volljährigen Mündels; die Grundsätze der Entscheidung sind aber auch auf einen Minderjährigen, der unter Vormundschaft steht, anwendbar). Die Pflicht, den Mündel (Pflegling) zu beaufsichtigen und seinen Aufenthalt zu bestimmen, kann dem Amtsvormund (Amtspfleger) auch gegenüber Dritten obliegen, wenngleich die Führung der Amtsvormundschaft (Amtspflegschaft) in erster Linie eine Amtspflicht gegenüber dem Mündel (Pflegling) ist (OLG Frankfurt FamRZ 1987, 519, 520 zur Haftung aus § 839 BGB).

Handelt der **Vormund rechtsgeschäftlich für den Mündel**, so haftet dieser nach § 278 **68** BGB für ein Verschulden des Vormunds; das schließt aber nicht aus, dass den gesetzlichen Vertreter eine persönliche Haftung für unerlaubtes Handeln oder nach den Grundsätzen treffen kann, die für die Eigenhaftung eines Vertreters entwickelt worden sind (BGH NJW 1995, 1213 Rn 11 ff; OLG Düsseldorf BtPrax 2010, 138; LG Flensburg FamRZ 2008, 2232, 2233).

Die **Pflichten eines Amtsvormunds** haben grundsätzlich **keine Drittwirkung** (BGHZ **69** 100, 313, 317 = NJW 1987, 2664, 2665 = FamRZ 1987, 904, 905; MünchKomm/Kroll-Ludwigs Rn 11; Erman/Schulte-Bunert Rn 16; Gernhuber/Coester-Waltjen § 57 Rn 33 ff [Eltern-Kind-Verhältnis]), es sei denn, dass zwischen der verletzten Amtspflicht und dem geschädigten Dritten „eine besondere Beziehung" besteht, was im Einzelfall dann vorliegen kann, wenn die Amtspflicht ausnahmsweise den Zweck verfolgt, auch die Interessen Dritter wahrzunehmen (BGHZ 100, 313, 317; Hess LSG 13. 3. 2019 – L 4 SO 193/17, juris Rn 36, BtPrax 2019, 162, 164, zur Erstattungspflicht eines Betreuers nach § 103 Abs 1 S 1 SGB XII gegenüber einem Sozialhilfeträger, der dem Betreuten aufgrund eines rechtswidrigen Unterlassens des Betreuers Sozialhilfeleistungen erbracht hat).

IV. Geltendmachung des Schadensersatzanspruchs

1. Verjährung

Nach früherem Recht wurde angenommen, dass der dem Mündel nach § 1833 BGB **70** zustehende Anspruch nicht (wie ein Anspruch aus unerlaubter Handlung nach § 852 BGB aF) in drei, sondern in dreißig Jahren (§ 195 BGB aF) verjährt. Dies wurde auch noch nach § 197 Abs 1 Nr 2 BGB idF des Schuldrechtsmodernisierungsgesetzes angenommen, wonach familien- und erbrechtliche Ansprüche in 30 Jahren verjährten und unter den Begriff der familienrechtlichen Ansprüche alle Ansprüche subsumiert wurden, die innerhalb des Vierten Buches des BGB „Familienrecht" geregelt sind (s Staudinger/Engler [2004] Rn 42). Die Diskussion darüber, ob es einen sachlichen Grund für die lange Verjährungsfrist dieser Ansprüche gibt oder nicht (Staudinger/Peters [2001] Vorbem 65 zu §§ 194 ff), kann ebenso dahinstehen wie die zur praktischen Relevanz der Norm (dazu Staudinger/Engler [2004] Rn 42), nachdem diese durch Art 1 Nr 1 Buchst a, bb des Gesetzes zur Änderung des Erb- und Verjährungsrechts (BGBl I 2010, 3142) aufgehoben wurde. Seit dem 1. 1. 2010 verjährt der Anspruch aus § 1833 BGB mithin nach § 195 BGB in der regelmäßigen Verjährungsfrist von drei Jahren (OLG Saarbrücken FamRZ 2012, 801, 804 m krit Anm Knittel JAmt 2012, 192, 196; s auch LG Dessau-Roßlau BtPrax 2010, 192, 193; NK-BGB/Fritsche Rn 12).

2. Geltendmachung vor Ende des Vormundschaftsverhältnisses

71 Der Schadensersatzanspruch des Mündels kann schon vor der Beendigung des Vormundschaftsverhältnisses im Rechtsweg geltend gemacht werden (**§ 1843 Abs 2 BGB**; Mot IV 1177, 1160 f). Zur Vertretung des Mündels muss in diesem Fall ein Pfleger bestellt werden (§§ 1909 Abs 1 S 1, 1795 Abs 2, 181 BGB; s § 1843 Rn 11).

3. Zuständigkeit des Prozessgerichts

72 **Zuständig** ist das Prozessgericht, wobei umstritten ist, ob als solches das allgemeine Zivilgericht oder nach § 266 Abs 1 Nr 4 FamFG unmittelbar oder analog das Familiengericht berufen ist (Nachw zum Meinungsstreit in § 1843 Rn 12).

73 Im Zuge der Verwirklichung des großen Familiengerichts wurde die Zuständigkeit desselben nach § 266 FamFG auf sonstige Familiensachen erweitert. Hierzu gehören auch Verfahren, die aus dem Eltern-Kind-Verhältnis herrührende Ansprüche betreffen **(§ 266 Abs 1 Nr 4 FamFG)**, sofern es sich nicht bereits nach anderen Vorschriften um eine Familiensache handelt (s § 266 Abs 1 letzter HS FamFG). Insoweit stellt die Vorschrift eine Ergänzung der Zuständigkeit des Familiengerichts für Kindschaftssachen (§ 151 FamFG) dar. Das Familiengericht soll zuständig sein für sonstige zivilrechtliche Ansprüche aus dem Eltern-Kind-Verhältnis – wie etwa Streitigkeiten wegen der Verwaltung des Kindesvermögens –, auch soweit es sich um Schadensersatzansprüche handelt (BT-Drucks 16/6308, 263). Da das Verhältnis zwischen Vormund und Mündel aber dem Eltern-Kind-Verhältnis nachgebildet ist (Mot IV 1044; Vorbem 21 zu §§ 1773 ff), spricht prima facie Einiges für die Zuständigkeit des Familiengerichts auch für Streitigkeiten zwischen Vormund und Mündel und somit auch für die Geltendmachung eines Schadensersatzanspruchs aus § 1833 BGB (so LG Koblenz FamRZ 2011, 1090; Johannsen/Henrich/Jaeger § 266 FamFG Rn 16; Prütting/Helms/Heiter § 266 FamFG Rn 57a).

74 Allerdings ist zu berücksichtigen, dass die elternähnlichen Pflichten des Vormunds gegenüber dem Mündel ihre Grundlage in dem durch die Bestellung des Vormunds begründeten **öffentlich-rechtlichen Rechtsverhältnis** haben (Vorbem 20 zu §§ 1773 ff); gerade deshalb unterliegt der Vormund auch einer strengeren Kontrolle des Familiengerichts als die Eltern. § 1843 Abs 2 BGB soll aber sicherstellen, dass die Fortdauer des Amts eines Vormunds nicht der Durchsetzung eines Anspruchs des Mündels gegen den Vormund im Wege steht (§ 1843 Rn 8); zugleich sollte aber auch gewährleistet werden, dass hierfür nur im Rechtsweg, also vor dem allgemeinen Zivilgericht und nicht vor dem Familiengericht, vorgegangen wird (näher § 1843 Rn 12). Für eine enge Auslegung von § 266 Abs 1 Nr 4 FamFG spricht auch der Wille des Gesetzgebers, die Ausdehnung der Zuständigkeit des Familiengerichts auf Ansprüche zu beschränken, die „im Eltern-Kind-Verhältnis selbst" ihre Grundlage haben (BT-Drucks 16/6308, 263). Nach diesem Ansatz ist der Schadensersatzanspruch vor dem ordentlichen Prozessgericht geltend zu machen (Keidel/Giers § 266 FamFG Rn 17; Bork/Jacoby/Schwab/Burger § 266 FamFG Rn 8).

75 Angesichts der Schwierigkeiten, den Begriff des Rechtswegs zu bestimmen, besteht **de lege ferenda** Klarstellungsbedarf (näher Staudinger/Veit [2014] Rn 63).

Für einen Anspruch aus § 1833 BGB ist nicht der Gerichtsstand der unerlaubten Handlung (§ 32 ZPO) begründet; vielmehr ist nach **§ 31 ZPO** das Gericht des Ortes zuständig, an dem die Verwaltung geführt wird (BGB-RGRK/DICKESCHEID Rn 17; MünchKomm/KROLL-LUDWIGS Rn 13; ERMAN/SCHULTE-BUNERT Rn 12). 76

4. Beweislast

Die Beweislast für das Vorliegen nicht nur einer Pflichtverletzung, sondern auch eines Verschuldens des Vormunds und dessen Ursächlichkeit für den Eintritt des Schadens trägt der Mündel, der Schadensersatz fordert (RGZ 76, 185, 186; RG JW 1911, 984, 985; BGH NJW-RR 2011, 1009, 1010; OLG Hamburg NJW 1960, 1207; OLG Saarbrücken FamRZ 2012, 801, 802). Bei Verletzung einer gesetzlichen Verpflichtung des Vormunds durch Unterlassen besteht zugunsten des Mündels der Beweis des ersten Anscheins für ein Verschulden des Vormunds, sodass dieser sich von dem Schuldvorwurf entlasten muss (OLG Saarbrücken FamRZ 2012, 801, 802; BGB-RGRK/DICKESCHEID Rn 17; SOERGEL/ZIMMERMANN Rn 11; PALANDT/GÖTZ Rn 3; MünchKomm/KROLL-LUDWIGS Rn 14; zum Problem des Kausalitätsnachweises SCHINDLER FPR 2012, 539, 543). Im Übrigen besteht zwischen Vormund und Mündel ein gesetzliches Schuldverhältnis familienrechtlicher Art (oben Rn 5) mit der Folge, dass zugunsten des Mündels § 280 Abs 1 S 2 BGB greift (OLG Saarbrücken FamRZ 2012, 801, 803; NK-BGB/FRITSCHE Rn 13). 77

V. Pflegschafts- und Betreuungsrecht

§ 1833 BGB ist sowohl im Pflegschaftsrecht als auch im Betreuungsrecht entsprechend anzuwenden (§§ 1915 Abs 1 S 1, 1908i Abs 1 S 1 BGB). 78

§ 1834
Verzinsungspflicht

Verwendet der Vormund Geld des Mündels für sich, so hat er es von der Zeit der Verwendung an zu verzinsen.

Materialien: E I § 1697; II § 1733; III § 1810; Mot IV 1180; Prot IV 817. Neugefasst durch Bekanntmachung v 2. 1. 2002 (BGBl I 42).

Systematische Übersicht

I. Normzweck

1 § 1805 BGB verbietet dem Vormund, Vermögen des Mündels für sich oder für den Gegenvormund zu verwenden. Handelt er diesem Verbot zuwider, so ist er nach § 1833 BGB für den Schaden verantwortlich, wenn ihm ein Verschulden zur Last fällt. § 1834 BGB gibt dem Mündel einen Anspruch auf **Verzinsung**, wenn der Vormund **Geld des Mündels** für sich verwendet. Damit wird das an den Vormund gerichtete Gebot verstärkt, das Mündelvermögen und sein eigenes auseinanderzuhalten.

2 Verwandte Bestimmungen finden sich für den Beauftragten, den Verwahrer und den Testamentsvollstrecker in den §§ 668, 698 und 2218 Abs 1 BGB (s auch § 849 BGB).

II. Voraussetzungen

1. Verwendung von Geld des Mündels

3 Die Vorschrift ist nur einschlägig, wenn der Vormund Geld des Mündels für sich verwendet. Bei eigennütziger Verwendung eines anderen Vermögensgegenstandes des Mündels haftet der Vormund nach Maßgabe der §§ 1833, 249 ff BGB (vgl § 1805 Rn 21).

4 Erwirbt der Vormund im eigenen Namen mit Mitteln des Mündels bewegliche Sachen, so wird nicht der Mündel, sondern der Vormund Eigentümer. Eine dem **§ 1646 BGB** (der die sogenannte Mittelsurrogation, also den unmittelbaren Eigentumsübergang auf das Kind an den mit seinen Mitteln erworbenen Sachen, vorsieht, s Staudinger/Heilmann [2016] § 1646 Rn 6 ff) entsprechende Regelung ist im Vormundschaftsrecht nicht vorgesehen; § 1646 BGB ist auch nicht entsprechend anwendbar (Soergel/Zimmermann Rn 3).

2. Verwendung für sich

5 Die Verzinsungspflicht greift nur ein, wenn der Vormund Geld des Mündels für sich verwendet. Dies kann etwa dadurch erfolgen, dass Mündelgeld vom Konto des Mündels auf das des Vormunds umgebucht wird (MünchKomm/Kroll-Ludwigs Rn 3; NK-BGB/Fritsche Rn 2).

6 Keine Verwendung für sich liegt vor, wenn der **Amtsvormund**, für den die Vorschrift auch gilt (§ 56 Abs 1 SGB VIII), Mündelgeld bei der Körperschaft anlegt, bei der das Jugendamt errichtet ist; diese Möglichkeit eröffnet ausdrücklich der durch das NEhelG eingefügte S 2 des § 1805 BGB (vgl Staudinger/Engler[10/11] Rn 8; § 38 Abs 5 JWG in der bis zur Ablösung durch das KJHG geltenden Fassung). Durch eine solche Anlegung verwendet der Amtsvormund nicht Geld des Mündels „für sich".

7 § 1834 BGB greift auch nicht ein, wenn der Vormund – entgegen dem Verbot des § 1805 S 1 BGB – Geld des Mündels etwa **für den Gegenvormund oder Verwandte** verwendet (ebenso MünchKomm/Kroll-Ludwigs Rn 3; BGB-RGRK/Dickescheid Rn 2).

8 Bei **Vermischung von Geld des Mündels mit dem des Vormunds** sind hinsichtlich des Eigentums die Grundsätze des § 948 BGB anzuwenden (vgl Staudinger/Wiegand [2017]

§ 948 Rn 9). Die Vermischung selbst ist noch keine Verwendung von Mündelgeld; erst dann, wenn der Vormund das vermischte Geld für sich verwendet, muss er den Anteil des Mündels hieran gemäß § 1834 BGB verzinsen (ebenso SOERGEL/ZIMMERMANN Rn 1; MünchKomm/KROLL-LUDWIGS Rn 4; PALANDT/GÖTZ Rn 1; ERMAN/SCHULTE-BUNERT Rn 1).

Keine Verwendung für sich liegt vor, wenn der Vormund die gebotene **Anlegung** von Mündelgeld nur **verzögert**, ohne es für sich zu verwenden. Nach E I–III sollte der Vormund allerdings auch in diesem Fall zur Verzinsung des anzulegenden Betrags für die Dauer der Verzögerung verpflichtet sein, wobei die Geltendmachung eines weiteren Schadens ausdrücklich vorbehalten war (Mot IV 1180). Diese Bestimmung wurde von der Reichstagskommission gestrichen; es gelten insoweit die allgemeinen Grundsätze. Der Vormund hat also, wenn er pflichtwidrig und schuldhaft die Anlegung des zum Mündelvermögen gehörenden Geldes unterlässt oder verzögert, nach §§ 1833, 249 ff BGB dem Mündel die Zinsen zu vergüten, die dieser bei rechtzeitiger Anlegung bezogen hätte (vgl § 1806 Rn 14). 9

3. Verschuldensunabhängige Verzinsungspflicht

Die Pflicht zur Verzinsung besteht unabhängig von einem Verschulden des Vormunds. Liegt Verschulden vor, so greift daneben ein Anspruch aus § 1833 BGB (MünchKomm/KROLL-LUDWIGS Rn 5). 10

4. Schadenseintritt nicht erforderlich

Die Verzinsungspflicht greift unabhängig davon ein, ob dem Mündel ein konkreter Schaden durch die Verwendung des Mündelgeldes durch den Vormund entstanden ist oder nicht (MünchKomm/KROLL-LUDWIGS Rn 5). Der Mündel braucht nicht darzutun, dass ihm ein konkreter Schaden in dieser Höhe entstanden ist. 11

Übersteigt der dem Mündel erwachsene Schaden vier vom Hundert (wofür der Mündel beweispflichtig ist), so hat ihm der Vormund den Schaden nach Maßgabe des § 1833 BGB zu ersetzen. Darüber hinaus kommt bei Eintritt eines konkreten Schadens eine Haftung nach § 823 Abs 2 BGB iVm §§ 246, 266 StGB in Betracht (s ERMAN/SCHULTE-BUNERT Rn 2). Die strafrechtlichen Schutznormen begründen zudem auch eine strafrechtliche Verantwortlichkeit. 12

III. Inhalt und Geltendmachung des Anspruchs

1. Inhalt des Anspruchs

Der Anspruch zielt auf Verzinsung des verwendeten Geldes in Höhe von vier vom Hundert für das Jahr (§ 246 BGB). Die Zinspflicht erstreckt sich auf die Zeit von der Verwendung bis zur Rückzahlung des Geldes. 13

2. Geltendmachung des Anspruchs

Der Anspruch aus § 1834 BGB kann nach § 1843 Abs 2 BGB schon **vor der Beendigung des Vormundschaftsverhältnisses** – durch einen Pfleger – geltend gemacht werden (vgl § 1833 Rn 71). 14

15 Der Anspruch auf Verzinsung **verjährt**, auch wenn man ihn wegen der Stellung im Vierten Buch des BGB als familienrechtlichen ansieht, nach § 195 BGB in drei Jahren; § 197 Abs 1 Nr 2 BGB, der die dreißigjährige Verjährungsfrist für solche Ansprüche vorsah, wurde durch Art 1 Nr 1 Buchst a, bb des Gesetzes zur Änderung des Erb- und Verjährungsrechts vom 24. 9. 2009 (BGBl I 3142) mit Wirkung vom 1. 1. 2010 aufgehoben (vgl auch § 1833 Rn 70). Solange das Vormundschaftsverhältnis besteht, ist die Verjährung nach § 207 Abs 1 Nr 3 BGB gehemmt.

IV. Pflegschafts- und Betreuungsrecht

16 Die Vorschrift findet nach § 1915 Abs 1 S 1 BGB entsprechende Anwendung im Pflegschaftsrecht und nach § 1908i Abs 1 S 1 BGB auch im Betreuungsrecht.

Vorbem zu §§ 1835–1836e

1. Die Entwicklung von Aufwendungsersatz, Aufwandspauschale und Vergütung

1 In seiner ursprünglichen Fassung bestimmte § 1836 BGB, dass die Vormundschaft unentgeltlich geführt wird (Abs 1 S 1). Das Vormundschaftsgericht konnte jedoch dem Vormund und aus besonderen Gründen auch dem Gegenvormund (§ 1792 BGB) eine angemessene Vergütung bewilligen, wenn das Vermögen des Mündels sowie der Umfang und die Bedeutung der vormundschaftlichen Geschäfte dies rechtfertigten. Entsprechendes galt für die Pflegschaft (§§ 1909 ff, 1915 Abs 1 BGB). Die Vergütung konnte jederzeit für die Zukunft geändert oder entzogen werden. Dem Jugendamt und einem Verein konnte keine Vergütung bewilligt werden. Machte der Vormund zum Zweck der Führung der Vormundschaft Aufwendungen, so konnte er nach den für den Auftrag geltenden Vorschriften der §§ 669, 670 BGB von dem Mündel Vorschuss oder Ersatz verlangen. Das gleiche Recht stand dem Gegenvormund zu (§ 1835 Abs 1 BGB). War die betroffene Person mittellos, konnte Vorschuss und Ersatz für Aufwendungen aus der Staatskasse verlangt werden. Zu den zu ersetzenden Aufwendungen gehörte grundsätzlich nicht die eingesetzte Arbeitskraft. Für solche Dienste kam die Regelung des Abs 2 in Betracht. Danach galten als Aufwendungen solche Dienste des Vormunds oder des Gegenvormunds, die zu ihrem Gewerbe oder Berufe gehörten (§ 1835 Abs 2 BGB). Auch diese Regelungen galten entsprechend für einen nach den §§ 1909 ff BGB bestellten Pfleger. Diese Regelungen galten sowohl für die Vormundschaft für Minderjährige als auch für die Vormundschaften für Volljährige (§ 1915 Abs 1 BGB) und für Pflegschaften.

2 Diese Grundstruktur ist über die Jahrzehnte seit Inkrafttreten des BGB (1. 1. 1900) erhalten geblieben. Diverse Änderungen und Ergänzungen haben sie nicht in Frage gestellt. Auch das am 1. 1. 1992 in Kraft getretene Betreuungsgesetz änderte das System nicht grundlegend. Mit der Einführung des Betreuungsrechts und den damit verbundenen Änderungen der §§ 1896 bis 1908k BGB wurde die Vergütungsrege-

lung um die Bestimmung ergänzt, dass derjenige, der Vormundschaften, Pflegschaften oder Betreuungen berufsmäßig führt, auch dann eine Vergütung beanspruchen kann, wenn der Mündel, Pflegebefohlene oder Betreute mittellos ist. In diesem Fall kann der Anspruchsberechtigte die zu bewilligende Vergütung aus der Staatskasse verlangen (jetzt § 1 Abs 2 S 2 VBVG [Gesetz über die Vergütung von Vormündern und Betreuern – Vormünder- und Betreuervergütungsgesetz] vom 21. April 2005 [BGBl I 1073]). Das VBVG ist bei § 1836 BGB abgedruckt; Verfahrensvorschriften des FamFG (§§ 158, 168, 277, 292, 318 FamFG) im Anhang zu § 1835 BGB. Zur Abgeltung geringfügiger Aufwendungen konnte anstelle abgerechneter Aufwendungen eine (Jahres-)Aufwandspauschale verlangt werden, die erstmals ein Jahr nach der Übernahme der Betreuung gezahlt wurde.

Aufgrund des zu Beginn des Betreuungsgesetzes geltenden Abrechnungssystems 3
(näher dazu BIENWALD, Betreuungsrecht [3. Aufl] Einführung Rn 48 ff) gab es zahlreiche gerichtliche Auseinandersetzungen. Insbesondere dieser Umstand und die unvorhergesehene Kostenlast für die Justizhaushalte der Länder waren Grund und Anlass für das am 1. 1. 1999 in Kraft getretene Betreuungsrechtsänderungsgesetz (Gesetz zur Änderung des Betreuungsrechts sowie weiterer Vorschriften – BtÄndG v 25. 6. 1998 [BGBl I 1580]). Dieses Gesetz regelte die Vergütung neu, führte eine Frist zur Abrechnung von Aufwendungsersatz und Vergütung ein, nach deren Ablauf Ansprüche erloschen, und regelte die Voraussetzungen für die Mittellosigkeit des Betroffenen. Es führte die Möglichkeit späterer Inanspruchnahme der Betroffenen oder deren Erben (Regress) ein, wenn die Ansprüche des Vormunds, Pflegers oder Betreuers zunächst aus der Staatskasse befriedigt worden waren und infolge der Veränderungen der wirtschaftlichen Verhältnisse ein Rückgriff in Frage kam. Für die Bemessung der Vergütung berufsmäßig tätiger Personen nach einem dreistufigen Entgeltsystem wurde ein nach Ausbildungsabschlüssen geordnetes System eingeführt (Gesetz über die Vergütung von Berufsvormündern – BVormVG).

Auch das am 1. 7. 2005 in Kraft getretene Zweite Gesetz zur Änderung des Betreu- 4
ungsrechts (Zweites Betreuungsrechtsänderungsgesetz – 2. BtÄndG) v 21. 4. 2005 (BGBl I 1073) behielt den Grundsatz bei, dass Vormundschaften, Pflegschaften und Rechtliche Betreuungen (diese Bezeichnung wurde durch das erste Betreuungsrechtsänderungsgesetz eingeführt) grundsätzlich unentgeltlich geführt werden und eine vergütete Amtsführung nur in Ausnahmefällen in Betracht kommt, nämlich dann, wenn jemand die Aufgabe im Rahmen seiner Berufsausübung übertragen bekommt und dies bei der Bestellung gerichtlich festgestellt wurde (§ 1836 Abs 1 S 1 und 2, § 1908i Abs 1 S 1, § 1915 Abs 1 S 1 BGB).

Unter welchen Voraussetzungen das Gericht die Berufsmäßigkeit feststellt bestimmt 5
§ 1 Abs 1 des noch immer geltenden Gesetzes über die Vergütung von Vormündern und Betreuern (Vormünder- und Betreuervergütungsgesetz – VBVG) v 21. 4. 2005 (BGBl I 1073). Trifft das Gericht die Feststellung nach § 1 Abs 1 VBVG, so hat es dem Vormund oder dem Gegenvormund eine Vergütung zu bewilligen. Diese richtet sich nach § 3 VBVG. Für vergütungsberechtigte Betreuer gelten die besonderen Vorschriften der §§ 4–10 VBVG. Die für den Vormund und den Gegenvormund maßgebenden Bestimmungen gelten auch für Pfleger der §§ 1909 BGB (§ 1915 Abs 1 S 1 BGB). Eine besondere Regelung enthält § 1915 Abs 1 S 2 BGB. Danach bestimmt sich die Höhe einer nach § 1836 Abs 1 zu bewilligenden Vergütung abweichend von § 3 Abs 1 bis 3

des VBVG nach den für die Führung der Pflegschaftsgeschäfte nutzbaren Fachkenntnissen des Pflegers sowie nach dem Umfang und der Schwierigkeit der Pflegschaftsgeschäfte, sofern der Pflegling nicht mittellos ist. Übernimmt der Vormund, Pfleger oder Betreuer das Amt ohne Feststellung berufsmäßiger Führung, kommt die Bewilligung einer sog Ermessensvergütung in Betracht, soweit der Umfang oder die Schwierigkeit der Geschäfte dies rechtfertigen und der Betroffene nicht mittellos ist (vgl dazu § 1836d BGB), die Vergütung also in voller Höhe aus eigenem Einkommen und/oder Vermögen bezahlen kann (§ 1836 Abs 2, § 1908i Abs 1 S 1, § 1915 Abs 1 S 1 BGB).

6 Wurde die **Feststellung berufsmäßiger Amtsführung** bei der Bestellung des Vormunds, Pflegers oder Betreuers, des Verfahrenspflegers oder Verfahrensbeistands unterlassen, kann die Feststellung nachgeholt werden. Die Feststellung wirkt dann allein in die Zukunft ab dem Zeitpunkt der getroffenen Entscheidung (BGH FamRZ 2014, 468 Rn 10 = BtPrax 2014, 76 [Betreuer]; FamRZ 2014, 653 Rn 8 = BtPrax 2014, 138 = NZFam 2014, 384 [Ergänzungsbetreuer]; FamRZ 2014, 1283 Rn 10 = BtPrax 2014, 191 [Umgangspfleger]). Lagen im Zeitpunkt der Bestellung die Voraussetzungen der Feststellung berufsmäßiger Amtsführung noch nicht vor, versteht sich von selbst, dass die spätere Entscheidung nicht zurückwirken kann.

7 Wurde die Feststellung bei der Bestellung des Amtsträgers aus anderen Gründen unterlassen, besteht nur die Möglichkeit, gegen die Bestellung befristete Beschwerde einzulegen und auf diese Weise eine Überprüfung der Bestellungsentscheidung in engem zeitlichem Zusammenhang mit dem ursprünglichen Beschluss sowie eine Rückwirkung auf den Bestellungszeitpunkt zu erreichen (BGH FamRZ 2014, 468 unter Hinweis auf BGH FamRZ 2006, 111, 114). In Betracht kommt sonst noch die Berichtigung (Ergänzung) des Bestellungsbeschlusses nach § 42 FamFG, sofern dessen Voraussetzungen (offenbare Unrichtigkeiten!) gegeben sind. Näher dazu § 1836 Rn 56. Für das OLG Hamm (FamRZ 2017, 1073) waren für die Berichtigung die (auch für Dritte erkennbaren) Gesamtumstände ausreichend.

8 Erstmals wurde die Regelung für Vergütung und Aufwendungsersatz für Betreuer von der für Vormünder und Pfleger getrennt geregelt, jedenfalls grundsätzlich, was die Regelfälle angeht. Das Gesetz über die Vergütung von Vormündern und Betreuern (Vormünder- und Betreuervergütungsgesetz – VBVG) vom 21. 4. 2005 (BGBl I 1073) führte für die Regelfälle rechtlicher Betreuung nach Betreuungsdauer gestaffelte vergütete Betreuungszeiten ein, für die außerdem der Aufenthaltsort des Betroffenen (Heim; nicht Heim) und die Vermögenslage maßgebend sind. Die in dem VBVG enthaltenen Allgemeinen Vorschriften (§§ 1 und 2) sowie die Schlussvorschriften betreffend Umschulung und Fortbildung (§ 11) gelten sowohl für Vormünder und Pfleger als auch für Betreuer.

9 Der nach § 1899 Abs 2 BGB zu bestellende Sterilisationsbetreuer und der nach § 1899 Abs 4 BGB bestellte Ersatz-(Verhinderungs-)Betreuer, der an Stelle des aus Rechtsgründen verhinderten Betreuers die Angelegenheiten des Betreuten, und sei es auch nur durch Abgabe einer einzigen Erklärung, zu besorgen hat, können für ihre Aufwendungen Vorschuss und Ersatz mit Ausnahme der Aufwendungen im Sinne des Abs 2 beanspruchen (§ 6 S 1 HS 2 VBVG). Beruht die Verhinderung des Betreuers auf tatsächlichen Gründen, erhält der nach § 1899 Abs 4 BGB bestellte Verhinderungsbetreuer Vergütung und Aufwendungsersatz nach den §§ 4, 5 VBVG (§ 6 S 2

VBVG). Zur Frage der Verfassungsgemäßheit der §§ 4, 5 VBVG LG München I FamRZ 2011, 1248 und BVerfG FamRZ 2011, 1642 m Anm ZIMMERMANN 1644; BGH NJW-RR 2017, 901.

Die Vergütung für **Vormünder** und **Gegenvormünder** sowie für Pfleger wird nach Stunden berechnet (OLG Braunschweig FamRZ 2019, 1713). Die Stundensätze richten sich sowohl bei der Vergütung des Vormunds als auch bei der Vergütung des Betreuers nach einem nach Ausbildungen gestaffelten System (§§ 3, 4 VBVG). Die Vergütung für Betreuer richtet sich nach vorgegebenen **Stundenansätzen**, die die Dauer der Betreuung, den Aufenthalt des Betreuten (Heim/nicht Heim) und seine Einkommens- und Vermögensverhältnisse berücksichtigen. **10**

Die Vergütung nach Stundensätzen (**Pauschalierung der Vergütung**) vermeidet die Abrechnung verwendeter Betreuungszeit. Die Ausübung einer konkreten Betreuungstätigkeit wird bei der pauschalen Vergütung typisierend unterstellt; nicht erforderlich ist es, dass der Betreuer in dem zu vergütenden Zeitraum auch tatsächlich für den Betreuten in dem vom Gesetz pauschalierend unterstellten Umfang tätig geworden ist (BGH FamRZ 2012, 1051; FamRZ 2013, 1883 m Anm FRÖSCHLE; Rpfleger 2014, 673). Im Verfahren über die Festsetzung der pauschalen Betreuervergütung nach §§ 4, 5 VBVG ist nicht zu überprüfen, ob und in welchem Umfang der Betreuer tätig geworden ist (BGH FamRZ 2014, 1778). Die Stundensätze gelten auch Ansprüche auf Ersatz anlässlich der Betreuung entstandener Aufwendungen sowie anfallende Umsatzsteuer ab (§ 4 Abs 2 S 1 VBVG). Die gesonderte Geltendmachung von Aufwendungen im Sinne des § 1835 Abs 3 BGB bleibt unberührt (§ 4 Abs 2 S 2 VBVG). **11**

Mit der Reform des Vormundschafts- und Pflegschaftsrechts für Volljährige (Betreuungsgesetz) wurde mit dem 1. 1. 1992 auch die Möglichkeit eingeführt, anstelle der Abrechnung der einzelnen Aufwendungen zur Abgeltung geringfügiger Aufwendungen eine **Aufwandspauschale** in Anspruch zu nehmen (zunächst in § 1836a BGB geregelt, später in § 1835a BGB; Näheres dort). Nicht geringfügige Aufwendungen konnten zunächst zusätzlich erstattet werden (Kumulation). Später wurde die Möglichkeit der Kumulation abgeschafft, sodass sich der Anspruchsberechtigte entscheiden muss, ob er nachgewiesene Aufwendungen abrechnen oder die Jahrespauschale in Anspruch nehmen will. **12**

Durch das zweite Gesetz zur Modernisierung des Kostenrechts (2. Kostenrechtsmodernisierungsgesetz – 2. KostRMoG) vom 23. Juli 2013 (BGBl I 2586) wurde in § 22 Satz 1 JVEG die Angabe „17 Euro" durch die Angabe „21 Euro" ersetzt. Diese Änderung wirkt sich auf die Höhe der Aufwandspauschale des § 1835a BGB aus. **13**

Mit der Einführung der **Verfahrenspflegschaft** auch in Verfahren in Betreuungssachen (§ 67 FGG) durch das Betreuungsrecht erhielten die Verfahrenspfleger, die diese Tätigkeit berufsmäßig ausübten, eine Vergütung nach den §§ 1836 ff BGB (ZIMMERMANN FamRZ 1990, 1308, 1310 Fn 19). Nach der FGG-Reform durch das Gesetz über das Verfahren in Familiensachen und in den Angelegenheiten der freiwilligen Gerichtsbarkeit (FamFG) vom 17. 12. 2008 (BGBl I 2586) regelt § 277 FamFG die Vergütung des Verfahrenspflegers in Verfahren in Betreuungssachen und § 318 FamFG in Unterbringungssachen. Wird die Verfahrenspflegschaft ausnahmsweise berufsmäßig geführt, erhält der Verfahrenspfleger eine Vergütung in entsprechender Anwendung **14** der §§ 1, 2 und 3 Abs 1 und 2 VBVG (§ 277 Abs 2 S 2 FamFG), also nicht wie ein Betreuer. Dem Verfahrenspfleger kann auch ein fester Geldbetrag zugebilligt werden, wenn die für die Führung der Pflegschaftsgeschäfte erforderliche Zeit vorhersehbar und ihre Ausschöpfung durch den Verfahrenspfleger gewährleistet ist (§ 277 Abs 3 S 1 FamFG). Die Bemessung dieses festen Geldbetrages richtet sich nach § 277 Abs 3 S 2 FamFG. Zur Vergütung eines anwaltlichen Verfahrenspflegers nach RVG s unten § 1835 Rn 65 ff.

15 Bestellt das Familiengericht dem minderjährigen Kind in Kindschaftssachen, die seine Person betreffen, einen geeigneten **Verfahrensbeistand** (§ 158 FamFG), richten sich dessen Ansprüche nach § 158 Abs 7 FamFG. Für den Ersatz von Aufwendungen des nicht berufsmäßig tätigen Verfahrensbeistands gilt § 277 Abs 1 FamFG entsprechend. Wird die Verfahrensbeistandschaft berufsmäßig geführt, erhält der Verfahrensbeistand je nach Auftrag (vgl dazu § 158 Abs 4 S 3 FamFG) Vergütung nach Maßgabe des § 158 Abs 7 FamFG.

16 In jedem Fall erhalten die vom Gericht bestellten Personen ihre **Aufwendungen** ersetzt. In Betracht kommt der Ersatz nachgewiesener Aufwendungen nach § 1835 BGB oder die Abgeltung des Anspruchs auf Aufwendungsersatz durch Zahlung einer Aufwandsentschädigung gemäß § 1835a BGB. Vorschuss auf Aufwendungen können die zu Einzelvormündern, Pflegern oder Betreuern bestellten Personen verlangen (§§ 1835 Abs 1 S 1, 1908i Abs 1 S 1, 1915 Abs 1 BGB). In den Fällen des § 1899 Abs 2 und Abs 4 (Mehrbetreuerbestellung, Verhinderungsbetreuer) kann der Betreuer für seine Aufwendungen Vorschuss verlangen (§ 6 S 1 2. HS VBVG). Der Verein kann, wenn ein Mitarbeiter zum Vereinsbetreuer bestellt worden ist, im Fall von § 6 S 1 ebenfalls Vorschuss verlangen (§ 7 Abs 2 S 1 VBVG).

17 Dem **Jugendamt** und einem **Verein** als Vormund oder Gegenvormund kann für Aufwendungen kein Vorschuss und Ersatz nur insoweit zugebilligt werden, als das einzusetzende Einkommen und Vermögen des Mündels ausreicht (§ 1835 Abs 5 S 1 BGB). Entsprechendes gilt für die Betreuungsbehörde und einen Betreuungsverein, die zum Betreuer und oder Gegenbetreuer bestellt worden sind (§ 1908i Abs 1 S 1 BGB).

18 Ist ein **Vereinsbetreuer** bestellt (§ 1897 Abs 2 S 1 BGB), kann dieser selbst keine Vergütung und keinen Aufwendungsersatz nach dem VBVG oder nach den §§ 1835 bis 1836 BGB geltend machen (§ 7 Abs 3 VBVG). In diesem Fall ist dem Verein eine Vergütung und Aufwendungsersatz nach § 1 Abs 2 iVm §§ 4 und 5 VBVG zu bewilligen. § 6 VBVG (Sonderfälle der Betreuung) gilt entsprechend; der Verein kann im Fall von § 6 S 1 Vorschuss und Ersatz der Aufwendungen nach § 1835 Abs 1, 1a und 4 BGB verlangen. § 1835 Abs 5 S 2 BGB gilt entsprechend.

19 Ist ein **Behördenbetreuer** bestellt, so kann die Betreuungsbehörde Aufwendungsersatz nach § 1835 Abs 1 S 1 und 2 BGB iVm Abs 5 S 2 verlangen, soweit eine Inanspruchnahme des Betreuten nach § 1836c BGB zulässig ist (§ 8 Abs 2 VBVG).

20 Eine unmittelbare Bestellung von Mitarbeiterinnen und Mitarbeitern eines Vormundschaftsvereins oder des Jugendamts ist dem Vormundschafts- und Pflegschaftsrecht für Minderjährige bisher unbekannt. Bestellt wird nach § 1791a BGB und nach

§ 1791b BGB die Institution, die sich für die Führung der übertragenen Vormundschaft oder Pflegschaft ihrer Mitarbeiterinnen und Mitarbeiter bedient (§ 1791a Abs 3 BGB, § 55 Abs 2 SGB VIII). Inzwischen hat die **Rechtsprechung** die entsprechende Anwendung der betreuungsrechtlichen Regelungen auf das Vormundschaftsrecht beschlossen. S dazu die folgenden Absätze. Im Rahmen der vorgesehenen Reform des Vormundschafts- und Betreuungsrechts war bisher eine entsprechende Gesetzesänderung vorgesehen.

Entscheidend für die entsprechende Anwendung der betreuungsrechtlichen Rege- **21**
lung war der Beschluss des BGH 25. 5. 2011 – XII ZB 625/10, FamRZ 2011, 1394 m Anm Bienwald und Fröschle (S 1397). In ihm stellt das Gericht zunächst fest, dass nach § 1836 Abs 3, 1908i Abs 1 S 1 BGB weder ein Betreuer noch ein zum Vormund (Pfleger) bestellter Verein eine Vergütung beanspruchen kann. Ebenso wenig könne er von der Staatskasse gemäß § 1835 Abs 5 S 1 BGB Ersatz seiner Aufwendungen oder nach § 1835a Abs 5 BGB eine Aufwandsentschädigung beanspruchen (S 1395). Werde der Mitarbeiter eines Vereins, der gemäß § 1791a BGB iVm § 54 Abs 1 SGB VIII zur Übernahme von Vormundschaften geeignet ist, zum Vormund bestellt und ist er im Verein ausschließlich oder teilweise als solcher tätig (§ 1897 Abs 2 S 1 BGB analog), könne der Verein in entsprechender Anwendung von § 7 VBVG eine Vergütung (und Aufwendungsersatz) von der Staatskasse beanspruchen (im Anschluss an Senatsbeschluss v 14. 3. 2007 – XII ZB 148/03, FamRZ 2007, 900).

Der Senat stellte in seiner Entscheidung fest, insoweit bestehe eine **Regelungslücke**, **22**
weil der Gesetzgeber den Vormundschaftsverein nicht mit einem Vergütungsanspruch bedacht habe. § 7 VBVG sei entsprechend anzuwenden, wenn das Gericht den Mitarbeiter eines nach § 1791a BGB iVm § 54 SGB VIII geeigneten Vereins zum Vormund bestellt und dieser dort ausschließlich oder teilweise als solcher tätig ist, allerdings mit der Maßgabe, dass nicht die für Betreuer geltenden Vergütungsvorschriften, sondern die den Stundensatz des Vormunds regelnde Vorschrift des § 3 VBVG anzuwenden ist (S 1396). Eingehend dazu Staudinger/Veit § 1791a Rn 33.

Eine Mitarbeiterin eines Vereins kann auch anstatt des Vereins als Vormund un- **23**
mittelbar zum Vormund bestellt werden, nachdem zunächst der Verein bestellt worden war (vgl OLG Braunschweig 15. 5. 2017 – 1 WF 73/17, FamRZ 2017, 1412 m Anm Bienwald). Die Absicht des zum Vormund bestellten Vormundschaftsvereins, dadurch einen Vergütungsanspruch begründen zu wollen, reicht zur Begründung seiner Entlassung und der Bestellung einer Mitarbeiterin unmittelbar zum Vormund aus (OLG Nürnberg 26. 6. 2017 – 7 WF 493/17, FamRZ 2018, 112 = FGPrax 2017, 259 = RPfleger 2018, 24 [hier unter dem 21.6.]). Dem Antrag eines als Pfleger bestellten Vereins, an seiner Stelle einen Mitarbeiter zu bestellen, um entsprechend dem Betreuungsrecht Vergütung beanspruchen zu können, ist grundsätzlich stattzugeben, auch wenn der Verein bei seiner Bestellung nach der seinerzeit geltenden Rechtslage keinen Vergütungsanspruch hatte (BGH FamRZ 2013, 946 = Rpfleger 2013, 518).

Die nach dem geltenden Recht konsequente Entscheidung des BGH sollte allerdings nicht darüber hinwegtäuschen, dass die aus dem Betreuungsrecht bekannten Probleme insbesondere arbeitsrechtlicher Natur (der Mitarbeiter kündigt und nimmt „seine Fälle“ mit) in das Vormundschaftsrecht übertragen werden.

2. Adressaten der geltend zu machenden Ansprüche

24 Grundsätzlich richten sich die Ansprüche auf Aufwendungsersatz, Aufwandsentschädigung und Vergütung gegen diejenigen, in deren Interesse die bestellten Personen die Aufgabe(n) vom Gericht übertragen bekommen haben und wahrnehmen. Das betrifft nicht nur Volljährige, sondern auch die minderjährigen Betroffenen, denen ein Pfleger bestellt wird.

25 Ist der Mündel/Pflegebefohlene oder Betreute mittellos, kann der Anspruchsberechtigte Aufwendungsersatz, Aufwandsentschädigung und/oder Vergütung aus der Staatskasse verlangen (§§ 1835 Abs 4, 1835a Abs 3 S 1, 1908i Abs 1 S 1, 1915 Abs 1 BGB, § 1 Abs 2 S 2 VBVG). Soweit die Staatskasse den Vormund oder Gegenvormund, den Pfleger oder den Betreuer befriedigt, gehen deren Ansprüche gegen den Betroffenen auf die Staatskasse über (§ 1836e Abs 1 S 1 BGB). Nach dem Tode des Betroffenen haftet sein Erbe nur mit dem Wert des im Zeitpunkt des Erbfalls vorhandenen Nachlasses; § 102 Abs 3 und 4 SGB XII gilt entsprechend. § 1836c BGB findet auf den Erben keine Anwendung.

26 Der Aufwendungsersatz und die Vergütung der Verfahrensbeistände und Verfahrenspfleger sind stets aus der Staatskasse zu zahlen (§ 158 Abs 7 S 5, § 277 Abs 5 S 1, § 318 FamFG). Die aus der Staatskasse dem Verfahrensbeistand gezahlten Beträge werden als gerichtliche Auslagen in voller Höhe von dem Kostenschuldner erhoben (Nr 2013 KVFamGKG). Von dem Minderjährigen werden sie nur nach Maßgabe des § 1836c BGB erhoben. Die an die Verfahrenspfleger gezahlten Beträge werden kostenrechtlich als Auslagen des gerichtlichen Verfahrens behandelt (§ 137 Abs 1 Nr 16 KostO) und von dem Betroffenen als Kostenschuldner (§ 2 Nr 2 KostO) erhoben, sofern dieser nicht mittellos ist (§ 93a Abs 2 KostO, § 1836c BGB).

3. Die Geltendmachung der Ansprüche

27 Der Anspruch eines unentgeltlich tätigen Pflegers auf eine Aufwandsentschädigung entsteht nicht bereits in dem Zeitpunkt des Sorgerechtsentzugs, sondern, wie bei einem Vormund, erst mit seiner förmlichen Bestellung gemäß §§ 1915 Abs 1 Satz 1, 1789 BGB (BGH 27. 9. 2017 – XII ZB 6/16, FamRZ 2018, 40 im Anschluss an Senatsbeschlüsse FamRZ 2017, 1846 m Anm Zorn und FamRZ 2016, 1072). Trotz fehlender förmlicher Verpflichtung billigte das OLG Braunschweig einem Vormund Vergütung zu, wenn der aufgrund der Verfahrensführung des Gerichts davon ausgehen durfte, dass dort ein sofortiges Tätigwerden als erforderlich angesehen wurde (FamRZ 2017, 1412 m Anm Bienwald). Das Betreuungsrecht sieht eine solche Verpflichtung nur (noch) für ehrenamtliche Betreuer vor, die nicht mehr als eine Betreuung führen oder in den letzten zwei Jahren geführt haben. Im Übrigen entstehen die Ansprüche mit der gerichtlichen „Bestellung" der Personen (§§ 158 Abs 3, 276, 287 FamFG).

28 An die Stelle der bisher im FGG (Gesetz über die Angelegenheiten der freiwilligen Gerichtsbarkeit) enthaltenen Regelungen über die Geltendmachung der Ansprüche aus den §§ 1835–1836e (§§ 56g, 69e FGG) sind seit dem 1. 9. 2009 die Vorschriften des Gesetzes über das Verfahren in Familiensachen und in den Angelegenheiten der freiwilligen Gerichtsbarkeit (FamFG) v 17. 12. 2008 (BGBl I 2586) getreten (§§ 158 Abs 5, 168, 277, 292 Abs 1, 318). Nicht in allen Fällen, für die die nachstehenden

Bestimmungen maßgebend sind, werden materielles Recht und Verfahrensrecht genau getrennt.

Hat der Vormund, Pfleger oder Betreuer die Möglichkeit, seine Aufwendungen dem seiner Verwaltung unterliegenden Einkommen und Vermögen zu entnehmen, entfällt die Notwendigkeit einer gerichtlichen Festsetzung (§ 168 Abs 1 Nr 1 FamFG). Das gilt auch für einen beanspruchten Vorschuss. Im Übrigen setzt das Gericht auf Antrag oder von Amts wegen die erforderten Zahlungen fest und bestimmt mit der Festsetzung Höhe und Zeitpunkt der Zahlungen, die der Betroffene an die Staatskasse nach den §§ 1836c und 1836e BGB zu leisten hat. Richten sich die Ansprüche gegen die Staatskasse, kann anstatt einer gerichtlichen Festsetzung (nach Satz 1) nach den Vorschriften über das Verfahren bei der Entschädigung von Zeugen hinsichtlich ihrer baren Auslagen verfahren werden (§ 168 Abs 1 S 4, § 168 Abs 5, § 292 Abs 1 FamFG). Das Nähere regelt § 168 FamFG. **29**

Das Gericht ist nicht verpflichtet, den möglichen Amtsträger darauf hinzuweisen, dass aufgrund der einzurichtenden Aufgabenkreise (eines Betreuers) lediglich der Grundbetrag vergütet wird. Es ist Sache des Betreuers, die für seine Übernahmeentscheidung (§ 1898 BGB) maßgebenden Informationen selbst einzuholen (AG Offenburg FamRZ 2017, 247, 248 [LS]). **30**

Die sich aus § 5 Abs 1 und 2 VBVG ergebende unterschiedliche Vergütung für die rechtliche Betreuung bemittelter und mittelloser Betreuter aufgrund der unterschiedlichen Stundenansätze verletzt nicht den allgemeinen Gleichheitssatz des Art 3 GG (BVerfG FamRZ 2009, 1123). Die vor dem BVerfG gerügte ungleiche Netto – Vergütung freier berufsmäßig tätiger Betreuer gegenüber den im Verein tätigen Betreuern infolge unterschiedlicher umsatzsteuerlicher Belastung wies das Gericht mit dem Hinweis zurück, dass es sich nicht um ein Problem der Vergütung von Betreuern, sondern um eine steuerrechtliche Angelegenheit handele (FamRZ 2009, 1123; im Ergebnis ebenso OLG Karlsruhe FamRZ 2007, 2008 [LS] = BtPrax 2007, 255). Keine verfassungsrechtlichen Bedenken allgemein zu den §§ 4 und 5 VBVG bei OLG Celle (FamRZ 2009, 78 = Rpfleger 2008, 487 = BtPrax 2007, 255; ebenso bereits OLG München FamRZ 2007, 675 = Rechtsdienst der Lebenshilfe 2007, 22) und BGH (FamRZ 2017, 1318 = Rpfleger 2017, 541 = NJW-RR 2017, 901 Rn 9). Die MwSt-Erhöhung zum 1. 1. 2007 erforderte keine Erhöhung der pauschalen Stundensätze (OLG Köln FGPrax 2008, 108). Die Vorlage des OLG Braunschweig vom 14. 11. 2006 (FamRZ 2007, 303 = BtPrax 2007, 32) wegen der von ihm für verfassungswidrig gehaltenen §§ 4 und 5 VBVG (keine Berücksichtigung besonders aufwendiger Betreuungsarbeit) hatte das BVerfG als unzulässig verworfen (FamRZ 2007, 622). Den Normenkontrollantrag des LG München I (FamRZ 2011, 1248), das Zweifel hinsichtlich der Betreuungszeiten während der ersten sechs Monate einer Betreuung und der hohen Vergütung bei Aufgabenkreisen der Aufenthaltsbestimmung und Gesundheitssorge hatte, wies das Gericht als unzulässig zurück (FamRZ 2011, 1642 m Anm Zimmermann). Vgl auch Bode, Cui bono? Gedanken zur Verfassungsmäßigkeit der Vergütungsregelung für Verfahrensbeistände nach dem FamFG, ZKJ 2009, 410. **31**

Seit dem 1. 7. 2013 sind die Leistungen im Rahmen der rechtlichen Betreuung umsatzsteuerfrei (Mitteilung des BMF vom 22. 11. 2013 unter Bezugnahme auf BFH 17. 2. 2009 – XI R 67/06 und 25. 4. 2013 – V R 7/11, BStBl I 1590 = FamRZ 2013, 1222 = BtPrax 2013, 153). Zur **32**

Frage der Umsatzsteuerpflicht bei Vergütung eines Verfahrensbeistands nach § 158 FamFG s unten § 1835 Rn 54.

33 Wurde (Betreuer-)Vergütung überzahlt, verjährt der Erstattungsanspruch in drei Jahren nach Ablauf des Kalenderjahres, in dem gezahlt worden ist. § 2 VBVG steht dem nicht entgegen. Die Festsetzung der Betreuervergütung im vereinfachten Festsetzungsverfahren (vgl §§ 168 Abs 1 Satz 4, 292 Abs 1 VBVG) führt mangels Vertrauenstatbestands nicht zur Verwirkung des Rückforderungsanspruchs (LG Detmold NJW-RR 2012, 390). Einer Rückforderung überzahlter Betreuervergütung kann der Vertrauensgrundsatz entgegenstehen, wenn eine Abwägung ergibt, dass dem Vertrauen des Berufsbetreuers auf die Beständigkeit der eingetretenen Vermögenslage gegenüber dem öffentlichen Interesse an der Wiederherstellung einer dem Gesetz entsprechenden Vermögenslage der Vorrang einzuräumen ist (BGH FamRZ 2016, 293).

Die Verjährung des Regressanspruchs der Staatskasse gegen den Betreuten oder dessen Erben wegen gezahlter Betreuervergütung wird nicht durch die Einleitung des Regressverfahrens oder durch die Anhörung des Betreuten oder des Erben gehemmt (BGH FamRZ 2015, 45).

34 Zur Anrechenbarkeit einer steuerfreien Aufwandsentschädigung als ehrenamtlicher Betreuer auf nach § 33b Abs 6 EStG geltend gemachte Pflegepauschbeträge (abgelehnt mit Zulassung der Revision zum BFH) FG Düsseldorf 13. 11. 2017 – 15 K 3228/16 E, Rechtsdienst der Lebenshilfe 2/2018, 103.

4. Änderungen des Vergütungsrechts, vorgesehene Reformen des Vormundschaftsrechts

34a Im Jahre 2017 sollten die (pauschalen) Stundensätze für Vormund, Pfleger und Betreuer, die ihr Amt berufsmäßig führen, um 15 % erhöht werden. Die Beratung und Abstimmung über den Gesetzentwurf, der die Erhöhung enthielt und zuvor vom Deutschen Bundestag beschlossen worden war, wurde in der Sitzung des Bundesrates v 7. 7. 2017 von der Tagesordnung abgesetzt (Plenarprotokoll 959 TOP 17, 325 A).

35 Im Frühjahr 2018 wurde der Abschlussbericht „Qualität in der rechtlichen Betreuung" vorgelegt, mit dem das vom BMJV in Auftrag gegebene Forschungsvorhaben abgeschlossen worden ist. Der Bericht enthält zahlreiche Handlungsempfehlungen, ua die Stundensätze der Vergütung für Berufsbetreuer und die zu vergütenden Stundenansätze der Betreuungen betreffend. Anfang Juni 2018 tagte die Justizministerkonferenz (JuMiKo) und reagierte auf die Forschungsergebnisse. Das BMJV hat daraufhin zu einem interdisziplinären und partizipativen Diskussionsprozess eingeladen, der zunächst bis zum Herbst 2019 laufen soll, damit ggf erforderliche Gesetzesänderungen noch in der laufenden Legislaturperiode durchgeführt werden können (Mitteilung des Paritätischen Wohlfahrtsverband Landesverband Sachsen).

36 Am 3. 5. 2018 richteten Abgeordnete und Fraktion der FDP eine kleine Anfrage an die Bundesregierung betreffend die Anpassung der Vergütung von Vormündern und Berufsbetreuern (BT-Drucks 19/1974).

Durch die vorgesehene Reform des Vormundschaftsrechts (vgl Diskussionsteilentwurf des BMJV v 18. 8. 2016 sowie 2. Diskussionsteilentwurf vom August 2018; Zur Reform des Vormundschaftsrechts vgl VEIT, FamRZ 2016, 2045 und VEIT/MARCHLEWSKI FamRZ 2017, 779) werden auch die das Betreuungsrecht berührenden Vorschriften und das Verhältnis von Vormundschaftsrecht und Betreuungsrecht betroffen. Die Regelungen zur Vermögenssorge werden mit den Regelungen zur Aufsicht des Gerichts und zu Aufwendungsersatz und Vergütung in das Betreuungsrecht eingegliedert. Mit der Neufassung des Abschnitts 3 Vormundschaft, Rechtliche Betreuung, Pflegschaft (§§ 1773 bis 1921 des Buches 4 Familienrecht) einher geht auch eine Anpassung des Vormünder- und Betreuervergütungsgesetzes (VBVG) an die im BGB vorgenommenen Standortänderungen bei den Regelungen zu Aufwendungsersatz und Vergütung von Vormund und Betreuer. Es sollen dabei jedoch nur die notwendigen Anpassungen bei der Vergütung der Berufsvormünder vorgenommen, die Betreuervergütung soll in einem gesonderten Verfahren geändert werden (aus der Begründung des 2. DiskE S 73, 74). Ua soll das Vergütungsverbot für den Verein gemäß § 1836 Abs 3 BGB entfallen. Der Vormundschaftsverein soll einen Anspruch auf Vergütung und Aufwendungsersatz erhalten, wenn ein Mitarbeiter als Vereinsvormund bestellt wird. Der Rückgriff der Staatskasse beim Mündel für die Kosten der Vormundschaft soll entfallen. Durch die Aufgabe der Gegenvormundschaft werden dann auch die sie betreffenden Vorschriften im Bereich von Aufwendungsersatz und Vergütung wegfallen. Zunächst wurde die Verbesserung des Vergütungsrechts in die Wege geleitet. 37

Am 27. 2. 2019 legte die Bundesregierung einen Entwurf eines Gesetzes zur Anpassung der Vormünder- und Betreuervergütung vor (BT-Drucks 19/8694), den der Deutsche Bundestag am 16. 5. 2019 unverändert annahm (BT-Drucks 19/8694; 19/10066; 19/9765). Er folgte damit der Empfehlung des Ausschusses für Recht und Verbraucherschutz (BT-Drucks 19/10246). Änderungsvorschläge des Bundesrates hatte die Bundesregierung abgelehnt. Der Bundesrat stimmte dem Gesetz am 7. 6. 2019 zu. Es wurde am 22. 6. 2019 im BGBl I 866 veröffentlicht und trat gemäß seinem Art 4 am 27. 7. 2019 in Kraft. Die Stellungnahme des Betreuungsgerichtstag eV zu dem Regierungsentwurf ist in BtPrax 2019, 65 veröffentlicht. Der **Text** des Anpassungsgesetzes ist im **Anhang** zu § 1836 abgedruckt und erläutert. Wegen der Übergangsregelung wurde das nachstehend abgedruckte VBVG unverändert wiedergegeben. Erforderlichenfalls ist in den folgenden Texten auf eingetretene Änderungen hingewiesen. 38

§ 1835
Aufwendungsersatz

(1) Macht der Vormund zum Zwecke der Führung der Vormundschaft Aufwendungen, so kann er nach den für den Auftrag geltenden Vorschriften der §§ 669, 670 von dem Mündel Vorschuss oder Ersatz verlangen; für den Ersatz von Fahrtkosten gilt die in § 5 des Justizvergütungs- und -entschädigungsgesetzes für Sachverständige getroffene Regelung entsprechend. Das gleiche Recht steht dem Gegenvormund zu. Ersatzansprüche erlöschen, wenn sie nicht binnen 15 Monaten nach ihrer Entstehung gerichtlich geltend gemacht werden; die Geltendmachung des Anspruchs beim Familiengericht gilt dabei auch als Geltendmachung gegenüber dem Mündel.

(1a) Das Familiengericht kann eine von Absatz 1 Satz 3 abweichende Frist von mindestens zwei Monaten bestimmen. In der Fristbestimmung ist über die Folgen der Versäumung der Frist zu belehren. Die Frist kann auf Antrag vom Familiengericht verlängert werden. Der Anspruch erlischt, soweit er nicht innerhalb der Frist beziffert wird.

(2) Aufwendungen sind auch die Kosten einer angemessenen Versicherung gegen Schäden, die dem Mündel durch den Vormund oder Gegenvormund zugefügt werden können oder die dem Vormund oder Gegenvormund dadurch entstehen können, dass er einem Dritten zum Ersatz eines durch die Führung der Vormundschaft verursachten Schadens verpflichtet ist; dies gilt nicht für die Kosten der Haftpflichtversicherung des Halters eines Kraftfahrzeugs. Satz 1 ist nicht anzuwenden, wenn der Vormund oder Gegenvormund eine Vergütung nach § 1836 Abs. 1 Satz 2 in Verbindung mit dem Vormünder- und Betreuervergütungsgesetz erhält.

(3) Als Aufwendungen gelten auch solche Dienste des Vormunds oder des Gegenvormunds, die zu seinem Gewerbe oder seinem Beruf gehören.

(4) Ist der Mündel mittellos, so kann der Vormund Vorschuss und Ersatz aus der Staatskasse verlangen. Absatz 1 Satz 3 und Absatz 1a gelten entsprechend.

(5) Das Jugendamt oder ein Verein kann als Vormund oder Gegenvormund für Aufwendungen keinen Vorschuss und Ersatz nur insoweit verlangen, als das einzusetzende Einkommen und Vermögen des Mündels ausreicht. Allgemeine Verwaltungskosten einschließlich der Kosten nach Absatz 2 werden nicht ersetzt.

Materialien: E I § 1698; II § 1734; III § 1811; Mot IV 1181; Prot IV 817. NEhelG v 19. 8. 1969 Art 1 Nr 58; BtG v 12. 9. 1990 Art 1 Nr 38, dazu BT-Drucks 11/4528, 109 u BT-Drucks 11/6949, 69; Staudinger/BGB-Synopse 1896–2000 § 1835. BtÄndG v 25. 6. 1998 Art 1 Nr 7, dazu BT-Drucks 13/7158, 22 f Abs 1 und Abs 4 geändert und Abs 1a eingefügt durch Art 4 Abs 34 Nr 1a) bis c) des Kostenrechtsmodernisierungsgesetzes v 5. 5. 2004; BT-Drucks 15/1971; 2. G z Änderung des Betreuungsrechts v 21. 4. 2005 (BGBl I 1073 (Art 1 Nr 4); BR-Drucks 865/03; BR-Drucks 121/05; BT-Drucks 15/2487; BT-Drucks 15/4874 (Beschlussempfehlung u Bericht d RA); Änderung d Gerichtsbezeichnung in Abs 1 S 3 und Abs 1a S 1 u 3 durch Art 50 Nr 42 FGG-RG (BGBl I 2586). Zur Reform des Vergütungsrechts: Regierungsentwurf eines Gesetzes zur Änderung des Vormünder- und Betreuervergütungsgesetzes Stand 27. 2. 2019 (BT-Drucks 19/8694; 19/10066; 19/9765); Empfehlungen der Ausschüsse des Bundesrats (Änderungsvorschläge) vom 29. 3. 2019 (BR-Drucks 101/1/19); Gegenäußerung der Bundesregierung zur Stellungnahme des Bundesrates BT-Drucks 19/9765; Empfehlung des Ausschusses für Recht und Verbraucherschutz BT-Drucks 19/10246.

Schrifttum

1. Allgemeines

Bestelmeyer, Die Entwicklung des Erbrechts seit 2012, Rpfleger 2014, 641 (651: Nachlasspflegschaft)

Betreuungsgerichtstag, Stellungnahme zum Entwurf eines Gesetzes zur Verbesserung der Beistandsmöglichkeiten unter Ehegatten und Lebenspartnern in Angelegenheiten der Gesundheitssorge und in Fürsorgeangelegenheiten und zum Änderungsantrag der Fraktionen

CDU, CSU und SPD für die öffentliche Anhörung des Rechtsausschusses des Deutschen Bundestages am 8. 3. 2017 (Teil B: Zur Anpassung der Betreuer- und Vormündervergütung), BtPrax 2017, 108, 110
Bienwald, Zu Auftrag und Interessenlage eines Verfahrenspflegers in Betreuungssachen, Rpfleger 2012, 309
ders, Zum Verzicht auf die Verpflichtung des Betreuers (§ 289 FamFG), RpflStud 2019, 6
ders, § 5 Abs. 5 VBVG als Haftungsentlastungsgrund?, RpflStud 2018, 106
Brauer, Durchsetzung der Betreuervergütung nach dem Tod des Betreuten, BtPrax 2009, 226
Crefeld, Aufwandsabhängige Betreuervergütung, BtPrax 2014, 25
Deinert, Die Heranziehung des Betreuten, seiner Familienangehörigen und Erben zu den Betreuungskosten, FamRZ 1999, 1187
ders, Betreuervergütung und Staatsregreß nach dem Tod des Betreuten, FamRZ 2002, 374
ders, Die Rechtsprechung zum neuen Vergütungsrecht, BtPrax 2008, 149
ders, Aufwendung und Vergütung für rechtliche Betreuer nach §§ 1896 ff. BGB, RpflStud 2011, 1
ders, Aufwandspauschale gem § 1835a BGB – Ende des Gezerres? – zugleich Besprechung des BFH – Urteils v. 17. 10. 2012, VIII R 57/09, BtPrax 2013, 56
ders, Zur Höhe der Aufwandspauschale nach Inkrafttreten des 2. Kostenrechtsmodernisierungsgesetzes, BtPrax 2013, 198
ders, Zur Frist bei der Geltendmachung der Vergütung von Betreuern und anderen Vertretungspersonen, BtPrax 2014, 70
ders, Neue Rechtsprechung der Bundesgerichte zur Betreuervergütung, Rpfleger 2014, 179
ders, Neue Rechtsprechung der Bundesgerichte zur Betreuervergütung, Rpfleger 2017, 196
ders, Neue Rechtsprechung der Bundesgerichte zur Betreuervergütung und angrenzender Fragen – sowie Ausblick auf die anstehende Rechtsänderung, Rpfleger 2019, 365
ders, Beschäftigungsende beim Vereins- und Behördenbetreuer – Betreuungs- und dienstrechtliche Konsequenzen einer seltsamen Gesetzeskonstruktion, BtPrax 2015, 138
ders, Betreuungs- und Unterbringungsrecht in Leitsätzen, Sammlung der bundesgerichtlichen Rechtsprechung 1992–2017 (2018)
Deinert/Knittel, Vergütung des Betreuers unter Berücksichtigung der aktuellen Rechtsprechung, in: 10. VGT, 71
Deinert/Lütgens, Die Vergütung des Betreuers (7. Aufl 2019)
dies, Berufsbetreuerfeststellung unterblieben – Was tun?, BtPrax 2015, 182
Dodegge, Die Entwicklung des Betreuungsrechts bis Anfang Juni 2012, NJW 2012, 2932; die vorangegangenen Berichte sind im Schrifttum vor §§ 1896 ff verzeichnet
Dürbeck, Die Vergütung des Umgangspflegers für die Begleitung des Umgangs durch die Landesjustizkasse – Umgangsbegleitung auf Kosten der Eltern?, ZKJ 2019, 141
Felix, Die Vergütung des Berufsbetreuers, Rpfleger 2015, 615 (Teil I), 683 (Teil II)
ders, Die Vergütung von berufsmäßigen Verfahrenspflegern und Verfahrensbeiständen, Rpfleger 2016, 189
Fiala/Deinert, Der Rechtsanwalt im Betreuungs- und Unterbringungsrecht, FamRZ 2017, 1899
Fischer, Rechtsanwaltsvergütung für anwaltliche Berufsbetreuer, Rpfleger 2016, 129
Fratton, Zur Vergütung vermögender Betreuer – eine Polemik, BtPrax 2001, 239
Freter, Ermittlung einer angemessenen Betreuervergütung im Rahmen des bestehenden Vergütungssystems, BtPrax 2014, 156
Fröschle, Anpassung der Vormünder- und Betreuervergütung, FamRZ 2019, 678
Fröschle/Fischer, Zur diagnoseabhängigen Betreuervergütung, BtPrax 2014, 27
Guhling, Aktuelle Rechtsprechung des Bundesgerichtshofs zur Betreuervergütung, BtPrax 2016, 212
Hansens, Anwaltsvergütung in Verfahren über die Bestellung eines Betreuers, ZFE 2003, 177
Hartmann, Die Anwendungsbereiche des Kostenfestsetzungsverfahrens bei Vormundschaft, rechtlicher Betreuung und Pflegschaft, Rpfleger 2003, 394
Hellmann, Ehrenamtliche Betreuer in der Steuerfalle?, Rechtsdienst der Lebenshilfe 2/2002

Jürgens, Betreuungsrecht (6. Aufl 2019)
Keuter, Gebührenrechtliche Stolpersteine für den Verfahrensbeistand, FamRZ 2018, 14
Klüsener, Vergütung des anwaltlichen Verfahrenspflegers in Betreuungssachen, JurBüro 2016, 169
Klumpp, Der Aufwendungsersatz des Berufsbetreuers, BWNotZ 2016, 131
Leonhardt, Umsatzsteuerfreiheit für die Vergütung von Berufsbetreuern, Rechtsdienst der Lebenshilfe 2013, 145
Meier, Handbuch Betreuungsvergütung (2003)
Menne, Der lange Weg zu einer höchstrichterlichen Sachentscheidung über die Verfahrensbeistandsvergütung, Anmerkung zu dem Beschluss des BGH v 7. 7. 2010 – XII ZB 149/10, ZKJ 2010, 404
Oevermann, Vergütung des Verfahrensbeistands – Ist-Zustand und künftige Entwicklung, FPR 2012, 370
Röttgers/Tänzer, Nach Fallschwierigkeit differenzierte Betreuervergütung, BtPrax 2014, 19
Rumpf, Die Vergütung des Berufsbetreuers (Baden-Baden 2015)
Schneider, Die Vergütung des Verfahrensbeistands, JurBüro 2010, 566
ders, Vergütung und Aufwendungsersatz des Verfahrensbeistands, FamRB 2013, 192
Schneider, PKH-Bekanntmachung 2017 und Änderung der nach § 1836c BGB maßgeblichen Einkommensgrenze, FamRB 2/2016
Seifert, Vertrauensschutz bei der Betreuervergütung, Rpfleger 2012, 487
ders, Betreuervergütung – Dauer der Betreuung, Rpfleger 2014, 304
ders, Betreuervergütung: Gilt der Vertrauensgrundsatz doch nicht?, Rpfleger 2014, 465
Sigusch, Grundsatzvorstellung der BUKO für ein zukünftiges Vergütungssystem – Ein Entwurf zum aktuellen Stand der Diskussion, BtPrax 2017, 227
Soyka, BGH-Beschluss vom 20. 8. 2014 – XII ZB 479/12, Betreuungsrecht/Vergütungsanspruch des Betreuers/Mängel bei der Bestellung/Pauschalvergütung/Tätigkeitsumfang, FuR 2014, 709
ders, BGH-Beschluss vom 27. 8. 2014 – XII ZB 133/12, Betreuungsrecht/Betreuungsvergütung/Regress der Staatskasse gegen Erben, FuR 2014, 710
Volmer, Haftung und Vergütung von Vorsorgebevollmächtigten, MittBayNot 2018, 507 (Teil 1)
Volpert, Anwaltsvergütung für die Tätigkeit als Betreuer, NJW 2013, 1287
P Zimmermann, JVEG, Kommentar (1. Aufl 2005)
W Zimmermann, Die Vergütung des Nachlasspflegers seit 1. 7. 2005, ZEV 2005, 473
ders, Die Betreuer- und Verfahrenspflegervergütung ab 1. 7. 2005, FamRZ 2005, 950
ders, Die Rechtsprechung zur Betreuervergütung nach dem VBVG, FamRZ 2006, 1802
ders, Neuere Rechtsprechung zur Betreuervergütung (VBVG), FamRZ 2008, 1307
ders, Neuere Rechtsprechung zur Vergütung von Betreuern, Verfahrenspflegern, Verfahrensbeiständen und Nachlasspflegern, FamRZ 2011, 1776
ders, Die Vergütung des Vorsorgebevollmächtigten, FamRZ 2013, 1535
ders, Die Gerichtskosten in Betreuungs- und Nachlasssachen im neuen GNotKG, FamRZ 2013, 1264
ders, Vergütungsstrukturen im Familien- und Erbrecht, RpflStud 2013, 115
ders, Neuere Rechtsprechung zur Vergütung von Betreuern, Verfahrenspflegers, Verfahrensbeiständen und Nachlasspflegern, FamRZ 2014, 165
ders, Neue Rechtsprechung zur Vergütung von Betreuern und Nachlasspflegern, FamRZ 2016, 1230
ders, Neue Rechtsprechung zur Vergütung von Betreuern und Nachlasspflegern, FamRZ 2018, 734.

2. Zu § 1835

Bienwald, Der Abgeltungsbereich der Betreuervergütung, MDR 2002, 1415
ders, Überflüssige Entscheidungen im Zusammenhang mit Betreuerabrechnungen, Rpfleger 2001, 226
Schindler, Die persönliche Bestellung der Mitarbeiter von Vereinen zum Vormund oder Pfleger für Minderjährige – Soll dies in Zukunft einen Vergütungsanspruch für den Verein wie

beim Vereinsbetreuer auslösen?, FamRZ 2001, 1349
ZIMMERMANN, Die Rechtsprechung zur Betreuervergütung seit dem BtÄndG, FamRZ 2002, 1373 (zum Aufwendungsersatz 1374)
ders, Probleme der Betreuervergütung gemäß VBVG, in: FS Bienwald z 70. Geburtstag (Bielefeld 2006) 345.

Schrifttum zur Vergütungsanpassung s Anh zu § 1836.

Zur Reform des Vergütungsrechts

FRÖSCHLE, Anpassung der Vormünder- und Betreuervergütung, FamRZ 2019, 678.

Systematische Übersicht

Alphabetische Übersicht

I. Geltungsbereich der Norm

1 Die ursprüngliche Fassung der Vorschrift bestand aus dem jetzigen Abs 1 S 1 HS 1 und räumte dem Vormund damit einen Anspruch auf Ersatz seiner Aufwendungen nach den für den Auftrag geltenden Vorschriften der §§ 669, 670 BGB ein, die er zum Zwecke der Führung der Vormundschaft gemacht hatte. Zuletzt wurde die Vorschrift wegen der Änderung des § 1836 BGB und der Neuregelung des Vergütungsrechts durch das Vormünder- und Betreuervergütungsgesetz neu gefasst. Zur Entwicklung der Vorschrift und den bis zum Inkrafttreten des Betreuungsrechtsänderungsgesetzes v 25. 6. 1998 eingetretenen Änderungen des Aufwendungsersatzes und der Vergütung im Einzelnen Staudinger/Engler (1999) § 1835 Rn 4 ff sowie Staudinger/Bienwald (2006) zu § 1908i.

2 Die Vorschrift gilt unmittelbar für alle Arten von Vormündern (Abs 1 S 1 HS 1) und den Gegenvormund (Abs 1 S 2). Sie hat Bedeutung für die Pflegschaften der §§ 1909 ff, 1961 BGB (§ 1915 Abs 1 BGB) und ist sinngemäß auf die Betreuung (Betreuer, Mitbetreuer, Verhinderungsbetreuer, Gegenbetreuer) anzuwenden (§ 1908i Abs 1 S 1 BGB). Näheres dort.

3 Ein in Betreuungssachen und/oder in Unterbringungssachen bestellter Verfahrenspfleger (dazu §§ 276, 317 FamFG) erhält Aufwendungsersatz nach § 1835 Abs 1 bis 2 BGB entsprechend den Besonderheiten des § 277 FamFG. Für den Ersatz von Aufwendungen eines in Kindschaftssachen bestellten Verfahrensbeistands (§ 158 FamFG), der nicht als berufsmäßiger Verfahrensbeistand tätig ist, gilt § 277 Abs 1 FamFG entsprechend (§ 158 Abs 7 S 1 FamFG). Eine unmittelbar gegen die in § 158 Abs 7 FamFG vorgesehenen Fallpauschalen gerichtete Verfassungsbeschwerde nahm das Gericht nicht an (BVerfG FamRZ 2010, 185). Die Vergütungsbewilligung für einen Verfahrenspfleger nach § 50 FGG (aF) unterliegt dem bis zum 1. 9. 2009 geltenden (Verfahrens-)Recht (OLG Düsseldorf FamRZ 2012, 143).

4 Ordnet das Familiengericht für die Durchführung des Umgangs eine Pflegschaft (Umgangspflegschaft) gemäß § 1684 Abs 3 S 3 BGB oder gemäß § 1685 Abs 3 FamFG

an, gilt für den Ersatz von Aufwendungen (und die Vergütung) des Umgangspflegers § 277 FamFG.

Übt ein Rechtsanwalt eine Tätigkeit als Vormund, Betreuer, Pfleger, Verfahrensbeistand oder Verfahrenspfleger (oder eine diesen und den weiteren in der Vorschrift genannten ähnliche Tätigkeit) aus, gilt nicht unmittelbar das Gesetz über die Vergütung der Rechtsanwältinnen und Rechtsanwälte (Rechtsanwaltsvergütungsgesetz – RVG) v 5. 5. 2004 (BGBl I 718), das mit Wirkung v 1. 7. 2004 an die Stelle der Bundesgebührenordnung für Rechtsanwälte (BRAGO) getreten ist (§ 1 Abs 1 RVG). Nach § 1 Abs 1 S 2 RVG bleibt jedoch § 1835 Abs 3 BGB unberührt, so dass über diese Vorschrift Abrechnungen nach RVG in Betracht kommen. 5

Zur Vergütung eines anwaltlichen Ergänzungspflegers mit dem Wirkungskreis der Vertretung in Asyl- und ausländerrechtlichen Angelegenheiten vgl den Beschluss des OLG Frankfurt, FamRZ 2013, 894 (auch Rpfleger 2013, 451), gegen den die zugelassene Rechtsbeschwerde eingelegt worden ist (BGH XII ZB 46/13). Der BGH entschied am 12. 2. 2014; die Entscheidung ist in FamRZ 2014, 736 (= FGPrax 2014, 117 [LS]) veröffentlicht. Danach kann die nachträgliche rückwirkende Feststellung, dass ein Ergänzungspfleger die Pflegschaft berufsmäßig führt, auch in Altfällen, in denen das Bestellungsverfahren vor dem 1. 9. 2009 eingeleitet worden ist, nur im Bestellungsverfahren und nicht im Vergütungsfestsetzungsverfahren getroffen werden. 6

Eine Pauschalierung des Aufwendungsersatzes im Falle berufsmäßig geführter Vormundschaft ist nicht zulässig (OLG Thüringen FamRZ 2002, 1431). 7

Wer als Vormund, Gegenvormund, als Pfleger (§§ 1909 ff BGB) oder als Betreuer ehrenamtlich tätig ist, kann zwischen den beiden Erstattungssystemen (Aufwendungsersatz nach Abrechnung der getätigten Aufwendungen gemäß § 1835 BGB einerseits; Pauschalabgeltung durch eine Aufwandsentschädigung gemäß § 1835a BGB andererseits) wählen. Eine Kumulierung (Pauschalierte Aufwandsentschädigung und Erstattung überschießender Aufwendungen) kommt nicht mehr in Betracht. Sie wurde durch das Betreuungsrechtsänderungsgesetz (BtÄndG) ausgeschlossen (LG Koblenz FamRZ 2001, 1324). 8

Abs 2 S 2 mit den auf die Vergütung von Vormund und Gegenvormund bezogenen Vorschriften beruht auf Art 1 Nr 4 des 2. BtÄndG vom 21. April 2005 (BGBl I 1073). Das damit zugleich geschaffene Gesetz über die Vergütung von Vormündern und Betreuern (Vormünder- und Betreuervergütungsgesetz – VBVG) vom gleichen Tage (Art 8 des 2. BtÄndG) enthält erstmalig ein für die Regelfälle rechtlicher Betreuung maßgebendes eigenes Vergütungsrecht ohne Bezugnahme auf die für Vormünder und Pfleger getroffenen Regelungen des Vormundschaftsrechts. Dem berufsmäßig tätigen Betreuer wird für seine Tätigkeit eine Pauschale bewilligt, die sich aus zwei Komponenten zusammensetzt: aus einem nach unterschiedlichen Qualifikationen gestaffelten Stundensatz und einem nach vorgegebenen Zeiträumen der Betreuung bestimmten Stundenansatz. Für das Recht des Aufwendungsersatzes von Interesse ist es, dass die Stundensätze der Vergütungspauschale auch Ansprüche auf Ersatz anlässlich der Betreuung entstandener Aufwendungen (sowie anfallende Umsatzsteuer) abgelten (§ 4 Abs 2 S 1 VBVG). 9

10 In den ersten Jahren nach Inkrafttreten des Betreuungsgesetzes waren die Gerichte, soweit es um Fragen der Vergütung und des Aufwendungsersatzes ging, nahezu ausschließlich mit den Problemen aus Sicht rechtlicher Betreuung beschäftigt. Soweit die Erkenntnisse ebenso gut auch Vormünder und Pfleger betreffen oder betreffen können, werden sie bei den Vorschriften des Vormundschaftsrechts berücksichtigt. Rechtsprechung (und Schrifttum) zu Fragen, die allein im Betreuungsrecht aufgetreten sind (zB die Bewilligung der Pauschalvergütung in Fällen von Betreuerwechseln, Heimqualität oder Verfassungsmäßigkeit der Pauschalvergütung), werden allein dort referiert.

11 Die geringe Inanspruchnahme der Gerichte für Auseinandersetzungen um Vergütung und Aufwendungsersatz von Vormündern und Pflegern (Ausnahme: Verfahrenspfleger) beruht auch darauf, dass in der Vergangenheit immer weniger Einzelpersonen mit der Wahrnehmung eines dieser Ämter betraut worden sind, so dass die Jugendministerkonferenz im Mai 2006 beschloss, das Thema „bürgerschaftliches Engagement im Bereich Vormundschaften" stärker in den Mittelpunkt des öffentlichen und fachlichen Interesses zu rücken (JAmt 2007, 73).

II. Anspruchsberechtigte

12 Anspruchsberechtigt sind der ehrenamtlich tätige Vormund oder Pfleger und derjenige, der eine Vormundschaft oder Pflegschaft berufsmäßig in unabhängiger Stellung führt. Das Gleiche gilt für den Gegenvormund. Maßgebend für den Anspruch des nicht ehrenamtlich tätigen Vormunds oder Pflegers ist die bei der Bestellung des Vormunds, Pflegers (einschließlich des Umgangspflegers), des Betreuers, Verfahrensbeistands oder Verfahrenspflegers getroffene Feststellung, dass die bestellte Person die jeweils übernommene Funktion berufsmäßig ausübt (§ 1836 Abs 1 S 2 u 3 BGB; § 1908i Abs 1 S 1 BGB). Die Voraussetzungen für die Feststellung der Berufsmäßigkeit enthält § 1 des Gesetzes über die Vergütung von Vormündern und Betreuern (Vormünder- und Betreuervergütungsgesetz – VBVG). S dazu § 1836 Abs 1 S 2 und 3 BGB. Das Aufwendungsersatzrecht erfordert die Feststellung, weil der Anspruch des ehrenamtlich tätigen Vormunds oder Pflegers sich von dem des berufsmäßig tätigen unterscheidet (Abs 2 S 2).

13 Für die ehrenamtlich tätigen Vormünder einschließlich Mitvormünder, Gegenvormünder und Pfleger (§ 1915 Abs 1 BGB) und deren Ansprüche ist in erster Linie § 1835 BGB maßgebend, sofern nicht die Aufwandsentschädigung des § 1835a BGB in Anspruch genommen wird. Zur ausnahmsweisen Bewilligung einer Vergütung s § 1836 Abs 2 BGB. Eine Pflegeperson, der gemäß § 1630 Abs 3 BGB Angelegenheiten der elterlichen Sorge übertragen wurden, erwirbt im Umfang der Übertragung die Rechte und Pflichten eines Pflegers. Deshalb haben Pflegepersonen gemäß §§ 1630 Abs 3, 1915 Abs 1, 1835, 1835a BGB auch einen Anspruch auf Aufwendungsersatz oder Aufwandsentschädigung (OLG Stuttgart FamRZ 2006, 1290, 1291 = Rpfleger 2006, 187). Macht eine Pflegemutter, die für das Kind als Ergänzungspflegerin für die Gesundheitssorge bestellt worden ist, Ersatz von Aufwendungen gegen die Staatskasse geltend, ist im Einzelnen zu prüfen, ob die Aufwendungen den Aufgabenkreis der Pflegschaft betreffen oder das Pflegefamilienverhältnis; nur die ersteren sind nach den §§ 1909, 1915, 1815 BGB erstattungsfähig (OLG Schleswig FamRZ 2015, 770 [LS]).

Abs 5 enthält für die Behörden, also das Jugendamt (§§ 1791b, 1791c BGB) und die Betreuungsbehörden (§§ 1900 Abs 4; § 1908i Abs 1 S 1 BGB) sowie für die anerkannten Vereine (§§ 1791a, 1908 f, 1908i Abs 1 S 1 BGB) besondere Regelungen, wonach allgemeine Verwaltungskosten einschließlich der Kosten nach Abs 2 nicht und Aufwendungen im Übrigen nur insoweit ersetzt werden, als das einzusetzende Einkommen und Vermögen des Betroffenen (§ 1836c BGB) ausreicht. Vorschuss kann nicht verlangt werden. 14

Werden Mitarbeiterinnen und Mitarbeiter von anerkannten Vereinen oder der zuständigen Behörde als Vereinsbetreuer oder Behördenbetreuer bestellt und tätig, können sie selbst Ansprüche auf Aufwendungsersatz nicht geltend machen (§§ 7 Abs 3, 8 Abs 3 VBVG). Die von ihnen durch ihre Amtsführung geschaffenen Ansprüche machen ihre Anstellungsträger geltend. Das Vormundschafts- und Pflegschaftsrecht kennt diese Form der unmittelbaren Mitarbeiterbestellung (noch) nicht, so dass derartige Bestellungen nicht der geltenden Rechtslage entsprechen und Ansprüche auslösen. Anders als im Vormundschafts- und Pflegschaftsrecht können Mitarbeiter eines Betreuungsvereins und der Betreuungsbehörde als Verfahrenspfleger bestellt werden. Soweit (bei Bestellungen von Vereinsmitarbeitern) Ansprüche auf Aufwendungsersatz und Vergütung bestehen, stehen sie dem Verein zu (§ 277 Abs 4 S 1 FamFG; BGH Rpfleger 2014, 195 = FamRZ 2014, 373 m Anm Hammer in einer Kindschaftssache). Ist ein Bediensteter der Betreuungsbehörde als Verfahrenspfleger für das Verfahren bestellt, kann die Betreuungsbehörde nach dem Wortlaut der Vorschrift keinen Aufwendungsersatz und keine Vergütung (§ 277 Abs 4 S 3 FamFG) beanspruchen. Die mit dem Vereins- oder Behördenbetreuer (vgl § 1897 Abs 2 BGB) korrespondierende Bezeichnung Vereinsverfahrenspfleger wurde nicht eingeführt. 15

Die Rechtsprechung hat in der Vergangenheit trotz der fehlerhaften Bestellungen durch die Tatsachengerichte in den genannten Fällen Aufwendungsersatz und Vergütung bewilligt, wenn auch mit unterschiedlichen Begründungen (Staudinger/Bienwald [2004] § 1835 Rn 6). Wegen der Versagung der Vergütung für die Tätigkeit eines Mitarbeiters als Verfahrenspfleger hatte der den Mitarbeiter beschäftigende Verein schließlich Verfassungsbeschwerde eingelegt, die das BVerfG zwar nicht zur Entscheidung angenommen, aber zum Anlass genommen hatte, die Entscheidungen des LG, das weder dem Verein noch dem tätig gewordenen Mitarbeiter eine Vergütung bewilligt hatte, als mit Art 12 GG nicht vereinbar in Frage zu stellen (BVerfG FamRZ 2000, 414, 415 m Anm Bienwald). Das OLG Köln gestand daraufhin einem Betreuungs- und Vormundschaftsverein zu, für die Tätigkeit eines Mitarbeiters, der persönlich zum Pfleger eines minderjährigen Betroffenen mit dem Wirkungskreis (!) der Aufenthaltsbestimmung bestellt worden war, Vergütung und Aufwendungsersatz in Anspruch zu nehmen, und stützte seine Auffassung auf eine entsprechende Anwendung des § 1908e BGB aF, insbesondere deshalb, weil die für eine dem Mitarbeiter zuzubilligende Entschädigung notwendige Feststellung berufsmäßiger Führung der Pflegschaft im Einzelfall schwierig sein könne (FamRZ 2001, 1400, 1401 m krit Anm Zimmermann). In der zum gleichen Ergebnis führenden Entscheidung des OLG Brandenburg (FamRZ 2003, 882 m Anm Bienwald = Rpfleger 2003, 126) wurde nach der Feststellung des Gerichts, eine unmittelbare Rechtsgrundlage fehle, ohne Nachweis durch die Materialien behauptet, „gerade diese Regelungslücke zu schließen" habe der Gesetzgeber bewusst in die Aufgabe der Gerichte gestellt. 16

17 Das BayObLG lehnte es ab, einem Fürsorgeverein für die Tätigkeit eines Mitarbeiters, der persönlich zum Vormund eines Minderjährigen bestellt worden war, eine Vergütung zuzubilligen, gestand diesem aber einen eigenen Anspruch zu, wenn er die Vormundschaft berufsmäßig führe. Eine Vorlage der Sache an den BGH sah das Gericht damals nicht als erforderlich an (im Einzelnen FamRZ 2002, 1363, 1364). Durch Beschluss vom 7. 7. 2003 (FamRZ 2003, 1588) legte das Gericht nunmehr den eine Pflegerbestellung für einen Minderjährigen betreffenden Fall dem BGH zur Entscheidung vor, weil es jetzt von der Auffassung des OLG Köln FamRZ 2001, 1400 abweichend entscheiden würde. Nach der Auffassung des BayObLG steht einem Fürsorgeverein für die Tätigkeit eines Mitarbeiters, der persönlich zum Pfleger eines Minderjährigen bestellt worden ist, keine Vergütung zu. Es besteht aber ein unmittelbarer Anspruch des Vereinsmitarbeiters, wenn er die Pflegschaft berufsmäßig führt (BayObLGZ 2003, 164 = FamRZ 2003, 1588; vgl dazu auch LG Koblenz JAmt 2003, 324 = Rpfleger 2003, 365 [LS]). Der BGH (FamRZ 2007, 900 = NJW-RR 2007, 937 = MDR 2007, 888; dazu Anm R Müller, Kindschaftsrecht und Jugendhilfe [ZKJ] 2007, 449) entschied, dass dem Verein für die Tätigkeit seines Mitarbeiters, der in dieser Eigenschaft zum Pfleger bestellt wurde, ein Vergütungsanspruch in analoger Anwendung des (damals geltenden) § 67a Abs 4 FGG (Mitarbeiter eines anerkannten Betreuungsvereins als Verfahrenspfleger) zusteht. In der Beschlussempfehlung des Rechtsausschusses des Deutschen Bundestages wird die in § 67a Abs 4 FGG aF (jetzt § 277 Abs 4 FamFG) enthaltene Bestimmung als Sonderregelung für Vereine bezeichnet, wenn der Mitarbeiter eines (Betreuungs-)Vereins zum Pfleger für das Verfahren bestellt wird (BT-Drucks 15/4874, 29).

18 Ist die Bestellung so vorgenommen, stehen Aufwendungsersatz und Vergütung dem Verein zu (§ 277 Abs 4 S 1 FamFG). Die Feststellung berufsmäßiger Führung der Verfahrenspflegschaft entfällt, weil der Mitarbeiter in diesem Fall in dieser Eigenschaft bestellt wurde und die Funktion als Dienstaufgabe wahrnimmt. § 1835 Abs 3 BGB findet keine Anwendung. Der Mitarbeiter hat selbst keinen Anspruch auf Aufwendungsersatz und Vergütung, auch nicht in Form eines festen Geldbetrages (§ 277 Abs 3 FamFG). Gehört vereinsintern die Abrechnung zu seinen Aufgaben, macht der Mitarbeiter Aufwendungsersatz und Vergütung auch nicht für sich, sondern für den Verein geltend (§ 67a Abs 4 S 1 FGG aF). Wird ein Bediensteter einer Betreuungsbehörde zum Verfahrenspfleger bestellt, enthält die Behörde keine Vergütung und keinen Aufwendungsersatz (§ 67a Abs 4 S 3 FGG aF).

19 Ein Verein, der als Pfleger bestellt ist, kann seine Entlassung und die Bestellung eines Mitarbeiters anstreben, damit er entsprechend den Vorschriften des Betreuungsrechts eine Vergütung beanspruchen kann. Diesem Antrag ist grundsätzlich stattzugeben, auch wenn der Verein bei seiner Bestellung nach der seinerzeit geltenden Rechtslage keinen Vergütungsanspruch (für seinen Mitarbeiter) hatte (BGH FamRZ, 2013, 946 = MDR 2013, 720 = NJW 2013, 1589 = Rpfleger 2013, 518). Ein zum Vormund bestellter Verein kann zwecks Erlangung eines Vergütungsanspruchs seine Entlassung und die Bestellung eines Vereinsmitarbeiters verlangen (OLG Nürnberg FamRZ 2018, 112 = FGPrax 2017, 259). Vgl auch Vorbem 17 ff zu §§ 1835 ff.

20 Der Anspruch eines **Vormunds** auf Ersatz seiner Aufwendungen setzt eine **wirksame Bestellung** durch das Familiengericht, der Anspruch auf Vergütung für die beruflich geführte Betreuung die des Betreuungsgerichts voraus. (vgl auch BGH FamRZ 2018, 40 =

Rpfleger 2018, 142; FamRZ 2017, 1846 m Anm Zorn). Trotz fehlender förmlicher Verpflichtung ist nach OLG Braunschweig (FamRZ 2017, 1412 m Anm Bienwald) die Tätigkeit eines Vormunds zu vergüten, wenn dieser aufgrund der Verfahrensführung davon ausgehen durfte, dass dort ein sofortiges Tätigwerden für erforderlich gehalten wurde. Die wirksame Bestellung muss noch während der Zeit bestanden haben, während der die geltend gemachten Aufwendungen getätigt worden sind. Zumindest vereinzelt wurde Aufwendungsersatz (und Vergütung) aber auch dann bewilligt, wenn eine beantragte Bestellung (hier: eines Betreuers) nicht rechtzeitig vorgenommen worden war, für den Betroffenen jedoch notwendige Entscheidungen getroffen oder Maßnahmen ergriffen worden waren. So wurde einem Verein, der die Bestellung eines Ergänzungsbetreuers angeregt hatte, Aufwendungsersatz (und Vergütung) mit der Begründung bewilligt, er habe auch bei persönlicher Bestellung eines Mitarbeiters zum Vereinsbetreuer (§ 1897 Abs 2 BGB) eine Organisationsverantwortung für den Fall der Verhinderung, ihm könne aber nicht zugemutet werden, notwendige Tätigkeiten im Aufgabenkreis des bestellten Vereinsbetreuers solange zurückzustellen, bis das Gericht entschieden hat (OLG Brandenburg MDR 2002, 397; im Ergebnis ebenso LG Cottbus FamRZ 2004, 401 [Anwendung der Grundsätze der Geschäftsführung ohne Auftrag]; s auch BayObLG FamRZ 2004, 405 [LS]). Das OLG Frankfurt (19. 2. 2010 – 6 UF 29/10, ZKJ 2010, 456) billigte einem Verfahrensbeistand die erhöhte Gebühr nach § 158 Abs 7 S 3 FamFG auch für den Fall zu, dass das Verfahren geendet hat, ehe der Verfahrensbeistand Aufgaben nach § 158 Abs 4 S 3 FamFG wahrgenommen hatte. Dem berufsmäßig tätigen Verfahrensbeistand steht die in § 158 Abs 7 FamFG vorgesehene einmalige Vergütung nur dann zu, wenn er über die bloße Entgegennahme des Bestellungsbeschlusses hinaus in irgendeiner Weise im Kindesinteresse tätig geworden ist (OLG München FamRZ 2010, 1757 = NJW-RR 2010, 1448 = JurBüro 2010, 435; BGH FamRZ 2010, 1896 m Anm Stösser FamRZ 2010, 1976 und Viefhues FamRZ 2010, 2064). Für vor seiner Bestellung kann der Ausgewählte für aufgewendete Zeit und Kosten keine Vergütung und keinen Aufwendungsersatz erhalten (OLG Stuttgart FamRZ 2005, 655), auch nicht für Kontakte zum Kennenlernen (AG Koblenz FamRZ 2001, 792 [LS]).

Wird der bisher bestellte Vormund oder Betreuer entlassen (§§ 1886, 1908b BGB) 21
und ein neuer bestellt, kann es, wenn die Entlassungsentscheidung aufgehoben wird, zu einer zeitweiligen **„Doppelbesetzung“** kommen (näher dazu Staudinger/Engler [2004] § 1886 Rn 26 ff; MünchKomm/Schwab § 1908b Rn 34), so dass zeitweise zwei berufsmäßig tätige Personen zu vergüten sind und Aufwendungsersatz geltend machen können.

Die Wirksamkeit der Bestellung als Voraussetzung eines Anspruchs nach den 22
§§ 1835 ff BGB betrifft nur den Bestellungsvorgang. Dass die Bestellung eines Vereinsbetreuers auch dann wirksam ist, wenn dem Verein die Anerkennung als Betreuungsverein fehlt, hat das KG nicht in Zweifel gezogen. Es entschied, dass im Vergütungsverfahren die bereits im Rahmen der Bestellung nach § 1897 Abs 2 BGB zu prüfenden (zu prüfen gewesenen) Voraussetzungen eines Vereinsbetreuers nicht nochmals geprüft oder in Frage gestellt werden (Rpfleger 2006, 398, 399 = FamRZ 2006, 1481 [LS]). Formell-rechtliche oder materiell-rechtliche Mängel bei der Bestellung des Betreuers bleiben ebenso wie die nachträgliche Aufhebung der Bestellung ohne Einfluss auf den Vergütungsanspruch des Betreuers (BGH FamRZ 2014, 1778 = FGPrax 2014, 253 Rn 11 = BtPrax 2014, 275).

23 Der **Verfahrenspfleger** in Betreuungs- und in Unterbringungssachen (§§ 276, 317 FamFG) erhält Ersatz seiner Aufwendungen nach § 1835 Abs 1 bis 2 BGB. Vorschuss kann nicht verlangt werden. Eine Behörde oder ein Verein erhält als Verfahrenspfleger keinen Aufwendungsersatz. § 1836 Abs 1 und 3 BGB gilt entsprechend. Wird die Verfahrenspflegschaft ausnahmsweise berufsmäßig geführt, erhält der Verfahrenspfleger neben den Aufwendungen nach Abs 1 eine Vergütung in entsprechender Anwendung der §§ 1, 2 und 3 Abs 1 und 2 VBVG (§ 277 Abs 2 FamFG). Anstelle des Aufwendungsersatzes und der Vergütung nach den Absätzen 1 und 2 des § 277 FamFG kann das Gericht dem Verfahrenspfleger einen **festen Geldbetrag** zubilligen, wenn die für die Führung der Pflegschaftsgeschäfte erforderliche Zeit vorhersehbar und ihre Ausschöpfung durch den Verfahrenspfleger gewährleistet ist. Bei der Bemessung des Geldbetrags ist die voraussichtlich erforderliche Zeit mit den in § 3 Abs 1 VBVG bestimmten Stundensätzen zuzüglich einer Aufwandspauschale von drei Euro je veranschlagter Stunde zu vergüten. In diesem Falle braucht der Verfahrenspfleger die von ihm aufgewandte Zeit und eingesetzten Mittel nicht nachzuweisen; weitergehende Aufwendungsersatz- und Vergütungsansprüche stehen ihm jedoch nicht zu (§ 277 Abs 3 FamFG). Der Aufwendungsersatz und eine etwaige Vergütung des Verfahrenspflegers sind stets **aus der Staatskasse** zu zahlen (§ 277 Abs 5 S 1 FamFG). Eine Abrechnung nach RVG durch einen Anwalt setzt voraus, dass ein juristischer Laie in gleicher Lage vernünftigerweise einen Rechtsanwalt hinzuziehen würde (BGH FamRZ 2015, 137, dort auch zur Anwendung von § 1835 Abs 3 im Rahmen von § 277 FamFG; OLG Jena 21. 7. 2017 – 6 W 351/15, BeckRS 2017, 123185 = NJW-Spezial 2017, 680). Die Feststellung des Gerichts, die Verfahrenspflegschaft erfordere anwaltsspezifische Tätigkeiten, ist nicht mit der Beschwerde anfechtbar (BGH FamRZ 2013, 1301 Rn 13).

24 Für den Ersatz von Aufwendungen des nicht berufsmäßig tätigen **Verfahrensbeistands** in Kindschaftssachen gilt § 277 Abs 1 FamFG entsprechend (§ 158 Abs 7 S 1 FamFG). Danach erhält der nicht berufsmäßig tätige Verfahrensbeistand Ersatz seiner Aufwendungen nach § 1835 Abs 1 bis 2 BGB. Vorschuss kann nicht verlangt werden. Eine Behörde oder ein Verein erhält keinen Aufwendungsersatz. Wird die Verfahrensbeistandschaft von der bestellten Person berufsmäßig geführt, erhält der Verfahrensbeistand für die Wahrnehmung seiner Aufgaben (nach § 158 Abs 4 FamFG) in jedem Rechtszug eine einmalige Vergütung, durch die auch Ansprüche auf Aufwendungsersatz abgegolten werden (§ 158 Abs 7 S 4 FamFG); BGH Rpfleger 2014, 81(auch in Einzelfällen keine Abrechnung nach Stundenaufwand) und Rpfleger 2014, 139 (keine im Einzelfall erheblichen Fahrtkosten). Solange die Bestellung nicht vom Beschwerdegericht aufgehoben oder eingeschränkt wird, gilt die in der ersten Instanz getroffene Bestellung auch für die Übertragung des erweiterten Aufgabenkreises (OLG München NJW 2012, 691 im Anschluss an OLG Stuttgart BeckRS 2011, 07791; vgl auch OLG Dresden MDR 2013, 914 [LS]). Der Vergütungsanspruch des Verfahrensbeistands nach § 158 Abs 7 S 2, 3 FamFG entsteht (auch im Beschwerdeverfahren) erst durch ein konkretes Tätigwerden im Kindesinteresse (OLG Frankfurt FamRB 2013, 110 = FamRZ 2013, 1331); die bloße Entgegennahme und das Lesen der eine Begründung noch nicht enthaltende Beschwerdeschrift im Beschwerdeverfahren reicht nicht aus (OLG Celle FamRZ 2013, 573). Eine nachträgliche Bestellung zum Verfahrensbeistand mit Rückwirkung (zur Begründung von Vergütungsansprüchen für eine Tätigkeit ohne vorherige Bestellung) ist nicht zulässig (OLG München FamRZ 2016, 160 m Anm Menne 161). Eine nachträgliche Erweiterung des Aufgabenkreises des

Verfahrensbeistands nach Beendigung des Verfahrens ist ebenfalls nicht möglich (OLG Oldenburg MDR 2016, 774). Auch für den Verfahrensbeistand gilt die Regelung, dass der Aufwendungsersatz und die Vergütung stets aus der Staatskasse zu zahlen sind (§ 158 Abs 7 S 5 FamFG). Die an Verfahrenspfleger und an Verfahrensbeistände gezahlten Beträge werden später als Auslagen von den Kostenschuldnern erhoben (§ 137 Abs 1 Nr 16 KostO). Zum Vergütungsantrag des für ein minderjähriges Mündel bestellten Verfahrensbeistands nach dessen Tätigkeit für den volljährig gewordenen Betroffenen OLG Zweibrücken 16. 3. 2015 – 6 WF 15/15.

Wurde der Verfahrensbeistand sowohl in einer Sorgerechts- als auch in der Um- 25
gangsrechtsangelegenheit bestellt, kann er für jede Angelegenheit eine Vergütung verlangen, auch wenn das AG beide Angelegenheiten in einem einzigen Verfahren behandelt hat (BGH FamRZ 2012, 1630 = NJW 2012, 3100 = MDR 2012, 1191 im Anschluss an BGH FamRZ 2011, 467 = NJW 2011, 1451 und BGH FamRZ 2011, 199 = NJW 2011, 455; die davon abweichende Entscheidung des OLG München [FamRZ 2013, 318] wurde angesichts der BGH-Entscheidung nicht mehr aufrechterhalten [OLG München FamRZ 2013, 966 = Rpfleger 2013, 393]). Ohne Anrechnung steht einem Verfahrensbeistand, der in einem Sorgerechtsverfahren und parallel hierzu in einem Verfahren zwecks Genehmigung der freiheitsentziehenden Unterbringung des minderjährigen Kindes bestellt worden ist, für jedes Verfahren eine Vergütung zu (BGH FamRZ 2011, 467). Um zwei verschiedene Angelegenheiten handelt es sich auch bei einem Hauptverfahren und dem Eilverfahren, so dass die in beiden Verfahren zum Verfahrensbeistand bestellte Person jeweils eine Vergütung nach § 158 FamFG beanspruchen kann (BGH FamRZ 2011, 199 [200] m Anm Viefhues S 201 = MDR 2011, 40). Ist der Verfahrensbeistand in einem Kindschaftsverfahren für mehrere Kinder bestellt, so erhält er für jedes von ihm betreute Kind die Pauschalgebühr des § 158 Abs 7 S 2 und 3 FamFG (BGHZ 187, 40 = FamRZ 2010, 1893; ZKJ 2011, 100; OLG München FamRZ 2010, 1757 = NJW-RR 2010, 1448 = JurBüro 2010, 435; OLG Rostock FamRZ 2010, 1181 = ZKJ 2010, 255 = JurBüro 2010, 606; OLG Celle JurBüro 2010, 378 – auch für die Erhöhung der Pauschale; OLG Frankfurt ZKJ 2010, 455; OLG Dresden FamRZ 2011, 320 = Rpfleger 2010, 588 = ZKJ 2010, 411; OLG Celle FamRZ 2013, 573; Prenzlow ZKJ 2010, 239; **aA** AG Koblenz ZKJ 2011, 40; OLG Bamberg Rpfleger 2010, 588 = ZKJ 2010, 412: regelmäßig einmal). Hat ein Verfahrensbeistand mit seiner Tätigkeit begonnen, hat er auch dann Anspruch auf eine Vergütung von 550 Euro, wenn er zwar für den erweiterten Aufgabenkreis bestellt worden ist, aber später auf Wunsch des Gerichts davon abgesehen hat, Elterngespräche zu führen (OLG Oldenburg FamRZ 2016, 1098; **aA** OLG Bamberg 14. 3. 2011 – 9 WF 15/11).

Für den Ersatz von Aufwendungen und die Vergütung des **Umgangspflegers** gilt 26
§ 277 FamFG (§ 1684 Abs 3 S 6; § 1685 Abs 3 S 1 BGB; OLG Hamm FamRZ 2011, 307; KG FamRZ 2013, 478). Danach sind die Regelungen anzuwenden, die für den Aufwendungsersatz und eine etwaige Vergütung des Verfahrenspflegers in Betreuungs- und Unterbringungssachen maßgebend sind. Die Vergütung des Umgangspflegers setzt das Familiengericht fest; als Endentscheidung ist die Festsetzung nach § 58 FamFG selbständig anfechtbar (OLG Hamm FamRZ 2011, 307). Vor der Ergänzung des § 1684 BGB hatte bereits das OLG Brandenburg entschieden, dass Ansprüche eines Ergänzungspflegers (mit dem Auftrag eines Umgangspflegers) auf Aufwendungsersatz und ggf Vergütung sich nach den §§ 1915 Abs 1, 1835 ff BGB richten und die Staatskasse insoweit in Anspruch genommen werden dürfe, als der Mündel/Pflegebefohlene mittellos ist (FamRZ 2008, 1478 m Anm Bienwald FamRZ 2009, 729). Ein Ver-

gütungsanspruch des Umgangspflegers setzt dessen wirksame Bestellung vor der Aufnahme seiner Tätigkeiten gemäß §§ 1915 Abs 1 S 1, 1789 S 1 BGB voraus. Ohne diese förmliche Bestellung kann er Ersatz von Aufwendungen (und eine Vergütung) auch dann nicht verlangen, wenn er bereits zuvor auf Veranlassung des Gerichts tätig geworden ist (BGH FamRZ 2017, 1846 m zust Anm ZORN = ZKJ 2018, 62 = NZFam 2017, 1020 m Anm SCHWAMB, 1847; **aA** OLG Hamm für eng begrenzte Ausnahmefälle, FamRZ 2014, 672).

27 Die Umgangspflegschaft darf nicht verwechselt werden mit der vom Gericht angeordneten **Umgangsbegleitung**. Wurde diese nicht vom Gericht angeordnet, kann der Umgangspfleger für eine derartige Tätigkeit keine Vergütung verlangen (KG FamRZ 2013, 478). Näher zur Umgangspflegschaft § 1909 BGB.

28 Dem gemäß §§ 57, 58 ZPO bestellten Prozesspfleger wird im Fall der Mittellosigkeit des von ihm vertretenen Beklagten bzw desjenigen, in dessen Interesse er bestellt und tätig wurde, ein Anspruch auf Aufwendungsersatz und ggf auch Vergütung eingeräumt analog § 1835 Abs 4 BGB (STEIN/JONAS/BORK, ZPO [22. Aufl 2004] § 57 Rn 11 mNw auch zur Gegenmeinung). Der zum Prozesspfleger bestellte Rechtsanwalt hat gegen die Staatskasse einen Anspruch gemäß §§ 45 Abs 1, 49 RVG; der Anspruch gegen den vertretenen Beklagten richtet sich im Übrigen nach § 41 RVG.

III. Aufwendungen

1. Der Begriff der Aufwendungen

29 Aufwendungen sind freiwillige Vermögensopfer, die der Vormund zum Zwecke der Führung der Vormundschaft auf sich nimmt oder die sich als notwendige Folge der Übernahme des Amtes ergeben. Auch die als Aufwendungen geltenden Dienste (Abs 3) können nur insoweit erstattet werden, als sie zum Zwecke der Führung der Vormundschaft erbracht werden, sich also im Rahmen des gesetzlichen (im Fall der Pflegschaft übertragenen) Aufgaben- bzw Wirkungskreises halten. Darüber hinausgehende (zusätzliche), dem Mündel/Pflegebefohlenen/Betroffenen nützliche Leistungen, die nicht von dem Aufgabenkreis erfasst werden, werden nicht nur ohne Auftrag, sondern auch ohne Anspruch auf Entschädigung (Aufwendungsersatz; ggf Vergütung) nach den entsprechenden Vorschriften des Vormundschaftsrechts erbracht (insoweit missverständlich BT-Drucks 13/7158, 41 und auch BVerfG FamRZ 2000, 1280, 1282). Honorarforderungen eines von dem Amtsträger (hier Betreuer) beauftragten Rechtsanwalts sind keine Aufwendungen des Amtsträgers. Schuldner des Anwaltshonorars ist der Betroffene (hier der Betreute) selbst (OLG Köln FamRZ 2009, 1708 [LS] = BtPrax 2009, 250 = FGPrax 2009, 163). Tätigkeiten eines Umgangspflegers, die im Zusammenhang mit dem eigenen Vergütungsantrag oder mit der Beantwortung von Anfragen zu früheren Anträgen stehen, können nicht vergütet werden (AG Koblenz FamRZ 2011, 1894 [LS]).

30 Zu ersetzen sind die Aufwendungen, die der Amtsträger den Umständen nach für erforderlich halten durfte (BayObLGZ 2004 Nr 52 = FamRZ 2005, 550 m Anm BIENWALD = BtPrax 2005, 34). Für erforderlich halten darf der Amtsträger aber nur solche Aufwendungen, die in einem angemessenen Verhältnis zur Bedeutung der Besorgung der Angelegenheiten für den Betroffenen stehen (STAUDINGER/MARTINEK/OMLOR [2017]

§ 670 Rn 13). Die Erforderlichkeit der Aufwendungen ist danach objektiv, jedoch aus der Sicht eines sorgfältigen Beauftragten in gleicher Lage zu beurteilen.

Ein Vergütungsanspruch des Verfahrensbeistands nach § 158 Abs 7 S 2, S 3 FamFG 31 entsteht erst durch ein konkretes Tätigwerden im Kindesinteresse. Die bloße Entgegennahme und das Lesen der eine Begründung noch nicht enthaltenden Beschwerdeschrift durch den Verfahrensbeistand (hier: im Beschwerdeverfahren) reicht nicht aus (OLG Celle FamRZ 2013, 573). Im Beschwerdeverfahren entsteht der Vergütungsanspruch des Verfahrensbeistands, sobald dieser im Kindesinteresse tätig wird. Das ist bereits der Fall, wenn er die Beschwerde mit Begründung zur Kenntnis nimmt, nicht lediglich entgegennimmt (OLG Nürnberg Rpfleger 2015, 142 [LS]). Eine Übertragung zusätzlicher Aufgaben auf den Verfahrensbeistand mit der Konsequenz höherer Vergütung einschließlich Aufwendungsersatz (§ 158 Abs 4 S 3, Abs 7 S 3 FamFG), wie sie das FGG-RG eingeführt hat, hat im Verfahrenspflegschaftsrecht in Betreuungs- und in Unterbringungssachen Volljähriger keine Entsprechung gefunden (§§ 276, 317 FamFG).

Eine Abrechnung von sechs Fahrten pauschal nach § 1835 Abs 1 BGB anstelle der 32 Aufwandspauschale kann nicht verlangt werden (LG Lübeck FamRZ 2011, 1170 = Rpfleger 2011, 503).

Soweit Gerichte den berufsmäßig tätigen Personen hinsichtlich der von ihnen ver- 33 ursachten Kosten (Aufwendungsersatz, eigene Vergütung) ein diese Kosten ihrer Amtsführung in Grenzen haltendes professionelles Handeln abfordern (zB LG Koblenz JurBüro 2001, 602; AG Koblenz FamRZ 2003, 1872; BayObLG FamRZ 2003, 1586, 1587), kann nicht ein für ehrenamtliche und für berufsmäßig geführte Vormundschaften unterschiedlicher Maßstab eingeführt werden. Dafür bietet das geltende Recht keine Grundlage. Je mehr Vormundschaften jemand (zB berufsmäßig) führt, desto erfolgreicher lassen sich allerdings bestimmte Betätigungen rationeller und für die einzelne Vormundschaft zeit- und kostengünstiger organisieren. Insofern lassen sich durch Masse Einsparungseffekte erzielen, die der einzelnen Vormundschaft zugutekommen. Auch für einen ehrenamtlich tätigen Vormund gilt der Grundsatz sparsamer Wirtschaftsführung. Nach Einführung der **Inklusivstundensätze** (§ 4 Abs 2 VBVG) unterblieben, soweit erkennbar, solche Forderungen.

Im Interesse des Betroffenen (Mündels) hat der Vormund die Aufwendungen für 34 seine Tätigkeit möglichst gering zu halten (BayObLG FamRZ 2003, 1586 [1587]). Im Interesse des Betreuten hat der Betreuer effizient und kostengünstig zu arbeiten. Bankgeschäfte müssen auf das notwendige Maß beschränkt werden, zeitgemäße Kommunikationsmittel sind, soweit tunlich, zu benützen (BayObLGZ 2004 Nr 52 = FamRZ 2005, 550 m Anm Bienwald = BtPrax 2005, 34). Besteht zB die Möglichkeit, für die gerichtliche Vertretung eines Mündels Prozesskostenhilfe zu erhalten, ist der Amtsträger zu einer entsprechenden Antragstellung verpflichtet. Wird keine Prozesskostenhilfe bewilligt und führt der anwaltliche Vormund dennoch den Prozess, kann entgegen der wohl überwiegenden Auffassung (Abrechnung nach § 123 BGB der damals geltenden BRAGO, also nach Prozesskostenhilfesätzen) nach § 1835 Abs 3, § 1 Abs 2 BRAGO abgerechnet werden (BayObLGZ 2003, 120 = FGPrax 2003, 179 = FamRZ 2003, 1586; wegen seiner von OLG Köln NJW-RR 2003, 712 abweichenden Ansicht hatte das BayObLG die Sache zur Entscheidung dem BGH vorgelegt). Der BGH (FamRZ 2007, 381= Rpfleger

2007, 197 = NJW 2007, 844) hat die Vorlage zwar als unzulässig angesehen, zur Rechtsfrage sich aber dahingehend geäußert, dass die Regelung des § 1835 Abs 4 BGB nicht dazu führen sollte, dass minderbemittelten Betreuten aus öffentlichen Kassen Sozialleistungen gewährt werden, auf die sie als Unbemittelte ohne Einrichtung einer Betreuung keinen Anspruch hätten. Das Prinzip der Rechtsgleichheit verlange keine vollständige Gleichstellung von bemittelten und unbemittelten Personen, sodass es verfassungsrechtlich nicht geboten ist, unbemittelten Personen den Zugang zu den Gerichten auch dann zu ermöglichen, wenn die von ihnen beabsichtigte Rechtsverfolgung oder Rechtsverteidigung keine hinreichende Aussicht auf Erfolg verspricht oder mutwillig im Sinne des § 114 ZPO erscheint (FamRZ 2007, S 383).

35 Bisher sind unter dem Stichwort Dolmetscherkosten unterschiedliche Entscheidungen ergangen, die auch verschiedene Sachverhalte betrafen und betreffen. Zu unterscheiden sind Kosten, die jemandem erwachsen, der sich zum Zwecke der Verständigung mit verschiedensprachigen Personen eines Dolmetschers bedient (s unten Rn 35a) und solchen, die bei dem Einsatz solcher Personen, die für die Verständigung mit einem hör- oder sprachbehinderten Menschen (s unten Rn 35d) erforderlich sind. Schließlich geht es auch um Übersetzerkosten (s unten Rn 35 f).

35a Das OLG München entschied, dass die Kosten für die Heranziehung eines Dolmetschers für das persönliche Gespräch des Verfahrensbeistands mit dem ausländischen Kind zu den anlässlich der Verfahrensbeistandschaft entstandenen Aufwendungen zähle und durch die Pauschalvergütung der §§ 158 Abs 7, 277 Abs 1 FamFG abgegolten werden (28. 10. 2015 – 11 WF 1365/15, FamRZ 2016, 571 = ZKJ 2016, 28 m Anm Keuter 30). Das OLG Hamm hatte bereits zu einem früheren Zeitpunkt entschieden, dass mit den Fallpauschalen des § 158 Abs 7 Satz 2 und 3 FamFG sämtliche Aufwendungen des Verfahrensbeistands abgegolten sind. Das gelte auch bei erheblichen Dolmetscherkosten, die für die Verständigung des Verfahrensbeistands mit ausländischen Verfahrensbeteiligten anfallen (Beschluss vom 3. 4. 2014 – 6 WF 241/13, FamRZ 2014, 2024). Dazu Keuter, „Zahlen bitte" – Haftet der Verfahrensbeistand für Dolmetscherkosten?, FamRZ 2014, 1971; ders, Gebührenrechtliche Stolpersteine für den Verfahrensbeistand, FamRZ 2018, 14 (dort unter Abschnitt V. Haftung für Dolmetscherkosten).

35b In der Sache, die das OLG Frankfurt am 17. 10. 2013 entschied, hatte das Familiengericht seinen Beschluss, durch den es den Verfahrensbeistand bestellt hatte, dahingehend ergänzt, dass es der Verfahrensbeiständin gestatte, zu den gemäß § 158 Abs 4 Satz 3 FamFG angeordneten Gesprächen mit der Mutter des Kindes einen Dolmetscher (für spanische Sprache) hinzuzuziehen. Dementsprechend entschied das OLG Frankfurt (5 WF 249/13, FamRZ 2014, 1135): Gestatte das Gericht dem Verfahrensbeistand die Beiziehung eines Dolmetschers, so stehe dies kostenrechtlich der direkten Beauftragung des Dolmetschers durch das Gericht gleich. Gegen diese Entscheidung richtete sich die zugelassene Rechtsbeschwerde, die der BGH mit der Begründung verwarf, dass gegen die Entscheidung des OLG gemäß § 4 Abs 4 Satz 3 JVEG eine Beschwerde an einen obersten Gerichtshof des Bundes nicht stattfinde (Beschluss vom 15. 4. 2015 – XII ZB 624/13; nicht in FamRZ, sondern in open Jur 2015, 10 000).

35c Die in FamRZ 2014, 153 veröffentlichte Entscheidung des OLG München betraf die frühere Rechtslage vor dem 1. 9. 2009. Nach dem bis dahin geltenden Rechtszustand war, so das OLG, das Betreuungsverfahren für nicht der deutschen Sprache mächtige Betroffene im Hinblick auf Dolmetscher- und Übersetzerkosten nicht kostenfrei. Die vom Amtsgericht zu Lasten der betreuten Person in Rechnung gestellten Beträge für Dolmetscher- und Übersetzerleistungen waren deshalb nicht zu beanstanden (Beschluss vom 1. 2. 2013 – 34 Wx 399/11 Kost).

Auch die Kosten für die Hinzuziehung eines **Gebärdendolmetschers** für die Kommunikation zwischen einem Betreuer und seinem gehörlosen Betreuten sind bei einem beruflichen Betreuer mit der Pauschalvergütung nach § 4 Abs 2, 5 VBVG abgegolten (BGH 6. 3. 2014 – XII ZB 346/13, FamRZ 2014, 1013 m Anm Bienwald RpflStud 2015, 76 = Rpfleger 2014, 428 = BtPrax 2014, 174 m Anm Tolmein S 176 = NJW 2014, 1811 m Anm Zimmermann S 1812 = NZFam 2014, 669 m Anm Friederici). Für die Erstattung der dem Betreuer entstandenen Kosten eines Dolmetschers für die Verständigung mit der fremdsprachigen betreuten Person in angemessenem Rahmen (§ 9 Abs 3 JVEG) BtKomm/Dodegge (4. Aufl 2014, F 13, I 59a unter Hinweis auf Deinert/Lütgens, Die Vergütung des Betreuers [6. Aufl 2012] Rn 219 ff; Damrau/Zimmermann, Betreuungsrecht [4. Aufl] § 1835 Rn 13). **AA** für den Einsatz eines Relais-Dolmetschereinsatzes in der Zeit nach dem 1. 9. 2009 („Mischkalkulation“) LG Düsseldorf FamRZ 2007, 2108. **35d**

Die bisher mitgeteilten Entscheidungen betreffen die Kommunikation der vom Gericht zur Unterstützung der/des Betroffenen bestellten Person. Für Gerichtsverhandlungen oder Verwaltungsverfahren gibt es besondere Regelungen: Das Gerichtsverfassungsgesetz (GVG) bestimmt, dass ein Dolmetscher zu Gerichtsverhandlungen zuzuziehen ist, wenn unter Beteiligung von Personen verhandelt wird, die der deutschen Sprache nicht mächtig sind (§ 185 Abs 1 Satz 1 GVG). Allerdings sollen Aussagen und Erklärungen in fremder Sprache, wenn und soweit der Richter dies mit Rücksicht auf die Wichtigkeit der Sache für erforderlich hält, auch in der fremden Sprache in das Protokoll oder in eine Anlage niedergeschrieben werden (§ 185 Abs 1 Satz 2 HS 2 GVG). Die Verständigung mit einer hör- und sprachbehinderten Person in der Verhandlung erfolgt nach ihrer Wahl mündlich, schriftlich oder mit Hilfe einer die Verständigung ermöglichenden Person, die vom Gericht hinzuzuziehen ist. Für die mündliche und schriftliche Verständigung hat das Gericht die geeigneten technischen Hilfsmittel bereitzustellen. Die hör- oder sprachbehinderte Person ist auf ihr Wahlrecht hinzuweisen (§ 186 Abs 1 GVG). Die an Übersetzer, die zur Erfüllung der Rechte blinder oder sehbehinderter Personen herangezogen werden (§ 191a Abs 1 GVG) und an Gebärdensprachdolmetscher (§ 186 Abs 1 GVG) nach Maßgabe des § 8 JVEG gezahlten Beträge werden als Auslagen des Gerichts nicht erhoben (Nr. 31005 Abs 2 der Anl 1 zu § 3 Absatz 2 GNotKG). **35e**

Das Beurkundungsgesetz vom 28. August 1969 (BGBl I 1513) enthält mehrere Bestimmungen, in denen die Beiziehung eines Dolmetschers vorgesehen ist. Ist ein Beteiligter nach seinen Angaben oder nach Überzeugung des Notars der deutschen Sprache oder, wenn die Niederschrift in einer anderen als der deutschen Sprache aufgenommen wird, dieser Sprache nicht hinreichend kundig, so soll dies in der Niederschrift festgestellt werden (§ 16 Abs 1). Für die Übersetzung (s dazu Abs 2) muss, falls der Notar nicht selbst übersetzt, ein Dolmetscher zugezogen werden (§ 16 Abs 3 Satz 1). In den §§ 22 bis 25 regelt das BeurkG, wie bei der Beteiligung behinderter Personen (hörbehinderte Beteiligte, hör- und sprachbehinderte Beteiligte, mit denen eine schriftliche Verständigung nicht möglich ist, schreibunfähige Beteiligte) **35f** zu verfahren ist. Dolmetscher und Übersetzer werden nach Maßgabe des § 8 JVEG vergütet. Die an Dolmetscher, Übersetzer und Urkundszeugen zu zahlende Vergütung sind Auslagen des Notars (Nr 32010 des Kostenverzeichnisses, Anlage 1 zu § 3 Abs 2 GNotKG) und werden nach Maßgabe des GNotKG vom Kostenschuldner erhoben (§ 29).

35g Nach der Entscheidung des BGH vom 26. 3. 2014 (XII ZB 346/13, FamRZ 2014, 1013) kommt eine Erstattung von **Dolmetscherkosten** neben der Vergütungspauschale des § 4 Abs 2 Satz 1 VBVG, mit der auch die Aufwendungen abgegolten werden, nur für beruflich tätige Betreuer **nicht** in Betracht. Die Regelung der §§ 4, 5 VBVG betrifft nur diejenigen Betreuer, die die Betreuung im Rahmen ihrer Berufsausübung führen (§§ 4 Abs 1 Satz 1, 1 Abs 2 VBVG). Ein **ehrenamtlicher Betreuer** kann deshalb die **Erstattung von Dolmetscherkosten** nach Maßgabe des § 1835 BGB (iVm § 1908i Abs 1 Satz 1 BGB) **verlangen**. Da die Unmöglichkeit oder Erschwerung einer Verständigung mit der betroffenen Person auf deren Hör- oder Sprachbehinderung oder einem Mangel erforderlicher Sprachkenntnis beruht, handelt es sich nicht um einen Eignungsmangel der betreuenden Person, wie ZIMMERMANN (FamRZ 2014, 1812, 1813) annimmt, sondern um ein **Handicap** der betroffenen Person (BIENWALD RpflStud 2015, 76, 77). Sie benötigt die erforderliche Hilfe für eine Verständigung. Eine Übernahme von Dolmetscherkosten wurde durch das SG Hildesheim (1. 12. 2011 – S 34 SO 217/10, ZFSH/SGB 2012, 417) beschlossen, weil diese als nicht zur medizinischen Behandlung gehörig nach dem SGB V von der Krankenkasse nicht übernommen wurden. Gestattet das Gericht dem Verfahrensbeistand die Beiziehung eines Dolmetschers, so steht dies kostenrechtlich der direkten Beauftragung des Dolmetschers durch das Gericht gleich (OLG Frankfurt/M FamRZ 2014, 1135). Nach dem bis zum 1. 9. 2009 geltenden Rechtszustand war das Betreuungsverfahren für nicht der deutschen Sprache mächtige Betroffene im Hinblick auf Dolmetscher- und Übersetzerkosten nicht kostenfrei (OLG München FamRZ 2014, 153). Eine Verpflichtung zur Übernahme notwendiger Dolmetscherkosten ergibt sich auch aus Art 12 des Behindertenrechtsübereinkommens.

35h Die in § 57 SGB IX vorgesehene Förderung der Verständigung hörbehinderter Menschen oder von behinderten Menschen mit besonders starker Beeinträchtigung der Sprachfähigkeit mit der Umwelt beschränkt sich auf erforderliche Hilfen aus besonderem Anlass. Bisher scheint es eine gerichtliche Auseinandersetzung um den Begriff des besonderen Anlasses im Falle rechtlicher Betreuung nicht gegeben zu haben. Zumindest die Aufstellung des Vermögensverzeichnisses in Anwesenheit und Mitwirkung der betreuten Person dürfte neben den gesetzlich bestimmten Kontaktpflichten (deren Vernachlässigung ein wichtiger Grund zur Entlassung des Betreuers sein kann) als besonderer Anlass für die durch Hilfen zustande gekommene Kommunikation in Betracht kommen.

2. Die zu berücksichtigenden Aufwendungen

36 Der Anspruch des Amtsträgers auf Aufwendungsersatz setzt grundsätzlich voraus, dass die Tätigkeit, bei der Aufwendungen entstehen, in den ihm übertragenen Aufgaben-/Wirkungskreis fallen und er die Tätigkeit aus seiner Sicht für erforderlich halten durfte (BayObLGZ 2001, 324 = FamRZ 2002, 638). Das trifft insbesondere auf Verfahrensbeistände und Verfahrenspfleger zu, sofern diese nicht pauschal abgefunden werden (vgl § 158 Abs 7 S 2 bis 4 FamFG). Soweit die Gerichte dem berufsmäßig tätigen Vormund Vergütung für bestimmte Tätigkeiten zubilligen, sind auch grundsätzlich die im Zusammenhang damit getätigten Aufwendungen als jedenfalls dem Grunde nach gerechtfertigt anzusehen. Zu den durch § 158 Abs 7 S 4 FamFG abgegoltenen Aufwendungen zählen auch die **Fahrtkosten** (BGH FamRZ 2010, 1893; OLG Rostock FamRZ 2010, 1181 = ZKJ 2010, 255 = JurBüro 2010, 606). Hat die zur Umgangspflegerin bestellte Person ihre Aufgabe erheblich überschritten, kann es geboten sein, den zu vergütenden Zeitaufwand zu schätzen (KG FamRZ 2013, 478, 479).

Als dem mutmaßlichen Willen des Betreuers entsprechende Aufwendung hat der BGH die Kosten für die Inanspruchnahme eines **Schlüsselnotdienstes** anerkannt, den der Betreute herbeigerufen hatte, nachdem er sich spät abends aus seiner Wohnung, in die er zurückkehren wollte, versehentlich ausgeschlossen hatte (BGH FamRZ 2015, 401 = NJW 2015, 1020). 37

Der Verfahrensbeistand erhält die Vergütungspauschale in jedem Rechtszug (§ 158 Abs 7 S 2 FamFG). Wurde der Verfahrensbeistand für **mehrere Kinder** bestellt, erhält er diese Pauschale für jedes Kind (BGH FamRZ 2018, 48 Rn 8; BGHZ 187, 40 = FamRZ 2010, 1893 Rn 16). Für einen nach Zurückweisung der Sache erneuten Anfall der Pauschalvergütung des Verfahrensbeistands im Verfahren vor dem Ausgangsgericht fehlt eine gesetzliche Grundlage; es handelt sich nicht um einen eigenen Rechtszug (BGH FamRZ 2018, 48 Rn 10/11). Der Anspruch des unentgeltlich tätigen Pflegers auf eine Aufwandsentschädigung entsteht erst mit seiner förmlichen Bestellung (BGH FamRZ 2018, 40 Rn 9). Ein Vergütungsanspruch des Verfahrensbeistands nach § 158 Abs 7 S 2, 3 FamFG entsteht erst durch ein konkretes Tätigwerden im (Kindes-)Interesse. Die bloße Entgegennahme und das Lesen der eine Begründung noch nicht enthaltenden Beschwerdeschrift durch den Verfahrensbeistand (hier: im Beschwerdeverfahren) reicht nicht aus (OLG Celle FamRZ 2013, 573). Eine Übertragung zusätzlicher Aufgaben auf den Verfahrensbeistand mit der Konsequenz höherer Vergütung einschließlich Aufwendungsersatz (§ 158 Abs 4 S 3, Abs 7 S 3 FamFG), wie sie das FGG-RG eingeführt hat, hat im Verfahrenspflegschaftsrecht in Betreuungs- und in Unterbringungssachen Volljähriger keine Entsprechung gefunden (§§ 276, 317 FamFG). Eine Abrechnung von sechs Fahrten pauschal nach § 1835 Abs 1 BGB anstelle der Aufwandspauschale kann nicht verlangt werden (LG Lübeck FamRZ 2011, 1170 = Rpfleger 2011, 503). 38

Für die **verschiedenen** in Betracht kommenden Aufwendungen (Porti, Telekommunikationsentgelte, Büro- und Schreibarbeiten sowie Büro- und Schreibmaterial) gibt es keine gesetzlich vorgegebenen Erstattungstarife. Lediglich für den Ersatz von Fahrtkosten sieht § 1835 Abs 1 S 1 HS 2 BGB vor, dass die in § 5 des Justizvergütungs- und -entschädigungsgesetzes (JVEG) für Sachverständige getroffene Regelung entsprechend gelten soll. Danach werden dem Vormund und dem Gegenvormund an **Fahrtkosten** die bei Benutzung von öffentlichen, regelmäßig verkehrenden Beförderungsmitteln tatsächlich entstandenen Auslagen bis zur Höhe der entsprechenden Kosten für die Benutzung der ersten Wagenklasse der Bahn einschließlich der Auslagen für Platzreservierung und Beförderung des notwendigen Gepäcks ersetzt (§ 5 Abs 1 JVEG). Bei Benutzung eines eigenen oder unentgeltlich zur Nutzung überlassenen **Kraftfahrzeugs** werden zur Abgeltung der Anschaffungs-, Unterhaltungs- und Betriebskosten sowie zur Abgeltung der Abnutzung des Kraftfahrzeugs 0,30 Euro für 39 jeden gefahrenen Kilometer zuzüglich der durch die Benutzung des Kraftfahrzeugs aus Anlass der Reise regelmäßig anfallenden baren Auslagen, insbesondere der Parkentgelte, ersetzt. Höhere Fahrtkosten werden ersetzt, soweit dadurch Mehrbeträge an Vergütung oder Entschädigung erspart werden oder höhere Fahrtkosten wegen besonderer Umstände notwendig sind. Für Reisen während der Termindauer werden die Fahrtkosten nur insoweit ersetzt, als dadurch Mehrbeträge an Vergütung oder Entschädigung erspart werden, die beim Verbleiben an der Terminstelle gewährt werden müssten. Wird die Reise zum Ort des Termins von einem anderen als dem in der Ladung oder Terminmitteilung bezeichneten oder der zuständigen Stelle unverzüglich angezeigten Ort angetreten oder wird zu einem anderen als zu diesem Ort zurückgefahren, werden Mehrkosten nach billigem Ermessen nur dann ersetzt, wenn der Berechtigte zu diesen Fahrten durch besondere Umstände genötigt war.

40 Für **Fotokopien** wurden nach wohl überwiegender Praxis 0,15 Euro (früher 0,30 DM) bewilligt (BayObLG FamRZ 2002, 495 = NJWE-FER 2001, 292; LG Darmstadt FamRZ 2000, 1046; OLG Dresden Rpfleger 2001, 492 = BtPrax 2001, 220 [LS]; OLG Zweibrücken FamRZ 2001, 864 = FGPrax 2001, 115 = BtPrax 2001, 169 mit ausdrücklicher Feststellung, dass § 11 Abs 2 ZSEG iVm Nr 9000 KV-GKG nicht entsprechend anzuwenden sei; LG Hamburg BtPrax 2003, 43 nur zum Umfang der angefertigten **Kopien**, nicht zum Erstattungsbetrag pro Blatt. Zu abweichenden Entscheidungen s ZIMMERMANN FamRZ 2002, 1373), nach VV-RVG 7 000 0,50 Euro/Stck für die ersten 50.

41 Wenn ein Rechtsanwalt eine Entschädigung gemäß § 1835 Abs 3 BGB anstrebt, kann fraglich sein, ob ihm Kopierkosten zu erstatten sind. Wird die Auffassung vertreten, dass sich die Entschädigung in vollem Umfang nach dem RVG (bisher BRAGO) richtet (BayObLGZ 2003, 120 = FGPrax 2003, 179), ist auch die Auslagenerstattung danach zu bestimmen (vgl BGH FamRZ 2003, 666 = NJW 2003, 1127 = Rpfleger 2003, 215, wonach Fotokopierkosten vorbehaltlich der in § 27 Abs 1 Nr 2 und § 6 Abs 2 BRAGO geregelten Ausnahmen grundsätzlich nicht erstattungsfähig sind). Der Ersatz entstandener Aufwendungen für Rechtsanwälte richtet sich seit 1. 7. 2004 nach dem Gesetz über die Vergütung der Rechtsanwältinnen und Rechtsanwälte (Rechtsanwaltsvergütungsgesetz – RVG) v 5. 5. 2004 (Teil 7 des Vergütungsverzeichnisses). Bei Fertigung der Kopien auf einem Gerät in seinem Büro kann auf die Dokumentenpauschale in RVG VV 7000 Nr 1 als Schätzungsgrundlage zurückgegriffen werden (BGH Rpfleger 2014, 261, auch zur Schätzung der erstattungsfähigen Kopieraufwendungen allgemein bei einem Anwalt als Verfahrenspfleger); s auch LG Kassel BtPrax 2012, 130 (LS).

42 Einem Verein, dessen Mitarbeiter zum Vereinsbetreuer bestellt worden ist, wurde nach OLG Schleswig (FamRZ 2002, 1656 = BtPrax 2002, 221 [LS] = MDR 2002, 1194 m krit Anm BIENWALD MDR 2002, 1415) mit der Begründung, es handele sich um allgemeine Geschäftskosten, weder nach § 1908e Abs 1 S 2 (aF) noch nach § 11 ZSEG Ersatz von Vorhaltekosten für **Computer**, Faxgeräte und Schreibmaschinen, sowie Materialkosten für Farbbänder und Tinte und die Kosten für Fax-, Computer-, **Briefpapier** und Briefumschläge zugebilligt.

43 Die Kosten eines **Postnachsendeauftrags** können dann als erstattungsfähig anerkannt werden, wenn (in diesem Fall) dem Betreuer der Aufgabenkreis der Postkontrolle zugewiesen worden ist und durch den Auftrag gewährleistet wird, dass der Betreuer von der gesamten eingehenden Post der betreuten Person, soweit zulässig, Kenntnis nehmen kann (OLG Zweibrücken FamRZ 2005, 2019; FGPrax 2005, 216; auch OLG Köln BtPrax 2007, 255). Dazu, zu Porti und Telekommunikationsentgelten sowie zu weiteren Aufwendungen siehe Deinert/Lütgens, Die Vergütung des Betreuers (6. Aufl 2012) Rn 191 ff, 200 ff, 204 ff.

§ 1835 Abs 5 S 2 BGB, wonach **allgemeine Verwaltungskosten** nicht ersetzt werden, 44
gilt entsprechend für Betreuungsvereine (§ 7 Abs 2 S 2 VBVG). Die Betreuungsbehörde kann im Falle ihrer Bestellung zum Betreuer Aufwendungsersatz nach § 1835 Abs 1 S 1 und 2 BGB iVm Abs 5 S 2 verlangen, soweit eine Inanspruchnahme des Betreuten nach § 1836c BGB zulässig ist (§ 8 Abs 2 VBVG). Allgemeine Verwaltungskosten sind nicht identisch mit allgemeinen Bürokosten oder den allgemeinen Geschäftskosten einer Anwaltskanzlei und ihnen auch nicht gleichzusetzen. Ebenso wenig ist Verbrauchsmaterial (Briefpapier, Briefumschläge) mit den Vorhaltekosten für Geräte und den Kosten gleichzusetzen, die für die Unterhaltung des Büros erforderlich sind (zB Verbrauchskosten für Strom und Heizung).

3. Zu weiteren erstattungsfähigen Kosten

Erstattungsfähige Aufwendungen sind auch die Kosten einer angemessenen Versi- 45
cherung gegen Schäden, die dem Mündel durch den Vormund oder Gegenvormund zugefügt werden können oder die dem Vormund oder Gegenvormund dadurch entstehen können, dass er einem Dritten zum Ersatz eines durch die Führung der Vormundschaft verursachten Schadens verpflichtet ist (Abs 2 S 1 HS 1). Die Einbeziehung der Versicherungskosten in die vorschuss- und ersatzfähigen Aufwendungen sollte die Rechtsstellung des Vormunds und des Gegenvormunds stärken. Insofern der Vormund nicht von sich aus eine Versicherung eingegangen ist, kann das Familiengericht ihm aufgeben, eine Versicherung gegen Schäden, die er dem Mündel zufügen kann, einzugehen (§ 1837 Abs 2 S 2 BGB). Der Ersatz der oa Versicherungskosten kommt für Vereine und das Jugendamt nicht in Betracht (Abs 5 S 2), ist dagegen für ehrenamtlich tätige Verfahrenspfleger und Verfahrensbeistände nicht ausgeschlossen (§§ 277 Abs 1, 158 Abs 7 S 1 FamFG). Die Eingehung einer Versicherung beruht auf Freiwilligkeit und geschieht aus eigenem Interesse. Eine Verpflichtung eines Verfahrenspflegers oder -beistands durch das Gericht zum Abschluss einer Versicherung gemäß § 1837 Abs 2 S 2 BGB kommt nicht in Betracht; die Anwendung dieser Bestimmung auf Verfahrenspfleger und -Beistände ist nicht vorgesehen. Das ist auch einsichtig, weil der Verfahrensbeistand und der Verfahrenspfleger die Interessen der Betroffenen in den Verfahren wahrzunehmen, dh festzustellen und zur Geltung zu bringen haben (§§ 158 Abs 4 S 1, 276 Abs 1, 317 Abs 1 FamFG), nicht dagegen eine die materielle Rechtslage verändernde Tätigkeit auszuüben haben. Die Erstattung der Versicherungskosten entfällt dann, wenn ein Vormund oder Gegenvormund eine Vergütung nach § 1836 Abs 1 S 2 BGB, § 1 Abs 2 S 1 VBVG erhält, weil er diese Aufgabe berufsmäßig wahrnimmt. Sie entfällt nicht, wenn eine ehrenamtlich tätige Person eine Vergütung nach § 1836 Abs 2 BGB erhält. Im Falle der Bestellung eines Vereins- oder eines Behördenbetreuers ist die Erstattung von Versicherungskosten ebenfalls nicht vorgesehen (§§ 7 Abs 2 S 2, 8 Abs 2 VBVG). Erhalten diese Personen eine Vergütung mit Inklusivsätzen, sind Aufwendungen jeglicher Art grundsätzlich abgegolten (§ 4 Abs 2 VBVG). Im Übrigen nehmen § 7 Abs 2 und § 8 Abs 2 VBVG nicht auf § 1835 Abs 2 BGB Bezug.

46 Zu den erstattungsfähigen Versicherungskosten gehören nicht die Kosten der Haftpflichtversicherung des Halters eines Kraftfahrzeugs (Abs 2 S 1 HS 2).

47 Die Versicherungskosten können als Aufwendungen nur insoweit anerkannt werden, als sie dem Grunde und der Höhe nach angemessen sind. Die Amtsträger sind gehalten, unnötig hohe Versicherungskosten zu vermeiden. Möglichkeiten von Sammelversicherungen sind zu nutzen (zu den Aufwendungen des Abs 2, zu einzelnen Haftungsfällen und einem Beispiel für eine Sammelversicherung s Deinert/Lütgens 73 ff und Meier 97 mwNw).

4. Von der Erstattung (grundsätzlich) ausgenommene Kosten

a) Kosten der Versicherung gegen Eigenschäden

48 Nach dem Regierungsentwurf des Betreuungsgesetzes (BT-Drucks 11/4528, 13, 109) sollten auch die Kosten einer angemessenen Versicherung gegen Schäden, die der Vormund oder Gegenvormund bei der Führung der Vormundschaft erleiden kann, als Aufwendungen gemäß § 1835 Abs 2 BGB erstattungsfähig sein. Die Bundesregierung konnte sich gegenüber dem Bundesrat jedoch nicht durchsetzen (BT-Drucks 11/4528, 205, 226), sodass diese Regelung nicht Gesetz wurde.

b) Kosten der Einführung, Fortbildung, Beratung, Unterstützung, Supervision

49 Ebenfalls nach dem Regierungsentwurf des Betreuungsgesetzes (BT-Drucks 11/4528, 13, 110) sollten als Aufwendungen die Kosten zu ersetzen sein, die dem Vormund oder Gegenvormund für die Einführung in seine Aufgaben sowie für seine Fortbildung, Beratung und Unterstützung durch einen für geeignet erklärten (§ 1791a BGB) Verein entstehen. Zur Fortbildung rechnete der Entwurf auch den Erfahrungsaustausch in Form von Gesprächen (vgl § 1908 f Abs 1 Nr 3 BGB, der jedoch lediglich von Mitarbeitern spricht). Die Aufwendungen sollten der Höhe nach begrenzt sein. Der Bundesrat wollte mit diesen Kosten den einzelnen Betroffenen nicht belasten (zur Begründung im Einzelnen s BT-Drucks 11/4528, 205). Er hielt es außerdem nicht für gerechtfertigt, mit den an einen Verein zu leistenden Fortbildungskosten den Betroffenen zu belasten; die Förderung und Gewinnung von Betreuungspersonen sei eine den Sozialbereich betreffende Aufgabe. Supervisionskosten (hier: eines Verfahrenspflegers) sind (regelmäßig) nicht vergütungsfähig (OLG Koblenz FamRZ 2013, 240; OLG Brandenburg FamRZ 2003, 256 m Anm Bienwald; BGH FamRZ 2007, 1548).

50 Die Bundesregierung setzte sich mit ihrer Vorstellung nicht durch. Die nur unzulängliche, wenn nicht inzwischen eingestellte oder von vornherein nicht vorgesehene Förderung der Vereine stellt ein Problem in der Gesamtkonzeption des Betreuungsrechts(-wesens) dar und hat zu den bekannten Verzerrungen hinsichtlich der Zahl der von den Vereinen zum Zwecke der Finanzierung übernommenen Betreuungen geführt (vgl zur Situation der katholischen Betreuungsvereine im Erzbistum Köln [„Wir sind an unsere Grenze gekommen"] Caritas in NRW Dezember 2018, 3).

51 Zu einzelnen Fällen von Kostenübernahme für Fortbildung und Literaturbeschaffung s Deinert/Lütgens 71 und Meier 69; ferner Bach, Kostenregelungen für Betreuungspersonen 45 f.

5. Ausgaben, die nicht als Aufwendungen zu erstatten sind

Schäden, die dem Vormund in Erfüllung seiner Aufgaben an seinem Kraftfahrzeug entstehen, sind nicht erstattungsfähig (LG Bückeburg NJW-RR 2002, 506 = NdsRpfl 2001, 307). 52

Für Schäden, die ihm von dem Mündel zugefügt werden, kann der Vormund keinen Aufwendungsersatz aus der Staatskasse verlangen (für Betreuungen entschieden von LG Hamburg BtPrax 2002, 270).

Aufwendungen, die einer Pflegemutter entstehen und das Pflegefamilienverhältnis betreffen, können ihr, wenn sie als Ergänzungspflegerin für die Gesundheitssorge des Pflegekindes bestellt worden ist, nicht erstattet werden. Erstattungsfähig sind nur die ihr durch die Pflegschaft für die Gesundheitssorge des Kindes entstandenen Aufwendungen (OLG Schleswig 20. 12. 2013 – 15 WF 257/13, FamRZ 2015, 424). 53

6. Umsatzsteuererstattung

Der Aufwendungsersatzanspruch nach §§ 1835 Abs 1 S 1, 670 BGB erfasst auch die von dem Vormund auf die verauslagten Beträge zu entrichtende Umsatzsteuer, sofern diese nicht gemäß § 19 Abs 1 UStG unerhoben bleibt (LG Darmstadt FamRZ 2000, 1046). Es ist jetzt unstreitig, dass auch die auf den Aufwendungsersatz entfallende Umsatzsteuer, wie in § 3 Abs 1 S 3 VBVG für die Vergütung ausdrücklich geregelt, zu erstatten ist (zur Entwicklung der Rechtsprechung in diesem Punkt s Bienwald, Verfahrenspflegschaftsrecht Rn 708). Wird das Entgelt in Form einer Pauschale geleistet, gilt diese auch die anfallende Umsatzsteuer ab. Das betrifft den berufsmäßig tätigen Verfahrensbeistand (§ 158 Abs 7 S 2 ff FamFG), in der Regel den berufsmäßig tätigen Betreuer (§ 4 Abs 2 S 1 VBVG), ggf auch den Verfahrenspfleger (§ 277 Abs 3 FamFG). Steht dem berufsmäßig tätigen Betreuer Aufwendungsersatz aus dem Vermögen des Betroffenen zu und bedarf es wegen der Entnahmemöglichkeit keiner gerichtlichen Festsetzung oder Anweisung, kommt auch wegen der beanspruchten Umsatzsteuer eine gerichtliche Festsetzung nicht in Betracht (LG Chemnitz FamRZ 2000, 178). Nach Auffassung des FG Köln (17. 5. 2017 – 9 K 3140/14, FamRZ 2018, 70 [LS]) ist die Vergütung des nach § 158 FamFG bestellten Verfahrensbeistands weder nach deutschem Recht noch nach EU-Recht von der Umsatzsteuer befreit. Gegen diese Entscheidung wurde Revision beim BFH eingelegt (V R 27/17; Anm d Redaktion). 54

Auf Portoauslagen ist die Umsatzsteuer zu erstatten (OLG Düsseldorf FamRZ 2002, 638; LG Göttingen NdsRpfl 2003, 10), nicht dagegen auf die Bruttobeträge der Entgelte für Telekommunikationsleistungen, zB Fax-Kosten (LG Göttingen NdsRpfl 2003, 10). 55

7. Dienste, die zum Gewerbe oder Beruf des Amtsträgers gehören (Absatz 3)

a) Allgemeines

Nach § 1835 Abs 3 BGB kann der Vormund (und der Gegenvormund) Vorschuss oder Ersatz auch für die zum Zwecke der Führung der Vormundschaft geleisteten Dienste verlangen, die zu seinem Gewerbe oder seinem Beruf gehören. Für andere Dienste besteht kein entsprechender Ersatzanspruch. Dem liegt der Gedanke zugrunde, dass es der Billigkeit entspricht, für solche Fälle eine Ausnahme von dem Grund- 56 satz der Unentgeltlichkeit der vom Vormund geleisteten Dienste zu machen, in denen der Vormund eine Vergütung für geleistete Dienste auch von jeder anderen Person zu fordern berechtigt wäre (Mot IV 1181). § 1835 Abs 3 BGB dient nicht dazu, einen erhöhten Zeitaufwand oder besondere Kenntnisse einer Person, die eine Vormundschaft, Pflegschaft oder Betreuung berufsmäßig führt, zusätzlich zu honorieren (OLG München FamRZ 2008, 1560, 1561 = BtPrax 2008, 129; für den Fall einer Betreuung entschieden).

57 Dem Sinn der Vorschrift entspricht eine einschränkende Auslegung dahin, dass die Zugehörigkeit von Diensten zum Kreis der beruflichen Angelegenheiten des Vormunds allein noch nicht genügt, dass es sich vielmehr um Dienste handeln muss, die einem den maßgebenden Beruf ausübenden Dritten hätten übertragen werden müssen, wenn nicht der Vormund selbst diesen Beruf ausübt (RGZ 149, 121, 124; BayObLG FamRZ 1977, 558; OLG Frankfurt NJW 1951, 276; OLG Braunschweig NdsRpfl 2001, 261). Der Arzt kann also für ärztliche Behandlung seines Mündels, der Rechtsanwalt für die Vertretung seines Mündels in Rechtsstreitigkeiten (OLG Frankfurt NJW 1966, 554; OLG Hamm NJW 1966, 2129, 2130 = MDR 1996, 517), ein Steuerberater für die Erledigung der Steuererklärung seines Mündels (Erman/Saar Rn 6), der Lehrer für die Erteilung von Unterricht, der Handwerker für Handwerksarbeiten vom Mündel wie von einem Dritten Bezahlung verlangen, während auch diesen Personen für Dienste, die von jedermann geleistet werden können, kein Anspruch auf Vergütung zusteht. Die Anwendung der Vorschrift entfällt, wenn die Bestellung im Hinblick auf Sprachkenntnisse vorgenommen worden ist, die zur Verständigung mit der betroffenen Person erforderlich waren (OLG Köln FamRZ 2008, 921 m Anm Bienwald); Dolmetschertätigkeiten der bestellten (hier: betreuenden) Person im Rahmen der typischen (Betreuer) Tätigkeiten werden (nur) nach allgemeinen Vorschriften vergütet (OLG Braunschweig NdsRpfl 2001, 261). Dem Vormund, der Rechtsanwalt ist, steht für die Einnahme und Ablieferung von Geldern nicht die Hebegebühr der Nr 1009 VV RVG zu, und er kann Schreibgebühren nicht nach Maßgabe des RVG, sondern nur insoweit verlangen, als wegen des Umfangs oder der Dringlichkeit der Sache die Zuziehung einer Schreibkraft auch bei jedem Dritten angemessen wäre (noch zur BRAGO Erman/Holzhauer Rn 8; BGB-RGRK/Dickescheid Rn 9; s auch Schmidt NJW 1970, 1406, 1407; Nachweise der älteren Literatur und Rechtsprechung bei Staudinger/Engler[10/11] Rn 8).

58 Die Bestimmung des Abs 3 gewinnt besondere Bedeutung, wenn Rechtsanwälte als Vormünder (oder Pfleger) bestellt werden. Das ergibt sich nicht unmittelbar aus dieser Vorschrift, sondern aus § 1 Abs 2 RVG. Danach gilt das RVG nicht, wenn ein Rechtsanwalt als Vormund, Betreuer, Pfleger oder Verfahrenspfleger/Verfahrensbeistand tätig wird, jedoch bleibt § 1835 Abs 3 BGB unberührt. Hierdurch werden Rechtsanwälte in diesen Funktionen gegenüber anderen insofern privilegiert, als im Fall ihrer Bestellung zum Verfahrenspfleger/Verfahrensbeistand die Anwendung von § 1835 Abs 3 BGB ausdrücklich ausgeschlossen ist, für Rechtsanwälte jedoch über die Regelung in § 1 Abs 2 S 2 RVG anwendbar bleibt. Damit wollte der Gesetzgeber einerseits verdeutlichen, dass die Führung einer Verfahrenspflegschaft/Verfahrensbeistandschaft allein nicht als Erbringung anwaltlicher Dienste angesehen werden kann (BT-Drucks 13/7158, 41). Er hat andererseits – abstrakt – für möglich gehalten, dass ein Verfahrenspfleger/Verfahrensbeistand im Rahmen seines Aufgabenkreises Rechtsberatung oder Rechtsbesorgung schulden kann. Der als Ergänzungspfleger bestellte Rechtsanwalt kann nach § 1835 Abs 3 BGB BGB eine Pflegschaftstätigkeit nach anwaltlichem Gebührenrecht abrechnen, wenn und soweit sich die zu bewältigende Aufgabe als eine für den Anwaltsberuf spezifische Tätigkeit darstellt (BGH FamRZ 2014, 472 = Rpfleger 2014, 258; BGH FamRZ 2014, 640 [LS]). Im Falle eines mittellosen Pfleglings beschränkt sich der Anspruch auf die Gebührensätze der Beratungshilfe (BGH wie eben).

Der anwaltliche Verfahrenspfleger kann eine Vergütung nach dem RVG aber nur beanspruchen, soweit er im Rahmen seiner Bestellung solche Tätigkeiten zu erbringen hat, für die ein Laie in gleicher Lage vernünftigerweise einen Rechtsanwalt zuziehen würde (BGH FamRZ 2015, 137 Rn 8 mwNw; FamRZ 2014, 1629 Rn 10, FamRZ 2011, 203 m Anm Fröschle und wNw = BtPrax 2011, 85 = NJW 2011, 453; FamRZ 2012, 1377, 1378 = BtPrax 2012, 205 = NJW 2012, 3307; OLG Köln Rpfleger 2018, 328 = FamRZ 2018, 534; OLG Rostock Rpfleger 2010, 77; OLG München FamRZ 2009, 1708 [LS] bezogen auf Betreuer; OLG Düsseldorf Betreuungsmanagement 2008, 99; OLG Schleswig ZKJ 2009, 83). Die Abrechnung auf der Grundlage des RVG ist nur gerechtfertigt, wenn die zu bewältigende Aufgabe besondere rechtliche Fähigkeiten erfordert und daher eine originär anwaltliche Dienstleistung darstellt (LG Limburg FamRZ 2009, 1006 m Anm Bienwald = Rpfleger 2009, 232; BayObLG MittBayNot 2005, 504 [506]; OLG München FamRZ 2008, 2150, 2151 mNw = FGPrax 2008, 207; OLG Köln FamRZ 2008, 2064 m Anm Bienwald; OLG Oldenburg FamRZ 2012, 1961 [LS]). Zur Bestellung im Rahmen des Unterbringungsverfahrens BGH FamRZ 2013, 1301 = Rpfleger 2014, 671. Das trifft auf einen anwaltlichen Verfahrenspfleger zu, der eine Scheidungsfolgenvereinbarung prüfen sollte (LG Limburg FamRZ 2009, 1006 m Anm Bienwald). Zur Bestellung eines Verfahrenspflegers in einer Nachlasspflegschaftssache OLG Köln Rpfleger 2018, 328 = FamRZ 2018, 534. Für die Einlegung eines Widerspruchs kann eine Betreuerin, die zugleich Rechtsanwältin ist, nur dann ein Anwaltshonorar gem § 1835 Abs 3 verlangen, wenn auch für einen voll geschäftsfähigen Widersprechenden die Einschaltung eines Rechtsanwalts erforderlich gewesen wäre (OVG Berlin – Brandenburg FamRZ 2018, 1779 [LS] im Anschluss an OVG Hamburg NJW-RR 1999, 518). 59

Es gilt auch für den als Berufsbetreuer in einem sozialgerichtlichen Verfahren tätigen Rechtsanwalt (LSG NRW FamRZ 2009, 643), ausnahmsweise auch für einen anwaltlichen Betreuer bei einem Grundstücksgeschäft (OLG München FamRZ 2009, 1708 [LS] = Rpfleger 2009, 455 = BtPrax 2009, 190 = FGPrax 2009, 167). Wahrnehmung der Interessen der Betroffenen in einem Verfahren betreffend die betreuungsgerichtliche Genehmigung einer Grundbesitzveräußerung (BGH FamRZ 2015, 137). Handelt es sich bei einer anwaltlich geführten Ergänzungspflegschaft um Dienste, die eine spezifische anwaltliche Vertretung nicht erfordern, oder nur um eine berufstypische Aufgabe, zu deren Erledigung keine besonderen rechtlichen Fähigkeiten erforderlich sind, richtet sich die Vergütung nach dem VBVG (OLG Oldenburg FamRZ 2012, 1961 [LS]); wenn und soweit sich die zu bewältigende Aufgabe als eine für den Beruf des Rechtsanwalts spezifische Tätigkeit darstellt (hier: Vertretung eines minderjährigen unbegleitet eingereisten Flüchtlings für ausländerrechtliche und asylrechtliche Angelegenheiten), Abrechnung nach anwaltlichem Gebührenrecht (BGH FamRZ 2014, 472; FamRZ 2014, 640 [LS]). Der Aufwendungsersatzanspruch des anwaltlichen Ergänzungspflegers eines mittellosen Pfleglings ist im Rahmen der Abrechnung nach dem RVG auf Gebührensätze der Beratungshilfe beschränkt (BGH Rpfleger 2014, 258 = FamRZ 2014, 472 Rn 11a; BGH FamRZ 2014, 640 [LS]). Pflicht des anwaltlichen Ergänzungspflegers zur Beantragung von PKH bzw für die außergerichtliche Beratung Beratungshilfe (BGH FamRZ 2007, 381, 383 f; BGH Rpfleger 2014, 258 Rn 11a). 60

61 Stellt das Gericht bei der Bestellung des Verfahrenspflegers fest, dass eine anwaltsspezifische Tätigkeit erforderlich ist, bindet dies die spätere Kostenfestsetzung (BGH FamRZ 2013, 1301 Rn 8 mwNw; BGH FamRZ 2012, 1866 Rn 9; BGH FamRZ 2011, 203 Rn 17). Eine Prüfung, ob die Voraussetzungen für eine anwaltsspezifische Tätigkeit tatsächlich vorgelegen haben, findet im Festsetzungsverfahren nicht mehr statt (BGH Rpfleger 2014, 671 Rn 12); ebenso im Falle einer Ergänzungspflegschaft für die Vertretung eines unbegleitet eingereisten minderjährigen mittellosen Flüchtlings zwecks Vertretung in asyl- und ausländerrechtlichen Angelegenheiten (BGH FamRZ 2014, 640 [LS]). Diese Feststellung ist nicht mit der Beschwerde anfechtbar (BGH FamRZ 2013, 1301 = MDR 2013, 926). Die Feststellung des Gerichts im Bestellungsbeschluss, die Tätigkeit werde berufsmäßig ausgeübt, reicht nicht (Umkehrschluss aus BGH FamRZ 2014, 1629; Anwalt als Verfahrenspfleger in einer Unterbringungssache). Eine Abrechnung nach § 1835 Abs 3 BGB kommt jedoch auch in Betracht, wenn im Einzelfall die Wahrnehmung anwaltstypischer Aufgaben erforderlich war (BGH FamRZ 2014, 1629).

62 Ist eine Rechtsanwältin als Verfahrenspflegerin bestellt worden, darf sie sich auf die bei ihrer Bestellung getroffene Feststellung des Familienrichters verlassen, ihre in Anspruch genommene Tätigkeit sei als anwaltliche Tätigkeit zu werten, mit der Konsequenz einer Vergütung nach dem RVG (OLG Schleswig ZKJ 2009, 83).

63 Bei der Prüfung, ob einem (hier als Betreuer tätigen) Anwalt eine Vergütung nach § 1 Abs 2 RVG iVm § 1835 Abs 3 BGB zusteht, sind (nach LG Mainz NJW-RR 2006, 1444; in der Sache ging es um ein Mietkündigungsverfahren) strenge Maßstäbe anzulegen. Dabei ist zu beachten, dass jede Betreuung (wie auch jede Vormundschaft) ihrer Natur nach Rechtshandlungen erforderlich macht, die auch von Personen ohne juristische Kenntnisse und Ausbildung übernommen werden. So müssen Nichtjuristen grundsätzlich in der Lage sein, entsprechende Aufgaben, die keine besonderen rechtlichen Schwierigkeiten aufweisen, ohne Einschaltung eines Anwalts zu bewältigen (LG Mainz NJW-RR 2006, 1444). Der zum Verfahrenspfleger in einer Unterbringungssache bestellte Rechtsanwalt kann seine Tätigkeit nur dann als berufsspezifische Dienstleistung nach dem RVG abrechnen, wenn ein Laie als Verfahrenspfleger anwaltlichen Rat gesucht hätte (OLG München FGPrax 2008, 207).

64 Bedenklich deshalb die Praxis von Gerichten, bei der Bestellung von Anwälten ohne nähere Begründung entsprechende Feststellungen zu treffen. Ein Rechtsanwalt, der zugleich Betreuer eines Rechtsbehelfsführers ist, kann seine originären Tätigkeiten als Rechtsanwalt nach § 1835 Abs 3 BGB gesondert abrechnen; er muss aber bei der Abrechnung hinreichend (nicht notwendig durch ausdrückliche Anzeige seiner Vertretung) deutlich machen, in seiner Eigenschaft als Rechtsanwalt tätig zu werden bzw geworden zu sein (SozG Berlin FamRZ 2011, 1170 mwNw). Überschreitet die Tätigkeit des anwaltlichen Ergänzungspflegers notwendigerweise die typischerweise im Rahmen der Beratungshilfe zu erbringenden Leistungen, kann der Rechtsanwalt ohne Begrenzung durch die Gebührensätze der Beratungshilfe eine Vergütung nach §§ 1915 Abs 1, 1835 Abs 4 BGB iVm dem RVG beanspruchen (OLG Frankfurt FamRZ 2013, 1160).

65 Soweit die Rechtsprechung einem Rechtsanwalt die Abrechnung seiner Tätigkeit als Verfahrenspfleger oder Verfahrensbeistand aufgrund von § 1835 Abs 3 BGB nach den Vorschriften des RVG zubilligt, weil eine Tätigkeit wahrgenommen wurde, für die eine für diese Aufgabe nicht juristisch vorgebildete Person einen Rechtsanwalt beauftragt bzw dessen Unterstützung in Anspruch genommen hätte (BGH FamRZ 2015, 137 Rn 8; FamRZ 2012, 1377 = NJW 2012, 3307; BGH FamRZ 2011, 203 m Anm Fröschle = BtPrax 2011, 85; LG Limburg FamRZ 2009, 1006 m Anm Bienwald = Rpfleger 2009, 232), beruht diese Argumentation auf einer unzureichenden Anwendung und Interpretation der Bestellungsvorschriften. Danach kommt als Verfahrenspfleger/Verfahrensbeistand nur jemand in Betracht, der für diese Aufgabe geeignet ist. So ausdrücklich § 158 Abs 1 FamFG. Für den Verfahrenspfleger ergibt sich diese Voraussetzung aus § 276 Abs 3 und 4 und § 317 Abs 3 und 4 FamFG. Die Funktion dieser Personen besteht in der Interessenwahrnehmung des Betroffenen in Bezug auf das Verfahren. Weitergehende Angelegenheiten, für deren Besorgung bzw Entscheidung die Mitwirkung eines Rechtsanwalts erforderlich sein könnte, sind nicht Aufgabe des Verfahrenspflegers oder Verfahrensbeistands. Wird ein Anwalt mit dieser Aufgabe betraut, kann dies grundsätzlich nur deshalb in Betracht kommen, weil eine andere geeignete Person nicht zur Verfügung steht. Das rechtfertigt aber nicht eine Abrechnung nach RVG.

Die Frage, unter welchen Umständen ein Verfahrenspfleger im Einzelfall die Voraussetzungen erfüllt, unter denen ihm eine Vergütung nach dem Rechtsanwaltsvergütungsgesetz zu bewilligen ist, obliegt einer wertenden Betrachtung des Tatrichters. Dessen Würdigung kann im Rechtsbeschwerdeverfahren nur daraufhin überprüft werden, ob der Tatrichter die maßgebenden Tatsachen vollständig und fehlerfrei festgestellt und gewürdigt hat, von ihm Rechtsbegriffe verkannt oder Erfahrungssätze verletzt wurden und er die allgemein anerkannten Maßstäbe berücksichtigt und richtig angewandt hat (BGH Rpfleger 2015, 141 in Fortführung v BGH FamRZ 2012, 113). 66

Bei der Entscheidung eines Rechtsanwalts, ob er seine Aufwendungen für die Tätigkeit als Berufsvormund/-betreuer nach Abs 3 iVm den Vorschriften des RVG geltend macht oder ob er eine Vergütung nach § 1836 BGB iVm den Bestimmungen des VBVG verlangt, handelt es sich weder um ein Wahlrecht im Sinne des § 262 BGB noch um eine Leistungsbestimmung im Sinne des § 315 BGB (OLG Hamm FamRZ 2007, 1186 = BtPrax 2007, 255; **aA** OLG Frankfurt/M FamRZ 2015, 1119 [LS] = Rpfleger 2015, 544 [LS]). Der Rechtsanwalt, der zunächst die Festsetzung einer nach dem Zeitaufwand berechneten Vergütung beantragt hat, verliert jedenfalls bis zum Eintritt der Rechtskraft einer Entscheidung im Festsetzungsverfahren nicht das Recht, für seine Tätigkeit Aufwendungsersatz nach Abs 3 iVm dem anwaltlichen Gebührenrecht verlangen zu können (OLG Hamm FamRZ 2007, 1186; LG München I FamRZ 2008, 2296; OLG Frankfurt/M FamRZ 2015, 1119 [LS]; zur Begrenzung des Anspruchs OLG Köln NJW-RR 2003, 712 sowie unten Rn 82). In der Entscheidung wendet sich das Landgericht gegen die „üblich gewordene Unsitte“, einem Rechtsanwalt, der sich für berechtigt hält, seine Tätigkeit als Verfahrenspfleger nach RVG abzurechnen, überhaupt keine Vergütung zuzusprechen, wenn er sich der Auffassung des Kostenbeamten nicht anschließt und seinen Antrag nicht auf das umstellt, was der Kostenbeamte ihm zuzubilligen bereits ist. 67

Stellt das Gericht bei der Bestellung fest, dass eine anwaltsspezifische Tätigkeit erforderlich werden wird, bindet die Feststellung die anschließende Kostenfestsetzung. Auf die Frage, wie beziehungsweise ob die Erforderlichkeit im Einzelnen durch das Gericht begründet wird, kommt es nicht an (BGH FamRZ 2011, 203 m Anm Fröschle = 68

BtPrax 2011, 85). Die Frage, unter welchen Umständen ein Verfahrenspfleger im Einzelfall die Voraussetzungen für die Bewilligung einer Vergütung nach RGV erfüllt, obliegt einer, der Überprüfung im Rechtsbeschwerdeverfahren nur begrenzt unterliegenden, wertenden Betrachtung des Tatrichters (BGH FamRZ 2015, 137 Rn 10).

69 Ist eine Rechtsanwältin vom Familiengericht als Verfahrenspflegerin (jetzt: Verfahrensbeistand) bestellt worden, darf sie sich auf die bei ihrer Bestellung getroffene Feststellung verlassen, ihre in Anspruch genommene Tätigkeit sei als anwaltliche Tätigkeit zu werten (OLG Schleswig MDR 2008, 1366).

70 Die in der Entscheidung des BVerfG (FamRZ 2000, 1280, 1282 m Anm Bienwald) angedeutete im Einzelfall schwierig vorzunehmende Abgrenzung zwischen den Aufgaben des Verfahrenspflegers und denjenigen des Rechtsanwalts und die daraus resultierende Erwartung des BVerfG, den Abgrenzungsschwierigkeiten könne mit einer sachangemessenen Ausgestaltung des Verfahrens weitgehend begegnet werden (entsprechender Hinweis bei der Bestellung zum Verfahrenspfleger oder Verfahrensbeistand; nachträgliche Liquidation bei unvorhergesehenen während der Tätigkeit eingetretenen rechtlichen Schwierigkeiten nicht ausgeschlossen [BVerfG FamRZ 2000, 1280, 1282]), hat die Praxis der Gerichte offenbar bewältigt, soweit das anhand der veröffentlichten Rechtsprechung beurteilt werden kann.

71 Die besonderen Kenntnisse, die jemand für die Führung einer bestimmten Vormundschaft benötigt und einbringt, sind im Rahmen der Eignungsprüfung (für die Bestellung des Vormunds oder Pflegers § 1779 Abs 1, Abs 2 S 1, § 1915 Abs 1; dazu Staudinger/Engler [2004] § 1779 Rn 5 ff; für die Betreuerbestellung § 1897 Abs 1) festzustellen und zu würdigen. Ist jemand für die Beurteilung medizinischer Sachverhalte im Rahmen der Gesundheitssorge fachlich entsprechend ausgewiesen, wird er nicht bereits deshalb anders als andere Amtsträger hinsichtlich Aufwendungsersatz und/oder Vergütung behandelt. Er erwirbt allein deshalb nicht einen Anspruch nach § 1835 Abs 3 BGB. Erbringt er dagegen im Rahmen seines Aufgabenkreises eine spezifische Dienstleistung, zu der ihn sein Gewerbe oder sein Beruf befähigt, kann er die dafür erforderliche Zeit außerhalb der sonst vorgesehenen Regelungen in Rechnung stellen. Die Vergütung der Anwälte richtet sich dafür nach den Vorschriften des RVG (§ 1 Abs 2 S 2). Ist der als Betreuer tätige Rechtsanwalt berechtigt, Hilfe in Steuersachen zu leisten, kann er für solche Tätigkeiten eine Vergütung nach der Steuerberatergebührenverordnung verlangen (LG Düsseldorf Rpfleger 2008, 361 = BtPrax 2008, 275). Bereitet der anwaltliche Berufsbetreuer für den bedürftigen Betroffenen ein Regelinsolvenzverfahren vor, richtet sich der Aufwendungsersatzanspruch nach den Gebührensätzen des BerHG (KG FamRZ 2013, 63).

72 Mit der Regelung des Abs 3 wird dem Vormund erspart, für eine Dienstleistung, zu der er selbst fachlich in der Lage ist oder wäre (ausgewiesen durch sein Gewerbe oder seinen Beruf), außerhalb der Vormundschaft stehende Personen zu beschäftigen. Nimmt eine Vermögensverwaltung einer Vormundschaft/Betreuung ein solches Ausmaß an, dass ihre Wahrnehmung durch den Vormund/Betreuer billigerweise nicht mehr im Rahmen dieser Tätigkeit erwartet werden kann, oder hat der Vormund/Betreuer für den Mündel/Betroffenen außergewöhnlich aufwändige und schwierige Geschäfte einschließlich der Prüfung der vom früheren Vormund/Betreuer gelegten Rechnung wahrzunehmen, weisen Gerichte darauf hin, dass Teile solcher Angelegenheiten zur Erledigung gegen Entgelt auf Dritte (Rechtsanwälte, Steuerberater) übertragen werden können oder der Vormund/Betreuer sie, ggf nach Billigung durch einen Ergänzungspfleger/-betreuer, zur Besorgung vertraglich übernimmt (OLG München FamRZ 2008, 1560, 1561; BGH FamRZ 2010, 199; zu den Grenzen solcher Praxis BIENWALD, Anm zu BGH, FamRZ 2010, 201, 202).

Eine Abrechnung als Aufwendung im Sinne von § 1835 Abs 3 BGB nach Honorar- 73 ordnungen für Steuerberater oder Wirtschaftsprüfer kommt nicht in Betracht, wenn der Betreuer (Vormund) nicht einer dieser Berufsgruppen angehört (OLG München FamRZ 2008, 1560, 1561 = BtPrax 2008, 129).

Da die zum Pfleger für das Verfahren bestellte Person (lediglich) die Interessen des 74 Betroffenen im Verfahren wahrzunehmen hat (zur Verfahrensbeistandschaft speziell s § 158 Abs 4 FamFG), kann grundsätzlich nicht davon ausgegangen werden, dass im Rahmen dieser gesetzlichen Aufgabenbestimmung bestimmte Dienste anfallen, die nicht bereits durch den Auftrag der Interessenwahrnehmung im Verfahren erfasst sind oder erfasst werden. Die Notwendigkeit „anwaltlicher" Qualifikation lässt sich deshalb kaum anders denken als dass die Beobachtung des Verfahrens und insbesondere die Stellung von Anträgen (in Verfahren ohne Anwaltszwang) juristische, nicht notwendig anwaltliche, Vorbildung erfordern können. Eine vom Gegenstand des Verfahrens allgemein (zB Unterbringungssachen) erforderte juristische (oder anwaltliche) Qualifikation wäre im Rahmen der Eignungsprüfung zu würdigen und könnte nicht allein deshalb zu einer gesonderten Abrechnung nach RVG (§ 1835 Abs 3 BGB, § 1 Abs 2 S 2 RVG) führen. Gleichwohl neigt die Praxis noch immer dazu, den in einem Unterbringungsverfahren bestellten Rechtsanwalt nach den Bestimmungen des RVG (§ 1835 Abs 3 BGB) zu vergüten.

b) Rechtsprechung zu Abs 3

Neben zahlreichen Entscheidungen, die für den jeweiligen Einzelfall die Abrech- 75 nung des bestellten Anwalts nach dem RVG davon abhängig machen, dass eine nichtanwaltliche Person einen Rechtsanwalt hinzugezogen hätte (betreffend einen Rechtsanwalt als Verfahrenspfleger OLG Rostock Rpfleger 2010, 77 = MDR 2010, 1079 [LS]; BGH FamRZ 2011, 203 m Anm FRÖSCHLE 204 = NJW 2011, 453), kommt einigen Erkenntnissen besondere Bedeutung zu.

So kann nach BayObLG (BtPrax 1999, 29; 2004, 70) ein Rechtsanwalt, der als berufsmäßig 76 tätiger Betreuer eine Vergütung aus der Staatskasse gemäß § 1836 Abs 1 S 2 und 3 BGB beantragt, nicht darauf verwiesen werden, dass er Aufwendungsersatz nach § 1835 Abs 3 BGB geltend machen müsse. Nach hM kann er wählen, ob er für berufsspezifische Tätigkeiten eine Gebühr nach RVG (damals BRAGO) verlangt oder eine Vergütung als Betreuer beantragt (BayObLG BtPrax 2004, 70). Vgl auch KG FamRZ 2012, 63, wonach von einer Wahl auszugehen ist, wenn sich die allgemeine und die berufsbezogene qualifizierte Amtsführung nicht klar voneinander abgrenzen lassen.

Zur Abrechnung in einem Fall, in dem Betreuung und Bevollmächtigung in einer 77 Person zusammentreffen, LSG Essen FamRZ 2017, 1424.

Ein Rechtsanwalt, der in einem Betreuungsverfahren zum Verfahrenspfleger bestellt 78 worden ist, soll darauf vertrauen können, einen Aufwendungsersatzanspruch nach

RVG (damals noch BRAGO) abrechnen zu können, wenn ihm bei seiner Bestellung der Richter auf den Einzelfall bezogene Tatsachen mitgeteilt hat, die im konkreten Fall die erforderliche Hinzuziehung eines Rechtsanwalts begründen (BayObLGZ 2002, 11 = FamRZ 2002, 1201 = BtPrax 2001, 121). Dagegen ist die bei einer Bestellung eines Rechtsanwalts zum Verfahrenspfleger per Formblatt getroffene Feststellung, die Heranziehung eines Rechtsanwalts als Verfahrenspfleger sei notwendig, auch unter dem Gesichtspunkt des Vertrauensschutzes nicht bindend (LG München I FamRZ 2001, 1397 = BtPrax 2001, 175).

79 Dolmetschertätigkeiten der bestellten Person sind nicht nach § 1835 Abs 3 BGB, sondern nach den allgemeinen Vorschriften zu vergüten (OLG Braunschweig NdsRpfl 2001, 261; OLG Köln FamRZ 2008, 921 m Anm Bienwald).

80 Keine gemäß § 1835 Abs 3 BGB gesondert in Rechnung zu stellende Kosten für einen Postnachsendeantrag als Betreuer mit dem Aufgabenkreis des § 1896 Abs 4 BGB (OLG Köln BtPrax 2007, 255).

81 Zum Verhältnis von Prozesskostenhilfeantrag (ggf Verfahrenskostenhilfe) und einer (uU abgelehnten) Beiordnung und einer Abrechnung nach Abs 3 s OLG Frankfurt FamRZ 2002, 59 = FGPrax 2001, 195 = Rpfleger 2001, 491 sowie BayObLG BtPrax 2004, 70. Ein Betreuer, der nach anwaltlichem Gebührenrecht abrechnen kann, ist zur Kostenersparnis verpflichtet, für die gerichtliche Rechtsvertretung des „armen" Betreuten Prozesskostenhilfe zu beantragen (BGH FamRZ 2007, 381 ff; LSG Berlin-Brandenburg FamRZ 2009, 1612). Das gilt auch, nämlich die Inanspruchnahme vorrangiger Beratungshilfe, für die Erbringung berufsspezifischer Dienste für den mittellosen Betroffenen außerhalb eines gerichtlichen Verfahrens (OLG Frankfurt FamRZ 2010, 64). Hat es der zum Betreuer bestellte Rechtsanwalt unterlassen, vor einer Prozessführung für den mittellosen Betroffenen einen Antrag auf PKH und auf Beiordnung für das Verfahren zu stellen, kann er dennoch einen Aufwendungsanspruch für seine berufsspezifische Tätigkeit gegen die Staatskasse geltend machen, sofern er die Prozessführung nach sorgfältiger Abwägung zur ordnungsgemäßen Aufgabenerfüllung für erforderlich halten durfte (BayObLG BtPrax 2004, 70).

82 Ob sich der Anspruch nach Abs 3 auf die Höhe der Gebühren beschränkt, die der Anwalt im Fall der Beiordnung bei Bewilligung von Prozesskostenhilfe erhalten hätte (s dazu anschließend), blieb in dieser Entscheidung offen. Für eine Beschränkung auf die Gebührensätze der Beratungshilfe bei einer Ergänzungspflegschaft für einen mittellosen Pflegling BGH FamRZ 2014, 472. Dem anwaltlichen Berufsvormund darf wiederum Prozesskostenhilfe nicht mit der Begründung verweigert werden, sein Anspruch auf anwaltliche Vergütung und auf Erstattung möglicher Verfahrenskosten sei durch § 1836 BGB iVm § 1 Abs 2 S 1 VBVG und § 1835 Abs 1 und 3 BGB sowie die Haftung der Staatskasse für diese Ansprüche bei Mittellosigkeit des Mündels (§ 1835 Abs 4 BGB, § 1 Abs 2 S 2 VBVG) ausreichend abgedeckt (BGH FamRZ 2011, 633 = FGPrax 2011, 118 [LS]). Der BGH verweist im Wesentlichen auf die Begründung seiner Entscheidung in FamRZ 2007, 381 ff.

83 Die Vergütung des in einer Unterbringungssache im Wege der Verfahrenskostenhilfe beigeordneten Rechtsanwalts bestimmt sich nach Nr 6300 VV RVG (BGH FamRZ 2012, 1377 = NJW-RR 2013, 67 im Anschluss an BGH 29. 3. 2012 – V ZB 309/10, juris).

Hat das Betreuungsgericht den anwaltlichen Verfahrenspfleger in einem Verfahren über die Genehmigung einer Unterbringung nach § 1906 Abs 1 bis 3 BGB einerseits und einer freiheitsentziehenden Maßnahme nach § 1906 Abs 4 BGB andererseits bestellt, kann dieser beide Tätigkeiten jeweils nach RVG VV 6300 abrechnen. Es handelt sich insoweit nicht um dieselbe Angelegenheit iSv § 15 Abs 2 S 1 RVG (BGH FamRZ 2012, 1866 = Rpfleger 2013, 27).

Die vom Gericht getroffene Feststellung, wonach eine anwaltsspezifische Tätigkeit (als Verfahrenspfleger) erforderlich ist, ist (so der BGH FamRZ 2011, 203 m Anm Fröschle = NJW 2011, 453) für die Kostenfestsetzung bindend; darauf, ob die Erforderlichkeit im Einzelnen durch das Gericht begründet ist, kommt es nicht an. Zur Bindungswirkung eines Beschlusses, durch den Verfahrenskostenhilfe bewilligt und der Rechtsanwalt beigeordnet worden ist, für das Kostenfestsetzungsverfahren, OLG Koblenz FamRZ 2014, 1877. 84

Die Vergütung des Nachlasspflegers richtet sich grundsätzlich nach den für die Vormundschaft geltenden Vorschriften (§ 1915 Abs 1 S 1 BGB). Ist der Nachlass nicht mittellos, richtet sich die Bemessung der Vergütung nach § 1915 Abs 1 S 2 BGB. Erschöpft die Vergütung des Nachlasspflegers den Aktivnachlass, ist sie bis zur Erschöpfung entsprechend den Fachkenntnissen des Nachlasspflegers und nur darüber hinaus nach § 3 Abs 1 S 2 VBVG festzusetzen (OLG Stuttgart FamRZ 2018, 537). Bei einem mittellosen Nachlass bestimmt sich die Vergütung des berufsmäßig tätigen Nachlasspflegers nach für den Vormund geltenden Stundensätzen des § 3 Abs 1 VBVG. Für den Aufwendungsersatz ist § 1835 iVm § 1915 Abs 1 S 1 BGB maßgebend. Die Ansprüche des ehrenamtlich tätigen Nachlasspflegers auf Aufwendungsersatz oder Aufwandsentschädigung richten sich nach §§ 1835, 1835a, 1915 Abs 1 S 1 BGB (OLG Brandenburg FamRZ 2011, 926; s auch unten § 1836 Rn 112). 85

Ein Antrag des anwaltlichen Betreuers auf Festsetzung pauschaler Vergütung schließt die nachträgliche Geltendmachung von Aufwendungsersatz nach § 1835 Abs 3 für in dem betreffenden Zeitraum erbrachte anwaltliche Dienste nicht aus. Die Geltendmachung der pauschalen Vergütung entfaltet keine Sperrwirkung für einen späteren Antrag, der sich auf in der fraglichen Zeit erbrachte berufsspezifische Tätigkeiten bezieht (BGH FamRZ 2014, 1628 Rn 12 = NJW 2014, 3238 [LS]: Erbauseinandersetzungsvertrag in dieser Betreuungssache keine anwaltsspezifische Tätigkeit). 86

Rechnet ein zum berufsmäßigen Ergänzungspfleger eines mittellosen Pfleglings bestellter Rechtsanwalt mit der Staatskasse nach §§ 1915 Abs 1 S 1, 1836 Abs 1 BGB iVm § 4 Abs 1 S 2 Nr 2 VBVG nach Zeitaufwand ab, fällt auf die festgesetzte Vergütung keine Umsatzsteuer an, weshalb ihm eine solche auch nicht nach § 4 Abs 1 S 3 VBVG zu ersetzen ist (OLG Frankfurt/M FamRZ 2015, 1119). 87

Ein im Nachlassverfahren vom Gericht als Verfahrenspfleger bestellter Rechtsanwalt kann eine Vergütung nach dem RVG nicht mit Blick auf Auslegungsfragen des Testaments beanspruchen, sofern er diese im Rahmen seiner Bestellung weder zu beantworten hatte, noch tatsächlich beantwortet oder auch nur eine förmliche Entscheidung hierüber angestoßen hat (OLG Düsseldorf FamRZ 2019, 727). 87a

c) Zur Begrenzung des Anspruchs

88 Umstritten ist es, nach welchen (weiteren) Bestimmungen sich Art und Umfang des dem Rechtsanwalt nach Abs 3 zustehenden Anspruchs richtet. Der Rechtsanwalt, der als Vormund (oder Pfleger) berufsmäßig tätig wird bzw geworden ist, kann sich entscheiden, ob er seine außergerichtlichen Tätigkeiten nach § 1836 Abs 1 S 2 und 3 BGB vergüten lassen oder die ihm nach § 1835 Abs 3 BGB jeweils zustehenden Ansprüche geltend machen will. Zu bedenken sind jedoch die unterschiedlichen Folgen.

89 Wählt er den Aufwendungsersatzanspruch, so soll er nach Auffassung des OLG Köln (NJW-RR 2003, 712, 713 = Report 2003, 160; außerdem OLG Frankfurt FamRZ 2010, 64; FamRZ 2011, 670 im Anschluss an BGH FamRZ 2007, 381 = NJW 2007, 844; KG FamRZ 2012, 63, 64) nicht mehr erhalten, als ein herangezogener Dritter als Rechtsanwalt erhalten würde. Der Rechtsanwalt eines mittellosen Mandanten könne aber lediglich die Gebühren für Beratungshilfe aus der Staatskasse verlangen.

90 Demgegenüber vertrat das BayObLG die Auffassung, der für einen mittellosen Betroffenen bestellte Rechtsanwalt könne für anwaltsspezifische Tätigkeiten, für die ihrer Art nach Prozesskostenhilfe nicht gewährt werde, grundsätzlich aus der Staatskasse Aufwendungsersatz in Höhe der vollen Anwaltsgebühren beanspruchen (BayObLGZ 2003, 120 = FGPrax 2003, 179 = FamRZ 2003, 1586). Der BGH hat die ihm vorgelegte Sache zur Behandlung und Entscheidung in eigener Zuständigkeit an das vorlegende Gericht zurückgegeben und für das weitere Verfahren darauf hingewiesen, dass im Falle der Versagung von PKH (oder auch Beratungshilfe) ein nach anwaltlichem Gebührenrecht zu liquidierender Aufwendungsersatz des Anwaltsbetreuers allenfalls dann in Betracht komme, wenn mit einer für den Betreuten ungünstigen Entscheidung im PKH-Prüfungsverfahren nicht gerechnet werden konnte, etwa in solchen Fällen, in denen die Ablehnung der begehrten PKH auf einer offensichtlich nicht tragfähigen Begründung beruht (FamRZ 2007, 381, 384 = NJW 2007, 844; OLG Köln BtPrax 2009, 248 = FamRZ 2009, 1707 [LS]).

91 Für ein einfach gelagertes Familienstreitverfahren (hier: Abänderung eines Unterhaltsfestsetzungsbeschlusses auf „null" aufgrund durch wenige Dokumente belegbarer Leistungsunfähigkeit) kann ein am außerbezirklichen Wohnort des Antragstellers ansässiger Verfahrensbevollmächtigter nur zu den kostenrechtlichen Bedingungen eines im Bezirk des Verfahrensgerichts niedergelassenen Rechtsanwalts beigeordnet werden (OLG Celle FamRZ 2012, 1161 [LS] = NdsRpfl 2012, 375). Will das Gericht einen Rechtsanwalt im Rahmen der Bewilligung von Verfahrenskostenhilfe mit dem Zusatz, dass diese zu den „kostenrechtlichen Bedingungen eines Rechtsanwalts mit Niederlassung im Bezirk des Verfahrensgerichts" erfolge, beiordnen, setzt dies das vorgehende ausdrückliche Einverständnis des Anwalts voraus. Erklärt dieser sich nicht einverstanden, ist ggf die Beiordnung gänzlich abzulehnen (OLG Frankfurt MDR 2013, 721). Eine gegen die Entscheidung des OLG Frankfurt 10. 1. 2013 – 5 WF 215/11 (FamRZ 2013, 894 = Rpfleger 2013, 451) eingelegte Rechtsbeschwerde betrifft die Frage, ob eine Begrenzung der Vergütung der außergerichtlichen Tätigkeit des anwaltlichen Ergänzungspflegers nach den Sätzen der Beratungshilfe auch dann vorzunehmen ist, wenn dieser eine nach Stunden bemessene Vergütung (§§ 1915 Abs 1, 1836 Abs 1 S 2 BGB, § 3 VBVG) beansprucht.

d) Vertrauensschutz

Kommt es für die Bemessung des Entgelts eines Rechtsanwalts auf die Einstufung in eine der drei Vergütungsgruppen an, sind wegen des absolvierten Hochschulstudiums Änderungen der Einstufung (und damit Fragen eines Vertrauensschutzes) nicht zu besorgen. Vertrauensschutz billigten Gerichte in Fällen zu, in denen der Anwalt als Betreuer außerhalb seines Aufgabenkreises tätig geworden war, weil ihm eine Erweiterung des Aufgabenkreises in Aussicht gestellt worden war und er die für seine Tätigkeit notwendige gerichtliche Genehmigung später erhalten hatte (OLG Frankfurt FamRZ 2010, 64 unter Berufung/Hinweis auf BayObLG FamRZ 2002, 1201). Das BayObLG hatte zu einem früheren Zeitpunkt bereits entschieden, dass ein Rechtsanwalt, der in einem Betreuungsverfahren zum Verfahrenspfleger bestellt worden war, darauf vertrauen könne, einen Aufwendungsersatz nach (damals) BRAGO abrechnen zu können, wenn/weil ihm bei seiner Bestellung der Richter auf den Fall bezogene Tatsachen mitgeteilt hat, die in diesem Fall die erforderliche Hinzuziehung eines Rechtsanwalts erkennbar begründeten (BayObLGZ 2002 Nr 3 = Report 2002, 215 [LS] = FamRZ 2002, 1201). Zum (verneinten) Vertrauensschutz eines Berufsbetreuers auf Weiterbewilligung eines früher zugebilligten höheren Stundensatzes BGH FamRZ 2013, 781 = Rpfleger 2013, 333 = NJW-RR 2013, 577. Es besteht auch kein Vertrauensschutz dahingehend, dass sich die Rechtsprechung von Obergerichten nicht ändert (hier bezogen auf die bisherige Anerkennung einer Ausbildung zum Sozialwirt für die höchste Vergütungsstufe LG Augsburg Rpfleger 2013, 202, 203 unter Berufung auf LG Stendal 20. 8. 2008 – 25 T 134/08). Kommt der Rechtspfleger bei der Prüfung eines neuen Vergütungsantrags zu dem Ergebnis, dass der früher zugebilligte Stundensatz (hier: 44 Euro) nicht auch weiterhin zu bewilligen ist, besteht kein Vertrauensschutz (BGH FamRZ 2013, 781 = Rpfleger 2013, 333 = NJW-RR 2013, 577). War der Rechtspfleger bei einer früheren Festsetzung der Vergütung davon ausgegangen, der Antragsteller habe die erste juristische Staatsprüfung abgelegt und stellt er später fest, dass das nicht der Fall ist, genießt der betreffende Vormund keinen Vertrauensschutz (BGH FamRZ 2013, 693, 694 = NJW-RR 2013, 578 = BtPrax 2013, 113). 92

8. Kosten für den Einsatz von Hilfskräften

Wer nicht Arzt oder Anwalt ist, kann nicht selbst Untersuchungen oder Behandlungen an dem Betroffenen vornehmen oder ihn als Anwalt in einem Rechtsstreit vertreten. Der Einsatz von Hilfskräften meint jedoch nicht diese notwendige Inanspruchnahme bestimmter fachlicher Tätigkeit, sondern die Beschäftigung von Personen, die Arbeiten erledigen, die der Vormund selbst erledigen könnte und grundsätzlich auch erledigen müsste (zB Abholen von Bankauszügen, Erledigung von Buchungsvorgängen oder Schreibarbeiten). Es handelt sich dabei nicht um eine Delegation (zur Unterscheidung von Delegation und Hilfskräfteeinsatz Bienwald BtPrax 2003, 158). 93

Nachdem zunächst das OLG Bremen (FamRZ 2000, 555 = BtPrax 2000, 88) im Falle eines Betreuungsvereins für Hilfstätigkeiten Aufwendungsersatz anerkannt hatte, legte das BayObLG dem BGH wegen abweichender Auffassung eine Sache zur Entscheidung vor, in der ein Rechtsanwalt zum Betreuer bestellt worden war und für den Einsatz einer Bürokraft die zusätzlichen Kosten verlangt hatte (BayObLGZ 2001, 22 = FamRZ 2001, 653 m Anm Bienwald = BtPrax 2000, 125). Nach BayObLG (FamRZ 2003, 405 = FGPrax 2003, 76 = Rpfleger 2003, 246) sollte der Betreuer mit einzelnen abgrenzbaren Arbeiten oder Aufgaben, die er selbst wahrnehmen könnte, auch Dritte beauftragen können, 94 sofern diese nur als untergeordnete „Hilfskräfte" ohne eigene Entscheidungsbefugnis tätig werden. Durch die Erstattung entsprechender Kosten als Aufwendungsersatz dürfe die Staatskasse jedoch nicht höher belastet werden als bei Ausführung durch den Betreuer selbst. In seiner Entscheidung vom 30. 5. 2000 (FamRZ 2001, 374) hatte das BayObLG einem Betreuer eine Vergütung für seinen Zeitaufwand zur Information einer Hilfsperson für den Fall zugebilligt, dass der Betreuer die Betreuung nicht delegiert, sondern im Wesentlichen selbst weiterführt. In Fortführung dieses Beschlusses entschied das BayObLG (FamRZ 2004, 565), dass die an die Hilfsperson gezahlte angemessene Entschädigung aus der Staatskasse zu erstatten sei, wenn ein Betreuer diese Hilfsperson beauftragt, während seiner länger dauernden Abwesenheit den im verwahrlosten Zustand in seiner Wohnung lebenden Betreuten einmal zu besuchen, um gegebenenfalls ihn selbst oder das Gericht über Handlungsbedarf zu informieren. Nach OLG Celle (FamRZ 2002, 1221, 1222) kann ein berufsmäßig tätiger Betreuer allenfalls den der Bürokraft tatsächlich gezahlten Stundenlohn einschließlich der Lohnnebenkosten als Aufwendungsersatz verlangen.

95 Zu seiner Entlastung kann der berufsmäßig tätige Betreuer, der im Fall einer umfangreichen Vermögensverwaltung auf Grund der Pauschalvergütung nicht angemessen honoriert wird (vgl den Vorlagebeschluss des OLG Braunschweig FamRZ 2007, 303 = BtPrax 2007, 32 und dazu BVerfG FamRZ 2007, 622 = Rpfleger 2007, 317 = BtPrax 2007, 122), Teile seiner Vermögensverwaltung gegen Vergütung auf Dritte (Rechtsanwälte, Steuerberater usw) übertragen, jedenfalls dann, wenn eine solche Vermögensverwaltung ein Ausmaß annimmt, das ihre Wahrnehmung durch den Amtsträger (hier Betreuer) billigerweise nicht mehr im Rahmen dieser Vergütung erwartet werden darf (OLG München FamRZ 2008, 1560). Das OLG München hat sich nicht ausdrücklich dazu geäußert, ob es sich bei den den Dritten für ihre Leistungen geschuldeten Beträgen um Aufwendungen iSd § 1835 Abs 1 BGB handelt, die dem Amtsträger zu erstatten sind, oder um Gegenleistungen, die der Betroffene aus einem Vertragsverhältnis schuldet, das der Vormund/Pfleger/Betreuer zur Besorgung von dessen Angelegenheiten in seinem Namen eingegangen ist.

96 Der Amtsträger kann auch selbst unter Beteiligung eines zu bestellenden Ergänzungspflegers (§ 1909 Abs 1 BGB) oder Verhinderungsbetreuers (§ 1899 Abs 4 BGB) eine Vereinbarung mit dem Betroffenen schließen und auf diese Weise Teile der Vermögensverwaltung als eigene Verpflichtung außerhalb des übertragenen Amtes übernehmen (OLG München FamRZ 2008, 1560, 1561).

9. Verzinsung

97 Der Auslagenersatz ist mit 4 % ab Entstehung der Aufwendung zu verzinsen (§§ 246, 256, 670 BGB), auch im Fall des Anspruchs gegen die Staatskasse (BayObLG FamRZ 2001, 934 = BtPrax 2001, 39; LG Hamm OLGRp 2003, 185). Der Zinssatz von 5 Prozentpunkten über dem Basiszinssatz (§§ 288 Abs 1 S 2, 247 BGB) wurde hier nicht eingeführt (Zimmermann FamRZ 2002, 1373, 1374).

IV. Geltendmachung des Anspruchs

98 Gegen einen vermögenden Betroffenen wird der Auslagenersatzanspruch grundsätzlich in der Weise geltend gemacht und durchgesetzt, dass der erforderliche Geldbetrag dem verwalteten Vermögen entnommen wird (LG Koblenz FamRZ 1999, 458; BayObLG FamRZ 2001, 793). Das gilt entsprechend für die beanspruchte Mehrwertsteuer (LG Chemnitz FamRZ 2000, 178). Dies verstößt nicht gegen § 181 BGB, weil es sich um die Erfüllung einer Verbindlichkeit des Betroffenen gegenüber dem Vormund handelt. Eine – nach § 1805 BGB – unerlaubte Verwendung von Mündelvermögen ist hierin nicht zu sehen (Staudinger/Bienwald [2014] § 1835 Rn 85 mwNw).

Diese Art der Erstattung setzt voraus, dass der Amtsträger noch im Amt ist, auf **99**
Grund eines entsprechenden Aufgaben-/Wirkungskreises zur Entnahme befugt ist und eine ggf erforderliche Genehmigung des Gegenvormunds oder des Gerichts vorliegt. Eine gerichtliche Festsetzung gemäß § 168 Abs 1 S 1 Nr 1 FamFG kommt dann grundsätzlich nicht in Betracht. Aufwendungen eines Nachlasspflegers, dessen Wirkungskreis die Sicherung und Verwaltung des Nachlasses umfasst, können bei einem nicht mittellosen Nachlass dann nicht durch das Nachlassgericht festgesetzt werden, wenn der entsprechende Antrag durch den Nachlasspfleger nach Aufhebung der Nachlasspflegschaft gestellt wurde (OLG München Rpfleger 2018, 617).

Der Vormund/Pfleger hat seine Aufwendungen im Rahmen einer gewissenhaften **100**
und ordnungsgemäßen Vermögensverwaltung zeitnah abzurechnen (ähnlich Jürgens/Jürgens § 1835 Rn 18). Nicht zu folgen ist der Auffassung, der Anspruch auf Aufwendungsersatz würde erlöschen, wenn die Entnahme nicht innerhalb der Ausschlussfrist geschieht (Erman/Saar § 1835 Rn 14; Jürgens/Jürgens § 1835 Rn 18). Denn im Falle gerichtlicher Geltendmachung besteht die Möglichkeit mehrfacher Fristverlängerung, die der entnahmebefugte Vormund jedenfalls auch für sich in Anspruch nehmen dürfte. Praktisch durchführbar wäre eine Kontrolle und eine nachträgliche Feststellung unzeitgemäßer und damit rechtswidriger Entnahme, mit der Folge eines Rückgewähranspruchs des Betroffenen, unter Umständen erst nach Beendigung des Amtes.

Der Ersatz von Aufwendungen trotz einer die Vermögenssorge umfassenden Vor- **101**
mundschaft/Betreuung kann Gegenstand des gerichtlichen Festsetzungsverfahrens dann sein, wenn sich der Festsetzungsantrag nach Beendigung des Amtes infolge des Todes des Betroffenen gegen dessen Erben richtet (OLG Hamm FamRZ 2004, 1065) oder der frühere Vermögensvormund nach der Amtsbeendigung die ihm zustehenden Beträge nicht mehr dem Mündelvermögen entnehmen kann (BayObLG FamRZ 2005, 393). Dies gilt auch dann, wenn nach Abs 3 Gegenstand der Festsetzung Anwaltsgebühren sind, die der Betreuer als Anwalt in Anspruch nimmt (BayObLG FGPrax 1999, 182; FamRZ 2001, 866; OLG Thüringen FGPrax 2001, 22; OLG Schleswig NJWE-FER 2000, 149; OLG Hamm OLGRp 2003, 275). Streitigkeiten in der Familie können auch eine gerichtliche Festsetzung des Aufwendungsersatzes rechtfertigen.

Seit Inkrafttreten des BtÄndG und der Regelung des § 56g FGG aF (seit 1. 9. 2009 **102**
§ 168 FamFG; im Falle einer Betreuung iVm § 292 FamFG), steht fest, dass bei bestehender Vermögenssorge der aus dem Einkommen und/oder Vermögen des Betroffenen zu beanspruchende Aufwendungsersatz sowie ein etwaiger Vorschuss des betreffenden Amtsträgers nicht gerichtlich bewilligt zu werden braucht und festgestellt werden muss. Lediglich dann, wenn Vorschuss und/oder Ersatz der Aufwendungen aus der Staatskasse verlangt wird oder wenn dem Anspruchsberechtigten nicht die Vermögenssorge übertragen ist, er also keine Entnahmemöglichkeit

besitzt, ist eine gerichtliche Festsetzung erforderlich (§ 168 Abs 1 S 1 Nr 1 FamFG). Weder muss in diesem Fall ein Antrag auf Festsetzung gestellt werden noch bedarf es eines Beschlusses des Gerichts oder einer verwaltungsmäßigen Anweisung.

103 Einem Gegenvormund, einem nach § 1899 Abs 2 BGB bestellten Betreuer, dem Verfahrenspfleger und dem Verfahrensbeistand steht die Vermögenssorge oder Vermögensverwaltung in keinem Fall zu, sodass sie ihre Ansprüche immer gerichtlich festsetzen oder zahlbar machen lassen müssen.

104 Für die Frage, ob Aufwendungsersatz und/oder Vergütung von dem bemittelten Betroffenen oder im Falle von dessen Mittellosigkeit (§ 1836d BGB) aus der Staatskasse verlangt werden können/müssen, kann bei geringem von dem Betroffenen einzusetzenden Einkommen und/oder Vermögen die Reihenfolge entscheidend sein, in der die Ansprüche geltend gemacht werden. Solange der Aufwendungsersatzanspruch durch Entnahme befriedigt werden kann, ist er vorrangig vor dem Vergütungsanspruch zu befriedigen, weil im umgekehrten Fall für die Befriedigung auch des Aufwendungsersatzanspruchs die Staatskasse in Anspruch genommen werden müsste (Bienwald Rpfleger 2001, 226, 227). Ist der Anspruchsberechtigte in der Lage, seinen Aufwendungsersatzanspruch durch Entnahme aus dem Vermögen des Betroffenen zu befriedigen, weil auch insoweit dessen Fälligkeit keine gerichtliche Festsetzung fordert, kann sich ein Zuwarten bis zum Eintritt der Mittellosigkeit unter Umständen als gegenüber der Staatskasse treuwidrig erweisen (LG Saarbrücken FamRZ 2003, 60 unter Bezugnahme auf MünchKomm/Wagenitz § 1836a [aF] Rn 11 Fn 7). Für den Regelfall berufsmäßig geführter Betreuung und in allen anderen Fällen, in denen mit der bewilligten (Vergütungs-)Pauschale auch etwaige Aufwendungen abgegolten werden und aus der Staatskasse zu zahlen sind (zB § 158 Abs 7; § 277 Abs 3 FamFG), sind diese Überlegungen ohne Bedeutung.

105 Wird der Aufwendungsersatz aus der Staatskasse verlangt oder bedarf er der **gerichtlichen Festsetzung**, hat das Gericht im Rahmen seiner Ermittlungspflicht aus § 26 FamFG zu prüfen, ob die Aufwendungen in den Einzelansätzen erforderlich waren und ggf ob der Betroffene leistungsfähig ist. Der Antrag des Berechtigten (hier: des Betreuers) auf Festsetzung von Aufwendungsersatz setzt deshalb voraus, dass in ihm nachvollziehbare Angaben über Anlass, Art und Umfang der Aufwendungen gemacht werden (OLG Frankfurt FamRZ 2002, 193 = Rpfleger 2002, 314 [LS]; zu den Anforderungen an die Lesbarkeit des Nachweises [hier bezogen auf die Vergütungsbewilligung] LG Darmstadt FamRZ 2003, 60 [LS]). Aus dem Antrag muss klar hervorgehen, für welche Person und für welche konkreten, genau aufgeschlüsselten Tätigkeiten der Antrag gestellt wird (OLG Brandenburg FamRZ 2013, 319 [LS]). Die nicht unübliche handschriftliche Darstellung ist grundsätzlich ausreichend; zu einer optisch ansprechenden Darstellung besteht keine Verpflichtung (LG Darmstadt 13. 5. 2002 – 5 T 58/02; insoweit nicht in FamRZ 2003, 60).

106 Die **Geltendmachung** des Anspruchs ist **fristgebunden**. Die Frist wird nur gewahrt, wenn der Antrag durch das Gericht hinreichend überprüfbar ist (OLG München FamRZ 2006, 891 [LS]). Ersatzansprüche erlöschen, wenn sie nicht binnen 15 Monaten nach ihrer Entstehung gerichtlich geltend gemacht werden (BGH FamRZ 2012, 1377 [1378]); die Geltendmachung des Anspruchs beim Familiengericht gilt dabei auch als Geltendmachung gegenüber dem Mündel (Abs 1 S 3). Diese Ausschlussfrist gilt auch, wenn der Anspruchsberechtigte (hier: Verfahrenspfleger) ausnahmsweise Ersatz seiner Aufwendungen nach den Vergütungsvorschriften des RVG (damals BRAGO) verlangen kann (BayObLGZ 2003, 117 = FamRZ 2003, 1413 = FGPrax 2003, 177; OLG Schleswig Rpfleger 2003, 363; FamRZ 2003, 1128; OLG Frankfurt FamRZ 2004, 736 = Rpfleger 2004, 488 [LS]; OLG Frankfurt FamRZ 2004, 1518 [LS] = NJW-RR 2004, 1664; OLG Frankfurt BtManagement 2006, 161; LG Münster FamRZ 2008, 1659; BGH FamRZ 2012, 1377, 1378 = BtPrax 2012, 205 = NJW 2012, 3307; insoweit handelt es sich um Aufwendungsersatzansprüche iSv § 1835 Abs 3; OLG Frankfurt FGPrax 2016, 78 m Anm Mende [Verfahrensbeistand]). Die Ausschlussfrist beginnt mit der Entstehung des Anspruchs, dh mit der getätigten Aufwendung (LG Münster FamRZ 2008, 1659), also auch einer geleisteten Zahlung, nicht dagegen mit dem Entstehen einer etwaigen Zahlungspflicht (Erman/Saar § 1835 Rn 12). Ansprüche auf Aufwendungsersatz können frühestens entstehen, nachdem der Vormund oder Pfleger bestellt worden ist (§§ 1789, 1915 Abs 1 BGB), nicht schon dann, wenn die Maßnahme angeordnet oder die Auswahlentscheidung getroffen worden ist (§§ 1773, 1774, 1779 BGB). Fristbeginn bei einer Betreuerbestellung vor dem Inkrafttreten des 2. BtÄndG am 1. 7. 2005 mit diesem Stichtag (LG Nürnberg FamRZ 2007, 855; OLG München FamRZ 2008, 1563). Wird Ersatz für eine Anzahl von Aufwendungen geltend gemacht, so richtet sich das Erlöschen des Erstattungsanspruchs für die erste Aufwendung nach deren Entstehungszeitpunkt. Die Verjährungsfrist nach § 196 Abs 1 Nr 15 (aF) hat neben der Erlöschensfrist eigene Bedeutung in den Fällen, in denen diese noch nicht beendet ist (OLG Schleswig FamRZ 2003, 1128, 1129; für den nicht anwaltlichen Betreuer BayObLG FGPrax 2000, 201, 202). Der Anspruch eines Verfahrensbeistands auf die Vergütungspauschale oder eines Verfahrenspflegers entsteht, sobald dieser nach Annahme seiner Bestellung in irgendeiner Weise im Rahmen seines Aufgabenbereichs tätig wird, mit der Wahrnehmung seiner Aufgaben nach § 158 Abs 4 FamFG begonnen hat, in irgendeiner Weise im Kindesinteresse tätig geworden ist (BGH FamRZ 2011, 558; FamRZ 2010, 1896 m Anm Stösser 1976 sowie Anm Viefhues 2064; OLG Celle FamRZ 2013, 573: auch im Beschwerdeverfahren). Beantragt ein Verfahrenspfleger die Festsetzung einer Vergütung nach dem RVG, so wird dadurch auch die Frist zur Geltendmachung einer Vergütung nach dem VBVG gewahrt (LG München I FamRZ 2008, 2296). Sie wird nur gewahrt, wenn der Festsetzungsantrag beim zuständigen Gericht eingereicht wird (OLG Brandenburg FamRZ 2013, 319 [LS]).

Ob die Grundsätze, die zum Beginn einer Verjährung bei unklarer Rechtslage **107**
aufgestellt worden sind (dazu die Nachweise in BGH FamRZ 2012, 1377, 1378), auch auf den Beginn einer Ausschlussfrist (hier nach § 1835 Abs 1 S 3 BGB) herangezogen werden können, hat der BGH in seiner oa Entscheidung nicht entschieden.

Das Gericht ist nicht verpflichtet, den berufsmäßig tätigen Amtsträger (hier: Betreu- **108**
er) vor dem Erlöschen des Anspruchs durch Fristversäumung zu bewahren und auf den Ablauf der gesetzlichen Frist oder die damit verbundenen Rechtsfolgen gesondert hinzuweisen (OLG Dresden FamRZ 2004, 137; BayObLGZ 2004 Nr 5 = FamRZ 2004, 1137; AG Offenburg FamRZ 2017, 247). Das Gericht verhält sich auch nicht deshalb treuwidrig, weil es den ehrenamtlich tätigen Amtsträger (hier Betreuer) nicht auf die rechtzeitige Geltendmachung seines Aufwendungsersatzes oder seiner Aufwandspauschale aufmerksam macht. Es reicht aus, dass der Vormund/Pfleger aus Anlass seiner Verpflichtung (§ 1789 BGB) auf die Möglichkeit der Inanspruchnahme der Leistungen nach den §§ 1835, 1835a BGB hingewiesen wurde.

109 Das Familiengericht kann eine von Absatz 1 S 3 abweichende Frist bestimmen und diese auf Antrag verlängern (Abs 1a S 1 und 3). Die Verlängerung setzt voraus, dass das Gericht dem Anspruchsteller einen Schlusspunkt für die Einreichung seines Antrags mitteilt. Die bloße Erinnerung an das Nachreichen von Nachweisen kann nicht als Fristverlängerung verstanden werden (OLG Schleswig FamRZ 2006, 890 [LS]). An den Antrag sollen keine übertriebenen Anforderungen gestellt werden; er muss lediglich hinreichend konkret sein (OLG Bremen FamRZ 2012, 1826 zum Antrag eines berufsmäßig tätigen Nachlasspflegers). Ein berufsmäßiger Nachlasspfleger kann den Antrag auf Fristverlängerung für die Geltendmachung seines Vergütungsanspruchs gemäß § 1835 Abs 1a S 3 BGB wirksam für alle von ihm künftig bei dem zuständigen Gericht zu übernehmenden Angelegenheiten im Voraus stellen (OLG Bremen FamRZ 2012, 1826). Die Bewilligung der Fristverlängerung erfordert eine ausdrückliche Entscheidung des Gerichts (vgl OLG München FamRZ 2008, 1632 [LS]). In der Fristbestimmung ist über die Folgen der Fristversäumnis (Verlust des Anspruchs) zu belehren (Abs 1a S 2). Das Gericht hat den Amtsträger unabhängig davon zu belehren, ob er seinen Anspruch als berufsmäßig tätiger oder als ehrenamtlicher Vormund/Pfleger geltend macht. Der Anspruch erlischt, soweit er nicht innerhalb der Frist wenigstens beziffert wird (Abs 1a S 4). Der Fristablauf bewirkt also nicht lediglich ein Leistungsverweigerungsrecht. Nach Fristablauf ist eine Wiedereinsetzung in den vorigen Stand ausgeschlossen.

V. Verfahrensfragen

110 Das Gericht setzt, soweit das für den Aufwendungsersatz vorgesehen ist, diesen durch gerichtlichen Beschluss (zuständig ist der Rechtspfleger, §§ 3 Nr 2 Buchst a) und b), § 14, § 15 Abs 1 RPflG) fest, sofern nicht nach den Vorschriften über das Verfahren bei der Entschädigung von Zeugen hinsichtlich ihrer baren Auslagen der Betrag der Auslagen im Verwaltungswege zahlbar gemacht wird (§ 168 Abs 1 S 4 FamFG). Die Verweisung in § 168 Abs 1 S 4 eröffnet keinen Rechtsweg nach § 4 JVEG; sie soll lediglich die Zahlbarmachung im Verwaltungswege ermöglichen (OLG Dresden FamRZ 2011, 320). Antragsberechtigt sind diejenigen, die einen Anspruch auf Ersatz ihrer Aufwendungen, die Bewilligung einer Aufwandsentschädigung oder einer Vergütung, ggf einen Abschlag oder einen Vorschuss, geltend machen; außerdem der Mündel, der Pflegebefohlene oder die betreute Person. Aufwendungen eines Nachlasspflegers, dessen Wirkungskreis die Sicherung und Verwaltung des Nachlasses umfasst, können bei einem nicht mittellosen Nachlass auch dann nicht durch das Nachlassgericht festgesetzt werden, wenn der entsprechende Antrag durch den Nachlasspfleger nach Aufhebung der Nachlasspflegschaft gestellt wurde (OLG München Rpfleger 2018, 617).

111 Im Verfahren über die Festsetzung der pauschalen Vergütung für den Betreuer nach den §§ 4, 5 VBVG hat das Gericht nicht zu überprüfen, ob und in welchem Umfang der Betreuer tätig geworden ist. Die Ausübung einer konkreten Betreuungstätigkeit wird typisierend unterstellt (BGH FamRZ 2013, 1883; FamRZ 2014, 1778 = BtPrax 2014, 275). Dadurch, dass der Vergütungsanspruch des Betreuers erst mit der gerichtlichen Aufhebung der Betreuung nach § 1908d endet, sofern das Ende der Betreuung nicht durch den Tod des Betreuten, oder aufgrund eines Fristablaufs eintritt (BGH FamRZ 2015, 1709 = MDR 2015, 1101 = BtPrax 2015, 244), wird die Dauer des Vergütungsanspruchs durch die (Un-)Tätigkeit des Gerichts beeinflusst. Den Zeitraum kann der Betreuer

durch sein Verhalten verkürzen (Mitteilung der Auftragserledigung, Rückgabe des Betreuerausweises; vgl BGH FamRZ 2015, 1709 = MDR 2015, 1101 = BtPrax 2015, 244).

Der Mündel ist zu hören, bevor gemäß Abs 1 eine von ihm zu leistende Zahlung festgesetzt wird (§ 168 Abs 4 FamFG). Da derjenige Amtsträger, dem die Vermögenssorge übertragen wurde, sich ohne gerichtliche Festsetzung seine Aufwendungen durch Entnahme ersetzt, entfällt die gerichtliche Anhörung des Betroffenen nach dieser Vorschrift. Soweit der Amtsträger nicht von der Rechnungslegung befreit ist, kann das Gericht bei der wiederkehrenden Rechnungslegung die Entnahme prüfen. Im Falle der Befreiung bleibt nur, falls das jeweilige Bestandsverzeichnis keinen hinreichenden Aufschluss über die Entnahme für Aufwendungen gibt, die Überprüfung nach Beendigung des Amtes und der damit verbundenen Schlussrechnung. **112**

Wer die Festsetzung von Aufwendungsersatz beantragt (dazu näher Schulte-Bunert/Weinreich/Dodegge, FamFG § 168 Rn 31 ff), soll die persönlichen und wirtschaftlichen Verhältnisse des Mündels darstellen (§ 168 Abs 2 S 1 FamFG). Ist der Antragsteller mangels entsprechender Rechtsstellung oder notwendiger Informationen dazu nicht (ausreichend) in der Lage oder ergeben die Angaben des Betroffenen zur Beurteilung des einzusetzenden Vermögens kein ausreichendes Bild von seinen Vermögensverhältnissen, hat das Gericht die notwendigen Ermittlungen von Amts wegen durchzuführen (§ 26 FamFG; OLG Schleswig FamRZ 2004, 979). Aufgrund der entsprechenden Anwendung von § 118 Abs 2 S 1 und 2 ZPO (§ 168 Abs 2 S 2 FamFG) ist das Gericht befugt, von dem Antragsteller die Glaubhaftmachung seiner Angaben zu verlangen. Es kann Erhebungen in der Weise anstellen, dass es sich Urkunden vorlegen lässt und Auskünfte (zB bei Angehörigen; vgl OLG Köln FamRZ 2009, 2119) einholt oder Zeugen und Sachverständige vernimmt. Steht nach der freien Überzeugung des Gerichts der Aufwand zur Ermittlung der persönlichen und wirtschaftlichen Verhältnisse des Mündels außer Verhältnis zur Höhe des aus der Staatskasse zu begleichenden Anspruchs oder zur Höhe der voraussichtlich vom Mündel zu leistenden Zahlungen, kann das Gericht ohne weitere Prüfung den Anspruch festsetzen oder von einer Festsetzung der vom Mündel zu leistenden Zahlungen absehen (§ 168 Abs 2 S 3 FamFG). **113**

Soweit Gerichte dem Betroffenen einen Verfahrenspfleger mit der Aufgabe bestellt haben und noch bestellen, den Antrag des Amtsträgers auf Vergütung zu überprüfen, könnte dieser Auftrag auch die Überprüfung des beantragten Aufwendungsersatzes enthalten, soweit dieser gerichtlich festzusetzen ist. Die Bestellung eines Verfahrenspflegers ist allerdings eine unzutreffende Maßnahme (die Bestellung eines Verfahrensbeistands gemäß § 158 FamFG kommt bereits wegen dessen gesetzlich bestimmter Aufgabenstellung nicht in Frage), weil dem Verfahrenspfleger durch die gesetzlich vorgegebene Aufgabe nicht die Befugnis eingeräumt ist, über vermögensrechtliche Ansprüche des Betroffenen Entscheidungen zu treffen (Bork/Jacoby/Schwab/Zorn § 168 FamFG Rn 33). Das Gericht müsste in solchen Fällen einen Ergänzungspfleger (§ 1909 BGB), bei Geltendmachung des Anspruchs durch einen Betreuer einen weiteren Betreuer (§ 1899 Abs 4 BGB) bestellen, wenn dies erforderlich ist, weil und soweit der Betroffene sich zu den Anträgen des Amtsträgers nicht selbst äußern kann (näher Bienwald in der Anm zu BayObLG FamRZ 2003, 1046). **114**

115 Gegen Entscheidungen, die das Familiengericht nach § 168 Abs 1 bis 3 FGG gegen den Betroffenen oder seine Erben trifft, findet die Beschwerde statt (§ 58 FamFG), wenn der Wert des Beschwerdegegenstandes 600 Euro übersteigt (§ 61 Abs 1 FamFG) oder das Gericht sie wegen der grundsätzlichen Bedeutung der Rechtssache zulässt (§ 61 Abs 2 und 3 S 1 Nr 1 FamFG). Das Gericht lässt die Beschwerde zu, wenn der Beteiligte durch den Beschluss mit nicht mehr als 600 Euro beschwert ist (§ 61 Abs 3 S 1 Nr 2 FamFG). Die Beschwerde ist binnen einer Frist von einem Monat, beginnend grundsätzlich mit der schriftlichen Bekanntgabe des Beschlusses an den Antragsteller, einzulegen (§ 63 Abs 1 und Abs 3 FamFG). Eine Nichtzulassungsbeschwerde ist nicht vorgesehen. Die Rechtsbeschwerde (§ 70 FamFG) bedarf grundsätzlich der Zulassung (§ 70 Abs 2 und 3 FamFG). Hilfsweise ist gegen die Entscheidung des Rechtspflegers die Erinnerung gem § 11 Abs 2 RPflG statthaft. Abgesehen davon, dass die Entscheidungen von Gerichten, in denen die Rechtsbeschwerde mit der Begründung mangelnder grundsätzlicher Bedeutung nicht zugelassen wurde, nicht immer einsichtig sind, erhält ein Vormund, der nicht die Hilfe einer rechtskundigen Person oder Stelle in Anspruch nimmt, durch die vorgeschriebene Rechtsbehelfsbelehrung (§ 39 FamFG) die erforderlichen Informationen.

116 Die Geltendmachung von Ansprüchen, die nach dem 1. 9. 2009 entstanden sind, richtet sich nach den Bestimmungen des FamFG v 17. 12. 2008 (BGBl I 2586). Für Verfahren, die bis zum 1. 9. 2009 eingeleitet worden sind oder deren Einleitung bis dahin beantragt worden ist, sind noch die vor dem 1. 9. 2009 geltenden Bestimmungen des FGG maßgebend (Art 111 Abs 1 FGG-Reformgesetz in der zuletzt geltenden Fassung). Jeder (Vergütungs-)Antrag (hier: eines Verfahrenspflegers) leitet(e) ein selbständiges Verfahren iSd Art 111 Abs 1 und 2 FGG – RG ein (OLG Brandenburg FamRZ 2013, 319 [LS]).

117 Das Beschwerderecht der Staatskasse gegen den Beschluss der Festsetzung von Vergütung und Aufwendungsersatz konnte nach dem Recht des FGG (keine Beschwerdefrist) verwirkt sein, wenn das Rechtsmittel erst mehr als ein Jahr und sechs Monate nach der formlosen Übersendung des Festsetzungsbeschlusses eingelegt worden ist und der Berufsbetreuer auf dessen Endgültigkeit vertrauen durfte (OLG Frankfurt FamRZ 2005, 391 = FGPrax 2005, 24). Nach Einführung der Befristung der Beschwerde (§ 63 FamFG) kommt eine Verwirkung in Angelegenheiten der Vergütung und des Aufwendungsersatzes grundsätzlich nicht mehr in Betracht.

Textanhang zu § 1835

Auszug aus dem FamFG:

§ 168 Beschluss über Zahlungen des Mündels

(1) Das Gericht setzt durch Beschluss fest, wenn der Vormund, Gegenvormund oder Mündel die gerichtliche Festsetzung beantragt oder das Gericht sie für angemessen hält:

1. Vorschuss, Ersatz von Aufwendungen, Aufwandsentschädigung, soweit der Vormund oder Gegenvormund sie aus der Staatskasse verlangen kann (§ 1835 Abs. 4 und § 1835a Abs. 3 des Bürgerlichen Gesetzbuchs) oder ihm nicht die Vermögenssorge übertragen wurde;

2. eine dem Vormund oder Gegenvormund zu bewilligende Vergütung oder Abschlagszahlung (§ 1836 des Bürgerlichen Gesetzbuchs).

Mit der Festsetzung bestimmt das Gericht Höhe und Zeitpunkt der Zahlungen, die der Mündel an die Staatskasse nach den §§ 1836c und 1836e des Bürgerlichen Gesetzbuchs zu leisten hat. Es kann die Zahlungen gesondert festsetzen, wenn dies zweckmäßig ist. Erfolgt keine Festsetzung nach Satz 1 und richten sich die in Satz 1 bezeichneten Ansprüche gegen die Staatskasse, gelten die Vorschriften über das Verfahren bei der Entschädigung von Zeugen hinsichtlich ihrer baren Auslagen sinngemäß.

(2) In dem Antrag sollen die persönlichen und wirtschaftlichen Verhältnisse des Mündels dargestellt werden. § 118 Abs. 2 Satz 1 und 2 sowie § 120 Absatz 2 und 3 sowie § 120a Absatz 1 Satz 1 bis 3 der Zivilprozessordnung sind entsprechend anzuwenden. Steht nach der freien Überzeugung des Gerichts der Aufwand zur Ermittlung der persönlichen und wirtschaftlichen Verhältnisse des Mündels außer Verhältnis zur Höhe des aus der Staatskasse zu begleichenden Anspruchs oder zur Höhe der voraussichtlich vom Mündel zu leistenden Zahlungen, kann das Gericht ohne weitere Prüfung den Anspruch festsetzen oder von einer Festsetzung der vom Mündel zu leistenden Zahlungen absehen.

(3) Nach dem Tode des Mündels bestimmt das Gericht Höhe und Zeitpunkt der Zahlungen, die der Erbe des Mündels nach § 1836e des Bürgerlichen Gesetzbuchs an die Staatskasse zu leisten hat. Der Erbe ist verpflichtet, dem Gericht über den Bestand des Nachlasses Auskunft zu erteilen. Er hat dem Gericht auf Verlangen ein Verzeichnis der zur Erbschaft gehörenden Gegenstände vorzulegen und an Eides Statt zu versichern, dass er nach bestem Wissen und Gewissen den Bestand so vollständig angegeben habe, als er dazu imstande sei.

(4) Der Mündel ist zu hören, bevor nach Absatz 1 eine von ihm zu leistende Zahlung festgesetzt wird. Vor einer Entscheidung nach Absatz 3 ist der Erbe zu hören.

(5) Auf die Pflegschaft sind die Absätze 1 bis 4 entsprechend anzuwenden.

Die jetzige Fassung des § 168 Absatz 2 Satz 2 FamFG beruht auf der Gesetzesänderung durch Artikel 9 Nr 2 des Gesetzes zur Änderung des Prozesskostenhilfe- und Beratungshilfegesetzes vom 31. August 2013 (BGBl 2013 I 3533) und trat am 1. 1. 2014 in Kraft. 1

§ 292 Zahlungen an den Betreuer

(1) In Betreuungsverfahren gilt § 168 entsprechend.

(2) Die Landesregierungen werden ermächtigt, durch Rechtsverordnung für Anträge und Erklärungen auf Ersatz von Aufwendungen und Bewilligung von Vergütung Formulare einzuführen. Soweit Formulare eingeführt sind, müssen sich Personen, die die Betreuung im Rahmen der Berufsausübung führen, ihrer bedienen und sie als elektronisches Dokument einreichen, wenn dieses für die automatische Bearbeitung durch das Gericht geeignet ist. Andernfalls liegt keine ordnungsgemäße Geltendmachung im Sinne von § 1836 Abs. 1 Satz 2 des Bürgerlichen Gesetzbuchs in Ver-

bindung mit § 1 des Vormünder- und Betreuervergütungsgesetzes vor. Die Landesregierungen können die Ermächtigung nach Satz 1 durch Rechtsverordnung auf die Landesjustizverwaltungen übertragen.

§ 158 Verfahrensbeistand

(1) Das Gericht hat dem minderjährigen Kind in Kindschaftssachen, die seine Person betreffen, einen geeigneten Verfahrensbeistand zu bestellen, soweit dies zur Wahrnehmung seiner Interessen erforderlich ist.

(2) Die Bestellung ist in der Regel erforderlich,

1. wenn das Interesse des Kindes zu dem seiner gesetzlichen Vertreter in erheblichem Gegensatz steht,

2. in Verfahren nach den §§ 1666 und 1666a des Bürgerlichen Gesetzbuchs, wenn die teilweise oder vollständige Entziehung der Personensorge in Betracht kommt,

3. wenn eine Trennung des Kindes von der Person erfolgen soll, in deren Obhut es sich befindet,

4. in Verfahren, die die Herausgabe des Kindes oder eine Verbleibensanordnung zum Gegenstand haben, oder

5. wenn der Ausschluss oder eine wesentliche Beschränkung des Umgangsrechts in Betracht kommt.

(3) Der Verfahrensbeistand ist so früh wie möglich zu bestellen. Er wird durch seine Bestellung als Beteiligter zum Verfahren hinzugezogen. Sieht das Gericht in den Fällen des Absatzes 2 von der Bestellung eines Verfahrensbeistands ab, ist dies in der Endentscheidung zu begründen. Die Bestellung eines Verfahrensbeistands oder deren Aufhebung sowie die Ablehnung einer derartigen Maßnahme sind nicht selbständig anfechtbar.

(4) Der Verfahrensbeistand hat das Interesse des Kindes festzustellen und im gerichtlichen Verfahren zur Geltung zu bringen. Er hat das Kind über Gegenstand, Ablauf und möglichen Ausgang des Verfahrens in geeigneter Weise zu informieren. Soweit nach den Umständen des Einzelfalls ein Erfordernis besteht, kann das Gericht dem Verfahrensbeistand die zusätzliche Aufgabe übertragen, Gespräche mit den Eltern und weiteren Bezugspersonen des Kindes zu führen sowie am Zustandekommen einer einvernehmlichen Regelung über den Verfahrensgegenstand mitzuwirken. Das Gericht hat Art und Umfang der Beauftragung konkret festzulegen und die Beauftragung zu begründen. Der Verfahrensbeistand kann im Interesse des Kindes Rechtsmittel einlegen. Er ist nicht gesetzlicher Vertreter des Kindes.

(5) Die Bestellung soll unterbleiben oder aufgehoben werden, wenn die Interessen des Kindes von einem Rechtsanwalt oder einem anderen geeigneten Verfahrensbevollmächtigten angemessen vertreten werden.

(6) Die Bestellung endet, sofern sie nicht vorher aufgehoben wird,

1. mit der Rechtskraft der das Verfahren abschließenden Entscheidung oder

2. mit dem sonstigen Abschluss des Verfahrens.

(7) Für den Ersatz von Aufwendungen des nicht berufsmäßigen Verfahrensbeistands gilt § 277 Abs. 1 entsprechend. Wird die Verfahrensbeistandschaft berufsmäßig geführt, erhält der Verfahrensbeistand für die Wahrnehmung seiner Aufgaben nach Absatz 4 in jedem Rechtszug jeweils eine einmalige Vergütung in Höhe von 350 Euro. Im Falle der Übertragung von Aufgaben nach Absatz 4 Satz 3 erhöht sich die Vergütung auf 550 Euro. Die Vergütung gilt auch Ansprüche auf Ersatz anlässlich der Verfahrensbeistandschaft entstandener Aufwendungen sowie die auf die Vergütung anfallende Umsatzsteuer ab. Der Aufwendungsersatz und die Vergütung sind stets aus der Staatskasse zu zahlen. Im Übrigen gilt § 168 Abs. 1 entsprechend.

(8) Dem Verfahrensbeistand sind keine Kosten aufzuerlegen.

§ 276 Verfahrenspfleger

(1) Das Gericht hat dem Betroffenen einen Verfahrenspfleger zu bestellen, wenn dies zur Wahrnehmung der Interessen des Betroffenen erforderlich ist. Die Bestellung ist in der Regel erforderlich, wenn

1. von der persönlichen Anhörung des Betroffenen nach § 278 Abs. 4 in Verbindung mit § 34 Abs. 2 abgesehen werden soll oder

2. Gegenstand des Verfahrens die Bestellung eines Betreuers zur Besorgung aller Angelegenheiten des Betroffenen oder die Erweiterung des Aufgabenkreises hierauf ist; dies gilt auch, wenn der Gegenstand des Verfahrens die in § 1896 Abs. 4 und § 1905 des Bürgerlichen Gesetzbuchs bezeichneten Angelegenheiten nicht erfasst.

(2) Von der Bestellung kann in den Fällen des Absatzes 1 Satz 2 abgesehen werden, wenn ein Interesse des Betroffenen an der Bestellung des Verfahrenspflegers offensichtlich nicht besteht. Die Nichtbestellung ist zu begründen.

(3) Wer Verfahrenspflegschaften im Rahmen seiner Berufsausübung führt, soll nur dann zum Verfahrenspfleger bestellt werden, wenn keine andere geeignete Person zur Verfügung steht, die zur ehrenamtlichen Führung der Verfahrenspflegschaft bereit ist.

(4) Die Bestellung eines Verfahrenspflegers soll unterbleiben oder aufgehoben werden, wenn die Interessen des Betroffenen von einem Rechtsanwalt oder einem anderen geeigneten Verfahrensbevollmächtigten vertreten werden.

(5) Die Bestellung endet, sofern sie nicht vorher aufgehoben wird, mit der Rechtskraft der Endentscheidung oder mit dem sonstigen Abschluss des Verfahrens.

(6) Die Bestellung eines Verfahrenspflegers oder deren Aufhebung sowie die Ablehnung einer derartigen Maßnahme sind nicht selbständig anfechtbar.

(7) Dem Verfahrenspfleger sind keine Kosten aufzuerlegen.

§ 277 Vergütung und Aufwendungsersatz des Verfahrenspflegers

(1) Der Verfahrenspfleger erhält Ersatz seiner Aufwendungen nach § 1835 Abs. 1 bis 2 des Bürgerlichen Gesetzbuchs. Vorschuss kann nicht verlangt werden. Eine Behörde oder ein Verein erhält als Verfahrenspfleger keinen Aufwendungsersatz.

(2) § 1836 Abs. 1 und 3 des Bürgerlichen Gesetzbuchs gilt entsprechend. Wird die Verfahrenspflegschaft ausnahmsweise berufsmäßig geführt, erhält der Verfahrenspfleger neben den Aufwendungen nach Absatz 1 eine Vergütung in entsprechender Anwendung der §§ 1, 2 und 3 Abs. 1 und 2 des Vormünder- und Betreuervergütungsgesetzes.

(3) Anstelle des Aufwendungsersatzes und der Vergütung nach den Absätzen 1 und 2 kann das Gericht dem Verfahrenspfleger einen festen Geldbetrag zubilligen, wenn die für die Führung der Pflegschaftsgeschäfte erforderliche Zeit vorhersehbar und ihre Ausschöpfung durch den Verfahrenspfleger gewährleistet ist. Bei der Bemessung des Geldbetrags ist die voraussichtlich erforderliche Zeit mit den in § 3 Abs. 1 des Vormünder- und Betreuervergütungsgesetzes bestimmten Stundensätzen zuzüglich einer Aufwandspauschale von 4 Euro je veranschlagter Stunde zu vergüten. In diesem Fall braucht der Verfahrenspfleger die von ihm aufgewandte Zeit und eingesetzten Mittel nicht nachzuweisen; weitergehende Aufwendungsersatz- und Vergütungsansprüche stehen ihm nicht zu.

(4) Ist ein Mitarbeiter eines anerkannten Betreuungsvereins als Verfahrenspfleger bestellt, stehen der Aufwendungsersatz und die Vergütung nach den Absätzen 1 bis 3 dem Verein zu. § 7 Abs. 1 Satz 2 und Abs. 3 des Vormünder- und Betreuervergütungsgesetzes sowie § 1835 Abs. 5 Satz 2 des Bürgerlichen Gesetzbuchs gelten entsprechend. Ist ein Bediensteter der Betreuungsbehörde als Verfahrenspfleger für das Verfahren bestellt, erhält die Betreuungsbehörde keinen Aufwendungsersatz und keine Vergütung.

(5) Der Aufwendungsersatz und die Vergütung des Verfahrenspflegers sind stets aus der Staatskasse zu zahlen. Im Übrigen gilt § 168 Abs. 1 entsprechend.

§ 318 Vergütung und Aufwendungsersatz des Verfahrenspflegers

Für die Vergütung und den Aufwendungsersatz des Verfahrenspflegers gilt § 277 entsprechend.

2 Die Vorschrift ist für die Ansprüche des Verfahrenspflegers in Unterbringungssachen maßgebend.

§ 1835a
Aufwandsentschädigung

(1) Zur Abgeltung seines Anspruchs auf Aufwendungsersatz kann der Vormund als Aufwandsentschädigung für jede Vormundschaft, für die ihm keine Vergütung zusteht, einen Geldbetrag verlangen, der für ein Jahr dem Neunzehnfachen dessen entspricht, was einem Zeugen als Höchstbetrag der Entschädigung für eine Stunde versäumter Arbeitszeit (§ 22 des Justizvergütungs- und -entschädigungsgesetzes) gewährt werden kann (Aufwandsentschädigung). Hat der Vormund für solche Aufwendungen bereits Vorschuss oder Ersatz erhalten, so verringert sich die Aufwandsentschädigung entsprechend.

(2) Die Aufwandsentschädigung ist jährlich zu zahlen, erstmals ein Jahr nach Bestellung des Vormunds.

(3) Ist der Mündel mittellos, so kann der Vormund die Aufwandsentschädigung aus der Staatskasse verlangen; Unterhaltsansprüche des Mündels gegen den Vormund sind insoweit bei der Bestimmung des Einkommens nach § 1836c Nr. 1 nicht zu berücksichtigen.

(4) Der Anspruch auf Aufwandsentschädigung erlischt, wenn er nicht binnen drei Monaten nach Ablauf des Jahres, in dem der Anspruch entsteht, geltend gemacht wird; die Geltendmachung des Anspruchs beim Familiengericht gilt auch als Geltendmachung gegenüber dem Mündel.

(5) Dem Jugendamt oder einem Verein kann keine Aufwandsentschädigung gewährt werden.

Materialien: Eingefügt als § 1836a durch BtG v 12. 9. 1990 Art 1 Nr 40. BT-Drucks 11/4528, 55, 112; 11/6949, 70. Neugefasst als § 1835a durch BtÄndG v 25. 6. 1998 Art 1 Nr 8. BT-Drucks 13/7158, 23, 44, 45; 13/10331, 27. Abs 1 S 1 mit Wirkung vom 1. 7. 2004 geändert durch Art 4 Abs 34 Nr 2 des Kostenrechtsmodernisierungsgesetzes vom 5. 5. 2004. Abs 4 geändert durch Art 50 Nr 42 FGG-RG v 17. 12. 2008 (BGBl I 2586); BR-Drucks 617/08, 128; BT-Drucks 16/6308, 143; Änderung d Gerichtsbezeichnung in Abs 4 HS 2 durch Art 50 Nr 42 FGG-RG (BGBl I 2586). § 277 Abs 3 FamFG nach Änderung des VBVG durch das Gesetz zur Anpassung der Betreuer- und Vormündervergütung v 22. 6. 2019 (BGBl I 866).

Systematische Übersicht

I. Allgemeines

1. Entwicklung der Vorschrift und Normzweck

1 Die Vorschrift wurde durch das BtÄndG an dieser Stelle eingefügt. Sie gilt seit dem 1. 1. 1999. Eine entsprechende Vorschrift, die einen pauschalierten Aufwendungsersatz (Aufwandsentschädigung) vorsah, hatte das BtG als § 1836a BGB eingestellt (näher Staudinger/Engler [1999] Rn 1 ff). Durch das FGG-RG wurde mit Wirkung v 1. 9. 2009 in Abs 4 die Bezeichnung des Gerichts geändert.

2 Die Regelung bezieht sich nicht mehr lediglich auf die Abgeltung geringfügiger Aufwendungen (so die Vorläufervorschrift § 1836a BGB). Sie stellt in Abs 3 HS 2 klar, dass der Vormund die Staatskasse auf die Aufwandsentschädigung ohne Rücksicht darauf in Anspruch nehmen kann, ob er dem Mündel Unterhalt schuldet oder nicht (BT-Drucks 13/7158, 24). Die Vorschrift regelt nunmehr („zur Abgeltung seines Anspruchs"), dass über die Inanspruchnahme der Pauschale hinaus ein Aufwendungsersatz nicht verlangt werden kann. Die früher mögliche Kumulation von Pauschale und Erstattung darüber hinausgehender nicht geringfügiger Aufwendungen wurde bereits mit dem BtÄndG abgeschafft (LG Koblenz FamRZ 2001, 1324; LG München I BtPrax 1999, 205). Seit dem 1. 7. 2004 beträgt die Aufwandsentschädigung das Neunzehnfache dessen, was gemäß § 22 des Justizvergütungs- und -entschädigungsgesetzes einem Zeugen als Höchstbetrag einer Entschädigung für eine Stunde Verdienstausfall gewährt werden kann (bisher 17 Euro); seit 1. 8. 2013 21 Euro; mithin nunmehr jährlich 399 Euro. Es ist beabsichtigt, mit der Reform des Vormundschaftsrechts die Aufwandsentschädigung auf das Zwanzigfache des Ausgangsbetrags heraufzusetzen.

3 Dass die mit dieser Vorschrift eingeführte Pauschalabgeltung von Aufwendungen, die zu der Einzelabrechnung nach § 1835 BGB alternierend in Betracht kommt (LG Koblenz FamRZ 2001, 1324), den Anspruchsberechtigten von dem viel gescholtenen Bürokratismus (BT-Drucks 11/4528, 112) befreit, ist zu bezweifeln. Die Entscheidung, welche der beiden Möglichkeiten die dem Vormund günstigere ist, kann dieser erst dann treffen, nachdem er die Aufwendungen des Jahres, für die er auch eine Pauschale in Anspruch nehmen könnte, mit Hilfe seiner Notizen und Belege zusammengestellt und verglichen hat. In der Praxis wird auch Klage darüber geführt, dass Betreuer auf die Inanspruchnahme der Aufwandsentschädigung nicht (rechtzeitig) hingewiesen werden.

2. Geltungsbereich

4 Die Vorschrift regelt unmittelbar den **Anspruch des Vormunds** auf Aufwandsentschädigung. Die Regelung gilt entsprechend für die **Pflegschaft** (einschließlich Nachlasspflegschaft; §§ 1909 ff, 1915 Abs 1, 1960 BGB). Sie ist sinngemäß auf die Betreuung anzuwenden (§ 1908i Abs 1 S 1 BGB). Pflegepersonen, denen nach § 1630 Abs 3 BGB Angelegenheiten der elterlichen Sorge übertragen wurden, haben ohne eine ausdrückliche Bestellung zum Pfleger (gesetzlich geregelte Folge) einen Anspruch auf Aufwandsentschädigung nach § 1835a BGB (OLG Stuttgart FamRZ 2006, 1290). Der Anspruch eines unentgeltlich tätigen Pflegers auf eine Aufwandsentschädigung entsteht erst mit der förmlichen Bestellung des Pflegers (§§ 1789, 1915 Abs 1 BGB; BGH NZFam 2017, 1160 m Anm Schwamb).

Auf die **Verfahrenspflegschaften** und die **Verfahrensbeistandschaften** des FamFG ist § 1835a BGB **nicht** anzuwenden (§§ 277 Abs 1, 318, 158 Abs 7, 174 S 2, 191 S 2 FamFG). Nach § 277 Abs 1 S 1 FamFG erhält der Verfahrenspfleger Ersatz seiner Aufwendungen nach § 1835 Abs 1 bis 2 BGB. Vorschuss kann er nicht verlangen. Anstelle des Aufwendungsersatzes und einer Vergütung kann das Gericht dem Pfleger für das Verfahren einen festen Geldbetrag zubilligen, wenn die für die Führung der Pflegschaftsgeschäfte erforderliche Zeit vorhersehbar und ihre Ausschöpfung durch den Pfleger gewährleistet ist (§ 277 Abs 3 FamFG). Für den Ersatz von Aufwendungen des nicht berufsmäßig tätigen Verfahrensbeistands gilt § 277 Abs 1 BGB entsprechend (§ 158 Abs 7 S 1 FamFG). Die berufsmäßig tätigen Verfahrensbeistände erhalten Pauschalbeträge nach Maßgabe des § 158 Abs 7 S 2 bis 5 FamFG, mit denen auch anlässlich der Verfahrensbeistandschaft entstandene Aufwendungen abgegolten werden. 5

Der Anspruch auf die Aufwandsentschädigung für den Vormund wird nicht dadurch ausgeschlossen, dass dieser nach § 39 SGB VIII Pflegegeld erhält (BayObLG FamRZ 2002, 1222 m Anm Bienwald). 6

3. Zu Gegenstand und Reichweite der Pauschalierung

Die Regelung dient der **vereinfachten Erstattung** von Aufwendungen. Ersatz für Schäden, die dem Vormund in Erfüllung seiner Aufgaben an seinem Kraftfahrzeug entstehen, sind nicht nach § 1835 BGB und nicht nach § 1835a BGB erstattungsfähig (LG Bückeburg NJW-RR 2002, 506 = NdsRpfl 2001, 307). Wechselt der Vormund während eines Bewilligungszeitraums vom ehrenamtlichen zum berufsmäßig tätigen Vormund, kommt aus diesem Grunde die Inanspruchnahme der Pauschale nur **anteilig** in Betracht. Wird eine berufsmäßig tätige Person durch eine ehrenamtlich tätige abgelöst (zB ein Betreuer im Fall des § 1908b Abs 1 S 3 BGB), beginnt das Jahr, für das die Aufwandsentschädigung beansprucht werden kann, mit dem Wirksamwerden der Bestellung. Fraglich kann dann nur sein, welche Ansprüche die entlassene Person geltend machen kann. 7

Der Anspruch auf Aufwandsentschädigung ist nicht dadurch ausgeschlossen, dass der Vormund für den in seiner Familie in Vollzeitpflege aufgenommenen Mündel Pflegegeld nach § 39 SGB VIII erhält (BayObLGZ 2002, 1 = FamRZ 2002, 1222 m Anm Bienwald). 8

Wurden die Eltern als Betreuer bestellt, steht ihnen die pauschale Aufwandsentschädigung auch dann zu, wenn sie gegenüber dem Betreuten unterhaltspflichtig sind (LG Koblenz NJW-RR 1998, 653). 9

II. Voraussetzungen des Anspruchs

1. Unvergütete Führung der Vormundschaft

Es muss sich um eine Vormundschaft handeln, für die dem Vormund keine Vergütung nach § 1836 Abs 1 S 2 und 3 BGB zusteht. Das ist immer dann der Fall, wenn das Gericht die berufsmäßige Führung der Vormundschaft nicht festgestellt hat (§ 1836 Abs 2 BGB), sodass bereits dem Grunde nach – unabhängig von vorhandenem 10

Vermögen – ein Vergütungsanspruch nach § 1836 Abs 1 S 2 und 3 BGB, § 1 Abs 2 S 1 VBVG nicht besteht. Einem ehrenamtlich tätigen Vormund, dem das Gericht eine Vergütung nach § 1836 Abs 2 BGB bewilligt, steht diese Vergütung zu, sodass in diesem Falle die Aufwandspauschale nicht in Anspruch genommen werden kann und die Aufwendungen nach § 1835 BGB abzurechnen sind.

11 Wird einem nicht berufsmäßig tätigen Vormund eine Vergütung gemäß § 1836 Abs 2 BGB bewilligt, die unterhalb des Pauschalbetrages des § 1835a BGB liegt, wird er seine Aufwendungen abrechnen (müssen). Für eine Vermischung der zwei verschiedenen Leistungen durch „Aufstockung" der Vergütung bis zur Höhe der Pauschale besteht weder eine Grundlage noch eine Notwendigkeit. Eine Ungleichbehandlung oder Ungerechtigkeit kann in der „Zumutung" konkreter Abrechnung von Aufwendungen nicht gesehen werden (näher STAUDINGER/BIENWALD [2014] § 1835a Rn 11 mNw; JURGELEIT/MAIER [4. Aufl] Rn 6).

12 Dass ein Vormund vergütete und nicht vergütete Vormundschaften nebeneinander führt, schließt den Anspruch auf die Aufwandspauschale in den Fällen unvergüteter Führung von Vormundschaften nicht aus (wie hier KNITTEL Rn 3; **aA** noch DAMRAU/ZIMMERMANN[3] Rn 2). Nach DAMRAU/ZIMMERMANN (4. Aufl Rn 3) ist die im Betreuungswesen vorhanden gewesene Problematik inzwischen entfallen.

13 Kommt ein Anspruch nach § 1835a BGB in Betracht, so kann der Berechtigte entscheiden, ob er die Pauschale oder den Ersatz nachgewiesener Aufwendungen gemäß § 1835 BGB geltend macht. Welche der beiden Arten der „Abrechnung" für ihn im Ergebnis günstiger ist, wird der Berechtigte erst nach Schluss des Zeitraums feststellen, für den er die Pauschale in Anspruch nehmen kann.

14 Anspruchsberechtigt ist nur derjenige, der eine Vormundschaft führt. Der Gegenvormund (§ 1792 BGB) gehört nicht dazu. Dessen Anspruch auf Ersatz seiner Aufwendungen richtet sich nach § 1835 Abs 1 S 2 BGB (**aA** DAMRAU/ZIMMERMANN Rn 27: § 1835a analog). Die von DAMRAU/ZIMMERMANN (Rn 27) befürwortete Analogie kommt deshalb nicht in Betracht, weil kein Grund ersichtlich ist, dem Gegenvormund die Jahrespauschale zuzubilligen. Der Gegenvormund „führt" die Vormundschaft nicht als Daueraufgabe, sondern hat punktuell wahrzunehmende Aufsichts- und Kontrollaufgaben, bei denen uU nicht einmal Aufwendungen anfallen.

2. Mehrere Vormundschaften

15 Nach dem eindeutigen Wortlaut der Vorschrift kann der Vormund für jede Vormundschaft, für die ihm eine Vergütung nicht zusteht, die Aufwandspauschale verlangen. Wer mehrere Vormundschaften gleichzeitig führt, ohne dafür eine Vergütung zu erhalten, kann für jede Vormundschaft den Betrag in voller Höhe in Anspruch nehmen (BT-Drucks 11/4528, 112), soweit die Voraussetzungen im Übrigen vorliegen. Er kann aber auch stattdessen für jede der mehreren geführten Vormundschaften in der Form des § 1835 BGB abrechnen; ggf für jede der geführten Vormundschaften eine andere Art der Leistung in Anspruch nehmen.

16 Der Anspruch auf die Aufwandspauschale für die jeweiligen Vormundschaften, die ein Vormund führt, wird nicht dadurch geschmälert, dass sich ggf viele Geschäfte

einheitlich erledigen lassen, wie etwa im Falle von Vormundschaften, die für Geschwister oder andere nahe Angehörige (im Falle von Betreuungen für Eheleute) geführt werden (DAMRAU/ZIMMERMANN [3. Aufl] Rn 5; **aA** BGB-RGRK/DICKESCHEID Rn 2).

3. Mehrere Vormünder

Der zunächst geltenden Regelung in § 1775 BGB, dass für den Mündel grundsätzlich nur ein Vormund bestellt werden soll, sofern nicht besondere Gründe für eine andere Entscheidung vorliegen, stellte das BtÄndG den Satz voran, dass das Gericht ein Ehepaar gemeinschaftlich zu Vormündern bestellen kann. Infolgedessen fragt es sich, wie in diesen Fällen mit der Bewilligung der Aufwandspauschale verfahren werden soll. Praktische Bedeutung hat diese Frage allerdings überwiegend im Betreuungsrecht erlangt, wo nicht selten mehrere Personen zu Betreuern einer betroffenen Person gemäß § 1899 BGB, und zwar hinsichtlich der Aufgabenkreise in unterschiedlichen Konstellationen bestellt werden. Die von dem 2. BtÄndG eingeschränkte Möglichkeit, dass mehrere Betreuer bestellt werden, die eine Vergütung erhalten (mit Ausnahme der nach § 1899 Abs 2 und 4 BGB bestellten Betreuer und des Gegenbetreuers, § 1899 Abs 1 S 3 BGB), wirkt sich bei der Anwendung des § 1835a BGB jedoch nicht aus. **17**

Die Rechtsprechung hatte sich dazu bisher (in Betreuungssachen) wie folgt geäußert: **18**

BayObLG OLG-Rp 2001, 87 (LS) = BtPrax 2002, 36 = Rpfleger 2002, 312: Sind für einen Betroffenen mehrere Betreuer bestellt, steht jedem von ihnen die volle Auslagenpauschale zu; **aA** LG Gera (zit bei DAMRAU/ZIMMERMANN Rn 5); BayObLG (FamRZ 2003, 479): Der Senat hält an seiner Auffassung fest (zitiert werden die vorher mitgeteilten Fundstellen), dass bei einer Bestellung mehrerer alleinvertretungsberechtigter Betreuer jedem von ihnen die volle Aufwendungspauschale auch dann zusteht, wenn die übertragenen Aufgabenkreise identisch sind (hier: Bestellung beider Elternteile als Betreuer für ihren volljährigen Sohn); AG Betzdorf (FamRZ 2003, 486 m Anm BIENWALD): Hat das Gericht zwei Betreuer bestellt und bestimmt, dass beide berechtigt sind, den Betreuten allein zu vertreten, steht jedem Betreuer die volle Aufwandsentschädigung nur dann zu, wenn die Mitbetreuer nicht (ausschließlich) mit demselben Aufgabenkreis betraut worden sind; OLG Düsseldorf (RdLH 1/2003, 36); OLG Frankfurt (FGPrax 2002, 115 = OLG-Rp 2002, 139 mwNw): Aufwandsentschädigung mehrerer Betreuer unabhängig davon, ob sie mit demselben oder unterschiedlichen Aufgabenkreisen bestellt worden sind; LG Kempten (Rpfleger 2001, 348): Werden die Eltern eines mittellosen Betreuten gemeinsam als Betreuer bestellt, so steht ihnen die Aufwandsentschädigung nur gemeinsam zu, wenn die Bestellung lediglich aus Rücksichtnahme auf den fortbestehenden Familienverbund erfolgt ist; LG Koblenz (JAmt 2002, 97): Sind mehrere Personen als Betreuer für einen Betroffenen bestellt, so steht jedem von ihnen die Aufwandsentschädigung zu, unabhängig davon, ob die Betreuer für dieselben oder unterschiedliche Aufgabenkreise bestellt sind; LG Mönchengladbach (FamRZ 2003, 559 m Anm BIENWALD = BtPrax 2002, 269); LG Münster (BtPrax 2001, 220 [LS]): Sind die Eltern eines Betroffenen gemeinsam als Betreuer bestellt, so steht ihnen auch die Aufwandsentschädigung nur gemeinsam zu; OLG Zweibrücken (FamRZ 2002, 1061 m Anm BIENWALD = Rpfleger 2002, 312 [LS] = BtPrax 2002, 131 = MDR 2002, 396): Hat das Gericht zwei Betreuer bestellt und bestimmt, dass beide berechtigt sind, die

Betroffene allein zu vertreten, steht jedem die volle Aufwandsentschädigung dann zu, wenn die Mitbetreuer nicht (ausschließlich) mit denselben Aufgaben betraut sind. OLG Thüringen (FamRZ 2005, 478): Eltern als Betreuer mit gleichen Aufgaben erhalten jeder die volle Aufwandsentschädigung. Eltern als gemeinsame Mitbetreuer erhalten jeder die Aufwandspauschale (LG Lübeck FamRZ 2012, 1170 [LS] mwNw = Rpfleger 2011, 503).

19 Im Falle einer Vertretungsbetreuung (§ 1899 Abs 4 BGB) wird der eine erst tätig, wenn der andere ausfällt (ebenso MünchKomm/Fröschle § 1835a Rn 4). Es gibt also, abgesehen von kurzzeitigen Überschneidungen durch gegenseitige unabdingbare Information, keine nebeneinander tätigen „Vormünder", sodass die Pauschale nur einmal anfällt und zwischen dem bestellten Vertretenen und seinem Vertreter gegebenenfalls aufzuteilen ist (Damrau/Zimmermann Rn 14; Jurgeleit/Maier Rn 10; LG Münster FamRZ 1997, 389 = MDR 1996, 1262; LG Frankenthal BtPrax 2001, 88 [LS]). Soweit erforderlich hat das Gericht zu erfragen, in welchen Zeiträumen jeder Vormund tätig gewesen ist. Das trifft auch zu, wenn das Gericht für die Zeit tatsächlicher Verhinderung des ehrenamtlich tätigen Betreuers einen berufsmäßig tätigen Betreuer bestellt. Während die pauschale Aufwandsentschädigung zeitanteilig für die Tage zu kürzen ist, an denen der Verhinderungsbetreuer tätig geworden ist (LG Nürnberg-Fürth FamRZ 2008, 719 [LS]).

4. Verrechnungsfälle

20 Ist die gerichtlich bestellte ehrenamtlich tätige Person (hier: Betreuer) tatsächlich verhindert und bestellt das Gericht eine berufsmäßig tätige Person (hier: Mitarbeiter eines Betreuungsvereins), so ist die von der ehrenamtlich tätigen Person beanspruchte pauschale Aufwandsentschädigung zeitanteilig für die Tage zu kürzen, an denen die Ersatzperson (hier: Verhinderungsbetreuer) tätig gewesen ist. Nicht zu berücksichtigen ist die für die Tätigkeit der Ersatzperson zu beanspruchende (hier: pauschal bemessene) Vergütung (LG Nürnberg-Fürth FamRZ 2008, 719 [LS]).

III. Höhe der Aufwandsentschädigung

1. Der Jahresbetrag

21 Der Jahresbetrag der Aufwandsentschädigung entspricht dem Neunzehnfachen des Betrages, der einem Zeugen als Höchstbetrag der Entschädigung für eine Stunde versäumter Arbeitszeit gewährt werden kann. Dieser Höchstbetrag der Zeugenentschädigung betrug nach § 22 des Justizvergütungs- und -entschädigungsgesetzes bisher 17 Euro, die Jahrespauschale also 323 Euro. Mit dem Berechnungsmodus sollte sichergestellt werden, dass die Aufwandsentschädigung automatisch an die wirtschaftliche Entwicklung angepasst wird (BT-Drucks 11/4528, 112). Die zunächst festgelegte Pauschalsumme von 600 DM entsprach der Empfehlung des Rechtsausschusses des Deutschen Bundestages, der damit der Anerkennung und Förderung der ehrenamtlichen Arbeit dienen wollte (BT-Drucks 13/10331, 27). Nicht gefolgt ist der Gesetzgeber der weiteren Empfehlung des Rechtsausschusses, den Landesgesetzgeber zu ermächtigen, die Höhe der Aufwandsentschädigung in Grenzen abweichend zu bestimmen. Zum gegenwärtigen Jahresbetrag s oben Rn 2.

Die Aufwandsentschädigung ist jährlich zu zahlen; erstmals ein Jahr nach Bestellung des Vormunds (Abs 2). Danach ist nicht die Anordnung der Vormundschaft (§ 1774 BGB), sondern das Datum der Bestellung des Vormunds (§ 1789 BGB) für die Bestimmung des „Amtsjahres" maßgebend. Für eine rückwirkende Festsetzung eines entsprechenden Anspruchs aus anderen Rechtsgründen ist im Verfahren nach § 168 FamFG kein Raum (BGH FamRZ 2018, 40 = Rpfleger 2018, 142 = NZFam 2017, 1160 m Anm Schwamb). 22

Der Vormund und gemäß § 1915 Abs 1 S 1 BGB auch der Pfleger werden durch Verpflichtung zu treuer und gewissenhafter Führung bestellt (§ 1789 S 1 BGB). Ebenfalls mündlich verpflichtet und über seine Aufgaben unterrichtet wird der Betreuer, der ehrenamtlich tätig ist und nicht mehr als eine Betreuung führt oder in den letzten zwei Jahren geführt hat (§ 289 Abs 1 FamFG). Für den nicht zu verpflichtenden ehrenamtlichen Betreuer (§ 289 Abs 1 Satz 2 aE FamFG) beginnt das Betreuungsjahr mit dem Wirksamwerden des Bestellungsbeschlusses (§ 287 FamFG).

2. Keine Kürzung im Beitrittsgebiet

Eine Kürzung der Pauschale um 10% im Beitrittsgebiet war nicht statthaft. Art 4 BtÄndG sah sie nur für Vergütungen vor (so bereits nach bisherigem Recht Bienwald FamRZ 1999, 1324; Damrau/Zimmermann Rn 5; **aA** Bach, Kostenregelungen[2] D 5 S 58). Mit Wirkung vom 1. 7. 2004 wurde Art 4 BtÄndG aufgehoben (Art 4 Abs 35 des Kostenrechtsmodernisierungsgesetzes). 23

3. Verzinsung

Der nach § 1835 Abs 1 S 1 BGB in Anspruch genommene Aufwendungsersatz ist mit 4% zu verzinsen (BayObLG BtPrax 2001, 39 mwNw = FamRZ 2001, 934 [LS]). Während der Anspruch auf Ersatz der Aufwendungen bereits mit der getätigten Aufwendung entsteht und fällig wird, kommt es für die Pauschale nicht auf den Entstehungszeitpunkt und das Tätigen einzelner Aufwendungen an, sodass eine an diesen Daten orientierte Verzinsung einzelner Aufwendungen (§ 256 BGB) im Falle der Inanspruchnahme der Pauschale entfällt. Außerdem muss bei Inanspruchnahme der Pauschale eine konkrete Aufwendung nicht entstanden sein. Im Falle bereits abgerechneter Aufwendungen ist deshalb auch ein bereits gezahlter Zins mit der Pauschale zu verrechnen. 24

4. Vorzeitiges Ende des Amtes

Fallen die Voraussetzungen für die Zahlung der Jahrespauschale vor deren Fälligkeit weg (zB wird der Mündel während des laufenden Jahres volljährig, sodass die Vormundschaft endet, oder stirbt während des Jahreszeitraums der Mündel oder wird – im Falle volljähriger Betroffener – die Betreuung aufgehoben), wird für die entsprechende Zeit die Pauschale nur anteilig gezahlt (Damrau/Zimmermann Rn 16). 25

5. Vorschuss; Verrechnung (Abs 1 S 2)

Die Zahlung eines Vorschusses auf die Pauschale ist nicht vorgesehen (vgl Abs 2; Damrau/Zimmermann Rn 15). Hat der Vormund nach § 1835 Abs 1 S 1, Abs 4 S 1 BGB im Hinblick auf die entstehenden Aufwendungen Vorschuss erhalten und wählt er 26 nachträglich die für ihn günstigere Aufwandspauschale, muss er sich das bereits Erhaltene auf die Pauschale anrechnen lassen. Das Gleiche gilt, wenn er sich bereits Aufwendungen hat ersetzen lassen.

6. Fälligkeit

27 Während der Anspruch auf Erstattung von einzelnen Aufwendungen bereits mit der getätigten Aufwendung fällig wird (Damrau/Zimmermann Rn 16), kann die pauschale Aufwandsentschädigung erst nach Ablauf des ersten Jahres nach Bestellung zum Vormund, und dann jährlich zum gleichen Datum, verlangt werden. Maßgebend ist nicht das Kalenderjahr, sondern das „Amtsjahr", beginnend mit dem Tage, der auf den Tag folgt, an dem die Bestellung wirksam geworden ist. Der Vormund und gemäß § 1915 Abs 1 BGB der Pfleger werden von dem Familiengericht zu treuer und gewissenhafter Führung der Vormundschaft bzw Pflegschaft bestellt (§ 1789 BGB), auch wenn das Familiengericht die Vormundschaft oder Pflegschaft gemäß § 1697 BGB angeordnet und die betreffende Person ausgewählt hat (Staudinger/Veit § 1789 Rn 5; Bestelmeyer FamRZ 2011, 950; OLG Koblenz 8. 8. 2012 – 5 U 175/12). Der Anspruch eines unentgeltlich tätigen Pflegers auf eine Aufwandsentschädigung entsteht deshalb erst mit seiner förmlichen Bestellung. Für eine rückwirkende Festsetzung eines entsprechenden Anspruchs aus anderen Rechtsgründen ist im Verfahren nach § 168 FamFG kein Raum (BGH FamRZ 2018, 40 = Rpfleger 2018, 142 = NZFam 2017/1160 m Praxishinweis Schwamb). Die Bestellung des Betreuers wird dagegen regelmäßig wirksam mit der Bekanntgabe des Beschlusses, durch den der Betreuer bestellt wurde, grundsätzlich mit der Bekanntgabe an den Betreuer (§ 287 Abs 1 FamFG). Wird die Aufwandsentschädigung für das Kalenderjahr geltend gemacht und ist die Betreuung schon längere Zeit eingerichtet (hier schon als Gebrechlichkeitspflegschaft), so ist davon auszugehen, dass fiktiv eine Betreuerbestellung zum 31. 12. des Vorjahres anzunehmen ist. Im Folgejahr entsteht danach der Anspruch des Betreuers und erlischt, wenn er nicht drei Monate nach Ablauf des Jahres geltend gemacht wird (LG Koblenz FamRZ 2002, 1291).

7. Versteuerung

28 Die Aufwandsentschädigungen, die eine ehrenamtlich tätige Person (hier Betreuer) gemäß § 1835a BGB erhält, sind nicht gemäß § 3 Nr 12 EStG steuerfrei (Schl – Holst Finanzgericht BtPrax 2004, 206; Rdschr des BMF, Bundessteuerblatt I 2008, 985; DStR 2008, 2479; zitiert nach Damrau/Zimmermann 1835a Rn 30; FG Niedersachsen BtPrax 2012, 168; anders jetzt BFH NJW 2013, 1390 = FamRZ 2013, 298 = BtPrax 2013, 33). Das Jahressteuergesetz 2010 sah eine Erhöhung des Freibetrages auf jährlich 2100 Euro vor (Informationen des BMJ RpflStud 2011, 39). Für die Veranlagungszeiträume ab 2011 kommt/kam Steuerfreiheit nach § 3 Nr 26b EStG in Betracht. Danach sind „Aufwandsentschädigungen nach § 1835a BGB" steuerfrei, soweit sie zusammen mit den steuerfreien Einnahmen iS der Nr 26 den Freibetrag nach § 26 S 1 nicht überschreiten (BFH BtPrax 2013, 33 = NJW 2013, 1390; dort auch zur Steuerfreiheit in früheren Veranlagungszeiträumen; s Deinert, Besprechung d Entscheidung in BtPrax 2013, 56).

Der Betrag in § 3 Nr 26 S 1 EStG wurde durch das Gesetz zur Stärkung des Ehrenamtes (Ehrenamtsstärkungsgesetz) vom 21. 3. 2013 (BGBl 2013 I 556) mit Wirkung vom 1. 1. 2013 (Art 2 Nr 1a) von 2100 auf 2400 Euro heraufgesetzt. Die aus der

Landeskasse für die selbständige Tätigkeit als ehrenamtlicher Betreuer gezahlten Aufwandsentschädigungen sind nur bis zu dieser Höhe steuerfrei (FG Baden-Württemberg 6. 3. 2019 – 2 K 317/17; dagegen wurde Revision zum BFH eingelegt).

8. Anrechnung im Sozialrecht

29 Durch Urteil v 24. 8. 2017 – B 4 A S 9/16 R – entschied das BSG, dass von nicht mittellosen Betreuten erbrachte pauschalierte Aufwandsentschädigungen von ehrenamtlich tätigen Betreuern nach § 1835a BGB (iVm § 1908i Abs 1 S 1 BGB) im Rahmen des Arbeitslosengeldes II als Einnahmen mindernd zu berücksichtigen sind (§ 11 Abs 1 S 1 SGB II). § 11a Abs 3 S 1 SGB II regele, so das BSG, hierzu keine Ausnahme. Eine solche wäre nur gegeben, wenn es sich um Einnahmen des Klägers (Betreuers) handelte, die aufgrund von öffentlich-rechtlichen Regelungen zu ausdrücklich genannten Zwecken erbracht werden. Der Aufwendungsanspruch des Betreuers werde aufgrund von zivilrechtlichen Regelungen erbracht. Die nicht nach öffentlich – rechtlichen Vorschriften erbrachte Leistung werde durch § 11a Abs 3 S 1 SGB II nicht privilegiert (FamRZ 2018, 307 Rn 25 = BtPrax 2018, 42 [LS] = BtPrax 2018, 70 m Anm Deinert S 56 = ZfF 2018, 19 [LS]; auch bdb-aspekte 116/2017, 30 sowie Rechtsdienst der LH 2018, 38 m Anm Leonhardt).

30 Das Gericht hat offengelassen, ob dies anders zu beurteilen ist, wenn die Kosten der Betreuung von der Staatskasse getragen werden, weil die betreute Person die Kosten der Betreuung nicht tragen kann (FamRZ 2018, 307 Rn 26). S Deinert S 56. Das Gericht entschied außerdem, dass die gemäß § 1835a Abs 2 BGB jährlich zu zahlende Aufwandsentschädigung nach § 11 Abs 2 Satz 3 Abs 3 SGB II im Zuflussmonat zu berücksichtigen sei; auch sei der Absetzbetrag nach § 11b Abs 2 Satz 3 SGB II (von hier 200 Euro) im Falle einer gemäß § 1835a Abs 2 BGB jährlich zu zahlenden Aufwandsentschädigung im Monat des Zuflusses zu berücksichtigen und nicht zu einem Jahresbetrag von hier 12 × 200 Euro = 2 400 Euro zu kumulieren und die jeweiligen jährlichen Zahlungen hiervon abzusetzen. Das SG Dortmund urteilte am 30. 4. 2015 – S 30 AS 986/13, dass die von der Staatskasse einem Betreuer gewährte Aufwandsentschädigung gemäß § 1835a BGB bei einem erwerbsfähigen Leistungsberechtigten kein vom Jobcenter bedarfsmindernd zu berücksichtigendes Einkommen darstelle und anrechnungsfrei entsprechend § 11a Abs 3 S 1 SGB II sei (ZfF 2016, 207).

IV. Geltendmachung des Anspruchs

1. Anspruchsgegner

31 Gegen einen vermögenden Mündel wird der Anspruch auf die Aufwandsentschädigung grundsätzlich in der Weise geltend gemacht und durchgesetzt, dass der volle Jahresbetrag oder der anteilig zustehende Betrag dem verwalteten Vermögen entnommen wird (LG Koblenz FamRZ 1999, 458; BayObLG FamRZ 2001, 793). Eine Festsetzung durch das Gericht oder eine Zahlbarmachung im Verwaltungswege sieht § 168 Abs 1 S 1 Nr 1 FamFG nur vor, wenn dem Betreffenden nicht die Vermögenssorge übertragen worden war. Nach Amtsende besteht eine Entnahmemöglichkeit nicht mehr, sodass der Anspruchsberechtigte die Festsetzung beantragen muss.

32 Ist der Mündel mittellos, so kann der Vormund die Aufwandsentschädigung aus der Staatskasse verlangen (Abs 3 S 1). Der Mündel gilt als mittellos, wenn er den Aufwendungsersatz aus seinem einzusetzenden Einkommen oder Vermögen nicht oder nur zum Teil oder nur in Raten oder nur im Wege gerichtlicher Geltendmachung von Unterhaltsansprüchen aufbringen kann (§§ 1836d, 1836c BGB). Unterhaltsansprüche des Mündels gegenüber seinem Vormund (auf Grund von §§ 1601 ff BGB oder §§ 1360, 1361 BGB) sind insoweit bei der Bestimmung des Einkommens nach § 1836c Nr 1 BGB nicht zu berücksichtigen (Abs 3 HS 2).

2. Frist zur Geltendmachung und Erlöschen des Anspruchs (Abs 4)

33 Nach Abs 4 HS 1 erlischt der Anspruch auf Aufwandsentschädigung, wenn er nicht binnen drei Monaten nach Ablauf des Jahres, in dem er entsteht, geltend gemacht wird. Die Streitfrage, welchen Zeitpunkt man beim Vormund im Hinblick auf den Beginn der Dreimonatsfrist der Beendigung der Zuziehung des Zeugen gleichsetzt (Staudinger/Engler[12] § 1835 Rn 49; s auch BT-Drucks 13/7158, 24), hat sich durch die Neuregelung in § 1835a Abs 4 BGB erledigt (Staudinger/Bienwald [2014] § 1835a Rn 31).

34 Die Frist, nach deren Verstreichen der Anspruch auf Aufwandsentschädigung erlischt, beginnt mit Ablauf des Jahres, in dem der Anspruch entstanden ist oder mit dem Ende des jeweiligen Kalenderjahres, in dem das Betreuungsjahr geendet hat; sie läuft jeweils am 31. 3. ab (OLG Frankfurt FamRZ 2005, 393 = BtPrax 2004, 243 = MDR 2005, 757). Dass unter „Jahr" das Kalenderjahr zu verstehen ist, nimmt der RegE des BtÄndG ohne nähere Begründung an, wenn er die Vollendung des einjährigen Tätigkeitszeitraums, der mit der Bestellung zum Vormund beginnt, und den Beginn der Dreimonatsfrist mit dem Jahreswechsel, also dem Ablauf des Kalenderjahrs, einander gegenüberstellt (BT-Drucks 13/7158, 24). Diese Vorstellung hat auch im Wortlaut des Abs 2 einerseits und des Abs 4 andererseits hinreichenden Ausdruck gefunden (s auch OLG Celle FamRZ 2002, 1591 = NdsRpfl 2003, 8 mwNw).

35 Eine Verlängerung der Frist ist, anders als bei der Geltendmachung eines individuellen Anspruchs auf Aufwendungsersatz gemäß § 1835 Abs 1a BGB, beim Anspruch auf die pauschale Aufwandsentschädigung nicht vorgesehen. Von einer entsprechenden Regelung wurde in § 1835a BGB bewusst abgesehen mit der Begründung, eine abweichende Fristbestimmung bei der pauschalen Entschädigung erscheine entbehrlich (BT-Drucks 13/7158, 25). Anders als bei einem individuellen Ersatzanspruch kommt hier eine zeitlich aufwendige Berechnung oder Nachweisung nicht in Betracht.

36 Macht der Vormund den Anspruch nicht innerhalb der Frist geltend, so erlischt der Anspruch (Abs 4); er geht unter (Staudinger/Peters/Jacoby [2019] Vorbem 14 zu §§ 194 ff; LG Koblenz FamRZ 2001, 934). Eine Wiedereinsetzung in den vorigen Stand kommt – ebenso wie beim individuellen Anspruch auf Aufwendungsersatz – nicht in Betracht. Es handelt sich nicht um eine Verjährungsregelung, sondern nach Inhalt und Zweck der Regelung um eine Ausschlussfrist (OLG Frankfurt BtPrax 2001, 257; OLG Brandenburg FamRB 2013, 19). Ihr gegenüber kann der Einwand unzulässiger Rechtsausübung wegen Verstoßes gegen den Grundsatz von Treu und Glauben (oder fehlender Belehrung, OLG Brandenburg FamRB 2013, 19) durchgreifen, zum Beispiel dann, wenn der ehrenamtlich tätige Betreuer von der rechtzeitigen Geltendmachung der Aufwandspauschale durch einen Hinweis des Gerichts über die Verwendung eines vorgeschriebenen Hausvordrucks und dessen verspätete Übersendung abgehalten wurde (OLG Frankfurt BtPrax 2001, 257). Das vom Landgericht für unbeachtlich gehaltene Überschreiten der Ausschlussfrist um knapp drei Wochen hat das OLG nicht beanstandet.

Endet das Amt des Vormunds, Pflegers oder Betreuers vor Ablauf des ersten oder eines späteren Amtsjahres, hat der Anspruchsberechtigte spätestens mit Ablauf des mit der Beendigung seines Amtes beginnenden Dreimonatszeitraums den Anspruch geltend zu machen (DEINERT/LÜTGENS [7. Aufl 2019] Rn 1753). Die Geltendmachung eigener Ansprüche gehört zur Abwicklung seines Amtes; die Frist von der Erledigung von Abschlussarbeiten abhängig zu machen, entfällt als nicht präzise genug. Gegen ein Abwarten bis zum erstmaligen oder nächsten wiederkehrenden Datum der Bestellung widerspricht dem Grundsatz, dass das Amt unabhängig von etwaigen noch zu erledigenden Arbeiten endet. 37

3. Geltendmachung des Anspruchs gegenüber dem Mündel oder beim Familiengericht

Die Obliegenheit, den Anspruch fristgerecht geltend zu machen, trifft den Vormund sowohl dann, wenn er die Aufwandsentschädigung vom Mündel, als auch dann, wenn er sie aus der Staatskasse verlangt. Eine Beschlussfassung oder die Zahlbarmachung im Verwaltungswege ist außerdem immer dann erforderlich, wenn der Anspruchsberechtigte nicht den ihm zustehenden Betrag dem von ihm verwalteten Mündelvermögen entnehmen kann. Es liegt dann nahe, dass er die Festsetzung gemäß § 168 Abs 1 Nr 1 FamFG beim Familiengericht (der Betreuer iVm § 277 Abs 5 S 2 FamFG beim Betreuungsgericht) beantragt. In diesem Fall soll der Anspruchsberechtigte nicht gezwungen sein, vorsorglich auch den Mündel gerichtlich in Anspruch zu nehmen, damit ihm nicht, wenn das Gericht die Mittellosigkeit des Mündels verneint und deshalb einen Anspruch gegen die Staatskasse ablehnt, vom Mündel entgegengehalten werden kann, er habe die Frist versäumt (BT-Drucks 13/7158, 25). Deshalb bestimmt § 1835a Abs 4 HS 2 BGB, dass die Geltendmachung des Anspruchs beim Familiengericht auch als Geltendmachung gegenüber dem Mündel gilt. Diese Bestimmung entspricht wörtlich § 1835 Abs 1 S 3 HS 2 BGB. Eine Beschlussfassung oder die Zahlbarmachung im Verwaltungswege ist außerdem immer dann erforderlich, wenn das Amt des Vormunds oder Pflegers beendet ist oder der bisherige Vormund oder Pfleger die Erben in Anspruch nehmen will. 38

4. Geltendmachung der Aufwandsentschädigung im Falle von Behörden- oder Vereinsbeteiligung

Das Jugendamt und der Verein können, wenn sie zum Vormund oder Pfleger bestellt sind, keine Aufwandsentschädigung gemäß § 1835a Abs 1 BGB verlangen (Abs 5); ebenso nicht die zum Betreuer bestellte Betreuungsbehörde oder ein Betreuungsverein (§ 1908i Abs 1 S 1 BGB). 39

Die nur im Betreuungsrecht vorgesehene Bestellung von Mitarbeiterinnen und Mitarbeitern eines Betreuungsvereins oder der Betreuungsbehörde zu Vereins- oder Behördenbetreuern räumt dem jeweiligen Anstellungsträger ein, Ansprüche nach Maßgabe der §§ 7 Abs 3 und 8 Abs 3 VBVG geltend zu machen, während die un- 40 mittelbar bestellten Mitarbeiter nach den §§ 1835 bis 1836 BGB keine Rechte geltend machen können.

41 Die Aufwandspauschale nach § 1835a BGB für den Einsatz ihrer Mitarbeiter ist in den maßgeblichen Bestimmungen (§§ 7 und 8 VBVG) nicht vorgesehen.

42 Verfahrenspflegern und Verfahrensbeiständen ist die Abrechnung nach § 1835a BGB verschlossen. Wird die Verfahrensbeistandschaft ehrenamtlich geführt, gilt für den Ersatz von Aufwendungen § 277 Abs 1 FamFG, der den Ersatz der tatsächlichen Aufwendungen gemäß § 1835 Abs 1 bis 2 BGB vorsieht. Die berufsmäßig tätigen Verfahrensbeistände erhalten eine je nach Auftrag bemessene Fallpauschale, die den Aufwendungsersatz und die Mehrwertsteuer einschließt (§ 158 Abs 7 FamFG; Keidel/Engelhardt, FamFG § 158 Rn 47 f).

43 Eine Behörde oder ein Verein erhalten als Verfahrensbeistand keinen Aufwendungsersatz. Das ergibt sich jedoch nicht aus der In Bezugnahme des § 277 Abs 1 FamFG in § 158 Abs 7 S 1 FamFG. Denn sie betrifft lediglich den Ersatz von Aufwendungen des nicht berufsmäßig tätigen Verfahrensbeistands. § 277 Abs 1 S 3 FamFG, wonach eine Behörde oder ein Verein als Verfahrenspfleger keinen Aufwendungsersatz erhält, betrifft nicht Fälle ehrenamtlicher Verfahrensbeistandschaft oder Verfahrenspflegschaft. Dass eine ausdrückliche Bestimmung dieses Inhalts im Recht der Verfahrensbeistandschaft fehlt, dürfte allerdings als ein Redaktionsversehen zu werten sein (**aA** OLG München FamRZ 2011, 998, 1000 m Anm Bienwald).

5. Übergangsregelungen

44 Zu den mit der Einführung des § 1835a BGB verbunden gewesenen Übergangsproblemen s Staudinger/Bienwald (2014) § 1835a Rn 42 ff.

45 Übergangsregelungen für das am 1. 9. 2009 in Kraft getretene FamFG enthält dessen Art 111. Sein Abs 1 S 1 sieht vor, dass auf Verfahren, die bis zum Inkrafttreten des Gesetzes zur Reform des Verfahrens in Familiensachen und in den Angelegenheiten der freiwilligen Gerichtsbarkeit eingeleitet worden sind oder deren Einleitung bis zum Inkrafttreten des Gesetzes zur Reform des Verfahrens in Familiensachen und in den Angelegenheiten der freiwilligen Gerichtsbarkeit beantragt wurde, die vor Inkrafttreten dieses Gesetzes geltenden Vorschriften weiter anzuwenden sind. Die Übergangsregelung erstreckt sich einheitlich auf die Durchführung des Verfahrens in allen Instanzen gleichermaßen. Ist das Verfahren in erster Instanz noch nach dem bisherigen Recht eingeleitet worden, wird auch das Rechtsmittelverfahren nach dem bisher geltenden Recht durchgeführt. Das betrifft auch den nach dem bisherigen Recht geltenden Instanzenzug. Ausschließlich, soweit auch bisher das erstinstanzliche Verfahren nach den Vorschriften des FGG-Reformgesetzes durchzuführen war, richtet sich auch das Rechtsmittelverfahren nach den Regelungen des FGG-Reformgesetzes (BT-Drucks 16/6308, 359).

46 Jedes gerichtliche Verfahren, das mit einer Endentscheidung abgeschlossen wird, ist ein selbständiges Verfahren iSd Abs 1 S 1 (Art 111 Abs 2 FGG-RG). Bei den Verfahren zur Bewilligung von Aufwendungsersatz und/oder Vergütung für Vormund, Gegenvormund und Pfleger (§ 1915 Abs 1 BGB) sowie Aufwandsentschädigung für

Vormund und Pfleger handelt es sich um eigenständige Verfahren, die zwar die Bestellung zum Vormund, Gegenvormund oder Pfleger (ggf auch die Feststellung berufsmäßiger Führung) voraussetzen, aber unabhängig davon entweder durch einen Antrag oder von Amts wegen eingeleitet werden und durch eine (anfechtbare) Endentscheidung abgeschlossen werden, die den Verfahrensgegenstand erledigt (vgl § 38 Abs 1 FamFG). Soll aus dem Beschluss, der Aufwendungsersatz, Aufwandsentschädigung oder Vergütung bewilligt, vollstreckt werden (§§ 86 Abs 1 bis 3, 95 Abs 1 und 2 FamFG), ist das Vollstreckungsverfahren wiederum ein selbständiges Verfahren.

Bestimmt das Gericht gemäß § 168 Abs 1 S 2 FamFG mit der Festsetzung von Auf- **47**
wendungsersatz, Aufwandsentschädigung oder Vergütung Höhe und Zeitpunkt der Zahlungen, die der Mündel an die Staatskasse nach den §§ 1836c und 1836e BGB zu leisten hat, handelt es sich zwar um zwei miteinander verbundene unterschiedliche Verfahrensgegenstände, aber um ein Verfahren. Setzt das Gericht diese Zahlungen in einem gesonderten Verfahren fest (§ 168 Abs 1 S 3 FamFG), handelt es sich um ein eigenständiges Verfahren iSd Art 111 Abs 1 S 1 FGG-RG. Ebenfalls wird ein eigenes Verfahren durchgeführt, wenn das Gericht nach dem Tod des Mündels Höhe und Zeitpunkt der Zahlungen bestimmt, die der Erbe des Mündels gemäß § 1836e BGB an die Staatskasse zu leisten hat (§ 168 Abs 3 S 1 FamFG).

6. Rechtsmittel

Gegen die nach Abs 1 S 1 bis 3 und nach den Absätzen 2 u 3 (Regress) erlassenen als **48**
den Rechtszug beendenden Entscheidungen des Amtsgerichts findet gemäß § 58 Abs 1 FamFG die Beschwerde statt. Beschwerdeberechtigt ist derjenige, der durch den Beschluss in seinen Rechten beeinträchtigt ist (§ 59 Abs 1 FamFG). Vierzehn Jahre alte Minderjährige können ihr Beschwerderecht selbst ausüben, es sei denn, sie sind geschäftsunfähig (§ 60 FamFG; § 104 BGB). Zur Verfahrensfähigkeit Minderjähriger vgl § 9 FamFG. Die Beschwerde ist innerhalb einer Frist von einem Monat einzulegen (§ 63 Abs 1 FamFG). Die Frist beginnt jeweils mit der schriftlichen Bekanntgabe des Beschlusses an die Beteiligten. Kann die schriftliche Bekanntgabe an einen Beteiligten nicht bewirkt werden, beginnt die Frist spätestens mit Ablauf von fünf Monaten nach Erlass des Beschlusses (§ 63 Abs 3 FamFG). Die Beschwerde ist bei dem Gericht einzulegen, dessen Beschluss angefochten wird (§ 64 Abs 1 FamFG).

In vermögensrechtlichen Angelegenheiten ist die Beschwerde nur zulässig, wenn der **49**
Wert des Beschwerdegegenstandes 600 Euro übersteigt (§ 61 Abs 1 FamFG) oder das Gericht des ersten Rechtszuges sie zugelassen hat. Das Gericht des ersten Rechtszuges lässt die Beschwerde zu, wenn die Rechtssache grundsätzliche Bedeutung hat oder die Fortbildung des Rechts oder die Sicherung einer einheitlichen Rechtsprechung eine Entscheidung des Beschwerdegerichts erfordert, und der Beteiligte durch den Beschluss mit nicht mehr als 600 Euro beschwert ist. Das Beschwerdegericht ist an die Zulassung gebunden (§ 61 Abs 2, 3 FamFG). Die Rechtsbeschwerde (§ 70 FamFG) ist statthaft, wenn das Beschwerdegericht sie wegen der grundsätzlichen Bedeutung der Rechtssache oder zwecks Fortbildung des Rechts oder Sicherung einer einheitlichen Rechtsprechung zugelassen hat (§ 70 Abs 2 FamFG).

50 Gegen eine Entscheidung, durch die dem Betreuer eine Aufwandsentschädigung versagt wird, steht dem Bezirksrevisor als Vertreter der Staatskasse ein Rechtsmittel nicht zu, auch wenn die (weitere) Beschwerde durch das Landgericht als Beschwerdekammer zugelassen wurde (OLG Zweibrücken 13. 12. 2001 – 3 W 220/01, unveröffentlicht). Eine nach Inkrafttreten des BtÄndG ergangene Beschwerdeentscheidung im Verfahren zur Festsetzung von Aufwandsentschädigung des Ergänzungspflegers war nach der Vorschrift des § 56g Abs 5 FGG (aF) anzufechten, auch wenn der Zeitraum, für den die Festsetzung vorgenommen wurde, vor diesem Zeitpunkt lag.

51 Ist gegen die Entscheidung nach den allgemeinen verfahrensrechtlichen Vorschriften ein Rechtsmittel nicht gegeben, findet die Erinnerung statt, die in Verfahren nach dem FamFG innerhalb der für die Beschwerde, im Übrigen innerhalb der für die sofortige Beschwerde geltenden Frist einzulegen ist (§ 11 Abs 2 S 1 RPflG).

52 Lässt der Rechtspfleger, wenn der Beschwerdewert des § 61 Abs 1 FamFG nicht erreicht ist, nicht zu (§ 61 Abs 2, 3 FamFG), ist hiergegen die Erinnerung nach § 11 Abs 2 RPflG gegeben, der durch Zulassung der Beschwerde (§ 61 Abs 3 S 1 FamFG) abgeholfen werden kann (OLG Stuttgart FamRZ 2010, 1003 = Rpfleger 2010, 325).

§ 1836
Vergütung des Vormunds

(1) Die Vormundschaft wird unentgeltlich geführt. Sie wird ausnahmsweise entgeltlich geführt, wenn das Gericht bei der Bestellung des Vormunds feststellt, dass der Vormund die Vormundschaft berufsmäßig führt. Das Nähere regelt das Vormünder- und Betreuervergütungsgesetz.

(2) Trifft das Gericht keine Feststellung nach Absatz 1 Satz 2, so kann es dem Vormund und aus besonderen Gründen auch dem Gegenvormund gleichwohl eine angemessene Vergütung bewilligen, soweit der Umfang oder die Schwierigkeit der vormundschaftlichen Geschäfte dies rechtfertigen; dies gilt nicht, wenn der Mündel mittellos ist.

(3) Dem Jugendamt oder einem Verein kann keine Vergütung bewilligt werden.

Materialien: E I § 1699; II § 1735; III § 1812; Mot IV 1181; Prot IV 817. BtG v 12. 9. 1990 Art 1 Nr 39; BT-Drucks 11/4528, 110 ff; 11/6949, 70; Staudinger/BGB-Synopse 1896–1998 § 1836 und § 1836a. BtÄndG v 25. 6. 1998 Art 1 Nr 9; BT-Drucks 13/7158, 25 ff; 13/10331, 27. Abs 2 S 4 HS 2 mit Wirkung vom 1. 7. 2004 geändert durch Art 4 Abs 34 Nr 3 des Kostenrechtsmodernisierungsgesetzes vom 5. 5. 2004 (BGBl I 718); Fassung gem Art 1 Nr 5 2. BtÄndG v 21. 4. 2005 (BGBl I 1073); BR-Drucks 865/03; BR-Drucks 121/05; BT-Drucks 15/4874 (Beschlussempfehlung u Bericht RA). Die Änderung der Gerichtsbezeichnungen in § 1 und § 10 VBVG beruhen auf Art 53 Nr 1 und 2 FGG-RG (BGBl I 2586).

Gesetz über die Vergütung von Vormündern und Betreuern (Vormünder- und Betreuervergütungsgesetz – VBVG)

vom 21. April 2005 (BGBl I 1073)

Zu den Änderungen des VBVG durch das am 27. Juli 2019 in Kraft getretene Gesetz zur Anpassung der Betreuer- und Vormündervergütung vom 22. 6. 2019 (BGBl I 866) s den Gesetzestext mit Erläuterungen im **Anhang** zu § 1836.

Abschnitt 1
Allgemeines

§ 1
Feststellung der Berufsmäßigkeit und Vergütungsbewilligung

(1) Das Familiengericht hat die Feststellung der Berufsmäßigkeit gemäß § 1836 Abs. 1 Satz 2 des Bürgerlichen Gesetzbuchs zu treffen, wenn dem Vormund in einem solchen Umfang Vormundschaften übertragen sind, dass er sie nur im Rahmen seiner Berufsausübung führen kann, oder wenn zu erwarten ist, dass dem Vormund in absehbarer Zeit Vormundschaften in diesem Umfang übertragen sein werden. Berufsmäßigkeit liegt im Regelfall vor, wenn

1. **der Vormund mehr als zehn Vormundschaften führt oder**

2. **die für die Führung der Vormundschaft erforderliche Zeit voraussichtlich 20 Wochenstunden nicht unterschreitet.**

(2) Trifft das Familiengericht die Feststellung nach Absatz 1 Satz 1, so hat es dem Vormund oder dem Gegenvormund eine Vergütung zu bewilligen. Ist der Mündel mittellos im Sinne des § 1836d des Bürgerlichen Gesetzbuchs, so kann der Vormund die nach Satz 1 zu bewilligende Vergütung aus der Staatskasse verlangen.

§ 2
Erlöschen der Ansprüche

Der Vergütungsanspruch erlischt, wenn er nicht binnen 15 Monaten nach seiner Entstehung beim Familiengericht geltend gemacht wird; die Geltendmachung des Anspruchs beim Familiengericht gilt dabei auch als Geltendmachung gegenüber dem Mündel. § 1835 Abs. 1a des Bürgerlichen Gesetzbuchs gilt entsprechend.

Abschnitt 2
Vergütung des Vormunds

§ 3
Stundensatz des Vormunds

(1) Die dem Vormund nach § 1 Abs. 2 zu bewilligende Vergütung beträgt für jede

Stunde der für die Führung der Vormundschaft aufgewandten und erforderlichen Zeit 19,50 Euro. Verfügt der Vormund über besondere Kenntnisse, die für die Führung der Vormundschaft nutzbar sind, so erhöht sich der Stundensatz

1. **auf 25 Euro, wenn diese Kenntnisse durch eine abgeschlossene Lehre oder eine vergleichbare abgeschlossene Ausbildung erworben sind;**
2. **auf 33,50 Euro, wenn diese Kenntnisse durch eine abgeschlossene Ausbildung an einer Hochschule oder durch eine vergleichbare abgeschlossene Ausbildung erworben sind. Eine auf die Vergütung anfallende Umsatzsteuer wird, soweit sie nicht nach § 19 Abs. 1 des Umsatzsteuergesetzes unerhoben bleibt, zusätzlich ersetzt.**

(2) Bestellt das Familiengericht einen Vormund, der über besondere Kenntnisse verfügt, die für die Führung der Vormundschaft allgemein nutzbar und durch eine Ausbildung im Sinne des Absatzes 1 Satz 2 erworben sind, so wird vermutet, dass diese Kenntnisse auch für die Führung der dem Vormund übertragenen Vormundschaft nutzbar sind. Dies gilt nicht, wenn das Familiengericht aus besonderen Gründen bei der Bestellung des Vormunds etwas anderes bestimmt.

(3) Soweit die besondere Schwierigkeit der vormundschaftlichen Geschäfte dies ausnahmsweise rechtfertigt, kann das Familiengericht einen höheren als den in Absatz 1 vorgesehenen Stundensatz der Vergütung bewilligen. Dies gilt nicht, wenn der Mündel mittellos ist.

(4) Der Vormund kann Abschlagszahlungen verlangen.

Abschnitt 3
Sondervorschriften für Betreuer

§ 4
Stundensatz und Aufwendungsersatz des Betreuers

(1) Die dem Betreuer nach § 1 Abs. 2 zu bewilligende Vergütung beträgt für jede nach § 5 anzusetzende Stunde 27 Euro. Verfügt der Betreuer über besondere Kenntnisse, die für die Führung der Betreuung nutzbar sind, so erhöht sich der Stundensatz

1. **auf 33,50 Euro, wenn diese Kenntnisse durch eine abgeschlossene Lehre oder eine vergleichbare abgeschlossene Ausbildung erworben sind;**
2. **auf 44 Euro, wenn diese Kenntnisse durch eine abgeschlossene Ausbildung an einer Hochschule oder durch eine vergleichbare abgeschlossene Ausbildung erworben sind.**

(2) Die Stundensätze nach Absatz 1 gelten auch Ansprüche auf Ersatz anlässlich der Betreuung entstandener Aufwendungen sowie anfallende Umsatzsteuer ab. Die

gesonderte Geltendmachung von Aufwendungen im Sinne des § 1835 Abs. 3 des Bürgerlichen Gesetzbuchs bleibt unberührt.

(3) § 3 Abs. 2 gilt entsprechend. § 1 Abs. 1 Satz 2 Nr. 2 findet keine Anwendung.

§ 5
Stundenansatz des Betreuers

(1) Der dem Betreuer zu vergütende Zeitaufwand ist

1. in den ersten drei Monaten der Betreuung mit fünfeinhalb,

2. im vierten bis sechsten Monat mit viereinhalb,

3. im siebten bis zwölften Monat mit vier,

4. danach mit zweieinhalb

Stunden im Monat anzusetzen. Hat der Betreute seinen gewöhnlichen Aufenthalt nicht in einem Heim, beträgt der Stundenansatz

1. in den ersten drei Monaten der Betreuung achteinhalb,

2. im vierten bis sechsten Monat sieben,

3. im siebten bis zwölften Monat sechs,

4. danach viereinhalb

Stunden im Monat.

(2) Ist der Betreute mittellos, beträgt der Stundenansatz

1. in den ersten drei Monaten der Betreuung viereinhalb,

2. im vierten bis sechsten Monat dreieinhalb,

3. im siebten bis zwölften Monat drei,

4. danach zwei

Stunden im Monat. Hat der mittellose Betreute seinen gewöhnlichen Aufenthalt nicht in einem Heim, beträgt der Stundenansatz

1. in den ersten drei Monaten der Betreuung sieben,

2. im vierten bis sechsten Monat fünfeinhalb,

3. im siebten bis zwölften Monat fünf,

4. danach dreieinhalb

Stunden im Monat.

(3) Heime im Sinne dieser Vorschrift sind Einrichtungen, die dem Zweck dienen, Volljährige aufzunehmen, ihnen Wohnraum zu überlassen sowie tatsächliche Betreuung und Verpflegung zur Verfügung zu stellen oder vorzuhalten, und die in ihrem Bestand von Wechsel und Zahl der Bewohner unabhängig sind und entgeltlich betrieben werden. § 1 Abs. 2 des Heimgesetzes gilt entsprechend.

§ 1 Abs 2 des Heimgesetzes (idF der Bekanntmachung v 5. 11. 2001 [BGBl I 2970]), zuletzt geändert durch Art 3 S 2 des Gesetzes zur Neuregelung der zivilrechtlichen Vorschriften des HeimG nach der Föderalismusreform v 29. 7. 2009 (BGBl I 2319) lautete bis zu seiner Aufhebung zum 1. 10. 2009 (vgl auch Staudinger/Bienwald [2017] § 1907 Rn 30):

> *(2) Die Tatsache, dass ein Vermieter von Wohnraum durch Verträge mit Dritten oder auf andere Weise sicherstellt, dass den Mietern Betreuung und Verpflegung angeboten werden, begründet allein nicht die Anwendung dieses Gesetzes. Dies gilt auch dann, wenn die Mieter vertraglich verpflichtet sind, allgemeine Betreuungsleistungen wie Notrufdienste oder Vermittlung von Dienst- und Pflegeleistungen von bestimmten Anbietern anzunehmen und das Entgelt hierfür im Verhältnis zur Miete von untergeordneter Bedeutung ist. Dieses Gesetz ist anzuwenden, wenn die Mieter vertraglich verpflichtet sind, Verpflegung und weitergehende Betreuungsleistungen von bestimmten Anbietern anzunehmen.*

Bundes- und landesrechtliche Vorschriften zum Heimrecht in der Textsammlung von Deinert (2012); außerdem Rasch, Wohn- und Betreuungsvertragsgesetz (2012) und Froese/Michelsen, Wohn- und Betreuungsvertragsgesetz – WBVG (oD).

(4) Für die Berechnung der Monate nach den Absätzen 1 und 2 gelten § 187 Abs. 1 und § 188 Abs. 2 erste Alternative des Bürgerlichen Gesetzbuchs entsprechend. Ändern sich Umstände, die sich auf die Vergütung auswirken, vor Ablauf eines vollen Monats, so ist der Stundenansatz zeitanteilig nach Tagen zu berechnen; § 187 Abs. 1 und § 188 Abs. 1 des Bürgerlichen Gesetzbuchs gelten entsprechend. Die sich dabei ergebenden Stundenansätze sind auf volle Zehntel aufzurunden.

(5) Findet ein Wechsel von einem beruflichen zu einem ehrenamtlichen Betreuer statt, sind dem beruflichen Betreuer der Monat, in den der Wechsel fällt, und der Folgemonat mit dem vollen Zeitaufwand nach den Absätzen 1 und 2 zu vergüten. Dies gilt auch dann, wenn zunächst neben dem beruflichen Betreuer ein ehrenamtlicher Betreuer bestellt war und dieser die Betreuung allein fortführt. Absatz 4 Satz 2 und 3 ist nicht anwendbar.

Nach dem Gesetz zur Anpassung der Betreuer- und Vormündervergütung vom 27. 6. 2019 (BGBl I 866) sind an die Stelle des bisherigen § 5 mit Wirkung vom 27. 7. 2019 die §§ 5 und 5a getreten. Sie sind im Anhang zu § 1836 abgedruckt.

§ 6
Sonderfälle der Betreuung

In den Fällen des § 1899 Abs. 2 und 4 des Bürgerlichen Gesetzbuchs erhält der Betreuer eine Vergütung nach § 1 Abs. 2 in Verbindung mit § 3; für seine Aufwendungen kann er Vorschuss und Ersatz nach § 1835 des Bürgerlichen Gesetzbuchs mit Ausnahme der Aufwendungen im Sinne von § 1835 Abs. 2 des Bürgerlichen Gesetzbuchs beanspruchen. Ist im Fall des § 1899 Abs. 4 des Bürgerlichen Gesetzbuchs die Verhinderung tatsächlicher Art, sind die Vergütung und der Aufwendungsersatz nach § 4 in Verbindung mit § 5 zu bewilligen und nach Tagen zu teilen; § 5 Abs. 4 Satz 3 sowie § 187 Abs. 1 und § 188 Abs. 1 des Bürgerlichen Gesetzbuchs gelten entsprechend.

Satz 2 wurde durch das Gesetz zur Anpassung der Betreuer- und Vormündervergütung vom 27. 6. 2019 (BGBl I 866) mit Wirkung vom 27. 7. 2019 neu gefasst (s Anhang zu § 1836).

§ 7
Vergütung und Aufwendungsersatz für Betreuungsvereine

(1) Ist ein Vereinsbetreuer bestellt, so ist dem Verein eine Vergütung und Aufwendungsersatz nach § 1 Abs. 2 in Verbindung mit den §§ 4 und 5 zu bewilligen. § 1 Abs. 1 sowie § 1835 Abs. 3 des Bürgerlichen Gesetzbuchs finden keine Anwendung.

(2) § 6 gilt entsprechend; der Verein kann im Fall von § 6 Satz 1 Vorschuss und Ersatz der Aufwendungen nach § 1835 Abs. 1, 1a und 4 des Bürgerlichen Gesetzbuchs verlangen. § 1835 Abs. 5 Satz 2 des Bürgerlichen Gesetzbuchs gilt entsprechend.

(3) Der Vereinsbetreuer selbst kann keine Vergütung und keinen Aufwendungsersatz nach diesem Gesetz oder nach den §§ 1835 bis 1836 des Bürgerlichen Gesetzbuchs geltend machen.

Absatz 1 wurde durch das Gesetz zur Anpassung der Betreuer- und Vormündervergütung vom 27. 6. 2019 (BGBl I 866) neu gefasst (s Anhang zu § 1836).

§ 8
Vergütung und Aufwendungsersatz für Behördenbetreuer

(1) Ist ein Behördenbetreuer bestellt, so kann der zuständigen Behörde eine Vergütung nach § 1836 Abs. 2 des Bürgerlichen Gesetzbuchs bewilligt werden, soweit der Umfang oder die Schwierigkeit der Betreuungsgeschäfte dies rechtfertigen. Dies gilt nur, soweit eine Inanspruchnahme des Betreuten nach § 1836c des Bürgerlichen Gesetzbuchs zulässig ist.

(2) Unabhängig von den Voraussetzungen nach Absatz 1 Satz 1 kann die Betreuungsbehörde Aufwendungsersatz nach § 1835 Abs. 1 Satz 1 und 2 in Verbindung mit Abs. 5 Satz 2 des Bürgerlichen Gesetzbuchs verlangen, soweit eine Inanspruchnahme des Betreuten nach § 1836c des Bürgerlichen Gesetzbuchs zulässig ist.

(3) Für den Behördenbetreuer selbst gilt § 7 Abs. 3 entsprechend.

(4) § 2 ist nicht anwendbar.

§ 9
Abrechnungszeitraum für die Betreuervergütung

Die Vergütung kann nach Ablauf von jeweils drei Monaten für diesen Zeitraum geltend gemacht werden. Dies gilt nicht für die Geltendmachung von Vergütung und Aufwendungsersatz in den Fällen des § 6.

§ 10
Mitteilung an die Betreuungsbehörde

(1) Wer Betreuungen entgeltlich führt, hat der Betreuungsbehörde, in deren Bezirk er seinen Sitz oder Wohnsitz hat, kalenderjährlich mitzuteilen

1. die Zahl der von ihm im Kalenderjahr geführten Betreuungen aufgeschlüsselt nach Betreuten in einem Heim oder außerhalb eines Heims und

2. den von ihm für die Führung von Betreuungen im Kalenderjahr erhaltenen Geldbetrag.

(2) Die Mitteilung erfolgt jeweils bis spätestens 31. März für den Schluss des vorangegangenen Kalenderjahrs. Die Betreuungsbehörde kann verlangen, dass der Betreuer die Richtigkeit der Mitteilung an Eides statt versichert.

(3) Die Betreuungsbehörde ist berechtigt und auf Verlangen des Betreuungsgerichts verpflichtet, dem Betreuungsgericht diese Mitteilung zu übermitteln.

Abschnitt 4
Schlussvorschriften

§ 11
Umschulung und Fortbildung von Berufsvormündern.

(1) Durch Landesrecht kann bestimmt werden, dass es einer abgeschlossenen Lehre im Sinne des § 3 Abs. 1 Satz 2 Nr. 1 und § 4 Abs. 1 Satz 2 Nr. 1 gleichsteht, wenn der Vormund oder Betreuer besondere Kenntnisse im Sinne dieser Vorschrift durch eine dem Abschluss einer Lehre vergleichbare Prüfung vor einer staatlichen oder staatlich anerkannten Stelle nachgewiesen hat. Zu einer solchen Prüfung darf nur zugelassen werden, wer

1. mindestens drei Jahre lang Vormundschaften oder Betreuungen berufsmäßig geführt und

2. an einer Umschulung oder Fortbildung teilgenommen hat, die besondere Kenntnisse im Sinne des § 3 Abs. 1 Satz 2 und § 4 Abs. 1 Satz 2 vermittelt, welche nach Art und Umfang den durch eine abgeschlossene Lehre vermittelten vergleichbar sind.

(2) Durch Landesrecht kann bestimmt werden, dass es einer abgeschlossenen Ausbildung an einer Hochschule im Sinne des § 3 Abs. 1 Satz 2 Nr. 2 und § 4 Abs. 1 Satz 2 Nr. 2 gleichsteht, wenn der Vormund oder Betreuer Kenntnisse im Sinne dieser Vorschrift durch eine Prüfung vor einer staatlichen oder staatlich anerkannten Stelle nachgewiesen hat. Zu einer solchen Prüfung darf nur zugelassen werden, wer

1. **mindestens fünf Jahre lang Vormundschaften oder Betreuungen berufsmäßig geführt und**

2. **an einer Umschulung oder Fortbildung teilgenommen hat, die besondere Kenntnisse im Sinne des § 3 Abs. 1 Satz 2 und § 4 eine Ausbildung an einer Hochschule vermittelten vergleichbar sind.**

(3) Das Landesrecht kann weitergehende Zulassungsvoraussetzungen aufstellen. Es regelt das Nähere über die an eine Umschulung oder Fortbildung im Sinne des Absatzes 1 Satz 2 Nr. 2, Absatzes 2 Satz 2 Nr. 2 zu stellenden Anforderungen, über Art und Umfang der zu erbringenden Prüfungsleistungen, über das Prüfungsverfahren und über die Zuständigkeiten. Das Landesrecht kann auch bestimmen, dass eine in einem anderen Land abgelegte Prüfung im Sinne dieser Vorschrift anerkannt wird.

Zu **Übergangsregelungen** Anhang zu § 1836.

Materialien: Art 8 2. BtÄndG v 21. 4. 2005 (BGBl I 1073, 1076); BT-Drucks 15/4874 (Beschlussempfehlung u Bericht RA); geändert durch Art 53 FGG-RG v 17. 12. 2008 (BGBl I 2586); BT-Drucks 16/6308 (Gesetzentwurf der Bundesregierung); BT-Drucks 16/9733 (Beschlussempfehlung u Bericht RA). Vorgesehene Änderungen des Vormünder- und Betreuervergütungsgesetzes in § 3 und § 4 durch Art 7 des Gesetzes zur Verbesserung der Beistandsmöglichkeiten unter Ehegatten und Lebenspartnern in Angelegenheiten der Gesundheitssorge und in Fürsorgeangelegenheiten, das der Deutsche Bundestag am 17. 5. 2017 beschlossen hatte (BT-Drucks 18/12427), wurde am 7. 7. 2017 von der Tagesordnung (TOP 17) des Bundesrates abgesetzt (Plenarprotokoll 959, 325 A). Regierungsentwurf eines Gesetzes zur Änderung des Gesetzes über die Vergütung von Vormündern und Betreuern (BR-Drucks 101/19; BT-Drucks 19/8694). Im Übrigen s Anhang zu § 1836.

Schrifttum

Siehe Schrifttum § 1835; außerdem:

Bienwald, Sind privatrechtliche Vergütungsvereinbarungen im Betreuungsrecht zulässig? Rpfleger 2002, 423

ders, Zu Auswahl und Vergütung des berufsmäßig tätigen Betreuers, RpflStud 2019, 87

ders, Zur Anerkennung des abgeschlossenen Rechtsstudiums an einer türkischen Universität oder Hochschule iS von § 4 Abs 1 S 2 Nr 2 VBVG, RpflStud 2019, 19

Deinert, Neue Rechtsprechung der Bundesgerichte zur Betreuervergütung, Rpfleger 2017, 196

ders, Neue Rechtsprechung der Bundesgerichte zur Betreuervergütung und angrenzender Fragen – sowie Ausblick auf die anstehende Rechtsänderung, Rpfleger 2019, 365

Deutscher Bundestag, Kleine Anfrage der FDP betr Anpassung der Vergütung von Vormündern und Berufsbetreuern, BT-Drucks 19/1974

FIALA/DEINERT, Der Rechtsanwalt im Betreuungs- und Unterbringungsrecht, FamRZ 2017, 1899,
LÜTGENS, Einstufung gem § 4 VBVG – eine neue Linie?, bdb-aspekte 118/2018, 46
SCHINDLER, Die persönliche Bestellung der Mitarbeiter von Vereinen zum Vormund oder Pfleger für Minderjährige, FamRZ 2001, 1349
ZIMMERMANN, Neue Rechtsprechung zur Vergütung von Betreuern und Nachlasspflegern, FamRZ 2016, 1230; FamRZ 2018, 734
ders, Neuere Rechtsprechung zur Vergütung von Betreuern, Verfahrenspflegern, Verfahrensbeiständen und Nachlasspflegern, FamRZ 2014, 165.

Systematische Übersicht

Alphabetische Übersicht

I. Die Entwicklung der Vorschrift

1 Die Vorschrift des § 1836 BGB wurde grundlegend neu gestaltet, zunächst durch das am 1. 1. 1992 in Kraft getretene Betreuungsgesetz, das die Regelungen über Aufwendungsersatz und Vergütung, obgleich maßgebend durch die Entwicklung im Erwachsenenbereich beeinflusst, weiterhin im Vormundschaftsrecht für Minderjährige beließ. Ein bald danach festgestellter Anstieg der Kosten und die zahlreichen praktischen Schwierigkeiten bei der Bewertung berufsmäßig geführter Betreuungen führten zum Betreuungsrechtsänderungsgesetz, mit dessen Inkrafttreten am 1. 1. 1999 die neue Fassung der Vorschrift eingeführt wurde (näher zur Entwicklung der Vorschrift Staudinger/Engler [1999] § 1836 Rn 1 ff und 46 ff; ferner Wagenitz/Engers FamRZ 1998, 1273). Das Kostenrechtsmodernisierungsgesetz hat in Abs 2 S 4 den zweiten Halbsatz, der unmittelbar auf § 15 ZSEG hinwies, durch die Verweisung auf den neuen Abs 1a des § 1835 BGB ersetzt. Weitere Änderungen des Vergütungsrechts brachte das 2. BtÄndG v 21. 4. 2005 mit Wirkung v 1. 7. 2005. Die bis dahin in Abs 1 S 3 und 4

sowie in Abs 2 enthaltene Regelung über die Feststellung berufsmäßiger Führung der übertragenen Vormundschaft wurden in das als Teil des 2. BtÄndG eingeführte Gesetz über die Vergütung von Vormündern und Betreuern (Vormünder- und Betreuervergütungsgesetz – VBVG) übernommen. Dementsprechend wurde § 1836 BGB neu gefasst (Art 1 Nr 5 2. BtÄndG).

Die Vorschrift regelt – nach wie vor (zur früheren Systematik Barth/Wagenitz FamRZ 1994, 71, 73) – den Grundsatz der unentgeltlichen Führung von Vormundschaften und davon bestehende Ausnahmen. Sie bestimmt darüber hinaus die Voraussetzungen entgeltlicher Führung von Vormundschaften. Wegen der Kriterien, die für die Bestimmung der Vergütung für einen berufsmäßig tätigen Vormund maßgebend sind, verweist es auf das VBVG. 2

Demjenigen, der die Vormundschaft nicht gegen Entgelt führt, kann das Gericht eine angemessene Vergütung bewilligen, wenn weitere Voraussetzungen vorliegen. Unter welchen Voraussetzungen das Gericht einem nicht berufsmäßig tätigen Vormund oder Gegenvormund eine Vergütung bewilligen darf, regelt Abs 2. Dass die einem grundsätzlich unentgeltlich tätigen Vormund bewilligte Vergütung strafrechtlich anders zu bewerten ist (keine Vergütung iSv § 352 StGB; vgl dazu BGHSt 4, 233 = NJW 1953, 1313), weil der Vormund nicht von vornherein einen Anspruch darauf habe, ist – abgesehen von der Möglichkeit anderer Sichtweise unter den geänderten Bedingungen – für die zivilrechtliche Beurteilung nicht maßgebend. Häufig wird die nach Abs 2 bewilligte Vergütung als Ermessensvergütung bezeichnet. Das heißt jedoch nicht, dass es dem Gericht bei Vorliegen der Voraussetzungen einer Vergütungsbewilligung nach Abs 2 der Vorschrift freistehe, ob es eine Vergütung bewillige. Dafür spricht auch die mit dem BtÄndG eingeführte Verfahrensregelung des § 56g FGG (nunmehr § 168 FamFG), die zwischen den verschiedenen Sachverhalten von Vergütungsfeststellungen nicht unterscheidet. 3

Wird das Jugendamt oder wird ein Verein als Institution zum Vormund (§§ 1791a, 1791b BGB) bestellt, kann ihm keine Vergütung bewilligt werden (Abs 3). Die Vorschrift ist gemäß § 1908i Abs 1 S 1 BGB auf die rechtliche Betreuung sinngemäß anzuwenden und findet auf die Pflegschaft mit einer gewissen Abweichung entsprechende Anwendung (§ 1915 Abs 1 BGB). 4

Ungeachtet der Vorschrift des Abs 3 entschied das OLG München durch Beschluss v 27. 10. 2010 – 33 UF 1538/10 (FamRZ 2011, 998 m Anm Bienwald 1001 = FGPrax 2011, 23; ihm folgend OLG Celle FamRZ 2011, 1329 m Anm d Redaktion und Bienwald), dass einem Verein, der zur Führung einer Vormundschaft bestellt worden ist, ein Vergütungsanspruch zusteht. Das Gericht wich damit von den Erkenntnissen des OLG Düsseldorf (BtPrax 2010, 126) und des OLG Koblenz (FamRZ 2011, 61) ab. Es berief sich dafür auf eine auch durch den Gesetzgeber des FGG-RG nicht geschlossene planwidrige Gesetzeslücke und stützte seine Auffassung auf die Entscheidung des BGH (FamRZ 2007, 900 = ZKJ 2007, 451 m Anm R Müller 449 = NJW-RR 2007, 937) sowie eine entsprechende Anwendung der Regelungen über die Verfahrenspflegschaft in Betreuungssachen. Die Sachverhalte der mehreren Entscheidungen gleichen sich aber nicht. Durch eine fehlerhafte Rechtspraxis und deren bedenkliche Korrekturen durch obergerichtliche und höchstrichterliche Entscheidungen werden gesetzgeberische Absichten unterlaufen. Letzten Endes geht es nur darum, wer die mit der Führung 5 der Vormundschaft (Pflegschaft) verbundenen Kosten trägt (Kommune versus Justizetat). Eine andere Bestellpraxis hätte Entscheidungen wie die des OLG München oder des OLG Celle vermeiden können.

6 Der aufgrund einer weiteren, dem Grunde nach gleichlautenden, Entscheidung des OLG München mit dem Thema beschäftigte BGH stellte in Abänderung seiner früheren Auffassung (BGH 14. 3. 2007 – XII ZB 148/03, FamRZ 2007, 900) fest, dass ein gemäß § 1791a BGB zum Vormund bestellter Verein gemäß § 1836 Abs 3 BGB keine Vergütung und keinen Aufwendungsersatz verlangen könne. Der **Verein** könne jedoch, wenn einer seiner **Mitarbeiter** analog § 1897 Abs 2 S 1 BGB zum Vormund bestellt wurde, der gemäß § 1791a BGB iVm § 54 Abs 1 SGB VIII zur Übernahme von Vormundschaften geeignet ist, in entsprechender Anwendung von § 7 VBVG eine Vergütung und Aufwendungsersatz von der Staatskasse beanspruchen (BGH 25. 5. 2011 – XII ZB 625/10, FamRZ 2011, 1394 m Anm Bienwald und Fröschle 1397 = FGPrax 2011, 231 LS; entgegen OLG Celle FamRZ 2011, 1329 m Anm d Redaktion und Bienwald, und OLG München FamRZ 2011, 998 m Anm Bienwald = FGPrax 2011, 23).

7 Zur Anwendung auf die Verfahrenspflegschaften in Betreuungs- und in Unterbringungssachen s §§ 277 und 318 FamFG (s oben Textanhang zu § 1835). Der berufsmäßig tätige Verfahrenspfleger in einer Nachlasssache erhält eine Vergütung in entsprechender Anwendung der Vorschriften des VBVG nach seiner Qualifikation (OLG Düsseldorf RPfleger 2015, 705). Er kann eine Vergütung nach dem RVG nur beanspruchen, soweit er im Rahmen seiner Bestellung Tätigkeiten ausübt, für die ein juristischer Laie vernünftigerweise einen Rechtsanwalt zuziehen würde (OLG Köln FamRZ 2018, 534 = RPfleger 2018, 328 = FGPRax 2018, 83). Der gemäß § 158 FamFG in Kindschaftssachen bestellte, nicht berufsmäßig tätige, Verfahrensbeistand erhält Aufwendungsersatz nach § 158 Abs 7 S 1 FamFG. Für die berufsmäßig geführte Verfahrensbeistandschaft enthält § 158 Abs 7 S 2 bis 4 FamFG eine eigene Regelung (s oben Textanhang zu § 1835).

8 Die Möglichkeit, auch dem Gegenvormund (im Fall der Betreuung dem Gegenbetreuer) eine (Ermessens-)Vergütung zu bewilligen, sieht Abs 2 iVm § 1 Abs 2 S 1 VBVG vor.

II. Die Konzeption

1. Überblick

9 Trotz der gewissen Eigenständigkeit der Regelungen über Vergütung und Aufwendungsersatz im Vormundschaftsrecht und im Betreuungsrecht muss man sich immer vor Augen führen, dass das Vergütungssystem aus Anlass der Reform des Vormundschafts- und Pflegschaftsrechts für Volljährige geschaffen wurde und von den Problemen und Erfahrungen der Rechtlichen Betreuung volljähriger behinderter oder kranker Menschen iSv § 1896 Abs 1 BGB, insbesondere vom Bild des berufsmäßig tätigen Betreuers, beherrscht wurde und noch wird (ebenso Palandt/Götz § 1835 Rn 1). Die zahlreichen gerichtlichen Erkenntnisse zu einzelnen Fragen des Aufwendungsersatzes und zu der Vergleichbarkeit von Ausbildungsabschlüssen betrafen weitestgehend die berufsmäßig geführten Betreuungen, nicht dagegen Vormundschaften und Pflegschaften. Das lag und liegt allerdings auch daran, dass die Gerichte in weitaus

weniger Fällen von Vormundschaften und Pflegschaften ehrenamtlich oder freiberuflich tätige Personen zu Vormündern und Pflegern bestellt haben und bestellen als in Betreuungssachen (vgl dazu nur LG Hannover FamRZ 2007, 1909 m Anm Eisele; Beschluss der Jugendministerkonferenz v 18./19. Mai 2006 in Hamburg zur Förderung der Einzelvormundschaft als bürgerschaftliches Engagement, JAmt 2007, 73). Ob die durch das Gesetz zur Änderung des Vormundschafts- und Betreuungsrechts begonnene Reform des Rechts der Vormundschaft und Pflegschaft für Minderjährige zu Änderungen in der Bestellungspraxis führt, lässt sich nicht sicher vorhersagen.

Auszugehen ist von den beiden Arten der Führung von Vormundschaften, der grund- 10
sätzlich nicht vergüteten Führung und der vergüteten Führung von Vormundschaften. Das neue Recht schreibt den Vorrang sogenannter ehrenamtlicher, dh grundsätzlich nicht vergüteter, Vormundschaft vor der berufsmäßig, dh entgeltlich geführten Vormundschaft nicht nur fest, es beschwört ihn geradezu (Wagenitz/Engers FamRZ 1998, 1273, 1274). Als Beispiele dafür dienen § 1897 Abs 6 BGB mit der Verpflichtung des Gerichts, die berufsmäßige Führung einer Betreuung nur dann vorzusehen, wenn keine andere geeignete Person zur Verfügung steht, die zur ehrenamtlichen Führung der Betreuung bereit ist, und § 1908b Abs 1 S 2 BGB, der die Entlassung des nach § 1897 Abs 6 BGB bestellten Betreuers vorsieht, wenn der Betreute durch eine oder mehrere andere Personen außerhalb einer Berufsausübung betreut werden kann. Erst kürzlich hat der BGH darauf hingewiesen, dass der Gesetzgeber der ehrenamtlichen Betreuung bewusst den Vorrang vor der beruflich geführten Betreuung gegeben hat, und das Betreuungsgericht diesen Vorrang auch gegenüber dem Vorschlag des Betroffenen, einen bestimmten Betreuer zu bestellen, zu beachten habe (FamRZ 2018, 1772 m Anm Dodegge). Nach § 1899 Abs 1 S 3 BGB werden mehrere Betreuer, die eine Vergütung erhalten, außer in den in den Absätzen 2 und 4 sowie § 1908i Abs 1 S 1 BGB iVm § 1792 BGB geregelten Fällen nicht bestellt. Im Vormundschaftsrecht sieht § 1791a S 2 BGB vor, dass ein Verein zum Vormund (oder Pfleger, § 1915 Abs 1 BGB) nur dann bestellt werden darf, wenn eine als ehrenamtlicher Einzelvormund geeignete Person nicht vorhanden ist. Eine weitere Ausnahme ist seine Berufung nach § 1776 BGB. Auch die Bestellung des Jugendamts zum Vormund (oder Pfleger, § 1915 Abs 1 BGB) kommt erst in Betracht, wenn eine als ehrenamtlicher Einzelvormund geeignete Person nicht vorhanden ist (§ 1791b Abs 1 S 1 BGB; OLG Naumburg FamRZ 2005, 1861). Findet sich später eine geeignete Einzelperson, ist der Verein oder das Jugendamt wieder zu entlassen (OLG Hamm FamRZ 1999, 678). Im Betreuungsrecht können mehrere Betreuer, die einen Anspruch auf Vergütung haben, nur noch in besonderen Fällen bestellt werden (§ 1899 Abs 1 S 3 BGB); für das Vormundschaftsrecht wurde eine entsprechende Regelung bisher nicht getroffen (vgl § 1775 BGB). Nach dem Reformentwurf des Vormundschaftsrechts (§ 1780 E Abs 2 BGB) hat eine natürliche Person, die geeignet und bereits ist, die Vormundschaft ehrenamtlich zu führen, Vorrang vor berufsmäßig tätigen Personen.

2. Der Grundsatz der Unentgeltlichkeit

Ihn bestimmt die Vorschrift an vorderster Stelle (Abs 1 S 1). Die Gleichsetzung von 11
Unentgeltlichkeit und Ehrenamtlichkeit, wie sie unmittelbar im Schrifttum (Wagenitz/Engers FamRZ 1998, 1273, 1274) sowie mittelbar durch die Bestimmungen der §§ 1897 Abs 6 BGB und 1908b Abs 1 S 2 BGB im Zusammenhang mit der Vergütungsbestimmung der §§ 1836 ff BGB vorgenommen wird und auch naheliegt, führt leicht zu

Missverständnissen und lässt sich angesichts der sonstigen Rechtslage nach dem BGB und den Bestrebungen um eine Aufwertung der Freiwilligenarbeit nicht aufrechterhalten.

12 Die Rechtsstellung eines Vormunds, der die Aufgabe berufsmäßig wahrnimmt, und desjenigen, der die Vormundschaft nicht berufsmäßig führt, unterscheidet sich in nichts außer in den Regelungen der §§ 1835 ff BGB und, was den Betreuer anbetrifft, durch die Verpflichtung zur Bekanntgabe seiner Betreuungszahlen und -einkünfte gemäß § 10 VBVG (früher 1908k BGB). Das Gericht kann sowohl den berufsmäßig tätigen wie den ehrenamtlichen Personen aufgeben, eine Versicherung gegen Schäden einzugehen, die sie dem Mündel/Betroffenen zufügen können (§ 1837 Abs 2 S 3, 1908i Abs 1 S 1 BGB). Die unentgeltliche Führung lässt sich abstrakt von der entgeltlichen Führung einer Vormundschaft nicht einwandfrei abgrenzen, weil auch der grundsätzlich unentgeltlich tätige Vormund eine Vergütung erhalten kann, wenn auch ohne Rechtsanspruch auf eine bestimmte Vergütung. Auf die Feststellung berufsmäßiger Führung einer Vormundschaft kann nicht abgehoben werden, weil eine solche Feststellung bei Mitarbeiterinnen und Mitarbeitern von Vereinen oder Betreuungsbehörden, die nach § 1897 Abs 2 BGB bestellt werden, nicht erforderlich ist, damit eine entsprechende Vergütungsentscheidung getroffen werden kann. Kriterium für die Ehrenamtlichkeit der Führung einer Vormundschaft ist allein die Motivation der betreffenden natürlichen Person, die übernommene Aufgabe nicht berufsmäßig führen zu wollen, selbst wenn die Zahl der übertragenen und übernommenen Vormundschaften eine Feststellung berufsmäßiger Führung nach den Bestimmungen des Abs 1 S 2 u 3 BGB iVm § 1 Abs 1 VBVG rechtfertigen würde.

13 Der freiwilligen Übernahme nicht berufsmäßig geführter Vormundschaften sind nach oben, jedenfalls in den §§ 1836 ff BGB und durch die Vorschriften des VBVG, keine Grenzen gesetzt. Maßgebend dafür, dass jemand nicht beliebig viele Vormundschaften führen kann und sollte, sind allein Qualitätskriterien (§§ 1779, 1915 Abs 1, 1897 Abs 1 BGB).

14 Die gewisse Eigenständigkeit der Vergütungsregelung für Betreuer ergibt sich aus den Bestimmungen des VBVG. Es unterscheidet deutlich einen Abschnitt 2, der die Vergütungsregelungen für Vormünder enthält, und einen Abschnitt 3, der die Vergütung für Betreuer besonders regelt. Diese Sondervorschriften, die für die Regelbetreuungen vorgesehen sind, machen die neue Konzeption aus. Hiernach erhalten Betreuer im Regelfall eine Bezahlung in Form einer Pauschale, die sowohl Vergütung als auch Aufwendungsersatz abdeckt und außerdem noch anfallende Umsatzsteuer abgilt (§ 4 Abs 2 VBVG) – sog Inklusivstundensätze (Jurgeleit/Maier § 4 VBVG Rn 35). Vgl aber die Änderung des UStG durch Art 10 Nr 3b des G v 26. 6. 2013 (BGBl I 1809, 1830).

15 Die Pauschale setzt sich zusammen aus einem nach Ausbildungsabschlüssen gestuften Stundensatz (§ 4 VBVG) und einem nach der Dauer der Betreuung und dem Aufenthaltsort der betreuten Person bemessenen Stunden**an**satz (§ 5 VBVG), wobei auch ein bei bemittelten Betreuten angenommener höherer Betreuungsaufwand berücksichtigt wird. Die sich aus § 5 Abs 1 und 2 VBVG ergebende unterschiedliche Vergütung für die Betreuung bemittelter und mittelloser Betreuter hat das BVerfG nicht beanstandet (FamRZ 2009, 1899). Für Sonderfälle der Betreuung sind abweichende Regelungen in § 6 VBVG getroffen. Die Regelung der Vergütung für Verhinderungsbetreuer unterscheidet nach Verhinderungsursachen (§ 6 S 2 VBVG). Über die in der Vorschrift geregelten Sonderfälle des Verhinderungsbetreuers und des Sterilisationsbetreuers hinaus kann die Vergütungsregelung des § 6 VBVG nicht analog auf Betreuer angewendet werden, die nur für eine Angelegenheit bestellt worden sind (BGH FamRZ 2013, 873 = Rpfleger 2013, 389 = BtPrax 2013, 107).

§ 3 Abs 3 VBVG sieht vor, dass auch dem berufsmäßig tätigen Vormund ein höherer **16**
als der allgemein vorgesehene Stundensatz bewilligt werden kann, wenn besondere Schwierigkeiten der Führung des Amtes dies ausnahmsweise rechtfertigen. Diese Möglichkeit wurde in erster Linie im Hinblick auf Nachlasspflegschaften eingeführt, auf die die Vorschrift entsprechend anzuwenden ist (§ 1915 Abs 1 BGB).

Die Vergütung des Vormunds wird wie bisher nach der für die Führung der Vor- **17**
mundschaft aufgewandten und erforderlichen Zeit bemessen. Nicht mehr möglich ist es, einen als Vergütung des Vormunds im Voraus berechneten festen Geldbetrag zu bewilligen oder die für die Führung der vormundschaftlichen Geschäfte erforderliche Zeit zu begrenzen (damals § 1836b BGB). Die Höhe der für die einzelne Stunde zu bewilligenden Vergütung richtet sich danach, ob der Vormund über besondere für die Führung der Vormundschaft nutzbare Kenntnisse verfügt, die entweder durch eine abgeschlossene Lehre oder eine vergleichbare abgeschlossene Ausbildung oder einen Hochschulabschluss oder eine damit vergleichbare abgeschlossene Ausbildung erworben wurde (§ 3 Abs 1 S 2, 3 VBVG).

a) Ausnahmen von diesem Grundsatz

Als Ausnahme vom Grundsatz der Unentgeltlichkeit ist § 1836 Abs 2 BGB zu ver- **18**
stehen, der jedoch nach seinem Wortlaut nicht auf diejenigen Personen beschränkt ist, die Vormundschaften nicht berufsmäßig führen wollen. Die Vorschrift lässt es zu, dass jemand, speziell soweit er für seinen Aufwendungsersatz und die Vergütung die Staatskasse in Anspruch nimmt, Vormundschaften grundsätzlich berufsmäßig (mit entsprechender gerichtlicher Feststellung gemäß Abs 1 S 2) führt, dennoch aber einzelne Vormundschaften ehrenamtlich übernimmt (LG Chemnitz FamRZ 2000, 253), sei es, dass er dann mangels Vermögens keine Vergütung erhalten kann, sei es, dass er in diesem Fall eine Vergütung nach Abs 2 derjenigen vorzieht, die für berufsmäßig geführte Vormundschaften und damit nach dem VBVG bemessen wird (**aA** offenbar ZIMMERMANN FamRZ 1999, 630, 632: „Wer berufsmäßig Betreuungen führt, führt alle Betreuungen so.").

b) Die Bedeutung des Abs 3

Die Bestimmung des Abs 3, wonach dem Jugendamt (oder der Betreuungsbehörde) **19**
und einem geeigneten Verein (oder einem anerkannten Betreuungsverein) keine Vergütung – weder nach Abs 2 noch nach Abs 3 – bewilligt werden kann, ist weder als Bestätigung noch als Ausnahme des Grundsatzes der Unentgeltlichkeit zu verstehen. Die Regelung entstammt, soweit es die Behörde (Jugendamt) betrifft, dem RJWG (§§ 33 Abs 2, 47 Abs 2), später dem JWG (§ 38 Abs 1 S 3, § 53 Abs 4) und war dann durch Art 1 Nr 59 NEhelG aus systematischen Gründen in das BGB übernommen worden. Die Beibehaltung der Regelung hinsichtlich der Vereine, die gegen ihren Willen nicht zu Vormündern (§ 1791b Abs 1 S 2 BGB), Pflegern (§ 1915 Abs 1 BGB) oder Betreuern (§ 1900 Abs 1 S 2 BGB) bestellt werden dürfen, beruht in

erster Linie darauf, dass einerseits dem Widerstand der erfahrenen Verbände Rechnung getragen, andererseits aber kein Anreiz geschaffen werden sollte, ein grundsätzlich nicht (mehr) befürwortetes Modell zu fördern (BT-Drucks 11/4528, 131). Zur Erlaubnis zur Übernahme von Vereinsvormundschaften s § 54 SGB VIII.

20 Mit Beschluss v 25. 5. 2011 (XII ZB 625/10 = FamRZ 2011, 1394) hatte der BGH entschieden, dass ein Verein für seinen Mitarbeiter, der zum Vormund bestellt worden ist, in sinngemäßer Anwendung der §§ 1897 Abs 2 S 1 BGB iVm § 7 VBVG eine Vergütung beanspruchen könne. Das gilt entsprechend für einen zum Pfleger bestellten Mitarbeiter des Vereins (§ 1915 Abs 1 BGB; beachte Abs 1 S 2). Ein Verein, der zum Pfleger bestellt worden ist, kann seine Entlassung und die Einstellung eines Mitarbeiters beantragen, damit er für den Mitarbeiter eine Vergütung beanspruchen kann (BGH FamRZ 2013, 946 = NJW 2013, 1598). Ein zum Vormund bestellter Vormundschaftsverein kann allein mit der Begründung, einen Vergütungsanspruch begründen zu wollen, verlangen, dass er als Vormund entlassen und ein geeigneter Mitarbeiter des Vereins zum neuen Betreuer bestellt wird (OLG Nürnberg 21. 6. 2017 – 7 WF 493/17, FGPrax 2017, 259 = Rpfleger 2018, 24). S auch Vorbem 20 ff zu §§ 1835 ff.

21 Mit der geltenden Rechtslage nicht zu vereinbaren und mit den Motiven des Gesetzgebers des BtG nicht in Einklang zu bringen ist eine Entscheidung des LG Köln (FamRZ 2011, 401), mit der einem Verein (Betreuungsverein) eine Vergütung bewilligt wurde, der „synonym" für alle als Realbetreuer tätige oder tätig gewordene Mitarbeiter (anstelle namentlich benannter Vereinsbetreuer) bestellt worden war. Bemerkenswert an dieser Entscheidung sind die wiedergegebenen erstinstanzlichen Ermittlungen und Feststellungen.

3. Vergütete berufsmäßige Führung des Amtes

22 Wird die Vormundschaft entgeltlich geführt und hat das Gericht eine entsprechende Feststellung gemäß Abs 1 S 2 u 3 iVm § 1 VBVG getroffen, entscheidet sich nach der Einkommens- und Vermögenslage des Mündels, ob die Vergütung aus dem Mündelvermögen zu entnehmen ist oder die Staatskasse vorläufig (§ 1836e BGB) dafür aufkommt. Dagegen kommt es für die Höhe der Vergütung des Vormunds gemäß § 3 Abs 1 VBVG grundsätzlich nicht mehr darauf an, ob die Vormundschaft für einen bemittelten oder einen unbemittelten Mündel geführt wird. Die frühere Regelung, wonach sich die Vergütung im Fall der Betreuung eines mittellosen Betroffenen nach § 1 BVormVG richtete, die dortigen Stundensätze für die Bemessung der Vergütung eines bemittelten Mündels zwar nicht ausdrücklich galten, aber als eine wesentliche Orientierungshilfe dienten (s dazu Staudinger/Bienwald [2014] § 1836 Rn 19), wurde durch das 2. BtÄndG aufgegeben. Wird die Regelvergütung für unangemessen gehalten, hat der Betreuer zu prüfen, ob Aufgaben von ihm überhaupt und persönlich wahrgenommen werden (müssen) (BGH FamRZ 2010, 199 [Zurückweisung unzulässiger weiterer Beschwerde] m Anm Bienwald 201).

23 Unabhängig davon, ob der Mündel unmittelbar für die Vergütung aufzukommen hat oder zunächst die Staatskasse in Anspruch genommen wird, ist in beiden Fällen die Vorschrift des § 2 VBVG zu beachten, nach der der Vergütungsanspruch erlischt, wenn er nicht binnen 15 Monaten nach seiner Entstehung beim Familiengericht (in Betreuungs- oder in Unterbringungssachen beim Betreuungsgericht) geltend gemacht wird. Die Geltendmachung des Anspruchs beim Familiengericht (bzw Betreuungsgericht) gilt dabei auch als Geltendmachung gegenüber dem Mündel (Betreuten). Dieselbe Wirkung besteht nach OLG Hamm (FGPrax 2007, 171 = FamRZ 2007, 854 [LS]) auch umgekehrt, sodass der bei Gericht gestellte Festsetzungsantrag aus dem Vermögen des Betroffenen die Ausschlussfrist auch für einen späteren Antrag auf Festsetzung gegen die Staatskasse wahrt. Wurde über den Anspruch des Betreuers gegen den Betreuten rechtskräftig entschieden, wirkt die Rechtskraft der Entscheidung nur zwischen Betreuer und Betreutem, nicht aber im Verhältnis zur Staatskasse, sodass die spätere Geltendmachung des Anspruchs gegen die Staatskasse nicht nach § 2 S 1 HS 1 VBVG ausgeschlossen ist (OLG Hamm FGPrax 2007, 171, 173). Zum Beginn der Ausschlussfrist für die Geltendmachung der Vergütung eines Verfahrensbeistands s BGH FamRZ 2019, 1077 = Rpfleger 2019, 393. Nach § 2 S 2 VBVG gilt § 1835 Abs 1a BGB entsprechend, wonach das Gericht eine von § 1835 Abs 1 S 3 BGB abweichende Frist bestimmen kann (Näheres s dort). Die Ausschlussfrist des § 2 VBVG beginnt mit Ablauf des jeweiligen Betreuungsmonats (OLG Dresden FamRZ 2008, 1285; OLG Brandenburg FamRZ 2010, 65 [LS]).

III. Voraussetzungen vergüteter Führung von Vormundschaften

1. Allgemeines

Einen Anspruch auf Vergütung (Abs 2 S 1) haben Vormund und Gegenvormund, wenn die Voraussetzungen des Abs 1 S 2 vorliegen, wenn das Gericht festgestellt hat, dass der Vormund die Vormundschaft berufsmäßig führt. Wurde ein Vormund ohne diese Feststellung tätig, steht ihm über § 1835a BGB hinaus eine Vergütung aus der Staatskasse nicht zu. Eine spätere Ergänzung des Ausgangsbeschlusses (so in LS 1) wirkt nur für die Zukunft (OLG Dresden FamRZ 2017, 1414). Auch setzt der Anspruch auf Vergütung voraus, dass der Vormund, Gegenvormund (oder Pfleger) wirksam (in persönlicher Anwesenheit des Vormunds, OLG Dresden FamRZ 2017, 458; OLG Frankfurt FamRZ 2017, 461) bestellt wurde. Fehlt es hieran, liegt ein im Vergütungsfestsetzungsverfahren nach §§ 292 Abs 1, 168 Abs 1 S 1 Nr 2 FamFG festzusetzender Vergütungsanspruch nicht vor (BGH FamRZ 2018, 513; FamRZ 2016, 1072; FamRZ 2017, 1846 m Anm Zorn = MDR 2017, 1329 = NZFam 2017, 1020 m Praxishinweis Schwamb [Für einen Umgangspfleger entschieden]; BGH FamRZ 2018, 513 = Rpfleger 2018, 267 = MDR 2018, 476). Formell-rechtliche oder materiell-rechtliche Mängel bei der Bestellung des Betreuers im Übrigen bleiben ebenso wie die nachträgliche Aufhebung der Bestellung ohne Einfluss auf den Vergütungsanspruch des Betreuers. Ob die Voraussetzungen der Bestellung vorgelegen haben, ist für die Wirksamkeit der Bestellung ohne Belang (BGH FamRZ 2014, 1778 = FGPrax 2014, 253 = Rpfleger 2014, 673; näher Rn 26). Ohne eine förmliche Bestellung kann der Umgangspfleger im Vergütungsfestsetzungsverfahren Ersatz von Aufwendungen und eine Vergütung auch dann nicht verlangen, wenn er bereits zuvor auf Veranlassung des Gerichts tätig geworden ist (BGH 30. 8. 2017 – XII ZB 562/16, FamRZ 2017, 1846 m Anm Zorn = MDR 2017, 1329; BGH FamRZ 2018, 513 = Rpfleger 2018, 267 = MDR 2018, 467). Auch einen Anspruch aus Gründen des Vertrauensschutzes nach § 242 BGB lehnt der BGH ab. 24

Im Fall der Bestellung von Vereinsvormündern (s dazu BGH FamRZ 2011, 1394 m Anm Fröschle und Bienwald) verzichteten zwei Amtsgerichte auf die förmliche Bestellung (vgl OLG Braunschweig FamRZ 2017, 1412 m Anm Bienwald). Zur Vergütung trotz fehlender förmlicher Verpflichtung aus Gründen des Vertrauensschutzes OLG Dresden FamRZ 2017, 458 m Anm Keuter (in eng umgrenzten hier verneinten Ausnahmefällen); OLG Frankfurt FamRZ 2017, 461 (Vertrauen auf richterliche Anweisung wegen Eilbedürftigkeit der Erledigung); OLG Braunschweig FamRZ 2017, 1412 m Anm Bienwald (Vertrauen auf Erfordernis sofortigen Tätigwerdens). Für die Bestellung eines Verfahrensbeistands reicht es aus, dass das Gericht dem Verfahrensbeistand deutlich zu erkennen gibt, dass es seine Leistungen in Anspruch nehmen möchte. Der Vergütungsanspruch entsteht sodann, wenn der Verfahrensbestand beginnt, diese Leistung zu erbringen (OLG Brandenburg FamRZ 2018, 1855).

25 Hat der Vormund entgegen dem Anspruch auf Aufwandsentschädigung (OLG Dresden FamRZ 2017, 1414 [LS]) eine die Aufwandsentschädigung übersteigende Vergütung ausbezahlt bekommen, kann die Staatskasse die Überzahlung entsprechend § 19 FamGKG nur bis zum Ablauf des Kalenderjahres zurückfordern, das auf das Jahr der Abrechnung eines bestimmten Tätigkeitszeitraums folgt (OLG Dresden FamRZ 2017, 1414 [LS]).

26 Ein Vergütungsanspruch (hier: des Betreuers) kann sich nur für den Zeitraum der Bestellung ergeben (BGH FamRZ 2016, 1152 Rn 5). Für einen Zeitraum, der zwischen dem Ablauf einer vorläufigen Betreuung und der Betreuerbestellung in der Hauptsache liegt, kommt ein solcher Anspruch nicht in Betracht (BGH FamRZ 2016, 1072). An einer wirksamen Bestellung fehlt es auch, wenn die betreffende ausgewählte Person nicht nach Maßgabe des § 1789 S 1, 1915 Abs 1 S 1 BGB verpflichtet worden ist (näher Bestelmeyer FamRZ 2011, 950, 953; AG Sinzig FamRZ 2011, 1308 [LS]; OLG Stuttgart FamRZ 2011, 846 [Nachlasspfleger]; BGH FamRZ 2017, 1846 Rn 11 mwNw u Anm Zorn = NZFam 2017, 1020 m Anm Schwamb [Umgangspfleger]; BGH NZFam 2017, 1160 m Anm Schwamb [Pfleger]). **AA**, wenn der Vormund aufgrund der Verfahrensführung des Gerichts davon ausgehen durfte, dass dort ein sofortiges Tätigwerden als erforderlich angesehen wurde, OLG Braunschweig FamRZ 2017, 1412 (m Anm Bienwald). Zur Ablehnung von Vertrauensschutz durch den BGH (entgegen OLG Frankfurt FamRZ 2017, 461 in einer Eilsache, OLG Hamm FamRZ 2014, 672; Rpfleger 2014, 82 [Umgangspfleger] oder OLG Dresden FamRZ 2017, 460 [in eng begrenzten Fällen, hier aber für den Fall einer Vormundbestellung verneint] m Anm Keuter). Die nach §§ 1789 S 1, 1915 Abs 1 S 1 BGB bei der Auswahl eines Umgangspflegers erforderliche förmliche Bestellung hat als Hoheitsakt der Verpflichtung konstitutiven Charakter, sodass erst mit der Bestellung des (Umgangs-) Pflegers die Rechte und Pflichten aus der Pflegschaft entstehen (BGH FamRZ 2017, 1846 Rn 11 mwNw).

27 Die Regelung des § 289 FamFG für den Betreuer wurde im Vormundschaftsrecht nicht eingeführt. Bestellen Gerichte (wie vom BGH FamRZ 2011, 1394 m zustimmender Anm Bienwald und Fröschle) Mitarbeiterinnen und Mitarbeiter eines (Vormundschafts-) Vereins in entsprechender Anwendung des § 1897 Abs 2 BGB zu „Vereinsvormündern" und sehen von einer förmlichen Verpflichtung ab (vgl OLG Braunschweig FamRZ 2017, 1412 m Anm Bienwald), erscheint dies konsequent, weil § 289 Abs 1 FamRZ für Vereinsbetreuer von einer förmlichen Bestellung als für den Vergütungsanspruch des Vereins nicht konstitutiv abgesehen hat.

28 Bestellt das Gericht einen Gegenvormund, kann es allerdings nur feststellen, dass er die Gegenvormundschaft nur im Rahmen seiner Berufsausübung führen kann. Eine

Vormundschaft führt ein Gegenbetreuer nicht. Andererseits kann auch nicht auf die Zahl geführter Gegenvormundschaften abgehoben werden; vielmehr sind die beiden Ämter für die Zwecke des § 1 Abs 1 VBVG austauschbar. Die Vorschrift gilt sinngemäß auch für die rechtliche Betreuung (§ 1908i Abs 1 S 1 BGB). Nach Maßgabe des § 1915 Abs 1 BGB gilt sie auch für die Pflegschaften.

Der Anspruch auf Aufwendungsersatz, Aufwandsentschädigung und Vergütung besteht allein für die Dauer der Betreuung und entfällt grundsätzlich erst mit dem Ende des Amtes, das entweder von Gesetzes wegen (einschließlich des Todes des Betroffenen) oder durch Aufhebungs-/Entlassungsbeschluss des Gerichts endet. Ausnahmsweise endet der Anspruch nicht mit dem regulären Amtsende, wenn die Voraussetzungen des § 1893 BGB (Fortführung der Geschäfte nach Beendigung der Vormundschaft) oder im Falle rechtlicher Betreuung nach §§ 1893, 1908i Ab 1 S 1 BGB gegeben sind. Das Amt des Vormunds und das des Pflegers enden spätestens mit der Volljährigkeit des Minderjährigen oder mit dem Tod vor Vollendung des 18. Lebensjahres. Das Amt eines Betreuers endet mit der gerichtlichen Aufhebung der Betreuung nach § 1908d BGB, mit dem Tod der betreuten Person oder aufgrund eines entsprechenden Fristablaufs (BGH FamRZ 2016, 706; 2015, 1709, 2014, 1778; FamRZ 2015, 1709 Rn 19). Beantragt der Betreute die Aufhebung der Betreuung vor deren Ablauf, endet diese nicht bereits mit dem darauf gerichteten Antrag, sondern erst mit Ablauf der von dem Betreuungsgericht angeordneten Befristung (BGH FamRZ 2012, 295 = BtPrax 2012, 62). Bestellt das Gericht nach Entlassung des bisherigen Betreuers (§ 1908c BGB) einen neuen Betreuer und ordnet es die sofortige Wirksamkeit seines Beschlusses an, endet der Anspruch auf Vergütung des entlassenen Betreuers mit dem Wirksamwerden des Entlassungsbeschlusses (AG Weißenburg FamRZ 2011, 1754). Für berufsmäßig tätige Betreuer ergibt sich aufgrund der pauschal bemessenen Vergütung die Besonderheit, dass das Amt und der Vergütungsanspruch andauert, wenn und weil das Gericht vor Ablauf des Zeitpunkts, bis zu dem das Gericht über die Aufhebung oder Verlängerung der Maßnahme zu entscheiden gehabt hätte, weder die eine noch die andere Entscheidung getroffen hat. Die einen Tätigkeitsnachweis erübrigende Vergütungspauschale dauert fort, obwohl Gründe für die Aufhebung der Betreuung vorhanden sein können (hM, vgl Keidel/Budde § 286 Rn 9). 29

Der Betreuer, der in Unkenntnis des Todes des Betreuten zunächst weiter tätig wurde, verliert nicht den Anspruch auf Vergütung. Er ist insoweit allenfalls in analoger Anwendung von § 6 S 1 VBVG und nicht pauschal nach den §§ 4, 5 VBVG zu entschädigen (BGH FamRZ 2016, 1152). 30

Die **Feststellung berufsmäßiger Führung** der Vormundschaft (ebenso der Pflegschaft und der Betreuung) hat das Gericht zu treffen, wenn die in § 1 Abs 1 S 1 und 2 VBVG enthaltenen gesetzlichen Voraussetzungen vorliegen. Auf die besondere Situation von Berufseinsteigern wurde Rücksicht genommen. Begriffliche Differenzen bestehen zu anderen Vorschriften. Während nach § 1836 Abs 2 S 1 BGB die Feststellung lautet, dass die Vormundschaft berufsmäßig geführt werde, ist in § 1897 Abs 6 BGB und in § 1908b Abs 1 BGB und § 1 Abs 1 S 1 VBVG davon die Rede, dass von einer Person die Betreuung außerhalb oder im Rahmen einer bzw ihrer Berufsausübung geführt wird. In dieser Weise formuliert auch der Leitsatz der Entscheidung des BVerfG v 1. 7. 1980 (BVerfGE 54, 251), dass jemand die Aufgabe nur als Teil seiner Berufsausübung wahrnehmen kann. 31

32 § 1 Abs 1 VBVG zufolge hat das Familiengericht (in Betreuungssachen das Betreuungsgericht; §§ 23a Abs 1 Nr 2, 23c GVG) die Feststellung berufsmäßiger Führung des Amtes gemäß § 1836 Abs 1 S 2 BGB zu treffen, wenn der betreffenden Person in einem solchen Umfang Vormundschaften übertragen sind, dass sie die Vormundschaft nur im Rahmen ihrer Berufsausübung führen kann. Während diese Feststellung nach quantitativen Merkmalen getroffen wird, enthält das Ergebnis eine Qualitätsaussage. Denn von der berufsmäßigen Führung einer Aufgabe kann nur dann die Rede sein, wenn sie bestimmten Anforderungen an eine Berufsausübung gerecht wird. Qualitätsanforderungen werden in und mit der Vorschrift jedoch nicht eingeführt. Zweifelhaft ist auch, ob mit der Formulierung „berufsmäßige" Führung die Erwartung an die betreffenden Personen geknüpft wird, die Aufgabe in einer der Sache nach geforderten Qualität wahrzunehmen. Gleichwohl haben Gerichte in Vergütungssachen damit argumentiert, dass von vergüteten berufsmäßig tätigen Personen „professionelles Handeln" erwartet werde (vgl LG Koblenz JurBüro 2001, 602 = MDR 2002, 156 = FamRZ 2002, 845 m Anm Bienwald; LG Leipzig FamRZ 2000, 980).

33 Ob der Rechtsausschuss des Deutschen Bundestages sich der unterschiedlichen Bedeutungen bewusst war, lässt sich der Begründung seiner Beschlussempfehlung (BT-Drucks 13/10331, 7, 27) nicht sicher entnehmen. Dort heißt es: „Nach der Neufassung des Satzes 2 muß das Vormundschaftsgericht im Interesse der Rechtsklarheit und Kalkulierbarkeit bereits bei der Bestellung des Betreuers feststellen, ob es sich um eine berufsmäßig geführte Betreuung handelt. Diese Voraussetzung liegt immer dann vor, wenn der dem Betreuer übertragene Aufgabenkreis ohnehin zu seiner – auch andere Geschäfte als Betreuungen umfassenden – Berufstätigkeit gehört". Der Vorstellung der Bundesregierung entsprach die Erwartung, dass es „einer besonderen Prüfung, ob Umfang oder Schwierigkeit der vormundschaftlichen Geschäfte eine Vergütung rechtfertigen, ... nicht (bedarf). Auf diese Frage ist vielmehr bei der Auswahl und Bestellung des Vormundes Bedacht zu nehmen" (BT-Drucks 13/7158, 25).

34 Ein Berufsvormund soll nur bestellt werden, wenn Umfang oder Schwierigkeit der vormundschaftlichen Geschäfte die Bestellung gerade eines Berufsvormundes – und damit zwangsläufig auch einen Vergütungsanspruch – rechtfertigen. Derselbe Gesetzgeber (des BtÄndG) hat gleichzeitig eine Norm eingeführt (§ 1897 Abs 6 BGB), nach der die Bestellung eines berufsmäßig tätigen Betreuers ohne Rücksicht auf einen solchen Qualitätsanspruch möglich ist, wenn nämlich eine andere geeignete Person, die zur ehrenamtlichen (dh grundsätzlich nicht vergüteten) Führung der Betreuung bereit ist, nicht zur Verfügung steht. In diesem Falle kann es also nicht darauf ankommen, ob für die Führung dieser Betreuung die fachlichen Voraussetzungen einer berufsmäßigen Führung benötigt werden. Als Korrektiv könnten zwar die Vergütungsbestimmungen des VBVG mit den verschiedenen Vergütungsstufen dienen. Das träfe jedoch nur dann zu, wenn im Einzelfall eine für die Führung des Amtes ausreichend qualifizierte Person mit einem geringeren Vergütungsanspruch zur Verfügung stünde. Indem der Gesetzgeber die Möglichkeit der Nachqualifizierung eingeräumt (und beibehalten) hat (§ 11 VBVG; früher § 2 BVormVG), schuf er zumindest abstrakt die Voraussetzungen dafür, dass es nur noch oder fast ausschließlich Vormünder, Pfleger und Betreuer gibt, die nach der höchsten Vergütungsstufe vergütet werden. Dass die in Abs 1 S 2 und 3 iVm § 1 Abs 1 S 1 und 2 VBVG enthaltenen Qualitäts- und Quantitätsmerkmale bei der Bestellung gemäß den §§ 1779,

1915 Abs 1, 1897 Abs 1 BGB in der Praxis hinreichend berücksichtigt werden, ist zu bezweifeln.

Da die Erweiterung und die Verlängerung der Betreuung vom Gesetz jeweils grundsätzlich wie eine Erstbestellung eines Betreuers behandelt werden (vgl § 1908d Abs 1, 3 u 4 BGB sowie §§ 293 Abs 1, 295 Abs 1 S 1 FamFG), ist die berufsmäßige Führung dieser neuen Aufgabe jeweils neu zu bestimmen oder zu bestätigen. Dem Vormundschaftsrecht ist eine entsprechende Rechtslage unbekannt. Wird kurze Zeit nach seiner Bestellung dem Betreuer zusätzlich die Aufgabe eines Kontrollbetreuers für einen ihm nicht übertragenen Aufgabenkreis (Vermögensangelegenheiten) übertragen, erwirbt er keinen weiteren Anspruch auf Vergütung (LG Koblenz FamRZ 2011, 1329 [LS]), weil es für die Bemessung der (Pauschal-)Vergütung nicht auf den Umfang der übertragenen Aufgabe ankommt. 35

2. Gerichtliche Feststellung berufsmäßiger Führung der Vormundschaft

a) Die Notwendigkeit gerichtlicher Feststellung

Die Feststellung des Gerichts, dass die Vormundschaft berufsmäßig geführt wird, ist unverzichtbare Voraussetzung dafür, dass die Vormundschaft entgeltlich geführt wird und ein Anspruch auf Bewilligung einer Vergütung besteht (§§ 1836 Abs 1 S 2 und 3 BGB, § 1 Abs 2 S 1 VBVG). 36

Die Feststellung berufsmäßiger Führung des übertragenen und übernommenen Amtes benötigt der in unabhängiger Stellung Tätige. Wird der Verein oder die Behörde (Jugendamt/Betreuungsbehörde) als Institution bestellt (§§ 1791a, 1791b, 1915 Abs 1, 1900 BGB; hinsichtlich der Verfahrenspflegschaft vgl Bienwald, Verfahrenspflegschaftsrecht Rn 699 mNw), bedient sich die Institution einzelner ihrer Mitarbeiter oder Mitglieder. Als solche benötigen diese nicht die Feststellung berufsmäßiger Führung des Amtes, weil das ihnen nicht unmittelbar übertragen wird bzw worden ist. Da der Behörde (Jugendamt/Betreuungsbehörde) und dem Verein eine Vergütung nicht bewilligt werden kann (§ 1836 Abs 3 BGB; s oben Rn 4), kommt schon aus diesem Grunde eine Feststellung berufsmäßiger Führung des übertragenen Amtes nicht in Betracht. Wer zum Vereinsbetreuer oder Behördenbetreuer gemäß § 1897 Abs 2 BGB bestellt wird (diese Konstruktion gibt es zZ nur im Betreuungsrecht, nicht dagegen im Vormundschafts- oder Pflegschaftsrecht, und in Fällen der Bestellung eines Verfahrenspflegers, §§ 277 Abs 4, 318 FamFG; vgl aber oben Rn 5 zur Bestellung eines Mitarbeiters eines Vormundschaftsvereins analog § 1897 Abs 2 BGB), benötigt die Feststellung berufsmäßiger Führung der Betreuung nicht, weil einerseits von seiner dienstlichen Verpflichtung zur Führung von Betreuungen ausgegangen werden kann, ohne die eine Bestellung in dieser Form gar nicht möglich wäre (vgl § 1897 Abs 2 BGB), andererseits der Anstellungsträger selbst eine etwaige Vergütung geltend macht (§§ 7 und 8 VBVG). 37

Die Bestellung eines Vereinsbetreuers soll auch dann wirksam sein und dem Verein eine Vergütung für die Tätigkeiten dieses Vereinsbetreuers einbringen, wenn dem Verein die Anerkennung als Betreuungsverein fehlt; die bereits im Rahmen der Bestellung nach § 1897 Abs 2 BGB zu prüfenden Voraussetzungen der Bestellung eines Vereinsbetreuers sollten bei der Festsetzung der Vergütung nicht noch einmal geprüft oder in Frage gestellt werden (KG FamRZ 2006, 1481 [LS] = Rpfleger 2006, 398, 399). 38

39 Die Feststellung berufsmäßiger Führung des Amtes als Voraussetzung einer Vergütungsbewilligung entfällt, wenn eine (Ermessens-)Vergütung nach Abs 2 bewilligt werden soll.

40 Die Feststellung berufsmäßiger Führung des Amtes ist für jede Vormundschaft gesondert zu treffen, sofern die Voraussetzungen dafür gegeben sind. Denn jede Amtsführung erfordert eine eigene Abrechnung. Deshalb handelt es sich nicht um eine nachträgliche Feststellung, wenn jemand zunächst nur eine geringe Zahl von Vormundschaften, Pflegschaften oder Betreuungen sowie Verfahrensbeistandschaften oder Verfahrenspflegschaften, sei es ehrenamtlich oder berufsmäßig, führt und später bei weiteren Übernahmen jeweils neu die Feststellung berufsmäßiger Führung getroffen werden soll und wird. Zur Frage, ob eine nachträgliche Feststellung berufsmäßiger Führung der Vormundschaft zulässig ist, unten Rn 58. Auch Personen, die Vormundschaften (Pflegschaften/Betreuungen) nebenberuflich, zB als Beamte mit Nebentätigkeitsgenehmigung, führen, können die Aufgabe berufsmäßig ausführen (Zimmermann FamRZ 1999, 630, 632).

41 Die Feststellung berufsmäßiger Führung der Aufgabe erfordert keinen Antrag des Ausgewählten als Entscheidungsvoraussetzung. Im Interesse derjenigen Personen, die für eine Vergütungsfestsetzung die Feststellung benötigen, ist es, ein entsprechendes Anliegen (Antrag) dem Gericht mitzuteilen. Ohne sein Einverständnis mit der berufsmäßigen Führung des Amtes darf das Gericht die Feststellung nicht treffen. Der Ausgewählte kann gute Gründe haben (Veranlagung zur Umsatz- oder/und Einkommensteuer, Erwartung höherer Vergütung im Falle eines bemittelten Betroffenen), die ihm nach mehreren beruflich geführten Vormundschaften/Betreuungen angetragene neuerliche Aufgabe nicht wiederum beruflich, sondern als ehrenamtlich Tätiger wahrzunehmen. Auch ist das Gericht gehalten, den strikten Vorrang ehrenamtlicher Wahrnehmung der Aufgabe (für die Vormundschaft und Pflegschaft vgl §§ 1791a, 1791b, 1915 Abs 1 BGB; für die Betreuung gemäß §§ 1897 Abs 6, 1908b Abs 1 S 3 BGB; für die Verfahrenspflegschaft nach §§ 276 Abs 3, 317 Abs 4 FamFG) zu beachten, sodass derjenige, der die Aufgabe berufsmäßig wahrnehmen will, sein Anliegen entsprechend zum Ausdruck bringen muss.

42 Angehörige bestimmter Berufsgruppen – zB Rechtsanwälte – sind von der Notwendigkeit der Feststellung als Voraussetzung der Vergütungsbewilligung nicht ausgenommen. Weder das Gesetz noch die Materialien lassen einen anderen Schluss zu. Beschlussempfehlung und Bericht des Rechtsausschusses des Deutschen Bundestages gingen lediglich davon aus, dass die Voraussetzung berufsmäßig geführter Betreuung immer schon dann vorliegt, „wenn der dem Betreuer übertragene Aufgabenkreis ohnehin zu seiner – auch andere Geschäfte als Betreuungen umfassenden – Berufstätigkeit gehört" (BT-Drucks 13/10331, 27). Deshalb habe das Gericht die in Abs 1 S 2 geforderte Feststellung schon dann zu treffen, „wenn die rechtliche Betreuung einem Rechtsanwalt in dieser Eigenschaft übertragen oder wenn ein Steuerberater in dieser Eigenschaft zum Betreuer mit dem Aufgabenkreis der Vermögenssorge bestellt wird" (BT-Drucks 13/10331, 27; eingehend OLG Hamm FamRZ 2006, 1785 = BtPrax 2006, 187 = NJW 2006, 3436). Auch bei einem Rechtsanwalt als Betreuer kann jedoch nicht stets davon ausgegangen werden, dass er die Vormundschaft berufsmäßig führt (LG München I FamRZ 1999, 1234; hier: Betreuung des Vaters durch den als Anwalt tätigen Sohn).

Die Feststellung der berufsmäßigen Führung einer Vormundschaft steht nicht im Ermessen des Gerichts. Liegen die Voraussetzungen für die Feststellung vor (näher oben Rn 31), hat das Gericht die Feststellung zu treffen (OLG Frankfurt FamRZ 2003, 1414 [LS] = FGPrax 2003, 176; OLG Hamm FamRZ 2006, 1785; HK-BUR/Bauer/Deinert Rn 51). Sie ist nicht dadurch entbehrlich, dass Vergütung tatsächlich bewilligt wird, sondern bedarf ausdrücklicher Beschlussfassung oder Verfügung (OLG Frankfurt FamRZ 2003, 1414 mwNw). Die Feststellung trifft das Gericht von Amts wegen oder auf Antrag der ausgewählten bzw bestellten Person. Eine „konkludente" Feststellung genügt nicht (Jurgeleit/Maier § 1 VBVG Rn 15 mwNw). 43

b) Zuständiges Gericht

Sachlich zuständig ist das Gericht, dh diejenige Abteilung, die über die Bestellung des Vormunds, Pflegers, Betreuers, eines Verfahrensbeistands oder eines Verfahrenspflegers zu entscheiden hat. Denn bei der Feststellung, dass die Führung dieser Aufgabe berufsmäßig erfolgt oder erfolgen soll, oder bei Ablehnung dieser Feststellung handelt es sich um einen Annex zu der Bestellungsentscheidung. 44

In Betreuungssachen nimmt das Betreuungsgericht die Betreuerbestellung vor. Es entscheidet auch über eine in diesem Verfahren oder in anderen Betreuungssachen sowie in Unterbringungssachen für Volljährige notwendige Verfahrenspflegschaft. Entscheidet das Familiengericht über die Bestellung eines Verfahrensbeistands nach § 158 FamFG, stellt es gleichzeitig klar, ob die Verfahrensbeistandschaft berufsmäßig oder nicht berufsmäßig geführt wird. Ordnet das Familiengericht aufgrund einer von ihm getroffenen Maßnahme eine Vormundschaft oder Pflegschaft an, so wählt es als für Vormundschaftssachen zuständiges Gericht (§§ 111 Nr 2, 151 Nr 4 FamFG iVm § 23b Abs 1 GVG) auch den Vormund oder Pfleger aus und entscheidet darüber, ob das Amt berufsmäßig geführt wird. Grundsätzlich und im Übrigen funktional entscheidet darüber der Rechtspfleger (§§ 3 Nr 2, 14, 15 RPflG). Wegen des Sachzusammenhangs kann auch der Richter die Entscheidung treffen (Damrau/Zimmermann [4. Aufl] § 1836 Rn 14). Hinzukommt und unentbehrlich ist die gleichzeitige oder nachfolgende förmliche Bestellung der ausgewählten Person (§ 1789 BGB), nachdem diese sich zur Übernahme des Amtes bereit erklärt hatte und die Feststellung berufsmäßiger Führung getroffen war. Denn die Rechte und Pflichten des Vormunds beginnen erst mit seiner Bestellung (Staudinger/Veit § 1789 Rn 15; s auch oben Rn 26). 45

Bestellt der Rechtspfleger den Betreuer mit dem Aufgabenkreis des § 1896 Abs 3 BGB (außer bei Bestellungen nach Art 24 EGBGB), trifft er auch die Entscheidung über die berufsmäßige Führung dieser Betreuung (§ 15 Abs 1 S 2 RPflG). Bestellt er in einem von ihm geführten Verfahren einen Verfahrenspfleger, entscheidet er über die berufsmäßige Führung der Verfahrenspflegschaft. Nimmt er die Bestellung des Vormunds oder Pflegers vor, entscheidet er auch über die berufsmäßige Führung des Amtes (vgl Arnold/Meyer-Stolte/Rellermeyer [7. Aufl] § 14 RPflG Rn 71 Nr 6). Zur funktionalen Zuständigkeit für die Bestellung eines Pflegers für das Verfahren Bienwald, Verfahrenspflegschaftsrecht Rn 271, 279. Hat der Richter in diesem Bereich eine Entscheidung getroffen, die dem Rechtspfleger übertragen ist, so wird die Wirksamkeit dieser Entscheidung hierdurch nicht berührt (§ 8 Abs 1 RPflG). Ist der Richter für die Bestellung eines Betreuers zuständig, ist er auch für die nachträgliche Feststellung berufsmäßiger Führung der Betreuung zuständig (BayObLG FamRZ 2001, 46

1484 = BtPrax 2001, 204; LG Dresden FamRZ 2000, 181). Hebt das Beschwerdegericht oder das Gericht der weiteren Beschwerde eine Betreuerbestellung auf und entscheidet das erkennende Gericht selbst über sie, trifft es auch die Entscheidung über die berufsmäßige Führung dieser Betreuung.

47 Wird die bisher unterbliebene Feststellung nachgeholt, soll der Rechtspfleger gemäß §§ 3, 15 RPflG im Falle eines Betreuers zuständig sein, weil und soweit ein enger zeitlicher Zusammenhang mit der vom Richter vorgenommenen Bestellung nicht mehr besteht (OLG Frankfurt FamRZ 2003, 1414 [LS] = FGPrax 2003, 176 mwNw; wohl auch Zimmermann FamRZ 1999, 630, 631; **aA** BayObLGZ 2001, 115 = FamRZ 2001, 1484 = BtPrax 2001, 204 mwNw).

48 Die örtliche Zuständigkeit bestimmt sich in Kindschaftssachen nach § 152 FamFG, in Betreuungssachen nach § 272 FamFG, in Unterbringungssachen nach § 313 FamFG.

c) Zeitpunkt der Feststellung

49 Nach dem Willen des Gesetzgebers hat das Gericht **bereits bei der Bestellung** der betreffenden Person festzustellen, ob es sich um eine berufsmäßig geführte Vormundschaft, Pflegschaft, Betreuung, Verfahrensbeistandschaft oder Verfahrenspflegschaft handelt (BT-Drucks 13/10331, 27; BGH FamRZ 2006, 111 [114] m Anm Bienwald 114; OLG Zweibrücken FamRZ 2000, 551; LG Dresden FamRZ 2000, 181; LG Koblenz FamRZ 2001, 712; Wagenitz/Engers FamRZ 1998, 1273, 1274; Damrau/Zimmermann Rn 9) oder um einen berufsmäßig tätigen Umgangspfleger (BGH Rpfleger 2014, 501 = FamRZ 2014, 1283 Rn 8 im Anschluss an BGH FamRZ 2014, 468 und FamRZ 2014, 653 = BtPrax 2014, 191). Denn das Verfahren der Vergütungsbewilligung sollte nicht mit einem Streit über die Berufsmäßigkeit der Betreuung belastet und die Klärung von Zweifelsfragen deshalb in das Bestellungsverfahren vorverlagert werden (BGH FamRZ 2006, 111). Das solle allerdings nicht bedeuten, dass die Feststellung gleichzeitig mit der Bestellung getroffen werden müsse (OLG Naumburg FamRZ 2009, 370 m Anm Bienwald = OLGR 2009, 126; Damrau/Zimmermann Rn 15).

50 Die Feststellung hat in einem **engen zeitlichen Zusammenhang mit der Bestellung** zu erfolgen, weil sie andernfalls nicht „bei der Bestellung" vorgenommen ist (**aA** Damrau/Zimmermann Rn 15). Da die Bestellung des Vormunds, Pflegers oder Betreuers jeweils dessen Einverständnis voraussetzt (Konsensprinzip; für das Betreuungsrecht § 1898 Abs 1 BGB; für die Vormundschaft und Pflegschaft vgl §§ 1788 Abs 1, 1915 Abs 1 BGB), muss grundsätzlich schon bei der Bestellung geklärt sein, ob die Aufgabe berufsmäßig übernommen werden soll und wird. Außerdem ist es für die Personalentscheidung des Gerichts von Bedeutung, ob die ausgewählte Person die Aufgabe zur berufsmäßigen Besorgung übernimmt oder nicht (BayObLGZ 2001, 115 = FamRZ 2001, 1484 = BtPrax 2001, 204). Die entsprechenden Erwägungen sind auch in den Gründen der Entscheidung darzulegen (BayObLG FamRZ 1999, 1612).

51 Wird jemand zum Vormund bestellt, ohne dass der Beschluss ausdrücklich feststellt, der Vormund übe seine Tätigkeit berufsmäßig aus, so steht dem Vormund über § 1835a BGB hinaus eine Vergütung aus der Staatskasse nicht zu (OLG Dresden FamRZ 2017, 1414 [LS]). Nach OLG Braunschweig (FamRZ 2017, 1412, 1413 m Anm Bienwald) ist trotz fehlender förmlicher Verpflichtung die Tätigkeit des Vormunds zu vergüten, wenn er aufgrund der Verfahrensführung des Gerichts davon ausgehen durfte, dass dort ein sofortiges Tätigwerden als erforderlich angesehen wurde.

Bedenklich ist es, die Entscheidung über die Frage, ob die Vormundschaft, Pflegschaft, Betreuung, Verfahrensbeistandschaft oder Verfahrenspflegschaft (auch die Nachlasspflegschaft, OLG Naumburg FamRZ 2011, 1252) berufsmäßig geführt wird bzw wurde, auch **nachträglich**, dh nach der Bestellung und sogar noch unmittelbar vor der Vergütungsentscheidung (im Festsetzungsverfahren, OLG Naumburg FamRZ 2009, 370 m Anm Bienwald = OLGR 2009, 126; OLG Naumburg FamRZ 2011, 1252, 1253 [für den Nachlasspfleger entschieden]; nicht auf den Zeitpunkt des Eintretens der Voraussetzungen zurück [LG Dessau-Roßlau FamRZ 2012, 1326, 1327]; bei einer Beschwerde mit dem Ziel der Ergänzung der Bestellung Rückwirkung auf den Zeitpunkt der Bestellung zurück [KG FamRZ 2012, 815 LS]), zuzulassen. Soweit bisher in Schrifttum und Rechtsprechung die Nachholung der Feststellung befürwortet wurde, betraf dies regelmäßig Fälle, in denen sich die Verhältnisse während der Betreuung verändert haben (der als ehrenamtlich Bestellte erfüllt erst im Laufe des Verfahrens die Voraussetzungen der Bestellung zum berufsmäßig Tätigen, BayObLGZ 2001, 19 = FamRZ 2001, 867 = Rpfleger 2001, 300) oder die Feststellung bei der Bestellung versehentlich unterblieben ist (OLG Frankfurt FamRZ 2003, 1414 [LS] = FGPrax 2003, 176; Staudinger/Bienwald [2014] § 1836 Rn 41; Zimmermann FamRZ 1999, 630, 632; Karmasin FamRZ 1999, 348; Jurgeleit/Maier § 1 VBVG Rn 15). Auf die §§ 42, 43 oder 48 FamFG (bisher § 18 FGG) lässt sich diese Ansicht jedoch kaum stützen (so aber MünchKomm/Wagenitz § 1836 Rn 6; OLG Hamm FamRZ 2008, 1115 [LS]); denn es geht hierbei nicht um Berichtigung und Ergänzung in einem speziellen Fall oder um die Abänderung auf Grund nachträglich geänderter Verhältnisse. Im Fall veränderter Umstände handelt es sich auch nicht um eine nachträgliche Entscheidung, sondern um eine Neuentscheidung in der Art einer Neubestellung mit der Folge, dass die Feststellung nicht auf den Tag der Bestellung zurückwirken kann (BayObLGZ 2001, 19 = FamRZ 2001, 867 = Rpfleger 2001, 300 = FGPrax 2001, 79; BayObLGZ 2001, 115 = FamRZ 2001, 1484, 1485 = BtPrax 2001, 204). Ob die Feststellung rückwirkend zu dem Tag getroffen werden kann, an dem der entsprechende Antrag des Betreffenden (hier: Betreuer) bei Gericht eingegangen ist, ließ das Gericht offen. So jetzt aber LG Dessau-Roßlau (FamRZ 2012, 1326), das die Feststellung auf den Zeitpunkt der Antragstellung, nicht auf den des Eintretens der Voraussetzungen, zurückwirken lässt. 52

Die nachträgliche Feststellung lässt sich auch nicht damit begründen, dass die Feststellung für die Bewilligung von Vergütung (positiv wie negativ; Jurgeleit/Maier § 1 VBVG Rn 15 mNw) konstitutive Wirkung habe und ohne die Festsetzung eine Vergütungsbewilligung nicht zulässig sei (OLG Frankfurt FamRZ 2003, 1414 [LS]; MünchKomm/Fröschle § 1836 Rn 6). Gerade weil die Feststellung Vergütungsvoraussetzung ist, muss sie getroffen sein, wenn Vergütung verlangt wird, und kann nicht erst zum Zwecke der Vergütungserlangung getroffen werden. Wurde die Feststellung berufsmäßiger Amtsführung nicht rechtzeitig getroffen, fehlt einem Vergütungsantrag bzw einer Vergütungsfestsetzung von Amts wegen die Grundlage; der Antrag wäre unschlüssig und unbegründet, wenn der Antragsteller nicht zugleich den (begründeten) Antrag auf Nachholung der Feststellung stellt. Eine Festsetzung von Amts wegen kommt mangels einer Anspruchsvoraussetzung nicht in Betracht. 53

Dass die Feststellung berufsmäßiger Führung der Vormundschaft, Pflegschaft oder Betreuung usw für die Bewilligung von Vergütung konstitutiv ist, ist in diesem Zu- 54 sammenhang unerheblich, ist dieser Umstand doch unabhängig davon, wann die Feststellung getroffen wird. Auf den Zeitpunkt der Feststellung kommt es aus anderen Gründen an. Grundsätzlich werden die Bedingungen der Übernahme einer Vormundschaft mit der Bestellung vereinbart. Zumindest im Betreuungsrecht muss heute eine quasi-vertragliche Vereinbarung angenommen werden. Unterbleibt hierbei die Feststellung, ist deshalb zunächst davon auszugehen, dass die Aufgabe als nicht nach Abs 1 S 2 zu vergütende übernommen worden ist. Andernfalls spielen Erwägungen eine Rolle (zB ein ursprünglich nicht erwarteter Zeitaufwand), die eine spätere Entscheidung als eine Gefälligkeitsentscheidung (s dazu Anm Bienwald zu OLG Frankfurt FamRZ 2001, 790, 792) erscheinen lassen. Wird das Amt (trotz des zeitlichen Aufwands) zunächst als ehrenamtliche Tätigkeit übernommen, kann nicht später eine Umbestellung als berufsmäßig tätige Person verlangt werden (AG Koblenz FamRZ 2009, 2116 m Anm Bienwald).

55 Wird die vom Gericht nachträglich getroffene Feststellung berufsmäßiger Führung des Amtes auf den Zeitpunkt der Bestellung zurückbezogen (falls versehentlich unterblieben BayObLGZ 2001, 115 = FamRZ 2001, 1484, 1485 = BtPrax 2001, 204; OLG Dresden FamRZ 2003, 935; OLG Naumburg FamRZ 2009, 370 unter Berufung auf Palandt/Diederichsen [67. Aufl] Anh zu § 1836 VBVG Rn 8 mwNw; KG FamRZ 2012, 815 [LS]; **aA** LG Dessau-Roßlau FamRZ 2012, 1326 1327: Rückwirkung auf den Zeitpunkt der Antragstellung; MünchKomm/Wagenitz Rn 6), so erscheint dies zwar als ein Akt des Schadensersatzes plausibel, wenn das Gericht die Feststellung berufsmäßiger Führung des Amtes vergessen hatte. Ohne nähere Anhaltspunkte dürften die Fälle bewusst unterlassener und diejenigen versehentlich vergessener Feststellung berufsmäßiger Führung des Amtes aber kaum zu unterscheiden sein. Handelt es sich nicht um besonders eilige Bestellungen, sind Zweifel hinsichtlich des Vergessens angebracht, weil von einer Person, die Vormundschaften/Betreuungen berufsmäßig führt und/oder führen will, erwartet werden muss, dass sie selbst darauf achtet, dass vom Gericht die notwendigen Entscheidungen getroffen werden. Ein Mitverschulden lässt sich freilich in diesem Fall schlecht berücksichtigen, weil die Entscheidung berufsmäßiger Führung des Amtes nur ungeteilt getroffen werden kann und eine Kürzung der Vergütung nicht in Betracht käme.

56 Hat das erstinstanzliche Gericht die Feststellung der berufsmäßigen Führung einer Verfahrenspflegschaft unterlassen, so soll dies auch noch vom Beschwerdegericht mit Rückwirkung nachgeholt werden können (OLG Dresden FamRZ 2003, 935; OLG Karlsruhe NJWE-FER 2001, 312 = OLGR 2001, 455; OLG Brandenburg FamRZ 2009, 1005 [LS]; vgl auch KG 14. 12. 2010 – 1 W 188/10, FamRZ 2012, 815 [LS]). Auch bei einer bestandskräftigen Bestellung mit rückwirkender Kraft kann der Betreuer für den von der Rückwirkung betroffenen Zeitraum eine Vergütung verlangen, weil die rückwirkende Bestellung nicht nichtig, sondern nur rechtswidrig ist (LG Kassel BtPrax 2010, 49 = FamRZ 2010, 1108 m Anm Bienwald 1109). Zur nachträglichen Feststellung berufsmäßiger Amtsführung eines Umgangspflegers durch Berichtigungsbeschluss gem § 42 FamFG bei offenbarer Unrichtigkeit der angefochtenen Entscheidung (im Anschluss an BGH FamRZ 2014, 1283 = RPfleger 2014, 501 = BtPrax 2014, 191) OLG Hamm FamRZ 2017, 238.

57 Wurde eine Person vor dem 1. 1. 1999 zum Vormund bestellt, konnte die Feststellung berufsmäßiger Führung des Amtes jedenfalls zur Klarstellung nachträglich beantragt und getroffen werden. Gegen den ablehnenden Beschluss konnte Beschwerde und weitere Beschwerde eingelegt werden (OLG Frankfurt FamRZ 2001, 790 m Anm

Bienwald = FGPrax 2001, 76 = NJW-RR 2001, 794). Nach OLG Hamm (FamRZ 2001, 1398 = BtPrax 2001, 219 [LS]) und OLG Zweibrücken (FamRZ 2000, 556 = FGPrax 2000, 62 = NJWE-FER 2000, 56) knüpft § 1836 Abs 1 S 2 allein an die materiellen Voraussetzungen einer berufsmäßigen Führung der Betreuung an, die inzidenter auch im Festsetzungsverfahren nach § 168 FamFG (bisher § 56g Abs 1 FGG) festgestellt werden könnten (**aA** LG Dresden FamRZ 2000, 181; das Gericht hat die nachträgliche Feststellung berufsmäßiger Führung der Betreuung als Anspruchsvoraussetzung für erforderlich gehalten).

Wurde die Feststellung berufsmäßiger Führung der Vormundschaft/Betreuung nicht bereits mit der Bestellung der betreffenden Person getroffen, kann der **später** gestellte Antrag auf Vergütung (einschl Aufwendungsersatz) dann nicht unschlüssig und unbegründet sein, wenn der Antragsteller zugleich mit dem Antrag vom Gericht die Nachholung der Feststellung berufsmäßiger Führung der Vormundschaft/Betreuung verlangt. Dass bereits in der Stellung des Antrags auf Vergütung konkludent die Feststellung berufsmäßiger Führung des übertragenen Amtes liegen könne, lässt sich für die Fälle nicht vertreten, bei denen die Regelvoraussetzungen des § 1 Abs 1 S 2 VBVG nicht bereits gegeben sind. Liegen diese noch nicht vor und bestehen erst die Erwartungen, dass dem Vormund in absehbarer Zeit Vormundschaften in dem erforderlichen Umfang übertragen werden (§ 1 Abs 1 S 1 2. Alt VBVG), kann die Antragstellung allein ohne weitere Ermittlungen die Feststellung berufsmäßiger Führung nicht rechtfertigen. Eine „konkludente" Feststellung wird auch von Jurgeleit/Maier § 1 VBVG Rn 15 abgelehnt. **58**

Hat das Gericht einen Betreuer ohne die Feststellung berufsmäßiger Führung der Betreuung bestellt und hat der Betreuer mit dem Ziel einer entsprechenden Ergänzung der Bestellung eine nach damaligem Recht keinen zeitlichen Schranken unterliegende Beschwerde eingelegt, wirkt im Fall seines Obsiegens die Ergänzung auf den Zeitpunkt der Bestellung zurück (KG FamRZ 2012, 815 [LS]; BGH FamRZ 2006, 111, 114; BGH FamRZ 2014, 468 Rn 15 f, BGH FamRZ Rpfleger 2014, 501). **59**

Die Feststellung berufsmäßiger Führung der Vormundschaft/Betreuung kann **nicht mit rückwirkender Kraft aufgehoben** (BayObLG FamRZ 2000, 1450) oder zum Nachteil des Betreuers (Vormunds) **abgeändert** werden, auch wenn sich die tatsächlichen Umstände verändert oder anders als ursprünglich erwartet entwickelt haben (OLG Brandenburg FamRZ 2012, 1672 [LS]; ggf Betreuer gem § 1908b entlassen). **60**

Soweit etwaige Ansprüche der berufsmäßig tätigen Person gesetzlich bestimmt sind, wird die Feststellung berufsmäßiger Führung der Vormundschaft/Betreuung usw mit einem bestimmten Stundensatz nicht verbunden werden (nach Jurgeleit/Maier § 1 VBVG Rn 16, mit bindender Wirkung möglich). Im Fall abweichender Entscheidungen (gemäß § 3 Abs 3 VBVG bei Vormund und Pfleger, gemäß § 6 VBVG bei Sonderfällen der Betreuung, gemäß § 277 Abs 3 FamFG bei der Verfahrenspflegschaft) ist die Verbindung der Feststellung berufsmäßiger Führung mit der Vereinbarung über die Vergütung erforderlich. **61**

Ist der Vormund/Betreuer bestellt und die berufsmäßige Führung der Vormundschaft/Betreuung vom Gericht festgestellt, richten sich seine Ansprüche nach den gesetzlichen Bestimmungen oder den vom Gericht festgesetzten besonderen Tarifen (s soeben). Der Betreffende hat dann keine Wahl mehr, ob er das für die berufsmäßige **62**

Führung der Aufgabe vorgesehene Entgelt oder die (im Einzelfall günstigere) Aufwandsentschädigung vorzieht. Dagegen ist der Betreffende, der Vormundschaften und Betreuungen berufsmäßig führt, nicht verpflichtet, die ihm angetragenen weiteren Vormundschaften oder Betreuungen berufsmäßig zu führen und allenfalls sich im Falle von persönlicher Nähe als ehrenamtlicher Betreuer bestellen zu lassen. Solange nicht die Voraussetzungen berufsmäßiger Führung des Amtes in Frage gestellt werden, entscheidet der bisher tätige Vormund/Betreuer, in welchem Umfang er berufsmäßig Vormundschaften und Betreuungen führt und ob und welche weiteren Aufgaben er als ehrenamtlich Tätiger übernimmt (**aA** MünchKomm/Wagenitz § 1836 Rn 8; Jurgeleit/Maier § 1 VBVG Rn 14). Das Verbot einer entsprechenden Dispositionsfreiheit widerspräche Art 12 GG.

d) Voraussetzungen der Feststellung nach Abs 1 S 2
aa) Allgemeines

63 Hinsichtlich der Voraussetzungen für die Feststellung berufsmäßiger Führung der übertragenen und übernommenen Aufgabe bestanden im Gesetzgebungsverfahren verschiedene Vorstellungen und Absichten. Sind einem Vormund Vormundschaften noch nicht in einem solchen Umfang übertragen, dass er sie nur im Rahmen seiner Berufsausübung führen kann, ist aber zu erwarten, dass das in absehbarer Zeit geschieht, ist bereits jetzt die Feststellung für die übertragene(n) Vormundschaft(en) zu treffen (§ 1 S 1 VBVG). Sind einem Vormund Vormundschaften in einem solchen Umfang übertragen, dass er sie nur im Rahmen seiner Berufsausübung führen kann, ist die Feststellung berufsmäßiger Führung zu treffen, und zwar auch dann, wenn die anschließenden Regelbeispiele nicht vorliegen. Die Feststellung berufsmäßiger Führung ist zu treffen, wenn eines der Regelbeispiele vorliegt, nämlich entweder mehr als zehn Vormundschaften (dem Zweck der Vorschrift entsprechend können das auch andere Ämter sein, für die die Vorschrift gilt, also auch Gegenvormundschaften, Pflegschaften, Betreuungen, Gegenbetreuungen, Verfahrensbeistandschaften oder Verfahrenspflegschaften; in § 11 VBVG werden Betreuungen ausdrücklich aufgeführt), oder die für die Führung der Vormundschaften (Pflegschaften, Betreuungen, Verfahrensbeistandschaften oder Verfahrenspflegschaften usw) erforderliche Zeit voraussichtlich 20 Wochenstunden nicht unterschreitet (§ 1 Abs 1 S 2 VBVG). Leichte Unterschreitungen sollten möglich sein, weil es sich um Regelvoraussetzungen handelt.

64 Obgleich in der Regelung des § 1 Abs 1 S 1 VBVG ein Quantitätskriterium als für die Feststellung ausschlaggebend formuliert ist (Vormundschaften in einem solchen Umfang), soll die berufsmäßige Führung schon dann zu bejahen sein, wenn jemand nach seinem Beruf zur Führung von Vormundschaften, Pflegschaften und Betreuungen (einschließlich Verfahrensbeistandschaften und -pflegschaften) geeignet erscheint und sich dazu erboten hat und wenn er deshalb zum Vormund bestellt wird, weil von ihm die Führung des Amtes nur gegen Bezahlung erwartet werden kann. In diese Richtung deutet die Begründung des Rechtsausschusses des Deutschen Bundestages zu der von ihm empfohlenen Neufassung des Abs 1 (BT-Drucks 13/10331, 27). Danach liegt die Voraussetzung der Feststellung „immer dann vor, wenn der dem Betreuer übertragene Aufgabenkreis ohnehin zu seiner – auch andere Geschäfte als Betreuungen umfassenden – Berufstätigkeit gehört; deshalb hat das Gericht die in Satz 2 geforderte Feststellung schon dann zu treffen, wenn die rechtliche Betreuung einem Rechtsanwalt in dieser Eigenschaft übertragen oder wenn ein Steuerberater in dieser

Eigenschaft zum Betreuer mit dem Aufgabenkreis der Vermögenssorge bestellt wird". Mit diesem Verständnis der Vorschrift wird in die allein nach quantitativen Gesichtspunkten zu treffende Entscheidung ein Qualitätsmerkmal eingeführt, für das der Wortlaut der Vorschrift keinen Anhalt bietet. Denn etwaige Ausnahmen von dem an Quantitäten orientierten Regelfall können sich nur auf quantitative Abweichungen von ihm erstrecken.

Dieses Anwälte und Steuerberater in gewisser Weise bevorzugende Verständnis der Regelung kann nicht nur leicht missverstanden werden, es erscheint auch in sich unschlüssig. Denn wenn sich ein Rechtsanwalt auf die Führung zahlreicher Vormundschaften, Pflegschaften, Betreuungen, Verfahrensbeistandschaften oder Verfahrenspflegschaften spezialisiert hat, werden diese Aufgaben ihm nicht mehr nur „in dieser Eigenschaft" als Rechtsanwalt übertragen, weil der spezielle Sachverstand für die Führung der zahlreichen Fälle benötigt wird. Folgt man der Auffassung des Rechtsausschusses, kommt es aber auch auf das quantitative Merkmal des Umfangs der übertragenen Aufgaben im Falle anwaltlicher Bestellung nur dann nicht an, wenn diese Bestellung des Anwalts „in dieser Eigenschaft", also wegen des speziellen beruflichen Sachverstands, der für die Führung der zu übertragenen Aufgabe benötigt wird, geschieht. Damit wird freilich die Eignungsfrage (§§ 1779, 1915 Abs 1, 1897 Abs 1 BGB) mit der Frage, ob jemand berufsmäßig tätig wird (Abs 1 S 2) vermengt mit der Folge, dass von einem Anwalt nahezu in keinem Fall erwartet werden muss, die Führung einer Vormundschaft, Pflegschaft, Betreuung, Verfahrensbeistandschaft oder Verfahrenspflegschaft als allgemeine Bürgerpflicht ehrenamtlich, dh grundsätzlich unentgeltlich, zu übernehmen. 65

Will ein **Rechtsanwalt** (in diesem Fall zum Verfahrenspfleger in einer Unterbringungssache bestellt) **nach den Vorschriften des RVG abrechnen** (§ 1835 Abs 3 BGB), muss **zuvor festgestellt** worden sein, dass das Amt **anwaltsspezifische Tätigkeiten** erfordere oder in dem konkreten Einzelfall die Wahrnehmung anwaltsspezifischer Aufgaben erforderlich war (BGH FamRZ 2011, 203 Rn 12 f; FamRZ 2014, 1629); als Verfahrenspfleger in einer Nachlasspflegschaftssache soweit er im Rahmen seiner Bestellung Tätigkeiten ausübt, für die ein juristischer Laie vernünftigerweise einen Rechtsanwalt zuziehen würde (OLG Köln FamRZ 2018, 534 = RPfleger 2018, 328 = FGPrax 2018, 83 Die Feststellung, dass die Tätigkeit berufsmäßig ausgeübt werde, reicht nicht aus. Obwohl § 277 FamFG nicht auf § 1835 Abs 3 verweist, kann die Vorschrift nach st Rechtsprechung des BGH [XII. ZS] auf den anwaltlichen Verfahrenspfleger angewendet werden (BGH FamRZ 2012, 1377 Rn 7; FamRZ 2011, 203 Rn 12 f). Dieser kann deshalb eine Vergütung nach dem RVG beanspruchen, soweit er im Rahmen seiner Bestellung solche Tätigkeiten zu erbringen hat, für die ein juristischer Laie in gleicher Lage vernünftigerweise einen Rechtsanwalt zuziehen würde (BGH FamRZ 2015, 137 Rn 8 mwNw). 66

Hat das Gericht bereits bei der Bestellung des Verfahrenspflegers festgestellt, dass der Verfahrenspfleger eine anwaltsspezifische Tätigkeit ausübt, ist diese Feststellung für das Festsetzungsverfahren bindend (BGH 19. 9. 2012 – XII ZB 543/11, FamRZ 2012, 1866 Rn 9; 17. 11. 2010 – XII ZB 244/10, FamRZ 2011, 203 Rn 17). Andernfalls ist im Vergütungsfestsetzungsverfahren auf entsprechenden Antrag des Verfahrenspflegers anhand der konkreten Umstände des Einzelfalls zu prüfen, ob dieser im Rahmen seiner Bestellung solche Tätigkeiten zu erbringen hatte, für die ein juristischer Laie in gleicher Lage vernünftigerweise einen Rechtsanwalt zuziehen würde (BGH 24. 9. 2014 – 67

XII ZB 444/13, FamRZ 2015, 137 = BtPrax 2015, 26 mwNw; OLG Köln FamRZ 2018, 534 = Rpfleger 2018, 328).

68 Die Feststellung, dass die Verfahrenspflegschaft anwaltsspezifische Tätigkeiten erfordere, ist ebenso wie die Bestellung des Verfahrenspflegers als Zwischenentscheidung nicht anfechtbar (BGH 15. 5. 2013 – XII ZB 283/12, FamRZ 2013, 1301). Es kommt nicht darauf an, dass die Voraussetzungen für eine anwaltsspezifische Tätigkeit tatsächlich vorgelegen haben (BGH 15. 5. 2013 – XII ZB 283/12, FamRZ 2013, 1301, 1302 = BtPrax 2013, 207 unter Bezugnahme auf BGH 17. 11. 2010 – XII ZB 244/10, FamRZ 2011, 203 Rn 24).

bb) Die Voraussetzungen im Einzelnen

69 Gemäß § 1 Abs 1 S 1 VBVG hat das Gericht die Feststellung berufsmäßiger Führung der Vormundschaft zu treffen, wenn dem Vormund in einem solchen Umfang Vormundschaften übertragen sind, dass er sie nur im Rahmen seiner Berufsausübung führen kann. Ist bei jemandem, der in diesem Arbeitsfeld beruflich tätig werden will, zu erwarten, dass ihm in absehbarer Zeit Vormundschaften in diesem Umfang übertragen sein werden, hat das Gericht auch in diesem Fall die Feststellung berufsmäßiger Führung zu treffen, ohne dass abgewartet werden muss, ob die Erwartungen auch eintreffen. Regelmäßig hat das Gericht die Feststellung dann zu treffen, wenn die in § 1 Abs 1 S 2 VBVG aufgeführten Regelvoraussetzungen gegeben sind.

70 Eine berufsmäßige Führung einer Vormundschaft (Pflegschaft, Betreuung, Verfahrensbeistandschaft oder Verfahrenspflegschaft) und die diesbezügliche gerichtliche Feststellung kommt jedoch nach überwiegender Auffassung auch dann in Betracht, wenn die quantitativen Anforderungen des § 1 Abs 1 S 2 VBVG nicht erfüllt sind, für die Übertragung der Aufgabe aber die berufliche Qualifikation der betreffenden bestellten oder zu bestellenden Person maßgebend ist und das Amt nicht zur Erfüllung einer allgemeinen staatsbürgerlichen Pflicht als Ehrenamt oder auf Grund einer persönlichen Beziehung zu der betroffenen Person übernommen wird (OLG Frankfurt FamRZ 2001, 762 und FamRZ 2001, 790 = NJW-RR 2001, 794; ebenso LG München I FamRZ 2000, 981 [LS] = NJWE-FER 1999, 272). Die Voraussetzungen für die Feststellung berufsmäßiger Führung einer Vormundschaft etc können somit auch dann gegeben sein, wenn nur eine einzige Betreuung übertragen wird und davon auszugehen ist, dass deren Übernahme nur im Rahmen der Berufstätigkeit erwartet werden kann und diese dem Betreffenden gerade im Hinblick auf seine berufliche Ausbildung und Kenntnis übertragen wurde (OLG Frankfurt FamRZ 2001, 790 mwNw = NJW-RR 2001, 794).

71 Diese Auffassung entspricht Beschlussempfehlung und Bericht des Rechtsausschusses des Deutschen Bundestages (BT-Drucks 13/10331, 27), wonach die Voraussetzung berufsmäßig geführter Betreuung immer dann vorliegt, wenn der dem Betreffenden übertragene Aufgabenkreis „ohnehin zu seiner – auch andere Geschäfte als Betreuungen umfassenden – Berufstätigkeit gehört“. Deshalb habe das Gericht die geforderte Feststellung schon dann zu treffen, wenn die Rechtliche Betreuung einem Rechtsanwalt in dieser Eigenschaft übertragen oder wenn ein Steuerberater in dieser Eigenschaft zum Betreuer mit dem Aufgabenkreis der Vermögenssorge bestellt wird. Hierbei handelt es sich jedoch um einen Ausnahmefall neben der anderen Art von Ausnahmefällen, bei denen die regelmäßig geforderte Anzahl der Betreuungen oder

der Wochenstunden geringfügig unterschritten wird (LG Darmstadt FamRZ 2000, 1450; vgl dazu auch OLG Zweibrücken FamRZ 2000, 556 = NJWE-FER 2000, 56; zum bisherigen Recht BayObLG NJW-RR 1998, 868). Auch bei einem Rechtsanwalt als Betreuer kann Berufsbetreuung dann nicht angenommen werden, wenn er seinen Vater iSd §§ 1896 ff BGB betreut (LG München I FamRZ 1999, 1234).

Würde aus der Auffassung des Rechtsausschusses des Deutschen Bundestages (BT-Drucks 13/10331, 27) der Schluss gezogen, bei der Bestellung eines Rechtsanwalts werde die übertragene Aufgabe zwangsläufig berufsmäßig wahrgenommen, widerspräche dies – für die Betreuerbestellung – §§ 1897 Abs 1 und Abs 6 BGB, weil zunächst festgestellt werden müsste, dass der Anwalt für die zu besorgenden Angelegenheiten und die dafür erforderliche persönliche Betreuung geeignet ist (zumindest zweifelhaft bei einer in erster Linie medizinische Fragen berührenden Betreuung) und keine andere geeignete, zur ehrenamtlichen Wahrnehmung der Aufgabe bereite Person zur Verfügung steht (vgl dazu BayObLG FamRZ 1999, 462 [LS] = FGPrax 1999, 22 = NJW – RR 1999, 517 zu § 1836 aF). 72

Die Feststellung berufsmäßiger Führung des übertragenen und übernommenen Amtes (hier: Verfahrensbeistandschaft nach § 158 FamFG; bisher Verfahrenspflegschaft gemäß § 50 FGG) auch bei einmaligem Tätigwerden kommt, wenn die betreffende Person gerade im Hinblick auf ihre besondere fachliche Qualifikation ausgewählt wurde, nicht nur für Rechtsanwälte oder Steuerberater, sondern auch zB für Psychologen, Sozialarbeiter oder eine Mitarbeiterin des Kinderschutzbundes in Betracht (OLG Karlsruhe NJWE-FER 2001, 312 = OLGRp 2001, 455, wenn auch mit bedenklicher Begründung den Einzelfall betreffend; im Ergebnis auch OLG Brandenburg FamRZ 2003, 325 [1. FamS] u FamRZ 2003, 935 [3. FamS]). Weil es die Verfahrenspflegschaft (Verfahrensbeistandschaft) zutreffend nicht als eine anwaltsspezifische oder dem Anwaltsberuf vorbehaltene Tätigkeit ansah, hielt das BVerfG es im Interesse und iS der Rechtsklarheit für geboten, dass die Gerichte bereits bei der Bestellung eines Rechtsanwalts zum Verfahrenspfleger einen Hinweis darauf geben, ob im konkreten Fall davon auszugehen ist, es werden rechtsanwaltsspezifische Tätigkeiten anfallen (BVerfG FamRZ 2000, 1280 [1282] m Anm Bienwald 1283; OLG Köln FamRZ 2004, 715). Dafür reicht es aber nicht aus, dass die Feststellung auf einem Formblatt, in dieser Weise für das Vergütungsverfahren nicht verbindlich, vorgenommen wird; vielmehr ist die **einzelfallbezogene Feststellung** erforderlich, dass ein als juristischer Laie hinzugezogener Verfahrenspfleger vernünftigerweise einen **Rechtsanwalt** hinzugezogen hätte (LG München I FamRZ 2001, 1397). 73

Es ist nicht ausgeschlossen (hier: im Betreuungsrecht), dass jemand neben der Führung von Betreuungen im Rahmen seiner Berufsausübung einzelne Betreuungen auch ehrenamtlich übernimmt (LG Chemnitz FamRZ 2001, 253). 74

Als Berufsbetreuer kann auch arbeiten (und damit einen Anspruch auf Vergütung haben), wer Betreuungen nebenberuflich (hier: als Justizangestellte mit Nebentätigkeitsgenehmigung) führt (BVerfG FamRZ 1999, 568 = R & P 1999, 130 noch zu § 1836 aF; vgl auch die Anm Sachs JuS 2000, 181). 75

Hinsichtlich der nachträglichen Feststellung berufsmäßiger Führung von Vormundschaften und deren Voraussetzungen s oben Rn 49 ff (s auch OLG Frankfurt FamRZ 2001, 76

790 m Anm Bienwald = FGPrax 2001, 76 = NJW-RR 2001, 794 = RdLH 2001, 133 m Anm Hellman). Zur nachträglichen Feststellung berufsmäßiger Führung einer Ergänzungspflegschaft BGH FamRZ 2018, 1006(= NJW 2018, 2047; trotz fehlender Voraussetzungen bindend).

e) Nachträgliche Änderung

77 Die berufsmäßige Führung einer Vormundschaft kann sich ändern. Ist der Betreuer nicht damit einverstanden, in Zukunft als ehrenamtlicher Betreuer tätig zu sein, hat das Gericht (lediglich) die Möglichkeit, über die Entlassung des bisherigen Betreuers zu entscheiden (OLG Brandenburg FamRZ 2012, 1672 [LS]). Die vom Gericht getroffene Feststellung berufsmäßiger Führung der Vormundschaft oder Betreuung kann nur für die Zukunft, nicht dagegen mit rückwirkender Kraft geändert werden (BayObLGZ 1997, 53; BayObLG FamRZ 2000, 1450 = Rpfleger 2000, 65 = BtPrax 2000, 34). Die nachträgliche rückwirkende Feststellung berufsmäßiger Führung der Betreuung ist unzulässig, auch dann, wenn bei Bestellung des Betreuers die Feststellung versehentlich unterblieben ist (BGH FamRZ 2014, 653 = BtPrax 2014, 138 = NZFam 2014, 384). Mit Wirkung für die Zukunft ist sie grundsätzlich zulässig. Sie kann ab dem Zeitpunkt des auf sie gerichteten Antrags (und nicht erst ab dem Zeitpunkt der Feststellung) erfolgen, wenn der Betreuer ab diesem Zeitpunkt die Voraussetzungen für eine berufsmäßige Führung der Betreuung erfüllt (BGH FamRZ 2014, 468 = BtPrax 2014, 76). Zur nachträglichen Feststellung berufsmäßiger Amtsführung eines Umgangspflegers nach § 42 Abs 1 FamFG (im Anschluss an BGH FamRZ 2014, 1283 [= BtPrax 2014, 191] OLG Hamm FamRZ 2017, 238). Eine mit Rückwirkung versehene Korrektur der Bestellungsentscheidung ist im Beschwerdeverfahren möglich (BGH FamRZ 2014, 653 = BtPrax 2014, 138 = NZFam 2014, 384). Zur Verbindlichkeit eines formell rechtskräftigen Berichtigungsbeschlusses betreffend die nachträgliche Feststellung berufsmäßiger Führung einer Ergänzungspflegschaft, für den die Voraussetzungen nicht vorgelegen haben (BGH FamRZ 2018, 1006 = NJW 2018, 2047 = RPfleger 2018, 454 = MDR 2018, 891).

78 Im Rahmen eines schon bestehenden Amtes, das berufsmäßig geführt wird, darf der entsprechende Feststellungsbeschluss ohne Einwilligung des Betreuers selbst für die Zukunft nicht mehr zu seinem Nachteil abgeändert werden, auch wenn sich die tatsächlichen Umstände verändert oder anders als ursprünglich erwartet entwickelt haben (OLG Brandenburg FamRZ 2012, 1672 [LS]). Fehlten die Voraussetzungen für die Bestellung des Betreuers und wurde die Bestellung deshalb im Beschwerdeweg wieder aufgehoben, ist dem Betreuer dennoch eine Vergütung zu bewilligen (BayObLGZ 1997, 53). Davon zu unterscheiden ist die Änderung der Vergütungseinstufung. Eine Änderung der Stundensätze aufgrund später vorgenommener Prüfung der Vergütungsfestsetzungen wird deshalb nicht ausgeschlossen (BGH FamRZ 2012, 631 [LS]).

f) Rechtsbehelfe

aa) gegen die Feststellung

79 Gegen die Feststellung berufsmäßiger Führung einer Vormundschaft, Pflegschaft oder Betreuung hat weder die Staatskasse (OLG Schleswig FamRZ 2000, 1444 = FGPrax 1999, 110 = BtPrax 1999, 155; OLG Hamm FamRZ 2001, 1482 = FGPrax 2001, 18 = BtPrax 2000, 265; FamRZ 2006, 1785; BayObLGZ 2001, 115 = FamRZ 2001, 1484 = BtPrax 2001, 204) noch die Betreuungsbehörde (LG Arnsberg FamRZ 2000, 1313; LG Nürnberg-Fürth BtPrax 1999, 157; OLG Hamm BtPrax 2006, 187 = NJW 2006, 3436 = FamRZ 2006 [1785]) ein Beschwerderecht. Allgemein dazu BGH FamRZ 2013, 1301 = BtPrax 2013, 207. Das gilt auch für die

Verfahrensbeistandschaft und die Verfahrenspflegschaft, dh die im Zusammenhang der Bestellung ausgesprochene Feststellung berufsmäßiger Führung (für die Verfahrenspflegschaft OLG Brandenburg FamRZ 2003, 325 = ZfJ 2003, 39). Nachdem das FamFG die Unanfechtbarkeit der Bestellung eines Verfahrensbeistands (§ 158 Abs 3 S 3 FamFG) und die des Verfahrenspflegers (§§ 276 Abs 6, 317 Abs 6 FamFG) geregelt hat, ergibt sich das daraus zwangsläufig. Denn wenn die Bestellung des Verfahrensbeistands und die des Verfahrenspflegers nicht anfechtbar ist, kann auch die damit einhergehende auf die Person des Bestellten bezogene Feststellung berufsmäßiger Führung oder deren Ablehnung oder Unterlassung nicht isoliert angefochten werden. Wurde der Verfahrensbeistand durch den Rechtspfleger bestellt, kann diese Bestellung oder auch deren Unterlassung mit der befristeten Erinnerung gemäß § 11 Abs 2 RpflG angefochten werden (Bork/Jacoby/Schwab/Zorn § 158 FamFG Rn 18 mwNw). Da die Bestellung eines Betreuers das Verfahren abschließt, kann mit der auf die Personalentscheidung beschränkten Beschwerde auch der Ausspruch über die berufsmäßige Führung der Betreuung, deren Ablehnung oder Unterlassung angefochten werden.

Die Anfechtbarkeit ergibt sich im Übrigen für die Staatskasse weder aus §§ 58 ff **80**
FamFG noch aus § 303 FamFG, weil die Feststellung Teil des Verfahrens zur Bestellung des betreffenden Vormunds, Pflegers oder Betreuers und nicht Teil des Vergütungsverfahrens ist (BayObLGZ 2001, 115 = FamRZ 2001, 1484), und deshalb nur im Zusammenhang mit der Personalentscheidung des Gerichts angegriffen werden kann (BayObLGZ 2001, 115; **aA** OLG Frankfurt FamRZ 2001, 790 – selbständige Anfechtbarkeit betr eine Bestellung vor dem 1. 1. 1999). Das trifft auch auf die Fälle nachträglicher Feststellung durch das Familiengericht oder das Betreuungsgericht zu.

Für eine außerordentliche Beschwerde besteht kein Raum, da „Verfahrenspfleg- **81**
schaften in der Regel berufsmäßig geführt werden" (OLG Brandenburg FamRZ 2002, 325; bedenkliche Begründung). Das trifft in noch höherem Maße auf die Bestellung von Verfahrensbeiständen zu.

Bei der Feststellung des Gerichts, die bestellte Verfahrenspflegerin sei in ihrer Funk- **82**
tion als Rechtsanwältin bestellt worden (eine nach OLG Köln FamRZ 2001 1643 = NJWE-FER 2001, 290 vom Bezirksrevisor als Vertreter der Landeskasse anfechtbare Entscheidung; **aA** BGH FamRZ 2013, 1301), handelte es sich nicht um eine nach § 1836 Abs 1 S 2 und 3 BGB iVm § 1 Abs 1 VBVG getroffene Feststellung berufsmäßiger Führung der Verfahrenspflegschaft, sondern um eine für erforderlich gehaltene Voraussetzung für die Abrechnung nach dem RVG.

Gegen den Ausspruch der berufsmäßigen Führung der Betreuung kann der Betreute **83**
im Zusammenhang mit der Anfechtung der Personalentscheidung **Beschwerde** einlegen und zwar auch dann, wenn er mittellos ist; dagegen kann er sich nicht dagegen wehren, dass eine bisher als Vereinsbetreuer tätige Person die Betreuung künftig als selbständiger Betreuer berufsmäßig führt – sog Umwandlungsbeschluss gemäß § 1908b Abs 4 S 2 BGB (BayObLG FamRZ 2002, 767). Das Gericht begründete die Anfechtbarkeit damit, dass der Betreuer durch die Feststellung berufsmäßiger Führung der Betreuung einen Vergütungsanspruch erwirbt, der sich auch gegen den Betreuten richten kann (vgl § 1836e BGB iVm § 1908i Abs 1 S 1 BGB).

bb) gegen die Unterlassung oder die Ablehnung der Feststellung

84 Fehlt die Feststellung berufsmäßiger Führung der Vormundschaft, Pflegschaft, Betreuung, Verfahrensbeistandschaft oder Verfahrenspflegschaft, ehe über die zu beanspruchende Vergütung entschieden wird, war nach hM zum bisherigen Recht die Beschwerde statthaft (statt aller BayObLGZ 2001, 19 = FamRZ 2001, 867 = Rpfleger 2001, 300). Die Beschwer der bestellten Person ergab sich bereits daraus, dass die Feststellung konstitutive Voraussetzung einer Vergütungsbewilligung ist und ohne diese Vergütungsvoraussetzung ein Vergütungsanspruch auch nachträglich nicht entsteht (Wagenitz/Engers FamRZ 1998, 1273, 1274). Ebenso wenig wie die Bestellung eines Verfahrensbeistands, deren Aufhebung oder Ablehnung selbständig anfechtbar sind (§ 158 Abs 3 S 4 FamFG, für den Verfahrenspfleger in § 276 Abs 6 FamFG geregelt), kann die Feststellung berufsmäßiger Führung dieses Amtes, deren Ablehnung oder Unterlassung selbständig anfechtbar sein. Auch die Feststellung, die Verfahrenspflegschaft erfordere anwaltsspezifische Tätigkeiten, kann nicht selbständig mit der Beschwerde angefochten werden (BGH FamRZ 2013, 1301).

85 Für die Statthaftigkeit des Rechtsbehelfs und die Beschwerdebefugnis der bestellten Person kommt es nicht darauf an, dass die Feststellung schlechthin vergessen oder auf entsprechenden Antrag hin abgelehnt worden ist (OLG Frankfurt FamRZ 2001, 790 m Anm Bienwald = FGPrax 2001, 76 = NJW-RR 2001, 794; auch BayObLGZ 2001, 19). Eine Anfechtung der getroffenen Entscheidung, durch welche die berufsmäßige Führung zwar festgestellt, jedoch nicht mit rückwirkender Kraft versehen worden ist, erscheint gleichfalls zulässig, weil das Ergebnis der Entscheidung hinter dem Antrag des Betroffenen zurückgeblieben ist. Nach alledem gewinnt die Feststellung berufsmäßiger Führung der übertragenen Aufgabe (Vormundschaft, Pflegschaft oder Betreuung) einen Doppelcharakter. Einerseits stellt sie den Abschluss der Personalentscheidung dar; andererseits gewinnt sie, wenn sie nachträglich getroffen wird, den Charakter einer selbständigen Angelegenheit im Sinne der §§ 58 ff FamFG.

86 Die Zulässigkeit der Beschwerde (und damals der weiteren Beschwerde) beruhte nicht auf einer Zulassungsentscheidung durch das Gericht; es handelt sich nicht um eine Vergütungsentscheidung iSd §§ 168, 61 FamFG (zum bisherigen Recht der freiwilligen Gerichtsbarkeit OLG Frankfurt FamRZ 2001, 790).

IV. Die Vergütungen

1. Zu vergütende Leistungen

a) Allgemeines

87 Wird der berufsmäßig tätige Vormund zum Zwecke der Führung seines Amtes tätig, setzt sein Anspruch auf Vergütung grundsätzlich voraus, dass die Tätigkeit, im entschiedenen Fall die eines Betreuers, in den ihm übertragenen Aufgabenkreis fällt bzw fiel (BayObLG FamRZ 2002, 638 = BtPrax 2002, 130; OLG Schleswig FamRZ 2008, 187 [LS]). Bei einem Vormund kann es insoweit grundsätzlich keine Zweifel geben, weil ihm die gesamte Sorge für den Mündel obliegt (§ 1793 Abs 1 Satz 1 BGB). Dagegen können Zweifel bei einem Pfleger und einem Betreuer aufkommen, denen regelmäßig nur bestimmte Bereiche übertragen sind.

Für die Frage, ob der Zeitaufwand für eine bestimmte Leistung zu vergüten ist, kommt es grundsätzlich auf die Sicht des Vormunds an, ob er die Tätigkeit zur Erfüllung seiner Aufgaben für erforderlich halten durfte (für das damalige Betreuungsrecht entschieden von BayObLG FamRZ 2002, 638 = BtPrax 2002, 130; OLG Zweibrücken BtPrax 2000, 86 = OLGRp 2000, 114 = NJWE-FER 2000, 33; OLG Schleswig FamRZ 2008, 87 [LS]). Es ist grundsätzlich Sache des Vormunds, selber zu entscheiden, wie er seine Pflichten erfüllt, zumal es bei den zu besorgenden Angelegenheiten vielfach um Ermessensentscheidungen geht (AG Mülheim/Ruhr FamRZ 2001, 1168; OLG München FamRZ 2009, 2119 für den Betreuer entschieden). Maßgebend ist deshalb nicht, ob die einzelne Tätigkeit des Vormunds bei nachträglicher Betrachtung zur Erfüllung seiner Aufgabe(n) erforderlich war, sondern die Lage, wie sie sich dem Vormund im Zeitpunkt seines Tätigwerdens darstellen musste (OLG München 9. 10. 17 – 33 WF 866/17, FamRZ 2018, 515). Hat der Amtsträger (hier: der Verfahrenspfleger) den Zeitraum für bestimmte Tätigkeiten aufgeschlüsselt, so findet nur eine Plausibilitätsprüfung der Zeitangaben statt, mit der Missbrauchsfällen begegnet werden soll (OLG Zweibrücken FamRZ 2002, 627 m Anm Luthin; für einen Betreuer entschieden von OLG Zweibrücken BtPrax 2000, 220; s auch LG Kaiserslautern FamRZ 2001, 869, wonach nur handgreiflich überzogene oder sachlich völlig ungerechtfertigte Forderungen nicht zu vergüten sind). Auch jede Kürzungsposition ist auf Plausibilität des geltend gemachten Zeitaufwands zu überprüfen (OLG München FamRZ 2018, 515). 88

Ein Vormund/Betreuer unterliegt deshalb auch nicht mittelbar über die Vergütungsabrechnung den Weisungen von Familiengericht und Betreuungsgericht (LG Kaiserslautern FamRZ 2001, 869). Auf die Prüfung, ob einzelne Tätigkeiten des Vormunds/Betreuers erforderlich waren, kann im gerichtlichen Vergütungsverfahren aber grundsätzlich nicht verzichtet werden; eine Zweckmäßigkeitskontrolle hat das Gericht dabei jedoch nicht auszuüben (BayObLGZ 1999, 121 = FamRZ 1999, 1591; OLG München FamRZ 2009, 2119). Im Verfahren über die Festsetzung der pauschalen Betreuervergütung nach §§ 4, 5 VBVG wird nicht verlangt, dass das Gericht prüft, ob und in welchem Umfang der Betreuer tätig geworden ist. Die Ausübung einer konkreten Betreuertätigkeit wird typisierend unterstellt (BGH FamRZ 2014, 1778 = BtPrax 2014, 275; FamRZ 2013, 1883). 89

Bei längerer Abwesenheit entfällt der Vergütungsanspruch (hier: des Betreuers; LG Frankfurt/Oder Betreuungsmanagement 2008, 158). Ändern sich die vergütungsrelevanten Umstände vor Ablauf eines Vergütungsmonats (hier: Umzug in ein Heim), hat das Gericht bei der Berechnung des Stundenansatzes zeitanteilig nach Tagen (§ 5 Abs 4 S 2 VBVG) die konkrete Anzahl an Tagen des betroffenen Vergütungsmonats zugrunde zu legen (LG Kassel BtPrax 2017, 247 = FamRZ 2018, 464 [LS]). 90

Der Anspruch des **Verfahrensbeistands** eines minderjährigen Kindes (bisher Verfahrenspflegers) auf Vergütung und Aufwendungsersatz richtet sich nach dem ihm zugewiesenen **Amtsgeschäft**. Während sich der gesetzlich formulierte Auftrag aus § 158 Abs 4 S 1 und 2 FamFG ergibt, hat das Gericht nach Abs 4 S 3 und 4 die Möglichkeit, den Auftrag **individuell** zu **erweitern**. Nach § 158 Abs 7 S 2 bis 4 FamFG ist für die Bemessung der Vergütung jedoch nicht mehr der Zeitaufwand maßgebend, den ein sorgfältig arbeitender, effektiv den Belangen des Kindes Rechnung tragender und durchschnittlich zügig arbeitender Verfahrenspfleger im konkreten Fall entfaltet hätte (OLG Braunschweig FamRZ 2001, 776 = NdsRpfl 2001, 82; OLG Branden- 91 burg FamRZ 2009, 1007, 1008 = OLGR 2009, 575). Die Feststellung, es sei nicht Aufgabe des Verfahrensbeistands, den Willen der Eltern, sondern den des Kindes zu ermitteln und in das Verfahren einzuführen (OLG Saarbrücken MDR 2011, 429), kann sich deshalb nicht unmittelbar auf die Vergütung des Verfahrensbeistands auswirken. Zu konkludenter Bestellung eines Verfahrensbeistands und zu weiterer Tätigkeit und deren Vergütung OLG Schleswig FamRZ 2016, 1695, 1696 mwNw; auch OLG Nürnberg Rpfleger 2015, 142 (LS).

92 Wer die Verfahrensbeistandschaft berufsmäßig führt, erhält für die Wahrnehmung seiner (Regel-)Aufgaben (§ 158 Abs 4 S 1 und 2 FamFG: Feststellung und Geltendmachung der Kindesinteressen; Information des Kindes) **in jedem Rechtszug** (dazu OLG München FamRZ 2019, 1733) **einmal** eine Fallpauschale, durch die die entstandenen Aufwendungen und die anfallende Umsatzsteuer abgegolten sind, und die sich in der Höhe danach richtet, ob der Verfahrensbeistand die zusätzliche Aufgabe übertragen bekommt bzw bekommen hat, Gespräche mit den Eltern des Kindes zu führen sowie am Zustandekommen einer einvernehmlichen Regelung über den Verfahrensgegenstand mitzuwirken. Ein Verfahrensbeistand mit dem erhöhten Vergütungsanspruch verliert diesen nicht dadurch, dass er später auf Wunsch des Gerichts von der Führung **von Elterngesprächen abgesehen** hat (OLG Oldenburg FamRZ 2016, 1098). Nach § 158 Abs 6 FamFG endet die Bestellung zum Verfahrensbeistand, anders als bisher, erst mit der Rechtskraft der das Verfahren abschließenden Entscheidung oder dem sonstigen Abschluss des Verfahrens, sofern sie nicht vorher aufgehoben wird.

93 Eine **nachträgliche Erweiterung des Aufgabenkreises** des Verfahrensbeistands **nach Beendigung** des Verfahrens ist **nicht möglich** (OLG Oldenburg MDR 2016, 774). Nach **Zurückweisung der Sache** durch das Beschwerdegericht erhält der Verfahrensbeistand für das Verfahren vor dem Ausgangsgericht keine erneute pauschale Vergütung (BGH FamRZ 2018, 48 = Rpfleger 2018, 83 = ZKJ 2018, 64). Durch die Zubilligung der Fallpauschalen entfällt eine nach bisherigem Recht erforderliche Abrechnung aufgewendeter Zeit und eine Plausibilitätsprüfung durch das Gericht (OLG Schleswig FamRZ 2007, 236 zur Pauschalierung bei Betreuungen m Anm Bienwald). Lediglich bei absolutem **Nichtstun** kann Vergütung verweigert werden (Bienwald FamRZ 2007, 236). Der Verfahrensbeistand muss in irgendeiner Weise im Kindesinteresse tätig geworden sein; auf den konkreten Umfang seiner Tätigkeit kommt es nicht an (BGH FamRZ 2010, 1896; FamRZ 2011, 558; OLG Celle FamRZ 2013, 573; vgl auch OLG Frankfurt 31. 10. 2012 – 4 WF 167/12). Es genügt jedoch nicht die bloße Entgegennahme des Bestellungsbeschlusses (OLG Celle FamRZ 2013, 573, 574; OLG Hamm Rpfleger 2015, 84). Entsprechendes gilt für das Beschwerdeverfahren (OLG Celle FamRZ 2013, 573, 574).

94 Der Verfahrensbeistand muss mit der **Wahrnehmung seiner Tätigkeit** des § 158 Abs 4 FamFG **begonnen** haben (OLG Celle FamRZ 2013, 573, 574; OLG Köln FamRZ 2018, 1015 [LS] mit Beispielen für Tätigkeitsbeginn; **aA** BGH Rpfleger 2014, 195). Eine unmittelbar gegen die Regelung der Vergütung für einen berufsmäßig tätigen Verfahrensbeistand in der Form der Fallpauschalen eingelegte Verfassungsbeschwerde hat das BVerfG als unzulässig zurückgewiesen (FamRZ 2010, 185 = NJW 2010, 359). Endete die Verfahrenspflegschaft durch den Tod des Betroffenen, kann dem Verfahrenspfleger eine Vergütungspauschale und ein Aufwendungsersatz gemäß § 277 Abs 3 FamFG nicht mehr bewilligt werden (OLG Frankfurt FamRZ 2008, 1658 = Rpfleger 2008, 360). Zur Rechtzeitigkeit des Antrags auf Vergütung des für einen minderjährigen Mündel bestellten

berufsmäßigen Verfahrensbeistands, der nach Eintritt der Volljährigkeit des Mündels gestellt worden ist, OLG Zweibrücken 16. 3. 2015 – 6 WF 15/15.

Nach Zurückweisung der Sache durch das Beschwerdegericht erhält der Verfahrensbeistand für das Verfahren vor dem Ausgangsgericht **keine erneute pauschale Vergütung** (BGH 27. 9. 2017 – XII ZB 420/15, FamRZ 2018, 48 = MDR 2017, 1450 = Rpfleger 2018, 83 = ZKJ 2018, 64). 95

Ein **vor** der Bekanntmachung seiner **Bestellung** als Verfahrenspfleger/Verfahrensbeistand geleisteter Zeitaufwand wird selbst dann **nicht vergütet**, wenn er auf Veranlassung des Gerichts getätigt wurde (OLG Brandenburg FamRZ 2009, 1169 = Rpfleger 2009, 313). Wegen des vom Gericht erhaltenen über seinen Aufgabenkreis hinausgehenden Auftrags genießt der Verfahrenspfleger hinsichtlich der Vergütung für den dafür geleisteten Zeitaufwand Vertrauensschutz (OLG Brandenburg FamRZ 2008, 73 m Anm Bienwald). Tätigkeiten nach Bekanntgabe des Aufhebungsbeschlusses der Verfahrenspflegerbestellung sind nicht vergütungsfähig (OLG Brandenburg FamRZ 2008, 78). Für die Entstehung des Vergütungsanspruchs des Verfahrensbeistands genügt es, dass dieser im Rahmen seines Aufgabenkreises in irgendeiner Weise im Kindesinteresse tätig geworden ist (BGH FamRZ 2010, 1896 m Anm Stösser 1976 u Anm Viefhues 2064; FamRZ 2011, 558). Die Fallpauschale ist für **jedes Kind** und für jeden selbständigen Verfahrensgegenstand anzusetzen (OLG Stuttgart FamRZ 2010, 1003 = Rpfleger 2010, 325 mwNw). Die erhöhte Vergütung gemäß § 158 Abs 7 S 3 FamFG erhält der entsprechend beauftragte Verfahrensbeistand auch dann, wenn es zu den Elterngesprächen nicht mehr gekommen ist, weil das Verfahren vorzeitig beendet wurde (OLG Frankfurt ZKJ 2010, 456; 19. 2. 2010 – 6 UF 29/10). Er erhält die Vergütung gemäß § 158 Abs 7 FamFG aber auch nur dann, wenn er über die bloße Entgegennahme des Bestellungsbeschlusses hinaus in Wahrnehmung seiner Aufgaben iSv § 158 Abs 4 FamFG in irgendeiner Weise im Kindesinteresse tätig geworden ist (OLG München NJW-RR 2010, 1448 = JurBüro 2010, 435). Für das Verfahren nach Aufhebung und Zurückverweisung an die erste Instanz erhält der Verfahrensbeistand erneut die Vergütungspauschale (OLG Saarbrücken FamRZ 2013, 1330 = FamFB 2013, 185). 96

Ist der **Verfahrensbeistand** in einem Kindschaftsverfahren für **mehrere Kinder** (Geschwister) bestellt, erhält er für jedes der von ihm betreuten Kinder die Pauschalgebühr nach § 158 Abs 7 S 2 u 3 FamFG (BGH FamRZ 2010, 1893 = Rpfleger 2011, 82; FamRZ 2010, 1896 = Rpfleger 2011, 154; FamRZ 2011, 468 [LS]; OLG Celle JurBüro 2010, 378; OLG Dresden FamRZ 2011, 320 = ZKJ 2010, 411; OLG Stuttgart FamRZ 2010, 1003 = Rpfleger 2010, 325 = JurBüro 2010, 215; OLG Frankfurt ZKJ 2010, 455; FamRZ 2010, 666; OLG München FamRZ 2010, 1757 = NJW-RR 2010, 1448; OLG Rostock FamRZ 2010, 1181 = ZKJ 2010, 255; Prenzlow ZKJ 2010, 239; **aA** OLG Bamberg ZKJ 2010 412), und zwar unabhängig davon, wann er für das jeweilige Kind bestellt wurde (vgl auch AG Koblenz ZKJ 2011, 40; 18. 10. 2010 – 181 F 412/09). Ebenso erhält die zum Ergänzungspfleger für zwei Geschwister bestellte berufsmäßig tätige Person für jede Pflegschaft eine Vergütung (LG Berlin FamRZ 2012, 230). Wurde der Verfahrensbeistand in einem Sorgerechtsverfahren und parallel hierzu in einem Verfahren auf Genehmigung der freiheitsentziehenden Unterbringung des minderjährigen Kindes bestellt und werden ihm vom Gericht jeweils zusätzliche Aufgaben im Sinne des § 158 Abs 4 S 3 FamFG übertragen, kann er in beiden Verfahren eine Vergütung nach § 158 Abs 7 S 2 u 3 FamFG beanspruchen, ohne dass eine Anrechnung stattfindet (BGH FamRZ 2011, 467 = FGPrax 2011, 79 [LS]). 97

98 Ist der Verfahrensbeistand im **Hauptsacheverfahren** und parallel hierzu im **einstweiligen Anordnungsverfahren** bestellt worden, handelt es sich um **verschiedene Angelegenheiten**, für die der Verfahrensbeistand jeweils eine Vergütung (ohne Anrechnung) beanspruchen kann (BGH FamRZ 2011, 199, 200 m Anm Viefhues 201 = NJW 2011, 455 = MDR 2011, 40 [auch wenn das Amtsgericht diese in einem einzigen Verfahren behandelt hat, BGH FamRZ 2012, 1630]; OLG Saarbrücken ZKJ 2010, 378; BGH FamRZ 2011, 456 = NJW 2011, 1451; **aA** OLG München FamRZ 2013, 318; aufgegeben durch 22. 2. 2013 – 11 WF 250, 13 = Rpfleger 2013, 393 = FamRZ 2013, 966). Der für das einstweilige Anordnungsverfahren auf vorläufige Genehmigung der Unterbringung eines minderjährigen Kindes und das anschließende Verfahren zur Verlängerung bestellte Verfahrensbeistand kann für jedes der Verfahren die Vergütung verlangen (OLG Naumburg FamRZ 2012, 574 [LS]). Der Verfahrensbeistand, der in einer Sorgerechts- und in einer Umgangsrechtsangelegenheit bestellt wurde, hat auch dann einen Anspruch auf Vergütung für beide Angelegenheiten, wenn das AG beide Angelegenheiten in einem Verfahren behandelt (BGH FamRZ 2012, 1630 = NJW 2012, 3100). Anders, wenn in einem Verbundverfahren dem minderjährigen Kind ein Verfahrensbeistand für mehrere Kindschaftssachen (elterliche Sorge und Umgangsrecht) bestellt wird (OLG München MDR 2012, 1229).

99 Zur Ausschlussfrist von 15 Monaten (§ 1835 Abs 1 S 3 BGB analog) für die Geltendmachung des Vergütungsanspruchs eines berufsmäßig tätigen Verfahrensbeistands s unten Rn 273 ff.

100 Der Pflichtenkreis eines Verfahrenspflegers beschränkt sich darauf, die verfahrensmäßigen Rechte des Betreuten (in einem Genehmigungsverfahren) zur Geltung zu bringen (BGH FamRZ 2009, 1656, 1658 f).

101 Der Vergütungsantrag eines Vormundes ist (nur) prüfbar, wenn der Vormund Art und Umfang der von ihm entfalteten und abgerechneten Tätigkeiten klar, eindeutig und nachvollziehbar darlegt und die Vergütungsforderung mit einer detaillierten minutengenauen Abrechnung versehen ist (für einen Betreuer entschieden von LG Kleve Rpfleger 2000, 216 [LS]; für die Geltendmachung einer Vergütungspauschale überholt). Der innerhalb der gesetzlichen Ausschlussfrist gestellte Vergütungsantrag (hier eines Nachlasspflegers) muss die Prüfung und Feststellung der Vergütungshöhe ermöglichen (BGH FamRZ 2013, 295). Die Ausschlussfrist für die Geltendmachung von Vergütungsansprüchen (hier eines Berufsbetreuers) wird durch ein an das Betreuungsgericht gerichtetes Schreiben, mit dem „vorsorglich zur Fristwahrung ein Vergütungsantrag gestellt" wird, nicht gewahrt, wenn der Antrag sonst keinerlei Angaben zur Prüfung des Stundenansatzes enthält (KG MDR 2013, 411).

102 Bei der Festsetzung der errechneten Vergütung ist dem Tatrichter ein Schätzungsermessen für die Feststellung des **vergütungsfähigen Zeitaufwands** in entsprechender Anwendung des § 287 ZPO eingeräumt (OLG Zweibrücken FamRZ 2000, 1533 = BtPrax 2000, 220 – hier betreffend den zeitlichen Umfang von Schreiben und Telefongesprächen; LG Stuttgart BWNotZ 1999, 129), so zB bei der Beurteilung, ob bestimmte Tätigkeiten (hier: die Durchführung eines Umzugs für den Betroffenen) zur pflichtgemäßen Wahrnehmung der Betreueraufgaben erforderlich waren (OLG Zweibrücken BtPrax 2000, 86 = OLGRp 2000, 114 = NJWE-FER 2000, 33). Obwohl seinerzeit für die Betreuung entschieden, kann die Rechtsprechung auch in Fällen der Vormundschaft und Pflegschaft von Bedeu-

tung sein, weil sich die Grundlagen der Vergütungsbemessung nicht grundlegend geändert haben. Anders dagegen in den Fällen einer Pauschalabgeltung; hier ist sie ohne Belang.

Die Betreuertätigkeit, für die dem berufsmäßig tätigen Betreuer Vergütung zusteht, **103**
beschränkt sich im Allgemeinen auf eine rechtsfürsorgerische Tätigkeit. Rein tatsächliche Hilfeleistungen können zwar sinnvoll und wünschenswert sein; der Betreuer kann – im Regelfall – jedoch keine Vergütung für solche tatsächlichen Hilfeleistungen erhalten (LG Mainz JurBüro 1999, 603). Bei der Prüfung der Erforderlichkeit von faktischen Maßnahmen zur Rechtsfürsorge soll nach Auffassung dieses Gerichts ein großzügiger Maßstab angelegt und das Gebot persönlicher Betreuung beachtet werden. Dies gelte insbesondere am Beginn einer Betreuertätigkeit, wenn ein Vertrauensverhältnis zu der betreuten Person erst aufgebaut werden muss (OLG Zweibrücken BtPrax 2000, 86). Der Grenzverlauf zwischen Rechtsfürsorge und bloß tatsächlicher Zuwendung könne auch nicht nach starren Regeln festgelegt, sondern müsse nach den Gegebenheiten des jeweiligen konkreten Lebenssachverhalts bestimmt werden (OLG Zweibrücken FamRZ 2001, 447, 448). Gleichwohl bestätigte das Gericht die Entscheidung des LG, wonach zahlreiche Erörterungen des Betreuers mit dem Betreuten zur Herstellung einer adäquaten zukünftigen Wohnform und zu den Modalitäten zweckmäßiger Wohnungssuche, zur Schaffung einer Tagesstruktur, zur Finanzierung aus Mitteln der Sozialhilfe, zur Feststellung der Krankheitseinsicht, der Lebensgeschichte und der Endgültigkeit der Lebensziele nicht notwendig gewesen seien. Häufige persönliche Vorsprachen beim Sozialamt wären zu vermeiden gewesen; schriftliche oder fernmündliche Kontakte hätten ausgereicht (OLG Zweibrücken FamRZ 2001, 447, 448). Nach § 1897 Abs 1 BGB kommt als Betreuer nur in Betracht, wer die Angelegenheiten des Betreuten rechtlich besorgen und ihn in dem hierfür erforderlichen Umfang persönlich betreuen kann. Daraus ergibt sich zwangsläufig, dass die zum Zweck der Besorgung der Angelegenheiten erforderlichen persönlichen Kontakte zum Betreuten und seine Beteiligung an der Besorgung Teil der Führung der Betreuung sind.

Was hier bei der rechtlichen Betreuung kritisiert wurde, kann für den Vormund **104**
Pflicht sein. Denn dessen Aufgabe besteht darin, für die Person und das Vermögen des Mündels zu sorgen, wobei sich die Personensorge nach den für das Eltern-Kind-Verhältnis maßgebenden Bestimmungen der §§ 1631 bis 1633 BGB richtet (§ 1800 BGB). Die Ergänzung des Vormundschaftsrechts durch Art 1 Nr 1 des Gesetzes zur Änderung des Vormundschafts- und Betreuungsrechts (v 29. 6. 2011 – BGBl I 1306) verpflichtet den Vormund, ein Mindestmaß an persönlichem Kontakt zu dem Mündel zu pflegen (näher dazu Hoffmann, Das Gesetz zur Änderung des Vormundschafts- und Betreuungsrechts – Neuerungen für gesetzliche Vertreter, Gerichte und Jugendämter, FamRZ 2011, 1185; auch FamRZ 2011, 249; Veit/Salgo ZKJ 2011, 82; Hellmann RdLH 2010, 144; Katzenstein JAmt 2010, 414; Flemming ZKJ 2010, 97; Sünderhauf JAmt 2010, 405; BT-Drucks 17/2411; BR-Drucks 537/10).

Als Aufgabe des Betreuers sah es das LG Koblenz (MDR 2002, 156 = FamRZ 2002, 845 **105**
m Anm Bienwald = JurBüro 2001, 602) nicht an, den Betreuten über die Grenzen einer – auch finanziell – realisierbaren Betreuung hinaus in scheinbarer Selbständigkeit zu erhalten, wenn hierdurch eine wesentliche Verbesserung der Lebenssituation **nicht erreicht** werden kann. Unerlässlich ist es aber, den Versuch zuzulassen, um festzustellen, ob das Ziel erreicht werden kann.

106 Bei der Feststellung, ob die angegebene Zeit, für die Vergütung beansprucht wird, zur **pflichtgemäßen Wahrnehmung** der Aufgaben erforderlich war, hat das Gericht ein Beurteilungsermessen (LG Stuttgart BWNotZ 1999, 129). Mit der Begründung, der Betreuer habe zu zeitaufwendig gearbeitet, kann das Gericht einen pauschalen Abzug des geltend gemachten Zeitaufwands für eine Betreuervergütung (hier: 20%) nicht vornehmen (LG Marburg BtPrax 1999, 248 [LS]). Auch die pauschale Kürzung des geltend gemachten Zeitaufwands um 10% (im Abrechnungsverfahren wurde die Art und Weise der Besorgung von Angelegenheiten, ua nach dem Tod des Betreuten, gerügt) wurde verworfen (AG Mülheim/Ruhr FamRZ 2001, 1168).

107 Ähnlich der rechtlichen Betreuung wird dem Pfleger ein bestimmter Wirkungskreis oder eine einzelne Aufgabe zur Erledigung (Entscheidung) zugewiesen (§ 1909 BGB), sodass dort bei Entscheidungen über die Vergütung eine Prüfung des Gerichts hinsichtlich des Umfangs und der Notwendigkeit des zeitlichen Einsatzes erforderlich werden kann. Auch kann Anlass zu der Prüfung bestehen, ob die abgerechnete Tätigkeit dem erteilten Wirkungskreis zuzurechnen ist. Im Übrigen bestimmt sich die Höhe einer einem Pfleger nach § 1836 Abs 1 BGB zu bewilligenden Vergütung abweichend von § 3 Abs 1 bis 3 VBVG nach den für die Führung der Pflegschaftsgeschäfte nutzbaren Fachkenntnissen sowie nach dem Umfang und der Schwierigkeit der Pflegschaftsgeschäfte, sofern der Pflegling nicht mittellos ist (§ 1915 Abs 1 S 2 BGB, angefügt durch Art 1 Nr 18 d 2. BtÄndG; unter Berücksichtigung, dass die Vergütung kostendeckend sein solle, 110 E/Std OLG Oldenburg FamRZ 2018, 1858 [1859]).

108 Bei der einem Vormund zu bewilligenden Vergütung werden sich Zuordnungsprobleme zu seinem Auftrag nicht ergeben, weil er für die Person und das Vermögen des Mündels grundsätzlich umfassend zuständig ist (§ 1793 Abs 1 S 1 und 2 BGB). Zu bedenken ist, dass der Vormund zB Erziehungsleistungen nicht selbst erbringen muss, infolge dessen auch häufigere persönliche Kontakte zu dem Minderjährigen als gesetzlich vorgegeben erforderlich sein können, um die Aufgabe sachgerecht wahrzunehmen.

109 Der Anspruch auf Vergütung für beruflich geführte Betreuungen setzt eine **wirksame Bestellung** zum Betreuer voraus (AG Koblenz FamRZ 2001, 792 [LS]; LG Potsdam FamRZ 2002, 1291 betr einen Vereinsbetreuer). Entsprechendes gilt für Vormünder und Pfleger (OLG Hamm FamRZ 2014, 672). Deren Bestellung setzt, anders als die des Betreuers (§ 287 FamFG), die **persönliche Verpflichtung** gemäß § 1789 BGB voraus (OLG Hamm FamRZ 2014, 672; OLG Koblenz 8. 8. 2012 – 5 U 175/12; OLG Stuttgart FamRZ 2011, 846 betr Nachlasspfleger; vgl im Übrigen Bestelmeyer FamRZ 2011, 950; zu einer Ausnahme OLG Frankfurt 19. 2 2012 – 5 UF 407/11 [AsylVfG]). Deshalb kann ein Betreuer keine Vergütung für die Zeit vor seiner Bestellung verlangen (BayObLGZ 2001, 9 = FamRZ 2001, 575; OLG Schleswig NJWE-FER 1999, 183 = NJW-RR 1999, 660 mwNw). Nur in eng begrenzten Fällen sei eine Ausnahme möglich (OLG Hamm FamRZ 2014, 672). Im Übrigen sei der Umgangspfleger gehalten, vor Aufnahme seiner Tätigkeit auch seine förmliche Bestellung (§ 1789 BGB) herbeizuführen (OLG Hamm FamRZ 2014, 672). Fraglich ist allerdings, wie ein rechtlich unkundiger Umgangspfleger zu der dafür notwendigen Information gelangen soll.

110 Abweichend von dem Grundsatz vorheriger Bestellung wurde ohne förmliche Bestellung eines Vereinsmitarbeiters zum Ergänzungsbetreuer dem Verein Vergütung (und Aufwendungsersatz) bewilligt, weil das Gericht die wegen längerer Verhinderung des bestellten Vereinsbetreuers angeregte Bestellung eines Ergänzungsbetreuers erst mit erheblicher Verzögerung vorgenommen und der Ergänzungspfleger zwischenzeitlich notwendige Tätigkeiten erbracht hatte (BayObLG FamRZ 2004, 405 [LS] unter Berufung auf OLG Brandenburg MDR 2002, 397 = Rpfleger 2002, 313). Die Bestellung einer Person zum Betreuer eines Betroffenen und gleichzeitig zu seinem Verfahrenspfleger ist zwar unvereinbar, führt jedoch nicht zur Unwirksamkeit der Betreuerbestellung, sondern lediglich zur Unwirksamkeit der Bestellung zum Verfahrenspfleger (OLG Naumburg FamRZ 2002, 986). Ist die Verfahrenspflegschaft (für eine betreute Person) durch den Tod der/des Betroffenen erloschen, kann dem Verfahrenspfleger eine Pauschale für die Vergütung und den Aufwendungsersatz (jetzt gemäß § 277 Abs 3 FamFG) nicht mehr bewilligt werden (OLG Frankfurt FamRZ 2008, 1658 = Rpfleger 2008, 360).

Der Zeitaufwand des in Aussicht genommenen Betreuers für Kontakte zum **Kennenlernen** (hier: des persönlich bekannt gewesenen Betroffenen) vor der Betreuerbestellung ist **nicht vergütungsfähig** (AG Koblenz FamRZ 2001, 792 [LS]). Nimmt der Betreuer vor seiner Bestellung auf Ladung des Gerichts an einer Anhörung des Betroffenen teil, kann er hierfür eine Entschädigung allenfalls nach dem (damals geltenden) ZSEG und in dem dort vorgesehenen Verfahren verlangen (BayObLGZ 2001, 9 = FamRZ 2001, 575 = BtPrax 2001, 123). In Betracht käme jetzt eine Entschädigung nach den Bestimmungen des Justizvergütungs- und -entschädigungsgesetzes, JVEG. 111

Es darf keine Verwischung der Grenzen zwischen ehrenamtlicher Betreuung einerseits und einem Berufs- und Vereinsbetreuer andererseits geben (LG Koblenz FamRZ 2001, 303); gleichwohl bewilligte das Gericht einem Verein die Vergütung für einen mit einem Honorarvertrag beschäftigten Vereinsbetreuer im Hinblick auf die konstitutive Wirkung der Bestellungsentscheidung. 112

Den Grundsatz, dass nur der Bestellung des Betreuers **zeitlich nachfolgende Tätigkeiten** vergütungsfähig sind, hat das OLG Brandenburg (MDR 2002, 397 = Rpfleger 2002, 313 [LS]) für den Fall eingeschränkt, dass der bisherige Vereinsbetreuer aus seinem Amt ausscheidet und ein anderer Mitarbeiter des Vereins bereits vor seiner Betreuerbestellung die Aufgaben des ausscheidenden Betreuers übernimmt. In diesem Fall hat es auch die der Bestellung zeitlich vorausgehende Tätigkeit des neuen Betreuers für vergütungsfähig gehalten (entgegen AG Bad Kreuznach Rpfleger 1997, 66). Einen weiteren abweichenden Fall hat das LG Hamburg (16. 8. 2000 – 322 T 158/00) entschieden: Verzögert sich die Entscheidung über die Bestellung eines Betreuers im Anschluss an die inzwischen abgelaufene vorläufige Betreuerbestellung und wurde der später bestellten und als vorläufige Betreuerin tätig gewesenen Berufsbetreuerin zugesagt, sie zeitnah nach Ablauf des vorläufigen Betreuerbeschlusses endgültig zur Betreuerin zu bestellen, so steht der Betreuerin auch für den Zeitraum, während dessen sie nicht als Betreuerin förmlich bestellt war, aber notwendige Betreuungsleistungen erbracht hat, Vergütung in entsprechender Anwendung der Bestimmungen über die Vergütung beruflich tätiger Betreuer zu. 113

Endet die Betreuung mit der festgesetzten Dauer und bestellt das Gericht dieselbe Betreuerperson einen Monat später (im Hauptsacheverfahren endgültig), so fehlt es an der für die Zwischenzeit notwendigen Grundlage für die Vergütung (näher dazu 114

LG Chemnitz 4. 12. 2001 – 11 T 3831/01). Aus Billigkeitsgründen hat das OLG Frankfurt (FamRZ 2008, 2059 m Anm Bienwald = BtPrax 2008, 227) einem Betreuungsverein für den Einsatz eines Mitarbeiters eine Vergütung zugesprochen, der nach dem Tod des zunächst tätigen Betreuers als Ersatzbetreuer gehandelt hat, ohne bestellt zu sein, nachdem das Gericht auf Anfrage unzutreffend mitgeteilt hatte, eine neue Betreuerbestellung sei nicht erforderlich. Zur Frage, ob einem Betreuungsverein für 40 Minuten Zeitaufwand zur Einweisung eines von der Vereinsbetreuerin zur Erledigung einzelner Betreuungsaufgaben während ihrer Abwesenheit bevollmächtigten Mitarbeiters des Vereins sowie zur nach Rückkunft der Vereinsbetreuerin durch diesen durchgeführter Rückinformation Vergütung zusteht, OLG Dresden (Beschluss v 30. 7. 2001 – 15 W 928/01).

115 Im Falle der Bestellung eines Betreuers als **Verhinderungsbetreuer** ist ein monatlicher Informationsaustausch mit dem bestellten Betreuer nicht zu vergüten, weil insoweit kein Verhinderungsfall vorliegt (AG Neustadt a d Weinstraße FamRZ 2001, 1166 [LS]). Von einer Vereinsbetreuerin wurde erwartet, dass sie imstande ist, ohne Vordruck den Mietvertrag für ein einzelnes Zimmer zu formulieren. Das AG Betzdorf vergütete deshalb weder Zeitaufwand für die Besorgung eines Mustervordrucks noch das Entgelt dafür (FamRZ 2000, 1047). Ferngespräche und Korrespondenzen mit Angehörigen wurden dem ehemaligen Betreuer nicht mehr vergütet (OLG Düsseldorf FamRZ 2005, 2019 [LS]).

116 Ein Berufsvormund (hier: Vereinsbetreuer) schuldet bei seiner Amtsausübung professionelles Handeln (LG Koblenz JurBüro 2001, 602 = MDR 2002, 156 = FamRZ 2002, 845 m Anm Bienwald). Er trägt Verantwortung dafür, dass seine Arbeit im Rahmen der heute gebräuchlichen Kommunikationsmittel effizient und so kostengünstig wie vertretbar durchgeführt wird. Vermeidbare Gänge zur Bank, zu Behörden und Ärzten sowie nicht gebotene und in kurzen Abständen vorgenommene Rücksprachen mit der zu betreuenden Person sind grundsätzlich nicht vergütungsfähig (LG Koblenz 9. 7. 2001 – 2 T 402/01; vgl auch AG Betzdorf FamRZ 2000, 1047 hinsichtlich der persönlichen Abholung von Kontoauszügen).

117 Andererseits trifft den Betreuer keine Verpflichtung, (zB) Ausgaben des Betroffenen zu vermeiden, um für die Sicherung seines künftigen Vergütungsanspruchs durch Bildung von Rücklagen zu sorgen (OLG Düsseldorf FamRZ 1999, 1166 = FGPrax 1999, 54 = NJWE-FER 2000, 89 [LS]; im Ergebnis ähnlich LG Kiel FamRZ 2001, 190 [keine Verpflichtung, Entscheidungen so zu treffen, dass die Staatskasse geschont wird], von OLG Schleswig bestätigt, s Anm d Redaktion 191; ebenso BayObLG FamRZ 1998, 507, 508).

b) Rechtsprechung zur Vergütungsfähigkeit der verschiedenen Leistungen

118 Die anschließend aufgeführten Entscheidungen ergingen zumeist in Betreuungssachen; mitunter betrafen sie die Verfahrenspflegervergütung. Sie können nur bedingt für die Beurteilung der Vergütungsfähigkeit vormundschaftlichen Handelns herangezogen werden. Mitunter handelt es sich um Argumentationen, die in Vormundschaftssachen die Geltendmachung eines Vergütungsanspruchs stützen. Im Übrigen kommt es für die Regelfälle berufsmäßig geführter Betreuungen aufgrund der Pauschalabgeltung des den Betreuern zu vergütenden Zeitaufwands (§ 5 VBVG) grundsätzlich nur noch darauf an, dass der Betreuer die Betreuung ordnungsgemäß führt, ohne dass er den Nachweis erbringen muss, welche Zeit er dafür eingesetzt hat

(OLG Schleswig FamRZ 2007, 236 m Anm BIENWALD). Die Ausübung einer konkreten Betreuungstätigkeit wird typisierend unterstellt (BGH FamRZ 2014, 1778 im Anschluss an BGH FamRZ 2013, 1883). Entsprechendes gilt für die berufsmäßig tätigen Verfahrensbeistände und die diesen gewährten Fallpauschalen (§ 158 Abs 7 FamFG) sowie die gerichtliche Zubilligung eines festen Geldbetrages anstelle von Aufwendungsersatz und Vergütung für den berufsmäßig tätigen Verfahrenspfleger (§ 277 Abs 3 FamFG). Durch die pauschal vergütete Tätigkeit des Betreuers gemäß §§ 4, 5 VBVG erleidet dieser keinen Verdienstausfall, der nach JVEG zu entschädigen wäre, wenn er nach Anordnung des persönlichen Erscheinens durch das Gericht an einem Gerichtstermin teilnimmt (LSG Bayern BtPrax 2012, 218 [LS]).

Tätigkeiten im Rahmen sogenannter **Aktenpflege**, das sind Arbeiten, die im Rahmen einer Betreuung (ebenso einer Vormundschaft oder auch einer Pflegschaft) üblicherweise anfallen und von einem gewissenhaften Betreuer vorzunehmen sind, sind zu vergüten (LG Frankfurt/Oder 20. 9. 2002 – 19 T 239/02, zit v MEIER, Handbuch Betreuungsvergütung 278). Der für das Anlegen der Akte und die Eingabe in das PC-Programm bei Übernahme einer Betreuung erforderliche Zeitaufwand ist (mit 15 Minuten) vergütungsfähig (AG Kleve FamRZ 2003, 708). Als Regelvergütung wurden dem zum Vereinsbetreuer bestellten Mitarbeiter für die Erstellung des Jahresberichts 20 Minuten und für die Rechnungslegung 60 Minuten bewilligt (LG Koblenz FamRZ 2006, 506). Der Zeitaufwand des Betreuers im Rahmen gewöhnlicher Geschäfte des täglichen Lebens, zB für die **Begleitung** der/des Betroffenen zum **Einkauf** oder für **Ausflüge** mit dem Betreuten, ist grundsätzlich nicht vergütungsfähig. Für die Begleitung der/des Betroffenen zum **Arzt** kommt eine Vergütung dann in Betracht, wenn der Betreuer davon ausgehen durfte, sonst seine Aufgabe (Gesundheitssorge) nicht ordnungsgemäß erfüllen zu können (BayObLG FamRZ 1999, 463). Tätigkeiten im pflegenden und versorgenden Bereich sowie allgemeine **therapeutische Maßnahmen** gehören nicht zu den nach § 1901 BGB zu besorgenden Angelegenheiten der betroffenen Person und sind daher nicht vergütungsfähig (LG Koblenz FamRZ 2002, 845 m Anm BIENWALD 847). Auf ausdrückliche Wünsche des Betreuten um zusätzliche **Kontakte** und **persönliche Gespräche** kommt es nicht an (LG Koblenz 7. 3. 2002 – 2 T 69/2002). Die Gewährleistung sozialer Kontakte ist, selbst wenn die Kontaktperson der Betreuer ist, dem privaten Lebensbereich zuzuordnen und wird daher grundsätzlich nicht von einer übertragenen Betreuung erfasst (LG Koblenz 7. 3. 2002 – 2 T 69/2002). 119

Hausbesuche (ein- bis zweimal im Monat) wurden als in der Regel ausreichend angesehen (LG Leipzig FamRZ 2000, 1047; LG Mainz BtPrax 2002, 174; beiläufig BayObLG FamRZ 2003, 633 mwNw = RdLH 2003, 79; OLG Brandenburg FamRZ 2008, 1633 = MDR 2008, 1105 = ZKJ 2009, 81 betr Verfahrenspfleger). Ausnahmsweise waren wöchentliche Besuche eines Betreuers zu vergüten, wenn sie im Einzelfall erforderlich sind, um neben der Kontaktaufnahme der seelischen Stabilisierung und der Beseitigung einer Verwahrlosung des Betreuten zu dienen und wenn die Hilfen durch staatliche oder private Organisationen offensichtlich nicht zu demselben Erfolg führen oder die Besuche durch den Betreuer mit wesentlich geringerem Aufwand erbracht werden können (BayObLG FamRZ 2003, 633 m Anm BIENWALD; zu Besuchen aus Anlass des Geburtstags oder bei Weihnachtsfeiern s die dort angegebenen Fundstellen LG Koblenz FamRZ 1998, 183 und MünchKomm/WAGENITZ § 1836 Rn 47). Nach § 158 Abs 7 Satz 4 FamFG umfasst die Vergütungspauschale des Verfahrensbeistands **sämtliche Aufwendungen**; ein weiterer Anspruch auf Erstattung von **Fahrtkosten** steht dem Verfahrensbeistand grundsätzlich nicht zu 120

(BGH FamRZ 2014, 191 = NJW 2014, 157 = RPfleger 2014, 139 m Anm MENNE; FamRZ 2013, 1967 m Anm STÖSSER 1969 und Anm BIENWALD FamRZ 2014, 110). Dient die Teilnahme an einer vom Heim angebotenen und dazu eingeladenen **Veranstaltung** dem Wohl der betreuten Person, konnte der erforderlich gewesene Zeitaufwand sowie Auslagenersatz bewilligt werden (LG Koblenz FamRZ 2006, 506). Zeitaufwand in Höhe erforderlicher 60 Minuten und Aufwendungsersatz wurden bewilligt für einen **Heimbesuch** auf Einladung des Heims (LG Koblenz FamRZ 2006, 506). Der Zeitaufwand für Besprechungen mit dem Betreuten kann auch zu vergüten sein, wenn diese im Rahmen von **Kurzausflügen** (in Gaststätten in der Umgebung des Heimaufenthaltsortes des Betreuten) abgehalten wurden, weil (insbesondere) angesichts besonderer Umstände im Einzelfall diese Gespräche nicht in der Einrichtung stattfinden (können), in der der Betreute lebt (BayObLG FamRZ 2000, 1048 = BtPrax 2000, 124). Zur Notwendigkeit, Häufigkeit und Zeitdauer sowie zum Anlass von Gesprächen des Betreuers mit dem Betreuten im Rahmen diverser Aufgabenbereiche eingehend LG Chemnitz FamRZ 2001, 1026, 1027. Kein Entgelt für **Ferngespräche** und **Korrespondenz** des ehemaligen Betreuers mit Angehörigen der betroffenen Person (OLG Düsseldorf FamRZ 2005, 2019). Ausdrücklich regelt jetzt § 1793 Abs 1a BGB, dass der Vormund mit dem Mündel **persönlichen Kontakt** zu halten und ihn in der Regel einmal im Monat in dessen üblicher Umgebung aufzusuchen hat, sofern nicht im Einzelfall kürzere oder längere Besuchsabstände (oder ein anderer Ort) geboten sind. Zur Verpflichtung der Amtspfleger und Amtsvormünder, zu dem Mündel persönlichen Kontakt zu halten, s § 55 Abs 3 Satz 3 SGB VIII.

121 Begleitung zum **Frisör** oder zum **Lampeneinkauf** gehört nicht zu den (vergütungsfähigen) Aufgaben eines Betreuers (AG Koblenz FamRZ 2003, 708 [LS]). Die von einem Vereinsbetreuer für die Betreute geleistete **Grabpflege** der großmütterlichen Grabstätte ist trotz moralischer Verpflichtung nicht vergütungsfähig (AG Betzdorf FamRZ 2003, 328 [LS]). Der Zeitaufwand des Betreuers für **Einkäufe** (hier: Möbel und Elektrogeräte), für die Absicherung einer Möbellieferung und für die Begleitung der Betreuten zu einem ersten **Arzttermin** (hier: Fachärztin für Neurologie und Psychiatrie) kann im Einzelfall zu vergüten sein (LG Leipzig FamRZ 2000, 1047). Das LG Osnabrück bewilligte teilweise erhebliche Fahrtkosten einer Betreuerin, die im Rahmen ihres Aufgabenkreises den Betreuten zu Dialyseterminen begleitet hatte (2. 2. 2017 – 7 T 770/16, Rechtsdienst der Lebenshilfe 2018, 93 m Anm LEONHARD).

122 Zu den Obliegenheiten des Betreuers eines **ausländischen Betreuten** mit der Aufgabe „Vertretung gegenüber Behörden" kann die Unterstützung bei der notwendigen **Beschaffung eines gültigen Passes** gehören (BayObLGZ 2002, 353 = FamRZ 2003, 405 = FGPrax 2002, 76). Ein Betreuer mit dem Aufgabenkreis „Vertretung gegenüber Körperschaften, Behörden und Gerichten" kann die Betreute **nicht** bei **Erziehungskonferenzen** im Jugendamt, bei Verhandlungen und Absprachen über die Bewilligung von Familienhilfe sowie gegenüber dem Vater ihres Kindes zwecks Umgangsregelung vertreten, soweit es sich dabei um Angelegenheiten der elterlichen Sorge der Betreuten als Mutter ihrer Kinder handelt (LG Rostock FamRZ 2003, 1691 m Anm BIENWALD = BtPrax 2003, 233; zur Problematik des Aufgabenkreises „Vertretung gegenüber Behörden" usw BIENWALD BtPrax 2003, 71 sowie KG FamRZ 2008, 919 und FamRZ 2009, 910). Ist mit der Formulierung dieses Aufgabenkreises nicht nur eine Klarstellung des übertragenen Aufgabenkreises beabsichtigt, muss das Betreuungsgericht regelmäßig einen Bezug zu dem konkret zu bezeichnenden Verwaltungs- oder Gerichtsverfahren herstellen

(KG FamRZ 2014, 1482 [LS]; BGH 2015, 649, 650 = RPfleger 2015, 332 m Anm HARM 333). Dagegen ist dem Vormund oder Pfleger Vergütung und Aufwendungsersatz für die erforderliche Inanspruchnahme von für ihn bestimmten Leistungen (§ 53 SGB XII) sowie für die Teilnahme an Gesprächen und Konferenzen, die wegen seines Mündels erforderlich sind (zB **Hilfeplanerstellung**, § 36 SGB XII), zu bewilligen (AG Andernach FamRZ 2009, 1169 [LS]).

Die Zeit, die der (Berufs-)Betreuer aufwendet, um sich seinen **Betreuerausweis** beim Gericht abzuholen, ist zu vergüten (LG Leipzig FamRZ 1999, 1607 m Anm BIENWALD). Seine Tätigkeit im Zusammenhang mit der **Abrechnung seiner** eigenen **Vergütung** (einschließlich der zu Vergütungszwecken vorgenommenen Dokumentation) ist keine Betreuertätigkeit und deshalb nicht zu vergüten (LG Kleve Rpfleger 2000, 216 [LS]; LG Leipzig FamRZ 2001, 305; OLG Schleswig FamRZ 1999, 462 = BtPrax 1998, 238; FamRZ 2000, 1048; BayObLG FamRZ 1999, 1233; NJWE-FER 2001, 122 [LS]). Die Erstellung der **Erklärung über die persönlichen und wirtschaftlichen Verhältnisse** des Betreuten gemäß § 168 Abs 2 S 1 FamFG (damals § 56 g Abs 2 S 1 FGG) ist (jedenfalls bei Mittellosigkeit des Betreuten) vergütungsfähig (LG Leipzig FamRZ 2001, 305 [liegt nicht nur im Interesse des Betreuten]). Die Tätigkeit des Betreuers im Zusammenhang mit der Erstellung des **Schlussberichts** nach dem Tod der/des Betroffenen (oder der sonstigen Beendigung des Amtes) ist zu vergüten (OLG Schleswig FamRZ 2000, 1048; LG Mainz BtPrax 2002, 132). Von dem Betreuer aus Anlass seiner urlaubsbedingten Abwesenheit an das AG und an das Heim (uä) gefertigte Mitteilungen dienen der Betreuung und sind vergütungsfähig (LG Frankfurt/Oder 20. 9. 2002 – 19 T 239/02, zit v MEIER, Handbuch Betreuungsvergütung 318). **123**

Zu Anforderungen an einen professionell und effizient arbeitenden Betreuer insbesondere im Hinblick auf **Bankbesuche** und **Bankgeschäfte** LG Leipzig (FamRZ 2000, 980). Zur rationellen Besorgung von Angelegenheiten der Vermögenssorge (hier: Gänge zur Bank) und zum (vom Gericht befürworteten) Einsatz des Betreuten für derartige Besorgungen AG Betzdorf (FamRZ 2001, 1242). Auch **umfangreiche Vermögensverwaltungen** im Rahmen der Vermögenssorge des Betreuers sind grundsätzlich von den Stundensätzen des § 5 VBVG gedeckt (OLG München FamRZ 2008, 1560 = BtPrax 2008, 129 = Rpfleger 2008, 240). Zur Häufigkeit notwendiger Besuche des Betreuers bei dem Betreuten zwecks **Aushändigung von Taschengeld** LG Koblenz (v 15. 10. 2001 – 2 T 630/01). Zur (ausnahmsweisen) Vergütungsfähigkeit der **Einweisung ehrenamtlicher Betreuer** in ihre Tätigkeit LG Marburg (RdLH 1999 Heft 2, 82). Zur Ablehnung von Vergütung für den Zeitaufwand für die **Einsichtnahme in Akten** und Unterlagen betreffend das Betreuungsverfahren sowie zur Erlangung des **Betreuerausweises** LG Dessau (FamRZ 2000, 1530; zu letztem vgl LG Leipzig FamRZ 1999, 1607 m Anm BIENWALD). In besonderen Fällen Entgelt für das Anlegen einer **Handakte** des Verfahrenspflegers (OLG Brandenburg FamRZ 2008, 2049 [2050]). Vergütungsfähig kann die Zeit für Aktenstudium und Aktenauswertung, nicht jedoch die für **Kopiertätigkeit**, sein (OLG Brandenburg FamRZ 2008, 1633 [1635]). **124**

Hatte die Übernahme der Betreuung das Ziel, binnen eines absehbaren Zeitraumes die Eigenständigkeit des Betroffenen im Bereich der Vermögenssorge (wieder) herzustellen, reicht es nicht aus, nach einer Anfangszeit von drei Monaten die Notwendigkeit wöchentlicher Gespräche lediglich mit dem Hinweis auf das Krankheitsbild des Betroffenen zu **begründen** (LG Koblenz 7. 3. 2002 – 2 T 69/02). Für den Zeitaufwand, **125** den der Betreuer für Besuche hatte, die er aus rein tatsächlicher Fürsorge durchführt, hat er keinen Anspruch auf Vergütung; allerdings steht dem Tatrichter ein **Beurteilungsspielraum** bei der Entscheidung der Frage zu, inwieweit Besuche zur Erfüllung der Betreueraufgaben erforderlich waren (BayObLG NJWE-FER 2001, 122 [LS]).

126 **Büro- und Schreibarbeiten**, die ein wegen seiner besonderen Qualifikation bestellter Verfahrenspfleger selbst erledigt, können nach OLG Oldenburg (NdsRpfl 2003, 66) nicht nach dem höchsten Stundensatz abgerechnet werden. Nach OLG Brandenburg (FamRZ 2002, 378; ebenso FamRZ 2002, 626) dient die Vergütung mit einem Stundensatz auch der Abgeltung anteiliger allgemeiner (sachlicher und personeller) Bürokosten des Berufsbetreuers; eine gesonderte Vergütung von Tätigkeiten des allgemeinen Bürodienstes erfolge nicht; auch sei der allgemeine betriebliche Aufwand, den der berufsmäßig tätige Verfahrenspfleger zur Schaffung der organisatorischen Grundlage seiner Berufsausübung zu betreiben hat, nicht gesondert vergütungsfähig (OLG Brandenburg Rpfleger 2003, 365 [LS]). Kein gesonderter Erstattungsanspruch für einen **Postnachsendeantrag** (OLG Köln BtPrax 2007, 255 [Bericht Deinert]; anders noch OLG Zweibrücken FamRZ 2005, 2019 = FGPrax 2005, 216). Einen Zeitaufwand von 10 oder 15 Minuten für die Fertigung von **Serienbriefen** (hier: mit einem Text von vier Sätzen) hielt das LG Mönchengladbach (Rpfleger 2003, 364 [LS]) für überzogen. Das Gericht bemängelte auch den Abrechnungsmodus der gesamten Betreuertätigkeit im Fünfminutentakt. Eine Abrechnung sämtlicher **Telefongespräche** eines Betreuungszeitraums mit der gleichen Zeitdauer (hier: 15 Minuten) sei nicht plausibel; eine Auf- und Abrundung auf ganze Minuten dagegen zulässig.

127 Wieweit **Auf- und Abrundungen** bei anderen Tätigkeiten plausibel sind, ist in erster Linie Tatfrage (OLG Schleswig Rpfleger 2003, 364 [LS]; s auch OLG Zweibrücken FamRZ 2000, 1533).

128 Während LG Wuppertal (FamRZ 2002, 1657) entschieden hat, dass ein berufsmäßig tätiger Betreuer eine Vergütung auch für sogenannte **Fallgespräche** verlangen kann, die er im Rahmen seines Aufgabenkreises in angemessenem Umfang **mit Kollegen** geführt hat, bei denen es um akute Probleme, nämlich Auseinandersetzungen mit dem Heimträger, um eine schwierige Versorgungssituation und eine etwaige „Verlegung" des Betreuten in ein anderes Heim ging, billigte das OLG Oldenburg (NdsRpfl 2003, 66) einem Verfahrenspfleger nicht zu, den Zeitaufwand für eine Fallbesprechung geltend zu machen, weil dieser Aufwand die fachliche Qualität seiner Tätigkeit sichern solle und somit durch den erhöhten Stundensatz abgegolten werde. Ein in Kenntnis der bevorstehenden Entlassung als Betreuer vorgenommener Besuch der Betroffenen im Heim erscheint moralisch wünschenswert, ist aber rechtlich nicht notwendig und damit nicht vergütungsfähig (AG Betzdorf FamRZ 2001, 1242).

129 Die Teilnahme des Betreuers mit dem Aufgabenkreis Gesundheitsfürsorge, Vermögenssorge und Aufenthaltsbestimmung an einer **Strafverhandlung** gegen den Betreuten stellt regelmäßig keinen vergütungspflichtigen Zeitaufwand dar (BayObLG FamRZ 1999, 740 = R & P 1999, 142 zu § 1836 aF). Nach LG Koblenz (FamRZ 1999, 464 zu § 1836 aF) löst die Teilnahme eines Berufsbetreuers an Verhandlungsterminen in einer gegen den Betreuten geführten Strafsache und die Wahrnehmung einer vorbereitenden Besprechung mit dem Pflichtverteidiger des Betreuten dann einen Vergütungsanspruch aus, wenn dies zur Erforschung der Wahrheit erforderlich erscheint. Nach

OLG Zweibrücken (FamRZ 2001, 1030 m Anm BIENWALD) ist die Teilnahme eines Berufsbetreuers an der Hauptverhandlung in einem gegen den anwaltlich nicht vertretenen Betreuten gerichteten Strafverfahren bei Vorliegen besonderer Umstände vergütungsfähig (Notwendigkeit der Interessenwahrnehmung der minderbegabten Betreuten und Ladung der Betreuerin zwecks Anhörung; s auch OLG Dresden OLG-NL 2002, 184). Ist einem Betreuer, dessen Vergütung pauschal nach dem VBVG erfolgt, eine Entschädigung für Verdienstausfall und Fahrtkosten für die Teilnahme an einem Gerichtstermin zugesagt, ist die Entschädigung aus Gründen des Vertrauensschutzes zu erstatten (Thüringer LSG BtPrax 2019, 36).

Für die Festsetzung der Entschädigung eines Berufsbetreuers wegen seiner **Ladung** 130 als gesetzlicher Vertreter **zur Strafverhandlung** gegen seinen Betreuten ist eine sachliche Zuständigkeit des Strafgerichts nicht begründet; vielmehr verbleibt es für die Festsetzung von Betreuervergütung und Aufwendungsersatz bei den allgemeinen Zuständigkeitsregelungen (OLG Dresden NStZ 2002, 164 = FamRZ 2002, 1145 [LS]; s auch KROPP, Der Betreuer und seine Vergütung in Strafverfahren, BdB-Verbandszeitung Nr 40/Juni 2002, 22). Aufwendungsersatz für eine Strafverteidigung kann ein Rechtsanwalt als Berufsbetreuer grundsätzlich nur verlangen, wenn sich sein Aufgabenkreis hierauf erstreckt. Der Aufgabenkreis „Vertretung gegenüber Behörden und anderen Institutionen" reicht dafür nicht aus (OLG Schleswig FamRZ 2008, 187 [LS]). Tritt ein **Berufsbetreuer** für den Betreuten in einem Strafverfahren **als Verteidiger** auf, erhält er neben seiner Pauschalvergütung keinen Aufwendungsersatz (LG Mainz FamRZ 2009, 253 = NJW-RR 2008, 1605). Ein anwaltlicher Berufsbetreuer, der im Rahmen der Betreuung, die auch die Vertretung in Strafverfahren umfasst, in einem Strafverfahren aufgetreten ist, erhält kein betreuungsrechtliches Entgelt in Höhe der Pflichtverteidigerkosten (OLG Köln FamRZ 2009, 1707 [LS]); er ist gehalten, sich als Pflichtverteidiger **beiordnen** zu lassen. Bereits 1997 hatte das LG Memmingen (FamRZ 1998, 508, 509 = NJW-R 1998, 1227) entschieden, dass ein Betreuer einen Anspruch auf Vergütung aus beruflicher Tätigkeit jedenfalls dann hat, wenn er auf ausdrückliche Aufforderung eines Strafgerichts in seiner beruflichen Funktion an einem von diesem anberaumten Termin teilnimmt und der Gegenstand des gerichtlichen Verfahrens in sachlichem Zusammenhang mit dem Grund der Betreuerbestellung steht (bedenklich).

Für die Teilnahme des Vormunds (ggf des Pflegers) an der **Strafverhandlung gegen** 131 seinen **strafmündigen Mündel** muss die Frage der Vergütung anders beurteilt werden. Zur Stellung des Erziehungsberechtigten und des gesetzlichen Vertreters im Verfahren gegen einen Jugendlichen, dem eine mit Strafe bedrohte Verfehlung zur Last gelegt wird (§ 1 Abs 1 und 2 JGG), s § 67 JGG. Die Tätigkeit eines zum Betreuer bestellten Rechtsanwalts in einem **staatsanwaltlichen Ermittlungsverfahren** ist nur dann vergütungsfähig, wenn diese Tätigkeit als Aufgabenkreis besonders bestimmt worden war (OLG Hamm FamRZ 2006, 576 [LS] = NJW 2006, 1144).

Erhebliche **Kontroversen** bestanden und bestehen in Bezug auf die Vergütung von 132 Leistungen, die von **Verfahrenspflegern** in Rechnung gestellt wurden/werden. Unterschiedliche Auffassungen über die Aufgaben des Verfahrenspflegers und deren Wahrnehmung im Einzelnen, insbesondere bei den nach § 158 FamFG (bisher § 50 FGG) für minderjährige Kinder in ihre Person betreffenden Verfahren bestellten Personen, haben sich in den Abrechnungsverfahren niedergeschlagen (s dazu BIENWALD, Verfahrenspflegschaftsrecht Rn 647 ff sowie SALGO ua, Verfahrenspflegschaft für Kinder und

Jugendliche S 444 und die dort angegebenen weiteren Fundstellen; ferner die Rechtsprechungsübersichten zur Vergütung von Verfahrenspflegern von Söpper FamRZ 2002, 1535; Hansens ZFE 2003, 142 sowie den Beitrag von Binschus in ZfF 2001, 53 ff). Soweit in Entscheidungen bis zur Neubearbeitung 2004 nicht berücksichtigte Gesichtspunkte zum Tragen gekommen sind, sind die jeweiligen Entscheidungen nachfolgend verzeichnet und damit in gewisser Weise archiviert. Denn die Regelung des neuen § 158 FamFG äußert sich nicht nur zum gesetzlich bestimmten und zum ggf gerichtlich ergänzten Auftrag des **Verfahrensbeistands** (Abs 4 S 1 bis 4), sondern sieht in Abs 7 als Vergütung und Aufwendungsersatz (im Schrifttum heftig kritisierte; vgl allein Salgo ZKJ 2009, 49, 53: die bemerkenswerten Abs 3 und 4 sind durch Abs 7 zu völlig sinnlosem Zierrat verkommen) Fallpauschalen vor, für die es grundsätzlich keine Rolle spielt, ob der Verfahrensbeistand seine Befugnisse einhält oder überschreitet. Ob die Regelung der Vergütung für einen berufsmäßigen Verfahrensbeistand in der Form von **Fallpauschalen verfassungsgemäß oder verfassungswidrig** ist, wurde bisher vom BVerfG nicht entschieden. Das Gericht hat eine Verfassungsbeschwerde, die sich unmittelbar gegen die Regelung der Vergütung richtete, für unzulässig erklärt (BVerfG FamRZ 2010, 185).

133 Die an Stelle des bisher geltenden § 50 FGG aF eingeführte Vorschrift des § 158 FamFG (Verfahrensbeistand) enthält zumindest ansatzweise Bestimmungen über die **Rechtsstellung** und die **Aufgaben des Verfahrensbeistands** (Abs 4). Aus diesem Grunde und wegen der Einführung der Vergütungspauschalen in § 158 Abs 7 FamFG könnten Streitigkeiten über Art und Umfang der Aufgabenerledigung in Zukunft weitgehend vermieden werden.

134 Zusammenstellung der Aufgaben eines Verfahrensbeistands/Verfahrenspflegers (hier: in einem Verfahren betreffend Umgangsregelung) danach, ob sie vergütungsfähig, regelmäßig nicht und nur ausnahmsweise zu vergüten sind (OLG Dresden [22. ZS] FamRZ 2003, 877 = OLG-NL 2003, 131= OLGR 2003, 380; Abgrenzung zu OLG Dresden FamRZ 2002, 1211. Grundsätzlich zu Art und Umfang der Tätigkeit des Verfahrenspflegers/-beistands OLG Frankfurt FamRZ 2009, 1770; OLG Brandenburg FamRZ 2008, 1633 [1634]; FamRZ 2008, 2049, 2050; auch OLG Köln FamRZ 2009, 728 [LS] = ZKJ 2009, 80). Ein **Elterngespräch** gehört(e) zum Aufgabenkreis des Verfahrenspflegers, wenn ihm ein „Bericht über die Situation des Kindes" aufgegeben worden ist (OLG Köln OLGR 2003, 270; OLG Brandenburg FamRZ 2008, 2221); die dem Kindeswohl am besten dienende Entscheidung zu erforschen war nicht Aufgabe des Verfahrenspflegers (OLG Koblenz Kind-Prax 2003, 25). Jetzt sieht § 158 Abs 4 Satz 3 FamFG vor, dass das Gericht dem Verfahrensbeistand, soweit dafür im Einzelfall ein Erfordernis besteht, die zusätzliche Aufgabe überträgt, Gespräche mit den Eltern und weiteren Bezugspersonen zu führen sowie am Zustandekommen einer einvernehmlichen Regelung über den Verfahrensgegenstand mitzuwirken. Der Anspruch auf die erhöhte Vergütung des Verfahrensbeistands (§ 158 Abs 7 Satz 3 FamFG) hängt aber nicht davon ab, dass der Verfahrensbeistand die ihm nach § 158 Abs 4 Satz 3 FamFG zusätzlich übertragenen Tätigkeiten bereits aufgenommen hat. Ausreichend ist, dass er in irgendeiner Weise im Kindesinteresse tätig geworden ist (BGH Rpfleger 2014, 195 = FamRZ 2014, 373 m Anm Hammer 375).

135 **Keine** Aufgabe sind **Ermittlungen** und Explorationen zur Familienanamnese (OLG Braunschweig NdsRpfl 2001, 82); Gespräche in begrenztem Umfang (OLG Stuttgart [8. ZS] FamRZ 2003, 322 = Kind-Prax 2003, 26; FamRZ 2003, 934 = Rpfleger 2003, 365 [LS]); Gespräche mit beteiligten Verwandten des Kindes (OLG Zweibrücken FamRZ 2002, 627 m Anm

LUTHIN; OLG Frankfurt FamRZ 2008, 1364 = ZKJ 2009, 78); Hausbesuch nur, um Gespräche mit dem Kind zu führen, nicht zwecks Inaugenscheinnahme des elterlichen Haushalts (OLG Brandenburg FamRZ 2008, 1633 [1635] = Rpfleger 2008, 489); keine Beteiligung an der Aufstellung des Hilfeplans (OLG Brandenburg FamRZ 2001, 692; FamRZ 2001, 1541; FamRZ 2002, 378; JAmt 2002, 96 [LS]; AG Andernach FamRZ 2009, 1169 [LS] mwNw; OLG Brandenburg FamRZ 2009, 1007 = OLGR 2009, 575); Interaktionsbeobachtungen als Aufgabe (OLG Karlsruhe [16. ZS] FamRZ 2002, 1660; OLG Brandenburg FamRZ 2008, 641 = ZKJ 2009, 85).

Vor der Einführung des § 158 FamFG: Wahrnehmung der rechtlichen Interessen des **136** von ihm vertretenen Kindes, Vorbereitung der Entscheidung des Gerichts in diesem Sinne und darüber wachen, dass die zu begutachtenden Interessen des Kindes angemessen zur Geltung kommen (Kostenerstattung nur im Rahmen enger Grenzen, OLG Frankfurt ZFE 2002, 195); keine Beschränkung darauf, den **Kindeswillen** zu **ermitteln** und wiederzugeben (OLG Düsseldorf [5. ZS] FamRZ 2003, 167); der Ermittlung des Kindeswillens dienende Explorationen als Aufgabe (OLG Zweibrücken FamRZ 2002, 627 m Anm LUTHIN); vergütungsfähig für die Ermittlung des Kindeswillens ist die dafür notwendige Zeit, gemessen daran, was ein sorgfältig arbeitender gewissenhafter Verfahrenspfleger (Verfahrensbeistand) zur Wahrnehmung seiner Aufgaben als notwendig ansehen würde (OLG Brandenburg FamRZ 2009, 1007 [1008]); keine Beteiligung an der Erforschung der dem objektiven Kindeswohl am besten dienenden Entscheidung, keine Ermittlungen über die des Kindeswillens hinaus (OLG Brandenburg FamRZ 2001, 692; FamRZ 2001, 1541; FamRZ 2002, 378); Kontakte zu den übrigen Verfahrensbeteiligten als Aufgabe des Verfahrenspflegers (OLG Karlsruhe [16. ZS] FamRZ 2002, 1660).

Regelmäßig **keine Vergütung** von Zeit- und Kostenaufwand **für Supervision** (OLG **137** Brandenburg FamRZ 2003, 256 m Anm BIENWALD; OLG Frankfurt FamRZ 2004, 1751; BGH FamRZ 2007, 1548 = NJW-RR 2007, 1373; OLG Koblenz FamRZ 2013, 240 [LS]); keine vermittelnde und Lösungsvorschläge herbeiführende Aktivitäten (OLG Düsseldorf [7. ZS] FamRZ 2003, 190 [LS]); keine Verfahrenspflegervergütung für **Mediation** und sonstige **schlichtende Tätigkeit**, wenn der Betreffende nicht Mediator ist (OLG Koblenz FamRZ 2008, 1633 = ZKJ 2009, 84); keine Tatsachenermittlungen (OLG Stuttgart [8. ZS] FamRZ 2003, 322 = Kind-Prax 2003, 26); Tätigkeiten im Interesse des Kindes nach Verfahrensabschluss bei entsprechendem gerichtlichen Auftrag sind vergütungsfähig (OLG Stuttgart [8. ZS] FamRZ 2003, 395 [LS]); welche Tätigkeiten erforderlich sind, kann sich im Einzelfall aus dem vom Familienrichter konkret übertragenen Aufgabenbereich ergeben (OLG Köln Kind-Prax 2003, 27); zur Überwälzung der Kosten der Umgangsbegleitung auf die Justiz als Kosten des familiengerichtlichen Umgangsverfahrens Rechtsgutachten des DIJuF (JAmt 2002, 67); keine Aufgabe der Umgangsbegleitung (OLG Dresden [10. ZS] FamRZ 2003, 935 [LS]); keine Organisation und Begleitung eines Umgangskontaktes (KG [19. ZS] FamRZ 2002, 1661 = Kind-Prax 2003, 23); wirksame Bestellung zum Umgangspfleger als Vergütungsvoraussetzung (OLG Karlsruhe [16. ZS] JAmt 2002, 153 [LS]; OLG Köln FamRZ 2009, 728 [LS] = ZKJ 2009, 80; OLG Brandenburg FamRZ 2008, 1478 m Anm BIENWALD); zur Bestellung eines Umgangspflegers s §§ 1684 Abs 3 S 3 BGB und 1685 Abs 3 S 1 BGB.

Für den Ersatz von Aufwendungen und die Vergütung des **Umgangspflegers** gilt die **138** für Verfahrenspfleger bestimmte Regelung des § 277 FamFG (§ 1684 Abs 3 S 6 BGB). Zwar kann der Umgangspfleger seine Vergütung grundsätzlich erst von dem Zeitpunkt seiner Bestellung an beanspruchen (Bestellung bei persönlicher Anwesenheit OLG Brandenburg FamRZ 2015, 1735); in Ausnahmefällen (besondere Eile) nach Treu und Glauben (§ 242 BGB) aber bereits für die Zeit vorher (OLG Saarbrücken FamRZ 2012, 888 = ZKJ 2012, 33; OLG Brandenburg FamRZ 2008, 1478 m Anm Bienwald; auch OLG Brandenburg FamRZ 2015, 1735). Der gerichtlich bestimmte Umgangspfleger ist gehalten, vor der Aufnahme seiner Tätigkeit auch seine förmliche Bestellung iS des § 1789 BGB herbeizuführen (BGH FamRZ 2014, 672). Der Umgangspfleger erhält eine Vergütung für jede Stunde der für die Führung der Pflegschaft aufgewandten und erforderlichen Zeit. Deshalb ist neben dem tatsächlichen Zeitaufwand auch die Erforderlichkeit festzustellen, die der Umgangspfleger zu belegen hat; er muss konkret aufzeigen, warum er nach einer kurzfristigen Absage eines zu begleitenden Umgangstermins die ausgefallene Zeit nicht anderweitig nutzen konnte (OLG Koblenz Rpfleger 2019, 271). Für Tätigkeiten, die im Zusammenhang mit einem Vergütungsantrag oder mit der Beantwortung von Fragen zu früheren Anträgen stehen, kann der Umgangspfleger keine Vergütung verlangen (AG Koblenz FamRZ 2011, 1894). Eine Verabschiedung von dem Kind nach kurzer Verfahrensdauer (6 Wochen) gehört nicht zu den vergütungsfähigen Aufgaben des Verfahrenspflegers (OLG Köln OLGR 2003, 270); keine Vermittlung zwischen den Beteiligten (OLG Stuttgart [8. ZS] FamRZ 2003, 322 = Kind-Prax 2003, 26; OLG Braunschweig NdsRpfl 2001, 82). Zur Bewilligung einer Vergütung für einen Umgangspfleger, der auch bei der Durchführung des Umgangs entsprechend einer ausdrücklichen Anordnung des Familiengerichts anwesend war, grundsätzlich BGH NJW 2019, 435 ff. Dort auch zur Rückforderung überzahlter Vergütung des Umgangspflegers und zu dem einer Rückforderung entgegenstehenden Vertrauensgrundsatz.

139 Die für den **Verfahrenspfleger** erforderliche Zeit ist nach den Umständen des konkreten Falles zu ermitteln; eine Herabsetzung auf den durchschnittlichen Zeitaufwand ist nicht möglich (OLG Köln FamRZ 2000, 1307); Pauschalierung des Zeitaufwandes (für Gespräche; OLG Stuttgart [8. ZS] FamRZ 2003, 934 = Rpfleger 2003, 365 [LS]). Inwieweit die Entscheidungen nach der Einführung des **Verfahrensbeistandsrechts** (§ 158 FamFG) aufrechterhalten bleiben, richtet sich danach, ob das Familiengericht den Umständen des Einzelfalls entsprechend dem Verfahrensbeistand gem § 158 Abs 4 S 3 und 4 FamFG die zusätzliche Aufgabe überträgt, Gespräche mit den Eltern und weiteren Bezugspersonen zu führen sowie am Zustandekommen einer einvernehmlichen Regelung über den Verfahrensgegenstand mitzuwirken. In diesem Fall hat das Gericht Art und Umfang der Beauftragung konkret festzulegen und die Beauftragung zu begründen.

140 Falls erforderlich hat der Verfahrenspfleger auch noch **nach Beendigung** seines Amtes vergütungsfähige Tätigkeiten für den Untergebrachten vorzunehmen. So kann es zu den Aufgaben des Verfahrenspflegers gehören, durch Einsichtnahme in die Pflegedokumente und/oder ein Gespräch mit den behandelnden Ärzten oder/und dem Pflegepersonal sich einen eigenen Eindruck von der Unterbringung zu verschaffen, um auf diese Weise prüfen zu können, ob Rechtsmittel einzulegen sind. Ein für erforderlich gehaltenes Gespräch auch mit dem Untergebrachten bedarf ggf der Vorbereitung und Anmeldung (LG Münster FamRZ 2010, 150 [LS]).

141 Unsicher ist nach wie vor, ob und inwiefern für den Einsatz von **Vertretern** oder von **Hilfspersonen** Vergütung und/oder Aufwendungsersatz bewilligt werden kann. Der BGH hat sich zur Frage, ob der für einen mittellosen Betreuten bestellte Berufsbetreuer für die Erledigung einfacher Schreibarbeiten durch eine bei ihm beschäftigte Schreibkraft (Bürohilfskraft) Aufwendungsersatz beanspruchen könne (im Vorlagebeschluss des BayObLGZ 2001, 22 = FamRZ 2001, 653 m Anm Bienwald = BtPrax 2001, 125 verneint, von OLG Bremen FamRZ 2000, 555 bejaht; vgl auch die Nachweise in BayObLG FamRZ, 2001, 653 [654]), mit Beschluss vom 9. 11. 2005 (FamRZ 2006, 111) geäußert, allerdings nur für die Rechtslage vor dem Inkrafttreten des 2. BtÄndG.

Unstreitig ist es, dass keiner der genannten Amtsträger das ihm übertragene Amt 142
unbefugt auf eine **andere Person übertragen** kann, dass jedoch die Erledigung einzelner Angelegenheiten, die ihrer Natur nach nicht den persönlichen Einfluss des Vormunds erfordern, einer anderen Person zur Wahrnehmung übertragen werden können (Staudinger/Veit [2014] § 1793 Rn 61; MünchKomm/Wagenitz § 1793 Rn 35). Abgesehen davon, dass in Entscheidungen der Gerichte nicht immer hinreichend auseinandergehalten wird, ob der Betreuer jemand (für die Erledigung einzelner Angelegenheiten) zu seinem Vertreter bestellt hat oder zur Führung der Betreuung **Hilfskräfte** einsetzt (näher Bienwald BtPrax 2003, 158 ff), bezieht sich der Streit im Wesentlichen auf die Zahlung von Entgelt für die von berufsmäßig tätigen Personen im Büro (mehr oder weniger) ständig beschäftigten Hilfskräfte. Der Streit entzündete sich an der Frage, ob zu den allgemeinen Verwaltungskosten, die nicht ersetzt werden (§ 1835 Abs 4 BGB), auch die Kosten des für Bürotätigkeiten vorgehaltenen Hilfspersonals gehören.

Zum Einsatz von Hilfskräften im Übrigen sind aus der Zeit vor dem 1. 7. 2005 fol- 143
gende nicht unerheblich voneinander abweichende Äußerungen zu verzeichnen. Für die Zeit nach dem 1. 7. 2005 wird die Vergütung derjenigen, die Betreuungen berufsmäßig führen, nach den §§ 4 und 5 VBVG (pauschaliert) gezahlt; vgl auch unten Rn 148.

Der für einen mittellosen Betroffenen bestellte Berufsbetreuer kann für die Erledi- 144
gung einfacher Schreibarbeiten durch eine bei ihm beschäftigte Schreibkraft Aufwendungsersatz nicht verlangen (BayObLGZ 2001, 22 = FamRZ 2001, 653 = BtPrax 2001, 125 [Vorlage an den BGH wegen Abweichung von OLG Bremen FamRZ 2000, 555 = BtPrax 2000, 88]). Der Betreuer kann eine Vergütung für seinen Zeitaufwand zur Information einer Hilfsperson verlangen, wenn er die Betreuung nicht delegiert, sondern im Wesentlichen weiterführt (BayObLG FamRZ 2001, 374 = BtPrax 2000, 214 = NJWE-FER 2001, 45). Der Betreuer kann mit einzelnen abgrenzbaren Arbeiten oder Aufgaben, die er selbst wahrnehmen könnte, auch Dritte beauftragen, sofern diese nur als untergeordnete „Hilfskräfte" ohne eigene Entscheidungsbefugnis tätig werden. Durch die Erstattung entsprechender Kosten als Aufwendungsersatz darf die Kasse jedoch nicht höher belastet werden als bei Ausführung durch den Betreuer selbst (BayObLGZ 2002, 353 = FamRZ 2003, 407; Fortführung von BayObLG FamRZ 2001, 374).

Delegieren Berufs- oder Vereinsbetreuer Bürotätigkeiten, die im Zusammenhang 145
mit einer Betreuung anfallen, zulässigerweise an Hilfskräfte, können die Kosten nach seit 1. 1. 1999 geltendem Recht als Aufwendungen erstattungsfähig sein (OLG Bremen FamRZ 2000, 555 = BtPrax 2000, 88). Aus dem Grundsatz der persönlichen Betreuung folgt, dass ein Betreuer seine Aufgaben grundsätzlich nicht insgesamt auf einen Dritten übertragen darf; das gilt auch bei bloß vorübergehender Verhinderung. Tätigkeiten des „bevollmächtigten" Dritten können dennoch ausnahmsweise ver-

gütungsfähig sein, soweit dessen Einschaltung ihrem Inhalt und Zweck nach darauf gerichtet ist, trotz zeitlich begrenzter Abwesenheit des Betreuers die persönliche Betreuung durch diesen gerade aufrechtzuerhalten (OLG Dresden OLG-NL 2001, 286 [287] = BtPrax 2001, 260).

146 Die Übertragung sämtlicher Betreuungsaufgaben durch den Berufsbetreuer auf einen von ihm bevollmächtigten Dritten als Urlaubsvertreter ist unzulässig; deshalb sind die für die Urlaubsvertretung aufgewendeten Kosten auch grundsätzlich nicht erstattungsfähig. Eine Erstattung aus der Staatskasse kann aber ausnahmsweise geboten sein, wenn die Einschaltung des Urlaubsvertreters vor Klärung dieser Rechtsfrage durch obergerichtliche Rechtsprechung in Absprache mit der Betreuungsbehörde geschah und dem Gericht rechtzeitig angezeigt wurde, ohne dass eine Beanstandung oder Bestellung eines Verhinderungsbetreuers vorgenommen wurde (OLG Frankfurt FamRZ 2002, 1362 [LSe] m Anm Bienwald = BtPrax 2002, 170).

147 Die Festsetzung von Aufwendungsersatz und/oder Vergütung für einen zum Betreuer bestellten Rechtsanwalt, der Bürotätigkeiten auf Hilfskräfte delegiert hat, wird abgelehnt (LG Koblenz FamRZ 2002, 638). Das Gericht beruft sich für seine Auffassung, dass „eine gesonderte Berücksichtigung der von den Schreibkräften erbrachten Tätigkeiten nach § 1836a BGB nicht in Betracht" komme, auf die Entscheidung des BGH FamRZ 2000, 1569 (LS m Anm Glade FamRZ 2001, 479 = BtPrax 2001, 30, 32), wonach die in § 1 Abs 1 BVormVG (aF) festgestellten Vergütungssätze keinen Raum für gesondert in Rechnung gestellte Personal- und Sachkosten mehr ließen, das neue Recht vielmehr festlege, mit welchem Stundensatz ein Berufsbetreuer in der Regel auszukommen habe, sodass er seinen Aufwand an Sach- und Personalkosten entsprechend einzurichten habe (zur Abgeltung allgemeiner Bürokosten durch die Vergütungssätze des § 1 BVormVG [aF] OLG Zweibrücken FamRZ 2003, 477 [LS m Anm d Redaktion]. Das OLG nennt als zu den Bürokosten gehörend: Miete, Mietnebenkosten und Fortbildungskosten, auch Kosten für Büroausstattung und Büromaterial, insbesondere Schreibpapier und Briefumschläge).

148 Die durch das 2. BtÄndG eingeführten Fallpauschalen lassen eine gesonderte Vergütung für den Einsatz von Hilfskräften grundsätzlich nicht mehr zu. Im Rahmen seiner Entscheidung vom 21. 10. 2009, durch die der BGH eine Vorlage des OLG Braunschweig an das vorlegende Gericht zur Behandlung und Entscheidung in eigener Zuständigkeit zurückgegeben hat, zeigt der BGH Gesichtspunkte auf, welche Möglichkeiten das geltende Recht zur Verfügung stellt, um einen Betreuer losgelöst von den in §§ 4, 5 VBVG vorgegebenen Pauschalen in besonderen Einzelfällen angemessen zu vergüten (FamRZ 2010, 199 m Anm Bienwald). Er nimmt auf die Regelung des § 1835 Abs 3 BGB Bezug und nennt für Ausnahmefälle die Möglichkeit, dass ein Betreuer unter Mitwirkung eines zu bestellenden Ergänzungsbetreuers als Vertragspartner die Leistung gegen Honorar erbringt. Unzutreffend beschränkt der BGH diese Möglichkeit auf Leistungen, die außerhalb der eigentlichen Betreuung liegen (vgl dazu Bienwald in der Anm zu BGH FamRZ 2010, 199).

c) Vergütung des Nachlasspflegers

149 Auf die Nachlasspflegschaft findet die allgemeine Vorschrift des Pflegschaftsrechts (§ 1915 Abs 1 BGB) und finden damit die für die Vormundschaft geltenden Vorschriften Anwendung (§ 1915 Abs 1 BGB), soweit sich nicht aus dem Gesetz oder der besonderen Eigenart der Nachlasspflegschaft etwas anderes ergibt (vLübtow,

Erbrecht 755; Staudinger/Mešina [2017] § 1960 Rn 31 ff). Gemäß § 1836 Abs 1 S 2 BGB wird die Nachlasspflegschaft unentgeltlich geführt. Sie wird ausnahmsweise entgeltlich geführt, wenn das (Nachlass-)Gericht (§ 1962 BGB) bei der Bestellung des Nachlasspflegers feststellt, dass der Nachlasspfleger die Nachlasspflegschaft berufsmäßig führt (§ 1836 Abs 1 S 2 BGB). In Betracht kommt eine Festsetzung der Vergütung gegen die Staatskasse bei höchst zweifelhafter Verwertbarkeit eines Miteigentumsanteils an Hausgrundstücken (OLG Saarbrücken FamRZ 2015, 281 = Rpfleger 2014, 681).Voraussetzung des Vergütungsanspruchs ist die wirksame Bestellung des Nachlasspflegers. Der Anspruch entsteht mit der Ausführung seiner Amtstätigkeit (OLG Düsseldorf FamRZ 2011, 141, 142). Dem gerade wegen seiner Rechtskenntnisse (zur anwaltsspezifischen Tätigkeit OLG Schleswig MDR 2013, 917 [LS]) zum Nachlasspfleger bestellten Rechtsanwalt steht es frei, unmittelbar nach den Gebührenvorschriften des RVG oder nach nicht überhöhten Stundensätzen abzurechnen (OLG Düsseldorf FamRZ 2011, 141, 142; dort auch zur vom Gericht bejahten Frage, ob der Anspruch gegen den Übernahmeschuldner festgesetzt werden kann). Durch die anwaltlichen Gebühren werden der gesamte Arbeitsaufwand sowie die Schwierigkeiten der hierauf bezogenen Tätigkeit abgedeckt (KG FamRZ 2006, 651 [LS]). Die Vergütung des anwaltlichen Berufsnachlasspflegers richtet sich bei einem vermögenden Nachlass abweichend von § 3 VBVG gemäß § 1915 Abs 1 BGB nach den für die Führung der Pflegschaftsgeschäfte nutzbaren Fachkenntnissen des Pflegers wie nach Umfang und Schwierigkeit der Pflegschaftsgeschäfte (Thür OLG Rpfleger 2013, 863).

Eine gerichtliche Kontrolle der Nachlasspflegertätigkeit findet nur im Rahmen einer Plausibilitäts- und Missbrauchskontrolle statt, wenn einerseits eine konkrete Arbeitsauflistung vorgelegt wird und andererseits gezielte, substantielle Angriffe gegen einzelne Positionen nicht erfolgen (OLG Schleswig Rpfleger 2015, 29). Eine Vergütung für die Erstellung einer Stundenauflistung des Nachlasspflegers kann nicht gewährt werden (OLG Schleswig Rpfleger 2015, 29). Ein zum Verfahrenspfleger in einem Nachlassverfahren kann nach dem RVG nicht mit Blick auf Auslegungsfragen des Testaments vergütet werden, sofern er diese weder zu beantworten hatte noch tatsächlich beantwortet hat (OLG Düsseldorf FamRZ 2019, 727). Für die Höhe einer nach § 1836 Abs 1 BGB zu bewilligenden Vergütung bestimmt § 1915 Abs 1 S 2 BGB, dass abweichend von § 3 Abs 1 bis 3 VBVG die für die Führung der Pflegschaftsgeschäfte nutzbaren Fachkenntnisse des Pflegers sowie Umfang und Schwierigkeit der Pflegschaftsgeschäfte maßgebend sind, sofern der Nachlass nicht mittellos ist. Zu den für die Führung der Pflegschaftsgeschäfte durch den berufsmäßig tätigen Nachlasspfleger nutzbaren Fachkenntnissen des Pflegers sowie zu Umfang und Schwierigkeit der Pflegschaftsgeschäfte hat das Amtsgericht die erforderlichen Feststellungen zu treffen (OLG Celle NdsRpfl 2018, 83). 150

Der berufsmäßig tätige Nachlasspfleger hat zum Zwecke der Vergütungsfeststellung eine detaillierte Darstellung der für die unbekannten Erben entfalteten Tätigkeiten darzustellen (OLG Celle FamRZ 2016, 2035). Eine reine Angabe der Stundenzahl ohne Tätigkeitsnachweise genügt nicht (OLG Hamm Rpfleger 2015, 707 = FamRZ 2016, 83 [LS] = NJW-Spezial 2015, 424). Seine Vergütung ist auch bei werthaltigen Nachlässen grundsätzlich nach Zeitaufwand und angemessenem Stundensatz und nicht (nur) pauschal nach einem bestimmten Prozentsatz des Aktivnachlasses abzurechnen (OLG Celle Rpfleger 2018, 388 = MDR 2018, 532 = Rpfleger 2018, 388). Ein die Höhe des doppelten Betrages nach § 3 Abs 1 VBVG übersteigender Stundensatz kommt für Nachlass- 151 pfleger, die nicht im Hauptberuf Rechtsanwalt sind, nur in begründeten Einzelfällen in Betracht (OLG Celle RPfleger 2018, 388).

152 Vgl zur Vergütung eines anwaltlichen Nachlasspflegers (insbesondere zu den verschiedenen Auffassungen zur Höhe der Stundensätze) OLG Brandenburg FamRZ 2011, 926, sowie OLG Schleswig (BtPrax 2012, 174 [LS]; OLG Düsseldorf Rpfleger 2014, 427: 65 Euro bis zu 115 Euro, aber auch im Einzelfall bis 33,50 Euro; vgl auch OLG Schleswig FGPrax 2010, 140) und OLG Celle (Rpfleger 2012, 257: 120 Euro als mittlerer Stundensatz zwischen 110 und 130 Euro); 33,50 bis 65,00 bei einfacher Abwicklung, über 70,00 bis 90,00 bei mittelschweren Pflegschaften, bis zu 115,00 bei schwieriger Abwicklung (Thür OLG Rpfleger 2013, 683). OLG Celle (FamRZ 2018, 963): für einen Nachlasspfleger, der nicht Rechtsanwalt ist, ganz ausnahmsweise 75 Euro Stundensatz; OLG Celle (FGPrax 2018, 82 = FamRZ 2018, 963): für einen Rechtsanwalt ganz ausnahmsweise 130 Euro Stundensatz. Eine Mittelwertvergütung von 110 Euro/Std überschreitet nicht die Grenzen des pflichtgemäßen Ermessens (OLG Düsseldorf FamRZ 2013, 759 [760] = FGPrax 2013, 69 = RPfleger 2013, 93). Nicht zu beanstanden ist ein Nettostundensatz von 100 Euro für einen Nachlasspfleger (hier: DiplRPfl FH), der die (durchschnittlich schwierige) Pflegschaft in Ausübung seines Berufes führt (OLG Stuttgart Rpfleger 2013, 396 m Hinweisen auf andere Entscheidungen; vgl auch OLG Jena BtPrax 2013, 158 = Rpfleger 2013, 683 = MDR 2013, 1046 [LS]). Bei mittelschwerer Abwicklung und vorhandenem Aktivnachlass für einen anwaltlichen Berufsnachlasspfleger 90 Euro netto/Std (OLG Dresden RPfleger 2015, 553 unter Aufgabe von OLG Dresden RPfleger 2007, 547 = FamRZ 2007, 1833). Bei mittelschwerer Pflegschaft und Kanzleisitz im Ballungsraum Frankfurt/Rhein Main 100 E netto pro Stunde (OLG Frankfurt/M FamRZ 2015, 2003 [LS] = RPfleger 2015, 651). Berücksichtigung der Einschaltung eines Erbenermittlers bei Vergütungsfestsetzung OLG Düsseldorf Rpfleger 2014, 427.

153 Eine Vereinbarung des Nachlassgerichts über eine pauschale Nachlasspflegervergütung verstößt gegen die gesetzlichen Regelungen und begründet keinen Vertrauenstatbestand (OLG Hamm Rpfleger 2015, 707 = FamRZ 2016, 83 [LS] = NJW-Spezial 2015, 424). Zulässige Vereinbarung nach Aufhebung zwischen Erbe und Nachlasspfleger OLG Düsseldorf Rpfleger 2014, 518. Zur Rechtsprechung vor 2014 auch Bestelmeyer, Rpfleger 2014, 641, 651. Formelhafte „Begründungen" bei der Festsetzung der Nachlasspflegervergütung, die ungeprüft die Angaben im Festsetzungsantrag übernehmen, genügen nicht den Anforderungen des § 38 Abs 3 S 1 FamFG, sodass mit Aufhebung und Zurückverweisung (§ 69 Abs 1 S 2 FamFG) zu rechnen ist (OLG Celle NdsRpfl 2018, 83 = Rpfleger 2018, 272; OLG Celle FamRZ 2018, 963 = FGPrax 2018, 82). Sind bei der Festsetzung der aus dem Nachlass zu entnehmenden Vergütung des Nachlasspflegers die zu hörenden potentiellen Erben noch nicht bekannt, ist für das Festsetzungsverfahren ein Verfahrenspfleger zu bestellen (OLG Köln Rpfleger 2018, 328).

154 Der **Einwand mangelhafter Amtsführung** ist bei der Festsetzung der Nachlasspflegervergütung grundsätzlich unerheblich (OLG Düsseldorf FamRZ 2011, 141, 143; OLG Düsseldorf Rpfleger 2014, 427). Zur Verwirkung des Vergütungsanspruchs OLG Frankfurt FamRZ 2019, 1737.

Für den **Vorbehalt beschränkter Erbenhaftung** ist im Rahmen des Festsetzungsverfahrens für die Vergütung des Nachlasspflegers kein Raum. Dieser erfolgt aufgrund einer **Einrede** des Erben, die der Sache nach auf dem materiellen Recht beruht (OLG

Hamm FamRZ 2017, 660 mwNw). Der Beschluss, durch den die Vergütung des Nachlasspflegers gegen den Erben festgesetzt worden ist, ist ein Vollstreckungstitel nur gegen den Nachlass; der Erbe haftet für die Vergütung des Nachlasspflegers nicht mit seinem sonstigen Vermögen. Ein Titel gegen den Erben persönlich ist deshalb nicht möglich (OLG Celle BtPrax 2016, 245 [LS]).

Der berufsmäßig tätige Nachlasspfleger kann auch vor Beendigung der Nachlass- **155**
pflegschaft bereits erbrachte Leistungen endgültig abrechnen und muss sich nicht auf die Möglichkeit der Abschlagsrechnung verweisen lassen. Nach Antragstellung auf endgültige Vergütung keine Änderung in Abschlagszahlung möglich (OLG Stuttgart BtPrax 2018, 83 [LS] = FGPrax 2018, 90).

2. Die Bemessung der Vergütung

a) Allgemeines

Die Höhe der Vergütung, die der berufsmäßig tätige **Vormund** oder **Pfleger** ver- **156**
langen kann, richtet sich nach **§ 3 VBVG**. Die dort zunächst in festen Beträgen ausgedrückten Stundensätze sind für die Rechtsanwendung verbindlich, soweit das Gesetz nicht selbst Ausnahmen zugelassen hat (§ 3 Abs 3 VBVG). Die verbindlichen Stundensätze können nicht Gegenstand abweichender Vereinbarungen sein. Nachlasspfleger und Erbe können deshalb die Vergütung des Nachlasspflegers nicht wirksam vereinbaren (OLG Celle FamRZ 2011, 1755). Die Stundensätze dürfen bei der Festsetzung der Vergütung weder unterschritten noch überschritten werden (BT-Drucks 13/7158, 27). Sie gelten unabhängig davon, ob sich der Vergütungsanspruch primär gegen den Mündel oder im Falle von dessen Mittellosigkeit gemäß § 1 Abs 2 S 2 VBVG gegen die Staatskasse richtet (MünchKomm/Wagenitz § 3 VBVG Rn 1). Ist der Mündel nicht mittellos, kann die Vergütung ausnahmsweise höher als der gesetzlich vorgegebene Stundensatz ausfallen. Diese Möglichkeit besteht nicht für den Regelfall berufsmäßig geführter rechtlicher Betreuung (§§ 4, 5 VBVG). Zur Vereinbarkeit der Vorschriften mit dem Grundgesetz LG München I (FamRZ 2011, 1248; unzulässiger Normenkontrollantrag, BVerfG FamRZ 2011, 1642 m Anm Zimmermann 1644).

Die Stundensätze sind verbindliche Grundlage für die Abrechnung geleisteter Ar- **157**
beitsstunden. Auf- oder Abrundungen sind weder vorgesehen noch statthaft. Zeitaufwand, der eine volle Stunde nicht ausfüllte, ist anteilig zu vergüten.

Insofern ein Vormund die Voraussetzungen für eine Abrechnung nach § 1835 Abs 3 **158**
BGB erfüllt, ergeben sich die Maßstäbe für die Berechnung seiner Vergütung nicht aus § 3 VBVG, sondern aus den für sein Gewerbe und/oder seinen Beruf geltenden speziellen Vorschriften/Tarifen, im Falle der Tätigkeit als Rechtsanwalt aus dem RVG. Diese Art der Abrechnung wurde durch § 1 Abs 2 S 2 RVG zugelassen. Der für einen Sachverständigen geltende Maßstab des § 8 JVEG ist für die einem berufsmäßig tätigen Vormund nach § 3 Abs 1 VBVG zu vergütende aufgewandte und erforderliche Zeit nicht entscheidend. Maßgebend ist für ihn nicht, ob die einzelne Tätigkeit als Vormund nachträglich betrachtet zur Erfüllung seiner Aufgaben erforderlich war, sondern die Lage, die sich dem Vormund im Zeitpunkt seines Tätigwerdens, bei Beachtung der ihm nach § 1833 BGB obliegenden Sorgfalt, darstellen musste (OLG München FamRZ 2018, 515).

159 Die Vergütungssätze des § 3 VBVG orientieren sich an der Qualifikation des Vormunds. Sie sind nach Art des Ausbildungsabschlusses gegliedert. Auf der untersten Stufe steht der Vormund, der über keine durch eine abgeschlossene Ausbildung erworbenen Fachkenntnisse verfügt. Ihm folgt der Vormund, dessen Fachkenntnisse durch eine abgeschlossene Lehre oder eine vergleichbare abgeschlossene Ausbildung erworben sind. Die oberste Stufe bilden die Personen, die ihre Fachkenntnisse einer abgeschlossenen Ausbildung an einer Hochschule (Universität, Fachhochschule, sonstige Hochschule) oder einer vergleichbaren abgeschlossenen Ausbildung verdanken (BT-Drucks 13/7158, 14). Mit der Auswahl der für die Aufgabe(n) geeigneten Person (§§ 1779 Abs 2 S 1, 1897 Abs 1 BGB; §§ 158 Abs 1, 276 FamFG) und der dabei festgestellten erforderlichen und vorhandenen Qualifikation stehen die persönlichen Voraussetzungen der Vergütung fest (OLG Zweibrücken FamRZ 2000, 551 [552]; LG Koblenz FamRZ 2001, 712, 713 [LS]; im Einzelnen unten Rn 163 ff). War der Rechtspfleger bei früherer Festsetzung irrtümlich davon ausgegangen, der Vormund habe die erste juristische Staatsprüfung abgelegt, und hatte ihm den erhöhten Stundensatz von 25 Euro zugebilligt, genießt der Vormund für spätere Festsetzungen keinen Vertrauensschutz (BGH FamRZ 2013, 693 = NJW-RR 2013, 578).

160 Eine Qualifikation, die auf **Berufserfahrung** oder **Fortbildungsmaßnahmen** zurückzuführen ist, wirkt sich **nicht vergütungserhöhend** aus (BGH 2012, 629 = FGPrax 2012, 107 = NJW-RR 2012, 452 = BtPrax 2012, 129 [LS]; BGH FamRZ 2012, 971 und FGPrax 2012, 162 [jeweils LS]; BtPrax 2012, 165 = NJW-RR 2012, 774). Davon unberührt ist zu entscheiden, ob das jeweilige **Jugendamt** über die erforderliche Zahl von **Fachkräften** verfügt (§ 79 Abs 3 SGBVIII) oder die in der **Betreuungsbehörde** zur Durchführung ihrer Aufgaben beschäftigten Personen Fachkräfte sind oder über vergleichbare Erfahrungen verfügen (§ 9 BtBG).

161 Ob ein berufsmäßig tätiger Vormund im Einzelfall die Voraussetzungen für eine erhöhte Vergütung gemäß § 3 Abs 1 S 2 VBVG erfüllt, unterliegt einer wertenden Betrachtungsweise des Tatrichters (BGH Rpfleger 2018, 379 für die Betreuung entschieden). Bei seiner Entscheidung über eine erhöhte Vergütung nach § 4 Abs 1 Satz 2 VBVG muss das Gericht eine konkrete Betrachtung des tatsächlichen Inhalts der Ausbildung vornehmen, insbesondere Ausbildungsinhalte bzw deren Anteil an der Gesamtausbildungszeit feststellen und in die Würdigung einbeziehen, inwieweit diese Kenntnisse selbständiger und maßgeblicher Teil der Abschlussprüfung sind (BGH BtPrax 2016, 159 [LS]; FamRZ 2015, 1794; BGH FamRZ 2018, 956 = Rpfleger 2018, 454 = FGPrax 2018, 173; LG Bad Kreuznach BtPrax 2017, 87 [LS]). Diese Würdigung kann im Rechtsbeschwerdeverfahren nur eingeschränkt überprüft werden (BGH FamRZ 2013, 693 = BtPrax 2013, 113 = NJW-RR 2013, 578 = MDR 2013, 493 = FGPrax 2013, 119; für die Betreuung BGH FamRZ 2012, 113 = MDR 2011, 1505; BGH FamRZ 2012, 1866 = BtPrax 2012, 251 [252]).

162 Zu der Bewertung von Ausbildungen in der **DDR** und etwaigen durch sie erworbenen Fachkenntnissen stellte das KG (NJ 2002, 375 = BtPrax 2002, 167) fest: „Bei einer Ausbildung in der ehem. DDR steht der Umstand, dass die Ausbildung je nach Fachrichtung in mehr oder weniger großem Umfang auf die Besonderheiten des Wirtschafts- und Gesellschaftssystems der DDR bezogen war, wie insbesondere bei der Vermittlung rechtlicher und ökonomischer Kenntnisse, deren Berücksichtigung als betreuungsrelevant jedenfalls bei feststehender Gleichwertigkeit des Ausbildungsabschlusses mit einem entsprechenden Ausbildungsabschluss in den alten Bundesländern nicht entgegen" (s auch LÜTGENS, Ausbildungsgänge der ehemaligen DDR, bdb-aspekte – Verbandszeitschrift – Heft 40/Juni 2002, 29). Zur Rolle der Familie in der Gesellschaft (aus der Sicht des Rechts der alten Bundesrepublik und des Rechts der DDR) GRANDKE und R RAMM, in: TH RAMM/GRANDKE (Hrsg), Zur Familienrechtspolitik nach der Wiedervereinigung (1995) 1.

b) Persönliche Voraussetzungen

Für die Höhe der Vergütung kommt es nicht allein auf die für die Auswahl des Vormunds maßgebende Eignung (§ 1779 Abs 2 BGB), sondern darauf an, ob der Ausgewählte über Kenntnisse verfügt, die für die Führung der Vormundschaft nutzbar sind, sowie auf die Art und Weise, auf die diese Kenntnisse erworben worden sind. Besondere und für die Betreuung nutzbare Kenntnisse im Sinne des § 4 Abs 1 Satz 2 VBVG sind solche, die über das jedermann zu Gebote stehende Wissen hinausgehen und den Betreuer in die Lage versetzen, seine Aufgaben zum Wohl des Betreuten besser und effektiver zu erfüllen (BGH FamRZ 2017, 756 [LS] = FGPrax 2017, 82 = NJW-RR 2017, 646; FamRZ 2014, 116 = Rpfleger 2014, 79). Maßgebend ist, ob der Vormund über besondere Fachkenntnisse verfügt, die für die Führung der konkreten Vormundschaft nutzbar und durch eine abgeschlossene Ausbildung erworben worden sind. „Besondere Kenntnisse" sind solche, die über das jedermann zu Gebote stehende Wissen hinausgehen und die regelmäßig nicht durch Lebenserfahrung erworben werden (OLG Dresden FamRZ 2000, 1306). **Sprachkenntnisse** sind keine besonderen Kenntnisse iSd § 4 VBVG, die für die Führung der Betreuung nutzbar sind (BGH 28. 2. 2018 – XII ZB 452/17, FamRZ 2018, 851 [LS] = FGPrax 2018, 125 [LS] = Rpfleger 2018, 379). 163

Nach OLG Jena (NJ 2002, 101 [LS]) sind besondere (Fach-)Kenntnisse solche, die über ein bestimmtes Grundwissen deutlich hinausgehen (BGH FamRZ 2015, 1794), wobei dieses Grundwissen je nach Bildungsstand oder Ausbildung unterschiedlich sein kann. Für die Vormundschaft ·„nutzbar" sind diese Kenntnisse, wenn sie für die Erledigung der dem Vormund zugewiesenen Aufgaben hilfreich sind, wobei es nicht auf den Umfang und die Schwierigkeit der konkreten Vormundschaft ankommt. Notwendig, aber auch ausreichend, ist, dass die Fachkenntnisse verwendbar sein können (OLG Dresden FamRZ 2000, 1306; BGH FamRZ 2003, 1653; LG Augsburg FamRZ 2010, 1474 = BtPrax 2010, 96). Nach Auffassung des OLG Jena (NJ 2002, 101 [LS]) sind solche Fachkenntnisse für die Führung der Vormundschaft (Betreuung) dann nutzbar, „wenn sie den Betreuer befähigen, seine Aufgaben zum Wohl des Betroffenen besser und effektiver zu erfüllen (BGH FamRZ 2012, 629 Rn 10; FamRZ 2014, 377 = Rpfleger 2014, 257 Rn 7; BT-Drucks 13/7158, 14 f) und somit eine erhöhte Leistung zu erbringen. Dabei ist es nicht nötig, dass die Kenntnisse das gesamte Anforderungsprofil der Betreuung abdecken, vielmehr reichen Kenntnisse zur Bewältigung eines bestimmten Aufgabenkreises aus" (OLG Jena FGPrax 2000, 110). Zwischen Vormundschaft und Betreuung bestehen wesentliche Unterschiede. Bei der Zuständigkeit des Vormunds für die gesamte Personen- und Vermögenssorge kann nicht erwartet werden, dass die Kenntnisse für die Bewältigung aller in Betracht kommenden Aufgaben erforderlich sind; bei einer Betreuung, deren Aufgaben durch den Aufgabenkreis beschränkt sind, können die Ausbildung und die dadurch erworbenen Kenntnisse auf die zu erledigenden Aufgaben bezogen werden. 164

165 Eine höhere als die Mindestvergütung setzt voraus, dass ein erheblicher Teil der durch das Studium erworbenen Kenntnisse für die Besorgung der übertragenen Aufgaben allgemein nutzbar ist. Ist dem Betreuer die Aufenthaltsbestimmung und die Gesundheitssorge übertragen, erfüllt diese Voraussetzung ein BWL-Studium nicht (LG Offenburg BtPrax 2012, 210). Allein daraus, dass bestimmte Kenntnisse für die Berufsausübung von erheblicher Bedeutung sind, kann nicht darauf geschlossen werden, dass diese auch einen erheblichen Teil der Ausbildung darstellen (BGH FamRZ 2015, 1794).

166 Wird durch eine beabsichtigte und in Vorbereitung befindliche Reform des Vormundschaftsrechts (Veit FamRZ 2016, 2045) die zZ noch für alle Vormünder geltende „Einheitssorge" zugunsten einer Differenzierung aufgegeben, wird zu entscheiden sein, ob für die unterschiedlichen Vormünder bzw. deren unterschiedliche Aufgaben jeweils spezielle „besondere Kenntnisse" zu fordern sein werden.

167 Soweit Gerichte die Nutzbarkeit der Fachkenntnisse durch Benutzung von Komparativen in ein Verhältnis zu anderen Amtsträgern setzen, denen gegenüber der höher zu vergütende Vormund seine Aufgaben besser und effektiver erfüllt und demzufolge eine höhere Leistung erbringt, überzeugt die Argumentation nicht. Erfüllt jemand die ihm übertragene Aufgabe mangels erforderlicher Fachkenntnisse nicht in der notwendigen Qualität, entspricht er nicht den Anforderungen seiner Bestellung, in diesem Falle eines Betreuers gemäß § 1897 Abs 1 BGB oder eines Vormunds gemäß § 1779 Abs 2 BGB. Wird jemand bestellt, der die erforderlichen Kenntnisse und Fähigkeiten für die Amtsführung besitzt, entspricht er den Anforderungen, die die Aufgabe stellt. Er kann dann aber die Aufgabe nicht deshalb besser und effektiver als ohne die Kenntnisse und Fähigkeiten erfüllen, weil er ohne sie nicht bestellt worden wäre oder hätte bestellt werden dürfen. Die Rechtsprechung wird also, soweit in der geringer gewordenen Zahl von Eingruppierungsentscheidungen dazu Notwendigkeit oder Gelegenheit besteht, den Zusammenhang von §§ 3 und 4 VBVG und §§ 1779 Abs 2 und 1897 Abs 1 BGB genauer zu beachten haben und die Vergütungsregelungen nicht isoliert sehen dürfen. Auch ein Vergleich mit nicht vergüteten Vormündern geht fehl, weil auch diese Personen für die Führung des ihnen übertragenen Amtes die erforderliche Eignung (Kenntnisse und Fähigkeiten) haben müssen, um bestellt werden zu können/dürfen.

168 Die nach Inkrafttreten des Betreuungsgesetzes zu § 1836 BGB und den ergänzenden Vorschriften des BVormVG und des VBVG ergangenen Entscheidungen betrafen nahezu ausschließlich Betreuungsrechtsfälle. Insoweit muss im Einzelfall geprüft werden, inwieweit die Entscheidungskriterien auch für die Beurteilung von Sachverhalten des Vormundschafts- und Pflegschaftsrechts maßgebend sein können (s oben Rn 164).

169 Infolge der Pauschalierung der Vergütung und des Aufwendungsersatzes für die Regelfälle der rechtlichen Betreuung und der knapp bemessenen Stundenansätze (einschließlich der Stundensätze) besteht offenbar bei den bisher berufsmäßig tätigen Betreuern ein nicht geringes Interesse an der Übernahme auch von Vormundschaften und Pflegschaften.

170 Obwohl sich die für die Vormundschaft für Minderjährige und die Pflegschaften einerseits und diejenigen für die rechtliche Betreuung maßgebenden Vorschriften

noch immer gleichen oder weitgehend ähneln, sind doch inzwischen auch deutliche Unterschiede wahrzunehmen. Deshalb kann nicht ohne Weiteres davon ausgegangen werden, dass ein berufsmäßig tätiger Betreuer auch in gleichem Maße für die Führung einer Vormundschaft qualifiziert ist. Den inzwischen eingesetzten Bemühungen zur Verbesserung der (in erster Linie behördlichen) Führung der Vormundschaften und Pflegschaften sollten Qualifizierungsmaßnahmen folgen, die auf die speziellen Bedürfnisse dieser Aufgaben ausgerichtet sind. Auf einige für die Amtsführung entscheidende Unterschiede ist hier hinzuweisen: Während der Vormund grundsätzlich bis zur Vollendung des 18. Lebensjahres des Mündels zuständig bleibt und Verantwortung trägt, schränkt die Bestellung eines Betreuers die Handlungsfähigkeit eines Betroffenen nicht ein, sodass dieser grundsätzlich neben oder an Stelle des Betreuers weiterhin im Rechtsverkehr tätig werden kann. Während familiären Beziehungen im Falle einer Betreuung eines erwachsenen Menschen geringe rechtliche Bedeutung zukommt, bestehen auch nach Entziehung der elterlichen Sorge Umgangsrechte der Eltern oder Elternteile. Die Verantwortung des Vormunds erstreckt sich in erster Linie auf die Sorge für die Person des Mündels; weniger auf die Sorge für das Vermögen, sofern es nicht bereits vorhanden und zu verwalten ist.

Bereits bisher war und bei der **Reform des Vormundschaftsrechts** ist es ein wesentliches Anliegen, die Personensorge des Vormunds zu stärken (Diskussionsteilentwurf zur Reform des Vormundschaftsrechts v 18. 8. 2016, 16). Mit der Reform soll vor allem die Stellung des Mündels als Subjekt der Vormundschaft sowie die Verantwortung des Vormunds für die Erziehung des Mündels besser hervorgehoben werden. Die Personensorge umfasst insbesondere neben der Bestimmung des Aufenthalts die Pflege, Erziehung und Beaufsichtigung des Mündels gemäß den in § 1789 E bestimmten Rechten des Mündels (§ 1796 Abs 1 S 1 E). Sie beinhalten die Förderung seiner Entwicklung und Erziehung und den persönlichen Kontakt (§ 1789 E). Für die Personensorge trägt der Vormund auch dann die Verantwortung und hat die Pflege und Erziehung des Mündels persönlich zu fördern und zu gewährleisten, wenn er den Mündel nicht in seinem Haushalt beherbergt, pflegt und erzieht. **171**

Als **Vormund** kann das Familiengericht nur diejenige natürliche Person **auswählen**, die nach ihren Kenntnissen und Erfahrungen, ihren persönlichen Eigenschaften, ihren persönlichen Verhältnissen und ihrer Vermögenslage sowie ihren Fähigkeiten und ihrer Bereitschaft zur Zusammenarbeit mit den anderen an der Erziehung des Mündels beteiligten Personen geeignet ist, die Vormundschaft so zu führen, wie es das Wohl des Mündels erfordert (§ 1780 E Abs 1). Das kann sowohl eine ehrenamtlich tätige Person, aber auch jemand sein, der die Vormundschaft entgeltlich führt. In diesem Fall beträgt die Vergütung des Vormunds 19. 50 Euro (1. Vergütungsstufe). Eine Erhöhung der Vergütung kommt nur dann in Betracht, wenn die zum Vormund geeignete und ausgewählte Person besondere Kenntnisse erworben hat, die für die Führung der Vormundschaft nutzbar sind (§ 3 Abs 1 S 2 VBVG). **172**

Während in der Regelausbildung von Juristen eine Ausbildung zum Betreuer oder Vormund nicht vorgesehen ist, stehen Ausbildungen pädagogisch vorgebildeter Berufe zur Verfügung, deren Absolventen den an einen Vormund zu stellenden Anforderungen gewachsen sein können. Allein diese Ausbildungen sind geeignet, die Absolventen derartiger Ausbildungen für besonders qualifiziert zu halten, eine Vormundschaft zu übernehmen. **173**

174 Da auch weiterhin das Jugendamt zum Vormund bestellt werden kann (§ 1781 E Abs 2) und durch § 79 Abs 3 SGB VIII verpflichtet ist bzw wurde, eine dem Bedarf entsprechende Zahl von Fachkräften zu beschäftigen, bietet sich an, auch andere berufsmäßig tätige Vormünder an dem Maßstab, der für Jugendamtsmitarbeiter gilt, zu messen. Als Fachkräfte bezeichnet § 9 BtBG Personen, die sich für die ihnen zu übertragende Aufgabe nach ihrer Persönlichkeit eignen und die in der Regel eine ihren Aufgaben entsprechende Ausbildung erhalten haben. Dazu gehört nicht zwangsläufig der Erwerb von Spezialkenntnissen für die Übernahme von Vormundschaften für minderjährige Flüchtlinge, weil Angelegenheiten der Mündel, für die Spezialwissen notwendig ist, erforderlichenfalls durch beauftragte Spezialisten erledigt werden können.

175 Voraussetzung für eine **Erhöhung des Stundensatzes** sind sowohl nach § 3 Abs 1 S 2 VBVG (Vormünder/Pfleger) als auch nach § 4 Abs 1 S 2 VBVG (Betreuer), dass die Amtsträger über besondere Kenntnisse verfügen, die für die Amtsführung (Vormundschaft/Pflegschaft oder Betreuung) nutzbar sind und 1) durch eine abgeschlossene Lehre oder eine vergleichbare abgeschlossene Ausbildung oder 2) durch eine abgeschlossene Ausbildung an einer Hochschule oder durch eine vergleichbare abgeschlossene Ausbildung erworben sind; bei der Entscheidung über eine erhöhte Vergütung muss das Gericht eine konkrete Betrachtung des tatsächlichen Inhalts der Ausbildung vornehmen (für eine Erhöhung nach § 4 Abs 1 Satz 2 VBVG entschieden von BGH FamRZ 2018, 956 = FGPrax 2018, 173 = RPfleger 2018, 454 = MDR 2018, 70).

176 Durch eine **Ausbildung** (und nicht lediglich durch praktische Erfahrung) erworben sind die im genannten Sinne nutzbaren Fachkenntnisse dann, wenn die Ausbildung in ihrem Kernbereich auf deren Vermittlung ausgerichtet ist (BGH FamRZ 2014, 471; BtPrax 2012, 173 [LS]; BayObLGZ 1999, 339 = FamRZ 2000, 844; OLG Dresden FamRZ 2002, 1306; OLG Jena FamRZ 2000, 1431). **Abgelehnt** (in den letzten Jahren): für das Studium zum Diplomjurist der an der Juristischen Hochschule Potsdam, DDR (BGH FamRZ 2016, 1072 [LS]), im Ausland abgelegte in Deutschland als Erste Staatsprüfung anerkannte juristische Prüfung (BGH FamRZ 2017, 479 = FGPrax 2017, 32 [LS] = BtPrax 2017, 76 = Rpfleger 2017, 282), für das Studium der Betriebswirtschaftslehre nicht für Gesundheitssorge (AG Offenburg FamRZ 2017, 247), für eine Ausbildung zum Krankengymnasten bzw Physiotherapeuten als Betreuer (BGH FamRZ 2016, 1153 [LS] = BtPrax 2016, 159), für eine Staatswissenschaftlerin (Weimar) und Diplom-Verwaltungswirtin (FH), BGH FamRZ 2017, 1258 [LS], für den Studienabschluss Diplom-Betriebswirt (FH) m div Fächern, ua Leitung der sozialistischen Volkswirtschaft (BGH FamRZ 2015, 1104 [LS 1]), für diese Ausbildung mit Anerkennung als Industriekauffrau mit Spezialisierung „Statistik" (BGH FamRZ 2015, 1104 [LS 2]; BtPrax 2015, 155), zu rechtlicher Prüfung der Ausbildung zur Kauffrau im Einzelhandel BGH FamRZ 2015, 1794; für Abschluss als Diplomgesellschaftswissenschaftlerin an der Parteischule beim ZK der SED (BGH FamRZ 2014, 1361 = BtPrax 2014, 233 = MDR 2014, 992 = FGPrax 2014, 209 [LS]), für einen Fachhochschulabschluss der Elektrotechnik – Versorgungstechnik (BGH FamRZ 2012, 631 [LS] mwNw); für die Priester-Ausbildung (LG Augsburg FamRZ 2010, 1474 = BtPrax 2010, 96); für ein (abgeschlossenes) agrarwissenschaftliches Studium (OLG Köln OLGR 2009, 53); für einen Dipl Agraringenieur (OLG Naumburg FamRZ 2008, 818 [LS]; BGH FamRZ 2014, 471); Soziale Betriebswirtschaft und Ingenieurökonomie der elektrotechnischen und elektronischen Industrie – DDR (BGH FamRZ 2012, 1866 = BtPrax 2012, 251); Verfahrenstechnik mit Schwerpunkt Prozessautomatisierung, Betriebsplanung, Rechts-

lehre und Englisch (BGH FamRZ 2012, 1133 [LS]), Fachschulabschluss im Bereich „Organisation und Datenverarbeitung in der Ökonomie" (LG Görlitz FamRZ 2014, 504); BWL-Studium für Aufgabenbereiche Aufenthaltsbestimmung und Gesundheitssorge (LG Offenburg BtPrax 2012, 210).

Die Anerkennung einer im **Ausland** abgelegten ersten Staatsprüfung nach § 112 Abs 2 DRiG besagt nichts darüber, ob der Prüfling durch die abgeschlossene Ausbildung besondere Kenntnisse erworben hat, die für die Führung der Betreuung iSv § 4 Abs 1 Satz 2 VBVG nutzbar sind (BGH FamRZ 2017, 479 = BtPrax 2017, 76 = Rpfleger 2017, 282 = NJW-RR 2017, 322; hier Hochschulabschluss [Völkerrecht] in Kiew. Dazu auch BGH Rpfleger 2018, 379); durch ein Auslandsstudium erworbene Kenntnisse einer Fremdsprache, sie dienen allgemeiner Verständigung (LG Kassel BtPrax 2018, 43 [LS]). **177**

Akzeptiert: für einen Diplom-Militärwissenschaftler/Oberstleutnant (KG FamRZ 2006, 1630); bei ergänzenden Ermittlungen möglich nach BGH FamRZ 2014, 119 = Rpfleger 2014, 138; für einen zum Fluglehrer ausgebildeten Hubschrauberpiloten der Bundeswehr (LG Oldenburg FamRZ 2019, 1010 [LS]); für eine staatlich anerkannte Sozialpädagogin mit Zusatzausbildung zur Sondererzieherin (OLG Frankfurt BtMan 2007, 105 [LS]); Studium der Volkswirtschaftslehre (OLG Hamm FamRZ 2007, 1043). Diplomlehrerin für Russisch und Geschichte in der DDR (BGH FamRZ 2014, 116 = Rpfleger 2014, 79 = BtPrax 2014, 49 = FGPrax 2014, 21); für Diplomlehrer für Geschichte offengelassen in BGH FamRZ 2014, 471; Erforderliche Feststellungen bezogen auf den Abschluss als Diplomgesellschaftswissenschaftler (DDR), BGH Rpfleger 2014, 502 (Rn 13, 14). **178**

Soweit für die Bewertung der **Juristenausbildung in der DDR** die Ausbildung an der Akademie für Staats- und Rechtswissenschaft der DDR in Potsdam – Babelsberg als Orientierung benutzt wird, liegt ein fehlerhafter Vergleich vor. Denn die genannte Akademie (vor 1972 Deutsche Akademie für Staats- und Rechtswissenschaft „Walter Ulbricht" [DASR]) bildete spezielle Kader für den zentralen und regionalen Staatsapparat aus und unterstand, anders als die normalen Universitäten dem Ministerrat der DDR (vgl DDR Handbuch [3. Aufl 1985] Band I S 36 und Band II S 1383). **179**

Nutzbarkeit bedeutet **nicht**, dass die Fachkenntnisse zur sachgerechten Führung der Vormundschaft **erforderlich** wären; vielmehr reicht es aus, dass sie **geeignet** sind, die Geschäftsführung des Vormunds im konkreten Fall zu erleichtern (OLG Köln FamRZ 2000, 1303; BGH FamRZ 2003, 1653; LG Bad Kreuznach BtPrax 2017, 128 [LS] = NZFam 2017, 79 m Praxishinweis Weber). Für die Führung der Vormundschaft nutzbar sind solche Fachkenntnisse dann, wenn sie den Vormund befähigen, seine Aufgaben zum Wohl des Betroffenen besser und effektiver zu erfüllen und somit eine erhöhte Leistung zu erbringen. Dabei ist es nicht nötig, dass die Kenntnisse das gesamte Anforderungsprofil der Vormundschaft abdecken; vielmehr reichen Kenntnisse zur Bewältigung eines bestimmten Aufgabenkreises aus (BayObLGZ 1999, 339 = FamRZ 2000, 844 [845] mwNw = FGPrax 2000, 22 [23]; OLG Jena FamRZ 2000, 1431 [1433] und FGPrax 2000, 110 = FamRZ 2000, 846 [LSe], für die Betreuung entschieden). **180**

Für eine Betreuung stets nutzbar sind Rechtskenntnisse. Das wird aus der „stärkeren Betonung der rechtlichen Betreuung durch das BtÄndG" gefolgert (OLG Dresden FamRZ 2000, 1306). Rechtlichen Kenntnissen kommt „angesichts des Wesens der Betreuung als rechtlicher Betreuung" (§ 1901 Abs 1 BGB) eine grundlegende Bedeu- **181** tung zu; insbesondere Kenntnisse im Gesundheits-, Zivil-, Sozialleistungs- und Versorgungs-, Verwaltungs- und Steuerrecht einschließlich des jeweiligen Verfahrensrechts. Betreuungsrelevant sind im Allgemeinen auch Kenntnisse in den Bereichen Medizin, Psychologie, Sozialarbeit und Sozialpädagogik, Soziologie und Wirtschaft (BayObLGZ 1999, 339 = FamRZ 2000, 844, 845 mwNw; vgl auch OLG Jena FamRZ 2000, 1431).

182 Sind die zu fordernden nutzbaren Kenntnisse bei der Betreuung als einer rechtlichen Betreuung regelmäßig Rechtskenntnisse (BGH FamRZ 2014, 1361; FamRZ 2012, 1866 [LS] = BtPrax 2012, 251 = Rpfleger 2013, 25), können bei **Vormundschaften** insbesondere die nutzbaren Kenntnisse auf den Gebieten der **Pädagogik** und **(Kinder-)Psychologie** sowie auch der **Kinder- und Jugendlichen** – **Psychiatrie** (für die höchste Vergütungsstufe) erwartet werden.

183 Für die Bemessung der Vergütung maßgebend sind die **Ausbildungsabschlüsse**. Durch welche Art von Ausbildung für die Führung einer Vormundschaft nutzbare (Fach-) Kenntnisse erworben wurden, hat der Gesetzgeber offen gelassen. Als erforderlich wird angesehen, dass die Ausbildung in ihrem Kernbereich auf die Vermittlung solcher Fachkenntnisse **ausgerichtet** ist. Das wurde zB angenommen bei den Studiengängen Rechtswissenschaften/Rechtspflege, Medizin, Psychologie, Sozialarbeit, Sozialpädagogik, Soziologie oder Betriebswirtschaft (BayObLGZ 1999, 339 = FamRZ 2000, 844, 845 mwNw = FGPrax 2000, 22, 23 = BtPrax 2000, 81; ebenso OLG Dresden FamRZ 2000, 316 = BtPrax 2000, 39 = OLG-NL 2000, 41; OLG Jena FamRZ 2000, 846 [LSe]; FamRZ 2002, 1431, 1432; OLG Schleswig FamRZ 2000, 846, 847; offengelassen in FamRZ 2000, 1532 = BtPrax 2000, 262 [Pastor als Berufsbetreuer]). Dem Sinn und Zweck der Einstufungsvorschrift entspricht ersichtlich nicht, einen erhöhten Stundensatz bereits deshalb zu gewähren, weil die Ausbildung wegen der Komplexität der betreffenden Fachrichtung daneben auch die Vermittlung betreuungsrelevanter Kenntnisse zum Inhalt hat (BayObLGZ 1999, 339; ähnlich BGH FamRZ 2012, 1866 = Rpfleger 2013, 25 = BtPrax 2012, 251, 252).

184 Soweit einige Gerichte (im Anschluss an Wagenitz/Engers FamRZ 1998, 1273 [1275]) unter Hinweis darauf, dass der Grundsatz der persönlichen Betreuung ausdrücklich aufrechterhalten geblieben ist, auch jedes durch entsprechende Abschlüsse dokumentierte Fachwissen, das soziale Kompetenzen im Verhältnis zum Betreuten und zwischenmenschliche **Kommunikationsfähigkeit** vermittelt, als für die Betreuung nutzbar anerkannt haben (OLG Dresden FamRZ 2000, 1306, 1307; OLG Jena FamRZ 2002, 1431, 1433 m Anm Bienwald; LG Würzburg FamRZ 2010, 401 m Anm Bienwald), ist ihnen **nicht** zu folgen, wenn und soweit die Vergütungserhöhung **allein** oder im Wesentlichen auf den Erwerb kommunikativer Fähigkeiten gestützt wird (vgl dazu OLG Schleswig FamRZ 2000, 1532; OLG Jena FamRZ 2002, 1431, 1432 m Anm Bienwald). Denn die Führung einer Betreuung besteht in erster Linie in der **Besorgung von Angelegenheiten** der/des Betroffenen, soweit dies eine Betreuerbestellung erfordert. **Persönliche Betreuung** iSd § 1897 Abs 1 BGB (dazu BT-Drucks 11/4528, 68; wörtlicher Abdruck auch bei Bienwald/Sonnenfeld/Harm, Betreuungsrecht § 1897 Rn 26) stellt **keine eigene selbständige Aufgabe** eines Betreuers dar.

185 Sie ist schon seit jeher, bestätigt durch das BtÄndG, ein **dienendes Element**, bezogen auf die zu besorgenden Angelegenheiten. Kommunikation und kommunikative Fähigkeiten schlechthin machen keine Rechtliche Betreuung und keinen Betreuer iSd §§ 1896 ff BGB (auch keinen Vormund iSd §§ 1773 ff) aus (Bienwald in Anm zu OLG Jena

FamRZ 2002, 1431; FamRZ 2002, 1433, 1434). Würde das soziale Kompetenzen im Verhältnis zum Betreuten und zwischenmenschliche Kommunikationsfähigkeit vermittelnde und durch entsprechende Abschlüsse dokumentierte Fachwissen ohne anderes auf die Besorgung von Angelegenheiten des Betroffenen ausgerichtetes Fachwissen ausreichen, um eine Höhergruppierung (womöglich bereits die Bestellung zum Betreuer und die vergütete Führung der Betreuung) zu rechtfertigen, würde sich jeder diesbezügliche Abschluss einer Ausbildung vergütungserhöhend auswirken können oder sogar müssen, weil der Betroffene unabhängig von den verschiedenen Aufgabenkreisen „persönlich" zu betreuen ist.

Obwohl die hier mitgeteilten Anforderungen an die Voraussetzungen für eine er- 186
höhte Vergütung auf Entscheidungen beruhen, die zur Eingruppierung von Betreuern ergangen sind, lassen sich die Ergebnisse grundsätzlich auch für die Eingruppierung von Vormündern und Pflegern verwerten. In Anlehnung an die in §§ 1626, 1629, 1631 bis 1633 BGB geregelte Elternverantwortung hat ein Vormund das Recht und die Pflicht, für die Person und das Vermögen des Mündels zu sorgen, insbesondere den Mündel zu vertreten. Einzelheiten der von ihm zu verantwortenden Personensorge sind in den §§ 1631 bis 1633 BGB bestimmt. Die Vormundschaft darf nicht als ein formales Amt mit dem Schwergewicht auf der gesetzlichen Vertretung oder gar der Vermögenssorge verstanden werden; von dem **Vormund** muss vielmehr erwartet werden, dass er die **Entwicklung seines Mündels** zu einer **eigenverantwortlichen Persönlichkeit fördert** und **unterstützt** (Danzig, Kindschaftsrecht [1. Aufl] 247 [2. Aufl] 160). Auch wenn der Vormund den Mündel nicht selbst erzieht, wird dadurch seine Verantwortung für die ordnungsgemäße Erziehung, Pflege und Unterbringung des Mündels nicht geschmälert.

Die **abgeschlossene Berufsausbildung** iS von § 3 Abs 1 S 2 Nr 1 VBVG erfordert 187
einen geordneten Ausbildungsgang, in dem eine breit angelegte berufliche Grundbildung und die für die Ausübung einer qualifizierten beruflichen Tätigkeit notwendigen fachlichen Fertigkeiten und Kenntnisse vermittelt werden. Dieser Ausbildungsgang muss durch eine Abschlussprüfung vor einem von der zuständigen Stelle errichteten Prüfungsausschuss abgeschlossen werden (OLG Zweibrücken FamRZ 2000, 1303; OLG Saarbrücken BtPrax 2003, 227, 228 mwNw; nicht gegeben bei Krankenpflegehelferausbildung [BGH FamRZ 2012, 113 = NJW-RR 2012, 257 = MDR 2011, 1505]).

Mit der Verwendung des Begriffs der **Hochschule** werden Universitäten und sonstige 188
Hochschulen einschließlich Fachhochschulen erfasst (BT-Drucks 13/7158, 28; OLG Köln FamRZ 2000, 1303, 1304). Durch eine einer abgeschlossenen Hochschulausbildung vergleichbare Ausbildung sind Fachkenntnisse iSd § 3 Abs 1 S 2 Nr 2 VBVG dann erworben, wenn sie im Rahmen einer staatlich reglementierten oder zumindest staatlich anerkannten Ausbildung vermittelt wurden, die Ausbildung einen formalen Abschluss aufweist und in ihrer Wertigkeit einer **Hochschulausbildung** entspricht. Das ist dann der Fall, wenn der vermittelte Wissensstoff nach Art und Umfang dem durch ein Hochschulstudium vermittelten vergleichbar ist (BayObLGZ 1999, 275 = FamRZ 2000, 554 [LS]; OLG Köln FamRZ 2000, 1303, 1304; Barth/Wagenitz BtPrax 1996, 118, 120; BGH FamRZ 2012, 1213 [LS]). Abgeschlossen ist eine Ausbildung, wenn die hierfür vor einer staatlichen oder staatlich anerkannten Stelle vorgesehene Prüfung abgelegt worden ist (BGH MDR 2013, 493, 494; FamRZ 2012, 113; s auch BGH BtPrax 2013, 151 = Rpfleger 2013, 519 = FamRZ 2013, 1029). In dieser Entscheidung wird in Rn 17 darauf hingewiesen, dass die

Regelung im Einheitsvertrag, wonach der Abschluss eines Studiums an der Juristischen Hochschule Potsdam-Eiche nicht zur Aufnahme eines gesetzlich geregelten juristischen Berufs berechtigte, lediglich die Aufnahme eines gesetzlich geregelten juristischen Berufs ausschloss. Dazu, ob diese staatlich reglementierte Ausbildung und der durch sie vermittelte Wissensstand nach Art und Umfang dem eines Hochschulstudiums entspricht, enthielt der Einigungsvertrag keine Aussage.

189 Die im Wege des sogenannten **Kontaktstudiums** erfolgreich absolvierte „Weiterbildung Berufsbetreuung" ist **nicht** mit einer **abgeschlossenen Hochschulausbildung** im Sinne des § 4 Abs 1 S 2 VBVG vergleichbar (BGH FamRZ 2018, 136 = Rpfleger 2018, 204 = JurBüro 2018, 91 = BtPrax 2018, 42 [LS]; BGH 19. 7. 2017 – XII ZB 162/17, FamRZ 2017, 1716 [LS] = FGPrax 2017, 262 [LS] = MDR 2017, 1149, bezogen auf einen von der Hochschule Neubrandenburg und der Beck Akademie veranstalteten Fernkurs mit einem Umfang von 1080 Stunden bzw 36 ECTS-Punkten; Anschluss an BGH FamRZ 2017, 1424 [LS]; ähnlich BGH 31. 5. 2017 – XII ZB 590/16, FGPrax 2017, 224 [LS] = FamRZ 2017, 1424 [LS m Anm d Redaktion] = Rpfleger 2017, 622 in Abgrenzung zu Senatsbeschluss FGPrax 2017, 144). **Verneint** auch für einen berufsbegleitend an einem Studieninstitut für kommunale Verwaltung absolvierten Studiengang (Angestelltenlehrgang II) mit Abschluss „Verwaltungsfachwirt" (BGH FamRZ 2016, 119 = Rpfleger 2016, 225). Dagegen ist die erfolgreich abgeschlossene Fortbildung zum „Zertifizierten Betreuer-Curator de iure" an der Technischen Hochschule Deggendorf mit einer Ausbildung an einer Hochschule vergleichbar und rechtfertigt eine Vergütung nach § 4 Abs 1 Satz 2 Nr 2 VBVG (BGH 12. 4. 2017, NJW-RR 2017, 900 = Rpfleger 2017, 450 = BtPrax 2017, 163 [LS] = FamRZ 2017, 1158 [LS]).

190 In der jüngeren Vergangenheit **abgelehnt**: für die an einer Sparkassenakademie absolvierte Ausbildung zum Sparkassenbetriebswirt (BGH FamRZ 2012, 971 [LS] = BtPrax 2012, 165 = Rpfleger 2012, 529; auch BGH MDR 2013, 559 = FamRZ 2013, 725); für die Ausbildung zum Fachschulerzieher (OLG Karlsruhe BtMan 2007, 104), für die Ausbildung zur staatlich anerkannten Heilpädagogin an der Fachschule der Rheinischen Sozialpflegerischen Fachschulen des Landschaftsverbandes Rheinland nach vorangegangener Berufsausbildung z staatlich anerkannten Erzieherin (BGH Rpfleger 2014, 257); für den Abschluss als Gesundheits- und Sozialökonom – VWA (OLG Frankfurt FamRZ 2009, 457 [LS]); für die Ausbildung zum Sozialwirt – bfz-FH (OLG München FamRZ 2006, 730; BGH NJW-RR 2013, 577 = FamRZ 2013, 781 = Rpfleger 2013, 333 = BtPrax 2013, 122 [LS]); für eine Ausbildung durch das Berufsbildungswerk der Bausparkassen als „Bauspar- und Finanzierungsfachfrau/Fachmann" (OLG München FamRZ 2008, 818 [LS] = BtPrax 2008, 34); Ausbildung in einer Ingenieurschule (OLG Rostock FamRZ 2008, 1888 = OLGR 2008, 464); Ausbildung zum Industriekaufmann mit Weiterbildungsmaßnahme (LG Augsburg FamRZ 2010, 1474 = BtPrax 2010, 96; vgl auch Seifert, Vertrauensschutz bei der Betreuervergütung, Rpfleger 2012, 487); Fortbildung zum Fachkrankenpfleger und zum Fachwirt in der Alten- und Krankenpflege (IHK; LG Bonn BtPrax 2013, 35 [LS]); Sozialwirtin (BFZ-FH) beim Fortbildungszentrum der Bayerischen Wirtschaft in Kooperation mit der FHS Ravensburg – Weingarten (BGH FamRZ 2013, 725 = FGPrax 2013, 120 = NJW-RR 2013, 577 = BtPrax 2013, 35 [LS]); an einer Verwaltungsakademie abgeschlossene berufsbegleitende Ausbildung zum „Betriebswirt" (VWA) mit einem Gesamtaufwand von rund 1000 Stunden (BGH FamRZ 2014, 117 = BtPrax 2014, 95 = FGPrax 2014, 21); Zusatzstudium mit Abschluss „Bachelor of Business Administration" (BGH FamRZ 2015, 253; BGH Rpfleger 2015, 472; der von der Beck-Akademie angebotene auf die Dauer von neun Monaten angelegte Fernkurs „Hochschulzertifikatkurs Rechtliche Betreuung";

BGH BtPrax 2017, 199 = MDR 2017, 1211 = NJW-RR 2017, 965 = FamRZ 2017, 1424 [LS] in Abgrenzung zu Senatsbeschluss FGPrax 2017, 144; Studium der Rechtswissenschaften ohne Abschluss [BGH FamRZ 2013, 693 = MDR 2013, 493, 494 = Rpfleger 2013, 392]); berufsbegleitende Fortbildung an einer Verwaltungs- und Wirtschaftsakademie mit Abschluss Rechtsökonom und Betriebswirt (BGH Rpfleger 2015, 472 im Anschluss an BGH FamRZ 2015, 253; s auch BGH Rpfleger 2014, 78).

Die zuletzt genannte Komponente ist dann anzunehmen, wenn die Ausbildung in einer Einrichtung erfolgt, die einer überwiegend wissenschaftlichen Lehrstoffvermittlung dient, über einen entsprechenden wissenschaftlichen Lehrkörper verfügt und die Erlangung graduierter Abschlüsse zum Ziel hat, und zwar von Abschlüssen, bei denen der Erfolg durch eine vor einer staatlichen oder staatlich anerkannten Stelle abgelegten Prüfung belegt ist (BayObLGZ 1999, 275 = FamRZ 2000, 554 [LS]; vgl auch BGH Rpfleger 2013, 519 = BtPrax 2013, 151). 191

Aufgrund der geänderten Studienstrukturen wird ein erster berufsqualifizierender Studienabschluss durch den **Bachelor** (BA) erreicht (näher Deinert/Lütgens, Die Vergütung des Betreuers [6. Aufl 2012] Rn 529, 636, 637 ff, [7. Aufl 2019] Rn 673). 192

Auf durch **Berufserfahrung** oder **Fortbildungskurse** erworbene nutzbare Kenntnisse kann **nicht** abgestellt werden, weil es allein auf die durch die **Berufs- oder Studienausbildung** erworbenen Kenntnisse ankommt (LG Nürnberg-Fürth Rpfleger 2000, 215 [LS]; OLG Schleswig SchlHA 2001, 46 = FamRZ 2001, 304 = BtPrax 2001, 86 [LS]; BGH FamRZ 2012, 629 [LS], FamRZ 2012, 971 [LS], FamRZ 2012, 1213 [LS]). Qualifizierungsmaßnahmen auf einem einschlägigen Fachgebiet (hier: Betreuungsrecht) rechtfertigen einen höheren Stundensatz nur dann, wenn die Voraussetzungen des § 11 VBVG (damals § 2 BVormVG) vorliegen (OLG Jena FamRZ 2000, 846 [LS] = FGPrax 2000, 110). Zur (abgelehnten) Anerkennung der landesrechtlichen Nachqualifizierung von Baden Württemberg aufgrund des AG BtG BW in Nordrhein-Westfalen BGH FamRZ 2018, 136 = MDR 2018, 234 = NZFam 2018, 94 = Rpfleger 2018, 204. 193

Verfügt der Vormund (hier: Betreuer) über **mehrere Qualifikationen** (Rechtsanwalt und DiplSozPäd [FH]), ist bei der Bewilligung der Vergütung regelmäßig von dem der höheren Qualifikation entsprechenden Richtwert auszugehen (BayObLG NJW-RR 1998, 654). 194

Mit dem Sinn und Zweck des einem **Gleichstellungsbescheid vorgeschalteten Anerkennungs- und Zertifizierungsverfahrens** ist es nicht vereinbar, das Tatbestandsmerkmal der Vergleichbarkeit in § 3 Abs 1 S 2 Nr 2 VBVG (früher § 1 Abs 1 S 2 Nr 2 BVormVG) erneut und unabhängig von der Entscheidung der Gleichstellungsbehörde (hier: Sächsisches Staatsministerium für Wissenschaft und Kunst) zu prüfen (LG Leipzig FamRZ 2001, 304). Mit dem Gleichstellungsbescheid wird ein in der DDR erworbener Bildungsabschluss einem in der Bundesrepublik Deutschland (sog alte Bundesländer) erworbenen gleichgestellt; er verleiht bei gleichwertiger Ausbildung die gleichen Berechtigungen (BGH Rpfleger 2013, 25, 26). Das schließt jedoch nicht aus, trotz der formalen Gleichstellung der Bildungsabschlüsse im Rahmen der Eignungsfeststellung zu prüfen, ob die Ausbildungsinhalte den spezifischen Anforderungen der jeweils angestrebten Tätigkeit und Vergütung entspricht (**aA** offenbar Seifert Rpfleger 2013, 373). S auch oben Rn 162. 195

196 Hat der BGH in seiner Entscheidung vom 13. 3. 2016 – XII ZB 685/13, FamRZ 2016, 1072 bei dem Vergleich eines Diplomjuristenabschlusses (DDR) mit den Anforderungen des § 4 Abs 1 VBVG festgestellt, dass „gerade Zivilrecht nicht unterrichtet wurde und Verwaltungsrecht nicht Bestandteil der Abschlussprüfung war, also untergeordnete Bedeutung hatte", kann daraus gefolgert werden, dass eine Anerkennung einer Juristenausbildung in der DDR oder in einem außerdeutschen Land dann Chancen hätte, wenn diese Fächer unterrichtet und nicht lediglich als Nebensache betrieben worden sind.

197 Die Regelungen der §§ 3 und 4 VBVG schließen nicht aus, dass auch durch eine im **Ausland** absolvierte und abgeschlossene Ausbildung oder ein im Ausland erworbener Hochschulabschluss besondere Kenntnisse erworben sind, die für die Führung einer Vormundschaft, Pflegschaft oder rechtlichen Betreuung nach deutschem Recht nutzbar sind. Geht es darum, dass im Ausland erworbene Rechtskenntnisse im Inland nicht allgemein nutzbar sind oder sein sollen (MünchKomm/Fröschle § 4 VBVG Rn 16), wird außer Acht gelassen, dass auch in Deutschland nicht auf die Führung einer Vormundschaft, Pflegschaft oder rechtlichen Betreuung zugeschnittene Ausbildungen an Universitäten und auch nicht immer an sonstigen Hochschulen angeboten werden (Zimmermann FamRZ 2014, 165, 166) und regelmäßig auch ein Betreuer mit in Deutschland abgeschlossenem Rechtsstudium die speziellen bei der Führung der rechtlichen Betreuung erforderlichen und nutzbaren Kenntnisse erwerben muss.

198 Der Begriff der besonderen Kenntnisse dient in erster Linie der **Abgrenzung** zu solchem Studium und solcher Ausbildung, deren Ausbildungsziel **nicht auf eine rechtsanwendende Tätigkeit ausgerichtet** sind. Außer Betracht lassen Rechtsprechung und Schrifttum, dass Recht kein starres Normensystem ist und Rechtskenntnisse bereits dann nutzbar sind, wenn sie es dem Absolventen erleichtern, sich in die für ihn zunächst fremden Rechtsgebiete (insbesondere Sozialrecht, Betreuungs- und Unterbringungsrecht) und deren für die Führung der Betreuung maßgebende Besonderheiten **einzuarbeiten**. Wenn ein Studium bis zur ersten juristischen (Staats-)Prüfung besondere Kenntnisse vermittelt, so kann das nur bedeuten, dass Wissen in grundlegenden Fächern, also auch vor allen Dingen in Theorie und Praxis der Rechtsanwendung, vermittelt werden. Insbesondere im Familienrecht und im Familienverfahrensrecht (einschließlich Betreuungs- und Unterbringungsverfahren) hat die **Rechtsentwicklung** zu zahlreichen **Änderungen** geführt, sodass selbst ein vor ca 30 Jahren ausgebildeter Jurist nicht ohne Weiteres über das in den genannten Arbeitsgebieten gegenwärtig erforderliche Rechtswissen verfügt. Schließlich muss jeder Jurist, sei es eine Richterin oder ein Richter, eine Rechtsanwältin oder ein Rechtsanwalt, oder auch ein(e) Mitarbeiter(in) der öffentlichen Verwaltung sich auf **neue Rechtsgrundlagen** einstellen und diese sich aneignen. Beispiele dafür bieten insbesondere das Familienrecht seit 1949, das Betreuungsrecht seit 1992 und die zahlreichen Änderungen in den verschiedenen Büchern des SGB sowie das Verfahrensrecht. Zur Anerkennung des abgeschlossenen Rechtsstudiums an einer türkischen Universität oder Hochschule iS von § 4 Abs 1 S 2 Nr 2 VBVG Bienwald RpflStud 2019, 19.

199 **Rechtsvergleichende** Veranstaltungen offenbaren, dass insbesondere in den Bereichen **Familien- und Erwachsenenschutzrecht europaweit** ähnliche oder gleiche Probleme diskutiert werden und gelöst werden müssen (vgl die jährlichen Länderberichte in

der FamRZ sowie die Veröffentlichung zu „Vorsorgevollmacht und Erwachsenenschutz in Europa“, herausgegeben von Löhnig ua [Bielefeld 2011]).

Die **Regelung des § 3 Abs 1 S 2 VBVG** knüpft nicht ausschließlich an die Ausbildung des Vormunds, sondern an die durch die Ausbildung erworbenen und für die Vormundschaft nutzbaren Fachkenntnisse an (OLG Dresden FamRZ 2000, 846 = BtPrax 2000, 126). Beide Aspekte wurden in den Einstufungsentscheidungen der Gerichte **nicht immer hinreichend auseinandergehalten**. 200

Nutzbare (Fach-)Kenntnisse für die Führung einer Vormundschaft oder Betreuung sind durch eine **Ausbildung** iSd § 3 Abs 1 S 2 VBVG erworben, wenn die Ausbildung in ihrem Kernbereich auf deren Vermittlung ausgerichtet war (BGH BtPrax 2012, 173 [LS]; BayObLGZ 1999, 339 = FamRZ 2000, 844 = BtPrax 2000, 81; offen gelassen in OLG Schleswig FamRZ 2000, 1532). „Fachkenntnisse“ bzw „besondere Fachkenntnisse“ sind Kenntnisse, die – bezogen auf ein bestimmtes Fachgebiet – über ein Grundwissen deutlich hinausgehen (BGH BtPrax 2012, 173 [LS]; BayObLGZ 1999, 339 = FamRZ 2000, 844 = BtPrax 2000, 81; LG Augsburg FamRZ 2010, 1474 = BtPrax 2010, 96 [jeweils LS]). Vergütungssteigernd iSd § 3 Abs 1 S 2 (Nr 1) VBVG sind nur solche Fachkenntnisse, die im konkreten Fall verwendbar sind. Maßgebend dafür sind die dem Amtsträger gesetzlich oder gerichtlich zugewiesenen Aufgaben (OLG Dresden FamRZ 2000, 551 [LS]). Die Fachkenntnisse sind für die Führung (einer Betreuung) „nutzbar“, wenn sie ihrer Art nach aufgabenrelevant sind und den Amtsträger befähigen, seine Aufgaben zum Wohl des Betroffenen besser zu erfüllen (BayObLGZ 1999, 339 = FamRZ 2000, 844 = BtPrax 2000, 81), wenn sie für die Besorgung der von dem Amtsträger zu erledigenden Aufgaben hilfreich sind, wobei es nicht auf Umfang und Schwierigkeit des konkreten Amtes (hier Betreuung) ankommt. Notwendig, aber auch ausreichend ist es, dass diese Fachkenntnisse verwendbar sein können (OLG Dresden NJWE-FER 2000, 207 = NJ 2000, 324 [LS]). Die Kenntnisse müssen nicht das gesamte Anforderungsprofil des Amtes abdecken. Vielmehr reichen Kenntnisse zur Bewältigung eines bestimmten Aufgabenkreises aus (zB bei einer Betreuung oder einer Pflegschaft; OLG Schleswig FamRZ 2000, 846 = OLGR 2000, 214; FamRZ 2000, 1532; OLG Jena FamRZ 2002, 1431, 1433 mwNw u Anm Bienwald). Ein erhöhter Stundensatz (§ 4 Abs 1 S 2 Nr 2 VBVG) ist nicht bereits deshalb gerechtfertigt, weil und wenn die Ausbildung wegen ihrer Komplexität gleichsam am Rande auch die Vermittlung betreuungsrelevanter Kenntnisse zum Inhalt hat (BGH FamRZ 2012, 1866 = Rpfleger 2013, 25 = BtPrax 2012, 251, 252). Zu BGH (FamRZ 2012, 1866) kritisch Zimmermann, der darauf hinweist, dass es in Deutschland keine Ausbildung gibt, deren Kernbereich auf die Vermittlung betreuungsrelevanter Kenntnisse ausgerichtet ist. Im Rechtsstudium höre man kaum etwas vom Betreuungsrecht, in der Referendarzeit sei es ebenso (Neuere Rechtsprechung zur Vergütung von Betreuern, Verfahrenspflegern, Verfahrensbeiständen und Nachlasspflegern, FamRZ 2014, 165, 166). Anders im Fall der Führung einer Vormundschaft, für die in der Ausbildung von Sozialarbeitern/Sozialpädagogen zumindest für die weiteren der Führung der Vormundschaft nutzbaren Kenntnisse die entsprechenden Veranstaltungen angeboten werden. 201

Als für die Betreuung nutzbar wurden vornehmlich Rechtskenntnisse, aber auch jedes andere Fachwissen angesehen, das Kompetenzen im Verhältnis zum Betroffenen und zwischenmenschliche Kommunikationsfähigkeit vermittelt, die bei der Erfüllung von Betreuungsaufgaben von allgemeinem Vorteil sein können (OLG Jena 202

FamRZ 2002, 1431, 1433). Darunter fallen medizinische, psychologische, aber auch sozialpädagogische Fähigkeiten (OLG Dresden FamRZ 2000, 316 = BtPrax 2000, 39 = OLG-NL 2000, 41; LG Augsburg FamRZ 2010, 1474 = BtPrax 2010, 96 [jeweils LS]). Handelt es sich bei dem Mündel um ein geistig behindertes/lernbehindertes oder um ein psychisch krankes oder um ein Kind, das aus sonstigen Gründen besonderer Zuwendung und Förderung bedarf, sind insbesondere sonderpädagogische Kenntnisse und Fähigkeiten für die Führung der Vormundschaft nutzbar.

203 **Nutzbarkeit von Fachkenntnissen** bedeutet nicht, dass diese zur sachgerechten Führung der Vormundschaft oder Betreuung erforderlich sind; es reicht aus, dass sie geeignet sind, die Führung der Geschäfte des Vormunds oder Betreuers im konkreten Fall zu erleichtern (OLG Dresden FamRZ 2000, 316 = BtPrax 2000, 39 = OLG-NL 2000, 41, 42 mit Bezugnahme auf BT-Drucks 13/7158, 14). Es kommt nicht darauf an, dass die Fachkenntnisse bei der konkreten Vormundschaft tatsächlich angewendet werden müssen; für die Erhöhung der Regelvergütung reicht es aus, dass die Kenntnisse bei der übernommenen Betreuung grundsätzlich geeignet sind, die Aufgaben des Betreuers zu erleichtern. Deshalb erhält eine als Krankenschwester ausgebildete für den Bereich der Gesundheitssorge bestellte Betreuerin eine erhöhte Vergütung auch dann, wenn ihre Fähigkeit, den Betroffenen aufgrund ihres Fachwissens besser beraten zu können, ob eine medizinische Behandlung sinnvoll ist, deshalb nicht praktisch wird, weil der Betroffene in einem Pflegeheim mit perfekter medizinischer Betreuung lebt. Abgeschlossene Ausbildung zur Krankengymnastin (seit 1994 Physiotherapeutin) u.a. für den Aufgabenkreis Gesundheitssorge (LG Darmstadt FamRZ 2017, 1869 [LSe] = BtPrax 2018, 43 [LS]). Sind dem Betreuer die Aufgabenkreise der Gesundheitssorge und der Vermögenssorge übertragen, sind die im Kernbereich einer abgeschlossenen Berufsausbildung zum Sozialversicherungsfachangestellten erworbenen Kenntnisse regelmäßig für die Führung der Betreuung besonders nutzbar (BGH 15. 2. 2017 – XII ZB 465/15, NJW-RR 2017, 646 Rn 4 = FGPrax 2017, 82 = FamRZ 2017, 756 [LS] = BtPrax 2017, 127 [LS]). Vergütungsstufe II auch für Abschluss als Versicherungskaufmann (AG Pforzheim FamRZ 2018, 464 [LS]). Ebenfalls für eine abgeschlossene Ausbildung zur Reiseverkehrskauffrau mit nicht abgeschlossener Ausbildung zur Fachwirtin im Sozial- und Gesundheitsrecht (LG Bielefeld FamRZ 2016, 329: fachlich relevant und nutzbar).

204 Zu den von den Gerichten, deren Erkenntnisse sich auf berufsmäßig tätige Betreuer beziehen, als vergleichbar anerkannten Ausbildungen s Staudinger/Bienwald (2004) § 1836a Rn 55 ff.

205 **aa)** Verfügt die ausgewählte Person über Fachkenntnisse, die für die **Führung von Vormundschaften** allgemein oder (im Falle einer Pflegschaft hinsichtlich eines bestimmten Wirkungskreises) nutzbar und durch eine Ausbildung iSd § 3 Abs 1 S 2 VBVG erworben sind, so wird **vermutet**, dass diese Kenntnisse auch für die Führung der dem Vormund übertragenen Vormundschaft nutzbar und deshalb vergütungssteigernd zu berücksichtigen sind (BT-Drucks 13/7158, 15). Dies gilt nicht, wenn das Familiengericht aus besonderen Gründen bei der Bestellung des Vormunds etwas anderes bestimmt (§ 3 Abs 2 S 2 VBVG). Um zu vermeiden, dass eine für die Aufgabe überqualifizierte Person dementsprechend vergütet wird, muss das bestellende Gericht deshalb bei der Bestellung festsetzen, nach welcher Vergütungsgruppe des Abs 1 S 2 die Führung der Vormundschaft in dem konkreten Fall entgolten wird.

Die Regelung des § 3 Abs 2 S 1 VBVG normiert eine – **widerlegbare** – **Vermutung**, nach der besondere Kenntnisse des Vormunds, die für die Führung von Vormundschaften allgemein nutzbar sind, auch für die konkrete Vormundschaft nutzbar sind. Sie kann sinngemäß auch dann – ähnlich einer Betreuung – angewendet werden, wenn ein Pfleger über Fachkenntnisse verfügt, die zwar nicht für alle Arten von Pflegschaften, wohl aber für bestimmte Aufgaben allgemein nutzbar sind und deren Nutzbarkeit deshalb für die konkrete Pflegschaft vermutet wird, wenn die konkrete Pflegschaft diesen Wirkungskreis umfasst (für die Betreuung entschieden; BGH FamRZ 2003, 1653, 1654 unter Bezugnahme auf BT-Drucks 13/7158, 15). Die Vorschrift bewirkt nach Sinn und Systematik nicht, dass eine Widerlegung der Vermutung auf die Fälle einer nach § 3 Abs 2 S 2 VBVG zu treffenden anderweitigen Bestimmung des Gerichts beschränkt wäre (BGH FamRZ 2003, 1653, 1654). 206

Diese bereits mit § 1 Abs 3 BVormVG durch das (erste) Betreuungsrechtsänderungsgesetz eingeführte Vorschrift (ursprünglich § 1836a Abs 4 BGB-E) sollte die forensische Praxis erleichtern, indem vermieden wird, bei jeder Vormundschaft konkret und im Einzelnen die Voraussetzungen eines gesteigerten Vergütungssatzes darzulegen. Eine abweichende Anordnung des Familiengerichts gemäß Abs 2 S 2 muss allerdings bereits bei der Bestellung des Vormunds und darf nur ausnahmsweise aus besonderen Gründen getroffen werden (BT-Drucks 960, 28). 207

Vor dem Hintergrund des dreistufigen Rasters des § 3 Abs 1 VBVG sind die als Vormünder zur Verfügung stehenden Personen dann als **überqualifiziert** anzusehen, wenn ein Vormund oder Pfleger die Pflege und Erziehung des Mündels/Pflegebefohlenen durch andere Personen (Pflegefamilie mit Pflegegeldanspruch, Angehörige, Heim) ausüben lässt (Erman/Holzhauer Rn 9). Die Familiengerichte werden immer dann, wenn sie den Vormund oder Pfleger auswählen, die vergütungsrechtlichen Konsequenzen ihrer Entscheidung zu bedenken haben. 208

bb) Den entgegengesetzten Fall, dass sich die Führung der Vormundschaft als **wesentlich komplizierter als ursprünglich** angenommen herausstellt, berücksichtigt das Gesetz nicht. Der Vormund, der nach seinem Ausbildungsabschluss **unterqualifiziert** ist, aber dennoch die komplizierte Aufgabe bewältigt und keinen Anlass dafür bietet, dass seine Eignung infrage gestellt wird, erhält keine höhere Vergütung. Wäre der Vormund seiner Aufgabe nicht gewachsen, müsste das Gericht ihn entlassen (§ 1886 BGB) und einen geeigneten Vormund bestellen. 209

Als **bedenklich** erweist sich die Vermutung in den Fällen, in denen Gerichte (hier in Betreuungssachen) allein die durch Ausbildung erworbene **kommunikative Kompetenz schlechthin** als **vergütungssteigernd** anerkannt haben (zB bei der Lehrerausbildung, einem Theologiestudium oder der Ausbildung zum Musiktherapeuten; zu Letztem LG Würzburg FamRZ 2011, 401 [LS] m Anm Bienwald). Erfordert die Führung der Vormundschaft nicht die Qualifikation der höchsten Vergütungsstufe, ist die bestellte Person allein wegen der durch ein Hochschulstudium erworbenen kommunikativen Fähigkeiten überqualifiziert. Verlangt die Besorgung der Angelegenheiten des Betroffenen die höchste Stufe, wäre diese allein durch die genannten Fähigkeiten erreicht, ohne dass die für die Führung der Vormundschaft im Übrigen notwendige Qualifikation vorhanden sein muss, die Person also unterqualifiziert ist. 210

211 Die gesetzliche Vermutung des § 3 Abs 2 S 1 VBVG erstreckt sich auf sämtliche übertragenen Aufgabenkreise (LG Essen NJW-FER 2001, 123). Im Vergütungsfestsetzungsverfahren ist deshalb nicht mehr zu prüfen, ob die durch einen Hochschulabschluss erworbenen besonderen Fähigkeiten im Rahmen der konkret zu bewältigenden Tätigkeit tatsächlich nutzbar waren bzw sein werden (OLG Zweibrücken FamRZ 2000, 551 = BtPrax 2000, 89; ihm folgend OLG Schleswig FamRZ 2003, 1324 m Anm Lütgens = FGPrax 2003, 176; **aA** OLG Dresden FamRZ 2000, 847 u 1306).

212 **Exkurs**: c) Zum Verhältnis von vergütungsrelevanter Qualifikation und Eignung zum Vormund, Pfleger oder Betreuer

Wer zum Vormund, Pfleger oder Betreuer bestellt wurde und die Vormundschaft, Pflegschaft oder Betreuer berufsmäßig führt, hat Anspruch auf Vergütung nach Maßgabe des Vormünder- und Betreuervergütungsgesetzes (VBVG). Für die Bemessung der Vergütung stehen die Vergütungsstufen zur Verfügung, deren Anwendung sich danach richtet, ob die betreffende Person (Vormund, Pfleger oder Betreuer) besondere Kenntnisse für die Führung seines Amtes erworben hat und auf welcher Ausbildungsebene diese besonderen Kenntnisse erworben wurden (§§ 3 Abs 1, 4 Abs 1 VBVG).

213 Ob ein Betreuer im Einzelfall die Voraussetzungen für eine erhöhte Vergütung erfüllt (Entsprechendes gilt für Vormünder wie für Pfleger), unterliegt einer wertenden Betrachtungsweise des Tatrichters (BGH Rpfleger 2018, 379). Dessen Würdigung kann im Rechtsbeschwerdeverfahren nur eingeschränkt überprüft werden (BGH FamRZ 2012, 629, 630; BGH Rpfleger 2018, 379). Bei der Entscheidung über eine erhöhte Vergütung nach § 4 Abs 1 Satz 2 VBVG hat das Gericht eine konkrete Betrachtung des tatsächlichen Inhalts der Ausbildung vorzunehmen (BGH 14. 3. 2018 – XII ZB 146/17, FamRZ 2018, 956 im Anschluss an BGH FamRZ 2015, 1794).

214 Unabhängig davon, ob die Vormundschaft, Pflegschaft oder Betreuung berufsmäßig oder ehrenamtlich geführt wird, bestellt das Gericht (in Vormundschafts- und Pflegschaftssachen das Familiengericht, in Betreuungssachen das Betreuungsgericht) zum Vormund, Pfleger oder Betreuer eine natürliche Person, die geeignet ist, die Angelegenheiten des Mündels, Pflegebefohlenen oder Betreuten zu besorgen. Während die Aufgabe des Vormunds (wie auch des Gegenvormunds) gesetzlich vorgegeben ist (§ 1793 BGB, für den Gegenbetreuer § 1799 BGB), hat der Betreuer die Angelegenheiten der/des Betroffenen entsprechend dem gerichtlichen Bestellungsbeschluss rechtlich zu besorgen und die betroffene Person persönlich zu betreuen (§§ 1897 Abs 1, 1901 Abs 1 BGB).

215 Maßgebend für die Entscheidung, ob die ausgewählte Person für das vorgesehene Amt geeignet ist, sind die zu besorgenden Angelegenheiten bzw die gesetzlich bestimmte oder gerichtlich angeordnete Aufgabe. Wer die zur Bewältigung der Aufgabe(n) erforderlichen Kenntnisse und Fähigkeiten nicht besitzt, kann mangels Eignung nicht zum Vormund, Pfleger oder Betreuer bestellt werden.

216 Sind für die Wahrnehmung bestimmter Aufgaben spezielle Kenntnisse, Fähigkeiten und/oder Fertigkeiten erforderlich, kann nur derjenige als geeignet bestellt werden, der über diese Voraussetzungen verfügt. Die für die Führung einer Vormundschaft oder einer Betreuung, ggf auch einer Pflegschaft, erforderlichen besonderen Kenntnisse (zB im Bereich von Sozial- und/oder Heilpädagogik, Landwirtschaft oder Bank- und Börsenrecht) sind nicht identisch mit den „besonderen Kenntnissen", die zu einer Erhöhung der Vergütung beitragen können. Bei ihnen handelt es sich (iS von § 4 Abs 1 Satz 2 VBVG) um Kenntnisse, „die – bezogen auf ein bestimmtes Sachgebiet – über ein Grundwissen deutlich hinausgehen" (BGH FamRZ 2012, 629, 630).

„Für die Führung einer Betreuung nutzbar sind Fachkenntnisse, die ihrer Art nach betreuungsrelevant sind und den Betreuer befähigen, seine Aufgaben zum Wohl des Betreuten besser und effektiver zu erfüllen und somit eine erhöhte Leistung zu erbringen" (BGH FamRZ 2012, 629, 630 mwNw).

Wie sich aus § 3 Abs 2 Satz 2, § 4 Abs 3 Satz 1 VBVG ergibt, handelt es sich bei den besonderen Kenntnissen um solche, die für die Führung der Vormundschaft, Pflegschaft oder Betreuung **allgemein nutzbar** sind. Dass diese Kenntnisse auch für die Führung der dem Vormund, Pfleger oder Betreuer übertragenen Aufgabe nutzbar sind, wird vermutet. Allerdings gilt diese Vermutung nicht, wenn das Gericht aus besonderen Gründen bei der Bestellung des Vormunds, Pflegers oder Betreuers etwas anderes bestimmt (§§ 3 Abs 2 Satz 2, 4 Abs 3 Satz 1 VBVG). Welche Entscheidung des Gerichts die Vermutung beseitigen können soll, ist unklar. Hinweise dafür bietet das Gesetz nicht. Wenn durch die Vermutung vermieden werden sollte, dass bei jeder Vormundschaft oder Betreuung die Voraussetzungen eines erhöhten Stundensatzes dargelegt werden müssen (s Rn 206, 207), widerspricht das dem Wortlaut des § 3 Abs 2 Satz 1 VBVG. 217

Denn wenn Kenntnisse für die Amtsführung allgemein nutzbar sind, sind sie es zwangsläufig auch im Einzelfall. Oder es sind keine allgemein nutzbaren Kenntnisse. Sollen diese besonderen Kenntnisse von allgemeinem Nutzen für die Führung von Vormundschaften, Pflegschaften oder Betreuungen sein, kann es sich nicht um solche besonderen Kenntnisse handeln, die im Einzelfall zur Bewältigung einer speziellen Angelegenheit erforderlich sind und benötigt werden. 218

Diesem Widerspruch ist die Rechtsprechung erlegen. Danach sind einerseits besondere Kenntnisse iS von § 4 Abs 1 Satz 2 VBVG solche Kenntnisse, die – bezogen auf ein bestimmtes Sachgebiet – über ein Grundwissen deutlich hinausgehen. Für die Führung einer Betreuung nutzbar sind Fachkenntnisse, die ihrer Art nach betreuungsrelevant sind und den Betreuer befähigen, seine Aufgaben zum Wohl des Betreuten besser und effektiver zu erfüllen und somit eine erhöhte Leistung zu erbringen (BGH FamRZ 2012, 629, 630; FamRZ 2017, 756 [LS] = FGPrax 2017, 82). Es genüge, so der BGH unter Bezugnahme auf seinen Beschluss v 23. 7. 2003 – XII ZB 87/03, FamRZ 2003, 1653, die **potentielle Nützlichkeit** dieser Fachkenntnisse. Ebenso LG Kreuznach (NZFam 2017, 79), wonach „Nutzbarkeit für die Führung einer Betreuung" nicht bedeute, dass die Kenntnisse zur sachgerechten Führung einer Betreuung erforderlich sind. Es genüge vielmehr, dass sie **geeignet** sind, die Geschäftsführung der Betreuung im konkreten Fall zu erleichtern. 219

Es sei aber auch nicht notwendig, so das OLG Dresden (FamRZ 2000, 847), dass die Kenntnisse das **gesamte Anforderungsprofil** der Betreuung abdecke; vielmehr reichten Kenntnisse zur Bewältigung eines bestimmten Aufgabenkreises aus (vgl auch OLG

Schleswig FamRZ 2000, 846; FamRZ 2000, 1532; OLG Jena FamRZ 2002, 1431, 1433 mwNw u Anm Bienwald [1433]).

220 Das hat dazu beigetragen, dass im Rahmen von Eingruppierungsverfahren einzelne Aspekte nutzbarer Kenntnisse für die Entscheidung maßgebend waren, wie etwa der Erwerb kommunikativer Fähigkeiten (vgl OLG Schleswig FamRZ 2000, 1532; OLG Jena FamRZ 2002, 1431, 1432 m Anm Bienwald; OLG Dresden FamRZ 2000, 1306, 1307; im einzelnen Bienwald/Sonnenfeld/Harm [6. Aufl] § 1836 Rn 106 [S 808]), unabhängig von der Prüfung, ob die betreffende Person auch im Sinne des § 1897 Abs 1 BGB für die Besorgung der Angelegenheiten der betroffenen Person regelmäßig für die Führung der Betreuung besonders nutzbar sind, wenn dem Betreuer die Aufgabenkreise der Gesundheitssorge und der Vermögenssorge übertragen worden sind (FGPrax 2017, 82 = NJW-RR 2017, 646 = FamRZ 2017, 756 [LS] hier: die abgeschlossene Berufsausbildung zum Sozialversicherungsfachangestellten).

221 Das LG Darmstadt entschied, dass eine Betreuerin mit abgeschlossener Ausbildung zur Krankengymnastin, die ua für den Aufgabenkreis Gesundheitssorge bestellt ist, einen erhöhten Stundensatz (33,50 Euro) geltend machen könne (FamRZ 2017, 1869 [LS] = BtPrax 2018, 43 [LS]; dort auch zur Vergleichbarkeit der Ausbildung zur Krankengymnastin vor 1994 mit der einer Physiotherapeutin nach 1994. Das AG Offenburg meinte, bei einem Studium der Betriebswirtschaftslehre erwerbe ein Betreuer in erster Linie Fachkenntnisse, die ihn befähigen, vermögensbezogene Betreuungsaufgaben besser zu erfüllen, nicht jedoch ein für die Gesundheitssorge nutzbares Wissen. Auch könne man dem in einem solchen Studium erworbenen Wissen keine allgemeine Nützlichkeit für den Aufgabenkreis der Wohnungsangelegenheiten zusprechen, insbesondere wenn im Einzelfall finanzielle Fragen nicht zu regeln waren FamRZ 2017, 247 [LSe] m Anm d Redaktion).

222 Zu unterscheiden sind zwar danach die **ausbildungsorientierte Vergütungsbewilligung** und die **Eignung zur Besorgung** der Angelegenheiten der betroffenen Person als Voraussetzung für die Bestellung zum Vormund, Pfleger oder Betreuer. Andererseits müssen die Gerichte sowohl für die Beurteilung der Geeignetheit als auch für die Eingruppierung in die Vergütungsgruppen die Bedeutung und den Inhalt der Pauschalbegriffe der Aufgaben hinreichend würdigen und berücksichtigen. So erlaubt und verpflichtet der Begriff Gesundheitssorge nicht lediglich zu einer Entscheidung über das ob und das wie einer Krankenbehandlung oder einer Operation oder die Befreiung von der ärztlichen Schweigepflicht. Zur Gesundheitssorge gehört auch die Sorge um die Sicherstellung der Behandlungskosten, die Krankenversicherung, deren Kostenübernahme, die Organisation von Rehabilitationsmaßnahmen, die Beschaffung von Hilfsmitteln, um nur einige Bereiche zu nennen. Um diese Angelegenheiten zu besorgen, sind auch andere Befähigungen als nur die Ausbildung in einem medizinischen Beruf in der Lage. Überdies berechtigt und verpflichtet die Führung der Betreuung zur Organisation und Inanspruchnahme von (fachlichen) Hilfen, soweit dies erforderlich ist.

c) Bemessung im Falle mittelloser Mündel

223 Ist der Mündel mittellos (§ 1836d BGB iVm § 1836c BGB), so kann der berufsmäßig tätige Vormund die ihm nach § 1836 Abs 1 S 2 und 3 BGB, § 1 Abs 2 VBVG zu bewilligende Vergütung aus der Staatskasse verlangen, deren Höhe sich nach § 3 Abs 1 und 2 VBVG bestimmt. Der Vormund erhält eine Vergütung für die für die

Führung der Vormundschaft aufgewandte und erforderliche Zeit. Die Höhe der Stundenvergütung richtet sich nach den für die Führung der Vormundschaft einsetzbaren erworbenen Kenntnissen. Anders als bei der Pauschalabgeltung im Regelfall rechtlicher Betreuung (§ 4 Abs 2 VBVG) handelt es sich um reine Vergütung, also das Entgelt für den Zeitaufwand des Vormunds. Etwaige Aufwendungen sind gemäß § 1835 BGB gesondert geltend zu machen. Der Vergütungsanspruch richtet sich gegen die Staatskasse, wenn der Betroffene (auch der zuvor bemittelte) **im Zeitpunkt der letzten Tatsachenentscheidung** mittellos ist (BGH FamRZ 2013, 620 = NJW-RR 2013, 513 = Rpfleger 2013, 330 = BtPrax 2013, 65: in einer Betreuungssache entschieden).

Für den Umfang des dem Betreuer gemäß § 5 VBVG zu vergütenden Zeitaufwands kommt es darauf an, ob der Betreute **im Vergütungszeitraum** mittellos war (BGH FamRZ 2013, 620 = NJW-RR 2013, 513 = Rpfleger 2013, 330 = BtPrax 2013, 65 = FGPrax 2013, 117). **224**

Die Vergütung wird nur für die Zeit gezahlt, die der Vormund/Pfleger im Rahmen seines Auftrags für die Führung der Vormundschaft/Pflegschaft aufgewendet hat. Die Zeit, für die Vergütung beansprucht wird, muss tatsächlich aufgewendet worden sein (Erman/Saar Anh § 1836 Rn 6). Vergütet wird nicht die aufgewandte Zeit schlechthin, sondern nur die **erforderliche Zeit**. Obwohl der Vormund/Pfleger grundsätzlich selbst und weisungsfrei entscheidet, wie er sein Amt ausübt, ist das Gericht weder berechtigt noch verpflichtet, die geltend gemachten Beträge ohne Nachweise oder Plausibilitätskontrolle zu bewilligen. **225**

Die Mindestvergütung beträgt für jede Stunde der für die Führung der Vormundschaft aufgewandten und erforderlichen Zeit 19,50 Euro (§ 3 Abs 1 S 1 VBVG). Verfügt der Vormund über besondere Kenntnisse, die für die Führung der Vormundschaft nutzbar sind, so erhöht sich der Stundensatz auf 25 Euro, wenn diese Kenntnisse durch eine abgeschlossene Lehre oder eine vergleichbare abgeschlossene Ausbildung erworben sind, und auf 33,50 Euro, wenn diese Kenntnisse durch eine abgeschlossene Ausbildung an einer Hochschule oder durch eine vergleichbare abgeschlossene Ausbildung erworben sind (§ 3 Abs 1 S 2 VBVG). Der Vormund kann Abschlagszahlungen verlangen (§ 3 Abs 4 VBVG). **226**

Bestellt das Familiengericht einen Vormund, der über besondere Kenntnisse verfügt, die für die Führung der Vormundschaft allgemein nutzbar und durch eine Ausbildung im Sinne des Abs 1 S 2 erworben sind, so wird vermutet, dass diese Kenntnisse auch für die Führung der dem Vormund übertragenen Vormundschaft nutzbar sind. Dies gilt nicht, wenn das Familiengericht aus besonderen Gründen bei der Bestellung des Vormunds etwas anderes bestimmt (§ 3 Abs 2 VBVG). **227**

Hat der Betroffene gegenüber dem Betreuungsgericht unrichtige Angaben über die Höhe seines Vermögens gemacht und dadurch die Zahlung der Betreuervergütung aus der Staatskasse veranlasst, ist die Prüfung einer etwaigen deliktischen Haftung des Betroffenen gegenüber der Staatskasse dem Zivilverfahren vorbehalten. Das Betreuungsgericht kann diese Rechtsfrage im Festsetzungsverfahren betreffend den Regress nicht prüfen. Dem Betroffenen kann die Berufung auf die **Einrede der Verjährung** auch nicht unter Anwendung von § 242 BGB abgesprochen werden (LG Kassel Rpfleger 2013, 525). **228**

d) Bemessung im Falle bemittelter Mündel

229 Ist die Vergütung des Vormunds aus dem Einkommen oder Vermögen des Mündels zu zahlen, richtet sich deren Höhe grundsätzlich nach den gleichen Vorschriften, die für die Höhe der Vergütung im Falle eines mittellosen Mündels gelten (§ 3 Abs 1 und 2 VBVG). Soweit es die besondere Schwierigkeit der vormundschaftlichen Geschäfte jedoch ausnahmsweise rechtfertigt, kann das Familiengericht einen höheren als den in Abs 1 vorgesehenen Stundensatz der Vergütung bewilligen. Danach kommt nicht in jedem Falle besonderer Schwierigkeit der vormundschaftlichen Geschäfte eine höhere (Stunden)Vergütung in Betracht; es muss zusätzlich ein Ausnahmefall vorliegen. Eine entsprechende Regelung für den Betreuer einer bemittelten Person hat das VBVG nicht getroffen. Eine analoge Anwendung der Vorschrift kommt nicht in Betracht; eine planwidrige Gesetzeslücke besteht nicht (OLG München FamRZ 2007, 675 [LS]).

230 Die Höhe des Vermögens ist für die Höhe der Vergütung grundsätzlich nicht mehr maßgebend und bleibt deshalb bei deren Bemessung außer Betracht (BayObLG FamRZ 2002, 1591 [LS]; OLG Brandenburg FGPrax 2001, 73 = MDR 2001, 277), sofern sie sich nicht auf die Schwierigkeit der vom Vormund zu verrichtenden Geschäfte auswirkt (BT-Drucks 13/7158, 26).

231 Es versteht sich von selbst, dass die „vormundschaftlichen" Geschäfte in den verschiedenen Fällen, für die das Vergütungsrecht maßgebend ist (Vormundschaft, Pflegschaft, ausnahmsweise Betreuung in Fällen des § 6 VBVG) unterschiedliche Schwierigkeitsgrade aufweisen. Infolgedessen lassen sich bisher von der Rechtsprechung gefundene weitere Kriterien allgemeiner Art, die über den Einzelfall hinausgehen, nicht ausmachen. Denkbar ist es, dass eine (besondere) Schwierigkeit der vormundschaftlichen Geschäfte sich sowohl aus der durch die Persönlichkeit der betreuten Person geprägten Betreuungsbeziehung (krankheitsbedingte Verständigungsschwierigkeiten in Bezug auf ständig wechselnde Wünsche und Vorstellungen), aus rechtlich und/oder tatsächlich schwierigen oder verworrenen Angelegenheiten (Erbenmehrheiten und Familienzerwürfnisse, Gesellschaftsbeteiligungen, Insolvenzen) oder sonstigen Umständen (Auseinandersetzungen mit den Familienangehörigen der betroffenen Person, speziell in Fällen nichtdeutscher Betreuter; Haus- und Grundstücksverwaltungen und infolgedessen Auseinandersetzungen mit schwierigen Mietern) ergibt (vgl OLG Frankfurt FamRZ 2002, 711 [LS] = FGPrax 2001, 73 = Rpfleger 2001, 130 [LS]; auch BayObLG FamRZ 2002, 847 = NJW-RR 2002, 652; OLG Hamm BtPrax 2003, 84; OLG Köln MDR 2002, 763; LG Köln BtPrax 2003, 231 für anwaltlichen Betreuer im Falle besonderer Schwierigkeiten rechtlicher Art).

e) Zur Vergütungsbemessung und weiteren Besonderheiten bei berufsmäßig geführter Betreuung

aa) Allgemeines, Betreuerwechsel und Vakanzen

232 Das 2. BtÄndG hat als Regelvergütung für den berufsmäßig tätigen Betreuer eine nach vorgegebenen Betreuungszeiten (Stundenansätze) und unter Berücksichtigung bestimmter Ausbildungsabschlüsse **Vergütungspauschale** eingeführt. Die Regelungen der §§ 4 und 5 VBVG gelten für alle Betreuer, die Betreuungen im Rahmen ihrer Berufsausübung führen. Die Stundensätze (§ 4 VBVG) gelten unabhängig davon, ob die betreute Person mittellos ist oder die Betreuung aus dem einzusetzenden Einkommen und/oder Vermögen zu finanzieren hat. Der zu vergütende **Zeitaufwand** (§ 5

VBVG) richtet sich nach der **Dauer** der Betreuung und dem **Aufenthaltsort** der betreuten Person; daneben ist maßgebend, ob die betroffene Person bemittelt oder mittellos ist. Bei einem Wechsel von Berufsbetreuung zu einem ehrenamtlichen Betreuer wird die Vergütung gemäß § 5 Abs 5 VBVG nach Betreuungsmonaten und nicht nach Kalendermonaten berechnet (BGH Rpfleger 2013, 392). Ist der Betreuer lange Zeit abwesend, hat er keinen Vergütungsanspruch (LG Frankfurt aM BtMan 2008, 158). Maßgebend für die Höhe der Vergütung ist nicht der Aufgabenkreis des Betreuers. Soweit eine Erweiterung der Betreuung nicht als eine Neubestellung zu bewerten ist, entsteht durch eine **Aufgabenerweiterung** in zeitnahem Zusammenhang mit der Erstbestellung kein weiterer Vergütungsanspruch (für den Fall einer kurze Zeit nach Bestellung vorgenommenen weiteren Bestellung zum Kontrollbetreuer LG Koblenz FamRZ 2011, 1329 [LS] = Rpfleger 2011, 605).

Auch wenn der Aufgabenkreis des Betreuers die Besorgung nur **einer Angelegenheit** **233** vorsieht (hier: Bestellung des Betreuers wegen des von vornherein beschränkten Umfangs der Vorsorgevollmacht), entsteht ein Vergütungsanspruch nach den §§ 4, 5 VBVG und nicht nach § 6 VBVG (BGH FamRZ 2017, 1159 = Rpfleger 2017, 542 = NJW-RR 2017, 967 = JurBüro 2017, 428; **aA** LG München I 27. 11. 2009 – 13 T 11628/09, BeckRS 2010, 19877, zit bei Zimmermann FamRZ 2011, 1776, 1778, der die Entscheidung ebenfalls ablehnt; dazu auch Bienwald, Die Vergütung eines Betreuers, dem die Besorgung einer einzelnen Angelegenheit aufgegeben wurde, JR 2012, 317). **Ändern** sich die vergütungsrelevanten Umstände vor Ablauf eines Vergütungsmonats, ist bei der Berechnung des Stundenansatzes zeitanteilig nach Tagen nach § 5 Abs 4 Satz 2 VBVG die konkrete Anzahl an Tagen des betreffenden Vergütungsmonats zugrunde zu legen. § 191 BGB findet keine Anwendung (LG Kassel FamRZ 2018, 464 [LS] = BtPrax 2017, 247; ebenso OLGR Saarbrücken 2007, 904, 906; MünchKomm/Fröschle § 5 VBVG Rn 34).

Die Vergütungsregelung des § 6 VBVG kann über die dort genannten Sonderfälle **234** nicht analog auf Betreuer angewendet werden, die nur für eine Angelegenheit bestellt wurden (BGH FamRZ 2013, 873 = BtPrax 2013, 107 = FGPrax 2013, 121 = MDR 2013, 1069 [LS]).

Die Vergütung für einen neben einer Bevollmächtigung bestellten **Ergänzungsbetreuer** **235** bemisst sich nach den §§ 4, 5 VBVG (BGH FamRZ 2013, 873, 874 = NJW-RR 2013, 771 = BtPrax 2013, 107). Eine entsprechende Anwendung des § 6 VBVG auf die Vergütung eines neben einem Bevollmächtigten bestellten Betreuers scheidet aus, wenn die Betreuung wegen des von vornherein beschränkten Umfangs der Vollmacht erforderlich wurde (im Anschluss an BGH FamRZ 2015, 1710 und FamRZ 2013, 873; BGH FamRZ 2017, 1159 = BtPrax 2017, 155 = JurBüro 2017, 428).

Wechselt während der Dauer der Betreuung der Betreuer oder/und tritt eine längere **236** **Vakanz** ein, wird die Vergütung des nachfolgenden Betreuers oder weiterer Betreuer nicht nach der Dauer der Betreuung ab der jeweiligen Betreuerbestellung berechnet, sondern mit Wirksamwerden der erstmaligen Bestellung. Das ist inzwischen ganz herrschende Meinung (BGH FamRZ 2011, 1220 = BtPrax 2012, 162 = Rpfleger 2011, 501; BGH FamRZ 2012, 1211, 1212 = NJW-RR 2012, 965 = MDR 2012, 1192 mwNw; dort auch zu Wortlaut, Entstehungsgeschichte und Zweck der Bestimmung; weitere Nachweise bei Bienwald, in: Bienwald/Sonnenfeld/Hoffmann § 1836 Rn 139). Das gilt sowohl für die Übernahme einer Betreuung in der Nachfolge eines ehrenamtlich tätig gewesenen Betreuers

(BGH FamRZ 2012, 1211, 1212 = Rpfleger 2012, 528; OLG Schleswig FamRZ 2006, 649 = FGPrax 2006, 120; OLG Stuttgart FamRZ 2007, 1271 [LS] = FGPrax 2007, 131; OLG Karlsruhe FamRZ 2006, 1483 [LS]; OLG Hamm FamRZ 2006, 1066 [LS]; OLG Brandenburg FamRZ 2008, 1562 [LS]), als auch bei einem Betreuerwechsel von zwei nacheinander berufsmäßig tätigen Betreuern (BGH FamRZ 2012, 1211, 1212) oder beim Wechsel von berufsmäßig geführter zu ehrenamtlicher Betreuung (LG Bad Kreuznach FamRZ 2009, 2118: auch bei zunächst vorläufiger Betreuerbestellung).

237 Es gilt außerdem, wenn nach dem Tod des Betreuers ein neuer Betreuer bestellt wird (§ 1908c BGB). Eine bei Gelegenheit des Betreuerwechsels vorgenommene **Erweiterung des Aufgabenkreises** des neuen Betreuers soll kein Grund zu einer Ausnahmeregelung sein (BGH BtPrax 2016, 78 = FamRZ 2016, 368 [LS]; FamRZ 2012, 1211 Rn 17 f = NJW-RR 2012, 965 = Rpfleger 2012, 528, 529; OLG Stuttgart FamRZ 2007, 1271 [LS] = FGPrax 2007, 131; näher dazu Bienwald/Sonnenfeld/Hoffmann § 1836 Rn 142 ff [Bienwald]). **AA** AG Koblenz (FamRZ 2006, 1066 [LS]) für den Fall, dass die vorläufige Betreuung durch Fristablauf geendet hat und eine endgültige Betreuung erst später (hier: nach neun Monaten) eingerichtet wurde; bestätigt durch OLG Zweibrücken (FamRZ 2006, 1303). Bereits nach zwei Wochen betreuungsloser Zwischenzeit soll von einer Erstbetreuung ausgegangen werden nach LG Koblenz (FamRZ 2007, 677 [LS]). Außerdem: LG Kiel (FamRZ 2006, 223 m Anm Bienwald); LG Arnsberg (FamRZ 2006, 1061); LG Braunschweig (FamRZ 2006, 1483 [LS]). Die Berechnung der für die Vergütung nach § 5 Abs 1 VBVG maßgeblichen Dauer der Betreuung, die mit der Anordnung der Erstbetreuung beginnt, läuft bei einem sich daran anschließenden Betreuerwechsel – auch von einem ehrenamtlichen zu einem Berufsbetreuer – weiter (BGH BtPrax 2016, 78 = FamRZ 2016, 368 [LS]).

238 Eine ausdrückliche Regelung wurde für den Fall getroffen, dass die zunächst beruflich geführte Betreuung **ehrenamtlich weitergeführt** wird. Hier werden dem beruflich tätig gewesenen Betreuer der Monat, in den der Wechsel fällt und der Folgemonat mit dem vollen Zeitaufwand nach § 5 Abs 1 und 2 VBVG vergütet (§ 5 Abs 5 VBVG); gewissermaßen eine Prämie für die Abgabe der vergüteten Betreuung an die unvergütet fortgeführte Betreuung (LG Münster BtPrax 2010, 247 [LS]). Die Berechnung der dem berufsmäßig tätigen Betreuer zu zahlenden „Prämie“ richtet sich nach Betreuungsmonaten, nicht nach Kalendermonaten (BGH FamRZ 2013, 781 mwNw = BtPrax 2013, 110 = NJW-RR 2013, 578 = Rpfleger 2013, 392. Dazu die Besprechung von Galinsky in FamFR 2013, 215 = FGPrax 2013, 120 = MDR 2013, 1069 [LS]). Das LG Hildesheim (20. 4. 2009 – 5 T 123/09) bewilligte die Prämie auch in dem Fall, dass der Betreute kurz nach dem Betreuerwechsel starb und der ursprüngliche Betreuer deshalb im Ergebnis eine Vergütung über den Todestag des Betreuten hinaus erhielt.

239 Von der Bemessung der Vergütung des **Nachfolgebetreuers** zu unterscheiden ist der Beginn des Abrechnungszeitraums nach § 9 S 1 VBVG. Der BGH hat sich in seiner Entscheidung vom 25. 5. 2011 (XII ZB 440/10, FamRZ 2011, 1220, 1221 mwNw = FGPrax 2011, 230) der Auffassung angeschlossen, wonach für den Nachfolgebetreuer mit dessen wirksamer Bestellung ein neues Abrechnungsquartal und damit ein neuer eigener Abrechnungsrhythmus beginnt. Ordnet das Gericht nach Entlassung des bisherigen und der Bestellung des neuen Betreuers die sofortige Wirksamkeit des Betreuerwechsels an und übergibt es den Beschluss mit der Anordnung der sofortigen Wirksamkeit der Geschäftsstelle zum Zweck der Bekanntgabe, endet der Vergütungsanspruch des bisherigen Betreuers bereits zu diesem Zeitpunkt und nicht erst mit Kenntnis des Beschlusses.

Schließt sich die Bestellung eines neuen Betreuers oder die Neubestellung des bisherigen Betreuers nicht unmittelbar oder in kurzer Zeit nach Amtsende des (Vor-) Betreuers an, entsteht also eine **größere Lücke**, hat die Rspr mitunter davon Abstand genommen, für den Stundenansatz des Nachfolgebetreuers auf den erstmaligen Beginn der Betreuung abzustellen. Nach LG Koblenz (28. 11. 2006 – 2 T 846/06, FamRZ 2007, 677 [LS]) ist nach einer betreuungslosen Zwischenzeit von zwei Wochen von einer Erstbetreuung auszugehen. Das OLG Zweibrücken (21. 2. 2006 – 3 W 8/06, FamRZ 2006, 1303 [LS] = NJW-RR 2006, 725 = FGPrax 2006, 121) billigte eine erhöhte Anfangsvergütung zu, nachdem infolge Zeitablaufs einer vorläufigen Betreuung „erst neun Monate später erneut Betreuung angeordnet" worden war. Das OLG Frankfurt (28. 5. 2009 – 20 W 24/09, FamRZ 2009, 1708) ließ eine Zeitdifferenz zwischen dem Ende einer ehrenamtlich geführten vorläufigen Betreuung und der endgültigen Bestellung einer Berufsbetreuerin von sieben Wochen und drei Tagen genügen, um den erhöhten Stundenansatz der Anfangsbetreuung zu bewilligen. Bei nach dem Tod des Betreuers erforderlicher Neubestellung lehnte das OLG München (9. 2. 2006 – 33 Wx 237/05, FamRZ 2006, 647 m Anm d Redaktion 649) einen erhöhten Stundenansatz vor Ablauf von drei Monaten ab. Ohne einen bestimmten Zeitabstand vorauszusetzen ließ das LG Bückeburg (FamRZ 2009, 1709 m Anm Bienwald) als Neubeginn aus Anlass eines Betreuerwechsels (hier: von Berufsbetreuer zu Berufsbetreuer) gelten, dass eine relevante Unterbrechung der Betreuung bestanden hat oder der neue Betreuer speziell mit dem Aufgabenbereich der Geltendmachung von Regressansprüchen gegen den früheren Betreuer bestellt worden ist. Ein Vergütungsanspruch kann sich nur für die Zeit der Betreuerbestellung ergeben; für einen Zeitraum zwischen dem Ablauf einer vorläufigen Betreuung und der späteren Betreuerbestellung kommt ein Vergütungsanspruch nicht in Betracht (BGH FamRZ 2016, 1072 = Rpfleger 2016, 563 = MDR 2016, 734); für einen Zeitraum, der zwischen dem Ablauf einer vorläufigen Betreuung und der Betreuerbestellung in der Hauptsache liegt, kommt ein solcher Anspruch nicht in Betracht (BGH Rpfleger 2016, 563). 240

bb) Zu weiteren Besonderheiten

Auch das Betreuungsrecht kennt als Grundregel das Zweiaugenprinzip bei der Bestellung eines Betreuers (§ 1897 Abs 1 BGB). Für das Vormundschafts- und Pflegschaftsrecht vgl §§ 1775, 1915 Abs 1 BGB. In begründeten Ausnahmen kann/muss das Gericht **mehrere Betreuer** bestellen; so wenn die Angelegenheiten des Betreuten die Einwilligung in eine Sterilisation der/des Betreuten hat das Gericht stets einen besonderen Betreuer zu bestellen (§ 1899 Abs 2 BGB). Die Bestellung eines weiteren Betreuers (oder mehrerer) kann auch dann erforderlich sein, wenn der bereits bestellte Betreuer ganz oder teilweise verhindert ist, die Angelegenheiten des Betreuten oder eine von ihnen zu besorgen (§ 1899 Abs 4 BGB). Für diese **Sonderfälle** der Betreuung sieht § 6 VBVG eine spezielle Vergütungsregelung vor, wenn die betreffenden Betreuer berufsmäßig tätig sind. Nach § 6 S 1 VBVG erhält dieser Betreuer eine Vergütung nach § 1 Abs 2 iVm § 3 VBVG, also nach konkretem Zeitaufwand (BGH FamRZ 2014, 1449 Rn 12 = FGPrax 2014, 210 [LS]). Eine Pauschalvergütung nach §§ 4, 5 VBVG kann der wegen rechtlicher Verhinderung des regulären Betreuers bestellte weitere Betreuer auch dann nicht verlangen, wenn seine Tätigkeit auf einen längeren 241

Zeitraum angelegt ist und sich nicht in einer konkreten, punktuellen Maßnahme erschöpft (BGH FamRZ 2014, 1449 = Rpfleger 2014, 670 = FGPrax 2014, 210 [LS]).

242 Diese Regelung gilt auch nur für den **aus Rechtsgründen verhinderten** Betreuer und den Sterilisationsbetreuer. Eine Analogie ist nicht möglich (Zimmermann FamRZ 2011, 1776, 1778 zu LG München I 27. 11. 2009 – 13 T 11628/09, BeckRS 2010, 19877; BGH FamRZ 2013, 873 = BtPrax 2013, 107 = Rpfleger 2013, 389). Für den sogenannten Verhinderungsbetreuer (auch – fälschlich – Ergänzungsbetreuer genannt) unterscheidet die Vorschrift des § 6 S 2 VBVG nach den Gründen der Verhinderung.

243 Der wegen **tatsächlicher Verhinderung** des bestellten Betreuers bestellte weitere Betreuer (Verhinderungsbetreuer) erhält Vergütung und Aufwendungsersatz wie der Regelbetreuer. Erforderlichenfalls ist die Leistung nach Tagen zu teilen (§ 6 S 2 HS 1). Ein nach § 1899 Abs 2 oder 4 BGB bestellter ehrenamtlicher Betreuer kann eine Vergütung nur nach Maßgabe des § 1836 Abs 2 BGB erhalten. Seine Aufwendungen kann er nach § 1835 BGB ersetzt verlangen. In Betracht kommt bei längerer Vertretungstätigkeit eine Aufwandsentschädigung (ggf anteilig) nach § 1835a BGB.

244 Wird ein **Betreuer neben einem Bevollmächtigten** bestellt, weil dieser an einer Verrichtung bestimmter Tätigkeiten rechtlich verhindert ist, ist seine Vergütung entsprechend § 6 Satz 1 VBVG nach konkretem Zeitaufwand zu bemessen (BGH FamRZ 2015, 1710 Rn 12 f = FGPrax 2015, 230 = NZFam 2015, 881 m Anm Lauck). Eine entsprechende Anwendung des § 6 VBVG scheidet dann aus, wenn die Betreuung wegen des von vornherein beschränkten Umfangs der Vollmacht erforderlich wurde (BGH FamRZ 2017, 1159 [im Anschluss an BGH FamRZ 2015, 1710 und FamRZ 2013, 873] = Rpfleger 2017, 542 = BtPrax 2017, 155 = JurBüro 2017, 428). Zum Verhältnis von Vergütung als Berufsbetreuer und Gebührenanspruch als Bevollmächtigter LSG Essen FamRZ 2017, 1424. Der Betreuer, der in Unkenntnis des Todes der/des Betroffenen zunächst weiter tätig wurde, ist insoweit allenfalls in analoger Anwendung von § 6 S 1 VBVG und nicht pauschal nach den §§ 4, 5 VBVG zu entschädigen (BGH FamRZ 2016, 1152 = Rpfleger 2016, 562 = MDR 2016, 733 = FGPrax 2016, 170).

245 Eine weitere Besonderheit berufsmäßig geführter Betreuung gegenüber dem Vormundschaftsrecht besteht in der Meldepflicht bezogen auf die Zahl der im Kalenderjahr geführten Betreuungen und den für die Führung der Betreuungen erhaltenen Geldbetrag (§ 10 VBVG). Eine vergleichbare Regelung besteht weder für Vormünder, Pfleger oder berufsmäßig geführte Verfahrensbeistandschaften noch für professionell geführte Verfahrenspflegschaften.

246 Nach OLG Köln (FamRZ 2008, 2064 m Anm Bienwald) soll sich die Vergütung eines **„Kontroll-** und **Gegenbetreuers“** wie die des eigentlichen Betreuers nach §§ 4, 5 VBVG bemessen. Während der **Kontrollbetreuer** echter Betreuer ist, sich infolgedessen die Vergütung nach den allgemeinen Vorschriften richtet (§§ 4, 5 VBVG), unterscheidet sich die Rechtsstellung des **Gegenbetreuers** erheblich von der eines Betreuers, sodass eine Vergütung nach §§ 1, 3 VBVG in Betracht kommt (Bienwald, in: Bienwald/Sonnenfeld/Hoffmann § 1836 Rn 155; Zimmermann, in: FS Bienwald 351).

Eine zwischen dem Ende des Vergütungszeitraums und der Festsetzung der Vergütung eingetretene **Mittellosigkeit** führt nicht dazu, dass die Vergütung nach dem reduzierten Stundenansatz zu berechnen wäre (LG Kassel BtPrax 2012, 77 mwNw). 247

Die **Ausschlussfrist des § 2 VBVG** zur Geltendmachung der Betreuervergütung beginnt für den Anspruch auf die Vergütungspauschale zu dem Zeitpunkt, in dem der Anspruch gemäß § 9 VBVG erstmals geltend gemacht werden kann (BGH FamRZ 2013, 871, 872 = BtPrax 2013, 109 = Rpfleger 2013, 387 = MDR 2013, 745). Sie findet auf die Geltendmachung der Vergütung durch den Nachlassverwalter grundsätzlich Anwendung (OLG Frankfurt/M FamRZ 2017, 1881 = FGPrax 2017, 177; **aA** BGH FamRZ 2018, 958 mwNw = BtPrax 2018, 163 = Rpfleger 2018, 461). Eine Vergütungsanmeldung kann nur dann und insoweit als Geltendmachung iSd § 2 VBVG angesehen werden, als sie dem Rechtspfleger die Prüfung und Festsetzung der Vergütungshöhe ermöglicht (LG Kassel BtPrax 2017, 247, 248; OLG Frankfurt FGPrax 2001, 243). 248

cc) Der Heimbegriff

Der für die Bemessung der Vergütung eines Betreuers maßgebende Zeitaufwand bemisst sich ua danach, ob die betreute Person ihren **gewöhnlichen Aufenthalt** in einem Heim oder nicht in einem Heim hat (§§ 5 Abs 1 S 2; Abs 2 S 2 VBVG). Der Begriff des gewöhnlichen Aufenthalts im Betreuungsrecht weicht grundsätzlich nicht von dem des Haager Minderjährigenschutzabkommens und des Haager Kinderschutzabkommens ab (LG Augsburg BtPrax 2018, 160). Der Begriff des **Heims** ist in Anlehnung an § 1 Abs 2 HeimG definiert. Heime im Sinne des Vergütungsrechts sind danach Einrichtungen, die dem Zweck dienen, Volljährige aufzunehmen, ihnen Wohnraum zu überlassen sowie tatsächliche Betreuung und Verpflegung zur Verfügung zu stellen oder vorzuhalten, und die in ihrem Bestand von Wechsel und Zahl der Bewohner unabhängig sind (BGH FamRZ 2019, 477, 478 = Rpfleger 2019, 202 [Rn 9]). Diese Differenzierung ist dem Recht der Vergütung des Vormunds unbekannt (§ 3 VBVG). Denkbar ist allerdings, dass die für die Erhöhung der Vergütung nach dieser Vorschrift maßgeblichen besonderen Schwierigkeiten darauf beruhen können, wo sich der minderjährige Mündel/Pflegebefohlene gewöhnlich aufhält. 249

Das Gesetz zur Anpassung der Betreuer- und Vormündervergütung v 22. 6. 2019 (BGBl I 866) unterscheidet in Zukunft zwischen stationären Einrichtungen und diesen gleichgestellten ambulant betreuten Wohnformen einerseits und anderen Wohnformen andererseits (§ 5 Abs 3 VBVG nF; s unten im Anhang zu § 1836).

Obwohl das 2. BtÄndG in § 5 Abs 3 VBVG bestimmt hat, welche Art von Einrichtungen als Heime iS dieser Vorschrift zu verstehen sind, lassen die bisher veröffentlichten Entscheidungen erkennen, wie vielfältig inzwischen die Wohn- und Lebensverhältnisse der betroffenen Menschen geworden sind. Die Drucksachen geben über das Verständnis des § 5 Abs 3 VBVG keine Auskunft. Während es bei der Frage der Anwendung des Heimgesetzes in erster Linie um die Frage geht, inwieweit eine Aufsicht veranlasst ist, ist bei der Frage der Stundenansätze für die Vergütung entscheidend, ob die Einrichtung dem Betreuer einen Großteil seiner Arbeit „abnimmt", er durch die konkrete Wohnform entlastet wird (LG Rottweil BtPrax 2017, 208 [LS]). Nach BGH FamRZ 2019, 477, 478 = Rpfleger 2019, 202 (Rn 9) muss Schwierigkeiten in der Anwendung im Einzelfall durch eine **teleologische Auslegung** begegnet werden. 250

Heimaufenthalt iSd § 5 VBVG liegt nicht vor, wenn es in der Einrichtung an einer Organisationsstruktur fehlt, die eine heimmäßige Versorgung sicherstellt (LG Heilbronn FamRZ 2016, 402).

251 Folgt man den Hinweisen des BGH (FamRZ 2008, 778, 780), so soll in Anbetracht der Zielsetzung der Vergütungsregelung des 2. BtÄndG vermieden werden, solche Wohnformen als „Heime“ gelten zu lassen, deren Subsumtion unter den Heimbegriff uU umfängliche Recherchen erfordern würde. Praktisch sinnvoll erscheine danach ein striktes, an griffige und leicht feststellbare Kriterien gebundenes Verständnis des vergütungsrechtlichen Heimbegriffs (BGH FamRZ 2019, 477, 478). Dem Gesetz liege die Vorstellung zugrunde, dass sich der Aufwand der rechtlichen Betreuung erheblich danach unterscheidet, ob die betreute Person in einem Heim oder zu Hause lebt. Hat der Betreute seinen gewöhnlichen Aufenthalt in einem Heim, ist der zu vergütende Zeitaufwand geringer als wenn der Betreute seinen gewöhnlichen Aufenthalt nicht in einem Heim hat (§ 5 Abs 1 und 2 VBVG). Der in einem professionell geführten Heim vorhandene Organisationsapparat lasse eigene organisatorische Vorkehrungen des Betreuers mehr und mehr entbehrlich werden (BGH FamRZ 2008, 778, 780). Daraus leitet der BGH umgekehrt her, dass Wohnformen für betreute Menschen, die eine solche professionelle Führung durch ausgebildetes Leitungs- und geschultes Pflegepersonal nicht kennen, dem vergütungsrechtlichen Heimbegriff auch dann nicht unterfallen, wenn sie sich formal unter die – in ihrem Wortlaut zu weit greifende – Definition des § 5 Abs 3 VBVG subsumieren lassen (BGH FamRZ 2008, 778, 780); die Voraussetzungen des vergütungsrechtlichen Heimbegriffs seien nur dann erfüllt, wenn Wohnraum, Verpflegung und tatsächliche Betreuung sozusagen „aus einer Hand“ zur Verfügung gestellt oder bereitgestellt werden (BGH FamRZ 2019, 477, 478 = Rpfleger 2019, 202 [Rn 11]).

252 Der **Abschluss eines Heimvertrages** ist **keine Bedingung** für die Bewilligung und Bemessung der Betreuervergütung (LG Köln 7. 1. 2013 – 1 T 398/12). Es kommt auch nicht darauf an, dass die angebotenen umfangreichen Leistungen der Einrichtung in vollem Umfang in Anspruch genommen werden (LG Köln 7. 1. 2013 – 1 T 398/12; OLG Celle BtPrax 2009, 184 = FamRZ 2009, 1518 [LS]).

253 Die in § 5 Abs 3 VBVG enthaltene Beschreibung des Heims „iS dieser Vorschrift“ betrifft allein die vergütungsrechtlichen Regelungen eines Stundenansatzes. Beschreibungen von Heimen, soweit sie in anderen Gesetzen enthalten sind, kommen als Ersatz nicht in Betracht (zB in der seit der Aufhebung der Zuständigkeit des Bundes für das Heimrecht durch Änderung des Art 74 Abs 1 Nr 7 GG erforderlichen Landesgesetzgebung; dazu Staudinger/Bienwald [2017] § 1907 Rn 31).

254 Die Differenzierung beruht auf einer vom BMJ in Auftrag gegebenen rechtstatsächlichen Untersuchung, nach deren Ergebnissen der Betreuungsaufwand für einen zu Hause lebenden Betreuten deutlich höher liege als für einen Betreuten, der in einer Einrichtung lebt (BT-Drucks 15/2494, 32; Sellin/Engels, Aufgabenverteilung und Verfahrensaufwand bei rechtlicher Betreuung [2003] 152 ff). Eingehend dazu auch OLG Hamm (FamRZ 2010, 2021). In der in FamRZ 2010, 2020 veröffentlichten Entscheidung stellt das OLG Hamm bei seiner Ablehnung als „Heim“ zusätzlich auf die Zielsetzung der Einrichtung ab (Verselbständigung junger Erwachsener im Rahmen einer Eingliederungsmaßnahme. Die Differenzierung ist unabhängig davon, ob der Betroffene den Betreuer aus eigenen Mitteln vergütet oder der Betreuer seine Vergütung zunächst aus der Staatskasse erhält.

In den veröffentlichten Entscheidungen wurde bisher zur Subsumtion unter den Heimbegriff des § 5 Abs 3 VBVG für diverse Wohn- und Unterbringungsformen (zT kontrovers) Stellung bezogen. Die Äußerungen zu den unterschiedlichen Aufenthalten betreffen Betreutes Wohnen (LG Erfurt FamRZ 2016, 401), Außengeleitete Wohngruppe (LG Arnsberg FamRZ 2015, 1525), Außengruppe mit Einzelzimmer und Ausstattung für die Führung eines eigenen Haushalts (LG Arnsberg 6. 9. 2018 – 5 T 144/18); Probewohnen (LG Meiningen FamRZ 2015, 1523), stationäre Einrichtung der Wohnungslosenhilfe (LG Kreuznach FamRZ 2017, 1869 = BtPrax 2017, 159); Sozialtherapeutische Wohnstätte (LG Dresden FamRZ 2016, 1963); zur ambulanten betreuten Wohngemeinschaft iSv § 2 Abs 5 EQGM-V (OLG Mecklenburg-Vorpommern BtPrax 2016, 245 [LS]; kein Heim); Pflege-WG ist kein Heim (BGH Rechtsdienst der Lebenshilfe 2019, 88 m Anm Hajasch; differenzierend LG Arnsberg Rechtsdienst der Lebenshilfe 2019, 89); fehlende Organisationsstruktur in der bewohnten Einrichtung (LG Heilbronn FamRZ 2016, 402). Gastfamilie, Pflegefamilie, Hospiz, Freiheitsentziehende Unterbringung, Maßregelvollzug, Untersuchungshaft ist kein Heimaufenthalt (BGH FamRZ 2014, 1015), im Einzelfall auch bei mehr als zwei Jahre dauernder Unterbringung Betreuervergütung nach den Stundenansätzen für Betreute, die ihren gewöhnlichen Aufenthalt nicht in einem Heim haben (LG Freiburg FamRZ 2016, 329 [LS] = RPfleger 2015, 644), Strafvollstreckungseinrichtungen, Psychiatrisches Krankenhaus, Wohnstättenvertrag, Untermiete, Flüchtlingsheim (abzulehnen, bisher soweit ersichtlich aber nicht entschieden). Einzelheiten bei Staudinger/Bienwald (2017) § 1908i Rn 446 ff sowie Bienwald, in: Bienwald/Sonnenfeld/Hoffmann § 1836 Rn 116; außerdem in den Rechtsprechungsübersichten von Zimmermann zur Vergütung von Betreuern ua (FamRZ 2006, 1802; FamRZ 2008, 1307; FamRZ 2011, 1776; FamRZ 2014, 165; FamRZ 2016, 1230; FamRZ 2018, 734). Lebt der Betroffene aufgrund Mietvertrags in einer Wohngemeinschaft und bezieht von einem gesonderten Anbieter ambulante Pflegeleistungen, so hält er sich damit grundsätzlich noch nicht in einem Heim gemäß § 5 Abs 3 VBVG auf (BGH FamRZ 2019, 477 = Rpfleger 2019, 202 [LS 1] in Fortführung des Beschlusses vom 23. 1. 2008 – XII ZB 176/07, FamRZ 2008, 778). Sind der Vermieter und der vom Gremium der Bewohner beauftragte Pflegedienst personell miteinander verbunden, können aber die Bewohner, wenn auch nur in ihrer Gesamtheit, einen anderen Anbieter wählen, führt dies ebenfalls noch nicht zur Einstufung als Heim iSv § 5 Abs 3 VBVG (BGH FamRZ 2019, 477, 478 = Rpfleger 2019, 201 [Rn 11]). Zur Ablösung des Heimbegriffs ab 27. 7. 2019 s Anhang zu § 1836. 255

Der Qualifikation als Heim iSd § 5 Abs 3 VBVG steht die Möglichkeit des Heimträgers nicht entgegen, den Heimvertrag zu kündigen, wenn sich der Gesundheitszustand der Bewohnerin/des Bewohners so verändert, dass dem Heimträger eine sachgerechte Betreuung nicht mehr möglich ist (BGH FamRZ 2011, 287 = BtPrax 2011, 82 auf Vorlage des OLG Celle FamRZ 2009, 1518 [LS]). 256

3. Berücksichtigung der Umsatzsteuer

Gemäß § 3 Abs 1 S 3 VBVG wird dem berufsmäßig tätigen Vormund eine auf die Vergütung anfallende Umsatzsteuer, soweit sie nicht nach § 19 Abs 1 des Umsatzsteuergesetzes unerhoben bleibt, zusätzlich ersetzt. Auf die Vergütung des gemäß 257

§ 1684 Abs 3 BGB bestellten Umgangspflegers ist keine Umsatzsteuer zu entrichten (OLG Rostock FamRZ 2017, 1231). Wird eine Änderung des Umsatzsteuerrechts für sämtliche berufsmäßig tätigen Betreuer oder für diejenigen, die Betreuungen im Rahmen einer weiteren hauptberuflichen Tätigkeit übernehmen, eingeführt, wird dadurch der Inklusivstundensatz des § 4 VBVG nicht berührt, sofern nicht eine andere Regelung getroffen wird. Wer gemäß § 19 Abs 1 UStG nicht umsatzsteuerpflichtig ist, hat Anspruch auf den vollen Stundensatz ohne Kürzung um den Umsatzsteueranteil (BGH FamRZ 2013, 872 873 = BtPrax 2013, 108 = Rpfleger 2013, 447 betr Berufsbetreuer). Zur Befreiung von Betreuern von der Umsatzsteuerpflicht aufgrund von EWG – Richtlinien BFH Gerichtsbescheid v 25. 4. 2013 – V R 7/11 (FamRZ 2013, 1222 sowie das Urteil vom gleichen Tage BtPrax 2013, 153). Keine Ungleichbehandlung von Anspruchsberechtigten infolge von Regelungen des Umsatzsteuerrechts (BVerfG FamRZ 2009, 1123; s auch OLG München FamRZ 2006, 1152, 1153). Zur USt-Freiheit ab 1. 7. 2013 s G v 26. 6. 2013 (BGBl I 1809 [1830]). Nach Auffassung des FG Köln (Urteil vom 17. 5. 2017 – 9 K 3140/14, FamRZ 2018, 70 [LS]) unterliegt die Vergütung eines Verfahrensbeistands nach § 158 FamFG weder nach deutschem noch nach EU – Recht einer Umsatzsteuerbefreiung; bei der Tätigkeit als Verfahrensbeistand handele es sich insbesondere nicht um eine eng mit der Sozialfürsorge und der sozialen Sicherheit verbundene Dienstleistung iSd Richtlinie 2006/112/EG des Rates v 28. 11. 2006 über das gemeinsame Mehrwertsteuersystem (MwStSystRL).

258 Den Anspruch auf Erstattung von Umsatzsteuer auf die Vergütung kann nach Auffassung des LG Lüneburg (NdsRpfl 2001, 83) ein Anspruchsberechtigter verwirkt haben, wenn seit der Bewilligung ohne Umsatzsteuererstattung $1^1/_2$ Jahre verstrichen sind und der Betreuer zwischenzeitlich nicht zu erkennen gegeben hat, dass er auch die Erstattung der Umsatzsteuer begehrt.

4. Der Einwand mangelhafter Führung der Vormundschaft und andere Vorhaltungen

259 Die Rechtsprechung lehnt es grundsätzlich ab, im Vergütungsfestsetzungsverfahren den Einwand mangelhafter Amtsführung zu berücksichtigen (BGH FamRZ 2012, 1051 mwNw = NJW-RR 2012, 835 = BtPrax 2012, 163 = FGPrax 2012, 162; OLG Schleswig FamRZ 2012, 143, 144 betr Nachlasspflegervergütung; ebenso OLG Celle FamRZ 2011, 1755; BayObLGZ 1999, 121 = FamRZ 1999, 1591; LG Münster Rpfleger 2003, 369; LG Koblenz FamRZ 2009, 1710; OLG Frankfurt FamRZ 2013, 1331 = FamRB 2013, 110 in einer Kindschaftssache betr die Auswahl des Verfahrensbeistands und dessen angebliche Untätigkeit; eingehend auch Staudinger/Engler [1999] Rn 24 ff). Soweit als Hauptargument vorgebracht wird, die Vergütung sei keine vertragsmäßige Gegenleistung, sondern nur eine Entschädigung für die in fremdem Interesse aufgewandte Mühe und Zeitversäumnis einschließlich des Haftungsrisikos (Staudinger/Engler [1999] Rn 24 mwNw), bietet jedenfalls das BtÄndG mit seiner Neuregelung der Vergütung **Anlass zu einer Revision**. Denn danach schuldet der Betroffene unmittelbar die Vergütung für die Besorgung seiner Angelegenheiten; der Staat tritt lediglich für den Fall der Mittellosigkeit des Betroffenen ein. Strukturell stellt sich die Besorgung der Angelegenheiten der nicht (allein-)entscheidungsfähigen Person als ein **staatlich organisiertes Geschäftsbesorgungsverhältnis** dar. Wer als (volljähriger) Betroffener eine Vorsorgevollmacht erteilt und mit dem Bevollmächtigten einen Geschäftsbesorgungsvertrag schließt, hat zwar zur Besorgung seiner Angelegenheiten eine andere Rechtskonstruktion gewählt, befindet sich aber letztlich in keinem anderen Verhältnis zu der für ihn tätigen Person als derjenige, dem das Gericht einen Betreuer bestellt hat.

Der Einwand der **Verwirkung** ist in dem Festsetzungsverfahren zu beachten; es handelt sich um den Einwand, dass bei Untreue des Betreuers zum Nachteil des Betreuten der Anspruch auf Vergütung und Aufwendungsersatz wegen schweren Verstoßes gegen die bestehende Treuepflicht verwirkt sein kann (LG Kleve FamRZ 2011, 1817 [LS]). Die Verwirkung des Vergütungsanspruchs eines Nachlasspflegers kann nicht nur in den Fällen gegeben sein, wenn Straftatbestände erfüllt sind; es kommt darauf an, ob gewichtige, vorsätzliche oder mindestens leichtfertige Verstöße gegen die Treue- und Sorgfaltspflichten eines Nachlasspflegers gegenüber den (potentiellen) Erben ohne Weiteres festgestellt werden können (OLG Frankfurt 22. 1. 2019 – 20 W 316/16). **260**

Verschiedentlich beschäftigten sich Gerichte mit der Frage, ob die Führung der Betreuung insoweit **pflichtwidrig** sei und dies sich auf die Vergütung des Betreuers auswirken müsse, als der Betreuer nicht durch **Schaffung von Reserven** oder die Art der Befriedigung von Gläubigern dafür gesorgt hat, aus den Einkünften und/oder dem Vermögen des Betreuten entgolten zu werden. Das OLG Düsseldorf hat keine Pflichtwidrigkeit darin gesehen, dass der Betreuer Ausgaben für den Betreuten, die dessen Einkommens- und Vermögensverhältnisse nicht überstiegen, getätigt und nichts veranlasst hat, für die Sicherung seines **zukünftigen Vergütungsanspruchs** Rücklagen zu bilden (FamRZ 1999, 1166, 1167 = FGPrax 1999, 54 = NJWE-FER 2000, 89 [LS]). Die Staatskasse könne über die Amtsführung des Betreuers keine Kontrolle ausüben. Der Betreuer unterstehe allein der Aufsicht des Gerichts. Dieses habe aber im vorliegenden Fall die für den Betreuten getätigten Ausgaben nicht beanstandet. Ähnlich entschied das LG Saarbrücken (FamRZ 2003, 60): der Betreuer sei nicht verpflichtet, die Befriedigung anderer Gläubiger zurückzustellen, um die eigenen Vergütungsansprüche zu sichern, solange das Gericht noch nicht über die Vergütungsansprüche entschieden hat (anders hinsichtlich der Entnahmen für Aufwendungsersatz, der vom Gericht grundsätzlich keine Festsetzung erfordert). Das Gericht stellt sich zudem unter Berufung auf BayObLG (FamRZ 1998, 507) auf den (herrschenden) Standpunkt, Grundlage des Vergütungsanspruchs des Betreuers sei allein dessen Mühewaltung. Die Vergütung sei Entschädigung, nicht vertragliche Gegenleistung. Demzufolge könne ein pflichtwidriges Verhalten des Betreuers zwar Schadensersatzansprüche, Herausgabeansprüche oder auch die Entlassung nach sich ziehen; es mindere jedoch grundsätzlich nicht dessen Vergütungsanspruch. **261**

Insoweit nicht einschlägig BayObLG (FamRZ 1999, 1603), wo es zwar um die Vergütung des Nachlasspflegers und dagegen erhobene oder mögliche Einwendungen ging, Einwendungen betreffend seine Tätigkeit jedoch im Vergütungsverfahren nicht geltend gemacht worden waren. **262**

5. Kein Ostabschlag

Mit Wirkung vom 1. 7. 2004 wurde Art 4 BtÄndG aufgehoben (Art 4 Abs 35 Kostenrechtsmodernisierungsgesetz), sodass die bis dahin vorzunehmende Kürzung der Vergütung im Beitrittsgebiet entfallen ist. Zu der bis dahin geltenden Regelung vgl Staudinger/Bienwald (2004) § 1836 Rn 91. **263**

6. Verzinsung

264 Entgegen einer früheren Praxis bei anwaltlich geführten Vormundschaften und Pflegschaften, eine Vergütung und Aufwendungsersatz meist im Zusammenhang mit der (jährlich) wiederkehrenden Rechnungslegung geltend zu machen, erwarten die häufig ausschließlich von der Führung von Vormundschaften, Pflegschaften oder Betreuungen sowie Verfahrenspflegschaften und -beistandschaften lebenden Personen, dass ihre in kürzeren Abständen erhobenen Forderungen in angemessener Zeit befriedigt werden. Die Festsetzung und danach die Auszahlung aus der Staatskasse kann jedoch erhebliche Zeit dauern (Zimmermann FamRZ 2002, 1373, 1378). Aus diesem Grunde wird heute mehr als zur Zeit der Vorläufer des Betreuungsrechts die Frage nach der Verzinsung des Vergütungsanspruchs gestellt. Eine spezielle gesetzliche Regelung fehlt jedoch.

265 Die Anwendung des **Verzugsrechts** bereitet insofern Probleme, als die Feststellung der Fälligkeit auf Schwierigkeiten stößt. Das BayObLG hält wegen § 291 BGB eine Verzinsung frühestens ab Rechtskraft des Festsetzungsbeschlusses für möglich (FamRZ 2002, 767). So auch das OLG Hamm (FGPrax 2003, 73 = OLGR 2003, 185). Eine Verzinsung der Vergütung ab Eingang des Antrags bei Gericht kann nicht verlangt werden (OLG Rostock FamRZ 2007, 1690 = FGPrax 2007, 229 = JurBüro 2007, 323 [LS]). Der Zinsanspruch, den der Betreuer als Nebenanspruch zu einem in der Hauptsache bereits festgesetzten Anspruch auf Erstattung von Aufwendungen und Vergütung geltend macht, kann Gegenstand des Festsetzungsantrags gegen die Staatskasse sein (OLG Hamm FGPrax 2003, 73; **aA** OLG Celle FamRZ 2002, 1431). Für eine Verzinsung LG Hildesheim (FamRZ 2001, 1642). S im Übrigen Zimmermann FamRZ 2002, 1373, 1378.

7. Abschlagszahlungen

266 § 3 Abs 4 VBVG sieht vor, dass der Vormund Abschlagszahlungen verlangen kann. Hierbei handelt es sich grundsätzlich um eine **Teilleistung** auf bereits verdiente Vergütung (BayObLG FamRZ 2003, 1221, 1222 = FGPrax 2003, 173, 174), während ein Vorschuss (§ 1835 Abs 1 S 1 BGB) eine **Vorleistung** auf eine noch zu tätigende Aufwendung darstellt. Abschlagszahlungen als Anzahlungen auf die zu erwartende Gesamtvergütung setzen voraus, dass der Berechtigte bereits vergütungsfähige Leistungen erbracht hat. Die Abschlagszahlung ist damit eine nicht ohne Grund geleistete Zahlung, auch wenn die genaue Höhe der sich letztlich ergebenden Vergütung noch nicht feststeht und Überzahlungen – zB bei einem unerwarteten Tod eines Betroffenen und der infolgedessen plötzlich beendeten Betreuung – nicht ausgeschlossen sind (BayObLG FamRZ 2003, 1221, 1222). Sinn der in § 3 Abs 4 geregelten Abschlagszahlung ist es, bei naturgemäß längerfristigen Betreuungen eine **unzumutbare Vorfinanzierung** der beruflichen Dienstleistung zu vermeiden (BayObLG FamRZ 2003, 1221, 1222 mwNw).

267 Von dem Grundsatz, dass eine Abschlagszahlung bereits vergütungsfähige Leistungen voraussetzt, wird dann abgewichen, wenn regelmäßige Abschlagszahlungen im Voraus festgesetzt werden. In diesen Fällen handelt es sich dann sachlich nicht mehr um Abschlagszahlungen, sondern um Vorauszahlungen. Aus praktischen Gründen (Ersparnis beim Verfahren, zB den Anhörungen gemäß § 168 Abs 4 FamFG) lässt sich diese Praxis, wenn sie auf geeignete Fälle beschränkt bleibt (ausreichend vor-

handenes Einkommen oder Vermögen; Zahlungen eindeutig aus der Staatskasse), insofern rechtfertigen, als es für die Frage, ob eine abschlagsfähige Leistung bereits erbracht wurde, in erster Linie auf den Zeitpunkt der Entnahme oder auch der Anweisung und nicht bereits auf den Zeitpunkt des Festsetzungsbeschlusses ankommen kann (s dazu BayObLG FamRZ 2003, 1221, 1223 = BtPrax 2003, 174, 175 = FGPrax 2003, 173, 175).

Unabhängig von dem in § 3 Abs 4 VBVG normierten Recht auf Abschlagszahlungen 268
kann der berufsmäßig tätige Nachlasspfleger auch vor Beendigung der Nachlasspflegschaft bereits erbrachte Leistungen endgültig abrechnen und muss sich nicht auf die Möglichkeit der Abschlagsrechnung verweisen lassen (OLG Stuttgart 29. 11. 2017 – 8 W 142/17, FamRZ 2018, 536 = Rpfleger 2018, 273 = MDR 2018, 156).

Abschlagszahlungen werden auf **Antrag** des Anspruchsberechtigten geleistet; sie 269
können aber auch **von Amts wegen** festgesetzt werden (§§ 168 Abs 1 S 1 Nr 2, 292 Abs 1 FamFG). Der Anspruch richtet sich gegen den Mündel, bei dessen Mittellosigkeit (§§ 1836c, 1836d BGB) gegen die Staatskasse (§ 1 Abs 2 S 2 FamFG). Damit das Gericht die Berechtigung der Abschlagszahlungen prüfen kann, hat der Anspruchsberechtigte Angaben über früher erforderlichen Zeitaufwand und sonstige nachprüfbare Tatsachen zu machen (BayObLG FamRZ 2003, 1221, 1222 = BtPrax 2003, 174, 175 = FGPrax 2003, 173, 174).

Im Sinne von § 1836d BGB entspricht die Abschlagszahlung der Vergütung. Die 270
Entnahme aus dem Vermögen des Betroffenen oder die Zahlung aus der Staatskasse bestimmt sich danach, ob die beabsichtigte Abschlagszahlung in vollem Umfang dem Vermögen des Betroffenen entnommen werden kann. Indem die Höhe der Abschlagszahlung an dem noch verfügbaren vom Betroffenen einzusetzenden Einkommen und Vermögen orientiert wird, kann dieses für die Vergütung des Anspruchsberechtigten ausgeschöpft werden.

Bei der späteren Vergütungsberechnung sind die erhaltenen Abschlagszahlungen zu 271
berücksichtigen. Ergibt sich bei der endgültigen Vergütungsfestsetzung, dass die aus dem Vermögen des Betroffenen entnommenen Abschlagszahlungen die endgültig festgesetzte Vergütung übersteigen, ist der Vormund zur **Rückzahlung** des übersteigenden Betrages verpflichtet und dazu im Festsetzungsverfahren **aufzufordern** (für die Betreuung entschieden von BayObLGZ 2003, 101 = FamRZ 2003, 1221 = BtPrax 2003, 174 = FGPrax 2003, 173). Das Verfahren des § 168 FamFG sieht die Festsetzung eines Rückforderungsbetrages nicht vor, sodass nur im Rahmen von § 1837 Abs 2 BGB (iVm § 1908i Abs 1 S 1, 1915 Abs 1 BGB) auf eine Durchsetzung des festgestellten Rückforderungsanspruchs hingewirkt werden kann (BayObLG FamRZ 2003, 1221, 1223 = BtPrax 2003, 174, 175 = FGPrax 2003, 173, 175), wenn eine Verrechnung mit späteren Vergütungsansprüchen nicht möglich ist.

Hat ein Vormund im Voraus auf seinen Vergütungsanspruch **Abschlagszahlungen** 272
beantragt, die durch das Gericht festgesetzt und von ihm aus dem Vermögen des Betroffenen entnommen worden sind, erlischt sein Vergütungsanspruch in dieser Höhe auch dann nicht, wenn er für die endgültige Geltendmachung seines Vergütungsanspruchs die Ausschlussfrist des § 2 VBVG überschreitet (für den Betreuer entschieden von BayObLGZ 2003, 101 = FamRZ 2003, 1221 = BtPrax 2003, 174 = FGPrax 2003, 173).

8. Die Frist zur Geltendmachung des Vergütungsanspruchs

273 Nach § 2 S 1 VBVG erlischt der Vergütungsanspruch, wenn er nicht binnen 15 Monaten nach seiner Entstehung beim Familiengericht (vom Betreuer beim Betreuungsgericht) geltend gemacht wird (BGH FamRZ 2012, 1377, 1378). Die Vorlage eines Amtsgerichts wegen Verfassungswidrigkeit von § 2 VBVG nahm das BVerfG mangels Begründung nicht an (FamRZ 2015, 2040). Die Frist zur Geltendmachung von Vergütung und Aufwendungsersatz des Vormunds (Pflegers, Betreuers) wird nur gewahrt, wenn der **Antrag** durch das Gericht **hinreichend überprüfbar** ist (OLG München FamRZ 2006, 891 [LS] = MDR 2006, 815 = BtPrax 2006, 80 [LS]; OLG Brandenburg FamRZ 2013, 319 [LS]; BGH FamRZ 2013, 295 = BtPrax 2013, 152). Bei dieser Frist handelt es sich um eine **Ausschlussfrist**, nicht um eine Verjährungsfrist. Der Vergütungsanspruch des Verfahrensbeistands **erlischt** gemäß §§ 158 Abs 7 S 6, 168 Abs 1 FamFG, § 2 Abs 1 S 1, S 2 Nr 2 JVEG, wenn er nicht binnen 3 Monaten nach Beendigung seiner Tätigkeit geltend gemacht wird (KG FamRZ 2017, 242 m Anm d Redaktion = MDR 2016, 1355; KG FGPrax 2017, 75). Die Ausschlussfrist beginnt für den Vergütung beanspruchenden Verfahrensbeistand mit Aufnahme seiner Tätigkeit (BGH FamRZ 2019, 1077 = Rpfleger 2019, 393; Fortführung von BGH FamRZ 2017, 231 m Anm Zorn). § 2 S 1 findet auf die Geltendmachung der Vergütung durch den Nachlassverwalter grundsätzlich Anwendung (OLG Frankfurt/M FamRZ 2017, 1881, 1882; dort auch zur Entstehung des Vergütungsanspruchs; **aA** auf Rechtsbeschwerde dagegen BGH FamRZ 2018, 958 mwNw).

274 Durch Beschluss v 5. 10. 2016 – XII ZB 464/15, FamRZ 2017, 231 m zustimmender Anm Zorn (234) = NJW 2017, 574, bestätigt durch Beschluss v 27. 2. 2019 – XII ZB 495/18 (FamRZ 2019, 1077), hat der BGH entschieden, dass auf den Vergütungsanspruch des berufsmäßigen Verfahrensbeistands in einer Kindschaftssache die Ausschlussfrist von 15 Monaten nach § 1835 Abs 1 S 3 BGB entspr Anwendung findet. In der Entscheidung setzt sich der BGH mit den unterschiedlichen Auffassungen diverser Obergerichte (OLG Köln JurBüro 2015, 494; OLG München FamRZ 2015, 1830 einerseits; OLG Hamm 6. 11. 2015 – 6 WF 106/15, juris; OLG Zweibrücken MDR 2015, 772 andererseits) auseinander und kommt unter Berücksichtigung der Gesetzgebungsgeschichte (Rn 19 ff) zu dem Schluss (Rn 16 f), dass nicht nur eine planwidrige Regelungslücke gegeben sei, sondern der zur Beurteilung stehende Sachverhalt mit dem vergleichbar sei, den der Gesetzgeber geregelt hat. Für den ehrenamtlichen Verfahrensbeistand schreibt dagegen § 158 Abs 7 S 1 FamFG die entsprechende Anwendung von § 277 FamFG vor. Zur Ausschlussfrist des § 2 S 1 VBVG im Fall der Vergütung des Nachlassverwalters s Rn 248.

275 Ein in die Zukunft gerichteter **Dauervergütungsantrag** der Betreuerin/des Betreuers ist **unzulässig** (BGH FamRZ 2016, 1759 = Rpfleger 2017, 27 = BtPrax 2016, 237).

276 Das zuständige Gericht kann in sinngemäßer Anwendung von § 1835 Abs 1a BGB eine **abweichende Frist** bestimmen (§ 2 S 2 VBVG). Zur Auslegung, dass die Frist zur Geltendmachung der Vergütung auf Antrag nur durch ausdrückliche gerichtliche Entscheidung verlängert werden könne, vgl OLG München FamRZ 2008, 1632 mwNw. In der Fristbestimmung ist über die Folgen der Fristversäumnis zu belehren. Das Gericht kann die Frist auf Antrag **verlängern**. Wird der Anspruch innerhalb der Frist nicht beziffert, erlischt er (§ 2 S 2 VBVG, § 1835 Abs 1a BGB). Diese Regelung gilt für den Vergütungsanspruch des beruflich tätigen Vormunds/Betreuers sowohl gegenüber dem Mündel/Betreuten als auch bei dessen Mittellosigkeit gegenüber der Staatskasse. Der Gesetzgeber wollte mit dieser Regelung erreichen, dass der Anspruchsberechtigte zu einer **zügigen Geltendmachung** seiner Ansprüche angehalten wird, damit diese nicht in einer Höhe auflaufen, durch die die Leistungsfähigkeit des Betroffenen überfordert wäre und damit seine Mittellosigkeit und die Eintrittspflicht der Staatskasse begründet werden würde (BayObLGZ 2003, 101 = FamRZ 2003, 1221 mwNw). Hat das Gericht dem Berufsnachlasspfleger zur Einreichung des Vergütungsantrags eine Frist von drei Monaten nach Aufhebung der Nachlasspflegschaft eingeräumt, kann es sich gemäß § 242 BGB nicht auf ein Erlöschen des Vergütungsanspruchs nach § 2 Satz 1 VBVG berufen (OLG Naumburg 28. 4. 2014 – 12 Wx 24/14, FamRZ 2015, 82 [LS]).

Auch der Anspruch eines Rechtsanwalts auf Aufwendungsersatz gemäß § 1835 **277**
Abs 3 BGB (iS einer Vergütung) unterliegt in erster Linie den Ausschlussfristen des Vormündervergütungsrechts (OLG Schleswig FamRZ 2003, 1128 = OLGRp 2003, 289). Hierzu gehören auch Ansprüche nach dem RVG; es sind Aufwendungsansprüche iSd § 1835 Abs 3 BGB (BGH FamRZ 2012, 1377, 1378).

Maßgebend für die **Entstehung des Anspruchs** ist dessen Art Der Anspruch eines **278**
berufsmäßig tätigen Vormunds/Betreuers auf eine Vergütung, die nicht nach Pauschalen bemessen wird, entsteht jeweils, sobald die einzelne vergütungspflichtige Tätigkeit des betreffenden Amtsträgers erbracht ist (für die Betreuung entschieden von BayObLGZ 2002, 328 = FamRZ 2003, 325 = NJW-RR 2003, 438; BayObLGZ 2003, 101 = FamRZ 2003, 1221 mwNw; BayObLGZ 2003, 126 = FamRZ 2003, 1414, 1415 = FGPrax 2003, 178, 179; OLG Celle FamRZ 2002, 1431; OLG Frankfurt FGPrax 2001, 243; OLG Koblenz FamRZ 2002, 11 = MDR 2002, 847 = JAmt 2002, 216 [betreffend den Verfahrenspfleger]; OLG Köln OLGRp 2002, 338; OLG Schleswig FamRZ 2002, 1288 = Rpfleger 2002, 443 = MDR 2002, 827; BGH FamRZ 2008, 1611, 1612; OLG Düsseldorf FamRZ 2011, 141). Dieser Zeitpunkt wurde auch für den **Beginn der Ausschlussfrist** des § 2 S 1 VBVG als maßgebend angesehen (BayObLGZ 2002, 328 = FamRZ 2003, 325 = NJW-RR 2003, 438). Das führte zu einer **tageweisen Berechnung** des jeweiligen Vergütungsanspruchs. Für den Nachlasspfleger OLG Hamm Rpfleger 2015, 707. Die Ausschlussfrist des § 1 VBVG begann jeweils am folgenden Tag; der Vergütungsanspruch für den jeweiligen Tag erlosch somit jeweils 15 Monate nach diesem Zeitpunkt (BayObLGZ 2003, 101 = FamRZ 2003, 1221; BayObLGZ 2003, 126 = FamRZ 2003, 1414, 1415 = FGPrax 2003, 178, 179; OLG Frankfurt FamRZ 2008, 304 = Rpfleger 2008, 28). Die Frist zur Geltendmachung von Vergütung und Aufwendungsersatz des Vormunds (Pflegers oder Betreuers) wird nur gewahrt, wenn der **Antrag** durch das Gericht **hinreichend überprüfbar** ist (OLG München FamRZ 2006, 891 [LS] = MDR 2006, 815 = BtPrax 2006, 80 [LS]).

Der BGH entschied (entgegen der herrschenden Praxis, s Anm ZIMMERMANN zu BGH FamRZ **279**
2008, 1611, 1612), dass die Ausschlussfrist des § 1836 Abs 1 S 2 BGB und 3 § 2 VBVG für den nach § 5 VBVG bemessenen Vergütungsanspruch des Berufsbetreuers frühestens mit dem **Ablauf** des **einzelnen Betreuungsmonats** beginne, weil in diesem Fall die Vergütung nicht mehr an eine bestimmte Tätigkeit des Betreuers anknüpfe, sondern dem Betreuer eine von seinem konkreten Arbeitseinsatz losgelöste und nur noch formal an die fortbestehende Dauer der Betreuung anknüpfende Vergütung zubillige (FamRZ 2008, 1611, 1612 m Anm ZIMMERMANN = MDR 2008, 1399 = BtPrax 2008, 207; bestätigt durch BGH FamRZ 2011, 368, 369; **aA** OLG Brandenburg FamRZ 2010, 65 [LS];

OLG Dresden FamRZ 2008, 1285; KG FamRZ 2009, 456; OLG Köln FamRZ 2009, 1009 [LS] = BtPrax 2009, 180 unter Hinweis auf die Regelung in § 9 VBVG). Die Vergütungspauschale sei nicht sofort nach dem Zeitaufwand fällig, sondern könne gemäß § 9 VBVG erstmals nach Ablauf von jeweils drei Betreuungsmonaten für diesen Zeitraum geltend gemacht werden. Deshalb beginne die Ausschlussfrist des § 2 VBVG in diesen Fällen erst nach Ablauf dieses Zeitraums (BGH FamRZ 2013, 871, 872 = Rpfleger 2013, 387 = BtPrax 2013, 109).

280 Diese Frist kann auch auf den Vergütungsanspruch des Verfahrenspflegers und derjenigen Betreuer zutreffen, deren Vergütungsanspruch nach § 3 VBVG bemessen wird (vgl § 6 VBVG – Sonderfälle). Soweit die Vergütung weiterhin nur für nachgewiesene Leistungen bewilligt wird, verbleibt es bei der herrschenden Praxis. Die Fälligkeit des Anspruchs ist nicht Voraussetzung für den Fristbeginn (OLG Schleswig FamRZ 2002, 1288 = Rpfleger 2002, 443 = MDR 2002, 827).

281 Nach einem **Betreuerwechsel** beginnt der Abrechnungszeitraum für die Betreuervergütung des § 9 VBVG mit der Wirksamkeit der Bestellung des neuen Betreuers (BGH FamRZ 2011, 1220). Bei kurzzeitiger Unterbrechung (hier: ca zwei Wochen zwischen Auslaufen der Eilbetreuung und der Anordnung der endgültigen Betreuung) Beginn mit der Neuanordnung der Betreuung (LG Kassel BtPrax 2018, 121 = Rpfleger 2018, 459) mit der Maßgabe, dass für die Berechnung der Dauer der Betreuung iSd § 5 Abs 1, 2 VBVG die vorangegangene Betreuungszeit taggenau zu berücksichtigen ist.

282 Das **Erlöschen der Ansprüche** ist von Amts wegen zu beachten und muss nicht erst von der Staatskasse geltend gemacht werden (BayObLG FGPrax 2000, 201; OLG Koblenz FamRZ 2002, 11 = MDR 2002, 847 = JAmt 2002, 216; OLG Schleswig FamRZ 2003, 1128 = OLGRp 2003, 289).

283 Zur **Wahrung der Ausschlussfrist** des § 2 S 1 VBVG ist die Einreichung eines Vergütungsantrags nicht ausreichend, mit dem der Anspruch nur dem Grunde nach geltend gemacht und die Nachreichung einer detaillierten Aufschlüsselung angekündigt wird (OLG Frankfurt FGPrax 2001, 243 = FamRZ 2002, 194 [LS]).

284 Die § 2 S 2 VBVG iVm § 1835 Abs 1a BGB vorgesehene Möglichkeit, eine abweichende Frist zu bestimmen, kann sich zu Gunsten oder zu Lasten des Anspruchsberechtigten auswirken. Das Gericht kann die Frist zwar verlängern; es kann sie aber auch verkürzen (BT-Drucks 13/7158, 22, 27; OLG Frankfurt MDR 2002, 156; OLG Schleswig FamRZ 2001, 252). Eine Fristverlängerung läuft den Interessen der Staatskasse zuwider; deshalb setzt die vom Vormund erstrebte Fristverlängerung voraus, dass ein entsprechender Antrag gestellt wird (BayObLGZ 2003, 126 = FamRZ 2003, 1414, 1415 = FGPrax 2003, 178, 179 = BtPrax 2003, 220; OLG Frankfurt BtPrax 2001, 261). Ein formloser Antrag genügt (BayObLGZ 2003, 126 = FamRZ 2003, 1414 unter Hinweis auf Mayer/Höver/Bach, ZSEG[22] § 15 Rn 7. 2). Aus dem Vorbringen des betreffenden Vormunds muss aber das eindeutige Begehren zu entnehmen sein, dass ihm die Frist zur Einreichung des Vergütungsantrags über den gesetzlich vorgesehenen Zeitraum von 15 Monaten hinaus verlängert wird (BayObLGZ 2003, 126 = FamRZ 2003, 1414, 1415 = FGPrax 2003, 178, 179).

Wird ein solcher **Antrag rechtzeitig**, dh vor Ablauf der Frist, beim Familiengericht (vom Betreuer beim Betreuungsgericht) gestellt (Damrau/Zimmermann Rn 41), hat das Gericht unter Berücksichtigung des maßgeblichen Sinnes der Regelung und unter Beachtung der Gründe, warum die gesetzlich vorgesehene Frist im konkreten Einzelfall unangemessen erscheint (BT-Drucks 13/7158, 22), über ihn zu entscheiden. In der Fristbestimmung ist über die Folgen der Versäumung der Frist zu belehren. Die Frist kann auf Antrag vom Familiengericht (Betreuungsgericht) verlängert werden. Der Anspruch erlischt, soweit er nicht innerhalb der Frist beziffert wird. **285**

Eine **Wiedereinsetzung in den vorigen Stand** gegen die Versäumung der Frist ist ausdrücklich **nicht vorgesehen** (OLG Schleswig FamRZ 2002, 1288 = Rpfleger 2002, 443 = MDR 2002, 827), ebenso nicht eine Hemmung der Frist (OLG Schleswig FamRZ 2002, 1288). **286**

Ist die Feststellung über die berufsmäßige Führung des Amtes erst nachträglich von Amts wegen oder auf Antrag des Betreffenden getroffen worden, so dass auch erst danach über den Vergütungsantrag oder ein Rechtsmittel im Vergütungsfestsetzungsverfahren entschieden werden kann, soll die Ausschlussfrist erst mit der Wirksamkeit der nachgeholten Feststellung über die berufsmäßige Führung des Amtes zu laufen beginnen (OLG Frankfurt FGPrax 2003, 176 = FamRZ 2003, 1414 [LS]). **287**

Für Ansprüche eines berufsmäßig tätigen Vormunds (hier: Betreuers) auf Vergütung für Tätigkeiten vor dem Inkrafttreten des BtÄndG (1. 1. 1999) galt die Ausschlussfrist nicht (OLG Dresden FamRZ 2000, 314 = Rpfleger 2000, 160 unter Aufgabe von OLG Dresden FamRZ 1999, 1610; OLG Dresden Rpfleger 2001, 592; LG Freiburg 17. 11. 1999 – 4 T 238/99; OLG Saarbrücken Rpfleger 2000, 159 = BtPrax 2000, 125; OLG Schleswig Rpfleger 2000, 65). **288**

Hat der Vergütungsberechtigte seinen Festsetzungsantrag zulässig auf **beide mögliche Vergütungsschuldner** (Betreuter und Staatskasse) erstreckt, wahrt der rechtzeitige Antrag auf Festsetzung der Betreuervergütung gegen den Betreuten die Frist des § 2 Abs 1 HS 1 VBVG auch gegenüber der subsidiär berufenen Staatskasse, wenn sich im Laufe des Verfahrens die Mittellosigkeit des Betreuten herausstellt (BGH FamRZ 2015, 1880 = NZFam 2015, 981 [LS der Redaktion]).

V. Vergütung nach Abs 2 (Ermessensvergütung)

Die Vormundschaft wird **grundsätzlich unentgeltlich** geführt (Abs 1 S 1). Das gilt sinngemäß auch für die Betreuung (§ 1908i Abs 1 S 1 BGB). An diesem Grundsatz haben das Betreuungsgesetz und die späteren Änderungsgesetze nichts geändert. Ausnahmsweise wird die Vormundschaft entgeltlich geführt, wenn das Gericht die berufsmäßige Führung der Vormundschaft festgestellt hat (Abs 1 S 2). Trifft das Gericht keine Feststellung nach Abs 1 S 2, so kann es gleichwohl dem Vormund und aus besonderen Gründen auch dem Gegenvormund eine angemessene Vergütung (sog Ermessensvergütung) bewilligen, soweit der Umfang oder die Schwierigkeit der vormundschaftlichen Geschäfte dies rechtfertigen und der Mündel nicht mittellos ist (Abs 2). Das trifft auch auf einen Pfleger und einen Betreuer zu (Abs 2, ggf iVm § 1915 Abs 1, § 1908i Abs 1 S 1 BGB). Diese Vergütung kann nur aus dem Einkommen und/oder Vermögen des Betroffenen bewilligt werden. Ein Anspruch gegen die Staatskasse besteht nicht. Die Festsetzung einer Ermessensvergütung zu Lasten der Staatskasse wäre nichtig. **289**

290 Einem Verfahrenspfleger oder einem Verfahrensbeistand, der die Verfahrenspflegschaft oder Verfahrensbeistandschaft nicht berufsmäßig führt, kann das Gericht eine Vergütung nicht bewilligen, selbst wenn der Betroffene nicht mittellos ist. Abgesehen davon, dass eine entsprechende Regelung fehlt, richten sich etwaige Ansprüche eines Verfahrenspflegers/Verfahrensbeistands nur gegen die Staatskasse, so dass eine Geltendmachung gegenüber einem vermögenden Betroffenen nicht in Betracht kommt (§ 277 Abs 5 S 1 FamFG). Einen Vergütungsanspruch sieht § 277 Abs 2 S 1 und 2 FamFG nur ausnahmsweise für denjenigen Verfahrenspfleger/Verfahrensbeistand vor, der dieses Amt berufsmäßig ausübt. Wer es ehrenamtlich führt, hat Anspruch auf Aufwendungsersatz (§ 158 Abs 7 S 1 FamFG). Sowohl der Aufwendungsersatz als auch die Vergütung sind aus der Staatskasse zu zahlen (§ 158 Abs 7 S 5 FamFG).

291 Der Vereinsbetreuer und der Behördenbetreuer sind zwar Einzelpersonen, nehmen die Aufgabe als Betreuer jedoch berufsmäßig, nämlich als **Dienstaufgabe**, wahr, so dass ihnen in dieser Eigenschaft eine Vergütung nach Abs 2 nicht bewilligt werden kann. Führen sie neben ihrer Aufgabe als berufsmäßig tätige Betreuer auch eine Betreuung (oder eine Vormundschaft oder eine Pflegschaft) **ehrenamtlich**, kann ihnen hierfür bei Vorliegen der weiteren Voraussetzungen des Abs 2 eine Vergütung bewilligt werden. Ausdrücklich wird der Gegenvormund (und der Gegenbetreuer; §§ 1908i Abs 1 S 1, 1792 BGB) als Vergütungsempfänger einbezogen.

292 Zu Vergütung und Aufwendungsersatz bei einer Bestellung eines Vereins- oder eines Behördenbetreuers und ihrer Geltendmachung im Einzelnen §§ 7 und 8 VBVG.

293 Nach § 1836 Abs 3 BGB, ggf iVm § 1908i Abs 1 S 1 BGB (OLG Düsseldorf BtPrax 2010, 126) kann dem Jugendamt oder einem Verein sowie der Betreuungsbehörde oder einem anerkannten Betreuungsverein eine Vergütung, auch aus dem Einkommen oder Vermögen des Betroffenen, nicht bewilligt werden. Soweit einem Verein die Vormundschaft (Pflegschaft) oder eine rechtliche Betreuung übertragen worden ist, soll in **verfassungskonformer Anwendung** dieser Vorschrift und in entsprechender Anwendung von § 277 Abs 4 S 1 u 2 FamFG eine Vergütung für den Einsatz seiner Mitarbeiter zu bewilligen sein (OLG München FamRZ 2011, 998 m Anm Bienwald 1001 = FGPrax 2011, 23; ihm folgend OLG Celle FamRZ 2011, 1329 m Anm Bienwald; BGH FamRZ 2011, 1394 m Anm v Bienwald und Fröschle 1397).

294 **Allgemeine Voraussetzung** einer Vergütung auch nach Abs 2 ist die wirksame Bestellung des betreffenden Funktionsträgers (des Betreuers nach § 287 FamFG, des Vormunds und des Pflegers nach § 1789 BGB). Dass der Betreffende ohne Vorliegen der gesetzlichen Voraussetzungen förmlich wirksam bestellt worden ist, steht der Bewilligung der Vergütung nicht entgegen. Die Vergütung kann noch bewilligt werden, nachdem die Vormundschaft, Pflegschaft oder Betreuung, sei es durch Tod des Betroffenen, sei es aus anderen Gründen, geendet hat. Ansprüche können solange bestehen, solange der Funktionsträger im Amt ist. Endet das Amt nicht zugleich mit dem Ende der Vormundschaft, Pflegschaft oder Betreuung, ist die Wirksamkeit des Entlassungsbeschlusses (§§ 1886, 1908b BGB) maßgebend. Wurde die Betreuung befristet, endet die Betreuung und damit das Amt des Betreuers nicht bereits mit dem darauf gerichteten Antrag des Betroffenen auf vorzeitige Aufhebung, sondern erst mit Ablauf der von dem Betreuungsgericht angeordneten Befristung (BGH FamRZ 2012, 295 = BtPrax 2012, 62).

Das Vorhandensein eines (uU großen) Vermögens rechtfertigt allein nicht die Bewilligung einer Vergütung. Abs 2 macht deren Bewilligung davon abhängig, dass der **Umfang** oder die **Schwierigkeit der vormundschaftlichen Geschäfte** die Bewilligung einer Vergütung rechtfertigen. Es genügt, dass entweder der Umfang der vormundlichen Geschäfte oder deren Schwierigkeit eine Vergütung rechtfertigen. Es können aber auch beide Voraussetzungen gegeben sein. Die Höhe des Vermögens kann im Hinblick auf die damit verbundene große Verantwortung für den Erhalt, die Vermehrung oder allein seine pflichtgemäße Verwaltung und das bestehende Haftungsrisiko eine Rolle spielen (BayObLG FamRZ 2004, 1138, 1140). Zwar kann sich der ehrenamtlich tätige Vormund, Pfleger oder Betreuer ohne Einsatz eigener Mittel (ggf auf Veranlassung des Gerichts, § 1837 Abs 2 S 2 BGB) dagegen versichern, dass er dem Betroffenen zum Ersatz eines durch seine Amtsführung verursachten Schadens verpflichtet ist. Es besteht aber dennoch ein nicht unbedeutendes Risiko darin, dass die eingegangene Versicherung zur Deckung des Schadens nicht ausreicht oder das Versicherungsunternehmen den verursachten Schaden nicht vollständig reguliert. **295**

Umfang und Schwierigkeit der vormundschaftlichen Geschäfte müssen sich nicht auf eine Vermögensverwaltung beziehen oder von ihr herrühren. Eine Vergütung kann auch dann gerechtfertigt sein, wenn sich die Tätigkeit des Vormunds in erster Linie oder mangels entsprechenden erheblichen Vermögens weniger darauf als auf die Sorge für die Person des Betroffenen erstreckt (Staudinger/Engler [1999] § 1836 Rn 17 mwNw). **296**

Für die Bemessung der Vergütung kommt es nicht auf die fachliche Qualifikation des ehrenamtlich tätigen Vormunds, Pflegers oder Betreuers an. Auch sind die sonstigen im Gesetz über die Vergütung von Vormündern und Betreuern (Vormünder- und Betreuervergütungsgesetz – VBVG) enthaltenen Kriterien und Vorgaben für die Bemessung einer Vergütung für berufsmäßig tätige Personen hier nicht maßgebend (LG Mainz BtPrax 2013, 119 [LS] = Rpfleger 2013, 395). Das VBVG regelt die Vergütung und den Aufwendungsersatz in Fällen berufsmäßiger Amtsausübung, nicht dagegen die Bewilligung von Vergütung für ehrenamtlich tätige Personen. Die Bemessung der Ermessensvergütung kann sich deshalb auch nicht an den Stundensätzen und den Stundenansätzen des VBVG orientieren. **297**

Die Auffassung, dem ehrenamtlich tätigen Betreuer könne grundsätzlich keine höhere (Ermessens-)Vergütung bewilligt werden als einem berufsmäßig tätigen Betreuer, war vor dem 2. BtÄndG und der Neuregelung von Vergütung und Aufwendungsersatz überwiegend vertreten worden (BayObLG FamRZ 2004, 1138, 1139 = BtPrax 2004, 195). Danach nahm die Zahl derjenigen zu, die die von der Rechtsprechung bisher vertretene Auffassung ablehnen (OLG Karlsruhe FamRZ 2007, 1270 = NJW-RR 2007, 1084 m Hinweis auf Bienwald FamRZ 2006, 1302; LG München II FamRZ 2008, 1118; OLG Köln FamRZ 2009, 76 = OLGR 2009, 84 = BtPrax 2008, 271 mwNw; OLG München FamRZ 2009, 78; **aA** noch LG Kassel FamRZ 2006, 1302 m Anm Bienwald; LG Kleve BtPrax 2008, 138; vgl auch LG Kassel BtPrax 2011, 87). Die vor dem 2. BtÄndG geltende Vergütungsregelung konnte eine Deckelung der Ermessensvergütung und ihre Begrenzung auf die einer berufsmäßig tätigen Person zu bewilligende Vergütungshöhe noch nahelegen; die Einführung der Vergütungspauschalen verdeutlicht, dass es sich bei der Ermessensvergütung um ein anderes „Vergütungssystem“ handelt. **298**

299 Die in der Rechtsprechung zum Ausdruck gebrachte Ansicht, im Gegensatz zu der berufsmäßig tätigen Person führe der ehrenamtlich Tätige die Betreuung nicht mit Gewinnerzielungsabsicht, dieser müsse auch nicht mit dieser Tätigkeit seinen Lebensunterhalt bestreiten und Kosten für ein Büro erwirtschaften, so dass die Ermessensvergütung die des berufsmäßig Tätigen nicht übersteigen dürfe (LG Kassel FamRZ 2006, 1302 m abl Anm BIENWALD; LG Kleve BtPrax 2008, 138; LG Mainz BtPrax 2013, 119 = Rpfleger 2013, 395) findet in den maßgebenden Bestimmungen keine Stütze. Zutreffend dagegen die Auffassung (LG Mainz BtPrax 2013, 119), dass bei der Bemessung der Höhe der Ermessensvergütung nur solche Tätigkeiten in Ansatz zu bringen sind, die bei einer berufsmäßig geführten Betreuung als vergütungspflichtig abgerechnet werden können. Ein Vergleich mit den vergütungspflichtigen Tätigkeiten berufsmäßig tätiger Betreuer kommt allerdings in den meisten Fällen nicht in Betracht, weil deren Vergütung unabhängig von den Einzelpositionen pauschal abgerechnet wird und die bewilligten Betreuungszeiten des § 5 VBVG und deren Staffelung für einen ehrenamtlich tätigen Betreuer nicht gelten können.

300 Soweit als Maßstab für die Bemessung des Umfangs die aufgewendete Zeit dient, kann sie nur in dem Maße berücksichtigt werden, als die tatsächlich aufgewendete Zeit für die Besorgung der vormundlichen Geschäfte auch erforderlich war. Ein hoher zeitlicher Einsatz, der weder nach dem gesetzlichen oder nach dem gerichtlich erteilten Auftrag (Aufgabenkreis/Wirkungskreis), noch nach der Art der zu besorgenden Angelegenheiten erforderlich war, kann für die Vergütungsbemessung nicht berücksichtigt werden. Insoweit reicht es auch nicht aus, allein auf eine wöchentliche Mindesteinsatzzeit als Maßstab abzustellen (**aA** wohl PALANDT/DIEDERICHSEN Rn 27).

301 Für die Bewilligung einer Vergütung reicht es dagegen aus, dass entweder der Umfang **oder** die Schwierigkeit dies rechtfertigen. **Kumulation** beider Voraussetzungen sieht das Gesetz nicht vor. Aufgrund von besonderen Schwierigkeiten, etwa in Fällen komplizierter Kommunikation mit dem Betroffenen oder seinen Angehörigen, soweit dies für die Besorgung der Angelegenheiten des minderjährigen oder des volljährigen Betroffenen erforderlich ist, kann ein vermehrter Einsatz von Zeit geboten und dann auch zu berücksichtigen sein. Lehnt das Gericht die Bewilligung einer Ermessensvergütung für die als ehrenamtliche Betreuerin ihrer Mutter bestellte Antragstellerin ab, verstößt dies nicht gegen das Willkürverbot des Art 118 Abs 1 BayerVerfassung und ist auch sonst verfassungsrechtlich nicht zu beanstanden (BayVerfGH FamRZ 2012, 663 [LS]).

302 In der Betreuungspraxis wird häufig von den ehrenamtlich tätigen Betreuern ein, weil grundsätzlich unentgeltlich zu leistender, **höherer zeitlicher Einsatz** für eine Betreuung erwartet als von den berufsmäßig tätigen Betreuern. Das Gesetz rechtfertigt weder diese Erwartung noch die Berücksichtigung eines zeitlich höheren Einsatzes, der zwar menschlich wünschenswert erscheint, für die rechtliche Betreuung jedoch nicht benötigt wurde. Die Praxis verkennt hier die grundsätzlich gleiche Rechtslage bei ehrenamtlich und berufsmäßig geführter Betreuung. Andererseits kann der erforderliche Einsatz eines ehrenamtlich tätigen Betreuers im Einzelfall begründet höher liegen als der einem berufsmäßig tätigen Betreuer mit dem vergüteten pauschalen Stundenansatz zur Verfügung steht. Das Argument der Mischkalkulation für die Einführung der Pauschalen kommt hier nicht zum Tragen.

Abs 2 sieht die Bewilligung einer **angemessenen** Vergütung vor. Deren Höhe ist nicht nach strengen Regeln zu bemessen, sondern vom Gericht unter Berücksichtigung der gesetzlichen Vorgaben und des ggf zu schätzenden Zeitaufwands sowie eines durch die schwierigen persönlichen Verhältnisse des Betroffenen (in diesem Fall des Betreuten) bedingten, das normale Maß übersteigenden Engagements der gerichtlich bestellten Person (hier: des Betreuers) nach billigem Ermessen festzusetzen (LG München II FamRZ 2008, 1118 [LSe]). Weder ist eine Mindestvergütung noch eine Obergrenze vorgesehen (LG München II FamRZ 2008, 1118). 303

Dadurch, dass die Vergütungsbemessung sich weder an einer fachlichen Qualifikation noch an den Stundensätzen des § 3 VBVG orientieren muss (vgl BGH FamRZ 2000, 1569; zu weiteren Quellen Zimmermann FamRZ 2002, 1373, 1376 Fn 92), sind Umfang und Schwierigkeit der vormundschaftlichen Geschäfte nicht als über die für die Vergütungssätze maßgebenden Kriterien hinausgehend zu verstehen, sondern eigenständig zu beurteilen. 304

Auch können umfangreiche und schwierige Geschäfte im Rahmen einer Vermögensverwaltung anfallen (hierzu und zur Berücksichtigung anderer Gründe, sowohl solcher, die gegen eine Vergütungsbewilligung sprechen, als auch solcher, die sie rechtfertigen, Staudinger/Engler [1999] § 1836 Rn 20 ff). Nach Auffassung des OLG Köln (FamRZ 2009, 76 = BtPrax 2008, 271) ist als wesentlicher Bemessungsfaktor der Zeitaufwand zugrunde zu legen. 305

Ebenso wie dem ehrenamtlich tätigen Vormund, Pfleger oder Betreuer kann auch dem ehrenamtlich tätigen Gegenvormund und dem Gegenbetreuer (§§ 1836 Abs 2, 1908i Abs 1 S 1 BGB) eine angemessene Vergütung bewilligt werden. Entgegen dem Wortlaut des Abs 2 kann es sich bei diesen Personen nicht darum handeln, dass die vormundschaftlichen Geschäfte oder die Tätigkeiten des Betreuers dies rechtfertigen. Die **Geschäfte des Gegenvormunds** oder des Gegenbetreuers müssen die Bewilligung einer Vergütung rechtfertigen (zu ihnen § 1799 BGB, ggf iVm § 1908i Abs 1 S 1 BGB). Im Übrigen kommt die Bewilligung einer Ermessensvergütung auch hier nicht in Betracht, wenn die betroffene Person (Mündel, Pflegebefohlener, Betreuter) mittellos ist (§§ 1836 Abs 2 HS 2, 1836d, 1908i Abs 1 S 1 BGB). In der Regel wird bei einer entsprechenden Vermögenslage ein Gegenvormund bzw Gegenbetreuer auch nicht bestellt sein. 306

Während die Vergütung für den Gegenbetreuer, der die Gegenbetreuung berufsmäßig führt, in den Bestimmungen der §§ 4 ff VBVG nicht ausdrücklich geregelt ist, so dass Rechtsprechung und Schrifttum zu unterschiedlichen Auffassungen gelangt sind (vgl einerseits OLG Köln FamRZ 2007, 937: Anwendung der §§ 4, 5 VBVG; andererseits Zimmermann, in: FS Bienwald 345, 351: nicht §§ 1, 3 VBVG), sind die für die Bewilligung einer Ermessensvergütung maßgebenden Kriterien wie bei der Vergütungsbemessung für den Vormund, Pfleger oder Betreuer Abs 2 (ggf iVm § 1915 Abs 1 oder 1908i Abs 1 S 1 BGB) zu entnehmen. 307

Auf die in § 3 VBVG für die Bemessung der Vergütung des berufsmäßig tätigen Vormunds enthaltenen Vorgaben kann für die Bewilligung der Ermessensvergütung des Gegenvormunds **nicht zurückgegriffen** werden. 308

309 Für die Bewilligung einer etwaigen auf die erhaltene **Ermessensvergütung** entfallende **Umsatzsteuer** fehlt es an einer speziellen Regelung. Gründe für eine Gleichbehandlung der ehrenamtlichen Vormünder mit denen, die eine Vormundschaft berufsmäßig führen, sind nicht ersichtlich. Dem Gericht steht es jedoch frei, bei der Bemessung der Ermessensvergütung auf die Umsatzsteuerpflicht des ehrenamtlich tätigen Vormunds oder Gegenvormunds Rücksicht zu nehmen.

VI. Das Festsetzungsverfahren

1. Einleitung des Verfahrens

310 Das Verfahren zur Festsetzung der Vergütung richtet sich nach §§ 168, 292 Abs 1 FamFG (ggf iVm § 158 Abs 7 S 6 FamFG [Verfahrensbeistandschaft] und § 277 Abs 5 S 2 FamFG [Verfahrenspflegschaft]). Danach ist die einem Vormund, Pfleger, Verfahrensbeistand, Verfahrenspfleger oder Betreuer oder die dem Gegenvormund oder dem Gegenbetreuer zu bewilligende Vergütung oder Abschlagszahlung (sofern ein Anspruch darauf besteht) gemäß § 1836 BGB (iVm §§ 1908i Abs 1 S 1, 1915 Abs 1 BGB) gerichtlich festzusetzen (§ 168 Abs 1 S 1 Nr 2 FamFG) oder durch den Kostenbeamten zahlbar zu machen (§ 168 Abs 1 S 4 FamFG).

311 Nach § 9 Satz 1 VBVG kann die Vergütung nach Ablauf von jeweils drei Monaten für diesen Zeitraum geltend gemacht werden. Zu den Motiven für diese Regelung s BGH FamRZ 2013, 871 Rn 20 = Rpfleger 2013, 38; FamRZ 2011, 1220 Rn 8, 12; FamRZ 2016, 1759 Rn 12. In kürzeren Abschnitten kann der Vergütungsanspruch grundsätzlich nicht geltend gemacht werden (BGH FamRZ 2011, 1220 Rn 12). Endet das Amt des Betreuers vor Ablauf des laufenden Abrechnungszeitraums, ist dann für den Rest der Zeit der Betreuung abzurechnen. Ändern sich die vergütungsrelevanten Umstände vor Ablauf eines Vergütungsmonats, ist bei der Berechnung des Stundenansatzes zeitanteilig nach Tagen nach § 5 Abs 4 Satz 2 VBVG die konkrete Anzahl an Tagen des betreffenden Vergütungsmonats zugrunde zu legen (LG Kassel BtPrax 2017, 247). § 191 BGB findet keine Anwendung (LG Kassel BtPrax 2017, 247; OLGR Saarbrücken 2007, 904, 906). Ein Antrag, mit dem bereits in Zukunft zu stellende Anträge vorab gestellt werden (Dauervergütungsantrag) ist unzulässig. Er wäre nicht nur unpraktikabel; er würde auch Umstände nicht berücksichtigen können, die in Zukunft eintreten (dazu BGH FamRZ 2016, 1759 Rn 15 ff).

312 Der Vergütungsanspruch kann sich nur für den Zeitraum der Betreuerbestellung ergeben; für einen Zeitraum zwischen Ablauf einer vorläufigen Betreuung und einer späteren Betreuerbestellung kommt ein Vergütungsanspruch nicht in Betracht (BGH FamRZ 2016, 1072 = Rpfleger 2016, 563 = MDR 2016, 734). Einem Zweitantrag auf Vergütung aus der Staatskasse steht die Rechtskraft eines Vergütungsbeschlusses gegen einen nicht mittellosen Betreuten dann nicht entgegen, wenn der Betreuer alles ihm Zumutbare getan hat, um seine Vergütung aus dem Vermögen des Betreuten zu erlangen (LG Hamburg BtPrax 2017, 40 [LS d Redaktion]). Der Betreuer kann seinen Vergütungsanspruch **gleichzeitig** gegen den Betreuten und die Staatskasse richten (BGH FamRZ 2015, 1880).

313 Die Festsetzung kann von dem Anspruchsberechtigten beantragt, aber auch von Amts wegen vorgenommen werden, wenn das Gericht dies für angemessen hält.

Erfolgt keine Festsetzung nach S 1 und richten sich die in S 1 bezeichneten Ansprüche gegen die Staatskasse, gelten die Vorschriften über das Verfahren bei der Entschädigung von Zeugen hinsichtlich ihrer baren Auslagen sinngemäß (§ 168 Abs 1 S 4 FamFG). Die Verweisung in § 168 Abs 1 S 4 FamFG soll die **einfache Zahlbarmachung** im Verwaltungswege ermöglichen, nicht aber den Rechtsweg des § 4 JVEG eröffnen (OLG Dresden FamRZ 2011, 320).

Antragsberechtigt sind nicht nur die Anspruchsberechtigten, sondern auch die verschiedenen Betroffenen (vgl § 168 Abs 1 S 1 FamFG). Infolge von Entlassung und aufgehobener Neubestellung kann es mehrere anspruchsberechtigte Personen geben. 314

Die gerichtliche Festsetzung kommt sowohl für die berufsmäßig tätigen Personen als auch für die ehrenamtlich Tätigen in Betracht, denen eine Vergütung aber nur bewilligt werden kann, wenn der Betroffene nicht mittellos ist. Eine Festsetzung durch den Kostenbeamten entfällt für diejenigen, die nicht berufsmäßig tätig sind, weil ihnen eine Vergütung zu Lasten der Staatskasse nicht bewilligt werden kann. 315

Das Tätigwerden des Gerichts von Amts wegen soll verhindern, dass ein Anspruchsberechtigter Vergütungsforderungen derart auflaufen lässt, dass sie der Betroffene aus seinem Einkommen und/oder Vermögen nicht mehr bezahlen kann und die Staatskasse eintreten muss. 316

§ 168 FamFG sieht die Festsetzung einer vom Betreuer beanspruchten (und belegten) Vergütung, nicht aber die gesonderte Festsetzung einzelner Berechnungselemente des Vergütungsanspruchs (hier: den Stundensatz) vor (OLG Jena NJ 2002, 375; LG Mühlhausen FamRZ 2003, 708 [LS]). Bei einem neu gestellten Vergütungsantrag hat der Rechtspfleger die Höhe des Stundensatzes erneut zu prüfen. Für den Betreuer besteht kein Schutz des Vertrauens, dass das Gericht den ihm früher zugebilligten Stundensatz (von 44 Euro) auch für die Zukunft zugestehe (BGH FamRZ 2013, 781 = NJW-RR 2013, 577). 317

Das gerichtliche Festsetzungsverfahren ist ein **Amtsverfahren**. Die zur Festsetzung einer Vergütung erforderlichen Tatsachen sind vom Gericht von Amts wegen zu ermitteln (Keidel//Engelhardt § 168 FamFG Rn 10 mwNw). Soweit das Gericht nur auf der Basis vom Vormund mitgeteilter Daten entscheiden kann, besteht eine **Mitwirkungspflicht** des Berechtigten. Ist ein Antrag für das Festsetzungsverfahren auch keine unbedingt notwendige Verfahrensvoraussetzung, kann er aber im Hinblick auf eine etwaige Beschwerde und Beschwer erforderlich sein. Eine Bindung des Gerichts an den Antrag besteht nicht. Herrscht Unklarheit oder Unsicherheit darüber, dass ein Berechtigter lediglich Vergütung begehrt, ohne dass die Umsatzsteuer ausdrücklich im Vergütungsantrag aufgeführt ist, und wird dementsprechend eine Vergütung ohne Umsatzsteuer festgesetzt, wäre der Betreuer nicht beschwert, wenn er gegen die Entscheidung Beschwerde einlegen würde oder sollte (§§ 58, 61 FamFG), sofern der Beschwerdewert erreicht wäre. 318

Die rechtzeitige (§§ 2, 3 Abs 1 S 3 VBVG) Nachbeantragung der Umsatzsteuerfestsetzung auf die bereits festgesetzte Vergütung kann deshalb von dem Rechtspfleger mit dem Hinweis verweigert werden, dass die Vergütungsentscheidung aus diesem 319

Grunde hätte angefochten werden müssen. Vergütung und auf die Vergütung entfallende Umsatzsteuer sind zwei Ansprüche, über die getrennt entschieden werden kann, sogar entschieden werden muss, zB dann, wenn der Betroffene zunächst noch nicht umsatzsteuerpflichtig ist. So kann aus dem Schweigen des Vergütungsantrags kein (negativer) Schluss vom Vergütungsantrag auf den wahren Willen des Antragstellers gezogen werden. Bei Zweifeln hinsichtlich der Vollständigkeit des Antrags besteht nicht die Möglichkeit, aus dem Schweigen des Vergütungsantrags Schlüsse auf den wahren Willen des Berechtigten zu ziehen. In diesem Falle besteht die Möglichkeit, den Antragsteller zu befragen und ihm einen Hinweis auf die Notwendigkeit der Vervollständigung seines Antrags (ggf klarstellende Erläuterungen) zu geben.

2. Antragserfordernisse

320 In dem Antrag auf Festsetzung der Vergütung sollen die persönlichen und wirtschaftlichen Verhältnisse des Mündels dargestellt werden (§ 168 Abs 2 S 1 FamFG). Dazu ist zwar aufgrund seiner umfassenden Zuständigkeit der Vormund, weniger ein Pfleger und nicht jeder Betreuer (zB wohl nicht der Sterilisationsbetreuer) in der Lage, so dass das **Gericht** eine **Ermittlungspflicht** trifft (§ 26 FamFG).

321 Ungeachtet der dem Gericht obliegenden Amtsermittlung besteht die Verpflichtung des zur Vermögenssorge bestellten Betreuers, im Rahmen des Vergütungsantrags zum Zweck der Prüfung der Mittellosigkeit des Betreuten Angaben über möglicherweise unterhaltspflichtige Angehörige und deren Vermögensverhältnisse zu machen (OLG Köln FamRZ 2009, 2119 [LS]).

322 Durch die in § 168 Abs 2 S 2 FamFG vorgesehene entsprechende Anwendung von § 118 Abs 2 S 1 u 2 ZPO hat das Gericht die Möglichkeit, vom Antragsteller die Glaubhaftmachung seiner tatsächlichen Angaben zu verlangen. Es kann auch Ermittlungen anstellen, insbesondere die Vorlegung von Urkunden anordnen und Auskünfte einholen. Steht nach der freien Überzeugung des Gerichts fest, dass der Aufwand zur Ermittlung der persönlichen und wirtschaftlichen Verhältnisse des Betroffenen außer Verhältnis zur Höhe des aus der Staatskasse zu begleichenden Anspruchs oder zur Höhe der voraussichtlich vom Mündel zu leistenden Zahlungen steht, kann es nach § 168 Abs 2 S 3 FGG **ohne weitere Prüfung** den Anspruch festsetzen oder von einer Festsetzung der vom Mündel zu leistenden Zahlung absehen.

323 Der Antrag eines berufsmäßig tätigen Vormunds (hier: Betreuers) auf Festsetzung von Vergütung setzt außerdem voraus, dass in ihm, soweit erforderlich, nachvollziehbare Angaben über den **Zeitaufwand** gemacht werden. Zur Begründung des Anspruchs auf Vergütung (und Aufwendungsersatz) gehört nach LG Braunschweig (NdsRpfl 2003, 9) eine entsprechende Auflistung, Bezifferung und Erläuterung, die die erforderliche Überprüfung der Betreuerabrechnung ermöglicht. Fehlen die erforderlichen konkreten, auf den Einzelfall bezogenen Angaben, zB durch einen Computerdefekt in der EDV-Anlage, so sind die geltend gemachten Beträge für Vergütung (und Aufwendungsersatz) nicht festzusetzen. Auf welche Weise der Vormund die zur Vorbereitung seiner Vergütungsabrechnung erforderlichen Einzelangaben dokumentiert, liegt allein in seiner Risikosphäre (so für den Betreuer LG Braunschweig NdsRpfl 2003, 9).

Ein Antrag, der diesen **Mindestanforderungen** nicht entspricht, indem der Betreuer zB lediglich einen Gesamtbetrag seiner Forderung mitteilt („Phantombetrag"), kann für den Fall des Fristablaufs für die Geltendmachung nicht als rechtzeitig gestellt gelten (OLG Frankfurt FamRZ 2002, 193 = BtPrax 2001, 261 = Rpfleger 2002, 314). Vgl zur Qualität eines Vergütungsantrags auch LG Kassel BtPrax 2017, 247. Werden Ansprüche auf Vergütung lediglich dem Grunde nach geltend gemacht und die fehlenden Angaben entgegen einer Ankündigung nicht rechtzeitig vor Ablauf der Antragsfrist (Verfalldatum) nachgereicht, ist der Anspruch nicht rechtzeitig geltend gemacht (OLG Frankfurt FamRZ 2002, 194 [LS]). Die Ausschlussfrist für die Geltendmachung von Vergütungsansprüchen wird durch ein an das Gericht gerichtetes Schreiben, mit dem „vorsorglich zur Fristwahrung ein Vergütungsantrag gestellt" wird, nicht gewahrt, wenn der Antrag sonst keinerlei Angaben zur Prüfung des Stundenansatzes (für die Bemessung der Betreuervergütung) enthält (KG BtPrax 2013, 123 [LS]). 324

Der Antrag auf Festsetzung einer Vergütung aus dem Vermögen der betroffenen Person wahrt die Ausschlussfrist des § 2 S 1 VBVG auch für einen späteren Antrag auf Festsetzung gegen die Staatskasse (OLG Hamm FamRZ 2007, 854 = BtPrax 2007, 255), jedoch nur in der Höhe, in der der Vergütungsanspruch auch tatsächlich geltend gemacht wird (OLG Hamm FamRZ 2009, 1182 [LS] = BtPrax 2009, 130). War die Betreuervergütung gegen den Betreuten festgesetzt worden, hindert die Bestandskraft dieser Festsetzung nicht eine **spätere Festsetzung** gegen die Staatskasse, wenn der Betreuer mangels genauer Kenntnis der Vermögenslage des Betreuten seinen Anspruch nicht durchsetzen konnte (OLG Frankfurt FGPrax 2009, 160; LG Hamburg BtPrax 2017, 40 [LS]). Die Ausschlussfrist beginnt mit dem Ablauf des Abrechnungsquartals zu laufen (OLG Dresden FamRZ 2008, 1285; KG FamRZ 2009, 456 = Rpfleger 2009, 86 = OLGR 2009, 109; BGH FamRZ 2008, 1611 m Anm Zimmermann). Die Frist findet auch auf die Geltendmachung der Vergütung durch einen Nachlassverwalter grundsätzlich Anwendung (OLG Frankfurt 25. 4. 2017 – 20 W 379/15, FamRZ 2017, 1881 = BtPrax 2017, 208 [LS]). Sie findet keine analoge Anwendung auf die Rückforderung überzahlter Betreuervergütung durch die Staatskasse (BGH 6. 11. 2013 – XII ZB 86/13, FamRZ 2014, 113 = FGPrax 2014/25). 325

Soweit die Tätigkeiten von Betreuern und Verfahrensbeiständen **pauschal** abgegolten werden (§ 158 Abs 7 FamFG; §§ 4, 5 VBVG), entfällt die Abrechnung der für die Amtsführung benötigten Arbeitszeit, so dass auch eine Überprüfung der Angemessenheit der Stundensätze nicht stattfindet (OLG Schleswig FamRZ 2007, 236 m Anm Bienwald 237). Ob und in welchem Umfang der Betreuer tätig geworden ist, ist nicht zu überprüfen; die Ausübung einer konkreten Betreuungstätigkeit wird typisierend unterstellt (BGH FamRZ 2013, 1883; FamRZ 2014, 1778 = FGPrax 2014, 253 = Rpfleger 2014, 673). Die Pauschalierung der Betreuer- und der Verfahrenspflegervergütung schließt deshalb auch grundsätzlich den Einwand aus, der Betreuer habe in dem maßgeblichen Zeitraum keine Tätigkeiten erbracht (OLG München FamRZ 2007, 1188 [LS]). Ein Vergütungsanspruch nach § 158 Abs 7 FamFG entsteht jedoch für den Verfahrensbeistand erst durch ein **konkretes Tätigwerden im Kindesinteresse** (BGH FamRZ 2014, 373 m Anm Hammer 375 = Rpfleger 2014, 195; vgl auch OLG Brandenburg FamRZ 2018, 1855). Die bloße Entgegennahme und das Lesen der eine Begründung noch nicht enthaltenden Beschwerdeschrift durch den Verfahrensbeistand genügt dafür nicht (OLG Celle FamRZ 2013, 573). Im Übrigen muss aus dem Antrag auf Vergütungsfestsetzung klar hervorgehen, für welche Person und für welche konkreten, genau auf- 326 geschlüsselten Tätigkeiten der Antrag gestellt wird (OLG Brandenburg FamRZ 2012, 319 [LS]).

327 Eine Einzelabrechnung geleisteter Arbeitsstunden und getätigter Aufwendungen entfällt bei den berufsmäßig tätigen Verfahrensbeiständen, die eine einmalige Vergütung erhalten, deren Höhe sich nach dem jeweils erteilten Auftrag richtet (§ 158 Abs 7 S 2 u 3 FamFG). Eine Einzelabrechnung kommt ebenfalls dann nicht in Betracht, wenn dem Verfahrenspfleger nach § 277 Abs 3 FamFG ein fester Geldbetrag zugebilligt worden ist. Die Kostenfreiheit nach § 158 Abs 8 FamFG gilt nur für den Verfahrensbeistand in der Hauptsache, in der er die Interessen des Kindes vertritt; sie gilt nicht im Festsetzungsverfahren, in dem der Verfahrensbeistand ausschließlich seine eigenen Vergütungsinteressen verfolgt (OLG Brandenburg FamRZ 2018, 1855 [1856]).

328 Steht dem Betreuer (oder einem Pfleger) nicht die Sorge für das Vermögen des Betreuten zu, geht das Risiko der Unaufklärbarkeit der Vermögensverhältnisse des Betreuten zu Lasten der Staatskasse (LG Duisburg FamRZ 2000, 980 = BtPrax 2000, 42; LG Zwickau FamRZ 2009, 250).

329 Ein per **Telefax** gestellter Antrag auf Festsetzung von Vergütung (und/oder Aufwendungsersatz) ist wirksam. Einer Bestätigung in schriftlicher Form auf dem Postweg bedarf es nicht (OLG Schleswig FamRZ 1999, 315 [LS] = Rpfleger 2000, 65). Formvorschriften sind entweder nicht vorgesehen oder nicht verpflichtend (Zimmermann, Anm zu LG Münster FamRZ 2011, 1689 [1690] m Bezug ua auf KG FamRZ 2011, 920).

Zum Antrag aufgrund der durch das Gesetz zur Anpassung der Betreuer- und Vormündervergütung vom 22. Juni 2019 (BGBl I 866) eingetretenen Änderungen s Anhang zu § 1836.

3. Anhörungen

a) Der Bezirksrevisor

330 Soweit die Staatskasse in Anspruch genommen wird, ist ihr Vertreter (Bezirksrevisor) zu hören (zum Landesrecht vgl zB Abschnitt 5. 1. 1 der Geschäftsanweisung für Bezirksrevisorinnen und Bezirksrevisoren in Niedersachsen, NdsRpfl 2001, 151 f oder RV d JM des Landes NW v 9. 7. 1993 [3475 – I B. 5]; außerdem Bach, Gesetz über die Entschädigung von Zeugen und Sachverständigen [2002] § 16 Rn 5 mit Hinweis auf die Vertretungsordnung JMNW, AV d JM v 25. 4. 2000 [5002 – I B. 10]; JMBlNW 125 Teil A Abschnitt I Nr 2 e).

b) Der Betroffene und die Bestellung eines Verfahrenspflegers für ihn

331 § 168 Abs 4 BGB sieht vor, dass der Mündel zu hören ist, bevor gemäß Abs 1 eine von ihm zu leistende Zahlung festgesetzt wird. Entsprechendes gilt für den Pflegebefohlenen (§ 168 Abs 5 FamFG) und den Betreuten (§ 292 Abs 1 FamFG). Wird die Vergütung aus der Staatskasse geleistet, das ist bei Mittellosigkeit des Betroffenen und der Vergütung für einen Verfahrensbeistand (§ 158 Abs 7 S 5 FamFG) oder einen Verfahrenspfleger (§§ 277 Abs 5 S 1, 318 FamFG) der Fall, ist eine Anhörung nicht vorgesehen. Das wird, abgesehen von dem Fehlen einer ausdrücklichen Regelung in § 168 FamFG, damit begründet, dass die Entscheidung in einem Verfahren, das sich gegen die Staatskasse richtet, keine Bindungswirkung gegenüber dem

Betroffenen entfalte (Keidel/Engelhardt § 168 FamFG Rn 13). Der Grundsatz rechtlichen Gehörs (Art 103 Abs 1 GG) sowie Landesrecht können die Anhörung gebieten (Schulte-Bunert/Weinreich/Dodegge § 168 FamFG Rn 60).

Wird nach dem **Tod des Betroffenen** vom Gericht Höhe und Zeitpunkt der Zahlungen bestimmt, die der Erbe des Betroffenen gemäß § 1836e BGB an die Staatskasse zu leisten hat, ist der Erbe vor der Festsetzung zu hören (§ 168 Abs 4 S 2 FamFG). Er ist gemäß § 168 Abs 3 S 2 FamFG verpflichtet, dem Gericht über den Bestand des Nachlasses Auskunft zu erteilen. Auf Verlangen hat er dem Gericht ein Verzeichnis der zur Erbschaft gehörenden Gegenstände vorzulegen und an Eides statt zu versichern, dass er nach bestem Wissen und Gewissen den Bestand so vollständig angegeben habe, als er dazu imstande sei (§ 168 Abs 3 S 3 FamFG). 332

Es ist jedoch vorstellbar, dass im Falle einer späteren Inanspruchnahme des Betroffenen Argumente gegen eine fehlerhafte Festsetzung der Vergütung nicht mehr gehört werden oder das Material dafür nicht mehr vorhanden ist. Dann hilft dem Betroffenen die nunmehr durchzuführende Anhörung (Art 103 Abs 1 GG) nicht. Deshalb sollte eine Anhörung im ersten Festsetzungsverfahren, wenn schon nicht nach § 168 Abs 4 FamFG vorgesehen, so doch nach Art 103 GG vorsorglich vorgenommen werden. 333

Soweit Gerichte aus Anlass der gemäß § 168 Abs 4 FamFG durchzuführenden Anhörung für das Festsetzungsverfahren einem Betreuten einen Pfleger für das Verfahren bestellen (zur Notwendigkeit einer Prüfung, ob die Bestellung eines Verfahrenspflegers im Festsetzungsverfahren erforderlich ist, OLG Karlsruhe FamRZ 2003, 405; zurückhaltend OLG Köln FamRZ 2003, 171; zur Unanfechtbarkeit der Bestellung eines Verfahrenspflegers im Festsetzungsverfahren OLG Köln FamRZ 2017, 917 = Rpfleger 2017, 286) und damit den ausdrücklichen Auftrag erteilen oder die Erwartung verbinden, dieser Verfahrenspfleger werde den Antrag des Vergütungsberechtigten und die geltend gemachten Ansprüche überprüfen und damit zugleich das Gericht entlasten, handelt es sich um eine **unzutreffende Maßnahme**, weil der Verfahrenspfleger insoweit keine gesetzlich vorgesehene oder gerichtlich zu bestimmende Aufgabe hat. Erklärungen zu dem geltend gemachten materiell-rechtlich das Vermögen des Betroffenen berührenden Vergütungsanspruch (Einverständnis mit dem Betrag, Verzicht auf die Geltendmachung von Einwendungen) kann der Verfahrenspfleger mangels Auftrags und Funktion nicht abgeben. Zur Abgabe von materiell-rechtlich bedeutsamen Erklärungen wäre allenfalls ein mit der entsprechenden Aufgabe (Wirkungskreis) versehener Pfleger gemäß § 1909 BGB oder weiterer Betreuer gemäß § 1899 BGB berechtigt (näher dazu Bienwald in der Anm zu BayObLG FamRZ 2003, 1046). 334

Fehlerhaft ist deshalb auch die Bestellung eines Verfahrenspflegers „für die bisher unbekannten Erben" in einem Verfahren betreffend die Festsetzung der Vergütung eines Nachlasspflegers (so aber OLG Köln 17. 10. 2016 – 2 Wx 402/16, FamRZ 2017, 917). In diesem Fall hätte das Gericht einen **Pfleger für unbekannte Beteiligte** (§ 1913 BGB) bestellen müssen, der für die unbekannten Erben die Rechte in dem Vergütungsfestsetzungsverfahren wahrnimmt (dazu Bienwald, Verfahrenspflegschaft in Nachlasssachen RpflStud 2016, 165). Der Funktion eines Verfahrenspflegers nach (Kommunikation mit einem Beteiligten) kommt eine Verfahrenspflegschaft zB für einen noch nicht geborenen Beteiligten nicht in Betracht. 335

336 Hat der Mündel das 14. Lebensjahr vollendet, hat das Gericht ihn persönlich anzuhören (§ 159 Abs 1 S 1 FamFG). Da bei der Festsetzung des Anspruchs seines Vormunds Angelegenheiten des Vermögens betroffen sind, kann das Gericht zwar nach § 159 Abs 1 S 2 FamFG von seiner persönlichen Anhörung absehen, im Hinblick darauf, dass die Führung der Vormundschaft und das persönliche Verhältnis von Mündel und Vormund bei der Gelegenheit nicht nur erörtert werden kann, sondern auch für die Vergütungsbemessung (aufgewendete Zeit) von Bedeutung sein wird, sollte von einer persönlichen Anhörung des Mündels nicht Abstand genommen werden. Wegen der in Betracht kommenden materiell – rechtlichen Erklärungen zur Vergütung ist sowohl dem nicht voll geschäftsfähigen Mündel als auch dem geschäftsunfähigen Mündel ein Pfleger nach § 1909 BGB zu bestellen.

c) Sonstige

337 Nach § 7 Abs 2 Nr 1 FamFG sind diejenigen als Beteiligte zum Verfahren hinzuzuziehen, deren Recht durch das Verfahren unmittelbar betroffen wird. Bei einer durch ein Behindertentestament auf den Betroffenen übertragenen (Vor-)Erbschaft und gleichzeitiger Anordnung der Testamentsvollstreckung wird der Testamentsvollstrecker durch die Festsetzung der Betreuervergütung aus dem Vermögen des Betroffenen nicht in eigenen Rechten unmittelbar betroffen (BGH FamRZ 2015, 1019 m Anm Zimmermann = RPfleger 2015, 539 = NJW 2015, 1965; Anm v Tersteegen MittBayNot 2016, 331).

4. Die Entscheidung des Gerichts

338 **Funktional** zuständig ist gemäß §§ 3 Nr 2 Buchst a) und b), 14, 15 RPflG der **Rechtspfleger**. Sachlich zuständig für die Festsetzung der Vergütung des Verfahrenspflegers und des Betreuungsvereins ist das zur Zeit des Vergütungsantrags mit dem Betreuungsverfahren befasste Gericht (OLG Naumburg FamRZ 2001, 769). Das gilt auch für den Vormund und den Pfleger (§§ 168 Abs 5 FamFG). Bevor das Gericht, das zur Zeit der Antragstellung mit der Sache befasst ist, das Verfahren aus wichtigem Grund nach § 4 FamFG (in Betreuungssachen nach § 273 FamFG; in Unterbringungssachen nach § 314 FamFG) an ein anderes Gericht abgibt, hat es den gestellten Antrag zu bescheiden.

339 Für jeden nach dem 1. 9. 2009 gestellten Antrag auf Festsetzung einer Vergütung richtet sich das Verfahren nach dem FamFG (Art 111 Abs 1 FGG-RG). Das trifft auch dann zu, wenn die Vormundschafts-, Pflegschafts-, Betreuungs- oder Unterbringungssache bereits vor dem 1. 9. 2009 eingeleitet oder deren Einleitung bis zu diesem Datum beantragt worden ist. Maßgebend dafür, ob die Festsetzung nach FGG (aF) oder FamFG – Verfahren behandelt wird, ist der Eingangszeitpunkt des Festsetzungsantrags (OLG Dresden FamRZ 2010, 1269). Jedes Verfahren auf Festsetzung einer Vergütung oder Inanspruchnahme des Mündels/Betroffenen oder seiner Erben schließt mit einer eigenen Endentscheidung ab und ist infolgedessen ein selbständiges Verfahren im Sinne der Übergangsvorschriften des Art 111 Abs 2, Abs 1 S 1 FGG-RG.

340 Die Entscheidung ergeht durch Beschluss, der zu begründen und mit einer Rechtsbehelfsbelehrung zu versehen ist (§§ 38, 39 FamFG). Die Entscheidung muss deutlich erkennen lassen, für welchen Zeitraum eine Vergütung bewilligt und festgesetzt worden ist. Die im Regelfall der Betreuervergütung nach Ablauf von drei Monaten für diesen Zeitraum geltend zu machende Betreuervergütung kann nicht für einen längeren Zeitraum festgesetzt werden (OLG München FamRZ 2006, 1789 [LS] = BtPrax 2006, 184 185). Hat das Gericht ohne förmliches Festsetzungsverfahren dem Betreuer seit mehreren Jahren die beantragte Vergütung angewiesen und stellt sich später heraus, dass die Vergütung zu hoch war, weil der Betreuer die vergütungserhöhenden Voraussetzungen nicht erfüllte, kann die zu viel gezahlte Vergütung (nur) binnen 15 Monaten gemäß § 8 JBeitrO iVm § 2 VBVG entsprechend der Frist für die geltend zu machende Vergütung zurückgefordert werden (LG Braunschweig FamRZ 2008, 1117 [LS]).

Einer Rückforderung überzahlter Betreuervergütung kann der Vertrauensgrundsatz entgegenstehen, wenn eine Abwägung ergibt, dass dem Vertrauen des Berufsbetreuers auf die Beständigkeit der eingetretenen Vermögenslage gegenüber dem öffentlichen Interesse an der Wiederherstellung einer dem Gesetz entsprechenden Vermögenslage der Vorrang einzuräumen ist (im Anschluss an BGH FamRZ 2014, 113 = FGPrax 2014, 25: BGH FamRZ 2015, 845 Rn 19 = FGPrax 2015, 127 = Rpfleger 2015, 472). 341

Mit der Festsetzung der Vergütung aus der Staatskasse bestimmt das Gericht zugleich Höhe und Zeitpunkt der Zahlungen, die der Betroffene an die Staatskasse nach den §§ 1836c, 1836e BGB zu leisten hat. Ist dies nicht zweckmäßig, kann das Gericht die Zahlungen auch gesondert festsetzen (§ 168 Abs 1 S 2 und 3 FamFG). Ein **Regress** setzt die nach § 1836c BGB zu bestimmende **Leistungsfähigkeit** des Betroffenen voraus, die vor einer Festsetzung von Regresszahlungen festzustellen ist (OLG Frankfurt BtPrax 2003, 85 = Rpfleger 2003, 365 [LS]; AG Chemnitz FamRZ 2007, 1911 für den Fall der Eröffnung des Insolvenzverfahrens). Der Festsetzungsbeschluss (Wiedereinziehungsbeschluss, LG Kassel FamRZ 2018, 1363 [LS] = BtPrax 2018, 123) nach § 168 (bzw §§ 292 Abs 1, 168 Abs 1 Satz 2, 3 FamFG) muss die Höhe des von der/dem Betroffenen an die Staatskasse zu erstattenden Betrags konkret beziffern. Die Berechnung darf nicht der/dem Betroffenen überlassen oder durch Bezugnahme auf eine nachträglich erstellte Kostenrechnung auf den funktional unzuständigen Kostenbeamten übertragen werden (LG Mainz 24. 5. 2017 – 8 T 90/17, BtPrax 2017, 208 = FamRZ 2017, 2056, jeweils LS). Ergänzend weist das Gericht darauf hin, dass die verjährungshemmende Wirkung des Beschlusses nur den konkret festgesetzten Erstattungsbetrag erfasst und sich nicht auf die weiteren gemäß § 1908i Abs 1 S 1 BGB iVm § 1836e Abs 1 S 1 BGB übergegangenen Ansprüche bezieht. Wird der Regress nicht auf sämtliche aus der Staatskasse geleistete Vergütungszahlungen erstreckt (zB mangels ausreichenden Vermögens des Betreuten), sind die zur Wiedereinziehung geltend gemachten, auf die Staatskasse übergegangenen Vergütungsforderungen des Betreuers im Einzelnen aufzuführen. Mangelt es bei einem vorausgegangenen Teilregressbeschluss an der erforderlichen Bestimmtheit, kann die Anordnung eines weiteren Regresses ausgeschlossen sein (LG Kassel FamRZ 2018, 1363 [LS] = BtPrax 2018, 123). 342

Die Rückzahlung des zugunsten des Betreuers festgesetzten und aus der Staatskasse gezahlten Betrags durch den Mündel oder den Betreuten ist anzuordnen, wenn diesem Unterhaltsansprüche zustehen, um der Landeskasse auf diese Weise zu ermöglichen, solche Ansprüche selbst zu verfolgen. Das Bestehen der Unterhaltsansprüche ist vor der Anordnung der Rückforderung vom Gericht nicht zu prüfen (OLG Düsseldorf Rpfleger 2003, 28 = FamRZ 2003, 328 [LS]; näher dazu § 1836e). Nach AG Westerstede (FamRZ 2003, 52) ist allerdings der Betreuer mit dem Aufgabenkreis Vermögens- 343 sorge gehalten, im Falle der Geltendmachung eines Unterhaltsanspruchs seines Betreuten neben dem Bedarfssatz der Unterhaltstabelle (hier: Düsseldorfer Tabelle) auch einen etwaigen zusätzlichen Bedarf in Form der Betreuervergütung geltend zu machen. Entsprechendes gilt für den Vormund.

344 Nach dem **Tode des Mündels** kann eine noch ausstehende Vergütung durch das Gericht im Verfahren nach § 168 FamFG festgesetzt werden (BayObLGZ 2001, 65 = FamRZ 2001, 866 = BtPrax 2001, 163 = Rpfleger 2001, 419) und zwar gegen den Nachlass oder gegen die Erben, im Falle von Mittellosigkeit des Nachlasses gegen die Staatskasse (näher Keidel/Engelhardt § 168 FamFG Rn 17). Zu Fragen der Änderung der Vergütungsentscheidung s Staudinger/Engler (1999) Rn 85 f. Beantragt der Betreuer nach dem Tod des Betreuten die Festsetzung von Vergütung und Aufwendungsersatz und reicht der Nachlass nach Begleichung der Beisetzungskosten nicht aus, ist der Restbetrag aus der Staatskasse zu zahlen (LG Chemnitz FamRZ 2003, 708 [LS]). Der Vergütungsanspruch besteht bis zur Kenntnis oder dem Kennenmüssen vom Tod des Betreuten (AG Gelnhausen 26. 10. 2012 – 76 XVII 440/12, juris).

5. Die Anfechtbarkeit der Entscheidung

345 Gemäß § 58 Abs 1 FamFG findet gegen die gerichtliche Festsetzung der Vergütung die nach § 63 FamFG **befristete Beschwerde** statt, vorausgesetzt der Wert des Beschwerdegegenstandes übersteigt 600 Euro (§ 61 Abs 1 FamFG) oder das Gericht hat die Beschwerde wegen der grundsätzlichen Bedeutung der Rechtssache und des Nichterreichens der Beschwerdesumme zugelassen (§ 61 Abs 2 und 3 FamFG). Die **weitere Beschwerde** (§ 70 FamFG) ist statthaft, wenn das Beschwerdegericht sie wegen der grundsätzlichen Bedeutung der zur Entscheidung stehenden Frage zugelassen hat.

346 Ein Sozialhilfeträger, der gegen den Betreuten Rückforderungsansprüche hat, kann gegen den die Zahlungen an die Staatskasse enthaltenden Festsetzungsbeschluss nach §§ 292 Abs 1, 168 Abs 1 S 2 und 3 FamFG keine Beschwerde einlegen (BGH FamRZ 2014, 1190). Kein Beschwerderecht des Testamentsvollstreckers gegen die Vergütungsfestsetzung aus dem Vermögen des Betroffenen im Falle einer durch ein Behindertentestament angeordneten Testamentsvollstreckung (BGH RPfleger 2015, 539; s auch oben Rn 337).

347 Zum Rechtsbehelf der **befristeten Erinnerung** gemäß § 11 Abs 2 RPfIG und weiteren Einzelheiten der Rechtsmittel und des Rechtsmittelverfahrens Keidel/Engelhardt § 168 FamFG Rn 33 ff sowie Schulte-Bunert/Weinreich/Dodegge § 168 FamFG Rn 77 u 69 ff. Der für die Entscheidung über die Rechtspflegererinnerung zuständige Richter kann die Beschwerde zulassen (BGH FamRZ 2017, 1318 = Rpfleger 2017, 541 = NJW-RR 2017, 901 = BtPrax 2017, 207 [LS]; Fortführung des Senatsbeschlusses FamRZ 2017, 1158 = Rpfleger 2017, 450).

348 Wird der Antrag des Betroffenen auf Vergütung aus der Staatskasse abgelehnt, ist der Betroffene nicht beschwerdeberechtigt, weil die Entscheidung für ihn nicht bindend ist (BayObLG FamRZ 2001, 377 = FGPrax 2000, 202; **aA** LG Osnabrück FamRZ 2000, 488). Gegen die Bewilligung einer Vergütung für den anwaltlichen Verfahrenspfleger aus der Staatskasse ist die betroffene Person nicht beschwerdeberechtigt (LG Koblenz FamRZ

2011, 1617 [LS]). Setzt das Gericht aufgrund der vom Betreuer konkret angegebenen Tätigkeiten (jetzt nach §§ 3, 6 VBVG) eine Vergütung fest, statt die vom Betreuer begehrte Abschlagszahlung zu bewilligen, so fehlt dem Betreuer die Beschwerdebefugnis (LG Leipzig FamRZ 2000, 851).

Zu Gunsten eines Betreuers, dessen Antrag auf Bewilligung einer Aufwandsentschädigung vom Amtsgericht nach Auffassung des Bezirksrevisors zu Unrecht abgewiesen worden war, steht der Staatskasse kein Beschwerderecht zu, selbst wenn die weitere Beschwerde durch das Landgericht als Beschwerdegericht zugelassen worden ist (OLG Zweibrücken JAmt 2002, 96). Kennt die Staatskasse die rechtswidrige Zustellungspraxis eines Amtsgerichts in Vergütungssachen, duldet sie diese über einen langen Zeitraum (länger als 15 Monate) und nutzt sie schließlich den Nichtlauf der Rechtsmittelfrist zu Lasten des Antragstellers aus, verwirkt sie ihr Beschwerderecht gegen Vergütungsfestsetzungen in Betreuungssachen (OLG Schleswig NJW-RR 2003, 439; OLG Frankfurt FamRZ 2005, 391 = FGPrax 2005, 24 = BtPrax 2005, 76 [LS]). 349

Eine Änderung der Entscheidung zu Lasten des Beschwerdeführers (**reformatio in peius**) in der Beschwerdeinstanz ist nicht zulässig (BGH NJW 2000, 3712, 3715 = FamRZ 2000, 1569; NJW 2002, 366; BayObLG FamRZ 2002, 130 = BtPrax 2002, 129 [LS]; BayObLGZ 1995, 35, 37 = FamRZ 1995, 692; Keidel/Engelhardt § 168 FamFG Rn 37 mwNw). Dem Gericht ist der Weg einer Herabsetzung der Vergütung dann eröffnet, wenn der Beschwerdegegner nach Ablauf der Beschwerdefrist unselbständige Anschlussbeschwerde (jetzt § 66 FamFG) eingelegt hat (BayObLG FamRZ 2002, 130 = BtPrax 2002, 129 [LS]). 350

Zur **Wiedereinsetzung in den vorigen Stand** bei unverschuldeter Fristversäumnis vgl § 17 FamFG. Einer als Betreuerin eingesetzten Volljuristin, die es versäumt, sich alsbald nach Zustellung der Entscheidung hinsichtlich Form und Frist des beabsichtigten Rechtsmittels kundig zu machen, ist keine Wiedereinsetzung in den vorigen Stand zu gewähren (OLG Zweibrücken FGPrax 2003, 170). 351

Zur Rechtslage, wenn der Antrag auf Festsetzung einer Vergütung für Tätigkeiten vor dem 1. 1. 1999 nach diesem Datum gestellt worden ist, s Staudinger/Bienwald (2014) § 1836 Rn 180. 352

VII. Zur Vollstreckbarkeit der Entscheidung

Die bis zum 1. 9. 2009 geltende Regelung des § 56 g Abs 6 FGG sah vor, dass aus dem nach Abs 1 S 1 gegen den Mündel ergangenen Festsetzungsbeschluss die Zwangsvollstreckung nach den Vorschriften der ZPO stattfindet. Im Hinblick auf die in dem Allgemeinen Teil des FamFG enthaltenen Regelungen wurde von einer Übernahme der Bestimmung in den neuen § 168 FamFG abgesehen (BT-Drucks 16/6308, 243). Die gerichtliche Festsetzung geschieht durch Beschluss (§§ 168 Abs 1, 38 Abs 1 S 1 FamFG). Aus ihm findet die Vollstreckung statt (§ 86 Abs 1 Nr 1 FamFG). Vollstreckbar ist der Beschluss mit seinem Wirksamwerden (§ 86 Abs 2 FamFG). Eine Vollstreckungsklausel benötigt der Vollstreckungstitel nur, wenn die Vollstreckung nicht durch das Gericht vorgenommen wird (§ 86 Abs 3 FamFG). 353

Nicht zu beanstanden ist die Weigerung eines Gerichtsvollziehers, einem Betreuten, den er den Umständen nach für nicht geschäftsfähig halten durfte, den Pfändungs-

und Überweisungsbeschluss zuzustellen, durch den eine Gläubigerin seiner Betreuerin deren Vergütungsansprüche gegen ihn pfänden und überweisen lassen wollte (LG Saarbrücken Rpfleger 2019, 147 = BtPrax 2018, 238).

VIII. Zur Zulässigkeit privatrechtlicher Vergütungsvereinbarungen

354 Im Schrifttum wird die Auffassung vertreten, ein Vergütungsanspruch des Betreuers/Gegenbetreuers könne durch privatrechtliche Vereinbarung zwischen dem Betreuer und dem Betreuten geschaffen werden. Das Gericht solle dann die vereinbarte Vergütung, sofern es diese für bedenkenfrei hält, nach der für die Festsetzung maßgebenden Vorschrift (früher: § 56g Abs 1 FGG) festsetzen (HK-BUR/Bauer/Deinert, Betreuungs- und Unterbringungsrecht [15. Erg-Lfg März 1999] § 1836 Rn 36; Damrau/Zimmermann § 1836 Rn 60). Dieser Ansicht kann nicht gefolgt werden (ebenso LG Saarbrücken FamRZ 2009, 1091 [LS]). Abgesehen davon, dass im Falle noch erforderlicher gerichtlicher Festsetzung der „Vereinbarung" keine eigene Bedeutung in Bezug auf die Entstehung eines Anspruchs zukommt und rechtlich eher als ein Verzicht auf Einwendungen gegen die beantragte Vergütung gewürdigt werden könnte, fehlt es dem Betreuer an der Zuständigkeit für solche Vereinbarungen. Als für die Besorgung fremder Angelegenheiten bestellter Person fehlt ihm die Befugnis für die Wahrnehmung eigener Angelegenheiten in dieser Sache. Was außerhalb einer Betreuung in Betracht kommt, muss nicht zugleich auch innerhalb einer Betreuung möglich sein (näher dazu Bienwald Rpfleger 2002, 423). Eine private Vergütungsvereinbarung durch den Vormund kommt auch deshalb nicht in Betracht, weil der Vormund durch § 181 BGB daran gehindert ist. Der noch minderjährige Mündel könnte ohne Mitwirkung des Vormunds nicht tätig werden (§§ 107 ff BGB). Unterhaltsverpflichtete, aber nicht sorgeberechtigte Eltern könnten in Vermögensangelegenheiten mangels Vertretungsbefugnis keine Vereinbarung treffen.

355 Vgl dazu auch LG Saarbrücken (FamRZ 2009, 1091 [LS]), das feststellt, der Vergütungsanspruch (des gerichtlich bestellten Betreuers) sei als gesetzlicher, aus einem öffentlichen Amt folgender Anspruch dem Grund und der Höhe nach Vereinbarungen zwischen Betreuer und Betreutem grundsätzlich nicht zugänglich. Ebenso für den Vergütungsanspruch des Nachlasspflegers (OLG Celle FamRZ 2011, 1755 [LS] = NJW-Spezial 2011, 424 mwNw). Ebenfalls ungeeignet, das gesetzlich vorgesehene Vergütungssystem außer Kraft zu setzen, sind Absprachen mit und von Betreuern untereinander (LG Köln FamRZ 2009, 371 [LS]; vgl auch MünchKomm/Fröschle § 1836 BGB Rn 4; BayObLG FamRZ 1997, 701 = NJWE-FER 1997, 154). Zur Berücksichtigung einer Vereinbarung zwischen Erbe und Nachlasspfleger, einer gerichtlichen Festsetzung einer angemessenen Vergütung nicht entgegenzutreten, OLG Düsseldorf FGPrax 2014, 258.

IX. Abtretung des Anspruchs

356 Der Anspruch auf Vergütung kann abgetreten werden. Die Abtretung durch einen zum Betreuer bestellten Rechtsanwalt an eine anwaltliche Verrechnungsstelle verstößt nicht gegen ein gesetzliches Verbot, auch wenn sie ohne Zustimmung des Betroffenen erfolgt (BGH 19. 6. 2013 – XII ZB 357/11; FamRZ 2013, 1392 = MDR 2013, 1068 = Rpfleger 2013, 680; **aA** OLG Frankfurt 24. 8. 2010 – 7 UF 54/10; zur Abtretung eingehend Bälz, in: FS z 65. Geburtstag von Makoto Arai [2015] 15). Die Geltendmachung der Vergütung ist eine eigene Angelegenheit des Betreuers, so dass eine Bindung an Wünsche des

Betreuten (§ 1901 BGB) entfällt. Mangels einer Verbotsnorm liegt kein Verstoß gegen § 134 BGB vor. Der BGH hält eine Abtretung auch im Fall der Vergütung eines Verfahrensbeistands für zulässig (BGH FamRZ 2013, 1392 Rn 13).

X. Rückforderung überzahlter Vergütungen

Ergibt eine spätere Vergütungsberechnung, dass die endgültige Festsetzung der 357
Vergütung einen geringeren Betrag erreicht als bereits gezahlte Abschlagszahlungen (§ 3 Abs 4 VBVG für den Vormund und iVm § 1915 Abs 1 BGB für den Pfleger), ist der Vormund (Pfleger) zur Rückzahlung des übersteigenden Betrags verpflichtet. Wurde dem Amtsträger aus anderen Gründen zu viel Vergütung gezahlt (zB durch fehlerhafte Berechnung/rechtswidrige Bewilligung; vgl BGH FamRZ 2016, 1759 Rn 12 ff = Rpfleger 2017, 27 = BtPrax 2016, 237), kann im Einzelfall der Vertrauensgrundsatz einer Neufestsetzung der Vergütung und einer Rückforderung entgegenstehen (BGH NJW 2019, 435, 437 Rn 29 [Rückforderung überzahlter Vergütung für Umgangspfleger mit Begleitungsauftrag]; BGH FamRZ 2016, 1759 Rn 20 im Fall einer Vergütung wegen Mittellosigkeit), zB wenn das Vertrauen des Betreuers auf die Beständigkeit einer ihm in der Vergangenheit rechtswidrig gewährten Vergütung schutzwürdig ist (BGH FamRZ 2016, 293 Rn 17; BGH RPfleger 2015, 472 Rn 18 im Anschluss an BGH FamRZ 2014, 113 = RPfleger 2014, 197), wenn eine Abwägung ergibt, dass dem Vertrauen des Berufsbetreuers auf die Beständigkeit der eingetretenen Vermögenslage gegenüber dem öffentlichen Interesse an der Wiederherstellung einer dem Gesetz entsprechenden Vermögenslage der Vorrang einzuräumen ist (BGH Rpfleger 2014, 197; LS m Anm Seifert Rpfleger 2014, 499; Rpfleger 2016, 226). Der **Vertrauensschutz** ist bereits bei der Festsetzung der Betreuervergütung im gerichtlichen Verfahren nach § 168 Abs 1 S 1 FamFG zu **prüfen** (BGH NJW 2019, 435, 437 Rn 31 mwNw; BGH RPfleger 2015, 472 Rn 18). Zur Berechnung der Vergütung, wenn sich vor Ablauf eines Vergütungsmonats die vergütungsrelevanten Umstände geändert haben, s oben Rn 90, 247. Wird jemand zum Vormund bestellt ohne dass festgestellt wurde, dass die Tätigkeit berufsmäßig ausgeübt werde und hat der Vormund dennoch eine die pauschale Aufwandsentschädigung aus § 1835a BGB übersteigende Vergütung erhalten, kann die Staatskasse die **Überzahlung** entsprechend § 19 FamGKG nur bis zum Ablauf des Kalenderjahres **zurückfordern**, das auf das Jahr der Abrechnung eines bestimmten Tätigkeitsraums folgt (OLG Dresden FamRZ 2017, 1414). Wegen Rechtsmissbrauchs kann die Beitreibung einer Forderung der Staatskasse auf Rückerstattung von Betreuervergütung unzulässig sein, wenn aus einer offensichtlich unrichtigen Entscheidung vollstreckt wird (LG Karlsruhe Jur Büro 2019, 38 [39]).

Bei dem Anspruch der Landeskasse auf Rückerstattung einer überzahlten Betreuer- 358
vergütung handelt es sich nicht um einen zivilrechtlichen Bereicherungsanspruch (§ 812 BGB), sondern um einen **öffentlich – rechtlichen Erstattungsanspruch**, der nach seiner Festsetzung durch förmlichen Beschluss im Wege des Justizbeitreibungsverfahrens gemäß § 1 Abs 1 Nr 8, Abs 2 JBeitrO beizutreiben ist (BGH FamRZ 2014, 113 Rn 15 mwNw = FGPrax 2014, 25; FamRZ 2016, 293, 295).

Die materielle Ausschlussfrist des § 2 S 1 VBVG (Text oben nach den Materialien) 359
findet keine analoge Anwendung auf die Rückforderung überzahlter Betreuervergütung (BGH 6. 11. 2013 – XII ZB 86/13, FamRZ 2014, 113 = Rpfleger 2014, 197 = Rpfleger 2014, 499 [LS] m Anm Seifert; OLG Frankfurt BtPrax 2017, 208 Rn 17 [LS]).

Anhang zu § 1836

Gesetz zur Anpassung der Betreuer- und Vormündervergütung

vom 22. Juni 2019 (BGBl I 866)

Artikel 1
Änderung des Vormünder- und Betreuervergütungsgesetzes

Das Vormünder- und Betreuervergütungsgesetz vom 21. April 2005 (BGBl. I S. 1073, 1076), das durch Artikel 53 des Gesetzes vom 17. Dezember 2008 (BGBl. I S. 2586) geändert worden ist, wird wie folgt geändert:

1. § 3 Absatz 1 wird wie folgt geändert:

   a) In Satz 1 wird die Angabe „19,50" durch die Angabe „23" ersetzt.

   b) Satz 2 wird wie folgt geändert:

   aa) in Nummer 1 wird die Angabe „25" durch die Angabe „29,50" ersetzt.

   bb) in Nummer 2 wird die Angabe „33,50" durch die Angabe „39" ersetzt.

2. Die Überschrift des Abschnitts 3 wird wie folgt gefasst:

„Abschnitt 3
Vergütung und Aufwendungsersatz des Betreuers".

3. Die §§ 4 und 5 werden durch die folgenden §§ 4 bis 5a ersetzt:

§ 4
Vergütung des Betreuers

(1) Die dem Betreuer nach § 1 Absatz 2 zu bewilligende Vergütung bestimmt sich nach monatlichen Fallpauschalen, die in den Vergütungstabellen A bis C der Anlage festgelegt sind.

(2) Die Vergütung des Betreuers richtet sich nach Vergütungstabelle A, sofern der Betreuer über keine besonderen Kenntnisse verfügt, die für die Führung der Betreuung nutzbar sind.

(3) Verfügt der Betreuer über besondere Kenntnisse, die für die Führung der Betreuung nutzbar sind, so richtet sich die Vergütung

1. nach Vergütungstabelle B, wenn diese Kenntnisse durch eine abgeschlossene Lehre oder eine vergleichbare abgeschlossene Ausbildung erworben sind;

2. nach Vergütungstabelle C, wenn diese Kenntnisse durch eine abgeschlossene Ausbildung an einer Hochschule oder durch eine vergleichbare abgeschlossene Ausbildung erworben sind.

(4) § 3 Absatz 2 gilt entsprechend. § 1 Absatz 1 Satz 2 Nummer 2 findet keine Anwendung.

§ 5
Fallpauschalen

(1) Die Höhe der Fallpauschalen nach § 4 Absatz 1 richtet sich nach

1. der Dauer der Betreuung,

2. dem gewöhnlichen Aufenthaltsort des Betreuten

und

3. dem Vermögensstatus des Betreuten.

(2) Hinsichtlich der Dauer der Betreuung wird bei der Berechnung der Fallpauschalen zwischen den Zeiträumen in den ersten drei Monaten der Betreuung, im vierten bis sechsten Monat, im siebten bis zwölften Monat, im 13. bis 24. Monat und ab dem 25. Monat unterschieden. Für die Berechnung der Monate gelten § 187 Absatz 1 und § 188 Absatz 2 des Bürgerlichen Gesetzbuchs entsprechend. Ändern sich Umstände, die sich auf die Vergütung auswirken, vor Ablauf eines vollen Monats, so ist die Fallpauschale zeitanteilig nach Tagen zu berechnen; § 187 Absatz 1, § 188 Absatz 1 und § 191 des Bürgerlichen Gesetzbuchs gelten entsprechend.

(3) Hinsichtlich des gewöhnlichen Aufenthaltsortes des Betreuten ist zwischen stationären Einrichtungen und diesen nach Satz 3 gleichgestellten ambulant betreuten Wohnformen einerseits und anderen Wohnformen andererseits zu unterscheiden. Im Sinne dieses Gesetzes sind

1. stationäre Einrichtungen:
Einrichtungen, die dem Zweck dienen, Volljährige aufzunehmen, ihnen Wohnraum zu überlassen sowie tatsächliche Betreuung oder Pflege zur Verfügung zu stellen oder vorzuhalten, und die in ihrem Bestand von Wechsel und Zahl der Bewohner unabhängig sind und entgeltlich betrieben werden;

2. ambulant betreute Wohnformen:
entgeltliche Angebote, die dem Zweck dienen, Volljährigen das Leben in einem gemeinsamen Haushalt oder einer Wohnung bei gleichzeitiger Inanspruchnahme extern angebotener entgeltlicher Leistungen tatsächlicher Betreuung oder Pflege zu ermöglichen.

Ambulant betreute Wohnformen sind stationären Einrichtungen gleichgestellt, wenn die in der ambulant betreuten Wohnform extern angebotenen Leistungen tatsächlicher Betreuung oder Pflege als Rund-um-die-Uhr-Versorgung durch professionelle Betreuungs- oder Pflegekräfte zur Verfügung gestellt oder vorgehalten werden und der Anbieter der extern angebotenen Betreuungs- und Pflegeleistungen nicht frei wählbar ist.

(4) Hinsichtlich der Bestimmung des Vermögensstatus des Betreuten ist entscheidend, ob am Ende des Abrechnungsmonats Mittellosigkeit nach § 1836d des Bürgerlichen Gesetzbuchs vorliegt.

(5) Die Fallpauschalen gelten auch Ansprüche auf Ersatz anlässlich der Betreuung entstandener Aufwendungen ab. Die gesonderte Geltendmachung von Aufwendungen im Sinne des § 1835 Absatz 3 des Bürgerlichen Gesetzbuchs bleibt unberührt.

§ 5a
Gesonderte Pauschalen

(1) Ist der Betreute nicht mittellos, wird der Betreuer mit einer zusätzlichen monatlichen Pauschale in Höhe von 30 Euro vergütet, wenn dieser die Verwaltung

. von Geldvermögen in Höhe von mindestens 150 000 Euro,
. von Wohnraum, der nicht vom Betreuten oder seinem Ehegatten genutzt wird, oder
. eines Erwerbsgeschäfts des Betreuten

zu besorgen hat. Die Pauschale kann geltend gemacht werden, wenn einer der Fälle des Satzes 1 an mindestens einem Tag im Abrechnungsmonat vorliegt.

(2) Findet ein Wechsel von einem ehrenamtlichen zu einem beruflichen Betreuer statt, ist der berufliche Betreuer mit einer einmaligen Pauschale in Höhe von 200 Euro zu vergüten.

(3) Findet ein Wechsel von einem beruflichen zu einem ehrenamtlichen Betreuer statt, ist der berufliche Betreuer mit einer einmaligen Pauschale in Höhe des 1,5 -fachen der zum Zeitpunkt des Betreuerwechsels zu vergütenden Fallpauschale zu vergüten. Dies gilt auch dann, wenn zunächst neben dem beruflichen Betreuer ein ehrenamtlicher Betreuer bestellt war und dieser die Betreuung allein fortführt.

(4) „Die Pauschalen nach den Absätzen 1 bis 3 können nur gemeinsam mit einem Vergütungsantrag nach den §§ 4 und 5 geltend gemacht werden."

4. § 6 Satz 2 wird wie folgt gefasst:
„Ist im Fall des § 1899 Absatz 4 des Bürgerlichen Gesetzbuchs die Verhinderung tatsächlicher Art, sind die Vergütung und der Aufwendungsersatz nach § 4 in Verbindung mit § 5 sowie die Pauschale nach § 5a Absatz 1 zu bewilligen und im Fall des § 5 nach Tagen zu teilen; § 187 Absatz 1 und § 188 Absatz 1 des Bürgerlichen Gesetzbuchs gelten entsprechend."

5. In § 7 Absatz 1 Satz 1 wird die Angabe „§§ 4 und 5" durch die Angabe „§§ 4 bis 5a" ersetzt.

6. In § 10 Absatz 1 Nummer 1 werden die Wörter „einem Heim oder außerhalb eines Heims und" durch die Wörter „stationären Einrichtungen und diesen gleichgestellten ambulant betreuten Wohnformen einerseits und anderen Wohnformen andererseits sowie" ersetzt.

7. § 11 wird wie folgt geändert:

a) Absatz 1 wird wie folgt geändert:

aa) In Satz 1 wird die Angabe „4 Abs. 1 Satz 2 Nr. 1" durch die Wörter „§ 4 Absatz 3 Nummer 1" ersetzt.

bb) In Satz 2 Nummer 2 wird die Angabe „§ 4 Abs. 1 Satz 2" durch die Angabe „§ 4 Absatz 3" ersetzt.

b) Absatz 2 wird wie folgt geändert:

aa) In Satz 1 wird die Angabe „§ 4 Abs. 1 Satz 2 Nr. 2“ durch die Wörter „§ 4 Absatz 3 Nummer 2“ ersetzt.

bb) In Satz 2 Nummer 2 wird die Angabe „§ 4 Abs. 1 Satz 2“ durch die Angabe „§ 4 Absatz 3“ ersetzt.

8. Folgender § 12 sowie die Anlage aus dem Anhang zu diesem Gesetz werden angefügt:

„§ 12
Übergangsregelungen

Auf Vergütungsansprüche von Betreuern, Vormündern, Pflegern und Verfahrenspflegern für Leistungen, die vor dem 27. Juli 2019 erbracht wurden, ist dieses Gesetz bis zum Ende des angefangenen Betreuungsmonats in seiner bis dahin geltenden Fassung anzuwenden.“

Artikel 2
Änderung des Gesetzes über das Verfahren in Familiensachen und in den Angelegenheiten der freiwilligen Gerichtsbarkeit

In § 277 Absatz 3 Satz 2 des Gesetzes über das Verfahren in Familiensachen und in den Angelegenheiten der freiwilligen Gerichtsbarkeit vom 17. Dezember 2008 (BGBl. I S. 2586, 2587), das zuletzt durch Artikel 5 Absatz 6 des Gesetzes vom 21. Juni 2019 (BGBl. I S. 840) geändert worden ist, wird die Angabe „3 Euro“ durch die Angabe „4 Euro“ ersetzt.

Artikel 3
Evaluierung

Die durch dieses Gesetz geschaffenen Vorschriften sind insbesondere im Hinblick auf die Angemessenheit der im Anhang festgesetzten Fallpauschalen über einen Zeitraum von vier Jahren zu evaluieren. Das Bundesministerium der Justiz und für Verbraucherschutz hat einen Bericht über die Ergebnisse der Evaluierung bis zum 31. Dezember 2024 zu veröffentlichen.

Artikel 4
Inkrafttreten

Dieses Gesetz tritt am 27. Juli 2019 in Kraft.

Anhang (zu Artikel 1 Nummer 8)

Anlage (zu § 4 Absatz 1) – Vom Abdruck der nur für die Betreuervergütung maßgebenden Vergütungstabellen (BGBI 2019 I 869, 870) wurde abgesehen.

Materialien: Entwurf der Bundesregierung BT-Drucks 19/8694; Bundesrat (Ausschussempfehlungen) BR-Drucks 101/1/19); Unterrichtung durch die Bundesregierung (Stellungnahme des Bundesrates und Gegenäußerung der Bundesregierung BT-Drucks 19/9765; Beschluss des Bundestags (BT-Drucks 19/8694; 19/10066 Nr 1, 5; 19/9765; 19/10246); Zustimmung des BRats am 7. 6. 2019. BGBl I 869 md 870 v 22. 6. 2019.

Schrifttum

Deinert, Neue Rechtsprechung der Bundesgerichte zur Betreuervergütung und angrenzender Fragen – sowie Ausblick auf die anstehende Rechtsänderung, Rpfleger 2019, 365
Deinert/Lütgens, Die Vergütung des Betreuers (7. Auflage 2019)
Fröschle, Anpassung der Vormünder- und Betreuervergütung, FamRZ 2019, 678
Hajasch, Anmerkung zu BGH Beschluss v 28. 11. 2018 – Az: XII ZB 517/17, Rechtsdienst der Lebenshilfe 2019, 88 (89)
Jürgens, Betreuungsrecht (6. Auflage 2019)
Thielke, Der erste Schritt ist gemacht: Die Betreuervergütung soll erhöht werden, BtPrax 2019, 47.

Systematische Übersicht

I. Allgemeines

1 Die Änderungen des Vormünder- und Betreuervergütungsgesetzes (VBVG) betreffen im Wesentlichen die für die Vergütung berufsmäßig tätiger **Betreuer** maßgebenden Vorschriften des VBVG und der hinzugetretenen Regelung des § 5a VBVG. Durch die Änderungen der Vergütungsbeträge in § 3 Abs 1 VBVG (Art 1 des Änderungsgesetzes) wird der Stundensatz des **Vormunds** erhöht, ohne dass damit Änderungen des Vergütungssystems verbunden wären.

2 § 3 VBVG gilt nicht nur für Vormünder. Durch die Verweisung auf § 3 Abs 2 VBVG kann das Betreuungsgericht einen höheren als den in Abs 1 vorgesehenen Tabellensatz der Vergütung bewilligen, soweit die besondere Schwierigkeit der Betreuungsgeschäfte dies ausnahmsweise rechtfertigen (§ 4 Abs 4 S 1 VBVG nF). Um welchen Betrag oder Prozentsatz der Tabellensatz erhöht werden kann, ist nicht bestimmt. Es kommt jedoch nicht darauf an, dass der Betreuer über spezifische Kenntnisse iS des § 4 Abs 2 und 3 VBVG verfügen müsste. Lediglich besondere Schwierigkeiten rechtfertigen eine Vergütungserhöhung.

3 In den Fällen des § 1899 Abs 2 und 4 BGB erhält der Betreuer eine Vergütung nach § 1 Abs 2 iV mit § 3 VBVG; für seine Aufwendungen kann er Vorschuss und Ersatz nach § 1835 BGB mit Ausnahme der Aufwendungen iS von § 1835 Abs 2 BGB beanspruchen (§ 6 S 1 VBVG). Ist im Fall des § 1899 Abs 4 BGB die Verhinderung tatsächlicher Art, sind die Vergütung und der Aufwendungsersatz nach § 4 iV mit § 5 sowie die Pauschale nach § 5a Abs 1 zu bewilligen und im Fall des § 5 nach Tagen zu teilen; §§ 187 Abs 1 und 188 Abs 1 BGB gelten entsprechend (Neufassung des § 6 S 2 durch Art 1 Nr 4 Anpassungsgesetz).

§ 7 Abs 2 HS 1 VBVG bestimmt, dass bei einer Vergütung und dem Aufwendungsersatz für Betreuungsvereine § 6 entsprechend gilt. Auf § 3 Abs 1 S 2 Nr 1 und Nr 2 wird es in § 11 (Umschulung und Fortbildung von Berufsvormündern oder -betreuern) Bezug genommen. Dabei geht es um die Voraussetzungen für die Höhe des Stundensatzes. **4**

Eine entsprechende Anwendung von § 3 Abs 1 und 2 VBVG ist bei der Regelung von Vergütung und Aufwendungsersatz des Verfahrenspflegers in § 277 Abs 2 S 2 FamFG vorgesehen, wenn die Verfahrenspflegschaft ausnahmsweise berufsmäßig geführt wird. Wird dem Verfahrenspfleger anstelle des Aufwendungsersatzes und der Vergütung ein fester Geldbetrag zugebilligt, ist bei dessen Bemessung die voraussichtlich erforderliche Zeit mit den in § 3 Abs 1 VBVG bestimmten Stundensätzen zuzüglich einer Aufwandspauschale von jetzt 4 Euro je veranlagter Stunde zu vergüten (§ 277 Abs 3 S 2 FamFG (Änderung des § 277 durch Art 2 Anpassungsgesetz). Die Regelung der Vergütung und des Aufwendungsersatzes des Verfahrenspflegers in Betreuungssachen (§ 277 FamFG) gilt entsprechend für die Vergütung und den Aufwendungsersatz des Verfahrenspflegers in Unterbringungssachen (§ 318 FamFG). **5**

Im Übrigen betreffen die Änderungen von Vergütung und Aufwendungsersatz durch das Anpassungsgesetz die entsprechenden Ansprüche des **Betreuers**. An die Stelle der bisherigen Überschrift des Abschnitts 3 (Sondervorschriften für Betreuer) ist die neue Überschrift (Vergütung und Aufwendungsersatz des Betreuers) getreten (Art 1 Nr 2 des Anpassungsgesetzes). **6**

Die Aufnahme des Anpassungsgesetzes in die §§ 1835 ff BGB einschl des VBVG folgt daraus, dass die Vorschriften noch immer nicht in das Betreuungsrecht unmittelbar aufgenommen worden, sondern lediglich aufgrund der Verweisungsvorschrift des § 1908i Abs 1 S 1 BGB auf die Betreuung sinngemäß anzuwenden sind. Durch die Bestimmung des § 1836 Abs 1 S 3 BGB, wonach „das Nähere" der Vergütung des Vormunds das Vormünder- und Betreuervergütungsgesetz regelt, gehört das VBVG zu den auf die Betreuung sinngemäß anzuwendenden Vorschriften des Vormundschaftsrechts. Wann die anlässlich der Reform des Vormundschaftsrechts beabsichtigte Übernahme des Rechts der Vergütung und des Aufwendungsersatzes in das Betreuungsrecht (mit Verweisungen im Vormundschaftsrecht) vollzogen sein wird, lässt sich zZ nicht vorhersagen. **7**

Das Anpassungsgesetz ist am 27. 7. 2019 (die Länder hatten das Jahresende vorgeschlagen) in Kraft getreten. Infolgedessen sind die mit diesem Datum oder danach beginnenden Betreuungsmonate nach den geänderten Vorschriften abzurechnen. Für die vergangene Zeit gelten die Vorschriften des bisherigen Rechts (Art 1 § 12 des Anpassungsgesetzes). Aus diesem Grund wurden die durch das Anpassungsgesetz eingetretenen Änderungen nicht eingearbeitet. **8**

Durch die Änderung des Vergütungsrechts, insbesondere des Vergütungssystems (Vergütungstabellen A, B und C), wird das Verfahren zur Geltendmachung der Ansprüche nicht unmittelbar betroffen (§§ 168 Abs 1 Nr 2, 292 FamFG). Das (Betreuungs-)Gericht setzt durch Beschluss fest, wenn die gerichtliche Festsetzung beantragt wird oder das Gericht sie für angemessen hält: **9**

1. Vorschuss, Ersatz von Aufwendungen, Aufwandsentschädigung, soweit der Betreuer sie aus der Staatskasse verlangen kann (§ 1835 Abs 4 und § 1835a Abs 3 BGB, jeweils iV mit § 1908i Abs 1 S 1 BGB) oder ihm nicht die Vermögenssorge übertragen wurde;

2. eine dem Betreuer (oder Gegenbetreuer) zu bewilligende Vergütung oder Abschlagszahlung (§§ 1836 BGB iV mit § 1908i Abs 1 S 1 BGB).

Erfolgt keine Festsetzung nach Satz 1 und richten sich die in Satz 1 bezeichneten Ansprüche gegen die Staatskasse, gelten die Vorschriften über das Verfahren bei der Entschädigung von Zeugen hinsichtlich ihrer baren Auslagen sinngemäß (§ 168 Abs 1 S 2 FamFG).

10 Eine praktische Veränderung ergibt sich für die Antragstellung und deren Inhalt. Der Anspruchsteller hat nicht nur die Art des Anspruchs (Vergütung, Aufwendungsersatz, Vorschuss, Abschlagszahlung usw), sondern auch den Umfang/die Höhe seines Anspruchs anzugeben. Dafür wird der Anspruchsteller in Anbetracht der Tabellen besondere Sorgfalt auf die Formulierung des Antrags verwenden müssen, weil und wenn das Gericht antragsgemäß entscheidet und weniger als möglich beantragt wird. Wegen der tabellarischen Vergütungspauschalen ist auch der Zeitraum anzugeben, für den die Vergütung beansprucht wird (vgl im Übrigen Zorn § 168 FamFG [3. Aufl 2018] Rn 25).

11 Beantragt der Betreuer die gerichtliche Festsetzung oder hält sie das Gericht für angemessen, muss der Betreuer keinen Nachweis darüber führen, dass er als Betreuer (und wofür er) tätig gewesen ist. Bei den nach §§ 4, 5 zu bewilligenden Beträgen handelt es sich um Pauschalen, die unabhängig von der tatsächlich geleisteten Betreuung dem berufsmäßig tätigen Betreuer zustehen. Entsprechendes gilt für die gesonderten Pauschalen des § 5a, die nur gemeinsam mit einem Vergütungsantrag nach den §§ 4 und 5 geltend gemacht werden können (§ 5a Abs 4 VBVG). Es kommt lediglich darauf an, dass der Betreuer während des gesamten Zahlungszeitraums zum Betreuer bestellt gewesen ist. Dafür kann ggf die Betreuungsverfahrensakte beigezogen werden. Auch kann der festzusetzende Vergütungsanspruch sich nur für den Zeitraum der Bestellung als Betreuer ergeben; für einen Zeitraum, der zwischen dem Ablauf einer beendeten (vorläufigen) Betreuung und der Bestellung in der Hauptsache liegt, kommt ein Vergütungsanspruch nicht in Betracht (BGH FamRZ 2016, 1074).

12 Wurde die zunächst berufsmäßig geführte Betreuung einem ehrenamtlich tätigen Betreuer übertragen, besteht für die Bewilligung einer „Ermessens"Vergütung des ehrenamtlichen Betreuers gemäß §§ 1836 Abs 2, 1908i Abs 1 S 1 BGB keine zeitliche Begrenzung oder Ausschlussfrist (Fröschle Rn 681). Zum Verfahren s außerdem oben § 1835 Rn 85 ff, § 1835a Rn 31 ff und § 1836 Rn 310 ff.

II. Änderungen im Einzelnen

1. Vergütung des Betreuers (§ 4 VBVG nF)

13 Durch die Neufassung des § 4 VBVG (s Art 1 Nr 3 des Anpassungsgesetzes) werden dir Stundensätze des bisherigen Rechts abgeschafft. An die Stelle der bisherigen

Vergütung bestehend aus dem Stundensatz (§ 4 aF) und dem Stundenansatz (§ 5 aF) ist das System der Fallpauschalen getreten, die sich nach den im Anhang zu Art 1 Nr 8 Anpassungsgesetz abgedruckten Tabellen richten. Diese Tabellen sind nach den Ausbildungsabschlüssen der Betreuer unterschieden. Die Beschreibungen der Qualifikationen in § 4 nF entsprechen den bisherigen Unterscheidungen und Formulierungen. Haben sich seit der letzten Entscheidung über die Vergütung die Voraussetzungen für die Eingruppierung in eine der Vergütungstabellen geändert, wird dies bei der nächsten Vergütungsfestsetzung berücksichtigt. Hat der Betreuer (zB durch eine weitere Ausbildung) seine Qualifikation verbessert, kann er nach der nächsthöheren oder der höchsten Tabelle vergütet werden. Stellt sich nach der bisherigen Vergütungspraxis heraus, dass die Vergütung zu hoch bemessen war und nicht der Qualifikation des Betreuers entsprach, kann eine Herabsetzung erfolgen.

Trotz der von der Rechtsprechung im Laufe der Jahrzehnte entwickelten Kriterien für die Einordnung der beruflichen und akademischen Ausbildung wäre eine Überprüfung erforderlich gewesen. In der Praxis werden häufig Eingruppierungsentscheidungen getroffen, die sich auf höchstrichterliche Erkenntnisse berufen, die reale Situation aber nur ungenügend berücksichtigen. Außerdem werden Inhalte und Bedeutung von globalen Aufgabenkreisen verkannt und dadurch Ausbildungen als nicht nutzbar abgelehnt, die durchaus für die Führung der Betreuung nutzbar sein können. Beispielhaft dafür ist der Aufgabenkreis der Gesundheitssorge, mit dem regelmäßig nur die Befugnis zur Entscheidung über ärztliche Behandlungen verbunden wird. Dass dieser Aufgabenkreis zu weitaus mehr Entscheidungen berechtigt und ggf verpflichtet, wird nicht erkannt (vgl dazu allein MünchKomm/Schwab § 1896). Bei einigen Aufgabenkreisen ist unklar, weil auch nicht diskutiert, welche Qualifikation dafür zu fordern ist und als nutzbringend anerkannt werden kann/muss. Welche Ausbildung qualifiziert zu einer Entscheidung über den Aufenthalt des Betroffenen, die sog Postkontrolle oder auch die freiheitsentziehende Unterbringung? Durch die Entscheidung über die Bestellung gemäß § 1897 Abs 1 BGB und die Bestimmung des Aufgabenkreises wird zwar die Entscheidungsbefugnis bescheinigt, aber über die vorauszusetzende Qualifikation und über deren Konsequenz für die Vergütung regelmäßig nicht entschieden. Insofern besteht ein erheblicher Klärungs- und Entscheidungsbedarf. 14

2. Fallpauschalen (§ 5 VBVG nF)

Die Höhe der Fallpauschalen nach § 4 Abs 1 VBVG richtet sich nach der Dauer der Betreuung, dem gewöhnlichen Aufenthaltsort des Betreuten und dem Vermögensstatus des Betreuten (§ 5 Abs 1 VBVG). Für die Dauer der Betreuung sind die Wirksamkeit der Beschlüsse des Gerichts maßgebend, durch die der Betreuer bestellt und entlassen wird, sofern die Betreuung nicht bereits früher durch den Tod der betreuten Person oder durch Fristablauf der Betreuung endete. Stirbt der Betreuer, ist ein neuer Betreuer zu bestellen (§ 1908c BGB). Auf das Bestehen der Betreuung hat der Tod des Betreuers keinen Einfluss. Hebt das Betreuungsgericht oder das Beschwerdegericht die Betreuung auf, weil deren Voraussetzungen weggefallen sind oder von Anfang an nicht gegeben waren, endet die Betreuerbestellung mit Rechtskraft des Aufhebungsbeschlusses automatisch; ein besonderer Beschluss ist nicht erforderlich, es sei denn, er dient der Klarstellung der Sach- und Rechtslage. Nach seiner Entlassung bleibt der Betreuer insoweit „im Amt“, als er von der Beendigung 15 seines Amtes keine Kenntnis erlangt hat oder die Unkenntnis nicht auf Fahrlässigkeit beruhte (MünchKomm/Schwab [2017] § 1908i Rn 16).

16 Beschlüsse über Umfang, Inhalt oder Bestand der Bestellung eines Betreuers oder über den Erlass einer einstweiligen Anordnung nach § 300 FamFG werden grundsätzlich mit der Bekanntgabe an den Betreuer wirksam (§ 287 Abs 1 FamFG). Für besondere Fälle vgl § 287 Abs 2 FamFG.

17 Hinsichtlich des gewöhnlichen Aufenthaltsortes des Betreuten trifft § 5 Abs 3 eine völlig neue Regelung. Zum bisherigen Heimbegriff vgl oben § 1836 Rn 249. Diesen schafft das Anpassungsgesetz ab und unterscheidet jetzt zwischen stationären Einrichtungen und den nach Satz 3 gleichgestellten ambulant betreuten Wohnformen einerseits und anderen Wohnformen andererseits.

18 Der Unterscheidung verschiedener Wohnformen als Begründung unterschiedlicher Vergütungen beruht auf der Vorstellung, der zu vergütende Zeitaufwand sei bei einem Aufenthalt in einer stationären Einrichtung geringer als bei einem nicht stationären Aufenthalt. Sie geht zurück auf das 2. BtÄndG und hier wiederum auf eine rechtstatsächliche Untersuchung. In der BT-Drucks 865/03 wird festgestellt, erhebliche Unterschiede im Betreuungsaufwand ergäben sich, je nachdem ob der Betroffene zu Hause oder in einer Einrichtung lebt. Der Betreuungsaufwand eines zu Hause wohnenden Betreuten sei signifikant höher. Der Endbericht 2009 über die Evaluation des Zweiten Betreuungsrechtsänderungsgesetzes (2. BtÄndG) – hier zitiert nach dem Entwurf v 2. 3. 2009 – teilt zwar Daten mit über die Zahl der Heimbewohner und deren Vermögenslage sowie die Beobachtung, dass die Wohnsituation sich vom selbständigen Leben zu Hause hin zum stationären Aufenthalt verlagert. Über ein unterschiedliches Maß an rechtlicher Betreuung von Bewohnern in einer Einrichtung und im häuslichen Bereich wird nichts mitgeteilt (S 69).

19 Eine eingehende Analyse, woran es liegt (liegen soll), dass die Betreuung eines nicht in einer Einrichtung lebenden Betreuten mehr Zeit in Anspruch nimmt als die Betreuung eines Betreuten, der in einer Einrichtung lebt, kann zu damaliger Zeit nicht stattgefunden haben. Denn die Berechtigung und insbesondere Verpflichtung, den Betreuten rechtlich zu betreuen kann grundsätzlich bei einem Bewohner in einer Institution nicht geringer sein als bei einem Betreuten, der nicht in einer Einrichtung lebt, vorausgesetzt der Aufgabenkreis ist in beiden Fällen gleich. Ungleiche Aufgabenkreise können aber auf die Vergütung des Betreuers keinen Einfluss haben, weil es sich um eine Pauschale handelt.

20 Ein, wenn auch unausgesprochenes, Motiv für die unterschiedliche Vergütung nach Aufenthaltsorten der Betreuten, ist die Ersparnis öffentlicher Mittel bei denjenigen Betreuungsfällen, für die die Staatskasse (vorläufig) einzutreten hat. Außerdem kann nach dem Verlauf der Betreuungspraxis seit 1992 angenommen werden, dass es sich in zahlreichen Fällen häuslicher (rechtlicher) Betreuung um praktische soziale Betreuung und nicht oder nicht in erster Linie um Entscheidungen in Angelegenheiten rechtlicher Betreuung gehandelt hat.

21 Ob zukünftig mit der Anknüpfung der Vergütungsregelung an ein bestimmtes „Wohnsetting" eine generelle Aussage über den tatsächlichen Aufwand des recht-

lichen Betreuers getroffen werden kann, wird zu recht in Zweifel gezogen (Hajasch in ihrer Anmerkung zu BGH 28. 11. 2018 – XII ZB 517/17, Rechtsdienst der Lebenshilfe 2019, 88 [89]). Das bisherige System der Unterscheidung von stationären und ambulanten Betreuungsangeboten wird es nach dem Bundesteilhabegesetz vom 23. 12. 2016 (BTHG, BGBl I 3234) nicht geben. Für die Bewilligung der Vergütung wird es in Zukunft darauf ankommen, in welchem Maße der Betreuer durch die tatsächlichen Umstände (!) des Aufenthalts der betreuten Person bei der Wahrnehmung rechtlicher Angelegenheiten entlastet wird. Insofern bestünde Gelegenheit, die seinerzeit pauschal getroffene Entscheidung der Entlastung im Falle eines Heimaufenthalts zu korrigieren.

Zutreffend hält Hajasch (Rechtsdienst der Lebenshilfe 2019, 88 [89]) die Annahme für fraglich, dass der rechtliche Betreuer durch eine bestimmte Wohnform mit einem professionellen Organisationsapparat erheblich entlastet werde (werden könne). Durch sie werde der Eindruck erweckt, derartige Wohnformen würden aufgrund der Komplettversorgung die Aufgaben der rechtlichen Betreuung übernehmen. Das lasse die Grenze zwischen sozialer und rechtlicher Betreuung verschwimmen. **22**

Im Zusammenhang mit den Äußerungen über die Notwendigkeit einer persönlichen Betreuung wies der damalige Gesetzgeber (RegEntw Bt-Drucks 11/4528, 68) darauf hin, auch wenn der Betreute so krank oder behindert ist, dass er seinen Willen nicht kundtun kann, solle der Betreuer den Betreuten in angemessenen Abständen aufsuchen, um sich von seinen Lebensumständen zu überzeugen und sich zu vergewissern, dass ihm die erforderliche tatsächliche Pflege und Hilfe zuteil werde. **23**

Welcher Zeitpunkt für die Beurteilung der Mittellosigkeit maßgebend ist, hat der Gesetzgeber durch § 5 Abs 4 VBVG geklärt und entschieden, dass es darauf ankommt, ob am Ende des Abrechnungsmonats (der Monat, der abgerechnet wird, nicht unbedingt der Monat, in dem vom Anspruchsberechtigten abgerechnet wird) Mittellosigkeit nach § 1836d BGB vorliegt. Wann über den Vergütungsantrag abschließend entschieden wird, ist für die Frage der Mittellosigkeit nicht maßgebend. Nach § 1836d BGB gilt als mittellos, wer den Aufwendungsersatz oder die Vergütung aus seinem einzusetzenden Einkommen oder Vermögen nicht oder nur zum Teil oder nur in Raten, also nicht in einem Betrag (BT-Drucks 13/7158, 17) oder nur im Wege gerichtlicher Geltendmachung von Unterhaltsansprüchen aufbringen könnte. Für die vom Betreuten einzusetzenden Mittel ist § 1836c BGB maßgebend. Das Nähere s dort. Die in § 60a SGB XII enthaltene Sonderregelung zum Einsatz von Einkommen (bis zu 25 000 Euro) gilt nur bis zum 31. Dezember 2019. Ob sie im Rahmen von § 1836e BGB Anwendung findet, war bisher umstritten. Der BGH hat jetzt entschieden, dass der erhöhte Vermögensfreibetrag nach § 60a SGB XII keine Anwendung findet (FamRZ 2019, 1006). Näheres s zu § 1836e. **24**

3. Gesonderte Pauschalen (§ 5a VBVG nF)

a) Die Pauschalen nach Abs 1

Bisher kannte nur das Recht der Vergütung eines Vormunds die Möglichkeit, dass das Familiengericht einen höheren als den in § 3 Abs 1 vorgesehenen Stundensatz bewilligt, soweit die besondere Schwierigkeit der vormundschaftlichen Geschäfte dies ausnahmsweise rechtfertigt, vorausgesetzt, der Mündel ist/war nicht mittellos. Eine ab- **25** weichende Regelung befindet sich auch im Pflegschaftsrecht (§ 1915 Abs 1 S 2 BGB). Eine entsprechende Regelung für den Betreuer einer bemittelten Person war bisher nicht vorgesehen. Eine analoge Anwendung der für Vormünder und Pfleger geltenden besonderen Regelungen auf die Betreuung kam nicht in Betracht. Dass eine planwidrige Gesetzeslücke bestünde, die durch Rechtsprechung hätte beseitigt werden können, hatte das OLG München nicht festgestellt (FamRZ 2007, 675 [LS]).

26 Nach der bisherigen Regelung für die Vergütungshöhe im Falle berufsmäßiger Betreuung blieb es dabei, dass eine besondere Vergütung nicht bewilligt werden konnte (BayObLG FamRZ 2002, 1591 [LS]; OLG Brandenburg FGPrax 2001, 73 = MDR 2001, 277; BT-Drucks 13/7158, 26).

27 Mit der Einfügung des § 5a VBVG ist eine neue Rechtslage entstanden. Sie bezieht sich auf Anlagevermögen, vom Betreuten nicht mehr bewohnten Wohnraum und ein Erwerbsgeschäft.

b) Nr 1: Verwaltung von mehr als 150 000 Euro Anlagevermögen

28 Der Referentenentwurf führt zur Begründung an: Die Verwaltung eines höheren Vermögens erfordere in der Regel einen höheren Betreuungsaufwand. Die Erstellung eines Vermögensverzeichnisses zu Beginn der Betreuung, die jährliche Rechnungslegung und die Schlussrechnungslegung seien bei umfangreichen Vermögen zeitaufwändiger. Hinzu kämen die Anlage-, Anzeige- und Genehmigungspflichten nach § 1908i Abs 1 S 1 BGB iV mit den §§ 1807 ff BGB. Auch die Verwaltung eines nicht vom Betreuten bewohnten Grundstücks oder eines Erwerbsgeschäfts des Betreuers könne einen höheren Aufwand mit sich bringen. Die Pauschalvergütung könne dann geltend gemacht werden, wenn der Aufgabenkreis des Betreuers mindestens einen der genannten Fälle umfasst, wobei eine ausdrückliche Bezeichnung dieser Vermögensgegenstände im Aufgabenkreis nicht notwendig sei. Auch habe der Betreuer dem Betreuungsgericht lediglich die eine Pauschale begründenden Umstände anzuzeigen. Nicht notwendig sei es, dass er Tätigkeiten in diesem Bereich darlege.

29 Der Begründung kann, jedenfalls was die gesonderte Pauschale im Falle des Anlagevermögens angeht, nicht gefolgt werden. Es widerspricht der Erfahrung, dass Anlagevermögen einen deutlichen Mehraufwand gegenüber laufender Vermögensverwaltung verursache. Angelegtes Vermögen (Konten, Aktien) wird einmal im Jahr hinsichtlich der Einhaltung der Anlagebedingungen und der korrekten Abrechnung etwaiger Zinsen und Gebühren kontrolliert. Bei der Erstellung des Vermögensverzeichnisses verursachen größere Wohnungen mit wertvoller Einrichtung und ggf Sammlungen einen weitaus größeren Aufwand als die Feststellungen angelegten Vermögens vorausgesetzt, dass die erforderlichen Papiere und/oder Institute nicht erst ermittelt werden müssen. Die in den Gründen genannten Pflichten fallen einmal an, sofern nicht ein Anlagewechsel vorgenommen wird. Ein erheblicher Mehraufwand ist damit nicht verbunden. Es überzeugt nicht, dass die gesonderte Pauschale mit einem Mehraufwand begründet wird, der aber dann gar nicht nachgewiesen werden muss, sofern er überhaupt anfällt.

30 Zum Anlagevermögen (§§ 1806 BGB iV mit § 1908i Abs 1 S 1 BGB) äußert sich die Begründung folgendermaßen: Zum Anlagevermögen in Höhe von mindestens 150 000 Euro würden alle Arten von Aktivvermögen unabhängig von der Art der

Geldanlage zählen. Etwaige Schulden sollen nicht abgezogen werden, da sich hierdurch der zusätzliche Verwaltungsaufwand nicht reduziere. Danach zählt das zur Bestreitung von Ausgaben bereitzuhaltende Geld nicht zu dem Anlagevermögen i S des § 5a Abs 1 S 1 Nr 1 VBVG).

Führen Eheleute oder Lebenspartner ein gemeinsames Konto (Gemeinschaftskonto; entweder als Und-Konto oder als Oder-Konto) oder ein Partner ein Konto mit Einlagen des Betreuten, muss der Betreuer der betreuten Person ermitteln, ob der seiner Verwaltung unterliegende Vermögensanteil 150.000 oder mehr Euro umfasst. Hat sich der betreute Teil der Partnerschaft/Ehe gegen die Auflösung des gemeinsamen Kontos erfolgreich gewehrt, kann uU nur nach hälftiger Teilung des Kontostandes festgestellt werden (vgl § 742 BGB), wie hoch der Anteil der betreuten Person ist. **31**

Aus der Bemerkung in den Gründen (unabhängig von der Geldanlage) ist zu entnehmen, dass es bei dem Mindestbetrag für die gesonderte Pauschale auf Geld und nicht auf Aktien oder andere Wertpapiere sowie Edelmetalle ankommt, deren Wert nicht ohne Ermittlungen zum jeweils maßgebenden Zeitpunkt feststeht. In § 5a Abs 1 S 1 VBVG ist von Geldvermögen, nicht von geldwertem Vermögen die Rede Für eine enge Auslegung des Begriffs Geldvermögen auch Fröschle FamRZ 2019, 678 (680). **32**

Als Anlagevermögen gilt nicht nur das in Deutschland oder in Ländern der EU, in denen der Euro eingeführt ist, angelegte Geldvermögen. Der Vermögensverwaltung des Betreuers kann auch Vermögen unterliegen und iSd § 5a Abs 1 S 1 Nr 1 VBVG zu berücksichtigen sein, das sich in einem anderen Ausland befindet. Ggf muss eine Umrechnung in Euro vorgenommen werden. Es kommt nicht darauf an, ob der Betreuer Geldvermögen des Betreuten angelegt hat oder die Geldanlage noch auf frühere Handlungen oder Anweisungen/Vereinbarungen des Betreuten zurückgeht. **33**

Dass die Verwaltung eines Grundstücks oder einer Eigentumswohnung erheblichen Aufwand mit sich bringen kann, leuchtet unmittelbar ein. Dagegen dürfte es selten sein, dass ein Betreuer für den Betreuten dessen Erwerbsgeschäft weiterführt. Gelingt nicht eine Veräußerung und wird das Erwerbsgeschäft verpachtet, entstehen Verwalterkosten anderer Art, deren Aufwand eine besondere Vergütungspauschale rechtfertigen. Dass der Betreuer das Erwerbsgeschäft eigenhändig (für den Betreuten) führt, wird nicht verlangt, wenn es nur seiner Verwaltung, seiner Verantwortung zugewiesen ist. Sowohl die Fortführung als auch die Abwicklung eines Erwerbsgeschäfts kann erheblichen zusätzlichen Verwaltungsaufwand erfordern. Ein Erwerbsgeschäft gehört zum Vermögen des Betreuten, wird also begrifflich von der dem Betreuer zugewiesenen Vermögenssorge erfasst, sodass es keines weiteren Aufgabenkreises bedarf. **34**

Nach § 5a Abs 1 S 2 VBVG kann die Pauschale geltend gemacht werden, wenn einer der Fälle des Satzes 1 an mindestens einem Tag im Abrechnungsmonat vorliegt. Danach können im Fall aller Voraussetzungen der gesonderten Pauschalen insgesamt 90 Euro zusätzlich zu zahlen sein. Die Voraussetzungen der gesonderten Pauschalen liegen erst vor, wenn und sobald entsprechende Feststellungen in dem obligatorischen Vermögensverzeichnis (§§ 1802, 1908i Abs 1 S 1 BGB) nachgewiesen sind. Stellt sich **35** erst nach Erstellung des Vermögensverzeichnisses zu Beginn der Betreuung heraus, dass aufgrund eines später gefundenen Sparbuchs öä der Mindestvermögensbetrag für die gesonderte Pauschale erreicht ist, setzt erst dann die Berechtigung einer gesonderten Pauschale ein. Ein nachträglicher Anspruch ist unbegründet, weil die Verwaltung eines Vermögens erst dann möglich ist, sobald ein zu verwaltendes Vermögen bekannt ist.

36 Die Pauschalen nach Abs 1 können **nur** gemeinsam mit einem Vergütungsantrag nach den §§ 4 und 5 geltend gemacht werden (§ 5a Abs 4 VBVG).

c) Nr 2: Verwaltung von Wohnraum

37 Als Wohnraum, der nicht vom Betreuten genutzt wird, kommen sämtliche Räumlichkeiten in Betracht, an denen der Betreute Eigentum oder Besitz hat, und die geeignet und bestimmt sind, Wohnzwecken zu dienen. Zum nicht genutzten Wohnraum zählen zB Mietwohnungen, Eigentumswohnungen oder Wohnhäuser. Scheunen oder Stallungen, die zwar vermietet werden können, sind nicht für Wohnzwecke bestimmt und fallen nicht unter die Regelung der Nr 2. Wohnraum, der vom Betreuten nicht (mehr) genutzt wird, ist auch derjenige Wohnraum, der aus Anlass eines Umzugs in eine stationäre Einrichtung oder eine Form betreuten Wohnen frei wird und für eigene Zwecke nicht mehr genutzt wird. Bei jedem Wohnungswechsel kann die gesonderte Pauschale erneut anfallen. Der zusätzliche Verwaltungsaufwand ergäbe sich, so der Referentenentwurf, aus der Notwendigkeit der Bewirtschaftung und Instandhaltung. Ist beabsichtigt, die gemietete Wohnung aufzugeben, fällt die gesonderte Pauschale uU bis zur Genehmigung des Gerichts (§ 1907 BGB) an.

38 Dass ein Betreuungsgericht eine der drei angegebenen Voraussetzungen einer gesonderten Vergütungspauschale als Aufgabenkreis gesondert formuliert, dürfte kaum anzunehmen sein und sollte sich hinsichtlich der Verwaltung des Geldvermögens und des Wohnraums erübrigen, wenn dem Betreuer die Vermögenssorge und/oder Wohnungsangelegenheiten als Aufgabenbereich übertragen sind. Auch die Führung eines Erwerbsgeschäfts fällt unter Vermögensverwaltung, sodass die Erwähnung im Bestellungsbeschluss (und im Betreuerausweis) lediglich der Klarstellung dient. Die gesonderten Pauschalen des § 5a Abs 1 werden nur gezahlt, wenn einer der drei Fälle von Vermögensverwaltung (!) vorliegt. Wenn schon nicht der Aufgabenkreis diese Verpflichtung erkennen lässt, muss von dem Betreuer erwartet werden, dass er bei der Geltendmachung einer gesonderten Pauschale erklärt bzw versichert, dass er verwaltet hat.

39 Während die „Vermögenssorge" den Betreuer verpflichtet, sich um die gesamte Vermögenslage des Betroffenen zu kümmern, kann die „Vermögensverwaltung" zu Zweifeln über deren Inhalt und Umfang Anlass geben. Deshalb empfiehlt es sich, in der Festlegung des Aufgabenkreises mit Ergänzungen zu arbeiten.

4. § 6 VBVG

40 **a)** Nach der Änderung durch Art 4 Nr 4 des Anpassungsgesetzes wird eine umfangreiche und schwierige Tätigkeit eines sog **Ergänzungsbetreuers**, die dort auch zu besorgen sein kann, nicht mit einer zusätzlichen Vergütung honoriert. Die gesonderten Pauschalen kann nur derjenige Betreuer beanspruchen, dessen Vergütung nach den §§ 4, 5 VBVG bemessen wird.

Unerfreulich bei dieser Vorschrift ist die Beibehaltung von „Abs“ und „Absatz“. Vor allen Dingen stört, dass der vierte Absatz des § 1899 BGB in ein und derselben Vorschrift mal als Abs und mal als Absatz 4 bezeichnet ist. **41**

b) Obwohl immer wieder angemahnt hat der Gesetzgeber bisher und auch bei diesem Gesetz eine Bestimmung zur **Zielsetzung der Vermögenssorge** für den Betreuten nicht getroffen. Ein gewisser Bewusstseinswandel gegenüber der früheren Orientierung an der **Vermögenssorge für Minderjährige** schien sich anzubahnen, als das BayObLG entschied, das Institut der Gebrechlichkeitspflegschaft diene nicht dazu, den Betroffenen vom Genuss seines Vermögens und seiner Einkünfte weitgehend auszuschließen und ihn auf ein Existenzminimum zu verweisen, um sein Vermögen für seine späteren Erben zu erhalten. Anders als bei der Vermögenssorge für Minderjährige, bei der die Erhaltung und Vermehrung des Vermögens im Vordergrund stehe, müsse bei behinderten und alten Menschen dafür gesorgt werden, dass ihr Vermögen vor allem dazu eingesetzt wird, ihre Lage zu erleichtern und ihnen den von früher gewohnten Lebensstandard zu erhalten. Sache des Betreuers sei es, dieses Ziel zu verfolgen; dem Betreuungsgericht obliege es zu prüfen, ob die Vermögenssorge des Betreuers den Grundsätzen einer ordnungsgemäßen Vermögensverwaltung entspricht (BayObLGZ 1990, 249 = FamRZ 1991, 481 [482] = Rpfleger 1991, 19 [20] = R & P 1991, 74 [75]). Das Betreuungsgericht wird zu beobachten und entsprechend zu reagieren haben, ob und wenn sich die Aussicht auf die gesonderte Pauschale auf eine ordnungsgemäße Vermögensverwaltung nachteilig auswirkt. **42**

c) Die Pauschalen nach Abs 2 und 3

Der Wechsel von einem ehrenamtlichen zu einem beruflichen Betreuer erfordert entsprechende Entscheidungen des Betreuungsgerichts. Bevor der beruflich tätige Betreuer nicht rechtskräftig bestellt ist, kann ihm deshalb die einmalige Pauschale zusätzlich zu der sonst zu beanspruchenden Vergütung nicht bewilligt werden. Entsprechendes gilt für den Wechsel von einem berufsmäßig tätigen Betreuer zu einem ehrenamtlichen Betreuer. Zu dem in § 5a Abs 3 S 2 bezeichneten Fall des sog Tandem-Modells und seiner gesetzeskonformen Regelung vgl Bienwald BtPrax 2018, 224. **43**

d) Zu den in § 6 S 2 VBVG erwähnten Vorschriften siehe § 187 BGB und § 188 BGB.

§ 1836a, § 1836b
(weggefallen)

Durch Art 1 Nr 6 2. BtÄndG mit Wirkung v 1. 7. 2005 aufgehoben.

§ 1836c
Einzusetzende Mittel des Mündels

Der Mündel hat einzusetzen:

1. **nach Maßgabe des § 87 des Zwölften Buches Sozialgesetzbuch sein Einkommen, soweit es zusammen mit dem Einkommen seines nicht getrennt lebenden Ehegatten oder Lebenspartners die nach den §§ 82, 85 Abs. 1 und § 86 des Zwölften Buches Sozialgesetzbuch maßgebende Einkommensgrenze für die Hilfe nach dem Fünften bis Neunten Kapitel des Zwölften Buches Sozialgesetzbuch übersteigt. Wird im Einzelfall der Einsatz eines Teils des Einkommens zur Deckung eines bestimmten Bedarfs im Rahmen der Hilfe nach dem Fünften bis Neunten Kapitel des Zwölften Buches Sozialgesetzbuch zugemutet oder verlangt, darf dieser Teil des Einkommens bei der Prüfung, inwieweit der Einsatz des Einkommens zur Deckung der Kosten der Vormundschaft einzusetzen ist, nicht mehr berücksichtigt werden. Als Einkommen gelten auch Unterhaltsansprüche sowie die wegen Entziehung einer solchen Forderung zu entrichtenden Renten;**

2. **sein Vermögen nach Maßgabe des § 90 des Zwölften Buches Sozialgesetzbuch.**

Materialien: Eingefügt durch BtÄndG v 25. 6. 1998 Art 1 Nr 10; BT-Drucks 13/7158, 29 ff; Nr 1 geändert durch Art 2 LPartG v 16. 2. 2001 (BGBl I 266); Nr 1 u Nr 2 geändert durch Art 41 Nr 1 a) und b) des G zur Einordnung des Sozialhilferechts in das Sozialgesetzbuch v 27. 12. 2003 (BGBl I 3022); Änderungen des zwölften Sozialgesetzbuchs durch Art 11 (zum Jahr 2017) und 12 (zum Jahr 2018) – hier zu § 82 SGB XII – durch G zur Stärkung der Teilhabe und Selbstbestimmung von Menschen mit Behinderungen (Bundesteilhabegesetz – BTHG) vom 23. Dezember 2016 (BGBl I 3234); Änderung des § 82 des SGB XII durch Art 2 Nr 1 und des § 90 Absatz 2 Nummer 2 SGB XII durch Art 2 Nr 3 des Gesetzes zur Stärkung der betrieblichen Altersversorgung und zur Änderung anderer Gesetze (Betriebsrentenstärkungsgesetz) vom 17. August 2017 (BGBl I 3214). Schwabe, Hinweise zur Neufassung des § 82 SGB XII zum Einkommen ab 1. 1. 2018 durch das Betriebsrentenstärkungsgesetz, ZfF 2017, 269. Änderung der Verordnung zur Durchführung des § 90 Abs 2 Nr 9 des Zwölften Buches Sozialgesetzbuch (Neufassung des § 1 und Änderung des § 2 mit Wirkung v 1. April 2017) durch Art 1 der Zweiten Verordnung zur Änderung der Verordnung zur Durchführung des § 90 Abs 2 Nr 9 des Zwölften Buches Sozialgesetzbuch v 22. März 2017 (BGBl I 519). Verordnung zur Bestimmung des für die Fortschreibung der Regelbedarfsstufen nach den §§ 28a und 134 des Zwölften Buches Sozialgesetzbuch maßgeblichen Prozentsatzes sowie zur Ergänzung der Anlage zu § 28 des Zwölften Buches Sozialgesetzbuch für das Jahr 2018 (Regelbedarfsstufen – Fortschreibungsverordnung 2018 – RBSFV 2018) vom 8. November 2017 (BGBl I 3767). Verordnung zur Bestimmung des für die Fortschreibung der Regelbedarfsstufen nach § 28a des Zwölften Buches Sozialgesetzbuch maßgeblichen Prozentsatzes sowie zur Ergänzung der Anlage zu § 28 des Zwölften Buches Sozialgesetzbuch für das Jahr 2019 (Regelbedarfsstufen-Fortschreibungsverordnung 2019 – RBSFV 2019) vom 19. Oktober 2018 (BGBl I 1766). Für die Mitteilung der nachstehenden Gesetzestexte wurde auch die Textsammlung „Gesetze für die Soziale Arbeit" (9. Aufl, Stand: 2. August 2019) (NOMOSGESETZE) herangezogen.

Elftes Kapitel SGB XII
Einsatz des Einkommens und des Vermögens (Auszug)

Erster Abschnitt.
Einkommen

§ 82
Begriff des Einkommens

(1) Zum Einkommen gehören alle Einkünfte in Geld oder Geldeswert mit Ausnahme der Leistungen nach diesem Buch, der Grundrente nach dem Bundesversorgungsgesetz und nach den Gesetzen, die eine entsprechende Anwendung des Bundesversorgungsgesetzes vorsehen, und der Renten oder Beihilfen nach dem Bundesentschädigungsgesetz für Schaden an Leben sowie an Körper oder Gesundheit, bis zur Höhe der vergleichbaren Grundrente nach dem Bundesversorgungsgesetz. Einkünfte aus Rückerstattungen, die auf Vorauszahlungen beruhen, die Leistungsberechtigte aus dem Regelsatz erbracht haben, sind kein Einkommen. Bei Minderjährigen ist das Kindergeld dem jeweiligen Kind als Einkommen zuzurechnen, soweit es bei diesem zur Deckung des notwendigen Lebensunterhaltes, mit Ausnahme der Bedarfe nach § 34, benötigt wird.

(2) Von dem Einkommen sind abzusetzen

1. **auf das Einkommen entrichtete Steuern,**
2. **Pflichtbeiträge zur Sozialversicherung einschließlich der Beiträge zur Arbeitsförderung,**
3. **Beiträge zu öffentlichen oder privaten Versicherungen oder ähnlichen Einrichtungen, soweit diese Beiträge gesetzlich vorgeschrieben oder nach Grund und Höhe angemessen sind, sowie geförderte Altersvorsorgebeiträge nach § 82 des Einkommensteuergesetzes, soweit sie den Mindesteigenbeitrag nach § 86 des Einkommensteuergesetzes nicht überschreiten, und**
4. **die mit der Erzielung des Einkommens verbundenen notwendigen Ausgaben.**

Erhält eine leistungsberechtigte Person aus einer Tätigkeit Bezüge oder Einnahmen, die nach § 3 Nummer 12, 26, 26a oder 26b des Einkommensteuergesetzes steuerfrei sind, ist abweichend von Satz 1 Nummer 2 bis 4 und den Absätzen 3 und 6 ein Betrag von bis zu 200 Euro monatlich nicht als Einkommen zu berücksichtigen. Soweit ein Betrag nach Satz 2 in Anspruch genommen wird, gelten die Beträge nach Absatz 3 Satz 1 zweiter Halbsatz und nach Absatz 6 Satz 1 zweiter Halbsatz insoweit als ausgeschöpft.

(3) Bei der Hilfe zum Lebensunterhalt und Grundsicherung im Alter und bei Erwerbsminderung ist ferner ein Betrag in Höhe von 30 vom Hundert des Einkommens aus selbständiger und nichtselbständiger Tätigkeit der Leistungsberechtigten abzusetzen, höchstens jedoch 50 vom Hundert der Regelbedarfsstufe 1 nach der Anlage zu § 28. Abweichend von Satz 1 ist bei einer Beschäftigung in einer Werkstatt für

behinderte Menschen oder bei einem anderen Leistungsanbieter nach § 60 des Neunten Buches von dem Entgelt ein Achtel der Regelbedarfsstufe 1 nach der Anlage zu § 28 zuzüglich 50 vom Hundert des diesen Betrag übersteigenden Entgelts abzusetzen. Im Übrigen kann in begründeten Fällen ein anderer als in Satz 1 festgelegter Betrag vom Einkommen abgesetzt werden.

(4) Bei der Hilfe zum Lebensunterhalt und Grundsicherung im Alter und bei Erwerbsminderung ist ferner ein Betrag von 100 Euro monatlich aus einer zusätzlichen Altersvorsorge der Leistungsberechtigten zuzüglich 30 vom Hundert des diesen Betrag übersteigenden Einkommens aus einer zusätzlichen Altersvorsorge der Leistungsberechtigten abzusetzen, höchstens jedoch 50 vom Hundert der Regelbedarfsstufe 1 nach der Anlage zu § 28.

(5) Einkommen aus einer zusätzlichen Altersvorsorge im Sinne des Absatzes 4 ist jedes monatlich bis zum Lebensende ausgezahlte Einkommen, auf das der Leistungsberechtigte vor Erreichen der Regelaltersgrenze auf freiwilliger Grundlage Ansprüche erworben hat und das dazu bestimmt und geeignet ist, die Einkommenssituation des Leistungsberechtigten gegenüber möglichen Ansprüchen aus Zeiten einer Versicherungspflicht in der gesetzlichen Rentenversicherung nach den §§ 1 bis 4 des Sechsten Buches, nach § 1 des Gesetzes über die Alterssicherung der Landwirte, aus beamtenrechtlichen Versorgungsansprüchen und aus Ansprüchen aus Zeiten einer Versicherungspflicht in einer Versicherungs- und Versorgungseinrichtung, die für Angehörige bestimmter Berufe errichtet ist, zu verbessern. Als Einkommen aus einer zusätzlichen Altersvorsorge gelten auch laufende Zahlungen aus

1. **einer betrieblichen Altersversorgung im Sinne des Betriebsrentengesetzes,**
2. **einem nach § 5 des Altersvorsorgeverträge-Zertifizierungsgesetzes zertifizierten Altersvorsorgevertrag und**
3. **einem nach § 5a des Altersvorsorgeverträge-Zertifizierungsgesetzes zertifizierten Basisrentenvertrag.**

Werden bis zu zwölf Monatsleistungen aus einer zusätzlichen Altersvorsorge, insbesondere gemäß einer Vereinbarung nach § 10 Absatz 1 Nummer 2 Satz 3 erster Halbsatz des Einkommensteuergesetzes, zusammengefasst, so ist das Einkommen gleichmäßig auf den Zeitraum aufzuteilen, für den die Auszahlung erfolgte.

(6) Für Personen, die Leistungen der Hilfe zur Pflege erhalten, ist ein Betrag in Höhe von 40 vom Hundert des Einkommens aus selbständiger und nichtselbständiger Tätigkeit der Leistungsberechtigten abzusetzen, höchstens jedoch 65 vom Hundert der Regelbedarfsstufe 1 nach der Anlage zu § 28. Für Personen, die Leistungen der Eingliederungshilfe für behinderte Menschen erhalten, gilt Satz 1 bis zum 31. Dezember 2019 entsprechend.

(7) Einmalige Einnahmen, bei denen für den Monat des Zuflusses bereits Leistungen ohne Berücksichtigung der Einnahme erbracht worden sind, werden im Folgemonat berücksichtigt. Entfiele der Leistungsanspruch durch die Berücksichtigung in einem Monat, ist die einmalige Einnahme auf einen Zeitraum von sechs Monaten gleich-

mäßig zu verteilen und mit einem entsprechenden Teilbetrag zu berücksichtigen. In begründeten Einzelfällen ist der Anrechnungszeitraum nach Satz 2 angemessen zu verkürzen. Die Sätze 1 und 2 sind auch anzuwenden, soweit während des Leistungsbezugs eine Auszahlung zur Abfindung einer Kleinbetragsrente im Sinne des § 93 Absatz 3 Satz 2 des Einkommensteuergesetzes oder nach § 3 Absatz 2 des Betriebsrentengesetzes erfolgt und durch den ausgezahlten Betrag das Vermögen überschritten wird, welches nach § 90 Absatz 2 Nummer 9 und Absatz 3 nicht einzusetzen ist.

Zweiter Abschnitt.
Einkommensgrenzen für die Leistungen nach dem Fünften bis Neunten Kapitel

§ 85
Einkommensgrenze

(1) Bei der Hilfe nach dem Fünften bis Neunten Kapitel ist der nachfragenden Person und ihrem nicht getrennt lebenden Ehegatten oder Lebenspartner die Aufbringung der Mittel nicht zuzumuten, wenn während der Dauer des Bedarfs ihr monatliches Einkommen zusammen eine Einkommensgrenze nicht übersteigt, die sich ergibt aus

1. **einem Grundbetrag in Höhe des Zweifachen der Regelbedarfsstufe 1 nach der Anlage zu § 28,**

2. **den Aufwendungen für die Unterkunft, soweit diese den der Besonderheit des Einzelfalles angemessenen Umfang nicht übersteigen und**

3. **einem Familienzuschlag in Höhe des auf volle Euro aufgerundeten Betrages von 70 vom Hundert der Regelbedarfsstufe 1 nach der Anlage zu § 28 für den nicht getrennt lebenden Ehegatten oder Lebenspartner und für jede Person, die von der nachfragenden Person, ihrem nicht getrennt lebenden Ehegatten oder Lebenspartner überwiegend unterhalten worden ist oder für die sie nach der Entscheidung über die Erbringung der Sozialhilfe unterhaltspflichtig werden.**

(2) pp.

(3) pp.

Regelbedarfsstufen nach § 28: Stufe 1 (ab 1. 1. 2018) 416 Euro (§ 2 der Regelbedarfsstufen-Fortschreibungsverordnung 2018 – RBSFV 2018 vom 8. 11. 2017 [BGBl 2017 I 3767]). Ab 1. 1. 2019 beträgt der Monatsbetrag in Stufe 1 424 Euro (Regelbedarfsstufen-Fortschreibungsverordnung 2019 – RBSFV 2019 vom 19. 10. 2018; BGBl 2018 I 1766). § 3 der VO 2019 enthält die folgende Übergangsregelung:

> Für noch nicht rechtskräftig abgeschlossene Verfahren, denen Leistungszeiträume zwischen dem 1. Januar 2018 und dem 31. Dezember 2018 zugrunde liegen, ist die Regelbedarfsstufen-Fortschreibungsverordnung 2018 vom 8. November 2017 (BGB I 3767) in ihrer bis zum 31. Dezember 2018 geltenden Fassung weiter anzuwenden.

Die Übergangsregelung der VO 2018 lautete:

> Für noch nicht rechtskräftig abgeschlossene Verfahren, denen Leistungszeiträume zwischen dem 1. Januar 2016 und dem 31. Dezember 2016 zugrunde liegen, ist die Regelbedarfsstufen – Fortschreibungsverordnung 2016 vom 22. Oktober 2015 (BGBl I 1788) in ihrer bis zum 31. Dezember 2016 geltenden Fassung weiter anzuwenden.

Ab 1. 1. 2020 beträgt der Monatsbetrag in Stufe 1 432 Euro (Regelbedarfsstufen – Fortschreibungsverordnung 2020 – RBSFV 2020 vom 15. 10. 2019 [BGBl 2019 I 1452]); die Übergangsregelung (§ 3) wurde entsprechend aktualisiert.

§ 86
Abweichender Grundbetrag

Die Länder und, soweit landesrechtliche Vorschriften nicht entgegenstehen, auch die Träger der Sozialhilfe können für bestimmte Arten der Hilfe nach dem Fünften bis Neunten Kapitel der Einkommensgrenze einen höheren Grundbetrag zu Grunde legen.

§ 87
Einsatz des Einkommens über der Einkommensgrenze

(1) Soweit das zu berücksichtigende Einkommen die Einkommensgrenze übersteigt, ist die Aufbringung der Mittel in angemessenem Umfang zuzumuten. Bei der Prüfung, welcher Umfang angemessen ist, sind insbesondere die Art des Bedarfs, die Art oder Schwere der Behinderung oder der Pflegebedürftigkeit, die Dauer und Höhe der erforderlichen Aufwendungen sowie besondere Belastungen der nachfragenden Person und ihrer unterhaltsberechtigten Angehörigen zu berücksichtigen. Bei Pflegebedürftigen der Pflegegrade 4 und 5 und blinden Menschen nach § 72 ist ein Einsatz des Einkommens über der Einkommensgrenze in Höhe von mindestens 60 vom Hundert nicht zuzumuten.

(2) Verliert die nachfragende Person durch den Eintritt eines Bedarfsfalles ihr Einkommen ganz oder teilweise und ist ihr Bedarf nur von kurzer Dauer, so kann die Aufbringung der Mittel auch aus dem Einkommen verlangt werden, das sie innerhalb eines angemessenen Zeitraumes nach dem Wegfall des Bedarfs erwirbt und das die Einkommensgrenze übersteigt, jedoch nur insoweit, als ihr ohne den Verlust des Einkommens die Aufbringung der Mittel zuzumuten gewesen wäre.

(3) Bei einmaligen Leistungen zur Beschaffung von Bedarfsgegenständen, deren Gebrauch für mindestens ein Jahr bestimmt ist, kann die Aufbringung der Mittel nach Maßgabe des Absatzes 1 auch aus dem Einkommen verlangt werden, das die in § 19 Abs. 3 genannten Personen innerhalb eines Zeitraumes von bis zu drei Monaten nach Ablauf des Monats, in dem über die Leistung entschieden worden ist, erwerben.

Dritter Abschnitt.
Vermögen

§ 90
Einzusetzendes Vermögen

(1) Einzusetzen ist das gesamte verwertbare Vermögen.

(2) Die Sozialhilfe darf nicht abhängig gemacht werden vom Einsatz oder von der Verwertung

1. **eines Vermögens, das aus öffentlichen Mitteln zum Aufbau oder zur Sicherung einer Lebensgrundlage oder zur Gründung eines Hausstandes erbracht wird,**
2. **eines nach § 10a oder Abschnitt XI des Einkommensteuergesetzes geförderten Altersvorsorgevermögens im Sinne des § 92 des Einkommensteuergesetzes; dies gilt auch für das in der Auszahlungsphase insgesamt zur Verfügung stehende Kapital, soweit die Auszahlung als monatliche oder als sonstige regelmäßige Leistung im Sinne von § 82 Absatz 5 Satz 3 erfolgt; für diese Auszahlungen ist § 82 Absatz 4 und 5 anzuwenden,**
3. **eines sonstigen Vermögens, solange es nachweislich zur baldigen Beschaffung oder Erhaltung eines Hausgrundstücks im Sinne der Nummer 8 bestimmt ist, soweit dieses Wohnzwecken behinderter (§ 53 Abs. 1 Satz 1 und § 72) oder pflegebedürftiger Menschen (§ 61) dient oder dienen soll und dieser Zweck durch den Einsatz oder die Verwertung des Vermögens gefährdet würde,**
4. **eines angemessenen Hausrats; dabei sind die bisherigen Lebensverhältnisse der nachfragenden Person zu berücksichtigen,**
5. **von Gegenständen, die zur Aufnahme oder Fortsetzung der Berufsausbildung oder der Erwerbstätigkeit unentbehrlich sind,**
6. **von Familien- und Erbstücken, deren Veräußerung für die nachfragende Person oder ihre Familie eine besondere Härte bedeuten würde,**
7. **von Gegenständen, die zur Befriedigung geistiger, insbesondere wissenschaftlicher oder künstlerischer Bedürfnisse dienen und deren Besitz nicht Luxus ist,**
8. **eines angemessenen Hausgrundstücks, das von der nachfragenden Person oder einer anderen in den § 19 Abs. 1 bis 3 genannten Person allein oder zusammen mit Angehörigen ganz oder teilweise bewohnt wird und nach ihrem Tod von ihren Angehörigen bewohnt werden soll. Die Angemessenheit bestimmt sich nach der Zahl der Bewohner, dem Wohnbedarf (zum Beispiel behinderter, blinder oder pflegebedürftiger Menschen), der Grundstücksgröße, der Hausgröße, dem Zuschnitt und der Ausstattung des Wohngebäudes sowie dem Wert des Grundstücks einschließlich des Wohngebäudes,**

9. kleinerer Barbeträge oder sonstiger Geldwerte; dabei ist eine besondere Notlage der nachfragenden Person zu berücksichtigen.

(3) Die Sozialhilfe darf ferner nicht vom Einsatz oder von der Verwertung eines Vermögens abhängig gemacht werden, soweit dies für den, der das Vermögen einzusetzen hat, und für seine unterhaltsberechtigten Angehörigen eine Härte bedeuten würde. Dies ist bei der Leistung nach dem Fünften bis Neunten Kapitel insbesondere der Fall, soweit eine angemessene Lebensführung oder die Aufrechterhaltung einer angemessenen Alterssicherung wesentlich erschwert würde.

Verordnung zur Durchführung des § 82 des Zwölften Buches Sozialgesetzbuch

vom 28. November 1962 (BGBl. I 692), zuletzt geändert durch Art 8 des Gesetzes zur Änderung des Zwölften Buches Sozialgesetzbuch und weiterer Vorschriften vom 21. Dezember 2015 (BGBl. I S. 2557)

Auf Grund des § 76 Abs. 3 des Bundessozialhilfegesetzes vom 30. Juni 1961 (Bundesgesetzblatt I S. 815) verordnet die Bundesregierung mit Zustimmung des Bundesrates:

§ 1
Einkommen

Bei der Berechnung der Einkünfte in Geld oder Geldeswert, die nach § 82 Abs. 1 des Zwölften Buches Sozialgesetzbuch zum Einkommen gehören, sind alle Einnahmen ohne Rücksicht auf ihre Herkunft und Rechtsnatur sowie ohne Rücksicht darauf, ob sie zu den Einkunftsarten im Sinne des Einkommensteuergesetzes gehören und ob sie der Steuerpflicht unterliegen, zugrunde zu legen.

§ 2
Bewertung von Sachbezügen

(1) Für die Bewertung von Einnahmen, die nicht in Geld bestehen (Kost, Wohnung und sonstige Sachbezüge), sind die auf Grund des § 17 Abs. 2 des Vierten Buches Sozialgesetzbuch für die Sozialversicherung zuletzt festgesetzten Werte der Sachbezüge maßgebend; soweit der Wert der Sachbezüge nicht festgesetzt ist, sind der Bewertung die üblichen Mittelpreise des Verbrauchsortes zu Grunde zu legen. Die Verpflichtung, den notwendigen Lebensunterhalt im Einzelfall nach dem Dritten Kapitel des Zwölften Buches Sozialgesetzbuch sicherzustellen, bleibt unberührt.

(2) Absatz 1 gilt auch dann, wenn in einem Tarifvertrag, einer Tarifordnung, einer Betriebs- oder Dienstordnung, einer Betriebsvereinbarung, einem Arbeitsvertrag oder einem sonstigen Vertrag andere Werte festgesetzt worden sind.

§ 3
Einkünfte aus nichtselbständiger Arbeit

(1) Welche Einkünfte zu den Einkünften aus nichtselbständiger Arbeit gehören, bestimmt sich nach § 19 Abs. 1 Ziff. 1 des Einkommensteuergesetzes.

(2) Als nichtselbständige Arbeit gilt auch die Arbeit, die in einer Familiengemeinschaft von einem Familienangehörigen des Betriebsinhabers gegen eine Vergütung geleistet wird. Wird die Arbeit nicht nur vorübergehend geleistet, so ist in Zweifelsfällen anzunehmen, daß der Familienangehörige eine Vergütung erhält, wie sie einem Gleichaltrigen für eine gleichartige Arbeit gleichen Umfangs in einem fremden Betrieb ortsüblich gewährt wird.

(3) Bei der Berechnung der Einkünfte ist von den monatlichen Bruttoeinnahmen auszugehen. Sonderzuwendungen, Gratifikationen und gleichartige Bezüge und Vorteile, die in größeren als monatlichen Zeitabständen gewährt werden, sind wie einmalige Einnahmen zu behandeln.

(4) Zu den mit der Erzielung der Einkünfte aus nichtselbständiger Arbeit verbundenen Ausgaben im Sinne des § 82 Abs. 2 Nr. 4 des Zwölften Buches Sozialgesetzbuch gehören vor allem

1. **notwendige Aufwendungen für Arbeitsmittel,**
2. **notwendige Aufwendungen für Fahrten zwischen Wohnung und Arbeitsstätte,**
3. **notwendige Beiträge für Berufsverbände,**
4. **notwendige Mehraufwendungen infolge Führung eines doppelten Haushalts nach näherer Bestimmung des Absatzes 7.**

Ausgaben im Sinne des Satzes 1 sind nur insoweit zu berücksichtigen, als sie von dem Bezieher des Einkommens selbst getragen werden.

(5) Als Aufwendungen für Arbeitsmittel (Absatz 4 Nr. 1) kann ein monatlicher Pauschbetrag von 5,20 Euro berücksichtigt werden, wenn nicht im Einzelfall höhere Aufwendungen nachgewiesen werden.

(6) Wird für die Fahrt zwischen Wohnung und Arbeitsstätte (Absatz 4 Nr. 2) ein eigenes Kraftfahrzeug benutzt, gilt folgendes:

1. **Wäre bei Nichtvorhandensein eines Kraftfahrzeuges die Benutzung eines öffentlichen Verkehrsmittels notwendig, so ist ein Betrag in Höhe der Kosten der tariflich günstigsten Zeitkarte abzusetzen.**
2. **Ist ein öffentliches Verkehrsmittel nicht vorhanden oder dessen Benutzung im Einzelfall nicht zumutbar und deshalb die Benutzung eines Kraftfahrzeuges notwendig, so sind folgende monatliche Pauschbeträge abzusetzen:**

a) bei Benutzung eines Kraftwagens 5,20 Euro,

b) bei Benutzung eines Kleinstkraftwagens (drei- oder vierrädriges Kraftfahrzeug, dessen Motor einen Hubraum von nicht mehr als 500 ccm hat) 3,70 Euro,

c) bei Benutzung eines Motorrades oder eines Motorrollers 2,30 Euro,

d) bei Benutzung eines Fahrrades mit Motor 1,30 Euro

für jeden vollen Kilometer, den die Wohnung von der Arbeitsstätte entfernt liegt, jedoch für nicht mehr als 40 Kilometer. Bei einer Beschäftigungsdauer von weniger als einem Monat sind die Beträge anteilmäßig zu kürzen.

(7) Ist der Bezieher des Einkommens außerhalb des Ortes beschäftigt, an dem er einen eigenen Hausstand unterhält, und kann ihm weder der Umzug noch die tägliche Rückkehr an den Ort des eigenen Hausstandes zugemutet werden, so sind die durch Führung des doppelten Haushalts ihm nachweislich entstehenden Mehraufwendungen, höchstens ein Betrag von 130 Euro monatlich, sowie die unter Ausnutzung bestehender Tarifvergünstigungen entstehenden Aufwendungen für Fahrtkosten der zweiten Wagenklasse für eine Familienheimfahrt im Kalendermonat abzusetzen. Ein eigener Hausstand ist dann anzunehmen, wenn der Bezieher des Einkommens eine Wohnung mit eigener oder selbstbeschaffter Möbelausstattung besitzt. Eine doppelte Haushaltsführung kann auch dann anerkannt werden, wenn der Bezieher des Einkommens nachweislich ganz oder überwiegend die Kosten für einen Haushalt trägt, den er gemeinsam mit nächsten Angehörigen führt.

§ 4
Einkünfte aus Land- und Forstwirtschaft, Gewerbebetrieb und selbständiger Arbeit

(1) Welche Einkünfte zu den Einkünften aus Land- und Forstwirtschaft, Gewerbebetrieb und selbständiger Arbeit gehören, bestimmt sich nach § 13 Abs. 1 und 2, § 15 Abs. 1 und § 18 Abs. 1 des Einkommensteuergesetzes; der Nutzungswert der Wohnung im eigenen Haus bleibt unberücksichtigt.

(2) Die Einkünfte sind für das Jahr zu berechnen, in dem der Bedarfszeitraum liegt (Berechnungsjahr).

(3) Als Einkünfte ist bei den einzelnen Einkunftsarten ein Betrag anzusetzen, der auf der Grundlage früherer Betriebsergebnisse aus der Gegenüberstellung der im Rahmen des Betriebes im Berechnungsjahr bereits erzielten Einnahmen und geleisteten notwendigen Ausgaben sowie der im Rahmen des Betriebes im Berechnungsjahr noch zu erwartenden Einnahmen und notwendigen Ausgaben zu errechnen ist. Bei der Ermittlung früherer Betriebsergebnisse (Satz 1) kann ein durch das Finanzamt festgestellter Gewinn berücksichtigt werden.

(4) Soweit im Einzelfall geboten, kann abweichend von der Regelung des Absatzes 3 als Einkünfte ein Betrag angesetzt werden, der nach Ablauf des Berechnungs-

jahres aus der Gegenüberstellung der im Rahmen des Betriebes im Berechnungsjahr erzielten Einnahmen und geleisteten notwendigen Ausgaben zu errechnen ist. Als Einkünfte im Sinne des Satzes 1 kann auch der vom Finanzamt für das Berechnungsjahr festgestellte Gewinn angesetzt werden.

(5) Wird der vom Finanzamt festgestellte Gewinn nach Absatz 3 Satz 2 berücksichtigt oder nach Absatz 4 Satz 2 als Einkünfte angesetzt, so sind Absetzungen, die bei Gebäuden und sonstigen Wirtschaftsgütern durch das Finanzamt nach

1. **den §§ 7, 7b und 7e des Einkommensteuergesetzes,**
2. **den Vorschriften des Berlinförderungsgesetzes,**
3. **den §§ 76, 77 und 78 Abs. 1 der Einkommensteuer-Durchführungsverordnung,**
4. **der Verordnung über Steuervergünstigungen zur Förderung des Baues von Landarbeiterwohnungen in der Fassung der Bekanntmachung vom 6. August 1974 (Bundesgesetzbl. I S. 1869)**

vorgenommen worden sind, dem durch das Finanzamt festgestellten Gewinn wieder hinzuzurechnen. Soweit jedoch in diesen Fällen notwendige Ausgaben für die Anschaffung oder Herstellung der in Satz 1 genannten Wirtschaftsgüter im Feststellungszeitraum geleistet worden sind, sind sie vom Gewinn abzusetzen.

§ 5
Sondervorschrift für die Einkünfte aus Land- und Forstwirtschaft

(1) Die Träger der Sozialhilfe können mit Zustimmung der zuständigen Landesbehörde die Einkünfte aus Land- und Forstwirtschaft abweichend von § 4 nach § 7 der Dritten Verordnung über Ausgleichsleistungen nach dem Lastenausgleichsgesetz (3. LeistungsDV-LA) berechnen; der Nutzungswert der Wohnung im eigenen Haus bleibt jedoch unberücksichtigt.

(2) Von der Berechnung der Einkünfte nach Absatz 1 ist abzusehen,

1. **wenn sie im Einzelfall offenbar nicht den besonderen persönlichen oder wirtschaftlichen Verhältnissen entspricht oder**
2. **wenn der Bezieher der Einkünfte zur Einkommensteuer veranlagt wird, es sei denn, dass der Gewinn auf Grund von Durchschnittssätzen ermittelt wird.**

§ 6
Einkünfte aus Kapitalvermögen

(1) Welche Einkünfte zu den Einkünften aus Kapitalvermögen gehören, bestimmt sich nach § 20 Abs. 1 bis 3 des Einkommensteuergesetzes.

(2) Als Einkünfte aus Kapitalvermögen sind die Jahresroheinnahmen anzusetzen,

vermindert um die Kapitalertragsteuer sowie um die mit der Erzielung der Einkünfte verbundenen notwendigen Ausgaben (§ 82 Abs. 2 Nr. 4 des Zwölften Buches Sozialgesetzbuch).

(3) Die Einkünfte sind auf der Grundlage der vor dem Berechnungsjahr erzielten Einkünfte unter Berücksichtigung der im Berechnungsjahr bereits eingetretenen und noch zu erwartenden Veränderungen zu errechnen. Soweit im Einzelfall geboten, können hiervon abweichend die Einkünfte für das Berechnungsjahr auch nachträglich errechnet werden.

§ 7
Einkünfte aus Vermietung und Verpachtung

(1) Welche Einkünfte zu den Einkünften aus Vermietung und Verpachtung gehören, bestimmt sich nach § 21 Abs. 1 und 3 des Einkommensteuergesetzes.

(2) Als Einkünfte aus Vermietung und Verpachtung ist der Überschuß der Einnahmen über die mit ihrer Erzielung verbundenen notwendigen Ausgaben (§ 82 Abs. 2 Nr. 4 des Zwölften Buches Sozialgesetzbuch) anzusetzen; zu den Ausgaben gehören

1. **Schuldzinsen und dauernde Lasten,**
2. **Steuern von Grundbesitz, sonstige öffentliche Abgaben und Versicherungsbeiträge,**
3. **Leistungen auf die Hypothekengewinnabgabe und die Kreditgewinnabgabe, soweit es sich um Zinsen nach § 211 Abs. 1 Nr. 2 des Lastenausgleichsgesetzes handelt,**
4. **der Erhaltungsaufwand,**
5. **sonstige Aufwendungen zur Bewirtschaftung des Haus- und Grundbesitzes, ohne besonderen Nachweis Aufwendungen in Höhe von 1 vom Hundert der Jahresroheinnahmen.**

Zum Erhaltungsaufwand im Sinne des Satzes 1 Nr. 4 gehören die Ausgaben für Instandsetzung und Instandhaltung, nicht jedoch die Ausgaben für Verbesserungen; ohne Nachweis können bei Wohngrundstücken, die vor dem 1. Januar 1925 bezugsfähig geworden sind, 15 vom Hundert, bei Wohngrundstücken, die nach dem 31. Dezember 1924 bezugsfähig geworden sind, 10 vom Hundert der Jahresroheinnahmen als Erhaltungsaufwand berücksichtigt werden.

(3) Die in Absatz 2 genannten Ausgaben sind von den Einnahmen insoweit nicht abzusetzen, als sie auf den vom Vermieter oder Verpächter selbst genutzten Teil des vermieteten und verpachteten Gegenstandes entfallen.

(4) Als Einkünfte aus der Vermietung von möblierten Wohnungen und von Zimmern sind anzusetzen

bei möblierten Wohnungen 80 vom Hundert,

bei möblierten Zimmern 70 vom Hundert,

bei Leerzimmern 90 vom Hundert

der Roheinnahmen. Dies gilt nicht, wenn geringere Einkünfte nachgewiesen werden.

(5) Die Einkünfte sind als Jahreseinkünfte, bei der Vermietung von möblierten Wohnungen und von Zimmern jedoch als Monatseinkünfte zu berechnen. Sind sie als Jahreseinkünfte zu berechnen, gilt § 6 Abs. 3 entsprechend.

§ 8
Andere Einkünfte

(1) Andere als die in den §§ 3, 4, 6 und 7 genannten Einkünfte sind, wenn sie nicht monatlich oder wenn sie monatlich in unterschiedlicher Höhe erzielt werden, als Jahreseinkünfte zu berechnen. Zu den anderen Einkünften im Sinne des Satzes 1 gehören auch die in § 19 Abs. 1 Ziff. 2 des Einkommensteuergesetzes genannten Bezüge sowie Renten und sonstige wiederkehrende Bezüge. § 3 Abs. 3 gilt entsprechend.

(2) Sind die Einkünfte als Jahreseinkünfte zu berechnen, gilt § 6 Abs. 3 entsprechend.

§ 9
Einkommensberechnung in besonderen Fällen

Ist der Bedarf an Sozialhilfe einmalig oder nur von kurzer Dauer und duldet die Entscheidung über die Hilfe keinen Aufschub, so kann der Träger der Sozialhilfe nach Anhörung des Beziehers des Einkommens die Einkünfte schätzen.

§ 10
Verlustausgleich

Ein Verlustausgleich zwischen einzelnen Einkunftsarten ist nicht vorzunehmen. In Härtefällen kann jedoch die gesamtwirtschaftliche Lage des Beziehers des Einkommens berücksichtigt werden.

§ 11
Maßgebender Zeitraum

(1) Soweit die Einkünfte als Jahreseinkünfte berechnet werden, gilt der zwölfte Teil dieser Einkünfte zusammen mit den monatlich berechneten Einkünften als monatliches Einkommen im Sinne des Zwölften Buches Sozialgesetzbuch. § 8 Abs. 1 Satz 3 geht der Regelung des Satzes 1 vor.

(2) Ist der Betrieb oder die sonstige Grundlage der als Jahreseinkünfte zu berechnenden Einkünfte nur während eines Teils des Jahres vorhanden oder zur Ein-

kommenserzielung genutzt, so sind die Einkünfte aus der betreffenden Einkunftsart nur für diesen Zeitraum zu berechnen; für ihn gilt als monatliches Einkommen im Sinne des Zwölften Buches Sozialgesetzbuch derjenige Teil der Einkünfte, der der Anzahl der in den genannten Zeitraum fallenden Monate entspricht. Satz 1 gilt nicht für Einkünfte aus Saisonbetrieben und andere ihrer Natur nach auf einen Teil des Jahres beschränkte Einkünfte, wenn die Einkünfte den Hauptbestandteil des Einkommens bilden.

§ 12
Ausgaben nach § 82 Abs. 2 Nr. 1 bis 3 des Zwölften Buches Sozialgesetzbuch

Die in § 82 Abs. 2 Nr. 1 bis 3 des Zwölften Buches Sozialgesetzbuch bezeichneten Ausgaben sind von der Summe der Einkünfte abzusetzen, soweit sie nicht bereits nach den Bestimmungen dieser Verordnung bei den einzelnen Einkunftsarten abzuziehen sind.

§ 13
(aufgehoben)

§ 14
Inkrafttreten

Diese Verordnung tritt am 1. Januar 1963 in Kraft.

Verordnung zur Durchführung des § 90 Abs. 2 Nr. 9 des Zwölften Buches Sozialgesetzbuch

Vom 11. Februar 1988 (BGBl. I 150)

zuletzt geändert durch Artikel 1 Zweite ÄndVO vom 22. März 2017 (BGBl I 519)

Auf Grund des § 88 Abs. 4 des Bundessozialhilfegesetzes in der Fassung der Bekanntmachung vom 20. Januar 1987 (BGBl. I S. 401) wird mit Zustimmung des Bundesrates verordnet:

§ 1
[Begriffsbestimmung]

(1) Kleinere Barbeträge oder sonstige Geldwerte im Sinne des § 90 Absatz 2 Nummer 9 des Zwölften Buches Sozialgesetzbuch sind:

1. **für jede in § 19 Absatz 3, § 27 Absatz 1 und 2, § 41 und § 43 Absatz 1 Satz 2 des Zwölften Buches Sozialgesetzbuch genannte volljährige Person sowie für jede alleinstehende minderjährige Person, 5000 Euro,**

2. **für jede Person, die von einer Person nach Nummer 1 überwiegend unterhalten wird, 500 Euro,**

Eine minderjährige Person ist alleinstehend im Sinne des Satzes 1 Nummer 1, wenn sie unverheiratet und ihr Anspruch auf Leistungen nach dem Zwölften Buch Sozialgesetzbuch nicht vom Vermögen ihrer Eltern oder eines Elternteils abhängig ist.

§ 2
[Erhöhung oder Herabsetzung des Barbetrags]

(1) Der nach § 1 maßgebende Betrag ist angemessen zu erhöhen, wenn im Einzelfall eine besondere Notlage der nachfragenden Person besteht. Bei der Prüfung, ob eine besondere Notlage besteht, sowie bei der Entscheidung über den Umfang der Erhöhung sind vor allem Art und Dauer des Bedarfs sowie besondere Belastungen zu berücksichtigen.

(2) Der nach § 1 maßgebende Betrag kann angemessen herabgesetzt werden, wenn die Voraussetzungen der §§ 103 oder 94 des Gesetzes vorliegen.

§ 3
(gegenstandslos)

§ 4
[Inkrafttreten, Außerkrafttreten] pp.

Regelbedarfsstufen ab 1. 1. 2019 nach § 28 SGB XII gemäß § 2 der Regelbedarfsstufen-Fortschreibungsverordnung 2019 – RBSFV 2019 in der Reihe der Stufen: 424, 382, 339, 322, 302, 245 (s oben Materialien).

Systematische Übersicht

I. Gegenstand und Reichweite der Vorschrift

§ 1836c BGB steht in engem Zusammenhang mit § 1836d BGB. § 1836a BGB (bei Mittellosigkeit Vergütung aus der Staatskasse), mit dem ebenfalls ein Zusammenhang bestand, wurde inzwischen ebenso wie auch § 1836b BGB (Bewilligung eines festen Geldbetrags oder Zeitbegrenzung) mit Wirkung vom 1. 7. 2005 durch Art 1 Nr 6 des 2. BtÄndG aufgehoben. Der Mündel (Pflegebefohlene, Betreute; vgl §§ 1915 Abs 1, 1908i Abs 1 S 1 BGB) gilt als mittellos, wenn er den Aufwendungsersatz oder die Vergütung des Vormunds (Betreuers, Pflegers) aus seinem einzusetzenden Einkommen oder Vermögen nicht oder nur zum Teil oder nur in Raten oder nur im Wege gerichtlicher Geltendmachung von Unterhaltsansprüchen aufbringen kann (§ 1836d 1

BGB). In diesem Fall richten sich die Ansprüche auf Aufwendungsersatz und ggf auf Vergütung gegen die Staatskasse (§ 1 Abs 2 S 2 VBVG). Befriedigt die Staatskasse die Ansprüche, weil der Betroffene gemäß § 1836d BGB als mittellos gilt, und will sie ihrerseits gemäß § 1836e BGB den Betroffenen in Anspruch nehmen, setzt der Regress die nach § 1836c BGB zu bestimmende Leistungsfähigkeit des Betroffenen voraus, die vor einer entsprechenden Entscheidung festzustellen ist (BayObLGZ 1999, 362 = FamRZ, 2000, 562; BayObLGZ 2001, 271 = FamRZ 2002, 417, 418; OLG Düsseldorf FamRZ 2001, 1485 = FGPrax 2001, 110 [111]; OLG Frankfurt BtPrax 2003, 85 = Rpfleger 2003, 365 [LS]; OLG Hamm OLGR 2003, 343 = BtPrax 2003, 225; OLG Frankfurt FamRZ 2009, 250 [LS]).

2 Für die Festsetzung der Ansprüche eines Verfahrensbeistands (in Kindschaftssachen, §§ 158, 277 FamFG) und eines Verfahrenspflegers (in Betreuungs- und Unterbringungssachen von Volljährigen, §§ 276, 277, 317, 318 FamFG) ist die Feststellung der Mittellosigkeit des Betroffenen sowie der von ihm einzusetzenden Eigenmittel in diesem Zeitpunkt nicht erforderlich, weil Aufwendungsersatz und Vergütung stets aus der Staatskasse zu zahlen sind (§§ 158 Abs 7 S 5; 277 Abs 5 S 1 FamFG).

3 Wer als nicht berufsmäßig tätige Person eine Aufgabe als Vormund, Pfleger oder Betreuer übernommen hat, kann keine (Ermessens-)Vergütung verlangen, wenn der Betroffene mittellos ist (§ 1836 Abs 2 HS 2 BGB). Dagegen kann Aufwendungsersatz aus der Staatskasse verlangt werden (§§ 168 Abs 1 S 1 Nr 1; 292 Abs 1 FamFG).

4 Von der **fiktiven** Mittellosigkeit der §§ 1836c, 1836d BGB ist die **reale** Mittellosigkeit zu unterscheiden, die dadurch gekennzeichnet ist, dass die betroffene Person weder über ausreichende Einkünfte noch über genügend Vermögen verfügt, um allen ihr gegenüber bestehenden Ansprüchen gerecht werden zu können.

5 Für die Kosten der Vormundschaft, Pflegschaft oder Betreuung hat der jeweilige Betroffene gemäß § 1836c Nr 2 BGB, § 90 SGB XII sein gesamtes Vermögen einzusetzen, soweit keiner der Tatbestände des § 90 Abs 2 u 3 SGB XII vorliegt (BT-Drucks 13/7158, 31; BGH FamRZ 2002, 157 [158]; Staudinger/Engler [1999] § 1836c Rn 7). Sein Einkommen hat der Betroffene nach Maßgabe der Nr 1 einzusetzen. Im Rahmen der Betreuervergütung ist regelmäßig von einem der/dem Betreuten zu belassenden Schonbetrag von 2.600 Euro auszugehen (LG Leipzig FamRZ 2017, 248 unter Berufung auf BGH FamRZ 2002, 157, 158 und OLG Köln FamRZ 2007, 1043; LG Kassel BtPrax 2017, 247, 248).

6 Die **Inanspruchnahme des Betroffenen** für die Kosten seiner „Betreuung“ in Anlehnung an die Regelungen der Sozialhilfe beruht darauf, dass spätestens seit dem Inkrafttreten des BtÄndG (1. 1. 1999) die Befriedigung von Ansprüchen des Vormunds/Betreuers durch die Staatskasse nicht als subsidiäre Entschädigung für den kraft einer staatsbürgerlichen Pflicht in Anspruch genommenen Vormund/Betreuer, sondern als staatliche Sozialleistung verstanden wird (BT-Drucks 13/7158, 29; Palandt/Diederichsen Rn 1; Staudinger/Engler [1999] Rn 1; anders für das frühere Recht Staudinger/Engler[12] § 1835 Rn 43). Damit wird nicht behauptet, dass die rechtliche Betreuung eine Sozialleistung sei!

7 Kommt es darauf an, ob die Ansprüche des Vormunds, Pflegers oder Betreuers aus der Staatskasse oder aus dem Einkommen oder Vermögen des Betroffenen zu befriedigen sind, ist für die Feststellung der Mittellosigkeit des Betroffenen seit

Inkrafttreten des BtÄndG (1. 1. 1999) auf den **Zeitpunkt** abzustellen, in dem über die Kostenübernahme durch die Staatskasse zu entscheiden ist (BGH FamRZ 2013, 620 = BtPrax 2013, 65 = Rpfleger 2013, 330 = NJW-RR 2013, 513; OLG Schleswig FamRZ 2001, 252 mwNw; OLG München FamRZ 2009, 453 mwNw; OLG Brandenburg FamRZ 2007, 2109; OLG Dresden BtPrax 2007, 256; OLG Hamburg FamRZ 2008, 91; OLG Frankfurt FamRZ 2008, 1888 = Rpfleger 2008, 419 = BtPrax 2008, 175). Sie ist für den gesamten **Abrechnungszeitraum einheitlich** zu beurteilen, auch wenn zuvor die Entnahme eines Abschlags aus dem damals noch vorhandenen Vermögen des Betroffenen (hier: Betreuten) bewilligt worden war (OLG Frankfurt FamRZ 2001, 1098).

Die für die Wahl des monatlichen Stundenansatzes eines Betreuers (§ 5 Abs 1, 2 VBVG) maßgebende Frage der **Mittellosigkeit** des Betroffenen ist für den ganzen **Abrechnungsmonat einheitlich** zu beurteilen. Entscheidend ist dabei die finanzielle Situation des Betreuten am Ende des Abrechnungsmonats (BGH FamRZ 2011, 368, 369 auf Vorlage des [im Ergebnis gleicher Ansicht] OLG München FamRZ 2008, 1285; FamRZ 2009, 453; BGH FamRZ 2013, 620 = BtPrax 2013, 65 = Rpfleger 2013, 330 = NJW-RR 2013, 513; **aA** ua OLG Brandenburg FamRZ 2007, 2109 [LS] = BtPrax 2007, 267 [LS]; OLG Frankfurt FamRZ 2008, 304 = Rpfleger 2008, 28; OLG Frankfurt FamRZ 2008, 1888 [LS] m Anm d Redaktion). Durch eine nachträglich zwischen dem Ende des Vergütungszeitraums und der Fristsetzung der Vergütung eingetretene Mittellosigkeit wird die Berechnung der Vergütung des Betreuers nach Maßgabe des § 5 VBVG nicht verändert (LG Kassel BtPrax 2012, 77). Vgl hierzu die am 27. 7. 2019 in Kraft getretene Vorschrift des § 5 Abs 4 VBVG (s oben Anhang zu § 1836). 8

II. Das vom Mündel einzusetzende Einkommen

1. Die Ermittlung des Einkommens

Nr 1 hat durch Verweisung auf § 87 SGB XII und die ergänzenden Verweisungen auf die durch die §§ 82, 85 Abs 1 und § 86 SGB XII bestimmte Einkommensgrenze die Inanspruchnahme von Einkommen auf Seiten des Betroffenen geregelt. Die als Einkommen zu berücksichtigenden Einkünfte (zum Begriff und zur Abgrenzung vom Vermögen Schellhorn, BSHG § 88 Rn 16) sind in § 82 Abs 1 SGB XII aufgeführt. Danach gehören zum Einkommen iSd Gesetzes alle Einkünfte in Geld oder Geldeswert mit Ausnahme der Leistungen nach dem SGB XII, des befristeten Zuschlags nach § 24 SGB II, der Grundrente nach dem Bundesversorgungsgesetz und nach den Gesetzen, die eine entsprechende Anwendung des Bundesversorgungsgesetzes vorsehen, sowie der Renten oder Beihilfen, die nach dem BEG für Schaden an Leben sowie an Körper oder Gesundheit gewährt werden, bis zur Höhe der vergleichbaren Grundrente nach dem Bundesversorgungsgesetz. 9

Bei **Minderjährigen** ist das Kindergeld dem jeweiligen Kind als Einkommen zuzurechnen, soweit es bei diesem zur Deckung des notwendigen Lebensunterhalts benötigt wird. Gemäß § 1 der VO zur Durchführung des § 82 SGB XII v 28. 11. 1962 (BGBl I 692), zuletzt geändert durch Art 8 des Gesetzes zur Änderung des Zwölften Buches Sozialgesetzbuch und weiterer Vorschriften vom 21. Dezember 2015 (BGBl I S 2557), sind bei der Berechnung der Einkünfte in Geld oder Geldeswert, die nach § 82 Abs 1 SGB XII zum Einkommen gehören, alle Einnahmen ohne Rücksicht auf ihre Herkunft und Rechtsnatur sowie ohne Rücksicht darauf, ob sie zu 10 den Einkunftsarten iS des EStG gehören und ob sie der Steuerpflicht unterliegen, zugrunde zu legen. Zahlungen der Pflegeversicherung an den Betreuten gehören zu dessen Einkommen (BayObLGZ 1999, 362 = FamRZ 2000, 562, 563 = NJW-RR 2001, 584 = BtPrax 2000, 83; **aA** Jürgens BtPrax 2000, 71; LG Koblenz FamRZ 2001, 308 [für den Regress]). Zinsgutschriften aus einem Sparguthaben sind Einkommen (BSG FEVS 60, 392, mitgeteilt in ZfF 2009, 278).

11 Nach Nr 1 S 3 (ursprünglich als Nr 1 S 2 angefügt auf Vorschlag des Bundesrates; BT-Drucks 13/7158, 47, 56; BT-Drucks 13/10331, 10, 27) gelten als Einkommen auch **Unterhaltsansprüche** sowie die wegen Entziehung einer solchen Forderung zu entrichtenden Renten. Soweit Unterhaltsansprüche nur im Wege gerichtlicher Geltendmachung durchgesetzt werden können, bleiben sie bei der Feststellung der Mittellosigkeit des Mündels nach § 1836d Nr 2 BGB unberücksichtigt. Bei der Bewilligung der Aufwandsentschädigung gemäß § 1835a BGB aus der Staatskasse sind nach dessen Abs 3 Unterhaltsansprüche des Mündels gegen den Vormund bei der Bestimmung des Einkommens nach § 1836c Nr 1 BGB nicht zu berücksichtigen.

12 Die Regelungen in § 1836c BGB u § 1836d BGB führen in der Praxis nicht selten zu dem **Missverständnis**, der Betreuer sei nun nicht zur Geltendmachung von Unterhaltsansprüchen seines Betreuten verpflichtet. Mit der in § 1836d BGB auf Vorschlag des Bundesrates (BT-Drucks 13/7158, 48, 56) aufgenommenen Bestimmung sollte aber (lediglich) verhindert werden, dass ein Anspruch gegen die Staatskasse mit der Begründung verneint wird, der Mündel habe Unterhaltsansprüche und sei demzufolge nicht mittellos. Dem Vormund/Betreuer sollte nicht zugemutet werden, zunächst gegen einen oder mehrere Unterhaltsschuldner des Betroffenen gerichtlich vorzugehen und erst aus etwaigen Leistungen des/der Verurteilten seine Ansprüche zu befriedigen (Staudinger/Engler [1999] § 1836d Rn 6).

13 Der Betreuer hat im Rahmen seines Aufgabenkreises (hier: Vermögenssorge, AG Westerstede FamRZ 2003, 552) und einer geordneten Wirtschaftsführung **Unterhaltsansprüche** seines Betroffenen ggf auch **gerichtlich geltend** zu machen. Zum angemessenen Unterhalt (hier: iSd § 1610 [Mehrbetrag]) gehören auch die laufenden Kosten einer Rechtlichen Betreuung (LG Kleve FamRZ 2000, 1534; AG Westerstede FamRZ 2003, 552, 553 m Anm Bienwald FamRZ 2003, 886); sie sind deshalb als zusätzlicher Bedarf im Rahmen einer regulären Unterhaltsforderung geltend zu machen (**aA** Deinert FamRZ 1999, 1187, 1191, der nicht berücksichtigt, dass die Wahrnehmung von eigenen Angelegenheiten durch einen Betreuer ein Teil der eigenen Lebenshaltung sein kann). Ist unklar, ob der Betreuer im Rahmen seines Aufgabenkreises zur Geltendmachung von Unterhalt berechtigt ist, hat er ggf das Betreuungsgericht zwecks Erweiterung seines Aufgabenkreises oder der Bestellung eines weiteren Betreuers zu informieren (§ 1901 Abs 5 BGB).

14 Setzt das Gericht gemäß §§ 168, 292 Abs 1 FamFG auf Antrag oder von Amts wegen Vergütung und ggf Aufwendungsersatz fest, bestimmt es zugleich Höhe und Zeitpunkt der Zahlungen, die der Mündel/Betreute **an die Staatskasse** nach den §§ 1836c und 1836e BGB **zu leisten** hat (§ 168 Abs 1 S 2 FamFG). Dieser Regress gemäß §§ 1836c, 1836e BGB setzt die nach § 1836c BGB zu bestimmende **Leistungsfähigkeit** des Betroffenen **voraus**, die vor einer entsprechenden Entscheidung festzustellen ist (dazu oben Rn 1 aE).

Von dem danach ermittelten Einkommen sind abzusetzen: auf das Einkommen entrichtete Steuern, Pflichtbeiträge zur Sozialversicherung einschließlich der Beiträge zur Arbeitsförderung, Beiträge zu öffentlichen oder privaten Versicherungen oder ähnlichen Einrichtungen, soweit diese Beiträge gesetzlich vorgeschrieben oder nach Grund und Höhe angemessen sind, sowie geförderte Altersvorsorgebeiträge nach § 82 des Einkommensteuergesetzes, soweit sie den Mindesteigenbeitrag nach § 86 des Einkommensteuergesetzes nicht überschreiten, und Werbungskosten (zur Einkommensbereinigung für die Zeit vor dem 1. 7. 2005 DEINERT FamRZ 1999, 1187, 1191 mwNw). Abzusetzen sind die mit der Erzielung des Einkommens verbundenen notwendigen Ausgaben und das Arbeitsförderungsgeld. 15

Bei der Hilfe zum Lebensunterhalt und Grundsicherung im Alter und bei Erwerbsminderung ist ferner ein Betrag von 30 vH des Einkommens aus selbständiger und nichtselbständiger Tätigkeit des Leistungsberechtigten abzusetzen, höchstens jedoch 50 vH der Regelbedarfsstufe 1 nach der Anlage zu § 28. Davon abweichend ist bei einer Beschäftigung in einer Werkstatt für behinderte Menschen oder bei einem anderen Leistungsanbieter nach § 60 des neunten Buches von dem Entgelt ein Achtel der Regelbedarfsstufe 1 nach der Anlage zu § 28 zuzüglich 50 vH des diesen Betrag übersteigenden Entgelts abzusetzen. Im Übrigen kann in begründeten Fällen ein anderer als in Satz 1 festgelegter Betrag vom Einkommen abgesetzt werden. Erhält eine leistungsberechtigte Person mindestens aus einer Tätigkeit Bezüge oder Einnahmen, die nach § 3 Nummer 12, 26, 26a oder 26b des Einkommensteuergesetzes steuerfrei sind, ist abweichend von den Sätzen 1 und 2 ein Betrag von bis zu 200 Euro monatlich nicht als Einkommen zu berücksichtigen. 16

Für Personen, die Leistungen der Hilfe zur Pflege erhalten, ist ein Betrag in Höhe von 40 vH des Einkommens aus selbständiger und nichtselbständiger Tätigkeit der Leistungsberechtigten abzusetzen, höchstens jedoch 65 vH der Regelbedarfsstufe 1 nach der Anlage zu § 28. Für Personen, die Leistungen der Eingliederungshilfe für behinderte Menschen erhalten, gilt Satz 1 bis zum 31. Dezember 2019 entsprechend.

Zur Behandlung einmaliger Einnahmen s § 82 Abs 4.

Berücksichtigt wird das Einkommen des Mündels „zusammen mit dem Einkommen seines nicht getrennt lebenden Ehegatten oder Lebenspartners", weil der Betroffene und ggf sein Ehegatte oder Lebenspartner als Wirtschafts- und Bedarfsgemeinschaft behandelt werden. Das Einkommen auch der Eltern eines unverheirateten Mündels sollte dagegen nicht berücksichtigt werden (BT-Drucks 13/7158, 30). Nach OLG Düsseldorf (FamRZ 2002, 1590) bleiben bei der Prüfung der Mittellosigkeit eines unter Betreuung stehenden volljährigen Kindes Unterhaltsansprüche gegen den Elternteil unberücksichtigt, der mit dem anderen zum Betreuer bestellten Elternteil und mit dem Kind in Haushaltsgemeinschaft zusammenlebt. 17

2. Einkommensgrenze

Die allgemeine Einkommensgrenze ergibt sich aus einem Grundbetrag, den Kosten der Unterkunft, soweit die Aufwendungen hierfür den der Besonderheit des Einzelfalles angemessenen Umfang nicht übersteigen, und einem Familienzuschlag für den nicht getrennt lebenden Ehegatten und überwiegend unterhaltene Personen nach 18

Maßgabe des § 85 Abs 1 Nr 3 SGB XII. In besonderen Fällen, in denen eine körperliche, geistige oder seelische Behinderung einen höheren Aufwand erfordert, wird ein höherer Grundbetrag errechnet.

19 Die Einkommensgrenze, bis zu der der Mündel sein Einkommen nicht einzusetzen hat, ergibt sich aus § 85 Abs 1 SGB XII. Danach ist (bei der Hilfe nach dem Fünften bis Neunten Kapitel) der nachfragenden Person und ihrem nicht getrennt lebenden Ehegatten oder Lebenspartner die Aufbringung der Mittel nicht zuzumuten, wenn während der Dauer des Bedarfs ihr monatliches Einkommen zusammen eine Einkommensgrenze nicht übersteigt, die sich aus einem Grundbetrag in Höhe des Zweifachen der Regelbedarfsstufe 1 nach der Anlage zu § 28, den Aufwendungen für die Unterkunft, soweit die Aufwendungen hierfür den der Besonderheit des Einzelfalles angemessenen Umfang nicht übersteigen, und einem Familienzuschlag in Höhe des auf volle Euro aufgerundeten Betrages von 70 vH der Regelbedarfsstufe 1 nach der Anlage zu § 28 für den nicht getrennt lebenden Ehegatten oder Lebenspartner und für jede Person, die von der nachfragenden Person, ihrem nicht getrennt lebenden Ehegatten oder Lebenspartner überwiegend unterhalten worden ist oder für die sie nach der Entscheidung über die Erbringung der Sozialhilfe unterhaltspflichtig werden.

20 Der für die Bestimmung der Einkommensgrenze außerdem maßgebende § 86 SGB XII sieht vor, dass die Länder und, soweit landesrechtliche Vorschriften nicht entgegenstehen, auch die Träger der Sozialhilfe für bestimmte Arten von Hilfe nach dem Fünften bis Neunten Kapitel der Einkommensgrenze einen höheren Grundbetrag zu Grunde legen. Bei den genannten Hilfen handelt es sich um Hilfe zur Gesundheit (Kap 5), Eingliederungshilfe für behinderte Menschen (Kap 6), Hilfe zur Pflege (Kap 7), Hilfe zur Überwindung besonderer sozialer Schwierigkeiten (Kap 8) und Hilfe in anderen Lebenslagen (Kap 9).

3. Der Einsatz des Einkommens nach Maßgabe des § 87 SGB XII

21 Soweit das zu berücksichtigende Einkommen die maßgebende Einkommensgrenze übersteigt, ist die Aufbringung der Mittel in angemessenem Umfang zuzumuten. Grundsätzlich ist der Einsatz des die Einkommensgrenze übersteigenden Betrages auch zumutbar. Bei der Prüfung, welcher Umfang angemessen ist, sind vor allem die Art des Bedarfs, die Art oder Schwere der Behinderung oder der Pflegebedürftigkeit, die Dauer und Höhe der erforderlichen Aufwendungen sowie besondere Belastungen des Betroffenen (und unterhaltsberechtigter Angehöriger) zu berücksichtigen (zu Besonderheiten s § 87 Abs 2 u 3 SGB XII). Bei Pflegebedürftigen der Pflegegrade 4 und 5 und blinden Menschen nach § 72 ist ein Einsatz des Einkommens über der Einkommensgrenze in Höhe von mindestens 60 vH nicht zuzumuten (§ 87 Abs 1 S 3 SGB XII). Weitere Zumutbarkeitsregelungen enthalten § 87 Abs 2 und Abs 3 SGB XII.

III. Das vom Mündel einzusetzende Vermögen

1. Art und Höhe des Vermögens

22 Welches Vermögen der Betroffene für die Vergütung seines Vormunds einzusetzen hat, ergibt sich aus § 90 SGB XII und der zu § 90 Abs 2 Nr 9 SGB XII ergangenen

Durchführungsverordnung (LG Koblenz Rpfleger 2013, 29). Danach hat der Betroffene das gesamte verwertbare Vermögen einzusetzen mit Ausnahme eines Vermögens, das aus öffentlichen Mitteln zum Aufbau oder zur Sicherung einer Lebensgrundlage oder zur Gründung eines Hausstandes erbracht wird; eines Kapitals einschließlich seiner Erträge, das der zusätzlichen Altersvorsorge im Sinne des § 10a oder des Abschnitts XI des Einkommensteuergesetzes dient und dessen Ansammlung staatlich gefördert wurde; eines sonstigen Vermögens, solange es nachweislich zur baldigen Beschaffung oder Erhaltung eines Hausgrundstücks im Sinne der Nr 8 bestimmt ist, soweit dieses Wohnzwecken behinderter (§ 53 Abs 1 S 1 u § 72) oder pflegebedürftiger Menschen (§ 61) dient oder dienen soll und dieser Zweck durch den Einsatz oder die Verwertung des Vermögens gefährdet würde; eines angemessenen Hausrats; von Gegenständen, die zur Aufnahme oder Fortsetzung einer Berufsausbildung oder der Erwerbstätigkeit unentbehrlich sind; von Familien- und Erbstücken, deren Veräußerung für die nachfragende Person oder ihre Familie eine besondere Härte bedeuten würde; von Gegenständen, die zur Befriedigung geistiger, insbesondere wissenschaftlicher oder künstlerischer Bedürfnisse, dienen und deren Besitz nicht Luxus ist; eines **angemessenen Hausgrundstücks** (Nr 8), das von der nachfragenden Person oder einer anderen in § 19 Abs 1 bis 3 genannten Person allein oder zusammen mit Angehörigen ganz oder teilweise bewohnt wird und nach ihrem Tod von ihren Angehörigen bewohnt werden soll. Die Angemessenheit bestimmt sich nach der Zahl der Bewohner, dem Wohnbedarf (zum Beispiel behinderter, blinder oder pflegebedürftiger Menschen), der Grundstücksgröße, der Hausgröße, dem Zuschnitt oder der Ausstattung des Wohngebäudes sowie dem Wert des Grundstücks einschließlich des Wohngebäudes. Auch dann, wenn allein die letztgenannten Voraussetzungen nicht erfüllt sind, gilt der Betroffene als vermögend. Zwar kann eine Veräußerung des Hauses zum Zwecke der Zahlung der Betreuervergütung nicht verlangt werden. Eine **Verwertung des Vermögens** in Form einer dinglichen Belastung ist zumutbar (LG Kassel BtPrax 2012, 261). Die Vorschrift ist nicht so zu verstehen, dass ein Betroffener, der keine Angehörigen hat, von dem Schutzbereich des § 90 Abs 2 Ziff 8 SGB XII nicht erfasst werde (BGH Rpfleger 2013, 330 = FamRZ 2013, 620 [621] Rn 21 ff; dort [Rn 24] auch näher zu dem Regelungszweck der Vorschrift).

Die nach dem Bundesversorgungsgesetz (BVG) vorgesehenen höheren Vermögensschonbeträge können nicht herangezogen werden (LG Koblenz Rpfleger 2013, 29).

23 Nach § 90 Abs 2 Nr 9 SGB XII sind ausgenommen **kleinere Barbeträge** oder sonstige Geldwerte; dabei ist eine besondere Notlage der nachfragenden Person zu berücksichtigen. Hat der Betreute das 60. Lebensjahr noch nicht vollendet, ist nicht voll erwerbsgemindert iSd Rentenversicherung und steht diesem Personenkreis vergleichbarer Invalidenrentner nicht gleich, beträgt der Schonbetrag im Sinne von § 90 Abs 2 Nr 9 SGB XII nach § 1 Abs 1 S 1a BarBetrV lediglich 1.600 Euro (LG Leipzig FamRZ 2016, 674 [LS]).

24 § 90 Abs 3 SGB XII enthält eine **zusätzliche Härteregelung**, durch die der Einsatz oder die Verwertung des Vermögens im Einzelfall ausgeschlossen wird. In anderen gesetzlichen Vorschriften (zB Bundesversorgungsgesetz) anderweitig festgesetzte Schongrenzen sind insoweit ohne Belang (BayObLG FamRZ 2002, 701). Werden laufende Versorgungsbezüge nach dem Opferentschädigungsgesetz iVm Bundesversorgungsgesetz (hier: Grundrente) nicht verbraucht, sondern dem Vermögen zugeführt,

ist es dem Betroffenen grundsätzlich zuzumuten, dieses für die Kosten der Betreuung zu verwenden (BayObLG FamRZ 2002, 1289 = FGPrax 2002, 73 = BtPrax 2002, 123; anderer Ansicht LG Münster FamRZ 2011, 1899: Die Grundrente nach dem OEG sowie angesparte Nachzahlungen sind für die Betreuervergütung nicht einzusetzen).

25 Die zum 1. 4. 2014 im Rahmen des **Bundesteilhabegesetzes** um 25. 000 Euro erhöhten Grenzen des Schonvermögens (§§ 60a, 66a SGB XII) sind nach Auffassung des LG Chemnitz (FamRZ 2018, 709 m Anm d Redaktion); nach LG Kassel (BtPrax 2018, 157) und auch LG Bielefeld (FamRZ 2018, 1949 [LS]) auch für Empfänger von Eingliederungshilfe und Hilfe zur Pflege bei der Berechnung der Mittellosigkeit iSd §§ 1836c Nr 2 BGB, 5 Abs 1, 2 VBVG zu berücksichtigen. Diese Auffassung hat der BGH abgelehnt (Beschluss vom 20. 3. 2019 – XII ZB 290/18, FamRZ 2019, 1006 m Anm d Redaktion = Rpfleger 2019, 586 = BtPrax 2019, 157) und die Entscheidungen des LG Kassel aufgehoben. Die „Sonderregelung" gilt nur bis 31. 12. 2019, sodass die Anwendungsproblematik nur für die vorher entstehenden bzw. entstandenen Ansprüche und die dafür einzusetzenden Mittel von Bedeutung ist. Der Bundesgerichtshof kam zu seinem Ergebnis, indem er die Entwicklung der Sozialgesetzgebung der letzten fünfzehn Jahre darstellte und darauf hinwies, das in § 1836c Nr 2 BGB (lediglich) § 90 SGB XII in Bezug genommen worden ist (Rn 23). Bereits die systematische Stellung des § 60a SGB XII lasse darauf schließen, dass der zusätzliche Vermögensfreibetrag nur bei Leistungen der Eingliederungshilfe und nicht bei anderen Sozialleistungen, wie die Hilfe zum Lebensunterhalt oder der Übernahme der Betreuervergütung, durch die Staatskasse zu berücksichtigen ist (Rn 29). Ein gesetzgeberischer Wille, dem Empfänger von Eingliederungshilfe bei jeder Sozialleistung den erhöhten Freibetrag des § 60a SGB XII zuzubilligen, sei dagegen nicht ersichtlich (Rn 30).

26 Besitzt der Betroffene Vermögen, das die individuelle Schongrenze übersteigt, ist er nicht mittellos und zwar auch dann nicht, wenn diesem Vermögen Verbindlichkeiten gegenüber dem Sozialhilfeträger gegenüberstehen, die bisher nicht durch Leistungsbescheid oder Überleitungsanzeige konkretisiert worden sind, und der Sozialhilfeträger seine Leistungen ohne Rücksicht auf die Vermögensverhältnisse des Betroffenen erbracht hat (BayObLG FamRZ 2002, 1658 [LS] = BtPrax 2002, 262). Behauptet jemand, ein über das Schonvermögen hinausgehender Betrag sei zweckgebundenes Vermögen für **Altersvorsorge**, muss er im Einzelnen darlegen, wie sich die bisher erworbene Altersvorsorge darstellt und warum diese unzureichend ist (für das Prozesskostenhilferecht [§ 115 Abs 3 ZPO] entschieden v OLG Dresden FamRZ 2001, 632).

27 Auf die **Herkunft des Vermögens** kommt es für die Frage, ob es für die Bezahlung des Vormunds oder Betreuers zu verwenden ist, in der Regel nicht an; **angesammelte Sozialhilfe** ist deshalb anrechenbar (LG Hamburg BtPrax 2011, 41). Ein in Wertpapieren geerbtes Vermögen ist **unverwertbar**, wenn der Erblasser für den Erbteil der/des Betreuten **Dauertestamentsvollstreckung** angeordnet hat (OLG Köln FamRZ 2009, 1091). Ein mit einem Versicherungsunternehmen vereinbarter Verwertungsausschluss hindert nicht, die **Versicherung** für die Betreuervergütung **heranzuziehen** (LG Köln FamRZ 2009, 1092). Die dem Betroffenen aus einer **Sterbegeldversicherung** zustehenden Beträge sind dem Schonvermögen zuzurechnen (OLG Schleswig FamRZ 2007, 1188; eine vorzeitige Vertragsbeendigung hätte für den Betroffenen eine unzumutbare Härte bedeutet).

Ein **Gesellschaftsanteil** des Betroffenen stellt dann **kein Schonvermögen** dar, wenn die Möglichkeit besteht, die Gesellschaft aufzulösen und die vorhandenen Gesellschaftswerte im Wege der Auseinandersetzung zu realisieren, sofern sich die Mitgesellschafter nicht zu dem Erwerb der Geschäftsanteile des Betreuten zur Fortführung der Gesellschaft entschließen (OLG Frankfurt FamRZ 2001, 934 [LS] = BtPrax 2001, 167). Eine betreute Person ist nicht mittellos, wenn sie mit 50 % an einer **ungeteilten Erbengemeinschaft** an einem Grundstück beteiligt ist und das Grundstück (inzwischen) für 64 000 DM verkauft wurde; die bisher nicht erfolgte Auseinandersetzung der Erbengemeinschaft rechtfertigt nicht die Annahme von Mittellosigkeit (LG Koblenz FamRZ 2000, 981 [LS]). 28

Die **Angemessenheit eines Hausgrundstücks** iSv § 90 Abs 2 Nr 8 SGB XII richtet sich nach der Anzahl der Bewohner und deren Wohnbedürfnissen sowie nach Größe und Wert des Objekts (§ 90 Abs 2 Nr 8 SGBXII). Der Grenzwert eines Familienheims (Haus) mit nur einer Wohnung von 130 qm für eine vierköpfige Familie ist entsprechend zu vermindern, wenn die Wohnfläche von weniger als vier Personen genutzt wird, und zwar in der Regel je Person um 20 qm (OLG Karlsruhe FamRZ 2001, 236 [LS]). Ein Wohnrecht für einen behinderten Menschen, das erst **künftig genutzt** werden soll, kann unter bestimmten Voraussetzungen Schonvermögen sein (OLG Karlsruhe FamRZ 2003, 715). Ein **Geldbetrag** ist nur dann zur baldigen Beschaffung eines Hausgrundstücks bestimmt, wenn der Betroffene konkret damit befasst ist, ein Eigenheim iSd Gesetzes zu bauen oder zu erwerben (OLG Hamm FamRZ 2006, 506). Zu Wohnungsgrößen vgl §§ 10, 19 Gesetz zur Reform des Wohnungsbaurechts vom 13. September 2001 (BGBl I 2376) sowie die WohnflächenberechnungsVO vom 25. November 2003 (BGBl I 2346). 29

Eine betreute (behinderte) Person ist (auch) dann mittellos, wenn als einziger Vermögenswert ein **Anspruch auf Verschaffung des Eigentums** an einer für eigene Wohnzwecke bestimmten und bereits genutzten Eigentumswohnung zur Abgeltung eines Pflichtteilsanspruchs besteht (OLG Frankfurt FamRZ 2001, 1486). 30

Mittellosigkeit liegt auch dann vor, wenn ein Betreuter früher vorhandenes Vermögen in einer seinen Lebensverhältnissen angemessenen Höhe für einen **Bestattungsvorsorgevertrag** aufgewendet hat und deshalb nicht mehr über einsetzbares Vermögen verfügt (OLG Frankfurt FamRZ 2001, 868 = FGPrax 2001, 115). Mitunter genügt, dass Ersparnisse für eine den persönlichen Vorstellungen entsprechende Bestattung wie Alterssicherung gewertet und in angemessenem Umfang als Schonvermögen angesehen wurden (LG Verden FamRZ 2007, 1189 [LS]). Wird ein erhöhtes Schonvermögen wegen Aufwendungen für eine Bestattungsvorsorge in Anspruch genommen, kommt es darauf an, dass die dafür vorgesehenen Mittel für eine angemessene Bestattung und Grabvorsorge „separiert" wurden. Lediglich eine entsprechende Bezeichnung der auf zwei Sparkonten vorhandenen Geldbeträge genügt diesen Anforderungen nicht (LG Koblenz 6. 12. 2010 – 2 T 644/10). 31

Der Einsatz einer angemessenen finanziellen Vorsorge für den Todesfall für die Vergütung des Berufsbetreuers stellt für den Betreuten nur dann eine Härte (§ 90 Abs 3 S 1 SGB XII) dar, wenn die **Zweckbindung verbindlich** festgelegt ist. Bei einer kapitalbildenden Lebensversicherung auf den Todesfall ist das in der Regel nicht der Fall (BGH FamRZ 2014, 1188 Rn 9–11). Aus dem durch Art 1 Abs 1 GG verfassungs- 32 rechtlich fundierten Anspruch einer würdigen Bestattung folge, so das SG Münster, Urteil v 28. 6. 2018 (S 11 SO 176/16, BtPrax 2019, 122), dass eine Bestattungsvorsorge vom Träger der Sozialhilfe bei der Gewährung von Leistungen nach dem SGB XII zu respektieren ist. Das angesammelte, der Bestattung und Grabpflege dienende Vermögen sei durch § 90 Abs 3 SGB XII geschützt. **AA** offenbar SG Karlsruhe BtPrax 2018/243 (LS).

33 Wurde für die damals betreute Person Geld, das sie aus einer Erbschaft erlangt hat, aufgewendet, um nach ihrer Entlassung aus einem sozialtherapeutischen Zentrum eine neue Wohnung einzurichten, und kann infolgedessen die Betreuervergütung nicht von der betreuten Person bezahlt werden, wurde die Mittellosigkeit **nicht mutwillig** herbeigeführt (LG Hamburg FamRZ 2001, 1324).

34 Die durch ein **Behindertentestament** auf den Betroffenen übertragene (Vor-) Erbschaft führt auch bei gleichzeitiger Anordnung der Testamentsvollstreckung nicht zwingend zur Mittellosigkeit des Betroffenen (BGH FamRZ 2013, 874 = BtPrax 2013, 106 [Bespr Meier BtPrax 2013, 143] = Rpfleger 2013, 390 = NJW 2013, 1879 = MDR 2013, 657). Durch Auslegung der an den Testamentsvollstrecker adressierten **Verwaltungsanordnungen** ist zu ermitteln, ob der Erblasser auch Vergütungsansprüche des Betreuers ausschließen wollte (BGH FamRZ 2013, 874). S auch § 1836d Rn 25. Vermögen, das ein Betroffener, der Begünstigter eines sog Behindertentestaments ist, im Zuge einer Erbteilsübertragung unter Aufhebung der objektiven Zweckbindung des zugewendeten Vermögens erlangt, unterfällt nicht dem Schonvermögen. Daran ändert auch der Umstand nichts, dass die Erbteilsübertragung zuvor vom Amtsgericht genehmigt worden ist (LG Kassel Rpfleger 2014, 139) Die Vergütung für einen Ergänzungsbetreuer, der für eine behinderte Betroffene „zur Vertretung in Nachlassangelegenheiten und Geltendmachung von Erbansprüchen nach dem Tod ihrer Mutter“ angeordnet worden war, ist aus der Staatskasse, nicht aus einem Vermächtnis zugunsten der Behinderten Betroffenen zu zahlen (LG Leipzig 13. 1. 2016 – 01 T 967/15, Rechtsdienst der Lebenshilfe 2/2016, 99 m Anm Ch Zimmermann).

35 Zum einzusetzenden Vermögen gehören „bereite Mittel“, über die die/der Betroffene nach einer Vertragskündigung verfügen kann (SG Siegen BtPrax 2016, 243). Ein Kapitalbetrag, den die Betroffene aufgrund eines gerichtlichen Vergleichs als **Abfindung** für einen laufenden Unterhaltsanspruch erhalten hat und auf dessen **ratenweisen Einsatz** sie zur Deckung ihres laufenden Unterhaltsbedarfs angewiesen ist, ist aufgrund der **Härteregelung** nicht als Vermögen für die Deckung von Aufwendungsersatz und Vergütung des für sie bestellten Berufsbetreuers einzusetzen (OLG Hamm FamRZ 2003, 1875 = OLGR 2003, 341). Der Härteregelung unterfällt auch das Vermögen, das einem Betreuten infolge von **Schmerzensgeldzahlungen** zugeflossen ist (OLG Frankfurt BtPrax 2009, 305) und zwar wegen der Funktion des Schmerzensgeldes als eines Ausgleichs für die erlittenen immateriellen Schäden. Keine Heranziehung eines für die Aufrechterhaltung einer angemessenen Alterssicherung erforderlichen Vermögens (OLG München BtPrax 2009, 72). Die Mittel aus einer **Sterbegeldversicherung**, die sich bei deren Kündigung ergeben, sind nicht dem einzusetzenden Vermögen zuzurechnen, da ihr Einsatz eine unzumutbare Härte iSd § 90 Abs 3 SGB XII bedeutet (SG Siegen BtPrax 2016, 243 [LS d Redaktion]). Die Verwertung einer für die spätere **Bestattung** vorgesehenen **Barreserve** stellt keine Härte im Sinne von § 90 Abs 3 SGB XII dar (SG Karlsruhe BtPrax 2018, 243 [LS]). Die Anrechnung angesparten **Blindengeldes** würde eine

Härte bedeuten (SG Siegen 14. 12. 2016 – S 62 SO 133/16, Rechtsdienst der Lebenshilfe 2017, 130, 131 = NJW 2017, 1134). Ebenso der Einsatz angesparter Beschädigtenrente nach dem **Opferentschädigungsgesetz** (LG Mühlhausen BtPrax 2014, 96 [LS]; **aA** LG Kleve FamRZ 2014, 1943 = BtPrax 2014, 192). **Lebensversicherungsverträge** bzw deren Rückkaufswert gehören grundsätzlich zum verwertbaren Vermögen (LG Osnabrück NdsRpfl 2017, 45). Eine der Altersvorsorge dienende **Kapitallebensversicherung** ist grundsätzlich als einzusetzendes Vermögen anzusehen, soweit es sich nicht um eine staatlich geförderte (§ 10a EStG) und nicht übertragbare (§ 97 EStG) Altersvorsorge handelt (LG Detmold FamRZ 2011, 1003). Der Einsatz eines **aus sozialen Ausgleichsleistungen** nach den §§ 16 ff StrRehaG angesparten Vermögens für die Vergütung des Berufsbetreuers stellt für den Betreuten eine Härte im Sinne von § 90 Abs 3 S 1 SGB XII dar. Das gilt auch für die damit erwirtschafteten **Zinsen** (BGH FamRZ 2015, 488 = Rpfleger 2015, 274).

Eine **Härte** ist nicht dadurch begründet, dass der **Rückkaufswert** einer **Lebensversicherung** um mehr als die Hälfte hinter den auf sie erbrachten Eigenleistungen des Versicherungsnehmers zurückbleibt (BVerwG NJW 1998, 1879 zum Sozialhilferecht). Die Verwertung einer **Lebensversicherung**, die zur **Altersvorsorge naher Angehöriger** (hier: für einen volljährigen Sohn mit Behinderung) dienen soll, kann allenfalls dann als Härte iSv § 90 Abs 3 SGB XII angesehen werden, wenn die vertragliche Gestaltung eine anderweitige Mittelverwendung durch den Kläger weitestgehend ausschließt. Ist es demjenigen, der Sozialleistungen beantragt hat, jederzeit möglich, die Mittel für sich selbst zu verwenden und die Bezugsberechtigung des Dritten im Todesfall zu ändern, liegen keine ausreichenden objektiven Anhaltspunkte für die subjektive Zweckbestimmung zur Drittsicherung im Sinne der Rechtsprechung des Bundessozialgerichts vor (SG Karlsruhe BtPrax 2018, 243 [LS]).Bei der Berechnung des vom Betreuten für die Kosten der Betreuung einzusetzenden Vermögens ist eine in einem Sparkassenbrief **verbriefte Forderung** (von seinerzeit 20 000 DM) zu berücksichtigen, auch wenn diese erst in der Zukunft (hier: im Jahre 2006) fällig (und dann realisiert) wird, weil der Sparkassenbrief jederzeit als Sicherheit für ein Darlehen akzeptiert werden würde (LG Frankenthal FamRZ 2001, 1645). Nach Auffassung dieses Gerichts würde eine andere Betrachtung dazu führen (können), dass durch entsprechende Vermögensanlage Mittellosigkeit herbeigeführt wird. 36

Keine besondere Härte liegt dann vor, wenn der Betroffene seine Aufwendungen für seinen angemessenen Lebensunterhalt oder seine angemessene Alterssicherung aufbringen kann und über einen **Kapitalstock** von nahezu 25 000 Euro verfügt (LG Koblenz FamRZ 2006, 647). Vermögen (hier: Kapitallebensversicherung), dessen Verwertung nach §§ 1908i Abs 1 S 1, § 1836c Ziff 2 BGB, § 90 Abs 3 SGB XII derzeit nicht zumutbar ist, ist gleichwohl für die Bezahlung der Betreuervergütung einzusetzen, wenn eine **Belastung des Vermögens**, zB mit einem Pfandrecht, möglich und zumutbar ist (LG Kassel BtPrax 2012, 79). 37

Wenn die Schongrenze nahezu erreicht ist, soll ein **Rückgriff** der Staatskasse **im Einzelfall unterbleiben** dürfen, wenn dieser unzumutbar wäre, insbesondere dann, wenn der Betroffene zu Ausgaben verpflichtet ist, die er nicht aus laufenden Einnahmen bestreiten kann (LG Stuttgart BWNotZ 2000, 146). 38

Zur Berechnung des für Aufwendungsersatz und Vergütung des Betreuers nicht 39 einzusetzenden Schonvermögens einer noch nicht 40 Jahre alten in einer Werkstatt für behinderte Menschen tätigen Betreuten LG Dresden FamRZ 2001, 712.

2. Verwertbarkeit des Vermögens

40 Der Betroffene hat sein Vermögen, soweit es nicht verschont wird, nur einzusetzen, wenn es verwertbar ist. Unter „Verwertung" von Vermögen ist nicht nur die Veräußerung, sondern **jede Art der finanziellen Nutzbarmachung** zu verstehen (BayObLGZ 2001, 186 = FamRZ 2002, 416 = NJW-RR 2001, 1515 unter Hinweis auf FICHTNER, BSHG § 88 Rn 3).

41 Eine **Kindergeldnachzahlung** für mehrere Jahre ist Vermögen und wird nach der Zahl der Nachzahlungsmonate entsprechend aufgeteilt, so dass der einzelne Monatsbetrag als Einkommen anzusetzen ist. Danach ist dann zu entscheiden, ob unter Berücksichtigung dieses Einkommensbetrages der Betreute als mittellos iSd § 1836d BGB gilt (LG Gießen FamRZ 2009, 457).

42 An der Verwertbarkeit von Vermögen fehlt es, wenn der Verwertung ein rechtliches oder tatsächliches **Hindernis** entgegensteht oder die Verwertung **wirtschaftlich unvertretbar** ist (OLG Frankfurt BtPrax 2008, 269, 270). So ist ein Vermögensgegenstand nicht verwertbar, wenn er nur weit unter Wert veräußert werden könnte, wobei insoweit vom Verkehrswert auszugehen ist. Nicht verwertbar ist ein Vermögensgegenstand ferner, wenn die Verwertung nicht in **angemessener Zeit** durchgeführt werden kann (zu allem BayObLGZ 2001, 186 = FamRZ 2002, 416, 417). Unverwertbar ist ein landwirtschaftliches Grundstück, für das eine realistische Veräußerungsmöglichkeit, oder auch eine Beleihung, nicht in Betracht kommt (OLG Frankfurt BtPrax 2008, 269, 270). **Psychische Erkrankungen** des Eigentümers können der tatsächlichen Verwertbarkeit eines selbst bewohnten Hausgrundstücks entgegenstehen (BSG FamRZ 2018, 221 [LS] = R & P 2017, 236). Auch bei der Prüfung, ob die Vergütung des Betreuers aus der Staatskasse oder dem Nachlass des verstorbenen Betreuten zu entrichten ist, setzt die Berücksichtigung von Vermögensgegenständen des Nachlasses voraus, dass diese verwertbar sind (BayObLG BtPrax 2002, 40 = Rpfleger 2002, 313 [LS]). **Forderungen** des Betreuten, die nicht realisierbar sind, gehören nicht zu seinem verwertbaren Vermögen (LG München I NJW-RR 1998, 438). Der Betroffene ist mittellos, solange sein Vermögen nicht auseinandersetzungsfähig ist (OLG Oldenburg FamRZ 2000, 1534 = NdsRpfl 2000, 289).

43 Verfügt die betroffene Person über **Grundstücksvermögen**, so liegt Mittellosigkeit iSd § 1836d BGB dann nicht vor, wenn eine Grundstücksverwertung möglicherweise längere Zeit in Anspruch nimmt. Eine analoge Anwendung des § 91 SGB XII (Sozialhilfe als Darlehen) kommt nicht in Betracht. In § 1836c Nr 2 BGB wird allein auf § 90 SGB XII Bezug genommen; eine für eine analoge Anwendung des § 91 SGB XII erforderliche Regelungslücke ist nicht ersichtlich (LG Koblenz FamRZ 2002, 970). Eine **darlehnsweise Vergütung** des Betreuers aus der Staatskasse bis zur Verwertung des Vermögens analog § 91 SGB XII ist deshalb **nicht möglich** (LG Koblenz FamRZ 2002, 970). Kommt es für die Frage, ob die Ansprüche des Betreuers aus dem Vermögen des Betreuten oder aus der Staatskasse zu befriedigen sind, darauf an, ob vorhandene Vermögensgegenstände in angemessener Zeit verwertet werden können (s dazu LG Münster FamRZ 1999, 1362; LG Oldenburg FamRZ 2001, 309), so soll die Grenze für diese Zeit

nicht abstrakt gezogen werden; vielmehr ist auf den **Einzelfall** abzustellen. Ein derzeit nicht zumutbar zu verwertendes Vermögen kann dann eingesetzt werden, wenn eine Belastung möglich und zumutbar erscheint (LG Kassel BtPrax 2012, 79). Grundsätzlich wird ein Zeitraum von einem **Jahr** als für den Betreuer **zumutbar** erachtet. Bei noch längerer Zeit soll dann von Mittellosigkeit ausgegangen werden (LG Koblenz FamRZ 2003, 115 [LS]). Nach LG Schweinfurt ist einer Betreuerin zuzumuten, ein halbes Jahr auf die Betreuervergütung zu **warten**, wenn nach der Lebenserfahrung mit der Verwertung der Eigentumswohnung, die der betreuten Person gehört, von ihr zu eigenen Wohnzwecken nicht mehr benötigt und auf unbestimmte Dauer vermietet ist, binnen eines halben Jahres zu rechnen ist (FamRZ 2002, 1146 [LS]).

§ 1836d
Mittellosigkeit des Mündels

Der Mündel gilt als mittellos, wenn er den Aufwendungsersatz oder die Vergütung aus seinem einzusetzenden Einkommen oder Vermögen

1. nicht oder nur zum Teil oder nur in Raten oder

2. nur im Wege gerichtlicher Geltendmachung von Unterhaltsansprüchen

aufbringen kann.

Materialien: Eingefügt durch BtÄndG v 25. 6. 1998 Art 1 Nr 10; BT-Drucks 13/7158, 31 f, 48; 13/10331, 27.

Systematische Übersicht

I. Sinn der Vorschrift

Die Ansprüche, die dem Vormund/Betreuer gegen den Mündel/Betreuten zustehen, richten sich gegen die Staatskasse, wenn der Mündel/Betreute mittellos ist. Das gilt für die berufsmäßig geführte Vormundschaft/Betreuung gemäß § 1 Abs 2 S 2 VBVG hinsichtlich der zu beanspruchenden Vergütung (§ 1836 Abs 1 S 2 BGB; § 1 Abs 2 S 1 VBVG) und ggf des Ersatzes von Aufwendungen (§ 1835 Abs 4 S 1 BGB). Ein berufsmäßig tätiger Nachlasspfleger kann wie ein Vormund eine Vergütung aus der Staatskasse verlangen, wenn der Nachlass mittellos ist oder zwar Nachlassvermögen vorhanden ist, aber in absehbarer Zeit nicht verwertet werden kann (OLG 1

Schleswig FamRZ 2015, 281). Hat das Gericht zum Betreuer einen Behördenmitarbeiter bestellt, kommt bei Mittellosigkeit des Betroffenen eine Vergütung aus der Staatskasse nicht in Betracht (§ 8 Abs 1 VBVG). Wird die Vormundschaft/Betreuung nicht berufsmäßig geführt, kann bei Mittellosigkeit des Mündels/Betreuten dem Vormund/Betreuer (und auch dem Gegenvormund/-betreuer) eine Vergütung nicht bewilligt werden (§ 1836 Abs 2 BGB); etwaige Aufwendungen werden aus der Staatskasse ersetzt (§§ 1835 Abs 4, 1835a Abs 3 BGB).

Auf den Regress findet die Vorschrift keine Anwendung, soweit der Betreute danach auch als mittellos gilt, wenn er die Forderung nur zum Teil oder in Raten erfüllen könnte. Andernfalls wäre ein Regress ausgeschlossen, wenn der Betroffene nur teilweise leisten könnte (BGH FamRZ 2013, 440, 441).

2 Für die Bewilligung von Vergütung und/oder Aufwendungsersatz des **Verfahrensbeistands** des Minderjährigen (§ 158 FamFG) und des **Verfahrenspflegers** (§ 277 FamFG) kommt es nicht auf die Feststellung der Mittellosigkeit an, weil deren Ansprüche auf Aufwendungsersatz und/oder Vergütung **in jedem Fall aus der Staatskasse** zu befriedigen sind (§§ 158 Abs 7 S 5, 277 Abs 5 S 1 FamFG). Die an Verfahrensbeistände und Verfahrenspfleger aus der Staatskasse gezahlten Beträge werden gemäß § 22 S 1 FamGKG iVm 2013 KV zum FamGKG und §§ 23 Nr 1, 2, 26 Abs 3 GNotKG iVm Nr 31015 KV zum GNotKG beim Betroffenen als Auslagen nach Maßgabe der nach § 1836c zu bestimmenden Leistungsfähigkeit erhoben (MünchKomm/Fröschle § 1836e Rn 6).

II. Begriff der Mittellosigkeit

3 Was unter Mittellosigkeit zu verstehen ist, war vor dem Inkrafttreten des BtÄndG nicht eindeutig bestimmt und wurde in der Rechtsprechung nicht einheitlich beantwortet (vgl Staudinger/Engler[12] § 1835 Rn 42 f). § 1836d BGB enthält jetzt eine Legaldefinition, die die Voraussetzungen umschreibt, unter denen der Mündel/Betreute als **mittellos gilt**. Maßgebend ist danach nicht, dass der Betroffene keine Mittel mehr zur Verfügung hat; vielmehr wird in Anlehnung an das Sozialhilferecht von einer **fiktiven Mittellosigkeit** ausgegangen, die den Betroffenen nur in gewissen Grenzen in Anspruch nehmen lässt. Für den Umfang des dem Betreuer gemäß § 5 VBVG zu vergütenden Zeitaufwands ist maßgebend, ob der Betroffene im Vergütungszeitraum mittellos war (BGH FamRZ 2013, 620 = BtPrax 2013, 65); das ist für den ganzen Abrechnungsmonat einheitlich zu beurteilen (BGH FamRZ 2011, 368, 369). S auch § 1836c Rn 6 und 7.

1. Fehlende oder eingeschränkte Leistungsfähigkeit des Mündels (Nr 1)

4 Nach Nr 1 der Vorschrift gilt der Mündel dann als mittellos, wenn er den Aufwendungsersatz oder die Vergütung aus seinem einzusetzenden Einkommen oder Vermögen nicht oder nur zum Teil oder nur in Raten, also nicht in einem Betrag (BT-Drucks 13/7158, 17), begleichen kann. Der Vormund/Betreuer soll nicht darauf angewiesen sein, bei teilweiser Leistungsfähigkeit des Betroffenen seinen Aufwendungsersatz- und/oder Vergütungsanspruch mit im Einzelnen ungewissen Erfolgsaussichten teilweise gegen den Betroffenen und teilweise gegen die Staatskasse geltend zu machen (BT-Drucks 13/7158, 17).

Für das Abrechnungsverfahren kommt es darauf an, wie hoch die Ansprüche des Vormunds/Betreuers sind und in welchem Umfang der Betroffene sein Einkommen und Vermögen einzusetzen hat. Das Gericht muss nach § 1836d BGB prüfen, welches nach § 1836c BGB einzusetzende Einkommen und Vermögen des Betroffenen vorhanden ist, und davon ausgehend feststellen, ob der vom Vormund/Betreuer geltend gemachte Anspruch auf einmal befriedigt werden kann (LG Saarbrücken FamRZ 2003, 60, 61). Im Einzelfall kann auch der Zeitpunkt der Inanspruchnahme des Mündels/Betreuten dafür maßgebend sein, ob dieser oder die Staatskasse die geltend gemachten Ansprüche zu befriedigen hat. Um das Auflaufen von Ansprüchen und damit ggf die Inanspruchnahme der Staatskasse zu verringern, hat das BtÄndG für die Geltendmachung der Vergütung und von Aufwendungsersatz oder pauschalierter Aufwandsentschädigung **Verfalldaten** eingeführt, bis zu deren Ablauf sich der Anspruchsberechtigte mit seiner Abrechnung Zeit lassen kann (§§ 1835 Abs 1 S 3, 1835a Abs 4 BGB, § 2 VBVG). **5**

Die **Mittellosigkeit** des Betroffenen hat das Gericht **von Amts wegen festzustellen** und **ggf aufzuklären** (§ 26 FamFG; LG Zwickau FamRZ 2009, 250 = BtPrax 2008, 275, jeweils [LS]). Es kann zu diesem Zweck die Vorlage von Urkunden anordnen oder Auskünfte (ggf von Verwandten, OLG Schleswig SchlHA 2004, 186) einholen. Dem Anspruchsteller gibt § 168 Abs 2 S 1 FamFG auf, in dem Antrag auf Festsetzung der Vergütung oder des Aufwendungsersatzes die persönlichen und die wirtschaftlichen Verhältnisse des Betroffenen darzustellen, sofern er aufgrund seiner Bestellung dazu im Stande ist. Das Gericht kann verlangen, dass der Antragsteller seine Angaben glaubhaft macht (§ 168 Abs 2 S 2 FamFG; entsprechende Anwendung der §§ 118 Abs 2 S 1 und 2, § 120 Abs 2 und 3 sowie § 120a Abs 1 S 1 bis 3 ZPO). Steht nach der freien Überzeugung des Gerichts der Aufwand zur Ermittlung der persönlichen und wirtschaftlichen Verhältnisse des Mündels außer Verhältnis zur Höhe des aus der Staatskasse zu begleichenden Anspruchs oder zur Höhe der voraussichtlich vom Mündel zu leistenden Zahlungen, kann das Gericht ohne weitere Prüfung den Anspruch festsetzen oder von einer Festsetzung der vom Mündel/Betreuten zu leistenden Zahlungen absehen (§ 168 Abs 2 S 3 FamFG). **6**

Der Beurteilung der Mittellosigkeit ist zwar der aufgrund der konkreten Abrechnung des Anspruchsberechtigten festzusetzende Betrag für Aufwendungen und Vergütung zugrunde zu legen (OLG Schleswig FamRZ 2001, 252). Die Mittellosigkeit muss aber unter Umständen für die verschiedenen Anspruchsarten getrennt geprüft und beurteilt werden. So kann sich der Vormund/Betreuer aus dem einzusetzenden Einkommen oder Vermögen des Betroffenen wegen des ihm zustehenden Aufwendungsersatzes befriedigen, ehe er seinen Vergütungsanspruch wegen der dann bestehenden Mittellosigkeit gegen die Staatskasse richtet. In umgekehrter Reihenfolge könnte die Geltendmachung der Ansprüche zur Folge haben, dass sowohl die Vergütung als auch der Aufwendungsersatz aus der Staatskasse zu leisten wären, weil das einzusetzende Einkommen und Vermögen zur vollständigen Befriedigung wegen der geltend gemachten Vergütung nicht ausgereicht hätte (Bienwald Rpfleger 2001, 226, 227). Aufgrund der festgestellten persönlichen und wirtschaftlichen Verhältnisse kann bei der Entscheidung über die geltend gemachten Ansprüche unterschieden werden, wegen welcher der beiden Anspruchsarten der Vormund/Betreuer noch aus dem einzusetzenden Einkommen und Vermögen des Betroffenen zu befriedigen ist. **7**

8 Innerhalb der Anspruchsarten kommt eine Aufteilung je nach den verfügbaren Mitteln des Betroffenen nicht in Betracht. Das widerspräche sowohl dem Wortlaut der Vorschrift (Aufwendungsersatz oder Vergütung) als auch ihrem Sinn und Zweck. Ebenso wenig lassen sich im Hinblick auf eine etwaige Mittellosigkeit des Betroffenen der Anspruch auf Vergütung oder Aufwendungsersatz jeweils losgelöst von dem Anspruch auf die Erstattung der darauf entfallenden Umsatzsteuer unterschiedlich behandeln. Die zu erstattende Umsatzsteuer ist ihrer Art nach ein Annex zu der auf sie bezogenen Hauptleistung und teilt deshalb deren Schicksal (vgl § 3 Abs 1 S 3 VBVG).

2. Der Fall der Nr 2

9 Nach § 1836d Nr 2 BGB gilt der Mündel/Betreute auch dann als mittellos, wenn er den Aufwendungsersatz oder die Vergütung aus seinem einzusetzenden Einkommen oder Vermögen nur im Wege gerichtlicher Geltendmachung von Unterhaltsansprüchen aufbringen könnte. Diese Bestimmung, die auf Vorschlag des Bundesrates eingefügt worden ist (BT-Drucks 13/7158, 48, 56; s auch BT-Drucks 13/10331, 27), erleichtert die Geltendmachung der Ansprüche des Vormunds/Betreuers. Die Staatskasse soll den Anspruchsberechtigten nicht auf die gerichtliche Geltendmachung von Unterhaltsansprüchen des Betroffenen gegen einen oder mehrere Unterhaltsschuldner verweisen dürfen, damit dieser – vorausgesetzt sein Aufgabenkreis umfasst diese – aus etwaigen Zuflüssen seine Ansprüche befriedigt. Diese Regelung soll jedoch nicht verhindern, dass der Vormund/Betreuer **im Rahmen seines Aufgabenkreises** und einer geordneten Wirtschaftsführung die dem Mündel/Betreuten zustehenden Unterhaltsansprüche notfalls gerichtlich geltend macht. Er soll es nur nicht zum Zwecke der Befriedigung seiner Ansprüche tun müssen.

III. Zum Zeitpunkt der Feststellung der Mittellosigkeit

10 Für die Entscheidung, ob der Vormund/Betreuer wegen der Mittellosigkeit des Betroffenen aus der Staatskasse zu befriedigen ist, ist auf den Zeitpunkt der **Entscheidung der letzten Tatsacheninstanz** abzustellen (BGH FamRZ 2013, 620 = BtPrax 2013, 65; OLG Schleswig FamRZ 2001, 252; LG Saarbrücken FamRZ 2003, 60, 61 mwNw; LG Kassel BtPrax 2012, 77; OLG München 21. 2. 2007 – 33 Wx 13/07; OLG Hamm FamRZ 2009, 1007 [LS 1]). Dies gilt auch, wenn der Betreuer die Vergütung für seine Tätigkeit für eine Betreuung fordert, die später aufgehoben wurde (BayObLG FamRZ 2000, 558 = BtPrax 2000, 82). Für die Bemessung des dem Betreuer zu vergütenden **Zeitaufwands** (§ 5 VBVG) ist die finanzielle Situation des Betreuten am Ende des **Abrechnungsmonats** maßgebend (BGH FamRZ 2011, 368, 369; FamRZ 2013, 620 = BtPrax 2013, 65). Eine Aufteilung eines Abrechnungsmonats in einen Zeitraum der Bemitteltheit und einen Zeitraum der Mittellosigkeit kommt nicht in Betracht (BGH FamRZ 2011, 368, 369). Vgl hierzu die am 27. 7. 2019 in Kraft getretene Vorschrift des § 5 Abs 4 VBVG (s oben Anhang zu § 1836).

11 Für die Beurteilung etwaiger Mittellosigkeit eines **verstorbenen Betreuten** ist der Zeitpunkt des Todes maßgebend (LG Kiel FamRZ 2000, 982 [LS]; LG Leipzig FamRZ 2000, 1451; BayObLG FamRZ 1998, 697; nach LG Frankenthal NJWE-FER 1999, 298: Zeitpunkt des Erbfalls). Nach dem Tod des Betreuten steht dessen Vermögen in vollem Umfang für die Festsetzung der Betreuervergütung zur Verfügung; eine Schongrenze ist nicht

zuzubilligen (LG Leipzig FamRZ 2000, 1451 mwNw). Hinterlassenes Geld des Betreuten ist nicht für dessen Beerdigungskosten vorzuhalten (LG Kiel FamRZ 2000, 982). War der Betroffene vor dem 1. 1. 1999 verstorben, steht das zum Nachlass gehörende Vermögen in vollem Umfang zur Abgeltung der Vergütungsansprüche eines Betreuers zur Verfügung; vorweg geleistete Beerdigungskosten können die Erben dem nicht entgegenhalten (LG Frankenthal NJWE-FER 1999, 298). Im Falle der Betreuervergütung aus der Staatskasse nach dem Tode des Betreuten sind die Kosten einer (standesgemäßen) Beerdigung berücksichtigungsfähig (BayObLG FamRZ 2002, 699 [m abl Anm Bienwald] = NJW-RR 2002, 1229 = BtPrax 2002, 77, wonach die Beerdigungskosten, die durch das Sterbegeld nicht abgedeckt sind, hinter dem Rückgriffsanspruch des Staates nicht zurückstehen müssen; **aA** LG Koblenz FamRZ 2001, 714, 1169, inzwischen aufgegeben [25. 8. 2003 – 2 T 600/03]). Bei der Prüfung, ob die Betreuervergütung aus der Staatskasse oder aus dem Nachlass des verstorbenen Betreuten zu entrichten ist, setzt die Berücksichtigung von Vermögensgegenständen des Nachlasses voraus, dass diese verwertbar sind (BayObLG BtPrax 2002, 40).

IV. Weiteres zur Mittellosigkeit

Die Mittellosigkeit des Betreuten ist für den gesamten Abrechnungszeitraum **einheitlich** zu beurteilen, auch wenn zuvor die Entnahme eines Abschlags aus dem damals noch vorhandenen Vermögen des Betreuten bewilligt worden war (OLG Frankfurt FamRZ 2001, 1098 = FGPrax 2001, 116 = BtPrax 2001, 219 [LS]; OLG Zweibrücken 24. 1. 2002 – 3 W 5/02, unveröffentlicht). 12

Wurde für die ehemals betreute Person Geld, das sie aus einer Erbschaft erlangt hat, aufgewandt, um nach ihrer Entlassung aus dem Sozialtherapeutischen Zentrum eine neue Wohnung einzurichten, und kann infolgedessen die Betreuervergütung nicht von der Betreuten bezahlt werden, wurde die Mittellosigkeit „nicht mutwillig herbeigeführt" (LG Hamburg FamRZ 2001, 1324). 13

Auch wenn der Erbteil des Betroffenen der Testamentsvollstreckung unterliegt, besteht keine Mittellosigkeit iSv § 1836d Nr 1 BGB, weil dem Betroffenen ein durchsetzbarer Anspruch aus § 2216 Abs 2 Satz 1 BGB auf Freigabe der zu entrichtenden Aufwandsentschädigung aus dem gemäß § 90 SGB XII einzusetzenden Nachlass zusteht; testamentarische Anordnungen des Erblassers über die Verwendung des Nachlasses schließen dessen Einsatz zur Deckung der Aufwandsentschädigung des Betreuers grundsätzlich nicht aus (LG Düsseldorf FamRZ 2018, 1197 = BtPrax 2018, 164 [LS]).

Mittellosigkeit ist auch dann gegeben, wenn der Betroffene zwar über Vermögen verfügt, dieses aber aus tatsächlichen oder rechtlichen Gründen in absehbarer Zeit nicht verwertbar ist (LG Oldenburg FamRZ 2001, 309; LG Gießen FamRZ 2007, 1689; OLG Frankfurt FamRZ 2009, 250 [LS]). Die Festsetzung einer Regresszahlung scheidet auch zum Zwecke der dinglichen Absicherung des erst bei später eintretender Leistungsfähigkeit festsetzbaren Rückgriffsanspruchs durch eine Zwangshypothek aus (OLG Frankfurt FamRZ 2009, 250 [LS]). Ein Pflegling ist auch mittellos, solange sein (erhebliches) Vermögen nicht auseinandersetzungsfähig ist (OLG Oldenburg FamRZ 2000, 1534 = NdsRpfl 2000, 289 = Rpfleger 2000, 456). Eine betreute Person ist aber dann nicht mittellos, wenn die Verwertung von Grundstücken des Betreuten möglicherweise längere Zeit in Anspruch nimmt (LG Koblenz FamRZ 2001, 1645; FamRZ 2002, 790; LG Schweinfurt 14

FamRZ 2002, 1146). Erscheint nach der Lebenserfahrung eine Verwertung einer Eigentumswohnung mit einem Verkehrswert von mindestens 200 000 DM (lastenfrei), die auf unbestimmte Dauer vermietet ist, binnen eines halben Jahres realistisch, ist der Betreuerin **zuzumuten**, auf die Betreuervergütung zu warten (LG Schweinfurt FamRZ 2002, 1146). Zur Verwertbarkeit von Vermögen s auch § 1836c Rn 33 ff.

15 **Übermäßige Ausgaben** für Wohnungsmietzins und Anschaffung eines neuen Kraftfahrzeugs sind im Rahmen des § 1836c Nr 1 BGB nicht abzugsfähig (LG Kleve FamRZ 2000, 564). Mittellosigkeit soll dann nicht gegeben sein, wenn sich die Betreute, vertreten durch die Betreuerin, in Kenntnis des bestehenden Vergütungsanspruchs „vorsätzlich vermögenslos" gemacht hat (LG Kleve BtPrax 1999, 202). Sind die Kosten der Betreuung **vor den Heimkosten** entstanden, sind sie auch vorrangig aus dem Vermögen der betreuten Person zu begleichen (LG Kleve BtPrax 1999, 202).

Eine betreute Person, die ihr Bankguthaben in kürzester Zeit durch mehrere erhebliche Barabhebungen auf weniger als 2 000 Euro reduziert hat und sich dann weigert darzulegen, was mit den abgehobenen Beträgen geschehen ist, kann nicht als mittellos angesehen werden (LG Koblenz BtPrax 2012, 175 [LS]).

16 **Verbindlichkeiten** sind nur dann bei der Ermittlung des einzusetzenden Vermögens zu berücksichtigen, wenn sie tatsächlich aus dem Vermögen des Betroffenen abgeflossen sind; eventuell später bestehende weitere Verpflichtungen sind nicht zu berücksichtigen (LG Detmold FamRZ 2009, 544).

17 Hat der Betreute den **Verzicht** auf den (vermeintlichen) **Pflichtteil** erklärt und ist eine Auszahlung an ihn nicht erfolgt, ist der Betreute mittellos, wenn er nicht sonst über anrechenbares Einkommen oder Vermögen verfügt (LG Hannover FamRZ 2008, 817). Dass der Betreute möglicherweise über einen Anspruch auf den Pflichtteil verfügt, ändert daran nichts (näher LG Hannover FamRZ 2008, 817).

18 Zur Mittellosigkeit eines Mündels/Betreuten, wenn dieser den Aufwendungsersatz oder die Vergütung für den Vormund/Betreuer nur im Wege gerichtlicher Geltendmachung von Unterhaltsansprüchen realisieren könnte (hier: in Betracht kommender unterhaltsverpflichteter Adoptivvater, OLG Düsseldorf FamRZ 2001, 1099, 1100). Der Betreute ist nicht als mittellos anzusehen, wenn nichts dazu dargetan wird, dass der Betroffene (ggf vertreten durch den Betreuer, § 1902 BGB) die einzusetzenden Unterhaltsansprüche nur im Wege gerichtlicher Geltendmachung einziehen kann (LG Kleve FamRZ 2000, 1534).

19 Für die Berechnung der **Nachlasspflegervergütung** (§§ 1960, 1915 Abs 1 BGB) und die Frage, ob Mittellosigkeit vorliegt und daher die Vergütung aus der Staatskasse zu zahlen ist, ist auf den Aktivnachlass abzustellen. Mittellosigkeit liegt vor, wenn die Vergütung durch den Aktivnachlass nicht gedeckt ist (BayObLGZ 2000, 26 = FamRZ 2000, 1447 = Rpfleger 2000, 331 = NJW-RR 2000, 1392). Zur Vergütung des Nachlasspflegers bei Teilmittellosigkeit gegenüber der Staatskasse OLG Frankfurt Rpfleger 2019, 86.

20 Der Betreuer ist nicht verpflichtet, die **Befriedigung anderer Gläubiger** zurückzustellen, um die eigenen Vergütungsansprüche gegenüber seinem Betreuten zu sichern (und damit die wegen der Mittellosigkeit des Betreuten erforderliche Inanspruch-

nahme der Staatskasse zu vermeiden), solange das Betreuungsgericht noch nicht über seinen Vergütungsanspruch entschieden hat (LG Saarbrücken FamRZ 2003, 60).

Die nach Betreuerbestellung von dem Betroffenen getroffene Vereinbarung mit dem jeweiligen Versicherungsunternehmen über einen **Verwertungsausschluss**, damit die Versicherung(en) derzeit für die Betreuervergütung herangezogen werden, führt nicht zur Mittellosigkeit (LG Köln FamRZ 2009, 1092: Versuch künstlich verursachter Mittellosigkeit). Auch wenn der Erbteil des Betroffenen der Testamentsvollstreckung unterliegt, besteht keine Mittellosigkeit iSd § 1836d BGB, weil dem Betroffenen ein durchsetzbarer Anspruch aus § 2216 Abs 2 S 1 BGB auf Freigabe der zu entrichtenden Aufwandsentschädigung aus dem gemäß § 90 SGB XII einzusetzenden Nachlass zusteht (LG Düsseldorf FamRZ 2018, 1197 = BtPrax 2018, 164 [LS]). 21

Ein dem Betreuten wegen einer durch einen Unfall erlittenen Verletzung gezahltes **Schmerzensgeld** ist bei der Prüfung der Mittellosigkeit im Rahmen der Betreuervergütung nicht zu berücksichtigen und begründet deshalb auch keinen späteren Regress der Staatskasse (OLG Frankfurt FamRZ 2008, 2152 = NJW-RR 2009, 11 = BtPrax 2008, 275). 22

Angesparte Beschädigtenrente nach dem **Opferentschädigungsgesetz** darf als Vermögen für einen sozialrechtlichen Bedarf nicht herangezogen werden. Eine Heranziehung wäre für den Hilfeempfänger eine Härte (LG Mühlhausen FamRZ 2014, 1059 = BtPrax 2014, 96, jeweils LS).

Ein Betrag von (bisher) 5000 DM, auf einem Sparkonto mit Sperrvermerk für **Bestattungsvorsorge** angelegt, gehört zum Schonvermögen (LG Stade BtPrax 2003, 233).

Die Verwertung eines **Mehrfamilienhauses**, in dem der Betroffene selbst eine Wohnung bewohnt, stellt keine unzumutbare Härte dar (LG Braunschweig Nds Rpfl 2009, 216), so dass die Vergütung des Betreuers dem Vermögen des Betroffenen zu entnehmen ist, weil der Betreute nicht mittellos ist.

Um Mittellosigkeit bei unverwertbarem Vermögen handelt es sich auch dann, wenn der Betroffene in Wertpapieren angelegtes Vermögen geerbt hat, der Erblasser für den Erbteil des Betreuten **Dauertestamentsvollstreckung** angeordnet und bestimmt hat, dass nur der (konkret nicht hinreichende) Reinertrag monatlich auszuzahlen ist, Sonderzahlungen aber nur erlaubt sind, soweit sie der beruflichen Ausbildung oder Fortbildung des Betreuten dienen (OLG Köln FamRZ 2009, 1091 m Anm Bienwald 1092 = BtPrax 2009, 249). Selbst wenn der Testamentsvollstrecker beim Behindertentestament im Rahmen einer Dauertestamentsvollstreckung den Nachlassgegenstand **entgegen den Anordnungen** des Erblassers pflichtwidrig zugunsten des Betroffenen freigibt, lässt dies dessen Mittellosigkeit nicht entfallen (BGH BtPrax 2017, 206 = NJW-RR 2017/974). 23

Hat der Betroffene gegenüber dem Gericht **unrichtige Angaben** über die Höhe seines Vermögens gemacht und dadurch die Zahlung der Betreuervergütung aus der Staatskasse veranlasst, ist die Prüfung einer etwaigen deliktischen Haftung des Betroffenen gegenüber der Staatskasse dem Zivilverfahren vorbehalten. Das Betreuungsgericht kann diese Rechtsfrage im Festsetzungsverfahren betreffend den Re- 24 gress nicht prüfen. Die **Einrede der Verjährung** kann dem Betroffenen nicht, auch nicht im Hinblick auf § 242 BGB, abgesprochen werden (LG Kassel BtPrax 2013, 116 = Rpfleger 2013, 525, 527).

25 Ob die durch ein **Behindertentestament** für den Betroffenen angeordnete (Vor-) Erbschaft bei gleichzeitiger Anordnung der Testamentsvollstreckung zur Mittellosigkeit des Betroffenen führt, ist durch Auslegung der an den Testamentsvollstrecker adressierten Verwaltungsanordnungen zu ermitteln (BGH 1. 2. 2017 – XII ZB 299/15, FamRZ 2017, 758 m Anm Spall 759 = NZFam 2017, 776 m Anm Lauck = NJW-RR 2017, 770 = MDR 2017, 537; BGH FamRZ 2013, 874 = Rpfleger 2013, 390). Selbst wenn der Testamentsvollstrecker beim Behindertentestament im Rahmen einer Dauertestamentsvollstreckung den Nachlassgegenstand entgegen den Anordnungen des Erblassers pflichtwidrig zugunsten der/des Betroffenen freigibt, lässt dies dessen Mittellosigkeit nicht entfallen (BGH FamRZ 2017, 1259 m Anm Reimann S 1260). S auch § 1836c Rn 28.

Gibt der aufgrund eines sog Behindertentestaments eingesetzte Testamentsvollstrecker Vermögen durch Überweisung auf das Konto des behinderten Menschen frei, kann der nach § 19 Abs 3 SGB XII leistungspflichtige Sozialhilfeträger in den Grenzen des § 90 SGB XII hierauf zugreifen.

§ 1836e
Gesetzlicher Forderungsübergang

(1) Soweit die Staatskasse den Vormund oder Gegenvormund befriedigt, gehen Ansprüche des Vormundes oder Gegenvormunds gegen den Mündel auf die Staatskasse über. Nach dem Tode des Mündels haftet sein Erbe nur mit dem Wert des im Zeitpunkt des Erbfalls vorhandenen Nachlasses; § 102 Abs. 3 und 4 des Zwölften Buches Sozialgesetzbuch gilt entsprechend, § 1836c findet auf den Erben keine Anwendung.

(2) Soweit Ansprüche gemäß § 1836c Nr. 1 Satz 3 einzusetzen sind, findet zugunsten der Staatskasse § 850b der Zivilprozessordnung keine Anwendung.

Materialien: Eingefügt durch BtÄndG v 25. 6. 1998 Art 1 Nr 10; BT-Drucks 13/7158, 32 f, 48, 56. Abs 1 S 3 HS 2 mit Wirkung v 1. 1. 2005 geändert durch Art 41 Nr 2 d G zur Einordnung des Sozialhilferechts in das Sozialgesetzbuch v 27. 12. 2003 (BGBl I 3022). Abs 1 S 2 durch Art 1 Nr 9a aufgehoben und in Abs 2 die Zahl „2“ d die Zahl „3“ d Art 1 Nr 9b ersetzt d G z Änderung d Erb- und Verjährungsrechts v 24. 9. 2009 (BGBl I 3142) m Wirkung v 1. 1. 2010.

Schrifttum

Claus-Hasper, Probleme der Verjährungsfrist für auf die Staatskasse übergegangene Aufwendungsentschädigungsansprüche des Betreuten, FamFR 2012, 193

Deinert, Betreuervergütung und Staatsregress nach dem Tod des Betreuten, FamRZ 2002, 374

Zimmermann, Die Rechtsprechung zur Betreuervergütung seit dem BtÄndG, FamRZ 2002, 1373 (1380) und die anschließenden Rechtsprechungsberichte (s Schrifttumsangaben zu § 1835 und § 1836).

Systematische Übersicht

I. Der gesetzliche Forderungsübergang

Das am 1. 1. 1999 in Kraft getretene BtÄndG führte die Regelung ein, dass grundsätzlich der Mündel für die Kosten der Vormundschaft aufzukommen habe (BT-Drucks 13/7158, 29). Das Maß, in dem der Mündel für die Kosten der Vormundschaft in Anspruch genommen werden kann, bestimmt sich nach den §§ 1836c, 1836d BGB. Tritt für den mittellosen Mündel die Staatskasse nach Maßgabe der §§ 1835 Abs 4 S 1, 1835a Abs 3, 1836c, 1836d BGB, § 1 Abs 2 S 2 VBVG ein und übernimmt sie zunächst die Kosten der Vormundschaft, bestimmt § 1836e BGB, dass sie für die an Stelle des Verpflichteten lediglich vorschussweise erbrachten Leistungen gegen den Mündel im Rahmen seines einzusetzenden Einkommens und Vermögens sowie nach seinem Tode gegen seine Erben im Rahmen des vorhandenen Nachlasses Rückgriff nehmen kann. Die Vorschrift ist sinngemäß auf die Betreuung anzuwenden (§ 1908i Abs 1 S 1 BGB). 1

Soweit die Staatskasse den Vormund, Gegenvormund, Betreuer oder Gegenbetreuer gemäß § 1 Abs 2 S 2 VBVG vergütet hat, geht deren Anspruch uneingeschränkt auf sie über, auch wenn der Betroffene mittellos ist; auf seine Leistungsfähigkeit kommt es erst wieder an, wenn es darum geht, ob die Staatskasse aufgrund ihrer durch den Forderungsübergang erlangten Gläubigerstellung den Betroffenen auf Rückzahlung der geleisteten Vergütungen in Anspruch nehmen kann (BGH FamRZ 2013, 440, 441 = BtPrax 2013, 67 = Rpfleger 2013, 269 = FGPrax 2013, 66 = MDR 2013, 429). Wegen des Vorrangs eines über das Vermögen des Betroffenen eröffneten Insolvenzverfahrens hat die Staatskasse ggf ihre Forderungen zur Insolvenztabelle anzumelden (BGH FamRZ 2013, 214, 215). Über Vollstreckungsmaßnahmen entscheidet die Landeskasse, nicht das Betreuungsgericht (LG Bückeburg BtPrax 2013, 165). Eine **mutwillige Vermögensminderung** (zB Verluste im Spielkasino) kann der Staatskasse nach Treu und Glauben nicht entgegen gehalten werden (LG Kleve FamRZ 2014, 1943 = BtPrax 2014, 192 [LS]). Hat die Staatskasse zunächst einem berufsmäßig tätigen Nachlasspfleger eine Vergütung bewilligt, und kann das Nachlassvermögen später (im Rahmen eines Nachlassinsolvenzverfahrens) verwertet werden, kann die Staatskasse gemäß § 1836e BGB Regress beim Nachlass nehmen (OLG Schleswig FamRZ 2015, 281 [LS]). 2

Für das (vorläufige) Eintreten der Staatskasse und einen anschließenden Regress soll dann kein Raum sein, wenn durch die Inanspruchnahme des nicht mittellosen Betreuten für die Vergütung seines Betreuers das Verhältnis des Betreuers zu ihm oder zu seinen Eltern weiter (etwa durch Vollstreckungsmaßnahmen) belastet werden würde (LG Koblenz BtPrax 2003, 231). 3

4 Die Erben des Betroffenen kommen danach in zweifacher Weise als Schuldner der Kosten der Vormundschaft in Betracht: unmittelbar, indem Vergütung und Aufwendungsersatz gegen sie festgesetzt werden, wenn der Betroffene verstorben ist und die Bewilligung der Kosten noch nicht abschließend vorgenommen war; mittelbar, indem die Erben für die bereits von der Staatskasse vorschussweise getragenen Kosten in Anspruch genommen werden. § 1836e BGB betrifft zwar nur den Regress des Staates gegen die Erben des Betroffenen. Die Vorschrift wird aber auch dann angewendet, wenn erst nach dem Tod des Betroffenen die Vergütung bewilligt wird, um zu prüfen, ob die Staatskasse oder der Erbe zahlungspflichtig ist (Zimmermann FamRZ 2002, 1373, 1380; OLG Hamm Rpfleger 2002, 314; OLG Jena FGPrax 2001, 22; OLG Frankfurt NJW 2004, 373 = BtPrax 2004, 37). Das wird damit begründet, dass die Frage, ob die Vergütung und der Aufwendungsersatz durch den Erben aus dem Nachlass zu entrichten sind oder ob die Staatskasse einzutreten hat, nur einheitlich beantwortet werden kann und zwar nach dem Bestand des Nachlasses unter Berücksichtigung der dem Erben zustehenden Schongrenzen (BayObLG FamRZ 2001, 866 = BtPrax 2001, 163; BtPrax 2002, 40 = OLGRp 2002, 22 [LS]).

5 Liegen die Voraussetzungen des § 102 Abs 3 u 4 SGB XII (§ 1836e Abs 1 S 3 HS 2) vor, ist der Erbe nicht in Anspruch zu nehmen. Die Bestimmungen lauten:

§ 102 Kostenersatz durch Erben

(3) Der Anspruch auf Kostenersatz ist nicht geltend zu machen,

1. soweit der Wert des Nachlasses unter dem Dreifachen des Grundbetrages nach § 85 Abs. 1 liegt,

2. soweit der Wert des Nachlasses unter dem Betrag von 15 340 Euro liegt, wenn der Erbe der Ehegatte oder Lebenspartner der leistungsberechtigten Person oder mit dieser verwandt ist und nicht nur vorübergehend bis zum Tod der leistungsberechtigten Person mit dieser in häuslicher Gemeinschaft gelebt und sie gepflegt hat,

3. soweit die Inanspruchnahme des Erben nach der Besonderheit des Einzelfalles eine besondere Härte bedeuten würde.

(4) Der Anspruch auf Kostenersatz erlischt in drei Jahren nach dem Tod der leistungsberechtigten Person, ihres Ehegatten oder ihres Lebenspartners. § 103 Abs. 3 Satz 2 und 3 gilt entsprechend.

§ 103 Kostenersatz bei schuldhaftem Verhalten

(3) […] Für die Hemmung, die Ablaufhemmung, den Neubeginn und die Wirkung der Verjährung gelten die Vorschriften des Bürgerlichen Gesetzbuchs sinngemäß. Der Erhebung der Klage steht der Erlass eines Leistungsbescheides gleich.

6 Wann von der Mittellosigkeit des Betroffenen auszugehen ist, bestimmt § 1836d BGB iVm § 1836c BGB. Der dort definierte Begriff bestimmt, unter welchen Voraussetzungen die Staatskasse für die an sich vom Mündel zu erstattenden Aufwendungen des Vormunds und dessen an sich vom Mündel zu zahlende Vergütung aufkommen muss (BT-Drucks 13/7158, 17). Mittellos ist danach nicht immer nur derjenige, der unter Berücksichtigung von nicht anzurechnenden Schonbeträgen außer-

stande ist, den Aufwendungsersatz und/oder die Vergütung aus seinem Einkommen oder Vermögen aufzubringen. Im Interesse des Anspruchsberechtigten gilt der Verpflichtete bereits dann als mittellos, wenn er die dem Anspruchsberechtigten zu erstattenden Aufwendungen und/oder die ihm zu zahlende Vergütung – einschließlich der hierauf zu leistenden Abschläge, Vorschüsse und Pauschalzahlungen – mit dem von ihm einzusetzenden Einkommen und Vermögen nicht in einem Betrag begleichen kann (BT-Drucks 13/7158, 17). Der Anspruchsberechtigte wird bei teilweiser Leistungsfähigkeit des Betroffenen nicht darauf verwiesen, seine Ansprüche teilweise gegen den Betroffenen und teilweise gegen die Staatskasse geltend zu machen; er kann für den gesamten Aufwendungsersatz und/oder Vergütungsanspruch die Staatskasse in Anspruch nehmen, die sich ihrerseits an den Betroffenen wenden und Rückgriff nehmen kann. Aber auch dann, wenn der Betroffene nachträglich „zu Geld kommt" oder wenn zu Unrecht seine Mittellosigkeit angenommen worden ist (OLG Düsseldorf FamRZ 2001, 1485), kann er auf Erstattung der von der Staatskasse verauslagten Kosten der Vormundschaft in Anspruch genommen werden. Soweit die Staatskasse den Anspruchsberechtigten befriedigt hat, gehen dessen Ansprüche auf die Staatskasse über. Die Voraussetzungen für eine Rückforderung des aus der Staatskasse verauslagten Aufwendungsersatzes liegen grundsätzlich auch dann vor, wenn zum Vermögen des Betroffenen verwertbare Forderungen gehören (LG Koblenz FamRZ 2006, 647 [LS]).

Nimmt die Staatskasse bei dem Betroffenen Regress, kommt § 1836d BGB nicht zur 7
Anwendung, wenn und weil der Betroffene die Forderung nur zum Teil oder in Raten erfüllen könnte. Andernfalls wäre ein Regress selbst dann ausgeschlossen, wenn der Betroffene die übergegangene Forderung ratenweise begleichen könnte (BGH FamRZ 2013, 440 [441]).

Die Regressregelung des § 1836e BGB (iVm §§ 1836c, 1836d BGB) konnte erst 8
auf Aufwendungsersatz- und Vergütungsansprüche angewendet werden, die für Tätigkeiten nach dem Inkrafttreten der Vorschrift (1. 1. 1999) entstanden sind (Zimmermann FamRZ 2002, 1373, 1380; BayObLG OLGRp 2002, 105 [LS]; OLG Schleswig FamRZ 2000, 562).

Zieht eine betreute Person, deren Betreuer Aufwandsentschädigungen aus der Staats- 9
kasse erhalten hat, während der bestehenden Betreuung von einem Land in ein anderes um und wechselt infolgedessen auch die örtliche Zuständigkeit des Betreuungsgerichts, werden die auf die Staatskasse übergegangenen Ansprüche (§§ 1836e, 1908i Abs 1 S 1 BGB) gegen die inzwischen vermögend gewordene betreute Person von dem jetzt zuständigen Gericht zugunsten der eigenen Landeskasse in Verfahrensstandschaft für die weitere betroffene Landeskasse geltend gemacht (OLG Köln FamRZ 2009, 2009 m Anm Bienwald = BtPrax 2009, 81).

Der übergegangene Anspruch erlosch nach dem bis zum 31. 12. 2009 geltenden Recht 10
in zehn Jahren vom Ablauf des Jahres an, in dem die Staatskasse die Aufwendungen oder die Vergütung bezahlt hatte. Durch Art 1 Nr 9 a) des Gesetzes zur Änderung des Erb- und Verjährungsrechts v 24. 9. 2009 (BGBl I 3142) wurde diese Bestimmung (Abs 1 S 2) aufgehoben. Das Erlöschen des übergegangenen Anspruchs bestimmt sich deshalb nach allgemeinem Recht. Infolgedessen erlischt der Anspruch nicht mehr automatisch, sondern unterliegt der Verjährung. Maßgebend ist die Regelverjährung

des § 195 BGB (BGH FamRZ 2012, 627 [XII ZB 461/11] = NJW-RR 2012, 579 und FamRZ 2012, 629 [XII ZB 497/11] = FGPrax 2012, 109 [LS]; BGH BtPrax 2012, 118; BGH FamRZ 2013, 440, 441; BGH FamRZ 2013, 214 = BtPrax 2013, 29; LG Kleve FamRZ 2011, 1817 [LS]; LG Koblenz Rpfleger 2013, 29). Zweck der Neuregelung war die Anpassung an diese Regelverjährung (vgl auch § 102 Abs 4 SGB XII). Die Mittellosigkeit des Betreuten iSd § 1836d BGB steht dem Verjährungsbeginn nicht entgegen und führt nicht zu einer Hemmung der Verjährung nach § 204 BGB (BGH FamRZ 2013, 214 = BtPrax 2013, 29). Durch Art 2 des Gesetzes wurde Art 229 EGBGB der § 23 angefügt, der Überleitungsbestimmungen enthält. Diese Übergangsregelung des Art 229 § 23 EGBGB findet auf den Regressanspruch aus § 1836e BGB keine Anwendung (BGH FamRZ 2012, 627; FamRZ 2012, 629; Rpfleger 2012, 3116 = BtPrax 2012, 118; BGH FamRZ 2013, 214 = BtPrax 2013, 29; **aA** LG Kleve FamRZ 2011, 1817 [LS]).

11 Die Verjährung des Regressanspruchs der Staatskasse gegen den Betreuten oder dessen Erben wegen gezahlter Betreuervergütung wird nicht durch die Einleitung des Regressverfahrens oder durch die Anhörung des Betreuten oder des Erben gehemmt (BGH 17. 9. 2014 – XII ZB 338/14, FamRZ 2015, 45 Rn 20). Die Verjährung ist erst dann gehemmt, wenn der Festsetzungsbeschluss den Anspruchsverpflichteten ordnungsgemäß bekanntgegeben worden ist (BGH 17. 9. 2014 – XII ZB 338/14, FamRZ 2015, 45 Rn 20; LG Kleve 23. 1. 2017 – 4 T 515/16, FamRZ 2017, 1159, 1160 = BtPrax 2017, 128 [LS]). Eine formlose Übersendung des Festsetzungsbeschlusses ist keine ordnungsgemäße Bekanntgabe (LG Kleve 23. 1. 2017 – 4 T 515/16, FamRZ 2017, 1159 = Rpfleger 2017, 455 = BtPrax 2017, 128 [LS]).

12 Der Fristablauf und damit das Erlöschen des Anspruchs sind nicht mehr von Amts wegen zu berücksichtigen. Als Konsequenz der Anpassung an allgemeines Recht und die Geltung des Verjährungsrechts hat der Schuldner ein Leistungsverweigerungsrecht. Nach Eintritt der Verjährung ist er berechtigt, die Leistung zu verweigern (§ 214 BGB). Damit entfallen nicht die trotz des scheinbar klar geregelten Fristablaufs vorhandenen Zweifel, weil nicht klar ist, wann die Staatskasse die Vergütung „bezahlt" hat. In Betracht kommen mindestens drei Varianten: der Zeitpunkt der rechtskräftigen Bewilligung, der Zeitpunkt der Anweisungsverfügung und der Zeitpunkt, zu dem die bewilligten Beträge auf dem Konto des Anspruchsberechtigten eingegangen oder von ihm bar in Empfang genommen worden sind.

13 Der Hauptanwendungsbereich der im Vormundschaftsrecht enthaltenen Regressregelung liegt nicht im Vormundschafts- oder Pflegschaftsrecht, sondern im Betreuungsrecht. Die bisher ergangenen Entscheidungen oder aufgetretenen Probleme betreffen deshalb auch, soweit ersichtlich, nur das Betreuungsrecht (einschl des Unterbringungsrechts für Volljährige).

14 Für die Inanspruchnahme vermögender Beteiligter für die Vergütung und den Aufwendungsersatz eines Verfahrensbeistands oder eines Verfahrenspflegers, dessen Ansprüche sich gemäß §§ 158 Abs 7 S 5, 277 Abs 5 S 1, 318 FamFG unmittelbar gegen die Staatskasse richten, kommt § 1836e BGB nicht unmittelbar in Betracht. Die an den Verfahrensbeistand oder den Verfahrenspfleger aus der Staatskasse geleisteten Zahlungen werden gemäß § 22 S 1 FamGKG iVm Nr 2013 KV zum FamGKG und § 23 Nr 1, 2 § 26 Abs 3 GNotKG iVm Nr 31015 KV zum GNotKG als Auslagen vom Betroffenen nach Maßgabe des 1836c BGB erhoben (MünchKomm/Fröschle § 1836e Rn 6).

Die Verwirklichung des Regresses geschieht auf zweierlei Weise. Entweder bestimmt das Gericht bereits mit der Festsetzung von Aufwendungsersatz, Aufwandsentschädigung (§ 1835a BGB) oder Vergütung Höhe und Zeitpunkt der Zahlungen, die der Mündel an die Staatskasse nach Maßgabe der §§ 1836c, 1836e BGB zu leisten hat, oder es setzt die Zahlungen gesondert fest, wenn es dies für zweckmäßig hält (§ 168 Abs 1 S 2, 3 FamFG). **Wiedereinziehungsbeschlüsse** iS von §§ 292 Abs 1, 168 Abs 1 Satz 2, 3 FamFG (iVm §§ 1908i Abs 1 Satz 1, 1836e Abs 1 Satz 1 BGB) müssen die geltend gemachten Forderungen **ausreichend** bestimmt **bezeichnen** (LG Koblenz FamRZ 2013, 484; LG Kassel FamRZ 2018, 1363 = BtPrax 2018, 123 jeweils LS). Wird der Regress nicht auf sämtliche aus der Staatskasse geleistete Vergütungszahlungen erstreckt (zB mangels ausreichenden Vermögens des Betreuten), sind die zur Wiedereinziehung geltend gemachten, auf die Staatskasse übergegangenen, Vergütungsforderungen des Betreuers im Einzelnen aufzuführen. Mangelt es bei einem vorausgegangenen Teilregressbeschluss an der erforderlichen Bestimmtheit, kann die Anordnung eines weiteren Regresses ausgeschlossen sein (LG Kassel BtPrax 2018, 123 [LS] = FamRZ 2018, 1363 [LS]; nicht amtl LS). Nach dem Tod des Mündels bestimmt das Gericht Höhe und Zeitpunkt der Zahlungen, die der Erbe des Mündels nach § 1836e BGB an die Staatskasse zu leisten hat (§ 168 Abs 3 S 1 FamFG). Dem öffentlich-rechtlichen Rückerstattungsanspruch der Staatskasse steht nicht entgegen, dass der Betroffene im Verwaltungsverfahren zunächst zu Unrecht für leistungsfähig gehalten worden ist (LG Detmold FamRZ 2011, 1003). Die in § 168 Abs 1 Satz 2 FamFG vorgesehene Bestimmung auch der Zahlungszeitpunkte lässt **Ratenzahlungen** zu. 15

Nach der Bestimmung des § 1 Abs 1 Nr 4b JBeitrO, die durch Art 3 § 2 Nr 1 des BtÄndG eingefügt wurde, werden die nach § 168 FamFG festgesetzten Ansprüche, also auch ein auf die Staatskasse übergegangener Anspruch gegen den Mündel oder dessen Erben, den das Gericht nach § 168 Abs 1 S 2, 3 oder Abs 3 FamFG festgesetzt hat, nach der Justizbeitreibungsordnung beigetrieben. Die JBeitrO gilt unmittelbar nur für die Beitreibung von Ansprüchen, soweit diese von Justizbehörden des Bundes einzuziehen sind. Sie gilt aufgrund landesrechtlicher Regelungen auch für die nicht durch Justizbehörden des Bundes, sondern solche des Landes beizutreibenden Ansprüche (vgl Schönfelder, Deutsche Gesetze Fn 2 zu § 1 JBeitrO und Fn 1 zu JVKostO). Die Rückgriffsanordnung stellt nach § 1 Abs 1 Nr 4b JBeitrO einen Vollstreckungstitel dar; sie muss deshalb einen vollstreckungsfähigen Inhalt haben, dh einen durchsetzbaren Anspruch inhaltlich bestimmt ausweisen (OLG Schleswig FamRZ 2003, 1130, 1131). 16

Besitzt der Betroffene eine als Schonvermögen geltende Immobilie und übernahm infolgedessen zunächst die Staatskasse die Kosten der Betreuung, muss die Staatskasse mit ihrem Rückgriff bis zum Tod des Betreuten warten. Andere Gläubiger des Betreuten, zB die Sozialverwaltung nach Darlehensgewährung, sind inzwischen in der Lage, ihre Forderungen dinglich zu sichern, so dass es zweifelhaft sein kann, ob die Staatskasse hinsichtlich der von ihr vorab an den Betreuer geleisteten Zahlungen volle Befriedigung erlangt. Die Eintragung einer in Erwägung gezogenen Zwangshypothek zu Gunsten der Staatskasse zur Absicherung des Regresses (und zur Rangwahrung) kommt nach Auffassung des OLG Düsseldorf (FamRZ 2001, 1485 = BtPrax 2001, 166 = FGPrax 2001, 110; **aA** wohl Zimmermann FamRZ 2002, 1373, 1381) nicht in Betracht. Auf eine Sicherung des möglicherweise später entstehenden Rückgriffsanspruchs durch eine Zwangshypothek hat der Staat mangels gesetzlicher Vorschrift keinen Anspruch (so OLG Düsseldorf FamRZ 2001, 1485). 17

18 Die durch Abs 2 ausgeschlossene Anwendung des § 850b ZPO (er sieht die bedingte Pfändung bestimmter Bezüge vor) bewirkt, dass die Staatskasse einen unmittelbaren Zugriff auf (sonst nicht pfändbare) Unterhaltsansprüche und Unterhaltsersatzansprüche erhält, die zwar nach § 1836c Nr 1 S 3 BGB vom Betroffenen einzusetzen sind, deren Vorhandensein aber nach § 1836d Nr 2 BGB der Annahme der Mittellosigkeit nicht entgegensteht (Staudinger/Engler [1999] Rn 3). § 850b ZPO lautet:

§ 850b. Bedingt pfändbare Bezüge

Unpfändbar sind ferner

1. Renten, die wegen einer Verletzung des Körpers oder der Gesundheit zu entrichten sind;

2. Unterhaltsrenten, die auf gesetzlicher Vorschrift beruhen, sowie die wegen Entziehung einer solchen Forderung zu entrichtenden Renten;

3. fortlaufende Einkünfte, die ein Schuldner aus Stiftungen oder sonst auf Grund der Fürsorge und Freigebigkeit eines Dritten oder auf Grund eines Altenteils oder Auszugsvertrags bezieht;

4. Bezüge aus Witwen-, Waisen-, Hilfs- und Krankenkassen, die ausschließlich oder zu einem wesentlichen Teil zu Unterstützungszwecken gewährt werden, ferner Ansprüche aus Lebensversicherungen, die nur auf den Todesfall des Versicherungsnehmers abgeschlossen sind, wenn die Versicherungssumme 3 579 Euro nicht übersteigt.

(2) Diese Bezüge können nach den für Arbeitseinkommen geltenden Vorschriften gepfändet werden, wenn die Vollstreckung in das sonstige bewegliche Vermögen des Schuldners zu einer vollständigen Befriedigung des Gläubigers nicht geführt hat oder voraussichtlich nicht führen wird und wenn nach den Umständen des Falles, insbesondere nach der Art des beizutreibenden Anspruchs und der Höhe der Bezüge, die Pfändung der Billigkeit entspricht.

(3) Das Vollstreckungsgericht soll vor seiner Entscheidung die Beteiligten hören.

II. Rückgriff gegen den Mündel

1. Voraussetzungen

19 Voraussetzung eines Rückgriffs der Staatskasse gegen den Mündel, dh der Bestimmung von Höhe und Zeitpunkt der von dem Betroffenen zu leistenden Zahlungen, ist die **Feststellung seiner Leistungsfähigkeit** (OLG Frankfurt BtPrax 2003, 85 = Rpfleger 2003, 365 [LS]; OLG Hamm OLGRp 2003, 343 = BtPrax 2003, 225; AG Koblenz FamRZ 2004, 137; OLG Frankfurt FamRZ 2009, 250 [LS] = BtPrax 2008, 269). Das Gericht hat festzustellen, ob und in welcher Höhe Einkommen oder Vermögen von dem Betroffenen einzusetzen ist. Es muss feststellen, ob das Einkommen die maßgebende Einkommensgrenze übersteigt und ggf inwieweit es dem Betroffenen zuzumuten ist, den die Einkommensgrenze übersteigenden Anteil seines Einkommens für die Kosten der Vormundschaft einzusetzen (BayObLGZ 1999, 362, 363 f mwNw = FamRZ 2000, 562, 563). Bei dem letzten Schritt sind auch besondere Belastungen des Betroffenen zu berücksichtigen (BayObLG FamRZ 2002, 418, 419). Leistungen der Pflegeversicherung bleiben als Einkommen außer Betracht (LG Koblenz FamRZ 2001, 308 = BtPrax 2000, 222; Jürgens/

MARSCHNER § 1836c Rn 4 mwNw; **aA** offenbar OLG Zweibrücken, mitgeteilt in der Anm d Redaktion zu LG Koblenz FamRZ 2001, 309 m Hinweis auf BayObLGZ 1999, 362 = FamRZ 2000, 562); ebenso ein Schmerzensgeld nach § 253 Abs 2 BGB (JÜRGENS/MARSCHNER § 1836c Rn 4). Ist die Höhe eines Miterbenanteils des Betroffenen mangels Auseinandersetzung noch nicht ermittelt, kann ein Rückgriffsanspruch gegen den Betroffenen (hier: den Betreuten) noch nicht festgesetzt werden (OLG Schleswig FamRZ 2003, 1130 = NJW-RR 2003, 726).

Maßgeblich für die Beurteilung der Mittellosigkeit des Betroffenen ist der Zeitpunkt **20** der Entscheidung der letzten Tatsacheninstanz (OLG Frankfurt BtPrax 2003, 85, 86 mwNw); im Falle des Regresses der Zeitpunkt der Regressentscheidung (OLG Zweibrücken FGPrax 2007, 232). Ist der Betroffene zum Zeitpunkt der letzten tatrichterlichen Entscheidung wegen fehlender Verwertbarkeit eines vorhandenen Vermögenswertes mittellos (s dazu § 1836c BGB), so scheidet die Festsetzung einer Regresszahlung auch zum Zwecke der dinglichen Absicherung des bei später eintretender Leistungsfähigkeit des Betreuten festsetzbaren Rückgriffsanspruchs durch eine Zwangshypothek aus (OLG Frankfurt FamRZ 2009, 250 [LS] = BtPrax 2008, 269; OLG Frankfurt BtPrax 2003, 85, 86 = Rpfleger 2003, 365 [LS]). Der Rückgriffsanspruch des Sozialhilfeträgers im Fall einer Darlehensgewährung ist bei der Ermittlung des Nachlasswertes iSd § 1836e Abs 1 S 3 BGB vorrangig als Nachlassverbindlichkeit zu berücksichtigen. Führt dies zu einer Überschuldung des Nachlasses, scheidet eine Regressforderung aus (LG Saarbrücken FamRZ 2009, 1094). Ein Regress ist unmittelbar nach Vorleistung durch die Staatskasse anzuordnen, wenn ein Vermögensobjekt zZ nicht zumutbar verwertet, aber belastet werden kann (LG Kassel BtPrax 2012, 79).

Das LG Chemnitz entschied am 8. 6. 2017 (3 T 231/17, FamRZ 2018, 709; ihm folgend LG **21** Bielefeld FamRZ 2018, 1949 [LS]), dass beim Regress der Staatskasse gegen den Betreuten, bei denjenigen, die Eingliederungshilfe nach dem 6. Kapitel SGB XII erhalten, die neu eingeführte Vorschrift des § 60a SGB XII zu berücksichtigen ist. **AA** BGH, FamRZ 2019, 1006 m Anm d Redaktion. Die Vorschrift wurde durch Art 11 Nr 2 des Gesetzes zur Stärkung der Teilhabe und Selbstbestimmung von Menschen mit Behinderungen (Bundesteilhabegesetz – BTHG) vom 23. 12. 2016 (BGBl 2016 I 3234) eingeführt und lautet:

§ 60a
Sonderregelungen zum Einsatz von Vermögen

Bis zum 31. Dezember 2019 gilt für Personen, die Leistungen nach diesem Kapitel erhalten, ein zusätzlicher Betrag von bis zu 25000 Euro für die Lebensführung und die Alterssicherung im Sinne von § 90 Absatz 3 Satz 2 als angemessen; § 90 Absatz 3 Satz 1 bleibt unberührt.

Stellt das sachlich zuständige Gericht (Familiengericht oder Betreuungsgericht) bei **22** der Prüfung der Leistungsfähigkeit des im Wege des Regresses in Anspruch zu nehmenden Betroffenen fest, dass diesem gegenüber Verwandten **Unterhaltsansprüche** zustehen, hat es diese zwingend einzusetzen. Insoweit steht ihm ein Ermessen nicht zu. Das Gericht hat jedoch in diesem Verfahren nur zu entscheiden, ob dem Mündel Unterhaltsansprüche dem Grunde nach zustehen. Erst im Rahmen der Einziehung ist zu prüfen, ob die Zahlungsverpflichtung des Unterhaltsverpflichteten tatsächlich besteht (LG Koblenz FamRZ 2009, 371) oder ob Billigkeitserwägungen die

Durchsetzbarkeit des Anspruchs hindern (LG Kleve FamRZ 2002, 1290). Wird der Betreute nur deshalb als mittellos behandelt, weil von ihm möglicherweise zustehende Unterhaltsansprüche gerichtlich geltend gemacht werden müssten, hat das Betreuungsgericht grundsätzlich nicht das Bestehen der Unterhaltsansprüche zu prüfen. Es hat dagegen die **Verpflichtung** des Betreuten auszusprechen, an die Staatskasse im Rahmen des Rückgriffs entsprechende Zahlungen zu leisten. Gleichzeitig hat das Gericht kenntlich zu machen, dass dieser Titel nur die Grundlage für die Einziehung der Unterhaltsansprüche sein kann (BayObLGZ 2001, 271 = FamRZ 2002, 417). Ausnahmsweise kann die Festsetzung des Rückgriffsanspruchs unterbleiben, wenn nach den Feststellungen des Gerichts ein Unterhaltsanspruch (hier: des Betroffenen gegen seine betagten Eltern) offensichtlich nicht besteht (LG Duisburg FamRZ 2006, 507 [LS]; LG Duisburg 13. 9. 2010 – 12 T 165/10).

23 Hat der Betroffene gegenüber dem Betreuungsgericht **unrichtige Angaben** über die Höhe seines Vermögens gemacht und dadurch die Zahlung einer Betreuervergütung aus der Staatskasse veranlasst, ist die Prüfung einer etwaigen deliktischen Haftung des Betroffenen gegenüber der Staatskasse dem Zivilverfahren vorbehalten (LG Kassel Rpfleger 2013, 525 = FamRZ 2014, 244 [LS]). Näher § 1836d Rn 24.

24 Die Festsetzung des Regressanspruchs kann auf die Einziehung eines dem Betroffenen möglicherweise zustehenden Anspruchs beschränkt ausgesprochen werden, wenn es sich um einen Rückforderungsanspruch gemäß § 528 BGB handelt, ohne dass die tatsächlichen Voraussetzungen für das Bestehen eines solchen Anspruchs in dem Festsetzungsverfahren abschließend aufgeklärt werden müssten (OLG Hamm OLGR 2003, 343 = FamRZ 2003, 1873 = BtPrax 2003, 225).

25 Steht nach der freien Überzeugung des Gerichts der **Aufwand** zur Ermittlung der persönlichen und wirtschaftlichen Verhältnisse des Mündels **außer Verhältnis** zur Höhe des aus der Staatskasse zu begleichenden Anspruchs oder zur Höhe der voraussichtlich vom Mündel zu leistenden Zahlungen, so kann das Gericht ohne weitere Prüfung von einer Festsetzung der vom Mündel zu leistenden Zahlungen **absehen** (§§ 168 Abs 2 S 3, 292 Abs 1 FamFG).

26 Die **verjährungshemmende Wirkung** des Festsetzungsbeschlusses erfasst nur den konkret festgesetzten Erstattungsbetrag; sie erstreckt sich nicht auf die weiteren gemäß § 1908i Abs 1 S 1 BGB iVm § 1836e Abs 1 S 1 BGB auf die Staatskasse übergegangenen Ansprüche (LG Mainz FamRZ 2017, 2056 [LS] mwNw).

2. Verfahren

27 Die von dem Mündel im Rahmen seiner Leistungsfähigkeit zu leistenden Zahlungen werden vom Gericht durch Beschluss festgesetzt (§§ 168 Abs 1 S 2 FamFG). Entweder – der Regelfall – setzt das Gericht mit der Entscheidung über Vergütung und etwaigen Aufwendungsersatz Höhe und Zeitpunkt der an die Staatskasse zu leistenden Zahlungen fest, oder es folgt eine gesonderte Festsetzung (§ 168 Abs 1 S 2, 3 FamFG). Ebenfalls eine gesonderte Festsetzung ist dann erforderlich, wenn Vergütung oder Aufwendungsersatz durch den Urkundsbeamten nach den Vorschriften über das Verfahren bei der Entschädigung von Zeugen hinsichtlich ihrer baren Auslagen (§ 168 Abs 1 S 4 FamFG) zahlbar gemacht worden sind. Der Festsetzungsbeschluss muss die Höhe des von dem Betroffenen an die Staatskasse zu erstattenden Betrags konkret beziffern; er darf die Berechnung nicht dem Betroffenen überlassen oder durch Bezugnahme auf eine nachträglich erstellte Kostenrechnung auf den funktional unzuständigen Kostenbeamten übertragen (LG Mainz FamRZ 2017, 2056 [LS]). Die geltend gemachten Forderungen müssen ausreichend bestimmt sein (Beispiel unzureichender Angaben in LG Koblenz FamRZ 2013, 484). Wird der Regress nicht auf sämtliche aus der Staatskasse geleistete Vergütungszahlungen erstreckt, sind die zur Wiedereinziehung geltend gemachten auf die Staatskasse übergegangenen Vergütungsforderungen im Einzelnen aufzuführen. Fehlt bei einem vorausgegangenen Teilregressbeschluss die erforderliche Bestimmtheit, kann die Anordnung eines weiteren Regresses ausgeschlossen sein (LG Kassel BtPrax 2018, 123 = FamRZ 2018, 1363 jeweils LS).

Lehnt das Gericht die Festsetzung von Zahlungen des Betroffenen an die Staatskasse im Rahmen einer Vergütungsentscheidung ab, so ist dagegen die **befristete Beschwerde** gegeben (BayObLG OLGR 2002, 105 [LS]; jetzt §§ 58 ff FamFG). Hat das Amtsgericht eine Vergütung des Betreuers festgesetzt, die aus dem Vermögen des nicht mittellosen Betroffenen aufzubringen ist, so steht der Staatskasse nicht die Befugnis zur Einlegung der Beschwerde mit dem Ziel der Herabsetzung der Vergütung zu, um den auf diese Weise frei werdenden Vermögensbetrag für einen Regress im Hinblick auf in der Vergangenheit bereits gewährte Vergütungen aus der Staatskasse in Anspruch nehmen zu können (OLG Hamm BtPrax 2001, 261). Das Gericht hatte nicht zu entscheiden über einen vor dem 1. 1. 1999 von der Staatskasse gegen einen vermögend gewordenen Betreuten geltend gemachten Anspruch auf Erstattung der an den Betreuer gezahlten Vergütung (BayObLG FamRZ 2000, 300 = Rpfleger 1999, 390 = NJWE-FER 1999, 248 = JurBüro 1999, 431). **28**

Funktional zuständig für die Festsetzung ist der Rechtspfleger (§§ 3, 15 Abs 1 RPflG), in besonderen Fällen (§§ 6, 8 Abs 1 RPflG) der Richter, zB wenn im Zusammenhang mit der Bestellung oder danach (BayObLG FamRZ 2001, 867 = Rpfleger 2001, 300; FamRZ 2001, 1484 = Rpfleger 2001, 418) die berufsmäßige Führung der Verfahrenspflegschaft festgestellt und dem Betreffenden ein fester Geldbetrag bewilligt wurde oder wird (Arnold/Meyer-Stolte/Rellermeyer § 14 RPflG Rn 72). **29**

Der Mündel ist zu hören, bevor nach § 168 Abs 1 FamFG eine von ihm zu leistende Zahlung festgesetzt wird (§ 168 Abs 4 FamFG). Eine persönliche Anhörung ist nicht vorgesehen. Ob eine schriftliche Anhörung ihrem Zweck genügt, muss im Einzelfall geprüft und entschieden werden und richtet sich danach, ob nach der Sachlage davon ausgegangen werden kann, der Mündel werde in der Lage sein, die entsprechende Mitteilung des Gerichts zu verstehen und darauf zu reagieren. Der Betreute ist gemäß §§ 9, 275, 316 FamFG verfahrensfähig und damit rechtlich in der Lage, seine Interessen im Verfahren selbst wahrzunehmen. Ist er dazu aus tatsächlichen Gründen nicht in der Lage, ist ihm gemäß § 276, 317 FamFG ein Verfahrenspfleger zu bestellen (zur Notwendigkeit, auch im Verfahren über die Festsetzung der Betreuervergütung die Bestellung eines Verfahrenspflegers zu prüfen und das Absehen von der Bestellung zu begründen, OLG Karlsruhe FamRZ 2003, 405 mwNw; auch Keidel/Engelhardt § 168 FamFG Rn 13 mwNw). Richtet sich die Regressforderung gegen den (minderjährigen) Mündel oder Pflegebefohlenen und kommt für seine Vertretung im Regressverfahren nicht der gesetzliche Vertreter in Betracht, ist in dem Fall von dessen Verhinderung die Bestellung eines Pflegers nach § 1909 BGB erforderlich. Die Bestellung eines Verfahrensbeistands **30** sieht § 158 Abs 1 FamFG nur für Kindschaftssachen vor, die die Person des minderjährigen Kindes betreffen.

31 Stirbt der Betreute während des gegen ihn gerichteten Regressverfahrens, wird das Verfahren gegen die Rechtsnachfolger (unbekannte Erben vertreten durch einen Nachlasspfleger) von Amts wegen fortgeführt (OLG Stuttgart FamRZ 2007, 1912 = NJW-RR 2007, 1593).

III. Rückgriff gegen den Erben des Betroffenen

1. Voraussetzungen

32 Ein Regressanspruch kann nur gegen den Erben des verstorbenen Betreuten festgesetzt, nicht aber gegen einen Dritten geltend gemacht werden, dem aufgrund einer Bezugsberechtigung eine Versicherungssumme aus einer vom Betreuten abgeschlossenen Lebensversicherung ausgezahlt wurde. Für die Inanspruchnahme eines Erben ist es unerheblich, ob dessen Erbteil bereits ausbezahlt wurde; die Aufteilung des Nachlasses und die Entscheidung der Erben untereinander, wer die Betreuervergütung letztlich trägt, hindert nicht die Inanspruchnahme durch die Staatskasse (LG Koblenz FamRZ 2007, 2008 [LS]). Sind die Erbverhältnisse unklar (hier außerdem wegen unbekannter Erben bestehende Nachlasspflegschaft) und ein Abwarten bis zur endgültigen Feststellung der Erbmasse unzumutbar, ist der Anspruch des Betreuers gegen die Staatskasse festzusetzen (LG Kassel FamRZ 2015, 1317).

33 Für die Inanspruchnahme der/des Erben nach dem Tode des Mündels für die Vergütung und den Aufwendungsersatz des Vormunds (§§ 1835 ff BGB, § 3 ff VBVG) steht nur der Nachlass abzüglich der Erbfallschulden zur Verfügung (Abs 1 S 2 1. HS; LG Kassel FamRZ 2015, 1317). Der Wert des Nachlasses ist durch Abzug der Nachlassverbindlichkeiten von dem Aktivvermögen zu ermitteln. Zu den zu berücksichtigenden Nachlassverbindlichkeiten gehören vor allem diejenigen Verpflichtungen, die vom Erblasser herrühren oder die im Zeitpunkt des Erbfalls bereits dem Grund nach angelegt waren und wegen ihrer Zwangsläufigkeit für den Erben Vorrang beanspruchen können (BGH FamRZ 2014, 1775 Rn 13, 14 = NJW 2014, 3370 = FGPrax 2014, 254 = Rpfleger 2015, 22). Nachlassverbindlichkeiten, insbesondere Bestattungskosten, sind nicht aus dem Freibetrag zu decken. Dieser ist dem Erben zu belassen (OLG Düsseldorf FamRZ 2002, 1658; BtPrax 2002, 263; BayObLG FamRZ 2002, 699 m abl Anm Bienwald = BtPrax 2002, 77; OLG Frankfurt NJW 2004, 373 = BtPrax 2004, 37 = FamRZ 2004, 836 [LS]; Jürgens/Marschner § 1836e Rn 5; **aA** LG Trier BtPrax 2000, 132; das LG Koblenz hat seine bisherige **aA** aufgegeben, s FamRZ 2004, 223). Im Falle des OLG Düsseldorf (FamRZ 2002, 1658) ging es nicht nur um die Bestattungskosten, sondern auch um die für die Zeit nach dem Tod des Betroffenen geschuldete (und nicht vermeidbare) Miete für die Wohnung der betreuten Person, die von den Erben noch drei Monate lang zu zahlen war. Zu den Nachlassverbindlichkeiten gehört auch der Regressanspruch der Staatskasse wegen erstatteter Betreuervergütung (LG Koblenz FamRZ 2009, 1710). § 1836c BGB, der für den lebenden Mündel maßgebend ist, findet auf den/die Erben keine Anwendung (Abs 1 S 2 2. HS). Stattdessen gelten §§ 102 Abs 3 und 4 SGB XII entsprechend.

34 Die Beschränkung der Erbenhaftung für Auslagenersatz und Vergütung des Betreuers gilt nicht nur im Fall des Regresses, sondern auch bei der Festsetzung un-

mittelbar gegen die Erben (OLG Frankfurt NJW 2004, 373 = BtPrax 2004, 37 = FamRZ 2004, 836 [LS]). Eine den Erben treffende grundbuchlich gesicherte Verpflichtung zur Übernahme eines Grundstücksanteils, die der verstorbene Betroffene eingegangen ist, kann eine abzugsfähige Nachlassverbindlichkeit sein (OLG München FamRZ 2006, 508 = NJW-RR 2005, 1531).

Nach § 102 Abs 3 und 4 SGB XII, auf die § 1836e Abs 1 BGB verweist, kann der 35 Anspruch auf Kostenersatz nicht geltend gemacht werden, 1. soweit der Wert des Nachlasses unter dem Dreifachen des Grundbetrages nach § 85 Abs 1 SGB XII liegt, 2. soweit der Wert des Nachlasses unter dem Betrag von 15340 Euro liegt, wenn der Erbe der Ehegatte oder Lebenspartner der leistungsberechtigten Person oder mit dieser verwandt ist und nicht nur vorübergehend bis zum Tod der leistungsberechtigten Person mit dieser in häuslicher Gemeinschaft gelebt und sie gepflegt hat, oder 3. soweit die Inanspruchnahme des Erben nach der Besonderheit des Einzelfalls eine besondere Härte bedeuten würde. Zur besonderen Härte BGH FamRZ 2014, 1775 Rn 27 = NJW 2014, 3370.

Die Inanspruchnahme der Erben nach dem Tod des Betroffenen und die Berück- 36 sichtigung von Vermögensgegenständen des Nachlasses setzt voraus, dass diese verwertbar sind (BGH FamRZ 2014, 1775 Rn 23 = NJW 2014, 3370). Das gilt auch für verwertbare Forderungen (LG Koblenz FamRZ 2006, 647 [LS]). Hieran fehlt es insbesondere, wenn der Verwertung ein rechtliches oder tatsächliches Hindernis entgegensteht oder sie nicht in angemessener Zeit durchgeführt werden kann. In diesem Falle bleibt es bei oder kommt es zu der Verpflichtung des Staates, zunächst für die Vergütung und den Aufwendungsersatz des Vormunds aufzukommen (BayObLG FamRZ 2003, 1129; FamRZ 2002, 417 = BtPrax 2002, 40 [41] mwNw). Handelt es sich bei dem in Frage stehenden Vermögensgegenstand um eine Immobilie, hindert dies deren Verwertung nicht. Der Erbe kann in der Regel unter Belastung der Immobilie ein Darlehn aufnehmen und davon die Vergütungsforderung tilgen (vgl BayObLG FamRZ 2002, 417 = BtPrax 2002, 40, 41; BGH FamRZ 2014, 1775 Rn 23 = NJW 2014, 3370).

Während das Gericht gegenüber dem bisherigen Betroffenen nicht verpflichtet war/ 37 ist, in jedem Falle die Rückgriffsmöglichkeit gegen ihn wahrzunehmen, sondern nach Maßgabe des § 168 Abs 1 S 2, Abs 2 S 3 FamFG davon absehen kann, sieht die Inanspruchnahme des Erben gemäß § 168 Abs 3 FamFG diese Möglichkeit nicht vor.

Dem Erben stehen gegen den Anspruch grundsätzlich alle Einwendungen und Ein- 38 reden zu, die der Mündel dem Anspruch hätte entgegensetzen können. War der Regress gegen den Betroffenen bereits rechtskräftig festgesetzt, bindet diese Festsetzung den Erben (MünchKomm/Wagenitz Rn 15). Einwendungen, die sich gegen die (mangelnde) Qualität der Amtsführung richten, können in diesem Verfahren nicht geltend gemacht werden (Keidel/Engelhardt § 168 FamFG Rn 21).

2. Verfahren

Nach dem Tode des Mündels bestimmt das Gericht Höhe und Zeitpunkt der Zah- 39 lungen, die vom Erben des Mündels gemäß § 1836e BGB an die Staatskasse zu leisten sind (§§ 168 Abs 3 S 1, 292 Abs 1 FamFG). Der Erbe ist vor dieser Entscheidung – nicht notwendig persönlich – zu hören (§ 168 Abs 4 S 2 FamFG). Ist der Anspruch bereits nach Ablauf der Dreijahresfrist gemäß § 1836e Abs 1 S 2 BGB erloschen, entfällt die Geltendmachung (MünchKomm/Wagenitz Rn 14). Wurde der Betroffene bereits im Wege des Regresses in Anspruch genommen, ist die Staatskasse insoweit befriedigt und der übergegangene Anspruch erloschen, so dass die Erben – innerhalb der Frist – nur auf den unerledigten Rest in Anspruch genommen werden können. Es kommt nicht darauf an, dass der Anspruch bereits zu Lebzeiten des Mündels übergegangen war oder dass die Staatskasse den Anspruchsberechtigten erst nach dem Tod des Mündels befriedigt und damit den Anspruchsübergang herbeigeführt hat (MünchKomm/Wagenitz Rn 14). Für eine Heranziehung der Vorschrift zwecks Prüfung, ob wegen Mittellosigkeit eine Zahlung aus der Staatskasse zu erfolgen hat, OLG Hamm Rpfleger 2002, 314 (im Anschluss an OLG Thüringen FGPrax 2001, 22).

40 Das Gericht kann von dem Erben verlangen, dass über den Bestand des Nachlasses Auskunft erteilt wird (§ 168 Abs 3 S 2 FamFG). Es kann auch verlangen, dass ihm ein Verzeichnis der zur Erbschaft gehörenden Gegenstände vorgelegt und an Eides Statt versichert wird, dass der Bestand nach bestem Wissen und Gewissen so vollständig angegeben wurde, als man dazu imstande sei (§ 168 Abs 3 S 3 FamFG).

41 Gegen die Entscheidung des Rechtspflegers ist entweder die befristete Erinnerung (§ 11 Abs 2 RPflG) oder die befristete Beschwerde (§ 11 Abs 1 RPflG, § 58 ff FamFG) gegeben. Ohne gerichtliche Zulassung ist die Beschwerde statthaft, wenn der Wert des Beschwerdegegenstands 600 Euro übersteigt § 61 Abs 1 FamFG), andernfalls muss die Beschwerde vom Gericht des ersten Rechtszugs zugelassen worden sein. Das Gericht hat die Beschwerde zuzulassen, wenn die Rechtssache grundsätzliche Bedeutung hat oder die Fortbildung des Rechts oder die Sicherung einer einheitlichen Rechtsprechung eine Entscheidung des Beschwerdegerichts erfordert und der Beteiligte durch den Beschluss mit nicht mehr als 600 Euro beschwert ist. Sowohl die Zulassung als auch die Nichtzulassung sind unanfechtbar (Keidel/Meyer-Holz § 61 FamFG Rn 40).

3. Vollstreckung

42 Die Ansprüche gegen die Erben werden nach den allgemeinen Vorschriften geltend gemacht und gegebenenfalls vollstreckt.

Untertitel 3
Fürsorge und Aufsicht des Familiengerichts

§ 1837
Beratung und Aufsicht

(1) Das Familiengericht berät die Vormünder. Es wirkt dabei mit, sie in ihre Aufgaben einzuführen.

(2) Das Familiengericht hat über die gesamte Tätigkeit des Vormunds und des Gegenvormunds die Aufsicht zu führen und gegen Pflichtwidrigkeiten durch geeignete Gebote und Verbote einzuschreiten. Es hat insbesondere die Einhaltung der erforderlichen persönlichen Kontakte des Vormunds zu dem Mündel zu beaufsichtigen. Es kann dem Vormund und dem Gegenvormund aufgeben, eine Versicherung gegen Schäden, die sie dem Mündel zufügen können, einzugehen.

(3) Das Familiengericht kann den Vormund und den Gegenvormund zur Befolgung seiner Anordnungen durch Festsetzung von Zwangsgeld anhalten. Gegen das Jugendamt oder einen Verein wird kein Zwangsgeld festgesetzt.

(4) §§ 1666, 1666a und 1696 gelten entsprechend.

Materialien: E I § 1681; II § 1714; III § 1813; Mot IV 1026, 1155; Prot IV 800. Geändert durch Gesetz zur Wiederherstellung der Gesetzeseinheit auf dem Gebiet des bürgerlichen Rechts v 5. 3. 1953 (BGBl I 33) I. Teil Art 4 Nr 1; NEhelG v 19. 8. 1969 (BGBl I 1243) Art 1 Nr 60; EGStGB v 2. 3. 1974 (BGBl I 469) Art 121 Nr 6; SorgeRG v 18. 7. 1979 (BGBl I 1061) Art 1 Nr 51; BtG v 12. 9. 1990 (BGBl I 2002) Art 1 Nr 41; KindRG v 16. 12. 1997 (BGBl I 2942) Art 1 Nr 43; neugefasst durch Bekanntmachung v 2. 1. 2002 (BGBl I 42); Abs 1 S 1, Abs 2 S 1 und Abs 3 S 1 geändert durch Art 50 Nr 42 nach Maßgabe von Art 111 FGG-RG v 17. 12. 2008 (BGBl I 2586) mit Wirkung v 1. 9. 2009; Abs 2 S 2 eingefügt durch Gesetz zur Änderung des Vormundschafts- und Betreuungsrechts v 29. 6. 2011 (BGBl I 1306) Art 1 Nr 3 mit Wirkung v 5. 7. 2012.

Schrifttum

Bienwald, Unterstützungspflicht des JA nach § 47 d JWG (§ 54 a JWG), DAVorm 1987, 107

Harm/Mix/Opitz/Pütz/Rotax/Rüting, Amtsvormundschaft und Familiengericht im Spannungsfeld der unterschiedlichen Aufgabenwahrnehmung vor dem Hintergrund der Vormundschaftsreform, FamRZ 2012, 1849

Hoffmann, Kooperation zwischen Vormundin/Pfleger und Familiengericht, JAmt 2011, 299

Josef, Die Selbständigkeit des Vormundes und das Aufsichtsrecht des Vormundschaftsgerichts, AcP 97 (1905) 108

Kaufmann, Das Vormundschaftsgericht als Erzieher – Konflikte zwischen Vormund und Vormundschaftsgericht wegen der Reichweite der Aufsicht, DAVorm 1999, 335

Kunkel, Das Jugendamt als Amtsvormund – Zugleich Anmerkung zur Entscheidung des BVerfG v. 24. 3. 2014 zum Kinderschutz, FamRZ 2015, 901

Lüderitz, Elterliche Sorge als privates Recht, AcP 178 (1978) 263

Schulte-Bunert, Die Vollstreckung von verfahrensleitenden gerichtlichen Anordnungen nach § 35 FamFG, FuR 2009, 125

Veit, Was muss die große Reform der Vormundschaft noch bewegen?, FamRZ 2012, 1841.

Systematische Übersicht

Alphabetische Übersicht

I. Normzweck, Historie, Systematik

1. Normzweck

1 Das BGB hat sich im Anschluss an frühere Rechte, insbesondere das gemeine Recht und die preußische Vormundschaftsordnung (Mot IV 1022 ff), zum **Grundsatz der Selbständigkeit des Vormunds** bekannt. Das bedeutet, dass der Vormund sein Amt grundsätzlich selbständig und in eigener Verantwortung führt, soweit ihm nicht durch Gesetz oder besondere Anordnungen Grenzen gezogen sind. Er steht nicht unter der Leitung des Familiengerichts; dieses kann ihm daher bei Zweckmäßigkeitsentscheidungen keine Weisungen erteilen, das Ermessen des Vormunds nicht durch sein eigenes ersetzen und nicht seine Meinung an die Stelle der Meinung des Vormunds

setzen (OLG Karlsruhe 19. 12. 2016 – 14 W 130/16, juris Rn 5, ErbR 2017, 427 mwNw [betr Nachlasspflegschaft]; OLG Zweibrücken 12. 11. 2013 – 6 UF 118/13, juris Rn 7, FamRZ 2014, 670, 671; OLG Hamm FamRZ 2012, 1312, 1313; BayObLG FamRZ 1992, 108; OLG Stuttgart FamRZ 1981, 99 [LS]; OLG Karlsruhe FamRZ 2006, 507, 508; LG Berlin DAVorm 1979, 434; LG Bielefeld FamRZ 1990, 664; LG Köln FamRZ 1993, 110, 111; DIJuF-Rechtsgutachten JAmt 2017, 593, 594; DIJuF-Rechtsgutachten JAmt 2013, 269, 270; Gernhuber/Coester-Waltjen § 71 Rn 24; MünchKomm/Kroll-Ludwigs Rn 3; Soergel/Zimmermann Rn 3; Palandt/Götz Rn 1; zur Reichweite der Selbständigkeit des Realvormunds gegenüber dem Jugendamt als Legalvormund Nachw in § 1791b Rn 36).

Der Grundsatz der Selbständigkeit des Vormunds erfährt seine wesentlichste Ein- 2
schränkung durch die Bestimmung des § 1837 Abs 2 S 1 BGB, wonach Vormund und Gegenvormund bei ihrer gesamten Tätigkeit der beständigen Aufsicht des Familiengerichts unterliegen und dieses gegen Pflichtwidrigkeiten durch geeignete Gebote und Verbote einzuschreiten hat (Mot IV 1155, 1026; Prot IV 800). In der dem Familiengericht obliegenden Verantwortung für das Wohl des Mündels ist dieses, wenn die Voraussetzungen für sein Einschreiten vorliegen, dazu nicht nur berechtigt, sondern auch verpflichtet.

Eine Ausnahme vom System der Aufteilung der Funktionen zwischen dem grund- 3
sätzlich ausschließlich für den Mündel handelnden Vormund und dem die Aufsicht führenden, aber nicht selbst handelnden Familiengericht enthält § 1837 Abs 4 iVm § 1666 Abs 3 Nr 5 BGB, der vorsieht, dass das Familiengericht Erklärungen des Vormunds ersetzen kann, wenn das Wohl des Mündels gefährdet ist (s unten Rn 79). Eine weitere Ausnahme regelt § 1846 BGB, der das Familiengericht ermächtigt, die im Interesse des Mündels erforderlichen Maßregeln zu treffen, wenn ein Vormund noch nicht bestellt oder der Vormund an der Erfüllung seiner Pflichten verhindert ist (s § 1846 Rn 2). Hinzu kam schließlich – bis zu seiner Aufhebung durch das Betreuungsgesetz – § 1844 Abs 2 BGB aF, der bei der Bestellung einer vom Vormund zu leistenden Sicherheit die Ersetzung der Mitwirkung des Mündels durch die Anordnung des Familiengerichts vorsah (vgl die noch geltende gleiche Regelung bei der elterlichen Sorge in § 1667 Abs 3 S 3 BGB).

2. Historie

Mehrere Gesetze griffen im Lauf der Jahrzehnte in den Bestand des § 1837 BGB ein, 4
ohne dessen Charakter als „Grundnorm“ für die familiengerichtliche Aufsicht (MünchKomm/Kroll-Ludwigs Rn 1) zu verändern. Erst das Betreuungsgesetz vom 12. 9. 1990 (BGBl I 2002) brachte mit der Voranstellung des neuen Abs 1 eine – beabsichtigte – Verschiebung der Gewichte von der „obrigkeitlichen“ Kontrolle zur Beratung (s unten Rn 11). Dennoch steht in den folgenden Vorschriften, die die „Fürsorge und Aufsicht des Familiengerichts“ regeln, nach wie vor die Ausgestaltung der Aufsicht im Vordergrund; Ziel der Fürsorge ist zudem das Wohl des Mündels, das auch dadurch gefördert wird, dass das Familiengericht die Vormünder berät (zur Aufsicht des Familiengerichts als Wahrnehmung des dem Kind gegen seinen Vormund zustehenden Rechts Gernhuber/Coester-Waltjen § 71 Rn 23).

In der ursprünglichen Fassung des BGB bestand § 1837 aus dem jetzigen Abs 2 S 1 5
und einem weiteren Absatz, der lautete: „Das Familiengericht kann den Vormund

und den Gegenvormund zur Befolgung seiner Anordnungen durch Ordnungsstrafen anhalten. Die einzelne Strafe darf den Betrag von dreihundert Mark nicht übersteigen." Die Beschränkung der Ordnungsstrafe auf 300 Mark wurde durch Art XIV Abs 2 Nrn 3 und 4 der VO vom 6. 2. 1924 über Vermögensstrafen und Bußen (RGBl I 44) aufgehoben, der ursprüngliche Abs 2 S 2 dann aber durch Gesetz vom 5. 3. 1953 (BGBl I 33) gestrichen.

6 Das **NEhelG** vom 19. 8. 1969 (BGBl I 1243) fügte dem früheren Abs 2 den Satz an: „Gegen das Jugendamt oder einen Verein werden keine Ordnungsstrafen festgesetzt". Das **EGStGB** vom 2. 3. 1974 (BGBl I 469) ersetzte in Abs 2 S 1 und 2 (aF) jeweils das Wort „Ordnungsstrafe" durch „Zwangsgeld". Das **SorgeRG** vom 18. 7. 1979 (BGBl I 1061), das die Möglichkeiten eines Eingreifens des Familiengerichts bei Gefährdung des Kindeswohls durch die Eltern neu regelte (§§ 1666, 1666a, 1667, 1696 BGB), fügte dem § 1837 BGB aF als Abs 3 die Bestimmung an, die jetzt Abs 4 ist. Die darin enthaltene Verweisung wurde durch das **KindRG** vom 16. 12. 1997 (BGBl I 2942) der Neufassung der §§ 1666, 1667 BGB angepasst.

7 Das **Betreuungsgesetz** vom 12. 9. 1990 (BGBl I 2002) stellte den Bestimmungen des § 1837 BGB aF einen neuen Abs 1 voran und fügte dem früheren Abs 1, der Abs 2 wurde, Satz 2 an (s BT-Drucks 11/4528, 113 f).

8 Mit dem Wegfall des Vormundschaftsgerichts durch das **FGG-Reformgesetz** (näher Vorbem 72 zu §§ 1773 ff) wurde die Ersetzung des Substantivs „Vormundschaftsgericht" durch „Familiengericht" erforderlich (Art 50 Nr 42 FGG-RG [BGBl I 2008, 2724]).

9 Die letzte Änderung brachte das **Gesetz zur Änderung des Vormundschafts- und Betreuungsrechts** vom 29. 6. 2011 (BGBl I 1306). Es verankerte die Pflicht des Vormunds zum persönlichen Kontakt mit dem Mündel (§ 1793 Abs 1a BGB; näher § 1793 Rn 24 ff) und erstreckt mit dem neu eingefügten S 2 in Abs 2 die Aufsicht des Gerichts auf diese Kontaktpflicht (BT-Drucks 17/3617, 8). Diese Änderung gilt mit Wirkung vom 5. 7. 2012 (Art 3 des Gesetzes zur Änderung des Vormundschafts- und Betreuungsrechts).

3. Systematik

10 Die Vorschrift wird, va in Bezug auf die in Abs 2–4 enthaltenen Befugnisse des Familiengerichts, in die Amtsführung des Vormunds einzugreifen, durch spezielle Ermächtigungsnormen ergänzt, zB die §§ 1796, 1801 S 1, 1886 BGB sowie die Genehmigungsvorbehalte der §§ 1811 ff BGB (MünchKomm/Kroll-Ludwigs Rn 2; NK-BGB/Rohde/Heitmann Rn 1).

II. Einführung, Beratung und Unterstützung des Vormunds durch das Familiengericht (Abs 1)

11 Die Stellung des Vormunds, der sein Amt grundsätzlich selbständig führt (s oben Rn 1), und die des Familiengerichts, das ihm für diese Amtsführung grundsätzlich keine Weisungen erteilt, ihn aber beaufsichtigt und gegen Pflichtwidrigkeiten einschreitet, standen einander nach dem System des BGB als gegensätzliche Positionen gegenüber. Das Betreuungsgesetz hielt es für angebracht, den früheren Abs 1–3 (jetzt

Abs 2–4), die – wie es in der Begründung des RegE heißt – „die Rechtsmacht des Gerichts in den Vordergrund" stellen, den neuen Abs 1 voranzustellen, der „die fürsorgliche Tätigkeit des Gerichts betont" (BT-Drucks 11/4528, 113).

1. Einführung des Vormunds in seine Aufgaben (Abs 1 S 2)

Nach Abs 1 S 2 wirkt das Familiengericht dabei mit, die Vormünder in ihre Aufgaben einzuführen. Die im RegE ferner enthaltenen Worte „und sie fortzubilden" wurden entsprechend dem Vorschlag des Bundesrates (BT-Drucks 11/4528, 206) gestrichen (s dazu die Gegenäußerung der Bundesregierung BT-Drucks 11/4528, 226, insbes zur Mitwirkung von Richtern und Rechtspflegern an Fortbildungsveranstaltungen, die die Behörden und Vereine für Vormünder, Pfleger und Betreuer durchführen sollen). 12

Das Gesetz über die Vergütung von Berufsvormündern (Art 2 Buchst a des Betreuungsrechtsänderungsgesetzes vom 25. 8. 1998 [BGBl I 1580]), das die Höhe der einem Berufsvormund zu gewährenden Vergütung ua vom Erwerb besonderer, für die Führung einer Vormundschaft nutzbaren Kenntnisse durch eine abgeschlossene Lehre oder Hochschulausbildung abhängig macht, regelte in seinem § 2 BVormVG die **Umschulung und Fortbildung** von Berufsvormündern. Nach dieser Vorschrift konnten im Landesrecht nähere Bestimmungen auch über eine Fortbildung als Voraussetzung einer Gleichstellungsprüfung getroffen werden. § 2 BVormVG wurde am 1. 7. 2005 durch § 11 VBVG ersetzt.

Eine Einführung des Vormunds in sein Amt war schon vor dem Inkrafttreten des Betreuungsgesetzes üblich (BT-Drucks 11/4528, 113). Die Verpflichtung des Vormunds zu treuer und gewissenhafter Führung der Vormundschaft kann nur dann ihren Zweck erfüllen, wenn der Vormund spätestens bei Antritt seines Amts, soweit nötig, über die Aufgaben, die er treu und gewissenhaft zu erfüllen hat, unterrichtet wird. Zu dieser Einführung gehört insbesondere der Hinweis auf bestimmte Vorschriften, die der Vormund zu beachten hat, zB § 1802 BGB (Aufstellung und Einreichung eines Verzeichnisses des Mündelvermögens) und § 1840 BGB (periodische Rechnungslegung), aber auch die Belehrung über den Kreis der Rechtsgeschäfte, zu deren Vornahme der Vormund der Genehmigung des Familiengerichts bedarf. 13

Die einführende Unterrichtung des Vormunds erfolgt bei seiner Verpflichtung zu treuer und gewissenhafter Führung der Vormundschaft (§ 1789 BGB), bei der auch die Bestallungsurkunde (§ 1791 BGB) übergeben wird.

Anhaltspunkte für die **Art und den Inhalt der Einführung** lassen sich aus **§ 289 FamFG** gewinnen. Danach wird der Betreuer mündlich verpflichtet und über seine Aufgaben unterrichtet (Abs 1). Ausgenommen sind Vereinsbetreuer, Behördenbetreuer, Vereine, die zuständige Behörde und Personen, die die Betreuung im Rahmen ihrer Berufsausübung führen (Abs 1 S 2); nach Abs 2 führt das Gericht „in geeigneten Fällen" mit dem Betreuer und dem Betroffenen ein Einführungsgespräch (dazu näher Keidel/Budde § 289 FamFG Rn 5 f). 14

2. Beratung des Vormunds (Abs 1 S 1)

a) Konkurrierende Beratungsansprüche

15 Nach § 1837 Abs 1 S 1 BGB berät das Gericht die Vormünder. Der Vormund hat einen **subjektiv-öffentlichrechtlichen Anspruch** auf Beratung durch das Gericht (Hoffmann JAmt 2011, 299, 300; MünchKomm/Kroll-Ludwigs Rn 5; Erman/Schulte-Bunert Rn 2). Durch diese Regelung sollte „die Aufgabe des Vormundschaftsgerichts (seit 1. 9. 2009: Familiengerichts), durch Beratung Hilfe zu leisten, verdeutlicht werden" (BT-Drucks 11/4528, 113).

16 Diese Beratungspflicht tritt neben die in § 53 Abs 2 SGB VIII vorgesehene **Beratungspflicht des Jugendamts** (s dazu DIV-Gutachten DAVorm 1986, 696; Bienwald DAVorm 1987, 107); auch hier entspricht der Pflicht des Jugendamts ein entsprechender Anspruch (§ 53 Abs 2 iVm § 3 Abs 2 S 2 SGB VIII). Der Vormund hat sogar einen Anspruch auf „regelmäßige und dem jeweiligen erzieherischen Bedarf des Mündels entsprechende Beratung und Unterstützung". Dieser Anspruch ist damit umfassender als der in § 1837 Abs 1 S 1 BGB formulierte, woraus abgeleitet wird, dass das Familiengericht sich bei der Unterstützung des Vormunds zurückhalten kann (Staudinger/Engler [2004] Rn 15). Für diese Sichtweise spricht der Umstand, dass das Familiengericht sich – schon im Hinblick auf den Grundsatz der Selbständigkeit des Vormunds – Zurückhaltung auferlegen sollte (s auch Erman/Schulte-Bunert Rn 2).

17 Neben Familiengericht und Jugendamt sind auch die **rechtsfähigen Vereine** zur Beratung und – anders als die beiden zuvor genannten Institutionen – zur Fortbildung verpflichtet, und zwar von Einzelvormündern, Einzelpflegern und Beiständen (arg e § 54 Abs 2 Nr 2 SGB VIII). In der Praxis verlagert sich sogar die Beratungsarbeit vom Jugendamt auf die rechtsfähigen Vereine (Wiesner/Wiesner § 53 SGB VIII Rn 8), was mit Blick auf die zusätzliche Kontrollfunktion des Jugendamts (s § 53 Abs 3 SGB VIII) als sachgerechte Entwicklung eingeordnet wird (Wiesner/Wiesner § 53 SGB VIII Rn 8).

18 Für das Betreuungsrecht regelt § 4 BtBG einen Beratungs- und Unterstützungsanspruch des Betreuers gegenüber der Betreuungsbehörde.

b) Inhalt der Beratung durch das Familiengericht

19 Zur Beratung gehört das Äußern von Empfehlungen oder Rechtsauskünften (Palandt/Götz Rn 2). Das Gericht darf einen rechtsunkundigen Vormund auf die rechtlichen Folgen seines Handelns hinweisen oder ihm die Unzweckmäßigkeit oder Pflichtwidrigkeit einer vom Vormund beabsichtigten Maßnahme vor Augen führen (BayObLG NJW 1999, 3205; MünchKomm/Kroll-Ludwigs Rn 5; Palandt/Götz Rn 2). Allerdings hat das Gericht immer zu berücksichtigen, dass der Rat eines beaufsichtigenden Organs vielfach faktisch einer Entscheidung gleichkommt (Gernhuber/Coester-Waltjen § 71 Rn 19).

Der Vormund darf mit Blick auf die Selbständigkeit seiner Amtsführung die Beratungsaufgabe des Gerichts auch nicht in dem Sinne missverstehen, dass er sich vor jeder nicht ganz unwesentlichen Maßnahme oder Entscheidung, die er für den Mündel zu treffen hat, beim Gericht absichert (Palandt/Götz Rn 2; Hoffmann JAmt 2011, 299, 300). Das Familiengericht darf umgekehrt, besonders wenn eine Entscheidung über die Genehmigung eines genehmigungsbedürftigen Rechtsgeschäfts in Betracht kommt, seine Unbefangenheit nicht dadurch in Frage stellen, dass es den Vormund laufend berät und auf diese Weise mehr oder weniger deutlich die „Leitung" der Vormundschaft übernimmt (vgl auch GERNHUBER/COESTER-WALTJEN § 71 Rn 19).

c) Beratungsanspruch nur des Vormunds, nicht des Mündels

Den Beratungsanspruch hat nur der Vormund, nicht der Mündel. Dennoch kann das **20** Gericht dem Mündel, ebenso wie etwa seinen Angehörigen, mit Hinweisen und Ratschlägen zur Seite stehen, soweit es sich nicht durch Art und Umfang der Beratung an die Stelle des Vormunds setzt (BT-Drucks 11/4528, 113). Die Beratung des Mündels kann vor allem bei Konflikten zwischen Mündel und Vormund von Bedeutung sein; ein besonderes formalisiertes Vermittlungsverfahren wurde vom Gesetzgeber aber bewusst nicht aufgenommen (BT-Drucks 11/4528, 113). Das Gericht hat verschiedene Möglichkeiten, bei Konflikten zwischen Vormund und Mündel zu vermitteln, etwa im Rahmen der Beratung des Vormunds nach Abs 1, der Aufsicht nach Abs 2, im Verfahren über die Genehmigung bestimmter Rechtsgeschäfte oder Rechtshandlungen des Vormunds oder im Verfahren über eine Anregung des Mündels, den Vormund nach § 1886 BGB zu entlassen (für die Betreuung BT-Drucks 11/4528, 113). Bei der Konfliktberatung hat das Gericht aber streng darauf zu achten, dass es nicht das Vertrauen der Beteiligten in seine Unbefangenheit aufs Spiel setzt und das Bewusstsein des Vormunds (Betreuers) von seiner Verantwortlichkeit schwächt.

3. Unterstützung des Vormunds

Die Pflicht des Familiengerichts, den Vormund zu unterstützen, ist in § 1837 BGB **21** nicht ausdrücklich formuliert. Für die Vermögenssorge wird sie aus dem Fürsorgedanken, auf dem diese Vorschrift neben der Aufsichtsfunktion basiert, abgeleitet (s Wortlaut des Untertitels 3 vor § 1837 BGB [„Fürsorge"]; ERMAN/SCHULTE-BUNERT Rn 3; MünchKomm/KROLL-LUDWIGS Rn 8). Im Bereich der Personensorge folgt diese Pflicht aus §§ 1800 S 1, 1631 Abs 3 BGB.

Nach § 1800 S 1 BGB bestimmen sich das Recht und die Pflicht des Vormunds, für die **22** Person des Mündels zu sorgen, nach den §§ 1631 bis 1632 BGB. Das Familiengericht hat also gemäß § 1631 Abs 3 BGB in geeigneten Fällen auch den Vormund – auf seinen Antrag – bei der Ausübung der Personensorge (die nach § 1631 Abs 1 BGB insbesondere die Pflege, Erziehung, Beaufsichtigung des Mündels und die Bestimmung seines Aufenthalts umfasst) zu unterstützen (s dazu, insbes zum beschränkten Anwendungsbereich dieser Regelung, die Erl zu § 1631 BGB). Das Familiengericht darf aber auch unter dem Gesichtspunkt der Unterstützung des Vormunds **keine** diesen **bindenden Anordnungen** treffen, selbst wenn der Vormund damit einverstanden wäre (vgl BayObLGZ 1951, 440, 447; LG Berlin JR 1963, 346; ERMAN/SCHULTE-BUNERT Rn 1; MünchKomm/KROLL-LUDWIGS Rn 8; HOFFMANN JAmt 2011, 299, 300). Auch dies ergibt sich aus dem Grundsatz der Selbständigkeit des Vormunds, der es verbietet, dass der Vormund in einer Frage, zu deren Beantwortung ihm ein Ermessensspielraum eingeräumt ist, eine Weisung des Familiengerichts einholt, die ihn von der Verantwortung entlasten soll.

Nicht unbedenklich ist eine unterstützende Tätigkeit des Familiengerichts in Form **23** des **Einsatzes staatlicher Mittel**, die dem Vormund nicht zur Verfügung stehen. Zu Recht wurden schon in älteren Entscheidungen die Einsetzung familiengerichtlichen

Aussagezwangs zur Ermittlung der nicht ehelichen Vaterschaft und die Beschaffung von Beweisen für den Vormund als unzulässig betrachtet (RG JW 1911, 781; RG LZ 1917, 333; MünchKomm/Kroll-Ludwigs Rn 8).

Das Reichsgericht hat zwar in einer weiteren Entscheidung den Vormundschaftsrichter für befugt und deshalb für verpflichtet erachtet, „zur Förderung des Mündelwohles den Vormund zu beraten, ihn auch zu dem gleichen Zwecke innerhalb der Grenzen der Zulässigkeit durch seine Tätigkeit und durch die Machtmittel des Staates zu unterstützen"; der Vormundschaftsrichter dürfe aber nicht für Maßnahmen, die zum Aufgabenbereich des Vormunds gehören und nicht zugleich Aufgaben des Staates sind, staatliche Mittel einsetzen (RGZ 75, 230, 231 f).

III. Aufsicht und Maßnahmen des Familiengerichts bei Pflichtwidrigkeiten des Vormunds (Abs 2 S 1 und 2)

1. Die Aufsicht

a) Adressat

24 Die Aufsicht obliegt dem Familiengericht gegenüber jedem Vormund, auch gegenüber dem **Amtsvormund** und dem **Verein** als Vormund (**aA** für den Amtsvormund DIJuF-Rechtsgutachten JAmt 2010, 72, 73); gegen diese kann aber nach § 1837 Abs 3 S 2 BGB kein Zwangsgeld festgesetzt werden. Im Fall der Amtsvormundschaft hat das Familiengericht sein Aufsichtshandeln an das Jugendamt selbst zu richten, nicht an den vom Jugendamt konkret mit der Führung der Vormundschaft Beauftragten. Grund hierfür ist die Autonomie des Jugendamts gegenüber dem Gericht (Kunkel FamRZ 2015, 901, 902 f).

b) Inhalt

aa) Die gesamte Tätigkeit des Vormunds (Abs 2 S 1)

25 Die Aufsicht des Familiengerichts erstreckt sich auf die gesamte Tätigkeit des Vormunds, also auf die **Sorge für die Person und das Vermögen des Mündels**, einschließlich seiner Vertretung in persönlichen und in Vermögensangelegenheiten (s BayObLG BtPrax 2004, 69; VG Lüneburg FamRZ 2006, 1873, 1874; MünchKomm/Kroll-Ludwigs Rn 10; NK-BGB/Rohde/Heitmann Rn 12; Erman/Schulte-Bunert Rn 4; Gernhuber/Coester-Waltjen § 71 Rn 22).

26 Hieran ändert auch der Umstand nichts, dass das Verhältnis zwischen Vormund und Mündel privatrechtlicher Natur ist (MünchKomm/Kroll-Ludwigs Rn 10; NK-BGB/Rohde/Heitmann Rn 11, 12; BGB-RGRK/Dickescheid Rn 5; zur Rechtsnatur des Verhältnisses zwischen Vormund und Mündel näher Vorbem 20 zu §§ 1773 ff); nicht erfasst wird dagegen das Verhältnis zwischen Mündel und Drittem (MünchKomm/Kroll-Ludwigs Rn 10; Erman/Schulte-Bunert Rn 6). Festzustellen, ob und welche Forderungen in diesem Verhältnis bestehen, ist Aufgabe des Prozessgerichts. Dennoch hat das Familiengericht das Verhalten des Vormunds im Rahmen solcher Verfahren vor dem Prozessgericht zu überwachen und dann, wenn dieser bei der Abwicklung solcher Ansprüche gegen die Mündelinteressen verstößt, etwa indem er eine aussichtslose Klage erhebt oder offenbar unberechtigte Forderungen anerkennt, ggf Maßnahmen nach § 1837 Abs 2 BGB gegen den Vormund zu erlassen (MünchKomm/Kroll-Ludwigs Rn 10).

Kraft seines Aufsichtsrechts und seiner Aufsichtspflicht hat das Familiengericht nicht nur darüber zu wachen, dass Vormund und Gegenvormund ihre durch Gesetz (zB §§ 1806 ff, 1812, 1814 ff, 1821 ff, 1799 BGB) oder besondere Anordnung (zB nach §§ 1803, 1818 BGB) begründeten Pflichten erfüllen, sondern auch darüber, dass sie in jeder Hinsicht (auch in Fragen, für die das Gesetz keine näheren Vorgaben enthält) ihre Vormundschaft treu und gewissenhaft führen (s OLG München BtPrax 2008, 74). 27

bb) Einhaltung der persönlichen Kontakte mit dem Mündel (Abs 2 S 2)

Eine gesetzliche Pflicht des Vormunds, deren Erfüllung das Familiengericht „insbesondere" zu beaufsichtigen hat, ist in dem durch das Gesetz zur Änderung des Vormundschafts- und Betreuungsrechts neu eingefügten Abs 2 S 2 (oben Rn 9) enthalten. Es handelt sich um die in § 1793 Abs 1a BGB enthaltene Pflicht zum persönlichen Kontakt des Vormunds mit dem Mündel. Anlass für die Schaffung dieser Vorschriften waren die hohen Fallzahlen bei der Amtsvormundschaft und die hieraus resultierende Tatsache, dass der Vormund den Mündel oftmals nur aus dem Kontakt bei der Übernahme der Vormundschaft kannte (BT-Drucks 17/3617, 1; näher § 1793 Rn 25 f). Das Gesetz zielt darauf ab, die Pflicht des Vormunds, sein Amt im persönlichen Kontakt mit dem Mündel zu führen, ausdrücklich im Gesetz hervorzuheben, um so eine wirksamere Gewährleistung von Pflege und Erziehung des Mündels durch den Vormund herbeizuführen. Diesem Ziel dient auch die Erstreckung der Aufsichtspflicht des Familiengerichts über die Tätigkeit des Vormunds auf dessen persönlichen Kontakt zum Mündel (BT-Drucks 17/3617, 6). Angaben zu diesen Kontakten muss auch der jährliche Bericht des Vormunds enthalten (§ 1840 Abs 1 S 2 BGB, näher § 1840 Rn 9 ff). 28

Allerdings beschränkt sich die Aufsichtspflicht auf die Einhaltung der Pflicht nach § 1793 Abs 1a BGB und erstreckt sich nicht auf die mit demselben Gesetz neu eingefügte Pflicht nach § 1800 S 2 BGB zur persönlichen Förderung und Gewährleistung der Pflege und Erziehung des Mündels (dafür im Gesetzgebungsverfahren bereits Änderungsantrag der SPD im Rechtsausschuss, BT-Drucks 17/5512, 8) sowie die Einhaltung der Fallzahl nach § 55 Abs 2 S 4 SGB VIII. Zwar ließe sich anführen, dass beide Pflichten bereits von der Aufsichtspflicht nach Abs 2 S 1 erfasst würden; dagegen spricht aber, dass dann auch die Neuregelung von Abs 2 S 2 entbehrlich gewesen wäre. Aus der Gesetzesbegründung geht nicht hervor, woraus sich diese Beschränkung ergibt (s Veit FamRZ 2012, 1841, 1843; zum Reformbedarf Staudinger/Veit [2014] Rn 85). 29

c) Beginn und Ende

Die Aufsicht des Familiengerichts, insbesondere auch die Befugnis zur Festsetzung von Zwangsgeld nach § 1837 Abs 3 S 1 BGB, **beginnt** mit der Bestellung des Vormunds oder Gegenvormunds (§§ 1789, 1792 Abs 4 BGB). 30

Sie **endet** grundsätzlich mit der Beendigung des Amts dieser Personen (§§ 1886–1889, 1895 BGB). Danach kann das Familiengericht ein Zwangsgeld grundsätzlich nicht mehr gegen den bisherigen Vormund verhängen (KGJ 51, A 47; OLG Hamm OLGZ 1966, 484 = NJW 1966, 2125 [LS]; LG Berlin JR 1948, 163; s aber wegen Einreichung der Schlussrechnung und Rückgabe der Bestallung unten Rn 60; § 1892 Rn 11; § 1893 Rn 23; MünchKomm/Kroll-Ludwigs Rn 11, 23; Soergel/Zimmermann Rn 5; Palandt/Götz Rn 5). 31

d) Grenzen

32 Nach Abs 2 hat das Familiengericht über die gesamte Tätigkeit des Vormunds die Aufsicht zu führen und gegen Pflichtwidrigkeiten einzuschreiten. Hieraus ergibt sich, dass das Gericht nur **bei Pflichtwidrigkeiten** einschreiten darf (näher nachfolgend Rn 33), solange diese aber nicht vorliegen, dem Vormund die Verwaltung überlassen muss und nicht durch Weisungen eingreifen darf (BGHZ 17, 108, 116). Die Aufsichtspflicht berechtigt den Richter nicht, seine Meinung an die Stelle der des Vormunds zu setzen, und er darf auch nicht versuchen, bei reinen Zweckmäßigkeitsfragen seine Ansicht gegenüber der abweichenden, aber vertretbaren Meinung des Vormunds durchzusetzen; dies verbietet der Grundsatz der selbständigen Verwaltung des Vormunds (s oben Rn 1). Vielmehr bleibt ihm nur das Mittel der Belehrung (BGB-RGRK/Dickescheid Rn 6).

2. Pflichtwidriges Verhalten des Vormunds

a) Verstoß gegen gesetzliche Vorschriften

33 Unstrittig liegt eine Pflichtverletzung bei Verstößen des Vormunds gegen gesetzliche Vorschriften (zB §§ 1805, 1806 ff, 1814 ff, 1840 BGB) oder gerichtliche Anordnungen vor (OLG Brandenburg 19. 5. 2015 – 10 UF 11/15, juris Rn 4, FamRZ 2016, 314; LG Konstanz 4. 5. 2018 – C 62 T 36/18, juris Rn 3, BtPrax 2019, 118; LG Göttingen 25. 6. 2019 – 5 T 114/19, juris Rn 15 f; MünchKomm/Kroll-Ludwigs Rn 13; Erman/Schulte-Bunert Rn 7; Palandt/Götz Rn 8); dies ist etwa der Fall, wenn ein Rechtsgeschäft ohne eine erforderliche Genehmigung vorgenommen wird (LG Berlin FamRZ 2010, 492). Darüber hinaus ist jedes Verhalten pflichtwidrig, das eine Verletzung der Verpflichtung zu treuer und gewissenhafter Führung der Vormundschaft (§ 1789 BGB) darstellt (s KG OLGE 37, 249; OLG München BtPrax 2009, 237; BtPrax 2008, 74). Wann dies der Fall ist, lässt sich nur schwer allgemeingültig umschreiben. Die vielen veröffentlichten Entscheidungen, in denen es um die Anwendung des § 1837 Abs 2 S 1 BGB geht (s die Kataloge bei Staudinger/Engler[10/11] Rn 5 f und bei MünchKomm/Wagenitz[4] Rn 23 ff; Soergel/Zimmermann Rn 9, 11; Palandt/Götz Rn 9; NK-BGB/Rohde/Heitmann Rn 22 f), können nur als Beispiele verstanden werden, deren Übertragbarkeit auf andere Fälle von den jeweils gegebenen Umständen abhängt.

34 In allen genannten Fällen kommt es nicht darauf an, ob es sich um ein Tun oder Unterlassen, um die Sorge für die Person oder das Vermögen des Mündels handelt (Erman/Schulte-Bunert Rn 7).

b) Ermessens- oder Zweckmäßigkeitsentscheidungen

35 Nach überwiegender Ansicht liegt eine Pflichtwidrigkeit auch dann vor, wenn der Vormund von seinem Ermessen keinen Gebrauch macht, weil er etwa irrig annimmt, es gebe keinen Entscheidungsspielraum (BGB-RGRK/Dickescheid Rn 9), wenn er sein Ermessen überschreitet, indem er den Rahmen dessen nicht einhält, was ein vernünftiger Mensch für zweckmäßig und vertretbar hält, oder das Ermessen missbraucht (OLG Hamm FamRZ 2012, 1312, 1313; BayObLG FamRZ 2000, 565; MünchKomm/Kroll-Ludwigs Rn 16; Erman/Schulte-Bunert Rn 7; BGB-RGRK/Dickescheid Rn 8; NK-BGB/Rohde/Heitmann Rn 18). Das Familiengericht kann mithin bei Ermessensentscheidungen des Vormunds nur **Ermessensfehler** zum Anlass nehmen, um Maßnahmen nach § 1837 Abs 2–4 BGB zu erlassen (BGB-RGRK/Dickescheid Rn 9; Soergel/Zimmermann Rn 7; Erman/Schulte-Bunert Rn 7; Gernhuber/Coester-Waltjen § 71 Rn 24).

Pflichtwidrig handelt danach etwa ein Vormund, der dem Wohl des Mündels zuwider handelt, indem er bspw eine Entscheidung trifft, obgleich er sich auch in einem anderen, dem Wohl und Interesse des Mündels ohne jeden Zweifel deutlich besser entsprechenden Sinn hätte entscheiden können (BGB-RGRK/Dickescheid Rn 8; MünchKomm/Kroll-Ludwigs Rn 13). Als nicht ermessensfehlerhaft wurde etwa die Entscheidung des Vormunds angesehen, den Mündel wegen des besonderen erzieherischen Bedarfs aus einer Diagnosegruppe der Erziehungshilfe herauszunehmen und in einer anderen Einrichtung unterzubringen (OLG Hamm FamRZ 2012, 1312, 1313).

Die Fälle von Ermessensfehlentscheidungen sind von den Fällen reiner **Zweckmäßigkeitsentscheidungen** zu unterscheiden; insoweit soll keine Pflichtwidrigkeit vorliegen, wenn der Vormund aus sachlichen Gründen anders entscheidet als das Familiengericht (aus jüngerer Zeit OLG Brandenburg 19. 5. 2015 – 10 UF 11/15, juris Rn 4, FamRZ 2016, 314; OLG München BtPrax 2009, 237; Soergel/Zimmermann Rn 8; Palandt/Götz Rn 8; Erman/Schulte-Bunert Rn 7; DIJuF-Rechtsgutachten JAmt 2013, 269, 270). 36

Schon die Motive zum BGB weisen darauf hin, dass das Familiengericht nicht selbst handelnd in die Verwaltung eingreifen darf (ausgenommen im Fall des § 1846 BGB) und auch nicht kraft des ihm zustehenden Aufsichtsrechts nach § 1837 BGB die Befugnis hat, „in Zweckmäßigkeitsfragen" dem Vormund leitende Anweisungen zu erteilen und seine Ansicht an die Stelle der des Vormunds zu setzen (Mot IV 1025 f). Der Umstand allein, dass der Vormund hinsichtlich der Zweckmäßigkeit einer Maßregel eine andere Ansicht vertritt als das Familiengericht, kann nicht als Pflichtwidrigkeit angesehen werden. Hierzu wird etwa die Frage gerechnet, wie der Mündel erzogen wird, mit wem er Umgang hat oder welche Erziehung und Berufsausbildung der Mündel erhält (Soergel/Zimmermann Rn 8 mit weiteren Beispielen). 37

Diese Differenzierung ist allerdings auf **Kritik** gestoßen; zu Recht wird darauf verwiesen, dass die Selbständigkeit des Vormunds sehr viel weiter geht als der Ermessensspielraum, der einer Behörde gegenüber einem Bürger zur Verfügung steht; auch leuchte die Unterscheidung zwischen Ermessensfehlern und Zweckmäßigkeitsentscheidungen nicht ein; so sei etwa die Berufswahl des Mündels keine Zweckmäßigkeitsentscheidung, sondern eine grundlegende Lebensentscheidung für den Mündel; Maßstab für die Pflichtwidrigkeit sei danach einzig das Mündelwohl; nicht entscheidend seien dagegen Zweckmäßigkeitsüberlegungen und Ermessen (MünchKomm/Kroll-Ludwigs Rn 13, 16; NK-BGB/Rohde/Heitmann Rn 19 ff). Deshalb wird dafür plädiert, bei der Frage der Eingriffsbefugnis des Familiengerichts darauf abzustellen, ob der Vormund gegen wichtige Mündelinteressen verstoßen hat (MünchKomm/Kroll-Ludwigs Rn 16). Allerdings bleibt auch diese Formel unbestimmt (so zu Recht auch NK-BGB/Rohde/Heitmann Rn 20). Auch mit ihr lässt sich nicht eindeutig feststellen, ob bspw ein Vormund pflichtwidrig handelt, der den Mündel vom Gymnasium abmeldet, um ihn eine handwerkliche Ausbildung aufnehmen zu lassen. Wenn aber diese Frage nicht bejaht werden kann, muss der Familienrichter die Entscheidung des Vormunds hinnehmen, auch wenn er als Vormund anders handeln würde. 38

In den meisten Fällen, in denen die Gerichte eine Pflichtwidrigkeit des Vormunds bejaht haben, lässt sich die vom Vormund getroffene Entscheidung erst dann eindeutig als pflichtwidrig beurteilen, wenn man die den Tatbestand näher beschreibenden, wertenden Zusätze als objektive Feststellungen behandelt (Beispiele etwa aus dem 39

Katalog in MünchKomm/Wagenitz[4] Rn 23: wenn der Vormund den Verkehr des Mündels mit seinen Eltern „völlig unangemessen" regelt, wenn er den Kontakt mit Großeltern „ohne vernünftigen Grund" verhindert, wenn er Unterhalt „verschwenderisch" festsetzt, wenn er eine Forderung „leichtsinnig" bestreitet, wenn er eine Entscheidung „aufgrund von Rechthaberei, Starrköpfigkeit", aber nicht „aus sachlichen Erwägungen" trifft, wenn er die Einwilligung in die Ehelicherklärung „entgegen dem Kindeswohl" verweigert usw). Das Gericht wird ebenso wie zuvor der Vormund erst durch **Abwägung zahlreicher einzelner Umstände**, bei einer in die Zukunft wirkenden Entscheidung (etwa über die Einwilligung in eine Adoption oder – nach früherem Recht – Ehelicherklärung, aber auch schon über die Wahl einer bestimmten Ausbildung) durch eine Prognose der künftigen Entwicklung im Hinblick auf die Eigenschaften der Beteiligten zu einem Ergebnis gelangen. Vor diesem Hintergrund erscheint es letztlich müßig, der Verwendung der Begriffe „Zweckmäßigkeitsfrage" und „pflichtgemäßes Ermessen" entscheidende Bedeutung beizumessen.

c) Verschulden

40 Nach früher überwiegend vertretener Auffassung setzte eine Pflichtwidrigkeit iS des § 1837 BGB ein Verschulden, also Vorsatz oder Fahrlässigkeit, des Vormunds oder Gegenvormunds voraus (Mot IV 1026; KG RJA 5, 219, 221; KG RJA 6, 257, 259; KG OLGE 18, 298, 300; BayObLG OLGE 42, 115 = BayObLGZ 21, A 260; BayObLG JFG 8, 91, 94 = BayObLGZ 30, 345; 1951, 440, 446; s Staudinger/Engler[10/11] Rn 5 mwNw). Diese Meinung kann, nachdem das SorgeRG die Voraussetzungen für ein Eingreifen des Familiengerichts gegenüber Eltern (§§ 1666, 1666a, 1667 BGB) geändert und § 1837 BGB durch die in dem heutigen Abs 4 enthaltene Verweisung ergänzt hat, nicht aufrechterhalten werden. Es wäre nicht sachgerecht, wenn das Familiengericht mit einzelnen Ge- und Verboten gegen einen schuldhaft handelnden Vormund einschreiten, auf schuldloses Verhalten zum Nachteil des Mündels dagegen nur mit der Entlassung des Vormunds (§ 1886 BGB, s § 1886 Rn 8) reagieren könnte. Deshalb ist anzunehmen, dass für Maßnahmen nach § 1837 Abs 2 S 1 BGB kein Verschulden des Vormunds vorausgesetzt ist (ebenso Gernhuber/Coester-Waltjen § 71 Rn 22; Palandt/Götz Rn 8; Soergel/Zimmermann Rn 6; MünchKomm/Kroll-Ludwigs Rn 14; Erman/Schulte-Bunert Rn 9; Hoffmann JAmt 2011, 299, 300; Müller-Freienfels, Rechtsgeschäft 355; Kaufmann DAVorm 1999, 335, 339; DIJuF-Rechtsgutachten JAmt 2013, 269, 270).

d) Erfordernis einer konkreten Gefährdung des Mündelwohls

41 **Nicht** entscheidend ist, ob die Pflichtwidrigkeit die Interessen des Mündels schon konkret gefährdet oder gar ein Schaden eingetreten ist (BayObLG JFG 8, 91, 94 = BayObLGZ 30, 345; MünchKomm/Kroll-Ludwigs Rn 14; Soergel/Zimmermann Rn 12; Erman/Schulte-Bunert Rn 9; Palandt/Götz Rn 8). Insoweit geht die Aufsichtspflicht des Familiengerichts nach § 1837 BGB weiter als die des Gerichts gegenüber den Eltern (Erman/Schulte-Bunert Rn 9; MünchKomm/Kroll-Ludwigs Rn 15). Dies erklärt sich aus dem Umstand, dass die Selbständigkeit und Eigenverantwortung des Vormunds von vornherein geringer ist als die der Eltern. Zwar ist die Vormundschaft der elterlichen Sorge nachgebildet (Vorbem 21 zu §§ 1773 ff); sie entspricht ihr aber nicht (s näher § 1800 Rn 7). Für die Eltern formuliert § 1627 BGB durch das Abstellen auf die eigenverantwortliche Ausübung der elterlichen Sorge den Vorrang der Elternverantwortung gegenüber staatlichen Eingriffen (MünchKomm/Huber § 1627 Rn 2). Da der Vormundschaft aber der eigennützige Charakter des Elternrechts (dazu näher Lüderitz AcP 178 [1978] 263, 267 ff) fehlt, überwiegt im Pflichtrecht des Vormunds die Pflicht mit der Folge, dass er einer stärkeren Kontrolle des Familiengerichts unterliegt als die Eltern

(Erman/Schulte-Bunert Rn 4b); dies zeigt sich schon allein daran, dass das Familiengericht gegenüber dem Vormund nicht erst unter den Voraussetzungen der §§ 1666, 1666a BGB Maßnahmen erlassen (§ 1837 Abs 4 BGB), sondern nach § 1837 Abs 2 und 3 BGB schon tätig werden kann, wenn die in den §§ 1666, 1666a BGB vorgegebene Eingriffsschwelle noch nicht erreicht ist (MünchKomm/Kroll-Ludwigs Rn 15; näher dazu unter Rn 76). Hinzu kommt, dass nicht nur das Familiengericht, sondern auch das Jugendamt darauf zu achten hat, dass der Vormund für die Person des Mündels, insbesondere seine Erziehung und Pflege, Sorge trägt (§ 53 Abs 3 S 1 SGB VIII). Für den Bereich der Personensorge hat dies etwa zur Folge, dass ein Verstoß des Erziehungsvormunds (zum Begriff § 1793 Rn 131 ff) gegen den partnerschaftlichen Erziehungsstil nach § 1626 Abs 2 BGB (allg dazu BeckOK/Veit [1. 11. 2019] § 1626 Rn 73) unterhalb der Schwelle der Kindeswohlgefährdung bereits Maßnahmen des Familiengerichts nach § 1837 Abs 2 bzw 3 BGB zur Folge haben kann (Erman/Schulte-Bunert Rn 4b).

3. Maßnahmen des Familiengerichts nach Abs 2 S 1

a) Pflicht zum Einschreiten des Gerichts

42 Wenn eine Pflichtwidrigkeit des Vormunds vorliegt, muss das Familiengericht durch geeignete Verbote oder Gebote einschreiten. Es hat keinen Ermessensspielraum, ob es tätig wird oder nicht; vielmehr handelt es sich bei dem Begriff der Pflichtwidrigkeit um einen in allen Instanzen nachprüfbaren unbestimmten Rechtsbegriff (Hoffmann JAmt 2011, 299, 301; MünchKomm/Kroll-Ludwigs Rn 17; Soergel/Zimmermann Rn 7; Erman/Schulte-Bunert Rn 9). Das Familiengericht kann diese Aufsicht auch nicht auf das Jugendamt delegieren (Erman/Schulte-Bunert Rn 5).

b) Zulässige Maßnahmen

43 Die Maßnahme des Gerichts muss nach Abs 2 S 1 **geboten** sein. Diese Frage hat das Gericht nach pflichtgemäßem Ermessen zu entscheiden (Erman/Schulte-Bunert Rn 9; MünchKomm/Kroll-Ludwigs Rn 17; NK-BGB/Rohde/Heitmann Rn 26). Eine vom Familiengericht getroffene Anordnung muss nicht nur geeignet, sondern auch erforderlich sein, um den drohenden Schaden vom Mündel abzuwenden (OLG Hamm FamRZ 1998, 570; MünchKomm/Kroll-Ludwigs Rn 19; Erman/Schulte-Bunert Rn 8); ein in seinem Ausmaß nicht notwendiger, „übermäßiger" Eingriff ist durch das Mündelinteresse, das den Maßstab für das Handeln des Familiengerichts bildet, nicht gerechtfertigt.

44 Als zulässige Maßnahmen der Aufsicht kommen vor allem **Ermahnungen und Weisungen**, die das konkrete Verhalten des Vormunds betreffen, in Betracht (s LG Chemnitz FamRZ 2000, 1312; MünchKomm/Kroll-Ludwigs Rn 19; BGB-RGRK/Dickescheid Rn 16). Nach Abs 2 S 2 kann das Familiengericht dem Vormund auferlegen, eine Versicherung gegen Schäden, die er dem Mündel zufügen könnte, einzugehen (näher unter Rn 50 ff). Im Einzelfall kann eine Aufsichtsmaßnahme auch darin liegen, dass das Familiengericht den Vormund auffordert, über seine Tätigkeit durch Vorlage eines Gutachtens zur schulischen Entwicklung des Mündels Rechenschaft abzulegen (OLG Hamm FamRZ 1998, 570). In besonderen Einzelfällen ist weiter eine Anordnung denkbar, die Kommunikationsform „WhatsApp" zu nutzen, um Kontakt zum ansonsten nicht erreichbaren Mündel herzustellen, wenn die Nichtnutzung eine Pflichtwidrigkeit darstellen würde (DIJuF-Rechtsgutachten JAmt 2015, 261; dort auch zum Konflikt mit Dienstanweisungen, diese Kommunikationsform nicht zu nutzen; s zu diesem Problem auch § 1791b

Rn 36). Keine Aufsichtsmaßnahmen stellen dagegen wertende Äußerungen oder Vorschläge für das weitere Verfahren zu dem jährlich durch den Vormund einzureichenden Mündelbericht dar, da darin keine inhaltlichen Entscheidungsvorgaben für den Vormund liegen (DIJuF-Rechtsgutachten JAmt 2014, 264, 265).

45 **Keine zulässigen Maßnahmen** sind ein (Teil-)Entzug der elterlichen Sorge (s § 1666 Abs 3 Nr 6 BGB), Maßnahmen gegenüber Dritten (s § 1666 Abs 3 Nr 4 BGB) oder die Ersetzung von Erklärungen des Vormunds durch das Familiengericht (s § 1666 Abs 3 Nr 5 BGB), weil diese Maßnahmen nur unter den Voraussetzungen von Abs 4 zulässig sind (näher dazu Rn 71 ff).

46 Handelt der Vormund nicht pflichtwidrig, so sind keine Maßnahmen des Gerichts zulässig, auch keine Ermahnungen oder andere Einflussversuche seinerseits, weil es sich dabei bereits um Eingriffe handelt. **Präventive Weisungen** sind nur zulässig, wenn die auf Tatsachen begründete Besorgnis besteht, dass der Vormund pflichtwidrig handeln wird (OLG Brandenburg 19. 5. 2015 – 10 UF 11/15, juris Rn 4, FamRZ 2016, 314; OLG Karlsruhe FamRZ 2006, 507, 508; zurückhaltend auch OLG Saarbrücken MDR 2004, 1121; Hoffmann JAmt 2011, 299, 300; DIJuF-Rechtsgutachten JAmt 2013, 269, 270).

47 Der Grundsatz der Selbständigkeit des Vormunds schließt aber nicht aus, dass das Familiengericht den Vormund auf die **Unzweckmäßigkeit** oder gar **Rechtswidrigkeit** einer von ihm beabsichtigten Maßnahme **aufmerksam macht** und ihm (wie es jetzt § 1837 Abs 1 S 1 BGB vorsieht) mit Rat zur Hand geht, auch wenn er diesen nicht erbittet; dies gilt besonders gegenüber weniger geschäftsgewandten Vormündern und bei Angelegenheiten, deren sachgemäße Erledigung Rechtskenntnisse voraussetzt, wie zB Beginn oder Aufnahme eines Rechtsstreits (vgl RGZ 67, 416, 418; 75, 230, 231; BayObLG JFG 4, 63 = JW 1927, 1218 = BayObLGZ 25, 180; KG RJA 16, 13; KG JFG 15, 214, 216; OLG Oldenburg NdsRpfl 1951, 200; BayObLG NJW 1999, 3205 = Rpfleger 1999, 445). Beharrt der Vormund auf seiner Ansicht, so hat das Familiengericht zu prüfen, ob der vom Vormund eingenommene Standpunkt so offensichtlich unhaltbar ist, dass seine Unrichtigkeit dem Vormund bei vernünftiger Beurteilung der Sachlage nicht entgehen könnte. Bejaht es diese Frage, so kann daraus gefolgert werden, dass das Verhalten des Vormunds auf Eigensinn, Trotz oder anderen unsachlichen Erwägungen beruht; darin kann eine Pflichtwidrigkeit gesehen werden, die ein Einschreiten nach § 1837 Abs 2 BGB rechtfertigt (RGZ 153, 238, 243, 244; BayObLG ZBlJugR 1954, 178; BayObLGZ 30, 345 = JFG 8, 91; KGJ 21, A 194; 37, A 75; KG RJA 16, 13; KG OLGE 41, 78).

48 Ist die Notwendigkeit einer vom Familiengericht getroffenen Maßnahme wegen Zeitablaufs oder Veränderung der tatsächlichen Umstände nicht mehr gegeben, so hat das Gericht sie **zu ändern oder aufzuheben**.

49 Es kann auch **vorläufige Maßnahmen** treffen, zB bestimmte Handlungen bis zur Wirksamkeit der in Aussicht genommenen Entlassung des Vormunds untersagen (KG RJA 6, 15, 17).

IV. Anordnung des Abschlusses einer Versicherung (Abs 2 S 3)

1. Historie

Die Möglichkeit, dem Vormund den Abschluss einer Haftpflichtversicherung aufzugeben, ersetzt die vom Betreuungsgesetz beseitigte Befugnis des früheren Vormundschaftsgerichts, aus besonderen Gründen den Vormund anzuhalten, für das seiner Verwaltung unterliegende Vermögen des Mündels Sicherheit zu leisten (§ 1844 BGB aF; s die Erl zu dieser Vorschrift bei Staudinger/Engler[10/11]). Wer zur Sicherheitsleistung angehalten wurde, konnte aber gemäß § 1786 Abs 1 Nr 6 BGB aF die Übernahme der Vormundschaft ablehnen und – wenn die Anordnung der Sicherheitsleistung nach Übernahme der Vormundschaft erfolgte – gemäß § 1889 Abs 1 BGB seine Entlassung aus wichtigem Grund verlangen. Obwohl der Vormund in der auf § 1837 Abs 2 S 3 BGB gestützten Aufforderung, eine Haftpflichtversicherung abzuschließen, gleichfalls einen Ausdruck des Misstrauens sehen könnte, gibt ihm das Gesetz, nachdem das Betreuungsgesetz auch § 1786 Abs 1 Nr 6 BGB aF aufgehoben hat, in einem solchen Fall nicht mehr das Recht, die Übernahme der Vormundschaft abzulehnen oder seine Entlassung zu beantragen. 50

2. Voraussetzungen

Die Anordnung an den Vormund bzw den Gegenvormund, eine Versicherung gegen Schäden, die sie dem Mündel zufügen können, einzugehen, ist **nicht** davon abhängig, dass eine Pflichtwidrigkeit des Vormunds oder des Gegenvormunds vorliegt, wie es Abs 2 S 1 für die dort vorgesehenen Maßnahmen voraussetzt. Der Gesetzeswortlaut enthält keine einschränkende Bedingung. Ebenso wenig verlangt das Gesetz, dass Anzeichen für eine Gefährdung des Mündelvermögens vorliegen. Wäre schon im Zeitpunkt der Bestellung des Vormunds dessen Zuverlässigkeit als Verwalter des Mündelvermögens zweifelhaft, so dürfte es nicht zu seiner Bestellung kommen (vgl §§ 1778 Abs 1 Nr 4, 1779 Abs 2 S 1 BGB). Der Versicherungsschutz soll gerade in Fällen, in denen eine Schädigung des Vermögens des Mündels unerwartet eintritt und der Vormund nicht in der Lage ist, einen Anspruch auf Schadensersatz zu erfüllen, den Mündel absichern. 51

Nach der Begründung des RegE zum Betreuungsgesetz ist die Maßnahme vorgesehen für Fälle, „in denen ein **Versicherungsschutz im Interesse des Mündels geboten** ist“ (BT-Drucks 11/4528, 114), und § 1835 Abs 2 S 1 BGB bezeichnet als Aufwendungen, für die der Vormund vom Mündel Ersatz verlangen kann, auch die Kosten einer „angemessenen“ Versicherung gegen Schäden, die dem Mündel durch den Vormund zugefügt werden können (s dazu BT-Drucks 11/4528, 109). 52

Ob ein Versicherungsschutz im Interesse des Mündels geboten ist, hängt von den Umständen des Einzelfalls ab. Dazu gehören auf der Seite des Mündels zunächst dessen **Vermögensverhältnisse**. § 1837 Abs 2 S 3 BGB beschränkt sich aber – anders als der frühere § 1844 BGB – nicht auf vom Vormund zu ersetzende Schäden an dem von ihm verwalteten Vermögen des Mündels. Ein vom Vormund zu ersetzender Schaden kann deshalb auch bei der Sorge für die Person des Mündels eintreten (Erman/Schulte-Bunert Rn 15). Eine Haftung des Vormunds käme zB auch in Be- 53 tracht, wenn ihm Fehler bei der Geltendmachung eines Anspruchs des Mündels in einem Rechtsstreit vorzuwerfen wären.

54 Hat der Mündel **kein nennenswertes Vermögen** (und sind die Unterhaltsansprüche geklärt), so wird man die Voraussetzungen für ein Gebot nach § 1837 Abs 2 S 3 BGB verneinen müssen. Gleiches gilt, wenn zwar ein nicht unbedeutendes Mündelvermögen vorhanden ist, wenn dieses aber – etwa wegen seiner Einbindung in eine nicht vom Vormund verwaltete Gemeinschaft zur gesamten Hand oder wegen des Erfordernisses familiengerichtlicher Genehmigung zur Veräußerung und Belastung von Grundstücken – ungefährdet erscheint.

3. Inhalt der Anordnung

55 Die gerichtliche Anordnung umfasst, je nach Sicherungsinteresse des Mündels, nicht nur die Pflicht, eine Haftpflichtversicherung für diesen einzugehen, sondern auch die **Modalitäten des Versicherungsschutzes**. Festgelegt werden kann auch die Haftungssumme, die von der Art und dem Umfang der im konkreten Fall in Betracht kommenden Schädigung abhängt (MünchKomm/Kroll-Ludwigs Rn 22). Veränderungen im Vermögensbestand können Anlass sein, die Haftungssumme anzupassen; auch eine Beschränkung des Versicherungsschutzes auf bestimmte Haftungsgründe ist möglich. Von der Verpflichtung zum Abschluss einer Haftpflichtversicherung kann abgesehen werden, wenn der Vormund sich erbietet, Sicherheit zu leisten, etwa weil dies für ihn wirtschaftlich günstiger ist als die Zahlung der Versicherungsprämien, mit denen er den Mündel nicht gemäß § 1835 Abs 2 S 1 BGB belasten will.

V. Festsetzung von Zwangsgeld (Abs 3)

1. Funktion

56 Nach § 1837 Abs 3 BGB kann das Familiengericht die Befolgung seiner Anordnungen durch Festsetzung von Zwangsgeld erzwingen; ohne ein solches Mittel könnte es die ihm obliegende Aufsicht nicht wirksam wahrnehmen (BGH 26. 7. 2017 – XII ZB 515/16, juris Rn 7, FamRZ 2017, 1776, 1777). Das Zwangsgeld dient ausschließlich der Erzwingung der Befolgung gerichtlicher Anordnungen und ist damit ein **Beugemittel**, aber keine Sühne für begangenes Unrecht (BGH 26. 7. 2017 – XII ZB 515/16, juris Rn 7, FamRZ 2017, 1776, 1777; Keidel/Zimmermann § 35 FamFG Rn 2).

2. Voraussetzungen (§ 1837 Abs 3 S 1 BGB, § 35 FamFG)

a) Vorliegen einer vollstreckbaren Anordnung

57 Voraussetzung für die Androhung und Festsetzung eines Zwangsgeldes ist das Vorliegen einer vollstreckbaren Anordnung, die das Familiengericht in Ausübung seines Aufsichtsrechts (§ 1837 Abs 2 S 1 BGB) erlassen hat. Es kann daher nicht in jedem Fall ein Zwangsgeld angedroht und verhängt werden, in dem der Vormund eine Weisung des Familiengerichts nicht befolgt; vielmehr muss es um Ungehorsam gegen eine Anordnung gehen, mit der das Familiengericht gegen eine Pflichtwidrigkeit des Vormunds oder Gegenvormunds eingeschritten ist (BayObLGZ 5, 182; KGJ 51, A 47, 49). Der Vormund kann also nicht durch Zwangsgeld zur Leistung von Schadensersatz angehalten werden (BayObLGZ 3, 797; Josef AcP 97 [1905] 108, 130). Ebenso wenig ist ein

Zwangsgeld zulässig wegen ungebührlichen Verhaltens des Vormunds im Verkehr mit dem Familiengericht, etwa in einer Eingabe.

58 Weil die Festsetzung eines Zwangsgeldes Ausfluss der Zwangsgewalt, nicht der Strafgewalt des Staates ist (vgl OLG Bamberg OLGE 2, 16; OLG Colmar OLGE 21, 291; KG RJA 16, 181 = KGJ 51, A 47), kann sie nicht mehr erfolgen, wenn die Anordnung des Gerichts vom Vormund nicht mehr vollzogen werden kann (OLG Colmar OLGE 21, 291) oder wenn die Anordnung noch vor der Festsetzung des Zwangsgeldes (wenn auch nach Ablauf der gesetzten Frist) vom Vormund befolgt worden ist (ebenso KG OLGE 37, 249; 38, 260, 261).

59 Ein Zwangsgeld kann auch nicht mehr **nach Beendigung des Amts** des Vormunds festgesetzt werden, weil das Aufsichtsrecht des Familiengerichts nur noch so weit besteht, wie es zur gänzlichen Erledigung der amtlichen Geschäfte des Vormunds und des Familiengerichts erforderlich ist (vgl oben Rn 30 f; BGH 26. 7. 2017 – XII ZB 515/16, juris Rn 7, FamRZ 2017, 1776, 1777; KGJ 51, A 47; OLG Hamm OLGZ 1966, 484 = NJW 1966, 2125 [LS]; LG Berlin JR 1948, 163; BayObLG Rpfleger 1996, 246; BayObLG Rpfleger 1997, 476; BayObLG Rpfleger 2001, 74; OLG Thüringen Rpfleger 2001, 75).

60 Eine **Ausnahme** gilt nur für die Einreichung der Schlussrechnung (§ 1892 Abs 1 BGB) sowie die Rückgabe der Bestallung (§ 1893 Abs 2 BGB), die der Abwicklung der Vormundschaft dienen und deshalb noch erzwungen werden können (BGH 26. 7. 2017 – XII ZB 515/16, juris Rn 7, FamRZ 2017, 1776, 1777; vgl § 1892 Rn 11 u § 1893 Rn 23). Allerdings kann auch kein Zwangsgeld zur Einreichung einer Schlussrechnung mehr verlangt werden, wenn der volljährig gewordene Mündel zuvor auf die Legung einer Schlussrechnung verzichtet hat (LG Saarbrücken BtPrax 2009, 195, 197; MünchKomm/Kroll-Ludwigs Rn 23; s auch § 1890 Rn 39). Ebenso wenig kann nach dem Tod des Vormunds wegen Nichterfüllung der Pflicht zur Einreichung einer Schlussrechnung gegenüber seinen Erben ein Zwangsgeld festgesetzt werden (BGH 26. 7. 2017 – XII ZB 515/16, juris Rn 10, FamRZ 2017, 1776, 1777; näher § 1892 Rn 12).

b) Hinweis auf die Zuwiderhandlung gegen die Entscheidung (§ 35 Abs 2 FamFG)

61 Die gerichtliche Entscheidung, die die Verpflichtung zur Vornahme oder Unterlassung einer Handlung anordnet, muss auf die Folgen der Zuwiderhandlung gegen die Entscheidung hinweisen (§ 35 Abs 2 FamFG). Dieser Hinweis übernimmt die **Funktion der Androhung** des Zwangsgeldes nach dem bis zum 31. 8. 2009 geltenden § 33 Abs 3 S 1 FGG (BT-Drucks 16/6308, 193). Er setzt nicht voraus, dass eine Zuwiderhandlung schon erfolgt ist; er muss sich aber auf einen bestimmten Tatbestand beziehen (OLG Düsseldorf FamRZ 1978, 619; Keidel/Zimmermann § 35 FamFG Rn 15). Zudem muss der Hinweis die in Aussicht genommene Höchstsumme angeben; es genügt nicht, dass lediglich „ein Zwangsgeld" ohne Nennung eines Betrages – und sei es auch nur des höchstzulässigen – angedroht wird (BGH FamRZ 1973, 622, 623 = NJW 1973, 2288 – gegen OLG Stuttgart FamRZ 1972, 470; OLG Düsseldorf FamRZ 1983, 90, 91; OLG Brandenburg FamRZ 2008, 2136, 2137; Keidel/Zimmermann § 35 FamFG Rn 15).

62 Unterbleibt dieser Hinweis, so ist die Festsetzung des Zwangsgeldes **unzulässig** (Keidel/Zimmermann § 35 FamFG Rn 14; NK-BGB/Rohde/Heitmann Rn 39 hält eine nachträgliche Androhung für möglich).

c) Schuldhafte Zuwiderhandlung gegen die gerichtliche Anordnung

63 Wie sich mittelbar aus § 35 Abs 2 FamFG ergibt, setzt die zwangsweise Durchsetzung einer Anordnung durch Festsetzung von Zwangsgeld voraus, dass der Vormund einer aus der Anordnung folgenden Verpflichtung schuldhaft zuwider gehandelt hat (Keidel/Zimmermann § 35 FamFG Rn 39 mwNw; Schulte-Bunert FuR 2009, 125, 126; Erman/Schulte-Bunert Rn 11a; **aA** MünchKommFamFG/Ulrici § 35 Rn 12; NK-BGB/Rohde/Heitmann Rn 24).

3. Das Zwangsmittel und seine Festsetzung

64 Als Zwangsmittel kommt **nur Zwangsgeld**, nicht aber Zwangshaft in Betracht; insoweit verdrängt § 1837 Abs 3 BGB die Regelung in § 35 Abs 1 S 2 und 3, Abs 3 S 2 FamFG; die Verhängung ersatzweiser oder originärer Zwangshaft kommt also nicht in Betracht (BT-Drucks 16/6308, 192 f; Hoffmann JAmt 2011, 299, 301; Palandt/Götz Rn 11; Erman/Schulte-Bunert Rn 11).

65 Die **Höhe** des Zwangsgeldes, das bei Nichtbefolgen einer Anordnung des Familiengerichts festgesetzt werden kann, beträgt mindestens 5 und höchstens 25 000 Euro (Art 6 Abs 1 EGStGB, § 35 Abs 3 S 1 FamFG). Die Überschreitung dieses (auch eines in anderer Höhe angedrohten) Höchstbetrags macht die Verfügung, die das Zwangsgeld festsetzt, nicht nichtig, sondern nur anfechtbar (Keidel/Zimmermann § 35 FamFG Rn 42).

66 Die Festsetzung eines Zwangsgeldes kann nach dem Gesetz **beliebig oft wiederholt** werden, solange der Vormund der Anordnung des Familiengerichts nicht nachkommt und der Grund der Anordnung nicht weggefallen ist. Einer wiederholten Festsetzung muss aber jeweils ein besonderer, androhender Hinweis vorausgehen. Ein allgemeiner Hinweis der Festsetzung von wiederholbaren Zwangsgeldern bei beharrlichem Nichtbefolgen der gerichtlichen Anordnung reicht nicht aus (BayObLGZ 1976, 112, 113; Keidel/Zimmermann § 35 FamFG Rn 16).

67 Eine **Ausnahme** vom Grundsatz der unbegrenzten Wiederholbarkeit der Androhung und Festsetzung von Zwangsgeldern enthält § 1788 Abs 2 BGB. Nach dieser Vorschrift dürfen Zwangsgelder, durch die ein zum Vormund Ausgewählter zur Übernahme der Vormundschaft angehalten werden soll, nur in Zwischenräumen von einer Woche und nicht mehr als dreimal festgesetzt werden. Der hinter dieser Regelung stehende Gedanke, dass von einem Vormund, der sich beharrlich sträubt und auch durch drei Zwangsgelder nicht beeindrucken lässt, keine dem Wohl des Mündels dienliche Tätigkeit zu erwarten ist, kann auch beim Bemühen des Familiengerichts um Durchsetzung seiner Aufsichtsmaßnahmen nach § 1837 Abs 2 und 3 BGB eine Rolle spielen: Wenn auch die wiederholte Festsetzung eines Zwangsgeldes ohne Erfolg bleibt, wird regelmäßig die Entlassung des Vormunds oder Gegenvormunds (§§ 1886, 1895 BGB) in Betracht kommen.

4. Unzulässigkeit der Festsetzung von Zwangsgeld gegenüber Jugendamt und Verein (Abs 3 S 2)

68 Unzulässig ist nach § 1837 Abs 3 S 2 BGB die Festsetzung eines Zwangsgeldes gegen das **Jugendamt** oder einen **Verein** (vgl wegen weiterer Privilegierungen, die in der

Funktion und Organisation der Jugendämter und der Vereine iS des § 54 SGB VIII ihren Grund haben, § 56 SGB VIII und § 1857a BGB).

Ebenso wie der Amtsvormund und der Verein als Vormund sind auch die Behörde und der Verein, die nach § 1900 BGB als solche zu **Betreuern** bestellt sind, gemäß § 1908i Abs 1 S 1 BGB in das Privileg des § 1837 Abs 3 S 2 BGB einbezogen (vgl BT-Drucks 11/4528, 160). Schließlich kann nach der ausdrücklichen Bestimmung des § 1908g Abs 1 BGB auch gegen einen Behördenbetreuer (§ 1897 Abs 2 S 2 BGB) kein Zwangsgeld nach § 1837 Abs 3 S 1 BGB festgesetzt werden. Der Vereinsbetreuer (§ 1897 Abs 2 S 1 BGB) ist dagegen in diese Ausnahmeregelung nicht einbezogen; dass hier keine entsprechende Anwendung, sondern der Umkehrschluss geboten ist mit der Folge, dass gegen den Vereinsbetreuer Zwangsgeld festgesetzt werden darf, wenn er ein Gebot oder Verbot des Familiengerichts nicht befolgt (so MünchKomm/Kroll-Ludwigs Rn 23), lässt sich auch aus der Begründung des RegE folgern (BT-Drucks 11/4528, 159). Hier ist als Grund der Privilegierung des Behördenbetreuers ausdrücklich der Umstand genannt, dass er die Betreuung in Wahrnehmung einer öffentlichen Aufgabe ausübt, was auf den Vereinsbetreuer nicht zutrifft.

Das Verbot der Zwangsgeldfestsetzung gegenüber dem Jugendamt wurde auch mit 69
dem Gesetz zur Änderung des Vormundschafts- und Betreuungsrechts vom 29. 6. 2011 (BGBl I 1306) nicht abgeschafft, obwohl es eine Qualitätsverbesserung in der Amtsvormundschaft im Blick hatte (näher Vorbem 52 ff zu §§ 1773 ff) und damit auch die Privilegierung des Amtsvormunds gegenüber Einzelvormündern in Abs 3 S 2 erneut erklärungsbedürftig wurde. Zur Begründung verwies der Gesetzgeber darauf, dass das Jugendamt eine amtliche Stelle sei; ein Zwangsgeld gegen den mit der Führung der Vormundschaft betrauten Mitarbeiter des Jugendamts sei zudem schon deswegen nicht sinnvoll, weil dieser häufig wegen seiner Stellung in seiner Anstellungskörperschaft Probleme nicht abstellen könne (BT-Drucks 17/3617, 8; zum Reformbedarf Staudinger/Veit [2014] Rn 87).

Die **Möglichkeiten, die dem Gericht bleiben**, sind das Erteilen von Ge- und Verboten 70
und zu deren Durchsetzung das Erheben von Dienstaufsichtsbeschwerden bei der das Jugendamt tragenden Gebietskörperschaft, der Hinweis auf die Schadensersatzpflicht nach § 1833 BGB bzw die Entlassung nach § 1887 BGB (BT-Drucks 17/3617, 8). Zudem kann es unter den Voraussetzungen des § 89 FamFG Ordnungsgeld gegen das Jugendamt verhängen, wenn dieses einer Verpflichtung aus einem Vollstreckungstitel iS dieser Norm zuwidergehandelt hat; § 1837 Abs 3 S 2 BGB ist in diesem Fall nicht, auch nicht entsprechend, anwendbar (BGH 19. 2. 2014 – XII ZB 165/13, juris Rn 14, 15, 17, FamRZ 2014, 732 ff; OLG Frankfurt FamRZ 2013, 809 f = ZKJ 2013, 167).

VI. Aufsichtsmaßnahmen nach Abs 4

1. Normzweck, Anwendungsbereich

Der durch das SorgeRG angefügte jetzige Abs 4 erklärt Bestimmungen des Kind- 71
schaftsrechts, die ein Eingreifen des Familiengerichts bei Gefährdung des Kindeswohls gebieten, für entsprechend anwendbar. Aus der Begründung des SorgeRG geht hervor, dass § 1837 Abs 4 BGB den Kreis der Maßnahmen, die das Familiengericht nach Abs 2 und 3 treffen kann, erweitern wollte, nicht dagegen, dass solche

Maßnahmen nur noch unter den in den §§ 1666, 1666a BGB genannten Voraussetzungen sollten getroffen werden können. Mit der Ergänzung sollte erreicht werden, dass gegen einen Vormund unter den gleichen Voraussetzungen wie gegen Eltern eingeschritten werden kann, also auch ohne Verschulden, und es sollte die Möglichkeit geschaffen werden, dem Vormund einen Teil seiner Aufgaben zu entziehen, ohne ihn gänzlich abzuberufen (BT-Drucks 7/2060, 41; 8/2788, 69 f).

72 § 1837 Abs 4 BGB findet auf jeden Vormund mit Ausnahme des **Gegenvormunds** Anwendung, da diesem keine sorgerechtlichen Befugnisse unmittelbar gegenüber dem Mündel zustehen (§ 1792 Rn 5, § 1799 Rn 2).

2. Voraussetzung für die Maßnahmen

73 Nach § 1837 Abs 4 BGB finden die §§ 1666, 1666a BGB entsprechende Anwendung. Das bedeutet, dass gerichtliche Maßnahmen nach § 1666 Abs 1 und 3 BGB nur zulässig sind, wenn die dort genannten Voraussetzungen vorliegen, also das körperliche, geistige oder seelische Wohl des Mündels oder sein Vermögen gefährdet ist und der Vormund nicht gewillt oder in der Lage ist, die Gefahr abzuwenden (§ 1666 Abs 1 BGB).

74 Nach § 1666 Abs 2 BGB ist in der Regel anzunehmen, dass das Vermögen des Kindes gefährdet ist, wenn der Inhaber der Vermögenssorge ua seine Unterhaltspflicht gegenüber dem Kind oder seine mit der Vermögenssorge verbundenen Pflichten verletzt. Da den Vormund keine Unterhaltspflicht trifft, passt allerdings die erstgenannte Alternative auf ihn von vornherein nicht, wohl aber die zweite, wenn er etwa dem Mündel die nötigen Mittel zum Unterhalt aus dem Mündelvermögen vorenthält (MünchKomm/Kroll-Ludwigs Rn 26).

3. In Betracht kommende Maßnahmen nach § 1666 Abs 3

a) Gebote nach Nrn 1 und 2

75 **§ 1666 Abs 3 BGB** enthält einen Maßnahmenkatalog, der nicht uneingeschränkt auf die Vormundschaft Anwendung findet. Was die in Nrn 1–2 genannten Gebote betrifft, so genügt im Regelfall bereits die Generalklausel des § 1837 Abs 2 S 1 BGB als Grundlage der vom Familiengericht zu treffenden Maßnahmen.

76 Der Katalog des § 1666 Abs 1 S 1 BGB aF war zunächst nicht so offen wie die Generalklausel des § 1837 Abs 2 S 1 BGB; auch der weiter gefasste § 1666 Abs 1 BGB nF (s dazu die Begründung des RegE des KindRG, BT-Drucks 13/4899, 97) knüpft „die zur Abwendung der Gefahr erforderlichen Maßnahmen" noch an engere Voraussetzungen als § 1837 Abs 2 S 1 BGB das Einschreiten des Familiengerichts. Durch Art 1 Nr 3 des Gesetzes zur Erleichterung familiengerichtlicher Maßnahmen bei Gefährdung des Kindeswohls (BGBl I 2008, 1188) wurde die Struktur des § 1666 BGB grundlegend geändert – weggefallen sind auf Tatbestandsseite va die Gefährdungsursachen (missbräuchliche Ausübung der elterlichen Sorge, Vernachlässigung des Kindes, unverschuldetes Versagen der Eltern, Verhalten Dritter), und auf Rechtsfolgenseite wurde ein Beispielskatalog von Schutzmaßnahmen aufgenommen (näher BeckOK/Veit [1. 11. 2019] § 1666 Rn 8). Ziel der **Reform** war es, praktischen Schwierigkeiten bei der Feststellung des elterlichen Erziehungsversagens zu begegnen, aber auch unnötige Hürden für eine frühe Anrufung des Familiengerichts zu beseitigen (BR-Drucks 550/07, 10, 16). Zweifelhaft ist, ob letzteres Ziel erreichbar ist, ohne zugleich die Eingriffsschwelle für das Familiengericht zu verändern (gegen eine Änderung der Eingriffsschwelle ausdrücklich BR-Drucks 550/07, 16; krit dazu STAUDINGER/COESTER [2016] § 1666 Rn 86 ff; BeckOK/VEIT [1. 11. 2019] § 1666 Rn 22 ff). Diese Frage kann aber dahinstehen, da sich an dem Eingriffserfordernis der Kindeswohlgefährdung selbst im Vergleich zu den Voraussetzungen für gerichtliche Maßnahmen nach § 1837 Abs 2 S 1 BGB nichts ändert.

b) Verbote nach Nrn 3 und 4

Eine Maßnahme nach § 1666 Abs 3 Nr 3 BGB (Verbot, die Familienwohnung zu nutzen) passt nicht auf den Organisationsvormund (zu dem Begriff § 1793 Rn 131 ff), sondern nur auf den erziehenden Einzelvormund, bei dem das Kind tatsächlich lebt, wobei ein solches Verbot aber der Grundverpflichtung des Vormunds zum persönlichen Kontakt mit dem Kind nach § 1793 Abs 1a BGB zuwiderliefe und deshalb ausscheidet; vielmehr wird dann im Einzelfall eine Entlassung erforderlich sein. 77

Eine Entscheidung nach § 1666 Abs 3 Nr 4 BGB scheitert ebenfalls an der neu eingeführten Verpflichtung nach § 1793 Abs 1a BGB. 78

c) Ersetzung von Erklärungen des Vormunds nach Nr 5

Nach § 1666 Abs 3 Nr 5 BGB kann das Familiengericht rechtsgeschäftliche Erklärungen und rechtfertigende Einwilligungen des Vormunds, etwa in ärztliche Eingriffe oder sonstige Untersuchungen, ersetzen (OLG Hamm 5. 9. 2013 – 6 UF 146/13, juris Rn 21, NZFam 2014, 810 betr Teilnahme des Kindes an einer gerichtlich angeordneten sachverständigen Begutachtung; vgl STAUDINGER/COESTER [2016] § 1666 Rn 224 mwNw). Hierin liegt eine erhebliche Einschränkung des Grundsatzes der Selbständigkeit des Vormunds. Das Familiengericht darf allerdings anstelle des Vormunds eine Erklärung für den Mündel nur dann abgeben, wenn die Tatbestandsvoraussetzungen des § 1666 Abs 1 BGB gegeben sind und die dem Mündel drohende Gefahr nicht auf andere Weise, etwa durch Bestellung eines Ergänzungspflegers, abgewendet werden kann. 79

d) Teilweiser oder vollständiger Entzug der elterlichen Sorge des Vormunds nach Nr 6

Eine solche Maßnahme, die den Aufgabenbereich des Vormunds generell einschränkt (mit der Folge, dass nach § 1909 Abs 1 S 1 BGB insoweit ein Pfleger zu bestellen ist), kann nicht auf § 1837 Abs 2 BGB, sondern nur auf Abs 4 iVm § 1666 BGB gestützt werden; vorausgesetzt ist dafür das Vorliegen einer Kindeswohlgefährdung (vgl dazu die Erl zu § 1666; BayObLGZ 1997, 175 = FamRZ 1997, 1429; MünchKomm/KROLL-LUDWIGS Rn 25; SOERGEL/ZIMMERMANN Rn 22 ff; ERMAN/SCHULTE-BUNERT Rn 10). Unzulässig ist deshalb ein faktischer Teilentzug eines Aufgabenbereichs durch ein auf § 1837 Abs 2 S 1 BGB gestütztes Verbot der eigenverantwortlichen Ausübung des Aufenthaltsbestimmungsrechts (zum Betreuungsrecht OLG München FamRZ 2010, 493 m Anm BIENWALD). 80

In Betracht kommt die **Entziehung eines Teilbereichs** (zB Aufenthaltsbestimmung oder Bestimmung des Umgangs des Mündels) mit der Folge, dass für diesen Teilbereich ein Ergänzungspfleger zu bestellen ist. Je weiter allerdings der Kreis der zu entziehenden Aufgaben reicht, desto eher ist an die Bestellung eines Mitvormunds 81 mit besonderem Wirkungskreis zu denken (§ 1797 Abs 2 BGB; Erman/Schulte-Bunert Rn 10).

82 Soweit es zur Abwendung der Gefahr für das Kindeswohl erforderlich ist, kommt im Einzelfall auch die Entziehung der **gesamten Personensorge oder Vermögenssorge** in Betracht. In diesen Fällen wird allerdings auch die Entlassung des Vormunds naheliegen, die nach dem Prinzip der Verhältnismäßigkeit grundsätzlich das äußerste Mittel für das Familiengericht sein muss (vgl MünchKomm/Kroll-Ludwigs Rn 27; Soergel/Zimmermann Rn 14).

83 Die **Entlassung** kann dabei nicht auf § 1837 Abs 4 iVm § 1666 BGB (und § 1666a Abs 2 BGB bei Entzug der gesamten Personensorge), sondern nur auf einen der in den §§ 1886 bis 1889 BGB geregelten Tatbestände gestützt werden (BayObLG FamRZ 1999, 1457, 1459 = Rpfleger 1999, 126; MünchKomm/Kroll-Ludwigs Rn 25, 27; **aA** offenbar OLG Köln OLGR 2009, 438). Die Begründung des RegE zum SorgeRG nennt zwar den Fall, in dem der Vormund – bis auf eine bestimmte Angelegenheit – durchaus geeignet ist; dann ginge die Abberufung zu weit (BT-Drucks 7/2060, 41), und es sei zu berücksichtigen, dass Vormünder häufig aus dem Kreis der Verwandtschaft des Mündels kämen und deshalb eine korrigierende Maßnahme besser sei als die vollständige Abberufung des Vormunds (BT-Drucks 8/2788, 70). Diese Erwägung passt aber allenfalls beim erziehenden Einzelvormund und geht im Übrigen an der Besonderheit des Eltern-Kind-Verhältnisses vorbei, das sich grundlegend von dem Verhältnis zwischen Vormund und Mündel unterscheidet (§ 1793 Rn 4). Das Elternrecht genießt den Grundrechtsschutz des Art 6 Abs 2 GG; daraus folgt, dass in das Sorgerecht der Eltern immer nur soweit eingegriffen werden darf, wie es zum Schutz des Kindes vor Gefährdung seines Wohls unerlässlich ist. Eine entsprechende Rechtsposition hat der Vormund – auch der mit dem Mündel verwandte – dagegen nicht. Deshalb wird bei Gefährdung des Mündelwohls, wenn diese nicht anders abwendbar ist und die Entziehung der gesamten Personensorge oder/und der gesamten Vermögenssorge geboten erscheint, in der Regel die Entlassung des Vormunds gemäß § 1886 BGB unumgänglich sein.

e) Maßnahmen gegen Dritte nach § 1666 Abs 4

84 Die Verweisung auf § 1666 Abs 4 BGB erlaubt dem Familiengericht auch wirksame Maßnahmen unmittelbar gegen einen Dritten, wenn das Wohl des Mündels durch das Verhalten des Dritten gefährdet ist; damit soll dem Vormund insbesondere der „Umweg über das Zivilgericht" erspart werden, wenn ein Dritter durch sein Verhalten einen schädlichen Einfluss auf den Mündel ausübt (BT-Drucks 8/2788, 28; näher Staudinger/Coester [2016] § 1666 Rn 236 ff).

f) Maßnahmen nach § 1666a

85 Nach § 1666a Abs 1 BGB sind Maßnahmen, mit denen eine Trennung des Kindes von der elterlichen Familie verbunden ist, nur zulässig, wenn der Gefahr nicht auf andere Weise, auch nicht durch öffentliche Hilfen, begegnet werden kann. Fraglich ist allerdings, ob eine entsprechende Anwendung dieser Norm im Vormundschaftsrecht überhaupt relevant wird. Da der Organisationsvormund (zu dem Begriff näher § 1793 Rn 131 ff) nicht mit dem Kind zusammenlebt, kommt für ihn die Norm jedenfalls nicht in Betracht. Aber auch für den Erziehungsvormund (zu dem Begriff näher § 1793 Rn 131 ff), der den Mündel auf längere Zeit in seinen Haushalt iSv § 1793 Abs 1

S 3 BGB aufgenommen hat, wird zum Teil in Frage gestellt, dass er mit dem Mündel eine „elterliche Familie" bildet (MünchKomm/Kroll-Ludwigs Rn 26). Berücksichtigt man aber, dass beim Erziehungsvormund noch am ehesten der Gedanke passt, wonach der Vormund an die Stelle der Eltern tritt, spricht einiges für die Anwendung von § 1666a Abs 1 BGB. Allerdings wird in diesem Fall in der Regel eine Entlassung des Vormunds nach § 1886 BGB in Betracht kommen.

4. Änderung der Maßnahmen nach § 1696

Das Familiengericht kann eine nach § 1837 Abs 2–4 iVm §§ 1666, 1666a BGB getroffene Maßnahme ändern, wenn die in § 1696 BGB genannten Voraussetzungen vorliegen. Das bedeutet, dass eine Aufsichtsmaßnahme zum Sorge- oder Umgangsrecht, die auf § 1837 Abs 2 BGB gestützt worden ist, dann geändert werden kann, wenn dies aus triftigen, das Wohl des Kindes nachhaltig berührenden Gründen angezeigt ist. 86

Nach § 1696 Abs 2 BGB ist eine kindesschutzrechtliche Maßnahme aufzuheben, wenn eine Gefahr für das Wohl des Mündels nicht mehr besteht oder die Erforderlichkeit der Maßnahme entfallen ist. Nach § 166 Abs 2 FamFG hat das Familiengericht länger dauernde kindesschutzrechtliche Maßnahmen in angemessenen Zeitabständen zu überprüfen. 87

Eine Abänderung anderer Maßnahmen als die, die auf § 1837 Abs 2–4 BGB gestützt werden, etwa über die Auswahl oder die Entlassung des Vormunds, kann nicht auf § 1696 BGB gestützt werden. 88

VII. Verfahren

1. Zuständigkeit

Für Maßnahmen nach § 1837 BGB einschließlich der Beratung der Vormünder und der Einführung in ihre Aufgaben (Abs 1) ist nach §§ 3 Nr 2 Buchst a, 14 RPflG der **Rechtspfleger** zuständig, soweit die durchzusetzenden Maßnahmen in seinen Zuständigkeitsbereich fallen. Ausgenommen sind Maßnahmen nach §§ 1837 Abs 4, 1666, 1666a BGB, da diese dem Richter vorbehalten sind (§ 14 Abs 1 Nr 2 RPflG; zu Problemen bei der Abgrenzung der funktionellen Zuständigkeiten Harm/Mix/Opitz/Pütz/Rotax/Rüting FamRZ 2012, 1849, 1852 ff). 89

2. Beteiligung, Anhörung

Verfahrensbeteiligter ist der Vormund (§ 7 Abs 2 Nr 1 FamFG). Das Jugendamt ist unter den Voraussetzungen von § 162 Abs 2 FamFG, § 50 SGB VIII am Verfahren zu beteiligen. Der Mündel ist nur dann Beteiligter, wenn er durch die gerichtliche Entscheidung unmittelbar in seinen Rechten betroffen ist (§ 7 Abs 2 Nr 1 FamFG), was wiederum von der konkreten Maßnahme abhängt, die gegenüber dem Vormund erlassen worden ist. 90

Anzuhören sind der Vormund, auch im Zwangsgeldfestsetzungsverfahren (BayObLG FamRZ 1993, 823, 825), unter den Voraussetzungen des § 159 FamFG auch der Mündel, 91 sowie die Eltern in den von § 160 FamFG genannten Fällen. Soweit das Kind seit längerer Zeit in Familienpflege lebt, sind weiter die Pflegepersonen (§ 161 FamFG) und in Verfahren, die die Person des Mündels betreffen, auch das Jugendamt (§ 162 Abs 1 FamFG) anzuhören.

3. Rechtsmittel

a) Beschwerde nach §§ 58, 35 Abs 5 FamFG

92 Gegen die Entscheidung des Familiengerichts über Maßnahmen nach § 1837 Abs 2 und 4 BGB kommt die Beschwerde nach § 58 FamFG sowie unter den Voraussetzungen des § 70 FamFG die Rechtsbeschwerde in Betracht. Gegen die Festsetzung von Zwangsgeld nach § 1837 Abs 3 BGB ist gemäß § 35 Abs 5 FamFG die sofortige Beschwerde entsprechend §§ 567 ff ZPO und die Rechtsbeschwerde im Rahmen von §§ 574 ff ZPO statthaft. Die Einlegung der Beschwerde hat nach § 570 Abs 1 ZPO aufschiebende Wirkung. Sie kann auf neue Angriffs- und Verteidigungsmittel gestützt werden (§ 571 Abs 2 ZPO). Dies hat zur Folge, dass dann, wenn der Vormund im Laufe des Beschwerdeverfahrens bis zum Erlass des Beschwerdebeschlusses der erstinstanzlichen Anordnung Folge geleistet hat, die Festsetzung des Zwangsgeldes aufzuheben ist (Keidel/Zimmermann § 35 FamFG Rn 67 mwNw). Das Gleiche gilt, wenn der Vormund nach Festsetzung, aber vor Vollstreckung des Zwangsgeldes die Anordnung des Familiengerichts befolgt und dann Beschwerde einlegt (KGJ 41, A 34; BayObLG FamRZ 2002, 1434 [LS]; **aA** Keidel/Zimmermann § 35 FamFG Rn 67; MünchKomm/Kroll-Ludwigs Rn 29; Soergel/Zimmermann Rn 28).

b) Beschwerdeberechtigung nach §§ 59, 60 FamFG

93 Gegen die Anordnung von Maßnahmen nach § 1837 Abs 2 und 4 BGB kann der **Vormund** nach § 59 FamFG Beschwerde einlegen (Erinnerung nach § 11 RPflG, wenn der Rechtspfleger entschieden hat), weil er in eigenen Rechten betroffen ist. Gegen die Festsetzung von Zwangsgeld nach § 1837 Abs 3 BGB kann er auch noch nach Begleichung des Zwangsgeldes Beschwerde einlegen (s auch Rn 92), soweit die Begleichung nicht als Rechtsmittelverzicht auszulegen ist.

94 Das Beschwerderecht des **Mündels** ergibt sich ebenfalls aus § 59 FamFG; unter den Voraussetzungen des § 60 FamFG kann er dieses auch selbständig ausüben.

95 Problematisch ist ein Beschwerderecht der **leiblichen Eltern**. Hat das Familiengericht den Erlass einer bestimmten Maßnahme gegenüber dem Vormund im Rahmen der Aufsicht (im konkreten Fall die Anweisung, den Mündel in der bisherigen Heimeinrichtung [einer Diagnosegruppe] zu belassen, wogegen der Vormund den Mündel in einer Profi-Pflegefamilie unterbringen will [Fallgestaltung des OLG Hamm ZKJ 2012, 74 = NJW-RR 2012, 388]) abgelehnt, so stellt sich die Frage, ob der Elternteil, dem die elterliche Sorge nach §§ 1666, 1666a BGB entzogen worden ist, beschwerdeberechtigt ist oder nicht. Dies wäre bei einem unmittelbaren, nachteiligen Eingriff in ein dem Beschwerdeführer im Zeitpunkt der Entscheidung zustehendes subjektives Recht zu bejahen (BGH FamRZ 2009, 220 f). Ein solcher Eingriff kommt jedoch infolge einer Entziehung des Sorgerechts nicht in Betracht (OLG Brandenburg 14. 6. 2018 – 13 UF 191/17, juris Rn 15; s auch BGH 27. 4. 2014 – XII ZB 67/14, juris Rn 10, FamRZ 2016, 1146, 1147); soweit die Entscheidung die Rückübertragung des Sorgerechts erschweren könnte, liegt darin nur eine mittelbare Rechtsbeeinträchtigung, die keine Beschwerdebe-

rechtigung auslöst (OLG Hamm ZKJ 2012, 74). Zu überlegen wäre allenfalls eine Herleitung der Beschwerdebefugnis unmittelbar aus Art 6 Abs 2 GG (so HEILMANN Anm zu OLG Hamm ZKJ 2012, 74, 75). So ist in der Rechtsprechung zum Betreuungsrecht zB anerkannt, dass ein Elternteil unter Berufung auf Art 6 Abs 1 GG gegen ein vom Betreuer seines Kindes ausgesprochenes Umgangs- oder Kontaktverbot vorgehen kann (OLG Hamm FamRZ 2009, 810 [betr Kontaktverbot gegen die Tochter eines unter Betreuung stehenden Elternteils]; OLG München BtPrax 2008, 74). Das bedeutet jedoch nicht, dass die Eltern jedwede Maßnahme des Betreuers mit der Begründung erzwingen können, sie seien hierdurch in ihrem Elternrecht verletzt. Jedes andere Ergebnis wäre nicht mit der gerichtlich zugewiesenen Entscheidungskompetenz des Betreuers vereinbar, die nicht durch fortwirkende Mitbestimmungs- oder Kontrollrechte der Eltern begrenzt wird (OLG München BtPrax 2009, 237, 238). Für das Verhältnis von Vormund und Eltern muss Entsprechendes gelten mit der Folge, dass ein Elternteil, dem kein Sorgerecht zusteht, auch nicht unter Berufung auf Art 6 Abs 2 GG Beschwerde gegen die Ablehnung einer Aufsichtsmaßnahme einlegen kann (OLG Brandenburg 14. 6. 2018 – 13 UF 191/17, juris Rn 16).

Dritte Personen haben zwar die Möglichkeit, ein Einschreiten des Gerichts durch Anträge und Mitteilungen anzuregen; ihnen steht aber kein Anspruch darauf zu, dass das Familiengericht von seinem Aufsichtsrecht gegenüber dem Vormund oder Gegenvormund Gebrauch macht; demgemäß haben sie auch kein Beschwerderecht gegenüber der Ablehnung eines gerichtlichen Einschreitens (vgl VG Schleswig DAVorm 1967, 12, 13; OLG Zweibrücken Rpfleger 2003, 426 = NJW-RR 2003, 870; MünchKomm/KROLL-LUDWIGS Rn 30; ERMAN/SCHULTE-BUNERT Rn 17). Ein Gläubiger des Mündels hat demnach kein Recht darauf, dass das Familiengericht den Vormund zur Erfüllung des Anspruchs anhält (BayObLGZ 3, 115; 4, 251 u 727; 6, 231; 7, 98; 20, A 17; s auch KG OLGE 7, 125); ihm steht auch kein Beschwerderecht zu. Ebenso wenig kann eine ehemalige Pflegeperson Beschwerde einlegen, wenn das Familiengericht ihre Anregung, dem Vormund die Vorlegung eines Gutachtens über die schulische Entwicklung des Mündels aufzugeben, ablehnt; beschwerdebefugt ist nur die gegenwärtige Pflegeperson (OLG Hamm FamRZ 1998, 570, 571). 96

VIII. Pflegschafts- und Betreuungsrecht

Die Vorschrift gilt nach § 1915 Abs 1 BGB auch für den Ergänzungspfleger sowie den Nachlasspfleger (OLG Karlsruhe 19. 12. 2016 – 14 W 130/16, juris Rn 5, ErbR 2017, 427 mwNw). Darüber hinaus gelten die Abs 1–3 von § 1837 BGB auch für den Betreuer (§ 1908i Abs 1 S 1 BGB). Bei der Bestimmung der Frage, ob der Betreuer pflichtwidrig gehandelt hat, ist zu berücksichtigen, dass dieser eine weniger freie Stellung hat als der Vormund. Ihm steht kein Erziehungsrecht zu, weshalb § 1837 Abs 4 BGB auf ihn keine Anwendung findet (PALANDT/GÖTZ Rn 8). Zudem darf er nur innerhalb des ihm vom Betreuungsgericht übertragenen Aufgabenbereichs tätig werden (s § 1896 Abs 2 BGB; OLG Karlsruhe FamRZ 2006, 507, 508) mit der Folge, dass er pflichtwidrig handelt, wenn sein Aufgabenkreis nicht die Bestimmung des Umgangs des Betreuten mit Dritten umfasst, und er ein Kontaktverbot des Betreuten gegenüber Dritten, insbesondere seinen Eltern, ausspricht (OLG München BtPrax 2008, 74, 75). 97

Weitere Einschränkungen des Entscheidungsspielraums ergeben sich für den Betreuer aus den §§ 1901 und 1901a BGB (PALANDT/GÖTZ Rn 8; ERMAN/SCHULTE-BUNERT 98

Rn 7) mit der Folge, dass es keine Pflichtverletzung darstellt, wenn etwa der Betreuer auf Wunsch des vermögenden Betreuten eine wirtschaftlich nicht sinnvolle Autoreparatur vornehmen lässt (OLG Karlsruhe FamRZ 2010, 2018 [LS]). Im Übrigen beschränkt sich die Kontrolle des Betreuungsgerichts auf die Rechtmäßigkeit, nicht aber auf die Zweckmäßigkeit der Maßnahmen des Betreuers (OLG München BtPrax 2009, 237; zu dieser Unterscheidung beim Vormund s oben Rn 32, 35 ff).

§ 1838
(weggefallen)

Aufgehoben durch das KJHG vom 26. 6. 1990 Teil 2 Art 5 Nr 4 (BGBl I 1163).

§ 1839
Auskunftspflicht des Vormunds

Der Vormund sowie der Gegenvormund hat dem Familiengericht auf Verlangen jederzeit über die Führung der Vormundschaft und über die persönlichen Verhältnisse des Mündels Auskunft zu erteilen.

Materialien: E I § 1686; II § 1716; III § 1815; Mot IV 1156; Prot IV 802. Neugefasst durch Bekanntmachung v 2. 1. 2002 (BGBl I 42); zuletzt geändert durch Art 50 Nr 42 nach Maßgabe von Art 111 FGG-RG v 17. 12. 2008 (BGBl I 2586) mit Wirkung v 1. 9. 2009.

Systematische Übersicht

I. Normzweck und Systematik

1 Die Bestimmung des § 1839 BGB folgt aus dem Aufsichtsrecht des Familiengerichts (§ 1837 BGB) und soll dessen ordnungsgemäße Ausübung ermöglichen. Deshalb ist jeder Vormund verpflichtet, jederzeit über seine gesamte Tätigkeit Auskunft zu erteilen.

II. Verhältnis zu § 1840 und § 1837

Die Vorschrift stellt eine **Ergänzung** zur periodischen Berichts- und Rechnungslegungspflicht nach § 1840 BGB insofern dar, als sich das Familiengericht unabhängig von festgelegten Zeiträumen im konkreten Einzelfall über die persönlichen Verhältnisse des Mündels und die Vermögensverwaltung des Vormunds erkundigen kann (ebenso MünchKomm/Kroll-Ludwigs Rn 1; vgl auch NK-BGB/Rohde/Heitmann Rn 1). 2

Die Vorschrift stellt eine Konkretisierung der in § 1837 Abs 2 BGB verankerten Aufsicht des Familiengerichts dar. Deshalb kann das Gericht auch jederzeit Auskunft verlangen, ist dabei aber gehalten, sein Auskunftsverlangen inhaltlich näher zu präzisieren; die pauschale Aufforderung zur Erteilung eines Mündelberichts genügt, anders als in § 1840 Abs 1 BGB, nicht (LG Saarbrücken DAVorm 1994, 645 f; MünchKomm/Kroll-Ludwigs Rn 2). 3

III. Adressat der Auskunftspflicht

Die Auskunftspflicht trifft jeden Vormund. Eine **Befreiung** von der Auskunftspflicht ist **nicht vorgesehen**. Sie obliegt auch dem vom Vater oder der Mutter benannten, gemäß §§ 1852 ff BGB von bestimmten Verpflichtungen und Beschränkungen befreiten Vormund, ebenso wie dem Amtsvormund (OLG Saarbrücken DAVorm 1995, 248) und dem Verein als Vormund, denen kraft Gesetzes (§ 1857a BGB) die nach §§ 1852 Abs 2, 1853, 1854 BGB zulässigen Befreiungen zustehen. Um zu vermeiden, dass die von den Eltern oder dem Gesetz vorgesehenen Privilegierungen unterlaufen werden (LG Hannover NZFam 2014, 561 f; Palandt/Götz Rn 1), kann sich die Auskunftspflicht in diesem Fall allerdings nur auf die Angelegenheiten erstrecken, die nicht der Privilegierung unterfallen. Da die Befreiungstatbestände alle die Vermögenssorge betreffen, entfällt auch nur insoweit die Auskunftspflicht (weitergehend wohl LG Hannover NZFam 2014, 561 f). 4

Dies bedeutet nicht, dass der Vormund die Auskunft auch selbst erteilen muss. Das Gesetz verlangt keine persönliche Pflichterfüllung. Demnach muss eine Auskunft, etwa in Form eines schriftlichen Berichts (dazu unten Rn 9), nicht unbedingt **vom Vormund selbst** abgefasst und unterzeichnet sein; vielmehr genügt es, wenn er erkennbar vom Vormund herrührt oder, wenn ein **Dritter** ihn erstattet hat, dies offenbar im Auftrag des Vormunds geschehen ist (KG JW 1914, 54 = RJA 13, 70, 71). 5

Allerdings ist es dem Gericht unbenommen, auch die **persönliche Auskunftserteilung** vom Vormund zu verlangen (KG JW 1914, 54 = RJA 13, 70, 72; Soergel/Zimmermann Rn 1; MünchKomm/Kroll-Ludwigs Rn 4; Erman/Schulte-Bunert Rn 2; NK-BGB/Rohde/Heitmann Rn 2 aE; so auch Staudinger/Engler[10/11] Rn 1 aE, zweifelnd dann Staudinger/Engler [2004] Rn 4). 6

IV. Inhalt, Form und Zeitpunkt der Auskunft

1. Inhalt

Der Vormund ist dem Familiengericht zur Auskunft über seine gesamte Tätigkeit, dh Angelegenheiten der **Personen- wie Vermögenssorge**, verpflichtet. So kann sich 7 das Familiengericht bspw über den Aufenthaltsort oder Gesundheitszustand des Mündels sowie seine schulische oder berufliche Situation ebenso erkundigen wie über sämtliche Fragen der Vermögensverwaltung (Palandt/Götz Rn 1; Erman/Schulte-Bunert Rn 1; NK-BGB/Rohde/Heitmann Rn 2). Auch eine Auskunft (und Aufnahme in den Bericht nach § 1840 Abs 1 S 2 BGB; s § 1840 Rn 9) über Anzahl, Datum oder Dauer der Besuche des Vormunds beim Mündel kann verlangt werden (LG Hamburg BtPrax 2012, 81, 82; anders noch die vor Ergänzung des § 1840 Abs 1 BGB ergangene Entscheidung in FamRZ 2011, 1329 f [jeweils zur Betreuung]). Mit Blick auf den in § 1793 Abs 1a S 2 BGB für den Vormund angeordneten monatlichen Regelkontakt wird wohl auch ein familiengerichtliches Auskunftsverlangen hinsichtlich der Frage gerechtfertigt sein, warum weniger als ein Besuch pro Monat stattgefunden hat (anders zum Betreuungsrecht, wo § 1793 Abs 1a BGB nicht gilt [arg § 1908i Abs 1 S 1 BGB], LG Hamburg FamRZ 2011, 1329 f u BtPrax 2012, 81, 82).

8 Auf Verlangen des Familiengerichts hat der Vormund auch analog § 1799 Abs 2 BGB die sich auf die Vormundschaft beziehenden **Papiere** vorzulegen (KG Recht 1908 Nr 2574; KG RJA 16, 18, 20). Zur Vorlage besonderer **Bescheinigungen** kann der Vormund nur angehalten werden, wenn er selbst einen Anspruch auf die verlangte Bescheinigung hat (KG RJA 15, 229 = OLGE 38, 261). Vorschriften über die zuvor üblichen Erziehungsberichte wurden nicht in das Gesetz aufgenommen (Mot IV 1156).

2. Form

9 Eine bestimmte Form der Auskunftserteilung ist gesetzlich nicht vorgeschrieben. Der Vormund kann seiner Auskunftspflicht durch **schriftlichen Bericht** gerecht werden. Dem Zweck der Vorschrift wird es im einzelnen Fall aber oft genügen, wenn der Vormund **mündlich** Auskunft erteilt; dies wird gerade bei Auskünften über persönliche Angelegenheiten des Mündels etwa dann naheliegen, wenn es um die Darstellung und Erörterung erzieherischer, psychologischer oder gesundheitlicher Fragen geht. Wenn das Familiengericht sich nur über den Fortgang einzelner Angelegenheiten unterrichten will, kommt auch eine **telefonische** Auskunft in Frage.

3. Zeitpunkt

10 Das Gericht kann die Auskunft **jederzeit** verlangen; es bedarf keines konkreten Anhaltspunktes für ein pflichtwidriges Handeln des Vormunds (LG Saarbrücken DAVorm 1994, 645; Erman/Schulte-Bunert Rn 1; MünchKomm/Kroll-Ludwigs Rn 3).

11 Aus dem Adverb „jederzeit" folgt, dass es auch **periodische Berichte** vom Vormund anfordern kann (Enneccerus/Kipp § 120 II; Soergel/Zimmermann Rn 1; MünchKomm/Kroll-Ludwigs Rn 3; Palandt/Götz Rn 1; Erman/Schulte-Bunert Rn 1 aE).

V. Durchsetzung der Auskunftspflicht

1. Bestehende Vormundschaft

12 Während bestehender Vormundschaft können der Vormund und der Gegenvormund durch **Zwangsgeld** nach § 1837 Abs 3 BGB dazu angehalten werden, die vom Familiengericht verlangte Auskunft zu erteilen (OLG Hamm Rpfleger 1966, 17). Bleibt auch

dies erfolglos, so kann das Familiengericht den Vormund oder Gegenvormund nach §§ 1886, 1895 **entlassen** (Soergel/Zimmermann Rn 2; MünchKomm/Kroll-Ludwigs Rn 5; Palandt/Götz Rn 1 aE). Dass das Familiengericht für den Bereich, auf den sich die vom Vormund hartnäckig verweigerte Auskunft beziehen soll, gemäß § 1837 Abs 3 iVm §§ 1666, 1667 Abs 1 und 5 BGB einen Pfleger bestellt, um nicht den „sonst geeigneten" Vormund entlassen zu müssen (so Soergel/Zimmermann Rn 2), ist in der Praxis kaum vorstellbar.

2. Ende der Vormundschaft oder des Amtes eines Vormunds

Mit der **Beendigung der Vormundschaft** endet auch die Auskunftspflicht des bisherigen Vormunds nach § 1839 BGB; daher kann gegen ihn auch nicht mehr zu ihrer Erzwingung ein Zwangsgeld verhängt werden (KG RJA 15, 255; 16, 18; Soergel/Zimmermann Rn 2; Erman/Schulte-Bunert Rn 3; Palandt/Götz Rn 1). **13**

Nach der **Beendigung seines Amts** kann der Vormund aber vom Mündel (gegebenenfalls von dessen neuem Vormund) gemäß § 1890 BGB auf Erteilung der Auskunft und Abgabe der Versicherung an Eides statt (§§ 260, 259 BGB) verklagt werden (Soergel/Zimmermann Rn 2; MünchKomm/Kroll-Ludwigs Rn 6; Erman/Schulte-Bunert Rn 3 aE; NK-BGB/Rohde/Heitmann Rn 3). **14**

VI. Pflegschafts- und Betreuungsrecht

Die Vorschrift findet entsprechende Anwendung auf die Pflegschaft (§ 1915 Abs 1 BGB) sowie die Betreuung (§ 1908i Abs 1 S 1 BGB). **15**

§ 1840
Bericht und Rechnungslegung

(1) Der Vormund hat über die persönlichen Verhältnisse des Mündels dem Familiengericht mindestens einmal jährlich zu berichten. Der Bericht hat auch Angaben zu den persönlichen Kontakten des Vormunds zu dem Mündel zu enthalten.

(2) Der Vormund hat über seine Vermögensverwaltung dem Familiengericht Rechnung zu legen.

(3) Die Rechnung ist jährlich zu legen. Das Rechnungsjahr wird von dem Familiengericht bestimmt.

(4) Ist die Verwaltung von geringem Umfang, so kann das Familiengericht, nachdem die Rechnung für das erste Jahr gelegt worden ist, anordnen, dass die Rechnung für längere, höchstens dreijährige Zeitabschnitte zu legen ist.

Materialien: E I § 1687 Abs 1–3; II § 1718; III § 1816; Mot IV 1157; Prot IV 802. Abs 1 eingefügt durch BtG v 12. 9. 1990 (BGBl I 2002) Art 1 Nr 42; Vorschrift neugefasst durch Bekanntmachung v 2. 1. 2002 (BGBl I 42); Abs 2, Abs 3 S 2, Abs 4 geändert durch Art 50 Nr 42 nach Maßgabe von Art 111 FGG-RG v 17. 12. 2008 (BGBl I 2586) mit Wirkung v 1. 9. 2009;

Abs 1 S 2 eingefügt durch das Gesetz zur Änderung des Vormundschafts- und Betreuungsrechts v 29. 6. 2011 (BGBl I 1306).

Schrifttum

Gojowczyk, Die Aufsicht des Familiengerichts über den Amtsvormund – Rechtslage nach dem Gesetz zur Änderung des Vormundschafts- und Betreuungsrechts, Rpfleger 2013, 1

Harm, Die erweiterte Aufsicht des Familiengerichts über Vormünder und Pfleger, RpflStud 2013, 57

Herdemerten, Die Rechnungslegungspflicht des als Pfleger bestellten Ehegatten, FamRZ 1966, 16

Hoffmann, Das Gesetz zur Änderung des Vormundschafts- und Betreuungsrechts, FamRZ 2011, 1185

Willutzki, Vormundschaft in Bewegung, Jugendhilfereport 1/2012, 6.

Systematische Übersicht

Alphabetische Übersicht

I. Normzweck, Historie

Den Vormund trifft eine jährliche Berichtspflicht (Abs 1) über die persönlichen Verhältnisse des Mündels, die sich auch auf die Wahrnehmung der Pflicht zum persönlichen Kontakt nach § 1793 Abs 1a BGB erstreckt (§ 1840 Abs 1 S 2 BGB). Zudem 1 muss er nicht nur nach Beendigung seines Amtes über die Verwaltung des Mündelvermögens Rechenschaft legen (§§ 1890–1892 BGB), sondern auch periodisch während der Dauer der Vormundschaft (Abs 2–4). Beide Pflichten ermöglichen dem Familiengericht die Führung der **Aufsicht über die gesamte Tätigkeit des Vormunds** und versetzen es in die Lage, im Interesse des Mündels gegen Pflichtwidrigkeiten des Vormunds einzuschreiten (§ 1837 BGB).

2 Das BGB regelte zunächst – wie schon die meisten früheren Rechte (Nachw bei Staudinger/Engler10/11 Rn 1 ff) – nur die Rechenschaftspflicht (die jetzigen Abs 2–4). Diesen stellte das BtG vom 12. 9. 1990 (BGBl I 2002) einen neuen Abs 1 voran, der dem Vormund die Pflicht auferlegt, dem Familiengericht über die **persönlichen Verhältnisse** des Mündels mindestens einmal jährlich zu berichten.

Die amtliche Begründung des BtG wies darauf hin, dass im bisherigen Vormundschaftsrecht zwar die Vermögenssorge ausführlich geregelt sei, die Personensorge aber weitgehend im Hintergrund stehe. Das Familiengericht könne aber bei der Vormundschaft über Minderjährige seiner Aufsichtspflicht (§ 1837 Abs 2 BGB) nur dann genügen, wenn es ausreichend Informationen über die persönlichen Verhältnisse der Betroffenen erhalte. § 1839 BGB sehe eine Pflicht zur Auskunft über die persönlichen Verhältnisse auf Verlangen des Familiengerichts vor. Über diese persönlichen Verhältnisse solle in Zukunft regelmäßig, zumindest einmal jährlich, berichtet werden. Die Form des Berichts solle nicht vorgeschrieben werden (BT-Drucks 11/4528, 114).

3 Eine weitere Ergänzung der Pflicht des Vormunds, über die persönlichen Verhältnisse des Mündels zu berichten, brachte das Gesetz zur Änderung des Vormundschafts- und Betreuungsrechts vom 29. 6. 2011 (BGBl I 1306). Abs 1 wurde um einen Satz 2 ergänzt, um die Umsetzung der Pflicht des Vormunds zum persönlichen Kontakt (§ 1793 Abs 1a BGB) sowie die Aufsicht des Gerichts auch über diesen Aspekt der Amtsführung des Vormunds (§ 1837 Abs 2 S 1 BGB) in der Praxis zu stärken (BT-Drucks 17/3617, 8).

II. Der Bericht über die persönlichen Verhältnisse des Mündels (Abs 1)

1. Allgemeines

4 § 1839 BGB schreibt vor, dass der Vormund – und auch der Gegenvormund – dem Familiengericht auf Verlangen jederzeit auch über die persönlichen Verhältnisse des Mündels Auskunft zu erteilen hat. § 1840 Abs 1 BGB macht den Bericht über die persönlichen Verhältnisse zu einer **Regelverpflichtung** des Vormunds, die bewirkt, dass der Vormund über die Vermögensangelegenheiten (Abs 2) hinaus regelmäßig auch zu den persönlichen Verhältnissen und Kontakten mit dem Mündel berichten muss, auch wenn er den Mündel nicht unmittelbar betreut und erzieht.

5 Eine **Befreiung** des Vormunds von der Verpflichtung zum jährlichen Bericht über die persönlichen Verhältnisse des Mündels ist **nicht möglich**; das Betreuungsgesetz hat insoweit § 1854 BGB nicht ergänzt. Auch der befreite Vormund muss also in jedem Fall jährlich über die persönlichen Verhältnisse des Mündels berichten, damit das Familiengericht seiner Aufsichtspflicht genügen und, wenn erforderlich, auf geän-

derte tatsächliche Verhältnisse reagieren kann (LG Heilbronn DAVorm 1993, 954 betr Amtsvormundschaft).

2. Inhalt des Berichts

a) Allgemeines

Der Inhalt des Berichts ist im Gesetz nicht vorgeschrieben, und der Begriff der persönlichen Verhältnisse ist nicht gesetzlich definiert. Welchen Inhalt der Bericht haben muss, ergibt sich aber aus dem Sinn der Berichtspflicht: Das Familiengericht muss jene Auskünfte über die Lebensumstände des Mündels erhalten, die es in die Lage versetzen zu prüfen, ob ein Einschreiten im Aufsichtsweg (§ 1837 BGB) geboten ist. Deshalb sieht auch **§ 68 Abs 1 S 2 SGB VIII** vor, dass der vom Jugendamt mit der Ausübung der Amtsvormundschaft betraute Mitarbeiter befugt ist, Sozialdaten an das Familiengericht zum Zweck der Aufsicht und Kontrolle zu übermitteln (DIJuF-Rechtsgutachten JAmt 2013, 268; DIJuF-Rechtsgutachten JAmt 2017, 593, 594; DIJuF-Rechtsgutachten JAmt 2017, 435). Erforderlichenfalls kann dem Gericht der Hilfeplan zugeschickt werden (DIJuF-Rechtsgutachten JAmt 2017, 593, 594). Das Gericht darf die Sozialdaten allerdings nur zu dem Zweck verwenden, zu dem sie ihm weitergegeben wurden (§ 68 Abs 4 SGB VIII), also zur Ermöglichung der Aufsicht und Kontrolle, nicht aber etwa zur Weiterleitung an die Staatsanwaltschaft (DIJuF-Rechtsgutachten JAmt 2017, 435). 6

Das Gericht kann im Einzelfall genauere Vorgaben zum Inhalt des Berichts machen, soweit sie dazu dienen, die Pflichtmäßigkeit des Handelns des Vormunds zu prüfen (DIJuF-Rechtsgutachten JAmt 2017, 593, 594). 7

b) Persönliche Verhältnisse (Abs 1 S 1)

Was unter den persönlichen Verhältnissen zu verstehen ist, muss nach den Umständen des Einzelfalls beurteilt werden; dabei wird insbesondere das Alter des Mündels von Bedeutung sein. Wesentlich sind zudem der Aufenthaltsort, die persönliche Umgebung, der Gesundheitszustand, ärztliche Maßnahmen, die Schul- und Berufsausbildung, aber auch besondere Ereignisse, die für die Entwicklung des Mündels von Bedeutung sind, mögen sie günstig oder ungünstig sein (s Harm RpflStud 2013, 57, 58; Überblick bei BeckOGK/Zorn [1. 11. 2019] Rn 14 f; s auch DIJuF-Rechtsgutachten JAmt 2014, 264). 8

c) Persönliche Kontakte des Vormunds zum Mündel (Abs 1 S 2)

Der Bericht hat nach Abs 1 S 2 auch Angaben zu den persönlichen Kontakten des Vormunds mit dem Mündel zu enthalten. Nähere Vorgaben zum Berichtsinhalt hielt der Gesetzgeber nicht für erforderlich, sondern stellte dies in das Ermessen des aufsichtsführenden Gerichts (BT-Drucks 13/3617, 8; Palandt/Götz Rn 1). Allerdings wird dem Sinn der Norm nur durch einen Bericht Rechnung getragen, der über Anzahl, Ort und Zeitpunkt sowie Dauer der persönlichen Kontakte des Vormunds mit dem Mündel Auskunft gibt (s LG Hamburg 1. 2. 2016 – 309 T 270/15, juris Rn 12, FamRZ 2017, 247; LG Hamburg BtPrax 2012, 81, 82 m Anm Scharf [betr Betreuung]; Hoffmann FamRZ 2011, 1185, 1186; Palandt/Götz Rn 1; Gojowczyk Rpfleger 2013, 1, 4). Da das Gesetz einen monatlichen Regelkontakt in der üblichen Umgebung des Mündels vorsieht, wovon nur abgewichen werden darf, wenn dies im Interesse des Kindes „geboten" ist, muss der Bericht auch Auskunft darüber geben, ob kürzere oder längere Besuchsabstände oder ein 9 anderer Ort als Besuchsort (s § 1793 Abs 1a S 2 BGB) festgelegt wurden (DIJuF-Rechtsgutachten JAmt 2017, 593, 594; BeckOGK/ZORN [1. 11. 2019] Rn 17).

10 Inzwischen wurden in der Praxis auch **Formulare** entwickelt, die den Fachkräften der Jugendämter, die die Vormundschaft führen, die Dokumentation erleichtern sollen (s DIJuF zur Umsetzung des Gesetzes zur Änderung des Vormundschafts- und Betreuungsrechts – erste Hinweise – v 14. 10. 2011 S 19 f [Nachw s § 1793 Rn 30]; s auch Deutscher Verein, Empfehlungen 13 f; Arbeitshilfe der AGJÄ S 5 [Nachw s § 1791b Rn 31]; HARM RpflStud 2013, 57, 58).

11 Um eine qualifizierte Aufsicht sicherzustellen, darf sich das Gericht allerdings nicht mit der Prüfung begnügen, ob die Regelbesuche absolviert wurden und, falls dies nicht geschehen ist, ob eine Begründung dafür vorliegt, um dann den Bericht abzuheften. Vielmehr kann eine Qualifikation der Vormundschaft durch die gerichtliche Aufsicht nur erfolgen, wenn seitens des Vormunds im Bericht auch eine **inhaltliche Einschätzung** zur Situation des Mündels und zur Qualität der Kontakte erfolgt (MEYSEN, Öffentliche Anhörung im Rechtsausschuss des Deutschen Bundestages, 17. Wahlperiode, Protokoll Nr 38 v 23. 2. 2011 S 34 sowie Anlage zu dieser öffentlichen Anhörung S 4 [Nachw s § 1779 Rn 45]).

12 Da die Erweiterung der Berichtspflicht des Vormunds nur die notwendige Konsequenz der Neuregelung in § 1793 Abs 1a BGB darstellt, muss der Bericht nach dem Wortlaut des § 1840 Abs 1 S 2 BGB an sich keine Angaben dazu enthalten, ob und inwieweit der Vormund seiner Pflicht nach § 1800 S 2 BGB zur persönlichen Förderung und Gewährleistung der Personensorge nachgekommen ist; ebenso wenig muss er Angaben darüber enthalten, ob bei einer Amtsvormundschaft die Fallzahl 50 (§ 55 Abs 2 S 4 SGB VIII) eingehalten worden ist. Allerdings ist in der fehlenden Erwähnung beider Aspekte eine empfindliche **Lücke in der Neuregelung** zu sehen, da das Gesetz zur Änderung des Vormundschafts- und Betreuungsrechts nicht nur dem Missstand begegnen will, dass ein persönlicher Kontakt zwischen Vormund und Mündel fehlte, sondern auch dem, dass der Amtsvormund nicht selbst die Personensorge gewährleistete, sondern diese einem Mitarbeiter des ASD überließ (BT-Drucks 17/3617, 6; Vorbem 52 zu §§ 1773 ff). Nur bei einer umfassenden Berichtspflicht des Vormunds kann aber das Gericht seiner Aufsichtspflicht nach § 1837 BGB genügen und damit der Zweck des jüngsten Gesetzes, die Personensorge für den Mündel zu stärken, auch erreicht werden (BT-Drucks 17/3617, 1; krit auch SÜNDERHAUF-KRAVETS, Anlage zur öffentlichen Anhörung im Rechtsausschuss des Deutschen Bundestages am 23. 2. 2011 zum Gesetzentwurf der BReg sowie der Fraktion der SPD zur Änderung des Vormundschafts- und Betreuungsrechts S 3 [Nachw s § 1791b Rn 40]; zum Teil wird sogar darüber hinaus gefordert, dass dem Bericht etwaige Hilfepläne nach § 36 SGB VIII beizufügen sind: SCHINDLER, Anlage zur öffentlichen Anhörung im Rechtsausschuss des Deutschen Bundestages am 23. 2. 2011 zum Gesetzentwurf der BReg sowie der Fraktion der SPD zur Änderung des Vormundschafts- und Betreuungsrechts S 2 [http://webarchiv.bundestag.de/cgi/show.php?fileToLoad=5089&id=1223]; Änderungsantrag der LINKEN im Rechtsausschuss, BT-Drucks 17/5512, 10; zum Reformbedarf näher unter Rn 58). § 1840 Abs 1 S 2 BGB ist damit analog auf diese Pflichten auszudehnen, oder es ist de lege lata auf § 1840 Abs 1 S 1 BGB zurückzugreifen.

13 Die Berichtspflicht nach Abs 1 S 2 **gilt** nach Art 3 des Gesetzes zur Änderung des Vormundschafts- und Betreuungsrechts **seit dem 6. 7. 2011**, dem Tag nach der Verkündung des Gesetzes (BGBl I 1306) und damit ein Jahr vor Inkrafttreten von § 1837

Abs 2 S 2 BGB, der die gerichtliche Aufsichtspflicht auf die Einhaltung der erforderlichen persönlichen Kontakte des Vormunds zu dem Mündel erstreckt. Mit der damit verbundenen Sanktionslosigkeit von Verstößen gegen die persönliche Kontaktpflicht wollte der Gesetzgeber der Personalsituation in manchen Jugendämtern Rechnung tragen. Damit ist faktisch nicht nur die Pflicht nach § 1793 Abs 1a BGB, sondern auch die Berichtspflicht des Vormunds im ersten Jahr nach Verkündung des Gesetzes leergelaufen (zu § 1793 Abs 1a BGB s § 1793 Rn 32).

3. Form des Berichts

Über die Form des Berichts sagt das Gesetz nichts (BT-Drucks 11/4528, 114). Es erscheint deshalb – ebenso wie bei der Auskunft auf Verlangen des Familiengerichts (§ 1839 Rn 9) – nicht ausgeschlossen, dass der Vormund mündlich berichtet und das Familiengericht (der Rechtspfleger) den Inhalt des Berichts in einem Vermerk analog § 28 Abs 4 FamFG festhält (BeckOGK/Zorn [1. 11. 2019] Rn 10). Dies kann dann naheliegen, wenn der Vormund in schriftlicher Formulierung nicht genügend gewandt ist oder noch keine deutliche Vorstellung von den Fragen hat, die für das Gericht von Bedeutung sind (MünchKomm/Kroll-Ludwigs Rn 3; Gojowczyk Rpfleger 2013, 1, 4). Zudem bietet der **mündliche** Bericht die Möglichkeit zu Rückfragen sowie zur Beteiligung des Mündels (zum Reformbedarf in diesem Punkt Staudinger/Veit [2014] Rn 41). 14

4. Häufigkeit der Berichte

Der Vormund hat **mindestens einmal jährlich** über die persönlichen Verhältnisse des Mündels sowie seine persönliche Kontaktpflege zum Mündel nach § 1793 Abs 1a BGB zu berichten. Dies muss er ohne besondere Aufforderung des Familiengerichts tun. 15

Das Gericht kann aber auch schon **vor Ablauf eines Jahres** nach der Bestellung des Vormunds eine Auskunft über die (gesamten) persönlichen Verhältnisse nach § 1839 BGB verlangen und aus gegebenem Anlass auch häufigere Berichte nach § 1840 BGB einfordern (BT-Drucks 11/4528, 114; Willutzki Jugendhilfereport 1/2012, 6, 12). 16

Das Gericht kann für die Abgabe des jährlichen Berichts einen **bestimmten Kalendertag** festsetzen. Fehlt es hieran, so ist der Vormund verpflichtet, seinen Bericht grundsätzlich sogleich nach Ablauf des Berichtszeitraums in einem angemessenen Zeitraum zu erstatten; jedenfalls angemessen ist eine Frist von vier Wochen nach Ablauf des Berichtszeitraums (AG Brandenburg 21. 12. 2015 – 91 XVII 95/15, juris Rn 4, FamRZ 2016, 1302). 17

Auch im jüngsten Gesetzgebungsverfahren hat der Gesetzgeber davon abgesehen, nähere Vorgaben zur Häufigkeit der Berichtspflicht zu machen; vielmehr hat er dies dem **Ermessen des aufsichtsführenden Gerichts** überlassen (BT-Drucks 17/3617, 8). Eine Grenze des Ermessens stellt die jährliche Berichtspflicht dar, dh das Familiengericht kann dem Vormund nicht zwei- oder dreijährige Abstände für die Berichte zugestehen (wie es für die Rechnungslegung in Fällen, in denen die Verwaltung einen geringen Umfang hat, nach Abs 4 möglich ist, vgl unten Rn 26 ff). 18

Eine Pflicht zur Einreichung eines **„Anfangsberichts"** bei Übernahme des Amtes be- 19 steht nicht, weil das Gericht aufgrund des Auswahlverfahrens die persönlichen Verhältnisse des Mündels bei Beginn der Vormundschaft kennt. Auch ein **Abschlussbericht**, wie ihn § 1890 BGB bei der Vermögenssorge vorsieht, ist im Bereich der persönlichen Verhältnisse nicht nötig, weil die Vormundschaft über einen Minderjährigen automatisch mit dem Eintritt der Volljährigkeit endet (§ 1882 BGB) und im Betreuungsrecht vor einer Aufhebung oder einer Verlängerung vor Fristablauf Ermittlungen des Gerichts vorgeschrieben sind (BT-Drucks 11/4528, 114; dazu krit Erman/Holzhauer[11] Rn 3).

III. Die periodische Rechnungslegung (Abs 2–4)

1. Adressat der Pflicht zur Rechnungslegung

20 Im Anschluss an die meisten früheren Rechte (s Dernburg Pand 3 § 51 Ziff 4; Windscheid/Kipp Pand 3 § 438 Ziff 3; preuß VormO § 56; BayLR Tl I cap 7 § 16; sächs GB § 1950; vgl dagegen code civil art 470; über andere Rechte s Mot IV 1157) verpflichtet das BGB den Vormund, nicht nur nach Beendigung seines Amts über die Verwaltung des Mündelvermögens Rechenschaft abzulegen (§§ 1890–1892 BGB), sondern auch periodisch während der Dauer der Vormundschaft.

21 **Mitvormünder** haben die Rechnung gemeinschaftlich zu legen, wenn sie zu ungetrennter Verwaltung bestellt sind (Mot IV 1159). Ist aber die Führung der Vormundschaft unter ihnen nach bestimmten Wirkungskreisen aufgeteilt, so hat jeder Vormund für den Bereich seiner Verwaltungstätigkeit selbständig Rechnung zu legen (§ 1797 Abs 1 und 2 BGB; Enneccerus/Kipp § 120 III 4; Dölle § 130 III 1; Soergel/Zimmermann Rn 3; MünchKomm/Kroll-Ludwigs Rn 5; Palandt/Götz Rn 2; NK-BGB/Rohde/Heitmann Rn 5; BeckOGK/Zorn [1. 11. 2019] Rn 26).

Über die Mitwirkung des **Gegenvormunds** s § 1842 BGB und die Erl dazu (§ 1842 Rn 1 ff).

22 Erstreckt sich die Vormundschaft auf **mehrere Mündel**, so ist besondere Rechnungslegung für jeden einzelnen Mündel nur erforderlich, soweit das Vermögen jedem allein zusteht; eine einheitliche Rechnungslegung kommt in Betracht, soweit das Vermögen – wie es bei Bestellung eines Vormunds für mehrere Geschwister nach § 1775 BGB vorkommen kann – den Mündeln gemeinsam zusteht (Enneccerus/Kipp § 120 III 4; Soergel/Zimmermann Rn 3; MünchKomm/Kroll-Ludwigs Rn 6; Palandt/Götz Rn 2; NK-BGB/Rohde/Heitmann Rn 5; BeckOGK/Zorn [1. 11. 2019] Rn 25).

2. Zeitpunkt der Rechnungslegung

a) Jährliche Berichtspflicht

23 Die Rechnungslegung hat in der Regel jährlich (Abs 3 S 1) zu erfolgen. Das Gericht bestimmt das sog Rechnungsjahr (Abs 3 S 2), das ungefähr dem Amtsausübungsjahr, ausgehend vom Tag der Amtsübernahme, entspricht (BeckOGK/Zorn [1. 11. 2019] Rn 43).

24 Da das Gesetz keinen konkreten Zeitpunkt festlegt, hat der Vormund die Pflicht zur Rechnungslegung, ebenso wie die Berichtspflicht nach Abs 1, in einem **angemessenen Zeitraum** nach Ablauf des Rechnungslegungszeitraums zu erfüllen.

Im Gegensatz zur preuß VormO (§ 56 Abs 1 S 1) macht das BGB die Verpflichtung des Vormunds zur Rechnungslegung nicht von einer vorangehenden Aufforderung durch das Familiengericht abhängig (Mot IV 1157). Dennoch wird eine rechtzeitige Aufforderung des Vormunds durch die Geschäftsstelle, die den Terminkalender führt, naheliegen. 25

b) Längerer Berichtszeitraum

Wenn die Verwaltung einen geringen Umfang hat und das Familiengericht es gestattet, kann die Rechnungslegung in längeren Zwischenräumen, jedoch **mindestens alle drei Jahre (Abs 4)** erfolgen. Ob das Vermögen von geringem Umfang ist oder ein größeres Vermögen zu verwalten ist, ist nicht entscheidend; es kommt allein darauf an, ob die Vermögensverwaltung von geringem Umfang ist. 26

Allerdings kommt eine solche gerichtliche Gestattung erst in Betracht, nachdem die Rechnung **für das erste Jahr** gelegt worden ist. Hieraus folgt, dass eine Abkürzung des Rechnungslegungszeitraums auf weniger als ein Jahr nicht möglich ist (MünchKomm/Kroll-Ludwigs Rn 8; Erman/Schulte-Bunert Rn 2c). 27

Die gerichtliche Anordnung kann, wenn die Rechnung für das erste Jahr von einem Vormund gelegt worden ist, auch einem **neuen Vormund** gegenüber getroffen werden, selbst wenn dieser noch keine Rechnung gelegt hat (Enneccerus/Kipp § 120 III 3; BeckOGK/Zorn [1. 11. 2019] Rn 46; **aA** MünchKomm/Kroll-Ludwigs Rn 8; Soergel/Zimmermann Rn 5). Für diese Sichtweise spricht, dass die Verlängerung des Abrechnungszeitraums nicht von der Zuverlässigkeit des jeweiligen Vormunds, sondern allein vom Umfang der Vermögensverwaltung abhängt (BeckOGK/Zorn [1. 11. 2019] Rn 46). 28

Die Anordnung kann jederzeit wieder **aufgehoben oder geändert** werden, also nicht nur dann, wenn sich der Umfang der Verwaltung geändert hat. Eine vollständige Befreiung des Vormunds von der Rechnungslegungspflicht durch das Familiengericht ist nicht zulässig (MünchKomm/Kroll-Ludwigs Rn 8; Soergel/Zimmermann Rn 5). 29

3. Gegenstand und Inhalt der Rechnungslegung

a) Gegenstand

Die Pflicht zur Rechnungslegung erstreckt sich auf das **gesamte Mündelvermögen**, das der Vormund zu verwalten hat; dazu gehören auch laufende Einkünfte des Mündels, zB Arbeitseinkommen und Renten (Herdemerten FamRZ 1966, 16, 17; Gernhuber/Coester-Waltjen § 72 Rn 4; Soergel/Zimmermann Rn 4; MünchKomm/Kroll-Ludwigs Rn 4; BeckOGK/Zorn [1. 11. 2019] Rn 20). 30

Überweist der Vormund aus dem Mündelvermögen monatlich dem Mündel **Taschengeld** zur freien Verfügung auf ein Taschengeldkonto, so beschränkt sich seine Rechnungslegungspflicht auf die aus dem Mündelvermögen getätigten Aus- und Einzahlungen, erstreckt sich aber nicht auf deren Verwendung (LG Mönchengladbach FamRZ 2010, 1190; Schwab FamRZ 2018, 1949). Dies soll auch dann gelten, wenn im Fall einer **Betreuung** das Taschengeldkonto durch das Heim geführt wird, in dem der Betreute lebt (LG Mönchengladbach FamRZ 2010, 1190); allerdings bedarf es in diesem Fall einer genaueren Prüfung der Zweckbestimmung der Einzahlungen und der Frage, ob nicht zwischen Betreuer und Heim ein Auftragsverhältnis besteht; beja- 31 hendenfalls müsste sich die Rechnungslegungspflicht des Betreuers auch darauf erstrecken, ob er seiner Kontrollpflicht gegenüber dem Heim hinsichtlich der korrekten Mittelverwendung nachgekommen ist (Bienwald FamRZ 2010, 1190, 1191).

32 Obliegt einem Betreuer die gesamte Vermögenssorge für einen Betreuten, legt dieser aber dem Betreuer eine sog **Selbstverwaltungserklärung** vor und überlässt der Betreuer ihm daraufhin die Verwaltung eines Teils von dessen Vermögen, so beschränkt sich die Pflicht des Betreuers zur Rechnungslegung dennoch nicht nur auf das Vermögen, das er selbst verwaltet (so LG Koblenz 4. 9. 2018 – 2 T 553/18, juris Rn 7, FamRZ 2018, 1948), sondern erstreckt sich weiter auf das gesamte Vermögen, für das ihm aufgrund gerichtlicher Aufgabenzuweisung die Vermögenssorge obliegt; diese Verantwortung kann nicht durch privatautonomen Akt beschränkt werden, vielmehr bleibt nur die Möglichkeit, den Umfang der Vermögenssorge mangels Erforderlichkeit einzuschränken, um die Berichtspflicht hierauf zu begrenzen (Schwab FamRZ 2018, 1949; BeckOGK/Zorn [1. 11. 2019] Rn 21; diese Richtung andeutend, iE aber für die Möglichkeit einer Erfüllung der umfassenden Berichtspflicht durch Vorlage einer Selbstverwaltungserklärung des Betroffenen LG Göttingen 25. 6. 2019 – 5 T 114/19, juris Rn 23; s auch unten Rn 38).

33 Der Vormund hat auch über die Bestandteile des Mündelvermögens Rechnung zu legen, deren Verwaltung er **auf einen Dritten übertragen** hat oder die sich im Besitz eines Nießbrauchers oder Pfandgläubigers befinden (MünchKomm/Kroll-Ludwigs Rn 4; Palandt/Götz Rn 3; Soergel/Zimmermann Rn 4; NK-BGB/Rohde/Heitmann Rn 7).

34 Die Rechnungslegungspflicht umfasst dagegen nicht das Vermögen des Mündels, dessen **Verwaltung kraft Gesetzes einem Dritten obliegt**, zB einem Nachlassverwalter (§ 1984 BGB), einem Testamentsvollstrecker (§ 2205 BGB), dem überlebenden Ehegatten bei fortgesetzter Gütergemeinschaft (§ 1487 iVm § 1422 BGB) oder einem Pfleger, dem gemäß § 1794 BGB die Vermögensverwaltung übertragen ist (ebenso Soergel/Zimmermann Rn 4; MünchKomm/Kroll-Ludwigs Rn 4; Palandt/Götz Rn 3; NK-BGB/Rohde/Heitmann Rn 7; BeckOGK/Zorn [1. 11. 2019] Rn 22). Es ist aber angebracht, auf solche Vermögensteile zumindest bei der ersten Rechnungslegung nach ihrem Hinzukommen hinzuweisen, damit das Familiengericht sich ein vollständiges Bild von der wirtschaftlichen Lage des Mündels machen kann.

b) Inhalt der Rechnung

35 Die Rechnungslegung muss stets, auch in den Fällen des § 1840 Abs 4 BGB, in der Weise erfolgen, dass eine den Voraussetzungen des § 1841 BGB entsprechende Rechnung, nicht lediglich eine Vermögensübersicht, eingereicht wird (vgl Prot IV 802). Diese Rechnung ist mit Belegen zu versehen, soweit solche erteilt zu werden pflegen (§ 1841 Abs 1 aE BGB; näher dazu § 1841 Rn 7 ff).

4. Ausnahmen von der Pflicht zur Rechnungslegung

a) Befreiung durch privatautonome Erklärung

36 Die nach § 1776 Abs 1 BGB zur Benennung eines Vormunds berechtigten **Eltern** können den benannten Vormund von der Verpflichtung entbinden, während der Dauer seines Amts Rechnung zu legen **(§§ 1854 Abs 1, 1855 BGB)**. In diesem Fall beschränkt sich die Pflicht des Vormunds auf die Einreichung einer Übersicht über den Bestand des seiner Verwaltung unterliegenden Mündelvermögens in Abständen

von je zwei Jahren; diese Frist kann vom Familiengericht auf bis zu fünf Jahre verlängert werden (§ 1854 Abs 2 BGB). Zu den Einzelheiten und der Beteiligung des Gegenvormunds s § 1854 Rn 1 ff, 8.

Die Anordnung des Vaters oder der Mutter, die den Vormund von der in § 1840 Abs 2–4 BGB vorgesehenen Pflicht zur Rechnungslegung entbindet, kann **vom Familiengericht außer Kraft gesetzt werden**, wenn ihre Befolgung das Interesse des Mündels gefährden würde (§ 1857 BGB). 37

Eine **entsprechende Anwendung der §§ 1854, 1855 BGB** in dem Sinne, dass auch der volljährige geschäftsfähige Pflegling den Pfleger wirksam von der Verpflichtung zur Rechnungslegung entbinden könnte, wurde (nach früherem Recht) abgelehnt. Die in § 1840 BGB normierte Pflicht zur Rechnungslegung dient gerade dem Schutz vor Nachlässigkeiten, Fehlern oder Missbräuchen bei der Vermögensverwaltung, gegen die der des Schutzes Bedürftige womöglich selbst nicht einschreiten kann (OLG Hamm OLGZ 1989, 18 = FamRZ 1989, 665 = Rpfleger 1989, 20). Was in dieser Entscheidung für die – durch das Betreuungsgesetz aufgehobene – Gebrechlichkeitspflegschaft gesagt wurde, gilt jetzt aus den gleichen Gründen im Verhältnis des geschäftsfähigen Betreuten zu seinem Betreuer (OLG München Rpfleger 2006, 73; MünchKomm/Kroll-Ludwigs Rn 8; Palandt/Götz Rn 4; NK-BGB/Rohde/Heitmann Rn 6; s auch oben Rn 32). 38

b) Gesetzliche Befreiung

Die nach § 1854 BGB zulässige Befreiung (Beschränkung auf die Einreichung eines Vermögensbestandsverzeichnisses) steht kraft Gesetzes **(§ 1857a BGB)**, also ohne Anordnung der Eltern, dem Jugendamt und einem Verein als Vormund zu. Auf einen Mitarbeiter eines Vereins, der als Einzelvormund (Vereinsvormund) bestellt worden ist, kommt die Norm zwar nicht unmittelbar, wohl aber analog zur Anwendung (näher § 1857a Rn 4) mit der Folge, dass auch dieser von der Rechenschaftspflicht befreit ist. 39

Diese gesetzliche Befreiung kann nicht vom Familiengericht nach § 1857 BGB außer Kraft gesetzt werden (s dazu § 1857a Rn 6 u § 1857 Rn 3). 40

Im Falle der **Betreuung** ist die Bestimmung des § 1857a BGB auf bestimmte Personen als Betreuer gleichfalls anzuwenden, soweit das Familiengericht nichts anderes anordnet (§ 1908i Abs 2 S 2 BGB). Wegen der Einzelheiten s die Erl zu dieser Vorschrift, die insoweit in § 1903 BGB aF einen Vorläufer hat (s dazu Staudinger/Engler[10/11] Gem Bem zu §§ 1903, 1904 u BT-Drucks 11/4528, 160). 41

c) Vermögenslosigkeit des Mündels

Liegt weder eine von den Eltern erteilte noch eine gesetzliche Befreiung von der Rechnungslegungspflicht vor, so ist die Rechnungslegung grundsätzlich zwingend. Das Gericht kann nicht hierauf verzichten (Bienwald RpflStud 2016, 130, 131) und sich mit einer Vermögensübersicht begnügen (MünchKomm/Kroll-Ludwigs Rn 8; BeckOGK/Zorn [1. 11. 2019] Rn 23). Besitzt der Mündel allerdings kein zu verwaltendes Vermögen, so trifft den Vormund keine Pflicht zur Vermögensverwaltung und mithin auch keine Rechnungslegungspflicht. Ist die Vermögenslosigkeit des Mündels nicht offenkundig oder jedenfalls dem Gericht nicht bekannt, so kann dieses vom Vormund eine entsprechende Erklärung verlangen. 42

43 Hat das Familiengericht die Führung der Vormundschaft **unter mehrere Vormünder** nach bestimmten Wirkungskreisen verteilt (§ 1797 Abs 2 BGB), so trifft einen Vormund, dem keine Vermögensverwaltung obliegt, auch keine Pflicht zur Rechnungslegung (vgl oben Rn 21).

5. Ende der Rechnungslegungspflicht

44 Nach Beendigung der Vormundschaft gilt nicht mehr die Rechnungslegungspflicht nach § 1840 BGB, sondern nur noch die nach § 1890 BGB (LG Saarbrücken BtPrax 2009, 195, 196).

IV. Erzwingung der Erfüllung der Pflichten des Vormunds

1. Aufsichtsmaßnahmen nach § 1837

45 Die Pflichten des Vormunds zum Bericht über die persönlichen Verhältnisse des Mündels (Abs 1) und zur Rechnungslegung (Abs 2) haben **öffentlich-rechtlichen Charakter**. Beide Pflichten haben den Zweck, dem Familiengericht die Führung der Aufsicht über die Tätigkeit des Vormunds zu ermöglichen und das Gericht in die Lage zu versetzen, gegebenenfalls im Interesse des Mündels gegen Pflichtwidrigkeiten des Vormunds einzuschreiten (§ 1837 BGB).

a) Zwangsgeld

46 Das Familiengericht kann die Einhaltung der Pflichten anmahnen (§ 1837 Abs 2 S 1 BGB) und durch **Zwangsgeld** nach § 1837 Abs 3 BGB erzwingen, wenn der Vormund seinen Pflichten nicht nachkommt, vorausgesetzt, das Gericht hat in seinem Beschluss zugleich auf die Folgen der Zuwiderhandlung gegen die Entscheidung hingewiesen (§ 35 Abs 2 FamFG; näher § 1837 Rn 61 f). Gegen das Jugendamt oder einen Verein als Vormund kann allerdings kein Zwangsgeld festgesetzt werden (§ 1837 Abs 3 S 2 BGB; zu den Mitteln der Durchsetzung gegenüber dem Jugendamt näher § 1837 Rn 68 ff).

47 Eine Anordnung von **Zwangshaft** kommt dagegen nicht in Betracht, da diese Zwangsmaßnahme in § 1837 Abs 3 BGB nicht vorgesehen ist und diese Norm lex specialis zu § 35 Abs 1 S 2 FamFG ist (BT-Drucks 16/6308, 192 f).

b) Entzug der Sorgeverantwortung

48 Ist die Verhängung von Zwangsgeld erfolglos oder von vornherein aussichtslos, so kommen Maßnahmen nach §§ 1666, 1666a und 1696 BGB in Betracht (§ 1837 Abs 4 BGB). Zu diesen Maßnahmen gehört auch der (teilweise) Entzug der Sorgeverantwortung nach § 1666 Abs 3 Nr 6 BGB (näher § 1837 Rn 80 ff).

49 Dabei wird die Entziehung der Vermögenssorge, die von einigen Autoren bei Verletzung der Rechnungslegungspflicht nach Abs 2 unter Hinweis auf § 1837 Abs 4 iVm § 1666 Abs 1 und 2 BGB empfohlen wird (MünchKomm/Kroll-Ludwigs Rn 9; Soergel/Zimmermann Rn 6), als Maßnahme zur Abwehr einer Kindeswohlgefährdung (zu dieser Voraussetzung § 1837 Rn 73) bei einem erfolglosen Vorgehen nach § 1837 Abs 3 BGB allerdings ebenso wenig in Betracht kommen wie die teilweise Entziehung der Personensorge bei Verletzung der Berichtspflicht nach § 1840 Abs 1 BGB. Gerade bei einer hartnäckigen Verweigerung der Berichterstattung und Rechnungslegung

wären diese Maßnahmen, abgesehen von grundsätzlichen Bedenken gegen die Zulässigkeit dieser Maßnahme gegenüber einem Vormund (KGJ 45 A 42; STAUDINGER/ENGLER [2004] § 1845 Rn 9), jedenfalls **kein geeignetes Mittel**, um zu erreichen, dass dieser die ihm nach § 1840 BGB obliegenden Pflichten auch erfüllt (BeckOGK/ZORN [1. 11. 2019] Rn 51; ERMAN/SCHULTE-BUNERT Rn 4).

Vielmehr wird in einem Fall, in dem der Vormund, auch durch – uU wiederholte – Festsetzung von Zwangsgeld, nicht zur Berichterstattung und Rechnungslegung zu bewegen ist, sein Verhalten als Pflichtwidrigkeit zu werten sein, welche die Interessen des Mündels gefährdet, sodass die Voraussetzungen für die **Entlassung des Vormunds** nach § 1886 BGB gegeben sind, die dann die Rechenschaftspflicht nach § 1890 BGB auslöst (OLG Schleswig FGPrax 2006, 74 = FamRZ 2006, 577 [LS]; ERMAN/SCHULTE-BUNERT Rn 4). 50

2. Ansprüche des Mündels?

Dagegen ergibt sich aus § 1840 BGB kein einklagbarer Anspruch des Mündels gegen den Vormund auf **Berichterstattung und Rechnungslegung gegenüber dem Familiengericht**. Zwar wird vielfach im Anschluss an die Motive zum BGB (IV 1157 f) die Auffassung vertreten, die Pflicht zur Rechnungslegung habe neben ihrem öffentlich-rechtlichen auch den Charakter einer dem Mündel gegenüber begründeten privatrechtlichen Verpflichtung, deren Erfüllung nötigenfalls im Prozessweg durch einen dafür bestellten Pfleger erzwungen werden könne (STAUDINGER/ENGLER[10/11] Rn 7 mit Darstellung der widerstreitenden Meinungen, Meinung von ENGLER aufgegeben in der 12. Aufl; SOERGEL/ZIMMERMANN Rn 6; DÖLLE § 130 III 1; GERNHUBER/COESTER-WALTJEN § 72 Rn 21–23; MünchKomm/KROLL-LUDWIGS bejaht einerseits ein Recht des Mündels auf Rechnungslegung [Rn 2], lehnt andererseits aber die Möglichkeit einer klageweisen Durchsetzung ab [Rn 9]). Hiergegen spricht jedoch, dass schon der Normwortlaut – im Unterschied etwa zu den §§ 1843 Abs 2 und 1890 BGB – nicht auf einen Anspruch hinweist (s auch NK-BGB/ROHDE/HEITMANN Rn 12; ERMAN/SCHULTE-BUNERT Rn 5). Auch die systematische Stellung der Vorschrift im Untertitel „Fürsorge und Aufsicht des Familiengerichts" sowie die Wortfassung der vier Absätze des § 1840 BGB, die die Aufsichtsfunktion des Familiengerichts hervorheben, machen deutlich, dass eine auf Erfüllung der Pflichten des Vormunds gegenüber dem Familiengericht gerichtete Klage, für die dem Mündel ein Pfleger bestellt werden müsste, nicht passt (so mit überzeugender Begründung schon MOTTET 21 ff, 26). 51

Der Mündel kann wegen der vorrangigen Aufsichtsfunktion des Familiengerichts und des Charakters des Vormundschaftsverhältnisses, solange der Vormund im Amt ist, gegen ihn auch keine Klage auf **Berichterstattung sowie Rechnungslegung an den Mündel** (und auf Versicherung an Eides statt nach § 259 Abs 2 BGB) erheben (ENNECCERUS/KIPP § 120 III 1; DÖLLE § 130 III 1; MünchKomm/KROLL-LUDWIGS Rn 9; PALANDT/GÖTZ Rn 5; ebenso OLG Düsseldorf FamRZ 2000, 1536; ERMAN/SCHULTE-BUNERT Rn 5; NK-BGB/ROHDE/HEITMANN Rn 12; BeckOGK/ZORN [1. 11. 2019] Rn 54). Soweit die Gegenmeinung (SOERGEL/ZIMMERMANN Rn 6) ua auf die besseren Möglichkeiten der Durchsetzung eines vom Mündel eingeklagten Anspruchs auf Rechnungslegung hinweist, wird der Charakter des auf Fortbestand angelegten Vormundschaftsverhältnisses verkannt; wenn der Vormund durch sein Verhalten dem Mündel Anlass gibt, im Rechtsweg gegen ihn vorzugehen, wird das Familiengericht die Entlassung des Vormunds nach § 1886 BGB einleiten (s oben Rn 50). 52

53 Auch wenn man die Pflichten zur Berichterstattung und Rechnungslegung als ausschließlich öffentlich-rechtliche Pflichten betrachtet, obliegen diese dem Vormund im Interesse des Mündels (NK-BGB/Rohde/Heitmann Rn 12 spricht von einer „drittschützend[en]" Pflicht); ihre Verletzung ist deshalb eine Pflichtverletzung iS des § 1833 BGB, wobei freilich ein **Anspruch auf Schadensersatz** im Regelfall nicht auf die Verletzung der Pflicht zur Rechnungslegung, sondern auf ein pflichtwidriges Verhalten bei der Vermögensverwaltung zu stützen sein wird (BeckOGK/Zorn [1. 11. 2019] Rn 54). Der Mündel kann sich im Wege der Akteneinsicht bei Gericht über die Rechnungslegung informieren (OLG Hamm FamRZ 2010, 1997, 1998; Erman/Schulte-Bunert Rn 5).

54 Wegen der gerichtlichen **Geltendmachung** einzelner bei der periodischen Rechnungslegung **streitig gebliebener Ansprüche** vor der Beendigung des Vormundschaftsverhältnisses (§ 1843 Abs 2 BGB) s § 1843 Rn 8 ff.

V. Ersatz der Kosten der Rechnungslegung

55 Aufwendungen, die der Vormund bei Anwendung der ihm obliegenden Sorgfalt für erforderlich halten durfte, fallen nach § 1835 iVm § 670 BGB dem Mündel zur Last. Dies gilt auch für die Kosten der Rechnungslegung einschließlich etwaiger Kosten, die durch die Zuziehung eines Sachverständigen entstanden sind (Dölle § 130 III 1; Soergel/Zimmermann Rn 7; MünchKomm/Kroll-Ludwigs Rn 10; Palandt/Götz Rn 5; Erman/Schulte-Bunert Rn 2; BeckOGK/Zorn [1. 11. 2019] Rn 55).

VI. Pflegschafts- und Betreuungsrecht

56 Die Vorschrift findet entsprechende Anwendung auf die Pflegschaft (§ 1915 Abs 1 BGB) sowie die Betreuung (§ 1908i Abs 1 S 1 BGB). Das bedeutet, dass auch der Betreuer berichts- und rechnungslegungspflichtig ist, soweit kein Befreiungstatbestand eingreift. Er muss also über die **persönlichen Verhältnisse** einschließlich der Kontakte **berichten**. Zwar sieht das Gesetz keine Besuchsfrequenz vor – § 1793 Abs 1a BGB findet im Betreuungsrecht keine Anwendung (arg § 1908i Abs 1 S 1 BGB); gleichwohl obliegt ihm eine Pflicht zum persönlichen Kontakt (arg § 1908b Abs 1 S 2 BGB). Die Berichtspflicht des Betreuers über die persönlichen Verhältnisse kann allerdings ausnahmsweise entfallen, wenn sein Aufgabenkreis ausschließlich die Vermögenssorge umfasst und er über die persönlichen Verhältnisse des Betreuten keine Kenntnis hat, weil zur Erfüllung der ihm nach § 1901 BGB obliegenden Aufgaben ein persönlicher Kontakt mit dem Betreuten nicht erforderlich ist (BeckOGK/Zorn [1. 11. 2019] Rn 13; s auch Staudinger/Bienwald [2017] § 1901 Rn 21).

57 Daneben obliegt dem Betreuer die **Rechnungslegungspflicht**. Hiervon sind allerdings, da § 1857a BGB im Betreuungsrecht anwendbar ist (§ 1908i Abs 1 S 1 BGB), nicht nur die zuständige Behörde (§ 1900 Abs 4 BGB) und der Betreuungsverein (§ 1900 Abs 1 BGB) als Betreuer befreit, sondern auch der in § 1908i Abs 2 S 2 BGB genannte Personenkreis, soweit nicht das Betreuungsgericht etwas anderes angeordnet hat.

VII. Reformbedarf

58 Die Vorschrift ist reformbedürftig. Dies gilt sowohl für die Berichtspflicht nach Abs 1, die Lücken aufweist (etwa in Bezug auf die Pflicht des Vormunds nach § 1800

S 2 BGB und die Einhaltung der Fallzahl nach § 55 Abs 2 S 4 SGB VIII), als auch für die in Abs 4 genannten Ausnahmen von der Rechnungslegungspflicht (näher dazu Staudinger/Veit [2014] Rn 39 ff).

§ 1841
Inhalt der Rechnungslegung

(1) Die Rechnung soll eine geordnete Zusammenstellung der Einnahmen und Ausgaben enthalten, über den Ab- und Zugang des Vermögens Auskunft geben und, soweit Belege erteilt zu werden pflegen, mit Belegen versehen sein.

(2) Wird ein Erwerbsgeschäft mit kaufmännischer Buchführung betrieben, so genügt als Rechnung ein aus den Büchern gezogener Jahresabschluss. Das Familiengericht kann jedoch die Vorlegung der Bücher und sonstigen Belege verlangen.

Materialien: E I § 1687 Abs 4, 5; II § 1713; III § 1817; Mot IV 1158; Prot IV 802. Abs 2 S 1 geändert durch Bilanzrichtlinien-Gesetz v 19. 12. 1985 (BGBl I 2355) Art 10 Abs 6; Vorschrift neugefasst durch Bekanntmachung v 2. 1. 2002 (BGBl I 42); Abs 2 S 2 zuletzt geändert durch Art 50 Nr 42 nach Maßgabe von Art 111 FGG-RG v 17. 12. 2008 (BGBl I 2586) mit Wirkung v 1. 9. 2009.

Schrifttum

Birkenfeld, Rechnungslegung und Rechnungsprüfung in Vormundschafts- und Nachlaßsachen, FamRZ 1976, 197.

Systematische Übersicht

I. Normzweck, Systematik

1 **Zweck der Rechnungslegung** ist es, dem Familiengericht die Prüfung der wirtschaftlichen Verhältnisse des Mündels und der Ordnungsmäßigkeit der Verwaltungstätigkeit des Vormunds zu ermöglichen (vgl § 1840 Rn 1).

2 Die **Ordnungsvorschrift** des § 1841 Abs 1 BGB ist lex specialis gegenüber § 259 Abs 1 BGB, der die Pflicht, über eine mit Einnahmen oder Ausgaben verbundene Verwaltung Rechenschaft abzulegen, allgemein umschreibt (s die Zusammenstellung der im BGB enthaltenen Einzelfälle bei Staudinger/Bittner/Kolbe [2019] § 259 Rn 5). Die Pflicht des Vormunds zur Rechnungslegung ist gegenüber der allgemeinen Vorschrift des § 259 Abs 1 BGB einerseits dahingehend erweitert, dass der Vormund auch über den Ab- und Zugang des Vermögens Auskunft zu geben hat, andererseits dahingehend eingeschränkt, dass bei dem Betrieb eines Erwerbsgeschäfts mit kaufmännischer Buchführung ein aus den Büchern gezogener Jahresabschluss als Rechnung genügt (§ 1841 Abs 2 S 1 BGB; KGJ 37, A 110, 112).

II. Inhalt und Form der Rechnungslegung (Abs 1)

1. Zusammenstellung der Einnahmen und Ausgaben

3 Die Rechnung (§ 1840 Abs 2–4 BGB) soll eine geordnete Zusammenstellung der Einnahmen und Ausgaben enthalten. Die Zusammenstellung muss so geordnet sein, dass dem Familiengericht ohne Hinzuziehung eines Sachverständigen eine Übersicht und die Prüfung des Ergebnisses ermöglicht wird (vgl Staudinger/Bittner/Kolbe [2019] § 259 Rn 26; BeckOGK/Zorn [1. 11. 2019] Rn 5) und es so seinen Verpflichtungen aus §§ 1843 Abs 1, 1837 Abs 3 BGB nachkommen kann (BayObLG Rpfleger 1987, 358; BayObLG FamRZ 1993, 237, 238). Zudem muss sie **vollständig** sein (vgl § 259 Abs 2 BGB; so auch BayObLG FamRZ 2004, 220). Die bloße Vorlage von Unterlagen und Belegen, aus denen sich das Familiengericht erst selbst eine Übersicht erarbeiten muss, genügt auch dann nicht, wenn mündliche Erläuterungen angeboten werden (BayObLG FamRZ 1993, 237, 238; BayObLG FamRZ 2001, 934, 935; OLG Köln NJW-RR 1989, 568, 569). Ebenso wenig genügt die Vorlage eines Kassenbuches, wenn dieses nicht die Einnahmen und Ausgaben verzeichnet (BayObLG FamRZ 1993, 237, 238).

4 Die Rechnung soll über den **Ab- und Zugang des Vermögens** sowie über Umfang und Grund von Veränderungen des Vermögensbestandes Auskunft geben. Von der Erwähnung unbedeutender Vermögensänderungen (zB Anschaffung neuer Kleidungsstücke, Ersetzung einzelner Haushaltsgegenstände durch neue) wird regelmäßig abgesehen werden können (Dölle § 130 III 2; Erman/Schulte-Bunert Rn 2; strenger LG Koblenz Rpfleger 1970, 170; Soergel/Zimmermann Rn 4; BeckOGK/Zorn [1. 11. 2019] Rn 7). Die Reichweite der Rechnungslegung hängt von ihrem Zweck (dazu oben Rn 1) ab. Die Rechnung muss dem Gericht auf jeden Fall zuverlässig und klar über die Entwicklung des Ausgangsvermögens und über die Verwendung der Einkommensquellen des Mündels Auskunft geben (vgl Birkenfeld FamRZ 1976, 197, 198; BeckOGK/Zorn [1. 11. 2019] Rn 6).

5 Eine **Übersicht über den Stand des Vermögens** zur Zeit der Rechnungslegung hat das Gesetz mit Rücksicht auf das bei Beginn der Vormundschaft nach § 1802 BGB zu

errichtende Vermögensverzeichnis nicht für erforderlich erklärt (Mot IV 1158). Nach § 1842 S 1 BGB ist aber, wenn ein Gegenvormund vorhanden oder zu bestellen ist, diesem mit der Rechnung auch ein Nachweis des Vermögensbestandes vorzulegen.

Eine besondere **Versicherung** des Vormunds, dass die von ihm gelegte Rechnung richtig und vollständig sei, schreibt das Gesetz nicht vor, weil schon die Vorlegung der Rechnung – entsprechend ihrem Zweck – die Erklärung über ihre Richtigkeit und Vollständigkeit in sich schließt und ein Bedürfnis, dies dem Vormund noch besonders zum Bewusstsein zu bringen, nicht vorliegt (Mot IV 1158 f). 6

2. Belege

Inwieweit Belege zu verlangen sind, hat das Familiengericht nach seinem Ermessen unter Berücksichtigung der Verkehrssitte („soweit Belege erteilt zu werden pflegen") und der gesamten Umstände des einzelnen Falles zu entscheiden. Unter Beleg versteht man ein Beweismittel, das den tatsächlichen Vorgang des Ab- oder Zugangs eines Vermögensstücks dokumentiert, den eigentlichen Vermögenswert aber nicht verkörpert. Deshalb sind Sparkassenbücher, Wertpapiere, Depotscheine nicht als „Belege" anzusehen, die der Vormund der Rechnung beizufügen hätte (KGJ 50, A 28, 31). An ihrer Stelle wird er im Regelfall eine Bescheinigung der Bankinstitute vorlegen (Soergel/Zimmermann Rn 4; MünchKomm/Kroll-Ludwigs Rn 4); selbstverständlich entspricht es aber auch dem Sinn der Nachweispflicht, wenn der Vormund das Sparbuch dem Gericht zur Einsicht vorlegt. 7

Inzwischen wird es als ausreichend erachtet, wenn der Vormund anstelle von Originalkontoauszügen **Online-Kontoauszüge** zum Beleg der jeweiligen Kontobewegungen vorlegt, obwohl diese nicht von der Bank, sondern von ihm selbst generiert werden und damit manipulierbar sind; die Vorlage eines Originalkontoauszugs könne erst verlangt werden, wenn konkrete Anhaltspunkte dafür vorliegen, dass die Auszüge nicht richtig erstellt oder manipuliert bzw gefälscht wurden (LG Hamburg 26. 1. 2018 – 301 T 28/18, juris Rn 5, Rpfleger 2018, 382; LG Neuruppin 6. 10. 2016 – 5 T 80/16, juris Rn 7, 9, FamRZ 2017, 562; Erman/Schulte-Bunert Rn 2; BeckOGK/Zorn [1. 11. 2019] Rn 15). Für diese Sichtweise spricht, dass sie dem Umstand Rechnung trägt, dass die digitale Verwaltung von Bankgeschäften mittels Online-Banking sowohl im Geschäftsverkehr als auch im privaten Bereich mittlerweile üblich und anerkannt ist (LG Hamburg 26. 1. 2018 – 301 T 28/18, juris Rn 5, Rpfleger 2018, 382; BeckOGK/Zorn [1. 11. 2019] Rn 15). Im Betreuungsrecht kann hinzukommen, dass der Betreuer gar nicht über die Originalauszüge verfügt, weil der Betroffene sie selbst zieht und dem Betreuer nicht zugänglich macht (LG Neuruppin 6. 10. 2016 – 5 T 80/16, juris Rn 9, FamRZ 2017, 562). 8

Die **Originalbelege** sind in der Regel Eigentum des Mündels; sie sind daher nach Prüfung der Rechnung (§ 1843 BGB) an den Vormund zurückzugeben, wenn dieser es wünscht; diese Frage (vgl dazu Mot IV 1161) hat mit der Fotokopie jedoch an Bedeutung verloren. 9

3. Beginn

Die erste zu legende Rechnung hat an das nach § 1802 BGB eingereichte Vermögensverzeichnis, jede folgende Rechnung an den Abschluss der vorhergehenden anzu- 10 knüpfen. Als maßgeblichen Stichtag für das Eröffnungsvermögensverzeichnis stellt das Gesetz auf die Anordnung der Vormundschaft ab (§ 1802 Abs 1 S 1 BGB; so auch Oberloskamp/Dürbeck, Vormundschaft § 10 Rn 10 ff; Palandt/Götz § 1802 Rn 2; nach **aA** kommt es auf den Tag der Bestellung des Vormunds nach § 1789 BGB an, so BeckOGK/Zorn [1. 11. 2019] Rn 11 mwNw; zum Meinungsstand näher § 1802 Rn 32 f). Hieran ändert auch der Umstand nichts, dass die Pflicht des Vormunds zur Erstellung des Inventars erst mit seiner Bestellung nach § 1789 BGB entsteht (näher § 1802 Rn 13). Mithin hat die erste zu legende Rechnung auch an den Erlass der Entscheidung nach § 1774 S 1 BGB anzuschließen.

III. Rechnungslegung bei Erwerbsgeschäft mit kaufmännischer Buchführung

1. Vorlegung eines Jahresabschlusses (Abs 2 S 1)

11 Gehört zum Mündelvermögen ein **Erwerbsgeschäft mit kaufmännischer Buchführung**, so genügt nach Abs 2 S 1 (gemeint ist: für diesen Vermögensteil) als Rechnung iS des § 1840 Abs 2 BGB ein aus den Büchern gezogener Jahresabschluss. Dies gilt nicht nur für Geschäfte, die dem Betrieb eines Handelsgewerbes iS des § 1 HGB dienen. Entscheidend ist vielmehr, ob in dem Erwerbsgeschäft die Buchführung nach denselben Grundsätzen stattfindet wie in kaufmännischen Geschäften, sodass eine Bilanz im technischen Sinne aus den Büchern gezogen werden kann (Mot IV 1159; Enneccerus/Kipp § 120 III 5; Dölle § 130 III 2; MünchKomm/Kroll-Ludwigs Rn 6). Unerheblich ist, von wem die Bilanz gezogen wird (OLG Frankfurt NJW 1963, 2278).

12 Den **Jahresabschluss** bilden nach § 242 Abs 3 HGB die Bilanz und die Gewinn- und Verlustrechnung. Die Einzelheiten regeln die §§ 242 ff HGB. Vorschriften über die Führung der Handelsbücher enthalten insbesondere die §§ 238 ff HGB, welche durch das Bilanzrichtlinien-Gesetz vom 19. 12. 1985 (BGBl I 2355) eingeführt wurden. Mit diesem Gesetz wurde auch in § 1841 Abs 2 S 1 BGB der Begriff „Bilanz" durch den umfassenderen Begriff „Jahresabschluss" ersetzt.

2. Vorlegung von Büchern und sonstigen Belegen (Abs 2 S 2)

13 Das Familiengericht braucht sich nicht mit dem ihm vorgelegten Jahresabschluss zu begnügen; es kann vielmehr nach Abs 2 S 2 die Vorlegung der Bücher und sonstigen Belege verlangen. Die Anordnung zur Vorlage der Bücher steht grundsätzlich im pflichtgemäßen Ermessen des Gerichts, das sich am Interesse des Mündels zu orientieren hat (OLG Frankfurt NJW 1963, 2278; nach MünchKomm/Kroll-Ludwigs Rn 7 muss sich das Familiengericht schon bei Verdacht auf Unregelmäßigkeiten die Bücher vorlegen lassen; **aA** BGB-RGRK/Dickescheid Rn 4: Anordnung der Vorlage steht im freien, nicht nachprüfbaren Ermessen). Die Vorlage der Bücher wird dann in Betracht kommen und geboten sein, wenn Anhaltspunkte dafür vorliegen, dass die Bilanz nicht richtig erstellt worden ist oder dass bei Prüfung der Bücher und Belege Unregelmäßigkeiten aufgedeckt werden (OLG Frankfurt NJW 1963, 2278; Soergel/Zimmermann Rn 5; BeckOGK/Zorn [1. 11. 2019] Rn 20; Erman/Schulte-Bunert Rn 3a; Palandt/Götz Rn 2).

IV. Zuziehung von Hilfspersonen und -mitteln

14 Der Vormund darf sich – und muss sich in vielen Fällen – bei der Aufstellung der Rechnung, insbesondere des Jahresabschlusses eines Erwerbsgeschäfts mit kaufmän-

nischer Buchführung, der **Hilfe eines Sachverständigen** bedienen (zur Hinzuziehung von Sachverständigen durch das Familiengericht § 1843 Rn 4). Die Kosten hierfür sind Aufwendungen iS des § 1835 BGB (MünchKomm/Kroll-Ludwigs § 1840 Rn 10; Soergel/Zimmermann Rn 3 aE; Palandt/Götz § 1840 Rn 5).

Zusätzlich stehen **Formulare und Anleitungen zur Rechnungslegung sowie Computerprogramme** für Berufsbetreuer zur Verfügung (NK-BGB/Rohde/Heitmann Rn 6; Oberloskamp/Dürbeck, Vormundschaft § 10 Rn 205 ff). Die Verwendung entsprechender Hilfen ist jedoch nicht verpflichtend (zur Schlussrechnung BayObLG BtPrax 2001, 39, 40). **15**

V. Nicht erfolgte oder fehlerhafte Rechnungslegung

Versäumt der Vormund die Rechnungslegung, können Zwangsmittel gegen ihn angewendet werden (§ 1837 Abs 3 BGB). Zudem trägt er die Verantwortung für die Vollständigkeit und Richtigkeit der Rechnung – auch bei Hinzuziehung von Hilfspersonen. Für Schäden aus einer lückenhaften oder falschen Abrechnung haftet er dem Mündel nach Maßgabe des § 1833 BGB. **16**

VI. Pflegschafts- und Betreuungsrecht

Die Vorschrift findet entsprechende Anwendung auf die **Pflegschaft** (§ 1915 Abs 1 BGB) sowie die **Betreuung** (§ 1908i Abs 1 S 1 BGB). **17**

§ 1842
Mitwirkung des Gegenvormunds

Ist ein Gegenvormund vorhanden oder zu bestellen, so hat ihm der Vormund die Rechnung unter Nachweisung des Vermögensbestands vorzulegen. Der Gegenvormund hat die Rechnung mit den Bemerkungen zu versehen, zu denen die Prüfung ihm Anlass gibt.

Materialien: E I § 1687 Abs 6; II § 1720; III § 1815; Mot IV 1159; Prot IV 804. Neugefasst durch Bekanntmachung v 2. 1. 2002 (BGBl I 42).

I. Normzweck

Der Überwachungsfunktion eines Gegenvormunds (vgl § 1799 BGB) entspricht es, dass er an der dem Vormund obliegenden **periodischen Rechnungslegung beteiligt** wird. Sie wird der gerichtlichen Prüfung vorgeschaltet (s § 1843 BGB) und statuiert damit, ebenso wie für die Schlussrechnung des Vormunds (s § 1891 BGB), das **Vieraugenprinzip** (§ 1891 Rn 1). Sie dient der Entlastung des Gerichts hinsichtlich der Überwachung und Kontrolle des Vormunds (BeckOGK/Zorn [1. 11. 2019] Rn 2). **1**

II. Beteiligung eines Gegenvormunds

2 Ob ein Gegenvormund zu bestellen ist, bestimmt sich nach § 1792 Abs 2 BGB. Danach soll ein Gegenvormund bestellt werden, wenn mit der Vormundschaft eine Vermögensverwaltung verbunden ist, es sei denn, dass die Verwaltung nicht erheblich oder dass die Vormundschaft von mehreren Vormündern gemeinschaftlich zu führen ist.

III. Rechnungslegung und Prüfung

1. Rechnungslegung (S 1)

3 Nach S 1 hat der Vormund die Rechnung unter Nachweis des Vermögensbestands vorzulegen. Diese Rechnungslegungspflicht geht über diejenige nach § 1841 Abs 1 BGB hinaus, wonach die Rechnung im Allgemeinen eine Übersicht über den gegenwärtigen Vermögensstand nicht zu enthalten braucht (§ 1841 Rn 5). Dem Gegenvormund ist also hinsichtlich sämtlicher Bestandteile des Mündelvermögens, die rechnungsmäßig vorhanden sein müssen, nachzuweisen (auf Verlangen durch Vorzeigen der Gegenstände selbst oder der über ihren Verbleib Auskunft gebenden Urkunden), dass sie vorhanden sind und wo sie sich befinden. Hier können Gegenstände von geringem Wert außer Betracht bleiben (vgl auch § 1841 Rn 4).

4 Der Vormund ist verpflichtet, die Rechnung dem Gegenvormund vorzulegen, **bevor** er sie dem Familiengericht einreicht (vgl E I § 1687 Abs 6); dies ergibt sich aus dem Sinn der Einschaltung des Gegenvormunds, auch wenn das Gesetz es – anders als in § 1892 Abs 1 BGB – nicht ausdrücklich sagt.

2. Prüfung der Rechnung durch den Gegenvormund (S 2)

5 Nach § 1842 S 2 BGB hat der Gegenvormund die Rechnung zunächst (rechnerisch und sachlich) zu prüfen. Um dem Gegenvormund die entsprechende Prüfung der Rechnung zu ermöglichen, verpflichtet § 1799 Abs 2 BGB den Vormund, jenem auf Verlangen Auskunft über die Führung der Vormundschaft zu erteilen und die Einsicht in die sich auf die Vormundschaft beziehenden Papiere zu gestatten.

3. Prüfungsbemerkungen

6 Der Gegenvormund hat die Rechnung mit den Bemerkungen zu versehen, zu denen die Prüfung ihm Anlass gibt, und zwar nicht nur die Prüfung der Rechnung selbst, sondern auch die Prüfung des Nachweises des Vermögensbestandes (oben Rn 3). Er hat also zB auf der Rechnung eine Bemerkung anzubringen, wenn der Vormund hinsichtlich einzelner Wertpapiere seiner Hinterlegungspflicht (§ 1814 BGB) nicht nachgekommen ist.

7 Gibt die Prüfung dem Gegenvormund keinen Anlass zu irgendwelchen Bemerkungen, so hat er dies auf der Rechnung ebenso zum Ausdruck zu bringen wie die Bestätigung, dass ihm der Sollbestand des Vermögens nachgewiesen worden ist (Soergel/Zimmermann Rn 1; BeckOGK/Zorn [1. 11. 2019] Rn 11; MünchKomm/Spickhoff Rn 5; Erman/Schulte-Bunert Rn 1; NK-BGB/Rohde/Heitmann Rn 3).

Nach Abschluss der Prüfung ist die Rechnung zusammen mit den Prüfungsbemerkungen des Gegenvormunds vom Vormund beim Familiengericht zur Prüfung einzureichen (§ 1843 BGB). 8

IV. Verletzung der Prüfungspflicht

Verletzt der Gegenvormund seine Pflicht zur sorgfältigen Prüfung der vom Vormund aufgestellten Rechnung und zur Kontrolle des Vermögensbestandes, so haftet er dem Mündel nach Maßgabe des § 1833 BGB (vgl § 1833 Abs 1 S 2 BGB; OLG Breslau SeuffA 63 Nr 163; allg zur Haftung des Gegenvormunds BGH NJW 1956, 789, 790). 9

V. Pflegschafts- und Betreuungsrecht

Die Vorschrift findet entsprechende Anwendung auf die Pflegschaft (§ 1915 Abs 1 BGB) sowie die Betreuung (§ 1908i Abs 1 S 1 BGB). 10

§ 1843
Prüfung durch das Familiengericht

(1) Das Familiengericht hat die Rechnung rechnungsmäßig und sachlich zu prüfen und, soweit erforderlich, ihre Berichtigung und Ergänzung herbeizuführen.

(2) Ansprüche, die zwischen dem Vormund und dem Mündel streitig bleiben, können schon vor der Beendigung des Vormundschaftsverhältnisses im Rechtsweg geltend gemacht werden.

Materialien: E I § 1688; II § 1721; III § 1819; Mot IV 1159; Prot IV 803; VI 444. Neugefasst durch Bekanntmachung v 2. 1. 2002 (BGBl I 42); geändert durch Art 50 Nr 42 nach Maßgabe von Art 111 FGG-RG v 17. 12. 2008 (BGBl I 2586) mit Wirkung v 1. 9. 2009.

I. Normzweck

§ 1843 BGB umfasst zwei Vorschriften, die in keinem unmittelbaren Zusammenhang zueinander stehen. Abs 1 regelt den Umfang der gerichtlichen Prüfpflicht, die Ausfluss der dem Gericht im Interesse des Kindes obliegenden Aufsichtspflicht (§ 1837 BGB) ist. Zugleich hebt Abs 2 die Grenzen der familiengerichtlichen Prüfung hervor und verweist Vormund und Mündel für streitige Ansprüche auf den Rechtsweg, dh auf das Prozessgericht (BeckOGK/Zorn [1. 11. 2019] Rn 2 f). 1

II. Prüfung der Rechnung durch das Familiengericht (Abs 1)

1. Formelle und sachliche Prüfung

Im Rahmen seiner Aufsichtspflicht (§ 1837 BGB) obliegt dem Familiengericht die rechnungsmäßige und sachliche Prüfung der vom Vormund gelegten Rechnung. Rechnungsmäßig (formell) ist die Übereinstimmung der Rechnungsposten mit den 2

Belegen und die Richtigkeit des Abschlusses zu prüfen; die sachliche (materielle) Prüfung hat sich insbesondere darauf zu erstrecken, ob die zu gewinnenden Einnahmen gemacht wurden und die erzielten vollständig aufgeführt sind, ob kein Rechtsgeschäft ohne die erforderliche Genehmigung des Gegenvormunds oder Familiengerichts vorgenommen worden ist, ob Art und Umfang der Ausgaben den Grundsätzen sorgsamer Wirtschaftsführung entsprechen, ob die Vorschriften über die Anlegung von Mündelgeld (§§ 1806 ff BGB) und über die Hinterlegung von Wertpapieren (§ 1814 BGB) beobachtet worden sind usw.

3 Wenn es nötig erscheint, hat sich das Familiengericht zum Zweck der Rechnungsprüfung den Vermögensbestand nachweisen, eventuell die in Händen des Vormunds befindlichen Urkunden vorlegen zu lassen (§ 1841 Rn 7; § 1842 Rn 3; Prot VI 445; MünchKomm/Kroll-Ludwigs Rn 7; BeckOGK/Zorn [1. 11. 2019] Rn 9; s auch § 1839 BGB, der dem Familiengericht ein unbeschränktes Recht auf Auskunft über die Führung der Vormundschaft einräumt). Eine allgemeine Verpflichtung, sich bei jeder Rechnungslegung vom Vorhandensein dieser Papiere zu überzeugen, ist dem Familiengericht nicht auferlegt, weil durch eine entsprechende Bestimmung dem Vormund und dem Familiengericht eine zu große Last aufgebürdet und die Verantwortlichkeit des Gerichts in bedenklicher Weise vermehrt würde; im Übrigen hat der Vormund dem Gegenvormund den Vermögensbestand nachzuweisen (Mot IV 1160). Der in der II. Kommission gestellte Antrag, nach dem das (damals noch) Vormundschaftsgericht verpflichtet werden sollte, bei Prüfung der Rechnung die Vorlegung der Schuldurkunden und der nicht öffentlich hinterlegten Wertpapiere anzuordnen, wurde abgelehnt (Prot IV 803 f).

4 Nicht ausgeschlossen ist, dass sich das Familiengericht bei der rechnungsmäßigen Prüfung einer sachverständigen **Hilfsperson** bedient (OLG Naumburg FamRZ 2012, 800; OLG Frankfurt NJW 1963, 2278). Allerdings ist diese Möglichkeit auf schwierige Ausnahmefälle (etwa im Falle des § 1841 Abs 2 BGB) beschränkt (OLG Naumburg FamRZ 2012, 800; AG Bad Oeynhausen FamRZ 2004, 284, 285); nicht ausreichend ist die andauernde personelle Unterbesetzung des Gerichts (AG Bad Oeynhausen FamRZ 2004, 284, 285). Ist die Zuziehung dagegen nach Lage des Falles gerechtfertigt, so haftet der Familienrichter für ein Verschulden dieser Hilfsperson nur insoweit, als ihn selbst bei deren Auswahl oder Überwachung ein Verschulden trifft (RGZ 80, 406; KG JW 1936, 2461; BeckOGK/Zorn [1. 11. 2019] Rn 17; MünchKomm/Kroll-ludwigs Rn 4; Palandt/Götz Rn 1; Erman/Schulte-Bunert Rn 1; NK-BGB/Rohde/Heitmann Rn 3). Die Bestellung eines Ergänzungspflegers nur zur Überprüfung der Rechnungslegung des Vormunds ist nicht zulässig (BayObLGZ 1981, 62 = Rpfleger 1981, 302 = FamRZ 1981, 916 [LS]; BeckOGK/Zorn [1. 8. 2019] Rn 7; MünchKomm/Kroll-ludwigs Rn 6 aE; Soergel/Zimmermann Rn 1; Erman/Schulte-Bunert Rn 1).

2. Berichtigungen und Ergänzungen

5 Nach § 1843 Abs 1 BGB ist das Familiengericht befugt und verpflichtet, die Berichtigung und Ergänzung der Rechnung herbeizuführen, wenn die Prüfung der Rechnung zu Zweifeln und Bedenken Anlass gibt. Zu diesem Zweck kann es den Vormund vorladen und von ihm die erforderlichen Aufklärungen verlangen, es kann sich die in Händen des Vormunds befindlichen, sich auf die Vormundschaft beziehenden Schriftstücke vorlegen lassen (s oben Rn 3) und den Vormund zur Befolgung

seiner Anordnungen durch Festsetzung von Zwangsgeld anhalten (§ 1837 Abs 3 BGB; s auch KG OLGE 30, 151, 152). Da der Vormund in seiner Aufgabenwahrnehmung grundsätzlich selbständig ist, ist das Gericht aber nicht befugt, die Rechnung auf Kosten des Vormunds durch einen Rechnungssachverständigen berichtigen oder ergänzen zu lassen (OLG Naumburg FamRZ 2012, 800; LG Stettin ZBlFG 5, 147) oder den Vormund zur Einstellung eines Einnahmepostens, den er bestreitet, oder zur Streichung eines Ausgabepostens, dessen tatsächliche Grundlage oder Erforderlichkeit es für nicht gegeben hält, zu zwingen (BayObLG JFG 6, 104 = DRiZ 1929 Nr 329; OLG Zweibrücken Rpfleger 1980, 103; Enneccerus/Kipp § 120 III 7; Soergel/Zimmermann Rn 4; BeckOGK/Zorn [1. 11. 2019] Rn 9; MünchKomm/Kroll-Ludwigs Rn 6; Erman/Schulte-Bunert Rn 2; Palandt/Götz Rn 1; NK-BGB/Rohde/Heitmann Rn 4).

Vielmehr kann das Gericht, wenn die Prüfung der Rechnung zu **Beanstandungen** 6
Anlass gibt, nur auf das **künftige Verhalten des Vormunds** durch Ge- oder Verbote bzw Zwangsgeld nach § 1837 Abs 2 S 1, Abs 3 BGB Einfluss nehmen. Zudem kann es, wenn das Verhalten des Vormunds eine Pflichtwidrigkeit darstellt, deren Fortdauer das Interesse des Mündels gefährdet, und sich andere Maßnahmen als unzureichend erweisen, um Abhilfe zu schaffen, schließlich den Vormund nach § 1886 BGB entlassen.

3. Prüfmängel des Gerichts

Für einen aus mangelhafter Prüfung der Rechnung dem Mündel entstehenden **Scha-** 7
den haftet nach den Bestimmungen der § 839 BGB, Art 34 GG der Staat, gleichviel, ob der Familienrichter bei der rechnungsmäßigen oder bei der sachlichen Prüfung seine Pflicht verletzt hat (MünchKomm/Kroll-Ludwigs Rn 1; Soergel/Zimmermann Rn 5).

III. Ansprüche zwischen Mündel und Vormund (Abs 2)

Nach § 1843 Abs 2 BGB können streitig gebliebene Ansprüche zwischen dem Vor- 8
mund und dem Mündel schon **vor der Beendigung des Vormundschaftsverhältnisses** im Rechtsweg geltend gemacht werden (näher unten Rn 12). Das Prozessgericht ist dabei an die Auffassung des Familiengerichts nicht gebunden.

Das Familiengericht erteilt dem Vormund **keine Entlastung** (Mot IV 1161; Soergel/ 9
Zimmermann Rn 2; Enneccerus/Kipp § 120 III 9; BeckOGK/Zorn [1. 11. 2019] Rn 14). Der Mündel ist auch dann nicht gehindert, den Vormund wegen einer Pflichtverletzung bei der Vermögenssorge zu verklagen und dabei auch eine unrichtige Rechnungslegung geltend zu machen, wenn das Familiengericht die Rechnung als rechnungsmäßig und sachlich richtig anerkannt hat (OLG Karlsruhe FamRZ 2004, 1601 m Anm Bienwald; Soergel/Zimmermann Rn 3; Erman/Schulte-Bunert Rn 1b).

Über die **Hemmung der Verjährung** von Ansprüchen zwischen dem Vormund und 10
dem Mündel während der Dauer des Vormundschaftsverhältnisses s § 207 Abs 1 Nr 3 BGB und Staudinger/Peters/Jacoby (2019) § 207 Rn 13.

IV. Verfahren

11 Zuständig zur Prüfung der Rechnung ist grds der Rechtspfleger nach §§ 3 Nr 2 Buchst a, 14 RPflG. Gegen dessen Prüfbescheid kann der Vormund Beschwerde (§ 58 Abs 1 FamFG, § 11 Abs 1 RPflG) einlegen, wenn er sich etwa gegen Berichtigungs- oder Ergänzungsanweisungen des Familiengerichts wendet; in diesem Fall ist er beschwerdeberechtigt (§ 59 FamFG) (MünchKomm/Kroll-Ludwigs Rn 13; Erman/Schulte-Bunert Rn 2). Etwas anderes gilt dagegen, wenn der Prüfbescheid keine solchen Anweisungen enthält, da dieser dann lediglich eine nicht anfechtbare gerichtliche Meinungsäußerung darstellt (BeckOGK/Zorn [1. 11. 2019] Rn 15).

12 Über streitig bleibende Ansprüche zwischen Mündel und Vormund kann **nur das Prozessgericht** entscheiden (Mot IV 1160; vgl BayObLGZ 3, 797; JFG 6, 104 = DRiZ 1929 Nr 329; OLG Zweibrücken Rpfleger 1980, 103; Dölle § 130 III 4 d; Enneccerus/Kipp § 130 III; Soergel/Zimmermann Rn 3; MünchKomm/Kroll-ludwigs Rn 2, 6; Palandt/Götz Rn 2). Umstritten ist allerdings, ob als Prozessgericht das allgemeine Zivilgericht oder nach § 266 Abs 1 Nr 4 FamFG unmittelbar oder analog das Familiengericht berufen ist (für letzteres LG Berlin 8. 3. 2016 – 2 O 357/15, juris Rn 6 f, FamRZ 2017, 1257 f; LG Koblenz FamRZ 2010, 1090; Palandt/Götz Rn 2; **aA** OLG Frankfurt 5. 1. 2010 – 6 UFH 4/09, juris Rn 10; Erman/Schulte-Bunert Rn 3; MünchKomm/Kroll-ludwigs Rn 2). Da es um Ansprüche geht, die ihren Ursprung im familienrechtlichen Rechtsverhältnis zwischen Vormund und Mündel haben, spricht einiges für eine Zuständigkeit des Familiengerichts (LG Berlin 8. 3. 2016 – 2 O 357/15, juris Rn 6 f, FamRZ 2017, 1257 f; BeckOGK/Zorn [1. 11. 2019] Rn 18.1). Umgekehrt haben die elternähnlichen Pflichten des Vormunds ihre Grundlage in einem öffentlich-rechtlichen Rechtsverhältnis, das sich vom allgemeinen Eltern-Kind-Verhältnis unterscheidet; zudem spricht die Genese von § 266 Abs 1 Nr 4 FamFG eher für eine enge Auslegung der Norm, beschränkt auf Ansprüche, die im „Eltern-Kind-Verhältnis selbst“ wurzeln (näher bei § 1833 Rn 72 ff).

13 Da der Vormund in einem Prozess zwischen ihm und dem Mündel diesen gemäß §§ 1795 Abs 2, 181 BGB nicht vertreten kann, muss dem Mündel für Aktiv- und Passivprozesse ein **Ergänzungspfleger** nach § 1909 Abs 1 S 1 BGB bestellt werden (BayObLG JFG 6, 104, 106 = DRiZ 1929 Nr 329; BeckOGK/Zorn [1. 11. 2019] Rn 20; MünchKomm/Kroll-ludwigs Rn 2, 12; Soergel/Zimmermann Rn 3; Erman/Schulte-Bunert Rn 3; NK-BGB/Rohde/Heitmann Rn 6).

V. Pflegschafts- und Betreuungsrecht

14 Die Vorschrift findet entsprechende Anwendung auf die **Pflegschaft** (§ 1915 Abs 1 BGB) sowie die **Betreuung** (§ 1908i Abs 1 S 1 BGB).

§ 1844

(weggefallen)

Aufgehoben durch das BtG vom 12. 9. 1990 Art 1 Nr 43 (BGBl I 2002).

§ 1845
(aufgehoben)

Die Vorschrift hatte für den Fall, dass der zum Vormund bestellte Vater oder die zum Vormund bestellte Mutter des Mündels eine Ehe eingehen wollte, die entsprechende Anwendung des § 1683 BGB aF angeordnet und damit den zum Vormund bestellten Elternteil zur Anzeige seiner Heiratsabsicht sowie zur Einreichung eines Verzeichnisses über das Vermögen des Mündels beim Familiengericht verpflichtet, um der Gefahr einer Unübersichtlichkeit und Vermischung des Vermögens des Kindes mit dem des Elternteils oder des hinzukommenden Stiefelternteils zu begegnen (näher Staudinger/Coester [2004] § 1683 Rn 1 f; Staudinger/Engler [2004] Rn 2). § 1683 BGB und § 1845 BGB wurden auf Vorschlag des Bundesrates, der die genannten Verpflichtungen insgesamt als nicht mehr zeitgemäß erachtete (BT-Drucks 16/6815, 20), durch Art 1 Nrn 4 und 7 des Gesetzes zur Erleichterung familiengerichtlicher Maßnahmen bei Gefährdung des Kindeswohls (KiWoMaG) vom 4. 7. 2008 (BGBl I 1188) aufgehoben. Zur Begründung wurde angeführt, es könne nicht generell unterstellt werden, dass ein Elternteil das Vermögen seines Kindes allein aufgrund seiner (erneuten) Eheschließung gefährde, und auch die Pflicht zur Einreichung eines Vermögensverzeichnisses bringe mit Blick auf die Tatsache, dass dessen Richtigkeit in der Praxis ohnehin nicht überprüft werde, keinen im Verhältnis zu Aufwand und Kosten angemessenen Nutzen (so der Rechtsausschuss in BT-Drucks 16/8914, 12). Im Vormundschaftsrecht sei ein ausreichender Schutz des Mündelvermögens durch die in § 1805 BGB angeordnete Trennung desselben vom Vermögen des Vormunds gewährleistet (BT-Drucks 16/8914, 12). 1

§ 1846
Einstweilige Maßregeln des Familiengerichts

Ist ein Vormund noch nicht bestellt oder ist der Vormund an der Erfüllung seiner Pflichten verhindert, so hat das Familiengericht die im Interesse des Betroffenen erforderlichen Maßregeln zu treffen.

Materialien: E I § 1683; II § 1713; III § 1822; Mot IV 1155; Prot IV 799. Geändert durch BtG v 12. 9. 1990 (BGBl I 2002) Art 1 Nr 44; neugefasst durch Bekanntmachung v 2. 1. 2002 (BGBl I 42); Überschrift und Wortlaut geändert durch Art 50 Nr 42 nach Maßgabe von Art 111 FGG-RG v 17. 12. 2008 (BGBl I 2586) mit Wirkung v 1. 9. 2009.

Schrifttum

Bürgle, Auf dem Weg zu einem neuen Betreuungsrecht, NJW 1988, 1881
Rink, Die Unterbringung Erwachsener durch Maßregel nach § 1846 BGB, FamRZ 1993, 512
Schwab, Das neue Betreuungsrecht – Bericht über die verabschiedete Fassung des Betreuungsgesetzes (BtG), FamRZ 1990, 681
Veit, Lücken in der gesetzlichen Vertretung von unbegleiteten minderjährigen Flüchtlingen, in: Trierer FS Walter F Lindacher (2017) 431
Weissinger, Ruhen der elterlichen Sorge und Vormundschaft für unbegleitet einreisende Minderjährige, Rpfleger 2017, 8
Wiegand, § 1846 BGB als allgemeine Ermächtigungsgrundlage des Vormundschaftsrichters für eine zivilrechtliche geschlossene Unterbringung hilfloser Erwachsener?, FamRZ 1991, 1022

ZIMMERMANN, § 1846 BGB im Nachlassverfahren, Rpfleger 2014, 1

ders, Das neue Verfahren in Unterbringungssachen, FamRZ 1990, 1308.

Systematische Übersicht

Alphabetische Übersicht

I. Normzweck und Anwendungsbereich

1. Normzweck

1 Ist für einen Minderjährigen nach § 1773 BGB eine Vormundschaft angeordnet worden oder anzuordnen, so kann, noch bevor erstmals ein Vormund (oder nach Wegfall des bisherigen Vormunds ein neuer Vormund) bestellt ist, das dringende Bedürfnis bestehen, sofort für den Minderjährigen tätig zu werden, um drohende rechtliche Nachteile abzuwenden, die daraus resultieren können, dass kein gesetzlicher Vertreter zur Wahrnehmung seiner Interessen bereitsteht. Nach § 1846 BGB hat in einem solchen Fall das **Familiengericht** das Interesse des Mündels (oder künftigen Mündels) durch Fürsorgemaßregeln wahrzunehmen und in Ausübung der Funktion des Vormunds, soweit erforderlich, als **gesetzlicher Vertreter des Mündels** zu handeln (Enneccerus/Kipp § 120 V).

2 Ein solches unmittelbares Tätigwerden des Familiengerichts für den Mündel ist eine **Ausnahme** von dem Grundsatz, dass der Vormund die Vormundschaft selbständig führt und das Familiengericht ihn dabei zu beraten und zu überwachen (§ 1837 BGB), aber nicht an seiner Stelle zu handeln hat. Der Ausnahmecharakter des § 1846 BGB hat Auswirkungen auf Auslegung und Anwendung der Vorschrift (s dazu unten Rn 9 u 12 ff).

2. Anwendungsbereich

3 § 1846 BGB ist nach § 1915 Abs 1 S 1 BGB entsprechend auf Pfleger (iSd §§ 1909, 1911, 1912, 1914, 1960 BGB) anwendbar (zur Nachlasspflegschaft näher Zimmermann Rpfleger 2014, 1). Ebenso gilt § 1846 BGB entsprechend im Betreuungsrecht (§ 1908i Abs 1 S 1 BGB).

II. Voraussetzungen

1. Fehlen oder Verhinderung des Vormunds

a) Fehlen eines Vormunds (Var 1)

4 § 1846 BGB aF erfasste von Anfang an sowohl die – eindeutig angesprochenen – Fälle, in denen „ein Vormund noch nicht bestellt" worden war, als auch diejenigen, in denen nach Wegfall des bisherigen Vormunds ein neuer Vormund zu bestellen war (Mot IV 1155).

5 Umstritten ist die Frage, ob das Familiengericht eine Maßregel nach § 1846 BGB erst dann treffen darf, wenn zuvor oder zumindest gleichzeitig die **förmliche Anordnung der Vormundschaft** erfolgt ist. Die gleiche Problematik stellt sich aufgrund des Verweises in § 1908i BGB auf § 1846 BGB (s dazu Rn 7, 31 ff) auch im Betreuungsrecht, vor allem im Zusammenhang mit der Unterbringung Volljähriger, wobei sich hier angesichts der Einführung der Einheitsentscheidung im Betreuungsverfahren (§ 286 Abs 1 FamFG) zusätzlich die Frage stellt, ob es zwingend der vorausgehenden oder gleichzeitigen **Bestellung eines Betreuers** bedarf.

6 Für das **Vormundschaftsrecht** wird eine solch enge Auslegung des § 1846 BGB teilweise bejaht. Für diese Sichtweise spricht zwar, dass die Anordnung der Vormundschaft (§ 1774 BGB) der Bestellung des Vormunds (§ 1789 BGB) – und von letzterer spricht § 1846 BGB – begrifflich vorausgeht (Wiegand FamRZ 1991, 1022, 1024). Gleichwohl sollte dieser formale Aspekt nicht den Blick auf die Tatsache verstellen, dass die Anordnung einer Maßregel nach § 1846 BGB niemals losgelöst, sondern immer im Hinblick auf ein Vormundschafts-, Pflegschafts- oder Betreuungsverfahren getroffen wird. Sie stellt sich somit auch dann, wenn das Gericht nicht vorher oder gleichzeitig einen ausdrücklichen Beschluss zur Anordnung der Vormundschaft erlässt, nicht als familiengerichtliches Handeln außerhalb des Vormundschaftsverfahrens, sondern als dessen erster Schritt dar. In dieselbe Richtung weist die durch das Betreuungsgesetz (BGBl I 1990, 2002) vorgenommene Ersetzung des Wortes „Mündels" durch das Wort „Betroffenen". Diese Änderung des Wortlauts ergibt nur dann einen Sinn, wenn § 1846 BGB nach dem Willen des Gesetzgebers auch schon Anwendung finden soll, wenn noch keine Vormundschaft angeordnet ist und daher auch noch nicht von einem „Mündel" gesprochen werden kann (BT-Drucks 11/4528, 114); bezöge sich § 1846

BGB dagegen nur auf diejenigen Fälle, in denen zwar noch kein Vormund bestellt ist, aber die Vormundschaft als solche schon förmlich angeordnet wurde, so wäre der „Betroffene" immer schon Mündel, und die beschriebene Änderung wäre überflüssig gewesen (iE ebenso MünchKomm/Kroll-Ludwigs Rn 4; Erman/Schulte-Bunert Rn 4 aE).

Für das **Betreuungsrecht** wurde im Zusammenhang mit der Anordnung vorläufiger Unterbringungsmaßnahmen zum Teil vorausgesetzt, dass bereits die Bestellung eines (zumindest vorläufigen) Betreuers erfolgt ist (OLG Frankfurt FamRZ 1993, 357, 358 = OLGZ 1993, 137; Wiegand FamRZ 1991, 1022, 1024; ebenfalls für eine enge Auslegung bei Unterbringungsmaßregeln Rink FamRZ 1993, 512, 514 f, der für die Lösung dringender Fälle „praktische Möglichkeiten" an die Hand gibt). Dem ist der **BGH** jedoch nicht gefolgt. Vielmehr hat er es für grundsätzlich zulässig erklärt, in Eilfällen eine zivilrechtliche Unterbringung anzuordnen, ohne dass zugleich ein Betreuer bestellt werden muss. Das Gericht sei in einem solchen Fall aber verpflichtet, gleichzeitig mit der Anordnung der Unterbringung durch geeignete Maßnahmen sicherzustellen, dass dem Betroffenen unverzüglich ein Betreuer oder jedenfalls ein vorläufiger Betreuer zur Seite gestellt werde; andernfalls sei die Anordnung der Unterbringung unzulässig, und zwar von vornherein, wenn das Familiengericht (seit 1. 9. 2009: Betreuungsgericht) die zur unverzüglichen Bestellung eines Betreuers erforderlichen Maßnahmen nicht gleichzeitig mit der Anordnung der Unterbringung trifft, bzw ex nunc, wenn das Verfahren zur Bestellung eines Betreuers zwar ordnungsgemäß eingeleitet, dann aber nicht mit der notwendigen Beschleunigung betrieben wird (BGHZ 150, 45 = FamRZ 2002, 744, 746 m Anm Bienwald = NJW 2002, 1801 = Rpfleger 2002, 357 im Anschluss an einen Vorlagebeschluss des BayObLG FamRZ 2001, 576; vgl bereits OLG Schleswig NJW 1992, 2974 = DAVorm 1992, 1366 = FamRZ 1993, 476 [LS] u die dem BGH folgenden Entscheidungen: BayObLGZ 2003, 97 = FamRZ 2003, 1322; OLG Brandenburg BtPrax 2007, 223 = OLGR 2008, 339 = FamRZ 2007, 2107 [LS]; OLG München FamRZ 2008, 917 f; OLG München OLGR 2006, 784, 785; OLG München OLGR 2006, 26 = FamRZ 2006, 62 [LS]; OLG München OLGR 2005, 885 = FamRZ 2006, 62 [LS]; LG München I FamRZ 2008, 184, 185; s zum Fall der Unterbringung eines Volljährigen auch unten Rn 31 ff; zum Sonderfall ärztlicher Zwangsmaßnahmen näher unten Rn 34). 7

Aus dieser BGH-Entscheidung folgt für das **Vormundschaftsrecht**, dass ein Tätigwerden des Familiengerichts nach § 1846 BGB nicht davon abhängt, ob vorher oder zeitgleich eine Vormundschaft angeordnet wurde. Vielmehr genügt es auch hier, dass das Familiengericht sicherstellt, dass dem Minderjährigen unverzüglich ein Vormund zur Seite gestellt wird, was wiederum voraussetzt, dass die Voraussetzungen von § 1773 BGB vorliegen (BeckOGK/Zorn [1. 11. 2019] Rn 14). Unverzüglich bedeutet dabei „innerhalb weniger Tage" (BGHZ 150, 45 = FamRZ 2002, 744, 746) mit der Folge, dass dann, wenn die Maßregel nach § 1846 BGB außerhalb der regulären Dienstzeit erfolgt ist, spätestens aber am nächsten regulären Arbeitstag ein Verfahren zur Bestellung eines Vormunds eingeleitet werden muss (OLG München FamRZ 2008, 917 [für Maßnahmen im Betreuungsrecht]). Wird diesen Anforderungen nicht genügt, so ist die Anordnung des Gerichts nach den Vorgaben des BGH von vornherein unzulässig. Diesem Ansatz wird jedoch zu Recht entgegengehalten, dass eine Maßnahme, die zur Zeit ihrer Vornahme korrekt war, nicht rückwirkend inkorrekt werden kann (BeckOGK/Zorn [1. 11. 2019] Rn 16). Deshalb kann die Maßnahme nicht mit Wirkung ex tunc, sondern nur ex nunc unzulässig sein. 8

b) Verhinderung des Vormunds (Var 2)

9 Eine Maßnahme des Familiengerichts kommt ferner dann in Betracht, wenn der Vormund an der Erfüllung seiner Pflichten im Ganzen oder in einzelnen Beziehungen verhindert ist. Dabei kommt es nicht darauf an, ob die Verhinderung eine tatsächliche (zB Krankheit, Abwesenheit, Haft) oder eine rechtliche ist (zB Interessenkollision in den Fällen des § 1795 BGB; vgl KGJ 27, A 175, 178 = OLGE 8, 363, 364). Allerdings dürfte im letzteren Fall ein Handeln des Gerichts nach § 1846 BGB idR ausscheiden, weil die Bestellung eines Ergänzungspflegers Vorrang vor einer Maßnahme nach § 1846 BGB hat (näher dazu unten Rn 12 f; zu einem Ausnahmefall BeckOGK/Zorn [1. 11. 2019] Rn 18.1).

10 Dagegen ist § 1846 BGB **nicht anwendbar**, wenn keine wirkliche Verhinderung des Vormunds, sondern nur eine Erschwerung seiner Tätigkeit vorliegt (OLG Rostock OLGE 1, 282). Der Vormund ist darüber hinaus nicht „verhindert“, seine Pflichten zu erfüllen, wenn er bezüglich einer bestimmten Entscheidung anderer Meinung ist als das Familiengericht; dieses darf in solch einem Fall nicht selbst nach § 1846 BGB tätig werden (und auch keinen Pfleger bestellen), um zu erreichen, dass die Angelegenheit in seinem Sinne geregelt wird, oder um die gebotene Beteiligung des Vormunds am Verfahren schlicht zu umgehen (KG OLGE 8, 363, 364 = KGJ 27, A 175, 178; BayObLG FamRZ 2002, 419, 421; BayObLG FamRZ 2000, 566, 567; OLG Düsseldorf FamRZ 1995, 637; Enneccerus/Kipp § 120 V Fn 26; MünchKomm/Kroll-Ludwigs Rn 2). Dies gilt selbst dann, wenn der Vormund pflichtwidrig eine dem Wohl des Mündels widersprechende Entscheidung trifft; das Familiengericht kann in diesem Fall nur Aufsichtsmaßnahmen (§ 1837 BGB), die Entziehung der Vertretung für einzelne oder einen Kreis von Angelegenheiten (§ 1796 BGB) oder schließlich die Entlassung des Vormunds (§ 1886 BGB) anordnen, an welche sich bis zur Bestellung eines neuen Vormunds eventuell die Anordnung einer Maßregel nach § 1846 BGB anschließen lässt (OLG Zweibrücken FamRZ 2003, 1127, 1128 = NJW-RR 2003, 869 f = FGPrax 2003, 128, 129; OLG Schleswig NJW-RR 2001, 1370 = MDR 2001, 1061; LG Kaiserslautern 20. 1. 2003 – 1 T 292/02, juris Rn 13; verfehlt daher die Entscheidung des AG Nettetal FamRZ 1996, 1104, welches dem Vater, seinerseits Zeuge Jehovas, als Betreuer wegen der Verweigerung seiner Zustimmung zur medizinisch notwendigen Bluttransfusion die Fähigkeit zur Erfüllung seiner Pflichten abspricht und daraus seine Verhinderung ableitet). Auch die bloße Annahme des Familiengerichts, der Vormund sei durch Abwesenheit an der Veranlassung erforderlicher Maßnahmen gehindert, ohne diese durch Einholung der gebotenen Auskünfte zu verifizieren, vermag die tatsächliche Verhinderung des Vormunds nicht zu begründen (OLG Frankfurt FamRZ 2007, 673, 674). Ebenso wenig kann das Gericht, gestützt auf § 1846 BGB, die kontoführende Bank einer Erblasserin anweisen, einen Teilbetrag des kleinen Nachlasses an das Beerdigungsinstitut zu zahlen, um auf diese Weise die kostenträchtige Bestellung eines Nachlasspflegers zur Begleichung der Beerdigungskosten zu vermeiden (BeckOGK/Zorn [1. 11. 2019] Rn 20; **aA** Adamus jurisPR-FamR 24/2017 Anm 5; offengelassen von OLG Hamburg FamRZ 2018, 63). Wohl aber kann es nach § 1960 BGB zur Sicherung des Nachlasses gegenüber der kontoführenden Bank eines Erblassers anordnen, den Guthabenbetrag auf einem Konto des Erblassers für die unbekannten Erben zu hinterlegen (OLG Hamm FamRZ 2015, 274; Palandt/Weidlich § 1960 Rn 3).

11 Hat ein **Vormund** es bloß **aus Versehen unterlassen**, eine zum Wohle des Mündels erforderliche Maßnahme zu treffen, so steht dies einer rechtlichen oder tatsächlichen Verhinderung nicht gleich, und das Familiengericht darf folglich nicht anstelle des

Vormunds handeln (OLG Düsseldorf FamRZ 1995, 637, 638; Soergel/Zimmermann Rn 3; MünchKomm/Kroll-Ludwigs Rn 3; Palandt/Götz Rn 2 aE, 3; **aA** OLG Hamm Rpfleger 1968, 185 = FamRZ 1968, 541 [LS]). In einem solchen Fall fehlt es offensichtlich an den Voraussetzungen des § 1846 BGB, und eine entsprechende Anwendung dieser Ausnahmevorschrift (vgl oben Rn 2) auf andere Fälle erscheint nicht zulässig. Kommt der Vormund seinen Pflichten nicht nach, obwohl er dazu imstande wäre, kommen vielmehr nur Aufsichtsmaßnahmen des Familiengerichts nach § 1837 Abs 2–4 BGB in Betracht.

2. Vorliegen eines dringenden Falles

Ungeschriebene Voraussetzung für ein selbständiges Eingreifen des Familiengerichts 12
ist immer das Vorliegen eines dringenden Falles (RGZ 71, 162, 168; KG RJA 14, 91, 93 = KGJ 46, 45; BayObLGZ 1986, 174, 176 = Rpfleger 1986, 293 = FamRZ 1986, 1043 [LS]; BayObLGZ 1990, 46 = FamRZ 1990, 1154, 1156; OLG Hamm FamRZ 1964, 380; OLG München FamRZ 2008, 917, 918; OLG München OLGR 2006, 784, 785 f; LG Köln FamRZ 1985, 836; LG München I FamRZ 2008, 184, 185; Soergel/Zimmermann Rn 3; MünchKomm/Kroll-Ludwigs Rn 3; Palandt/Götz Rn 3; Erman/Schulte-Bunert Rn 3; NK-BGB/Rohde/Heitmann Rn 4; iE wie hier, aber anders in der Begründung BeckOGK/Zorn [1. 11. 2019] Rn 23 und Zimmermann Rpfleger 2014, 1, 2, die das Erfordernis aus der Formulierung „noch nicht" ableiten). Dies ergibt sich schon daraus, dass § 1846 BGB eine – eng auszulegende – Ausnahmevorschrift ist, die **nur in Eilfällen, in denen dem Wohl des Mündels Gefahr droht**, eine Abweichung von der im Gesetz geregelten Verteilung der Funktionen unter Vormund und Familiengericht erlaubt (LG München FamRZ 2008, 184, 185; Schwab FamRZ 1990, 681, 688).

Hieraus folgt, dass das Familiengericht nicht nach § 1846 BGB vorgehen darf, wenn 13
es im konkreten Fall zeitlich möglich ist, einen Vormund, einen Pfleger oder einen Betreuer mit einem entsprechenden Wirkungskreis zu bestellen. Die Bestellung eines solchen Vertreters hat mithin **Vorrang** vor einem Handeln des Gerichts nach § 1846 BGB, es sei denn, eine zeitgerechte Bestellung dieses Vertreters kommt nicht in Betracht, weil etwa eine geeignete Person noch nicht zur Verfügung steht (BeckOGK/Zorn [1. 8. 2019] Rn 24).

Fehlt es an der Dringlichkeit oder kann § 1846 BGB schon seiner Bedeutung und 14
seinem Zweck nach keine Anwendung finden, etwa weil das Geschäft nicht unter dem Gesichtspunkt bloß einstweiliger Maßregeln beurteilt werden kann, vermag das Familiengericht jenes fragliche Geschäft nicht von sich aus zu prüfen und zu erledigen; die Vertretungsbefugnis steht vielmehr in diesem Fall ausschließlich dem Vormund zu, bei dessen Fehlen oder Verhinderung ein Pfleger nach § 1909 BGB bestellt werden muss (vgl RGZ 71, 162, 169 zur Erbauseinandersetzung, die nicht als dringlich einzustufen sei und die zudem der endgültigen Regelung der Rechtsverhältnisse diene; für weitere Beispiele endgültiger Entscheidungen vgl NK-BGB/Rohde/Heitmann Rn 9). Aus den gleichen Erwägungen heraus ist die Frage zu verneinen, ob nicht das Familiengericht einen von der Mutter gestellten Antrag auf Namensänderung nach Entziehung des Sorgerechts selbst nach § 1846 BGB zurücknehmen kann, statt hierfür einen Pfleger zu bestellen (vgl Bosch FamRZ 1961, 35).

III. Maßregeln des Familiengerichts

1. Erforderliche Maßregeln

15 Liegen die Voraussetzungen vor (Rn 4 ff), so besteht eine Pflicht des Familiengerichts, die im Interesse des Betroffenen erforderlichen Maßnahmen zu treffen. Welche Maßregeln dies sind, hat das Familiengericht nach pflichtgemäßem Ermessen zu entscheiden (Soergel/Zimmermann Rn 5). Richtschnur für die Entscheidung ist dabei allein das Interesse des Betroffenen (BeckOGK/Zorn [1. 11. 2019] Rn 28). Es ist je nach Lage des Einzelfalls die Maßnahme zu wählen, die geeignet ist, den Betroffenen bis zur Bestellung eines gesetzlichen Vertreters oder bis zu dessen Tätigwerden zu schützen (BeckOGK/Zorn [1. 11. 2019] Rn 29). Das kann durch Bestellung eines Ersatzpflegers nach § 1909 Abs 3 BGB oder durch eigenes Handeln des Gerichts anstelle des verhinderten oder noch nicht bestellten Vertreters geschehen. Aufgrund des Ausnahmecharakters des § 1846 BGB (vgl oben Rn 2) ist dabei folgende **Abstufung** zu beachten:

16 Zunächst hat das Familiengericht zu prüfen, ob nicht doch die in **§ 1909 Abs 1 S 1, Abs 3 BGB** vorgesehene **Ersatzpflegschaft** geeignet ist, eine den Interessen des Mündels drohende Gefahr abzuwenden; sie kann dann angeordnet werden, wenn die Voraussetzungen für die Anordnung einer Vormundschaft vorliegen, ein Vormund aber noch nicht bestellt ist (s Staudinger/Bienwald [2017] § 1909 Rn 92 ff; MünchKomm/Kroll-Ludwigs Rn 1; Soergel/Zimmermann Rn 4; Erman/Schulte-Bunert Rn 3; NK-BGB/Rohde/Heitmann Rn 4, 8).

17 Erst wenn die Bestellung eines Pflegers nicht in Betracht kommt, weil sie der Gefahr insbesondere nicht rechtzeitig begegnen würde, hat das **Familiengericht** zu prüfen, welche Maßnahmen es **selbst** zu diesem Zweck treffen kann und muss. Dabei ist die getroffene Maßregel stets eindeutig zu bezeichnen (Erman/Schulte-Bunert Rn 5; NK-BGB/Rohde/Heitmann Rn 11). Bei der Auswahl einer Maßregel hat das Familiengericht zu prüfen, ob es mit Blick auf die Dringlichkeit (zu diesem ungeschriebenen Tatbestandsmerkmal s oben Rn 12 ff) gerade der ins Auge gefassten Maßregel bedarf oder ob es bis zur Verfügbarkeit eines Vormunds nicht auch ausreicht, eine bloß die Rechtsposition des Mündels wahrende Maßnahme zu ergreifen (so zu Recht NK-BGB/Rohde/Heitmann Rn 8).

2. Möglicher Inhalt der familiengerichtlichen Maßnahmen

18 Die familiengerichtlichen Maßnahmen können solche **tatsächlicher Fürsorge** sein, etwa indem das Familiengericht dem Mündel zugefallene Wertpapiere in Verwahrung nimmt oder den Mündel aus einer ihn gefährdenden Umgebung herausnimmt und anderweitig unterbringt.

19 In Betracht kommt aber auch ein **rechtsgeschäftliches Handeln** für den Mündel, zB die Kündigung einer plötzlich gefährdeten Forderung des Mündels, die Beantragung einer einstweiligen Anordnung oder die Einlegung eines Rechtsmittels (s zu diesen und weiteren Beispielsfällen Soergel/Zimmermann Rn 4; Palandt/Götz Rn 4; MünchKomm/Kroll-Ludwigs Rn 7; Erman/Schulte-Bunert Rn 5; NK-BGB/Rohde/Heitmann Rn 11; BeckOGK/Zorn [1. 11. 2019] Rn 30; jurisPK/Pammler-Klein Rn 25; speziell zur Stellung eines Strafantrags RGSt 75, 146; OLG Schleswig SchlHA 1955, 226 = FamRZ 1956, 17 [LS]; zur Unterbringung in einer

geschlossenen Anstalt, wenn die Voraussetzungen der §§ 1800 S 1, 1631b BGB vorliegen, OLG Hamm FamRZ 1964, 380). **Nicht** von § 1846 BGB gedeckt ist eine „Aussetzung der Wirksamkeit einer Vorsorgevollmacht"; eine entsprechende Willenserklärung mit Wirkungen im Außenverhältnis kann schon vom Betroffenen mit Blick auf den Rechtscharakter der Vollmacht als einseitige empfangsbedürftige Willenserklärung und den in §§ 170 ff BGB geregelten Vertrauensschutz nicht abgegeben werden, sodass auch ein rechtsgeschäftliches Handeln des Familiengerichts von vornherein ausscheidet (LG München I FamRZ 2008, 184, 185).

Vertritt das Familiengericht den Mündel rechtsgeschäftlich, so gilt auch insoweit die Vorschrift des **§ 181 BGB**, sodass das Familiengericht nicht für mehrere Mündel untereinander ein Rechtsgeschäft abschließen und auch nicht die Vornahme eines solchen einem anderen Vertreter rechtsgeschäftlich gestatten kann (RGZ 71, 162, 170: Erbauseinandersetzung zwischen mehreren Mündeln; BeckOGK/Zorn [1. 11. 2019] Rn 29; MünchKomm/Kroll-Ludwigs Rn 8; Erman/Schulte-Bunert Rn 5; NK-BGB/Rohde/Heitmann Rn 11; Zimmermann Rpfleger 2014, 1, 2). 20

Ein unmittelbares Handeln des Gerichts in Vertretung des Mündels umfasst konkludent auch eine im Einzelfall erforderliche gerichtliche **Genehmigung** (BeckOGK/Zorn [1. 11. 2019] Rn 29). Das Gericht genehmigt sozusagen selbst seine Handlung (krit Zimmermann Rpfleger 2014, 1, 2, 4). 21

3. Keine Beschränkung auf vorläufige Maßnahmen

Aus dem Wortlaut der Norm ergibt sich nicht, dass das Familiengericht, wenn die Voraussetzungen des § 1846 BGB vorliegen, nur einstweilige Maßregeln treffen darf (so aber RGZ 71, 162, 168, 169); deshalb kann nicht der Auffassung gefolgt werden, dass eine nach § 1846 BGB getroffene Maßnahme nur vorläufigen Charakter haben kann (so aber OLG Hamm Rpfleger 1968, 185). Vielmehr können die Maßregeln im Einzelfall auch **endgültigen Charakter** haben, wie zB die Ausübung von Gestaltungsrechten oder die Zustimmung zu einer nicht andauernden (Zwangs-)Behandlung (NK-BGB/Rohde/Heitmann Rn 6; BeckOGK/Zorn [1. 11. 2019] Rn 28). 22

4. Maßnahmen des Familiengerichts und Handeln des Vormunds

a) Wegfall der Voraussetzungen von § 1846

Fallen die Voraussetzungen von § 1846 BGB nachträglich weg, weil ein Vormund bestellt oder seine Verhinderung entfallen ist, behalten die gerichtlichen Maßnahmen gleichwohl ihre **Gültigkeit** (MünchKomm/Kroll-Ludwigs Rn 10; ebenso – unter Hinweis auf den Aspekt der Rechtssicherheit – NK-BGB/Rohde/Heitmann Rn 9; vgl aber zur prozessualen Überholung im Beschwerdeverfahren unten Rn 47 sowie zur Feststellung der Rechtswidrigkeit einer Unterbringungsmaßnahme nach Erledigung der Hauptsache Rn 53). 23

Etwas anderes gilt nur für die Maßnahmen, die zur Zeit der Bestellung des Vormunds oder des Wegfalls seiner Verhinderung noch nicht wirksam geworden sind. Diese werden durch die Bestellung des Vormunds oder den Wegfall seiner Verhinderung verfahrensmäßig **überholt** (OLG Zweibrücken FamRZ 2003, 1127, 1128; MünchKomm/Kroll-Ludwigs Rn 4; BeckOGK/Zorn [1. 11. 2019] Rn 34). 24

25 Aus dem Grundsatz der **Selbständigkeit des Vormunds** ergibt sich weiter, dass, sobald (wieder) ein handlungsfähiger Vormund vorhanden ist, allein dieser für den Mündel zu handeln berechtigt und verpflichtet ist; die Tätigkeit des Familiengerichts beschränkt sich wieder auf die Führung der Aufsicht. Der Vormund wird deshalb im Regelfall auch berechtigt und verpflichtet sein zu prüfen, ob er in der vom Familiengericht geregelten Angelegenheit noch selbst für den Mündel tätig werden – und dabei ggf auch die Maßnahmen des Familiengerichts ändern oder sogar rückgängig machen – muss (Soergel/Zimmermann Rn 4 aE; MünchKomm/Kroll-Ludwigs Rn 10; Palandt/Götz Rn 4; Erman/Schulte-Bunert Rn 9; NK-BGB/Rohde/Heitmann Rn 10). Sofern diese Überprüfung innerhalb angemessener Zeit nicht stattfindet, wird die gerichtlich getroffene Maßregel unzulässig (BayObLGZ 1990, 46; BeckOGK/Zorn [1. 11. 2019] Rn 35).

b) Einander widersprechende Maßnahmen

26 Für den Fall, dass Vormund und Familiengericht einander widersprechende Maßnahmen getroffen haben, ist einst die Meinung vertreten worden, dass nach dem Prioritätsprinzip die frühere maßgebend sein solle (Erman/Holzhauer[8] Rn 9; Soergel/Damrau[12] Rn 5, jeweils unter Hinweis auf § 4 FGG [heute: § 2 Abs 1 FamFG, der besagt, dass unter mehreren örtlich zuständigen Gerichten dasjenige zuständig ist, das zuerst mit der Angelegenheit befasst ist]; vgl auch Staudinger/Engler[10/11] Rn 7). Diese Auffassung kann aber nicht aufrechterhalten werden. Einer entsprechenden Anwendung des § 2 Abs 1 FamFG steht schon der wesentliche Unterschied der Sachverhalte entgegen, aber auch der Umstand, dass es in § 2 Abs 1 FamFG um zwei oder mehrere jeweils zuständige Gerichte geht, während bei einem Widerspruch zwischen einer Maßnahme des Familiengerichts nach § 1846 BGB und einer zeitlich mit ihr konkurrierenden Maßnahme des Vormunds **nur die eine oder die andere wirksam** sein kann: Lagen die Voraussetzungen des § 1846 BGB vor, entfaltet eine gleichwohl vom Vormund getroffene Maßnahme keine Wirkungen; hat das Familiengericht hingegen Maßregeln nach § 1846 BGB angeordnet, obwohl dessen Voraussetzungen nicht vorlagen, ist allein das Handeln des Vormunds maßgebend (MünchKomm/Kroll-Ludwigs Rn 9; BeckOGK/Zorn [1. 11. 2019] Rn 33; Palandt/Götz Rn 5; so jetzt auch Erman/Schulte-Bunert Rn 10; NK-BGB/Rohde/Heitmann Rn 13).

27 Aus denselben Gründen kommt hier – anders als in den Fällen einer gleichzeitig bestehenden Rechtszuständigkeit des jetzigen und des bisherigen Vormunds, der zur Weiterführung der Geschäfte nach §§ 1893, 1698a BGB berechtigt ist – auch die Heranziehung des § 185 Abs 2 S 2 BGB nicht in Betracht, der unter mehreren konkurrierenden Verfügungen der früheren den Vorzug gibt.

5. Maßnahmen des Familiengerichts und Handeln des Jugendamtes nach §§ 42a Abs 3, 42 Abs 2 S 4 SGB VIII

28 Kommt ein **ausländischer Minderjähriger** unbegleitet nach Deutschland, so ist er vom zuständigen Jugendamt in Obhut zu nehmen (§ 42 Abs 1 S 1 Nr 3 SGB VIII). Während der Inobhutnahme hat das Jugendamt für das Wohl des Minderjährigen zu sorgen und nicht nur den notwendigen Unterhalt und die Krankenhilfe sicherzustellen (§ 42 Abs 2 S 3 SGB VIII), sondern es ist auch berechtigt, alle Rechtshandlungen vorzunehmen, die zum Wohl des Minderjährigen notwendig sind (§ 42 Abs 2 S 4 SGB VIII). Allerdings ist diese Kompetenz auf Eil- und Notfälle, also auf Rechtshandlungen bei Gefahr im Verzug iSv § 1629 Abs 1 S 4 BGB, beschränkt und gibt dem Jugendamt keine umfassenden Sorgekompetenzen anstelle des gesetzlichen Vertreters (näher Veit, in: FS Lindacher 431, 437). Gleichwohl ist diese Lesart von § 42 Abs 2 S 4 SGB VIII in jüngster Zeit mit Schaffung von § 42 Abs 2 S 5 SGB VIII insoweit aufgelockert worden, als zu den Rechtshandlungen nach Satz 4 insbesondere die unverzügliche Stellung eines Asylantrags für den Minderjährigen in Fällen gehört, in denen Tatsachen die Annahme rechtfertigen, dass der Minderjährige internationalen Schutz iS von § 1 Abs 1 Nr 2 AsylG benötigt.

Diese gesetzliche Vertretungsmacht des Jugendamts gilt jedoch nur in den Fällen, in denen der Minderjährige nicht zur Verteilung angemeldet wird oder die Durchführung des Verteilungsverfahrens ausgeschlossen ist (s § 42b Abs 4 SGB VIII). Ansonsten wird er von dem Jugendamt, in dessen Bereich seine Einreise erstmals festgestellt wurde (s § 88a Abs 1 SGB VIII), **vorläufig in Obhut genommen** (§ 42a Abs 1 S 1 SGB VIII). Dieses sog Aufnahmejugendamt ist während der vorläufigen Inobhutnahme berechtigt und verpflichtet, alle Rechtshandlungen vorzunehmen, die zum Wohl des Kindes oder des Jugendlichen notwendig sind (§ 42a Abs 3 S 1 SGB VIII); dabei ist es nicht wie im Fall der Inobhutnahme nach § 42 SGB VIII auf Eil- und Notfälle beschränkt (s Rn 28), sondern hat eine umfassende Kompetenz, um eine lückenlose Vertretung des Minderjährigen bis zur Bestellung eines Vormunds oder Pflegers sicherzustellen (BT-Drucks 18/5921, 24; krit dazu Veit, in: FS Lindacher 431, 440 ff). 29

Solange und soweit diese öffentlich-rechtliche Kompetenz des zuständigen Jugendamts während der (vorläufigen) Inobhutnahme besteht, ist **für Maßnahmen des Familiengerichts nach § 1846 BGB kein Raum** (Weissinger Rpfleger 2017, 8, 10). 30

IV. Maßnahmen des Betreuungsgerichts

1. Zivilrechtliche Unterbringung

Nach §§ 1908i Abs 1, 1846 BGB kann das Betreuungsgericht eine mit Freiheitsentziehung verbundene Unterbringung eines unter Betreuung stehenden Volljährigen anordnen (ausführlich zum Für und Wider einer Verweisung auf § 1846 BGB sogleich unter Rn 32). Dabei sind nach § 334 FamFG die für einstweilige Anordnungen in Unterbringungssachen geltenden Verfahrensgarantien der §§ 331–333 FamFG zu beachten (dazu ausführlich unten Rn 51). Eine vorläufige Unterbringung nach § 1846 BGB ist nur so lange zulässig, wie der gleichzeitig bestellte vorläufige Betreuer (s § 300 FamFG) gehindert ist, selbst eine Entscheidung über die Unterbringung zu treffen (OLG Schleswig NJW-RR 2001, 1370 = MDR 2001, 1061). 31

Die entsprechende Anwendbarkeit von § 1846 BGB im Betreuungsrecht war im Diskussions-Teilentwurf des Betreuungsgesetzes vom November 1987 zunächst nicht vorgesehen; § 1908e dieses Entwurfs enthielt neben einer allgemeinen Verweisung auf die Vorschriften über die Vormundschaft über Minderjährige den Satz: „Auf die Unterbringung des Volljährigen ist § 1846 jedoch nicht anzuwenden". Der RegE wollte das gleiche Ergebnis dadurch herbeiführen, dass er in § 1908i Abs 1 zahlreiche sinngemäß anzuwendende Vorschriften des Vormundschaftsrechts einzeln aufzählte, dabei aber § 1846 BGB überging und in Abs 2 S 2 sagte: „§ 1846 ist sinngemäß anzuwenden, jedoch nicht auf die Unterbringung Volljähriger". In der 32

Begründung heißt es dazu, dass niemand zivilrechtlich untergebracht sein solle, ohne dass ihm ein Betreuer zur Seite stehe. Hiermit sei es nicht vereinbar, dass das Gericht einen Betreuungsbedürftigen, der noch keinen Betreuer erhalten hat, selbst im Wege einer einstweiligen Maßregel nach § 1846 BGB unterbringe. Aus diesem Grund sei § 1846 BGB auf die Unterbringung des Betroffenen nicht anzuwenden. Einer Gefährdung des Betroffenen könne durch eine öffentlich-rechtliche Unterbringung oder durch Bestellung eines vorläufigen Betreuers im Wege einer einstweiligen Anordnung begegnet werden (BT-Drucks 11/4528, 160). Entsprechend der Stellungnahme des Bundesrates, der darauf hinwies, dass die im Entwurf vorgesehene Regelung eine zivilrechtliche Unterbringung, der gegenüber die öffentlich-rechtliche Unterbringung als größerer Makel empfunden werde, in Eilfällen künftig nicht mehr möglich machen würde (BT-Drucks 11/4528, 211; s auch die kritische Stellungnahme von Bürgle NJW 1988, 1881, 1886), wurde letzten Endes jedoch auch § 1846 BGB in den Verweisungskatalog des § 1908i Abs 1 BGB eingefügt und zugleich § 70h FGG (heute § 334 FamFG) auf Unterbringungsmaßnahmen, die gemäß § 1846 BGB getroffen werden, erstreckt (vgl BT-Drucks 11/4528, 229; s auch die Erl zu § 1908i; ferner Zimmermann FamRZ 1990, 1308, 1314 f und BayObLG FamRZ 2000, 566 = NJW-RR 2000, 524; zu den Verfahrensgarantien der über § 334 FamFG anwendbaren §§ 331–333 FamFG ausführlich unten Rn 51).

33 Ging das Betreuungsgericht irrig vom Vorliegen der Voraussetzungen für eine öffentlich-rechtliche vorläufige Unterbringung aus, so kann die fortwährende Unterbringung, sofern die Voraussetzungen der §§ 1846, 1908i Abs 1 BGB gegeben sind, auf diese andere Rechtsgrundlage gestützt werden (OLG München OLGR 2005, 885 = FamRZ 2006, 62 [LS]).

2. Ärztliche Zwangsmaßnahmen

34 Geht es allerdings nicht um eine Unterbringung, sondern um ärztliche Zwangsmaßnahmen, kommt § 1846 BGB im Betreuungsrecht ebenfalls zur Anwendung, aber nicht uneingeschränkt. Vielmehr ist die Anordnungsbefugnis des Betreuungsgerichts auf den Fall begrenzt, dass der Betreuer an der Erfüllung seiner Pflichten, etwa wegen Krankheit, verhindert ist (§ 1906a Abs 1 S 2 BGB). Fehlt dagegen ein Betreuer, kann das Betreuungsgericht nicht an dessen Stelle eine ärztliche Zwangsmaßnahme anordnen. Vielmehr muss es ggf durch eine einstweilige Anordnung einen Betreuer bestellen sowie durch einstweilige Anordnung dessen Einwilligung in eine ärztliche Zwangsmaßnahme genehmigen; zudem kommt in Akutfällen eine Unterbringung und Behandlung nach den Gesetzen über Hilfen und Schutzmaßnahmen sowie Unterbringungen bei psychischen Krankheiten (Psychisch-Kranken- bzw Unterbringungsgesetze) der Länder in Betracht (BT-Drucks 17/11513, 7; Palandt/Götz § 1906a Rn 10), soweit diese den verfassungsgerichtlichen Anforderungen genügen (s BVerfG FamRZ 2011, 1927; BVerfG FamRZ 2018, 1442, 1446 ff).

V. Verfahren

1. Zuständigkeit

a) Maßregeln gegenüber Minderjährigen

35 Für die in § 1846 BGB bezeichneten Maßregeln ist das **Familiengericht** zuständig.

Örtlich zuständig ist außer dem nach allgemeinen Grundsätzen (§ 152 Abs 1 und 2 FamFG) zuständigen Gericht auch das Gericht, in dessen Bezirk das Bedürfnis der Fürsorge bekannt wird (§ 152 Abs 4 S 1 FamFG). Dieses darf aber keine Anordnungen treffen, die das nach den allgemeinen Grundsätzen zuständige Gericht selbst rechtzeitig treffen könnte und träfe, wenn es sie für geboten erachtete (zu § 44 FGG KGJ 36, A 3; zu § 152 Abs 4 FamFG MünchKommFamFG/Heilmann § 152 Rn 25). Das nach § 152 Abs 4 S 1 FamFG zuständige Gericht soll nach S 2 dieser Vorschrift dem Gericht, bei dem eine Vormundschaft oder Pflegschaft anhängig ist, von den angeordneten Maßnahmen Mitteilung machen. 36

Für den Fall mehrerer örtlich zuständiger Gerichte ist gemäß § 2 Abs 1 FamFG dasjenige zuständig, das zuerst mit der Angelegenheit befasst ist. Kommt es in der Folge zu mehreren, einander widersprechenden Anordnungen der Gerichte, ist entsprechend § 2 Abs 1 FamFG nur diejenige wirksam, die früher ergangen ist (MünchKomm/Kroll-Ludwigs Rn 11; BeckOGK/Zorn [1. 11. 2019] Rn 40; zu einer etwaigen analogen Anwendung des § 2 Abs 1 FamFG im Falle kollidierender Maßnahmen von Vormund und Familiengericht vgl oben Rn 26). 37

Über eine Maßregel nach § 1846 BGB entscheidet grundsätzlich der **Rechtspfleger** gemäß §§ 3 Nr 2 Buchst a, 14 RPflG, es sei denn, es steht die Anordnung einer Maßnahme im Raum, für deren Vornahme der Vormund einer richterlichen Genehmigung bedürfte; in diesem Fall entscheidet der **Richter** (MünchKomm/Kroll-Ludwigs Rn 11; Erman/Schulte-Bunert Rn 7; NK-BGB/Rohde/Heitmann Rn 15). 38

Zur Zuständigkeit für eine vorübergehende freiheitsentziehende Unterbringung oder eine freiheitsentziehende Maßnahme nach §§ 1800 S 1, 1631b BGB s unten Rn 49. 39

b) Maßnahmen in Bezug auf Volljährige

Für einstweilige Maßnahmen gegenüber Volljährigen ist das Amtsgericht als Betreuungsgericht zuständig (§§ 23a Abs 1 S 1 Nr 2, Abs 2 Nr 1, 23c GVG iVm § 271 FamFG). Die örtliche Zuständigkeit bestimmt sich nach § 272 Abs 1 FamFG. Für einstweilige Maßnahmen ist auch das Gericht zuständig, in dessen Bezirk das Bedürfnis der Fürsorge bekannt wird (§ 272 Abs 2 S 1 FamFG; zu Kollisionen bei mehreren zuständigen Gerichten s oben Rn 37; zur örtlichen Zuständigkeit bei zivilrechtlichen Unterbringungsmaßnahmen s unten Rn 49). 40

Funktionell zuständig ist derjenige, dem durch Gesetz die Angelegenheit vorbehalten oder übertragen ist. Ist die Angelegenheit dem Rechtspfleger nach § 3 Nr 2 Buchst b RPflG übertragen, so ist er auch für Maßregeln nach § 1846 BGB zuständig, wenn sich nicht aus § 15 Abs 1 RPflG ein Richtervorbehalt ergibt. Danach ist dem Richter die Bestellung eines Betreuers (§ 15 Abs 1 S 1 Nr 1 RPflG) vorbehalten mit der Folge, dass einstweilige Maßnahmen bei Fehlen eines Betreuers vom Richter getroffen werden müssen, wogegen der Rechtspfleger einstweilige Maßnahmen bei Verhinderung eines bereits bestellten Betreuers treffen kann (zur Zuständigkeit bei freiheitsentziehenden Unterbringungen bzw unterbringungsähnlichen Maßnahmen unten Rn 49 f). 41

2. Anhörungen

42 Vor der Maßnahme sind – soweit möglich – der Mündel nach § 159 FamFG, die Eltern nach § 160 FamFG, sonstige Verwandte und Verschwägerte unter den Voraussetzungen des § 1847 BGB, die Pflegeperson nach § 161 Abs 2 FamFG und das Jugendamt nach § 162 Abs 1 S 1 FamFG anzuhören.

3. Rechtsmittel

a) Statthaftigkeit

43 Gegen die vom Familiengericht (Betreuungsgericht) gemäß § 1846 BGB getroffene Maßnahme ist sowohl die **Beschwerde** nach § 58 Abs 1 FamFG als auch die **Rechtsbeschwerde** nach § 70 FamFG statthaft.

b) Beschwerdeberechtigung

44 Beschwerdeberechtigt sind nach § 59 Abs 1 FamFG der Betroffene und der gesetzliche Vertreter, also der Vormund, der geltend machen kann, das Familiengericht habe zu Unrecht seine Verhinderung angenommen oder die Maßregel sei nicht erforderlich gewesen, sowie der Mündel (zur eigenständigen Ausübung seines Beschwerderechts s § 60 FamFG). Kein Recht zur Beschwerde steht dagegen einem Dritten zu, dem gegenüber das Familiengericht anstelle des fehlenden oder verhinderten Vormunds tätig geworden ist (zum FGG BayObLGZ 8, 55, 57); eine vom Familiengericht nach § 1846 BGB getroffene Maßregel ist keine gerichtliche Entscheidung gegenüber dem Dritten.

c) Umfang der Überprüfung der erstinstanzlichen Entscheidung durch das Rechtsmittelgericht

45 Die Erfüllung der **Voraussetzungen** von § 1846 BGB, namentlich das Nichtvorhandensein bzw die tatsächliche oder rechtliche Verhinderung des Vormunds (BayObLG FamRZ 2002, 419, 421; BayObLG FamRZ 2000, 566, 567; OLG Düsseldorf FamRZ 1995, 637, 638), ist in den nachfolgenden Instanzen ebenso wie die Einhaltung der Verfahrensvorschriften **vollumfänglich** überprüfbar. Dies gilt auch für die Frage, ob ein **dringender Fall** vorliegt (MünchKomm/Kroll-Ludwigs Rn 3; NK-BGB/Rohde/Heitmann Rn 17; BeckOGK/Zorn [1. 8. 2019] Rn 25). Zwar wird überwiegend die Ansicht vertreten, dass das Familiengericht diese Frage nach pflichtgemäßem Ermessen entscheidet (RGZ 71, 162, 168; KG RJA 15, 99; OLG Hamm FamRZ 1964, 380; LG München I FamRZ 2008, 184, 185; Soergel/Zimmermann Rn 3; Palandt/Götz Rn 3; MünchKomm/Kroll-Ludwigs Rn 3). Diese Einordnung überrascht aber, handelt es sich doch um ein Tatbestandsmerkmal, sodass die Annahme eines unbestimmten Rechtsbegriffs näher liegt. Ein solcher ist gegeben, wenn die Tatbestandsmerkmale einer Norm aufgrund einer wertenden Beurteilung des zuvor vom Tatrichter festzustellenden Sachverhalts auszufüllen sind; ob die tatsächlichen Umstände die Merkmale des unbestimmten Rechtsbegriffs ausfüllen oder nicht, stellt eine in der Beschwerdeinstanz voll überprüfbare Rechtsfrage dar (Keidel/Meyer-Holz § 72 FamFG Rn 17), es sei denn, dem Tatrichter steht ein Beurteilungsspielraum zu. Dies wird nicht nur dann angenommen, wenn es – etwa in Bezug auf persönliche Voraussetzungen – auf eine individualisierende, weitgehend der tatsächlichen Würdigung zugehörige Betrachtungsweise des Einzelfalls ankommt, sondern auch dann, wenn es um eine Prognose geht (Keidel/Meyer-Holz § 72 FamFG Rn 19). Bei der Frage, ob ein dringender Fall vorliegt, kommt es auf das

Ausmaß der bei Aufschub einer Maßnahme drohenden Gefahr und den Grad der Wahrscheinlichkeit ihres Eintritts an; ebenso kann von Bedeutung sein, ob für kürzere oder längere Zeit mit dem Fehlen oder der Verhinderung des Vormunds zu rechnen ist. Damit ist der Subsumtion unter das Tatbestandsmerkmal „dringender Fall" ein Prognoseelement eigen, was für einen **Beurteilungsspielraum des Tatrichters** spricht.

Über die **Auswahl der erforderlichen Maßnahmen** entscheidet das Familiengericht dagegen nach **pflichtgemäßem Ermessen** (OLG Hamm FamRZ 1964, 380, 381 [„nach freiem pflichtgemäßem Ermessen"]; NK-BGB/ROHDE/HEITMANN Rn 8; s auch oben Rn 15). Selbst wenn man von einem freien Ermessen des Gerichts ausgeht (vgl LG München I FamRZ 2008, 184, 185), so erfährt dieses eine gewisse Einschränkung durch das Tatbestandsmerkmal der Dringlichkeit (s bereits Rn 12 ff) mit der Folge, dass diese Entscheidung des Familiengerichts nur einer eingeschränkten Überprüfbarkeit zugänglich ist (NK-BGB/ROHDE/HEITMANN Rn 17 aE). 46

Wird während des Rechtsmittelverfahrens der ursprünglich nicht vorhandene Vormund bestellt bzw endet seine Verhinderung, so ist die vom Familiengericht nach § 1846 BGB getroffene Eilmaßnahme **verfahrensmäßig überholt**. Hebt das Beschwerdegericht die Anordnung aus diesem Grunde auf, so scheitert bereits die Zulässigkeit einer dagegen gerichteten Rechtsbeschwerde mit dem Ziel der Wiederherstellung der Eilmaßnahme am Rechtsschutzbedürfnis, weil eine dem ersten Anordnungsbeschluss entsprechende Entscheidung nunmehr mangels Vorliegens der Voraussetzungen des § 1846 BGB nicht mehr zulässig wäre (OLG Zweibrücken FamRZ 2003, 1127, 1128 = NJW-RR 2003, 869 = FGPrax 2003, 128, 129; NK-BGB/ROHDE/HEITMANN Rn 9, 18; PALANDT/GÖTZ Rn 5; ERMAN/SCHULTE-BUNERT Rn 10). 47

4. Bindung des Prozessgerichts

Ob die Voraussetzungen für das Eingreifen des Familiengerichts vorgelegen haben, kann nur im Verfahren der freiwilligen Gerichtsbarkeit geprüft werden (RGSt 75, 146 = DRW 1941, 1837; OLG Schleswig SchlHA 1955, 226 = FamRZ 1956, 117 [LS]). Dagegen kann außerhalb des Instanzenzugs der freiwilligen Gerichtsbarkeit die Wirksamkeit der getroffenen Maßregel nicht mit der Begründung in Zweifel gezogen werden, es habe keine genügende Veranlassung zum Eingreifen des Familiengerichts bestanden (DÖLLE § 130 V 4; MünchKomm/KROLL-LUDWIGS Rn 12). 48

5. Besonderheiten im Verfahren zur Unterbringung oder freiheitsentziehenden Maßnahme

a) Zuständigkeit

Die **örtliche Zuständigkeit** für eine vorübergehende freiheitsentziehende Unterbringung oder eine freiheitsentziehende Maßnahme gegenüber Minderjährigen nach §§ 1800 S 1, 1631b BGB ergibt sich über § 167 Abs 1 S 1 FamFG, der für Verfahren nach § 151 Nr 6 FamFG die für Unterbringungssachen nach § 312 Nr 1 FamFG geltenden Vorschriften für anwendbar erklärt, ausschließlich aus § 313 Abs 1 und 2 FamFG. § 313 Abs 2 S 1 FamFG enthält für Eilmaßnahmen (§§ 331–334 FamFG), namentlich einstweilige Anordnungen (§§ 331, 332 FamFG) sowie einstweilige Maßregeln (§ 334 FamFG), also solche nach § 1846 BGB, eine zusätzliche örtliche Zu- 49 ständigkeit desjenigen Gerichts, in dessen Bezirk das Bedürfnis für die Unterbringungsmaßnahme bekannt wird (Keidel/Budde § 313 FamFG Rn 7, 9; Erman/Schulte-Bunert Rn 8; NK-BGB/Rohde/Heitmann Rn 15). Satz 2 dieser Vorschrift enthält – wie auch § 152 Abs 4 S 2 FamFG – eine Mitteilungspflicht an das nach § 313 Abs 1 Nr 1 oder 2 FamFG örtlich zuständige Gericht.

Die örtliche Zuständigkeit des Betreuungsgerichts bestimmt sich unmittelbar nach §§ 334, 312, 313 FamFG.

50 Hinsichtlich der **funktionellen Zuständigkeit** ist es nicht ganz eindeutig, ob über Unterbringungsmaßnahmen nach Aufhebung des § 14 Abs 1 Nr 10 RPflG aF, der für die Genehmigung der Unterbringung einen Richtervorbehalt enthalten hatte, auch weiterhin der Richter zu entscheiden hat. Auf den Rechtspfleger wurden in § 3 RPflG jedenfalls nicht ausdrücklich Angelegenheiten, die eine mit Freiheitsentziehung verbundene Unterbringung zum Gegenstand haben, übertragen (vgl Keidel/Kayser[15] § 70 FGG Rn 30; Zimmermann FamRZ 1990, 1308, 1309); einer solchen Übertragung stünde ohnehin der von Art 104 Abs 2 S 1 GG verfassungsrechtlich garantierte Richtervorbehalt für Freiheitsentziehungen entgegen, der auch in § 4 Abs 2 Nr 2 RPflG zum Ausdruck kommt (darauf zu Recht hinweisend BGB-RGRK/Dickescheid Rn 10). Ginge man nunmehr gleichwohl von einer funktionellen Zuständigkeit des Rechtspflegers für die Anordnung einer Unterbringungsmaßnahme aus, so würde dies bedeuten, dass dieser anstelle des verhinderten oder nicht vorhandenen Vormunds die Maßnahme trifft und der Richter über deren Genehmigung entscheidet. Im Hinblick auf die Tatsache, dass es in erster Linie auf die wegen Art 104 Abs 2 S 1 GG verfassungsrechtlich gebotene richterliche Kontrolle der Anordnung der Freiheitsentziehung ankommt, wird man eine – wenngleich wegen des Zusammenfallens der Zuständigkeit für die freiheitsentziehende Maßnahme und für deren richterliche Kontrolle unerwünschte – einheitliche Entscheidung durch den Richter im Interesse der Vereinfachung des Verfahrens zulassen können. Ein entsprechendes Ergebnis erreicht man über eine Pflicht des Rechtspflegers zur Vorlage an den Richter gemäß § 5 Abs 1 Nr 2 RPflG; der Richter bearbeitet dann, sofern die getrennte Entscheidung über die Anordnung der Unterbringungsmaßnahme sowie deren Genehmigung nicht sachdienlich wäre, die gesamte Angelegenheit (dafür plädiert BGB-RGRK/Dickescheid Rn 10). Richtigerweise obliegt es damit im Ergebnis weiterhin dem Richter, über die Unterbringung eines Minderjährigen (und auch eines unter Betreuung stehenden Volljährigen) zu entscheiden (iE sehen dies ebenso MünchKomm/Kroll-Ludwigs Rn 14 u Palandt/Götz Rn 6 sowie – zum FGG – Soergel/Zimmermann Rn 6; Bork/Jacoby/Schwab/Zorn § 167 FamFG Rn 14; BeckOGK/Zorn [1. 11. 2019] Rn 42).

b) Verfahrensgarantien der §§ 331–333 FamFG

51 Die für einstweilige Anordnungen in Unterbringungssachen geltenden Verfahrensgarantien der §§ 331–333 FamFG (vormals § 70h Abs 1 und 2 FGG) sind über § 334 FamFG (vormals § 70h Abs 3 FGG) auch auf solche Unterbringungsmaßnahmen erstreckt, die gemäß § 1846 BGB getroffen werden. Danach ist die **Höchstdauer** vorläufiger Unterbringungsmaßnahmen für den Regelfall auf 6 Wochen beschränkt; bei mehrfacher Verlängerung durch weitere einstweilige Anordnungen darf eine Gesamtdauer von 3 Monaten nicht überschritten werden (§ 333 Abs 1 S 4 FamFG). In §§ 331 S 1 Nr 1, 332 FamFG hat das Erfordernis der **Dringlichkeit** eine besondere Ausformung erfahren (Erman/Schulte-Bunert Rn 3 mwNw): So bedarf es gemäß § 331

S 1 FamFG für die Anordnung oder Genehmigung einer vorläufigen Unterbringungsmaßnahme durch einstweilige Anordnung (1.) dringender Gründe für die Annahme, dass die Voraussetzungen für die Genehmigung oder Anordnung einer Unterbringungsmaßnahme gegeben sind und ein dringendes Bedürfnis für ein sofortiges Tätigwerden besteht, (2.) eines ärztlichen Zeugnisses über den Zustand des Betroffenen, (3.) der Bestellung und Anhörung eines Verfahrenspflegers, wenn dies zur Wahrnehmung der Interessen des Betroffenen erforderlich ist, sowie (4.) der persönlichen Anhörung des Betroffenen. Auf das Vorliegen der letzten beiden Voraussetzungen kann in Fällen von **Gefahr im Verzug** vorübergehend verzichtet werden; die Verfahrenshandlungen sind jedoch unverzüglich nachzuholen (§ 332 FamFG).

c) Rechtsmittel

52 Für Unterbringungsmaßnahmen sieht § 335 FamFG ergänzende Vorschriften zur **Beschwerdeberechtigung** vor.

53 Tritt im Hauptsacheverfahren über eine zivilrechtliche Unterbringung eine **Erledigung** ein, sei es durch Zeitablauf der nach §§ 1846, 1908i Abs 1 BGB ergangenen einstweiligen Unterbringungsanordnung (BayObLG FamRZ 2003, 783; BayObLG FamRZ 2000, 566 mwNw) oder etwa durch Entlassung des Betroffenen aus der entsprechenden Einrichtung (BayObLG FamRZ 2002, 419, 420; BayObLG FamRZ 2000, 566 mwNw), so kann die Beschwerde mit dem Ziel der Herbeiführung einer Sachentscheidung nicht mehr aufrechterhalten werden (vgl bereits oben Rn 47); es besteht jedoch nunmehr – jedenfalls im Falle der Erledigung nach Einlegung des Rechtsmittels gemäß § 62 FamFG – die Möglichkeit, das Verfahren zum Zwecke der **Feststellung der Rechtswidrigkeit** der angefochtenen Entscheidung fortzusetzen, sofern diesbezüglich ein besonderes berechtigtes Interesse besteht (zur früheren Rechtslage und der insbes auf der Rechtsprechung des BVerfG beruhenden Rechtsentwicklung Keidel/Budde § 62 FamFG Rn 1 ff sowie Keidel/Kahl[15] § 19 FGG Rn 93 f). Ein solches besonderes Interesse ist gemäß § 62 Abs 2 FamFG in der Regel anzunehmen, wenn (1.) schwerwiegende Grundrechtseingriffe vorliegen oder (2.) eine Wiederholung konkret zu erwarten ist. Das Beschwerdegericht hat den nicht anwaltlich vertretenen Betroffenen auf die Möglichkeit der Umstellung seines Antrags auf die Feststellung der Rechtswidrigkeit der Unterbringungsanordnung hinzuweisen (zum FGG OLG München OLGR 2006, 26 = FamRZ 2006, 62 [LS]).

VI. Staatshaftung; Internationales Privatrecht

54 Unterlässt es das Familiengericht (Betreuungsgericht) pflichtwidrig, erforderliche Maßregeln nach § 1846 BGB anzuordnen, oder greift es ohne Vorliegen der Voraussetzungen des § 1846 BGB und damit ungerechtfertigt in die Kompetenz des Vormunds (Pflegers, Betreuers) zur selbständigen Führung der Vormundschaft ein, so kommen staatshaftungsrechtliche Ansprüche aus **§ 839 BGB iVm Art 34 GG** in Betracht (Palandt/Götz Rn 1; Erman/Schulte-Bunert Rn 1; MünchKomm/Kroll-Ludwigs Rn 5; NK-BGB/Rohde/Heitmann Rn 8).

55 Ist der **Mündel (Pflegling, Betreute) nicht deutscher Staatsangehöriger**, beruft Art 24 Abs 3 EGBGB für die Beurteilung vorläufiger Maßregeln die lex fori und lässt damit die Anordnung nach deutschem Recht, namentlich § 1846 BGB, ausdrücklich zu (ebenso MünchKomm/Kroll-Ludwigs Rn 6; NK-BGB/Rohde/Heitmann Rn 14; vgl auch Staudinger/vHein [2019] Art 24 EGBGB Rn 59 ff). Art 24 EGBGB wird jedoch weitgehend

durch staatsvertragliche Sonderregelungen verdrängt (vgl Staudinger/vHein [2019] Art 24 EGBGB Rn 1 u ausführlich die Vorbem zu Art 24 EGBGB).

§ 1847
Anhörung der Angehörigen

Das Familiengericht soll in wichtigen Angelegenheiten Verwandte oder Verschwägerte des Mündels hören, wenn dies ohne erhebliche Verzögerung und ohne unverhältnismäßige Kosten geschehen kann. § 1779 Abs. 3 Satz 2 gilt entsprechend.

Materialien: E I §§ 1678, 27 Abs 3 S 2, 1657 S 2; II § 1706; III § 1823; Mot IV 1015, 1098, 1149; Prot I 14, 51; IV 31, 757, 796. Geändert durch FamRÄndG v 11. 8. 1961 (BGBl I 1221) Art 1 Nr 34, NEhelG v 19. 8. 1969 (BGBl I 1243) Art 1 Nr 64 u SorgeRG v 18. 7. 1979 (BGBl I 1061) Art 1 Nr 53; neugefasst durch Bekanntmachung v 2. 1. 2002 (BGBl I 42); zuletzt geändert durch Art 50 Nr 43 nach Maßgabe von Art 111 FGG-RG v 17. 12. 2008 (BGBl I 2586) mit Wirkung v 1. 9. 2009.

Systematische Übersicht

Alphabetische Übersicht

I. Zweck, historische Entwicklung und Bedeutung der Norm

1. Normzweck

§ 1847 S 1 BGB erweitert die im wortgleich formulierten § 1779 Abs 3 S 1 BGB für die Auswahl des Vormunds durch das Familiengericht vorgesehene Anhörung von Verwandten und Verschwägerten in sachlicher Hinsicht auf alle wichtigen Angelegenheiten (zum Begriff s unten Rn 12 ff). In persönlicher Hinsicht geht die Vorschrift damit über den in §§ 159 ff FamFG genannten Personenkreis (Mündel, Eltern, Pflege-, Bezugsperson, Jugendamt) hinaus. Ziel ist es, dem Gericht umfassendere Informationen zu verschaffen, nicht aber, den Verwandten und Verschwägerten ein eigenes Anhörungsrecht zu verschaffen (näher unten Rn 19). Keine große Bedeutung kommt der ursprünglichen Zielrichtung mehr zu, der Familie einen Einfluss auf die Führung der Vormundschaft zu gewähren (dazu unten Rn 2 ff). 1

§ 1847 S 2 BGB verweist hinsichtlich eines auf Auslagenersatz gerichteten Anspruchs der angehörten Person auf § 1779 Abs 3 S 2 BGB (dazu unten unter Rn 24 ff).

2. Historie

Um der Familie des Mündels einen gewissen Einfluss auf die Führung der Vormundschaft zu sichern, verpflichtete § 1847 Abs 1 BGB aF das Vormundschaftsgericht, in bestimmten Fällen Verwandte oder Verschwägerte des Mündels zu hören. Dies sollte 2 vor einer vom Gericht zu treffenden Entscheidung entweder auf Antrag des Vormunds oder des Gegenvormunds geschehen, wenn die Anhörung ohne erhebliche Verzögerung und ohne unverhältnismäßige Kosten erfolgen konnte (mochte auch das Vormundschaftsgericht die Angelegenheit nicht für wichtig halten), oder von Amts wegen in allen wichtigen Angelegenheiten. Als wichtige Angelegenheiten bezeichnete das Gesetz in Abs 1 S 2 HS 2 insbesondere die Volljährigkeitserklärung (§ 3 BGB aF), die Ersetzung der Einwilligung des Vormunds zur Eheschließung des Mündels (§ 1304 BGB aF), die Ersetzung der vom Vormund verweigerten Genehmigung einer nach § 30 EheG aufhebbaren Ehe des Mündels (§ 1337 BGB aF), die Entlassung des Mündels aus dem Staatsverband und die Todeserklärung (zu den Einzelheiten der früheren Regelung s Staudinger/Engler[10/11] Rn 1 u 2).

3 Das **FamRÄndG** beseitigte das Antragsrecht des Vormunds und des Gegenvormunds und verzichtete auf die beispielhafte Auflistung von wichtigen Angelegenheiten.

4 Das **NEhelG** ersetzte den früheren Abs 2 durch den an Abs 1 angefügten Satz 2; § 1779 Abs 3 S 2 BGB, auf den in § 1847 S 2 BGB verwiesen wird, stimmt wörtlich mit dem früheren § 1847 Abs 2 BGB aF überein.

5 In der Fassung des NEhelG hatte sich die Verweisung auf § 1779 Abs 3 BGB auch auf dessen Satz 3 bezogen, der die Anhörung der Eltern des Mündels und die persönliche Fühlungnahme mit dem Mündel zum Gegenstand hatte. Das **SorgeRG** hob diesen Satz 3 auf und strich dementsprechend die Verweisung in § 1847 S 2 BGB; die Anhörung der Eltern und des Mündels wurde ausführlich in den §§ 50a, 50b FGG (heute §§ 160, 159 FamFG) geregelt.

6 Die jüngste Änderung erfuhr die Vorschrift durch Art 50 Nr 43 des **FGG-Reformgesetzes** vom 17. 12. 2008 (BGBl I 2586), welches das Wort „Vormundschaftsgericht" durch „Familiengericht" ersetzte.

3. Bedeutung der Norm

7 Die Bestimmung des § 1847 BGB hat mit Änderung der Familienverfassung stark an Bedeutung verloren. Der Gedanke, dass die Familie und auch die Gemeinde (vgl die alten §§ 1849–1851 BGB) an der grundsätzlich dem Familiengericht übertragenen Obervormundschaft mitwirken, ist im Laufe der Zeit, in der die alte Großfamilie ihre Funktion zu einem großen Teil eingebüßt hat, immer mehr zurückgetreten. Heute steht die Aufsicht und Verantwortung des Familiengerichts (§ 1837 BGB) im Vordergrund. Eine solche Entwicklung scheint schon der erste Entwurf zum BGB andeutungsweise für möglich zu halten: Er hält es im Interesse des Mündels für angemessen, dessen Familie eine gutachtliche Mitwirkung bei Führung der Vormundschaft zu sichern; er gibt dafür aber bereits einer „freien Form" den Vorzug und sieht deshalb von der Festlegung der Zahl und Gradesnähe der zu hörenden Verwandten und Verschwägerten und von Vorschriften über die Art ihrer Vernehmung ab. Der vormundschaftlichen Verwaltung werde gerade dann am besten gedient, wenn in dieser Hinsicht alles dem freien, gewissenhaften Ermessen des Vormundschaftsgerichts überlassen bleibe; dieses sei dann in der Lage, gerade solche Verwandte und Verschwägerte des Mündels zu hören, bei denen es die reinste

verwandtschaftliche Gesinnung und die meiste Sachkenntnis voraussetzen dürfe (Mot IV 1150).

8 Ebenso wie der Familienrat schon vor der Aufhebung der §§ 1858–1881 BGB aF durch das SorgeRG seine praktische Bedeutung fast gänzlich verloren hatte (vgl Staudinger/Engler[10/11] Vorbem 10 zu § 1858), ist heute die Vorstellung von der Verantwortlichkeit entfernterer Verwandter für das Wohlergehen innerhalb der Familie stark verblasst.

9 Die geschilderte Veränderung der tatsächlichen Lebensverhältnisse und die damit einhergehende schwindende Bedeutung der Vorschrift des § 1847 BGB muss deren **einschränkende Auslegung** zur Konsequenz haben (vgl etwa Rn 10, 26). Zudem drängen sich Überlegungen über die Abschaffung der Norm bzw ihre Verlagerung ins Verfahrensrecht auf (Staudinger/Veit [2014] Rn 30).

II. Voraussetzungen der Anhörungspflicht nach S 1

1. Verwandte und Verschwägerte

10 Das Gesetz schreibt in einer sehr weit und unbestimmt gefassten Bestimmung vor, dass „Verwandte oder Verschwägerte des Mündels" gehört werden sollen (zu den Begriffen der Verwandten und der Verschwägerten s §§ 1589, 1590 BGB). Weder die Anzahl der zu hörenden Verwandten oder Verschwägerten (anders die preuß VormO, vgl Mot IV 1150) noch die Nähe der Verwandtschaft oder Schwägerschaft, die eine Anhörung geboten erscheinen lässt, sind festgelegt. Das Gericht entscheidet somit über die Frage, welche Verwandten und Verschwägerten des Mündels und wie viele von ihnen gehört werden sollen, nach **pflichtgemäßem Ermessen** (BGB-RGRK/Dickescheid Rn 6; Erman/Schulte-Bunert Rn 3; BeckOGK/Zorn [1. 11. 2019] Rn 11). Dem wird das Gericht mit Blick auf die gebotene einschränkende und auf die Einzelheiten des Falles abstellende Auslegung des § 1847 BGB (vgl oben Rn 9) wohl am ehesten gerecht, wenn es nur diejenigen Verwandten oder Verschwägerten des Mündels anhört, von denen zu erwarten ist, dass sie gerade zum Gegenstand dieser Entscheidung sachdienliche Äußerungen abgeben können. Am nächsten liegt danach wohl die Anhörung der Eltern des Mündels, die aber ohnehin schon durch § 160 FamFG vorgeschrieben ist. Bei anderen Verwandten wird die Auswahl in erster Linie von ihrer **Sachkenntnis**, ihrem **Interesse am Wohlergehen** des Mündels und auch von ihrer leichten **Erreichbarkeit** abhängen.

11 Bei der Frage, ob, welche und wie viele Verwandte oder Verschwägerte des Mündels zu hören sind, kommt es auch auf die **Wichtigkeit der Angelegenheit**, also auf ihre Bedeutung für den Mündel an. Diese ist in Bezug zu den anderen relativen Begriffen zu sehen, die § 1847 BGB verwendet, nämlich der Erheblichkeit einer Verzögerung und der Angemessenheit von durch die Anhörung entstehenden Kosten (vgl dazu unten Rn 26). Entscheidend ist aber die – im Gesetz nicht ausdrücklich genannte – Voraussetzung der **Zweckmäßigkeit der Anhörung**, die auch dann nicht gegeben ist, wenn eine Anhörung zwar weder die Entscheidung verzögert noch Kosten verursacht, aber in Frage kommende Verwandte (etwa Geschwister des Mündels oder seine Eltern, die im Ausland leben und keine Verbindung mit dem Mündel haben) offensichtlich keine sachdienliche Auskunft geben können.

2. Wichtige Angelegenheiten

12 Die Beantwortung der Frage, ob der konkret vom Familiengericht zu entscheidende Fall eine wichtige Angelegenheit iS des § 1847 BGB darstellt, liegt nicht im Ermessen des Gerichts; bei der „wichtigen Angelegenheit" handelt es sich vielmehr um einen **unbestimmten Rechtsbegriff** (ebenso ERMAN/SCHULTE-BUNERT Rn 2; MünchKomm/KROLL-LUDWIGS Rn 2; BGB-RGRK/DICKESCHEID Rn 5; NK-BGB/ROHDE/HEITMANN Rn 2 weist auf die daraus resultierende volle Überprüfbarkeit auch im Rahmen der Rechtsbeschwerde [§§ 70 ff FamFG] hin; **aA** SOERGEL/ZIMMERMANN Rn 5: Ermessensentscheidung).

a) Persönliche Angelegenheiten

13 Zu den wichtigen Angelegenheiten gehören zunächst persönliche Angelegenheiten, insbesondere solche zur **Änderung des Familienstandes oder des Personenstandes**. Von den beispielhaft in § 1847 Abs 1 S 2 HS 2 BGB aF genannten (und noch heute als Anhaltspunkt für das Vorliegen einer wichtigen Angelegenheit dienenden) Fällen (s oben Rn 2) sind weiterhin relevant die **Entlassung aus der Staatsangehörigkeit** (§§ 19 Abs 1, 25 Abs 1 StAG) und die **Todeserklärung** (§ 16 Abs 3 VerschG). Darüber hinaus sind Entscheidungen des Familiengerichts im Zusammenhang mit der **Eheschließung** eines über 16-jährigen Mündels (s §§ 1303 S 1, 1314 Abs 1 Nr 1 BGB) erfasst, etwa eine solche nach § 1308 Abs 2 BGB (Antrag auf Befreiung vom Eheverbot wegen durch Annahme als Kind begründeter Verwandtschaft in der Seitenlinie).

14 Das Gleiche gilt für Entscheidungen im Zusammenhang mit der **Annahme des Mündels als Kind** (§ 1746 Abs 3 BGB [Ersetzung der Einwilligung von Vormund oder Pfleger], § 1748 BGB [Ersetzung der Einwilligung eines Elternteils], § 1749 BGB [Ersetzung der Einwilligung des Ehegatten bei Annahme des Mündels als Kind durch den anderen Ehegatten allein]; vgl KG OLGE 40, 99, 101; BayObLGZ 21, A 201). Auch die Genehmigung des Antrags auf **Scheidung oder Aufhebung der Ehe** (§ 125 Abs 2 S 2 FamFG) ist als wichtige Angelegenheit anzusehen.

15 Für die **Auswahl des Vormunds**, die zweifelsfrei eine für den Mündel wichtige Angelegenheit darstellt, ordnet bereits der wortgleich formulierte § 1779 Abs 3 S 1 BGB die Anhörung von Verwandten oder Verschwägerten des Mündels an.

b) Berufliche und vermögensrechtliche Angelegenheiten

16 Aus dem Kreis der vermögensrechtlichen und beruflichen Angelegenheiten, die auch der Genehmigung des Familiengerichts bedürfen, sind als wichtige anzusehen: der Beginn eines neuen oder die Auflösung eines bestehenden Erwerbsgeschäfts mit der in § 112 BGB vorgesehenen Auswirkung auf die Geschäftsfähigkeit (§ 1823 BGB), die Eingehung eines nicht kurzfristigen Dienst- oder Arbeitsverhältnisses (§ 1822 Nr 7 BGB, vgl § 113 Abs 3 BGB), die Auseinandersetzung über den elterlichen Nachlass, insbesondere die Verfügung über das von dem verstorbenen Elternteil hinterlassene Anwesen (BayObLGZ 13, 425, 429; SOERGEL/ZIMMERMANN Rn 5; MünchKomm/KROLL-LUDWIGS Rn 3; BeckOGK/ZORN [1. 11. 2019] Rn 9), auch der Abschluss eines Vergleichs über den Unterhalt des Mündels, der nach § 1822 Nr 12 BGB der Genehmigung des Familiengerichts bedarf (ebenso MünchKomm/KROLL-LUDWIGS Rn 3; BGB-RGRK/DICKESCHEID Rn 2; NK-BGB/ROHDE/HEITMANN Rn 2; BeckOGK/ZORN [1. 11. 2019] Rn 9; **aA** OLG Hamburg JFG 3, 52 = OLGE 44, 84; SOERGEL/ZIMMERMANN Rn 5 aE). Als wichtige Angelegenheit ist es auch einzustufen, wenn das Familiengericht gemäß § 1857 BGB eine Anordnung des Vaters oder der Mutter über die Befreiung des Vormunds (§§ 1852–1855 BGB) außer Kraft setzen will (s § 1857 Rn 11; ebenso MünchKomm/Kroll-Ludwigs Rn 3 aE; BeckOGK/Zorn [1. 11. 2019] Rn 9).

3. Kein Ausschluss wegen erheblicher Verzögerung oder unverhältnismäßiger Kosten (S 1 letzter HS)

Das Familiengericht soll die genannten Personen nur dann anhören, wenn dies ohne erhebliche Verzögerung und ohne unverhältnismäßige Kosten geschehen kann. Die relativen Begriffe der Erheblichkeit einer Verzögerung und der Angemessenheit von durch die Anhörung entstehenden Kosten sind parallel zur Tunlichkeit in § 1826 BGB zu bestimmen (vgl § 1826 Rn 2; ebenso MünchKomm/Kroll-Ludwigs Rn 4; BeckOGK/Zorn [1. 11. 2019] Rn 10). Ein wichtiges Kriterium zur Bestimmung der Unverhältnismäßigkeit der Kosten ist sicherlich der Grad der Wichtigkeit der Angelegenheit: Ist dieser im konkreten Fall als besonders hoch einzuschätzen, lassen auch höhere Kosten eine Anhörung nicht als untunlich erscheinen (BGB-RGRK/Dickescheid Rn 3, der insoweit zudem für die Berücksichtigung der Vermögensverhältnisse des Mündels plädiert). Für die Einschätzung der Erheblichkeit einer Verzögerung bieten sich ebenfalls das Kriterium der Bedeutung der Angelegenheit sowie die im Falle einer Verzögerung zu erwartenden Folgen an (ebenso BGB-RGRK/Dickescheid Rn 3). 17

III. Entscheidung des Gerichts über die Anhörung

§ 1847 BGB ist zwar „nur“ eine Ordnungsvorschrift („soll“); dennoch ist das Familiengericht verpflichtet, bestimmte Verwandte oder Verschwägerte des Mündels zu hören, wenn es sachdienlich ist. Dies entspricht dem Willen des Gesetzes, den Einfluss der Familie auf die Führung der Vormundschaft in wichtigen Angelegenheiten zu gewährleisten. Dem Familiengericht steht somit bei der Frage, ob eine Anhörung erfolgen soll, **kein Ermessen** zu (so auch Erman/Schulte-Bunert Rn 2; MünchKomm/Kroll-Ludwigs Rn 2; BGB-RGRK/Dickescheid Rn 5; BeckOGK/Zorn [1. 11. 2019] Rn 7; **aA** Soergel/Zimmermann Rn 5). 18

Ein Verwandter oder Verschwägerter hat (aus § 1847 BGB) aber **kein Recht**, vom Familiengericht gehört zu werden; in einem entsprechenden Antrag kann nur eine Anregung an das Familiengericht gesehen werden (KG OLGE 34, 245 = RJA 15, 265; NK-BGB/Rohde/Heitmann Rn 4; Erman/Schulte-Bunert Rn 3a; MünchKomm/Kroll-Ludwigs Rn 1). Das ergibt sich, abgesehen vom Charakter der Bestimmung als Sollvorschrift, vor allem daraus, dass der Kreis der zu hörenden Verwandten und Verschwägerten in keiner Weise begrenzt ist (Soergel/Zimmermann Rn 9). Ein Verwandter oder Verschwägerter ist deshalb auch nicht nach § 59 Abs 1 FamFG beschwerdeberechtigt, weil er nicht vom Familiengericht gehört wurde; denn die Möglichkeit der Anhörung ist ausschließlich im Interesse des Mündels vorgesehen (ebenso MünchKomm/Kroll-Ludwigs Rn 9; Erman/Schulte-Bunert Rn 3a; NK-BGB/Rohde/Heitmann Rn 4). **Beschwerdeberechtigt** sind nur der Mündel (vertreten durch den Vormund oder aufgrund einer eigenen Berechtigung nach §§ 60, 9 Abs 1 Nr 4 FamFG) und der Vormund selbst, wenn diese durch die Entscheidung in ihren Rechten beeinträchtigt sind. 19

20 Hat das Familiengericht in einer wichtigen Angelegenheit eine Entscheidung getroffen, ohne bestimmte Verwandte zu hören, obwohl dies sachdienlich und auch ohne erhebliche Verzögerung möglich gewesen wäre, so ist die Entscheidung nicht aus diesem Grund unwirksam (BayObLG JFG 6, 47, 48 = LZ 1929, 408; Soergel/Zimmermann Rn 8; MünchKomm/Kroll-Ludwigs Rn 1 aE; Erman/Schulte-Bunert Rn 1). In der **Nichtbeachtung** der Sollvorschrift des § 1847 BGB kann aber eine Rechtsverletzung, namentlich eine Verletzung der gerichtlichen Aufklärungspflicht aus § 26 FamFG oder des rechtlichen Gehörs (Art 103 Abs 1 GG), liegen (vgl NK-BGB/Rohde/Heitmann Rn 4, die auch auf die nach § 7 Abs 5 S 2 FamFG iVm §§ 567 ff ZPO bestehende Möglichkeit einer sofortigen Beschwerde hinweisen; Erman/Schulte-Bunert Rn 3a aE), die zur Aufhebung der Entscheidung im Beschwerderechtszug führen kann, wenn die Entscheidung auf der Unterlassung der Anhörung beruht oder beruhen kann (BayObLG JFG 6, 47, 48 = LZ 1929, 408; s auch KG OLGE 40, 99, 101; Keidel/Meyer-Holz § 72 FamFG Rn 10; BeckOGK/Zorn [1. 11. 2019] Rn 16).

IV. Durchführung und Wirkungen der Anhörung

21 Eine besondere **Form** der Anhörung ist nicht vorgeschrieben; die Anhörung kann mündlich, schriftlich oder auch im Wege des Ersuchens einer anderen Behörde (zB eines auswärtigen Jugendamts) erfolgen. Das Familiengericht darf sich aber nicht auf eine rein formale Anhörung beschränken, wenn es annimmt, dass ein Verwandter oder Verschwägerter zu den für seine Entscheidung maßgebenden Gesichtspunkten Sachdienliches beizutragen hat (BayObLG JFG 6, 47 = LZ 1929, 408; s auch KG OLGE 40, 99, 101 = Recht 1919 Nr 601; Dölle § 137 III; BeckOGK/Zorn [1. 11. 2019] Rn 12; MünchKomm/Kroll-Ludwigs Rn 6; Soergel/Zimmermann Rn 3; Erman/Schulte-Bunert Rn 3).

22 Die Anhörung stellt keine Beweisaufnahme dar, sondern dient lediglich der Sammlung von entscheidungserheblichen Tatsachen (Soergel/Zimmermann Rn 4a). Die Verwandten und Verschwägerten sind **nicht** zur Erteilung der vom Familiengericht gewünschten Auskünfte **verpflichtet**, sofern sie nicht nach § 30 Abs 1 FamFG iVm §§ 373 ff ZPO als Zeugen vernommen werden (MünchKomm/Kroll-Ludwigs Rn 7).

23 Das Familiengericht ist an die Anschauung der Verwandten und Verschwägerten des Mündels **nicht gebunden**. Wegen der von ihnen erteilten Auskünfte oder der Verweigerung einer Auskunft trifft die Verwandten und Verschwägerten keine besondere Verantwortlichkeit; sie haften nur nach Maßgabe der allgemeinen Vorschriften (§ 826 BGB, evtl § 823 BGB, s auch § 675 Abs 2 BGB; Enneccerus/Kipp § 122 I; Dölle § 132 V).

V. Anspruch der Angehörten auf Ersatz ihrer Auslagen (S 2)

24 Nach §§ 1847 S 2 iVm 1779 Abs 3 S 2 BGB können die Verwandten und Verschwägerten, die das Familiengericht angehört hat, vom Mündel Ersatz ihrer Auslagen, aber keinen Vorschuss verlangen. Der Betrag der Auslagen wird vom Familiengericht festgesetzt (nach §§ 3 Nr 2 Buchst a, 14 RPflG entscheidet der Rechtspfleger). Der Anspruch ist privatrechtlicher Natur und richtet sich **ausschließlich gegen den Mündel**, also nicht gegen den Staat, und zwar auch dann nicht, wenn der Mündel mittellos ist (vgl die Regelung des § 1835 Abs 4 BGB, die dem Vormund bei Mittellosigkeit des Mündels einen Anspruch auf Ersatz seiner Aufwendungen aus der Staatskasse gibt).

Etwas anderes gilt nur dann, wenn ein Verwandter oder Verschwägerter des Mündels vom Familiengericht als Zeuge geladen wurde (s oben Rn 22).

Auslagen iS des § 1779 Abs 3 S 2 BGB sind insbesondere Kosten der Reise an den Ort der mündlichen Anhörung einschließlich des Mehraufwands für Unterkunft und Verpflegung, Porto- und Telefonkosten, der Aufwand für eine während der Abwesenheit vom Wohnort erforderlich gewordene Vertretung, nicht aber eine durch Zeitversäumnis verursachte Einkommensminderung. 25

Ersetzt werden aber nicht alle wirklich erwachsenen, sondern nur die nach den Umständen **erforderlichen** Auslagen. Ob eine Auslage erforderlich war, entscheidet das Familiengericht bei der in § 1779 Abs 3 S 2 HS 2 BGB vorgesehenen Festsetzung. Dagegen spielt es bei der Festsetzung der Kosten keine Rolle, ob die Anhörung des Verwandten oder Verschwägerten, der Ersatz verlangt, erforderlich und sachdienlich war. Auch deswegen ist das Familiengericht gehalten, bei der Anhörung von Verwandten oder Verschwägerten zurückhaltend zu sein (s oben Rn 9). 26

Gegen die Festsetzung der Auslagen steht dem Angehörten und dem Vormund (namens des Mündels) die **Beschwerde** zu (§ 59 Abs 1 FamFG). 27

Verweigert der Vormund die Auszahlung des festgesetzten Betrags, so kann ihn das Familiengericht nicht nach § 1837 Abs 2 und 3 BGB dazu auffordern und durch Androhung und Festsetzung von Zwangsgeld anhalten (Soergel/Zimmermann Rn 7). Soweit nicht das Landesrecht die Beschlüsse nach §§ 1779 Abs 3 S 2, 1847 S 2 BGB auf Grund der Ermächtigung des § 801 Abs 1 ZPO zu Vollstreckungstiteln erklärt hat (s die Nachweise bei Soergel/Zimmermann Rn 7), ist der Berechtigte auf die Klage angewiesen, wobei das Prozessgericht an die Festsetzung des Betrags durch das Familiengericht gebunden ist (MünchKomm/Spickhoff § 1779 Rn 22; BeckOGK/Zorn [1. 11. 2019] Rn 22; Soergel/Zimmermann Rn 7). 28

VI. Pflegschafts- und Betreuungsrecht

Die Vorschrift findet auf die **Pflegschaft** entsprechende Anwendung (§ 1915 Abs 1 BGB). Für die **Betreuung** findet sich eine eigenständige Regelung zur Anhörung nahestehender Personen in §§ 279, 274 Abs 4 Nr 1 FamFG. Sollen diese zum Zwecke der Aufklärung des Sachverhalts angehört werden, richtet sich diese nach § 33 FamFG; ob diese Anhörung erforderlich ist, entscheidet das Gericht im Rahmen seiner Amtsermittlungspflicht nach § 26 FamFG. 29

§ 1848
(weggefallen)

Aufgehoben durch das 1. EheRG vom 14. 6. 1976 Art 1 Nr 42 (BGBl I 1421).

Untertitel 4
Mitwirkung des Jugendamts

§ 1849
(weggefallen)

Aufgehoben durch KJHG vom 26. 6. 1990 Art 5 Nr 4 (BGBl I 1163).

§ 1850
(weggefallen)

Aufgehoben durch KJHG vom 26. 6. 1990 Art 5 Nr 4 (BGBl I 1163).

§ 1851
Mitteilungspflichten

(1) Das Familiengericht hat dem Jugendamt die Anordnung der Vormundschaft unter Bezeichnung des Vormunds und des Gegenvormunds sowie einen Wechsel in der Person und die Beendigung der Vormundschaft mitzuteilen.

(2) Wird der gewöhnliche Aufenthalt eines Mündels in den Bezirk eines anderen Jugendamts verlegt, so hat der Vormund dem Jugendamt des bisherigen gewöhnlichen Aufenthalts und dieses dem Jugendamt des neuen gewöhnlichen Aufenthalts die Verlegung mitzuteilen.

(3) Ist ein Verein Vormund, so sind die Absätze 1 und 2 nicht anzuwenden.

Materialien: E I § 1725 Abs 4, 5; II § 1725; III § 1827; Mot IV 1225; Prot IV 839. Geändert durch NEhelG v 19. 8. 1969 (BGBl I 1243) Art 1 Nr 68 u KJHG v 26. 6. 1990 (BGBl I 1163) Art 5 Nr 5; neugefasst durch Bekanntmachung v 2. 1. 2002 (BGBl I 42); Abs 1 zuletzt geändert durch Art 50 Nr 44 nach Maßgabe von Art 111 FGG-RG v 17. 12. 2008 (BGBl I 2586) mit Wirkung v 1. 9. 2009.

Systematische Übersicht

I. Normzweck, Historie

1. Normzweck

1 Die Vorschrift soll dem Jugendamt die Erfüllung seiner Beratungs-, Unterstützungs- und Kontrollpflichten über Vormünder nach § 53 Abs 2 und 3 SGB VIII erleichtern (BeckOGK/Hoffmann [1. 12. 2019] Rn 2; Erman/Schulte-Bunert Rn 1; NK-BGB/Rohde/Heitmann Rn 1; s auch MünchKomm/Kroll-Ludwigs Rn 1 für Abs 1).

2. Historie

a) Ursprüngliche Regelung des BGB

2 Das BGB hatte ursprünglich neben der Familie auch der Gemeinde eine gewisse Mitwirkung bei der Aufsicht über das Vormundschaftswesen zugedacht, und zwar durch das Institut des **Gemeindewaisenrats**, der als Hilfsorgan des Vormundschaftsgerichts verstanden wurde (s die grundsätzlichen Ausführungen über die Mitwirkung der Gemeinde in Mot IV 1015 ff; ferner Mot IV 1225 ff; Prot IV 838 f; Enneccerus/Kipp § 123; s auch die Schrifttumshinweise und die Gemeinsamen Erl zu den §§ 1849–1851 in Staudinger/Engler[10/11]).

3 Gemeindewaisenrat war seit dem Inkrafttreten des Reichsjugendwohlfahrtsgesetzes vom 9. 7. 1922 (RGBl I 633) das **Jugendamt** (§ 47 Abs 1 S 1 JWG idF vom 11. 8. 1961). Der Gemeindewaisenrat war Hilfsorgan, stand aber nicht unter der Aufsicht des Vormundschaftsgerichts; er war vielmehr eine in den Grenzen ihrer Zuständigkeit dem Vormundschaftsgericht gleichgestellte Behörde (vgl Mot IV 1227).

4 Die wichtigste **Aufgabe des Gemeindewaisenrats** bestimmte der frühere § 1850 Abs 1 BGB. Danach hatte der Gemeindewaisenrat „in Unterstützung des Vormundschaftsgerichts darüber zu wachen, dass die Vormünder der sich in seinem Bezirk aufhaltenden Mündel für die Person der Mündel, insbesondere für ihre Erziehung und ihre körperliche Pflege, pflichtmäßig Sorge tragen". Er hatte dem Vormundschaftsgericht Mängel und Pflichtwidrigkeiten, die er in dieser Hinsicht wahrnahm, anzuzeigen und auf Erfordern über das persönliche Ergehen und das Verhalten des Mündels Auskunft zu erteilen. Ebenso hatte er nach § 1850 Abs 2 BGB aF dem Vormundschaftsgericht Anzeige zu machen, wenn er Kenntnis von einer Gefährdung des Vermögens des Mündels erlangte.

5 Nach §§ 1849, 1691 Abs 1 BGB aF und § 1915 Abs 1 BGB aF hatte der Gemeindewaisenrat ferner dem Vormundschaftsgericht die zum Vormund, Gegenvormund, Beistand, Pfleger und Familienratsmitglied geeigneten **Personen vorzuschlagen** (vgl dazu im Einzelnen Staudinger/Engler[10/11] Gemeinsame Erl zu §§ 1849–1851 Rn 6 ff). Schließlich hatte er, wenn ihm der Vormund mitteilte, dass der Mündel seinen Aufenthalt in den

Bezirk eines anderen Gemeindewaisenrats verlegt, diesen nach § 1851 Abs 2 BGB aF hiervon zu unterrichten.

b) Änderungen durch NEhelG und SorgeRG

6 Das Nichtehelichengesetz (NEhelG) vom 19. 8. 1969 (BGBl I 1243) beseitigte den Gemeindewaisenrat als besondere Institution. Es ersetzte das Wort „Gemeindewaisenrat" in den §§ 1849–1851 BGB und in der Überschrift zu diesen Bestimmungen durchweg durch das Wort „Jugendamt" und straffte den Wortlaut der §§ 1850, 1851 BGB, ohne den Inhalt wesentlich zu ändern; in einem neuen § 1851a BGB wurde festgelegt, dass die §§ 1850, 1851 BGB nicht anzuwenden sind, wenn ein Verein Vormund ist (NEhelG Art 1 Nrn 65–69; vgl Jansen/Knöpfel, Unehelichengesetz 357, 376 ff).

7 Das Sorgerechtsgesetz (SorgeRG) vom 18. 7. 1979 (BGBl I 1061) beseitigte die Einrichtung des Familienrats (frühere §§ 1858–1881 BGB) und passte den Wortlaut des § 1849 BGB entsprechend an (SorgeRG Art 1 Nr 54).

c) Änderungen durch das SGB VIII

8 Das Sozialgesetzbuch VIII – Kinder- und Jugendhilfe (SGB VIII) vom 26. 6. 1990 (BGBl I 1163, neugefasst durch Bekanntmachung vom 11. 9. 2012, BGBl I 2022), das an die Stelle des Jugendwohlfahrtsgesetzes trat, fasste die Stellung und die Aufgaben des Jugendamts im Bereich der Pflegschaft und Vormundschaft für Kinder und Jugendliche in den §§ 53–58 SGB VIII zusammen, hob die dadurch überflüssig gewordenen §§ 1849 und 1850 BGB auf und fügte den zuvor in § 1851a BGB enthaltenen Text dem § 1851 BGB als Abs 3 an.

9 Dem früheren § 1849 BGB entspricht § 53 Abs 1 SGB VIII, der dem Jugendamt aufgibt, „dem Familiengericht Personen und Vereine vorzuschlagen, die sich im Einzelfall zum Pfleger oder Vormund eignen". § 53 Abs 3 SGB VIII weist zwar größere Ergänzungen und redaktionelle Änderungen auf und stellt – wie schon § 53 Abs 2 SGB VIII – den Gedanken der Beratung und Hilfe durch das Jugendamt in den Vordergrund und gibt ihm Vorrang vor der Benachrichtigung des Familiengerichts. Gleichwohl brachte das SGB VIII keine wesentlichen sachlichen Änderungen mit sich. Nach § 53 Abs 4 S 2 SGB VIII ist – entsprechend dem früheren § 1851a BGB (vgl dazu Jansen/Knöpfel, Unehelichengesetz 378) – Abs 3 nicht anzuwenden, wenn ein Verein Vormund ist.

d) Mitteilungspflichten aufgrund des Beistandschaftsgesetzes

10 Das Beistandschaftsgesetz vom 4. 12. 1997 (BGBl I 2846) hob die Vorschriften über die Bestellung und die Aufgaben eines Beistandes (§§ 1685 bis 1692 BGB) und über die gesetzliche Amtspflegschaft (§§ 1706 bis 1710 BGB) auf und führte in einem neuen Siebenten Titel – jetzt Titel 6 – (§§ 1712 bis 1717 BGB) ein neues Institut der freiwilligen Beistandschaft ein. Dieser Neuregelung wurde auch der Vierte Abschnitt des Dritten Kapitels des SGB VIII (§§ 52a bis 58a SGB VIII) angepasst. Der neue § 57 SGB VIII gebietet dem Jugendamt, dem Familiengericht unverzüglich den Eintritt einer Vormundschaft mitzuteilen; die zuvor in § 57 SGB VIII aF vorgesehene Mitteilungspflicht des Standesbeamten wurde in das Personenstandsgesetz übernommen (s BT-Drucks 13/892, 45 f, 51; BT-Drucks 13/8509, 17). Die Bestimmungen des § 1851 BGB blieben von diesen Änderungen unberührt.

e) Änderungen durch das FGG-Reformgesetz

Die jüngste Änderung erfuhr die Vorschrift durch Art 50 Nr 44 des FGG-Reformgesetzes vom 17. 12. 2008 (BGBl I 2586), welches das Wort „Vormundschaftsgericht" durch „Familiengericht" ersetzte. 11

II. Die Mitteilungspflichten des § 1851

1. Mitteilungspflichten des Familiengerichts (Abs 1)

Damit das Jugendamt die ihm nach § 53 Abs 2–4 SGB VIII obliegenden Pflichten von Anfang an ordnungsgemäß wahrnehmen kann, gebietet § 1851 Abs 1 BGB dem Familiengericht, dem Jugendamt die Anordnung der Vormundschaft unter Bezeichnung des Vormunds und des Gegenvormunds, ferner einen Wechsel in der Person und schließlich die Beendigung der Vormundschaft mitzuteilen. Adressat der Mitteilung ist nach § 87d SGB VIII das Jugendamt, in dessen Bezirk der Vormund seinen gewöhnlichen Aufenthalt hat (BeckOGK/Hoffmann [1. 12. 2019] Rn 24). 12

2. Mitteilungen vom Ortswechsel des Mündels (Abs 2)

Für den Fall, dass der gewöhnliche Aufenthalt eines Mündels in den Bezirk eines anderen Jugendamts verlegt wird, sieht § 1851 Abs 2 BGB zwei Mitteilungspflichten vor: Der Vormund hat den Ortswechsel dem bisher zuständigen Jugendamt mitzuteilen, und dieses hat wiederum das für den neuen Aufenthaltsort zuständige Jugendamt über den Wechsel zu unterrichten. 13

Adressat der Mitteilungspflicht des Vormunds ist das Jugendamt des bisherigen gewöhnlichen Aufenthalts des Mündels (nicht wie nach § 87d SGB VIII der gewöhnliche Aufenthalt des Vormunds). Wo der gewöhnliche Aufenthalt des Mündels ist, richtet sich nach § 30 Abs 3 S 2 SGB I. Danach hat jemand seinen gewöhnlichen Aufenthalt dort, wo er sich unter Umständen aufhält, die erkennen lassen, dass er an diesem Ort oder in diesem Gebiet nicht nur vorübergehend verweilt. Um diesen Gedanken in § 1851 BGB klarzustellen, also zu vermeiden, dass die Mitteilungspflicht schon bei nur vorübergehendem Aufenthalt des Mündels an einem anderen als seinem bisherigen Aufenthaltsort angenommen wird (s MünchKomm/Kroll-Ludwigs Rn 2; Erman/Schulte-Bunert Rn 1; NK-BGB/Rohde/Heitmann Rn 3; Soergel/Zimmermann Rn 2), hätte es allerdings genügt, in den Anfangsworten des Abs 2 das Wort „gewöhnliche" einzufügen, dann aber wie bisher vom „bisherigen Aufenthaltsort" und vom „neuen Aufenthaltsort" zu sprechen. Es ist sprachlich nicht korrekt, vom Jugendamt des bisherigen gewöhnlichen Aufenthalts und von dem des neuen gewöhnlichen Aufenthalts zu sprechen (der „Aufenthalt" eines Menschen ist ein Geschehen, kein Ort; er hält sich irgendwo auf, nämlich an seinem Aufenthaltsort). 14

Die Vorschrift ist aber nicht nur sprachlich etwas unglücklich gefasst. Vielmehr orientiert sich Abs 2 noch an § 11 S 1 JWG, wonach dasjenige Jugendamt zuständig ist, in dessen Zuständigkeitsbereich sich das Kind gewöhnlich aufhält. Die Vorschrift wurde nicht an die im Rahmen der Schaffung des SGB VIII (dazu oben Rn 8) veränderte Zuständigkeitsregel des § 87d SGB VIII angepasst, wonach das Jugendamt zuständig ist, in dessen Bezirk der Vormund seinen gewöhnlichen Aufenthalt hat 15

(BeckOGK/Hoffmann [1. 12. 2019] Rn 29 f). Deshalb besteht mehrfacher Reformbedarf (näher Staudinger/Veit [2014] Rn 15; s auch BeckOGK/Hoffmann [1. 12. 2019] Rn 31).

3. Entfallen der Mitteilungspflichten (Abs 3)

16 Ist ein **Verein** Vormund, so erübrigen sich gem § 1851 Abs 3 BGB die Mitteilungspflichten nach Abs 1 und 2. Der Verein unterliegt nach § 53 Abs 4 S 2 SGB VIII nicht der in § 53 Abs 3 SGB VIII vorgesehenen Überwachung durch das Jugendamt; das wird damit begründet, dass der Verein wegen der für die Tätigkeit als Vormund, Pfleger oder Beistand nach § 54 SGB VIII erforderlichen Erlaubnis des Landesjugendamts weniger kontrollbedürftig erscheint (vgl MünchKomm/Kroll-Ludwigs Rn 3; Erman/Schulte-Bunert Rn 1; NK-BGB/Rohde/Heitmann Rn 4; s aber auch Soergel/Damrau[11] § 1851a Rn 1 u Erman/Holzhauer[8] § 1851a Rn 1, wo Bedenken insbes im Hinblick auf den Fall der Gefährdung des Mündelvermögens geäußert werden).

17 Abs 3 kommt auch zur Anwendung, wenn das Gericht nicht den Verein, sondern einen **Mitarbeiter des Vereins zum Einzelvormund** bestellt, da sich diese Vormundschaft von der eines beruflich tätigen Einzelvormunds unterscheidet (BeckOGK/Hoffmann [1. 12. 2019] Rn 35).

III. Pflegschafts- und Betreuungsrecht

18 Auf die Pflegschaft ist § 1851 BGB entsprechend anwendbar (§ 1915 Abs 1 BGB). Mangels eines Verweises in § 1908i BGB kommt aber keine entsprechende Anwendung auf die Betreuung in Betracht.

§ 1851a
(weggefallen)

Aufgehoben durch KJHG vom 26. 6. 1990 Art 5 Nr 4 (BGBl I 1163).

Untertitel 5
Befreite Vormundschaft

Vorbemerkungen zu §§ 1852–1857a

Systematische Übersicht

I. Systematik der Befreiungstatbestände

1 Die §§ **1852–1854 BGB** sehen für den Vater und über § **1855 BGB** entsprechend auch für die Mutter (vgl zum bereits hieran deutlich werdenden Reformbedarf § 1855 Rn 1; zum Fall einander widersprechender Anordnungen von Vater und Mutter s § 1856 S 2 u die dortigen Erl in Rn 3 f) die Möglichkeit vor, den Vormund unter den Voraussetzungen des § **1856 BGB** von bestimmten gesetzlich vorgesehenen Verpflichtungen zu befreien **(gewillkürte Befreiung)**. Zum Schutz der Mündelinteressen gibt § **1857 BGB** dem Familiengericht die Befugnis, diese von den Eltern getroffenen und ipso iure wirkenden (MünchKomm/Kroll-Ludwigs § 1852 Rn 12) Anordnungen außer Kraft zu setzen, wenn ihre Befolgung das Interesse des Mündels gefährden würde. Die in den §§ 1852 Abs 2, 1853 und 1854 BGB aufgezählten Befreiungen gelten nach § **1857a BGB** auch für das Jugendamt (§ 1791b BGB) und einen als Vormund bestellten Verein (§ 1791a BGB) unmittelbar **kraft Gesetzes**, also auch ohne Anordnung der Eltern, die als Vormund zwar einen Verein, nach § 1791b Abs 1 S 2 BGB aber nicht das Jugendamt benennen können (zu weitergehenden Befreiungen des Amtsvormunds vgl § 56 Abs 2 und 3 SGB VIII, s auch § 1857a Rn 7 f; zur Anwendung von § 1857a BGB auf den als Einzelvormund bestellten Mitarbeiter eines Vereins § 1857a Rn 4).

II. Zweck der Befreiung

2 Im Anschluss an frühere Rechte hat das BGB ein Bedürfnis für die Möglichkeit anerkannt, bestimmten Vormündern eine **freiere Stellung** einzuräumen und ihnen so die Vermögensverwaltung nicht nur unerheblich zu erleichtern. Dies war durchaus nicht unumstritten (s Mot IV 1162 und insbesondere die ausführliche Darlegung der für und gegen eine Befreiungsmöglichkeit vorgebrachten Gründe in Prot IV 805 ff). Den Ausschlag gab offenbar die in den Motiven zum BGB enthaltene Erwägung, dass die Liebe der Eltern zu den Kindern und die Erwartung, dass sie die in Betracht

kommenden Verhältnisse richtig würdigten, die Annahme rechtfertige, dass die Eltern bei ihren Handlungen das Wohl der Kinder nach bestem Wissen und Gewissen im Auge hätten. Zwar könnten die Eltern sich täuschen, sie könnten leichtsinnig und vertrauensselig sein, und es könnten sich auch unvorhergesehene Veränderungen der tatsächlichen Verhältnisse ergeben. Mit der befreiten Vormundschaft seien jedoch Vorteile verbunden, die schwerer wögen als die Gefahren. Durch die befreite Vormundschaft werde die Aussicht verbessert, tüchtige Vormünder zu gewinnen (Prot IV 807 f). Da die §§ 1852 ff BGB die §§ 1776 ff BGB ergänzen, welche den Eltern ein Mitentscheidungsrecht in der Frage geben, wer nach ihrem Tod Vormund ihres Kindes wird, wird ihnen mit den §§ 1852 ff BGB die Möglichkeit eingeräumt, das Vertrauen, das sie dieser Person durch ihre Benennung als Vormund entgegenbringen, auch durch eine Beschränkung der Aufsicht zu untermauern und auf diese Weise über den eigenen Tod hinaus das Elternrecht auszuüben (s Mot IV 6439 ff; BeckOGK/Fröschle [1. 9. 2019] § 1852 Rn 2).

III. Enumerationsprinzip

1. Abschließende Aufzählung der Befreiungstatbestände

3 Auf diese sorgfältige Abwägung der Gründe, die für eine eng begrenzte Lockerung der im Grundsatz strengen Bindung des Vormunds an das System der Kontrolle seiner Amtsführung sprechen können, ist der **Katalog** der Befreiungen gestützt, die der Vater (§§ 1852 bis 1854 BGB) und die Mutter (§ 1855 BGB) für den von ihnen benannten Vormund anordnen können. Über die §§ 1852 bis 1854 BGB hinausgehende Möglichkeiten der Befreiung des Vormunds durch die Eltern gibt es nicht.

4 Erstaunlich ist dann aber die Regelung des **§ 1817 Abs 1 BGB**, den das Betreuungsrechtsänderungsgesetz vom 25. 6. 1998 (BGBl I 1580) eingeführt hat. Nach dieser Vorschrift kann das Familiengericht den Vormund von den ihm nach den §§ 1806 bis 1816 BGB obliegenden Verpflichtungen entbinden, soweit der Umfang der Vermögensverwaltung dies rechtfertigt und eine Gefährdung des Vermögens des Mündels nicht zu besorgen ist. Der Vormund kann auf diese Weise von allen Bindungen an die Bestimmungen über die Anlegung von Mündelgeld und die Verfügung über Forderungen und Wertpapiere des Mündels freigestellt werden, ohne dass es auf den von den Eltern geäußerten Willen ankäme (s § 1817 Rn 1 ff). Der Entwurf des BtÄndG bekennt sich zwar zur Nützlichkeit und zum guten Sinn der §§ 1806 ff BGB; er sieht deshalb davon ab, die Beschränkungen, die diese Bestimmungen für die Verwaltung des Mündelvermögens vorsehen, durch eine Generalklausel, wie sie § 1642 BGB für die elterliche Vermögenssorge kenne, zu ersetzen. Mit der im neuen § 1817 Abs 1 BGB vorgesehenen Befreiungsmöglichkeit solle aber „die Führung von Vormundschaften erleichtert, die Bereitschaft zur Übernahme des Vormundsamts gefördert und – durch eine stärkere Annäherung der für die Vermögenssorge von Vormündern und Eltern geltenden Regelungen – der personale Charakter des Vormundsamts in den Vordergrund gerückt werden" (BT-Drucks 13/7158, 21 f).

2. Unzulässige Befreiung

5 Aufgrund des abschließenden Charakters der Befreiungstatbestände sind die fol-

genden gesetzlich vorgesehenen Verpflichtungen des Vormunds oder des Familiengerichts einer befreienden Anordnung durch die Eltern nicht zugänglich:

a) Pflicht des Vormunds zum regelmäßigen Bericht über die persönlichen Verhältnisse des Mündels nach **§ 1840 Abs 1 BGB** (s auch § 1854 Rn 1 u § 1840 Rn 5); allgemeine Auskunftspflicht des Vormunds nach **§ 1839 BGB** (s auch § 1839 Rn 7 ff); Pflicht zur sicheren Anlegung des Mündelgeldes nach **§§ 1806 ff BGB** (vgl aber § 1817 BGB und § 56 Abs 3 SGB VIII; dazu oben Rn 4); Pflicht zur Aufstellung und Einreichung des Vermögensverzeichnisses nach **§ 1802 BGB** (s auch § 1854 Rn 1 u § 1802 Rn 5), zur periodischen Einreichung der Vermögensübersichten nach **§ 1854 Abs 2 BGB** (s auch § 1854 Rn 3) sowie zur Ablegung der Rechenschaft über die Verwaltung des Mündelvermögens nach Beendigung des Amts nach **§ 1890 BGB** (s auch § 1854 Rn 1 u § 1890 Rn 35);

b) Pflicht des Familiengerichts zur Aufsicht über die gesamte Tätigkeit des Vormunds und des Gegenvormunds **(§ 1837 BGB)**; Befugnis und Pflicht (vgl § 1857 Rn 6) des Familiengerichts zur Außerkraftsetzung einer befreienden Anordnung nach **§ 1857 BGB** wegen Gefährdung des Mündelinteresses (s auch § 1857 Rn 4);

c) Genehmigungspflicht für typischerweise besonders vermögensrelevante Geschäfte nach **§§ 1821, 1822 BGB** (vgl aber § 56 Abs 2 S 2 SGB VIII; s auch Vorbem 17 zu §§ 1821 f).

IV. Umfang einer Befreiung

Die in den §§ 1852–1854 BGB aufgezählten Befreiungen können entweder **einzeln oder in ihrer Gesamtheit** angeordnet werden; ist dem benannten Vormund schlechthin die Stellung eines „befreiten Vormunds" eingeräumt, so ist anzunehmen, dass sämtliche nach §§ 1852–1854 BGB zulässigen Befreiungen angeordnet sind, sofern die Auslegung der Anordnung nicht das Gegenteil ergibt (Soergel/Zimmermann Vor § 1852 Rn 1; MünchKomm/Kroll-Ludwigs § 1852 Rn 6; NK-BGB/Fritsche § 1852 Rn 3 aE). Im Zweifel ist zudem davon auszugehen, dass sich eine elterliche Befreiung nicht bloß auf das dem Mündel von Vater oder Mutter zugewendete Vermögen, sondern auf die Vermögensverwaltung des Vormunds insgesamt bezieht (MünchKomm/Kroll-Ludwigs § 1852 Rn 6; Palandt/Götz Einf 3 v § 1852). 6

Auch die einzelnen Befreiungen können in **vollem Umfang** oder nur für **einzelne Geschäfte** erteilt werden (vgl § 1852 Rn 8 u § 1853 Rn 5). 7

Die angeordneten Befreiungen gelten stets **nur für den benannten Vormund**, nicht für die Vormundschaft allgemein, und stellen somit ein zum Benennungsrecht akzessorisches Nebenrecht dar (BeckOGK/Fröschle [1. 9. 2019] § 1852 Rn 3); sie sind also wirkungslos, wenn der Benannte nicht Vormund werden kann oder will (Soergel/Zimmermann § 1852 Rn 1; Erman/Schulte-Bunert Vorbem 1 zu § 1852; MünchKomm/Kroll-Ludwigs § 1852 Rn 13; Palandt/Götz Einf 3 v § 1852; NK-BGB/Fritsche § 1852 Rn 2). 8

Die Befreiungen gelten **nicht** für einen Mitvormund und ebenso wenig für den bei Verhinderung des Vormunds bestellten Pfleger (KG OLGE 2, 168, 169 = KGJ 21, A 24, 27; Soergel/Zimmermann § 1852 Rn 1; Erman/Schulte-Bunert Vorbem 2 zu § 1852; 9

MünchKomm/Kroll-Ludwigs § 1852 Rn 13; Palandt/Götz Einf 3 v § 1852; NK-BGB/Fritsche § 1852 Rn 2).

V. Verfahren

10 Wird die Befreiung, deren Vermerk auf der **Bestallungsurkunde** (vgl § 1791 BGB) nicht vorgeschrieben, aber zweckmäßig ist, nicht oder bloß unvollständig vermerkt, steht dem Vormund das Recht zur **Beschwerde** nach §§ 58, 59 FamFG zu (zum FGG KGJ 45, 66; ebenso Erman/Schulte-Bunert Vorbem 1 zu § 1852; MünchKomm/Wagenitz § 1852 Rn 11; NK-BGB/Fritsche § 1852 Rn 6 u § 1856 Rn 3; zum Beschwerderecht des Vormunds im Falle der Bestellung eines Gegenvormunds entgegen einer Befreiung nach § 1852 Abs 1 vgl § 1852 Rn 11).

§ 1852
Befreiung durch den Vater

(1) Der Vater kann, wenn er einen Vormund benennt, die Bestellung eines Gegenvormunds ausschließen.

(2) Der Vater kann anordnen, dass der von ihm benannte Vormund bei der Anlegung von Geld den in den §§ 1809, 1810 bestimmten Beschränkungen nicht unterliegen und zu den im § 1812 bezeichneten Rechtsgeschäften der Genehmigung des Gegenvormunds oder des Familiengerichts nicht bedürfen soll. Diese Anordnungen sind als getroffen anzusehen, wenn der Vater die Bestellung eines Gegenvormunds ausgeschlossen hat.

Materialien: E I § 1690; II § 1726; III § 1828; Mot IV 1164; Prot IV 805. Neugefasst durch Bekanntmachung v 2. 1. 2002 (BGBl I 42); Abs 2 S 1, zuletzt geändert durch Art 50 Nr 44 nach Maßgabe von Art 111 FGG-RG v 17. 12. 2008 (BGBl I 2586) mit Wirkung v 1. 9. 2009.

Schrifttum

Ott, Vormundbenennung durch letztwillige Verfügung, BWNotZ 2014, 138.

Systematische Übersicht

I. Ausschluss der Bestellung eines Gegenvormunds (Abs 1)

Nach §§ 1852 Abs 1, 1855 BGB können die Eltern (zur Reformbedürftigkeit der getrennten Behandlung von Vater und Mutter vgl § 1855 Rn 1), wenn sie einen Vormund nach §§ 1776, 1777 BGB benennen, die Bestellung eines Gegenvormunds ausschließen. Über §§ 1792 Abs 4, 1782 BGB ist den Eltern weiter die Möglichkeit eingeräumt, lediglich eine bestimmte Person von der Gegenvormundschaft auszuschließen (BeckOGK/Fröschle [1. 9. 2019] Rn 13). 1

Wird die Gegenvormundschaft generell ausgeschlossen, so hat die Bestellung eines Gegenvormunds auch beim Vorliegen der Voraussetzungen des § 1792 Abs 2 BGB zu unterbleiben; nach dieser Vorschrift soll ein Gegenvormund immer dann bestellt werden, wenn mit der Vormundschaft eine Vermögensverwaltung verbunden ist, es sei denn, dass die Verwaltung nicht erheblich oder die Vormundschaft von mehreren Vormündern gemeinschaftlich zu führen ist. Der Gedanke der Kontrolle, der hinter der Sollvorschrift des § 1792 Abs 2 BGB steht, tritt in den Hintergrund, wenn die Eltern ihr Vertrauen zu dem von ihnen benannten Vormund dadurch bekundet haben, dass sie die Bestellung eines Gegenvormunds ausgeschlossen haben. 2

Allerdings kann das Familiengericht die Anordnung der Eltern nach § 1857 BGB außer Kraft setzen, wenn ihre Befolgung das Interesse des Mündels gefährden würde (zu den Voraussetzungen einer Außerkraftsetzung nach § 1857 s § 1857 Rn 3 ff). 3

II. Befreiung vom Erfordernis der Genehmigung des Gegenvormunds oder des Familiengerichts (Abs 2)

1. Die Genehmigungserfordernisse

§ 1852 Abs 2 S 1 BGB zählt eine Reihe von Geschäften der Vermögensverwaltung auf, zu denen der Vormund nach den allgemeinen Vorschriften der Genehmigung des Gegenvormunds oder des Familiengerichts bedarf: 4

Mündelgeld soll der Vormund nach **§§ 1806, 1807 BGB** verzinslich und „mündelsicher" anlegen. Nach **§ 1810 BGB** soll schon die Anlegung des Geldes nur mit Genehmigung des Gegenvormunds und, wenn ein solcher nicht vorhanden ist, mit Genehmigung des Familiengerichts erfolgen, sofern nicht die Vormundschaft von mehreren Vormündern gemeinschaftlich geführt wird. 5

Zusätzlich soll der Vormund nach **§ 1809 BGB**, wenn er Mündelgeld bei einer der in § 1807 Abs 1 Nr 5 BGB genannten – als besonders sicher geltenden – Kassen und anderen Stellen anlegt, dies nur mit der Bestimmung tun, dass zur Erhebung des Geldes die Genehmigung des Gegenvormunds oder des Familiengerichts erforderlich ist. 6

Schließlich kann der Vormund nach **§ 1812 Abs 1 BGB** über eine Forderung oder über ein anderes Recht, kraft dessen der Mündel eine Leistung verlangen kann, sowie über ein Wertpapier des Mündels nur mit Genehmigung des Gegenvormunds verfügen, sofern nicht nach den §§ 1819 bis 1822 BGB die Genehmigung des Familiengerichts erforderlich ist; dies gilt auch für das Eingehen der Verpflichtung zu 7 einer solchen Verfügung. Jedoch stellt § 1813 BGB den Vormund für eine Reihe bestimmter Geschäfte vom Erfordernis der Genehmigung des Gegenvormunds zur Annahme einer geschuldeten Leistung frei. Für den Fall, dass ein Gegenvormund nicht vorhanden ist, bestimmt § 1812 Abs 3 BGB, dass an die Stelle der Genehmigung des Gegenvormunds die Genehmigung des Familiengerichts tritt, sofern nicht die Vormundschaft von mehreren Vormündern gemeinschaftlich geführt wird.

2. Mögliche Anordnungen zur Befreiung und ihre Wirkungen

8 Von diesen Genehmigungserfordernissen können die Eltern den Vormund befreien. Die Befreiung muss dabei zwingend durch letztwillige Verfügung angeordnet werden (§§ 1856 S 1, 1777 Abs 3 BGB). Die Eltern können dies für alle in den §§ 1809, 1810 und 1812 BGB aufgezählten **Arten von Geschäften** oder nur für **einzelne dieser Geschäfte** tun (Ott BWNotZ 2014, 138, 141). Sie können auch, soweit die Genehmigung des Gegenvormunds und die des Familiengerichts in den genannten Bestimmungen alternativ oder kumulativ vorausgesetzt sind, die Befreiung entweder für beide in Betracht kommenden Genehmigungen oder nur für die des Gegenvormunds oder die des Familiengerichts aussprechen (MünchKomm/Kroll-Ludwigs Rn 7; Soergel/Zimmermann Rn 2; **aA** BeckOGK/Fröschle [1. 9. 2019] Rn 14), soweit nicht diese Beschränkung letztlich zu einer Verschärfung der Aufsicht über den Vormund führt und damit dem Willen des befreienden Elternteils zuwiderläuft (weitergehend BeckOGK/Fröschle [1. 9. 2019] Rn 14).

9 Nach **§§ 1852 Abs 2 S 2, 1855 BGB** sind die in S 1 genannten Anordnungen als getroffen anzusehen, wenn der Vater oder die Mutter die Bestellung eines Gegenvormunds ausgeschlossen hat. In diesem Fall erstreckt sich die Ausschließung auf das Erfordernis der Genehmigung des Familiengerichts also auch dann, wenn ohne die Ausschließung die Genehmigung deshalb erforderlich wäre, weil ein Gegenvormund nicht vorhanden ist (§§ 1810 S 2, 1812 Abs 3 BGB).

10 Zulässig ist aber auch eine **gegenteilige Anordnung**; in diesem Fall, in dem die Eltern zwar die Bestellung eines Gegenvormunds ausgeschlossen, aber in der letztwilligen Verfügung auch deutlich gemacht haben, dass die Fiktion des § 1852 Abs 2 S 2 BGB nicht gelten soll, bleibt also das Erfordernis bestehen, dass das Rechtsgeschäft der Genehmigung des Familiengerichts bedarf (§§ 1810, 1812 BGB) oder von ihr abhängig gemacht werden muss (§ 1809 BGB). Für das Ausmaß der Befreiung in dem durch § 1852 Abs 2 S 1 BGB vorgegebenen Rahmen ist immer der konkrete Inhalt der von den Eltern getroffenen Anordnung maßgebend.

III. Verfahren

11 Dem Vormund steht das Recht zur **Beschwerde** nach §§ 58, 59 FamFG zu, wenn das Familiengericht trotz eines entsprechenden Ausschlusses nach § 1852 Abs 1 BGB einen Gegenvormund bestellt (Palandt/Götz Rn 1; NK-BGB/Fritsche Rn 6; MünchKomm/Kroll-Ludwigs Rn 8 aE).

IV. Vormundschaft von Jugendamt und Verein

12 Die in § 1852 Abs 2 BGB vorgesehene Befreiung gilt kraft Gesetzes nach § 1857a

BGB auch für das Jugendamt als Amtsvormund sowie für einen zum Vormund bestellten Verein (zur Anwendung dieser Norm auf einen Vereinsvormund näher § 1857a Rn 4).

Ein Ausschluss der Bestellung eines Gegenvormunds ist mangels Verweises in § 1857a BGB auf § 1852 Abs 1 BGB nicht für den Verein als Vormund vorgesehen, für den Amtsvormund wird ein solcher aber über § 1792 Abs 1 S 2 HS 1 BGB erreicht; somit bleibt einzig für den Vereinsvormund Raum für eine elterliche Befreiungsanordnung (vgl zur praktischen Relevanz § 1857a Rn 7 aE). **13**

V. Pflegschafts- und Betreuungsrecht

§ 1852 BGB findet nicht über die Generalverweisung in § 1915 Abs 1 S 1 BGB entsprechende Anwendung im Pflegschaftsrecht. Vielmehr sieht § 1917 Abs 2 S 1 BGB vor, dass die in § 1852 BGB bezeichneten Befreiungen durch letztwillige Verfügung oder bei der Zuwendung vom Vater bzw nach § 1855 BGB von der Mutter auch für einen benannten Pfleger angeordnet werden können. Das Familiengericht kann die Anordnungen außer Kraft setzen, wenn sie das Interesse des Pfleglings gefährden (§ 1917 Abs 2 S 2 BGB). **14**

§ 1853
Befreiung von Hinterlegung und Sperrung

Der Vater kann den von ihm benannten Vormund von der Verpflichtung entbinden, Inhaber- und Orderpapiere zu hinterlegen und den in § 1816 bezeichneten Vermerk in das Bundesschuldbuch oder das Schuldbuch eines Landes eintragen zu lassen.

Materialien: E I § 1692; II § 1727; III § 1829; Mot IV 1172; Prot IV 812. Geändert durch BWpVerwG v 11. 12. 2001 (BGBl I 3519) § 14 Abs 18 Nr 9; neugefasst durch Bekanntmachung v 2. 1. 2002 (BGBl I 42).

I. Hinterlegung von Wertpapieren und der Eintragung eines Sperrvermerks (§§ 1814, 1816)

Die §§ 1853, 1855 BGB sehen die Möglichkeit vor, dass die Eltern den von ihnen benannten Vormund von Verpflichtungen gemäß §§ 1814, 1816 BGB befreien. Für den Amts- und Vereinsvormund besteht eine gesetzliche Befreiung von dieser Verpflichtung (§ 1857a BGB). **1**

Nach **§ 1814 BGB** hat der Vormund die zum Vermögen des Mündels gehörenden Inhaberpapiere bei einer Hinterlegungsstelle oder bei einem der in § 1807 Abs 1 Nr 5 BGB genannten Kreditinstitute mit der Bestimmung zu hinterlegen, dass die Herausgabe der Papiere nur mit Genehmigung des Familiengerichts verlangt werden kann; § 1815 BGB sieht jedoch Wege vor, über die die Hinterlegung durch andere **2**

Maßnahmen zum Schutz des Mündels abgewendet werden kann. **§ 1816 BGB** gebietet dem Vormund, in das Schuldbuch den Vermerk eintragen zu lassen, dass er über bestimmte zum Mündelvermögen gehörende Buchforderungen nur mit Genehmigung des Familiengerichts verfügen kann (vgl Mot IV 1172; Prot IV 812; s auch § 1817 Abs 2 BGB, der dem Familiengericht – über die Möglichkeit des § 1817 Abs 1 BGB hinaus – gestattet, den Vormund aus besonderen Gründen von den ihm nach §§ 1814, 1816 BGB obliegenden Verpflichtungen zu entbinden).

II. Hinterlegung nach § 1818

3 Die Befugnis des Familiengerichts, aus besonderen Gründen die Hinterlegung anderer als der in § 1814 BGB genannten Wertpapiere und von Kostbarkeiten anzuordnen (§ 1818 BGB), kann von den Eltern nicht ausgeschlossen werden; eine entsprechende Anwendung des § 1853 BGB kommt insoweit nicht in Betracht. Das Familiengericht kann deshalb eine Anordnung nach § 1818 BGB treffen, ohne zuvor oder gleichzeitig eine Anordnung der Eltern nach § 1857 BGB außer Kraft zu setzen (s auch § 1818 Rn 21 ff; wie hier iE BeckOGK/Fröschle [1. 9. 2019] § 1857 Rn 4; MünchKomm/Kroll-Ludwigs Rn 2, 3 u § 1818 Rn 8; Dölle § 126 II 4 g; Palandt/Götz Rn 1; wohl auch NK-BGB/Fritsche Rn 2 aE; **aA** Soergel/Zimmermann Rn 1); freilich werden die „besonderen Gründe", die in § 1818 BGB vorausgesetzt sind, in der Regel auch die nach § 1857 BGB zu treffende Feststellung rechtfertigen, dass die befreiende Anordnung das Interesse des Mündels gefährden würde (zur Gefährdung des Mündelinteresses s § 1857 Rn 4 f). Angesichts des Umstands, dass die Entscheidung des Gerichts nach § 1857 BGB weitreichendere Rechtsfolgen zeitigt als eine Anordnung nach § 1818 BGB, weil die gesetzliche Hinterlegungspflicht nach § 1814 BGB für alle dort genannten Inhaberpapiere wieder greift, hat eine Entscheidung nach § 1818 BGB aus Gründen der Verhältnismäßigkeit Vorrang vor einer solchen nach § 1857 BGB, wenn sie ausreicht, um eine Gefährdung der Kindesinteressen abzuwenden (BeckOGK/Fröschle [1. 9. 2019] § 1857 Rn 4).

4 Eine Anwendung des § 1818 BGB gegenüber dem **Amtsvormund** (nicht aber dem Verein als Vormund) ist dagegen nach § 56 Abs 2 S 1 SGB VIII ausgeschlossen (vgl dazu § 1818 Rn 19 f; s auch MünchKomm/Kroll-Ludwigs § 1818 Rn 8).

III. Umfang und Wirkungen einer Anordnung nach § 1853

5 Die Befreiung kann – wie schon im Rahmen von § 1852 BGB (vgl § 1852 Rn 8) – entweder **für alle** oder nur **für bestimmte** in § 1853 BGB genannte(n) **Geschäfte** geschehen (ebenso MünchKomm/Kroll-Ludwigs Rn 2; BeckOGK/Fröschle [1. 9. 2019] Rn 4).

6 Sind die in § 1853 BGB vorgesehenen Befreiungen angeordnet, so **greifen die Vorschriften der §§ 1819, 1820 BGB** auch dann **nicht**, wenn sich der Vormund freiwillig den in den §§ 1814, 1816 BGB erwähnten Beschränkungen unterworfen haben sollte (Mot IV 1172; ebenso Soergel/Zimmermann Rn 1; Palandt/Götz Rn 1).

7 In der Anordnung, dass der Vormund von der Verpflichtung zur Hinterlegung befreit sein soll, wird man auch die Befreiung von der Verpflichtung zur Eintragung des in § 1816 BGB erwähnten Vermerks sehen können. Haben die Eltern den Vormund von der Verpflichtung entbunden, Inhaberpapiere zu hinterlegen, so kann das

Familiengericht auch nicht mehr nach § 1815 Abs 2 BGB die Umwandlung in Buchforderungen anordnen.

IV. Vormundschaft von Jugendamt und Verein

8 Die in § 1853 BGB vorgesehene Befreiung gilt kraft Gesetzes nach § **1857a BGB** auch für das Jugendamt als Amtsvormund sowie für einen zum Vormund bestellten Verein (zur Anwendung dieser Norm auf einen Vereinsvormund näher dazu § 1857a Rn 4).

V. Pflegschafts- und Betreuungsrecht

9 § 1853 BGB findet nicht über die Generalverweisung in § 1915 Abs 1 S 1 BGB entsprechende Anwendung im Pflegschaftsrecht. Vielmehr enthält § 1917 Abs 2 S 1 BGB eine Sonderregelung, die vorsieht, dass die den §§ 1852–1854 BGB bezeichneten Befreiungen durch letztwillige Verfügung oder bei der Zuwendung auch für einen benannten Zuwendungspfleger iSv § 1909 Abs 1 S 2 BGB angeordnet werden können. Im Betreuungsrecht findet die Regelung dagegen keine Anwendung (arg § 1908i BGB).

§ 1854
Befreiung von der Rechnungslegungspflicht

(1) Der Vater kann den von ihm benannten Vormund von der Verpflichtung entbinden, während der Dauer seines Amtes Rechnung zu legen.

(2) Der Vormund hat in einem solchen Falle nach dem Ablauf von je zwei Jahren eine Übersicht über den Bestand des seiner Verwaltung unterliegenden Vermögens dem Familiengericht einzureichen. Das Familiengericht kann anordnen, dass die Übersicht in längeren, höchstens fünfjährigen Zwischenräumen einzureichen ist.

(3) Ist ein Gegenvormund vorhanden oder zu bestellen, so hat ihm der Vormund die Übersicht unter Nachweisung des Vermögensbestands vorzulegen. Der Gegenvormund hat die Übersicht mit den Bemerkungen zu versehen, zu denen die Prüfung ihm Anlass gibt.

Materialien: E I § 1691; II § 1728; III § 1830; Mot IV 1170; Prot IV 809. Neugefasst durch Bekanntmachung v 2. 1. 2002 (BGBl I 42); Abs 2 S 1 u 2 geändert durch Art 50 Nr 44 nach Maßgabe von Art 111 FGG-RG v 17. 12. 2008 (BGBl I 2586) mit Wirkung v 1. 9. 2009.

Schrifttum

Bienwald, Zur Bedeutung des § 1857a BGB für die Rechnungslegung am Amtsende eines Betreuers. Zugleich Anmerkung zu LG Hechingen, Urteil v 1. 12. 2015 – 2 O 120/15, BtPrax 2016, 158, RpflStud 2018, 15
ders, Befreiung von der periodischen Rechnungslegung – die Verlockung des § 1857a BGB – zu dem Beitrag von Jan F. Geiger, Die Außenhaftung des Arbeitnehmers eines Betreuungsvereins, FamRZ 2015, 14, FamRZ 2015, 295
Wesche, Rechenschaftspflichten am Ende einer befreiten Vormundschaft, Rpfleger 1986, 44.

I. Befreiung von der Verpflichtung zur Rechnungslegung (Abs 1)

1 Die Eltern können den Vormund zum **Zwecke** der Entbürokratisierung (BT-Drucks 11/4528, 161; LG München I FamRZ 1998, 701) nach den §§ 1854, 1855 BGB von seiner gemäß § 1840 Abs 2–4 BGB bestehenden Verpflichtung, dem Familiengericht über seine Vermögensverwaltung periodisch – im Regelfall jährlich – Rechnung zu legen (s dazu § 1840 Rn 20 ff), entbinden. Dagegen ist die Befreiung vom regelmäßigen Bericht über die persönlichen Verhältnisse des Mündels (§ 1840 Abs 1 BGB) ebenso wenig möglich wie die Befreiung von der Verpflichtung zur Einreichung eines Vermögensverzeichnisses (§ 1802 BGB) und zur Ablegung der Rechenschaft über die Verwaltung des Mündelvermögens nach Beendigung des Amtes (§§ 1890–1892 BGB). Von dieser Rechenschaftspflicht ist auch das Jugendamt als Amtsvormund nicht – etwa nach § 1857a BGB – befreit (s auch § 1857a Rn 3 u § 1890 Rn 36).

2 Wenn dem Vormund zwar die jährliche Rechnungslegung nicht obliegt, wohl aber die Pflicht zur Schlussrechnungslegung (§§ 1890–1892 BGB) und er zudem keine Möglichkeit hat, von der Erleichterung in § 1890 S 2 BGB Gebrauch zu machen und sich auf die bereits während der Amtszeit vorgelegten Rechnungen zu berufen, so entpuppt sich die Befreiung nach Abs 1 letztlich als eine **Erweiterung der Abwicklungspflichten** (Staudinger/Bienwald [2017] § 1908i Rn 241; Bienwald FamRZ 2015, 295, 296; ders RpflStud 2018, 15; BeckOGK/Fröschle [1. 9. 2019] Rn 5: „Danaer-Geschenk"). Um dieses Ergebnis zu vermeiden, werden deshalb zT die §§ 1890–1892 BGB einschränkend ausgelegt (LG Hechingen 1. 12. 2015 – 2 O 120/15, juris Rn 24, FamRZ 2015, 1011: keine Pflicht eines befreiten ehrenamtlichen Betreuers, in der Schlussrechnung einzelne Kontobewegungen darzustellen und zu erläutern; weitergehend Wesche RPfleger 1986, 44 f: zur Pflicht zur Vorlage einer Bestandsübersicht in der Schlussrechnung; dagegen Bienwald RpflStud 2018, 15, 16 für die Einführung einer Informationspflicht des Gerichts). Hiergegen spricht allerdings, dass diese Einschränkung mit dem Normwortlaut von § 1854 Abs 1 BGB nicht vereinbar ist, wonach die Befreiung von der Rechnungslegungspflicht auf die Dauer des Amts beschränkt ist; diese kann sich also nicht auf die Schlussrechnungslegung auswirken (BeckOGK/Fröschle [1. 9. 2019] Rn 6; Bienwald RpflStud 2018, 15: „mit dem geltenden Recht nicht vereinbar"). Der befreite Vormund muss also für die Rechnungslegung am Ende seines Amtes Vorsorge treffen, etwa durch Aufbewahrung von Belegen, um dann in der Lage zu sein, über die gesamte Zeit der Vermögensverwaltung Rechenschaft ablegen zu können (Bienwald RpflStud 2018, 15). Ob diese Rechenschaftspflicht erleichtert werden sollte, ist eine rechtspolitische Frage, die der Gesetzgeber entscheiden muss (für eine Informationspflicht des Gerichts Bienwald RpflStud 2018, 15, 16; BeckOGK/Fröschle [1. 9. 2019] Rn 3 schlägt vor, § 1854 BGB ganz zu streichen und stattdessen dem Familiengericht das Recht einzuräumen, dem Vormund bei nur geringfügigem Vermögen des Mündels die förmliche Rechnungslegung zu erlassen).

II. Verbleibende Pflichten des Vormunds (Abs 2)

3 Haben die Eltern den Vormund nach §§ 1854 Abs 1, 1855 BGB wirksam von der periodischen Rechnungslegung befreit, so bleibt dieser nach Abs 2 verpflichtet, in Zeiträumen von je zwei Jahren eine **Übersicht über den Bestand** des seiner Verwaltung unterliegenden Vermögens dem Familiengericht einzureichen. Die Pflicht zur periodischen Einreichung der Vermögensübersichten obliegt dem Vormund kraft Gesetzes, also **unabhängig von einer besonderen Aufforderung** des Familiengerichts

(Mot IV 1171). Dieses kann den Zeitraum gemäß § 1854 Abs 2 S 2 BGB nach seinem Ermessen auf bis zu fünf Jahre verlängern (Erman/Schulte-Bunert § 1854 Rn 4; NK-BGB/Fritsche Rn 2 Fn 4).

4 Von dieser Pflicht kann der Vormund **nicht durch die Eltern befreit** werden; diese können auch nicht auf die Festlegung längerer Zwischenräume für die Einreichung der Übersichten Einfluss nehmen (Enneccerus/Kipp § 121 I 5; Soergel/Zimmermann Rn 2; MünchKomm/Kroll-Ludwigs Rn 4). Auch insoweit gilt der Grundsatz der abschließenden Aufzählung der Befreiungsmöglichkeiten (vgl Vorbem 3 f zu §§ 1852 ff). Im Gegensatz dazu ist aber eine Befreiung des Jugendamts gem § 56 Abs 2 S 3 SGB VIII durch Landesrecht möglich.

5 Die Vermögensübersicht, deren Form im Gesetz nicht vorgeschrieben ist, muss neben den Gegenständen des Aktivvermögens zwar nicht die Angabe ihres Werts, wohl aber **auch die Passiva** enthalten (ebenso MünchKomm/Kroll-Ludwigs Rn 3; Soergel/Zimmermann Rn 2; Palandt/Götz Rn 2; Erman/Schulte-Bunert § 1854 Rn 4; **aA** noch Staudinger/Engler$^{10/11}$ Rn 6; RGRK/Dickescheid Rn 2: für eine Angabe des Wertes bei neu auftauchenden Gegenständen). Für die Aufnahme der Verbindlichkeiten in die Vermögensübersicht spricht deren Zweck, dem Familiengericht die Prüfung zu ermöglichen, ob Maßnahmen zum Schutz der Vermögensinteressen des Mündels zu treffen sind. Dazu bestünde nicht nur Anlass, wenn der Bestand des Vermögens vermindert worden wäre, sondern auch bei besorgniserregender Verschuldung.

6 Die **Bezugnahme auf frühere Verzeichnisse** oder auf das nach § 1802 BGB eingereichte Verzeichnis ist nicht ausgeschlossen; der Vormund kann sich, wenn sich der Vermögensbestand in der Zwischenzeit nicht geändert hat, darauf beschränken, dies ausdrücklich zu erklären. **Belege** braucht der Vormund nicht beizufügen (ebenso Soergel/Zimmermann Rn 2; MünchKomm/Kroll-Ludwigs Rn 6; Palandt/Götz Rn 2 aE; NK-BGB/Fritsche Rn 2 Fn 3); in Zweifelsfällen kann das Familiengericht nach § 1857 BGB vorgehen (MünchKomm/Kroll-Ludwigs Rn 6; Erman/Schulte-Bunert § 1854 Rn 4).

7 **Mehrere Vormünder**, die zu ungeteilter Verwaltung bestellt sind (§ 1797 Abs 1 BGB), haben, wenn sie alle von der Rechnungslegung befreit sind, die Übersicht gemeinschaftlich aufzustellen und einzureichen; sind nur einzelne von ihnen befreit, so haben die Übrigen nach §§ 1840 ff BGB Rechnung zu legen (ebenso MünchKomm/Kroll-Ludwigs Rn 7; Palandt/Götz Rn 1; Soergel/Zimmermann Rn 3).

III. Keine Befreiung des Gegenvormunds (Abs 3)

8 Ist ein Gegenvormund vorhanden, seine Bestellung also nicht nach § 1852 Abs 1 BGB ausgeschlossen, so hat er seine Kontrollfunktion auch dann wahrzunehmen, wenn der Vormund von der in § 1840 BGB geregelten Rechnungslegung durch die Eltern nach §§ 1854, 1855 BGB befreit wurde. In diesem Fall hat ihm nach § 1854 Abs 3 S 1 BGB der Vormund die **Übersicht über das Mündelvermögen** vorzulegen und den Vermögensbestand nachzuweisen. Diese Bestimmung ist dem § 1842 BGB nachgebildet, der mit der Verpflichtung des Vormunds, bei der im Regelfall jährlichen Rechnungslegung dem Gegenvormund den Vermögensbestand nachzuweisen, über die Pflichten, die den Vormund bei der Rechnungslegung gegenüber dem Familiengericht treffen (vgl § 1841 BGB), erheblich hinausgeht. Hier tritt die Aufgabe des Gegenvormunds,

den Vormund zu überwachen und dem Familiengericht gegenüber Verantwortung für die ordnungsmäßige Amtsführung zu tragen (§ 1799 Abs 1 BGB), besonders hervor. Der Gegenvormund hat die Übersicht auf ihre **Vollständigkeit und Richtigkeit** zu prüfen und mit den **Bemerkungen** zu versehen, zu denen die Prüfung ihm Anlass gibt (§ 1854 Abs 3 S 2 BGB). Um dieser Aufgabe nachzukommen, kann und muss er, soweit nötig, von seinem Recht auf Auskunft und Einsicht in die Unterlagen des Vormunds (§ 1799 Abs 2 BGB) Gebrauch machen. Zu den Einzelheiten des Prüfungsvermerks des Gegenvormunds s § 1842 Rn 6 f.

9 Ebenso wenig wie von der Pflicht zur periodischen Einreichung der Vermögensübersichten (s oben Rn 3) kann der Vormund von der Pflicht zur Einschaltung des Gegenvormunds nach § 1854 Abs 3 S 1 BGB und der Gegenvormund von der Pflicht zur Prüfung der Vermögensübersicht nach § 1854 Abs 3 S 2 BGB durch **die Eltern** befreit werden (ebenso MünchKomm/Kroll-Ludwigs Rn 2; Soergel/Zimmermann Rn 3).

IV. Verzicht auf Befreiung durch Vormund

10 Ein Verzicht des Vormunds auf die ihm zustehenden Befreiungen nach § 1854 BGB ist nicht möglich (BeckOGK/Fröschle [1. 9. 2019] Rn 18).

V. Amtsvormundschaft und Vormundschaft eines Vereins

11 Die in § 1854 BGB vorgesehene Befreiung gilt kraft Gesetzes nach **§ 1857a BGB** auch für das Jugendamt als Amtsvormund sowie einen zum Vormund bestellten Verein (zur Anwendung dieser Norm auf einen Vereinsvormund näher § 1857a Rn 4).

VI. Pflegschafts- und Betreuungsrecht

12 § 1854 BGB findet nicht über die Generalverweisung in § 1915 Abs 1 S 1 BGB entsprechende Anwendung im Pflegschaftsrecht. Vielmehr sieht § 1917 Abs 1 S 2 BGB vor, dass die in § 1854 BGB bezeichneten Befreiungen durch letztwillige Verfügung oder bei der Zuwendung vom Vater bzw nach § 1855 BGB von der Mutter auch für einen benannten Pfleger angeordnet werden können. Das Familiengericht kann die Anordnungen außer Kraft setzen, wenn sie das Interesse des Pfleglings gefährden (§ 1917 Abs 2 S 2 BGB).

13 Im Betreuungsrecht findet die Norm keine Anwendung (arg § 1908i Abs 1 S 1 BGB).

§ 1855
Befreiung durch die Mutter

Benennt die Mutter einen Vormund, so kann sie die gleichen Anordnungen treffen wie nach den §§ 1852 bis 1854 der Vater.

Materialien: E I §§ 1690–1692; II § 1729; III § 1831; Mot IV 1168; Prot IV 805 ff. Geändert durch NEhelG v 19. 8. 1969 (BGBl I 1243) Art 1 Nr 70; neugefasst durch Bekanntmachung v 2. 1. 2002 (BGBl I 42).

Schrifttum

Meyer, Lösungsvorschläge des Gesetzgebers, in: Coester-Waltjen/Lipp/Schumann/Veit (Hrsg), 9. Göttinger Workshop zum Familienrecht 2010 (2011) 17.

1 Gemäß § 1855 BGB hat die Mutter des Mündels die gleichen Befugnisse zur Befreiung des Vormunds wie nach den §§ 1852–1854 BGB der Vater (insoweit kann auf die dortigen Erl verwiesen werden). Die getrennte Behandlung von Vater und Mutter ist dem Umstand geschuldet, dass nach der ursprünglichen Regelung allein die eheliche Mutter einen Vormund benennen und befreien konnte. Mit der Streichung des Wortes „eheliche" durch das NEhelG vom 19. 8. 1969 (BGBl I 1243) und der damit einhergehenden Klarstellung, dass auch eine nichteheliche Mutter, wenn sie unter den Voraussetzungen der §§ 1776, 1777 BGB einen Vormund benennt, die Befreiungen anordnen kann, ist diese **getrennte Behandlung überholt** (so auch Meyer, 9. Göttinger Workshop 27). Dennoch besteht kein Verstoß gegen den Gleichheitssatz nach Art 3 Abs 2 GG, da die Mutter und der Vater in den §§ 1852 ff BGB sowie § 1856 S 2 BGB gleichberechtigt behandelt werden (so auch BeckOGK/Fröschle [1. 9. 2019] Rn 3). Wie in § 1776 BGB bereits mit dem Gleichberechtigungsgesetz vom 18. 6. 1957 (BGBl I 609) geschehen, ist die Anpassung des Wortlauts der §§ 1852–1854 BGB trotzdem dergestalt erforderlich, dass zukünftig die Eltern die dort vorgesehenen Befreiungsanordnungen treffen können.

2 Sowohl für den Fall, dass Vater und Mutter **verschiedene Vormünder benannt**, als auch für die Fallgestaltung, dass sie für denselben Vormund **einander widersprechende Anordnungen** iS der §§ 1852–1854 BGB getroffen haben, gilt die Entscheidung des zuletzt verstorbenen Elternteils (§ 1776 Abs 2 BGB; § 1856 S 2 BGB). Die Mutter ist nicht berechtigt, den ausschließlich vom Vater benannten Vormund zu befreien.

§ 1856
Voraussetzungen der Befreiung

Auf die nach den §§ 1852 bis 1855 zulässigen Anordnungen ist die Vorschrift des § 1777 anzuwenden. Haben die Eltern denselben Vormund benannt, aber einander widersprechende Anordnungen getroffen, so gelten die Anordnungen des zuletzt verstorbenen Elternteils.

Materialien: E I § 1693; II § 1730; III § 1832; Mot IV 1172; Prot IV 814. Satz 1 neugefasst u Satz 2 eingefügt durch GleichberG v 18. 6. 1957 (BGBl I 609) Art 1 Nr 33; Vorschrift neugefasst durch Bekanntmachung v 2. 1. 2002 (BGBl I 42).

I. Voraussetzungen und Form der befreiten Vormundschaft (S 1)

1. Voraussetzungen

1 Wie das Recht zur Benennung eines Vormunds ist auch die Befugnis, dem benannten Vormund die nach §§ 1852–1854 BGB zulässigen Befreiungen zu gewähren, ein Ausfluss der elterlichen Sorge. Deshalb ist die Wirksamkeit einer solchen Anordnung an die gleichen Voraussetzungen geknüpft, von denen nach § 1777 Abs 1 BGB die Wirksamkeit der Benennung eines Vormunds abhängt (vgl Mot IV 1172, 1055; s auch § 1903 BGB aF, der durch das BtG aufgehoben wurde), namentlich das Innehaben der **Sorge für die Person und das Vermögen des Kindes** durch den anordnenden Elternteil zur Zeit seines Todes. Dass diese Voraussetzung auch für die Anordnung von Befreiungen nach §§ 1852–1854 BGB gilt, ergibt sich jedoch nicht erst aus der in § 1856 S 1 BGB enthaltenen Verweisung auf § 1777 BGB, sondern schon daraus, dass die Befreiungen nur für einen vom Vater oder von der Mutter benannten Vormund angeordnet werden können, was voraussetzt, dass die Benennung wirksam ist.

2. Form

2 Selbständige Bedeutung hat dagegen die in § 1856 S 1 BGB enthaltene Verweisung auf § 1777 Abs 3 BGB, der bestimmt, dass der Vormund durch letztwillige Verfügung benannt wird. Auch die nach §§ 1852–1854 BGB zulässigen Anordnungen müssen, um wirksam zu sein, in der **Form einer letztwilligen Verfügung** (oder auch einer einseitigen Verfügung in einem Erbvertrag [§ 2299 BGB; vgl auch § 1777 Rn 19; ebenso Erman/Schulte-Bunert Rn 1 aE]) getroffen werden; dies kann (und wird häufig) gleichzeitig mit der Benennung des Vormunds, es kann aber auch nachträglich durch gesonderte letztwillige Verfügung erfolgen (so auch MünchKomm/Kroll-Ludwigs Rn 3 aE; Soergel/Zimmermann Rn 2; Erman/Schulte-Bunert Rn 1). Ein in der letztwilligen Verfügung nicht zum Ausdruck gekommener Wille der Eltern, eine befreite Vormundschaft anzuordnen, ist unbeachtlich (OLG Frankfurt Rpfleger 1983, 275).

II. Einander widersprechende Anordnungen (S 2)

3 Für den Fall, dass Vater und Mutter denselben Vormund benannt (sonst gilt allein § 1776 Abs 2 BGB), aber einander widersprechende Anordnungen gemäß §§ 1852–1854 BGB getroffen haben, bestimmt § 1856 S 2 BGB, dass die **Anordnungen des zuletzt verstorbenen Elternteils** allein maßgebend sind. Der Grund für diese Regelung besteht darin, dass der länger lebende Elternteil die aktuellen Bedürfnisse des Kindes oftmals besser beurteilen kann (BT-Drucks 2/224, 66). Mit Einfügung dieser Vorschrift durch das GleichberG (BGBl I 1957, 609) wurde der frühere, dem Grundsatz der Gleichberechtigung von Mann und Frau widersprechende Rechtszustand beseitigt, wonach dem Grundsatz des früheren § 1634 S 2 BGB entsprechend die Anordnung des Vaters vorging, auch wenn er vor der Mutter gestorben war (E I § 1693 S 2 hatte dies ausdrücklich hervorgehoben; Mot IV 1172; vgl zum früheren Rechtszustand Staudinger/Engler[10/11] Rn 4).

4 Ob einander widersprechende Anordnungen der Eltern vorliegen, ist im Wege der Auslegung der letztwilligen Verfügungen zu ermitteln. Ein solcher **Widerspruch** kann nicht nur dann vorliegen, wenn die Anordnungen beider Eltern in einem unver-

einbarem Kontrast zueinander stehen, sondern im Einzelfall auch dann, wenn nur einer der beiden Anordnungen getroffen hat oder beide verschiedene Anordnungen getroffen haben (MünchKomm/Kroll-Ludwigs Rn 5; Erman/Schulte-Bunert Rn 2; **aA** BeckOGK/Fröschle [1. 9. 2019] Rn 15 f).

Hat der zuerst verstorbene Elternteil Befreiungen angeordnet, der Überlebende sich dagegen auf die Benennung des Vormunds beschränkt, ohne die Befreiung ausdrücklich zu erwähnen, so ist daraus nicht ohne Weiteres anzunehmen, dass die Anordnung der Befreiung wirkungslos ist (so aber Soergel/Zimmermann Rn 3). Vielmehr wird die **Auslegung der Verfügung** des überlebenden Elternteils im Einzelfall oft zu dem Ergebnis führen, dass er die Anordnung der Befreiung bestehen lassen will (ebenso MünchKomm/Kroll-Ludwigs Rn 5; ähnlich Erman/Schulte-Bunert Rn 2 aE; NK-BGB/Fritsche Rn 2). 5

Gleiches ist anzunehmen, wenn ein Elternteil, ohne selbst ausdrücklich einen Vormund zu benennen, in einer später errichteten letztwilligen Verfügung für den vom anderen Elternteil benannten Vormund Anordnungen gemäß §§ 1852–1854 BGB trifft. Zwar kann ein Elternteil eine Befreiung nur für den von ihm selbst (nicht für den vom anderen Elternteil) benannten Vormund anordnen (Enneccerus/Kipp § 121 II 1; Gernhuber/Coester-Waltjen § 74 Rn 2; § 1855 Rn 2). Auch in dem beschriebenen Fall wird man aber meist zu dem Ergebnis kommen, dass sich der zuletzt verstorbene Elternteil die vom anderen ausgesprochene Benennung des Vormunds zu Eigen gemacht hat. 6

§ 1857
Aufhebung der Befreiung durch das Familiengericht

Die Anordnungen des Vaters oder der Mutter können von dem Familiengericht außer Kraft gesetzt werden, wenn ihre Befolgung das Interesse des Mündels gefährden würde.

Materialien: E I § 1694; II § 1731; III § 1833; Mot IV 1173; Prot IV 805, 814. Neugefasst durch Bekanntmachung v 2. 1. 2002 (BGBl I 42); Überschrift u Wortlaut geändert durch Art 50 Nr 44 nach Maßgabe von Art 111 FGG-RG v 17. 12. 2008 (BGBl I 2586) mit Wirkung v 1. 9. 2009.

I. Normzweck

Mit der Zulassung bestimmter Befreiungsanordnungen durch die den Vormund benennenden Eltern berücksichtigt das Gesetz die Erfahrung, dass die Eltern bei ihren Handlungen, wenn es um das Schicksal ihrer Kinder nach ihrem Tod und speziell um die Bestellung eines Vormunds geht, das Wohl der Kinder nach bestem Wissen und Gewissen im Auge haben (Prot IV 806; Vorbem 2 zu §§ 1852 ff). Der möglichst weitgehenden Berücksichtigung des **Elternwillens**, die auch im Interesse des Mündels liegen kann, weil sie zur Gewinnung besonders geeigneter Vormünder beiträgt, steht die Besorgnis gegenüber, dass die Eltern sich bei der Anordnung einer 1

Befreiung in der Person des Vormunds getäuscht oder dass sich die Verhältnisse zwischen der Anordnung und dem Tod der Eltern wesentlich geändert haben können (vgl die ausführlichen Darlegungen in Prot IV 805 ff.).

2 Ausschlaggebend ist stets der **Schutz der Mündelinteressen**. Deshalb gibt § 1857 BGB dem Familiengericht die Befugnis, die nach §§ 1852 bis 1855 BGB vom Vater oder von der Mutter getroffenen Anordnungen außer Kraft zu setzen, wenn ihre Befolgung das Interesse des Mündels gefährden würde. Diese Bestimmung entspricht der des § 1778 Abs 1 Nr 4 BGB, wonach der zum Vormund Berufene übergangen werden darf (und muss), wenn seine Bestellung das Wohl des Mündels gefährden würde, und der des § 1917 Abs 2 S 2 BGB, der die Regelung des § 1857 BGB auf den benannten Ergänzungspfleger überträgt (s auch den durch das Betreuungsgesetz aufgehobenen § 1903 Abs 1 S 3 BGB aF). In allen diesen Fällen tritt der Wille der Eltern hinter das Interesse des Mündels zurück. Die Eltern können deshalb die dem Familiengericht nach § 1857 BGB zustehende Befugnis **weder ausschließen noch einschränken** (ebenso Soergel/Zimmermann Rn 1; MünchKomm/Kroll-Ludwigs Rn 4; Erman/Schulte-Bunert Rn 1).

II. Voraussetzungen der Außerkraftsetzung

3 Wie der Wortlaut von § 1857 BGB eindeutig klarstellt, wird dem Familiengericht ausschließlich die Aufhebung **elterlicher Befreiungsanordnungen** ermöglicht. Die Vorschrift findet dagegen keine Anwendung auf die kraft Gesetzes bestehenden Befreiungen von Jugendamt (§ 1792 Abs 1 S 2 HS 1 BGB; § 1857a BGB) oder Verein (§ 1857a BGB). Der für den Verein als Vormund mögliche Ausschluss der Bestellung eines Gegenvormunds nach § 1852 Abs 1 BGB kann dagegen als elterliche Anordnung vom Familiengericht nach § 1857 BGB außer Kraft gesetzt werden (MünchKomm/Kroll-Ludwigs Rn 6). Im Übrigen bleiben dem Familiengericht gegenüber dem Jugendamt oder Verein als Vormund einzig Maßnahmen der Aufsicht nach § 1837 BGB oder die Entlassung nach § 1887 BGB zwecks Ersetzung durch einen nicht befreiten Einzelvormund (MünchKomm/Kroll-Ludwigs Rn 6; Erman/Schulte-Bunert Rn 1 aE; etwas anderes dürfte für den Vereinsvormund gelten, da für diesen § 1908i Abs 2 S 2 BGB analog zur Anwendung kommt [§ 1857a Rn 4] und damit die gesetzlich angeordnete Befreiung nach § 1857a BGB gerichtlich entzogen werden kann [so auch BeckOGK/Fröschle [1. 9. 2019] Rn 3]).

4 Die Außerkraftsetzung einer von den Eltern getroffenen Anordnung iS der §§ 1852–1854 BGB durch das Familiengericht setzt weiter voraus, dass bei Befolgung dieser Anordnung das **Interesse des Mündels gefährdet** würde. Bei der zu befürchtenden Gefährdung des Mündelinteresses handelt es sich um einen unbestimmten Rechtsbegriff und nicht etwa um eine Ermessensentscheidung des Gerichts, sodass insoweit eine volle gerichtliche Überprüfung möglich ist (MünchKomm/Kroll-Ludwigs Rn 2; Erman/Schulte-Bunert Rn 2; NK-BGB/Fritsche Rn 2; **aA** Staudinger/Engler [2004] §§ 1852–1857a Rn 37 aE). Das Familiengericht hat das Vorliegen dieser Voraussetzung aufgrund der tatsächlichen Gegebenheiten zur Zeit seiner Entscheidung zu klären; ob die maßgebenden Tatsachen schon im Zeitpunkt der Anordnung der Befreiung vorlagen und dem Vater oder der Mutter bekannt waren, ist nicht ausschlaggebend.

5 Das Gesetz macht die Aufhebung der Befreiungsanordnungen durch das Familiengericht nicht ausdrücklich davon abhängig, dass die Befolgung einer Anordnung das

Interesse des Mündels „erheblich" gefährden würde (anders noch E I § 1964; vgl dazu Prot IV 814). Dennoch kann eine nur unerhebliche Gefährdung der Mündelinteressen die Außerkraftsetzung einer befreienden Anordnung nicht rechtfertigen; vielmehr ist mit Blick auf das **Prinzip der Verhältnismäßigkeit** (MünchKomm/Kroll-Ludwigs Rn 2) von einer für das familiengerichtliche Eingreifen hinreichenden Gefährdung des Mündelinteresses erst dann auszugehen, wenn eine **erhebliche** Schädigung seiner Vermögensinteressen zu besorgen ist (iE ebenso Erman/Schulte-Bunert Rn 2; Palandt/Götz Rn 1; NK-BGB/Fritsche Rn 1), etwa wenn sich ein erhebliches Vermögen verwaltender Vormund trotz nicht konkret dargelegter Sachkunde Ratschlägen oder Hinweisen Dritter verschließt (LG München I FamRZ 1998, 701, 702). Mildere Mittel stellen Einzelweisungen nach § 1837 Abs 2 S 2 BGB und Anordnungen nach § 1818 HS 1 BGB dar (vgl BeckOGK/Fröschle [1. 9. 2019] Rn 8).

III. Entscheidung des Familiengerichts und ihre Wirkungen

Liegen die Voraussetzungen des § 1857 BGB vor, so ist das Familiengericht zur Außerkraftsetzung der befreienden Anordnung nicht nur berechtigt, sondern auch **verpflichtet**. Die Unterlassung dieser Maßnahme macht den Familienrichter nach den allgemeinen Grundsätzen haftbar. 6

Das Familiengericht kann die von den Eltern getroffenen Anordnungen auch **teilweise** außer Kraft setzen, wenn das Interesse des Mündels im Übrigen durch ihre Befolgung nicht gefährdet wird (vgl E I § 1694: „wenn und soweit"). Auch kann das Familiengericht kraft seines Aufsichtsrechts eine nach § 1857 BGB getroffene Maßregel jederzeit wieder **aufheben** und damit die elterlichen Anordnungen wieder in Kraft setzen, wenn die Voraussetzungen des § 1857 BGB weggefallen sind (ebenso MünchKomm/Kroll-Ludwigs Rn 3; Erman/Schulte-Bunert Rn 2; Palandt/Götz Rn 1; NK-BGB/Fritsche Rn 1; Soergel/Zimmermann Rn 1). 7

Eine vom Familiengericht nach § 1857 BGB getroffene Anordnung hat **keine rückwirkende Kraft**; die Maßnahmen, die der Vormund aufgrund der Befreiung getroffen hat, bleiben also wirksam, auch wenn das Familiengericht die Befreiung später außer Kraft setzt (s LG Mainz 7. 8. 2017 – 8 T 186/171, juris Rn 12, Rpfleger 2017, 704, 705 betr Betreuung; **aA** betr Rechnungslegungspflicht Kirsch Rpfleger 2017, 705, 706). 8

Eine Anordnung des Familiengerichts nach § 1857 BGB gibt dem Vormund nicht das Recht, nach § 1889 BGB seine **Entlassung** zu verlangen; die Aufhebung der Befreiung wird – für sich allein – nicht als wichtiger Grund angesehen (Soergel/Zimmermann Rn 2; MünchKomm/Kroll-Ludwigs Rn 4 aE; Erman/Schulte-Bunert Rn 2 aE; Palandt/Götz Rn 1; BeckOGK/Fröschle [1. 9. 2019] Rn 11: „Frage des Einzelfalls"). Wohl aber können die Umstände, die zu einer Maßnahme nach § 1857 BGB geführt haben, und die Reaktion des Vormunds auf diese Maßnahme das Familiengericht veranlassen, den Vormund auf seinen Antrag nach § 1889 BGB wegen Vorliegens eines wichtigen Grundes zu entlassen. In diese Richtung wiesen die – durch das Betreuungsgesetz aufgehobenen – Bestimmungen der §§ 1786 Abs 1 Nr 6, 1844 iVm § 1889 Abs 1 BGB aF, die das Recht zur Ablehnung der Vormundschaft und zum Antrag auf Entlassung aus dem Amt gaben, wenn das Vormundschaftsgericht dem Vormund die Leistung einer Sicherheit für das seiner Verwaltung unterliegende Vermögen auferlegte. 9

IV. Verfahren

10 Nach §§ 3 Nr 2 Buchst a, 14 RPflG entscheidet der **Rechtspfleger**.

11 Vor einer Anordnung nach § 1857 BGB sind regelmäßig der **Vormund** und – soweit es zweckmäßig erscheint – gemäß § 1847 BGB **Verwandte und Verschwägerte des Mündels zu hören** (s auch § 1847 Rn 16 aE).

12 Die Aufnahme der nach § 1857 BGB getroffenen Anordnung in die **Bestallungsurkunde** ist nicht vorgeschrieben, aber zweckmäßig; sie ist insbesondere dann geboten, wenn die Befreiung – was gleichfalls nicht ausdrücklich vorgeschrieben ist (s auch Vorbem 10 zu §§ 1852 ff) – in die Bestallungsurkunde aufgenommen worden war (vgl KGJ 45, 66; MünchKomm/Kroll-Ludwigs Rn 5; Erman/Schulte-Bunert Rn 3; Dölle § 131 III aE; vgl auch NK-BGB/Fritsche Rn 1).

13 Gegen eine Anordnung nach § 1857 BGB steht dem **Vormund** die **Beschwerde** zu (§ 58 Abs 1 FamFG, § 11 Abs 1 RPflG). Seine Beschwerdeberechtigung nach § 59 Abs 1 FamFG ergibt sich aus einer möglichen Beeinträchtigung seiner Rechtsstellung, die aus der Benennung und Befreiung durch die Eltern des Mündels resultiert (MünchKomm/Kroll-Ludwigs Rn 7).

Auch der **Mündel** ist beschwerdeberechtigt nach §§ 58 Abs 1, 59 Abs 1 FamFG, § 11 Abs 1 RPflG (zur selbständigen Ausübung seines Beschwerderechts s § 60 FamFG; ebenso MünchKomm/Kroll-Ludwigs Rn 7 aE).

V. Pflegschafts- und Betreuungsrecht

14 § 1857 BGB findet nicht über die Generalverweisung in § 1915 Abs 1 S 1 BGB entsprechende Anwendung im Pflegschaftsrecht, vielmehr wiederholt der Gesetzgeber den Norminhalt ausdrücklich in § 1917 Abs 2 S 2 BGB. Im Betreuungsrecht wird nicht auf § 1857 BGB, sondern nur auf § 1857a BGB Bezug genommen (§§ 1908i Abs 1 S 1, Abs 2 S 2 BGB) und dem Betreuungsgericht die Kompetenz gegeben, jederzeit abweichende Anordnungen von der gesetzlichen Befreiung nach § 1857a BGB, die auf die Betreuung durch den Vater, die Mutter, den Ehegatten, den Lebenspartner oder einen Abkömmling des Betreuten sowie auf den Vereins- und Behördenbetreuer anwendbar ist, zu treffen (§ 1908i Abs 2 S 2 BGB). Diese Regelung reicht über die Aufhebungsmöglichkeit des § 1857 BGB hinaus, da diese dem Gericht nur zusteht, wenn die Befolgung der Befreiung „das Interesse des Mündels gefährden würde" (zu diesem Unterschied Kirsch Rpfleger 2017, 705, 706).

§ 1857a
Befreiung des Jugendamts und des Vereins

Dem Jugendamt und einem Verein als Vormund stehen die nach § 1852 Abs 2, §§ 1853, 1854 zulässigen Befreiungen zu.

Materialien: Eingefügt durch NEhelG v 19. 8. 1969 (BGBl I 1243) Art 1 Nr 71; neugefasst durch Bekanntmachung v 2. 1. 2002 (BGBl I 42).

Schrifttum

Wesche, Rechenschaftspflicht am Ende einer befreiten Vormundschaft, Rpfleger 1986, 44 = DAVorm 1987, 167

Schindler, Persönliche Bestellung von Vereinsmitarbeitern zum Vormund/Pfleger Minderjähriger, FamRZ 2001, 1349.

I. Normzweck, Historie

Als Ausdruck besonderen Vertrauens in die Tätigkeit von Jugendamt und Verein als Vormund erteilt § 1857a BGB diesen die nach §§ 1852 Abs 2, 1853 und 1854 BGB zulässigen Befreiungen von Gesetzes wegen. 1

Die Bestimmung wurde durch Art 1 Nr 71 des NEhelG vom 19. 8. 1969 (BGBl I 1243) in das BGB eingefügt; entsprechende Vorschriften hatten zuvor schon die §§ 38 Abs 1 S 2, 53 Abs 4 des Gesetzes für Jugendwohlfahrt (JWG) vom 11. 8. 1961 (BGBl I 1205) enthalten. 2

II. Die kraft Gesetzes befreiten Vormünder

Die Befreiungen des § 1857a BGB stehen dem **Jugendamt** sowie dem **Vormundschaftsverein** als juristische Person zu. 3

Noch nicht geklärt ist die Frage, ob diese Norm auch auf den Mitarbeiter eines Vereins, der analog § 1897 Abs 2 S 1 BGB als Vormund bestellt wird (zu dieser Möglichkeit näher § 1791a Rn 33), Anwendung findet. Da die Bestellung des Vereinsmitarbeiters als Einzelvormund im geltenden Vormundschaftsrecht nicht vorgesehen ist, liegt es nahe, auch hinsichtlich der Befreiung § 1908i Abs 2 S 2 BGB analog heranzuziehen und damit § 1857a BGB auf den **Vereinsvormund**, der sowohl der Aufsicht des Familiengerichts als auch der des Vereins unterliegt, entsprechend anzuwenden, soweit nicht das Familiengericht etwas anderes anordnet (BeckOGK/Fröschle [1. 9. 2019] Rn 6; Schindler FamRZ 2001, 1349, 1352; zu den Voraussetzungen von § 1908i Abs 2 S 2 BGB näher unten Rn 11 f). 4

III. Art und Umfang der Befreiung nach § 1857a BGB

Die Befreiungen stehen dem Jugendamt als Amtsvormund und einem als Vormund bestellten Verein **kraft Gesetzes** und damit ohne entsprechende Anordnung durch die Eltern zu. Sie sind abschließend aufgezählt und können **keinesfalls weiter** reichen als die von den Eltern nach §§ 1852–1854 BGB angeordneten Befreiungen; so bezieht sich auch hier die in § 1854 BGB vorgesehene Befreiung nur auf die Pflicht zur periodischen Rechnungslegung gemäß § 1840 BGB, nicht dagegen auf die in § 1890 BGB vorgesehene Pflicht, dem Familiengericht eine Schlussrechnung einzureichen (OLG Frankfurt Rpfleger 1980, 18 = FamRZ 1980, 149 [LS]; OLG Thüringen FamRZ 2001, 5

579, 581 = Rpfleger 2001, 75, 76; LG Tübingen DAVorm 1989, 714; WESCHE Rpfleger 1986, 44 = DAVorm 1987, 167; s auch § 1854 Rn 1 u § 1890 Rn 36), und auch die nach § 1854 Abs 2 BGB bestehende Pflicht zur periodischen Einreichung der Vermögensübersichten bleibt unberührt (PALANDT/GÖTZ Rn 1).

6 Die Befreiungen nach § 1857a BGB kann das **Familiengericht** nicht nach § 1857 BGB außer Kraft setzen, wie sich bereits aus dem eindeutigen Wortlaut der letztgenannten Norm („Anordnungen des Vaters oder der Mutter") sowie der systematischen Stellung des § 1857a BGB im Anschluss an die Aufhebungsbefugnis des Familiengerichts ergibt (iE ebenso MünchKomm/KROLL-LUDWIGS Rn 2 u § 1857 Rn 6; ERMAN/SCHULTE-BUNERT Rn 1; SOERGEL/ZIMMERMANN § 1857 Rn 3; PALANDT/GÖTZ Rn 1; NK-BGB/FRITSCHE Rn 2). Dem Gericht bleibt für den Fall, dass es die gesetzlichen Befreiungen im konkreten Fall nicht für angemessen erachtet, einzig die Möglichkeit, das Jugendamt bzw den Verein unter den Voraussetzungen des § 1887 Abs 1 BGB zu entlassen und im Anschluss einen Einzelvormund zu bestellen (BGB-RGRK/DICKESCHEID Rn 2 aE).

IV. Unterschiede zwischen Jugendamt und Verein als Vormund

1. Befreiung des Jugendamtes

7 Das Jugendamt als Amtsvormund genießt eine gegenüber einem als Vormund bestellten Verein weiterreichende gesetzliche Befreiung, die sich zum Teil im BGB und zum Teil im SGB VIII finden lässt (krit zur fehlenden Systematik der Befreiungstatbestände BeckOGK/FRÖSCHLE [1. 9. 2019] Rn 4). Ein erster Unterschied zeigt sich bei der Bestellung eines Gegenvormunds: Diese ist beim Jugendamt durch § 1792 Abs 1 S 2 HS 1 BGB von vornherein ausgeschlossen, nicht dagegen beim Verein als Vormund, da § 1857a BGB nicht auf § 1852 Abs 1 BGB verweist. Wohl aber können die Eltern nach den §§ 1852 Abs 1, 1855 BGB die Bestellung eines Gegenvormunds auch für den Fall ausschließen, dass ein Verein als Vormund bestellt wird (MünchKomm/KROLL-LUDWIGS Rn 4); dieser Fall wird aber kaum praktisch vorkommen; außerdem kommt hier eine Außerkraftsetzung der elterlichen Befreiung durch das Familiengericht nach § 1857 BGB in Frage (NK-BGB/FRITSCHE Rn 2 aE).

8 Eine freiere Stellung des Jugendamts als Amtsvormund regelt auch **§ 56 SGB VIII**. Von dem Grundsatz, dass auf die Führung der Amtsvormundschaft die Bestimmungen des BGB anzuwenden sind (§ 56 Abs 1 SGB VIII), machen die Abs 2 und 3 dieser Vorschrift eine Reihe von Ausnahmen:

So werden gegenüber dem Jugendamt als Amtsvormund die Vorschriften des **§ 1802 Abs 3 BGB** (Anordnung zur Anfertigung eines öffentlichen Verzeichnisses) und des **§ 1818 BGB** (Anordnung der Hinterlegung von Wertpapieren und Kostbarkeiten) nicht angewandt (§ 56 Abs 2 S 1 SGB VIII).

Das bei der Einzelvormundschaft vorgesehene Erfordernis einer Genehmigung des Familiengerichts entfällt bei der Amtsvormundschaft gemäß § 56 Abs 2 S 2 SGB VIII in den Fällen des **§ 1803 Abs 2 BGB** (Abweichung von Anordnungen des Zuwenders von Vermögen), **§ 1811 BGB** (Gestattung einer anderen als der in § 1807 BGB vorgeschriebenen Anlegung) und des **§ 1822 Nrn 6 und 7 BGB** (Abschluss von Lehr- und Arbeitsverträgen für längere Zeit als ein Jahr).

§ 56 Abs 2 S 3 SGB VIII sieht vor, dass das **Landesrecht** für das Jugendamt als Amtspfleger oder als Amtsvormund weitergehende Ausnahmen von der Anwendung der Bestimmungen des BGB über die Vormundschaft vorsehen kann, die die Aufsicht des Familiengerichts in vermögensrechtlicher Hinsicht sowie beim Abschluss von Lehr- und Arbeitsverträgen betreffen (für eine Übersicht über die entsprechenden landesrechtlichen Regelungen § 1791b Rn 47).

Nach § 56 Abs 3 S 1 SGB VIII kann Mündelgeld mit Genehmigung des Familiengerichts auf Sammelkonten des Jugendamts bereitgehalten und angelegt werden, wenn es den Interessen des Mündels dient und sofern die sichere Verwaltung, Trennbarkeit und Rechnungslegung des Geldes einschließlich der Zinsen jederzeit gewährleistet ist; außerdem darf Mündelgeld auch bei der Körperschaft, die das Jugendamt errichtet hat, gemäß § 1807 BGB angelegt werden (§ 56 Abs 3 S 2 SGB VIII).

2. Befreiung des Vereins

Für den Verein als Vormund gelten die Bestimmungen des § 56 SGB VIII nicht. Ein Verein, der für seine Tätigkeit als Vormund der Erlaubnis des Landesjugendamts bedarf (§ 54 SGB VIII), ist zwar von der Überwachung durch das Jugendamt weitgehend befreit (vgl § 53 Abs 4 S 2 iVm Abs 3 SGB VIII, § 1851 Abs 3 BGB) und gegen ihn kann das Familiengericht kein Zwangsgeld zur Erzwingung seiner Aufsichtsmaßnahmen festsetzen (§ 1837 Abs 3 S 2 BGB), er unterliegt aber, abgesehen von den Befreiungen nach §§ 1852 Abs 2, 1853, 1854 BGB und den Sonderregeln über Vergütung, Aufwendungsersatz und pauschale Aufwandsentschädigung (§§ 1836 Abs 3, 1835 Abs 5, 1835a Abs 5 BGB), den allgemeinen Vorschriften über die Verwaltung des Mündelvermögens. 9

V. Pflegschafts- und Betreuungsrecht

§ 1857a BGB findet entsprechende Anwendung auf das Jugendamt sowie den Verein als Pfleger (s § 1915 Abs 1 S 1 BGB). 10

Das Gleiche gilt für die vom Betreuungsgericht als Betreuer bestellte Betreuungsbehörde und den Betreuungsverein (s § 1908i Abs 1 S 1 BGB). Nach § 1908i Abs 2 S 2 BGB ist § 1857a BGB auch auf den Vereins- und Behördenbetreuer (§ 1897 Abs 2 BGB) sowie auf Angehörige des Betreuten (Vater, Mutter, Ehegatte, Lebenspartner oder ein Abkömmling), die Betreuer sind, sinngemäß anzuwenden, soweit das Betreuungsgericht nichts anderes anordnet. Schon das frühere Recht hatte bei der Vormundschaft über Volljährige in § 1903 Abs 1 BGB aF dem Vater oder der Mutter des Mündels, die zum Vormund bestellt wurden, die Befreiungen zugestanden, die nach den §§ 1852 bis 1854 BGB angeordnet werden konnten; jedoch konnte das Vormundschaftsgericht die Befreiungen außer Kraft setzen, wenn sie das Interesse des Mündels gefährdeten. 11

Im Falle einer solchen Gefährdung ist nunmehr zwar nicht § 1857 BGB anzuwenden; das Betreuungsgericht kann aber gemäß **§ 1908i Abs 2 S 2 letzter HS BGB** die kraft Gesetzes eintretende Befreiung ganz oder teilweise außer Kraft setzen. Das Gesetz knüpft eine solche Maßnahme nicht an eine besondere Voraussetzung; es soll genügen, dass eine engere Kontrolle des Betreuers angezeigt ist (BT-Drucks 11/4528, 161; 12

BayObLG FamRZ 2003, 475; LG Mainz 7. 8. 2017 – 8 T 186/171, juris Rn 11, Rpfleger 2017, 704, 705; LG München I FamRZ 1998, 701). Jedenfalls muss das Betreuungsgericht die Befreiung aufheben oder in geeigneter Weise einschränken, wenn durch sie das Wohl des Betreuten gefährdet wäre und die Aufhebung oder Einschränkung notwendig ist, um die Gefährdung zu beseitigen (LG Mainz 7. 8. 2017 – 8 T 186/171, juris Rn 11, Rpfleger 2017, 704, 705; LG München I FamRZ 1998, 701).

§§ 1858–1881
(weggefallen)

1 Die Vorschriften zur Einrichtung des Familienrats wurden durch das SorgeRG vom 18. 7. 1979 Art 1 Nr 55 (BGBl I 1061) aufgehoben, die Überschrift „VI. Familienrat" durch das Gesetz zur Modernisierung des Schuldrechts vom 26. 11. 2001 Art 1 Nr 73 (BGBl I 3138) gestrichen. Zur Historie näher Staudinger/Engler (2004) Rn 1 ff mwNw.

Untertitel 6
Beendigung der Vormundschaft

§ 1882
Wegfall der Voraussetzungen

Die Vormundschaft endigt mit dem Wegfall der in § 1773 für die Begründung der Vormundschaft bestimmten Voraussetzungen.

Materialien: E I § 1703 Abs 1; II § 1740; III § 1858; Mot IV 1193; Prot IV 825. Geändert durch NEhelG v 19. 8. 1969 (BGBl I 1243) Art 1 Nr 78; neugefasst durch Bekanntmachung v 2. 1. 2002 (BGBl I 42).

Schrifttum

Dutta/Lüttringhaus, Kollisions- und sachrechtliche Überlegungen zum Eintritt der Volljährigkeit in der Republik Guinea, FamRZ 2018, 1564

Dürbeck, Unbegleitete minderjährige Flüchtlinge im Familienrecht, FamRZ 2018, 553

Erb-Klünemann/Kössler, Unbegleitete minderjährige Flüchtlinge – eine verstärkte familiengerichtliche Herausforderung, FamRB 2016, 160

Helms, Fortsetzung der Vormundschaft bei Flüchtlingen trotz Vollendung des 18. Lebensjahres. Zugleich Anmerkung zu BGH, Beschluss vom 20. 12. 2017 – XII ZB 333/17, ZKJ 2018, 219

Oberloskamp, Neue Personensorge und ihre Herausforderungen für die Kinder- und Jugendhilfe, in: Coester-Waltjen/Lipp/Schumann/Veit (Hrsg), 16. Göttinger Workshop zum Familienrecht 2018 (2019) 35

Weissinger, Ruhen der elterlichen Sorge und Vormundschaft für unbegleitet einreisende Minderjährige, Rpfleger 2017, 8.

Systematische Übersicht

Alphabetische Übersicht

I. Normzweck

Die Vormundschaft soll nur so lange andauern, wie tatsächlich ihre Voraussetzungen vorliegen. Deswegen bestimmt § 1882 BGB, dass sie kraft Gesetzes entfällt, wenn ihre in § 1773 BGB umschriebenen Voraussetzungen wegfallen. 1

II. Ende der Vormundschaft, Ende des Amtes eines Vormunds

Die Beendigung der Vormundschaft (§§ 1882, 1884 BGB) ist strikt von der Beendigung des Amtes des Vormunds (§§ 1886–1889 BGB) zu unterscheiden. 2

Die **Beendigung der Vormundschaft** tritt in der Regel kraft Gesetzes (§§ 1882, 1884 Abs 2 BGB), also ohne gerichtliche Entscheidung ein. Soweit das Gericht das Ende der Vormundschaft feststellt, hat dies rein deklaratorische Wirkung (BGH 20. 12. 2017 – XII ZB 333/17, juris Rn 17, FamRZ 2018, 457, 459; OLG Hamm 21. 8. 2018 – 12 UF 224/16, juris Rn 2, FamRZ 2019, 216; OLG Koblenz 2. 8. 2017 – 13 UF 351/17, juris Rn 16, FamRB 2018, 267; Palandt/Götz Rn 1). Nur ausnahmsweise kommt eine gerichtliche Aufhebung der Vormundschaft in Betracht (§ 1884 Abs 1 BGB). 3

Mit der Beendigung der Vormundschaft endet auch das **Amt des Vormunds**. Ausnahmsweise endet das Amt auch schon vorher, sei es durch Tod des Vormunds (§ 1894 BGB) oder dessen Entlassung (§§ 1886 ff BGB). In den §§ 1890–1894 BGB sind Folgen der Beendigung des Amts des Vormunds geregelt; nach § 1895 BGB sind die Vorschriften über die Beendigung des Amts des Vormunds, soweit sie passen, auf den Gegenvormund entsprechend anzuwenden. 4

Mit der Beendigung der Vormundschaft fallen ihre **Rechtswirkungen** ipso iure weg, dh es entfällt die gesamte Sorge des Vormunds, einschließlich des Vertretungsrechts für den Mündel (MünchKomm/Spickhoff Rn 5). 5

III. Die Tatbestände des § 1882

§ 1882 BGB verlangt, dass die in § 1773 BGB für die Begründung der Vormundschaft bestimmten Voraussetzungen wegfallen. Dies setzt voraus, dass sie zunächst einmal vorgelegen haben. Fehlt es dagegen von vornherein an einem wirksamen Vormundschaftsverhältnis, so kann dieses auch nicht enden und schon gar nicht aufgehoben werden; eine entsprechende Feststellung des Familiengerichts hätte nur den Charakter einer Klarstellung (oben Rn 3; so auch MünchKomm/Spickhoff Rn 6). 6

§ 1882 BGB ist auf die **gesetzliche Amtsvormundschaft** nach § 1791c BGB entsprechend anwendbar, da auch diese verlangt, dass der Mündel eines Vormunds bedarf (§ 1791c Abs 1 S 1 HS 1 BGB; DIJuF-Rechtsgutachten JAmt 2013, 521, 523). 7

Eine Beendigung der Vormundschaft wegen Wegfalls der Voraussetzungen des § 1773 BGB liegt vor, wenn der Mündel verstirbt, volljährig wird oder mindestens ein Elternteil die elterliche Sorge oder zumindest das Vertretungsrecht (wieder-)erlangt. 8

1. Tod des Mündels

9 Selbstverständliche Voraussetzung der Begründung einer Vormundschaft ist, dass der Mündel lebt; sie endet deshalb, wenn er stirbt (vgl E I § 1703 Abs 1; Mot IV 1193; BayObLGZ 19, A 126; KG RJA 16, 181, 183 = KGJ 51, 47, 49). Über die Beendigung der Vormundschaft in den Fällen der Verschollenheit, der Todeserklärung und der Feststellung der Todeszeit des Mündels s § 1884 BGB und Erläuterungen dazu; vgl auch §§ 1 Abs 2, 39 ff VerschG und §§ 1893, 1698b BGB.

2. Volljährigkeit des Mündels

a) Deutsche Mündel

10 Wird der Mündel volljährig, so endet die Vormundschaft kraft Gesetzes; die Volljährigkeit ist ggf durch ein Altersgutachten festzustellen (OLG Saarbrücken FamRZ 2012, 801, 802; LG Berlin JAmt 2006, 161 f; zur Altersfeststellung bei ausländischen Minderjährigen § 1773 Rn 5 ff). Eine besondere Entlassung des Mündels aus der Vormundschaft findet nicht statt (E I § 1703 Abs 1; Mot IV 1193). Dies gilt auch dann, wenn der Mündel verschollen ist; § 1884 Abs 1 S 1 BGB hat insoweit subsidiären Charakter (vgl § 1884 Rn 4; MünchKomm/Spickhoff Rn 7).

11 Ist das Alter des Mündels (zB bei einem Findelkind oder einer Person mit nicht feststellbarem Personenstand) nicht mit Sicherheit festzustellen, so ist für die Volljährigkeit der von der zuständigen Verwaltungsbehörde nach §§ 24 Abs 2 S 1, 25 S 1 PStG festgesetzte Geburtstag maßgebend.

12 Die Anordnung des Erblassers, dass eine Vormundschaft oder Pflegschaft über den Eintritt der Volljährigkeit des Erben hinaus fortdauern soll, kann unter Umständen als Bestellung eines Testamentsvollstreckers (§ 2209 BGB) auszulegen und als solche aufrechtzuerhalten sein.

b) Ausländische Mündel

13 Bei ausländischen Mündeln bestimmt sich das Ende der Vormundschaft nach dem Heimatrecht des Betroffenen (Art 24 Abs 1 S 2 EGBGB). Die Vorfrage, ob der Betroffene noch minderjährig ist oder nicht, ist selbständig anzuknüpfen und anhand des von Art 7 Abs 1 EGBGB berufenen Rechts zu beantworten (BGH 20. 12. 2017 – XII ZB 333/17, juris Rn 21, FamRZ 2018, 457, 459 m insoweit zust Anm Hüsstege und Helms ZKJ 2018, 219, 220; OLG Hamm 2. 11. 2018 – 6 UF 50/18, juris Rn 9, FamRZ 2019, 809, 810; OLG Hamm 21. 8. 2018 – 12 UF 224/16, juris Rn 13, FamRZ 2019, 216, 217; OLG Hamm 20. 2. 2018 – 4 UF 243/16, juris Rn 13, FamRZ 2018, 1089; OLG Hamm 12. 7. 2017 – 12 UF 217/16, juris Rn 10, Rpfleger 2018, 22, 23; OLG Karlsruhe 7. 9. 2017 – 18 WF 62/17, juris Rn 27, FamRZ 2018, 440 [LS]; OLG Karlsruhe 23. 7. 2015 – 5 WF 74/15, juris Rn 13, FamRZ 2015, 1820; MünchKomm/Lipp Art 24 EGBGB Rn 28, Art 7 EGBGB Rn 49; BeckOGK/Hoffmann [1. 12. 2019] § 1773 Rn 33; MünchKomm/Spickhoff Rn 7). Der Anwendungsbereich von Art 7 EGBGB ist nicht durch das Übereinkommen über die Zuständigkeit, das anzuwendende Recht, die Anerkennung, Vollstreckung und Zusammenarbeit auf dem Gebiet der elterlichen Verantwortung und der Maßnahmen zum Schutz von Kindern (KSÜ) oder das Haager Übereinkommen über den internationalen Schutz von Erwachsenen (ESÜ) als vorrangig anwendbare völkerrechtliche Vereinbarungen (Art 3 Nr 2 EGBGB) ausgeschlossen, da das KSÜ auf den Schutz von Kindern bis zum vollendeten 18. Lebensjahr abzielt, aber keine Regelung

zur Volljährigkeit trifft (s BGH 20. 12. 2017 – XII ZB 333/17, juris Rn 20, FamRZ 2018, 457, 459; OLG Hamm 2. 11. 2018 – 6 UF 50/18, juris Rn 9, FamRZ 2019, 809, 810; OLG Hamm 21. 8. 2018 – 12 UF 224/16, juris Rn 17, FamRZ 2019, 216, 217), und das ESÜ nur Schutzmaßnahmen erfasst, die die Hilfsbedürftigkeit einer über 18-jährigen Person wegen einer psychischen oder körperlichen Behinderung oder Krankheit auffangen sollen; um eine solche handelt es sich bei der Minderjährigkeit jedoch nicht (BGH 20. 12. 2017 – XII ZB 333/17, juris Rn 31, FamRZ 2018, 457, 460; OLG Hamm 12. 7. 2017 – 12 UF 217/16, juris Rn 10, Rpfleger 2018, 22, 23; OLG Hamm 21. 8. 2018 – 12 UF 224/16, juris Rn 16, FamRZ 2019, 216, 217; MünchKomm/Lipp Art 1–4 ESÜ Rn 11; Dürbeck FamRZ 2018, 553, 561).

Allerdings bleibt die Frage, ob nicht wiederum die Genfer Flüchtlingskonvention **14**
vom 28. 7. 1951 **(GFK)** (BGBl II 1953, 559) Vorrang vor den Vorgaben des deutschen IPR, hier also von Art 7 EGBGB, hat (zum Konkurrenzverhältnis zwischen Art 5 EGBGB und den Sonderregeln für Flüchtlinge, Verschleppte und Vertriebene Palandt/Thorn Art 5 EGBGB Rn 1). Nach Art 12 GFK bestimmt sich das Personalstatut jedes Flüchtlings nach dem Recht des Landes seines Wohnsitzes oder, in Ermangelung eines Wohnsitzes, nach dem Recht seines Aufenthaltslandes. Der Begriff des Personalstatuts wird in dieser Konvention nicht definiert, sodass umstritten ist, ob er auch die Frage der Volljährigkeit erfasst. Der BGH hat diese Frage inzwischen mit der hM bejaht mit der Folge, dass Art 12 GFK die Staatsangehörigkeitsanknüpfung des Art 7 EGBGB verdrängt (BGH 20. 12. 2017 – XII ZB 333/17, juris Rn 23, FamRZ 2018, 457, 459 mwNw; vHein FamRZ 2015, 1822, 1823 mwNw; Helms ZKJ 2018, 229, 220; dagegen OLG Karlsruhe 23. 7. 2015 – 5 WF 74/15, juris Rn 14 ff, FamRZ 2015, 1820 f; Erb-Klünemann/Kössler FamRB 2016, 160, 165; Dürbeck FamRZ 2018, 553, 562; zweifelnd, aber offengelassen in OLG Hamm 20. 2. 2018 – 4 UF 243/16, juris Rn 18, FamRZ 2018, 1089, 1090; OLG Hamm 12. 7. 2017 – 12 UF 217/16, juris Rn 16, Rpfleger 2018, 22, 23; OLG Hamm 21. 8. 2018 – 12 UF 224/16, juris Rn 18, FamRZ 2019, 216, 217).

Dies hat zur Folge, dass sich die Volljährigkeit eines in Deutschland lebenden **15**
Ausländers nach deutschem Recht bestimmt, soweit er die Flüchtlingseigenschaft iSv Art 1 GFK besitzt. Ob die Vormundschaft für einen in Deutschland lebenden über 18-jährigen Algerier zu beenden ist oder nicht, hängt mithin davon ab, ob es sich bei dem Mündel um einen Flüchtling iSv Art 1 Buchst A Nr 2 GFK handelt oder die Voraussetzungen von § 2 Abs 1 AsylG vorliegen, wonach Asylberechtigte im Bundesgebiet die Rechtsstellung nach dem Abkommen über die Rechtsstellung der Flüchtlinge haben. Das Familiengericht hat eigenständig die Flüchtlingseigenschaft aufzuklären, solange noch keine bestandskräftige Entscheidung über einen Asylantrag des Betroffenen vorliegt (Dürbeck FamRZ 2018, 553, 561). Ist diese Eigenschaft zu bejahen, endet die Vormundschaft für den über 18-jährigen Algerier mit Vollendung des 18. Lebensjahres ipso iure; einer entsprechenden gerichtlichen Feststellung käme nur deklaratorische Wirkung zu.

Fehlt dagegen die Flüchtlingseigenschaft, so bestimmt sich das Personalstatut des **16**
Betroffenen nach Art 7 EGBGB nach dessen Heimatrecht (Weissinger Rpfleger 2017, 8, 13; näher Vorbem 94 zu §§ 1773 ff). Die weitergehende Frage, nach welcher Rechtsordnung sich die Entstehung und das Ende der Vormundschaft bestimmen, richtet sich ebenfalls, da vorrangige Anknüpfungsregeln nach dem KSÜ und ESÜ nicht eingreifen (näher Vorbem 94 ff zu §§ 1773 ff), nach dem Heimatrecht des Betroffenen (Art 24 EGBGB; Helms ZKJ 2018, 219, 220). Mithin ist die Vormundschaft aufrechtzuerhalten, wenn das Heimatrecht des Betroffenen die Volljährigkeit erst mit Voll-

endung des 19. Lebensjahres oder später vorsieht (Überblick über die verschiedenen Volljährigkeitsalter in ausländischen Rechten bei BeckOK/Mäsch [1. 11. 2019] Art 7 EGBGB Rn 57.1; zum algerischen Recht: OLG Karlsruhe 23. 7. 2015 – 5 WF 74/15, juris Rn 14, FamRZ 2015, 1820; zum liberianischen Recht: OLG Bremen 24. 5. 2012 – 4 UF 43/12, juris Rn 7, ZKJ 2012, 359, 360; zum gambischen Recht: OLG Bremen 7. 2. 2017 – 5 UF 99/16, juris Rn 6 ff, FamRZ 2017, 1227, 1228; OLG Koblenz 14. 2. 2017 – 13 UF 32/17, juris Rn 47 ff, FamRZ 2017, 1229, 1230 f [Volljährigkeit mit Vollendung des 18. Lebensjahres]; zum Recht des Staates Guinea: OLG Oldenburg 5. 9. 2017 – 13 WF 76/17, juris Rn 8 ff, NZFam 2017, 1165; OLG Hamm 2. 11. 2018 – 6 UF 50/18, juris Rn 10 ff, FamRZ 2019, 809, 810; OLG Hamm 20. 2. 2018 – 4 UF 243/16, juris Rn 25 ff, FamRZ 2018, 1089 f; OLG Hamm 12. 7. 2017 – 12 UF 217/16, juris Rn 18, Rpfleger 2018, 22, 24 [für Volljährigkeit mit Vollendung des 18. Lebensjahres]; OLG Karlsruhe 7. 9. 2017 – 18 WF 62/17, juris Rn 28, FamRZ 2018, 440 [LS]; OLG Bremen 23. 2. 2016 – 4 UF 186/15, juris Rn 8 f, FamRZ 2016, 990 [LS] [für Volljährigkeit mit Vollendung des 21. Lebensjahres]; Dutta/Lüttringhaus FamRZ 2018, 1564, 1565 f). Ist die Gesetzeslage nach dem Heimatrecht, wie etwa in Guinea, unklar und divergieren dementsprechend auch die behördlichen Auskünfte aus dem Heimatland sowie die Rechtsprechung, so muss das Gericht ein aussagekräftiges Sachverständigengutachten einholen (BGH 20. 12. 2017 – XII ZB 333/17, juris Rn 29, FamRZ 2018, 457, 460 m insoweit abl Anm Hüsstege FamRZ 2018, 461, 462; zust Helms ZKJ 2018, 219, 220; OLG Nürnberg 19. 7. 2018 – 11 UF 368/18, juris Rn 3, JAmt 2018, 575, 576; anders OLG Hamm 2. 11. 2018 – 6 UF 50/18, juris Rn 12 ff, FamRZ 2019, 809, 810 f; OLG Hamm 20. 2. 2018 – 4 UF 243/16, juris Rn 25 ff, FamRZ 2018, 1089 f; OLG Hamm 21. 8. 2018 – 12 UF 224/16, juris Rn 25, FamRZ 2019, 216, 218). Sofern auch das **Sachverständigengutachten** nicht ausreichend aussagekräftig ist, ist davon auszugehen, dass sich das nach Art 7 Abs 1 S 1 EGBGB maßgebliche ausländische Recht nicht ermitteln lässt; in diesem Fall ist als Ersatzrecht in der Regel als lex fori das deutsche Recht anwendbar (Dutta/Lüttringhaus FamRZ 2018, 1564, 1567).

c) Schutzbedürftigkeit nach Volljährigkeit

17 Dauert das Schutzbedürfnis des bisherigen Mündels fort, nachdem er volljährig geworden ist, so muss für ihn unter den Voraussetzungen des § 1896 BGB ein **Betreuer** bestellt werden, und unter den Voraussetzungen des § 1903 BGB hat das Familiengericht einen Einwilligungsvorbehalt anzuordnen. Solche Maßnahmen können nach § 1908a BGB auch schon getroffen werden, wenn der Minderjährige das 17. Lebensjahr vollendet hat und anzunehmen ist, dass die Maßnahmen bei Eintritt der Volljährigkeit erforderlich werden (s dazu Staudinger/Bienwald [2017] § 1908a Rn 1 ff). Oft wird es naheliegen, dass der bisherige Vormund zum Betreuer bestellt wird. In diesem Fall werden eine Vermögensherausgabe und Rechnungslegung nach § 1890 BGB ebenso entbehrlich (§ 1890 Rn 8) wie die erneute Verzeichnung des Vermögens durch den Vormund nach § 1802 BGB, nunmehr in seiner Funktion als Betreuer (insoweit zu Recht Erman/Schulte-Bunert Rn 3).

18 Liegen die Voraussetzungen von § 1896 Abs 1 BGB dagegen nicht vor, sieht **§ 41 SGB VIII** für den Fall eines fortbestehenden Unterstützungsbedarfs eines jungen Volljährigen Hilfe für die Persönlichkeitsentwicklung und zu einer eigenverantwortlichen Lebensführung vor, wenn und solange die Hilfe aufgrund der individuellen Situation des Betroffenen notwendig ist (Abs 1 S 1). Lebte der junge Erwachsene bislang in einer Pflegefamilie oder im Heim, kann diese Hilfe in Form eines vorübergehenden Verbleibs in der Pflegefamilie oder im Heim erbracht werden (§§ 41 Abs 2, 33, 34 SGB VIII). Während diese Hilfen idR mit Vollendung des 21. Lebens-

jahres enden, kann der junge Volljährige **(sog Careleaver)** auch danach noch im notwendigen Umfang bis zur Vollendung des 27. Lebensjahres (s § 7 Abs 1 Nrn 3 und 4 SGB VIII) beraten und unterstützt werden (§ 41 Abs 3 SGB VIII). Umstritten ist dabei, ob diese Beratung auch etwa eine Unterstützung bei der Job- oder Wohnungssuche umfasst oder sie sich auf die Bewältigung besonderer Schwierigkeiten bei der gesellschaftlichen Integration beschränkt (zu diesem Streit BeckOGK/Bohnert [1. 10. 2019] § 41 SGB VIII Rn 136). Je enger man die Hilfen fasst, desto eher bleiben Unterstützungslücken. Um diese zu schließen, wird für die Schaffung einer sog verlängerten Vormundschaft plädiert (Oberloskamp, 16. Göttinger Workshop 45 f). Es stellt sich aber die Frage, ob hierfür ein Bedarf besteht, da der Betroffene jederzeit einer Vertrauensperson (etwa dem bisherigen Vormund) widerruflich umfassende Vollmachten und Ermächtigungen zur Erledigung seiner Angelegenheiten erteilen könnte.

3. Eintritt oder Wiedereintritt der elterlichen Sorge

Die Vormundschaft endet weiter, wenn der Mündel, der bisher nicht oder nicht mehr **19**
unter elterlicher Sorge stand, durch eine Änderung seines Personenstandes erstmals oder wieder unter elterliche Sorge gelangt und der oder die Inhaber des Sorgerechts nicht von der Vertretung in den persönlichen und den Vermögensangelegenheiten ausgeschlossen ist/sind; es genügt, wenn (nur) ein Elternteil die elterliche Sorge (zurück-)erlangt. In Betracht kommen insoweit folgende Fallgestaltungen:

a) die Aufhebung einer Maßnahme nach §§ 1666, 1666a BGB durch eine **Entscheidung nach § 1696 Abs 2 BGB** (s etwa OLG Brandenburg 3. 7. 2013 – 9 UF 25/12, juris Rn 13 ff, FamRZ 2014, 399, 400; das Ende der Vormundschaft tritt mit Wirksamwerden der gerichtlichen Entscheidung ein, DIJuF-Rechtsgutachten JAmt 2012, 657, 658); nicht ausreichend ist allerdings eine erneute Eheschließung der Eltern, denen nach §§ 1666 Abs 1, 1666a Abs 2 BGB die elterliche Sorge entzogen worden war (s Staudinger/Engler [2004] Rn 14);

b) die gerichtliche Feststellung, dass der Grund des Ruhens der elterlichen Sorge, der zunächst zur Anordnung nach § 1773 BGB geführt hat, inzwischen weggefallen ist **(§ 1674 Abs 2 BGB)**; eine solche Entscheidung kommt etwa bei einem unbegleitet eingereisten ausländischen Minderjährigen in Betracht, wenn dessen Eltern nach Deutschland nachkommen und das Sorgerecht wieder wahrnehmen können (Weissinger Rpfleger 2017, 8, 13; DIJuF-Rechtsgutachten JAmt 2019, 31, 32);

c) die gerichtliche Übertragung der elterlichen Sorge auf den Kindesvater nach **§ 1678 Abs 2 BGB oder § 1680 BGB** oder durch ein Hineinwachsen des Kindesvaters in die elterliche Sorge infolge Eheschließung, Abgabe von Sorgeerklärungen oder familiengerichtlicher Übertragung auf Antrag des Kindesvaters (§ 1626a Abs 1 und 2 BGB) mit der Folge, dass die Voraussetzungen des **§ 1678 Abs 1 HS 1 BGB** gegeben sind und keine Notwendigkeit mehr für eine Vormundschaft besteht;

d) die Ermittlung des bisher unbekannten Personenstandes des Kindes (s **§ 1773 Abs 2 BGB**), sofern dann auch eine elterliche Sorge für den Minderjährigen besteht (ebenso Soergel/Zimmermann Rn 6; MünchKomm/Spickhoff Rn 10 aE; s auch unten Rn 22);

e) Beendigung der gesetzlichen Vormundschaft nach § 1751 Abs 1 S 2 BGB mit dem gerichtlichen Beschluss der Annahme als Kind nach § 1752 BGB.

20 Bei nur **teilweiser** Wiedererlangung der elterlichen Sorge, etwa der Vermögens- oder der Personensorge, ist die Bestellung eines Ergänzungspflegers vonnöten.

4. Wiedererlangung des Vertretungsrechts

21 Wenn ein Minderjähriger unter elterlicher Sorge steht, setzt § 1773 Abs 1 BGB für die Anordnung der Vormundschaft voraus, dass die Eltern weder in den die Person noch in den das Vermögen betreffenden Angelegenheiten zur Vertretung des Minderjährigen berechtigt sind. Die aus diesem Grund angeordnete Vormundschaft endet deshalb schon dann, wenn **auch nur ein Elternteil** das Vertretungsrecht entweder in den persönlichen oder in den Vermögensangelegenheiten des unter Vormundschaft stehenden Minderjährigen **wiedererlangt** (ebenso MünchKomm/Spickhoff Rn 9; Palandt/Götz Rn 5; Soergel/Zimmermann Rn 5). Genannt sei nur der Fall, dass die minderjährige Kindesmutter, der die Alleinsorge nach § 1626a Abs 3 BGB zusteht (zur Anordnung der Vormundschaft in diesem Fall § 1773 Rn 31), inzwischen volljährig geworden ist (s Rauscher, Familienrecht Rn 1241).

IV. Fortdauer der Vormundschaft aus einem anderen Grund

22 Ist der für die Anordnung der Vormundschaft maßgebende Grund weggefallen, dafür aber ein anderer an seine Stelle getreten, so dauert die Vormundschaft fort. Dies ist der Fall, wenn der zuvor unbekannte Familienstand des Kindes ermittelt wird, sich hierbei aber herausstellt, dass die Eltern verstorben sind. Es bedarf dann keiner erneuten Anordnung der Vormundschaft, wenn sich die Art der Vormundschaft nicht ändert (ebenso Soergel/Zimmermann Rn 7; Erman/Schulte-Bunert Rn 2; MünchKomm/Spickhoff Rn 14; Dölle § 136 I 2 h; s auch BayObLGZ 17, B 165, 167 = Recht 1917 Nr 236; BayObLGZ 20, A 290, 293 = Recht 1920 Nr 3406).

23 Wohl aber muss eine **neue Auswahlentscheidung** nach § 1779 BGB getroffen werden, da die Eignungsentscheidung an dem Fürsorgebedarf ausgerichtet ist. Etwas anderes lässt sich allenfalls dann annehmen, wenn der ursprüngliche und der substituierte Anlass eng benachbart sind, etwa wenn ein Kind unter Vormundschaft gestellt wurde, weil die Sorge der Eltern ruhte und dieser Anlass inzwischen durch deren Tod entfallen ist (weitergehend BayObLGZ Recht 1920 Nr 3406; Gernhuber/Coester-Waltjen § 73 Rn 2; **aA** Staudinger/Engler [2004] Rn 17 mwNw; Erman/Schulte-Bunert Rn 2; MünchKomm/Spickhoff Rn 14; Rauscher, Familienrecht Rn 1241).

V. Keine Anwendungsfälle von § 1882

1. Eheschließung des Mündels

24 Heiratet der Mündel, so wird eine über ihn bestehende Vormundschaft dadurch nicht beendet. Das BGB hat – anders als einzelne Partikularrechte – den Satz „Heirath macht mündig" nicht anerkannt (vgl Mot IV 1195). Die Sorgeverantwortung des Vormunds ist in diesem Fall, ebenso wie die der Eltern, eine umfassende und seit Abschaffung von § 1633 BGB durch Art 1 Nr 26 des Gesetzes zur Bekämp-

fung von Kinderehen v 17. 7. 2017 (BGBl I 2429) im Bereich der Personensorge nicht mehr auf die Vertretung in persönlichen Angelegenheiten beschränkt.

2. Verlust der deutschen Staatsangehörigkeit, Wohnsitzverlegung ins Ausland

Ob eine in Deutschland anhängige Vormundschaft dadurch endet, dass der Mündel die deutsche Staatsangehörigkeit verliert, ist nach den Grundsätzen des Internationalen Privatrechts zu entscheiden (Mot IV 1195; vgl Art 7, 24 EGBGB; Vorbem 88 zu §§ 1773 ff; § 1773 Rn 6 ff). 25

Die Vormundschaft endet jedenfalls nicht durch **Wohnsitzverlegung** des Mündels ins Ausland oder durch **Auswanderung des Mündels**, solange dieser noch deutscher Staatsangehöriger ist (LG Bielefeld DAVorm 1955, 333; LG Bielefeld DAVorm 1963, 32, 33; vgl auch LG Nürnberg DAVorm 1956, 155; MünchKomm/Spickhoff Rn 13). 26

Aber auch wenn der Mündel eine **neue Staatsangehörigkeit** begründet, endet die Vormundschaft nicht automatisch. Ob das Fürsorgebedürfnis fortbesteht, bestimmt sich nach dem neuen Personalstatut gem Art 24 EGBGB nach dem neuen Heimatrecht des Mündels. Bedarf es auch nach dem neuen Heimatrecht eines Vormunds, ist die Vormundschaft fortzusetzen (MünchKomm/Lipp Art 24 EGBGB Rn 33; MünchKomm/Spickhoff Rn 14). In Betracht kommt, die bestehende Vormundschaft an den ausländischen Staat abzugeben; dies richtet sich nach § 99 Abs 3 FamFG. Mit Übernahme durch den neuen Staat endet die Vormundschaft im Inland (Staudinger/vHein [2019] Art 24 EGBGB Rn 127). 27

VI. Verfahren

Die Feststellung der Beendigung der Vormundschaft hat das Familiengericht **von Amts wegen** zu treffen (§ 26 FamFG). Zeigt der Vormund den Tod des Mündels an, so ist das Familiengericht nicht berechtigt, ihn durch Ordnungsstrafen zur Einreichung einer Sterbeurkunde anzuhalten (KGJ 51, A 47 = RJA 16, 181; MünchKomm/Spickhoff Rn 15; Soergel/Zimmermann Rn 9; Palandt/Götz Rn 1; Erman/Schulte-Bunert Rn 4). 28

Über die **Feststellung der Beendigung** einer im Ausland angeordneten Vormundschaft durch das deutsche Familiengericht s OLG Stuttgart DieJ 1962, 157. 29

Stellt das Gericht eine nach § 1882 BGB eingetretene Beendigung der Vormundschaft noch einmal **deklaratorisch** fest, so kann gegen diese Entscheidung Beschwerde nach den §§ 58 ff FamFG eingelegt werden. Zwar endet die Vormundschaft mit Wegfall der in § 1773 BGB genannten Voraussetzungen (etwa wegen Eintritts der Volljährigkeit) kraft Gesetzes; gleichwohl ist der Betroffene durch die mit der gerichtlichen Feststellung verbundenen Rechtsscheinwirkung in seinen Rechten beeinträchtigt, weshalb ihm die Rechtsmittel zustehen müssen, um diesen Rechtsschein zu beseitigen (BGH 24. 1. 2018 – XII ZB 383/17, juris Rn 12, FamRZ 2018, 601; BGH 20. 12. 2017 – XII ZB 333/17, juris Rn 17, FamRZ 2018, 457, 459; OLG Hamm 2. 11. 2018 – 6 UF 50/18, juris Rn 6, FamRZ 2019, 809, 810; MünchKomm/Spickhoff Rn 16; Heilmann/Dürbeck Rn 5; anders noch Staudinger/Veit [2014] Rn 22). Beschwerdeberechtigt ist aber auch der Vormund, da ein solcher Feststellungsbeschluss die Ausübung des ihm zustehenden Sorgerechts 30 erschwert (BGH 24. 1. 2018 – XII ZB 383/17, juris Rn 12, FamRZ 2018, 601). Der Vormund kann den Betroffenen nach § 9 Abs 2 FamFG bei der Einlegung der Beschwerde vertreten; dabei ist für die Zulässigkeit des Rechtsmittels die Minderjährigkeit des Betroffenen als doppelrelevante Tatsache zu unterstellen (BGH 24. 1. 2018 – XII ZB 383/17, juris Rn 13, FamRZ 2018, 601; BGH 20. 12. 2017 – XII ZB 333/17, juris Rn 15, FamRZ 2018, 457, 459 [betr internationale Zuständigkeit des Gerichts]). Darüber hinaus steht dem Mündel, der das 14. Lebensjahr bereits vollendet hat, ein eigenständiges Beschwerderecht nach § 60 FamFG zu (BGH 24. 1. 2018 – XII ZB 383/17, juris Rn 13, FamRZ 2018, 601).

VII. Pflegschafts- und Betreuungsrecht

31 Im Pflegschaftsrecht greift die Vorschrift nicht, da die Spezialregelung des § 1919 BGB eingreift; im Betreuungsrecht hat § 1908d BGB das Problem aufgegriffen, dass die Voraussetzungen für die Betreuung wegfallen.

§ 1883
(weggefallen)

Aufgehoben durch das KindRG vom 16. 12. 1997 Art 1 Nr 44 (BGBl I 2942).

§ 1884
Verschollenheit und Todeserklärung des Mündels

(1) Ist der Mündel verschollen, so endigt die Vormundschaft erst mit der Aufhebung durch das Familiengericht. Das Familiengericht hat die Vormundschaft aufzuheben, wenn ihm der Tod des Mündels bekannt wird.

(2) Wird der Mündel für tot erklärt oder wird seine Todeszeit nach den Vorschriften des Verschollenheitsgesetzes festgestellt, so endigt die Vormundschaft mit der Rechtskraft des Beschlusses über die Todeserklärung oder die Feststellung der Todeszeit.

Materialien: E I § 1703 Abs 1 Nr 1; II § 1742; III § 1860; Mot IV 1194; Prot IV 825. Abs 2 geändert durch FamRÄndG v 11. 8. 1961 (BGBl I 1221) Art 1 Nr 37; Vorschrift neugefasst durch Bekanntmachung v 2. 1. 2002 (BGBl I 42); Abs 1 S 1 u 2 zuletzt geändert durch Art 50 Nr 44 nach Maßgabe von Art 111 FGG-RG v 17. 12. 2008 (BGBl I 2586) mit Wirkung v 1. 9. 2009.

Systematische Übersicht

I. Beendigung der Vormundschaft bei Verschollenheit des Mündels (Abs 1)

1. Normzweck

1 § 1884 Abs 1 BGB macht für den Fall der Verschollenheit des Mündels von dem Grundsatz des § 1882 BGB insofern eine Ausnahme, als die Vormundschaft nicht kraft Gesetzes mit dem Wegfall der für ihre Anordnung bestimmten Voraussetzungen, also nicht schon mit dem Tod des Mündels (vgl § 1882 Rn 5), endet, sondern erst mit der Aufhebung durch das Familiengericht. Etwaige im Zeitraum zwischen dem Tod des Mündels und der Aufhebung der Vormundschaft vom Vormund begründete Rechte und Pflichten treffen die Erben des Mündels (Soergel/Zimmermann Rn 2 aE; MünchKomm/Spickhoff Rn 4). Die Regelung trägt dem Umstand Rechnung, dass die Tatsache des Todes des Mündels während der Verschollenheit naturgemäß ungewiss ist, das Interesse des Mündels, seiner Erben und bestimmter Dritter aber Klarheit über das Weiterbestehen der Vormundschaft gebieten kann. Sie dient damit in erster Linie der **Rechtssicherheit und Rechtsklarheit** (MünchKomm/Spickhoff Rn 1; NK-BGB/Fritsche Rn 1; Palandt/Götz Rn 1).

2. Voraussetzungen

2 Der Begriff der **Verschollenheit** ist definiert in § 1 Abs 1 VerschG; vorausgesetzt sind ernstliche Zweifel am Fortleben eines Menschen, dessen Aufenthalt seit längerer Zeit unbekannt ist (dazu näher BGHZ 3, 230 = NJW 1952, 578). Nicht verschollen ist nach § 1 Abs 2 VerschG eine Person, deren Tod nach den Umständen nicht zweifelhaft ist; in diesem Fall fehlt es bereits an einer Voraussetzung der Vormundschaft, sodass diese nach § 1882 BGB endet (ebenso NK-BGB/Fritsche Rn 2 aE).

3 Die Verschollenheit des Mündels allein ist kein Grund für die Aufhebung einer Vormundschaft (MünchKomm/Spickhoff Rn 3; NK-BGB/Fritsche Rn 2). Das Familiengericht hat diese nach Abs 1 S 2 vielmehr **aufzuheben**, wenn ihm (durch zuverlässige Kunde, nicht nur gerüchtweise) der Tod des Mündels bekannt wird.

4 Weiter ist vorausgesetzt, dass nicht bereits einer der von § 1882 BGB erfassten Gründe vorliegt, insbesondere nicht der Zeitpunkt der Volljährigkeit des Mündels eingetreten ist. Die Vormundschaft endet sonst kraft Gesetzes und nicht erst durch Aufhebung; § 1884 BGB hat insoweit **subsidiären Charakter** gegenüber § 1882 BGB (vgl § 1882 Rn 6; Dölle § 136 II 1; Gernhuber/Coester-Waltjen § 73 Rn 3–5 Fn 3; BeckOGK/Wentzell [15. 9. 2019] Rn 7; MünchKomm/Spickhoff Rn 2; Palandt/Götz Rn 1; **aA** Soergel/Zimmermann Rn 2 im Anschluss an OLG Oldenburg NJW 1952, 939 = NdsRpfl 1952, 30; OLG Nürnberg WM 1957, 1317). Das Gleiche gilt auch für andere Fälle, in denen die Vormundschaft über einen verschollenen Mündel endet, zB wenn der Mündel (wieder) unter elterliche Sorge gelangt (MünchKomm/Spickhoff Rn 2). Als Ausnahmevorschrift ist § 1884 Abs 1 BGB **eng auszulegen**.

Die Gegenmeinung, die sich auf den Wortlaut („endigt […] erst") stützt, verkennt, dass keine Unklarheit, aber auch kein genügendes Interesse am Fortbestand der Vormundschaft besteht, wenn in jedem Fall feststeht, dass der Mündel, wäre sein Aufenthalt bekannt, nicht mehr unter Vormundschaft stünde. Den Interessen des Verschollenen kann erforderlichenfalls durch eine Abwesenheitspflegschaft (§ 1911 BGB) genügt werden.

3. Verfahren

5 Für die Aufhebung zuständig ist der **Rechtspfleger** (§§ 3 Nr 2 Buchst a, 14 RPflG).

6 Da die Verschollenheit noch kein Grund für die Aufhebung der Vormundschaft ist, sondern diese Rechtsfolge vom Gericht erst angeordnet werden darf, wenn ihm der Tod des Mündels bekannt wird, hat das Familiengericht nach **§ 26 FamFG** von Amts wegen Ermittlungen anzustellen, um mögliche Zweifel am Fortleben des Mündels auszuräumen (Enneccerus/Kipp § 125 Fn 5; Erman/Schulte-Bunert Rn 2; NK-BGB/Fritsche Rn 2).

7 Die Aufhebungsentscheidung nach § 1884 Abs 1 BGB wird mit der Bekanntgabe an den Vormund wirksam **(§ 40 Abs 1 FamFG)**.

8 Gegen die Aufhebungsentscheidung steht dem Vormund gemäß §§ 58 Abs 1, 59 Abs 1 FamFG, § 11 Abs 1 RPflG die **Beschwerde** zu. Der Vormund muss, obwohl er kein eigenes Recht auf Fortdauer der Vormundschaft hat, imstande sein, zumindest im Namen des Mündels die Aufhebungsentscheidung, die auch die Beendigung des Vormundsamts zur Folge hat, im Instanzenzug auf ihre Rechtmäßigkeit überprüfen zu lassen; dies ergibt sich aus dem Rechtsstaatsprinzip und aus dem Gedanken des Art 19 Abs 4 GG.

II. Beendigung der Vormundschaft durch Todeserklärung (Abs 2 Alt 1)

9 Gemäß Abs 2 Alt 1 endet die Vormundschaft im Falle der Todeserklärung des Mündels **kraft Gesetzes**.

1. Todeserklärung

10 Die Todeserklärung eines Verschollenen erfolgt im Wege des Aufgebotsverfahrens nach §§ 2 ff, 13 ff VerschG (über das Erfordernis der Genehmigung des Familiengerichts zum Antrag des gesetzlichen Vertreters auf Todeserklärung s § 16 Abs 3 VerschG). Sie begründet die Vermutung, dass der Verschollene in dem Zeitpunkt gestorben sei, welcher in dem die Todeserklärung aussprechenden Beschluss als Todeszeit festgestellt ist (§ 9 Abs 1 VerschG).

2. Zeitpunkt der Rechtskraft des Beschlusses

11 § 1884 Abs 2 BGB legt fest, dass der maßgebliche Zeitpunkt für die Beendigung der Vormundschaft nicht der nach § 9 Abs 1 VerschG im Beschluss festgesetzte Todestag des Mündels ist, sondern erst der Zeitpunkt der Rechtskraft des die Todeserklärung aussprechenden Beschlusses (§§ 24, 29 VerschG). Das gilt auch für den

Fall, dass in einem Verfahren nach § 33a VerschG ein früherer Todestag festgestellt wird; die Feststellung einer späteren Todeszeit ist ohne Bedeutung.

Mit dieser gesetzlichen Vorgabe soll Unzuträglichkeiten im Rechtsverkehr begegnet werden, die insbesondere dadurch eintreten können, dass sich die Todeserklärung im Nachhinein als irrig erweist. In diesem Falle würde die Vormundschaft zwar zunächst als beendet gelten, bei Rückkehr des Mündels aber rückwirkend als nicht beendet angesehen werden und insbesondere der frühere Vormund sein in Wirklichkeit nicht erloschenes Amt fortsetzen müssen, vorausgesetzt, es ist inzwischen kein anderer Beendigungsgrund (insbesondere der Eintritt der Volljährigkeit, vgl oben Rn 4) eingetreten. Außerdem kann so dem Umstand angemessen begegnet werden, dass zwischen dem Tod des Mündels und dem Feststellungsbeschluss regelmäßig ein längerer Zeitraum liegt (MünchKomm/Spickhoff Rn 5). 12

Diese Form der gesetzlichen Beendigung einer Vormundschaft infolge einer Todeserklärung kommt allerdings nur dann in Betracht, wenn einer der in den §§ 4–7 VerschG genannten besonderen Verschollenheitstatbestände eingreift. Andernfalls gilt der allgemeine Tatbestand des § 3 Abs 1 VerschG, wonach die Todeserklärung zulässig ist, wenn seit dem Endes des Jahres, in dem der Verschollene nach den vorhandenen Nachrichten noch gelebt hat, zehn Jahre oder, wenn der Verschollene zur Zeit der Todeserklärung das achtzigste Lebensjahr vollendet hätte, fünf Jahre verstrichen sind. Für diesen Fall sieht § 3 Abs 2 VerschG vor, dass vor dem Ende des Jahres, in dem der Verschollene das fünfundzwanzigste Lebensjahr vollendet hätte, keine Todeserklärung erfolgen darf. Da die Vormundschaft aber spätestens mit Eintritt der Volljährigkeit nach § 1882 BGB endet (oben Rn 4), sie danach also auch nicht mehr infolge einer gerichtlichen Todeserklärung enden kann, läuft im Fall der Todeserklärung nach § 3 Abs 1 VerschG (zum Konkurrenzverhältnis von § 3 zu den §§ 4–7 VerschG BeckOGK/Boiczenko [1. 10. 2019] § 3 VerschG Rn 18) die Anwendung von § 1884 Abs 2 BGB leer (missverständlich insoweit Palandt/Götz Rn 2). 13

III. Beendigung der Vormundschaft durch Feststellung der Todeszeit (Abs 2 Alt 2)

Eine Person, deren Tod nach den Umständen nicht zweifelhaft ist, ist nach § 1 Abs 2 VerschG nicht verschollen; die §§ 39 ff VerschG sehen für solche Fälle, in denen eine Eintragung im Sterbebuch nicht erfolgt ist, die Feststellung des Todes und seines Zeitpunkts durch gerichtliche Entscheidung vor. Wurde eine derartige Feststellung hinsichtlich eines Mündels getroffen, so war § 1884 Abs 2 BGB in seiner früheren Fassung (s den Normtext in der Vorauflage unter Rn 10), die sich nur auf den Fall der Todeserklärung bezog, nach allgemeinen Grundsätzen wegen seines Charakters als Ausnahmevorschrift nicht entsprechend anwendbar. Die Vormundschaft endete also in einem solchen Fall in dem Zeitpunkt, der vom Gericht als Todeszeit festgesetzt wurde (§ 44 Abs 2 VerschG). 14

Das FamRÄndG (BGBl I 1961, 1221) passte § 1884 Abs 2 BGB dem Verschollenheitsgesetz an und setzte die Fälle der Feststellung der Todeszeit denen der Todeserklärung gleich. Die Vormundschaft endet also auch dann, wenn das Gericht den Tod und den Zeitpunkt des Todes im Verfahren nach §§ 39 ff VerschG feststellt, nicht mit dem nach §§ 44 Abs 1, 9 Abs 2 und 3 VerschG festgestellten Zeitpunkt (wie es 15 ohne die Sondervorschrift nach der Vermutung des § 44 Abs 2 VerschG der Fall wäre), sondern erst mit der **Rechtskraft des Feststellungsbeschlusses.**

16 Erweist sich die Feststellung des Todeszeitpunkts als irrig, weil der Mündel noch lebt, so ist die Vormundschaft zwar zunächst mit Rechtskraft des Beschlusses aufgehoben; besteht der frühere Grund der Anordnung der Vormundschaft fort, so muss eine **neue Vormundschaft** angeordnet werden (Mot IV 1194; Prot IV 287; vgl § 1921 Abs 3 BGB für den vergleichbaren Fall der Abwesenheitspflegschaft; Soergel/Zimmermann Rn 3; MünchKomm/Spickhoff Rn 6; BeckOGK/Wentzell [15. 9. 2019] Rn 13).

17 Da demgemäß der noch lebende Mündel, dessen Todeszeitpunkt irrigerweise festgestellt wurde, von der Rechtskraft der gerichtlichen Feststellung des Todeszeitpunkts an keinen gesetzlichen Vertreter hat, finden hinsichtlich der **Verjährung** die Bestimmungen des § 210 BGB zu seinen Gunsten Anwendung (s Mot IV 1194).

IV. Pflegschafts- und Betreuungsrecht

18 § 1884 BGB hat eine Parallele in § 1921 Abs 2 und 3 BGB, der die Aufhebung der **Abwesenheitspflegschaft** im Falle des Todes des Abwesenden (Abs 2) bzw deren Beendigung bei Todeserklärung oder Feststellung des Todeszeitpunktes des Abwesenden regelt (vgl Prot IV 827).

19 Auch wenn eine Verweisung in § 1908i Abs 1 S 1 BGB fehlt, ist die Vorschrift des § 1884 BGB nach wohl herrschender Meinung im Schrifttum auch für die **Betreuung** entsprechend anzuwenden (Staudinger/Bienwald [2017] § 1902 Rn 99; Soergel/Zimmermann Rn 4; MünchKomm/Spickhoff Rn 8).

§ 1885
(weggefallen)

Aufgehoben durch das BtG vom 12. 9. 1990 Art 1 Nr 45 (BGBl I 2002).

§ 1886
Entlassung des Einzelvormunds

Das Familiengericht hat den Einzelvormund zu entlassen, wenn die Fortführung des Amts, insbesondere wegen pflichtwidrigen Verhaltens des Vormunds, das Interesse des Mündels gefährden würde oder wenn in der Person des Vormunds einer der in § 1781 bestimmten Gründe vorliegt.

Materialien: E I §§ 1704 Nr 3, 1705 Nrn 1, 2; II § 1744; III § 1862; Mot IV 1196; Prot IV 831. Geändert durch NEhelG v 19. 8. 1969 (BGBl I 1243) Art 1 Nr 80; neugefasst durch Bekanntmachung v 2. 1. 2002 (BGBl I 42); geändert durch Art 50 Nr 44 nach Maßgabe von Art 111 FGG-RG v 17. 12. 2008 (BGBl I 2586) mit Wirkung v 1. 9. 2009.

Schrifttum

Hoffmann, Der Regierungsentwurf eines Gesetzes zur Änderung des Vormundschafts- und Betreuungsrechts, FamRZ 2011, 249.

Systematische Übersicht

Alphabetische Übersicht

I. Systematik, Inhalt, Anwendungsbereich

1 Während in den §§ 1882 und 1884 BGB die Gründe für die Beendigung der Vormundschaft überhaupt aufgezählt sind, behandeln die §§ 1886–1889 BGB die Beendigung des vormundschaftlichen Amts. Dem Bestellungsprinzip entsprechend endet das vormundschaftliche Amt grundsätzlich nicht schon mit dem Eintritt der Tatsachen, die seiner Weiterführung entgegenstehen, sondern erst mit der Entlassung des Vormunds durch das Familiengericht. Die Entlassung eines Einzelvormunds erfolgt entweder auf seinen Antrag hin (§ 1889 BGB) oder von Amts wegen (§§ 1886, 1888 BGB). § 1887 BGB enthält Bestimmungen über die Entlassung des Jugendamts oder eines Vereins als Vormund, die ebenfalls von Amts wegen oder auf Antrag stattfinden kann.

2 § 1886 BGB unterscheidet zwei Gründe, bei deren Vorliegen das Familiengericht den Einzelvormund zu entlassen hat: (1) wenn die Fortführung des Amts, insbesondere wegen pflichtwidrigen Verhaltens des Vormunds, das Interesse des Mündels gefährden würde und (2) wenn in der Person des Vormunds einer der in § 1781 BGB bestimmten Gründe vorliegt. Liegt einer der genannten Gründe vor, so ist das Familiengericht zur Entlassung des Einzelvormunds nicht nur berechtigt, sondern auch verpflichtet (MünchKomm/Spickhoff Rn 4; s auch unten Rn 18).

§ 1886 BGB bezieht sich, nachdem das NEhelG das Wort „Vormund“ durch das Wort „Einzelvormund“ ersetzt hat, **ausschließlich** auf Einzelvormünder. Die Vorschrift ist auch auf einen nach § 1776 BGB berufenen Vormund anzuwenden, ebenso auf einen nach den §§ 1852 ff BGB befreiten Vormund, wobei freilich diesem die Nichtbeachtung von Vorschriften, von deren Einhaltung er wirksam befreit ist, nicht als Pflichtwidrigkeit vorgeworfen werden kann. 3

Die Norm findet dagegen **keine Anwendung** auf einen Amtsvormund oder einen Verein als Vormund (BayObLG FamRZ 1999, 1457, 1459); auf diese war § 1886 BGB auch nach früherem Recht (§§ 38 Abs 1 S 3, 53 Abs 4 JWG aF) nicht anwendbar. Die Möglichkeit der Ablösung des Jugendamts oder des Vereins als Vormund ergibt sich jetzt aus § 1887 BGB.

II. Voraussetzungen für die Entlassung

1. Keine Beendigung des Vormundsamts kraft Gesetzes

Einer Entlassung nach § 1889 BGB bedarf es dann nicht, wenn das Amt des Vormunds kraft Gesetzes endet. Dies ist der Fall bei **Beendigung der Vormundschaft überhaupt** (§§ 1882, 1884 BGB, vgl § 1882 Rn 1) sowie bei **Tod des Vormunds** (E I § 1704; Mot IV 1195). Sind mehrere Vormünder bestellt, so wird durch den Tod des einen das Amt der übrigen nicht beendet (Mot IV 1195). 4

Einen Fall der Beendigung kraft Gesetzes hatte ferner § 1885 BGB aF vorgesehen; nach dieser Bestimmung endete das Amt des Vormunds mit seiner Entmündigung, gleichviel, ob diese wegen Geisteskrankheit, Geistesschwäche, Verschwendung oder Trunksucht erfolgte (vgl die durch das BtG vom 12. 9. 1990 [BGBl I 2002] mit Wirkung vom 1. 1. 1992 aufgehobenen §§ 6, 104 Nr 3, 114 BGB aF). Im E I war nur Geschäftsunfähigkeit des Vormunds als Beendigungsgrund anerkannt (Mot IV 1996; Prot IV 827 ff; vgl § 1780 BGB); der in § 1885 BGB aF vorausgesetzten Entmündigung wurde der Fall, dass der Vormund nach Maßgabe des § 104 Nr 2 BGB geschäftsunfähig wurde, nicht gleichgesetzt, wenn auch seine Willenserklärungen nach § 105 BGB nichtig waren (s wegen der Einzelheiten Staudinger/Engler[10/11] § 1885). Diese Regelung ist durch Art 1 Nr 45 BtG mit Wirkung vom 1. 1. 1992 aufgehoben worden. 5

Wenn seither **für den Vormund** gem § 1896 BGB ein **Betreuer bestellt** wird, wird damit nicht ipso iure das Amt des Vormunds beendet. Vielmehr hat das Familiengericht den Vormund nach § 1886 iVm § 1781 Nr 2 BGB zu entlassen. 6

Nach § 1885 Abs 2 BGB aF endete das Amt des Vormunds kraft Gesetzes, wenn der Vormund für tot erklärt wurde, „mit der Erlassung des die Todeserklärung aussprechenden Urteils“. Diese Bestimmung war aber bereits durch Art 1 Nr 38 des FamRÄndG vom 11. 8. 1961 (BGBl I 1221) gestrichen worden, da dem Fall, dass der Vormund zur Zeit seiner Todeserklärung noch im Amt ist, keine praktische Bedeutung beigemessen wurde (vgl Enneccerus/Kipp § 124 I 3). 7

2. Gefährdung des Mündelinteresses bei Fortführung des Amts (Alt 1)

a) Gefährdung des Mündelinteresses

8 § 1886 Alt 1 BGB setzt voraus, dass die Fortführung des Amts durch den Vormund das Interesse des Mündels gefährden würde (E I hatte noch eine „erhebliche" Gefahr vorausgesetzt; vgl Mot IV 1198; Prot IV 831). Eine **Schädigung** braucht noch nicht eingetreten zu sein; entscheidend ist vielmehr, dass eine Schädigung bei Belassung des Vormunds in seinem Amt **mit einer gewissen Wahrscheinlichkeit zu erwarten** ist (BayObLGZ 18, 206; BayObLG FamRZ 1988, 874 = DAVorm 1988, 286, 288; zur irreführenden Formel des BayObLG „möglich oder mit einer gewissen Wahrscheinlichkeit" Staudinger/Engler [2004] Rn 10). Dabei genügt eine objektive Gefährdung; ein **Verschulden des Vormunds ist nicht vorausgesetzt** (OLG Hamm 17. 3. 2017 – 6 UF 122/16, juris Rn 16, NZFam 2017, 853; BayObLG FamRZ 2004, 1817, 1818; BayObLG FamRZ 1991, 1353 f; BayObLG FamRZ 1990, 205, 206; BayObLG FamRZ 1988, 543; OLG Celle ZBlJugR 1953, 39; MünchKomm/Spickhoff Rn 8; Erman/Schulte-Bunert Rn 3; Soergel/Zimmermann Rn 3; Palandt/Götz Rn 2). Da die Entlassung ein Analogon zum Entzug der elterlichen Sorge nach § 1666 BGB darstellt (Gernhuber/Coester-Waltjen § 73 Rn 8), wird eine gegenwärtige Gefährdung der Mündelinteressen vonnöten sein (zum Entzug der elterlichen Sorge Staudinger/Coester [2016] § 1666 Rn 82).

b) Gefährdungsursachen

9 Das Gesetz nennt in Alt 1 als eine mögliche Ursache für die Gefährdung der Mündelinteressen ein objektiv **pflichtwidriges Verhalten** des Vormunds (BayObLG FamRZ 2004, 1817, 1818; BayObLG FamRZ 1984, 1151, 1152; weiter § 1837 Rn 33 ff). Dieser Fall ist, weil er häufig gegeben sein wird, im Gesetz besonders hervorgehoben (KG RJA 5, 219, 222; MünchKomm/Spickhoff Rn 8; Soergel/Zimmermann Rn 3).

Im Einzelfall kann eine Gefährdung des Mündelinteresses auch vorliegen, ohne dass eine Pflichtwidrigkeit des Vormunds festzustellen ist (KG JW 1935, 546; s auch unten Rn 12).

10 Die Entlassung des Vormunds kann gerechtfertigt sein, wenn er langwierig erkrankt ist (BayObLGZ 5, 363; 6, 45; 10, 311, 315; 14, 163; 15, 341; 17, 151; 18, 41, 45 u 206; KGJ 44, A 36, 38), wenn ihm erforderliche Rechts- und Geschäftskenntnisse fehlen, insbesondere wenn es sich um eine schwierige Vermögensverwaltung handelt (OLG Karlsruhe JW 1920, 502 m Anm Opet; zum Problem, ob bei fehlender Sachkunde die Voraussetzungen für eine Ergänzungspflegerbestellung vorliegen, BGH 29. 5. 2013 – XII ZB 530/11, juris Rn 4 ff, FamRZ 2013, 1206; BGH 29. 5. 2013 – XII ZB 124/12, juris Rn 14 ff, JAmt 2013, 426, näher § 1775 Rn 14), wenn eine tiefgreifende Entfremdung zwischen dem Mündel und dem Vormund eingetreten ist (KG OLGE 8, 361, 362; BayObLGZ 10, 311 u 386; 24, 54 = JFG 3, 76, 78; BayObLGZ 31, 277; 34, 398), wenn dem Vormund das erforderliche Verständnis für die ihm obliegenden Pflichten fehlt (BayObLGZ 19, 82; LG Berlin FamRZ 1981, 1113 [LS]), wenn ein dauernder Widerstreit der beiderseitigen Interessen vorliegt (BayObLGZ 6, 737; 58, 244, 246 = MDR 1959, 48) oder der Vormund die Einrichtung, in der der Mündel untergebracht ist, gegen Entgelt berät und Vorwürfe des Missbrauchs und der Misshandlung gegen die Leitung der Einrichtung nicht dem Jugendamt mitgeteilt hat, was erhebliche Zweifel an seiner Unvoreingenommenheit und die Gefahr begründet, dass er die Interessen des Mündels nicht mehr objektiv wahrnehmen kann (OLG Hamm 17. 3. 2017 – 6 UF 122/16, juris Rn 18 ff, NZFam 2017, 853). Ein pflichtwidriges Verhalten liegt

auch dann vor, wenn der Vormund seinen Pflichten nach § 1793 Abs 1a BGB bzw § 1800 S 2 BGB nicht genügt (Hoffmann FamRZ 2011, 249, 252). Dieser Fall ist im Betreuungsrecht sogar ausdrücklich als Entlassungsgrund genannt (näher unten Rn 38), sodass sich **de lege ferenda** anbietet, § 1886 BGB entsprechend zu ergänzen (dafür Hoffmann FamRZ 2011, 249, 252).

Ein **Glaubenswechsel** des Mündels oder des Vormunds ist trotz der Bestimmung des § 1779 Abs 2 S 2 letzte Alt BGB, wonach bei der Auswahl des Vormunds auf das religiöse Bekenntnis des Mündels Rücksicht zu nehmen ist, für sich allein noch kein zwingender Grund, den Vormund zu entlassen. Er wird es aber, wenn durch ihn ein tiefgreifender Unterschied in der gesamten Lebensauffassung herbeigeführt wird (BayObLG JFG 3, 76, 80). 11

Die Verweigerung der **Einwilligung zur Adoption** des Mündels (OLG Celle ZBlJugR 1953, 39; vgl auch KGJ 44, A 36; KG DAVorm 1957/58, 182; zum Parallelfall der – nicht mehr vorgesehenen – Ehelicherklärung s BayObLGZ 31, 404) kann die Interessen des Mündels gefährden, ohne dass ein pflichtwidriges Verhalten vorliegt. Das Wohl des Kindes hat stets Vorrang; ein Widerstreit der Interessen des Vormunds, der selbst den Mündel adoptieren will, mit denen des Mündels, dessen Vater gleichfalls die Adoption beabsichtigt, muss aber nicht zur Entlassung des Vormunds führen, wenn der Widerstreit durch Bestellung eines Ergänzungspflegers überbrückt werden kann (OLG Hamm FamRZ 1997, 1561, 1562). Die Entlassung kann auch deshalb gerechtfertigt sein, weil der Vormund die Mutter in ihrem unvernünftigen Bestreben, die Herausgabe des Kindes zu betreiben, unterstützt (BayObLGZ 31, 362). 12

Die Pflichtwidrigkeiten können auch die **Vermögensverwaltung** betreffen. So handelt der Vormund pflichtwidrig, wenn er eine nicht bestehende Forderung anerkennt (KG JFG 15, 214, 217), eine bestehende Verbindlichkeit nicht erfüllt (KG JW 1937, 1552), einen aussichtslosen Prozess führt (KG JW 1936, 2753), trotz Verbots weiterhin pflichtwidrig Ausgaben macht (KG OLGE 30, 151, 152), die Pflicht zur mündelsicheren Anlage des Vermögens des Mündels anhaltend verletzt (OLG Frankfurt Rpfleger 1983, 151) oder die Aufsichtsführung dadurch unmöglich macht, dass er keine Auskünfte zur Rechnungslegung erteilt und die periodische Rechnung gem § 1840 BGB nicht in der erforderlichen Weise berichtigt und ergänzt (OLG Hamm Rpfleger 1966, 17; AG Frankenthal DAVorm 1988, 87; s auch BayObLG FamRZ 1988, 543 = Rpfleger 1988, 264; BayObLG BtPrax 2004, 153, 154; OLG Schleswig FGPrax 2006, 74, 75). Das Gleiche gilt, wenn er Auslagen für angebliche Besuche beim Mündel abrechnet und ein Fernsehgerät mit Mitteln des Mündels für sich selbst erwirbt (OLG Düsseldorf FamRZ 1981, 98 = DAVorm 1981, 150). Es besteht aber kein absolut vorrangiges Interesse des Mündels an möglichst sparsamer Verwendung seines Vermögens; bei Beurteilung der Frage, was den Interessen des Mündels dient oder diese gefährdet, sind vielmehr die besonderen Verhältnisse des Mündels zu erforschen und zu berücksichtigen (OLG Düsseldorf FamRZ 1981, 98 = DAVorm 1981, 150). 13

3. Untauglichkeit zur Vormundschaft iSv § 1781 (Alt 2)

Der Vormund ist nach dem zweiten Fall des § 1886 BGB von Amts wegen zu entlassen, wenn seine Bestellung im Widerspruch zu den Bestimmungen des § 1781 BGB erfolgt ist oder wenn in seiner Person nachträglich eine der in § 1781 BGB 14 aufgezählten Tatsachen eintritt. Hier kommt es – im Unterschied zu den oben (Rn 9 ff) dargestellten Fällen – nicht darauf an, ob die Fortführung des Amts das Interesse des Mündels gefährden würde.

15 § 1781 BGB (idF des BtG vom 12. 9. 1990 [BGBl I 2002] und des Einführungsgesetzes zur Insolvenzordnung vom 5. 10. 1994 [BGBl I 2911]) zählt nur noch zwei Fälle der Untauglichkeit zum Vormund auf. Zum Vormund soll nicht bestellt werden, wer minderjährig ist, und ferner derjenige, für den ein Betreuer bestellt ist (zum Fall der Geschäftsunfähigkeit Rn 17).

16 Die Bestellung einer Person, bei der einer der Untauglichkeitsgründe vorliegt, ist wirksam; das Familiengericht hat aber, wenn sich herausstellt, dass bei der Bestellung einer der in § 1781 BGB genannten Gründe übersehen wurde, oder wenn nach der Bestellung für den Vormund eine Betreuung angeordnet wurde, diesen zu entlassen.

4. Geschäftsunfähigkeit des zum Vormund Bestellten

17 Nicht ausdrücklich als Entlassungsgrund verankert ist der Fall, dass in der Person des Vormunds die Voraussetzungen von § 1780 BGB vorliegen. Danach kann nicht zum Vormund bestellt werden, wer geschäftsunfähig ist (§ 104 Nr 2 BGB). Eine dennoch vorgenommene Bestellung zum Vormund ist nichtig (RGSt 45, 311; Gernhuber/Coester-Waltjen § 70 Rn 29; allgM). Seine Entlassung ist nicht erforderlich. Wird der Vormund erst nach der Bestellung geschäftsunfähig, so dauert sein Amt fort; er muss aber entlassen werden, soweit die Voraussetzungen von § 1886 Alt 1 BGB eingreifen; Alt 2 erfasst die Fallgestaltung dagegen nicht. Voraussetzung für die Entlassung ist also eine Gefährdung der Mündelinteressen (s oben Rn 8). Allein der Umstand, dass die Sorgeverantwortung entsprechend §§ 1673 Abs 1, 1675 Abs 1 BGB ruht, erzwingt allerdings noch keine konkrete Gefährdung der Kindesinteressen. Naheliegender wäre es deshalb, bei Geschäftsunfähigkeit des Vormunds § 1886 Alt 2 BGB analog heranzuziehen (für eine Entlassung aus sonstigen Gründen MünchKomm/Spickhoff Rn 11a; Staudinger/Engler [2004] Rn 19; Soergel/Zimmermann Rn 7).

Um künftig Rechtsunsicherheiten zu vermeiden, sollte **de lege ferenda** der Katalog der Entlassungsgründe in § 1886 BGB um § 1780 BGB ergänzt werden.

III. Verhältnismäßigkeit und Umfang der Entlassung

18 Liegt einer der Entlassungsgründe vor, so **„hat"** das Familiengericht den Einzelvormund zu entlassen; das Gericht ist also nicht nur dazu berechtigt, sondern verpflichtet; eine Verletzung dieser Pflicht kann Amtshaftungsansprüche des Mündels auslösen (MünchKomm/Spickhoff Rn 4). Eine Entlassung **nur für einen Teil des Wirkungsbereichs** des Vormunds (zB nur für die Vermögenssorge) ist nicht statthaft (OLG Saarbrücken 16. 7. 2018 – 9 WF 117/17, juris Rn 18, FamRZ 2019, 51, 52 = JAmt 2019, 34 m Anm Hoffmann; Palandt/Götz Rn 1).

Das Gericht kann aber, soweit der Vormund nur an der Besorgung einer einzelnen Angelegenheit, etwa wegen eines Interessenwiderstreits, verhindert ist, für diese Angelegenheit einen **Ergänzungspfleger** bestellen (BayObLG FamRZ 1959, 32, 33; OLG

Saarbrücken 11. 7. 2018 – 9 WF 117/17, juris Rn 18, 28, FamRZ 2019, 51, 52 f = JAmt 2019, 34 m krit Anm HOFFMANN; PALANDT/GÖTZ Rn 1).

Die Entlassung muss mit dem **Verhältnismäßigkeitsgrundsatz** vereinbar sein; sie ist also nur gerechtfertigt, wenn kein anderes, in die Rechtsstellung des Vormunds minder eingreifendes Mittel voraussichtlich die Gefährdung des Mündels abwenden kann (Mot IV 1198; BayObLG Recht 1909 Nr 488; BayObLG FamRZ 2004, 1817, 1818; BayObLG FamRZ 1988, 543; BayObLG FamRZ 1988, 874, 875; OLG Frankfurt OLG-Report 2005, 405, 407; OLG Saarbrücken 11. 7. 2018 – 9 WF 117/17, juris Rn 18, 28, FamRZ 2019, 51, 52 f; MünchKomm/SPICKHOFF Rn 7; PALANDT/GÖTZ Rn 1; NK-BGB/FRITSCHE Rn 1). Als mildere Mittel kommen in Betracht: Ge- und Verbote nach § 1837 Abs 2 BGB einschließlich Zwangsgeldfestsetzungen nach § 1837 Abs 3 BGB (BayObLG BtPrax 2004, 153, 154; MünchKomm/SPICKHOFF Rn 7) sowie Maßnahmen nach §§ 1837 Abs 4, 1666, 1666a und 1696 BGB (näher dazu § 1837 Rn 71 ff). 19

Die Entlassung des Vormunds wegen Pflichtwidrigkeit ist **nicht davon abhängig**, dass **zuvor andere familiengerichtliche Maßnahmen** zur Behebung der eingetretenen oder zur Vermeidung drohender Missstände **eingesetzt** worden sind; vielmehr ist die Entlassung auszusprechen, wenn sie notwendig ist, um die Gefährdung der Mündelinteressen zu beseitigen (OLG Frankfurt OLG-Report 2005, 405, 406; BayObLG JFG 8, 91; OLG Celle ZBlJugR 1952, 123). Das Familiengericht wird auch zu erwägen haben, ob dem Mündel nicht etwa aus der Entlassung des Vormunds ein größerer Schaden erwächst als aus seiner Beibehaltung (vgl KG OLGE 24, 48; BayObLG Recht 1913 Nr 1472; BayObLG FamRZ 1988, 874, 875 = DAVorm 1988, 286, 288; DÖLLE § 135 I 4 a, aa; GERNHUBER/COESTER-WALTJEN § 73 Rn 8). Dass es schwierig sein kann, einen neuen Vormund zu gewinnen, darf für die Frage der Entlassung nicht ausschlaggebend sein (BayObLG Recht 1919 Nr 1800; PALANDT/GÖTZ Rn 1; MünchKomm/SPICKHOFF Rn 7); dies kann aber bei der Beurteilung des Gesamtinteresses des Mündels eine Rolle spielen (DÖLLE § 135 I 4 a, aa). 20

IV. Weitere Entlassungsgründe

1. Wegfall der Verhinderung eines als Vormund Berufenen

Wenn ein gem § 1776 BGB als Vormund Berufener an der Übernahme der Vormundschaft vorübergehend verhindert war und nach dem Wegfall des Hindernisses beantragt, anstelle des inzwischen bestellten Vormunds zum Vormund bestellt zu werden **(§ 1778 Abs 2 BGB)**, muss der bisherige Vormund entlassen werden (Mot IV 1199). 21

2. Vorbehaltene Entlassung

Nach § **1790 BGB** kann bei der Bestellung des Vormunds die Entlassung für den Fall vorbehalten werden, dass ein bestimmtes Ereignis eintritt oder nicht eintritt (Mot IV 1201; s die Erl zu § 1790 BGB). Ist dieser Fall gegeben, so kann das Familiengericht den Vormund entlassen; es hat dabei aber zu prüfen, ob ein Wechsel in der Person des Vormunds für den Mündel nicht nachteilig ist, und deshalb von dessen Entlassung abzusehen, sofern nicht besondere Umstände vorliegen (MünchKomm/SPICKHOFF Rn 15; SOERGEL/ZIMMERMANN Rn 7). 22

3. Verstoß gegen Auswahlvorschriften

23 Ein Vormund ist ferner von Amts wegen oder auf Beschwerde hin zu entlassen, wenn bei der Bestellung Vorschriften über die Auswahl des Vormunds verletzt wurden. Die Befugnis des Familiengerichts, den Fehler zu berichtigen, ergibt sich aus § 48 FamFG. Sowohl die Verletzung der Auswahlvorschriften des **§ 1779 Abs 2 BGB** als auch die Nichtbeachtung einer von den Eltern wirksam angeordneten Ausschließung einer bestimmten Person vom Amt des Vormunds **(§ 1782 BGB)** können zur nachträglichen Entlassung des Vormunds führen, auch wenn keiner der beiden Fälle des § 1886 BGB vorliegt (BayObLG NJW 1961, 1865 = BayObLGZ 1961, 189, 193; BayObLG DAVorm 1975, 540, 542; BayObLG Rpfleger 1979, 307; BayObLG FamRZ 1988, 874; vgl schon RGZ 64, 288; KG RJA 16, 192, 197; KGJ 29, 12; KG JFG 18, 325; BayObLGZ 18, 27; OLG Hamm DAVorm 1997, 47, 49 = FamRZ 1997, 1356, 1357; Gernhuber/Coester-Waltjen § 73 Rn 7; Soergel/Zimmermann Rn 7; MünchKomm/Spickhoff Rn 13, 14).

4. Erfolgreiche Beschwerde eines entlassenen Vormunds

24 Hat ein vom Familiengericht entlassener Vormund mit der gegen die Entlassung erhobenen Beschwerde Erfolg, so hat das Gericht den inzwischen bestellten neuen Vormund **(Nachfolgevormund)** zu entlassen, ohne dass die Voraussetzungen des § 1886 BGB vorzuliegen brauchen, und die Entlassung des ursprünglich bestellten Vormunds wird **rückwirkend** beseitigt; er tritt also wieder in die Rechte und Pflichten des Vormunds ein, ohne dass es einer neuen Bestellung bedarf (KG NJW 1971, 53 = FamRZ 1970, 672 = OLGZ 1971, 196 unter Aufgabe der in JFG 12, 122, 125 = JW 1935, 2157 vertretenen Auffassung; KG FamRZ 1981, 607; BayObLG FamRZ 1988, 874, 875 = DAVorm 1988, 286, 289 = Rpfleger 1988, 259; BayObLG DAVorm 1988, 702; BayObLGZ 1990, 79 = Rpfleger 1990, 361; Soergel/Zimmermann Rn 10; MünchKomm/Spickhoff Rn 21; Heilmann/Dürbeck Rn 9; Palandt/Götz Rn 3). Allerdings war die Bestellung des Nachfolgevormunds wirksam mit der Folge, dass der Mündel bis zu dessen Entlassung doppelt vertreten worden ist (MünchKomm/Spickhoff Rn 22; zur Beschwerdeberechtigung des Nachfolgevormunds unten Rn 35).

V. Verfahren

1. Zuständigkeit, Amtsermittlung, Anhörung, Verfahrensbeistand

25 Zuständig für die Entlassungsentscheidung ist – soweit es um die Entlassung eines Vormunds geht – das Familiengericht (§ 151 Nr 4 FamFG; zur Zuständigkeit des Vormundschaftsgerichts unter der Geltung des FGG OLG Köln FamRZ 2007, 743), und zwar nach §§ 3 Nr 2 Buchst a, 14 RPflG der **Rechtspfleger** (zur Verfassungsmäßigkeit dieser Regelung OLG Hamm FamRZ 1997, 1561, 1562).

26 Das Familiengericht **ermittelt** die Tatsachen, die zur Entlassung des Vormunds führen können, von **Amts wegen** (§ 26 FamFG; Mot IV 1197).

27 Dabei sind der Mündel nach § 159 FamFG (zum alten Recht OLG Düsseldorf FamRZ 1981, 98), seine Eltern nach § 160 FamFG sowie ggf die Verwandten und Verschwägerten des Mündels nach § 1847 BGB zu hören. Die **Anhörung** des Vormunds lässt sich auf

§ 34 FamFG oder § 160 FamFG analog stützen, die des Jugendamts auf § 162 FamFG (NK-BGB/Fritsche Rn 6).

Zur Wahrnehmung der Mündelinteressen ist ein **Verfahrensbeistand** (§ 158 Abs 1 FamFG) zu bestellen. 28

2. Form, Wirksamwerden der Entlassungsentscheidung

Die Entlassungsentscheidung ergeht durch Beschluss (§ 38 Abs 1 S 1 FamFG). Dieser kann mündlich (§ 41 Abs 2 FamFG) oder schriftlich **bekannt gemacht** werden. Die Entlassungsentscheidung ist mit Gründen zu versehen, da rechtsstaatliche Grundsätze es gebieten, dass ein Beteiligter, in dessen Rechte eingegriffen wird, die Gründe erfährt, damit er seine Rechte sachgemäß wahrnehmen kann (KG JR 1967, 26). Bei mündlicher Bekanntmachung der Entlassung ist die Begründung des Beschlusses unverzüglich nachzuholen (§ 41 Abs 2 S 3 FamFG) und auch schriftlich bekannt zu geben (§ 41 Abs 2 S 4 FamFG). 29

Die Entlassung wird mit der Bekanntgabe an den Vormund **wirksam** (§ 40 Abs 1 FamFG). Daneben ist die Entscheidung dem Mündel selbst bekannt zu machen, soweit er das 14. Lebensjahr vollendet hat und nicht geschäftsunfähig ist sowie ein Beschwerderecht ausüben kann (§ 164 S 1 FamFG; MünchKommFamFG/Schumann § 164 Rn 4). Das Wirksamwerden der Entlassungsentscheidung macht die **sofortige Bestellung eines anderen Vormunds** notwendig (Erman/Schulte-Bunert Rn 8). Das Familiengericht darf damit nicht warten, bis über die Beschwerde des entlassenen Vormunds entschieden ist, da sonst der Mündel keinen gesetzlichen Vertreter hat. 30

3. Rechtsmittel, Nachfolgevormund

a) Rechtsmittel

Dem **Vormund** steht nach § 59 Abs 1 FamFG gegen die Entscheidung, mit der er gegen seinen Willen entlassen oder die Entlassung abgelehnt wird, die Beschwerde zu (OLG Hamburg 3. 3. 2014 – 7 UF 150/13, juris Rn 5, FamRZ 2014, 954, 955; zum FGG BayObLG BtPrax 2004, 153, 154). 31

Daneben steht dem **Mündel** ein Beschwerderecht nach § 59 Abs 1 FamFG zu, da es sich bei der Entlassungsentscheidung um eine seine Person betreffende Angelegenheit handelt (MünchKomm/Spickhoff Rn 19). Dieses Recht kann er unter den Voraussetzungen des § 60 FamFG selbständig, ansonsten vertreten durch den Vormund ausüben. 32

Dritten, etwa Familienangehörigen, steht keine Beschwerdebefugnis gegenüber der Entlassungsentscheidung zu, und zwar auch nicht wegen einer möglichen Verletzung ihres Grundrechts aus Art 6 Abs 1 GG, da sie weder durch die Entlassung noch durch die Ablehnung einer Entlassung des Vormunds unmittelbar in diesem Recht betroffen sind (MünchKomm/Spickhoff Rn 20; Heilmann/Dürbeck Rn 11). Rechtsmittel kann der Dritte aber gegen die mit der Entlassung verbundene Auswahl eines neuen Vormunds (Nachfolgevormund [dazu unten Rn 30]) einlegen, soweit er bei der Entscheidung nach § 1779 BGB zu Unrecht übergangen wurde (näher dazu § 1779 Rn 117 ff). 33

34 Der **Gegenvormund** hat kein Beschwerderecht. Zwar hat er nach § 1799 BGB darauf zu achten, dass der Vormund die Vormundschaft pflichtmäßig führt. Er hat dem Familiengericht Pflichtwidrigkeiten des Vormunds und alle Umstände anzuzeigen, die zur Beendigung des Amts des Vormunds führen oder seine Entlassung erforderlich machen. Hatte er beantragt, den Vormund zu entlassen, so steht ihm gegen die Zurückweisung eines solchen Antrags, anders als nach altem Recht (§ 57 Abs 1 Nr 6 FGG, Staudinger/Engler [2004] Rn 28), kein Beschwerderecht zu, und zwar weder nach § 59 Abs 1 FamFG, da er durch die Entscheidung nicht in seinen Rechten beeinträchtigt ist, noch nach § 59 Abs 2 FamFG, da die Entscheidung nach § 1886 BGB (anders als die nach § 1887 BGB oder nach § 1889 BGB) nicht auf Antrag, sondern von Amts wegen ergeht.

b) Nachfolgevormund

35 Entlässt das Familiengericht den Vormund gegen seinen Willen und hebt das Beschwerdegericht auf dessen Beschwerde die Entscheidung auf, so steht dem inzwischen bestellten Nachfolgevormund hiergegen kein Rechtsmittel zu. Ein derartiges Nachfolgeramt ist von vornherein davon abhängig, ob die Entlassung des zunächst bestellten Vormunds im Instanzenzug bestätigt oder rechtskräftig wird. Vom Eintritt dieser Bedingung hängt es ab, ob dem Nachfolger die volle Rechtsstellung eines Vormunds zuwächst. Tritt diese Bedingung nicht ein und wird die Entlassung des zuerst bestellten Vormunds wieder aufgehoben, so muss allein deshalb das Amt des Nachfolgers beendet werden (oben Rn 24). Dadurch wird dieser nicht in einem ihm bereits zustehenden Recht beeinträchtigt (KG FamRZ 1981, 607; OLG Frankfurt OLGZ 1982, 417 = Rpfleger 1982, 422; BayObLG DAVorm 1988, 702, 704; MünchKomm/Spickhoff Rn 22).

4. Vorbescheid, vorläufige Enthebung

36 Ein Vorbescheid, mit dem das Familiengericht dem Vormund seine Entlassung gegen seinen Willen ankündigt, ist nicht zulässig. Der Vormund kann gegen eine gerichtliche **Androhung der Entlassung** – anders als nach altem Recht – auch keine Beschwerde einlegen, da eine solche nach § 58 Abs 1 FamFG nur gegen eine im ersten Rechtszug ergangene Endentscheidung statthaft ist (BayObLG FamRZ 1994, 51, 52 = Rpfleger 1994, 22 = DAVorm 1993, 1124; ebenso schon KG OLGE 18, 298, 299; KGJ 51, A 36 = RJA 16, 163; Keidel/Engelhardt[15] § 60 FGG Rn 15; Erman/Schulte-Bunert Rn 8; Soergel/Zimmermann Rn 10; **aA** KGJ 44, A 34).

37 Eine **vorläufige Enthebung** des Vormunds von seinem Amt (Suspendierung) für die Dauer des seine Entlassung betreffenden Verfahrens ist dem BGB unbekannt; eine notwendige Sicherung des Mündels muss durch Maßnahmen nach § 1837 BGB versucht werden. So kann das Familiengericht dem Vormund untersagen, bestimmte Handlungen vorzunehmen, die das Interesse des Mündels gefährden (s auch KG RJA 6, 15, 18 = KGJ 30, A 24, 27, wo die Befugnis des Familiengerichts zu vorläufigen Maßregeln unmittelbar aus § 1886 BGB abgeleitet wurde).

VI. Pflegschafts- und Betreuungsrecht

38 Während im Pflegschaftsrecht diese Vorschrift entsprechende Anwendung findet (§ 1915 Abs 1 BGB), greift im Betreuungsrecht die Sonderregel des § 1908b BGB,

dessen Abs 1 S 2, der Entlassungsgründe auflistet, durch das Gesetz zur Änderung des Vormundschafts- und Betreuungsrechts (BGBl I 2011, 1306) um den Passus ergänzt wurde, dass der erforderliche Kontakt zum Betreuten nicht eingehalten wurde (näher dazu und zu den Unterschieden zum Vormundschaftsrecht Staudinger/Bienwald [2017] § 1908b Rn 3, 6 ff).

§ 1887
Entlassung des Jugendamts oder Vereins

(1) Das Familiengericht hat das Jugendamt oder den Verein als Vormund zu entlassen und einen anderen Vormund zu bestellen, wenn dies dem Wohl des Mündels dient und eine andere als Vormund geeignete Person vorhanden ist.

(2) Die Entscheidung ergeht von Amts wegen oder auf Antrag. Zum Antrag ist berechtigt der Mündel, der das 14. Lebensjahr vollendet hat, sowie jeder, der ein berechtigtes Interesse des Mündels geltend macht. Das Jugendamt oder der Verein sollen den Antrag stellen, sobald sie erfahren, dass die Voraussetzungen des Absatzes 1 vorliegen.

(3) Das Familiengericht soll vor seiner Entscheidung auch das Jugendamt oder den Verein hören.

Materialien: Anstelle des durch § 48 Abs 1 S 1 JWG v 9. 7. 1922 (RGBl I 633) aufgehobenen früheren § 1887, der die Entlassung einer zum Vormund bestellten verheirateten Frau geregelt hatte, eingefügt durch Art 1 Nr 81 des NEhelG v 19. 8. 1969 (BGBl I 1243); Abs 3 geändert durch SorgeRG v 18. 7. 1979 (BGBl I 1061) Art 1 Nr 56; Vorschrift neugefasst durch Bekanntmachung v 2. 1. 2002 (BGBl I 42); Abs 1 u 3 geändert durch Art 50 Nr 44 nach Maßgabe von Art 111 FGG-RG v 17. 12. 2008 (BGBl I 2586) mit Wirkung v 1. 9. 2009.

Schrifttum

Gojowczyk, Die Aufsicht des Familiengerichts über den Amtsvormund – Rechtslage nach dem Gesetz zur Änderung des Vormundschafts- und Betreuungsrechts, Rpfleger 2013, 1
Hoffmann, Das Gesetz zur Änderung des Vormundschafts- und Betreuungsrechts – Neuerungen für gesetzliche Vertreter, Gerichte und Jugendämter, FamRZ 2011, 1185
Mix, Kontinuität in der Vormundschaft – Wie kann sie gelingen?, JAmt 2014, 242
Veit, Die Reform des Vormundschaftsrechts, FamRZ 2016, 2045
dies, Was muss die große Reform der Vormundschaft noch bewegen?, FamRZ 2012, 1841.

Systematische Übersicht

Alphabetische Übersicht

I. Norminhalt und -zweck, Historie

Die Entlassung des Jugendamts und eines Vereins aus dem Amt des Vormunds ist in den §§ 1887, 1889 Abs 2 BGB geregelt; § 1887 BGB behandelt die Entlassung im Interesse des Mündels, § 1889 Abs 2 BGB die Entlassung im Interesse (und jedenfalls auf Antrag) des Jugendamts oder des Vereins. Hinter beiden Normen steckt der Gedanke, dass ein Einzelvormund dem Mündelwohl eher dient als ein Amtsvormund oder ein Verein als Vormund, also der **Subsidiaritätsgrundsatz** (Heilmann/Dürbeck Rn 1; MünchKomm/Spickhoff Rn 2; zu § 1889 Rn 15 f). 1

Zudem enthält die Vorschrift ein Kontrollinstrument des Familiengerichts gegenüber dem Jugendamt bzw dem Verein als Vormund, wenn es um den Wechsel der Vormundschaft aufgrund einer etwaigen Beeinträchtigung oder Gefährdung des Mündelwohls durch das Verhalten eines Mitarbeiters des Jugendamts oder eines Mitglieds des Vereins geht, der mit der Führung der Vormundschaft betraut ist (näher unten Rn 17). 2

Die sachliche Regelung des § 1887 BGB war zuvor in ihren Grundzügen schon in den §§ 39a, 39b (davor in §§ 50, 53 Abs 4) JWG enthalten; Ziel des NEhelG (BGBl I 1969, 1243) war es, sie übersichtlicher zu gestalten und zu erweitern. § 1887 BGB behandelt in Abs 1 die Voraussetzungen der Entlassung, in Abs 2 die Antragsbefugnis und in Abs 3 die Anhörung des Jugendamts oder des Vereins. In der Fassung des NEhelG hatte Abs 3 in S 1 zunächst wegen der Anhörung der Eltern des Mündels und der persönlichen Fühlungnahme mit dem Mündel auf §§ 1695, 1713 BGB aF verwiesen. Diese Anhörungsvorschriften wurden durch das SorgeRG (BGBl I 1979, 1061) aus dem BGB ausgegliedert und ihrem Regelungsgehalt entsprechend in die Verfahrensvorschriften des FGG (§§ 50a, 50b) aufgenommen und neugefasst (BT-Drucks 7/2060, 39, 41). Mit Inkrafttreten des FGG-Reformgesetzes (BGBl I 2008, 2586) finden sie sich nun in §§ 160, 159 FamFG. § 1887 BGB erfuhr seine jüngste Änderung mit der Abschaffung des Vormundschaftsgerichts durch Art 50 Nr 44 des FGG-Reformgesetzes. 3

II. Voraussetzungen der Entlassung des Jugendamts oder Vereins nach Abs 1

1. Bestehen einer Vormundschaft des Jugendamts oder Vereins

4 Das Gesetz verlangt für die Entlassung von Jugendamt oder Verein, dass sie jeweils als Vormund bestellt wurden (§§ 1791a, b BGB). Umstritten ist, ob § 1887 BGB auch bei einer **gesetzlichen Amtsvormundschaft** nach § 1791c BGB gilt (dafür DIJuF-Rechtsgutachten DAVorm 2000, 981; DIJuF-Rechtsgutachten JAmt 2002, 24; DIJuF-Rechtsgutachten JAmt 2012, 656; DIJuF-Rechtsgutachten JAmt 2013, 521, 524; Heilmann/Dürbeck Rn 2; BeckOGK/Wentzell [15. 9. 2019] Rn 4; dagegen OLG Köln DAVorm 1995, 1060, 1062; Palandt/Götz Rn 1). Für diesen Ansatz sprechen sowohl der Normwortlaut, der keine Beschränkung auf die bestellte Vormundschaft enthält, als auch der Normzweck, mit dieser Vorschrift den Subsidiaritätsgrundsatz nochmals zu bestätigen (s oben Rn 1).

5 Entsprechend anwendbar ist die Vorschrift weiter, wenn es nicht um die Entlassung eines Vereins, sondern eines **Vereinsmitarbeiters** geht, der anstelle des Vereins als Einzelvormund (Vereinsvormund) bestellt wurde (OLG Nürnberg 5. 1. 2015 – 10 WF 970/14, juris Rn 10, FamRZ 2016, 392; MünchKomm/Spickhoff Rn 2; BeckOGK/Wentzell [15. 9. 2019] Rn 6; Heilmann/Dürbeck Rn 2; zur Vereinsvormundschaft allg § 1791a Rn 33 ff). Begehrt dagegen der Verein seine eigene Entlassung als Vormund zugunsten der Bestellung des Vereinsmitarbeiters, der bislang mit der Führung der Vormundschaft des Vereins betraut war (§ 1791a Abs 3 S 1 BGB), als Einzelvormund, um auf diese Weise einen Vergütungsanspruch gegen die Staatskasse zu erlangen, so richtet sich die Entlassung des Vereins nicht nach § 1887 BGB, sondern nach § 1889 Abs 2 S 2 BGB (OLG Nürnberg 26. 6. 2017 – 7 WF 493/17, juris Rn 17 f, FamRZ 2018, 112, 113; s auch Heilmann/Dürbeck Rn 2; näher § 1889 Rn 20).

6 Aus der zum Teil angenommenen Subsidiarität der Amts- gegenüber der Vereinsvormundschaft (vgl hierzu § 1791b Rn 18 f) wird gefolgert, dass sich die Entlassung eines Amtsvormunds bei Vorhandensein eines als Vormund geeigneten Vereins nach § 1887 BGB richtet (OLG Celle JAmt 2010, 257; MünchKomm/Spickhoff Rn 3; BeckOGK/Wentzell [15. 9. 2019] Rn 12). Für diese Sichtweise spricht zwar ihre Vereinbarkeit mit der Regelung des § 56 Abs 4 SGB VIII, welche ansonsten leerliefe, wenn zwar keine geeignete natürliche Person, wohl aber ein Verein gefunden werden kann, dessen Bestellung dem Wohl des Mündels dient. Dagegen spricht jedoch, dass vom Tatbestandsmerkmal „Person“ mit Blick auf den hinter den §§ 1887 und 1889 BGB steckenden Subsidiaritätsgrundsatz nur natürliche Personen erfasst werden (dazu auch nachfolgend Rn 7). Folglich scheidet eine Auswechselung des Jugendamts durch einen Verein ebenso aus wie die eines bestellten Vereins durch einen anderen als Vormund (**aA** MünchKomm/Spickhoff Rn 4; enger BeckOGK/Wentzell [15. 9. 2019] Rn 13). Soweit es um die Auswechselung eines Vereins durch einen Vereinsmitarbeiter als Vormund geht, wird § 1887 BGB von § 1889 Abs 2 S 2 BGB verdrängt (dazu Rn 5).

2. Vorhandensein einer als Vormund geeigneten Person (Abs 1 letzter HS)

7 Eine Ablösung des Jugendamts oder des Vereins als Vormund kommt bei Vorhandensein einer als Vormund geeigneten Person in Betracht. Das Gesetz differenziert zwar nicht nach natürlichen und juristischen Personen; mit Blick auf Normzweck und Genese (oben Rn 1) kommen aber nur natürliche Personen in Betracht, die

anstelle des Jugendamts oder Vereins als Vormund in die Vormundschaft wechseln sollen.

Das **„Vorhandensein“** einer solchen Person kann etwa darauf beruhen, dass zunächst nur der Weg der Vormundschaft eines Vereins oder Jugendamtes offensteht und nachträglich eine Person ausfindig gemacht wird, die den Bedingungen des § 1779 Abs 2 BGB entspricht (s OLG Rostock 25. 4. 2016 – 11 UF 159/15, juris Rn 21 f, FamRZ 2017, 218 f; OLG Brandenburg 24. 6. 2019 – 9 W 264/18, juris Rn 14 ff, JAmt 2019, 525, 526 ff; KG FamRZ 2008, 2306, 2307), oder dass inzwischen die Vaterschaft oder das Bestehen von Unterhaltsansprüchen gerichtlich geklärt werden konnte, wofür eine im Übrigen als Vormund geeignete Person nicht genügend kundig und erfahren war (s dazu auch MünchKomm/Spickhoff Rn 4), oder schließlich, dass der Mündel seinen gewöhnlichen Aufenthalt im Bereich eines anderen Jugendamts nimmt, in dem eher ein Einzelvormund zu finden ist als im Bereich des bisherigen Jugendamts.

Ob eine Person **geeignet** ist, bestimmt sich nach § 1779 Abs 2 S 1 BGB (näher § 1779 Rn 14 ff), ihre Übernahmepflicht sowie ihr Ablehnungsrecht nach §§ 1785 f BGB. Als geeignete Personen kommen va (familienfremde) **Pflegeeltern**, bei denen sich das Kind bereits seit längerer Zeit aufhält (OLG Rostock 25. 4. 2016 – 11 UF 159/15, juris Rn 22 ff, FamRZ 2017, 218 f; OLG Stuttgart FamRZ 2013, 1318; OLG Nürnberg FamRZ 2012, 1959, 1960; LG Hannover FamRZ 2007, 1909, 1910 m Anm Eisele; LG Frankfurt aM FamRZ 2009, 2103 [LS]; s auch LG Heilbronn FamRZ 2004, 134 m Anm Doukkani-Bördner u Anm Kemper FamRZ 2004, 1813; AG Schöneberg FamRZ 2002, 268, 269 m zust Anm Hoffmann; Palandt/Götz Rn 3; BeckOGK/Wentzell [15. 9. 2019] Rn 10; generell zur Eignung der Pflegeeltern als Vormund § 1779 Rn 37 ff, 40 ff), aber auch andere Personen in Betracht, die über eine dem Kindeswohl dienliche besondere Sach- und Erfahrungskompetenz verfügen und frei von Loyalitätskonflikten, in denen sich der Amtsvormund aufgrund amtsinterner Strukturen befinden kann, die Interessen des betroffenen Kindes wahrnehmen können (OLG Brandenburg 5. 3. 2015 – 9 UF 130/14, juris Rn 38, FamRZ 2015, 1621, 1623). 8

Ob die als Vormund geeignete Person später die Vormundschaft **ehrenamtlich oder berufsmäßig** führt, spielt nach dem Wortlaut der Norm keine Rolle. Die Vorschrift geht von einem Vorrang des ehrenamtlichen und berufsmäßig tätigen Einzelvormunds vor dem Jugendamt und Verein als Vormund aus (vgl schon Rn 1) und setzt sich damit in Widerspruch zu den Vorgaben der §§ 1791a Abs 1 S 2 und 1791b Abs 1 S 1 BGB, die nur den Vorrang des ehrenamtlichen Einzelvormunds vorsehen (Palandt/Götz Rn 2; für eine Überwindung des Widerspruchs durch Beschränkung des Anwendungsbereichs von § 1887 BGB auf das Vorhandensein eines ehrenamtlichen Vormunds MünchKomm/Spickhoff Rn 2; Heilmann/Dürbeck Rn 5; BeckOGK/Wentzell [15. 9. 2019] Rn 9). Weitere Widersprüche ergeben sich zur Auslegung des Begriffs der Person iSv § 1889 BGB (hierzu § 1889 Rn 10). Alle diese Auslegungsdiskrepanzen unterstreichen die Reformbedürftigkeit der §§ 1791a und b BGB einerseits und der §§ 1887 und 1889 BGB andererseits (näher Staudinger/Veit [2014] Rn 27 ff). 9

3. Vereinbarkeit des Wechsels mit dem Wohl des Mündels (Abs 1 HS 2)

Der Vormundswechsel muss dem Kindeswohl dienen. Mit diesem Erfordernis wird verdeutlicht, dass nicht vorschnell ein Wechsel des Vormunds vorgenommen werden soll; vielmehr ist eine solche Maßnahme nur angebracht, wenn für den Mündel 10 wirklich eine **Verbesserung** eintritt. Deshalb wurde der Vorschlag abgelehnt, die Vorschrift so zu fassen, dass eine Entlassung schon möglich sei, wenn sie „dem Wohl des Kindes nicht widerspreche" (JANSEN/KNÖPFEL, Unehelichengesetz 386; anders dagegen der Kindeswohlmaßstab bei Entlassung nach § 1889 Abs 2 BGB, näher § 1889 Rn 17). **Nicht erforderlich** ist dagegen, dass die Interessen des Mündels etwa durch pflichtwidriges Verhalten des Vereins oder Jugendamts als Vormund gefährdet werden, wie dies § 1886 BGB verlangt (LG Heilbronn FamRZ 2004, 134, 135 m Anm DOUKKANI-BÖRDNER u Anm KEMPER FamRZ 2004, 1813; DIJuF-Rechtsgutachten JAmt 2010, 437, 438; PALANDT/GÖTZ Rn 3 aE; MünchKomm/SPICKHOFF Rn 4); allerdings kann ein pflichtwidriges Verhalten die Dienlichkeit der Amtsenthebung für das Mündelwohl indizieren (GOJOWCZYK Rpfleger 2013, 1, 8; s auch DIJuF-Rechtsgutachten JAmt 2013, 268, 271), so etwa die Verletzung der Kontaktpflicht nach § 1793 Abs 1a BGB (s im Betreuungsrecht § 1908b Abs 1 S 2 BGB letzter HS; MünchKomm/SPICKHOFF Rn 4; HOFFMANN FamRZ 2011, 1185, 1187).

11 Das Gesetz verlangt also eine positive Mündelwohlprüfung. Es bleibt aber die Frage, ob nicht in dem Fall, dass die als Vormund geeignete Person die bisherigen (familienfremden) Pflegeeltern sind, also ein Wechsel des Kindes aus einer Organisations- in eine Erziehungsvormundschaft ansteht (zu diesen Formen der Vormundschaft § 1793 Rn 130 ff), eine negative Mündelwohlprüfung genügt. Das gesetzliche Leitbild geht vom Vorrang des ehrenamtlichen Einzelvormunds, also des Vormunds, der (idealiter) die Pflege und Erziehung des Kindes selbst übernehmen kann, vor dem nur organisierenden Vormund aus (VEIT FamRZ 2012, 1841, 1848; PALANDT/GÖTZ Rn 3; näher Vorbem 29 ff zu §§ 1773 ff). Es liegt also die Annahme nahe, dass es eine **Vermutung für eine Kindeswohldienlichkeit** gibt, wenn der **ehrenamtliche Einzelvormund** anstelle der Eltern die Verantwortung übernimmt. Für diese Vermutung spricht, dass eine Vormundschaft ihren Sinn dann am besten erfüllt, wenn das Kind erlebt, dass die Person, die es täglich erzieht, auch rechtlich zu seiner Erziehung befugt ist und ihm damit auch Stabilität und Verlässlichkeit vermittelt werden können (s OLG Brandenburg 24. 6. 2019 – 9 W 264/18, juris Rn 16, JAmt 2019, 525, 526; OLG Rostock 25. 4. 2016 – 11 UF 159/15, juris Rn 22, FamRZ 2017, 218, 219, das aber für eine positive Kindeswohlprüfung plädiert; HEILMANN/DÜRBECK Rn 7; BeckOGK/WENTZELL [15. 9. 2019] Rn 8; gegen eine Vermutung, aber für den „Anschein" einer Kindeswohldienlichkeit MünchKomm/SPICKHOFF Rn 4). Die Vermutung für die Kindeswohldienlichkeit streitet immer nur zugunsten geeigneter ehrenamtlicher Einzelvormünder und greift von vornherein nicht, wenn die Bestellung des ehrenamtlichen Einzelvormunds den Mündelinteressen zuwiderläuft (LG Heilbronn FamRZ 2004, 134 m Anm DOUKKANI-BÖRDNER u Anm KEMPER FamRZ 2004, 1813; s auch DIJuF-Rechtsgutachten JAmt 2013, 205; DIJuF-Rechtsgutachten JAmt 2012, 325; DIJuF-Rechtsgutachten JAmt 2010, 437, 438). Damit deckt sich im Fall der Entlassung des Jugendamtes oder Vereines zugunsten eines ehrenamtlichen Einzelvormunds der Kindeswohlmaßstab in § 1887 BGB mit dem in § 1889 Abs 2 BGB (DIJuF-Rechtsgutachten JAmt 2010, 437, 433).

12 Es bleibt die Frage, ob die Vermutung für eine Kindeswohldienlichkeit auch dann greift, wenn die als Vormund geeignete Person nicht selbst den Mündel erzieht, sondern die Pflege und Erziehung nur organisiert, und zwar als ehrenamtlicher Einzelvormund oder als **Berufsvormund**. Für diese Sichtweise spricht, dass die derzeitigen Strukturen im Jugendamt und die mangelnde Trennung der verschiedenen Aufgaben (Leistungen der Jugendhilfe [§ 2 Abs 2 SGB VIII] und andere Aufgaben, wozu auch die Amtsvormundschaft gehört [§ 2 Abs 3 Nr 11 SGB VIII]) Interessenkonflikte des Amtsvormunds nahelegen, die dem Kindeswohl abträglich sein können (näher Vorbem 40 zu §§ 1773 ff). Zwar führt nicht jede Meinungsverschiedenheit im Jugendamt bereits dazu, dass die Amtsvormundschaft nicht mehr dem Kindeswohl dient (DIJuF-Rechtsgutachten JAmt 2010, 437, 439). Dennoch geht das Gesetz in § 1887 BGB generell von einem Vorrang der Einzelvormundschaft aus mit der Folge, dass davon auch der Wechsel von der Amts- in die Berufsvormundschaft erfasst wird (oben Rn 9; krit DIJuF-Rechtsgutachten JAmt 2013, 269, 271); dass in letzterem Fall Kosten auf die Landesjustizkassen zukommen, wenn der Mündel mittellos ist, ist keine Frage der Eignung des Vormunds und kann deswegen keine Rolle spielen (DIJuF-Rechtsgutachten JAmt 2010, 437, 439). Die Beschränkung der Kindeswohlprüfung auf eine negative wäre also an sich auch in diesem Fall nur konsequent. Gleichwohl lässt sich aus der gesetzlichen Wertung in § 1887 BGB noch nicht generell von einer Kindeswohldienlichkeit des Wechsels von einer Amts- in eine Berufsvormundschaft ausgehen, da beide Vormünder im Verhältnis zum Mündel die gleiche distanzierte Aufgabenwahrnehmung eint, die sie vom erziehenden Vormund unterscheidet (näher dazu Veit FamRZ 2016, 2045, 2050 f). Dieser Unterschied rechtfertigt eine unterschiedliche Kindeswohlprüfung, je nachdem, ob es sich bei dem neuen Vormund um einen erziehenden oder einen beruflich tätigen handelt (BeckOGK/Wentzell [15. 9. 2019] Rn 8; DIJuF-Rechtsgutachten JAmt 2010, 437, 438).

4. Einzelfälle

Als dem Mündelwohl nicht dienlich angesehen wird etwa die Entlassung des Jugendamts oder des Vereins als Vormund, wenn noch **rechtliche Auseinandersetzungen** (etwa die Feststellung der Vaterschaft, Geltendmachung von Unterhaltsansprüchen) geführt werden müssen, für die der in Aussicht genommene Einzelvormund nicht genügend rechtskundig und erfahren ist (so Staudinger/Engler [2004] Rn 5). In diesem Fall fehlt es allerdings schon an dem Tatbestandsmerkmal des Vorhandenseins einer anderen als Vormund geeigneten Person (iE auch MünchKomm/Spickhoff Rn 4). 13

Das Gleiche gilt, wenn das Familiengericht einen Verein als Vormund für ein Kind bestellt hat und der Onkel des Kindes väterlicherseits die Vormundschaft begehrt, nachdem das Kind nach der Tötung der Kindesmutter durch den Kindesvater fremduntergebracht worden ist. Auch in diesem Fall fehlt es an der Eignung des Onkels wegen seines **dauerhaften Interessenkonflikts** zwischen den Interessen seiner Ehefrau und deren Verwandten, die zugleich die Verwandten des Mündels väterlicherseits sind, und den Interessen des Mündels (KG FamRZ 2008, 2306, 2307; s auch § 1779 Rn 30 ff, 37). 14

Dem Wohl des Mündels dienen kann dagegen – muss aber nicht (s dazu Heilmann/Dürbeck Rn 7) – der **Wechsel der Vormundschaft vom Jugendamt zu den Pflegeeltern**, und zwar wegen der mit diesem Wechsel einhergehenden größeren rechtlichen Verbundenheit der Pflegeeltern zu dem betroffenen Kind und der dadurch erhöhten Sicherheit, dass die Verbindung aufrecht erhalten bleibt (OLG Brandenburg 24. 6. 2019 – 9 W 264/18, juris Rn 16 ff, JAmt 2019, 525, 526 ff; OLG Rostock 25. 4. 2016 – 11 UF 159/15, juris Rn 22, FamRZ 2017, 218, 219; LG Frankfurt aM FamRZ 2009, 2103 [LS]; LG Hannover FamRZ 2007, 1909, 1910 m zust Anm Eisele; zur Vermutung der Kindeswohldienlichkeit in diesem Fall oben Rn 11). Kommen als geeignete Einzelvormünder sowohl familienfremde Pflegeeltern als auch Verwandte, etwa Großeltern, in Betracht, kommt letzteren für den Fall, dass sie bereits über engere Bindungen zum Kind verfügen, aus verfassungsrechtlichen Gründen idR ein Vorrang zu, es sei denn, dass dem Kindeswohl durch die Auswahl 15 der familienfremden Pflegeperson besser gedient ist (Erman/Schulte-Bunert Rn 2; näher § 1779 Rn 70 ff); insoweit ist § 1887 BGB in gleicher Weise verfassungskonform auszulegen wie § 1779 BGB.

16 Ebenso dient ein **Wechsel der Vormundschaft vom Jugendamt zum beruflichen Einzelvormund** dann dem Kindeswohl, wenn der Amtsvormund nicht in die Auswahl der Einrichtung eingebunden war, in welcher der Mündel nach Trennung von seiner Familie untergebracht wurde, er zudem Zweifel an der Eignung der Einrichtung hat und aufgrund amtsinterner Strukturen auch den regelmäßigen Kontakt mit dem Mündel nicht sicherstellen, dies aber vom Einzelvormund gewährleistet werden kann (OLG Brandenburg 5. 3. 2015 – 9 UF 130/14, juris Rn 29 f, FamRZ 2015, 1621, 1623).

17 Wird das Wohl des Mündels durch das **Verhalten eines Mitglieds oder Mitarbeiters**, dessen sich der Verein oder das Jugendamt zur Führung der Vormundschaft bedient, beeinträchtigt oder gefährdet, so hat das Familiengericht primär den Verein oder das Jugendamt durch Aufsichtsmaßnahmen gemäß § 1837 BGB dazu anzuhalten, Abhilfe zu schaffen (BayObLG FamRZ 1994, 991 = DAVorm 1994, 892 für die Vereinsvormundschaft; s auch § 1837 Rn 68 ff). Nur wenn dies nicht möglich ist, etwa weil der Verein oder das Jugendamt nicht in der Lage ist, einen geeigneten anderen Mitarbeiter einzusetzen, kommt die Entlassung des Vereins nach § 1887 Abs 1 BGB in Betracht.

III. Entlassung des Jugendamts bei Zuständigkeitswechsel (§ 87c SGB VIII)

1. Zuständigkeitswechsel bei gesetzlicher Amtsvormundschaft

18 **Nicht** von § 1887 BGB erfasst wird der Fall, dass infolge eines Wechsels des gewöhnlichen/tatsächlichen Aufenthalts des Mündels die Zuständigkeit des Jugendamts wechselt. Dieser Wechsel stellt eine rein verwaltungsinterne Angelegenheit dar (BeckOGK/Wentzell [15. 9. 2019] Rn 14) und ist deshalb nicht im BGB, sondern abschließend in § 87c SGB VIII geregelt. Dabei ist zwischen gesetzlicher und bestellter Amtsvormundschaft zu unterscheiden: Für die Amtsvormundschaft nach **§ 1791c BGB** ist grundsätzlich das Jugendamt zuständig, in dessen Bereich die Kindesmutter ihren gewöhnlichen Aufenthalt hat (§ 87c Abs 1 S 1 SGB VIII). Nimmt diese ihren Aufenthalt dann im Bereich eines anderen Jugendamts, beantragt das bisherige Jugendamt die Fortführung der Amtsvormundschaft bei dem Jugendamt des anderen Bereichs (§ 87c Abs 2 S 1 SGB VIII). Nimmt das andere Jugendamt diesen Antrag an, so wechselt die Vormundschaft ipso iure auf das andere Jugendamt ohne Beteiligung des Familiengerichts (§ 87c Abs 2 S 2 SGB VIII). Nur dann, wenn das Jugendamt am neuen Aufenthalt der Kindesmutter den Antrag des bisherigen Jugendamts auf Entlassung aus der Amtsvormundschaft ablehnt, entscheidet das Familiengericht hierüber (§ 87c Abs 2 S 4 SGB VIII). Das Familiengericht hat in diesem Fall am Kindeswohl orientiert zu entscheiden, ob die Amtsvormundschaft des Jugendamts am bisherigen gewöhnlichen Aufenthalt aufrechterhalten bleibt oder das Jugendamt am Ort des neuen gewöhnlichen Aufenthalts bestellt wird (Heilmann/Dürbeck Rn 3).

2. Zuständigkeitswechsel bei bestellter Amtsvormundschaft

19 Wurde das Jugendamt als Vormund nach § 1791b BGB bestellt, so ist hierfür das Jugendamt örtlich zuständig, in dessen Bereich der Minderjährige seinen gewöhnli-

chen oder bei dessen Fehlen seinen tatsächlichen Aufenthalt zum Zeitpunkt der Bestellung hat **(§ 87c Abs 3 S 1 SGB VIII)**. Wechselt der Mündel nun seinen gewöhnlichen/tatsächlichen Aufenthalt, so muss das bisher zuständige Jugendamt beim Familiengericht einen Antrag auf Entlassung stellen; dagegen kommt ein rein verwaltungsinterner Wechsel schon deshalb nicht in Betracht, weil sich der gerichtliche Bestellungsakt auf ein konkretes Jugendamt bezogen hat, sodass für die Übernahme der Amtsvormundschaft durch ein neues Jugendamt erneut eine gerichtliche Entscheidung erforderlich ist (BeckOGK/Wentzell [15. 9. 2019] Rn 17; Heilmann/Dürbeck Rn 4). Das Familiengericht hat nach Maßgabe der §§ 1887, 1889 Abs 2 BGB, also nach dem Wohl des Mündels zu prüfen, ob eine Entlassung des bisherigen Amtsvormunds zu erfolgen hat oder nicht (vgl BayObLG FamRZ 1979, 82 [LS] = Rpfleger 1978, 252; BayObLG FamRZ 1989, 1340 = DAVorm 1989, 710; BayObLG FamRZ 1997, 897 = DAVorm 1996, 729; OLG Hamm DAVorm 1990, 555; OLG Hamm FamRZ 1995, 830, 831 = Rpfleger 1995 212; MünchKomm/Spickhoff Rn 5; Erman/Schulte-Bunert Rn 4a; Soergel/Zimmermann Rn 2); das Gericht hat also einen Entscheidungsspielraum und ist nicht strikt an die Zuständigkeitsregelung in § 87c Abs 3 SGB VIII gebunden (in diese Richtung OLG Dresden 21. 6. 2018 – 18 WF 475/18, juris Rn 14, JAmt 2018, 463, 464 = NZFam 2018, 704 mwNw; OLG Dresden 12. 2. 2019 – 18 WF 1304/18, FamRZ 2019, 990, Meinungsstreit letztlich offenlassend; so inzwischen auch Palandt/Götz Rn 1; Frankfurter Kommentar SGB VIII/Eschelbach § 87c Rn 11; s auch § 1791b Rn 24).

Für einen Wechsel des Amtsvormunds kann im Einzelfall der Umstand sprechen, dass die räumliche Nähe des Amtsvormunds zum Aufenthaltsort des Mündels den persönlichen Kontakt erleichtern kann (s OLG Dresden 12. 2. 2019 – 18 WF 1304/18, juris Rn 21, FamRZ 2019, 990; BeckOGK/Wentzell [15. 9. 2019] Rn 17). Sind dagegen etwa zwischen dem bisherigen Amtsvormund (und zwar dem Realvormund) (zum Begriff § 1791b Rn 35) und dem Mündel bereits persönliche Bindungen entstanden, so spricht das **Kontinuitätsinteresse des Minderjährigen** grundsätzlich für die Beibehaltung der Zuständigkeit des bisherigen Jugendamts und die Ablehnung des Entlassungsantrags (OLG Hamm FamRZ 1995, 830, 831; Heilmann/Dürbeck Rn 4; BeckOGK/Wentzell [15. 9. 2019] Rn 17; Mix JAmt 2014, 242, 243 f, dort auch zu weiteren Kindeswohlkriterien). Soweit hiergegen eingewandt wird, dass die personale Nähe zwischen dem Real-Amtsvormund und dem Mündel eher Fiktion sei und das Jugendamt jederzeit eine andere Person mit den Aufgaben der Amtsvormundschaft betrauen könne (s dazu den Fall des OLG Dresden 21. 6. 2018 – 18 WF 475/18, juris Rn 18, JAmt 2018, 463, 464 = NZFam 2018, 704 m zust Anm Benner; jurisPK-SGB VIII/Schlegel/Voelzke § 87c Rn 62 f), wird die jüngste Reform des Vormundschaftsrechts übersehen, in der der Gesetzgeber die personale Beziehung zum Mündel gerade in den Mittelpunkt der Sorgeverantwortung jedes Vormunds gestellt hat (Vorbem 49 ff zu §§ 1773 ff; § 1793 Rn 24 ff). Die Folge ist zwar, dass infolge des Wechsels ein anderes Jugendamt für die Amtsvormundschaft zuständig ist als für die Erbringung von Leistungen nach § 86 SGB VIII (Mix JAmt 2014, 242, 243; Heilmann/Dürbeck Rn 4). Diese Trennung kommt aber der unabhängigen Amtsführung des Vormunds zugute, weil der sonst bestehende Interessenkonflikt mit dem Jugendamt als Leistungsbehörde (dazu allg Vorbem 40 zu §§ 1773 ff) vermieden wird (Mix JAmt 2014, 242, 243). 20

An diesen Maßstäben ändert sich auch dadurch nichts, dass es um die Amtsvormundschaft über einen **unbegleitet eingereisten ausländischen Minderjährigen** geht. In diesem Fall bestimmt sich die örtliche Zuständigkeit für die Amtsvormundschaft nach der örtlichen Zuständigkeit für die (vorläufige) Inobhutnahme dieses Minder- 21 jährigen oder die Gewährung von Leistungen an diesen Minderjährigen (**§ 88a Abs 4 SGB VIII**). Das Familiengericht ist bei seiner Entscheidung jedoch grundsätzlich nicht an diese strenge Akzessorietät gebunden mit der Folge, dass es aus Gründen des Kindeswohls (zB Kontinuität) auch anders entscheiden kann (OLG Schleswig 18. 2. 2016 – 14 UF 12/16, juris Rn 12, JAmt 2016, 632, 633; anders OLG Celle 6. 3. 2018 – 17 UF 16/18, juris Rn 8, FamRZ 2018, 1246, 1247; OLG Karlsruhe 22. 12. 2016 – 5 WF 191/16, juris Rn 19, FamRZ 2017, 812, 813 f; OLG Düsseldorf 30 1. 2019 – 3 WF 124/18, FF 2019, 460, 462; näher § 1791b Rn 25 ff).

IV. Verfahren (Abs 2)

1. Entlassung von Amts wegen (Abs 2 Alt 1)

22 Das Familiengericht hat, wenn es von der Möglichkeit erfährt, das Jugendamt oder den Verein als Vormund durch einen Einzelvormund abzulösen, von Amts wegen ein Verfahren einzuleiten und, wenn es die Voraussetzungen der Entlassung des Jugendamts oder des Vereins als Vormund und der Bestellung eines anderen Vormunds als gegeben erachtet, entsprechend zu entscheiden. Ein Ermessen besteht nicht (OLG Nürnberg FamRZ 2012, 1959, 1960; BeckOGK/Wentzell [15. 9. 2019] Rn 22).

2. Entlassung auf Antrag (Abs 2 S 2, 3)

a) Antragsberechtigung nach Abs 2 S 2

aa) Der Mündel (Abs 2 S 2 Alt 1)

23 Nach § 1887 Abs 2 S 2 BGB ist der Mündel, der das 14. Lebensjahr vollendet hat, berechtigt, den Antrag auf Entlassung des Jugendamts oder des Vereins als Vormund zu stellen. Da dieses Verfahren seine Person betrifft, ist er nach § 9 Abs 1 Nr 3 FamFG verfahrensfähig und kann somit sowohl einen Rechtsanwalt mit seiner Vertretung beauftragen als auch ein Verfahrenskostenhilfeverfahren betreiben (OLG Bremen 14. 11. 2016 – 4 WF 82/16, juris Rn 5, FamRZ 2017, 1701, dort auch zur Notwendigkeit der Beiordnung eines Verfahrensbevollmächtigten [Rn 8]).

bb) Ein Dritter (Abs 2 S 2 Alt 2)

24 Antragsberechtigt ist weiter jeder, der ein **berechtigtes Interesse des Mündels** geltend macht. Der Begriff des berechtigten Interesses ist dabei weiter als der des rechtlichen, aber enger als der des allgemein menschlichen Interesses an dem Schicksal des Mündels. Ein berechtigtes Interesse ist nach einer auch vom Bundesverfassungsgericht übernommenen Formel (BVerfGE 72, 122, 131 = FamRZ 1986, 871, 874 = NJW 1986, 3129, 3130) dann gegeben, wenn jemand wegen der persönlichen Beziehung zu dem Kind (Mündel) verständlichen Anlass hat, für dessen persönliches Wohl einzutreten (vgl auch RGZ 151, 63; 153, 93; KG FamRZ 1974, 466; KG OLGZ 1971, 77, 80 = FamRZ 1970, 604; OLGZ 1986, 324 = FamRZ 1986, 1245; BayObLG FamRZ 1981, 814, 815; OLG Frankfurt OLGZ 1979, 37; OLG Köln FamRZ 1987, 505; OLG Hamm FamRZ 1987, 1196; s dazu Erman/Schulte-Bunert Rn 5; MünchKomm/Spickhoff Rn 5; Heilmann/Dürbeck Rn 8; Soergel/Zimmermann Rn 3), was bei Verwandten, aber auch familienfremden Pflegepersonen der Fall sein kann (OLG Nürnberg 12. 5. 2014 – 11 WF 1596/13, juris Rn 16, FamRZ 2014, 1864, 1865; OLG Nürnberg 14. 3. 2014 – 11 WF 141/14, juris Rn 12, NJW 2014, 2883, 2884; OLG Rostock 25. 4. 2016 – 11 UF 159/15, juris Rn 7, FamRZ 2017, 218, 219; LG Hannover FamRZ 2007, 1909 m Anm Eisele; LG Heilbronn FamRZ 2004, 134 m Anm Doukkani-Bördner u Anm Kemper FamRZ 2004, 1813; NK-BGB/Fritsche Rn 3; Heilmann/Dürbeck Rn 8).

Der Begriff des berechtigten Interesses fand sich auch in § 57 Abs 1 Nr 9 FGG, der eine besondere Beschwerdeberechtigung verlieh, mit Einführung des FamFG am 1. 9. 2009 jedoch ersatzlos entfallen ist. Damit ergibt sich die Situation, dass die am Mündelwohl berechtigterweise interessierten Dritten zwar die Entlassung des Jugendamts oder des Vereins als Vormund nach § 1887 BGB beantragen, gegen eine ablehnende Entscheidung jedoch nicht mit der Beschwerde vorgehen können (näher dazu unten Rn 37 f). Es stellt sich daher die Frage, ob sich nicht aus dem Wegfall von § 57 Abs 1 Nr 9 FGG die Notwendigkeit der Streichung des entsprechenden Teils in § 1887 Abs 2 S 1 BGB ergibt und dessen Inhalt systematisch besser im FamFG aufgehoben wäre. Dies wird im Rahmen der großen Vormundschaftsreform (dazu Vorbem 56 ff zu §§ 1773 ff) zu bedenken sein. 25

b) Antrag des Jugendamts oder des Vereins (Abs 2 S 3)

Nach § 1887 Abs 2 S 3 BGB haben das Jugendamt oder der Verein die Pflicht, einen Antrag auf Entlassung aus dem Amt des Vormunds zu stellen, sobald sie erfahren, dass die in Abs 1 genannten Voraussetzungen vorliegen. Unterlassen sie die Antragstellung, so ist das eine Pflichtverletzung iS des § 1833 Abs 1 S 1 BGB (MünchKomm/Spickhoff Rn 8), die aber nur dann eine Haftung des Vormunds auslöst, wenn dem Mündel dadurch ein Schaden erwächst. 26

Die Pflicht zur Antragstellung korrespondiert auf Seiten des Jugendamts mit der verwaltungsrechtlichen Pflicht, in der Regel jährlich zu prüfen, ob im Interesse des Mündels seine Entlassung als Amtsvormund und die Bestellung einer Einzelperson oder eines Vereins angezeigt ist, und dies – damit dürfte auch eine „Fehlanzeige" gemeint sein – dem Familiengericht mitzuteilen (s **§ 56 Abs 4 SGB VIII**). Um dem Subsidiaritätsgrundsatz stärker als bislang Gewicht zu verleihen, wird sogar de lege ferenda gefordert, den Wortlaut von § 56 Abs 4 SGB VIII in § 1887 BGB als neuen Abs 3 aufzunehmen (so auch PFAD, Stellungnahme zum Entwurf eines Gesetzes zur Änderung des Vormundschaftsrechts, Februar 2010 [Nachw s § 1779 Rn 45] S 2). Der Gesetzgeber müsste dann auch die umstrittene Frage klären, ob diese Norm auch auf die gesetzliche Amtsvormundschaft Anwendung findet oder nicht (zu diesem Problem oben Rn 4 f). 27

Zudem hat das Jugendamt, das seine Entlassung als Vormund begehrt, dem Familiengericht nach **§ 53 Abs 1 SGB VIII** Personen und Vereine vorzuschlagen, die sich „im Einzelfall" zum Vormund eignen. Allerdings ist das Familiengericht nicht an den Vorschlag des Jugendamts gebunden; es kann vielmehr, etwa wenn es die Eignung des Vorgeschlagenen nach § 1779 Abs 2 BGB verneint, zugleich mit der Entlassung des Jugendamts eine andere Person als Vormund bestellen (s auch § 1779 Rn 90, 105). 28

Nicht von § 1887 Abs 2 S 3 BGB erfasst wird dagegen der Antrag des Jugendamts nach § 87c Abs 2 S 4 bzw Abs 3 S 3 SGB VIII (näher dazu oben Rn 18 ff). 29

c) Inhalt des Antrags

Der Antrag nach § 1887 Abs 2 BGB ist immer darauf gerichtet, eine andere als Vormund geeignete Person als Vormund zu bestellen. Dagegen können die nach Abs 2 S 2 antragsberechtigten Personen (s oben Rn 23 f) nicht beantragen, bei einem Aufenthaltswechsel des Mündels das bislang örtlich zuständige Jugendamt zu entlassen und ein anderes Jugendamt zu bestellen, und auch das Familiengericht kann einen solchen Wechsel nicht von Amts wegen vornehmen. Vielmehr kann ein sol- 30 cher Wechsel in der Führung der Amtsvormundschaft nur im gerichtlich kontrollierbaren Abgabeverfahren nach **§ 87c Abs 2 und 3 SGB VIII** herbeigeführt werden (so KG OLGZ 1988, 1 = FamRZ 1988, 321 = DAVorm 1988, 294 = Rpfleger 1988, 144 zu dem vor dem 1. 1. 1991 geltenden § 43 JWG, der die Abgabe der gesetzlichen Amtsvormundschaft generell vorschrieb, sobald das Wohl des Kindes sie erforderte; vgl auch KG JFG 13, 442 = JW 1936, 2759; BayObLG FamRZ 1977, 664 = BayObLGZ 1977, 30, 37 = DAVorm 1977, 654; BayObLG JFG 11, 76; LG Saarbrücken DAVorm 1986, 554; LG Hamburg JAmt 2001, 494; näher oben Rn 18 ff).

3. Zuständigkeit, Amtsermittlungsgrundsatz

31 Die Entlassungsentscheidung trifft das Familiengericht; funktionell zuständig ist hier der Rechtspfleger (§§ 3 Nr 2 Buchst a, 14 RPflG). Es gilt der Grundsatz der Ermittlung von Amts wegen, gleichviel, ob das Verfahren von Amts wegen oder auf Antrag eines dazu Berechtigten eingeleitet wurde (KG FamRZ 2008, 2306, 2307; Heilmann/Dürbeck Rn 9; Keidel/Sternal § 26 FamFG Rn 12).

4. Anhörungspflichten

32 Die Anhörung der Eltern des Mündels ist in § 160 FamFG generell vorgeschrieben, es sei denn, dass von dieser Anhörung eine Aufklärung nicht erwartet werden kann (Abs 2 S 2); das Gericht darf von der Anhörung nur aus schwerwiegenden Gründen absehen (Abs 3) und muss sie, wenn sie allein wegen einer Gefahr im Verzug unterblieben ist, unverzüglich nachholen (Abs 4). Unter welchen Voraussetzungen das Familiengericht den Mündel anhört, ergibt sich aus § 159 FamFG. Anzuhören sind auch das Jugendamt bzw der Verein als Vormund (§ 1887 Abs 3 BGB); diese Verpflichtung, die das Gesetz in eine materiell-rechtliche Sollvorschrift kleidet, ergibt sich inzwischen aus dem FamFG (für den Verein bzw das Jugendamt als Vormünder aus § 34 FamFG, für das Jugendamt als Leistungsbehörde aus § 162 FamFG), sodass sie im Rahmen von § 1887 BGB entbehrlich erscheint.

5. Beschwerde, Beschwerdeberechtigung

a) Beschwerde

33 Gegen die Entscheidung über die Entlassung des Amtsvormunds oder des Vereins als Vormund ist die Beschwerde nach §§ 11 Abs 1 RPflG, 58 ff FamFG eröffnet.

b) Beschwerdeberechtigung

34 Beschwerdeberechtigt sind der betroffene **Amtsvormund bzw der Verein als Vormund**, wenn eine Entlassung gegen ihren Willen ausgesprochen wird. Dies ergibt sich für das Jugendamt aus §§ 59 Abs 3, 162 Abs 3 S 2 FamFG (Heilmann/Dürbeck Rn 9; Erman/Schulte-Bunert Rn 5b; BeckOGK/Wentzell [15. 9. 2019] Rn 32) und für den Verein aus § 59 Abs 1 FamFG (OLG Nürnberg 26. 6. 2017 – 7 WF 493/17, juris Rn 10, FamRZ 2018, 112, 113; NK-BGB/Fritsche Rn 4; Erman/Schulte-Bunert Rn 5b).

35 Auch der mindestens 14 Jahre alte, nicht geschäftsunfähige **Mündel** hat ein Beschwerderecht nach §§ 59 Abs 1, 60 FamFG gegen die Entlassung des Jugendamts oder des Vereins als Vormund, aber auch gegen die Entscheidung des Gerichts, die Vormundschaft nicht auf die Pflegeperson zu übertragen (zum letztgenannten Fall OLG Rostock 25. 4. 2016 – 11 UF 159/15, juris Rn 7, FamRZ 2017, 218, 219).

Beschwerdeberechtigt ist ebenfalls der **Verfahrensbeistand des Kindes** (OLG Nürnberg 5. 1. 2015 – 10 WF 970/14, juris Rn 10, FamRZ 2016, 392). Dieser ist zwar nicht gesetzlicher Vertreter des Kindes (§ 158 Abs 4 S 6 FamFG), kann jedoch im Interesse des Kindes Rechtsmittel einlegen (§ 158 Abs 4 S 5 FamFG). 36

Nicht beschwerdeberechtigt ist dagegen der **antragstellende Dritte**, der ein berechtigtes Interesse iSv Abs 2 geltend macht (MünchKomm/Spickhoff Rn 10; Heilmann/Dürbeck Rn 9). Dieser kann keine Beschwerde gegen die Entlassungsentscheidung einlegen, weil er durch diese Entscheidung nicht in eigenen Rechten beeinträchtigt wird (OLG Hamm FamRZ 1987, 1196 betr Pflegeeltern; OLG Oldenburg JAmt 2012, 675 betr Kindesmutter; s auch OLG Düsseldorf 19. 8. 2014 – II-6 WF 128/14, juris Rn 2, FamRZ 2015, 1046). 37

Nach vielfacher Ansicht steht ihm aber auch kein Beschwerderecht gegen die **Ablehnung seines Antrags** auf Vormundswechsel zu. Für diese Sichtweise spricht zwar, dass sich die Beschwerdebefugnis nicht aus § 1887 Abs 2 BGB ableiten lässt, geht doch das danach erforderliche berechtigte Interesse weiter als das rechtliche (s oben Rn 24), sodass aus dem berechtigten noch nicht einfach auf ein rechtliches Interesse geschlossen werden kann (OLG Nürnberg 5. 1. 2015 – 10 WF 970/14, juris Rn 18, FamRZ 2016, 392; OLG Nürnberg 12. 5. 2014 – 11 WF 1596/13, juris Rn 16, FamRZ 2014, 1864, 1865; OLG Nürnberg 14. 3. 2014 – 11 WF 141/14, juris Rn 12, NJW 2014, 2883, 2884; MünchKomm/Spickhoff Rn 7; BeckOGK/Wentzell [15. 9. 2019] Rn 30). Gleichwohl fällt der Dritte, etwa die Pflegeperson, dann, wenn sie mit dem Kind in einer familienähnlichen Gemeinschaft lebt, in den Schutzbereich von Art 6 Abs 1 GG und Art 8 Abs 1 EMRK (dazu § 1779 Rn 120). Die Entscheidung des Gerichts, ob es die Pflegeperson oder das Jugendamt als Vormund auswählt, ist für die Pflegeperson von zentraler Bedeutung, da hiervon abhängt, wer die sorgerechtlichen Entscheidungen vor Ort (mit-)bestimmt; deshalb steht ihr auch ein Beschwerderecht gegen die Auswahlentscheidung nach § 1779 BGB zu (§ 1779 Rn 120 f). Damit ist zwar grundsätzlich noch nicht die Frage entschieden, ob ihr auch ein Beschwerderecht gegen eine Entlassungsentscheidung nach § 1887 BGB zusteht. Bedenkt man aber, dass es auch bei dieser Entscheidung um das Interesse des Dritten, etwa der Pflegeeltern, geht, als Vormund ausgewählt zu werden, um die tatsächliche Lebens- und Erziehungsgemeinschaft auch rechtlich zu untermauern (s oben Rn 15), so spricht dies für ein Beschwerderecht der Pflegeeltern (**aA** OLG Nürnberg 5. 1. 2015 – 10 WF 970/14, juris Rn 18, FamRZ 2016, 392; OLG Karlsruhe 6. 5. 2013 – 5 WF 170/12, juris Rn 26 ff, FamRZ 2014, 404 [LS]; MünchKomm/Spickhoff Rn 10). 38

V. Pflegschafts- und Betreuungsrecht

§ 1887 BGB findet im Pflegschaftsrecht (s § 1915 Abs 1 S 1 BGB), nicht jedoch im Betreuungsrecht Anwendung (s § 1908i Abs 1 S 1 BGB). 39

§ 1888
Entlassung von Beamten und Religionsdienern

Ist ein Beamter oder ein Religionsdiener zum Vormund bestellt, so hat ihn das Familiengericht zu entlassen, wenn die Erlaubnis, die nach den Landesgesetzen zur Übernahme der Vormundschaft oder zur Fortführung der vor dem Eintritt in das Amts- oder Dienstverhältnis übernommenen Vormundschaft erforderlich ist, versagt

oder zurückgenommen wird oder wenn die nach den Landesgesetzen zulässige Untersagung der Fortführung der Vormundschaft erfolgt.

Materialien: E I §§ 1704 Nr 3, 1705 Nr 4; II § 1746; III § 1864; Mot IV 1196; Prot IV 831. Neugefasst durch Bekanntmachung v 2. 1. 2002 (BGBl I 42); geändert durch Art 50 Nr 44 nach Maßgabe von Art 111 FGG-RG v 17. 12. 2008 (BGBl I 2586) mit Wirkung v 1. 9. 2009.

Systematische Übersicht

I. Normzweck

1 Die Vorschrift des § 1888 BGB ergänzt die Bestimmung des § 1784 BGB insofern, als dass § 1784 BGB sich nur auf die Übernahme einer Vormundschaft während des Bestehens eines Amts- oder Dienstverhältnisses, nicht aber auf die Fortführung einer vor dem Eintritt in das Amts- oder Dienstverhältnis übernommenen Vormundschaft bezieht (Mot IV 1199). Durch den von der II. Kommission hinzugefügten letzten Alternativfall wurde dem in einzelnen Ländern bestehenden Zustand Rechnung getragen, dass zwar die Übernahme einer Vormundschaft durch einen Beamten und die Fortführung einer Vormundschaft nach dem Eintritt in ein Amts- oder Dienstverhältnis ohne Erlaubnis der vorgesetzten Behörde zulässig ist, diese aber die Fortführung der Vormundschaft untersagen kann (Prot IV 832). Wie § 1784 BGB soll auch § 1888 BGB die Beeinträchtigung spezieller dienstlicher Pflichten eines Bediensteten durch die Übernahme einer Vormundschaft verhindern (MünchKomm/Spickhoff Rn 1) und dient damit dem öffentlichen Interesse an einer effizienten Erfüllung dieser Pflichten.

II. Anwendungsbereich

1. Persönlich

2 Unter **Beamten** und **Religionsdienern** versteht § 1888 BGB den Personenkreis, auf den sich § 1784 BGB bezieht; insoweit wird auf Rn 3 ff zu § 1784 BGB verwiesen.

3 Auf die Fälle der **Amtsvormundschaft** und der **Vormundschaft eines Vereins** ist die Bestimmung nicht anzuwenden, weil diese Vormundschaften nicht einem einzelnen Bediensteten des Jugendamts bzw einem einzelnen Mitglied des Vereins, sondern dem Jugendamt und dem Verein übertragen werden. Die Entlassung des Jugendamts oder des Vereins als Vormund ist in den §§ 1887 und 1889 Abs 2 BGB besonders geregelt. Dagegen findet die Vorschrift Anwendung auf den Gegenvormund

(§ 1895 BGB), den Pfleger (§ 1915 Abs 1 BGB) sowie auf den Vereins- und Behördenbetreuer nach §§ 1897 Abs 2, 1908i Abs 1 BGB.

2. Sachlich

Wurde ein Beamter oder Geistlicher zum Vormund bestellt und macht das für ihn geltende Dienstrecht die Übernahme der Vormundschaft von einer besonderen Erlaubnis abhängig, so muss das Familiengericht den Beamten oder Geistlichen als Vormund entlassen, wenn die Erlaubnis nicht (mehr) vorhanden ist. Nach dem Wortlaut und in Ergänzung des § 1888 BGB sind folgende Fälle zu unterscheiden: 4

a) Dem Beamten, der schon vorher zum Vormund bestellt worden war, wird nach Eintritt in das Dienstverhältnis die **Erlaubnis zur Fortführung** der Vormundschaft **versagt**.

b) Der Beamte wird entgegen **§ 1784 BGB** zum Vormund bestellt, ohne dass die erforderliche Erlaubnis zur Übernahme der Vormundschaft vorliegt, sei es, dass das Familiengericht das Erfordernis oder das Fehlen der Erlaubnis übersehen hat oder dass es den Beamten in der Erwartung, die Erlaubnis werde erteilt werden, zum Vormund bestellt, die Erlaubnis dann aber verweigert wird.

c) Die dem Beamten vor oder nach seiner Bestellung zum Vormund **erteilte Erlaubnis** wird später **zurückgenommen**.

d) Der Beamte war – vor oder nach dem Eintritt in das Dienstverhältnis – zum Vormund bestellt worden, **ohne** dass er zur Übernahme oder Fortführung **einer Erlaubnis** bedurfte; nachträglich wird ihm die Fortführung der Vormundschaft untersagt.

III. Entscheidung der Behörde

§ 1888 BGB setzt in jedem Fall einen Akt der Behörde voraus, sei es in Form einer Versagung (vgl oben die Anwendungsfälle 2. a) und b)) oder Zurücknahme (oben 2. c)) der Erlaubnis zur Fortführung der Vormundschaft oder sei es in Form einer Untersagung derselben (oben 2. d)). 5

1. Vorliegen eines wichtigen dienstlichen Grundes

Nach § 1784 Abs 2 BGB darf die „nach den Landesgesetzen" (zum heutigen Verständnis, wonach auch das Recht des Bundes, der kommunalen Körperschaften und anderer Körperschaften, Stiftungen und Anstalten des öffentlichen Rechts umfasst ist, vgl § 1784 Rn 4) erforderliche Erlaubnis zur Übernahme einer Vormundschaft nur versagt werden, wenn ein wichtiger dienstlicher Grund vorliegt, etwa durch die Nebentätigkeit des Beamten oder Religionsdieners dienstliche Interessen beeinträchtigt werden (näher § 1784 Rn 10 f). Diese Bestimmung ist von der zuständigen Behörde im Rahmen des § 1888 BGB entsprechend anzuwenden, wenn es um die nachträgliche Versagung oder Rücknahme der Erlaubnis geht (MünchKomm/Spickhoff Rn 4; Soergel/Zimmermann Rn 1). Sie hat nur geringe praktische Bedeutung, weil die einschlägigen Gesetze meist gleiche oder ähnliche Regelungen enthalten (zB § 99 BBG). 6

2. Tatbestandswirkung

7 Aufgrund der Tatbestandswirkung, die der behördliche Akt entfaltet, verbleibt dem Familiengericht nur die Kompetenz zu prüfen, ob nach den maßgebenden dienstrechtlichen Vorschriften die Übernahme der Vormundschaft durch einen Beamten von einer Erlaubnis abhängig ist und ob, wenn dies zutrifft, die Erlaubnis vorliegt. Es kann dagegen die auf gesetzlicher Grundlage ergangene Entscheidung der zuständigen Behörde nicht auf ihre sachliche Richtigkeit, insbesondere darauf überprüfen, ob ein wichtiger dienstlicher Grund für die Versagung oder Rücknahme der Erlaubnis gegeben ist (ebenso MünchKomm/Spickhoff Rn 4; NK-BGB/Fritsche Rn 4 weist auf die Pflicht des Gerichts hin, die Bestandskraft des Bescheids zu überprüfen).

IV. Entscheidung des Familiengerichts

8 Liegen die Voraussetzungen des § 1888 BGB vor, so muss das Familiengericht (gemäß §§ 3 Nr 2 Buchst a, 14 RPflG der Rechtspfleger) von Amts wegen den Vormund entlassen; eines Antrags der Behörde bedarf es nicht.

V. Pflegschafts- und Betreuungsrecht

9 § 1888 BGB findet nach § 1915 Abs 1 S 1 BGB entsprechende Anwendung im Pflegschaftsrecht und nach § 1908i Abs 1 S 1 BGB im Betreuungsrecht.

§ 1889
Entlassung auf eigenen Antrag

(1) Das Familiengericht hat den Einzelvormund auf seinen Antrag zu entlassen, wenn ein wichtiger Grund vorliegt; ein wichtiger Grund ist insbesondere der Eintritt eines Umstands, der den Vormund nach § 1786 Abs. 1 Nr. 2 bis 7 berechtigen würde, die Übernahme der Vormundschaft abzulehnen.

(2) Das Familiengericht hat das Jugendamt oder den Verein als Vormund auf seinen Antrag zu entlassen, wenn eine andere als Vormund geeignete Person vorhanden ist und das Wohl des Mündels dieser Maßnahme nicht entgegensteht. Ein Verein ist auf seinen Antrag ferner zu entlassen, wenn ein wichtiger Grund vorliegt.

Materialien: E I §§ 1704 Nr 3, 1706; II § 1747; III § 1865; Mot IV 1196, 1199; Prot IV 832. Abs 1 geändert u Abs 2 angefügt durch NEhelG v 19. 6. 1969 (BGBl I 1243) Art 1 Nr 82; Vorschrift neugefasst durch Bekanntmachung v 2. 1. 2002 (BGBl I 42); Abs 1 u Abs 2 geändert durch Art 50 Nr 44 nach Maßgabe von Art 111 FGG-RG v 17. 12. 2008 (BGBl I 2586) mit Wirkung v 1. 9. 2009.

Schrifttum

Göppinger, Elterliche Gewalt über nichteheliche Kinder, FamRZ 1970, 57
ders, Die sachliche Voraussetzung der Volljährigkeitserklärung (§ 5 BGB), FamRZ 1960, 253.

Systematische Übersicht

Alphabetische Übersicht

I. Entlassung des Einzelvormunds auf seinen Antrag (Abs 1)

1 Im Gegensatz zu den §§ 1886 und 1888 BGB, die die Gründe aufzählen, aus denen der Einzelvormund von Amts wegen entlassen werden muss, behandelt § 1889 Abs 1 BGB die Entlassung des Einzelvormunds auf seinen Antrag. Diese Bestimmung war schon in ihrer früheren Fassung auf den Amtsvormund und den Verein als Vormund nicht angewandt worden (Jansen/Knöpfel, Unehelichengesetz 387); das NEhelG (BGBl I 1969, 1243), das aus dem früheren § 39b JWG die Regelung der Entlassung des Amtsvormunds und des Vereins als Vormund als § 1889 Abs 2 in das BGB übernahm, ersetzte zur Klarstellung in Abs 1 das Wort „Vormund“ durch das Wort „Einzelvormund“.

1. Wichtiger Grund iSv Abs 1 HS 1

a) Begriff

2 Einem Antrag des Einzelvormunds, ihn zu entlassen, ist stattzugeben, wenn ein wichtiger Grund vorliegt. Ob dies der Fall ist, entscheidet das Familiengericht in Würdigung aller Umstände. Es handelt sich um einen **unbestimmten Rechtsbegriff** (Soergel/Zimmermann Rn 2; MünchKomm/Spickhoff Rn 2; Erman/Schulte-Bunert Rn 1), bei dem das Gericht einen Beurteilungsspielraum hat, aber die Frage, ob die festgestellten tatsächlichen Voraussetzungen zur Ausfüllung des unbestimmten Rechtsbegriffs im konkreten Fall gegeben sind, eine Rechtsfrage ist, die das Rechtsbeschwerdegericht in vollem Umfang nachprüfen kann (Keidel/Meyer-Holz § 72 FamFG Rn 17; Göppinger FamRZ 1960, 253, 258; aus der Rechtsprechung etwa KG OLGZ 1988, 11 = FamRZ 1988, 102, 103 = NJW 1988, 146 zum Begriff „Wohl des Kindes“).

3 Das Familiengericht hat bei der Frage, ob ein die Entlassung des Vormunds rechtfertigender wichtiger Grund vorliegt, zwar auf das Wohl des Mündels zu achten, in erster Linie aber die **Interessen des Vormunds** zu berücksichtigen (BayObLG FamRZ 1959, 373 = BayObLGZ 1958, 306; MünchKomm/Spickhoff Rn 3; Soergel/Zimmermann Rn 2). § 1889 BGB will vermeiden, dass die Interessen des Vormunds durch die Weiterführung des Amtes in einer mit der Billigkeit nicht mehr vereinbaren Weise beeinträchtigt werden. Aus dem Maßstab der Billigkeit ergibt sich aber, dass bei der Frage, welcher Grad von Interessenbeeinträchtigung dem Vormund zugemutet werden kann, nicht außer Betracht bleiben darf, welche Nachteile der Mündel durch den Wechsel des Vormunds erleidet (BayObLG FamRZ 1959, 373).

b) Einzelfälle

4 Ein wichtiger Grund kann vorliegen, wenn bestehende Erziehungs- oder Betreuungsaufgaben die Ausübung des Amtes besonders erschweren. Nach **§ 1786 Abs 1 Nrn 1 und 8 BGB** kann die Übernahme der Vormundschaft im Hinblick auf dort genannte Aufgaben unter bestimmten Voraussetzungen durch Eltern, Vormünder,

Betreuer und Pfleger abgelehnt werden. Das Gesetz hat darauf verzichtet, dem Vormund, wenn er von dem ihm nach § 1786 Abs 1 Nr 1 oder 8 BGB zustehenden Ablehnungsrecht keinen Gebrauch gemacht hat, beim späteren Eintritt der in diesen Bestimmungen genannten Voraussetzungen ein unbedingtes Recht auf Entlassung zu geben; dies wird ausdrücklich damit begründet, dass für besondere Fälle dem Bedürfnis durch die allgemeine Bestimmung des § 1889 Abs 1 HS 1 BGB genügt werde. Dass der Tatbestand des § 1786 Abs 1 Nr 8 BGB nicht unbedingt zum Antrag auf Entlassung berechtigt, beruht auf der Erwägung, dass es dem Vormund unmöglich gemacht werden soll, sich einer unbequemen Vormundschaft durch Übernahme einer weiteren, weniger unbequemen zu entledigen (Mot IV 1200; Soergel/Zimmermann Rn 2; Palandt/Götz Rn 1).

5 Ein wichtiger Grund kann im Einzelfall auch die Aufforderung des Familiengerichts gegenüber dem Vormund darstellen, eine Versicherung gegen Schäden abzuschließen, die er dem Mündel zufügen kann **(§ 1837 Abs 2 S 3 BGB)**. Nach der Vorgängerregelung in § 1844 BGB aF konnte das Familiengericht aus besonderen Gründen den Vormund anhalten, für das seiner Verwaltung unterliegende Vermögen des Mündels Sicherheit zu leisten; in diesem Fall konnte eine als Vormund vorgesehene Person nach § 1786 Abs 1 Nr 6 BGB aF die Übernahme der Vormundschaft ablehnen. Durch das Betreuungsgesetz vom 12. 9. 1990 (BGBl I 2002) wurden § 1844 BGB aF und der gegenstandslos werdende § 1786 Abs 1 Nr 6 BGB aF aufgehoben. Die individuelle Sicherheitsleistung war jetzt entbehrlich, weil das Familiengericht dem Vormund nach dem durch Art 1 Nr 41b des Betreuungsgesetzes eingefügten § 1837 Abs 2 S 2 BGB aufgeben konnte, eine Versicherung gegen Schäden, die er dem Mündel zufügen kann, einzugehen (BT-Drucks 11/4528, 114); aufgrund der Ergänzung von § 1837 Abs 2 BGB um einen neuen Satz 2 durch das Gesetz zur Änderung des Vormundschafts- und Betreuungsrechts vom 29. 6. 2011 (BGBl I 1306) ist aus dem bisherigen S 2 des Abs 2 der S 3 geworden (näher § 1837 Rn 50).

Der Zweck dieses § 1837 Abs 2 S 3 BGB (vorher S 2) unterscheidet sich zwar nicht wesentlich von dem des früheren § 1844 BGB, und der Vormund kann die Aufforderung, eine Haftpflichtversicherung abzuschließen, als Ausdruck des Misstrauens verstehen, wie er auch in der früher möglichen Aufforderung zur Sicherheitsleistung zu sehen war. Dennoch hat der Vormund, wenn er zum Abschluss einer Haftpflichtversicherung aufgefordert wird, schon deshalb **kein unbedingtes Recht**, seine Entlassung zu verlangen (§ 1889 Abs 1 HS 2 BGB), weil § 1786 Abs 1 Nr 6 BGB aF aufgehoben ist, sodass auch eine analoge Anwendung nicht in Betracht kommt. Eine Entlassung aus wichtigem Grund nach § 1889 Abs 1 HS 1 BGB ist deshalb jedoch nicht ausgeschlossen.

6 Ein wichtiger Grund liegt auch vor, wenn die Übernahme einer Vormundschaft abgelehnt wurde, das Familiengericht diese Ablehnung aber für unbegründet erklärt hat und der damit nach § 1787 Abs 2 BGB vorläufig zur Übernahme Verpflichtete erfolgreich gegen diese Ablehnungsentscheidung Beschwerde eingelegt hat (MünchKomm/Spickhoff Rn 6; näher § 1787 Rn 20).

7 Die Eigenschaft als **Ausländer** ist nach bisher allgM für sich allein noch kein wichtiger Grund zur Entlassung als Vormund; ein Ausländer, der die Vormundschaft übernommen hat, obwohl er nach § 1785 BGB nicht dazu verpflichtet war, soll dieses Amt

deshalb nicht nachträglich unter Berufung auf seine Ausländereigenschaft niederlegen können (MünchKomm/Spickhoff Rn 5; Soergel/Zimmermann Rn 2; BGB-RGRK/Dickescheid Rn 5; auch Staudinger/Engler[10/11] Rn 8; ferner Dölle § 135 I 4 a, ff). Die genannten Kommentare stützen sich durchweg auf eine Entscheidung des Kammergerichts (aus dem Jahr 1909), das in Anlehnung an die preußische Vormundschaftsordnung vom 5. 7. 1875 darauf abgestellt hat, dass das Gesetz der Ausländereigenschaft als solcher weder die Bedeutung eines Unfähigkeitsgrundes noch die eines Entlassungsgrundes beilegt (KGJ 37, A 63 = RJA 10, 99). Dabei tritt aber der Charakter der Verpflichtung zur Übernahme einer Vormundschaft als **allgemeine Staatsbürgerpflicht** (vgl Mot IV 1062 f) zu sehr in den Hintergrund. Es erscheint deshalb nicht gerechtfertigt, den Grundsatz des § 1786 Abs 2 BGB, wonach das Ablehnungsrecht erlischt, wenn es nicht vor der Bestellung zum Vormund geltend gemacht wird, auch gegenüber einem Vormund anzuwenden, der nicht (mehr) deutscher Staatsangehöriger ist. Vielmehr liegt es nahe, diesen Fall so zu behandeln wie den eines Soldaten, der trotz des ihm zustehenden Ablehnungsrechts das Amt des Vormunds übernommen hat und später seine Entlassung verlangt (s nachfolgende Rn 8).

8 Ein **Soldat** bedarf nach § 21 SG zur Übernahme des Amtes eines Vormunds (Gegenvormunds, Pflegers) der Genehmigung seines Disziplinarvorgesetzten, die ihm zu erteilen ist, wenn nicht zwingende dienstliche Gründe entgegenstehen. Der Soldat darf aber, auch wenn ihm die Genehmigung erteilt wird, die Übernahme eines solchen Amtes ablehnen. Für den Fall eines Soldaten, der eine Vormundschaft trotz des Ablehnungsrechts nach § 21 SG übernommen hat, wird die Auffassung vertreten, dass er sich auch nachträglich auf sein Ablehnungsrecht berufen kann, um aus dem Amt des Vormunds entlassen zu werden (Soergel/Zimmermann Rn 2; MünchKomm/Spickhoff Rn 4).

2. Absolute Entlassungsgründe iSv Abs 1 HS 2

a) Nachträglicher Eintritt eines Ablehnungsgrundes

9 Der Beurteilungsspielraum des Familiengerichts (Rn 2) ist dadurch eingeschränkt, dass die in § 1786 Abs 1 Nrn 2–7 BGB aufgezählten Tatsachen jeweils stets als ein den Entlassungsantrag rechtfertigender wichtiger Grund gelten (Erman/Schulte-Bunert Rn 1; Gernhuber/Coester-Waltjen § 73 Rn 13–16), jedoch nur dann, wenn sie erst nach Übernahme des vormundschaftlichen Amtes eingetreten sind. Diese Beschränkung ergibt sich aus § 1786 Abs 2 BGB, wonach das – auf einen der in § 1786 Abs 1 BGB aufgezählten Gründe gestützte – Ablehnungsrecht erlischt, wenn es nicht vor der Bestellung zum Vormund beim Familiengericht geltend gemacht wird. Lag ein solcher Umstand schon vor der Übernahme der Vormundschaft vor, so kann er den Antrag auf Entlassung nur rechtfertigen, wenn er sich nach Lage des Falles als wichtiger Grund iS der allgemeinen Bestimmung im 1. HS des § 1889 Abs 1 BGB darstellt (E I § 1706 Abs 2; Mot IV 1199, 1200; Prot IV 832).

b) Die Ablehnungsgründe nach § 1786 Abs 1 Nrn 2–7

10 Keine rechtlichen Schwierigkeiten bestehen bei der Feststellung der durch die Verweisung auf § 1786 Abs 1 Nrn 2, 3, 4 und 7 BGB bezeichneten **unbedingten oder „absoluten" Entlassungsgründe**, wobei immer vorausgesetzt ist, dass diese erst nach Antritt des Amtes eingetreten sind. Danach kann der Vormund seine Entlassung verlangen,

aa) wenn er das 60. Lebensjahr vollendet hat (**§ 1786 Abs 1 Nr 2 BGB**; über die Gründe, die zur Anerkennung der Überschreitung der Altersgrenze als absoluten Entlassungsgrund führten, s Mot IV 1200 und Prot IV 832 f),

bb) wenn ihm die Sorge für die Person oder das Vermögen von mehr als drei minderjährigen Kindern zusteht (**§ 1786 Abs 1 Nr 3 BGB**),

cc) wenn er durch Krankheit oder Gebrechen verhindert ist, die Vormundschaft ordnungsmäßig zu führen; dass die Krankheit schon bei Bestellung zum Vormund vorhanden war, schließt das Recht auf Entlassung nicht aus, da es darauf ankommt, ob die Fähigkeit, die Vormundschaft ordnungsmäßig zu führen, noch vorhanden ist (**§ 1786 Abs 1 Nr 4 BGB**),

dd) wenn eine gemeinschaftlich zu führende Mitvormundschaft (§ 1797 Abs 1 BGB) angeordnet wird (**§ 1786 Abs 1 Nr 7 BGB**). Bei Verteilung der Vormundschaft unter mehrere Vormünder mit getrennten Wirkungskreisen (§ 1797 Abs 2 BGB) besteht dagegen kein Ablehnungsrecht, mithin auch kein absoluter Entlassungsgrund, wenn das Familiengericht nachträglich einen bestimmten Bereich einem anderen als dem zunächst bestellten Vormund zuweist (etwa wenn der Mündel ein erhebliches Vermögen geerbt hat, dessen Verwaltung den zunächst bestellten Vormund überfordern würde).

Ob eine nachträgliche Änderung des Wohnsitzes des Vormunds oder des Mündels **11**
oder die Abgabe der Vormundschaft an ein anderes, vom Wohnsitz des Vormunds entfernt liegendes Familiengericht oder an einen anderen Staat (§§ 4, 99 Abs 3 FamFG) den Antrag des Vormunds auf Entlassung gemäß § 1889 Abs 1 iVm **§ 1786 Abs 1 Nr 5 BGB** rechtfertigt, hängt von den Umständen des Einzelfalls ab. § 1786 Abs 1 Nr 5 BGB setzt für die Ablehnung der Übernahme der Vormundschaft voraus, dass der als Vormund in Aussicht Genommene die Vormundschaft wegen Entfernung seines Wohnsitzes vom Sitz des Familiengerichts „nicht ohne besondere Belästigung führen kann“. Bei der Entscheidung kommt es sowohl auf die persönlichen Verhältnisse des Vormunds (KG OLGE 42, 111 Fn 1a) als auch auf die Art und den Umfang der dem Vormund obliegenden Geschäfte an (KGJ 46, A 83, 84 f für den Fall der Unterbringung des Mündels in einer Familie an einem vom Wohnsitz des Vormunds weit entfernten Ort). Ob die Notwendigkeit, die Verbindung zum Familiengericht aufrechtzuerhalten, für den Vormund, der umgezogen ist, eine unzumutbare Belastung darstellt, hängt von der Häufigkeit der Reisen, aber auch von ihrer Dauer und damit von den Verkehrsverbindungen ab. Wenn dabei im Einzelfall eine erhebliche Belastung des Vormunds festzustellen ist, die diesem – etwa wegen seines Alters oder Gesundheitszustandes – auf längere Dauer nicht zugemutet werden kann, muss das Interesse des Mündels an der Vermeidung eines Wechsels in der Person des Vormunds zurücktreten; das ergibt sich aus dem Charakter der in § 1887 Abs 1 HS 2 BGB genannten „absoluten“ Entlassungsgründe. Wird allerdings in diesem Fall auch die Wahrnehmung der aus §§ 1793 Abs 1a und 1800 S 2 BGB sich ergebenden Pflichten für den Vormund zu einer unzumutbaren Belastung, so liegt daneben ein wichtiger Grund iSv § 1889 Abs 1 HS 1 BGB vor.

Der Vormund **verwirkt** das Recht, seine Entlassung zu verlangen, nicht dadurch, dass er in Ausübung seines Rechts zur Bestimmung des Aufenthalts des Mündels

(§§ 1800 S 1, 1631 Abs 1 BGB) dessen Umzug an einen weit entfernten Ort (der die Abgabe der Vormundschaft an das Gericht des neuen Wohnorts zur Folge hat) zustimmt (OLG Stuttgart DJ 1972, 284; MünchKomm/Spickhoff Rn 4; Soergel/Zimmermann Rn 2; Palandt/Götz Rn 1).

3. Zeitpunkt des Entlassungsantrags

12 Eine Frist für die Geltendmachung eines die Entlassung rechtfertigenden Grundes sieht das Gesetz nicht vor. Im **Unterlassen** sofortiger Geltendmachung nach Eintritt des Grundes kann kein Verzicht auf das Recht, die Entlassung zu verlangen, gesehen werden (Soergel/Zimmermann Rn 2; Dölle § 135 I 4 a, ff). Dies gilt sowohl für die nach Übernahme der Vormundschaft entstandenen Gründe, aus denen nach § 1889 Abs 1 HS 2 BGB ein unbedingtes Recht auf Entlassung abgeleitet werden kann, als auch für sonstige wichtige Gründe iS des Abs 1 HS 1. Ob daraus, dass der Vormund nach dem Eintritt der Tatsachen, auf die er seinen Entlassungsantrag stützt, längere Zeit verstreichen lässt, auf ein geringeres Gewicht seiner Gründe geschlossen werden kann, hängt von den Umständen des Einzelfalls ab.

II. Entlassung des Jugendamts oder des Vereins auf ihren Antrag (Abs 2)

1. Entlassung nach Abs 2 S 1

13 § 1889 Abs 2 BGB ergänzt die Regelung des § 1887 BGB, welche gleichfalls schon die Entlassung des Jugendamts oder des Vereins aus dem Amt des Vormunds vorsieht, die aber primär das **Interesse des Mündels** im Auge hat, während bei § 1889 BGB in Abs 1 und 2 das Interesse des Vormunds im Vordergrund steht (s MünchKomm/Spickhoff Rn 7; zur Konkurrenz der beiden Bestimmungen s auch Göppinger FamRZ 1970, 57, 62).

a) Historie

14 Das NEhelG übernahm in § 1889 Abs 2 BGB die Bestimmung des § 45 JWG, nach der das Vormundschaftsgericht das Jugendamt auf seinen Antrag als Amtsvormund zu entlassen und einen Einzelvormund zu bestellen hatte, soweit dies dem Wohl des Mündels nicht entgegenstand; Gleiches galt nach § 53 Abs 4 JWG für den Verein als Vormund. Die Begründung des RegE zum NEhelG weist darauf hin, dass bisher für den bestellten Amtsvormund eine den §§ 45, 53 Abs 4 JWG entsprechende Regelung gefehlt habe. Mitunter sei angenommen worden, dass die zur Bestellung des Jugendamts oder des Vereins zum Vormund erforderliche Einwilligung jederzeit widerruflich sei und der Vormund im Falle des Widerrufs entlassen werden müsse. Durch die Übernahme der Vormundschaft werde jedoch eine Bindung geschaffen, deren sich das Jugendamt oder der Verein nicht ohne Weiteres und nicht jederzeit etwa zum Schaden des Mündels entledigen könne. In dem neuen Abs 2 S 1 des § 1889 BGB werde deshalb als Voraussetzung der Entlassung festgelegt, dass eine andere als Vormund geeignete Person vorhanden sein müsse und die Entlassung auch im Übrigen dem Wohl des Kindes nicht entgegenstehen dürfe (BT-Drucks V/2370, 88).

b) Vorhandensein einer anderen Person

15 Wie in § 1887 Abs 1 BGB ist auch in § 1889 Abs 2 S 1 BGB für die Entlassung des Jugendamts oder des Vereins vorausgesetzt, dass eine andere als Vormund geeignete Person vorhanden ist (vgl BayObLG FamRZ 1984, 205, 207; FamRZ 1990, 562 [LS] =

Rpfleger 1990, 20; s auch DIV-Gutachten DAVorm 1987, 747, 750). Unter den Begriff der „Person" fallen natürliche Personen; nicht erfasst wird der Fall des Wechsels von der Amtsvormundschaft in die Vormundschaft eines Vereins (§ 1887 Rn 6 f).

Welche Person iSv § 1889 Abs 2 BGB geeignet ist, hängt von einer **Eignungsprüfung nach § 1779 BGB** ab; ob sie das Amt ehrenamtlich oder berufsmäßig ausübt, kann insoweit nicht maßgebend sein. Auch der Normwortlaut von § 1889 Abs 2 BGB gibt für eine solche Einschränkung nichts her. Etwas anderes ergibt sich aber mit Blick auf die Regelung der §§ 1791a und b BGB, die beide den Vorrang auf den ehrenamtlichen Einzelvormund beschränken (insoweit zu Recht DIJuF-Rechtsgutachten JAmt 2010, 437, 438), es sei denn, man folgt insoweit der Ansicht, die schon de lege lata bei Geeignetheit auch dem Berufsvormund Vorrang vor dem Jugendamt/Verein einräumt (dazu § 1791b Rn 13). Angesichts dieser Diskrepanzen besteht Reformbedarf, der sich für § 1889 BGB nur dann erledigt, wenn man das Adjektiv „ehrenamtlich" in §§ 1791a und b BGB streicht (zum Reformbedarf § 1791a Rn 14, § 1791b Rn 19). 16

c) Vereinbarkeit mit dem Mündelwohl

Darüber hinaus darf das **Mündelwohl** dem Wechsel von Jugendamt bzw Verein als Vormund zu einem Einzelvormund **nicht entgegenstehen**. Demgegenüber verlangt die Entlassung nach § 1887 BGB eine positive Kindeswohlprüfung. Dahinter steckt der Gedanke, dass im erstgenannten Fall das Interesse des Vormunds, im zweiten das des Mündels im Vordergrund steht (oben Rn 13); nur bei der Auswahl des neuen Vormunds stehen in beiden Fällen die Interessen des Mündels im Vordergrund (MünchKomm/Spickhoff Rn 7; zur Notwendigkeit einer einheitlichen Ausrichtung der Prüfungsmaßstäbe für die Entlassung des Amtsvormunds bzw des Vereins als Vormund näher Staudinger/Veit [2014] Rn 24). 17

Das Mündelwohl kann der Entlassung des Amtsvormunds entgegenstehen, wenn noch die Feststellung der Vaterschaft und die Geltendmachung von Unterhaltsansprüchen ausstehen oder wenn der Mündel seinen gewöhnlichen Aufenthalt in den Bereich eines anderen Jugendamts verlegt, soweit zwischen dem Mündel und dem bisherigen Amtsvormund ein besonderes Vertrauensverhältnis bestand (vgl MünchKomm/Spickhoff Rn 7; Palandt/Götz Rn 2; enger OLG Dresden 12. 2. 2019 – 18 WF 1304/18, juris Rn 19, FamRZ 2019, 990, 991;„schwerwiegende, das Kindeswohl erheblich berührende Gründe"). Im letzteren Fall kann das bestellte Jugendamt zwar schon nach § 87c Abs 3 S 3 SGB VIII beim Familiengericht einen Antrag auf Entlassung stellen (näher dazu § 1887 Rn 18 ff). Das Gericht ist an diesen Antrag aber nicht gebunden, sondern hat seine Entscheidung nach §§ 1887, 1889 BGB allein am Kindeswohl auszurichten (DIJuF-Rechtsgutachten JAmt 2013, 644), mit der Folge, dass auch in diesem verwaltungsinternen Verfahren das Wohl des Mündels der Entlassung des Jugendamts entgegensteht, wenn zwischen dem Mündel und dem Mitarbeiter/der Mitarbeiterin des zunächst bestellten Jugendamts ein besonders enges und vertrauensvolles Verhältnis entstanden ist und der Fortführung der Vormundschaft keine Schwierigkeiten entgegenstehen (LG Essen DAVorm 1995, 1068; s auch LG Flensburg DAVorm 1998, 830 u OLG Dresden JAmt 2001, 492; DIJuF-Rechtsgutachten JAmt 2013, 644). Dies dürfte zu verneinen sein, wenn der bisherige Vormund infolge eines Aufenthaltswechsels des Mündels in den Bereich eines anderen Jugendamtes seiner Pflicht zum Regelkontakt nicht mehr nachkommen kann und keine Anhaltspunkte ersichtlich sind, dass der Mündel den Vormundswechsel psychisch nicht verkraften kann (OLG Dresden 12. 2. 2019 – 18 WF 1304/18, juris Rn 23 f, FamRZ 2019, 990, 991). 18

2. Entlassung aus wichtigem Grund (Abs 2 S 2)

19 Ein **Verein** ist nach § 1889 Abs 2 S 2 BGB auf seinen Antrag auch dann zu entlassen, wenn ein wichtiger Grund vorliegt. Die **amtliche Begründung des NEhelG**, das diese Bestimmung neu eingefügt hat, erkennt an, dass ein Verein Vormundschaften nur im Rahmen seines Mitgliederbestandes und der ihm zur Verfügung stehenden Mittel übernehmen kann. Bei einer nachträglichen erheblichen Änderung, etwa einer wesentlichen Verringerung der Zahl der Mitglieder, müsse der Verein eine Möglichkeit haben, eine Herabsetzung der Zahl der von ihm geführten Vormundschaften oder sogar eine gänzliche Befreiung von diesen zu erreichen (BT-Drucks V/2370, 88).

20 Als **wichtiger Grund** iS dieser Vorschrift wird angesehen, wenn der Verein seine Einwilligung iSv § 1791a Abs 1 S 2 aE BGB noch auf der Grundlage der Rechtsprechung zu § 67a FGG erteilt hat, wonach der Verein einen Vergütungsanspruch hat, und zwar unabhängig davon, ob der Verein selbst oder ein Mitarbeiter persönlich zur Führung der Vormundschaft bestellt worden ist (BGH FamRZ 2007, 900, 901; näher unter § 1791a Rn 34). Der BGH hat diese Rechtsprechung inzwischen dahingehend geändert, dass ein Verein, der zum Vormund bestellt wurde, nach § 1836 Abs 3 BGB keinen Anspruch auf Vergütung und Auslagenersatz hat; werde dagegen der Mitarbeiter eines nach § 1791a BGB, § 54 Abs 1 SGB VIII zur Führung von Vormundschaften geeigneten Vereins zum Vormund bestellt und der Mitarbeiter dort ausschließlich oder teilweise als Vormund tätig, könne der Verein analog § 7 VBVG eine Vergütung und Aufwendungsersatz verlangen (BGH FamRZ 2011, 1394, 1396 m krit Anm Bienwald u zust Anm Fröschle; bestätigt in BGH 13. 3. 2013 – XII ZB 398/12, juris Rn 10 ff, FamRZ 2013, 946, 947 = NJW 2013, 1598). Durch diese Rechtsprechungsänderung entfällt nach zum Teil vertretener Ansicht die Grundlage für die Einwilligung des Vereins in seine Bestellung nach § 1791a Abs 1 S 2 BGB (OLG Düsseldorf FamRZ 2013, 477) mit der Folge, dass der Verein nach § 1889 Abs 2 S 2 BGB zu entlassen ist. Plädiert wird danach für die Auswahl und Bestellung des Vereinsmitarbeiters zum Vereinsvormund analog § 1897 Abs 2 BGB (OLG Nürnberg 26. 6. 2017 – 7 WF 493/17, juris Rn 17, FamRZ 2018, 112, 113; für eine Vereins-Ergänzungspflegschaft OLG Düsseldorf FamRZ 2013, 477; zu den Forderungen de lege ferenda § 1791a Rn 35).

21 Nach dem Wortlaut und der Stellung der Vorschrift genügt zur Entlassung des Vereins als Vormund das Vorliegen eines wichtigen Grundes. **Nicht mehr geprüft** werden darf, ob das Wohl des Mündels der Entlassung des Vereins entgegensteht (Jansen/Knöpfel, Unehelichengesetz 387; MünchKomm/Spickhoff Rn 7).

Das Familiengericht wird aber die Entlassung des Vereins als Vormund nur dann anordnen können, wenn es **gleichzeitig einen anderen Vormund bestellt**; als letzter Ausweg kommt die Bestellung des Jugendamts nach § 1791b BGB in Betracht.

III. Verfahren

22 Die Entlassungsentscheidung erfolgt immer nur auf Antrag des Vormunds (nach Abs 1 auf Antrag des Einzelvormunds, nach Abs 2 auf Antrag des Jugendamts oder des Vereins als Vormund). Die Entscheidung ergeht durch das Familiengericht; funktionell zuständig ist nach §§ 3 Nr 2 Buchst a, 14 RPflG der **Rechtspfleger**.

Liegen die Voraussetzungen von Abs 1 oder Abs 2 vor, so **hat** das Familiengericht den Vormund zu entlassen; die Entscheidung steht also nicht im Ermessen des Gerichts (BGH 13. 3. 2013 – XII ZB 398/12, juris Rn 7, FamRZ 2013, 946, 947) 23

Wird der Antrag eines bestellten Einzelvormunds oder des Vereins bzw des Jugendamts auf Entlassung abgelehnt, so steht dem Antragsteller die Möglichkeit der **Beschwerde** nach § 59 Abs 2 FamFG zu. Die Beschwerdeberechtigung des Mündels ergibt sich aus §§ 59, 60 FamFG; eine seine Person betreffende Angelegenheit liegt dabei bei Ablehnung des Antrags wie auch bei Entsprechung desselben vor (zu letzterem Fall Keidel/Meyer-Holz § 60 FamFG Rn 10). 24

IV. Pflegschafts- und Betreuungsrecht

Auf die Ergänzungspflegschaft findet die Vorschrift entsprechende Anwendung (§ 1915 Abs 1 S 1 BGB), nicht aber auf das Betreuungsrecht (arg e § 1908i Abs 1 S 1 BGB). Hier greift die Sonderregel des § 1908b Abs 2 BGB (näher dazu Staudinger/Bienwald [2017] § 1908b Rn 76 ff). 25

§ 1890
Vermögensherausgabe und Rechnungslegung

Der Vormund hat nach der Beendigung seines Amts dem Mündel das verwaltete Vermögen herauszugeben und über die Verwaltung Rechenschaft abzulegen. Soweit er dem Familiengericht Rechnung gelegt hat, genügt die Bezugnahme auf diese Rechnung.

Materialien: E I § 1700 Abs 1, 2; II § 1736; III § 1866; Mot IV 1186; Prot IV 819. Neugefasst durch Bekanntmachung v 2. 1. 2002 (BGBl I 42); S 2 geändert durch Art 50 Nr 44 nach Maßgabe von Art 111 FGG-RG v 17. 12. 2008 (BGBl I 2586) mit Wirkung v 1. 9. 2009.

Schrifttum

Bienwald, Zur Bedeutung des § 1857a BGB für die Rechnungslegung am Amtsende eines Betreuers (zugleich Anmerkung zu LG Hechingen, Urteil v. 1. 12. 2015 – 2 O 120/15 –, BtPrax 2016, 158), RpflStud 2018, 15

Wesche, Rechenschaftspflicht am Ende einer befreiten Vormundschaft, Rpfleger 1986, 44 = DAVorm 1987, 167.

Systematische Übersicht

Alphabetische Übersicht

I. Allgemeines

§ 1890 BGB regelt die Pflichten, die den Vormund hinsichtlich des von ihm verwalteten Vermögens des Mündels nach Beendigung seines Amtes (§§ 1886–1889 BGB) treffen, namentlich die **Herausgabepflicht** und die **Rechenschaftspflicht**. Beide Pflichten erstrecken sich nur auf das vom Vormund, nicht auf das von einem Pfleger verwaltete Vermögen (§ 1909 Abs 1 S 2 BGB). 1

1. Anspruchsnatur

Es handelt sich um **privatrechtliche Ansprüche des Mündels gegen den Vormund**. Deshalb kann das Familiengericht nicht mit Zwangsmitteln einschreiten; insbesondere ist die Androhung und Verhängung von Zwangsgeld gegenüber dem nicht mehr im Amt befindlichen Vormund unzulässig (KGJ 24, 23 = RJA 3, 63; KG OLGE 14, 268 = KGJ 33, A 54; BGH 26. 7. 2017 – XII ZB 515/16, juris Rn 11, FamRZ 2017, 1776, 1777; MünchKomm/Spickhoff Rn 1; Soergel/Zimmermann Rn 3; Erman/Schulte-Bunert Rn 2). 2

2. Anspruchsinhaber

Anspruchsinhaber ist der (ehemalige) Mündel bzw bei dessen Tod sein Rechtsnachfolger (OLG Hamm 20. 2. 2018 – 10 UF 41/17, juris Rn 36, NJOZ 2018, 1285, 1287 betr Betreuung; Palandt/Götz Rn 1). 3

3. Verpflichteter

Die Pflichten aus § 1890 BGB treffen sowohl den **Einzelvormund** als auch den **Amtsvormund** (s dazu § 56 Abs 1 SGB VIII) und den **Verein als Vormund** (OLG Stuttgart Rpfleger 1979, 61; MünchKomm/Spickhoff Rn 14; Soergel/Zimmermann Rn 9; Erman/Schulte-Bunert Rn 9; s auch unten Rn 37). Im Falle der Amtsvormundschaft richten sich die Ansprüche des Mündels gegen die Körperschaft, die das Jugendamt nach § 69 Abs 3 SGB VIII eingerichtet hat, und nicht gegen den Beamten oder Angestellten, der gemäß § 55 Abs 2 SGB VIII die Aufgaben des Vormunds im konkreten Fall wahrnimmt (BGB-RGRK/Dickescheid Rn 13; MünchKomm/Spickhoff Rn 14; Erman/Schulte-Bunert Rn 9). 4

Ist der **Vormund gestorben**, so treffen die Verpflichtungen aus § 1890 BGB seine **Erben**. Sie haben also das Vermögen des Mündels herauszugeben und Rechnung zu legen; da es sich nicht um besondere in der Person der Erben neu entstehende Verbindlichkeiten handelt, sondern nur um gewisse sich aus den allgemeinen Vorschriften ergebende Konsequenzen, ist im Gesetz keine ausdrückliche Regelung enthalten (Mot IV 1185; BGH 26. 7. 2017 – XII ZB 515/16, juris Rn 11, FamRZ 2017, 1776, 1777). 5

6 Ist der Vormund **geschäftsunfähig** geworden oder **in der Geschäftsfähigkeit beschränkt**, so obliegen die in § 1890 BGB genannten Verpflichtungen seinem gesetzlichen Vertreter.

4. Teilbeendigung

7 Die Vorschriften des § 1890 BGB sind entsprechend anzuwenden, wenn nicht das gesamte Amt des Vormunds endigt, sondern nur die Verwaltung des Mündelvermögens oder ein bestimmter Teil davon auf einen Pfleger (§ 1909 BGB) oder Mitvormund (§ 1797 Abs 2 BGB) übergeht (Soergel/Zimmermann Rn 8; MünchKomm/Spickhoff Rn 12; Erman/Schulte-Bunert Rn 10; Palandt/Götz Rn 1 aE; NK-BGB/Fritsche Rn 9).

5. Übergang in Betreuung; Beistandschaft

8 In den Fällen, in denen im Anschluss an die Vormundschaft über einen Minderjährigen, die gemäß § 1882 BGB mit der Volljährigkeit des Mündels endet (§ 1882 Rn 9 ff), für ihn – was nach § 1908a BGB auch schon möglich ist, wenn er das 17. Lebensjahr vollendet hat – **Betreuung** angeordnet und der bisherige Vormund als Betreuer mit der Aufgabe der Vermögensverwaltung bestellt wird, entfällt die Pflicht zur Vermögensherausgabe; die Verzeichnung des Vermögensbestandes und Rechnungslegung für den Zeitraum der bisher geführten Vormundschaft bleiben aber geboten (ebenso MünchKomm/Spickhoff Rn 13; Erman/Schulte-Bunert Rn 10; Soergel/Zimmermann Rn 8; Palandt/Götz Rn 1). Dies ergibt sich sinngemäß aus der entsprechenden Anwendung des § 1890 BGB, die § 1908i Abs 1 S 1 BGB vorsieht, und wurde schon nach früherem Recht, vor der Abschaffung der Entmündigung und der durch sie veranlassten Vormundschaft über Volljährige (§ 1896 BGB aF) durch das Betreuungsgesetz, für den Fall angenommen, dass der Vormund eines Minderjährigen wiederum zum Vormund bestellt wurde, wenn der Mündel volljährig wurde, aber entmündigt werden musste. Hierbei sollte es sich zwar um eine neue (von der bisherigen Vormundschaft über den Minderjährigen verschiedene) Vormundschaft handeln, gleichwohl sollte das Vermögen des Mündels nicht an einen dafür zu bestellenden Pfleger heraus- und durch diesen dem neuerdings bestellten Vormund zurückzugeben sein, und es sollte auch nicht der Bestellung eines Pflegers zum Zweck der Rechenschaftsablegung, wohl aber der Verzeichnung des Vermögensbestandes und der Rechnungslegung bedürfen (s dazu Staudinger/Engler[10/11] § 1882 Rn 11 mwNw; Dölle § 137 I 1).

9 Auch im Zuge der kraft Gesetzes gemäß Art 223 EGBGB erfolgten Umwandlung der bestehenden gesetzlichen Amtspflegschaften (§§ 1706, 1709 BGB aF) in **Beistandschaften** (§§ 1712–1717 BGB) brauchte das Jugendamt aufgrund gleichbleibenden Aufgabenkreises nicht nach § 1890 BGB eine Schlussrechnung einzureichen und die Bescheinigung (Bestallungsurkunde) zurückzugeben (OLG Hamm FamRZ 1999, 1456 = DAVorm 1999, 634; LG Osnabrück FamRZ 1999, 48 = DAVorm 1998, 941; LG Gießen DAVorm 1999, 140; BayObLG NJW-RR 2000, 4 = Rpfleger 2000, 13 = FamRZ 2000, 1242 [LS]; **aA** LG Essen NJWE-FER 1999, 124; FamRefK/Sonnenfeld Art 223 EGBGB Rn 14).

6. Insolvenz des Vormunds

10 Soweit der Vormund Gegenstände besitzt, die nicht ihm, sondern dem Mündel gehören, hat der Mündel ein **Aussonderungsrecht** (§§ 47, 48 InsO). Ansprüche des

Mündels aus der Verwaltungstätigkeit des Vormunds sind Forderungen ohne Vorrecht, die gemäß § 174 InsO beim Insolvenzverwalter anzumelden sind. Am Insolvenzverfahren nehmen die persönlichen Gläubiger teil, die einen (schuldrechtlichen) Vermögensanspruch gegen den Schuldner haben (§ 38 InsO).

Die Verpflichtung zur Ablegung der **Rechenschaft** verbleibt auch im Falle einer Insolvenz des Vormunds bei diesem und geht nicht auf den Insolvenzverwalter über (MünchKomm/Spickhoff Rn 11; Soergel/Zimmermann Rn 6; zu den Gründen für ein Absehen von einer besonderen Regelung s Mot IV 1185 f sowie die Ausführungen in Staudinger/Engler [2004] Rn 19). 11

II. Pflicht zur Herausgabe

1. Gegenstand des Herausgabeanspruchs

Der Vormund ist verpflichtet, das verwaltete Vermögen herauszugeben (Mot IV 1184 ff), dh den Besitz des Vermögens auf den unbeschränkt geschäftsfähig gewordenen Mündel oder dessen Rechtsnachfolger oder neuen gesetzlichen Vertreter (zB an den Annehmenden, wenn die Vormundschaft durch Annahme des Mündels als Kind ihr Ende gefunden hat) zu übertragen. Hierbei maßgeblich ist der Besitz des Vormunds bei Beendigung seines Amtes, nicht dagegen zum Zeitpunkt des Herausgabeverlangens (so zur Nachlasspflegschaft OLG Dresden ZEV 2000, 402, 404 sowie OLG Brandenburg NJW-RR 2008, 95, 96 u ZFE 2008, 198 [LS]; Palandt/Götz Rn 1). Soweit der Mündel mit anderen gesamtberechtigt ist, kann nur an alle Berechtigten gemeinschaftlich herausgegeben werden (Dölle § 137 I 1; MünchKomm/Spickhoff Rn 2; Erman/Schulte-Bunert Rn 1; Palandt/Götz Rn 1). Die Herausgabe von Vermögensgegenständen an Dritte lässt die Herausgabepflicht des Vormunds nicht entfallen (OLG Dresden ZEV 2000, 402, 404; OLG Brandenburg NJW-RR 2008, 95, 96 m zust Anm Rogler ErbR 2008, 263, jeweils zur Nachlasspflegschaft; Palandt/Götz Rn 1). 12

Bei Forderungen und hinterlegten Werten kommt nur die Herausgabe der Urkunden (Schuldscheine, Sparbücher, Hinterlegungsscheine und dergleichen) in Frage. Die Herbeiführung der Beseitigung des Sperrvermerks (§§ 1809, 1815, 1816 BGB) ist Sache des Mündels, dem das Familiengericht zu diesem Zweck eine Bestätigung über die Beendigung der Vormundschaft zu erteilen hat (Soergel/Zimmermann Rn 2; Erman/Schulte-Bunert Rn 2b; MünchKomm/Spickhoff Rn 3; Palandt/Götz Rn 2). 13

2. Verzeichnis des Vermögensbestandes

Nach der allgemeinen Vorschrift des § 260 Abs 1 BGB hat der Vormund aufgrund seiner Herausgabepflicht dem Mündel (oder dessen jetzigem gesetzlichem Vertreter oder Rechtsnachfolger) ein Verzeichnis des Vermögensbestandes vorzulegen. Er kann dabei an das nach § 1802 BGB errichtete Verzeichnis anknüpfen (s auch §§ 1842 S 1, 1854 Abs 2 BGB). Besteht Grund zu der Annahme, dass das Verzeichnis nicht mit der erforderlichen Sorgfalt aufgestellt worden ist, und handelt es sich nicht – wegen Geringfügigkeit des Vermögens – um eine Angelegenheit von geringer Bedeutung, so hat der Vormund auf Verlangen zu Protokoll an Eides statt zu versichern, dass er nach bestem Willen den Bestand so vollständig angegeben habe, als er dazu imstande sei (§ 260 Abs 2 und 3 iVm § 259 Abs 3 BGB; Mot IV 1184; s auch § 261 14

BGB, ferner § 889 ZPO, §§ 410 Nr 1, 413 FamFG; MünchKomm/Spickhoff Rn 3; Soergel/Zimmermann Rn 2; Erman/Schulte-Bunert Rn 3).

3. Rechte des Vormunds

15 Hat der Vormund einen auf der Verwaltung des Mündelvermögens beruhenden Anspruch gegen den Mündel (insbesondere nach §§ 1835, 1835a, 1836 BGB), so steht ihm das **Zurückbehaltungsrecht** nach Maßgabe der §§ 273, 274 BGB zu (vgl zur Entnahme der dem Nachlasspfleger zustehenden Vergütung aus dem von ihm nach § 1890 BGB herauszugebenden Nachlassvermögen BGH FamRZ 2006, 411). Ein solches Zurückbehaltungsrecht darf aber nicht übermäßig ausgedehnt werden; eine Leistung von hohem Wert darf, wie es in § 320 Abs 2 BGB für gegenseitige Verträge ausgesprochen ist, nicht wegen einer verhältnismäßig geringfügigen Leistung zurückbehalten werden (RGZ 61, 128, 133; Staudinger/Bittner/Kolbe [2019] § 273 Rn 101). Deshalb kann der Vormund nicht wegen geringfügiger Gegenansprüche das ganze Mündelvermögen, sondern allenfalls einen angemessenen Teil davon zurückbehalten (MünchKomm/Spickhoff Rn 5; Soergel/Zimmermann Rn 4; Erman/Schulte-Bunert Rn 3b; Palandt/Götz Rn 1; NK-BGB/Fritsche Rn 3).

16 Der Anspruch des Vormunds auf Erteilung einer **Quittung** ergibt sich aus § 368 BGB; einer gesonderten Bestimmung bedurfte es deshalb nicht (Mot IV 1189).

4. Durchsetzung des Herausgabeanspruchs

17 Verweigert der Vormund die Herausgabe, so muss der Mündel oder sein jetziger gesetzlicher Vertreter oder Rechtsnachfolger vor dem Prozessgericht **Klage** auf Herausgabe gegen den Vormund erheben (KG JW 1939, 351; LG Hannover Rpfleger 1987, 247). Er kann diese gemäß § 254 ZPO mit der Klage auf Auskunft und Rechnungslegung verbinden.

18 Hinsichtlich der **Beweislast** bei Ansprüchen des Mündels auf Herausgabe oder Entschädigung gelten die allgemeinen Grundsätze (Mot IV 1184, 748). Behauptet also der Vormund, einzelne Vermögensgegenstände nicht herausgeben zu können, weil sie untergegangen oder nie vorhanden gewesen seien, so hat der Mündel zu beweisen, dass sie in den Besitz des Vormunds gelangt oder schuldhaft (§ 1833 BGB) nicht von ihm in Besitz genommen worden sind; zur Erleichterung dieses Beweises dient die Aufnahme des Gegenstandes in das gemäß § 1802 BGB eingereichte Verzeichnis. Ist dieser Beweis gelungen, so hat der Vormund nachzuweisen, dass der Untergang des Gegenstandes ohne sein Verschulden eingetreten ist.

19 Das Vermögen des Mündels ist in dem Zustand herauszugeben, der einer bis zur Herausgabe fortdauernden ordnungsmäßigen Verwaltung entspricht. Erhebt der Mündel oder sein gesetzlicher Vertreter oder Rechtsnachfolger **Ersatzansprüche** wegen Verschlechterung einzelner Vermögensstücke, so hat der Kläger den Beweis des behaupteten ursprünglichen Zustandes zu führen, während dem Vormund der Nachweis obliegt, dass die Verschlechterung ohne sein Verschulden (§ 1833 Abs 1 S 1 BGB) eingetreten sei.

20 Vom Eintritt der Rechtshängigkeit an trifft den Vormund die verschärfte **Haftung** gemäß § 292 BGB.

III. Pflicht zur Rechenschaftsablegung

21 Die Pflicht, über seine Verwaltung Rechenschaft abzulegen, obliegt dem Vormund gegenüber dem Mündel; sie hat **privatrechtlichen Charakter**, und ihre Erfüllung muss notfalls vor dem ordentlichen Gericht eingeklagt werden (BGH 26. 7. 2017 – XII ZB 515/16, juris Rn 11, FamRZ 2017, 1776, 1777; MünchKomm/Spickhoff Rn 1; zur Durchsetzung s Rn 39 ff).

22 Im Gegensatz zu den **Eltern**, die dem Kind zum Ende ihrer Vermögenssorge nur auf Verlangen über die Verwaltung seines Vermögens Rechenschaft abzulegen brauchen (§ 1698 Abs 1 BGB), trifft den Vormund in jedem Fall kraft Gesetzes die Verpflichtung, über die Verwaltung des Mündelvermögens nach Beendigung seines Amtes Rechenschaft abzulegen (zu den Gründen der beschränkten Pflicht der Eltern Staudinger/Coester [2019] § 1698 Rn 7).

1. Gegenstand der Rechenschaftspflicht

a) Abgrenzung von der Pflicht zur Rechnungslegung nach §§ 1840 ff

23 Die in § 1890 BGB statuierte Pflicht des Vormunds, nach Beendigung seines Amtes über die Verwaltung Rechenschaft abzulegen, unterscheidet sich von der Pflicht zur Rechnungslegung nach §§ 1840 ff BGB. Sie beschränkt sich nicht auf den rechnerischen Nachweis der einzelnen Verwaltungsmaßnahmen; vielmehr deutet die Wortfassung des § 1890 BGB darauf hin, dass der Vormund mit einem Überblick über seine gesamte Verwaltungstätigkeit neben der bloßen Rechnungslegung (dazu unter Rn 26 ff; zum Inhalt der Rechnungslegung vgl § 1841 Rn 3 ff) auch deren **sachliche Rechtfertigung** (zur Rechenschaft näher unter Rn 30 ff) darzutun gehalten ist (**aA** LG Hechingen 1. 12. 2015 – 2 O 120/15, juris Rn 23, FamRZ 2016, 1011, 1012 = NZFam 2016, 93 mit krit Anm Papenmeier u Bienwald RpflStud 2018, 15; zur Bedeutung der Begriffe Rechnungslegung und Rechenschaftsablegung OLG Düsseldorf DAVorm 1982, 209 u Wesche Rpfleger 1986, 44 = DAVorm 1987, 167; s auch OLG Schleswig FamRZ 2006, 574, 575).

24 Des Weiteren hat die Rechnungslegung nach §§ 1840 ff BGB – zusammen mit einem Bericht des Vormunds über die persönlichen Verhältnisse des Mündels – im Regelfall jährlich zu erfolgen; die nach § 1890 BGB abzulegende Rechenschaft erstreckt sich dagegen **über die gesamte Zeit**, in der der Vormund das Vermögen des Mündels verwaltet hat (OLG Koblenz 12. 5. 2016 – 1 W 161/16, juris Rn 12 f, FamRZ 2016, 2032, 2033; LG Mainz 7. 8. 2017 – 8 T 186/171, juris Rn 13, Rpfleger 2017, 704, 705).

25 Die in §§ 1840 ff BGB geregelte Verpflichtung hat der Vormund gegenüber dem **Familiengericht** zu erfüllen, das ihn, wenn nötig, durch Zwangsgeld nach § 1837 Abs 3 BGB hierzu anhalten kann. Dagegen besteht die Pflicht des Vormunds zur Rechenschaftslegung nach § 1890 BGB dem **Mündel** bzw seinem Rechtsnachfolger gegenüber (vgl schon Rn 2, 3; s auch OLG Koblenz 12. 5. 2016 – 1 W 161/16, juris Rn 13, FamRZ 2016, 2032, 2033; LG Saarbrücken BtPrax 2009, 195, 197; zur Kontrollfunktion des Familiengerichts nach Beendigung des Vormundsamts s Rn 40 sowie § 1892 Rn 2, 13 f).

b) Rechnungslegung

26 Da der Vormund über eine mit Einnahmen und Ausgaben verbundene Verwaltung Rechenschaft abzulegen hat, gelten für ihn die Bestimmungen des **§ 259 BGB**. Danach hat der Vormund dem Mündel eine die geordnete Zusammenstellung der Einnahmen und Ausgaben enthaltende Rechnung mitzuteilen und, soweit Belege erteilt zu werden pflegen, Belege vorzulegen (§ 259 Abs 1 BGB). Die Abrechnung muss die Einnahmen und Ausgaben schriftlich so klar und übersichtlich darstellen, dass das Familiengericht einen Überblick über alle Vorgänge erhält; die bloße Vorlage von Unterlagen und Belegen, aus denen das Familiengericht sich selbst eine Übersicht erarbeiten muss, genügt nicht (BayObLG Rpfleger 2001, 74 = FamRZ 2001, 934 [LS]; LG Münster Rpfleger 2002, 265).

27 Zur Rechnungslegung nach § 259 Abs 1 BGB bedarf es nicht notwendig einer Rechnung, die alle Vorgänge zeitlich geordnet in der Urkunde zusammenfasst. Vielmehr genügt es jedenfalls dann, wenn die Aufgabe des Vormunds im Wesentlichen in der Verwaltung eines Geldvermögens und nicht bebauten Grundbesitzes sowie in der Verwahrung sonstiger Vermögenswerte bestanden hat und die zu berichtenden Vorgänge über Bankkonten abgewickelt worden sind, dass der Vormund zum Abschluss seiner Amtsführung zusammen mit den zeitlich geordneten Kontoauszügen und den zugehörigen Belegen eine nach Kalender- und Rechnungsjahren unterteilte **Übersicht über die Entwicklung des Mündelvermögens** während seiner Amtszeit vorlegt (OLG Düsseldorf FamRZ 1996, 374; s auch LG Mainz 7. 8. 2017 – 8 T 186/171, juris Rn 13, Rpfleger 2017, 704, 705).

28 Zur Erleichterung gestattet § 1890 S 2 BGB die Bezugnahme auf die dem Familiengericht vom Vormund gemäß §§ 1840 ff BGB vorgelegten Jahresrechnungen (KG OLGE 14, 267, 271; KGJ 33, A 54, 63; KG Recht 1909 Nr 693; s auch OLG Kiel OLGE 36, 221), vorausgesetzt, die frühere Rechnungslegung hat ihrerseits den gesetzlichen Anforderungen entsprochen (LG Münster Rpfleger 2002, 265). Macht der Vormund von der Möglichkeit der Bezugnahme Gebrauch, kann man – wenn nicht konkreter Anlass besteht – nicht von ihm verlangen, dass er die diesen Jahresrechnungen beigefügten Belege noch einmal vorlegt (s zu der vom Jugendamt als Amtsvormund zu legenden Schlussrechnung auch DIV-Gutachten DAVorm 1982, 151 u 152).

Der Mündel ist durch die **Bezugnahme auf die Jahresrechnungen** allerdings nicht daran gehindert, selbige zu beanstanden und den Vormund dadurch zu verpflichten, sich mittels zusätzlicher Erklärungen zu rechtfertigen; dies gilt auch dann, wenn das Familiengericht die Rechnungen zuvor nicht beanstandet hatte (OLG Schleswig FamRZ 2006, 574, 575; OLG Karlsruhe FamRZ 2004, 1601, 1602; BGB-RGRK/Dickescheid Rn 8; Soergel/Zimmermann Rn 5; MünchKomm/Spickhoff Rn 8; Palandt/Götz Rn 3).

29 Zu Gunsten des Vormunds wird man auch **§ 1841 Abs 2 BGB** anwenden können, der als Rechnung, soweit sie sich auf ein Erwerbsgeschäft mit kaufmännischer Buchführung bezieht, einen aus den Büchern gezogenen **Jahresabschluss** genügen lässt (KGJ 37, A 110; MünchKomm/Spickhoff Rn 8).

c) Rechenschaft

30 Der Vormund ist über die Rechnungslegung hinaus verpflichtet, **Auskunft** zu erteilen und sich hinsichtlich vorgenommener oder unterlassener Vermögensdispositionen zu

rechtfertigen, wobei die Grundsätze von Treu und Glauben maßgebend sind und auch begrenzend wirken (BGB-RGRK/DICKESCHEID Rn 7, 9). So bedarf nicht jede Vermögensdisposition, deren Notwendigkeit oder Zweckmäßigkeit unter Umständen evident ist, detaillierter Aufklärung und Rechtfertigung (BGB-RGRK/DICKESCHEID Rn 9). Hat sich etwa die Tätigkeit eines Jugendamts vorwiegend auf die Verwaltung von Renten bezogen, ist es also nach früherem Recht als Amtspfleger nur im Rahmen des § 1706 Nr 2 BGB aF tätig gewesen, hat es zwar eine Schlussrechnung gemäß § 1890 BGB zu legen (OLG Frankfurt Rpfleger 1980, 18 = DAVorm 1980, 149); es genügt aber die Vorlage einer geordneten, verständlichen, für den Mündel oder seinen Vertreter **nachprüfbaren Abrechnung**. Diese und auch der ergänzende Auskunftsanspruch dienen dem Mündel als Grundlage für die Entscheidung, ob der Vormund entlastet werden kann oder ob er wegen etwaiger Pflichtverletzungen auf Schadensersatz in Anspruch genommen werden muss (OLG Schleswig FamRZ 2006, 574, 575; LG Berlin DAVorm 1980, 55; LG Tübingen DAVorm 1989, 714).

War **kein nennenswertes Vermögen** zu verwalten, so kann sich die vom Vormund abzugebende Erklärung auf diese Tatsache beschränken. Beruht dagegen die am Ende der Verwaltungstätigkeit des Vormunds bestehende Vermögenslosigkeit des Mündels auf Verlusten, die während der Verwaltung eingetreten sind, so muss der Vormund diese Vorgänge und ihre Ursachen darstellen. 31

In entsprechender Anwendung des § 666 BGB ist anzunehmen, dass der Vormund auch verpflichtet ist, über **noch nicht erledigte Geschäfte** die erforderlichen Aufschlüsse zu geben (MünchKomm/SPICKHOFF Rn 7; ERMAN/SCHULTE-BUNERT Rn 5a; NK-BGB/FRITSCHE Rn 6; vgl zur entsprechenden Anwendbarkeit des Auftragsrechts OLG Karlsruhe FamRZ 2004, 1601). 32

Für einen **Zeitraum**, in dem der zur Schlussrechnung verpflichtete Vormund **nicht Vormund** war, braucht er auch nicht Rechenschaft abzulegen, doch wird er darzutun haben, dass er gegenüber seinem Vorgänger bei der von diesem bewirkten Vermögensherausgabe und Rechenschaftsablegung die Rechte des Mündels gewahrt hat. 33

Besteht Grund zu der Annahme, dass die in der Rechnung enthaltenen Angaben über die Einnahmen nicht mit der erforderlichen Sorgfalt gemacht worden sind, und handelt es sich nicht um eine Angelegenheit von geringer Bedeutung, so hat der Vormund nach § 259 Abs 2 und 3 BGB auf Verlangen des Mündels zu Protokoll **an Eides statt zu versichern**, dass er nach bestem Wissen die Einnahmen so vollständig angegeben habe, als er dazu imstande sei. 34

Endet im Falle gemeinschaftlich geführter **Mitvormundschaft** (§ 1797 Abs 1 S 1 BGB) das Amt nur eines Mitvormunds, während der verbleibende die Vormundschaft nunmehr als Einzelvormund weiterführt, so ist letzterer an der Entgegennahme der Rechenschaftsablegung gehindert, umfasst diese doch zwingend auch seine eigene Amtsführung; es bedarf daher zur Erfüllung dieser Pflicht der Bestellung eines Ergänzungspflegers nach § 1909 Abs 1 S 1 BGB (SOERGEL/ZIMMERMANN Rn 1; BGB-RGRK/DICKESCHEID Rn 9 aE; MünchKomm/SPICKHOFF Rn 7 aE). 35

2. Befreiung des Vormunds, Verzicht

36 Der **Vormund kann von der Rechenschaftspflicht** gemäß § 1890 BGB **nicht** durch Anordnung der Eltern des Mündels **befreit werden** (Mot IV 1186; vgl § 1854 BGB u § 1854 Rn 1), auch nicht durch einen Dritten, etwa bei einer Vermögenszuwendung (Erman/Schulte-Bunert Rn 7; MünchKomm/Spickhoff Rn 9; Wesche Rpfleger 1986, 44 = DAVorm 1987, 167; **aA** hinsichtlich zuwendender Dritter BGB-RGRK/Dickescheid Rn 11 aE).

Ihm obliegt die umfassende Rechenschaftspflicht gegenüber dem Mündel nach S 1 auch dann, wenn er von der regelmäßigen Rechnungslegungspflicht gegenüber dem Gericht während der Dauer seines Amtes nach § 1854 BGB befreit war (Erman/Schulte-Bunert Rn 7; anders LG Hechingen 1. 12. 2015 – 2 O 120/15, juris Rn 24, FamRZ 2016, 1011, 1012 m abl Anm Papenheimer). Die Befreiung führt nur dazu, dass an die Stelle der jährlichen Rechnungslegung die Vorlage eines zwei- bis fünfjährlichen Bestandsverzeichnisses tritt (§ 1854 Abs 2 BGB). Diese Erleichterung greift bei der Schlussrechnung auch im Verhältnis zum Familiengericht (§ 1892 BGB), nicht aber gegenüber dem Mündel. Dieser bzw sein Rechtsnachfolger kann umfassende Schlussrechnungslegung verlangen. Zwar lässt § 1890 S 2 BGB eine Bezugnahme auf eine jährliche Rechnungslegung genügen; diese Regelung setzt aber voraus, dass gegenüber dem Familiengericht auch eine solche gelegt wurde. Entfällt diese jedoch infolge Befreiung, kommt auch die Ausnahme nicht zum Tragen; vielmehr bleibt es beim Grundsatz von § 1890 S 1 BGB (Erman/Schulte-Bunert Rn 7).

37 Auch das Jugendamt als **Amtsvormund** ist von der Pflicht, nach Beendigung seines Amtes über die Verwaltung des Mündelvermögens Rechenschaft abzulegen, nicht befreit; die Bestimmung des § 1857a BGB, die dem Amtsvormund und dem Verein als Vormund ua die in § 1854 BGB vorgesehene Befreiung einräumt, bezieht sich nur auf die Pflicht zur periodischen Rechnungslegung gemäß § 1840 BGB, dagegen nicht auf die in § 1890 BGB vorgesehene Pflicht zur Schlussabrechnung (OLG Frankfurt Rpfleger 1980, 18 = DAVorm 1980, 149; LG Tübingen DAVorm 1989, 714; OLG Düsseldorf FamRZ 1996, 374; OLG Jena FamRZ 2001, 579).

38 Dagegen kann der unbeschränkt geschäftsfähig gewordene Mündel oder sein Rechtsnachfolger auf die Erfüllung der Verpflichtung zur Ablegung der Rechenschaft gemäß § 1890 BGB durch den früheren Vormund **verzichten** (Mot IV 1186; RGZ 115, 368, 370; LG Saarbrücken BtPrax 2009, 195, 197; Gernhuber/Coester-Waltjen § 73 Rn 22; MünchKomm/Spickhoff Rn 9; Erman/Schulte-Bunert Rn 8; Soergel/Zimmermann Rn 7). Wegen der Vertragsnatur eines solchen Verzichts (§ 397 BGB) ist aber hierzu die einfache Mitteilung des ehemaligen Mündels an das Familiengericht, dass er auf Rechenschaftsablegung nicht bestehe, nicht ausreichend (KGJ 23, A 11; LG Saarbrücken BtPrax 2009, 195, 197; s § 1892 Rn 7 f). Zu der Frage, ob und ggf unter welchen Voraussetzungen der neue gesetzliche Vertreter des nicht unbeschränkt geschäftsfähigen Mündels (Vormund, Eltern) in dessen Namen wirksam auf die Legung der Schlussrechnung verzichten kann, vgl die Ausführungen bei § 1892 Rn 9.

3. Durchsetzung des Anspruchs auf Rechenschaftsablegung

39 Die Ablegung der Rechenschaft erfolgt **gegenüber dem volljährig gewordenen Mündel**, eventuell dessen Rechtsnachfolger oder dem neuen gesetzlichen Vertreter; nur

diese haben einen Anspruch auf die Schlussrechnung. Der Vormund hat die Rechnung zwar, wenn ein Gegenvormund vorhanden ist, diesem vorzulegen (§ 1891 Abs 1 BGB) und sie dann dem Familiengericht einzureichen (§ 1892 Abs 1 BGB). Der Gegenvormund ist aber nur Durchgangsstation; er und das Familiengericht sind nicht Adressaten der Schlussrechnung (s § 1891 Rn 11, § 1892 Rn 2).

Dem **Familiengericht** als Kontrollinstanz kommt zwar gemäß § 1892 BGB die Aufgabe zu, vom Vormund die Einreichung einer formal ordnungsmäßigen Rechnung zu verlangen, wozu es diesen auch durch Androhung oder Verhängung von Zwangsgeld anhalten kann (§ 1837 BGB; s dazu § 1892 Rn 11). Die Prüfung durch das Familiengericht beschränkt sich jedoch auf die Einhaltung rein formeller Mindestanforderungen; kommt der Vormund seiner Verpflichtung, Rechenschaft abzulegen, nicht nach oder betrachtet der Mündel die gelegte Rechnung als unrichtig oder ungenügend, so entscheidet über diesen Streit das **Prozessgericht** (OLG Schleswig FamRZ 2006, 574 f; OLG Stuttgart BtPrax 2001, 79, 80 = Rpfleger 2001, 130 [LS]; KG JW 1939, 351 = JFG 19, 47; LG Saarbrücken BtPrax 2009, 195, 197; LG Münster Rpfleger 2002, 265; LG Hannover Rpfleger 1987, 247; Soergel/Zimmermann Rn 5; MünchKomm/Spickhoff Rn 10; dazu auch ausführlich unter § 1892 Rn 13 f). 40

Eine allgemein maßgebende **Frist**, innerhalb derer die Schlussrechnung dem Mündel zugehen müsste, hat das Gesetz nicht festgelegt. Zwar tritt die Verpflichtung zur Ablegung der Rechenschaft nach § 271 Abs 1 BGB sofort mit der Beendigung des vormundschaftlichen Amtes ein; doch bleibt dem Vormund eine angemessene, den Verhältnissen des einzelnen Falles entsprechende Frist, um die ihm obliegende Leistung zu bewirken (Mot IV 1184 f). 41

IV. Pflegschafts- und Betreuungsrecht

§ 1890 BGB findet nach § 1915 Abs 1 S 1 BGB entsprechende Anwendung im Pflegschaftsrecht und nach § 1908i Abs 1 S 1 BGB im Betreuungsrecht. 42

§ 1891
Mitwirkung des Gegenvormunds

(1) Ist ein Gegenvormund vorhanden, so hat ihm der Vormund die Rechnung vorzulegen. Der Gegenvormund hat die Rechnung mit den Bemerkungen zu versehen, zu denen die Prüfung ihm Anlass gibt.

(2) Der Gegenvormund hat über die Führung der Gegenvormundschaft und, soweit er dazu imstande ist, über das von dem Vormund verwaltete Vermögen auf Verlangen Auskunft zu erteilen.

Materialien: E I § 1700 Abs 3; II § 1737 Abs 2; III § 1867; Mot IV 1184; Prot IV 819. Neugefasst durch Bekanntmachung v 2. 1. 2002 (BGBl I 42).

I. Normzweck und Anwendungsbereich

1. Normzweck

1 § 1891 BGB statuiert eine Vorprüfung der dem Vormund nach § 1890 BGB obliegenden Rechnungslegung durch einen Gegenvormund, die der Prüfung des Gerichts nach § 1892 BGB vorgeschaltet ist. Damit wird das **Vieraugenprinzip**, das die periodische Rechnungslegung bestimmt (§ 1842 BGB), auch für die Prüfung der Schlussrechnung eingeführt (BeckOGK/Wentzell [15. 9. 2019] Rn 2).

2. Anwendungsbereich

2 § 1891 Abs 1 BGB greift nur, wenn ein Gegenvormund vorhanden ist; es braucht also, auch wenn ein bedeutendes Mündelvermögen zu verwalten war, nicht eigens zur Prüfung der Schlussrechnung ein Gegenvormund bestellt zu werden (Soergel/Zimmermann Rn 1; MünchKomm/Spickhoff Rn 2). Über die Bedeutung der Worte „wenn ein Gegenvormund vorhanden ist" s Mot IV 1118.

3 Die Norm ist auch anzuwenden, wenn **gleichzeitig** mit dem Amt des Vormunds (insbesondere bei Beendigung der Vormundschaft überhaupt) das Amt des Gegenvormunds **endet**. In den §§ 1891 und 1892 BGB sind – soweit sein Amt nicht fortdauert – nachwirkende Pflichten des Gegenvormunds gegenüber dem Mündel und dem Familiengericht festgelegt.

II. Die Prüfung der Schlussrechnung (Abs 1)

4 Die in § 1891 Abs 1 BGB geregelte Prüfpflicht des Gegenvormunds besteht sowohl gegenüber dem Mündel als auch dem Familiengericht. Sie beruht auf seiner Aufgabe, die Verwaltung des Mündelvermögens durch den Vormund zu überwachen (§ 1799 BGB); dass der Schwerpunkt der Tätigkeit des Gegenvormunds im Bereich der Vermögensverwaltung liegt, ergibt sich aus § 1792 Abs 2 BGB. Seine Pflicht zur Prüfung der Schlussrechnung entspricht weitgehend seiner in § 1842 BGB festgelegten Pflicht zur Prüfung der vom Vormund in der Regel jährlich aufzustellenden Jahresrechnungen. Anders als bei diesen braucht der Vormund nach § 1891 BGB dem Gegenvormund aber nicht den Vermögensbestand nachzuweisen; vielmehr muss er das Vorhandensein des Vermögens nur dem Mündel nachweisen (MünchKomm/Spickhoff Rn 2; Erman/Schulte-Bunert Rn 1; Soergel/Zimmermann Rn 1), da er diesem gegenüber nach § 1890 BGB auch zur Herausgabe des verwalteten Vermögens verpflichtet ist (Erman/Schulte-Bunert Rn 1).

5 Der Gegenvormund darf die ihm vom Vormund vorgelegte Rechnung nicht ohne eine **eigene Äußerung** an den Vormund zurückgeben (oder an das Familiengericht weiterleiten). Er hat sie vielmehr zu prüfen, sich also gedanklich mit dem Inhalt auseinanderzusetzen und das Ergebnis seiner Prüfung auf der Rechnung oder in einer Anlage dazu niederzulegen (s § 1891 Abs 1 S 2 BGB). Auf diese Weise übernimmt er die – eventuell durch kritische Anmerkungen eingeschränkte – Mitverantwortung für die Schlussrechnung.

6 Das Familiengericht kann den Gegenvormund durch **Maßnahmen nach § 1837 BGB**

zur Erfüllung der ihm nach § 1891 Abs 1 S 2 BGB obliegenden Verpflichtung anhalten (MünchKomm/Spickhoff Rn 3; Erman/Schulte-Bunert Rn 1; NK-BGB/Fritsche Rn 2; Soergel/Zimmermann Rn 1 aE; vgl § 1892 Rn 11).

Über die Mitwirkung des Gegenvormunds bei der Abnahme der Rechnung s § 1892 Abs 2 BGB. 7

III. Die Auskunftspflicht (Abs 2)

Das Recht, vom Gegenvormund nach Abs 2 Auskunft zu verlangen (insbesondere über die Erfüllung der ihm nach § 1799 BGB obliegenden Überwachungspflicht), steht bei Beendigung der Vormundschaft dem volljährig gewordenen **Mündel**, eventuell dem **Rechtsnachfolger** oder dem **jetzigen gesetzlichen Vertreter** des Mündels, bei Fortdauer der Vormundschaft **dem neuen Vormund** zu. Es handelt sich um einen privatrechtlichen Anspruch, der im Wege der Klage erzwingbar ist; § 260 BGB ist in diesem Fall nicht anwendbar (Soergel/Zimmermann Rn 2; NK-BGB/Fritsche Rn 3). 8

Die vom **Gegenvormund** zu erteilende Auskunft bezieht sich zunächst auf die **Führung der Gegenvormundschaft**; der Gegenvormund muss also dartun, was er während seiner gesamten Amtsführung getan hat, um die ihm nach § 1799 Abs 1 BGB obliegenden Pflichten zu erfüllen. Über das vom Vormund verwaltete Vermögen muss er Auskunft erteilen, „soweit er dazu imstande ist"; diese Einschränkung entbindet ihn aber, wenn Unklarheit besteht, nicht von der Pflicht, sich selbst durch Befragen des Vormunds kundig zu machen (§ 1799 Abs 2 BGB). 9

Der Gegenvormund braucht die Auskunft nach § 1891 Abs 2 BGB nur **auf Verlangen** (eines dazu Berechtigten, s oben Rn 8) zu erteilen. Wenn und soweit die Tätigkeit des Gegenvormunds dem Auskunftsberechtigten bekannt ist und die Verwaltung des Mündelvermögens durch den Vormund zu Fragen und Zweifeln keinen Anlass gibt, was in einem solchen Fall auch der Gegenvormund nach § 1891 Abs 1 S 2 BGB bestätigen wird, hätte eine zusätzliche Auskunft des Gegenvormunds keinen Sinn. 10

Ob § 1891 Abs 2 BGB auch dem **Familiengericht** das Recht gibt, vom Gegenvormund Auskunft über seine Amtsführung und über das vom Vormund verwaltete Vermögen zu verlangen und ein solches Verlangen notfalls durch Maßnahmen nach § 1837 BGB durchzusetzen, ist umstritten (dafür Gernhuber/Coester-Waltjen § 73 Rn 19; Erman/Schulte-Bunert Rn 2; dagegen: Soergel/Zimmermann Rn 2; MünchKomm/Spickhoff Rn 4 u 5; BGB-RGRK/Dickescheid Rn 7). Im Ergebnis muss dem Familiengericht das Recht zustehen, ebenso wie vom Vormund auch vom Gegenvormund Rechenschaft über seine Amtsführung zu verlangen. Dieses Recht ist jedoch nicht auf § 1891 Abs 2 BGB, der eine Auskunftspflicht des Gegenvormunds von rein privatrechtlicher Natur festschreibt (s oben Rn 8), sondern auf §§ 1837 Abs 2, 1839 BGB zu stützen (ebenso BGB-RGRK/Dickescheid Rn 7; MünchKomm/Spickhoff Rn 5; Soergel/Zimmermann Rn 2; **aA** NK-BGB/Fritsche Rn 3 Fn 3). Danach hat das Familiengericht über die gesamte Tätigkeit des Vormunds und des Gegenvormunds die Aufsicht zu führen und kann von beiden jederzeit Auskünfte über die Führung der Vormundschaft verlangen; dazu gehört auch der Gegenstand der Auskunftspflicht, die dem Gegenvormund gemäß § 1891 Abs 2 BGB gegenüber dem Mündel obliegt. Das Familiengericht kann jedoch lediglich die Einreichung einer formell ordnungsgemä- 11 ßen Schlussrechnung verlangen (s OLG Schleswig FamRZ 2006, 574, 575; BayObLG Rpfleger 2001, 74, 75 = FamRZ 2001, 934 [LS]; GERNHUBER/COESTER-WALTJEN § 73 Rn 19; ERMAN/SCHULTE-BUNERT Rn 2). Zudem besteht die Auskunftspflicht ausschließlich während der Dauer der Gegenvormundschaft (BGB-RGRK/DICKESCHEID Rn 7; MünchKomm/SPICKHOFF Rn 5). Zwar enden das Recht und die Pflicht des Familiengerichts zur Aufsicht über die Tätigkeit des Vormunds und des Gegenvormunds nicht mit dem Ende der eigentlichen Amtstätigkeit, sondern umfassen auch die Zeit, in der der Vormund und der Gegenvormund noch in Abwicklung ihres Amtes restliche Pflichten zu erfüllen haben (§ 1837 Rn 59 f). Zu diesen restlichen (öffentlich-rechtlichen) Pflichten des Gegenvormunds gehört aber nur die Pflicht zur Rechnungsprüfung gemäß § 1891 Abs 1 BGB (und auch die Mitwirkung bei einer Abnahmeverhandlung gemäß § 1892 Abs 2 S 1 BGB), nicht dagegen die Auskunftspflicht nach § 1891 Abs 2 BGB.

IV. Pflegschafts- und Betreuungsrecht

12 § 1891 BGB findet nach § 1915 Abs 1 S 1 BGB entsprechende Anwendung im Pflegschaftsrecht und nach § 1908i Abs 1 S 1 BGB im Betreuungsrecht.

§ 1892
Rechnungsprüfung und -anerkennung

(1) Der Vormund hat die Rechnung, nachdem er sie dem Gegenvormund vorgelegt hat, dem Familiengericht einzureichen.

(2) Das Familiengericht hat die Rechnung rechnungsmäßig und sachlich zu prüfen und deren Abnahme durch Verhandlung mit den Beteiligten unter Zuziehung des Gegenvormunds zu vermitteln. Soweit die Rechnung als richtig anerkannt wird, hat das Familiengericht das Anerkenntnis zu beurkunden.

Materialien: E I § 1701; II § 1738; III § 1868; Mot IV 1186; Prot IV 819. Neugefasst durch Bekanntmachung v 2. 1. 2002 (BGBl I 42); Abs 1 u Abs 2 S 1 u 2 geändert durch Art 50 Nr 44 nach Maßgabe von Art 111 FGG-RG v 17. 12. 2008 (BGBl I 2586) mit Wirkung v 1. 9. 2009.

Schrifttum

HÖRLE, Entlastung des Vormundes und des Vormundschaftsgerichts durch den Mündel, ZBlFG 11, 751

SCHULTHEIS, Obervormundschaftliche Genehmigung nach Beendigung der Vormundschaft, ZBlFG 15, 157.

Systematische Übersicht

Alphabetische Übersicht

I. Allgemeines

1. Normzweck, Historie

1 § 1892 BGB steht im Zusammenhang mit der Pflicht des Familiengerichts, die Aufsicht über die Amtsführung des Vormunds und des Gegenvormunds zu führen (§ 1837 BGB). Ein wesentlicher Akt der Überwachung der Vermögensverwaltung besteht darin, dass das Familiengericht die Schlussrechnung, die der Vormund nach § 1890 BGB aufzustellen hat, auf ihre rechnerische und sachliche Richtigkeit hin prüft und die Abnahme der Rechnung durch den Mündel, seinen Rechtsnachfolger oder seinen neuen gesetzlichen Vertreter vermittelt. Das Gebot, am Ende der Amtsführung über die Verwaltung des Mündelvermögens Rechenschaft abzulegen, welche vom Familiengericht überprüft wird, ist zusätzlich zu der durch § 1840 BGB vorgeschriebenen periodischen Rechnungslegung geeignet, den Vormund zu ordnungsmäßiger Amtsführung anzuhalten.

2 § 1892 BGB ist somit Rechtsgrundlage einer über die Dauer des Amtes des Vormunds hinausgehenden **Aufsichtsbefugnis des Familiengerichts**, die diesem das Recht gibt, die formale Erfüllung der in § 1890 BGB statuierten Pflicht, dem Mündel gegenüber Rechenschaft abzulegen, vom Vormund zu verlangen. Insoweit besteht auch die Befugnis des Familiengerichts, dem Vormund gegenüber über die Dauer des Amtes des Vormunds hinaus Maßnahmen nach § 1837 BGB zu treffen. Gleiches gilt für die Befugnis des Familiengerichts, vom Gegenvormund die in §§ 1891 Abs 1 S 2, 1892 Abs 2 S 1 BGB vorgesehene Mitwirkung bei der Prüfung und Abnahme der Schlussrechnung zu verlangen.

3 Eine vermittelnde Tätigkeit der Vormundschaftsbehörden bei der Legung der Schlussrechnung sahen schon vor dem BGB eine Reihe der Partikularrechte vor (s Mot IV 1186 f). Das BGB hielt es im Interesse des Mündels für geboten, dass das Vormundschaftsgericht (seit 1. 9. 2009: Familiengericht), das mit den Verhältnissen bekannt und seiner Stellung nach besonders geeignet ist, die Auseinandersetzung zwischen Vormund und Mündel herbeizuführen, nicht nur auf Antrag, sondern von Amts wegen tätig wird, um die Abnahme der Rechnung zu veranlassen. „Praktische Rücksichten" sprächen dafür, dem Familiengericht die Pflicht aufzuerlegen, die Rechnung rechnungsmäßig und sachlich zu prüfen und durch die Mitteilung der Resultate dieser Prüfung dem Empfänger der Rechnung, namentlich dem oft unerfahrenen und in der Geschäftsführung noch nicht genügend geübten bisherigen Mündel, zu Hilfe zu kommen (Mot IV 1187 f).

2. Anwendungsbereich

4 § 1892 BGB ist anzuwenden, wenn die Vormundschaft beendet ist, aber auch dann, wenn sie zwar weiterbesteht, aber das Amt des Vormunds geendet hat.

5 Die Vorschrift gilt auch für den **Amtsvormund** und den **Verein als Vormund**; die in § 1857a BGB vorgesehene Befreiung bezieht sich nur auf die periodische Rechnungslegung gemäß §§ 1840 ff BGB, nicht auf die Ablegung der Rechenschaft nach § 1890 BGB (vgl § 1890 Rn 36; OLG Thüringen FamRZ 2001, 579).

3. Pflicht zur Einreichung einer Schlussrechnung

a) Rechnungslegungspflicht

6 Die Pflicht zur Einreichung einer Schlussrechnung bei Gericht setzt eine Rechnungslegungspflicht gegenüber dem Mündel (§ 1890 BGB) voraus. War für den Mündel während der ganzen Dauer der Vormundschaft **kein nennenswertes Vermögen** zu verwalten, so entfällt die Legung der Schlussrechnung (vgl § 1890 Rn 31). Sie ist dagegen erforderlich, wenn der Mündel während der Vormundschaft Vermögen besaß, das zur Zeit der Beendigung der Vormundschaft nicht mehr vorhanden ist (MünchKomm/Spickhoff Rn 3).

b) Verzicht auf Rechnungslegung

7 Vor allem dann, aber auch immer dann, wenn die **Vermögensverwaltung des Vormunds unbedeutend, einfach und durchsichtig** war, kann die Annahme naheliegen, der volljährig gewordene Mündel werde, wenn die Vormundschaftsakten mit ihm durchgegangen werden, auf eine förmliche Schlussrechnung verzichten. In einem solchen Fall steht es im Ermessen des Familiengerichts, auf einen derartigen Verzicht hinzuwirken. Das Familiengericht hat dann anstelle der sonst vorzunehmenden Beurkundung, dass die Richtigkeit der Rechnung anerkannt werde, den etwaigen Verzicht auf die Schlussrechnung zu beurkunden; um ein solches Vorgehen kann das Familiengericht, wenn sich der bisherige Mündel im Bezirk eines entfernt liegenden Gerichts aufhält, dieses Gericht ersuchen (RGZ 115, 368, 370; s unten Rn 19).

8 Der unbeschränkt geschäftsfähig gewordene Mündel kann aber auch in Fällen, in denen die **Vermögensverwaltung nicht unbedeutend, einfach und durchsichtig** war, auf die in § 1890 BGB vorgesehene Ablegung der Rechenschaft durch den Vormund verzichten (vgl § 1890 Rn 38) oder sich mit dem Vormund außergerichtlich auseinandersetzen; in diesem Fall entfällt auch die öffentlich-rechtliche Pflicht des Vormunds zur Einreichung der Schlussrechnung beim Familiengericht, weil sie ihren Sinn verliert, wenn der Mündel auf seine Rechte verzichtet hat (so Gernhuber/Coester-Waltjen § 73 Rn 22; vgl schon Prot IV 820; ferner Dölle § 137 I 2 c; Soergel/Zimmermann Rn 7).

9 Auch der **neue gesetzliche Vertreter** des nicht unbeschränkt geschäftsfähigen Mündels (neuer Vormund) kann in dessen Namen wirksam auf die Legung der Schlussrechnung verzichten (MünchKomm/Schwab[3] Rn 4; Dölle § 137 I 2 c; **aA** Palandt/Götz Rn 5); doch soll ein solcher Verzicht nach zT vertretener Ansicht eine das Eingreifen des Familiengerichts nach §§ 1837, 1667 BGB rechtfertigende Pflichtverletzung sein (MünchKomm/Schwab[3] Rn 4). Nach anderer Auffassung bedarf ein neu bestellter Vormund zur Entlastungserklärung ebenso wie zum Verzicht auf die Schlussrechnung

nach § 1812 BGB der Genehmigung des Gegenvormunds oder des Familiengerichts (BGB-RGRK/Dickescheid Rn 5; Soergel/Zimmermann Rn 4; Erman/Schulte-Bunert Rn 3; Palandt/Götz Rn 5; NK-BGB/Fritsche Rn 4); auch wird vertreten, die gesamte Abwicklung könne dem bisherigen Vormund wegen des Verbots von Schenkungen (§§ 1804, 1641 BGB) weder von den Eltern noch vom neuen Vormund erlassen werden (Gernhuber/Coester-Waltjen § 73 Rn 22).

Richtigerweise kommt es entscheidend auf die **Umstände des Einzelfalls** an. Der „Verzicht" auf eine förmliche Schlussrechnung fällt nur dann unter § 1812 BGB, wenn eine Entlastungserklärung abgegeben wird, die als eventueller Forderungserlass zu verstehen ist; der in § 1890 BGB geregelte Anspruch auf Rechnungslegung selbst ist keine Forderung iS des § 1812 BGB. Entsprechendes gilt für die Frage, ob die Erklärung des neuen Vormunds oder des Inhabers des Sorgerechts, der bisherige Vormund brauche nicht förmlich Rechenschaft abzulegen, als Schenkung iS der §§ 1804, 1641 BGB aufzufassen ist. Man wird also den Verzicht auf eine förmliche Rechnungslegung und auch die Erklärung, dass gegen den bisherigen Vormund keine Ansprüche geltend gemacht werden, dann als wirksam betrachten können, wenn der Mündel mittellos ist und keine Anhaltspunkte für einen Anspruch gegen den bisherigen Vormund (etwa aus § 1833 BGB) ersichtlich sind.

II. Einreichung der Rechnung beim Familiengericht (Abs 1)

10 Der Vormund hat die Rechnung dem Familiengericht einzureichen (§ 1892 Abs 1 BGB), und zwar, wenn ein Gegenvormund vorhanden ist, nachdem er sie diesem vorgelegt hat. Ob der Vormund die Rechnung vom Gegenvormund zurückerhält und dann selbst beim Familiengericht einreicht oder ob dieser sie an das Familiengericht weitergibt, spielt keine Rolle. Der Vormund hat in beiden Fällen keine rechtliche Handhabe, den Gegenvormund zu der ihm nach § 1891 Abs 1 S 2 BGB obliegenden sachlichen Äußerung (vgl § 1891 Rn 5) zu veranlassen. Hat der Gegenvormund die Rechnung mit Bemerkungen versehen (die auch in der Erklärung bestehen können – und oft bestehen werden –, dass er die Rechnung nicht beanstande), so sind diese zusammen mit der Rechnung dem Familiengericht einzureichen.

11 Nach heute wohl allgemeiner Meinung kann das Familiengericht den Vormund durch **Zwangsgeld** anhalten (§ 1837 BGB), eine nach § 1890 BGB **formal ordnungsmäßige Rechnung** einzureichen (BGH 26. 7. 2017 – XII ZB 515/16, juris Rn 10, FamRZ 2017, 1776, 1777 [betr Betreuer]; OLG Neustadt NJW 1955, 1724 = FamRZ 1956, 117 [LS]; KG OLGZ 1969, 54 = Rpfleger 1969, 207; BayObLG Rpfleger 1997, 476 = FamRZ 1998, 1197 [LS]; BayObLG Rpfleger 2001, 74, 75 = FamRZ 2001, 934 [LS]; OLG Schleswig FamRZ 2006, 574 f; LG Münster Rpfleger 2002, 265; LG Saarbrücken BtPrax 2009, 195, 197 = FamRZ 2009, 1350 [LS]; ebenso schon KG RJA 7, 85 = KGJ 32, A 53; KG OLGE 14, 268 = KGJ 33, A 54; OLG Hamburg OLGE 10, 291; Soergel/Zimmermann Rn 3; MünchKomm/Spickhoff Rn 2; Erman/Schulte-Bunert Rn 1; Palandt/Götz Rn 2; Dölle § 137 I 2; Gernhuber/Coester-Waltjen § 73 Rn 19). Mit der Beendigung des vormundschaftlichen Amtes erlischt zwar grundsätzlich das Aufsichtsrecht des Familiengerichts gegenüber dem bisherigen Vormund. Im Rahmen des § 1892 BGB (vgl auch § 1893 BGB) bleibt aber ein Restbestand von Rechten und Pflichten bestehen; dieses Rechtsverhältnis zwischen dem Familiengericht und dem Vormund dauert insoweit fort, als es noch auf die rechtliche Erledigung der beendeten Vormundschaft gerichtet ist (dazu gehört zB auch die Bewilligung einer Vergütung nach § 1836 BGB, vgl SCHULTHEIS ZBlFG 15, 157). Wenn § 1892 Abs 1 BGB dem Familiengericht die Befugnis einräumt, die Einreichung einer formal ordnungsmäßigen Schlussrechnung zu verlangen, so ist es nur folgerichtig, dass der Vormund zur Erfüllung dieser Anordnung und seiner Pflicht vom Familiengericht durch Androhung und Festsetzung von Zwangsgeld (§ 1837 BGB, § 35 FamFG) angehalten werden kann (vgl BayObLG Rpfleger 1997, 476; OLG Schleswig FamRZ 2006, 574 f; LG Saarbrücken BtPrax 2009, 195, 197 mwNw). Dagegen kann die Vorlage von Wertpapieren, bei denen es sich nicht um Belege über Zu- und Abgang des Vermögens handelt, nicht verlangt werden (ERMAN/SAAR Rn 1a; PALANDT/GÖTZ Rn 2, § 1841 Rn 1).

Da die Pflicht zur Einreichung einer Schlussrechnung nicht aus der Amtsführung des Vormunds resultiert, sondern eine mit seinem Amt verbundene Pflicht nach Beendigung seines Amtes darstellt, geht sie nach seinem Tod nicht auf seine **Erben** über mit der Folge, dass diese auch nicht mit Zwangsgeld zur Einreichung einer Schlussrechnung vom Familiengericht angehalten werden können (BGH 26. 7. 2017 – XII ZB 515/16, juris Rn 10, FamRZ 2017, 1776, 1777 zu Erben eines Betreuers). 12

III. Prüfung der Rechnung und Abnahmevermittlung durch das Familiengericht (Abs 2 S 1)

1. Prüfung der Rechnung (Abs 2 S 1 HS 1)

Ist die Schlussrechnung eingereicht, so hat das Familiengericht (nach §§ 3 Nr 2 Buchst a, 14 RPflG der Rechtspfleger) sie rechnungsmäßig und sachlich zu prüfen. Zum Begriff der rechnungsmäßigen und sachlichen Prüfung s § 1843 Rn 2. Nur soweit die Rechnung in **formeller Hinsicht** nicht den Mindestanforderungen des § 1843 BGB entspricht (§ 1843 Rn 5), kann das Gericht die Vervollständigung verlangen und zwangsweise herbeiführen (s oben Rn 11). 13

Zur Berichtigung einzelner Posten – etwa entsprechend den Bemerkungen des Gegenvormunds oder den Einwänden des Mündels – kann es den Vormund nicht anhalten (KGJ 50, 28, 29; KG JFG 19, 47, 48 = JW 1939, 351; KGJ 33, 54, 60 = OLGE 14, 268; KG OLGE 32, 48; BayObLG Rpfleger 1997, 476; SOERGEL/ZIMMERMANN Rn 3; MünchKomm/SPICKHOFF Rn 4); denn auf **sachliche Korrekturen** dieser Art erstreckt sich das über die Beendigung des vormundschaftlichen Amtes fortwirkende Aufsichtsrecht des Familiengerichts (s oben Rn 2) nicht. Insoweit bleibt es vielmehr dem Mündel überlassen, Beanstandungen, auch soweit sie ihm durch das Ergebnis der vom Familiengericht vorgenommenen Prüfung bekannt werden, im Rechtsweg gegenüber dem Vormund geltend zu machen (OLG Schleswig FamRZ 2006, 574 f; LG Saarbrücken BtPrax 2009, 195, 197; LG Münster Rpfleger 2002, 265; vgl auch OLG Karlsruhe FamRZ 2004, 1601 m Anm BIENWALD). 14

Die Ablehnung des Familiengerichts, die vom Vormund als Schlussrechnung vorgelegte Aufstellung als nicht ordnungsgemäß zu beanstanden, stellt keine verbindliche Feststellung dar, es handle sich um eine ordnungsgemäße Schlussrechnung; die Ablehnung ist damit keiner Beschwerde nach §§ 58, 59 FamFG zugänglich, vielmehr bleibt der Mündel zur Erzwingung einer ordnungsgemäßen Schlussrechnung gemäß § 1843 Abs 2 BGB auf den Rechtsweg verwiesen (vgl zum FGG OLG Stuttgart BtPrax 2001, 79, 80 = Rpfleger 2001, 130 [LS]; BayObLG Rpfleger 1997, 476 f; s auch LG Saarbrücken BtPrax 2009, 195, 197; ERMAN/SCHULTE-BUNERT Rn 2). 15

2. Abnahmevermittlung (Abs 2 S 1 HS 2)

a) Verfahren

16 Nach § 1892 Abs 2 S 1 BGB hat das Familiengericht die Abnahme der von ihm geprüften Rechnung zu vermitteln. Dies soll durch Verhandlung mit den Beteiligten unter Zuziehung des Gegenvormunds – wenn ein solcher vorhanden ist, vgl §§ 1891, 1892 Abs 1 BGB – geschehen. Im Regelfall ist hierfür ein Termin anzuberaumen, zu dem das Familiengericht die Beteiligten lädt. **Beteiligte** sind außer dem früheren Vormund (oder dessen Rechtsnachfolger oder gesetzlicher Vertreter, vgl § 1890 Rn 5 f) ferner, wenn die Vormundschaft fortdauert, der neu bestellte Vormund, andernfalls der volljährig gewordene Mündel, eventuell der Rechtsnachfolger des Mündels oder, wenn der Mündel jetzt unter elterlicher Sorge steht, deren Inhaber, schließlich uU ein Pfleger.

17 Das **Erscheinen zur Abnahmeverhandlung** kann das Familiengericht nur **erzwingen**, soweit ihm das Aufsichtsrecht (§§ 1837, 1915 BGB) zusteht, also gegenüber einem im Amt befindlichen Vormund, Gegenvormund oder Pfleger (OLG Königsberg OLGE 4, 116; Dölle § 137 I 2 c; Soergel/Zimmermann Rn 4; Erman/Schulte-Bunert Rn 4). Dagegen kann es das Erscheinen des bisherigen Vormunds und des volljährig gewordenen Mündels nicht erzwingen (vgl Prot IV 820; MünchKomm/Spickhoff Rn 5; Palandt/Götz Rn 4).

18 Dem Wesen einer Verhandlung entspricht es, dass das Familiengericht, soweit seine eigene Prüfung oder die Beanstandung durch einen Beteiligten dazu Anlass gibt, im Wege der Vermittlung eine erforderliche Berichtigung und Ergänzung der Schlussrechnung herbeizuführen versucht (vgl § 1843 Abs 1 BGB); Zwangsmaßnahmen stehen ihm dabei aber nicht zu (vgl oben Rn 14).

19 Die früher streitige Frage, ob das Familiengericht bei der Herbeiführung einer Erklärung des Mündels über die Abnahme der Schlussrechnung des Vormunds die **Rechtshilfe** eines anderen Gerichts in Anspruch nehmen kann, wird heute wohl allgemein und zutreffend bejaht (Soergel/Zimmermann Rn 4; MünchKomm/Spickhoff Rn 5 aE; Erman/Schulte-Bunert Rn 4; Palandt/Götz Rn 4; RGZ 115, 368, 371, das zutreffend darauf hinweist, dass es in das Belieben des Mündels gestellt ist, ob er bei der Vernehmung durch ein ersuchtes Gericht die in Rede stehende Erklärung abgibt oder nicht; KGJ 51, A 42, 43 mwNw; s auch Staudinger/Engler[10/11] Rn 10).

b) Entlastung

20 Soweit die Abnahme der Rechnung durch den Mündel, die ein **negatives Schuldanerkenntnis** iS des § 397 Abs 2 BGB darstellt (RGZ 115, 368, 371; OLG Köln FamRZ 1996, 249; MünchKomm/Spickhoff Rn 6), reicht, führt sie die Entlastung des Vormunds herbei. Auf Ansprüche, die aus der Schlussrechnung des Vormunds und den bei der Abnahmeverhandlung vorliegenden Unterlagen nicht ersichtlich und dem Mündel nicht bekannt waren, bezieht sich eine Entlastungserklärung (iS des Verzichts auf Ansprüche gegen den Vormund) aber nicht (OLG Saarbrücken 12. 6. 2013 – 1 U 157/12-44, 1 U 157/12, juris Rn 29, NJW-RR 2013, 1476, 1478; LG München I FamRZ 2009, 2117, 2118); die Gegenansicht (Soergel/Zimmermann Rn 5; Erman/Schulte-Bunert Rn 3), die unter dem Hinweis auf die Einstufung der Entlastung als negatives Schuldanerkenntnis von einer umfassenden, sich auf alle etwaigen – bekannten und unbekannten – Forderungen des

Mündels gegen den bisherigen Vormund erstreckenden „Entlastung" ausgeht, lässt die schon vom Reichsgericht (RGZ 115, 368, 371 im Anschluss an Mot IV 1188, 1189) hervorgehobene vorrangig zu beachtende Schutzbedürftigkeit des bisherigen Mündels außer Acht und verkennt, dass der Bestand der von der Abnahmeverhandlung erfassten Forderungen durch die vom Vormund vorgelegte Rechnung begrenzt wird.

Der Vormund hat **keinen Anspruch** auf seine Entlastung in der Abnahmeverhandlung vor dem Familiengericht (OLG Rostock OLGE 1, 313; OLG Kassel SeuffA 59 Nr 284; OLG Kassel SeuffA 61 Nr 13; OLG Darmstadt OLGE 21, 191; OLG Naumburg OLGE 21, 295; LG Stuttgart DAVorm 1974, 670, 672; SOERGEL/ZIMMERMANN Rn 6; MünchKomm/SPICKHOFF Rn 6; NK-BGB/FRITSCHE Rn 4). Ein solcher wurde bewusst nicht in das Gesetz aufgenommen, weil man es für bedenklich hielt, den Mündel zu zwingen, sich im Wege des Rechtsgeschäfts (eines negativen Anerkennungsvertrags, § 397 Abs 2 BGB; s oben Rn 20) einer ihm günstigen Rechtsposition zu begeben, ohne dass er vielleicht zu dieser Zeit schon über alle Punkte der Verwaltung seines Vermögens durch den Vormund genügend unterrichtet ist (Mot IV 1188 f; RGZ 115, 368, 371). Der Schutz des bisherigen Mündels vor übereilter Entlastung, die ihm rechtliche Nachteile bringen und insbesondere Regressansprüche gegen den bisherigen Vormund gefährden kann, hat Vorrang vor dem Interesse des Vormunds an Entlastung (s dazu insbes HÖRLE ZBlFG 11, 751). Deshalb wird es ratsam sein, dass das Familiengericht bei der Vermittlung der Abnahme der Schlussrechnung, wenn deren Richtigkeit nicht offensichtlich ist, zurückhaltend verfährt (LG Stuttgart DAVorm 1974, 670, 672; SOERGEL/ZIMMERMANN Rn 4 aE). 21

Stellt sich eine vom Mündel bei der Abnahme der Schlussrechnung abgegebene Erklärung, dass eine Schuld des Vormunds nicht (oder nicht über bestimmte Posten hinaus) besteht, nachträglich als unrichtig heraus, so soll das regelmäßige Mittel, gegen die Entlastung vorzugehen, nicht die Anfechtung der Erklärung (der „Abnahme") wegen Irrtums (so DÖLLE § 137 I 2 c), sondern die Rückforderung des Anerkenntnisses nach **§ 812 Abs 2 BGB** sein (RG JW 1902 Beil S 255; RG Recht 1915 Nr 1527; RG Recht 1912 Nr 1817; OLG Hamburg OLGE 24, 48; OLG Köln FamRZ 1996, 249; SOERGEL/ZIMMERMANN Rn 6; ERMAN/SCHULTE-BUNERT Rn 3; MünchKomm/SPICKHOFF Rn 6; PALANDT/GÖTZ Rn 5; s auch OLG Düsseldorf DAVorm 1982, 209, 210). Dem kann man nur für die Fälle beipflichten, in denen sich der Mündel in einem Irrtum über das Bestehen der Schuld befand (vgl STAUDINGER/RIEBLE [2017] § 397 Rn 252 ff; STAUDINGER/LORENZ [2007] § 812 Rn 19); diese Lösung kommt also nicht in Betracht, wenn der Mündel die Schuld ohne Rücksicht auf ihr Bestehen aufheben wollte. 22

Bleiben **Ansprüche zwischen Mündel und Vormund streitig**, so sind die Beteiligten auf den Rechtsweg vor dem Prozessgericht zu verweisen (BayObLGZ 3, 182; LG Saarbrücken BtPrax 2009, 195, 197; MünchKomm/SPICKHOFF Rn 6; ERMAN/SCHULTE-BUNERT Rn 2). Der Vormund kann, wenn der Mündel die Ordnungsmäßigkeit der Verwaltung bestreitet, unter den Voraussetzungen des § 256 ZPO durch Feststellungsklage eine gerichtliche Entscheidung über die Richtigkeit der Schlussrechnung erwirken (Mot IV 1188 f), wenn ihm der Mündel nicht durch eine Leistungsklage zuvorkommt (SOERGEL/ZIMMERMANN Rn 6; PALANDT/GÖTZ Rn 6). 23

IV. Beurkundung des Anerkenntnisses durch das Familiengericht (Abs 2 S 2)

24 Soweit die Rechnung vom Mündel als richtig anerkannt wird, hat das Familiengericht das Anerkenntnis nach § 1892 Abs 2 S 2 BGB zu beurkunden (vgl § 65 BeurkG). Das vom Familiengericht beurkundete Anerkenntnis hat den Charakter einer öffentlichen Urkunde iS des § 415 ZPO. Die Einhaltung einer bestimmten Form ist aber für das Anerkenntnis selbst nicht vorgeschrieben; die Richtigkeit der Schlussrechnung kann also auch formlos anerkannt werden (Erman/Schulte-Bunert Rn 3a).

25 Aus dem Wortlaut des Abs 2 S 2 („soweit") ergibt sich, dass das Familiengericht auch ein Anerkenntnis des Mündels zu beurkunden hat, das sich nur auf einen gegenständlich abgegrenzten **Teil der Vermögensverwaltung** des Vormunds bezieht; das Protokoll muss dann klarstellen, welche Bereiche der Verwaltung streitig geblieben sind.

26 Die bloße **Quittierung der Rechnungslegung** gegenüber dem Vormund ist nicht als Anerkenntnis, sondern als bloß tatsächliches Bekenntnis des Mündels zu verstehen, die Schlussrechnung erhalten zu haben (Palandt/Götz Rn 5; Erman/Schulte-Bunert Rn 5; allg Staudinger/Olzen [2016] § 368 Rn 2).

V. Pflegschafts- und Betreuungsrecht

27 § 1892 BGB findet nach § 1915 Abs 1 S 1 BGB entsprechende Anwendung im Pflegschaftsrecht und nach § 1908i Abs 1 S 1 BGB im Betreuungsrecht.

§ 1893
Fortführung der Geschäfte nach Beendigung der Vormundschaft, Rückgabe von Urkunden

(1) Im Falle der Beendigung der Vormundschaft oder des vormundschaftlichen Amts finden die Vorschriften der §§ 1698a, 1698b entsprechende Anwendung.

(2) Der Vormund hat nach Beendigung seines Amts die Bestallung dem Familiengericht zurückzugeben. In den Fällen der §§ 1791a, 1791b ist der Beschluss des Familiengerichts, im Falle des § 1791c die Bescheinigung über den Eintritt der Vormundschaft zurückzugeben.

Materialien: E I §§ 1709, 1711; II § 1749; III § 1869; Mot IV 1202; Prot IV 833. Abs 1 neugefasst durch GleichberG v 18. 6. 1957 (BGBl I 609)Art 1 Nrn 35 u 36; Abs 2 S 1 geändert u S 2 angefügt durch NEhelG v 19. 8. 1969 (BGBl I 1243) Art 1 Nr 83; Vorschrift neugefasst durch Bekanntmachung v 2. 1. 2002 (BGBl I 42); Abs 2 S 1 u 2 geändert durch Art 50 Nr 45 nach Maßgabe von Art 111 FGG-RG v 17. 12. 2008 (BGBl I 2586) mit Wirkung v 1. 9. 2009.

Schrifttum

Josef, Die Entbehrlichkeit der Änderung der elterlichen Unterhaltsbestimmung (§ 1612 Abs 2 S 2 BGB) und die vormundschaftsgerichtliche Genehmigung nach Beendigung der Vormundschaft, ZBlFG 17, 281

Riezler, Konkurrierendes und kollidierendes

Handeln des Vertreters und des Vertretenen, AcP 98 (1906) 372
Schultheis, Obervormundschaftliche Genehmigung nach Beendigung der Vormundschaft, ZBlFG 15, 157.

Systematische Übersicht

Alphabetische Übersicht

I. Normzweck

1 Endet die Vormundschaft oder das Amt des Vormunds, ist dieser nicht mehr zur Führung der Vormundschaft befugt. Tritt die Beendigung kraft Gesetzes ein und hat der Vormund hiervon keine Kenntnis, so bedarf dieser des Schutzes vor möglichen Ersatzpflichten aus einem legitimationslosen Handeln (§ 179 BGB). Das Gesetz gestaltet diesen Schutz parallel zu dem der Eltern aus, indem der Vormund die Befugnis erhält, Geschäfte fortzuführen, bis er von der Beendigung der Vormundschaft oder seines Amtes Kenntnis erlangt oder sie kennen muss. Der Geschäftspartner kann sich auf diese Kompetenz gleichfalls nur berufen, wenn er bei Vornahme des Rechtsgeschäfts die Beendigung nicht kennt oder kennen muss (§§ 1893 Abs 1, 1698a Abs 1 S 2 BGB). Für den Fall, dass die Vormundschaft durch den Tod des Mündels endet, wird dem Vormund darüber hinaus, ebenso wie den Eltern, das Pflichtrecht zugewiesen, mit Wirkung für und gegen den Erben des Kindes dringende Geschäfte zu besorgen, bis dieser anderweit Fürsorge treffen kann (§§ 1893 Abs 1, 1698b BGB).

2 Zur Vermeidung von Missbrauch sieht § 1893 Abs 2 BGB darüber hinaus vor, dass der Vormund dem Familiengericht die Bestallungsurkunde oder deren Ersatz zurückgeben muss. Auf diese Weise wird die Vormundschaft bzw das Vormundsamt auch formell abgewickelt (MünchKomm/Spickhoff Rn 2).

II. Amtsfortführung (Abs 1)

1. Befugnis zur Fortführung der vormundschaftlichen Geschäfte nach Beendigung des Vormundsamts (§ 1698a)

a) Inhalt der Befugnis

3 Nach §§ 1893 Abs 1, 1698a BGB hat der Vormund auch nach Beendigung seines Amts (s § 1886 Rn 1) die Befugnis zur Fortführung der vormundschaftlichen Geschäfte, bis er von der Beendigung Kenntnis erlangt oder sie kennen muss (§ 1698a Abs 1 S 1 letzter HS BGB). Ein Dritter kann sich auf diese Berechtigung des Vormunds nicht berufen, wenn er bei der Vornahme eines Rechtsgeschäfts die Beendigung des vormundschaftlichen Amts kannte oder kennen musste (§ 1698a Abs 1 S 2 BGB). In beiden Fällen steht also die auf Fahrlässigkeit beruhende Unkenntnis (vgl § 122 Abs 2 BGB) der Kenntnis gleich (über die Gründe der Regelung s Mot IV 1202).

4 Der irrige Glaube des Dritten an die Befugnis des Vormunds zur Fortführung seiner Geschäfte wird dann nicht geschützt, wenn der Vormund die Beendigung der Vormundschaft oder seines Amts kannte oder kennen musste; dies ergibt sich daraus, dass die Befugnis des Vormunds nur solange besteht, bis er selbst weiß oder infolge von Fahrlässigkeit nicht weiß, dass er nicht mehr Vormund ist. Die Bestimmungen der §§ 1893, 1698a BGB bezwecken den Schutz des Vormunds, nicht des Dritten; sie schützen den gutgläubigen Dritten nicht schlechthin, sondern nur unter der Voraussetzung, dass sich der **Vormund in gutem Glauben** befindet (RGZ 74, 263, 266; s auch BSG 14. 12. 2016 – B 13 R 9/16 R, juris Rn 23, FamRZ 2017, 559, 560). Dem Dritten bleiben in einem solchen Fall nur Regressansprüche gegen den Vormund gemäß § 179 Abs 1 BGB (Staudinger/Coester [2019] § 1698a Rn 8; Soergel/Zimmermann Rn 2; Erman/Schulte-Bunert Rn 1; Palandt/Götz Rn 2).

Die §§ 1893 Abs 1, 1698a BGB geben dem Vormund eine **Befugnis** zur Fortführung der vormundschaftlichen Geschäfte nach Beendigung des Amtes, aber **keine Pflicht** (anders als nach §§ 1893 Abs 1, 1698b BGB); eine solche kann sich allenfalls aus den §§ 677 ff BGB ergeben. Darüber hinaus können im Einzelfall aus dem infolge der Vormundschaft entstandenen Rechtsverhältnis zwischen dem Vormund und dem Mündel (näher § 1793 Rn 9) für die Zeit nach Beendigung der Vormundschaft oder des Vormundsamtes Treuepflichten (§ 242 BGB) folgen, deren Verletzung dann zur Schadensersatzpflicht nach § 280 Abs 1 BGB führt (MünchKomm/Spickhoff Rn 6). 5

Die **Beweislast** dafür, dass der Vormund oder der Dritte die Beendigung des vormundschaftlichen Amts kannte oder kennen musste, trifft den, der sich hierauf beruft (MünchKomm/Spickhoff Rn 5; Soergel/Zimmermann Rn 2; vgl §§ 169, 674, 729, 1472 Abs 2 S 2, 1497 Abs 2, 2140 BGB). 6

b) Anwendungsbereich

Die §§ 1893 Abs 1, 1698a BGB sind entsprechend anzuwenden, wenn die Vertretungsmacht des Vormunds **nur in einzelnen Beziehungen endet** (§§ 1794, 1796 BGB; Dölle § 137 III 1; Erman/Schulte-Bunert Rn 1; MünchKomm/Spickhoff Rn 3 aE; Soergel/Zimmermann Rn 2; Palandt/Götz Rn 2). 7

Dies gilt auch dann, wenn **Mitvormünder** bestellt sind, unter die das Familiengericht die Führung der Vormundschaft nach Wirkungskreisen verteilt hat (§ 1797 Abs 2 BGB). Sind die Mitvormünder zu gemeinschaftlicher Führung der Vormundschaft bestellt (§ 1797 Abs 1 BGB), so müssen die subjektiven Voraussetzungen des § 1698a Abs 1 S 1 BGB bei allen Mitvormündern und die des § 1698a Abs 1 S 2 BGB beim Dritten bezüglich aller Mitvormünder vorliegen (MünchKomm/Spickhoff Rn 4). 8

Die Bestimmungen des § 1893 BGB finden auf den **Gegenvormund** entsprechende Anwendung (§§ 1895, 1915 Abs 1 BGB). Eine Handlung, die der Vormund lediglich mit Genehmigung des Gegenvormunds für den Mündel vornehmen kann, ist nur dann wirksam, wenn der Vormund und der Gegenvormund in entschuldbarer Unkenntnis vom Ende der Vormundschaft oder vom Ende des Amts des einen oder des anderen von ihnen (oder beider) gehandelt haben (Enneccerus/Kipp § 126 III; Dölle § 137 III 1; Soergel/Zimmermann Rn 2; vgl BayObLGZ 1964, 350 = FamRZ 1965, 101, 102 = NJW 1965, 397). 9

2. Pflicht zur Fortführung der vormundschaftlichen Geschäfte nach dem Tod des Mündels (§ 1698b)

a) Reichweite

Nach §§ 1893, 1698b BGB hat der Vormund, dessen Amt durch den Tod des Mündels endet, die Geschäfte fortzuführen, die nicht ohne Gefahr aufgeschoben werden können. Gleiches gilt, wenn die Vormundschaft gemäß § 1884 Abs 2 BGB dadurch endet, dass der Mündel für tot erklärt oder seine Todeszeit nach den Vorschriften des Verschollenheitsgesetzes festgestellt wird (Mot IV 1202; Prot IV 833; Dölle § 137 III 2; MünchKomm/Spickhoff Rn 7). Insoweit besteht also die Vertretungsmacht des Vormunds über das Ende seines Amts hinaus fort, und zwar mit Wirkung für und gegen den/die Erben; anders als in den Fällen der §§ 1893, 1698a BGB ist hier die Kenntnis des Vormunds oder eines Dritten vom Tod des Mündels kein Umstand, an 10 den das Gesetz Rechtsfolgen knüpft. Auf sonstige Beendigungsgründe findet die Vorschrift dagegen keine Anwendung (Dölle § 137 III 2).

11 Fortzuführen sind nur die Geschäfte, die **nicht ohne Gefahr aufgeschoben** werden können. Fehlt es hieran, ist der Vormund nach Beendigung seines Amts nicht verpflichtet, die Geschäfte weiterzuführen (RG DR 1940, 672). Insoweit gelten die allgemeinen Grundsätze (insbesondere §§ 677 ff BGB).

12 Nicht von der Notgeschäftsführung umfasst ist die **Bestattung des Mündels**, da sie nicht im Interesse des Erben zum Schutze des Nachlassvermögens erfolgt, sondern Ausfluss der Totenfürsorge ist (VG Leipzig FamRZ 2007, 1686, 1688), die den nächsten Angehörigen des Verstorbenen obliegt, soweit letzterer keinen anderweitigen Willen geäußert hat (BGH DNotZ 2012, 543, 545 mwNw).

b) Ende

13 Die Pflicht und die Befugnis des Vormunds zum rechtsgeschäftlichen Tätigwerden nach dem Tod des Mündels **erlöschen**, wenn der Erbe des Mündels die Möglichkeit erlangt, seine Interessen selbst zu wahren. Dies kann auch dann der Fall sein, wenn der Erbe selbst einen Betreuer hat (LG Koblenz FamRZ 1995, 1376; Erman/Schulte-Bunert Rn 3).

3. Haftung, Aufwendungsersatz und Vergütung

14 Die Haftung des Vormunds, der nach Maßgabe des § 1893 BGB für den Mündel oder dessen Erben tätig wird oder es unterlässt, tätig zu werden, bemisst sich nach **§ 1833 BGB**, da insoweit sein Amt als fortbestehend gilt (LG Stendal FamRZ 2006, 1063, 1064 [betr Betreuer]; Dölle § 137 III 2; Soergel/Zimmermann Rn 3).

15 Ebenso kann die Tätigkeit des Vormunds auch nach Beendigung seines Amts Ansprüche auf Aufwendungsersatz nach §§ 1835, 1835a BGB (MünchKomm/Spickhoff Rn 9) sowie auf Vergütung nach §§ 1836 ff BGB begründen (zur Vergütung für Abwicklungstätigkeiten BGH 6. 4. 2016 – XII ZB 83/14, juris Rn 5 ff, FamRZ 2016, 1152 f; OLG München FamRZ 2006, 1787; OLG Frankfurt FamRZ 2006, 1151 m Anm Bienwald; LG Stendal FamRZ 2006, 1063 m Anm Bienwald; LG Koblenz FamRZ 1995, 1376; s auch Erman/Schulte-Bunert Rn 3 aE; MünchKomm/Spickhoff Rn 9 Fn 11; NK-BGB/Fritsche Rn 5).

4. Genehmigungsbedürftige Rechtsgeschäfte

16 Umstritten ist die Frage, ob eine vom Familiengericht nach Beendigung der Vormundschaft (oder des Amts des Vormunds [vgl aber BGB-RGRK/Dickescheid Rn 5; NK-BGB/Fritsche Rn 3 m Fn 3]) in deren Unkenntnis erteilte Genehmigung eines genehmigungsbedürftigen Rechtsgeschäfts noch wirksam werden kann.

17 Unter **Geltung des FGG** wurde dagegen angeführt, dass das ehemalige Vormundschaftsgericht eines gleichen Schutzes wie ein Vormund, Gegenvormund und Pfleger, insbesondere gegen die Haftung aus § 179 BGB, nicht bedürfe; seine Haftung bestimme sich nach § 839 BGB, trete also anders als die Haftung nach § 179 BGB nur bei Verschulden ein. Somit fehle der gesetzgeberische Grund des § 1698a BGB für eine Anwendung dieser Vorschrift auf die vormundschaftsgerichtliche Genehmigung

(BayObLGZ 1964, 350 = FamRZ 1965, 101 = NJW 1965, 397; dem folgend BGB-RGRK/Dickescheid Rn 5).

Richtigerweise wurde im Interesse der Rechtssicherheit jedoch überwiegend davon ausgegangen, dass das Vormundschaftsgericht genehmigungsbedürftige Rechtsgeschäfte noch wirksam genehmigen könne, solange es keine Kenntnis von der Beendigung der Vormundschaft oder des Amts des Vormunds hatte (OLG Stuttgart RdL 1956, 255; Soergel/Zimmermann Rn 2; MünchKomm/Wagenitz[5] Rn 9; Erman/Saar[12] Rn 3; iE – mit ausführlicher Erörterung der für und gegen diese Lösung sprechenden Gründe – ebenso schon Schultheis ZBlFG 15, 157 u Josef ZBlFG 17, 281, 287 ff) oder sofern das Geschäft nach Beendigung der Vormundschaft vom ehemaligen Vormund unter den Voraussetzungen des § 1698b BGB vorgenommen worden war (MünchKomm/Wagenitz[5] Rn 9 aE; BGB-RGRK/Dickescheid Rn 5 aE). Das Vormundschaftsgericht konnte und musste zwar eine Genehmigung, die es nach Beendigung der Vormundschaft (insbesondere durch Tod des Mündels) in Unkenntnis dieses Umstands erteilt hatte, aufheben. Dies war aber nur im Rahmen der §§ 55 Abs 1, 62 FGG (vgl nun § 48 Abs 3 FamFG) und damit dann nicht mehr möglich, wenn die Genehmigung dem Dritten gegenüber dadurch, dass der Vormund sie ihm mitgeteilt hat (§ 1829 Abs 1 S 2 BGB), wirksam geworden war (Schultheis ZBlFG 15, 157, 163; Josef ZBlFG 17, 281, 293 f; MünchKomm/Wagenitz[5] Rn 10; Soergel/Zimmermann Rn 2; BGB-RGRK/Dickescheid Rn 5; **aA** Keidel/Engelhardt[15] § 55 FGG Rn 9: unabhängig von § 55 FGG).

Auch unter **Geltung des FamFG** wird überwiegend an der Genehmigungsfähigkeit durch das Familiengericht festgehalten (Erman/Schulte-Bunert Rn 2; BeckOK/Bettin [1. 11. 2019] Rn 5). Dies erscheint allerdings mit Blick auf § 40 Abs 2 FamFG, wonach ein Beschluss, der die Genehmigung eines Rechtsgeschäfts zum Gegenstand hat, nicht schon mit seiner Bekanntgabe, sondern erst mit Rechtskraft wirksam wird, zweifelhaft (so auch MünchKomm/Spickhoff Rn 10). Eine erteilte Genehmigung kann nach Beendigung der Vormundschaft nicht mehr in Rechtskraft erwachsen, weil sie mit der Beendigung ohne Weiteres gegenstandslos wird und nur zur Klarstellung nach § 48 Abs 1 FamFG noch aufgehoben werden kann (Keidel/Meyer-Holz § 40 FamFG Rn 31; MünchKomm/Spickhoff Rn 10, der auch eine teleologische Reduktion des § 40 Abs 2 FamFG für ausgeschlossen hält). **18**

Etwas anderes gilt nur dann, wenn die Genehmigung oder deren Verweigerung dem Dritten gegenüber bereits wirksam geworden ist (§ 48 Abs 3 FamFG). Dies verlangt aber, dass die gerichtliche Entscheidung dem Dritten gegenüber, dh dem Geschäftspartner des Rechtsgeschäfts, um dessen gerichtliche Genehmigung es geht, materiellrechtlich wirksam geworden ist. Wann dies der Fall ist, bestimmt sich sowohl nach dem Verfahrensrecht als auch nach dem materiellen Recht. Der Genehmigungsbeschluss muss also zunächst formelle Rechtskraft nach § 40 Abs 2 S 1 FamFG erlangt haben, was wiederum ua voraussetzt, dass er auch demjenigen bekannt gegeben wird, für den das Rechtsgeschäft genehmigt wird (§ 41 Abs 3 FamFG). Erst mit Eintritt der verfahrensrechtlichen Wirksamkeit kann dann der Beschluss dem Dritten gegenüber seine materiell-rechtliche Wirksamkeit erlangen, was wiederum verlangt, dass die in § 1829 BGB enthaltenen Voraussetzungen vorliegen (Keidel/Engelhardt § 48 FamFG Rn 34; MünchKommFamFG/Ulrici § 48 Rn 26). Danach wird eine nachträgliche Genehmigung oder Verweigerung dem Dritten gegenüber erst wirksam, wenn sie ihm durch den Vormund mitgeteilt wird (§ 1829 Abs 1 S 2 BGB; näher § 1829 Rn 16 ff).

Erteilt das Familiengericht also nach Beendigung der Vormundschaft (oder des Amts des Vormunds) eine Genehmigung zu einem Rechtsgeschäft, das der Vormund unter den Voraussetzungen der §§ 1893, 1698a oder 1689b BGB vorgenommen hat, so kann diese Genehmigung nicht mehr in formelle Rechtskraft erwachsen; infolgedessen kann auch keine Wirksamkeit gegenüber dem Dritten nach § 1829 Abs 1 S 2 BGB mehr erreicht werden. Unabänderlich iSv § 48 Abs 3 FamFG werden kann mithin nur noch eine dem Dritten vom Vormund mitgeteilte Genehmigungsentscheidung, die vom Familiengericht bereits vor Beendigung der Vormundschaft (oder des Amts des Vormunds) durch Volljährigkeit oder Tod des Mündels ergangen ist, weil diese noch nach § 40 Abs 2 FamFG wirksam werden kann (insoweit zu Recht MünchKomm/Spickhoff Rn 10). Ergeht die Genehmigungsentscheidung dagegen erst nach dem Ende der Vormundschaft, so kann sie, da sie gegenstandslos ist, auch nicht mehr dadurch wirksam werden, dass der Vormund sie dem Dritten mitteilt (Palandt/Götz Rn 2; anders NK-BGB/Fritsche Rn 4). Etwas anderes würde nur dann gelten, wenn man der materiell-rechtlichen Regelung des § 1829 Abs 1 S 2 BGB verfahrensrechtliche Wirkung zumessen würde; dieser Ansatz hätte aber eine teleologische Reduktion des § 40 Abs 2 FamFG zur Folge, für die weder der Normwortlaut der §§ 40 Abs 2 und 48 Abs 3 FamFG noch deren Normgenese etwas hergeben (iE auch MünchKomm/Spickhoff Rn 10). Zwar geht es bei letztgenannter Norm um den Schutz des Dritten am dauerhaften Bestand der familiengerichtlichen Entscheidung; Voraussetzung für diesen Schutz ist aber die Rechtskraft des Beschlusses (s BT-Drucks 16/6308, 198 f).

5. Widersprüchliche Rechtsgeschäfte

19 Wenn Verfügungen des gemäß § 1893 Abs 1 BGB weiter tätigen Vormunds und des volljährig gewordenen Mündels oder seines Erben einander widersprechen, hat die frühere nach dem Prinzip des **§ 185 Abs 2 S 2 BGB** den Vorrang (Soergel/Zimmermann Rn 4; MünchKomm/Spickhoff Rn 11; Erman/Schulte-Bunert Rn 2; Riezler AcP 98 [1906] 372).

III. Rückgabe der Bestallung und anderer Urkunden (Abs 2)

20 Der Vormund erhält nach § 1791 BGB eine Bestallung, also eine Urkunde, deren Erteilung oder Vorlegung zwar keine im Gesetz vorgesehene Rechtswirkung auslöst, die aber als Ausweis eine gewisse Bedeutung im geschäftlichen Verkehr haben kann. Einem ähnlichen Zweck dient die schriftliche Verfügung des Familiengerichts gemäß §§ 1791a Abs 2, 1791b Abs 2 BGB bei Bestellung eines Vereins oder Jugendamts als Vormund bzw die nach § 1791c Abs 3 BGB auszustellende Bescheinigung über den Eintritt einer gesetzlichen Vormundschaft, die das Gericht dem Jugendamt als Amtsvormund ausstellt.

21 Dass der Einzelvormund (und ebenso der Gegenvormund, § 1895 BGB) nach Beendigung seines Amts die Bestallung zurückzugeben hat, sah das BGB im Interesse der Ordnung und zur Verhütung von Missbräuchen, die Dritte gefährden könnten, im Anschluss an partikularrechtliche Regelungen in § 1893 Abs 2 vor (vgl Mot IV 1203). Ein in der II. Kommission gestellter Antrag, in bestimmten Fällen die Aufhebung der Vormundschaft öffentlich bekannt zu machen, wenn die Bestallung nicht zurückgegeben würde, wurde abgelehnt (Prot IV 834).

Das NEhelG (BGBl I 1969, 1243) wollte, indem es dem Abs 2 einen S 2 anfügte, die Bestimmungen über die Rückgabe der Ausweispapiere, die für den Amtsvormund und den Verein als Vormund zuvor im JWG enthalten waren, übersichtlich zusammenfassen (Jansen/Knöpfel, Unehelichengesetz 388 f). Ob hierfür wirklich ein Bedürfnis bestand, kann man bezweifeln, da nicht ersichtlich ist, aus welchem Grund die innerhalb des Jugendamts oder des Vereins verantwortlichen Personen nicht bereit sein sollten, nach Beendigung ihres Amts als Vormund die in ihrer Hand befindlichen Urkunden von sich aus oder auf Aufforderung durch das Familiengericht an dieses zurückzugeben. Dennoch sahen sich Rechtsprechung und Literatur nach der Überleitung bestehender Amtspflegschaften in die Beistandschaft neuen Rechts (§§ 1712–1717 BGB) durch Art 223 EGBGB veranlasst, sich zu der Frage zu äußern, ob das Jugendamt – neben der Einreichung einer Schlussrechnung – verpflichtet ist, die Bescheinigung nach § 1791c Abs 3 BGB zurückzugeben (s § 1890 Rn 8 mwNw). 22

Die Frage, ob der Einzelvormund, der die Bestallungsurkunde nicht freiwillig zurückgibt, durch Ordnungsstrafen dazu gezwungen werden kann, war früher sehr umstritten (vgl Staudinger/Engler[10/11] Rn 12 mit umfangreichen Nachw). Nach heute wohl allgemein vertretener Auffassung ist das Familiengericht befugt, die Rückgabe der Bestallung mit den Mitteln des § 1837 Abs 2 und 3 BGB, also auch durch Anordnung und Festsetzung von **Zwangsgeld** (§ 35 FamFG), durchzusetzen; das Gesetz behandelt den Vormund in bestimmten Nachwirkungen, zu denen die Pflicht zur Einreichung der Schlussrechnung (vgl § 1892 Rn 2, 11), aber auch die Pflicht zur Rückgabe der Bestallung gehören, so, als ob er noch im Amt wäre, um dessen ordnungsmäßige Abwicklung zu ermöglichen (OLG Neustadt NJW 1955, 1724; Gernhuber/Coester-Waltjen § 73 Rn 17 f; Soergel/Zimmermann Rn 5; Erman/Schulte-Bunert Rn 4; MünchKomm/Spickhoff Rn 13; Palandt/Götz Rn 5). Gegen das Jugendamt oder einen Verein als Vormund könnte in einem solchen Fall dagegen kein Zwangsgeld festgesetzt werden (§ 1837 Abs 3 S 2 BGB). 23

Auch der **Erbe des Vormunds** ist verpflichtet, die im Nachlass befindliche Bestallung dem Familiengericht zurückzugeben; gegen ihn kann aber nach allg Ansicht kein Zwangsgeld festgesetzt werden, wenn er dieser Verpflichtung nicht nachkommt (MünchKomm/Spickhoff Rn 14; Erman/Schulte-Bunert Rn 4; Palandt/Götz Rn 5; Soergel/Zimmermann Rn 5); ob dem Mündel ein Anspruch gegen den Erben des Vormunds auf Herausgabe der Bestallung an das Familiengericht zusteht, der klageweise vor dem Prozessgericht geltend gemacht werden müsste (MünchKomm/Spickhoff Rn 14; Erman/Schulte-Bunert Rn 4; BeckOK/Bettin [1. 11. 2019] Rn 7), erscheint zweifelhaft (krit unter Hinweis auf das Fehlen einer gesetzlichen Grundlage auch Palandt/Götz Rn 5). 24

IV. Pflegschafts- und Betreuungsrecht

Die Vorschrift findet entsprechende Anwendung auf die Pflegschaft (§ 1915 Abs 1 BGB) sowie die Betreuung (§ 1908i Abs 1 S 1 BGB). 25

§ 1894
Anzeige bei Tod des Vormunds

(1) Den Tod des Vormunds hat dessen Erbe dem Familiengericht unverzüglich anzuzeigen.

(2) Den Tod des Gegenvormunds oder eines Mitvormunds hat der Vormund unverzüglich anzuzeigen.

Materialien: E I § 1708; II § 1748; III § 1870; Mot IV 1201; Prot IV 834. Neugefasst durch Bekanntmachung v 2. 1. 2002 (BGBl I 42); Abs 1 geändert durch Art 50 Nr 46 nach Maßgabe von Art 111 FGG-RG v 17. 12. 2008 (BGBl I 2586) mit Wirkung v 1. 9. 2009.

Systematische Übersicht

I. Normzweck

1 Durch die in § 1894 BGB vorgeschriebenen Anzeigen soll das Familiengericht in die Lage versetzt werden, so schnell wie möglich die beim Tod des Vormunds, eines Mitvormunds oder des Gegenvormunds im Interesse des Mündels erforderlichen Maßnahmen zu treffen, insbesondere einen neuen Vormund oder Gegenvormund zu bestellen (§ 1846 BGB; Mot IV 1201). Für Mitvormünder und Gegenvormünder s §§ 1775, 1792 BGB sowie die Erläuterungen dazu. Parallele behördliche Mitteilungspflichten finden sich für das Jugendamt in §§ 50, 53 SGB VIII, für Gerichte in § 22a FamFG und für das Standesamt in § 168a FamFG (MünchKomm/Spickhoff Rn 1; Erman/Schulte-Bunert Rn 1; NK-BGB/Fritsche Rn 1 m Fn 3).

II. Die Anzeigepflicht des Erben des Vormunds (Abs 1)

1. Grund der Anzeigepflicht

2 Die Anzeigepflicht des Erben ergibt sich nicht etwa aus einem Eintreten in die Rechtsstellung des Vormunds – diese ist unvererblich (BGH 26. 7. 2017 – XII ZB 515/16, juris Rn 9, FamRZ 2017, 1776, 1777); vielmehr begründet § 1894 Abs 1 BGB ein **gesetzliches Schuldverhältnis** zwischen dem Erben des Vormunds und dem Mündel. Gleichartige Anzeigepflichten legen die §§ 673 S 2, 727 Abs 2 S 1 und 2218 Abs 1 BGB fest: Der Erbe eines Beauftragten hat dessen Tod dem Auftraggeber, der Erbe eines Gesellschafters dessen Tod den übrigen Gesellschaftern, der Erbe eines Testamentsvollstreckers dessen Tod dem Erben unverzüglich anzuzeigen, allerdings auch, wenn

mit dem Aufschub Gefahr verbunden ist, die dem Verstorbenen obliegenden Geschäfte weiterzuführen, bis der Auftraggeber, die übrigen Gesellschafter oder der Erbe anderweitig Fürsorge treffen können.

2. Inhalt der Anzeigepflicht

Im Gegensatz zu den soeben aufgezählten Fällen beschränkt sich die Verpflichtung des Erben des Vormunds darauf, dass er dem Familiengericht unverzüglich, also „ohne schuldhaftes Zögern“ (§ 121 Abs 1 S 1 BGB), den **Tod des Vormunds anzeigt**. Das setzt voraus, dass er selbst erfährt, dass der Vormund gestorben ist, und zumindest auch Anhaltspunkte dafür hat, dass er Erbe geworden ist. Eine besondere Form ist für die Anzeige nicht vorgeschrieben; sie kann schriftlich, mündlich oder auch telefonisch erfolgen. 3

Eine **weitergehende Pflicht**, insbesondere eine Verpflichtung zur Fortführung der vom Vormund begonnenen Geschäfte (wie sie etwa § 1972 S 2 SächsBGB vorgesehen hatte, vgl auch code civil art 419), hat das BGB **dem Erben nicht auferlegt**, weil dadurch die Interessen des Mündels in die Hand von Personen gelegt würden, über deren Tauglichkeit keinerlei Gewähr vorliege. Dem bestehenden Bedürfnis werde durch die Anzeigepflicht in Verbindung mit der allgemeinen Fürsorge- und Aufsichtspflicht des Familiengerichts genügt (Mot IV 1201; s auch §§ 1893 Abs 1, 1698b BGB). 4

Führt der Erbe ein Geschäft des Vormunds weiter, so handelt er als Geschäftsführer ohne Auftrag; die Rechtsfolgen richten sich nach den §§ 677 ff BGB.

Über die Verpflichtung des Erben des Vormunds zur Herausgabe des Mündelvermögens und zur Rechenschaftsablegung s § 1890 Rn 4. 5

3. Haftung

Bei schuldhafter Verletzung seiner Anzeigepflicht haftet der Erbe des Vormunds für einen dem Mündel aus der Unterlassung der Anzeige erwachsenen Schaden nach **allgemeinen Grundsätzen** aus §§ 280 ff BGB (Erman/Schulte-Bunert Rn 2; NK-BGB/Fritsche Rn 1; MünchKomm/Spickhoff Rn 3). 6

III. Weitere Anzeigepflichten

Der **Vormund** ist nach § 1894 Abs 2 BGB verpflichtet, dem Familiengericht den **Tod des Gegenvormunds oder eines Mitvormunds unverzüglich anzuzeigen**. Nach § 1799 Abs 1 S 2 BGB ist der **Gegenvormund** in gleicher Weise verpflichtet, den **Tod des Vormunds** anzuzeigen. 7

Für einen aus der Unterlassung oder Verzögerung der Anzeige dem Mündel erwachsenen Schaden haften der Vormund und der Gegenvormund nach Maßgabe des § 1833 BGB.

Schließlich trifft nach §§ 1895, 1894 Abs 1 BGB den **Erben des Gegenvormunds** die 8

Pflicht, dessen Tod dem Familiengericht anzuzeigen; insoweit gilt das zur Anzeigepflicht des Erben des Vormunds Gesagte (oben Rn 3).

IV. Fall der Todeserklärung

9 Die Vorschriften des § 1894 BGB sind im Fall der Todeserklärung des Vormunds, eines Mitvormunds oder des Gegenvormunds entsprechend anzuwenden (ebenso Dölle § 137 IV 3; Soergel/Zimmermann Rn 1; Erman/Schulte-Bunert Rn 2; MünchKomm/Spickhoff Rn 2; NK-BGB/Fritsche Rn 1).

V. Pflegschafts- und Betreuungsrecht

10 § 1894 BGB findet nach § 1915 Abs 1 S 1 BGB entsprechende Anwendung im Pflegschaftsrecht und nach § 1908i Abs 1 S 1 BGB im Betreuungsrecht.

§ 1895
Amtsende des Gegenvormunds

Die Vorschriften der §§ 1886 bis 1889, 1893, 1894 finden auf den Gegenvormund entsprechende Anwendung.

Materialien: E I §§ 1710, 1711; II § 1750; III § 1871; Mot IV 1202; Prot IV 834. Geändert durch BtG v 12. 9. 1990 (BGBl I 2002) Art 1 Nr 46; neugefasst durch Bekanntmachung v 2. 1. 2002 (BGBl I 42).

Schrifttum

Josef, Die Entbehrlichkeit der Änderung der elterlichen Unterhaltsbestimmung (§ 1612 Abs 2 Satz 2) und die vormundschaftsgerichtliche Genehmigung nach Beendigung der Vormundschaft, ZBlFG 17, 281

Schultheis, Obervormundschaftliche Genehmigung nach Beendigung der Vormundschaft, ZBlFG 15, 157.

1 Wegen der Ähnlichkeit der Verhältnisse (Mot IV 1202) lässt das Gesetz das Amt des Gegenvormunds aus den gleichen Gründen enden wie das des Vormunds (§§ 1886–1889 BGB; da das BtG [BGBl I 1990, 2002] § 1885 BGB aF aufhob, musste die Verweisung in § 1895 BGB entsprechend geändert werden).

2 Die Gegenvormundschaft selbst, deren Bestehen von dem der Vormundschaft abhängig ist, endet aus denselben Gründen wie diese (§§ 1882, 1884 BGB; s die Erl dazu). Bei nachträglichem Wegfall der Voraussetzungen des § 1792 Abs 2 BGB, wenn also die Vermögensverwaltung – etwa infolge eingetretener Verluste – nicht mehr erheblich ist, kann das Familiengericht die Gegenvormundschaft aufheben (Soergel/

ZIMMERMANN Rn 1; BeckOGK/WENTZELL [15. 9. 2019] Rn 6; ERMAN/SCHULTE-BUNERT Rn 1; MünchKomm/SPICKHOFF Rn 2; PALANDT/GÖTZ Rn 1).

Auch die in den §§ 1893, 1894 BGB getroffenen Bestimmungen hinsichtlich der Berechtigung und Verpflichtung des Vormunds zur Weiterführung der Geschäfte nach Beendigung seines Amts, der Verpflichtung zur Rückgabe der Bestallung und der Anzeigepflicht des Erben beim Tod des Vormunds finden auf den Gegenvormund entsprechende Anwendung (§ 1893 Rn 9; § 1894 Rn 8; vgl dazu auch SCHULTHEIS ZBlFG 15, 157, 161 u JOSEF ZBlFG 17, 281, 287). Die Verpflichtung des Gegenvormunds zur Anzeige des Todes des Vormunds ist in § 1799 Abs 1 S 2 BGB ausgesprochen. 3

Nach § 1792 Abs 4 BGB sind auf die Berufung und Bestellung des Gegenvormunds die für die Berufung und Bestellung des Vormunds geltenden Vorschriften anzuwenden. 4

Über die dem Gegenvormund bei Beendigung des vormundschaftlichen Amts obliegende Verpflichtung zur Auskunftserteilung s § 1891 Abs 2 BGB. 5

Zur Frage, ob und inwieweit es der Rechtsfigur des Gegenvormunds überhaupt bedarf, s STAUDINGER/VEIT (2014) § 1792 Rn 31. 6

Die Regelung gilt auch im Betreuungsrecht (§ 1908i Abs 1 S 1 BGB) sowie im Pflegschaftsrecht, wenn entgegen § 1915 Abs 2 BGB dennoch ein Gegenpfleger bestellt wurde und damit § 1915 Abs 1 S 1 BGB gilt (BeckOGK/WENTZELL [15. 9. 2019] Rn 12). 7

Sachregister

Die fetten Zahlen beziehen sich
auf die Paragraphen, die mageren Zahlen
auf die Randnummern.

J. von Staudingers Kommentar zum Bürgerlichen Gesetzbuch mit Einführungsgesetz und Nebengesetzen

Übersicht vom 1. 3. 2020
Die Übersicht informiert über die Erscheinungsjahre der Kommentierungen in der 13. Bearbeitung und deren Neubearbeitungen (= Gesamtwerk STAUDINGER). *Kursiv* geschrieben sind die geplanten Erscheinungsjahre.

Die Übersicht ist für die 13. Bearbeitung und für deren Neubearbeitungen zugleich ein Vorschlag für das Aufstellen des „Gesamtwerk STAUDINGER“ (insbesondere für solche Bände, die nur eine Sachbezeichnung haben). Es wird empfohlen, die Austauschbände chronologisch neben den überholten Bänden einzusortieren, um bei Querverweisungen auf diese schnell Zugriff zu haben. Bei Platzmangel sollten die ausgetauschten Bände an anderem Ort in gleicher Reihenfolge verwahrt werden.

Buch 1. Allgemeiner Teil

	Neubearbeitungen				
Einl BGB; §§ 1–14; VerschG	2004	2013	2018		
§§ 21–79	2005	2019			
§§ 80–89	2011	2017			
§§ 90–124; 130–133		2012	2016		
§§ 125–129; BeurkG			2012	2017	
§§ 134–138	2003	2011	2017		
§§ 139–163	2003	2010	2015		
§§ 164–240	2004	2009	2014	2019	

Buch 2. Recht der Schuldverhältnisse

§§ 241–243	2005	2009	2014	2019	
§§ 244–248	2016				
§§ 249–254	2005	2016			
§§ 255–304	2004	2009	2014	2019	
§§ 305–310; UKlaG	2006	2013	2019		
Anh zu §§ 305–310			2019		
§§ 311, 311a–c	2013	2018			
§§ 311b, 311c	2012				
§§ 312, 312a–k	2013	2019			
§§ 313, 314	*2022*				
§§ 315–327	2001	2004	2009	2015	
§§ 328–359	2001	2004			
§§ 328–345			2009	2015	
§§ 346–361			2012		
§§ 358–360				2016	
§§ 362–396	2000	2006	2011	2016	
§§ 397–432	2005	2012	2017		
§§ 433–480	2004	2013			
Wiener UN-Kaufrecht (CISG)	1999	2005	2013	2017	
§§ 488–490; 607–609	2011	2015			
§§ 491–512	2004	2012			
§§ 516–534	2005	2013			
§§ 535–562d (Mietrecht 1)	2003	2006	2011		
§§ 563–580a (Mietrecht 2)	2003	2006	2011		
§§ 535–555f (Mietrecht 1)				2014	
§§ 556–561; HeizkostenV; BetrKV (Mietrecht 2)				2014	
§§ 562–580a; Anh AGG (Mietrecht 3)				2014	
§§ 535–556g (Mietrecht 1)					2017
§§ 557–580a; Anh AGG (Mietrecht 2)					2017
Leasing	2004	2014	2018		
§§ 581–606	2005	2013	2018		
§§ 607–610 (siehe §§ 488–490; 607–609)	./.				
§§ 611–613	2005	2011	2015		
§§ 613a–619a		2011	2016	2019	
§§ 616–630	2002				
§§ 620–630		2012	2016	2019	
§§ 631–651	2003	2008	2013		
§§ 631–650v				2019	
§§ 651a–651m	2003	2011	2015		
§§ 652–656	2003	2010			
§§ 652–661a			2015		
§§ 657–704	2006				
§§ 662–675b		2017			
§§ 675c–676c		2012	2020		
§§ 677–704		2015			
§§ 741–764	2002	2008	2015		
§§ 765–778	2013				
§§ 779–811	2002	2009	2015		
§§ 812–822	1999	2007			
§§ 823 A–D	2016				
§§ 823 E–I, 824, 825	2009				
§§ 826–829; ProdHaftG	2003	2009	2013	2018	
§§ 830–838	2002	2008	2012	2017	
§§ 839, 839a	2007	2013			
§§ 840–853	2007	2015			
AGG	2017				
UmweltHR	2002	2010	2017		

Buch 3. Sachenrecht

§§ 854–882	2000	2007	2012	2018	
§§ 883–902	2002	2008	2013	2020	

Neubearbeitungen

§§ 889–902				2019
§§ 903–924	2002	2009	2015	
§§ 925–984; Anh §§ 929 ff	2004	2011	2016	
§§ 985–1011	1999	2006	2013	2019
ErbbauRG; §§ 1018–1112	2002	2009	2016	
§§ 1113–1203	2002	2009	2014	2019
§§ 1204–1296; §§ 1–84 SchiffsRG	2002	2009	2018	
§§ 1–19 WEG	2017			
§§ 20–64 WEG	2017			
Buch 4. Familienrecht				
§§ 1297–1352	2007	2012	2015	2018
LPartG		2010		
§§ 1353–1362	2007	2012	2018	
§§ 1363–1563	2000	2007		
§§ 1363–1407			2017	
§§ 1408–1563			2018	
§§ 1564–1568; §§ 1568 a+b	2004	2010	2018	
§§ 1569–1586b	2014			
§§ 1587–1588; VAHRG	2004			
§§ 1589–1600d	2000	2004	2011	
§§ 1601–1615n	2000	2018		
§§ 1616–1625	2007	2014		
§§ 1626–1633; §§ 1–11 RKEG	2007	2015		
§§ 1638–1683	2004	2009	2015	
§§ 1684–1717	2006	2013	2018	
§§ 1741–1772	2007	2019		
§§ 1773–1895	2004	2013	2020	
§§ 1896–1921	2006	2013	2017	
Buch 5. Erbrecht				
§§ 1922–1966	2000	2008	2016	
§§ 1967–2063	2002	2010	2016	
§§ 2064–2196	2003	2013	2019	
§§ 2197–2228	2003	2012	2016	
§§ 2229–2264		2012	2017	
§§ 2265–2302	2006	2013	2018	
§§ 2303–2345		2014		
§§ 2339–2385	2004			
§§ 2346–2385		2010	2016	
EGBGB				
Einl EGBGB; Art 1, 2, 50–218	2005	2013	2018	
Art 219–245	2003			
Art 219–232		2015		
Art 233–248		2015		
EGBGB/Internationales Privatrecht				
Einl IPR; Art 3–6	2003			
Einl IPR		2012	2018	
Art 3–6		2013		
Art 3–4			2019	
Art 7, 9–12, 47, 48	2007	2013	2018	
IntGesR	1998			
Art 13–17b	2003	2011		
Art 18; Vorbem A + B zu Art 19	2003			
Haager Unterhaltsprotokoll		2016		
Vorbem C–H zu Art 19	2009			
EU-VO u Übk z Schutz v Kindern		2018		
IntVerfREhe	2005			
IntVerfREhe 1		2014		
IntVerfREhe 2		2016		
Art 19–24	2002	2008	2014	2018
Art 25, 26	2000	2007		
Art 1–10 Rom I VO	2011	2016		
Art 11–29 Rom I-VO; Art 46b, c; IntVertrVerfR	2011	2016		
Art 38–42	2001			
IntWirtschR	2006	2010	2015	2019
Art 43–46	2014			
Eckpfeiler des Zivilrechts	2011	2012	2014	2018
Demnächst erscheinen				
§§ 315–327				2020
§§ 1616–1625				2020
§§ 1967–2063				2020

Otto Schmidt Verlagskontor / Walter de Gruyter Verlag OHG
Lützowstraße 33, D-10785 Berlin, Telefon (030) 2 60 05-0, Fax (030) 2 60 05-222